# 中国大百科全书

## （第二版简明版）

## 4

中国大百科全书出版社

**慧皎** Huijiao (497～554) 中国南朝梁时僧人，佛教史学家。会稽上虞（今属浙江）人。出家后，博通内外学及佛教经律。住会稽嘉祥寺，春夏讲经传法，秋冬专心著述。承圣二年(553)，为避兵乱迁居湓城（今江西九江），但仍不废讲说。撰《涅槃义疏》10卷，《梵网经疏》3卷行世（今已佚）。曾住会稽宏普寺，博览该寺藏书。因对梁僧宝唱所撰《名僧传》不满，遂集前人资料，依据史籍、地志、僧传等，采各家之长，于梁天监十八年(519)撰成《高僧传》(即《梁高僧传》，简称《梁传》、《皎传》)14卷。自称立传以德行高超为标准。记载了汉明帝以来400余年间数百名僧人传略，内容精审，为汉传佛教史上第一部较系统的僧传，所创僧传体例为后世所依。

**慧能** Huineng (638～713) 中国唐代僧人，禅宗南宗创始人。又称惠能，俗姓卢。原籍范阳（今北京西南），幼随父流放岭南新州（今广东新兴）。父亡后，采樵养母。听人颂《金刚经》而感动，寻师至黄梅弘忍处，充舂米"行者"，修行全凭耳闻心记。遇五祖选法嗣，以"菩提本无树，明镜亦非台，本来无一物，何处惹尘埃"一偈而得弘忍赞赏，密授法衣而遣行岭南。16年后方出而传法。仪凤元年(676)方受满分戒。次年在韶关宝林寺传顿悟法门。与他争法嗣地位的神秀主要在北方弘法，力倡"渐悟"。遂有"南顿北渐"、"南能北秀"之说。慧能教说由其弟子法海汇集成《六祖坛经》。生前武则天及唐中宗欲召至京师，辞不就。死后，唐宪宗追谥为"大鉴禅师"。弟子有神会、怀让、行思等人。

**慧远** Huiyuan (334～416) 中国东晋僧人。俗姓贾。雁门楼烦（今山西原平东北）人。初学儒，"博综六经，尤善老庄"。21岁与弟慧持从道安出家，精般若之学。东晋太元六年(381)入庐山，住东林寺传法，弟子甚多。元兴元年(402)与同好结白莲社，行净土念佛法，组织翻译整理佛教经典《阿毗昙心论》、《十诵律》、《达摩多罗禅经》等。二年著《沙门不敬王者论》，主张面对世俗王权，僧伽应有独立地位。著《明报应论》、《三报论》，论灵魂不灭因果报应。其佛学思想尚见于《大乘大义章》及《法性论》。

**《蕙风词话》** *Ci Poetry Comments of Huifeng* 中国近代词学著述。况周颐著。5卷，325则。后唐圭璋自况氏各种杂著辑得136则，编为《续编》2卷，载1936年《艺文》月刊。均收入《词话丛编》。1960年，人民文学出版社取正续两编为一集，统名《蕙风词话》，与王国维《人间词话》合刊出版。

《词话》虽属评点式，但提出"词格"、"词心"、"词骨"、"词境"、"词笔"等一系列论词范畴，构成自具特色的词论体系。论词本于常州词派而有所发挥。强调常州词派"意内言外"说，注重思想内容，讲究寄托。又吸取王鹏运之说以论"词格"，标明"作词有三要，曰：重、拙、大"。他论词突出性灵，以为作词应当"有万不得已者在"，即"词心"，"由吾心酝酿而出，即吾词之真"。强调"真字是词骨，情真、景真，所以必佳"。但亦不废学力，讲求"性灵流露"与"书卷酝酿"。此外，论词境、词笔、词与诗及曲之区别、词律、学词途径、读词之法、词之代变，以及评论历代词人及其名篇警句，都剖析入微，往往发前人所未发。

**昏迷** coma 严重的意识障碍，表现为意识清晰度极度降低，对外界的刺激无反应。轻者生理性防御反射及生命体征可以存在，严重者消失。常见于脑出血，中毒，脑部创伤，肝肾功能严重障碍，严重急性感染及糖代谢紊乱，水、盐代谢紊乱，酸碱平衡紊乱等。预后因病因而异，常需抢救。

**类型** 有不同分类法。

按程度分 可分为：①浅昏迷。对强烈痛刺激仍有防御性反应，基本生理反应存在，生命体征如血压、脉搏、呼吸均正常。②中度昏迷。对痛刺激的反应消失，各种生理性防御性反射存在，生命体征正常。③深昏迷。除生命体征存在外，其他均消失。④过度昏迷又称超昏迷。为最严重的深昏迷，即脑死亡，又称不可逆性昏迷。

按部位和状态分 有以下一些特殊的昏迷类型。

①醒状昏迷。又称去皮质状态。患者可以睁眼，双眼有左右摆动性运动。但无自发性言语，对他人的讲话也无任何反应。面部无表情。仍可以分辨出患者是处于睡眠与觉醒状态。常见于心肺骤停复苏后、一氧化碳中毒、严重脑缺氧、药物中毒、严重脑外伤及广泛脑血管疾病。

②无动性缄默症。上行激活系统发生病变。尤其以网状结构病为主要原因。表现为四肢不能运动，对疼痛刺激仍可有逃避反应。面部无表情，能睁眼。可耳语或完全不能说话。常见于脑血管疾病，脑炎、脑干或大脑半球深部中线肿瘤。亦可见于肝性脑病、安眠药中毒等。

③闭锁综合征。主要见于脑桥腹侧病变。双侧皮质脊髓束病变则表现四肢瘫痪；而双侧皮质延髓束受侵则表现为无反应性。用眼睑运动（睁眼或闭目）来表达其思维活动。皮肤感觉保持完好。

**诊断** 诊断依据是不能唤醒、反应缺乏。强刺激能唤醒者即不是昏迷。要向家属或陪送者详问病史。进行体格检查。并可作血、尿化验，脑脊液检查，脑电图，X射线检查以及计算机X射线体层成像（CT）或磁共振成像（MRI）等帮助诊断。

**治疗** 首要的是针对病因积极治疗。昏迷患者不能进食，而且往往多汗，又会呕吐，故应密切注意营养和体液电解质平衡。急性期以静脉输入液体为主，急性期后可改为鼻饲。昏迷患者很易继发感染如肺炎、泌尿系感染、褥疮等。预防感染非常重要。若有高热或低温应对症处理。发生惊厥时，应积极有效地控制发作。若出现呕吐、呃逆、尿潴留应及时处理。

**婚礼** wedding 人生礼仪之一。广义指缔结婚姻关系，向社会公开并得到承认的男女结婚礼仪。狭义仅指结婚仪式，普遍流行于世界各地。不同地区、不同民族的婚礼因地域、经济、政治、文化传统等因素而有很大差异。

中国古代《礼记·昏义》曰："昏礼者，将合二姓之好，上以事宗庙，而下以继后世也。"因为成婚多在晚上，故谓之婚礼。此俗直至六朝前后才有改变。传统的婚礼分六个阶段，称为六礼，即纳采、问名、纳吉、纳征、请期、亲迎。近代通常称亲迎为婚礼，而把亲迎前五项称作议婚、订婚等过渡性礼仪。汉族的成婚礼仪十分繁缛，据宋代吴自牧的《梦粱录·嫁娶》载有：过草帖、占婚、过细帖、相亲、插钗、过定礼、回鱼箸、追节、下财礼、铺房、拦门、撒谷豆、跨鞍、坐虚帐、坐床富贵、走送、利市缴门、牵巾、撒帐、合卺礼、合髻、拜堂等数十项。少数民族因文化传统和家族结构不同，其婚礼各具风情和特色。如今中国民间的婚礼删繁就简，已无一定之规，很大程度上受到西方婚俗的影响，形成礼俗交融、中西结合的特点，穿婚纱和结婚礼服、照西式结婚相、交换结婚戒指、举行集体婚礼等成为时尚。

世界其他国家的人民也十分重视婚礼，视其为人生重大的转折点。各国的婚礼复杂多样，主要包括订婚、结婚仪式。俄罗斯人的婚前仪式包括说媒、相亲、订婚等程序。到举行传统结婚仪式时，新郎和新娘踏着鲜花步入教堂，牧师在经台前读祷告文，唱教堂赞美歌，并把婚礼冠戴在他们头上。然后，牧师拉着他们的手，绕经台走一圈，新郎新娘交换戒指。仪式结束后，新婚夫妇同乘一辆马车回男家参加结婚庆祝活动。土耳其人的婚礼十分热闹有趣，婚礼的前后有许多传统仪式。在婚礼的前一天要举行"新娘澡"和"染指"的仪式，婚礼之中还有拦路、进门等仪式，以祈求新人婚后幸福美满。日本婚礼的主要仪式在神社举行，大约一个半小时，通常只有新婚夫妇、神官和至亲出席。新婚夫妇以对饮交杯酒宣告仪式结束，随后宴请宾朋。

虽然世界各民族和地区的婚礼形式纷繁多样，但其仪式内容都不外乎贺喜祝福、求子祈祥、消灾避邪，以及协调双方亲属关系，并得到宗教组织、官方法律或民约的承认，以保护其婚姻的神圣和不可侵犯性。

**婚礼服饰** wedding dress 结婚典礼上的礼仪服装和配饰。世界各民族婚礼服饰不尽一致。中国自古以来重视婚姻礼仪。周代《诗经》有新娘“衣锦褧衣”的描述。汉代曾采用12种色彩的丝绸设计出不同身份的人穿用的婚礼袍服。唐代将贵重的钿钗礼衣（发簪金翠花钿，身穿大袖衫长裙，披帛）用作新娘礼服。受科举制度影响，唐代还出现“假服”，即当时贵族子孙婚娶可以使用冕服或弁服，官员女儿出嫁可以穿用与母亲的身份等级相符的命妇服，平民结婚也可穿用绛红色公服。“假服”发展到清代，新娘通常穿红地绣花的袄裙或旗袍，外面“借穿”诰命夫人专用的背心式霞帔，头上簪红花，江南等地新娘也有戴凤冠，拜堂时蒙盖头。新郎通常穿青色长袍，外罩绀色**马褂**，戴暖帽并插赤金色花饰（称金花），

西式婚礼服

拜堂时身披红帛（称披红）。辛亥革命后，婚礼服日益多样化。20世纪20～40年代，受“文明结婚”影响，西式婚礼服在城市部分人中开始穿用，但清代婚礼服仍被广泛沿用。60～70年代，民间婚礼服大多为日常生活服装，注重朴素整洁。80年代以来，婚礼服已不拘一格。有传统民族服装的衫、袄、旗袍；有西式婚礼服，即新郎穿西装，佩戴写有新郎字样的红胸花，戴白色手套。新娘穿裙装，通常为高腰式连衣裙，裙后摆长拖及地，多采用缎子等面料，一般为白色，象征新人洁身自好，戴网眼式白手套，手握花束，头戴附有头纱、面纱的花冠。

**婚书** marriage certificate 中国传统婚姻的书面证明。又称鸾书、婚帖、八字帖、龙凤帖等。为汉族及许多少数民族的婚姻旧俗。最早的婚书发现于敦煌，时代约为唐代。宋代婚书奠定了中国古代婚书的书写格式。一般用描金鸾凤朱纸，依男左女右次序，分书男女姓名、生辰八字等，落款写明订婚时日，一式两份，择吉日请媒人传送，以为婚据。元代婚书内容须写明聘财、主婚人、媒人并分别画押。旧时写婚书一般需三媒六证。现代社会的结婚证书多由政府签发，民间婚书逐渐消失。在国外，犹太教也有婚书，用阿拉米语书写，婚前订立，保证新娘一部分未来权利。

**婚姻** marriage 男女两性依一定的法律、伦理道德和风俗的规定所建立起来的夫妻关系。家庭的基础和根据。

婚姻的本质 婚姻从表现形式看，是男女两性的生理结合；从本质上看，是男女的一种特定的社会结合。自人类社会出现以来，使两性结合成夫妇趋于规范化的主要手段是风俗、伦理和法律，现代社会主要是依据法律。婚姻成立的主要动机不只是满足性的需求，还有更复杂的动机。德国社会学家L.缪勒曾归为经济、子女和感情三种动机。在上古时代，婚姻的主导动机缘于妇女是创造财富的活工具，娶妻是为了增加劳动力，人的性欲在婚姻之外可以得到满足。中古时代，妇女劳动范围逐渐变小，财富及继承问题日趋突出，关于个人至亲骨肉的后代观念成为婚姻的主导动机，娶妻是为了生育合法的儿女和照管家室。到了现代社会，妇女社会地位发生了变化，个人自由成为社会生活的基本准则，爱情成为婚姻的主导动机，其次才是生儿育女和权衡经济。因此，人类的婚姻是与动物求偶有本质区别的社会文化行为。

婚姻的形式 婚姻的缔结和成立由于风俗、伦理道德和法律的不同而有多种形式，从古到今主要有：①掠夺婚。男子以武力夺女为妻，是原始社会的一种婚姻习俗。②买卖婚。男方以金钱、财帛买女为妻。③服役婚。男方到女方家为其服务（役）一段时间，而后与女子结为夫妇。④交换婚。两家父母各以其女交换为子妇，或男子各以其姊妹交换为妻。⑤指腹婚。当儿女还在母亲腹中，双方父母就相约，如生下的婴儿分别为男女，就确定为未来的夫妇。⑥**童养媳**。中国封建社会婚姻制度的产物。⑦包办婚姻。子女的婚姻由父母来决定，当事人安心顺从。⑧同意婚。有的由当事人所属的群体同意才能结婚，有的是当事人同意即可，后者又称自由婚。现代社会主张婚姻自由，以当事人的共同意愿为条件的自由婚是现代婚姻的主要形式。

就婚姻的配偶人数来说，婚姻制度有多夫多妻、一妻多夫、一夫多妻、一夫一妻。其中一夫一妻是现代世界流行最广的婚姻制度，多数国家认为这种制度是人类最适当的婚姻制度。

从通婚的范围划分，有内婚制和外婚制。外婚制的出现是人类婚姻史的进步。

婚姻的条件 基于社会需求和个人生理需求两个方面，可分为禁止结婚条件和结婚必备条件。在现代社会，禁止结婚条件主要有：禁止近亲结婚，禁止有某些遗传病者结婚，禁止一方或双方有配偶者结婚等，有的国家还规定禁止女子在未满再婚期结婚。结婚必备条件可分主观条件和客观条件。主观条件主要指当事人的意愿。客观条件主要有婚龄，即当事者达到一定年龄，具备一定的生理和心理条件。

影响择偶的因素 主要有生理因素，如相貌与身体；政治因素，如社会地位和政治立场；经济因素，如财产多寡与经济状况，以及其他诸如门第高低、家庭环境和背景、本人受教育程度、文化修养、职业、年龄等。择偶标准是一个随社会变迁而变异的综合指标。

婚姻媒介 在古代和中世纪末期，婚姻的缔结主要由父母包办、媒人介绍。在婚姻行为中，婚姻媒介的介入，不仅帮助当事人成立婚姻，而且代表社会监督婚姻。现代社会，婚姻由家庭、家族之事改变为当事者个人之事，传统意义上婚姻媒介的作用正在消退或减弱。

婚姻的成立和解除 在传统社会，结婚要举行隆重的仪式——婚礼，向社会和公众宣告婚姻的正式成立。现代社会，结婚大多也举行婚礼，但以婚姻登记这一法律程序取得社会的正式认可为条件。解除婚姻的方式有自然解除和离婚。因配偶一方死亡或法律认定的出走等原因的婚姻解除为自然解除。在配偶生存期间，通过法律手段解除婚姻关系是离婚。婚姻关系解除后又结婚为再婚。在实行一夫一妻制的社会，婚姻关系未解除又结成新的婚姻为重婚。重婚为法律所禁止。

**婚姻登记** marriage, registration of 包括结婚登记、离婚登记和复婚登记。

结婚登记 在一些国家中是成立合法婚姻关系的法定程序。在中国，符合法定**结婚**条件的男女，只有在办理结婚登记以后，其婚姻关系才具有**法律效力**，受到国家的承认和保护。关于结婚登记，中国除《中华人民共和国婚姻法》有规定外，还有2003年7月30日国务院第十六次常务会议通过，并于同年10月1日起施行的《婚姻登记条例》的具体规定。登记时，内地居民结婚，男女双方应共同到一方当事人常住户口所在地的婚姻登记机关办理结婚登记。中国公民同外国人在中国内地结婚的，内地居民同香港居民、澳门居民、台湾居民、华侨在中国内地结婚的，男女双方应共同到内地居民常住户口所在地的婚姻登记机关办理结婚登记。办理结婚登记的男女双

方应当出具有效证件和相关证明材料。有下列情形之一的，婚姻登记机关不予登记：未到法定结婚年龄的；非双方自愿的；一方或者双方已有配偶的；属于直系血亲或者三代以内旁系血亲的；患有医学上认为不应当结婚的疾病的。

离婚登记 中国内地居民自愿离婚的，男女双方应共同到一方当事人常住户口所在地的婚姻登记机关办理离婚登记。中国公民同外国人在中国内地自愿离婚的，内地居民同香港居民、澳门居民、台湾居民、华侨在中国内地自愿离婚的，男女双方应共同到内地居民常住户口所在地的婚姻登记机关办理离婚登记。婚姻登记机关应对离婚登记当事人出具的证件、证明材料进行审查。对当事人确属自愿离婚，并已对子女抚养、财产、债务等问题达成一致处理意见的，应当场予以登记，发给离婚证。

复婚登记 离婚的男女双方自愿恢复夫妻关系的，应当到婚姻登记机关办理复婚登记。复婚登记适用结婚登记的规定。

**婚姻法** marriage law 调整婚姻家庭关系的法律规范的总称。一定社会婚姻家庭制度在法律上的集中表现。其内容主要包括关于婚姻的成立和解除，婚姻的效力，夫妻间、父母子女间的权利和义务等。婚姻法既调整婚姻家庭方面的人身关系，又调整由此而产生的财产关系。婚姻法的内容多数为强行性规范，广义的婚姻法的调整对象除婚姻外，还包括家庭关系。狭义的婚姻法只调整婚姻方面的人身关系和财产关系。

在西方国家的法律体系中，婚姻法又称为家庭法或亲属法。婚姻法是亲属法的组成部分，附属于民法。在立法形式上，大陆法系国家一般都把亲属法编入民法典。英美法系国家的亲属法一般由多种单行法规构成，但都是该国家民法的组成部分。

中华人民共和国建立后，1950年5月1日公布施行的《中华人民共和国婚姻法》，以废除包办强迫、男尊女卑、漠视子女利益的封建主义婚姻制度，实行男女婚姻自由、一夫一妻、男女权利平等、保护妇女和子女合法权益的新民主主义婚姻制度为基本原则，起到了废旧立新的巨大作用。1980年9月10日，第五届全国人民代表大会第三次会议通过了新的《中华人民共和国婚姻法》。它的基本原则是：婚姻自由，一夫一妻，男女平等，保护妇女、儿童和老人的合法权益。该法经2001年4月28日修订后共6章51条，包括总则、结婚、家庭关系、离婚、救助措施、法律责任和附则。

**婚姻介绍所** marriage, service for 为未婚或已婚离异、丧偶的独身男女介绍对象的社会性服务机构。世界上许多国家都设有这种机构，尤在日本、美国、英国、澳大利亚等国盛行。婚姻介绍所的设置为一些男女性比例失调的单位或社区的独身者提供了社交的机会，为在自己的生活范围内难以找到理想意中人的独身者提供了更大的选择范围。1980年以后，中国的婚姻介绍所逐步建立，多在共青团、工会、妇联、民政等部门领导下工作。

**婚姻制度** marriage system 为一定历史时期和地域内社会制度及文化、伦理、道德规范所认可的配偶关系。婚姻是家庭的基础。婚姻的缔结产生了最初的家庭成员，生育则产生家庭其他成员。在婚姻关系存续期间，配偶双方各自的权利和义务受到法律的保障。离异与丧偶导致婚姻关系的结束。

根据L.H.摩尔根的研究，婚姻制度经历了从杂交的原始状态（没有婚姻规则）、血缘婚、群婚、对偶婚直到一夫一妻制婚姻的不同形式。血缘婚、群婚和对偶婚存在于原始公社时期，一夫一妻制婚姻产生于原始社会晚期父系家庭公社时期，并随着家庭公社内部私有制的产生和发展最终确立，成为文明时代开始的标志之一。在西方一些国家，已出现配偶的性别不限于一男一女的同性婚姻。现代婚姻制度的基本特点是：配偶实行同居，一般具有建立家庭和生育子女的意向，有共同的经济权益，配偶和子女拥有家庭财产继承权。

**婚姻自由** marriage, freedom of 男女双方按照法律的规定，有自主自愿地缔结婚姻关系或解除婚姻关系的自由。婚姻自由权利不受种族、国籍或者宗教的限制，不受对方或者他人的强迫、限制和干涉。

婚姻自由包括结婚自由和离婚自由两个方面。前者指结婚必须出于男女双方本人自愿，不许一方强迫另一方或任何第三者加以干涉；后者指男女一方或双方均有通过合法途径解除婚姻关系并求得法律保护的权利。结婚是符合结婚条件的男女的普遍行为，结婚自由是婚姻自由的主要方面。结婚自由是实现婚姻自由的前提，离婚自由是实现婚姻自由的补充。

婚姻自由是社会发展到一定历史阶段后，才作为公民的一项基本权利而出现的。资产阶级取得政权后，把婚姻自由用法律的形式固定下来。

**浑天说** 中国古代的一种宇宙学说。浑天说的代表作《张衡浑仪注》中认为天不是一个半球形，而是一整个圆球，地球在其中，就如鸡蛋黄在鸡蛋内部一样。不过，浑天说并不认为“天球”就是宇宙的界限，它认为“天球”之外还有别的世界，即张衡在《灵宪》中指出的：“过此而往者，未之或知也。未之或知者，宇宙之谓也。宇之表无极，宙之端无穷。”

浑天说最初认为：大地不是孤零零地悬在空中的，而是浮在水上；后来又有发展，认为大地浮在气中，因此有可能回旋浮动，这就是“地有四游”的朴素地动说的先河。浑天说认为全天恒星都布于一个“天球”上，而日月五星则附丽于“天球”上运行，这与现代天文学的天球概念十分接近。因而浑天说采用球面坐标系，如赤道坐标系，来量度天体的位置，计量天体的运动。在古代，如对于恒星的昏旦中天，日月的运动与五星的顺、逆、见、伏、留，都采用浑天说体系来描述，所以浑天说不只是一种宇宙学说，而且是一种观测和测量天体视运动的计算体系，类似现代的球面天文学。

**浑象** celestial globe 中国古代用于演示天象的仪器。与浑仪合称为浑天仪。在一个可绕轴转动的圆球上刻画有星宿、赤道、黄道、恒隐圈、恒显圈等，与现代天球仪相似。浑象可能是西汉耿寿昌发明的。东汉张衡设计制造的漏水转浑天仪的核心部分就是浑象。张衡以后许多天文学家，如三国时陆绩、王蕃，南北朝时钱乐之，唐代一行、梁令瓒，元代郭守敬等都曾制造过浑象，而且都同水力和机械联系在一起，以取得与天球的周日转动同步的效果。现存北京古观象台的浑象是清初南怀仁所造。

**浑言** 汉语训诂学术语。指同类事物的统称，又称统言、泛言，与析言相对。对同类事物辨析异同，另加别名，就是析言。如《说文解字》走部：“走，趋也。”段玉裁注：“《释名》：‘徐行曰步，疾行曰趋，疾趋曰走。’此析言之，许浑言不别也。”古人对事物义类相近的单词组合而成的复合词，通常总是统称，意义不完全相同。如：言语。《诗·大雅·公刘》毛传：“直言曰言，论难曰语。”离别。《楚辞·离骚》王逸注：“近曰离，远曰别。”这些复合词沿用至今也就不细加分别了。

**浑仪** armillary sphere 中国古代天文仪器。与浑象合称浑天仪。“浑”在古代有圆球的意思。用于观察和测定天体的位

浑仪（中国铜铸天文仪器，1437年仿制，现陈列于南京紫金山天文台）

置。仪器由支架和带有刻度的圆环（子午环、地平环、赤道环、黄道环、道环等）组成，各环相对位置固定，但整体可绕极轴旋转。中心设有窥管，也绕极轴旋转而且还可在环上转动，因此能指向天空任何一点。西汉落下闳、东汉贾逵、唐李淳风等都设计制造过浑仪，陈列于南京紫金山天文台的浑仪是明正统年间所造的。

**珲春市** Hunchun City 中国吉林延边朝鲜族自治州辖县级市。位于省境最东部，图们江右岸。邻俄罗斯、朝鲜。面积4 938平方千米。人口24万(2010)，有汉、朝鲜、回、满等11个民族。珲春满语为“边地”之意。清初属禁山围场，康熙五十三年(1714)设珲春协领，光绪七年(1881)升珲春副都统。1914年改为珲春县。1988年改为县级珲春市。矿产资源丰富，有煤、铁、金、钨、铜、铅、锌、水晶、磷、陶土、硅藻土等。盛产水稻、玉米、大豆、人参、木耳等。有森林面积约36万多公顷，森林覆盖率76.5%。工业主要有采矿、冶金、化工、煤炭、电力、电子、纺织、医药、机械、建材、森工、食品、造纸等。为对外开放与边境贸易城市，建有珲春边境经济合作区。古迹有龙虎石刻等。

**《魂断蓝桥》** *Waterloo Bridge* 美国故事片。1940年美国**米高梅公司**出品。编剧S.N.贝尔曼，导演M.勒鲁瓦，主演**费雯丽**、R.泰勒。第一次世界大战时期，英国芭蕾舞女演员玛拉与青年贵族军官罗伊在伦敦滑铁卢桥邂逅相爱。罗伊出征后玛拉迭经挫折：被解雇、失业、恋人“阵亡”、病笃卧榻，最后迫于生计而沦落风尘。罗伊突然归来，并把她带回庄园欲举行婚礼。玛拉意识到其不幸遭遇将有损于心上人的家族荣誉，于是不辞而别。玛拉重返滑铁卢桥，万念

《魂断蓝桥》剧照

俱灰之际扑向军车。这部影片故事动人，制作精美，深受观众喜爱。

**混沌** chaos 由完全决定性方程描述的系统中出现的一种貌似无规律的复杂运动形态。这种无规则运动形态即使在非常简单的系统中也同样存在内在随机性。其特征是原来遵循简单物理规律的有序运动形态，在某种条件下突然偏离预期的规律性而变成了无序的形态。在混沌系统中，很微小的不确定因素的作用会以指数增长的方式被放大，从而使系统的行为无法预测。混沌不是简单的无序，而更像是不具备周期性和其他明显对称特征的有序态。它的随机性具有某种根本的几何形式。在理想情况下，混沌状态具有无穷的内部结构，且满足所谓标度不变性。混沌现象广泛存在于自然界和社会当中，在混沌中蕴藏着人类尚未揭开的大量秘密，许多人正试图在很多领域内揭示这一秘密，如有人试图联系脑电波、经济学、长期天气预报、厄尔尼诺现象来研究混沌现象。混沌研究改变了人类的自然观。对于统一的自然界，历来有确定论和概率论两套对立的描述体系。牛顿力学建立以来的科学传统推崇确定论体系，而把概率论描述当作不得已而为之的补充。混沌运动对确定性系统本身就存在着内秉随机性的揭示，无疑会使人们从这种人为对立的描述系统中解脱出来，深化对必然和偶然的认识，更全面地认识自然界的统一性。

**混汞法** patio process 16世纪到20世纪初从银矿石中离析出银的方法。又称佩蒂奥法或墨西哥法。先将银矿石破碎磨细，再将被磨碎的矿石碾成细泥。然后将细泥摊放在庭院中，洒上水银（即汞）、食盐和硫酸铜并加以混合。通过化学反应，银从化合物中游离出，并溶于水银，形成汞齐。随后将粗汞齐放在大桶中加水搅动并排除泥渣；收集留在桶底的汞齐，经过加热分馏出水银。过去350年中，世界上大部分银皆用此法生产。混汞法也指金与汞有形成汞齐的特点，使金同其他金属矿物和脉石分离，然后将所得汞膏经加热蒸馏除汞后得到金的方法。此法用于处理含粗粒金的矿石，金的最高回收率为85%。在容器内混汞称为内混汞，通常磨矿和混汞同时进行；在容器外混汞称为外混汞。砂金矿常用内混汞。外混汞很少单独使用，常与浮选、重选和氰化法联合使用。因汞有剧毒，此法已渐少用。

**混合经济** mixed economy 不同经济成分、不同经济机制同时并存的经济制度。西方经济学的混合经济论认为，现代资本主义已经不再是单一的、纯粹的私人资本主义经济，而是私人资本主义经济与社会化经济并存的混合经济。社会化经济指国有经济和收入消费领域的公共福利开支。在经济运行机制方面，现代资本主义也不再纯粹依靠**市场机制**，而是市场机制和政府干预并存、私人和政府同时发挥作用的混合经济。混合经济的发展是现代资本主义的重要现象，但并未改变资本主义的性质。

中国改革开放以来，混合所有制经济得到很大发展，它是指不同所有制的投资主体（包括国有、集体、个体、私营、外资等）共同出资建立的企业。在需要国有经济控制的关系国民经济命脉的重要行业和关键领域，除极少数国有独资企业外，大多数国家控股公司因有不同所有制的投资主体参股，都属混合所有制经济。

**混合联合企业** conglomerate 通过合并实行广泛多样化经营的企业组织。混合联合企业和传统的**康采恩**虽然都是跨部门的多家企业的联合，但两者具有显著的差异：①康采恩所属企业之间在生产或职能上都具有或多或少的联系，而且保持着一个主体部门。混合联合企业则不同，在它控制之下的，既有在生产或职能上相互联系的企业，也有很多是毫无联系的。在它所经营的业务中，并无主导部门，而且经营部门时常变更。②康采恩实行跨部门经营，或是自建厂房设备，或是收买现成企业。混合联合企业进行扩张则都是采用合并现成企业的方式。③康采恩是生产的联合体，是生产和资本的集中。混合联合企业所属企业并不形成统一的生产组织，只是财务上的联合，是资本的集中。④在组织管理上，混合联合企业实行较康采恩更高的分权体制。

混合联合企业于第二次世界大战后出现在世界主要资本主义国家，20世纪60年代末成为现代资本主义国家内部垄断联合的主要形式。其后，随着**跨国公司**空前迅速的发展，混合联合企业在资本主义经济的各种垄断组织形式中并不占主要地位。但是，随着科技进步的加速和市场变化的加剧以及企业管理方法的改进，它仍然在继续发展扩大。

**混合热** mixing, heat of 多种不同性质物质相互混合形成均相系统时产生的热效应。定压条件下混合过程的热效应称为混合焓。混合热与物质的性质、组成、温度、压力等因素有关。在指定温度、压力条件下，几种物质按一定比例混合形成1摩尔混合物（或溶液）过程的热效应称为摩尔混合焓。混合热反映了混合物中各物质的存在状态和它们之间的相互作用。有的为放热过程（如水和四氢呋喃系统）。气体混合热与压力有关，压力愈高混合热愈大。有机液体混合时，结构

相似、大小相近的物质混合热较小，结构和大小差别明显的物质混合热较大。对于电解质溶液，若两种盐溶液无化学反应发生，混合热很小；若有缔合、沉淀和难电离物质产生，则混合热较大。混合热可用量热计直接测定。混合热在溶液理论中具有重要意义，它提供了认识混合物微观结构的重要信息，是检验各种混合物经验规律，建立溶液理论模型的重要依据。

**混交林** mixed forest　由两个或多个树种组成的森林。其中，主要树种以外的其他混交树种，一般不能少于总株数（或断面积或材积）的20%。按所起作用可分主要树种、次要树种和灌木树种。主要树种是经营对象，又称目的树种。次要树种起辅佐作用，又称伴生树种。灌木树种主要起保护和改良土壤作用，有时也起辅佐作用。组成混交林的树种之间常表现出互补（有利）和竞争（有害）两方面的作用，其作用的强度取决于树种对环境条件的要求。两树种对环境要求差别大，种间表现为互补为主。反之，常表现以竞争为主。因此选择适宜混交树种是调节种间关系的重要手段，也是保证混交林具有稳定性和速生丰产的重要措施。混交林能充分利用空间和营养，改善立地条件，提高林产品的数量和质量，更好地发挥森林的防护效益和有较强的抗御外界不良环境的能力等；但营造技术复杂，单位面积上目的树种的蓄积量较小，不宜于特殊的立地条件。混交方法有株间混交、行间混交、带状混交、块状混交、植生组混交等。

**混凝土** concrete　由胶凝材料与集料等组成的复合材料。土木工程中用途最广、用量最大的一种建筑材料。有无机胶凝材料混凝土和有机胶凝材料混凝土之分。前者如水泥混凝土、石膏混凝土、硅酸盐混凝土、水玻璃混凝土等；后者如沥青混凝土、聚合物混凝土等。由水泥、砂、石与水按一定比例配合，经搅拌、成型、养护而成的混凝土称普通混凝土。水泥、细集料（砂或石屑）与粗集料（碎石或卵石）的配合比取决于对强度和耐久性的要求，一般为1:2:4。混凝土的强度用牛/毫米$^2$（$N/mm^2$）表示。在混凝土中掺入不同的外加剂或掺和料可改变混凝土的性质，如掺入速凝剂能加速凝结并提高强度；掺入加气剂能提高混凝土的和易性、抗冻性和抗渗性；掺入掺和料能影响混凝土的强度、变形、水化热、抗渗性和颜色。采用重集料（如钢屑、重晶石）的重混凝土，用于建造核电站的辐射防护屏和平衡重压块。掺入尼龙、玻璃纤维或短钢丝制成的高强度混凝土，有很高的抗冲击性能，用于飞机场跑道和火箭发射台等特殊工程中。

**混频器** mixer　输出信号频率等于两输入信号频率之和、差或为两者其他组合的电路。混频器通常由非线性元件和选频回路构成。混频器的输出信号除中心频率有所改变外，其余参数，如包络波形和所含频谱成分的相对关系均不改变。输出信号频率高于输入信号频率的称为上混（变）频，反之则称为下混（变）频。混频器最早用于等幅电报信号的接收，称为差拍检波器，后来是超外差接收机、载波电话和许多电子设备的基本组成单元。

**混作** mixed intercropping　将两种或两种以上生育季节相近的作物按一定比例混合种在同一块田地上的种植方式。多不分行，或在同行内混播或在株间点播。混作通过不同作物的恰当组合，可提高光能和土地的利用率，在选用耐旱涝、耐瘠薄、抗性强的作物组合时，还能减轻自然灾害和病虫害的影响，达到稳产保收。混作在中国约有2 000多年的历史。以北方旱地粮食和油料作物生产上应用较多，如小麦与豌豆混作、高粱与黑豆混作、大豆与芝麻混作、棉花与芝麻或豆类混作等。但由于混作会造成作物群体内部互相争夺光照和水、肥的矛盾，而且田间管理不便，不适合高产栽培的要求，故采用这种种植方式的面积已逐渐减少。

**活动论** mobilism　在地质历史中，不同大陆的位置对于地极以及各大陆之间都发生过大规模相对位移的主张。以A.L.魏格纳（1912）提出的大陆漂移说为代表。

1620年，F.培根指出，非洲西海岸和南美东部海岸线如此吻合，不大可能是偶然的巧合。1658年，法国R.P.F.普拉塞认为，南美洲和非洲曾一度相连而后来又分离开。19世纪中期，A.斯奈德-佩利格里尼（1858）根据欧洲和北美的煤层中植物化石的雷同，他绘制的石炭纪古地理图表明，在煤层形成时期欧洲和北美连接为统一的大陆，后来才分离开的。20世纪初期，美国F.B.泰勒（1908）和H.B.贝克（1908）在研究世界山脉的分布时，几乎同时得出大陆位移的结论。

以美国地质学家J.D.丹纳（1846）为代表的固定论者，认为在地质历史中，大陆从未变为大洋，大洋从未变为大陆。这种大陆固定、大洋永存的主张，或虽然大陆与海洋曾有互变，但也只是原地垂直运动的结果，称为固定论。固定论者为了解释各大陆之间在陆生生物分布方面有极为密切的关系时，提出了陆桥假说，认为大陆之间有陆桥相连，陆生生物从一个大陆经“陆桥”到另一个大陆，这些连接大陆的“陆桥”都已沉入大洋。从19世纪到20世纪50年代，固定论在地学的各分支学科中占统治地位。现代海洋地质研究的结果表明，不存在陆桥沉入大洋的事实，因为大洋盆地中没有发现构成大陆的硅铝层。

魏格纳的大陆漂移说提出后，在世界范围内引起了一场大论战。由于大陆漂移说证据的某些缺陷和驱动力问题没有满意的解释，大多数地学科学家对大陆漂移说持怀疑态度。自20世纪50年代起，古地磁学迅速发展，对大陆漂移说提供了新的支持。利用古地磁测定的各大陆的极移曲线，表明各大陆相对于地极位置，在地质历史中不是固定不变的，而是有规律地变化，而且彼此不同。根据古地磁研究，结合其他证据，已能提出各大陆在地史中的运移格局。60年代，大陆漂移概念的全球构造理论——板块构造说取得了很大的发展，并逐渐为人们所接受。

**活动桥** movable bridge　桥跨结构可以移动或转动的桥梁。又称开启桥。当陆地运输不甚繁忙，河流上有船舶航行而固定式桥梁不能建造在通航净空以上时，就需要建造活动桥。活动桥常常建造在河流的下游，靠近入海口城市中的水陆交通交叉处。为了减轻活动结构的重量，活动桥大多数采用钢结构。常用的活动桥有立转桥、升降桥、平转桥三种。此外，设有活动通航孔的浮桥，也可称是特殊的活动桥。

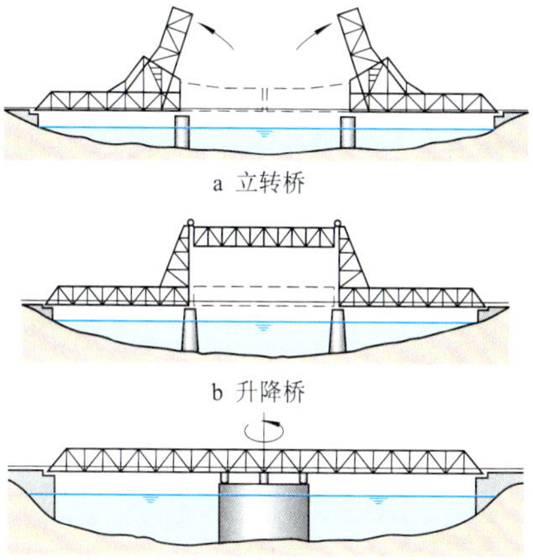
a 立转桥
b 升降桥
c 平转桥

常见的活动桥类型

立转桥　将航道上面的桥跨结构做成在立面上可以旋转开合的桥梁。从一端开合整跨活动结构的称单叶式立转桥；从两端开合分为两部分活动结构的称双叶式立转桥。结构的活动部分通常设有铰和平衡重等机械装置和电动设备。因此，开启操作比较迅速、容易，对河道造成的障碍最小，船只撞击的危险也较少。此外，立转桥对陆地上的交通有较大的安全性，而且航道上无竖向净空限制，是活动桥中最常用的形式。双叶式立转桥跨度最大的是西班牙巴塞罗那活动桥，跨度达109米。单叶式立转桥跨度最大的是美国芝加哥圣查尔斯铁路桥，跨度79米。中国天津市的解放桥（原名万国桥）于1926年建成，为双叶式，开启跨度46.94米，现已改为固定桥。

升降桥　桥梁中间通航部分的桥跨做成可以升降的结构。在活动桥跨两端各有一座塔架和悬挂的平衡重。当船舶要通过时，将桥跨升起，暂时中断桥上交通，船舶通过后再降回原位，恢复陆地交通。世界上最早的升降桥是1894年建成的跨度40米的美国芝加哥的一座城市桥，名叫南霍尔斯特德街桥。跨度最大的升降桥是美国纽约州斯塔滕岛和新泽西州伊丽莎白之间的奥瑟基尔桥，跨度170米，为单线铁路桥，建于1959年。1985年建成的塘沽海门升降桥是中国跨高最大的直升开启桥，位于天津市塘沽区（今滨海新区）中心河北路南端跨越海河。

平转桥　桥跨结构可以绕一根竖轴旋转的活动桥。在平转90°时，让河道上的船只通过。这种平转桥要求在河道中设一个较大的圆形桥墩，桥跨结构旋转中心的支承可以做成中心点支承，也可以做成圆环形支承，其桥跨结构在桥梁开启时为双悬臂梁；闭合时为连续梁。1903年建成的中国天津市金汤桥原属于这类活动桥。世界上最长的平转桥是埃及的苏伊士运河桥，为两孔相连跨度160米的平转桥，总的开放宽度约320米。

**活动星系核**　active galactic nucleus; AGN　发出大量非热辐射的星系的致密核心区。包括类星体、耀变体、赛弗特星系、射电星系和低电离核发射线区等亚类，总数约占正常星系的1/10。因为正常星系的辐射主要是其恒星成分在光学波段的热辐射，所以如果一个星系的射电、红外、紫外或X射线光度相当甚至大于光学光度，则这个星系的辐射肯定不是恒星发出的热辐射，而是非热辐射主导。

活动星系核有以下的特征：①高光度。②喷流结构。③快速光变。④光谱中有宽发射线。⑤连续谱具有非热同步辐射特征，流量强度$F_\nu$随频率$\nu$的分布呈幂律形式：

$$F_\nu \propto \nu^\alpha$$

式中$\alpha$称为谱指数。

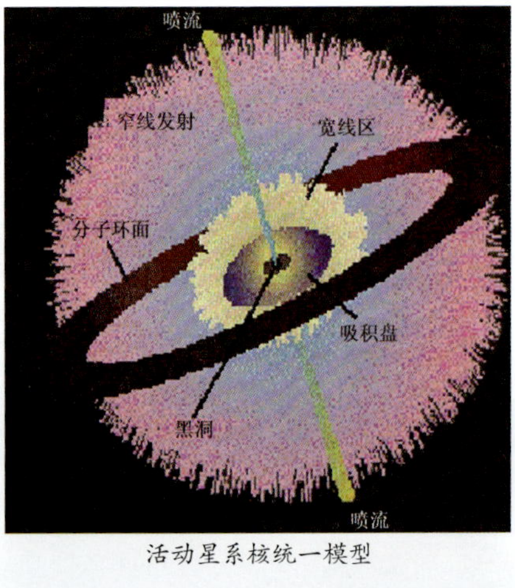


活动星系核统一模型

能够说明上述观测特征的物理模型是，所有AGN中心都有一个$10^5$～$10^{10}$倍太阳质量的黑洞。在这个超大质量黑洞周围有一个炽热的吸积盘，吸积盘周围分布着形成宽线的气体云，外面有一个尘埃分子环，环外侧分布着形成窄线的气体云。AGN辐射的巨大能量由被黑洞吸积物质的引力势能转换而来。

**活度**　activity　在化学热力学中描述实际溶液的热力学性质与理想溶液偏差程度的物理量。理想液体混合物中任一组分在全部浓度范围内都遵守拉乌尔定律，即：

$$p_B = p_B^\circ x_B$$

式中$p_B$为溶液上方溶剂的平衡蒸气压，$p_B^\circ$为溶液所处的温度下纯溶剂的蒸气压，$x_B$为溶液中溶剂的摩尔分数。实际溶液中物质B不遵守拉乌尔定律，其气相中的平衡蒸气压与液相浓度的关系可表示为：

$$p_B = p_B^\circ a_B \quad a_B = \gamma_B x_B$$

$$\lim_{x_B \to 1} \gamma_B = 1$$

式中$a_B$则称为物质B的活度，$\gamma_B$称为物质B的活度系数。$\gamma_B$表示实际溶液中物质B与理想溶液热力学性质的偏差程度，或与拉乌尔定律的偏离程度。$\gamma_B$可大于1或小于1，其数值与液相中不同组分分子之间的作用力有关。用类似方法还可定义实际溶液中溶质B的活度：

$$a_B = \gamma_B \frac{m_B}{m^\circ}$$

$$\lim_{m_B = 0} \gamma_B = 1$$

式中$m_B$为溶质B的质量摩尔浓度，$m^\circ$为1摩/千克。$\gamma_B$表示实际溶液中溶质B与亨利定律偏差程度。活度和活度系数是处理实际溶液相平衡和化学平衡问题不可缺少的热力学数据，其数值可用蒸气压法、分配系数法、溶度法、渗透压法等实验方法测定。现代溶液理论已推导出可用于估算某些体系活度及活度系数的公式。

核科学中的放射性活度表示某核素单位时间发生自发核跃迁的次数，单位为贝可[勒尔]（Bq）。

**活佛**　Living Buddha; sprul-sku　藏传佛教中指神佛化现为肉身。藏语称为朱古，后被藏传佛教用于高僧地位之继承制度。源于佛教灵魂转世和轮回受生的思想，认为大乘圣者已经除妄证真，不为业转而能自主生死，自在转生，随缘度众。这种转世者，即为活佛。活佛死后，寺院上层通过占卜、降神等仪式，寻觅活佛圆寂的同时出生的婴童若干名，从中选出一个灵童作为他的转世，继承其地位。此制度始于噶举派。格鲁派兴起后，严禁僧人娶妻，为解决宗教领袖继承人问题，即采用活佛转世制度。藏传佛教活佛制度主要有四大系统，西藏地区主要有达赖喇嘛和班禅额尔德尼两大活佛转世系统，蒙古地区有章嘉呼图克图和哲布尊丹巴两大系统。此外，藏传佛教其他各派和一些主要寺院也有各自的活佛转世制度。

**活化分析**　activation analysis　通过鉴别和测量试样受中子、光子和其他带电粒子辐照感生的放射性同位素的特征辐射，进行元素和核素分析的核分析方法。又称放射化分析。从原理上讲，活化分析是一种绝对分析方法。

1934年英国物理学家J.查德威克和M.戈德哈伯实现了第一次光子活化分析。1936年匈牙利化学家G.C.de赫维西和H.莱维完成了历史上首次中子活化分析。1938年美国化学家G.T.西博格和J.J.利文格德进行了第一次带电粒子活化分析。

活化分析的基础是核反应。用中子、光子或其他带电粒子（如质子等）照射试样，使被测元素转变为放射性同位素。根据所生成同位素的半衰期以及发出的射线的性质、能量等，确定该元素是否存在。测量所生成的放射性同位素的放射性强度或在生成放射性同位素反应过程中发出的射线，可以计算试样中该元素的含量。按照辐照粒子不同，活化分析可以分为中子活化分析、带电粒子活化分析、光子活化分析3类。其中以中子活化分析应用最广。①中子活化分析。主要利用的核反应有（n,γ）、(n,p)和（n,α），热中子反应几乎都是（n,γ），反应截面一般比较大，而且很少有副反应产生，因此热中子活化分析在中子活化分析中一直占有首要地位。中子活化分析可以测定原子序数1～83中的77种元素。②带电粒子活化分析。利用的核反应有（p，n）、（d，n）、（d，p）、（α，n）、（$^3$H，p）、（$^3$H，n）和（$^3$H，α）等。带电粒子的射程很短，引起的核反应基本上发生在样品表面，适宜于作表面分析。带电粒子对元素的反应截面比热中子小，活化反应比较复杂，但优点是能测定用中子活化和光子活化分析无法测定的锂、铍和硼等轻元素。③光子活化分析。主要利用的核反应是（γ，n），对于原子序数小的轻元素，核反应（γ，p）也是重要的。与热中子活化分析相比，它测定碳、氮、氧、氟等轻元素和某些中、重元素钛、铁、锆、铊和铅的灵敏度较高；与带电粒子活化分析相比，干扰反应较少。

活化分析的特点是：①灵敏度高，对大多数元素的分析灵敏度在$10^{-6}$～$10^{-14}$克之间。②精密度好，一般为±5%，有时可以达到±1%。③准确度好。④有专属性，各种元素生成的放射性核素具有自身专属的半衰期和辐射能量。⑤化学分离工作相对比较简单，且无试剂空白。⑥可进行多元素同时测定，在同一份试样中可同时测定30～40

种元素，最高可达56种元素。⑦可测定同位素组成。⑧可以进行无损分析。活化分析不足之处是所需设备复杂、价格贵；分析周期较长；不能测定元素的化学状态和结构。

**活化能** activation energy 化学反应中一般反应物分子转化为活化分子所需吸收的能量。对大多数反应，在一定的温度范围内，温度对反应速率常数$k$的影响，可表示为：

$$k=A\exp[E/(RT)] \qquad (1)$$

式中$E$称为活化能，$A$称为指前因子，是化学动力学中两个极重要的参数；$R$为气体常数，$T$为热力学温度。此公式由S.A.阿伦尼乌斯在1889年提出，称为阿伦尼乌斯方程或指数定律。

在反应的条件下，并不是反应物分子的每一次碰撞都能发生反应，只有那些能量足够高的“活化分子”之间的相互碰撞才能反应。R.C.托尔曼认为，活化分子的平均能量与反应物分子平均能量的差值即为活化能。近代的元反应速率理论进一步指出，在反应物分子转变成产应物分子的过程中，存在一个中间的过渡态（见图），过渡态具有比反应物和产物分子都要高的势能，即存在一个“势能垒”，反应物分子必须具有足够高的能量越过此“能垒”，才能发生反应，这就是元反应活化能的本质。对由多个元反应组成的复合反应，总反应的活化能只是由式（1）得到的表观值，没有上述物理意义。

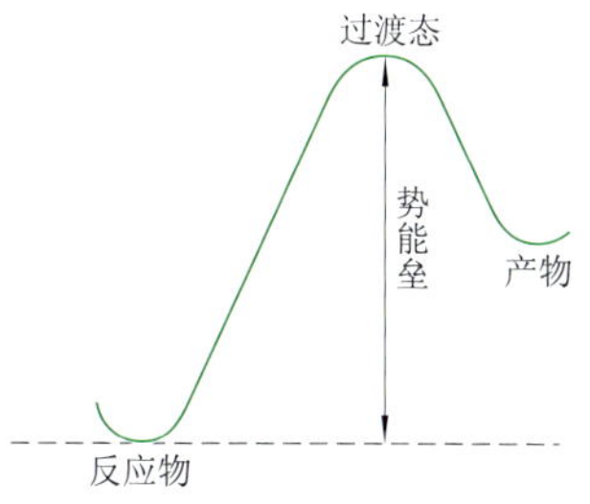


过渡态和势能垒

反应的活化能可以通过加热、电磁辐射、通电等途径提供，一般反应的活化能为80～250千焦/摩。

**活化石** living fossil 从地质年代的祖先直到现在仍尢太大变化的物种。C.R.达尔文首先用于东亚的曾被认为距今1亿多年前已绝灭的银杏。一般认为活化石应有以下4个限定条件：①在解剖上真正与某一古老物种极相似，但并不一定是完全相同或就是该物种。②这一古老物种至少已有1亿年或几千万年的历史，在整个地质历史过程中保留着诸多原始特征，而未发生较大的改变，也就是一种进化缓慢型生物。③这一类群的现生成员由一个或很少的几个种为代表。④它们的分布范围极其有限。

进化缓慢型生物的成种率低，对食物来源、生境的物理化学条件的波动非常适应。与其相关的新生种类在同一环境下可能不具备竞争能力。成种作用是生物进化的重要环节。在生境不变而成种率极低的情况下，这些生物在几百万年时间内不会有什么变化。于是相应地就形成了一些延续了上千万年的古老的生物，同时代的其他生物早已绝灭，只有它们独自保留下来，生活在一个极狭小的区域，被称为“活化石”。

按照生物进化的型式分析，“活化石”是在种系发生中的某一线系长期未发生前进进化，也未发生分枝进化，更未发生线系中断（绝灭），而是处于停滞进化状态的结果。并须仍是现生的种类。

**活劳动** living labour 处在进行时的、生产过程中的劳动，或劳动的运动形式。又称现在劳动。

活劳动总是相对于物化劳动而言的，是劳动的存在形式之一，是简单劳动过程3个要素中人的要素，是唯一能动的要素，是劳动的本来性质。

活劳动本身也有不同的形式。物化劳动是活劳动的物化，但并非所有的活劳动都能够物化。活劳动分为可以物化、可以积累的和不能物化、不能积累的两种，不能物化、不能积累的活劳动就是所谓的“劳务”。劳务作为活劳动也形成价值，在劳务的价值中也包含转移的生产资料的价值，但劳务作为使用价值，其生产、交换、消费是同时进行的。

把劳动区分为活劳动和物化劳动，是在凝结价值的人类抽象一般劳动范围内，进一步把创造新价值的劳动和已经作为价值凝结在商品中的劳动区别开来，把商品价值中的新价值和旧价值区别开来，从而阐明只有活劳动才创造新价值。

**活塞** piston 在往复活塞式内燃机、压缩机和泵等机械的缸体内沿缸体轴线作往复运动的机械零件。活塞有圆盘形、圆柱形和圆筒形三种形式。

在内燃机中，活塞在高温高压燃气的推动下做功。在压缩机和泵中，活塞在外力作用下对缸体内的流体施加压力，驱使流体流动和提高其压力。在液压缸中，活塞在压力油的推动下做功。活塞的封闭端面承受工作流体的压力，并与缸盖、缸壁构成燃烧室或压缩容积。活塞上装有活塞环或胶质密封圈以防止流体泄漏。活塞可用铸铁、锻钢、铸钢或铝合金等材料制造。在内燃机中，为了减小活塞的质量和惯性力，多采用铝合金制造。

**活性聚合** living polymerization 链式加成聚合中，无链终止、无链转移、引发速率远大于增长速率，反应形成的聚合物生长链仍具有活性，再加入新单体仍可反应的聚合。得到的聚合物为活性聚合物。只有人为加入失活剂，活性聚合物才失去活性。通过不同单体的逐次活性聚合，就可制备嵌段共聚物。它除具有组成聚合物的原有特性（如玻璃化温度、耐化学性、亲水性、疏水性）外，还有新的特性如两亲性、热塑弹性等，以适应不同用途的需要。

离子型活性聚合 例如，以丁基锂或萘钠为引发剂，在无氧、无水条件下，苯乙烯聚合形成稳定的、具有共轭体系结构的碳负离子增长链，聚合后重新加入苯乙烯或丁二烯则可以继续聚合或共聚合。

自由基活性聚合 自由基聚合时增长链是不带电荷的单电子自由基，两个增长链自由基很容易发生双分子终止（偶合或歧化终止），生成无活性的聚合物。如果聚合体系中有一自由基（Y·）能和增长链自由基（P·）偶合，生成休眠种，它在受热或光照条件下可逆分解成链自由基，“醒”后又可以与单体加成聚合。这样就可以实现自由基活性聚合。

**活性炭** active carbon; activated carbon 经活化处理的无定形碳。无味，无毒，外观黑色，内部孔隙结构发达，比表面积大，吸附能力强。根据用途的不同，可制成粉末状和粒径不同的颗粒。

活性炭易燃，燃点约370℃。组成中除碳之外，还含有少量与碳结合形成的羧基、酚羟基、羰基或醌基等官能团，表面形成一些亲水区域。活性炭优良的吸附活性主要来自其多孔结构。活性炭的比表面积通常为500～1 500米$^2$/克，是非极性、疏水性吸附剂。对于非极性有机气体和液体有良好的吸附能力。

几乎所有含碳原料都可以用来生产活性炭，常用的有木屑、碎木、椰壳、核桃壳、杏核、烟煤、无烟煤。首先将原料隔绝空气加热分解，除去焦油或木质素，并高温炭化。再将得到的炭料粉碎、筛分成一定粒度，与过热的水蒸气（850℃）或含二氧化碳的烟道气（900℃）进行氧化活化，然后经酸洗、水洗、干燥、粉碎和筛分。

活性炭作为气相吸附剂可以用于精制气体，除去其中的烃类、丙酮、硫化物、油气等；用于空气净化、油气回收；用于防毒面具。作为液相吸附剂可用于制糖、食用油、饮用水制备等工业中的脱色、除去杂质和胶体物。活性炭也用作催化剂的载体。医用活性炭可用于治疗胃肠道疾病。

**活血化瘀** promoting blood circulation for removing blood stasis 中医临床运用活血化瘀的药物治疗血瘀病证的治法。属理血法之一。活血化瘀法具有通畅血脉、消散瘀滞、调经止痛的作用。因为血液运行周身，全身各脏腑组织器官皆可能因瘀血而发生病变，所以活血化瘀法适用的病证范围很广，如瘀阻于心所致的胸闷心痛、口唇青紫；瘀阻于肺所致的胸痛咳血；瘀阻于肝所致的胁痛痞块；瘀血乘心所致的发狂；瘀阻胞宫所致的少腹疼痛、月经不调、痛经、经色紫黑有块或见崩漏；瘀阻于肢体所致的局部肿痛青紫；瘀阻于脉络所致的半身不遂等。常用的活血化瘀药如川芎、桃仁、红花、赤芍、丹参、蒲黄、乳香、没药等。代表方如桃仁承气汤、血府逐瘀汤、复元活血汤、温经汤等。

临床注意：①血瘀证有轻重，治疗应选用不同方药治疗。②祛瘀过猛易伤正，在使用活血化瘀法时，常辅以益气养血之品，使祛瘀而不伤正。③活血化瘀能促进血行，故凡出血证、妇女月经过多及孕妇均当慎用。

**活字版印刷** letterpress printing 用一定体型的单个字符组成印版用以印刷。活字版一般由字符活字、版面装饰材料和填空材料组成。

在敦煌发现的元代回鹘文木活字

北宋庆历年间（1041～1048）毕昇发明了活字版。其活字用胶泥制成，“火烧令坚”，按韵存放。排版时用一铁版，上布松脂蜡、纸灰等混合物，置铁范，依次密布活字。排完一版后，加热铁板使松脂蜡等熔化，覆平板压字面使活字牢固，版面平整，即可用于印刷。印后，再用火加热，取下活字，贮存原处，以备复用。这一发明包括活字制作、存放、排版、拆版、还字等完整的工艺。毕昇的发明，使书籍印刷效率大大提高，为印刷史上里程碑式的转折。13世纪初，古代维吾尔人用回鹘文木活字印书，这是历史上最早的字母活字。现存活字实物近千枚。

中国活字版技术于13世纪初传到朝鲜半岛，又传至日本，沿丝绸之路传至西方。1450年，德国人J.谷登堡在吸收中国活字技术的基础上，首创铅合金活字。这一技术发展很快，并逐渐传播到世界各地。19世纪初，铅合金活字技术传到中国。

**活组织检查** biopsy 用特殊器械钳取人体内部一小块活体组织制成切片以作进一步检查的临床检查手段。简称活检。例如为排除或证实胃癌而进行的胃黏膜组织的活体检查。

**火** fire 可燃烧物质的快速燃烧的现象。关系人类自身及其社会和文化发展的一项最基本的发现。一些学者把对它的利用称为人类历史上一次技术革命。

火最早来源于自然界雷电的引燃。这种在偶然机会下引燃的火焰，开始被人类利用，并作为唯一的火源，保留下来传之后代。在20世纪80年代之前的半个世纪中，人们公认北京猿人最早使用火，距今约50万年。1988年在南非斯瓦特克朗洞内发现270块有火烧遗迹的人类化石，表明人类最早使用火的时间是距今约140万年前。从控制火到制造火，是人类的一大进步，经历了数十万年乃至百万多年。现有考古资料说明，直到旧石器晚期、新石器时代初期人类才分别学会用木棒、木犁、皮条、燧石等器械摩擦或撞击生热取火。

早期人类取火很不方便。1827年，英国化学家J.沃克发明火柴。从此，人类才以极其简单和便宜的方式取火。在现代，人类能够通过各种设备十分自如地从天然燃料（煤、石油、天然气等）和人造燃料（煤气、氢、乙炔、丙烷、煤油、汽油、酒精、核能、焦炭等）中得到火。

火的使用，既促进了人类的自身发展，亦促进了人类社会和文化的发展。

**火把节** Torch Festival 中国西南地区彝、白、哈尼、傈僳、纳西、普米、拉祜等民族的传统节日。因以点燃火把为节日活动的中心内容而得名。时间在每年农历六月，除黔西彝族在农历六月初六开始外，其余多在六月二十三、二十四、二十五日开始，节期3～7天，多者达半月。火把节源于先民对火的崇敬，其原始形态是一种用火占卜的祈求巫术。在云南和四川彝族地区有燃火把是为了将地下的火引出，除去邪祟保护庄稼生长等传说。节日期间，要在夜晚点燃松木扎制的火把，大火把插于村寨中，人们举着小火把巡行于田间，以火驱邪，最后相聚到乡野田间，举行篝火晚会。节日期间，还要举行斗牛、斗羊、赛马、摔跤、射箭、拔河等活动。如今火把节祭神驱鬼内容减少，以文体活动为主，还增加了商业贸易活动。

彝族火把节狂欢夜

**火不思** hobis 拨奏弦鸣乐器。流传于中国新疆、内蒙古及云南地区的民间拨弦乐器。火不思一词是土耳其语“qobuz”的音译。约于唐代从中亚传入中国，史籍中曾有译名和必斯、胡拨斯、琥珀词、浑不似等。其图像最早见于新疆招哈和屯的唐代高昌画中，画上一儿童正在弹奏火不思。其形制，元、明、清各代史书多有记载。云南纳西族“白沙细乐”中的弦乐器色古都与元代文献记载的火不思相似，通长106厘米，弦轴均设在琴头左侧，张4根丝弦，常用定弦为e、a、$d^1$、$g^1$。演奏方法是将琴置于右腿上，左手扶琴，用食指按弦，多用滑音；右手拇指拨弦，食指辅助弹奏。20世纪70年代末，内蒙古音乐工作者对火不思进行仿制和改革，有大中小3种。常用的中音火不思全长91厘米，指板设铜质音品21～26个。按十二平均律排列。张4根钢丝弦，定音为c、g、$d^1$、$a^1$，可自由转调。21品者音域为3个八度，26品者音域近4个八度。用塑料拨子弹奏，音色较清脆明亮，能奏双音及四音和弦。火不思广泛流传于亚、非、欧等许多地区，其形制有所演变，但其名称的发音则近似。

**火彩** fire and smoke effect in Chinese opera 中国戏曲舞台上表现火焰、烟云各种特技的统称。由汉代百戏“吞刀吐火”演化而来。唐、宋时已用火彩为鬼神舞蹈制造气氛。明代的弋阳诸腔中，火彩还用于某些军事场面。明刊本《草庐记》第40折中注明“卒放火介”，乃用火彩表现火烧赤壁的戏剧场面。其后，各高腔、梆子、皮黄系统剧种对火彩均有所丰富。火彩主要有两类：一类由扮演者口吐；一类由检场人施放。后者又称“撒火彩”。撒火彩的花式甚多，各有名称，如绕成一大圈的叫“月亮门”，接连不断的叫“连珠炮”，劈空飞出的叫“过梁”，飞焰落入台口盆中以引燃盆内酒火的叫“钓鱼”等。20世纪50年代以来，由于片面强调隐蔽检场，此类特技在不少剧种中逐渐失传。

**火车** train 铁路机车和车厢编成的各种列车的总称。牵引列车的蒸汽机车最初烧的是煤，炉膛里燃烧着熊熊的火，所以人们把它称作火车并一直沿用。

机车的主要功能是牵引列车。有三种类型：①蒸汽机车。以蒸汽机产生动力，通过摇杆和连杆装置驱动车轮运行。②内燃机车。以柴油机为动力，由柴油机及其辅助系统、传动装置、车体和转向架三大部件组成。③电力机车。非自带能源机车，依靠接触网供应电能，直接驱动机车上的牵引电动机使机车运行。电力机车的热效率优于内燃机车和蒸汽机车，当由火力发电厂供给电能时，热效率达35%左右；当由水电站供给电能时，热效率可达60%以上。

车厢是载运旅客或货物的基本工具。载货车厢的基本类型有敞车、棚车、平车和罐车，还有各种专用货车，如保温车、水泥车、家畜车、通风车、活鱼车、活顶棚车、自卸漏斗车、集装箱专用平车、长大货物车等。载客车厢有敞开式和包房式的软、硬席座车和卧车，此外还有餐车、邮政车、行李车、瞭望车、公务车，以及各种特种车，如文教车、医务车、供应车等。

蒸汽机车

火车由一台机车或者多台机车牵引若干节车厢。牵引客车车厢的称为旅客列车；牵引货物车厢的称为货物列车。旅客列车最高速度160千米/时以上的称为快速旅客列车，在250千米/时以上的称为高速旅客列车，低于160千米/时的称为普通旅客列车。快速货物列车最高速度在160千米/时，普通货物列车最高速度在120千米/时。见**铁路车辆**。

**火成岩** igneous rock 由熔融**岩浆**直接冷却固结形成的各种结晶质或玻璃质岩石。又称岩浆岩。是从地壳深处或上地幔产生的高温熔融岩浆，受到地质构造作用的影响，在地下一定深处或喷出地表后冷却形成的。是三大岩石类型之一（另两类是**沉积岩**和**变质岩**）。

化学成分 几乎包括地壳中所有的化学元素，按其含量、地球化学行为和在火成岩中的意义，可分为主要造岩元素、微量元素、稀土元素和同位素等种类。主要的元素有12种，即氧、硅、铝、钛、铁、锰、镁、钙、钠、钾、氢和磷。这些元素占火成岩的总重量达99%以上，属主要造岩元素。火成岩的成分一般以元素的氧化物表示，$SiO_2$、$Al_2O_3$、$TiO_2$、$FeO$、$Fe_2O_3$、$MgO$、$CaO$、$Na_2O$、$K_2O$、$P_2O_5$等含量占火成岩的平均化学成分达99.5%（重量百分比），并在各类火成岩中均有出现。各种主要氧化物含量有一定变化范围。$SiO_2$是火成岩中一种很重要的氧化物，其含量多少反映火成岩的酸度、基性程度和$SiO_2$的饱和度，$SiO_2$含量还是火成岩分类的重要依据。

矿物成分 火成岩分类的重要依据。组成火成岩的矿物称为造岩矿物，自然界中造岩矿物有千百种，但常见的主要造岩矿物仅有20多种，如**石英**、**长石**（正长石、微斜长石、钠长石、更长石、中长石、拉长石）、**黑云母**、**角闪石**、**辉石**、**橄榄石**、**霞石**、**白榴石**、**磁铁矿**、**钛铁矿**、**磷灰石**、**锆石**、**榍石**等。其中以长石类最多。根据这些矿物的成分，又可分为硅铝矿物（又称浅色矿物）和铁镁矿物（又称暗色矿物）。浅色矿物包括石英、长石类、似长石类，其成分以硅铝为主，不含或含很少的铁镁成分，故矿物颜色都很浅。暗色矿物包括橄榄石类、辉石类、角闪石类、黑云母类，其成分含铁镁较高，故其颜色一般较深。

按造岩矿物在火成岩中的含量和对火成岩分类命名所起的作用，又把造岩矿物分为主要矿物、次要矿物、副矿物三类。主要矿物是确定岩石大类名称的主要依据，含量常大于15%。次要矿物一般含量约5%～15%，是对火成岩进一步划分种属的主要依据。黑云母或角闪石，常是花岗岩中的次要矿物。副矿物在岩石中含量小于1%～2%，在岩石的分类命名中一般不起作用，但其含量有时也可影响岩石的命名，如锆石型花岗岩，电气石花岗岩等。常见的副矿物有磁铁矿、钛铁矿、磷灰石、锆石、榍石等。

火成岩的矿物按其成因又可分为三种类型，即原生矿物、他生矿物、次生矿物。原生矿物是岩浆在冷却过程中直接结晶的矿物。他生矿物是岩浆同化了围岩或捕掳体而形成的矿物。次生矿物是火成岩受地表风化而形成的新矿物，又称表生矿物。

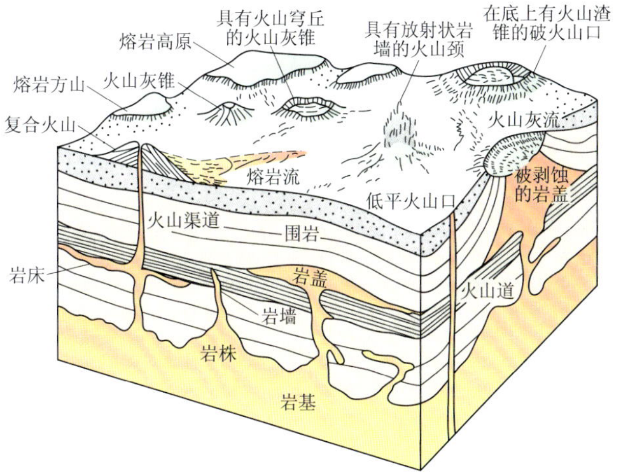


火成岩产状立体示意

结构 组成火成岩的矿物的结晶程度、颗粒大小、自形程度和矿物之间的互相关系。根据岩石中结晶质与非结晶质（玻璃）的比例，可分为全晶质结构、半晶质结构、玻璃质结构三种类型。根据组成火成岩主要矿物的粒径大小和肉眼下可辨认的程度分为显晶质和隐晶质两类结构。按照矿物颗粒的相对大小，又可分为等粒结构、不等粒结构、斑状结构和似斑状结构。依据矿物的自形程度可分为全自形粒状结构、半自形粒状结构、全他形粒状结构。根据组成岩石的矿物之间互相关系可分出文象结构、条纹结构、蠕虫结构、反应边结构、包含结构（又称嵌晶结构）。火成岩结构可反映出形成的条件，如全晶质结构多见于深成火成岩，玻璃质结构多为喷出岩等。

构造 组成火成岩不同矿物集合体之间或矿物集合体与岩石其他组成部分之间的排列方式或充填空间的方式所构成的岩石特点。常见的构造有块状构造、条带构造、球状构造、晶洞构造、杏仁构造、枕状构造、流纹构造、柱状节理构造等。

产状 反映火成岩在自然条件下产出的状态。即火成岩产出的形态、岩体大小、与围岩的接触关系。火成岩产状包括侵入体的产状和火山岩（又称喷出岩）的产状。侵入体产状常见的有岩床、岩盆、岩盖、岩脉、岩株、岩基等。火山岩产状与喷发类型有密切关系，常见的火山岩产状有火山锥、熔岩流、熔岩被、岩钟、岩针等（见图）。

岩相 在不同条件和环境下形成的火成岩体岩石总的特征。主要包括形成时的温度压力、矿物组合、结构构造等特征。可分为侵入岩相和火山岩相。侵入岩相常划分为深成相和浅成相。深成相多形成在3千米以下，浅成相主要形成在0～3千米的深度。火山岩相主要的有溢流相、爆发相、侵出相、火山颈相、潜火山相、火山沉积相。

分类 自然界火成岩种类很多，已认识的有1 000多种。已有的分类方法有多种，常用的分类主要考虑火成岩的化学成分、矿物成分、结构构造和产状特征。最常用的是三种分类方法：①根据$SiO_2$的含量，把火成岩分为四大类，即超基性岩（$SiO_2$小于45%），如橄榄岩、辉石岩等；基性岩（$SiO_2$45%～53%），如辉长岩、辉绿岩、玄武岩等；中性岩（$SiO_2$53%～66%），如闪长岩、正长岩、安山岩等；酸性岩（$SiO_2$大于66%），如花岗岩、流纹岩等。每一大类又根据$K_2O+Na_2O$的总含量划分为钙碱性岩（钙碱性岩系列）、碱性岩（碱性岩系列）、过碱性岩（过碱性岩系列，酸性岩无此系列）。②根据火成岩的主要矿物成分及含量，普遍使用的矿物分类法是1972年国际地质科学联合会火成岩分类会上推荐的矿物定量分类命名法。主要考虑了斜长石、碱性长石、石英、似长石和铁镁矿物及其含量。③根据火成岩的产状和结构构造，又可分为侵入岩和喷出岩类，侵入岩类根据其形成的深度又分为深成侵入岩（形成于3千米以下）和浅成侵入岩（形成于0～3千米）。喷出岩（见火山岩）包括火山熔岩和火山碎屑岩。

火成岩与矿产　许多金属和非金属矿产，稀有、稀土、放射性等矿产大多蕴藏在火成岩中，或与火成岩在成因和时空上有密切的关系。超基性岩类多与铬、铂矿床有关，基性岩类多与钒钛磁铁矿、铜镍矿床有关，中酸性岩类多与夕卡岩型的铜、铁矿关系密切。与花岗岩有关的多金属矿有钨、铍、铌、钽、锂、铀、铜、金、钼、铅、锌等，碱性岩类中常有丰富的稀有和稀土元素矿床。花岗岩等各种火成岩常常是高贵的装饰石材和建材，酸性火山岩可做良好的保温、隔音原材料。玄武岩的气孔中常形成有价值的冰洲石和玛瑙。玄武岩和辉绿岩还是铸石和生产岩棉的主要原料，也是生产水泥的配料。

**火地岛**　Tierra del Fuego, Isla Grande de　南美洲最南端岛群。主岛火地岛又称大火地岛，略呈三角形，隔麦哲伦海峡同南美大陆相望，面积4.87万平方千米。包括附近数百个小岛和岩礁在内的群岛总面积7.37万平方千米，约2/3属智利，1/3属阿根廷，两国在几个小岛的归属上有分歧。

主岛地形多变，西部和南部山地为安第斯山脉余脉，地面崎岖，海拔1 500～2 000米，一些高峰海拔在2 100米以上，最高峰约甘峰，海拔2 469米（智利），雪线高度仅500～800米，有高山冰川。东部和北部为平缓低地，海拔180～600米，大部分为冰河地形，覆盖着第四纪冰川沉积和火山灰砾，多冰川湖和沼泽湿地，较大的湖有法尼亚诺湖。气候寒冷，年平均温度低于10℃，多强劲风暴。平均年降水量地区差异显著，西部高达2 000～3 000毫米；东部降水较少，不足500毫米。南部和西部无遮蔽地带仅有苔藓和矮木，中部山区多森林，北部为丛生草原。

原为奥纳族、雅甘族和阿拉卡卢夫族印第安人的居住地。1520年航海家F.de麦哲伦探险到达。1945年主岛北端马南蒂亚莱斯发现石油，火地岛成为智利仅有的产油区。主岛南端的乌斯怀亚是世界最南的城镇。主要经济活动是养羊、伐木、捕鱼。工业主要是石油和天然气开采。交通主要靠空运和海运，陆上交通不发达。

**火地人**　Fuegians　南美洲南端火地岛及其邻近小岛上的印第安人。因靠篝火御寒，随身携带火把而得名。属蒙古人种美洲支。分为3支：①奥纳人（自称塞尔克南人）。原居火地岛的北部和东部，19世纪末被阿根廷人逐出该地；体型高大，分为许多氏族；使用琼语，属安第斯语系琼语族；以捕猎骆马为生。②阿拉卡卢夫人。居住在麦哲伦海峡以北的斯图尔特岛、布雷克诺克半岛和巴塔哥尼亚海峡附近；身材矮小，生活在海洋上，以独木舟为家。③雅甘人。散居于火地岛南部及附近一些小岛上，体型与阿拉卡卢夫人相似；迷信巫术，处于氏族社会阶段。后两支印第安人以捕猎海兽为生，食海兽肉，用水獭和海豹皮制披肩；其语言系属未定，文化相近。19世纪中期，火地人约有1万人，后因阿根廷人和智利人移入受排挤，人数锐减。20世纪50年代末至60年代初，阿拉卡卢夫人仅剩150～200人，奥纳人和雅甘人各为40～50人。

**火电厂**　thermal power plant　利用火力发电提供电能的工厂。按燃料的类别可分为燃煤火电厂、燃油火电厂和燃气火电厂等。按功能又可分为发电厂和热电厂。发电厂只生产并供给用户以电能；热电厂除生产并供给用户电能外，还供应热能。按服务规模可分为区域性火电厂、地方性火电厂以及流动性列车电站。区域性电厂装机容量较大，一般建造在燃料基地如大型煤矿附近，又称坑口电厂，电能通过长距离的输电线路供给用户。地方性电厂多建在负荷中心，需经长距离运进燃料，生产的电能供给比较集中的用户。在全世界范围内，火电厂的装机容量约占总装机容量的70%，发电量约占总发电量的80%。2000年，中国火电厂的装机容量占总装机容量的74.3%，发电量占总发电量的80.9%，可见火电厂对国民经济的发展和人民生活水平的提高都起着重大作用。

火力发电过程中，排出大量烟气、灰渣，发出噪声等，会对环境造成污染。因此，在选择火电厂的厂址时，应充分考虑火力发电引起的环境问题。防治污染的设施应与主体工程同时设计、施工和投产。

**火法冶金**　pyrometallurgy　利用高温从冶金原料中提取金属或其化合物或进行精炼的冶金过程。由于过程没有水溶液参与，故又称干法冶金，与湿法冶金和电冶金合称冶金生产的三大方法。

特点　和湿法冶金相比，火法冶金的优点有高温下反应快；单位设备生产率和劳动生产率高；投资省，经营费用低；利用炉料本身能量充分，可以实现自热熔炼，单位产品能耗低；高温炉渣组成稳定，便于堆存和利用；有色金属中间产物锍及金属产物能很好地富集金、银等有价值成分，便于综合利用。

冶金生产中全部的钢、铁，几乎全部的铅、锡、锑、钛，85%的铜，20%的锌和大部分的镍都采用火法冶金。

熔炼　把炉料装入高温炉内进行熔融与冶炼，将欲提取的金属由化合物状态还原为粗金属或富集于中间产物锍或黄渣中，同时炉料中的脉石和杂质作为熔渣分离出去，如氧化矿的还原熔炼、硫化矿经预处理变为氧化矿后进行的还原熔炼和造锍熔炼等。熔炼前要对炉料进行预处理，包括炉料干燥、煅烧、焙烧、烧结等。根据原材料和企业条件的不同采用不同操作，也可根据需要进行组合。

火法精炼　在高温下进一步处理粗金属，去除其所含杂质以提高其纯度。精炼主要利用所炼金属与杂质的物理化学性质的差异，通过改变温度、压力或加入添加剂等手段使主金属与杂质分别富集到不同相中。

综合利用和环境保护　火法冶金过程除产出成品金属外，还副产大量烟气和炉渣。烟气和炉渣必须经过处理，综合回收有价值的组分，除去对环境有害的物质，以达到清洁生产，提高资源综合利用率，走可持续发展道路。

**火花放电**　spark discharge　高电压电极间的气体被击穿，出现闪光和爆裂声的气体放电现象。在通常气压下，当在曲率不太大的冷电极间加高电压时，若电源供给的功率不太大，就会出现火花放电。火花放电时，碰撞电离并不发生在电极间的整个区域内，只是沿着狭窄曲折的发光通道进行。由于气体击穿后突然由绝缘体变为良导体，电流猛增，而电源功率不够，因此电压下降，放电暂时熄灭，待电压恢复再次放电。所以火花放电具有间隙性。雷电就是自然界中大规模的火花放电。火花放电可用于金属加工，钻细孔。

**火花室**　spark chamber　利用气体火花放电原理制成的带电粒子径迹探测器 。1959年由日本人福井崇时和宫本重德发明。在充有标准气压左右的惰性气体加适量其他气体的容器里放置两组互相交替的电极，一组接脉冲高压，一组接地。当带电粒子射入容器，电触发线路给出的符合信号把高压脉冲加到电极间，气体被带电粒子电离，电子雪崩式倍增形成导电通道，继而发展成火花击穿，组成粒子径迹，再用照相法录下火花。火花室兼备径迹探测器和闪烁计数器两者的优点，结构简单，使用安排灵活，空间分辨率为0.3～2毫米，分辨时间约1微秒。缺点是死时间长（0.01～0.1秒），不能适应在较高频的粒子束流下工作。

**火鸡** *Meleagris gallopavo*; turkey 鸡形目火鸡科火鸡属的一种。又称吐绶鸡。原产于北美洲东部和中美洲，各国多引进饲养。中国1980年以来，火鸡的饲养有发展。

体型大，全长800～1 100毫米。嘴强大稍曲。头颈几乎裸出，仅有稀疏羽毛，并着生红色肉瘤，喉下垂有红色肉瓣。背稍隆起。体羽呈金属褐色或绿色且散布黑色横斑；两翅有白斑；尾羽呈褐或灰色且具斑驳，末端稍圆。脚和趾强大。

飞翔力较强，能飞500～2 000米远。平时栖于地面上，发“咯咯”声，觅食昆虫、蜗牛、蜥蜴以及谷类、蔬菜、果实等。夜间结群宿在树上。一雄配多雌。巢营于地面隐蔽的凹处。每年产卵两次，每产8～15枚。雌鸟孵卵，28天孵化，由雌鸟育雏。

火鸡既供食用，又是观赏动物。

**火箭** rocket 靠火箭发动机喷射工质（工作介质）产生的反作用力向前推进的飞行器。它自身携带全部推进剂，不依赖外界工质产生推力，可以在稠密大气层内，也可以在稠密大气层以外飞行。火箭是实现航天飞行的运载工具。

图1 火箭吊装完毕

分类 按应用分包括军用和民用两大方面，范围广泛。如从民间节日焰火用的小火箭到各种探空火箭，直到将人送上月球的巨型运载火箭；从攻击陆地、

图2 运载火箭发射

水面和空中目标的各类导弹到攻击太空目标的火箭武器，以及利用火箭助推的鱼雷、靶机、火箭滑车、火箭飞机以及使飞行器旋转稳定的旋转火箭；姿态控制和末速修正用的微调火箭；多级火箭级间分离用的分离火箭；驾驶员座椅或座舱应急弹射用的救生火箭、信号火箭、雷达假目标火箭等。

根据能源的不同分为化学火箭、核火箭和电火箭等。化学火箭又分为固体推进剂火箭（简称固体火箭）、液体推进剂火箭（简称液体火箭）和混合推进剂火箭。

工作原理 火箭的运动遵守牛顿运动定律。火箭发动机工作时，喷出的高速气体给予火箭本体一个反作用力，即推力，使火箭的速度产生变化。在飞行过程中，随着推进剂的消耗，火箭的质量不断减小、速度不断增大。远程火箭和运载火箭往往使用多级火箭，最经济的级数是2～4级。多级火箭用两级或多于两级的火箭组成。多级火箭有3种组合形式：串联、并联和混合式。串联式火箭沿轴向连接成一个整体，气动阻力小，发射设备简单。并联式火箭又称捆绑式火箭，各级沿横向连接，长度短，发射时所有的发动机可同时点火。在相同起飞质量的前提下，并联式火箭的运载能力稍低于串联式火箭。串联和并联同时使用称混合式，兼有上述两种方式的优点和缺点。

组成 火箭的基本组成部分有推进系统、箭体结构和有效载荷。有控火箭上装有制导和控制系统，根据需要在火箭上还可装设遥测、安全自毁和其他附加系统。无控火箭则无制导和控制系统，其弹道一般靠火箭速度和弹道风调控。

推进系统是火箭飞行的动力源。固体火箭的推进系统就是固体火箭发动机。液体火箭的推进系统包括发动机、推进剂储箱、增压系统和管路活门组。

箭体结构的作用是装载火箭的所有部件，使之构成一个整体。通常固体火箭发动机的壳体和液体火箭的箱体构成箭体结构的一部分。除此之外，还包括尾段、级间段、仪器舱结构和有效载荷整流罩等部分。

有效载荷是火箭所要运送的物体。军用火箭的有效载荷就是战斗部（弹头）。科学研究用的火箭的有效载荷是各种研究仪器。运载火箭的有效载荷则是人造卫星、载人和无人飞船或空间探测器等航天器。

20世纪40年代以来，火箭得到了飞速发展和广泛应用。火箭的结构日益庞大，系统越来越复杂，精度不断提高。人造卫星运载火箭的质量已由早期的近10吨提高到2 900多吨，运载低轨道卫星的能力也由几千克、几十千克提高到120多吨。火箭将进一步向可靠性高、经济性好和多次使用的方向发展。化学火箭仍将占主导地位，核火箭和电火箭将在一定范围内应用，太阳能火箭和光子火箭也有可能取得新的进展。

**火箭发动机** rocket engine 由飞行器自带推进剂（能源），不利用外界空气的喷气发动机。可以在地球稠密大气层以外空间工作，能源在火箭发动机内转化为工质（工作介质）的动能，形成高速射流排出而产生推力。

分类 依形成气流动能的能源种类分为化学火箭发动机、核火箭发动机和电火箭发动机。

化学火箭发动机主要由燃烧室和喷管组成。推进剂既是能源也是工质，在燃烧室内进行放热反应，将化学能转化为热能，生成高温、高压燃气，经喷管膨胀加速，将热能转化为气流动能，以高速从喷管排出，产生推力。按推进剂的物态又分为液体火箭发动机、固体火箭发动机和混合推进剂火箭发动机。

核火箭发动机用核能作能源，用氢作工质，由核反应或放射性衰变释放的热能加热工质，已被加热的工质经喷管膨胀加速后以高速排出，产生推力。核火箭发动机因核的其他问题十分复杂，用者很少。

电火箭发动机利用电能将工质加速，

液体火箭发动机

形成高速射流从机内排出，产生推力。电能由飞行器提供的化学能、核能或太阳能转化生成。电火箭适宜于在空间长时间工作，多用于静止轨道卫星的位置保持和深空探测。

应用 主要用于运载火箭、航天器和导弹的推进系统。

火箭发动机可用作航天器的主推进系统和辅助系统。化学火箭发动机是航天器推进系统的主要形式，多级运载火箭都采用化学火箭发动机，用于助推、主发动机、游动发动机等。固体火箭发动机和可储存液体火箭发动机广泛用于各种战略和战术导弹，还可用于多弹头分导、机动弹头以及末制导的辅助推进系统。电火箭发动机已在卫星的姿态控制和位置保持等方面获初步应用。

火箭发动机还用于火箭飞机和高速飞机的起飞助推、靶机、鱼雷和探空火箭等。

发展趋势 化学火箭发动机技术比较成熟，仍是航天器和导弹的主要推进系统。火箭发动机将向高性能、长寿命、高适应性、能重复使用和便于维护等方面发展。表现在：采用高能推进剂，改善燃烧性能；采用新材料、新工艺和新的结构设计，以减轻发动机质量和提高飞行器的性能；用计算机对发动机进行自动检测和控制；增大高空喷管的面积比，在几何尺寸受到限制的条件下采用可延伸喷管；研制新型的双燃料发动机等。新的推进技术将逐渐完善和投入使用，预期高喷气速度和长寿命的太阳－电推进系统可应用于高轨道卫星和行星探测器，核推进技术有可能用于未来的空间推进系统。

**火箭炮** multiple rocket launcher 引燃火箭弹发动机点火具，赋予火箭弹初始飞行方向的发射装置。通常为多发联装。发射速度快，火力猛烈，突袭性好，机动性强，射弹散布大，多用于对面目标射击。主要配用杀伤爆破火箭弹和子母弹，既可歼灭、压制有生力量，又能打击集群装甲目标；也可配用特种火箭弹，用以完成布雷、照明、电子干扰和施放烟幕等特殊任务。有自行式和牵引式，以自行式居多。

火箭炮通常由定向器、回转盘、方向机、高低机、平衡机、瞄准装置、发火系统和运动体组成。

火箭炮将通过增大弹径和弹长、加大推进剂药量、采用复合推进剂等以增大射程、改进弹药来提高作战效能，还将具有良好的机动能力、装甲防护和三防能力。

中国1981年式122毫米火箭炮

**火炬计划** Torch Program 中国发展高技术产业的指导性计划。1988年开始实施。宗旨是发挥中国科技力量的优势与潜力，以市场为导向，促进高技术成果商品化、高技术商品产业化和高技术产业国际化。主要内容是：创造适合高技术产业发展的环境和条件；办好高技术产业的开发区；组织实施火炬计划项目；推动高技术产业的国际化；培养实施火炬计划的经营管理人才。重点领域是新材料、生物技术、电子与信息、光机电一体化、新能源、高效节能与环保。20多年来火炬计划项目的实施，发展了一批高技术企业和高技术企业集团，建立起数十个国家级高新技术产业开发区。

**火口湖** crater lake 死火山口积水形成的湖泊。火山喷发熄灭后，冷却的熔岩和碎屑物堆积于火山喷发口周围，使火山口形成一个四壁陡峭、中央深邃的漏斗状洼地，集水后形成火口湖。多呈圆形，面积小，深度大。湖区往往还伴随着众多的温泉。位于中国吉林**长白山**主峰白头山顶的天池是典型的火口湖，是中国第一深水湖和面积最大的火口湖，其面积9.82平方千米，最大水深373米。

**火力发电** thermal electric generation 利用煤、石油、天然气等固体、液体、气体燃料燃烧时产生的热能，通过发电动力装置转换成电能的一种发电方式。火力发电所用燃料以煤炭为最多，约占50%以上。

简史 最早的火力发电是1875年在法国巴黎北火车站的火电厂实现的。1886年，美国建成第一座交流发电厂。1891年，美国电灯公司的火电厂安装了第一台带有凝汽器的发电机组，容量100千瓦。1882年，中国上海建成一座装有12千瓦直流发电机的火电厂（乍浦路火电厂），为电灯供电。1901年，瑞士勃朗－鲍威利有限公司制成第一台5 000千瓦汽轮发电机，1902年达到15 000千瓦。1912年，美国西屋电气公司制成25 000千瓦机组，到1925年出现了10万千瓦机组。1973年以后，世界最大的火电机组达130万千瓦。世界最大火电厂是俄罗斯的苏尔古特第二火电厂，容量为480万千瓦。到2007年底，中国大陆400万千瓦以上的火电厂有浙江玉环电厂（4×100万千瓦）、山东邹县电厂（454万千瓦）、内蒙古大唐托克托电厂（480万千瓦）。世界上绝大多数国家的电力生产仍以火电为主。全世界火电装机容量约占总装机容量的65%。

类型 按火力发电作用分，有单纯供电的和既发电又供热的。按原动机分，主要有汽轮机发电、燃气轮机发电、柴油机发电。按所用燃料分，主要有燃煤发电、燃油发电、燃气发电。还有垃圾发电、沼气发电，以及利用工业锅炉余热发电等。

流程 汽轮机发电是先将燃料送进锅炉，同时送入空气，利用燃料燃烧放出的热能使水变成高温、高压蒸汽，驱动汽轮机旋转做功而带动发电机发电（见图）。热电联产方式是利用原动机的排汽（或专门的抽汽）向工业生产或居民生活供热。燃气轮机发电是用压气机将压缩过的空气压入燃烧室，与喷入的燃料混合雾化后进行燃烧，形成高温燃气进入燃气轮机膨胀做功，推动轮机的叶片旋转并带动发电机发电。柴油机发电是用喷油泵和喷油器将燃油高压喷入汽缸，形成雾状，与空气混合燃烧，推动柴油机旋转并带动发电机发电。

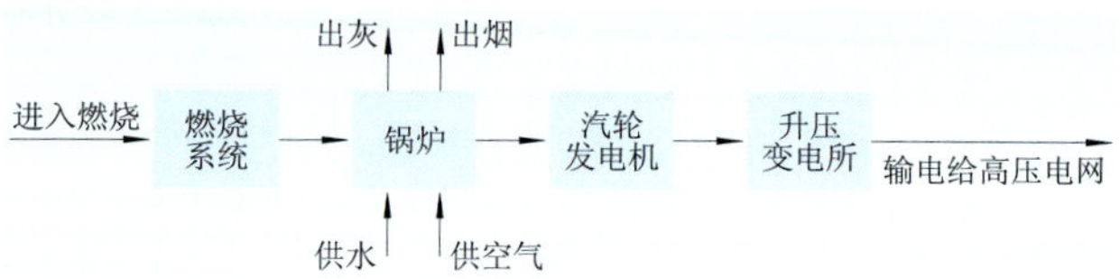


汽轮机发电的生产流程示意图

效率 火力发电中，燃料蕴藏的能量只有一部分能转换为电能，其余的通过锅炉、汽轮机、排汽、发电机、管道系统损耗。世界最好的火电厂也只能把40%左右的热能转换为电能，大型供热电厂的热能利用率也只能达到60%～70%。这种把热能转换为电能的百分比就是火电厂的发电效率。

火力发电系统 基本组成包括燃烧系统、汽水系统、电气系统、控制系统。

**火烈鸟** *Phoenicopterus ruber*; greater flamingo 鹳形目红鹳科红鹳属的一种。著名观赏鸟。又称**大红鹳**。

**火奴鲁鲁** Honolulu 美国夏威夷州首府，重要港口。著名旅游中心。华人称檀香山。位于北太平洋夏威夷群岛瓦胡岛东南岸。市区面积222平方千米，人口37.47万（2008），其中亚裔人口占55.9%；大都市区扩及瓦胡岛各县，人口90.5万（2008），约占全州总人口的70.3%。城市坐落在狭长的滨海平原上，海拔不足5米。气候温和宜人，四季草木苍翠。

早期为波利尼西亚人的小山村。1778、1794年英国J.库克船长、航海家W.布朗先后抵达，此后成为过往船只的停靠处。按当地语言，"火奴鲁鲁"即"避风港"之意。1850年起成为夏威夷王国首府。1898年夏威夷归属美国后，开始在瓦胡岛上兴建海、空军基地。

旅游业为城市经济的支柱，各种旅游设施齐全，年接待游客数百万人次，旅游收入居各项产业之首。其次是联邦国防部在该州的支出，共有7个大型军事基地，全市人口的10%为军事人员及其家属，有相当数量就业人员服务于各军事设施。工业部门除制糖和菠萝罐头外，还有港口机械、电子和计算机设备、建材、印刷、服装等。地处北太平洋海、空交通"十字路口"，城西海滨的国际机场为美国最繁忙的机场之一；深水良港为横渡太平洋海轮的中转站，全州所需粮食、燃料和各种工业品多经该港输入。市区与瓦胡岛各县、镇有高速公路相连。

城市整洁美观，多豪华旅馆、餐馆和超级市场。著名的怀基基海滩是水上运动的胜地。华人街区公园中立有孙中山先生铜像。夏威夷王国时代的约拉尼宫是美国唯一的王宫。有夏威夷大学、火奴鲁鲁艺术学院以及波利尼西亚文化中心、东西方技术和文化交流中心、毕孝普博物馆等重要文化设施。

火奴鲁鲁怀基基海滩

**火炮** artillery 以发射药为能源发射弹丸，口径在20毫米以上的身管射击武器。火炮种类较多，配有多种弹药，可对地面、水上和空中目标射击，歼灭、压制有生力量和技术兵器，摧毁各种防御工事和其他设施，击毁各种装甲目标和完成其他特种射击任务。

火炮按用途分为地面压制火炮、高射炮、反坦克火炮、坦克炮、航空机关炮、舰炮和海岸炮。其中地面压制火炮包括加农炮、榴弹炮、加农榴弹炮和迫击炮，有些国家还包括火箭炮。反坦克火炮包括反坦克炮和无坐力炮。按弹道特性分为加农炮、榴弹炮和迫击炮。加农炮弹道低伸，身管长，初速大，射角一般小于45°，适于对装甲目标、垂直目标和远距离目标射击。高射炮、反坦克炮、坦克炮、航空机关炮、舰炮和海岸炮都具有加农炮的弹道特性。榴弹炮弹道较弯曲，炮身较短，初速较小，射角可达75°，弹道机动性大，适于对水平目标射击。迫击炮弹道弯曲，炮身短，初速小，射角为45°～85°，适于对遮蔽物后的目标射击。按运动方式分为自行火炮、牵引火炮、骡马挽曳火炮和骡马驮载火炮。按炮膛构造分为线膛炮和滑膛炮。

为了提高炮兵火力的适应性，现代火炮除配有普通榴弹、破甲弹、穿甲弹、照明弹和烟幕弹外，还配有各种远程榴弹、反坦克布雷弹、反坦克子母弹、末段制导炮弹以及化学炮弹、核弹（见**核武器**）等，使火炮能压制和摧毁从几百米到几万米距离内的多种目标。

**火山** volcano 地下深处的高温岩浆及其有关的气体、碎屑从地壳中喷出而形成，并具有特殊形态和机构的地质体。火山活动常有地震或气体逸出作为先兆。现在还具有喷发能力的火山或在人类史上作周期性喷发的火山称活火山；现在没有喷发，且火山构造已遭严重破坏，将来也不可能喷发的火山称死火山；现在没有喷发，但在历史时期可能喷发过，现处于宁静期的火山称休眠火山。火山喷发可带来地壳深部的物质和重要信息，但强烈的火山喷发给人类带来灾害。

构造 典型的火山具有火山锥、火山口、火山喉管、火山颈和火山穹丘。火山锥是火山喷出物在通道口堆积成的锥形山体，是中心式喷发的一种重要特征。火山锥有多种形态和构造，如火山渣锥、熔岩锥、盾形锥、混合锥等。火山口是山锥顶部漏斗状洼地，也即火山喷口。火山喉管是岩浆喷出地面的通道，又称火山通道。火山颈是火山喷发停止后被岩浆冷凝物充塞的火山通道。火山穹丘是黏度较大的岩浆在通道口冷凝形成的穹丘状山丘。火山锥周围常有放射状、环状裂隙，其中充填着岩墙。极少数火山仅是一个浅平洼地而没有火山锥。

喷出物 有火山气体、熔岩和火山碎屑。不同的火山喷出物有不同，即使是同一座火山，不同时期的喷出物也有变化。

火山气体在火山活动的各个阶段都可从火山口或火山锥周围的裂隙中逸出。火山气体主要成分是水蒸气（70%～90%）、二氧化碳、二氧化硫，以及微量的氮、氢、一氧化碳、氯等。喷出气体的温度可达500～800℃，岩浆析出的水蒸气或地下水受热汽化成的水蒸气沿裂隙上升，遇冷在地表往往形成**温泉**或喷泉。

熔岩是释放了大部分挥发分而喷出地表的岩浆，以及由这种岩浆固结形成的岩石。这种岩浆流出比较平静，可形成广阔的熔岩被或熔岩高原。在水下喷出时可形成枕状熔岩。

火山碎屑是火山活动时在热而高压气体的侵蚀和爆破作用下所产生的碎屑物质。火山碎屑按大小分为大于鸡蛋的火山块，小于鸡蛋的火山砾，小于黄豆的火山砂和颗粒极细小的火山灰；按形状分为纺锤形、条带形或扭动形状的火山弹，扁平的熔岩饼，丝状的火山毛；按内部结构分为内部多孔、颜色较浅的浮石，泡沫，内部多孔、颜色黑褐的火山渣。被喷射到空中的火山碎屑，粗重的落在火山口附近，轻而小的或被风吹到几百千米以外沉降，或上升到平流层随大气环流形成火山灰流。火山喷发时灼热的火山灰流与水（火山区暴雨、附近的河流湖泊等）混合则形成密度较大的火山泥流。火山灰流和泥流都带有灾害性。

火山喷发类型 火山喷发按岩浆的通道分为两大类。一类是裂隙式喷发（图1），又称冰岛型火山喷发。喷发时岩浆沿地壳中的断裂带溢出地表，喷发温和宁静，喷出的岩浆为黏性小的基性玄武岩浆，碎屑和气体较少。另一类是中心式喷发（图2）。喷发时岩浆沿火山喉管喷出地面，通道在平面上呈点状，多形成火山锥。

根据喷出物的性质和喷发的强烈程度又分为：①夏威夷型喷发。没有强烈爆发，岩浆为基性熔岩，气体和火山灰很少。火山锥为盾形，顶部碗状火山口中有灼热熔岩湖和熔岩喷泉。②斯特龙博利型喷发。中等强度爆发，岩浆为中-基性，喷出物主要是火山弹、火山渣和岩石碎屑，气体较多，火山锥为碎屑锥或层状锥。③培雷型喷发。具有强烈喷发爆炸，岩浆为黏稠的中性、酸性，多气体。喷发时形成迅猛的火山灰流。火山锥为坡度较大的碎屑锥，顶部为穹丘，经风化火山颈突出地面。④武尔卡诺型喷发。属强烈喷发的一种，黏性带有棱角的

图1 沿断层带喷出的火山岩浆（裂隙式喷发）

图2 正在喷发的埃特纳火山（中心式喷发）

大块熔岩伴随大量火山灰抛出地面，形成烟柱，熔岩流少或没有，火山锥为碎屑锥或层状锥。⑤普林尼型喷发。极端猛烈的爆炸喷发。是黏稠岩浆在火山通道内形成"塞子"造成的。喷发时产生高耸入云的发光火山云和火山灰流。火山锥顶被炸成破火山口。以上几种类型除夏威夷型外，大都属中心式喷发。

分布　全世界有史载的534座活火山，在全新世喷发过的火山约1 500多个（有人认为也属活火山），还有在海底的数千个年轻火山。全球火山分布是有规律的，一般都分布在两板块相互作用的地带，它们与板块运动相联系（见**板块构造说**）。活火山主要分布在环太平洋火山带、地中海－喜马拉雅－印度尼西亚火山带、大洋中脊火山带和红海－东非大陆裂谷带。

中国的火山，全新世以来中国火山喷发有9处，其中半数分布在东北境内。它们既有大陆内部的，也有海岛的，基本上都位于第四纪火山活动区，以中心式喷发、中－小型火山锥成群出现为特征，除长白山天池（火口湖），很少形成大面积熔岩台地或大型层状火山。

火山活动是一种宇宙自然现象。宇航探测发现月球、火星、金星、木卫一上均有火山活动。

**火山岛**　volcano island　大洋中露出海面的火山地形。见**大洋岛**。

**《火山灰地》**　*Land of Volcanic Ash*　日本剧作家**久保荣**的代表作。创作于1937～1938年。

**火山口湖**　Crater Lake　美国最深的湖泊。位于俄勒冈州西南部，喀斯喀特山脉南段。轮廓近似圆形，直径约10千米，面积52平方千米。湖面海拔1 879米。最大水深589米，在北美洲仅次于加拿大的**大奴湖**。原是被冰川覆盖的古火山锥马扎马火山，约7 700多年前火山喷发，山顶崩陷，形成破火山口；在风化和流水侵蚀作用下，火山口逐渐扩大，积水成湖。以后又曾多次发生小喷发，形成若干火山锥，部分出露湖面成为小岛，其中最大的是威扎德岛，高出湖面237米，顶部留有一火山口。湖周被高约150～600米的熔岩峭壁环绕，火山岩屑经长期风化后形状奇特、色彩各异。该湖无出入口，靠雨水和冰雪融水补给，湖面变动很小，湖水清澈，呈深蓝色。湖内有鳟鱼等。湖区松、杉林茂密，夏季野花盛开，空气清新，景色幽美。1902年辟为火山口湖国家公园。

**火山岩**　volcanic rock　地壳深部炽热的岩浆经**火山**喷发作用喷发到地表或地表下浅处迅速冷却固结形成的岩石。又称喷出岩。根据火山喷发的方式和喷发物的特点，可分为火山熔岩、火山碎屑岩和潜火山岩。根据火山喷发环境又可分为陆相火山岩和海相火山岩。根据化学成分可分为超基性、基性、中性、酸性和碱性的火山岩。中国陆相喷发和海相喷发的火山岩分布广泛。潜火山岩产出较少。海相火山岩年代较老，主要形成于中生代白垩纪以前，多在中、西部地区产出，有的已遭受了较强的变质。陆相火山岩年代较新，多形成于中生代以后，主要分布在中国东部及沿海省份，形成三个主要火山岩带，即大小兴安岭－燕山地区火山岩带、辽吉－山东火山岩带、苏皖浙闽粤火山岩带。岩石以中酸性、酸性火山熔岩和火山碎屑岩为主。新生代陆相火山岩以玄武岩流火山岩为主，在东北、华北、华东、秦岭、海南岛、新疆、西藏均有产出。

**火试金法**　fire assay　通过熔融、焙烧等方法测定矿物或金属制品中金、银含量的方法。主要步骤：①取样。由于金、银常以无规则的分散状态存在，往往需要用大量的矿物和金属制品，才能取得具有代表性的样品，并仔细地粉碎。②熔样。往试样中加入熔剂，如一氧化铅、硼砂等，加热使试样和熔剂熔融。一氧化铅被还原为金属铅并和金、银一起沉入容器底部，冷却后变成小球，弃去熔渣。③烤钵试金。将小球放在利用骨灰（或素烧瓷）制成的烤钵中，把烤钵放在特制的能提供强氧化气氛的炉中加热，这时小球中的铅和其他金属杂质都被氧化，生成的氧化铅和其他金属氧化物成为炉渣，金和银仍然保持金属状态，从而与铅和其他金属的氧化物分开。取出烤钵，冷却得含金银的小球，洗净、烘干。④称量。称出金银小球试样的重量，即为金银合量。⑤金银分离。用热的稀硝酸处理含金银的试样，即可将银溶解。⑥称量。将除去银后的只含金的试样洗净、烘干后再称量，便可测得金的重量。金和银的总重量减掉金的重量，即是银的重量。

在火试金过程中，样品中的铂、钯、铑、铱会溶解在熔融的金属铅中，在烤钵中加热时也不被氧化，后来在热稀硝酸溶解时，只有钯被溶解，而铂、铑则留在金中。铱则在烤钵内被氧化成一种黑色沉积物附在金属小球表面。样品中的锇、钌在加热时会生成挥发性氧化物而损失。

**火腿**　ham　以猪腿肉为原料，经腌制、成熟制成的食品。古老的肉食加工产品之一。传统的火腿选用带皮、带骨、带猪爪的整只猪腿，用干法腌制，腌制后要经过几个月的成熟才成为具有特殊风味的产品。成品可在室温下存放几个月，但存放过久表面色泽会变黄，脂肪氧化有臆败味。中国的传统产品如金华火腿和宣威火腿都属于此类。

金华火腿以肉质新鲜的猪后腿为原料，经腌制、洗晒、发酵即为成品。将火腿切段后，用真空塑料膜包装，可防止脂肪氧化，延长保存期。

西式火腿选用去皮、去骨、去猪爪的猪腿肉，用注射腌制剂盐水的方法进行腌制。高档西式火腿腌制剂中的加水量不超过鲜肉重的30%；中、低档火腿腌制剂中的加水量可达30%～70%。然后揉滚腌制约20小时，加压成形脱水，装袋真空封口，杀菌、冷却后包装。包装容器采用镀锡薄钢板（俗称马口铁）或塑料袋。马口铁罐通常采用马蹄形，以高温、高压杀菌，成品能在常温下长期保存。塑料袋包装的火腿，采用巴氏灭菌，成品需在0～4℃储藏。西式火腿可直接食用，肉质比较鲜嫩。

国际上生产的火腿大都是西式火腿。类似中国传统金华火腿式的火腿也有少数国家生产，如意大利和美国的弗吉尼亚州等。这种火腿不能直接食用，必须煮熟后方能食用，一般宜与其他食品一起炖煮后食用。

**火邪**　fire pathogen　中医病因学概念。火在中国传统文化中属五行之一。指具有阳性、热性的事物或亢进的状态。

火邪又常称为温邪、热邪、温热之邪、火热之邪。虽可混称，但在程度上有所区别，有"火为热之极，热为温之渐"之说。火邪有内外之分，习惯上常将外火称为温邪、热邪或温热之邪，内火称为火邪、火热之邪。外火实际上包括和代表了阳热一类的外界致病因素。火邪的致病特点是：火为阳邪，其性上炎，伤于人，可见高热、恶热、烦渴、汗出、脉洪数等症。火邪最易迫津外泄、消灼阴液，故临床表现除热象外，还有口渴喜饮、咽干舌燥、大便秘结、小便短赤等热灼津耗的症状。

**火星** Mars 太阳系八行星之一。从地球上看，颜色最红的行星。中国古代称“荧惑”，西汉之后始称火星。

公转和自转 火星与太阳之间平均距离为1.523 7天文单位（AU）。火星公转轨道的偏心率较大，$e$为0.09。与太阳距离的变化幅度是：近日距1.38AU，远日距1.67AU。与地球距离的变化幅度更大：近地距0.38AU，远地距2.67AU。所以，火星的亮度能从最近时的－2.9视星等变到最暗时的＋1.8视星等，二者相差约75倍。火星的反照率很小，为0.16，低于金星（0.72）和地球（0.39），仅略高于水星（0.06）。公转轨道面与黄道面的倾角为1.85°，所以火星总是在地球的夜空沿着天球上黄道运行。公转的平均轨道速度24.13千米/秒。公转周期686.9个地球日，略小于两个地球年。火星的赤道与公转轨道的倾角25.19°，和地球的黄赤交角23.45°近似，所以火星也有类似的四季现象，只是每季的长度要比地球的长出约一倍。每当地球运行到太阳和火星轨道之间，太阳和火星的黄经相差180°之际，称为火星冲日。此刻的火星方位称为冲。地球每隔764～806日，平均780日，一遇火星冲日，此时火星距地球较近，可从日落到日出整夜呈现在星空，是观测最佳时候，亮度约是天狼星的3.5倍。若冲日时火星位于近日点，称为大冲，约隔15～17年一遇。最近的一次大冲在2003年8月29日。若大冲时又逢地球位于远日点，此时地球和火星的距离最近，称为最近距大冲，为难得一遇的罕见天象。

理化状况 火星赤道半径3 396千米，为地球的53%。质量约为地球的11%。体积约为地球的15%。火星椭率为0.006 9，在四个类地行星（水星、金星、地球和火星）中是最为扁椭的一个。平均密度3.93克/厘米$^3$，比地球的（5.97克/厘米$^3$）小。赤道表面的重力加速度3.73米/秒$^2$。赤道表面上物体的逃逸速度5.0千米/秒，比地球的（11.2千米/秒）小得多。火星具有稀薄的大气，平均气压为5.6毫帕，仅约为地球的1/1 000。大气内二氧化碳占95%、氮2.7%、氩1.6%，其余是微量的氧、一氧化碳、水蒸气、臭氧、氦、氖等。火星表面赤道附近夏季的最高温度可达300K（27℃），记录到的最低温度是145K，全球表面年平均气温210K，比地球的286K低许多。火星呈红黄色。地表土壤含有大量氧化铁，受紫外

“海盗”1号着陆实验装置降落在火星上

辐射作用生成红黄色氧化物，大气中又悬浮红黄色微尘。除了极区覆盖白色极冠外，没有任何植被，远观火星是一个红黄色天体，近看火星表面为一片红黄色的荒芜不毛之地。随时可刮起时速达400千米、扬尘高60千米的大尘暴。空间探测确认具有极为微弱的磁场，场强仅及地球的1/1 000。没有检测到磁层。

空间探测 20世纪60年代初到2008年，人类共进行约40次努力，其中约20次实现了对火星的飞掠、环行或着陆。美国在60年代发射的“水手”行星际探测器系列中，4号、6号、7号和9号实现了地形和地貌的成像和测绘，大气成分、气压、水蒸气含量、气温、重力等的测定，提供了第一批近距离实测信息。美国的“海盗”1号和2号于1976年先后实现了环火星考察和着陆探测。环火星飞行器拍摄地形图，测绘温度分布图。着陆无人实验装置进行分子测定和无机化学分析，实验结论是在南北半球各一个着陆点地区的地表和土壤中现在没有任何形态的生命迹象。此外，还完成了气候、地磁和地震的测量。2007年8月，美国发射“凤凰”号火星车，于2008年5月在火星北极着陆，经取样分析，确认火星上有水。

表面特征 17世纪下半叶，在天文望远镜的光学质量逐步改善的条件下，目视测绘火星表面结构成为天文学家的一项观测课题。他们根据表面的固定标志测定自转周期，研究极冠的季节消长，记录偶现的大气现象等。1877年，意大利天文学家G.V.斯基亚帕雷利在他目测手绘的星面图上，除了标有前人记录下的类似月面结构的“大陆”、“低地”、“高原”、“洋”、“海”、“山”、“岛屿”、“港湾”等称谓外，还有他观测到的分布在火星表面的“线条”。20世纪空间勘测指出，和地球相比，火星具有更为险峻的地貌，地表的高低差一般为5～10千米。遍布环形山，但数目要比月球少得多。南半球密集古老的高低环形山，而北半球较多的则是年轻的火山熔岩平原，南北的平均高差约3千米。火星最大的五个环形山都是火山起源而非陨击坑。奥林波斯火山是太阳系天体上第一大的环形山，高27千米，直径550千米，火山喷口跨径90千米，中深3千米，周壁高6千米。火星有太阳系天体上最长、最深的大峡谷，长达3 000千米，深8千米。

内部结构 作为一个类地行星，也和地球同样有壳、幔和核三个层分。对它们的认知和推论，主要取自环火星飞行器的勘测、火星的陨星成分分析，以及“海盗”号安放的两台测震仪的实测。表壳平均厚度40～150千米，含硅、铝和镁。地幔厚度1 500～2 100千米，比地球厚。内核半径1 300～2 000千米，为火星半径的38%～59%，主要成分可能是硫化铁。

生命探测 由于自然环境和条件与地球接近，百年来始终被认为是搜索地外生命的首选行星，也是拟议第一个登临月球以外的天体。2008年6月，“凤凰”号火星车确认火星有水，寻找火星生命的工作迈开重要的一步。

火星卫星 火星有火卫一（Phobos）和火卫二（Deimos）两个卫星。它们是1877年火星大冲时美国天文学家A.霍尔用望远镜目视观测所发现。

**火星探测** Mars exploration 借助航天器对火星进行探测研究的航天活动。火星是除地球外目前人类探测与研究程度最高的行星。1960～1975年，苏联发射了“火星”号系列探测器；美国发射的有“水手”号、“宇宙”号和“海盗”号系列探测器。其中，1975年发射的“海盗”1、2号是人类首次

“海盗”号探测器在火星着陆

在火星表面成功实现软着陆的探测器。1988年苏联发射两艘火卫一（Phobos）飞船，1992年美国发射“观察者”号探测器，但都未成功。1996年美国发射“全球勘测者”和“探路者”号探测器，1998年和1999年又分别发射了火星气候轨道探测器和火星极地着陆器，但都失败。日本于1998年7月发射“行星”B火星探测器，欧洲空间局于1999年发射“深空”2号火星探测器，尽管都没有完全实现预期目标，但标志着日本和欧洲空间局火星探测计划的真正实施。2001年美国成功地发射了“奥德赛”号火星探测器。2003年6～7月，欧洲空间局发射“火星快车”，美国分别发射“勇气”号和“机遇”号火星车。2005年美国发射“环火星巡逻者”。2007年美国发射“凤凰”号火星车。

截至2008年7月底，人类发射火星探测器或与探测火星有关的探测器约40个，成功约20个。在探测方式上，从飞越火星、环绕火星发展到在火星上软着陆和巡视探测活动；在探测的技术手段上，从单一用途、多用途发展到集火星轨道器、火星着陆器和火星车于一体的火星探测器；在探测目标上，从探测近火星空间环境、火星大气、火星表面环境发展到在火星表面直接进行岩石、土壤的原位分析。

**《火焰驹》** *A Flame-Foal* 中国清代连台本皮影戏剧目。清代各地皮影戏班皆有此剧

目，如四川绵州的玉成班有《火焰驹》120本，可连续演出一个多月。故事纯为虚构，讲北宋李绥与黄璋左右二丞相，一忠一奸。在对西夏战和问题上，忠臣李绥主战，其长子李延荣率军抵抗西夏入侵，节节胜利。奸臣黄璋却谎报军情，说李延荣战败投敌，并以此将李绥下狱。李绥次子李延贵至黄家求情，黄璋不见，并劝女儿黄桂英撕毁与李延贵的婚约。桂英赠金延贵，使其得以赴西夏寻找哥哥谋救老父。黄璋派家将鲍超骑宝马火焰驹追杀延贵。李府家将艾仙打败鲍超，夺得火焰驹，与延贵奔赴前线，助延荣大败西夏，胜利班师回朝，救李绥出狱。延贵高中状元，并与桂英完婚。黄璋因暗通西夏入狱。滦州影戏与河北梆子皆以此编排故事。陕西影戏与山西梆子情节略有不同，讲李延荣战败被俘，西夏王爱才，招为驸马。李延贵流落东京街头，以挑担卖水为生得遇未婚妻黄桂英。李延荣得火焰驹之助，率兵打回京师，救父报仇。后多演前部“李延贵卖水”一折。

**火焰山** Huoyan Mountain 中国新疆维吾尔自治区吐鲁番盆地中北部博格达山以南的低丘。又称土孜塔格、吐斯塔格。维吾尔语意为红山。山体呈东西走向，长80多千米。海拔约500米。主要由红色砂岩构成。因夏季干热，山体呈红色而得名。有许多佛教遗址和千佛洞壁画。相传《西游记》中的火焰山即指此山。有石膏、石英砂等矿产。

**火药** propellant; powder 低速炸药。最早的火药是中国发明的黑火药（见四大发明）。20世纪50年代以前，火药泛指火炸药。此后火药的概念通常有两种：一种是用于发射弹丸的火药，称为发射药；另一种则用于发射火箭或导弹的火药，称为推进剂。

**火灾** fire damage 失去控制的燃烧所造成的灾害。其他灾害如地震、风灾、化学事故、交通事故等都有可能引发次生的火灾。

分类 根据物质燃烧特性可分为：A类火灾，即固体物质火灾，燃烧物往往具有有机物性质，燃烧时能产生灼热的余烬，如木材、棉、毛、麻、纸张火灾等；B类火灾，即液体火灾和可熔化的固体火灾，如汽油、煤油、原油、甲醇、乙醇、沥青、石蜡火灾等；C类火灾，即气体火灾，如煤气、天然气、甲烷、乙烷、丙烷、氢气火灾等；D类火灾，即金属火灾，如钾、钠、镁、钛、锆、锂、铝镁合金火灾等；E类火灾，即带电燃烧的火灾。按火灾所造成的人员伤亡、受灾用户数和直接经济损失，分为特大火灾、重大火灾和一般火灾。按火灾种类分为建筑物火灾和森林火灾。

扑救 ①A类火灾。适宜于轻水泡沫、1211、干粉ABC等灭火器。②B类火灾。适宜于1211、1301、二氧化碳、干粉ABC等灭火器。轻水泡沫灭火器只适用于油类火灾。③C类火灾。适宜于干粉ABC、1211、二氧化碳等灭火器。④D类火灾。无有效灭火器，现配备为干粉ABC灭火器。⑤E类火灾。适宜于1211、干粉ABC、二氧化碳等灭火器。

**火葬** cremation 葬式之一。以火焚尸，将骨灰贮于盒（坛、缸、瓮等）内或撒在特定的地方。可能源于灵魂不灭而尸体必毁的宗教信念，或战争和游牧民族流动生活方式的需要。具有节省棺木、清洁卫生、不占耕地、不行厚葬等优点，广泛存在于世界许多地区。世界上最早的火葬发现于2万多年前澳大利亚旧石器时代的蒙戈湖遗址。欧洲史前时代有实行火葬的骨灰瓮文化，古希腊人和古罗马人有为战争中死去的英雄举行火葬典仪的习俗。在印度，佛教徒和印度教徒死后实行火葬，将骨灰撒在恒河中。随着佛教传播，火葬盛行于世界各地的佛教徒中。中国的火葬最早出现在甘肃青铜时代氐、羌人创造的寺洼文化。后来，在族源上与氐、羌有关的藏、彝、哈尼、拉祜、纳西、普米等族也实行火葬，只是方式不尽相同。有的焚尸而弃骨灰，如彝族；有的焚尸后以陶罐或布袋保存骨灰，最后送到公共墓地安葬，如纳西族、普米族；而藏族一般只有活佛、上层人士行火葬。清代以来，一些民族仿汉族习俗，改火葬为土葬。现代，世界各国大中城市的居民死后大都实行火葬。

中国纳西族火葬

**货币** money; currency 固定地充当一般等价物的特殊商品。在世界各国历史上，有许多商品都充当过一般等价物。随着商品生产和商品交换的发展，一般等价物的作用最终固定在其自然属性最适宜充当货币的贵金属（金和银）上。

货币是在价值形式发展的过程中产生的。价值形式的发展经历了四个阶段：①简单的价值形式。如1只羊=20尺布。这时，以交换为目的的商品生产还没有产生，商品交换带有偶然的性质。在简单的价值形式中，羊起着主动的作用，通过与布的交换，把自己的价值相对地表现在布上，因而处于相对价值形式地位；布起着被动作用，是羊的价值的表现材料，处于等价形式的地位。相对价值形式和等价形式既相互依赖又相互排斥。②扩大的价值形式。即处于相对价值形式上的羊的价值反映在布、斧子、大米、黄金等一系列商品体上，布、斧子、大米、黄金等一系列商品取得了特殊等价形式的地位。这是商品交换过程进一步发展的结果；但是这时还没有一个统一的等价物。③一般价值形式。即处于相对价值形式上的是羊、斧子、黄金等一系列商品，处于等价形式上的只有布一种商品，一系列商品以布一种商品作为自己价值的表现材料。布成了商品世界的一般等价物。④货币形式。当商品交换冲破地域限制广泛发展以后，一般等价物就必须被固定在某一种商品上。一旦金和银从商品世界中分离出来，独占了商品价值表现形式的特殊地位，成为一般等价物时，一般价值形式就发展到货币形式。这种从商品世界中分离出来的固定地充当一般等价物的商品就成为货币。因此，货币是商品交换发展到一定阶段的自发产物，是商品内在矛盾发展的必然结果。

货币作为一种商品，像其他商品一样，具有价值和使用价值。货币的价值是由生产货币的社会必要劳动时间决定的，它表现在同货币相对的一切其他商品身上；货币的使用价值也可以用于工农业生产，用于各种装饰品。但是，货币的价值和使用价值也具有和其他商品不同的地方，这种不同主要表现在：①货币直接体现了社会劳动，是价值的一般代表。②货币还具有由它作为一般等价物的社会职能所产生的使用价值。因此，货币是商品生产者通过货币相互交换劳动产品的媒介，实质上表现为商品生产者之间互相交换劳动的社会过程，从而体现了商品生产者之间的社会经济关系。

货币固定地充当一般等价物的本质，决定了货币的主要职能有：①价值尺度。即货币作为衡量和表现一切商品价值量的职能。货币执行价值尺度职能可以是想象中的或观念上的货币。价值尺度是货币最基本、最主要的职能。②流通手段。即货币作为商品流通的媒介，作为买卖商品的手段。流通手段是货币的基本职能之一，是价值尺度职能的发展。货币执行流通手段职能，必须是实实在在的货币。③贮藏手段。即货币退出流通领域，被人们当作独立的价值形式和社会财富的一般代表保存起来。执行贮藏手段职能的货币只能是足值的金银。④支付手段。即货币被用来清偿债务或支付赋税、租金、工资等的职能。货币的这一职能是随商品交换过程中赊账买卖的出现而产生的。⑤世界货币。即货币在国与国之间的经济关系中发挥作用。执行世界货币职能的货币必须是足值的金银。

**货币贬值　currency depreciation**　单位货币所含有的价值或所代表的价值的下降。即单位货币价格下降。又称通货贬值。货币升值的对称。从国内角度看，货币贬值在现代纸币制度下是指流通中的纸币数量超过所需要的货币需求量即货币膨胀时，纸币价值下降。从国际角度看，货币价值表示为与外国货币的兑换能力，它具体反映在汇率的变动上，这时货币贬值就是指一单位本国货币兑换外国货币能力的降低，即本国货币对外汇价的下降。由于货币贬值在一定条件下能刺激生产，并且降低本国商品在国外的价格，有利于扩大出口和减少进口，因此许多国家把它作为反经济危机、刺激经济发展的一种手段。

**货币乘数　money multiplier**　中央银行创造或缩减一单位基础货币，通过商业银行体系存款扩张或收缩机制，最终引起的货币供应量增加或减少的倍数。又称货币倍率。

货币供应量由基础货币与货币乘数共同决定。以货币扩张为例，简单货币创造过程概述如下：中央银行投放基础货币，在商业银行1形成原始活期存款→商业银行1扣除必要储备（法定储备、超额储备）后，对企业、居民发放贷款→企业、居民留下所需现金后，将余额存入商业银行2，形成第2笔新增存款→商业银行2扣除储备后再将剩余部分发放贷款→…$\xrightarrow{\text{重复上述放款、存款过程}}$形成第$n$笔新增存款…→形成最终货币供应量。最终货币供应量是基础货币与每一轮存、放款过程中新增存款的加总，它与基础货币的比例即为货币乘数。货币供应量数学表达式为：

$$M_s=B\cdot m$$

式中$M_s$为货币供应量，$B$为基础货币，$m$为货币乘数。一般来说，货币乘数取值大于1，故其对基础货币具有倍数放大或收缩的作用。

在现实中，商业银行不仅吸纳活期存款，还吸纳定期存款。此外，商业银行与社会公众出于应付意外情况等目的，通常需要持有超额储备和现金。因此在实际上货币乘数由法定活期存款储备率、法定定期存款储备率、通货比率及超额储备率共同决定。货币乘数在实际中呈现出经常变化的特征，这是中央银行在调控货币供应量时需要注意的问题。

**货币供给　money supply**　一国经济中货币的投入、创造和扩张（或者收缩）过程。主要内容包括：货币层次的划分，货币创造过程，货币供给的决定因素等。见货币供应。

**货币供应　money supply**　一国经济社会中货币供应量的创造（包括扩张和收缩）过程。货币供应量是经济社会中某一时点上存在的货币数量。当今世界各国流通中的货币都是不兑现信用货币。在不兑现信用货币流通条件下，货币供应量就是非银行部门（企业、居民、财政）所持有的银行部门（中央银行与商业银行）的负债凭证。其中，非银行部门所持有的中央银行的负债凭证称作通货；非银行部门所持有的商业银行的负债凭证称作存款货币。货币供应量是货币供给实现的结果，货币供给则是货币供应量形成的前因。货币供应量是一个既定的实体，货币供给则是货币供应量得以扩张或收缩的过程。由于货币供应量包括通货与存款货币，货币供给的过程也分解为通货供给和存款货币供给两个环节。

通货供给　通常包括3个步骤：①由一国货币当局下属的印制部门（隶属于中央银行或财政部）印刷和铸造通货；②商业银行因其业务经营活动而需要通货进行支付时，便按规定程序通知中央银行，由中央银行运出通货，并相应贷给商业银行账户；③商业银行通过存款兑现方式对客户进行支付，将通货注入流通，供给到非银行部门手中。

其特点是：①通货虽然由中央银行供给，但中央银行并不直接把通货送到非银行部门手中，而是以商业银行为中介，借助于存款兑现途径间接将通货送到非银行部门手中。②由于通货供给在程序上是经由商业银行的客户兑现存款的途径实现的，因此通货的供给数量完全取决于非银行部门的通货持有意愿。

存款货币供给　在不兑现信用货币制度下，商业银行的活期存款与通货一样，充当完全的流通手段和支付手段，存款者可据以签发支票进行购买、支付和清偿债务。因此，客户在得到商业银行的贷款和投资以后，一般并不立即提现，而是把所得到的款项作为活期存款存入同自己有业务往来的商业银行之中，以便随时据以签发支票。这样，商业银行在对客户放款和投资时，就可以直接贷出客户的活期存款。所以，商业银行一旦获得相应的准备金，就可以通过账户的分录使自己的资产（放款与投资）和负债（活期存款）同时增加。从整个商业银行体系看，即使每家商业银行只能贷出它所收受的存款的一部分，全部商业银行却能把它们的贷款与投资扩大为其所收受的存款的许多倍。换言之，从整个商业银行体系看，一旦中央银行供给的基础货币被注入商业银行内，为某一商业银行收受为活期存款，在扣除相应的存款准备金之后，就会在各家商业银行之间辗转使用，从而最终被放大为多倍的活期存款。

**货币升值　currency appreciation**　单位货币所含有的价值或所代表的价值的上升。又称货币增值、通货升值。货币贬值的对称。

币值是指单位货币所含有的价值或所代表的价值。在现代货币制度下，纸币本身没有价值，纸币所代表的价值取决于流通中的纸币数量是否符合货币需要量。因此，币值一般表示为对商品和服务的购买能力。从国内角度看，货币升值是指流通中的纸币数量低于所需要的货币需要量即货币紧缩时，纸币价值上升。从国际角度看，货币价值表示为与外国货币的兑换能力，具体表示为汇率的变动，这时货币升值就是指一单位本国货币兑换外国货币能力的提高，即本国货币对外汇价的提高。

**货币市场　money market**　融资期限在一年以内的短期信用工具发行与转让的金融交易市场。又称短期资金市场。包括同业拆借市场、短期票据贴现市场、可转让大额定期存单市场和短期证券市场等子市场。

短期信用工具包括国库券、商业票据、银行同业拆放、可转让定期存单、商业银行从中央银行获得的再贴现贷款及各种回购协议等。货币市场的主体主要是短期资金的需求者，包括中央银行、商业银行、投资银行、工商企业和个人等。资金需求方旨在获得支付工具，提高资产流动性，以满足短期资金支付的需要，而非募集长期资本或实现资本增值。资金供给方则是在不影响其资产流动性的前提下，将短期内闲置资金投入市场，谋取一定资产增值，而非为市场提供长期资本。货币市场的主要特点包括：①货币市场的短期信用工具期限短，一般在3～6个月之间，不超过1年。②信用工具流动性高，均可通过二级市场变现。③由政府和商业银行发行的信用工具信誉好，风险小，容易转移政治、经济中各种不确定因素带来的风险。

货币市场的功能体现在：①为实体经济部门调整资产结构，为金融机构提高资产流动性提供便利。②为短期资金提供投资场所，改善资金使用效率，减少经济循环中的资金闲置。③为调控宏观经济提供货币政策操作的基础。

**货币危机** currency crisis 金融危机的一种形式，表现为资本迅速外逃引发本国汇率急剧贬值或外汇储备耗竭。货币危机的发生最初被归因于盯住汇率制的不可行，在货币投机性攻击下，盯住汇率制会由于外汇储备耗竭，或由于维持长期高利率成本太高而被迫放弃。根据这种解释，一国只要放弃盯住汇率制，实行完全的固定汇率（如货币局制度，欧元、美元货币联盟）或完全的自由浮动就可以避免货币危机。然而，21世纪以来的经验证明完全的固定或浮动汇率制度同样不能避免货币危机的形成。

对货币危机成因的另一解释涉及货币错配现象。当一国能以较低的利率从国际金融市场以硬通货（如国际储备货币）方式过度借入资金，并将其不当地以本币贷款方式投资于股票、房地产等高风险领域，就会产生严重的货币错配，直至最终引发货币危机。货币错配的风险来自外汇市场的不完全对冲和国内金融体系不完善引发的资本错误配置。因此，为了防范货币危机，还必须进行必要的资本流动管制，以控制国际金融市场的过度借贷行为。

从货币错配角度阐释货币危机把主要责任归咎于新兴经济体国内金融体系的不完善。大多数新兴经济体缺乏有广度和深度的本币债券市场，无法以本币进行国际借款，从而引发货币错配现象。此外，一国政府千方百计保持本币对美元即期汇率的稳定，长期内为短期交易提供非正式（和不完全）的远期保值，也会产生所谓的汇率浮动恐惧症，加剧了货币危机发生的危险。

2007年爆发的全球金融危机打破了发达经济体货币、金融体系完美无缺的神话，引发了发达经济体的金融危机，同时引起了对发展中经济体的严重货币冲击。这种新现象揭示了国际储备货币发行国（如美国）无节制的货币、金融政策和国际资本自由流动的负面冲击也是引发货币危机关键的环节。

**货币学派** monetary school 20世纪50～60年代在美国出现的经济学学派。又称货币主义。

**货币政策** monetary policy 货币当局为实现一定的宏观经济目标而采取的各种控制和调节货币供应量或信贷量的方针、政策和措施的总和。货币政策的目标是货币当局制定和实施货币政策所要达到的目的。一般分最终目标和中间目标两个层次。货币政策最终目标指的是货币政策制定者期望货币政策运行的结果，一般包括充分就业、稳定物价、经济增长和国际收支平衡4项内容。

货币政策的工具是货币当局为达到货币政策目标而采取的手段。可分为：一般性货币政策工具和选择性货币政策工具。前者包括有法定存款准备金、再贴现机制和公开市场业务；后者主要有证券交易信用控制、消费者信用控制和不动产信用控制。

货币政策的中介目标是指中央银行为了实现最终目标而选择采用的能够达到预定目标的中介性政策变量指标。中介目标可分为数量指标和价格指标两大类。数量指标是将影响货币政策目标的各种可以直接控制的数量作为中介指标，如信贷规模、支付准备金、基础货币、货币供应量等；价格指标是把可以影响货币政策的变量作为中介目标，如长短期利率、公司债利率、汇率等。

货币政策是否有效取决于4个因素：①货币政策时滞。②微观经济主体的心理预期。③金融制度变革。④政治因素。此外，经济体系中还存在着无法控制的“外部冲击”，如石油价格上涨、技术革命，都有可能影响货币政策的有效性。

**货币制度** monetary system 国家以法律形式确定的货币流通的结构和组织形式。从有文字的历史以来，各个国家在货币问题方面都制定了种种法令。这些法令反映了国家在不同程度、从不同的角度对货币所进行的控制，其意图总是在于建立能够符合自己政策目标，能够由自己直接操纵的货币制度。一般来说，有秩序的、稳定的，从而能为发展商品经济提供有利客观环境的货币制度，是各国共同追求的目标。要求能够有效地操纵货币制度，也是为了保证这个目标的实现。控制货币制度日益成为建立宏观调控系统的重要内容，以便有效地利用货币来实现国民经济发展的目标。

构成要素 大体涉及以下几个方面：①规定币材。中国从先秦直到清代，铜一直是官方肯定的币材；但贝、黄金、帛、白银先后与铜并行流通并大都为官方所认定。在西欧，则有很长一段金、银并行流通的时期。现今世界各国都实行不兑现的货币制度，法令中没有规定何种商品充当币材。②货币单位的确定。包括两个方面：货币单位的名称和货币单位的“值”。最早与货币商品的自然单位和重量单位相一致，后来日益与自然单位、重量单位脱离。有的是保持原名，内容发生变化，有的则完全摆脱旧名，重立新名。按照国际习惯，一国货币单位的名称往往就是此国货币的名称。

除上述两点，货币制度还涉及各类货币的铸造、发行和支付能力的规定以及金准备制度等方面。

分类 从大的时间跨度来看，货币制度可分为两类：一是金属本位，二是信用本位。

金属本位制是以金属作为币材的货币制度。它可分为金本位制、银本位制、复本位制。①金本位制。从英国1813年首先确立金本位制一直到1930年左右，世界上大多数国家都经历过金本位制。金本位制又可分为3种形式：ⓐ金铸币本位制。其特点：一是一国货币单位确定有含金量，或者规定每一单位黄金的价格；二是自由兑换；三是自由铸造；四是自由输出入。ⓑ金块本位制。它与金铸币本位制的主要区别是：金只是在有限的范围内才允许兑换，同时不铸造金币，金币也不流通。ⓒ金汇兑本位制。它是一种间接兑换黄金的货币制度，一国货币可以自由兑换成可以直接兑换黄金的外币。1948～1971年，在各国之间普遍实行一种类似于金汇兑本位制的货币制度，被称为布雷顿森林货币体系。它的安排是：美国实行一种条件更为苛刻的金块本位，各国政府将本币与美元挂钩制定兑换比率，使各国货币与黄金间接挂钩。②银本位制。从运行原理上看，类似于金本位，只是采用的是银而不是金。③复本位制。规定两种金属金和银同为本位币金属的货币制度。

信用本位制的主要特征是：①在流通中执行货币职能的是纸币和银行存款。②黄金不再是一国货币发行的准备。在这种制度下，货币创造过程轻而易举，成本费用微不足道，并且受政府不同程度的控制。信用本位制又被称作不可兑换货币制度。

在货币制度中，还有一个广泛使用的概念——法偿货币，用于界定某种货币的偿付能力。它可以分为有限法偿和无限法偿。无限法偿指不论支付金额有多大，受款人均不得拒绝；有限法偿是支付超过一定金额时，对方有权拒绝接受。有限法偿主要是针对辅币而言的。

**货币主义** monetarism 20世纪50～60年代在美国出现的经济学学派。又称货币学派。强调货币供应量的变动是引起经济活动和物价水平发生变动的根本的和起支配作用的原因。

第二次世界大战以后，英、美等国家长期推行凯恩斯主义扩大有效需求的需求管理政策，引起了持续的通货膨胀。1956年，美国的M.弗里德曼发表《货币数量论——重新表述》一文，为货币主义奠定了基础。20世纪70年代“滞胀”现象的出现使货币主义流行开来。货币主义的代表人物还有

K.卡冈、J.L.乔丹、D.迈泽尔曼、L.C.安德森，以及英国的A.A.沃尔特斯、D.E.W.莱德勒和J.M.帕金等。

货币主义者认为，货币需求函数是一个稳定的函数，即人们平均经常自愿在身边贮存的货币数量与决定它的为数不多的几个自变量（如人们的财富或收入、债券、股票等的预期收益率和预期的通货膨胀率等）之间，存在着可以估算的函数关系。引起名义国民收入变化的主要原因是货币当局决定的货币供应量的变化。货币主义主张实行单一规则的货币政策，即把货币存量作为唯一的政策工具，由政府宣布一个长期不变的货币增长率，这个货币增长率在保证物价水平稳定不变的条件下与预计的实际国民收入在长期内会有的平均增长率相一致。

**货币资本** money capital 以货币形式存在的资本。产业资本在其循环中的第一阶段即购买阶段上采取的形式。货币资本的职能是购买能够创造剩余价值的劳动力和为此所需的生产资料，为生产作准备。资本主义生产方式之前的古代高利贷资本和商业资本也曾采取货币的形式存在，但它们所体现的生产关系和所执行的职能与资本主义生产方式下的货币资本不同。见资本循环。

**货船** cargo ship 专运货物的运输船舶。根据货物的种类和装运方式可分为多种类型。

干货船 专运干燥杂货（包括桶装液货）和散货的船。可分为杂货船和散货船两类。

液货船 专运油类、液体化学品、液化气体等散装液态货物的船。包括油船、液体化学品船、液化气船。液体化学品船专运各种液态的醚、醇、酸、苯等化学品，大多有剧毒、易燃、易挥发和腐蚀性强的特点。为确保运输安全，国际上将此种船舶按货种分为三类。①运输最危险的货物，船舶具有双层底和双重舷侧，并要求翼舱宽度不小于船宽的1/5。②运输危险性较低的货物，也设有双层底和双重舷侧，但翼舱宽度可小一些。③运输危险性低的货物，其构造与一般油船类似。对于腐蚀性强的酸类液货，货舱内壁和管系多采用不锈钢或敷以橡胶等耐腐蚀材料。

冷藏船 使鱼、肉、水果、蔬菜等易腐食品处于冻结状态或某种低温条件下进行载运的专用运输船舶。货舱为冷藏舱，相邻舱室互不导热。

集装箱船 以标准集装箱为货运单元的货船。航行于固定航线，利用港口专用设备进行快速装卸。见集装箱船。

滚装船 又称开上开下船。船上设有活动跳板，载货拖车能直接开上开下。适合于装运集装箱和大件货。见滚装船。

载驳船 载运货驳的运输船舶。又称子母船。将货物或集装箱先装载在规格统一的驳船上，再把驳船装上载驳船，运抵目的港水域后，卸货驳于水中，由推船分送内河各地。载驳船分为门式起重机式载驳船、升降机式载驳船和浮船坞式载驳船3种。

其他货船 主要有4种。①兼用船。可以装运石油，也可装运散货的运输船舶。主要有石油矿砂船（简称油矿船）、石油散货船（简称油散船）和石油散货矿砂船（简称油散矿船）等。②运木船。专门载运木材的货船。运木船较宽，舱内和甲板上凸出部件少。甲板两舷设有立柱，拦护木材。甲板上堆放木材的数量可超过总载量的1/3，因此运木船装载木材的能力大于常规杂货船。③重件运输船。载运重件货物并能依靠自身设备装卸的运输船舶。又称重货船。重件货如发电设备、化工和炼油设备、钻探平台、热交换器、核反应堆、大型港口机械、机车以及拖船、驳船等。重件运输船按货物的装卸方式分为吊装式、滚装式、吊－滚式、浮装式、吊－浮式、吊－浮－滚式等。吊装式重件运输船设有重型吊机；滚装式设有跳板，货物靠滚动方式装卸船；吊－滚式既有重型吊机，又有跳板，货物既可吊装，又可滚装；浮装式类似于浮船坞，货物的装卸靠浮进浮出。④半潜式船。主船体潜入水下，通过支柱与水面上船体连接而成的船。由于兼有水面船和水下船两者优势，航行性能好。

**货机** cargo airplane 用于载运货物的运输飞机。通常专指用于商业飞行的民用货运飞机。实际上，军用运输机也是货机，但与民用货机有显著不同的特点。民用货机与航线客机相似，在大、中型机场起降。大多数民用货机由旅客机改装而成，要将客舱内的座椅、装饰和生活服务设施拆卸，还要加强地板承压能力。在货舱前侧设置较大的货舱门，高2米以上，宽度超过3米。还装设地板滚轮（棒）系统和起重吊车等，便于装卸货物。货机在必要时可以恢复成旅客机或客货混用机（前舱装货，后舱坐人），称为可转换飞机。专为货运设计的民用飞机很少，多是为运输某种特殊货物需要而将旅客机机身更改的。如美国在20世纪70年代为了运送“哥伦比亚”号航天飞机，特地将一架波音747客机改装为航天飞机的载机，用支架将航天飞机背在机身上进行转场飞行。

**货郎** street vendor 中国宋代以来汉族的一种行贩。通常挑担、推车或背着货箱、包袱在城乡流动销售日用杂货。多写作货郎儿。至迟出现于宋代，且已成为当时十分流行的傀儡戏的表现题材之一。有关货郎的最早文字记载见于南宋周密《武林旧事》，最早的形象则是宋代苏汉臣的《货郎图》（又称《婴儿戏货郎》）。

《货郎图》（苏汉臣）

货郎犹如流动的微型商店。满担或满车的日用杂货送到人家门前，任人挑选并允许讨价还价，顾客所需的缺货，可以预定，而后送货上门。货郎主要以手摇货郎鼓和用韵语说唱作为招揽买主的手段。其中，因货郎职事而得名的货郎鼓是典型招徕标识。清代以来，包括货郎在内的市井商贩为适应社会市场需求的发展变化而出现了分工日益细化、专业化的倾向，货郎及其招徕响器也随经营品范围的分化而多样化。如今这种商贩早已被城乡的各种商店、超市或摊贩所取代。

**获得性免疫缺陷综合征** acquired immunodeficiency syndrome; AIDS 人类免疫缺陷病毒感染所致传染病。见艾滋病。

**霍布豪斯** Hobhouse, Leonard Trelawney (1864-09-08～1929-06-21) 英国政治思想家、社会学家，西方新自由主义的主要代表人物。生于康沃尔郡圣艾夫斯，卒于法国阿朗松。1887～1897年任教于牛津大学。1907～1929年任伦敦大学教授。主要政治著作有《自由主义》(1911)、《社会演进与政治理论》(1911)、《社会正义之要素》(1922)。霍布豪斯考察了西方自由主义理论及其运动，重申自由不是绝对的，法治是实现自由的第一步。主张变消极自由为积极自由。注重自由的社会意义，认为国家应重视自由的社会整体性，积极广泛地干预政治、经济、教育等活动，提供广泛的公共福利，以有效的改革措施为发展自由提供更多、更有利的社会条件和环境。霍布豪斯的理想是建立自由主义式的民主社会主义。

**霍布斯** Hobbes, Thomas (1588-04-05～1679-12-04) 英国哲学家。生于威尔特郡一牧师家庭，卒于哈德威克。早年就学于牛津大学，后做过贵族家庭教师，陪同学生游历欧洲大陆。1646年受聘为流亡法国的英国王子（后来的查理二世）的数学教师。他创立了机械唯物主义的完整体系，认为宇宙是所有机械地运动着的广延物体的总和。他继承了F.培根的唯物主义经验论的观点，但把逻辑的思维看作是观念的加或减的机械运算，认为几何学和力学是科学思维的理想楷模。他力图以机械运动原理解释人的情感、欲望，从中寻求社会动乱和安宁的根源。他提出“自然状态”和国家起源说，认为国家是人们为了遵守“自然法”而订立契约所形成的，是一部人造的机器人，反对君权神授，主张君主专制。他把罗马教皇比作魔王，僧侣比作群鬼，但主张利用“国教”来管束人民，维护“秩序”。著有《论物体》、《利维坦》、《论人》、《论社会》、《对笛卡尔形而上学的沉思的第三组诘难》等。

**霍查** Hoxha, Enver (1908-10-16～1985-04-11) 阿尔巴尼亚劳动党总书记、第一书记(1943～1985)。生于南部吉诺卡斯特市，卒于地拉那。1930年到法国蒙彼利埃大学

自然科学系学习。1934年去比利时布鲁塞尔大学法律系学习。1936年7月回国，在科尔察中学任教，是该市共产主义小组成员之一。1943年3月起任阿尔巴尼亚共产党总书记(1954年改称第一书记)直至去世。1943年7月，阿尔巴尼亚民族解放军总司令部成立，任政委。1944年5月任反法西斯民族解放委员会主席和民族解放军总司令，被授予上将军衔。同年10月任民主政府主席。1946～1954年，任阿尔巴尼亚人民共和国部长会议主席、武装力量总司令、防务委员会主席、国防部长、外交部长等职。曾获“人民英雄”称号和“社会主义劳动英雄”勋章。

**霍尔** Hall, Peter (1930-11-22～ ) 英国导演、剧院经理。生于萨福克郡伯里圣埃德蒙兹。1954年加入伦敦艺术剧院，后任艺术总监，将S.贝克特的《等待戈多》首次用英语搬上舞台。1956年开始在斯特拉特福莎士比亚纪念剧院工作，导演《爱的徒劳》(1956)、《第十二夜》(1958)、《维洛那二绅士》(1960)等。他最著名的导演作品是《蔷薇战争》，这是J.巴顿根据《亨利六世》和《理查三世》改写的一组戏剧。1969年霍尔任考文特花园歌剧院导演。1973～1988年任国家剧院艺术总监，并创办彼得·霍尔跨大西洋演出剧团。他在处理古典剧与现代剧的折中风格中，手法千变万化，被称为舞台上的魔术师。

**霍尔巴赫** Holbach, Paul-Henri Dietrich, baron d' (1723-12～1789-01-21) 法国启蒙思想家、哲学家，无神论者。生于德国埃德斯海姆，卒于巴黎。1753年继承伯父遗产和男爵封号，称为霍尔巴赫男爵。他认为，世界统一于物质。哲学研究应以自然的事物为出发点，而自然就是物质事物的总和，运动是物质存在的形式。他将物质定义为：“以任何一种方式刺激我们感官的东西。”他从理论上系统批判了神学，反对一切形式的宗教，认为人是自然的一部分，人的灵魂和肉体共存亡。神学宣扬的灵魂不死、来世说都是虚构的，提出无知和恐惧是宗教产生的根源。他否认有偶然性，用力学的机械观点解释一切自然和精神现象，表现出宿命论倾向。在社会观上，他承认环境对个性形成的决定作用，但又认为“意见支配世界”。著有《自然的体系》、《社会的体系》、《揭穿了的基督教》等。

**霍尔堡** Holberg, Ludvig (1684-12-03～1754-01-28) 丹麦作家。生于挪威卑尔根。1702年移居丹麦，毕业于哥本哈根大学神学院。1704～1716年曾两度去英国、法国等地旅居。1717年后曾任哥本哈根大学教授。后创建索勒学院。霍尔堡是18世纪丹麦启蒙运动的先驱，是第一个用丹麦语创作的戏剧家。讽刺诗《彼德·鲍斯》(1719～1720)是其成名作。后来连续创作了34部喜剧，主要有《政治工匠》(1722)、《假面舞会》(1724)、《大惊小怪的人》(1726)等。这些作品均收入《丹麦舞台》(1731)一书。成名后用的笔名是汉斯·米克尔森。后期作品还有《丹麦王国史》(1732～1735)，讽刺伦理哲学小说《尼尔斯·克里姆地下之行》(1741)，随笔集《道德思想》(1744)等。霍尔堡的喜剧在内容和讽刺艺术方面均有独到之处，常以质朴通俗的语言、清新奔放的形式反映社会现实。其作品不仅深受北欧人民的喜爱，而且被译成多种文字。

**霍尔丹** Haldane, John Burdon Sanderson (1892-11-05～1964-12-01) 英国生理学家、生物化学家、群体遗传学家。生于英国牛津，卒于印度。第一次世界大战前毕业于牛津大学。1933年因他在数理遗传学方面的贡献而受聘于伦敦大学动物系，任遗传学教授，后又任生物统计学教授。他的主要贡献是把遗传学和数学直接应用于进化论的研究，阐明了不同遗传方式的群体基因经受不同选择强度后的变化情况。他将研究成果写成《自然和人工选择的数学理论》一文，并将多年的研究成果总结为《进化的原因》一书出版。此外，他还发表了一系列人类遗传学的论文。1924年他曾用实验证明酶反应服从热力学定律。1930年他的著作《酶学》出版，概括了当时酶学的研究成果。他一生的研究为群体遗传学和进化遗传学奠定了数学基础。

**霍尔金娜** Khorkina, Svetlana (1979-01-19～ ) 俄罗斯女子体操运动员。5岁接受专项训练，15岁入选国家队。1996年第26届奥林匹克运动会获高低杠金牌。2000年

霍尔金娜在2004年第28届奥运会女子体操团体决赛平衡木比赛中

第27届奥运会获高低杠金牌。在世界体操锦标赛中，1995和1996年均获高低杠冠军，1997年获个人全能、高低杠2项冠军，1999年获高低杠冠军，2001年获个人全能、跳马、高低杠3项冠军。高低杠有两个动作就是以她的名字命名的。2003年在美国举行的第37届世界体操锦标赛中，以24岁的年龄夺得女子全能冠军。喜爱戏剧表演，曾在一部话剧中担任主角，引起轰动。

**霍尔姆** Holm, Hanya (1893-03-03～1992-11-03) 德裔美国现代舞表演家、编导、教育家。德国现代舞在美国的最重要传播者。美国古典现代舞的代表人物。生于德国沃尔姆斯，卒于美国纽约。1931年随M.魏格曼创办的舞蹈团赴美演出后留在纽约，主持魏格曼舞校美国分校。迫于德美两国的冲突，1936年将分校易名为霍尔姆工作室，继续推动美国现代舞的教育和创作。1936年自创舞蹈团，创作并演出《趋势》、《大都会的一天》等社会批判性作品。先后为《刁蛮公主》、《窈窕淑女》、《小商贩》3部百老汇的音乐剧编舞，名声大作。出任纽约音乐剧学院舞蹈系主任后，她大力推动舞谱的应用，歌舞剧《刁蛮公主》是首次使用拉班舞谱记录并获版权的作品。她研创的

霍尔姆在《趋势》中的独舞

“霍尔姆技术”是美国古典现代舞的五大训练体系之一。

**霍尔木兹海峡** Hormuz Strait 阿曼穆桑代姆半岛与伊朗拉雷斯坦地区之间连接波斯湾与阿曼湾的水道。为波斯湾通往印度洋的唯一出口，著名的国际石油通道。占世界石油贸易量1/3的波斯湾石油经此外运。每天通过的船只达300余艘。长约150千米，宽55～95千米。最深219米，航道水深27.5米。北部水浅多岛，沿岸多沙滩和珊瑚礁；南部水深，沿岸多湾和小半岛。海峡中的盖奈姆岛和大库因岛紧临主航道，为海峡之要塞。西南口附近的大、小通布岛和阿布穆萨岛素有海峡三闸之称。海峡地处亚热带沙漠地区，终年干热。平均表层水温26.6℃，盐度37～38。海流夏季东流，冬季西流，流速0.5～1.6节，涨落潮时达4.3节。海峡地区在古代就是东西方商路中继站和欧亚各国贸易中心之一。15世纪中国明代航海家郑和七下“西洋”的后五次都到过此地。1515年为葡萄牙殖民者占据。1622年后逐步为英国控制。第二次世界大战期间，英国在南岸建有海军基地。1974年7月，伊朗和阿曼划定了在海峡处的海上分界线，并商定两国海空军共同巡逻海峡。20世纪80年代两伊战争中，海峡曾为双方袭击油轮的战场。1991年海湾战争和2003年伊拉克战争期间是美国及其盟军舰船进入波斯湾的重要通道。沿岸主要海军基地和商港有：阿曼的盖奈姆岛、伊朗的阿巴斯港等。

**霍耳效应** Hall effect 通有电流的金属或半导体放置在与电流方向垂直的磁场中时，在垂直于电流和磁场方向上的导体或半导体的两个侧面A、A′间产生电势差的现象（图a），1879年由E.H.霍耳首先发现。霍耳效应可用载流子受洛伦兹力作用来解释。如图b，当载流子带正电时，所受洛伦兹力$f$使正电荷向A面偏转，造成A、A′两面上的电荷积累，从而形成电势差，在体内产生一横向电场$E$，称霍耳电场。若载流子带负电，则霍耳电场反向。当载流子所受的霍耳电场力与洛伦兹力达到平衡时，载流子不再偏转，霍耳电场具有恒定的值。霍耳电场$E$与电流密度$j$和磁感应强度$B$的乘积成正比，即

$$E=RjB$$

比例系数$R$称为霍耳系数。当只有一种载流子时，霍耳系数的大小与载流子的浓度成反比，其正负决定于载流子是带正电

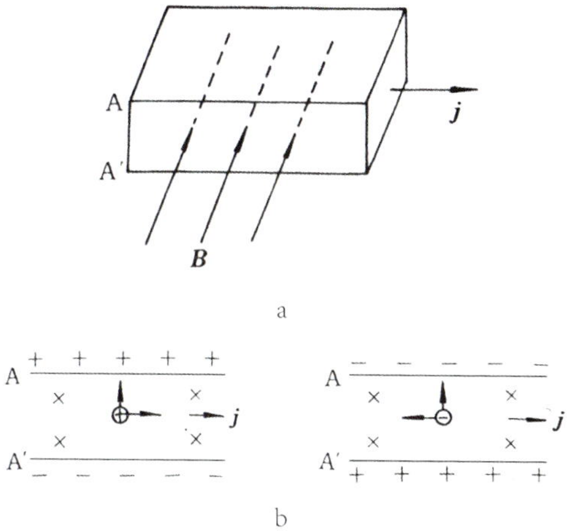


霍耳效应示意图

还是带负电。金属中的载流子是带负电的电子，霍耳系数一般为负值（也有例外，需用能带理论解释）。N型半导体和P型半导体的载流子分别是电子和带正电的空穴（见半导体），所以霍耳系数分别为负值和正值。半导体中载流子的浓度与温度有明显的依赖关系，故其霍耳系数与温度有关。因半导体中的载流子浓度比金属中自由电子的浓度低，故半导体的霍耳系数比金属的要大，霍耳效应也比金属要明显得多。电子（或空穴）的实际速度有一定分布，速度较小的电子所受洛伦兹力小于横向电场力，速度较大的电子则相反，它们都要产生偏转，这等效于电阻增大，这种由于存在磁场而使电阻增加的现象称为磁阻效应。20世纪80年代发现，在强磁场作用下，随着磁场的变化，半导体结的霍耳系数作阶梯式变化，即$R=\frac{1}{n}\frac{h}{e^2}$，式中$n$为整数或有理分数，$h$为普朗克常数，$e$为电子电量，此现象称为量子霍耳效应。

霍耳效应常用来鉴定半导体的导电类型，用半导体材料制成的霍耳元件已应用于许多技术领域，如测定磁场、电流强度和电功率；把直流电流转换成交流电流或对电流进行调制；把各种物理量转换成电流信号后进行运算，等等。

利用霍耳效应制成的霍耳器件，如磁强计、安培计、瓦特计、磁罗盘等，可以测量各种物理量，如已知试件尺寸、磁场强度和电流，测量霍耳电动势即可求得试件的载流子浓度，简单迅速。利用霍耳效应还可测量磁场强度、几千安培以上的大电流，制作使信号沿单一方向传输的旋转器、单向器和环行器等。

**霍夫** Hoff, Marcian Edward (1937–10–28～ ) 美国研究微型电子计算机的先驱。生于纽约州罗切斯特。1959年毕业于斯坦福大学，获硕士学位，1962年获博士学位。1962～1967年在该校计算机研究所任职，1968年

进入英特尔公司，任应用研究经理。霍夫在英特尔公司研制可编程计算器用集成电路时，提出微处理器设想，并于1971年研制成功4004微处理器。4004微处理器在4.2毫米×3.2毫米的硅片上集成了2 250个晶体管，另外加上一块256字节的只读存储器电路、一块32位的随机存取存储器和一块10位寄存器电路，构成MCS-4微型电子计算机，开创了新一代计算机。

**霍夫曼** Hofmann,August Wilhelm von (1818-04-08～1892-05-02) 德国有机化学家。生于黑森州吉森，卒于柏林。1836年入吉森大学学习法律，后受到化学家J. von李比希的影响，改学化学，1841年获博士学位。1845年任伦敦皇家化学学院首任院长和化学教授。1851年当选英国皇家学会会员。1865年回国，任柏林大学教授。1868年创建德国化学会，任会长多年。最初研究煤焦油化学，在英国期间解决了英国工业革命中面临的煤焦油副产品处理问题，开创了煤焦油染料工业。W.H.珀金在他的指导下于1856年合成了第一个人造染料苯胺紫，他本人合成了品红，从品红开始，合成一系列紫色染料，称“霍夫曼紫”。他的贡献还有：由氨和卤代烷制得胺类（1850）；制定测定分子量用的蒸气密度法（1868）；发现季铵碱加热至100℃以上分解成烯烃、叔胺和水的反应（1881），称霍夫曼规则。霍夫曼发表论文300多篇，著有《有机分析手册》和《现代化学导论》等书。

**霍夫曼** Hoffmann, Ernst Theodor Amadeus (1776-01-24～1822-06-25) 德国作家、作曲家。生于柯尼斯堡，卒于柏林。1795年毕业于柯尼斯堡大学。两度做法官，因主持正义被解除公职甚至被审讯。曾在班贝克、莱比锡、德累斯顿等地绘画、作曲，并担任乐队指挥、家庭教师等。晚年全身瘫痪。他的文学创作受浪漫派影响，作品中笼罩着神秘的怪诞。散文采用“双轨”叙述，使读者难以辨别写实与想象。小说被称为艺术童话，如名篇《金罐》（1814）等。他还擅长绘画、音乐，是杰出的音乐家和音乐评论家。认为音乐受到的束缚最少，是浪漫主义情感最纯粹的表达方式。主要作品有长篇小说《雄猫穆尔的人生见解》（1820），短篇小说集《卡罗特式的幻想篇》（1814～1815）、《谢拉皮翁兄弟》（1819～1821）以及《小查克斯》（1819）等。

**霍夫曼定理** Hoffmann theorem 关于工业化过程中工业结构如何变化的理论。即工业化进程中霍夫曼比例不断下降的规律。又称霍夫曼法则。由德国经济学家W.G.霍夫曼提出。

霍夫曼首先将工业部门分为三大类：即消费品工业、资本货物工业和其他工业。并且规定，75%以上的产品是消费品或者资本货物的部门就属于消费品工业或者资本货物工业；不符合这一标准的部门便属于第三类工业。在此基础上，霍夫曼认为，随着工业化的进展，消费品工业的产值和资本货物工业的产值之比，即“霍夫曼比例”会逐渐下降。这就是“霍夫曼定理”。霍夫曼根据这一比例数值的高低，把工业化过程分成四个阶段。第一阶段的比例值最大，消费品工业在工业中占绝对优势；第二、第三阶段中这一比例日益下降；第四阶段中，资本货物工业的产值超过消费品工业的产值，霍夫曼比例数值小于1。有些经济学家对它持否定态度。美国经济学家S.库兹涅茨认为美国经济中的资本形成占国内生产总值的比例是长期稳定的，不存在霍夫曼比例下降的倾向。

**霍夫曼斯塔尔** Hofmannsthal, Hugo von (1874-02-01～1929-07-15) 奥地利诗人、剧作家。生于维也纳，卒于维也纳郊区罗道尔。1892年入维也纳大学学习。1898年获哲学博士学位。1901年后专事文学创作。第一次世界大战期间被征入伍。1920年参与创办萨尔茨堡音乐戏剧节。1890年发表处女作十四行诗《疑问》。写于19世纪末的诗歌《早春》、诗剧《昨日》（1891）、《提香之死》（1892）、《傻瓜与死神》（1894）、《白扇子》（1898）等表达内心感受，主人公多为病态的幻想家。1900年以后，开始改变消极情绪和纯艺术倾向，但又遁入过去，用精神分析和现代表现手法来革新希腊悲剧、中世纪神秘剧和巴洛克戏剧，除改编多部古希腊悲剧外，还发表剧作《耶德曼》（1911）和《萨尔茨堡世界大舞台》（1922）等。曾与作曲家R.施特劳斯合作完成《玫瑰骑士》（1911）、《没有影子的女人》（1919）、《埃及的海伦》（1928）等许多歌剧，闻名于世。他的作品还有《第672夜的童话》（1895）、《现代诗人》（1906）等。

**霍夫斯塔特** Hofstadter, Robert (1915-02-05～1990-11-17) 美国实验物理学家。生于纽约，卒于加利福尼亚州斯坦福。1938年获普林斯顿大学博士学位，留校做博士后研究。第二次世界大战期间，在美国国家标准局工作。先后执教于普林斯顿大学、斯坦福大学。后任教授，高能物理实验室主任。1958年当选美国国家科学院院士。1950年在斯坦福大学直线加速器中心（SLAC）和合作者探索原子核结构，发现质子和中子的中心都有一个带正电荷的核心，被两层π介子云所围绕，质子的两层云都带正电，而中子的内层云却带负电，因而使整个中子的净电荷为零。这些成果导致理论物理学家提出新型重介子的存在。霍夫斯塔特因揭示质子和中子的结构获1961年诺贝尔物理学奖。

**霍光** Huo Guang (?～前68) 中国西汉中期的权臣。字子孟。霍去病的异母弟。因霍去病的关系得任为郎，迁诸曹、侍中。去病死后，他升为奉车都尉、光禄大夫，供奉内廷20余年。后元二年（前87）武帝病危，立年仅8岁的弗陵为太子，拜霍光为大司马大将军，与车骑将军金日磾、左将军上官桀、御史大夫桑弘羊同受遗诏，辅佐少主。昭帝刘弗陵即位后，霍光以大司马大将军领尚书事决断朝政。元凤元年（前80），上官父子、桑弘羊与觊觎帝位的燕王旦以及心怀怨望的盖长公主通谋，企图杀害霍光；废黜昭帝，立燕王为天子。阴谋败露后，上官父子、桑弘羊均被族诛，燕王和盖长公主自杀。从此，霍氏权倾朝廷。

霍光辅佐昭帝期间，继续执行武帝末年“与民休息”的政策，当时百姓充实，四夷宾服。昭帝多次下诏削减封建国家的财政支出，减免百姓的田租、口钱和更赋，以中牟苑赋予贫民，并赈贷种、食。始元六年（前81），又召集贤良文学会议盐铁专卖等政策。之后，下诏“罢榷酤”和取消“令民共出马”的规定。与此同时，与匈奴也重新恢复了和亲关系。元平元年（前74）昭帝卒，因无嗣子，霍光以皇太后诏迎立武帝孙昌邑王刘贺为帝。不久刘贺因荒淫无道被废，霍光与群臣又迎立武帝卫太子之孙刘询。宣帝即位后，霍光继续秉政，直至病故。霍光死后，宣帝采取一系列措施削夺霍氏权势。最后，霍云、霍山自杀，霍禹等人皆腰斩、弃市，受霍氏株连者数十家。

**霍赫胡特** Hochhuth, Rolf (1931-04-01～ ) 德国剧作家。生于埃施维格。曾任出版社编辑。1963年后定居瑞士。文献剧《代理人，一部基督的悲剧》（1963）揭露了1943年德国法西斯在罗马教廷纵容下屠杀犹太人的罪行。剧本《助产士》（1971）写市议员莎菲同官僚政客的斗争。《士兵们》（1966）提出保卫正义事业能否采用恶劣手段的问题。其他主要剧作还有《猎人之死》(1976)、《法官们》(1979)、《尤蒂特》(1984)等。

**霍亨施陶芬王朝** Hohenstaufen Dynasty 德意志封建王朝。由于王朝的创建人康拉德三世家族居住在霍亨施陶芬，故名。1138年，康拉德三世（1138～1152年在位）被选为德意志皇帝兼神圣罗马帝国皇帝。1142年起，他在各地扩大王室领地，增加来自帝国教会地产的收入，以巩固中央王权。腓特烈一世（红胡子，1152～1190年在位）即位后，多次入侵意大利，企图重建帝国对意大利北部和中部的统治。但遭到与罗马教廷结盟的意大利伦巴底同盟的顽强抵抗。1176年，在莱尼亚诺被伦巴底同盟打败，不得不放弃对伦巴底各城市的统治权。1189年，通过联姻兼领西西里王国。掠夺意大利各城市的侵略性远征消耗了帝国的实力，皇权旁落，割据局面加剧。12世纪末起形成科隆、美因茨、特里尔、莱茵的普法尔茨（即巴拉丁）4个选帝侯，以后又增加波希米亚、萨克森、勃兰登堡3个选帝侯，皇位成为诸侯手中的玩偶。1254年康拉德四世在同罗马教廷和伦巴底同盟的战争中死去，霍亨施陶芬王朝告终。

**霍亨索伦家族** Hohenzollern family 德意志的主要统治家族。其始祖布尔夏德一世约在1100年受封为索伦伯爵。16世纪中叶，该家族在索伦前冠以“霍亨”(意为高贵的)字样。称为霍亨索伦家族。该家族是勃兰登堡、普鲁士及德意志帝国的统治家族。

1415年，信奉新教的弗兰肯系的腓特烈六世成为勃兰登堡选帝侯，称选帝侯腓特烈一世。1618年勃兰登堡选帝侯通过继承得到普鲁士公国。在腓特烈·威廉大选帝侯统治时期（1640～1688），勃兰登堡－普鲁士日趋强盛，1701年，普鲁士公国升为王国，选帝侯腓特烈三世改称腓特烈一世。1871年，普鲁士国王威廉一世成为德意志帝国皇帝。1918年德国十一月革命爆发后，霍亨索伦家族的统治被推翻。

信奉天主教的霍亨索伦－施瓦本系于1576年又形成霍亨索伦－黑兴根系和霍亨索伦－锡格马林根系。1849年，弗兰肯系和施瓦本系两系均臣服于普鲁士。1869年霍亨索伦－黑兴根系断嗣。霍亨索伦－锡格马林根系的卡尔·安东，获霍亨索伦亲王称号。其长子利奥波德1870年成为西班牙王位候选人。次子卡尔（又译查理）1866年起先后为罗马尼亚亲王、国王，称卡罗尔一世，1914年去世。其侄斐迪南及其后裔统治罗马尼亚直至1947年罗马尼亚人民共和国成立。

**霍金** Hawking, Stephen William (1942－01－08～ ) 英国理论物理学家、数学家。生

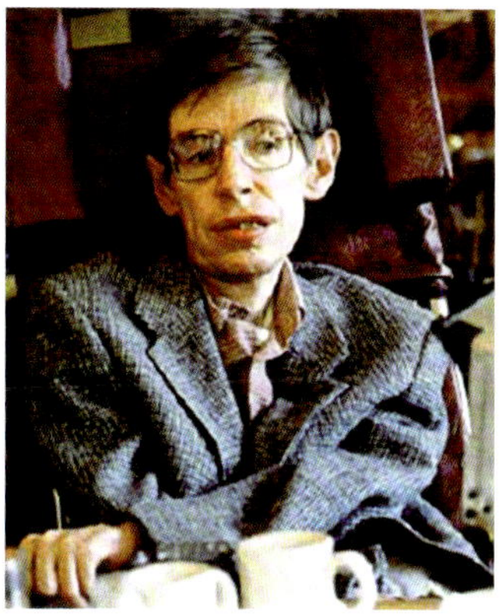

于牛津。1965年获剑桥大学哲学博士学位。一直在剑桥大学从事研究。历任应用数学和理论物理系研究助理，引力物理学教授，卢卡斯讲座教授。英国皇家学会会员。

霍金1966～1967年提出，任何可能有的宇宙论中广义相对论解都应具有奇异性。1971年提出，宇宙大爆炸后可能形成数以百万计的微小黑洞，它们将10亿吨的物质集中在一个质子大小的空间内。这种黑洞因其质量极大而需遵循相对论规律，因其体积极小又需遵循量子力学规律。通过这种黑洞理论，有助于将相对论和量子力学联系起来。1971～1972年，他建立了黑洞热力学第二定律。1974年预言黑洞“蒸发”的量子过程，提出根据量子论，黑洞能不断产生物质，释放亚原子粒子，并在其能量耗尽的最后时刻发生爆炸。他还研究大爆炸中氦的形成，在双星系统中存在黑洞的可能性，引力波探测器、多维时空理论中的“M理论”(Membrane理论)等。

他写过许多科普文章和作品，其中《时间简史——从大爆炸到黑洞》一书从1988年出版以来已被译成中文和其他多种文字。

霍金患有罕见的肌萎缩性脊髓侧索硬化症；1984年，由于气管切开术，使他完全丧失说话能力。他以坚强的毅力和勇气，坚持不懈地进行科学探索，从而备受人们的尊敬。

**霍克** Hawke, Robert (1929－12－09～ ) 澳大利亚总理（1983～1991）。生于南澳大利亚博德敦市。毕业于西澳大利亚大学。曾在牛津大学留学。1958年加入澳大利亚工会

理事会，1970～1980年任理事会主席，成为劳工领袖。1973～1978年任澳大利亚工党全国主席。1980年当选联邦议会众议院议员。1983年2月当选工党领袖，并在3月大选中以压倒优势成为联邦总理。1984、1987、1990年三次任总理。1991年12月因工党在议会中多数地位的丧失而被迫辞职。任内，进一步加强与美国的密切关系。积极致力于发展对华关系，支持北京申办2008年奥运会。1989年在访问韩国时，提出“汉城倡议”，被誉为“APEC之父”。1998年与菲律宾前总统F.拉莫斯、日本前首相细川护熙一起提出建立“亚洲论坛”的设想，为博鳌亚洲论坛的创设奠定了基础。

**霍克海默** Horkheimer, Max (1895－02－14～1973－07－07) 德国哲学家，法兰克福学派的创始人之一。生于斯图加特一个工厂主家庭，卒于纽伦堡。1922年在法兰克福大学获哲学博士学位。1925年任此大学教授，后兼任哲学系主任。1930年任法兰克福大学社会研究所所长并创办了《社会研究杂志》。1933年希特

勒执政后，他把社会研究所先后迁到日内瓦、巴黎、美国，并先后在哥伦比亚大学和加利福尼亚大学工作。1949～1950年他把社会研究所迁返法兰克福，仍任所长。1953年退休。他提出综合地研究历史和现实、把哲学和经济理论结合起来研究社会和人的任务。霍克海默自称相信马克思主义，但他认为马克思主义已被现实超过，无产阶级已无力进行革命，散布怀疑主义和失败主义情绪。著有《启蒙辩证法》(与T.W.阿多诺合著，1947)、《工具理性批判》(1947)、《批判理论》(1967)、《社会哲学研究》(1972)等。

**霍林郭勒市** Hulingol City 中国内蒙古自治区辖县级市。位于自治区东北部，霍林河上游。面积585平方千米。人口10万(2010)，有汉、蒙古、朝鲜、白、壮等民族。霍林郭勒系蒙古语，意为“就像美味饭食一样的河”。1982年成立霍林河办事处。1985年设霍林郭勒市。由通辽市代管。属中温带温凉半湿润大陆性气候。年平均气温0.2℃。矿产有煤、碱土、陶土、珍珠岩、花岗岩、辉长岩等。境内的霍林河煤矿是中国五大露天煤矿之一。农业以种植小麦、油菜和蔬菜为主。工业以采煤、煤化工和建材为主。

**霍乱** cholera 由霍乱弧菌引起的急性传染病。被世界卫生组织(WHO)规定为实施国际卫生检疫的三种传染病之一（其余两种为鼠疫和黄热病），在中国属法定管理的甲类传染病。

**临床表现** 人受染后，隐性感染者比例较大。在显性感染者中，以轻型病例为多，

这一情况在埃尔托生物型霍乱尤为明显。潜伏期可由数小时至5日，以1～2日为最常见。多数患者起病急骤，无明显前驱症状。病程一般可分为三期：

泻吐期　多以突然腹泻开始，继而呕吐。一般无明显腹痛，无里急后重感。大便米泔样或清水样，每日数次到数十次甚至不可计数。严重泻吐引起体液与电解质的大量丢失，出现循环衰竭，表现为血压下降，脉搏微弱，血红蛋白及血浆比重显著增高，尿量减少甚至无尿。机体内有机酸及氮素产物排泄受障碍，多出现酸中毒及尿毒症的初期症状。

脱水虚脱期　表现为眼窝深陷、声音嘶哑、皮肤干燥皱缩弹性消失，腹下陷呈舟状，唇舌干燥，口渴欲饮，四肢冰凉，体温常降至正常以下，肌肉痉挛或抽搐。患者生命垂危，但若能及时妥善地抢救，仍可转危为安，逐步恢复正常。

恢复期　少数患者（尤其是儿童）此时可出现发热性反应，体温升高至38～39℃，一般持续1～3天后自行消退，故此期又称为反应期。

**诊断**　以临床表现、流行学史和病原检查三者为依据，确诊依赖于检出霍乱弧菌。血清学检查适用于病后回顾性诊断，无助于早期确诊。

**治疗**　及时有效的治疗能使病死率降到1%以下。严格隔离患者。治疗以补充液体和电解质，纠正脱水和电解质紊乱为主。因患者多肠道吸收功能正常，故提倡用口服补液溶液。重者需输液。辅以抗菌药物和对症治疗。

**预防**　要采取以切断传播途径为主的综合性措施。

**霍罗威茨**　Horowitz, Vladimir Samoilovich (1904-10-01～1989-11)　美籍俄国钢琴家。生于基辅，卒于美国。6岁开始学琴，17岁毕业于基辅音乐学院，同年在哈尔科夫举

行首次演奏会。1928年在美国首演P.I.柴科夫斯基的《第一钢琴协奏曲》获得成功，从此每年赴美举行演奏会。1940年定居美国。他患有胆怯症，每次演出都非常紧张，1936～1939年和1953～1965年间曾两度停止演出。霍罗威茨是技巧辉煌的杰出钢琴家，他采用与众不同的速度和强度演奏八度，并能弹出独特的金属音。他演奏F.李斯特和S.V.拉赫玛尼诺夫的协奏曲，可称无与伦比。他把美国国歌《星条旗之歌》改编为独奏曲，以万花筒般的钢琴技艺和热情洋溢的表演，使听众欣喜若狂。还将歌剧《卡门》的主题改编为钢琴曲，同样富有特色。

**霍麦**　Homer, Winslow (1836-02-24～1910-09-29)　美国画家，美国自然主义绘画的主要代表人物。生于波士顿，卒于缅因州。1855年随石版画师J.布福德当学徒。1857年以后先后为波士顿的《巴卢画刊》和纽约的《哈泼周报》作画。后在国立设计学院短期学习素描，又随风景画家F.龙

《顺风》

德尔学油画。南北战争时期，《哈泼周报》几次派他去弗吉尼亚前线，以写实手法表现战争和军队生活，战后主要从事乡村题材创作。早期油画《长河》(1869)、《扬鞭》(1872)，是19世纪60～70年代美国乡村真实的写照。1881～1882年旅居英国北海渔港泰恩茅斯时，用水彩作画表现大海和渔民，如《墨西哥湾暖流》。1883年回国后定居缅因州海岸的普劳特海峡。在这个偏僻多岩石的海岸上盖了画室，独自一人坚持作画，画大海、森林与山。作品多是描绘远洋海员与渔民的油画，如《雾的警报》(1885)、《鲱鱼网》(1885)、《八击钟》(1886)等。1884年制作了8幅大的铜版画。后期代表作《东北风》(1895)、《海·大风暴后的清晨》(1902) 充分表现了海的庄严美。

**霍曼斯**　Homans, George Caspar (1910-08-11～1989-05-29)　美国社会学家，社会交换论的代表人物之一。生于波士顿，卒于马萨诸塞州剑桥。1932年获哈佛大学文学学士学位，并留校任教。第二次世界大战期间在美国海军服役。1946年回到哈佛大学转入社会学系，先后任社会学教授、系主任。1963～1964年任美国社会学协会主席。著有《人类群体》、《情感和活动》、《社会行为：它的基本形式》、《社会科学的本质》等。

霍曼斯的学术研究领域很广，包括历史学、人类学、心理学及科学哲学。早期曾受T.帕森斯的结构功能主义影响。后期，霍曼斯批判了帕森斯、É.涂尔干的社会学理论，强调人和人的动机的重要作用，认为人与人之间的互动从根本上说是一种交换过程，逐渐把社会学的研究还原为微观的社会心理的研究。他把社会看成是个人行为和行为交换的结果，社会结构无非是个人行为的集合，个人行为应被视为社会学研究的最高原则。他的社会学思想被称为行为主义交换论。

**霍懋征**　Huo Maozheng (1921-09-18～2010-02-11)　中国小学教育家、特级教师。山东济南人，卒于北京。1943年毕业于北平师范大学数理系。曾任北平师范大学第二实验小学教师。中华人民共和国建立后，历任北京第二实验小学教师、副校长，中国教育学会全国小学语文研究会常务理事，中国民主促进会第六、七届中央常委。1962年加入中国共产党。1978年获全国三八红旗手称号。全国政协第五届委员，全国政协第六、七、八、九届常委。

霍懋征在小学任教60多年，提出了“没有爱就没有教育”的教育理论。1980年又提出“语文教学必须要做到文与道德统一”的观点。周恩来曾称她为中国的“国宝”。80多岁高龄仍积极响应开发西部的号召，参加教育专家团深入西北、西南等地。著有《班主任工作札记》、《小学语文教学经验谈》等。

**霍梅尼**　Khomeini, Ayatollah Ruhollah (1900～1989-06-03)　伊朗伊斯兰教什叶派最高领袖，伊朗伊斯兰共和国缔造者。生于德黑兰西南的霍梅恩村，卒于德黑兰。

自幼接受伊斯兰教教育。20世纪50年代末获“阿亚图拉”称号（伊斯兰教什叶派高级神职）。60年代尊为“大阿亚图拉”。早年曾参与反对巴列维王朝的活动。1963年6月5日被捕，1964年4月获释。同年11月，被驱逐到土耳其。1965年10月辗转到伊拉克什叶派圣地纳杰夫，在此居住13年。

20世纪70年代霍梅尼出版《法吉赫政府》一书，集中体现了他的伊斯兰革命理论。

1978年10月，在伊朗政府的压力下，伊拉克政府宣布霍梅尼为“不受欢迎的人”，

他被迫移居巴黎。后在巴黎建立了“革命指挥中心”，领导国内反国王运动。1979年年初，霍梅尼发动*伊朗伊斯兰革命*，2月1日，霍梅尼从巴黎飞抵德黑兰。11日，伊斯兰革命临时政府接管政权。19日，霍梅尼批准组建伊斯兰共和党，次日下令建立伊斯兰革命卫队。4月1日，伊朗伊斯兰共和国宣告成立。随后，霍梅尼被拥戴为“伊朗革命领袖和伊朗伊斯兰共和国缔造者”。著述有20多部。

**霍姆斯** Homs; Ḥimṣ 叙利亚第三大城市，霍姆斯省首府。靠近阿西河上游右岸，海拔556米。西南距首都大马士革140千米。人口约80万。初建于1世纪。罗马时代由世袭的祭司国王统治。636年被穆斯林攻占。1516年属奥斯曼帝国。19世纪30年代一度由埃及控制。第一次世界大战后划归叙利亚。交通枢纽，铁路、公路四通八达，来自国境东北部和伊拉克的输油管线在此汇集，然后西至地中海岸的塔尔图斯港。城西南的阿西河上已拦河筑坝，形成发电与灌溉两利的水库——霍姆斯湖。出产小麦、玉米、黍、棉花、水果和蔬菜，附近农产品加工集散地。市内还有炼油、化肥和植物油榨制等工业企业。所产珠宝、毛丝织品、腰带和披风等地方手工艺品闻名。

**霍姆斯** Holmes, Arthur (1890-01-14～1965-09-20) 英国地质学家。生于达勒姆郡希伯恩，卒于伦敦。1910年毕业于伦敦皇家学院。1912～1920年在皇家学院任教。以后历任缅甸石油勘探公司主任地质师，英国达勒姆大学、爱丁堡大学教授。1942年被选为英国皇家学会会员。1956年获美国地质调查所授予的彭

罗斯奖。在应用放射性方法测定岩石年龄方面作了开创性工作，最早提出绝对地质年代表。他用放射性方法测定的地球的年龄为45.5亿年，已得到公认。霍姆斯意识到放射性元素裂变释放出来的热能与地球的热历史有密切关系，提倡以旋回性的膨胀与收缩交替作用来解释地壳构造运动的机制。是*大陆漂移说*的强有力支持者，且第一个提出地壳以下深层（地幔）对流的观点。在岩石学和岩石成因学方面，用固态交代作用解释岩石性质的转变。在40年代花岗岩论战中支持花岗岩化的转变观点。他的《自然地质学原理》一书，论述了深部、地壳和地表的全部演化过程等。主要著作还有《地球的年龄》、《放射性和地球运动》、《岩相学和计算方法》等。

**霍姆斯** Holmes, Oliver Wendell, Jr. (1841-03-08～1935-03-06) 美国法官、法学家，实用主义法学创始人。美国诗人老霍姆斯之子。生于波士顿，卒于华盛顿。曾任律师、哈佛大学法学教授、马萨诸塞州最高法院法官和首席法官。1902年起任美国最高法院法官达30年之久。主要著作有《普通法》和《法律论文集》。在法学领域，他以首先应用实用主义哲学而闻名。

霍姆斯的*法*的概念是：“法的生命不是逻辑而是经验。”他还认为可以从“坏人”角度来解释什么是法，坏人所关心的只是法院对他们将如何处理，因此，法就是“对法院事实上将作什么样的预测”。他的这一学说（通常称为“法的预测说”）成为美国现实主义法学的一项基本原理。

霍姆斯任美国最高法院法官时，在一些重大案件判决词中所提出的意见大部分是异议意见，代表了他的实用主义哲学和自由派政治观点。例如关于公民言论、*出版自由*和公共安全的矛盾问题，在1919年“申克诉美国”案的判决中，他认为，公民的言论、出版自由，只有在其行为构成对公共安全的“明显和现行危险”时，政府才有权加以限制或取消（通称为明显和现行危险的原则）。又如，关于制定工时、工资等劳工立法是否违反*宪法*的问题，霍姆斯在1905年“洛克纳诉纽约州”案判决中，认为《美国宪法修正案》第14条并未肯定H.斯宾塞的自由放任的经济学说，立法机关有权制定这类法律。美国社会学法学派首创人R.*庞德*认为霍姆斯的这一观点最好地表达了此派的学说。

尽管霍姆斯的这些意见在当时最高法院中代表少数派观点，但对美国以后的立法和法学具有重大影响，被公认是重要的宪法理论。美国现代法学中最流行的两大派，即以庞德为首的社会学法学派和以J.N.*弗兰克*、K.N.卢埃林为首的现实主义法学派，都将他的实用主义法学作为理论基础。

**霍尼亚拉** Honiara *所罗门群岛*的首都和最重要港口。位于瓜达尔卡纳尔岛北岸，克鲁斯岬角西侧。人口约4万（2004）。在第二次世界大战期间美军总部基础上建立的城市。主要有椰干、木材、水产品等初级加工业。港口有深水码头。市区以东16千米处有兴建于1942年的亨德尔森国际机场。为进出所罗门群岛的主要门户。第二次世界大战中持续达7个月之久的瓜达尔卡纳尔岛战役，在市区周围留有许多战争遗迹。

**霍珀** Hopper, Grace Murray (1906-12-09～1992-01-01) 美国应用数学家，计算机程序语言的开拓者。生于纽约，卒于弗吉尼亚州阿灵顿。1928年毕业于瓦沙学院，同

年考入耶鲁大学，1930年获硕士学位，1934年获博士学位。长期在瓦沙学院任教。霍珀从1943年起为哈佛大学正在研制的马克-1计算机编制程序。1946年，为马克-2、马克-3计算机编制应用程序。1949年，霍珀进入埃克脱-莫奇利计算机公司并随公司合并转到斯派利公司，直到1971年退休。她为各类计算机编制了许多程序，包括初期的*编译程序*。公司为表彰她的功绩，从1971年起设立了霍珀奖。霍珀是COBOL语言（通用商业语言）的开创者。

**霍普金斯** Hopkins, Gerard Manley (1844-07-28～1889-06-08) 英国诗人。生于埃塞克斯斯特拉特福，卒于都柏林。曾受神职，在伦敦等地传教。后在大学任教。早年就开始写诗，1862年以《美人鱼的梦幻》一诗获奖。长诗《德意志号的沉没》被拒绝刊登，后来写的诗也无人赏识，只是手稿在几个友人间传诵。直到1930年他的诗全集再版时，他的独特风格和创新精神始为大家赞赏，影响渐趋深远。其诗在意境、格律和辞藻上都有创新。内容表现自然界万物的个性以及诗人对大自然的感怀，宗教色彩浓厚，风格清新活泼。名诗有《风鹰》、《春秋》和《星夜》等。

**霍奇金** Hodgkin, Sir Alan Lloyd (1914-02-05～1998-12-20) 英国生理学家。生于牛津郡班伯里，卒于剑桥。1936年毕业于剑桥大学。1952年成为福勒顿研究教授。1970年被聘为剑桥大学生物物理教授，在以后的年代里被委任为莱斯特大学的名誉校长。

他在生理学上的主要贡献是对神经电活动的性质进行了定量研究、应用数学公式描述了神经冲动并提出钠学说以说明神经冲动产生的机理。1945年，他和英国生理学家A.F.赫胥黎第一次记录了跨神经细胞膜的电变化。1951年他与赫胥黎和B.卡

茨提出钠学说来解释神经纤维的静息电位与动作电位的差异。1952年他与卡茨应用电压固定技术测量了跨神经膜的离子流动证实了他们的假设。在他以后的实验中又提出存在“钠泵”的假设。现在已确定“钠泵”是一种蛋白质，称为$Na^+-K^+$激活腺苷三磷酸（ATP）酶，并已能提纯。他在1958年获英国皇家学会皇家奖章，并与赫胥黎和另一位澳大利亚生理学家J. C.埃克尔斯共同获得1963年诺贝尔生理学或医学奖。1970～1975年被委任为英国皇家学会主席。著有《神经冲动的传导》一书。

**霍奇金** Hodgkin, Dorothy Mary Crowfoot (1910-05-12～1994-07-29) 英国化学家。生于埃及开罗，卒于英国沃里克郡斯托尔河畔希普斯顿。曾入牛津大学萨默维尔学院

学习，毕业后到剑桥大学工作（1932～1934）。1934年回到牛津大学教化学，1960年任教授。1970年任布里斯托尔大学名誉校长。1947年入选英国皇家学会。她在剑桥大学期间最先用X射线结晶学正确测定了复杂有机大分子的结构。1934年回到牛津大学后，研究了许多具有生理作用的化合物，并做出第一幅蛋白质的X射线衍射图。1949年第一次成功地测定了青霉素的结构。1957年测定了维生素$B_{12}$的结构。因测定抗恶性贫血的生化化合物的基本结构而获1964年诺贝尔化学奖。1965年获英国功绩勋章。

**霍去病** Huo Qubing (?～前117) 中国汉武帝时抗击匈奴的名将。卫青外甥。河东平阳（今山西临汾西南）人。善骑射。元朔六年（前123），霍去病被汉武帝任为票姚校尉，随卫青击匈奴于漠南（今蒙古高原大沙漠以南），歼2 000余人，受封冠军侯。元狩二年（前121）任骠骑将军。于春、夏两次率兵出击占据河西（今河西走廊及湟水流域）地区的匈奴部，歼4万余人。同年秋，奉命迎接率众降汉的匈奴浑邪王，在部分降众变乱的紧急关头，率部驰入匈奴军中，斩杀变乱者，稳定了局势，浑邪王得以率4万余众归汉。从此，汉朝控制了河西地区，打通了西域道路。四年夏，与卫青各率5万骑过大漠（今蒙古高原大沙漠）进击匈奴。霍去病击败左贤王部后，乘胜追击，深入2 000余里，歼7万余人。后升任大司马，与卫青同掌兵权。他用兵灵活，注重方略，不拘古法，勇猛果敢，每战皆胜，深得武帝信任。元狩六年（前117）病卒，终年不到30岁。

**霍去病墓** Tomb of Huo Qubing 中国西汉名将霍去病之墓。茂陵陪葬墓之一。在陕西兴平东北。霍去病病逝后，汉武帝为纪念他的战功，在茂陵东北为他修建大型墓冢，状如祁连山，上面堆放巨石，墓前置

“马踏匈奴”石雕

石雕像，这在陪葬墓中是一种特例。1961年国务院公布为全国重点文物保护单位。墓冢高15.5米，底部南北92米、东西61米。墓前石雕像现存16件，有怪人、怪兽吃羊、卧牛、卧猪、跃马、“马踏匈奴”、卧虎、卧象等。石雕依石拟形，以圆雕、浮雕和线雕手法稍加雕凿而成，手法简练，风格古朴浑厚，所雕形象个性突出，是中国现存年代最早、保存较完整的一批大型石雕艺术珍品。此墓石刻对以后中国历代陵墓石刻产生了深远影响。

**霍桑** Hawthorne, Nathaniel (1804-07-04～1864-05-19) 美国小说家。生于塞勒姆，卒于朴次茅斯。1821年入博多因学院。1825年开始从事写作。他曾匿名发表长篇小说《范肖》(1828) 和几十个短篇作品，陆续出版短篇小说集《古宅青苔》(1843)、《雪影》(1851) 等。

霍桑的短篇小说大多取材于新英格兰的历史或现实生活，着重探讨人性和人的命运等问题。著名的有《小伙子布朗》、《教长的黑面纱》。

霍桑最重要的长篇小说《红字》(1850) 以殖民地时期新英格兰生活为背景，描写一个受不合理的婚姻束缚的少妇犯了为加尔文教派所严禁的通奸罪而被示众，暴露了当时政教合一体制统治下殖民地社会中的某些黑暗。作者层层深入地探究有关罪恶和人性的各种道德、哲理问题。小说以监狱和玫瑰花开场，以墓地结束，充满象征意义。其他主要作品还有《带有七个尖角阁的房子》(1851)、《福谷传奇》(1852)、《玉石雕像》(1860) 等。

**霍桑实验** Hawthorne studies 美国哈佛大学G.E.梅奥领导的在芝加哥西方电器公司霍桑工厂进行的一项实验研究。实验研究对工作效率产生影响的因素。霍桑实验包括4个实验：①照明实验。为探讨照明与工作效率之间的关系，研究者把一个绕线圈班组分成实验组和控制组。实验组改变照明条件，控制组照明条件不变。结果，不论实验组的照明条件怎样改变，它的产量都与控制组的一样增加。②福利实验。为探讨福利措施对生产的影响，实验者采取增加休息时间、缩短工作日、免费提供茶点、改善工作条件等措施，使产量提高了。两个月后又突然取消了这些福利措施，产量却仍然上升。③态度调查。研究者通过访谈了解工人对公司的意见。访谈使工人长期积压在心中的不满和怒气得到了发泄，他们感到厂方在关心他们，消除了与厂方的对立情绪。监督人员参与访谈，对工人有所了解，也改善了管理方法。这些都提高了生产率。④群体实验。为探明群体的社会作用，研究者选择一个班组，实行计件工资制，让多干者能多得。但结果是，工人的产量都保持在中等水平，差别并不大。原来这是由于在工人中形成了一套不成文的行为规范：谁也不能干得太多或太少，谁也不能告密。谁违反了规范就会受到惩罚，目的是保护班组的团体利益。为此，大家可以放弃个人的物质利益。从这个实验中，研究者得出“非正式群体”的概念。

**霍树棠** Huo Shutang (1901～1973-03-29) 中国东北大鼓艺人。原名霍润南。满族。辽宁北镇人。卒于沈阳。14岁在家乡拜师学唱东北大鼓，不久随师登台演出。16岁

到沈阳行艺，得绰号“火车头”。他善于兼收并蓄，在行艺中以幼习的“西城”土调为基础，广泛吸收其他艺人的“南城调”唱腔、沈阳流行的“奉调”唱腔和京韵大鼓与皮影戏的一些声腔，使他演唱的东北大鼓在原有唱腔腔调低沉徐缓的基础上，增加了刚健爽朗的特色，从而自成一家。演出的代表性节目有《马

潜龙走国》、《彩云球》等长篇大书，和《忆真妃》、《游西湖》等短段，尤以演唱“三国”段和《排王赞》、《绕口令》等一气呵成的“贯口”段子著称。他表演的《南北合》、《四郎探母》和《绕口令》等节目还被百代公司灌制成唱片发行。中华人民共和国建立后，编演了《杨靖宇大摆地雷阵》、《国际主义战士白求恩》、《狼牙山五壮士》等新节目。1952年随“中国人民赴朝慰问团”赴朝鲜慰问中国人民志愿军。

**霍斯陆** Khusro, Amir (1253～1325) 印度波斯语诗人、苏非学者、史学家和音乐家。生于德里附近的帕蒂亚利（今埃塔区）。本名艾卜哈森·耶敏努丁。用波斯语、阿拉伯语、突厥语等多种语言写作。一生经历11位君主的更迭，备受各统治者的庇护。留下包括诗集、文艺理论、史学、乐理和乐曲等多种著作近百部，可惜多已散失。19世纪后被确认是他的原著者近30部。其中最有价值和影响的是《木星与金星相会》等历史叙事诗。他的抒情诗精练、典雅，情感真挚，富有乐感。他还用印德维语写下大量民谣、对句、歇后语等，以及杂有波斯语或其他语句的混合语诗。音乐方面，致力于将西亚音乐引入印度，与当地传统音乐融为一体，加入欢乐的成分，改进咏叹调。他还发明和制作了西塔弦琴、塔布拉手鼓，改进了多种乐器。这些都奠定了印度新音乐的基础。

**霍屯督人** Hottentots 南部非洲的种族集团。自称科伊科伊人。约27万人(2002)。主要分布在纳米比亚、博茨瓦纳和南非。属尼格罗人种科伊桑类型。使用霍屯督语，属科伊桑语系。分多种方言，自成语族。有新创制的以拉丁字母为基础的拼音文字。体质特征和语言与布须曼人相近，非洲学界将他们合称为科伊桑人。

在荷兰殖民者建立开普殖民地以前，霍屯督人分布在北起库内内河、南至开普半岛的整个西部地区，并向内地延伸到了凯河。按语言分为4大支系，即纳马人、科拉纳人、格里夸人和开普霍屯督人。殖民者侵入非洲南部后，由于实行种族火绝和同化政策，至19世纪，南非境内的霍屯督人作为一个种族已不复存在。纳米比亚境内的霍屯督人（即纳马人）分为12个部落，其中7个是原居民；5个系在18世纪末从奥兰治河南岸迁入，名为奥尔兰人，混有荷

霍屯督人用木棍挖块根

兰移民血统。现在纳马人的居住范围北到南回归线，南至奥兰治河，东抵卡拉哈里沙漠，西临大西洋沿岸，约占纳米比亚领土的40%。分布在博茨瓦纳的霍屯督人已于1966年同国内其他民族一起获得独立。

**《霍小玉传》** *A Tale of Huo Xiaoyu* 中国唐代传奇。作者蒋防。生卒年不详，字子微，一作子微，义兴（今江苏宜兴）人。宪宗时，曾任翰林学士。著有诗集一卷。《霍小玉传》是他的成名之作。写陇西李益与妓女霍小玉的爱情悲剧。李益初与霍小玉相恋，同居多日。李益得官后，聘表妹卢氏，与小玉断绝。小玉思念成疾，愤恨欲绝。忽有豪士挟持李益至小玉家中，小玉誓言死后必为厉鬼报复。作者同情霍小玉的悲惨命运，谴责李益的负心，爱憎分明。

**霍伊尔** Hoyle, Fred (1915-06-24～2001-08-20) 英国天文学家。生于约克郡宾利，卒于多塞特郡伯恩茅斯。1939年获剑桥大学硕士学位。曾任天文学和哲学教授。兼在美国威尔逊山天文台和帕洛马山天文台工作。英国皇家学会会员，历任英国皇家学会副会长，英国皇家天文学会会长。在太阳系起源方面，他在1944年提出，太阳原来是双星，其伴星已瓦解，遗骸形成各个行星，以此说明行星的重元素含量高于太阳。1960年他又提出，太阳通过磁耦合把角动量转移给星云盘物质，以后分别形成类地行星和类木行星。在恒星演化方面，他论证了氦核在高温下“燃烧”产生碳核和氧核以及镁、硫等直至铁核的过程，为研究恒星在主序星后的演化提供了理论依据。他同G.伯比奇夫妇、W.A.福勒等人在这方面的研究被合称为以他们的姓氏命名的$B^2FH$理论。他还和M.史瓦西共同研究了星族Ⅱ恒星的演化，对球状星团、赫罗图作出比较成功的理论解释。20世纪60年代以后，他与那立卡合作，致力于保形不变的直线相互作用理论，得出引力常数随时间减小、地球在膨胀的结论，并且用这种理论探讨质量和引力的本质、弱相互作用、红移和新的宇宙模型。

主要著作有《宇宙的本质》、《星系、核和类星体》、《从巨石阵到现代宇宙学》、《天文学和宇宙学》。

**霍英东** Huo Yingdong (1923-05-10～2006-10-28) 中国社会活动家、香港知名实业家、爱国人士，全国政协副主席。广东番禺人。生于香港，卒于北京。青年时就读于香港皇仁英文书院。1955年创办霍兴业堂置业有限公司及有荣有限公司，任董事长。先后担任香港地产建设商会会长，香港中华总商会会长、永远名誉会长，香港足球总会会长、永远名誉会长，国际足联执委，世界羽毛球联合会名誉主席，香港特别行政区基本法起草委员会委员，香港特别行政区筹委会预备工作委员会副主任，香港特别行政区筹备工作委员会副主任，香港特别行政区推选委员会副主任等职。热心兴办和资助文化、体育、教育事业，向内地多次捐助巨款，并设立霍英东教育基金。全国政协第五、六届常委，第七届全国人大常委会委员。1993年3月起任全国政协第八至十届副主席。

**霍州市** Huozhou City 中国山西省辖县级市。位于省境中南部。面积765平方千米。人口28万(2010)。古为尧都畿内，周初为霍国，唐代号称“中州重镇”，明清时期被列为全国直隶州，1912年废州改霍县。1989年改霍县为霍州市。由临汾市代管。种植小麦、玉米、谷子、棉花、油料作物、蔬菜、药材，产干、鲜水果等。矿产有煤、铝矾土、耐火黏土、石灰岩、玻璃石英等。名胜古迹有西周厉王墓、千佛崖、雁塔、霍州署、霍州鼓楼等。

# J

**几丁虫** Chitinozoa 已绝灭的一类亲缘关系不明、分类位置不定的海生微体古生物化石。又称胞石、几丁石。单体或群体。大小50～2 000微米不等，多小于500微米。外形为长颈瓶状、壶状或圆筒状等。壳壁为不透明或半透明的类几丁质。多数学者认为几丁虫属动物界。

**几丁质** chitin 由2-乙酰胺基-2-脱氧-D-吡喃型葡萄糖基β-1,4双基键合而成的直链多糖。甲壳素的别称。

**几维目** Apterygiformes; kiwis 鸟纲的一目。仅1科1属2种，褐几维和小斑几维，二者分布限于新西兰。该目鸟类善走而不能飞行。体型如鸡，雌大雄小。体长480～840毫米，体重1.25～4.00千克；羽呈毛状，形似发丝；嘴峰细长而稍下弯，鼻孔位近嘴端，嗅觉灵敏；两翅极退化；腿短而强健；足具4趾，3前1后。背侧羽毛大多暗褐色，腹侧色较淡而具黑褐条纹；无尾羽。

**击剑** fencing 体育运动项目之一。两人手持特制钢剑，在规定的场地、时间和剑数内，以刺劈动作进行格斗。现代击剑器材的形式是由古代冷兵器演变而来。17世纪时，法国人制造了短而轻、只限于刺的法式剑，从而形成了速度快、技巧性强的击剑运动。1776年法国人拉博西叶尔发明了护面，使击剑进入新的时代。1896年第1届奥林匹克运动会上，击剑被列入正式比赛项目，当时只有男子花剑和佩剑个人赛。1900年第2届奥运会时增加了男子重剑个人赛。1924年第8届奥运会又增加了女子花剑个人赛。1996年第26届奥运会增加了女子重剑个人赛。2004年第28届奥运会增加了女子佩剑个人赛。1913年在法国巴黎成立了国际击剑联合会。联合会决定从1936年起，每年举行一次世界击剑锦标赛。中国在很早以前就有剑术活动，到20世纪50年代才开展国际上通行的击剑运动。1964年组织全国击剑训练，使击剑运动有了新的发展。1965年第2届全国运动会中击剑被列为正式比赛项目。1974年中国加入国际击剑联合会。1978年在西班牙举行的第29届世界青年击剑锦标赛上，中国女子花剑运动员栾菊杰取得亚军，成为第1个在世界剑坛上取得名次的亚洲人。在1984年第23届奥运会上，栾菊杰夺得女子花剑个人冠军，打破了欧洲人独霸剑坛的局面。20世纪80年代后，中国击剑有了很大进步，获得了数次奥运会奖牌和多次其他重大赛事的个人和团体金牌。

击剑比赛场面

在国际比赛中击剑项目分为花剑、佩剑、重剑3种。各种剑都是用特种钢材制成，包括剑柄、护手盘、剑身三部分。花剑重量较轻，不超过500克，剑全长110厘米，剑身不超过90厘米，操作练习方便。佩剑重量不超过500克，剑长105厘米，剑身不超过88厘米。重剑重量不超过770克，剑长110厘米，剑身横断面为三棱形。击剑比赛有男子花剑、佩剑、重剑及女子花剑、佩剑、重剑的个人赛和团体赛共12项。3个剑种在比赛中都使用电动裁判器，花剑刺中有效部位时，一方为红色信号灯亮，另一方为绿色灯，刺中无效部位为白色灯亮。个人赛每场在6分钟内先刺中对方5剑者为胜。比赛时运动员必须头戴护面，身穿白色衣裤及长筒袜。

**机场** airport; airfield; aerodrome 供航空器起飞、降落、停放、维修，并有专门建筑物和设施保障飞行活动的场所。又称航空港。按场基，有陆地机场（含冰上机场、盐湖机场）和水上机场；按用途，有民用机场、军用机场、军民合用机场。军用机场又分为永备机场和野战机场。

各国对民用机场的划分有不同的标准。美国将民用机场分为商业用和非商业用机场。商业用机场又分为主要机场和非主要机场。非商业用机场分为调节机场、私用及通用航空机场等。

中国将民用机场分为运输机场和通用机场。运输机场依据所处地位及旅客吞吐量分为大型航空枢纽、地区航空枢纽及省会机场、干线机场、支线机场等。通用机场包括供飞行作业用的通用航空机场、供培养训练飞行人员用的航空学校机场，以及供航空俱乐部使用的体育运动机场等。

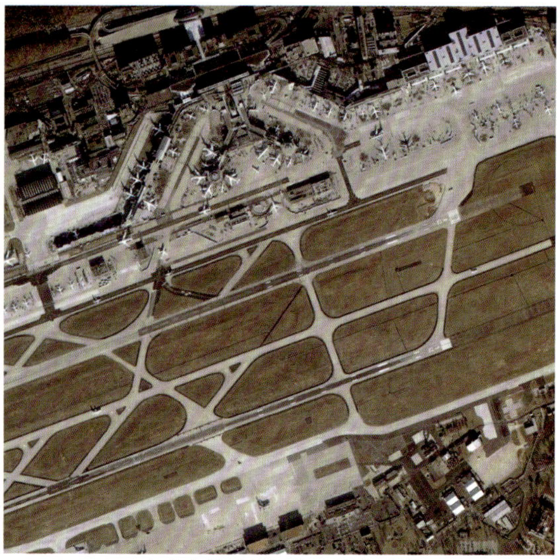

法兰克福国际机场卫星鸟瞰图

民航运输机场由4部分组成：①飞行区。包括跑道、滑行道、机坪和各种保障飞行的设施。跑道是供航空器起飞着陆用的一块划定的长方形场地。跑道两端设安全区，两边有道肩。跑道的长度、厚度和宽度受航空器类型、载重、机场标高和气温等诸多因素的影响。滑行道是航空器在机场滑行的专用通道，主要指航空器进出跑道、机坪间的滑行专用道。机坪是供航空器上下旅客、装卸货物行李邮件、加油、短停维修之用的场地。保障飞行的设施包括无线电设施（仪表着陆系统、雷达和灯光助航设施）、气象自动观测系统及指挥系统等。在飞行区及其邻近地区上空，为保证飞机的安全起飞、着陆，根据机场起降飞机的性能，规定若干障碍物的限制面，这些限制面以上的空域称为净空区。②客货运输服务区。又称航站区。包括候机楼、机坪、停车场等。候机楼旧称航站楼，是机场的标志性建筑。货运量较大的机场还专设货运站或货运楼。③生活区。供机场员工和家属居住生活的地区。④机务维修区。一般包括维修机坪、机库、车间或工厂、器材库等，为飞机、发动机、机上设备及零附件提供维修服务。此外，航空油料的储存、输送和加油设施，以及平面通信、水电和热冷气供应、污水污物处理、地面交通等公用和市政设施，均是运输机场必不可少的。

**机车** locomotive 具有动力以牵引或推送其他铁路车辆运行于铁路上，本身不装载营业载荷的自推进车辆。俗称火车头。机车是利用蒸汽机、柴油机、牵引电动机或其他动力机械产生的动力，通过机车传动装置驱动动轮（驱动轮），借助动轮和钢轨之间有一定的黏着力而产生推动力（即机车牵引力）。机车和铁路车辆上都装有制动装置，以便运行时能随时减速或停止运行。

最早发明的机车是蒸汽机车，其后依次是电力机车、柴油机车、燃气轮机车。

蒸汽机车因经济效益不高和排烟污染环境而逐渐被柴油机车和电力机车取代。

机车按动力装置分为两类。①热力机车。所装原动机属于热机，如蒸汽机车、柴油机车、燃气轮机车等。柴油机和燃气轮机均属内燃机，装用它们的机车称为内燃机车。②电力机车。由外部电站输给沿铁路的变电所，再经轨道上空的接触网或铺设于轨道一侧的第三轨供给电能的机车。一般机车牵引方式是用1台机车在列车前端牵引。列车在陡坡道向上行驶而机车牵引力不足时，可在列车尾部加挂补助机车推送。用增加列车重量来提高运输能力时，可用双机重联（两台机车联挂）甚至多机重联牵引列车。

**机床** machine tool　对金属或其他材料的坯料或工件进行加工，使之获得所要求的几何形状、尺寸精度和表面质量的机器。机床是制造机器的机器，也是能制造机床本身的机器，故又称为工作母机或工具机。机床包括：金属切削机床、木工机床、特种加工机床和锻压机械。狭义的机床仅指使用最广、数量最多的金属切削机床。

简史　公元前2000多年出现的树木车床（图1a）是机床最早的雏形。15世纪出现螺纹车床和齿轮加工机床，以及水力驱动的炮筒镗床。中国明朝出版的《天工开物》中载有磨床（图1d）的结构。18世纪的工业革命推动了机床的发展。1774年，英国人J.威尔金森发明较精密的炮筒镗床。1797年英国人H.莫兹利创制成的车床能实现机动进给和车削螺纹，是机床结构的一大变革。各种基本类型的机床相继出现。1817年，英国人R.罗伯茨创制龙门刨床。1818年美国人E.惠特尼制成卧式铣床。1876年，美国制成万能外圆磨床。1835和1897年先后发明滚齿机和插齿机。随着电动机的发明，机床开始采用电动机驱动。20世纪初，相继创制出坐标镗床和螺纹磨床。同时为了适应汽车和轴承等工业大量生产的需要，又研制出各种自动机床、仿形机床、组合机床和自动生产线。随着电子技术的发展，美国于1952年研制成第一台数字控制机床。1958年研制成能自动更换刀具以进行多工序加工的加工中心。随着电子技术和计算机技术的发展和应用，使机床在驱动方式、控制系统和结构功能等方面都发生显著的变革（图2）。

图2　可进行多功能加工的大型立式车床（最大加工直径15米），正在加工水轮机座环

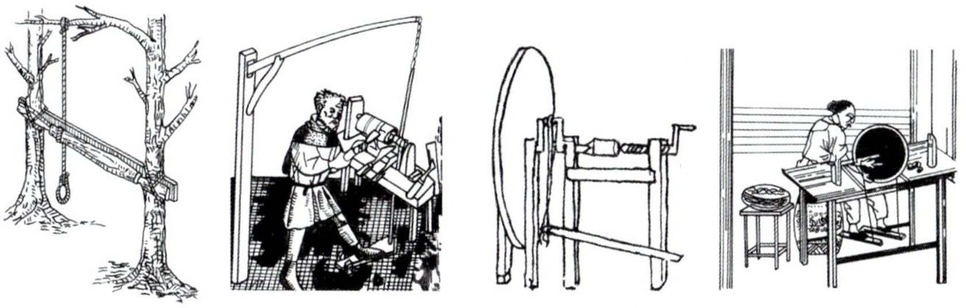


图1　古代机床
a 树木车床　b 德国的弹性杆棒车床（1395）　c 达·芬奇的车床构思图（约1500）
d《天工开物》(1637) 中的中国古代磨床

类型　按加工方式或加工对象可分为车床、钻床、镗床、磨床、齿轮加工机床、螺纹加工机床、花键加工机床、铣床、刨床、插床、拉床、特种加工机床（如电火花加工机床）、锯床和刻线机等。按工件大小和机床重量分为仪表机床、中小型机床、大型机床、重型机床和超重型机床。按加工精度分为普通精度机床、精密机床和高精度机床。按自动化程度分为手动操作机床、半自动机床和自动机床。按自动控制方式分为仿形机床、程序控制机床、数字控制机床、适应控制机床、加工中心和柔性制造系统。按适用范围分为通用、专门化和专用机床。

机床的运动　机床的切削加工由刀具与工件之间的相对运动实现。机床的运动可分为：①表面形成运动。是使工件获得所要求的表面形状和尺寸的运动，包括主运动、进给运动和切入运动。②辅助运动。主要包括刀具或工件的快速趋近和退出、机床部件位置的调整、工件分度、刀架转位、送夹料、启动、变速、换向、停止和自动换刀等运动。

基本组成　通常由下列基本部分组成：①支承部件。②变速机构。③进给机构。④主轴箱。⑤刀架、刀库等安装或储存刀具的部件。⑥控制和操纵系统。⑦润滑系统。⑧冷却系统。

技术性能指标　评价机床技术性能的指标最终可归结为加工质量和生产效率。这些指标一方面取决于机床的静态特性如静态几何精度和刚度，另一方面与机床的动态特性如运动精度、动刚度、热变形和噪声等有更大的关系。

**机动** maneuver　有组织地转移兵力或火力的行动。目的是争取和保持主动，形成有利态势或火力优势。按规模分为战略机动、战役机动和战术机动；按空间分为地面机动、海上机动和空中机动；按内容分为兵力机动和火力机动。机动样式有：包围、迂回、穿插、追击、退却等。适时迅速地向主要方向或重要地区机动兵力、火力，对于夺取作战的胜利具有重要作用。

现代条件下的机动具有快速频繁、多维空间等特点。进攻中，为合围敌人、实施纵深打击、断敌退路、阻敌增援和追歼逃敌等；防御中，为调整部署、封闭突破口、实施反击、歼灭突入之敌和空降之敌等都须适时实施机动。实施机动应力求迅速、隐蔽，出敌不意，火力机动和电子对抗相结合，采取各种机动手段和防敌反机动的措施，组织各军种、兵种的密切协同与地面、海上和空中的可靠掩护以及各种保障。

**机构学** mechanism, theory of　研究机械中机构的结构和运动的学科，是机械原理的主要分支。19世纪中叶，机构学从一般力学中独立出来，逐步形成和发展。机构学研究内容是对各种常用机构如连杆机构、凸轮机构、齿轮机构、间歇运动机构、螺旋机构等进行机构分析和机构综合。机构分析在理论上和方法上包括结构分析和运动分析两部分。前者研究机构的组成并判定其运动可能性和确定性；后者考察机构在运动中位移、速度和加速度的变化规律，从而确定其运动特性。机构综合是根据要求实现的运动选定机构的结构类型，确定机构的几何尺寸，即进行机构的结构综合和运动综合，作出能够实现所求运动的机构运动简图。

**机会成本** opportunity cost　经济学中指经济资源的所有者由于把所拥有的经济资源投入到某种经济活动中而放弃的把相同的这些经济资源投入到其他经济活动中所可能获得的最大收益。又称择一成本。例如，一个人把一段时间用于某项工作，则这段时间的机会成本就是他以其他方式利用这段时间所能够获得的最大好处。通过区分显成本和隐成本这两个概念可以对机会成本加以说明。

显成本指厂商在生产要素市场上购买或使用他人所拥有的生产要素时的总支出。由于这些成本在会计成本账目上一目了然，故称显成本。它通常包括厂商支付所雇用管理人员和工人的工资；所借贷款或资金的利息；租借土地、厂房的租金，以及用于购买原材料或机器设备，或支付交通、能源费用等支出的总额。

隐成本指厂商将自己所拥有的生产要素用于本企业生产时所应该得到的总支付。隐成本通常包括：①厂商提供自有土地所应得到的地租收入。②厂商提供自有资本所应得到的利息收入。③厂商提供自身的管理才能所应得到的薪金报酬，又称正常利润。西方经济学家认为，如果厂商使用他人的土地、他人的资金和雇用他人当经理时，他需要向他人支付地租、利息和薪金，那么，当厂商利用自己拥有的土地、自己拥有的资本和自己拥有的企业家才能进行生产时，他就应该自己向自己支付地租、利息和薪金报酬，其数量应当相当于厂商将所有这些自己所拥有的生产要素用于其他生产用途中所能得到的最大收入。从机会成本的角度讲，厂商的生产成本应该为：总成本=显成本+隐成本。

**机器** machine 由零件、部件组成的整体，或者由几个简单机械构成的联合体。其零件、部件间有确定的相对运动，用于转换机械能或完成有用的机械功（见功）。由两台或两台以上机器组合在一起的机械设备称为机组。

**机器翻译** machine translation 利用计算机把一种自然语言转变成另一种自然语言的过程，或是对人工翻译的模拟。完成这一过程的软件称为机器翻译系统。分为文字翻译和语音翻译。前者所依赖的自动翻译技术主要有四个方面：单词分析、语法分析、意义分析和文理分析。它的工作过程是，先把语句切分一个个单词，借助机器内的电子字典查清词义，根据语法规则分析语句的意义，并把它变换成概念结构，然后借助语言模型生成目标语言。其中，语言模型即是原语言和目标语言间的中间语言，各种语言通过它可译成另一种所需语言。如果配上双向翻译软件，自动翻译系统就能翻译多种语言。语音翻译比文字翻译更复杂，还要加上一个声音识别软件。近年来机器翻译界出现了一种新的技术概念，即“翻译记忆（translation memory; TM）”，是一种通过计算机软件来实现的专业翻译解决方案。用户利用已有的原文和译文建立起一个或多个翻译记忆库。在翻译过程中，系统将自动搜索翻译记忆库中相同或相似的翻译资源（如句子、段落等），给出参考译文，使用户避免无谓的重复劳动，只需专注于新内容的翻译，翻译记忆库同时在后台不断学习和自动储存新的译文。“翻译记忆”实际起到了辅助翻译的作用，即“计算机辅助翻译”（compute-aided translation; CAT）。

**机器人** robot 具有类似某些生物器官功能、用以完成特定操作或移动任务的应用程序控制的机械电子自动装置。程序控制的多关节机械手也被称作机器人。复杂的机器人还具有多种人类器官的功能，如触觉、视觉、听觉、行走机构以及用计算机实现的控制和规划系统。

机器人的发展分为三个阶段。第一阶段是固定程序和遥控式机器人；第二阶段是可变程序和示教再现式机器人；第三阶段是智能机器人。固定程序机器人灵活性很差，只适用于工艺流程比较固定的大批量生产线。可变程序机器人一般由计算机控制，适用于工艺多变的小批量生产线。示教再现式机器人在改变程序时便于人机联系，这种机器人有简单的学习功能，但仍不能适应环境复杂多变场合的需要。智能机器人能自动识别周围环境（如水下识别地貌）并自动作出行动规划（如绕过障碍）。识别环境主要通过视觉、听觉和触觉（触觉包括力觉和滑觉）的敏感元件将信息输入到计算机，经过处理后，提取关键信息，并对它进行识别和理解。机器人主要应用于危险有害的工作中。

**机枪** machine gun 配有架座，能实施持续连发射击的自动枪械。主要用于射击较远距离的有生目标、薄壁装甲目标、火力点或低空目标。

根据装备对象，通常分为地面机枪（旧称野战机枪，包括携行机枪和牵引机枪）、车载机枪（包括坦克机枪和其他战车机枪）、航空机枪和舰艇机枪。地面机枪按结构特点分为轻机枪、重机枪、通用机枪（又称轻重两用机枪）和大口径机枪。①轻机枪，具有两脚架，重量轻，机动性好，能伴随步兵进行战斗，主要用于杀伤有生目标，是步兵班的主要火力。其有效射程为500～800米，战斗射速为80～150发/分。②重机枪，具有稳固的枪架，火力持续时间长，威力较大，主要用于杀伤集团有生目标和压制敌火力点，是步兵连、营的主要支援火器。其有效射程，平射为800～1 000米，高射为500米；战斗射速200～300发/分。③通用机枪，既可以两脚架支撑做轻机枪用，又可将枪身装在枪架上做重机枪用，威力接近重机枪，机动性接近轻机枪。其有效射程，平射为800～1 000米，高射为500米以内；战斗射速100～300发/分。④大口径机枪，口径在12～20毫米，有效射程在2 000米以内，可射击空中、地面、水上的薄壁装甲目标和压制火力点。

中国1980式7.62毫米通用机枪（高射状态）

现代机枪在保留传统机枪机械瞄准装置的同时，普遍增配了光学瞄准镜。枪架用以支撑枪身，并和瞄准装置配合赋予枪身一定的射角和射向，承受射击时枪身的后坐能量，使机枪保持射击稳定。轻机枪的两脚架可视为简易枪架。车载机枪、舰艇机枪和航空机枪一般都装在可视为固定枪架的枪座上。

**机体觉** organic senses 反映内脏器官活动状况的感觉。又称内脏感觉，包括饥、渴、胀、恶心、窒息、牵拉、便意、性和痛等感觉。内脏器官中有痛、压力、化学、容量、渗透压等内感受器，它们分布在各内脏器官的内壁。内脏器官的生物节律是由植物性神经系统调节和支配的。在内脏器官活动正常的情况下，其活动不为人所意识，也不受人随意支配。这时，各种感觉融合为一种感觉，称为自我感觉。只有当内脏器官的生物节律异常或发生病变时，才能引起痛觉或其他感觉。经过特殊训练如生物反馈技术的训练，某些内脏器官的活动也可以人为地引起改变，并在一定程度上人为地加以控制，这是医疗和体育训练中常用的方法。机体觉能及时报告内脏器官活动的状况，对调节内脏器官的活动具有重要意义。

**机械** machinery and mechanical appliance 机器和机构的泛称。各种机械的共同特征是：组成件之间有确定的相对运动和力的传递，进行机械能的转换或机械能的利用。机械分：①动力机械（包括风力机、水轮机、汽轮机、内燃机、电动机等）。②能量变换机械（包括发电机、热泵、压缩机等）。③工作机械（包括制冷装置、粉碎机械、物料搬运机械等）。还有一些通过机械加工制成的产品，如换热器、反应塔、压力容器等，组成件之间不发生相对运动，无机械能的转换和利用，也可划入机械的范畴。

简单的机械只由少数零件组成，如滑轮、夹钳、手钻等。复杂的机械由许多零件和部件组成，成为一台机器，如车床、起重机、汽车等。成套机械则由许多不同机器组成，如造纸机械、连续轧钢机械等。

**机械工程** mechanical engineering 研究和解决各类机械和机械产业的全部理论和实际问题的一门应用学科。其研究内容涵盖各类机械与机械系统的设计开发、加工制造、检测调试、运行控制、管理维护、销售服务乃至回收处理等方面；涉及工程力学、材料科学、机构学、设计技术、信息技术、自动化技术、管理技术等多种学科。

宁波一机械公司大型机床生产车间

**服务领域和学科内容** 主要服务领域有：能量转换机械、生产机械、服务机械、日用机械及各种武器装备。

学科内容按性质可分为6个方面：①建立和发展可以实际和直接应用于机械工程的工程理论基础。②研究、设计和发展新的机械产品与系统。③机械产品的生产。④机械制造企业的经营和管理。⑤机械产品的应用。⑥研究和解决机械产品在制造和使用过程中产生的环境污染和自然资源消耗方面的问题。

**学科分支** 可以从不同的角度进行分类。按功能分为动力机械、运输机械、加工机械、检测机械等；按服务的产业分为农业机械、矿山机械、化工机械、纺织机械、医疗机械、环保机械等；按驱动方式分为热力机械、流体机械、电力机械、人力机械等；按机械产品开发、制造、运用的过程，分为机械科研、机械设计、机械制造、机械维修、机械企业营运与管理等学科分支；按制造机械零部件所采用的工艺方法分为材料成形、切削加工、材质改性、表面工程等学科分支。这些以不同方式进行的机械分类与学科分支，相互交叉重叠，使机械工程分解成上百个分支学科。

**发展历程** 人类从制造简单工具演进到制造由多个零部件组成的现代机械，经历了漫长的过程。几千年前，人类已创制了用于谷物加工的臼和磨，用来提水的桔槔和辘轳，装有轮子的车，航行于江河的船。所用的动力，从人自身的体力，发展到利用畜力、水力和风力。所用材料从天然的石、木、土、皮革，发展到人造材料。15～16世纪以前，机械工程发展缓慢。17世纪以后，资本主义在英、法和西欧诸国出现。18世纪出现了动力机械——蒸汽机。18世纪后期，机械制造工业开始形成。机械工程是促成18～19世纪的工业革命以及资本主义机械化大生产的主要技术因素。20世纪信息技术的兴起，使机械产业向光机电一体化方向发展，形成以技术集成为特征的先进制造技术。

*动力机械的发展* 17世纪后期，在英国，利用水轮来驱动工作机械。18世纪蒸汽机的应用，使矿业和工业生产、铁路和航运都得以机械动力化。19世纪末，电力供应系统和电动机开始发展和推广。20世纪初，电动机已在工业生产中取代了蒸汽机，成为驱动各种工作机械的基本动力。19世纪后期发明的内燃机经过逐年改进，先后用于汽车、拖拉机、挖掘机、轮船和铁路机车。20世纪燃气轮机、喷气发动机的应用，是飞机、航天器等成功发展的基础，核动力装置的出现则促进了潜艇的发展。

*机械制造技术的发展* 工业革命以前，机械大都是由木工用手工制成。蒸汽动力装置的推广，以及大型机械的随之出现，需要的金属零件越来越多，要求的精度也越来越高，促使机械制造技术和大批量生产方式迅速发展。20世纪中期以来，计算机、微电子、信息和自动化技术的快速发展和市场需求向多元化、个性化方向演变，推动制造技术走向技术集成化、生产柔性化和运作智能化，从根本上改变加工技术的面貌，引起其组织结构与运行模式的重大变化。

*基础理论的发展* 18世纪以前，机械匠师全凭经验、直觉和手艺进行机械制作。到了18～19世纪，科学知识与生产发展的实际需要相结合，逐渐形成一整套围绕机械工程的基础理论。动力机械最先与当时的先进科学相结合。蒸汽机的发明人T.萨弗里、J.瓦特应用了物理学家D.帕潘和J.布莱克的理论。在蒸汽机使用的基础上，物理学家S.卡诺、W.J.M.兰金和开尔文（即W.汤姆孙）建立起一门新的科学——热力学。

从18世纪起，设计计算的精确水平从两个方面不断提高：一是在材料强度方面，从早期按静强度除以安全系数，提高到考虑材料的疲劳；二是在机械结构力学分析方面，从应用经验公式和简化的力学计算，发展到应用复杂的力学和数学分析求解应力状态。20世纪下半叶，依靠计算机功能发展起来的有限元方法、最优化方法、仿真技术、结构振动分析技术等数值方法，促使工艺设计与机械设计由经验判断走向定量分析，由技艺发展为科学，有效缩短产品开发周期，全面提高技术经济效益。

**发展趋势** 以信息技术为代表的高科技快速发展，为机械工程的高技术化提供了良好支撑。机械工程正从以机械为特征的传统技术，向着以信息为特征的系统技术的方向发展。其发展呈现出以下基本特征：①技术集成化。机械工程将广泛吸收电子、信息、自动化、人工智能、新材料、现代管理技术等多学科的成果，实现高性能化与高技术化。②运行智能化。各种机器将发展成具有“电脑”和“神经系统”，既能代替人的体力劳动，又能代替人的脑力劳动的智能机械系统。③工艺精密化。成形工艺将从制造毛坯向精密成形方向发展。④过程一体化。机械工程内各学科、各专业、各分支之间的界限正在淡化或消失。各种以前不同专业的技术将集中在一次工序、一台设备或一条生产线上来完成。⑤反应灵捷化。⑥产品多样化。⑦市场全球化。⑧生产清洁化。

**《机械工程手册》** *Mechanical Engineering Handbook* 中国第一部机械工程学科的大型综合性工具书。机械工业出版社出版。1976年开始出版试用本，1982年正式分卷出版，共15卷，79篇，2 200万字，参加编写工作的有2 000多名专家、学者，沈鸿任编辑委员会主任委员。是中国带有机械类百科全书性质的重要工具书，主要内容包括基础理论、机械工程材料、机械设计、机械制造工艺、机械制造过程的机械化与自动化、机械产品等部分。曾获1978年全国科学大会奖、1982年度全国优秀科技图书奖一等奖。1984年被选参加了全国伟大成就展览会。1988年出版了《机械工程手册》补充本（一）、（二）两卷，补充反映机械工程学科的新进展。1996年至1997年出版第二版，扩充至18卷，152篇，有3 000多名专家、学者参加编写工作，何光远任编辑委员会主任委员。

**机械化战争论** mechanized warfare theory 主张以坦克为主体的机械化陆军主宰战场和决定战争结局的理论。又称坦克制胜论。始

第二次世界大战前纳粹德国建立的装甲机械化部队正在受阅

创于第一次世界大战末期，20世纪20～30年代形成完整理论体系。主要代表人物有英国的J.F.C.富勒、法国的C.戴高乐以及德国的H.W.古德里安等。该理论认为，装甲车辆使陆军的攻击力大为增强，从而使战争重新成为艺术，并使压缩军队数量、减少战争次数、缩短战争时间、节省战争费用、减轻战争造成的伤亡和破坏成为可能，因此军队要实现机械化和摩托化。机械化将促使军队编成、兵役制度和战略战术等发生革命性变化：坦克兵取代骑兵成为陆军的主体；终身服役制取代短期服役制；坦克部队和航空兵密切协同，可先敌发起突然袭击；实施大纵深作战，打击对方首脑机关，摧毁其通信、补给系统和歼灭敌重兵集团等。该理论对许多国家的军队机械化建设及其相关作战理论的研究产生过重大影响。

**机械零件** machine element 研究和设计各种设备中机械通用零件的设计理论和设计方法的学科。内容包括：①联接。如螺纹联接、键联接、销联接、花键联接、过盈配合联接、弹性环联接、铆接、焊接和胶接等。②传动。包括带传动、链传动、齿轮传动、蜗轮蜗杆传动等。③轴系。包括轴、轴承、联轴器、离合器和制动器等。④其他。如弹簧、机座等。机械零件也是零件和部件的泛称。

随着机械工业的发展，新的设计理论和方法、新材料、新工艺的出现，机械零件进入了新的发展阶段。有限元方法、断裂力学分析、弹性流体动压润滑、优化设计、可靠性设计、计算机辅助设计、系统分析和设计方法学等理论，已逐渐用于机械零件的研究和设计。

**机械能** mechanical energy 宏观的动能与势能之和。

**机械能守恒定律** mechanical energy, conservation of 动力学中的基本定律。表述为：任何物体系统如无外力做功或外力做功之和为零，系统内又只有保守力（见势能）做功时，则系统的机械能保持不变。若不计产生势场的物体（如地球）的动能的变化，表述可简化为：质点（或质点系）在势场中运动时，其动能和势能的和保持不变。机械能守恒只是普遍的能量守恒定律的一个特例。

**机械设计** machine design 根据使用要求，对机械的工作原理、结构、运动方式、力和能量的传递方式、各个零件的材料和形状尺寸、润滑方法等方面进行构思、分析和计算，提供作为生产依据的包括产品图纸、技术文件和计算机软件等全部资料的工作过程。机械设计是机械工程的重要组成部分，机械生产的第一步，其目标是：在各种限定的条件（如材料、加工能力、理论知识和计算手段等）下作出机械的优化设计。

**分类** 机械设计可分为3类。

新型设计 应用成熟的科学技术或经过实验证明是可行的新技术，设计过去没有的新型机械。

继承设计 根据使用经验和技术发展对已有的机械进行设计更新。

变型设计 为适应新的需要对已有的机械作部分的修改或增删而发展出不同于标准型的变型产品。

**步骤** 机械设计一般可分为以下4个阶段。

计划阶段 设计部门应用各种技术和市场情报，拟列可能方案，比较其利弊，与经营部门和用户共同商议，制定合理的设计任务目标。

方案设计阶段 分析设计任务提出的机器的功能，明确必须达到的要求和希望达到的要求，确定功能参数，提出可能采用的技术方案。对多个方案从技术、经济和社会等方面进行综合评价，确定原理图或机械运动简图，作为下步设计的依据。

技术设计阶段 根据确定的方案，进行总装配草图和部件草图的绘制，确定部件和零件的外形和基本尺寸，进行结构设计，计算机械各主要零件的受力、强度、形状、尺寸和重量等，并绘制主要零、部件草图。草图经修改后，绘制初步总图和估算造价。

为确定主要零部件的基本尺寸，需进行机器的运动学和动力学计算。根据确定的方案，确定原动机的参数；通过运动学和动力学的计算确定各运动件的运动参数和各主要零件所受载荷的大小和特性。通过计算和类比，确定零部件的基本尺寸。

根据主要零部件的基本尺寸，设计出部件和总装配草图，对所有零件的外形和尺寸进行结构化设计。并对重要的零件和一些受力复杂的零件进行精确的校核计算。最后绘制出除标准件外的所有零件的工作图并根据定型的零件工作图重新绘制部件装配图和总装配图。

技术文件编制阶段 技术文件通常包括机器设计计算说明书、使用说明书、标准件明细表等。设计计算说明书包括方案选择及技术设计的全部结论性内容；使用说明书包括机器的性能参数范围、使用操作方法、日常保养和维修方法及备用件目录等。

**机械手** mechanical hand 能模仿人手和臂的某些动作功能，按固定程序抓取、搬运物件或操作工具的自动操作装置。可代替人的繁重劳动以实现生产的机械化和自动化，广泛应用于机械制造、冶金、电子、轻工和原子能等部门。

工业生产中使用的机械手

机械手主要由手部和运动机构组成。手部是用来抓持工件（或工具）的部件。运动机构使手部完成各种转动（摆动）、移动或复合运动以实现规定的动作，改变被抓持物件的位置和姿势。运动机构的升降、伸缩、旋转等独立运动方式，称为机械手的自由度。为了抓取任意位置和方位的物体，需有6个自由度。自由度越多，机械手的灵活性越大，通用性越广，结构也越复杂。一般专用机械手有2～3个自由度。

按驱动方式可分为液压式、气动式、电动式、机械式机械手，按适用范围可分为专用和通用机械手，按运动轨迹控制方式可分为点位控制和连续轨迹控制机械手等。

机械手通常用作机床或其他机器的附加装置，如在自动机床或自动生产线上装卸和传递工件，一般没有独立的控制装置。有些操作装置需要由人直接操纵，如用于原子能部门操持危险物品的主从式操作手。

**机械唯物主义** mechanical materialism 16～18世纪盛行于西方的唯物主义哲学，是唯物主义发展的第二种形态。

**机械原理** machines and mechanisms, theory of 研究机构和机器的学科。主要组成为机构学和机械动力学。

1875年，德国的F.勒洛编著了《理论运动学》一书，创立了机构学的基础。19世纪中叶以来，机械动力学逐步形成。进入20世纪，出现了把机构学和机械动力学合在一起研究的机械原理。1934年，中国人刘仙洲所著《机械原理》出版。

机械原理主要研究三方面的问题：机构的结构和运动学、机械的动力学、机械系统方案设计。机构的结构和运动学的研究内容是：机构中各种常用机构的组成原理及其运动分析与综合。研究机构结构是为了研究机构运动的可能性和确定性及其组成原理。机械的动力学所研究的内容是：机构各构件上力的分析，机械在已知力作用下的真实运动规律，惯性力的平衡，机械运转与调速问题以及确定机械效率的方法等。机械系统方案设计所研究的内容是：机械总体方案的拟定，包括如何选择和组合机构，各机构的动作如何协调等。

20世纪40年代开始，提出了机构精确

度问题。航天技术以及机械手和工业机器人的飞速发展，使机构精确度问题越来越引起重视，成为机械原理不可缺少的组成部分。

**机械运动** mechanical motion　物体空间位置随时间的变动。又称力学运动。包括平动、转动、变形、流动、振动、波动、扩散以及它们的复合运动等，平衡或静止，则是其中的一种特殊情况。其他物理运动以及化学的、生命的运动等都离不开组成物质的各种粒子的位置变动，由此说，它们都以粒子的机械运动为基础。因此机械运动是最简单、最基本的运动。物体的机械运动都是相对于另一物体或本物体的某一部分而言，被参考的物体或物体的一部分称为参考物。为描述机械运动还须在参考物上设置坐标系，称参考系。

*平动*　物体内任意直线在运动过程中始终同起动时的位置保持平行的机械运动。平行移动的简称。做平动的物体必须是刚体，而且物体内任一点的轨迹、速度和加速度必须完全相同。平动时，刚体内任一点的运动都可代表整个刚体的运动，因此，刚体的平动又可归结为质点的运动学问题。内燃机活塞的运动、仿型车床上靠模杆和刀架的运动等都是平动。

*转动*　通常指刚体转动，又分定轴转动和定点转动两类。

①定轴转动。运动过程中，刚体内某一直线保持不动的机械运动。该直线称转轴。刚体内其他各点分别在垂直转轴的各平面内作圆周运动，圆心都在转轴上。定轴转动刚体有一个自由度，可用转角$\varphi$来定位。转角$\varphi$随时间$t$的变化规律称刚体的定轴转动方程。已知定轴转动方程，就可求出刚体中任一点的速度和加速度。

②定点转动。运动过程中，刚体内某一点保持不动的机械运动。绕定点转动的刚体只有一点不动，其他各点分别在以该固定点为中心的同心球面上运动。每一时刻$t$，刚体以角速度$\boldsymbol{\omega}(t)$绕穿过该固定点的瞬时转轴转动，而瞬时转轴的位置随着时间而变。定点转动刚体具有3个自由度，用欧拉角$\psi$、$\theta$、$\varphi$来定位。欧拉角随时间的变化规律称刚体的定点转动方程。已知定点转动方程，就可求出定点转动刚体内任一点的速度和加速度。

*变形*　物体形状或（和）体积的改变。外力、温度、湿度等因素的改变都会引起物体的变形。其中，线段长度的变化称伸长（或缩短）变形，两互相垂直线段所夹直角的变化称为剪切变形。

*流动*　流体的运动。其区别于固体的一个基本性质是无论受到多么小的剪切力，都会连续变形。因此，流体微团运动和刚体运动的主要差别就在于多了变形速度部分。

*振动*　力学系统中，质点的位移在其基准值上下交替变化的过程（见*振动*）。机械振动在介质中传播形成机械波。质点振动方向与振动传播方向互相垂直的波称横波，地震学中也称S波。如弦上传播的波。质点振动方向与振动传播方向一致的波称纵波，地震学中也称P波。如*声波*。

*扩散*　由物理量梯度引起的使该物理量平均化的物质迁移现象。由浓度梯度引起的称分子扩散；由温度梯度引起的称热扩散；由外力梯度引起的称强制扩散。扩散通量正比于该梯度，比例系数称扩散系数，由实验测定。扩散是物质传递的重要机理之一，在蒸馏、吸收、热扩散、电解和电泳等过程中，它是定量计算的重要基础。

**机械制图** machine drawing　用图样准确表示机械的结构形状、尺寸大小、工作原理和技术要求的学科。图样由图形、符号、文字和数字等组成，是表达设计意图和制造要求的基本技术文件，常被称为工程界的语言。

*简史*　用图来状物纪事起源很早，中国宋代苏颂和赵公廉所著《新仪象法要》中已附有天文报时仪器的图样，明代宋应星所著《天工开物》中也有大量的机械图样。1799年，法国学者G.蒙日发表著作《画法几何》，书中机械图样中的图形开始严格按照画法几何的投影理论绘制。为对图样中涉及的格式、文字、图线、图形简化和符号含义有一致的理解，逐渐制定出统一的规格，并发展形成机械制图标准。国际标准化组织（ISO）制定有标准。中国机械制图国家标准制定于1959年，1974年和1984年进行过修订，后又陆续发布了一些相关国家标准。

*图样的一般规定*　在机械制图标准中规定的项目有：图纸幅面及格式、比例、字体和图线等。在图纸幅面及格式中规定了图纸标准幅面的大小和图纸中图框的相应尺寸。比例是指图样中的尺寸长度与机件实际尺寸的比例，除允许用1∶1的比例绘图外，只允许用标准中规定的缩小比例和放大比例绘图。在中国，规定汉字必须按长仿宋体书写，字母和数字按规定的结构书写。图线规定有8种规格。

*图样种类*　机械图样主要有零件图和装配图，还有布置图、示意图和轴测图等。零件图表示零件的形状、大小以及制造和检验零件的技术要求。装配图表示机械中所属各零件与部件间的装配关系和工作原理。布置图表示机械设备在厂房内的位置。示意图表示机械的工作原理。轴测图是一

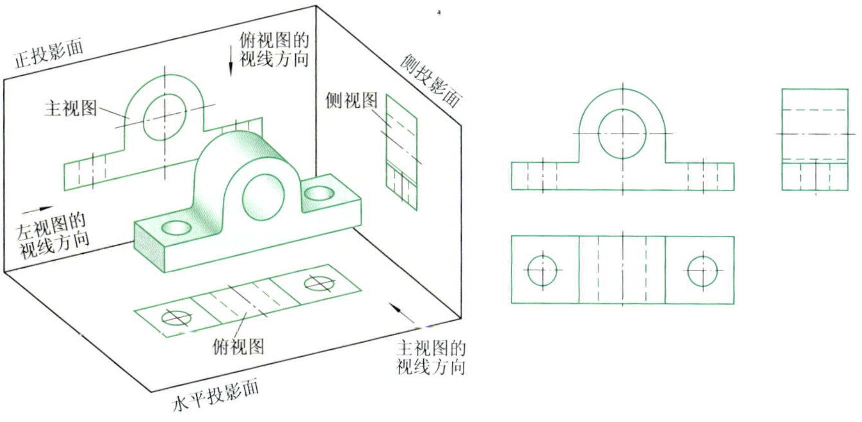


图1　第一角投影法的三面视图

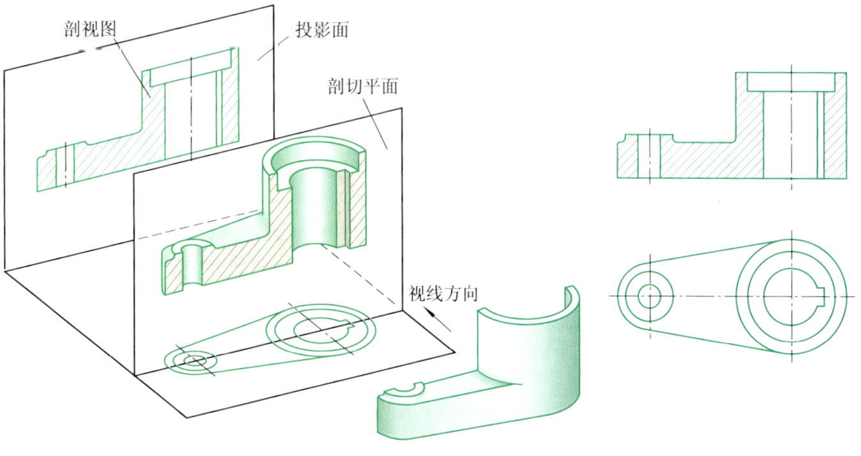


图2　剖视图

种立体图，是常用的一种辅助用图样。

图样画法　表示机械结构形状的图形，常用的有视图、剖视图和剖面图等。

视图是按正投影法即机件向投影面投影得到的图形。主要用于表示机件的外部形状。机件位于投影面与观察者之间时称为第一角投影法（图1）。投影面位于机件与观察者之间时称为第三角投影法。ISO标准规定两种画法均可使用。中国国家标准规定采用第一角投影法。剖视图（图2）主要用于表达机件的内部结构。剖面图常用于表达杆状结构的断面形状。

对于图样中某些作图比较烦琐的结构，为提高制图效率允许将其简化后画出，简化后的画法称为简化画法。对其中的螺纹、齿轮、花键和弹簧等结构或零件的画法制定有独立的标准。

尺寸注法　图样是依照机件的结构形状和尺寸大小按适当比例绘制的。图样中机件的尺寸用尺寸线、尺寸界线和箭头指明被测量的范围，用数字标明其大小。在机械图样中，数字的单位规定为毫米，但不需注明。对直径、半径、锥度、斜度和弧长等尺寸，在数字前分别加注$\phi$、$R$、◁、∠和⌒等符号予以说明。制造机件时，必须按图样中标注的尺寸数字进行加工，不允许直接从图样中量取图形的尺寸。

技术要求　要求在机械制造中必须达到的技术条件，如公差与配合、形位公差、表面粗糙度、材料及其热处理要求等均应按机械制图标准在图样中用符号、文字和数字予以标明。

计算机绘图　20世纪下半叶出现的一种机械制图新技术。这种新技术在机械、化工、造船、航空、电子、服装等行业中的应用日益广泛。计算机绘图系统主要由计算机、绘图软件和绘图机组成。

**机械钟表**　mechanical watch and clock　利用带簧（发条）恢复变形所放出的能量或重物下降的重力势能作能源，以机械振动系统为时间基准（简称时基），实现时间计量的机械机构计时仪器。一般由原动系、传动系、擒纵调速系、上条拨针系和指针系组成。日历钟表有日历或双历机构，自动手表有自动上条机构。①原动系。储存和输出能量的机构。分为重锤原动系和弹簧原动系。②传动系。将原动系的能量传递给擒纵调速系的一组传动齿轮。③擒纵调速系。由擒纵机构和振动系统构成。擒纵机构是联系传动系和振动系统的一种机构，按其与振动系统接触的状况可分为非自由式擒纵机构和自由式擒纵机构两类。④振动系统。作为时间基准的机构。可分为两类：有固有振动周期的和无固有振动周期的。⑤上条拨针系。卷紧原动系中的发条和拨动时针、分针的机构。

**机械阻抗**　mechanical impedance　简谐振动的机械系统中某点所受的激励（系统的外来扰动）与同一点或不同点的响应（系统受外来扰动后的反应）的复数比。简谐激振力和简谐振动响应可分别写成$F_0e^{i\omega t}$和$X_0e^{i(\omega t+\alpha)}$，其中$F_0$、$X_0$分别为激振力和振动响应的振幅；$\omega$为角频率；$t$为时间；$\alpha$为振动响应的初相位；$i=\sqrt{-1}$。两者相比后得到与时间无关的量$(F_0/X_0)e^{i\alpha}$，称为机械阻抗。机械阻抗的倒数称为机械导纳，它可以同传递函数与频率响应函数通用。机械阻抗分位移阻抗（又称动刚度）、速度阻抗和加速度阻抗（又称有效质量）等。由于系统受激励后的响应与系统本身的动态特性、激励的形式和性质有关，所以机械阻抗也能描述系统的动态特性。机械阻抗的实验方法及其专门仪器已在许多领域得到应用。例如，提高机床的动刚度，确定火箭部件的环境试验条件，判断机器运行中重要零部件的损伤程度，检验桥墩有无裂缝等都需用机械阻抗。

**机载雷达**　airborne radar　安装在飞机、直升机上的各种雷达的总称。主要用于探测、发现空中和地面目标，测量目标参数，为航空火力控制系统提供所需数据，实施空中警戒、侦察，保障准确航行和飞行安全。一般都设有天线平台稳定系统或数据稳定装置，通常采用3厘米以下的波段，体积小、重量轻，具有良好的防震性能。

按用途分为：①火控雷达。用于搜索跟踪目标，为机载武器的瞄准射击，制导等提供目标位置及运动参数。它与火控计算机、飞行数据测量设备和显示设备等组成火控系统。②空中侦察与地形测绘雷达。用于提供地（海）面固定目标和移动目标的位置和地形资料，具有很高的分辨力。③航行雷达。用于探测载机前方的气象状况和空中、地面目标，保障载机准确航行和飞行安全。有一类专门用来保障飞机低空、超低空飞行安全的航行雷达，称为地形跟随雷达和地物回避雷达，通常装在执行低空突防任务的飞机上。④机载预警雷达。用于空中警戒和指挥引导。是预警机的主要电子设备，已成为现代防空体系的重要组成部分。⑤多普勒导航雷达。用于为载机提供导航信息，还可为射击、轰炸系统提供有关信息（见**脉冲多普勒雷达**）。

**机织**　weaving　纺织工业生产中，将纱线、长丝沿经纬方向交织成机织物的工艺过程。

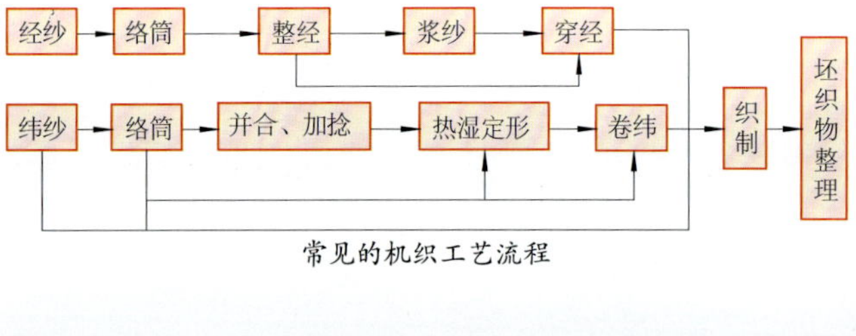


常见的机织工艺流程

包括三个阶段：织前准备是对经、纬纱作准备加工，以提高其织造性能并卷绕成后道工序所需的卷装形式。织制在织机上进行，经、纬纱按一定规律相互交织形成机织物。坯织物整理包括织物检验、计长、疵点修织、成品分等、成包等。主要有棉织、色织、毛织、麻织、丝织、合成纤维长丝织造、金属纤维织造、碳纤维织造、特殊织造等。以棉织为例。经纱织前准备中，纱线先经络筒工序络卷成筒子卷装，然后通过整经工序将一定数量筒子上的纱线以一定长度平行地卷绕到经轴或织轴上。经轴上的纱线需经浆纱工序制成织轴，使一部分浆液烘干后在纱线表面形成连续浆膜，另有少量渗入纱线浅表。浆纱后的纱线表面毛羽减少，耐磨性能提高。织轴上的经纱经穿经工序按照经纬交织规律被穿入综、钢筘、经停片。纬纱的织前准备一般有络筒，两根及多根纱线的并合、加捻，纱线的热湿定形等。其最终卷装形式是筒子。用于有梭织机的纬纱则再经卷纬加工，由筒子制成体积较小的纡子。

**肌醇**　inositol　系统名环己六醇，分子式$(CHOH)_6$。广泛存在于动物和植物体内。动物、微生物的生长因子。工业上从玉米浸泡液中提取。自然界存在有多种顺、反异构体，其中最重要的异构体是顺-1,2,3,5-反-4,6-环己六醇，是专称的肌醇（肌-环己六醇，英文myo-inositol），结构式为：

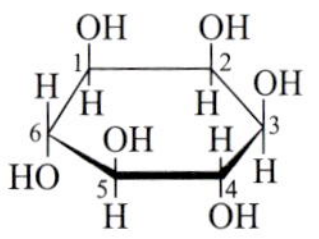

在80℃以上从水或乙酸中得到的肌醇结晶，熔点为225～227℃，无旋光性，具有甜味，易溶于水。人体内以各种结合状态存在的肌醇含量约为40克，肌醇磷酸酯是细胞内的一种第二信使。

**肌红蛋白**　myoglobin; Mb　**脊椎动物**肌肉中的含血红素辅基的单亚基携**氧蛋白质**。功能是储备氧。当剧烈活动血液输氧不足时，为补偿肌肉消耗而致局部氧分压很低的情况下，肌红蛋白会放出氧来应急。球蛋白超家族的一员。抹香鲸肌红蛋白分子由分子量约17 000的一条肽链组成，含153个氨基酸残基，而在人和小鼠中为154个氨基酸残基。肌红蛋白的一级结构与**血红蛋白**的α亚基或β亚基极为相似。

氧饱和度和大气内氧分压之间的关系如图，图中列出血红蛋白和肌红蛋白的氧饱和度曲线，又称氧结合曲线或氧解离曲线。肌红蛋白的氧结合曲线呈双曲线，而

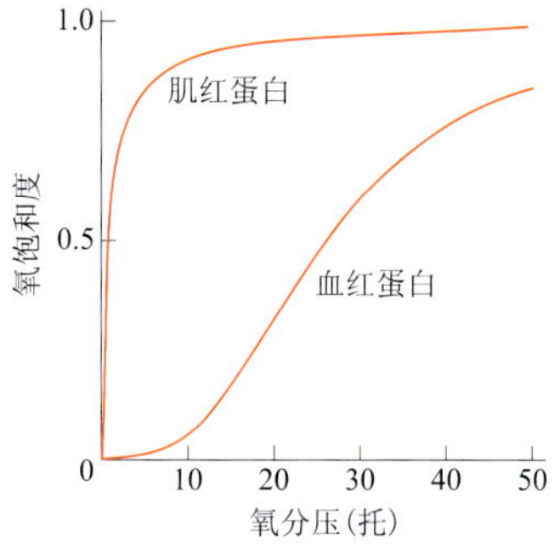


肌红蛋白和血红蛋白的氧结合曲线

血红蛋白呈S形曲线。这是因为每个肌红蛋白分子仅有1个氧的结合位置，因此每个肌红蛋白分子和氧的结合均是独立的，和其他肌红蛋白分子无关；而血红蛋白分子对氧的结合是4个亚基协同作用的结果。

**肌理说** Jili, theory of 中国清代翁方纲提出的诗论主张。肌理本来是指肌肉的纹理。翁方纲借用肌理论诗，理是指义理和文理，肌理是指儒家的经术和学问，有时也兼指文理。他把儒家经籍和学问看作诗歌的根本。翁方纲的肌理说实际上是王士禛神韵说和沈德潜格调说的调和与修正。他用肌理给神韵、格调以新的解释，目的在于使复古诗论重振旗鼓，与袁枚的性灵说相抗衡。

**肌肉疾病** myopathy 原发于骨骼肌本身或神经肌肉接头处的一组传递障碍病变的统称。简称肌病。

临床表现 常有如下几种。

肌无力 常见，只有少数肌病缺乏此症状（如先天性肌强直糖无累积病Ⅴ型及脂类贮积病）。疾病早期力弱出现于持久、用力活动时，如表现为跑步速度慢等。以后日常生活中一些动作（如行走、起坐等）亦难完成。疾病后期肌肉完全丧失运动功能。由于受侵肌肉不同，表现的症状亦不一，如咽肌、舌肌力弱可致吞咽困难、伸舌困难，肩胛带肌力弱致穿衣、洗脸、梳头困难，手部小肌肉力弱则持筷、写字困难，下肢肌力弱及骨盆带肌力弱则步行、上楼梯、蹲下站起困难等。

肌疲劳 重复运动后出现肌力弱，休息后症状减轻，故晨起时症状较轻，活动后症状加重。肌疲劳常见于重症肌无力、肌无力综合征、线粒体肌病、多发性肌炎等。

肌痛及触痛 为炎症性肌病和代谢性肌病的特点。与肌痛有关的疾病大致分为四种：①肌纤维炎症。如多发性肌炎、皮肌炎，约半数有肌痛症状，持续性出现，运动时可加重。②肌纤维崩解、破坏。见于代谢病及肌强直样疾病。③血管性疼痛。如血栓闭塞性脉管炎，椎管狭窄所致马尾缺血等。④原因不明的肌痛。

肌肉萎缩 肌容积减小，但在婴幼儿皮下脂肪较多时不易发现。除某些特殊类型（如远端型肌病、包涵体肌炎）之外，大多数肌病的肌萎缩呈四肢近端分布，肩带肌、髋带肌常受累，如上肢常出现高肩、翼状肩，上臂及股部肌萎缩。

肌肥大 病损的肌肉、脂肪结缔组织增生可引起肌肉肥大，称假性肥大。应与肌肉过度运动、锻炼引起的真性肥大（常见于健美运动员及重体力劳动者）相区别。

肌肉不自主运动 肌肉、肌群或肌肉的一部分，出现不受意志支配的运动。肌纤颤和肌束颤，多见于下运动神经元变性所致的继发性肌萎缩，亦见于肌病。可见于神经性肌强直、甲状腺功能亢进性肌病等。

肌肉收缩（刺激）后不随意运动 包括：①肌强直。肌肉随意收缩后不能立即松弛或肌肉受叩击时出现肌凹和肌丘。②运动后痛性痉挛。指运动后肌肉痉挛收缩，触之坚硬，伴有剧烈疼痛，持续数分钟至数小时。持续运动后症状减轻，见于糖原贮积症Ⅴ型、磷酸果糖激酶缺陷症、肌脂质类贮积病等。运动诱发强直性肌痉挛尚可见于僵人综合征、神经性肌强直、破伤风等。

肌张力低下 是肌病的特点之一，常伴肌萎缩。但下运动神经元疾病及小脑疾病亦表现肌张力低下，肌张力低下诊断价值不大。

腱反射低下 肌病多表现腱反射低下。肌病晚期腱反射可消失。

类型 重症肌无力、进行性肌营养不良、周期性瘫痪较为多见。其余肌病均少见。

重症肌无力 以骨骼肌神经肌肉接头处传递功能障碍为主的自身免疫病。表现为受累骨骼肌极易疲劳并出现肌无力。

皮肌炎 少见的结缔组织病，主要表现为四肢近端肌肉酸痛无力和特征性皮肤损害。

进行性肌营养不良 一组遗传性原发性肌肉变性病，表现为进行加重的对称性肌无力、肌萎缩。

肌强直性疾病 一组少见的遗传性疾病。典型表现为肌强直，即随意运动开始或肌肉受刺激后即强直性收缩，需数秒至十数秒钟后才能松弛，因此造成肢体僵硬，动作不灵。无特殊治疗。奎宁、普鲁卡因酰胺、促肾上腺皮质激素可减轻症状。

先天性肌病 如杆状体肌病，中央轴空病，肌管型肌病（均表现肌无力、肌张力低下，肌纤维内有杆状体、中央轴空、肌管等），先天性肌纤维类型不均衡，多发性轴空病，指纹体肌病等。

代谢性肌病 种类甚多，如糖原贮积症Ⅱ型、Ⅲ型可表现肌无力、肌张力低下。Ⅴ型、Ⅶ型可表现运动后肌痉挛。肌红蛋白尿症表现为发作性肌无力、肿痛，尿呈棕红色，病因多样（糖原贮积症Ⅴ、Ⅶ型，肉碱棕榈酸转移酶缺乏，毒物，肌挫伤等）。

感染性肌病 如病毒、寄生虫感染可引起肌炎，如弓形虫病、旋毛虫病。流行性胸痛为B型库克萨基病毒引起，多见于儿童及青少年，表现为胸、背、肩部肌肉疼痛。

其他如甲状腺功能亢进、黏液水肿、库兴氏病、恶性肿瘤等亦可伴发肌病。

**肌肉组织** muscle tissue 由特殊分化的肌细胞构成的动物的基本组织。肌细胞间有少量结缔组织，并有毛细血管和神经纤维等。肌细胞外形细长，因此又称肌纤维。肌细胞的细胞膜称为肌膜，其细胞质称肌浆。肌浆中含有肌丝，它是肌细胞收缩的物质基础。根据肌细胞的形态与分布的不同可将肌肉组织分为3类：骨骼肌、心肌与平滑肌。骨骼肌一般通过腱附于骨骼上，但也有例外，如食管上部的肌层及面部表情肌并不附于骨骼上。心肌分布于心脏，构成心房、心室壁上的心肌层，也见于靠近心脏的大血管壁上。平滑肌分布于内脏和血管壁。骨骼肌与心肌的肌纤维均有横纹，又称横纹肌。平滑肌纤维无横纹。肌肉组织具有收缩特性，是躯体和四肢运动，以及体内消化、呼吸、循环和排泄等生理过程的动力来源。骨骼肌的收缩受意志支配属于随意肌。心肌与平滑肌受自主性神经支配属于不随意肌。

骨骼肌纤维一般为长圆柱形，长1～40毫米，直径10～100微米。每条肌纤维周围均有一薄层结缔组织肌内膜。由数条至数十条肌纤维集合成肌束，肌束外有较厚的结缔组织肌束膜；由许多肌束组成一块肌肉，其表面的结缔组织称肌外膜，即深筋膜。各结缔组织中均有丰富的血管，肌内膜中有毛细血管网包绕于肌纤维周围。肌肉的结缔组织中有传入、传出神经纤维，均为有髓神经纤维。分布于肌肉内血管壁上的神经为自主性神经，是无髓神经纤维。

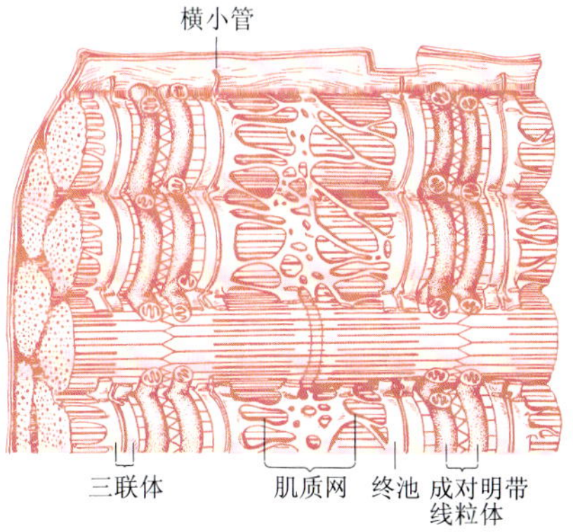


图1 动物骨骼肌纤维超微结构模式

平滑肌纤维一般为梭形，长20～300微米，直径约6微米，妊娠期子宫的平滑肌长可达500微米，核为长椭圆形，位于肌纤维的中央，基膜附于肌膜之外。平滑肌常排列成束或排列成层。按其神经末梢分布方式可分为两类：一类为少数，肌细胞的表面有神经末梢分布，其末梢呈念珠状膨大，而其他多数平滑肌细胞没有神经末梢，这些细胞则通过平滑肌细胞的缝管连接传递信息，使神经冲动扩散，机体内多数平滑肌如分布于消化管、子宫壁的平滑肌均属此类。另一类是多数，每个肌细胞表面都有神经末梢分布，各细胞直接受神经的控制，如眼的瞳孔括约肌与开大肌属于此类。此外，还有中间型的。平滑肌除具有收缩功能外，还有产生细胞间质的功能。

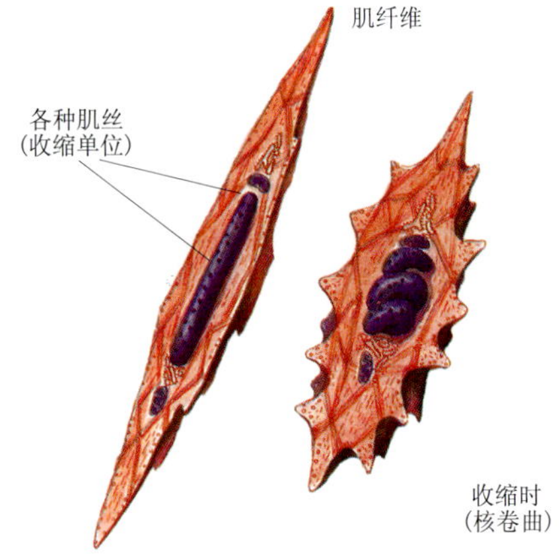

图2 平滑肌细胞的肌丝

心肌纤维呈圆柱形，直径15～20微米。心肌纤维有分支，互相连接成网，因此心肌可同时收缩。心肌的生理特点是能够自动地有节律地收缩。

**鸡** *Gallus domesticus*; chicken 鸟纲鸡形目雉科原鸡属的一种。养禽业中饲养量最大的家禽。

特性 鸡喙短，尖锐，稍弯曲。有冠和肉髯。羽色有黄、红、黑、白、褐等。颈较长，转动灵活。翼不发达，脚健壮。成年鸡体重最小的0.6～0.65千克，大型的可达5千克。具杂食性。公鸡胫部有距，羽毛艳丽，善啼喜斗。母鸡5～6月龄开始产蛋。

品种 世界鸡的品种数现有100个左右，变种多达300个以上，但经济价值较高的品种仅有10多个。按体型大小鸡品种可分成普通型鸡和矮小型鸡两种。按生产用途可分为蛋用和肉用两大类型。

中国很早就育成了许多优良的鸡品种。

肉用型九斤黄鸡和狼山鸡，在世界鸡品种的发展上起过重要作用。地方良种有浙江的仙居鸡、广东的惠阳鸡、上海浦东鸡、辽宁大骨鸡、山东寿光鸡、河南固始鸡、浙江萧山鸡、湖南桃源鸡等。

制种 一般是先育成若干个具有某些特点的纯系，以提高群体内优良基因的频率；然后通过配合力测定，选出杂种优势强的组合进行品系配套；再经祖代、父母代鸡场的两次杂交制种，生产配套品系杂交鸡向商品鸡场推广。经配套品系生产的杂交鸡生命力强，性能整齐一致，蛋大且产量高，适于工厂化大规模饲养。

**鸡公山** Jigong Mountain 中国大别山支脉。位于河南省信阳市南，豫、鄂边境两省交界的大别山西麓。地层较古老，岩石多为花岗岩和花岗片麻岩，质地坚硬，不易风化，但因外营力长期剥蚀，山体多呈浑圆状，形成独特自然景观，向以“山明水秀，泉清林翠，气候凉爽，风景幽奇”而驰名。因主峰——报晓峰（海拔768.0米）像一只引颈高啼的雄鸡而得名。因雨量较多，山上常为云雾笼罩。1949年以前曾大量修建教堂、别墅，成为避暑之地。1949年以后又增建疗养院等。鸡公山与庐山、莫干山、北戴河并称为中国四大避暑胜地，也是著名的游览地。建于山区的鸡公山自然保护区1988年划为国家级自然保护区，面积3 000公顷。保护区位于暖温带向北亚热带过渡地带，有生物物种3 000多种。

**鸡公山遗址** Jigongshan 中国旧石器时代遗址。位于湖北荆州郢北村鸡公山。1984年发现，1992年发掘。发现上、下两个文化层。下文化层可能属旧石器时代中期或稍早有古人类活动遗迹，包括加工石器遗留下来的“石堆”，以及可能与居住或人类的其他活动有关的“石圈”。出土的石制品数以万计。石器用锤击法打制，属华南砾石石器工业传统。其中形制规范的大尖状器和轻型石片刮削器等，显示出向石片石器过渡的因素。上文化层属旧石器时代晚期，石器细小，这时的石器已属石片石器工业。两个文化层出土的石器，反映出华南地区旧石器时代从砾石石器向石片石器发展的历程。鸡公山遗址的发现，为研究中国早期人类的生产和生活提供了重要资料。1996年国务院公布为全国重点文物保护单位。

**鸡冠花** *Celosia*; common cockscomb 苋科鸡冠花属植物的统称。一年生草本植物。原产亚洲热带地区。约60种，中国有4种。高50～90厘米，茎直立粗壮。叶卵形至卵状披针形。肉质花絮扁平，顶生，似鸡冠状。花期7～10月，果实9～10月下旬成熟。喜阳

光充足、干旱气候，宜疏松肥沃、排水良好的砂质壤土，忌霜冻和荫湿积涝。异花授粉植物，园艺变种、变型很多，有早花种、晚花种，有矮生型、中生型、高生型，有红色系、黄色系和双色系等。如凤尾鸡冠，羽状三角形圆锥花序，色彩多变，深浅不同。播种繁殖，春播，约10天发芽。常见栽培的除凤尾鸡冠外，还有青葙，花序穗状，银白色。鸡冠花高型品种适于布置花境、花坛中心或做切花，矮型品种布置花坛或盆栽。茎、叶、花穗及种子均可入药。

**鸡毛信** chicken-feather letter 一种传递紧急消息的信件。信上粘（或插）有鸟的羽毛，以示紧急，必须迅速送达。古称羽檄、羽书，秦汉时已有，起源于征调军队用的羽书。羽毛代表鸟之飞翔，暗喻快似鸟飞，信为急件。粘插鸡毛者，为鸡毛信。在中国历次革命战争尤其是抗日战争中，广泛用于群众性的军情急递，发挥了重要作用。拉祜族有在竹片或木片上拴三根鸡毛，作为紧急会议通知的习俗，信本身没有文字内容，竹木片上刻一刀痕，大口表示大事，小口表示小事。黎族以白藤打圈插上鸡毛，械斗前送给对方，作为“战争通牒”。佤族在纠纷中以送鸡毛表示警告。随着通信方式的现代化，鸡毛信几近消亡，更多情况下仅为紧急信件、信息的代名词。

**鸡尾酒** cocktail 用一种或一种以上蒸馏酒作酒基，再配以果汁、汽水、鲜奶、蛋清、糖类等按国际流行的配方调制，并用樱桃等水果或芹菜、橘皮之类点缀而成的色、香、味、形俱佳的混合性饮料酒。又称混合酒。鸡尾酒名是英文cocktail的意译。对现代鸡尾酒来说，美国是世界鸡尾酒的中心。19～20世纪，鸡尾酒主要在美国国内发展，出现了鸡尾酒之王“马蒂尼”和鸡尾酒王后“曼哈顿”等具代表性的酒作品。第一次世界大战到美国禁酒法结束期间，鸡尾酒传

播到欧洲，并逐渐出现两大潮流：一是自由奔放式的美式鸡尾酒，另一是既吸收美国文化又保持欧洲传统的欧式鸡尾酒。第二次世界大战后，鸡尾酒迅速成为世界风行的酒精饮料，酒度也从25～30度降至8～20度。鸡尾酒酒液五彩缤纷，蕴涵着丰富的浪漫气息，备受年轻人青睐。

**鸡西市** Jixi City 中国黑龙江省辖地级市。位于省境东部，东与俄罗斯隔江相望。辖鸡冠、恒山、城子河、滴道、梨树、麻山6区和鸡东县，代管密山、虎林2市。面积23 040平方千米。人口186万（2010），有汉、满、朝鲜、回、蒙古等23个民族。1916年首开密西煤矿。1941年析密山县设立鸡宁县，1949年改称鸡西县。因地处鸡冠山之西故名。1956年撤县设鸡西市。属中温带季风性气候。年平均气温4.6℃。平均年降水量376毫米。气候宜人，素有“黑龙江省小江南”之称。矿产以煤、石墨、硅线石等为主。拥有全国第一大硅线石矿床三道沟矿。工业有煤炭、食品、饲料加工、机械、建材、森工、电力、化工等。农业盛产水稻、大豆、蔬菜和烟叶等。水产品以兴凯湖大白鱼和乌苏里江鲫鱼著称。名胜古迹有兴凯湖国家级自然保护区、乌苏里江国家级森林公园、神顶峰、月牙湖野生荷塘，以及虎林关帝庙、虎头地下军事要塞、珍宝岛等。

**鸡新城疫** Newcastle disease 鸡急性高度接触性传染病。又称亚洲鸡瘟或伪鸡瘟。由副黏病毒引起。常呈急性败血症经过，主要特征是呼吸困难、便稀、神经紊乱、黏膜和浆膜出血。死亡率高，对养鸡业危害严重。

根据不同病毒株的毒力将病毒分为三型：低毒力型即缓发型、中等毒力型即中发型、强毒力型即速发型。也可根据病毒的嗜性将其分为嗜肺脏型和嗜内脏型两种。鸡都可患罹此病。珠鸡、火鸡、雉、孔雀也能感染。鸭、鹅对此病有抵抗力。此外从多种野禽中也已分离出新城疫病毒。人偶有感染而患结膜炎的。

主要通过接触传染。麻雀、鸽、乌鸦等禽类是可能的传播者。任何季节都可发生，以春、秋两季较多。潜伏期一般为2～7天。急性型病初体温升高，可达44℃，呈昏睡状。冠和肉髯暗红色或黑紫色。嗉囊内常充满液体及气体，呼吸困难，喉部发咯咯声；粪便稀薄，恶臭，一般2～5天死亡。亚急性或慢性型在病初和急性型相似，唯上述症状较轻，但出现神经症状，如腿或翅麻痹、跛行或运动失调、头向后仰或向一边弯曲等。病程可长达1～2个月，绝大多数最终死亡。

根据流行病学，结合临床诊断症状可作出初步诊断。确诊则需实验室检查。免疫动物血清的红细胞凝集抑制价在实践中常用来鉴定病毒、测定鸡的抵抗力和疫苗的免疫效果等。尚无有效治疗药物，只能依靠严格的消毒、隔离和疫苗接种来预防。

**鸡形目** Galliformes; grouse/partridges 鸟纲一目。世界有7科285种。中国有2科63种，其中有2个特有属（雉鹑属和马鸡属）19个特产种。体型与大小一般类似普通家鸡。嘴形平直或稍曲，全被角质，嘴基无蜡膜；两翅短圆，不善远飞，但尾羽常较发达；腿脚健壮，善奔走。雄鸟跗跖一般有距。

此目鸟类大多数为陆栖，而且是留鸟，主要以植物为食，兼吃昆虫和其他小动物。小型和中型种类，一年即可达性成熟。巢简陋，往往只在地面的凹处铺些杂草，就在上面产卵。唯角雉营巢于树上。通常年产1窝，每窝产卵2～10枚。卵呈白或土黄色，有时具斑。雏鸟为早成性，孵出以后即能独立觅食。

**鸡胸** chicken breast 以胸骨高耸突出、形似鸡的胸脯为特征的病变。一般认为鸡胸与漏斗胸一样与遗传有关。多数人认为胸骨的畸形是继发于肋骨畸形，肋骨和肋软骨过度生长造成了鸡胸。

病因 主要有：①先天发育异常。在胎儿或婴幼儿时期，胸骨和脊椎骨、肋骨的发育不平衡，造成了胸廓的畸形。②营养不良。出生后婴幼儿得不到足够的营养，患有某些营养不良性疾病，例如小儿佝偻病。③继发于胸腔内的疾病。如某些先天性心脏病。

诊断 鸡胸临床症状比较轻，不太受患者及其家属的重视。轻微的鸡胸患者往往不就诊；较重的鸡胸畸形明显，临床上很容易确诊，侧位X线胸片能清楚显示胸骨的畸形状况，其他检查方法常无异常发现。

治疗 轻度的鸡胸一般对人体的影响不大，主要以防止其继续发展为主。比较严重的患者，需要进行手术治疗。

**鸡血石** bloodstone 因石中含有的辰砂殷红艳丽如鸡血，故名。鸡血石的红色部分称为“血”，其主要矿物组成为辰砂。红色以外的部分称为“地”，其主要矿物组成为迪开石、珍珠石，还可以含有微量杂质矿物如石英、明矾石、黄铁矿等。由于矿物组成的差异、杂质色素离子如铁等的存在，使“地”可呈白、灰、黄、红、紫、褐、绿、黑等不同的颜色。“血”也可有鲜红、朱红、暗红和淡红的不同，其中以鲜红为上。不透明至半透明。蜡状光泽至玻璃光泽。密度约在2.6克/厘米$^3$。莫氏硬度2～3。色泽艳丽，质地细腻，为制印、工艺雕刻的中国传统名石，也是中国特产彩石品种。侏罗纪火山岩蚀变产物。主要产地有中国浙江昌化和内蒙古巴林。昌化鸡血石（见图）以血色鲜活浑厚、纯正无邪著称，巴林鸡血石以质地细腻滋润、透明度好见长，因而有“南血北地”之称。

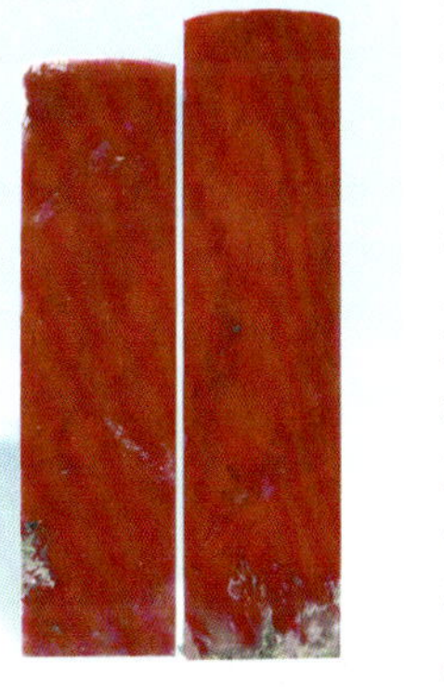

昌化鸡血石印章

**鸡血藤** *Millettia reticulata*; net cliffbean 豆科鸡血藤属的一种。因新鲜时折断藤茎，流出红色液汁而得名。分布于中国华东、华南及湖北、云南。攀缘灌木。奇数羽状复叶，互生，小叶7～9，卵状椭圆形、长椭圆形或卵形，全缘；小托叶锥状。圆锥花序顶生，下垂；花两性，两侧对称；萼钟状，5齿裂；花冠蝶形，花瓣5，紫色或玫瑰红色；雄蕊10，为9+1的二体雄蕊；心皮1，子房上位。荚果扁，条形，长达15厘米，果皮近木质；种子扁圆形。生长在灌丛中及山野间。茎皮纤维可制人造棉、造纸和编织；根、藤可供药用，能散气、疏风、活血、舒筋。

**鸡眼** clavus 因长期摩擦及挤压所致的局部皮肤角化增厚性损害。常发生在足部。皮损为绿豆大小似“鸡眼样”、呈楔形嵌入皮内的圆锥形角质栓，表面稍隆起于皮肤。常见于足跖中部及足趾外侧缘或两趾间的一趾侧面，也可见于趾背及足跟，由于嵌入皮内圆锥形角质栓的尖端压迫神经末梢，走路时疼痛。按压患部中心疼痛明显。宜穿大小合适的鞋袜，减少摩擦及挤压。患处可用热水泡软，削去角质物。鸡眼可用腐蚀性药物，如鸦胆子仁捣烂贴敷，再用橡皮膏封盖，一般2～3天换药一次。对疼痛明显影响走路者，可行手术挖除。

**鸡足山** Jizu Mountain 中国佛教圣地之一。又称九曲山、滇巅台。主体在云南省宾川县城西约25千米的炼洞乡境内。因山势状如鸡爪，故名。鸡足山东靠金沙江，西临洱海，主峰金顶海拔3 248米。鸡足山上庙宇始建于唐。至清光绪年间，已有以祝圣寺为中心的寺庙共108所。庙宇造型优美，其中有建在百丈悬岩上的金顶寺，有高达40米的楞严方塔、美丽的姐妹塔及喇嘛塔，还有重达1.5吨的青铜巨鼎及金顶铜阁的铜瓦、铜柱、铜墙、铜门与2米多高的大香炉、大铜锅，各庙宇高5寸以上的铜佛达1 600多尊。铜铸佛像之多为中国其他名山所不及。

鸡足山是古树集中地区，最著名的有悉檀寺的高山栲和弥勒院的元江栲，元江

鸡足山远景

栲树龄600年左右。明代的野核桃、梅树、滇合欢、柳杉、银杏、五裂槭、茶花和清代的云南梧桐、板栗也十分珍贵。这些古树名木多为中国西南地区罕见，对于研究古生态环境及树种栽培均有重要参考价值。

**奇蹄目** Perissodactyla 哺乳纲一目。因趾数多为单数得名。现存马科、貘科和犀牛科3科6属18种。马类广布于全世界，在亚洲可达北纬50多度，计有1属9种。貘类见于亚洲南部和美洲，现生者仅1属4种。犀类现在仅分布在亚洲和非洲，计4属5种。无锁骨，股骨具第三转子（股骨骨干外侧显著的突起）；前后肢轴均通过第3趾支持体重。现生种牙齿数36～44枚；具散漫状蜕膜胎盘和双角子宫；乳头鼠蹊位；睾丸降于阴囊或无阴囊；胃简单；盲肠大并呈囊状；体长200～400厘米，体重200～3 000千克。

奇蹄目的现生马类多栖居草原和荒漠，活动于多山地带或高原的开阔地区，有的耐干热，有的耐干寒；貘类多栖息在热带丛林及水源充足的沼泽地区；现代犀类多栖息于闷热而潮湿的森林、丛林或芦苇丛中。奇蹄类除有科学研究的价值外，在动物园展出中亦占重要地位。某些野生马类还可与同类的家畜杂交，供改良育种的科学实验用。各国已采取措施，积极保护这类珍稀动物。

**积分** integral 微积分中的基本概念之一。作为运算，积分运算是微分运算的逆运算。积分有两种：定积分和不定积分。

不定积分 设$y=f(x)$是一个给定的函数。若函数$F(x)$的导函数$F'(x)$等于$f(x)$，则称$F$是$f$的一个原函数。$f$的一个原函数$F$加上一个任意常数$C$，也是一个原函数。$f$的全体原函数就是$f$的不定积分，记作$\int f(x)\,dx$。比如：

$$\int \sin x\,dx=-\cos x+C,\ \int \frac{dx}{1+x^2}=\arctan x+C$$

显然，求一个给定函数的原函数或不定积分恰好是微分运算的逆运算。

定积分 函数的定积分概念是跟某个区间联系在一起的。黎曼定积分有如下定义：设$y=f(x)$是在区间$[a,b]$上定义的一个函数。对区间$[a,b]$插入若干分点$\{x_i\}$，其中$a=x_0<x_1<\cdots<x_{n-1}<x_n=b$。在每一个区间$[x_i,x_{i+1}]$中任意取一点$\xi_i$并考虑和式$\sum_{i=1}^{n} f(\xi_i)(x_i-x_{i-1})$。当分点无限加密时（也即分割小区间的最长者的长度趋于零时）该和式有极限，则称函数$f$在$[a,b]$上（黎曼）可积，并称上述极限为$f$在$[a,b]$上的（黎曼）积分，记为$\int_a^b f(x)\,dx$（见图）。

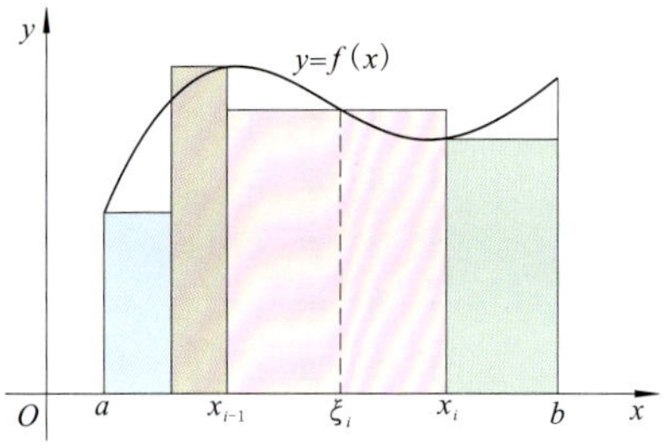


（黎曼）积分

从图形上看，当$f$连续且$f(x)>0$时，定积分$\int_a^b f(x)\,dx$恰好是曲线$y=f(x)$与直线$x=a, x=b, y=0$所围的面积。事实上，上述的和式是用小矩形的面积去替代对应的小的曲边梯形的面积的结果。因此，上述和式是所求面积的一个近似值；一般说来，分点$\{x_i\}$越密这个近似值越接近所求面积的精确值。通过取极限而最终达到面积的精确值。

定积分用来描述函数的某种整体性质，有广泛的应用。很多物理和几何的问题可划归为一个定积分的问题，如求变动的力所做的功，求一条光滑曲线的长度或者非均匀密度的物体的质量等。

牛顿与莱布尼茨的重大贡献在于他们指出了定积分与原函数间的联系：若$F$在$(a,b)$上是$f$的一个原函数，且$y=f(x)$在$[a,b]$上连续，则有公式：

$$\int_a^b f(x)\,dx=F(b)-F(a)$$

这个公式称为牛顿－莱布尼茨公式。这个定理称为微积分基本定理。有了这个公式，求定积分的问题就变成求原函数的问题，使得对于相当广泛的函数能够计算其定积分。

**积分变换** integral transform 通过积分把一个函数变成另一个函数的变换。已知一个函数$f(x)$，如果积分：

$$F(s)=\int_a^b K(s,x)f(x)\,dx$$

也存在，则称$F(s)$是$f(x)$的一个积分变换，其中$K(s,x)$称变换的核。

积分变换在理论上与应用中都是一个有用工具。常见的变换有傅里叶变换、拉普拉斯变换。此外，还有梅林变换及汉克尔变换。它们又都可以通过傅里叶变换或拉普拉斯变换转化而来。

**积分方程** integral equation 含有未知函数的积分的方程。它起源于物理研究，并与众多数学分支有深刻联系。

19世纪末，瑞典数学家I.弗雷德霍姆和意大利数学家V.沃尔泰拉最早研究了线性积分方程理论。1899年，弗雷德霍姆提出并研究了如下方程：

$$\varphi(x)-\lambda\int_0^1 K(x,y)\varphi(y)\,dy=\psi(x) \qquad (1)$$

式中$\varphi(x)$是未知函数；$\lambda$是参数，$K(x,y)$是在区域$0\leqslant x,y\leqslant 1$上连续的已知函数；$\psi(x)$是在区间$0\leqslant x\leqslant 1$上连续的已知函数。弗雷德霍姆建立了$K(x,y)$的行列式$D(\lambda)$和$D(x,y,\lambda)$，它们都是$\lambda$的整函数，证明了当$\lambda$是$D(\lambda)$的一个零点时，则齐次方程：

$$\varphi(x)-\lambda\int_0^1 K(x,y)\varphi(y)\,dy=0$$

有不恒等于零的解。1903年，他又指出，若行列式$D(1)\neq 0$，则有一个且只有一个函数$\varphi(x)$满足方程（1）（$\lambda=1$），此时$\varphi(x)$可表示为：

$$\varphi(x)=\psi(x)+\int_0^1 \frac{D(x,y,1)}{D(1)}\psi(x)\,dy$$

从此，积分方程理论的发展进入了一个新的时期。

以下形式的积分方程：

$$\int_a^b K(x,y)\varphi(y)\,dy=\psi(x) \qquad (2)$$

$$\varphi(x)-\lambda\int_a^b K(x,y)\varphi(y)\,dy=\psi(x) \qquad (3)$$

$$A(x)\varphi(x)-\lambda\int_a^b K(x,y)\varphi(y)\,dy=\psi(x) \qquad (4)$$

分别称为第一种、第二种、第三种弗雷德霍姆积分方程，其中$K(x,y)$是在区域$a\leqslant x$、$y\leqslant b$上连续的已知函数，称为方程的核；$A(x)$、$\psi(x)$都是在区间$a\leqslant x\leqslant b$上连续的已知函数，$\varphi(x)$是未知函数，$\lambda$是参数。

第一种、二种弗雷德霍姆积分方程是第三种弗雷德霍姆积分方程的特殊情形。但是，第一种方程与第二种方程却有本质上的区别。

与弗雷德霍姆几乎同时，沃尔泰拉研究了如下形式的积分方程：

$$\int_a^x K(x,y)\varphi(y)\,dy=\psi(x) \qquad (5)$$

$$\varphi(x)-\lambda\int_a^x K(x,y)\varphi(y)\,dy=\psi(x) \qquad (6)$$

$$A(x)\varphi(x)-\lambda\int_a^x K(x,y)\varphi(y)\,dy=\psi(x) \qquad (7)$$

分别称为第一种、第二种、第三种沃尔泰拉积分方程，式中$\lambda$、$\varphi(x)$、$\psi(x)$和$A(x)$如前所述，$K(x,y)$是定义在三角形区域$a\leqslant y\leqslant x\leqslant b$上的已知连续函数。沃尔泰拉方程的研究较弗雷德霍姆方程的研究相对容易些，如第二种沃尔泰拉积分方程对于一切λ值总可用迭代法求解，而第二种弗雷德霍姆积分方程却出现了特征值问题。

D.希尔伯特和E.施密特对第二种弗雷德霍姆积分方程做了重要的工作，特别是关于对称核积分方程的特征值存在性，对称核关于特征函数序列的展开等。至于第一种弗雷德霍姆积分方程，早在1828年就被G.格林在研究位势理论以解决拉普拉斯方程的狄利克雷问题时所导出。20世纪初，施密特得到了方程(2)有解的必要条件。其后，É.皮卡指出，该条件在核$K(x,y)$的特征函数序列是完备时也是充分的。第一种弗雷德霍姆积分方程的系统理论，尚未建立。

还有一类积分方程完全不同于前面两类，其中的积分是奇异积分（柯西主值意义下的），故又称奇异积分方程。

希尔伯特在研究解析函数的边值问题中发现了这种奇异积分方程。这种奇异积分方程的一般形式为：

$$A(t)\varphi(t)+\frac{1}{\pi i}\int_L\frac{K(t,\tau)}{\tau-t}\varphi(\tau)d\tau=\psi(t)\quad(t\in L)$$

式中$L$是平面上光滑闭围道，系数$A(t)$、$K(t,\tau)$和$\psi(t)$都是给定的在$L$上按赫尔德意义连续的函数。方程中的积分在通常意义下是发散的，但在一定假设下，其柯西主值存在。这样的方程称为具有柯西核的奇异积分方程。这种积分方程现已有了完整的理论，并在弹性力学中有应用。

**积累** accumulation 把剩余产品的一部分用于规模扩大的再生产。特殊情况下指资本积累，即把剩余价值的一部分转化为资本，并用于规模不断扩大的再生产。

资本积累需要有一定的前提：①直接的前提是剩余价值的存在。剩余价值作为资本积累的前提，不过是资本主义生产方式的结果。②根本的前提是资本主义生产方式的存在。马克思指出，商品生产的基础只有在资本主义的形式上才能担负起大规模的生产。单个商品生产者手中一定程度的资本积累，是特殊的资本主义的生产方式的前提。在从手工业到资本主义生产的过渡中，必须假定已经有这种积累。这种积累可以称作原始积累，它是资本主义的生产的历史基础。

资本积累有不同的实现形式。一般地说，资本积累就是把剩余价值的一部分用于扩大再生产。但是至少在形式上，积累基金也可以不必直接来源于剩余价值，而是来源于折旧基金；而折旧基金是补偿已经磨损了的固定资本的基金。这种基金的存在部分地说明，资本主义生产发达的国家，即固定资本多的国家，同还没有达到这种发展水平的国家相比，两者的资本积累率是大不相同的。

一般地说，积累和消费存在一定的制约和互相排斥的关系，积累多了，消费就要减少。但是，在不同的生产方式中，积累和消费以及它们之间的关系，具有不同的性质。在劳动者作为主人的生产方式中，消费和积累是同一个主体，消费和积累的产品来自他们生产的产品。积累意味着减少当前的消费，但其目的和结果是增加和提高今后或未来的消费。在资本主义生产中，资本积累不是积累基金和全部价值产品的关系，而是积累基金和剩余价值的关系。资本家作为人格化的资本，将最大限度地把剩余价值用于新的投资，而不是用于消费；只有这样，这种生产方式才成为资本主义生产方式。

**积累率** accumulation, rate of 积累基金在国民收入使用总额中所占的比重。国民收入使用总额是国民收入总额中扣除援外支出和进出口贸易差额的那部分资金。计算公式表示就是：

$$积累率=\frac{积累基金}{国民收入使用总额}\times100\%$$

国民收入经过分配和再分配，最终用于积累和消费两个方面。积累率高，说明国民收入中用于扩大再生产的部分所占比例大，而用于人民生活消费的部分所占比例相对小。积累率过高会影响人民生活的改善，过低会影响下一年国民经济的发展，故过高或过低对经济发展都不利。积累率的最高限要保证原有人口和新增人口当前的消费水平不降低，最低限要确保新增劳动人口就业所需的平均资金装备。

**积石山保安族东乡族撒拉族自治县** Jishishan Bonan-Dongxiang-Salar Autonomous County 中国甘肃临夏回族自治州辖自治县。位于省境中部，西与青海省毗邻。面积910平方千米。人口24万(2010)，其中东乡、回、保安、撒拉、土、藏等少数民族占总人口的一半以上。1980年6月析临夏县设积石山保安族东乡族撒拉族自治县。境内有铜、石英岩、散金沙、石灰岩、花岗岩等矿产。农业主产小麦、油菜子、薯类，盛产冬果梨、花椒、核桃。工业有电力、花岗岩加工、保安腰刀等。文物古迹有新庄坪遗址、三坪遗址、禹王庙。

**积温** accumulated temperature 某一时段内逐日平均温度累加之和。一般以℃或℃·d表示。衡量作物生长发育过程热量条件的一种标尺，也是表征地区热量条件的一种标尺。

积温的种类包括：①活动积温。高于或等于生物学下限温度期间日平均温度的总和。多用于农业气候研究。②有效积温。活动温度与生物学下限温度之差称为有效温度。生育期内有效温度的总和称为有效积温。多用于生物发育速度的计算。③负积温。零下日平均温度的累加，表示寒冷程度。多用于越冬作物冻害分析。④地积温。日平均土壤温度的累加。多用于作物出苗或苗期冷害等研究。

积温反映作物对热量的要求，可为地区间作物引种、新品种推广服务；可作为分析地区热量资源、编制农业气候图的热量指标；在农业气象预报中用以预报作物发育期。

**积雪** snow cover 覆盖在陆地和海冰表面的雪层。又称雪被或雪盖。它是寒区或寒冷季节特有的自然景观，与冰川、冻土、海冰等构成地球的冷圈。气象观测规范规定，某地地表1/2的面积被雪覆盖时，记为积雪日。按积雪持续时间的长短，分为终年不消的永久积雪和冬季形成、夏季消失的季节积雪。季节积雪又分为稳定积雪（持续时间在2个月以上）和不稳定积雪（持续时间不足2个月)。积雪分布具有地带性规律。从两极到中低纬度依次为：永久积雪区、季节积雪区和无积雪区。山地积雪垂直地带性分布与此类同。地球上永久积雪区大约有$17.2\times10^6$平方千米，占陆地面积的11%，是现代冰川发育的摇篮。主要分布在南极大陆、格陵兰、北冰洋西部岛屿以及中低纬度高山地区。积雪的反射能力很强，在新降雪地区，行人需要戴墨镜，以免患雪盲症。积雪的导热性能差，能提高土壤的温度。积雪对人类生存的环境影响很大。永久积雪的存在大大地增高极地的反射率，加剧太阳辐射能量在赤道地区的集中；海洋积雪的存在减少海洋向大气的热量输送。积雪对全球大气和海洋的热状况以及区域性气候都有重大影响。积雪是重要的淡水资源。融雪形成的径流是亚洲、欧洲、北美的北部河流和一些山区河流的主要补给来源。积雪与农业有密切关系，世界上许多著名的粮食产地主要靠积雪融水灌溉；积雪能保护幼苗免受大风袭击，还能防止病虫害；积雪中存在的氮化物，有利于增加土壤的肥力。在温带和亚热带，农作物也会受到积雪的冻害。积雪过厚还会阻碍交通。

**笄礼** girl's coming of age, ceremony of 中国古代女子成年礼仪式的一种。又称盘头礼、戴簪礼、加笄礼。意义与冠礼相同。原始社会已存在，秦汉时期普遍流行。古代女子到了15岁，把笄插在发髻上象征可以结婚生子。举行加笄礼时，选择面容清秀的童子帮助待加笄女子挽发成结，并带领她拜见亲友，由舅姑辈中的长者将笄扶正；然后拜祀祖先，拜谢父母。笄礼举行后，标志成人阶段开始，准备相夫教子。现在这种礼仪仍然流传，如婚前婚后的发型有显著不同，具体被简化成为即将出嫁的女子开脸、梳头拢发、整妆等。

**姬蜂** Ichneumonidae; ichneumon wasp 膜翅目姬蜂科昆虫的统称。全世界分布，已知约1.5万种，中国已知千余种。

体长3～40毫米（不包括触角和产卵管），以10～20毫米为多。触角细长，丝状。翅发达，偶有无翅和短翅；前翅具翅痣。腹部通常细长，腹面通常膜质，基部缩缢而成柄状或略呈柄状，第2、3背板不愈合。产卵管长短不等。

全部种类为寄生性。成虫营自由生活，飞翔或爬行中寻找寄主产卵，幼虫在寄主体内外取食。绝大多数种类寄生于许多农林害虫，是一类重要的益虫。但少数种类因寄生于其他寄生蜂等而成为重寄生蜂，或寄生于草蛉、食蚜蝇、蜘蛛等有益生物而带来害处。

中国最常见的种类有广黑点瘤姬蜂、舞毒蛾黑瘤姬蜂、螟蛉悬茧姬蜂、食蚜蝇姬蜂和地蚕大铗姬蜂等。

**姬鹏飞** Ji Pengfei（1910-02-02～2000-02-10） 中国无产阶级革命家，外交战线领导人，全国人大常委会副委员长，国务院副总理。生于山西临晋（今临猗），卒于北京。1933年加入中国共产党。1926年入西北陆军医院学习。1931年参加宁都暴动后加入红军，历任红5军团军医处处长、卫生部部长，中央军委卫生部保健局副局长，红1军团卫生部主任，中央军委后方卫生部部长。参加过长征。抗日战争时期从延安到安徽，任新四军3旅政委，第4地委书记，第4军分区政委，苏中军区副政委兼政治部主任。解放战争时期，任华中野战军第7纵队政委，中共苏中区委书记，苏中军区政委，第3野战军第7兵团副政委兼政治部主任。中华人民共和国建立后，历任中国驻德意志民主共和国大使，外交部副部长、部长，国务院副总理兼秘书长，中共中央对外联络部部长，国务院港澳办公室主任，中华人民共和国香港和澳门特别行政区基本法起草委员会主任委员。1978年当选第五届全国人大常委会副委员长兼秘书长。是中共十届、十一届中央委员，中共中央顾问委员会常委。

**姬鼠** *Apodemus*; wood mice 啮齿目鼠科姬鼠属动物的统称。约13种。北起冰岛，南至非洲北部，遍及欧亚大陆，向东分布到日本列岛。中国有6种。外形似小家鼠，但体型较大，形细长，体长6～12.5厘米；上门齿内侧无缺刻；尾较长，但不能卷曲，多数种尾覆毛稀疏，鳞环清晰可见；面部狭长；耳壳较大，前翻接近或超过眼；背部毛色灰黄、灰褐或红褐色。黑线姬鼠背部中央有一条黑线，栖息于森林、草原、农田、住宅及绿洲，喜湿润，在倒木、树根、枯枝落叶下、田埂、墙角等处筑巢，夜间活动，以植物性食物为主，亦吃昆虫，有的种冬季迁入房舍，天暖迁到野外。在中国北方4～9月繁殖，在南方冬季也可繁殖，每年繁殖2～3次，每胎产3～11仔。姬鼠盗食种子，对农作物和林木直播有害，还是出血热、钩端螺旋体病、森林脑炎等疾病的传播者。

**基** group 组成分子的原子集团，包括各种官能团和以游离状态存在的自由基。又称基团或原子团。在多种化合物中，某些原子团虽然经过一系列反应，通常保持不变，这种原子团称为基，如烷基。能长期游离存在的如三苯甲基 $(C_6H_5)_3C\cdot$ 称为稳定自由基；短寿命的自由基，如甲基 $CH_3\cdot$ 等，称为活泼自由基。一般所谓基和基团并不特别表明它的电性或是否带有未配对电子，而自由基则是专指带有未配对电子的基团。自由基多用于研究反应机理。稳定自由基是高分子聚合反应中常用的引发剂。许多具有特殊反应性能，例如羧基—COOH、醛基—CHO、羰基等，称为官能团。官能团成为有机化合物系统分类的基础和有机反应分类的依据，以官能团为基础可将几百万种有机化合物归纳为比较简单完整的体系。

**基本建设** capital construction 社会主义国民经济中投资进行建筑、购置和安装固定资产以及与此相联系的其他经济活动。20世纪20年代初期，苏联开始使用这个术语，说明社会主义经济中基本的、需要耗用大量资金和劳动的固定资产的建设，以区别流动资产的投资和形成过程。中华人民共和国建立以后，在社会主义经济建设中，也采用这一术语。基本建设的内容主要有：①建筑安装工程。包括各种土木建筑、矿井开凿、水利工程建筑、生产、动力、运输、实验等各种需要安装的机械设备的装配，以及与设备相连的工作台等装设工程。②设备购置。即购置设备、工具和器具等。③勘察、设计、科学研究实验、征地、拆迁、试运转、生产职工培训和建设单位管理工作等。基本建设的类型主要包括：①按建设的性质分为新建项目、扩建项目、改建项目、迁建项目和恢复项目。新建项目是从无到有、平地起家的建设项目；扩建和改建项目是在原有企业、事业、行政单位的基础上，扩大产品的生产能力或增加新的产品生产能力，以及对原有设备和工程进行全面技术改造的项目；迁建项目是原有企业、事业单位，由于各种原因，经有关部门批准搬迁到另地建设的项目；恢复项目是指对由于自然、战争或其他人为灾害等原因而遭到毁坏的固定资产进行重建的项目。②按建设的经济用途分为生产性基本建设和非生产性基本建设。生产性基本建设是用于物质生产和直接为物质生产服务的项目的建设，包括工业建设、建筑业和地质资源勘探事业建设和农林水利建设；非生产性基本建设是用于人民物质和文化生活项目的建设，包括住宅、学校、医院、托儿所、影剧院以及国家行政机关和金融保险业的建设等。

基本建设的作用主要有：①实现社会主义扩大再生产。为国民经济各部门增加新的固定资产和生产能力，对建立新的生产部门，调整原有经济结构，促进生产力的合理配置，提高生产技术水平等具有重要的作用。②改善和提高人民的生活水平。在增强国家经济实力的基础上，提供大量住宅和科研、文教卫生设施以及城市基础设施，对改善和提高人民的物质文化生活水平具有直接的作用。

**基本粒子** elementary particle 构成物质的最基本的组分。这是一个历史性的名词。随着物理学的进展，基本粒子的概念经历了几次重大的改变。20世纪初，随着实验上对原子论的证实，人们认为原子是物质的基本的组分。但随着原子核在1911年的发现及其后中子在1932年的发现，人们认识到原子是由质子、中子和电子构成的，原子不再是物质的基本的组分。在这以后，把光子、电子、中微子、质子、中子和陆续大量发现的介子和共振态粒子称为基本粒子。基本粒子数目的大量增加，使人们认识到它们也不可能是最基本的组分。对其中的强子，强子结构模型能很好地统一予以描述。现已认为它们是由夸克构成的。

近来物理学界倾向于把以前称作基本粒子的物质，统称为粒子（或亚原子粒子）。越来越多的物理学家认为，基本粒子的提法是不正确的，物质结构在不同的能量尺度上有不同的层次，最终的层次很可能不存在。见粒子物理学。

**基本生活费用** basic living cost 维持居民基本或最低生活需要的费用。又称最低生活费用、贫困线。它包括维持劳动者及其家属生存需要和维持劳动力简单再生产所必需的费用。劳动者的收入水平如果低于这个标准，**劳动力**的再生产就只能在萎缩的状态下进行。因此，国家在制定工资标准时必须保证居民的基本生活费用，并把它作为最低生活保障线。通常是根据每个居民或居民家庭对食品、衣着、住宅等生活资料的最低生活需要量来估算。贫困线就是满足这些基本要求的最低收入水准线，低于此线者即被视为贫困。贫困线会因时间、地点、国度不同而有所变化。生产力发展水平越高，居民的收入和生活消费水平就越高，贫困线也就随之提高。

**基本物理常数** fundamental constants of physics 物理领域的一些普适常数。又称基本物理常量。其准确数值，从理论上说与测量地点、测量时间、所用的测量仪器、材料均无关联。

基本物理常数的发现和准确测量，在物理学的发展中起了很大的作用。如在经典理论或定律中的基本物理常数有：牛顿引力常数、法拉第常数、阿伏伽德罗常数等，它们与经典宏观理论密切相关；量子理论的建立开辟了微观物理的新纪元，**普朗克常数**伴随问世；随着对原子和分子光谱的研究，出现了精细结构常数和里德伯常数；爱因斯坦相对论的出现，伴随着一个十分重要的基本物理常数，即真空中的光速，光速不变原理是**狭义相对论**的两个基本原理之一。

基本物理常数的重要性还表现在定义计量单位从而确立计量标准的工作上。例如，在特定条件下电子在原子能级间跃迁的辐射频率（$\nu$）是非常稳定并具有很高复现性的不变量，适合用来定义计量单位和作为基准使用。激光频标就是利用非常稳定的离子（或原子和分子）的跃迁频率来复现长度单位米，并作为实用的长度基准或光频标准。铯-133原子的超精细结构分量之间的跃迁的频率现已用于定义时间单位秒，其频率复现性已达$10^{-15}$量级；激光频率测量的准确度也已达到$10^{-14}$量级。因此，频率是当今人类测量中最准确的物理量。

可与频率媲美的不变量就是基本物理常数。如真空中光速$c$是一个基本物理常数。基本物理常数的不变性反映了自然界的一种规律性。许多物理理论和定律中都含有重要的基本物理常数，如相对论的公式中含有真空中光速$c$，量子力学的许多公式中含有普朗克常数$h$，引力定律中含有引力常数$G$等。

基本物理常数有很好的恒定性，使其可以用于定义基本单位。长度和电单位已采用基本物理常数来重新定义或复现，如1983年通过米的重新定义及1990年采用的约瑟夫森效应和量子霍耳效应为基础复现

CODATA推荐的2006年平差的基本物理常数值简表

| 物理量 | 符号 | 数值 | 单位 | 相对标准不确定度 |
|---|---|---|---|---|
| 普　适 | | | | |
| 真空中光速 | $c, c_0$ | 299 792 458 | m/s | 精确 |
| 磁常数 | $\mu_0$ | $4\pi\times10^{-7}$ $=12.566\ 370\ 614\cdots\times10^{-7}$ | $N/A^2$ | 精确 |
| 电常数 $1/\mu_0 c^2$ | $\varepsilon_0$ | $8.854\ 187\ 817\cdots\times10^{-12}$ | F/m | 精确 |
| 牛顿引力常数 | $G$ | $6.674\ 28(67)\times10^{-11}$ | $m^3/(kg\cdot s^2)$ | $1.0\times10^{-4}$ |
| 普朗克常数 | $h$ | $6.626\ 068\ 96(33)\times10^{-34}$ | J·s | $5.0\times10^{-8}$ |
| 电　磁 | | | | |
| 基本电荷 | $e$ | $1.602\ 176\ 487(40)\times10^{-19}$ | C | $2.5\times10^{-8}$ |
| 磁通量子 $h/2e$ | $\Phi_0$ | $2.067\ 833\ 667(52)\times10^{-15}$ | Wb | $2.5\times10^{-8}$ |
| 电导量子 $2e^2/h$ | $G_0$ | $7.748\ 091\ 700\ 4(53)\times10^{-5}$ | S | $6.8\times10^{-10}$ |
| 约瑟夫森常数[a] $2e/h$ | $K_J$ | $483\ 597.891(12)\times10^{9}$ | Hz/V | $2.5\times10^{-8}$ |
| 冯·克里青常数[b] $h/e^2=\mu_0 c/2\alpha$ | $R_K$ | 25 812.807 557(18) | Ω | $6.8\times10^{-10}$ |
| 玻尔磁子 $e\hbar/2m_e$ | $\mu_B$ | $927.400\ 915(23)\times10^{-26}$ | J/T | $2.5\times10^{-8}$ |
| 核磁子 $e\hbar/2m_p$ | $\mu_N$ | $5.050\ 783\ 24(13)\times10^{-27}$ | J/T | $2.5\times10^{-8}$ |
| 原子与核（一般） | | | | |
| 精细结构常数 | $\alpha$ | $7.297\ 352\ 537\ 6(24)\times10^{-3}$ | | $6.8\times10^{-10}$ |
| 里德伯常数 | $R_\infty$ | 10 973 731.568 527(73) | $m^{-1}$ | $6.6\times10^{-12}$ |
| 玻尔半径 $\alpha/4\pi R_\infty=4\pi\varepsilon_0\hbar^2/m_e e^2$ | $a_0$ | $0.529\ 177\ 208\ 59(36)\times10^{-10}$ | m | $6.8\times10^{-10}$ |
| 哈特里能量 $e^2/4\pi\varepsilon_0 a_0=\alpha^2/m_e e^2$ | $E_h$ | $4.359\ 743\ 94(22)\times10^{-18}$ | J | $5.0\times10^{-10}$ |
| 环流量子 | $h/2m_e$ | $3.636\ 947\ 519\ 9(50)\times10^{-4}$ | $m^2/s$ | $1.4\times10^{-9}$ |
| | $h/m_e$ | $7.273\ 895\ 040(10)\times10^{-4}$ | $m^2/s$ | $1.4\times10^{-9}$ |
| 弱　电 | | | | |
| 费米耦合常数[c] | $G_F/(\hbar c)^3$ | $1.166\ 37(1)\times10^{-5}$ | $GeV^{-2}$ | $8.6\times10^{-6}$ |
| 弱混合角 $\theta_W$ (在壳层系统上) $\sin^2\theta_W=s_W^2\equiv1-(m_W/m_Z)^2$ | $\sin^2\theta_W$ | 0.222 55(56) | | $2.5\times10^{-3}$ |
| 电子，$e^-$ | | | | |
| 电子质量 | $m_e$ | $9.109\ 382\ 15(45)\times10^{-31}$ | kg | $5.0\times10^{-8}$ |
| 电子荷质比 | $-e/m_e$ | $-1.758\ 820\ 150(44)\times10^{11}$ | C/kg | $2.5\times10^{-8}$ |
| 电子摩尔质量 $N_A m_e$ | $M(e), M_e$ | $5.485\ 799\ 094\ 3(23)\times10^{-7}$ | kg/mol | $4.2\times10^{-10}$ |
| 康普顿波长 $h/m_e c$ | $\lambda_C$ | $2.426\ 310\ 217\ 5(33)\times10^{-12}$ | m | $1.4\times10^{-9}$ |
| $\lambda_C/2\pi=\alpha a_0=\alpha^2/4\pi R_\infty$ | $\bar{\lambda}_C$ | $386.159\ 264\ 59(53)\times10^{-15}$ | m | $1.4\times10^{-9}$ |
| 经典电子半径 $\alpha^2 a_0$ | $r_e$ | $2.817\ 940\ 289\ 4(58)\times10^{-15}$ | m | $2.1\times10^{-9}$ |
| 电子磁矩 | $\mu_e$ | $-928.476\ 377(23)\times10^{-26}$ | J/T | $2.5\times10^{-8}$ |
| μ　子 | | | | |
| μ子质量 | $m_\mu$ | $1.883\ 531\ 30(11)\times10^{-28}$ | kg | $5.6\times10^{-8}$ |
| μ子磁矩 | $\mu_\mu$ | $-4.490\ 447\ 86(16)\times10^{-26}$ | J/T | $3.6\times10^{-8}$ |
| τ　子 | | | | |
| τ子质量 | $m_\tau$ | $3.167\ 77(52)\times10^{-27}$ | kg | $1.6\times10^{-4}$ |
| 质　子 | | | | |
| 质子质量 | $m_p$ | $1.672\ 621\ 637(83)\times10^{-27}$ | kg | $5.0\times10^{-8}$ |
| 质子-电子质量比 | $m_p/m_e$ | 1 836.152 672 47(80) | | $4.3\times10^{-10}$ |
| 质子荷质比 | $e/m_p$ | $9.578\ 833\ 92(24)\times10^{7}$ | C/kg | $2.5\times10^{-8}$ |
| 质子磁矩 | $\mu_p$ | $1.410\ 606\ 662(37)\times10^{-26}$ | J/T | $2.6\times10^{-8}$ |
| 中　子 | | | | |
| 中子质量 | $m_n$ | $1.674\ 927\ 211(84)\times10^{-27}$ | kg | $5.0\times10^{-8}$ |
| 中子磁矩 | $\mu_n$ | $-0.966\ 236\ 41(23)\times10^{-26}$ | J/T | $2.4\times10^{-7}$ |
| α粒子 | | | | |

续表

| 物理量 | 符号 | 数值 | 单位 | 相对标准不确定度 |
|---|---|---|---|---|
| α粒子质量 | $m_\alpha$ | 6.644 656 20 (33) $\times 10^{-27}$ | kg | $5.0\times 10^{-8}$ |
| 物理化学 | | | | |
| 阿伏伽德罗常数 | $N_A, L$ | 6.022 141 79 (30) $\times 10^{23}$ | $mol^{-1}$ | $5.0\times 10^{-8}$ |
| 原子质量常数<br>$m_u=(1/12)m(^{12}C)=1u$<br>$=10^{-3}kg\cdot mol^{-1}/N_A$ | $m_u$ | 1.660 538 782 (83) $\times 10^{-27}$ | kg | $5.0\times 10^{-8}$ |
| 法拉第常数$N_Ae$ | $F$ | 96 485.339 9 (24) | C/mol | $2.5\times 10^{-8}$ |
| 摩尔普朗克常数 | $N_Ah$ | 3.990 312 682 1 (57) $\times 10^{-10}$ | J·s/mol | $1.4\times 10^{-9}$ |
| | $N_Ahc$ | 0.119 626 564 72 (17) | J·m/mol | $1.4\times 10^{-9}$ |
| 摩尔气体常数 | $R$ | 8.314 472 (15) | J/(mol·K) | $1.7\times 10^{-6}$ |
| 玻耳兹曼常数$R/N_A$ | $k$ | 1.380 650 4 (24) $\times 10^{-23}$ | J/K | $1.7\times 10^{-6}$ |
| 理想气体的摩尔体积$RT/p$<br>$T$=273.15K, $p$=101.325kPa | $V_m$ | 22.413 996 (39) $\times 10^{-3}$ | $m^3$/mol | $1.7\times 10^{-6}$ |
| 斯忒藩－玻耳兹曼常数<br>$(\pi^2/60)k^4/\hbar^3c^2$ | $\sigma$ | 5.670 400 (40) $\times 10^{-8}$ | W/($m^2\cdot K^4$) | $7.0\times 10^{-6}$ |
| 第一辐射常数$2\pi hc^2$ | $c_1$ | 3.741 771 18 (19) $\times 10^{-16}$ | W·$m^2$ | $5.0\times 10^{-8}$ |
| 第二辐射常数$hc/k$ | $c_2$ | 1.438 775 2 (25) $\times 10^{-2}$ | m·K | $1.7\times 10^{-6}$ |

注：a) 表中头三个常数，即真空中光速、磁常数和电常数是国际上采用的约定值，其不确定度为零，因而称为精确值；b) 用约瑟夫森效应复现伏特的表示，国际上采用的约定值；c) 用量子霍耳效应复现欧姆的表示，国际上采用的约定值。

电单位。随着科学技术的迅速发展，将来会有更多的基本单位采用相应的确定频率和基本物理常数作为不变量来定义和复现。

物理学家和计量学家的目标是不断探索新的更完善的不变量作为基本单位的定义。不变量越是恒定，才能觉察和探索自然界任何细微变化的规律。

国际科学技术数据委员会（CODATA）2006年推荐的平差的基本物理常数值见表。

**基础标准** basic standard 作为制定其他标准依据的**标准**。制定基础标准对加强标准之间的协调和提高标准水平有直接影响，同时也是发展国民经济和促进技术进步的基础工作。基础标准涉及的标准有：名词标准，术语标准，符号、代号标准，标志、图形标准，分类编码标准（如专业分类编码、标准文献分类编码等），数系标准（如优先数和优先系数），技术制图标准，互换性及结构要素标准，基本环境条件标准等。

**基础工业** basic industry 为一国国民经济各部门提供原料、动力和技术装备等基本生产资料的工业部门的总称。一般包括以水电、石油、天然气、煤炭为代表的采掘业，以钢铁、有色金属、化工原料为代表的原材料工业，以及交通运输业、邮电通信业等。它具有建设周期长，占用资金多的特点。属于资本密集型和技术密集型工业。它在一定程度上决定着其他工业乃至整个国民经济的发展速度和发展水平。基础工业是工业体系的重要组成部分，是发展工业特别是重工业的物质基础，对建立比较完整的工业体系和国民经济体系具有重要意义。

**基础货币** base money 在部分准备金制度下能够通过银行体系而创造出多倍存款货币的**货币**。又称货币基数、高能货币。它等于流通中的货币$C$加上银行体系的准备金总额$R$。以$MB$表示基础货币，则：$MB=C+R$。可以通过**中央银行的资产负债表**计算出基础货币总额。下列所示是一个模拟的中央银行资产负债表：

**模拟的中央银行资产负债表**

| 资产 | 负债 |
|---|---|
| $A_1$：对金融机构再贷款 | $L_1$：流通中现金 |
| $A_2$：政府借款 | $L_2$：金融机构存款（准备金） |
| $A_3$：政府证券 | $L_3$：非金融机构存款 |
| $A_4$：国外资产 | $L_4$：政府存款 |
| | $L_5$：自有资本 |
| | $L_6$：其他 |

根据资产负债表平衡关系有：

$$B=\sum_{i=1}^{4}A_i-\sum_{i=3}^{6}L_i$$

这就是基础货币方程式。等式右边各项都影响基础货币的供给。具体而言，中央银行资产负债表的资产方都会引起基础货币的等额扩张，而这些资产项目的减少则会相应地减少基础货币的供应。等式右边的非金融机构存款、政府存款、自有资本和其他项的增加会减少基础货币的供给，而它们的减少则会增加基础货币的供给。

**基础科学** fundamental science 研究自然界物质运动规律的科学。主要任务是探索自然界未被发现的现象和未被认识的规律，揭示各个层次的物质结构和特性。包括**数学**、**物理学**、**化学**、**天文学**、地学、**生物学**等六门学科及其分支学科、**边缘学科**。边缘学科有物理化学、化学物理学、生物物理学、生物化学、地球化学、地球物理学等。基础科学是科学技术的基础，对技术科学和生产技术起指导作用。

**基底细胞癌** basal cell carcinoma 与日光中紫外线长期照射有关的一种低度恶性皮肤肿瘤。又称基底细胞乳头瘤。好发于老年人。临床有多种类型。结节溃疡型基底细胞癌最常见，典型表现是隆起于皮肤表面的结节，表面有蜡样光泽，中央可有破溃。色素型基底细胞癌与结节型类似，但皮疹为黑色。以上两型均好发于面部。浅表型基底细胞癌少见，好发于躯干等非曝光部位，为较大的斑片。边缘有丘疹、结节，中央有糜烂、结痂。基底细胞癌的治疗首选手术切除。对不宜手术的患者，可采用二氧化碳激光、电灼、微波、冷冻等。此病对放射治疗敏感，亦可行X射线放射治疗。此病属低度恶性肿瘤，极少发生转移。若能及时治疗，则预后良好。

**基督教** Christianity 与佛教、伊斯兰教并列的世界三大宗教之一。当今世界上最大、信徒最多（约22亿）的宗教。因崇奉救世主基督而得名。中文“基督教”一词有广狭二义：广义指包括**新教**（又称耶稣教、抗议宗等）、公教（又称**天主教**、罗马公教等）、正教（又称**东正教**）三大派系和其他一些较小派系在内的基督信仰体系；狭义则专指新教。鉴于中文“基督教”一词长期存在的用法混乱，有学者建议只使用其广义，而狭义则以“基督新教”一词表示，并将“公教”称为“基督公教”，“正教”称为“基督正教”。

基督教诞生两千年来已经传遍世界，对人类的历史发展和现实生活尤其是人类的精神生活，产生重大的影响。基督教以《圣经》为最权威的经典，认为《圣经》是由上帝的圣灵感动其作者而写成，是信仰的依据和教义的标准。基督教的基本信仰有：①**上帝**（又称**天主**或“神”）是创造、维系并治理天地万物的主；上帝无形体无方位，但有意志有理性，超越于世界又内在于世界；上帝乃**三位一体**，第一个位格是**圣父**，即无限慈爱而又公正的造物主；第二个位格是**圣子**，即**道成肉身**，为人受难赎罪的救世主**耶稣**基督，兼具神人二性，死后复活、升天，还将再临，审判世人；第三个位格是**圣灵**，即运行于世界、作用于人心的保惠师（又称“圣神”和“师保”），使人知罪、悔改、成圣。②教会是由耶稣基督开创，由所有信仰者组成，具有圣洁性和普世性，其使命是在世上传播福音。③人是由上帝

图1 《圣经》

按其形象所造，由灵魂和肉体构成，虽然本有神的“形象”而有“原义”，却因为“堕落”而有“原罪”，陷于罪恶的奴役之下，故须信靠基督，才能释罪而称义，复活得永生。

起源 按《圣经》记载，人类因始祖违抗上帝，陷于原罪，无力自救；上帝派遣独子耶稣降世为人，传道治病，无罪受死，替人赎罪。耶稣死后三日，复活升天，以后还将再临，审判世人，建立新天新地。耶稣的门徒们奉他为基督（希腊文Christos的音译，意为**救世主**；转译自希伯来文mashiah，音译**弥赛亚**，原意为受膏者，指受上帝圣膏而被派来复兴以色列国的救世主），由此而有基督教。

从历史背景来看，耶稣生活在罗马帝国统治下的**犹太王国**。多民族的罗马帝国一方面使各民族之间的文化交流，包括宗教思想交流更加直接和频繁；另一方面也加剧了各民族原有文化传统，包括宗教传统的衰落。连同罗马本土在内，整个帝国在精神、道德和习俗方面都日益腐化。

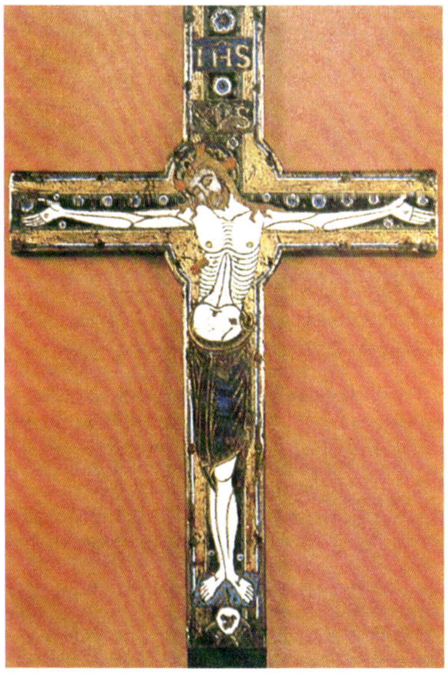


图2 耶稣受难

耶稣约于公元前7～前4年生于现今巴勒斯坦地区的小城**伯利恒**。按照《圣经·新约全书》四福音书的说法，加利利的拿撒勒城木匠约瑟之妻**马利亚**从圣灵受孕，在伯利恒客店中生下耶稣。耶稣长大后曾从约翰受洗并经受了魔鬼的考验，然后开始宣讲天国福音，劝人悔改，宣扬爱人如己，敬爱上帝。又选召**十二使徒**，到处治病救人，行了很多善事。当时**犹太教**当权派对耶稣既猜忌又害怕，买通耶稣的门徒**犹大**，逮捕了耶稣并送交罗马巡抚彼拉多，判耶稣死刑，钉在十字架上。耶稣死后第三日复活，并向门徒和众人显现，第四十日升天，第五十日又遣圣灵降临。众门徒领受圣灵后，以使徒**保罗**为代表四处传教，致使基督教走出犹太社会，在罗马帝国各地迅速传播，并成为地中海沿岸各国的跨民族的世界性宗教。

早期基督教 早期基督教作为新文明的精神动力，受到罗马帝国当局的镇压。罗马统治者对基督教进行了长达数百年的迫害，尤以暴君尼禄（公元54～68年在位）和多米提安（公元81～96年在位）执政时为甚。其间，基督教徒中出现了大量坚持信仰的殉道者，这种信仰吸引了众多的慕道者和信徒，其中既有中下层广大民众，也有上层显贵以至皇室成员。各地信徒组成的教会逐渐壮大，宗教礼仪和管理方式渐趋定型，产生了各种圣事和以主教为首的教政制度。各教会流传的《圣经》各卷书逐渐集中，并开始有学者翻译整理。教会在向反基督教的当局进行抗争，对教外的怀疑和误解进行解释，同教内的“错误”或“偏激理解”（即所谓“异端”）进行辩论的过程中，涌现出许多重要的著作家和理论家，这些护教士和教父吸收了当时的文化成果特别是希腊哲学的概念，使基督教的信仰表述更加系统严密，为后世神学和教义发展奠定了基础。基督教实际上已成为取代衰落的古代文化的新兴力量。

经过3个世纪的斗争，罗马西部皇帝**君士坦丁一世**和东部皇帝李锡尼最终于313年共同发布《米兰敕令》，承认基督教与其他宗教同享自由，不受歧视。392年，狄奥多西一世（347～395）以帝国名义宣布基督教为国教，由此完成了基督教在西方从非法变为合法，又从合法变为独尊的过程。

东西教会的分裂 由于罗马帝国在政治上的分裂和语言文化诸方面的差异，基督教内的东部希腊语地区教会与西部拉丁语地区教会之间的隔阂和对立不断加深。以罗马教会为首的西部教会不但在精神上和文化上影响巨大，而且在社会上和政治上举足轻重，被称为基督大弟子彼得继承人的罗马主教（后被称为教宗或**教皇**）地位日益上升。8世纪中叶起教皇统治教皇国长达千余年。从9世纪开始，**查理大帝**由教皇加冕，开创了西方皇帝须由教皇承认的惯例。以教皇为首的西部基督教会在整个西欧和中南欧地区，不但主宰了人们的精神生活，且在政治、经济、社会诸方面具有极其重要并可与世俗政权相抗衡的地位。这造成了西欧王权长期受到制约，政治上多元力量并存的状况，对西方历史发展具有深远的影响。

东罗马帝国皇权一直强大，以君士坦丁堡教会为首的东部教会长期受到世俗政权的控制。一方面，罗马教皇因自称为使徒之长、彼得的继承者，而要求位居众教会之首；另一方面，在曾自称教会元首、力求恢复西部治权的东罗马皇帝支持下，东部教会长期与罗马教会分庭抗礼，加上教义和礼仪上的分歧，终于导致罗马教皇利奥九世与君士坦丁堡宗主教（亦译“牧首”）色路拉里乌于1054年相互绝罚，东西教会正式分裂。西部教会自称“公教”（在中国称天主教），东部教会自称“正教”（在中国称东正教）。

中世纪的基督教 **罗马教廷**在教权高于王权的理论支持下，同世俗君主进行了长期斗争。13世纪初教廷权势达到顶峰，当时西欧各国君主多向教皇称臣纳贡。其间教廷还以收复圣地为名发动了八次**十字军东征**。13世纪末，教皇同法国国王斗争失利，造成14世纪时阿维尼翁和罗马两个教廷并存的局面。15世纪初，出现三教皇鼎立，致使教廷威信大大下降。东正教会自9世纪起从东罗马（拜占廷）帝国向东欧各国发展。保加利亚、俄罗斯等国先后皈信并以基督教为国教，但教会仍受世俗政权控制。13世纪上半叶十字军占据君士坦丁堡期间，东正教普世牧首区曾被迫迁离。在此期间，东正教四大牧首区（君士坦丁堡、亚历山大里亚、安提阿和耶路撒冷）中已有两个为穆斯林占领，一个为十字军占领。1453年君士坦丁堡陷落，四大牧首区均沦为受土耳其苏丹保护、位居伊斯兰教之下的教会。君士坦丁堡牧首只具有象征性的首领地位。

中世纪基督教还有两项重大的发展。一是建立起对社会生活有重大影响的**隐修制度**。自从埃及的安东尼首倡隐修以后，脱离世俗潜心苦修的隐修士组成的修院盛行于世。13世纪产生了以**方济各会**和**多明我会**为代表的托钵修会，整肃并革新了隐修制度。16世纪出现了以**耶稣会**为代表的深入社会各阶层活动的新型修会。隐修院和修会长期从事垦殖、农业、手工业、商业、学术甚至政治等活动，成为欧洲历史上一种独特的社会现象和社会力量。二是形成以经院为中心的文化教育事业。在中世纪，教会和修院、修会成为欧洲文化、教育、科学与学术活动的中心。西方许多思想家、哲学家、著作家和科学家都出自各修院、修会，音乐、美术、建筑等各门艺术在同教会活动的密切联系中发展起来，大学也在经院办学的基础上开始创建。最突出的是形成了经院哲学和神学的各种理论。

在中世纪，基督教从以南欧、北非和西亚为主的原罗马帝国的疆域，传遍了包括西欧、中欧、东欧和北欧在内的整个欧洲。

宗教改革运动　中世纪后期，由于各国君主之间的矛盾、教廷与世俗君主之间的矛盾、教会内部的矛盾错综复杂，下层民众对教会和世俗上层统治日益不满，加上文艺复兴运动的兴起，促成了新兴市民阶层的思想觉醒，一些要求适应时代、纯洁教会生活的新的宗教思想和运动开始出现。从14世纪后期到15世纪末，陆续出现了以英国牛津大学教授J.威克里夫、捷克布拉格大学校长J.胡斯和意大利的佛罗伦萨圣马可修道院院长萨伏那洛拉为代表的宗教改革运动。

1517年10月31日德国维滕贝格大学教授马丁·路德张贴反对教廷兜售赎罪券的《95条论纲》。由于获得部分德意志封建主和民众的支持，经过长期斗争，终于建立了脱离教廷控制的路德宗（又称信义会）教会。在瑞士，先有U.茨温利在苏黎世，后有J.加尔文在日内瓦领导宗教改革，创立了新教另一个主流宗派，即加尔文宗（又称归正会）。在英国，国王亨利八世因与教廷的矛盾（包括其离婚请求未得批准）而于1533年禁止英国教会向教廷纳贡，次年通过《至尊法案》，宣布国王为英国教会最高元首，新教第三个主流宗派安立甘宗（又称圣公会）由此诞生。宗教改革延伸到荷兰和苏格兰，推动了市民和共和党人反对和限制王权的斗争；在法国则导致了胡格诺战争和宗教宽容的《南特敕令》；在北欧各国形成了路德宗作为国教的基本格局。

近现代基督教　从宗教改革开始，新教各派从反对宗教迫害和宗教歧视到争得宗教宽容和信仰自由的历程，同以尼德兰革命和英国革命为起点的欧美各国社会运动紧密联系，造成了现代社会的多元状况。在英国，从清教徒遭受迫害到参加革命，直到1688年光荣革命确立了各教派的平等权利，信仰自由终于成为社会公认的原则。在欧洲大陆，从1598年的《南特敕令》到1648年的《威斯特伐利亚和约》，新教种派的合法权利终得确立。在北美，以追求信仰自由的各教派为主建立的殖民地，在美国独立战争确立的建国原则中包含了宗教自由。从16世纪后期至今，欧美各国又出现了许多新的新教派别，如公理宗、浸礼宗、卫斯理宗、贵格会等，还出现过各种各样的宗教运动，如虔敬主义运动、大觉醒运动、基督教社会主义运动、社会福音运动、基要主义运动以至20世纪的普世教会运动等。神学也出现了各种学说流派，17世纪以后有理性主义、浪漫主义、绝对观念主义、自由主义、新正统主义、实存主义、经验主义、基督教现实主义、过程神学、世俗神学、女性神学、希望神学等。

天主教在16世纪进行了针对新教改革的反宗教改革。一方面谴责新教的主张，另一方面确定信仰规范，改革修会制度，成立耶稣会，大力加强海外传教活动以扩大影响。但在各民族国家和新教力量抵制之下，教廷的世俗权力渐渐衰落。19世纪意大利统一运动中教皇国大大削弱。罗马教廷20世纪20年代根据《拉特兰条约》保留对梵蒂冈城国的主权。新托马斯主义神哲学在教廷倡导下蓬勃发展。20世纪60年代的第二次梵蒂冈公会议标志着天主教进入了一个新的时期，会议改变了以往的保守方针，对内强调革新，对外提倡对话。

16世纪以后随着俄罗斯帝国的势力扩张，俄罗斯正教会地位日益提高，并曾自诩莫斯科为“第三罗马”，但仍然受沙皇控制。1721年彼得大帝废除了牧首制，代之以最高宗教事务会议制，直至1917年2月革命后，临时政府才恢复牧首制。十月革命后的苏联时期，俄罗斯东正教更处于政府控制之下，并急剧萎缩，著名的神学家和宗教哲学家多数都移居西方。在20世纪90年代初苏联解体后，俄罗斯正教会又迅速复兴，乌克兰正教会则与之脱离而成立自主教会。其他东正教各国则早在19世纪已先后成立了自主教会，各国正教会互不隶属的格局成为定势。

基督教的传播　基督教在诞生之初是从耶路撒冷向希腊化地区和罗马帝国其他地区，即从东方向西方传播；在中世纪是从原罗马帝国辖地向“蛮族地区”，即从南方向北方传播；在近、现代时期则从欧洲及其周边向南北美洲、亚洲、非洲和大洋洲，即从西方向东方、从北方向南方传播。自从16世纪初“新航路”发现至今，基督教已经传遍全世界几乎所有国家和地区，信众约占世界总人口的33.7%，从信徒总数和分布地域来看均为世界最大的宗教。

20世纪以来，在各国基督教中（现在亚洲、非洲、拉丁美洲的基督徒人数远远超过了欧洲、北美和大洋洲的基督徒），一方面出现了教派分化和教会自主的运动，另一方面也出现了一国范围内的宗派联合和世界范围内的“普世合一”运动。

在中国，自唐贞观九年（635）基督教聂斯脱利派（时称景教）传入以来，历经元朝时也里可温教（天主教与景教）、明末清初时天主教传入，基督教在华可谓三起三落。19世纪下半叶以来，基督教经历了中国社会、政治、文化的巨大变迁，中华人民共和国建立后已经成为由中国人自办自传的中国社会中的一种重要宗教（在政府管理系统中作为“天主教”与“基督教”两种宗教并存），“文化大革命”结束后，又有了恢复和发展。

**基督教美术**　Christian art　体现基督教信仰的建筑、雕塑、绘画和工艺美术。以欧洲中世纪美术特别是教堂建筑最为典型。可分为早期基督教美术、拜占廷美术、加洛林美术、奥托美术、罗马式美术、哥特式美术等不同时期。现代基督教美术采取了新的形式。

2～4世纪，罗马的基督教处于秘密状态，早期基督教徒通常在埋葬殉道者的地下墓窟聚会，墓窟内的壁画和石棺浮雕上已出现基督教象征符号和图像。4世纪初叶，基督教被罗马帝国正式承认合法以后，开始在地上仿照罗马的长方形会堂巴西利卡形制建造教堂。

4世纪末至15世纪中叶，以东罗马帝国的都城拜占廷（君士坦丁堡，今伊斯坦布尔）为中心，在皇家赞助下形成了融合东西方文化的基督教美术——拜占廷美术。代表作有拉韦纳的圣维塔莱教堂、君士坦丁堡的圣索菲亚大教堂、威尼斯的圣马可教堂等。拜占廷教堂的镶嵌画，强调象征性和装饰性，以圣维塔莱教堂的镶嵌画《查士丁尼皇帝及其侍从》和《西奥多拉皇后及其侍女》为代表。拜占廷美术的影响波及中世纪的欧洲，在俄罗斯东正教美术中持续的时间最长。

8世纪中叶至10世纪，法兰克加洛林王朝统治西欧时期的加洛林美术，力图复兴罗马古典艺术传统，同时也吸收了拜占廷美术的因素。加洛林的福音书抄本插图颇有特色。10世纪至11世纪中叶，德国萨克森奥托王朝时期的奥托美术，延续了加洛林美术的原则。

11～12世纪末欧洲流行的基督教建筑，因为借用古罗马的券拱结构而被后人称为罗

图1　《圣马太》福音书插图

图2 早期哥特式雕刻——沙特尔大教堂彩色玻璃花窗（1170）

马式。罗马式教堂在法国、意大利、英国、西班牙等不同地区又形成多种地方性变体。代表作有图卢兹的圣塞尔南教堂、普瓦提埃的圣母教堂等。罗马式雕塑与建筑结构紧密配合，注重宗教象征寓意，缺乏写实性。

12世纪中叶至15世纪欧洲流行的基督教建筑，被文艺复兴时期的意大利人贬称为“蛮族”哥特人的样式，即哥特式。哥特式建筑以大教堂为主，首先在法国兴盛，代表作有圣丹尼斯教堂、巴黎圣母院、亚眠大教堂等。继而传播到英、德、意等国，代表作有威斯敏斯特大教堂、科隆大教堂、米兰大教堂等。哥特式雕塑主要是教堂的装饰浮雕和圆柱人像，取材于圣经，强调纪念碑性，造型倾向自然主义，时有夸张。哥特式绘画以教堂花窗彩色玻璃镶嵌画最具代表性。

14～16世纪的欧洲文艺复兴美术，在很大程度上已超出基督教美术的范畴，在宗教题材中注入了世俗情感（见**文艺复兴美术**）。16世纪后半叶至18世纪初叶欧洲流行的巴罗克风格，以豪华、动态和变化著称，支配了当时的基督教美术。

18世纪以后基督教美术逐渐衰微，但19世纪欧洲又流行复古式教堂。20世纪中叶法国的朗香教堂成为现代建筑的范例之一。法国现代画家G.鲁奥以表现主义手法描绘基督教题材。

**基督教神学** Christian theology 系统阐释基督教信仰的宗教学科。根据研究内容的侧重分为教义神学、历史神学、实用神学、道德神学、圣经神学等。教义神学将各项教义作为相互关联的体系来进行阐述，故又称系统神学。系统神学常借用某些哲学范畴来对教义体系进行解说。历史神学包括神学史、教会史、圣经史、教父学等。实用神学包括教牧学、崇拜学、教政学、宣道法等。道德神学即基督教伦理学。圣经神学包括旧约神学、新约神学等等。

基督教神学根据认识上帝的途径之别，又有自然神学与启示神学之分。前者指运用人的天赋理性从自然世界入手而达到的对上帝的认识，后者指依靠神的特定启示而获得的对上帝的认识。一般说，强调理性作用的神学家都重视自然神学，但也不否认启示神学的独特地位，强调人性败坏的神学家则倾向于贬低或否认自然神学而只承认启示神学。

在基督教神学的发展过程中，由于社会环境的变化和不同思想的影响，先后出现过观点纷繁多样的不同学派，如古代的各派教父神学和各派异端神学，中世纪的各派经院神学和各种异端神学，改革时期的路德主义、加尔文主义、茨温利主义等神学，近现代的理性主义神学、浪漫主义神学、**自由主义神学**、**新托马斯主义**神学、绝对唯心主义神学、**新正统神学**等。20世纪后期还出现过一些反映某些特殊旨趣的神学，如黑人神学、女性神学、**解放神学**、生态神学等。

基督教神学按研究的主要内容划分，又有下述一些课题，如上帝论（含创世论和**三一论**）、**基督论**、**救赎论**、**圣灵论**、人性论、教会论、圣事论、恩宠论、终极论（又称末世论）等。

**基督论** Christology 基督教基本教义之一，亦为基督教神学重要课题或重要分支。又译基督学。教义内容是：上帝通过基督的**道成肉身**向世人启示其本性并成全其救世旨意。基督是三位一体上帝中的第二位，即上帝**圣子**，具有完全的神性和完全的人性。他作为神体现出上帝完全的慈爱，作为人经受了人世真实的苦难，因此是神人之间的中介或“中保”。有关的论题包括基督的位格和基督的事工两大部分，传统神学将前者划为狭义的基督论，将后者划为**救赎论**。关于基督的位格及其在**三位一体**中的地位问题，公元4世纪时已由《尼西亚信经》的三一论作出定论，但关于其神性与人性的关系问题，自古代即有不同解释或理论。451年卡尔西顿公会议确定了正统基督论信条的定义：基督具有完全的神性和完全的人性，二性同存于基督身上，“不混、不变、不分、不离”。后世各派教会大都接受此一定义，作为基督位格的规范性解释。

**《基督山伯爵》** *Le Comte de Monte-Cristo* 法国作家**大仲马**的小说。写于1844年。故事发生在法国王朝复辟时期。水手邓蒂斯即将被提升为船长，却因同事邓格拉斯的诬告信而在举行婚礼时被捕。代理检察官维尔福把邓蒂斯打入死牢伊夫堡而晋升为巴黎的首席检察官。邓格拉斯靠投机发财，成了伯爵、众议员和金融界的巨头。情敌弗南娶了邓蒂斯的未婚妻，改名为马瑟夫，他在希腊独立战争中因出卖恩主阿里总督当上了中将和贵族院议员。

邓蒂斯被关入黑牢14年后，从难友法利亚长老那里得知了基督山宝藏的秘密并设法逃出死牢，找到了这笔财富。他首先报答了船主摩莱尔，并经过八年多的准备，带着阿里总督的女儿海蒂来到巴黎，以基督山伯爵的名义进入上流社会开始复仇。他在报上透露了弗南的罪恶历史，又让海蒂作证，迫使弗南开枪自杀。他在投机事业中连续打击邓格拉斯，使其一家名誉扫地，彻底破产。他又用计使维尔福夫人畏罪自杀，维尔福发疯。邓蒂斯大仇已报，与海蒂一起扬帆远航离开巴黎。

《基督山伯爵》揭露了复辟王朝时期司法制度的黑暗和腐败，具有进步的现实意义。小说情节复杂曲折、构思巧妙周密、富于浪漫的传奇色彩；70多个人物的活动被安排得杂而不乱、环环紧扣，读来引人入胜，有较高的艺术性。

**基督徒聚会处** Little Flock 中国基督教新教教派。简称聚会处。由倪柝声等人于1922年在福州创立。主张不分宗派，以地区建立教会，各教会独立，不设牧师，只设同工、长老、执事；强调宣讲属灵生命之道，不重礼拜仪式；规定受洗须全身浸入水中，女教徒在参加活动时须戴帽蒙头；聚会场所不用任何装饰；不过《**圣经**》中未规定的节日，包括**圣诞节**、**复活节**等。1949年后，聚会处的广大教徒参加了三自爱国运动，但在部分城镇和农村仍有一些教会保留了该派的聚会形式和特点。

**基多** Quito 厄瓜多尔首都，皮钦查省首府。全国第二大城市。人口215.19万（2010）。位于国境中北部基多盆地西侧，皮钦查火

基多风光

山东南约10千米。曾多次遭地震破坏。海拔2 819米。年平均气温13℃。平均年降水量2 621毫米。南美洲最古老城市之一。1487年被印加帝国吞并。1534年沦为西班牙殖民地。1830年厄瓜多尔独立后定为首都。为全国两大经济中心之一。主要工业有纺织、服装、食品、制药、石油化工和金属加工等。以皮革、木头和金银制作的印第安手工艺品著名。全国政治、教育、文化中心。有建于1535年的拉丁美洲最古老的艺术学校以及厄瓜多尔中央大学（1769）、天主教大学（1946）等。有著名的圣弗朗西斯科修道院、孔帕尼亚大教堂及赤道纪念碑。有铁路通往沿海地带，有泛美公路和主要输油管道经过。有国际机场。

**基尔比** Kilby, Jack S.（1923-11-08～2005-06-20） 美国实验物理学家。生于密苏里州的杰斐逊市，卒于得克萨斯州的达拉斯。1947年获伊利诺大学理学士学位，1950年获威斯康星大学理科硕士学位。1947年任全球联合公司设计负责人。1958年任得克萨斯仪器公司助理副经理。1978年后任得克萨斯A＆M大学教授。基尔比在集成电路方面共获得50项专利。1958年宣布制成第一块集成电路。为此，获2000年诺贝尔物理学奖。1966年研制出第一台袖珍计算器。1970年后，基尔比转入硅技术太阳能发电的研究与开发。

**基尔霍夫** Kirchhoff, Gustav Robert（1824-03-12～1887-10-17） 德国物理学家、化学家、天文学家。生于普鲁士的柯尼斯堡（今俄罗斯加里宁格勒），卒于柏林。1847年毕业于柯尼斯堡大学。1854～1887年先后任海德堡大学、柏林大学理论物理教授。

1845年首先阐述了稳恒电路网络中电流、电压、电阻关系的**基尔霍夫定律**。后来又研究了电路中电的流动和分布，阐明了电路中两点间的电势差和静电学的电势这两个物理量在量纲和单位上的一致。在海德堡大学期间，他与R.W.本生合作创立了光谱分析法，并在研究碱金属光谱中发现了元素铯和铷。1859年，在热力学平衡原理的研究中导出了关于辐射的定律，后被称为基尔霍夫热辐射定律，即任何物体的发射本领和吸收本领的比值与物体特性无关，是波长和温度的普适函数。并由此判断：太阳光谱的暗线是太阳大气中元素吸收的结果。这给太阳和恒星成分分析提供了一种重要的方法，天体物理由于应用光谱分析法而进入了新阶段。1862年他又进一步得出绝对黑体的概念。他的辐射定律和绝对黑体概念是开辟20世纪物理学新纪元的关键之一。1900年M.**普朗克**的量子论就发轫于此。

**基尔霍夫定律** Kirchhoff' s laws 阐明集总参数电路中流入节点的各电流和回路各电压的固有关系的法则。又称基尔霍夫电路定律。它是概括多环路电荷守恒和能量守恒的两个定律。1845年由德国物理学家G.R.**基尔霍夫**提出。基尔霍夫电路第一定律又称基尔霍夫电流定律，它表示任何瞬时电路任一节点的电流（$i$）的代数和等于零，用公式表示为：$\sum i_j=0$。电路第二定律又称基尔霍夫电压定律，它表示任何瞬时，沿电路的任一回路，各支路电压（$u$）的代数和等于零，用公式表示为：$\sum u_j=0$。基尔霍夫定律在稳恒条件下严格成立；在准稳条件下，即整个电路的尺度远远小于电路工作频率下的电磁波长时也符合。基尔霍夫定律在交流电路中也可应用。

**基尔库克** Kirkūk 伊拉克东北部石油工业城市，塔米姆省首府。位于扎格罗斯山前地带与美索不达米亚平原的交接处，临底格里斯河左岸支流欧宰姆河畔，海拔332米。原为伊拉克库尔德斯坦地区的一个农牧产品市场。1927年在基尔库克附近钻成伊拉克第一口油井，很快就以“石油城”著称。并与随后陆续发现的鲁迈拉油田和祖拜尔油田号称伊拉克三大油田。油田埋藏深度仅0.3千米到1.4千米。石油累计探明储量30多亿吨。1934年投产，成为当时全国最大的石油开采中心。所产原油曾以5条输油管通往地中海沿岸叙利亚巴尼亚斯港和黎巴嫩的黎波里港，现主要通过在土耳其境内敷设的油管外运。天然气储量也很丰富，探明储量2 000亿立方米。设有大型炼油厂和石化厂，还有纺织、食品等轻工业。郊区及其附近低地和谷地土壤肥沃，是伊东北部最大的粮食、水果和羊毛集散地。铁路枢纽，南通巴格达，北通埃尔比勒和摩苏尔。公路向各方辐射，尤其是联系东北部山区的中心站点。

**基尔运河** Kiel Canal 沟通北海和波罗的海的国际运河。又称北海-波罗的海运河。位于德国北部，起自易北河口布伦斯比特尔科格，止于基尔湾霍尔特瑙，全长98.6千米。基尔运河横贯日德兰半岛，使波罗的海沿岸至北海和大西洋沿岸港口的航程比绕过该半岛缩短370～650千米。运河于1887年动工兴建，1895年建成。1907年和1965年先后两次扩建。航道底宽达90米，水深11米，过水断面面积1 353平方米。运河上建有7座桥梁，净空为42米。运河初建时，两端各有船闸两座，闸室长125米，宽25米。以后两端各增建船闸两座，闸室长330米，宽45米。运河最大通航船舶为3.5万吨级。

**基辅** Kiev; Kiyev 乌克兰首都，基辅州首府。位于乌克兰中北部，第聂伯河支流普里皮亚季河与杰斯纳河汇流处附近。面积827平方千米。人口278万（2010）。城市始建于5世纪下半叶。6～7世纪为东斯拉夫重要城市之一。9～13世纪为基辅罗斯都城。1362年为立陶宛公国所占。1569年划归波兰。1793年并入俄国。1934年乌克兰首都由哈尔科夫迁此。第二次世界大战中被毁，后重建。曾被誉为“俄罗斯城市之母”。

乌克兰重要的工业中心。工业以机械制造、化工、轻工和食品加工为主，其工业产品达数千种。重要的交通枢纽。河运直达黑海，市内有地铁。

城市东、南、西三面有森林环抱，绿地占市区面积60%以上，多花园、公园，风景秀丽，基辅因此而得“花园城市”之美称。市区沿第聂伯河延伸数十千米，右岸为旧城区，左岸为新城区，两岸之间有帕通公路桥和地铁桥相通。旧城区是城市的主体部分，其市中心为政府机关驻地。新城区主要是第二次世界大战后发展起来的，是基辅的工业和住宅区。基辅还保存

基辅城市风光

有不少历史古迹，有圣索菲亚教堂、基辅洞窟修道院、安德列耶夫教堂、别斯托沃救世主教堂、彼得一世行宫。

乌克兰最大的科学、文化中心。有**基辅大学**等20多所高等院校，有乌克兰科学院及所属科研机构，有近30座博物馆、10多座剧院和图书馆。

**基辅大学** Kiev University 乌克兰综合性大学。全名基辅塔拉斯·谢甫琴科国立大学。建于1834年。1939年以乌克兰思想家、诗人T.G.**谢甫琴科**名字命名。

由国际关系学院、新闻学院、军事学院、第二高等教育学院和语言学院；生物系、地理系、地质系、经济系、外语系、历史系、自动控制系、社会学和心理学系、物理系、哲学系、语言学系、化学系、法律系等院系组成。涉及自然科学、人文科学、工业机械以及文化教育等方面的60多个专业。

**基辅罗斯** Kievan Rus 9世纪中叶至12世纪初在东欧平原上建立的以基辅为首都的早期封建国家。又称古罗斯、罗斯国。

8～9世纪，东斯拉夫人社会阶级分化日益扩大，各部落之间互相攻伐，战争不断。862年诺曼人留里克率领亲兵队在诺夫哥罗德登上王公宝座，建立了第一个罗斯王国。882年杀死阿斯科德和迪尔，留里克的继任者奥列格把罗斯国的首都迁到基辅，开始了基辅罗斯公国时期。882～911年奥列格又征服了周围的斯拉夫人各部落公国和非斯拉夫人部落，形成以东斯拉夫人为主体的国家。斯维雅托斯拉夫一世（969～972年在位）的幼子弗拉基米尔一世统治时期（980～1015），罗斯国达到鼎盛，成为东欧强国。

基辅地区的东斯拉夫人（主要是波利安人）很早就经营农业。随着封建关系的发展，新兴贵族成为封建田庄的经营者。从10世纪中叶起瓦里亚格人出身的王公和亲兵队也开始经营土地，建立起封建田庄。在智者雅罗斯拉夫统治时期（1015～1054），封建大土地所有制有所发展，剥削日益加重，国内阶级斗争日趋激烈。

随着各地大贵族势力的增强及地方自然经济的发展，统一的国家政权日趋瓦解，逐渐分裂为许多独立的地方公国。12世纪初弗拉基米尔二世·莫诺马赫（1113～1125年在位）曾企图恢复基辅罗斯的统一，但未能实现。12世纪30年代以后，统一的罗斯国家已不复存在，罗斯历史进入封建割据时期。13世纪初臣服于蒙古**金帐汗国**。1478年为**莫斯科大公国**所灭。

**基加利** Kigali 卢旺达首都。全国经济和交通中心。位于国土中部高原，基伍湖东部约100千米的丘陵地带，濒卢甘瓦河。市

基加利市中心街景

区面积约379平方千米。人口96.5万（2009）。海拔1 550米。年平均气温20℃。1907年为德国殖民者始建。1962年国家独立定为首都，人口迅速增加，城市开始繁荣。有新市区和老市区两部分，新市区建在卡丘鲁山上，称新基加利，新老市区由长6千米的林荫大道相连。市区功能分区明确，东北部是居住区，散布于十多个山丘；东南部是工业区。附近有钨、锡矿开采。全国重要的咖啡和畜产品集散地。有国际机场。全国公路中心，通国内主要城镇和邻近国家。全国文化中心，有卢旺达国立大学以及基加利自由大学、中非基督复临非教会大学等私立大学。有农业和科技研究所及中国援建的体育场。卢旺达、布隆迪和坦桑尼亚三国的卡盖拉河盆地联合开发组织总部所在地。避暑游览胜地。

**基克拉泽斯群岛** Cyclades 希腊东南部岛群，也是基克拉泽斯州的地理范围。意为"环状群岛"。位于爱琴海中，由约30个岛屿组成。首府埃尔穆波利斯（在锡罗斯岛）。陆地总面积2 523平方千米。人口11.26万（2001）。卡里亚人曾是群岛最早的居民。公元前10～前9世纪，古希腊伊奥尼亚人在群岛殖民。前490年曾被波斯人占领。1566年被奥斯曼帝国控制。1829年归属希腊。两次世界大战中被德军占领并遭受破坏。群岛多山地，但林木稀少，缺乏灌溉用水；仅纳克索斯岛有较大平原。葡萄、水果、橄榄油、小麦、烟草是主要农产品。矿产品有大理石、花岗石、浮石、漂白土、金刚砂、硫磺、锰和铁矿石等。工业有制革、造船和纺织等。群岛曾是青铜器时代的文化中心。旅游业颇盛。

**基库尤人** Kikuyu 东非肯尼亚共和国的主要民族之一。又称阿基库尤人。约810万人（2009）。属尼格罗人种班图类型。使用基库尤语，属尼日尔－科尔多凡语系北班图语群。有用拉丁字母拼写的文字。多信万物有灵，少数人改信基督教和伊斯兰教。19世纪末受英国殖民统治。1963年与国内各族人民一起赢得肯尼亚独立。农村还保存着部落组织，但以家族为基本社会单位。一般为父系继承制和一夫多妻制，流行兄终弟及的习俗。男女均行割礼。男子有年龄等级组织。传统经济为农牧业，以种植谷子、高粱、甘薯、香蕉和饲养牛、羊为主。有制造铁器、陶器、皮革、编筐等手工业。已出现定期集市。近代以来，大量种植咖啡、甘蔗、棉花、烟草、除虫菊等经济作物，出现了富裕农民，在城镇和乡村形成了民族资产阶

基库尤人武士

级，农业工人和城市职工的人数也大大增加。城市中上层家庭生活多已欧化。

**基拉宁** Killanin, Michael Morris（1914－07－30～1999－04－25） 爱尔兰记者、体育活动家。国际奥林匹克委员会第6任主席。生于英国伦敦，卒于爱尔兰都柏林。曾在伊顿、剑桥和巴黎等高等院校读书。1935年开始当记者。1939年入英国军队服役。第二次世界大战后曾任壳牌石油公司、英国石油公司和伦敦巴特银行经理。1950～1973年任爱尔兰奥委会主席。1952年当选国际奥委会委员。1966～1968年任国际奥委会礼宾官，后任新闻和公共关系委员会主席。1967年当选国际奥委会执委会执委，1968年当选副主席。1972年出任国际奥委

会主席，1980年莫斯科第22届奥运会时退休，离任后为终身名誉主席。著有《1984年奥运会》和《我的奥林匹克岁月》等。

**基拉韦厄火山** Kilauea Volcano 美国夏威夷岛活火山。位于岛东南部，西北距冒纳罗亚火山约32千米。属夏威夷火山国家公园。海拔1 247米。其山顶部塌陷，形成长约5 000米、宽3 000米的浅洼地，即所谓破火山口，面积约10平方千米。现最活跃的喷火口在该浅洼地的西南角，直径约1 000米，深400米，当地人称“赫尔莫莫”，即“永恒的火焰宫”之意。喷发活动频繁。自20世纪20年代以来，多次发生大规模熔岩喷发，如1959年曾创下熔岩火泉喷发高度达580米的夏威夷最高纪录，1983～1984年火山喷发17次之多，熔岩流甚至直泻大海。即使在喷发间隔期仍冒着白烟，不时火星四溅。基拉韦厄火山是研究火山活动规律的理想之地，1912年在其附近建起世界上第一座火山观察站。

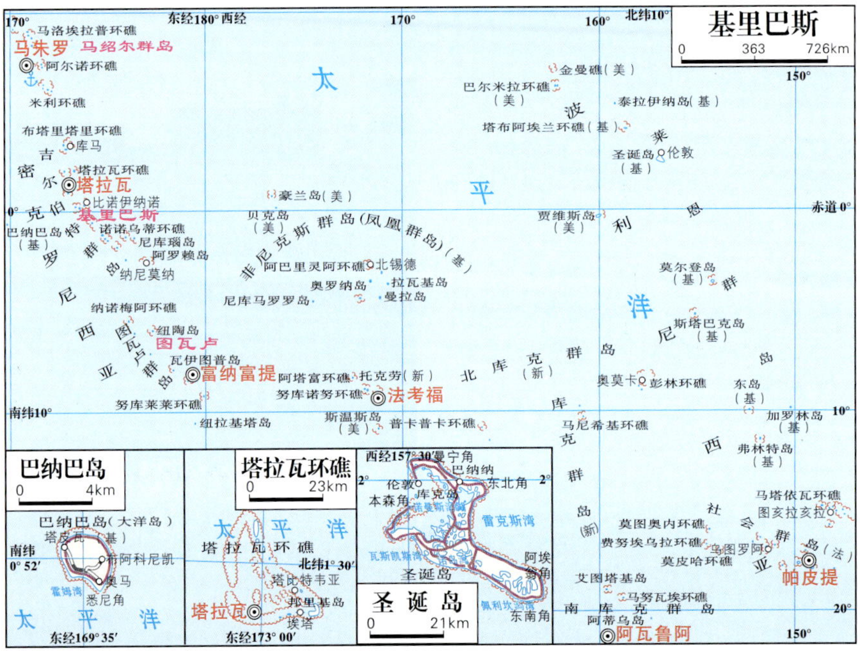


**基里巴斯** Kiribati 太平洋中西部岛国。全称基里巴斯共和国。原称吉尔伯特群岛。陆地总面积812平方千米，水域面积350万平方千米。人口9.5万（2007）。主要为属密

克罗尼西亚人的基里巴斯人，少数为波利尼西亚人和欧洲人。官方语言英语，通用**基里巴斯语**。居民多信奉罗马天主教和基里巴斯新教。首都塔拉瓦。

地处密克罗尼西亚岛群南端并延伸到波利尼西亚岛群中部。是世界上唯一既地跨赤道又横越国际日期变更线的国家。由**吉尔伯特群岛**、巴纳巴岛（原称大洋岛）等33个岛屿、环礁组成。除巴纳巴岛外，其余各岛都为低平的珊瑚岛礁。土壤层瘠薄，多砂。无河流和湖泊。属热带海洋性气候。常年高温，年平均气温32℃。各岛降水量差异很大，北部岛屿雨量多，平均年降水量可达3 000毫米，东部雨量较少，只有700毫米。

1892年吉尔伯特群岛与埃利斯群岛部分岛屿沦为英国保护地。1916年划为英属吉尔伯特和埃利斯群岛殖民地。第二次世界大战中曾被日本占领。1975年10月埃利斯群岛从该殖民地分离出去改称**图瓦卢**。1977年1月吉尔伯特群岛实行自治。1979年7月12日独立，并改用现国名。为英联邦成员。议会为一院制，由普选产生，任期4年。总统由议会提名，经普选产生，任期4年。设有总统、副总统、各部部长和检察总长组成的部长委员会。主要政党有追求真理党、和平议事厅党。

以自给自足的自然经济为主，是世界上最不发达国家之一。磷酸盐资源开采殆尽之后，遍布各岛礁的椰子树和周围海域的经济鱼类成为国民经济的重要依托。香蕉、面包果等作物的种植也较普遍。旅游资源尚未得到充分开发。交通运输以海运为主。外汇收入主要来自椰干出口和向外国渔船收取的捕鱼许可证费用。燃料、食品、工业制成品需要进口。主要贸易对象为澳大利亚、新西兰。财政依赖外国政府和国际组织援助。使用澳大利亚元。2007年国内生产总值6 432万美元。

基里巴斯海滨风光

小学、初中实行免费教育。《韦凯拉》为政府主办的全国性报纸。另有基里巴斯电视台、塔拉瓦电台。

1999年加入联合国。已同33个国家建交。1980年6月25日与中国建交。2003年11月29日中国与基里巴斯中止外交关系。

**基里巴斯语** Kiribati language 基里巴斯的两种官方语言之一（另一种为**英语**）。偶尔又称吉尔伯特语。属**南岛语系**密克罗尼西亚语族。使用人口6万多。分南部方言和北部方言。与加罗林语很相近。有1/4的词与波纳佩语同源。采用拉丁字母为基础的文字。

**基隆火山群** Jilong Volcanos 中国台湾省重要火山群之一。位于台湾岛东北，基隆市以东，三貂角以北至海岸间，即著名的九分与金瓜石矿区一带。有基隆山、新山、牡丹坑山、塞连山、金瓜石山、草山、鸡母岭等，海拔多在700米以下，为以石英安山岩为主的火山体。其中，金瓜石山位于火山群中心，海拔约660米，以富产金矿闻名。草山在金瓜石山东南，海拔729米，有南北两处钟状火山丘，其南侧另有宽约900米的小火山。基隆山位于西北海滨，宽1～2千米，呈椭圆形，海拔588.5米，以形似鸡笼得名，西与深澳港（番子澳）为邻。各山体大致形成于更新世。基隆火山群中的金瓜石山、草山、鸡母岭等的金银和金铜矿床分布较富。

**基隆市** Jilong City 中国台湾省辖市，港口城市。位于台湾岛最北端，面向东海和太平洋。北临东海，西近台湾海峡北口。辖中正、七堵、暖暖、仁爱、中山、安乐、信义

7区。面积133平方千米。人口39万。是台湾开发较早的地区之一，旧称“鸡笼”。明天启年间被西班牙殖民。清咸丰年间被开辟为通商口岸。光绪元年（1875），台北府设通判于鸡笼，并取“基地昌隆”之意，改名基隆。1895年被日本强占，1945年台湾回归后为省辖市。市东、西、南三面环山，地势由东南、西北向中部倾斜。属亚热带季风气候，潮湿多雨。平均年降水量3 600毫米，雨日逾210天，有“雨港”之称。基隆港是台湾省第三大国际港口。八斗子渔港是台湾两大远洋渔业基地之一。陆上是纵贯铁路和南北高速公路北端起点。名胜古迹众多。有奠济宫、灵泉寺、天后宫、宝明寺、大觉寺、平安宫等庙宇。和平道（社寮岛）北部海蚀奇景壮观，尤以“千叠敷”海蚀台最壮观。市内还有中正公园、八斗子渔村、月眉山、仙洞岩、情人湖、暖东峡谷等风景。“仙洞听潮”为基隆八景之一。

**基罗加** Quiroga, Horacio（1878-12-31～1937-02-19） 乌拉圭作家。生于萨尔托，卒于阿根廷布宜诺斯艾利斯。自幼喜爱文学。曾任师范学校教师，后被任命为驻阿根廷领事馆领事。1900年出版诗文集《珊瑚礁》。他的成就主要是短篇小说，《爱情、疯狂和死亡的故事》(1917) 汇集此前15年的短篇创作，描写奇特、病态的爱情，古怪的性格及无可挽回的死亡结局。其他主要作品还有短篇小说集《他人的罪行》(1904)、《林莽故事》(1919)、《更远一些》(1935)，长篇小说《模糊的爱情史》(1908)、《过去的爱情》(1929)等。他的作品风格朴实，语言简洁，人物性格鲜明，故事情节生动，对拉丁美洲文学的发展有一定影响。

**基洛夫** Kirov, Sergey Mironovich（1886-03-27～1934-12-01） 苏联共产党领导人。生于维亚特卡省（今基洛夫州）乌尔如姆城的一个劳动者家庭，卒于列宁格勒（今圣彼得堡）。原姓科斯特里科夫。1904年加入俄国社会民主工党。1910～1914年在北高加索地区从事党的地下工作。1917年参加彼得格勒武装起义。1919年任阿斯特拉罕边区临时革命军事委员会主席，领导红军击溃反革命叛乱，荣获红旗勋章。1921～1925年担任阿塞拜疆党中央委员会书记期间，为恢复巴库油田、促进经济发展作出贡献，荣获列宁勋章。1923年当选为党中央委员。从1926年起，任联共（布）中央西北局第一书记、列宁格勒省委书记。1926年当选政治局候补委员，1930年为政治局委员，1934年担任中央委员会书记。同年12月1日，在列宁格勒斯莫尔尼宫被暗杀。

**基洛夫剧院芭蕾舞团** Kirov Ballet 俄国芭蕾演出团体。世界著名古典芭蕾舞团。全称为圣彼得堡国立基洛夫歌剧舞剧院芭蕾舞团。1741年于圣彼得堡成立。1860年迁往马林斯基剧院至今。1935年剧院改名为基洛夫歌剧舞剧院，国际通称基洛夫芭蕾舞团。260多年来，它继承了法国早期芭蕾和浪漫主义芭蕾的优秀传统，并在19世纪中后叶开创了俄国古典芭蕾时期，20世纪又成为现代芭蕾的母体先声，先后造就了M.佩蒂帕、L.I.伊万诺夫、M.M.福金、V.尼金斯基、G.巴兰钦、R.V.扎哈罗夫、L.M.拉夫罗夫斯基、O.维诺格拉多夫等编导大师，培养了Y.瓦泽姆、M.切辛斯卡娅、A.P.巴甫洛娃、G.乌兰诺娃、A.阿瑟尔穆拉托娃、Y.马哈丽娜、P.盖尔德特、V.尼金斯基、R.努里耶夫、N.马卡罗娃、G.梅津采娃、M.巴里什尼科夫、K.扎克林斯基、A.利耶帕、I.泽伦斯基、F.鲁奇马托夫等芭蕾舞蹈家，推出了《舞姬》、《睡美人》、《胡桃夹子》、《天鹅湖》、《雷蒙达》、《仙女们》、《春之祭》、《泪泉》、《罗密欧与朱丽叶》、《钦差大臣》、《轻骑兵之歌》、《虎皮骑士》、《战舰波将金号》等经典芭蕾舞剧，也创作过《宝石花》、《爱情的传说》、《希望之岸》等实验性交响芭蕾作品，形成了规范严谨、细腻抒情的美学风格。1992年恢复剧院原名，舞团称马林斯基剧院芭蕾舞团。附属舞蹈学校始终为舞团提供优秀后备力量，1957年易名为瓦冈诺娃舞蹈学校。

**基纳巴卢山** Kinabalu, Gunung 马来西亚最高峰。在马来西亚沙巴州克罗克山脉东北端，哥打基纳巴卢市东北85千米。为上新世花岗闪长岩穹隆体，有6座海拔4 000米以上的锯齿形山峰，其中主峰洛峰海拔4 101米。海拔3 650～3 800米以上有更新世冰川遗迹如冰斗、冰盖和冰谷等，海拔2 850～3 230米有冰碛石，海拔1 600米上下有冰川沉积物。有南北两半球及亚澳两大陆在此过渡的植物种。景观垂直变化明显。从山麓往上至3 950米，依次为热带雨林、落叶阔叶林、针阔叶混交林、高山灌丛等。山中橡树有40余种，蕨类400种，兰花1 200种。哺乳动物有500多种。从海拔150～200米往上直达峰顶，辟有基纳巴卢山国家公园，面积77 600公顷，园内有车道到达海拔890米处，然后循登山步道往上，途中有林冠吊桥、农舍小屋与山庄等，方便科考及旅游人士。山下有宝林硫磺温泉。山中峡谷雨后瀑布非常壮观。

**基尼利** Keneally, Thomas（1935-10-07～ ） 澳大利亚小说家。生于悉尼。曾受过宗教教育，后改学法律。初任中学教师，1968～1970年在新南威尔士州英格兰大学教授戏剧。1964年开始发表作品。题材广泛，通过中世纪的法国、南斯拉夫的反法西斯斗争、美国的南北战争以及澳大利亚的开拓等历史事件，抒发作者对世间不平的愤懑和对人民的同情。他先后发表10余部小说，并写过剧本。《召来云雀和英雄》(1967)与《土著人吉米的歌声》(1972)是他的两部优秀作品，前者写殖民时期的流放制度，后者写土著居民吉米不堪忍受白人农场主的压迫而反抗。小说故事性强，叙述生动，又具有一定的深度，受到普遍好评。《土著人吉米的歌声》已拍成电影。

**基尼系数** Gini coefficient 经济学中用来衡量社会收入或者财富分配均等程度的一个指标。由意大利经济学家C.基尼于1912年提出。由于基尼系数建立在洛伦茨曲线的基础上，所以又称洛伦茨系数。

洛伦茨曲线是表示和分析社会收入或财富分配状况的一种曲线，如下图所示：

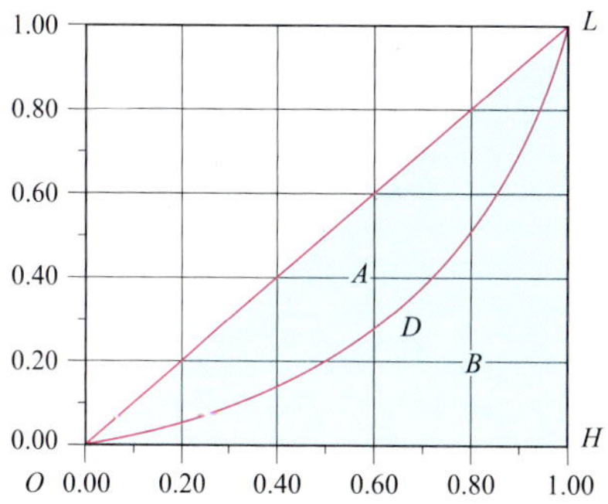


洛伦茨曲线

图中横坐标表示人口（按照收入从低到高分组排序）的累计比例，纵坐标表示相应收入的累计比例。曲线$ODL$就是洛伦茨曲线。对角线$OL$称为完全均等线，这条线表示社会中所有人的收入完全相同。而洛伦茨曲线通常是向下弯曲的，并且弯曲程度越大，意味着收入分配的不均等程度越大。

由于收入越不均等，洛伦茨曲线就越是向下弯曲，从而曲线与完全均等线$OL$之间的面积$A$就越大，因此可以把这部分面积称为“不均等面积”；相应地，将面积$A+B$称为极端的“完全不均等面积”。不均等面积与完全不均等面积之间的比率，很好地衡量了收入分配的不均等程度，这就是基尼系数$G$：$G=A/(A+B)$。

基尼系数总是在0与1之间。基尼系数越接近于0，意味着收入分配越均等；基尼系数越接近于1，意味着收入分配越不均等。

**基诺语** Jino language 属汉藏语系藏缅语族彝语支。分布于中国云南省西双版纳傣族自治州景洪市基诺山和补远山地区。分攸乐和补远两个方言，方言间词汇差别较大。声母擦音分清浊，塞音和塞擦音有清无浊；有复辅音、腭化辅音、清化鼻音。韵母以单元音为主，有鼻化元音和卷舌元音。辅音韵尾大多出现在汉语、傣语借词里。有4个声调。语序和助词是表达语法意义的主要手段。句子成分的次序为主语－宾语－谓语。名词作修饰语时在被修饰的名词之前，数量词、形容词作修饰语时在被修饰的名词之后，动词、形容词的修饰语在中心词之前。

**基诺族** Jino 中国少数民族。主要分布在云南省西双版纳傣族自治州景洪市基诺山基诺族乡。人口20 899(2000)。使用基诺语。无文字。是基诺山的古老民族。20世纪50年代初，还以刀耕火种的农业为主。现已采用了科学种田，种植旱稻、水稻、茶、砂仁、橡胶等。常于重大节日里以诗歌唱和，通宵达旦。男子上穿无领对襟白色麻布小褂，下着白、蓝色裤子。女子头戴白色三角尖顶帽，身穿无领对襟衫和白底彩条镶边短裙。主食为大米和玉米。住干栏式竹楼。婚姻行一夫一妻制，婚前自由恋爱。人死后行土葬。最隆重的节日是“特毛且”，约在每年公历2月6～8日。过去盛行祖先崇拜，相信万物有灵。1988年成立了基诺山基诺族乡。

基诺族女子

**基普哈特** Kipphardt, Heinar (1922－03－08～1982－11－18) 德国剧作家。生于西里西亚，卒于慕尼黑。获医学博士学位。常年从医。第二次世界大战被征入伍。曾任多家剧院剧目主任。1960年始在慕尼黑专事写作，以剧作见长。文献剧《约·罗伯特·奥本海默案件》(1964) 以美国原子弹之父奥本海默遭受迫害为素材，揭露美国麦卡锡主义的政治偏见。电视剧《患精神病的诗人亚历山大·迈尔茨的一生》(1976) 改编自他的长篇小说《迈尔茨——一个艺术家的生涯》，发挥了他作为精神病医生的职业特长。这一题材还被作者写成舞台剧、广播剧和诗歌。《艾希曼兄弟》(1982) 清算纳粹迫害犹太人的罪行。其他剧作还有《斯密尔先生的椅子》(1958)、《将军之狗》(1962)、《头头被杀之夜》(1967) 等。

**基切人** Quiche 中美洲危地马拉共和国和墨西哥合众国印第安人的一支。又称玛雅－基切人。约300万人(2001)。其中80余万人分布在危地马拉的基切、克萨尔特南戈、托托尼卡潘诸省，其余分布在墨西哥的恰帕斯州。可分为4个支系：基切人本支或乌特拉特卡人、乌斯潘特卡人、卡克奇克尔人和苏图伊尔人。属蒙古人种美洲支。使用基切语，属玛雅－索克语族。信天主教。其祖先原居住墨西哥中部高原，后逐渐向东南方迁移，最后到达危地马拉中部地区。曾受到古代玛雅文化的影响，文化生活与玛雅人相似。16世纪上半叶西班牙殖民者入侵时，危地马拉分为若干独立王国，基切人的王国居于优势，首府为阿蒂特兰，建立了早期国家，实行世袭君主制，分为贵族和平民。若干村落组成一个政治单元，各单元有其传统习俗及神职人员和守护神。西班牙统治期间，基切人的社会已发生变化。1821年危地马拉独立后，基切人的经济文化得到发展。基切人在历史上对中美洲文明的形成有深远影响。经济以农业和家庭手工业为主，主要种植咖啡，织布、制陶和木工业发达。

**基桑加尼** Kisangani 刚果(金)东北部城市，全国第二大河港，东方省首府。1966年前称斯坦利维尔。位居刚果盆地东北，刚果河中、上游交接点，市区跨河两岸，市中心在右岸。人口52万(2003)。市内地势平坦开阔，海拔415米。东部散布有海拔500米以上丘陵。沿河上至乌本杜间的博约马瀑布（基桑加尼瀑布），景观壮丽。地当赤道（北纬0° 31′），属热带雨林气候，终年高温多雨，各月平均气温都在24℃以上，平均年降水量1 700毫米以上。曾为殖民据点，1883年重建，曾称瀑布站。19世纪末发展为刚果（金）北部重镇。国家独立后为东北部工商业中心，有酿酒、榨油、纺织、家具、水泥、化工、印刷等工业，能源来自利用瀑布落差所建水电站。附近地区油棕、稻米、棉花、咖啡、可可、橡胶、金鸡纳、木材等产品在此集散。为国内水陆运输枢纽，地当刚果河中游航线起点，与首都金沙萨间1 734千米河段终年通行中型汽轮。南北主要公路干线交会点。铁路南通乌本杜，取代不通航的瀑布河段，形成水陆联运。郊区有国际际机场。东北部为文化、旅游中心。有国立大学分校和师范、医、农院及农业研究所。瀑布群为刚果(金)著名旅游景点。

**基施** Kisch, Egon Erwin (1885－04－29～1948－03－31) 捷克德语作家。生于奥匈帝国统治下的布拉格，卒于布拉格。1902年入工科大学学习采矿。常年从事新闻采访与编辑工作。反对战争。曾参加第一次世界大战和西班牙内战。

报告文学集《布拉格街头拾零》(1908)和《在布拉格的冒险》(1919) 揭露布拉格黑暗的社会，描述贫困、犯罪、卖淫等现象，控诉资本主义社会的罪恶。《愤怒的新闻记者》(1925) 根据第一手材料写成，以大量材料揭露资本主义社会的阶级对立。还有《天堂美国》(1930)、《神秘的中国》(1933)、《南京和红军》等作品。《广场奇闻》(1942) 是自传性报告文学集。

**基什尼奥夫** Kishinëv 摩尔多瓦首都和最大城市基希讷乌的旧称。

**基数** cardinal number 集合论中刻画任意集合所含元素数量多少的一个概念。又称势。两个能够建立元素间一一对应的集合称为互相对等集合。例如3个人的集合和3匹马的集合可以建立一一对应，是两个对等的集合。根据对等这种关系对集合进行分类，凡是互相对等的集合就划入同一类。这样，每一个集合都被划入了某一类。任意一个集合$A$所属的类就称为集合$A$的基数，记作$\overline{\overline{A}}$（或$|A|$，或card$A$）。这样，当$A$与$B$同属一个类时，$A$与$B$就有相同的基数，即$\overline{\overline{A}}=\overline{\overline{B}}$。而当$A$与$B$不同属一个类时，它们的基数也不同，即$\overline{\overline{A}}\neq\overline{\overline{B}}$。如果把单元素集的基数记作1，两个元素的集合的基数记作2，等等，则任一个有限集的基数就与通常意义下的自然数一致。空集$\varnothing$的基数也记作0。于是有限集的基数也就是传统概念下的“个数”。但是，对于无穷集，传统概念没有个数，而按基数概念，无穷集也有基数，例如，任一可数集与自然数集$N$有相同的基数$\overline{\overline{N}}$，即所有可数集是等基数集。不但如此，还可以证明实数集$R$与可数集的基数不同，即$\overline{\overline{R}}\neq\overline{\overline{N}}$。所以集合的基数是个数概念的推广。基数可以比较大小。假设$A$，$B$的基数分别是$\alpha$，$\beta$，即$\overline{\overline{A}}=\alpha$，$\overline{\overline{B}}=\beta$，如果$A$与$B$的某个子集对等，就称$A$的基数不大

于$B$的基数，记作$\alpha\leqslant\beta$，或$\beta\geqslant\alpha$。如果$\alpha\leqslant\beta$，但$\alpha\neq\beta$（即$A$与$B$不对等），就称$A$的基数小于$B$的基数，记作$\alpha<\beta$，或$\beta>\alpha$。基数可以进行运算。设$\overline{\overline{A}}=\alpha$，$\overline{\overline{B}}=\beta$，且$A\cap B=\varnothing$，则规定$\overline{\overline{A\cup B}}$为$\alpha$与$\beta$之和，记作$\overline{\overline{A\cup B}}=\alpha+\beta$。设$\overline{\overline{A}}=\alpha$，$\overline{\overline{B}}=\beta$，$A\times B$为$A$与$B$的积集，规定$\overline{\overline{A\times B}}$为$\alpha$与$\beta$的积，记作$\overline{\overline{A\times B}}=\alpha\cdot\beta$。

**基特加** Gitega 布隆迪第二大城市，基特加省首府。位于布隆迪中部高地上，西距布琼布拉61千米处。人口约2.35万（1999）。工业有泥炭开采、制革及屠宰场、小型砖瓦厂和咖啡加工厂。周围地区饲养牛羊，主要种植咖啡、玉米、花生、香蕉、甘薯、木薯和豆类。郊区有金鸡纳种植园。咖啡、食品、皮革和畜产品的集散地。中部交通中心，公路通布琼布拉和全国主要城市。有小学、中学、技术职业学校等。有王宫、国家博物馆、清真寺和天主教大教堂。

**基特韦** Kitwe 赞比亚矿区城市。位于中北部铜带省中部。人口约40万（2002）。居民中有许多欧洲人。始建于1937年，铜矿的开采促进了该市的发展。1961年邻近的恩卡纳矿区并入，城市规模迅速扩大。1966年设市。现为铜带工矿业、贸易和技术服务中心。铜矿采炼基地，采矿、选矿、初炼、精炼配套，设备齐全。还有炼钴、机修、锯木、电焊、塑料、粮食加工等厂。有铁路、公路通国内各矿区和城镇及中非、南部非洲主要城市。有机场。商业兴盛，主要商业区位于卡翁达广场周围。文教卫生事业基础较好，有规模仅次于赞比亚大学的赞比亚工学院。

**基伍湖** Kivu Lake 非洲淡水湖。位于卢旺达与刚果（金）两国接界处、东非大裂谷西支中。由断层陷落而成。湖面海拔1 460米。南北长96千米，东西宽48.3千米，面积2 700平方千米。平均水深240米，最大水深489米。北面有维龙加火山群将其与爱德华湖隔开。湖水南经鲁济济河注入坦噶尼喀湖，河流出口处建有穆鲁鲁水电站大坝。据测定，湖底天然气储量约600亿立方米，尚未大规模开发。湖中有伊吉维岛等多个岛屿。渔产丰富，多水鸟。沿湖主要湖港和城镇有刚果（金）的布卡武、戈马，卢旺达的基塞尼、基布耶等。

**基希纳** Kirchner, Ernst Ludwig（1880-05-06～1938-06-15） 德国画家，桥社的主要成员。生于阿沙芬堡，卒于瑞士的达沃斯附近。1901～1903年在德累斯顿理工学院学习建筑工程。1903～1904年在慕尼黑学习绘画，受到新绘画思潮的冲击。1904年以前，他采用新印象主义的分割色彩法，

《街景，柏林》（1913）

以后又吸收V.凡高富于律动感的技法。1905年，和E.黑克尔、F.布莱尔、K.施密特-罗特卢夫发起组织桥社，提倡艺术革新。从他的《撑着日本阳伞的女孩》（1906）、《街景，柏林》（1907、1913）和《市场与红塔》等油画中，可以看到艺术语言愈来愈简练，追求变形和平面感，并讲究线的节奏和几何图案的美。他的画反映现代化都市生活快速的节奏和人的孤独与空虚。1931年被推选为柏林普鲁士艺术学院院士，但在1933年被纳粹势力取消院士资格。1937年，他的639件作品被撤出德国各博物馆，由法西斯政权没收。1938年，他在遭到迫害的境遇下自杀身亡。

**基希讷乌** Chişinău 摩尔多瓦首都和最大的城市。位于德涅斯特河支流贝克河畔。曾称基什尼奥夫。人口78万（2010）。1466年见于史册，原为比萨拉比亚修道院镇，16世纪起受土耳其统治。1812年并入俄国。1818年设市。1918年划入罗马尼亚。1940年随比萨拉比亚并入苏联，为摩尔达维亚苏维埃社会主义共和国首都。第二次世界大战期间，城市破坏严重，战后重建。1991年成为独立的摩尔多瓦首都。工业中心，主要生产电机、拖拉机、精密仪表、电冰箱、人造革、橡胶制品等。郊区园艺业发达，盛产葡萄，葡萄酒和罐头享有美誉。文化中心，设有科学院、基希讷乌大学等7所高等院校及众多剧院、图书馆、博物馆等。重要交通枢纽，铁路连通乌克兰和罗马尼亚，公路通达全国各地。老城建在贝克河谷地，有教堂、凯旋门等古迹和普希金故居；新城建在沿河阶地上，街道宽阔，多白色建筑，政府机构和高校等文化设施大多分布在此；工厂企业多分布在城郊。

基希讷乌的凯旋门

**基辛格** Kissinger, Henry Alfred（1923-05-27～ ） 美国外交家。生于德国巴伐利亚州菲尔特市。1938年，为逃避纳粹对犹太人的迫害，随家移居美国。1943年加入美国籍，同年加入美国陆军并赴欧洲战场。战后在德国美军占领区工作。1947年9月退伍后，入哈佛大学攻读政治学，1950年毕业。1952年获哈佛文学硕士学位，1954年获哲学博士学位。后在该校教授政治学，1962年任教授。1968年11月，被当选总统R.M.尼克松提名为总统国家安全事务顾问和国家安全委员会执行秘书，开始全面推行“均势”与“实力”外交。1969年与苏联进行限制战略武器谈判，1972年5月达成第一阶段限制战略核武器条约。1971年10月秘密访问中国，安排尼克松总统访华日程。1972年2月陪同尼克松访华，促成了《中美联合公报》的发表。1973年1月27日，在巴黎代表美国政府草签《关于越南结束战争、恢复和平的协定》。由于为越南停战所作的努力，与越南民主共和国和谈代表黎德寿同获1973年诺贝尔和平奖。1973年9月出任国务卿。中东十月战争后，于1974～1975年进行“穿梭外交”，缓和中东紧张局势，使美国与埃及、叙利亚恢复外交关系，并促成埃及和以色列于1975年签订《西奈协定》。J.卡特当选总统后，于1977年1月辞去国务卿职务。

任公职期间和辞职后曾多次访华。著有《一个复兴的世界》(1957) 和《选择的必要》(1960) 等，后者对J.F.肯尼迪总统影响巨大。

**基雅罗斯塔米** Kiarostami, Abbas (1940-06-22～ ) 伊朗电影导演。生于德黑兰。自幼迷恋绘画，后在德黑兰美术学院学习美术。他的电影艺术创作从制作商业广告开始。1960～1969年总共拍过150部广告片。1970年他拍摄了第一部短片《面包与小巷》。1977年拍摄了第一部长片《报告》。20世纪80年代后，不仅在创作上日趋成熟，而且显露出鲜明的创作个性和个人风格。《哪里是我朋友的家》(1987) 获1989年瑞士洛迦诺国际电影节铜豹奖、评委会奖、费比西特别推荐奖，戛纳电影节艺术电影奖。《特写》(1990) 获加拿大蒙特利尔国际电影节魁北克影评人协会奖。《生命在继续》(1991) 获1992年戛纳电影节罗西尼人道主义精神奖、金摄影机奖。《哪里是我朋友的家》、《生命在继续》与《橄榄树下》(1994) 被称为"生命三部曲"。《樱桃的滋味》(1997) 获1997年戛纳电影节金棕榈大奖。《随风而去》(1999) 获1999年威尼斯电影节评委会大奖。

**基要主义** fundamentalism 20世纪初叶以来基督教新教神学思潮之一。并无统一组织，其基本主张是强调恪守基督教基本信仰，反对现代主义尤其是圣经评断学。一般称持上述主张者为基要派。基要主义的起源可追溯至19世纪末，1895年在美国尼亚加拉城举行的《圣经》研讨会上提出的五点基本要道，即恪信耶稣为童贞女所生、死而复活并具有神性、代人受死完成救赎、最后基督将"肉身再临"、确认《圣经》的权威及其字句无讹，后成为基要主义的核心主张。1910～1915年，英、美一些保守派教会人士为反对现代主义和自由主义神学，相继出版了12册内容与上述五条要道大体相同的小册子，总称《基本要道》，产生了广泛影响，导致保守派和现代派之间发生激烈争论。有学者认为此举始为基要主义的起源。20世纪20年代初，基要主义思潮曾在一些美国教会和神学院中占优势，至20年代末现代派始转居主导地位，但基要主义在信徒中仍有广泛影响。40年代末，基要主义又有新的发展，许多新保守派神学家改称新福音派。他们仍坚持基要主义的立场，但重视《圣经》和神学的学术研究，在关心个人得救的同时也关注各种社会问题。基要主义早期的代表人物有美国圣经学者J.G.梅村等，当代的主要代表人物为B.格雷罕姆等。

**基耶斯洛夫斯基** Kieślowski, Krzysztof (1941-06-27～1996-03-13) 波兰电影导

演、编剧。生于华沙，卒于华沙。1969年毕业于罗兹电影学院导演系，在华沙纪录片电影制片厂工作。1978年拍摄的《电影摄影爱好者》使他在国际影坛崭露头角。1980年拍摄的政论片《宁静》使他成为波兰"道德焦虑电影"的领头人物。1988年推出的《十诫》系列片中《关于杀人的短片》(获戛纳电影节评委会奖) 和《关于爱情的短片》(获圣塞瓦斯蒂安电影节特别奖) 是他用电影语言对圣经训诫的独特演绎。后来的重要影片有《维罗尼卡的双重生活》(1991，获戛纳电影节基督教统一运动评委会奖) 和《蓝色》(1993，获威尼斯电影节大奖)、《白色》(1994，获柏林国际电影节奖)、《红色》(1994，获奥斯卡金像奖最佳剧本和导演奖提名、1995年法国奖) 三部曲。基耶斯洛夫斯基的创作在主题上关注社会现实，关注人性问题的探讨，在风格上既珍视纪实手法，又追求表现主义。他的影片叙事平实，富含哲理。

**基因** gene 含特定遗传信息的核苷酸序列。遗传物质的最小的功能单位。除某些病毒、类病毒的基因由核糖核酸 (RNA) 构成以外，其余生物的基因都由脱氧核糖核酸 (DNA) 构成。各种生物的基因为数不等，都在染色体上作线状排列。

基本概念　在真核生物中，细胞核中染色体的基因称为核基因；位于叶绿体或线粒体DNA中的基因则属于核外基因或细胞质基因，分别称为叶绿体基因和线粒体基因。

基因在染色体上有固定的位置，称为座位 (基因位点)。同一座位上可以出现不同的基因，称为等位基因。在二倍体生物中，如果两个等位基因是相同的，那么对于这一座位来讲它是一个纯合体，如果不相同则称为杂合体。在杂合体中，两个不同的等位基因中往往只有一个基因所决定的性状得以表现，这一基因称为显性基因，另一个不表现其性状的基因称为隐性基因。在二倍体生物的群体中同一座位上的等位基因常不止两个，称为复等位基因。

位于同一染色体上的基因属于一个连锁群。细菌和病毒大多只有一个连锁群，高等动植物则都有若干个连锁群。以基因座位讲，全部基因合在一起称为一个基因组。

基因的功能一般与它们在染色体上所处的位置无关。但是在人、小鼠、果蝇等动物中发现某些功能上相关的基因排列在一起，构成一个基因复合体或基因族；在大肠杆菌等一些细菌中经常可以发现属于同一代谢途径的基因集中在一起构成一个操纵子；在噬菌体中功能上相关的基因也常集中在一起。

基因的原初功能　20世纪40年代初G.W.比德尔通过对脉包菌的研究，得出"一个基因一个酶"假说，认为基因的原初功能是每一个基因决定着一种蛋白质的一级结构，即它的氨基酸的排列方式。

基因表达包括通过转录产生信使RNA (mRNA)，然后再通过翻译而产生蛋白质 (蛋白质合成) 的过程。某些基因的转录产物如果不再翻译成为蛋白质，那么它的编码产物便不是蛋白质而是RNA。转运RNA (tRNA) 基因和核糖体RNA (rRNA) 基因便是这类基因。

凡是编码酶蛋白、血红蛋白、胶原蛋白或晶体蛋白等蛋白质的基因都称为结构基因；凡是编码阻遏或激活结构基因转录的蛋白质的基因都称为调节基因。不论是结构基因或调节基因，它的原初功能都是为蛋白质编码。

基因的类别　基因根据原初功能可分为：①编码蛋白质的基因。包括编码酶和结构蛋白的结构基因以及编码作用于结构基因的阻遏蛋白或激活蛋白的调节基因。②没有翻译产物的基因。转录成为RNA以后不再翻译成为蛋白质的转移核糖核酸 (tRNA) 基因和核糖体核酸 (rRNA) 基因。③不转录的DNA区段。如启动区、操纵基因等。前者是转录时RNA多聚酶开始和DNA结合的部位；后者是阻遏蛋白或激活蛋白和DNA结合的部位。

一个生物体内的各个基因的作用时间常不相同，有一部分基因在复制前转录，称为早期基因；有一部分基因在复制后转录，称为晚期基因。一个基因发生突变而使几种看来没有关系的性状同时改变，这个基因就称为多效基因。

基因和环境因素的相互作用　在具有特定基因的一群个体中，表现该基因性状的个体的百分数称为外显率。在具有特定基因而又表现该一性状的个体中，对于该一性状的表现程度称为表现度。外显率和表现度都受内在环境和外在环境的影响。内在环境指生物的性别、年龄等条件以及背景基因型。外在环境指外界的温度、营

养等条件。

**基因重组** gene recombination 遗传子代的部分基因来自一个亲本，另一部分基因来自遗传性状不同的另一亲本的现象。遗传的这种重组，使后代的基因组合不同于

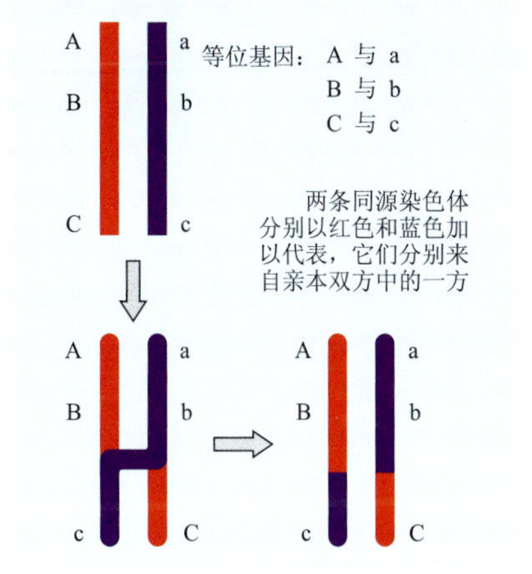


同源染色体间的重组

双亲中任何一个。重组可以分为同源重组和非同源重组两大类。

高等生物可以用自由组合或者交换的方法进行重组，低等生物可以用转化、接合或转导的方法进行重组。在减数分裂过程中，同源染色体的非姊妹染色单体间发生交换，结果使不完全连锁的非等位基因对之间重新排列，产生了非亲本型配子，其原理如图所示。基因打靶与基因剔除技术被广泛应用于基因功能研究，这两种技术均与重组过程有关。

**基因工程** genetic engineering; gene engineering 一种将某种生物的基因在体外与被称为基因载体的DNA连接，形成一个重组DNA分子，然后将其导入同种或异种生物的活细胞，并使之无性繁殖和行使基因功能，从而创造出生物新品种的遗传操作。

基因工程技术一般包括4步：①取得目的基因的DNA片段和载体DNA；②将目的基因DNA片段与载体DNA相连接；③将重组DNA分子导入宿主细胞；④选择和鉴定出含有所需重组DNA分子的细胞。

应用基因工程可以复制、扩增和表达同源或异源基因，从而为研究个别基因及整个基因组的结构和功能创造了条件。利用基因工程技术可以大大提高生物技术产品的产量。如用大肠杆菌生产生长因子释放抑制因子，过去需要50万头羊脑提取的量，现在只要9升工程菌的培养液就能得到。此外，基因工程技术还可以提高生物技术产品的安全性。例如预防乙型肝炎的疫苗，过去依靠乙肝病毒携带者的血液来制备，原料来源困难，而且很不安全。用酵母菌乙型肝炎病毒表面抗原做成的乙肝疫苗不仅产量高，而且十分安全。

**基因调控** regulation of gene expression 生物体内控制基因表达的机制。基因调控主要发生在三个水平上，即DNA水平上的调控、转录控制和翻译控制。微生物通过基因调控可以改变代谢方式以适应环境的变化，这类基因调控一般是短暂的和可逆的。多细胞生物的基因调控是细胞分化、形态发生和个体发育的基础，这类调控一般是长期的，而且往往是不可逆的。细菌和噬菌体的基因调控多数发生在转录水平上，操纵子是细菌的主要的调控单位。大肠杆菌的乳糖操纵子是第一个被发现的典型的操纵子，它包括依次排列着的启动基因（promoter, P）、操纵基因（operator, lac O）和3个结构基因。真核生物的基因调控比原核生物复杂得多。在染色体DNA水平上的基因调控包括染色质丢失、基因扩增和DNA序列的重排等。在转录水平上的基因调控包括异染色质化和染色质的活化、修饰作用（如碱基的甲基化、乙酰化和蛋白质的乙酰化、磷酸化）、激素诱导、RNA多聚酶的分工（见表）和RNA加工过程中的

**真核细胞的RNA多聚酶**

| 种类 | 位置 | 细胞基因转录产物 | 病毒基因转录产物 |
|---|---|---|---|
| Ⅰ | 核仁 | 核糖体18S、5.8S、28SRNA | 未发现 |
| Ⅱ | 核质 | mRNA前体 | mRNA前体 |
| Ⅲ | 核质 | tRNA和核糖体5SRNA | 小分子RNA |

调控等。翻译控制的主要形式是控制mRNA的稳定性。mRNA的5′端的加帽作用以及它的3′端的多聚A的加尾作用都有助于mRNA分子的稳定。在某些真核生物中mRNA进入细胞质以后并不立即作为模板进行蛋白质合成，而是与一些蛋白质结合形成RNA蛋白质（RNP）颗粒，在这种状态的mRNA半衰期可以延长。某些激素对mRNA也能起稳定作用。翻译控制的另外两种形式是翻译速度的控制和进行有选择的翻译。翻译后控制的事例不多。一般认为脑垂体后叶细胞产生的促肾上腺皮质激素和脂肪酸释放激素是由同一原始翻译产物经不同的加工而形成的。

通过基因调控，微生物可以避免合成过量的氨基酸、核苷酸等物质。如果使它们的调节基因发生突变，就可以得到大量合成这些物质的菌种，用于发酵工业上使产量大幅度增长。在遗传工程的研究中应用基因调控的原理可使外源基因表达，所以基因调控的理论探讨还具有生产实践意义。

**基因突变** gene mutation 一个基因内部结构的可以遗传的改变。又称为点突变。通常可引起一定的表型变化。广义的突变包括染色体畸变，狭义的突变专指点突变。实际上畸变和点突变的界限并不明确。野生型基因通过突变成为突变型基因。突变型一词既指突变基因，也指具有这一突变基因的个体。见突变。

**基因武器** gene weapon 一种生物武器。见遗传武器。

**基因型** genotype 以遗传基因来区分的生物遗传组成类型。一个二倍体个体的每个基因座最多只能有2个不同的等位基因。通常以大写字母表示显性基因，小写字母表示隐性基因，例如：AA为显性纯合子，Aa为杂合子，aa为隐性纯合子。或者用带不同上标的大写字母表示共显性基因，例如：人类的ABO血型系统，$I^A$, $I^B$, i分别表示3个不同的等位基因，$I^A$和$I^B$分别对i呈显性，$I^A$和$I^B$互为共显性，因此基因型为$I^AI^A$, $I^Ai$的个体血型为A型，基因型为$I^BI^B$, $I^Bi$的个体血型为B型，基因型为ii的个体血型为O型，基因型为$I^AI^B$的个体血型为AB型。也可以用多对字母表示同一个体相关的多个不同基因座的等位基因组合。

一个个体的基因型是决定其表型的基础。不同的基因型可以产生相同的表型，如果显性完全，显性纯合子和杂合子将产生相同的表型。同样的基因型是控制个体相同的表型的遗传基础，但实际上由于遗传背景和环境因素的不同，可能产生不同的表型。

**基因隐私权** right of genetic privacy 广义包括三层含义：①是否接受基因检测的决定只能由本人作出，其他任何人不得强迫他接受基因检测。②基因检测结果必须保密，不得泄露给本人之外的第三人。③被检测者如果事先表明不愿知悉基因检测结果，检测者不得向被检测者说明检测结果。狭义仅指第二种含义。为了保护基因隐私权，提供基因检测的医疗或研究机构必须履行以下义务：①在检测前后向被检测者提供基因咨询。在检测前说明检测的目的、意义，阳性检测结果可能造成的心理压力，帮助被检测者在充分知情的情况下自主地作出是否接受检测的决定。在检测之后全面地解释检测结果在预测作用方面的不确定性，帮助被检测者正确理解检测结果。②对检测结果必须严格保密，不得向他人泄露。只有根据被检测者的书面授权、法律的明确规定以及法院的命令，才能向指定人士披露。检测报告必须单独记录，不得记入常规医疗病历。③如果为研究的需要而保存被检测者的基因材料，如毛发、血液、唾液等，这些基因材料必须以匿名方式保存。

**基因组** genome 包含一个生物体生存、发育、活动和繁殖等所有生命活动所需要

的全部遗传信息的整套基因。基因组一词最早用以表示真核生物从其亲代所继承的单套染色体，又称染色体组。由于在真核细胞的线粒体和植物的叶绿体中也发现存在遗传物质，因此又将线粒体或叶绿体所携带的全部遗传物质称为线粒体基因组或叶绿体基因组。原核生物基因组则包括细胞内的染色体和质粒DNA。此外非独立生命形态的病毒颗粒也携带遗传物质，称为病毒基因组。不同生命形式的生物其基因组的结构、组成和功能有很大差别。

真核生物细胞核基因组由分散的染色体组成，每条染色体均含一条线性DNA分子及与之结合的蛋白质。不同染色体DNA的顺序组成常常是非均一性的，基因的分布也有疏密之别。线粒体和叶绿体基因组都是环状DNA分子，均为多拷贝，但其遗传行为常常表现为单一基因型。

绝大多数原核生物基因组均为单个环状DNA；基因之间很少非编码顺序，整个基因组的结构比较紧凑；大部分染色体DNA为裸露状态，仅有少部分区域与蛋白质结合。原核生物细胞还含有一种或几种可以独立复制的小分子质粒DNA。

绝大多数病毒基因组只含有仅属病毒特有的遗传信息。虽然结构简单，但种类复杂：①既有DNA为遗传信息载体的基因组，又有以RNA分子为遗传信息载体的基因组。②有单链DNA或RNA病毒也有双链DNA或RNA病毒。③DNA病毒基因组既有环状结构的，又有线性结构的，而RNA病毒基因组主要为线性结构的。

**基准利率** benchmark interest rate 一国中央银行根据货币政策目标和宏观金融调控的需要而制定的在利率体系中起主导作用的利率。商业银行或金融机构用来作为存贷款利率的衡量标准。它代表中央银行的货币政策意向，是中央银行的货币政策工具。中央银行通过提高或降低再贷款利率(再贴现利率)，可以调节基础货币，从而影响货币供应量和利率等货币政策目标。

**嵇含** Ji Han (263～306) 中国西晋时期植物学家。字君道，号亳丘子。谯国铚（今安徽宿州西）人，家居河南郡巩县亳丘，曾举秀才，官至广州刺史。永兴元年(304)所著《南方草木状》是中国、也是世界最早一部区域植物志。该书记载了广州、番禺、合浦、粤西、越南北部等地热带和亚热带植物，计有甘蔗、水莲、耶悉茗花、榕树、益智子、桄榔、荔枝、椰树等80种。全书分上、中、下三卷。上卷草类29种，中卷木类28种，下卷果类17种、竹类6种。由于记载非常真实，李时珍的《本草纲目》把《南方草木状》中所记述的植物几乎全部引用。该书发表距今虽已1700余年，但所记载的植物名称，除少数无法查考外，绝大多数至今还在沿用。植物分类学家胡德邻在1958年对这些植物均附以拉丁学名及科名。

**嵇康** Ji Kang (223～263) 中国三国魏时文学家。竹林七贤之一。字叔夜。谯郡铚县（今安徽宿州西）人。与魏宗室通婚，拜中散大夫，世称嵇中散。生活于魏晋易代之际。政治上倾向曹氏集团，对司马氏采取不合作的态度，又锋芒毕露，公开发表“非汤武而薄周孔”的言论，当面奚落司马昭心腹钟会，直接触犯了假借礼法图谋篡魏的司马氏集团，最终被司马昭以“乱群惑众”的罪名杀害。

嵇康博学多才，诗文俱佳。热爱音乐，擅长弹琴。散文尤有成就，包括哲学政治论文、书信等。论文今存9篇，以政治论文《管蔡论》、哲学论文《声无哀乐论》、《难自然好学论》最有代表性，内容上虽不乏抽象的玄理讨论，但其目的则是对现实的否定和对传统儒家名教观念的挑战。有“不学未必为长夜，《六经》未必为太阳”之说。书信今存两篇：《与山巨源绝交书》和《与吕长悌绝交书》。其中《与山巨源绝交书》是嵇康散文的代表作品，文中陈述了自己拒绝为官的理由，所谓“七不堪”，“二不可”，并在痛骂山涛的同时，借题发挥，对虚伪的儒家礼法制度以及礼法之士进行了猛烈的抨击，是嵇康与司马氏集团公开决裂的宣言书。文章有气势，嬉笑怒骂，泼辣洒脱。嵇康的诗歌今存60余首，内容上主要表现其“轻世肆志”的人生态度，形式上多受《诗经》影响，以四言为主，其代表作为《赠秀才入军》18首和《幽愤诗》。风格峻切，诗如其人。明代汪士贤辑有《嵇中散集》，收入《汉魏六朝二十名家集》；张溥辑有《嵇中散集》，收入《汉魏六朝百三家集》。

**畸胎瘤** teratoma 人类和动物肿瘤的一种。常见于卵巢、睾丸、腹膜后、纵隔等处。主要是由一种以上的胚层分化成的各类组织，诸如表皮、神经、肌肉、软骨、骨骼、腺体、血管和血细胞等成分混杂组成。有些畸胎瘤除了各种分化组织外，还含有一些未分化的、能不断增殖的干细胞，因其形态和发育潜能都类似胚胎细胞，而且是恶性的，故又称胚胎性癌细胞（简称EC细胞)。含有EC细胞的畸胎瘤，由于它的体积能不断增大，所以更确切地应称为畸胎癌。其恶性程度随EC细胞所占比例而异，EC细胞愈多，恶性愈高。如果肿瘤全由EC细胞组成便称为胚胎癌。

**襀翅目** Plecoptera 昆虫纲一目。中小型有翅昆虫。因常栖息在山溪的石面上而有石蝇之称。全世界已知约3 000种，中国已知300余种。体软，细长而扁平，多为黄褐色。

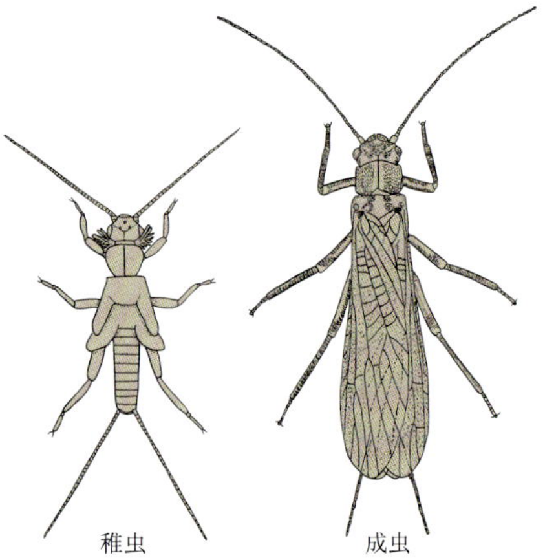

石蝇

头宽。触角丝状，多节。口器咀嚼式，较软弱。前胸方形，大而能活动。翅2对，膜质，后翅常大于前翅。飞翔能力不强。尾须1对，多节，丝状。半变态。雌虫产卵于水中。稚虫水生，小型种类1年1代，大型的3～4年1代。捕食蜉蝣稚虫和双翅目（如摇蚊）的幼虫等，或取食藻类以及其他植物碎片。不少种类在秋冬季或早春羽化、取食和交配，这些种类的稚虫一般以植物为食。成虫常栖息于流水附近的树干、岩石上或堤坡缝隙间，部分植食性，主要取食蓝绿藻。

襀翅目昆虫的稚虫和成虫是许多淡水鱼类的重要食料。同时，稚虫因喜在含氧量高的溪流中生活，可作为测定山溪水质污染的指示生物。

**激发态** excited state 原子或分子吸收能量后从基态跃迁到能量较高而又尚未电离的状态。激发态一般是指电子激发态。分子的平动、核的振动和转动，都可以被激发，也都有各自的激发态，但电子并未被激发，这些状态都不是电子激发态。

产生激发态的主要方法有：①光激发。处于基态的原子或分子从外加辐射中吸收一定能量的光子，跃迁到激发态。②放电。主要用于激励原子，如高压汞灯、氙弧光灯。③化学激发。某些放热的化学反应释放的能量可能使电子被激发。

激发态的电子结构与基态的电子结构是完全不同的，因此激发态与基态分子具有完全不同的性质。所有光化学反应都是通过分子被提升到电子激发态后进行，因此光化学又称为激发态化学。

处于激发态的分子是不稳定的，会通过各种物理和化学途径来衰减能量，回到基态，称为失活。激发态失活的途径有：①辐射跃迁（发射荧光或磷光)。②无辐射跃迁（系间窜越，内部转变)。③传能和猝灭（激发态分子将能量传递给另一基态分子并使其激发)。

**激光** laser 基于受激辐射光放大原理产生的相干辐射。激光具有如下特点：①定向性好。激光的发散立体角极小，一般在 $10^{-5}$～$10^{-8}$球面度范围内。激光的高度定向性意味着激光能量集中在很窄的光束中。②亮度高。普通光源的亮度很低，太阳的亮度约为$10^3$瓦/(厘米$^2$·球面度)，而大功率激光器的单色亮度可达$10^7$瓦/(厘米$^2$·球面度)以上。③单色性好。激光的单色性通常用$\nu/\Delta\nu$来表征，$\nu$为激光谱线中心的频率，$\Delta\nu$为谱线频宽，较好的激光器$\nu/\Delta\nu$可达$10^{10}$～$10^{13}$。单色性好亦即时间相干性好。④空间相干性好。普通光源的空间相干性很差，光程差为波长的数千倍时，已不出现干涉现象；而激光几乎整个波场空间都是相干的。

利用激光的定向性好和高亮度，在测距、雷达、光纤通信、医学、机械加工（焊接、切割、钻孔等）、导弹制导和核聚变试验等方面广泛应用。激光的高强度使光谱学取得了突破性进展，开拓了新的研究领域；激光引起的非线性效应开创了非线性光学这一新领域。激光的极好的单色性为精密测量长度提供了十分有利的光源。利用单色性好发展了光波的拍频技术，可测量极缓慢的速度（约1微米/秒）和角速度（约$10^{-1}$弧度/秒）。具有良好相干性的激光出现后，全息术得以进入实用阶段并迅速应用于各个领域。在相干光信息处理领域，激光器已成为必不可少的光源。

**激光材料** laser material 把各种泵浦（光、电、射线）能量转换成激光的材料。主要是凝聚态物质，并以固体激光材料为主。此外，一些气相工作物质如惰性气体和双原子分子等，主要应用于气体激光器中。固体激光材料可分为两大类：①以电激励为主的半导体激光材料。由半导体薄膜组成，用外延方法和气相沉积方法制得。根据激光波长采用不同掺杂的半导体材料。②电介质激光材料。以固体电介质为基质，通过激活中心吸收光泵能量后能转换为激光输出的发光材料。基质材料包括晶态材料（激光晶体）和非晶态材料（激光玻璃）。一般所称的固体激光材料是指电介质激光材料。

**激光测距** laser ranging 用脉冲激光照射物体，激光被反射回到发射源，测量光束的往返时间，从而算出距离。广泛用于定点之间的测量及运动目标的瞬态测量，确定运动目标的运动轨迹。脉冲激光测距中，准确测定时间是关键，通常由光脉冲宽度及接收器的时间响应能力决定，可选用短脉冲高亮度激光为发射源，提高测时精度。激光脉冲测距已广泛用于军事武器系统，如坦克测距、导弹测距、火炮测距、导弹测速等。提高激光输出脉冲的重复频率，可提高跟踪精度及移动目标的测量精度。民用上可用于大地测量，海岛测距，汽车、火车、舟船测距及测速等。

**激光光谱法** laser spectrometry 采用激光作光源的光谱分析方法。按照激光与物质作用所产生光的散射、发射、吸收和电离等特性，可分为激光拉曼光谱法、激光诱导荧光光谱法、激光光声光谱法和激光光热光谱法、激光电离光谱法等。这些分析方法的出现不仅极大地提高了检测灵敏度和选择性，使得单原子、单分子的检测成为现实；而且还为深入研究物质的结构、状态、价态、微区以及无损检测和遥感遥测提供了强有力的研究手段。

激光拉曼光谱法 基于拉曼散射的振动光谱分析方法，标准谱图库已经问世。1962年激光器开始用作拉曼光谱法的光源。与红外光谱相辅相成，在分子结构表征和振动光谱分析等方面发挥着重要作用，已广泛应用于无机、有机和生物物质的鉴定和分子结构研究。若干新技术大大提高了激光拉曼光谱法的灵敏度。例如，表面增强拉曼散射（SERS）、共振拉曼散射（RRS）均可使拉曼散射强度提高$10^5$～$10^6$倍。而结合共振拉曼散射和表面增强拉曼散射的表面增强共振拉曼散射（SERRS）法，其检测灵敏度已达到单分子。相干反斯托克斯－拉曼散射的散射强度是正常拉曼效应的$10^5$倍以上，并且有高分辨率和高抗荧光干扰能力。

激光诱导荧光光谱法 将激光用作原子荧光或分子荧光光谱法的光源。1978年和1984年分别实现了单原子和单分子检测。由于激光光源的使用，大大提高了检测灵敏度，且开发出若干荧光分析新技术。例如，激光诱导原子荧光与激光饱和激发相结合的激光饱和光学非共振荧光光谱法可检测单原子；激光诱导击穿光谱法也是一种激光诱导原子荧光光谱法，它是基于检测激光与固体、液体、气体和气溶胶相互作用的介电击穿产生的等离子体光发射光谱法。分子荧光方面，激光诱导时间分辨荧光光谱法依据待测组分的荧光衰减特性（寿命）差异可对荧光光谱重叠组分进行选择性测定，时间分辨的下限现已达$10^{-15}$秒；基于低温条件下分子吸收和荧光光谱峰形窄化原理开发的激光低温荧光光谱（基质隔离光谱、荧光窄线光谱、超声喷射和超声喷射－共振荧光光谱）法被称为分子光谱的指纹识别技术。激光诱导荧光用作毛细管电泳的检测器使其兼有高效分离和高灵敏检测的优点，在基因组学的研究中发挥了很大作用。

激光光声光谱法和激光光热光谱法 广义而言，它们都是基于测量物质吸收激光所产生的光热效应的吸收光谱法，其灵敏度比一般吸收光谱法高几个数量级。

激光光声光谱法基于物质吸收光辐射后，通过光辐射弛豫产生的声波或其他热弹效应。1968年挪威的E.L.克尔等首次采用二氧化碳激光器作为光声光谱的光源，测定了气体的微弱吸收。激光光声光谱仪的核心部件为光声样品池和与之相连的声传感器。声传感器则多为微音器和压电传感器。

激光光热光谱法基于检测物质吸收激光辐射所产生的光热效应。应用较多的是激光热透镜光谱法和激光光热偏转光谱法。激光热透镜光谱法的基础是热透镜效应，其原理为待测分子或离子吸收激光辐射后通过无辐射弛豫放出热能引起周围介质的温度变化，从而导致介质的折射率变化形成类似光学上的负透镜。检测激光通过介质的散焦程度可对物质进行分析，主要用于气体和液体样品的分析测定。激光光热偏转光谱法的基础是蜃景效应。1980年法国的A.C.博卡拉等创立。所依据的原理与激光热透镜光谱法基本相同，区别仅在于前者探测光程范围内的曲率变化，而后者探测折射率的变化梯度。

激光电离光谱法 采用激光作为选择激发和电离光源的光谱分析方法。应用较多的有激光增强电离光谱法、激光共振电离光谱法和激光质谱法等。

激光增强电离光谱法是将激光波长调谐到待测元素的某一能级从而增强激发态原子在原子化器中的热离子化比率，由此产生的电流信号与待测原子浓度呈定量关系的一类原子光谱分析方法。其装置由激光光源、原子化器、电极和信号检测系统组成。由于不采用光学检测系统，避免了光学检测所遇到的光散射、背景发射等干扰，使其选择性和灵敏度得以提高。

激光共振电离光谱法是使待测粒子吸收一个或多个光子到某一激发态，然后再吸收一个光子使之电离并检测所产生的电流。1975年美国的G.B.赫斯特等首次提出激光共振电离光谱法，并在1977年实现了在$10^{19}$个氩原子中检测到1个铯原子。其装置由激光光源、样品装置和检测系统组成。

激光质谱法始于1963年美国的R.E.霍尼格首先把激光引入质谱分析。激光主要用于激光解吸进样和共振电离。1988年德国的M.卡拉斯等创立基体辅助激光解吸电离质谱法，将待测物质与小分子基体混合后置于离子源中的样品室中。基体对激光辐射有较强的吸收并被激发，而待测物质对激光辐射很弱，被激发的基体分子释放热能，使其他基体和待测物质蒸发进入气相，同时基体在待测物质离子化过程中还可引起质子化或去质子化作用，从而降低了分子间作用力。该法在生物大分子测定和蛋白组学研究中发挥重要作用。

**激光化学** laser chemistry 将激光应用于化学研究的学科。激光化学主要研究激光和物质相互作用过程中物质激发态的产生，结构和性质的变化及变化过程中能量的转移问题，以及利用激光如何引发和控制化学反应。激光技术主要在两方面促进了化学研究：①在研究方法、内容和规模上，激光光源的引入导致传统的线性光化学进入了非线性光化学。②激光能以其高强、单色、调频、偏振和脉冲等特性，使物质的结构分析更加灵敏、精确，把化学动力学的研究深入到分子的元反应层次上；使化学反应的研究从静态、稳态发展到动态、瞬态。

按激光器工作频率的不同，激光化学可分为振动态激光化学和电子态激光化学。①振动态激光化学。使用红外激光器诱导低振动激发态分子的化学反应。高功率的横向激励大气压（TEA）$CO_2$激光器实现了每个分子能吸收几十个红外光子并导致解离的红外激光化学反应。②电子态激光化学。当今激光化学研究的主要内容。继闪光光解的动力学光谱之后，可见和紫外激光应用于化学反应的研究，开辟了一个新的非常活跃的领域，包括紫外光解、光电离、分子和自由基的诊断和监测、产物能量分布的测量、能量转移和反应速率的测量等，可以提供有关元化学反应速率常数和反应机理的大量信息。利用激光的超短脉冲可在皮秒（$10^{-15}$秒）将分子激发到某一微观态的初始态，并用继之而来的其他超脉冲作光源对该初始态作“高强摄影”，发展激光分子光谱法，研究分子在反应过程中能量传递和电荷转移情况。利用激光分子光谱法，以一定波长的激光选择性地激发分子束，使之与其他分子束中的反应物分子碰撞，可对指定能量状态的分子间的相互作用进行详细的观察，并快速鉴定分子结构。用选择红外激光频率的方法对反应物分子中特定的化学键或官能团作选择性激发，使反应在活化部位发生。此外，利用激光的超高强度可引发一系列新的化学反应。利用激光在化学反应中的量子控制技术可以提高化学反应的效率、缩短和减少化学物质合成与精制的繁琐步骤，以及控制化学反应过程中的有害生成物。

**激光器** laser 产生激光的器件或装置。可分为激光振荡器和激光放大器两类。振荡器一般具有光学共振腔，而放大器没有共振腔。放大器的作用是使入射的激光通过增益介质得到放大。通常说的激光器，一般是指振荡器，也可以是由振荡器和放大器组成的激光系统。

激光器一般由三部分组成，即激光工作物质、泵浦系统和光学共振腔。激光工作物质又称为激光增益介质，是用来实现粒子数反转从而产生光的受激辐射放大作用的物质体系。泵浦系统是提供激光工作物质实现并维持粒子数反转所需能量的装置。光学共振腔一般由光学反射镜组成，其作用是通过反射，使受激辐射在腔内多次往返形成相干的持续振荡，并对腔内往返振荡光束的方向和频率进行限制，使输出激光具有一定的方向性和单色性。

激光器种类很多。按工作物质可分为固体激光器、气体激光器、液体激光器、半导体激光器和自由电子激光器；按照泵浦方式可分为光泵激光器、电激励激光器、化学激光器和核泵浦激光器；按激光器运转方式可分为连续激光器、单脉冲激光器、重复脉冲激光器，调Q激光器、锁模激光器、稳频激光器和可调谐激光器；按激光器的输出波段可分为远红外激光器、中红外激光器、近红外激光器、可见光激光器、紫外激光器、真空紫外激光器和X射线激光器。每种激光器都有相应的特点和用途。

激光器的尺寸和功率范围的差别相当大。半导体激光器尺寸较小，用于激光核聚变研究的激光器系统的尺寸和功率都非常大。

**激光武器** laser weapon 利用激光束直接攻击目标的定向能武器。具有快速、灵活、精确、不受电磁干扰等优点。缺点是随射程增加，破坏力迅速衰减，作用距离受到限制，易受恶劣天气影响，体积和重量较大。

激光武器主要由激光器、精密瞄准跟踪系统和光束控制与发射系统组成。激光武器按功能可分为两类：①战术激光武器。它发射的激光能量较低。通常激光干扰与致盲武器的平均功率不超过1万瓦，可使数千米至十余千米外的人眼暂时或永久失明，也可使被照射目标的光电设备失效。用于防空、反导的高能战术激光武器安装在车辆、飞机、舰船等战术平台上，功率在10万～100万瓦，可通过破坏光电装置、引爆弹头、毁伤壳体等方式，拦击来袭导弹和飞机等目标。②战略激光武器。主要用于摧毁来袭战略弹道导弹或攻击敌方卫星，射程一般在几百千米至几千千米。用于摧毁弹道导弹的战略激光武器，需要高达百万瓦以上的输出功率。用于反卫星的战略激光武器，主要通过干扰、破坏卫星上的光电设备或摧毁平台使卫星失效。通常认为功率在数十万瓦以上的激光武器即具备较为有效的反卫星能力。

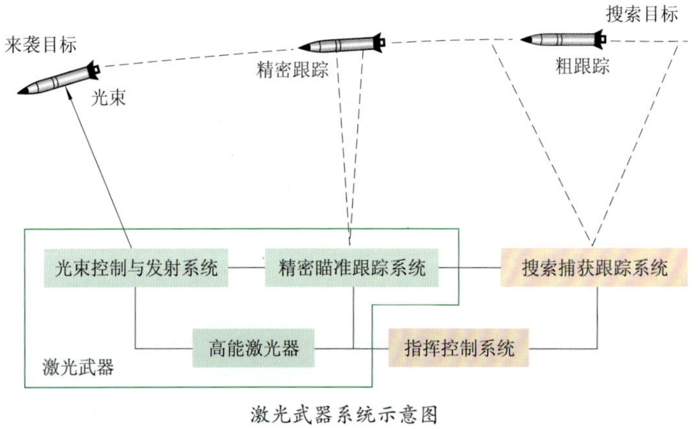

激光武器系统示意图

**激光照排系统** laser scanning phototypesetting system 20世纪70年代出现的排版系统。激光扫描成像型照排系统的简称。由输入、计算机信息处理和激光扫描记录3个部分组成。输入部分可以用纸带或软磁盘等，也可接受由通信系统的输入。信息处理部分由操作控制台、电子计算机和硬磁盘驱动器组成，完成控制、编排、拼排和曝光4个主要程序。激光扫描记录部分由激光平面线扫描主机记录经计算机处理后输出的点阵字形信息。由氦－氖激光器输出的激光束进入声光调制器输出的载有字符信息的一级光，作为记录光束，经中性滤色片调整到各种感光胶片所适应的能量，再经扩束器使光束准直，然后投射到锥形多面转镜扫描器上反射出来；又经广角聚焦透镜在感光材料上形成光斑沿*X*向扫描，同时输送机构带动胶片作*Y*向位移，组合成文字图像。

**激光制导炸弹** laser guidance bomb 利用弹上激光导引头获取目标信息，自动导向目标的炸弹。命中精度高，具有较强的抗电磁干扰能力。投射时，利用载机上的激光照射器，先向目标照射激光束，经目标反射后，由装在炸弹头部的激光导引头接收，再经光电变换形成电信号，输入炸弹控制舱，控制炸弹舵面偏转，导引炸弹飞向目标。激光制导炸弹在普通气象条件下捕获目标率高，遇有雨、雾、灰尘、烟幕时命中精度降低。

**激进主义** radicalism 一种对现存制度持批判和激烈变革态度的思想倾向、学说或运动。

激进思想包括不同的思想派别，其中有激进自由主义、激进社会主义、无政府主义和极端保守或右翼思想等，共同特征是对现存制度持激烈批判态度，并主张通过极端方式改变现实社会。在资产阶级革命时期，激进主义和反对封建专制主义紧密地联系在一起，19世纪初、中期，激进主义与对近代资产阶级国家的政治体制改革或变革联系在一起。空想共产主义者主张通过革命方式废除私有制，建立“共产主义”社会。无政府主义者主张“打倒政党，打倒政权”，“废除国家”。法西斯主义以国家为核心，否定自由、民主、平等和文明、妇女解放，特别是否定人道主义，强调权力至上、“超人”统治、优等民族统治和军国主义。同时，法兰克福学派的卢卡奇、H.马尔库塞等对资本主义制度提出批判，特别揭露了资本主义社会存在着全面异化现象和法西斯主义的残暴统治。

20世纪60年代，西方激进主义的发展主要和对现代化问题的批判联系在一起，主张对现代社会进行深刻变革，涌现出西方马克思主义、新左派、激进女权主义、激进生态主义、后现代主义、无政府主义、新右翼等激进思想派别，主张通过“非中心”、“非基础”、“反统治”，建立起一种“激进的民主”政治。

**激励理论** motivation, theory of 行为科学的一个重要理论，主要研究组织中的人的需要、动机和工作绩效的关系问题。该研究始于20世纪20年代，全面发展于50年代。在这一时期出现了3种重要的激励理论，分别是美国行为科学家A.H.马斯洛提出的需要层次论、D.麦格雷戈提出的X理论和Y理论、F.赫兹伯格提出的双因素理论。这些理论尽管受到不少批评，但仍受到人们的重视，是在激励员工方面应用最广的理论。20世纪60年代以来，激励理论得到了较大发展，出现了许多更具说服力的理论，如美国行为科学家D.C.麦克莱兰提出的3种需要理论、J.S.亚当斯提出的公平理论、V.H.弗鲁姆提出的期望理论等。几乎所有当代激励理论都认为，组织中每个成员的需要、态度、个性等都各不相同，因此，应给予不同方式的激励。

**激情** passion 爆发式的、强烈而较短暂的情绪状态，如狂喜、暴怒、痛哭等。激情的发展大致经历三个阶段：①意识控制减弱，身体的变化和表情动作越来越失去控制，细微的动作由于高度紧张而发生紊乱，行为受当时情感的左右。②失去意志监督，发生不可控制的动作和失去理智的行为，事后回想起来会感到羞耻和后悔。③激情爆发之后会出现平静和疲劳的现象，严重时会出现精力衰竭，对一切事物都抱着不关心的态度，有时还会精神委靡，出现激情休克。

激情可以是积极的，也可以是消极的。积极的激情能激励人们克服艰险，攻克难关；消极的激情常对正常活动具有抑制作用或引起冲动行为。能否控制自己消极的激情是性格的一个重要的情绪特征。

**激素** hormone 由动植物某些特异细胞合成和分泌的高效能调节生理活动的有机物质。对动植物的繁殖、生长、发育以及各种其他生理功能、行为变化等都发挥重要的调节作用。激素分泌的失衡会带来疾病。动物激素是体内起信息传递作用的一类化学物质，它们可以经血液循环或局部扩散达到另一类细胞，调节后者的生理功能。植物激素主要是指一些生长调节物质，就来源和传递方式而言和动物激素有很大差异。合成和释放植物激素的细胞不是充分分化的内分泌细胞，其传递方式是靠细胞－细胞间的扩散。

信息素又称外激素，是分泌到体外的化学信使。

**分类** 分以下三大类：①脊椎动物激素。包括含氮类激素（氨基酸衍生物、肽类激素及蛋白质激素）、类固醇激素和脂肪酸衍生物。②节肢动物激素。包括蜕皮激素（一种类固醇激素）、保幼激素（一组类萜化合物）。③植物激素。主要是一些促生长因子，属固醇类化合物和简单有机酸类。

**作用和特点** 激素具有广泛的作用和特异性。

量微、寿命短、作用大 激素在血液中的含量极微，一般在纳克/毫升甚至皮克/毫升量级范围之内。激素从释放到消失所经历的代谢过程有长有短，一般采用半寿期作为衡量其更新速度的标志。激素的半寿期短对于其调节作用的灵活性意义甚大。激素还受级联放大机制调控，激素的作用是一环扣一环的连续过程，每一过程都是依靠酶的作用而完成的。每增加一个反应，就扩大一部分效果。因此激素是一类高效能的生理活性物质。

传递信息的“信使”作用 激素作用甚广，但它们并不参加到具体的代谢过程中去，仅仅起着“信使”的作用，将生物信息传递给靶组织，调节代谢及生理过程的进行速度及方向，从而使机体的活动更适应于内外环境的要求。

激素间的调节与许助作用 激素与激素之间往往存在着协同作用或拮抗作用，这对维持其功能活动的相对稳定起着重要作用。有的激素本身并不能直接对某些器官、组织或细胞产生生理效应，然而在它存在的条件下，可使另一种激素的作用明显增强，这种作用称为许助作用。

特异性 激素随着血流分布到全身各处，只对那些能识别该激素信息并对它发生反应的靶组织或靶细胞产生作用。

**吉安市** Ji' an City 中国江西省辖地级市。位于省境中西部，西与湖南省接壤。面积25 219平方千米。人口481万（2010）。辖吉州区、青原区和吉安、泰和、万安、遂川、永新、永丰、吉水、峡江、安福、新干10县，代管井冈山市。秦始置庐陵县，属九江郡。故吉安古称“庐陵”。汉属豫章郡。三国属吴。隋开皇十年（590）为吉州，大业三年（607）复改吉州为庐陵郡，后几经变更。元改为吉安路。明置吉安府。1949年后先后设吉安专区、井冈山地区、吉安地区，2000年设地级吉安市。矿产有煤、铁、钨、稀土、花岗岩、石英、石灰岩、瓷土等。特产有樟木、堆花特曲酒、薄酥饼、老冬酒、味源酱油、樟脑。工业以电子、电力、造纸、食品、医药、机械、建材为主。农业主产粮食、油料、果茶、蚕桑、烟叶等。名胜古迹有井冈山、梅田洞、汤湖温泉、大仙岩、狮子岩、净居寺、文天祥纪念馆、古莲洞、古莲书院、武功山金顶大庙，以及“二七”会议会址、三湾改编旧址等纪念地。

**吉贝尔蒂** Ghiberti, Lorenzo（约1378～1455-12-01） 意大利雕塑家。生于佩拉戈，卒于佛罗伦萨。金银工艺匠师出身，兼习雕塑、绘画，并喜好古典学术研究。1401年参加佛罗伦萨洗礼堂北门青铜门扉雕塑竞选，获第一名。此后他用20余年（1403～1424）完成了北门全部青铜浮雕的制作，又以20余年（1425～1452）制成洗礼堂东门的全部

“天堂之门”

青铜浮雕。这两扇青铜门包括了他一生的创作事业，尤以东门的浮雕精美绝伦，被米开朗琪罗誉为“天堂之门”。东门双扉共有10块方形浮雕，依次表现旧约圣经故事，数以百计的浮雕形象均精心塑造。晚年著《评艺录》，为早期文艺复兴艺术理论主要著作之一。

**吉本** Gibbon, Edward（1737-05-08～1794-01-16） 英国历史学家。生于伦敦附近普特尼镇的一个绅士家庭，卒于伦敦。1752年入牛津大学莫德林学院学习神学，研究天主教教义。次年被其父送往瑞士洛桑留学，在加尔文派牧师指导下学习，并改信英国国教。1758年回到英国，在军队服役5年。1763年，离英赴欧旅行。在巴黎逗留期间，结识D.狄德罗、J.le R.达朗贝尔、C.-A.

爱尔维修等法国启蒙思想家。后定居伦敦，全力撰写《罗马帝国衰亡史》。1774～1783年任下院议员，曾反对政府派兵去美国。1776～1788年，《罗马帝国衰亡史》6卷陆续出版。其中前4卷叙述公元180～641年的历史，后2卷是641～1453年拜占廷史的摘要。

吉本十分重视对原始史料的研究，曾披阅希腊文和拉丁文的古典著作。《罗马帝国衰亡史》文笔优美，讽刺并批判了基督教会，认为基督教破坏了罗马的英勇精神，是罗马帝国衰亡的主要原因。

**吉伯** Gilbert, William (1544-05-24～1603-12-10) 英国物理学家。生于英格兰科尔切斯特，卒于伦敦。1558年入剑桥大学圣约翰学院，1561、1564和1569年先后获得文学学士、硕士和医学博士学位，1573年定居伦敦行医，1601年被任命为皇家医生。终身未婚。吉伯最初研究化学，后来长期从事电学和磁学的研究；蔑视经院哲学，重视实验。他通过磁石球实验证明地球为一大磁体，磁针指南北是由于地球为磁体，而不是天体（如北极星）吸引。他发现了多种摩擦生电的材料，并首先提出“电”、“电力”和“电吸引”等概念。他是哥白尼学说的拥护者。在CGS电磁系单位制中以吉伯作磁通势单位，是为了纪念他在磁学上的贡献。

**吉卜林** Kipling, Rudyard (1865-12-30～1936-01-18) 英国小说家、诗人。生于印度孟买，卒于英国伦敦。6岁被送回英国受教育，18岁返回印度，同时开始创作。

一生共创作8部诗集、4部长篇小说、21部短篇小说集和历史故事集等，以短篇小说著称。第一部短篇小说集《山中的平凡故事》于1888年出版。随后以英国殖民者在印度的生活为题材的《三个士兵》等6卷短篇小说集相继问世，并为他带来了声誉。1891年第一部长篇小说《消失的光芒》出版。1892年移居美国，写作了深受儿童喜爱的《丛林故事》(1894)和一部颇具艺术价值的儿童读物《正是如此的故事》(1902)。这些作品神奇美丽，颇有魅力。长篇小说《吉姆》(1901)是他最后一部以印度为题材的作品。1907年获诺贝尔文学奖。其他主要作品还有诗集《七海》(1896)、《五国》(1903)等。他的作品充满帝国扩张精神，简洁凝练，叙述生动有力。

**吉布斯** Gibbs, Josiah Willard (1839-02-11～1903-04-28) 美国物理学家、化学家。生于纽黑文，卒于纽黑文。1863年获耶鲁大学工程学博士学位，并留校教授拉丁文和自然哲学。1866年去欧洲进修，就学于G.R.基尔霍夫和H.von亥姆霍兹等。1869年回国后一直在耶鲁大学执教，1871年任教授。

他是美国科学院、美国艺术和科学研究院以及欧洲14个科学机构的院士或通讯院士。他在热力学和统计物理学方面作出很大贡献。1873年发表论文《流体热力学的图示法》和《借助曲面描述热力学性质的几何方法》。1876年和1878年分两部分发表了最著名的论文《论非均匀物质的平衡》。他使热力学形成一个严密而全面的理论体系。他提出的化学势概念和导出的相律，使物理化学得到很大发展。他还是近代矢量分析的创建人之一。在统计力学的研究中，他发展了L.玻耳兹曼提出的系综概念，创立了统计系综的方法，建立起经典平衡态统计力学的系统理论，1902年发表了著作《统计力学的基本原理》。

**吉布斯自由能** Gibbs free energy 在化学热力学中为判断过程进行的方向和限度而引入的热力学函数。又称自由能、自由焓，通常用符号$G$表示。一个热力学系统的吉布斯自由能定义为$G=H-TS$，式中$H$、$T$和$S$分别为该系统的焓、热力学温度和熵。

如果一个封闭系统经历一个等温、等压的相变和化学反应过程，根据热力学第一定律和热力学第二定律可导出$\Delta G \leqslant W'$。式中$\Delta G$表示该过程中系统的吉布斯自由能的变化值，$W'$为该过程的非体积功（环境对系统做功取正值，系统对环境做功取负值），不等号表示该过程为不可逆过程，等号表示该过程为可逆过程。

如果在封闭系统中进行的是等温、等压且不做非体积功（即$W=0$）的过程，则$\Delta G \leqslant 0$，式中不等号表示该过程为自发过程，等号表示该过程为可逆过程（即系统已达平衡）。

**吉布提** Djibouti 非洲东北部国家。位于亚丁湾西岸，扼红海入印度洋的要冲；东南同索马里接壤，北与厄立特里亚为邻，西部及南部与埃塞俄比亚毗连。陆疆长520千米，海岸线长372千米。面积2.32万平方千米。人口81.8万(2009)。居民主要为伊萨族（约占总人口的50%）和阿法尔族（约占40%），还有少数阿拉伯人、埃塞俄比亚人和欧洲人。伊斯兰教为国教，94%的居民为穆斯林，其余为基督教徒。官方语言为阿拉伯语和法语。首都吉布提。

**地理** 境内大部分为高原山地。北部沿曼德海峡与塔朱拉湾为狭窄的沿海平原；西北部纵贯一条北北西—南南东向的大凹地，凹地底部一般低于海平面，其南端的阿萨勒湖湖面是非洲大陆最低点；沿海平原与凹地之间是陡峭的高原和山岭，一般海拔800米左右，北部边境附近的穆萨阿里山海拔2 063米，是全国最高峰。属热带沙漠气候，终年炎热少雨。1月平均气温常在30℃以上，7月在35℃以上。平均年降水量多在150毫米以下，仅山区可达500毫米。全境90%地区为沙漠，除山区有永久性林地外，植被以灌木荒漠为主。境内无常流河，只有季节性的间歇小溪流；西南边境的阿贝湖与埃塞俄比亚所共有，为畜牧业重要水源。

**历史** 在殖民者入侵之前，境内已存在豪萨、塔朱拉和奥博克三个苏丹王国。

首都吉布提鸟瞰

19世纪50年代法国势力侵入，1862年夺取奥博克港的停泊权。1888年占领全境。1896年成立法属索马里殖民政府。1946年为法国海外领地之一。1957年获“半自治”地位。1967年6月更名为法属阿法尔和伊萨领地。1975年12月31日法国宣布同意吉布提独立。1977年6月27日正式宣告独立，定国名为吉布提共和国。

**政治** 1992年实行多党制。同年12月举行首次多党议会选举。政局稳定。现宪法于1992年9月经全民公决通过。宪法规定，总统由全民直接选举产生，任期6年，任职不能超过2届；总统职位空缺时，由最高法院院长代理国家元首职务，并在30～45天内选出新总统。国民议会为国家最高权力机构。政府实行总统制，总统兼政府首脑。主要政党有：争取进步人民联盟、争取恢复团结和民主阵线、民主革新党、全国民主党等。

**经济** 第三产业居主导地位，约占国内生产总值的80%。国内生产总值11亿美元（2009）。资源主要有盐和地热，以及少量铁、铜、金、石膏等；沿海地区已发现含油构造。工业除制盐外，仅有小型制造、建筑业以及机械修配、船舶修理、炼油、制革、水泥、锯木、造纸、发电等，主要集中在吉布提市。农业以畜牧业为主，饲养牛、羊、骆驼等；粮食不能自给，主要种植玉米、蔬菜、水果和椰枣。渔业资源较丰富，但捕捞业比较落后。政府重视发展旅游业，主要旅游点为阿萨勒湖、阿贝湖、古拜特·阿尔·卡拉卡魔渊、阿尔都巴火山、达依原始森林、朗达兴奔古瓦莱瀑布、塔朱拉海上乐园等。每年接待游客约2.5万人。

交通运输在吉布提经济中占主要地位。吉布提港是东非优良海港之一，属自由港，设有1 000公顷的自由港区。有泊位15个，其中13个为深水泊位，包括1个20万吨输油码头。码头岸线总长3 322米，2007年吞吐量为750万吨。与埃塞俄比亚首都亚的斯亚贝巴有铁路相连，境内长约106千米。全国有公路3 067千米。吉布提郊区国际机场是前往法国以及乌干达等非洲内陆国家的中转站。吉布提航空公司经营10余条国际航线。

主要进口粮食、饮料、纺织品、机械设备、电器产品、运输设备、石油产品等；出口食盐、牲畜、皮张等。主要贸易伙伴为法国、埃塞俄比亚、意大利、沙特阿拉伯、荷兰、中国、新加坡、日本、也门等。

吉布提年年接受外援。截至2009年底，共获贷款1.88亿美元、无偿援助1.6亿美元。货币单位为吉布提法郎。

**文化** 采用法国教育制度、教育方法和教科书。2006年，人口文盲率为28.7%。除中、小学外，有两所高级技术学校和1所师范学校。有吉布提大学和吉布提医学院两所大学。全国唯一官方法文周报《民族报》每周一、四出版。另有不定期的《官方公报》。吉布提广播电视台用法语、索马里语、阿法尔语和阿拉伯语播出节目。

**对外关系** 对外奉行中立、不结盟和睦邻友好的政策，主张世界各国在平等的基础上发展合作。已同62个国家建立外交关系。1979年1月8日与中国建交，签订有文化和经济技术合作协定。法国为吉布提原宗主国，也是现今最大援助国，两国一直保持传统关系。

**吉布提** Djibouti 吉布提共和国首都和最大港口城市。位于非洲东北部亚丁湾的塔朱拉湾南岸，扼红海入印度洋咽喉，战略地位重要。人口47.5万（2009），约占全国人口一半以上。始建于1888年，作为苏伊士运河—红海航线的煤炭补给港而迅速发展。1892年成为法属索马里的首府。1917年通往亚的斯亚贝巴的铁路开通，成为埃塞俄比亚的重要转口港。1949年宣布为自由港。港口现有15个泊位，其中13个为深水泊位，包括1个20万吨输油码头（3个泊位）和1个集装箱码头（3个泊位），可停靠4万吨级货轮或14万吨油轮以及其他种类船舶。市郊有大型国际航空港，与法国以及埃塞俄比亚等东非国家、阿拉伯半岛和南亚诸国有定期航班。工业有船舶修理、机械修配、炼油、制革、建材、食品和电力等小型企业。市内有著名的骆驼市场。

**吉布提人** Djiboutis 东非吉布提共和国的主体民族。主要由三部分人聚合而成：西部阿法尔人（又称达纳基尔人），东部伊萨人、伊沙克人和加达布尔西人（均属索马里人支系），以及聚居首都吉布提市的阿拉伯人。属埃塞俄比亚人种。通用阿拉伯语，属阿非罗－亚细亚语系闪米特语族，为官方语言之一；部分人使用阿法尔语和索马里语，属库希特语族；官方语言还有法语。长期受阿拉伯文化影响，多信伊斯兰教，属逊尼派。允许一夫多妻。男女均行割礼。按父系续谱、居住和继承财产。存在年龄结群组织。尚存有氏族部落残余。主要从事畜牧业，饲养骆驼、山羊、驴、马，过

吉布提人表演民族舞蹈

游牧或半游牧生活。部分人定居务农、经商，种植蔬菜、水果，从事食盐等贸易。沿海居民以捕鱼为生。

**吉达** Jiddah 沙特阿拉伯第二大城市和最大贸易港。位于国境西部的红海之滨。海拔6米。人口280.15万（2004）。是汉志地区唯一允许非穆斯林居住的城市。647年始建。自古为东西方贸易的中途港，17世纪起又因作为朝圣者的转运港而日益兴盛。气候炎热，平均年降水量约110毫米。港口经过多次扩大，设施日臻完善，被誉为“世界上布局最好的港口”。有40多个远洋深水泊位，沙特进口货物的60%、食品的70%均通过此港。年吞吐量约1 500万吨。主要输出石油、椰枣及其制品和地毯，输入纺织品、粮食、食糖和茶叶等。工业有轧钢、汽车和拖拉机装配、炼油、水泥、服装、木器、化肥、制革、造船和印刷等。有大规模的海水淡化厂。还有地毯、陶器等手工业和渔业。重要的金融中心，有银行近百

家。交通枢纽，有高速公路经麦加、塔伊夫、利雅得，直达东岸港口达曼；另循沿海公路北抵麦地那，南连巴哈、阿西尔和吉赞等地区。城北有航空港。避暑胜地和旅游中心。郊外有一长75米的大型古墓，传说是人类的始祖母（哈娲）的坟茔。有阿卜杜勒·阿齐兹国王大学（1962）。

**吉大港** Chittagong 孟加拉国第二大城市和最大港口，吉大港行政区首府所在地。位于戈尔诺普利河下游右岸，距孟加拉湾19千米。人口约350万（2004）。早为渔村，因地理位置适宜，中世纪后期逐渐发展为国际性贸易港，阿拉干人、阿拉伯人、波斯人和葡萄牙人均来此贸易。1666年遭莫卧儿帝国攻占。1760年被英国东印度公司据有。1947年印、巴分治后，商业和工业有较大发展，现已成为孟加拉国的主要工业

吉大港街景

基地。工业部门繁多，有炼油、造船、钢铁、棉纺、麻纺、造纸、鞣革、人造纤维、玻璃、肥料、茶叶加工、食品加工等。港口年吞吐量1 000万吨。出口黄麻及其制品、茶叶、畜产品等，进口工业原料、粮食、机器设备等。有铁路、公路通连达卡、库米拉、迈门辛、锡尔赫特等地。有吉大港大学、军事学院和商船科学院。

**吉登斯** Giddens, Anthony（1938－01－18～ ） 英国社会理论家。生于伦敦。曾执教于欧美多所大学，为英国剑桥大学皇家学院研究员。

吉登斯曾对社会学史上各种流派进行过系统的批判性考察，认为当代社会学的理论应该继承和发扬美国社会学家C.W.米尔斯所说的社会学的想象力，并在三个维度内将其扩展和延伸，即社会学的理论是历史的、人类学的和批判的。社会学只有对不同社会形态的历史进行比较研究，对现存的社会模式进行批判，才能全面地理解和认识人类社会自身。在方法论上，吉登斯深受A.舒茨的影响，拒斥自然主义和实证主义。认为社会学认识社会时，遵循着“双向诠释”的规则，即社会学是在已构造了的意义框架之上运用独特的理论概念和术语进行再认识和再解释。社会学所探求的社会结构，只有经过结构化的过程方能得以说明。他倡导的这些方法论原则，旨在超越和克服以往一切社会学的基本缺陷，但其理论和方法却未能跳出二元论的认识论及主观主义的窠臼。著有《资本主义和当代社会理论》、《社会学方法的新规则》、《社会理论的主要问题》、《历史唯物主义的当代批评》、《社会理论的轮廓及其批评》、《社会构造：结构化理论纲要》和《社会学：简要而批评的导论》等。

**吉丁虫** Buprestidae; buprestid beetle 鞘翅目吉丁科昆虫的统称。全世界已知约1.3万种，中国已知约450种。小至大型，体表坚硬，有艳丽金属光泽，呈绿、蓝、青、紫、古铜等颜色。头部较小，嵌入前胸。触角锯齿状，共11节。前胸大，与体的后面部分相接合，不能活动。前胸腹板后端突起，嵌入中胸腹板上。腹部5节，鞘翅发达，盖着整个腹部。前、中两足的基节球形，转节显著；后足基节横阔。跗节5节，前4节下边有垫。成虫喜阳光，在白天活动，飞行迅速，在树枝的向阳部位容易发现。幼虫在树木中穿孔为害。是森林和果树的重要害虫。

**吉丁斯** Giddings, Franklin Henry（1855－03－25～1931－06－11） 美国社会学家。生于康涅狄格州谢尔曼，卒于纽约州斯卡斯代尔。1877年从协和学院毕业后在报界工作了十余年。1888年被聘为宾夕法尼亚州布莱恩·摩尔学院的教授，后在哥伦比亚大学任教。

他深受亚当·斯密和H.斯宾塞的影响。借用斯密的“同情心”概念解释人类社会的同质与和谐，像斯宾塞一样用进化论的观点来说明个体、群体和社会心理的发展。特别是在美国社会学的早期发展中，为使社会学从哲学的一个分支成为相对独立的一门学科作出了重要贡献。此外，吉丁斯在社会学研究中积极采用经验主义研究方法，被认为是美国新实证主义传统中的一个关键人物。著有《社会学原理》、《社会学基础》、《关于人类社会的理论之研究》和《人类社会的科学研究》等。

**吉尔伯特群岛** Gilbert Islands 太平洋中西部岛国基里巴斯主要岛群。由16个环礁组成。呈西北—东南走向排列，并横跨赤道。面积272平方千米。地势低平。3 000年前已经有人居住。18世纪英国航海者发现该群岛，并以船长T.吉尔伯特之名命名。1892年成为英国保护地。1916年被划入英属吉尔伯特和埃利斯群岛殖民地。1979年7月12日，由吉尔伯特群岛与附近的巴纳巴岛、菲尼克斯群岛和莱恩群岛的中南部诸环礁组成的基里巴斯共和国宣布独立。16个环礁都有常住居民，人口约9万（2002），占基里巴斯总人口90%以上。其中近半数居住在基里巴斯首都所在的塔拉瓦环礁。

**吉尔古德** Gielgud, Sir Arthur John（1904－04－14～2000－05－21） 英国演员、导演。生于伦敦，卒于艾尔斯伯里。曾在皇家艺术学院学习，1921年在老维克剧院首次登台演出。吉尔古德扮演了多部W.莎士比亚剧中的主人公。他表演技艺的精湛和声音运

舞台剧《这位妇人烧不得》剧照

用的完美，表现出艺术家对角色内心世界的精确掌握。1932年开始导演生涯，为老维克剧团、女王剧院、新剧院、秣草市剧院、埃文河畔斯特拉特福戏剧中心和莱西姆剧院导演了大量莎剧和其他古典名剧，并在一些剧中担任主角。1933年开始拍摄电影。1981年在《阔少爷》中扮演的喜剧角色获奥斯卡最佳男配角奖。著有自传《早期舞台生涯》（1939）和论文及演讲选集《舞台导演》（1963）。

**吉尔吉斯人** Kirghiz 中亚地区民族。自称克尔格兹人。约527万人（2001）。主要分布在吉尔吉斯斯坦，部分分布在乌兹别克斯坦、塔吉克斯坦和哈萨克斯坦等国，另有一些分布在阿富汗。属蒙古人种西伯利亚类型。使用吉尔吉斯语，属阿尔泰语系突厥语族。1926年前有阿拉伯字母的文字，后改用拉丁字母，1940年起又改用斯拉夫字母。信伊斯兰教，属逊尼派，并信万物有灵。有人认为，中央亚细亚应是吉尔吉斯人形成的中心，其早期民族史与匈奴、丁零、塞种、乌孙部落等有密切联系。6～10世纪，分布在萨彦－阿尔泰山脉、额尔齐斯河沿岸和天山东侧的使用突厥语的居民，也参加了吉尔吉斯人的民族形成过程。13世纪，大批蒙古人进入哈萨克斯坦和中亚地区，部分突厥部落逐渐向西迁徙到天山中部和西部地区，后又往南直到帕米尔山脉。这些人就成为天山吉尔吉斯部族形成的基础。此外还吸收了葛逻禄人、回鹘人，以及部分哈萨克诺盖部落的成员。过去，吉尔吉斯人主要从事粗放的畜牧业或半游牧业，饲养羊、牛、马、骆驼等；南方少数地区从事农业，主要种植小麦、大麦、稻谷、玉米、瓜类和棉花。十月革命后，经济和文化发生深刻变化，主要工业部门有采矿、机器制造等；农业已改种棉

花、甜菜、烟草等经济作物，养羊业发达。现在吉尔吉斯人已全部定居。

**吉尔吉斯斯坦** Kyrgyzstan 亚洲中部国家。北与哈萨克斯坦为邻，西南连乌兹别克斯坦，南界塔吉克斯坦，东和东南与中国接壤。面积19.99万平方千米。人口541.83万(2010)。有80多个民族，其中吉尔吉斯族占全国总人口的69.2%，乌兹别克族占14.5%，俄罗斯族占8.7%，余为东干族、乌克兰族、朝鲜、塔吉克等民族。吉尔吉斯语为国语，属突厥语系。俄语为官方语言。70%的居民信奉伊斯兰教，多数属逊尼派。其次为东正教和天主教。首都比什凯克。

**地理** 境内多山，山地占国土面积的3/4。全境在海拔500米以上，1/3地区海拔达3 000～4 000米。东北部为天山山脉西段，西南部为帕米尔－阿赖山脉。仅北部、西南边缘分布有河谷盆地，如楚河、塔拉斯河谷，以及费尔干纳盆地的东缘。属温带大陆性气候。河谷盆地1月平均气温－1～－8℃，7月15～23℃；高山地区1月平均气温可达－27℃，7月5℃。平均年降水量从东部的180毫米到西南部的1 000毫米。纳伦河横贯全境，伊塞克湖为世界著名的内陆高山湖。森林覆盖率6.5%。矿产资源有汞、锑、铅、锌、铁、锰以及煤炭、石油、天然气。

吉尔吉斯斯坦风光

**历史** 吉尔吉斯人源于中央亚细亚。公元前3世纪已有文字记载。公元6～13世纪曾建立吉尔吉斯汗国。19世纪前半叶西部属浩罕汗国，1876年被沙俄吞并。1917年11月至1918年6月建立苏维埃政权。1924年成立卡拉吉尔吉斯自治州。1936年12月5日成立吉尔吉斯苏维埃社会主义自治共和国，同时加入苏联。1991年8月31日正式宣布独立，改国名为吉尔吉斯共和国。同年12月加入独联体。

**政治** 宪法规定吉尔吉斯斯坦是“建立在法制、世俗国家基础上的主权、单一制民主共和国”。总统为国家元首。政府为国家最高权力执行机关。司法机构设有宪法法院、最高法院、高等仲裁法院和地方法院。政党100余个，主要有“尊严”党、“阿塔－梅肯”党、“自由吉尔吉斯斯坦”进步民主党、吉尔吉斯斯坦社会民主党、“光明道路”人民党等。

**经济** 以多种所有制为基础，农牧业为主，工业基础薄弱。近年推行以私有化和非国有化改造为中心的经济体制改革，经济保持了低增长趋势。货币名称索姆。2009年国内生产总值45亿美元，人均888美元。

2009年工业产值约占整个国内生产总值的50%，主要工业部门中，机械制造约占工业产值的1/3，主要生产机床、电机、农机和汽车修配。采掘工业开采煤、锡、锑、汞、铅、锌、石油和天然气，其中锑、锡、汞精矿产量居世界前列。纺织工业以轧棉、棉纺织及毛纺织为主，食品工业有榨油、制糖、肉类加工。主要轻纺工业中心为比什凯克、奥什及贾拉拉巴德等。在纳伦河上建有一系列大中型梯级水电站，其中托克托古尔水电站装机容量120万千瓦。

全国有永久性牧场330万公顷。主要放牧马和羊，羊毛产量占独联体第三位。耕地面积近140万公顷，其中灌溉地占78%，多分布在山间河谷地，主要种植小麦、棉花、甜菜和烟草。

境内交通运输以公路为主，硬面公路长1.8万千米，通连国内外主要城市。铁路总长431千米。与周边国家有航空线相连，首都的玛纳斯机场是全国唯一的国际机场。

**对外贸易** 2009年进出口贸易总额为44.759亿美元，其中进口额33.369亿美元，出口额11.39亿美元。主要出口产品为贵金属、农产品等，进口机械设备、化工产品、石油产品、天然气、纺织品等。主要贸易对象国为俄罗斯、哈萨克斯坦、中国、瑞士、乌兹别克斯坦等。

**文化** 全国有高等院校43所，著名高校有吉尔吉斯斯坦国立大学、吉美大学、比什凯克人文大学、斯拉夫大学等。主要报纸有《吉尔吉斯斯坦言论报》、《吉尔吉斯旗帜报》、《楚河消息报》、《比什凯克晚报》、《共和国报》等。首都有吉尔吉斯斯坦国家电视台和国家广播电台。

**对外关系** 拥护独联体一体化进程，把俄罗斯作为自己重要的战略伙伴和安全依托；重视发展同中亚邻国的关系。重视同美国，尤其在反恐等国际问题上与美保持密切合作关系；与伊斯兰国家在相互尊重各自发展道路、互不干涉内政基础上保持友好关系；高度重视与中国的关系。已与114个国家建立外交关系。1992年1月5日与中国建交。

吉尔吉斯斯坦

**吉尔吉斯语** Kirghiz language 属阿尔泰语系突厥语族东匈语支。见柯尔克孜语。

**《吉尔伽美什》** *Jiljāmaysh* 古代两河流域英雄史诗。约产生于公元前2000年。史诗共3 000余行，用楔形文字分别记述在12块泥板上。大致可分为乌鲁克城的残暴统治者吉尔伽美什与勇士恩启都比武不分胜负，彼此结为莫逆之交；吉尔伽美什改恶从善，与恩启都一同出走，杀死作恶多端的树妖和天牛，为民造福；恩启都被天神处死，吉尔伽美什悲恸欲绝，决心去寻找长生不老仙草，结果失败而归；吉尔伽美什与恩启都亡灵相见等四部分。史诗在二者具有悲剧色彩的对话中结束。史诗颂扬了为民建立功勋的英雄和英雄行为，在一定程度上反映了古代两河流域人民认识自然法则、探索人生奥秘的斗争精神。

**吉芬悖论** Giffen paradox 一种商品的需求量与价格成同方向变化的违反需求规律的现象。由英国经济学家和统计学家R.吉芬于19世纪发现。在1845年爱尔兰发生的灾荒中，土豆因歉收导致价格上涨，但其需求量非但没有下降反而增加了，这一经济现象在当时被称为吉芬悖论或“吉芬之谜”。此后，诸如此类需求量与价格成同方向变动的特殊商品被通称为吉芬商品。

现代西方经济学的替代效应和收入效应理论对这一现象作出了解释，即吉芬商品是一种特殊的低档商品。所谓低档商品指需求量与收入成反方向变动的商品。具体地讲，当吉芬商品的价格发生变化时，由替代效应导致的该商品的需求量变化与价格变化成反方向的关系，但由收入效应导致的该商品的需求量变化与价格变化却成同方向的关系。吉芬商品作为低档商品中的一种特殊商品，其特殊性就在于它的收入效应的作用很大，以至于超过了替代效应的作用，从而使得价格变化所导致的该商品的需求量变化的总效应与价格成同方向的变动。

**吉洪诺夫** Tikhonov, Vyacheslav Vasilyevich (1928-02-08～2009-12-04) 俄罗斯电影演员。生于巴甫洛夫镇，卒于莫斯科。1950年毕业于全苏国立电影学院。演出的第一部作品是《青年近卫军》(1948)，扮演性格独特的沃洛佳。

后来扮演了一系列具有复杂性格的当代青年，如《宾科夫发生的事》(1958)中的马特维依·莫罗柯夫以及《非常事件》(1959)中的维克多拉依斯基等。1966～1967年，在据L.N.托尔斯泰名著改编的影片《战争与和平》中饰安德烈公爵。1968年在《等到星期一》(获莫斯科国际电影节大奖)中扮演历史教员梅里尼柯夫。此后演出的影片主要有《没有侧翼的战线》(1974)、《欧洲故事》(1984)和根据文学作品改编的《白比姆黑耳朵》(1970)，以及多集电视片《春天的十七个瞬间》(1973)等。20世纪90年代以来演出的影片有《太阳灼人》(1994，获俄罗斯联邦国家奖，1995年第67届奥斯卡金像奖最佳外语片奖)、《候车室》(1997，电视连续剧)等。

**吉鸿昌** Ji Hongchang (1895-10-18～1934-11-24) 中国抗日名将。生于河南扶沟，卒于北平(今北京)。原名恒立，字世五。1913年入冯玉祥部，1926年任第36旅旅长，10月，率部参加北伐战争，由兰州兼程东进参与解西安之围。1927年任第19师师长。1928年任第30师师长，调防甘肃天水。1929年任第10军军长兼宁夏省政府主席。1930年5月参加蒋冯阎战争。9月接受蒋介石收编，任第22路军总指挥兼第30师师长。旋奉命“围剿”鄂豫皖革命根据地，但不愿替蒋打内战，消极应付。翌年称病去上海就医，与中国共产党中央军委接触，随后曾在潢川组织所部起义参加工农红军未果。8月被蒋解职，强令出国“考察”，遂环游欧美，发表抗日演说。1932年回国寓居天津，秘密与中共华北政治保卫局联系，8月到湖北麻城宋埠策动旧部第30师起义失败，潜回平津地区后加入中国共产党，按党的指示潜赴泰山联络冯玉祥出山组织武装抗日。随即变卖家产，购买枪械，联络旧部，于1933年5月，与冯玉祥、方振武在张家口建立察哈尔民众抗日同盟军，任第2军军长，旋任北路前敌总指挥，率部进攻察北，连克康保、宝昌(今并入内蒙古太仆寺旗、正镶白旗、正蓝旗)、沽源、多伦4县，将日军驱出察境。蒋介石反诬同盟军破坏国策，令何应钦指挥16个师与日军夹击同盟军。9月，吉鸿昌与方振武率部战至10月中旬弹尽粮绝而失败，潜往天津继续从事抗日活动。1934年参与组织中国人民反法西斯大同盟，被推为主任委员。11月9日，在天津法租界被军统特务暗杀受伤被捕，引渡到北平军分会。经蒋介石下令，24日被杀害于北平陆军监狱。临刑前题诗一首：“恨不抗日死，留作今日羞。国破尚如此，我何惜此头？”

**吉拉尔德斯** Güiraldes, Ricardo (1886-02-13～1927-10-08) 阿根廷诗人、小说家。生于布宜诺斯艾利斯，卒于法国巴黎。曾在大学学建筑、法律，1912年离开大学，回父亲庄园定居，从事文学创作。1915年出版第一部诗集《玻璃铃铛》。诗人把先锋派诗歌富于想象的形式用于其偏爱的加乌乔(阿根廷、乌拉圭和巴拉圭所属的潘帕斯草原牧民的统称)题材上。后相继发表短篇小说集《死亡和鲜血的故事》和描写潘帕斯草原青年生活的长篇小说《拉乌乔》(1917)、《罗萨乌拉》(1922)和《萨伊马卡》(1923)。1926年《堂塞贡多·松布拉》出版，集中了加乌乔一切高尚品德的主人公堂塞贡多成为阿根廷文学史上最后一位加乌乔的典型形象。

**吉兰达约** Ghirlandajo, Domenico (1449～1494-01-11) 意大利画家。生于佛罗伦萨，卒于佛罗伦萨。他的作品颇受当时佛罗伦萨市民欢迎，其绘画作坊经常承接壁画、祭坛画、装饰画等大量订件，也是培养青年画家的重要场所，米开朗琪罗即出其门下。1480年，应教皇邀至罗马作画，现西斯廷礼拜堂仍有他的几幅壁画。吉兰达约的代表作是在1485～1494年间所作的圣玛丽亚诺韦拉教堂壁画。他的绘画叙事生动，人物环境翔实，风格平易近人，并以宗教题材表现世俗生活。如《圣母的诞生》，就是富商家庭的写照。他的祭坛画，也以精于写实著称，如《牧羊人的礼拜》(1485)。

《圣母的诞生》

**吉兰人** Gilanese 西亚伊朗伊斯兰共和国的民族之一。约200万人(2001)。主要分布在里海东南岸地区。属欧罗巴人种地中海类型。使用吉兰语，属印欧语系印度-伊朗语族。无文字。许多人通用波斯语。信伊斯兰教，属什叶派，广泛崇拜石、树。系里海南岸土著居民的后裔，与加勒什人和塔利什人血缘相近。主要从事农业，居住沿海的兼营渔业；居住山区的兼营畜牧业和林业。主要种植水稻、小麦、大麦、烟草、甘蔗，栽培茶树及柑橘，饲养羊、马和水牛。养蚕、养蜂、烧炭也是重要经济来源。平原地区的传统住宅和仓房均建在高架上。男子穿长衫、肥大长裤，缠头巾；妇女穿色彩鲜艳的小褶宽大短裙，长袖短上衣和白衬衣，外出时穿暗色灯笼裤和黑长袍，不戴面纱。婚姻自主，几乎全是一夫一妻制家庭。妇女社会地位与男人平等，同样参加生产和经商。

**吉勒鲁普** Gjellerup, Karl Adolph (1857-06-02～1919-10-11) 丹麦作家。生于罗霍尔特，卒于德国克洛彻。早期是G.布兰代斯所提倡的现实主义的热情追随者，诗集《红山楂》(1881) 和小说《日耳曼人的弟子》(1882) 反映了他这一时期的思想。1883年以后他反对自然主义的文学和道德观，这反映在游记《古典一月》和《跋涉之年》中。代表作品是小说《敏娜》(1889)、《磨房》(1896) 和《皮利格里姆·卡马尼塔》(1906)。1917年与H.彭托皮丹共获诺贝尔文学奖。晚年致力于东方和印度哲学的研究。

**吉林大学** Jilin University 中国综合性大学。属教育部。前身是创建于1946年的东北行政学院、东北人民大学，2000年6月12日由原吉林大学、吉林工业大学 (1955)、白求恩医科大学 (1939)、长春科技大学 (1951)、长春邮电学院 (1947) 合并组建了新的吉林大学。2004年8月29日，中国人民解放军军需大学并入。吉林大学学科门类齐全，涵盖哲学、经济学、法学、教育学、文学、历史学、理学、工学、农学、医学、管理学、军需学等全部12大学科门类；有培养学士、硕士和博士的教学体系；有国家重点学科等。

**吉林省** Jilin Province 简称吉。位于中国东北地区中部，因省会最初设在吉林城（即吉林市）而得名。东与俄罗斯接壤。东南以图们江、鸭绿江为界河与朝鲜相望。西南接辽宁省，西接内蒙古自治区，北邻黑龙江省。辖8个地级市和1个自治州，20个县级市、17个县、20个市辖区、3个自治县（见表）。面积约19万平方千米。人口2 746万(2010)。有汉、朝鲜、满、回、蒙古、锡伯等36个民族。人口密度约145人/千米$^2$，稍高于全国人口平均密度。省会长春市。

建制沿革 3 000年前（周）活动在长白山北部一带的肃慎部族（汉称挹娄，隋唐称靺鞨，皆系满族前身）以射猎为主，为原始居民。唐时曾建渤海国（靺鞨诸部族），宋时又建金国（女真）。辽国建立后，灭渤海国，势力达于省境东部。清顺治年间，

图1 吉林市松花江畔雾凇风光

颁发招垦令，鼓励华北地区农民来东北地区开垦，但至乾隆五年 (1740) 又颁布了“流民归还令”，施行封禁政策。嘉庆八年 (1803) 废止禁令。康熙十五年（1676）宁古塔将军移驻吉林，为吉林省设制之始。光绪三十三年 (1907) 吉林省正式建制，省会设在吉林。1954年省会由吉林市迁驻长春市。

自然条件 省境地势东南高西北低，可分为东部山地和西部平原两大部分。东南部山地气候冷湿，西北部平原接近蒙古高原，气候干暖。全省属温带大陆性季风气候，春季干燥多风，夏季温暖多雨，秋季晴冷温差大，冬季漫长干寒。年降水量400～1 000毫米。降水分布自东向西递减。

省境的河流分属松花江、辽河、鸭绿江、图们江、绥芬河水系，其中以松花江水系最重要。松花江流域面积约占全省面积的2/5，水量与水力资源丰富，建有一批大、中型水电站，并提供大量工、农业用水。松花江自吉林市以下可通航，是省内经济价值最大的河流。

吉林省行政区划表 (2010)

| | |
|---|---|
| **长春市** | 南关区 朝阳区 宽城区 二道区 绿园区 双阳区 德惠市 九台市 榆树市 农安县 |
| **白城市** | 洮北区 大安市 洮南市 镇赉县 通榆县 |
| **松原市** | 宁江区 扶余县 长岭县 乾安县 前郭尔罗斯蒙古族自治县 |
| **吉林市** | 船营区 龙潭区 昌邑区 丰满区 磐石市 蛟河市 桦甸市 舒兰市 永吉县 |
| **四平市** | 铁西区 铁东区 双辽市 公主岭市 梨树县 伊通满族自治县 |
| **辽源市** | 龙山区 西安区 东丰县 东辽县 |
| **通化市** | 东昌区 二道江区 梅河口市 集安市 通化县 辉南县 柳河县 |
| **白山市** | 浑江区 江源区 临江市 抚松县 靖宇县 长白朝鲜族自治县 |
| **延边朝鲜族自治州** | 延吉市 图们市 敦化市 珲春市 龙井市 和龙市 汪清县 安图县 |

省境东部长白山地由于气候冷湿，适宜森林生长，分布有以红松、枫桦为主的大面积针阔叶混交林。较重要的针叶树树种还有鱼鳞松、沙松、红皮臭、色木、黄菠萝、紫椴、水曲柳、胡桃楸等。珍贵动物有东北虎、梅花鹿、紫貂、麝等。1960年建立了长白山自然保护区。草原动物有草原黄鼠、黑线姬鼠、蒙古兔、蒙古百灵、地鹨等。

在中国综合自然区划中，吉林省大部属于中国东部季风区，仅西北镇赉、白城、洮南、双辽一隅属中国西北干旱区内蒙古温带草原地区的科尔沁草原区。前者东部属东北、东部山地针阔叶混交林区，西部属东北平原森林草原、草甸草原区。

经济概况 吉林省是中国老工业基地，粮食、大豆生产基地，以及畜牧业和林业基地。土地资源丰富，土质肥沃，农业发展条件比较优越。

种植业是全省主要农业部门之一，是全省农村经济的重要支撑。种植业以玉米、水稻、小麦、大豆、葵花子、甜菜、烟叶、蔬菜、水果、食用菌等为主，是全国玉米、油料、糖料（甜菜）的主产区。园艺特产业发展较快，已形成以参、鹿、果、菜、菌、蚕（柞蚕）、蛙（林蛙）等为主的生产基地。传统的人参种植和加工，是吉林省特产业中的支柱产业之一。森林资源丰富，据第六次全国森林资源清查资料，森林覆盖率为38.13%，是中国六大林区之一。其中长白山林区是东北三大林区之一和国家木材生产的重要基地之一。吉林是全国商品牛、细毛羊的重要产地之一。

吉林省作为国家老工业基地之一，工业发展具有以重型工业为主导，以国有工业居主导地位，以骨干企业为重要支柱的突出特点。已建立起门类比较齐全的新型工业体系，工业主要分布在长春、吉林2市。①机械制造工业以汽车、铁路运输设备、农机、机床、仪器仪表、电工电器、通用机械、军工等行业为主，是吉林省工业中门类最广、品种最多、产值最大的工业产业和全省经济的重要支柱，在全国占有重要地位。②石油和化学工业是主要支柱产业之一。主要化工产品中的合成氨、乙烯、硫酸等，在全国化学工业中占有较大比重。③电力工业原以水力发电为主，现已发展为以火力发电居绝对优势。④医药工业是

图2 吉林省长白山

发展较快的工业行业之一。⑤纺织工业是近半个世纪才逐渐发展起来的年轻工业部门，但发展速度较快，已形成了以化学纤维、毛纺织、服装和亚麻纺织等为主体的新格局。⑥食品工业是位居汽车、石化工业之后的重要产业之一。主要以肉类、制糖、淀粉、酿造、饮料等为主。

吉林地处东北地区中部，南北交通地位重要。已形成以铁路为主，公路为辅，与航运相衔接的交通运输网。是中国铁路长度和密度最高省份之一。全省已基本形成了以高速公路为主架，以长春为中心，各地市为枢纽，县级城镇为结点的四通八达的公路网络。内河航运主要以嫩江、松花江、鸭绿江和图们江最为重要。大安港是全省唯一对外水上开放口岸。航空运输可达国内的北京、沈阳、香港、哈尔滨等地，以及俄罗斯、日本、韩国等国家。

文教科技 文化教育较发达，人口文化程度较高。有**吉林大学**、东北师范大学等高等院校。还有各类科学研究机构近千个，各类研究人员7万多人。

名胜古迹 名胜古迹众多，大多集中于长春、吉林、松花江和长白山一线。长白山国家级旅游区，以白头山天池、长白群峰、长白瀑布、长白温泉、长白山锦江大峡谷最为著名，建有长白山自然保护区。吉林雾凇同桂林山水、云南石林、长江三峡一起被誉为中国四大自然奇观。还有松花湖国家级风景名胜区、通榆向海鸟类自然保护区、柳河罗通山风景名胜区、集安五女峰国家级森林公园、珲春防川风光、辉南三角龙湾、净月潭国家级森林公园，以及集安高句丽古迹、长春伪满洲国皇宫、伪满“八大部”遗址、农安黄龙府古城等。有国家历史文化名城吉林、集安。

**吉林市** Jilin City 中国吉林省辖地级市。位于省境中部偏东，北邻黑龙江省。辖船营、龙潭、昌邑、丰满4区和永吉县，代管磐石、蛟河、桦甸、舒兰4市。面积27 722平方千米。人口441万（2010），有汉、朝鲜、满、回、蒙古等24个民族。原名“吉林乌拉”，满语为“沿江”之意。周秦为肃慎属地，两汉属玄菟郡辖上殷台县，魏晋为扶余地。清康熙十二年（1673）建城垣，十五年宁古塔将军移驻吉林乌拉，乾隆二十二年（1757）年改称吉林将军，定名吉林。光绪八年（1882）设吉林府。1913年撤府设县。1936年设吉林市。1954年吉林省省会由吉林市迁至长春市。矿产以铜、镍、铁、金的储量最丰富，铜的储量居全国前列。森林面积占全市土地总面积的65%以上，森林覆盖率43.5%，木材蓄积量1.4亿立方米。为吉林省重要林业生产基地。有人参、党参、细辛、黄芪、贝母、五味子等药用植物900多种，还有葡萄、山楂、越橘、松茸、猴头、黑木耳等，以及梅花鹿、紫貂、林蛙等。工业以化工、电力、冶金、汽车等为主。吉林民航直通北京、上海、广州。名胜古迹有龙潭山城、猴石山遗址、乌拉古城、松花湖、江堤雪柳、北山公园、大青山、冰上运动中心与松花湖滑雪场等。吉林是国家历史文化名城。

**吉林陨石雨** Jilin Meteorite Shower 1976年3月8日降落在中国吉林省吉林市北部地区，迄今人类历史上最大的、世界罕见的一场陨石雨。陨石陨落时，出现火球，并伴随似物体爆裂的巨响。陨石陨落区域，东西长约72千米，南北宽约8.5千米，总面积近500平方千米。共收集陨石大、小样品4 000多块，总重2 700多千克。其中最大的吉林1号陨石重1 770千克，是地球上已发现的最大的石陨石。

吉林陨石属高铁球粒陨石，粗糙，新鲜面呈浅灰色。陨石表面有一层厚约1毫米的熔壳，熔壳上有各种形态的气印和花纹。球粒直径一般约0.5毫米，极个别的可达5毫米。陨石主要由辉石、橄榄石以及铁镍金属、陨硫铁等矿物组成，陨石中硅酸盐矿物占75%，铁镍合金及陨硫铁占25%。

中国科学工作者在考察吉林1号陨石

根据吉林陨石测得的年龄为45亿～46亿年，表明吉林陨石母体的固化年龄与地球、月球的年龄近似。在吉林陨石中发现有11种氨基酸、嘌呤、色素、正构烷烃和异戊二烯烃等20多种有机化合物，但关于陨石中有机化合物的存在尚有争议。

考察表明，形成吉林陨石雨的陨石母体是一颗在太阳系空间运行的重约5吨的流星体，环绕太阳以椭圆形轨道运行。1976年3月8日15时，吉林陨石母体以15～18千米/秒的速度顺地球公转的方向追上地球，在镜泊湖地区上空进入大气层的入射角为16°，在距地面30千米以上的高空为直线弹道，在23～17千米高度曾发生多次小爆裂，在19千米高空陨星发生一次主爆裂，使陨星分裂成许多碎块，散落形成陨石雨。

吉林陨石的矿物和球粒有遭到冲击破裂的残迹，说明其母体在太阳系空间运行过程中，曾经受到其他小天体的碰撞，母体可能经历过多次破碎。根据吉林陨石中宇宙成因$^{38}Ar$的测定和计算，它受碰撞而脱离母体的时间距今大约有100万年。自此以后，它便单独在太阳系空间运行，直到进入地球大气而化为一场陨石雨。

**吉隆坡** Kuala Lumpur 马来西亚首都，联邦直辖区，全国经济、文化与交通中心。位于马来半岛西海岸中段，巴生河及支流鹅麦河在市内汇合，西南去海口巴生港43千米。包括郊区在内面积244平方千米。人口约150万（2006）。市区丘陵环抱，终年高温多雨。年平均气温27.1℃，平均年降水量2 393毫米。

1857年华侨叶亚来率同伴到此寻找锡矿，逐步发展为城市。1880年成为雪兰莪州首府。1896年为联邦首府。1957年成为马来亚联合邦首都。1963年为马来西亚首都。地处马来亚有名的“橡胶-锡矿带”中段，是传统的物资集散中心。全国重要交通枢纽，有铁路和公路连接西马各地，沟通东海岸南北行的2号、3号两条干线公路。有航空线通往国内外主要城市。

城市布局合理，规划有序。作为全国五大工业中心之一，吉隆坡的工业是以电子、汽车与轻工业为主。其他有铁路机车、水泥、机械、橡胶、化工、制药等。还有锡合金的杯、盘、盅、瓶等工艺品。城市建筑具有浓郁的地方风韵，古老的、现代的东西方各式建筑物和谐并存，马、华、印各族及欧洲人的不同宗教庙宇和教堂各类兼具。有政府大厦、邮政总局、国家博物馆、国家体育馆、国家美术馆、国家清真寺、国家纪念碑、国立天文馆等。郊区有橡胶研究所与马来亚大学等科研文教机构及旅游景点黑风洞、邓普勒国家公园、马来西亚农业公园、探险仙境公园、土著居民博物

吉隆坡摩天大楼

馆等。1998年启用的新国际机场是东南亚最大的机场。1996年在巴生河东岸建起石油大厦双子塔，是两幢高452米的圆柱形尖顶摩天大楼，在41和42层间有座人行天桥连接，曾为世界最高建筑，为正在兴建面积40公顷的吉隆坡城中城（KLCC）的标志。从城中城往南至新建国际机场，在南北长50千米、东西宽15千米的地带建设规模宏大的“多媒体超级走廊”（MSC），主要面向计算机和信息产业，是由多家研究发展机构和软件公司构成的高科技中心。走廊中建设新首都和研发城市，包括商业首都吉隆坡、信息枢纽八打灵查亚、马来西亚硅谷芝贝尔查尔等，并与联邦直辖区布特拉查亚连接。1997年创办于马六甲城的国家培养信息产业人才的基地多媒体大学，也于1999年迁进走廊。

**吉隆滩战役** Giron Beach, Battle of 1961年古巴政府在吉隆滩歼灭古巴流亡分子入侵的战役。又称“猪湾入侵”。1961年2月3日，美国总统J.F.肯尼迪下令执行一项扶植和利用古巴流亡分子的“九点计划”。4月15日，美制B-26型飞机同时轰炸哈瓦那、巴尼奥斯的圣安东尼奥和圣地亚哥。4月17日凌晨，1 000多名古巴流亡分子在美国飞机和军舰掩护下，在古巴拉斯维利亚斯省吉隆滩登陆（附近的海湾是猪湾）。美国飞机还空投了一批雇佣军。雇佣军一度占领吉隆滩和长滩，并向北推进。经过激战，入侵者全部被歼灭和被俘获。在美国答应给予实物赔偿后，古巴于1962～1965年分批释放战俘。

**吉伦特派** Girondins 法国大革命中维护工商业资产阶级利益的派别。因其成员多数来自吉伦特省而得名。主要代表人物有J.-P.布里索、J.佩蒂翁·德·维尔纳夫、J.-M.罗兰·德拉普拉蒂埃夫妇、P.-V.韦尼奥。吉伦特派原属雅各宾俱乐部，因与罗伯斯比尔派政见分歧，形成独立派别。该派主张废除王政，实行共和制。9月22日起吉伦特派掌握法兰西第一共和国的大权。吉伦特派打击封建势力，实行经济自由政策，反对无套裤汉的各种社会改革要求，对打击投机商、要求限制物价的群众运动进行镇压，迫害雅各宾派活动家。1793年5月31日至6月2日巴黎人民起义推翻吉伦特派统治，31名吉伦特派领袖被捕。热月政变后，吉伦特派残余分子又回到国民公会，成为热月党的骨干力量。

**吉米耶** Gémier, Firmin（1869-02-01～1933-11-26） 法国演员、导演及剧团负责人。生于奥伯维耶，卒于巴黎。1896年因主演《于比王》（又译《乌布王》）而声名大振。1892～1914年间，他在巴黎舞台上扮演了近200个角色。吉米耶于1902年在复兴剧院导演罗曼·罗兰的《七月十四日》。1911年他创办流动剧团到外省巡回演出，被视为第二次世界大战前戏剧外省化运动的先声。1919年以后，吉米耶在巴黎冬季马戏团导演一系列群众性的大场面剧目，如《俄狄浦斯王》等。1921～1930年，吉米耶任奥德翁剧院负责人，演出了W.莎士比亚等的一些世界名剧。

**《吉尼斯世界纪录大全》** *The Guinness Book of World Records* 记述各门类世界纪录的图书。最初是根据吉尼斯有限公司总经理H.比弗的设想，由诺里斯·麦克沃特和罗斯·麦克沃特编辑而成，第一版于1955年在美国纽约问世。此后，不断更新内容再版，并以20余种语言（包括中文）出版了220种版本。该书集世界上最好、最坏、最美、最怪、最惨和最伟大之大成，内容包括人类世界、生物世界、自然空间、科技世界、建筑世界、交通运输、商业世界、艺术欣赏、人类潜能、体育世界、社会政治等11大类数十个小类，收录了许多光怪陆离、难以想象的纪录。

**吉皮乌斯** Gippius, Zinaida Nikolayevna（1869-11-20～1945-09-09） 俄国作家。笔名安东·克莱伊尼。生于图拉，卒于法国巴黎。曾创办俱乐部，出版杂志，担任专栏作家等，宣传象征主义和新宗教思想。1919年流亡国外。少女时代开始写诗，也写小说、剧本、评论。主要成就在诗歌方面。作为象征派代表诗人，诗歌主题多为悲与愁、爱情与死亡、幻想与空虚。发表于1903年的《歌》是她的代表作，表达和宣泄了诗人追求美的欲望而又无法实现的矛盾心理，以及内心淤积着的悲观失落感和世纪末的心绪。她注重语言的婉约、清丽，讲求意象的朦胧和意蕴的含蓄，执著于个人内心的感受，强调诗歌必须有咏叹调一样的旋律。

**吉普车** jeep 一种四轮全轮驱动的轻型越野汽车。“吉普”是英文jeep的音译。jeep一词是由general purpose的G.P.转化而来。吉普车车体坚固，距地面较高，具有良好的动力性和通过性，可在路面不良的道路或原野、山区、坡地、沼泽、沙漠和冰雪等无路面地区行驶。吉普车是美国军队于1941年开始使用的一种轻型军用车辆。可供指挥官乘坐，也可用于军事巡逻或侦察、战地救护、轻型武器牵引等，还可安装甲板执行战斗使命，安装防水车体和螺旋桨供水陆两用。中国1965年开始成批生产。

美国悍马军用吉普车

**吉普赛人** Gypsies 以过游荡生活为主要特点的民族。又译吉卜赛人。自称罗姆。“吉普赛”一词系由“埃及人”一词讹传而成，西欧人误认为其发祥地为埃及，称其为埃及人；东欧人和意大利人称其为茨冈人。人口现无精确统计，估计在1 000万左右。约600万分布在欧洲，2/3集中在东欧。属欧罗巴人种地中海类型。宗教信仰受各所在国周围民族的影响，保留许多古代迷信成分。其语言属印欧语系印度－伊朗语族。可分为

三大群体：罗姆群，使用罗曼尼语；马努斯群，使用辛托语；卡洛群，使用卡洛语。据考证，吉普赛人的发祥地在印度北部。后不断迁移流浪。从15世纪后半叶起，有关国家开始对他们采取限制措施。第二次世界大战期间，约有十分之一死于纳粹集中营。从20世纪60年代起，吉普赛人组织相继出现，影响较大的有1965年成立的罗姆人国际委员会和芬兰的罗姆人文化中心。吉普赛人通过这些组织开展斗争，迫使所在国政府承认其政治经济权利，生活状况逐渐有所改善。传统社会以血缘为纽带，长期保持部落组织。部落有立法、司法、仲裁、祭祀等职能，由酋长掌握司法大权。酋长之上有大酋长，负责同所在国政府联系。一般禁止与外族通婚。妇女从事占卜和巫术，能歌善舞。男子职业多为铁匠、马贩子、乐手等。现有约75%的人已定居务农。定居后大多受当地文化影响，社会、经济、语言均已发生变化，通用所在国语言，有的甚至已与异族通婚。尚在流浪的吉普赛人虽力图保持传统生活方式，但也在发生变化，如有的已用汽车代替大篷车。

**吉萨** El Gîza 埃及城市，吉萨省首府。旅游胜地。位于尼罗河下游西岸，开罗西南约6千米处，大开罗的一部分。与开罗隔河相望，有大桥相连。人口约268.19万（2006）。自古以来，以金字塔著称于世。有金字塔、狮身人面像和大理石陵庙等古迹。城西南10千米处利比亚沙漠中有3座巨大的金字塔，即胡夫、哈夫拉和门卡乌拉3位法老的陵墓，全部建于第4王朝。它们是全国95座金字塔中最雄伟的建筑。以其巨大与精美，吸引着历代游人。其中规模最大、最高的一座为第4王朝第二代法老胡夫的陵墓，人称大金字塔，被称为世界七大奇迹之一。狮身人面像在大金字塔以南，像高20米以上，系在一小石山上雕凿而成。随着旅游业的发展，市内建立了高级旅馆、餐厅和其他旅游设施以及许多现代化别墅。建于1908年的开罗大学，于1924年在吉萨重建。工业有纺织、制鞋、食品、烟草、化学、水泥、金属和木材制品、汽车零件等。开罗—阿斯旺铁路经此。城北的因巴拜为开罗的商用机场之一。

**《吉赛尔》** *Giselle* 法国芭蕾舞剧。全剧2幕。古典芭蕾的经典作品，早期浪漫主义芭蕾的悲剧代表作。A.亚当作曲；T.高蒂埃编剧；J.科拉利和J.佩罗编导；C.格里西主演。1841年首演于巴黎歌剧院。舞剧创作灵感来源于德国诗人H.海涅的《妖精的故事》和法国文学家V.雨果的《幽灵》。它歌颂了农村少女吉赛尔至死不渝的爱情。P.I.柴科夫斯基曾盛赞《吉赛尔》是“诗、音乐和舞蹈的完美结合”。从

《吉赛尔》剧照

1860年起，经M.珀蒂帕多次修改，奠定了演出的版本。1960年，北京舞蹈学校首次在中国上演该剧。

**吉首市** Jishou City 中国湖南省湘西土家族苗族自治州辖市、自治州人民政府驻地。位于省境西部。面积1 062平方千米。人口29万（2008），有苗、土家、汉、回等民族。秦属黔中郡。西汉属沅陵县。明洪武三十年（1397）设镇溪千户所。清康熙四十三年（1704）升乾州厅。1912年改乾县，次年改乾城县。1953年更名为吉首县，1982年改为吉首市。春夏多暴雨，常出现山洪。矿产有铅、钾、锰、磷等。农作物有水稻、玉米、甘薯、花生、烟叶、苎麻等。林地约占全县总面积75%。工业有针织、机械、化工、电力、酿造、制革、食品等。有吉首大学。名胜有堂乐洞、德夯苗寨等。

**吉斯卡尔·德斯坦** Giscard d' Estaing, Valéry（1926-02-02～ ） 法兰西第五共和国总统（1974～1981）。生于德国科布伦茨。第二次世界大战后期在“战斗法国”军队中服役。战后进入政界，先后任财政副总监、总监，总理办公厅副主任。1956年后多次当选为国民议会议员。第五共和国时期，出任财政国务秘书（1959），并长期任经济和财政部长（1962～1967、1968～1974）。在1974年的总统选举中获胜，成为法国历史上第一位最年轻的总统。任内基本推行前任总统G.-J.-R.蓬皮杜的内外政策，先后任命J.希拉克和R.巴尔为总理。1981年再次参加总统选举，被F.密特朗击败。此后继续领导独立共和党从事政治活动。1980年和2007年曾来中国访问。

**吉斯林** Quisling, Vidkun Abraham Lauritz Jonsson（1887-07-18～1945-10-24） 挪威投靠法西斯德国的民族叛徒。生于挪威菲勒斯达尔，卒于阿克什胡斯郡的福特雷斯。1911年进入军界。他推崇A.希特勒，支持建立“欧洲新秩序”，并在挪威鼓吹纳粹主义和排犹思想。1933年辞去政府职务，发起成立法西斯组织挪威民族统一党。1940年4月9日德军侵入挪威，当天吉斯林即出面组织“民族政府”，自任政府首脑。由于举国反对，这个政府仅维持1个星期。1942年2月德国占领军又成立了由吉斯林任首席部长的挪威法西斯政府。吉斯林恣意出卖国家和民族利益，镇压挪威抗德地下活动者，流放与迫害犹太人，他是把千余名犹太人关入集中营致死的罪魁祸首。1945年10月作为挪威最主要的战犯被处死。后“吉斯林”一词成了民族叛徒的通称。

**吉他** guitar 拨奏弦鸣乐器。17世纪在欧洲兴起的流行乐器，现已遍及世界，式样众多。通常所称的吉他，背板平坦，两侧腰弯，音孔圆形，张金属或尼龙弦6根（中国又称“六弦琴”），定弦E、A、d、g、b、$e^1$。音域3组半；记谱比实音高八度。

据说吉他是1200年前后由摩尔人传到西班牙。经过改进成为西班牙民族乐器，用于歌舞伴奏。约1790年奠定了现代吉他的基本形制。17、19世纪以来，西班牙出现了不少吉他演奏家。D.阿瓜多（1784～1849）的《吉他演奏教程》至今仍是学习吉他的范本。20世纪后半叶巴黎（自1959年）和意大利亚历山德里亚（自1968年）都举办了国际吉他比赛。吉他有多种不同的形制，如N.耶佩斯就用特制的10弦吉他演奏。其他如民歌式、爵士式、墨西哥的12弦（双弦）吉他等，主要都是以伴奏为主的流行乐器。另一种夏威夷吉他则形体较小，奏时平放膝上或桌上，左手持滑棒按弦，各音多用滑奏，音色柔美。

**吉特里** Guitry, Sacha（1885-02-21～1957-07-24） 法国演员、剧作家。生于俄罗斯圣彼得堡，卒于巴黎。吉特里在近50年的戏剧生涯里，写下130多部戏，其中不

少剧作由他本人在各商业性剧院里参加演出。他最突出的特点是善于捕捉生活中的戏剧性场面，以演员的直觉观察生活。因此，他的剧作的题材往往都是细微的身边琐事。他凭借自己驾驭语言的本领将小题材发展成三幕或四幕的轻松喜剧。吉特里善于描绘巴黎风情，轻松喜剧的情节围绕男女爱情纠葛展开，其中以《忌妒》(1916)、《家父有理》(1919)、《儿时我们演喜剧？》(1935)、《托阿》(1947)等最为有名。吉特里还参加了33部影片的拍摄，是影剧双栖明星。

**吉田茂** Yoshida Shigeru (1878-09-22～1967-10-20) 日本内阁总理大臣（1946～1947，1948～1954）。生于东京，卒于大矶。实业家竹内纲之子，幼时过继给横滨富商吉田健三，改姓吉田。1922年和1925年先后任日本驻中国天津、奉天总领事。1927年参加田中义一主持召开的东方会议，为制定侵略中国的方针政策积极活动。1928年任外务省次官，协助田中推行侵华政策。太平洋战争后期，身为亲英美派人物，秘密从事结束战争活动，一度被东京宪兵队监禁。1946年取代鸠山一郎任日本自由党总裁，同年5月组成第一届吉田内阁，兼任外务大臣。1947年4月辞职。1948年3月任民主自由党（1950年3月改称自由党）总裁。同年10月至1954年12月又连续4次组阁，先后任总理大臣7年多。同时，积极配合美国侵略朝鲜战争，制定《破坏活动防止法》，镇压日本共产党。1952年4月与蒋介石集团签订《日台条约》。1954年12月因遭到党内外反对而辞职。1957年2月加入自由民主党，任顾问。1963年众议院选举前夕声明不参加竞选。吉田在长期执政期间，培养了池田勇人、佐藤荣作等一批政界领导人，因而有所谓吉田学校之称。

**吉田松阴** Yoshida Shōin (1830-09-20～1859-11-21) 日本江户幕府末期思想家、教育家，明治维新的先驱者。生于长州藩萩城松本村（今山口县萩市椿东），卒于江户（今东京）。自幼学习兵法。1851年到江户，拜主张“东洋道德、西洋艺术”的佐久间象山为师，研究防御外寇战术等。1853年获藩主允许去各地游学。他著文疾呼民族危机，力倡“尊王攘夷”、防御外侮。后兴办松下村塾，传授兵法，宣讲尊王攘夷主张，培养了高杉晋作、伊藤博文、山县有朋等倒幕维新领导人。1858年《安政条约》签订后，进而号召武力讨伐幕府，并制定刺杀幕府老中的计划。他寄希望于藩吏、公卿组织武装行动，终归失败入狱。他还具有强烈的民族扩张主义思想，主张侵略中国和朝鲜，“控制南洋而袭印度”，甚至梦想“并吞五大洲”，对日本军国主义思想的形成有较大影响。在井伊直弼为镇压尊王攘夷派志士而制造的安政大狱事件中，吉田松阴于1859年8月被解至江户，后被处死。

**吉祥天女** Laksmi 佛教护法天神。音译为罗乞什密和室利。原为婆罗门教、印度教的命运、财富、美丽女神，是毗湿奴之妻、爱神之母。后为佛教所承认，成为佛教的护法天神。异名很多，如吉祥天、吉祥功德天、宝藏天女等。其塑像多作左手持如意珠，右手结施无畏印。以吉祥天女为本尊而忏悔罪过之修法，称为吉祥天女法、吉祥悔过法。吉祥天女自古以来即受信仰，在日本亦极受崇奉。

明永乐时期吉祥天女鎏金铜像
（西藏日喀则萨迦寺藏）

**吉祥痣** tilaka 印度妇女点在额头正中的红色圆点。用人工点就或用红颜色的锡箔、塑料制品贴上，是喜庆、吉祥的象征。从前，红色的吉祥痣是已婚妇女的标志，未婚女子和寡妇不能点吉祥痣。后吉祥痣不限于圆点和红色，风格各异，已成为一种带民族特色的装饰。印度教徒及其他教徒，已婚未婚者，甚至小孩都点吉祥痣。一般寡妇无资格也不敢点吉祥痣，但也有个别例外，若逢庆典活动，所有女子都点吉祥痣。黑色吉祥痣只适于特殊情况，如在可爱的小孩额上点黑痣以减损他的美丽，为他消灾避难。

点有吉祥痣的印度妇女

**吉野里遗址** Yoshinogasato 日本弥生时代最大的遗址。位于佐贺县神崎郡的吉野里丘陵，面积约25公顷，年代自弥生时代前期直至后期。1988年起发掘。发掘成果表明，在弥生时代前期至中期早段，吉野里丘陵上分布有一些小型聚落，南部的聚落发现有壕沟。中期为面积约20公顷的大型环壕聚落，出现大型土堆墓和瓮棺葬墓地。土堆墓数量较少，随葬品有青铜剑、玉质装饰品等，同数量众多、以普通生活用品随葬的瓮棺葬形成鲜明对比，表明当时社会分化已十分明显。至晚期，环壕聚落内部出现南、北两个内郭。北内郭由两重环壕围绕，环壕内有1处弥生时代面积最大的大型建筑遗址。此时的吉野里已成为这一地区的中心聚落遗址，且建筑风格和聚落布局与《三国志·魏志·东夷传》中对邪马台国的记载极为相似。

**吉永小百合** Yoshinaga Sayuri (1945-03-13～ ) 日本影视演员。生于东京。14岁时参加了电视剧《来无影去无踪的侦探》的演出。1960年与浜田光夫联合主演了影片《玻璃中的少女》，至1966年二人搭档演出了多部青春影片，成为日本20世纪60年代前期一对银幕上的青春偶像。她所扮演的角色大多是纯真热情的平民姑娘，有“庶民女星”之称。1962年因主演《化铁炉之街》而获“蓝绶带奖”的最佳女主角奖和日本广播协会电影奖的最佳新人奖。此后又主演了《悲伤的离歌》、《伊豆舞女》、《归乡》等大批青春影片。1969年自早稻田大学毕业后，主要参加电视剧的演出。1973年以后，在《青春之门》、《天国车站》等影片中扮演重要角色。她的表演生气勃勃，充满活力，显示了深厚的功力和广阔的戏路。20世纪90年代后的作品有《天国大罪》(1992)、《阵雨的记录》(1998)、《千年之恋》(2001)、《北之零年》(2005)等。

**吉藏** Jizang (549～623) 中国隋、唐时僧人，三论宗创始人。又称胡吉藏。俗姓安。祖籍安息。祖世避仇移居南海（今广州），后迁金陵（今南京）。7岁从法朗出家。19岁替法朗复讲经论。隋平定江南后，到会稽（今浙江绍兴）住嘉祥寺，讲三论，听众常千余，被尊称为嘉祥大师。后受隋炀帝敕命，住扬州慧日寺，长安日严寺，并于长安完成三论注疏，创立了三论宗。唐初，被征为高祖所设统领僧众的十大德之一，备受唐王室敬重。晚年住延兴寺。著有《中论疏》、《十二门疏》、《三论玄义》、《大乘玄义》、《二谛义》等。弟子知名者有慧远（蓝田悟真寺）、慧灌等。思想远传高丽、日本。

**吉州窑** Jizhou Kiln 中国古代瓷窑。窑址在江西吉安永和镇，故又称永和窑。始建不晚于五代。北宋时主要烧青白瓷，南宋瓷业昌盛，品种极丰富，仿磁州窑的白地黑花瓷、仿**定窑**的白瓷等都有很高水平，而更有特色的是黑瓷。元以后渐趋衰落。黑瓷的釉面往往带有褐黄色斑块，黑黄相间，犹如海龟背甲，故称“玳瑁釉”。黑瓷的装饰每具新意，如剪纸贴花、树叶贴花。前者将民间剪纸移植于陶艺，做法是将剪纸贴于坯胎，施釉后，揭下剪纸，纹饰质朴喜庆；后者则把树叶腐蚀，将叶脉粘贴

剪纸贴花纹碗（南宋）

于坯胎，效果新奇美妙。宋元吉州窑大量烧造白地黑花瓷，但因烧成温度较高，花纹常呈褐色。两宋之交，吉州窑著名陶工舒翁、舒娇父女以瓷塑作品著称，所制器物可与**哥窑**等价。器底印“舒家记”款的枕片亦多次在窑址发现。

**汲古阁** Jiguge Library 中国明代私人藏书楼和印书工场。位于江苏常熟隐湖之南七里桥，明末毛晋（1599～1659）创办。毛晋初名凤苞，字子九，后改名为晋，字子晋，别号潜在。晚年改号隐湖、笃素居士。所刻书初题绿君亭或世美堂，后皆用汲古阁。江苏常熟人，家富。嗜读书和宋元精本名抄，早年为诸生，屡试不第，遂隐居故里，变卖田产，于七里桥构筑汲古阁，另在问渔庄和曹溪口构筑两阁，以收藏和传刻古书。毛晋延请海内名士30多人校勘儒家经典，校成后即付刻印。汲古阁分上中下三楹。中藏四库书及释道两藏，皆南北宋内府藏书，又有金元人本。这些书都用来校勘或作为刻书的样本。为广泛搜集珍籍秘本，毛晋曾公开贴榜，高价收购，以页论值。湖州书舶多集于七里桥毛氏之门，前后积书至8.4万册。汲古阁刻印的书籍有十三经、十七史及唐宋元人别集、道藏词曲等。书版在毛晋时即有10万块之多。所刻书籍校勘详明，雕印精良，称毛刻本，行销全国各地。所刻书目存于《汲古阁校刻书目》等书。

**汲冢竹书** bamboo slips from the tomb of Ji Prefecture 中国历史上最早一次大批出土的战国时代简牍资料。西晋咸宁五年（279）汲郡（今河南卫辉西南）一个名叫不准的人盗掘了一座战国晚期的魏王墓，获得写在竹简上的各种书籍数十车。这些简书被后人称为“汲冢书”或“汲冢竹书”。

由于盗墓人曾燃烧竹简用以照明取宝，不少竹书被烧毁，还有许多被拆散折断。太康（280～289）初，汲冢竹书为官府收得，晋武帝令秘书监负责整理，“校缀次第，寻考指归”，并用当时通行的隶书把竹简上的“科斗文”（即“古文”——战国时三晋使用的文字）过录转写下来。经过荀勖、束皙、卫恒、王庭坚、和峤、王接等学者的整理和考证研究，得到古书凡75篇。

汲冢竹书在南北朝时即逐渐散失。流传下来的只有一部《穆天子传》。传世的另有一部后人重编的《竹书纪年》（今本），并非汲冢竹书《纪年》的本来面目，编定的时间约在南宋以前，此书虽不可全信，但仍有一定的史料价值。清代学者朱右曾及近人**王国维**曾分别搜辑考订古文献中引用的原本《竹书纪年》佚文，重编《古本竹书纪年》，今人范祥雍、方诗铭等先后又做过辑校补订工作。

**级差地租** differential rent 资本主义地租的一种。是土地所有者凭借对土地经营的垄断所占取的租地资本家的**超额利润**。它的来源是资本家雇佣工人使用较好的土地（较肥沃或位置较好，或追加了投资）劳动，生产率较高，产品成本较低，从而可以获得超过平均利润的超额利润；土地经营的垄断使这种超额利润不进入平均化过程，得以保留，作为级差地租由资本家交付土地所有者。资本家租地无论经营农业，还是开矿、建筑，都要交付级差地租。

级差地租有两种形式：级差地租Ⅰ和级差地租Ⅱ。级差地租Ⅰ来源于土地较肥沃或土地位置较好的优等和中等地块（包括一切在不同程度上优于最劣等地的地块）上形成的超额利润。级差地租Ⅱ来源于各次追加投资中生产率较高的投资带来的超额利润。

级差地租Ⅰ一般会被全部纳入租约规定的租金数额内，为土地所有者占取。级差地租Ⅱ与此不同。在租约期满之前，由于已经约定的租金数额不能增加，期内因追加投资带来的超额利润会为资本家占取；期满改约时，土地所有者才能据此要求提高租金，把这部分超额利润当作级差地租Ⅱ收归己有。

在社会主义市场经济条件下，土地的经营垄断仍然存在，在优等和中等地块上的投资和连续投资中的各次生产率较高的投资仍然会带来超额利润，自然也就构成级差地租。但是由于不存在土地私有制，这种超额利润不形成私有制下那样的级差地租。

**级数** series 无穷多个数相加的形式和。又称无穷级数。级数的理论曾是**分析学**的一个分支，并在分析学的各个分支中有重要应用。

设$\{u_n: n=1,2,\cdots\}$是一个序列（又称数列），把它的各项依次相加，形式上得到一个和式：

$$u_1+u_2+\cdots+u_n+\cdots=\sum_{n=1}^{\infty}u_n$$

这个和式便称为一个级数。令$S_1=u_1,S_2=u_1+u_2,\cdots,S_m=u_1+\cdots+u_m$，称$S_m$为级数的部分和。若级数的部分和序列$\{S_m\}$当$m$无限增大的过程中有极限$S$，则称原级数收敛，并将$S$作为该级数的值，记作$S=u_1+u_2+\cdots$。若部分和序列没有极限，则称该级数发散。发散的级数没有值可言。一个级数只有在其收敛的情况下才能谈论其和数。

柯西收敛原理：级数$u_1+u_2+\cdots$收敛的充要条件是其部分和序列$\{S_n\}$满足下列条件：对于任意的$\varepsilon>0$，存在$N$使得当$n>N$时$|S_{n+p}-S_n|<\varepsilon$，其中$p$是任意自然数。

由此推出，级数收敛的必要条件是其一般项$u_n\to 0(n\to\infty)$。但是，这一条件并不是级数收敛的充分条件。比如，可以证明调和级数$1+1/2+1/3+\cdots$是发散的。

如何判断一个给定的级数是否收敛，是级数理论的一个重要问题。下面是一些主要的判别法：

①正项级数。若$u_n\geqslant 0$，则称级数$u_1+u_2+\cdots$为正项级数。

正项级数收敛的充要条件是其部分和有界。由此导出所谓比较判别法：

设有两个正项级数$\sum_{n=1}^{\infty}u_n$与$\sum_{n=1}^{\infty}v_n$，且$u_n\leqslant v_n(n=1,2,\cdots)$。若$\sum_{n=1}^{\infty}v_n$收敛，则$\sum_{n=1}^{\infty}u_n$收敛；若$\sum_{n=1}^{\infty}u_n$发散，则$\sum_{n=1}^{\infty}v_n$发散。

对于正项级数的收敛性，有两个简单而有效的判别法：

ⓐ若极限$\lim\limits_{n\to\infty}\sqrt[n]{u_n}=q$存在，则当$q<1$时收敛，而当$q>1$时发散。

ⓑ若极限$\lim\limits_{n\to\infty}\frac{u_{n+1}}{u_n}=q$存在，则当$q<1$时收敛，而当$q>1$时发散。

②交错级数。若$u_n\geqslant 0$，则形如$u_1-u_2+u_3-\cdots+(-1)^{n-1}u_n+\cdots$称为交错级数。比如$1-(1/2)+(1/3)-(1/4)+\cdots$为交错级数。对于交错级数有莱布尼茨判别法：当$u_n$单调递减且$u_n\to 0(n\to\infty)$时，上述交错

级数收敛。

③任意项级数。即各项符号不加限制的级数。对这类级数有两个常用判别法：

ⓐ阿贝尔判别法：设$u_n=a_nb_n$并假定级数$\sum_{n=1}^{\infty}a_n$收敛而序列$\{b_n\}$单调有界，则$\sum_{n=1}^{\infty}u_n$收敛。

ⓑ狄利克雷判别法：设$u_n=a_nb_n$并假定级数$\sum_{n=1}^{\infty}a_n$的部分和有界而$\{b_n\}$单调趋于零，则$\sum_{n=1}^{\infty}u_n$收敛。

有限个数的和可以交换各个被加数的次序。级数作为无穷个数的和，是否也有类似性质呢？回答这个问题需要绝对收敛的概念。级数$\sum_{n=1}^{\infty}u_n$称为绝对收敛，如果$\sum_{n=1}^{\infty}|u_n|$收敛。若$\sum_{n=1}^{\infty}u_n$收敛但$\sum_{n=1}^{\infty}|u_n|$发散，则称$\sum_{n=1}^{\infty}u_n$条件收敛。绝对收敛的级数可以任意调换各项的次序而不改变其收敛性和级数的和。但条件收敛的级数则不然。B.黎曼证明了一个条件收敛的级数经过适当调整项的次序可以收敛到任意给定的数。

**极地气候** polar climate 地球南、北极地区终年寒冷的气候。其范围因气候分类方法不同而有差异。天文分类法以南极圈（南纬66°33′～99°）和北极圈（北纬66°33′～90°）内的气候为极地气候；气团分类法以北极锋至北极和南极锋至南极范围的气候为极地气候；气候要素和自然景观分类法则以最暖月平均气温小于10℃，树木不能生长的高纬度地区的气候为极地气候。

极地气候有以下主要特点：①辐射差额全年为负值。在任何季节，下垫面均比空气冷，因而形成稳定的北极气团和南极气团。②有极昼和极夜，最长各占半年。极昼时间虽长，但因太阳高度角小，光照微弱，雪面反射强，故气温低。③蒸发小，产生降水的水汽是外来的。降水以雪的形式，量少而温度低，难融化，长年积累，形成很厚的大陆冰盖。④风大雪干，能见度差，极昼时期沿岸地带多雾。

极地气候有两个类型：①苔原气候。最暖月平均温度低于10℃，但高于0℃。一年中只有2～4个月的月平均温度在0℃以上。有苔藓、地衣之类植物生长。西伯利亚、阿拉斯加、加拿大北冰洋沿岸和邻近岛屿，以及格陵兰岛沿岸狭窄地带属此气候。②冻原气候。气温终年在0℃以下，冰雪长年不化。南极大陆、格陵兰岛大部分和北冰洋中央水域属此气候。

**极光** aurora 来自地球磁层或太阳的高能带电粒子注入极区高层大气时，撞击原子

图1 南极光

和分子而激发的绚丽多彩的发光现象。通常出现在高磁纬地区，在背阳侧主要在100～150千米的高空，在向阳侧主要在200～450千米高度范围内。在北半球，人们总是从北边天空看到极光，称为北极光；南半球看到的极光称为南极光。

极光景色壮观，绚丽多姿。从地面上观察，可分为4种几何形状：均匀的较稳定的光弧光带，带有射线式结构的光帘幕、光弧、光柱和光带等，弥漫状极光，大的均匀发光面。

极光按观测的电磁波波段分为光学极光和无线电极光，按激发粒子类型分为电子极光和质子极光，按发生区域分为极光带极光、极盖极光和中纬度极光红弧。

图2 芬兰上空的北极光

极光是一种周期性的现象。极光出现的频率与太阳黑子数有密切的关系。在太阳黑子数最大年份，极光活动频繁，且极光在极区的扩展范围大；在太阳黑子数最小年份，极光出现稀少，空间扩展范围小。

**极轨道** polar orbit 倾角为90°的人造地球卫星轨道。在极轨道上运行的卫星，每圈都要经过地球两极的上空。选用这种轨道是为了覆盖全球。工程上常把倾角稍微偏离90°，但仍能覆盖全球的轨道也称为极轨道。气象卫星、地球资源卫星、侦察卫星常采用这种轨道，以便覆盖包括两极在内的整个地球表面。

**极乐鸟** Paradisaea; bird of paradise 雀形目极乐鸟科鸟类的统称。又称风鸟。有44种。主要分布于新几内亚及其附近岛屿，少数种类见于澳大利亚北部和马鲁古群岛。大小不等，全长170～1 200毫米。嘴脚强健；少数种类呈纯黑色，除了羽毛光泽和肉垂外，无特殊装饰；大多数种类的雄鸟有特殊饰羽和彩色鲜艳的羽毛。鸣声粗厉。以各种果实为食，也吃昆虫、蛙、蜥蜴等。它们除了在果树上取

大极乐鸟

食及在公共性炫耀场地外，通常不结群，多单个或成对生活。在树枝上营巢，用细枝筑成巨大的盆状物。每窝产卵1～2枚。常见种有大极乐鸟等。

**极谱法和伏安法** polarography and voltametry 通过测定电解过程中所得的电流-电势（或电势-时间）曲线来确定溶液中被测成分浓度的电化学分析法。它们与其他同类电化学分析法的区别在于，电解池中使用一个极化电极和一个去极化电极。极谱法和伏安法的区别在于极化电极的不同。使用滴汞电极（DME）或其他表面能够周期性更新的液体电极者称极谱法；使用表面静止的液体（汞膜电极）或固体电极者称伏安法。

简史 J.海洛夫斯基于1922年提出极谱法。1924年海洛夫斯基与志方益三制成了第一台极谱仪。他利用这种极谱仪在短时期内完成了大量的研究工作，促成了第75号元素铼的发现。1934～1935年海洛夫斯基与D.伊尔科维奇总结出极谱理论并推导出极谱波方程。至此，极谱法的基本理论趋于完善。

原理 极谱法的基本装置见图。当施加于极化电极（滴汞电极）和参比电极（甘汞电极）间的外加直流电压达到足以使被

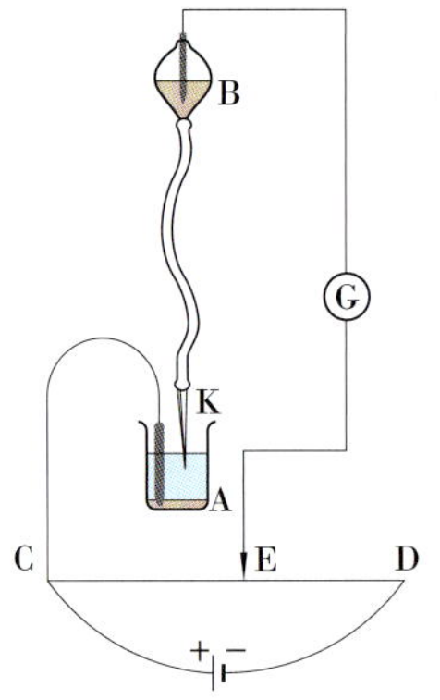


经典极谱的简单测量装置
B 储汞瓶 K 毛细管 A 电解池

测电活性物质在滴汞电极上还原的分解电压之前，通过电解池的电流一直很小（此微小电流称为残余电流），达到分解电压时，被测物质开始在滴汞电极上还原，产生极谱电流，此后极谱电流随外加电压增高而急剧增大，并逐渐达到极限值（极限电流），不再随外加电压增高而增大。这样得到的电流－电压曲线，称为极谱波。极谱波的1/2处所对应的电势为半波电势（$E_{1/2}$）。根据每种离子在一定温度、浓度的底液中具有一定的半波电势值，可进行定性分析。再用已知浓度溶液的极谱波之波高和未知浓度溶液的波高进行比较，即可进行定量分析。

分类　由于电解过程分为控制电势的电解过程和控制电流的电解过程两大类，因此极谱法和伏安法也相应的分为控制电势和控制电流的两大类。在控制电势的极谱法和伏安法中，**电极电势**是被控制（被改变）的对象，是激发信号；电流是被测定的对象，是响应信号。在控制电流的极谱法和伏安法中，电流是被控制（被改变）的对象，是激发信号；电极电势是被测定的对象，是响应信号。

应用　可用来鉴别大多数化学元素，分析合金和多种无机化合物，也可用来鉴别多种类型有机化合物，研究溶液的化学平衡和反应速率，以及研究在化学、生命科学、医学、环保、材料和工程等学科所出现的荷电界面行为和电荷运动、转移、得失等。

**极圈**　arctic circle　地球上距南北极各23°26′的纬度圈。在北半球的称为北极圈，在南半球的称为南极圈。由于地轴大致倾斜成23°30′，在北极圈线上每年有一天或一天以上太阳不落（约在6月21日）或太阳不出（约为12月21日）。由此往北，极昼或极夜逐渐递增，至北极增大到6个月。在南极圈上，任何日期的白天或黑夜的长短情况与北极圈上正好相反。

**极权主义**　totalitarianism　主张**国家主义**和独裁主义的政治思潮。法西斯德国和意大利的意识形态和官方思想体系。自20世纪20年代初B.墨索里尼提出“极权”概念之后，随着法西斯主义的发展，这一思潮形成并得到传播。第二次世界大战初期，它成为一党制政府的同义语。虽然在西方现已失去影响，但由于各种社会矛盾的尖锐化和激烈化，仍存在复活的现象。作为一种政权组织形式，它以高度中央集权和少数人强有力的统治为特征，主要通过强制和镇压，对个人生活的各个方面进行控制。不允许个人自由存在，取消宪法规定的公民权利，镇压反对派和所有持不同观点的人，社会生活军国主义化；允许大规模有组织的暴力行动，警察的行动不受法律制度的约束。社会的秩序完全由政治权力来维系，无任何私人空间。第二次世界大战结束前的法西斯德国、意大利和日本均为这种体制。

**极限**　limit　微积分学乃至分析数学的基本概念之一，用于描述变量在某一变化过程中的变化趋势。极限的朴素思想和应用可追溯到古代，中国早在两千年前就已能算出方形、圆形、圆柱等几何图形的面积和体积，3世纪**刘徽**创立的割圆术，就是用圆内接正多边形面积的极限是圆面积这一思想来近似计算圆周率π的。并指出“割之弥细，所失弥少，割之又割，以至不可割，则与圆合体而无所失矣”。随着微积分学的产生，极限概念被明确提出，但含糊不清，直至19世纪，由A.-L.**柯西**、K.**外尔斯特拉斯**等人的工作，以及实数理论的建立，才使极限理论建立在严密的理论基础之上。

对于给定的数列$\{a_n\}$，如果当$n$无限增大时，$a_n$有确定的变化趋势——与某一实数$a$无限接近，则说数列$\{a_n\}$以$a$为极限，记作$\lim\limits_{n\to+\infty}a_n=a$。数列极限有以下四则运算法则：设$\lim\limits_{n\to+\infty}a_n=A$，$\lim\limits_{n\to+\infty}a_n=B$，则有$\lim\limits_{n\to+\infty}(a_n\pm b_n)=A\pm B$，$\lim\limits_{n\to+\infty}a_n\cdot b_n=A\cdot B$，$\lim\limits_{n\to+\infty}\dfrac{a_n}{b_n}=\dfrac{A}{B}(B\neq0)$。

对于给定的函数$y=f(x)$，如果在$x=x_0$点附近有定义（在$x_0$点可以没有定义），并且当$x$无限接近$x_0$时，$f(x)$与某一实数$A$无限接近，则称$A$为$f(x)$当$x$趋向于$x_0$时的极限，记作$\lim\limits_{x\to x_0}f(x)=A$。函数极限也有以下四则运算法则：设$\lim\limits_{x\to x_0}f(x)=A$，$\lim\limits_{x\to x_0}g(x)=B$，则有$\lim\limits_{x\to x_0}[f(x)\pm g(x)]=A\pm B$，$\lim\limits_{x\to x_0}f(x)\cdot g(x)=A\cdot B$，$\lim\limits_{x\to x_0}\dfrac{f(x)}{g(x)}=\dfrac{A}{B}$（$B\neq0$）。$\lim\limits_{x\to+\infty}f(x)=A$表示当$x$无限增大时，$f(x)$与实数$A$无限接近，即$f(x)$以$A$为极限。

函数极限与数列极限有以下关系：$\lim\limits_{x\to x_0}f(x)=A$，当且仅当对每一以$x_0$为极限的数列$\{x_n\}$，有$f(x_n)\to A$（$x_n\neq x_0$）。这可以将函数的极限问题转化为数列极限问题来考虑。在某些情况下，这种方法是非常有用的。

**极移**　polar wandering　地球自转轴相对于地球本体的位置是变化的，这种运动称地极移动，简称极移。包括两个主要的周期成分：一个是近于14个月的周期，称为张德勒周期，是非刚性地球的自由摆动；另一个是周年周期，主要是由大气负载、地下水分布、冰雪层等季节性变化引起的受迫摆动。二者合起来，极移的范围不超过±0.4″。此外，还存在长周期极移以及周期为一个月、半个月和一天左右的短周期极移。长周期极移的平均速度大约为0.003秒/年，方向大致在西经70°左右。极移使地面上各点的纬度、经度和方位角都发生变化。

研究极移必须选择一个适当的坐标系。国际上选用**国际习用原点**（CIO）为统一的地极坐标原点。通过CIO的格林尼治子午线方向为$X$轴的正向，沿格林尼治以西90°的子午线方向为$Y$轴的正向（这两条子午线在地极坐标原点正交）。$X$和$Y$就称为地极坐标。图中是极移的轨迹。

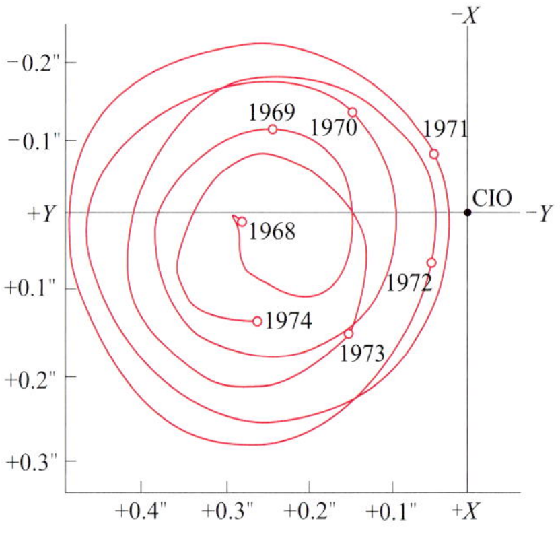


极移轨迹

极移是研究**地球自转**的一个重要内容。极移机制的因素包括：日、月引力以及大气和海洋的作用，涉及地球内部结构的各种理论模型。

**极坐标系**　polar coordinates system　平面上的一种坐标系。设$\{O;\boldsymbol{e}_1,\boldsymbol{e}_2\}$是平面上的右手直角坐标系，点$P$的坐标是$(x,y)$。把原点$O$取为极点，把通过$O$点，以$\boldsymbol{e}_1$为方向的射线称为极轴，则平面上任意一点$P$的极坐标通常记为$P(\rho,\theta)$，其中$\rho$是点$P$到极点$O$的距离，称为极半径；$\theta$是从极轴到射线$OP$的有向角，称为极角。点$P$和它的极坐标$(\rho,\theta)$并不是一一对应的。若规定$\rho$和$\theta$的取值范围是$\rho\geqslant0$，$-\pi<\theta\leqslant\pi$，则除极点外，点与其极坐标才是一一对应的（见图）。

平面上的点$P$的极坐标$(\rho,\theta)$和它的直角坐标$(x,y)$之间的关系是$x=\rho\cos\theta$，

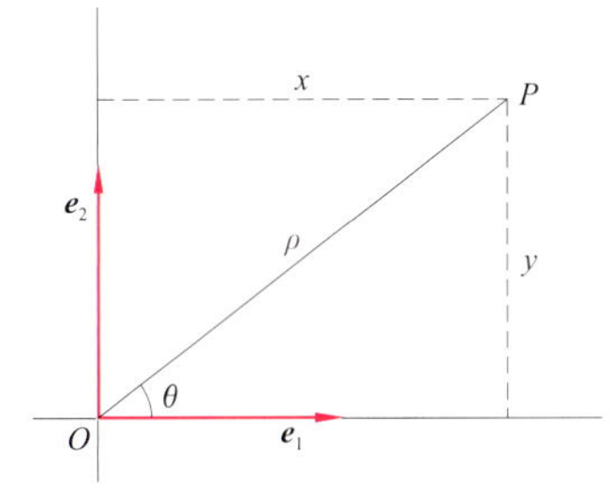


$y=\rho\sin\theta$，以及 $\rho=\sqrt{x^2+y^2}$，$\tan\theta=y/x$（若 $x\neq0$），$\cot\theta=x/y$（若 $y\neq0$）。半径为 $a$ 的圆在极坐标系下的方程为 $\rho=a$。

**即墨市** Jimo City 中国山东省辖县级市。位于山东半岛西南部，东濒黄海。面积1 780平方千米。人口118万（2010），有汉、蒙古、回、壮、布依、朝鲜等民族。秦置即墨县，以地临墨水而得名。北齐废，隋开皇十六年（596）复置。1989年撤县设市。由青岛市代管。海岸线长183千米，有田横岛、大小管岛等24个岛屿。矿产有重晶石、砚石、麦饭石、膨润土等。农作物有小麦、玉米、水稻、甘薯、谷子、花生，是全国粮油生产基地；盛产石花菜、海参、鲍鱼、扇贝、黄花鱼、带鱼、鲅鱼、对虾、海蟹、食盐等。名特产有即墨老酒。工业有机械、化工、纺织、制鞋等。名胜古迹有鹤山、皋虞古城、王吉墓群、雄崖古所、马山石林等。

**即期交易** spot transaction 商品实体能立即被转让给购买者的一种交易方式。又称现期交易、现货交易。远期合同交易、期货交易的对称。其强调的重点是现货的交易，即买卖的商品是现实存在着的，且能够立即完成交易。适用的商品具有如下基本特点：①常年生产、交易不受季节影响，如日用工业品。②适合或需要进行小规模交易。③鲜活易腐、不易保存等。与这些特点相适应，一般商品的零售买卖皆属即期交易。但是，即期交易并不限于零售方式，批发交易中也广泛存在着即期交易。同时，即期交易也不等同于现款交易，而是既包括现款交易，也包括信用交易。

**即兴表演** improvisation 没有写好的剧本、台词，也不经排练就向观众演出的一种戏剧表演。从古代希腊、罗马时代就在民间开始产生并流传。至17世纪，形成意大利即兴喜剧并逐渐兴盛起来，对戏剧的发展产生过深远影响。即兴喜剧的特征，第一是表演者除青年男女主角外，都戴假面具上台，故又称“假面喜剧”；第二是采用“幕表制”，即有一个故事梗概安排人物上下场，演员可按自己所扮人物，结合当时社会形势即兴进行表演，随口编念台词；第三是角色定型化。这种表演的方式也曾出现在中国早期话剧的“文明戏”和上海特有的“滑稽戏”中。即兴表演在西方某些先锋派戏剧演出中也颇受重视。即兴表演还是一种训练演员技巧的方法，曾被广泛采用。实际上演员在每次演出中都可能会出现不同程度、不同量的即兴表演，如果即兴表演准确、得当，就有可能为表演注入鲜活的因素，使角色更加生动、丰满，同时使演员保持表演创作的新鲜感。但是即兴表演不能是演员主观的随意发挥。

**笈多王朝** Gupta Dynasty 中世纪统一印度的第一个封建王朝。疆域包括印度北部、中部及西部部分地区。首都华氏城（今巴特那）。笈多王朝是中世纪印度的黄金时代。

公元4世纪初北印度小国林立，摩揭陀国王旃陀罗·笈多一世（约320～330年在位）据华氏城为首都，建立笈多王朝。旃陀罗·笈多二世（超日王，380～415年在位）利用与德干的瓦卡塔卡王国联姻结盟，征服乌阇衍那的塞种州长国，夺取马尔瓦、卡提阿瓦和信德。除西旁遮普和克什米尔外，北印度尽入笈多王朝版图，并拥有在孟加拉湾和阿拉伯海沿岸港口开展对外贸易的权利。他重视兴修水利工程，发展农业，奖励学术文化，笈多王朝至此达到鼎盛时期。佛陀·笈多以后（约500）发生经济危机，中央政权削弱，各地封臣叛离中央，国家陷于分裂。嚈哒王托拉马纳和米西拉库拉卷土重来，吞并笈多王朝大部分领土，严重破坏北印度政治经济文化，促使其瓦解为许多封建小国，北印度再度处于政治分裂局面。

笈多王朝时期，大乘佛教盛行，印度教兴起。信仰毗湿奴、湿婆和梵天等三大主神的三大教派广泛流行。笈多诸王虽都信奉印度教，但为缓和民族及教派之间的矛盾，采取宗教兼容政策，放任各派宗教自由发展。大乘佛教中心那烂陀寺，成为印度中世纪前期的宗教和学术文化中心。

此外，笈多王朝时期，在梵文文学、绘画、雕刻、建筑艺术等方面取得显著成就。

在超日王时期，中国高僧法显游历印度，有些印度僧人也在此时来到中国。

**急腹症** acute abdomen 以急性腹部疼痛为主要症状的病理表现。是多种急性腹痛疾患的总称，涉及内、外、妇、儿、骨、神经和精神等多科的疾病。

病因 内科腹痛 消化、循环、呼吸、血液、神经、精神、泌尿各系统的疾病均可引起腹痛。

外科腹痛 包括腹部外科、胸科（自发性食管破裂、食管裂孔疝等）、泌尿外科（肾或输尿管结石、炎症等）、妇产科（宫外孕破裂、卵巢囊肿蒂扭转、附件炎等）和血管外科（腹主动脉瘤破裂、血管栓塞等）疾病。

诊断要点 区分内、外科腹痛 这两大系统的腹痛，其治疗方针大不相同。依靠详细询问病史和全面体检，通过逻辑分析，便可作出鉴别。如先发热后腹痛者，多为内科系统疾病；腹痛伴有明显腹肌紧张、压痛、反跳痛等腹膜刺激体征者，多为外科急腹症。

及时作出初步诊断 根据资料分析：①疼痛特点。持续疼痛多为炎性病变，阵发性绞痛多为梗阻性病变，爆发性难以忍受的疼痛可能为空腔脏器穿孔等。②疼痛部位。常是病变所在，同时要考虑到牵涉痛。③伴随症状与体征。腹痛伴贫血，可能为内出血；腹痛伴肠型、高调肠鸣音和呕吐，可能为肠梗阻等。

辅助检查 例如宫外孕可作经腹腔或阴道后穹隆穿刺证实；B型超声波检查有助于胆囊炎、胆石症的诊断；X射线检查不仅能发现膈下游离气体，明确消化道穿孔，还能排除肺部病变引起的腹痛等。

治疗原则 内科系统急腹症 原则上应用非手术疗法。如糖尿病酮症酸中毒的腹痛，应控制酮体生成，纠正酸中毒；腹型过敏性紫癜则应设法消除致病因素，应用抗组胺类药物或激素治疗。但血管疾患导致肠系膜血管栓塞或血栓形成时，就成为外科急腹症，需外科介入。

外科系统急腹症 一般处理原则是：①均应暂时禁食，多数需输液，应用抗生素。病情较重者应留置鼻胃管持续胃肠减压。②根据病理诊断决定是否手术，例如单纯性不全肠梗阻可以不立即手术，若为绞窄性，则应立即手术。

**急流** jet stream 大气中风速大而范围窄的气流。发生于对流层上层（如200～300百帕）或平流层、风速≥30米/秒的强风区的，称为高空急流，其范围长可达数千千米，宽可达数百千米，厚度达数千米。高空急流依其成因不同可分为副热带急流、极锋急流、热带东风急流和平流层极夜西风急流。高空急流是全球大气环流的重要环节，又往往同锋区相联系，因此和天气系统的发生、发展有密切关系。发生于对流层低层（一般在925～700百帕）、风速最大值大于12（或16）米/秒的强风区的，常称为低空急流。低空急流同暴雨、冰雹、龙卷等强对流天气有密切关系。

**急性呼吸窘迫综合征** acute respiratory distress syndrome; ARDS 多种病因损伤肺组织而引起的一组临床综合征。临床表现为进行性加重的呼吸困难和用一般供氧方法治疗不能纠正的低氧血症。该综合征起病急骤，病情凶险，病死率为30%～40%。

病因 有的直接作用于肺，如创伤、

毒物吸入、肺部感染、放射性损伤等。有些则间接影响肺实质，如败血症、休克、肺外创伤、药物中毒、输血、坏死性胰腺炎等。

分期　在显微镜下观察，病程可分为：①渗出期（发病后24～96小时），②增生期（发病后3～10天），③纤维化期（发病7天以后）。

临床表现　在原发病病情相对稳定的一个短暂时期后（如休克患者血压上升，一般情况好转），出现呼吸困难等呼吸衰竭的临床症状。此相对稳定期又称为潜伏期，约为24～48小时。有的病例起病急骤，迅速出现严重呼吸衰竭，无明显潜伏期。极少数患者起病比较隐匿。

主要的临床表现是严重的呼吸困难，呼吸频率常增加到30～40次/分以上，明显紫绀。听诊两肺呼吸音增强，偶可闻哮鸣音或少量湿性啰音。早期除心率增速外，多无其他心血管系统改变。

早期，患者胸部X射线仅见肺纹理增粗。随病情进展可迅速出现双肺弥散性浸润阴影，提示肺水肿的存在。

诊断　患者出现明显呼吸困难和紫绀等临床症状，应当警惕发生ARDS的可能。经过胸部X射线检查和血液气体分析，并与其他可能引起急性呼吸衰竭的疾病如重症肺炎、急性心肌梗死或急性肺栓塞等相鉴别，常能作出正确诊断。早期发现急性肺损伤十分重要。

治疗　首先治疗原发病。要及时给予支持疗法，以保证机体合宜的氧合功能和足够的心排血量，维持脑、肾、肝等重要器官的作用，以度过危险期，使损伤的肺实质得以修复。针对性的治疗药物仍在研究中。

**急性气管支气管炎**　acute tracheobronchitis　多种刺激因素引起的气管、支气管黏膜急性炎症感染。致病因素为病毒、细菌感染，冷空气、粉尘、二氧化硫、二氧化氮、氨气、氯气等理化因素，花粉、真菌孢子等物亦可致病。发热、咳嗽、咳少量黏液性痰是主要症状，发热多为38℃左右，全身症状较轻。少数出现气促症状。体格检查大多正常，少数人肺部有散在的干、湿性啰音。适当休息，去除致病的物理、化学因素或致敏因素可逐渐好转。若系细菌感染所致，应针对致病菌给予抗菌药物。给予镇咳药或祛痰药（痰不易咳出时）等对症治疗减轻症状亦颇重要。

**急性乳腺炎**　acute mastitis　急性化脓性乳腺感染。多见于产后哺乳期妇女，尤其是初产妇。发病多在产后3～4周。病原体主要为原体存在于皮肤上的金黄色葡萄球菌。始于乳汁淤积，细菌由乳头皲裂处侵入所致。初起症状往往是乳房限局性肿块，有跳痛感和压痛，局部皮肤发红，可伴有高热、寒战和白细胞增高。3～7天后多形成脓肿。但由于病变部位的深浅不同，临床表现并不一致。病变位于深处者，以高热及乳腺局部疼痛为主，化脓性体征出现较晚；病变浅表者则以局部征象红、肿、热、痛及波动感更明显。如不及时切开引流脓肿可自溃或脓液由乳头溢出，但因引流不畅，最后可形成慢性窦道。

炎症早期可行局部热敷，全身用广谱抗生素，亦可抗生素局部封闭。一旦发现脓肿形成，宜尽早切开彻底引流。炎症范围较大或脓肿形成不宜继续哺乳者，可用雌激素、溴隐亭或中药焦麦芽外用芒硝等回奶。

**急性上呼吸道感染**　acute upper respiratory tract infection　鼻、咽、喉部的急性炎症感染的统称。简称“上感”。主要由病毒感染所引起，少数由细菌感染所致。

急性上呼吸道感染的主要病原体为流感病毒（甲、乙、丙）、副流感病毒、呼吸道合胞病毒、腺病毒、鼻病毒、埃可病毒、库克萨基病毒、麻疹病毒、风疹病毒等。

根据病因及临床表现上呼吸道感染分为5个类型：①普通感冒。俗称伤风。病原体多为鼻病毒，其次为副流感病毒、呼吸道合胞病毒、埃可病毒、库克萨基病毒等。起病较急，初期咽干、痒、痛，继而喷嚏、鼻塞、流水样鼻涕等，2～3天后变稠。一般不发热，5～7天痊愈。②病毒性咽喉气管炎。由鼻病毒、腺病毒、流感病毒、副流感病毒等引起，咽痛、声嘶、咳嗽、发热为其主要症状，检查可见喉部充血、水肿，局部淋巴结轻度肿大、触痛。在儿童中可出现痉挛性咳嗽和呼吸困难。③疱疹性咽峡炎。常由库克萨基病毒等引起，在软腭及扁桃体上有灰白色疱疹或浅溃疡。④咽结膜热。主要由腺病毒引起，其他还有埃可病毒、柯萨奇病毒感染，咽痛、发热、畏光、流泪，咽及结膜充血、扁桃体红肿，有脓性分泌物等。⑤细菌性咽扁桃体炎。多由溶血性链球菌引起，亦可为流感嗜血杆菌、肺炎链球菌所致。起病急，有发热、畏寒、咽痛症状，检查可见咽部明显充血，扁桃体肿大、充血，黄色点状脓性渗出伴颌下淋巴结肿大、压痛。

上呼吸道感染可引起的并发症，有急性鼻窦炎、中耳炎、气管－支气管炎等。少数β-溶血性链球菌感染者在感染后2～3周继发风湿热、肾小球肾炎、心肌炎等。

由于尚无有效的对抗引起上感病毒的药物，因此该病主要的治疗为对症治疗，包括使用退热、止咳、防治鼻塞、流涕等药物，常用的有扑热息痛、伪麻黄碱、右美沙芬、马来酸氯苯那敏等。某些中药复方制剂在感冒早期也可减轻症状。

上呼吸道感染多为病毒感染所致，因此无须使用抗生素，仅在有细菌感染时方给予抗生素。

**急性肾功能衰竭**　acute renal failure　由多种病因引起肾脏排泄功能急剧恶化，体内代谢废物潴留，水、电解质及酸碱平衡紊乱的现象。血清肌酐值每日上升44.2～88.4微摩/升，或2～3天内上升25%～100%。

**分类**　肾前性　指肾脏供血不足、有效血流灌注减少导致的急性肾衰竭。此时肾组织尚未发生器质性损害，血流灌注增加后肾功能即可恢复。

肾后性　指尿路梗阻（如结石、肿瘤或前列腺肥大所致梗阻）引起的急性肾衰竭。若能及时解除梗阻，肾功能亦可恢复。

肾性　各种肾脏组织病变导致的急性肾衰竭。按主要病变部位又可分为6种：①肾小管性急性肾衰竭。②肾间质性急性肾衰竭。③肾小球性急性肾衰竭。④肾血管性急性肾衰竭。⑤急性肾皮质坏死。⑥急性肾乳头坏死引起的急性肾衰竭。急性肾小管坏死约占全部急性肾衰竭病例的75%。

**病因**　肾中毒与肾缺血为急性肾小管坏死的主要病因。

肾中毒　肾毒性物质直接作用于肾小管可诱发急性肾小管坏死，这些物质包括：药物、化学物质、重金属、动植物毒素及内源性毒素等。

肾缺血　引起肾前性急性肾衰竭的各种因素持续存在，肾脏供血无改善，即可进展成急性肾小管坏死。

**临床表现**　少尿期　尿量减少，出现少尿（尿量<400毫升/日）或无尿（尿量<100毫升/日）。病程长短与急性肾小管坏死严重程度相关，短者2～3天，长者持续3～4周，平均10天左右。

多尿期　少尿期后，患者尿量就会迅速倍增，尿量>1 000毫升/日，甚至可达3 000～5 000毫升/日或更多，常持续数周至月余。

恢复期　尿量正常（1 500毫升/日），此期肾功能逐渐恢复，应定期复查。恢复期约需半年至一年。多数患者肾功能（包括肾小球及肾小管功能）能完全恢复正常，但是少数病例，尤其老年重症患者可遗留不同程度的肾功能障碍。

**诊断**　凡有明确肾中毒或肾缺血诱因，而后迅速出现急性肾衰竭，尿化验比重低（<1.015，乃至固定于1.010），有少量蛋白质及有形成分（管型，肾小管上皮细胞及红、白细胞），B超双肾增大（或大小正常），即可临床诊断急性肾小管坏死。如临床诊断困难，即应及时做肾穿刺病理检查确诊。

**治疗**　不同病期给予不同治疗措施。

少尿期　达透析指征者应尽早开始透

析（包括血液及腹膜透析）以维持生命，赢得疾病恢复时间。

多尿期 初始一周血清肌酐及尿素氮下降前，不应停止透析。多尿期防治水、电解质及酸碱平衡紊乱的原则是“缺什么，补什么”。要正确补液，防治低血钾及低血钠。防治感染。

恢复期 定期复查肾功能，并注意加强营养、逐步恢复锻炼，以利病体康复。

**急性肾小球肾炎** acute glomerulonephritis 一组起病急、临床呈急性肾炎综合征、病理为毛细血管内增生性肾炎的原发性肾小球疾病。简称急性肾炎。有自愈倾向，常仅需对症治疗。

**病因及发病机制** 急性肾炎常在β-溶血性链球菌A组致肾炎株引发呼吸道感染（如咽炎或扁桃体炎）或皮肤感染（如脓疱疮）后发生，发病与机体免疫反应相关，是免疫介导性炎症疾病。链球菌抗原能与其相应抗体在血循环中形成免疫复合物，然后沉积于肾小球；也可能是这些抗原先“种植”于肾小球，而后吸引循环中的游离抗体，于“原位”形成免疫复合物，免疫复合物激活补体致成肾炎。除链球菌外，少数情况下其他细菌、病毒或寄生虫感染亦可诱发本病。

**诊断** ①潜伏期。前驱感染后10～14天（范围1～4周）发病。②呈急性肾炎综合征表现。即血尿、蛋白尿、水肿、高血压及一过性肾功能减退。③血清补体$C_3$降低。病初出现，8周内恢复。轻者症状轻微，重者可有高血压脑病、急性肾功能衰竭，部分病例可演变为慢性肾炎。有上述典型表现者临床即可诊断，仅少数不典型病例需做肾穿刺检查，病理诊断为毛细血管内增生性肾小球肾炎。

**治疗** 以对症治疗及防治并发症为主，包括如下方面：

休息及饮食治疗 病初需卧床休息，直至出现利尿水肿消失及血压正常后再逐渐活动。患者应进低盐饮食（食盐3克/日），若有氮质血症尚应进低蛋白质饮食（蛋白质入量为0.6克/千克·日）。

抗感染治疗 急性肾炎发病时前驱感染尚未愈，则应注射青霉素两周以清除致病抗原。

利尿及降压治疗 ①采用噻嗪类利尿药或襻利尿药。血钾偏高时不用保钾利尿药。②利尿后血压即恢复正常。若需加用降压药时，由于此类患者血浆肾素活性低，一般不选用血管紧张素转换酶抑制剂或血管紧张素Ⅱ受体阻断剂治疗，此两类药除疗效差外还可加重高钾血症。积极进行利尿及降压治疗是防止心、脑并发症发生的关键。

血液净化治疗 出现急性肾衰竭并达到透析指征时，应及时给予血液透析或腹膜透析治疗；若出现心力衰竭且利尿效果不佳时，亦应及时进行血液滤过或连续动静脉血液滤过治疗，以减少血容量改善心功能。

**预后** 急性肾炎有自愈倾向，多在发病2～4周后出现利尿，随之水肿消退，血压及肾功能恢复正常。但是，轻度镜下血尿及微量蛋白尿常会持续半年至一年才消失。

**急性胃扩张** acute gastric dilatation 胃壁肌肉张力急性降低或麻痹，使胃内容物不能排出，大量气体及液体存留胃内而产生胃及十二指肠极度扩张的病理现象。病因为任何原因引起的创伤、脊柱前凸畸形、糖尿病酮中毒、过量进食（尤其是在长期饥饿之后）。过去常为手术（特别是腹膜后手术）并发症；术后放置胃肠减压管持续吸引后，此并发症已明显减少。

临床表现 可在几个小时内发生。早期上腹部或脐部持续或阵发性轻度疼痛，继而腹胀、恶心、呕吐，初为小口吐出含有胆汁的棕绿色胃内容物。呕吐渐频，量增多，变为咖啡色，此为小量出血表现，故潜血为阳性，但无大量出血。腹胀，有口渴感。患者表现不安，有脱水征。上腹（特别是左上腹）部不对称膨隆。有振水音，全腹有轻压痛，腹肌不紧张，肠鸣音减弱。有循环衰竭现象，如心率快、血压降低。呕吐物误吸入气管时，肺部可出现啰音。

实验室检查 虽有小量出血，但因大量体液丧失，血红蛋白浓度及红细胞计数仍有增加。血液中出现低钾、钠及氯。若临床上以丢失胃液为主，则表现有代谢性碱中毒；若以丢失胰液等消化液为主，则表现代谢性酸中毒。

X射线检查 腹部平片可见上腹部有均匀的阴影，并有巨大胃泡液平面。钡餐造影对诊断有很大帮助。可见大的胃及十二指肠轮廓及十二指肠梗阻，钡剂不能入空肠。

诊断 据术后及过饱餐等病史，临床症状，体征及X射线检查，不难作出诊断。下胃管吸出大量气体及液体，即可确诊。

治疗 放置胃管，持续胃减压，将胃内容物吸出，以少量生理盐水反复洗胃，直至吸出正常胃液。胃内若有大量内容物，用粗洗胃管不能吸出，或已有腹腔感染、休克，或怀疑胃壁坏死，则考虑手术，术后继续胃肠减压。若胃已坏死，则酌情行胃部分切除术，但病死率很高。

**急症医学** emergency medicine 研究与处理急、危患者及伤员现场急救、途中监护救治、医院内救治及其组织管理的医学分支。又称急救医学或急诊医学。急诊指急速地为患者进行检查和诊断所采取的行动；急救为防止处于危急状态下的患者死亡和其后致残而提供的紧急医疗服务。两者同为急症医学的核心。急诊医疗服务体系是负责实施有效的现场急救、合理分诊、有组织地转送患者及与基地医学密切联系的机构。急诊医学可分为创伤与非创伤两大类。

**急救类型** 分三个层次。前两个层次属于院前急救范围。

现场急救 现场急救的对象多为心脏骤停或创伤患者。应做好组织工作，并要求急救人员熟练掌握心肺复苏、止血、骨折固定等技术。心脏停搏超过5分钟，大脑就会出现不可逆的坏死。若能在此期间开展复苏，患者可望恢复。这段时间被称为“黄金五分钟”。

转送途中监护及抢救 运送过程中应边监护、边抢救、边与急救中心或接收医院联系，报告患者情况及接受指导。

医院内急救 医院是急救医疗的主要实施基地。包括医院的急诊科和各专科重症监护病房。急诊患者到达医院后，首先由急诊科医护人员进行抢救、分诊及观察。其后按患者具体情况决定出院，或转入相应科室病房。

**急症医学的任务** 建立急诊医疗服务体系 它是通信、协调和指挥急救工作的中心，配备有完善的通信联络设备、综合分析系统、救护车及急救员，将若干合格的医院组织成急救网。

健全急诊科 急诊科应分设急诊室、抢救室、监护室及留观室等部门。急诊科应设专线电话，24小时应诊。

组织培训及学术交流 包括对急诊医护人员的专业知识培训和对基层人员及大众的急救基本技术培训两部分。重点多为心肺复苏、创伤止血、包扎、骨折固定及转送患者等方面。

**疾病** disease 由一定的病因造成，具有一定病理改变和相应临床表现的趋异反常过程。疾病概念包含三个内容：①稳定的症候组合。②典型的病理发现。③特异的病因。20世纪上半叶，微生物感染是威胁人类健康和致死的主要原因，可用特异性抗菌药物治疗，用特异性血清和针对病因的卫生措施预防，于是以急性传染病为原型的疾病概念成为主流。波浪热、回归热这种症状描述式的病名已逐渐让位于“病因加病理”式的病名，如“腺病毒肺炎”。疾病强调的是客观的患病过程，“病患”（illness）则着重患者的主观感受。例如糖尿病患者虽未痊愈却可不感到病患；而残肢后遗症者，虽疾病已愈，却病患依然存在。

发现新的病情，还不知道其病理和病因时，暂用“综合征”（syndrome）指称。

**疾病保险** illness insurance 劳动者非因工（非因公）患病、负伤、残疾和死亡时而获得物质帮助的一种社会保险制度。它只适用于非因工情况，发病或死亡与劳动没有直接关系；疾病保险待遇的享受以丧失劳动能力为先决条件，即劳动者遭受到患病或意外人身伤害的风险。见医疗保险。

**疾病地理** disease, geography of 研究疾病的地理分布规律及其与自然和人文环境的相互关系的领域。是医学地理学的重要研究内容。古希腊学者希波克拉底最早阐述了水、热等自然条件对人类疾病的影响。疾病地理研究，早期主要研究物理因素和生物因素对疾病的影响；第二次世界大战以后，特别是20世纪60年代以来更重视化学环境、社会人文环境对疾病的影响。它研究不同自然环境因素和社会因素对疾病的作用，掌握疾病的地理分布规律及其变化趋势，为改善环境、预防疾病、优化人类生活环境提供科学依据。全球环境变化与人类生活方式的改变使人类面临的健康压力增大，突出表现为：新的疾病又不断出现；疾病类型也发生转变，与社会和生活方式改变密切相关的现代病，如心脑血管疾病、癌症、糖尿病和精神心理性疾病成为主要病种。因此，加强疾病地理研究已成为21世纪的重要任务。

**棘皮动物门** Echinodermata 动物界一门。高级的无脊椎动物门类。现存的棘皮动物分为海百合纲、海参纲、海星纲、海胆纲、蛇尾纲和同心纲，有6 000多种。最主要特征：①体表具棘刺或瘤粒。②幼体呈两侧对称，变态后成体为辐射对称，使体腔形成具有5条辐射管道及5个辐射体腔血窦组成的五放对称。③具特殊的水管系统。水管系统又称步带系统，由体腔一部分形成。管内充满液体，向体表外伸出管足，构成管道水压系统，具有运动、取食、呼吸的功能。④骨骼发达，且为内骨骼，与其他无脊椎动物的外骨骼不同，由中胚层分泌形成。⑤全为海栖，除少数大洋中的海参外，都为底栖动物。

**棘头动物门** Acanthocephala 动物界一门。具假体腔的后生动物。又称棘头虫。可分为4目22科近700种。体长为1.5～65毫米，但多数在25毫米左右。体表常有环纹，有假分节现象。体壁由角质层、表皮层和肌肉层组成。体壁内为假体腔，腔的前方有肌肉质吻鞘，吻可缩进此鞘内，吻上排列着许多角质的倒钩棘。口、肠等消化系统缺失，营养通过体壁吸收。循环与呼吸器官均无。排泄系统为焰茎球的原肾管。雌雄异体。成虫寄生于淡水、海水和陆生脊椎动物的肠管中。猪巨吻棘头虫（又称蛭形巨吻棘头虫）为常见种，寄生于猪小肠内，以带钩的吻附在肠壁上。

**棘鱼类** Acanthodii 一类已灭绝的有颌脊椎动物。最早发现于志留纪地层中，在4亿年前曾达到演化的顶峰，之后逐渐衰落，到2.7亿年前的古生代末期全部灭绝。棘鱼类化石地理分布较广，欧洲、北美、北非及南亚均有报道，主要是些零散的骨骼或者方形的小鳞片，完整的标本比较少。似黄鱼，体形不大，通常不超过35厘米。鳍特殊，所有鳍叶的前方都有一根相当强壮的鳍刺，其上有纵向花纹。沿身体的腹侧，在胸鳍和腹鳍之间，还有几对附加的小鳍，同样由鳍刺支持。鱼的名字也由此而来。棘鱼类从头到身体全部披有特殊的鲨皮状的密集鳞片。头上还有一些规则排列的小的膜质骨片，但这些骨片并没有形成盾皮鱼类和硬骨鱼类那样的颅顶甲。有些早期棘鱼类的化石材料，如棘鱼属，保存了完整的颅骨、颌弓与舌弓部分。它们所展示的原始的颌骨结构，为探讨有颌脊椎动物颌弓和舌弓的起源提供了重要线索。

**集安市** Ji' an City 中国吉林省辖县级市。原名辑安，又称通沟。位于省境最南端，东南以鸭绿江为界与朝鲜毗邻。面积3 408平方千米。人口23万（2010），有汉、满、

好太王碑

朝鲜、回、蒙古等9个民族。1902年置辑安县。1965年改为集安县。1988年撤县设市。由通化市代管。矿产资源丰富，有硼、石灰岩、大理石、金、铅、铁、石棉、云母、安绿石、建筑石材等。农业主产水稻、玉米、大豆、高粱等。集安是著名人参产地，除驰名中外的新开河人参外，还有山参、党参，以及鹿茸、熊胆、牛黄等几十种名贵药材。又是吉林省葡萄、山楂生产基地。工业以机械、冶金、医药、食品、建材、化工等为主。名胜古迹有高句丽都城遗址、丸都城遗址、将军坟和好太王碑，以及鸭绿江自然风光等。集安是国家历史文化名城。

**集成电路** integrated circuit; IC 经平面工艺加工制造，将电路的元器件和连线集成在基片内部、表面或基片之上的微小型化电路或系统。集成电路（IC）技术是在固体物理学基础上发展起来的电路技术。IC最早应用在空间科学和军事上，后广泛应用于电子计算机、通信设备和各种遥控、遥测等设备中。

集成电路有半导体IC和混合IC两种：半导体IC有以普通晶体管为主的双极型IC和以MOSFET（金属-氧化物-半导体场效应晶体管）为主的MOS型IC；混合IC有用蒸镀法制造的薄膜IC和用印刷法制造的厚膜IC。集成电路所用半导体材料通常是硅（Si），或化合物半导体如砷化镓（GaAs）和硫化镉（CdS）等。

1958年美国开始研制将二极管、晶体管做成微型芝麻管和微型电阻、电容装配到一片片陶瓷基片上，构成能完成某种功能的电路组件。J.S.基尔比等制作的集成相移振荡器电路是世界上第一批集成电路。

1959年，美国仙童公司R.N.诺伊斯等申请用平面工艺制作硅集成电路的专利，利用PN结隔离技术，在氧化膜上制作互连线。他们完成了集成电路的全部工艺，奠定了半导体集成电路发展的基础。

1968年，IC技术进入快速发展阶段，因MOS型IC比双极型IC的功耗小、集成度大，更适合于大规模和超大规模集成。MOS电路在大规模IC中占据了重要地位。半导体MOS存储器从1千位扩大到4千位、16千位、64千位、256千位，并都已商品化，1兆位也已有样品。70年代末，美国英特尔公司首先提出随机逻辑大规模IC，从而发明了计算机中央处理单元，即控制单元和运算单元IC，为计算机微型化创造了条件。集成电路进入电子系统集成阶段。

在这期间，除数字IC在数字逻辑信息领域里被广泛应用外，线性IC也被广泛应用于模拟信号处理领域。但线性IC对电阻、电容等元件要求高，依赖性大，所以在模拟信号处理的应用上要比在数字逻辑信号处理上晚，如用于模拟计算机和仪表上的第一批优质运算放大器是1966年才出现的。

此后，IC得到更大的发展，其集成度（集成元件数）由SSI（约$10^2$），到MSI（$10^2$～$10^3$），到LSI（$10^3$～$10^5$），到VLSI（$10^5$～$10^7$），直到ULSI（>$10^7$），提高了上万倍。功能上大为扩展，IC的结构也呈多元化，如有单片IC、混合IC、增强型IC、MOS型IC，以及单质和化合物IC等。

集成电路按其处理信息的功能不同，又可分为数字IC和模拟IC（又称线性IC），数字IC是计算机中应用最多的IC。

早期，中、小规模集成电路设计和掩模版制作多靠人工完成，进入大规模集成阶段后，人工设计必须借助计算机辅助设计，通过人机对话自动实现。

**集成光学** integrated optics 研究集成光路特性和制造技术以及与微电子学相结合的学科。把光源、各种光学元件、耦合器

和检测器等做成薄膜形式并组合在同一衬底上的微型光学回路称为集成光路。光波波长比普通无线电波或微波的波长要短得多，故利用光波来传输或处理信息时具有更大的信息容量，但传统的光学系统有体积大、光束对准困难、性能不稳定和使用不便等种种缺点。集成光路把所有光学元件微型化和集成化，与集成电路一样，具有体积小、功耗低、性能稳定可靠、不受环境影响和使用方便等优点。集成光路中现已制成的光学元件包括薄膜微型激光器、薄膜透镜、棱镜、薄膜型光学波导、耦合器、光开关、光学调制器、滤波器、光学双稳态器件、模-数转换器、存储器和检测器等。除纯粹集成光路外，已出现和电子学元件的集成。此外，在光学波导中已观察到了诸如二次谐波、混频和受激拉曼散射等非线性光学现象（见**非线性光学**），这必将大大扩展集成光路的功能。集成光学对光纤通信、自动控制、光学信息处理、光谱研究以及光学计算机的研究和应用等具有重要意义。

**集合** set **集合论**的基本概念。一些对象的总体称为集合，一般用大写字母$A,B,C$等表示；这些对象称为集合的元素，一般用小写字母$a,b,c$等表示。“$a$是$A$的元素”记作$a\in A$。集合中的元素具有互异性和确定性，即集合中的任意两个元素不相同，且每个元素都是确定的。没有任何元素的集合，称为空集，空集是唯一的，一般用$\varnothing$表示。

当集合中的元素个数有限时，称为有限集，否则称为无限集。可以用枚举的方法把有限集表示出来，即将集合中的元素全部列出于花括号中。例如：$\{a,b\}$表示由$a$和$b$两个元素构成的集合。对于无限集，通常用描述法来表示，即用$\{x:P(x)\}$或$\{x|P(x)\}$表示满足性质$P$的一切元素构成的集合。例如$\{x:x=f(t)$是$[0,1]$上的实值连续函数$\}$表示闭区间$[0,1]$上的一切实值连续函数构成的集合。

对于集合$A,B$，若集合$A$中的元素都是集合$B$中的元素，称集合$A$是集合$B$的子集，记作$A\subseteq B$。若集合$A$是集合$B$的子集，且集合$B$中存在某个元素不包含于集合$A$，则称集合$A$是集合$B$的真子集，记作$A\subsetneq B$。如果$A\subseteq B$且$B\subseteq A$，则集合$A,B$相等，记作$A=B$。

集合中的元素可以是集合，这样的集合通常称为集族。一个集合所有子集组成的集合称为该集合的幂集，记作$P(A)$。

通过集合间的运算，可以由已知的集合产生新的集合。设$A,B$是集合，则由“属于$A$或属于$B$”的元素构成的集合称为$A$与$B$的并集，记作$A\cup B$，即$A\cup B=\{x:x\in A$或$x\in B\}$。由既属于$A$又属于$B$的元素构成的集合称为$A$与$B$的交集，记作$A\cap B$，即$A\cap B=\{x:x\in A$且$x\in B\}$。由一切属于$A$而不属于$B$的元素构成的集合称为$A$与$B$的差，记作$A\backslash B$，若$B\subsetneq A$，则称为$B$对于$A$的补集或余集。集合的交和补运算可在集族中进行。

集合的交并和差运算满足下列法则：

①交换律：$A\cup B=B\cup A$；$A\cap B=B\cap A$。

②结合律：$(A\cup B)\cup C=A\cup(B\cup C)$；$(A\cap B)\cap C=A\cap(B\cap C)$。

③分配律：$A\cap(B\cup C)=(A\cap B)\cup(A\cap C)$；$A\cup(B\cap C)=(A\cup B)\cap(A\cup C)$。

④德·摩根律：$S\backslash(A\cup B)=(S\backslash A)\cap(S\backslash B)$；$S\backslash(A\cap B)=(S\backslash A)\cup(S\backslash B)$。

**集合论** set theory 数学的分支学科，**数理逻辑**的组成部分。它用公理化或朴素直观的方法研究集合的性质。纯数学的其他分支几乎都可以在集合论的范围内来定义和讨论。从这个意义上说，集合论可以看作是整个现代数学的基础，至多范畴论除外。

集合论是G.**康托尔**于19世纪末创立的。它的发展经历两个阶段：1908年以前称为朴素集合论；1908年以后产生了**公理集合论**。后者是前者的公理化结果。

朴素集合论 1871年康托尔在研究三角级数时引入了一些直线上点集拓扑的概念，之后他通过集合间的一一对应关系定义了等势、可数等概念，并创造性地用对角线法证明了任意闭区间$[a,b]$中的点和整数是不等势的，也就是不可数的。他探讨了前人从未涉及的实数点集，这是集合论研究的开端。1874年康托尔越过“数集”的限制，开始一般地提出“集合”的概念。他对集合的定义是这样的：把若干确定的有区别的（不论是具体的或抽象的）事物合并起来，看作一个整体，就称为一个集合（简称集），其中各事物称为该集合的元素（或成员），也说它属于该集合。事物$a$属于集合$A$记为$a\in A$。有了集合概念之后，就可进一步定义集合的子集、幂集、集合的并、交以及集合上的关系及集合到集合的映射等一系列概念。在朴素集合论中，这一切都是很直观明显的。

康托尔的卓越成就是关于无穷集的研究。他把判定两个集合大小的方法由有穷集合推广到无穷集合：元素间能建立一一对应的集合称为等势。这相当于有穷集中的两个集合大小相等。与有穷集合不同的是：一个无穷集可与它的一个真子集等势，这与传统的观念“全体大于部分”矛盾，但这恰恰是无穷集区别于有穷集的特征。

在对无穷集的研究中，康托尔开始只考虑到集合中元素的多少，没有考虑这些元素间可能出现的顺序。但后来他意识到有顺序的集合的重要性。从1883年起康托尔开始研究有序集合，特别是任一子集都有第一个元素的有序集——良序集。为此他引入**序数**的概念。序数将**自然数**表示“第几个”的功能扩展到无限。利用序数可以把良序集编号，并将数学归纳法推广到超限归纳法。序数和**基数**理论的研究不仅回答了人们困惑已久的“什么是数”及“什么是无限”的问题，而且将无穷作为数学研究的实体，可以区分无限集的大小并进行运算。此外他还提出了良序原则和**连续统假设**（简记为CH）。以上关于序数、基数的理论是康托尔于1895、1897年在以《关于超穷集合论的基础》为题的两篇文章中发表的。

集合论的公理化 “无限”一直是一个重大的哲学问题。自亚里士多德以来直到19世纪的许多数学家如C.F.**高斯**等都只承认潜无限，所以康托尔关于实无限的集合论一开始就遭到当时权威数学家L.克罗内克、H.庞加莱等人的非难，但由于它应用在分析、拓扑和测度论上的成功，更多的数学家倾向于接受它。集合论受到非难，不仅是因为哲学观点和数学上的思想分歧，严重的困惑来自集合论内部。在19、20世纪交替的十余年中，集合论的悖论相继发现，特别是罗素悖论的提出，使人们对数学理论的正确性产生了怀疑，出现了第三次数学危机。按照朴素集合论的观点，所有集合的全体也应构成一个集合$V$，$V$的势应该不小于其他任何集合的势。但由康托尔定理，它又明明小于其幂集$P(V)$的势，这就出现矛盾（康托尔悖论，1899）。同样，所有不属于自身（即不包含自身作为元素）的集合应构成一集合$R$，现在问$R$是否属于$R$。如果$R$属于$R$，则$R$满足$R$的定义，因此$R$不应属于自身，即$R$不属于$R$；另一方面，如果$R$不属于$R$，则$R$不满足$R$的定义，因此$R$应属于自身，即$R$属于$R$。总之，不论哪种情况，“$R$属于$R$”与“$R$不属于$R$”同时成立，这是个矛盾（罗素悖论，1903）。

为了克服悖论所带来的困难，E.F.F.策梅洛于1908年提出一个公理化的方案。他认为康托尔原来的集合定义需要有所限制，以防止过大集合的产生。但这样的定义至今没有找到。因此，只有从现有的集合论成果出发，反过来寻找可以建立集合论的原则。这些原则必须能够排除一切矛盾，同时又使康托尔集合论中一切有价值的内容保存下来。策梅洛的公理系统以“集合”与“属于”为仅有的不加定义的原始概念，包括外延公理、空集合存在公理、无序对集合存在公理、并集合公理、幂集合公理、无穷公理、分离（子集合）公理、**选择公理**等。策梅洛的公理系统经过A.A.弗伦克尔、A.T.斯科朗和J.冯·诺伊曼等人的改进，又补充了替换公理和正则公理两条，成为今天所谓的ZF或ZFC公理系统。分离公理与替换公理实际上是各自包括无穷多条公理的公理模式。其中除外延公理与选择公理是对于集合的刻画或限制之外，其余的公理都是关于集合的存在性公理。特别值得注意的是子集公理：给定一个集合$S$和任一性质$P$，则$S$中所有具有性质$P$的元素构成一个集合。它不像康托尔那样承认一切具有给定性质$P$的事物总构成一个集合，而是先要有一个更大的集合，这就大大限制了集合构成的任意性。ZF公理系统是相当成功的，它确实在很大程度上弥补了朴素集合论的不足。当然，由于哥德尔第二不完全性定理，ZF公理系统作为包括自然数理论的一阶形式体系是不可能在其内部解决本身的协调性问题的。这是一切这类体系固有的局限性。

集合论的公理系统除ZF公理系统外还有好多种，其中最重要的要算1925～1937年形成的J.冯·诺伊曼、P.贝奈斯、K.哥德尔的公理系统，称为NBG公理系统，它的特点是在“集合”与“属于”之外，还引入了“类”作为不定义的概念。类比集合更为概括，任一性质都可确定一个类。可以说“一切集合所成之类”，也可说“一切不属于自身的集合所成之类”。一个类是一个集合，当且仅当它是某一个类的元素。不是集合的类称为真类，上面提到的两个类就是真类的例子。NBG公理系统优于ZF公理系统之处在于：它可表述为不含公理模式而只由有限多条公理所组成的体系。可以证明，如果ZF公理系统协调，则NBG公理系统也协调（而且后者是前者的一个保守的扩张）。但由于NBG公理系统没有ZF公理系统简明方便，所以采用得较少（特别在科恩的工作以后）。

见选择公理、连续统假设。

**集会自由** assembly, freedom of 公民为了某种共同目的，暂时集结在某一场所，用演讲或讨论形式发表意见和交流思想的自由。宪法规定的公民权利之一。集会可分为政治集会和非政治集会、劳工集会和非劳工集会、选举集会和非选举集会、室内集会和露天集会、私人集会（限于召集人所招请之人）和公共集会（任何人均可参加）。群众性的室外集会，有时表现为游行、示威、请愿等形式。

多数国家的宪法都确认公民有集会自

1973年美国民众在国会大厦前集会，要求尼克松对水门事件负责并辞职

由，并对集会自由作了一定限制。有的国家要求集会前须向警察机关报告或取得许可；有的国家不要求集会前须获得许可，只对违法的集会才施以惩罚。中国宪法规定公民有集会自由。1989年通过的《中华人民共和国集会游行示威法》规定，举行集会必须依照法律规定向主管机关提出申请并获得许可。公民在行使集会权利时，必须遵守宪法和法律，不得违反宪法所确定的基本原则，不得损害国家的、社会的、集体的利益和其他公民的合法的自由和权利。

**《集结号》** *Assembly* 中国故事片。华谊兄弟影业有限公司2007年出品。导演冯小刚，编剧刘恒，主演张涵予、王宝强、廖凡。淮海战役中连长谷子地接受了一项阻击战的任务，战士们奋勇厮杀，最终全部阵亡。谷子地受伤后被解放军当作敌军士兵俘虏。在后方医院里他得知，自己原来的部队番号已经取消，他不仅难以证明自己的真实身份，甚至战死的47个弟兄都被视为失踪者。为给死去的战友找回应有的荣誉，他踏上了漫漫找寻与正名之路。影片从历史的疏漏处拓展中国电影战争片的表现领域，探索同类题材以往未曾涉及的层面，提升了主旋律电影的精神高度。获得百花奖、金鸡奖和香港电影金像奖等多项大奖。

**集权制** centralized type of organization 行政组织的一切事务的决定权集中于上级，下级凡事皆依据上级命令或秉承上级指示办理的组织体制。行政组织的一种类型。集权制的优点是：利于保证命令统一、标准一致，便于维护组织的整体利益，统筹全局，集中力量；层级节制分明，指挥灵便，易于应变；命令便于贯彻、执行。缺点是：如果运用不当，则不能因地制宜，缺乏生机和活力；上级易于滋生官僚主义，忽视地方或局部利益，影响下级主动性、创造性和积极性的发挥。

**集体安全理论** collective security theory 20世纪上半叶在欧美盛行的、认为可以通过有组织的国际社会集体的力量来预防和制止侵略、保护各国安全的一种理论和原则。

这一理论认为，传统的均势与联盟体系是不稳定和不确定的，要达到理想的对国际社会中权力的有效控制，必须由所有国家共同努力，通过健全的组织和具有法律效力的有关条约规定各国的权利和义务关系，为保障安全与正义的共同事业进行合作。在集体安全体系中，每一个国家的安全成为所有国家共同关心的问题；体系

2003年4月，集体安全条约成员国首脑在塔吉克斯坦商讨区域安全问题

内的各国都将裁减军备至最低水平，同时又保持一支国际强制部队来维持国际秩序与安全。在集体安全体系内，任何国家的侵略企图都将被视为对所有国家的侵犯，也必将受到所有国家的制止。

集体安全理论是建立在威慑基础上的。集体安全原则的有效性来源于阻止潜在侵略者的强大实力，它确保强国的权益，也可以保障弱小国家的安全。集体安全理论的关键是要建立一种普遍的和平与安全的机制，在这一机制中，所有成员都应服从集体安全体系的共同利益，不允许建立任何排他性的军事集团和联盟。

第一次世界大战后的国际联盟和第二次世界大战后的联合国组织，都是在集体安全理论指导下成立的全球性国际组织。但是事实上，各国为维护自身的安全往往采取双重政策，一方面依赖国际组织，另一方面又缔结同盟和进行区域性安排。

**集体合同** collective agreement 集体协商双方代表根据法律、法规的规定，就劳动报酬、工作时间、休息休假、劳动安全卫生、保险福利等事项，在平等协商一致的基础上签订的书面协议。又称劳动协约、团体协约、集体协议。集体合同与劳动合同不同，它不规定劳动者个人的劳动事项，只规定集体劳动事项，劳动合同中的劳动条件和劳动报酬等标准不得低于集体合同的规定；一般适用于雇主和全体劳动者，在有的行业适用于雇主和工会会员。

20世纪初，新西兰（1904）、荷兰（1907）、奥地利（1907）等国家规定订立、履行集体合同的劳动关系由民法调整，开始承认集体合同的法律效力。第一次世界大战后，集体合同得以单独立法，或在劳动法典中独立成编。当今世界许多国家特别是市场经济体制国家普遍实行集体合同制度。

在中国，1978年以后，在一些企业、事业单位开始签订集体合同。1992年4月通过、2001年10月修正的《中华人民共和国工会法》规定，工会有代表职工同企事业单位签订集体合同的权利。1994年7月通过的《中华人民共和国劳动法》将集体合同与劳动合同列为一章，对集体合同作

了原则性规定。

**集体农庄** collective farm 苏联建立在生产资料集体所有制和集体劳动基础上的社会主义农业企业。在苏维埃政权初期，苏联农村曾经出现过农业公社、共耕社、农业劳动组合等多种形式的集体农业。20世纪30年代初苏联开展全盘集体化运动时，确定农业劳动组合为集体化的基本形式。此后，通常就把农业劳动组合称为集体农庄。在集体农庄中，基本生产资料如大型农具、役畜、畜群、经营用建筑物等属于集体所有；庄员进行集体劳动；农庄的收入在扣除补偿生产资料消耗、提取公有基金以后，按庄员的劳动数量和质量分配给个人消费。同时允许庄员保留一定数量的宅旁园地和小农具，自养一定数量的牲畜和家禽，经营家庭副业。

20世纪20年代末苏联个体农户申请加入集体农庄

**集体企业** enterprise of collective ownership 中国社会主义城乡劳动群众集体占有生产资料和产品的企业。它有权独立支配企业的财产和产品，在国家法规、方针、政策的指导下，独立进行生产经营活动，自负盈亏。是中国公有制经济的重要组成部分。一般有两种形式：①不同形式的合作制集体企业。它的生产资料和劳动者直接结合，企业的所有权与经营权是统一的。②同劳动者个人无直接联系，而由城乡集体单位所创办的企业。它是由某一区域或某一范围的集体单位出资创办的，生产资料归该区域或该范围的集体劳动者占有，如在中国曾出现的社队企业，现称为乡镇企业。

集体企业实行职工民主管理。企业自主经营、自负盈亏。国家不能无偿调拨它的人员和财物。集体企业的特点是劳动者的物质利益与企业的经营好坏联系密切；创办资金较少，经营规模小，经营机制灵活；行业分布面广，企业点多；技术水平比较低，劳动密集型企业比较多。

**集体所有权** collective ownership 集体所有制组织的全体劳动群众对其公有的财产享有占有、使用、收益和处分的权利。是社会主义劳动群众集体所有制的法律表现。又称劳动群众集体所有权。

中国社会主义集体所有制经济，根据宪法规定，包括农村中以家庭承包经营为基础、统分结合的双层经营体制和生产、供销、信用、消费等各种形式的合作经济，还包括城镇中的手工业、工业、建筑业、运输业、商业、服务业等行业的各种形式的合作经济。

集体所有权的主体是各个集体组织，客体不能包括国家专有财产并一般要受各自经营范围的限制。集体组织依法享有独立进行经济活动的自主权和完整的占有、使用、收益和处分权，其他任何组织和个人都不得无偿调用和占有集体财产。集体财产的发生，除开始时的社会主义集体化和社员集资外，主要是各个集体经济组织的积累和扩大再生产，以及通过民事流转取得财产。

集体所有权的形式有家庭承包经营体制、城镇集体企事业和各种合作社所有权、股份合作企业所有权。

各个集体所有制单位在完成缴税和上缴利润任务后，对取得的利润有权进行支配，任何组织和个人都不得非法干涉。集体财产所有权受法律保护，任何人包括其上级组织都不得侵犯。

**集体所有制** collective ownership 部分劳动者共同占有和支配生产资料的社会主义公有制形式。与农业、手工业、商业、服务业和某些工业部门中社会化程度较低的生产和经营活动相适应。在集体所有制中，生产资料是集体财产，只归集体经济组织及其成员支配和使用，国家和其他单位不能任意无偿调拨集体经济的生产资料、劳动力、产品和资金。集体经济组织的生产、经营活动在国家政策的指导下自主进行，每一个集体经济组织都是独立的经济实体，自主经营，自负盈亏。集体所有制在工业、农业、商业等部门中分别采取了多种经营方式，包括工业生产合作社、农业生产合作社、供销合作社、信用合作社、运输合作社以及合作工厂、合作商店等。中国农业集体经济采取过互助组、初级社、高级社、人民公社等形式。1979年以后，中国农村集体经济有了很大发展，实行了各种形式的生产责任制，发展了乡镇企业，壮大了集体经济的力量。在中国相当长的历史时期内，集体所有制将与全民所有制长期并存。

**集体心理治疗** group psychotherapy 把具有同样或类似心理问题、困扰、障碍和疾病的患者聚集一起实施的心理治疗。又称团体或小组心理治疗。其特点是在社会交往的气氛中进行治疗。医生采用社会群体集会的方式，讲授有关的专业知识，用通俗易懂的语言动员、引导、启发、解释、分析、论证；或让已获得显著疗效以及痊愈的患者现身说法，通过示范、主动参与和相互交流学习，使参与者明白自身存在的心理问题或疾病的起因、可能呈现的症状，逐步学会掌握调节和克服自身困扰、障碍和症状的有效方法。人的心理活动内容绝大部分是通过人际交往获得的社会信息，很小部分是来自身体内部的生理信息。这些信息形成了由人际关系和身心关系所导致的各种“生活事件”。正确认识、妥善处理这些信息，使之和谐，健康就得以保持；反之就会转变为亚健康或疾病状态。

**集体行为** collective behaviour 在人群聚集的场合下，不受社会规范的控制，通常是无明确目的和无行动计划的众多人的行为。又称大众行为。广义地说，凡属社会互动过程中众多人的共同行为都是集体行为。集体行为的发生和发展，通常需依次经历3个阶段：①接触与摩擦。②情绪感染。③群体激动。集体行为的特征为：自发性、狂热性和非结构性。集体行为有各种各样的性质，产生的根源也十分复杂。社会学家一般认为社会不平等和突然事件的发生是最主要的原因。集体行为往往是社会变迁过程中的一种行为方式。对于现存社会生活秩序来说，有明显的破坏作用。在社会变革过程中，对冲破陈旧的、探索建立新的社会关系和规范，它又具有一定的积极意义。

**集邮** philately 以收集、鉴赏和研究邮票为主要内容的文化活动。集邮起初只是收集、整理和研究邮票，后逐渐扩大到经邮政渠道实寄的信封、明信片、邮简、包封纸、邮资机符志和邮资签条，以及加盖的邮政戳记，与邮寄、邮票、邮资、邮路有关的公告、通知等邮政史料，以及伴随集邮活动所产生的集邮用品和各种集邮文献资料。

简史 1840年5月，世界上第一枚邮票黑便士邮票在英国正式发行。在5月1日出售的当天，英国不列颠博物馆的J.格雷博士就购买了这枚邮票作为纪念品保存。1862年，他又编写了英国的邮票目录。因此，他被称为世界上第一个集邮者。19世纪50年代后，随着邮票发行国家和地区的增多，邮票成为爱好者竞相收集的藏品。1852年，比利时地理学家P.温地美伦在布鲁塞尔美术工艺品展览会上，展出了他收集的88枚邮票，被认为是世界上最早的集邮展览。1861年法国出版了第一本称为《邮票》的邮票目录，收录邮票约500种。1869年4月10日成立的伦敦集邮学会（后改称英国皇家集邮学会）是世界上第一个集邮组织。1878年，在法国巴黎举行第一次国际集邮会议，有20多个国家的集邮者参加。1926年6月18日，经德国、奥地利、比利时、法国、荷兰、瑞士、捷克斯洛伐克7国发起，国际集邮联合会（FIP）在法国巴黎成立。此后，美洲、欧洲、亚洲相继成立了洲际集邮联合会，还出现了按集邮类别组织起来的专题集邮协会。集邮成为世界性的文化活动。

中国的集邮活动发端于19世纪末叶。1878年**大龙邮票**的发行以及集邮活动在世界范围的开展，中国开始出现了集邮爱好者。1922年，第一个集邮组织上海神州邮票研究会成立，1924年改组为上海邮界联欢会，1925年改名为中华邮票会。1926年，新光邮票会在杭州成立。1934年，甲戌邮票会在郑州成立。1982年中华全国集邮联合会（ACPF）成立。

集邮方式　主要包括两大类。①传统集邮。按某个国家邮票发行时间顺序进行收集，也包括对某一时期、某一地区或某一类（种）邮票的收集和研究。②专题集邮。以邮票的图案或发行目的或主题为选择和分类的标准，进行收集和研究。随着集邮活动的发展，还形成了如趣味集邮、文献集邮等一些集邮方式。

集邮展览　简称邮展。一般分为以竞赛为主的邮展和以展示、陈列为主的邮展。竞赛性邮展按参展范围又分为世界邮展、国际邮展、全国邮展和地方邮展；按内容可分为综合性邮展和专项邮展等。世界邮展是FIP会员均可选送展品展出的邮展。国际邮展是洲级或地区级会员国组织参加的邮展。中华全国集邮联合会主办或赞助的全国性邮展通常每两年举办一次。邮展形式还包括联合邮展和巡回邮展等。在FIP邮展中，竞赛性展品经评审，所获奖励等级为大金奖、金奖、大镀金奖、镀金奖、大银奖、银奖、镀银奖、铜奖，分别颁发不同质地的奖章及获奖证书。

集邮宣传　内容包括方针政策、活动、知识、理论、成果、典型、组织建设、社会作用等。形式包括书籍、报刊、广播、电视、实物、会议、广告、招贴、文艺、声像制品等。《集邮》杂志、《中国集邮报》是中华全国集邮联合会的会刊会报。还有各种邮票目录、集邮词典、集邮知识、学术专著等。

**集约经营**　intensive farming　依靠科技进步和现代化管理，提高产品质量，降低物质消耗和劳动消耗，实现生产要素合理配置，讲求经济效益的生产经营方式。原指农业生产中在一定的土地上集中投入较多的**生产资料**和劳动，采用新的技术措施进行精耕细作的农业经营方式。集约经营的主要表现是：农业实行机械、电力作业，发展水利灌溉，增施肥料，使用良种以及改良土壤、采用先进的农艺技术，以提高单位面积产量。后来，集约经营这一概念被引申到其他领域（见**资本密集型产业**）。

**《集韵》**　中国古代韵书。宋代丁度等奉敕编撰。成书于仁宗宝元二年（1039）。丁度，字公雅。祥符（今河南开封）人。

《集韵》音系和分韵的数目均与《广韵》相同，仅韵目用字、部分韵目的次序以及韵目下面所注的同用、独用的规定稍有不同。《集韵》和《广韵》主要的不同之处在于《集韵》收字多，而且收的异体字特别多。《集韵》共收53 525字，为古代韵书和字书中收字最多者。缺点是对字的来源不加说明，优点是字训以《**说文解字**》为根据，**反切**多采自《经典释文》，也是一本较好的字书。

**集镇**　market town　介于乡村和城市之间的过渡型聚落。鉴于其职能不同于农业活动的村落，故常把它归入城市型聚落的范围。它既无行政上的含义，亦无确定的人口标准，一般是对建制镇以外的地方服务中心的统称。在中国，多数乡、镇行政中心，具有一定的商业服务和文教卫生等公共设施，并有相应的腹地支持，习惯上均称集镇。

**集装箱船**　container ship　以载运集装箱为主的运输船舶。除全集装箱船外，还有半集装箱船、多用途集装箱船、滚装船、载驳船、客箱船等。载箱量以20英尺标准箱（TEU）为单位。第一艘集装箱船是1957年美国用一艘油船改装而成。由于装卸效率高，极大地缩短了船舶在港停留时间，并可减少货损，因而得到迅速发展。2000年7 000TEU大型集装箱船已投入营运。国际集装箱多式联运的发展，要求港口有专业化泊位，配备专用装卸设备，并具有良好的内陆集疏运条件。

全集装箱船系单甲板、大货舱口、尾机型船。甲板上可堆放2～4层集装箱，货舱内可堆放3～9层集装箱。甲板和货舱口盖上有系固绑缚设备，舱内由箱格结构固定。在固定的班轮航线上营运。半集装箱船则只有部分货舱用于装载集装箱，其余货舱用于装运件杂货。多用途集装箱船既可以载运集装箱，又可以载运散货、杂货和木材等。

停靠在港口的集装箱船

**集装箱运输**　container transportation　以集装箱为集货单位，用车、船、飞机载运的货物**运输**形式。主要用于件杂货运输。

简史　19世纪30年代，英国率先在**铁路运输**中用框架式大容器装运棉纱和布匹。1853年美国铁路开始采用集装箱。随后德国、法国、日本分别于1886、1928和1930年采用集装箱。第二次世界大战中，美国陆军使用现代集装箱运输军需品。20世纪50年代，美国出现铁路与公路的集装箱联运；中国亦开始有了铁路集装箱运输，并试办集装箱水陆联运。60年代欧美国家实现集装箱水陆联运。80年代后，集装箱国际联运得到迅速发展，其中一种重要形式为陆桥运输。

集装箱　在货物运输过程中可以反复使用的一种装货容器。在中国香港特别行政区称货箱，在台湾省称货柜。集装箱有多种式样，以封闭式集装箱居多；有多种材质，一般为金属制造，又以钢集装箱应用最广。集装箱在运输途中转运时，箱内货物不须换装，可以直接从一种运输工具转移到另一种运输工具上。为了充分发挥集装箱运输的优越性，提高运输、装卸效率，20世纪50年代开始，在全球实现集装箱运输标准化，对集装箱的型号、外部尺寸制定统一的规定并统一装卸工艺。国际标准集装箱有20英尺、40英尺两种规格，以20英尺集装箱为一个标准箱计量。

组织形式　集装箱运输可以是单一运输形式，也可以是联运（见**联合运输**）。前者有铁路集装箱运输、公路集装箱运输、水路集装箱运输、航空集装箱运输。

陆桥运输　以横贯大陆的集装箱运输线路为桥梁，将大陆两端海域连接起来的海-陆-海集装箱联运。世界上主要有4条大陆桥：①美国大陆桥。以连接美国东西部海岸的横贯大陆铁路为陆桥。将太平洋地区与欧洲北大西洋沿岸连接起来。②西伯利亚大陆桥。又称亚欧第一大陆桥。以西伯利亚铁路为陆桥。将太平洋远东地区与欧洲波罗的海、北海和大西洋沿岸连接起来。③加拿大大陆桥。以加拿大大陆两条铁路线为陆桥。将太平洋地区与欧洲北大西洋沿岸连接起来。④新亚欧大陆桥。以中国北疆铁路在西部边境阿拉山口与土西铁路（突厥斯坦—西伯利亚铁路）接轨而成。它横贯亚欧大陆，将太平洋远东地区及大洋洲与欧洲大西洋、波罗的海、北海、地中海、黑海沿岸近40个国家和地区连接起来。

优越性　集装箱运输具有较高的运输效率和经济效益，因而发展很快，广泛应用于各种运输方式，尤其利于实行联运。优越性主要有节省包装和仓库费用；保证了货运质量；可以实现装卸作业机械化；加速货物运达和运输工具周转，降低运输费用。作为陆桥运输的集装箱运输，具有更大的经济效益。主要在于经过陆桥的集装箱联运可以大大缩短运输距离。例如，远东至西欧的集装箱运输，经西伯利亚大陆桥比经苏伊士运河的海上航线，运距缩短7 000千米，比绕道好望角缩短1万千米。

**蒺藜科**　Zygophyllaceae; caltrop family　双子叶植物纲蔷薇亚纲的一科。约27属350种，约有半数属为单种属。分布于亚洲、非洲、美洲、欧洲及澳大利亚的热带、亚热带和温带。中国有6属31种，主要分布于西北各省区荒漠和半荒漠的沙地和砾石山坡。草本或灌木。叶对生、互生或簇生，单叶或羽状复叶；具托叶。花两性，辐射对称或两侧对称；萼片4～5，花瓣同数；雄蕊与花瓣同数，或3至多倍，花丝基部或中部常有小鳞片，子房上位，常4～5室。蒴果或浆果状核果；分瓣果。蒺藜科有些属的植物可以入药；多数种类有固沙作用；有些植物的果可供食用。

**嫉妒**　jealousy　发现自己在才能或名誉、地位、境遇等方面不如他人，感觉受到威胁时产生的一种由羞愧、愤怒、怨恨等组成的消极情绪状态。除社会嫉妒之外，性嫉妒也是生活中常见的现象，在嫉妒中占有较大比重。研究表明，具有某种人格特质的人容易产生嫉妒心理。人在儿童期就可能有嫉妒的心理表现，父母对个别子女的过分关怀最易引起其他子女的嫉妒。人在家庭和社会的不同待遇也会引起嫉妒。1922年S.弗洛伊德撰写了一篇题为《嫉妒，妄想症和同性恋的若干神经机制》的论文，建构了嫉妒理论的基本框架，认为嫉妒的根源与潜意识的情绪有关，不是意识的自我所能完全控制的。这一取向至今仍占嫉妒研究的主导地位。

**几何光学**　geometrical optics　以光线为基础研究光的传播和成像规律的光学分支学科。表示光的能量传播方向的有向几何线称为光线。几何光学把光看作是直线传播的，基础是三大定律，它是各种光学仪器设计的理论根据。①光的直线传播定律：光在均匀介质里沿直线传播。②光的反射定律：见光反射。③光的折射定律：见光折射。基于光线的传播规律，可计算出光线在光学系统中的传播路径。这种计算过程称为光线追迹，是设计光学系统的基本方法。几何光学中研究光学系统理想成像规律的分支称为高斯光学或傍轴光学，它研究和讨论物和像的位置关系、像的大小、正倒、虚实及放大率等。实际的光学系统不可能理想成像，因而还必须研究各类像差及像差的校正、光阑的作用、像场的强度分布和清晰度以及所用光波波长的影响等一系列问题。

作为几何光学理论基础的上述三大定律是完全不考虑光的波动性而得到的近似规律。由于光具有波动性，当光通过孔径线度有限的各种光学元件时必然要产生衍射现象（见光的衍射），在成像系统的设计中，要考虑像场分布、成像质量或分辨本领等问题，仅靠几何光学理论是不够的，还必须运用体现光的波动性的衍射理论。

**几何平均数**　geometric average　$n$个变量值连乘积的$n$次方根。又称对数平均数。用$G_m$表示。计算公式为：

$$G_m=\sqrt[n]{x_1\times x_2\times\cdots\times x_n}=\sqrt[n]{\prod_{i=1}^{n}x_i}$$

几何平均数是适用于特殊数据的一种平均数，它主要用于计算比率的平均。当人们所掌握的变量值本身是比率的形式，这时就应采用几何平均法计算平均比率。在实际应用中，几何平均数主要用于计算社会经济现象的年平均增长率。

**几何学**　geometry　数学中最古老的一个分支。相传起源于古埃及尼罗河泛滥后为修整土地而产生的测量法。泰勒斯曾利用三角形全等做间接的测量工作。中国古代有勾股测量，在《周髀算经》中记载了周公姬旦和商高关于“勾三、股四、弦五”的对话（约前1000年）。从埃及产生的几何学传到古希腊之后，逐渐发展成理论的数学。哲学家柏拉图（前429～前348）确立了几何学中定义、公设、公理、定理等概念，树立了哲学与数学中的分析法和综合法的概念。梅内克缪斯（约前340）已经有了圆锥曲线的概念。

柏拉图学派之后，亚历山大学派逐渐繁荣起来，代表人物为欧几里得。他把到当时为止的数学知识编成13卷的《几何原本》，首次把数学知识构成一个逻辑体系。书中首先叙述了一些定义，然后提出五个公设和五个公理。其中第五公设尤为著名：若两直线与第三条直线相交，且在同一侧构成的两个同侧内角之和小于二直角，则这两条直线在向这一侧延长后必相交。从当代的观点来看，《几何原本》的公理系统是不完备的，但是它恰恰是现代几何基础论的先驱。直到19世纪末，D.希尔伯特才建立了严密的欧氏几何公理系统。

第五公设与其余公设相比较不很直观，许多人企图从其余公设来推导它，都失败了。第五公设等价于：在平面上，过直线外一点可引一条、且只有一条直线与原直线不相交。直到19世纪，N.I.罗巴切夫斯基和波尔约各自独立地创建了一种新几何学，其中把《几何原本》中的第五公设改换成：在平面上，过直线外一点可引无数条直线与原直线不相交。这种新几何学称为双曲的非欧几何学。另外还可以把第五公设换成“在平面上，过直线外一点所引的直线都和原直线相交”，这种几何称为椭圆的非欧几何学。非欧几何学的发现是人类思想史的一大成就。

在欧洲文艺复兴之后，代数学得到蓬勃发展，几何学也开始和代数学联系起来。R.笛卡尔和P.de费马发明了坐标法，在空间中的点和数组之间建立对应关系，把图形表述为数组所满足的方程来进行研究。这就是现在所称的解析几何学。在古希腊时期阿波罗尼奥斯（约前262～约前190）研究过的圆锥曲线被看作二次曲线论加以整理，成为解析几何的主要内容。笛卡尔和费马的坐标法促进了微积分的产生和发展，反过来微积分用于几何学，形成了微分几何学，其中L.欧拉、G.蒙日都作出了杰出的贡献。

除了解析几何的发展以外，在文艺复兴时代在造型美术发展过程中产生的透视图法逐渐成为一个独立的分支，形成射影几何学。17世纪的G.德扎格和B.帕斯卡奠定了它的基础，到18世纪以后，J.-V.彭赛列、Z.N.M.嘉诺和J.施泰纳等完成了这门几何学。在1872年，F.克莱因提出所谓的埃朗根纲领，把几何学与群论联系起来，认为几何学是研究空间在某个变换群的作用下的不变性质，把欧氏几何、射影几何以及当时出现的种种古典几何学统一起来，促进了古典几何学的发展。按照所取的变换群的不同，分别有欧几里得几何学、仿射几何学、射影几何学和共形几何学。非欧几何学则包括在特殊的射影几何学之中。同胚变换（一一对应的连续变换）群所隶属的几何学独立发展为拓扑学。

到18世纪，微分几何学成为数学的一个分支学科，对它作出最大贡献的是C.F.高斯。他奠定了曲面论的基础，特别是曲面由第一基本形式决定的内蕴几何。此时，非欧几何可以实现为曲面上的几何，打消了人们对于非欧几何的疑虑。将克莱因的思想用于微分几何，产生了射影微分几何、仿射微分几何和共形微分几何，代表人物有G.富比尼和W.J.E.布拉施克。

高斯的内蕴曲面论在1854年由黎曼推广为高维的黎曼几何学，后来E.B.克里斯托费尔，G.里奇，T.列维－齐维塔系统地发展了“绝对微分法”，对切向量场和一般的张量场定义了协变微分，丰富了黎曼几何的内容。自从A.爱因斯坦将它用于广义相对论以后，黎曼几何成为微分几何的主角。经过É.嘉当等人的努力，协变微分的概念逐渐演变成现在所称的联络，用于向量丛和主丛。20世纪以来，黎曼原始的思想被发展成以曲线长度积分为基础的芬斯拉几何，目前已引起许多几何学家的注意，并用于天体物理和固态物理。

在20世纪20年代以后，开始了大范围微分几何的研究。后来，H.霍普夫提出研究黎曼流形的曲率和它本身的拓扑结构的联系的课题。陈省身在1942年给出的高维紧致黎曼流形的高斯－博内定理的内在证明，是大范围黎曼几何发展史的里程碑，并且发展了纤维丛、示性类理论。在20世纪70年代以后，偏微分方程和非线性分析与大范围微分几何相结合，产生了几何分析，成为热门的研究课题。

微分几何学与理论物理有密切的联系。A.爱因斯坦的广义相对论以黎曼几何为其数学基础，杨－米尔斯的规范场论与联络论相联系。阿蒂亚－辛格指标定理已广泛地用于理论物理的研究。几何学与理论物理的种种联系将继续是几何学发展的推动力。

**《几何原本》** *Elements* 欧几里得的著作。简称《原本》。这是一部划时代的著作，是最早用公理法建立起演绎数学体系的典范。古希腊数学的基本精神，是从少数的几个原始假定（定义、公设、公理）出发，通过逻辑推理，得到一系列命题。这种精神，充分体现在欧几里得的《几何原本》中。在印刷本出现以前，《几何原本》的各种文字的手抄本已流传了1700多年，以后又以印刷本的形式出了1 000多版。从来没有一本科学书籍像《几何原本》那样长期成为广大学子攻读的教材。中国最早的译本是1607年利玛窦和徐光启根据德国人G.克拉维乌斯校订增补的拉丁文本《欧几里得原本》(15卷，1574)合译的，定名为《几何原本》，几何的中文名称就是由此而得来的。

欧几里得的原著只有13卷，第14、第15卷是后人添加上去的。一般认为第14卷出自许普西克勒斯之手，而第15卷是6世纪时达马斯基乌斯所著。利玛窦、徐光启只译了前6卷，整整两个半世纪以后(1857)，英国人A.伟烈亚力和李善兰才将后9卷用中文译出，但所根据的已不是克拉维乌斯的拉丁文本而是另一种英文版本。

《几何原本》是古希腊数学的代表作，出现在2 000多年前，这是难能可贵的。但用现代的眼光看，也还有不少缺点。主要是公理系统不完备，例如没有运动、连续性、顺序等公理，因此许多证明不得不借助于直观，也有的公理可以从别的公理推出（如直角必相等）。又点、线、面等定义本身是含混不清的，而且后面从来没有用过，完全可以删去。尽管如此，《几何原本》开创了数学公理化的正确道路，对整个数学发展的影响，超过了历史上任何其他著作。

**几内亚** Guinea; Guinée 西非大西洋沿岸国家。西濒大西洋，海岸线长352千米。陆邻塞拉利昂、利比里亚、科特迪瓦、马里、塞内加尔和几内亚比绍。面积245 857平方千米。人口1 010万(2009)。首都科纳克里。有20多个部族，其中富尔贝族（又称富拉尼人或颇尔人）和马林克族人数最多，分别约占全国人口的40%和30%以上。其余为苏苏族、基西族、马农族、格尔塞族、

科诺族。居民约87%信奉伊斯兰教，其余信原始宗教，少数人信天主教或基督教。官方语言为法语。

**地理** 国土自西向东分为4个自然单元。①下几内亚为西北—东南向狭长的沿海冲积平原，海拔100米以下，河网密集，海滨多沼泽、潟湖，红树林遍布。②中几内亚属富塔贾隆高原，约占国土面积的1/3，海拔750～1 000米，中北部不少山峰超过1 200米，最高峰卢拉山1 537米，是西非主要河流发源地，有“西非水塔”之称。③上

几内亚为海拔400～500米的低高原，约占国土的39%；尼日尔河水系呈扇形向东北汇集，又称尼日尔河上游高平原。④森林几内亚在国境东南，几内亚岭脊横贯东西，又称几内亚高原；山势崎岖，不少山峰海拔1 000米以上，宁巴山1 752米，是全国最高峰。受西南季风和地形影响分为热带雨林气候、热带高原气候和热带草原气候。平均年降水量由沿海向内陆、由南向北递减，西南沿海最高，4 000毫米以上；东南部几内亚岭脊南麓次之，超过3 000毫米；向东北部减至1 200毫米。资源丰富，铝土矿探明储量180亿吨，占世界储量的一半以上。铁矿储量100亿吨，分布于宁巴山、锡曼杜山和卡卢姆半岛。还有金刚石矿、黄金、铜、铀和铝、锌等。水力资源居非洲前列。沿海富渔业资源。东南的森林几内亚盛产红木、黑檀木等名贵热带木材。沿海大陆架发现有石油。

**历史** 当地最早的居民有马林克人和苏苏人，分别聚居尼日尔河上游和沿海从事农耕。9～15世纪为西非加纳帝国和马里帝国的一部分。自15世纪，葡、荷、法、英殖民者相继侵入，建据点，从事殖民贸易和奴隶贩运。1893年沦为法国殖民地，称法属几内亚，后并入法属西非。1914年科纳克里—康康铁路建成，打开了西非内陆经尼日尔河西出大西洋的通道。1958年10月2日独立，称几内亚人民革命共和国。1984年改国名为几内亚共和国。

1990年12月23日，经公民投票通过根本法。按根本法规定，几内亚实行总统制，总统兼国家元首和政府首脑。总统由普选产生，任期5年，可连任两届。国民议会为最高立法机构。2001年11月修改宪法。新宪法规定，总统任期由5年延长至7年，可连选连任，并取消总统候选人年龄不得超过70岁的限制。1992年4月颁布政党法，实行多党制。现有合法政党46个。人民军为国家武装力量，总统兼任总司令。实行义务兵役制。奉行睦邻友好、不结盟和全面开放的对外政策，坚持维护民族独立和国家主权。重视非洲团结和非洲经济一体化。同世界110多个国家建立了外交关系。1959年10月4日与中国建交。两国签订有《中几友好条约》和经济贸易、卫生、文化及技术合作等协定。

**经济** 2009年人均国内生产总值455美元。属农业国。农畜产品出口是除矿产外的第二大宗。私人种植园经济有一定基础，具相当规模和水平，经营香蕉、菠萝、柑橘、咖啡等经济作物，产品主要供出口。小农主要经营花生、油棕、粮食作物种植。粮食作物以稻谷为主，播种面积和稻谷产量均居非洲前列；此外有木薯、玉米、粟和高粱。采矿业是国民经济支柱。铝土矿居首，弗里亚、博凯、金迪亚几个大型矿山的开发，还带动

首都科纳克里街头演奏特殊民俗乐器的青年

了炼铝业的发展。其次是钻石开采，2003年产量为29万克拉。制造业薄弱，主要有纺织、水泥、建材、火柴、卷烟、铝制品、车辆装配、电力、塑料、饮料、木材加工、藤竹器、鱼类加工，以及食品、罐头、面粉、榨油、屠宰加工等农畜产品加工业。交通运输主要靠公路，公路网总长1.4万千米，其中全天候公路4 500千米。铁路总长1 046千米，科纳克里—康康东西干线661千米，其余为矿山专用线。港口主要有科纳克里自治港和卡姆萨深水港，西南隅的本蒂港是全国最重要的香蕉输出港。有飞机场12个，科纳克里有国际航空港。重要旅游名胜有宁巴山自然保护区，跨几内亚东南的洛拉专区和科特迪瓦西部的达纳内省，总面积17 130公顷；1981年作为自然与文化遗产被列入《世界遗产名录》。此外还有富塔贾隆高原和拉贝、金迪亚等避暑旅游胜地。

**文化** 2004年全国有中、小学6 700多所，高等学校13所。科纳克里大学为全国最高学府，建于1962年。官方报刊有《几内亚每日新闻公报》和《自由报》。几内亚通讯社属官方通讯社。几内亚广播电台为官方电台，使用法语、富尔贝语、马林克语和苏苏语对国内广播，国际广播用英语。几内亚电视台为官方电视台，建于1977年。

**几内亚比绍** Guinea-Bissau; Guinée-Bissau 非洲西部国家。西濒大西洋，陆邻塞内加尔和几内亚。领土由大陆部分和博拉马岛、科莫岛、梅洛岛及比热戈斯群岛等约60个岛屿组成。面积36 125平方千米。人口158万(2009)。首都**比绍**。全国有27个部族，其中富拉尼族(富尔贝族)、巴兰特族、曼丁戈族约占全国人口的80%。居民约45%信奉伊斯兰教，其余信奉拜物教、天主教、基督教新教和其他宗教。官方语言为葡萄牙语，通用克里奥尔语(无文字)。

**地理** 地势东高西低。国土除东南隅外，均属海拔200米以下的平原，地面平坦，偶有高50米的崖壁。受现代海浸作用，沿海形成深阔的三角港、连片的沼泽和大潟湖，部分红树林沼泽已垦为稻田。许多近岸岛屿，低潮位时与大陆相连。东南隅是略有起伏的热巴－巴法塔低高原，平均海拔约200米。地表覆有古红土层，流水切割严重。东南边境的山丘是几内亚富塔贾隆高原的外围，坡缓岗矮，海拔200～300米。境内河网稠密，主要河流有科鲁巴尔河、热巴河和卡谢乌河。河道曲折、水深流缓，兼航运与灌溉之利。但雨季和特大海潮时，河水暴涨，潮水顶托，易致水灾。

地处北纬11°～13°之间，终年高温，干湿季明显。年平均气温25℃左右，北部低于南部。年降水量北部为1 500～2 000毫米，南部超过2 000毫米，沿海多于内陆。5～11月为雨季，7、8月降水最多；受来自海洋的西南季风影响，湿度大，暴雨多，气温也因降雨而有所下降。12月至翌年4月为旱季，湿度小，气候宜人，但内陆受哈马丹干热风影响，常带来撒哈拉的酷热和沙尘。植被分布从沿海向内陆依次为红树林、沼泽林、卡萨芒斯季雨林和稀树草原。矿产资源大多尚未开发，主要有铝土矿(储

量约2亿吨)、磷酸盐矿(储量约5 000万吨)。沿海有石油。森林覆盖率约38%。渔业资源丰富。

**历史** 13世纪前后曾为桑海帝国的一部分。1446年葡萄牙殖民者侵占沿海的博拉马岛，进而向内地扩张，继而成为殖民者奴隶贸易的场所。1879年沦为葡萄牙殖民地，称葡属几内亚。设殖民首府于博拉马岛上的博拉马(1941年迁比绍)。1951年

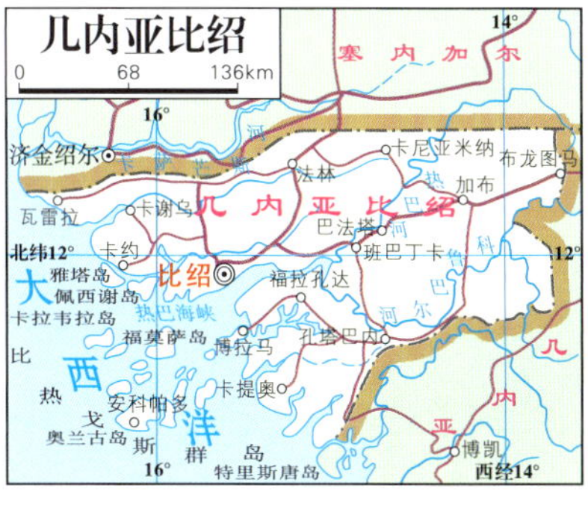


被改为"海外省"。1973年9月24日独立，成立几内亚比绍共和国。独立后国家政局动荡、多变。几佛独立党长期一党执政，1991年5月全国人民议会特别会议通过建立多党制法律。1994年7～8月举行首次多党制总统选举，几佛独立党候选人维埃拉当选共和国总统。1999年5月被武力推翻。2000年2月昆巴·亚拉在总统选举中获胜。2003年9月14日，武装部队总参谋长塞亚布拉发动政变，逮捕亚拉总统等，成立恢复宪法和民主秩序军事委员会(简称军委会)，自任军委会主席、临时总统。20日，军委会宣布塞辞去总统职务，并于23日任命企业家、无党派人士恩里克·罗萨为过渡总统。2004年3月28日举行议会选举。几佛独立党获胜，5月9日，几佛独立党主席卡洛斯·戈梅斯出任总理。2005～2007年政局动荡多变。1999年7月通过并颁布的宪法修正案规定，几内亚比绍实行半总统制。总统是国家元首，总理、政府成员均由总统任命。总统每届任期5年，可连任1次。全国人民议会行使立法权，就国内外重大问题制定法律，并负责监督国家法律的执行。常设机关为常务委员会，在议会闭会和被解散期间，行使议会职权。议员任期为5年。政党主要有几内亚和佛得角非洲独立党(简称几佛独立党)，社会革新党(简称社革党)，团结社会民主党等。军队称人民革命武装部队，创建于1964年11月16日。实行义务兵役制。

**经济** 传统的农业国。2009年人均国内生产总值约266美元。经济以农业为主，容纳着全国劳动力的85%左右。有可耕地约90万公顷，已耕地45.4万公顷。粮食作物以水稻最重要，在沿海地区发展很快；其次有木薯、豆类、马铃薯、甘薯等。经济作物主要有花生、油棕、腰果等，后又重点发展棉花，产品部分供出口。畜牧业以养牛为主，次为山羊、绵羊，东南丘陵为主要牧区。沿海捕鱼业发展快，年可捕获量约30万吨；海产品出口和向外国人发放捕鱼许可证，是国家外汇收入的重要来源之一。工业基础薄弱，以农产品加工和食品工业为主，其中榨油、碾米、酿酒、肉类加工、鱼类加工最重要，又以鱼类加工发展最快。此外有小型木材加工和建材工业。无铁路，交通运输以公路和水运为主；公路总长4 400多千米，内河和近海航运占重要地位，通航里程1 800多千米。主要港口比绍港，年吞吐量约50万吨。首都附近有奥斯瓦尔多·维埃拉国际机场，每周有定期航班往返塞内加尔、佛得角和葡萄牙。2007年，外债总额10.13亿美元。主要出口产品有腰果、冻虾、冻鱼、花生米、棉花、原木等，农产品出口占出口总额的96%以上。主要进口商品为运输设备、建材、粮食、燃料、润滑油等。主要贸易伙伴为印度、葡萄牙、

塞内加尔、尼日利亚、意大利、中国等。

**文化** 独立以来重视发展教育。卡布拉尔大学为第一所公立大学，2004年1月正式开学。新闻传媒主要有政府机关报《前进报》、地方报纸《比绍日报》等；几内亚比绍国家通讯社为官方通讯社，创建于1972年3月；几内亚比绍国家广播电台，成立于1974年9月，用葡萄牙语、克里奥尔语及其他地方语言播出；还有几内亚比绍国家电视台。

在田间耕作的农民

**对外关系** 奉行和平及睦邻友好的外交政策，同世界上不同社会制度和发展水平的国家建立平等互利的友好合作关系。主张建立国际政治经济新秩序；积极支持非洲统一和实现经济一体化，赞成建立非洲联盟。与近60个国家建立有外交关系。1974年3月15日与中国建交。1990年5月26日，几内亚比绍与台湾当局建立所谓"外交关系"，31日中国宣布中止同几内亚比绍的外交关系。1998年4月23日，两国恢复外交关系。

**几内亚高原** Guinea Highlands 西非高原山地。主体横贯几内亚东南部，东西分别延伸到科特迪瓦和塞拉利昂，南部边缘延伸到利比里亚；东西长400多千米，是尼日尔河上游水系与西非大西洋沿岸水系的重要分水岭。海拔一般1 000～1 200米。多1 500米左右的山峰，最高峰洛马山宾蒂马尼峰，海拔1 945米，在塞拉利昂境内。高原切割强烈，山高谷深，水系密集。气候湿热，平均年降水量1 800～2 000毫米以上。热带森林广布，是几内亚最大的林区。宁巴山和锡芒杜山蕴藏丰富的赤铁矿。还产金刚石。交通不甚便利，恩泽雷科雷—康康和恩泽雷科雷—基西杜古两条公路是仅有的南北通道。主要城镇有恩泽雷科雷、基西杜古、贝拉、盖凯杜等。

**几内亚湾** Guinea, Gulf of 非洲西部海岸外的大西洋海湾。西起利比里亚的帕尔马斯角，东至加蓬的洛佩斯角。沿岸国家有利比里亚、科特迪瓦、加纳、多哥、贝宁、尼日利亚、喀麦隆、赤道几内亚、加蓬，以及岛国圣多美和普林西比。有沃尔特、尼日尔、萨纳加和奥果韦等河流入。尼日尔河三角洲东西两侧分别称邦尼湾和贝宁湾。邦尼湾及其以南分布着一列由比奥科岛、普林西比岛、圣多美岛等组成的火山岛弧。地处赤道带，气候湿热，盛行西南季风，无强风暴。水温25～26℃，盐度34～35，近岸因多雨和大河注入，降为30。海岸地势低平，多浅滩、潟湖和红树林，缺少天然良港。尼日尔河三角洲外缘宽及160米的范围内为世界红树林分布最广的地区之一。塞内加尔和加纳沿海渔产较丰，主产沙丁鱼、金枪鱼、鲱鱼等。大陆架富藏石油，尼日利亚近海最为集中，已大规模开发。古代腓尼基、罗马人商船队曾航行于此。15世纪欧洲殖民者入侵后，成为西非—美洲间的贸易通道，沿岸是掠夺胡椒、黄金、象牙及贩运奴隶的重要基地，随之不同地段被称为"奴隶海岸"、"黄金海岸"、"象牙海岸"和"胡椒海岸"。沿岸主要港口有阿比让、阿克拉、洛美、波多诺伏、拉各斯、杜阿拉和利伯维尔等。

**己二酸** adipic acid 己烷衍生的二元羧酸，分子式HOOC($CH_2$)$_4$COOH。存在于甜萝卜中。熔点153℃，沸点265℃（100毫米汞柱），相对密度1.360（25/4℃），稍溶于水，微溶于乙醚，易溶于乙醇。加热至300℃即脱羧失水，环合成环戊酮。与乙酰氯或乙酸酐共热，生成$\left[\!\!\!\!-\right.$OCO-$CH_2CH_2CH_2CH_2$CO$\left.-\!\!\!\!\right]_n$聚酐。己二酸也能发生羧酸的一般反应，例如成盐、酯、酰胺等。工业上生产己二酸主要以苯酚或环己烷为原料。苯酚经催化氢化反应生成环己醇，再经硝酸氧化成己二酸。环己烷在环烷酸钴催化下氧化，生成环己醇和环己酮，此混合物不经分离即可用硝酸氧化成己二酸。己二酸主要用于制造聚酰胺合成纤维。己二酸与二元醇可形成聚酯，可进一步与双异氰酸酯反应，制造人造橡胶。与多支链的醇形成的酯是性能优良的润滑油。与分子量较大的醇形成的酯可作增塑剂。

**己内酰胺** caprolactam ε-氨基己酸分子内缩水而成的内酰胺。ε-己内酰胺的简称。白色晶体或结晶性粉末，手触有润滑感；熔点69～71℃，沸点139℃（12毫米汞柱）；易溶于水、乙醇、乙醚、氯仿和苯等。受热时易发生聚合反应。制法主要有：①以苯酚为原料，经环己醇、环己酮、环己酮肟而制得；②以环己烷为原料，用空气氧化法或光亚硝化法转化成环己酮肟，经重排而制得；③以甲苯为原料，经氧化成苯甲酸，加氢生成六氢苯甲酸，然后转化成己内酰胺，该法又称斯尼亚法。此外，也可以糠醛或乙炔为原料合成。己内酰胺大部分用于生产聚己内酰胺，是制备合成树脂、合成纤维（耐纶6）及合成革等的原料，少量用于生产赖氨酸。

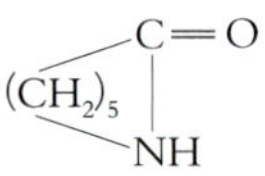

**纪登奎** Ji Dengkui (1923-03-17～1988-07-13) 中国共产党中央政治局委员，国务院副总理。山西武乡人。卒于北京。1938年加入中国共产党。历任中共鲁西区委青年救国会组织部长、冀鲁豫区委党校科长、鲁山县委书记、许昌地委书记。中华人民共和国建立后，历任洛阳矿山机器厂厂长、中共洛阳地委第一书记、河南省委候补书记兼秘书长。1968年任河南省革命委员会副主任。1969年当选为中共第九届中央政治局候补委员。1970年任中共中央组织宣传组和国务院业务组成员。1971年任北京军区第二政委、军区党委第三书记、中共河南省委书记。1975年任国务院副总理。是中共第十、十一届中央政治局委员。1980年辞去和免去党和国家领导职务。1983年任国务院农村发展研究中心研究员。

**纪育沣** Ji Yufeng (1899-12-22～1982-05-18) 中国有机化学家。生于浙江鄞县（今宁波市鄞州区），卒于北京。1921年毕业于上海沪江大学化学系。1923年获美国芝加哥大学硕士学位，1928年获耶鲁大学博士学位。历任武昌大学、东北大学、厦门大学、浙江大学、广西大学、上海医学院和西南联合大学教授，雷氏德医学院、中央研究院化学研究所、北京研究院药物研究所、中国科学院化学研究所、中国医学科学院药物研究所研究员和北京化学试剂研究所副所长。1955年当选中国科学院学部委员（院士）。专长杂环化合物的研究，多年从事嘧啶、噻唑类化合物及中药贝母、钩吻、柴胡等有效成分的研究，以及生化试剂和抗

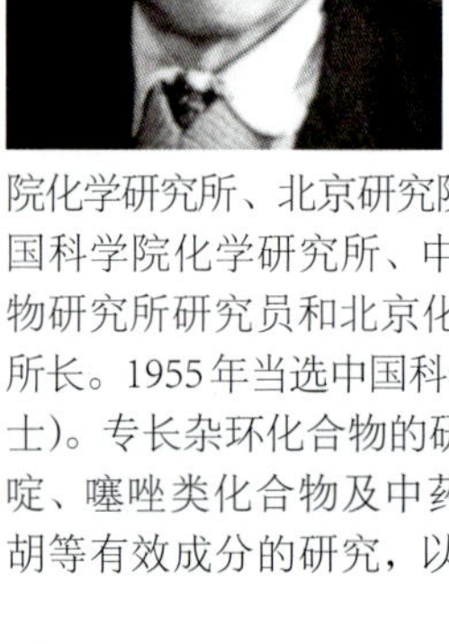

癌药物合成方面的研究，还研制出一种简单而准确的测定维生素C含量的方法。著有《抗疟药物的研究》(1957) 和《维生素乙的研究》(1957) 等，发表论文81篇。

**纪昀** Ji Yun (1724～1805) 中国清朝乾隆时大臣、学者。字晓岚，一字春帆，晚号石云。直隶献县（今属河北）人。乾隆十九年 (1754) 进士，官至翰林院侍读学士。三十三年，两淮盐运使卢见曾以亏帑获罪，廷议拟籍没家产，昀为卢见曾姻家，私下遣人往告，事泄，谪戍乌鲁木齐。三十五年释还。历官左都御史，兵部、礼部尚书，协办大学士。卒谥文达。

纪昀学宗汉儒，博览群书，工诗及骈文，尤长于考据。任官50余年，以学问文章名重朝野，学者咸与之往来，托庇门下。他胸怀坦率，性好滑稽，骤闻其语，近于诙谐，过而思之，乃是名言。先后参与《热河志》、《历代职官表》、《河源纪略》、《八旗通志》诸书编纂。乾隆间辑修《四库全书》，纪昀任总纂官。他主持写定的《四库全书总目》200卷，为代表清代目录学成就的巨著，嘉道以后，被奉为读书指南。还主持纂修《大清会典》、清三通、《清高宗实录》等。其他著述尚有《沈氏四声考》、《史通削繁》、《阅微草堂笔记》、《文集》、《诗集》等。《阅微草堂笔记》取法六朝笔记小说而有所发展变化，内容杂博，较多涉及世态，而不局限于志怪，虽有盛谈因果报应、宣扬封建伦理道德的糟粕，但仍不失为意味隽永、颇具特色的作品。纪昀的一生，升迁贬谪，无不备受。他的诗文，经后人搜集编为《纪文达公遗集》，诗文各16卷。

**纪政** Chi Cheng (1944-03-15～ ) 中国女子田径运动员。生于台湾新竹。从小喜欢体育，1963年获台湾省女子五项全能冠军，后赴美学习。1964年在美国加利福尼亚州举行的南太平洋女子五项锦标赛中，以4 122分夺冠。1966年在第5届亚洲运动会上获跳远冠军 (5.95米)。1968年7月30日，她的5项总分提高到4 580分，列当年美国第2名。同年在第19届奥林匹克运动会上获80米跨栏跑季军 (10″4)，是中国在奥运会上首次获得奖牌的女选手。1969年她以6″5的成绩创造了50米跨栏跑世界最好成绩。

1970年在美国波特兰以10″和22″7的成绩，创造100码和220码两项跨栏跑世界纪录。同年在慕尼黑举行的国际比赛中，打破200米跨栏跑世界纪录。1970年世界女子田径共创7项世界纪录，纪政独占5项。有“世界女飞人”、“东方羚羊”的美誉。1976年返台。国际田联1987年授其特别奖章，1993年再授元老奖章。2001年入选国际学者暨运动员名人堂。

**挤兑** bank run 在信用危机的影响下，存款人和银行券持有人争相向存款银行和银行券发行银行提取现金和兑换现金的一种经济现象。挤兑是金属货币流通条件下货币信用危机的一种表现形式。引起挤兑的原因有：①由于银行券持有人或存款人对发行银行的信用产生动摇，纷纷撤回存款。②由于银行券贬值，持有人抛出银行券，以防经济上蒙受重大损失。挤兑往往是伴随着普遍提取存款的现象发生的。在出现挤兑时，市场银根异常吃紧，借贷资本短缺，利息率不断上涨，迫使一些银行和金融机构倒闭或停业，从而进一步加剧了货币信用危机，形成金融风潮。

**挤压综合征** crush syndrome 软组织受到严重挤压后产生的一系列症状，包括低血容量，肌红蛋白尿和高血钾、酸中毒等肾功能受损的表现。挤压伤后大量肌红蛋白进入血流，会引起急性肾功能衰竭。此种情况称为肌红蛋白血症，与病程的进展密切相关。多发生在空袭、地震、矿井倒塌等意外事故时，伤员被埋于废墟中，四肢或躯干肌肉丰富的部位遭受广泛的挤压伤之后。急救时应及早解除重物的压迫，减少受压时间；受伤肢体要妥善制动，不宜抬高、按摩或热敷；应及时补充血容量，以纠正休克、改善微循环、防止酸中毒；根据伤肢情况可采取切开减张、引流等措施，不宜轻率截肢；应及时治疗急性肾功能衰竭。

**济南惨案** Jinan Massacre 1928年5月3日发生在中国济南的日军屠杀中国军民及外交官员的事件。又称五三惨案。这年4月，南京国民政府再次宣布出师北伐，日本借口保护侨民，决定出兵山东，并不顾南北两政府的抗议，由天津、青岛向济南逼近。5月1日，北伐军攻占济南，先行入城的日军却设置警备障碍，严禁北伐军通行。3日，日军故意挑起事端，趁机发动突然袭击，屠杀中国军民，甚至公然破坏外交惯例，扣留蒋介石交涉代表黄郛18小时，残杀山东交涉公署交涉员蔡公时及署内职员17人。6日，蒋介石为避免“冲突扩大”，命各军撤离济南，绕道北伐。蒋的妥协退让，更

1928年5月3日，日军炮轰济南城

助长了日军的嚣张气焰。7日，日军提出所谓惩凶、解除肇事军队武装、严禁反日宣传、南军（北伐军）撤出济南及胶济路两侧20华里以外等5项无理要求。8日拂晓，又以期限已过，拒绝谈判，下令攻城。11日，济南陷落，日军烧杀掳掠，无恶不作。据当日世界红十字会济南分会调查：“济案”死亡6 123人，伤1 700余人，财产损失2 957万元。但此后中日双方就“济案”举行谈判时，日本代表却始终否认日军所犯暴行。

**济南千佛崖造像** Qianfoya Cliffside Sculptures in Jinan 中国佛教石刻造像。位于山东济南白虎山东麓。始凿于唐武德年间，以初唐造像为主，宋、元、明各代有零星雕造。造像分布在南北长65米、高8.5米的崖壁上，现存窟龛100多个，造像210余尊，题记43处。千佛崖下有神通寺遗址和大小龙虎塔各1座，遗址南有唐代所建九顶塔。1988年国务院公布千佛崖造像（包括龙虎塔和九顶塔）为全国重点文物保护单位。

千佛崖造像除两龛倚坐佛像外，多为结跏趺坐佛像，也有一铺一佛二弟子二菩萨的像龛。题记年号有唐武德、贞观、显庆、永淳、文明等。像主有皇室成员，如南平长公主、赵王李福、驸马刘玄意；也有一般官员、僧尼和民众。佛像最大的高2.8米，小的仅数十厘米。唐代造像雕刻精细，体态丰腴，面目圆润，造型生动，具有时代风貌，为山东地区唐代造像精品。

**济南市** Jinan City 中国山东省辖市、省会。简称泉城。位于省境中西部，黄河下游。辖历下、历城、槐荫、天桥、市中、长清6区及平阴、商河、济阳3县，代管章丘市。面积8 177平方千米。人口681万 (2010)，

有汉、回、蒙古、满、苗、侗、朝鲜、壮、布依、土家、高山等民族。因处古四渎之一“济水”（故道为今黄河所占据）之南而得名。在新石器时代即属山东龙山文化地区。商周在龙山镇（今济南城东35.7千米）建古谭国，西汉置济南郡。北魏皇兴三年（469）改济南郡为齐州，北宋政和六年（1116）齐州升为济南府。明洪武九年（1376），山东最高行政机关“承宣布政使司”由青州迁往济南。1929年设济南市，1948年设济南特别市，后改济南市。泰山山脉丰富的地下水沿着石灰岩地层潜流至济南，被北郊的岩浆岩阻挡，于市区喷涌而出形成众多泉水。河流主要有黄河、小清河两大水系以及南北大沙河、玉符河等。湖泊有**大明湖**、白云湖等。属暖温带大陆性季风气候，年平均气温14℃，平均年降水量650～700毫米。矿产有铁、钴、煤、石油、天然气、黏土、白云岩、花岗岩等。农业主产小麦、玉米、大豆、高粱、谷子、水稻、棉花、花生、蔬菜、果品、药用植物等，特产有明水香稻、章丘大葱、平阿阿胶等；有林地10万多亩，产泰山小白梨、绣川红杏、张夏柿饼、历城薄皮核桃、板栗等。工业有机械、纺织、钢铁、化工、医药、食品、建材等。有山东大学、山东师范大学、山东科技大学、济南大学等高等院校。济南是山东省陆空交通枢纽，济南国际机场有通往港、京、哈、沪等国内城市的60条空中航线，以及美国、日本、德国等地的国际航线。京沪、胶济铁路于市区交会，济青高速、济南至德州高速、济泰高速及绕城高速等公路网状交织。文物古迹众多，有舜文化遗址舜耕山、舜井、

趵突泉

娥英河、舜庙、齐长城，隋代柳埠四门塔，中国最古老的地面房屋建筑——汉代孝堂山郭氏墓石祠，“海内第一名塑”的灵岩寺宋代彩塑罗汉等。济南的七十二名泉中，趵突泉、珍珠泉、黑虎泉、五龙潭四大泉群最负盛名。众泉汇成大明湖和千佛山交相辉映，构成“四面荷花三面柳，一城山色半城湖”盛景。济南是国家历史文化名城。

**济南战役** Jinan Campaign 中国解放战争时期，中国人民解放军华东野战军对国民党军重兵守备的山东省济南市进行的大规模攻坚战。1948年秋，国民党军被迫改“分

华东野战军进攻济南城

区防御”为“重点防御”后，蒋介石令第2“绥靖区”司令官王耀武所部固守济南，在徐州及其附近地区集中17万人的3个机动兵团伺机北援。王耀武以济南内城为核心防御阵地，以外城和商埠为基本阵地，以济南外围县镇及制高点构成外围阵地，各阵地内均构筑众多的永备和半永备型工事，形成能独立作战的支撑点。集中兵力约11万人。中共中央军委命令华东野战军攻取济南，同时准备打击徐州北援之国民党军。华东野战军遂集中兵力，组成攻城、打援两个兵团，由代司令员兼代政治委员粟裕统一指挥。攻城兵团由约14万人组成，由山东兵团司令员许世友、华东野战军副政治委员兼山东兵团政治委员谭震林、副司令员王建安统一指挥。打援兵团由约18万人组成，由野战军司令部直接指挥。攻城兵团于9月16日晚发起攻击后，迅速突破济南外围防线。经8昼夜激战，至9月24日全歼国民党内城守军（内1个军起义）。济南战役共歼国民党军10.4万余人（内起义2万人），俘第2“绥靖区”司令官王耀武、副司令官牟中珩和国民党山东省党部主任委员庞镜塘等高级将领23人，缴获各种炮800多门，坦克、装甲车20余辆，汽车238辆。济南战役的胜利，使华北、华东两大解放区连成一片，沉重地打击了国民党军坚守大城市的信心，锻炼和提高了人民解放军攻坚作战能力。

**济宁市** Jining City 中国山东省辖地级市。位于省境西南部，微山湖畔。辖市中区、任城区及微山、泗水、汶上、梁山、嘉祥、金乡、鱼台7县，代管**曲阜市**、**兖州市**、**邹城市**。面积11 286平方千米。人口808万（2010），有汉、回、满、布依、壮、朝鲜、蒙古、彝、苗、白等民族。秦为任城县，五代置济州，北宋称济州济阳郡。南宋咸淳七年（1271）升济州为济宁府，因地势较高，常免于济水之患，得济水之宁，定名为济宁。金、元置济宁路，明、清改称济宁州，辛亥革命后改州为县，1948年设立济宁市。矿产有煤、石灰岩、石膏、重晶石、稀土、磷、铁、铜、铅等，兖州煤田是中国八大煤炭基地之一；微山县塘湖乡郗山的稀土矿仅次于内蒙古的白云鄂博矿。农作物有小麦、玉米、水稻、高粱、棉花、花生、烟叶、大蒜等，是山东省重要的商品粮基地。森林覆盖率23%。特产有曲阜香稻、金乡白皮蒜、鲁西牛、微山麻鸭、南四湖四鼻孔鲤鱼等。工业有煤炭、电力、冶金、机械、电子、建材、化工、医药、纺织等。邹县电厂是全国最大的火力发电厂。京沪、新石、京九铁路及104、105、327等国道过境，水运有京杭运河，航空有济宁机场。济宁是中华文明的发祥地之一，有国家级重点文物保护单位7处。曲阜市是**孔子**的故里，有作为文化遗产被列入《世界遗产名录》的孔府、孔庙、孔林，还有孟府、孟庙、孟林、嘉祥武氏墓群汉画像石刻、鲁国故城遗址等古迹。名胜有水泊梁山、石门山、尼山、北湖、微山湖、泗水泉林、京杭运河、青山、铁塔寺等。曲阜、邹城为国家历史文化名城。

**济源市** Jiyuan City 中国河南省直辖县级市。位于省境西北部，黄河北岸，与山西省相邻。面积1 965平方千米。人口68万（2010）。有汉、回等民族。秦置轵县，隋开皇十六年（596）析轵县置济源县。因地处济水之源，故名。1988年设济源市。属暖温带季风气候。矿产有铁、铜、金、银、煤、水晶、玉石等。农作物有小麦、玉米、豆类、水稻、棉花、烟叶等，林木有连香树、红豆杉等珍稀树种。中药材有全虫、连翘、金蒙石等，有抗癌中药冬凌草。工业主要有煤炭、化工、冶金、机械、电子、食品等，主产黄金、白银和铅。著名手工艺品天坛砚历史悠久。名胜古迹有济渎庙、盘谷寺、大明寺、天坛山、王屋山猕猴自然保护区、五龙口（热泉）风景区等。

**给水和排水工程** water supply and wastewater engineering 用于水供给、废水排放和水质改善的工程。分为给水工程和排水工程。简称给排水工程。古代的给排水工程只是为城市输送用水和排泄城市内的降水和污水。近代的给排水工程是为控制城市内伤寒、霍乱、痢疾等传染病的流行和适应工业与城市的发展而发展起来的。现代的给排水工程已成为控制水媒传染病流行和环境水污染的基本设施，是发展城市

及工业的基础设施之一，市政工程的主要组成部分。

综述　给排水工程主要是：用水文学和水文地质学的原理解决取水和排水的有关问题；用水力学的原理解决水的输送问题；用物理、化学和微生物学的原理进行水质的处理和检验。19世纪后期，基于对城市公共卫生重要性的认识，在美国形成了卫生工程学科，给排水工程是其主要组成部分。20世纪60年代在美国、80年代在中国形成环境工程学科，又从水环境的高度把给排水工程原有内容的大部分包括在内，使给排水工程和环境工程、水资源工程以及环境科学互相交叉，共同发展。电子计算机和系统工程应用于给排水工程的规划、设计、施工和运行管理，使给水质量与废水处理进入一个新阶段。

给水工程　为居民和厂、矿、运输企业供应生活、生产用水的工程。由给水水源、取水构筑物、输水道、给水处理厂和给水管网组成，具有取集和输送原水、改善水质的作用。①给水水源。有地表水、地下水和再用水。地表水主要指江河、湖泊、水库和海洋的水，水量充沛，是城市和工厂用水的主要水源，但水质易受环境污染；地下水水质洁净，水温稳定，是良好的饮用水水源；再用水是工业用水的重复使用或循环使用，先进国家的工业用水中约60%～80%是再用水。② 取水构筑物。有地表水取水构筑物和地下水取水构筑物之分。前者是从江河、湖泊、水库、海洋等地表水取水的设备，一般包括取水头部、进水管、集水井和水泵房；后者是从地下含水层取集表层渗透水、潜水、承压水和泉水等地下水的构筑物，有管井、大口井、辐射井、渗渠、泉室等类型，其提水设备为深井泵或深井潜水泵。③输水道。从远距离水源输水到用水地点的整个输水系统，包括管道、明渠、暗渠和桥梁、隧道等。④给水处理厂。将原水进行处理以达到用水水质要求的工厂，有时称自来水厂或水厂，由泵房、化学剂投加设备、水处理构筑物、储存成品水的清水池及化验室等建筑物组成。⑤给水管网。向用户输水和配水的管道系统，由管道、配件和附属设施组成。管道常用铸铁管、钢管和预应力混凝土管。配件有闸阀、排气阀和排水阀等。附属设备有调节构筑物（水塔、水池）和给水泵站。

排水工程　排除人类生活污水和生产中的各种废水、多余的地面水的工程。由排水管系（或沟道）、废水处理厂和最终处理设施组成。通常还包括抽升设施（如排水泵站）。①排水管系。收集和输送废水（污水）的管网，有合流管系和分流管系。合流管系只有一个排水系统，雨水和污水用同一管道排输。分流管系有两个排水系统：雨水系统收集雨水和冷却水等污染程度很低、不经过处理直接排入水体的工业废水，其管道称雨水管道；污水系统收集生活污水及需要处理后才能排入水体的工业废水，其管道称污水管道。②废水处理厂。包括沉淀池、沉沙池、曝气池、生物滤池、澄清池等设施及泵站、化验室、污泥脱水机房、修理工厂等建筑。废水处理的一般目标是去除悬浮物和改善耗氧性，有时还进行消毒和进一步处理。③最终处理设施。视不同的排水对象设有水泵或其他提水机械，将经过处理厂处理满足规定的排放要求的废水，排入水体或排放在土地上。

**脊髓**　spinal cord　人和脊椎动物神经系统的低级部分。位于椎管中。上（前）端接延髓，下（后）端止于终丝。脊髓是一个圆柱形结构，在脊髓各节段的横切面上都可见

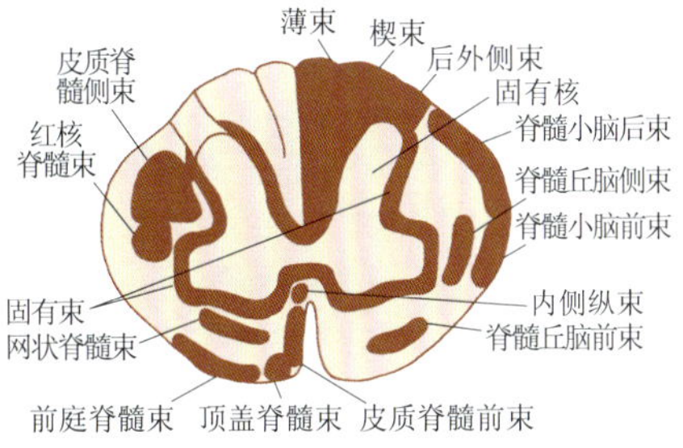

图1　脊髓的横断面

到中央呈蝶形的灰质，周围有白质包围。灰质内主要是神经细胞体、神经纤维与胶质细胞。许多部位的神经细胞体集合成群，形成核团或反射中枢。蝶形灰质的后突部分称为后角，感觉性传入纤维即由脊神经后（背）根进入脊髓的后角。灰质的前部构成前角，中枢的运动性传出纤维即由脊髓的前角经脊神经前（腹）根发出到达外周效应器。在胸部和上腰部脊髓、前后角之间还有侧角，自主性神经由此发出到达内脏器官。骶部脊髓的2～4节，虽无侧角，但相当于侧角位置的神经元也发出自主性神经纤维。从脊髓整体看，后角、前角和侧角实为柱状结构，故也可分别称为后柱、前柱及侧柱。白质主要由神经纤维与胶质细胞组成。每侧白质被灰质的前后角和脊神经的前后根分为后索、侧索和前索。白质由功能不同的各种上行、下行传导束的神经纤维组成，它是联系脑与脊髓及脊髓各节段的神经通路。在有四肢的

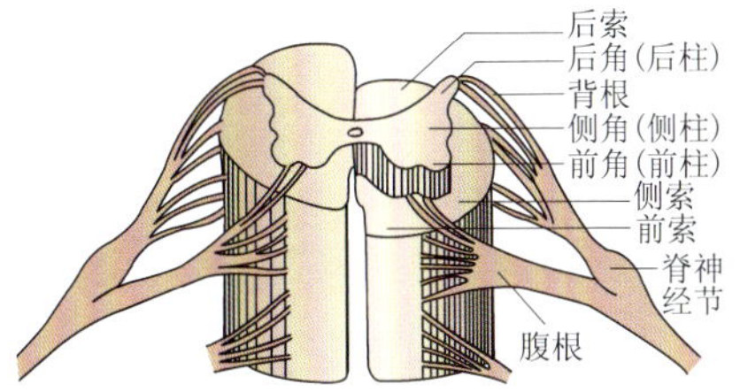

图2　脊髓剖面

脊椎动物中，脊髓的颈部和腰部略膨大，由此发出的脊神经分布到上（前）肢和下（后）肢。脊髓是外周神经系统与脑之间的通路，也是一些简单反射的中枢。脊髓在与高级中枢隔断的情况下也能保留某些简单的反射，但在正常情况下脊髓的神经活动（包括反射），都是在高级中枢控制下进行的。

**脊髓灰质炎**　poliomyelitis　由脊髓灰质炎病毒引起的一种急性传染病。好发于儿童，故又称小儿麻痹症。轻者仅有低热而无瘫痪，重者可侵犯中枢神经系统，损害下运动神经元，造成肌肉松弛性瘫痪，可致后遗症或死亡。患者及带病毒者为传染源，急性期患者的传染性强，粪-口途径为主要传播方式，故该病归入肠道传染病。口服疫苗有预防作用。

临床表现　顿挫型　最常见。病情轻，有低热、倦怠、嗜睡、头痛、恶心、呕吐等症状，几日内即可恢复。

非瘫痪型　即无菌性脑膜炎。除上述症状外，还有脑膜刺激征，表现颈部和背部肌肉僵直和疼痛等。疾病持续1～2周可完全恢复，少数可发展成瘫痪型。

瘫痪型　潜伏期一般为5～14天。临床分5期。①前驱期。起病可急可缓，以发热、乏力、全身肌肉疼痛及皮肤感觉过敏等症状为主，并有轻咳、咽痛、头痛、烦躁不安、食欲减退、恶心、呕吐、便秘或腹泻、腹痛等。②瘫痪前期。体温再次上升（称双峰热）。发热较高，除呼吸道和消化道症状外，出现神经系统症状，全身肌肉疼痛、感觉过敏或异常。可表现颈背肌痛、强直、不能屈曲，颈抵抗，克氏征、布氏征可呈阳性。③瘫痪期。进入瘫痪前期后3～4天，当体温开始下降或正在下降时出现瘫痪；发生前腹壁反射首先减弱，甚至消失，腱反射随之减弱而消失。一般在5～10天内瘫痪逐渐加重，轻者只涉及一块肌肉；重者肢体不能活动，甚至影响呼吸及吞咽。④恢复期。瘫痪发生后一周左右，瘫痪不再进展，肢体功能和肌力逐渐恢复。一般四肢远端如手指、足趾功能首先恢复，渐及近端大肌群，肌腱反射也随之出现。⑤后遗症期。因神经细胞损害严重，某些肌群的功能不易恢复，时间较长则发生肌肉萎缩，继而因长期肌力不平衡而引起肢体畸形，如脊柱侧凸、前凸，马蹄内翻足、外翻或手足下垂等，患肢骨骼发育也可受到障碍，严重影响活动和劳动力。

诊断　瘫痪出现前不易诊断，若有该病流行史、接触患者史，并表现多汗、烦躁或嗜睡、发热、头痛、恶心、呕吐、咽痛及肢体感觉过敏、疼痛、颈背强直，尤其腱反射由亢进转为减弱或肌张力减退，应疑及该病而予以隔离观察，一旦出现松

弛性瘫痪，可基本确诊。

**治疗** 前驱期及瘫痪前期无特效治疗，瘫痪期可应用促进神经肌肉传导的药物如地巴唑、加兰他敏等。出现呼吸障碍时应积极抢救。恢复期和后遗症期可采用针刺、推拿、按摩、理疗、功能锻炼等措施。

**预防** 主动免疫：中国推广的是口服脊髓灰质炎减毒活疫苗（OPV），由液体疫苗加工而成，分Ⅰ、Ⅱ、Ⅲ型单价，Ⅱ、Ⅲ型双价，及Ⅰ、Ⅱ、Ⅲ型三价，共5种糖丸，分别以不同颜色表示。它不仅能像灭活疫苗那样产生血中IgG抗体，还可刺激肠壁浆细胞产生局部IgA抗体，因此既阻断病毒从血流扩散到脊髓，也阻止病毒在肠道内繁殖。

**脊髓损伤** spinal cord injury 人体脊髓部位的各种损伤。多因脊柱损伤引起，多位于胸腰段和颈胸交接部位。脊髓损伤多见于工矿、交通事故，地震及火器伤等。完全性脊髓损伤，受伤节段平面以下所有运动、感觉、反射均消失，膀胱和肛门括约肌功能丧失（完全性截瘫）；不完全性脊髓损伤时受损平面以下尚存一部分功能（不完全截瘫）。颈段损伤则可造成四肢瘫。脊髓震荡为暂时性功能障碍，数小时或数日内可恢复。骨折脱位压迫脊髓，需及时解除压迫，重建脊椎的稳定性，才可能恢复；马尾神经断裂，行神经吻合后尚可恢复。现场救护非常重要，不可让伤员自己坐起或站立，必须用平板搬运。应加强营养，防止褥疮、泌尿系感染、关节挛缩及肺部并发症等。

**脊髓炎** myelitis 感染或毒素侵入脊髓所致病变。脊髓的病变常为横贯性，故又称横贯性脊髓炎。病毒感染所致的急性脊髓炎多发生在青壮年，无性别差异，散在发病，起病较急。多有轻度前驱症状，如低热、全身不适或上呼吸道感染的症状。受凉、过劳、外伤等常为发病诱因。脊髓症状急骤发生，多为双下肢的麻木和麻刺感、病变相应部位的背痛。病变节段围绕躯体的束带状感觉。在2～3天内进展至高峰，病变水平以下肢体瘫痪、感觉缺失和括约肌障碍。若起病急且病变广泛而严重，则瘫痪肢肌张力低，腱反射消失，是为脊髓休克。一般休克期约为2～4周。若发生肺炎、泌尿系感染或褥疮则可延长至数月，影响预后。若无重要合并症，3～4周后进入恢复期。通常自发病后3～6个月可基本恢复，少数病例有程度不等的后遗症。急性期绝对卧床休息。应用糖皮质激素。已有并发感染或为预防感染者可选用适当的抗生素，并应加用维生素$B_1$、$B_{12}$、C等。有呼吸困难者应注意呼吸道通畅，定时拍背，必要时可行气管切开。

**脊索** notochord 脊索动物原始的中轴骨骼。位于消化管的背面，神经管的腹面，有弹性，不分节，伸延全身，成为支持身体的一条棒状支柱。脊索和背神经管、鳃裂一起，构成*脊索动物门*的三大特征，而区别于*无脊椎动物*。一切脊索动物在早期发育阶段都具有脊索，但是，只有少数低等脊索动物如文昌鱼才终生保留，多数*脊椎动物*则只在胚胎时期有脊索，以后就被新的支持结构*脊柱*所代替，脊索本身仅留残余或完全退化。

脊索的结构在各类脊索动物里不尽相同，也不总是由泡细胞组成。脊索是脊柱的前驱，脊柱是脊索的承替。在不同鱼类中，可看到脊柱逐渐代替脊索的过程。

**脊索动物门** Chordata 动物界最高等一门。全世界已知7万多种，现存4万多种。曾分为3个亚门：尾索动物亚门（见*尾索动物门*）、头索动物亚门（见*头索动物门*）和*脊椎动物*亚门。前两亚门构造相对简单，亦称低等脊索动物。后一亚门构造复杂，称为高等脊索动物，是此门动物中最为重要和数量最多的类群。此门动物形态结构复杂，生活方式多样，主要特征：①具有*脊索*。②具有背神经管。背神经管为神经系统的中枢部分，管状中空，位脊索背面，管内充满脑脊髓液。高等脊索动物的背神经管分化为脑和脊髓两部分。③具有鳃裂。鳃裂位消化管前端，是咽部两侧左右成对排列的裂孔，由咽壁穿孔形成，且直接或间接与外界相通，以营呼吸功能。在低等脊索动物中终生存在，在高等脊索动物中仅出现于胚胎期或幼体期（如蝌蚪），成年期完全消失。次要特征：循环系统多为密闭式（尾索动物例外）；血液多具红细胞，血红蛋白是高效能氧的运载者；内骨骼；若有尾部，则总在肛门的后方，构成特有的肛后尾，区别于非脊索动物。根据后口、三胚层、次级体腔、两侧对称、分节现象等性状，说明脊索动物由非脊索动物演化而来。化石自5亿多年前的寒武纪以来，一直有出现。

**脊柱** vertebral column *脊椎动物*背部中央的骨骼。由多节脊椎骨连接组成，成为支持身体的中轴和保护脊髓的器官。*脊索*是脊柱的原始结构，在胚胎发育和系统发育中均如此。

典型脊椎骨的中央部分是椎体，椎体背面是椎弓，椎体和椎弓之间的大孔称为椎孔。各椎骨的椎孔相连形成椎管，内容脊髓。椎体的腹面有脉弓，各椎骨的脉弓相连形成脉管，内有血管。椎弓与脉弓都有延伸的棘，分别称为椎棘和血管棘。鱼的尾椎就有这种结构。在躯干部有体腔和肋骨，无脉弓，椎体以横突与肋骨相连。

陆生脊椎动物，除以上各部外，脊椎骨还有以下几种突起：自椎弓向前伸出一对前关节突，向后伸出一对后关节突，向两侧与椎体连结处伸出一对横突。前关节突的关节面朝上或朝内，后关节突的关节面向下或向外，两者形成关节。

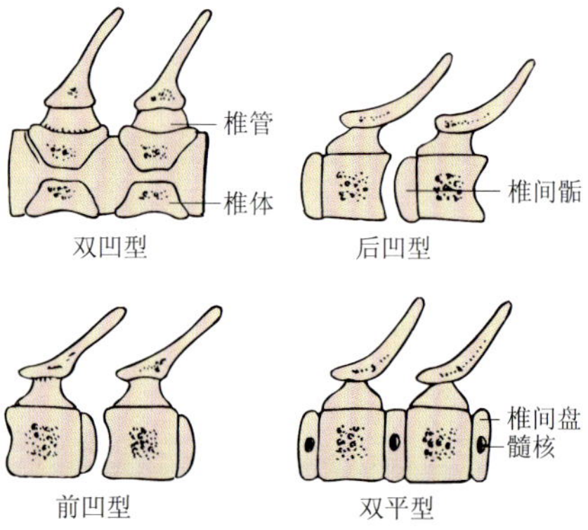

椎体的类型

脊椎动物在进化过程中，脊柱的演变一方面是增加其坚固性，另一方面是增加其灵活性。低等脊椎动物的脊柱分化少，如鱼类的脊柱只包括躯椎和尾椎。陆生脊椎动物的脊柱，由于生活环境变化很大，运动和支持身体的情况显然与水生动物不同。执行不同功能的脊柱，出现了适应陆地生活在形态上的显著分化，脊柱逐渐分化为5区：颈椎、胸椎、腰椎、荐椎和尾椎。

各部的数目可以脊椎公式（简作椎式）表示，用C、T、L、S、Cy分别表示颈椎、胸椎、腰椎、荐椎和尾椎。例如：

兔的椎式：$C_7T_{12\sim13}L_7S_4Cy_{15\sim16}$

狗的椎式：$C_7T_{12\sim13}L_7S_3Cy_{19\sim23}$

猪的椎式：$C_7T_{14\sim15}L_{6\sim7}S_4Cy_{20\sim23}$

马的椎式：$C_7T_{18\sim20}L_6S_5Cy_{15\sim21}$

人的椎式：$C_7T_{12}L_5S_5Cy_{3\sim5}$

**脊柱侧凸** scoliosis *脊柱*的某一段（或几个节段）在人体处直立位时偏离躯干中轴线形成的弯曲现象。好发于青春期，随年龄增大而畸形逐渐加剧。根据病因可分为：①特发性。原因不明。最为多见，占75%～85%。②先天性脊柱侧凸。系因胎儿时期骨骼发育不良所造成，可为半椎体或分节不完全，形成骨桥，椎体两侧发生楔形变。常合并脊柱以外畸形。③肌肉神经性或麻痹性。曾患*脊髓灰质炎*、大脑性瘫痪或脑脊膜膨出等患者，由于躯干一侧肌肉瘫痪，两侧肌力不平衡，致脊柱向患侧或健侧凸出。④神经纤维瘤病性。患者皮肤常有咖啡斑，多累及胸椎。⑤其他。如先天性多发性关节挛缩、成骨不全、马尔方氏综合征等。侧凸多发生于脊柱胸段上部，以向右侧凸为多。次为胸腰段侧凸，多凸向左侧。侧凸的椎体发生旋转可致肋骨隆突、胸廓变形、心脏移位、肺活量下降、消化动能低下而体质衰弱，严重者可有腰痛，甚至截瘫。脊柱X射线照相可确诊脊柱侧凸及其严重程度。云纹摄影普查可早期发现中小学生的脊柱侧凸，从而及早治疗。保守治疗用于主弯在40°以下的轻症儿童或青少年，可用特制的矫形支具矫正。40°～50°的脊柱侧凸是否进行手术尚存在不同看法。超过50°的脊柱侧凸，手术可适量矫正脊柱侧凸，在较柔软的脊柱，一般可矫正50%。手术治疗的目标是重建脊柱生理弧度，尽可能融合较少节段或减少假关节的发生率。

**脊柱骨关节病** spine, osteoarthrosis of 一种脊柱退行性病变。是引起颈臂痛及腰腿痛的一个常见原因。多见于40岁以上的体力劳动者，有脊柱损伤、姿势不良、下肢畸形或肥胖者亦易患病。男多于女。常发生于磨损较多的颈段及腰段，开始时椎间盘退变、不稳，关节突错位，韧带及关节囊肥厚，骨赘形成。压迫神经或椎管狭窄时引起症状。保持一定姿势过久时，血流不畅，骨内压力增高，疼痛加剧；适当活动后血流改善，症状缓解；但活动过多，摩擦加大，炎症加重，症状又加重。叩击痛区反觉舒服。X射线片可显示脊椎退变现象。按摩、理疗、运动疗法，水杨酸类等药物及封闭有效。神经受压时可行减压松解术。

**脊柱裂** spina bifida 神经管闭合缺陷的一种先天畸形。系胚胎发育过程中椎管闭合不全所致。也有合并小脑扁桃体下疝畸形，脑积水而影响智力者。病因除遗传因素外，尚有胚胎发育过程中环境的影响，如放射线、有毒物质、维生素A及叶酸缺乏，孕妇在妊娠早期患风疹、弓形虫病等。脊柱裂可发生在脊柱轴线上的任何部位，但以骶尾部多见，颈部次之。临床上分为两大类：①隐性脊柱裂。仅是椎弓融合不良，没有椎管内容物突出，常无症状，可不予治疗。②囊性脊柱裂。脊柱骨性缺损合并锥管内容物突出，检查时包块突出。包块内容物仅为脊膜及脑脊液者，称脊椎裂并脊膜膨出；若内含有脊髓神经组织者，称脊椎裂并脊髓脊膜膨出。诊断容易。治疗以手术修补为主，脊膜膨出者效果较好，脊髓脊膜膨出者手术难度大，往往难以解决其病变区神经功能障碍，如下肢运动、感觉和大小便障碍等。

**脊椎动物** vertebrate 脊索动物门脊椎动物亚门动物的统称。脊索动物门中数量最多、结构最复杂、进化地位最高的一类动物。它包括：圆口纲、软骨鱼纲、硬骨鱼纲、两栖纲、爬行纲、鸟纲和哺乳纲。其器官系统一般分为：皮肤系统、骨骼系统、肌肉系统、消化系统、呼吸系统、循环系统、神经系统、排泄系统、泄殖系统、内分泌系统、感觉器官。脊椎动物尽管形态结构彼此悬殊、生活方式千差万别，但均有脊索动物的共同特征：在胚胎发育早期出现脊索、神经管，咽头具鳃裂。由于它们出现了明显的头部，中枢神经系统成管状，前端扩大为脑，其后方分化出脊髓；大多数种类的脊索只见于发育早期（圆口纲、软骨鱼纲和硬骨鱼纲例外），以后即由单个的脊椎骨连接而成的脊柱所代替；原生水生动物用鳃呼吸，次生水生动物和陆栖动物只在胚胎期出现鳃裂，成体则用肺呼吸；除圆口纲外，都具备上、下颌；循环系统较完善，出现能收缩的心脏，促进血液循环，有利于提高生理机能；用构造复杂的肾脏代替简单的肾管，提高排泄机能，使由新陈代谢产生的大量废物能更有效地排出体外；除圆口纲外，水生动物具偶鳍，陆生动物具成对的附肢。

**计成** Ji Cheng (1582～?) 中国明末造园家。字无否，号否道人。苏州吴江人。少年时代即以善画山水而知名。他宗奉五代时期杰出画家荆浩和关仝的笔意，属写实画派，因而喜好游历风景名胜。青年时代到过北京、湖广等地。中年定居镇江，从事造园。在一次堆假山作业中，提出应按真山形态掇假山，并动手完成这座假山石壁工程。由于作品形象佳妙，宛若真山，于是名闻遐迩。明天启三年至四年（1623～1624），计成应常州吴玄的聘请，营造一处面积约为5亩的园林，为其成名之作。代表作还有明崇祯五年（1632）在仪征县（今仪征市）为汪士衡修建的“寤园”，在南京为阮大铖修建的“石巢园”，在扬州为郑元勋改建的“影园”等。他根据自己丰富的实践经验于崇祯七年完成中国最早和最系统的造园著作——《园冶》。计成还是一位诗人，但诗作已散佚。

**计划经济** planned economy 由国家机关运用行政手段，有计划地调节经济活动，配置资源的高度集中的运行机制和经济体制。曾经被误认为是社会主义的基本经济特征，是社会主义的客观经济规律。

主要特征 ①建立在单一的公有制基础上。城市和工业中以全民所有制经济占绝对统治地位，全民所有制企业为国家所有、国家经营，农村实行集体所有制。②国家通过指令性计划来调节资源的配置和指挥经济活动，排斥市场的调节作用。指令性计划是国家机关通过行政手段下达计划指标来实现的。③国家实行高度集中的统一管理，物资统一分配，财政收入和企业利润统收统支，劳动用工和收入分配统一管理，价格统一规定。完全排斥企业、单位的自主经营和独立利益。

作用 计划经济曾在一定的历史条件下起过积极作用：①首创了与市场配置资源相区别的另一种资源配置形式，为国家实行宏观调控提供了可贵的经验。②能够集中有限的资源，将财力、物力、人力用到关键的地方，集中力量办大事，加强薄弱环节，推动经济快速发展。尤其在应对战争、特殊困难时有显著作用。③在一定历史条件下激发了广大群众的建设热情，调动了人民的劳动积极性。

弊端 主要表现在：①指令性计划缺乏科学性，不能符合社会化生产的实际。②高度集中的管理使微观经济丧失活力。企业和职工丧失了主动性和积极性。③经济计划体制造成国民经济比例失调、结构失衡，经济发展起伏波动，最终影响了发展速度。造成物资供应长期短缺，人民生活水平提高缓慢，部分居民生活困难。

**计划生育** family planning 为控制人口过度增长，由国家制定的有计划地生育子女的政策。人口的增长必须与国民经济的增长相适应。人口增长超过人类衣、食、住、行所需生活资料的生产，会影响人民生活水平的提高，加剧人多地少和就业困难等矛盾，影响教育事业和国民经济的发展。计划生育对人口出生增长实行计划调节和控制，以实现人口与经济、社会的协调发展。计划生育是中国政府的一项基本国策。自1973年开始，人口指标被纳入国家计划；1982年计划生育写入《中华人民共和国宪法》。实行计划生育，一是未婚青年实行晚婚，二是已婚夫妇采用科学方法有计划地生育子女。节育方法各种各样，有暂时性男用或女用避孕方法及永久性绝育方法。各种方法要根据夫妇的年龄、健康情况、子女多少、生活习惯等，因人、因地、因时选择不同的节育方法。

**计量** metrology 实现单位统一、保证量值准确可靠的活动。计量在历史上称为度量衡，其含义是关于长度、容积、质量的测量，所用的主要测量器具是尺、斗、秤。在英语中尺子和统治者是同一词ruler，中国古代把砝码称为“权”，至今仍用天平代表法制和法律的公平，这些都表明计量象征着权力和公正。科学计量既为法制计量提供技术保障，又为工程计量和高新技术发展提供测量基础。计量学是研究计量（狭义测量）的学科。计量管理工作是为经济而有效地满足社会对测量的需要而进行的一项法制、技术和管理方面的有组织的活动。它们保证所用的法制计量器具被控制在允许误差范围之内，减少商贸、医疗、安全等诸多领域的纠纷，维护消费者利益，给国民经济发展带来效益。

发展简史 计量的发展具有悠久的历

史，大体分为3个阶段。

①原始阶段。以经验和权力为主，大多利用人、动物和自然物作为计量标准。例如，中国古代的布手知尺、掬手为升、十发为程、黄钟律管等；相传在大禹治水时，就使用“准绳”和“规”、“矩”等计量器具。古埃及的尺度是以人的胳膊肘到指尖的距离为依据的，称为“腕尺”（约46厘米）。英国的码是亨利一世将其手臂向前平伸，从其鼻尖到指尖的距离（1码＝0.914 4米）；英尺是查理曼大帝的脚长（1英尺＝0.303 8米）；英寸是英王埃德加的手拇指关节的长度（1英寸＝25.4毫米）；而英亩则是两牛同轭，一日翻耕土地的面积（1英亩＝$4.05\times10^3$平方米）。

②经典阶段。以宏观现象与人工实物为科学基础的阶段。标志是1875年签订的《米制公约》。包括根据地球子午线1/4长度的一千万分之一建立了铂铱合金制的米原器，根据1立方分米水在规定温度下的质量建立了铂铱合金制的千克原器，根据地球绕太阳公转周期确定了时间（历书时）单位秒等，它们构成基于自然的米制，并成为国际单位制的基础。

③现代阶段。以量子理论为基础，由宏观实物基准过渡到微观量子基准。国际上已正式确立的量子基准有长度单位米基准、时间单位秒基准、电压单位伏特基准和电阻单位欧姆基准。最好的方案是用基本物理常量（普适常量）来定义计量单位。例如，1983年将米定义为光在真空中在1/299 792 458秒的时间间隔内所行进的长度，使长度事实上变成了时间（频率）的导出量。

研究对象　在相当长的历史时期内，计量的对象主要是物理量，后来随着科技进步和社会发展而扩展到工程量、化学量、生理量，甚至心理量。普遍开展和比较成熟或传统的有十大计量：几何量计量、温度计量、力学计量、电磁计量、无线电计量、时间频率计量、光学计量、电离辐射计量、声学计量和化学计量。在生物工程、医学工程、环保、信息、航天和软件等方面一些高新技术领域的专业计量测试，也正在逐渐形成和不断加强。

基本内容　随着科技、经济和社会的发展，计量的内容也在不断地扩展和充实。通常可概括为6个方面：计量单位与单位制；计量器具（或测量仪器），包括实现或复现计量单位的计量基准、标准与工作计量器具；量值传递与溯源，包括检定、校准、测试、检验与检测；物理常量、材料与物质特性的测定；测量不确定度、数据处理与测量理论及其方法；计量管理，包括计量保证、计量确认与计量监督等。

分类　人们从不同的角度，对计量进行过不同的分类。国际上趋向于把计量分为科学计量、工程计量和法制计量3类。

①科学计量。基础性、探索性、先行性的计量科学研究。通常用最新的科技成果来精确地定义与实现计量单位，并为最新的科技发展提供可靠的测量基础。科学计量的主要任务，包括计量单位与单位制的研究、计量基准和标准的研制、物理常量与精密测量技术的研究、量值溯源与量值传递系统的研究、量值比对或能力验证方法与测量不确定度的研究等。

②工程计量。各种工程、工业、企业中的实用计量。又称工业计量。工程计量涉及面甚广，随着产品技术含量提高和复杂性的增大，为保证经济贸易全球化所必需的一致性和互换性，它已成为生产过程控制不可缺少的环节。

③法制计量。与法定计量机构工作有关的计量，涉及对计量单位、计量器具、测量方法及测量实验室的法定要求。法制计量由政府或授权机构根据法制、技术和行政的需要进行强制管理，其目的是用法规或合同方式来规定，以保证与贸易结算、安全防护、医疗卫生、环境监测、资源控制、社会管理等有关的测量工作的公正性和可靠性。法制计量涉及公众利益和国家可持续发展战略。

特点　①准确性。测量结果与被测量真值的一致程度。由于实际上不存在完全准确无误的测量，因此在给出量值的同时，必须给出适应于应用目的或实际需要的不确定度或误差范围。②一致性。在统一计量单位的基础上，无论在何时何地采用何种方法、使用何种计量器具，以及由何人测量，只要符合有关的要求，其测量结果就应在给定的区间内有其一致性。也就是说，测量结果应是可重复、可再现（复现或重现）、可比较的。③溯源性。任何一个测量结果或测量标准的值，都能通过一条具有规定不确定度的连续比较链，与计量基准联系起来。这种特性使所有的同种量值，都可以按这条比较链通过校准向测量的源头追溯，也就是溯源到同一个计量基准（国家基准或国际基准），从而使其准确性和一致性得到技术保证。量值出于多源或多头，必然会在技术上和管理上造成混乱。④法制性。来自于计量的社会性，因为量值的准确可靠不仅依赖于科学技术手段，还依靠相应的法律、法规和行政管理。特别是对国计民生有明显影响，涉及公众利益和可持续发展或需要特殊信任的领域，必须由政府起主导作用建立起法制保障。计量学作为一门科学，同国家法律、法规和行政管理紧密结合的程度，在其他学科中是少有的。

计量不完全等同于一般的测量。测量是为确定量值而进行的全部操作，一般不具备、也不必具备计量的4个特点。所以，计量属于测量而又严于一般的测量，在这个意义上可以狭义地认为计量是与测量结果置信度有关的、与测量不确定度联系在一起的一种规范化的测量。

**计量单位**　measurement, unit of　为表示同类量的大小而定义和采用的单位。又称测量单位。具有约定的名称和符号，例如在国际单位制（SI）中对长度所约定的单位名称为“米”，约定的符号为m。具有相同量纲的量不一定是同类量，但其单位可以有相同名称和符号。例如运动黏度$\nu$与扩散系数$D$，其量纲为$\dim\nu=\dim D=L^2T^{-1}$，式中dim为量纲符号，L为长度量纲，T为时间量纲。它们的SI单位都称为二次方米每秒，中文符号均为“米²/秒”。这类量有时也采用不同的单位名称和符号，例如力矩$M$与能量$E$，其量纲为$\dim M=\dim E=L^2MT^{-2}$，式中M为质量量纲。它们均可用单位牛顿米，中文符号均为“牛·米”，而能量还可用单位“焦耳”。摄氏温度$t$与热力学温度$T$间存在$\dim t=\dim T=\Theta$，式中$\Theta$为热力学温度量纲。但对于摄氏温度只能用SI单位“摄氏度”，而不能用“开尔文”；对于热力学温度则只能用SI单位“开尔文”，而不能用“摄氏度”。中国法定计量单位规定采用拉丁字母或希腊字母构成，其中多数为一个字母，但可使用单位的简称所构成的“中文符号”。例如：力的SI单位为牛顿，符号为N，中文符号为“牛”；热阻的SI单位为开尔文每瓦特，符号为K/W，中文符号为“开/瓦”。单位符号的字母字体无例外地为正体，且无复数形式。单位方程为物理方程的一种，用于给出计量单位间的定量关系或单位的定义。倍数单位与分数单位是按约定的比率，由给定单位构成的更大的或更小的单位。一般按独立定义的主单位划分倍数与分数单位。国际单位制中的SI单位均为主单位，其倍数和分数单位通过加词头构成。例如：长度的SI单位为米，有独立定义，其倍数或分数单位千米、分米、厘米、毫米等，均按米定义。

**计量单位制**　measurement units, system of　为给定量制按给定规则确定的一组基本单位和导出单位。又称测量单位制。其中基本量的计量单位称为基本计量单位，简称基本单位；导出量的计量单位称为导出计量单位，简称导出单位。导出单位是用基本单位以代数形式表示的单位。这种单位符号中的乘和除使用相应的数学符号，例如速度的国际单位制（SI）单位为米每秒，符号为m/s或$m\cdot s^{-1}$。这种形式的单位称组合单位。

沿革　19世纪后半期，英国科学促进协会（BAAS）在关于单位制概念的发展中起了重要作用。该会所属标准委员会把力学领域中的3个基本单位选定为厘米、克和秒，并构成了第一个一贯单位制，但它只适用于力学。为了解决电学中量的单位，BAAS于1861年专门组织了一个委员会，确定要从力学单位导出，以米、克和秒作为基本单位，并把电阻的单位称为欧姆，电动势的单位称为伏特。1873年，把基本单位改成厘米、克和秒，从这个单位制导出了绝对静电制（CGSE）和绝对电磁制（CGSM），为1881年国际电学大会所采纳。同时增加了安培、库仑和法拉这3个单位。1889年国际电学大会又增加了焦耳和瓦特。1893年提出亨利。1897年提出韦伯。1990年决定CGSM磁场强度的单位是高斯，磁通单位是麦克斯韦。1902年G.乔吉创立了合理化实用制，以米、千克、秒再加上一个实用电学单位作为基本单位，这个电学单位直到1935年才被决定为安培并给予现行的定义。1954年第10届国际计量大会（CGPM）决定采用以米、千克、秒、安培、开尔文和坎德拉为基本单位的国际实用单位制，以便用于全部物理学。1960年第11届国际计量大会将其定名为国际单位制。1971年增加了基本单位摩尔作为基本量物质的量的单位，从而使这个单位制便于在分子物理学和物理化学中使用。国际单位制的出现，使其他各种单位制逐步被取而代之。

一贯单位制　一般来说，量的单位都可以任意选择，但是如果对每一个量都独立地选择一个单位，则将导致计算、记忆以及表述上的麻烦。但如果使导出单位都以数字因数为1的形式从基本单位导出，则在实用上会方便很多。这样的基本单位与导出单位构成了所谓一贯单位制。例如：厘米克秒制（CGS制）中力的单位达因（dyn）与其基本单位间的关系为$1dyn=1g\cdot cm/s^2$，功的单位尔格（erg）则有$1erg=1cm\cdot dyn=1cm^2\cdot g/s^2$。国际单位制（SI）中力的单位牛顿（N）与SI基本单位间有$1N=1m\cdot kg/s^2$，功的单位焦耳（J）则有$1J=1m^2\cdot kg/s^2$。不同单位制各有其制内的一贯导出单位。某单位对某单位制而言是一贯导出单位，但对另外的单位制则未必是一贯导出单位。全部导出单位均为一贯单位的单位制，称为一贯单位制。CGS制、SI均为一贯单位制，简称一贯制。在一贯制的单位方程中，数值因数只能是1。

制外单位　不属于给定单位制的计量单位。例如吨（t）、升（L）、电子伏（eV）以及小时（h）、分（min）等均为国际单位制的制外单位。

**计算化学**　computational chemistry　以计算机为工具，执行可靠的、复杂的、有效的算法程序，通过计算来研究化学问题的方法。常用的方法主要有：①以量子力学理论为基础发展起来的各种量子化学计算方法，如自洽场从头计算法、半经验的分子轨道方法、密度函数方法等等。这些计算涉及电子波函数，适宜于计算与电子有关的化学现象。②以牛顿经典力学为基础发展起来的分子力学计算方法。分子力学可以用来计算分子的转动势垒、振动光谱，还可以在电子基态的势能面上搜索分子的相对稳定的低能构象，适宜于高分子、蛋白质分子、由大量原子组成的分子体系的计算。

除了以上两种主要计算方法外，还有与此相关发展出来的分子动力学和蒙特卡洛模拟方法，统计力学、热力学和反应动力学的计算方法，以及数据库的搜索和分析、分子模拟、分子设计、构效关系和人工智能等都可被列于计算化学的范围。

**计算机**　computer　按所储存的程序自动进行信息处理的装置。现代电子数字计算机（简称数字计算机）的同义语。

简史　在现代计算机问世之前，经历了机械式、机电式到萌芽期电子式计算机三个阶段。17世纪，欧洲数学家已开始设计和制造以数字形式进行基本运算的数字计算机。1642年，法国数学家B.帕斯卡采用与钟表类似的齿轮传动装置，制成了最早的十进制加法器。1834年英国数学家C.巴贝奇设计了一种程序控制的通用分析机（图1），已经描绘出有关程序控制方式计算机的雏形。德国K.楚泽最先采用电气元件制造计算机，于1941年制成全自动继电器计算机Z－3，已具备浮点记数、二进制计算、数字存储地址的指令形式等现代计算机的特征。1943年英国外交部通信处制成了“巨人”电子计算机，它是一种专用的密码分析机。1946年2月，美国宾夕法尼亚大学

图1　19世纪巴贝奇设计的通用分析机

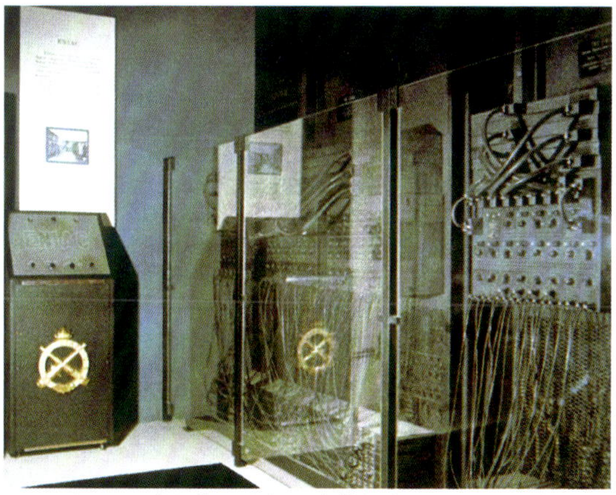

图2　世界上第一台电子计算机（ENIAC，1946）

莫尔电气工程学院制成的大型电子数字积分计算机埃尼阿克（ENIAC），完全采用电子线路执行算术运算、逻辑运算和信息存储，是一种能进行各种科学计算的通用计算机。这就是世界上第一台电子计算机（图2）。在创制数字计算机的同时，还研制了模拟计算机，以及模拟计算机与数字计算机相结合的混合式计算机。模拟机和混合机已成为用在特定领域的高效信息处理工具或仿真工具。

在现代计算机问世之后，计算机的发展划分为4代，即第一代电子管计算机（20世纪40年代中期至50年代末期），第二代晶体管计算机（50年代末期至60年代中期），第三代半导体集成电路计算机（60年代中期至70年代初期），第四代大规模和超大规模集成电路计算机（70年代中期以后）。

组成　计算机由硬件和软件组成。硬件指由电子、机械和光电元件等组成的各种计算机部件和计算机设备，它们是依据计算机体系结构的要求构成的有机整体，主要包括中央处理器、存储系统（见存储器组织）、输入输出（I/O）设备和部件互连设备等。I/O设备是人机和机机之间交换信息的接口或媒介。部件互连设备包括系统总线、通道和通信处理机等。软件指计算机系统中的程序和有关文档（见计算机软件）。

分类　计算机有多种分类法。

按用途分为通用计算机和专用计算机。通用计算机能够处理多种不同类型的问题，例如科学和工程计算、数据处理、事务处理等。专用计算机适用于特定的领域、专业或问题，例如用于各种过程控制的过程控制计算机；高效解决数字信号处理问题的数字信号处理机（DSP）；适应高可靠性要求的容错计算机等。

按照系统规模和性能，可以分为微型机、小型机、大型机、巨型机。微型机是以微处理器作为系统的核心部件（见微型计算机）；巨型机指运算速度最快、规模最大的计算机（见巨型计算机）；微型机与巨型机之间有小型机和大型机。

按照计算机中指令流与数据流的组合

特征，可以分为单指令流单数据流系统，即串行计算机；单指令流多数据流系统，如向量计算机；多指令流多数据流系统，如多处理机系统、集群计算机和计算机网络，通常将后两类系统称为并行处理计算机，特征是在系统中同时执行多个任务和多条指令，或者同时对多个数据项进行处理。

按照在计算机网络中的地位和作用，可以将计算机分为网络互连设备、服务器和客户机。在计算机网络中，为其他设备或系统提供服务的称为服务器，服务的接受者称为客户机或终端机。网络互连设备包括路由器、交换机、路由交换机、网关、网桥、集线器等。

按照计算机原理结构可以分为两类：冯·诺伊曼式计算机，以程序储存概念指导传统计算机逻辑设计；非传统计算机，如数据流计算机、归约机、逻辑推理机和神经计算机等。

另外，还研究开发了不使用传统电子器件的新型计算机，如使用光学器件的光计算机，使用分子器件的生物计算机，使用量子器件的量子计算机等。

*发展趋势* 高速度、大容量一直是推动计算机技术发展的目标和动力。巨型机的速度已达到每秒三千万亿次浮点运算。大系统、微型化是计算机向两极发展的特征。大系统的标志是覆盖全球、用户数以亿计的因特网，并向下一代因特网（NGI）和大规模网络（LSN）发展。微型化的重要标志将反映在嵌入式计算机的迅速发展和广泛应用。

大众化、智能化是计算机应用发展的长期需求，让计算机更自然地全面融入社会、经济、生活的各个领域中。

**计算机病毒** computer virus 计算机系统中一类隐藏在存储介质上具有破坏性的程序。具有可运行性、复制性、传染性、潜伏性、欺骗性、精巧性、隐藏性和顽固性等特点。对计算机系统与网络的安全和正常运行危害极大。

计算机病毒通过修改或自我复制向其他程序扩散（传染），扰乱系统及用户程序的正常运行。病毒分为寄生病毒、存储器驻留病毒、引导区病毒、隐形病毒、多形病毒和宏病毒。

反病毒软件经历了简单的扫描程序、启发式的扫描程序、行为陷阱和全方位保护的发展阶段。先进的反病毒方法是类属解密技术和数字免疫系统。类属解密技术使反病毒程序容易检测出复杂的多形病毒，同时保持快速的扫描速度。当包含了一个多形病毒的文件在执行时，病毒必须解密自身来激活。数字免疫系统是病毒保护的综合方法，它依赖于病毒分析机器检测新的病毒血统的能力，通过持续地分析和监视找到最新病毒来连续更新数字免疫系统。

**计算机辅助出版** computer aided publishing 利用计算机和数据库技术对文字、图像、音频、视频等信息进行处理、编辑、排版和跨介质出版发行活动的总称。由输入、通信、存储和查询、编排设计、输出5个子系统组成。在编辑过程中，文字、图像等信息主要是以数字代码的方式存储在计算机里，并通过多种编辑软件，形成形式多样、载体丰富的出版物，故又称为电子出版技术。编辑好的产品，可以通过排版系统形成版式印刷，也可通过网络或手机、电子纸来发布和传播。

**计算机辅助教学** computer assisted instruction; CAI 利用计算机辅助教学活动的过程、方法和技术。

20世纪80年代以来，计算机在教育领域中的应用得到了迅速发展，特别是计算机辅助教学和计算机管理教学（CMI），后者指利用计算机管理教学，如学生注册、选课、排课、教学评估、学分统计、成绩记录和查询等。CAI和CMI是计算机辅助教育（CBE）的主要组成部分。

CAI综合应用了多媒体、计算机网络、人工智能、知识处理等技术，既可作为常规课堂教学的补充手段，也可以部分地替代教师进行课程的教学。对于那些用语言文字难以表达的抽象内容、动态的变化过程和复杂的微观结构等，CAI通过使用图表、动画、声音等多媒体技术演示或模拟其变化过程，改善教学效果。采用CAI技术的训练课和习题课，以学生为中心，按各自的进度进行，适合个性化教学，能充分发挥学生的学习主动性。CAI利用计算机的交互特性实现双向教学，克服传统教学中学生只是单向接受知识的被动局面。

CAI的教学模式有多种。例如，模拟实验型CAI适用于电子电路实验、化学反应实验等，教学效果较好，能节省实验费用；示教型CAI适用于演示一些抽象的数学、物理现象和过程；练习自测型CAI可提高外语、医学、程序设计等课程的课外学习效率；授课型CAI有利于自学某些课程，特别适合于职业培训、成人教育和家教辅导。

课件是CAI最重要的一个部分。制作CAI课件既要按照选题确定相应的教学模式（如操练型、辅导型、咨询型、模拟型、游戏型等），还要运用多媒体技术的表现手段和计算机交互技术，更要在学习理论的指导下，按照人的认知规律指导课件的设计。

在CAI的发展过程中，学习理论对CAI的应用及课件的开发起着重要作用。20世纪60年代到70年代末，多数CAI软件采用行为主义的学习理论，强调刺激、反应和强化，这一时期开发的CAI课件多数是操练型和个别指导型。80年代，认知学习理论成为指导CAI发展的重要理论基础，它把学习看作是学习者根据自己的态度、需要、兴趣和爱好，利用自己原有的认知结构，对外界刺激所提供的信息主动作出选择的信息加工过程。90年代以来，CAI主要表现在建构主义学习理论的应用和计算机网络的使用。建构主义学习理论突出了学习者的主体作用，情境、协作、会话和意义建构是学习环境中的四大要素，教师要由知识的传授者、灌输者转变为学生主动建构意义的帮助者、促进者。因特网为开发体现建构主义理论的学习环境提供了良好的条件，计算机辅助教学进入到一个以学生为中心的依托于因特网的全新阶段。

**计算机辅助设计** computer aided design; CAD 利用计算机及其图形设备帮助设计人员进行设计工作。在工程和产品设计中，计算机可以帮助设计人员担负计算、信息存储和制图等项工作。在设计中通常要用计算机对不同方案进行大量的计算、分析和比较，以决定最优方案；各种设计信息都能存放在计算机的内存或外存里，并能快速地检索；计算机完成将草图变为工作图的工作；计算机自动产生设计结果并快速显示出来，使设计人员及时对设计作出判断和修改；利用计算机进行图形的编辑、放大、缩小、平移和旋转等工作。CAD能够减轻设计人员的劳动，缩短设计周期和提高设计质量。

系统组成通常以具有图形功能的交互计算机系统为基础，主要设备有计算机主机、图形显示终端、图形输入板、绘图仪、扫描仪、打印机、磁带机以及各类软件。

**计算机辅助制造** computer aided manufacturing; CAM 通过计算机与生产设备的直接或间接联系，对制造工厂的作业进行设计、管理和控制的过程与技术。

CAM的核心是计算机数值控制（CNC），简称数控（NC）。CNC系统的主要功能包括：①实现对机床的控制，如圆弧插补、进给量生成等。②对加工过程中发生的运动变化和误差进行动态补偿与校正。③设置诊断程序，自动寻找故障。④提供友善的选单式面板编程和操作环境。直接数控（DNC）是利用一台通用计算机在分时基础上直接连接并以实时方式控制多台机床设备。DNC系统由中央计算机、大容量存储器、通信终端、远距离数据传输系统和数据机床等组成。

CAM中数控机床加工零件的指令由数控编程系统确定。APT是应用广泛、功能较全的数控编程语言系统，可以加工较为复杂的空间曲面。随着图形显示设备及图形显示软件的开发，出现了交互式计算机图形数控编程系统，使CAM可以直接从计算机辅助设计（CAD）数据库获得信息来产生刀具轨迹，有的系统还具有加工过程仿真功能。

将计算机直接与制造过程连接起来，或者将计算机嵌入加工设备中，实现对制造过程的监测与控制，是计算机辅助制造的联机应用方式。此外，还有许多脱机应用方式。如计算机辅助数控零件编程，计算机辅助工艺规划（CAPP），计算机辅助进行生产进度安排、提供材料需求计划等。

采用CAM技术，可以提高产品加工精度和获得稳定的加工质量，操作过程容易实现自动化，生产率高，生产准备周期短，大量节省专用工艺装备；与CAD衔接可以直接从产品的数字模型产生加工指令，保证零件具有精确的协调和互换性；用数控测量机检验产品，可以严格控制外形和尺寸精度。生产对象的形状越复杂，加工精度要求越高，设计更改越频繁，生产批量越小，CAM的优势就越容易得到发挥。

CAD与CAM的结合，为实现计算机集成制造系统奠定了基础，随着计算机网络技术的发展，异地之间共享制造资源，可以实现制造过程的远程监控。

**计算机工作站** computing workstation 主要用于计算机辅助工程设计的、具有高质量图形特性和良好人机交互作用的高性能台式计算机。简称工作站。也用于需要有良好图形显示性能的商业和办公室自动化等其他方面。工作站有时又称为图形工作站，专门用于辅助工程设计的工作站称为CAD工作站，用于电子电路设计的工作站称为CAE工作站，用于辅助生产制造的工作站称为CAM工作站。

**计算机集成制造系统** computer integrated manufacturing systems; CIMS 基于计算机集成制造思想，实现企业生产和经营全过程计算机化的高效益、高柔性的智能生产系统。CIMS把市场、设计、制造到管理、售后服务等作为一个整体，通过计算机实现整个生产过程的信息流和物流的集成控制与调度。应用CIMS可使资源的利用率提高，生产率提高，缩短生产周期，节约劳动力。它代表了制造自动化的方向。

发展简况 20世纪60年代以后，计算机开始在机械制造中应用，研制并采用数控机床、加工中心和计算机数控的加工系统。70年代开始把数控机床、计算机数控、机器人等连接起来，采用计算机实时协调和控制，研制出适于多品种小批量生产的柔性制造系统。同时计算机辅助技术得到广泛应用。计算机辅助设计（CAD）实现了产品和零件的自动绘图和设计，计算机辅助制造（CAM）实现了数控机床、机器人的自动编程和计算机辅助工艺计划及其他工程准备工作，计算机辅助生产控制（CAPC）实现了计划生产和库存管理和生产控制，计算机辅助测试（CAT）和计算机辅助质量控制（CAQ）也都得到应用。1986年，中国将CIMS列入高技术发展规划纲要，并在一些行业和企业得到应用。

组成与功能 CIMS主要由经营决策管理系统（BDMS）、计算机辅助设计和辅助制造系统、柔性制造系统或柔性制造单元（FMS/FMC）等组成。经营决策管理系统完成工厂和车间两级的经营管理和决策，包括市场分析和预测、订货处理、中长期生产计划和能力计划的制订等。CAD/CAM系统通过建立产品二维、三维或实体模型完成产品和零件的设计，实行工程分析、仿真试验，快速设计出合格的产品。在产品设计的基础上进行工艺设计、编制数控机床和机器人的程序，完成生产工程的准备工作。FMS/FMC根据生产计划、产品设计和工艺设计选择部分零件种类，确定相应的配比和流量，并合理地将零件分配给各加工单元或工作站，同时决定各零件的路径最优调度，柔性地组织加工和装配。FMS/FMC中还配有切削过程检验和产品测试装置，检测的信息经过处理后，用于对刀具进行补偿、设备维修和工艺修正等，形成多级的质量保证系统。

CIMS主要用于汽车、飞机、机床、机器人、家用电器、电子工业、服装工业等各种离散生产过程的自动化。在化工等连续过程和冶金等半连续过程也开始引用CIMS的概念和思想。CIMS正在演变成为现代集成制造系统新概念，集成层次转向过程集成（并行工程）和企业间集成（敏捷制造）。

**计算机科学技术** computer science and technology 研究计算机的设计、制造和利用计算机进行信息获取、表示、储存、处理、控制等的理论、原则、方法和技术的学科。计算机是20世纪40年代人类的伟大创造，作为现代化的信息处理工具，对人类社会的进步和发展作用巨大，影响深远。

**发展历程** 1946年采用电子技术实现的数字计算机埃尼阿克（ENIAC）在美国诞生（见J.W.莫奇利、J.P.埃克脱）。1949年英国制成的埃德赛克（EDSAC）是世界上第一台程序储存式的计算机（见M.V.威尔克斯）。计算机硬件的发展受到电子开关器件的极大影响。因此，器件更新被作为计算机划时代的标志。第一代为电子管计算机（从20世纪40年代中期到50年代末期），除了ENIAC和EDSAC，还有1951年美国的尤尼瓦克－Ⅰ（UNIVAC）商用计算机和1956年的IBM704等。第二代为晶体管计算机（从50年代末期到60年代中期），具有体积小、可靠性高、功耗低、运算速度快（可达每秒执行百万条指令）等优点。代表性的有IBM7040、7070、7090，IBM1401，IBM Stretch和CDC6600（见S.克雷）等。第三代为小规模集成电路计算机（60年代中期到70年代初期），代表性的有IBM360。第四代为大规模、超大规模集成电路计算机。70年代中期以来，计算机硬件价格急剧下降，机器的性能价格比迅速提高。

计算机出现初期，处理的大都是科学计算和工程计算问题，计算量大而数据量相对较小，主要采用批量处理方式。20世纪50年代后期，数据处理问题日益增多，数据量大，输入输出频繁，计算量相对较小，使运算部件经常空闲，为充分利用资源，出现了分时处理和交互作用方式。70年代微型计算机的发展，出现了个人计算方式。90年代以来，计算机网络蓬勃发展，应用方式向分布式和集群式计算发展。

产品的发展：①兼容系列产品如IBM700、7000系族，IBM360系列为其集中表现。②超高性能产品如CDC7600、CDC STAR－100等巨型机，1976年推出的CDC Cray－1速度达每秒1.6亿次浮点运算。③大规模并行处理系统速度达每秒数十万亿次。

计算机软件的发展大致分为如下阶段：第一阶段（20世纪40年代中期到50年代中期），处理的是数值数据，编程使用低级语言，强调编程技巧，研究对象为顺序程序。第二阶段（50年代中期到60年代后期），出现非数值数据，编程一般使用高级语言。60年代初，出现软件一词，融程序及其有关文档为一体。随着软件的复杂程度的提高，使人们难以控制软件开发，出现“软件危机”。第三阶段（60年代后期迄今），提出软件工程，采用工程方式开发软件，软件得以快速发展。

**中国计算机系统的研制** 中国计算机事业创始于20世纪50年代中期。1958和1959年以苏联资料为蓝本，分别研制出103小型数字计算机（即DJS－1型）和104大型通用数字计算机。此后开始自主研制。1964年5月和10月先后研制出大型电子管计算机119机和J－501机。1965年在J－501机上配制了ALGOL语言，在119机上配制了BCY语言。1965～1966年研制出晶体管计算机：109乙机、441B机、108机和X－2机。这些机器一般都配有ALGOL或FORTRAN语言。中国集成电路计算机的研究始于1965年。1971年，111机和112机基本研制成功。1973年研制出百万次级的150机和655机，并先后投入运行。这些机器都配有高级语言与管理程序。之后，又研制出100系列与200系列计算机，并配有软件系统。此外，还研制成757向量机和KJ8920大型机。

1983年和1992年先后研制成“银河”Ⅰ和“银河”Ⅱ计算机。2010年研制成实测性能超过千万亿次的高速计算机“星云”，其峰值运算速度可达每秒3 000万亿次，成为世界第二快的电子计算机。

中国计算机的应用在第一阶段（20世纪50年代末期至60年代中期）解决的问题多为科学计算和工程计算问题，涉及国防建设、气象数值预报等。程序人员使用低级语言编程。第二阶段（60年代中期至70年代末期），出现了数据处理问题，程序人员开始使用高级语言（如ALGOL、FORTRAN、COBOL、PASCAL）编程。第三阶段（80年代之后），处理的问题既有数值问题，又有逻辑问题。软件开发人员开始采用工程方法开发软件，生产率显著提高。计算机应用的发展逐步从面向专业人员向面向非专业人员过渡，并发展了多媒体应用。

中国在汉字属性分析、汉字键盘输入、汉字输出、汉字编码、中文篇章识别、汉语言语识别、手写汉字识别、机器翻译、电子照排、印刷出版、中文平台等方面，都取得了一系列重要成果。

**基本内容** 可概括为计算机科学理论、计算机组织与体系结构、计算机软件、计算机硬件、计算机网络、计算机应用技术和人工智能等。

计算机科学理论 包括数值计算、离散数学、计算理论和程序理论等。数值计算讨论用于模拟物理过程或社会过程的各种算法的开发、分析和使用，涉及方程求根、数值逼近、数值微分、数值积分、线性代数方程组的数值解法、矩阵特征值计算、微分方程数值解法等；离散数学泛指数学中讨论离散对象的分支，包括集合论、图论、组合学、数理逻辑、抽象代数、线性代数、差分方程、离散概率论等；计算理论主要包括算法、算法学、计算复杂性理论、可计算性理论、自动机理论、形式语言理论等；程序理论主要包括程序开发、程序语义、数据类型、程序逻辑、程序验证等理论。此外，还有计算机代数和计算机数学等。

计算机组织与体系结构 计算机组织包括数据表示、算术逻辑运算、指令系统、中央处理器、存储器组织和输入输出技术。计算机体系结构着重研究计算机系统的物理或硬件结构、各组成部分的属性及其相互联系。分为系统体系结构和实现体系结构两个方面。前者研究计算机系统的功能行为和概念结构；后者考虑系统的结构和实现，包括中央处理器、存储器等部件的结构和实现。此外，还包括计算机类型、计算机RAS（可靠性、可用性、可维修性）技术和计算机性能评价。

计算机软件 一般指计算机系统中的程序及其文档，也指在研究、开发、维护软件所涉及的理论、方法、技术的学科。见计算机软件。

计算机硬件 构成计算机系统的所有元器件、部件、设备以及相应的工作原理与设计、制造、检测等技术的总称。见计算机硬件。

计算机网络 地理上分散的多台自主计算机互连的集合。见计算机网络。

计算机应用技术 研究计算机用于各个领域所涉及的原理、方法和技术。见计算机应用技术。

人工智能 研究、解释和模拟人类智能、智能行为及其规律。见人工智能。

**展望** 随着世界各国信息基础设施的建立和发展，计算机科学技术与通信科学技术更加紧密融合，相互渗透；全球性的计算机联网促使信息资源的开发和利用，加速了人类社会信息化进程。

随着纳米微细加工技术趋于成熟，微电子集成器件将得到进一步发展，光电子集成器件与生物器件一旦成为现实，计算机的运算速度可提高几个数量级。随着非冯·诺伊曼式计算机的研究和发展，新型计算机体系结构的出现，计算机辅助技术和新兴工艺技术的应用，计算机系统的性能和性能价格比必将大幅度提高。

随着以智能化、集成化、自动化、并行化、开放化和自然化为标志的计算机软件新技术的深入研究、开发和利用，软件的功能和性能的迅速提高，将从根本上解决软件生产率低下的问题。

为保证信息资源共享，计算机系统和网络的互操作性、开放性和标准化将受到高度重视。同时由于计算机进入千家万户，使用的简明化、自然化以及信息安全保密等将成为计算机科学技术领域中的重大课题。

**计算机软件** computer software 计算机系统中的程序及其文档。简称软件。程序是计算任务的处理对象和处理规则的描述，文档是了解程序的资料。

软件是用户与硬件之间的接口界面，用户主要通过软件与计算机进行交往。软件在计算机系统中起指挥管理作用。

**发展过程** 软件的发展受到应用和硬件发展的推动和制约，发展过程大致分为三个阶段。

从第一台计算机上的第一个程序的出现到实用的高级程序设计语言出现以前为第一阶段（1946～1956）。计算机的工作是由内部的程序指挥的，这是冯·诺伊曼式计算机的重要特色。这时的计算机主要用于科学计算，机器结构以中央处理器为中心，存储容量较小。编制程序（简称编程）用的是低级语言，程序的设计和编制复杂、烦琐、费时、易出差错。

从实用的高级程序设计语言出现到软件工程出现以前为第二阶段（1956～1968）。随着计算机应用领域的逐步拓广，出现了大量的数据处理问题。机器结构转向以存储控制为中心，出现大容量的存储器；外围设备发展迅速，出现实用的高级程序设计语言、操作系统和数据库及其管理系统。人们逐渐认识到和程序有关的文档的重要性，60年代初期，出现软件一词。这时，软件的复杂程度迅速提高，研制周期变长，正确性难以保证，可靠性问题突出。60年代中期，出现软件危机。为此，人们进行了三个方面的工作：①提出结构程序设计方法。②用工程方法开发软件。③从理论上探讨程序正确性和软件可靠性问题。研究对象增加了并发程序，着重研究高级程序设计语言、编译程序、操作系统以及各种应用软件。

软件工程出现以后迄今为第三阶段（1968年以后）。大型软件的开发是一项工程性任务，只有采用工程方法才能适应。软件领域的主要特点是：①随着应用领域不断拓广，出现嵌入式应用，特点是受制于所嵌入的宿主系统，而不只是受制于功能要求。为了适应计算机网络的需要，出现网络软件。随着微型计算机的出现，分布式应用和分布式软件得到发展。②开发方式逐步由个体合作方式转向工程方式，软件工程发展迅速。③致力研究软件开发过程本身，研究软件体系结构、基于构件的软件、中间件等。④研究以智能化、自动化、集成化、并行化、自然化等为标志的软件开发新技术。⑤注意研究软件理论。

**分类** 分为系统软件、支撑软件和应用软件。

系统软件 计算机系统中最靠近硬件的一层。其他软件一般都要通过系统软件发挥作用，与具体的应用领域无关，如编译程序和操作系统等。编译程序把用高级语言书写的程序翻译成与之等价的、可执行的低级语言程序；操作系统负责管理系统的各种资源、控制程序的执行。在任何计算机系统的设计中，系统软件都要优先考虑。

支撑软件 支撑软件的开发、维护和运行的软件。20世纪70年代中、后期发展的软件开发环境以及后来的中间件可看成现代支撑软件的代表。软件开发环境主要包括环境数据库、各种接口软件和工具组。

应用软件 特定应用领域专用的软件。如人口普查用的软件。20世纪70年代出现的嵌入式应用，相应的软件复杂程度高，开发工作量大，促进了软件的发展。

**基本内容** 主要有软件语言、软件方法学、软件工程和软件系统等。

软件语言 书写软件的语言。分为需求级语言、功能级语言、设计级语言、实现级语言和文档语言。需求级语言用以书写软件需求定义，又称需求定义语言。功能级语言用以书写软件功能规约，又称功能规约语言。设计级语言用以书写软件设计规约，又称设计规约语言。实现级语言用以书写实现算法。FORTRAN语言、ALGOL语言、COBOL语言、PASCAL语言、C语言和Ada语言均属此类。文档语言用以书写文档。

软件方法学　软件开发的指导原则与方法体系。从开发方式上看，软件方法有自顶向下和自底向上的开发方法。在实际开发中，大多是两种方法的结合。从性质上看，有形式方法和非形式方法。形式方法具有坚实数学基础，允许对系统和开发过程作严格处理和论证。非形式方法则不把严格性作为主要着眼点。从适用范围来看，有全局性方法和局部性方法。适用于软件开发全过程的是全局性方法。适用于开发过程个别阶段的为局部性方法。此外，程序设计方法学研究各类程序设计方法，如过程式程序设计、逻辑式程序设计、函数式程序设计、面向对象程序设计、顺序程序设计、并发程序设计、并行程序设计、分布程序设计、形象程序设计、文化程序设计等。

软件工程　应用计算机科学理论和技术以及工程管理原则和方法定义、开发和维护软件的工程或以之为研究对象的学科。可用一个三元组刻画，即，SE=(G,A,P)，SE表示软件工程，G为目标，A为活动，P为原则。G主要包括正确性、易用性和价格合宜。正确性反映软件产品实现相应功能规约的程度。易用性反映软件的基本结构、实现及为用户易用的程度。价格合宜反映软件开发和运行的总代价满足用户要求的程度。A表示生产一个达到工程目标的软件产品所需的活动。P包括选取适宜的开发风范，采用合适的设计方法，提供高质量的工程支持以及有效的软件工程管理。

软件系统　计算机系统中由软件组成的子系统，由系统软件、支撑软件和应用软件组成。

**计算机软件著作权保护**　copyright protection of computer software　计算机软件作为作品形式之一，根据国家颁布的软件著作权法规所获得的保护。计算机软件具有开发工作量大、投资高，而复制容易、复制费用极低的特点。因此许多国家都制定有保护计算机软件著作权的法规。2001年，中国颁布了修订过的《计算机软件保护条例》，对软件实施著作权法律保护作了具体规定。

条例规定，无论是系统软件还是应用软件均受法规保护。软件受保护的必要条件是：必须由开发者独立开发，并已固定在某种有形物体（如磁带、胶片等）上。软件著作权人的权利包含发表权、开发者署名权、修改权、复制权、发行权、出租权、信息网络传播权、翻译权等。软件著作权的保护期是50年；允许因非商业性目的的需要对软件进行少量复制；对于国家利益和公共利益具有重大意义的软件，有关部门有权决定指定的单位使用，并由使用单位支付使用费。

**计算机网络**　computer network　地理上分散的多台自主计算机互连的集合，以实现资源共享和信息交换的系统。

发展简史　1969年美国国防部的国防高级研究计划局（DARPA）建立了全世界第一个分组交换网——阿帕网（ARPA网），即因特网的前身。这是一个只有4个结点的存储转发方式的分组交换广域网。1972年在首届国际计算机通信会议（ICCC）上首次公开展示了ARPA网的远程分组交换技术。1976年国际电报电话咨询委员会（CCITT）制定用于公用分组交换网的协议标准X.25，推动了公用分组交换网的发展。

1983年在ARPA网上开发了第三代网络协议TCP/IP协议软件。TCP/IP协议的广泛采用是因特网迅速发展的重要原因之一。为了解决不同厂商的计算机网不能互连的问题，国际标准化组织（ISO）于1978年提出开放系统互连参考模型，即OSI网络体系结构，以推动网络标准化。1976年美国Xerox公司开发基于载波监听多路访问/冲突检测（CSMA/CD）原理的并用同轴电缆连接多台计算机的局域网——以太网。以太网是使用最广泛的局域网。

因特网的发展经历了三个阶段，已成为全球最大的、开放的、由众多网络互连而成的计算机网络。从1969年ARPA网的诞生到1983年，是研究试验阶段。从1983年到1994年是因特网的实用阶段，在美国和一部分发达国家的大学和研究部门中得到广泛应用，是作为教学、科研和通信的学术网络。1994年以后进入商业化阶段。在政府部门、商业企业以及个人家庭等领域得到广泛使用，全世界绝大部分国家也都纷纷接入。

基本内容　计算机网络涉及技术、工程、应用等多方面的内容。

数据通信　计算机通信产业能传输和处理多种形式的数据和信息，使全球所有的数据和信息源能方便地、用相同的方式访问和获取。

网络体系结构与协议　网络体系结构是由计算机之间相互通信的层次、各层中的协议和层次之间接口构成的三元组。网络协议是计算机网络和分布式系统中相互通信的对等实体间交换信息所必须遵守的规则的集合。采用TCP/IP协议集成的网络体系结构是计算机网络体系结构的主流。

局域网　将小区域内的各种通信设备互连在一起的通信网络。特性是数据传输速率在1～100兆比特/秒（Mb/s），距离在0.1～25千米，误码率在$10^{-8}$～$10^{-11}$。传统局域网是以太网和权标环网。100兆比特/秒速率的局域网有光纤分布数据接口和快速以太网。千兆位以太网是在传统以太网和快速以太网基础上发展的一种高速局域网。交换式局域网采用不同于共享介质的访问控制方法，以提高速率。还有无线局域网。

城域网　地理范围在5～100千米，以高的传输速率支持文本、声音和图像综合业务传输的通信网络。以光纤为主要传输媒体，传输率100兆比特/秒或更高。城域网充当不同的局域网之间通信的桥梁，并向外接入广域网。

广域网　地理范围从数十千米到数千千米，可以连接若干个城市、地区，甚至跨越国界，遍及全球的一种通信网络。又称远程网。移动通信网、卫星通信网也是很有应用前景的广域网。

网络互连　将多个网络互相连接实现更大范围内的信息交换、资源共享和协同工作。路由选择是在网络环境中寻找一条到达目标计算机的通路的过程。常用的网络互连设备有中继器、网桥、路由器、网关。

网络管理　包括配置、故障、性能、安全、计费等管理。OSI是基于开放系统互连环境对资源进行管理的一种体系结构，它提供在开放系统互连环境中控制、协调和监视各种资源的手段。SNMP是基于TCP/IP协议的功能比较简单的网络管理协议，广泛用于因特网。公共管理信息协议（CMIP）是国际标准化组织为开放系统互连制定的网络管理协议标准。

网络安全　在分布式计算环境中，对信息的传输、存储、访问提供安全保护，防止信息被窃取、篡改和非法操作。网络安全的3个基本要素是保密性、完整性和可用性服务，在分布网络环境下还应提供鉴别、访问控制和抗否认等服务。完整的信息安全保障体系应包括保护、检测、响应、恢复4个方面。常用的安全防范技术包括身份鉴别、访问控制、完整性控制、密码技术、防火墙系统、计算机防病毒保护、审计和恢复、操作系统安全、数据库系统安全等。

发展趋势　计算机网络发展的总体目标就是要在全球建立完善的信息基础设施。国家信息基础设施（NII）指一个国家的信息网络，可将文本、声音、图像、电视信息等传递给任何地点的任何人。微电子技术、光电子技术和计算机、通信、信息技术的融合是重要的技术支持。多媒体化、宽带网、移动通信和网络安全保障是人们关注的重点。

**计算机应用技术**　applied computer technology　计算机在生产、经营、管理、科技、教育、文化等应用所涉及的原理、技术和方法。

计算机应用技术的核心是对信息的处理和管理。信息处理包括对各种媒体信息的获取、表示、加工、转换和表现等。主要包括言语及文字的自动识别和输入方法，文档表格的编辑排版和生成，言语的计算机合成，自然语言的理解和机器翻译等。对于中文信息的处理还包括汉字的编码及输入，中文信息检索等。计算机图形学研究如何在计算机内建立真实景物或虚拟景物的模型，并将模型转化为可视的二维或三维图形，在图形设备上进行展现。图像处理研究如何将受损或退化的图像得到增强、复原、重建，或从中提取有用的二维或三维特征信息。多媒体计算技术是对文本、声音、图形、图像、动画、视频图像进行综合处理，建立有机联系，集成为交互性很强的一门技术，其中数字音频和视频以及它们与其他传统信息媒体的综合处理和应用是多媒体技术的核心。

信息管理技术主要研究在计算机中如何有效地组织数据以及如何高效、可靠地储存和检索数据。数据库是长期储存在计算机内的有组织、可共享的大量数据的集合，管理这些数据的是数据库管理系统。

人机交互技术主要研究如何方便有效地使用计算机系统。研究内容包括人机执行任务的综合性能，人机交互结构，用户使用计算机的能力，人机接口的规约、设计、实现和评价等。

计算机应用技术的应用领域主要有以下4类。①计算机信息系统。主要任务是对数据进行采集和处理，对大量数据进行管理，向用户提供有效的信息服务。②计算机辅助系统。借助计算机在设计、生产、教学等过程中进行有效的辅助性工作，充分发挥人的创造力，提高效率，降低成本。主要应用于计算机辅助设计（CAD）、计算机辅助制造（CAM）以及计算机辅助教学（CAI）等领域，都是通过以图形为主的人机交互方式实现，与计算机图形学有密切关系。③计算机控制和仿真系统。计算机控制系统把不断采集到的被控对象的各种状态信息作为控制信息去推动执行机构，使被控对象自动地、精确地按照预定的规律运行。对于大型复杂系统，还可以借助计算机网络的支持，实施既有分散，又有集中的计算机分层控制。计算机仿真技术在建立模型（数学模型、过程模型等）的基础上，对所要模拟的客观或理论系统，进行定量的研究、试验和分析，为系统的实际运作提供充分的理论和实验依据。④通信系统。以计算机网络为基础的通信系统比传统的以模拟技术为主的通信系统有许多进步，例如数字化传输，多媒体通信，同步/异步方式的结合，点对点通信与多播（广播）通信的结合，智能化的管理和监控等。通信系统形式多样，如电子邮件系统、消息系统、IP电话、计算机会议系统、计算机支持的协同工作（CSCW）、网上聊天、网络游戏、远程教学、视频点播、Web-TV、Web-radio等。

**计算机硬件** computer hardware 构成计算机系统的物质元器件、部件、设备及其工程实现技术（包括设计、制造和检测等）。简称硬件。

计算机的发展，都是以硬件的变革作为主要标志。第一代计算机（见计算机科学技术）硬件是由运算器、控制器、存储器、输入输出设备和电源等组成。第二、三代计算机将运算器和控制器组成运算逻辑部件，后来又加入了存储器。第四代计算机是将运算器、存储器、控制器集成于一块芯片上的微处理器，再加上各种对外接口和电源，构成核心芯片。这种芯片分为两类：一种与外围设备连接成独立的微处理机；另一种由大量类似的芯片和多种外围设备，构成并行或分布式计算机系统。

由于核心芯片体积非常小，可以和各种外围设备组成不同的计算机：独立供用户使用的计算机，与其他设备协同工作的嵌入式计算机，联合供用户使用的网络计算机和服务器，具有特殊功用的专用计算机等。外围设备与核心芯片结合起来，能够识别图形、图像、文字、声音，以及各种能刺激人类嗅觉和触觉的事物。

**计算机X射线体层成像** computed tomography; CT 将X射线扫描投影数据与计算机技术结合，获得以层面信息为基础的医学影像的技术。见CT成像。

**计算力学** computational mechanics 综合力学、计算数学和计算机科学的知识，以电子计算机为工具研究解决力学问题的理论、方法，以及编制相关软件的学科。计算力学研究范围已扩大到固体力学、岩石力学、土力学、流体力学、一般力学、生物力学等领域。比较活跃的有5方面：①计算力学的数值方法。对一些常用方法，如有限差分法、有限元法作进一步深入研究，对新的方法和基础理论问题进行探索。②计算固体力学。研究结构在外界作用下的响应及结构优化设计。③计算流体力学。研究无黏绕流和黏性流动。④计算动力学。研究离散系统的运动学和动力学问题，主要以航天器、车辆、机构、机器人和生物体等系统为对象。⑤计算力学软件开发的理论、方法和应用。计算力学研究的成果扩大了传统应用力学的求解范围，它与实验力学相辅相成，并在许多问题中以费用较低的计算手段代替实验。计算力学既能从微观上研究力学现象（如金属材料破坏及湍流形成的机理），又能及时精确地解决复杂的工程力学问题，进而修改和优化设计。

**计算流体力学** computational fluid dynamics 用离散化的数值方法及电子计算机对流体无黏绕流和黏性流动进行数值模拟和分析的学科。计算力学的一个分支。无黏绕流包括低速流、跨声速流、超声速流等；黏性流动包括湍流、边界层流动等。20世纪40年代中期电子计算机的出现，使运用数值模拟流体力学成为可能。1965年F.H.哈洛和J.E.弗罗姆发表的《流体动力学计算机实验》成为计算流体力学兴起的一个重要标志。计算流体力学中的数值解法主要有限差分法和有限元法。流体力学运动偏微分方程有椭圆型、抛物型、双曲型和混合型之分，计算流体力学很大程度上就是针对不同性质的偏微分方程采用和发展了相应的数值解法。计算流体力学具有很强的理论性和广泛的应用性，在流体力学领域内的作用越来越明显。

**计算数学** computational mathematics 研究数值计算方法的设计、分析和有关理论基础和软件实现问题的数学分支。计算数学几乎与数学学科的所有分支有联系，它的发展对数学本身也产生愈来愈大的影响。任何具体学科的计算过程，不论其目的、背景和含义如何，最终归结为数学的计算过程，所以计算数学是各计算性学科的联系纽带和共同基础。因此计算数学是一门兼具基础性、应用性和边缘性的数学学科。

简史 中国古代在数学计算方面曾经有过光辉的成就，出现过刘徽、祖冲之、秦九韶等众多杰出的数学家，他们在圆周率近似计算和代数方程求解等方面的成就领先西方几个世纪甚至将近10个世纪。在欧洲，直到17世纪之后，才出现诸如I.牛顿、L.欧拉、J.-L.拉格朗日、C.F.高斯等著名数学家，他们的研究奠定了计算数学的理论基础，不少创造性的方法至今仍然沿用。但是由于计算工具的笨拙和数值计算的繁难，人们往往回避复杂的计算，致使计算方法发展缓慢。1946年电子数字计算机的诞生，是计算数学史乃至人类文明史的一个里程碑。它使人类获得高速度、自动化的计算工具，它为众多浩繁的数值计算问题的解决展现了光明的前景。从此，科学研究与工程设计的手段，发生了由模型试验向数值计算的根本转变，计算方法上升为科学方法的重要环节而被推上人类科学活动的前沿。计算数学已经进入迅速发展的时期，同时它的发展也启发新的计算机体系的形成，促进计算机科学和其他应用性学科的发展。

研究内容　大体上可分为两个方面：一是离散型方程的数值求解；二是连续系统的离散化。因为计算机只能处理离散问题，要求解有实际背景的数学模型通常都要涉及以上两个方面。另外若从计算数学的理论所涉及的基本概念来看，应包括误差、收敛性、稳定性、计算量、存储量、自适应等。如果从数学问题的来源和分类看，其内容包括：数值代数、数值逼近、最优化方法、微分方程数值解以及计算几何、计算概率等方面。

数值代数包括：线性代数方程组、高次代数方程、超越方程和非线性方程组的数值求解以及代数特征值问题等。数值逼近包括：函数的离散逼近、数值微分和数值积分等。最优化主要包括**线性规划**、**非线性规划**、动态规划等数学规划方面的内容。微分方程数值解包括对方程的离散化技术以及对离散方程的求解。计算几何研究静态或动态几何形体及其视象的离散化、逼近与生成的计算方法。

**记里鼓车**　中国古代能自报车行里程数的车制。又称大章车。车中装设具有减速作用的传动齿轮系和凸轮杆杠等机械，与车轮同时转动。最后一根轴在车行1里或10

记里鼓车复原模型

里时才回转1周，再经过传动机械驱动凸轮和绳索拉起木人右臂击鼓，以计所行里程。这种车出现在东汉以后，仅用作帝王出行时的仪仗。最早提到此车机械构造是《南齐书·舆服志》，文内有"机械在内"的记载。对车上齿轮机械的详细记载，始见于南宋岳珂《愧郯录》。在《宋史·舆服志》中也详细记载了此车的内部机械和传动情况。据志中所记，此车有两种设计，一为天圣五年（1027）内侍卢道隆所献造法；另一为大观元年（1107）内侍吴德仁所献造法。中国记里鼓车是近代里程表和减速器发明的先驱，是科学技术史上的一项卓越贡献。

**记谱法**　notation　用符号、文字、数字或图表将音乐记录下来的方法。它所产生的记录称乐谱。记谱法因国家、民族、时代的不同而有很大的差异。乐谱中所记录的音乐各种要素，包括音的绝对或相对高度，音的持续长度，音的强弱，音的装饰法，乐器的演奏方法及表情记号等。在世界范围内出现的各种记谱法中，主要有：①文字谱。用文字、数字等表示每个音的音高，并用其他辅助手段来表示节奏的记谱法，古代即已出现。如古希腊音乐是以两组不同的文字符号分别用于声乐及器乐的记谱。仍可见到的文字谱是19世纪初出现的数字简谱和字母简谱。亚洲各国包括印度、日本及中国使用不同的文字谱。中国特有的是宫商谱、律吕谱、**工尺谱**及锣鼓谱。②奏法谱。用文字、数字或其他记号表示乐器演奏方法，不表示具体发出的音高。16世纪前后欧洲古弹拨乐器如琉特、西滕、比韦拉的演奏者常用这种记谱法。中国古琴的减字谱和筝的二四谱，日本的琵琶、笛、尺八、三味线所用记谱法等都具有奏法谱的性质特征。③音位谱。根据固定的线条，以不同的位置来记录音位的高低。古希腊音乐和格列高利圣咏曾应用此种音位符号谱。至7世纪时出现用一根线表示F音的固定音高，而用高、低于该线的符号表示不同音高的纽姆记谱法。后来又演变发展为有量记谱法，到17世纪逐步定型为**五线谱**，成为国际上通用的记谱法。④图像谱。利用图像、记号以及文字记谱的方法。

**记数法**　number system　记录或标志数目的方法。人类最早记数靠堆积石块、木棍或摆弄指趾，后来使用结绳和契刻。随着记载数目的增大出现了进位制。各地一般独立产生不同的计数法，但也有通过交流采用其他文化的计数法，现代大多数文明采用印度－阿拉伯的十进位值制计数法。

巴比伦记数法　巴比伦地区用泥板铭刻来记数，约始于公元前三四千年。主要用于商业贸易交换和储存货物登记。最初用"D"或"D"代表1，用"∘"或"•"代表10，后来改用一种三角形笔端，以压黏土板而成楔形。符号"𒁹"代表1，"𒌋"代表10，记数时采用60进位值制，依靠数码符号的依次排列相加表示数目：

1　2　3　4　9　10　11　81

古埃及记数法　古埃及最早的数码是发现于石刻上的象形文符号，它使用十进位非位值制方法记数，每一个较高的单位用一个特殊符号表示。记数时也是依次重复排列这些符号。后来由于纸草书写的需要演化出两种变体：僧侣符号和民间符号。它们在记数时均采用一种逐级命数法，即对个位数、一百以内十的倍数，一千以内百的倍数等数目都有专门的符号，避免了重复排列，使记数较为简洁。

象形符号

僧侣符号

民间符号

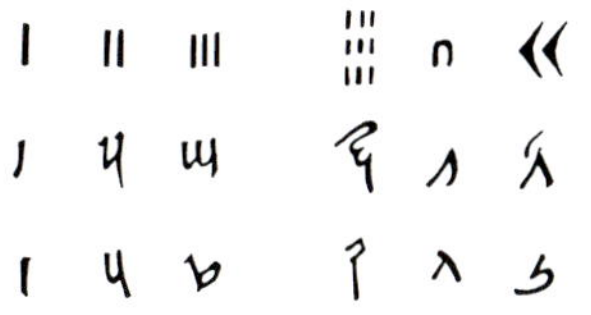

1　2　3　9　10　20

古印度记数法　古印度在公元前2500年左右出现一种称为哈拉巴数码的铭文记数法：

1　2　3　4　5　6　7　8　9　10　100

到公元前后通行起卡罗什奇数码和婆罗门数码两种数码：

卡罗什奇

婆罗门

1　2　3　4　5　6　7　8

5世纪后印度数码中零的符号日益明确，使记数逐渐发展成十进位值制。例如8世纪后出现的德温那格利数码：

1　2　3　4　5　6　7　8　9　0

印度数码约在9世纪传入阿拉伯地区，后来又在欧洲和世界各地普及，逐步发展成为现在通用的形式。

中国古代记数法　中国最早的记数体系见于甲骨文，约形成于公元前16～前11世纪。主要用于占卜祭祀。它是十进位非位值制数系，独立的符号共发现13个：

1　2　3　4　5　6　7

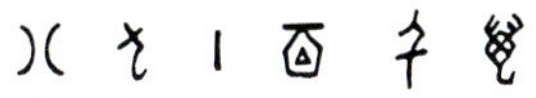

8　9　10　100　1000　10000

记数时采用一种特别的乘法组合原则，将十、百、千、万作为单位词，对十以上的数目还多用合文并写。例如2 656记为：。为方便计算，到公元前5世纪出现了一种称为算筹的计算工具。它是世界上最早使用十进位值制的数码体系，有纵横两种布筹方法：

纵式

横式

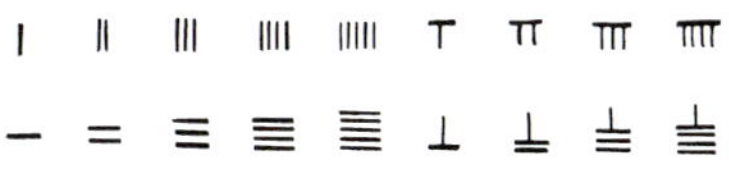

1　2　3　4　5　6　7　8　9

为避免位数相混，记数时纵横相间，例如：6 728表示为：

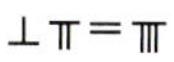

13世纪后，算筹式记数法被描摹应用于纸上，不断演化改进，添加了零号"0"，形成了一套完整的位值制记数法。

古希腊记数法　古希腊最早的数码发现于克里特岛，是公元前1500年左右泥板上使用的象形文字：

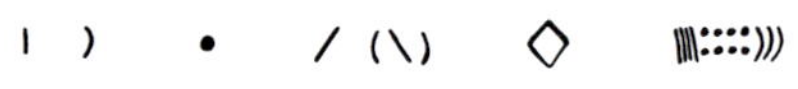

1　10　100　1000　483

记数靠重复排列。约到公元前6世纪，发展起一种阿提卡数码。它是将古希腊语中数词的词头取出代替该词以化简记数，仍采用重复排列法：

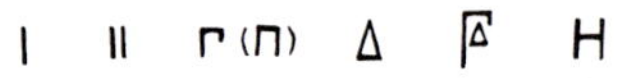

1　2　5　10　50　100

500　1000　5000　10000　50000

5世纪左右出现的爱奥尼亚字母记数法已发展成逐级命数体系。通常的形式如下：

Α　Β　Γ　Δ　Ε ……　Ι　Κ　Λ ……
α　β　γ　δ　ε　ι　κ　λ
1　2　3　4　5　10　20　30

为了与单词区别，数字上常加横线。43 678记为$\overline{\delta M, \gamma\chi o\eta}$。

古罗马记数法　古代罗马的记数符号约与希腊阿提卡数码同期形成的。它们的记数规则也类似。早期的罗马数字为：

1　5　10　50　100

500　1000　10000　100000

后来定型为：

I　V　X　L　C
1　5　10　50　100

D　M　LXXXIII
500　1000　83

广泛应用于欧洲社会的各种事务中。罗马数字在12世纪印度－阿拉伯数字进入欧洲后逐渐被取代，但至今仍在一些特殊场合使用。

中美洲地区古代记数法　中美洲地区的阿兹特克人和玛雅人在公元初年时记数都用20进位制，但前者是非位值制，而后者则是严格的位值制，主要用于记载编年史。两种记数形式如下〔阿兹特克（上）、玛雅（下）〕：

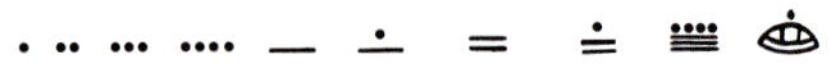

1　2　3　4　5　6　10　11　19　20

**记言体**　quotation-style　直接记录讲学、论政，以及宣教者的言谈口语的一种文体。见语录体。

**记忆**　memory　认知过程中对信息的输入、编码、存储和提取。记忆是人脑对过去经验的反映，包括识记、保持、再认和再现4个基本过程。

识记是记忆的开始阶段，是信息的输入和编码。保持是识记了的信息在头脑中得以巩固的过程。再现也称回忆，是对已存储的信息进行提取，使之恢复活动。有些已存储的信息不能再现，但当刺激重新出现时却仍能加以确认，这种确认的过程称为再认。再现和再认都是识记和保持的结果。信息不能很好地保持，在应用时不能及时提取的现象称为遗忘。

19世纪末期德国的H.艾宾浩斯对学习和记忆进行了实验研究，对记忆结果进行了数量化的分析。他所发现的遗忘曲线是对实验心理学的重大贡献。

20世纪50年代末期开始，随着信息科学的发展与计算机技术的应用，记忆被视为信息的保持，对当前信息的加工被认为与已有的记忆结构有关。依据遗忘速度和记忆容量，记忆可区分为短时记忆和长时记忆两个系统。以后G.斯珀林用部分报告法发现感觉记忆，以及G.A.米勒提出记忆容量的组块单位等，心理学家更多地用信息加工观点探索记忆的精细过程，提出了一些记忆模型。与此同时，对记忆的生理和生物化学的研究如对记忆障碍的研究等也有很大进展。

**记忆术**　mnemonics　记忆的方法和窍门。主要指对无意义联系的项目赋予某种逻辑的意义或人为的联系，从而提高记忆效果的方法。亚里士多德在《记忆论》中提出了记住事物是由于“邻近性、相似性和对比”的原因。联想主义心理学把“观念的联想”作为记忆方法的基础。

近代心理学注重对记忆术的实验研究。E.埃伯特和E.莫伊曼1905年的实验研究发现，韵律的组合是提高记忆无意义音节效果的较好技巧。H.伍德罗1927年也提出分组、韵律、表象、符号和补充联想都有效。E.托尔文1962年发现有意识的组织可以提高记忆效果。

中国心理学家归纳了记忆历史年代和数字的方法。有同异法、归并法、特征法、等距法，还有年代推算法，抓住关键年代记忆的联系法；谐音法，利用韵文记年代的口诀法等。

**记忆障碍**　memory disorder　人脑受到损伤或精神障碍造成的不能正常反映过去经历过的事物的异常心理现象。主要有三种表现：①记忆增强，指人在病态情况下或其他特殊情况下，对原来已经遗忘的经验或根本记不起来的事情能十分清晰地记忆起来。②记忆减退，指患者的记忆能力降低。记忆减退从发展上看，常常是由近事记忆减退逐渐发展到远事记忆减退，再严重则产生遗忘症。③歪曲记忆，或称潜隐记忆，指把过去见过、听过、读过甚至梦中体验过的东西与不同来源的记忆混淆起来，相互颠倒，确认这是自己实际体验过的事物。此外，记忆障碍还可以表现为回忆错误（错构症和虚构症）以及再认错误（似曾相识症和旧事如新症）。

**记者**　reporter　各新闻媒体中从事采访报道的专业人员，其职责以采写公开报道为主。

16世纪，意大利港口城市威尼斯出现了以采集和出售政治和宗教消息、商业行情、航船行期等新闻为专门职业的早期新闻记者。

在中国早期的新闻机构中，编辑和记者没有严格分工，编辑、采访合一。1872年，《申报》创刊后开始设立访员，专门采访本地新闻。1899年《清议报》第7期上出现“记者”一词。后职业记者有很大发展。

新闻记者有较高的政治素养和新闻敏感，善于迅速、准确地发现新闻；有广博的知识和敏捷的文笔，能够准确、鲜明、生动地报道有新闻价值的事实；敢于说真话，坚持真理，真实、全面地反映人民群众的呼声。

中国新闻记者的职务序列，分助理记者、记者、主任记者、高级记者四级。

**纪伯伦**　Jibran, Khalīl Jibran (1883-01-06～1931-04-10)　黎巴嫩诗人、散文作家、画家。生于卜舍里，卒于美国纽约。1908年因发表小说《叛逆的灵魂》激怒当局，作品遭到焚毁并被逐。后在巴黎艺术学院学习绘画和雕塑。1912年迁往纽约长住，从事创作活动。曾组织领导阿拉伯海外文学团体——笔会。

纪伯伦青年时代以创作小说为主，定居美国后逐渐转为写散文诗。他是阿拉伯近代文学史上第一个使用散文诗体的作家。他用阿拉伯文创作的作品主要有短篇小说集《草原新娘》(1905)、《叛逆的灵魂》，长篇小说《折断的翅膀》(1911)，散文诗集《泪与笑》(1913)，诗集《行列圣歌》(1918)等。《折断的翅膀》写东方妇女的悲惨命运和她们与命运的斗争。用英文创作的作品主要有散文集《疯人》(1918)、《先知》(1923)，诗剧《大地诸神》等。《先知》以智者临别赠言的方式，论述了爱与美、生与死等一系列人生和社会问题。书中有作者自绘的充满浪漫情调和深刻寓意的插图。

**纪德**　Gide, André (1869-11-22～1951-02-19)　法国作家。生于巴黎，卒于巴黎。1892

纪德在书房

年出版了第一部作品《安德烈·瓦尔特的诗歌》。1893～1894年远游北非，染上了同性恋癖好，身心发生了极大变化。在散文集《人间食粮》(1897)和《藐视道德的人》(1902)、《梵蒂冈的地窖》(1914)等小说中倡导人要摆脱道德、家庭和社会的一切约束，过绝对自由和无拘无束的生活。在《窄门》(1909)、《田园交响乐》(1919)和《伪币犯》(1926)等作品中也对爱情、宗教和社会现实问题进行了深入的思考。从20世纪20年代中期开始介入政治活动，发表了《刚果之行》(1927)反对殖民主义，并公开赞成共产主义，担任反纳粹大会主席，但1936年访问苏联后发表《从苏联归来》，又否定了先前的主张。他一生的作品都流露出思想的彷徨苦闷和对自己的不断否定，笔触所及反映了人类面临的种种问题，文笔明净精致，极富魅力。1947年获诺贝尔文学奖。

**纪廉** Guillén, Nicolás (1902-07-10～1989-07-16) 古巴诗人。生于卡马圭，卒于哈瓦那。少年时在印刷所学徒，后在哈瓦那的大学读法律，一年后被迫辍学。在1930年的音乐节上受黑人音乐和舞蹈的启发，创作开始反映黑人生活，诗中吸收了黑人音乐的鲜明节奏。主要有诗集《松的旋律》(1930，松是古巴的一种音乐体裁)、《松戈罗·科松戈》(1931)、《给士兵的歌和给游客的歌》(1937)，以及他在西班牙内战期间写下的《西班牙，四种苦恼和一种希望》等。1958年在阿根廷发表诗集《人民的鸽子在飞翔》，歌颂各国人民团结反帝的力量。古巴革命胜利后，纪廉结束长期流亡生活，回到古巴。1961年起任全国作家艺术家协会主席。其他主要作品还有诗集《松的总集》(1947)、《挽歌集》(1958)、《爱情的诗》(1964)、《齿轮》(1972)，散文集《急就集》(1964)等。

**纪录片** documentary film 以真人真事为表现对象，不经过虚构，直接反映生活的电影片种。它从现实生活本身选取题材，提炼主题，通过电影形象再现生活。

电影是从纪录片开始的。1895年12月28日在巴黎嘉布遣大道14号大咖啡馆内正式公映的由L.卢米埃尔摄制的《工厂的大门》、《火车到站》、《婴儿的午餐》等12部实验性的电影，都是记录真实生活景象的。1923年R.符拉哈迪的《北方的纳努克》的公映，标志着纪录电影在艺术创作上进入了一个新的阶段。20世纪20～30年代，美国电影进入全盛时期，好莱坞在摄影棚里制造出来的脱离现实的梦幻似的电影风靡一时。为了抵制这种影响，在英国出现了以J.格里尔逊为代表的纪录电影运动。运动中出现了一批杰出的纪录电影艺术家和有代表性的作品，如格里尔逊的《漂网渔船》，P.罗沙的《交接点》、《船坞》，H.E.安斯戴与A.艾尔顿的《住房问题》，W.鲁特曼的《柏林——大城市交响曲》，J.伊文思的《博里纳日》，B.瑞特的《锡兰之歌》等。

中国纪录片发端于西方国家的摄影师来中国拍新闻片。辛亥革命时期，中国摄影师开始拍纪录片。孙中山十分重视纪录片，帮助黎民伟拍摄了《国民革命军海陆空大战记》等影片。抗战时期，中国电影工作者拍摄了许多具有历史价值的新闻片。中华人民共和国建立后，中国新闻纪录片电影事业有了划时代的发展。1953年7月在北京建立了中国第一个摄制新闻片和纪录片的专业机构——中央新闻纪录电影制片厂。此外，中国人民解放军的八一电影制片厂和其他电影厂也拍摄了一定数量的纪录电影。在此期间，香港的某些电影企业、台湾国民党系统的"中制"、"台制"和民营公司也拍摄了一些新闻纪录片。

纪录电影依照题材与表现方法的不同，一般分为：①时事报道片。指报道新近发生的新闻事件的纪录片。②历史纪录片。指再现过去时代的历史事件的纪录片。③传记纪录片。指记录人物生平或某一时期经历的纪录片。④政论纪录片。指运用真实形象进行论述的纪录片。⑤人文地理片。指描绘一定地区的自然状况，或介绍社会习俗、城乡风貌的纪录片。⑥舞台纪录片。指记录舞台演出实况的纪录片。⑦专题系列纪录片。指在统一的总题下分别出片或连续出片的纪录片。

**纪念性建筑** memorial building 为纪念有功绩的或显赫的人或重大事件以及在有历史或自然特征的地方营造的建筑或建筑艺术品。这类建筑多具有思想性、永久性和艺术性。

简史 在人类的早期，为了让握有大权的人死后可以再生和对神祇的崇拜敬仰进行祭祀活动，于是建造了金字塔、祭坛、天台等。金字塔是古埃及建造的世界上最巨大的纪念性陵墓建筑。到古希腊时代，石雕技艺发展到高峰，但石材造像旷日持久，不易有适时性效果，故用石作碑、柱、经幢表示纪念。随着科学、技术、经济的发展，人们就用亭、堂、陵、殿、庙、塔、园等来作为原生性的纪念性建筑。中国曲阜孔庙是世界上规模最大的纪念性建筑群，美国华盛顿总统纪念碑是近代最高的纪念碑（碑高169.3米），南京中山陵则是中国近代优秀的纪念性陵墓建筑。

类型 可以分为留念性的、历史性的和纪念性的。留念性建筑是指规模较小的诗碑、记事勒石等，历史性建筑包括一些具有重要历史意义而作为文物加以保护的建筑，如故居、会址等。纪念性建筑则为规模较大的或专事兴建的纪念堂馆、陵墓、碑亭、牌坊、凯旋门、纪念性雕塑和纪念苑等。纪念性建筑有庆祝性的、表彰性的、宣传性的、祭祀性的、墓葬性的，也有装饰性的和标志性的。这些建筑可以是单体建筑，也可以是群体建筑。

由于缅怀和纪念是人类情感和物质生活中有较深精神意义的内容，因此纪念性建筑在空间形象上、在人们的活动程序上能表达回顾、追思、激励等情感，同时在建造材料、技术上有恒久性和不朽性。如北京的人民英雄纪念碑用中国传统的形式反映出中国近百年的革命史和中华民族开创历史新纪元的豪迈气概。

**纪念邮票** commemorative stamp 邮政部门为纪念重大事件、重要活动或人物而专门发行的邮票。图案多以和事件、活动或人物有关的内容为题材，并有特定的纪念文字或徽志及年代，发行数量有一定限制，出售时间较短，一般不再重印。世界上第一套纪念邮票是1871年秘鲁以"纪念利马—卡亚俄铁路通车20周年"为题材发行的邮票。中国第一套纪念邮票是1894年（清光绪二十年）发行的"慈禧太后六十寿辰"邮票（万寿邮票）。中华人民共和国第一套纪念邮票是1949年10月8日发行的"庆祝中国人民政治协商会议第一届全体会议"邮票。

**纪实摄影** documentary photography 摄影类型的一种。人们通常将照相机相对真实描摹现实的特点理解为"纪实"，因而凡在真实场合、以真实的拍摄手法拍摄并在后期制作中不加以篡改的照片，都可视为纪实性照片，包括新闻摄影、用直接的手法未经主观改变的艺术摄影和风光摄影，以及多种实用摄影，如纪念照、法医照片等，均属广义的"纪实的摄影"。在西方，为区别广义的"纪实的摄影"和严格意义的、狭义的"纪实摄影"，将"纪实摄影"命名为"社会纪实摄影"。这种摄影以其对社会、人类各种现象成规模的记录、深刻的揭示和独到的评论，成为摄影系列中独具魅力的部分。纪实摄影可以记录事件、性格与情绪，但它们必须具有某种普遍意义。纪实摄影的题材涉及人类社会及其环境的各

厄特·尼克的作品《逃避美国凝固汽油弹的孩子们》(1972)

个方面，它可以以某个族群或某些特定的人为研究对象（人物纪实），也可以意在服务于目前而揭示那些错误的或正在造成损害的行为和事件（事件纪实），或者是记录那些一去不返而又有价值的东西（文献纪实）。纪实摄影对题材的挖掘本着由个体到公众、由特殊到一般意义的原则，其主旨是通过深入研究人与人、人与自然之间各个层面的关系，探讨人的终极命运问题。摄影师的第一任务是记录，第二任务是评价。这种基于事实之上的评价可以体现在摄影师对题材的选择中，也可以蕴藏在对摄影技术手段的选择及文字的叙述中。

**纪实文学** documentary literature 以记录和描写历史与现实生活中的事件和人物为题材，具有高度真实性内容的文学品种，包括纪实戏剧、纪实小说、报告文学等。纪实文学最重要的特征是反映真实，即作品描写的对象必须是真人真事。虽然它们往往体现作者的倾向性，在结构上允许打乱和颠倒时间顺序，在细节上不排斥想象和虚构，在人物刻画上容许艺术加工和夸张，但所叙述的事件、所描写的环境以及人物的形象和性格，在总体上必须符合事实的原貌。

纪实戏剧的早期作品是德国戏剧家E.皮斯卡托于20世纪20年代创造的“政治鼓动剧”。在60年代的德意志联邦共和国，这种以真人真事为题材的戏剧已经发展为一个影响广泛的戏剧品种，根据所表现题材的不同，可分为历史剧、政治剧、社会剧。这类戏剧常将历史文献、官方文件、新闻媒体的报道和公众舆论加以重新编排，站在批判的立场，表现过去和现在发生的重要事件，以揭示事情的“真相”，戳穿官方宣扬的“真实”。最著名的作品有德国剧作家H.基普哈特的《奥本海默案件》(1964)，P.魏斯的《调查》(1965)、《关于越南的讨论》(1968)、《托洛茨基在流亡中》(1970) 和《荷尔德林》(1971)，R.霍赫胡特的《基督的代表》(1963)、《助产士》(1971)、《猎人之死》，G.格拉斯的《贱民们尝试造反》(1966)；英国作家P.奇斯曼的《啊，好一场可爱的战争》(1969) 等。

纪实小说以小说的形式和技巧叙述真实的人和事，虽然它也标榜“真实”，但虚构的成分明显要比纪实戏剧和报告文学大得多。它的产生与自然主义文学潮流的兴起密切相关。法国作家É.左拉的系列小说《鲁贡玛卡一家人的自然史和社会史》(包括20部长篇小说，1871～1896) 和反映迫害犹太裔军官德雷福斯的冤案的《真理》(1903) 被认为是最早的纪实小说。此后，这种体裁被许多小说家所采用，比较著名的有美国作家J.D.帕索斯的《美国》(三部曲，1938)、T.德莱塞的《美国的悲剧》(1925)、T.卡波特的“非虚构性小说”《缪斯们受人倾听》(1956) 和《凶杀》(1966) 等。

报告文学作为纪实文学的重要组成部分兴起于20世纪初，最早的作品仅是对刚刚发生的重要事件做较为详细的新闻报道，后来在形式和技巧上渐渐向文学性散文甚至小说发展，某些长篇报告文学甚至接近于纪实小说。

**纪事本末体** event-based historical records 中国古代史书体裁名称之一。纪事以完整历史事件为主。北宋以前，中国古代史书体裁主要是纪传体、编年体和典志体。南宋时期，袁枢把《资治通鉴》按照重大历史事件始末分为专篇，撰成《通鉴纪事本末》一书，开创了纪事本末体。其后，明陈邦瞻撰《宋史纪事本末》、清李有棠撰《辽史纪事本末》和《金史纪事本末》、清谷应泰撰《明史纪事本末》、清高士奇补撰《左传纪事本末》等，在中国史学史中自成体系。这种体裁的优点是因事命篇，不拘常格，即每一历史事件独立成篇，各篇再按照年代顺序纪事，可以完整地叙述历史事件发生、发展和终结的全过程，行文省于纪传体，叙事豁于编年体，因而可补编年体与纪传体之不足。缺点在于同一历史时期各个历史事件完全独立叙述，往往无法照顾各历史事件之间的相互关联，不能有效说明历史发展的普遍联系。

**纪伊半岛** Kii-hantō 日本最大半岛。位于本州岛近畿地方的南部，突向太平洋。西临大阪湾、纪伊水道，与四国岛相望，东濒伊势湾、熊野滩。纪伊山脉横亘半岛，最高峰佛经岳（八剑岳）海拔1 915米。半岛地处台风和气候锋行进路径上，温和多雨。东南部平均年降水量达4 000毫米，为日本降水最多地区。西部雨量渐少。山地森林茂密。果园业发达。近海水产丰富，东部志摩半岛南岸的英虞湾以养殖珍珠著名。高野山、吉野和熊野等建有佛教、神道教寺院。日本最主要的神社伊势位于半岛东端。20世纪50年代中期以来，半岛沿岸在填海造陆基础上兴建了一些钢铁、石油化工、汽车等重化工业。和歌山是半岛最大的港口城市和工业中心。半岛东南部内陆和东部志摩半岛上分别设有吉野、熊野 (1936) 和伊势志摩 (1946) 国立公园。

**纪传体** biographical style 中国古代史书体裁名称之一。由本纪、表、志、列传组成，而以本纪和列传为主要组成部分，故名。创始于西汉史家司马迁的《史记》。此后历代皇朝史撰述均采用这种体裁，故有“二十四史”之名，被后世称为正史。本纪用以叙述一代历朝军国大事，兼及一姓诸帝行事，实为编年纪事形式；表用以统系年代、世系和各类人物；志另有书、意、典、录等名称，用以记载各种典章制度；列传之中还包括世家、载记等名目，用以记载各种人物、少数民族以及外国事件。纪传体的优点是便于表述社会历史发展大势和各项典章制度，全面反映社会政治、经济、文化、民族等各方面情况，深入考察各阶级、阶层人物的活动，纪事内容比较丰富。缺点是纪事分散于纪、表、志、传各部分，难于完整地叙述历史事件的全过程，不易表明历史事件之间的因果联系。

**技贸结合** combination of technology and trade 科技生产部门和科技研究院（所）直接经营进出口业务的一种经营形式。

1979年，中国对外贸易体制进行改革，国家把对外贸易经营权逐步下放到各省、市、自治区以及工业生产部门和科研院所。目的是为了大力改善出口商品结构，促进高新技术产品和高附加值产品出口。此举为促进本国高附加值产品出口，建立了有力的保障与服务机制。由国家相关部委联手，对信息、生物制药、新材料、电子及家电等领域的重点出口企业提供服务。包括制定和完善鼓励高科技产品出口政策，建立高新技术产品生产基地以及组织国内外高新技术产品博览会等。

中国高新技术产品出口贸易模式主要是通过大规模吸引外国直接投资，以引进国外成熟技术和前沿技术为基础，扩大本国高新技术产品的生产和出口。

**技能** skill 通过练习获得的能够完成一定任务的动作系统。技能按其熟练程度可分为初级技能和技巧性技能。初级技能只表示“会做”某件事，而未达到熟练的程度。初级技能如果经过有目的、有组织的反复练习，动作就会趋向自动化而达到技巧性技能阶段。技能按其性质和表现特点，可分为如书写、骑车等活动的动作技能和演算、写作之类的智力技能两种。技能形成过程中，各种技能动作之间会相互影响。已形成的技能若促进新技能的形成，称为技能正迁移。如果已形成的技能阻碍了新技能的形成，称为技能干扰或技能负迁移。

**技巧运动** acrobatic gymnastics 体育竞赛项目。以翻转、平衡、抛接等动作为主，并在此基础上完成一定造型。分为男子单人、女子单人、男子双人、女子双人、混

女子三人技巧

合双人、女子三人、男子四人7个项目。

约4 000年前埃及便有了技巧运动。古罗马的江湖艺人也曾进行过技巧运动的表演。1932年在美国洛杉矶举行的第10届奥林匹克运动会上，技巧被列为表演项目。1973年11月国际技巧联合会在莫斯科成立，第1届世界技巧锦标赛于1974年在苏联举行。1984年国际奥林匹克委员会第91次代表大会通过，技巧运动列入奥运会比赛项目。1999年1月1日，国际技巧联合会与国际体操联合会合并。在中国，类似技巧这样的体育活动历史悠久，2 000年前的汉代就有手倒立和翻跟斗等动作表演。1979年12月，国际技巧联合会接纳中国技巧协会为其成员。1980年9月，中国技巧队首次参加了在波兰举行的第4届世界技巧锦标赛。1981年9月参加在瑞士举行的第3届世界杯技巧赛中，获得全能比赛的2项冠军。20世纪80年代中国技巧运动已经进入了世界三强。至90年代，两次获得世界团体总分第1名。技巧运动的动作技术结构，可分为动力性动作和静力性动作两类，前者包括单人的滚动、滚翻、屈伸起、手翻、空翻和单人与集体的抛接等动作；后者包括单人倒立、桥、劈腿平衡及双人与集体项目的扶持、平衡、倒立和造型动作。

**技术** technology 人类改变或控制其周围环境的手段或活动。泛指根据生产实践经验和科学原理而发展形成的各种工艺操作过程、方法、器具和技能。中国在发展技术方面有着悠久的历史。《荀子·富国》篇有“百技”之称。《史记·货殖列传》有“技术”一词，意为技艺方术。直到15世纪，中国的技术水平长期处于世界的前列。

简史 技术与自然、社会、文化共同构成了人类生存四要素。古人在生活、生产实践中，逐渐形成原始时代的各项相应的技能。农业革命导致农业与手工业的分工，造就一批专门从事医药、冶炼、造船、建筑、水利以及武器发明、研制、使用的工匠，成为社会独立的职业阶层。

在古代，技术主要来源于生产实践。科学对技术的作用很有限。直到19世纪中期，蒸汽机、高炉和炼钢炉、机床（车床、铣床等）、电力和汽车等的出现，主要还是生产实践的产物。但是，19世纪后期以来，很多技术是在科学理论和科学实验的指导下得以产生的，如温度计、气压计都是在科学实验中产生。技术的进步已离不开科学研究的发展与指导。

20世纪以X射线和放射性发现、相对论和量子论确立导致的物理学革命，使电子和原子核能的研究逐渐成为技术的先导，技术与科学的结合愈来愈紧密；同时，技术的发明、设计、工艺和控制程序也越来越具有独立的意义。实际上，现代技术已形成为由技术原理、技术手段、工艺方法和技术操作等要素组成的一个复杂系统，包括技术的经验形态、知识（理论）形态以及知识和经验的物化形态，在材料技术、处理材料的技术、能量开发、生物技术和信息处理等方面获得前所未有的进步。20世纪下半叶的信息技术革命，包括网络技术等，使人类在短短几十年的时间里取得了以往几千年所未曾有的成就，而且引起社会的经济结构、政治体制、社会关系、生活方式乃至思想观念等一系列的变革。

特征 技术从它产生之日起就表现为人类对自然的控制、改造和利用。技术具有以下特征。

①目的性。技术的最本质的特征在于人类追求物质目标的理性程序。技术是为满足社会需要服务的，有其社会的目的性。技术是一种物质存在的社会形式，为社会生产力的重要因素，与社会的生产关系相联系，并受其制约。

②进步性。任何技术上的发明和突破，不仅促进社会生产力的发展，也成为人类创造社会财富、改变人类生存环境的重要手段；技术是人类社会生产力不可分割的组成部分，成为衡量社会生产力发展程度的尺度；技术是人类的劳动得以实现的社会标志，技术进步的程度意味着对人的体力和智力的解放程度，亦体现为人类文明程度的不断提高；技术进步促使人类不断地应用新方法、新材料，创造新工艺、新程序，使劳动结构、产业结构、社会结构，以及人们的生活方式、思想观念等发生深刻的变化。

③价值负载性，即技术不是纯中性的方法和手段。技术本身是由知识、方法、活动、产品等不同层面的环节构成。技术对物质生产过程、社会生活条件和由此而产生的精神生产过程都有极大的影响，具有重要的经济、文化、科学和社会的价值。技术与生产、技术与经济、技术与文化、技术与教育、技术与科学、技术与艺术、技术与军事、技术与人类生活等，已成为社会科学研究的主题。

④相对意义上的自主性和绝对意义上的不自主性。技术是自主能动的主体，但技术发展却取决于人类社会的发展，与政治、经济、伦理、文化等因素相关。

功能 技术推动了社会的文明和进步，造成强大的社会生产力，动摇了旧的上层建筑所赖以生存的社会经济基础，并为新社会的诞生创造条件。技术在每一个历史时期中，对增强国家的经济、政治和军事实力，对提高社会生活质量，都有极为重要的作用。当代发达国家与发展中国家之间存在的差距，在很大程度上取决于它们的技术水平。同时应看到，技术推动了社会经济的繁荣和文明的进步，又会造成资源和能源的短缺、环境的污染等负面效应。因此，树立科学发展观，制定正确的技术战略，合理地运用技术，使技术与科学、经济和社会协调发展至关重要。

与科学的关系 技术是科学转化为生产力的中介，而且随着科学与技术的发展，两者的关系愈来愈密切。但就其本质而言，两者是很不相同的（见表）。

**技术与科学差异对比表**

| | 科学 | 技术 |
|---|---|---|
| 本质 | 认识世界，创造知识 | 改造和利用自然，运用知识 |
| 目的 | 探索和发现客观存在的现象及其发展规律 | 发明和制造世界上不存在的东西 |
| 形态 | 技术的归纳和升华，实践的抽象，理论形态的知识 | 科学的演绎，科学理论的应用，知识的物化形态 |
| 解决或回答的问题 | 解决“是什么”、“为什么”、“能不能”的问题 | 回答“做什么”、“怎么做”、“做出来有什么用”的问题 |

**技术发明** technological invention 运用基础理论，研究、开发出新物品，或对物品制造研究、开发出新方法的过程。广义的技术发明包括与产品和技术发展相联系的定向基础研究、应用研究、开发研究直到生产的全过程。狭义的技术发明不包括基础研究，仅包括由应用研究、开发研究直到生产过程。在技术发明、技术革新和技术推广三个相互关联的环节中，技术发明是基础，制约技术革新的方向和内容，又决定技术推广的规模和范围。同时，它的潜在价值只有通过技术革新和技术推广才能真正地发挥出来。1900年以前，技术发明基本上是个人行为；1900年以后，重大和重要技术发明几乎都是集体合作的成果。

**技术革命** technical revolution 技术发展中具有飞跃性质变的重大变革。表现为生产工具和方法、工艺过程方面的重大变革。

技术革命的特点是：①在技术原理、技术规则和技术手段等方面，产生重大的新的发明和突破。②引起总体技术结构的变化，对技术发展起了强大的连锁反应式的推动作用。③在技术发展史上成为划时代的重大事件和标志。④形成新的现实生产力，改变着人类经济、生活的内容和形式，并成为新的产业革命和经济大发展的前提和基础。其作用是：改变劳动的条件、性质和内容，改变生产力的结构，导致劳动生产率的迅速提高。

技术革命的主要划分方案如下：①“三次技术革命”说。1980年，美国学者A.托夫勒在《第三次浪潮》书中提出，第一次为农业革命，第二次为工业革命，第三次为当前正在进行的信息革命。②“五次技术革命”说。第一次是石器的打制。第二次是火的利用和制造。第三次是农业技术体系的形成（即农业革命）。第四次是工业技术的重大突破（即工业革命）。标志是蒸汽机的发明和制造成功，引发的以纺织工业为主体的工业技术革命阶段；另一是以1860年英国H.贝塞麦建成大型钢厂实现钢铁生产工业化为起点的钢铁、化工、电力等重工业为代表的技术革命（另一种说法以1879年T.A.爱迪生发明的电照明技术为标志），并成为近代技术的起点。第五次是以微电子的新发展和广泛应用的信息技术革命。③依据各时代人们所使用的工具材质分为石器时代、铜器时代、铁器时代、蒸汽机时代、电气化时代、原子能时代。

现代科学离不开技术上的变革，而现代技术也离不开科学上的变革。现代科学技术形成了电子技术、原子技术、分子设计技术、材料合成技术、空间技术、生物工程技术、自动化技术、电子计算机、激光技术、信息技术等，这些技术的广泛传播和运用，构成现代技术的基本内容。

**技术科学** technological science 研究技术的基本理论的科学。介于基础科学和应用科学之间，既是基础科学的特殊应用，又对应用科学具有普遍的指导作用。主要包括材料力学、工程力学、工程热物理学、机械学、化工学、水力学、电子学、计算机科学技术、能源科学技术、空间科学技术等技术学科。技术科学的重要性自19世纪以后越来越突出。它一方面开辟基础理论转变为生产力的方向和可能性，即把基础科学转化为应用的形式，使其具备为人类实践服务的可能性；另一方面将生产技术的信息反馈给基础科学，促进基础科学研究的深入和发展。

**技术贸易** technical trade 按当事双方约定的条件，通过买卖方式，把某种内容的技术从卖方转移到买方的贸易方式。在多数情况下，技术贸易指知识形态的生产技术（即专有技术和专利等“软件”）的买卖；在有些情况下，技术贸易也包含技术设备（成套设备和设备器材等“硬件”）的买卖。技术贸易的结果是使买方获得技术的使用权，而技术的所有权仍由卖方享有。其形式主要有许可证贸易、特许专营合同、顾问咨询、技术服务与协助等。技术贸易的付费方式可以是一次总付，也可以是定期提成，后者较为普遍。

**技术密集型产业** technique-intensive industry 一种在生产过程中对知识、技术的依赖程度大，知识含量高，脑力劳动所占比重较大的产业。又称知识密集型产业。其特点是：设备、生产工艺建立在先进的科学技术基础上，资源消耗低；科技人员在职工中所占比重较大，劳动生产率高；产品技术性能复杂，更新换代迅速。该产业往往也是资本密集型产业，研究开发经费高，资金投入多，单位产品的资金占用量大。它是一个国家科学、技术、教育和经济实力等多种因素综合发展的产物，代表一个国家的科学技术和产业的最高发展水平。

**技术市场** market of technology 技术商品交易的场所。广义的技术市场是将技术作为商品买卖并使之变为现实生产力的一种交换关系的总和，包括技术交易的主体、场所、交易规则和市场管理等方面。

技术市场必须具备三个构成要素：①要有可供交换的技术商品。②要同时有技术商品的卖方和买方，科学的市场预测和有效的组织管理。③要具备买卖双方都能接受的价格和交易条件。技术市场的主要组织形式包括：技术成果交易会，科技商店，技术咨询服务公司，行业技术开发组织。技术市场按地域可分为国际技术市场、国家技术市场和地方技术市场；按技术贸易形式可分为许可证贸易、合作研究开发、“交钥匙”工程和委托研究开发等；按组织形式可分为技术成果交易会、难题招标会、科技信息发布会、技术商店等。

**技术性贸易壁垒** technical barriers to trade 进口国通过颁布严格的技术标准、卫生检疫标准、商品包装和商品标签规定等手段限制主要竞争对手商品进口的措施。非关税壁垒的一种。进口商品必须符合上述各项标准，否则不允许进口。这些标准既包括商品的特性和规格，也包括设计和说明、证书、标记、商标及检验程序等。世界贸易组织货物贸易多边协定中，有《技术性贸易壁垒协定》、《实施卫生与植物卫生措施协议》，其宗旨是指导各成员方，采用和实施正当的技术性措施，鼓励采用国际标准和合格评定程序，保证这些措施不构成国际贸易的障碍。

**技术引进** technology import 一个国家或企业引入国外的技术知识和经验，以及所需附带的设备、仪器和器材，用以发展本国经济和推动科技进步的做法。是国际技术贸易的重要形式。人们常将“技术”广义化，把技术分为软件技术和硬件技术。软件技术是指技术知识、经验和技艺，属纯技术；硬件技术是指机器设备和设备器材之类的物化技术。只从国外购入机器设备而不买入软件技术，一般称之为设备进口。若只从国外购入软件技术或与此同时又附带购进一些设备，才能称为技术引进。技术引进的目的是提高引进国或企业的制造能力、技术水平和管理水平。主要内容有专利技术、商标和专有技术。引进方式多种多样，包括许可证贸易、合作生产、合作设计、技术服务、顾问咨询、进口关键设备及成套设备等。

**技术转让** technology assignment 技术输出方通过各种方式把科学技术成果、先进技术、信息和能力让给技术输入方的过程。技术转让对开拓和发展技术市场，促进技术交流和进步有重大意义。技术转让的内容包括：①有工业产权的技术。如专利、商标等。②无工业产权的技术。主要是指技术诀窍。③随同技术一起转让的单机、成套设备、整套工厂等不带有任何无形技术知识的转让。上述①、②类内容的技术转让称为转让“软件”，③类内容的技术转让称为转让“硬件”。

技术转让的形式有两种：①在政府之间或民间以技术援助、协作方式进行的无偿转让。②在企业或部门间进行的商业性技术贸易，这是技术转让的主要形式。

**季方** Ji Fang（1890－04－22～1987－12－17）中国人民政治协商会议全国委员会副主席，

中国农工民主党中央委员会主席。生于江苏海门，卒于北京。早年就学于保定陆军军官学校，参加了辛亥革命和讨袁战争。1921年加入中国国民党。1924年在广州黄埔军校任教，后参加东征和北伐战争，历任国民革命军师党代表兼政治部主任、武汉国民革命军总政治部军事指挥等。1930年参加邓演达创建的中国国民党临时行动委员会（中国农工民主党前身），任中央干部会干事。1933年参加“福建事变”，任军委会高级参谋。1934年被国民党当局逮捕，后获保释。1938年后在江苏组织地方武装抗日活动，任国民党战地党政委员会少将指导员。1940年进入苏中抗日根据地，任新四军苏中第4军分区司令员、苏中行政公署主任。抗日战争胜利后，历任苏皖边区政府副主席、中国农工民主党中央执委、华东军区解放军军官教导总团团长。1949年参加中国人民政治协商会议第一届全体会议。中华人民共和国建立后，历任政务院交通部副部长、江苏省副省长、中国农工民主党中央执行局委员兼副秘书长。1950年起，当选农工民主党中央代主席、主席、名誉主席。1978年起当选为全国政协第五、六届副主席。

**季风** monsoon 大范围盛行的、风向随季节有显著变化的风系。世界上季风明显的地区，主要有南亚、东亚、非洲中部和澳大利亚北部。通常，在北半球冬季盛行北风或东北风，夏季盛行南风或西南风，其中以南亚季风（印度季风）和东亚季风最为显著。

一般认为，季风的形成主要是海陆差异所致。由于海洋和陆地受热的季节性不同，导致其地面气压的季节性变化，因而产生风的季节性差异。近代研究认为青藏高原的大地形也是季风形成的一个重要因素。

季风盛行的地区常出现一年有旱季和雨季的季风气候。

**季风气候** monsoon climate 主要受季风支配地区的气候。主要特征是冬干夏湿。夏季一般受海洋气流的影响，冬季主要受大陆气流的影响，在盛行风向发生季节性转变的同时，云、雨和天气系统等都随着发生明显的变化。伴随夏季风的来临，云量增多，湿度加大，雨量猛增，这时进入雨季。冬季风来临，则云量减少，湿度变小，雨量剧减，这时转为旱季。

季风气候最显著的地区是亚洲南部和东南部、非洲中部和西部、澳大利亚北部等，统称为亚澳季风系统。印度、中南半岛等地为南亚季风气候区，其特点是雨季和旱季的对比异常显著，而夏季风和冬季风期间的气温差异不大。中国东部的广大地区，则处于东亚季风气候区，其雨季和旱季降水量的对比远不如南亚季风气候区显著，但冬夏的温差很大。

**季节** season 一年中以气候的相似性划分出的几个时段。由于寒暑枯荣的大自然韵律与生物的生息发展有极其密切的关系，划分季节从古已为人类所重视。中国《尧典》中有根据黄昏时南方天空所看到的不同恒星划分季节的记载。现代季节的划分有以天文因子为主的，也有以天气气候特征为主的。不同的方法所划分的季节时段也不尽相同。

天文季节 以天文因子为依据划分的季节。在温带地区，通常把接受太阳辐射最多，即最炎热的时段称为夏季；接受太阳辐射最少，即最寒冷的时段称为冬季；它们之间的过渡时段称为春季和秋季。

气候季节 以气候要素的分布状况为依据划分的季节。中国的气候季节最早是由张宝堃（1934）研究的。他在《中国四季之分配》中，提出以候（5天）平均气温低于10℃为冬季，高于22℃为夏季，10～22℃为春秋过渡季。除温带的四季外，还有其他的季节划分。在热带和一些亚热带地区，常用降水量和风向的变化来划分季节，如分为旱季和雨季、东北信风季和西南信风季等。这种划分季节的方法，在南亚次大陆尤为通用。在北非大部分地区，把一年划分为凉季、热季和雨季三个季节。在极地附近，则按日照的状况划分为永昼的夏季和长夜的冬季两个季节。在青藏高原，全年大体可分为风季（干季）和雨季两个季节。对下垫面不同的地区，如海洋和内陆、森林和草原，因气候不同可采取不同的划分季节的标准。

自然天气季节 20世纪20年代，苏联气候学家B.P.穆利塔诺夫斯基提出以形成气候的天气过程的特点来划分季节，将苏联欧洲部分的一年分为春、夏、秋、前冬和冬五个季节。中国杨鉴初等在50年代也曾根据500百帕环流型研究东亚的自然天气季节及其划分。

**季米特洛夫** Dimitrov, Georgi Mikhailovich (1882-06-18～1949-07-02) 保加利亚共产党、第三国际和保加利亚人民共和国领导人。生于保加利亚佩尔尼克，卒于莫斯科。1901年加入保加利亚社会民主工党，1909年被选为保加利亚社会民主工党（紧密派社会主义者）中央委员和全国工会同盟司库。1919年5月参与创建保加利亚共产党。1921年率领保共代表团参加第三国际第三

次代表大会。同年参加红色工会国际的筹备工作，并任中央理事会执行局成员。1923年同V.科拉罗夫一起组织了九月起义。起义失败后，流亡国外达22年之久，长期担任保加利亚共产党中央国外局委员，继续领导国内革命运动，同时积极参加国际共产主义运动和国际工人运动的斗争。1933年3月9日因国会纵火案在柏林被德国警察逮捕。在各国人民声援下，他被宣布无罪释放。

1934年2月去莫斯科，此后一直是保共主要领导人。1935年当选为第三国际执行委员会总书记，直至1943年第三国际解散。1945年11月6日季米特洛夫回国。次年被选为保加利亚人民共和国部长会议主席。1947年12月主持通过新宪法。1948年12月在保共第五次代表大会上，当选为保共中央总书记。

**季诺维也夫** Zinovyev, Grigory Yevseyevich (1883-09-23～1936-08-25) 苏联共产党和共产国际的早期领导人。生于乌克兰赫尔松省叶利萨维特格勒一个小牧场主家庭，卒于莫斯科。原姓拉多梅斯尔斯基，犹太人。1901年加入俄国社会民主工党。第一次世界大战期间，在瑞士与V.I.列宁合著《战争和社会主义》一书，并合编《反潮流》文集。在俄国十月社会主义革命准备过程中，反对举行武装起义。1925年同L.B.加米涅夫组成“新反对派”，1926年又与L.D.托洛茨基结成联盟，反对J.斯大林路线。1927年被开除出党。此后曾两次恢复党籍，又两次被开除。1935年，因所谓“莫斯科总部”案件被判处剥夺自由10年。1936年8月，因所谓“托洛茨基-季诺维也夫反苏联合总部”案件被判死刑，25日被处决。1988年6月13日，苏联最高法院撤销了对季诺维也夫的判决，明确宣布他在法律、国家和人民面前无罪。

**季戊四醇** pentaerythritol 四元醇，分子式$C(CH_2OH)_4$。又称四羟甲基甲烷或二羟甲基-1,3-丙二醇。白色或淡黄色结晶粉末；熔

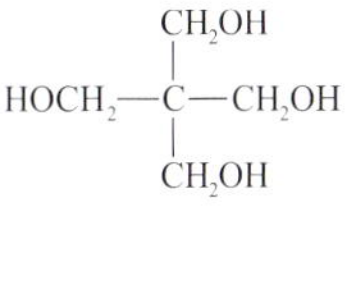

点269℃。易溶于热水，在冷水中溶解度较小，微溶于乙醇。季戊四醇与硝酸反应生成四硝酸季戊四醇酯，此化合物为无色晶体，熔点140～141℃，对碰撞极敏感，是强爆炸力炸药，也是长效抗心绞痛药；与氯化亚砜反应，生成亚硫酸季戊四醇酯；在盐酸或氯化锌存在下与醛或酮反应生成缩醛或缩酮。季戊四醇是用甲醛和乙醛在碱水溶液中缩合、还原制备。反应时先生成三羟甲基乙醛，然后再经甲醛还原即得产物。以上反应应严格控制原料配比和反应温度。季戊四醇主要用在涂料工业中，是醇酸树脂涂料的原料。还是制作油漆、涂料、合成树脂增塑剂、非离子表面活性剂和炸药的重要原料。

**季羡林** Ji Xianlin (1911-08-06～2009-07-11) 中国语言学家、作家、文学翻译家。山东清平（今属临清）人。卒于北京。1930年考入清华大学西洋文学系。1935年考取清华大学与德国交换的研究生，在格丁根大学研究古代印度语言。1941年获格丁根大学哲学博士学位。后应聘在格丁根大学任教，并研究吐火罗语（焉耆-龟兹语）。1946年初夏返抵上海，应北京大学之聘为东方语言文学系教授、系主任，至1983年；1956年当选中国科学院哲学社会科学部学部委员；1978～1984年兼任北京大学副校长。从1978年起曾兼任多种社会团体职务。1984年和2003年先后任《中国大百科全书》第一版和第二版总编辑委员会委员。2008年被印度政府授予最高荣誉奖——“莲花奖”，同年被日本学士院聘为客座院士。

季羡林精心研究中世印欧语言，并有突出成就。①在印度中世语言（包括阿育王碑铭用语、巴利语、俗语和混合梵语）形态学方面，他全面而系统地总结了小乘佛教大众部说出世部律典《大事》偈颂所用混合梵语中动词的各种形态特征；他发现并证明印度中世语言中语尾-am向-o和-u的转化是中世印度西北方言犍陀罗语的特点之一；他还发现并证明不定过去时是中世印度东部方言古代半摩揭陀语的语法特点之一。②在原始佛教的语言问题方面，他论证了原始佛典的存在是无可置疑的，它所使用的语言是中世印度东部方言古代半摩揭陀语；他还阐明原始佛教采用放任的语言政策，考证了佛教混合梵语的历史起源和特点以及与语言问题相联系的印度佛教史上的其他问题。有关论文已编成《原始佛教的语言问题》（1985）一书。③在吐火罗语的语义研究方面，开创了一个成功的方法，写成《〈福力太子因缘经〉的吐火罗语本的诸异本》（1943）一文。

1980年以来，他开始研究和译释新疆博物馆收藏的吐火罗语A《弥勒会见记剧本》残卷，发表《吐火罗文A中的三十二相》等5篇论文，受到了广泛的重视。其他论著还有《印度古代语言论集》（1982）、《中印文化关系史论文集》（1982）、《关于大乘上座部的问题》（1981）、《商人与佛教》（1985）等。

季羡林又是勤奋的文学翻译家，他直接从梵文翻译了《沙恭达罗》、《五卷书》、《优哩婆湿》和《罗摩衍那》等。

此外，季羡林还从巴利文、英文和德文翻译了一些文学作品。季羡林还致力于散文的文学创作，作品有《牛棚杂忆》（1998）、《季羡林文集》（1999）和《病榻杂记》（2007）等。

**荠菜** *Capsella bursapastoris*; shepherd's purse 十字花科荠菜属中以嫩叶供食用的栽培种。一二年生草本植物。又称护生草。原产中国。遍布世界温带地区。

根系分布浅。根出叶丛生，羽状深裂或全裂，叶被毛茸。总状花序，花小，白色。短角果，倒三角形、扁平。种子极小，卵圆形。喜冷凉、湿润，耐寒性强。喜晴朗天气。对土壤要求不严。荠菜按不同叶形有板叶和花叶之分。行种子繁殖。以秋季露地栽培为主，也可进行露地春播或保护地冬春季栽培。

荠菜富含胡萝卜素和钙等。具有利尿止血，清热及明目等保健功效。可作馄饨、饺子馅，也可炒食或煲汤。

**济慈** Keats, John (1795-10-31～1821-02-23) 英国诗人。生于伦敦，卒于意大利罗马。9岁丧父，母亲改嫁，与两个弟弟由外祖母收养，后由保护人照料。1815年入伦敦一家医院学习。1816年发表十四行诗《孤寂》和《初读查普曼译荷马史诗》。决定放弃学医而专事文学创作。第一部包括《睡眠与诗》在内的诗集，于1817年出版。1818年完成叙事长诗《伊萨贝拉》和取材于希腊神话、描写月亮女神与凡人恩底弥翁相爱故事的长诗《恩底弥翁》。1819年创作的《圣爱格尼斯之夜》、《夜莺》、《希腊古瓮》、《哀感》、《心灵》、《无情的美人》、《灿烂的星，愿我能似你永在》等，构成了济慈诗歌的精华，成为英国诗歌史上的不朽之作。

**济公** Jigong（约1150～1209） 中国南宋僧人。俗姓李，原名李心远，字湖隐，号方圆叟。浙江天台人。18岁在临安（今浙江杭州）灵隐寺出家，师从该寺住持佛海瞎堂法师，法号道济，后移住净慈寺。据说他为人“狂而疏，介而洁”。生活落拓，寝食无定，破衣烂衫，云游四方，加之不守戒律，饮酒食肉，佯狂不饰细行，被人们称为“济颠僧”。传说中他又是一位见义勇为、打抱人间不平且神通广大的侠僧。百姓称他为“济公”或“济公活佛”。佛教徒们则把他神化，说他是“降龙罗汉”转世。济公虽然嗜好酒肉，举止癫狂，但精通佛理，深得禅中三昧。文笔隽秀，擅长书法、诗词。1209年，道济在净慈寺悠然而逝。济公去世后，人们在他生前活动的地方建起了许多纪念他的殿塔，还在全国各地塑造了很多济公的塑像。其造像以四川新都宝光寺、苏州西园戒幢律寺等处最为著名。《钱塘湖隐济颠禅师语录》记载其神异事迹。

**济州岛** Cheju-do 韩国最大岛屿，旅游名胜区。北距半岛97千米，主岛呈椭圆形。面积1 819.5平方千米。包括周围牛岛、卧岛等34个属岛，人口约52万。由玄武岩组成的火山岛，岛中央为韩国最高峰汉拿山，海拔1 950米。地势由中央向四周倾斜。海岸大多为悬崖。地表水为季节性河流，呈放射状，部分为地下水，至海边涌出地面。亚热带海洋性季风气候，温和多雨，但冬季季风强大。韩国气候最暖之地。年平均气温14.7℃，平均年降水量为1 300～1 800毫米。自然植物与农作物呈垂直地带性分布。韩国最大大麦产区，供全国啤酒业所需。南岸所产柑橘和山地蘑菇也是重要出口产品。周围海域为韩国三大渔场之一，也是重要的远洋渔业基地，水产捕捞、养殖和加工业发达。海女潜水捕捞是当地水产业和观光业的一大特色。历史上称作瀛洲，同中国、日本往来悠久。相传中国秦代方士徐福东渡时，首先抵达这里，并登瀛洲山（汉拿山的别称）在峭壁上刻下“徐福过此”4个大字，至今传为中韩历史友谊的佳话。20世纪70年代以来岛上建立了汉拿山国家公园，成为韩国和东亚地区的著名旅游胜地及举办国际体育赛

济州岛景色

事之地。尤为突出的是岛上密布着火山熔岩所造就的山峦、溶洞、瀑布、奇岩，同大海、树木、田园、寺庙等浑然一体，形成雄伟绮丽的“瀛洲十二景”。岩溶洞穴霹雷摩芝窟，长达12 000米。每年来此观光的游客多达400万人。

**继昌隆缫丝厂** Jichanglong Filature Company　中国近代第一家使用新法的缫丝工厂，也是最早的民族资本工业企业之一。俗称继昌隆丝偈。1873年由侨商陈启源创办，厂址在广东南海西樵。初创时仅有丝釜数十部。丝厂采用锅炉热水蒸气煮茧，代替手工缫丝的炭水煮茧。这种新法缫丝粗细均匀，丝色洁净，弹性也较好。产品售价高出手工缫丝1/3，获利很多。此后生产规模逐渐扩大，丝釜最多时达800部。后因机器缫丝业效率高，遭到手工缫丝业者的强烈反对，继昌隆被迫关闭，迁往澳门。后又迁回南海，改用手摇的缫丝小机。到19世纪末20世纪初，顺德、南海等地已成为中国最早的近代缫丝工业中心。继昌隆后改名利厚生，几经转手，到20世纪20年代已不存在。

**继承** succession　对死者生前财产的权利和义务的承受。继承法即关于自然人死后由其继承人对其财产权利和义务予以承受的法律规范的总称。继承人依照法律规定承受被继承人遗产的权利，称为继承权。当代各国多实行遗嘱继承制。

中国的继承制度　中国独立的继承法于1911年（宣统三年）完成，列为《大清民律（草案）》的第5编，仍以宗祧继承为主。中华民国时期，国民党政府从法律上废弃了宗祧继承，采取财产继承制。

1982年《中华人民共和国宪法》第13条规定：“国家依照法律规定保护公民的私有财产的继承权。”1985年4月10日，第六届全国人大第三次会议通过并公布了《中华人民共和国继承法》，同年10月1日施行。共5章37条，对遗产、继承权、继承权诉讼时效、法定继承、遗嘱继承、遗赠、遗产的处理等作了规定。

关于继承的具体规定　包括继承的开始时间、地点，继承权的接受和放弃，继承权的丧失等。

继承开始　被继承人死亡或宣告死亡的时间是继承开始时间，从此继承权开始具有实行的效力。在继承开始时，确定继承人的范围，确定继承遗产的范围和价值。如果是遗嘱继承，需要认定遗嘱是否有效，关于继承权的时效也从此时开始计算。

继承地点　通常是被继承人的住所地。如果住所不明或主要财产不在住所地，可以财产所在地为继承地点。

继承的接受和放弃　享有继承权的人在得知被继承人死亡或宣告死亡后，应就是否接受继承作出意思表示。继承人接受或放弃继承的意思表示是单方行为，具有法律效力。根据中国的司法实践，继承人放弃继承权的，应在继承开始后至遗产处理前，作出放弃继承的表示。没有表示的，视为接受继承。继承人的继承权，从知道权利被侵害时起2年内可以请求人民法院予以保护。

继承权的丧失　继承人的继承权，除因作放弃继承的意思表示而丧失外，还可因被剥夺而丧失。中国《继承法》规定，继承人有下列行为之一的，丧失继承权：故意杀害被继承人的；为争夺遗产而杀害其他继承人的；遗弃被继承人的，或者虐待被继承人情节严重的；伪造、篡改或者销毁遗嘱，情节严重的（第7条）。继承权被剥夺后，该继承人即丧失了继承遗产的权利。但一些国家规定，已得到死者或行为所针对的人的宽恕，可不被剥夺继承权。各国还规定被继承人可用遗嘱方式取消继承人的继承权。

**继承权** succession, right of　继承人依照法律规定承受被继承人遗产的权利。继承权具有下列法律特征：①是一种财产权利，通过继承实现财产的移转。②以人身关系为基础。世界各国有关法定继承的规定，都是以继承人和被继承人存在婚姻、血缘等关系为依据而确定的。③继承权的实现要有一定的法律事实。法律规定的继承权只是继承人享有的一种期待权；只有被继承人死亡这一法律事实出现以后，继承权才成为既得权，开始遗产继承。在实行遗嘱继承制的国家，还需要有被继承人设立遗嘱的法律事实。当代各国对继承问题都以民法或有关继承的单行法规作出各种具体规定。包括继承的开始时间、地点；继承权的接受和放弃；继承权的丧失等。

**继电保护** relay protection of power system　针对电力系统故障和危及安全运行的异常工况，采取的反事故自动化措施。因起初主要用有触点的继电器作为保护装置，所以沿称继电保护。基本任务是：当电力系统发生故障或异常工况时，在最短时间和最小区域内自动将故障设备从系统中切除，或者给出信号由值班人员消除异常工况的根源，以减轻或避免设备的损坏和对相邻地区供电的影响。保护电力系统的各设备元件（发电机、变压器、母线、输电线等）使之减轻或免遭损害的设备称为继电保护装置，如过电流保护、低电压保护、过电压保护、功率保护、距离保护、差动保护、高频（载波）保护等装置；保护电力系统整体使之尽快从异常工况恢复到正常状态的设备称为系统安全自动装置，如自动解列装置、自动减负荷、切除部分发电机组、汽轮发电机快速汽门、自动重合闸等设备。这些装置必须具备以下五个基本性能：①安全性。在不该动作时不应发生误动。②可靠性。在该动作时不应发生拒动。③快速性。以最短时限将故障或异常工况切除或消除。④选择性。在最小区间将故障切除，保证最大限度地向无故障部分继续供电。⑤灵敏性。表示保护装置反映故障的能力，通常以灵敏系数表示。

各种保护装置都包含下列主要的环节：①信号的测量环节。②信号的分析和处理环节。③判断环节。④作用信号的输出环节。早期采用的是电磁型继电保护装置。在晶体管和其他固态元器件迅速发展之后，电子型静态继电器得以大量推广。随着大规模集成电路技术的飞速发展，微型计算机的普遍应用，电力系统规模正迅速扩大。大机组不断增加，促使智能化微机数字式的电力系统继电保护和安全自动装置得到广泛应用，使电力系统更加安全经济地运行。

**继电器** relay　根据输入信号来改变被控制线路通、断状态的电动执行元件。它由感测机构和执行机构两部分组成。感测机构在输入信号达到规定值时发出信号，使执行机构动作，从而实现被控制线路通、断的换接。感测机构由铁芯线圈或双金属片、光敏元件、热敏元件、气敏元件等元件之一组成。执行机构由触点机构（有触点式继电器）和晶体管放大电路（无触点式继电器）组成。继电器有多种分类。按输入信号的性质分为电压继电器、电流继电器、温度继电器、光继电器、频率继电器等；按工作原理分为电磁式、磁电式、感应式、压电式、舌簧式、极化式等继电器；按用途分为保护继电器、控制继电器和通信继电器；按工作电源分为直流继电器和交流继电器。输入信号与输出信号关系的特性曲线具有典型的非线性特性，常称为继电特性。包含继电器元件的控制系统为典型的非线性控制系统。

**继续教育** continuing education; further education 对已获得一定学历教育和专业技术职称的在职人员进行的教育活动。学历教育的延伸和发展，使受教育者不断更新知识和提高创新能力，以适应社会发展和科学技术不断进步的需要，是现代科学技术迅猛发展的产物。联合国教科文组织出版的《职业技术教育术语》称："广义的继续教育是指那些已脱离正规教育、已参加工作和负有成人责任的人所受的各种各样的教育。"此外，由于继续教育产生的历史原因，继续教育有时仅特指英国的继续教育，指英国对结束义务教育青年实施的除大学以外的一切正规与非正规教育。这种教育是英国法定的公共教育体系的组成部分，主要由地方教育当局提供；从水平分，有高级和低级两种，前者属高等教育范畴，后者相当于中等技术学校水平；从内容分，有职业性课程、非职业性课程、社会及娱乐活动三大类。

**继子女** step child 妻子与其前夫或丈夫与其前妻所生的子女。继父母、继子女的关系，是因父母一方死亡后，他方再婚；或父母离婚后一方或双方再婚，子女与父或母的再婚配偶共同生活而发生。过继是中国社会中群众对立嗣、收养关系的俗称，与继父母、继子女的概念有严格区别。

2001年《中华人民共和国婚姻法》第27条规定："继父母与继子女间，不得虐待或歧视"，"继父或继母和受其抚养教育的继子女间的权利和义务，适用本法对父母子女关系的有关规定"。即双方间如有抚养和被抚养的事实存在，就产生了拟制血亲的父母子女关系，相互间都有继承权。继子女并不因为母亲的再嫁或父亲的再娶而与生父或生母脱离关系，继子女与生父母仍然保持亲子关系，仍然保有相互抚养的义务和相互继承的权利。

在中国，有抚养关系的继父母继子女关系类似某些国家的不完全收养。《中华人民共和国收养法》对继父母收养继子女作了放宽收养条件的规定，变继父母继子女关系为养父母养子女关系，有利于稳定再婚者的家庭关系。

**《祭风台》** *Wind Worship Platform* 中国清代楚曲作品。见于汉口书坊刊印的《楚曲十种》。楚曲为汉剧前身，又名楚调、楚腔。剧叙三国时赤壁之战故事，起自鲁肃邀请诸葛亮到东吴共襄防务，至破曹后诸葛亮趁机为刘备智取南郡、荆州、襄阳止。主要关目有舌战群儒、群英宴、蒋干盗书、对火字、草船借箭、打黄盖、连环计、观风得病、祭东风、火烧战船、华容挡曹等。《祭风台》着力刻画参战各方领袖人物间运筹帷幄、逐谋斗智的性格冲突，显示了清代地方大戏丰富的艺术表现力。在《祭风台》的基础上，经过长期演出不断丰富修改，出现了京剧优秀作品《群英会》。

**祭蓝** jilan glazed porcelain 中国古代颜色釉瓷。景德镇窑产品，釉色浓艳深沉，又称霁蓝、积蓝、宝石蓝等。蓝釉以氧化钴为着色剂，在900℃～1 250℃窑温下均可烧成。唐代巩县窑出土有蓝釉器物标本，但属低温铅釉陶。景德镇窑蓝釉始于元代，常带印花、划花、贴花、描金等装饰。明代蓝釉器以永乐（1403～1424）、宣德（1426～1435）声誉最高，产品多为碗、盘。元明两代蓝釉瓷器釉面光泽较强，清代则多属橘皮釉，雍正时代（1723～1735）尤为明显，其瓶、罐、盘、碗等，蓝色纯正无疵，达到炉火纯青的程度。

祭蓝地粉彩描金开光花鸟图八方瓶（清，故宫博物院藏）

**祭祀** sacrifice 祭神与祀祖的合称。指按照特定的程序，将奉献物献给神灵或祖先亡灵，并向其求告的仪式。流行于世界各地。最早出现于新石器时代早期，很大程度上与原始宗教信仰有关。在古代社会一直占有重要地位，现代仍然存在。祭祀包括祭祀者、献祭物品以及祭祀的时间、地点、对象、意图等。大规模的祭祀活动往往由祭司、僧侣等专人主持。祭品有动物、菜蔬果品乃至人。祭祀的意图主要是为了赞美、感恩、恳求、赎罪等。

在中国，依祭祀对象，大致分为祭天、祭地、祭社、祭祖、祭灶等。商代举行宗庙祭祀活动时，礼仪方面已有森严的等级制度。周代，祭祀制度更加成熟，祭礼是周礼的主要部分。祭祀的对象有等级之分，礼仪也有差别，分为大祀、中祀、小祀三等。每一等级祀礼的祭品、仪仗、舞乐和建筑形式都有严格规定。祭祀性建筑可分为明堂辟雍、宗庙、祭坛、祠庙、杂祀庙五大类。民间祭祀习俗有腊祭、清明节和冬至的祭祖活动，以及丰年祭、狩猎祭、祭灶等。除汉族外，许多少数民族至今还保留各种祭祀活动。如傈僳族、朝鲜族的祭祀山神，布朗族的祭祀雷神，纳西族的祭天，土家族的祭祀土地神等。

**祭坛** altar 古代进行祭祀活动的台式建筑，有的还与埋葬重要人物有关。简称坛。平面一般为方形或圆形，通常以土筑或石块砌筑，有的为土石结构。主要用于祭祀天、地、祖先、社稷和各种神祇。出现于公元前六七千年间。进入历史时期后演变发展为各种坛和庙堂，或成为神庙或庙台的组成部分。

中国距今4 000年以前的祭坛主要有内蒙古敖汉旗赵宝沟祭坛、辽宁喀左东山嘴祭坛、湖南澧县城头山古城祭坛、浙江杭州瑶山祭坛等。其中，赵宝沟祭坛用石块垒砌成方形，面积300多平方米，年代约公元前4800年，是中国迄今所知最早的一处史前祭坛。东山嘴祭坛位于面向大凌河的山梁前端，占地面积约2 400平方米，内有用石块砌筑的方形祭坛和圆形祭坛各一座，属红山文化。城头山古城的祭坛为土筑，属于大溪文化早期。瑶山祭坛位于瑶山西北坡顶，是良渚文化的一处贵族祭坛墓地（见瑶山遗址）。中国历史时期祭坛演变发展的几种重要形式，分别是南朝时期的建康北郊坛、隋大兴城唐长安城的圜丘（见图）、明清北京城的天坛，主要用于皇帝祭祀天、地、社稷等活动。其中，建康北郊坛在钟山（今南京紫金山），坛体体积超过15 000立方米，顶层台上又有4个小坛，是迄今发现最大的祀地祭坛。隋大兴城唐长安城圜丘有4层台面，坛表饰白灰。环绕圆坛有12个陛阶，按十二时辰位置分布，这是已

陕西西安唐圜丘遗址

发现的中国最早的皇帝祀天圜丘。明清北京城天坛原称天地坛，主体是合祭天地的大祀殿。明嘉靖九年（1530）为分祀天地，在大祀殿南面建祭天的圆坛，即现在的圜丘，另设地坛于城北。嘉靖十九年又在原大祀殿处建行祈谷祀大享殿。圜丘是一座带有围栏的高大圆形三层石台。

外国祭坛主要见于西亚、埃及、美洲和大洋洲。西亚地区早在前7100～前6300年就出现专门用作神坛的房屋。在苏美尔-阿卡德时期的神庙中也设有祭坛。从欧贝德文化开始，神庙中祭坛的作用被殿堂或供桌等替代。中美洲的玛雅文明和阿兹特克文明的金字塔式台庙均有祭坛作用。大洋洲的波利尼西亚古代文化也有包括祭坛的露天宗教性建筑。

**祭堂子** sacrificial rite at palace temple 中国满族特有的对天神祖先的祭祀仪式。又称堂祭。初沿女真习俗，无固定处所。后或在庙宇或在室外举行。清军入关后始成定制，遇有出征、凯旋，皇帝出巡等重大事件，均举行之。顺治元年（1644）定都北京后，即在长安左门外御河桥东，兴建堂子。1900年该地划入使馆区，改建堂子于南河沿南口路东。

每年正月初一（元旦），皇帝亲到堂子之圜殿拜天。此外，圜殿每月初一（正月在初三），还要祭祀纽欢台吉、武笃本贝子。出征前，皇帝亲到圜殿之南拜纛。凯旋时，皇帝入都门先入堂子行告成礼。月祭是在每月初一（正月在初二），在尚锡亭祭尚锡（即田苗）之神。每年四月初八为佛诞，行浴佛祭，祭祀佛、菩萨、关帝。每年三月初一、九月初一，行春秋立竿祭。此外，春秋还行马祭两日。祭拜之前请神于坤宁宫，祭毕送回安奉。这些祭祀活动皇帝或亲自参加，或遣官代往。为满族所专有，他族不得参加。

**祭灶** offering sacrifices to Kitchen God 中国民间传统节日。专祀灶神，又称祀灶节。在农历腊月二十三或二十四。传说灶王爷是上天派驻各家的监察神，每年年末要上天向玉帝汇报人间情形。民间在送灶神上天时要举行祭灶仪式，在唐宋以前是在腊日。传统的祭灶仪式由男子主持，祭品有丰有俭。古代一般以美酒佳肴祭灶，有猪头、两条鱼、豆沙丸子等。近世祭灶花样翻新，不仅要以酒醉司命、灶糖沾嘴，让他“上天言好事，下界降吉祥”，还要为灶神上天准备灶马、草料。旧时华北地区各家祭灶时供“灶神码”（木版彩色神像），有单人和双人两种。现今部分乡村仍有腊月祭灶习俗。

**寄居蟹** pagurids 十足目歪尾次目寄居蟹总科和陆生寄居蟹总科的统称。其外形介

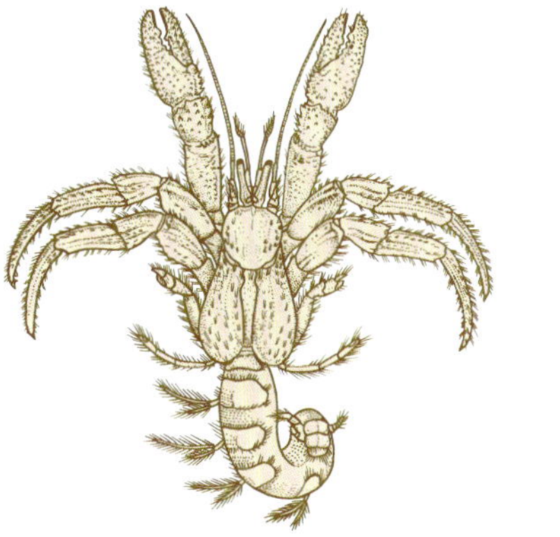

螯下齿寄居蟹

于虾和蟹之间，多数寄居于螺壳内。全世界已知近1 000种，中国约100种。多数为暖水种，黄海有少数冷水种。

寄居蟹一般体躯左右不对称，体形长，分头胸部及腹部。头胸部具头胸甲，前部较狭窄，钙化较强，后部扩展较宽，角质或完全膜质，有明显的颈沟。腹部长而柔软，可卷曲于螺壳中。尾节也常不对称。眼柄基部有眼鳞。螯肢一对。潮间带种类行动活泼，深海种类较迟钝，以小的或死的动物为食。陆栖种为杂食性。雄性常比雌性大。平时多在海边或浅水内爬行。

寄居蟹大的可以食用。小的可作家禽饲料或钓饵。寄居蟹可制中药。

**寄生** parasitism 异种生物交互作用的一种形式。交互作用的一方得益（寄生物），另一方受害（寄主或称宿主）；但通常不置受害者于死地。某些昆虫（通常为膜翅目或双翅目昆虫）将卵产于另外一种无脊椎动物体内，幼虫自卵孵出后即以寄主身体组织为食，最后导致寄主死亡。这种现象称为类寄生或拟寄生，实为捕食现象，有时亦称捕食寄生。寄生物偶尔也可置寄主于死地，但寄主的死亡对寄生物也不利。寄生现象的进化趋势是，交互作用的双方通过相互适应最后建立温和的共处关系，使寄主死亡例数减至最少。如人类患常见的传染病时死亡率很低。建立稳定的寄生关系，要求寄生物能与寄主紧密联合，能顺利地从寄主体内吸取营养，并能抵抗寄主的免疫反应。因此在寄生物中常可见到明显的适应性特化现象。

寄生现象的分类主要根据寄生物的特化程度。特化到脱离寄主便不能存活的称专性寄生物，仍有独立生活能力的称兼性寄生物。另一方面，寄生关系可以是持久的，也可以是暂时的。最常见的寄生物分类以寄生部位为依据。如外寄生物和内寄生物。最极端的例子是病毒和立克次氏体等，它们只能生活在细胞内。这种由外而内的寄生系列，不仅表现出寄生物和寄主在空间上结合的紧密程度，也反映了两者间的代谢依赖性。上述寄生物都由寄主取得营养，但依赖性不同。肠道寄生虫吸取寄主未消化吸收的食物残余；而细胞内寄生物，或因本身的分解代谢机能不完备（如立克次氏体）或因根本不具备（如病毒），因而连营养的利用也要依赖寄主。寄生于寄生物身上的现象称为超寄生（或重叠寄生）。如蚤寄生于兽类身上，其肠内又有原虫寄生。

**寄生虫病** parasitoses 寄生虫侵入人体而引起的疾病。分布广泛，但以贫穷落后卫生条件较差的地区为多见。

分类 按寄生虫的种类可分为原虫病、蠕虫病及节肢动物引起的疾病，其中有许多属于人兽共患性疾病。根据其传播情况又可分为人源性、兽源性、野生动物源（或森林源）性。

流行 需要三个环节：①传染源。包括患者、带虫（囊）者、储存宿主及转续宿主。②传播途径。口、吸血昆虫媒介、皮肤、胎盘、呼吸道、其他方式如输血等。③易感人群。对此种寄生虫缺乏抵抗力的人群。

诊断 ①病原学检查。如血涂片找到疟原虫即可确诊为疟疾。②免疫学检查。皮试，血清抗体或抗原的检测对诊断具有重要价值。③其他检查。如超声检查、CT扫描、核磁共振成像等对包虫病等的诊断具有重要价值。

治疗 已有多种广谱抗寄生虫药物，可根据病种及病情应用。

**寄生植物** parasitic plant 自身不能进行光合作用制造有机物，依靠从其他植物体上吸取养料而生活的植物。在植物界中，寄生植物只是极少数。主要特点是失去叶绿素或含少量叶绿素，植物的茎、叶退化或无，常以不定根形成吸器，深入寄主的体内与维管组织相连，吸取寄主的营养和水分。如菟丝子、肉苁蓉、列当、槲寄生、桑寄生等。

**寄蝇** Tachinidae; tachinid fly 双翅目寄蝇科昆虫的统称。全世界已记载约5 200种，中国已知500余种。成虫小至中型，体粗壮，多毛和鬃。触角3节，芒光裸或具微毛。口器舐吸式。中胸具翅侧片鬃和下侧片鬃，后小盾片发达、凸出。幼虫蛆状，分节明显。成虫多在白天活动，除舐吸植物的花蜜外，蚜虫、介壳虫或植物茎、叶所分泌的含糖

金光小寄蝇

物质都是它们喜好的食物。

幼虫寄生于其他昆虫。寄蝇是绝大多数农、林、果蔬害虫最有效的寄生性天敌，是天敌昆虫中寄生能力最强、活动能力最大、寄主种类最繁杂、分布最广泛的类群。但有些寄蝇同时又是益虫的天敌，它们寄生于柞蚕和家蚕，曾经给中国蚕丝生产造成严重损失。

**绩溪县** Jixi County 中国安徽省宣城市辖县。位于省境南部。东界浙江省。面积1 126平方千米。人口16万(2010)。汉代称华阳镇，南朝梁置梁安县，唐置绩溪县。属北亚热带季风气候。农业主产小麦、水稻、玉米、大豆、油菜子等，中草药材有鹿茸、前胡、厚朴等。土特产有徽墨、蚕丝、茶叶等。矿产主要有煤、金、铜、铁、钼、钨、铅、锌、石灰岩等。工业以缫丝、丝绸、化肥、机械、纺织、竹编等为主。名胜古迹有清凉峰、小九华、大会山、胡氏宗祠、奕世尚书坊、太平天国壁画、霞间古窑址等。

**绩效评估** performance appraisal 按照一定的标准，运用科学的方法，对单位、个人一定时期内的工作或生产效能作出客观公正评价的过程。它是单位、个人经营管理中的控制系统，起着监督、调控、反馈、激励并最终提高单位、个人绩效的作用。绩效评估的结果可以为确定单位经营管理的好坏以及个人报酬、人事调配、学习培训等各项管理决策提供依据。

根据评估对象的不同，评估的内容、指标和方法也不同。如对企业整体管理绩效的评估，主要是针对管理效率和经济效益。常用的是财务报告指标分析法，以分析企业的营运能力、获利能力和偿债能力，主要有总资产报酬率、净资产收益率、总资产周转率、流动资产周转率、资产负债率、销售增长率、资本积累率等。20世纪90年代以来，形成了一种新的将财务评估指标和非财务评估指标创造性地融合在一起的企业管理绩效的综合评价制度，即综合计分卡制度。它主要是以企业的战略和长期目标为导向，从财务、顾客、企业内部经营过程、企业学习和成长等四个方面形成有机联系的整体来全面评估企业的经营绩效。

**绩优股** blue chip 由世界著名大型股份公司发行的安全性、赢利性和增长性较高，业绩与派息记录良好，股利稳定且丰厚的股票。在中国香港特别行政区称“蓝筹股”。“蓝筹”一词源于西方赌场中使用的蓝、红、白三种颜色的筹码，其中蓝色筹码最值钱，红色筹码次之，白色筹码最少。投资者把金额最大蓝色筹码引入红利优厚的公司股票，从而得名蓝筹股。购买绩优股票，投资风险小，能够较长时期内获得稳定可靠的收益，故深受广大投资者青睐。

**蓟马** Thysanoptera; thrips 缨翅目昆虫的统称。小型有翅昆虫。全世界已知约5 000种，中国已知300余种。陆生，除两极外，世界各地均有分布，热带、亚热带的种类较多，温带、寒带的种类较少。

体通常微小，细长而略扁，体长0.5～14毫米，大多1～3毫米。一般黄色、黄棕色、棕黑色、黑色或黄黑色相间。头背面有1对复眼，3个单眼在复眼间，通常排列成三角形，但缺翅或短翅型种类的单眼消失或变小。触角1对，细长，6～9节，线状、棒状或念珠状，其上有形状不同的感觉器。口器锉吸式，外形不对称，缺右上颚。前胸能活动；而中、后胸愈合，着生有2对翅。翅发达者，前、后翅均膜质，狭长，周缘有细长缨毛。当休息或爬动时，翅平行或交叉地平置于体背面。足通常细长，跗节1～2节，端部有泡囊，称为端泡，因此蓟马曾被称为泡脚目。腹部10～11节，向尾端渐细。无尾须。

蓟马的若虫形态与成虫相似，但触角节较少，不如成虫活泼，通常乳白色、黄色、红色或红黄色相间。多为两性生殖，亦可孤雌生殖，极少种类卵胎生；有些种类两性生殖与孤雌生殖并存，或以孤雌生殖为主。不完全变态。一年可发生1～15代，一般5～7代。蓟马的食性，包括植食性、肉食性和菌食性。植食性蓟马常在植物的嫩叶上、花中、叶鞘里以及虫瘿中取食活动，其中许多种类可直接损害各种农作物、林木、花卉；少数蓟马种类还可传播植物病害，其中有些蓟马可传播植物病毒病，危害性甚大。

**蓟门地质剖面自然保护区** Jimen Geologic Column Nature Reserve 中国第一个国家级地质剖面保护区。1984年10月建立。位于天津市蓟县北部山区的津围公路以东，面积约900公顷。在裸露的山岩断面，有明显的层次，并且由下向上翘起，在地质学上称之为地质剖面。形成于距今18.5亿～8.5亿年间。属于地质遗迹类型，主要保护对象为中、上元古宇地质剖面。该地区剖面顶底界面清楚、层型齐全、出露连续、构造简单，叠层石和微体化石丰富，其程度为世罕见。对于了解18.5亿～8.5亿年前地球演变历程及重大地质事件的发生，探讨生命起源与进化，以及对层矿产生的预测都具有十分重要的理论和实际意义。被联合国地质科学联合会确认为世界标准剖面。

**蓟县** Jixian County 中国天津市辖县。地处燕山南麓，位于天津市境北部。面积1 593平方千米。人口78万(2010)，有汉、满、蒙古、回等民族。春秋时称无终子国，战国时称无终邑，秦代属右北平郡，唐朝设蓟州，1914年改称蓟县。北部山高林密，景色优美；南部坦荡无垠，水土肥沃。矿藏有锰硼矿、叠层石、麦饭石、紫砂陶土和盘山矿泉水等。于桥水库为国家重点监控水库，有水域面积13万平方米，为天津市的重要水源基地。北部山区盛产干鲜果品，盘山柿子以硕大甘甜闻名于世；长城一线的燕山板栗、小港安梨等盛销国内外。南部平原洼区盛产稻、麦、杂粮和瓜菜。翠屏水域盛产鱼、鼋、虾，包括鲤、鲫、鳜等名鱼。1988年划入中国沿海经济开放区。已建立冶金、化肥、农机、水泥、建材、造纸、服装、纺织等工业部门。县城北中、上元古宇地层剖面厚近万米，1984年成立国家级地质自然保护区。名胜有独乐寺、黄崖关古长城遗址、渔阳鼓楼、盘山风景区等。

**鲚** *Coilia*; grenadier anchovy 鲱形目鳀科鲚属鱼类的统称。淡水及海洋中小型经济鱼类。分布于印度－西太平洋近海水域。全世界有13种，中国有4种：刀鲚、凤鲚（见图）、七丝鲚和短颌鲚，以刀鲚和凤鲚产量较多。

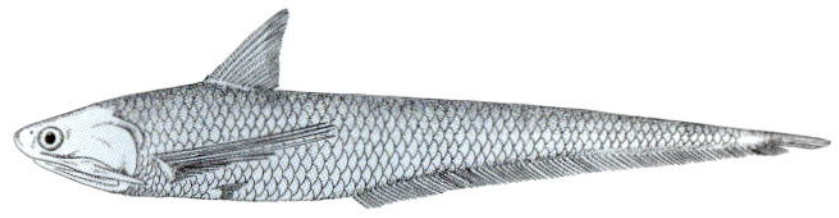

凤鲚

体延长，侧扁，向后渐细尖，腹部具棱鳞。吻短。口大，下位。背鳍1个。臀鳍基部较长，与尾鳍相连。胸鳍上部具6～7枚丝状游离鳍条。

刀鲚又称梅鲚、刀鱼。分布于黄海、渤海和东海沿海一带。成鱼摄食虾和小鱼。每年2～3月亲鱼由海溯江而上进入干流、支流和附属水体繁殖。2龄性成熟。产卵期4～6月，长江以5月为盛期。仔、幼鱼常在河口生活，第2年入海生长和育肥。

凤鲚又称凤尾鱼。摄食糠虾类和幼鱼。每年4月下旬鱼群从近海洄游到崇明至江阴一带长江口咸淡水区域产卵。幼鱼在江苏、浙江沿海一带肥育，生长迅速，当年体长可达150毫米。

鲚鱼肉嫩鲜美，富含脂肪。除鲜销外，凤鲚可油炸后制成凤尾鱼罐头。小型刀鲚一般晒成鱼干。

**暨南大学** Jinan University 中国综合性大学。校址在广州。1906年，清政府批准在南京创办暨南学堂。1921年，国立暨南学校与东南大学在上海合办上海商科大学。1923年，迁至上海真如。1927年更名为国立暨南大学。抗日战争期间，迁址福建。1946年迁回上海。1949年9月合并于复旦、上海交通等大学。1958年在广州重建。学校以“忠信笃敬”为校训，以“面向海外，面向港澳台”为办学方针。

设有约20个学院，40多个系，约90个研究机构等。有培养学士、硕士和博士的教学体系；有国家级重点学科和国家人文社会科学重点研究基地等。

**稷** *Panicum miliaceum*; broomcorn millet 禾本科黍属的一种。一年生栽培谷物。见黍稷。

**稷下学宫** Jixia Academy 中国战国时期齐国的学术中心。设在齐国都城临淄（今山东淄博东北）稷门附近。刘向《别录》云：“齐有稷门，齐之城西门也。外有学堂，即齐宣王所立学宫也，故称为稷下之学。”稷下学宫建立于田齐桓公（前374～前356年在位）之时，经过威王，至宣王（前319～前300年在位）时最盛。据《史记·田敬仲完世家》记载：“宣王喜文学游说之士，自如驺衍、淳于髡、田骈、接子、慎到、环渊之徒七十六人，皆赐列第，为上大夫，不治而议论。”聚集在稷下的学者中，有道、儒、法、名、阴阳等各家。据说荀子早年也曾游学稷下，齐襄王时，他在稷下先生中“最为老师”，并且“三为祭酒”，成为当时最有威望的学术领袖。稷下学者的著述，多已佚失。有的学者认为，今存《管子》一书，可能是稷下学者著作的汇集。

**鲫** *Carassius auratus*; crucian carp 鲤形目鲤科鲤亚科鲫属的一种。又称喜头鱼、鲫子、寒鲋，古名鲼。淡水经济鱼类。分布于亚洲东部的广大地区。中国除鲫外，还有银鲫（鲫的亚种）、白鲫（由日本引进）。著名的观赏鱼金鱼是野生红鲫（又名金鲫，是鲫的变种）经人工家化选育而成的。

体侧扁，腹部圆。头较小，吻钝圆。口前位，眼大，无须。鳞片较大，侧线鳞30枚左右。背鳍基部较长，有15～19枚分枝鳍条。体银灰色，背部灰黑，腹部乳白色，各鳍灰白。生命力强，能适应江河、湖泊、水库、池塘等各种水域环境，喜栖息于水草丛生的水体下层。杂食性，主要摄食藻类、水生高等植物茎叶和植物碎屑及底栖生物。鲫生长较慢，一般1龄鱼50～150克、2龄鱼300～400克。鲫肉质细嫩，味鲜美，尤以清蒸为佳。

**冀州市** Jizhou City 中国河北省辖县级市。位于省境东南部。面积918平方千米。人口36万（2010）。汉置信都县。三国魏国为冀州治。明废县入冀州。1913年改冀州为冀县。1993年改冀县为冀州市。由衡水市代管。属暖温带大陆性半湿润季风气候。面积75平方千米的衡水湖，其76%在冀州市境内。农业盛产小麦、玉米、谷子、棉花等。工业有采暖、化工、纺织、建材和电子电器等。

**罽宾** Kophen; Kapisa 南亚古国名。“罽宾”是喀布尔河古称Kophen的音译。主要包括喀布尔河中下游的河谷平原。南北朝时期的“罽宾”可能指克什米尔地区。

公元前2世纪中叶，塞种人之一支越过兴都库什山，占领喀布尔河流域，取代希腊人成为当地的统治者，建都于循鲜城〔可能在塔克西拉（Taxila）附近〕，《汉书》称之为罽宾。继赫尔马尤斯（Hermaeus）之后一统罽宾的是东伊朗的“王中之王”冈兜法勒斯（Gondophares）。

该国农业发达，盛产稻米。城市生活、商业、手工业都很繁荣。居民以擅长雕刻、建筑、毛织、刺绣著称。官方文字以希腊文为主。

西汉和罽宾的交往始于武帝时，1～3世纪间，罽宾被贵霜帝国征服，发展成为佛教中心之一。当地僧徒来中国传布佛教者甚多，中国僧徒亦多住罽宾参拜佛迹和求法取经。

隋以后的罽宾史称漕国，相传其世祖为馨孽。其王统至少延续至7世纪末。唐贞观十一年（637），遣使通好于唐。显庆三年（658），其王曷撷支称臣于唐，唐以其地置修鲜都督府，拜其王为修鲜等11州诸军事、修鲜都督。约在8世纪初，突厥首领阿耶率兵攻杀罽宾王而夺其位，此后罽宾王均为突厥族。至乾元元年（758），仍遣使朝贡于唐，此后遂绝。

**加成反应** addition reaction 不饱和化合物的特征反应。反应物分子中以重键结合的或共轭不饱和体系末端的两个原子，在反应中分别与由试剂提供的基团或原子以σ键相结合，得到一种饱和的或比较饱和的加成产物。这个加成产物可以是稳定的；也可以是不稳定的中间体，随即发生进一步变化而形成稳定产物。加成反应可分为离子型加成、自由基加成、环加成和异相加成等几类。离子型加成中最常见的是烯烃的亲电加成和羰基的亲核加成。

烯烃亲电加成反应 由于π键是富电子系统，一般的烯烃容易受到亲电试剂进攻，生成的碳正离子中间体继续受到亲核试剂进攻，生成加成产物。因此，富电子烯烃很容易与氢卤酸、次卤酸、强有机酸，以及在酸催化下与弱有机酸、醇和水发生亲电加成反应，分别生成卤代烃、α-卤代醇、羧酸酯、醚和醇。当非对称亲电试剂与非对称烯烃加成时，一般都是符合马尔科夫尼科夫规则，即试剂中的带正电荷部分加在烯烃分子中含氢较多的不饱和碳原子上。

烯烃与硼烷的加成是合成中广泛应用的反应。烯烃被有机过酸、臭氧和高锰酸钾等试剂氧化，实质上也是加成反应。烯烃与氢气的加成要在催化剂作用下才能进行。烯烃与溴化氢在少量过氧化物作用下才能发生自由基加成，烯烃与氯化氢或碘化氢在相同条件下不能进行自由基加成。炔烃也能发生亲电加成，但反应速率比相应烯烃慢。

羰基亲核加成反应 醛或酮的羰基可与氢氰酸、亚硫酸氢钠、有机锂化合物和有机镁化合物等亲核试剂发生加成反应，反应的难易取决于羰基碳原子亲电性强弱和空间阻碍大小以及试剂亲核性强弱等因素。醛一般比酮活泼。亚硫酸氢钠与酮反应较难，芳香酮一般不起反应，脂肪酮中只有羰基连有甲基的甲基酮才能反应。醛或酮与有机锂、有机镁等金属有机化合物的加成物经水解便得醇类，是实验室合成醇类的重要方法。

醛和酮都能与肼、羟胺、苯肼、氨基脲等羰基试剂作用，加成物随即失水而得腙、肟、苯腙、缩氨脲等衍生物。这些衍生物结晶性能良好，并可水解为原来的醛或酮，故广泛应用于提纯和鉴定。用氢化物（如硼氢化钠、氢化铝锂）还原羰基化合物，也是负氢离子向羰基进攻的亲核加成。

酰卤、酸酐、酯和酰胺等羧酸衍生物在水解、醇解、酸解或氨解中，也都是试剂上未共用电子对对羰基碳的进攻，然后从加成物中失去一个离去基团而得到产物，例如酯的皂化反应。

**加成聚合** addition polymerization 含有碳-碳双键的单体经加成反应相互连接而形成高分子链的聚合。简称加聚。属于链式聚合，又称连锁聚合。无链终止、无链转移、引发速率远大于增长速率、反应形成的聚合物生长链仍具有活性的称活性聚合。由于单体主要有α-烯烃、乙烯基化合物和1,3-双烯烃及其衍生物，所以也称为烯类加成聚合。有四种类型，即自由基聚合、正离子聚合、负离子聚合和配位负离子或正离子聚合（齐格勒-纳塔聚合或茂金属催化聚合，见离子型聚合）。单体适合于哪一类型聚合，与它的结构有关。

**加达默尔** Gadamer, Hans-Georg（1900-02-11～2002-03-13） 德国哲学家。解释学的主要代表之一。生于马堡，卒于海德堡。曾在布累斯劳、马堡、弗赖堡、慕尼黑等大学学习哲学、历史和语言学。1922年在P.纳托尔普的指导下获哲学博士学位。1949年起在海德堡大学任教授。曾任莱比锡大学校长、德国哲学总会主席、国际黑格尔协会主席。加达默尔在现代西方哲学中的影响归因于他在解释学中的成就。他不把解释学看作解释各种经典的技术和方法，

而认为它有一种哲学功能，并以人的一般“世界经验”为对象。这种经验存在于人的“理解活动”和人的理解史或被理解的东西的“效果史”中。他强调理解者和被理解的东西之间有共同性，认为这种共同性在不断的理解和解释中发展。著有《真理与方法》等。

**加德满都** Kathmandu 尼泊尔首都。位于喜马拉雅山脉南麓加德满都谷地恒河支流巴格马蒂河与维什努马蒂河汇合处。海拔1 370米。人口67.19万（2001）。城市始建于723年。“三国鼎立”（加德满都、巴德冈和帕坦三王国）时为加德满都王国（1482～1768）的都城，廓尔喀王朝（1559～2008）1769年统一三国后，被定为尼泊尔首都。周围群山环抱，南侧开敞，便于印度洋湿暖气流的进入。冬无严寒大风，天气晴朗少雨；夏季炎热多雨。全年平均气温18.7℃，平均年降雨量1 392毫米。树木常青，有“山国春城”之称。自古为中国与印度间来往的交通要站。印度教和佛教圣地。宗教氛围浓厚，庙宇、佛塔、神龛遍布市内，市内古今建筑众多，有故宫哈努曼多卡宫，国王新宫纳拉扬希蒂宫，还有政府大厦狮宫。20世纪50年代起，城市面貌变化渐大。市中心广场以东，新建马路宽广，分布着博物馆、大学、医院等。工业有黄麻加工、制糖、皮革、榨油、纺织等。手工艺品以毯、银器等著名。

加德满都帕苏帕提寺一角

有普里特维公路西通博克拉谷地，阿尼哥公路北通中国西藏，特布里班公路南通印度。并有国际机场。每年有国内外大批登山、旅游和朝拜人士由此进出。

**加蒂** Gatti, Armand（1924-01-26～ ） 法国剧作家。生于摩纳哥。十几岁时曾做零工，德军占领期间参加游击队，曾被关进集中营。第二次世界大战后，成为特派记者。20世纪50年代中国之行后写了剧本《黑鱼》（1958）。1959年《牛蛙》上演。60年代初去南斯拉夫及古巴拍摄电影。他的剧作都触及重大社会问题，写集中营的有《鼠崽》（1960）、《塔腾贝格集中营的第二次存在》，写工人受压迫状况的有《清道夫G.奥古斯特虚构的生平》（1962），写纳粹种族主义的有《一颗暂存行星的编年史》（1963），写死刑的有《两把电椅之前的公众之声》（1966），涉及消费社会问题的有《圣·布莱斯街的十三个太阳》等。加蒂致力于介入生活的社会剧，反对荒诞派戏剧。在60年代的革命风暴中，剧作《紫黄红受难记》因触犯佛朗哥政权被法国政府禁演。1987年，阿维尼翁戏剧节为其举办作品回顾展。进入90年代之后，加蒂仍然活跃在法国剧坛上。

**加尔各答** Calcutta; Kolkata 印度东部最大城市和港口，西孟加拉邦首府。位于恒河三角洲西侧，紧靠胡格利河，海拔6米。南距孟加拉湾128千米，东距孟加拉国边界64千米。市区沿胡格利河岸南北延伸，宽5～20千米不等，人口约457.29万，连同70余个卫星城市（镇），面积1 300余平方千米，人口约1 321万。居民以孟加拉族为主，并有相当数量的外国侨民。原为江边一小村，1690年英国东印度公司在此设立商栈，作为入侵内地的桥头堡。1772～1912年为英属印度首府。印度独立后为西孟加拉邦的行政中心。亚热带气候。1月平均气温22℃，5月平均气温31.1℃，极端最高气温43.9℃。平均年降水量1 600毫米，7～9月的季风雨占全年降水量的80%。城市依托恒河三角洲广阔的腹地，曾为印度最大的工商业中心。1869年苏伊士运河开通，孟买迅速兴起，加尔各答地位相应下降。印度独立后，孟加拉地区分归印巴两国，加尔各答的经济活力进一步削弱。但作为印度东部广大地区第一大城、第一大港和最大的金融贸易中心的地位，依然维持未变。利用恒河三角洲盛产的黄麻，成为世界最大的黄麻加工中心，黄麻工厂沿胡格利河两岸分布。全国四大综合机械工业中心之一，机械制造主要集中于胡格利河右岸的豪拉。已建成以生产橡胶、塑料为主的加尔各答-杜尔工业区。还有纺织、钢铁、电子、化工、军工、电机、造纸、印刷、制革、人造纤维以及农产品加工等。港区沿胡格利河东岸延伸达码头，总长11千米，水深9.1米，有泊位50多个，其中40多个为万吨级泊位。但河道狭窄、多弯、流急，船只进出不便。20世纪70年代在下游河口区新建霍尔迪亚深水港区。铁路、公路通畅，城东北13千米处有达姆达姆国际机场。孟加拉语文化中心，印度诗人泰

加尔各答豪拉桥上的车流

戈尔的故乡。有加尔各答大学（1857）、贾道布尔大学（1906）、拉宾德拉·婆罗多大学（1962）等高等学府以及电影制片厂、图书馆、博物馆、动植物园等众多教育、文化部门。市中心以北的旧街区，是国内外经济办事机构所在地。最繁华的商业区位于市中心以东。市内建筑风格多样，主要有英国式样的政府大厦，希腊式样的市政厅，哥特式的莱特大厦，兼有埃及、叙利亚和土耳其风格的奥奇特罗尼纪念堂，印度式的纳科达清真寺，现代式的西孟加拉议会大厅等。

**加尔默罗会** Carmelites Order 天主教托钵修会之一。又称圣衣会。其会士着白色斗篷披肩，故被称为白衣修士。前身是由意大利人伯尔托德于1156年在巴勒斯坦加尔默罗山创建的隐修院，约于13世纪时改为托钵修会。会规要求会士安贫、守贞、服从、静默、斋戒。14世纪末至15世纪初虽衰落，16世纪重整复兴后，又制订严格规戒，要求会士祷告、苦行、缄默、与世隔绝。该会为女修道者设有第二会，为在俗教徒设有第三会。清同治八年（1869）女修会传入中国，十三年男修会传入中国。

**加尔文** Calvin, John（1509-07-10～1564-05-27） 瑞士宗教改革家。新教归正宗创始人。生于巴黎附近的努瓦永城，卒于日内瓦。14岁入巴黎马歇学院和蒙太古学院学习拉丁文、哲学和神学，后到奥尔良、布尔日学习法学、希腊语和古典文学，受到人文主义和宗教改革思想影响。1531年重返巴黎，积极倡导宗教改革，后被教会视为异端而被迫离开巴黎。1534年放弃教会俸禄，赴瑞士，1536年成为日内瓦市议会的实际领导人并发表了神学著作《基督教

原理》。其后曾一度遭自由派反对，被迫离开，宗教改革派重掌政权后返回日内瓦，主持宗教改革及市政工作。改革包括：废除天主教的主教制，教会只设**牧师**、**长老**和执事等圣职，建立长老制，长老由有威信的平信徒担任；简化宗教仪式，只举行洗礼和圣餐礼；取缔奢侈享乐行为，提倡节俭；改组市议会，由长老、牧师和上层市民组成市议会作为最高行政机构，建立政教合一的神权共和国。其间，加尔文积极参与了对再洗礼派的镇压。

加尔文的神学思想在许多方面与**马丁·路德**相同，如强调《圣经》是信仰的唯一根据。主张因信称义，反对天主教的教阶制度等。他发展了**奥古斯丁**的预定论，并以此作为神学理论体系的基础，认为人的得救与沉沦完全取决于神的预先拣选。认为神向他的选民发出"呼召"，人们热心教会工作、积极经商致富等，都是蒙神呼召的证据。在圣餐礼问题上，反对天主教的变质说和路德的同体论，但也否定纪念说，认为圣餐中凭信心领受的是一种真实的，但是属灵的身体。他强调教会自治的原则，在可见教会和不可见教会之间进行了明确划分。加尔文的思想对后世的基督教新教神学有重大影响。

**加尔文宗** Calvinists 基督教**新教**主要宗派之一，以**J.加尔文**宗教思想为依据的各教会之总称。又称"归正宗"或"归正会"，"长老宗"或"长老会"。产生于16世纪的宗教改革时期，随着加尔文《基督教原理》中的理论及其主张在日内瓦实行和向外传播，加尔文宗开始形成。该宗强调因信称义，认为《圣经》是福音的见证，传播福音是教会的职责。其崇拜礼仪使用方言，摒弃祭台、圣像、祭礼，强调讲道，注重牧师和信徒的教育。16～17世纪，该宗传入荷兰、法国、英国、北美及中东欧、东南亚。18～20世纪，该宗传入了中东、非洲、大洋洲、拉丁美洲以及东亚，1842年传入中国内地，成为新教在中国最大的宗派之一。1877年成立世界归正宗联盟。该宗拥有4 000余万信徒，分布在80多个国家和地区。

**加尔西拉索·德·拉·维加** Garcilaso de la Vega (1503～1536-10-14) 西班牙诗人。门多萨和古斯曼家族的后裔。生于托莱多，卒于法国尼斯。受过贵族教育，通晓希腊语、拉丁语、意大利语和法语。传世诗作约5 000行，主要在1526～1535年间写成，其中有**十四行诗**40首，以歌颂男女情爱为主；田园诗3首，描写自然景色，擅长譬喻，并巧用典故，对后来西班牙抒情诗的发展影响很大。他与同时代诗人J.博斯坎-阿莫加维尔齐名，友人将两个人的作品汇成一个集子出版。他们的诗作都突破了传统，融合卡斯蒂利亚文体和意大利文体，开辟了西班牙诗歌的新道路。

**加尔西拉索·德·拉·维加** Garcilaso de la Vega, El Inca (1539-04-12～1616-04-24) 秘鲁文学家、历史学家。生于库斯科，卒于西班牙科尔多瓦。1560年前往西班牙参加对摩尔人的战斗。后退隐科尔多瓦的修道院，专心从事文学创作。他的最重要的作品是《王家述评》，第1卷于1609年出版，第2卷在作者逝世后一年（1617）出版。《王家述评》是一部具有高度文学价值的历史记录，描绘了印加社会的风俗习惯和库斯科城的生活场景。印第安民族中流传的许多神话和传说，由于克丘亚语没有书面文字而大部分失传，而《王家述评》则记载了秘鲁古代不少文化史料和神话传说。加尔西拉索被认为是拉美文学和历史传统的奠基人之一。

**加菲尔德** Garfield, Eugene (1925-09-16～ ) 美国情报学家、信息服务业企业家。生于纽约。曾在美国军队服役。后在哥伦比亚大学、约翰斯·霍普金斯大学任职。1954年获图书馆学硕士学位。1958年创办《现刊目次》公司，1960年该公司改名为美国费城科学情报研究所。1961年获结构语言学博士学位。1970年任宾夕法尼亚大学副教授。1974年任教授。

加菲尔德以创办《现刊目次》、《科学引文索引》和《社会科学引文索引》闻名。他对科学文献的结构和科学交流的性质早就有所洞察和了解。1955年发表了有关引文索引应用于科学研究的论文，系统地提出采用引文来检索科技文献的方法。加菲尔德发明和创建了《科学引文索引》（1963）和《化学索引》（1960），主编《科学计量学》等出版物。他是利用穿孔卡片技术自动编制索引的最早实验者之一，并与共同事设计生产许多情报产品，为更好地利用科学文献作出了贡献。他发展了以现有文档的重新包装和再传播为主要基础的情报服务产业。1998年当选为美国情报学会（ASIS）主席。主要著作有《引文索引：它的理论与在科学、技术及人文科学中的应用》、《俄语翻译指南》等。

**加富尔** Cavour,Camillo Benso (1810-08-10～1861-06-06) 撒丁王国首相（1852～1859, 1860～1861）、意大利王国首相（1861），意大利统一时期自由贵族和资产阶级君主立宪派领袖。生于都灵，卒于都灵。出身贵族家庭。1852年出任首相。主张意大利在萨伏依王朝领导下，通过缔结外交协定、上层分子联合和采取军事行动的办法实现统一。任内在政治经济方面采取一系列改革措施，推行贸易自由化，改革税收制度，颁布工业垄断法，修筑铁路和强化国家银行作用，改革教会等。1859年被迫辞职。1860年1月复首相职，利用国内革命高涨形势，把巴马、摩德纳、托斯卡纳、罗曼那等并入撒丁王国。同时，将两西西里王国并入撒丁王国，实现了意大利统一。1861年3月17日意大利王国正式成立后，出任第一任首相。

**加加林** Gagarin,Yury Alekseyevich (1934-03-09～1968-03-27) 苏联航天员。世界第一名航天员。生于格扎茨克区克卢希诺镇，卒于莫斯科附近。1955年从萨拉托夫工业技

术学校毕业后参军。1957年在奇卡洛夫第一军事航空飞行员学校结业，同年成为红旗北方舰队航空兵歼击机飞行员。1960年被选为航天员。1961年4月12日，他驾驶"东方"1号飞船（见**"东方"号飞船**）完成有史以来的人类首次太空飞行。被授予苏联英雄称号。加加林后来去茹科夫斯基空军工程学院进修，1968年毕业，同年在一次练习飞行中因飞机失事遇难。曾获列宁勋章。为纪念他，苏联将他的出生地改名为加加林区。国际航空联合会设立了加加林金质奖章。月球背面的一座环形山也以他的姓氏命名。

**加拉加斯** Caracas 委内瑞拉首都，全国最大城市。位于中北部阿维拉山南麓的狭长谷地，北距加勒比海11千米。面积1 900平方千米（包括郊区）。人口322万（2008）。气候温和，年平均气温22～27℃。平均年降水量810毫米，有"春城"之称。西班牙殖民者在此建立居民点，称其为圣地亚哥·德莱昂·德加拉加斯。1577年成为委内瑞拉省首府。1830年定为共和国首都。

1870年起城市改建，许多西班牙殖民时期建筑被法国风格建筑取代。20世纪20年代随石油工业的发展，城市规模迅速扩大。全国最大的经济中心，集中全国工业的50%，以食品、纺织等轻工业为主，还有汽车装配、化工、建筑、制药等工业。金融业和商业繁荣。外贸兴盛。交通发达，

独立战争纪念碑

设有国际机场。文化教育中心。有委内瑞拉中央大学、安德烈斯·贝略天主教大学、西蒙·玻利瓦尔大学等高等学府，以及国家艺术画廊和美术博物馆、索菲娅·因贝尔现代艺术博物馆、特雷萨·卡雷尼奥剧院、国家图书馆等。城北辟有阿维拉国家公园，林木葱郁，风景秀丽，为旅游胜地。

**加兰** Garland, Hamlin (1860-09-14～1940-03-04) 美国小说家、传记作家。生于西塞勒姆，卒于好莱坞。1884年到波士顿，在图书馆自学，为报纸撰写书评，并在成人学校授课。后决心用文学的形式反映乡亲们的艰苦生活。他创作的短篇小说结集为《大路》(1891)，后又出版几本小诗集，如《草原上的人们》(1893)等。这些作品如实地写出了中西部农民的艰苦生活，景色描写出色，对农村妇女的同情深切动人。较成功的作品是《德洳河谷中的玫瑰》(1895)，刻画了一个渴望有自己独立人格的妇女形象。此外，加兰所写的两部传记《中部边地农家子》(1917)和《中部边地农家女》(1912)也很有名。

**加勒比海** Caribbean Sea 大西洋属海。位于北大西洋的西南部，介于大安的列斯群岛、小安的列斯群岛和中美洲、南美洲之间。面积达275.4万平方千米。属深度较大的陆间海，平均深度2 491米，最深处为古巴和牙买加之间的开曼海沟，深达7 686米。海底自西向东分布着尤卡坦、开曼、哥伦比亚、委内瑞拉和格林纳达5个椭圆形海盆。终年高温。盐度35。每年夏秋季节多热带飓风。海洋生物资源丰富，盛产沙丁鱼、金枪鱼、虾、海龟、鲨鱼、软体类和甲壳类动物。大陆架蕴藏有丰富的石油和天然气。巴拿马运河通航后，既是连接大西洋和太平洋的交通要道，也是南、北美洲之间许多航线的枢纽，素有美洲地中海之称，具有重要的战略地位。主要港口有加拉加斯、科隆、金斯敦和威廉斯塔德。

墨西哥加勒比海沿岸风光

**加勒比人** Caribes 拉丁美洲印第安人的一支。属蒙古人种美洲支。分海岛和大陆两支：海岛上的所剩无几；大陆上的约14万人，现散居圭亚那、委内瑞拉和巴西等国，分为不同的部落，使用加勒比语，属热斯-帕诺语系加勒比语族。无文字。多数迷信精灵和巫术，少数信天主教。其故乡最早在南美大陆欣古河与塔帕若斯河上游。约在西班牙殖民者入侵前1世纪，一部分人乘独木舟迁往小安的列斯群岛，排挤并同化当地的阿拉瓦克人。17世纪，在英、法、荷争夺小安的列斯群岛的战争中几乎灭绝。目前仅在多米尼加岛和圣文森特岛尚有少数幸存者。圣文森特的加勒比人同逃亡的黑奴通婚，形成所谓黑加勒比人。18世纪末，约有5 000名黑加勒比人被英国迁往洪都拉斯的罗阿坦岛，随后又散居于中美洲东部一些国家。农业以栽培木薯为主，并从事采集、狩猎、伐木、捕鱼和畜牧。社会组织的基本形式是毗邻公社（见农村公社），尚保存相当浓厚的母系氏族残余。一般住在小村落里，各村均有一名实权不大的酋长。

**加勒比危机** Caribbean Crisis 1962年10月苏联在古巴建立导弹基地引起苏、美两国在加勒比海地区的尖锐冲突。又称古巴导弹危机。古巴革命胜利后，美国于1961年4月制造吉隆滩事件（美国雇佣军入侵古巴）。1962年夏，美国再次策划对古巴的武装干涉。苏联以“保卫古巴”为名，从1962年7月下半月开始，把进攻性导弹秘密运进古巴，以加强对美国的威慑力量。10月22日，美国总统J.F.肯尼迪发表电视演说，宣布武装封锁古巴，要求苏联从古巴撤出进攻性武器，并威胁不惜使用武力，形成战争一触即发之势。23日肯尼迪又签发禁止进攻性武器运往古巴的公告，宣布从24日起，将拦截并强行检查可能前往古巴的舰船。与此同时，苏联外交官否认在古巴有苏联导弹。10月23日，苏联政府发表声明，表示要按苏、古协议继续用武器援助古巴，坚决拒绝美国拦截。但24日苏联驶往古巴的船只却开始返航。26日，N.S.赫鲁晓夫给肯尼迪一封秘密信件，提出愿在联合国监督下从古巴撤出进攻性武器，并表示不再向古巴运送这种武器，交换条件是美国撤销对古巴的封锁，并保证不再入侵古巴。27日，肯尼迪复信赫鲁晓夫并发表白宫声明，要求苏联在联合国监督下从古巴撤出导弹，美国保证不入侵古巴。11月8～11日苏联从古巴运走了42枚导弹。20日，肯尼迪宣布赫鲁晓夫答应将在30天内撤走在古巴的全部伊尔-28型轰炸机，同时宣布美国取消对古巴的海上封锁。12月6日，美国国防部宣布苏联轰炸机撤出古巴。至此，加勒比危机遂告结束。

**加雷特** Garrett, João Baptista da Silva Leitão de Almeida (1799-02-04～1854-12-09) 葡萄牙诗人、戏剧家、小说家、政治活动家。生于波尔图，卒于里斯本。因在大学期间参加自由派的政治活动，1823年逃亡到英国和法国，受欧洲浪漫主义文学思潮的影响，创作长诗《卡蒙斯》(1825)和《堂娜布兰卡》(1826)。1826年回国后，创办《葡萄牙人》报，不久即被查封。1829年再次流亡英国期间出版抒情诗集《若昂·米尼莫的竖琴》。1834年被派往比利时，期间写作长篇历史小说《圣安娜之弓》。1836年回国后，先后任国会议员和政府戏剧总监，并创建戏剧艺术剧院，推广民族戏剧，还写成并上演《吉尔·维森特》(1838)、《堂娜菲莉帕·德·维列娜》(1840)、《圣塔伦的刀匠》(1841)、《路易斯·德·索萨教士》(1843)等剧本，对葡萄牙戏剧的发展作出了重要贡献。晚年编选葡萄牙民歌集《谣曲》(1843)，完成长篇小说《圣安娜之弓》(第1卷，1845；第2卷，1853)。发表游记《故乡行》(1846)，出版抒情诗集《落叶集》(1853)。他的作品流露着深厚的民族感情。

**加里波第** Garibaldi,Giuseppe (1807-07-04～1882-06-02) 意大利民族统一运动领袖，军事家。生于法国尼斯，卒于意大利卡普雷拉。出身海员家庭。1833年7月在马赛与G.马志尼相识，共商统一祖国大业。热那亚起义失败后出走法国，被缺席判处死刑。1834年流亡南美，建立以在南美侨居的青年意大利党人为骨干的志愿队伍红衫军，为南美民族解放事业建立了不朽功勋。1848年意大利革命爆发，6月返意，组建志愿军参加反对奥地利的独

立战争。共和国灭亡后，遣散队伍，流亡国外。1852年到过中国。1854年5月返回意大利。

1859年新的革命高潮到来后，组织“阿尔卑斯猎人军团”，在反奥战争中取得辉煌胜利，为北部意大利的统一作出重要贡献。1860年6月解放整个西西里岛。此后他将所解放土地合并于撒丁王国。拥护第一国际。1870年普法战争中率志愿军援助法国共和政府。

**加里东运动** Caledonian movement 发生在早古生代时期造成地壳变形的构造运动。通常指早古生代末（志留纪和泥盆纪前）发生的**地壳运动**，是以英国苏格兰的加里东山命名的。那里的志留系和更早的地层被强烈褶皱，同上覆的泥盆系呈明显的不整合接触。加里东运动形成了从爱尔兰、威尔士、苏格兰北部，经过格陵兰东部和挪威，到北极的斯匹次卑尔根岛的北东—西南向加里东造山带，并使古大西洋关闭和劳亚古陆形成。W.H.**施蒂勒**（1924）和其他许多人将此词用于一个造山时期，包括从奥陶纪到志留纪甚至更晚时期的一系列脉动，并划分出3个构造作用幕：塔康幕（奥陶纪和志留纪之间）、阿尔金幕（志留纪内部）和伊利幕（志留纪和泥盆纪之间）。

**加里克** Garrick, David（1717-02-19～1779-01-20） 英国演员、剧作家。生于赫里福德，卒于伦敦。1741年在《理查三世》中扮演

理查三世，获得成功，1747年担任朱瑞巷剧院经理，确立了定期的排练制度，取消了延续几世纪的舞台上两侧的观众席，并采用了油灯照明设备，使舞台大为改观。加里克以现实主义的表演艺术，一反以前流行的一味模仿古典主义的演剧方法。他一生扮演了近100个角色，最成功的是W.**莎士比亚**剧作中的角色。加里克的剧作大多是改写他人的作品，独创的成功作品有《妙龄小姐》和《邦·顿或楼上的高级生活》。

**加里曼丹** Kalimantan 世界第三大岛**婆罗洲**的印度尼西亚部分。位于该岛南部，占全岛面积的3/4。印度尼西亚人以“加里曼丹”作为整个岛屿的地理名称。印度尼西亚的加里曼丹分为4个省份：西加里曼丹、中加里曼丹、南加里曼丹和东加里曼丹。加里曼丹深受印度文化的影响。7世纪苏门答腊**室利佛逝**帝国统治婆罗洲西部和南部。14世纪**麻喏巴歇**帝国占领该地区。随着伊斯兰教的传入，16世纪出现一批穆斯林土邦。17世纪上半叶荷兰势力深入婆罗洲，1863年建立殖民统治。第二次世界大战后印度尼西亚独立。1949～1950年加里曼丹成为印度尼西亚的一部分。

**加里宁** Kalinin, Gennadi Pavlovich（1916-11-10～1975-01-01） 苏联水文学家。生于巴库，卒于莫斯科。1937年毕业于哈尔科夫水文气象学院，1951年获地理科学博士学位，1954年起任教授，1970年当选为科学院通讯院士。1937～1942年，先后在国立水文研究所和哈尔科夫水文气象学院从事科研和教学工作。1942～1961年，在苏联水文气象总局中央预报研究所任高级研究员、水文预报研究处处长，兼任敖德萨水文气象学院教授。1961年在莫斯科大学地理系任教，1963年起担任陆地水文教研室主任。他是苏联科学院水问题研究所创始人之一。多年担任《气象与水文》杂志编委及《水资源》杂志副主编。

长期从事春汛和雨洪形成过程的基本研究，提出总入流概念，开辟了不依靠降水量资料计算产流量的途径，并创立用河网蓄水量和三角级数汇流曲线进行洪水预报的方法。1958年他与P.I.米留柯夫共同发表特征河长概念，得出河槽非恒定流的近似计算方法并应用分段连续演算的方法推求汇流曲线，于1963年进一步推导出河槽瞬时单位线。

**加里宁** Kalinin, Mikhail Ivanovich（1875-11-09～1946-06-03） **苏联共产党**和苏联国家领导人之一。生于俄国特维尔省上特罗伊察一个农民家庭，卒于莫斯科。1896年

进入普梯洛夫工厂，加入彼得堡工人阶级解放斗争协会。1898年，参加俄国社会民主工党。屡遭逮捕和流放。**俄国1905年革命**时为普梯洛夫工厂罢工领导人之一。1912年参与创办《真理报》。同年在俄国社会民主工党布拉格代表会议上，当选为党中央候补委员。1916年再次遭扣押和流放。次年参与领导二月革命和**俄国十月社会主义革命**。革命胜利后，任彼得格勒市市长。1919年3月，当选为全俄中央执行委员会主席。1922年，任苏联中央执行委员会主席。1924年当选联共（布）中央政治局候补委员，次年当选政治局委员。1938～1946年任苏联最高苏维埃主席团主席。1944年，荣获社会主义劳动英雄称号。1945年，被授予列宁勋章。

**加里宁格勒** Kaliningrad 俄罗斯西北部波罗的海沿岸重要港口城市。加里宁格勒州首府。1946年以前称柯尼斯堡。在维斯林湾东岸，西距加里宁格勒湾48千米，有运河相连。人口41.9万（2010）。建于1255年。原属德国东普鲁士，1945年前为东普鲁士的行政中心。1945年根据波茨坦会议的决定划归苏联，次年改今名。工业以机械制造（铁路车辆修造、建筑及筑路机械、实验设备等）、制浆-造纸、鱼类加工为主。铁路枢纽，港口全年不封冻，为重要海港和远洋渔业基地。建有3所高等学校。

**加利** Boutros-Ghali, Boutros（1922-11-14～ ） **联合国**第六任秘书长（1992～1996）。全名布特罗斯·布特罗斯-加利。生于埃及开罗。1946年获开罗大学法学学士学位，1949年获巴黎大学国际法博士学位。1949～1977年，任开罗大学的国际法和国际关系教授。1974～1977年，为阿拉伯社会主义联盟中央委员会和政治局成员。1987

年当选埃及议会议员。1977年10月至1991年，任外交国务部长。1979～1991年，担任国际法委员会成员。1978年9月出席戴维营首脑会议。他多次率领埃及代表团出席非洲统一组织和不结盟国家运动以及法国和非洲国家元首的首脑会议。曾任埃及出席联合国大会1979、1982和1990年会议的代表团团长。1992年1月1日就任联合国秘书长。加利自1965年起任埃及国际法学会主席，1975年起任埃及政治和战略研究中心主任，1978年起任海牙国际法学院行政理事会理事，同年成为世界和平学会科学委员会成员，1979年起为国际事务研究所准成员。1996年，加利谋求连任联合国秘书长职位，遭到美国的阻挠而失败。

**加利福尼亚湾** California, Golfo de 墨西哥西北部狭长海湾。位于太平洋东部，被下加利福尼亚半岛和美洲大陆三面环绕，只有南与太平洋相连。长约1 200千米，平均宽153千米。总面积约16万平方千米。盐度35左右。被安赫尔德-拉瓜尔达和蒂布龙两岛截为南北两部分。北部水浅，一般不超过180米；南部水深，最深处超过3 050米。南北水域交汇处有汹涌的海潮，不利航行。湾内岛屿众多，多为火山岛。

红色藻类大量繁衍，海水呈红色。有多条河流注入海湾。沿岸主要港口有拉巴斯和瓜伊马斯。

**加利福尼亚州** California State 美国西部太平洋沿岸区一州，美国人口最多、经济最发达的州。简称加州。有“黄金州”之称。西濒太平洋，海岸线长1 352千米；北接俄勒冈州，东界内华达州和亚利桑那州，南邻墨西哥。面积423 971平方千米，居全国第三位；其中陆地面积403 973平方千米。人口3 675.67万（2008），约占全国总人口的12%；其中白人占59.5%，亚裔占10.9%，黑人占6.7%，混血种人占21.5%。西班牙裔分属不同种族，占总人口32.4%。州府萨克拉门托。最大城市洛杉矶，也是全国第二大城市；主要城市还有圣迭戈、圣何塞、圣弗朗西斯科、弗雷斯诺、奥克兰等。

加州硅谷英特尔公司总部

全州地域呈西北—东南走向。境内地势高低悬殊，主要由东、西两组纵列山脉和介于其间的谷地组成，自然环境复杂多样。东部为高峻的内华达山脉，东陡西缓，主峰惠特尼山海拔4 418米，为美国本土最高峰。内华达山脉以东和东南，气候干热，沙漠广布。这里有两个低于海平面的谷地：东侧的死谷，海拔-86米，是北美洲的最低点；南端的因度里尔谷地，海拔-75米，并有全州最大的湖泊索尔顿湖。中央谷地又称加利福尼亚大谷地，海拔120～300米，大部分为肥沃的冲积平原；气候暖热，日照充足，年降水量自北部750毫米向南递减为150毫米。萨克拉门托河和圣华金河分别从西北和东南流经谷地，相汇后向西注入圣弗朗西斯科湾。西部海岸山脉一般海拔600～1 500米，圣安德烈斯大断层穿越其间，地壳不稳定，多地震；北纬40°以北为温带海洋性气候，终年温和湿润，年降水量1 800毫米以上，森林茂密，尤以高大的红杉、巨杉著称；南部为地中海型气候，冬雨夏干。森林覆盖率40%。

原为印第安人聚居地。1542年西班牙探险家到此。1769年成为西班牙殖民地。1822年墨西哥独立后接管该地。1848年美墨战争后，归属美国。同年发现金矿，掀起“淘金热”，人口剧增。1850年加入联邦，成为美国第31州。1869年横贯大陆的铁路通达。

全国农业最发达的州。农业收入的75%来自种植业。蔬菜、水果产量在全国居突出地位，棉花产量仅次于得克萨斯州。谷物主要有冬小麦、大麦、稻米、玉米等，其中稻米产量仅次于阿肯色州。乳、蛋产量居全国首位，肉类、家禽等也名列前茅。农业主要集中在中央谷地以及因皮里尔谷地。林业发达，为全国第三大木材生产州。沿海盛产鲭、鲑、鳀、金枪鱼等，渔业仅次于阿拉斯加州。矿业以石油、天然气开采为主，约占矿业总产值的2/3，是全国第三大石油生产州。制造业发达，产值和就业人数均居全国第一。主要有航空航天、电子、电器、炼油、石化、汽车、造船、军火、仪表器材、食品、电影制片、造纸、印刷等部门。计算机、生物技术等高科技产业发展很快。洛杉矶地区是美国西部最大的制造业中心，其次是圣弗朗西斯科及圣迭戈。圣弗朗西斯科西南圣克拉拉谷地电子工业发达，是世界闻名的硅谷。

公路网稠密，为3条横贯大陆铁路干线的西部终端。主要机场28个，其中洛杉矶、圣弗朗西斯科和圣迭戈的国际机场属全国繁忙机场之列。主要港口是洛杉矶－长滩组合港，以及圣弗朗西斯科湾内诸港。

全国旅游业和娱乐业发达的地区。辟有8个国家公园，其中红杉树国家公园和约塞米蒂国家公园被联合国列入《世界遗产名录》；还有18个国家森林保护区，128个州立公园。迪斯尼乐园、好莱坞影城、海洋世界等名闻全球。文化教育发达。有加利福尼亚大学、加利福尼亚理工学院、斯坦福大学等世界著名高等院校。

**加利－库尔奇** Galli-Curci, Amelita (1882－11－18～1963－11－26) 意大利花腔女高音歌唱家。生于米兰，卒于美国拉霍亚。1903年毕业于米兰音乐学院。后主要靠自学成为歌唱家。1906年在特拉尼首次登台，扮演了G.威尔第《弄臣》中的吉尔达，成为她受欢迎的保留剧目之一。1916年成为芝加哥歌剧团成员达8年之久。1921～1930年是纽约大都会歌剧院的主要演员。她还举行过世界旅行音乐会，曾在中国上海演出过。后期她患咽喉肿瘤，退出歌坛。她在歌剧和音乐会上的演唱都很成功，被誉为19世纪下半叶意大利著名女高音A.帕蒂的唯一后继人。

**加利西亚人** Galicians 西南欧西班牙的少数民族之一。自称加列戈人。主要聚居在西北部的加利西亚地区，部分分布在毗邻的阿斯图里亚斯、莱昂和萨莫拉等地。另有100多万人分布在阿根廷等拉丁美洲国家。属欧罗巴人种地中海类型，混有阿尔卑斯类型成分。使用加利西亚语，属印欧语系罗曼语族，与葡萄牙语十分相近，通用西班牙语。文字用拉丁字母拼写。信奉天主教。族源和民族历史与葡萄牙人和西班牙人大体相同，都是古代伊比利亚人的后裔，并在不同历史时期先后受到凯尔特人、罗马人、日耳曼人和阿拉伯人的影响。加利西亚人地处西北偏僻山区，经济发展比较落后，有不少人离乡背井，前往巴斯克地区和卡斯蒂利亚地区充当临时工，亦有不少人迁居拉丁美洲谋生。根据1978年西班牙宪法，现实行地方自治。

**加列戈斯** Gallegos, Rómulo (1884－08－02～1969－04－04) 委内瑞拉小说家、政治家。生于加拉加斯，卒于加拉加斯。1905年入委内瑞拉中央大学读法律，后放弃学业，从事教学和文学创作。曾创办主编《黎明》等杂志，任教育部长、国民议会议员等职。1947年11月当选总统，9个月后被推翻，流亡墨西哥。1958年回国。长篇小说《堂娜芭芭拉》(1929)描写文明与野蛮、进步势力与反动势力之间的冲突和斗争，以一个大牧场主堂娜芭芭拉的失败，预示拉丁美洲庄园主势力即将没落，被认为是拉丁美洲“大地小说”的代表作之一。其他主要作品还有短篇小说集《冒险家们》(1913)、《最后一个爱国者》(1957)，小说《坎塔克拉罗》(1934)、《卡纳伊马》(1935)、《异乡人》(1942)及剧本《少女》(1957)等。

**加仑** gallon 英制容积单位。符号为gal。英加仑用于计量液体和干物类，1加仑

=4.546 09立方分米=277.420立方英寸；历史上，英加仑曾被定义为一定条件下10磅纯水的体积。美加仑只用于计量各种液体（包括药物），1加仑=3.785 434立方分米。1英加仑约为1美加仑的1.2倍。

**加伦** Galen, Claudius（129～199） 古罗马医学家、哲学家。生于小亚细亚的帕加马（今属土耳其），卒于罗马。17岁开始学医，曾在希腊和埃及等地学习解剖，28岁时回帕加马行医。曾做角斗士的保健医生。162年到罗马，因其名声显赫，被罗马帝国皇帝任命为侍医。此时期写出大量著作。

加伦做了大量动物解剖，发现了许多前人未知的现象。提出食物在胃肠中被消化成乳糜，被吸收至肝脏，而后形成血液，再由血管流出，营养全身，变成筋肉，肝是血管系统的中心。他的正确的和错误的观点都被重复引用，统治欧洲达1 400多年。加伦的许多作品（尤其是哲学和文学作品）已遗失。重要著作有《论解剖操作程序》、《论医学经验》、《论自然力》等。

**加罗林群岛** Caroline Islands 太平洋中西部密克罗尼西亚岛群的一部分。位于北纬1°～10°，东经137°29′～163°之间。由雅浦岛、特鲁克群岛、波纳佩岛、帕劳群岛等900多个岛屿组成，陆地面积1 300平方千米。分属帕劳和密克罗尼西亚联邦两国。属热带海洋性气候。年平均气温27℃。平均年降水量在3 500毫米以上。主要岛屿为火山岛，土地肥沃。人口约14万（2002）。经济以农业为主。椰子和鱼是主要产品。

**加罗林人** Carolinese 太平洋中西部的民族集团。约9万人（2001）。包括帛琉人（又称帕劳人）、雅浦人、特鲁克人、波纳佩人和科斯雷人等支系。主要分布在加罗林群岛。为密克罗尼西亚人的一支。属印度尼西亚人、美拉尼西亚人和波利尼西亚人的混合人种。使用多种语言，除帛琉语属南岛语系印度尼西亚语族外，其余均属密克罗尼西亚语族。多信基督教。相传其祖先约在4 000年前从东南亚迁来。加罗林群岛于1886年被德国占领，第一次世界大战后成为日本委任统治地，第二次世界大战后成为美国托管地。1979年5月10日，雅浦、特鲁克、波纳佩和科斯雷4区成立“密克罗尼西亚联邦”；1980年11月14日，帛琉区亦按宪法组成政府，改名为“帕劳共和国”。加罗林人以渔业和热带农业为主，种植薯、芋、椰子、面包树，部分地区已有人工灌溉，种植水稻。手工业发达，能制陶、织布。与邻近岛屿贸易，使用石盘、贝壳、龟甲、玻璃片等原始货币。在帛琉群岛已有图画文字。许多地方留有巨石文化遗址。

**加洛林王朝** Carolingian Dynasty 8世纪中叶～10世纪统治法兰克王国的封建王朝。由其家族惯用名字加洛尔（拉丁文为Carolus，即查理）而得名。751年法兰克王国宫相查理·马特之子丕平（矮子）在罗马教皇支持下废墨洛温王朝末王自立，建立加洛林王朝。矮子丕平之子查理经过连年征战，建立庞大帝国，并于800年由罗马教皇加冕称帝，史称查理大帝。查理死后，帝国走向解体。虔诚者路易在位时（814～840），封建内战加剧。843年，他的3个儿子缔结《凡尔登条约》，帝国一分为三。查理帝国最后一个皇帝胖子查理于887年被废黜。东法兰克（德意志）的加洛林王朝于911年中断，西法兰克（法兰西）的加洛林王朝于987年告终。

**加米涅夫** Kamenev, Lev Borisovich（1883-07-18～1936-08-15） 苏联共产党和苏维埃国家早期领导人。生于莫斯科一个工程师家庭，卒于莫斯科。原姓罗森费尔德，犹太人。在俄国十月社会主义革命准备过程中，和G.Ye.季诺维也夫一起反对举行武装起义。彼得格勒起义胜利后，在苏维埃第2次代表大会上，被选为全俄苏维埃中央执行委员会主席。1918～1924年，任莫斯科苏维埃主席。1919年当选为党中央政治局委员。1922年被任命为苏俄人民委员会副主席和劳动国防委员会副主席。V.I.列宁患病期间，加米涅夫主持党中央政治局会议。1924年列宁逝世后，被任命为劳动国防委员会主席，并担任列宁研究院院长。1925年同季诺维也夫一起组织“新反对派”，1926年又同L.D.托洛茨基结盟，反对J.斯大林路线，受到批判。1926年，被开除出政治局，撤销国家领导职务，改任商业人民委员。1927年被开除出党。此后两次恢复党籍，两次又被开除。1936年8月，因所谓“托洛茨基-季诺维也夫反苏联合总部”案件于26日被处决。1988年6月13日，苏联最高法院撤销对他的判决，明确宣布他在法律、国家和人民面前是无罪的。

**加缪** Camus, Albert（1913-11-07～1960-01-04） 法国小说家、戏剧家、评论家。生于阿尔及利亚蒙多维，卒于桑斯。2岁丧父，家境贫寒。获阿尔及尔大学学士学位。1933年参加了反法西斯运动。1937年发表随笔集《反面和正面》、散文集《婚礼》，同时开始新闻记者生涯。

加缪是存在主义作家，认为世界是荒谬的，人的生存状态以及人与周围社会的关系也是不可理解的。小说《局外人》、《鼠疫》和随笔《西西弗斯神话》就是反映这种“荒诞情感”的典型作品。

其他主要作品有小说《堕落》（1956），短篇小说集《流放和王国》（1957），剧作《误会》（1944）、《卡利古拉》（1945）、《正义者》（1949）等。1957年获诺贝尔文学奖。作品在法国至今畅销不衰。

**加拿大** Canada 北美洲北部国家。东濒大西洋，西临太平洋，北濒北冰洋，东北隔巴芬湾与格陵兰岛相望，海岸线长202 080千米；西北与美国阿拉斯加州接壤，南与美国本土毗邻，陆界线长8 892千米。面积998.467万平方千米；其中陆地面积909.350 7万平方千米，淡水面积89.116 3万平方千米。人口3 393.08万（2010）。主要为英、法等欧洲后裔，土著居民约占3%，其余为亚洲、拉美、非洲裔等。英语和法语同为官方语言。居民中信奉天主教的占45%，信奉基督教新教的占36%。首都渥太华。

**地理** 全国分为六大地形区。①中、东部是劳伦琴低高原，面积约占全国的

半，环绕哈得孙湾分布。起伏平缓，海拔一般介于200～450米间。因地处第四纪大陆冰川中心，受到强烈的冰川侵蚀，土层瘠薄，基岩裸露，冰蚀湖星罗棋布。②中部是平原区，介于劳伦琴低高原与落基山脉之间，面积约占全国18%。海拔高度由东向西渐增，介于300～1 300米间。南与美国中西部大平原相连；向北伸展，宽度收缩，高度渐降，转为马更些低地。冰川堆积地貌广布。③大湖－圣劳伦斯低地位于劳伦琴低高原东南，其中大湖低地即安大略半岛，在休伦湖、伊利湖和安大略湖之间，为一冰碛平原。圣劳伦斯低地沿同名河谷伸展，最宽处仅150千米，海拔不足200米。④阿巴拉契亚高地延伸于大西洋沿岸诸省，东北至纽芬兰岛，西南与美国阿巴拉契亚区连为一体，属古生代褶皱带。地形上表现为一系列浑圆蚀余山体和高地，海拔一般在600米以下。冰川地貌分布很广。⑤西部是北美科迪勒拉山系的组成部分，南北伸展1 900千米，东西宽500～800千米。包括东、西两列高大山带和宽广的山间高原。东部山带以落基山为主体，高峻连绵，许多山峰海拔在3 000米以上。西部山带以高大的花岗岩山体——海岸山脉为主体，其中的洛根山海拔5 951米，为加拿大第一高峰。山间高原部分北为育空高原，南为不列颠哥伦比亚高原。⑥北极群岛属大陆岛，冰期后海面上升，与大陆分离，总面积约130万平方千米。北部各岛地势较高，系古生代褶皱山区，通称因努伊特山地。南部各岛地质古老，系加拿大地盾的延伸，地势西高东低，以高原和平原为主。

加拿大地处高纬，90%以上国土在北纬50°～80°之间，西部科迪勒拉山系阻挡太平洋温湿气流东侵，大部分地区受冰洋气团和极地大陆气团控制，气候寒冷。北极群岛和北部沿岸地带属极地苔原气候。冬季严寒漫长，多强风。平均年降水量250毫米左右。仅适宜地衣、苔藓类植物生长。极地苔原区以南，包括纽芬兰岛、劳伦琴低高原大部分、中部平原北部和育空高原等地区，约占国土面积的一半，属亚寒带大陆性气候。冬季寒冷，夏季温暖。平均年降水量300～750毫米。适宜针叶林生长，优势树种是黑云杉和白云杉。太平洋沿岸属温带海洋性气候。冬温夏凉。降水丰富，平均年降水量达2 000～3 000毫米，山地针叶林密布。中部平原南部属温带大陆性半干旱气候，冬寒夏热，降水较少，天气多变。自然景观为草原。东南部大西洋沿岸地区和大湖－圣劳伦斯低地，属温带大陆性湿润气候。冬季盛行北风和西北风，气温较低，夏季受大西洋暖湿气流影响，气温适中。平均年降水量800～1 400毫米。自然景观为针、阔混交林。

加拿大河湖众多，水面积约占国土总面积的8.9%。年径流量22 670亿立方米，居世界第5位。受地形和气候的影响，河流一般具有水力资源丰富、冰期较长的特点。全国河流分属四大流域系统，即哈得孙湾流域、北冰洋流域、太平洋流域、大西洋流域。马更些河为加拿大第一长河，全长

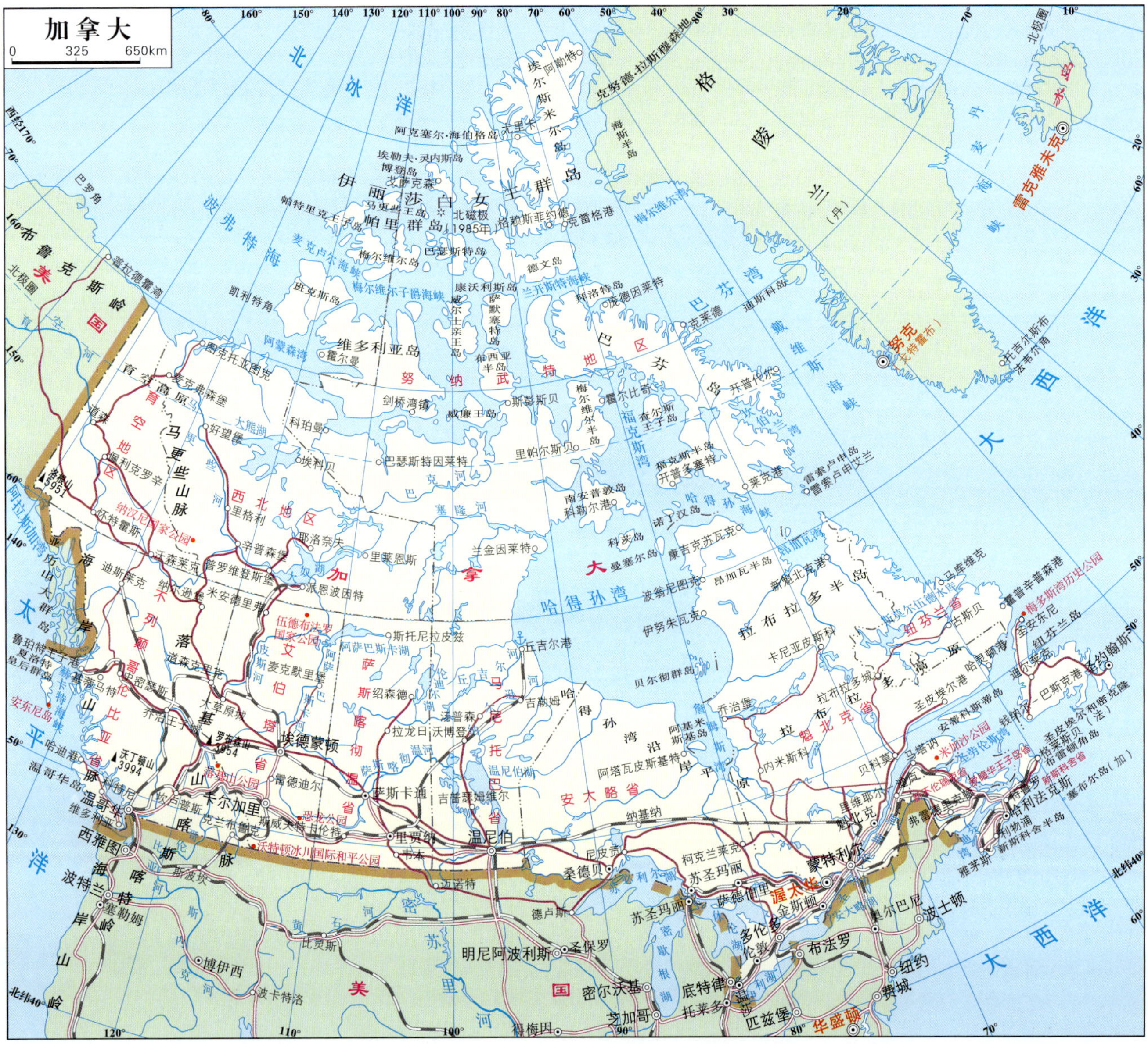


半，

图1　议会大厦前的卫队

4 241千米。主要河流还有：育空河、圣劳伦斯河、纳尔逊河、丘吉尔河等。湖泊多属冰川成因。位于加、美两国边界上的**五大湖**以及呈弧状排列的温尼伯湖、阿萨巴斯卡湖、大奴湖、大熊湖等，构成世界上最大的湖带。大湖带外散布成千上万个小湖。湖泊总蓄水量约1.88万立方千米，占世界湖泊总蓄水量的15%。

**历史**　在欧洲人到来之前，土著居民长期以采集、农耕或渔猎为生。16世纪上半期，法国航海家多次到达加拿大东海岸，把这一带称作"新法兰西"。17世纪初，法国人在新斯科舍建立了第一个定居地；随后又在圣劳伦斯河谷定居，建立起魁北克城。17世纪中叶起，英属哈得孙湾公司宣布拥有哈得孙湾流域全部领土的主权，并在哈得孙湾周围建立商站。1713年英国占领新斯科舍。1756～1763年英、法七年战争后，加拿大成为英国殖民地。1791年，英国划分了以法裔为主的"下加拿大"和以英裔为主的"上加拿大"，相当于今魁北克省和安大略省。1867年英国议会通过《英属北美法案》，成立了联邦制的加拿大自治领，由上、下加拿大和诺瓦斯科舍、新不伦瑞克组成。此后，其他省也陆续加入。1926年加拿大获得外交独立权。1931年加拿大成为英联邦成员国，其议会也获得了同英议会平等的立法权，但仍无修宪权。1949年英国将纽芬兰岛移交加拿大，成为联邦政府一省。在战争中迅速崛起的美国，凭借其实力和处于邻国的有利位置，取代英国，与加拿大建立起更密切的联系。第二次世界大战后几十年来，加拿大经济发展较快，进入了主要发达资本主义国家行列。1976年起参加定期举行的七大国首脑会议(后改为八大国首脑会议)。1982年，英国女王签署《加拿大宪法法案》，加议会获得立宪、修宪的全部权力。

**政治**　加拿大属联邦制国家。中央与各省根据宪法规定各拥有一定的权限。英国女王是加拿大名义上的国家元首，由总督代表女王行使职权。总督由联邦总理提名，英国女王任命，任期5年。立法、行政、司法三权分立。立法权属于两院制议会。参议院共105名议员，由联邦总理提名，总督任命。众议院共308名议员，由直接选举产生。众议院中占多数席位的政党组阁，其领袖任总理。自联邦建立以来，基本上是由自由党和进步保守党轮流执政。其他主要政党有魁北克集团、新民主党等。

**经济**　加拿大地大物博，农林矿业、制造业和高科技产业均较发达，经济发展水平居世界前列。2009年国内生产总值13 377.15亿美元，人均国内生产总值约39 491美元。经济结构属发达国家类型，2008年农业、工业、服务业在国内生产总值中的比重分别是2%、28.4%和69.6%。加拿大以贸易立国，国民经济对外贸、外资依赖性很大。加拿大和美国领土毗邻，经济中心相连，交通便捷，语言相通，两国经济关系密切。生产布局高度集中，南部沿加、美边界宽约300千米的狭长地带是工农业生产的主要分布地区，其中安大略、魁北克两省南部的大湖-圣劳伦斯低地更是全国经济的核心地带。

**农业**　加拿大农业机械化、专业化、劳动生产率水平很高，是世界主要农业生产国和出口国之一。2008年全国2%的就业人口从事农业。全国24.7万个农场，土地面积6 750多万公顷，平均每个农场占地273公顷。农业部门结构的特点是农牧并重，畜牧业占优势。种植业以小麦居首，次为饲用干草、大麦、油菜、燕麦、大豆、玉米、亚麻等。谷物总产量居世界第5位，人均产量居世界首位；小麦的出口量仅次于美国。畜牧业以肉牛和乳牛饲养为主，其次是养猪、养禽业。全国按地区自然和社会经济条件实行专业化生产。中西部草原马尼托巴、萨斯喀彻温和艾伯塔3省南部是最重要的农业区，约占全国农场土地面积的80%以上，集中全国极大部分大田作物和肉用畜牧业。大湖-圣劳伦斯低地为全国最大的乳用畜牧业和养禽业区，种植业以水果、蔬菜、烟草为主。西部不列颠哥伦比亚省和东部大西洋沿岸诸省耕地有限，前者水果业发达，后者马铃薯种植业居全国之首。

渔业以海洋捕捞为主。约80%以上的海洋捕鱼来自大西洋渔区，纽芬兰岛东南海域为世界三大渔场之一，盛产鳕鱼、鲱鱼、大比目鱼和龙虾、蟹等；太平洋渔区以产鲑鱼、鲱鱼等为主。

森林资源丰富，以针叶林为主。林地面积440万平方千米，占国土面积的44%，其中一半以上为产材林面积。西部不列颠哥伦比亚省是全国最大的原木采伐区，林木径级较大，主要生产制材原木，其次是纸浆材；魁北克、安大略、艾伯塔等省也是重要木材产区，林木径级较小，以生产纸浆材为主。

**工业**　加拿大工业部门齐全，技术设备先进，为西方七大工业国之一。

矿业发达。金属、非金属、燃料等各类矿藏齐全，储、产量高，为世界主要矿业生产国和矿产品出口国。镍、锌、铂、石棉的产量高居世界首位，铀、金、镉、铋、石膏的产量居世界第二位，铜、铁、铅、钾、钴、铬、钼、钛、硫磺、钻石以及石油、天然气、煤的产量也居世界前列。在全国矿业生产构成中，则以燃料矿居首，约占矿业总产值的2/3。以产燃料矿为主的艾伯塔省为全国第一矿业大省，约占矿业总产值的60%；其次是萨斯喀彻温、不列颠哥伦比亚、安大略、魁北克等省。

电力工业长期以水电为主。从20世纪50年代中期起，随着石油、天然气的大量开发，火电的比重渐增；60年代又开始发展核电，逐步改变了水电占极大比重的电力工业构成。总发电量居世界前列。

制造业在物质生产部门中占主导地位。2008年全国13%的就业人员从事制造业。主要部门是运输设备制造、机械制造、炼油、化工、冶金、造纸、木材加工、食品加工等，许多产品面向出口。汽车及其零配件制造

图2　魁北克省农村一景

是发展最快、外资比重最大的部门，汽车为全国首要出口商品。新闻纸、纸浆、各类锯材和板材、有色金属产品等在世界上占突出地位。机械制造业以农业机械、电机、林业机械、矿山机械为主。按产值计，炼油以及石油化工业居制造业前列。20世纪90年代以来，微电子、计算机、信息技术、空间技术等高科技产业发展很快。一般以中小企业为主，在安大略省、魁北克省南部的多伦多、魁北克、蒙特利尔、基奇纳-圭尔夫等城市形成高科技产业集聚区，如渥太华的"北方硅谷"。

旅游业 约有48.5万平方千米土地列为自然和历史文化保护地，辟有43处国家公园（占地约25万平方千米），以及许多国家历史公园或遗址、省立公园等。联合国教科文组织已将15处加拿大名胜列入《世界遗产名录》。各类旅游设施齐备。2009年接待外国游客2 496.6万人次，居世界前列，其中80%以上游客来自美国。旅游业成为国民经济重要部门之一。

交通运输 由铁路、公路、水运、航空和管道组成的现代化交通运输体系，主要位于人口和经济活动密集的国土南缘，重要交通干线多为东西向。铁路总长72 245千米，主要承担长途货运。横贯大陆的加拿大国家铁路和加拿大太平洋铁路是最重要的干线。南北向铁路支线多为开发北部矿区和承运农林产品而建，与东西向干线构成网络。公路总长104.23万千米，其中约40%为铺面公路，包括17 000千米的高速公路，主要承担客运和短途货运。横贯大陆的加拿大高速公路是世界上最长的国家级高速公路。通往北方的阿拉斯加公路、马更些公路等，也具有重要战略和经济意义。内河航运以大湖-圣劳伦斯深水航道为主，全长3 769千米。温哥华是全国最大的海港，其次是七岛港、魁北克、哈利法克斯、鲁珀特王子港等。全国主要机场68个，包括多伦多、温哥华、卡尔加里、蒙特利尔等国际机场。管道系统总长度居世界第2位，其中输油管道长23 564千米，天然气管道74 980千米。

对外贸易 对外贸易在加拿大经济中占重要地位。2009年对外贸易总额占国内生产总值的48.7%，长期保持贸易顺差。主要出口汽车及零配件、工业制品、能源和矿产品、农林产品等。进口以机械设备、汽车及零配件、工业材料以及其他消费品和食品为主。加拿大和美国互为最大的贸易伙伴。1989年两国签署加美自由贸易协定，1994年加上墨西哥后扩大为北美自由贸易区。加拿大约80%的出口、约50%以上的进口与美国进行。其他贸易伙伴还有中国、日本、欧盟国家等。

文化 加拿大教育管理权归省级政府，联邦政府不设教育部。实行中、小学11年制义务教育。全国高等院校90余所，还有约200所社区学院等其他高等教育机构。著名高等学府有多伦多大学、不列颠哥伦比亚大学、蒙特利尔大学、渥太华大学、艾伯塔大学、麦吉尔大学等。此外，各省还大力发展了职业教育、成人教育和特殊教育。

全国共有110家日报，主要英文报纸有《多伦多星报》、《环球邮报》、《全国邮报》等，主要法文报纸有《蒙特利尔时报》等。著名杂志《麦克林斯》为新闻周刊。加拿大通讯社是全国最大的新闻机构，1917年成立，由110家日报共同拥有；还有索瑟姆通讯社、加拿大合众社等。国营加拿大广播公司用英、法语对国内广播，用11种语言向国外播音；下设31家电视台组成英、法语电视网，几乎覆盖全国。

对外关系 冷战结束后，加拿大政府重新审议其外交政策，于1995年提出了促进繁荣、保障安全及弘扬加拿大价值观和文化的三大目标。在对外关系中，把经济外交放在首位；在保持与美、欧传统盟国关系的同时，积极拓展与亚洲、拉丁美洲和非洲各国的关系；注重联合国和其他国际政治经济组织的作用，支持军控、裁军、反恐等国际行动。

美国是加拿大的邻国和最重要的盟国，两国首脑保持年度会晤制度。加拿大是北约、英联邦、八国集团和法语国家首脑会议的成员国，与西欧国家在政治、经济、军事和文化领域保持密切关系。苏联解体后，加拿大迅速承认新独立各国，给予俄罗斯、乌克兰、爱沙尼亚、拉脱维亚、立陶宛、亚美尼亚等国关税优惠待遇，并提供经济援助。与俄罗斯双边关系稳步发展。加拿大是美洲国家组织成员国，还与拉美国家建立"加拿大-拉美国家论坛"，与加勒比国家建立了不定期首脑会晤制度，并积极主张将北美自由贸易区扩大到南美，成立美洲自由贸易区。加拿大是亚太经合组织成员国，也是东盟地区论坛成员和东盟对话国。亚太地区已成为加拿大资金、技术和移民的来源地之一，贸易关系不断拓展，其中日本为加拿大在亚洲的最大贸易伙伴。1970年10月13日加拿大与中国建交。截至2010年，加拿大已同世界上193个国家建立外交关系。

**加拿大北极群岛** Canadian Arctic Archipelago 加拿大本土以北北冰洋中的岛群。梅尔维尔子爵海峡—兰开斯特海峡一线以南，多为面积较大的岛屿，其中东部的巴芬岛为群岛第一大岛、世界第五大岛，还有维多利亚岛、班克斯岛、威尔士王子岛、萨默塞特岛等；以北总称伊丽莎白女王群岛，包括埃尔斯米尔岛、梅尔维尔岛、德文岛、阿克塞尔·海伯格岛等众多岛屿。总面积约130万平方千米。在行政上，除西部若干岛屿属西北地区外，其余大部分岛屿属努纳武特地区。原为大陆的一部分，冰期后海面上升，与大陆分离，称大陆岛。群岛北缘和东北缘为久经侵蚀的古生代褶皱山区，其中埃尔斯米尔岛东北部的巴博峰海拔2 616米，为群岛最高峰。南部各岛系加拿大地盾的延伸，地形以低高原和平原为主。气候严寒，地下有永冻层，苔原广布。北部有些岛屿终年冰盖。人口2万多，85%以上是因纽特人。主要从事狩猎、捕鱼、采矿和服务业。

**加拿大自由党** Liberal Party, Canada 加拿大主要政党之一。前身是1791～1840年各省实行代议制时期上、下加拿大省的改革党。1854年，加拿大省东西部各派政治力量重新组合，以西加拿大的砂砾派和东加拿大的红派为核心发展成自由党。加拿大自治领成立后，1873年组成第一届自由党联邦政府，A.麦肯齐任总理。但这时自由党仍未能形成全国统一的政治力量。1887年W.劳里埃出任领导人后，经过整顿，才成为具有全国规模的、强有力的政党。1919年劳里埃去世，W.L.M.金任自由党领袖达30年，3次出任加拿大总理。加拿大自由党主要代表垄断资产阶级的利益，奉行亲美方针，使加拿大经济越来越依赖美国，引起人民的普遍不满。1957年在大选中失败。1963年4月起重新执政达16年之久。1984年9月在大选中失败。自由党继任领袖为J.特纳（1984）和J.克雷蒂安（1985）、P.马丁（2003）、S.迪昂（2006）、M.伊格纳蒂夫（2009）。1993年大选获胜，克雷蒂安出任加拿大联邦总理（1993～2003），2003年12月马丁继任总理（2003～2006）。2004年大选，自由党继续保持议会第一大党地位，但未能获得议会多数，成立了25年来第一个少数政府。2006年及2008年大选中，自由党败选，沦为正式反对党。受该党影响较大的报刊有《多伦多每日明星报》、《环球邮报》等。

**加那利群岛** Canary Islands 北大西洋东部群岛。西班牙自治区，根据西班牙自治法律于1982年8月10日成立。距非洲海岸约100千米，由13个火山岛组成，面积7 273平方千米。人口210.4万（2009）。居民多数为西班牙人与当地人的混血种人，以信奉天主教为主，通行西班牙语。首府圣克鲁斯-德特内里费。境内崎岖多山，海岸陡峭。分为两组岛群：西岛群包括特内里费、大加那利、拉帕尔马、戈梅拉、耶罗诸岛，地势较高，特内里费岛上的泰德峰海拔3 718米，是群岛最高峰，为一活火山；东岛群含兰萨罗特、富埃特文图拉岛和6个小岛，地势较低。地中海型气候，温和少雨；各岛年降水量200～400毫米，多集中于冬季11～12月。公元前约40年就有文字记载，原始居民为柏柏尔族的关切人。999年阿拉伯人在大加那利岛登陆经商。15世纪为西班牙征服。1479年根据阿尔卡索瓦斯条约，群岛主权属西班牙，成为西班牙至美洲航线重要供给基地。1927年分为两个省。20世纪后经济发展较快。长期以农业为主，主要有甘蔗、香蕉、柑橘、番茄、葡萄、马铃薯、椰枣、花卉，还种植少量玉米、小麦等谷物。出口番茄、香蕉、干鱼和鱼罐头，粮食依靠进口。近海渔业发达。工业部门除圣克鲁斯－德特内里费城建有大型炼油厂外，其他部门规模都不大。地处大西洋海运线的十字路口，是非、欧、美洲间航船的重要燃料供应站。有数个机场。自然风光秀丽，景区集中于特内里费和拉帕尔马两岛。

**加纳** Ghana 非洲西部国家。独立前称黄金海岸。南濒大西洋几内亚湾，西邻科特迪瓦，北接布基纳法索，东界多哥，面积

238 537平方千米，人口2 395万(2010)。首都阿克拉，其他主要城市库马西。全国有四个主要部族，其中阿肯族占52.4%，居住在西南部；莫西－达戈姆巴族占15.8%，分布在北部；埃维族和加－阿丹格贝族分别占11.9%和7.8%，主要分布在东部沿海平原和沃尔特省。全国人口69%信奉基督教，主要为北方居民。官方语言为英语。

**地理** 全境地势低平，大部海拔不足600米。中部的沃尔特盆地占国土面积的43%，平均海拔150米。盆地东侧阿夸平－多哥山脉的最高点阿法贾托山海拔885米。盆地北、西、西南是海拔300～600米的切割高原，其中夸胡高原是北部与西南部的气候分界，富藏金、金刚石、锰和铝土等矿。滨海平原狭长，海岸线长562千米。沃尔特河是最大河流，流入几内亚湾，流域面积占国土的2/3，1965年在下游建成面积8 500平方千米的沃尔特水库，为世界级大人工湖。其他较大河流有塔诺河、普拉河等。

全境70%以上地区为热带草原气候；西南部属热带雨林气候。境内终年高温，年平均气温多在26～29℃，平均年降水量分别由北部和东南沿海向西南高原递增，由800～1 400毫米以上。夸胡高原以北4～10月为雨季，以南3～11月为雨季。热带草原区有库贾尼禁猎区，保护特有动物。

**历史** 古加纳王国建于3～4世纪，疆域包括今日的马里和布基纳法索。8～11世纪达鼎盛时期。11世纪后半期衰落。13世纪北部新兴的马里王国乘虚而入，居民逐渐南迁至今日加纳地区。1471年葡萄牙殖民者侵入西部沿海，不断掠取黄金，贩运奴隶，几内亚湾一段沿海地带由此被称为“黄金海岸”。16世纪荷、英、法殖民者接踵而至。1844年英国占领沿海地带，1897年全境沦为英国殖民地，称英属黄金海岸。经过不断斗争，1957年3月获得独立，改名加纳，原英国托管地“西多哥”同时并入。1960年7月1日成立加纳共和国，仍保留在英联邦内。1992年加纳政体开始实行多党制。现行宪法规定，加纳是一个民主国家，致力于实现自由和公正，尊重基本人权、自由和尊严。总统是国家元首、政府首脑和武装部队总司令。总统和议会由选举产生，任期四年；总统连任不得超过两届。议会是最高权力机构，有立法和修改宪法的权力。政党有新爱国党、全国民主大会党、大会人民党和人民全国大会党等10个。加纳司法机构分为司法系统和公共法庭系统。国内尚存在传统法庭，由酋长根据习惯法处理当地民事纠纷。

政府对外奉行积极中立和不结盟政策，与西方国家关系较密切，外交政策的重点在非洲。与91个国家建立了外交关系。1960年7月5日与中国建交。1966年10月加纳军政府单方面与中国断交。1972年2月两国复交。

图1　加纳渔村一角

**经济** 中西非率先发展民族经济的国家之一。1983年后，经济结构调整取得成效，但经济发展波动较大。2009年人均国内生产总值约654美元。矿产、可可和木材是国民经济三大支柱，基本为出口而生产，占出口总值的大半。

农业是主要经济部门，2007年产值占国内生产总值的42.7%，全国60%的劳力从事农业。可可是主要经济作物和传统出口商品，20世纪20～60年代产量居世界之冠，70～90年代退居科特迪瓦、巴西之后。布朗－阿哈福、阿散蒂和东部等省区是可可主要产地。其他经济作物主要有油棕、橡胶、咖啡、甘蔗、花生、柯拉果、牛油果和热带水果。主要粮食作物有玉米、粟、高粱、水稻和木薯等，其中水稻发展最快。全国森林覆盖率约10%，西南部热带雨林区以产桃花心木、非洲梧桐等名贵工业用材而著称。木材出口值居外汇收入的第三位。牧业以牛羊饲养为主，北部热带稀树草原是主要牧区。渔业主要为海洋捕捞，产品供国内消费。

2007年工业产值占国内生产总值的30.3%。采矿业在工业以至国民经济中占突出地位，以黄金、金刚石、锰和铝土矿开采为主。黄金开采等采矿业是最具活力的部门，2005年黄金出口创汇9.45亿美元。锰矿产量在非洲名列前茅；金刚石产量次于刚果（金）、俄罗斯和南非。其他矿产还

图2　阿克拉独立广场

有石灰石、铁、红柱石、石英砂和高岭土等。加工工业有粮食和可可加工、纺织、水泥、木材和金属加工、汽车装配、化工、炼铝、炼油、电力等数量众多的小型企业。

境内交通线网较密。国内运输主要靠公路。公路总长6.3万千米，公路密度和公路质量居西非前列。其中库马西—塔科拉迪有长135千米的高速公路。铁路总长1 300千米，连接阿克拉、库马西和塔科拉迪，主要承运农林矿出口产品。水运发达，主要海港有特马和塔科拉迪。特马是非洲最大人造海港，2007年吞吐量873万吨；塔科拉迪吞吐能力405万吨。沃尔特水库建有河港，使河运网与海运相连。空运发展迅速，阿克拉国际机场辟有15条国际航线通往欧美、南非、西非各国。国内城市库马西、塔科拉迪、塔马科间设有航班。上世纪90年代以来，外贸收入占国内生产总值的40%左右。主要贸易对象有德、美、日、尼日利亚等国。可可、木材及其制品、黄金、金刚石是主要出口货物。进口燃料、化工产品、机械、运输设备、食品等。

**文化** 义务教育9年，包括小学6年，初中3年。国内重要的高等学府有加纳大学、库马西恩克鲁玛科技大学、海岸角大学和北方大学，共有学生约40 000人。

官方日报有《每日写真报》(英文) 和《加纳时报》(英文)。官方通讯社为“加纳通讯社”(1957)。加纳广播公司设有两家全国性广播电台，分别用地方语言和英语播音。电视台主要有“加纳电视台”等数家，1986年开始播放彩色节目。

非洲十大旅游国之一。旅游业外汇收入仅次于农、矿业。游客多来自美、英、德、荷等国。主要名胜古迹和景区有博苏姆推湖、阿科松博、阿布里植物园、库马西文化中心和阿散蒂传统建筑群、海岸角、埃尔米纳奴隶堡及金矿带等。其中埃尔米纳堡 (阿克拉西南150千米)、海岸角堡等11座城堡和阿散蒂传统建筑群已被列入《世界遗产名录》。

**加纳王国** Ghana, Kingdom of 非洲西部古国。“加纳”一词原为该国统治者的称号，后传作国名。兴起于公元3～4世纪，全盛时期约在8～11世纪。统治地域大体在尼日尔河北岸和塞内加尔河上游。相当于今马里共和国、塞内加尔共和国及毛里塔尼亚伊斯兰共和国一带。其首都可能是昆比萨利赫 (今马里共和国巴马科以北)。主要居民是曼丁戈族的索宁克人。

加纳王国以生产黄金著称。国家规定一盎司以上金块归国王所有，但金砂可以自由买卖。金价由国王控制。王国政府还控制着穿越撒哈拉沙漠的贸易。这种贸易主要以撒哈拉沙漠的盐和地中海地区的铜、干果、贝壳等商品换取西非的黄金和奴隶，贸易税收成为王国的重要收入。黄金生产和撒哈拉贸易促进了加纳王国的繁荣。到加纳访问过的人都盛赞其宫廷中服饰之华丽，不仅国王及大臣的衣服上带有贵重的金饰，就连卫士手中的盾牌、宝剑也都镶有黄金。

1076年，摩洛哥的阿尔穆拉比特王朝征服加纳，*伊斯兰教*从此在西非得到传播。该王朝对加纳的统治虽只维持了10余年，但破坏了加纳王国的农牧业生产及其同北非的贸易关系，使加纳的藩属相继独立，加纳王国从此一蹶不振。1200年前后，苏苏国王苏曼古鲁征服了加纳王国的残余部分，把它变为自己的藩属。1240年加纳王国最终为马里帝国所吞并。

**加农榴弹炮** gun-howitzer 兼有*加农炮*和*榴弹炮*弹道特性的*火炮*。简称加榴炮。用于对较远距离的目标进行射击和破坏较坚固的工程设施。由炮身和炮架两部分组成，其结构与加农炮和榴弹炮相似。可进行平射和曲射，可变换装药。用大号装药和小射角射击时，初速大，弹道低伸，接近加农炮性能，可用于遂行加农炮射击任务，主要对垂直目标、装甲目标和远距离目标射击；用小号装药和大射角射击时，初速小，弹道较弯曲，接近榴弹炮性能，可用于遂行榴弹炮的射击任务，主要对位于平面上和遮蔽物后的目标射击。

19世纪中叶，法国将既能发射实心弹又能发射爆炸弹的轻型12磅炮称为加榴炮。

现代加榴炮的口径多在152～155毫米，身管长多为30～52倍口径，初速多为600～930米/秒，最大射程一般在17～30千米；当使用远程弹、火箭增程弹时，最大射程可达45千米。配用的弹种与榴弹炮配用的弹种相似，一般为分装式炮弹。随着火炮和弹药技术的发展，弹药种类增多，如南非T6式155毫米自行加榴炮配用的弹种有榴弹、发烟弹、照明弹、红磷弹等。有些加榴炮还配用了制导炮弹。

中国PLZ-45式155毫米自行加农榴弹炮

**加农炮** gun 身管长、初速大、射程远、弹道低伸的*火炮*。适用于对垂直目标、装甲目标和远距离目标射击。通常配用杀伤弹、爆破弹、杀伤爆破弹、破甲弹、穿甲弹、碎甲弹等，有的还配用制导炮弹、混凝土破坏弹、火箭增程弹和远程全膛弹。按运动方式分为牵引式和自行式。

16世纪，一些欧洲国家把身管长为16～22倍口径的火炮称为加农炮。17世纪70年代，将质量1 800～3 630千克的火炮称为加农炮。17世纪末，把射程大且弹道低伸的火炮称为加农炮。18世纪，加农炮身管长为18～26倍口径，射程为1 000～1 300米。19世纪中叶，加农炮改用球形爆炸霰弹。以后，又采用线膛式后装炮，发射尖头圆柱长形弹，射程、射速和射击精度都有明显提高。第一次世界大战时，加农炮身管长为30～45倍口径，初速达477～785米/秒，射程为7 600～22 800米。第二次世界大战时，有的加农炮身管长为49.5倍口径，初速为925米/秒，射程为29 600米。20世纪50年代，有的加农炮炮身采用活动身管，身管长是口径的55倍，装有炮身推拉器和起重机。70年代，有的自行加农炮装有自动装填机构，装弹、送弹全部自动化，明显提高了射速；有的还装有封闭式炮塔，具有三防能力。在发展自行加农炮的同时，牵引式加农炮也得到发展。

中国1983年式152毫米加农炮

**加蓬** Gabon 非洲中部大西洋沿岸国家。海岸线长800千米。陆疆邻赤道几内亚、喀麦隆、刚果 (布)。面积267 667平方千米。人口约140万 (2008)。首都利伯维尔。全国有40多个民族或部族。芳族人数最多，约占全国人口的30%，主要分布在奥果韦河以北；其余近2/3为班图语系其他各族，大多居住在南部，主要有巴普努族 (占全国人口的25%)、埃希拉族、姆贝德族、巴科塔族、邦扎比族、奥坎德族、米纳内族、巴凯莱族等。居民50%信奉天主教，20%信奉基督教新教，9%信奉伊斯兰教，其余信奉原始宗教。官方语

言为法语。

地理　国土大部由高原、山地组成，海拔一般400～600米；由构造断裂形成一系列山脊，海拔一般600～1 000米，中南部的夏于山最高，主峰伊本吉山1 575米，为全国最高峰；西部滨海平原狭窄，宽30～160千米，海拔200米以下，多沙丘、潟湖和红树林。赤道线横贯中部，属热带雨林气候，终年湿热，年平均气温24～26℃；年降水量1 500～2 000毫米，北部沿海高达2 500～3 000毫米。季节分配较均匀，10～11月和3～4月为多雨期。奥果韦河是全国最大河流，境内长约1 000千米。水系发育，支流众多，大支流有伊温多河、奥富埃河、奥卡诺河、恩古涅河等，流域面积占国土总面积的83%以上。流量大，富水力，中下游利于通航。森林资源丰富，森林面积2 200万公顷，原木蓄积量4.8亿立方米，以盛产奥库美等名贵木材闻名，有“木材之国”之誉。多矿藏，沿海及大陆架石油蕴藏丰富，探明储量3.4亿吨以上，居非洲前列。莫安达有高品位大型锰矿，储量2亿吨，居世界第四位。盛产富铁矿，储量8亿～10亿吨。铀矿以高品位著称（3.4‰），储量近6万吨，仅次于尼日尔，居非洲第二位。还有铝土矿、滑石、钡、铜、金刚石和黄金等矿床。

历史　奥果韦河两岸曾发现7 000年前人类文化遗存。当地最早的原住居民是俾格米人。12世纪，由非洲东部迁来的班图语系各族，在奥果韦河两岸曾建立若干部落王国，农耕和雕刻艺术得到发展。15世纪起葡、法等殖民者相继侵入沿海，从事殖民贸易，贩运奴隶。1891年沦为法国殖民地，后划归法属赤道非洲。1958年成为法兰西共同体内的“自治共和国”。殖民时期完成了大量地矿勘探，1957年开始近岸油田开采。1960年8月17日独立，成立加蓬共和国。

共和制国家。1990年前实行一党制，由1968年创立的加蓬民主党执政。1990年后改行多党制，实行三权分立。总统由直接普选产生，任期7年，可连选连任。总统是国家元首和武装力量最高统帅，有权修改宪法、解散议会。国民议会和参议院是最高立法机关。现有合法政党35个。除执政党加蓬民主党外，主要政党有加蓬民主党、伐木者全国联盟——保卫加蓬联盟、伐木者全国联盟——民主派、加蓬进步党等。最高防务委员会是国家最高军事领导机构，总统任主席。武装力量由国家武装部队、国家宪兵、警察部队及共和国卫队组成，共1.24万人。奉行全方位、不结盟、国际合作和睦邻友好的对外政策，与100多个国家建立外交关系。1974年4月20日与中国建交。

经济　非洲国民经济成绩突出的发展中国家。1965～1990年国内生产总值（GDP）增长19倍。2008年GDP为150.12亿美元，在非洲仅次于塞舌尔和利比亚。2009年GDP为108.47亿美元，人均7 747美元。采矿业和林业是国民经济支柱，采矿业产值占的40%以上。主要矿产有石油、锰砂矿和铀矿等。2006年石油产值占国内生产总值的63%，出口额占出口总额的85%，收入占国家财政总收入的67%。锰矿开采集中在南部莫安达地区，产量稳定在200万吨左右，是世界第三大生产国和出口国。铀矿生产居世界第六位，浓缩铀主要出口法国。此外，开采的还有铁矿和黄金。森林采伐仅次于石油，盛产奥库美、非洲桃花心木等名贵木材，2000年原木产量290万立方米左右，其中奥库美约250万立方米，居世界首位，享誉欧洲市场。加工业以炼油和木材加工为主。炼油厂集中在让蒂尔港，年加工能力200万吨原油。木材加工企业则分布很广，但以首都和让蒂尔港规模最大，让蒂尔港有非洲规模最大的胶合板厂，年生产能力9万立方米。此外，还有冶金、金属加工、水泥、榨油、制糖、纺织、食品、造纸等工业。农业基础差，粮食不足以自给，主要作物为木薯，其次是玉米、水稻、芭蕉；重视经济作物发展，以可可、咖啡和油棕为主，是主要出口农产品。可可产于北部沃勒－恩特姆和奥果韦－伊温多两高地，咖啡主要在东南高地，油棕集中在沿海平原的北部和南端。海产资源丰富，渔业以海洋捕捞为主。运输业以水运为主。内河已通航河道600千米，承担木材运量的85%；海运主要靠让蒂尔港和奥文多港，年总吞吐量为2 200万吨。让蒂尔港主要外运石油，奥文多港主要外运原木和矿石。从首都出发，横贯东西的铁路已至弗朗斯维尔，计划向东北延伸贝林加。公路交通条件较差。有世界最长的电气化空中缆车索道，长76千米，由东南部的莫安达矿区通刚果（布）的姆宾达。有3个国际机场和28个国内机场，利伯维尔机场、让蒂尔机场和弗朗斯维尔机场均为国际航空港。

加蓬的传统舞蹈

文化　小学实行免费教育。有小学1 234多所，中学97所。有国立奥马尔·邦戈大学和马苏库科技大学两所综合性大学。1977年成立的全国科学与技术研究中心，主要从事基础理论研究，下设人文科学、工艺学、药物及传统医学、农林科学、热带生态环境5个研究所。《团结报》是全国最有影响的报纸，加蓬新闻社是官方通讯社，加蓬第一广播电台为国营广播电台，加蓬电视台为国营电视台，覆盖全国。全国有医院28所，医疗中心和诊所632个。主要旅游名胜有奥坎达国家公园、洛佩禁猎区、奥富埃自然保护区等。

**加权平均数**　weighted average　根据分组数据计算的均值。又称加权均值。所谓权数就是变量数列中的次数和频数。设原始数据被分成$k$组，各组的组中值分别用$M_1$，$M_2$，…，$M_k$表示，各组变量值出现的频数分别用$f_1$，$f_2$，…，$f_k$表示，则总体均值的计算公式为：

$$\mu=\frac{M_1f_1+M_2f_2+\cdots+M_kf_k}{f_1+f_2+\cdots+f_k}=\frac{\sum_{i=1}^{k}M_if_i}{N}$$

式中$N=\sum_{i=1}^{k}f_i$，即总体数据的个数。

加权均值其数值的大小不仅受各组组中值（$M_i$）大小的影响，而且受各组变量值出现的频数即权数（$f_i$）大小的影响。如果各组的权数相等，加权平均数就等于算术平均数。

**加沙**　Gaza　巴勒斯坦西南部古城，加沙地带的首府。西南距西奈半岛的埃及边境

30千米。人口46.09万（2003）。初建于公元前3000年。因处于地中海东岸和埃及行旅和军队必经之地，成为重要的城镇和军事据点，反复沦为各方争夺的目标。先后为埃及人、希腊人、阿拉伯人和法国人统治。1917年被英国占领。1947年联合国通过巴勒斯坦分治计划，把加沙划入阿拉伯国范围。1948年第一次阿以战争后由埃及管辖。1956年11月西奈战争中，被以色列占据，不久撤出，1967年以色列再次攻占。附近土地肥沃，地下水充足，四周果园环抱，产葡萄、香蕉、野无花果、柑橘和橄榄等。城内多古迹，如清真大寺、十字军侵占时修建的教堂（已改为学校）等。

**《加数器》** *The Adding Machine* 美国剧作家E.赖斯的剧作。1923年3月19日由戏剧同业会上演。剧本写“零先生”干了25年记账员未曾升级，反被老板辞退，盛怒之下杀了老板。被判处死刑后，他的鬼魂忍受不了天堂的恬静生活，只习惯于机械性的记数工作，又当上了天堂里操作加数器的记账员，后来又被从天堂遣返人间。《加数器》是一个表现主义作品，它将角色的一系列内心活动处理为尚未形成理性思维、断断续续、跳跃零乱的独白，真实地显现了人物的精神世界；在戏剧风格上具有一种狂热的跳跃；角色只是类型或阶级的代表。这些手法强化了“零先生”在机器的制约下异化为非人的命运。

**加速度** acceleration 描述单位时间内速度变化的物理量。它是矢量，通常以$\boldsymbol{a}$表示。量纲为$LT^{-2}$，国际单位制中单位是米/秒$^2$。点在轨迹上的位置矢量$\boldsymbol{r}$可用矢量方程$\boldsymbol{r}=\boldsymbol{r}(t)$表示。设在时刻$t$和$t'$，动点在运动轨迹上的位置分别为$M$和$M'$，相应的速度矢量为$\boldsymbol{v}$和$\boldsymbol{v}'$，则$\boldsymbol{a}^*=\frac{\boldsymbol{v}'-\boldsymbol{v}}{\Delta t}=\frac{\Delta \boldsymbol{v}}{\Delta t}$表示在$\Delta t$时间内，点的速度的平均变化率，称为平均加速度。当$\Delta t\to 0$时，$\boldsymbol{a}^*$的极限$\boldsymbol{a}$表示点在时刻$t$的速度变化率，称为点的瞬时加速度：$\boldsymbol{a}=\lim\limits_{\Delta t\to 0}\boldsymbol{a}^*=\lim\limits_{\Delta t\to 0}\frac{\Delta \boldsymbol{v}}{\Delta t}=\frac{\mathrm{d}\boldsymbol{v}}{\mathrm{d}t}=\frac{\mathrm{d}^2\boldsymbol{r}}{\mathrm{d}t^2}$。点作直线运动时，取$Ox$轴与运动轨迹重合，则$\boldsymbol{a}>0$时，点的加速度沿$Ox$轴方向；$\boldsymbol{a}<0$时加速度与$Ox$轴方向相反。点做曲线运动的轨迹是一条空间曲线，轨迹曲线上任一点的加速度，可以分解为切向加速度$\boldsymbol{a}_\tau$和法向加速度$\boldsymbol{a}_n$，切向加速度是描述作曲线运动的点在某瞬时速度大小$v$（速率）变化率的矢量，记为$\boldsymbol{a}_\tau$。其大小为$\frac{\mathrm{d}v}{\mathrm{d}t}$，方向沿轨迹各点的切向。法向加速度是描述作曲线运动的点在某瞬时速度方向变化率的矢量，记为$\boldsymbol{a}_n$。其方向沿曲线轨迹各点的主法线方向指向曲率中心，大小为$\boldsymbol{a}_n=\frac{v^2}{\rho}\boldsymbol{n}$，$\rho$为轨迹的曲率半径，$\boldsymbol{n}$为沿轨迹各点的主法向单位矢量。若$v$、$\rho$不变，则$\boldsymbol{a}_n$的大小不变，方向恒指向圆心，点作匀速圆周运动；若$\rho=\infty$，则$\boldsymbol{a}_n=0$，点作直线运动。

**加速折旧法** accumulated depreciation method 固定资产使用前期提取折旧多，使用后期提取的折旧逐年减少，以使固定资产成本在有效年限中加快得到补偿的一种会计处理方法。

采用这种方法计提折旧的理由是：①固定资产在早期有较高的效率，为与收入配比，在早期应有较高的折旧费用；②在使用后期，不确定性因素增多，设备陈旧过时也可能造成损失，应将固定资产成本及早回收；③在使用后期，修理费用逐渐增加，为均衡使用成本，在早期应有较高的折旧费用；④获取纳税利益。

加速折旧法的常用方法有：①双倍余额递减法。是在不考虑固定资产残值的情况下，根据每期期初固定资产账面净值和双倍的直线折旧率计算固定资产折旧。②年数总和法。又称合计年限法，是将固定资产的原价减去残值后的净额乘以一个分子为固定资产尚可使用的年数、分母为使用年数总和的折旧率，计算每年的折旧额。

**加泰罗尼亚人** Catalonians 西南欧民族之一。又译加泰隆人。约800万人（2001）。主要分布在西班牙东北部的加泰罗尼亚和巴伦西亚，以及巴利阿里群岛和阿拉贡部分地区，为该国人口最多的少数民族；少部分分布在法国南部的东比利牛斯省、意大利撒丁岛上的阿耳盖罗城、安道尔以及拉丁美洲各国（多半在阿根廷）。属欧罗巴人种地中海类型，混有阿尔卑斯类型成分。使用加泰罗尼亚语，属印欧语系罗曼语族，与法语的普罗旺斯方言十分相近。文字用拉丁字母拼写。通用西班牙语。主要信奉天主教。在人种成分和民族历史上与西班牙人大体相同，都是古代伊比利亚人的后裔，并在不同历史时期先后混入凯尔特人、罗马人和日耳曼人的血统。8世纪后一度受阿拉伯人统治。历史上受法兰克人影响较深，至今在文化和生活习俗上仍与法国南部毗邻地区居民有许多相似之处。12世纪属于阿拉贡王国，1479年随阿拉贡王国与卡斯蒂利亚王国合并成为西班牙王国的一部分。1932年后曾获得自治权，1939年被F.佛朗哥独裁政权取消。1978年根据新宪法重又恢复自治。农业种植小麦、玉米、稻谷和柑橘，沿海渔业发达，北部山区居民从事畜牧业。现代工业以纺织最为出名，并经营海上贸易。人民文化教育水平较高。

**加藤周一** Kato Shuichi（1919-09-19～2008-12-05） 日本评论家、小说家、诗人。生于东京。1943年毕业于东京大学医学部，获医学博士学位。他与福永武彦、中村真一郎等共同构成了“自天派诗歌”的核心，且于1947年出版了三人合著的评论集《1946·文学的考察》。评论集成为三人登上文坛的共同契机。1951～1955年，加藤周一赴法国等欧洲国家留学。著名文化评论作品有否定天皇制的《论天皇制》（1946）、将日本近代文化定性为“杂种文化”的《杂种文化论》（1956）和《日本文化的杂种性》（1956）、以西欧文学的学养和日本的古典美学意识为文论基础的《文学本质论》（1950）等。曾多次到中国讲学或进行文化交流。

**加韦拉** Gavella（1885-07-28～1962-04-08） 南斯拉夫导演、戏剧活动家、戏剧理论家。1914年开始导演工作，1926年后领导贝尔格莱德民族剧院。曾在萨格勒布、萨拉热窝及保加利亚、意大利的许多剧院担任导演。第二次世界大战期间，他主要从事戏剧理论研究，并在捷克歌剧院任导演。1947年回国。1954年在萨格勒布创建了话剧院（现以加韦拉命名）。加韦拉导演过约300部话剧和歌剧，还写有不少戏剧美学专著。加韦拉导演的戏剧形式多样，节奏鲜明，完整协调，自然朴实，是多种艺术的有机综合。

**加维运动** Garvey Movement 20世纪前期发生在美国的以“回到非洲去”口号为中心的黑人民族主义运动。由M.M.加维领导，故名。“回到非洲去”的黑人民族主义思潮始于19世纪80年代。1916年加维将世界黑人进步协会从牙买加迁到美国纽约哈莱姆区。其机关报《黑人世界》周刊是当时世界上最大的黑人报纸。他主张创办一系列由黑人经营的企业，改善黑人的地位；提出“回到非洲去”的计划，号召在非洲建立黑人治理的国家。1920年，他主持召开第一次世界黑人进步协会大会。1921年宣布建立非洲共和国“流亡政府”，在重返非洲前行使职权，自任临时总统。加维运动的纲领是不切实际的，具有浓厚的空想色彩。这一运动遭到进步黑人领袖W.E.B.杜波依斯等人的反对。1927年加维被美国政府驱逐出境，回到牙买加。1935年，他把进步协会总部迁往伦敦，力图重整旗鼓，终未能成功。1940年，加维卒于伦敦，运动随之结束。

**加西亚** García, Manuel (Patricio Rodríguez)（1805-03-17～1906-07-01） 西班牙声乐理论家。生于马德里，卒于伦敦。早年随父学声乐，后在巴黎深造。1825年赴美国巡回演出，1829年回巴黎。因自感嗓音条件差，遂放弃舞台生涯，开始研究人体与发声的生理学。1847年任巴黎国立高等音乐学院声乐教授，1848～1895年在伦敦皇家音乐学院任教。1841年他向法兰西科学院提出论文《关于人声的研究报告》，获得医学博士学位，从此开始嗓音研究。他的《歌唱艺术论文全集》成为巴黎国立高等音乐学院声乐教学的理论根据。他用自己发明的喉镜观察，提出声门冲击的理论，写入《对歌唱的一些体会》一书。他从事教学75年，培养了大批声乐人才。

**加西亚·洛尔卡** García Lorca, Federico (1898-06-05～1936-08-19) 西班牙诗人、戏剧家。生于格拉纳达，卒于格拉纳达。

青年时代开始写诗。曾参加反法西斯联盟。1932年率领“茅屋”剧团去各地演出。西班牙内战爆发时遭法西斯分子杀害。早期的诗歌收在《诗篇》(1921)和《歌集》(1924)中。诗集《吉普赛谣曲集》(1928)对受压迫受凌辱的劳动人民表达深厚的同情，对凶残的统治者表示了极大的愤慨。《深歌诗集》(1931)采用民间歌曲“深歌”形式写成，描写安达卢西亚的风光和人民的生活。《诗人在纽约》控诉美国垄断资本摧残人性的罪行，并对美国黑人寄以同情和希望。长诗《伊格纳西奥·桑切斯·梅希亚斯挽歌》(1935)，是为悼念著名斗牛士梅希亚斯所作。作品反映了西班牙的美丽景色和人民的憧憬与愿望，想象丰富，色彩鲜明，音调悦耳，有浓厚的民间色彩，而且易于吟唱。早期剧作有《马里亚娜·皮内达》(1927)和民间喜剧《古怪的鞋匠老婆》(1930)等。悲剧《流血的婚礼》(1933)写西班牙农村落后的械斗仇杀风俗和封建婚姻制度造成的惨剧。《老处女罗西达》(1935)、《叶尔玛》(1934)和《贝尔纳达·阿尔瓦的家》(1936)都是写在封建婚姻制度下无辜妇女的悲剧。剧本大多采用了传统的诗剧形式，充满激情，后期剧作具有强烈的批判性，揭露封建制度的罪恶。

**加西亚·马尔克斯** García Márquez, Gabriel (1927-03-06～ ) 哥伦比亚作家。生于马格达莱纳阿拉卡塔卡。少年时期在巴兰基利亚和波哥大等地接受教育。1947年迫于家庭的压力考入波哥大大学法学系。翌年辍学，从事新闻工作。先后为《观察家报》、《宇宙报》和《先驱报》撰稿，同时开始文学创作。早期作品多为短篇小说并受F.卡夫卡、E.海明威、W.福克纳等人影响，有明显的模仿痕迹。1955年出版中篇小说《枯枝败叶》，几乎没有引起反响。同年7月，长篇报告文学《水兵贝拉斯科历险记》在《观察家报》连载，揭露哥伦比亚海军利用军舰走私家电导致舰毁人亡的惨剧，使得舆论大哗，朝野震惊。为逃避军政当局的迫害，飞抵日内瓦，后辗转至罗马。流亡期间先后完成中篇小说《恶时辰》和《没有人给他写信的上校》。

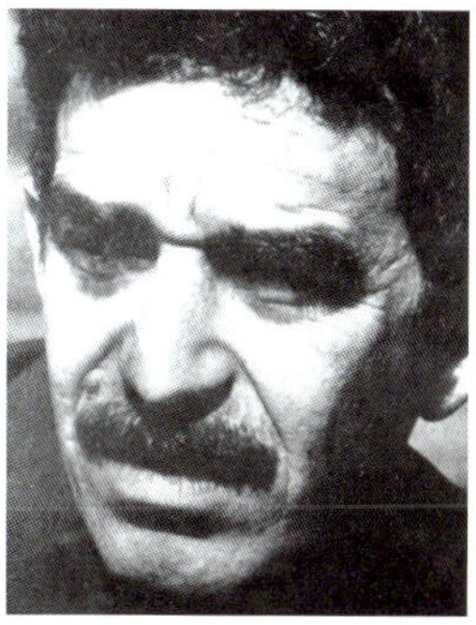

1965年开始创作长篇小说《百年孤独》。1967年出版并大获成功，奠定了他在世界文坛的地位。1967年潜心创作长篇小说《家长的没落》。其间发表一系列短篇小说。两年后，《家长的没落》出版并引起轰动。这是一部反独裁小说，手法夸张，结构奇崛。小说分6章，每一章都由独裁者之死敷衍开来，以第一人称复述叙述独裁者的一生。通篇只用逗号和句号，有时甚至是一逗到底。1979年，撰文讴歌尼加拉瓜桑地诺民族解放阵线，同时积极投身哥伦比亚的民主革命运动。1981年发表中篇小说《一件事先张扬的凶杀案》。小说以30年前发生在作者身边的一桩凶杀案为背景，用新闻报道般的简洁笔法展示拉丁美洲的落后和野蛮。1982年获诺贝尔文学奖。1984年创作长篇小说《霍乱时期的爱情》。作品写一个男人和一个女人的爱情故事，他们20岁时没能结婚，因为他们太年轻；历尽人生磨难之后，到了80岁也没能结婚，因为他们太老了。围绕这一主线，作品描写了各式各样的男女关系和爱情纠葛，手法接近于传统现实主义。

1989年创作长篇历史小说《迷宫中的将军》。作品写拉丁美洲的“解放者”西蒙·玻利瓦尔生命中的最后一段时光，其时他众叛亲离，走投无路，完全陷入孤独和绝望的境地。作品着力刻画玻利瓦尔作为凡人的一面，从而重构了玻利瓦尔的传统形象。1996年，长篇纪实小说《绑架逸闻》的出版再次引起震动。作品以1933～1994年间发生在哥伦比亚的一系列绑架案为契机，紧紧围绕贩毒和恐怖这两个令全世界关注和震悚的“世纪末毒瘤”，巧妙地提出了一系列令人深思的问题，如什么是人道、哪里是革命行动和恐怖主义的界限、怎样才能实现世界和平和社会公正等。其他主要作品还有短篇小说集《蓝宝石般的眼睛》(1955)、《格兰德大妈的葬礼》(1962)，电影文学剧本《死亡时刻》(1964)，自传《活着为了讲述生活》(2002)，中篇小说《风流往事》(2004)等。

加西亚·马尔克斯主张文学反映现实，他和他所代表的拉丁美洲魔幻现实主义对20世纪最后20年的中国文学影响很大。

**加香** Cachin, Marcel (1869-09-20～1958-02-12) 法国共产党创始人和领导人之一，国际共产主义运动活动家。生于布列塔尼潘波尔城，卒于巴黎。1891年加入J.盖德领导的法国工人党。

1906～1912年任社会党宣传总部代表。1912年起任《人道报》总编辑，1918年起任该报社长。1914年当选法国国民议会议员。俄国十月社会主义革命后，赞扬V.I.列宁，谴责帝国主义武装干涉苏俄。1920年5月，加香到苏联访问，应邀列席共产国际执行委员会会议和第二次代表大会。12月29日，以加香等人为首的左派宣布成立法国共产党〔初称“社会党（共产国际法国支部）”，1921年10月改现称〕。此后，他一直担任法共中央委员和政治局委员。因谴责法国政府对外侵略于1923年和1927年两次被捕入狱。1935年初参与创建法国人民阵线，10月当选参议员。1936年5月人民阵线大选获胜后，任法共议会党团主席。第二次世界大战期间为反法西斯抵抗运动领导人之一。1941年秋又一次被捕。战后被选进1945年的立宪会议和1946年的国民议会，反对法国对印度支那和阿尔及利亚的侵略战争。1957年88岁诞辰时，苏联政府授予他列宁勋章。

**加兹登购地** Gadsden Purchase 1853年，美国以购买方式兼并墨西哥领土的事件。1848年，美国通过美墨战争从墨西哥取得了大片土地，但其中将墨西哥梅西亚河谷地区割让给美国以修建南太平洋铁路的要求遭到墨方拒绝。1853年7月，美驻墨公使J.加兹登根据总统F.皮尔斯的指示，以再次入侵相威胁强行购买这片土地。墨西哥总统A.L.de桑塔安纳为了巩固自己的独裁统治和增加私人财富，同意出售这片领土。1853年12月30日，美墨双方签订条约。桑塔安纳政府以1 500万美元的代价将科罗拉多河、希拉河和格兰德河之间的梅西亚谷地割让给美国。1854年4月25日，美国国会通过该条约，并把偿付金额减至1 000万美元。加兹登条约使墨西哥丧失了12万平方千米的土地，这片土地成为美国亚利桑那州和新墨西哥州的一部分。

**夹江千佛崖造像** Qianfoya Cliffside Sculpture in Jiajiang 中国唐代佛教摩崖造像。位于四川省夹江县青衣江畔。石刻分布在悬崖峭壁上，共150余龛，有唐开元、咸通、大中等年号的题记。最突出的有西方净土变龛、毗沙门天王龛、弥勒坐像龛、维摩变龛和观音像龛等，而以弥勒坐像龛为最大，高2.7米，造型精美。毗沙门天王龛内主尊身擐甲冑而立，形态威猛，左右两壁各浮雕护法诸天、骑马武士等，中间隔以云朵，形象刻画细致生动。西方净土变龛在2米见方的龛内，以高浮雕手法雕出各种人物形象270余个。龛中央为阿弥陀佛及二菩萨，两侧各刻经幢和七级宝塔，前刻平台栏杆，诸弟子排坐交谈，下有伎乐为舞者伴奏。龛内宝池与亭台楼阁相对，池中莲花盛开，还有莲花化生。空中祥云缭绕，有飞天回翔。浮雕整体布局严谨，呈现庄严和谐的天国景象。

**夹竹桃科** Apocynaceae; dogban family 双子叶植物纲菊亚纲的一科。约250属2 000多种，分布于全世界热带、亚热带地区，少数在温带地区。中国有47属约180种，主要分布于长江以南及台湾等地，少数分布于北部及西北部。其中乐东藤属和富宁藤属为特有属。多数为攀缘或直立灌木，少数为多年生草本或乔木，有乳汁。单叶多对生，全缘。花一般5基数，萼片双盖覆瓦状排列，内常有腺体；管状花冠，裂片扭转卷叠式；雄蕊生于花冠管上，花药与柱头分离或黏生，花粉一般为单花粉，稀四合花粉；雌蕊由2心皮组成，子房上位，稀半下位，2室。果实类型多，高度分化，多为蓇葖果；种子常有种毛。

夹竹桃科中的许多种类均为药用植物，如抗癌的长春花属，降血压的萝芙木属，止痢的止泻木属、鸡蛋花属，通络活血的络石属、狗牙花属等。野生橡胶植物如花皮胶藤属、鹿角藤属、杜仲藤属、鸡骨常山属。纤维植物如罗布麻属等。乔木种类的木材结构细致，有多种用途，如倒吊笔为优质雕刻图章、乐器用材；盆架树等适宜作文具、家具用材。此科许多植物可作观赏，如夹竹桃、黄花夹竹桃、长春花、狗牙花、鸡蛋花、黄蝉、蔓长青花等，在世界热带和亚热带地区的各地庭园绿化中占有重要位置。

**伽利津** Golitsyn, Boris Borisovich (1862-03-02～1916-05-17) 俄国物理学家、地震学家。又译戈利岑。生于圣彼得堡，卒于圣彼得堡。1890年毕业于法国斯特拉斯堡大学物理数学系。1893年提出硕士论文《数学物理研究》。1898年以前，主要研究分子物理学。1899年开始，集中精力研究地震学和测震学。是电磁式地震仪的创始

人。1906年，设计制成伽利津式地震仪，并作了理论上的说明，奠定现代测震学的科学基础。由于他的重要贡献，俄国的测震学在当时居于世界首位。伽利津式地震仪成为各国研制地震仪的原型。1908年，被选为彼得堡科学院院士。1911年，当选国际地震学协会主席。1916年，成为英国皇家学会的外籍会员。

**伽利略** Galilei, Galileo (1564-02-15～1642-01-08) 意大利物理学家、天文学家，近代实验科学的奠基者之一。生于比萨，卒于阿切特里。

**生平和学术生涯** 1574年全家迁往佛罗伦萨。17岁入比萨大学学医。1585年因家贫退学，任家庭教师，但仍坚持自学。1586年发明了浮力天平，并写出了关于固体重心计算法的论文。1589年受聘为比萨大学讲师，讲授几何学和天文学，次年发现了摆线。1592年到帕多瓦大学任教。其间，他深入系统地研究落体运动、抛射体运动、静力学、水力学、土木建筑和军事建筑等，发现了惯性原理，研制了温度计和望远镜。1597年，受友人J.开普勒的影响，开始接受日心说，相信地球的公转与自转，但未能接受开普勒重要的行星运动的椭圆轨道理论。1604年趁天空出现超新星之际，作了几次科普讲演，宣传哥白尼学说并产生广泛影响。1609年任帕多瓦大学终身教授。次年，他改进望远镜，使放大率高达33倍。在用望远镜观察天体时，他发现了月球的凹凸表面、土星的4个卫星、行星和卫星因反射阳光而发光、银河为无数发光星体集合等，震撼全欧。他发现的金星盈亏及其大小的变化，是对日心说的有力支持。1610年担任托斯卡纳公国的宫廷首席数学家、哲学家和比萨大学首席数学教授。1611年发现了太阳的自转和太阳黑子。1624年后的6年内，伽利略撰写了《关于托勒玫和哥白尼两大世界体系对话》一书，于1632年出版。该书是表面中立而实系宣传哥白尼学说的历史科学著作。但出版6个月后就被罗马教廷封禁。后来，

教皇乌尔邦八世指令伽利略到罗马宗教裁判所受审，并被判处终身监禁，随后又改为在家软禁。在此期间，他将自己最成熟的科学思想和科研成果撰写成《关于两门新科学的对话与数学对话集》，由友人携至荷兰莱顿出版。1638年，双目失明的伽利略住在儿子家中，此后他受到他的两位学生V.维维亚尼和E.托里拆利照料，并共同研究科学问题，如机械摆钟之设计、碰撞问题、月球的天平动、大气压下矿井水柱高度等。逝世100年后遗骨迁到家乡的比萨大教堂。

1979年罗马教皇J.保罗二世代表罗马教廷公开承认，300多年前对伽利略的迫害是严重的错误，伽利略蒙受的冤案终于得到平反。

**学术成就** 伽利略是近代自然科学之父，他为牛顿的理论体系奠定了基础；使科学从中世纪欧洲受亚里士多德思想支配的经院哲学中彻底解脱出来。他确认自然现象的规律首先由实验而来，决非来自玄想；其次，引进必要的概念和严格的数学推理，得出自然规律的理论和定量表述公式；最后，理论再返回扩大的实践而作出新的预言。

*落体与抛体运动* 在运动学上首先引进了加速度的概念。发现落体作匀加速运动，得到了落体行程$s$与落体重力加速度$g$的关系为$s=\frac{1}{2}gt^2$，并设计用物体在斜面上的运动来测定$g$，并由运动的相互独立性得到抛体运动公式和抛物线轨迹。

*经典力学及测量* 坚信力与加速度共存的关系，推翻了亚里士多德关于物体的天然去处说，首先提出物体只有“自然状态”的惯性原理。首先发现了运动第一和第二定律的雏形。明确并充分地应用运

折射望远镜

动独立性原理及运动合成与分解定律；引进惯性参照系和伽利略变换，即经典力学中的相对性原理。还发现了单摆的等时性及其周期公式，又猜想光速为有限而初步设计出光速测量的方法，但为当时条件所限而未最后成功。

基本物理仪器研制 利用浮力原理设计出快速测得金属比重的直读式浮力天平。首先设计出原始的泡式温度计（兼有气压计的作用）。发明了倍率33的伽利略式望远镜，对当时的天文观测有重大作用。

彻底推翻亚里士多德的物质观 通过对力学运动和物质其他一些属性的观测研究，伽利略认为一切自然物质都具有通性，如重量，只是在程度上千差万别；物质都遵从同样的运动规律，物质间根本没有什么尊与卑、高级与低级等人为的区别。彻底推翻了自古希腊至中世纪的四元素（气、火、水、土）说，天尊地卑说，自然位置说，上帝忌真空说等以亚里士多德为主的凭借主观臆测的物质观。

**伽利略变换** Galileo transformation 牛顿力学中所使用的两个相对做等速直线运动的参考系中的时空变换。设有两个参考系$S(Oxyz)$及$S'(O'x'y'z')$，坐标轴相互平行且轴$x$与轴$x'$重合，$S'$相对$S$沿$x$轴以$u$做等速直线运动，且$S$系与$S'$系中各处有结构完全相同的时钟，记录的时刻为$t$与$t'$，并以两坐标原点$O$及$O'$重合时刻为计时起点，则可得某质点$m$的运动在两参考系中的时空变换关系：

$$x'=x-ut \quad y'=y \quad z'=z \quad t'=t$$

上式即为伽利略（坐标）变换。

如果将各式对时间求导，则得速度变换式：

$$v_{x'}=v_x-u \quad v_{y'}=v_y \quad v_{z'}=v_z$$

因此，如果$S$是惯性系，则根据上式，物体在$S$中做等速直线运动，则在$S'$中也一定做等速直线运动，所以$S'$也是惯性系。如果将各式再一次对时间求导，则得加速度变换关系式：

$$a_{x'}=a_x \quad a_{y'}=a_y \quad a_{z'}=a_z$$

亦即$\boldsymbol{a}'=\boldsymbol{a}$。因此如果$S$是惯性系，$S'$也是惯性系。这样就从伽利略变换导出了力学相对性原理。

伽利略变换与牛顿的绝对时间、绝对空间的概念有关（绝对是指长度和时间的量度均与参考系的运动或参考系的选择无关）。现代物理学中，电、磁、光学现象所符合的相对性原理与伽利略变换发生了尖锐的矛盾，因此在狭义相对论中修改了绝对时空的概念，空间和时间遵从洛伦兹变换。这时长度与时间的量度都与参考系的速度有关。但在运动速度远小于光的速度时，洛伦兹变换近似等于伽利略变换。

**“伽利略”号探测器** Gailileo probe 美国木星探测器。主要考察木星及其16颗卫星，研究太阳系行星的大气层及其卫星和它们周围的磁场；在飞向木星的途中，对金星、地球、月球及星际空间进行研究；在太阳系探测史上首次靠近火星与木星间的小行星并进行观测。1989年10月18日由美国“亚特兰蒂斯”号航天飞机携带升空送入轨道。探测器总质量约2 718千克，选用借金星和地球引力场加速飞行的路线，全部行程为40亿千米，历时6年。探测器由轨道器和大气层探测器两部分组成。轨道器总质量2 380千克，用2台钚-238作能源的热电发电机供电，装有光极化辐射计、近红外质谱计、紫外线光谱计、固态成像仪等、磁场计、高量粒子检测计、等离子波检测计、尘埃检测计等。大气层探测器带有分析木星大气层结构的仪器，还带有灰质谱仪和氦量检测计，分别用来确定木星大气层的化学成分及氦的相对含量。飞抵木星之前的150天左右与轨道器分离，此后大气探测器进入木星大气层，然后打开降落伞。在探测器缓慢下降通过云层的过程中，将测量数据不断发回到轨道器。此外，还利用轨道器的无线电系统和直径4.8米的伞状高增益天线，以射电天文学的方法确定木星和木星卫星的质量和轨道，用电波传输方法测量它们的大气层结构。

**伽利略全球卫星导航定位系统** Galileo Global Satellite Navigation Positioning System 2002年欧盟启动的全球民用导航卫星计划。中国参与了其中的建设。该系统的载波频段分别与全球定位系统（GPS）的L5和L1频段、全球导航卫星系统（GLONASS）的L3频段重叠，能实现不同导航卫星系统之间的民用信号相互兼容。最终目标是建成与GPS和GLONASS兼容，能提供局部辅助信息和搜救信息服务，综合性能优于GPS的独立民用导航卫星系统。系统定位精度优于10米，授时精度优于30纳秒，计划在2010年左右建成并运行。

伽利略系统空间段为30颗卫星组成的卫星星座，卫星分布在相互间隔120°的3个轨道面上，每个轨道面上有10颗卫星，其中1颗为备份。伽利略卫星采用箱形构形，星体外形尺寸为2.7米×1.2米×1.1米，发射质量680千克，整星功率1 500瓦。导航有效载荷由2台铷钟和2台氢钟等组成时频模块，导航数据加解密和信号生成等基带处理模块，射频变换和功率放大模块以及包含有导航、通信、搜索救援等天线模块。伽利略系统地面控制段由5个S波段卫星工程测控站、10个C波段任务上行注入站、29个信号监测站、2个主控站、多个搜救路由终端以及之间的地面通信网络组成。2005年12月28日，伽利略系统的首颗试验卫星由俄罗斯“联盟”号运载火箭从拜科努尔航天中心发射升空。

**伽罗瓦** Galois, Évariste（1811-10-25～1832-05-31） 法国数学家。伽罗瓦理论的奠基人，有限域理论的创立者。又译伽罗华。生于巴黎附近拉赖因堡，卒于巴黎。

其父是拿破仑的支持者。母亲是法官的女儿，在伽罗瓦12岁之前，一直负责他的教育。中学时就对数学很有兴趣，曾自学A.-M.勒让德的《几何学》以及J.-L.拉格朗日的方程论和解析函数论的著作。1829年他在学术期刊《年鉴》上发表他第一篇论文《论连分数》。现存记录表明，1828年伽罗瓦还相信他能解五次方程，但不久他就走向正确的道路。1829年5月，他向法国科学院投寄第一篇关于方程论的论文，审稿人是A.-L.柯西，未获发表。1830年上半年，他发表了方程论三篇论文，同时还发表一篇有限域的论文，但他的竞争大奖的主要论文由于审稿人J.傅里叶在5月去世而遗失。

1830年7月波旁王朝被推翻，伽罗瓦持十分激进的共和派立场，在一份刊物上抨击校长，使他在12月被开除。1831年5月，他因反政府态度被逮捕，在共和派的营救下被无罪释放。7月14日，伽罗瓦率领600名示威者游行，再次被逮捕，一直关押到1832年3月16日。在监狱中，他得知他在1831年1月呈交科学院的论文《关于方程可解性的研究》未获通过。原因是负责审查的S.-D.泊松看不懂，要求伽罗瓦写得更详细、清楚。他在监狱中仍不停工作，文稿中还有攻击泊松的记录。3月16日伽罗瓦因病转到医院，4月29日获释。出狱不久就死于一场决斗，时年仅21岁。决斗前夕，给他的朋友A.舍瓦利埃写信，概述自己的数学成果，希望他把这些结果告诉C.F.高斯或C.G.J.雅可比，请他们评价这个结果的重要性，而不是判断它的正确与错误。这两位都没有回音。

伽罗瓦去世后，很长时期没有得到理解和注意。直到1843年9月法国数学家J.刘维尔开始整理他的手稿，并在1846年正式发表在刘维尔的《纯粹与应用数学杂志》上。1897年《伽罗瓦数学文集》出版，还有未发表遗稿收集在《伽罗瓦的手稿》中。其后最完整的版本为《伽罗瓦的著述及论文集》，于1962年出版。

伽罗瓦的研究对数学有革命性的贡献。伽罗瓦理论完整地解决代数方程的可解性问题。早在16世纪中，就已经得到一次到四次代数方程的根式解公式，也就是代数方程的根，表为代数方程系数的加、减、乘、除以及开方运算。但是，经过近300年，虽经多位数学家尝试，对于一般五次或五次以上代数方程，得不到这样的结果。1824年阿贝尔第一个严格证明，一般五次或五次以上代数方程没有根式解，但他没有给出哪些方程可以根式解、哪些方程不能根式解的判别标准。伽罗瓦正是在这点上取得了突破，而且得到完整的结果。即每个方程都对应一个有限置换群，方程可根式解的充分必要条件是方程的群是可解群。这个理论后来称为伽罗瓦理论。由此，伽罗瓦建立了置换群理论，由此演化成抽象群论。19世纪末，群论已成为影响整个数学发展的学科，对此伽罗瓦贡献了一系列基本概念与定理。特别是引入正规子群、单群、可解群以及伽罗瓦群的概念。开辟了域论、群论的崭新道路。他的有限域论现已成为理论及应用均极重要的数学分支。

**伽莫夫** Gamow, George (1904-03-04～1968-08-20) 美籍苏联物理学家。生于俄国敖德萨（今属乌克兰），卒于美国科罗拉多。1928年获列宁格勒大学博士学位后，在丹麦哥本哈根大学理论物理研究所和英国剑桥大学卡文迪什 实验室工作 。1931年任列宁格勒大学教授。1934年移居美国，历任乔治·华盛顿大学教授，科罗拉多大学教授。

伽莫夫在许多科学领域都作出重大贡献。在原子核物理方面，1928年提出α衰变理论，1936年提出β衰变的伽莫夫－特勒选择定则。在宇宙论中，1948年后提出大爆炸学说，指出宇宙起源于原始的热核爆炸，化学元素依次产生于大爆炸后的中子俘获过程。在生物学方面，提出遗传密码的概念，对此后遗传理论的迅速发展起了很大促进作用。著有关于物理学、天体演化和宇宙学等方面的科普著作，1956年获联合国科教文组织卡林格奖。

**伽色尼王朝** Ghaznavid Dynasty 统治阿富汗东南部的封建王朝。又称哥疾宁王朝。系中亚萨曼王朝的突厥族奴隶（专指宫廷近侍奴隶和禁卫军奴隶）出身的将领阿勒波的斤及其女婿萨布克的斤所建立，因都城在伽色尼而得名。

阿勒波的斤于961年被任命为呼罗珊总督，962年夺取今阿富汗境内的伽色尼地区而自立，创建伽色尼王朝。萨布克的斤为掠夺财富和奴隶远征印度。他的儿子马赫穆德以武功文治著称，在位时（998～1030）为伽色尼王朝极盛时期。1001～1024年，马赫穆德进攻印度不下17次，远达恒河的卡瑙吉，并吞以拉合尔为中心的旁遮普，旁遮普从此成为穆斯林地区。他北上联合喀剌汗朝共同消灭花剌子模。去世前他向西占领莱伊（今德黑兰南部）及哈马丹，从而建立一个阿拔斯王朝以来版图最大的帝国。马赫穆德去世后帝国趋于瓦解。11世纪30年代以后，呼罗珊、花剌子模相继落入塞尔柱帝国之手，印度地区开始出现若干独立的穆斯林小王朝。1186年，廓尔王朝摧毁了伽色尼王朝在拉合尔的残余统治。

**伽森狄** Gassendi, Pierre (1592-01-22～1655-10-24) 法国哲学家、物理学家、天文学家。生于法国普罗旺斯省一农民家庭，卒于巴黎。1614年获得神学博士学位，1617年受天主教神职，并在埃克斯大学任教。反对经院哲学曲解、利用亚里士多德的学说，恢复了伊壁鸠鲁的原子论，批驳了R.笛卡尔的唯心主义形而上学和天赋观念论。但他的唯物主义思想不彻底，虽然认为物质是由永恒运动的原子组成，但仍承认上帝创造世界论。著有《伊壁鸠鲁哲学汇编》、《对笛卡尔〈沉思〉的诘难》等。

**伽倻琴** kayagŭm;gayageum 拨奏弦鸣乐器。流行于朝鲜和中国朝鲜族地区的民间拨弦乐器。其形似筝，由音箱、琴弦、弦柱、弦轴等部分组成。音箱长方形，面板用桐木、底板用栗子木制作。传统伽倻琴有12根丝弦，音域为$g^1$～$d^2$。演奏方法：琴身较小者，演奏者取半蹲式，左端置于地上，右端置于左膝。琴身较大者，置琴于桌上。右手弹拨，左手按弦。伽倻琴音色浑厚、坚实，

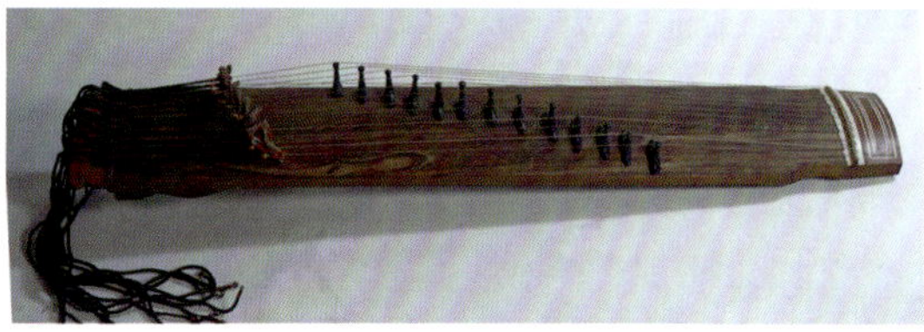

常用于女声弹唱或独奏。相传伽倻琴源于中国古代的筑、筝、瑟一类乐器。6世纪时已流行于朝鲜新罗南方的伽倻国，距今已有1 400多年历史。中国朝鲜族的伽倻琴，19世纪末由朝鲜传入，长期采用12弦。20世纪60年代后，吉林省延边朝鲜族自治州歌舞团采用13～18弦伽倻琴，仍按$^bB$调五声音阶定弦。中央民族歌舞团对伽倻琴进行了改革：加大音箱，改用21根粗细不同的钢丝尼龙缠弦或尼龙弦，按七声音阶定弦。

**佳吉列夫** Dyagilev, Sergey Pavlovich (1872-03-31～1929-08-19) 俄国芭蕾经纪人、古典芭蕾的传播者与现代芭蕾的奠基人。生于俄国诺夫哥罗德，卒于意大利威尼斯。

他创办的《艺术世界》，为俄国美术、音乐和芭蕾舞的评论提供媒介，并为西方艺术新潮传入俄国架设了桥梁。1909～1913年，每年在巴黎等地举办“俄罗斯演出季”。演出剧目有《阿尔米达之宫》、《埃及之夜》、《仙女们》等。M.M.福金的作品在演出中大获成功，从此宣告现代芭蕾问世。1913年创立佳吉列夫俄罗斯芭蕾舞团，推出福金、V.尼金斯基、B.尼金斯卡、G.巴兰钦、S.里法尔、A.P.巴甫洛娃、T.卡尔萨文娜、N.de瓦卢娃、M.兰伯特等著名芭蕾演员，吸引I.F.斯特拉文斯基、S.S.普罗科菲耶夫、M.拉威尔、C.德彪西、P.毕加索、H.马蒂斯等音乐、美术界的巨匠与之合作，共创作芭蕾作品68部，创造出具有世界影响的“佳吉列夫奇迹”。

**佳木斯市** Jiamusi City 中国黑龙江省辖地级市。位于省境东北部，东北部邻接俄罗斯。辖向阳、前进、郊区、东风4区和桦南、桦川、汤原、抚远4县，代管同江、富锦2市。面积31 528平方千米。人口255万（2010），有汉、满、回、朝鲜等民族。佳木斯原为江畔渔村。清光绪十四年（1888）建东兴镇，1910年桦川县治设此，1937年改设佳木斯市。矿产有铁、煤、砂金、锰、锌、石灰岩、花岗岩、陶土等。工业以机械、造纸、制糖、煤炭、建材、化肥、制药、酿造、木材加工等为主。农业盛产大豆、小麦、水稻、玉米、甜菜、亚麻等。是黑龙江省东部地区交通枢纽，绥佳、牡佳、佳鹤、佳富4条铁路于此交会。佳木斯港是黑龙江对俄罗斯重要的贸易口岸和水路运输港口。名胜古迹有西林公园、杏林湖公园、英俊公园，以及柳树岛、四丰水库及绿川英子墓等。

**佳能株式会社** Canon Co., Ltd 日本综合性跨国集团公司。前身为1933年由内田三郎在东京创立的精机光学研究所，1934年试制出日本第一台旁轴取景135照相机“Kwanon（观音）”。1937年正式成立精机光学工业株式会社。1969年改称佳能株式会社。从20世纪60年代起，佳能开始全力发展办公设备，并在世界各地建立多家

生产基地与销售子公司，成为综合性跨国集团公司。产品主要有照相机与镜头：传统135相机、APS照相机、数码相机、模拟与数码摄像机及各种镜头。办公设备类产品有：复印机、计算机与周边设备、文字处理机、传真机、扫描仪、打印机、缩微设备。其他产品有：半导体生产设备、医疗设备、广播设备、自动化生产设备、微电子元器件。

**迦梨陀娑** Kālidāsa 印度古代梵语诗人、戏剧家。大约生活在4、5世纪。现存公认属于他的作品有7部：长篇叙事诗《鸠摩罗出世》和《罗怙世系》，抒情长诗《云使》，抒情短诗集《时令之环》，剧本《沙恭达罗》、《摩罗维迦与火友王》和《优哩婆湿》。剧作以宫廷生活为背景，以国王为男主角，以爱情为主题。《摩罗维迦与火友王》写历史人物火友王与在战乱中沦为宫女的摩罗维迦公主的爱情故事。它与跋娑的《惊梦记》共同开创了描写帝王艳史的先例。《优哩婆湿》描写天国歌伎优哩婆湿和人间国王补卢罗婆娑相爱的故事，富于浪漫色彩，诗情洋溢，风格爽健明朗。《沙恭达罗》有中、英、德等多种译本，中国曾先后两次将该剧搬上舞台。

**迦利布** Ghalib, Mirza Asadullah Khan (1797-12-27～1869-02-15) 印度乌尔都语和波斯语诗人、散文家。原名米尔扎·阿塞杜勒·汗。生于北方邦阿克巴拉巴德（今阿格拉）。少年时从名师学习诗文。1842年受聘为德里学院波斯语教授。1849年获国王赐“国家之星”封号。1855年任宫廷太傅。著有波斯语《诗全集》、《散文全集》、《迦利布书札》和论文艺、语言的《五篇集》、《精髓》，乌尔都语《迦利布诗集》、书信集《印度的芬芳》和论著《天赋的智慧》等。诗以抒情诗最为出名，早期拘泥于波斯传统的诗歌格律，后能反映人民疾苦、讽刺宗教偏见和宣传平等博爱，晚年的诗有神秘主义色彩。对19世纪上半叶乌尔都语诗歌发展有重大影响。散文多用波斯语写，用乌尔都语写的多为书信。被誉为乌尔都语现代散文新纪元的开创者。

**迦腻色伽** Kaniska 贵霜帝国影响最大的君主。生卒年不详。原为阎膏珍监领天竺（今印度）的将领，阎膏珍死后拥兵自立，成为贵霜新主。可能即位于公元140年。迦腻色伽在位期间贵霜帝国势力鼎盛，称霸中亚、南亚。国内生产发展，经济繁荣，一批新的城镇和宗教中心兴起。迦腻色伽积极发展对外关系。为与安息争夺丝绸贸易之利，除大力发展通中国的海路和经大夏、大宛入中国的陆路外，又经营经康居、花剌子模，渡里海西行的新商路，使当时的贵霜不仅垄断几乎全部香料贸易，而且在丝绸贸易中也占据重要地位。

迦腻色伽在位时，贵霜印度化进程加快。他奖励文化，实行宗教宽容政策。迦腻色伽在位23年。据传在远征北方途中，为其部下所杀。王位由其子波西色伽继承。

**迦太基** Carthage 古代非洲北部以迦太基城（遗址在今突尼斯湾）为中心的奴隶占有制国家。现代学者一般认为迦太基城建于公元前814年。据传说，迦太基系腓尼基人的城邦推罗的殖民者所建。迦太基在腓尼基语中意为新城。在公元前8～前6世纪，迦太基逐渐向非洲内地扩张，并且使西班牙南部沿岸及其邻近岛屿、撒丁岛、科西嘉岛、西西里岛西部及其邻近诸岛处于自己的统治之下，成为当时地中海西部最强大的国家。

迦太基长期为地中海西部地区的中介贸易中心，经商收入是奴隶主阶级财富的重要来源。迦太基拥有庞大船队，居民善航海，贩运奴隶、金属、奢侈品、酒和橄榄油等。手工业也很发达，尤以纺织品著称。内地巴格拉达斯河谷土地肥沃，农业发达，很早就出现了奴隶占有制庄园。军队主要由雇佣兵组成。

公元前264～前146年，迦太基与罗马发生了3次战争，史称布匿战争，结果迦太基被灭，迦太基城也被夷为平地，领土成为罗马统治下的阿非利加省。100多年后，迦太基作为一个城市得到重建，并且在数世纪内成为罗马帝国在北非的重要政治、经济、文化和宗教中心。

**家畜** domestic animal; livestock 人们为获取畜产品和畜力而饲养的经驯化培育的动物。又称农畜。家畜种类有：猪、奶牛、黄牛、水牛、牦牛、马、驴、骡、骆驼、绵羊、山羊、狗和家兔、家禽等。它们为人类提供不同的产品，包括肉、乳、蛋、毛、皮等，还提供畜力、玩赏等。家畜均源于野生动物，与其祖先相比，在人类的控制与干预下，已经按人类需要发生了根本性的变化。同一种家畜内有品种（系）之分。当今中国是世界家畜饲养总量最多的国家，猪、马、驴、骡、绵羊、山羊、家禽的饲养量均占世界首位。

**家具** furniture 日常生活、工作和社会交往活动中，供人们坐卧或支承、储存物品与间隔空间的一类器具。一般由若干个零部件按一定的接合方式装配而成。亦为室内外装饰的组成部分。按材料可分为木、金属、软体、竹藤、玻璃、塑料、陶瓷、混合材料家具等。按结构形式可分为框式、板式、组合拆装式、折叠式、壳体、树根、悬浮和弯曲木家具。按使用功能可分为坐卧类家具，如椅、凳、床等；支承类家具，如桌、几等；储存类家具，如柜、箱等；间隔类家具，如屏风等。此外，还可按历史、地域、风格流派等分类，如哥特式家具、明式家具等。就家具工业生产而言，一般以材料分类。

**家谱** family tree 中国记载家族世系及有关事迹的书籍。家谱的编修最早与氏族门阀制度有关。魏晋以后，谱牒之学大盛，“官有簿状，家有谱系。官之选举必由于簿状，家之婚姻必由于谱系。”但五代以前的谱牒亡佚殆尽，宋、元及明代的谱牒所存无几。存世的主要是清代和民国时期的家谱。家谱的称谓繁多，唐以前多称家谱、家传，亦称家牒、世传。宋代又有宗谱、族谱之称。明清以后称谓更多，除上举名称外，还有家乘、家志、家记、谱录、谱略、大宗谱、瓜瓞谱等。按照纂修时序，更标明初谱、老谱、新谱、近谱、续谱。合同姓数族为一编的称通谱、统谱、全谱、会谱、大同宗谱等。一房一派的则称支谱、分谱、房谱、近谱等。皇帝的家谱称作玉牒。明清以来的家谱大多由谱系、朝廷恩荣、祠宇、家墓、传志、艺文等几方面构成。谱系是家谱的核心部分，包括族姓源流、世系谱表、迁移始末等。“朝廷恩荣”对凡科举中式、敕谕制诰，或忠臣义士节妇烈女等加以载录。祠宇则记载祠堂及族规、家训、族产、义庄、义田等。家墓指明该族祖先坟茔所在。传志和艺文收录族人行状、墓志铭、传赞及有关诗文。家谱还往往配有图表，如世系图、世系表、坟墓图、家庙图等。家谱对社会学、民俗学、人文地理和遗传学研究有重要参考价值。

**家禽** poultry 在家养条件下能生存繁殖，并具有一定经济价值或玩赏价值的鸟类。包括鸡、鸭、鹅、火鸡、鸽、鹌鹑等。

家禽类型 按经济用途将家禽分为蛋用型、肉用型、蛋肉兼用型、药用型和玩赏型。鸡的蛋用型按蛋壳颜色分为白壳蛋系、褐壳蛋系、粉壳蛋系、绿壳蛋系。鸡的肉用型按羽色分为白羽系、有色羽系；按生长快慢又分为快大型、超快大型。鸭分为肉用型、蛋用型、蛋肉兼用型、药用型、肥肝型。鹅分为白鹅型、灰鹅型。

生物学特性 家禽的躯体构造和生理功能与其他鸟类无多大改变，只是除鸽以外，均已基本失去飞行能力。禽类骨骼坚固而较轻，胸骨发达，具突出的龙骨，供强大的胸肌附着。家禽全身肌肉约占体重30%～40%。禽类无牙齿，无软腭和舌肌。鸡、鸽的食管在胸前方形成膨大的嗉囊储存食物，鸽的嗉囊还分泌鸽乳哺育幼鸽。家禽的消化、泌尿和生殖的共同通道是泄殖腔。气管较粗而长，是禽体散发体热的重要地方。

家禽的饲养　商品化养禽场多采用全进全出制，方式有舍饲、笼养、网养、板条养等。采用公母混养或分养的同群分喂制、限制饲喂制、光照制、阶段饲养制。辅助技术有断喙术、人工强制换羽术、强制填肥术等。草食禽类除利用天然草地、庄稼茬地外，还推广种草饲养、草田轮牧与轮作，提倡青绿饲料鲜喂和青储、制草粉喂养。

**家鼠**　house rats; mice　啮齿目鼠科大家鼠属和小家鼠属中一些种类的统称。因主要栖居在城镇、乡村，与人关系密切得名。大家鼠属约有100种，大多分布在亚洲东部和非洲的亚热带、热带，中国有16种。小家鼠属全世界约有36种，中国有2～3种。

大家鼠属种类的体型平均较大，体长8～30厘米；尾通常略长于体长，其上覆以稀疏毛，鳞环可见；体毛柔软，个别种类毛较硬；毛色变化大，背部为黑灰色、灰色、暗褐色、灰黄色或红褐色；腹部一般为灰色、灰白色或硫磺色；后足相对较长，善游泳的种类趾间有皱形蹼。小家鼠属种类的体型较小，一般为6～9.5厘米；上门齿内侧有缺刻。

家鼠具有很强的适应性，在住房、仓库、船车等能隐蔽的地方均可生存下去。夜间活动。以动、植物为食。几乎全年可繁殖。大家鼠属各种的妊娠期约21～30天，年产3～10胎，每胎产2～16仔。小家鼠属各种的妊娠期18～21天，年产5胎，每胎产3～16仔。

家鼠是世界性的害鼠，不仅盗食粮食，还咬坏家具，用品，甚至咬坏电线造成停电和火灾。褐家鼠常咬死家禽和家畜的幼仔，咬伤咬死婴儿。家鼠是鼠疫、兔热病、斑疹伤寒、狂犬病等病原体的携带者。褐家鼠和小家鼠的白色变种为实验动物。

灭家鼠的方法主要有物理灭鼠（利用

大家鼠

夹类、笼类、套扣类、压板类、电子捕鼠器等）和化学灭鼠（用有毒的鼠药，如抗凝血杀鼠剂等）。

**家庭保健**　family health care　在家庭内采取一定的医疗预防和卫生防疫措施，以保护和保持家庭成员的健康。

家庭成员的年龄、性别和身体素质不同，保健的内容、重点也不相同。据此，可将家庭保健分为婴幼儿保健、青春期保健、妇女保健、老年人保健等。婴幼儿保健的重点在科学喂养、培养良好的生活习惯、按时完成计划免疫和防止意外伤害。青春期保健的内容不仅包括保证充足的营养、加强体育锻炼，更要注意及时对孩子进行青春期教育、性教育，关心他们的心理健康。另外，应根据每个人不同的健康状态进行保健：健康人要注意保健与养生；亚健康人要针对亚健康状态进行调整；有病的人要遵从医嘱，按时服药，针对疾病积极进行治疗。

家庭保健要讲科学，切不可盲目应用药物和补品。1992年世界卫生组织召开的维多利亚会议通过的宣言指出，保健要从三个方面做起，第一是合理膳食，第二是有氧运动，第三是心理平衡。

合理膳食包括饮和食两方面。国际上定出的6种保健饮料是绿茶、红葡萄酒、豆浆、酸奶、骨头汤和蘑菇汤。食的方面首先要注意数量和质量，国际上建议用黄金分割制进行饮食搭配：副食6，主食4；粗粮6，细粮4；植物饮食6，动物饮食4。粮食中以玉米、荞麦、薯类（白薯、红薯、山药、土豆）、燕麦、小米这些粗粮为保健上品。

生命在于运动。家庭运动的方式多种多样，做保健操、爬山、游泳、骑车、跳舞、打太极拳、快步走或购置健身器械在家进行锻炼等，可因个人的年龄、体质和兴趣爱好而定。原则上要做到有恒、有序、有度。世界卫生组织提出，步行是世界上最好的运动。因其不受场地、气候等条件的限制，且又符合上述原则，持之以恒可降血压、降血脂、预防冠心病。步行运动需做到每天步行3千米，持续30分钟以上，一周步行5次以上；中等运动量：心跳+年龄=170。这就是有氧运动的要求。

心理平衡是健康保健尤为重要的环节。人的健康不仅指身体健康而且包括心理健康，中医认为人要处在“阴阳平衡”的状态才能不得病而长寿。保持心理平衡要做到三个正确：正确对待自己，正确对待别人，正确对待社会。保持心理平衡还要注意三个结合：一是既要奉献社会，又要享受生活；二是既要有进取心，又要有平常心；三是既要事业精益求精，又要生活丰富多彩。这样，人的心境和情绪、认知和感觉才有深度和广度，做到“不以物喜，不以己悲”，淡泊名利，胸怀坦荡。

**家庭暴力**　family violence　发生在家庭成员之间的暴力行为。有广义和狭义之分。广义的家庭暴力指家人之间以武力、胁迫、谩骂等手段，给他人的肉体或精神造成损害的行为。狭义的家庭暴力特指夫妻之间的各种攻击性行为。家庭暴力因受害者多为女性，故又称“基于性别的暴力”。1993年，联合国在《消除一切形式的对妇女歧视公约》中提供了一个有关暴力的定义，即“任何对妇女身体的、性的和心理的伤害，包括威胁、强制和剥夺自由的行为，无论发生在公共场所还是私人生活中，均属于性别的暴力”。

作为一个世界性的社会问题，家庭暴力受到世界各国人民的关注。1999年11月5日，联合国大会通过决议，正式确定11月25日为“国际消除对妇女的暴力日”。据统计，世界范围内至少有1/3的妇女遭受过暴力、性暴力或虐待。大多数施暴者是她的家庭成员。家庭暴力的产生有复杂的根源，但最重要的原因是男性统治地位及父权文化观念，这使妇女在整个生命周期各阶段都会在公共场合和家庭中受到基于性别的暴力。

全世界已有40多个国家和地区制定了反对家庭暴力的专门法律。

**家庭公社**　family commune　原始公社时期随着母系氏族制向父系氏族制转变而产生的一种社会组织和经济单位。在过去一个时期，有的研究者认为家庭公社是父系氏族制时期的社会组织，故又称家长制家庭公社、父系大家庭、家族公社。

对家庭公社的性质和类型等问题，学术界的看法不尽一致。对公社的性质，有的认为，恩格斯所说的“一是把非自由人包括在家庭以内，一是父权”，应是父系家庭公社的主要标志；有的则认为这是父系家庭公社解体阶段的特征，不是整个父系家庭公社的标志。在公社的类型划分上，有的将父系家庭公社划分为扎德鲁加型和罗马型两类，有的又把这两类定名为民主型和父权型或早期型和晚期型。

**家庭急救**　family first aid　当家人突然发生急病或遭受外伤时，为抢救生命、改善病况和预防并发症在家庭内采取的紧急医疗救护措施。

家庭急救的作用　家庭急救是专业急救的重要补充，甚至决定最终抢救的成败。心跳骤停、窒息及低血糖昏迷等，其抢救结果取决于抢救开始时间的早晚。由于专业人员不可能在接到呼救电话后几分钟内到达并开始实施基本生命支持，家庭急救对于挽救患者生命起到至关重要的作用。

家庭急救要领　①急救者要保持镇静，根据实际情况确定适当的施救方案。②急救时不可随意搬动伤者，应先使其躺卧，询问受伤原因、查明受伤部位和伤势。③在采取应急措施的同时，应马上请医生或叫救护车。

家庭急救方法　生活中容易发生且危害重大的意外伤害有外伤出血，骨折，煤气中毒，药物中毒，烧、烫伤，触电，溺水等；还有一些疾病发病急、危险性高，如肠扭转、心跳骤停、低血糖昏迷等。急救常用的救护技术有解毒、止血、止痛、包扎、肢体固定、人工呼吸、胸外按摩等。对各种意外伤害和急症，需视原因和伤情采取不同的处理方法：①外伤出血。可用厚纱布盖在伤口上，直接压迫伤口止血；或用压迫止血点止血法。②烧、烫伤。轻度烫、烧伤，皮肤未破者可涂以獾油、烧伤药膏，敷上消毒纱布；烧伤严重者局部盖上清洁布罩，立即送医院。③化学药品灼伤。用大量清水冲洗，然后根据药品的性质（酸或碱），用弱酸（食醋）或弱碱（小苏打）溶液中和。食入强酸、强碱的，可口服黏膜保护剂如蛋清、牛奶、稠米汤等。处理后立即送医院。④骨折、脱位。勿随意复位。四肢骨折给予固定后送医院；疑有胸、腰部、骨盆骨折，让伤者卧在平整的硬担架上转送医院，途中尽量减少震动。⑤异物进入气管。若是孩子，应止住哭闹，以免加重病情。使患者平躺或侧躺（最好头低脚高），猛力挤压其胸部，有可能利用肺里的空气将异物带出。如无效马上送医院。有条件的给患者吸氧。⑥毒虫蛰咬伤。被毒蛇咬伤不可惊慌奔跑，先在伤口上方近心端用橡皮带或布带扎紧，再尽量将毒液吸出（可用拔火罐的方式）。蜈蚣、蜜蜂等昆虫的毒液呈酸性，可用弱碱性溶液如肥皂水、小苏打水、氨水冲洗并敷伤口。⑦急腹痛。多由胃肠胀气、痉挛、梗阻或腹膜受刺激引起，应马上送医院，不可用止痛药，以免影响诊断。⑧昏迷。使病人侧卧、勿枕枕头，防止痰液吸入气管；清除其鼻咽部分泌物或异物，如假牙，保持呼吸畅通。急送医院诊治。⑨心跳骤停。立即在患者心前区胸骨体上急速叩击2～3次，若无效，马上进行胸外心脏按摩和人工呼吸。让患者仰卧于较硬的床上（或连床褥移至地上），勿枕枕头，操作者将一手掌根部放在患者胸骨体中、下1/3交界处，另一手重叠于前一手的手背上，两臂伸直，借操作者的体重急促向下压迫胸骨，然后放松，使胸骨复位。如此反复进行，每分钟70～80次，同时配合人工呼吸。

家庭药箱　首先应根据实际情况常备应急药物，其次应备有一般常用药物等。家庭应备的常用药物、器具包括：①外用药，如医用酒精、碘酒、紫药水、创可贴等；②内服药，主要有抗生素、抗感冒药、镇痛药及针对不同家人情况的专用药物；③医疗器具，像体温计、剪刀、镊子、消毒纱布、药棉、制氧器、血压计等。家庭储备药品不宜过多，应定期检查，超过保质期的及时更换；药物应妥善存放，防止受潮、污染，尤其不能让小孩随便拿到。

**家庭教育**　family education　以家庭为教育场所实施的教育活动，尤其指父母或其他年长者在家庭内自觉地、有意识地对子女或年幼者进行的教育。这种教育对儿童、青少年的社会化有重要影响，是一个国家和社会整个教育事业的有机组成部分，是学校教育、社会教育不可或缺的支持力量。

中国古代很重视家庭教育，很早就有“孟母择邻”等故事。关于家庭教育的文献，先有南北朝颜之推的《颜氏家训》，后有唐代无名氏的《太公家教》，宋代王应麟（一说为区适子）的《三字经》和司马光的《家范》，清代孙奇逢的《教子家训》和朱柏庐的《朱子治家格言》等。这些童蒙课本大多宣扬封建伦理纲常和处世哲学，但其中关于家庭教育的理论也有不少可取之处。如颜之推提出了家庭教育的特殊作用和重要性，提出家庭教育应及早实施，而且越早越好；父母对子女应严格要求，勤于督导，把爱与教结合起来；父母对子女要全面关心等。

近代对家庭教育的理论和实践产生重要影响的教育家，有捷克的J.A.夸美纽斯，英国的J.洛克，瑞士的J.H.裴斯泰洛齐，苏联的A.S.马卡连柯和V.A.苏霍姆林斯基，中国的陈鹤琴等。

**家庭礼仪**　family rite　家庭生活中应遵循的礼节等规范。包括称谓、起居、服饰、餐饮、馈赠、接待等方面，如亲属或亲戚之间的称谓要体现长幼尊卑的区别；敬称和谦称要使用得当；早起后晚睡前应问候早安和晚安；离家之前应道别，归家之后应打招呼。

衣着服饰应注意时间、地点、场合和身份。如男士穿西装，双排扣西装的所有扣都要扣上；单排扣西装可全不扣，两粒扣的只扣上面一粒，三粒扣的只扣中间一粒；衬衫袖口应比西服袖长出两厘米左右；领带下端不超过皮带扣的位置，领带夹应夹在衬衫下数第四粒扣的地方。西装插花眼用来插花，胸袋用来插手帕，内袋用来放钢笔、名片、钱夹等。西裤右腰间小袋用来放钥匙、打火机等。后袋专用来放手帕。

赴宴到场时间，太迟是对主人不尊重，太早易被疑为吃客，以提前一两分钟为宜。入座时，用手将椅子后拉，从左侧入位。餐巾用餐前平铺双腿上；暂时离席时，放在椅背上；用完餐，放在桌上左边。席间主人或来宾祝词时，应停止进食。中餐使用筷子不得用嘴吮吸，不得在菜肴中挑三拣四，不得搁在碗上，更不得插在碗里。西餐餐具的使用，应由外向内依次使用。左手持叉，右手握刀。右手握匙，由内向外舀汤。用完一道菜，刀叉并排，叉尖向上放在盘中。用餐完毕，刀锋向内，叉尖向下，放在盘子右方。自助餐，一次少取，多次进食，吃完再取。

馈赠礼品时应考虑受赠者的性别、身份与嗜好等。赠花要懂得“花语”：玫瑰表示求爱或爱情；大百合花表示感谢；金盏菊表示长寿；百合花表示友好；金盏花表示惜别；红豆表示相思；橄榄枝表示和平。馈赠礼品应避免犯忌：如老人忌送钟（终），恋人忌送梨（离），日本人忌讳4和9，欧美人忌13。

接待时，主人在正门门口或客厅迎接客人。初次见面，主方接待人员将客人按职位高低或长幼顺序介绍给主人，主人依次与客人握手表示欢迎。握手时，待女士、长者、职位高者伸出手后，男士、晚辈、职位低者方可出手回应。递送名片要用双手，字面朝上，正面朝对方；接受名片，应用双手，认真细看，以示重视。入座时，主人先请客人入座或与客人同时入座，座次以右为尊，即主宾坐在主人的右方，其他人员按职位高低或长幼，分坐左右两侧，主方居左，客方居右。

**家庭联产承包责任制**　household contract responsibility system　以家庭为单位从集体所有的土地中承包一定数量土地从事生产经营的一种责任制。它以一个农户或一个劳动者为一个承包单位，经营成果除交国家税款、公积金、公益金和干部补贴提留外，全部所得直接归这个农户或劳动者。主要具体形式有联产到户责任制、包产到户责任制和包干到户责任制等。

联产承包责任制始于20世纪50年代，中共十一届三中全会以后，在形式和内容上都获得前所未有的发展。包产到户、包干到户成为主要形式。包产到户是在生产队集体统一组织和领导下，以户为单位，按每户人口、劳力的多少承包耕地和农作物产量。包产数以内的农产品交生产队参加统一分配，超出包产数之外的产品收益归农户所得。包产到户与分户经营存在矛盾，做法较烦琐，因此演变为包干到户。包干到户是生产队把耕地按每户的人口、劳力承包到户的同时，也把每户应完成的农业税和出售给国家的农产品品种、数量，以及每户应上交给集体的公积金、公益金和管理费等落实到户。农户的产品收益，除了完成上述国家任务和集体提留外，剩余部分全部归农户所得。

以包干到户为主体形式的家庭承包制，使农民有了经营和劳动上的自主权，发挥了小规模经营的长处，克服了过去经营管理过分集中，以及分配上的平均主义等弊病。分户承包的家庭经营是合作经济中的一个经营层次。农民对土地只有使用权，而无所有权。

一家一户独自经营在发展生产上有一定局限性。中共十六大提出，在稳定家庭承包经营的基础上，有条件的地方可以按照依法、自愿、有偿的原则，进行土地承包经营权流转，逐步发展规模经营。

**家庭农场** family farm 以家庭为单位经营的农场。在现代经济发达国家，家庭农场的主要特点有：家庭成员从事农业经营，参加农业生产劳动，不雇经理，不雇工人或少量雇用工人；使用的土地有自有、租入、部分自有部分租入；经营所需资金除自有外，主要来源于发达的农业信贷；广泛应用先进科学技术、现代机器设备和市场信息；生产规模呈扩大趋势；以市场为导向从事商品性生产经营，有很高的劳动生产率和商品率。经营成果一般归家庭成员共同所有，少数由家庭成员分别出资经营的股份制农场实行股份分红。

**家庭社会工作** family social work 以家庭为工作对象的社会工作。又称家庭服务。主要工作内容有：帮助解决各种经济困难，提供心理咨询和治疗，帮助适应和改善周围的社会环境，形成良好的社会支持网络等。

家庭社会工作是最早发展起来的社会工作领域，源于慈善机构对贫困家庭的物质援助和生活照顾。20世纪初家庭社会工作走向专业化。最初手法是个案工作与小组工作，主要帮助家庭成员正确处理婚姻中的各种问题，如夫妻间的冲突和亲子间的冲突。20世纪中期以后，家庭社会工作的目标扩大到协调家庭与社会的关系；在引进社区工作方法以后，家庭与周围社区环境和邻里关系的调适也成为一项重要工作内容。现在的家庭社会工作已经转向既提供物质和心理的个别化服务，帮助有困难的家庭生活正常化；又注重在社区中对家庭的教育和培训，提高家庭的整体素质，以更好地适应不断变化的现代生活。

**家庭生命周期** family life cycle 反映一个家庭从形成到解体呈循环运动过程的范畴。美国学者P.C.格里克最早于1947年从人口学角度提出比较完整的家庭生命周期概念，并对一个家庭所经历的各个阶段作了划分。

一般把家庭生命周期划分为形成、扩展、稳定、收缩、空巢与解体6个阶段。标志每一阶段起始与结束的人口事件，如表所示。

家庭生命周期阶段表

| 阶段 | 起　始 | 结　束 |
|---|---|---|
| 形成 | 结婚 | 第一个孩子出生 |
| 扩展 | 第一个孩子出生 | 最后一个孩子出生 |
| 稳定 | 最后一个孩子出生 | 第一个孩子离开父母家 |
| 收缩 | 第一个孩子离开父母家 | 最后一个孩子离开父母家 |
| 空巢 | 最后一个孩子离开父母家 | 配偶一方死亡 |
| 解体 | 配偶一方死亡 | 配偶另一方死亡 |

传统的家庭生命周期概念反映的是一种理想的道德化模式，与社会的现实状况有较大出入。许多学者已认识到这一概念的局限性，认为把家庭生命周期分为6个阶段，只适用于核心家庭，不适用于亚洲许多国家及其他发展中国家中普遍存在的核心家庭与三代家庭或与其他形式的扩大家庭并存的情况；传统的家庭生命周期概念也忽略了离婚以及在孩子成年之前丧偶的可能性，即未包括残缺家庭；对于有不同孩子数的家庭，含有再婚与前夫或前妻所生子女的家庭的差异也未予以反映。

**《家庭、私有制和国家的起源》** *Der Ursprung der Familie, des Privateigentums und des Staats* F.恩格斯关于古代社会发展规律和国家起源的著作，是马克思主义国家学说的代表作之一。副标题为《就路易斯·亨·摩尔根的研究成果而作》。1884年10月在苏黎世出版。

全书包括2篇序言，9章正文。第1、2章研究史前各文化阶段与家庭的起源、演变和发展，着重论述了人类史前各阶段文化的特征、早期的婚姻关系和从原始状态中发展出来的几种家庭形式，指出一夫一妻制家庭的产生和最后胜利乃是文明时代开始的标志之一。第3～9章阐述了原始社会的基本特征，分析了原始社会解体的过程

《家庭、私有制和国家的起源》1884年德文第一版封面

和私有制、阶级的产生，揭示了国家的起源、阶级本质及发展和消亡的规律，指出国家和阶级、私有制一样是经济发展到一定阶段产生的。国家是阶级矛盾不可调和的产物，是经济上占统治地位的阶级进行政治统治的工具，是凌驾于社会之上而且日益与社会脱离的特殊公共权力，其作用是维护统治阶级的利益并把各阶级的矛盾冲突控制在秩序的范围内。国家随阶级的产生而产生，也必将随阶级的消亡而消亡。

**家庭心理治疗** family psychotherapy 将包括核心家庭的全部成员在内的整个家庭作为干预对象的心理治疗。工作重点在于理解家庭成员之间的人际关系，注重家庭的组织结构、各成员所扮演的角色、成员之间的交流方式，以及联盟关系等情况，以系统论的观点理解家庭内发生的各种现象。家庭中任何成员的行为都受到其他成员行为的影响，即个人的行为会对整个系统产生影响，而系统也会影响个人的行为。因此，家庭治疗把某个出现心理问题或障碍的家庭成员称为“索引病人”，认为其出现的问题不过是家庭成员相互作用的结果，而问题或症状本身具有维持该家庭系统稳定的作用。

家庭治疗师与问题家庭中的所有成员一起工作，治疗注重现在的问题和问题的解决。通过帮助家庭成员认清他们关系中正性和负性的不同方面，来降低家庭内部的张力，并提高其成员个体的功能。

**家庭养老** family support for the elderly 由家庭成员承担并履行养老责任的一种养老方式。家庭成员包括配偶、子女以及其他依法负有养老责任的人。家庭养老包括经济赡养、生活照料、精神慰藉以及满足老年人的特殊需求。在人口老龄化初期，社会保障体系还不完善，家庭养老的重点是经济赡养。到了人口高龄化阶段，生活照料就成为突出的问题。作为老年人生活质量的标志，精神慰藉和情感交流则贯穿于老年人的整个晚年时期。对于发达国家来说，家庭养老是社会养老保障体系的重要补充，可以在一定程度上缓解社会福利政策的压力。对于发展中国家来说，家庭养老是应对人口老龄化的主要手段。

**家庭影院** home theatre 由视频设备、音响系统和音视频软件组成的家庭视听系统。通过家庭影院可在家里欣赏高清晰图像，感受只有电影院里才有的逼真的音响效果，享受现代影视的听觉和视觉感受。

家庭影院由三部分组成：①视频设

备。包括大屏幕彩色电视机，LD、VCD和DVD播放机。②音响系统。包括环绕声处理器和多声道放大器，以及环绕声音箱系统。③软件。主要包括CD、LD、VCD、SVCD、DVD等。

20世纪90年代中期以来，一种以多媒体计算机为中心的家庭影院问世。这种家庭影院将多媒体计算机配上一块电视调谐器视频板，用户可在计算机监视器上观看电视节目。计算机配置声卡、只读光盘驱动器（CD-ROM）或更高级的DVD-ROM，用户可在计算机上播放CD、VCD、DVD，得到很好的视听效果。通过联网的多媒体计算机还可收听、收看各种即时的声像节目。这种家庭影院正在快速发展和不断完善，有着良好的前景。

**家务劳动社会化** housework, socialization of 将满足家庭成员自身生存、维系家庭功能所必需的各项家庭内部自我服务的、分散的、琐碎的家务劳动，逐步转化为由社会组织提供社会化服务的过程。基本内容包括：家庭生活消费品的商品社会化，家庭自我服务的劳动社会化，家庭抚养照顾职能的社会化，家务劳动设施的现代化等。

家务劳动社会化是男女平等和妇女发展的重要条件。受传统的性别劳动分工及公共领域和私人领域划分的影响，妇女往往是家务劳动的主要承担者，只有实现了家务劳动社会化，才能使妇女从私人的、无偿的、繁重的家务劳动中解脱出来，有更多的时间发展体力和智力，有充沛的精力从事社会生产和完善自我，提高社会经济地位。

**家蝇** *Musca domestica*; housefly 双翅目蝇科昆虫的一种。分布于世界各地。成虫体长5～7毫米，色深灰。头部除额黑色外，均覆银白色粉被。雄性两复眼间距离约为一眼宽的2/5；雌性两复眼远离，侧额向头顶部变狭。胸部背面有4个黑色纵条。翅1对，后翅退化为平衡棒。腹部灰黄色棋盘状斑较明显。

包括两个亚种：①欧洲家蝇，又称欧家蝇，在中国仅分布新疆、甘肃；②舍蝇，又称饭蝇，在中国分布各地。家蝇是蝇科中分布最广，数量最多的种类，与人或其他动物接触频繁，是传播伤寒、痢疾、霍乱、鼠疫、炭疽病（家畜）等多种疾病的媒介昆虫。

**家用电器** household electric appliance 家庭及类似场所中使用的各种电气和电子器具。又称民用电器、日用电器。大致分为八类。①制冷电器。又称冷冻电器。用于物品（主要是食物）的冷冻、冷藏，包括家用冰箱、冷饮机等。②空气调节电器。简称空调电器。用于调节室内空气流动、温度、湿度以及清除空气中的灰尘，包括房间空气调节器、电扇、换气扇、冷热风器、空气去湿器、空气负离子发生器等。③清洁电器。用于织物清洗、保养和室内环境与设备的保养，包括洗衣机、干衣机、电熨斗、吸尘器、地板打蜡机等。④厨房电器。用于食物配制、烹调及厨房卫生，包括电灶、微波炉、电磁灶、电烤箱、电饭锅、洗碟机、电热水器、食物加工机等。⑤电暖器具。用于生活取暖，包括电热毯（垫）、电热被、电热服、空间加热器。⑥整容保健电器。用于理发、颜面清洁和家庭医疗护理，包括电动剃须刀、电吹风、整发器、超声波洗面器、电动牙刷、电动按摩器等。⑦声像电器。用于家庭文娱生活，包括电视机、收音机、录音机、录像机、摄像机、VCD、DVD、组合音响、数码相机等。⑧其他电器。如烟火报警器、电铃等。

**家长奴隶制** patriarchal slavery 从原始社会过渡到阶级社会的一种奴隶制的萌芽形式。又称父权奴隶制。产生于原始社会后期父系家族公社成为基本社会结构时期。父系家族公社虽然具有生产资料公有和集体消费的原则，但由于社会生产力的发展，劳动产品除自身消费外，开始出现剩余，导致贫富分化和私有制的萌芽。同时，由于分工和交换的产生，畜牧业、农业和家庭手工业生产活动范围扩大，需要吸收新的劳动力，而日益增加的剩余产品又为吸收新的劳动力提供了可能，从而出现把战俘、养子变成奴隶的现象。家长奴隶制的特征是：奴隶人数不多，在社会生产中只具有次要或辅助作用。奴隶劳动在于满足父权家庭的直接需要。男奴隶主要用于看管家畜或从事农耕，女奴隶主要用于家务劳动。奴隶被视为家庭的成员，往往随主人姓，可以赎身。奴隶主人数不多，一般是部落、公社首领及少数富裕户。奴隶主家长并未完全脱离生产劳动。对奴隶的剥削相对说来比较隐蔽、缓和。家长支配着全家的财产，所有成员都在家长的支配下进行生产和生活。

**家长制** patriarchy 群体或组织的权力集中于最高领导者手中，以人为管理主体的组织管理方式。主要盛行于传统社会中。家长制源于家庭、家族等血缘群体。在母权制和父权制的家庭中，权力集中于家长一人手中，后又推行于社会群体，如手工业作坊、店铺、行会。封建帝王把国家视为私有的“家天下”，采用家长式统治方式。家长制是在生产力水平低下、社会分工不发达、群众规模相对狭小、结构相对简单的传统社会中的一种手工业组织管理方式。在现代社会中逐渐被淘汰，但其残余仍存在。

家长制管理的特征主要表现在：①权力高度集中。组织权力不进行划分，整个组织的活动完全由最高领导者的个人意志支配。②组织管理的随意性。主要依靠最高领导者个人的直觉、经验和个性，没有一定的程序和规则，办事无章可循，无法可依。管理一般没有明确的责任和权力分工，缺乏稳定的正式结构，组织活动呈无序状态，常因互相推诿、不负责任而使效率降低。③任人唯亲。选择管理人员以血缘关系或人身依附性的初级社会关系为准，视与最高领导者的私人关系和感情亲疏而定。结果使大量不称职的人员占据组织管理职位；因人设位，管理职位冗杂。在组织内部形成与组织目标相悖的利益群体。④终身制。最高领导者一般实行终身制，缺乏正常更换领导者的机制。

**家政** domestic economy 家庭日常生活事务的操持和管理。又称家庭管理。家庭生活涉及饮食、衣着、居住、保健、保育、教育、人际关系、礼仪、休闲活动、社交应酬及家庭经济等方面。家政管理水平的高低，直接影响到家庭成员间的关系，间接影响到家庭的外部关系，并与能否建立一个健全快乐的家庭密切相关。家政教育可培养人们治家必备的技能，改善家庭生活。家庭成员因年龄、身份、责任的不同，适应家庭生活的方式以及家庭对其要求也不同，这就决定了家政学习的内容及需要也不尽相同。儿童要养成良好的日常生活习惯，青年要培养未来治理家务的基本能力，成人要掌握治理家事的技巧。妇女是家政习俗的主要传播者，家庭主妇是承担家政的主要角色。随着现代物质和精神文明的发展、科技的进步、家务劳动的社会化，家政的简化与改革已成为必然的趋势。

**家政学** home economics 以人类家庭生活为主要研究对象，探讨如何科学地利用家庭资源、从精神和物质两个方面提高人类家庭生活质量的学科。

人类自从有了家庭，就有了管理家庭的需要和实践，人们还不断总结、研究理家的经验。古希腊哲学家亚里士多德曾写有《论家政》；中国的《礼记》等古籍中，有许多关于家庭伦理、养生、育儿及其他理家之道的论述。但直到19世纪末，家政学才在美国发展为一门独立的学科。

19世纪初，随着西方资本主义经济的发展，工业化、都市化加速，家庭的功能、结构和观念都发生了变化，出现了许多家庭和社会问题。这使得人们进一步探讨家庭伦理、消费、教育等问题，并开始注重对女性进行家政知识教育。19世纪40年代，美国出版了论述家庭预算、子女教育等的专著。1872年，艾奥瓦州立学院正式开设了家政课程；1873年，堪萨斯农学院设立了家政系；1899年，第一次家政学会议在纽约召开，会上确立了学科的名称和研究对象等，标志着家政学正式诞生。1908年12月，美国家政学会成立，《家政月刊》创刊。到20世纪60年代，美国有400多所高校设有家政系或家政学院，在校生96 000多人。美国1/3以上的大学都有家政专业或家政学院，培养从学士到博士的专业人才。从20世纪初开始，特别是第二次世界大战后，一些国家和地区如日本、韩国、新加坡及中国的香港、台湾，也纷纷学习欧美的家政理论和家政教育的经验。

早期家政学偏重对理家知识与技巧的研究和传授；20世纪30年代，增加了家庭消费的内容，并研究家庭所需物品与服务的改进。在第二次世界大战中和战后欧美国家经济恢复过程中，改善低收入家庭营养状况、开发人力资源、增进家庭福利等内容成为家政学研究的重点。20世纪末期，家政学不仅研究个人和家庭生活的诸多问题，而且研究与家庭生活有关的社会、经济、政治乃至国际问题。以至于有学者认为，现代家政学的内容包含了与人类生活和发展有关的各项因素，家政学一词已不能表达学科的全部内涵，而应改为“人类发展学”。

现代家政学研究的主要内容有：①家庭物质生活方面。如膳食与营养、纺织品和衣物、住宅与室内美化等。②家庭精神和文化生活方面。如择偶与婚姻、家人关系协调、家庭教育、闲暇时间管理等。③家庭管理。包括家庭经济管理、家务劳动科学化和家庭安全管理等。④家庭卫生与保健。如家人保健、家庭卫生、计划生育与优生、环境保护等。

辛亥革命后，中国学习西方的教育经验，在中小学设家事、手工等课程。1919年，北京女子高等师范学校成立并设家政学系。以后，燕京大学、东北大学、震旦大学、华西大学、金陵女子文理学院等十余所高等院校相继开办家政系。1952年全国高校院系调整后，大学不再设家政系或专业。20世纪80年代初，在中国广州、上海等大城市，出现了家政学校、家长学校等。1993年起，北京农业大学、中国人民大学、南京师范大学金陵女子学院等高校先后为本科生开设了家政学作为公共选修课。

**袈裟** kaṣāya 佛教名词。又译为迦逻沙曳、迦沙、袈裟野。意译不正色、坏色、染色等。一般用以称僧人法衣。袈裟的颜色，均以数种颜色配制而成，均非原色，故称不正色、坏色，以与红、黄等正色相区别。不正色有三种、五种不同之说法，三种不正色即青、泥、木兰三色，青亦作若青色，即铜青色；泥色亦作皂色、黑色、若黑色；木兰色，亦作黄色、乾陀色，即赤黑色。袈裟一般有三种，称“三衣”，即大衣、上衣、内衣。三衣之外，比丘尼另有覆肩衣和下裙，合称比丘尼五衣，后来比丘亦服五衣。又袈裟亦称衲衣，因由无数碎布补缀而成，故名。袈裟为佛僧之标识，为教团所重。

**嘉宝** Garbo, Greta (1905－09－18～1990－04－15) 美国电影演员。生于瑞典斯德哥尔摩，卒于纽约。出身贫寒。14岁时她因貌美为一家大百货公司拍广告短片。1922～1924年靠奖学金入斯德哥尔摩皇家剧院学习。在此期间应邀在《科斯塔·柏林的故事》中演主角，获得成功。1925年赴美国为米高梅公司拍片，主演过24部影片。主要影片包括《急流》(1926)、《肉与魔》(1927)、《圣洁女》(1927)、《野兰花》(1929)、《安娜·克利斯蒂》(1930)、《安娜·卡列尼娜》(1935)、《卡米尔》(1936)、《妮诺契卡》(1939)等。36岁退出影坛。她因绝色容貌和喜剧才华在电影史上占有突出地位。1954年获奥斯卡金像奖特别奖。

**嘉当** Cartan, Élie(Joseph) (1869－04－09～1951－05－06) 法国数学家。生于伊泽尔的多洛米约，卒于巴黎。他靠国家助学金完成初等教育。1888年进入巴黎高等师范学校学习，1891年毕业。先后在蒙比利埃大学、里昂大学、南锡大学任教。1909年任巴黎大学理学院讲师。1912年任巴黎大学理学院教授。1940年退休。1931年被选为法国科学院院士，1947年被选为英国皇家学会会员。

嘉当对20世纪数学发展有重大影响。他的数学工作大致可以分为三大类：李群和李代数理论、微分方程论、微分几何学。早期工作是M.S.李与W.K.J.基灵工作的继续。1894年修正了基灵的工作，对复数域上单李代数完全分类作出严格证明。1897～1898年证明复数域及实数域上线性结合代数的结构定理。1913年他进一步研究复单李代数的表示，他引进权的概念，利用最高权概念，对复半单李代数的不可约线性表示进行分类，特别是得出正交群李代数的旋表示。旋量后来在量子力学中起了重要作用。他进而对实域上单李代数分类，1914年起，引进嘉当分解，完全列举复半单李代数的实形。后来这导致对称黎曼空间的分类。1925年，H.外尔发表了紧李群线性表示后促使嘉当转向李群整体性质的研究，特别是拓扑性质的研究。在1930年发表的《有限连续群理论及位置分析》中，他总结了以前的研究并证明一系列新定理，其中包括：更明确的流形、连续群、李群、齐性空间等概念，证明李群的闭子群是李群，首次证明李的第三基本定理的逆定理，证明单连通李群同胚于极大紧子群与欧氏空间的拓扑积。1929年起，他用不变微分形式讨论李群的同调群，证明单李群的秩等于贝蒂数之和。由此，开始了李群及齐性空间拓扑学的研究的高潮。

1902～1909年，嘉当开创了无限李变换群的新领域。这个理论中运用了外微分形式法。他发展了普法夫方程组理论。为此，他还引进对合方程组及开拓等重要概念。

1920年以后，嘉当在相对论发展的影响下，对微分几何学进行了一系列最值得称道的工作。他发展了一般流形上活动标架法，创立了仿射联络、射影联络、保角联络的几何学，发现和研究对称黎曼空间，对联络进行深入的探讨。他提出的广义空间是纤维丛概念的前身，是克莱因几何及黎曼几何学的统一。

嘉当的主要著作收集在3卷6册《全集》(1952～1955)之中，另外他有十几本专著。

**嘉当** Cartan, Henri (1904－07－08～2008－08－13) 法国数学家。É.嘉当的长子。生于南锡，卒于巴黎。1923年入巴黎高等师范学校，1926年毕业，1928年获博士学位。1928年在中学教书一年，1929年任教于里尔大学。1931年在斯特拉斯堡大学任教，1936年为该校教授。1940年任巴黎大学讲师。1949年升为教授，1975年退休。他曾获得多种荣誉和奖励，1965年被选为法国科学院通讯院士，1974年成为院士。1971年当选为英国皇家学会外籍会员，1972年当选为美国国家科学院外籍院士。1967～1970年任国际数学联盟主席。1980年获沃尔夫数学奖。

他最早的工作是在单复变函数方面，在博士论文中证明了布洛赫猜想的不等式

并加以推广。不久转入多复变函数论的研究。1930年证明了解析映射的唯一性定理，1934年证明了全纯凸性可以刻画全纯域。还研究库辛第一问题。1951年他和J.-P.塞尔引进层系数上同调，并且证明了施泰因流形基本定理，从而把库辛问题推广到施泰因流形上并加以解决。1953年他引进环式空间推广解析空间并给出环式空间是解析空间的充要条件。他与S.艾伦伯格合著的《同调代数学》(1956)成为经典著作，推动了同调代数在代数几何学和解析几何学以及代数数论等学科上的应用。他的主要著作收在3卷本的《嘉当全集》(1979)中。

**嘉定区** Jiading District 中国上海市辖区。位于市境西北部，南临吴淞江，北依浏河。面积459平方千米。人口147万(2010)。宋嘉定十年(1217)置嘉定县。1992年撤县设立嘉定区。工业以汽车配件、汽修业、电子电器、金属制品、代工、通信设备和纺织、服装等为主。境内西部的安亭镇，是上海乃至中国的汽车工业城，成为集汽车与零配件生产、汽车贸易与营销、汽车展示博览等多种功能于一体的国际性现代化汽车产业基地。嘉定为上海科学卫星城，有一百余家高科技企业。农业主产稻谷、麦类、棉花、油菜子等，建成了一批优质高产农业示范区、蔬菜园艺场、果园和特种养殖场。境内有中科院上海光学精密机械研究所等10余家科研机构及上海大学嘉定校区和上海科技干部管理学院等。名胜古迹有南翔寺砖塔、法华塔、孔庙、秋霞圃、古猗园，以及浏河岛自然风景区等。

**嘉靖帝** Emperor Jiajing(1507～1566) 中国明朝第11代皇帝。见明世宗朱厚熜。

**嘉陵江** Jialing River 中国长江水系中流域面积最大的支流。古称阆水、渝水。因流经陕西省凤县东北嘉陵谷而得名。上源为西汉水和白龙江。西汉水流至陕西略阳两河口以下始称嘉陵江，与白龙江相汇于四川广元昭化，全长约1 119千米。昭化以上为上游，行经高山地区，多暴雨，有“一雨成灾”之说；昭化至合川为中游，有航运之利；合川以下为下游。流域面积16万平方千米，居长江支流之首。多年平均年径流量704亿立方米。嘉陵江切穿华蓥山南延三支脉后，形成风光奇丽的沥濞、温塘、观音三峡谷(嘉陵江小三峡)，于重庆汇入长江。四川省境内水力理论蕴藏量1 522万千瓦，可开发水力资源551万千瓦，上游白龙江建有碧口水电站。嘉陵江是四川重要航道之一。江中鱼类多达163种，居四川省各河之首。广布于嘉陵江流域的紫红色砂泥岩，质地松脆，植被覆盖率仅13.7%，水土流失严重。嘉陵江支流众多，属树枝状水系，最大支流涪江和渠江在合川汇入嘉陵江。曲流发育为其最大特征。尤以南充、武胜间的河段为典型，有“九曲回肠”之称。位于嘉陵江支流西河上的升钟水库，蓄水量为13.39亿立方米。

**嘉陵江小三峡** Three Small Gorges of Jialing River 中国嘉陵江下游的峡谷。由沥濞、温塘、观音三峡谷组成。位于重庆市北碚区和合川区境内。由于嘉陵江斜切华蓥山南延的三支脉九峰山、缙云山、中梁山所成。三峡谷山高崖陡，峭拔幽深，形势险要，宛如长江三峡之缩影，故称嘉陵江小三峡。沥濞峡居于北部，长而宽，在石灰岩构成的崖壁上，有多级溶洞发育，形如鼻孔，有暗河水从洞孔中流出，长年不断；温塘峡又称温泉峡，位于中部，因峡中有三股温泉而得名，峡长2.5千米，峡谷深邃，江水平静，风光妩媚多姿；观音峡位于南部，因古有观音庙而得名。温塘峡内的北温泉公园久负盛名，温泉水温37～39℃，有温泉浴池和游泳池，并有曲折幽深、钟乳万状的乳花洞。

**嘉隆帝** Gia Long, Emperor (1762～1820) 越南阮朝(1802～1819)的创建者。庙号世祖。名阮福映。广南阮王宗室后裔。1771年西山起义爆发，消灭了阮氏封建集团的主力。1775年春北方郑氏军队攻陷富春(今顺化)，阮福映随其叔定王阮福淳南逃。1777年，定王及新政王为起义军所杀，阮福映被推为大元帅，并于1780年称王。1782年被西山军击败，流窜富国岛。1784年又勾结2万余暹罗侵略军入侵，但为西山军所败，被迫流亡暹罗。后乘西山军内部分裂之机回国，夺取嘉定。1789年6月，法国教士百多禄在印度装备两艘战船并且招募一些殖民主义者来越助阮福映，各地的地主武装也纷纷归属，使其军势复振，不断进攻起义军。1799年攻归仁，1801年陷富春，1802年攻入升龙(今河内)，镇压了西山起义。同年称帝，改元嘉隆，定都富春，建立阮朝，并遣使向清朝求封。1803年，清朝封其为越南国王。越南之名始此。

阮福映在位期间，加强中央集权制，制定不设宰相、不选拔状元、不立皇后、不封皇族以外之人王爵的“四不”制度，并改组军队和行政机构，制定《嘉隆法典》，加强对人民的镇压。同时，强化大土地所有制，恢复实物地租，对农民横征暴敛，使赋税和劳役较前增加3倍；对外变柬埔寨为其军事占领下的“保护国”，为法国殖民主义者敞开大门。

**嘉庆帝** Emperor Jiaqing(1760-11-13～1820-09-02) 中国清朝入关后第五位皇帝。见清仁宗颙琰。

**嘉戎语** Jiarong language 中国部分藏族人使用的语言。属汉藏语系藏缅语族羌语支，也有人认为属藏语支。主要分布于四川省阿坝藏族羌族自治州的理县、马尔康、金川、壤塘、小金、汶川、黑水等县。分东部、北部和西北部3个方言，方言间差别较大，彼此交际有困难。嘉戎语单辅音声母一般有35个左右，某些地方有40多个。复辅音声母一般是200个左右，某些地方达300多个。韵母分单元音、复元音和带辅音韵尾三类。词缀、助词和词序为表达语法意义的主要手段。语序是主语－宾语－谓语，形容词作定语时在中心语后，代词和名词作定语时在中心语前，状语在中心语前。藏语借词约占总词数的20%，也有不同时期的汉语借词。

**嘉善县** Jiashan County 中国浙江省嘉兴市辖县。位于省境北部。面积504平方千米。人口57万(2010)。明宣德五年(1430)置嘉善县。1983年属嘉兴市。地势低平，河湖密布。盛产稻谷、油菜子、生猪和淡水鱼，为省粮食基地县，蚕茧、出口猪的主产地。特产银鱼、汾湖蟹。工业主要有纺织、服装、食品、机械、电子电器、建材等。嘉善经济开发区为省级开发区，重点发展木业家具、五金机械、电子信息和生物医药四大产业。有元代著名画家吴镇墓。

**嘉兴市** Jiaxing City 中国浙江省辖地级市。位于省境东北部，东邻上海，南濒杭州湾，北接江苏。面积3 915平方千米。人口450万(2010)。辖南湖、秀洲2区，嘉善、海盐2县，代管海宁、桐乡、平湖3县级市。秦置由拳县。三国吴黄龙三年(231)改禾

烟雨楼

兴县。赤乌五年（242）更名嘉兴县。1949年析城区设嘉兴市，后多次撤并。1981年撤嘉兴县并入嘉兴市。1983年改为地级市。河港湖荡密布。主要农作物为水稻、小麦、油菜，并产棉、麻、烟、茶、蚕桑、生猪、淡水鱼等。是全国商品粮生产基地之一，杭嘉湖蚕茧重点产区。土特产湖羊羔皮、兔毛、杭白菊、西瓜、蘑菇、珍珠、河鳗、湖蟹等闻名遐迩。工业有丝绸、纺织、造纸、制革、食品、机械、化工、建材等。已形成从缫丝到成衣的一条龙生产格局，丝类产品产量占全国10%左右。白厂丝出口量居全国前列。有秦山核电站、嘉兴电厂、嘉兴热电厂等电力企业。水陆交通方便，沪杭铁路、沪杭高速公路、320国道、乍王公路、京杭大运河等过境。名胜古迹有中共一大会址之一的南湖风景旅游区、茶磨山摩崖石刻群、东汉砖券人物画像石室墓、五代后晋年间建的烟雨楼、明长虹桥、清代陈阁老故居、国学大师王国维故居、仿古住宅建筑群莫氏庄园和绮园等，还有现代作家茅盾故居、画家丰子恺旧居缘缘堂等纪念性建筑。丁桥、盐官为名闻中外的**钱塘江**观潮胜地。

**嘉业堂** Jiayetang Library 中华民国时期藏书家刘承幹的**藏书楼**。楼名得自于清宣统皇帝溥仪为藏书楼所题匾额“钦若嘉业”，楼址在浙江省湖州的南浔镇，至今保存完好，成为浙江省图书馆的古籍书库，1981年被浙江省人民政府列为省重点文物保护单位。刘承幹，字贞一，号翰怡，别署求恕居士，原籍浙江上虞。1911年移居上海。30岁起大批购藏图书，吸引了当时的大批书贾、藏书家和前清遗老将藏书让售于刘家，20年间聚书至60万卷。1920年刘承幹在南浔故居的“小莲庄”近旁开始新建藏书楼，占地12亩。藏书楼设计为一座口字形回廊式两层砖木结构建筑，共有库室52间。嘉业堂的宋元版本、稿抄校本以及地方志书等，成为其藏书特色。20世纪30年代开始，刘承幹家道中落，又适逢抗日战争，嘉业堂多次遭受洗劫，藏书逐渐散出。现多藏于浙江图书馆、上海图书馆、复旦大学图书馆、台湾“中央图书馆”、美国加州大学伯克利分校东亚图书馆等。

位于浙江湖州南浔镇的嘉业堂

**嘉义市** Jiayi City 中国台湾省辖市。位于台湾岛中部偏南，嘉南平原东隅。下辖63个里，面积60平方千米，人口约27万（2006）。原名诸罗，为平埔人聚居地。郑成功收复后始开垦，清康熙年间建城，置诸罗县，乾隆年间诸罗县改嘉义县。光绪三十二年（1906）大地震毁城。日本侵占时重建。1945年光复后，为台湾省辖市之一，1950年改为嘉义县辖市，1982年又升为省辖市。

北回归线通过市南郊，地跨热、温2个气候带，年平均气温22.7℃，四季如春。平均年降水量1 700毫米，有明显旱季，长达半年。市郊农业发达，主要作物有甘蔗、水稻、玉米、甘薯、香蕉、荔枝、龙眼、仙桃、蔬菜等，仙桃又称蛋黄果，是当地特产。土特产有爱玉子、柑橘、新港饴。背靠阿里山，为台湾最大木材加工中心。20世纪90年代以来，工商业日趋繁荣，新兴产业以食品发展最迅速，还有机械、五金、电子、纺织、玩具等。文物古迹保存较好，有太保楼、地藏王庙、孔庙、福康安生祠碑、将军祠、弥陀寺、先天玉虚宫等古迹。中山公园原名嘉义公园，建于1909年。兰潭风景区以“兰潭泛月”最著名。

**嘉义县** Jiayi County 中国台湾省辖县。位于台湾岛西南部。辖太保、朴子2市，布袋、大林2镇和14个乡。面积1 900平方千米。人口约55.4万（2006），阿里山区是台湾少数民族分布区。县治太保市。清康熙二十三年（1684）置诸罗，乾隆五十三年（1788）改嘉义县。抗日战争胜利后曾设市，1950年改县。北依阿里山脉和玉山山脉，中部为丘陵，西部是平原。平原宜于热带、亚热带经济作物生长，有“鱼米之乡”之称，甘蔗产量居全省第二。盛产波罗蜜、柑橘、荔枝。台湾竹床、交趾陶（一种低温色陶制品）制作精细，造型美观。山区还盛产爱玉子，用其制成的“爱玉冰”是台湾特有的夏令饮品。工业以木材加工、制糖为主，其他有水泥、制盐、食品、罐头加工和制药等。西部海岸地带少雨多晴，为台湾重要产盐区，有著名的布袋盐场。阿里山林场为台湾重要林区之一，为著名山地游览区，有森林铁路登山。交通方便，环岛铁路、公路和高速公路纵贯南北东西。境内**阿里山**是台湾最负盛名的风景区之一，这里的日出、云海、森林、登山铁路、晚霞被合称为“阿里山五奇”。还有瑞里、奋起湖、曾文水库、观音瀑布、蛟龙瀑布等胜景，新港奉天宫、吴凤庙、王得禄墓等古迹。

**嘉峪关** Jiayu Pass 中国明代长城西端重要关口。位于甘肃省**嘉峪关市**西。嘉峪关南屏祁连山脉的文殊山，西北依马鬃山的嘉峪山，两山夹峙，形成谷地。北大河（又称讨赖河）横贯其间，关城踞河北岸的嘉峪塬上。系扼控河西走廊西端之咽喉，为古代肃州（今甘肃酒泉）西北门户。明洪武五年（1372），大将军冯胜筑城置关。弘治八年（1495），修罗城，建关楼。正德年间，哈密失守，吐鲁番兵不断东侵，明倚嘉峪关防守，其地位更加重要。嘉靖十八年（1539），筑**长城**与关城相连，嘉峪关遂成长城西端关隘、完备的戍防要塞。隆庆二年（1568），置守备。自清高宗（乾隆帝）用兵平定准噶尔贵族之乱后，西北战事减少，嘉峪关逐渐失去关隘作用。今关城尚存，附近有兰新铁路经过。

嘉峪关居高凭险，号称天下雄关

**嘉峪关市** Jiayuguan City 中国甘肃省辖地级市。位于省境西北部，河西走廊西段。面积2 935平方千米，人口23万（2010）。1971年置嘉峪关市。属中温带干旱气候。矿产资源有硫铁矿、重晶石、石灰岩、白云石、造型黏土等。工业以钢铁、电力为主，是中国西北最大的钢铁工业基地。农业主产小麦、玉米、蔬菜、瓜果，盛产优质西瓜。名胜古迹有草湖、长城堡、嘉峪关、黑山岩画、魏晋古墓群等。

**嘉峪关魏晋墓室壁画** Murals in Tombs of Wei and Jin Dynasties in Jiayuguan 中国甘肃省嘉峪关市新城、牌坊梁等处古墓群中的魏晋墓室壁画。1972年和1979年，在新城发掘的8座绘有壁画的魏晋墓中，壁画分布在墓门的照墙、前室和中室的四壁、后室的后壁上。大多以一块砖面为一幅画面，

图1 《牵驼》

图2 《采桑》

高16～18厘米，宽34～36厘米。也有少量较大的壁画。共存画面700余幅，绝大部分保存完好。壁画主要描绘墓主人出行、宴享、游猎、六博等现实生活场面以及农作、畜牧、桑林等劳动场景。壁画普遍用白土粉涂底，有的先用土红色起稿，用墨线勾出轮廓，然后再填入赭石、朱红和石黄等色，具有用笔迅捷、色彩单纯、形象生动的艺术特点。壁画显示中国古代绘画从汉向晋逐渐演变的过程，反映河西地区魏晋时期的绘画由概念到具体、由粗及细、由装饰性绘画向独立的单幅绘画逐渐演变的过程，表明河西地区在北朝佛教壁画兴盛之前传统的壁画艺术已臻成熟。它不仅填补了中国绘画史上魏晋时期的空白，也为研究河西石窟艺术渊源等问题提供了珍贵的实物资料。

**镓** gallium 化学元素，元素符号Ga，原子序数31，原子量69.723，属周期系ⅢA族。1875年P.-É.L.de布瓦博德朗在闪锌矿中分离出几克性质与D.I.门捷列夫预言的“类铝”相同的元素，为了纪念他的祖国，命名为gallium（来源于gallic，原意“法国的”）。镓是一种稀散元素。独立矿物硫镓铜矿（$CuGaS_2$）非常稀少。主要是以很低的含量分布于铝土矿和某些有色金属硫化物矿中。

固态镓为蓝灰色，液态为银白色；熔点29.78℃，沸点2 403℃，液态镓可过冷到－120℃。镓是液态温度范围极宽的一种金属，这一性质可用于制作高温温度计。镓与铝、锌、锡、铟形成的合金熔点很低，与钒、铌、锆形成的合金具有超导性。氧化态＋1、＋3，与铝类似，但化学活性低于铝。在常温下几乎不受氧和水的侵蚀。与稀酸作用缓慢，但可溶于热的硝酸、浓氢氟酸和热浓高氯酸，易溶于王水、盐酸和高氯酸的混合酸中，形成镓盐；溶于强碱中，生成镓酸盐。

拜尔法处理铝土矿时，在浸出的铝酸钠液中可含有0.1克/升的镓。通入二氧化碳中和，使镓和铝的氢氧化物共沉淀，再将它溶于氢氧化钠溶液中，在将大部分的铝以$Al(OH)_3$形式提取出以后，得到的母液中用硫化钠除去重金属，用汞做阴极经电解即可得到纯度为96%～99%的金属镓。金属镓可用于制作高温温度计和作为真空装置中的密封液。镓分别与锡、铟等形成低熔点合金。镓－钒、镓－钽、镓－锆合金可作为超导材料。镓的最重要应用是制造半导体器件，镓可作为半导体硅、锗的掺杂物，砷化镓及镓的硒、碲、磷、锑化物都是优良的半导体材料，镓还可以用来制造阴极蒸气灯。镓及其化合物有毒，可造成神经、骨骼、肾脏中毒，应防止接触、食入、吸入镓化合物。

**郏亶** Jia Dan（1038～1103） 中国北宋水利家。字正夫，江苏太仓人。嘉祐二年（1057）进士。中年以水利、役法、盐、铜、酒五利向朝廷献议，先后两次上书条陈太湖水利，为宰相王安石所称许。熙宁中任司农寺丞，掌管兴修两浙路（今浙江、上海及江苏南部地区）水利。根据太湖地区的地形特点，提出涝旱并治、治水与治田相结合分期施工、五年完成的全面治理方案，并奉命在六郡三十四县同时进行整治。后受冲击，方案不能实现，被排挤去职。在回到家乡后根据自己的方案修建圩岸、沟渠、场圃，获得成功，复任司农寺丞，擢江东转运判官。后出知温州，召升比部郎中，未到职病死。著有《吴门水利书》，载于南宋范成大《吴郡志》中，为后世论太湖水利者所重视。

**戛纳电影节** Cannes Film Festival 世界最大、最重要的电影节之一。1939年，法国为了对抗当时受意大利法西斯政权控制的威尼斯电影节，决定创办自己的国际电影节，但因第二次世界大战爆发而中止。二战结束后，在法国外交部、教育部、电影联合会的支持下，法国艺术行动协会于1946年9月20日在法国南部的戛纳举办了首届戛纳电影节。此后由法国工业部和商业部共同组织，每年9月举行。自1951年起，改在5月举行。创办以来，除1948年和1950年因故停办，1968年因“五月风暴”而被迫中断外，已举办61届。电影节的主要活动有：①分别举行各类影片的比赛和评奖；②举行会外映出或专场映出；③开设国际电影市场，展销影片；④举办回顾展。奖项主要有金棕榈奖、评委会特别奖等。分别授予最佳影片、导演、男女演员、编剧、摄影、剪辑等。

**蛱蝶** Nymphalidae; brush-footed butterfly 鳞翅目蛱蝶科昆虫的统称。蝶类中的大科，已知约5 000种，分布广泛。中国已知约300种。多为中型或大型种类。色彩鲜艳，花纹复杂。少数种类有性二型现象，有的呈季节型，极少数种模拟斑蝶。前足退化，短小无爪。幼虫头上常有突起，体节上有枝刺，腹足趾钩1至3序中列式。蛹为垂蛹。

丽蛱蝶

寄主多为堇菜科、忍冬科、杨柳科、桑科、榆科、麻类、大戟科、茜草科等。代表种有枯叶蛱蝶和孔雀眼蛱蝶等。

**甲胺** methylamine 氨分子中的氢原子被甲基取代生成的胺。包括一甲胺$CH_3NH_2$、二甲胺$(CH_3)_2NH$、三甲胺$(CH_3)_3N$三种。一甲胺通常简称为甲胺。三种甲胺都是无色气体，有氨的气味，三甲胺还带有鱼腥气。易溶于水，溶于乙醇、乙醚等，能吸收空气中的水汽。甲胺蒸气能与空气形成爆炸性混合物。一甲胺熔点－93.5℃，沸点－6.3℃，密度0.662 8克/厘米$^3$（20℃）；二甲胺熔点－93℃，沸点7.4℃，相对密度0.680 4（0/4℃）；三甲胺熔点－117.2℃，沸点2.9℃，相对密度0.635 6（20/4℃）。它们都具有碱性，遇酸易生成盐。甲胺是蛋白质分解时的产物，可从天然产物中发现。工业上甲胺由甲醇和氨在高温下通过装有氧化铝的金属管合成，产物为三者的混合物，控制甲醇和氨的比例，可使其中某一产物为主。一甲胺也可由甲醛水溶液与氯

化铵作用得到：

$$2CH_2O+NH_4Cl \xrightarrow{104℃} CH_3NH_2\cdot HCl+HCOOH$$

如果上述反应在更高的温度下进行，并使用过量的无水甲醛，产物则为三甲胺盐酸盐。三种甲胺都是重要的有机化工原料，可用于制造医药、农药、染料、炸药、离子交换树脂等。甲胺有腐蚀性，对皮肤和黏膜有刺激作用，特别对眼睛和呼吸器官作用更强。

**甲苯** toluene 芳烃，分子式$C_6H_5CH_3$。存在于煤焦油和某些石油中。无色易燃液体。熔点－95℃，沸点110.6℃，相对密度0.866 9（20/4℃）。不溶于水，能溶于乙醇、乙醚等有机溶剂。膨胀系数大，凝固点低，可用来制造低温温度计。甲苯比苯更容易发生取代反应。甲苯硝化时生成邻和对硝基甲苯，继续硝化生成2,4,6－三硝基甲苯（梯恩梯），是一种重要的炸药。甲苯在加热时氯化，生成氯化苄，但在三氯化铁存在下，氯化反应在苯环上进行，生成邻和对氯甲苯。甲苯在催化剂存在下用空气氧化，生成苯甲酸。甲苯在工业上从石脑油重整产物中分离，或从蒸馏煤焦油所得的中油馏分中回收。甲苯可用作生产苯和许多化工产品的原料。加在汽油中可提高其抗爆性能，也是涂料、油墨盒硝酸纤维素等的溶剂。

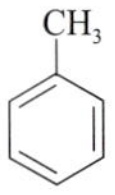

**甲虫** Coleoptera; beetle 鞘翅目昆虫的统称。

**甲醇** methanol 分子式$CH_3OH$，最简单的醇。最早从干馏木材的蒸出液中分离得到，故又称木醇或木精。绝大多数以酯或醚的形式存在于自然界中，只有某些树叶或果实内含有少量的游离甲醇。可燃的无色有毒液体。熔点－93.9℃，沸点65℃，相对密度0.791 4（20/4℃）。纯甲醇略带乙醇气味，粗产品刺鼻难闻。溶于水、乙醇、乙醚、丙酮、苯和其他有机溶剂。与水不形成共沸物。甲醇与硫酸、碳酸容易发生酯化反应。160℃和在硫酸、偏磷酸或三氧化二硼的作用下，甲醇可失水生成甲醚$CH_3—O—CH_3$。甲醇蒸气通过氧化铝、氧化钍也可失水生成醚（温度分别为200℃和400℃）。工业上甲醇由合成气（一氧化碳与氢）制得：

$$CO+2H_2 \xrightarrow[400℃]{ZnO/Cr_2O_3} CH_3OH$$

甲醇可作溶剂，也是制甲醛、甲酸、醋酸、醋酐等和无机或有机酸酯的原料。也是生产农药的原料。甲醇还是优良的能源，独立使用或与汽油混合作为车用燃料。甲醇毒性很大，对人体的神经系统和血液系统影响最大。从消化道、呼吸道或经皮肤摄入甲醇，都会产生毒性反应。把甲醇加在乙醇内，称内变性乙醇，具有毒性，不能饮用。

**甲酚** cresol 苯酚芳环上的一个氢被甲基

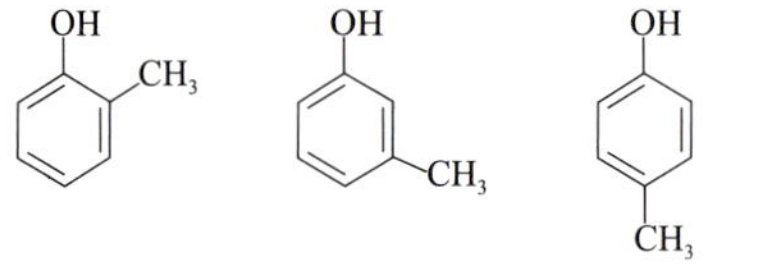

邻甲（苯）酚　　间甲（苯）酚　　对甲（苯）酚

取代的化合物，分子式$CH_3C_6H_4OH$。存在于煤焦油中。有3种同分异构体：邻甲（苯）酚、间甲（苯）酚、对甲（苯）酚，它们都有类似苯酚的气味，长时间光照可由无色变成棕黑色。邻甲（苯）酚为无色晶体；熔点30.9℃，沸点191℃，相对密度1.027 3（20/4℃）；溶于乙醇、乙醚和氯仿。间甲（苯）酚为无色液体；熔点11.5℃，沸点202.2℃，相对密度1.033 6(20/4℃)；溶于乙醇、乙醚、丙酮和苯等。对甲（苯）酚为无色棱柱晶体；熔点34.8℃，沸点201.9℃，相对密度1.017 8（20/4℃）；溶于乙醇、乙醚、丙酮、苯和碱溶液；可水汽蒸馏。甲酚大量用作工业原料，邻甲酚用于制染料、农药、杀虫剂等，间甲酚的硝化产物三硝基甲酚是炸药，由对甲酚制成的乙酸对甲酚酯可用于配制香料。煤焦油的188～202℃的馏分中的含90%～95%的甲酚异构体的混合物，通常在此混合液中加入肥皂水乳化，即成消毒剂来苏水。

**甲骨文** oracle bone inscriptions 中国古代刻在龟甲和兽骨上的文字。绝大部分甲骨文发现于殷墟。殷墟在河南省安阳市西北洹河沿岸一带，包括小屯村、花园庄、侯家庄等地。

殷墟发现的甲骨文是商代后期遗留下来的主要文字资料。它们基本上是商代后期统治者的占卜记录，大部分是为商王朝或商王个人占卜的记录，小部分是为一些与商王有密切关系的贵族占卜的记录。占卜所用的材料主要是乌龟的腹甲、背甲和牛的肩胛骨。甲骨文一般用刀刻出来，也有少量用毛笔写的。

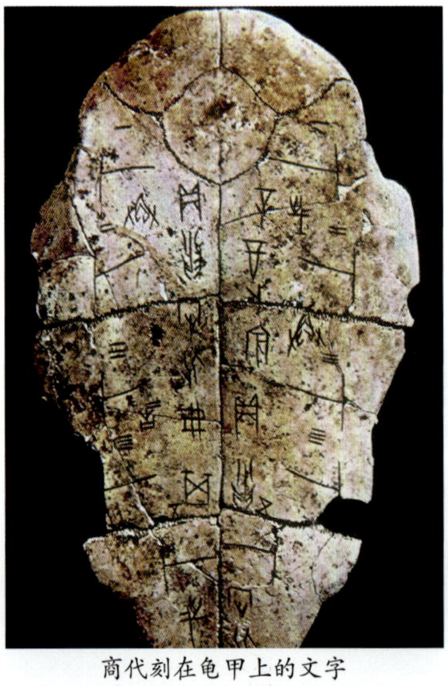

商代刻在龟甲上的文字
（河南安阳小屯殷墟出土）

殷墟甲骨文是1899年被鉴定为古文字并且开始为金石学家们所收藏的。王懿荣为最早辨认和收藏甲骨文的人。100多年来，在殷墟陆续出土的有字甲骨已经累积到十几万片。20世纪50年代在郑州商代遗址里发现过极少量的甲骨文，时代可能早于殷墟甲骨文。50年代以来，还陆续在一些地方发现了西周时代的甲骨文。其中，70年代在陕西省岐山、扶风两县的周原遗址的发现比较重要。

从殷墟甲骨文来看，当时的汉字已经发展成为能够完整地记录汉语的文字体系了，其单字数量已达4 000左右。其中既有大量指事字、象形字和会意字，也有很多形声字。指事、象形、会意三种字，可以合称为表意字。除了表意字和形声字，假借字在甲骨文里也使用得很普遍。

**《甲骨文合集》** *Collection of Oracle Bone Inscriptions* 中国殷墟甲骨文的大型汇编。由郭沫若任主编，胡厚宣任总编辑，中国社会科学院历史研究所《甲骨文合集》编辑组编纂。编辑工作从1960年正式开始。图版共13册，1978年10月起由中华书局出版，到1983年6月全部出齐。

《合集》内容包括中央研究院殷墟发掘所得及国内外收藏的甲骨和拓本，共选录41 956片，其中相当一部分是第一次发表的。在编辑过程中，进行了辨伪、去重、缀合等工作，使《合集》成为中华人民共和国建立前发现甲骨的最丰富的结集。

《合集》采用分期分类的编排方式，先将甲骨分为5期：第1期，武丁及其以前（师组、子组、午组卜辞附于本期之后）；第2期，祖庚、祖甲；第3期，廪辛、康丁；第4期，武乙、文丁；第5期，帝乙、帝辛。每期又依社会历史内容分类：①阶级和国家。②社会生产。③思想文化。④其他。并分为21个小类，便于查检。

**甲龙** ankylosaurs 一类身被骨甲的鸟臀目恐龙。共有结节龙科、棘铠龙科、尘龙科3科。均4足行走，植食性，躯体扁平，几乎全被骨甲所覆盖。头骨大，因被骨甲覆盖，各骨间缝合线不易辨认。无眼前孔，上颞颥孔封闭，侧颞孔亦小。处于侧位的眼眶及外鼻孔都不大，内鼻孔位后，前上颌骨下缘加宽，锄骨插于上腭骨中间，翼骨愈合形成中央嵴，方骨向前下方倾斜，枕髁低宽，其面向下。下颌较高，牙列成单行，每侧至少16个牙，牙齿扁平细弱，齿冠具边缘锯齿构造。脊椎扁平，为平凹型椎体，荐椎最多可达9个，背椎神经弧低。神经棘顶端扩粗，后部背肋与脊椎愈合，尾部末端常有扩粗锤状末端。肩胛骨与乌喙骨坚固愈合，尺骨粗壮，尺骨突显著，前足发育正常，每指末端为爪蹄状。后肢略长于前肢，肱骨为股骨的3/4。肠骨的髋臼前部延伸，后部显短。耻骨退化，前后突皆不发达。坐骨强烈弯曲。股骨转节不发达，退化后足短宽，趾末为蹄状爪。外膜质甲片发育。头、躯干及尾部全有不同形状骨板覆盖，体侧有直棘，骨片之间有小骨片及骨刺分布。甲龙类从中侏罗世开始出现，白垩纪时大发展，特别是晚白垩世时，甲龙类属种几乎遍布北美、欧亚等世界各地。

**甲壳动物** Crustacea; crustacean 节肢动物门甲壳动物亚门动物的统称。下分9纲，即头虾纲、鳃足纲、桨足纲、须虾纲、蔓足纲、桡足纲、鳃尾纲、介形纲和软甲纲。全世界有3万余种，分布广泛，栖息于海洋、湖泊、江河和池沼。常见的甲壳类除虾、蟹外，还有溞、鱼蚤、藤壶、鼠妇、糠虾、麦秆虫、寄居蟹等。

甲壳动物形态变异很大，体长从1毫米到4米不等。体呈长筒形，体节分明，全体分头、胸、腹3部。头部由6个体节愈合而成。甲壳类各体节外骨骼由背甲和腹甲两部分构成。背甲两侧常向外（下）延伸，为侧甲，附肢一般着生在腹甲的两侧。有前肠、中肠和后肠；鳃为主要呼吸器官，但也有些种以皮肤进行呼吸；中枢神经为梯形神经系。无复眼。雌雄异体，少数低等为雌雄同体或孤雌生殖。

甲壳动物主要栖于海洋，少数种生活在淡水水域，有的栖于地下水中或泥土内，还有少数为陆栖。许多甲壳类营浮游生活或寄生生活。

许多甲壳动物可供食用，同时又是鱼虾的天然饵料。还有许多甲壳动物对人类有害。熟若蟹等体内含有毒成分，误食会中毒。

**甲壳素** chitin 直链多糖，由2-乙酰胺基-2-脱氧-D-吡喃型葡萄糖基β-1,4双糖键合而成，分子式$(C_8H_{13}NO_5)_n$。

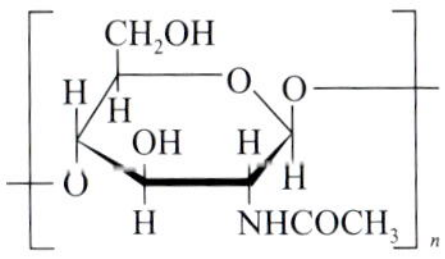

分子量约40万。又称甲壳质、壳糖、几丁质。广泛存在于甲壳动物（如虾和蟹）、昆虫和低等植物（如绿藻）中，是自然界中最丰富的氨基糖的多糖。将虾或蟹的甲壳用稀盐酸处理除去碳酸钙，然后用浓碱溶液处理，除去蛋白质和其他有机杂质，经水洗和干燥而得。为白色粉末，不溶于水、稀酸、碱、醇和其他有机溶剂，溶于浓无机酸和无水甲酸；在浓酸或浓碱中水解。用浓碱处理时，脱去乙酰基生成壳聚糖，它的氨基与酸反应，生成易溶于水的壳聚糖盐。通过壳聚糖乙酸盐的氨基反应，可制得各种性能优异的衍生物，可用于制备：①纯化水和从海水中提取铀的离子交换树脂；②凝胶色谱柱的填充物和分子筛；③能被生物或酶降解的食物包装膜或可溶性的体内手术线；④培植植物或微生物的保水剂；⑤纺织品的防缩、防皱处理剂，直接染料或硫化染料的固色剂。

**甲醛** formaldehyde 最简单的醛，分子式HCHO。无色气体，有强刺激性气味；熔点-92℃，沸点-21℃，相对密度0.815（20/4℃）。易溶于水，溶于乙醇、乙醚等有机溶剂。与空气混合易爆炸，爆炸极限7%～73%（体积）。甲醛的化学性质活泼，具有很强的化学还原性，还能与亲核试剂进行加成缩合反应。稀甲醛水溶液中的甲醛几乎全部转化成其水合物甲二醇$CH_2(OH)_2$。较浓的甲醛水溶液经较长时间的放置或使之慢慢蒸发，则聚合成多聚甲醛$(CH_2O)_n$，$n$=6～50。如果将含2%硫酸的60%的甲醛溶液进行蒸馏，则生成三聚甲醛$(CH_2O)_3$。三聚甲醛的熔点61～62℃，具有环状结构，不呈还原性，在酸性条件下能解聚。多聚甲醛则要加热才能解聚，因此多聚甲醛可以作为单体甲醛的储存形式。甲醛在工业上通常是用甲醇在银催化剂存在下进行空气氧化或催化脱氢制得；也可由甲烷或天然气的丙烷丁烷混合气在各种金属氧化物催化剂存在下进行空气氧化制得。甲醛是重要的工业原料和试剂，大部分用于合成树脂，还用于制造染料、药物、炸药、香料和多种化工产品。市售的福尔马林是40%甲醛的水溶液。甲醛对人的眼、黏膜有刺激性。

**甲申政变** Gapsin Coup; coup d'état of, 1884 1884年朝鲜开化派发动的武装政变。因该年为农历甲申年，故名。主要领导人为金玉均、洪英植等。这次政变是朝鲜历史上第一次具有资产阶级性质的改革运动。

19世纪60年代以后，资本主义上升时期文明思想的传入，使朝鲜封建统治阶级内部产生守旧派与开化派的斗争。以闵妃为代表的掌权的守旧派推行维护落后封建体制的政策；以金玉均、洪英植为首的开化派属封建贵族出身的年轻官僚，他们既受国内实学思想影响，也为资本主义所吸引，企图借助日本势力，仿效明治维新，改革朝政。日本为扩大对朝侵略，欲假开化派之手驱逐在朝之中国清廷势力。1884年12月4日，开化派在得到日本将给政变以政治、经济、军事援助等保证后，杀死守旧派的主要大臣闵台镐等人，组成以金玉均、洪英植等为主的新政府，次日以国王谕旨的形式颁布新政纲。其主要内容有：废除门阀制度，庶民平等；以才择人，以人择官；改革税制，减轻人民负担；革除冗官，杜绝贪官污吏等。6日，守旧派势力在驻朝清军支持下，重夺政权，金玉均等亡命日本，政变以"三日天下"告终。

**甲酸** formic acid 最简单的羧酸，分子式HCOOH。

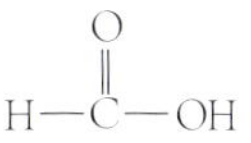

因最早由蒸馏赤蚁获得，又称蚁酸。在自然界分布很广，常以游离状态存在，如在赤蚁、蜂、毛虫的分泌物中，某些植物如荨麻、蝎子草、松针和一些果实（如绿葡萄），以及人体的肌肉、皮肤、血液和排泄物中都含有甲酸。有刺激臭味的无色液体，有很强的腐蚀性；熔点8.4℃，沸点100.7℃，相对密度1.220（20/4℃）；能与水、乙醇、乙醚混溶。甲酸同时具有羧酸和醛的某些性质。例如，甲酸的酸性比同系列中其他酸的酸性强，与醛相似具有还原性。甲酸不很稳定，较易脱羧，加热至160℃即分解成二氧化碳和氢；甲酸与浓硫酸共热，则分解成一氧化碳和水。实验室常用此法来制备少量高纯度的一氧化碳。甲酸的工业制法是用粉状的氢氧化钠与一氧化碳在120～130℃和6～8大气压下反应，首先生成甲酸钠，然后将干燥的甲酸钠加到浓硫酸和甲酸混合液中，经减压蒸馏即得无水甲酸。甲酸是常用的消毒剂和防腐剂，以及用于制药和有机合成。可直接用于织物加工、印染和饲料储存，也可用作金属表面处理剂、橡胶助剂和工业溶剂。

**甲烷** methane 最简单的烷烃，分子式$CH_4$。广泛存在于自然界。天然气含甲烷60%～98%（体积），与石油伴生的油田气含甲烷31%～90%。煤层中的甲烷在煤矿坑道中聚集，是引起煤矿爆炸的根源。甲烷是沼气的主要成分。甲烷为无色无臭的易燃气体。熔点-182℃，沸点-164℃，相对密度0.554 7（0℃）。在水中的溶解度很小，易溶于乙醇和乙醚。能生成结晶的水合物（见天然气水合物）。甲烷在空气中燃烧，生成二氧化碳和水，并放出大量的热。空气中含甲烷5%～15.4%（体积）时，遇火或电火花能猛烈爆炸。若空气中甲烷的含量过高，造成氧的含量远低于正常水平则能使人窒息。甲烷部分燃烧，或在高温和催化剂存在下与水蒸气作用，生成与一氧化碳和氢的混合物，即合成气。甲烷在高温下热解生成乙炔。在氨存在下部分氧化生成氢氰酸。甲烷还可在不同条件下与氯或硝酸反应，生成各种氯代甲烷和硝基甲烷。甲烷主要用作燃料和化工原料。

**甲烷菌** methanogenic bacteria 产生甲烷气细菌的统称。又称产甲烷细菌。包括3目4科（甲烷杆菌、甲烷球菌、甲烷微菌、甲烷片菌）。也有人把甲烷菌归属于古菌类。

此类菌广泛分布于自然界及动物肠道系统。产甲烷细菌是一种严格厌氧菌，其生命活动的代谢产物主要是甲烷。甲烷既是洁净的生物能源和化工原料，又是重要温室气体。有些甲烷菌在水稻田土壤中能产甲烷，有固氮作用，对水稻氮素营养需求十分有利。有些甲烷菌对其他甲烷菌起到制约作用，是其他甲烷菌生长的限制因子。

**《甲午风云》** *Naval Battle of 1894* 中国故事片。长春电影制片厂1962年出品。编剧希依、叶楠、陈颖、李雄飞、杜梨，导演林农，摄影王启民，美术卢淦，作曲张棣昌，主要演员李默然、浦克、王秋颖、李颉、庞学勤。该片以19世纪末中日甲午战争中丰岛、黄海两次战役为主线，将这一历史事件中人民群众和爱国官兵反侵略的爱国主义精神予以淋漓尽致地表现。影片的艺术风格凝练、明快、浓烈、深沉，充溢着令人振奋的浩然正气与悲壮力量。

**甲午农民起义** Peasants' Uprising of 1894 朝鲜农民反对封建统治和外国侵略的武装起义。因爆发于农历甲午年（1894）故名。又名东学党起义。

19世纪下半叶，朝鲜封建社会危机日深。1860年，庆州人崔济愚创立东学教，在南方农村盛行。东学教兴起后即被视为异端邪教而遭到镇压，1864年崔济愚被处死，1892年，广大教徒掀起为教祖申冤的请愿斗争。1893年夏发展为“斥倭斥洋”的政治运动。1894年2月15日（农历甲午年正月初十），全罗道古阜地区东学教接主全琫准，率上千名东学教徒和农民攻占古阜邑。5月4日攻占古阜郡白山，以此为根据地发动农民战争。附近农民纷纷响应，推全琫准为总大将，建立农民武装，攻克许多郡县。6月1日攻克全罗道首府全州，起义成为全国性的农民战争。同年6月，中国清朝政府和日本先后出兵朝鲜，日本以保护使馆和侨民为名，挑起中日甲午战争。9月下旬，日本取胜后，开始把矛头转向农民军。11月，全琫准率部北上，在公州与日军交战失败。12月，全琫准被捕，农民起义最后失败。

这次农民战争是朝鲜历史上最大的农民起义，坚持一年之久，早期主要反对本国封建势力，后期斗争锋芒指向日本侵略者。起义者在朝鲜历史上第一次提出平分土地的主张，并创立农民管理国家的机关——执纲所。起义既是朝鲜旧式农民战争发展的最高峰，也是朝鲜近代民族解放运动的序幕。

**甲藻门** Pyrrophyta; dinoflagellate 藻类植物的一门。除少数种类无细胞壁外，都有厚的主要是纤维素组成的细胞壁，称为壳。光合色素为叶绿素a、c，β-胡萝卜素，叶黄素类为硅甲藻素、甲藻黄素、新叶黄素及甲藻所特有的多甲藻素。全世界约有130属1 000多种。多数为海产种类，少数产于淡水及半咸水水体中。中国常见的淡水种类有4属15种。

植物体除少数为丝状或球状类型外，绝大多数为具鞭毛的单细胞游动种类。纵裂甲藻纲的细胞壁由2片组成，横裂甲藻纲由横沟或称腰带把细胞分成上、下两部分。壳体或为整块，但多数系由若干多角形的板片组成，板片的数目和排列方式是分类的主要依据。在细胞腹面具有与横沟垂直而向后端延伸的纵沟。鞭毛2条，顶生，或从横沟与纵沟相交处各自的鞭毛孔伸出。色素体依种类而异，呈黄绿、黄褐色，罕为蓝色，少数种类无色素体。常具蛋白核；贮藏物质为淀粉，也可产生油滴。眼点有或无。细胞分裂是普遍的繁殖方法，有时也产生动孢子、不动孢子或休眠孢子。有性生殖罕见。

甲藻门大部分种类可作鱼类及水生动物的饵料。浮游种类中，特别是海产的，是水生生物食物链中的原初生产者之一。有些种类如夜光藻、多甲藻、膝沟藻等在过量繁殖时形成赤潮，可使水呈红色、淡红褐色并发出腥臭味，使水的溶氧量降低，并且分泌毒素——石房蛤毒素及其衍生物，能使其他水生生物死亡，给水产业造成危害。

**甲状旁腺** parathyroid gland 脊椎动物的一种内分泌腺。除了在人和一些真兽类，它与甲状腺有一定解剖学位置关系外，在其他动物，两者并无密切关系。它与胸腺的关系更为密切，两者都起源于咽囊。人的甲状旁腺大小如稻粒，贴附在甲状腺侧叶的后面。

甲状旁腺受交感神经支配。分泌多肽类激素，称为甲状旁腺激素，主要调节体内的钙磷代谢。

**甲状旁腺疾病** parathyroid diseases 甲状旁腺分泌的甲状旁腺素过多或过少所致钙磷代谢紊乱及一系列病变。分为甲状旁腺功能亢进（简称甲旁亢）和甲状旁腺功能减退（简称甲旁减、甲旁退）两类。

**甲状旁腺功能亢进** 由甲状旁腺素（又称甲状旁腺激素）分泌过多引起的钙、磷代谢失常。

病因　颈部放射治疗后良性或恶性甲状旁腺和甲状腺瘤发生率为11%～25%。有的家族中父女、母子、兄妹均患此病。故此病与放射性照射和遗传有关。

病理生理与临床特征　甲状旁腺激素过多使骨质溶解，骨钙释放入血，肾小管和肠道回吸收钙的能力加强，故血钙水平增高。高血钙使神经肌肉的激动性降低和胃肠道蠕动弛缓，因而产生神经肌肉和精神神经系统的表现，如容易疲劳、肌力和肌张力降低、性格改变、智力和记忆力减退以及烦躁、过敏、失眠和情绪不稳等，偶有明显的精神病，严重者可昏迷。还可有食欲不振、恶心、呕吐和便秘症状。溃疡病的发生率比一般人高。

诊断　血甲状旁腺素浓度是诊断本病一个直接而敏感的指标，有测定甲状旁腺素全分子、氨基端、中间段和羧基端等数种放射免疫分析法，用这个指标诊断甲旁亢与手术的符合率达90%左右。

大多数病变的甲状旁腺位于颈部，倘若第一次颈部探查手术失败，应考虑其他引起高血钙的原因。无创伤性检查有：超声断层、$^{99}$Tcm和$^{201}$Tl双重同位素减影扫描，二者与手术符合率分别为70%和90%左右，均可检出直径1厘米以上的病变。$^{99}$Tcm-甲氧基异丁基异腈（MIBI）显像的定位诊断敏感性达92%，对异位胸骨后的病变也能检出。CT扫描有助于除外纵隔病变。选择性甲状腺静脉取血测甲状旁腺素为创伤性检查，特异性较强，诊断符合率达70%～90%。甲状腺动脉造影检查阳性率不高。

治疗　有症状或有并发症的原发性和三发性甲旁亢宜手术治疗。无症状或仅有轻度高钙血症的病例应追随观察。若有以下情况要考虑手术治疗：①血钙高于12毫克。②血甲状旁腺素高于正常值2倍以上。③骨病X射线表现。④活动性尿路结石。⑤肾功能减退。⑥严重的精神病、溃疡病、胰腺炎、高血压。

**甲状旁腺功能减退** 因甲状旁腺素分泌减少（或末梢靶器官对甲状旁腺素不反应）引起钙磷代谢异常所致一组病变。

病因　自腺体至靶组织细胞之间任何环节的缺陷均可引起甲状旁腺功能减退。主要包括：①甲状旁腺素生成减少。②甲状旁腺素分泌受抑制。③甲状旁腺素过多性甲旁减。

临床表现　当甲状旁腺素作用缺乏时，骨钙释放入血，肠钙吸收及肾小管回吸收钙均减少，致低钙血症，而肾小管对磷的回吸收增加，致血磷增高，尿磷排量减少。主要有以下表现：①神经肌肉应激性增加。初期有麻木、刺痛及蚁走感，明显者呈手足搐搦，手足呈鹰爪状，腕、手掌及掌指关节屈曲，指间关节伸直，拇指内收。髋关节和膝关节伸直，脚跟向上提，脚趾向脚掌弯曲，脚背呈拱形。严重者全身随意肌收缩而有惊厥发作，也可伴有植物神经功能紊乱。②神经系统表现。精神症状有兴奋、焦虑、恐惧、烦躁、欣快、忧郁、记忆力减退、妄想、幻觉和谵妄等。约15%病人有智力减退，大概5%见视乳头水肿，偶有颅内压增高。脑电图示一般节律慢波、暴发性慢波以及有尖波、棘波、癫痫样放电改变，常出现在有明显低钙血症时（小于6.5毫克/分升）。③胚层组织营养变性。如低钙性白内障，出牙延迟，牙发育不全，皮肤角化过度，指（趾）甲变脆、粗糙和裂纹，头发脱落等。④骨骼改变。骨密度正常或增加，假性甲旁减病人可见掌骨、跖骨变短。可有纤维性囊性骨炎。⑤胃肠道功能紊乱。有恶心、呕吐、腹痛和便秘等。⑥心血管异常。低血钙刺激迷走神经可导致心肌痉挛而突发死亡。病人心律增速或心律不齐。心电图示QT间期延长。重症病人可有甲旁减性心肌病、心力衰竭。⑦转移性钙化。多见于脑基底节（苍白球、壳核和尾状核），常对称性分布，CT检查发现率达45%，头颅平片对基底节钙化的发现率小于10%。其他软组织、肌腱、脊柱旁韧带等均可发生钙化。

实验室检查　有症状者，血钙一般≤7.5毫克/分升，血游离钙≤3.8毫克/分升。隐性者血钙为8毫克/分升左右。血磷值正常或增高。尿钙降低，尿磷也减少。血碱性磷酸酶正常。血甲状旁腺素值降低或正常（应同时测血钙一起进行分析）。

鉴别诊断　本病需与慢性低钙血症相鉴别，慢性低钙血症常由营养性或肠吸收不良的维生素D缺乏症、慢性肾性骨病、长期服抗癫痫药等引起。

治疗　主要纠正低钙血症和高磷血症，常用药物有：①钙剂。有葡萄糖酸钙、乳酸钙、氯化钙和碳酸钙等。②维生素D制剂及其衍生物。双氢速变固醇、1α羟维生素$D_3$和1，25(OH)$_2D_3$，其生物活性较维生素$D_2$或$D_3$强，起效和作用消失时间都短，故更为有效和安全。

另外，在人、犬和大鼠中甲状旁腺已成功地被自家移植，但异体移植只在大鼠中获成功。

**甲状腺**　thyroid gland　脊椎动物特有的内分泌腺。分泌含碘的氨基酸。

甲状腺在无脊椎动物体内尚未分化，脊椎动物开始有甲状腺。它是由咽鳃部发育而来。被囊动物（又称尾索动物）的内柱被认为是脊椎动物甲状腺的前身。内柱咽部的一些上皮细胞可以结合碘，细胞顶部分泌颗粒释放到咽部。鱼类的甲状腺不成对，沿腹大动脉散在；两栖动物的甲状腺沿鳃弧而散在；爬行动物体内也不成对，位于颈部中央；鸟类的甲状腺多成对，而且常在支气管的基部；哺乳动物的甲状腺大多不成对。人的甲状腺紧贴在喉与气管上端4～6个软骨环的前面和两侧。两侧部较大，称左、右侧叶，两者由较细的峡部相连接。甲状腺外面有两层结缔组织被膜。内层紧贴腺体实质，其中有丰富的血管网，外层是气管前筋膜的一部分。甲状腺的血管分布通常有甲状腺上动脉、甲状腺下动脉各1对及3对静脉。此外，少数人还有甲状腺最下动脉。甲状腺的血液供应极为丰富，每分钟每100克甲状腺组织的血流量约为350～600毫升，这比脑组织的血流量还多。

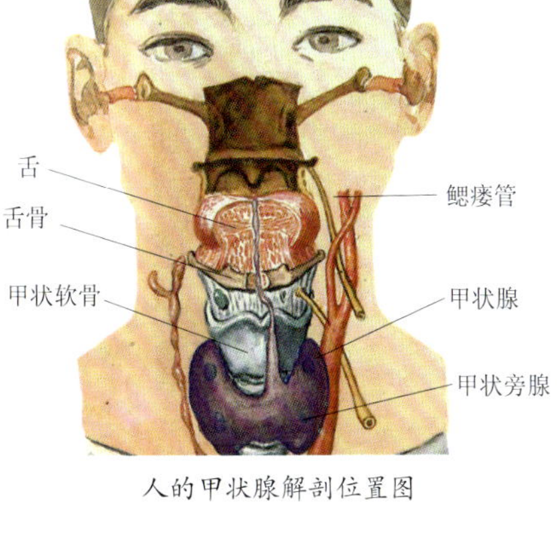

人的甲状腺解剖位置图

甲状腺的作用为调节机体的新陈代谢和生长发育。甲状腺激素是由甲状腺上皮细胞制造的具有生物活性的物质。甲状腺激素没有特异的靶细胞，其作用十分广泛，因其含量不同而出现不同的效应。主要有产热作用，对蛋白合成、机体生长与发育的作用，对糖代谢的作用，对脂肪代谢的作用，对心脏的作用，对中枢神经系统的作用等。甲状腺主要受下丘脑－腺垂体系统调节，来保持血中甲状腺激素浓度的相对稳定。

**甲状腺功能减退**　hypothyroidism　因甲状腺激素缺乏、不足或对其不反应导致机体代谢活动下降而引起的一种内分泌病变。简称甲减、甲退。根据起病年龄不一，可有各种不同的临床表现。婴幼儿起病者主要影响大脑发育、骨骼生长，导致智力障碍和身材矮小等异常。按发病年龄可分以下三型：①于胎儿及新生儿起病者称先天性甲减（呆小病，又称呆小症或克汀病），有地方性和散发性两种，前者在地方性甲状腺肿流行区发生率较高；②幼年型甲状腺功能减退，始于性发育前；③成年发病者称成人甲减。

病因　在严重的地方性甲状腺肿流行区，缺碘、甲状腺发育不良、甲状腺激素合成障碍是造成新生儿甲减最主要的原因。其次，母亲患风疹等感染致染色体畸形、甲状腺发育不良、甲状腺激素合成障碍也可导致新生儿甲减的发生。成人甲减最常见的原因是原发于甲状腺本身的损害，主要由自身免疫性甲状腺炎（又称桥本氏病）发展而来。自身免疫性甲状腺炎常发生在30岁以后的妇女，是成年女性甲减最常见的原因。

临床表现　由于甲状腺激素影响脑和骨骼的发育，因此儿童患者尤其是克汀病患者智力障碍、痴呆、身体矮小，呈侏儒症。患儿表现活动少、不哭闹、不欢笑、面肿、眼距宽、鼻梁塌陷、唇厚、舌大外伸、表情呆滞，四肢比躯干更显短小，聋哑较多。成人患者表现为机体代谢活动下降，早期轻微者无临床症状，称亚临床甲减。轻度甲减患者有乏力、怕冷、腹胀、便秘、嗜睡、月经过多，血$T_3$、$T_4$水平降低，其症状轻重程度常与甲状腺激素缺乏程度及病程长短成比例。重度甲减又称黏液性水肿，有特殊黏液水肿面容，眼睑浮肿、眼裂变窄、睁眼费力、鼻翼及唇厚、舌大、毛发稀疏而干脆、眉毛外1/3脱落、声音粗哑、心率缓慢、皮肤干燥，含黏蛋白的液体在皮肤、心肌、骨骼肌等组织内浸润，表皮萎缩、角化，形成黏液性水肿，用手压局部时为不可凹性。约一半患者有胃酸缺乏，患者一般较安静，但可极度抑郁或易激惹。听力下降，有时合并乳溢，甲减纠正后乳溢消失。贫血常见，是因血红蛋白合成受损、月经过多，以及肠吸收铁剂、叶酸等减少所致。还可合并恶性贫血。心包、胸腔、腹腔、关节腔等多浆膜腔积液，积液细胞成分少，蛋白质及胆固醇高，比重亦高。高血脂常合并动脉硬化、高血压及冠心病。心率缓慢，心电图呈低电压，心排血量少，但因代谢率下降，耗氧量少，心力衰竭并不常见。甲减性心脏病也较多见，室间隔不对称性肥厚、心肌黏液性水肿、心腔扩大及心包积液等致心脏扩大。心脏收缩间期，尤其是射血前间期延长，是甲减心脏病的一个敏感指标。心包积液多数呈缓慢发展，因此虽有大量积液而压迫阻塞症状并不明显。严重者在感染、寒冷、手术、麻醉及应用镇静药时可出现昏迷，称黏液水肿性昏迷，表现为体温低、呼吸浅慢、心率慢、低血压、肌肉松弛、心肾功能衰竭、低氧血症、二氧化碳潴留，严重者危及生命。常发生于老年人、原有肺和心血管病变的患者，病死率高。

诊断　轻型患者易被漏诊或误诊。凡有怕冷、面肿、月经过多者即应警惕，特别是家族中有格雷夫斯氏病、自身免疫性甲状腺炎者。基础代谢率、甲状腺吸碘功能及血中$T_3$、$T_4$水平降低，血胆固醇水平增高者均支持此病的诊断。血$T_4$测定比$T_3$更为敏感。促甲状腺素（TSH）可作为原发性甲减诊断的敏感指标。血中TSH浓度和促甲状腺素释放激素（TRH）兴奋试验常可用来帮助鉴别诊断原发病变部位。超声心动图对诊断心包有无积液很灵敏。甲减所致心脏改变原发病得到纠正后可明显好转甚至恢复正常，这有助于与其他病因的心脏病相鉴别。

治疗　一般用甲状腺激素替代疗法。中国应用干甲状腺片较多，为动物甲状腺制剂，甲状腺激素含量不恒定，其$T_4$与$T_3$

的比例稍低于人类甲状腺分泌者。用药宜从小剂量开始，逐渐缓慢增加剂量。

预防 在缺碘地区，食盐应加碘，新生儿进行TSH测定以筛选甲减。甲状腺肿拟手术的患者事先应测定甲状腺自身抗体，以排除自身免疫性甲状腺炎的可能，若患有自身免疫性甲状腺炎则术后发生甲减的可能性极大。

**甲状腺功能亢进** hyperthyroidism 由多种原因引起血中甲状腺激素增多，并作用于全身组织器官所致的内分泌病变。简称甲亢。可有心慌、怕热、多汗、食量增多、消瘦、颈粗、突眼等一系列临床表现。若处理得当，可以治愈。此病常见，多见于女性。随年龄增长，女性患病比例相对减少。小儿发病少见，发病最多的年龄在20～40岁，老年人患病不少见。

**分类** 根据不同的病因，甲亢可分为许多种，最常见的是毒性弥漫性甲状腺肿，也称格雷夫斯氏病或巴塞多氏病。此外，还有毒性结节性甲状腺肿、功能自主性甲状腺肿、甲状腺炎引起的甲亢，外用甲状腺制剂或碘制剂引起的甲亢，以及甲状腺及子宫的恶性肿瘤引起的甲亢等。

**临床表现** 甲亢是全身性疾病，全身各个系统均可有异常。以毒性弥漫性甲状腺肿为例，特征性的临床表现，概括起来有三方面。

代谢增加及交感神经高度兴奋 患者常有多食、易饿、消瘦、无力、怕热、多汗、皮肤潮湿，也可有发热、腹泻、容易激动、好动、失眠、心跳增快，严重时心律失常，心脏增大，甚至心功能衰竭。

甲状腺弥漫性对称肿大 由于腺体中血管扩张和血流加快，在肿大的甲状腺上可听到杂音，或可以摸到如猫喘一样的颤动。

甲亢眼部改变 由于交感神经过度兴奋，可表现眼裂变大、眼睑后缩、眨眼减少，呈现凝视状态或惊吓表情。有的患者由于眼部肌肉受侵犯，眼球活动受限制，产生视物成双的复视现象或眼结膜、角膜水肿，也可破溃。患者常有眼球突出。眼部病变严重的可有视神经乳头和/或视网膜水肿、出血，视神经受到损害可引起视力减退，甚至失明。

**诊断** 患者血中$FT_3$、$FT_4$和/或总$T_4$、总$T_3$、$T_3$树脂摄取试验升高，吸碘－131率增强，促甲状腺激素减低，而且对促甲状腺激素释放激素缺乏反应。

**治疗** 须取得患者主动配合，合理安排营养丰富、高热量、高蛋白质、高维生素的膳食，以及脑力和体力的休息。常采用的治疗方案有以下三种。

长期药物治疗 此种方法易被患者接受，不会引起不可逆损害，但治疗时间长、复发率较高。

手术 适应证为甲状腺显著肿大，药物治疗无效或停药后复发，或不能坚持长期用药者。先用抗甲状腺药物控制病情后再行甲状腺大部切除术，90%的患者术后可治愈。

放射性碘－131治疗 碘－131在甲状腺大量聚集，放出β及γ射线，破坏甲状腺组织。此法方便、安全，但治疗后症状消失慢，而且一些患者治疗后可能发生永久性的甲状腺功能减退。

**预防** 避免精神诱因，生活规律，劳逸结合，对预防发病有好处。对于外用药引起的甲亢，只要避免不适当的或滥用甲状腺制剂或含碘药物，完全能够防止发生医源性的甲亢。

**甲状腺炎** thyroiditis 以感染性和非感染性炎症为主要表现的甲状腺疾病。不少见。按发病多依次分为：慢性淋巴细胞性甲状腺炎、亚急性甲状腺炎、无痛性甲状腺炎、感染性甲状腺炎及其他原因引起的甲状腺炎。

**慢性淋巴细胞性甲状腺炎** 又称自身免疫性甲状腺炎或桥本氏病。为良性疾病。多发生于中年女性，好发年龄为40～50岁，甲状腺呈无痛性、弥漫肿大，质地硬，甲状腺功能正常或偏低，大多数患者的血中可查出抗甲状腺抗体。多数病例最终变为甲状腺功能减退。有人认为极少数可发展为甲状腺淋巴瘤。病例有增多的趋势。也发现不少儿童病例。

临床表现 病程较长，根据病情的轻重程度和实验室检查结果，可将此病分为代偿期的亚临床型、表现不明显的隐匿型及有明显症状和体征的表露型。临床表现典型的患者，甲状腺呈现弥漫性肿大、质地硬、不痛，甲状腺对周围组织的压迫及全身症状均不明显，甲状腺功能正常或偏低。有些患者咽部不适感明显，不少患者主要以甲状腺功能减退表现来就诊。有的患者无任何自觉不适，体格检查时也无明显异常发现。少数患者发病过程中可伴有甲状腺功能亢进，其确实的原因还不清楚。本病可以同时有眼部异常及限局性黏液水肿。

诊断及鉴别诊断 结合临床表现、实验检查，尤其是血中抗甲状腺抗体测定即可诊断。必要时需做甲状腺针吸或活体的病理学检查。

治疗 若已引起明显的甲状腺功能减退，应长期用甲状腺激素制剂。甲状腺功能正常者，为了使已肿大的甲状腺缩小或防止其进一步增大，也可用甲状腺制剂治疗，少数患者用一般剂量不能使甲状腺缩小或继续长大，可适当增加甲状腺激素制剂用量。

**亚急性甲状腺炎** 又称肉芽肿性甲状腺炎，是一种可以自行恢复的甲状腺感染性疾病。此病不常见，但也不罕见。多在30～50岁发病，儿童少见，女性比男性发病率多3～6倍。预后良好。一些患者病情缓解后，数月之内还可再次或多次复发。大多数患者甲状腺功能可恢复正常。永久性甲状腺功能减退的发生率不及10%，极少数病例可发展为桥本氏病或毒性弥漫性甲状腺肿。

临床表现 典型的表现为甲状腺剧痛，通常疼痛开始于一侧甲状腺的一边，很快向腺体其他部位和耳根及颌部放散，常伴有全身不适、乏力、肌肉疼痛，也可有发热。

病后1周内，约一半患者伴有甲状腺功能亢进的表现，包括兴奋、怕热、心慌、颤抖及多汗等，在疾病消退过程中，少数患者可以出现肿胀、便秘、怕冷、嗜睡等甲状腺功能减退表现，但这些表现持续时间不长，最终甲状腺功能恢复正常。

诊断 根据患者起病前有上呼吸道感染或咽痛病史，病后甲状腺疼痛明显，伴有发热等表现，再结合血中$T_4$及$T_3$升高、甲状腺吸碘－131率降低、血沉增快等，一般诊断不难。伴有甲亢表现时需要与毒性弥漫性甲状腺肿鉴别，然而后者甲状腺吸碘－131率多升高。

治疗和预防 治疗主要针对甲状腺疼痛和一过性的甲亢表现。疼痛轻者，不需要任何药物，疼痛重的用一般止痛药即可，甲亢表现通常采用非特异的药物，如心得安常可奏效。病情严重、全身症状明显时，可试用肾上腺皮质激素。甲状腺功能减退轻者无须处理，重者可用甲状腺制剂，但不宜长期用药。

**无痛性甲状腺炎** 又称寂静型甲状腺炎。是亚急性甲状腺炎和桥本氏病的一种中间型，兼有亚急性和桥本氏两种甲状腺炎的特点。进入21世纪以来报道的病例数逐渐增加。容易发生在对自身免疫甲状腺病有遗传倾向者，有些病例在分娩以后发病。可以发生在任何年龄组，发病时甲状腺不痛，也可以伴发暂时性甲亢，临床过程和实验室检查与亚急性甲状腺炎难以区别。

**感染性甲状腺炎** 少见。按病程长短可分为急性及慢性炎症，按疾病性质可分为化脓性与非化脓性炎症。病原包括病毒、细菌、真菌及原虫等，由结核、梅毒、布鲁斯氏菌病引起的均属此类。

**其他甲状腺炎** 很少见。如甲状腺部位的放射照射、创伤以及淀粉样变侵及甲状腺等，也可引起甲状腺炎。原因未明的侵袭性纤维性甲状腺炎也很少见。

**甲状腺肿瘤** thyroid tumors 甲状腺滤泡上皮或滤泡旁细胞部位发生的良性或恶性肿瘤病变。良性者统称甲状腺肿块腺瘤，多见于青年女性。多是孤立的实体结节，表面光滑，界限清楚，绝大多数腺瘤不具

甲状腺肿块的临床表现

| 临床表现＼肿块类型 | | 良性肿瘤 | 恶性肿瘤 | 甲状腺肿 | 甲状腺炎 |
|---|---|---|---|---|---|
| 肿块 | 大小 | 不定 | | 可以成巨大肿块 | 不定 |
| | 单发 | 多为单发 | 单发或多发 | | 可呈局灶性 |
| | 多发 | | 可侵犯两叶 | 均为两叶弥漫性 | 多为全腺体受累 |
| | 活动度 | 活动 | 活动性差 | | |
| | 包膜 | 有 | 无 | 无 | 无 |
| | 性质 | 多为实性，可发生囊性变 | 均为实性，质硬 | 囊性实性结节均有 | 弥漫实性 |
| | 与周围器官的关系 | 不侵犯周围器官 | 可侵犯气管、静脉、动脉及神经 | 可造成器官移位，但无侵犯 | 可与周围器官粘连，无侵犯 |
| 区域淋巴结状况 | | 无转移 | 早期可见转移 | 无转移 | 无转移 |
| 远处转移 | | 无 | 可转移至肺、骨、肝、脑等器官 | 无 | 无 |

有摄取碘的生理功能，故在放射性核素扫描图像上显示为“冷”或“凉”结节。极少数（小于1%）的腺瘤功能高于正常甲状腺而显示为“热”结节。腺瘤生长缓慢，不向邻近器官侵袭和转移，均以颈部肿块而就诊。良性肿瘤也应当行手术切除治疗，因为它能转变为恶性（约10%）。手术治疗后复发十分罕见。

恶性肿瘤统称甲状腺癌，细胞来源与良性肿瘤相同，因无生理功能，放射性核素扫描图像上也多显示为“冷”结节。甲状腺癌中2%～5%的病例属于分化不良型，不具有甲状腺的组织学结构，多见于老年人，若患者不能在极早期得到诊断并接受根治性手术治疗，多数死亡。

结节性甲状腺肿也常以甲状腺肿块为症状而就医。此病发病率甚高（7%～8%），其发病与饮食中碘缺乏有关。腺肿也可以并发**甲状腺功能亢进**，此时一切症状均与原发性甲状腺功能亢进相同。

局灶性**甲状腺炎**和局灶性慢性淋巴细胞性甲状腺炎（又称桥本氏病）有增多的趋势。其临床表现也呈现结节，与甲状腺癌不易区别。甲状腺放射性核素扫描图像上也都显示为“冷”或“凉”结节。然而这两种局灶性炎症都不需要手术切除治疗。

不同原因所致的甲状腺肿块的临床表现见表。特殊的检查方法有：①放射性核素甲状腺扫描。②细针针吸细胞学诊断技术。主要用于经临床和其他辅助检查后诊断仍有困难的病例。

对良性肿瘤的治疗主要是手术切除肿瘤及其周围部分甲状腺组织。若可疑为恶性病变时，应行冰冻病理切片检查。对分化良好的腺癌，手术切除是取得根治的主要手段。

**岬角** head land 突出于海中的陆地尖角。多分布于弯曲海岸地段并常与海湾相间，形成一对相应的地貌组合。岬角由海浪侵蚀作用所形成。当波浪进入浅水区后，波峰逐渐形成平行于海岸的沿岸流，使能量辐聚，产生强烈的海蚀作用。在岬角处可形成许多海蚀地貌，如海蚀穴、海蚀崖、海蚀平台、海蚀拱桥等。岬角深水区可形成良好的军港，也是良好的旅游区。

**贾春旺** Jia Chunwang（1938－05～ ） 中华人民共和国最高人民检察院检察长。一级大检察官。北京市人。1962年9月加入中国共产党。1958年入清华大学工程物理系实验核物理专业学习。1964年任清华大学工程物理系教师兼校团委学习劳动部副部长。“文化大革命”中受冲击，下放劳动。1972年后任清华大学工程物理系办公室主任、清华大学政治处副主任。1978年后任清华大学学生工作部副部长、部长、团委书记、校党委常委。1982年后历任中共北京市委常委兼共青团市委第一副书记、书记，海淀区委书记，北京市委副书记兼市纪委书记。1985年后任国家安全部部长、党组书记、党委书记。1998年后任公安部部长、党委书记，武装警察部队第一政委、党委第一书记。2002年任最高人民检察院党组书记、副检察长、检察委员会委员。2003年3月当选最高人民检察院检察长。同年12月当选中国检察官协会会长。2006年10月25日当选国际反贪局联合会第一届主席。中共十二至十六届中央委员。

**贾耽** Jia Dan（730～805） 中国唐代大臣、地理学家兼地图学家。字敦诗，沧州南皮（今属河北）人。天宝中登第。在肃宗、代宗、德宗三朝历官，任太原少尹、礼部郎中、汾州刺史、鸿胪卿、右仆射同中书下平章事等职，被封为魏国公。一生好学，通晓地理。其研治地理有两个特点：一重视少数民族地区和外国地理；二重视绘制地图。所绘《海内华夷图》是继**裴秀**《禹贡地域图》之后的划时代作品，横3丈，纵3丈3尺，内容上溯《尚书·禹贡》，下及当时，范围包括中国和国外几百个国家。原图已佚。在图上首创朱、墨两色分注古今地名的绘制历史沿革地图的方法。又著《关中陇右山南九州图》、《古今郡国县道四夷述》（40卷）、《皇华四达记》（10卷）、《关中陇右山南九州别录》（6卷）、《吐蕃黄河录》（4卷）、《贞元十道录》（4卷）。可惜多未流传下来。

**贾岛** Jia Dao（779～843） 中国唐代诗人。字浪仙。范阳幽都石楼村（今北京房山）人。早年出家为僧，法名无本。德宗贞元中期出游，入洛阳佛寺。投**孟郊**，入韩（愈）门，弃佛从儒，应举。但10年不第，作《病蝉》诗讥刺当政。文宗开成二年（837），授长江主簿，称贾长江。三年职满迁普州司仓参军，转司户参军，未授，武宗会昌三年七月二十八卒于普州。与**张籍**、刘叉、**姚合**、马戴为深交。

贾岛一生穷窘而诗有成。**韩愈**称“狂词肆滂葩”，孟郊云：“诗骨耸东野”。五律高古，重炼字句，有“推敲”之典。有警句，如“鸟宿池边树，僧敲月下门”（《题李凝幽居》）；“秋风生渭水，落叶满长安”（《忆江上吴处士》）。自谓“二句三年得，一吟双泪流”（《题诗后》）的“苦吟客”。诗瘦硬狂涩，奇僻清峭，远继**杜甫**，近学孟（郊）、韩（愈），与孟郊同为“苦吟派”诗人，**苏轼**谓“郊寒岛瘦”。曾自编其诗，有《长江集》10卷。

**贾凫西** Jia Fuxi 中国明末清初鼓词作家。原名应宠，字思退，一字晋蕃，号凫西，又号澹圃。笔名木皮散客，又作木皮散人或木皮子。山东曲阜人。根据他的《归兴诗》推定，约生于1590～1594年之间，《曲阜县志》记载他终年在80岁以上，约卒于1676年。明崇祯十二年（1639），以贡生授北直隶固安县令，不久擢升部曹，后又升任刑部郎中。清代初年，曾被迫补旧职，以说唱鼓词、荒废政务而自劾免职，重回曲阜故里。晚年因佯狂不羁，不容于乡党，移家滋阳，闭门著书。

贾凫西与**孔尚任**为世交。据孔尚任所作《木皮散客传》记载，贾凫西痴迷鼓词，不仅“说于诸生塾中，说于宰官堂上，说于郎曹之署”，而且常常“端坐市坊，击鼓板说之”。所著《木皮散人鼓词》（又名《历代史略鼓词》）从三皇五帝一直说到明末崇祯皇帝吊死煤山，是带有批判性质的讲史作品。《木皮散人鼓词》的语言多用乡谚土语，但俚不伤雅，声韵铿锵，朗朗上口。清代初年就在山东诸城、潍县、日照一带以抄本的形式流传，至清同治年间才由福山王氏收入《天壤阁丛书》刊刻问世，其后有沔阳卢氏刻本和叶德辉收入《双梅景暗丛书》的刻本。《木皮散人鼓词》之外，贾凫西的鼓词创作还有一些。如孔尚任《木皮散客传》里提到的"《论语》稗词"，一般认为就是《桃花扇》传奇中《听稗》一折所录的《太史挚适齐》鼓词；署有"凫西遗著"的三种鼓词抄本《齐景公待孔子》、《子华使于齐》和《齐人一妻一妾》，其中的《齐人一妻一妾》篇，有人认为确是贾凫西的作品。此外，他还有《澹圃恒言》三卷和《澹圃诗抄》一卷行世。孔尚任评论他的著作"文字雅俚庄谐不伦，颇类明之李卓吾、徐文长、袁中郎者，乡人多不解"。

**贾后** Empress Jia (257～300) 中国晋惠帝皇后。名南风，小名时。贾充次女。平阳襄陵（今山西襄汾东北）人。性酷虐多权诈，泰始八年（272）册为太子司马衷妃。永熙元年（290）衷即位（晋惠帝），立为皇后。太傅、大都督杨骏辅政擅权，立谢淑媛所生广陵王遹为皇太子。次年，贾后和楚王玮合谋，族灭杨氏及其亲党数千人，由太宰汝南王亮与太保卫瓘以录尚书事执政。惠帝痴愚，受制于贾后。贾后矫旨诏楚王玮率领北军诛锄汝南王亮、卫瓘；同时又以矫旨擅杀大臣的罪名杀楚王玮，从此政权落到贾后手里。这是八王之乱的开始。

曹魏时其父贾充任大将军司马、廷尉，为司马氏的亲信，参与代魏的密谋，晋初官至尚书令，又是外戚，颇有势力。贾后仗母舅郭彰权势，依靠族兄贾模、内侄贾谧力量，拉拢名流，专政十年（291～300）。贾氏亲党怕太子遹秉政后贾后被诛戮，劝贾后废立。元康九年（299）十二月她诬陷太子为逆，废为庶人，幽禁于许昌（今河南许昌东），次年三月矫旨杀害。四月，赵王伦起兵废贾后，囚于金墉城，旋被杀。

**贾卡** Jacquard, Joseph Marie (1752-07-07～1834-08-07) 法国织机工匠。纹板提花机的创始人。生于里昂，卒于乌兰。18世纪初，法国工匠布雄根据中国古代挑花结本手工提花机的原理创制纸孔提花机，用纸带凿孔控制顶针穿入，代替"花本"上的经线组织点。1799年，贾卡综合前人的革新成果，制成整套的纹板传动机构，配置更为合理的脚踏机器提花机，只需一人操作就能织出600针以上的大型花纹。这种提花机在1801年巴黎展览会上获青铜奖章。1860年后改用蒸汽动力代替脚踏传动，遂成为自动提花机。自动提花机后来广泛传播于全世界，并改用电动机传动。这种机器被称为贾卡（提花）机。

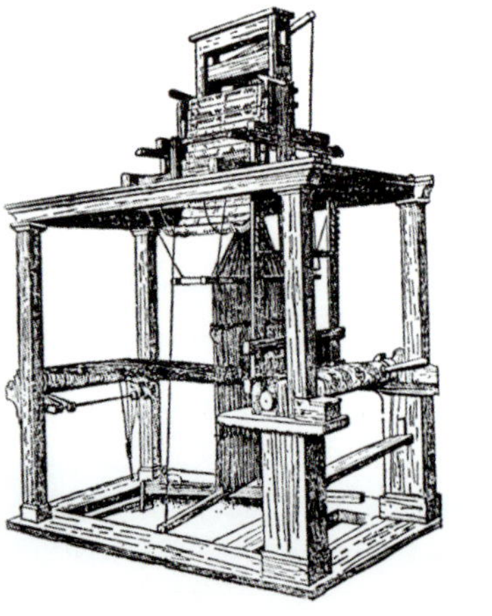

贾卡机

**贾科梅蒂** Giacometti, Alberto (1901-10-10～1966-01-11) 瑞士雕塑家、画家。生于博尼奥，卒于库尔。幼随父亲学画。1919～1920年在日内瓦艺术及工艺学校学习。1922年旅居巴黎，在A.布代尔工作室工作3年，其间受到立体主义和希腊荷马史诗时期雕塑的影响，逐渐形成自己的风格。1929～1939年间，曾和超现实主义社团有密切的交往，但他并不是真正的超现实主义者。早期他画过许多素描和油画，而真正作出贡献的是在雕塑领域。他的创作深受萨特存在主义哲学的影响。J.-P.萨特曾指出他的作品中包含着"绝对的自由"和"存在的恐惧"。他自己也说："我的画与雕塑，是为了攻击现实，是为了保护自我，是为了抗拒死亡，以争得所有可能的自由。"贾科梅蒂的艺术反映了第二次世界大战以后，普遍存在于人们心理上的恐惧与孤独感。

青铜雕塑《步行男子》(1948)

贾科梅蒂的代表作《凌晨4时的宫殿》(1932～1933) 在透明的铁丝笼里，有一些神怪的形体；《遥指》(1947) 在金属架上用石膏泥塑造出拉长了的、干瘪的人体。

**贾兰坡** Jia Lanpo (1908-11-25～2001-07-08) 中国现代考古学家、第四纪地质学家。河北玉田人。卒于北京。1931年入中国地质调查所新生代研究室，参加周口店北京猿人遗址（见周口店遗址）的发掘工作。1949年后历任中国科学院古脊椎动物与古人类研究所副研究员、研究员，国际博物馆协会保护委员会协调员，中国考古学会副理事长，中国太平洋历史学会副会长兼秘书长等职。1935年接替裴文中主持周口店地区的发掘和整理工作，获得重要发现。他指导并主持的周口店的发掘和研究成果受到国内外学术界高度重视。他认为北京人能够使用火，在体质特征与石器制造方面又显示出进步性质，因而不能说是最古老的，而最古老的人类和最原始的文化，应该到早更新世泥河湾期的地层中去寻找。他还深入探讨了北京人及其共生的各种动物化石之间的关系，提出北京人在周口店生活期间，曾经历过冷暖更替的气候变迁。20世纪50年代以后，先后组织并参加了一系列著名古人类、古文化遗址，如丁村、匼河、西侯度、峙峪、许家窑等遗址的发掘。他提出的中国、东北亚及北美的细石器可能起源于华北的学说受到国内外学术界的瞩目。著有《鲁南考古队在人类学上的特别发见》、《中国猿人》等。1980年当选中国科学院学部委员（院士）。还是美国国家科学院外籍院士、第三世界科学院院士。

**贾玛尔扎德** Jamālzādeh, Moḥammad ‘Alī (1892-01-03～1997-11-07) 伊朗作家。生于伊斯法罕，卒于瑞士日内瓦。1910年始先后在法国第戎和瑞士洛桑攻读法律，1914年获法学博士学位。1915年到柏林，对文学发生兴趣。第一部短篇小说集《在很久以前》(1921) 引起强烈反响。小说真实地反映了第一次世界大战时期伊朗社会的黑暗腐败和劳苦大众饱受兵燹之害的悲惨境遇，称得上是伊朗现代小说的滥觞。1931年移居日内瓦，在国际劳工组织供职多年。1956年起专门从事文学创作和评论，创作有短篇小说、长篇小说、自传体小说、杂论等。编纂的《民间俗语词典》被认为是一部颇有价值的工具书。

**贾米** Jāmī, Nūr al-Dīn (Abd al-Raḥmān) (1414-11-07～1492-11-09) 波斯诗人、作家。生于呼罗珊贾姆，卒于阿富汗帖木儿赫拉特。童年随父学习波斯文和阿拉伯文，后在内扎米耶学院学习。知识渊博，在伊斯兰教神学、文学和历史等方面造诣尤深。他善于吸收历代诗人之长，写过许多抒情诗、鲁拜诗、颂诗等，但以学习内扎米风格创作的叙事诗成就最大。代表作《七宝座》包括7部叙事诗，主题涉及伦理道德、宗教神学、爱情传说等问题。其中爱情叙事诗《优素福与佐莱哈》、《蕾莉与马杰农》、《萨拉曼与埃布萨尔》流传甚广。散文以模仿萨迪《蔷薇园》写的《春园》最有名。他是波斯古典诗坛上最后一位诗人，被誉为末代诗圣。

**贾平凹** Jia Pingwa (1952-02-21～　) 中国作家。陕西丹凤人。原名贾平娃。1967年初中毕业后在家务农。1972～1975年在西北大学中文系学习。毕业后到陕西人民出版社文艺编辑室工作。1980年调西安市文联《长安》文学月刊，任编辑。1983年起任陕西省作协专业作家。是中国作家协会理事、全国委员会委员，西安市文联主席，陕西省作家协会副主席。他的创作以小说、散文成就最为突出，已出版《月迹》、《商州三录》、《抱散集》等十几个散文集，《浮躁》、《废都》、《怀念狼》等多部长篇小说，《兵娃》、《腊月·正月》、《天狗集》等多部中短篇小说集。《腊月·正月》获第3届全国优秀中篇小说奖，《满月儿》获1978年全国优秀短篇小说奖，《秦腔》2008年10月获第七届茅盾文学奖。其小说风格多变。早期作品富于田园气息，单纯而清新。20世纪80年代中期的作品有强烈的时代感和文化精神，是现实性与文化寻根的巧妙结合。80年代中后期的作品由热情转入冷静，由关注外部世界转入探索复杂人性。90年代作品悲剧意识和幻灭感比较浓重。其散文上承古代文化的精髓，近接20～30年代散文名家的风范，同时吸收绘画、戏曲和秦汉地域文化的韵味，形成了空灵蕴藉的风格。

**贾庆林** Jia Qinglin (1940-03～　) 中国共产党中央政治局常务委员会委员，中国人民政治协商会议全国委员会主席。河北泊头人。1959年加入中国共产党。1962年10月参加工作。1956～1958年在石家庄工业管理学校工业企业计划专业学习。1958～1962年在河北工学院电力系电机电器设计与制造专业学习。1962～1969年任第一机械工业部设备成套总局技术员、团委副书记。1969～1971年下放第一机械工业部江西奉新“五七”干校劳动。1971～1973年任第一机械工业部办公厅政策研究室技术员。1973～1978年任第一机械工业部产品管理局负责人。1978～1983年任中国机械设备进出口总公司总经理。1983～1985年任山西太原重型机器厂厂长、党委书记。1985～1986年任中共福建省委常委、副书记。1986～1988年任中共福建省委副书记兼省委组织部部长。1988～1990年任中共福建省委副书记兼省委党校校长、省直机关工委书记。1990～1991年任福建省委副书记、代省长。1991～1993年任福建省委副书记、省长。1993～1994年任福建省委书记、省长。1994～1996年任中共福建省委书记、省人大常委会主任。1996～1997年任北京市委副书记、代市长、市长。1997～1999年任中共中央政治局委员，北京市委书记、市长。1999～2002年任中共中央政治局委员，北京市委书记。2002～2003年任中共中央政治局常委。2003～2008年任中共中央政治局常委，第十届全国政协主席、党组书记。2008年任中共中央政治局常委，第十一届全国政协主席。是中共第十四至十七届中央委员，第十五届中央政治局委员，第十六至十七届中央政治局委员、常委。第十届、十一届全国政协主席。

**贾让** Jia Rang 中国西汉的治河专家。生卒年不详。因提出治理黄河的上、中、下三策（人称“贾让三策”）而著名。

西汉时黄河频繁决溢，灾患严重。朝廷征集治河方案。绥和二年（前7年）贾让应诏上书。内容包括：上策主张不与水争地；中策是开渠引水，达到分洪、灌溉和发展航运等目的；而保守旧堤，年年修补，劳费无穷，是最下策。贾让三策具有以下特点：①第一次全面地对治理黄河进行了方案论证，较完整地概括了西汉治黄的基本主张和措施。②首次明确提出在黄河下游设置滞洪区的思想。③论证规划方案时首次提出经济补偿的概念。④提出综合利用黄河水利资源，具体论证开渠分水有三利（低地放淤肥田、改旱地为稻田、通漕运），不开则有三害（民常忙于救灾、土地盐碱沼泽化、决溢为害）。⑤分析了黄河堤防的形成、发展过程及其弊端。历代对贾让三策评论颇多，意见不一，但都无法否定他在治河方略上的历史地位。

**贾树三** Jia Shusan (1894～1951) 中国*四川竹琴*艺人。四川成都人。幼年失明，随四川竹琴艺人蔡觉之学艺。30岁后，艺术上趋于成熟，深得广大听众的赞赏，开始进入茶馆和书场演出，成为将原本沿街卖唱的四川竹琴带入正式演出场所的代表人物，提高了四川竹琴进入城市后的艺术品位与社会地位。他的四川竹琴演唱不仅博采众家之长，而且大胆借鉴了*四川扬琴*和*川剧音乐*的声腔，自成一格，人称“贾派”。他尤其精于伴奏乐器的击打技艺，如表演《临江赴宴》和《单骑救主》时，为配合表现关云长的大将本色和英雄气概，运用渔鼓筒和简板敲击出的伴奏节拍与音响效果，不仅形象地烘托出长江的波澜壮阔，而且逼真地渲染出千军突进、万马奔腾的战斗场面。中华人民共和国建立之初，贾树三带头说唱新书，歌颂新人新事。其擅演节目的曲本经部分地加以记录整理，于1958年出版了《贾树三竹琴演唱选集》，内收他表演的四川竹琴唱本18种，并附有研究他四川竹琴唱腔艺术的专文。

**贾思勰** Jia Sixie 中国东魏农学家。见《*齐民要术*》。

**贾似道** Jia Sidao (1213～1275) 中国南宋末权臣。字师宪。台州天台（今属浙江）人。其父贾涉曾任制置使，其姐贾贵妃为*宋理宗赵昀*所宠，因此屡蒙超擢，授参知政事及知枢密院事等要职。蒙古大举攻宋，开庆元年（1259），鄂州（今武昌）危急，贾似道即军中拜右丞相，奉命赴援。他擅自遣使诣忽必烈军前请和，因蒙哥死于钓鱼城下，忽必烈急于北返争夺汗位，双方达成和议（见*钓鱼城之战*）。蒙军退后，贾似道谎报大捷。遂以右丞相兼枢密使召入朝，从此专制朝政近17年。景定四年（1263），为摆脱财政困境，将浙西官民户逾限田产，抽1/3回买以充公田。低压田价，且以会子、官告、度牒充值。宋度宗即位，以贾似道有定策功，加太师，授平章军国重事。贾似道于西湖边葛岭起楼台亭榭，作半闲堂，建多宝阁，日夜淫乐其中。大小朝政，委决于馆客、堂吏。时蒙古攻围襄、樊甚急，皆秘不以闻；有言边事者，辄加贬斥。咸淳九年（1273），襄、樊陷落。次年，宋度宗死，宋恭帝即位，年方4岁。鄂州又告失守，国势危甚。贾似道迫于舆论，于德祐元年（1275）抽诸道精兵13万出师应战，二月间在丁家洲（今安徽铜陵东北江中）与元军遭遇，大败，乘单舸逃奔扬州。群臣请诛贾似道，乃贬为高州团练副使，循州安置。贬途中为监押使臣郑虎臣所杀。

**贾拓夫** Jia Tuofu (1912～1967-05-06) 中国共产党经济工作和早期民族工作的领导人之一，在中国传播马克思主义民族问题理论的先驱之一。又名绍亭。生于陕西神木，卒于北京。曾任共青团陕西特委代理书记、中共陕西省委秘书

长。1934年被选为中央工农民主政府候补中央执行委员，同年随中央主力红军参加二万五千里长征，任中国工农红军总政治部白军工作部部长。中共中央到达陕北后，曾任中共陕西省委书记、陕甘宁边区中央局统战部部长、三边地委书记。1939年底，中共中央成立西北工作委员会（简称西工委），开展陕、新、蒙各省白区党的工作和少数民族工作。贾拓夫时任西工委委员兼秘书，1941年西工委并入中共中央西北局，改任中共中央西北局秘书长，兼任设有少数民族问题研究室的中共中央调查研究局第四分局局长。中华人民共和国建立以后，曾任中共中央西北局常委、西安市委书记和市长、政务院财经委员会副主任、国务院第四办公室主任兼轻工业部部长、国家经济委员会副主任、全国政治协商会议常务委员会委员、中国共产党第八届中央委员等职。“文化大革命”中受迫害致死，1980年中共中央给予平反昭雪。

他对中国的马克思主义民族问题理论研究和中国共产党的民族工作，特别是对延安时期陕甘宁边区的民族工作，作出了很大贡献。主要体现在：主持对回族问题和蒙古民族问题的调查研究，并主持起草了《回回民族问题提纲》和《关于抗战中蒙古民族问题提纲》，组织编写《回回民族问题》；在他的建议和主持下，在延安建立了蒙古文化促进会、陕甘宁边区回民救国协会和回民文化促进会等。

**贾瓦希里** Jawāhirī, Mohammad Mahdī al-(1903～1998) 伊拉克诗人。生于纳杰夫。自幼喜爱诗歌，1920年开始写作。曾在王宫典礼局、教育部等处任职。1936年开始从事新闻工作。1947年当选为议员。因抨击当局、反对朴次茅斯条约等原因遭迫害，多次流亡国外。他的诗以描绘政治生活和反帝爱国运动著称，有《贾瓦希里诗集》、《诗歌全集》(2卷，1968～1969)、《幻影消失》(1970)、《啊，失眠者》(1972)等。

**贾希兹** Jāhiz, al-(775～868) 阿拉伯作家。本名阿慕尔·本·巴哈尔，贾希兹（意为“凸眼”人）是他的别号。生于巴士拉。一说具有非洲黑人血统。著述涉及文学、哲学、宗教、政治、社会、修辞等学科，但作品大多遗失。传世的主要作品有《动物书》7卷，描写各种禽兽的特征、习性和产地，记录了大量动物故事和传说。《吝人传》收入120多篇故事，刻画了各种悭吝人的形象。《修辞与阐释》阐述修辞标准与方法。《方圆书》论述有关科学、哲学、历史、文学的问题。贾希兹被认为是百科全书式的作家，开创了一种以生动活泼和富有风趣的形式传授知识、进行教育的新文体——“艾达卜”，对当时和后世影响很大。

**贾宪** Jia Xian 中国北宋数学家。生平不详，曾任左班殿直。师承著名历算家楚衍。撰《黄帝九章算经细草》九卷、《算法斅古集》二卷。后者已亡佚。前者因被杨辉取作《详解九章算法》(1261)的底本而尚存约三分之二。贾宪是宋元数学高潮的主要推动者之一。继刘徽之后，贾宪进一步抽象《九章算术》的算法，提高了其理论水平。贾宪创造了若干新的解法，其中最重要的是开方作法本源和增乘开方法。

**贾谊** Jia Yi (前201～前168) 中国西汉文帝时的政论家、思想家和文学家。洛阳（今河南洛阳东北）人。颇通诸子百家之书，18岁时以能诵诗书属文而闻名，后为河南郡守吴公召置门下。文帝即位之初，由于吴公的推荐，贾谊得任为博士。时年20余岁，在博士中最为年轻。每次参议诏令，诸博士尚未能言，贾谊即尽为之对答，并得到众人的赞同，于是一年之中便破格升迁为太中大夫。贾谊以为汉王朝建立已20多年，天下安定，应该改正朔，易服色，定官名，兴礼乐和更定法令。文帝对贾谊的才能和建议颇为赏识，拟任贾谊为公卿，但因周勃、灌婴等重臣的反对，不得已而作罢，出贾谊为长沙王太傅。贾谊在长沙时，曾写了《吊屈原赋》和《鹏鸟赋》，以表露内心的怨愤和悲伤。后来文帝思念贾谊，又特地召见他，问鬼神之事于宣室，君臣谈至夜半。贾谊随即被拜为梁怀王太傅，先后多次上疏陈治安之道，这些奏疏被后世史家称为《治安策》。文帝十一年（前169），梁怀王坠马而死，贾谊自伤失职，翌年也悲郁而死，年仅33岁。

据《汉书·艺文志》著录，贾谊的著作有《贾子》58篇、赋7篇。今传《新语》是后人纂辑的贾谊著作汇编。

**贾芝** Jia Zhi (1913-12～ ) 中国民间文学研究家。山西襄汾人。1938年西北联合大学毕业后到延安参加革命，长期从事民间文学研究工作。1979年任中国民间文艺研究会副主席。同年中国社会科学院少数民族文学研究所成立，曾任所长。先后出版了专著《民间文学论集》和《新园集》。另与孙剑冰合作编选了《颂歌》、《中国民间故事选》，主持编选了《中国歌谣选》、《中国民间文学丛书》多种。

**贾作光** Jia Zuoguang (1923-04-01～ ) 中国满族舞蹈表演艺术家、编导。生于辽宁沈阳市。长期从事舞蹈表演、创作和教学工作。他创作的作品有《牧马舞》、《鄂伦春舞》、《马刀舞》、《牧民的喜悦》、《鄂尔多斯舞》、《雁舞》、《挤奶员舞》、《盅碗舞》、《嘎巴》、《鸿雁高飞》、《彩虹》、《海浪》、《年轻牧马人》、《万马奔腾》等。他的舞蹈表

演洋溢着诗意与激情，独具魅力。《牧马舞》1994年被确认为“20世纪中国舞蹈经典作品”。历任中央民族歌舞团副团长，内蒙古人民剧院院长，北京舞蹈学院系主任、副院长，中国文学艺术界联合会委员，中国舞蹈家协会副主席、名誉主席等职。

**钾** potassium 化学元素，元素符号K，原子序数19，原子量39.098 3，属周期系ⅠA族，碱金属。元素英文名来源于potash（草木灰），元素符号源于钾的拉丁文名kalium。1807年H.戴维电解熔融氢氧化钾首次得到金属钾。地壳中钾的含量是2.09%。重要的钾矿物有钾盐KCl、钾石盐$KCl \cdot NaCl$、光卤石$KCl \cdot MgCl_2 \cdot 6H_2O$等。海水、盐湖中亦含有氯化钾，土壤中的钾盐很容易进入植物组织，所以草木灰中含有钾。

钾是银白色金属，密度0.89克/厘米$^3$，熔点63.5℃，沸点759℃；莫氏硬度0.5，可用小刀切割。氧化态+1，是比钠更活泼的金属。室温下，钾与空气反应与水反应剧烈，因此金属钾应保存在液态石蜡中。在加热条件下与大多数的非金属单质反应，如在空气中燃烧或直接与氧气反应，都产生超氧化钾$KO_2$；加热至200～400℃，与氢气反应生成氢化钾KH。钾还与许多金属或非金属化合物反应，在温热、潮湿的二氧化碳气氛中反应，与一氧化碳在不同温度下反应生成多种易爆炸的羰基化物KCO、$K(CO)_2$、$K_3(CO)_6$，加热条件下与氨气反应生成氨基化钾$KNH_2$和氢气；燃烧挥发性钾盐，能使无色火焰呈紫色。钾的重要化合物有超氧化钾、氢氧化钾、氯化钾、溴化钾、碘化钾、氰化钾、碳酸钾、硝酸钾、硫酸钾、氯酸钾、高氯酸钾等。

工业上采用热还原法，在850℃下，用金属钠还原熔融的氯化钾。钾蒸气可冷凝收集，再经蒸馏制得99.99%的金属钾。金

钾与水的反应

属钾用于合成超氧化钾、氨基化钾、氢化钾，也是有机合成的还原剂。用于光电管制造。硫酸钾是重要钾肥。超氧化钾用于急救器、潜水、登山用具，以供应氧气。氰化钾用于提取金银、制造丙烯腈。碘化钾和碘酸钾用于配制含碘食盐。

钾是生物体的必需元素，人体含有0.20%钾。$K^+$是细胞内液主要阳离子之一，与$Na^+$一起负责神经脉冲传递，维持渗透压平衡。人体缺钾也会出现四肢无力、腹胀、心律紊乱、神志不清，甚至死亡。

**钾肥** potash fertilizer 具有钾（K或$K_2O$）标明量的单元**肥料**。能提高土壤供钾能力和植物的钾营养水平。根据钾肥的化学组成可分为含氯钾肥和不含氯钾肥两类。所有的钾盐肥料均为水溶性，但也含有某些其他不溶性成分。主要的钾肥品种有氯化钾、硫酸钾、钾石盐、钾镁盐、**光卤石**、硝酸钾、窑灰钾肥。钾肥的施用除取决于土壤的供钾能力外，还受作物种类、农业生产水平和气候及土壤条件等因素的影响。土壤中钾的含量、形态及其转化和供钾能力是合理分配和施用钾肥的重要依据。土壤的全钾含量变幅较大，一般为0.1%～3%，平均约为1%。土壤中的全钾包括以下三种形态：①矿物钾。主要存在于土壤的粗粒部分，约占全钾的90%，植物极难吸收。②缓效性钾。主要是层状硅酸盐矿物层间和颗粒边缘的一部分钾以及黑云母中的钾，占全钾的2%～8%，是土壤速效性钾的给源。③速效性钾。指吸附于土壤胶体表面的代换性钾和土壤溶液中的钾离子。植物主要是吸收土壤溶液中的钾离子。当季植物的钾营养水平主要决定于土壤速效性钾的含量。一般速效性钾含量仅占全钾的0.1%～2%，其含量除受耕作、施肥等影响外，还受土壤缓效性钾贮量和转化速率的控制。

**钾石盐** sylvite 化学成分为KCl，晶体属等轴晶系的卤化物矿物。曾名钾盐。常有铷、铯、碘类质同象混入物。晶体呈立方体、八面体或二者聚形，集合体块状。纯净者为无色透明，常被杂质染成乳白色、灰色、玫瑰色、褐红色等。玻璃光泽。莫氏硬度1.5～2.0。密度1.97～1.99克/厘米$^3$。易潮解，易溶于水。味苦咸而涩。不导电。具逆磁性。在阴极射线下发天蓝色或紫色荧光。成因与**石盐**相似，是继石盐沉积之后才沉积的。与石盐、光卤石、杂卤石、硬石膏、泻利盐、钾盐镁矾等矿物共生。还能由**光卤石**分解和火山升华作用形成。钾石盐是钾盐矿物中含钾最高的矿物，含钾量达52.4%。主要用作**钾肥**，用于化学工业提钾，还用于纺织、医药、洗涤剂、玻璃、陶瓷、颜料、炸药、航空汽油等行业。世界著名产地有俄罗斯乌拉尔山脉地区、白俄罗斯斯塔罗宾、美国新墨西哥州特拉华盆地、德国施塔斯富特矿床、加拿大萨斯喀彻温。中国主要产地是青海察尔汗盐湖、大浪滩和云南思茅勐野井。

**钾-氩法定年** potassium-argon dating 根据放射成因氩与放射性钾的同位素比值测定岩石或矿物形成年代的方法。钾有$^{39}K$、$^{40}K$和$^{41}K$三种天然同位素。放射性$^{40}K$发生分支衰变，其总量的10.67%经轨道电子俘获（EC）转变成稳定的$^{40}Ar^*$，89.33%经$\beta^-$衰变形成稳定的$^{40}Ca^*$，其衰变常数分别为$\lambda_e$和$\lambda_\beta$。因此，依据岩石或矿物中$^{40}K-{}^{40}Ar$衰变系统$^{40}K$随时间衰减和$^{40}Ar^*$随时间增长的规律而建立起钾-氩法定年（又写作$^{40}K-{}^{40}Ar$法定年），方程如下：

$$^{40}Ar^*=\frac{\lambda_e}{\lambda_\beta}{}^{40}K(e^{\lambda t}-1)$$

式中$^{40}K$和$^{40}Ar^*$分别代表定年样品中放射性核素$^{40}K$和其衰变产物放射成因$^{40}Ar^*$的现有原子数目；$^{40}Ar^*={}^{40}Ar-{}^{40}Ar_a$，是将样品中测定的$^{40}Ar$总量扣除混入的大气$^{40}Ar_a$之后得到的值；$\lambda=\lambda_e+\lambda_\beta$，$\lambda_e$和$\lambda_\beta$分别是$^{40}K-{}^{40}Ar^*$和$^{40}K-{}^{40}Ca^*$两支衰变系统的衰变常数，$t$为年龄。钾-钙法定年应用有限。

利用$^{40}Ar^*/{}^{40}K$比值计算的年龄一般称作表面年龄。氩是气体元素，$^{40}Ar^*$容易扩散丢失，造成表面年龄小于真实年龄。另一方面，岩石或矿物形成时就已存在的过剩氩，即$^{40}Ar_a$，是与样品中$^{40}K$衰变无关的非放射成因氩，致使表面年龄大于真实年龄。K-Ar等时线法定年和$^{40}Ar/{}^{39}Ar$法定年可以用来识别岩石或矿物中氩丢失或过剩氩存在，并获得具有特定地质事件意义的真实年龄。

氩-氩法定年（$^{40}Ar-{}^{39}Ar$法定年）本质上属于改进了的K-Ar法，将含钾样品放入核反应堆接受快中子照射，引起核反应$^{39}K(n,p)^{39}Ar$。$^{39}Ar$生成量与样品中钾含量成正比，并取决于照射条件。此时，只要测定照射后样品中的$^{40}Ar^*/{}^{39}Ar$比值，用来替代常规K-Ar法定年中的$^{40}Ar^*/{}^{40}K$比值，就能计算出年龄。$^{40}Ar-{}^{39}Ar$法定年也可采用等时线方法，获得真实年龄和氩丢失或过剩氩存在方面的信息。

适用于钾-氩法和氩-氩法定年的样品：矿物主要有云母、角闪石、高温钾长石、白榴石、斜长石、海绿石和伊利石，岩石主要是火山岩。可测定的年龄范围通常为5万年至40亿年，某些情况下能测定几千年的更年轻样品。

**假单胞菌感染** pseudomonas, infection due to 假单胞菌感染人体所致疾病。假单胞菌为革兰氏阴性杆菌，广泛存在于土壤、水、污物及空气中。假单胞菌属细菌对人与动物有致病性的有10余种。其中铜绿假单胞菌（绿脓杆菌）是假单胞菌中一种常见的条件致病菌。

**绿脓杆菌感染** 绿脓杆菌即铜绿假单胞菌，广泛分布于自然界、土壤、水、空气中，以及人及动物的皮肤、肠道、上呼吸道等处。抵抗力较强，湿热55℃1小时才被杀死。对紫外线不敏感。对多种抗生素易产生耐药性。是医院内感染的重要病原菌之一。

临床表现 ①**败血症**。多数以发热起病，出现感染性休克和弥漫性血管内凝血，除有特征性中心坏疽性脓疱疹外，其他症状同一般细菌感染的败血症。②中枢神经系统感染。临床表现同一般化脓性脑膜炎，但预后差，病死率高。③呼吸道感染。可表现为原发性肺炎，并可并发脓肿、脓胸及支气管胸膜瘘，病死率高。④心内膜炎。多继发于心脏病，尤其是心脏外科手术后或为药瘾者注射药物（消毒不严）所致。⑤消化道感染。多见于新生儿和恶性血液病化学治疗后白细胞减少患者。症状不易与其他感染区别。新生儿可表现腹泻、发热、呕吐、脱水和坏死性小肠结肠炎。在白细胞减少的肿瘤患者可出现直肠周围脓肿。

诊断 绿脓杆菌感染多在有原发病的基础上或机体抵抗力下降时以及创伤性检查与治疗的过程中出现，表现为原有病情加重，一般抗生素治疗无效，出现各系统及部位的感染症状，血液、脑脊液及其他分泌物、排泄物中病原学检查阳性，即可确诊。

治疗 绿脓杆菌对常用抗生素大多耐药，可根据临床及细菌学培养与药物敏感试验结果选用抗生素。

预防 严格消毒器械、敷料等，尤其对创面分泌物应进行特殊处理。患者需隔离。

**鼻疽** 由鼻疽杆菌感染引起的马科动物传染病。其他家养动物和人偶可染病，马夫患病的风险极大。人类患病通常表现为急性局部感染、急性肺部感染、败血症和慢性化脓性感染，均有发热和极度不适。最初在皮肤损伤的部位出现结节或黏膜溃疡，伴有眼、鼻、唇部黏稠性分泌物，继之全身出现脓性皮疹、与临床不平行的极度衰竭，通常死于发病后的7～10天。吸入感染表现为迅速恶化的肺炎。慢性化脓性鼻疽可表现为活动期与静止期交替发病，最终发生皮肤、皮下组织、淋巴结、骨和肌肉以及全身内脏的结节和肉芽肿性损伤而导致死亡。

根据流行学调查及特征性的皮肤结节和黏膜损伤应考虑本病，血清凝集试验和补体结合试验有助确诊。可试用磺胺类药物或联合应用链霉素治疗。尚无有效的菌苗预防。

**类鼻疽** 由类鼻疽杆菌引起少见的人和动物的感染。在临床和病理学方面都与鼻疽相似，多见于东南亚和澳大利亚，印度、非洲、土耳其及中国香港也有报道。2/3患者表现肺部感染，最常见为急性肺感染，表现为发热、咳嗽、胸痛等，且常形成与结核相似的空洞。也可以表现急性支气管炎。偶可发生败血症并于早期死亡。皮肤可出现特征性的紫绀。也可发生多发性慢性脓肿。偶可自然缓解。病后有较持久的免疫力。诊断有赖于血清学检查。某些抗生素如四环素、氯霉素、卡那霉素以及第三代头孢菌素等对治疗有效。

**假发** wig 用真发或人造纤维制作的头发或发套。用以掩盖秃头或装饰头发。中国使用假发的习俗最早出现于先秦。以假发梳成的发髻叫假髻，在先秦时有副、编、次、巾帼（后世作为妇女别称）等名称。明代徐炬在《事物原始》里称之为假发。满族妇女的两把头后来也用假髻，称架子头。苗族妇女现在仍用假发，有的将真发收集起来，扎成小束掺入发髻中，有的用麻、毛线代替。西方也有戴假发的习俗。公元前1000多年，假发已是古埃及人的必备装饰，用人发、羊毛或植物纤维制成并用蜂蜡粘在头上，假发越长，表明社会地位越高。古希腊人从俘虏头上取金色头发制作假发，在早期罗马帝国上层妇女中也很流行。中世纪禁止装饰。16世纪末，法国路易十三在脱发之后大力提倡男子戴假发。路易十六时，女子假发也风行起来。假发传到英国大为流行，曾出现多种假发发式。18世纪末，普通人戴假发的习俗逐渐消失，但英国法官和律师戴白色假发出庭，从18世纪初保持至今。现代假发多制成假发套、假发髻等，一个完整的假发套需用5万～20万根头发或纤维，装裱在富有弹性的网状的帽子或带子上，制成各种式样和色彩。不同发型的假发满足了现代女性修饰仪容和追赶潮流的需求，成为装饰性的时尚配饰。

中国苗族妇女的假发

**假基因** pseudogene 与有功能的基因在核苷酸顺序的组成上非常相似，却在结构上不完整、不具正常功能的基因。假基因是相应的正常基因在染色体的不同位置上的复制品，由于突变积累的结果而丧失活性。假基因和正常基因的结构上的差异包括在不同部位上的程度不等的缺失或插入、在内含子和外显子邻接区中的顺序变化、在5′端转录启动区域的缺陷等。这些变化往往使假基因不能转录并形成正常的信使核糖核酸（mRNA）从而不能表达。假基因都是在真核生物的基因组中发现的，在原核生物中未见报道。

**假借字** borrowed character 同借用的字的形义完全不合的字。汉字是由象形、表意的文字发展起来的。有的外物有形象可以描绘，有的意思可以利用图像和笔画来表现，可是有很多代表某些事物的概念不能用象形、表意的方式随时造出文字来表现，于是就假借已有的同音或音近的字来代表，这种与借用的字的形义完全不合的字就称为假借字。

假借字有两类。一类是本无其字的假借，那就是上面所说假借字。如“束”，甲骨文作[illegible]，象束物的形象。东方的“東”无形可象，就借语音相同的[illegible]字来表示东方的意思。

假借字的另一类是本有其字的假借。“本有其字”的意思是在日常使用的文字当中本来有表示某个词义的书写形式，但是在使用当中不用本来约定俗成的字形而写为另外一个意义不相涉而音同或音近的字。这一类在秦汉以上的古书中极为常见。如《诗·陈风·宛丘》“子之汤兮，宛丘之上兮”，借“汤”为“荡”；《豳风·七月》“七月食瓜，八月断壶”，借“壶”为“瓠”。这些都是本有其字的假借。

前一类可以说是不造字的假借，后一类是在用字当中的假借。在用字当中既然本有其字，为什么还要另外写一个假借字呢？一种原因是写书者仓促间写了一个音同的字，历代传抄因其旧而不改；另一种原因是某一时期、某一地区，或某一师承，经常习惯以某字代某字用，后世传写也就一仍其旧。

**假冒伪劣商品** counterfeiting and poor quality products 含有某种足以导致用户、消费者误认的不真实因素的商品。不真实因素中的外部因素包括商标、商品名称、商品外观装潢设计、商品标志标识、产地、商品的生产者等，内部因素包括不具备商品应当具备的使用性能和使用价值。假冒商品和伪劣商品，既有区别又相互联系。假冒商品，主要是指非常逼真地模仿某种商品的外观，从而使用户、消费者误认为该商品就是被模仿的商品。假冒商品的生产者和经营者在未经授权、许可（或认可）的情况下，对受知识产权保护的商品进行复制和销售。复制一般是针对商品的商标、包装、标签，伪造或者冒用他人的厂名、厂址产地、认证标志及质量标志。伪劣商品，主要是指质量低劣。伪劣商品有时也假冒其他名牌商品进行销售。此时，它既是伪劣商品，又是假冒商品。

**假面舞** mask dance 狭义仅指戴面具而跳的舞蹈；广义还包括假行舞，即一种从头顶至脚披挂各种质料服饰的舞蹈。广泛流传于亚洲、欧洲和非洲的许多国家和地区。假面的作用是把具体化或类型化角色的性格特征，通过夸张的面具明确地展示给观众。面具分人物假面、动物假面、喜剧假面、悲剧假面、亚洲假面、非洲假面等。16～17世纪，假面舞曾风行于英国宫廷贵族的假面舞会、化装游行和戏剧中。在亚洲，中国的傩舞和日本的能乐都使用假面，而且两者之间存在渊源关系。

傩舞中的假面舞用于驱鬼除疫。汉、唐、宋各代宫廷中，均定期举行气势恢弘的“大傩”之礼，以假面舞为主要特色的傩舞到了明、清两代，因受戏曲影响发展成傩戏，并持续至今。

G.B.提埃波罗的名画《小步舞》中的假面舞

日本的能乐中，通常只有男主角和两位配角佩戴假面，表现老年男性或女性角色，有的假面仅为某部戏专有。

朝鲜半岛的舞蹈中有种类繁多、功能各异的假面舞和假行舞，其中假面舞既有用于驱鬼除疫、布道传教的，也有用于祭奠祖先、追忆亡灵的；模拟动物的假行舞则多表现图腾崇拜。

在非洲，西非伊博人和约鲁巴人的假面舞形式比较丰富。面具有只遮盖面部的，也有把整个头部罩起来的。对于非洲的部落巫师而言，头戴假面是为了恐吓患者身上的鬼魅或村里的罪犯。在古埃及，假面还成为社交活动中的伪装。在查理一世当政的英国，假面是诗人和画家的娱乐用具。

**假名** kana 日文所用的字母。两种并用的现代日语假名表（片假名和平假名），各自独立代表日语的所有的语音。这两种假名表的简单笔画都是从汉字中衍生出来的，但用于不同的目的和不同的文体。具有棱角的片假名用于外来词、电报、某些儿童书籍，并常常用于印刷广告的大字标题、电视和海报等。平假名是优美的草写体文字，公元1000年以后曾作为宫廷妇女所用的手写体而盛行起来，当时称为“女手”(妇女字体)。在现代日语中，汉字用于书写并传达词义，但却不能表示屈折变化，而平假名主要用来表示屈折变化、所有格，能表示句子和短语的直接宾语并执行其他语法功能。格助词、形容词及一般短语常用平假名书写。一段典型的日语书写形式包括汉字、平假名，或许还包括片假名。每种假名表各包括46个基本字母，开头的5个代表元音a，i，u，e，o。其后的40个字母系由一个首辅音（或几个首辅音）跟一个元音组成的音节。

**假山** rockery; artificial rockwork 园林中以造景为目的，用土、石等材料构筑的山。

中国园林造假山始于秦汉，盛于唐宋，臻于明清。历代匠师有计成、张南阳、张涟、戈裕良等。假山具有构成园林主体或地形骨架，划分和组织空间，布置庭院、驳岸等造景功能；还可与建筑、园路、植物组合成富于变化的景致，增添自然情趣。假山创作的基本原则是：“有真为假，做假成真”。实例有苏州环秀山庄、上海豫园、南京瞻园、扬州个园和北京北海静心斋中的假山。

外国园林也布置有假山。古代的亚述喜用人工造小丘和台地，并把宫殿建在大丘上，把神庙建在小丘上。日本很重视用假山布置园林。在山石命名和位置安排方面，受佛教的影响。欧洲一些国家的植物园中开辟的岩生植物园，以岩生植物为主体，用岩石和土壤创造岩生植物的生长条件，还在动物园中造兽山以展览动物。欧美现代园林中出现不少用水泥或玻璃钢等材料塑成的假山。

北京北海静心斋假山

**假设检验** hypothesis testing 统计推断的一种形式，处理“二中取一”这类问题。所谓统计假设，是指关于所研究的总体或其特征的一个陈述或命题。该命题是否正确，要通过对该总体中抽得样本的分析，来作出判断。作为假设的命题称为原假设（又称零假设），其对立面，即命题不正确，称为对立假设（又称备择假设）。

为说明上述概念，考虑现代数理统计学奠基者之一R.A.费希尔提出的一个“女士品茶”的问题。茶（T）与牛奶（M）混合，先倒茶后倒牛奶为TM，反过来为MT。某女士甲声称她能分辨TM和MT。这就是一个有待检验的命题，即原假设。费希尔建议的检验方法是：配8杯饮料，MT和TM各4杯（这点让甲知道），让女士逐一品尝鉴别，根据她鉴别对的杯数去判断“该女士能分辨TM和MT”这个原假设是否成立。又如产品抽样验收的问题。商店从工厂进一批货，从该批中随机抽取$n$件加以检验，以$x$记其中不合格产品件数。根据$x$的大小，对“工厂所提供的这批产品是合格的”这个原假设进行检验。在此，所谓这批产品合格，是指其不合格品率不超过约定值$p_0$。在此例中，样本是从该批产品中抽出的若干件产品，其中所含不合格品数$x$是检验统计量。判定原假设成立与否的准则是$x>c$，$c$是某常数。即若不合格品数$x>c$，则否定“该批产品合格”的原假设。若$x\leqslant c$，则接受原假设。每个这样的判定准则称为一个检验，而$c$称为检验的临界值。

由于样本的随机性，根据样本而作的判断，有可能犯两种错误之一：一是弃真，即原假设本来正确，却被错误地否定了。二是采伪，即原假设不对，却被错误地接受了。如在上例中，从一合格批中可能“碰巧地”抽出过多的不合格品，而导致该批被拒收（弃真），也可能从一不合格批中“碰巧地”抽出很少的不合格品，而导致该批被接受（采伪）。选定一个检验准则T后，犯这两种错误的概率$\alpha$、$\beta$可以算出来。理想的情况当然是$\alpha$、$\beta$都很小，但在样本量一定时，二者不可兼得。现今通行的做法是：要求$\alpha$不超过某个指定的数$\alpha_0$，如$\alpha_0$=0.05，0.01之类，然后设法构造一个检验法T，使其$\beta$值尽可能小。这称为“控制第一种错误概率的原则”，$\alpha_0$称为检验的水平。如果检验$T_0$使$\beta$达到可能的最小值$\beta_0$，即其他检验（在同一水平$\alpha_0$之下）的$\beta$值都不小于$\beta_0$，则$T_0$称为一致最优检验。在较复杂的问题中，一致最优检验常不存在，这时可以用一个较弱的要求去取代“一致最优”的要求，而去设法寻求达到这个较弱要求的检验法。所有这些问题在数理统计学上如何求解，构成数理统计学中“假设检验”这个学科分支的研究对象。

**假释** parole 被判处有期徒刑或无期徒刑的犯罪分子，在执行一定刑期以后，确有悔改表现，不致再危害社会，将其有条件地提前释放的一种刑罚制度。又称假出狱。中国刑法规定，适用假释的条件有：①适用于被判处有期徒刑、无期徒刑的犯罪分子。②必须已经执行一定刑期，即判处有期徒刑的已执行原判刑期1／2以上；判处无期徒刑的，实际执行在10年以上。有特殊情节的可以例外。③必须确有悔改表现，不致再危害社会。假释考验期限，有期徒刑为未执行完毕的刑期，无期徒刑为10年，从假释之日起计算。在假释考验期内，由公安机关予以监督。如果不再犯罪，即认为原判刑罚已执行完毕，并公开予以宣告；如果再犯新罪，即撤销假释，将前罪没有执行的刑罚和新罪所判处的刑罚，按数罪并罚规定决定执行的刑罚。假释由执行机关提出书面意见，报请人民法院审核裁定。

**假体腔动物** pseudocoelomata 三胚层后生动物中的一类具体腔的动物，即消化管与体壁之间具相当于胚胎期囊胚腔（假体腔）而无体腔膜的动物。又称初生体腔（原体腔），其名称与次生体腔（真体腔）相对。假体腔动物包括线虫动物门、线形动物门、轮虫动物门、棘头动物门、动吻动物门、有甲动物门、腹毛动物门等。

假体腔动物具许多共同特征：角皮皆周期性蜕皮，具肌肉咽，咽腔“Y”形，消化管完整具口和肛门，原肾型的排泄系统，无幼体期等。

假体腔动物中，棘头动物适于寄生而无消化管；线形动物成体退化，虽不易与其他动物进行比较，但和线虫一样都具发育良好的角皮、三放射状肌肉咽、体壁仅具纵肌只行背腹式运动。

**假象** false appearance 以否定的形式表现本质的现象。一般说来，事物的本质多以肯定形式即一般现象表现出来。但由于事物的内在矛盾及其所处条件的复杂性，本质有时也以否定的、歪曲的形式即假象表现出来。假象客观地存在于自然界和社会生活中，如海洋上空出现的“海市蜃楼”、动物受到刺激时的假死以及社会生活中的以假乱真等。假象的客观性根源于事物的本质自身以及复杂的外部条件。

假象不同于I.康德的“先验的幻相”，也不单是人们的错觉，而是本质派生出来的自身的对立物。而错觉则是主观的，它是人的感官对客观对象的不真实的反映。唯心主义者把假象和错觉相混同，根本否认假象的客观性。假象与本质的对立是本质与现象对立统一关系的特殊形式。假象和一般现象一样，是认识事物本质的必要环节，人们只有在掌握了大量现象，其中包括事物假象的基础上，才能从正反两方面完整地、深刻地把握事物的本质。

**假言命题** hypothetical proposition 形式为“如果A则B”的复合命题。又称条件命题。其在前的支命题叫作前件，在后的支命题叫作后件。假言命题陈述一种事物情况是另一种事物情况的条件。在形式逻辑中，命题联结词“如果，则”被理解为“前件真而后件假”是假的，即“如果A则B”假，当且仅当A真而B假；而当A假时，整个复合命题总是真的。在现代逻辑中，命题之间的这样的真假关系叫作实质蕴涵。在日常语言中，关于“如果，则”可能还有其他含义，如因果联系、推论关系等。

在假言命题中，“如果A则B”陈述A是B的充分条件，但它并不意味着“如果B则A”或“如果不A则不B”，即它并不同时陈述A是B的必要条件。现代逻辑还提出一种双条件命题，或者称为等值命题，其形式为“A当且仅当B”。

假言命题和等值命题在中国有关传统逻辑的书中分别称为充分条件假言命题和充分必要条件假言命题，“如果A则B”等值于“如果不B则不A”，它正好陈述B是A的必要条件。在汉语里，“只有A才B”、“除非A不B”的含义与“如果不A则不B”、“如果B则A”相当，因而中国逻辑学界大都把“只有A才B”叫作必要条件假言命题的形式。“只有，才”可理解为“前件假而后件真”是假的，即“只有A才B”假，当且仅当A假而B真；当A真时，整个复合命题总是真的。

**假肢** artificial limb 安装在截肢肢体上用以代替残缺肢体功能或弥补外观缺陷的人工肢体。假肢制作的要求是：重量轻，易带动，坚固耐用，灵活而稳定，外形美观。上肢用的假肢有装饰性和工作用两种，后者又分为肌动假肢和外动力假肢。下肢的假肢主要为了便于日常行动。理想的残肢应有适当长度，残端不痛且形态稳定，切口瘢痕不在受力处，保持关节的正常活动度。对于残端有血循环不良、炎症、疼痛、皮肤过紧以及年老体弱、活动能力很差者不宜装配假肢。

**价格** price 市场经济和商品交换中最常用的范畴，是商品与货币交换的比例，直接表明单位商品交换价值的实际货币量。

本质 价格作为商品经济的产物，本身具有自然的属性，即价格是用一定数量的货币表现出来的交换价值。这在任何社会经济形态的商品交换中都是一样的，因而所表现的是价格的共性。而价格作为商品经济的产物，所反映的是商品交换的关系，即交换双方的经济利益关系，但交换关系又是生产关系的重要方面，因而价格具有社会的属性，这使价格在不同的社会经济条件下呈现出本身的特殊性。

形式 主要有：①按其涉及的范围，可划分为广义价格和狭义价格、宏观价格和微观价格。②按商品的形态，可以分为物品价格、服务价格、要素价格、精神产品价格、有形产品价格和无形产品价格。③按价格差别划分，有地区差价、季节差价、品质差价、批零差价等。④按价格形成的地域不同，分为区域市场价格、统一市场价格、国内市场价格和国际市场价格。⑤按形成的方式，分为计划价格、自由价格。⑥按价格形成的主体，又有政府价格和市场价格之分。⑦按产品的公共性或私人性，价格有公共产品价格和私人产品价格。

功能 价格的功能是由价格的本质决定的，一般不随价格所处的社会制度和条件的变化而变化。①表价功能。指在国民经济运行过程中，价格作为价值信息的传导者，通过市场把商品的价值表现为一定量的货币，或者说，是指用一定量的货币来表现商品价值时的一种度量标记。②调节功能。表明价格在社会再生产全过程中处于调节者的地位，即它可以调节经济单位的收入以及生产、流通和消费。③传递信息的功能。即价格作为一种信息载体能够反映、传递经济信息的一种功能。具体包括两个层次：一是传递宏观经济信息。价格是国民经济的综合反映。通过对价格总水平的监测和分析，及时掌握整个社会的经济动态，可以及时采取措施，平衡供给与需求，保证社会经济的正常运行。二是传递微观经济信息。即通过商品价格的高低，反映商品的供给与需求情况，引导企业的生产方向和生产数量。

地位和作用 在市场经济中，价格的地位和作用表现在以下几方面：①价格是市场机制中最重要的机制。价格在经济运行中能够引导资源的最合理流向。引导市场主体最大限度地提高资源的利用效率。

②价格在国民经济中起着指示器和晴雨表的作用。它对社会再生产运行过程的各个环节起着指挥、支配、调节和指导等作用。在生产环节，价格指挥着生产活动，引导着生产者的行为。在分配环节，无论是在工农之间、城乡之间，还是国家与国家之间价格对分配起着支配作用。在交换环节，价格可以起到促进市场商品供给与需求、商品与货币之间趋向平衡的作用；在消费环节，价格以指导者的身份出现，即价格的升降可以引导消费者的消费需求变动。

**价格剪刀差** price scissors 工农业产品不等价交换所形成的差额的动态趋势呈张开的剪刀状，故称为“剪刀差”。“剪刀差”通常用工业品对农产品比价指数及农产品对工业品比价指数来反映，因此被称为价格剪刀差。事实上，“剪刀差”概念不仅要反映商品价格自身的变化，而且要反映价格与价值关系的变化。因此，只有首先分别用工农业产品的价格同其各自的价值比较，再进行工农业产品两种价格的比较，才能真正揭示出工农业产品交换关系中的“剪刀差”。“剪刀差”是一个历史范畴，其实质是不等价交换关系。在一国内所反映的是国民收入在城市与农村、工业与农业之间的分配关系，在国与国之间则是发达的工业国家对落后的农业国家特别是宗主国对附属国和殖民地的剥削。

**价格双轨制** double-track price system 中国渐进式改革在价格形成机制转换中实行的同一商品国家定价和市场调节价并存的价格管理制度。因对同一商品的生产同时实行计划调节和市场调节两种运行机制而形成。主要是指生产资料价格双轨制，即同一地区、同种工业生产资料，国家计划任务内生产（供应）部分实行国家牌价，超计划生产（购买）部分和按国家规定的比例允许企业自销部分实行市场价格。

价格双轨制作为从单一的计划价格转向未来的有控制的市场价格过渡措施，其利弊都很明显。一方面，有利于刺激生产资料生产企业增加生产的积极性，促进生产资料使用企业节约，搞活生产资料流通，使乡镇企业、集体企业及一部分国有企业能够通过非计划渠道取得全部或部分急需的生产资料。另一方面，由于计划外价格高于计划内价格，容易形成计划外冲击了计划内，使计划合同任务难以兑现。在生产资料供不应求的情况下放开计划外价格，会引起价格猛涨和市场秩序混乱，造成非规模经济企业过量增加，滋长投机倒把和腐败现象。随着改革的深化，尤其是社会商品供求状况的改善，实行价格单轨制的条件逐步形成，价格双轨制也随之逐步退出历史舞台。

**价格弹性** price elasticity 表明供求对价格变动的依存关系，反映价格变动所引起的供求的相应的变动率。又称供需价格弹性。商品本身的价格、消费者的收入、替代品价格，以及消费者的爱好等因素都会影响对商品消费的需求，价格弹性是指这些因素保持不变的情况下，该商品本身价格的变动引起的需求数量的变动。在需求有弹性的情况下，降价会引起购买量的相应增加，从而使消费者对这种商品的货币支出增加；反之，价格上升，则会使消费者对这种商品的货币支出减少。价格弹性又可分为需求价格弹性、供给价格弹性、交叉价格弹性和预期价格弹性。

**价格调控** price control 国家通过经济、法律和行政手段调节社会总供求，从而间接对价格总水平的变动进行干预和约束的行为。

价格总水平是衡量一国国民经济总量是否平衡、经济发展是否健康有序的一个重要标志。价格调控的目标，是使价格总水平保持基本稳定。此举对于经济发展和社会生活的稳定具有十分重要的意义。调控方式主要采用经济手段和法律手段，并辅以行政手段。通过建立重要商品储备制度、价格调节基金制度、价格监测制度等，作为调控的经济手段；同时，规定政府运用行政手段干预价格的前提条件和干预措施以及在紧急情况下采取的紧急措施。调控措施则是综合运用货币、财政、投资、进出口等政策和措施。

**价格指数** price index 反映不同时期商品价格水平变化方向、趋势和程度的经济指标。是经济指数的一种，通常用报告期和基期相对比的相对数——百分比的形式表示。它表明某一时期的价格比另一时期的价格上升还是下降，是研究价格动态的一种重要工具，为制定各项经济政策特别是价格政策提供依据。

价格指数有多种类型：①按包括项目的范围，可分为单项价格指数、分类价格指数。价格总指数是反映全部商品价格总水平升降程度的指数。②按照计算时间的长短，可分为月指数、季指数、年指数。③按照所选择基期的不同，可分为定基指数、环比指数。④按照商品流转环节不同，可分为农副产品收购价格指数、工业品出厂价格指数、批发价格指数、零售价格指数。

**价键理论** valence-bond theory 主要描述分子中的共价键和共价结合的化学键理论。其核心思想是电子配对形成定域化学键，故又称电子配对理论。这是历史上最早发展起来的化学键理论。要点如下：①若两原子轨道互相重叠，两个轨道上各有一个电子，且电子自旋方向相反，则电子配对形成一个电子对键。②两个电子相互配对后，不能再与第三个电子配对，此即共价键的饱和性。③共价键沿着原子轨道重叠最大的方向成键，这就是共价键具有的方向性。

量子力学对电子对键（或共价键）给出了定量的描述。价键理论与化学家所熟悉的经典电子对键概念相吻合，一出现就得到迅速发展。但价键理论计算比较复杂，使得相当长时间内进展缓慢。随着计算技术的日益提高，价键理论还将取得新发展。

**价值** value 凝结在商品中的无差别的人类劳动或抽象的人类劳动。商品的基本因素之一。

具有不同使用价值的商品之所以能按一定比例相交换，如1只羊之所以会有20尺布的交换价值，是因为它们之间存在着某种共同的、可以比较的东西。这种共同的、可以比较的东西就是商品生产中的无差别的人类抽象劳动。无差别的人类抽象劳动凝结在商品中，就形成了商品的价值。商品的价值表明：①商品必须具有使用价值，才会有价值，使用价值是价值存在的物质承担者。②价值是由抽象劳动而不是具体劳动形成的，具体劳动和自然物质相结合创造出商品的使用价值，抽象劳动凝结在商品中才成为价值。③价值是看不见、摸不着的，它只有在商品交换中，通过一种商品与另一种商品的相互对等、相互交换的关系才能表现出来；价值是交换价值的内容，交换价值是价值的表现形式。④价值是商品的社会属性，它体现了商品生产者互相交换劳动的社会关系。

商品的价值量是由生产该商品的社会必要劳动时间决定的。社会必要劳动时间是指在现有的社会正常的生产条件下，在社会平均的劳动熟练程度和劳动强度下制造某种使用价值所需要的劳动时间。生产商品的社会必要劳动时间是随着劳动生产率的变化而变化的。因此，劳动生产率越高，生产单位商品所耗费的社会必要劳动时间就越少，单位商品的价值量就越小；反之，情况相反。所以，商品的价值量与体现在商品中的劳动量成正比，与生产这一商品的劳动生产率成反比。

**价值观** value outlook 社会成员用来评价行为、事物以及从各种可能的目标中选择自己合意目标的准则。价值观通过人们的行为取向及对事物的评价、态度反映出来，是世界观的核心，是驱使人们行为的内部动力。它支配和调节一切社会行为，涉及社会生活的各个领域。

价值观是人们对社会存在的反映。人们所处的自然环境和社会环境，包括人的社会地位和物质生活条件，决定着人们的价值观念。处于相同的自然环境和社会环境的人，会产生基本相同的价值观念，每一社会都有一些共同认可的普遍的价值标准，从而发现普遍一致的或大部分一致的行为定势，或曰社会行为模式。

价值观念是后天形成的，是通过社会化培养起来的。家庭、学校等群体对个人价值观念的形成起着关键的作用，其他社会环境也有重要的影响。个人价值观有一个形成过程，是随着知识的增长和生活经验的积累而逐步确立起来的。个人的价值观一旦确立，便具有相对的稳定性，形成一定的价值取向和行为定势，是不易改变的。但就社会和群体而言，由于人员的更替和环境的变化，社会或群体的价值观念又是不断变化着的。传统价值观念会不断地受到新价值观的挑战，这种价值冲突的结果，总的趋势是前者逐步让位于后者。价值观念的变化是社会改革的前提，又是社会改革的必然结果。

**价值规律** value, law of 商品的价值决定于生产商品的社会必要劳动时间和商品按照价值量相等的原则进行交换的必然趋势。是商品生产和商品交换的基本规律。

生产同一种商品的生产者，各自条件不同，所耗费的劳动时间也不同。但商品是为了交换以满足社会需要而生产的，人们把同一种商品认作具有同样的价值，来与别的商品交换。商品的价值不决定于个别生产者耗费的劳动时间，而决定于社会必要劳动时间，即在现有的社会正常生产条件下，以社会平均的劳动熟练程度和劳动强度生产某种商品所必需的时间。不同的商品按照价值进行等价交换是必然趋势。出现货币以后，一切商品的价值都以货币形式表现出来，称为价格。等价交换的趋势表现为价格趋向等于价值。当价格低于价值时，卖者受损，买者得益，从而供给趋向减少而需求趋增，使价格回升；当价格高于价值时，卖者得益，买者受损，从而供给趋增而需求趋减，使价格回落。尽管价格经常波动，但它总是以价值为基础，围绕价值而上下波动。价格涨落以价值为中心，是价值规律存在的证明。

价值规律的作用主要是：①价格围绕价值的波动，调节商品生产和商品流通，引导社会劳动和其他生产要素从供过于求的部门和地区流向求过于供的部门和地区。②刺激生产者竞相改进技术，提高劳动生产率。同一种商品，技术差、劳动生产率低的生产者耗费的劳动时间多于社会必要劳动时间，其商品按价值出售会亏本，会逼迫他改进技术、提高劳动生产率。③促使商品生产者两极分化。条件好、劳动耗费经常低于社会必要劳动时间的生产者，获利较多，会不断扩大生产，继续改进生产条件，在竞争中的优势越来越大，越来越富。条件差、劳动耗费高的生产者，处境越来越难，越来越穷，终至破产。

**价值论** value, theory of 关于价值的性质、构成、标准和评价的哲学学说。它主要从主体的需要和客体能否满足及如何满足主体需要的角度，考察和评价各种物质的、社会的、精神的现象及人们的行为对个人、阶级、社会的意义。价值是通过人们的社会实践实现的。价值论是研究一般价值的理论。

中国古代哲学有着丰富的价值思想。儒学的主要内容就是价值学说，孔子把“仁”作为人们修身、齐家、治国、平天下实践中追求的最高价值。孔子以后，儒家的一些主要代表人物如孟子、董仲舒、朱熹等人，都重义轻利、扬理抑欲，轻视物质方面的价值，重视精神方面的价值。同儒家学派对立的墨子主张“贵义”，他所谓义，是指有利于国家百姓人民。墨子把利国家百姓人民的义，视为最高的道德价值，作为判断某一行为是否为义的根据。此外，在中国哲学史上还有以重我轻物、全生保身、纵欲享乐为人生价值的观点。

在西方哲学史中，从古希腊开始，就对人生的价值问题进行了探讨。苏格拉底把追求善和美德视为人生的最高价值，认为善和美德同真正的幸福是一致的。亚里士多德认为，世界上任何事物都有自己的目的，而目的总是趋向于至善。这样，善就成为一切事物的最高价值。

欧洲中世纪的基督教神学断言上帝具有最高的价值，是一切价值的源泉。文艺复兴以后，资产阶级思想家提出尊重理性和人权以及自由、平等、博爱的口号，提高了人的地位和人的价值。

文艺复兴以来的许多进步思想家，都坚信科学对人类社会的进步具有巨大的价值，例如，F.培根强调“知识就是力量”。资产阶级的思想家还对经济、道德、美学、知识以至宗教各个领域的价值进行了考察和研究，这导致西方价值哲学的出现。价值哲学是在19世纪末、20世纪初形成的。首先明确采用价值哲学这个术语的是法国哲学家P.拉皮埃和德国哲学家N.哈特曼，德国的W.文德尔班、H.李凯尔特以及其他哲学家都为价值哲学的建立作出了贡献。

价值哲学所讨论的问题，首先是关于价值的性质问题，研究家们提出了各种不同的看法。例如，主张自由意志论的C.von艾伦费斯认为，价值是愿望的满足；享乐主义者认为，价值是快乐；主张价值兴趣说的R.B.佩里认为，价值是引起兴趣的任何对象；主张感情价值说的C.I.刘易斯认为，价值是以某种方式被享受或可享受的质；J.罗伊斯认为，价值是纯粹理性的意志；F.尼采认为，价值是有助于提高生活的任何经验；工具主义者J.杜威认为，价值是事物作为手段对实际达到目的的关系；等等。

价值哲学的研究者们对价值分类也提出了种种不同的看法，佩里把价值分为道德、宗教、艺术、科学、经济、政治、法律和习惯等8个领域。G.H.von莱特区分了工具性的善、技术性的善、功利性的善、享受性的善和福利等。杜威不赞成目的和手段的区分，强调整体的价值，认为许多实际东西，诸如健康、知识和德行，在手段和目的两方面都是好的。

对于价值的标准，研究者们也有不同的看法。享乐主义者主张在所得到的快乐的份额中寻求价值标准。直觉主义者如F.布伦塔诺求之于对爱好、选择的根本洞察。文德尔班认为价值标准是一种理性规范的系统。B.鲍桑葵认为价值标准是理性的全体与融贯。杜威把生物学意义上的生存和调节作为价值的标准。

关于价值与事实的关系，人类的价值经验与独立于人的实在的关系，即价值的所谓形而上学性质，也是价值哲学所研究的主要问题。对此大体上有3种看法：①主观主义的看法。认为价值完全依赖于人类经验或仅仅同人类经验有关。②逻辑客观主义的看法。认为价值不依赖于认识的逻辑的存在或本质。③形而上学客观主义的看法。认为价值是客观的、积极的形而上学实在的本质。

马克思主义哲学认为价值的一般本质在于：它是现实的人同满足其某种需要的客体的属性之间的一种关系。任何价值都有其客观的基础和源泉，都具有客观性。价值本身正是人的某种需要同满足这种需要的客体属性的特定方面的交接点。

马克思主义哲学的价值观是建立在科学的实践观的基础之上的，认为实践的观点乃是理解各种价值现象的钥匙。一定时代的人们的价值标准，总要打上相应时代的历史印记，根本不存在永恒不变的价值标准和价值体系。

**架阁库** stack archives 中国古代档案库。始设于宋代。“架阁”为贮存档案的木架，数格多层，便于分门别类存放和检寻。宋代各级国家机关普遍设置架阁库。架阁库有严密的管理制度：中央六部档案存部两年则集中于各部架阁库，各部架阁库收贮八年则上交金耀门文书库；户籍赋役、诉讼刑名等重要档案，地方均需造册四本，由县、州、路逐级上报中央主管部门。架阁库档案用千字文编号法，“以年月次序注籍立号”，还规定三年一“检简”的鉴定制度；利用档案要“委官一员，监视出入”并限期交还。金、元、明、清各朝均沿袭宋制。

**架上绘画** easel painting 在画架上绘制的图画的总称。又称画室绘画。它是作为与壁画和祈祷书上的装饰插图有别的一种形式出现的。起初绘制在木板上。13世纪作为祭坛画的木板画，是非壁画形式的肇始。15世纪的尼德兰，架上绘画已初具雏形，继而影响到威尼斯画派。到17世纪荷兰小画派出现时，架上绘画进入了繁荣时期。因为表现宗教题材、神话内容的大型壁画和装饰插图不能满足市民阶级对室内装饰的需要，所以尺寸较小、便于移动和悬挂的架上画应运而生，由此绘画从接受教会、宫廷的委托绘制开始走向艺术市场。

画架、画框、画板、画布乃至画室的出现，促进了架上绘画的产生和发展，架上绘画反过来也推动了它们的改进和完善。由J.凡·爱克等人在油－胶粉画法的基础上改进形成的用松节油调制的颜料，取代了绘制壁画的蛋清颜料，成为绘制架上画的主要颜料，使作画时颜色易于调和，便于用笔，可层层覆盖，画面色彩鲜亮、富于光泽和细微变化，有利于对光线、瞬间情感氛围的表现，使画面效果更适合于社会的审美要求，绘画技巧也由此得到了很大的发展。架上绘画的产生，使肖像画、静物画、风景画乃至风俗画得以独立出现于画坛，它还使美术教学从早期壁画的师徒传授方式转向画室和学院教学。到19世纪，学院教学的方法、手段、目的均以架上画形式为主，西方绘画以架上绘画形式传入中国，成为油画等创作与教学的主要方式。

**嫁接** grafting 植物营养繁殖方法的一种。将植物的一部分器官移接到另一株植物体上，使它们愈合成长为一新个体的技术。新个体上发育成枝、叶、花、果的部分称为接穗；发育成根系的部分称为砧木。

方法 按嫁接时接穗是否带有自己的根，可分为靠接和切接；按接穗的取材可分为枝接和芽接（图1、2）。不论应用何种方法，嫁接时要求砧木和接穗接合部削面平滑光洁，务使双方形成层互相吻合，接触部分越大越好。为使二者紧密接触，并防干燥或雨水浸入，多用塑料布条或麻、草绑扎接合部分。

接穗和砧木内部组织结构、生理和遗传特点彼此相同或相近，能够互相结合并长期正常生长的能力，称为嫁接亲和力。它是决定嫁接成活的主要因素。亲缘关系是影响亲和力的重要因素。通常亲缘关系愈近，嫁接亲和力愈强。同种内的不同类型、品种间相互嫁接时，一般不亲和者较少。同属异种间嫁接也常表现亲和。同科异属间嫁接有时也能成功。而科间嫁接在实践上均未见成功。

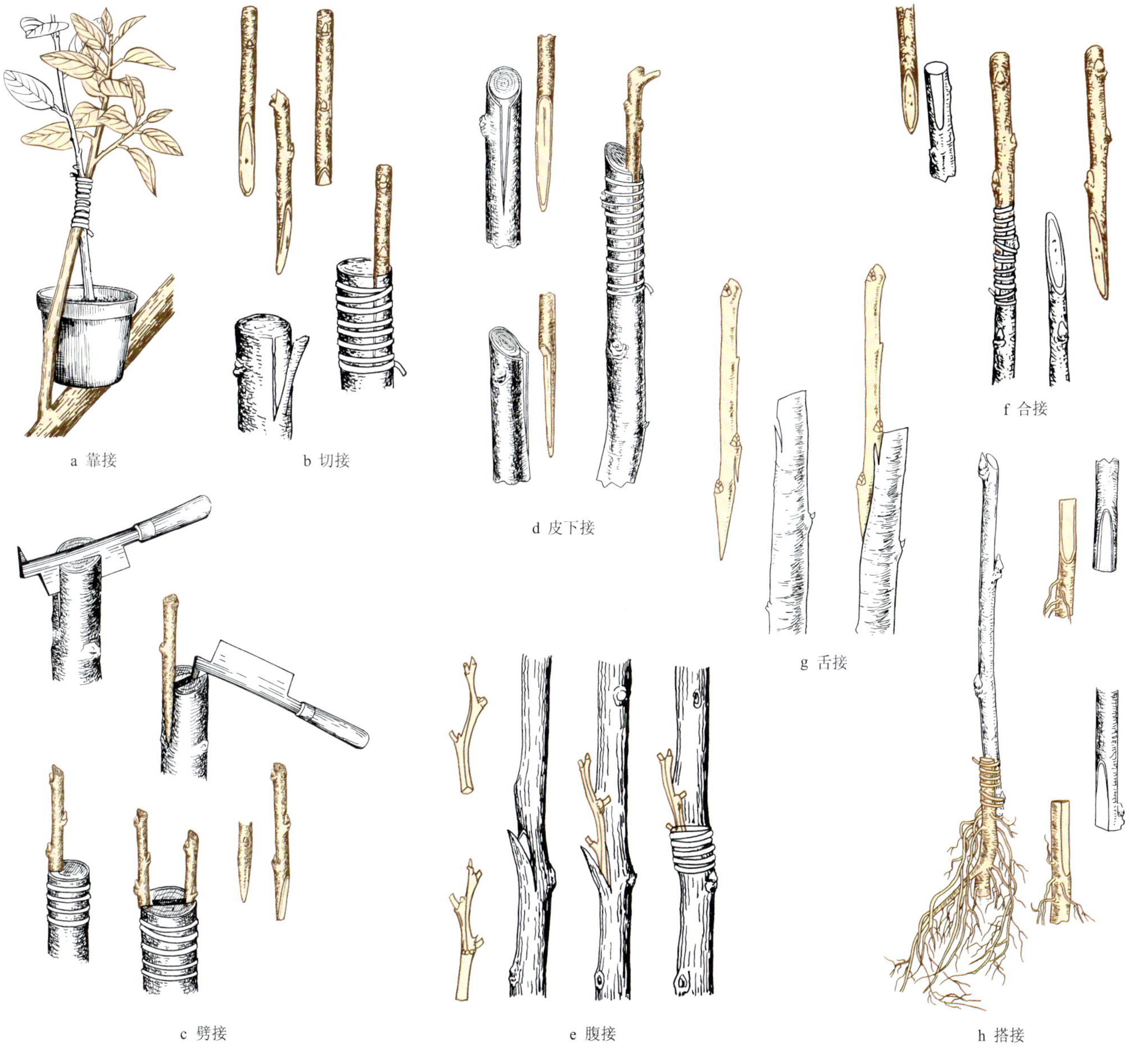


图1　各种枝接方法

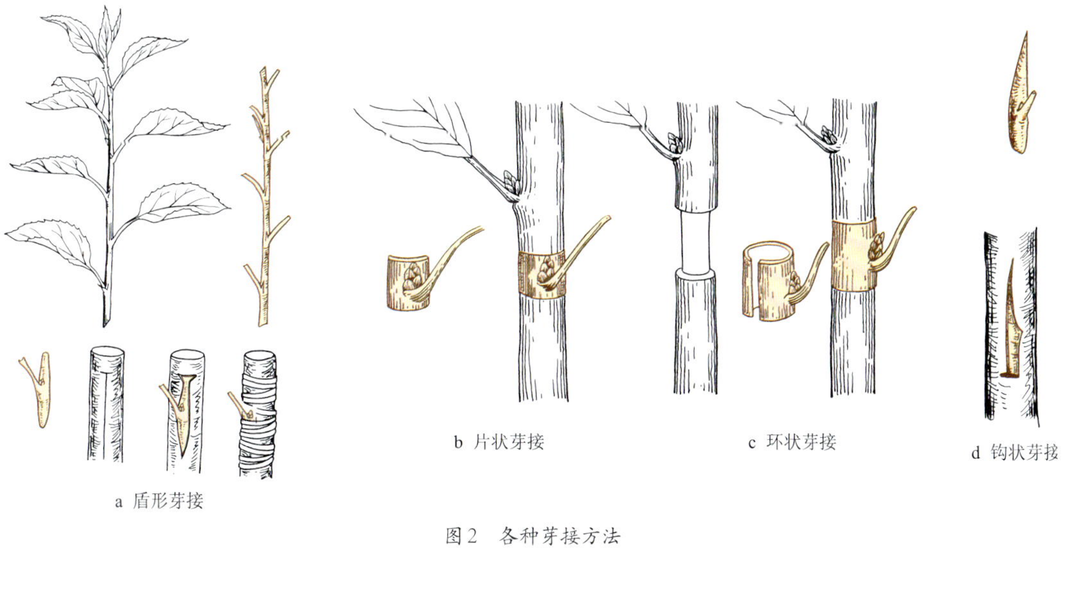


图2　各种芽接方法

砧木和接穗间的相互影响 以对树体生长的影响而言，乔化砧可使树体高大；矮化砧则削弱树体生长而使树冠矮小。砧木对结果的影响涉及结果迟早、产量高低、果实的大小、成熟期、品质和贮藏性等。此外，砧木对抗逆性也有重要影响。这些有益影响在生产上都可通过选择适当的砧木种类而加以利用。

应用 嫁接在生产上除用以保持果树品种优良特性外，常用接根法（图3a）来恢复树势，保存古树名木；用桥接法（图3b）来挽救树干被害的大树；用高接法来改换大树原有的劣种，弥补树冠残缺等；以及特殊观赏树木品种如龙爪槐、垂枝桃、垂枝梅的繁殖造型等。

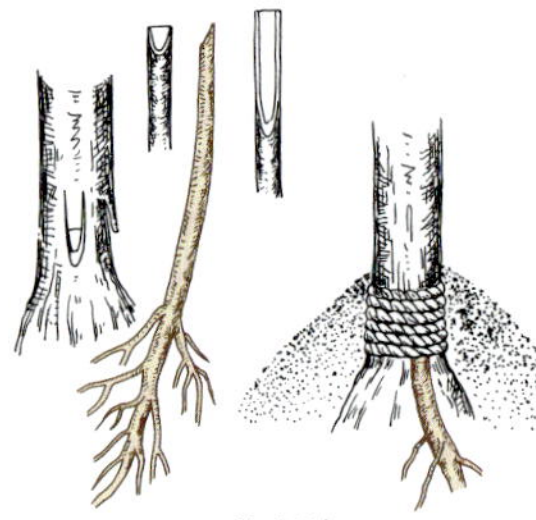

a 接根法

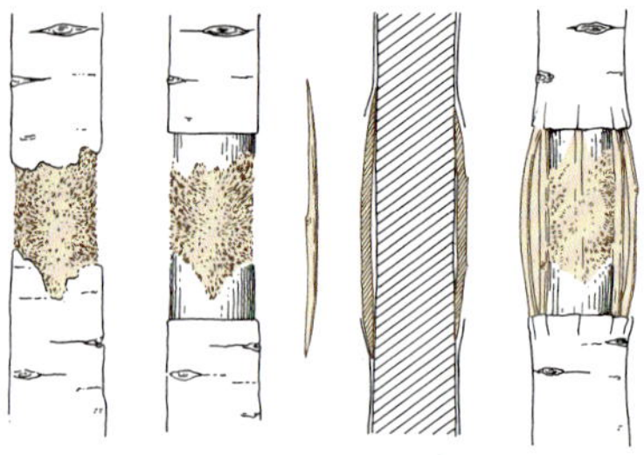

b 桥接法

图3 嫁接在救伤防衰方面的应用

在遗传育种方面，嫁接可用来造成无性杂种，利用特殊砧木促进植株开花，更是育种家常用的方法。嫁接还常被用作研究植物生理学、植物病理学、植物病毒学和植物组织发生学等的手段。

**尖端放电** point discharge 带电导体尖端附近空气中的放电现象。见**电晕放电**。避雷针就是利用尖端放电，将集中的高空电荷通过接地装置泄入大地，以免建筑物等遭雷击。相反，在需要保持高电势而减少漏电的情形，则电器的导电部分做成钝圆形。

**尖晶石** spinel 化学组成为$MgAl_2O_4$，属等轴晶系的氧化物矿物。化学成分中常有铁、锰、锌替代镁，铬、铁替代铝。八面体晶形很常见，还常以八面体面为双晶面和接合面构成双晶，称为尖晶石律双晶。无色，含色素离子$Cr^{3+}$、$Fe^{2+}$、$Fe^{3+}$、$Zn^{2+}$、Co时，可呈红、蓝、绿、褐、黄等色。玻璃光泽。莫氏硬度8。密度3.5～4.0克/厘米$^3$。硬度和密度值都随着成分中铁、铬替代量的增

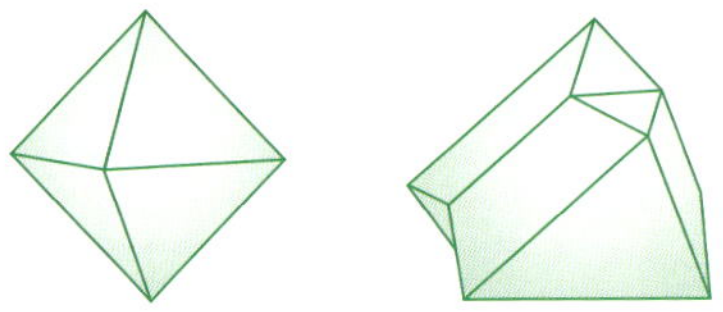

a 八面体晶形　　b 尖晶石律双晶

尖晶石的晶形（a）和双晶（b）

多而增大。解理不完全。产于镁质灰岩与酸性岩浆岩接触的变质岩及基性、超基性火成岩中。透明而色泽艳丽的尖晶石是高档宝石材料。世界著名产地有缅甸、阿富汗、斯里兰卡、泰国。中国云南、四川、山东、福建等地也有产出。

**尖锐湿疣** condyloma acuminatum 由人乳头瘤病毒引起的感染病变。好发于男女外生殖器及肛周，主要通过性接触传染。初发损害为淡红色丘疹，逐渐增大或增多，成为乳头瘤样、菜花样、鸡冠样等赘生物（见图）。若不及时治疗，疣体可逐渐增大，成为大的菜花状。对女性，若感染发生在宫颈上皮，有诱发宫颈癌的可能。治疗包括局部外用药物，如鬼臼毒素酊、5-氟胞嘧啶软膏、三氯乙酸溶液、咪喹莫特霜、干扰素凝胶等。亦可用冷冻、激光、电灼治疗，巨大或怀疑有癌变的损害应予手术切除。系统治疗包括干扰素、左旋咪唑等。

**尖吻蝮** *Deinagkistrodon acutus*; hundred-pace viper 蛇亚目蝰科尖吻蝮属的一种。又称五步蛇、棋盘蛇、百步蛇、岩蛟。属管牙类剧毒蛇。中国分布在安徽、重庆、江西、浙江、福建、湖南、湖北、广东、广西、贵州和台湾等省区。越南北部也有分布。全长可达1.5米。头大呈三角形。吻端尖出，向上方翘起。躯干粗壮，通身的结节状鳞粗糙。背面深棕或棕褐色，躯尾背面有大的方形斑块，方斑边缘呈浅褐色，中央色深。头背黑褐，头腹土黄色，二色在头侧分界鲜明。眼与鼻孔之间有颊窝（热测位器）。生活于海拔100～1 500米的山区或丘陵，大多栖息在海拔300～800米的山谷溪涧附近林木繁茂的阴湿地，偶尔也进入山区村宅的厨房、卧室之中。白天多盘曲成团，头枕于中央，晚上较活跃。以蟾蜍、蛙和鸟为食，尤喜捕食

鼠类。春末夏初或秋季交配，8月中到9月初产卵10～20枚，卵呈白色或淡乳酪色。雌蛇有盘卧卵上的习性，经20多天孵出仔蛇。尖吻蝮体大，排毒量多，平均每次排干毒量约60毫克。被它咬伤后，内外出血严重，常有生命危险。

**歼击轰炸机** fighter-bomber 以**空空导弹**、**空地导弹**、炸弹、航空机关炮、航空火箭弹为基本武器，兼有空战和轰炸能力的飞机。主要用于突击敌战役战术纵深内的地（水）面目标。又称战斗轰炸机。其飞行速度与**歼击机**相当（或稍差），但低空突防性能好，对地攻击火力强，适合在各种气象条件下遂行对地攻击任务。

最初的歼击轰炸机由歼击机改装而成。随着机载电子设备的不断改进和武器系统

中国“飞豹”歼击轰炸机

功能的逐渐完善，专门设计的歼击轰炸机越来越多，性能越来越好。新一代歼击轰炸机配备先进的导航系统，能准确飞抵预定目标区；具有多种探测手段，如多功能雷达、红外观测仪、微光夜视仪等，可全天候发现地面目标；拥有多种通信手段，可以与包括卫星、**预警机**、水面舰艇在内的多方面建立联系；有较强的电子对抗能力；一般都配备空中加油系统。以美国的F-15E“鹰”战斗轰炸机为例，其武器挂架多达11个，载弹量超过11吨，能携带普通炸弹、制导炸弹、核炸弹、航空子母弹、**空地导弹**、**空空导弹**等，最大平飞速度达到2 450千米/时。其机动性不仅可以摆脱歼击机的拦截，而且足以满足空战的要求。从20世纪50年代中期起，随着歼击轰炸机的迅速发展，战术轰炸机被逐步淘汰。

**歼击机** fighter 主要用于歼灭空中敌机和飞航式空袭兵器的飞机。又称战斗机、截击机。旧称驱逐机。是作战飞机的主要机种之一。武器主要包括航炮、**空空导弹**、空地（舰）导弹、炸弹、火箭弹等。特点是机动性好，速度快，火力强，适合空战，也可遂行对地攻击任务。按机翼的数目，分为单翼机、双翼机和多翼机；按机翼平面形状，分为平直翼、后掠翼、前掠翼、三角翼和飞翼式歼击机；按发动机类型，

中国歼-8Ⅱ歼击机

分为活塞式、喷气式和涡轮螺旋桨式歼击机；按起落装置的类型，分为陆基、水上和水陆两用歼击机；按飞行速度，分为亚声速、超声速和高超声速歼击机。

第一次世界大战初期，法国把地面机枪装上飞机用于空战，开创了歼击机作战的先河，随之诞生了专门的歼击机。第二次世界大战中后期，歼击机的性能大大提高，有的飞行时速达到750千米，接近活塞式飞机的性能极限。代表性的飞机有美国的P-51、英国的"喷火"、苏联的雅克-9、德国的Bf-109及日本的"零"式等。

20世纪40年代末，美国的F-84、F-86和苏联的米格-15、米格-17等一批高亚声速歼击机相继问世，标志着歼击机的发展开始进入一个新的阶段。50年代，喷气式歼击机已基本取代了活塞式歼击机。末期，出现了具有高空、高速性能的超声速歼击机。其最大飞行速度马赫数已达2.0，实用升限超过1.8万米，开始装备空空导弹，机载设备日臻完善。代表性的飞机有美国的F-104、苏联的米格-21、法国的"幻影"Ⅲ等。70年代末至80年代初，一批机动性能好、格斗能力强的歼击机先后装备部队，如美国的F-16、法国的"幻影"2000和苏联的米格-29等。2005年，中国拥有自主知识产权的J-10战斗机正式装备部队。这些飞机的明显特点是水平加（减）速性、盘旋性能和爬升能力都有较大提高。80年代末至90年代初，随着科学技术的进步与发展，一些布局新颖、设计独特、具有一定隐身能力的先进歼击机相继出现，如法国的"阵风"、瑞典的JAS.39、欧洲的EF-2000等。这些歼击机普遍装备中远距导弹和近距格斗导弹，大多具有全天候、全方位、全高度的"三全"攻击能力，突出强调先敌发现、先敌开火、首发命中。90年代末，美国研制的F-22空中优势战斗机和F-35联合攻击战斗机，具有高机动性、高敏捷性、隐身性以及不开加力超声速巡航和短距起降等特点，既能与敌机进行"短兵相接的近距格斗"，又能发射超视距导弹进行"超视距空战"，总体作战效能大大提高。

**《坚持四项基本原则》** *Adherence to the Four Cardinal Principles* 邓小平1979年3月30日在中国共产党的理论工作务虚会上的讲话。收入《邓小平文选》第2卷。讲话中指出：我们当前和今后相当长一个历史时期的主要任务就是搞现代化建设，要在本世纪内实现四个现代化，把我国建设成为一个社会主义强国，这是一个非常艰巨的任务。现在搞建设，要适合中国情况，走出一条中国式的现代化道路。要使中国实现四个现代化，至少有两个重要特点是必须看到的：一个是底子薄，一个是人口多、耕地少。只有从这两个特点出发，才能找出一条适合中国情况的新路子。讲话强调：要实现四个现代化，必须在思想政治上坚持四项基本原则，即坚持社会主义道路，坚持无产阶级专政，坚持共产党的领导，坚持马列主义、毛泽东思想。这是维护安定团结、实现四个现代化的根本前提。四项基本原则并不是新的东西，是我们党长期以来所一贯坚持的，也是同十一届三中全会的精神一致的。粉碎"四人帮"以至三中全会以来，党中央实行的一系列方针政策，一直是坚持四项基本原则的。尽管如此，中央认为今天还是有很大的必要来强调宣传四项基本原则。因为，现在党内和社会上还存在着从"左"和右的方面歪曲、怀疑或反对四项基本原则的思潮。讲话还阐述了坚持四项基本原则的理由，指出：只有社会主义才能救中国，这是中国人民从五四运动到现在六十年来的切身体验中得出的不可动摇的历史结论；没有无产阶级专政，我们就不可能保卫从而也不可能建设社会主义；没有中国共产党，就没有社会主义的新中国；毛泽东思想过去是中国革命的旗帜，今后将永远是中国社会主义事业和反霸权主义事业的旗帜，我们将永远高举毛泽东思想的旗帜前进。讲话重申：每个共产党员，更不必说每个党的理论工作者，决不允许在这个根本立场上有丝毫动摇。如果动摇了这四项基本原则中的任何一项，那就动摇了整个社会主义事业，整个现代化建设事业。这篇讲话提出的四项基本原则作为"一个中心、两个基本点"的基本路线的重要内容，被载入党章和宪法，成为立国之本，党和国家生存发展的政治基石，全党团结和全国各族人民团结的共同的政治基础。

**间冰期** interglacial stage 一次大冰期中两次冰期之间的气候温暖、冰川消融退缩的时期。如里斯冰期和玉木冰期之间的里斯-玉木间冰期。见**冰期**。

**间脑** diencephalon 由前脑泡的后部分化而成的高级中枢。位于**中脑**和**大脑**半球之间，左右各一，包埋在大脑两半球内，外侧以内囊与大脑的纹状体相隔。左右间脑之间的腔隙为第三脑室，其底部与脑下垂体连接，后上部有**松果腺**。人的间脑可分上丘脑、背侧丘脑、腹侧丘脑、下丘脑4部。

上丘脑位于第三脑室顶部周围，包括丘脑髓纹、缰核和松果腺。前两者属**边缘系统**，松果腺为内分泌器官。上丘脑与嗅觉、视觉有密切关系。

腹侧丘脑位于中脑被盖与背侧丘脑之间，主要含腹侧丘脑核，其功能与纹状体关系密切。

背侧丘脑又称丘脑，间脑最大的灰质团块，位于第三脑室的两侧。不仅是除嗅觉外一切感觉冲动传向大脑皮层的转换站，而且是重要的感觉整合机构之一。丘脑在维持和调节意识状态、警觉和注意力方面也起重要作用。丘脑不仅与一般和特殊形式的激醒有关，而且和情绪联想有关。某些丘脑核团还可作为运动整合中枢，接受小脑和纹状体的投射纤维。

因丘脑病变而引起一系列症状，可因损伤部位及范围不同而异。常见的有：对侧半身肢体瘫痪，严重的体表及深感觉障碍，不可忍受的疼痛，协调功能障碍及血管运动障碍；不自主运动及轻度共济失调；自主神经系统活动障碍；心理障碍等。

**下丘脑**是较高级的调节内脏及内分泌活动的中枢。

**间质性肾炎** interstitial nephritis 以肾间质为主要发病部位的肾脏病。因间质性肾炎几乎都有肾小管受累，故又称肾小管-间质性肾脏病。约占肾脏病的1/3。肾间质分布在肾小球和肾小管之间，有血管、淋巴管及神经的结缔组织。皮质中少而疏松，髓质的肾乳头管之间含较多肾间质。急性间质性肾炎时，间质有水肿、细胞浸润。过敏性间质性肾炎伴有大量嗜酸细胞浸润，肾小管上皮细胞变性、坏死。慢性间质性肾炎除细胞浸润外，以间质纤维化、肾小管细胞萎缩为主。

**肩关节周围炎** periarthritis of shoulder 肩关节及其周围的滑囊、肌腱、韧带等组织的变性疾病。简称肩周炎。是自限性疾病，经过数月或一年以上有自愈倾向。肩关节周围炎患者同时存在肩关节腔粘连和关节僵硬等病理变化。也称为"冻结肩"。此病好发年龄在50岁左右，又称"五十肩"。临床表现是肩部疼痛，尤以夜间为甚；盂肱关节活动障碍逐渐加剧；经数月甚至1～2年可以自愈。此病女多于男，病程大致分为疼痛期、僵硬期和恢复期，各期长短不一，差别较大。治疗目的是缓解疼痛和恢复功能。压痛点局限者可用醋酸可的松加利多卡因混合液注射。口服布洛芬类药物和理疗有效。按摩和主、被动运动有助于松解粘连，恢复功能。

**监察制度** supervision system 政府内部设立专门机构，对所有部门的行政工作以及公务员的行政行为实行全面监督检查的制度。其目的是为了保证政令畅通，维护行政纪律，促进廉政建设，改善行政管理，提高行政效能。

依据《中华人民共和国行政监察法》的规定，监察机关是人民政府行使监察职能的机关，是政府专司行政监督职能的专门机构，负责对政府的行政机关及其工作人员和国家行政机关任命的其他人员执行国家法律、法规、政策和决定、命令的情况以及违纪违法行为进行监察。监察机关对本级人民政府和上级监督机关负责并报告工作，监察业务受上级监察机关的领导。中国行政机关的监察权包括检查权、调查权、建议权和决定权。

在实行三权分立的资本主义国家，政府内部建立了形式多样的监察制度。除政府内部的自身监察之外，这些国家更重视议会监察，成立有专门的议会监察机构受理公民对政府机构及其工作人员的投诉。

**监护** guardianship 对无行为能力人和限制行为能力人（见自然人）的人身、财产权益依法实行的监督和保护。有些国家把对限制行为能力人的监督和保护称为保佐。保佐人一般只辅助管理被保佐人的财产，而不及于他们的人身。

监护的种类 根据监护设立的方式不同，监护可分为4种：①由法律直接规定监护人的，称法定监护。②没有法定监护人或法定监护人对担任监护人有争议，由有关单位或法院依法指定监护人的，称指定监护。③被监护人的父母以遗嘱方式选定监护人的，称遗嘱监护。④有监护资格的人之间协议确定由其中一个或数人行使监护职责的，称约定监护。

被监护人和监护人 接受监护的无行为能力人和限制行为能力人为被监护人，包括未成年人和患有精神病的成年人。对无行为能力人和限制行为能力人进行监护的人为监护人。《中华人民共和国民法通则》规定，未成年人的监护人依次是：①父母。②祖父母、外祖父母。③兄、姐。④经未成年人的父、母所在单位或者未成年人住所地的居民委员会、村民委员会同意，愿意承担监护责任且关系密切的其他亲属、朋友。对担任监护人有争议的，由未成年人的父母所在单位或者未成年人住所地的居民委员会、村民委员会在近亲属中指定，对指定不服而提起诉讼的，由人民法院裁决。没有前述规定的监护人的，由未成年人的父母所在单位或者未成年人住所地的居民委员会、村民委员会或者民政部门担任监护人。

无民事行为能力或者限制民事行为能力的精神病人的监护人依次是：①配偶。②父母。③成年子女。④其他近亲属。⑤经精神病人的所在单位或者住所地的居民委员会、村民委员会同意，愿意承担监护责任且关系密切的其他亲属、朋友。对担任监护人有争议的，由精神病人所在单位或者住所地的居民委员会、村民委员会在近亲属中指定。对指定不服提起诉讼的，由人民法院裁决。没有前述规定的监护人的，由精神病人所在单位或者住所地的居民委员会、村民委员会或者民政部门担任监护人。

监护人的职责 对未成年人的人身监护，以教养、保护为目的。对被宣告为无行为能力人的人身监护，以保障其本人及社会的安全，并促其恢复健康为目的。至于财产上的监护，监护人须依法管理被监护人财产，代理被监护人实施法律行为。除为被监护人的利益外，监护人不得处理被监护人的财产。监护人依法履行监护的权利，受法律保护。监护人违反监护职责或者侵害被监护人的合法权益的，应承担相应的法律责任；给被监护人造成财产损失的，应当赔偿损失，法院可根据有关人员或单位的申请，撤销监护人的资格。

监护关系的法律后果 监护人往往是被监护人的法定代理人。被监护人完全无行为能力的，由监护人代其进行民事活动。被监护人行为能力受限制的，进行民事活动亦应由其监护人代理，或者征得监护人的同意。在民事案件中，监护人是被监护人的诉讼代理人。此外，一些国家在法律上还有监护人与被监护人间禁止结婚；监护人及其配偶、其他近亲属与被监护人不得作为同一法律行为的双方当事人等规定。

监护关系的终止 监护关系成立以后，得因法定缘由而终止。出于监护人方面的原因有：死亡，被宣告为无行为能力人，法定监护人与被监护人的亲属关系消灭，监护人因正当理由而辞去监护职务或依法被取消监护人资格等。出于被监护人方面的原因有：死亡，已成年，为他人收养，父母不能行使亲权的原因消灭，撤销无行为能力的宣告等。

**监事会** supervisors, board of 股份公司常设的监督机构，对董事会成员和经理等管理人员行使监督职能。监事会向股东大会负责并报告工作。为了保证监督的独立性，董事、经理、财务负责人等不得兼任监事，监事不得兼任董事、经理和其他高级管理职务。监事会的职权是：①监督董事、经理等管理人员有无违反国家法律、法规、公司章程和股东大会决议的行为。②检查公司业务、财务状况，查阅账簿和其他会计资料，并有权要求有关董事和经理报告公司业务情况。③核对董事会拟提交股东大会的会计报告、营业报告和利润分配方案等财务资料，发现疑问可用公司名义委托注册会计师、专业审计师帮助复审。④建议召开临时股东大会，代表公司与董事交涉或对董事起诉。⑤可以对董事、经理的任免、奖惩提出建议。⑥各国公司法和公司章程规定的其他职权。

**监视居住** residential surveillance 中国公安机关、人民检察院和人民法院责令犯罪嫌疑人、被告人在一定期限内未经批准不得离开住处或指定居所，并对其行动加以监视的强制方法（见刑事强制措施）。监视居住的适用对象、决定机关、执行程序、变更和撤销与取保候审相同。

被监视居住的犯罪嫌疑人、被告人应当遵守以下规定：未经执行机关批准不得离开住处，未经执行机关批准不得会见他人，传讯时及时到案，不得以任何形式干扰证人作证，不得毁灭、伪造证据或者串供。被监视居住人违反上述规定，情节严重的，予以逮捕。监视居住最长不得超过6个月。监视居住期间，不得中断对案件的侦查、起诉和审理。

**监外执行** serving sentence outside the prison under surveillance 被判处刑罚的罪犯因有法定情形暂不羁押而在监外交付一定机关监管。《中华人民共和国刑事诉讼法》规定，对于被判处有期徒刑或者拘役的罪犯，有下列情形之一的，可以暂予监外执行：①有严重疾病需要保外就医的；②怀孕或者正在哺乳自己婴儿的妇女。对于被判处有期徒刑、拘役的生活不能自理、适用暂予监外执行不致危害社会的罪犯，可暂予监外执行。《中华人民共和国监狱法》规定：暂予监外执行，由监狱提出书面意见，报省、自治区、直辖市监狱管理机关批准。批准机关应当将批准的暂予监外执行决定通知公安机关和原判人民法院，并抄送人民检察院。人民检察院认为对罪犯适用暂予监外执行不当的，应当自接到通知之日起1个月内将书面意见送交批准暂予监外执行的机关，批准暂予监外执行的机关接到人民检察院的书面意见后，应当立即对该决定进行重新核查。暂予监外执行的罪犯由居住地公安机关监管。原关押监狱应当及时将罪犯在监内改造情况通报负责监外执行的公安机关。暂予监外执行的情形消失后，刑期未满的，负责执行的公安机关应当及时通知监狱收监；刑期届满的，由原关押监狱办理释放手续。罪犯在暂予监外执行期间死亡的，公安机关应当及时通知原关押监狱。

**监狱** prison 监禁罪犯的场所，国家的刑罚执行机关。根据1994年12月29日通过的《中华人民共和国监狱法》，被判处死刑缓期两年执行、无期徒刑、有期徒刑的罪犯，在监狱内执行刑罚，监狱对罪犯实行惩罚和改造相结合、教育和劳动相结合的原则，将罪犯改造成为守法公民。

对罪犯依法监管，根据改造罪犯的需要，组织罪犯从事生产劳动，对罪犯进行思想教育、文化教育、技术教育。罪犯的人格不受侮辱，其人身安全、合法财产和辩护、申诉、控告、检举以及其他未被依法剥夺或限制的权利不受侵犯。人民检察院对监狱执行刑罚的活动是否合法实行监督。国务院司法行政部门主管全国的监狱工作。

**兼爱** universal love 中国战国时期墨家的政治哲学观点、道德理想和目标。指所有人普遍、平等地相爱互利。由墨子提出并论述，后期墨家坚持并进一步论证。墨子的论述见《墨子·兼爱》上中下三篇。墨子主张“兼以易别”，即用不分血缘亲疏、等级贵贱以及人我、彼此的无差等之爱，取代儒家亲亲有别的差等之爱。提倡“为彼犹为己”，“爱人若爱其身”，“爱人者人必从而爱之，利人者人必从而利之”。

后期墨家进一步论证兼爱（见《墨经》），将其又称为尽爱、周爱。主张把爱推广到人外延的全部。墨家提出并坚持兼爱的理想和目标，在当时是无法实现的，但它具有批判传统宗法制度和思想的进步意义，对后世有重要影响。

**兼并** merger 一个企业采取各种形式有偿接受其他企业的全部资产或控制权，使被兼并方丧失法人资格或改变法人实体的经济行为。是资本集中的一种基本形式。兼并的形式，可以是实力相当的企业的合并，即建立起一个新的企业或公司；也可以是吸收式兼并或吞并，通常是大企业吞并一个或多个小企业。兼并的主要类型有3种，即横向兼并、纵向兼并和混合兼并。横向兼并又称水平兼并，指生产同类产品或提供同类服务的企业之间的兼并。纵向兼并又称垂直兼并，指一个企业兼并与其生产密切相关的前后顺序生产、营销过程的企业的行为。混合兼并指跨行业（或跨市场）的兼并。兼并是为了增强对外部环境的适应与控制能力，获得经济规模扩大的好处，分散和降低企业经营的风险等。兼并有可能损害竞争、形成垄断，在发达市场经济中，常常受到政府反垄断法规的制约。

**菅直人** Kan Naoto (1946-10-10～ ) 日本民主党政治家，众议院议员，第94任首相(2010～ )。生于山口县宇部市。1970年东京工业大学毕业。曾和友人一起开发出一种游戏机并获得专利。1980年当选众议院议员。桥本龙太郎政府时代曾担任厚生省大臣。1996年9月与鸠山由纪夫合作组成日本民主党，并出任党代表。2009年民主党大选获胜后，任日本副首相兼财务大臣。后出任内阁副首相，并兼任经济财政政策大臣、国家战略大臣和科学技术政策大臣三个职务。2010年6月4日当选新一任党代表，同时当选为首相。

**犍陀罗美术** Gandhara art 公元1～6世纪犍陀罗地区的佛教美术。犍陀罗大体相当于今巴基斯坦北部以及毗连的阿富汗东部地区。从公元前326年马其顿国王亚历山大大帝（前336～前323年在位）入侵，到大夏（巴克特里亚）希腊人对犍陀罗130余年的统治，希腊化文化艺术的影响逐渐深入这一地区。公元1世纪中叶月氏人贵霜国王迦腻色伽（约78或约128或约144年在位）在犍陀罗地区敕建了大量佛塔寺院，并仿照希腊、罗马神像雕塑佛像、菩萨像，一直延续到5世纪末甚至更晚。

建筑 犍陀罗地区的佛教建筑已发生变革。犍陀罗窣堵波的形制，覆钵部分显著增高而渐趋缩小，伞盖增至7层或13层的一长串相轮。佛教徒为积累功德，在大型窣堵波周围还捐赠了许多小型奉献塔。白沙瓦近郊沙基奇德里的迦腻色伽大塔，由希腊建筑师阿吉西勒斯督造，曾受到中国僧人法显、宋云和玄奘的赞美。现大塔早已倾圮，仅存几块基石。犍陀罗还创造了兼有塔院和僧院的新式伽蓝。伽蓝院子中央通常有一座专供礼拜的大型佛塔，四周是成排僧房和奉献小塔。在大型佛塔、奉献小塔的方形或圆形台基侧面，往往装饰着佛教故事浮雕嵌板；在许多壁龛里则供奉着圆雕或高浮雕的佛像、菩萨像。现已发现了一些犍陀罗伽蓝遗址。

图1 《佛陀立像》

雕塑 贵霜时代犍陀罗美术最重要的变革是佛像的创作，打破了印度早期佛教雕塑的禁忌，仿照希腊、罗马雕刻的神像的样品，直接雕刻出佛陀本身人形的形象。这种变革可能与大乘佛教的兴起有关，显然也是印度本土传统与希腊、罗马等外来文化艺术影响融合的产物。犍陀罗的佛像雕塑，大约在公元1世纪后期从佛传故事浮雕开始，逐渐向单独设龛供奉礼拜的佛像发展。佛像分立像与坐像两类。佛像的手势（姆德拉）和坐姿都有固定的程式，为后世所沿用。犍陀罗佛像的代表作有白沙瓦附近侯蒂·马尔丹出土的青灰色片岩雕塑《佛陀立像》(约2世纪或3世纪）和《佛陀坐像》(约2世纪或3世纪）等。

图2 《苦行的释迦》

菩萨像的创造也是犍陀罗艺术的重大贡献。犍陀罗菩萨像的代表作有沙巴兹加里出土的青灰色片岩雕刻《王子菩萨》(约2世纪）和西克里出土的青灰色片岩雕刻《苦行的释迦》(约3世纪)。《苦行的释迦》表现释迦牟尼在修习苦行，尽管瘦骨嶙峋，仍然执著地禅定。犍陀罗地区还雕刻了不少希腊、罗马或希腊化的印度男女诸神像。代表作有犍陀罗地区出土的青灰色片岩雕刻《雅典娜女神》(约2世纪晚期）与《般遮迦与诃梨蒂》(约2世纪）等。

犍陀罗艺术的影响极其深远。犍陀罗西北边缘地带阿富汗中部巴米扬石窟两尊龛状窟大佛像（已被阿富汗塔利班炸毁），被认为是后期犍陀罗艺术的巨作。犍陀罗艺术向东北沿着丝绸之路陆续传入中国新疆和内地，并东渐朝鲜半岛、日本，为远东佛教艺术提供了最初的佛像模型。

**缣帛文献** silken document 中国古代以丝织品为记录知识载体的文献。一般称为帛书。缣帛文献约起源于春秋时代，盛行于两汉，与简牍及其以后的纸质文献并存了很长一段时间。缣帛柔软轻便，幅面宽广，宜于画图，但其价格昂贵，普通人用不起，而且一经书写，不便更改，一般只用作定本，所以缣帛始终未能取代简牍作为记录知识的主要载体。已发现的缣帛文献主要有：两封东汉初年的敦煌缣帛信件，先秦两汉时期的旌幡帛画，长沙马王堆3号墓出土的缣帛地图和帛书等。

**茧蜂** Braconidae; braconid wasp 膜翅目茧蜂科昆虫的统称。全世界分布，已知约1万种。中国已知约千种，常见的有麦蛾茧蜂、红铃虫甲腹茧蜂、螟蛉绒茧蜂和玉米螟长距茧蜂等。

成虫形态与姬蜂极相近，其区别在于：体型较小，多数在10毫米以下，以3～7毫米居多。前翅无第2回脉，肘脉第1段常完整，也有少数类群翅脉相当退化。腹部较短，第2、3背板愈合。

全部种类为寄生性，绝大多数寄生于许多重要的害虫，但也有少数种类寄生于益虫，如瓢虫茧蜂等。一般寄生于寄主的幼虫期，也有寄生于蛹和成虫的，还有跨期寄生于卵至幼虫、卵至蛹和幼虫至蛹。内寄生和外寄生，蜂幼虫成长之后往往钻出寄主结茧化蛹。

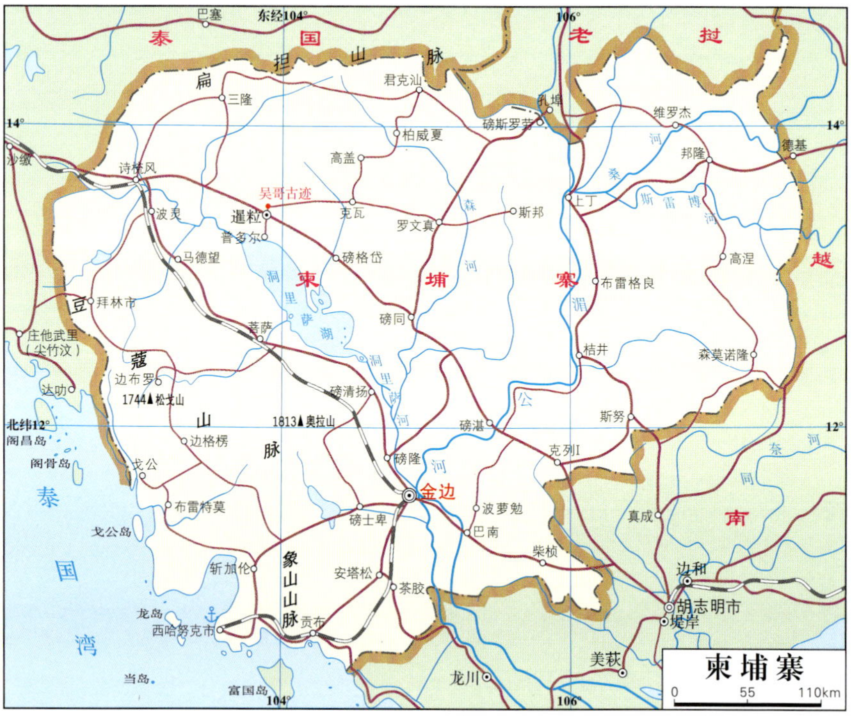


**柬埔寨** Cambodia 亚洲东南部国家。位于**中南半岛**，南濒泰国湾，与越南、老挝、泰国为邻。面积181 035平方千米。人口约1 440万。全国有20多个民族，高棉族约占全国人口的80%，少数民族有占族、普农族、老族、泰族、斯丁族等。居民主要信奉佛教。高棉语为通用语言。首都**金边**。

**地理** 全国以平原为主。东、北、西三面为山地和高原所环绕。中部平原由海拔200米以下的洞里萨湖周围冲积平原和湄公河三角洲组成，约占全国面积的90%。平原上河道纵横，多沼泽，主要河流有**湄公河**和洞里萨河等。**洞里萨湖**是调节湄公河水量的天然水库。平原北面的扁担山，呈东西走向，长300千米左右，平均海拔约500米，最高峰756米；森林茂密，约占全国森林面积的1/3。西南部绵延数百千米的豆蔻山脉，呈西北—东南走向，平均海拔1 500米以上，奥拉山海拔1 813米，为全国最高峰。象山山脉为豆蔻山脉向南的延伸，海拔约1 000米，热带雨林繁茂，西南坡是全国最大的林区；湄公河以东是平缓的高原，南北长1 000千米，宽50～300千米，是长山山脉的西坡，海拔100～500米，分布着大面积由玄武岩发育成的肥沃土壤，为主要橡胶产区。湄公河东南部支流川龙河中游森林繁茂，是建筑木材的主要产地。

属热带季风气候，高温多雨。全年分干、雨两季，5～10月为雨季，11月至翌年4月为干季。全国平均年降水量约1 800毫米，以10月最多，降水量达252毫米；而12月至翌年3月的降水量不到200毫米。

森林面积占国土面积的35%左右。多名贵树种，主要有黑檀、紫檀、铁木等。黑檀和紫檀质地细密，尤为贵重。此外，山区还盛产热带药材，如豆蔻、桂皮和檀香等。林中栖息着大量动物，如象、豹、虎、猴、犀牛和著名的科伯荣牛。矿藏主要有金、铁、宝石、锰、铅、银、煤、钨、陶土和磷等。

**历史** 公元1世纪下半叶建国。2世纪后，柬埔寨人已能造船航海，并和马来半岛、中国、印度通航。先称扶南，后称真腊。16世纪后改称柬埔寨。因境内主要居民是高棉人，故又称高棉。9～14世纪是高棉王国历史上国力最强盛时期，文化发达，建都吴哥，创造了举世闻名的吴哥文明，建成了吴哥通王城和吴哥寺等。农耕发达，种植浮稻，修筑运河和水库。19世纪中叶，沦为法国殖民地。第二次世界大战中被日本占领。日本投降后，法国又卷土重来。1953年11月9日柬埔寨王国宣告独立。1954年法国被迫撤军。1976年改国名为民主柬埔寨。1978年越南入侵柬埔寨，扶植金边政权。1991年7月，西哈努克被推荐为柬埔寨全国最高委员会主席。1993年5月成立制宪议会，通过新宪法，柬埔寨恢复君主立宪制，改称柬埔寨王国。

**政治** 国王是终身制国家元首、军队最高司令，有权宣布大赦，在首相建议并征得国会主席同意后有权解散国会。国会是国家最高权力机构和立法机构。1999年3月25日成立第一届参议院，宪法规定，参议院有权审议国会通过的法律条款并提出意见。主要政党有柬埔寨人民党、奉辛比克党、森朗西党等。

**经济** 柬埔寨是经济不发达的农业国家。1993年王国政府成立后，实行自由市场经济，经济私有化，贸易自由化，经济获得一定发展，人民生活有所改善。2008年国内生产总值102.2亿美元，被联合国列为世界最不发达国家之一。2009年国内生产总值109.4亿美元。经济以农业为主。农业人口约占全国人口的85%。可耕地面积630万公顷，主要集中在湄公河、巴塞河及洞里萨湖沿岸地区。粮食作物有稻米、玉米、豆类、甘薯等，其中以稻米为主，种植面积约占耕地面积的80%，大多数为水稻（包括少部分浮稻）。20世纪70年代末期以后，由于战争，土地荒芜，稻米产量锐减，2005年稻谷产量680万吨。粮食不能自给。经济作物有橡胶、麻类、胡椒、豆蔻、糖棕、热带水果等。其中以橡胶为主，全国有橡胶园11万公顷，年产橡胶5万吨，主要分布在排水良好、土壤肥沃的地区，以磅湛省和腊塔纳基里省较为集中。

工业基础薄弱，门类不多，受长期战乱

图1 远眺吴哥寺

影响，大多数工厂机器设备陈旧，缺乏原材料。1991年实行市场经济以来，全国大小型工厂和手工作坊已超过3万家，多为小型加工和建筑企业。2008年工业总产值占国

图2 洞里萨湖的水上人家

内生产总值的27%。制衣业为国内最大工业，有3/4的成衣销往美国。其他工业以农产品加工为主，主要有碾米和锯木业。暹粒的传统手工制革和拜林的玉石均驰名国内外。

交通运输以公路和内河运输为主。公路总长1.5万千米。水运主要靠湄公河、洞里萨河。在高水位时，通航里程约有1 500千米。湄公河从桔井到金边终年可通小汽船，金边以下可行驶海轮。铁路有2条。航空以金边西面的波成东机场为中心，与东南亚各国和中国有班机来往。此外，暹粒也有一大型机场。

2009年进出口贸易总额为93.5亿美元。与40个国家建立了贸易关系。主要贸易伙伴为美国、欧盟、东盟、中国、韩国等。主要进口石油产品、建材、机械、机动车、医药、家用电器、日用消费品、制衣原料等；主要出口成衣、木材、橡胶、大米、海产品等。

2000年柬埔寨政府大力推行开放天空政策，支持鼓励国外航空公司直飞著名旅游区吴哥，赴柬游客大幅增长，2006年入境游客已达170多万人次，创汇14亿美元。主要旅游点除吴哥古迹外，尚有金边和西哈努克市（磅逊港）等。

**文化** 近年来政府重视教育，兴建了一些学校。2006年全国有26所大学（其中9所公立大学、17所私立大学）。文盲率为36.3%。全国有300多家报刊，较有影响的报刊有《柬埔寨之光报》、《柬埔寨时报》和《人民报》等。柬新社为官方通讯社。

**对外关系** 柬埔寨奉行独立、和平、永久中立和不结盟的外交政策，反对外国侵略，在相互尊重国家主权的基础上，同世界各国建立和发展友好关系。柬埔寨新政府成立后，确定争取外援发展本国经济的对外工作方针，与周围国家建立睦邻友好合作关系。1955年12月14日加入联合国。与107个国家建立了外交关系。1958年7月19日同中国建交。

**检波器** detector 从调幅波中恢复调制信号的电路。又称幅度解调器。与调制器一样，检波器必须使用非线性元件，因而通常含有二极管或非线性放大器。检波器分为包络检波器和同步检波器。前者的输出信号与输入信号包络成对应关系，主要用于标准调幅信号的解调。后者实际上是一个模拟相乘器，为了得到解调作用，需要加入一个与输入信号的载波完全一致的振荡信号（相干信号）。同步检波器主要用于单边带调幅信号或残留边带调幅信号的解调。同步检波器的抗干扰性能比包络检波器优越，但是电路比较复杂，随着电子技术的进步，这种解调方法的应用日益广泛。

**检察官** procurator 对检察人员的通称。在中国，根据1995年2月28日通过、2001年6月30日修改的《中华人民共和国检察官法》，检察官是依法行使国家检察权的检察人员，包括最高人民检察院、地方各级人民检察院和军事检察院等专门人民检察院的检察长、副检察长、检察委员会委员、检察员和助理检察员。其职责是：①依法进行法律监督工作。②代表国家进行公诉。③对法律规定由人民检察院直接受理的犯罪案件进行侦查。④法律规定的其他职责。担任检察官须具备一系列条件。曾因犯罪受过刑事处罚的，曾被开除公职的人员不得担任检察官。

最高人民检察院检察长由全国人民代表大会选举和罢免，副检察长、检察委员会委员和检察员由最高人民检察院检察长提请全国人民代表大会常务委员会任免。地方各级人民检察院检察长由地方各级人民代表大会选举和罢免，副检察长、检察委员会委员和检察员由本院检察长提请本级人民代表大会常务委员会任免。助理检察员由本院检察长任免。检察官不得兼任人民代表大会常务委员会的组成人员，不得兼任行政机关、审判机关以及企业、事业单位的职务，不得兼任律师等职务。

**检察机关** procuratorial organ 行使国家检察权，对宪法、法律的正确实行进行监督，代表国家对刑事案件提起公诉，对民事案件的审判实行监督，并对重大的民事案件提起公诉的专门机关。通常指检察院、检察署等。检察制度始于14世纪的法国。

**中华人民共和国人民检察院** 国家的法律监督机关。包括最高人民检察院、地方各级人民检察院和专门人民检察院。地方各级人民检察院又分为省、自治区、直辖市人民检察院；省、自治区、直辖市人民检察院分院，自治州和省辖市人民检察院；县、市、自治县和市辖区人民检察院。专门人民检察院包括军事检察院和铁路运输检察院。

**美国检察机关** 分为联邦检察机关和州检察机关，二者无隶属关系。联邦总检察长兼任司法部长，既是总统的法律顾问，又是内阁首席法律官员和顾问。检察官受司法部领导，配属于各级法院。检察机关的职责是对一切“涉及合众国利益”的案件追究刑事和民事责任。轻罪案件一般由检察官起诉；重罪案件由检察官指控，地方法官预审，或者经大陪审团审查决定是否起诉。州检察官负责起诉刑事案件和在法庭上支持公诉。

**法国检察机关** 检察机关不独立设置，而隶属于政府司法机关，一般附设于法院内，各级法院均配置检察官。实行垂直领导的体制。检察官有刑事侦查权、决定起诉权和提出上诉权，还对法院有某些监督权和行政权。大多数刑事案件的起诉，首先要经预审法官的审查，再移送检察官向法院起诉，但重罪案件必须经上诉法院起诉庭审查决定是否起诉。

**德国检察机关** 设在各级法院内，称检察处，但独立于法院，受联邦司法部领导。

检察官接受上级检察官和同级司法部长的指示。检察官有侦查权或将案件交付警察机关进行侦查的权力，有参加预审调查权、出庭支持公诉权、抗告权、为被告人的利益进行上诉权，还有执行刑事判决权。检察官只在有限的情况下，才有权干预和参加民事诉讼。

日本检察机关　分设最高检察厅、高等检察厅、地方检察厅和区检察厅。日本实行起诉垄断主义，裁判所不受理自诉案件，一律由检察官起诉。对不予起诉或暂缓起诉的案件，需经检察审查会决定。检察官还有侦查权和对法院的监督权。

英国检察机关　规模和权限都小于上述各国。1986年前，英国的中央检察机构称法律事务部（又译总检察署），由总检察长和副检察长领导。主要职责是：在重大民事案件及某些重大刑事案件中，代表英王诉讼；对某些罪行的起诉必须征得总检察长的同意；签发终止追诉令；向政府各部提供法律咨询意见。1986年后，英国建立了由检察长领导的国家刑事检察机构。检察长的主要任务是接管、提起或参加刑事诉讼活动，刑事检察官则享有提起和进行诉讼活动的权力。

**检疫**　quarantine　为了预防传染病的传入、传出和传播所采取的综合措施，包括医学检查、卫生检查和必要的卫生处理。检疫主要包括国境卫生检疫和疫区检疫及地区间交通卫生检疫。①国境卫生检疫。预防传染病由国外传入国内或由国内传出国外的重要措施。每个国家都按自己的需要规定需要检疫的病种，并在国境处设立国境卫生检疫站，配备专业医务人员代表国家执行检疫任务。对发病者、可疑患者及密切接触者都要进行隔离或留检。必要时对入境的交通工具进行消毒、灭鼠、除虫及其他卫生处理。②疫区检疫及地区间交通卫生检疫。当国内发生烈性传染病时可进行这种检疫。包括限制疫区和非疫区之间的交往；隔离、治疗疫区内全部传染源；疫区内进行消毒、灭虫和杀灭保菌动物；对接触者进行适当处理。

**减数分裂**　meiosis　生殖细胞形成过程中发生的导致生殖母细胞中染色体数目减半的分裂过程。在所有进行有性生殖的生物的生活史中，细胞除进行若干次有丝分裂外，还要进行一次减数分裂，使其染色体数目由二倍体（2*n*）变为单倍体（*n*）。减数分裂发生在配子形成前的某一时期，所以雌雄配子的核都是单倍的。受精后形成的合子又成为二倍的。由于减数分裂，使每种生物代代都能够保持二倍体的染色体数目。在减数分裂过程中非同源染色体重新组合，同源染色体间发生部分交换，结果使

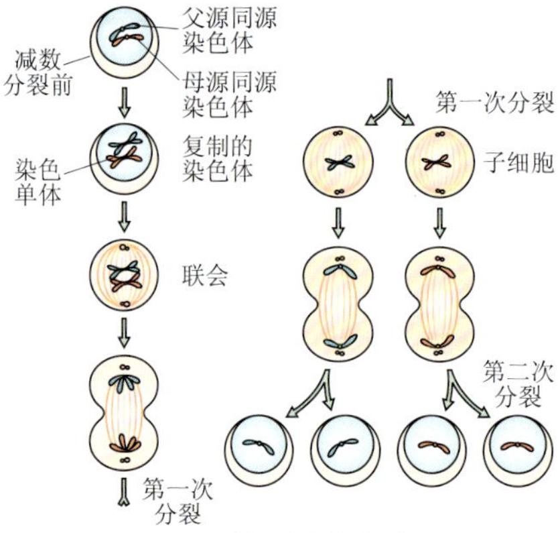


图1　动物的减数分裂

配子的遗传基础多样化，使后代对环境条件的变化有更大的适应性。

减数分裂是由相继的两次分裂组成的，分别称为减数分裂Ⅰ和减数分裂Ⅱ。在这两次分裂之间一般有一很短的间期，不进行DNA合成，因而也不发生染色体复制。由于细胞核分裂两次，而染色体只复制一次，所以经过减数分裂染色体数目减半。

减数分裂Ⅰ　前期比较复杂，减数分裂的许多特殊过程都发生在这一时期。因是第一次分裂的前期通常称为前期Ⅰ。它又细分为：

①细线期，染色质已集缩成细长的线状结构，每条染色体通过附着板与核膜相连，局部可见念珠状小节称为染色粒。此期核的体积增大，核仁也较大。

②偶线期，又称合线期，是同源染色体配对的时期。这种配对称为联会。每对中的两条同源染色体分别来自雌性和雄性生殖细胞，它们在形态和遗传结构上是相似的。配对一般是从靠近核膜的一端开始，是靠两条同源染色体间沿长轴形成的联会线复合体实现的。配对后的每对同源染色体称二价体。由于联会，细胞中的染色体由2*n*条单价体成为*n*条二价体，虽然DNA含量未变，但数目看起来减少了一半。

③粗线期，染色体明显缩短变粗。联会的两条同源染色体结合紧密，只在局部位置上有时可分辨出是两条染色体。在粗线期每条染色体实际已由两条染色单体组成，非姐妹染色单体间发生局部交换。粗线期核仁仍然很大，含有很多RNA。

④双线期，联会的两条同源染色体开始分离，但在许多称作交叉的点上它们还连在一起。此期可以看清，联会的两条染色体都分别由两条染色单体组成。故每个二价体由四条染色单体构成。交叉发生在两条非姐妹染色单体之间。一般认为，交叉是发生了交换的结果。双线期的染色体进一步缩短，此时联会线复合体已消失。人和动物的卵母细胞常长期停留在双线期。

⑤浓线期，又称终变期，二价体显著收缩变粗，并向核的周边移动，在核内较均匀地分散开。核仁此时开始消失，但有的植物，如玉米、水稻，在终变期的早期核仁仍然很大，并染色很深。交叉数目减少，终变期末有些二价体的同源染色体只在末端连在一起。

中期Ⅰ核膜解体后二价体分散在细胞质中。同源的两条染色体分别通过牵引丝与细胞不同极相连。最后二价体排列于赤道区，形成赤道板。

后期Ⅰ每个二价体的两条同源染色体分开，移向两极。*n*个二价体成为*n*条单价染色体，此时DNA含量减半。

末期Ⅰ染色体各自到达两极后逐渐解螺旋化，变成细线状。核膜重建，核仁重新形成，同时进行细胞质分裂。许多植物在减数分裂Ⅰ只发生核的分裂，而细胞质分裂在减数分裂Ⅱ的末期进行，使四个核同时分开。

间期　在减数分裂Ⅰ和减数分裂Ⅱ之间的间期很短，不进行染色体复制。这时每条染色体已是由两条染色单体构成了。在有些生物甚至没有这个间期，而由末期Ⅰ直接转为前期Ⅱ。

减数分裂Ⅱ　这次分裂基本上与有丝分裂相同。前期Ⅱ时间较短。中期Ⅱ染色体排列于赤道面，两条染色单体的着丝点分别向着两极，形成赤道板。后期Ⅱ时两条染色单体分开，移向两极。到达两极的子染色体为*n*条，并且每条子染色体只由一条染色单体构成。末期Ⅱ时两极的子染色体解螺旋化。形成核膜，出现核仁，经过细胞质分裂，完成减数分裂过程。新产生的每

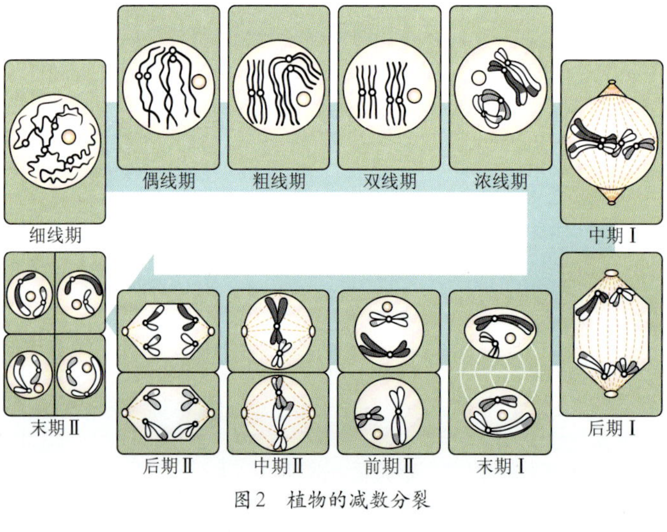


图2　植物的减数分裂

个细胞都变成了单倍体。

减数分裂机制的核心是同源染色体的联会和交换。用电子显微镜观察发现，在配对的同源染色体之间沿纵轴形成联会线复合体（SC），靠它把每对同源染色体稳定地联在一起。曾经提出过各种模型来解释交换过程的机制，但至今没有一个被公认。从分子水平理解交换的机理必然包括DNA的断裂和再结合过程。

**减刑** commutation　减轻已被判刑并正在服刑的犯罪人的刑罚，或免除其一部分刑罚的制度。减刑与减轻处罚不同。减轻处罚是在宣判之前于**量刑**时，根据犯罪具体情节及犯罪人的表现，判处犯罪人法定最低刑以下的刑罚；而减刑则是犯罪人已被判刑并在执行过程中，视其表现减轻原来已经判处的刑罚，例如将原判有期徒刑的刑期适当予以减少等。

减刑必须符合一定的条件。《**中华人民共和国刑法**》规定，服刑的犯罪分子认真遵守监规、接受教育改造、确有悔改表现的，或者有立功表现的，可以减刑；有重大立功表现的，应当减刑。

减刑具有一定限度。中国《刑法》规定："减刑以后实际执行的刑期，判处**管制**、**拘役**、有期徒刑的，不能少于原判刑期的1/2；判处无期徒刑的，不能少于10年。"

减刑由执行机关向中级以上人民法院提出建议书，法院组成合议庭审理认为可以减或应当减的，裁定予以减刑。非经法定程序不得减刑。

**剪刀差** scissors difference　工农业产品不等价交换所形成的差额的动态趋势呈张开的剪刀状。又称**价格剪刀差**。

**剪切带** shear zone　发育在**岩石层**（圈）中具剪切应变的强烈变形带。可以是应变不连续的面状构造（断层），或者在露头尺度上见不到几何不连续性而呈连续应变的韧性剪切带。小者仅见于岩石薄片中，大者可延伸上千千米。按照剪切应变发生时岩石的力学行为不同和应变速率的差异分为三种类型：①脆性剪切带。即断层。一般在不高的温度、压力和高应变速率的条件下形成，碎裂岩系列代表地壳上部（约10千米以上）脆性剪切带的产物。②韧性剪切带。产在较深部位的剪切应变带，其伴生的长英质糜棱岩的形成深度通常不小于15千米。③脆–韧性剪切带。宏观上在一韧性剪切变形带内，但可见到把剪切带岩石错开或带内出现雁行式张裂隙。其形成环境和深度介于前二者之间。

**剪纸** paper cuts　以纸张为材料，通过剪、刻塑造形象的平面造型艺术。多用于年节

河北蔚县彩色戏剧人物剪纸

或喜庆盛典等民俗活动中，贴在窗户上或室内壁上，装点环境，渲染气氛。

中国剪纸的历史悠久，汉代已经出现"剪彩为幡"的习俗，用各色丝织品剪刻成小幡，用于立春日的祭祀活动，为剪纸的滥觞。已经发现的最早的剪纸实物是北魏时期的作品，距今已有1 400多年。唐代开始出现"剪纸"一词。唐代剪纸以今藏日本正仓院的人胜、春胜为代表，广泛运用于民俗、祭祀、随葬、室内装饰等领域。宋代出现专业化、商品化趋向和专门以剪纸创作为生的艺人。宋代剪纸遗存见于福建永和窑黑釉茶盏的贴花装饰纹样。从表现形式上，剪纸可分为单色剪纸、彩色剪纸两大类。单色剪纸用单一颜色的纸张为材料，主要分布于陕西、山东、河北、河南、山西、浙江、湖北、江苏、黑龙江等省；彩色剪纸以白纸为材料，剪刻之后进行染色，主要分布于广东佛山，河北蔚县、丰宁，江苏徐州等地。剪纸在中国农村分布极广，表现内容丰富，人物、花鸟、文字、吉祥图案无所不有；构图力求饱满，并保持连贯，以适应纸张的特性；色彩鲜艳明丽，表现出浓烈的喜庆热烈气氛。

**《简·爱》** *Jane Eyre*　英国作家**C.勃朗特**所著长篇小说。发表于1847年。女主人公简·爱年幼时父母双亡，寄养时受尽虐待。慈善学校毕业后在罗切斯特家当家庭教师。简的聪慧和自立的品行赢得主人罗切斯特的爱情，但因罗切斯特的疯妻子，二人无法结合。疯妻子放了一把火，她自己被烧死，罗切斯特为救她也烧瞎了眼睛。简赶到乡间找到了罗切斯特，他们终于结婚了。两年后，罗切斯特一只眼睛复明，看见了简手中抱着他们的孩子。小说生动描写了作者十分熟悉的寄宿学校，同时把简与罗切斯特的爱情描写为思想、才能、品质与精神上的完全默契。

**简单机械** simple machine　人类在劳动实践中最早创造的结构简单的机械，包括杠杆、滑轮、斜面、螺旋、尖劈等。简单机械可获得大力、大位移，可改变力的方向或作用点位置。但机械效率均小于1。

杠杆　具有一个支点并在另外两点受力的刚性杆（图1）。杠杆平衡时有 $F_B/F_A = a/b$，即作用在杠杆上的两力与它们的力

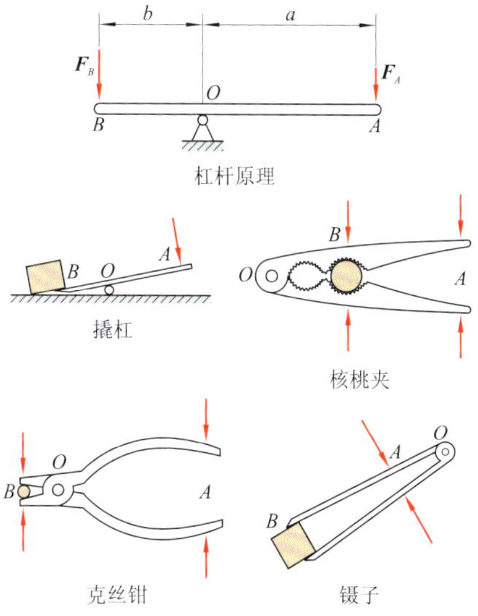


图1　各类杠杆

臂成反比，称为杠杆原理。据支点、力点、重点相互位置的不同，杠杆分为三类。第一类杠杆支点在中间，如天平、秤、撬杠、克丝钳。第二类杠杆重点在中间，如核桃夹。第三类杠杆力点在中间，如镊子。

滑轮　由边缘有沟槽的圆盘和跨过圆盘的绳索（胶带、链条）组成的系统（图2）。定滑轮平衡时 $F=W$，不省力但可改变施力

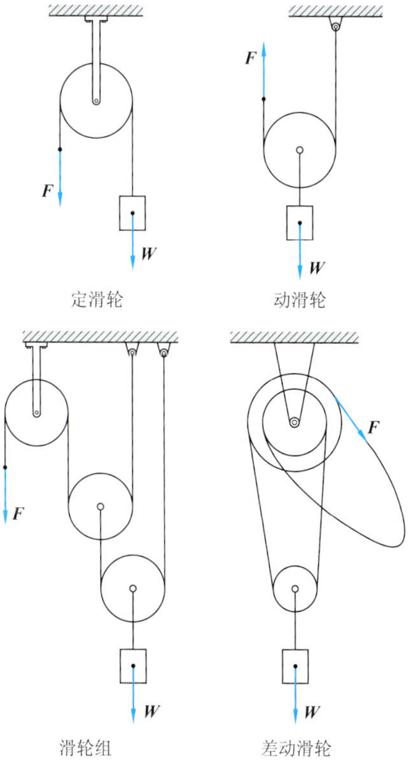


图2　各类滑轮

方向。动滑轮可省力，平衡时$F=W/2$。滑轮组可得到更大的增力效果，差动滑轮的增力比是$W/F=2R/(R-r)$，式中$R$和$r$分别是大、小滑轮的半径。

斜面　同水平面成一倾角$\alpha$的平面（图3）。沿斜面提升重物时，若不计摩擦，只要$F>W\sin\alpha$就可使重物沿斜面上升。若考虑摩擦，当对重物水平施力且重物平衡时有$F=W\tan(\alpha+\varphi)$，当$F>W\tan(\alpha+\varphi_m)$时才能使重物沿斜面上升，式中$\varphi_m=\arctan\mu$，为摩擦角。当$\alpha\geqslant(\pi/2)-\varphi_m$时，无论多大的水平力都不能推动重物，发生摩擦自锁；同样，当$\alpha\leqslant\varphi_m$时，斜面上静止的重物无论多重也不会向下滑动。

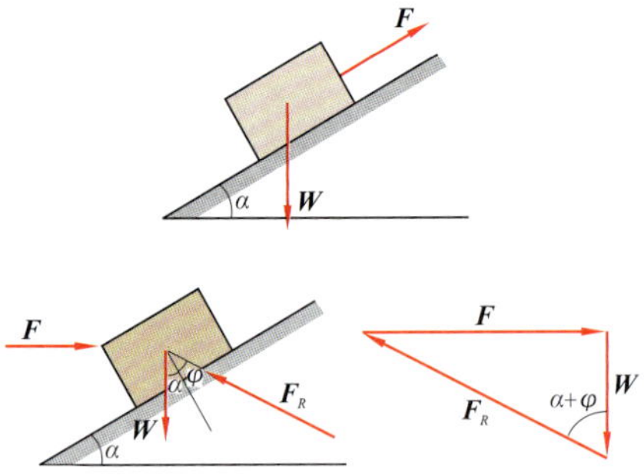

图3　斜面

螺旋　在圆柱体的侧表面上刻出螺旋形沟槽的简单机械。其特点是能把转动变成平移或者相反。螺旋可视为绕在圆柱体上的斜面。

劈　具有构成尖锐角度的两个平面的坚硬物体。斧是常见的一种尖劈。$\theta$为尖劈尖角的一半，$\theta$越小，输出力越大；故尖劈可劈开物体或推举重物。若尖劈锐角足够小，则能在缝内自锁而不脱落。这时，摩擦力起主要作用。设$\mu$为尖劈与物体的滑动静摩擦系数，尖劈的自锁条件为：$\tan\theta=\mu$。机床用来锁紧工件的夹具中使用的楔形块，木器家具在榫接处打入木楔也都是尖劈的应用实例。

**简牍**　bamboo and wooden slips　中国古代用竹、木制成的书写材料。商代已开始使用，两晋时期因纸的普遍使用而逐渐废弃。迄今考古发现的简牍多属于战国和汉晋时期，西北还发现过吐蕃时期的简牍。其中年代最早的是湖北随州战国早期曾侯乙墓出土的竹简，较晚的有新疆罗布泊楼兰遗址、民丰尼雅遗址和吐鲁番晋墓出土的晋简。现已发现的简牍近百批，总数数十万枚。

根据形制的不同，简牍主要可分为6种：①简，是简牍的最基本形式。②两行，即能书写两行的简。③牍，为可供多行书写的木、竹板，长度与普通简相同，有的可宽至6厘米，实际上已成板状。④觚，是供数面书写的多棱形木棍，长度都在30厘米以上。⑤封检，是传递文书信札或财物时用以封缄的木简。⑥楬，是题写簿册或器物名称的宽短木牌，即标签。此外，考古发现中还有一种从旧简上削下来的带字薄片，称为"柹"或"削衣"。

简牍的制作多就地取材，故南方多竹简，西北多木简。简牍在书写前，必须经过整治加工。木简要将写字的一面打磨光滑；竹简还要经火炙干，谓之"杀青"，以利书写并防腐防蠹。简多编连成册，一般是先编后写，也有先写后编的。编绳多用丝、麻，一般为两道，也有三道甚至更多的。简牍竖行从右至左单面书写，也有双面书写的。有篇题者，多书于篇尾末一简空白处，有的还标明字数。编连成册的简牍可折叠，也可卷起。出土实物多为卷起，以最末一简为中轴，卷成一卷。有书题者多书于简背。收卷后，或以绳捆扎，或盛于书帙或书箧。简册制度对中国文化影响深远：中国文字的直行书写，行的顺序从右至左，以及纸和印刷术发明后中国书籍的单位名称（如"册"、"卷"）、版面行款形式等，都渊源于简册制度。简牍的内容十分丰富，包括官方的文书档案、私人信件、各种书籍抄件、历谱，以及专为随葬用的遣册等，有很高的史料价值，也是十分珍贵的书法墨迹。

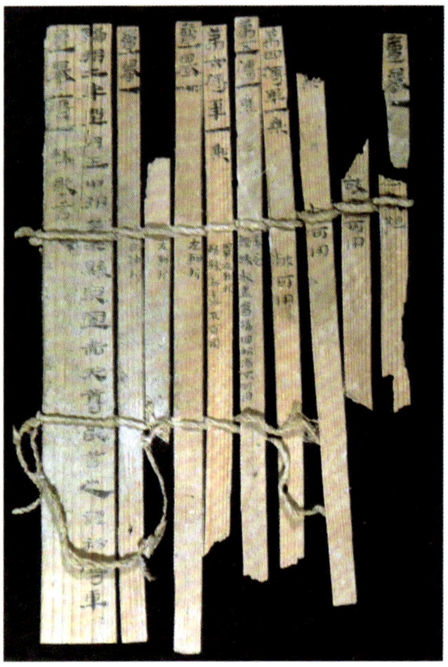
阳朔二年悬泉置传车簿（记载悬泉置传车、亶轝的数量和完损情况，甘肃敦煌汉代悬泉置遗址出土）

**简·方达**　Jane Fonda（1937-12-21～　）美国电影演员、社会活动家。生于纽约。H.方达的女儿。大学肄业后曾去巴黎学习美术，又在纽约L.斯特拉斯伯格主持的演员讲习班学习，业余做服装模特。1960年在好莱坞参加拍摄《海外奇谈》，开始演员生涯。1971年因《克鲁特》获奥斯卡金像奖最佳女演员奖。1978年因《归家》再次获得奥斯卡金像奖最佳女演员奖。其他重要

《朱莉亚》剧照

影片还有《朱莉亚》(1977)、《中国综合征》(1979)、《从九点到五点》(1980)、《金色池塘》(1981)、《上帝的艾格妮丝》(1985)等。90年代拍摄了影片《斯坦利和艾丽丝》后，渐渐淡出银幕。她从1969年开始参加黑人争取民权以及反对侵越战争的群众运动。曾前往越南拍摄了纪录片《越南纪行》，向美国观众介绍越战真相。

**简谱**　numbered musical notation　一种简易的记谱法。有字母简谱和数字简谱两种。一般所称的简谱，指的是数字简谱。

数字简谱　雏形出现于16世纪的欧洲。17世纪时法国天主教方济各会教士J.J.苏艾蒂加以改进后用来教唱宗教歌曲。18世纪中叶，法国思想家J.-J.卢梭再加以改进，大力倡导。19世纪，经过P.加兰、A.帕里斯和E.J.M.谢韦三人的继续改进和推广，才在群众中得到广泛使用。因此这种简谱在西方被称为加-帕-谢氏记谱法，简称谢韦记谱法。

数字简谱以可动唱名法为基础，用阿拉伯数字1、2、3、4、5、6、7代表音阶中的7个基本音级，读音为do、re、mi、fa、sol、la、si，休止以"0"表示。在数字下面标圆点为低八度音如"$\underset{\cdot}{5}$"，在数字上面标圆点为高八度音，如"$\dot{5}$"。各音如需升降变化或还原，则在数字的左上方加上升号（♯）、降号（♭）或还原号（♮），如♯1、♭2等。关于时值的变化，在数字后面加"–"（短横线），表示时值增长一倍；在数字后面加"·"，表示时值增长1/2倍；休止符时值的增长用"0"号的重复；在数字下面加"–"（短横线），则表示时值减短1/2倍；拍号用一个短斜线或短横线隔开的两个阿拉伯数字表示（例如3/4）。乐曲调的高低，用记号标记于曲首，例如1=C，即曲中do音的高度相当于钢琴键盘上的C音，以此类推。

下例为五线谱与简谱对照谱例：

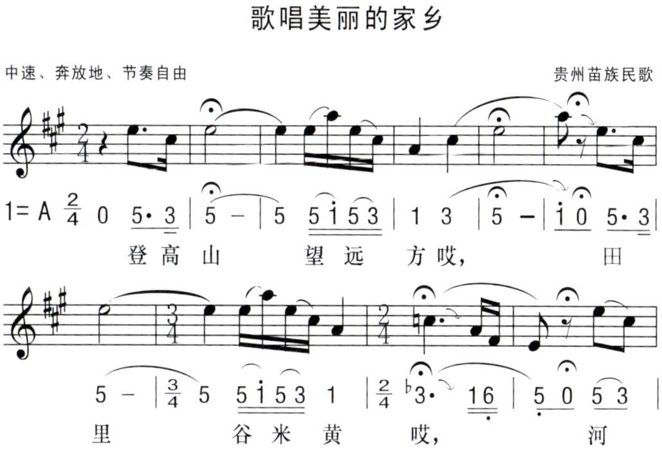


字母简谱　主要在美、英等国通用。其中H.C.格洛弗首创、J.柯温完成的可动唱名法，是以d、r、m、f、s、l、t 7个字母作为基本音符，其中除第7音读作“ti”外，其余各音与数字简谱读音一样。有关半音的记法：升高时一律加e，降低时一律加a，高八度在右上角标l，低八度在右下角标l。其时值及节拍则以纵线表示强拍，双点表示弱拍，横线表示延长，单点表示数音连接成一拍。如：

19世纪末叶，简谱传到日本，再传入中国。1904年沈心工编著出版的《学校唱歌集》，是中国最早编写的一本简谱歌集。之后逐步普及各地的学校。20世纪30年代，随着救亡歌咏运动的开展，简谱得以在中国广泛流传。

**简庆福**　Jian Qingfu (1921～　)　中国现代摄影家。生于香港。1941年入上海美术专科学校学画。1948年移居香港。1938年涉足摄影。他个性率直，为创作百折不挠，作品气度俨然，擅长拍摄大场面风景。1951年拍摄的《黄山云》为成名作，1954年拍摄的《水波的旋律》是大场面佳作，在各种国际摄影沙龙中获奖80余次。同时期的佳作有《海恋》、《两修女》等。他对人物摄影也很喜爱。曾多次举办个人摄影展，1957年在纽约现代艺术博物馆和1990年在英国皇家摄影学会的展览影响较大。

《两修女》

**简谐运动**　simple harmonic motion　随时间按余弦（或正弦）规律的振动或运动。又称简谐振动。作简谐运动的物体的加速度始终同它的位移成正比，但方向相反。即$\frac{d^2x}{dt^2}=-\omega^2x$，式中$\omega^2$为比例常量。作简谐运动的物体，其运动规律可表达为：

$$x=A\sin(\omega t+\varphi)$$

式中$x$为位移；$A$为振幅；$\omega$为角（圆）频率；$t$为时间；$\omega t+\varphi$为相位；$\varphi$为初相位。这种运动对其平衡位置（零点）是对称的。在零点上，物体速度最大，加速度为零；在最大位移处（转向点），速度为零，加速度最大。简谐运动是最简单、最基本的振动形式；任何周期振动都可由许多不同频率和振幅的简谐运动合成。简谐运动是单自由度无阻尼系统微幅自由振动的抽象模型。悬挂在弹簧下端物体的微幅振动，扭摆的微幅振动以及晶体中原子围绕平衡位置的微幅振动都可近似地看作简谐振动。

**简阳市**　Jianyang City　中国四川省辖县级市。位于省境中部，四川盆地西部边缘龙泉山东麓，沱江中游。面积2 215平方千米。人口107万(2010)，有汉、回、苗、蒙古、藏等民族。古为蜀国地，西汉武帝元鼎二年（前115）设牛鞞县，南北朝改称鞞县。1913年改简州为简阳县，1994年撤县设简阳市。由资阳市代管。矿产有河砂、石油、天然气、食盐等。农业种植水稻、小麦、玉米、油菜、花生、甘蔗、水果等。简阳龙泉山水蜜桃为川中水果名品，建有水蜜桃基地。简阳大耳山羊较著名。工业以机械、食品、酿造、建材、化工、纺织等为主。名胜古迹有三岔湖、龙泉湖、五凤山森林公园、丹景山、圣德寺白塔、龙湾石刻等。

**简仪**　abridged armilla　中国古代天文仪器。元初郭守敬创制。因是将结构繁复的唐宋浑仪加以革新简化而成，故称简仪。

简仪模型

简仪废除了浑仪中的一些圆环，只保留了相当于现代地平经纬仪和赤道经纬仪的圆环，避免了浑仪观测时的障碍。在机械结构上、刻度的精细上都有很大改进。陈列于紫金山天文台的简仪是明正统二年(1437)根据郭守敬所制造的仪器仿制而成的。明清两代钦天监曾用此架仪器观测。抗日战争前由北京古观象台迁至南京。

**简又文**　Jian Youwen (1896～1978)　中国历史学家。字永真，号驭繁。广东新会人。生地不详，卒于香港。1914年入美国奥伯林学院，获文学学士学位。1919年入美国芝加哥大学研究院攻读宗教学，获文学硕士学位。1921年因父病辍学返国。1922年任中国基督教青年会协会编辑部干事。1924年受聘为燕京大学宗教学院副教授，结识冯玉祥，旋任冯玉祥创办的今是学校校长。1926年加入中国国民党，被派往冯玉祥领导的国民革命军第2集团军总部工作。曾任山东盐运使、铁道部参事、立法委员。1936年创办颇负盛名的文史刊物《逸经》(半月刊)。1938年在香港与林语堂等创办《大风》旬刊，至1941年日军袭港停刊。1945年抗日战争胜利后，倡办广东文献馆。1949年去香港定居。1954～1959年受聘为香港大学东方文化研究院研究员，任满后为名誉研究员。1964～1965年受聘为美国耶鲁大学客座研究员。

简又文致力于研究太平天国起义，早期的研究以实地搜访逸闻、史料、文物并译述西方资料为主。所著《游洪秀全故乡所得到的新史料》及《金田之游》两文均为史学界所珍视。所译瑞典牧师韩山文据洪仁玕述辞写出的《洪秀全之异梦及广西乱事之始原》(简又文改题为《太平天国起义记》)，使这一重要西文文献得为中国学者利用。1939年起立志撰述太平天国全史。1944年出版的《太平军广西首义史》即为全史写作计划中的第一部。18年后，《太平天国全史》印行，共29章，使太平一朝之始末和大事得有系统之陈述。另一巨著《太平天国典制通考》，共20篇，在美国耶鲁大学支持下，简又文综合《全史》和《典制通考》改写成《太平天国革命运动史》(*The Taiping Revolutionary Movement*)一书，

1973年由耶鲁大学出版社出版，在英语世界影响较大。简又文另有《洪秀全载记》一篇，编入台湾“国防研究院”主编的《清史》第8册，系《全史》与《典制通考》两书的摘要。

**碱** base 一类在水溶液中能电离产生$OH^-$的化合物的总称。广义的碱指能给予电子对的物质（见酸碱理论）。碱一般为氢氧化物，但某些化合物虽然不是氢氧化物，但它们溶于水也能产生$OH^-$，也被称为碱，例如氨$NH_3$、碳酸氢钠$NaHCO_3$、碳酸钠$Na_2CO_3$、硅酸钠$Na_2SiO_3$和硫化钠$Na_2S$等：

$$NH_3 + H_2O \rightleftharpoons NH_4^+ + OH^-$$

$$NaHCO_3 + H_2O \rightleftharpoons NaOH + H_2CO_3$$

碱能与酸作用生成盐，其水溶液手感光滑、味涩，能使红色石蕊试纸变蓝。碱可分为强碱和弱碱，碱金属和钙、锶、钡的氢氧化物是强碱，其他金属的氢氧化物都是弱碱，如氢氧化铝、氢氧化铁。氢氧化钠（烧碱）和碳酸钠（纯碱）是用途最广的碱，用于玻璃、肥皂、石油、纺织、造纸、染料、制革、冶金等工业。

**碱金属** alkali metal 包括锂、钠、钾、铷、铯和钫6种化学元素，属周期系IA族。它们的氢氧化物皆为溶于水的强碱，故称碱金属。钫是短寿命放射性元素，存在于铀矿中，其他碱金属以卤化物和含氧酸盐存在于矿物或海水和盐湖的卤水中。碱金属单质都是银色金属，通常具有体心立方晶格，密度皆小于2克/厘米$^3$，莫氏硬度皆小于2，能用小刀切割；熔点、沸点较低。碱金属原子的价电子组态为$ns^1$，$n$为该元素所处周期数；正常氧化态为+1；与同周期元素相比，原子和离子半径最大，电离能最小。碱金属极易被氧化，暴露在空气中，表面形成碳酸盐和氧化膜。碱金属性质活泼，都是强还原剂，用于制备难熔金属。碱金属与水剧烈反应，生成可溶性氢氧化物和氢气。常用熔盐电解或热还原法制备单质。

**碱金属原子光谱** alkaline metal, atomic spectrum of 锂、钠、钾、铷、铯等元素的光谱。具有相似的结构，光谱可分为主线系、锐线系、漫线系和基线系，众所熟知的钠黄光波长为589.3纳米，就是钠光谱主线系的第一条谱线。碱金属原子都具有相似的结构，内层的$Z-1$个电子与原子核组成原子实，最外层只有一个价电子，与氢原子有些类似，不同的是电子运动对原子实有极化和贯穿作用，引起不同轨道的电子能态的较大分裂。另外由于电子自旋取向不同，引起自旋轨道耦合的能量微小分裂，因此碱金属原子的能级除S态是单层的外，其他P、D、F态都是双层的。根据单价原子光谱的选择定则，可得出，主线系和锐线系是双线结构，漫线系和基线系为三线结构。

**碱式盐** basic salt 含有羟基或氧基的盐。如自然界存在的羟基磷灰石$Ca_5(PO_4)_3(OH)$、孔雀石$Cu_2(OH)_2CO_3$。形成碱式盐的反应有：某些水合氯化物受热发生水解反应，例如：

$$MgCl_2\cdot 6H_2O \longrightarrow Mg(OH)Cl + HCl + 5H_2O$$

含高价离子的化合物溶于水发生水解反应，例如：

$$Bi(NO_3)_3 + H_2O \longrightarrow BiO(NO_3) + 2HNO_3$$

某些盐溶液和碱溶液反应，例如：

$$2CuSO_4 + 2Na_2CO_3 + H_2O \longrightarrow Cu_2(OH)_2CO_3 + 2Na_2SO_4 + CO_2$$

许多碱式盐的溶解度都不大，容易从溶液中析出。

**碱土** solonetz 土壤胶体中含交换性钠较多的强碱性土壤。因土壤胶体吸附钠离子而形成。各大洲的半干旱、干旱地区有零星分布，常与盐土相伴存在。中国碱土零星分布于东北、西北与华北的局部低平地。

碱土具高碱度，pH大于9。由于交换性钠所占比例高，水分物理性质不良，碱化层容重高，通气孔隙比例低，渗漏性能极差。分散性很强，遇水时易胶溶分散，水溶液不易澄清，雨后泥泞不透水，雨水形成地表径流而流失。由于多数植物无法生长，因而碱土的植被覆盖率很低，土壤的腐殖化作用也较微弱。存在严重生产障碍，农林业一般难以利用。如在某些特定情况下必须农用时，则应进行改良工作。碱土改良的中心任务是降低交换性钠的含量。

**碱土金属** alkaline-earth metal 包括铍、镁、钙、锶、钡、镭6种化学元素，属周期系ⅡA族。由于镁、钙、锶、钡的氧化物呈碱性，且难溶于水，故称碱土金属。镭是放射性元素，存在于铀矿中，其他碱土金属常以卤化物和含氧酸盐存在于矿物和海水、卤水中。除铍为钢灰色外，碱土金属皆具有银白色光泽。其密度、硬度、熔点、沸点皆高于碱金属，密度小于5克/厘米$^3$。除铍、镁外皆可用刀切割。具有良好的导电性能。碱土金属原子的价电子组态为$ns^2$（$n$为周期序数），常见氧化态为+2，皆为活泼金属；其化学活性随原子序数增加而加大，铍与周期表中对角线位置的铝在化学性质上更近似。常温下与空气接触时，铍、镁、钙形成氧化物或氮化物覆盖层，锶、钡、镭则迅速生成氧化物和氮化物。铍、镁与冷水不反应，钙反应缓慢；锶、钡与冷水剧烈反应，放出氢气生成强碱。加热时碱土金属与氧、卤素、氢、氮、碳、硫等大多数的非金属单质直接反应，生成氧化物MO（在高压氧中锶、钡可生成过氧化物$MO_2$）、卤化物$MX_2$、氢化物$MH_2$、氮化物$M_3N_2$、碳化物$MC_2$、硫化物MS等。常用熔盐电解或热还原法制备单质。

**碱性氧化物** basic oxide 能与酸作用生成盐和水的氧化物。碱性氧化物包括活泼金属氧化物和其他金属的低氧化数氧化物，如氧化钙、一氧化锰。其中碱金属和钙、锶、钡的氧化物与水反应生成相应的氢氧化物。高温下，碱性氧化物与酸性氧化物作用生成盐。高炉炼铁时加石灰石，就是利用石灰石高温下分解生成的CaO与矿石、脉石中的$SiO_2$化合形成炉渣，以除去$SiO_2$：

$$CaCO_3 \longrightarrow CaO + CO_2$$

$$CaO + SiO_2 \longrightarrow CaSiO_3$$

碱性氧化物在受热时比较稳定。可溶性碱性氧化物多是离子型化合物。

**翦伯赞** Jian Bozan（1898-04-14～1968-12-08） 中国历史学家。生于湖南桃源县，卒于北京。原名象时。维吾尔族。1924年夏去美国，入加利福尼亚大学专攻经济学。1926年1月回到北京，从事马克思主义和中国历史的研究。

从1930年开始，积极参加有关中国社会性质和社会史问题论战。1937年5月加入中国共产党。七七事变后，任南迁的北平民国大学教授，出版名著《历史哲学教程》一书。1940年2月，至重庆，在周恩来的领导下从事秘密工作。发表60余篇历史论文，还著有以马克思主义为指导、内容翔实的《中国史纲》一、二两卷。抗日战争胜利后，他于1946年5月到上海，与张志让、周谷城等组织并领导“上海大学教授联谊会”，兼任大夏大学教授。1947年10月到香港，任达德学院教授。1948年11月，他与郭沫若、侯外庐等离开香港，次年2月1日到达北平，参加中国人民政治协商会议的筹备工作，并被选为第一届政协全国委员会委员。

中华人民共和国建立后，历任燕京大学社会学系教授、北京大学历史系教授兼系主任和副校长、中国科学院哲学社会科学学部委员、中国史学会常务理事兼秘书长、《历史研究》编委、《北京大学学报》和《光明日报》的《史学》副刊主编、政务院文教委员会委员、中央民族事务委员会委员、全国人民代表大会常委会民族委员会委员、中央民族历史研究指导委员会副主任委员。

从20世纪50年代初开始，翦伯赞即致

力于史学学科建设。首先发起编纂《中国近代史资料丛刊》，共11个专题，2 000多万字。他主编其中《戊戌政变》和《义和团》两个专题。从1961年春开始，兼任全国高等学校历史教材编审组组长，并主编通用教材《中国史纲要》和《中国古代史教学参考资料》。他发表论文，批评史学界从50年代后期开始出现的极左思潮。之后，不断有“批翦”的文章发表，并由学术批判逐步升级为政治批判。1966年“文化大革命”开始，他被划为“资产阶级反动学术权威”。1968年12月与夫人同时在北京大学含冤弃世。

翦伯赞著述宏富，重要文集有《中国史论集》第一、二辑，《历史问题论丛》(增订本)，《翦伯赞历史论文选集》，《史料与史学》；专著有《最近之世界资本主义经济》(下)，《历史哲学教程》，《中国史纲》第一、二卷（校订本改名《先秦史》、《秦汉史》）；主编有《中国史纲要》、《中外历史年表》，合编有《中国历史概要》等。此外，还主编资料《戊戌变法》、《义和团》、《历代各族传记会编》，与郑天挺主编《中国通史参考资料》等。

**蹇义** Jian Yi (1363～1435) 中国明代大臣。字宜之，初名瑢。巴县（今属四川）人。洪武十八年（1385）进士，授官中书舍人。因奏事称旨，太祖又喜其诚笃，为之更名义。靖难之役后，燕王朱棣入继大统，蹇义官迁左侍郎，不久，进尚书。永乐七年（1409）成祖巡狩北京，命辅皇太子监国。其时，因他谙熟朝廷典章制度，通达礼仪，故国家军政大事均倚办于他，与户部尚书夏原吉齐名。因得帝宠信，数度奉命兼理其他部事，虽职务众多，亦能应付自如。十九年，蹇义分巡应天诸府，访军民疾苦，黜免扰民之文武官吏，上疏条陈数十事奏行。翌年，成祖听信谗言，怪罪太子，蹇义受牵连入狱，次年获释。仁宗即位后，以其为国朝元老，兼有监国功劳，愈加倚重。仁宗卒，他力赞修筑献陵宜俭。宣宗即位后，以其年事已高，命朝夕侍于左右以备顾问。英宗即位未逾月，以疾卒。蹇义为人朴实，待人以诚。久任吏部尚书，历事五朝，对明初政治曾起过重要作用。其为政致力于典章制度的建立健全。

**见血封喉** *Antiaris toxicaria*; upas-tree 桑科见血封喉属的一种。又称箭毒木、剪刀树。分布于中国云南南部、广东、广西、海南等省区。斯里兰卡、缅甸、越南、柬埔寨、印度也有分布。常绿大乔木，高达40米。具围长8米的板根，具白色乳汁。单叶，互生，长圆形或椭圆状长圆形，全缘或有粗锯齿。花单性，雌雄同株；雄花密集于叶腋，生长在一肉质、盘状、有短柄的花序托上，花被片4，雄蕊4；雌花单生于一具鳞片的梨形花序托内，无花被，子房与花序托合生。果肉质，卵形，红色，长约1.8厘米。生长在海拔1 000米以下的山地常绿阔叶林中。树干流出的乳汁有剧毒，所含有毒成分α-见血封喉苷和β-见血封喉苷有强心、加速心跳、增加血输出量的作用，在医药方面有研究价值。为中国濒危保护植物。

**见证人** eye-witness 司法机关根据需要邀请的到场观察监督某项诉讼行为的实施，必要时可以作证的与本案无利害关系的人。又称在场见证人。在刑事诉讼中，侦查人员勘验或检查与犯罪有关的场所、物品、人身和尸体，或者搜查被告人的人身、物品、住所，或者扣押被告人与案件有关的物品和文件，或者查封、扣押被告人的财产时，都必须邀请与案件无利害关系的人作为见证人到场观察和监督其有关行为的实施，并由其在当场制作的笔录上签名或盖章。在民事执行中，对债务人的财产进行查封、扣押或提取时，也要邀请见证人到场。人民法院在送达传票、通知书和其他诉讼文件时，如果收件人或代收人拒绝接收，送达人可以邀请见证人到场，在送达证上证明拒绝的事由，由送达人和见证人签名，将文件留下，即认为已经送达。见证人不同于证人。证人由案件本身决定，不能任意选择，只对案件事实本身的有关情况作证；而见证人则是根据需要产生和决定，可以选择，同时他只对被邀请参加见证的事实起证明作用。

**间苯二酚** resorcinol 苯分子中两个间位的氢原子被两个羟基取代的二元酚，分子式1,3-$C_6H_5(OH)_2$。又称雷琐酚、雷琐辛。无色针状晶体，味涩有点甜；熔点111℃，沸点178℃(16毫米汞柱)，相对密度1.271 7。溶于水、乙醇、乙醚。在苯二酚中，只有间苯二酚与二元酸相似，不被汞盐氧化，而是生成汞盐；与氢氧化钠、氨水等也生成盐。间苯二酚与乙酸酐反应生成酯，与羟胺作用生成二肟；与氯代环己烷反应生成1-环己基-2,4-二羟基苯；在氯化锌作用下，与邻苯二甲酸酐发生缩合反应，生成荧光染料荧光黄。最早发现的间苯二酚是用氢氧化钾与不同的树脂共熔得到的。工业上由间苯二磺酸与氢氧化钠熔融制备。间苯二酚在医疗中用作消毒剂、局部抗痒剂、肠道杀菌剂。在硫酸存在下与甲酸、草酸、酒石酸作用，可发生很灵敏的颜色反应，即使很小量的酒石酸也能鉴别出来。

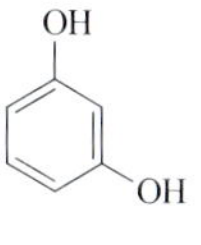

**间谍** spy 以各种职业或名义为掩护，采取种种方式，包括潜入别的国家，甚至打入其军队、国家机关内部窃取机密，搜集情报或者进行颠覆、破坏等活动的人或组织。在世界经济迅速发展的当代社会，不仅在国家间，甚至企业、集团公司、同行业间也大量使用间谍，搜集政治、经济、贸易、技术等各类情报。

**间接金融** indirect finance 各部门间通过金融中介机构实现的融资活动。直接金融的对称。典型形式是银行贷款。在间接金融中，资金盈余者先将金融剩余存入金融中介机构，金融中介机构则将分散零星的金融剩余集中起来，再向资金短缺者发放贷款。在间接金融转化机制中，存在两份独立的合约：资金盈余者与金融中介机构之间的债权债务合约和金融中介机构与资金短缺者之间的债权债务合约。只要金融中介机构能够按期还本付息，资金盈余者就不存在任何损失。一旦获得贷款的资金短缺部门经营不善，则直接给金融中介机构带来不良资产。但只要危及不到银行体系的安全，存款者就没有风险。所以，在间接金融转化机制中，由于存在两份独立的合约，在最终贷款者与最终借款者之间便形成了一道风险屏障。

**间接选举** indirect election 在选举国家权力机关的代表（议员）或其他公职人员时，先由选民选出代表或选举人，再由代表或选举人选出上一级代表或国家公职人员。直接选举的对称。多数西方国家的上院议员、某些国家的总统由间接选举产生。中国选举法规定，全国人民代表大会的代表，省、自治区、直辖市、设区的市、自治州的人民代表大会的代表，都由下一级人民代表大会间接选举产生。

**间苗** thinning 作物齐苗后除掉过密苗和病弱苗的技术措施。又称疏苗。目的在于使幼苗个体分布均匀，有合理的营养面积以充分利用光能和土壤养分，形成壮苗。间苗要适时进行，以留匀、留齐、留良、去劣为原则。可与株间除草结合进行，间苗后结合施肥或浇水，以利幼苗健壮生长。苗期进行的最后一次间苗又称定苗，即适时按预定的种植密度和株行距选留健壮幼苗。

**间歇泉** geyser 从地下间断地喷射出热水和蒸汽的水泉。又称间歇喷泉。具有间歇喷泉特点的钻孔称为人工间歇泉。相邻两次喷发之间的停喷时间称间歇期。如果间歇泉的间歇期大体相同，称为规则间歇泉；反之则为非规则间歇泉。大多数间歇泉的间歇期很不规则，短者数分钟，长者可达数月甚至1年以上。间歇泉的分布除中国西藏外，几乎都出现在近代或现代火山区。世界最著名的间歇泉区是美国黄石公园、冰岛中部和新西兰北岛。中国间歇泉仅见于西藏南部，规模最大的一处是昂仁县搭

西藏搭各加间歇泉

各加间歇泉（见图）。一般认为形成间歇泉必须具备地下水室、给水系统和热源三个要素。热源可能是过热水或蒸汽，或者是汽水混合物，它们通过给水系统不断进入水室，当水的热含量达到某一临界点和临界分配状态时，水室水体出现不稳态，发生突发性汽化并将水猛烈掷出水室。激喷时给水系统同时动作，使水室逐渐稳定下来，直到停止喷发。上述过程继续进行便出现又一次新的循环。

**饯行** giving a farewell dinner 以酒食送别亲友远行的习俗。又称饯别。“饯”本作“煎”，为煮酒之意，因酒是宴别亲友的必备之物，故又称饮饯。春秋时已流行，表示惜别与祝福。初时都在家中摆酒饯别，后来逐渐发展到将酒宴摆放至郊外路边，若无屋亭，便设帐篷以代之，名曰“祖帐”。唐以后，随着各地酒楼增多，饯行的酒宴逐渐转移至酒楼。饯别之俗至今流行于中国各地。国外有许多国家也有此俗。

**建安七子** Seven Masters of Jian'an Period 中国建安年间（196～220）7位文学家的合称。最早提出“七子”之说的是魏文帝曹丕。他在《典论·论文》中说：“今之文人，鲁国孔融文举、广陵陈琳孔璋、山阳王粲仲宣、北海徐幹伟长、陈留阮瑀元瑜、汝南应瑒德琏、东平刘桢公幹。斯七子者，于学无所遗，于辞无所假，咸以自骋骥騄于千里，仰齐足而并驰。”这7人大体上代表了建安时期除曹氏父子而外的优秀作者，所以“七子”之说，得到后世的普遍承认。

“七子”的生活，基本上可分为前后两个时期。前期他们在汉末的社会大战乱中，尽管社会地位和生活经历都有所不同，但一般都不能逃脱颠沛困顿的命运。后期他们都先后依附于曹操，孔融任过少府、王粲任过侍中这样的高级官职，其余也都是曹氏父子的近臣。不过，孔融后来与曹操发生冲突，被杀。“七子”的创作大体上也可以分为前后两个阶段。前期作品多反映社会动乱的现实，抒发忧国忧民的情怀。主要作品有王粲《七哀诗》、《登楼赋》，陈琳《饮马长城窟行》、阮瑀《驾出北郭门行》、刘桢《赠从弟》等，都具有现实意义和一定的思想深度。后期作品则大多反映他们对曹氏政权的拥护和自己建立功业的抱负，内容多为游宴、赠答等。

“七子”的创作各有个性，同时也有一些共同的特点，这就是刘勰在《文心雕龙·时序》中所说的：“观其时文，雅好慷慨，良由世积乱离，风衰俗怨，并志深而笔长，故梗概而多气也。”

“七子”著作，原集皆已佚，今独存徐幹的政治伦理专论《中论》。明代张溥辑有《孔少府集》、《王侍中集》、《陈记室集》、《阮元瑜集》、《刘公幹集》、《应德琏休琏集》，收入《汉魏六朝百三家集》中。清代杨逢辰辑有《建安七子集》。

**建德市** Jiande City 中国浙江省辖县级市。在省境西部，钱塘江上游。面积2 364平方千米。人口43万（2010）。三国吴黄武四年（225）置建德县。1949年建德专区行署驻地。1963年划归杭州市。1992年撤县设市。由杭州市代管。新安江自西向东贯穿中部，沿江有小块河谷平原。矿产有铁、煤、铜、锰、石灰岩、萤石、大理石等。主要农作物为水稻、小麦、油菜，并产蚕茧、茶叶、生漆、柑橘、桃、板栗。林产有杉木、松木、油茶子、乌桕子。为全国重点产茶县之一，以遂绿茶为最著。工业有电力、机械、电子、仪表、化工、轻纺、建材等行业。建德、淳安边境建有新安江水电站。新安江、兰江、桐江通客货轮。富春江、新安江一带是国家级风景名胜区，主要景点有灵栖洞、大慈岩、梅城双塔、葫芦瀑布、新安江水电站。

新安江落日

**《建国大纲》** *Grand Outline for the Construction of the Nation* 孙中山起草的关于建设中国的计划。又称《国民政府建国大纲》。1924年1月23日国民党第一次全国代表大会审议通过。同年4月12日又经孙中山亲笔誊写，并对原件稍加修改。《建国大纲》全文共25条，主要内容有：①国民政府本革命之三民主义、五权宪法以建设中华民国。②建设之首要在民生，政府应训导人民的政治知识能力，以行使其选举权、罢官权、创制权、复决权。③抵御国外强权，以恢复中国国际平等和国家独立，扶植国内弱小民族，使之能自决自治。④建设之程序分为军政、训政和宪政三个时期，最后达到颁布宪法，告成建国之大功。中心思想是把中国建成资产阶级共和国。

**《建国方略》**《孙文学说》、《实业计划》、《民权初步》三书的合称。孙中山著。《孙文学说》又名《知难行易的学说》或《心理建设》，是《建国方略》的“心理建设”。1918年底完稿，次年6月正式出版。是孙中山的哲学代表作。全书共分8章，集中讨论了认识论问题，以大量事例理论化了“行易知难”的观点，提出：“此为救中国必由之道。”该书宣扬了“行而后知”的唯物主义认识论，对“知先行后”和“知行合一”说有所批驳。在当时对革命起了一定作用。《实业计划》是《建国方略》的“物质建设”，是孙中山为建设一个完整的资产阶级共和国而勾画的蓝图。1919年2月完稿。该书提出了发展中国经济的10年远景规划。其中包括建设中国铁路10万多千米，华北、华中、华南三大港口10个大的项目。《实业计划》第一次把经济建设放到首位，第一次提出对外开放的经济战略思想。《民权初步》是《建国方略》的“社会建设”，是一本关于民主政治建设的论著。又名《会议通则》。1917年完稿。该书分为5卷20章，包括结会、动议、修正案、动议之顺序、权宜及秩序问题等内容，叙述了政府管理和群众在社会生活中应掌握的民主原则、程序和方法，反映了孙中山倡导民主政治的思想。《建国方略》是孙中山为中国国民党制定的指导思想和基本原则，也是孙中山构建的资产阶级共和国的蓝图，是他一生为之追求的理想目标。

**建康** Jiankang 中国魏晋南北朝时期南中国的政治、经济、文化中心。三国吴、东晋和南朝宋、齐、梁、陈皆都于此，世称六朝古都。位于今南京市区。

本为楚金陵邑（今南京市清凉山），秦灭六国，改置秣陵县（治今南京江宁区秣陵镇）。东汉末建安十六年（211），孙权自京口（今江苏镇江）迁治秣陵县，并迁县治于今南京市区，次年改名建业；黄龙元

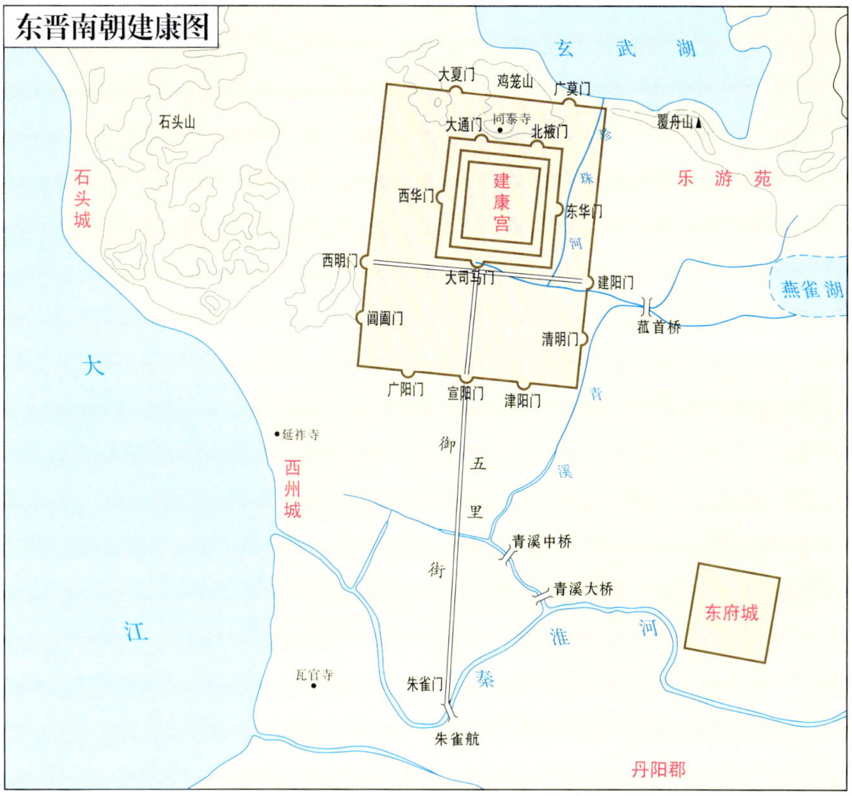

东晋南朝建康图

年(229)，孙权称帝，正式定为吴国都。西晋太康元年(280)灭吴，复名秣陵，并析淮水（今南京市秦淮河）东南置临江县，后改江宁县。太康三年又析淮水以北为建邺县，建兴元年(313)避愍帝司马邺讳，改为建康。

建业无外郭城。都城周长二十里一十九步，“据覆舟山下，东环平冈以为安，西城石头以为重，后带玄武湖以为险，前拥秦淮以为阻”（清陈文述《秣陵集》）。吴赤乌十年(247)，孙权于城内建太初宫，周围三百丈，开八门。孙皓即位后，又在旧宫之东起昭明宫，方五百丈，有赤乌殿，东西开弯碕、临硎等门。宫殿以北为苑囿区，内置太仓，故名苑城或仓城。出吴宫南门直达淮水北岸，约长六七里，是吴都的御道。御道两侧列布着中央和地方的各级廨署以及守卫京师的兵营。赤乌三年(240)起，孙吴在建业城的西、北两面开凿了运渎和潮沟，并对城东的青溪加以改造，从而形成一个南通淮水、北连玄武湖的环绕都城的水道网。赤乌八年，又于茅山北麓开凿沟通淮水和江南运河的破冈渎，以加强建业和三吴经济区的联系。与曹魏邺城相同，建业的规制也出现了廨署集中在宫前城市中轴线两侧的中国都市的新格局。

东晋都城建康范围沿孙吴之旧。咸和二年(327)，因苏峻之乱，宫室俱毁。五年，晋成帝下诏“造新宫”，对都城和宫殿进行大规模的改建和扩建。在都城的东、西、南三面开五门，并改筑吴时的正门宣阳门，共称六门。后又逐渐增至十二门。但城垣仍为竹篱，直至南齐建元二年(480)才改立都墙。建康的规制依魏晋洛阳旧制。都城分为南北两部分，北部在吴苑城的基础上修为建康宫和东宫，南部仍保留着孙吴时代的风貌，但于淮水南岸增置太学和明堂。

建康宫亦称台城，周长八里。正门大司马门，前临都城东西横街，直对都城宣阳门。宫内三朝在前，掖庭在后。正殿太极殿，旁设东西二堂。寝宫有昭阳、含章、徽音等殿。起初宫墙用土垒，东晋咸康五年(339)改用砖筑。建康宫在南朝代有增筑，梁时最盛，内外殿宇达三千多间。宫城以北仍是皇家苑囿，东侧覆舟山南麓有乐游苑，西侧以鸡笼山为中心有华林苑。此外，青溪、淮水两岸，玄武湖和钟山周围以及长江之滨还有公私园林数十处。

建康城外，依山水形势筑有多个城堡。在淮水上，南面有越城（相传春秋越范蠡筑），东面有东府城（今通济门附近，宰相兼扬州刺史府第所在，因在州廨西州城之东，故名）和丹阳郡城（今武定桥东南），西面有西州城（扬州治所，今朝天宫西望仙桥一带）和石头城（今清凉山），北面濒临长江有白石垒（今中央门外象山）和金城（吴筑，今南京市东北龙潭附近）。

建康的居民区主要分布在淮水南岸的横塘、长干里、乌衣巷等区域。乌衣巷是侨姓高门王、谢二族集居地。青溪东岸北至潮沟则是南朝新贵的宅第。

建康规模宏大，《太平寰宇记》引《金陵记》云：“梁都之时，城中二十八万户，西至石头城，东至倪塘，南至石子冈，北过蒋山，东西南北各四十里。”今人认为户数有夸大之嫌，梁全盛时建康、秣陵二县人口估计在70万～80万。城内商业和手工业十分兴盛。据记载有大市和小市十余所。孙吴时，市内已店肆林立，百货齐全。东晋又出现了专业市场，有“小市、牛马市、谷市、蚬市、纱市等十一所”（《景定建康志》），手工业重要的有冶炼、纺织、金银细工、制陶和造纸。

建康是六朝的文化中心，人才辈出，绵延不绝。刘勰的《**文心雕龙**》、钟嵘的《**诗品**》、萧统的《昭明文选》、裴松之的《**三国志**》注、沈约的《**宋书**》、萧子显的《**南齐书**》以及范缜的《神灭论》等名著都在这里完成。顾恺之、陆探微、张僧繇的绘画在中国美术史上有很高地位。

佛教在孙吴时已传到建业，至东晋发展为“都下佛寺五百余所，穷极宏丽；僧尼十余万，资产丰沃”（《南史·郭祖深传》）。著名的有长干、瓦官、阿育王、同泰等寺，大部分布在人烟稠密地区，说明当时佛教已在人民群众中广泛传播。

梁末侯景之乱使建康遭到严重破坏，居人营寺，莫不咸尽，都下人口，百遗一二。陈朝建立后，虽有修复，但繁荣程度已远不如前。隋开皇九年(589)平陈，城邑宫室毁坏殆尽，另于石头城置蒋州。建康作为六朝名都的历史地位就此结束。

**建瓯市** Jian'ou City 中国福建省辖县级市。简称芝城。位于福建省北部。面积4 214平方千米。人口45万(2010)，有汉、畲、苗、回、满、蒙古等民族。东汉建安初年，置建安县。南宋绍兴三十二年(1162)始为建宁府治。1913年撤府并县，置建瓯县。1992年撤县设市。由**南平市**代管。属中亚热带海洋性季风气候。是中国南方的重点林区，著名的“建木”产区。盛产稻谷、木、竹、茶、笋、香菇、柑橘等。矿藏有铁、锰、铜、铝、锌、煤、黄铁、白云岩、水晶、滑石、高岭土等。工业有电力、煤炭、医药、竹木加工等。名胜古迹有归宗岩、万木林、光孝寺、孔庙、黄华山、天湖山、白马山等。

**建设用地** land used for construction 用于建造建筑物、构筑物的土地。建设用地是利用土地的承载力或建筑空间，不以取得生物产品为主要目的的用地。建设用地按使用土地性质不同，可分为农业建设用地和非农业建设用地；按土地权属、建设内容不同，又分为国家建设用地、农村集体建设用地、外商投资企业用地和其他建设用地等。

国家建设用地是指国家进行各项经济、文体、国防建设以及兴办各项社会公共事业所需要的建设项目用地。包括城镇居民点用地、独立工矿用地、交通用地、水利工程用地和特殊用地等。国家建设用地的**土地所有权**属于国家，用地单位和个人只有土地使用权。

农村集体建设用地又可分为农用建设用地和非农用建设用地。农用建设用地主要指农田水利设施用地和农业用道路等，除此之外的建设用地都是非农用建设用地。集体非农建设用地主要是指集体兴办乡镇企业和村民建设住宅，以及乡（镇）村公共设施和公共事业建设等经依法批准的土地。农村集体建设用地的土地所有权属于农民集体。城市建设用地指城市用地中的居住用地、公共设施用地、工业用地、仓储用地、对外交通用地、道路广场用地、市政公用设施用地、绿地和特殊用地的总称，不包括水域和其他用地。交通用地是指居民点以外，用于运输、通行的地面线路、场站及附属设施用地。主要包括铁路用地、公路用地、民航机场用地、港口用地和其他交通用地。

**《建炎以来朝野杂记》** *Miscellaneous Records of Historical Documents from Jianyan Period* 中国宋代史学名著。分甲集、乙集各20卷。作者李心传，隆州井研（今四川井研）人。曾纂修《十三朝会要》，熟知当代史事和典章制度。嘉泰二年（1202），写成《朝野杂记》甲集20卷，辑建炎以来朝野所闻之事。嘉定九年（1216），又完成了乙集二十卷，仍沿甲集之例，分门别类，续记朝野诸事。所记史事，有至嘉定七年者。该书两集，虽以杂记为名，体例“实同会要”，分门别类记载宋高宗至宁宗四朝事。甲集分十三门：上德、郊庙、典礼、制作、朝事、时事、杂事、故事、官制、取士、财赋、兵马、边防。乙集少郊庙，为十二门。该书与作者另一部编年体史书《建炎以来系年要录》互为经纬，互相补充。该书虽为会要体，但亦杂有作者之议论。作者推崇道学，故有《道学兴废》，记载朱熹事迹。作者乃四川人，所记四川史事甚为翔实。该书有徐规点校本两册，中华书局2000年7月版。

**建阳市** Jianyang City 中国福建省辖县级市。位于福建北部，武夷山脉南麓。面积3 378平方千米。人口29万（2010）。东汉建安十年（205）置建平县。西晋更名建阳县。1994年撤县设市。由南平市代管。属中亚热带海洋性季风气候。矿藏有萤石、银、铅、锌、石墨、斜纹石、砂金等。工业有电力、机械、化工、食品、建材、纺织、电子、印刷等。名胜古迹有朱熹墓、考亭书院、宋慈墓、牛山青铜时代遗址、宋代书坊积墨池、明代鲤鱼山多宝塔、水吉大觉寺等。

考亭书院

**建窑** Jian Kiln 中国古代瓷窑。窑址在福建建阳。宋代鼎盛，以烧造黑釉茶盏驰名，青白瓷也有较高水平。建盏釉厚，近底处大量暴露黑胎，釉地漆黑，其上布满结晶

油滴天目茶碗

斑纹，系黑釉富含的铁于烧造中产生的结晶。因结晶斑纹的差异，也有不同称谓，斑纹细长、呈银色的为兔毫；斑纹为小圆点形、呈银灰色的为油滴、银星斑；呈现较大的彩色圆形，日本人称之为“曜变”。兔毫、油滴也屡见于其他瓷窑，但以建窑产品的水平最高。曜变是建窑特产，最为美妙珍稀。建窑黑釉茶盏极精美，为当时风靡社会上层斗茶（一种茶艺比赛）首选的茶具。产品曾供奉宫廷，各瓷窑多有仿效。建窑在日本备受推崇，对其陶瓷发展影响很大。

**建章宫** Jianzhang Palace 中国汉武帝刘彻于太初元年（前104）建造的宫苑。武、昭二帝时的皇宫。位于西汉都城长安城西侧、上林苑中。遗址在今陕西省西安市未央区三桥镇。建章宫与未央宫隔衢相望，为往来方便，两宫之间有飞阁辇道相连。建章宫布局、形制仿未央宫，平面大致呈长方形，四周有城垣，东西约2 130米、南北约1 240米。据《三辅黄图》记载，建章宫中宫殿建筑很多，号称“千门万户”，有骀荡宫、天梁宫、奇华宫等。主体建筑前殿位于宫城中部偏西处。建章宫西北部为人工开凿的太液池，面积151 600平方米。因湖中筑有三神山而著称。这种一池三山的布局对后世园林产生深远影响。池边有石鱼、石龟等雕刻。建章宫开自然山水宫苑之先河。

**建州三卫** Three Military Administrations of Jianzhou 中国明朝在东北地区建州女真聚居地设置的三个地方军事行政机构建州卫、建州左卫、建州右卫的合称。明初，原居于牡丹江与松花江汇流处的女真人胡里改部和斡朵里部开始向东南迁移。胡里改部迁至原渤海故地，今绥芬河流域，永乐元年（1403），明政府在此置建州卫，委该部首领阿哈出（明廷赐名为李诚善）为指挥使；斡朵里部迁至图们江流域，九年又迁至绥芬河流域，依附建州卫住牧。后明政府在其地置建州左卫，委该部首领猛哥帖木儿为建州左卫都指挥使。后两卫辗转迁徙。正统三年（1438），建州卫迁至浑河（辽河支流）上游的苏子河流域，以今新宾老城镇为中心住牧。五年，建州左卫亦迁至此地。正统七年（1442），明政府从建州左卫中析出建州右卫，委猛哥帖木儿子董山掌左卫，委猛哥帖木儿异父同母弟凡察掌右卫。建州三卫由此形成。自正统年间至明末，建州三卫基本上定居于浑河上游苏子河流域。初隶属于奴儿干都司，但实际上多受辽东都指挥使司统辖。三卫通过互市，以其马匹、人参、貂皮、松子等土特产换取内地的服饰、粮谷、铁锅以及耕牛、农具等。三卫首领世代承袭。嘉靖二十年（1541）前后，群雄争长。先是王杲自称建州右卫首领，以古勒寨（今辽宁新宾古楼）为中心，统治三卫，遭到明军的攻击。万历三年（1575）被擒，死于京师。同时王兀堂自称建州左卫首领，崛起于今恒仁一带，其统辖之地北至清河、南抵鸭绿江下游。万历元年，明朝边将李成梁展筑宽奠六堡（今辽宁宽甸一带），危及建州女真的生计，招致王兀堂掠边。十年，王杲子阿台重据古勒寨，数次犯边，翌年又被李成梁击杀。同年，努尔哈赤起兵反明，于万历四十四年建立金，史称后金国，建州三卫结束。

**建筑材料** building material 人类进行建筑活动中使用的各种材料及其制品。它既是建筑的物质基础，又是人类建筑文明的见证。人类通过对天然与人工材料的开采与生产，并按照一定营造方式将其组合，构成建筑物实体，借以提供满足人类生存与生活需求的建筑空间与环境。

分类 根据材料来源，分为天然材料及人造材料；根据使用部位，分为墙体材料、屋面材料、地面材料等；根据功能，分为结构材料、装饰材料、防水材料、绝热材料等；根据组成物质的化学成分，分为无机材料（又分金属材料和非金属材料）、

有机材料和复合材料。

传统建筑和乡土建筑常用的建筑材料有：石材、木材、草、土、沙子、石灰、砖瓦、油漆等。现代建筑除了继续使用传统建筑材料外，大量使用水泥、钢材、玻璃、陶瓷、铝合金等金属材料、石膏等无机矿物材料和塑料等有机合成材料。

性能　建筑材料及其制品的性能通常包括：①物理力学性能。比重、强度、硬度、弹性、形变、传热、透明、透光、反射、隔声、吸声、透水、吸湿等。②外观特性。色彩、光滑度、纹理、质感、尺度、形状规整性和尺寸的精确性等。③稳定性和耐久性。风化、老化、剥落、锈蚀、防腐、耐火、耐湿、干缩、变形、退色等和污染性。④化学气体挥发、粉尘、放射性、微生物滋生等。

发展　建筑材料发展经历了从土、石、木的就地取材的简单利用到水泥、钢材、玻璃的工业化大规模生产的历程。进入20世纪后，伴随着社会环境与需求的变化和增长，建筑材料与建筑结构、构造、施工及其他技术条件共同促进与提高。现代材料科学、工程学及工艺水平迅速发展，造就了大量新型建材品种，其材性特征、应用范围及构造方法与传统材料迥然有异，性能不断改善，质量不断提高。智能建材、功能建材异军突起，集质轻高强、绝热、吸声、防火、防水、耐腐蚀、防爆等多功能于一体的复合建筑材料应运而生。在可持续发展的理念下，近年来提出了关于建筑材料的全寿命周期和绿色建材的概念。

**建筑防火**　fire protection in building　在建筑设计中为防止火灾发生和在发生火灾时减少生命财产损失所采取的措施。世界各国均根据国情制定各种建筑防火规范。中国已制定《建筑设计防火规范》、《农村建筑设计防火规范》、《高层民用建筑设计防火规范》等。此外，对古建筑、地下建筑、汽车库等，也有专用的防火规范或规定。

建筑防火原则与建筑设计措施可以归纳为：①防止火点的发生。控制火源和易燃物的使用与存放。②火点发生后的及时扑救。火灾感应监测系统和自动扑救系统。③火点发生后防止成灾。建筑材料选用不燃和难燃材料。④火灾扑救系统。各种消防设备和消防系统。⑤火灾发生后防止蔓延。防火分区及其隔离设施，防火间距。⑥保证建筑结构在火灾中能维持足够时间。结构耐火等级，结构防火保护层。⑦防止建筑材料燃烧时产生有毒气体。建筑装修材料选用着火时不产生有毒气体和大量烟气的材料。⑧烟气的排除。防烟和排烟设计及设备系统。⑨人员的疏散。警报系统，疏散路线、疏散距离和疏散通道设计、疏散引导标志，暂时避难层。⑩消防救护。消防通道，消防电梯，消防供水。

**建筑工程监理**　construction project management　建设项目业主委托有资格的工程监理机构，按施工合同文件对承包商履约活动的全过程进行的监督和管理。工程监理的内容包括从开发建设到竣工验收整个过程和所有事务。主要是工程进度监理、工程质量监理、工程合同监理、工程造价监理。

**建筑设计**　architectural design　建筑师根据建设任务，经过构思，用方案、图纸、模型等手段表达设计意图，并作为营造建筑实体的依据的一种艺术创作过程。它既要满足人们的物质生活需要，又要满足人们的精神生活要求。在建筑设计过程中，要综合考虑总体、环境构思、建筑功能、建筑技术、建筑艺术处理等问题。

在古代，建筑设计和施工没有明确的界限，施工的组织者和指挥者往往就是设计者。因此，在欧洲通常由石匠首脑承担设计任务；在中国则由木匠首脑承担。近代西方文艺复兴时期建筑有了较大的发展，设计与施工逐步分离，产业革命时期成为专门的学科。中国于清代后期在外国的影响下，逐步形成建筑设计专业。建筑设计涉及建筑学、结构学，以及给水、排水、供暖、空气调节、电气、煤气、消防、防火、自动化控制管理、建筑声学、建筑光学、建筑热工学、工程估算、园林绿化等方面的知识，需要各学科技术人员密切合作。建筑设计的基本程序大体有：搜集资料、初步方案、初步设计、技术设计、施工图和详图设计5个阶段。设计程序可根据建筑工程的难易程度有所增减。

**建筑声学**　architectural acoustics　研究建筑环境中声音的传播、声音的评价和控制的学科。建筑物理的组成部分。其基本任务是研究室内声波传输的物理条件和声学处理方法，以保证室内具有良好的听闻条件；控制建筑物内部和外部一定空间内的噪声干扰和危害。现代建筑声学分为室内声学和建筑环境噪声控制两个研究领域。

室内声学的研究方法有几何声学方法、统计声学方法和波动声学方法。当室内几何尺寸比声波波长大得多时，可用几何声学方法研究早期反射声分布，以加强直达声，提高声场的均匀性，避免音质缺陷。统计学方法是从能量的角度研究连续声源激发下声能密度的增长、稳定和衰减过程（即混响过程），并给混响时间以确切的定义，使主观评价标准和声学客观量结合起来，为室内声学设计提供科学依据。当室内几何尺寸与声波波长可比时，易出现共振现象，可用波动声学方法研究室内声的振动方式和产生条件，以提高小空间内声场的均匀性和频谱特性。

建筑环境噪声控制的目的是保证建筑的使用功能，保证人们正常生活和工作条件。噪声干扰除与噪声的强度有关外，还与噪声的频率、持续时间、重复出现次数，以及人的听觉特性、心理、生理等因素有关。对于不同用途的建筑物，有不同的建筑噪声容许标准。在噪声控制中，首先要降低噪声源的声辐射强度，其次是控制噪声的传播，再次是采取个人防护措施。因此，噪声控制要从城市规划和建筑布局入手，并对不同安静程度要求的建筑群和各个房间分别进行合理的安排和布局。随后再进一步考虑采取建筑物的空气声隔声和固体声隔声措施。

**《建筑十书》**　*De Architectura Libri Decem*　欧洲古代建筑学专著，大约写于公元前27～前23年间。见维特鲁威。

**建筑市场**　construction market　建筑经济运行过程中形成的各种经济关系的总和。狭义建筑市场是以单纯的建筑产品为交换对象的市场；广义建筑市场是与建筑产品有关的一切交易关系的总和，即除了建筑产品市场以外，还包括勘察设计市场、建筑资料市场、建筑劳动力市场、建筑资金市场、建筑技术市场等。建筑市场是一种特殊的市场。

建筑市场的主体是由建筑产品的需求者、供给者和第三方构成的。建筑产品的需求者，主要由社会生产的第一、第二、第三产业各部门，以及居民中对各类建筑物和构筑物的需求者构成；建筑产品的供给者，主要由勘察设计企业、建筑施工企业等构成；建筑市场的第三方，是由工程监理企业，建筑市场经营组织者等构成的。建筑市场的客体，就是各类建筑物和构筑物。

建筑市场有以下特点：①交易主要是通过招标、投标等方式，由买方直接向卖方订货，一般不通过市场中介组织。②建筑产品交易持续的时间长。③具有明显的地域性。④竞争表现为价格竞争，表现为企业实力的竞争。⑤风险较大，而且对于供求双方都有风险。从建筑产品供给者方面看，建筑市场的风险主要表现为定价风险、自然环境风险和社会风险。从需求者方面看，建筑市场的风险主要表现为价格与质量的风险、交货时间的风险和预付工程款的风险。⑥受约束和监督。

**建筑五金**　building hardware　建筑物或构筑物中装用的金属和非金属制品、配件的总称。一般具有实用和装饰的双重效果。用材上已由传统的铜合金、低碳钢等扩展到锌合金、铝合金、不锈钢、塑料、玻璃钢及各种复合材料。

一般可按用途分为门窗五金、水暖五金、装潢五金、丝钉网类五金制品和厨房设备五类。

**建筑学** architecture 研究建筑物及其环境的学科。旨在总结人类建筑活动的经验，以指导建筑设计创作，创造某种体形环境。其内容包括技术和艺术两个方面。传统的建筑学的研究对象包括建筑物、建筑群以及室内家具的设计，风景园林和城市村镇的规划设计。随着建筑事业的发展，园林学和城市规划逐步从建筑学中分化出来，成为相对独立的学科。

形成和发展 人类在有意识地创造并美化居住环境的活动中积累知识，总结经验，不断创新，逐渐形成建筑学。

在国外的发展 大规模的建筑活动是从奴隶社会开始的。奴隶社会时代建筑文化发达的地区是埃及、西亚、波斯、希腊和罗马。其中，希腊和罗马的建筑文化，两千多年来一直被继承下来，成为欧洲建筑学的渊源。

埃及产生了人类历史上第一批各种类型的巨型建筑，有宫殿、府邸、神庙和陵墓。以金字塔为代表的埃及古代建筑反映了当时的几何、测量和起重运输机械的知识已达到相当高的水平。古希腊是欧洲文化的摇篮。古希腊建筑不以雄伟壮丽取胜，而以端庄、典雅、匀称、秀美见长。古希腊建筑设计的艺术原则影响深远。雅典卫城是古希腊建筑文化的典型代表，其中帕提农神庙是西方建筑史上的瑰宝。古罗马建筑直接继承了古希腊建筑的成就，又发展了拱券和穹窿结构的技术，求取高大宽广的室内空间，而从希腊引进的柱式往往成为建筑上的装饰品。罗马建筑以规模宏大、气势雄伟著称，罗马竞技场、罗马万神庙和古罗马浴场著名于世。三层叠起连续拱券的输水道被认为是工程技术史上的奇迹。公元前1世纪罗马建筑师维特鲁威所著《建筑十书》是流传下来的最早建筑学著作。

拜占廷建筑继承古希腊罗马的建筑遗产，同时吸取了波斯、两河流域等地的经验，形成独特的建筑体系。主要成就是在教堂建筑中创造了用四个或更多的柱墩通过拱券支承穹窿顶的结构方法和相应的中心对称式建筑形制。代表作当推君士坦丁堡的圣索菲亚大教堂。10～12世纪，开始探索石拱券的技术，形成了罗曼建筑。石拱券技术的不断发展，终于形成了哥特式建筑。哥特式教堂建筑近似框架式的肋骨拱券石结构，与相同空间的古罗马建筑相比，重量大大减轻，材料大大节省。用来抵挡尖拱券的水平推力的扶壁和飞扶壁，窗花格和彩色嵌花玻璃窗以及林立的尖塔是它的外部特征，巴黎圣母院是这个时期的代表作。

14世纪，意大利出现了文艺复兴。被遗忘的古罗马建筑文化，又成为崇奉的对象。F.布鲁内莱斯基通过对罗马废墟的研究，了解古罗马建筑的做法以后，顺利地解决了佛罗伦萨大教堂大穹顶的建造问题，是为文艺复兴建筑的开端。很多艺术家如达·芬奇、米开朗琪罗等都纷纷涉足建筑领域，罗马圣彼得大教堂穹窿顶便是米开朗琪罗等人设计的。建筑学在这一时期以及以后几个世纪中的发展主要体现在以下三个方面。①建筑设计从匠人手中逐渐转到专业建筑师手中。②随着建筑创作繁荣，学者和艺术家参与建筑活动，建筑学著作纷纷问世。③建筑教育从艺术私塾（"抱提阁"）发展到巴黎艺术学院。它是世界上第一所有完善建筑系科的学院，对后来世界各国的建筑教育有广泛的影响。

文艺复兴晚期由于企图突破已有的建筑程式，追求奇特奔放的效果，崇尚豪华富丽的装饰而出现了巴罗克建筑和洛可可风格。18世纪下半叶，产业革命开始以后，建筑师不断地进行建筑形式的探求。一种倾向是将建筑的新内容程度不同地屈从于旧的艺术形式，产生了古典复兴建筑、浪漫主义建筑和折衷主义建筑这些流派；另一种倾向是充分利用先进的生产力、先进的科学技术，探求新的建筑形式。后一种倾向顺应资本主义生产发展的要求，成为近代建筑发展的主流。19世纪下半叶钢铁和水泥的应用，为建筑革命准备了条件。1851年为伦敦国际博览会建造的水晶宫，采用铁架构件和玻璃，现场装配，成为近代建筑的开端。至20世纪初终于出现了现代主义建筑和有机建筑等流派。德国建筑师W.格罗皮乌斯、L.密斯·范·德·罗、法国建筑师勒·柯布西耶和美国建筑师F.L.赖特是现代建筑思潮的杰出代表。他们的主张和建筑作品对现代建筑的发展产生巨大影响。包豪斯校舍和流水别墅等是当时的代表作。从20世纪50年代开始，人们重新探讨继承传统和发展创新等问题，在建筑风格上又出现了多元化倾向。60年代以来世界上产生了众多的建筑流派，其中以后现代主义较为活跃。

在中国的发展 建筑学在中国的发展经历了不同于西方的过程，这是不同的自然条件、社会条件和历史条件造成的。早在殷商时代中国就建造了大规模的宫室和陵墓。在以后三千多年的历史中，中国建筑取得了很高的成就，形成了风格独具的建筑体系。

中国古代建筑以木结构为主体，由此产生了独特的艺术造型，以及与之高度协调统一的艺术处理手法，充分反映了中国传统建筑学的高度成就。中国建筑知识的教习，一直是师徒相授，父子相传，往往人亡艺绝，阻碍建筑学的发展。到20世纪初，现代建筑师的称号及其知识传授方式由西方传入中国后，上述情况才发生变化。

建筑和建筑学的性质和特点 从建筑学的形成和发展过程中可以看到，建筑和建筑学有如下的性质和特点。

建筑文化受自然条件的制约 自然条件对于建筑结构、建筑形式和建筑布局有重大的影响。人类一开始建筑活动，就尽可能地适应自然条件，就近利用天然建筑材料，创造最合理的建筑形式。陕西半坡遗址所在地区，黄土丰厚，土质均匀，壁立不倒，至今中国黄土高原仍盛行窑洞形式生土建筑。两河流域的巴比伦建筑和亚述建筑由于当地缺少优质石料而富有黏土，导致砖结构的发展。砖的使用又促使叠涩式和辐射形的拱券和穹窿结构的出现。古希腊由于当地石料丰富，创造了石梁柱结构体系，形成灿烂的古希腊建筑。干热地区建筑多厚墙小窗，以避免内外空气流通，保持室内阴凉。湿热地区建筑则以通透为原则，靠通风来形成凉爽的环境。不同地区的自然条件是形成不同的地方建筑风格的重要因素，这一点贯穿在建筑学发展的全过程。

建筑学的社会性质 建筑活动的产品——建筑单体、建筑群以至城市是社会物质文明、精神文明的集中体现。从原始社会以来，建筑活动始终在社会生活中占十分重要的地位。建筑学产生于人类的建筑活动，又服务、指导人类的建筑活动。建筑学服务的对象不仅是自然的人，而且也是社会的人；不仅要满足人们物质上的要求，而且要满足他们精神上的要求。因此社会生产力和生产关系的变化，政治、文化、宗教、生活习惯等的变化，都密切影响着建筑的功能、技术和艺术。

此外，建筑学作为一门艺术，自然受到社会思想潮流的影响。这一切说明建筑学发展的原因、过程和规律的研究绝不能离开社会条件，不能不涉及社会科学的许多问题。

建筑学的技术性质和艺术性质 建筑的技术和艺术密切相关，相互促进。技术在建筑学发展史上通常是主导的一方面。在一定条件下，艺术又促进技术的研究。同样，现代技术为现代建筑艺术提供了新的条件。

就工程技术性质而言，建筑师总是在建筑技术所提供的可行性条件下进行艺术创作的，因为建筑艺术创作不能超越当时技术上的可能性和技术经济的合理性。同时建筑物又是反映一定时代人们的审美观念和社会艺术思潮的艺术品，建筑学有很强的艺术性质，这是同其他工程技术学科区别所在。就艺术性而言，建筑学必须研究建筑的形式美的规律与特征以及建筑美学理论，空间和实体构成的艺术形象。同时建筑需要大量的财富和技术条件，大量的劳动力和集体智慧才能实现。因此，建筑艺术是一门综合性很强的艺术。

建筑学的内容　包括以下几方面。

建筑设计　建筑学的核心，学科内容大致可分为两类：一类是总结各种建筑（如住宅、学校、医院、剧场等）的设计经验，按照各种建筑的内容、特性、使用功能等，通过范例阐述设计时应注意的问题以及解决这些问题的方式方法。另一类是探讨建筑设计的一般规律，包括平面布局、空间组合、交通安排以及有关建筑艺术效果的美学规律，等等。后者称之为建筑设计原理。室内设计是从建筑设计中分化出来的，研究室内的艺术处理、空间利用、装修技术及家具等问题。

建筑构造　研究建筑物的构成，各组成部分的组合原理和构造方法的学科，主要任务是根据建筑物的使用功能、技术经济和艺术造型要求提供合理的构造方案，指导建筑细部设计和施工，作为建筑设计的依据。

建筑历史　研究建筑、建筑学发展的过程及其演变的规律，研究人类建筑历史上遗留下来有代表性的建筑实例，从中了解前人的有益经验，为建筑设计汲取营养。建筑理论探讨建筑与经济、社会、政治、文化等因素的相互关系；探讨建筑实践所应遵循的指导思想以及建筑技术和建筑艺术的基本规律。建筑理论与建筑历史两者之间有密切的关系。

城市设计　是介于建筑学和城市规划之间的知识领域，注重运用多学科知识，从建筑学的角度整合空间环境。从建筑学的角度研究城市及地区空间环境及其景观的问题。

建筑物理　研究物理学知识在建筑中的应用。建筑设计应用这些知识为建筑物创造适合使用者要求的声学、光学、热工学的环境。建筑设备研究使用现代机电设备来满足建筑功能要求，建筑设计者应具备这些相关学科的知识。

**建筑装饰**　architecture decoration　为满足视觉审美要求对建筑所进行的艺术加工，如在建筑物内外加设的绘画、雕塑等。最初的建筑装饰手法是在墙面、顶棚等处着色和绘画。后在木、石、砖制的梁、柱、墙等表面作各种雕刻、镶嵌，绘画也日益精美多样。

图1　清福陵隆恩殿须弥座石雕（局部）

中国古代的木结构建筑常在门窗、隔扇、罩、天花等建筑构件上雕出各种图案纹样，在梁、枋、柱、斗拱等结构构件上施以油漆彩画，使装饰和结构有机地结合在一起。宫殿、庙宇多用金、黄、红等鲜艳色彩，并绘以龙、凤象征权势的图案。屋顶上用彩色琉璃瓦，并在脊上饰以吻、兽等塑件，砖、石台基雕成须弥座（图1）。民居则就地取材，多用白墙、灰瓦、栗色柱等素雅色调，用山水、动植物图案或几何花纹作装饰，形成各种不同的地方风格。

古埃及建筑常用皇帝的生活场景，或战争场面、宗教经文作为石刻装饰的内容。古希腊喜用男女雕像的石柱来装饰建筑。古罗马的拱券结构建筑用券柱和叠柱的构图来修饰墙面。拜占廷天主教堂多用白、绿、蓝、黑、红等色大理石或玻璃马赛克作墙、柱、拱顶的贴面，并镶嵌成天使、使徒、圣者等图像作装饰。欧洲中世纪的哥特式教堂，室外用镂雕纤细的石栏杆、石窗棂，室内用工字形铅条，镶嵌着以圣经故事为内容的彩色玻璃作装饰。

工业革命以后，随着科学技术的进步，建筑装饰不断发展变化，主要出现了以下各种不同的观点和流派。

①有的建筑师认为装饰是建筑不可缺少的部分，至于装饰的内容和形式则因时而异。20世纪初，建筑物大量使用钢铁作结构材料，在“新艺术运动”的影响下，建筑上用钢铁模仿植物图案来装饰门窗、栏杆和柱头。30年代在“艺术装饰”思潮的影响下，多用几何化的传统花纹作为建筑装饰。60年代，建筑受抽象艺术、大众艺术、视幻艺术、光效应艺术等艺术流派影响，流行超级图案式的装饰。或利用物理手段，使一些构件产生动态，形成浮动雕塑。70年代，后现代派提出“少就是枯燥”，主张不拘一格，采用各时期、各地区的传统图形和手法来装饰建筑。

②在第一、二次世界大战之后的一段时间，由于战争带来的贫困和房荒，有的建筑师提出取消建筑上没有功能意义的装饰。德国建筑师W.格罗皮乌斯提倡纯净简洁的建筑，以适应工业化生产，L.密斯·范·德·罗提出“少就是多”的净化建筑处理原则。法国建筑师勒·柯布西耶认为建筑应似机器，不带任何附加装饰。这些是现代主义建筑思潮对建筑装饰的观点。

图2　纽约肯尼迪机场美国环球航空公司候机楼内景

③有的建筑师主张结合利用建筑材料、设备和结构构件、结构形式等作为建筑装饰手段，被称为有机装饰。19世纪英国艺术家W.莫里斯所倡导的“手工艺运动”，倡导运用传统的红砖、红瓦、印花壁纸和彩色玻璃本身来修饰建筑。19世纪和20世纪之交，美国建筑师F.L.赖特在设计中用砖、石、木等传统材料的质感、色彩和纹理来表现“草原住宅”风格。在平整的混凝土表面塑印图案，增添趣味和生气。20世纪60年代以来，各种新型建筑材料和设备不断丰富和更新建筑面貌。有的建筑师将各种管道、设施、电梯或设备上的零件、结构构件等加以精心设计，充分暴露，兼作建筑上的装饰物。中国香港的汇丰银行、巴黎蓬皮杜国家艺术文化中心等是这方面的实例。有的建筑利用整个结构造型作为装饰手段，如E.沙里宁设计的纽约肯尼迪机场美国环球航空公司候机楼（图2），伍重设计的悉尼歌剧院等。

**剑齿象**　*Stegodon*　长鼻目真象科剑齿象亚科已绝灭的一属。这一类象的头骨比真象略长，腿也长，上颌的象牙既长且大，向上弯曲；下颌短，没有象牙；颊齿齿冠较低，断面呈屋脊形的齿脊数目逐渐增加；晚期进步的剑齿象，第三臼齿齿脊数多达10条以上。

最早的剑齿象出现于距今约1 000万年前的中新世晚期，最晚可以生存到距今1万多年前的晚更新世。它的地理分布仅限于亚洲和非洲。中国的剑齿象化石非常多，种的数目也比较多。北方最常见的种是师氏剑齿象，南方常见的是东方剑齿象。师氏剑齿象是一种特大型的剑齿象，在甘肃发现过它的完整骨架，身躯远远大于现生的两种象。东方剑齿象相对比较小，它是大熊猫－剑齿象动物群的重要成员，在华南洞穴中很容易见到它的化石。

**剑门山** Jianmen Mountain 中国四川省名山。历史上著名关隘，剑门蜀道风景名胜区的重要组成部分。位于**四川盆地**西北部剑阁县境。山脉呈东北—西南向延伸，长70千米，最高峰1 178米。全山可分为大剑山和小剑山两部分。大剑山又称梁山，以剑门七十二峰最著名。小剑山在大剑山西

剑门山风光

南，峭壁中断，两崖相对如门，宽仅20米，犹如刀劈斧砍，故名剑门。又因山势巍峨，道路险峻而有“剑门天下雄”之称，历史上为兵家必争之地。现为川陕公路要隘，旁有“天下雄关”、“第一关”等碑刻。名胜有梁山寺、舍身崖、仙女桥、金牛峡、雷峰峡、后门关等处。剑门山区川陕公路两侧，古柏高大挺秀，绵亘不断，称“剑阁古柏”或“张飞柏”，已有400多年历史。

**剑桥** Cambridge 英国英格兰东南部剑桥郡首府，**剑桥大学**所在地。位于乌斯河支流剑河畔，伦敦以北约80千米。因在剑河上建有许多桥梁，故名。面积约41平方千米。人口12.11万(2009)。5世纪为撒克逊

剑河上的桥

人的集镇。9世纪为丹麦人的军事基地。1207年设建制。13世纪创办剑桥大学第一所学院彼得豪斯学院。市郊有建筑业和印刷、设备制造、电子等工业。并有一些享有国际声誉的大书店。市内大学建筑尖塔林立，草坪、花园纵横交错。有大教堂、评议会大厦、大学图书馆等。城市大部分建在剑河的东岸。有许多桥梁。

**剑桥大学** University of Cambridge 英国古老的大学。校址在英格兰剑桥郡剑桥市。1209年，由一些从牛津迁到剑桥的学者、僧侣所创建。1284年，成立了彼得豪斯学院，为剑桥大学的第一所住宿学院。此后共成立了31所（住宿）学院，其中3所是女子学院。最有名的有：国王学院(1441)、三一学院(1546)、马格达伦学院(1542)和圣约翰学院(1511)。学院和大学各自有相对的独立性，经济上各自独立。大学负责研究生的招生，而学院则负责本科生的招生，数量则由大学统一规划。所有学生的教学由大学负责，而学院负责学生的生活和本科生的业余辅导。学院为学生提供食宿或安排在市民家中食宿，而课程则由大学为各学院统一开设。剑桥大学实行导师制。剑桥大学的学术活动，包括全校性的教学和研究，都由作为大学行政机构的6个（专门）学院来组织。设有建筑和艺术史、古典学科、神学、英文、语言、音乐、东

剑桥大学圣约翰学院

方学、经济与政治、教育、历史、法律、哲学、工程、地理与地质、数学、物理、化学、考古与人类学、生物和临床医学等60余个学系。另有天文台，斯科特极地研究所，以及非洲研究、拉美研究、南亚研究、国际研究等中心。

17～18世纪剑桥大学最重要的变化是自然科学获得了地位。早在16世纪的晚期，F.**培根**先是就读于三一学院，然后在剑桥建立了自己的实验室。培根以后，数学、化学、天文学、解剖学、植物学、几何学、实验哲学和矿物学等教授职位都迅速设立；与之相应的阿拉伯语、道德哲学、音乐学、近代史学、神学和法学等教授职位也相继设立。牛顿26岁时成为剑桥数学教授。1750年起，数学成了剑桥学生的必修课。这一时代的杰出人物还有：英国大诗人E.**斯宾塞**，诗人、政治家J.**弥尔顿**等。19世纪剑桥大学的名人有：诗人G.G.**拜伦**、现代遗传学和进化论的创始人C.R.**达尔文**。1873年，**卡文迪什实验室**建立后，又出现了一批杰出的科学家和近代物理学家，他们有J.C.**麦克斯韦**、**瑞利**、J.J.**汤姆孙**等。20世纪以来，剑桥大学仍旧是人才辈出，有80多位获得诺贝尔奖，三任英国首相。著名学者和名人中有凯恩斯经济学派的创始人J.M.**凯恩斯**、数学家和分析哲学的创始人B.A.W.**罗素**、生物化学家和科学史家李约瑟等。此外，还有中国学者蔡翘、张文裕、赵忠尧、王竹溪、华罗庚、戴文赛、王应睐、伍连德、丁文江、曹天钦等，中国作家萧乾、叶君健、徐志摩等。

剑桥大学的图书馆藏书300万余卷。共有6个博物馆，其中菲茨威廉博物馆藏有埃及、希腊及罗马古文物珍品，欧洲艺术大师们的绘画和雕塑。塞奇威克博物馆主要展示化石、岩石和矿石。其他还有考古学和人类学博物馆、动物学博物馆、植物园等。

**剑桥学派** Cambridge school 19世纪末20世纪初由A.**马歇尔**创建的经济学学派。由于马歇尔和其门生A.C.**庇古**、D.H.罗伯逊等人长期在英国剑桥大学任教，故名。又由于马歇尔提出的均衡价格论熔传统的生产成本论和当时新的边际效用论于一炉，故又被称为新古典学派。

剑桥学派所传播的经济学说，主要包括在马歇尔于1890年出版的《**经济学原理**》一书中。该书以折衷主义方法，把供求论、生产费用论、边际效用论、边际生产力论等融合在一起，建立起了一个以完全竞争为前提，以“均衡价格论”为核心的理论体系，在19世纪末20世纪初的资产阶级经济学界占有支配地位。

剑桥学派的主要代表人物庇古在马歇尔理论基础上，提出一整套**福利经济学**，被称为福利经济学之父。在货币理论上，剑桥学派以提出货币数量说的剑桥方程式著称。J.V.**罗宾逊**1933年出版《**不完全竞争经济学**》，也建立在马歇尔-庇古理论及其分析方法上。

剑桥学派的理论在西方广为传播，直到20世纪30年代，其统治地位才被凯恩斯主义取代，但其价值论、分配论等仍是现代西方**微观经济学**的基础。

**剑鱼** *Xiphias gladius*; swordfish **鲈形目**剑鱼科剑鱼属的唯一一种。又称旗鱼舅、丁挽舅。分布于热带、亚热带海区。中国产于南海诸岛及台湾海域。为大洋性上层经济鱼类。体延长，最大可达5米长，重400千克以上；粗壮，亚圆柱形，背腹面皆钝圆。尾柄粗强，平扁，每侧有一条较发达的纵隆起嵴。头大。

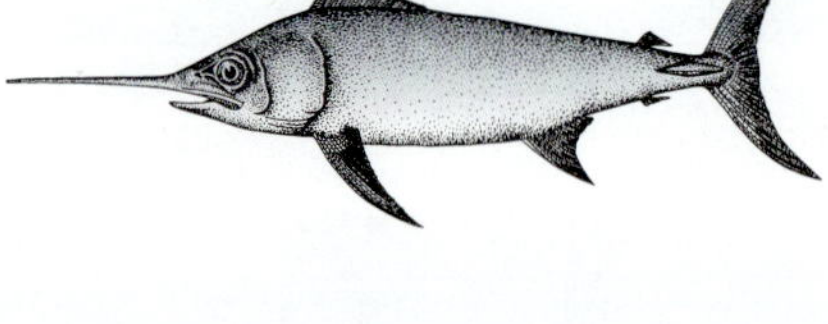

吻由前颌骨及鼻骨组成，向前突出呈剑状，平扁，边缘截形。眼颇大，上侧位。口裂大，上颌后端远伸越眼后缘，下颌较短；上颌内面具微小棘，与下颌吻合。成鱼无齿（幼鱼有细齿）。腭骨和舌上无齿。鳃孔大。鳃的构造特殊，鳃丝呈海绵形网状组织并联结成板状。无鳃耙。左右鳃盖膜愈合。成鱼皮肤裸露，无鳞，皮肤表面粗糙。侧线不明显。背鳍2个；臀鳍2个。胸鳍长镰刀状，位很低，邻腹缘。无腹鳍。尾鳍后缘宽新月形。头及体背侧为金属般的蓝紫色，腹部呈淡黑色，无斑纹。各鳍暗蓝色，具银色光泽。吻部上面呈黑色，下面呈淡色。

剑鱼性凶猛，常攻击大型鲸类和其他鱼类，生殖季节为8～9月，以鱼类和头足类为食，常跃出水面，不成群。肉可食用。

**健康** health 由人类身体和精神功能领域所构成的人体生理与心理的健全状态。它具有个体的属性（可以累积起来描述和测量）。健康是“良好感”的内在价值和工具，也是独立于良好感的概念。将健康概念化以及进行测量可用以作为卫生政策的依据。

**健康岛** health island 病区内存在无病例出现的岛状小区。特别是一些地方性疾病，往往有相对稳定的分布区域，这样的区域称为该病种的病区。但病区内部，因其致病因素和致病条件的不存在或自然-人文地理条件的限制而成为无病发生的孤立小区，即为健康岛。如克山病、大骨节病、地方性氟中毒、地方性碘缺乏等与地球环境化学有关疾病的病区都存在健康岛的现象。

**健美** bodybuilding 体育项目之一。通过徒手和采用各种器械，运用专门的动作方式和方法进行锻炼，以发展肌肉、增强体力、改善形体和陶冶情操为目的。古代希腊和罗马重视发展健美的体魄。1868年生于德国的E.山道大力士是健美运动的创始人。山道于1901年组织了世界首次健美大力士的比赛。1946年国际健美联合会成立，制订了健美比赛的国际规则，并开始举行正式的国际业余健美锦标赛和职业健美比赛。女子健美是在20世纪40年代兴起的运动项目。50年代在男子健美比赛后，安排一些女子健美表演。70年代，已有正式的女子健美比赛。1980年国际健美联合会正式成立了妇女委员会。中国健美运动是从20世纪30年代由欧美传入的，赵竹光是中国现代健美运动的开拓者。1985年11月中国正式加入国际健美联合会。1992年成立中国健美协会。健美比赛项目设有男子个人、女子个人、男女混合双人、女子双人和集体造型表演。男子分8个级别，女子分3个级别。男子规定动作7个，女子规定动作5个。比赛时可以用音乐配合，男子是60秒，女子是90秒。

女子健美

规定动作以后是自选动作。一场比赛有9名裁判员打分，去掉两个最高分和最低分，5个分相加即为得分，得分多者获得优胜。

**健美操** aerobic gymnastics 艺术性很强的体操运动。以人体为对象，以健美为目的，融体操、音乐、舞蹈、技巧、跳跃为一体。健美操可以分为竞技健美操和健身健美操。健美操一词源于英文aerobics，意为“有氧运动”、“有氧健美操”。最早由美国人K.库珀博士于20世纪60年代开始在美国推广。当时，只强调有氧运动的重要性，并且以训练人的心肺为主要目的，随着有氧运动的发展，到70年代末，健美操运动逐渐为大众所接受。80年代初，美国影视明星J.方达，根据自己的健身经验，大力推广有氧健美操运动。1981年方达编写出版的《简·方达健身操》一书引起轰动。健美操运动于80年代初传入中国，之后举办过多次健美操比赛。1995年12月，国际体操联合会在法国巴黎举办了第1届世界健美操锦标赛，中国派出了7人代表队首次参赛。2008年4月在德国举行的第10届世界健美操锦标赛上，中国健美操队获男子组六人操冠军和奖牌排名第三的好成绩。

**健脾化湿** invigorating spleen for eliminating dampness 中医临床运用补益脾气的药物以消除湿邪的治法。健脾可以增强脾的运化功能，使水湿消除。健脾化湿法适用于脾虚水湿不化证，证见面色萎黄、神疲乏力、胃脘痞满、肢体困重、饮食不化、大便溏薄或泄泻、水肿、妇女带下、苔白厚腻、脉缓等。常用的健脾化湿药有白术、党参、茯苓、扁豆、砂仁、莲子肉、薏苡仁等，代表方剂有参苓白术散、完带汤。

**健忘** amnesia 以记忆力减退为主要表现的中医学病证。轻者对往事追述困难，重者事过转瞬即忘。又称善忘、喜忘等。其发病多与肾精亏虚、心脾两虚、心肾不交、痰浊内扰、瘀血攻心有关。临床常见证型有：①肾精亏虚型健忘。证见健忘，神疲，腰酸，脉细弱等。治宜滋补肾阴，方用六味地黄丸。②心脾两虚型健忘。证见健忘，倦怠无力，失眠多梦，心慌，气短，饮食减少，舌淡，脉细弱。治宜补益心脾，方用归脾汤。③心肾不交型健忘。证见健忘，头晕耳鸣，心烦，失眠，遗精，腰酸，舌尖红，脉细数。治宜交通心肾，方用黄连阿胶汤。④痰浊内扰型健忘。证见健忘，头晕，胸闷，恶心，食欲不振，舌苔厚腻，脉滑。治宜涤痰化浊，方用导痰汤。

**健舞** strong dance 中国古代宫廷、士大夫家中广泛使用的小型表演性舞蹈。属唐代教坊乐舞，与软舞相对称。源于民间，多为独舞或双人舞。舞蹈劲健矫捷、洒脱明朗、快速有力，间有舒缓段落。唐代不同时期的健舞节目不同，多为西域及其他民族的舞蹈。《剑器》、《柘枝》、《胡腾》、《胡旋》是健舞中较具代表性的作品。健舞在古代舞蹈发展中产生过较大影响。

**舰队** fleet 海军中担负海洋战区作战任务的一级组织。海军的高级作战兵力集团。海军作战兵力编成的主要形式。一般分为两种类型：一是有较为固定的作战海区，担负某一战略方向海上作战任务的海军战略战役集团；二是在一定海洋区域进行机动作战的海军战役战术集团。通常编有水面舰艇、潜艇、航空兵、陆战队和岸防兵等兵种部队及作战和勤务保障部队；辖有海军基地和一些兵种司令部，分别领导舰队所属的部分兵力，遂行战役战斗任务和日常勤务。有的编有从属的舰队、区舰队、分舰队和按作战任务编组的特混舰队。根据特定任务临时组成的海上编队，有时也称为舰队。舰队有时也泛指海军。

舰队经历过桨船舰队、帆船舰队和蒸汽船舰队等发展阶段。20世纪初，潜艇和海军航空兵出现，舰队发展成为诸兵种合成的海上作战部队。50年代起，舰队进入核动力时代。至21世纪初，美国海军编有太平洋舰队和大西洋舰队，俄罗斯海军编有北方舰队、太平洋舰队、波罗的海舰队和黑海舰队，中国人民解放军海军编有东海舰队、南海舰队和北海舰队。

**舰舰导弹** ship-to-ship missile 从水面舰艇上发射攻击水面舰船的导弹。它也可用于攻击海上设施、岛礁和沿岸目标。是水面舰艇的主要攻击武器之一。通常由弹体、战斗部、推进装置和制导系统等部分组成。

舰舰导弹按射程可分为短程、近程、中程和远程舰舰导弹，按巡航高度可分为高空、中空、低空和超低空舰舰导弹，按飞行速度可分为亚声速和超声速舰舰导弹。它与舰艇上的探测跟踪设备、导弹射击控制系统和发射装置等一起构成舰舰导弹武器系统。远程舰舰导弹最大射程超过400千米。进行超视距攻击时，需要目标指示或中继制导。攻击部位多在舰船侧舷水线附

中国舰舰导弹发射

近。舰舰导弹的飞行弹道一般分自控和自导两段。自控段由弹上控制系统控制按预定程序弹道飞行；飞抵目标一定距离时，进入自导段，弹上导引头开机，进行自动搜索、跟踪、引导，将导弹导向目标。在自导段，导弹通常为掠海飞行，高度2.5～8米；有的能在水平面上“蛇行机动”，或在垂直面上“跃升俯冲”攻击目标。

**舰空导弹** ship-to-air missile 从水面舰艇上发射攻击空中目标的导弹。又称舰艇防空导弹。是舰艇的主要防空武器。主要由弹体、推进系统、制导系统和弹头等部分组成。按射程分为短程、近程、中程和远程舰空导弹，按射高分为低空、中空、高空和超高空舰空导弹。

美国是最早研制出舰空导弹的国家，1955年率先在“波士顿”号巡洋舰上装备“小猎犬”中程、中低空舰空导弹。第一代舰空导弹射击精度差，命中概率低，主要用做舰队中空、低空面防御，打击目标主要是飞机。20世纪60年代初至70年代中期，

美国“海小榭树”舰空导弹

出现第二代舰空导弹，机动性和可靠性能有所提高，可用做舰队中空、高空面防御，拦截高速飞行的飞机和反舰导弹。70年代中期以来，美国、苏联等国又研制出第三代舰空导弹。如美国的“宙斯盾”等。这一代舰空导弹制导精度高，命中概率大，反应时间短，抗干扰能力强，有的还能同时应对多个来袭目标。

**舰载机** shipboard aircraft 以航空母舰或其他舰船为起降基地的飞机和直升机的统称。包括舰载歼击机、舰载攻击机、舰载反潜机、舰载预警机、电子对抗飞机和舰载直升机等。舰载飞机的结构和机载设备与岸基飞机基本相同，主要区别在于舰载飞机具有以下特点：①机体结构坚固，抗冲击，耐腐蚀。②采用弹射起飞或滑跃起飞方式，起降距离短。③重心较低，主轮距较大，具有较强抗倾倒能力。④具有快速系留装置，可系留在航空母舰上。为方便起降，常规起落舰载飞机的前起落架上大多装有弹射起飞牵引钩，机身后下方装有着舰钩。⑤可与舰上自动着舰系统配合，在复杂气象条件下着舰。⑥机翼大多可以

法国“贸易风”舰载反潜巡逻机

折叠，有的机头和垂尾可折转，占用舰上停放空间小。⑦多数舰载飞机在6级风、4～5级浪的海况下，仍能在航空母舰上起落。

**舰载雷达** shipborne radar 装备在舰艇上的各种雷达的总称。用于探测、跟踪海面和空中目标，为武器系统提供目标坐标等数据，引导舰载机飞行和着舰，保障舰艇安全航行和战术机动等。

按战术用途分为：①警戒雷达。用于发现和监视海面、空中目标，与舰载雷达识别系统相配合判定目标的敌我属性。②导弹制导雷达。用于跟踪海面和空中目标，为导弹武器系统的计算机或射击指挥仪提供目标的坐标和运动数据。③炮瞄雷达。用于自动跟踪海面和空中目标，为舰炮射击指挥仪或火控计算机提供目标的精确坐标数据，控制舰炮射击。④鱼雷攻击雷达。装在鱼雷艇和潜艇上，用于搜索、跟踪海面目标，为鱼雷攻击指挥仪提供目标的坐标和运动数据。⑤航海雷达。用于观测岛岸目标、确定舰位，并根据航路情况，利用计算机进行避碰解算和显示，引导舰船安全航行。⑥舰载机引导雷达。一般装在航空母舰上，用于对舰载机进行指挥引导。

**渐变与突变** gradual and sudden change 事物发展的两种形式。渐变分为量的渐变和质的渐变。前者是指量的增加或减少，也就是量变；后者是指新质的逐渐积累和旧质的逐渐衰减，也是质变的一种形式。突变则是质变的另一种形式，是渐变过程的中断，是不经过任何过渡阶段从一种质态到另一质态的飞跃。

在自然界中，从物理运动到生命运动都普遍存在着渐变和突变这两种发展形式。一切自然过程都是渐变和突变的统一，它们是由于事物的矛盾性质不同和所处条件不同而分别采取的两种不同的变化形式。在有关自然界发展的形式问题上，历来存在着两种截然相反的观点。从古希腊的亚里士多德到近代的G.W.莱布尼茨都坚持认为自然界没有飞跃，甚至把连续性看作自然发展的根本规律。这是一种忽视突变的片面的渐变论。它曾经影响过C.R.达尔文对进化论的哲学解释，甚至对奥地利的E.薛定谔等现代科学家也产生了一定的影响。另一方面，19世纪初法国古生物学家G.居维叶曾根据某些地层和古生物化石的材料，提出关于地层演化的“突变论”。这是一种抹杀渐变的片面的突变论。它同样也对一些现代科学家有着一定的影响。在一切自然过程中，突变是基本的，而且质的渐变也是由无数小的突变组成的。同时，突变具有各种不同的类型。20世纪70年代R.托姆所提出的“突变理论”，从数学上研究了突变的各种类型。这个理论表明，突变不经过中间过渡状态而突然飞跃，渐变则经过一系列稳定性结构逐渐实现质变。这给区别质变的两种不同形式提供了一个明确的标准。同时它还说明各种不同情况下突变的规律性。托姆的突变理论考察了7种突变类型，即折线型、尖角型、燕尾型、蝴蝶型、双曲型、椭圆型、抛物型，并以此描写了突变的各种错综复杂的表现，丰富了马克思主义关于渐变和突变的辩证法。

**渐江** Jianjiang (1610～1664) 中国明末清初画家。僧人。俗姓江，名韬、舫，字六奇、鸥盟，号渐江、无智。人称“梅花古衲”。安徽歙县人。为僧后法名弘仁。

《陶庵图》(故宫博物院藏)

渐江善画山水，因居黄山最久，多取黄山景物为画稿。所画山石，方折如几何图形，奇峰叠出，云霞掩映，秀丽多姿。构图简洁，笔墨秀逸凝重。境界宽阔，淡

远而峻伟。曾画《黄山图》60幅，为黄山实景写生，每幅均注出地名。他又善画梅花、松树。梅花得疏枝淡蕊，冷艳幽香之致。松树蟠曲纠结，或倒挂崖间，或横卧石侧，雄奇变化，亦从黄山得来。

**渐悟** gradual attainment to enlightenment 佛教术语。它与顿悟说形成对照。佛教中关于修持与成佛关系及过程的一种判断和主张。渐悟指的是渐修渐了，是说修行者必须通过一点一滴的努力与进步，才能逐步克服烦恼缠缚，涤除心上的尘垢，由无明而明、转迷成悟。

**渐新世** Oligocene Epoch 古近纪最后一个即第三个世。1854年E.贝利希在德国调查第三系时发现了一套介于C.莱伊尔命名的始新世和中新世之间的海相、半咸水相、淡水相和陆相地层，从而提出"渐新世"一名；后经一些学者修正，渐新世一名逐渐广泛使用。这一地质时期无论在生物进化、岩相古地理和古气候，与始新世相比都是一个重要的转折时期。据生物地层、裂变径迹和磁性地层年代学研究，它持续了将近1 000万年的历史（也有认为1 300万年）；始于距今3 370万年（或3 600万年）前至2 330万年前。大致相当于磁性地层年代学极性时12r～6r，生物地层有孔虫化石带P19～P22，钙质超微化石带NP23～NP25。渐新世时期形成的地层称渐新统。

渐新世是现代哺乳动物科一级的某些原始或祖先类群兴起和发展的一个时期。其间古近纪早期古老或土著类群衰退或灭绝；由于疏林草原的发展，奇蹄类和偶蹄类迅速分化，新食肉类大量繁盛。常见的哺乳动物有古老猿类、原貘、渐新马和各种犬科、鼬科、猫科的早期成员，以及长鼻类早期、原始、长颌的乳齿象成员如古乳齿象和始乳齿象等。海生无脊椎动物中大型有孔虫如货币虫趋于消失，双壳类海扇等大量发育，淡水腹足类相当繁盛。植物界被子植物中木本植物有了很大的发展，草本植物占有相当大的比例，古老蕨类、裸子植物和原始被子植物衰退。热带植物区的位置由北纬42°左右逐渐南移。渐新世与始新世相比，古气候有逐渐变冷的趋势。

**谏议理论** remonstrance theory 中国古代重要的政治理论。谏，即规劝，又分为进谏与纳谏。谏议受到朝野上下的普遍关注，形成了系统的理论和完备的制度，这是中国古代政治理论和政治制度的一大特色。春秋战国时期，诸子百家都提出了各自的谏议理论。纳谏与进谏成为公认的君道与臣道。

广为征引的谏议理论主要有和同论、以道事君论、兼听论和疏导论。这几种理论都产生于先秦，从哲学、伦理、政治、舆论等角度全面论证了谏议的必要性和政治功能，一直是后世谏议论的基础理论。

和同论着重从哲学的角度论证了君臣相互配合的必要性和进谏与纳谏的重要性。扬和弃同表现为君臣互补，任贤纳谏。以道事君论依据社稷重于君主，道义高于权势，讨论君臣规范，倡导以谏议"正君以礼"、"致君尧舜"。以谏为忠，把纳君于道作为臣下的义务。兼听论着重从政治操作技巧的角度，论证了谏议的必要性。疏导论从疏导舆论、上下沟通、倾听民意、监控政情的角度，论证了谏议机制的重要意义。

谏议理论又分为专门论君道与臣道的纳谏论和进谏论。谏议是一种君臣互动方式。进谏能否取得成效，取决于君主是否纳谏。唐太宗广泛征引典故，总结历史经验，他的君主纳谏论最具系统性、典型性和代表性。他认为纳谏是对一切帝王普遍适用的政治原则，并从八个方面论证了纳谏的必要性及政治功能，唐太宗还主张通过容言、赏谏、立制、任人等手段，鼓励、引导群臣进谏。

重视纳谏，必然重视进谏。自秦汉设置"谏议大夫"等以来，谏议制度日渐完善。到隋唐，在中央各机构中有台、舍、给、谏四类言路官和几套谏议机构，各类机构和职官分工细密，职责分明，互相补充，互相监控，形成了严密的监督、封驳、谏议机制。宋代以后，谏议机制的功效虽大大削弱，而有关的理论、制度和职官依然发挥着作用。

**鉴湖** Jianhu Lake 中国长江以南最早的大型塘堰工程。位于今浙江绍兴城南，又名镜湖、长湖。东汉永和五年（140）会稽太守马臻主持修建，筑塘300里，灌田9 000顷。绍兴境内，东南至西北一线以南为山地，北部为平原，再北为杭州湾。鉴湖是拦蓄山北诸小湖水所形成的东西狭长的水库，堤长一百三十里（一说一百零一里），东起曹娥江，西至西小江，中有南北隔堤，将鉴湖分作东西两部分。《水经注》记沿湖有放水斗门69座，历代有所增减。至北宋时，沿湖堤广设斗门、堰闸、涵洞，著名的有42座。另有水则碑（水尺）三座，用作控制蓄泄的标准。由于湖水高于农田，农田又高于江海，因此，天旱时开斗门涵洞放湖水灌田；雨涝时排田间水入海或关闭斗门、涵洞，拦蓄山溪洪水；洪水过大则开溢洪道泄洪，东由曹娥斗门、蒿口斗门排入曹娥江，西由广陵斗门、新迳斗门排入西小江，北经朱储斗门由三江口排入海。北宋熙宁间鉴湖已被围垦700顷，虽屡次有人倡议废田还湖，到政和年间，地方官竟垦湖为田。南宋初年围垦耕地2 300余顷。到元代仅少数特别低洼处还保留湖泊水体。至今，零星散布的艾塘湖、百家湖、鉴湖、白塔洋、洋牌湖等是古鉴湖的残迹，面积共约5.8平方千米。

**鉴江** Jianjiang River 中国广东省沿海河系中最大河流。发源于信宜市里五山，南流经高州市、化州市、梅菉，到吴川市黄坡入南海。为树枝状水系。干流长210千米，流域面积9 445平方千米。鉴江流域雨量充沛，径流量大，但流量月际和年际变化都很大。鉴江上游森林过伐，水土流失严重，河水含沙量大，河道淤积较重。下游河道浅小，多急弯，河床积沙淤浅，使河床泄洪力量减小，每逢暴雨，常造成严重的洪水灾害。1960年高州县（今高州市）在鉴江支流曹江和窦江上游建成高州水库，库容11亿立方米，是鉴江流域的主体工程，也是粤西地区最大的蓄水工程，年蓄水量14.7亿立方米，有效地减轻了鉴江两岸农田的洪水危害，还保证了茂名市的生活和工业用水。

**鉴频器** frequency discriminator 使输出电压和输入信号频率相对应的电路。按用途分为两类：一类用于调频信号的解调，常见的有斜率鉴频器、相位鉴频器、比例鉴频器等，对这类电路的要求主要是非线性失真小，噪声门限低。另一类用于频率误差测量，如用在自动频率控制环路中产生误差信号的鉴频器。对这类电路的零点漂移限制较严，对非线性失真和噪声门限则要求低。斜率鉴频器的电路比较简单，但回路失谐时其谐振特性曲线不是直线，鉴频特性的线性较差。相位鉴频器鉴频特性的线性较好，鉴频灵敏度较高。

**鉴相器** phase discriminator 使输出电压与两个输入信号之间的相位差有确定关系的电路。表示其间关系的函数称为鉴相特性。鉴相器是锁相环的基本部件之一，也用于调频和调相信号的解调。常见的鉴相特性有余弦型、锯齿型和三角型等。鉴相器可以分为模拟鉴相器和数字鉴相器。二极管平衡鉴相器是一种模拟鉴相器，两个输入正弦信号的和与差分别加于检波二极管，检波后的电位差即为鉴相器的输出电压，其鉴相特性通常为余弦型的。鉴频鉴相器是一种数字鉴相器，两个输入信号是脉冲序列，其前沿（或后沿）分别代表各自的相位，比较这两个脉冲序列的频率和相位即可得到与相位差有关的输出。这种鉴相器的鉴相特性为锯齿形，它还兼具鉴频作用。

**鉴真** Jianzhen（687～763） 中国唐代律宗僧人。俗姓淳于。扬州江阳（今江苏扬州人）。晚年受日僧礼请，东渡传律。在传播佛教

鉴真像（日本奈良唐招提寺）

与盛唐文化上，有很大的历史功绩。

14岁时被智满收为沙弥，配居大云寺。神龙元年（705），依道岸律师受菩萨戒。景龙元年（707），出游洛阳，继至长安。次年在长安实际寺依恒景律师受具足戒。巡游两京，究学三藏，对于律藏，造诣尤深。为他授戒的道岸、恒景，都是律学的一时名德，又是南山宗开创人道宣律师的再传弟子。他在传授律学时以法砺的《四分律疏》、定宾的《饰宗义记》与道宣的《行事钞》三书为主，重点在法砺、定宾所著两书。在佛教建筑、雕塑等方面，他也颇多建树。在医药学方面，博达多能，品鉴极精，曾主持过大云寺的悲田院。

天宝元年（742），日本僧人荣睿、普照受日本佛教界和政府的委托，聘请他去日传戒，鉴真欣然应允，从当年开始至天宝七载，先后五次率众东渡，但均因天时、人事不利而失败；尤其是第五次遭到恶风怒涛的袭击，在海上漂了14天，最后漂到海南岛的振州（今三亚市）。返途经过端州时，日本弟子荣睿病故，鉴真哀恸悲切，加上炎热，突发眼疾，导致双目失明。但他东渡弘法之志弥坚，于天宝十二载第六次东渡，终于到达了日本九州，次年二月至平城京（今奈良）。

鉴真在日本受到朝野盛大的欢迎。旋为日本天皇、皇后、太子等人授菩萨戒；为沙弥证修等440余人授戒；为80余僧舍旧戒授新戒。自是日本始有正式的律学传承。鉴真被尊为日本律宗初祖。在营造、塑像、壁画等方面，他与弟子采用唐代最先进的工艺，为日本天平时代艺术高潮的形成，增添了异彩。如唐招提寺建筑群，即为鉴真及其弟子留下的杰作。整个结构和装饰，都体现了唐代建筑的特色。鉴真去世前，弟子们还采用干漆夹纻这一最新技艺，为他制作了一座写真坐像，日本奉为国宝。鉴真及其弟子大都擅长书法，去日时携带王羲之、献之父子真迹，影响所及，至今日本人民犹热爱中国书法艺术不衰。当时日本佛典，多从朝鲜传入，口授、手抄，错误在所难免。天皇曾为此委托鉴真校正经疏错误。鉴真对日本人民最突出的贡献，是医药学知识的传授，被日本人民奉为医药始祖。

唐宝应二年（763，日本天平宝字七年）五月初六日，鉴真卒于唐招提寺。弟子思託记述其六次东渡事迹，经日本著名文学家真人元开润色的《唐大和上东征传》，流传至今。

**键能** bond energy 化学键形成时放出的能量或化学键断裂时吸收的能量，可用来标志化学键的强度。其数值是这样确定的：对于能用定域键结构满意地描述的分子，所有各键的键能之和等于该分子的原子化能。键能是从定域键的相对独立性中抽象出来的一个概念，它的定义中隐含着不同分子中同一类型化学键的键能相同的假定。实验证明，这个假定在一定范围内近似成立。例如，假定碳碳键C—C和碳氢键C—H键的键能分别为346和411千焦/摩，则算出来的饱和烃的原子化能只有2%的偏差。

通常给出的键能数值实际上是298K时的键焓而非键能，但是这种差别不大，故一般不必加以区别。常用的另一个量度化学键强度的物理量是键解离能，它是使给定分子中某一个化学键断裂时需要的能量。由于产物的几何构型和电子状态在逐步改变时伴随有能量变化，除双原子分子外，键解离能不同于键能。例如，依次断开甲烷$CH_4$的四个C—H键，键解离能分别是425、470、415、335千焦/摩，它们的平均值才等于C—H键的键能（411千焦/摩）。

**箭毒木** *Antiaris toxicaria*; common antiaris 桑科见血封喉属的一种。见血封喉的俗称。

**箭石** belemnitid 已绝灭的海生动物，属软体动物门头足纲鞘形亚纲十腕目箭石亚目。因有一个箭头状的鞘而得名。从早石炭世出现，侏罗纪至早白垩世达到极盛，白垩纪末绝大多数绝灭，仅有少量延续到古新世。它是海相侏罗纪和白垩纪地层中的重要化石。

箭石与现代的乌贼类比较相似，但内壳远比乌贼的内壳发育。其内壳主要由鞘、闭锥和前甲3部分构成。鞘最容易保存为化石。箭石个体大小变化很大，一般鞘长4～12厘米，身体总长一般为24～90厘米，最长可达4米多。箭石主要生活在大陆架海区，推测以自由游泳或漂浮为主，捕食小鱼和甲壳类。分布十分广泛。箭石除用于确定地层时代外，还可测定当时水温，对确定古气候及大陆漂移提供资料。

**《江村经济》** *Peasant Life in China* 中国社会学家费孝通根据1936年在江苏吴江开弦弓村的调查资料编写的学术著作。又译《中国农民的生活》。该书是作者1938年在英国伦敦大学学习时撰写的博士论文，最初以英文发表，题为《开弦弓，一个中国农村的经济生活》。1939年在英国出版，书名为《中国农民的生活》。作者将“开弦弓村”取学名为“江村”。

全书计16章，另有人类学家B.K.马利诺夫斯基作的序及附录《关于中国亲属称谓的一点说明》。作者通过中国江南一个村庄农民的“消费、生产、分配和交换”等实际生产和生活过程、江村这一经济体系与特定地理环境，以及与所在社区的社会结构的关系，探讨了中国基层社区的社会结构和社会变迁过程，并试图以此为基础进一步把握中国社会在当代条件下的宏观社会变迁过程以及可能的应付之道。

该书详尽的资料和客观系统的描述，为国外人类学家、社会学家及一般读者了解中国提供了重要的帮助。书中的许多观点洞见了中国农村社会的发展前景，出版后受到了人类学界和社会学界的重视。

**江达县** Jomda County 中国西藏自治区昌都地区辖县。位于自治区东北隅，邻接青海省和四川省，金沙江上游。面积13 200平方千米。人口8万（2008），以藏族为主，还有汉、回、蒙古等民族。县境原为德格属地，1909年废除德格土司后，划归川西登科府。清宣统三年（1911）改设同普县，1919年改建为江达宗，1959年由江达、西邓柯两宗合并为江达县。平均海拔约3 800米。属高原温带半湿润山地气候。矿产有铜、铁、磷、铅、锌、重晶石等。以规模大、储量集中且品位高、矿层稳定的玉龙特大型铜（钼）矿为重要，为中国两大超大型铜矿之一。农业以种植青稞、冬小麦、春小麦、豆类和油菜等为主。畜牧业以发展牦牛、黄牛、绵羊、山羊、马和生猪等为重要。是半农半牧县。南部和北部山区分布着松、柏、杉等林木。产冬虫夏草、贝母、知母、大黄和雪莲等中药材。工业以电力、木材、农畜产品加工等小型工业和民族手工业等为主。川藏公路横穿县境。

**江定仙** Jiang Dingxian（1912-11-10～2000-12-23） 中国作曲家。生于湖北武汉，卒于北京。1928年先后入上海艺术大学音乐系、上海美术专科学校音乐系学习。1930～1934年在上海国立音乐专科学校师从黄自学习作曲，并随查哈罗夫学习钢琴。1934年在陕西省教育厅任音乐编辑。1936年回上海在话剧界从事音乐工作。1938年在重庆任教育部音乐委员会编辑，1940年后任国立音乐院作曲教授兼作曲系主任。1950年任中央音乐学院作曲系主任、教授，1961～1984年任副院长。历任中国音乐家协会第二、三届常务理事。他长期从事音

乐教学，培养了大批作曲理论人才。他的音乐创作，以感情细腻、技法严谨并富于民族风格而见长。1934年以钢琴曲《摇篮曲》获美籍俄国作曲家齐尔品（A.N.**切列普宁**）征求有中国风味的钢琴曲二等奖。另外创作了歌曲《静境》、《前途》、女声三重唱《春晚》等。抗日战争时期，创作了《打杀汉奸》等抗日歌曲。1949年后创作有交响诗《烟波江上》、交响曲《沧桑》、钢琴曲《变奏曲》、《舞曲》以及为电影《早春二月》、《一盘没有下完的棋》（与日本作曲家林光合作）的配乐。

**江都排灌站** Jiangdu Irrigation and Drainage Pumping Station 中国目前最大的电力排灌站。江都水利枢纽的主体工程。位于江苏省江都市境内，**京杭运河**、新通扬运河和淮河入江尾闾芒稻河的交汇处。既是江苏省苏北地区的灌溉、排涝、供水工程，又是**南水北调工程**（东线）的一个起点。

江都排灌站包括四座大型泵站，于1963～1977年先后建成投运，当时总抽水流量为473米$^3$/秒。1994～1999年其一站、二站相继更新改造，装机总容量为5.3万千瓦，设计抽水流量为508.2米$^3$/秒。

排灌站建成后连年向苏北供水，使历史上连年受灾的苏北地区变成了粮食高产区，同时保证了京杭运河通航水位，使运河运量日益增长，促进了城乡及南北物资交流，繁荣了地方经济。

江苏江都排灌站

**江都市** Jiangdu City 中国江苏省辖县级市。位于省境中部偏南，南濒长江、京杭运河。面积1 330平方千米。人口101万（2010），有汉、回、蒙古等民族。秦置广陵县。汉景帝四年（前153）置江都县。1994年撤县置江都市。由**扬州市**代管。地处江淮冲积平原。主要农作物为稻、麦、棉花、油菜等。著名的江都水利枢纽在江都镇南郊。工业有机械、冶金、电子、纺织、医药、化工、木业、食品等。石油、天然气资源较丰富。江都建筑业声名卓著，被称为建筑之乡。古迹有明代重建的唐代真武庙楠木大殿。纪念地有新四军郭村战斗、邵伯战斗纪念碑。

**江丰** Jiang Feng（1910-02-15～1982-09-13） 中国现代版画家、美术教育家、美术评论家。原名周熙，笔名高冈、江烽、介福。生于上海，卒于北京。初在上海白鹅西画会学画。后与**一八艺社**成员张眺、陈卓坤、陈铁耕等共同筹建上海一八艺社研究所。30年代前期在上海从事进步美术活动，以版画为武器，揭露社会的黑暗和日本侵略者的暴行。

《码头工人》

1936年与**郑野夫**等在上海组织铁马版画会，与**力群**等组织上海木刻工作者协会。1937年组织举办了抗敌木刻画展览会，推动了**新木刻运动**。同年创作木刻《码头工人》。1938年到延安，初在八路军总政治部编辑《前线画报》，后到鲁迅艺术文学院美术系任教。抗日战争胜利前夕，江丰率领鲁迅艺术文学院文艺工作团到华北解放区参与筹建华北联合大学美术系。这期间他的重要作品有《保卫家乡》、《念好书》、《上海第三次工人暴动》等。

中华人民共和国建立后，江丰担任过中国文联委员、中国美术家协会主席、**中央美术学院**院长等职，兼事美术教育和美术理论的研究。理论著述有《江丰美术论集》。

**《江格尔》** *Jangar* 中国蒙古族英雄史诗。与蒙古、藏两个民族的《**格斯尔**》（又称《格萨尔》）和柯尔克孜族的《**玛纳斯**》被誉为中国三大史诗。至20世纪末，已经搜集到的共有200余部，长达25万行左右。这部史诗是以英雄江格尔命名的。但《江格尔》描写的并非真实的历史事件和历史人物，它的故事情节、人物形象全都出自虚构。

《江格尔》是由200余部作品组成的一部大型史诗，除一部序诗外，其余各部作品都有一个完整的故事，可以独立成篇。开篇是一部优美的序诗。它介绍了《江格尔》的故事背景、主要人物，并且揭示了全书的主题思想，是这部史诗的楔子。《江格尔》的故事繁多。归纳起来大致有以下三大类作品：①结义故事。叙述的是《江格尔》中的英雄们经过战场上的交锋，或者各种考验，终于结为情同手足的盟誓弟兄的事迹。如阿拉谭策吉归顺江格尔之部、洪古尔和萨布尔的战斗之部等。②婚姻故事。通过江格尔及众英雄娶亲的各种经历，展示出他们非凡的本领和高尚的品德。如洪古尔的婚事之部、萨里亨·塔布嘎的婚事之部等。③征战故事。描绘的是以江格尔为首的英雄们降妖伏魔、痛歼掠夺者、保卫家乡宝木巴的辉煌业绩。这类故事在史诗中最为常见。如征服残暴的沙尔·古尔古汗之部，战胜残暴的芒乃汗之部。

《江格尔》卷帙浩繁，规模宏大，广泛地反映了各个历史时代的社会生活和人民群众的思想愿望。它通过一系列瑰丽多彩的画卷和可歌可泣的故事，表达出具有强烈爱国主义、英雄主义精神的主题思想。它成功地塑造了许多栩栩如生的人物形象。主要的正面人物是江格尔、阿拉谭策吉、洪古尔、古恩拜、萨纳拉等。此外，还出色地刻画了一些普通劳动者的形象，在艺术创作方面别具魅力。

《江格尔》是在蒙古族古代短篇英雄史诗的基础上形成的。它继承、发展了蒙古族古代民间创作的艺术传统和艺术手法，语言优美精练，想象大胆奇特，擅长夸张、渲染，以富于浪漫主义色彩著称。它还博采蒙古族民间文学中的各种韵文样式在艺术上的特点、长处，用以增强表现力，达到了蒙古族传统民间韵文创作的高峰，在蒙古族文学发展史上享有很高地位。研究《江格尔》已形成为一门世界性的学科。

**江寒汀** Jiang Hanting（1903～1963-02-06） 中国画家。名上渔，字寒汀，以字行，别署江渔、江荻、荻舫等。江苏常熟人。卒于上海。16岁从同里陶松溪学花鸟画，1920年迁居上海以卖画为生。1924年成为“大观雅

作品《芭蕉小鸟图》

集”的骨干人物。1956年成为上海中国画院专职画师。1960年曾任教于上海美术专科学校国画系。以花鸟画见长，尤长于描绘各种禽鸟。对双钩填彩、没骨、写生等均有所擅。初以小写意画法为主，用笔清爽，设色秀丽。后期作品多采用简笔淡彩的大写意画法，笔墨更加老到，形象愈显生动。曾作百花百鸟图卷20余丈，构图稳健，格调清雅，颇见功力。出版有《百鸟万卉画册》、《江寒汀百鸟图》等。

**江汉平原** Jianghan Plain 由中国长江与汉江冲积而成的平原。与洞庭湖平原合称两湖平原。位于湖北省中南部，西起枝江，东迄武汉，北自钟祥，南与洞庭湖平原相连。面积3万余平方千米。地势大体由西北向东南微倾，西北部海拔35米左右，东南降至25米以下。大小湖泊300多个，有洪湖、汈汊湖、长湖、排湖、大同湖、大沙湖等。湖泊一般底平水浅，是淡水养殖业的基地；又能调蓄江河水量，减轻平原旱涝灾害。平原属北亚热带季风气候，年平均气温16℃。江汉平原是中国重要商品粮基地之一；油料作物也占有重要地位，以油菜、芝麻、花生为主。湖区曾经大量围湖垦殖，湖田面积增加，但湖泊调蓄能力下降。近年来，部分实现了退田还湖。湖区是中国著名水产区，盛产青、草、鲢、鳙、鲤、鲫、桂、乌鳢等鱼类，以及虾、蟹、贝、莲、藕、菱、芦苇和水禽。其中多种水产品为重要出口商品。

**江和义** Jiang Heyi (1876～1964) 中国婺剧演员。工老生。浙江兰溪人。15岁进金华三合班品玉科班（兼唱西吴高腔、昆腔和乱弹）学艺。中年又进衢州三合班文锦班（兼唱西安高腔、昆腔和乱弹）演戏。不但能唱西安、西吴两种高腔，而且对高腔剧本中的各行脚色都能演唱，人称“总纲先生”。他的唱腔优美动听，表演质朴庄重，且擅长反串丑脚，即兴“打叉”(近似方言快板、顺口溜)，能临时编唱当地趣闻轶事，出口成章，妙趣横生，在金华、衢州以及上饶、鄱阳一带，颇有影响。20世纪30年代，高腔班社绝迹，艺人星散，濒于失传。中华人民共和国建立后，为挖掘继承优秀艺术传统，任教高腔训练班。他已75岁高龄，将西安、西吴两种高腔的36本大戏全部回忆笔录下来，并亲授唱腔表演，使这两种绝响多年的高腔，重新恢复上演。

**江湖派** 中国南宋时期诗派。因书商陈起所刊《江湖集》、《江湖前集》、《江湖后集》、《江湖续集》等诗歌总集而得名。江湖派诗人的生活年代不一，身份复杂，有布衣，也有官宦，其中以那些因功名不遂而浪迹江湖的下层文人的作品较有影响，如刘过、姜夔、敖陶孙、戴复古、刘克庄等。江湖派诗人多以江湖相标榜，作品表现了他们不满朝政，不愿与之合作的态度；也反映了他们厌恶仕途、企羡隐逸的情绪。江湖派诗人的主要成就表现在古体诗和七言绝句上。他们大都不满江西诗派在诗中堆砌典故、炫耀学问的倾向，力求平直、流畅。许多人和永嘉四灵（见四灵体）一样，崇尚晚唐诗风，但又不像永嘉四灵那样专守律体，尽力锻造。一些江湖诗人喜欢仿古体乐府，或雄放劲切，或质实古朴；也有一些人专在绝句上下工夫，细致精巧，长于炼意。如叶绍翁的《游园不值》。江湖诗派未能摆脱模拟之风，境界不高，气度狭小。

**江华** Jiang Hua (1907-08-01～1999-12-24) 中国最高人民法院院长。原名虞上聪。瑶族。生于湖南江华，卒于杭州。1925年在湖南省立第三师范学校加入中国共青团，

1926年转入中国共产党。历任团湘南特委群委书记、衡阳总工会青工委主任、中共茶陵县委书记、红4军政治部秘书长，中共闽西特委秘书长，团、师政委。1934年受错误路线打击，被撤销职务。长征中任红3军团直属队政治处主任。到陕北后任中央军委警卫团政委、陕甘军区关中军分区司令员、红28军政治部主任、延安城防司令部政委。1937年入抗日军政大学学习。毕业后任中央军委第四局局长、八路军山东纵队政治部主任和2旅政委兼滨海军政委员会书记、山东军区政治部主任等。1943年回延安，入中央党校学习。抗日战争胜利后赴东北，历任中共安东省工委副书记、辽东省委第二书记、辽东分局组织部部长兼社会部部长、安东省委书记兼安东军区政委。中华人民共和国建立后，历任中共杭州市委书记兼市长、中共中央华东局书记、中共浙江省委第一书记，浙江省政协主席。1975～1983年任最高人民法院院长。1980年任最高人民法院特别法庭庭长，主持对林彪、江青反革命集团的审判。是中共七大、十二大代表，中共八届、十届候补中央委员，第十一届中央委员，中共中央顾问委员会常委。

**《江华条约》** *Treaty of Kanghwa* 1876年2月朝鲜同日本签订的不平等条约。全名为《朝日修好条规》。因在江华岛签订，故名。日本自明治维新后，蓄意侵略朝鲜。1876年1月，日本派兵开赴江华岛，胁迫朝鲜于2月28日同日本签订《朝日修好条规》。该约共12条，主要内容是：朝鲜除釜山外，另开放元山、仁川两口岸；准许日本在开放口岸往来经商、租借地面、修筑或租用房屋；准许日人在朝鲜测量水域并绘制图志；两国官员不得干涉两国商民的自由贸易；日本除航税外，暂不缴纳一切关税；日本在汉城设公使馆，在各开放口岸派驻领事；日本在朝鲜享有领事裁判权等。《江华条约》是朝鲜同资本主义国家签订的第一个不平等条约。条约严重危害朝鲜的主权。从此，朝鲜逐步沦为日本的殖民地。

**江华瑶族自治县** Jianghua Yao Autonomous County 中国湖南省永州市辖县。位于省境南端，邻接广东省和广西壮族自治区。面积3 216平方千米。人口41万(2010)，有瑶、汉、壮、苗等民族，其中瑶族占50%以上。西汉置冯乘县。唐武德四年(621)析冯乘县置江华县，因境内有冯水江和华阳岩，故名江华县。1955年改江华瑶族自治县。矿产有金、钨、钽、锡、铜、锰等。农作物有水稻、玉米、甘薯、烟叶等。炒青茶、苦茶、山苍子油、红瓜子为外贸出口产品。工业有机械、采矿、建材、化工、卷烟、轻纺等。名胜古迹有阳华岩、豸山寺、冯水河百里旅游区等。

**江加走** Jiang Jiazou (1871-11-12～1954-10-11) 中国木偶头雕刻家。字长清。福建泉州人。11岁从父江金榜学艺。18岁开始自立。在60多年的创作实践中，江加走将父亲留传的50多种木偶头和1种发髻式样发展为280多种木偶头和10多种发髻式样，毕生雕刻木偶头约1万多件，为中国木偶雕刻作出重大贡献。雕刻的木偶头像，人物性格鲜明，雕刻和彩绘、上蜡工艺精细，

看来肤润脂丰，光洁华美；有的结构灵巧，能张口、眨眼，生动传神。遗作大多收藏于福建省博物馆。1958年上海人民美术出版社出版《江加走木偶雕刻》一书。

**江津区** Jiangjin District 中国重庆市辖区。位于市境西南部，三峡库区尾端，依长江而临重庆主城区，为“万里长江一要津”，故而得名。面积3 200平方千米。人口123万(2010)。西魏大统元年(535)置江阳县，隋开皇十八年(598)改为江津县。1992年撤县设市。2006年撤销江津市，设立重庆市江津区。矿产资源有锰、汞、锶、铝、石灰岩、煤、天然气和重晶石等。农业初步建成了优质粮油、渝津橙、花椒、无公害和反季节蔬菜、中药材、花卉苗木等生产基地。工业有电子、建材、机械、化工、纺织、饮料、食品加工等。名胜古迹有石门大佛寺、光严禅寺、陆游祠、中山古镇和四面山、黑石山等，纪念地有聂荣臻元帅陈列馆等。

重庆市江津区中山古镇

**江陵楚墓** Tombs of Chu State at Jiangling 中国东周时期楚国墓群。位于湖北省荆州市（原江陵县）的楚纪南城周围。年代从春秋早期至秦统一。20世纪50年代起发现，已发掘2 400余座。均为土坑竖穴墓。级别较高的战国墓有坟丘和斜坡墓道，墓壁有台阶，棺椁周围填青（白）膏泥。春秋墓的椁内不分室；级别较高的战国墓则椁分多室，棺有多重。其中天星观1号墓是已发掘的战国墓中唯一一座大型墓，墓口长41.2米、宽37.2米，墓深12.2米，墓壁有15级台阶，椁分7室，棺有3层，墓主当为楚国封君。中型偏小的墓和小型墓无坟丘和墓壁台阶，多为一椁一棺或无椁单棺，它们是士和一般平民的墓。木棺中有一种悬底弧棺，底板不落地，盖板与两侧棺板呈弧形，最具楚墓特色。棺内一般用竹席裹尸。

随葬器物主要有青铜器、陶器、漆木器、丝织品、竹器、玉器和竹简等。其中铜、陶礼器及日用陶器组合齐全，器类丰富。铜兵器数量多，工艺精湛，以剑为大宗。凡成年男性几乎都用剑随葬，贵族墓中铜剑尤多，如天星观1号墓有铜剑32件。漆木器数量多且制作精美，有生活用具、乐器、丧葬用具和工艺品等。其中虎座鸟架鼓、虎座飞鸟、镇墓兽等为楚地所特有。望山1号墓所出彩绘木雕小座屏，雕镂出蛙、鹿、鹰、蛇等51个动物，是难得的艺术珍品。丝织品常有发现，往往保存完好。马山1号墓的丝制品有裹尸的衣著15件，丝衾（被子）4床，包括绣、锦、罗、纱、绢、绦等多个品种，质地精良，图案丰富，显示出楚国纺织业高超的工艺水平。规格较高的墓偶有竹简，一般为文书、卜筮祭祷记录和遣策。

木雕小座屏（望山1号墓出土）

**江陵县** Jiangling County 中国湖北省荆州市辖县。位于省境中部偏南，江汉平原西缘，地跨长江中游荆江河段两岸。面积1 032平方千米。人口33万(2010)。楚庄襄王元年（前689）至秦昭襄王二十九年（前278）在郢置江陵县。因“以地临江”、“道州无高山，所有皆陵阜”而得名。江陵为中国历史名都之一，有20代楚王及至宋太祖乾德元年(963)又先后有14代帝王于此建都，且为历代郡、府、州、道、路的治所。1994年撤销江陵县设江陵区（属荆沙市），1998年恢复江陵县。属北亚热带湿润季风气候，温和湿润，降水充沛，无霜期长，四季分明。矿产资源有石油、盐、膨润土、砂金等。农业以发展优质大米、棉花、油菜、芝麻、烟叶、蔬菜、水果、蚕桑、茶叶及生猪和特种水产养殖等为主。工业以机械、化工、建材、轻工、纺织、食品等为主。名胜古迹有楚都纪南城、八岭山古墓群、荆州城（即江陵城）、护城河、太晖观、玄妙观、开元观、铁女寺、三国公园等。

**江门市** Jiangmen City 中国广东省辖地级市。位于省境中南部，珠江三角洲西部，南临南海。辖江海、蓬江、新会3区，代管台山、开平、恩平、鹤山4市。面积9 443平方千米。人口445万(2010)。海外华侨、华人和港澳台同胞近300万。秦、汉为四会县地，三国后属新会县。1949年设江门市。1983年升为地级市。属亚热带季风气候。夏秋多台风。农业主产水稻、甘蔗、花生、红烟、茶叶、水果、蔬菜、塘鱼等，是广东省重要粮蔗主产区。工业以化工、机械、医药、电子、建材、制糖、食品等为主。名胜古迹有上川岛、下川岛、崖门古战场、大雁山风景区、圭峰山风景区、金山温泉、古兜山等。

**江南丘陵** Jiangnan Hills 中国长江以南、南岭以北、武夷山和天目山以西、雪峰山以东，包括湘、赣两省中南部和浙西、皖南地区的大片低山和丘陵的总称。面积约37万平方千米。江南丘陵红色盆地众多。盆地多分布于山岭间，一般呈长条形，长轴方向亦以北东—南西向居多。规模不等，一般宽20～50千米，长数百千米。红层丘陵为红色盆地的主要地貌类型。岩性以砂页岩为主，丘陵坡度平缓，形状浑圆，相对高度一般在一二百米。山岭海拔多在1 000米左右，局部1 500～2 000米。在厚层砾岩和砂岩分布的盆地内，垂直节理发育，经流水和重力作用，形成丹霞地貌。

江南丘陵位于中亚热带常绿阔叶林－红壤地区。低丘盆地作物可一年三熟或两熟，山区作物一年两熟或一熟。年降水量1 300～1 800毫米。北部的常绿树种以苦槠、甜槠、小叶栲等为主，南部以厚壳桂、红栲、樟等为主。

区境人口稠密，开发历史悠久，是中国重要农业区之一。主要粮食作物有水稻、小麦等，油茶、茶、柑橘等亚热带经济作物的产量在全国占很大比重。矿产资源种类甚多，其中钨、铜、锑、铅、锌等储量均闻名中外。林业、水力等资源也较丰富。庐山、衡山、黄山、九华山、天目山和井冈山等均为著名旅游胜地。

**江南三织造** Three Imperial Textile Manufactories of Jiangnan 中国清代在江宁、苏州和杭州三处设立的、专办宫廷御用和官用各类纺织品的织造局。管理三地织造衙门政务的内务府官员，亦通称织造。

明代在三处旧有的织造局，久经停废。清顺治二年(1645)恢复江宁织造局；杭州局和苏州局均于四年重建。八年确立了“买丝招匠”制的经营体制，并成为有清一代江南三织造局的定制。

江南三局重建之初，对于督理织务的织造官员，曾一度袭用明制，派遣织造太监督管。顺治三年改以工部侍郎一员总理织务，旋简选内务府郎官管理江宁、苏州、杭州三处织造局，名曰织造，实为皇帝的亲信和耳目。他们经常向皇帝密报江南官场情形，民间舆论以至气候、粮食产量等。三织造局重建时，不经常维持生产。康熙七年(1668)以后，织造始逐步走上正常的途径。

江南三局，从17世纪40年代重建时起，到18世纪40年代为止的一百年间，各局的

《苏州织造局图》碑

设备规模不断缩减，其主要生产工具——织机额数，清初有2 100余张，乾隆十年（1745）降到不足900张，不过仍大于明代在南京及苏、杭所设织局的规模。各局拥有的招募匠役人数比较稳定，一般在2 000人以上。

江南三局经费的来源，为工部和户部指拨的官款，其中工部拨款占55%，户部占45%，然后根据织造任务和生产能力的大小分配给三处织造局。

太平军兴，江南三织造局先后受到战争破坏。咸丰三年以后，一向由江宁局织办的彩绸库各色制帛库存告急。因南京为太平军占领，故暂交杭州局织办。光绪四年（1878）始奏准由杭州局添设机张，继续织造神帛诰敕各件，江宁局原从事织造的神帛诰命堂从此停办。太平天国失败后，江南三织造局逐步恢复生产，凡上用和官用各项丝经、炼染、织挽工料价银，由户部重新厘定，并陆续添设织机，但仅及乾隆十年织机数的1/3左右。陆续招募的工匠也不足额，三局总共不过千人。江宁和苏州两局织造经费每年额定，无闰月时为18万两银左右，有闰月时为18.11万余两。光绪十一年清政府为江南三织造支销银数为61万余两，以后虽逐年增多，如光绪二十年增加到150多万两，但光绪三十年，清政府还是以物力艰难为由，裁撤了江宁织造局，标志着清代官营手工业的衰落。苏州、杭州两织造局则随着清亡而终结。

**江南丝竹** string and pipe ensemble in south of Yangtze River 中国传统器乐丝竹乐的一种。流行于江苏、浙江、安徽一带。辛亥革命以后，在江、浙中小城市流行甚广，逐渐形成以上海为中心的发展局面。丝竹乐一词中的丝指丝弦乐器，竹指竹管乐器。江南丝竹所使用的乐器有琵琶、二胡、扬琴、三弦、笛、笙、箫、鼓、板、木鱼、铃等。乐队一般3～5人，多则7～8人。江南丝竹以笛（箫）领奏。曲谱中骨干音是统一的，但装饰加花手法各个乐器不尽相同，全凭乐手在长期实践中多听、多练，以娴熟的技巧和即兴发挥的能力来把握。在造诣较高的乐手的合作中，各种乐器有分有合，疏密交错，主次分明，构成一个有变化又有统一的和谐的整体。经常演奏的曲目有《欢乐歌》、《云庆》、《行街》、《四合如意》、《三六》、《慢三六》、《中花六板》、《慢六板》等8首。此外，江南丝竹中较流行的乐曲还有《鹧鸪飞》、《柳青娘》、《滴溜子》、《倒板桨》、《叠层楼》等。

**江南运河** Jiangnan Canal 中国京杭运河的最南段。北起江苏省镇江市长江南岸谏壁口，南至浙江省杭州市汇入钱塘江。全长323.8千米。全部在长江以南，因此得名。

**江南造船所** Jiangnan Shipbuilding Company 中国近代开办最早的造船企业。原为晚清政府经营的江南机器制造总局的造船

1920年2月3日，为美国建造的四艘运输舰中的第一艘“官府”号下水典礼

厂，1905年改称江南船坞，独立经营。1912年中华民国建立后，归北洋政府海军部管辖，改称江南造船所。1916年，将船坞坞身拓长，能够修造万吨以上的船只，成为当时上海最大的船厂。这时江南造船所主要是为外国客户修造船只。1905～1926年22年中，该所新造船舰共505艘。

1927年，江南造船所改隶国民政府海军系统，修造政府海军舰艇数量增多。1927～1937年11年中，共造新船230艘，其中为国民政府制造的大小军用舰艇有85艘。此外，民族资本航运公司如民生轮船公司、三北公司、宁绍公司等都与江南造船所有业务往来。

抗日战争爆发后，江南造船所的部分机器设备内迁四川，留在上海的设备、厂房全被日本侵略者侵占。1945年抗战胜利，国民政府在接收过程中营私舞弊，江南造船所损失严重。造船业务明显下降。1946～1949年5月三年多时间中，仅造船34艘，绝大多数是小型驳船和拖船。1949年中华人民共和国建立后，改为国营江南造船厂。1996年江南造船厂改制为江南造船（集团）有限责任公司。

**江平** Jiang Ping (1930－12～ ) 中国法学家。浙江宁波人。1948～1949年就读于北京燕京大学新闻系，1956年毕业于莫斯科大学法律系。现为中国政法大学终身教授。

先后任北京政法学院副院长、中国政法大学副校长、中国政法大学校长；七届全国人大代表、七届全国人大常委会委员、七届全国人大法律委员会副主任委员。获比利时根特大学名誉法学博士、意大利政府颁发的爵士勋章，并任秘鲁天主教大学名誉法学教授。

江平是中国民商法学的主要奠基人之一，曾参加《民法通则》的制定，是《民法通则》四人专家小组成员之一；曾任《行政诉讼法》、《信托法》、《合同法》专家起草小组组长、《物权法》专家起草组负责人；现为《中华人民共和国民法典》编纂负责人。他在《公司法》、《证券法》、《票据法》、《合伙企业法》、《独资企业法》等多部法律的制定中起了重要作用。著有《罗马法教程》、《西方国家民商法概要》、《民法教程》等。

**江崎玲於奈** Esaki Leo (1925－03－12～ ) 日本物理学家。生于大阪。1949年获东京帝国大学博士学位。1956年任索尼公司主任研究员。1960年赴美任国际商用机器公司（IBM）特别研究员，后任公司总裁，直到1993年退休回日本。此后任筑波大学校长。1957年当选日本学士院院士。

1947年对固体中的隧道效应发生了兴趣。1957年在掺有高浓度杂质的锗单晶里，发现并观察到负阻现象。这正是半导体的隧道效应。江崎还研制出隧道二极管。为

此他和I.贾埃沃分获1973年诺贝尔物理学奖的一半，另一半由B.D.约瑟夫森所得。

**江青** Jiang Qing (1914～1991-05-14) 中国共产党中央政治局原委员。本名李云鹤。生于山东诸城，卒于北京。1929年入山东省实验剧院。1931年在青岛大学任图书管理员。1933年加入中国共产党。1934年在上海被逮捕，不久被释放。1935年后加入上海电通影业公司、联华影片公司，以“蓝苹”艺名在上海从事演艺活动。1937年到延安，改名江青，在马列学院学习。1938年与毛泽东结婚，担任毛泽东秘书。中华人民共和国建立后，任中共中央宣传部电影处处长、全国电影指导委员会委员等职。1962年后在文艺界进行“京剧革命”，秘密组织批判《海瑞罢官》的文章于1965年11月10日发表，揭开了“文化大革命”的序幕。1966年2月在上海召开所谓“部队文艺工作座谈会”，为发动“文革”进行舆论准备。5月列席中央政治局扩大会议，诬陷、攻击彭真等人，旋任中共中央文化革命小组第一副组长，8月任代理组长。在“文革”中和林彪集团相勾结，制造动乱。直接控制中央专案组，编造伪证，将刘少奇诬陷为“叛徒、内奸、工贼”。1969年4月当选为中共九届中央政治局委员。1973年8月当选为中共十届中央政治局委员，在中央政治局与张春桥、姚文元、王洪文结成以其为首的“四人帮”。1974年借“批林批孔”运动影射攻击周恩来、邓小平等中央领导人。第四届全国人大筹备期间进行阴谋“组阁”活动。1976年在“反击右倾翻案风”运动中打击迫害邓小平和一大批领导干部，镇压人民要求纠正“文革”错误的活动。当年10月6日，华国锋、叶剑英代表中共中央政治局将她隔离审查。1977年中共十届三中全会宣布将其开除出党，撤销一切职务。1981年1月被最高人民法院特别法庭确认为林彪、江青反革命集团首犯，判处死刑，缓期两年执行，剥夺政治权利终身。1983年减为无期徒刑。1991年自杀身亡。

**江青反革命集团** Jiang Qing's Counter-revolution Clique 中国“文化大革命”中形成的，以江青为首，以夺取中国共产党和国家最高权力为目的而进行阴谋活动的反革命集团。又被称为“四人帮”。主要成员有江青、张春桥、姚文元、王洪文等人，前期还包括陈伯达、康生。

1965年，江青为批判《海瑞罢官》，到上海组织张春桥、姚文元等人撰写文章，并得到康生的支持。1966年，在起草《部队文艺工作座谈会纪要》和《五一六通知》过程中，陈伯达亦参与。“文化大革命”发动以后，以江青任副组长（后为代组长），陈、康、张、姚分别任要职的中央文化革命小组为基础，排挤打击不听命于他们的其他成员，初步形成了江青集团体系。他们和林彪反革命集团互相勾结，共同制造了打击陷害党和国家领导人及广大群众的大批冤假错案。1969年4月中共九大召开以后，江青集团的主要骨干进入中央政治局，权力得到加强。陈伯达由于和江青等人发生矛盾，投靠了林彪集团。

1970年，在筹备召开第四届全国人大的过程中，林彪集团与江青集团发生了争夺权力的斗争。林彪集团覆灭后，江青等

林彪、江青反革命集团主要成员受审

人又攻击周恩来领导的纠正“左”倾错误的工作，阻挠批判林彪的极左错误，而把自己说成是和林彪集团“坚决斗争”的，掩饰在“文化大革命”前期和林彪集团勾结犯下的罪行。1973年8月中共十大召开后，江青集团在上海的帮派骨干王洪文成为中共中央副主席，江青、张春桥、姚文元、王洪文均进入中央政治局。他们开始结成一个以江青为核心的“四人帮”。1974年，江青集团利用毛泽东的错误决策，发动“批林批孔”运动，借古讽今地影射攻击周恩来。同年10月，毛泽东提议再次筹备召开第四届全国人大，江青集团又策划了“组阁”阴谋活动，并大力扶植在地方的帮派骨干，制造新的“反潮流”动乱。1975年，江青集团先后策划了“反经验主义”和“评《水浒》”活动，攻击邓小平主持的整顿工作。毛泽东对他们的宗派活动有所察觉，多次予以批评，明确地提出党内有一个“四人帮”。在毛泽东的支持下，周恩来、邓小平与江青集团进行了坚决的斗争，使江青集团的阴谋破产，被迫检查。11月“反击右倾翻案风”运动开始后，江青集团重新控制了较大的权力，更加猛烈地攻击邓小平，策划镇压人民群众反对极左错误的“四五”运动。但是，周恩来去世后，毛泽东并没有把主要权力交给江青集团。1976年9月，毛泽东去世后，江青集团加快了夺取党和国家最高领导权力的行动。10月6日，华国锋、叶剑英等代表中共中央政治局，果断采取措施，对江青、张春桥、姚文元、王洪文进行隔离审查，史称粉碎“四人帮”。其后，江青集团在上海等地的其他成员也被清理，江青集团覆灭。江青集团的活动几乎与“文化大革命”的发动和结束共始终，它是“文化大革命”错误路线的主要推动者，也是全国性动乱与大批冤假错案的主要策划和制造者。江青集团把持党和国家的重要权力，极力推行“文化大革命”的错误理论和错误实践，给中国社会和中国人民带来了巨大灾难。

1977年7月，中共十届三中全会通过决议，开除江青、张春桥、姚文元、王洪文的党籍，撤销其党内外一切职务。1980年11月20日，最高人民法院特别法庭开庭审判林彪、江青反革命集团案主犯。1981年1月25日，特别法庭经过审理后，确认林彪集团、江青集团都是以夺取中国共产党和国家的最高权力为目的而进行阴谋活动的反革命集团，江青、张春桥、姚文元、王洪文是林彪、江青反革命集团案的主犯，分别判处江青、张春桥死刑，缓期两年执行（后改无期徒刑），姚文元、王洪文有期徒刑。江青反革命集团的其他案犯也分别被判刑。

**江山市** Jiangshan City 中国浙江省辖县级市。位于省境西南部，浙、闽、赣3省交界处。面积2 018平方千米。人口47万（2010），有汉、畲、蒙古等民族。市人民政府驻双塔街道。唐武德四年（621）置须江县。五代后唐长兴二年（931）改名江山县。1985年属衢州市。1987年撤县设市。由衢州市代管。矿产有石灰岩、萤石、大理石、花岗石、铝土、煤、磷灰石、硅灰石等。农作物有水稻、麦类、玉米、甘薯、油菜、棉花等。为中华猕猴桃、蜂产品国家级基地。仙霞绿牡丹茶、白羽乌骨鸡为名产。工业有机电、建材、化工、丝绸、棉织、制茶、造纸、皮革、陶瓷等。有浙江省“建材之乡”、“机电之城”之称。有江郎山风景名胜区、仙霞岭黄巢起义遗址、龙嘴洞、枫岭关、廿八都古镇等名胜古迹。

**江绍原** Jiang Shaoyuan (1898-02-10～1983) 中国宗教学家、民间文艺学家、民俗学家。祖籍安徽旌德。生于北京。曾就读于上海沪江大学、美国加利福尼亚文学院。1917～1920年就读于北京大学哲学系。五四运动时为学生总代表之一。1920年下半年被选派至美国芝加哥大学比较宗教系学习，后在伊利诺伊大学获哲学博士学位。1923年回国后，先后任教于北京大学、中山大学等校。1949年后曾在山西大学、中国科学出版社及商务印书馆任职。主要从事比较宗教学、民俗学的研究工作，曾在中山大学、北京大学创设“迷信研究”课程，

与钟敬文、娄子匡等共同发起成立杭州中国民俗学会。他立足于民俗学的理论建设，解剖、针砭社会陋俗。运用科学的研究方法，从琐屑事物如发、须、爪、唾沫入手，对民俗事象进行深入分析。发表了许多研究迷信与民俗的文章，主要学术著作包括《发须爪》、《中国古代旅行之研究》、《中国礼俗迷信》等，以及《宗教的出生与长成》、《现代英吉利谣俗及谣俗学》等10部译著。

**江苏菜** Jiangsu cuisine　中国八大菜系之一。简称苏菜。发轫于先秦，隋唐时已有盛名。发展和形成流派主要在明、清两代。以扬州、苏州、南京风味菜为主体，包括

蟹粉狮子头

镇江、淮安、无锡、徐州菜在内。原料以水产为主，注重鲜活；刀工比较精细，尤以瓜雕享誉四方。善用炖、焖、烤、煨等烹调法。口味平和，清鲜而略带甜味。著名菜肴有清炖蟹粉狮子头、大煮干丝、三套鸭、水晶肴肉、荷包鲫鱼、美人肝、松鼠鳜鱼、梁溪脆鳝和沛公狗肉等。菜品细致精美。

**江苏省** Jiangsu Province　简称苏。位于长江、淮河下游，东濒黄海，西邻安徽，北接山东，南邻浙江，东南与上海市毗连。辖13个地级市、56个市辖区、26个县级市、24个县（见表）。面积约10万平方千米。全省人口7 866万（2010），人口密度平均约每平方千米787人，是中国人口密度最高的省区之一。汉族占绝大多数，40多个少数民族中，回族最多，余为满、蒙古、壮、苗、朝鲜、侗、白、藏、土家、高山、布依、维吾尔等族。省会南京市。

建制沿革　春秋时分属吴、宋等国。战国时为楚、越、齐国的一部分。西汉时分属徐州郡和扬州郡。三国时，苏南属吴，苏北属魏。明建应天府，直属南京。清康熙六年（1667）置江苏省，取江宁、苏州二府之首字命名。1949年全境分设苏南、苏北两个行政公署和南京市人民政府。1952年两行署一市合并，成立江苏省人民政府，改南京为省辖市。

自然条件　南部属扬子准地台的下扬子台褶带和苏北断坳。地形以平原为主。在土地总面积中，平原占69%，丘陵山地占14%，水面占17%。平原、水面所占比例之大，居全国首位。平原包括北部徐淮黄泛平原、沿海苏北滨海平原、东南部长江三角洲。地处暖温带季风气候和亚热带季风气候的过渡地带，年平均气温13～16℃，由北而南递增。作为暖温带和亚热带分界线的0℃等温线，大致沿淮河、苏北灌溉总渠一线通过。此线以北年降水量800～1 000毫米，夏雨占55%以上。此线以南年降水量1 000～2 000毫米，春末夏初有梅雨，夏秋之交多台风雨。境内河网稠密、湖荡众多，有大小河流和人工河道2 900多条，湖泊200多个。主要湖泊有太湖、洪泽湖、阳澄湖、高邮湖等。

境内有野生植物2 290多种，含1 021属，204科。森林覆盖率为9.5%，林木蓄积量约3 000万立方米。已建立云台山、泉

图1　苏州刺绣（苏州丝绸博物馆藏品）

山、紫金山、宝华山、龙池山、铁山寺等林木自然保护区和常熟市虞山、江阴市黄山、盱眙县第一山国家森林公园。

境内已发现矿产120种，其中能源矿产有煤、石油、天然气，非金属矿产有硫、磷、岩盐、水晶、蓝晶石、石灰岩、石英砂、大理石、陶瓷黏土，金属矿产有铁、铜、铅、锌、银、金、锶、锰等。黏土类矿产、建材类矿产、化工原料矿产、冶金辅助原料矿产、特种用途矿产和有色金属矿产，是江苏矿产资源的优势。

中国综合自然区划中，全省分属于3个自然地理区。①华北平原半旱生落叶阔叶林区。隶属于中国东部季风区华北湿润、半湿润暖温带地区。②北亚热带长江中下游平原混交林区。隶属于中国东部季风区华中华南湿润亚热带地区。③中亚热带长江南岸丘陵盆地常绿阔叶林区。与前区同属华中华南湿润亚热带地区。省境最南部的宜溧山地属此区的浙皖低山丘陵亚区。

经济概况　中国经济大省。在占全国1%的土地上，创造出了占全国近10%的国内生产总值。

中国农业发达的省份之一，农林牧副渔全面发展。农作物大部分为一年二熟。是中国粮棉重要产区。粮食作物以水稻、麦类为主。经济作物以棉花和油料作物为主。黄麻发展较快。南通、海门一带为中国薄荷、留兰香等特种经济作物重要产区。太湖流域是中国三大桑蚕基地之一。畜牧业在稳定发展生猪生产的同时，草食性牲畜和家禽饲养也有迅速发展。江苏是全国重要淡水渔区，太湖银鱼、长江鲥鱼和刀鱼、阳澄湖大蟹为名产。养殖河蚌、人工培育珍珠均已成功。

1949年以前工业基础十分薄弱，规模

江苏省行政区划表（2010）

| | | | |
|---|---|---|---|
| **南京市** | **镇江市** | **淮安市** | 灌南县 |
| 玄武区　白下区 | 京口区　润州区 | 清河区　清浦区 | **盐城市** |
| 秦淮区　建邺区 | 丹徒区　扬中市 | 楚州区　淮阴区 | 亭湖区　盐都区 |
| 鼓楼区　下关区 | 丹阳市　句容市 | 金湖县　盱眙县 | 东台市　大丰市 |
| 浦口区　六合区 | **苏州市** | 洪泽县　涟水县 | 射阳县　阜宁县 |
| 栖霞区　雨花台区 | 金阊区　沧浪区 | **泰州市** | 滨海县　响水县 |
| 江宁区　溧水县 | 平江区　虎丘区 | 海陵区　高港区 | 建湖县 |
| 高淳县 | 吴中区　相城区 | 靖江市　泰兴市 | **南通市** |
| **宿迁市** | 吴江市　昆山市 | 姜堰市　兴化市 | 崇川区　港闸区 |
| 宿城区　宿豫区 | 太仓市　常熟市 | **常州市** | 通州区　海门市 |
| 沭阳县　泗阳县 | 张家港市 | 新北区　钟楼区 | 启东市　如皋市 |
| 泗洪县 | **徐州市** | 天宁区　戚墅堰区 | 如东县　海安县 |
| **扬州市** | 云龙区　鼓楼区 | 武进区　金坛市 | **无锡市** |
| 维扬区　广陵区 | 九里区　贾汪区 | 溧阳市 | 崇安区　南长区 |
| 邗江区　仪征市 | 泉山区　邳州市 | **连云港市** | 北塘区　滨湖区 |
| 江都市　高邮市 | 新沂市　铜山区 | 新浦区　连云区 | 惠山区　锡山区 |
| 宝应县 | 睢宁县　沛县 | 海州区　赣榆县 | 江阴市　宜兴市 |
| | 丰县 | 灌云县　东海县 | |

很小。20世纪50年代以来，轻工业和重工业都有很大增长，地区分布也有所变化，苏北地区的发展使工业布局日趋平衡。从60年代初到80年代后期，江苏工业结构逐步形成了机械、纺织、化工、食品、电子、建材等支柱产业；进入90年代，随着生产的发展、技术的进步和社会需求结构的变化，电子信息、生物医药、新材料等新兴工业不断壮大。

机械制造业是江苏首要的工业部门。生产的产品有各种精密和大型机床、汽车、拖拉机、柴油机、冶金设备、矿山机械、电站设备、精密仪器、内燃机车及各种电器制品等。以南京、无锡、常州、苏州、徐州、南通等市为主要生产基地。纺织工业是传统的重要工业部门。棉、毛、丝、麻、化纤五大部门俱全，纺织、印染、针织、纺织机械制造行业配套。20世纪80年代建成投产的仪征化学纤维总厂是中国最大化纤厂之一。化学工业是全省重要工业部门之一。化工部门齐全，产品种类多。主要产品有酸、碱、化肥、农药、医药、塑料、染料、合成橡胶、合成纤维等。南京是全省最大的化学工业基地，也是中国著名化学工业基地之一。电子及通信设备制造业是江苏新兴工业部门。南京是中国三大电子工业基地之一。主产雷达、通信设备、计算机、广播电视、电子仪器、器件、元件等12个门类，使南京享有“电子城”之称。建材工业是江苏省比较发达的工业部门，以水泥为主要产品。手工工艺美术品生产历史悠久，品种丰富，畅销国内外。著名传统产品有：苏州刺绣，扬州漆器、玉雕，无锡惠山泥塑，常熟花边，宜兴紫砂茶具，南京云锦，连云港贝雕等。

全省交通发达，长江横穿东西，京杭运河纵贯南北，沪宁、津浦、宁芜、陇海、徐濉等铁路通过境内，又有沪宁高速公路、京福高速公路江苏段。**南京长江大桥**沟通了苏南、苏北及全国各地的联系。南京、徐州是省际公路转运中心、全国重要铁路枢纽。镇江和扬州分别是苏南、苏北公路网枢纽。南京港是全国主要枢纽港之一，中国最大内河港。连云港是中国八大海港之一。南京航空港有班机通往全国各大城市和日本等。

图2　苏州拙政园

文教科技　江苏为全国教育、科技、文化事业发达省份之一。主要有南京大学、东南大学、河海大学、南京理工大学、中国矿业大学、中国药科大学等高等院校。主要科研机构有中国科学院南京分院所属研究所、南京电力自动化研究院等部属或省属科研机构。在研究领域中，地学、天文学、植物学等基础科学在国内有一定地位。1991年起，江苏相继建立了4个国家级和10多个省级高新技术开发区。江苏戏曲剧种多样，传统剧目丰富，有昆剧、京剧、歌剧、锡剧、话剧、越剧、淮剧、苏州评弹等。全省各文物保护单位和博物馆的文物藏品总量为80余万件，占全国文物藏品总量的1/10。

名胜古迹　江苏省有国家历史文化名城南京、苏州、扬州、镇江、常熟、徐州、淮安，有国家级重点文物保护单位40多个，有国家级风景名胜区和省级风景名胜区10多个。江苏水多山美，独具水乡风韵，旅游城市很多，并各具特色。南京的六朝古迹，苏州的古典园林，无锡的太湖风光，扬州的汉唐文化，镇江的山林寺院，宜兴的陶、洞、竹、茶，徐州的秦汉文化，连云港的黄海胜迹，南通的江海胜景，常熟的名山古寺，淮安的名人故居等，都是驰名中外的旅游佳地。被列入《世界遗产名录》的有苏州古典园林、明孝陵。

**江文也**　Jiang Wenye（1910-06-11～1983-10-24）　中国作曲家。祖籍福建永定。生于台湾台北淡水镇，卒于北京。1929年赴日本武藏学校学习，同时在东京上野音乐学校学习声乐。1932年、1933年两次参加日本全国音乐比赛均获入选奖。1933年开始专攻作曲，师从日本作曲家**山田耕筰**，并参加了日本新兴作曲家联盟。1934年创作了管弦乐曲《台湾舞曲》。该曲在1936年第十一届奥林匹克国际音乐比赛中获银奖。此后他又连续4次在日本全国音乐比赛中获作曲奖。美籍俄国作曲家齐尔品（A.N.**切列普宁**）搜集出版了江文也创作的钢琴曲《小素描》、《三舞曲》、《十六首小品》和声乐曲《台湾山地同胞歌》等。1938年江文也回国，在北平师范大学音乐系任作曲和声乐教授。创作了大型管弦乐曲《孔庙大晟乐章》。1947年任国立北平艺术专科学校作曲教授。1950年在**中央音乐学院**作曲系任教授。他的音乐创作题材广泛，语言纯朴，感情真挚，并将现代音乐创作手法与民族精神相结合的创作原则贯穿于钢琴、交响曲、声乐、室内乐等各个音乐体裁领域。作品还有管弦乐组曲《故都素描》，交响诗《汨罗沉流》、《俚谣与村舞》，钢琴曲《北京万华集》、《乡土节令诗》、《渔夫舷歌》，钢琴三重奏《在台湾高山地带》等。写有《中国古代正乐考——孔子音乐论》等音乐学著作。

**江西省**　Jiangxi Province　简称赣。位于中国中南部。地处长江中下游以南。东北与浙江省毗邻，东南与福建省接壤，南连广东省，西接湖南省，北与湖北、安徽两省交界。辖11个地级市、11个县级市、70个县、19个市辖区（见表）。面积约17万平方千米。人口4 457万（2010）。有汉、回、畲、壮、满、苗、瑶、蒙古、侗、朝鲜、土家、布依等38个民族。省会**南昌市**。

建制沿革　春秋为楚、吴、越三国之地，秦属九江郡。西汉属扬州，置豫章郡。西晋元康元年（291）改设江州，辖7郡24县。唐设江南西道。宋置9州、4军、68县，大部分隶属江南西路，另一部分属于江南东路。元置江西行中书省，明改江西布政使司，清称江西省，行政区划基本承袭明建制。民国初废府、州、厅为县。

自然条件　北部较为平坦，为鄱阳湖湖积、冲积平原；中部丘陵和河谷平原交错分布；东、西、南三面环山。山地多呈东北—西南走向。

地处北回归线附近，气候温暖，日照充足，雨量充沛，无霜期长，为亚热带湿润气候，年平均气温18℃左右。平均年降水量1 300～1 900毫米。主要自然灾害有洪涝、干旱和冻害，以及持续时间较为短暂的高温危害等。主要河流均汇入鄱阳湖后入**长江**。定南部分河流则属湘水和珠江水系。**赣江**、抚河、信江、修河和饶河为江西五大河流。湖泊集中分布在五大河尾闾区。鄱阳湖为中国最大的淡水湖，洪水期（湖口水位21米时）湖水面积3 960平方千米。土壤类型主要有红壤、黄壤、山地黄棕壤、山地草甸土、紫色土、潮土、石灰土和水稻土8个土类。动植物资源十分丰富。

矿产资源极为丰富，是中国主要的有色、稀有、稀土金属矿产基地之一，也是中国矿产资源配套程度较高的省份之一。全国已知的150多种矿产中，江西省有140多种。其中已探明储量的有89种，居全国前5位的有33种，居第1位的有铜、钨、钽、铯、铊、钪、金、银、铀、钍、伴生硫、白云岩等，居第2位的有稀土、硒、碲、铷、锂等，居第3位的有磷钇矿、铋、铍、岩盐、蛇纹岩等。铜、钨、铀钍、钽铌和稀土被誉为江西省的“五朵金花”。

经济概况　农业资源丰富，粮食、油

江西省行政区划表（2010）

| | | | |
|---|---|---|---|
| **南昌市** | 上犹县　安远县 | 湖口县 | 万安县　安福县 |
| 东湖区　湾里区 | 定南县　宁都县 | **新余市** | 永新县 |
| 西湖区　青山湖区 | 兴国县　石城县 | 渝水区　分宜县 | **景德镇市** |
| 青云谱区　安义县 | **宜春市** | **上饶市** | 昌江区　珠山区 |
| 南昌县　新建县 | 袁州区　丰城市 | 信州区　德兴市 | 乐平市　浮梁县 |
| 进贤县 | 樟树市　高安市 | 上饶县　广丰县 | **萍乡市** |
| **鹰潭市** | 奉新县　万载县 | 玉山县　横峰县 | 安源区　湘东区 |
| 月湖区　贵溪市 | 上高县　宜丰县 | 余干县　万年县 | 莲花县　芦溪县 |
| 余江县 | 靖安县　铜鼓县 | 铅山县　弋阳县 | 上栗县 |
| **赣州市** | **九江市** | 鄱阳县　婺源县 | **抚州市** |
| 章贡区　瑞金市 | 浔阳区　庐山区 | **吉安市** | 临川区　南城县 |
| 南康市　赣县 | 瑞昌市　共青城市 | 吉州区　青原区 | 南丰县　乐安县 |
| 大余县　崇义县 | 九江县　武宁县 | 井冈山市　吉安县 | 金溪县　东乡县 |
| 龙南县　全南县 | 永修县　修水县 | 吉水县　峡江县 | 黎川县　崇仁县 |
| 于都县　会昌县 | 德安县　都昌县 | 新干县　永丰县 | 宜黄县　资溪县 |
| 寻乌县　信丰县 | 彭泽县　星子县 | 泰和县　遂川县 | 广昌县 |

料、蔬菜、生猪、蜜橘、淡水鱼类等农产品在全国占有重要地位，是全国重要的商品粮和农副产品生产基地之一。泰和乌鸡、婺源大鄣山茶、信丰脐橙、大余花卉、高安肉牛、东乡瘦肉型猪等是具有竞争优势的农产品。著名土特产有庐山云雾茶、婺源绿茶、武宁红茶、井冈山翠绿茶，以及油茶、松香、抚州西瓜、南丰蜜橘、遂川金橘、兴国甜橙、信丰红瓜子、广昌通心白莲、鄱阳湖银鱼、南安板鸭、安福火腿、九江桂花酥糖等。

工业有汽车、机械、电子、化工、冶金、建材、食品、纺织、医药等。南昌洪都航空工业集团、景德镇昌河飞机公司是中国重要的歼击机、教练机、直升机生产基地。贵溪建有全国最大的铜冶炼厂，德兴铜矿是亚洲最大的铜矿。景德镇陶瓷素以“薄如纸、明如镜、白如玉、声如磬”等独有特色享誉中外。

江西水陆交通便利，铁路有浙赣、京九、鹰厦、皖赣等主要干线，公路网四通八达。有4个民用航空港，开通了至北京、上海、香港等地的几十条航线。

文教科技　有南昌大学、江西师范大学、江西农业大学、江西财经大学等高等院校。

名胜古迹　江西拥有美丽的自然景观和丰富的人文资源，有国家级重点文物保护单位10多处，旅游区、景点等众多。主要旅游景区有庐山、井冈山、龙虎山、三清山、鄱阳湖区，其中庐山、三清山已被列入《世界遗产名录》。庐山、井冈山、三清山主峰、龙宫、鄱阳湖、赣水、龙虎、青原、东林、滕王阁、八境台、临川、九江、八一起义纪念馆、瑞金等都是著名的旅游胜地和纪念地。有国家历史文化名城南昌、景德镇、赣州。

**江西诗派**　Jiangxi poetry school　中国宋代诗歌流派。北宋后期，黄庭坚在诗坛上影响很大，追随和效法黄庭坚的诗人颇多，逐渐形成以黄庭坚为中心的诗歌流派。徽宗时，吕本中作《江西诗社宗派图》，尊黄庭坚为诗派之祖，下列陈师道、潘大临、谢逸、洪刍、饶节、僧祖可、徐俯、洪朋、林敏修、洪炎、汪革、李錞、韩驹、李彭、晁冲之、江端本、杨符、谢薖、夏倪、林敏功、潘大观、何颙、王直方、僧善权、高荷，合25人。认为这些诗人与黄庭坚是一脉相承的。诗派中并不都是江西人。后被人归入江西诗派的还有吕本中、曾幾、陈与义等。诗派成员多数学杜甫；宋末方回又把杜甫和黄庭坚、陈师道、陈与义称为江西诗派的一祖三宗。江西诗派的诗歌理论强调“夺胎换骨”、“点铁成金”，即或师承前人之辞，或师承前人之意；崇尚瘦硬奇拗的诗风；追求字字有出处。故有典故连篇，形象呆板之嫌。但在创作实践中，诗派尚能“以故为新”，重要作家的诗作风格迥异，自成一体，成为宋代最有影响的诗歌流派。它的影响遍及整个南宋诗坛，余波一直延及近代的同光体诗人。其诗歌创作理论在中国文学批评史上有一定地位。

庐山

**江厦潮汐电站**　Jiangxia Tidal Power Station　20世纪80年代中国装机容量最大的潮汐电站。位于浙江省温岭市乐清湾江厦港下游，潮汐属半日潮，平均潮差5.08米，最大潮差8.39米，与著名的钱塘江最大潮差相近。工程于1973年立项，1980年第一台机组发电，1985年第五台机组发电。第六台机组暂不安装，留作新型机组试验用。电站开发方式为单水库双向发电，已并入华东电网运行。

电站建筑物有大坝、泄水闸、发电厂房和升压站各一座。大坝为黏土心墙堆石坝，全长670米，最大坝高15.1米。水库总库容493万立方米，发电库容278万立方米。泄水闸分5孔，泄量290米$^3$/秒。发电厂房内安装5台双向灯泡贯流式水轮发电机组，发电水头为0.8～5.5米。电站设计装机容量3 900千瓦，现装机3 200千瓦，设计年发电量约1 000万千瓦·时，以35千伏电压向电网供电。

**江淹**　Jiang Yan（444～505）　中国南朝文学家。字文通。济阳考城（今河南民权东）人。历经宋、齐、梁3代。早年仕途不达，心怀郁愤，“颇著文章自娱”，诗、文、赋均负盛名。齐武帝永明以后，仕途显达，官至金紫光禄大夫，创作上不再刻意苦求，致使才思减退，人谓“江郎才尽”。

江淹的作品包括诗、文和辞赋三部分。他的抒情小赋代表了他文学创作的最高成就。其中《恨赋》、《别赋》分别写人生短促、志不获骋的感慨和各种不同类型人物的离情别恨，具有高度的典型性和概括力，具有浓厚的抒情色彩，历来为人们所传诵。在诗歌方面，他长于拟古，如拟陶渊明作《陶徵君·田居》，拟汤惠休作《休上人·怨别》，拟阮籍作《效阮公诗十五首》，几乎到了以假乱真的程度。他的诗中有不少写景佳句，如“万壑共驰骛，百谷争往来”，“崩壁迭枕卧，崭石屡盘回”（《渡泉峤出诸山之顶》）等，风格幽远奇丽。江淹在南齐初曾奉诏修史，作《齐史》十志，已佚。明代张溥辑有《江文通集》，收入《汉魏六朝百三家集》。

**江珧科**　Pinnidae; pen shell　双壳纲贻贝目一科。已发现约30种，皆分布在热带和亚热带海域。中国约有8种，其中栉江珧产量较大，主要分布在东南沿海。贝壳大，呈三角形。大型种的壳长可达35厘米以上。壳前端尖细，后端宽大，背缘直而腹缘较凸。壳表的颜色多与泥沙或岩石近似，有黑褐、黄褐和土黄等色。多数种壳面有细放射肋，肋上常具人字形小棘。有些种壳前部有1条细长的裂缝。铰合部无齿。韧带细长，位于背缘。足小，但足丝极发达。肛门附近有一

栉江珧

个粗大的外套腺。栖息在潮间带低潮线附近和潮线下浅海底。幼虫附着后终生不再移动。贝壳尖端插入泥沙，后端露出地面，足丝附着在砂粒或碎石上。以鳃滤食生存。雌雄异体，春、夏季性腺成熟。肉营养丰富；后闭壳肌特别肥大，干制品称为江瑶柱，又称干贝，是海味珍品。

**江阴市** Jiangyin City 中国江苏省辖县级市。位于省境南部。面积987平方千米。人口159万（2010）。汉为毗陵县地，南朝梁置江阴县。1987年撤县设市。由无锡市代管。盛产稻米、麦类、棉花、油菜子等。工业有纺织、服装、机械、电子、造船、化工、建材等。江阴长江大桥是中国首座跨径超过千米的钢悬索桥。名胜古迹有“心经碑”、兴国塔、适园、徐霞客纪念堂等。

**江油市** Jiangyou City 中国四川省辖县级市。位于省境北部，四川盆地西北边缘，涪江上游。面积2 720平方千米。人口76万（2010），有汉、回、满等民族。汉为涪县地。南北朝北魏置江油郡，西魏设江油县。1953年彰明县并入，称江彰县。1959年仍名江油县。1988年改为县级市。由绵阳市代管。矿产有砂金、天然气、石油、煤、黄铁矿、白云石、大理石等。工业以冶金、机械、建材、矿业、电力、化工、酿造等为主。农业主产水稻、小麦、玉米、油菜子、豌豆、蚕豆、红麻、蔬菜、中药材等。特产有“中坝附片”、竹编、木耳、麦冬等。名胜古迹有太白故里、太白祠、太白公园、观雾山、佛爷洞、天宝山、乾元山、白龙宫等。在2008年5月12日汶川地震中受灾严重。

**江泽涵** Jiang Zehan（1902－10－06～1994－03－29） 中国数学家。生于安徽旌德，卒于北京。1926年毕业于南开大学数学系。1927年获清华公费赴美。1930年获哈佛大学博士学位。

在普林斯顿大学工作一年后回国任北京大学数学系教授，1934年起任系主任，直至1952年。1936～1937年休假赴美国普林斯顿高级研究院进修一年，1947～1949年在瑞士苏黎世联邦理工学院研究二年。1935年中国数学会成立后，任副理事长，直至1983年，后任名誉理事长。1955年当选中国科学院数学物理部学部委员（院士）。江泽涵是拓扑学家。早年主要研究临界点理论，后开展覆叠空间和纤维丛的研究。60年代起倡导不动点类的研究，他所领导的研究组取得突破性的进展，受到国内外数学界的重视。他是把拓扑学引进中国的第一个人，为中国拓扑学人才的培养作出了贡献。著述有《非退化牛顿位势的临界点》、《论可定向二维闭流形的庞加莱群与扩充万有覆叠》、《闭流形的可定向二叶覆叠流形》等十余篇学术论文，还有大学教科书《拓扑学引论》，研究专著《不动点类理论》，以及许多译著。

**江泽民** Jiang Zemin（1926－08－17～ ） 中国共产党中央委员会总书记，中华人民共和国主席，中国共产党中央军事委员会主席，中华人民共和国中央军事委员会主席。

中国共产党第三代中央领导集体的核心，“三个代表”重要思想的主要创立者。

出生于江苏扬州一个爱国知识分子家庭，从小受到爱国主义思想和民主革命思想的启蒙。1943年，就读于南京中央大学电机系，积极参加进步学生的抗日爱国活动。抗日战争胜利后，转学到上海交通大学电机系。1946年4月，加入中国共产党，从事中国共产党的地下工作，参加反对国民党反动统治的反饥饿、反内战、反迫害的爱国学生运动。1947年从上海交通大学毕业，到工厂工作，在工人群众中并在青年会夜校职业青年中从事革命宣传工作。1949年组织工人群众开展护厂活动，迎接上海解放。

中华人民共和国建立后，曾长期从事科学技术工作和有关方面的领导工作。具有高级工程师和教授的专业技术职称。

中华人民共和国建立初期，先后担任上海益民食品一厂第一副厂长、上海制皂厂第一副厂长和第一机械工业部上海第二设计分局电器专业科科长等职。1954年，奉调参加兴建长春第一汽车制造厂。1955年，到莫斯科斯大林汽车制造厂（后改为哈乔大汽车厂）实习。1956年后，任长春第一汽车制造厂动力处副处长、副总动力师和动力分厂厂长等职。1962年，任第一机械工业部上海电器科学研究所副所长。1966年初，任武汉热工机械研究所所长、代理党委书记、党委书记，组织原子能发电设备的设计工作。1971年，任中国第一机械工业部派驻罗马尼亚的专家组总组长负责领导中国援助的11个工厂的建设工作。1973年回国，先后任第一机械工业部外事局副局长、局长。1980年，任国家进出口管理委员会、国家外国投资管理委员会副主任兼秘书长，参与制定扩大对外贸易、引进国外先进技术和设备、吸收利用外资等方面的政策，同时分管国家对广东、福建两省采取特殊政策和灵活措施的具体贯彻工作。并参加筹建经济特区。1982年，任电子工业部第一副部长、党组副书记，1983年任部长、党组书记。1982年9月，在中共十二大当选为中央委员。1985年，任上海市市长、中共上海市委副书记。1987年任中共上海市委书记。1987年11月，在中共十三届一中全会上，当选为中央政治局委员。1989年6月，在中共十三届四中全会上，当选为中共中央政治局常委、中央委员会总书记。11月，在中共十三届五中全会上当选为中共中央军事委员会主席。1990年3月，在七届全国人大三次会议上当选为中华人民共和国中央军事委员会主席。

他担任中国共产党和中华人民共和国主要领导职务之际，中国正面临着外有压力、内有困难的复杂形势。中国社会主义事业的发展面临空前巨大的困难和压力。在这个决定中国共产党和中华人民共和国前途命运的重大历史关头，以江泽民为核心的中国共产党第三代中央领导集体，坚持中共十一届三中全会以来的路线不动摇，旗帜鲜明地坚持四项基本原则，维护国家的独立、尊严、安全和稳定，毫不动摇地坚持经济建设这个中心，坚持改革开放，捍卫并发展了中国特色社会主义伟大事业，开创了中国改革开放和社会主义现代化建设的新局面。

1989～1991年，在短短两年多的时间里，他相继主持作出关于加强廉政建设的决定，关于进一步治理整顿、深化改革的决定，关于坚持和完善中国共产党领导的多党合作和政治协商制度的意见，关于加强党同人民群众联系的决定，关于上海浦东开发开放的决定，关于国民经济和社会

图1 1998年，江泽民在抗洪第一线

发展十年规划和“八五”计划的建议，关于搞好国营大中型企业的决定，关于进一步加强农业和农村工作的决定等。

1991年7月，在庆祝中国共产党成立70周年大会上发表讲话，阐述有中国特色社会主义的经济、政治、文化的基本特征和主要内容，提出把中国建设成为富强、民主、文明的社会主义现代化国家的目标。1992年6月，在中共中央党校省部级干部进修班讲话，明确提出建立社会主义市场经济体制。1992年10月，在中共十四大上作题为《加快改革开放和现代化建设步伐，夺取有中国特色社会主义事业的更大胜利》的报告，提出确立邓小平建设有中国特色社会主义理论在全党的指导地位，确定中国经济体制改革的目标是建立社会主义市场经济体制。指出要建立的社会主义市场经济体制，就是要使市场在社会主义国家宏观调控下对资源配置起基础性作用，社会主义市场经济体制是同社会主义基本制度结合在一起的。在中共十四届一中全会上，再次当选为中共中央政治局常委、中央委员会总书记、中央军事委员会主席。1993年3月，在八届全国人大一次会议上，当选为中华人民共和国主席，并再次当选为中华人民共和国中央军事委员会主席。

从1992年下半年开始，中国经济在快速发展的同时，出现了经济过热现象。1993年3月，在中共十四届二中全会上讲话，强调在经济工作中，既要抓住有利时机、充分利用客观条件、发挥主观能动性，积极推进各方面的工作，又要注意不要做那些条件不具备、一时做不到的事情。要防止大的波折，保持国民经济持续、快速、健康发展。

他提出许多对中国经济社会发展具有全局性指导意义的战略方针。1994年1月，提出抓住机遇、深化改革、扩大开放、促进发展、保持稳定是全党工作的大局。随后，指出这是必须长期坚持的方针。从1994年起，反复强调，要正确处理改革发展稳定的关系，改革是动力，发展是目标，稳定是前提，要把改革的力度、发展的速度和社会可承受的程度统一起来，把不断改善人民生活作为处理改革发展稳定关系的重要结合点。在实现经济体制从高度集中的计划经济体制向社会主义市场经济体制转变的同时，还提出实现经济增长方式从粗放型向集约型转变。为此，先后主持制定并实施了可持续发展战略和科教兴国战略，强调要使经济社会发展与人口、资源、环境相协调，把经济建设转到依靠科技进步和提高劳动者素质的轨道上来。1995年9月在中共十四届五中全会闭幕会上的讲话中，系统阐述社会主义现代化建设中必须正确处理的12个重大关系，体现了对在社会主义市场经济条件下中国经济社会发展规律的新认识。到1996年，宏观调控取得显著成效，国民经济实现了从经济过热到高增长、低通胀的“软着陆”。

在社会主义民主政治建设方面，他提出政治体制改革的目标，是以完善人民代表大会制度、中国共产党领导的多党合作和政治协商制度为主要内容，发展社会主义民主政治。此前，他指出，有中国特色社会主义政治，不能搞西方那种议会制度，不能搞西方那种多党制。1996年，提出依法治国的方针。依法治国于1997年和1999年作为治国方略先后写入中共十五大报告和《中华人民共和国宪法》。他高度重视民族、宗教工作。提出要继续巩固和发展平等、团结、互助的社会主义新型民族关系，坚持和完善民族区域自治制度，加快民族地区的经济发展和社会进步，各民族同呼吸、共命运、心连心，努力实现各民族的共同发展、共同繁荣。要全面正确地贯彻宗教信仰自由政策，依法管理宗教事务，积极引导宗教与社会主义社会相适应，坚持独立自主自办的原则，坚决抵御境外利用宗教进行渗透。强调要坚决打击境内外敌对势力和分裂势力利用民族问题、宗教问题进行分裂祖国的活动。

他强调社会主义社会是全面发展、全面进步的社会。社会主义现代化事业是物质文明和精神文明相辅相成、协调发展的事业。1996年，中共十四届六中全会通过《关于加强社会主义精神文明建设若干重要问题的决议》，回答了在新形势下加强社会主义精神文明建设的一系列基本问题。他对发展和繁荣社会主义文化提出了一整套方针原则，强调要弘扬和培育以爱国主义为核心的团结统一、爱好和平、勤劳勇敢、自强不息的伟大民族精神，大力倡导和发扬推进现代化建设的创业精神，增强凝聚力，使全体人民始终保持昂扬向上的精神状态。

1997年9月，在中共十五大上作题为《高举邓小平理论伟大旗帜，把建设有中国特色社会主义事业全面推向二十一世纪》的报告，进一步阐述邓小平理论的历史地位和指导意义，提出以马克思列宁主义、毛泽东思想、邓小平理论作为自己的行动指南，概括出建设有中国特色社会主义的经济、政治、文化的基本目标和基本政策，从而构成党在社会主义初级阶段的基本纲领。报告对21世纪初的经济社会发展目标提出了新要求，指出：展望下世纪，我们的目标是，第一个十年实现国民生产总值比2000年翻一番，使人民的小康生活更加宽裕，形成比较完善的社会主义市场经济体制；再经过十年的努力，到建党一百年时，使国民经济更加发展，各项制度更加完善；到世纪中叶建国一百年时，基本实现现代化，建成富强民主文明的社会主义国家。报告还提出，公有制为主体、多种所有制经济共同发展，是中国社会主义初级阶段的一项基本经济制度。要全面认识公有制的含义，公有制实现形式可以而且应当多样化。在中共十五届一中全会上，再次当选为中共中央政治局常委、中央委员会总书记、中央军事委员会主席。1998年3月，在九届全国人大一次会议上，再次当选为中华人民共和国主席和中华人民共和国中央军事委员会主席。

1997～1999年，中国经受了一次次巨大的困难和风险的挑战。面对来自1997年亚洲金融危机的挑战，他提出了应对金融危机的总方针：坚定信心，心中有数，未雨绸缪，沉着应付，埋头苦干，趋利避害。通过制定和实施促进改革发展的一系列方针，中国成功地战胜了这次金融危机的冲击，保持了经济持续快速健康发展。1998年长江、松花江、嫩江流域出现历史上罕见的洪涝灾害，他多次亲临抗洪救灾第一线，领导中国共产党、中国人民解放军和中国人民团结奋战，取得了抗洪抢险斗争的全面胜利。

中共十五大之后，他在中国特色社会主义经济建设、政治建设、文化建设、社会建设等方面提出了许多新的重要观点。根据中国经济从有效供给不足向生产能力的结构性相对过剩转变的实际情况和世界经济的发展变化，提出要把经济发展建立在主要依靠国内市场的基础上，扩大国内需求、开拓国内市场是中国经济发展的基本立足点和长期战略方针；提出要不失时机地实施西部大开发战略；提出要实行“引进来”与“走出去”相结合的对外开放战略，不断拓展经济发展空间；提出要高度重视下岗职工再就业工作，并要建立有中国特色的，以养老、失业、医疗保险为主要内容的社会保障体系；提出加快小城镇建设，提高中国城镇化水平。2000年10月，在中共十五届五中全会上总结社会主义现代化建设经验，提出新世纪继续推进中国特色社会主义事业的指导方针，要求把发展作为主题，把结构调整作为主线，把改革开放和科技进步作为动力，把提高人民生活水平作为根本出发点，全面推动经济发展和社会进步。强调进入新世纪，面临新阶段，发展要有新思路，核心是对经济结构进行战略性调整。要发展高新技术产业，以信息化带动工业化，发挥后发优势，争取实现社会生产力的跨越式发展。他提出要积极稳妥地推进政治体制改革。发展社会主义民主政治，最根本的是要把坚持党的领导、人民当家作主和依法治国有机统一起来。加强社会主义思想道德建设，是发展先进文化的重要内容和中心环节。要把依法治国同以德治国结合起来，为社会保持良好的秩序和风尚营造高尚的思想道德基础。他特别重视理论创新、体制创新、科技创新及其他创新，多次强调指出创新是一个民族进步的灵魂，是一个国家兴旺发达的不竭动力，也是一个政党永葆生机的源泉。

在国防和军队建设方面，围绕打得赢、不变质这两个历史性课题，他提出了加强军队和国防建设的一系列方针、原则，形成了江泽民国防和军队建设思想。1989年11月，在任中共中央军委主席后的第一次军委扩大会议上强调，必须把加强政治建设、保证党对军队的绝对领导作为军队建设的首要任务，明确提出军队应该“吃皇粮”，不能搞“自我发展”，如果把精力都放在经商赚钱上是非常危险的。1990年，提出部队要做到政治合格、军事过硬、纪律严明、作风优良、保障有力。1991年，这“五句话”被确定为新时期加强军队建设的总要求。1993年初，主持制定新时期军事战略方针，把未来军事斗争准备的基点放在打赢现代技术特别是高技术条件下的局部战争上，要求在新时期军事战略方针的统揽下全面加强军队建设。1998年，明确提出军队、武警部队和政法机关一律不再从事经商活动。1999年，强调要走出一条投入较少、效益较高的军队现代化建设的路子，要尽快形成自己的高技术武器装备“杀手锏”。要坚持科技强军、质量建军和以法治军，逐步由数量规模型向质量效能型、由人力密集型向科技密集型转变，走出一条具有中国特色的精兵之路。2002年，全面阐述推进中国特色军事变革的思想，强调要迎接世界新军事变革的挑战，加速推进军事斗争准备和军队现代化建设。2004年，又进一步指出，高技术战争的本质就是信息化战争，必须明确把军事斗争准备的基点放到打赢信息化条件下的局部战争上。提出了实现建设信息化军队、打赢信息化战争的战略目标。

1995年春节前夕，发表《为促进祖国统一大业的完成而继续奋斗》的讲话，提出了现阶段发展两岸关系、推进祖国和平统一进程的八项主张。领导中国政府对香港、澳门恢复行使主权的一系列准备工作，先后赴香港、澳门参加香港、澳门交接仪式。他领导开展反分裂、反“台独”重大斗争，直到从党和国家领导岗位上退下来时，仍叮嘱新一届中共中央领导集体：“台湾问题是我最大的一个牵挂。”强调解决台湾问题，还是要坚持文攻武备的总方略。要以最大的诚意、尽最大的努力实现和平统一，但决不能承诺放弃使用武力，这是一项重大政治原则。

他始终坚持独立自主的和平外交政策，打开了中国外交工作的崭新局面。面对风云变幻的国际形势，指出世界多极化和经济全球化在曲折中发展，总体和平、局部战乱，总体缓和、局部紧张，总体稳定、局部动荡，是当前和今后一个时期国际局势的基本态势。和平与发展仍然是当今时代的主题，要积极为中国的现代化建设争取一个较长时间的和平国际环境。他指出，维护世界和平，促进共同发展，是中国外交政策的宗旨。强调把加强同发展中国家的团结合作作为中国对外政策的基本立足点；积极改善和发展同发达国家的关系；加强睦邻友好，坚持与邻为善、以邻为伴，保持良好的周边环境；积极参与多边外交，扩大中国战略空间。1993年11月，出席在美国西雅图举行的亚太经济合作组织第一次领导人非式式会议。到2001年，他与来访的美国总统G.W.布什共同确定建立中美建设性合作关系。1995年10月，在联合国成立50周年特别纪念会议上发表讲话，阐述建立国际政治经济新秩序的基本主张。1996年4月，同俄罗斯总统B.N.叶利钦签署联合声明，宣布中俄两国发展平等信任的、面向21世纪的战略协作伙伴关系。1996年，代表中国政府同俄罗斯、哈萨克斯坦、吉尔吉斯斯坦、塔吉克斯坦在上海签署关于在边境地区加强军事领域信任的协定，建立了“上海五国”机制，后来发展成为上海合作组织。1999年3月，在日内瓦裁军谈判会议上提出建立以互信、互利、平等、协作为核心的新安全观。在加入世界贸易组织的谈判过程中，他审时度势，趋利避害，主持制定了维护中国根本利益的指导原则。中国于2001年11月成功地加入世界贸易组织。2002年4月，在访问德国期间全面阐述了中国的对外政策，强调要积极推动世界走向多极化，尊重各国和各国人民的意愿和利益；推进国际关系民主化，凝聚各国人民的力量解决面临的突出问题；尊重世界多样性，保证各国和睦相处、相互尊重；正确引导经济全球化，促进各国实现共同发展；树立以互信、互利、平等、协作为核心的新安全观，努力营造长期稳定的和平国际环境。同年10月，在访问美国时提出，和而不同是人类各种文明协调发展的真谛。

图2　1999年10月1日，江泽民在庆祝中华人民共和国成立50周年阅兵仪式上检阅部队

他高度重视中国共产党的自身建设。1994年在中共十四届四中全会上，强调党的建设是一项新的伟大工程，党的建设的目标是把中国共产党建设成为用建设有中国特色社会主义理论武装起来、全心全意为人民服务、思想上政治上组织上完全巩固、能够经受住各种风险、始终走在时代前列的马克思主义政党。必须继续围绕在新的历史条件下建设一个什么样的党和怎样建设党这个基本问题，进一步解决提高党的执政能力和领导水平、提高拒腐防变和抵御风险能力这两大历史性课题，全面推进党的建设新的伟大工程。他始终把思想建设放在党的建设的首要地位，根据干部队伍的状况和存在的问题，在1995年提出在对干部进行教育当中，要强调讲学习、讲政治、讲正气。1996年在纪念中国共产党建党75周年座谈会上，对建设高素质干部队伍提出明确的要求。提出反对腐败是关系党和国家生死存亡的严重政治斗争，要充分认识反腐败斗争的急迫性、长期性、复杂性和艰巨性，坚持标本兼治，从源头上预防和治理腐败现象。2001年，他还指导制定《关于加强和改进党的作风建设的决定》，把党的作风建设摆到更加突出的位置。

中共十三届四中全会以后，以江泽民为主要代表的当代中国共产党人，高举毛泽东思想、邓小平理论伟大旗帜，坚持解放思想、实事求是、与时俱进，坚持以发展着的马克思主义指导发展着的实践，准确把握时代特征，科学判断中国共产党所处的历史方位，紧紧围绕建设中国特色社会主义这个主题，集中全党智慧，总结实践经验，以马克思主义的巨大理论勇气进行理论创新，逐步形成了“三个代表”重要思想这一科学理论。2000年2月，江泽民在广东省考察工作时首次明确提出了“三个代表”要求。他指出，中国共产党在革命、建设和改革的各个历史时期，总是代表着中国先进生产力的发展要求，代表着中国先进文化的前进方向，代表着中国最广大人民的根本利益。2001年7月1日，他在庆祝中国共产党成立八十周年大会上的讲话中，对“三个代表”重要思想的科学内涵和精神实质作了全面深刻的阐述。

随着世纪之交的到来，他对中国在21世纪前期的发展作了深入思考，提出在21世纪头20年全面建设小康社会的目标。2002年11月，他在中共十六大上作题为《全面建设小康社会，开创中国特色社会主义事业新局面》的报告。报告系统总结中共十三届四中全会以来13年的基本经验，对全面贯彻“三个代表”重要思想作了系统论述，指出，“三个代表”重要思想是对马克思列宁主义、毛泽东思想和邓小平理论的继承和发展，反映了当代世界和中国的发展变化对党和国家工作的新要求，是全党集体智慧的结晶。始终做到“三个代表”，是中国共产党的立党之本、执政之基、力量之源。贯彻“三个代表”重要思想，关键在坚持与时俱进，核心在坚持党的先进性，本质在坚持执政为民。报告提出了全面建设小康社会的奋斗目标，指出要在21世纪头20年，集中力量，全面建设惠及十几亿人口的更高水平的小康社会，使经济更加发展、民主更加健全、科教更加进步、文化更加繁荣、社会更加和谐、人民生活更加殷实。中共十六大一致同意在党章中明确规定，中国共产党以马克思列宁主义、毛泽东思想、邓小平理论和“三个代表”重要思想作为自己的行动指南，“三个代表”重要思想是党必须长期坚持的指导思想。

中共十六届一中全会选举产生以胡锦涛为总书记的新一届中央委员会，顺利实现了中央领导层的新老交替。中共十六届一中全会继续选举江泽民为中共中央军事委员会主席。2003年3月，十届全国人大一次会议继续选举他为中华人民共和国中央军事委员会主席。

2004年9月，中共十六届四中全会决定同意江泽民辞去中共中央军事委员会主席的职务。2005年3月十届全国人大三次会议第二次全体会议，通过了关于接受江泽民辞去中华人民共和国中央军事委员会主席职务的请求的决定。

主要著作收入《江泽民文选》。

**江泽民“八项主张”** Jiang Zemin's Eight Propositions 1995年1月30日，江泽民代表中国共产党和中国政府发表题为《为促进祖国统一大业的完成而继续奋斗》的重要讲话，精辟地阐述了邓小平关于“和平统一，一国两制”思想的精髓，并就现阶段发展两岸关系、推进祖国和平统一进程提出了八项主张。后简称为“江八点”。基本内容是：①坚持一个中国原则，是实现和平统一的基础和前提。坚决反对一切形式的“台独”和分裂行径。②对于台湾同外国发展民间性经济、文化关系，我们不持异议，但反对台湾以搞“两个中国”、“一中一台”为目的所谓“扩大国际生存空间”的活动。③进行海峡两岸和平统一谈判。在海峡两岸和平统一谈判过程中，可以吸收两岸各党派、团体有代表性的人士参加。在一个中国的前提下，什么问题都可以谈。两岸和平统一谈判可以分步骤进行，第一步可以先就“在一个中国的原则下，正式结束两岸敌对状态”进行谈判。④努力实现和平统一，但不承诺放弃使用武力。⑤面向21世纪世界经济的发展，要大力发展两岸经济交流与合作，加速实现两岸直接“三通”，以利于两岸经济共同繁荣，造福整个中华民族。⑥两岸同胞要共同继承和发扬中华文化的优秀传统。⑦充分尊重台湾同胞的生活方式和当家作主的愿望，保护台湾同胞一切正当权益。欢迎台湾各党派、各界人士，同我们交换有关两岸关系与和平统一的意见，也欢迎他们前来参观、访问。⑧欢迎台湾当局领导人以适当身份前来访问，我们也愿意接受台湾方面的邀请，前往台湾。

江泽民“八项主张”是邓小平关于解决台湾问题的基本思想在新形势下的运用和发展，是发展两岸关系、推进祖国和平统一的纲领性文献，是中央对台工作大政方针的重要组成部分。“八项主张”发表以来对发展两岸关系、推动祖国和平统一进程发挥了重大的指导作用。

**《江泽民文选》** *Selected Works of Jiang Zemin* 江泽民的重要著作集。中共中央文献编辑委员会编辑，人民出版社2006年8月出版，共3卷。收入江泽民1980年8月至2004年9月发表的具有代表性和独创性的重要著作203篇，约124万字，文选所收著作经作者逐篇审定。文选生动记录了以江泽民为核心的中国共产党第三代中央领导集体带领全党全国各族人民把中国特色社会主义事业推向前进的历史进程，科学总结了中国共产党领导人民战胜各种艰难险阻、全面开创中国特色社会主义事业新局面的宝贵经验，集中反映了中国共产党坚持以马克思列宁主义、毛泽东思想、邓小平理论为指导，坚持马克思主义基本原理同当代中国实践和时代特征相结合创造性地提出的新的重大理论成果。文选深刻反映了“三个代表”重要思想孕育、形成、发展的历史过程，系统阐述了“三个代表”重要思想的科学体系，是中国特色社会主义理论体系中的经典著作。文选收入的著作包括：全面论述新的历史时期中国共产党的基本理论、基本路线、基本纲领、基本经验的中共十四大报告、中共十五大报告、中共十六大报告，通报中共中央政治局常委“三讲”情况的讲话，《在庆祝中国共产党成立八十周年大会上的讲话》等著作；着重论述改革开放和社会主义现代化建设、社会主义市场经济体制、社会主义初级阶段基本经济制度和分配制度、农业和农村经济、国有企业改革和发展、科技创新、西部大开发、可持续发展、实现共同富裕等著作；着重论述社会主义民主政治、政治体制改革、依法治国、人民代表大会制度、中国共产党领导的多党合作和政治协商制度、民族区域自治制度、行政管理体制和政府机构改革、统一战线、民族、宗教、人权和工会、青少年、妇女工作等著作；着重论述社会主义精神文明建设、社会主义先进文化、思想道德建设、科教兴国、哲学社会科学、宣传思想工作和文艺、卫生、体育等著作；着重论述就业再就业、社会保障、关心困难群众生活、扶贫开发、计划生育、残疾人事业和正确处理新时期人民内部矛盾、社会治安等著作；着重论述坚持中国共产党对军队的绝对领导、国防和军队现代化建设、新时期军事战略方针、中国特色军事变革、国家战略能力等著作；着重论述“一国两制”方针、港澳工作、对台工作等著作；着重论述国际形势、世界多极化和经济全球化、独立自主的和平外交政策和中美关系、中俄关系、中欧关系、中日关系、中非关系、周边外交、联合国、亚太经济合作组织、上海合作组织等著作；着重论述中国共产党的建设新的伟大工程特别是党的思想理论建设、组织建设、干部队伍建设、制度建设和党风廉政建设等著作。

**江浙财团** Jiangsu and Zhejiang Financial Syndicates 20世纪20～30年代以中国上海为基地的江苏、浙江籍人士所属大银行和大企业资本集团的总称。第一次世界大战至20年代初期，中国民族资本工商业出现短暂繁荣，银行业趁时崛起。至20年代末，上海地区形成了若干财力雄厚的大银行，如浙江实业银行、浙江兴业银行、上海商业储蓄银行，成为有名的“南三行”。其他宁波系的四明、中国通商、中国垦业等银行资力也颇雄厚。一些工业资本集团的资本家参与了银行的投资。这种若干大银行和大企业资本集团的结合，被人们称为江浙财团。代表人物有虞洽卿、王晓籁、秦润卿、陈光甫、钱新之、张公权、荣宗敬、杜月笙等人。他们曾表现过反帝、反官僚军阀政府的积极性。对蒋介石发动四一二政变和建立南京国民政府给予过财力上的支持，有些人还担任了国民政府财经部门的职务，在帮助政府发行国内公债中获得了丰厚的利润。随着蒋介石独裁统治的加强和官僚资本的形成，他们只能在帝国主义和官僚资本的夹缝中生存，有的则沦为官僚资本的附庸。至1935年时，全国2 566家银行有1 971家被国民政府控制，这种局面的形成，标志着江浙财团的瓦解。

**江孜县** Gyangzê County 中国西藏自治区日喀则地区辖县。位于自治区南部，年楚河中游河谷平原。面积3 800平方千米。人口约6万(2008)，以藏族为主，还有汉、回、蒙古等民族。清代设立江孜宗，1959年成立江孜县。属高原温带半干旱季风气候，无霜期短。矿产有金、硫磺、水晶和瓷土等。农业主要以青稞、冬小麦、春小麦、豌豆、油菜等为主，为自治区粮食和蔬菜主产区之一。畜牧业以发展牦牛、犏牛、黄牛、绵羊、山羊、生猪等为主。有电力、农机、水泥、饮料、粮油加工、饲料加工、铁木加工等小型工业。手工业以卡垫、民族服装和民族家具为特色，享有“卡垫之乡”美称，产品出口西欧和北美等地。名胜古迹有宗山“小布达拉”、白居寺、帕拉庄园等，纪念地有宗山炮台遗址及纪念碑等。

**江总** Jiang Zong (519～594) 中国南朝陈诗人。字总持。祖籍济阳考城（今河南民权东）。自幼聪敏，以能诗为梁武帝所赏，官至太子中舍人。侯景之乱时避地会稽，后又至广州依舅萧勃，遂流寓岭南。陈文帝天嘉四年（563）方被征还建康，任中书侍郎。陈后主时官至尚书令。他虽居要职而不持政务，但日与后主游宴后庭，国政日衰。隋文帝平陈后被迁入长安，后放回，卒于江都（今江苏扬州）。诗历来论者多病其轻艳。但他在经历战乱流寓广州及初回建康时之作，每多感慨。诗讲究辞藻、声律，已近律体。《闺怨》、《宛转歌》则已似唐人七言歌行。据《陈书》本传有集30卷，今佚。明张溥辑有《江令君集》，仅1卷。

**江左三大家** Three Great Poets of the Jiangzuo Area 中国明末清初诗人**钱谦益**（常熟人）、**吴伟业**（太仓人）、龚鼎孳（合肥人）三人的合称。三人皆由明臣仕清，籍贯都属旧江左地区，诗名并著，故时人称为“江左三大家”。顾有孝、赵沄选其诗为《江左三大家诗钞》9卷，有康熙刊本。

**将军崖岩画** Jiangjunya Petroglyphs 中国新石器时代中晚期**岩画**。在江苏省连云港市锦屏山南西小山的西崖壁上。可能为东夷先民所留。1979年发现。岩画用敲凿、磨刻手法刻在长22米、宽15米的花岗岩石坡上。分成3组，内容有人面、禾苗、鸟、兽、日、月、星辰等图案以及各种符号，多与图腾有关。线条粗犷，形象生动。内容反映原始先民对土地、造物神和天体的崇拜意识。是中国已知最早的反映农业部落社会生活的石刻图像。1988年国务院公布为全国重点文物保护单位。

人面禾苗图案

**姜** *Zingiber officinale*; ginger **姜科**姜属的一种。多年生宿根草本植物。又称生姜。原产东南亚，栽培地区主要在亚洲的热带至温带。

株高60～80厘米，地上茎为假茎，由叶鞘组成，从地下根状茎两侧发生指头状分枝。根状茎肥大，肉质，呈不规则块状，黄色。叶披针形，互生。在温带不开花。性喜温暖。适宜各种土壤。喜阴而不耐强光，出苗前后需加遮阴，秋凉时拆除。

姜含有挥发油和姜辣素，即姜油酮（$C_{11}H_{14}O_3$）和姜油酚（$C_{17}H_{20}O_2$），具有独特香辣味，是重要的调味品。可酱渍、糖渍、制姜干和提取姜油。在中医学上姜还具有健胃、祛寒、发汗和解毒等药效。

**姜伯驹** Jiang Boju (1937-09-04～ ) 中国数学家。生于天津。祖籍浙江平阳。其父是中国现代数学家姜立夫。1957年毕业于北京大学数学力学系并留校任教，1983年升为教授。1980年当选中国科学院学部委员（院士），1985年当选第三世界科学院院士，同年兼任南开数学研究所副所长。1995～1998年任北京大学数学科学学院院长。2001年获国家级教学成果奖特等奖。2002年获全国五一劳动奖章。1962～1964年在**江泽涵**教授指导下开始研究**拓扑学**中的不动点理论。他在尼尔森数（不动点个数的下界）的计算问题上取得几十年来的第一个突破，创立了国际上称为“姜子群”的方法。1978年和江泽涵、石根华一起获全国科学大会奖。1982年和1987年分获国家自然科学奖三等、二等奖。1988年获陈省身数学奖，1996年获何梁何利基金科学与技术进步奖，2002年获华罗庚数学奖。他还把尼尔森不动点理论推广到周期点，开辟了将此理论应用于动力系统的途径。1983年美国数学会出版他的专著《尼尔森不动点理论讲座》。1957年以来发表中英文学术论文40余篇。

**姜春云** Jiang Chunyun (1930-04-28～ ) 中国共产党中央政治局委员，国务院副总理，全国人大常委会副委员长。山东莱西人。1947年2月加入中国共产党。在山东省莱西县教师训练班学习后，历任县土改宣传工作队队员、马仁区姜家泊小学教员和区委文书、县委秘书。1949年后历任中共莱西县委办公室主任、莱阳地委生产合作部秘书科负责人、中国土产出口公司青岛分公司副科长、青岛市外贸局秘书科副科长。1960年起任山东省委宣传部指导员、办公室副主任。“文化大革命”中下放农村和“五七”干校劳动。1970年后任山东省革委会办公室党的核心小组成员兼秘书组组长、办公室副主任，中共山东省委办公厅领导小组副组长，省委副秘书长、秘书长。1983年后任中共山东省委副书记兼济南市委书记、代省长、省长、省委书记。是中共十三届至十五届中央委员。1992年后历任中共中央政治局委员、中央书记处书记、国务院副总理。1998年当选为第九届全国人大常委会副委员长。

**姜椿芳** Jiang Chunfang (1912-07-28～1987-12-17) 中国翻译家、编辑出版家，编辑出版《中国大百科全书》的首倡者。生于江苏常州，卒于北京。曾主编《满洲青年》，创办并主编《时代》中文周刊和《时代日报》。1949年创办上海俄文学校（后改为上海外国语学院），任校长兼党委书记。1952年调北京任中宣部斯大林著作翻译室主任。1953年任中共中央马恩列斯著作编译局副局长，参与《马克思恩格斯全集》、《列宁全集》、《斯大林全集》的组织领导和审校工作，领导《毛泽东选集》和中央文献的外文翻译工作。1968～1975年遭迫害入狱。1975年在狱中酝酿编辑《**中国大百科全书**》，1978年筹组**中国大百科全书出版社**，首任总编辑，1987年改任顾问。曾任全国政协第五、六届常委，中国翻译工作者协会第一、二届理事会会长等。主要译作有

《列宁在十月》、《智者千虑，必有一失》、《俄罗斯问题》、《演员自我修养》等。

**姜科** Zingiberaceae; ginger family 单子叶植物纲姜亚纲的一科。约49属1 500种，分布于热带、亚热带地区，以亚洲热带地区的种类最为繁多，常生于林下阴湿处。中国约有19属150余种，分布于东南部至西南部各省区，以广东、广西和云南的种类最多。多年生草本，常具芳香；具匍匐或块状的根状茎，或有时根的末端膨大呈块状。叶基生或茎生，通常两行排列，少数螺旋状排列，叶披针形或椭圆形，有叶柄或无，具叶鞘及叶舌。花单生或组成穗状，总状、头状或圆锥花序，生于具叶的茎上或单独由根状茎发出，通常两性，两侧对称；萼片通常合生成管，一侧开裂及顶端齿裂；花冠美丽而柔嫩，基部合生成管状，上部具3裂片；退化雄蕊2或4，其中外轮的2枚称侧生退化雄蕊，呈花瓣状、齿状或不存在，内轮的2枚联合成一唇瓣，极稀无；发育雄蕊1枚；子房下位，3室；胚珠通常多数；子房顶部有2枚形状各异的蜜腺，或无蜜腺而代之以陷入子房的隔膜腺。果为蒴果，或肉质不开裂，呈浆果状；种子圆形或有棱角，有假种皮。

姜科植物中包含有很多著名的药材和香料植物，如春砂仁、草果、白豆蔻、姜、姜黄、莪术、郁金、蘘荷等，具有芳香健胃、祛风活络的功用。还有一些美丽的观赏植物，如姜花、海南三七、象牙参、闭鞘姜等，可供盆栽或植于庭园内。此外，蘘荷的花芽可作蔬菜，姜黄可提取黄色染料，用于食品工业。

**姜夔** Jiang Kui（约1155～约1221） 中国南宋文学家、音乐家。字尧章，人称白石道人。饶州鄱阳（今属江西）人。终身布衣。往来鄂、赣、皖、苏、浙间，与诗人词家杨万里、范成大、辛弃疾等交游。

姜夔多才多艺，擅长书法，精通音律。工诗，词尤有名。有词中之圣之称，与辛弃疾、吴文英分鼎南宋词坛。其词内容丰富，有咏叹时事，感念旧游，描写旅况，眷怀恋人，咏物寄情等，如〔扬州慢〕"淮左名都"、〔探春慢〕"衰草愁烟"、〔长亭怨慢〕"渐吹尽"以及传世名作〔暗香〕、〔疏影〕两首咏梅词。姜词风神潇洒，格调高旷，素淡幽远，简洁醇雅，以清冷刚健的笔力开创了风雅词派，即格律派，对史达祖、吴文英亦有影响。他有17首词自注工尺旁谱，是研究宋代词乐的珍贵资料。琴曲《古怨》注明指法，可弹奏，是词和乐的合集。

姜夔的诗初学江西诗派，后承晚唐而自出机杼，笔墨浑朴，章法顿宕，七绝《除夜自石湖归苕溪》等，意境幽隽，造句精妙，韵格浏亮婉转。所著《白石道人诗说》，叙述诗歌理论技巧，独树一帜，颇受后人称许。著有《白石道人诗集》、《白石道人歌曲》，有《四部丛刊》本。《续书谱》有《丛书集成》本。《绛帖平》有《四库全书》本。今人夏承焘有校辑《白石诗词集》等，集中存诗180余首、词80多首。

**姜亮夫** Jiang Liangfu（1902－04－12～1995－12－04） 中国古典文学研究家。生于云南昭通一个书香门第家庭。原名寅清，字亮夫。曾入北京师范大学，继又考入清华大学研究院，从王国维学文字声韵学。后在江苏南通、无锡等地中学任教。1928年抵上海，任大夏大学、暨南大学、复旦大学等校教授，兼任北新书局编辑。1933年任河南大学教授。1934年赴法国留学三年，研究考古学。1937年回国，到东北大学、西北大学、云南大学、西南联大、昆明师范学院等校执教。中华人民共和国成立后，任浙江师范学院、杭州大学中文系教授、系主任。姜亮夫治学涉及文学、艺术、语言、历史、社会学、政治学、民俗学、敦煌学等领域，著述甚丰，主要有《文学概论讲述》、《中国声韵学》、《中国文学史论》、《历代人物年里碑传综表》、《屈原赋校注》、《陈本礼楚辞精义留真》、《敦煌——伟大的文化宝库》、《文字朴识》、《陆平原年谱》、《张华年谱》、《楚辞书目》、《楚辞学论文集》、《敦煌学概论》、《敦煌学论文集》等。

**姜妙香** Jiang Miaoxiang（1890～1972） 中国京剧演员。工小生。名汶，字慧波。祖籍直隶（今属河北）。生于北京，卒于成都。幼从谢双寿学青衣，又从田宝琳学昆曲。先以青衣戏初露头角。又拜陈德霖为师，演《祭江》、《祭塔》、《玉堂春》等唱功戏驰名一时。后拜冯蕙林、陆杏林为师改习小生。从1915年（一说1916）起，与梅兰芳合作长达40余年。梅兰芳的新戏如《黛玉葬花》、《洛神》、《生死恨》等剧中的小

京剧《群英会》剧照（姜妙香饰周瑜，萧长华饰蒋干）

生角色，都是他的精心创造。他嗓音甜润，行腔挺拔、婉转，唱念讲求声韵和吐字方法，在小生的笑法上尤独具特色。姜妙香演戏一丝不苟，为人谦虚诚笃，传艺毫不保留，有"姜圣人"之称。晚年执教于中国戏曲学校。

**姜片虫病** fasciolopsiasis 由布氏姜片虫引起的人兽共患肠道寄生虫病。虫体扁平呈肉红色，似姜片，故名。虫卵随粪便进入水中，发育为毛蚴，毛蚴钻入第一中间宿主扁卷螺体内，经胞蚴、雷蚴阶段产生尾蚴，尾蚴在菱角、茭白、藕、荸荠等水

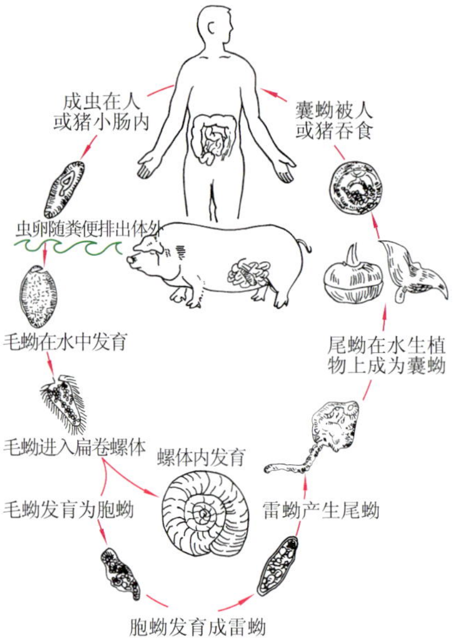


布氏姜片虫生活史

生植物上形成囊蚴，人们在生吃这些植物时受感染。临床上以腹痛、腹泻、消化不良等为主要表现。粪便中找到虫卵即可确诊。吡喹酮或硫双二氯酚治疗有效。

**姜维** Jiang Wei（202～264） 中国三国时期蜀国后期主将。字伯约。天水冀县（今甘肃甘谷）人。本仕魏国，官中郎，参本郡军事。建兴六年（228）蜀丞相诸葛亮北伐，军向祁山，姜维受太守猜忌，不得已归蜀。诸葛亮辟为丞相府仓曹掾，赞其深通兵法，才略过人。拜中监军、征西将军。诸葛亮、蒋琬、费祎先后卒，延熙十七年（254）加督中外军事，执掌蜀汉大权，多次伐魏。延熙十八年北出狄道，大破魏雍州刺史王经于洮西，迁大将军。景耀六年（263）魏大举伐蜀，姜维坚守剑阁，阻魏将钟会大军不得进，致使钟会生退兵之意。后魏将邓艾取阴平道攻陷成都，姜维得后主刘禅敕令投降。次年，鼓动钟会反魏，欲伺机恢复蜀汉，事未成，与钟会一起为乱兵所杀。

**姜文** Jiang Wen（1963－01－05～ ） 中国影视演员。生于河北唐山。原名姜小军。1984年毕业于中央戏剧学院表演系。后任

中国青年艺术剧院演员。初涉银幕是在《末代皇帝》(1986)中饰演溥仪。之后，在《芙蓉镇》(1986)中扮演老右派秦书田，把一个身处逆境却不失乐观、幽默、机智的知识分子塑造得栩栩如生，获1987年第10届《大众电影》百花奖最佳男演员奖。1988年在《红高粱》中塑造的“我爷爷”一角亦获成功。他的表演具有内在的幽默感，分寸掌握准确，同时注意声音造型。1988年后，出演了《春桃》和《本命年》，前者因其细腻地刻画出人物在情感旋涡中的复杂心态，再获1989年第12届《大众电影》百花奖最佳男演员奖。他主演的其他影片还有《有话好好说》、《李莲英》、《寻枪》、《绿茶》等。主演的电视剧有《北京人在纽约》等。导演的影片有《阳光灿烂的日子》、《鬼子来了》、《太阳照常升起》、《让子弹飞》等。

**姜堰市** Jiangyan City 中国江苏省辖县级市。位于省境中部。面积936平方千米。人口73万（2010），有汉、回、壮、满、蒙古等民族。汉置海陵县。五代南唐昇元元年（937）升泰州。1912年废州设泰县。1949年初析泰县置泰州市。1994年撤泰县设姜堰市。由泰州市代管。夏秋间有暴雨、台风。矿产有石油、天然气等。农作物以稻、麦、棉、油菜为主。特产有银杏、溱湖簖蟹。工业有机械、电子、建材、电机、化工、纺织、食品等。名胜古迹有单塘河新石器时代遗址、天目山商周遗址、万年台、喜鹊湖风景区等。

**姜寨遗址** Jiangzhai 中国新石器时代遗址。位于陕西省西安市临潼区临河北岸。1972～1979年发掘。发现仰韶文化和客省庄文化遗存。仰韶文化除史家、庙底沟和西王村类型遗存外，最重要的是半坡类型较完整的聚落遗迹。年代为公元前4600～前4400年。聚落遗存由居住区、陶窑场和墓地组成。居住区周围有天然河道和人工壕沟环绕，中心有大广场。广场周围分布着房子100余座，分为5个建筑群，每群包括一座大房子与若干中小型房子，均朝向中心广场。居住区内还有窖穴、牲畜圈栏和儿童瓮棺葬等，房屋有圆形和方形的，屋内设有炉灶。此聚落是由若干氏族组成的胞族或部落的居住地，反映出当时氏族社会的组织结构。墓地位于居址东边，共发现墓葬600余座，以单人葬为主，也有多人二次合葬墓。经济生活以农业为主，渔猎活动也很重要。出土的彩陶别具风格，陶盆内画有对称的鱼、蛙、人面等像生性花纹，形象逼真。一件鱼鸟纹彩陶葫芦瓶，形式新颖，花纹美观，极为罕见。一座墓内出土一套绘画工具，包括石砚、研磨棒与黑色矿物颜料等，是中国迄今发现最早的成套美工用品，对探讨彩陶绘画工艺弥足珍贵。在百余件陶器上有约30种刻画符号，属仰韶文化遗址中发现最多的一处。1996年国务院公布为全国重点文物保护单位。

半坡类型鱼蛙纹彩陶盆（盆内以黑彩绘有上下对称的鱼和呈跳跃状的蛙）

**姜子牙** Jiang Ziya 中国明代神魔小说《封神演义》中的主要人物。号飞熊。东海许州人。早年在昆仑山拜玉虚宫元始天尊为师，修行学道40年，后奉师命下山，辅佐周室。下山之初，曾事殷商，但遭妲己陷害，逃至西岐，隐于磻溪，垂钓自遣，被周文王延揽，拜为相。时纣王无道，国政荒乱，民生涂炭。姜子牙帮助周武王伐纣。在君权神授、君臣关系不可逾越的封建纲常统治下，他提出“天下者非一人之天下，乃天下人之天下”的口号，召号诸侯吊民伐罪。他足智多谋，知人善任，治军严明，军事行动中严禁士兵骚扰百姓。经过艰苦战斗，终于完成灭纣兴周的大业，最后奉命发榜封神，世称姜太公。姜子牙形象本自历史人物周代齐国始祖吕望，姜姓之后，其先祖封于吕，因以为姓。吕望，一说字子牙。相传老年钓于渭水，知遇于周文王。后辅佐武王伐纣有功，封于齐，筑临淄城（今属山东淄博）以为国都。治齐使国势长期保持强盛。其事在《太平御览》、《六韬》、《搜神记》都有记载，人物逐渐神化。

**豇豆** *Vigna*; cowpea 豆科豇豆属植物的统称。一年生草本植物。又称豆角、豇豇。原产非洲东北部和印度；中国为第二起源中心。现广泛分布世界各地。

根系较发达，具根瘤。矮性种的茎直立；蔓性种的茎蔓节间较长，生长旺盛；半蔓性生长中等，茎蔓均呈左旋性缠绕。初生真叶为单叶，以后的真叶为三出复叶，互生。总状花序，矮性种花序侧生和顶生，半蔓性和蔓性种花序侧生。荚果有淡绿、深绿、紫红或间有花斑等色。种子肾形，红色、黑色或红白、黑白相间。常见有三个种：矮豇豆、普通豇豆、长豇豆。豇豆耐高温，不耐霜冻。对日照长短的反应分为两类：长豇豆多属日照中性植物，光照弱时会引起落花落荚；矮豇豆和普通豇豆属短日性。

豇豆嫩荚含蛋白质、维生素C等，作蔬菜食用。干子粒除含淀粉外，蛋白质含量也较丰富，并有多种氨基酸、矿物质和维生素；同米共煮可作主食，或制成豆沙作糕点馅用。茎叶是优质饲料，也可作绿肥。

**浆体管道** solid-slurry pipeline 将固体破碎成粉粒状，与适量的液体配制成浆液，将其进行长距离输送的管道。又称浆液管道、固体料浆管道。浆体管道主要用于输送煤、赤铁矿、磷矿、铜矿、铝矾土和石灰石等矿物。按所输物质分为煤浆管道、铁矿浆管道等；按所用的载体分为液送管道、风送管道等。液送管道的载体一般用水。风送管道用压缩空气作为载体。长距离、大输量的浆体管道一般都采用浆液输送工艺。

浆体管道的工艺主要包括制浆、管道输送和固液分离3个环节。

**《薑斋诗话》** *Notes on Poetry from the Ginger Studio* 中国清代文论专著。作者王夫之。《薑斋诗话》包括《诗译》、《夕堂永日绪论内编、外编》和《南窗漫记》，共三卷。王夫之强调文学的社会作用及现实性，强调文学创作以继承《诗经》的“兴、观、群、怨”为旨归，以作者的生活经历为基础。他认为“身之所历，目之所见，是铁门限”；强调诗歌必须重情重意，情景交融，“含情而能达，会景而生心，体物而得神，则自有灵通之句，参化工之妙”，“无论诗歌与长行文字，俱以意为主。意犹帅也”。他认为文学创作，人各有特色，不能强立“门庭”和“死法”，党同伐异，趋于模拟。对明代前、后七子和竟陵派的批评尤其激烈。这些对清代文学理论的发展起到了积极作用。

**讲谈社** Kodansha 日本综合性出版社。1909年由野间清治建于东京，迄今仍为家族企业。出版儿童、美术、文学艺术、人文科学、自然科学、生活实用、工具书等各种图书和绘画本，为日本最大的出版公司。在日本大阪、福冈、札幌、名古屋、仙台、广岛设有分社。

讲谈社除出版图书外，还进行房地产、玩具制造等多种业务的经营开发。下设王者唱片股份公司、光文社、三推社等16家子公司。

**奖金** bonus 劳动者超额劳动所创造的产品价值的一部分。它表现为对劳动者提供的超额劳动的报酬，是社会主义按劳分配中工资这一主要实现形式的补充实现形式。

奖金的种类很多，按其原因分，有由于提供超额劳动直接增加社会财富奖，如增产奖等；有由于提供超额劳动而为增加社会财富创造了有利条件奖，如发明奖等。按其内容分，有以产品产量、质量、节约以及出勤、劳动纪律等多项生产指标为评奖条件的综合奖；有以一项或两项生产指标为评奖条件的单项奖，如节约奖、质量奖、安全奖等。按其时间分，有月奖、季奖、年奖和一次性奖等。奖金的来源是企业税后余利的一部分。从1984年开始，中国在经济体制改革中，对企业征收奖金税实行超额累进税率，初步实现了企业职工奖金由企业根据经营状况自行决定，国家只对企业适当征收超限额奖金税的重大改革步骤。利用奖金形式，可以把劳动者的劳动成果和个人的物质利益结合起来，有利于保护劳动者的劳动积极性；奖金既有利于提高劳动生产率，加强企业经济核算，提高经济效益，增加社会财富，也有利于提高劳动利用率，提高劳动者的技术水平，是社会主义社会按劳分配中的不可缺少的补充形式。

**奖学金** scholarship 高等学校对优秀学生的一种奖励制度。奖学金按年评定，分学期发放，并依金额高低分列几等。

中国的奖学金是由人民助学金制度改革而来的，是中国教育体制改革的重要内容之一。中国现行的奖学金主要包括以下形式：①国家助学奖学金；②优秀学生奖学金；③专业奖学金；④定向奖学金；⑤研究生奖学金（包括优秀奖学金和普通奖学金）；⑥学校自行设立的各种奖学金；⑦社会组织或个人为资助贫困家庭学生或吸引人才而在学校设立的各种专项奖学金。

在国外，许多国家都普遍设有各种各样的奖学金，以鼓励学业优秀者和具有科研能力的科学技术人员参加某一学科领域的研究或修完某一学业课程。奖学金的目标有两种：①奖励水平高的学生；②补助家境困难的学生。奖学金来源是多方面的，来自政府、基金会、科研机构和大学、企业或个人捐助。

**蒋百里** Jiang Baili (1882-10-13～1938-11-04) 中华民国时期军事理论家。名方震，字百里。浙江海宁人。卒于广西宜山。毕业于日本陆军士官学校。1912年任保定陆军军官学校校长。1925年任直系吴佩孚军总参谋长，主张联络广州革命政府讨伐奉系军阀张作霖，因吴不纳而辞职。1933年赴日考察，认为中日战争不可避免，并拟就多种国防计划。1936年春赴欧美考察，倡议发展空军，建设现代国防。1937年发表其代表作《国防论》。抗日战争全面爆发后发表《抗战的基本观念》，断定日本必败，中国必胜。1938年8月任陆军大学代理校长，不久病逝，被国民政府追赠为陆军上将。一生军事著作大部收入《蒋百里先生全集》。

**蒋光慈** Jiang Guangci (1901-09-11～1931-08-31) 中国小说家、诗人。安徽霍邱人。曾用名蒋如恒、蒋侠僧等，笔名蒋光赤，后改名光慈。1921年去苏联留学。

1924年回国后开始提倡“革命文学”。出版诗集《新梦》、《哀中国》，歌颂俄国十月社会主义革命，抨击当时中国的黑暗，号召人民进行斗争。1926年1月出版第一部“普罗小说”《少年飘泊者》。同年所作的短篇集《鸭绿江上》以各种不同人物的命运反映了民族的压迫和社会的不平。1927年4月，写成反映上海工人第二次武装起义、着重塑造人物群像的报告体长篇小说《短裤党》。10月，中篇小说《野祭》出版，首创“革命加恋爱”的情节模式。1929年夏，在东渡日本养病期间完成长篇小说《冲出云围的月亮》，描写了第一次国内革命战争失败后知识分子的分化。1928年1月，与钱杏邨、孟超等成立太阳社并创办《太阳月刊》。1930年初，主编《拓荒者》月刊。3月，中国左翼作家联盟成立，被选为候补常委。同年写成长篇小说《咆哮了的土地》，于1932年以《田野的风》为题出版。它是作者最重要的一部小说，描写大革命前后湖南农村中尖锐的阶级矛盾，表现了中国共产党领导当地农民开展武装斗争、最后奔向金刚山的过程。

作为“革命小说”派的代表人物，蒋光慈在创作和理论方面都为无产阶级文学初创作出了贡献，其作品带有“五四”以来的个性主义情调，对革命青年有较大影响。长篇小说《丽莎的哀怨》(1929)因客观上流露出同情白俄妇女的倾向，曾受到左翼批评界非议。其早期作品反映出“革命文学”艺术上的不成熟，如注重思想感情的抒发，而忽视生活现实的具体刻画；着重人物“群像”的描写，而忽视个性的塑造等。

**蒋光鼐** Jiang Guangnai (1887～1967-06-08) 中国国民党爱国将领。字憬然。广东东莞人。卒于北京。保定陆军军官学校毕业。1906年参加同盟会，1911年参加武昌起义，1913参加讨伐袁世凯的二次革命，1921年任非常大总统府警卫团副。1932年1月28日日军制造事变，进攻上海。蒋光鼐时任19路军总指挥，率军英勇抵抗日本侵略军的大举进攻，致使日方三次增兵，四易主帅，大挫日寇锐气，震动中外。淞沪会战后，调福建任省主席兼绥靖公署主任。1933年11月与李济深、陈铭枢等发动反蒋事变，极力抗日，失败后去香港。1935年联合19路军将领通电反蒋，主张联共抗日。1946年参与发起组织中国国民党民主促进会。1949年出席中国人民政治协商会议第一届全体会议。中华人民共和国建立后任全国政协第一届常务委员、纺织工业部部长等职。

**蒋桂战争** War between Chiang Kai-shek and Gui Clique 1929年3～6月蒋介石同桂系争夺中国两湖等地盘的战争。1928年“二次北伐”后，以李宗仁为首的桂系集团已据有两湖和平、津、唐（山）等北方地盘，严重影响到蒋介石的独裁统治，蒋桂矛盾异常尖锐。1929年2月19日，桂系见湖南省主席鲁涤平日渐亲蒋，决定先发制人，撤免鲁的职务，并派叶琪等部进军长沙。蒋介石以此为借口，组织讨逆军，于3月26日下令讨伐桂系。他自任讨逆军总司令，派唐生智赴河北唐山迫白崇禧外逃。骗拘李济深于南京，拆散粤桂联盟。命朱培德由江西进攻武（汉）、长（沙）铁路沿线，刘峙沿长江西进，韩复榘沿平汉路南下，夹击武汉。4月5日，蒋军进入武汉。为根本铲除桂系，蒋介石指挥弃桂投蒋的何键、粤军陈济棠、滇军龙云所部三面合攻广西。5月25日，何键占领桂林、平乐。21日，陈济棠在广东芦苞、白泥一带击败李宗仁、白崇禧主力。6月2日，何、陈联军攻占梧州，进逼南宁。27日蒋军李明瑞部占领南宁，李宗仁、白崇禧等逃往香港。蒋桂战争加强了蒋介石的统治实力。

**蒋捷** Jiang Jie 中国宋元间词人。字胜欲，号竹山。阳羡（今江苏宜兴）人。度宗咸淳十年(1274)进士。宋亡，深怀亡国之痛，隐居不仕，其气节为时人所称。其词题材广泛，抒写亡国之痛的作品如〔贺新郎〕“梦冷黄金屋”、〔女冠子〕《元夕》等，或悱恻缠绵、曲折吞吐，或悲愤沉痛、直抒胸臆。其抒发身世之感的作品如〔贺新郎〕《兵后寓吴》、〔虞美人〕《听雨》等，往往通过今昔苦乐的强烈对比，揭示世路蹭蹬、漂泊无依、老景颓唐的感慨，曲折反映了因时移世换而引起个人遭际的种种变化。其描述日常生活的作品如〔昭君怨〕《卖花人》、〔霜天晓角〕“人影窗纱”等，则又情趣盎然，活泼生动。词风多样，既有效法苏（轼）、辛（弃疾）乃至刘过豪放一路者，也有承袭周邦彦、姜夔乃至李清照遗风者，风格颇为驳杂。后人论其词，往往各执一端，褒贬不一。著有《竹山词》1卷。

**蒋介石** Chiang Kai-shek（1887-10-31～1975-04-05） 中国南京国民政府时期党、政、军最高领导人。名中正，字介石。浙江奉化人。卒于台北。

蒋介石幼年丧父，由母亲王采玉抚养成人。1908年春赴日留学，入东京振武学校。由陈其美引入中国同盟会，参与反清革命活动。1911年武昌起义后回到上海，率先锋队百余人至杭州，参与光复浙江之役。1913年夏，在上海投身“二次革命”。10月加入筹建中的中华革命党。1916年5月，赴山东潍县（今潍坊）任中华革命军东北军参谋长。1918年3月，南下广东粤军总司令部任职。半年后改任驻闽粤军第2支队司令。曾一度与张静江等合伙做交易所生意。1922年6月，陈炯明叛变，蒋介石在永丰舰上护卫孙中山40余日，从此深得孙中山的信任和器重。1923年被任命为大元帅府大本营参谋长。8月，奉派率领“孙逸仙博士代表团”赴苏考察军事、政治和党务。

1924年1月，蒋介石被孙中山任命为陆军军官学校校长兼粤军总司令部参谋长。率黄埔军校师生参加镇压广州商团叛乱，东征陈炯明，平定杨希闵、刘震寰叛乱等战役。1925年8月，任国民革命军第1军军长。廖仲恺被害后，支持汪精卫驱逐胡汉民出国，并将粤军总司令许崇智逐出广州，一跃成为国民党内握有军事实力的首要人物。10月率师第二次东征，全歼陈炯明叛军。1926年1月，当选为国民党二届中央执行委员、常务委员。随后，利用3月20日“中山舰事件”，在国民党二届二中全会上提出“党务整理案”，打击、排斥中共党员，相继攫取了军事委员会主席、国民革命军总司令、国民党中央常务委员会主席等要职。

1926年7月，蒋介石亲率国民革命军出师北伐，在工农群众的支援下击败北洋军阀吴佩孚、孙传芳，连占湘、鄂、赣、闽、豫、皖、苏、浙广大地区。1927年在上海发动四一二政变，扼杀第一次国共合作。4月18日，在南京另立国民政府。不久，被汪精卫、李宗仁等内部反对派逼入窘境，宣布下野。10月，为求外援，出访日本。回国后，与宋美龄结婚，从此与宋子文、孔祥熙结成政治联盟。1928年1月重任总司令一职。2月，主持国民党二届四中全会，全面改变孙中山的革命政策，被选为中央政治委员会主席和军事委员会主席。4月，与冯玉祥、阎锡山、李宗仁组成4个集团军，合力北伐，战胜奉系军阀张作霖。6月，和平接收京津，结束了北洋军阀的统治。10月，出任国民政府主席兼陆海空军总司令，改组国民政府，实行“训政”。1929年起，先后取得讨桂战争、讨冯战争和中原大战的胜利。又击败汪精卫、胡汉民等派系的政治对抗，最终确立了他在南京国民政府中的统治地位。

1930年12月至1931年9月，蒋介石调集大军，连续3次对江西中央苏区和工农红军发动军事“围剿”，但均以失败而告终。九一八事变发生后，极力奉行对日不抵抗政策，导致东三省的迅速陷落。其后，又一面同意与日本签订或达成丧权辱国的《淞沪停战协定》、《塘沽协定》及《何梅协定》，压制民众抗日爱国运动，逼迫冯玉祥取消察哈尔民众抗日同盟军；一面顽固坚持“攘外必先安内”方针，继续对江西中央苏区和工农红军实行更大规模的军事“围剿”，并在红军撤离江西举行长征后，继续对其围追堵截。

与此同时，蒋介石建立了中统、军统两个特务组织，专事破坏共产党、革命组织的爱国民主运动及其内部反蒋派系的权力挑战活动。为加强对全国人民的思想控制，又发动文化“围剿”，查禁进步书刊，迫害左翼作家和文化工作者，推行所谓“新生活运动”。而在经济上则依仗政治特权，与宋子文、孔祥熙、陈果夫、陈立夫共同建立和发展国家资本主义，形成官僚资本，垄断国家金融和经济命脉。

1935年11月，蒋介石鉴于日本在华北策动“五省自治”运动，不仅危及国家安全和民族生存，且直接威胁到他的统治地位，开始对内外政策有所调整。对外，主要以改善对苏关系为目的；对内则在加强国防建设的同时，试图与中共建立联系，但仍坚持要“剿灭”陕北红军。1936年12月12日，地处西北“剿共”前线的张学良、杨虎城主张联共抗日，毅然在西安发动兵谏，扣押蒋介石。后经各方努力，获得和平解决，迫使蒋走上与中共共同抗日的道路。

1937年七七事变后，蒋介石被举为陆海空军大元帅、国民党总裁，积极部署和指挥军队开赴华北、淞沪前线抗御日军，粉碎了日本妄图速战速决、灭亡中国的战略计划。但由于实行的是片面抗战路线和单纯军事防御战略，仍未能有效阻止优势日军的进攻，致使华北、东南和华中大片土地相继沦陷。而中国共产党及其领导的八路军、新四军却在抗战中获得迅速发展和壮大，先后在敌后建立了许多抗日根据地。蒋介石对此忧心忡忡，决定改采“溶共、防共、限共、反共”政策，制造了多次反共摩擦事件。

1941年12月，太平洋战争爆发。蒋介石宣布加入美、英同盟国，出任中国战区最高统帅。随即以精锐之师组成中国远征军，入缅与英美军队联合作战，打通中印公路。又利用美、英需中国共同抗日的有利时机，取得一定数量的美、英贷款和军用物资，并与美、英签订“新约”，废除不平等条约中的治外法权及有关特权。1943年11月应邀出席开罗会议，与F.D.罗斯福、W.丘吉尔会谈对日联合作战方略及战后和平条件。1945年6月派宋子文等赴苏谈判，8月正式签订《中苏友好同盟条约》。

抗日战争胜利后，蒋介石在美国支持下，一面派军抢占胜利果实，大量收编伪军；一面电邀中共中央主席毛泽东至重庆谈判，签订《双十协定》。但很快又撕毁协议，于1946年6月26日指挥30万大军，首先对中共领导的中原解放区发动进攻，随后数百万国民党军队对各解放区相继发起进攻，至10月先后占领大小城镇105座。次年3月，在遭到中国人民解放军的英勇还击后，被迫改为重点进攻陕北和山东两大解放区。又屡遭失败，由战略进攻转为战略防御，再转重点防御。其间，曾在南京召开所谓“国民大会”，宣称要“实施宪政”，“还政于民”，“改组政府”。1948年3月，被“行宪国大”选为总统，获得超越“宪法”限制的“紧急处置的权力”。8月，颁布《财政经济紧急处分令》，以金圆券代替法币，限期收兑金银外币，强令限制物价，加速了财政经济的全面崩溃。

1948年秋冬，经过辽沈、淮海、平津三大战役的决战，蒋介石赖以维持统治的主力部队基本被消灭。1949年1月21日，被迫宣布“引退”，但仍在幕后操纵党政军事务，破坏国共和平谈判。4月23日，中国人民解放军攻克南京。10月1日，毛泽东在北京宣告中华人民共和国建立，标志着蒋介石在中国大陆统治的终结。同年12月，蒋介石败退台湾。1950年3月，重任所谓“总统”，并连续当选为国民党总裁，表示要以“三民主义建设台湾”，“反共复国”。1954年12月，与美国签订《共同防御条约》，但始终反对“台湾独立”、“国际托管”，坚持一个中国。著有《中国之命运》、《苏俄在中国》等书。

见中国国民党。

**蒋经国** Chiang Ching-kuo（1910-04-27～1988-01-13） 中国国民党主席。蒋介石长

子。浙江奉化人。卒于台北。早年在家乡、上海、北京等地接受中小学教育，参加过五卅运动和反对北洋政府的活动。1925年11月赴苏留学，先后在莫斯科中山大学、列宁格勒红军中央军事政治研究院学习。其间，曾加入苏联共青团、苏联共产党，并任乌拉尔重型机器厂技术员、助理厂长。1935年与苏联人芬娜（后改名蒋方良）结婚。1937年回国，不久加入国民党。历任江西省政府保安处少将副处长、江西省保安司令部新兵督练处处长、江西赣南专区督察专员兼保安司令、“三青团”江西支团部筹备主任兼赣县县长、“三青团”中央干部学校教育长、青年编练总监政治部主任、军事委员会委员长东北行营外交特派员等。1945年随宋子文赴莫斯科谈判，签署《中苏友好同盟条约》。1948年7月任上海经济督察处副专员，在上海实施经济管制，最后失败。1949年12月去台湾，任国民党台湾省委员会主任委员。1950年3月兼任“国防部”总政治部主任，同年任国民党“中央改造委员会”委员、干部训练委员会委员。1952～1976年分别当选国民党第七至十一届中央委员、中央常务委员。1952年兼任“中国青年反共救国团”主任。1954年任“国防会议”副秘书长。1956年任台湾“行政院国军退除役官兵就业辅导委员会”主任委员。1958年7月任“行政院”政务委员。1964年任“国防部”副部长。1965年1月任“国防部”部长。1967年兼任“国家安全会议国家总动员委员会”主任委员。1969年7月任“行政院”副院长兼“财经委员会”主任。1972年任“行政院长”。1975年4月蒋介石去世后接任国民党主席。1976年11月在国民党“十一大”上当选为国民党主席，至1988年初。1978年5月起任第六、七届“中华民国总统”。当政期间，坚持一个中国，反对“台湾独立”，主张国家统一。1987年7月宣布解除台湾地区“戒严令”，同年11月开放部分台胞赴大陆探亲。著有《我的生活》、《我的父亲》、《负重致远》、《蒋经国先生言论著述汇编》等书。

**蒋孔阳** Jiang Kongyang (1923－11－23～1999－06－26) 中国现代文艺理论家、美学家、翻译家。曾用名蒋述亮。四川万县（今重庆市万州区）人。1941年考入中央政治大学经济系。1945年结识宗白华，在美学上得其指导。1946年到江苏镇江中国农民银行工作。1949年在海光图书馆任编译，次年办《海光书讯》。1951年调复旦大学，先后在新闻系、中文系任教。历任国务院学位委员会中国语言文学组学科评议组成员，国务院社会科学规划委员会学科组成员，中国作家协会理事，上海市作家协会副主席，上海市社会科学联合会副主席，中华美学学会副会长，上海市美学学会会长，中国中外文艺理论学会顾问，《中国大百科全书·哲学》美学分支副主编，《哲学大辞典》副主编兼《美学卷》主编。1980～1981年前往日本神户大学中国语言文学系任客座教授，讲授《中国现代文学史》、《中国古典美学》、《中国当代文学》等。1993年赴美，在俄亥俄大学语言学院、哈佛大学、美国东方研究院等处作“唐代诗歌的审美特征”等学术报告。1941年开始发表作品。著有《德国古典美学》(1981)、《美和美的创造》(1981)、《先秦音乐美学思想论稿》(1986)、《美学新论》(1993)、《美在创造中》(1997)、《美的规律》(1997)、《蒋孔阳全集》(1～4卷)；主编《美学与艺术评论》(1984～1999)、《中国古代美学艺术论文集》(1987)、《哲学大辞典·美学卷》(1991)、《中国学术名著提要·艺术卷》(1996)、《西方美学通史》(合编，1～7卷)等。他提出美是“恒新恒异的创造”和“多层累的突创”的理论主张，显示出他的美学思想具有包蕴性、开放性和创新性的特点。

**蒋明谦** Jiang Mingqian (1910－11－10～1995－05－19) 中国有机化学家。生于四川蓬溪，卒于北京。1935年毕业于北京大学化学系。1942年在马里兰大学药学院获硕士学位，1944～1947年在美国礼来研究所任研究员。回国后历任北平研究院化学研究所研究员、北京大学化学系和北京医学院药学系教授。1956年起，任中国科学院化学研究所研究员。1980年当选中国科学院学部委员（院士）。在有机化学方面，确定了酸性效应与氨基物化学结构的关系。在有机化学结构的研究中，1962年提出了“诱导效应指数”。1972～1975年间发现了“同系线性规律”。两项研究成果被国内外广泛应用，于1978年全国科学大会上被评为重大成果，并于1982年获国家自然科学奖二等奖。著有《高等药物化学》(1958)、《诱导效应指数》(1963)和《有机化合物的同系线性规律》(1980)等，发表科学论文60余篇和综述性文章多篇。

**蒋士铨** Jiang Shiquan (1725～1784) 中国清代诗人、戏曲作家。字心馀、苕生，号藏园，又号清容居士。铅山（今属江西）人。乾隆二十二年(1757)进士，官翰林院编修。蒋士铨是乾、嘉时期有影响的诗人，与袁枚、赵翼并称乾隆三大家。蒋士铨的诗现存2 500余首，题材比较广泛。其中，揭露社会矛盾、同情人民疾苦的诗，或揭露官府的搜刮钱财，或批判役吏的横行乡里，或描写社会底层人民生活的艰辛，都有一定社会意义。他还写有反映城乡下层社会世态风俗的诗。不过大部分抒情诗均是吊古、纪游之作。他的诗作笔力坚劲，颇受袁枚的推重。蒋士铨又是位重要的戏曲作家，共著有杂剧、传奇戏曲18种，现存16种。其中《临川梦》、《冬青树》等9种合称《藏园九种曲》。他作曲尊汤显祖，曲文时有精彩之笔。但其戏剧结构常不严密，甚至冗杂不堪。著有《忠雅堂集》43卷。

**蒋树声** Jiang Shusheng (1940－04～ ) 中华人民共和国全国人民代表大会常务委员会副委员长，中国民主同盟中央委员会主席。江苏无锡人。大学学历，教授，博士生导师。1958～1963年在南京大学物理学系金属物理专业学习。1963～1985年任南京大学物理学系助教、讲师（其间，1979～1982年为英国布里斯托尔大学访问研究员）。1985～1993年任南京大学物理学系讲师、副教授、教授，固体微结构物理国家重点实验室副主任（其间，1986～1987年为英国达勒姆大学访问研究员；1991～1992年、1993年3～8月为澳大利亚悉尼大学访问教授）。1993～1996年任南京大学物理学系主任（其间，1995～1996年为意大利科学院MASPEC研究所访问教授）。1996～1997年任南京大学副校长。1997～2006年任南京大学校长；2002年成为美国霍普金斯大学名誉博士；2003年成为英国布里斯托尔大学名誉博士）。2003～2005年任民盟中央副主席。2003～2008年任国务院学位委员会委员。2005～2008年任民盟中央主席。2008年任十一届全国人大常委会副委员长，民盟中央主席。是九届、十届全国人大常委会委员，十一届全国人大常委会副委员长。

**蒋廷黻** Jiang Tingfu (1895－12－07～1965－10－09) 中国历史学家，民国时期外交家。湖南宝庆（今邵阳）人。卒于纽约。1911年赴美求学，先后就读于派克学院预科、奥伯林学院和哥伦比亚大学研究院，攻读历史，获哲学博士学位。1923年回国，先后任天津南开大学、国立清华大学教授，清华大学文

学院院长、历史系主任。

他主张兼重中外历史，兼采中外史学研究方法。重视中国近代对外关系史档案资料的整理工作，以当时首次影印刊布的清宫档案《筹办夷务始末》为基础，编辑了《近代中国外交史资料辑要》(上、中两卷)，收购散藏于民间的档案，编辑道光、咸丰、同治三朝《筹办夷务始末补遗》(同治五年以下未编成)。

蒋廷黻在研究中国近代外交史过程中，形成了较完整的对近代中外关系变化如何影响中国历史发展的看法。九一八事变后，他强调审时度势，因此遭到舆论谴责。由于其主张与蒋介石的对日政策一致，蒋于1934年约请他到庐山面谈，并借其休假旅欧之便，委以蒋介石私人代表身份访苏，试探苏联支持中国抗日的可能性。1935年12月蒋廷黻以非国民党员的学者身份参加国民党政府，被任命为行政院政务处长，从此离开清华大学。后从事外交事务，1945年被任命为中国驻联合国常任代表。1961年11月改任台湾“驻美大使”(1965年4月离职)，兼“驻联合国代表”(1963年7月离职)。

蒋廷黻是台湾“中央研究院”院士。他非常重视中俄、中苏关系与中国东北问题的研究。1932年写成《最近三百年东北外患史》一书中从顺治到咸丰部分，以后又发表有关文章。1938年写成大纲性的《中国近代史》一书，提出中国人能否近代化将关乎国家兴亡的观点。著作还有《蒋廷黻选集》，译著有海斯著《族国主义论丛》。

**蒋廷锡** Jiang Tingxi (1669～1732) 中国清代画家。字扬孙、酉君，号西谷、青桐居士等。江苏常熟人。初以举人供奉内廷，康熙四十二年(1703)赐进士，历任礼部侍郎、户部尚书、太子太傅等职。他能诗善画，多作写生花卉及兰竹小品，工整、简率间出，或水墨或色墨并施，颇有韵致。为官后大幅作品多由他人代笔。曾有《塞外花卉图》，画长城以北花卉66种，于花卉画题材上有新的开拓。传世作品有《岁寒三友图》、《岁朝图》等。

**蒋琬** Jiang Wan (？～246) 中国三国时蜀国大臣。字公琰。零陵湘乡(今属湖南)人。早年以州书佐随刘备入蜀，任为广都长。刘备为汉中王时，任为尚书郎。建兴元年(223)，诸葛亮开丞相府，任为东曹掾。建兴五年，诸葛亮驻汉中，他与长史张裔统管相府。后代张裔为长史，加抚军将军。诸葛亮临终前密表后主刘禅：“后事宜以付琬。”亮卒，琬任尚书令，领益州刺史，升为大将军，录尚书事，封安阳亭侯。不久又加为大司马。蒋琬处事得体，“众望渐服”。他气量非凡，对部下体量宽容。蒋琬鉴于诸葛亮数出秦川北伐，由于道险而无果的教训，曾建议自水路东下，然后转北，但因条件不具备而未行。延熙九年(246)卒。

**蒋阎冯大战** 1930年5～11月，蒋介石与阎锡山、冯玉祥和李宗仁之间的军阀战争。因为战争主要在地处中国中原的河南省及其邻近地区进行，所以又称中原大战。

1929年，蒋介石召开编遣会议，以裁军为名，扩充嫡系，排除异己，引起国民党内各地方军阀强烈不满。阎锡山于1930年2月10日电请蒋介石下野，继则联络反蒋失败的冯玉祥、桂系李宗仁等组织反蒋同盟。阎的反蒋号召，得到了以汪精卫、陈公博为首的国民党改组派，以及邹鲁、谢持为首的西山会议派和冯玉祥、李宗仁等反蒋政治派别与军事集团的响应和支持。3月14、15日，鹿钟麟等57人通电拥戴阎锡山为中华民国陆海空军总司令，冯玉祥、李宗仁为副总司令。阎在石家庄设立总司令部。参战的反蒋军有5个方面军60余万人。蒋介石调兵70余万编成4个军团，并亲任总司令。5月1日在南京誓师，11日下达总攻击令，战争正式爆发。

战争初期，蒋军虽攻占河南归德(今商丘)等地，但总的形势不利。归德旋为冯军收复，长沙、济南先后被桂军和阎军占领，蒋军撤守鲁西南和豫南漯河地区。7～9月中旬，反蒋各派在北平(今北京)召开中国国民党中央党部扩大会议，宣布成立以阎锡山为主席，阎锡山、汪精卫、冯玉祥、李宗仁等7人为委员的国民政府，与南京国民政府对峙，但战局每况愈下，7月4日，桂军退守广西，8月14日，阎军放弃济南。冯玉祥的“八月攻势”也遭到失败。蒋军在两湖、津浦、陇海、平汉各战场取得全面胜利。持观望态度的张学良9月18日通电拥蒋，率东北军入关占领平、津、河北，反蒋联军迅速瓦解。11月4日，阎、冯通电下野，所属军队被张学良、蒋介石改编。蒋阎冯大战历时7月，双方投入兵力逾百万，战线绵延数千里，是中国近现代历史上一次规模最大的军阀战争。

**蒋月泉** Jiang Yuequan (1917-12-04～2001-08-29) 中国苏州弹词演员。祖籍江苏苏州。生于上海，卒于上海。1933年曾师从钟笑侬学习说唱《珍珠塔》，接着拜张云亭(一作张云庭)学习表演苏州弹词长篇节目《玉蜻蜓》，1934年登台演出。1937年又拜周玉泉学习表演苏州弹词长篇节目《文武香球》。时人评论他的表演“说噱得云庭

之妙，弹唱有玉泉之神”。其在“周调”的基础上融会“俞(秀山)调”而自创新腔，世称“蒋调”。中华人民共和国建立后，一边积极编演新节目，一边努力整理加工苏州弹词的传统节目。尤其在《白蛇传》和《玉蜻蜓》等的整理加工方面作出了突出贡献。参与创作演出表现现实生活内容的中篇评弹，如《一定要把淮河修好》、《海上英雄》、《江南春潮》和长篇弹词《夺印》等。1953年他曾参加中国人民赴朝慰问团赴朝鲜慰问中国人民志愿军。1986年上海文艺出版社出版了上海评弹团编辑、杨德麟记谱的《蒋月泉唱腔选》，1989年获中国唱片总社颁发的第一届“金唱片奖”。

**蒋兆和** Jiang Zhaohe (1904-05-09～1986-04-15) 中国中国画画家、美术教育家。生于四川泸州，卒于北京。少年时家贫，16岁赴上海以画像和从事设计为生，业余自修素描、油画和雕塑。1927年结识徐悲鸿，深受其写实主义主张和改革中国画思想的影响。20世纪30年代上半叶，辗转于上海、南京、北京、重庆之间，从事美术教育和创作。主要作品有油画《蔡廷锴像》、《一个铜子一碗菜》，雕塑《黄震之像》、《齐白石像》等。30年代中赴北平，转作水墨人物画，巧妙糅合西画造型之长，于中国人物画贡献殊显。1936～1948年为其艺术创作鼎盛期，代表作有《卖小吃的老人》、《与阿Q像》、《流民图》、《一篮春色卖遍人间》等。他以从不掩饰的画笔和真实的感情，表现濒于死亡边缘的悲剧人物的命运，表达他们对生的渴求及对光明的向往，充溢着对真、善、美的追求精神。50年代后创作进入新的阶段。代表作有《给爷爷读报》、《把学习成绩告诉志愿军叔叔》等。自50年代末期，他更重于历史人物肖像画的创作，如《杜甫》、《曹操》、《李清照》、《杜甫行吟图》等，多为抒怀写意之作，而且线条

《给爷爷读报》

更加简练，笔势益趋奔放。

蒋兆和长期从事美术教育，曾在多所院校担任教授。在教学上他致力于中国画教学的改革，其中国画的造型基础课及水墨人物写生课的教学原则和实施方案自成体系，颇有影响。

蒋兆和曾任全国政协第三届、五届、六届委员，中国文联委员，中国美术家协会理事、顾问。出版有《蒋兆和画集》、《蒋兆和画选》等画册。

**蒋正华** Jiang Zhenghua (1937－10～ ) 中华人民共和国全国人民代表大会常务委员会副委员长，**中国农工民主党**中央委员会主席，人口学家。浙江富阳人。1954年

入西安交通大学电机系电器制造专业学习，毕业后留校任助教、讲师、副主任。1980年赴印度孟买国际人口科学研究院读研究生。1982年后任西安交通大学系统工程研究所人口研究中心副主任、人口与经济研究所所长、教授、博士生导师，印度国际发展中心联合国专家，国际人口科学联盟理事会理事，陕西省人口学会副会长，中国技术人口学会理事长。1991年任国家计划生育委员会副主任。1992年加入中国农工民主党。1992年后当选为中国农工民主党中央副主席、主席（至2007年12月）。1998年后任第九届、十届全国人大常委会副委员长。早期从事系统工程和控制论、导弹、雷达跟踪、工业生产自动化等研究。20世纪80年代开始技术人口学的研究，成为学科带头人之一，编制的中国模型生命表填补了国际研究的空白。两次获国家科技进步奖一等奖。被授予国家级有突出贡献的中青年专家、陕西省劳动模范、全国先进工作者称号。获印度国际人口科学院金质奖章、英国剑桥国际传记中心21世纪贡献奖。著有《人口分析与规划》、《区域人口与经济协调发展规划方法》、《中国分类模型生命表》等。全国政协第七届委员、第八届常务委员。2007年11月任中印友协会长。

**蒋子龙** Jiang Zilong (1941－08－04～ ) 中国小说家。河北沧县人。1960年考入中国人民解放军海军制图学校，毕业后当制图兵。1965年复员到工厂，当过厂长秘书、生产班长、车间主任。历任天津市文学艺术界联合会副主席，天津市作家协会副主席、主席，《天津文学》主编，中国作家协会副主席等。

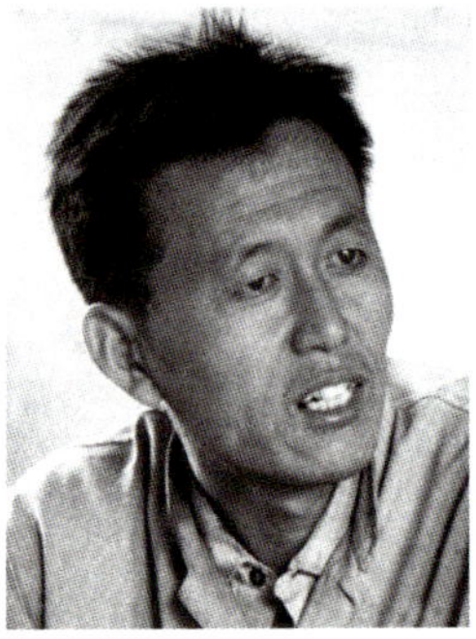

1962年开始写作。1965年发表第一篇短篇小说。1976年发表小说《机电局长的一天》，因敢于摆脱“三突出”、“写走资派”的枷锁而受到读者欢迎，但也因此受到“四人帮”的批判。1979年，小说《乔厂长上任记》发表，从而揭开了“**改革文学**”的序幕。接着，短篇小说《一个工厂秘书的日记》(1980)、《拜年》(1982)，中篇小说《开拓者》(1980)、《赤橙黄绿青蓝紫》(1981)、《燕赵悲歌》(1984)等，均频频获得好评。蒋子龙善于在尖锐的社会矛盾和思想冲突中塑造人物形象，特别是“改革者家族”系列人物形象。其艺术风格刚健、粗犷、豪放、雄浑。20世纪80年代中期之后，又有长篇小说《蛇神》(1986)、《子午流注》(1988)、《人气》(1999)、《空洞》(2002)等问世。其作品在广度和深度上有所拓展，在原有的底色中又注入了深邃和沉郁。除了小说，作者还写有大量的散文随笔。此外，还有多部选集、文集问世，其中《蒋子龙文集》(8卷，华艺出版社，1996)比较完整地收录了作者90年代中期之前的各种体裁的作品。

**蒋祖慧** Jiang Zuhui (1934－10－03～ ) 中国舞蹈编导。湖南常德人。母亲是作家**丁玲**。早年曾在苏联莫斯科国立戏剧学院舞剧编导系学习。20世纪60年代起先后任北京

舞蹈学校实验芭蕾舞团编导，中央芭蕾舞团编导、副团长。是中国舞蹈家协会理事。她独立执导或编导的大中型芭蕾舞剧有《西班牙女儿》、《巴黎圣母院》、《祝福》、《化蝶》、《流浪者之歌》等，与人合作创作的舞剧有《红色娘子军》、《纺织女工》、《杨贵妃》、《雁南飞》等。《红色娘子军》被确认为“中华民族20世纪舞蹈经典作品”。她的创作将欧洲芭蕾与中国传统舞蹈和戏剧舞蹈的理念、动作结合在一起，为中国芭蕾舞剧事业的发展作出重要贡献。

**匠户** craftsman household 中国古代从事手工业生产的专业人户。唐代有番匠，即工匠在官手工作坊内服番役20天。番匠亦称蕃匠、短番匠。番匠服役期满后，如接受其他应上番工匠的“帮贴钱”，继续代人应役，称长上匠。番匠在官府工少匠多时也可输钱代役。宋代匠户往往为官府以强差为强雇方式役使。元代以后，匠户成为官府户籍统计中的一类，称为匠籍。

元朝匠户的来源有二：一是蒙古在长期征伐过程中虏获来的工匠以及被抑逼充当工匠的俘虏；一是从民间签发来的手工工匠和并非工匠的普通百姓。匠户在户籍上自成一类，必须在官府的手工业局、院中服役，从事营造、纺织、军器、工艺品等各种手工业生产，由各局、院和有关机构直接管理。不允许他们随意脱籍，必须世代相袭，承当指定的工役。如果不肯入局、院服役，就要“痛行断罪”。有些并非工匠的匠户，或虽是工匠但所派工役非本人专长者，往往出钱雇工代为应役。

明代匠户隶属于工部，分轮班匠、住坐匠2类。明初规定：轮班匠须1年或5年一班轮流到官手工作坊服役，每班平均3个月。住坐匠则是每月赴官手工作坊中服役10天，若不赴班，则须月出银一钱由官府另雇他人。这两类匠户在当值以外的其余时间可以自由趁作，在一定程度上摆脱了终年拘禁在官手工作坊中劳动的束缚。但是，匠户在身份上仍是父死子继，役皆永充。匠户除了可免除一部分杂泛差役外，正役和税粮不能免除。

匠户要受到官吏的层层盘剥。工匠中常有怠工或逃亡的情况。明政府一方面设法招抚，一方面将逃亡匠户发往卫所充军。成化二十一年(1485)，明政府被迫下令轮班匠可折收银两：南匠每名月出银9钱，北匠每名月出银6钱。纳银后，可免赴京当班。嘉靖四十一年(1562)，进一步改革匠役制度：每名轮班匠每年纳“班匠银”4钱5分，从而废除了轮班制。住坐匠仍需按月当差，匠籍制度并没有取消。随着商品经济的发展，匠户对于封建国家的人身依附关系日趋松弛。顺治二年(1645)，清政府宣布废除匠籍制度。

**降解** degradation 泛指**高分子化合物**在物理因素（如热、紫外线、高能辐射、机械力）和化学因素（如氧、臭氧、腐蚀性介质和化学药物）作用下变性，导致**高分子材料**逐渐丧失其固有性能的过程。其中包括分子链的断裂。方式可分为无规断链和链式解聚两种。无规断链指断裂发生于沿高分子主链的任一弱点上，反应产物的平均聚合度低于原始样品。链式解聚可看成是链式**聚合**反应的逆过程，分子链的某一处或两端一经断裂，即按负增长反应方式不断释出**单体**。在物理因素影响下发生的降解，往往属于链式解聚，如聚甲基丙烯酸甲酯的热解聚；而在化学因素作用下的降解，则多属于无规断链，如各种不饱和橡胶的

臭氧分解。对于主链不断裂而侧链分解的降解，俗称非断链反应，这种降解对平均聚合度的影响不显著。不同类型的降解可以同时发生。高分子材料在自然环境下的生产、加工和使用中要接触到空气，氧化降解的问题比较普遍，因此研究其热氧化和光氧化降解及若干其他辅助因素的作用，以及如何控制这些因素以延长其使用寿命的问题，一直是高分子降解研究的最重要任务。同时，为解决固体废料的环境污染问题，又提出利用光和生物分解高分子材料的研究任务。

**降落伞** parachute 由柔性纺织物制成的伞状气动力减速器。平时折叠于包内，通过连接部件与人体或物体相连。使用时展开以增大运动阻力，减低速度，稳定运动姿态。降落伞由引导伞、伞衣套、主伞和背带（或捆绑带）等主要部件组成。

按伞衣构造特点可分为密织物伞和开缝织物伞。按用途分，救生伞是在飞机失事时营救飞行员生命的工具。空投物资装备用的重型投物伞利用牵引伞把重物（如卡车、火炮、坦克）拉出机舱空投；轻型投物伞以人力或传递带把物资装备抛出机舱，然后开伞着陆。阻力伞用以缩短飞机的着陆滑跑距离。航弹伞用于空投水雷、鱼雷、炸弹、照明弹。空降兵跳伞时，挂在飞机钢索上的开伞拉绳将伞兵伞的伞包打开，也可用手拉或仪表控制开伞。运动伞用于跳伞运动员进行比赛、训练和表演，主伞结构多采用开缝伞衣或翼型伞衣，比一般降落伞有更大的水平速度和良好的机动性。回收伞用以保证回收物（试验舱、试验导弹、运载火箭的助推火箭、无人驾驶飞机等）在执行飞行任务后或紧急情况下安全返回地面。

**降气** repressing upward perversion of qi 中医临床运用降气的药物治疗气逆证的治法。属理气法之一。降气法有降脏腑之气逆使之下行的作用，主要用于胃气上逆证和肺气上逆证。胃气上逆常见恶心、呕吐，嗳气、呃逆等症；肺气上逆常见咳喘等症。根据不同脏腑的病变所致的气逆证，降气法有降逆和胃、降气平喘之分。

降逆和胃适用于胃气上逆所致的恶心、呕吐、嗳气、呃逆等症。常用的降逆和胃药有旋覆花、代赭石、半夏、竹茹、柿蒂等，代表方如旋覆代赭汤、丁香柿蒂汤。

降气定喘适用于肺气上逆所致的气喘，咳嗽，胸膈满闷等。常用的降气平喘药有苏子、杏仁、紫菀、款冬花、麻黄等。代表方剂如苏子降气汤、定喘汤。

**降水** precipitation 从云雾中降落到地面的液态水或固态水，如雨、雪、雹、霰等。通常地面水汽凝结物，如露、霜、雾凇和雨凇等也都统计在降水量之内。

降水通常视其持续时间与强度分成三类：①连续性降水。通常具有持续的性质，雨量中等，经常与暖锋或静止锋相关联，降水质点多系中等大小的雨滴或雪花。②阵性降水。强度大，持续时间短，骤然开始和停止，且局地性很强。可能产生在不稳定气团内部，也可起源于锋面。阵性降水质点一般较连续性降水质点大。③毛毛雨。通常由大量的细小雨滴或极小的雪花组成，降水强度不超过0.25毫米/时。主要形成于稳定气团内部。根据形态和相态，降水又分为液态降水（降雨）和固态降水（降雪、降霰和降雹）。

降水的地理分布决定于各种各样的大气过程和地方特点。在有上升运动的地区，如气旋、低压、台风和大气锋面活动区，降水特别多。如果其他条件相同，在有暖湿气流流入的地区（如辐合带），降水强度最大，降水量也多。地形对降水分布的影响也十分显著，山区降水较平原多。降水的特性主要决定于上升气流、水汽供应和云的微物理特征，其中尤以上升气流最为重要。

**降水量** precipitation 一定时段内自天空下降和在地面凝结的水汽凝结物未经流失、渗透和蒸发时在水平面上积累的水层厚度。以毫米为单位表示。测定降水量的仪器有雨量器和雨量计等。

降水量的多少，主要取决于大气中水汽的含量与气流上升动力的强弱，还受纬度、环流、海陆、地形和洋流等制约。空中水汽含量愈丰富，空气上升运动愈强，降水量愈大。

单位时间内的降水量称为降水强度。降水强度大则径流加大，易引起洪、涝灾害，并加重水土流失或破坏土壤结构，还常导致作物倒伏与花、果、子粒脱落。降水强度太小，往往不能满足作物对水分的需求。

**《将相和》** *The General Reconciled with the Chief Minister* 中国京剧作品。取材于《史记·廉颇蔺相如列传》。战国时，秦强赵弱。秦王索取赵国的和氏璧。蔺相如奉命捧璧入秦，完璧归赵。在渑池会上，秦王令赵王鼓瑟，相如也逼秦王击缶，免受其辱。归国后，相如被拜为上卿。老将军廉颇心怀不平，多次在长街挡道，羞辱相如。相如以国事为重，一再退让。廉颇闻知，负荆请罪，将相和好，传为美谈。汪笑侬取“挡道”及“请罪”的情节，编演为《将相和》。另有《渑池会》(一名《完璧归赵》）则为孙菊仙、刘鸿声的代表剧目。1950年，翁偶虹、王颉竹在以上两剧的基础上，改编为全本《将相和》，塑造了有胆有识、不计私

京剧《将相和》剧照（谭富英饰蔺相如，裘盛戎饰廉颇）

怨的蔺相如和胸怀坦荡、以国事为重的廉颇，由李少春、袁世海和谭富英、裘盛戎分别在北京演出。改编本使剧情更为完整，团结御侮的主题得以深化。此剧已成为京剧舞台的保留剧目，留有“生净皆将相”的佳话。

**绛云楼** Jiangyunlou Library 中国明末清初藏书家钱谦益在其家乡常熟的藏书楼。钱谦益（1582～1664），字受之，号牧斋，又号蒙叟，南直隶常熟人。明万历三十八年（1610）进士，官至礼部侍郎，入清后授礼部右侍郎。平生喜好藏书，不惜以重资购藏古本，吸引了众多的书贾上门求售。曾尽得当时藏书家赵琦美、刘凤、钱允治、杨仪、赵用贤等家的藏书。其藏书之富，几可与内府相比。绛云楼藏书达3 900余部，多宋元孤本秘籍。其藏书楼名系取“乘飚倖衾寝，齐牢携绛云”之诗句以名之。顺治七年（1650），绛云楼建后不久，钱谦益之幼女嬉玩中不慎由剪烛起火，楼房与所藏宋元旧刻俱毁于火灾之中。曹溶在《绛云楼书目题词》中谈到了绛云楼藏书的特点：钱谦益“每一部书，能言旧刻若何，新版若何，中间差别几何，验之纤悉不爽，盖于书无所不读，去他人徒好书束高阁者远甚。”“所收必宋元版，不取近人所刻及抄本。”钱谦益曾自编有《绛云楼书目》4卷，补遗1卷。钱谦益去世后，其藏书均归其族孙钱曾。

**酱** paste 糊状调味料。中国古代曾以动物如雉、鹿、獐、兔、雁、牛、羊、鱼、虾等的蛋白质为原料加曲加盐发酵制成酱，称为醢酱，又称醢。西汉时已有用大豆制酱的记载。《齐民要术》作酱法中有豆酱法、肉酱法、鱼酱法、虾酱法等记载。现代以粮食为原料，利用米曲霉为主的微生物，经发酵酿制成各具独特色泽和酱香、咸甜适口、滋味鲜美的多种糊状调味料。将花生及芝麻磨成细腻的糊状酱，称为花生酱或芝麻酱，也可作调味料。红辣椒腌制后

磨细成酱，称为辣椒酱，又称辣酱。

酱按原料及生产工艺分为多种。①以大豆和面粉为原料酿制的豆酱，有豆瓣酱、黄豆酱、双缸酱。②以蚕豆和面粉为原料酿制的蚕豆酱。其中加入辣椒酱，则成蚕豆辣酱，又称豆瓣辣酱，著名的有四川资阳豆瓣辣酱和安徽安庆豆瓣辣酱。③以面粉为原料酿制的面酱，又称甜面酱、甜酱。④豆酱（或蚕豆酱）磨细，与甜酱、辣酱混合，再加入虾米、火腿、牛肉、鸡肉、猪肉、蘑菇、花生酱、芝麻酱等辅料，配制成各种花色辣酱。⑤中国东北地区以豆饼为原料，酱醪经发酵成熟后磨成黏稠适度的糊粥状，称为大酱。

**酱油** soy sauce 用豆、麦、麸皮酿造的液体调味品。色泽红褐，有独特酱香，滋味鲜美，有助于促进食欲。中国的传统调味品。

酱油从豆酱演变和发展而来。中国最早使用“酱油”的名称是在宋代林洪著《山家清供》中。此外，古代酱油还有其他名称，如清酱、豆酱清、酱汁、酱料、豉油、豉汁、淋油、柚油、晒油、座油、伏油、秋油、母油、套油、双套油等。755年后，酱油生产技术随鉴真传至日本。后又相继传入朝鲜、越南、泰国、马来西亚、菲律宾等国。

酱油用的原料是植物性蛋白质和淀粉质。植物性蛋白质普遍取自大豆榨油后的豆饼，或溶剂浸出油脂后的豆粕，也有以花生饼、蚕豆代替的，传统生产中以大豆为主；淀粉质原料普遍采用小麦及麸皮，也有以碎米和玉米代替的，传统生产中以面粉为主。原料经蒸熟冷却，接入纯粹培养的米曲霉菌种，制成酱曲。酱曲移入发酵池，加盐水发酵，待酱醅成熟后，以浸出法提取酱油。

**交错从表婚** cross-cousin marriage 婚姻习俗的一种。指姑舅表兄弟姊妹之间有优先婚配的权利。又称姑舅表婚。按照父系的观念，兄弟的子女与姊妹的子女为姑舅表兄弟姊妹。从原始时代母系社会的氏族外婚（见外婚制）发展而来，即两个固定氏族成员之间互相缔结婚姻。到了父系氏族社会，转变为姑舅表婚。这种婚姻关系从女子方面说，舅父就是公公，姑母就是婆婆；从男子方面说，舅父就是岳父，姑母就是岳母；男子对他的姑舅表兄弟、妻之兄弟和姊妹之夫用同一称谓。

**交感神经** sympathetic nerve 植物神经系统的重要组成部分。由脊髓发出的神经纤维到交感神经节，再由此发出纤维分布到内脏、心血管和腺体。

交感神经的低级中枢位于脊髓胸$_1$～腰$_2$（或腰$_3$）节段胸腰部的灰质侧角的中间外侧核或中间外侧带，节前纤维即起自中间外侧核的细胞。交感神经的周围部包括交感神经节（椎旁节和椎前节），由节发出的分支和交感神经丛等。

交感神经系统的活动一般比较广泛，常以整个系统参与反应。当交感神经系统发生反射性兴奋时，除心血管活动亢进外，伴有瞳孔散大、支气管扩张、胃肠活动受抑制等反应。有人认为，交感神经系统作为一个完整的系统进行活动时，其主要作用在于促使机体适应应急骤变化的环境。在剧烈的肌肉活动、窒息、失血或冷冻等应急情况下，将引起交感神经广泛兴奋，肾上腺素分泌增加，表现出一系列交感-肾上腺髓质系统亢进的现象。例如，心率加速、皮肤与腹腔内脏血管收缩、血液储存库释放血液以增加循环血量、红细胞数增加、支气管扩张、肝糖原分解加速以及血糖浓度上升等现象。

**交割** delivery 证券交易过程的最后一个环节。交易双方履行交易合同，进行交易标的和价款的实际转移。证券交易市场上的交割期，有即时交割、例行交割、约定交割等。

**交换** exchange 人们相互交换活动或交换劳动产品的过程。主要包括人们在生产中发生的各种活动和能力的交换，以及一般产品和商品的交换。从总体上看，交换可分作4类：①生产过程中产生的各种活动和各种能力的交换。例如，在生产过程中，劳动者之间在分工和协作过程中所进行的活动和能力的交换。②生产过程中的产品交换。例如，在同一生产单位内，生产过程中各道工序之间的原材料或半成品的交换。③产品在最后进入消费领域之前，各个不同生产单位之间在产品生产、运输、包装、保管等过程中的交换。④直接为消费而进行的交换，即产品进入最后消费领域的交换。第一类交换属于直接生产过程；后三类交换则是联结生产、分配和消费的中间环节。

交换是社会再生产过程的不可缺少的一个环节，是联结生产及由生产决定的分配和消费的桥梁。在社会再生产过程中，交换的性质、深度、广度和方式都是由生产的性质、发展水平和结构决定的。例如，以生产资料私有制为基础的生产，决定了交换也必然是私人之间的商品交换；生产的发展水平比较低，决定了交换的方式也比较简单。但是，交换对生产也具有反作用，它会促进或阻碍生产的发展。

**交换婚** marriage by exchange 一种相互交换的婚姻关系。起源于原始社会母系氏族的外婚制，即部落中两个半偶族的男女之间互相通婚。实行这种婚制的甲乙两家的父母以其子、女相互交换为婿、媳。进入父系制以后，表现为双方的男子均以自己的姐妹或亲族中的女子和对方相互交换为妻。双方均以一个女子为代价进行交换，无须另外补偿。交换婚常与双方的交错从表婚联系在一起，一个男子必须与姑舅表姐妹之一婚配，表兄弟双方如各有姐妹，就成为事实上的交换婚关系。在阶级社会中，妇女处于从属的地位，并成为男子财产的一部分，以对等方式交换妇女的交换婚，在经济上的意义更加明显。统治阶级的交换婚，还具有从政治上、经济上巩固其统治的作用。

**交换技术** switching technology 一种在主叫用户（或源地址）和被叫用户（或目的地址）之间实现其相互通信的技术。有基于面向连接的电路交换技术，基于存储转发的分组交换技术。在采用“面向连接”的通信网内，任何主、被叫用户在通信之前，必须先建立端到端全程连接（按照主叫用户拨发的被叫号码，接至被叫用户），作为主、被叫用户之间直接传递信息内容的临时专用信道，直至双方通信结束为止。数字程控交换是面向连接的交换技术。在采用存储转发的通信网内，每一分组各含有源地址、目的地址以及按分组包装的信息内容，不同的分组，可经由不同的路由送往同一目的地址。

**交会和对接** rendezvous and docking 两个航天器在空间轨道预定的位置和时间相会合并连接起来的过程。在航天活动中，当一个航天器需要另一航天器与它接近，或一个航天器需要接近另一个航天器时，都要用交会技术。当一个航天器需要另一个航天器与之合并为一体时，就要用交会对接技术。在交会对接过程中，通常把先在轨道运行的航天器作为目标器，如空间站，使其处于稳定的轨道运行状态。而把后来入轨的航天器，如载人飞船、航天飞机的轨道器等作为追踪航天器，由追踪航天器进行轨道机动飞行，实现与目标航天器的逼近、停靠和对接，目标航天器只起配合作用。

交会对接的过程分4个阶段。①远程导引。把追踪器从几千千米外导引到目标器后方100千米左右和轨道下方30千米左右相对位置区，直到近程雷达系统抓住目标为止。②近程导引。把追踪器从目标器后方100千米左右导引到1千米左右，直到激光雷达抓住目标为止。③最后逼近。把追踪器从目标器后方1千米左右导引到200米左右，并使闭路电视摄像系统捕获到目标。④停靠对接。以零或接近于零的相对速度靠近目标航天器，通过专门的对接装置使两个航天器相互接触，并通过对接机构把两者连接成为一个整体。

**交流电** alternating current 随时间周期性变化且在一个周期内的平均值为零的电流。电压也相应作类似的变化。交流电的来源，一类是交流发电机或电子振荡器，另一类是由机械振动或其他非电信号转换得来，如传声器将声音变为电振荡。实际应用的交流电有各种波形，如工业用的交流电是频率为50赫兹的简谐波，其他还有锯齿波、矩形波、尖脉冲、调幅波、调频波等。任何非简谐的交流电都可分解为一系列不同频率的简谐成分的叠加，并且不同频率的简谐成分在线性电路中彼此独立进行互不干扰。因此，简谐交流电是处理一切交流电问题的基础。简谐交流电的变量可写成时间$t$的简谐函数，如交流电的电流、电压可分别写成：

$$i(t)=I_0\cos(\omega t+\varphi_i)$$

$$u(t)=U_0\cos(\omega t+\varphi_u)$$

式中$\omega$为圆频率，$I_0$、$U_0$分别为电流、电压的峰值，$\varphi_i$、$\varphi_u$分别为电流、电压的初相位。$\omega=2\pi f=2\pi/T$，$f$为频率，$T$为周期，它们描述交流电随时间变化的快慢；峰值$I_0$、$U_0$描述交流电变化的幅度，实际电表测量的交流电电流或电压均为有效值。有效值等于峰值除以$\sqrt{2}$，如$I=I_0/\sqrt{2}$，$U=U_0/\sqrt{2}$（或$I=I_m/\sqrt{2}$，$U=U_m/\sqrt{2}$），通常所说的交流电220伏就是指有效值。

**交流电机** alternating current machine; A.C. machine 实现机械能和交流电能相互转换或调整电网的无功功率的机械。

交流电机按品种分有同步电机和异步电机两大类。同步电机转子的转速$n$(转/分)与所接交流电的频率$f$和电机的磁极对数$p$之间的关系为$n=60f/p$。中国电网交流电的额定频率为50赫，所以二极同步电机的转子转速为3 000转/分，四极同步电机为1 500转/分，依此类推。异步电机转子的转速与电机中旋转磁场的转速总有差值（称为转差），通常在10%以内。交流电动机的转速都受电源频率的制约，调速比较困难。在要求调速的场合，多采用直流电动机。

交流电机一般采用三相制。三相交流电机与单相交流电机相比，无论在性能指标、原材料利用和价格等方面均有优越性。

**交流输电** A. C. power transmission 以交流电流传输电能。通常采用三相制。电能输送的主导方式。

随着电力系统的发展，输送容量和输送距离日益增长，交流输电线路的电压等级不断提高。从19世纪90年代的10千伏左右高压输电，输送几十千米距离、几千千瓦功率发展到现今765千伏超高压输电输送超过1 000千米的距离、2 000兆瓦以上的功率。

由交流输电线路联结起来的电力系统要求所有的发电机保持同步运行并且有足够稳定性，要求合理的无功分布和补偿来保证系统的电压水平，对邻近的通信线路的危险影响和干扰比较严重。这些在超高压以上的交流输电中更加显著，765千伏以上电压等级的交流输电，对环境和生态的影响也成为备受关切的问题。

**《交收东三省条约》** *Agreement on Returning Three Northeast Provinces* 清光绪二十八年(1902)中俄签订的关于俄国从中国东北撤出占领军的条约。又称《俄国撤兵条约》。1900年**义和团运动**爆发后，沙俄以保护东三省铁路及其他权益的名义，乘机出动十几万军队，占领中国东北全境，企图兼并中国东三省。《**辛丑条约**》签订后，沙俄不肯从东北撤兵。东北人民展开武装抗俄斗争，英、美、日等国也以利害冲突，出面干涉，要求俄国从东北撤兵。沙俄在强大的国际压力下，被迫于同年4月8日与清政府订立《交收东三省条约》。共四条：①东三省归还中国。②俄军在十八个月内分三期（每六个月为一期）全部撤回。③俄军撤退前，清政府在东北“不另添练兵”；撤兵后，驻东北军队人数应随时知照俄国。④规定交还山海关、营口和新民厅沿线铁路后，清政府应给予“赔偿”。第一期撤军如约实行，撤走在奉天省（今辽宁省）辽河以西的军队，但1903年4月应完成的第二期撤兵，却违约不撤，另提苛刻条件，并重新占领沈阳。日本在英、美等支持下与俄国进行谈判，要求俄军撤退。俄国拒不撤军，激起中国人民的**拒俄事件**，俄日矛盾亦日益加剧，终于导致1904年2月**日俄战争**爆发。

**交通** communication 泛指由人、物、语言、信号、图像的位移与传输形成的人流、物流和信息流。现代交通包括**运输**和信息传输（通信）两大系统。现代运输系统包括**铁路运输**、**公路运输**、**水路运输**、**航空运输**和**管道运输**五种方式。它的功能是实现人和物的位移。信息传输系统包括**邮政**和电信。它的功能是将邮件、电报、电话等信息进行处理、传递和输送。

发展历程 交通是随着人类生产力的发展与社会的进步而逐步发展的。

远古时代，原始氏族社会已“刳木为舟，剡木为楫”(《易经·系辞下》)，并已具有“舟楫之利，以济不通”(同上)的对交通作用的认识。从农业和畜牧业分离的人类第一次社会劳动大分工，开始懂得以畜力作为人类早期运输的动力和工具。中国商周时期已出现配有辕与车厢的车，古车出现的同时，开始修筑道路。中国秦始皇统一六国后，实现车同轨，设邮驿，建驿道，建立起中国最早的交通和邮政制度。

古代地中海东部沿岸的腓尼基人以善于航海与经商闻名于世。濒爱琴海的希腊人精于造船，凭借地中海建立了一系列便于造船和航行的城市，并扩展自己的实力。公元前280年由索斯特拉托斯建造的法罗斯灯塔及其后的各种助航标志问世，为沟通欧亚大陆的海上交通与激发欧亚文明起了重要作用。中国在公元前486年春秋时期就开凿了运河——**邗沟**；秦朝开掘**灵渠**；隋朝完成当时世界上里程最长、规模最大的贯穿于中国南北的大运河（见**京杭运河**）。唐代开辟广州通海夷道；11世纪，宋代将指南针应用到**帆船**航行上；明代航海家**郑和**七次渡洋远航，最远抵达非洲东岸；C.**哥伦布**于1492～1504年四次远航，发现新大陆；F.de **麦哲伦**船队于1519～1522年实现环球航行，使水上运输进入了新的纪元。

18世纪下半叶英国产业革命后，蒸汽机于19世纪初逐渐取代人力和畜力作为动力，广泛应用于铁路和水路的运输。1807年美国人R.富尔顿率先在“克莱蒙脱”号船上采用蒸汽驱动。19世纪30年代“威廉”号船成为完全以蒸汽机为动力的横渡大西洋获得成功的第一船。清同治十一年(1872)**李鸿章**筹办招商局，自置蒸汽机船航行于近海和内河。

1825年英国在斯托克顿至达灵顿修建了世界上第一条铁路，G.**斯蒂芬森**制造的蒸汽机车开创了铁路运输时代。其后美国(1830)、爱尔兰(1834)、德国(1935)等国家也相继建成铁路。清同治十三年(1874)英商修筑**淞沪铁路**，1876年建成，成为中国第一条正式营运的铁路。1909年，中国人**詹天佑**以中国自己的技术力量和官款建成了第一条铁路——**京张铁路**。

1885年，德国人C.**本茨**首创以内燃机为动力的汽车。1903年美国人莱特兄弟发明以内燃机为动力的双翼飞机，同年12月17日首次飞行成功。1909年冯如设计制造中国第一架飞机。

现代管道运输得益于石油和天然气的开采发展。1865年美国宾夕法尼亚州修建了世界第一条铁质原油管道。1886年俄国巴库修建了第一条管径100毫米的钢质原油管道。进入现代社会后管道输送对象日益广泛，如粮食、煤炭、矿砂、磷酸盐以及天然气等多种产品。

中国在春秋战国时邮传制度已有相当的成效。清道光年间，英国在香港设立邮局，并在上海、天津、汉口、广州等重要口岸开设分局。光绪四年(1878)中国试办邮政，在京津等地设立送信局。西方的邮政事业发展很快。1840年英国发行邮票，试行近代均一邮资制度。1874年，德、法、英、美等22国成立邮政总联盟，1878年改名为万国邮政联盟，1948年后成为联合国的专门机构。

1837年美国人S.F.B.莫尔斯发明电报机，1876年A.G.贝尔发明电话，1895～1896年意大利人G.马可尼和俄国人A.S.波波夫分别发明无线电报，这些通信工具很快在世界各国得到广泛的应用。20世纪50年代，半导体和集成电路问世，数字通信和程控交换也随着出现和发展。中国约在清光绪七年（1881），电话首先在上海出现。

性质、特征和作用　交通的主要生产特征是不为社会创造或增加实物形态的物质产品。运输是把工农业产品由产地运到消费地，把原材料运到生产场所，以实现其使用价值；把人由出发地运送到目的地，通过位移实现其社会活动。邮电是传递有关社会生产、生活或流通的信息，以完成经济、社会活动。具有生产过程和消费过程不可分割的特征，是不能储存的，随着生产过程的结束，产品也随之消失。

交通生产设施主要包括流动设施和固定设施。流动设施指运输工具如机车、车辆、汽车、船舶、飞机以及可移动的通信工具等。固定设施泛指基础设施，包括铁路、公路、航道、管道等的运输线路，电信网络的邮电线路，以及港口、车站、机场，管道的泵站、储站，邮政局所、电信机房等不能位移的设施。交通基础设施不能移动的特点，决定了交通生产能力具有难以在地区之间调剂余缺的特征。

交通是社会生产过程在流通领域的继续和进行社会再生产的必要条件，是沟通产业之间、地区之间、企业之间经济活动的纽带，也是国际贸易往来、人员交流的桥梁。一个国家、一个地区的社会进步、经济发展及人民生活水平的改善和提高，有赖于建立健全畅通、安全、便捷的现代化的综合运输体系和发达的综合信息体系。在当今社会，全球经济一体化的形成和发展，也必须以安全、高效的交通作为前提条件。

中华人民共和国的交通事业　中国近代交通事业是从19世纪中叶开始发展起来的。但到1949年仍处于基础设施薄弱，资金匮乏，交通线路数量少，运输、通信工具缺乏，技术装备落后，布局严重不合理的状态。

1950～2010年的60年间，中国交通事业有了长足的进步，尤其在20世纪90年代后期，进入了快速发展时期。交通运输业的运输线路不断增长，运输布局有所改善；运输装备数量增加，技术水平有了很大提高；客货运输量日益增长，运输结构得到改善；交通运输服务质量不断提高；交通运输装备工业有了较大发展；交通运输体制改革不断深化，市场化进程加快，政策法规逐步完善；交通运输科技创新能力增强，人才队伍壮大。形成了初具规模的包括铁路、公路、水路、民用航空、管道五种运输方式在内的现代化综合运输体系。在邮电通信业方面，邮电网络规模不断扩大，邮电通信能力大为增强；技术水平发生质的变化，自动化、数字化比重显著提高；邮电业务不断开拓，为国民经济信息化和人民生活提供全方位服务；通信科研生产能力大为增强；国际通信和国际邮电业务有很大发展。

**交通标志**　traffic sign　用图形符号、颜色或文字传递特定信息的道路交通管理设施。道路交通标志的习称，又称道路标志。有多种类型，按功能分为主标志和辅助标志，按设置方式分为固定标志和可动标志。按发光性能分为照明标志、发光标志和反光标志。

主标志包括：①警告标志。用于警告车辆、行人注意前方存有危险。②禁令标志。用于禁止或限制车辆、行人的交通行为。③指示标志。指示车辆、行人行进。④指路标志。用于传递道路前进方向、地点、距离等信息。

大连港口码头在装卸集装箱

辅助标志是在主标志无法完整表达其规定时，附设在主标志下、起辅助说明的标志。可分为表示车辆种类、时间，区域或距离、警告或禁令理由4种。辅助标志不能单独设立。

还有一种可变信息标志。它通过现代信息技术和计算机网络连网，及时提供天气、自然灾害、交通事故等信息。

**交通管理**　traffic management　正确处理道路交通中人、车、道之间的关系，使交通尽可能安全、通畅、公害小和能耗少。是道路交通管理的习称。中国交通管理大体包括9项：

①交通指挥中心管理；②交通秩序管理；③交通勤务管理；④交通违章处理；⑤交通警卫；⑥交通事故处理；⑦交通设施管理；⑧交通宣传；⑨交通科技开发与管理。

**交通管制**　traffic control　在战争或特定条件及面临突发事件时，对指定范围临时实施的强制性交通管理和控制。特定条件是指大型集会、文艺演出、体育比赛，迎送外国元首，党和国家领导人参加群众活动，庆典游行，抢修桥隧，路线施工等。为保证各项活动准时开始，保证参加活动的人群迅速、有序、安全地离散，或为保持正常的施工进度，需要创造良好的交通环境，实行交通管制。突发事件是指天灾人祸，如地震、水患、火灾、风害、交通事故等。为便于组织受灾人员迅速转移，便于抢救受伤人员、勘测交通事故现场，迅速恢复交通，需要实行交通管制。特点是暂时性、强制性。主要手段是封闭路口和车道，限制通行。

**交通量**　traffic volume　在选定的时间内，通过道路某个横断面的车辆数。公路交通量的习称。按交通类型分为机动车交通量和非机动车交通量，通常指机动车交通量。

交通量是公路交通部门进行规划、工程前期工作的可行性研究、设计、养护管理、交通工程研究等一系列工作的基础数据，也是制定有关方针和对策的依据。在综合确定公路建设项目采用的技术标准时，交通量则是各种车辆折合成标准车后的总数。交通量是随时变化的，通常有年、月、日平均交通量，高峰小时交通量，设计小时交通量，均通过现场观测和计算获得。

**交通网**　traffic network　沟通一定地域空间的交通网络系统。主要指作为交通运营企业的运输网络。广义的交通网还可引进邮政电信网络系统。交通网由交通点与交通线构成。交通点是现代化交通网络系统的基本结点和细胞，它包括各种技术和基础设施，如车站、码头、机场、运输枢纽等。交通线是交通网络结构中点状空间的延续，如铁路、公路、水路、民用航空及管道等不同的交通线路分别或联合构成交通网络中的干线、支线、分流线或联络线等。无数相互交错的线性交通单元，构成快捷通达的现代化交通网络。交通线的基本内涵主要有3个方面：①长度和方向。它决定交通网的空间布局。②质量标准。它决定交通网的运输能力和效益。③各种交通线路所占的地位。由交通点线合理布局、协调配置而成的交通网体现整个交通运输系统的现状水平和现代化程度。交通网按辐射的地域范围可分为国家或地区交通网、局域性的城市交通网、洲际性的广域交通网。

**交通系** 中国近代由铁路起家的金融财团性政治派系。包括以梁士诒为首的“旧交通系”和以曹汝霖为首的“新交通系”。1905年梁士诒被任为京汉、沪宁铁路总文案，后又任邮传部京汉、沪宁、正太、汴洛、道清五路提调及交通银行帮理，大肆安插亲信，培植私人势力，并在扩建铁路过程中迅速壮大，形成时人所称的“交通系”。其重要人物有周自齐、叶恭绰、汪有龄、朱启钤等。梁士诒“旧交通系”在英、日等国和袁世凯的扶植下，垄断铁路、航运、电讯、邮政等大权，掌握交通、金城、中华汇业、盐业银行，正丰、中兴、北票、六河沟煤矿和龙烟铁矿、戊通航业公司等大银行大企业，与“北洋军”文武合璧，成为袁世凯政权的两大支柱。1916年，随着袁世凯称帝失败和梁士诒遭通缉而失势。段祺瑞上台后，曹汝霖被任为交通银行总理、交通兼财政总长，与陆宗舆、章宗祥等形成“新交通系”，不惜牺牲国家权益，协助段祺瑞经理借款，包办国债。1919年五四运动时期，曹汝霖等在爱国民众的反对下，不得不宣布辞职。“新交通系”从此走向衰落和敛迹。

**交通信号** traffic signal 在道路上用于传送交通管理信息的光、电波、声音以及动作等。作用是分配给互相冲突的交通流以有效的通行权，使交通流运行安全和延迟最少。常用的有手势信号和灯光信号，前者由交通管理人员通过手臂动作显示，后者则由道路交通信号灯显示。世界各国普遍采用红黄绿三色信号电气照明灯。

1968年联合国《道路交通和道路标志、信号协定》，对各种信号灯的含义作了规定。绿灯是通行信号，面对绿灯的车辆可以直行、左转弯和右转弯，除非另有一种标志禁止某一种转向。左右转弯车辆都必须让合法地正在路口内行驶的车辆和过人行横道的行人优先通行。红灯是禁行信号，面对红灯的车辆必须在交叉路口的停车线后停车。黄灯是警告信号，面对黄灯的车辆不能越过停车线，但车辆已十分接近停车线而不能安全停车时，可以进入交叉路口。有的国家规定黄灯可以与红灯同时出现，前者是警告信号，后者是预告信号。

为了分离各种不同方向的交通流并对其提供独立的通行时间，可以用带箭头的灯来代替普通的绿信号灯。有的国家还采用一种闪动的交通信号灯，分黄闪灯、红闪灯和绿闪左转弯（靠右行驶的国家为右转弯）箭头信号灯3种。面对黄闪灯的车辆可以小心地通过交叉路口，面对红闪灯的车辆不得通行，面对绿闪左转弯或右转弯箭头信号灯的车辆除了可以直行之外还可以左转弯或右转弯。

**交通银行** Bank of Communications 中国金融企业。全称交通银行股份有限公司。原为中国官僚资本四大银行之一。成立于1908年。总行设在北京。1928年总行迁至上海，南京国民政府指定为发展全国实业的特许银行。1949年后，经人民政府接管改组为专业银行。其在香港的分支机构仍经营一般的银行业务；迁至中国台湾地区的交通银行，1979年1月改制为以工业开发为主的投资专业银行。中国于1986年11月重新组建交通银行。总行设在上海。

位于上海陆家嘴的交通银行总行办公楼

**交通运输枢纽** transportation junction 一种或多种运输方式交汇并办理客货运输作业的技术设备组成的综合体（统一体）。一般由车站、港口、机场和各类运输线路、库场以及运输工具的装卸、到发、中转、联运、编解、维修、保养、安全、导航和物资供应等项设施组成。简称交通枢纽或运输枢纽。交通运输枢纽有以下类型：专业性枢纽分为公路枢纽、铁路枢纽、航空枢纽、海运枢纽；按汇集的运输方式分为铁路公路河海枢纽、铁路公路内河枢纽、铁路公路航空枢纽、内河公路枢纽等；也可按枢纽的规模、主要职能、枢纽内干线配置的形式、所在地的政治经济地位等其他特征进行分类。枢纽对于地区之间的联系、地区和城市的发展起到重要作用。

**交通运输业** transport industry 一般由公路运输、水路运输、铁路运输、航空运输和管道运输5种运输方式组成，从事经济、社会活动中旅客和货物运送服务的行业。国民经济的基础产业，服务业的一个组成部分。其基本任务是满足人们出行和物资流通的需求，实现经济与社会活动的空间功能。基本特征是实现人和物的位移，形成人和物所在场所的变动，而不为社会创造具有实物形态的物质产品，即不增加新的实物形态的物质而是实现所运送物质的使用价值。

在传统意义上，交通与运输是两个相互之间既有区别又有联系的概念。交通所关注的是通行，即运输工具（或运载工具，下同）在公共交通线网（或称交通网络）上流动的形态，与运输工具上所载运人员和物质的有无和多少没有关系。运输则关注的是运送，是运输工具上载运人员与物资的多少、位移的距离等空间移动效果，而并不特别关心运输工具的空间移动过程，以及使用何种运输工具和运输方式等。交通与运输中任何一个词义都不能准确表述交通与运输两者的全部内容和完整概念，故而将交通运输作为统一的概念使用。

最原始的运输方式是手提、头顶、肩挑、背扛等。随着商品交换的产生、扩大和社会分工的出现、细化，逐渐形成专门从事旅客和货物运输经营的交通运输业。

运输从古代的人力拖拽到今天的航空运输经历了漫长的道路：人类使用驯养的牛、马等驮运人或物，继而出现畜力车运输，并产生道路修筑标准与技术；使用船舶，建立依靠江河湖泊运输条件的经济布局，对社会发展产生了巨大作用；在航海技术、造船技术不断突破的基础上，海上贸易运输成为国际贸易运输的主要方式；18世纪下半叶蒸汽机的发明，带来机动船舶的运用和促进铁路运输的划时代大发展，创造了近代运输的新纪元；内燃机的发明，催生了公路运输与航空运输，从而构筑了现代交通运输系统的雏形；而石油和天然气的开采与运输成就了现代管道运输。交通运输业作为国民经济的基础产业，在整个社会机制中起着纽带和桥梁作用：沟通国家各区域或地区之间、城市间及城乡之间连接和密切三次产业联系，实现物质生产、流通、分配、消费全过程，提供人们进行公务、经商、探亲访友、观光等的旅行载体，也是国家之间经济、政治、外交、文化艺术等活动的基本保障。

交通运输业作为现代经济发展的基本条件，是实现工业化的先驱。在现代化大工业发展中，交通运输业是布局生产力、配置资源、平衡供需的基础，并具有先导性作用。因此，构建一个安全、便捷、高效的现代化交通运输体系，是促进国民经济平稳增长，推动国土开发与区域协调发展的重要支撑和先导条件，在国民经济和社会发展中起先行作用。

交通运输业还包括一些辅助功能和派生功能，如运输代理、物流业务、运输工具租赁等。

**交响芭蕾** symphonic ballet 有狭义和广义之分。狭义指以已有的交响曲、协奏曲、奏鸣曲、小夜曲等交响音乐作品为基础创作的芭蕾。其情节可有可无，也不一定是作曲家所表现的情节内容。广义指“交响编舞法”，即芭蕾编导借鉴交响音乐的结构原则编舞。具体做法是：遵循舞蹈特有的规律，借鉴交响音乐的思维逻辑，力求达到音乐与舞蹈的高度统一。

19世纪，意大利芭蕾大师S.维加诺根据几部L.van贝多芬交响乐编导的芭蕾舞剧《普罗米修斯的创造》(1801)，法国浪漫主义芭蕾编导J.科拉利为《吉赛尔》(1841)创作的《女鬼群舞》，俄罗斯古典芭蕾编导L.伊凡诺夫为《天鹅湖》(1895)创作的《天鹅大群舞》，俄罗斯现代芭蕾编导M.M.福金为A.P.巴甫洛娃创作的《前奏曲》(1913)等，可看作是交响芭蕾的早期尝试。

交响芭蕾这个术语是20世纪30年代舞评家用以称呼俄罗斯芭蕾编导L.马辛根据交响曲编成的芭蕾作品，如：根据P.I.柴科夫斯基的《第五交响曲》创作的《预兆》(1933)，根据H.柏辽兹的《幻想交响曲》创作的同名舞蹈(1936)等。此后，采用完整交响曲进行的舞蹈创作方法蔚然成风并自成一体。成功的作品有苏联编导Yu.N.格里戈罗维奇的《斯巴达克》(1968)，别尔斯基根据D.D.肖斯塔科维奇《第七交响乐》创作的《列宁格勒交响曲》，法国编导M.贝雅根据贝多芬《第九交响曲》创作的同名作品(1964)，美国编导G.巴兰钦的《巴罗克协奏曲》(1941)、《C大调交响曲》(1947)、《小提琴协奏曲》(1972)，以及英国F.阿什顿的《狂想曲》(1980)，J.克兰科的《莫扎特协奏曲》(1966)等。

巴兰钦的作品《小夜曲》(1934)

**交响曲** symphony 充分发挥各种乐器的功能和表现力来塑造音乐形象，并以交响乐队来演奏的大型套曲形式。交响曲在音乐发展史上是作曲家写作技巧高度发展的体现和产物，并对发挥器乐表现力的广度和深度上，也有重要意义。

早期的交响曲主要是由17世纪末意大利式歌剧序曲演变而来。18世纪中、后期，发展成独立的3乐章的器乐体裁。18世纪古典音乐时期规范的交响曲式，经J.海顿、W.A.莫扎特在前人创作基础上的实践，最后完全确立。包括4个乐章：第一乐章，快板，奏鸣曲式。第二乐章，稍慢或慢板，用节略的奏鸣曲式、三段式、复三段式或变奏曲式。第三乐章，小步舞曲，快板或稍快，复三段式。第四乐章，终曲，快板或急板，在主调上用奏鸣曲式、回旋曲式、回旋奏鸣曲式或变奏曲式。L.van贝多芬又在海顿与莫扎特的基础上对交响曲这一体裁的发展作出了影响深远的巨大贡献。他的交响曲对整个19世纪交响曲的发展有重大影响。

**交响诗** symphonic poem 单乐章的标题性交响音乐。脱胎于19世纪的音乐会序曲。交响诗的名称为F.李斯特所创，他于19世纪50年代写了《山上听闻》、《塔索》等12首交响诗，其中大多以文学作品(诗歌、戏剧)为题材；形式灵活多变，常常把奏鸣曲式、变奏曲式和回旋曲式的结构原则糅合在一起，并广泛使用主题变形手法，为后起的交响诗作者所效法。

**交响乐队** orchestra 用以演奏大型管弦乐曲的乐队。见管弦乐队。

**交易成本** transactions, cost of 依靠市场交易配置经济资源所需付出的成本。由美国经济学家R.H.科斯提出。其内容包括：①市场信息成本。有关收集和传播市场信息的费用，其中最主要的是关于价格信息的费用。②合同谈判成本。为订立合同而进行谈判所支出的费用。③合同履行成本。为使合同得以履行而必须支出的费用，如制定与执行经济法和进行诉讼的费用。④运输成本。科斯认为，企业的作用就在于可以降低交易成本，从而增加社会福利。交易成本的概念在20世纪60年代广泛使用，成为西方现代所有权理论的一个基本概念，用以说明私有财产的产生原因。

**交易费用** transaction cost 在经济交易过程中所发生的费用。又称交易成本。具体而言，在市场上为了完成一笔交易，参与人不但需要出入市场、了解产品的质量和相对价格，还需要就交易的细节进行谈判、协商、签约，甚至承担违约损失等。总之，交易过程需要参与人投入精力和时间，支付各种费用，这些费用以及所耗费时间和精力的机会成本都称为交易费用。

交易费用的存在既可能会降低社会的福利水平，因为社会不得不动用一定的资源来保证交易的完成；又可能会降低社会的经济效率，因为一笔对于交易双方都有益的买卖，可能会因为交易成本过高而无法达成。

**交阯布政使司** 中国明初在大越国(今越南)北部、中部设置的行政机构。全称交阯等处承宣布政使司。大越国，中国古代称之为“安南”。明永乐四年(1406)七月出兵征讨大越国，次年于其地设交阯都指挥使司、交阯等处承宣布政使司、交阯等处提刑按察使司，以都督佥事吕毅掌都司事，尚书黄福兼掌布、按二司事。布政司治所在安南之东都，即今河内市。所辖府、州、县前后有变动。据《明太宗实录》和永乐《交阯总志》载，永乐十三年共有交州、北江、谅江、谅山、新安、建昌、镇蛮、奉化、建平、三江、宣化、太原、清化、义安、新平、顺化、升华等17府。广威、嘉兴、(归化、宁化、演州等直辖州和其他散州计47州，157县。由于升华府地为占婆国所控制，故实际管辖范围约当今越南广南—岘港省以北地区。宣德二年(1428)十二月，大越国再度独立，交阯布政使司废。

**交趾** Jiaozhi 古地区、政区名。①又作交阯。出现在先秦时期，泛指五岭以南。《礼记·王制》：“南方曰蛮，雕题、交趾。”《墨子·节用》、《韩非子·十过》、《尚书大传》都说帝尧之地，南至交趾。因地在南方，故又称南交，《尚书·尧典》：“申命羲叔，宅南交。”

②武帝元封五年(前106)所置十三刺史部之一。监察南海、苍梧、郁林、合浦、珠崖、儋耳、交趾、九真、日南九郡，相当今广东、广西大部和越南南部富安、庆和省间大岭以北地。成帝绥和元年(公元前8)、哀帝元寿二年(公元前1)曾改刺史为州牧。王莽时曾俗称交州，东汉建武十一年(公元35)，开始有固定任所，治苍梧郡广信(今广西梧州、广东封开一带)。灵帝中平元年(184)黄巾起义，局势混乱，遂由监察区演变为郡以上一级行政区。建安

八年(203)正式改称交州。

③郡名。公元前2世纪初南越赵佗置交趾郡，西汉武帝元鼎六年(前111)灭南越后属汉。东汉以后为交趾刺史部或交州以下二级政区。初治嬴陵(今越南顺城)，东汉移治龙编(今越南仙山)，辖境相当今越南北部，西晋以后辖境逐渐缩小，仅限于红河三角洲一带。隋平陈废郡存州。大业初又曾改交州为交趾郡，治宋平(今越南河内市)。唐初复为交州，通常仍俗称为交趾。

④旧时对安南、越南的别称。五代越南独立后，北宋仍称其国为交趾，南宋后虽先后改称为安南和越南，但以其国本古交趾地，也别称为交趾。如宋代以来著述《诸蕃志》、《大德南海志》、《岛夷志略》、《东西洋考》、《指南针法》等都以交趾名其地。近代仍称中南半岛为交趾支那。

⑤省名。明永乐五年(1407)置交趾布政司。治交州府(今越南河内市)。辖境相当今越南北部、中部地区。宣德二年(1427)地入安南。

⑥县名。隋开皇十年(590)置。治今河内市西北。唐初曾为慈州及南慈州治所。末年废。

**交子** paper note; jiaozi 世界上最早的纸币。中国北宋初年(约公元10世纪末)创行于成都。起初由私人发行，性质类似近代的汇票、支票。后发生信用危机。天圣元年(1023)，改由官方发行，成为四川地区与铁钱并行的法定货币。交子是四川地区经济发展较快与铁钱沉重不便贸易相矛盾的产物。交子由官方发行以后，最初每三年(一说二年)为一界，每界终以新币兑收旧币，百姓每贯缴费30文。每界发行125.634万贯。交子有多种面额。最初发行一贯至十贯十种。宝元二年(1039)改为只发行五贯、十贯两种；熙宁元年(1068)又改为发行一贯、五百文两种；此后似又有改变。为了防止伪造，交子印制相当复杂，要用敕字印、大料例印、年限印、背印、青面印、红团印等，使用两种以上的颜料。发行交子的机构为交子务。宋神宗时期，曾在河东、陕西地区发行交子。宋徽宗时，又将交子推行于京师及京东西、淮南等路。熙宁五年(1072)，开始两界沓行，即在前一界交子尚未回收时，发行后一界交子与前界交子一同行用，发行量等于增加了一倍。绍圣元年(1094)以后，特别是宋徽宗即位以后，每界交子的发行量不断增加。由于出现危机，交子严重贬值，大观元年(1107)夏，将交子改名钱引。后自第44界始，规定依天圣旧额发行，且仅在四川地区行用。此后至南宋嘉泰以前，钱引发行较稳定，贬值轻微。嘉泰以后，由于军费开支增加，四川残破，钱引发行出现问题，或三界并行，或延长各界年限，发行数额不断增加，最后达数十亿贯以上，引起严重贬值，一贯钱引的币值比一文铜钱还要低。在交子、钱引正常发行的时期，对经济发展起了重要推动作用。由于政府转嫁财政危机，交子、钱引先后发生危机，又给社会经济带来负面作用，给百姓造成痛苦。

北宋交子

又有关外铁钱会子、四川银会、四川会子、关外银会子。

南宋时期又在淮南地区发行淮南交子，简称淮交，也是一种可兑换铁钱的纸币。淮交始行于乾道二年(1166)，面额有二百文、三百文、五百文、一贯文四种，发行额最初为300万贯。初不分界，绍熙三年(1192)定为三年一界。嘉定年以后不断增印，贬值严重。

**茭白** *Zizania caduciflora*; water bamboo 禾本科菰属的一种。多年生宿根水生草本植物。又称菰、茭笋、菰手。原产中国。中国自广东、台湾至黑龙江哈尔滨都有种植，但以长江流域以南特别是太湖流域栽培较多。植株高2～2.5米，多数分蘖而丛生。叶鞘长40～60厘米，各叶叶鞘自地面向上层层左右互相抱合，形成假茎。黑粉菌侵入茭白嫩茎后，刺激其细胞增生，形成肥大的肉质茎，通称茭白。呈纺锤形。花小，绿色，单性。种子细长。有两个栽培型：①双季茭。种苗栽插后在一年期间可采收两次。②单季茭。春夏栽培，一年一熟，可连续采收2～3年，再换田栽植。

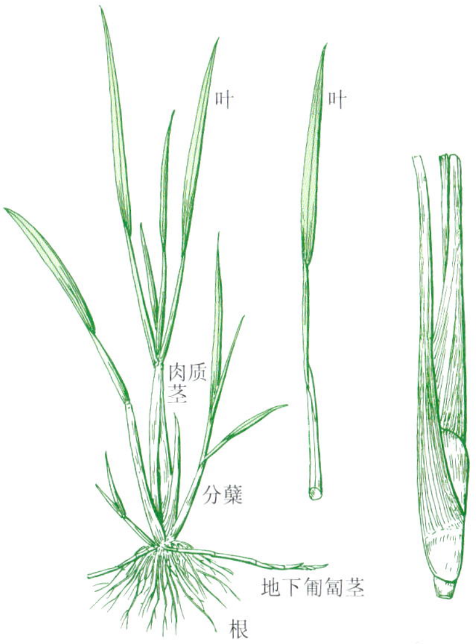


茭白植株形态

茭白喜温暖，气温10～20℃时萌芽，20～30℃为分蘖盛期，15～25℃为孕茭期。用分株法繁殖：将老墩除去“雄茭”和“灰茭”后，劈分成许多小墩栽植。

茭白肉质洁白，蛋白质含量虽不高(约1.5%)，但由于以氨基酸形态存在，故作蔬菜食用时味较鲜美。也可加工制罐。中医学认为有利尿、消渴、解毒功效。

**胶版印刷纸** offset printing paper 专供胶版印刷机进行多次套色，印刷书刊、封面、彩色画报、宣传画、商标及美术插图等的纸。印刷业中应用最广泛的纸种之一。分为A、B、C三个等级，三个等级在外观上的主要区别是：A等白度超过87%；C等白度较低，约77%；B等白度介于二者之间。A、B等用于高级多彩色印刷，C等只供普通彩印(双色或单色)使用。胶版印刷纸的定量范围在60～150克/米$^2$，其中以80克/米$^2$和70克/米$^2$需要量最大。根据印刷机类型，分为卷筒纸及平板纸。

胶版印刷纸的生产，中国使用漂白针叶木浆或阔叶木浆，再配以一定量的漂白麦草浆、苇浆、竹浆等抄造。近年来也有采用废纸脱墨漂白浆、漂白化学热磨机械浆(BCTMP)、碱性过氧化氢机械浆(APMP)配抄胶版印刷纸。

**胶东半岛** Jiaodong Peninsula 位于中国山东省东部，突出于黄海、渤海之间，隔渤海海峡与辽东半岛遥遥相对。地处胶莱河以东，面积2.7万平方千米，为山东半岛的主体，可视为狭义的山东半岛。

**胶蚧** Lacciferidae; lac scale 同翅目胶蚧科昆虫的统称。主要分布于中美洲、南美洲、大洋洲、南部非洲和东南亚，其中约40%的种类记载于亚洲南部。在中国已记载有7种。

雌成虫体形十分特殊，通常为近似球形、梨形或扁凸形的紫色囊状物。体壁柔软。体外由半球形胶壳包围。胶壳有紫、至黑褐等色。体节几乎全部消失。触角2～5节，呈锥状瘤突或圆柱状，顶端常生有数根刚毛。胸气门2对。足退化。虫体体面分布有管状腺、五孔腺和多孔腺。多孔腺分布于阴门周围，称为围阴腺。

胶蚧类雌成虫能分泌大量树胶质覆盖物，如紫胶蚧(俗称紫胶虫)所分泌的紫胶，它是国防工业和其他一些工业的重要原料。但有些种类的胶质很坚硬，目前还难以利用。有些种类则是经济树种和观赏植物的害虫。

**胶南市** Jiaonan City 中国山东省辖县级市。位于山东半岛西南隅，胶州湾西畔。面积1 845平方千米。人口87万（2010），有汉、朝鲜、壮、满、回等民族。秦置琅玡县，唐废。1946年析胶县置胶南县，因地处胶县南部而得名。1990年撤县设市。由**青岛市**代管。海岸线长138千米，有胶州湾、唐岛湾等16个海湾，有灵山岛等10个岛屿。农业主产小麦、花生、玉米、高粱、水稻、大豆、谷子、苹果等，沿海滩涂盛产真鲷、鲳鱼、鲅鱼、牙鲆、对虾、蟹、扇贝、杂色蛤、西施舌、海参、海蜇、鲍鱼、石花菜、裙带菜、海带等海产品以及中华绒花鳖、中华鳖、罗非鱼等淡水产品。工业有橡胶、造纸、冶金、电力、酿酒、化工、食品、建材、汽车、造船、机械、建筑等。交通以公路、海运为主，公路有胶新干线。名胜古迹有齐长城、琅玡台、琅玡城、安陵城、石门寺、朝阳寺、麻衣庵、隋唐石窟、珠山石室、古琅玡港等。

**胶黏剂** adhesive 能使物体的表面与另一物体的表面结合在一起的物质。又称黏合剂，俗称胶。胶黏剂可以黏结各种相同或不同的材料，特别适用于黏结弹性模量与厚度相差比较大，不宜采用于其他连接方法连接的材料，以及薄片或薄膜材料等。与焊接、钉接、螺栓联接等方法比较，有重量轻、连接部位应力分布均匀、强度高、耐疲劳性好等优点，且可简化工艺，减少后加工量，缩短生产周期，增加气密性，提高产品质量，降低成本等。

组成 胶黏剂的组分：①基料，胶黏剂的基本成分，分天然聚合物、合成聚合物和无机化合物三大类。②固化剂，使液态的基料转化为固体，从而使黏结具有一定的机械强度和稳定性。③填料，提高黏结强度、耐热性和尺寸稳定性，并可降低成本。④增韧剂，改善胶黏剂的柔韧性和胶层的抗冲击性，但耐热性、机械强度和耐溶剂性会相应下降。⑤稀释剂，降低胶黏剂的黏度，以便于施工和操作。

种类 按基料分类：以无机化合物为基料的称无机胶黏剂，包括硅酸盐、磷酸盐等；以聚合物为基料的称为有机胶黏剂，其中又分天然胶黏剂（如淀粉胶、蛋白质胶）和**合成胶黏剂**两类。按用途可分为金属、塑料、织物、纸品、医疗、制鞋、木工、建筑、汽车、飞机、电子元件等用胶。还有特种功能分类的，如导电胶、导磁胶、耐高温胶等。

**胶片** film 在透明片基的表面上涂布了感光乳剂的感光材料。在胶片片基的背面常有抗弯曲、消除晕光的防光晕层，片基的前面涂有附着层，各种感光乳剂被附着层黏合在片基上，最外面涂有一层保护层，防止乳剂被划伤。胶片的乳剂层在曝光后形成不可见的潜影，经过显影才转化为可见的影像。因此，胶片是传统摄影过程中原始影像信息的传感器与存储器，是影响最终影像质量的重要因素。胶片可以按多种方法分类：

按用途分类 ①负片，又分黑白负片与彩色负片。黑白负片用不同密度的银粒或染料记录景物黑白灰的影调，但是形成的影调与实际的景物相反（图a）。彩色负片则用不同颜色与密度的染料记录景物的明暗与色彩，不仅记录的影调与景物相反，而且记录的色彩也与原景物互补（图b）。负片经过冲洗后形成的胶片又称为底片。底片必须经过印相或放大后，才能形成可供观赏的黑白或彩色照片。②反转片，也分黑白与彩色反转片。经反转冲洗之后形成色彩（仅限彩色反转片）与影调均与原景物相同的透明片（图c），可以直接观赏或用幻灯机放映。③正片，用于从负片经过印相或放大制作可供观赏的透明照片的感光材料。正片比负片反差强，最高密度大。④中间负片，用于从反转片、正片或照片复制底片的感光材料。中间负片比负片感光度低、反差小，能更准确地记录原片上的色彩层次与细节。正片与中间负片也都有彩色与黑白两种。以上各种胶片中最常用的是主要供民用与一般影像资料记录的彩色负片，供专业展示与制版印刷用的反转片和供严肃的摄影师与高级业余爱好者使用的黑白负片。⑤供特种行业或特殊摄影使用的胶片。如全息摄影胶片、X射线胶片、红外摄影胶片、航空摄影胶片、高反差制版胶片等。还有一种特殊的胶片称为一步成像胶片。

a b c

3种常用胶片

常用胶片感光度对照表

| 分类 | 感光度 | | | 特性 | | | 用途 |
|---|---|---|---|---|---|---|---|
| | ASA | DIN | ISO (GB) | 颗粒度 | 分辨率 | 反差 | |
| 低速胶片 | 25 | 15° | 25/15° | 细小↑ | 高↑ | 强↑ | 用于静物、翻拍复制、风光等需要高倍放大的专业静态摄影 |
| | 32 | 16° | 32/16° | | | | |
| | 40 | 17° | 40/17° | | | | |
| | 50 | 18° | 50/18° | | | | |
| | 64 | 19° | 64/19° | | | | |
| 中速胶片 | 80 | 20° | 80/20° | ↑中等↓ | ↑中等↓ | ↑中等↓ | 在较明亮的环境下供各种人士拍摄多种题材的通用胶片 |
| | 100 | 21° | 100/21° | | | | |
| | 125 | 22° | 125/22° | | | | |
| | 160 | 23° | 160/23° | | | | |
| | 200 | 24° | 200/24° | | | | |
| | 250 | 25° | 250/25° | | | | |
| 高速胶片 | 320 | 26° | 320/26° | ↓粗大 | ↓低 | ↓弱 | 适于拍摄动体或在较暗的光线下使用 |
| | 400 | 27° | 400/27° | | | | |
| | 500 | 28° | 500/28° | | | | |
| | 640 | 29° | 640/29° | | | | |
| | 800 | 30° | 800/30° | | | | |
| | 1 000 | 31° | 1 000/31° | | | | |
| | 1 600 | 33° | 1 600/33° | | | | |

按对各种波长色光的敏感度分类 黑白胶片可以分为：对各种可见光都感光的全色片，对蓝、紫、绿、黄光线敏感的分色片，仅对蓝、紫光线敏感的色盲片，对X射线敏感的X射线胶片，对红外线敏感的黑白红外线胶片。彩色胶片根据对光源色温的适应能力分为日光型（适应5 500K的色温）与灯光型（适应3 200K的色温）。彩色胶片也有红外线胶片（见**红外线摄影**）。

按分装形式与画幅尺寸分类 单张使用的胶片称为页片，成卷使用的称为胶卷。

按感光度分类 感光度表示胶片对光的敏感程度，现在常用的感光度标准有两个：①用算术形式表达的美国ASA感光度，感光度每增加一倍，感光度值也增加一倍；②用对数形式表达的德国DIN感光度，感光度每增加一倍，感光度值增加3。国际标准与中国的国家标准则同时使用这两个标准。附表列出了3种标准的对应关系及不同感光度胶片的主要用途。

**胶体** colloid 直径一般在1～100纳米之间的微粒均匀分散在另一介质中所形成的

分散系统。在胶体中，被分散的物质称为分散相，周围的介质称为分散介质。胶体通常依分散相和分散介质是固体、液体或是气体来分类（见表）。

多相分散体系按聚集状态的分类

| 分散相 | 分散介质 | 体系名称 | 实例 |
|---|---|---|---|
| 液 | 气 | 气溶胶 | 雾 |
| 固 | 气 | 气溶胶 | 烟、尘 |
| 气 | 液 | 泡沫 | 灭火泡沫 |
| 液 | 液 | 乳状液 | 牛奶、原油 |
| 固 | 液 | 溶胶、悬浮液、凝胶 | 金溶胶、油漆、牙膏 |
| 气 | 固 | 固体泡沫 | 泡沫塑料、浮石 |
| 液 | 固 | 固态乳状液 | 珍珠、宝石 |
| 固 | 固 | 固态悬浮体 | 合金、有色玻璃 |

胶体的基本特征是：①高分散性。②多相性。即分散相粒子与介质构成不同的相。③热力学不稳定性。由于具有颇大的相界面，从而有很高的界面能，分散相粒子有自动聚集的倾向。④可以散射可见光。当光束通过胶体溶液时，在与光束前进方向垂直的侧向上观察，可以看到溶液中显出一个混浊发亮的光柱（乳光现象），该现象是胶体粒子对可见光散射的结果，称为丁铎尔效应，被认为是胶体区别于真溶液的特征。⑤吸附性。因为细小胶粒具有很大的比表面，会选择吸附离子并获得电荷。在外电场下带电荷的胶粒向电极移动，称为电泳。

胶体的制备可通过分散法（将粗颗粒分割成胶体大小）和凝聚法（使分子或离子聚集成胶体粒子）来完成。有些物质很容易在合适的溶剂中分散而形成胶体（如凝胶），这种自发的分散称为胶溶。新制备的溶胶一般都含有过量的电解质或其他杂质，为提高胶体的稳定性，需进行渗析等纯化处理。

**胶体化学** colloid chemistry 研究胶体分散系统的特殊性能的物理化学分支学科。由于这类分散系统有着极大的界面积（或表面积），界面性质对胶体的制备和性能有至关重要的影响，故胶体化学与表面化学关系非常密切，常被联系在一起而称为胶体和表面化学。

**胶印** offset printing 平版印刷的一种。将金属印版图文上的油墨转印到橡胶滚筒上，再经橡胶滚筒转印到承印材料上进行的印刷。属间接印刷。经橡胶滚筒间接转印的印品不仅印迹清晰，还可以提高印版耐印力。为平版印刷中历史最短，但发展最快、应用最广的一种印刷方法。在凸、平、凹、孔4种印刷中，胶印墨层最薄，且版面有水，易引起墨色乳化，影响色彩表现力。以前，胶印只承担一般彩色印刷。随着油墨、纸张、胶印机械、器材等质量的提高，胶印不仅能印出精美的彩色印刷品，还能用高速轮转胶印机印刷书刊报纸。在纸品印刷上，基本淘汰了历史悠久的凸版铅印。在20世纪末，成为印刷的主流方式。

**胶原** collagen 生物体胶原纤维的组成单元，是一种蛋白质。在各门多细胞动物中都发现有胶原存在。胶原的氨基酸组成为：甘氨酸约占1/3，还有11%的丙氨酸、12%的脯氨酸，以及在其他蛋白质中很少见到的羟脯氨酸（9%）和羟赖氨酸。不同动物的胶原在性质上有些差异。成年动物体的胶原是极稳定的。在生理状态的pH、温度及离子强度等条件下，除胶原酶外，一般蛋白水解酶不易降解胶原。

胶原占人体或其他动物体总蛋白质量的25%～30%，其功能主要是连接组织和器官（包括专门传力的肌腱）、支持体重（骨、软骨）、保护机体（皮肤）等，在个体发育过程中还有协助引导组织分化和器官形成的作用。不少疾病和胶原有关，如动脉硬化、肝硬化等。如果胶原的生物合成发生障碍，就会造成一种严重的胶原病——骨生成缺陷症；还会造成其他的一些胶原病，如当洛斯氏综合征、马法氏综合征和表皮松懈症等。胶原自身的代谢一般比较缓慢，但在动物体的生长、发育，以及组织损伤后的修复等过程中，其生物合成往往比较活跃。

**胶州市** Jiaozhou City 中国山东省辖县级市。位于山东半岛西南隅，胶州湾西北岸。面积1 313平方千米。人口84万（2010），有汉、蒙古、回、藏、壮等民族。西汉时置计斤、黔陬二县，后废。北宋元祐三年（1088）升密州板桥镇为胶西县。元太祖二十二年（1227）置胶州，因胶水而得名。1913年改为胶县。1987年撤县设胶州市。由青岛市代管。矿产有重晶石、萤石、石墨、陶土、膨润土、珍珠岩、石英砂等。农业主产小麦、玉米、高粱、花生、棉花、大豆、蔬菜等。海岸线长25千米，沿海滩涂水产品有对虾、鲳鱼、黄姑鱼、带鱼、鲤鱼、河蟹、杂色蛤等200余种。工业以机械、电子、化工、食品、建材等为主。古迹有祓国古城址、牧马城遗址、高凤翰故居等。

**胶州湾** Jiaozhou Bay; Kiaochow Bay 位于中国山东省山东半岛南岸，由青岛市、胶州市、胶南市环抱。湾东西宽28千米，南北长33千米，水域面积约466平方千米。湾内港阔水深，浪小波轻，终年无冰冻。湾口为青岛港。

**胶子** gluon 理论上预言传递夸克之间的强相互作用的粒子。共8种，质量为零，自旋为$\hbar$，具有色量子数，但直到现在为止，实验上还没发现自由胶子。

1968年的电子对质子的深度非弹性散射实验中，就观察到可能存在有胶子的迹象。实验表明，质子中有着点状的物质，而质子的能量只有一半由带电的点状物质所携带，其他一半则由中性的、无电磁相互作用的组分所携带。夸克模型中这些带电的点状物质被解释作夸克，中性的组分就是胶子。1981年，在高能正负电子对撞实验中发现的三喷注现象，可解释为正反夸克（q,$\bar{q}$）及胶子（g）引起的。

**蛟河市** Jiaohe City 中国吉林省辖县级市。位于省境东部松花江畔。面积6 235平方千米。人口45万（2010），有汉、蒙古、朝鲜、回等15个民族。清宣统元年（1909）置额穆县。1939年更名为蛟河县。1989年撤县设市。由吉林市代管。矿产资源有煤、铜、镍、铁、钨、钼、硅藻土、蓝晶石等。农作物主要有玉米、水稻、大豆、晒烟、白瓜子等。全市林地约占土地面积的68.8%。工业以能源、化工和长白山资源开发为主。长图、拉滨、吉五3条铁路横贯市境。图乌、蛟金公路是连接中俄、中朝边境的主要干线。名胜古迹有拉法山、松花湖，以及八垧地遗址、拉法西山遗址等。

**焦耳** joule 国际单位制中表示能、功、热的导出单位。简称焦。符号为J。是千克二次方米每二次方秒（$kg·m^2/s^2$）的专门名称。为纪念英国物理学家J.P.焦耳而命名。定义为1牛顿的力使其作用点在力的方向上位移1米所做的功，即1焦耳=1牛顿·米。这一单位最早由英国科学协会于1888年提出，1889年国际电学大会予以承认，1948年第9届国际计量大会通过并作为热的单位，从而使力学、电学、热学中的能量单位实现了统一。在电学范畴中，1焦等于1瓦·秒，即1安电流通过1欧电阻在1秒时间内释放的能量。在热学范畴中，过去所用的热量单位卡［路里］应改为焦耳，即1卡=4.186 8焦。焦耳与其他常见功、能、热计量单位的换算关系为：1焦（J）=2.777 78×$10^{-7}$千瓦·时（kW·h）=0.101 972千克力·米（kgf·m）=0.238 846卡（cal）=$10^7$尔格（erg）。

**焦耳** Joule, James Prescott（1818-12-24～1889-10-11） 英国物理学家。生于曼彻斯特附近的索尔福德，卒于塞尔。1834～1837年焦耳曾向英国化学家J.道尔顿学习，1840年提出电流通过导体产生热量的定律；由于不久H.F.E.楞次也独立地发现同样的定律，而被称为焦耳-楞次定律。从1841起，焦耳的主要贡献是钻研并测定了热和机械功之间的当量关系。他做了大量实验，探讨热与其他各种形式的功或能之间转换当

量，并对此做出了多次精确测定，1847年宣布能量守恒学说。直到1878年还重复多次对当量值的精确测定。焦耳的研究工作，为热运动与其他运动的相互转换与守恒等问题提供了无可置疑的证据，成为能量守恒定律的发现者之一（见**热功当量**）。

1852年焦耳和W.汤姆孙（即**开尔文**）发现气体自由膨胀时温度下降的现象，被称为**焦耳－汤姆孙效应**。这一效应在低温和气体液化方面有广泛应用。焦耳对**蒸汽机**的发展做了不少有价值的工作，还第一次计算了有关气体分子的速度。

1850年，焦耳被选为英国皇家学会会员。为了纪念他对科学发展的功绩，将能量或功的实用单位命名为焦耳，现行国际单位制（SI）仍沿用。

**焦耳－楞次定律** Joule-Lenz law 导体中传导电流引起电能转化为热能的定律。常称为焦耳定律。1840年J.P.**焦耳**和1843年H.F.E.**楞次**彼此独立地发现。可表述为电流通过导体时，所产生的热量$Q$与电流$I$的2次方、导体电阻$R$以及通电时间$t$的乘积成正比，表示为$Q=I^2Rt$，或热功率$P=Q/t=I^2R$。它是设计电照明、电热设备及计算各种电气设备温升的基本公式。白炽灯、电炉和用于过电流保护的熔丝等都是按焦耳－楞次定律工作的，而发电机、变压器绕组中的大电流引起的温升限制绕组的正常使用，需要辅以冷却措施。

**焦耳－汤姆孙效应** Joule-Thomson effect 气体通过多孔塞膨胀后所引起的温度变化现象。1852～1862年，J.P.焦耳和W.汤姆孙通过一系列实验发现这一效应。这是一种绝热节流过程，即在绝热条件下，管道中的高压气体经多孔塞节流阀流向低压一边的过程。节流过程中，气流接近多孔塞孔口时，截面积很快缩小，流速很快增大；经过孔口后，截面积又渐扩大，流速减低。由于过程是在绝热条件下进行的，所作净功应等于系统内能的变化。对于理想气体，经绝热节流过程后，温度应不变。对于实际气体，经绝热节流过程后，温度可能降低、升高或不变，分别称为正的、负的或零焦耳－汤姆孙效应。正的焦耳－汤姆孙效应又称致冷效应，负的焦耳－汤姆孙效应又称致热效应，零焦耳－汤姆孙效应相应的温度称为焦耳－汤姆孙效应的转变温度。焦耳－汤姆孙效应是实际气体偏离理想气体的结果。

绝热节流过程的研究，对于气体的液化，以及汽轮机、喷气机、压气机和压缩器等装置中喷管和扩压管的设计有重要意义。

**焦晃** Jiao Huang（1936－07－08～ ） 中国话剧演员。生于北京。1959年毕业于**上海戏剧学院**表演系。同年进入上海青年话剧团。他在话剧舞台上塑造过许多不同性格的人物形象，主要有《无事生非》中的培尼狄克（1961）、《秦王李世民》中的李建成（1981）、《红房间·白房间·黑房间》中的贺水夫（1985）、《背叛》中的杰瑞（1995）、《正红旗下》中的老舍（2000）等。此外，他还在多部电影、电视剧中担任角色，其中以电影《难忘的战斗》、电视剧《戏剧人生》和《雍正王朝》中的表演，给观众留下了深刻的印象。他的表演注重人物行动特殊形式的发掘，在风格上既激情充沛，又强调心理活动的细腻化和层次感。

**焦菊隐** Jiao Juyin（1905－12－11～1975－02－28） 中国导演艺术家、戏剧理论家、翻译家。原名承志。生于天津，卒于北京。1928年毕业于燕京大学。1931年任北平戏曲专科学校校长，培养了一批京剧表演人才。

1935年赴法国巴黎大学学习，1938年获文学博士学位后回国。先后在广西大学、国立戏剧专科学校任教。抗战胜利后任北平师范大学教授。1947年创办北平艺术馆，翌年筹建校友剧团。先后导演了话剧《夜店》、《**上海屋檐下**》，京剧《桃花扇》，并把《**罗密欧与朱丽叶**》改编为京剧《铸情记》。北京解放后回京担任北京师范大学文学院院长兼西语系主任。1950年导演**老舍**的话剧《龙须沟》，展示了现实主义舞台艺术的魅力。1952年任北京人民艺术剧院总导演。此后相继导演了《明朗的天》、《武则天》、《**关汉卿**》等剧。1956年他通过《虎符》的排练，探索话剧向戏曲学习的课题，逐步形成了自己的导演学派。作为这一学派的代表性剧目是《茶馆》（1958）和《蔡文姬》（1959）。还撰写了《导演的艺术创造》、《中国戏曲艺术特征的探索》等重要文章，集中体现了他创造“中国演剧学派”的理想和追求。

**焦距** focal length 表明光学系统焦点位置的特征距离。对薄透镜而言，物方焦点至透镜中心的距离称物方焦距，用$f$表示；像方焦点至透镜光心的距离称像方焦距，用$f'$表示。凸透镜的焦距为实焦距，为正值；凹透镜的焦距为虚焦距，为负值。透镜两侧介质的折射率不等时，物方焦距$f$与像方焦距$f'$并不相等，只有当透镜两侧介质的折射率相同时，才有$f=f'$。透镜焦距与透镜材料的折射率和两个表面的曲率半径有关。通过焦点并与主光轴垂直的平面称为焦面。

**焦虑** anxiety 一种复杂、综合的不愉快情绪体验，常表现为紧张、不安、焦急、忧虑、害怕、恐惧、烦恼和痛苦，并伴有自主神经系统的激活。焦虑往往是在个人遭受挫折或精神打击后，预料将会产生某种不良后果，或者面临内在、外在不确定的威胁和危险但又难以应对而出现的忧虑感，是在**应激**条件下一种常见的情绪反应。有时在诱因不明显的情况下也可能出现内心极度不安、紧张、焦急情绪，此为病态行为，可见于焦虑症。适度的焦虑可作为一种信号，提醒个体可能会遇到危险，激励他去探究和确定威胁性对象，并动员**心理防御机制**以应对和摆脱焦虑，可增强自信，激发斗志，提高工作和学习效率，是一种正常的适应方式，对行为效能有益。但长期高度焦虑，伴随自主神经系统功能失调，可使认知功能减退，工作、学习效率降低，有损身心健康。

焦虑可分状态焦虑和特质焦虑两种：前者由某种情境引起并随情境的改变而变化或消失，是主观意识到的紧张不安和唤醒的自主神经系统活动；后者是一种带有个性特点的焦虑。由于人的个性特点不同，在相同情境中产生的焦虑程度和频度也不同。

**焦山碑林** steles at Jiaoshan 中国南朝至清代的碑刻和摩崖石刻。在江苏镇江焦山。焦山东麓现存碑刻近500通，陈列于玉峰庵、香林庵、宝墨轩等寺庙旧址中。其中不少是书法艺术珍品或具有较高的史料价值。如《**瘗鹤铭**》碑号称中国“大字之祖”，代表了南朝楷书的风格；《大唐润州仁静观魏法师碑》是研究唐代润州（今镇江）军事设防的重要资料；镇江甘露寺铁塔塔基出土的唐李德裕《重瘗舍利石函题记》和宋《□大港税总领文卿赵使君寿祠记》、元《焦山禅寺重建圆悟接待庵记》等碑刻，是研究地方史的难得资料。摩崖石刻在焦山西麓沿江一线，崖壁满刻南朝以后历代游人的诗文、题字、留名，现已查清的有200处。著名的有宋米芾的《孟夏观山樵书》、陆游的《踏雪观瘗鹤铭》等。1988年国务院公布焦山碑林为全国重点文物保护单位。

**焦炭** coke 煤或重质油经高温干馏（焦化）所得的可燃固体产品。中国古代称为“礁”。质坚多孔，呈银灰色，其中碳含量高于96%(质量)，挥发分0.8%～1.0%(质量)，热值约29兆焦/千克。可用于高炉炼铁或制造水煤气或合成气，还用于铸造、化工、电石和铁合金。石油焦也用作石墨电极的原料。

**焦裕禄** Jiao Yulu (1922-08-16～1964-05-14) 中国共产党优秀基层领导干部。生于山东淄博，卒于河南郑州。出身贫寒家庭，青少年时做过挖煤工。1945年回到家乡，

参加革命工作。1946年1月加入中国共产党。历任副区长、区长、中共区委副书记、县委书记等职。1962年12月后在河南省兰考县任中共县委副书记、书记。兰考地处豫东，自然条件十分恶劣，内涝、风沙、盐碱三大灾害严重影响了当地农业的发展，使人民生活十分贫困。他上任后带领兰考县委领导班子深入全县调查、体察民情，主持制定出改造兰考大自然的蓝图，决心在三五年内取得治沙、治水、治碱的基本胜利，改变兰考的面貌。在工作中，他废寝忘食，不顾身患肝癌，仍忍着剧痛，坚守岗位，直到逝世。兰考县人民继承他的遗志，努力奋斗，到1965年基本完成了所制定的改造自然灾害的计划。1966年2月7日，《人民日报》发表通讯《县委书记的榜样——焦裕禄》介绍他的事迹，同时发表社论《向毛泽东同志的好学生——焦裕禄同志学习》，在全国引起了强烈反响，掀起了广泛的学习运动，他成为广大干部特别是基层干部的楷模。

**焦作市** Jiaozuo City 中国河南省辖地级市。位于省境西北部，太行山南麓。西北与山西省相邻。辖山阳、解放、中站、马村4区和修武、博爱、武陟、温县4县。代管孟州市、沁阳市。面积4 072平方千米。人口354万(2010)。民族有汉、回、满等。清宣统二年(1910)设焦作镇（属修武县），1948年设焦作矿区，1956年撤焦作矿区设焦作市。属暖温带大陆性季风气候。夏热多雨，春秋凉爽。矿产有煤、硫铁、耐火黏土、大理石、石灰岩、石英等。农作物主要有小麦、玉米、棉花、花生等。中药材有牛膝、地黄等。工业主要有煤炭、化工、冶金、建材、机械、轻纺、食品、医药等部门。全国重要的优质无烟煤生产基地。有河南理工大学、焦作大学等院校。名胜古迹有太行山国家公园、云台山、神农坛、胜果寺塔、汉代山阳城遗址、当阳峪瓷窑遗址、献帝陵和焦作黄河文化影视城等。

**蕉麻** *Musa textilis*; abaca 芭蕉科芭蕉属的一种。多年生草本植物。又称马尼拉麻。热带叶纤维作物。原产菲律宾。主产国为菲律宾，厄瓜多尔、危地马拉等国有少量种植。中国台湾、广东等省部分地区曾引入栽培。

株高5～8米，须根浅生。真茎细小、丛生，12～30条为一丛，由种子或吸芽萌发而成。假茎由15～20个叶鞘互卷组成。叶片长1.2～2.4米，宽24～36厘米，基部心脏形，表面有光泽。穗状花序，花单性。浆果三棱状弯曲，似芭蕉；果皮厚，肉不可食。种子黑色，坚硬。

喜高温、高湿，最适生长气温为27～29℃、相对湿度80%～90%、静风或微风环境。在土层深厚、排水良好、地下水位适中、富含有机质的土壤中生育良好。用种子或吸芽繁殖。吸芽繁殖生长较快，产量较高。

主要用以制造渔用绳索及织网，也可用以织麻布；废乱纤维可制厚韧纸袋，包装水泥、面粉等。

**嚼烟** chewing tobacco 由烟叶加入料液制成，放在嘴中品尝的烟制品。除嗜好者外，适合于在不允许有明火场所（如矿井）工作的人员品用。料液主要由甘草和糖等配制而成。主要流行于欧洲、美洲。欧洲嚼烟有条嚼烟和饼嚼烟两种。条嚼烟原料为意大利或美国的明火烤烟，饼嚼烟以白肋烟、烤烟及雪茄烟等为原料加料制作。美国嚼烟有碎片嚼烟、饼嚼烟及绞形嚼烟三种。碎片嚼烟用雪茄烟叶为原料，饼嚼烟用晾烟和烤烟制作，绞形嚼烟用明火烤烟和晾烟加料制作。中国嚼烟用烟叶、芦子等熬制而成，做成饼、卷、条和棒形。流行于西南的傣、阿昌、傈僳、景颇、哈尼、佤、拉祜等少数民族地区。

**角** cornu 有蹄类动物头上或鼻上所生的突起物。是头部表皮和真皮部分特化的产物，有防御、攻击等功能。根据构造和起源的不同，一般可分3种：①洞角（空角，虚角）。由头骨的骨质角柱和外套表皮角质化形成的角鞘组成，不分叉，终生不更换，如牛角和羊角。②实角。由真皮骨化形成的角柱和外被有毛茸的皮肤组成，后来皮肤脱落露出角柱。多为雄兽发达，每年生殖季节前脱换新角，分叉又称叉角，如鹿角。长颈鹿的角结构特殊，终生包被有皮毛，不脱落。③角质纤维角。为角质纤维（毛）并合而成的特化产物，无骨质角柱，终生不脱换，如犀角。

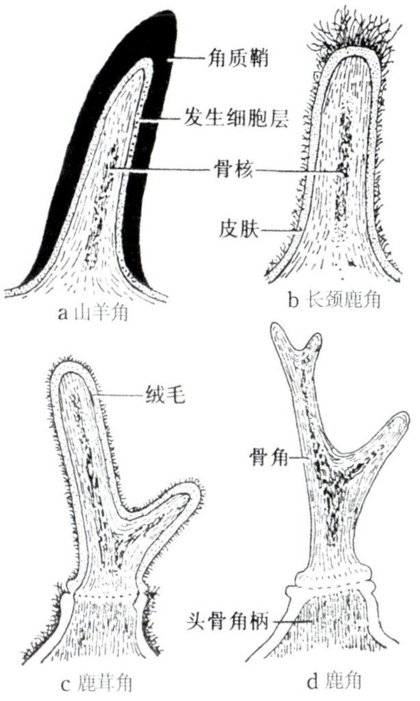


图1 洞角和实角

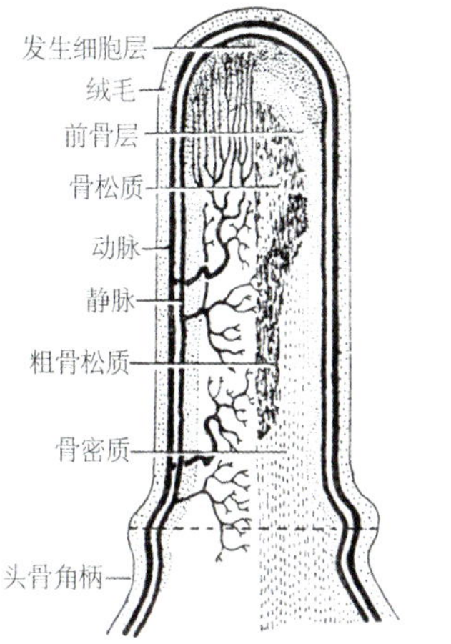


图2 鹿茸角结构

动物的角对人类有很多用途，如牛角可雕刻成精美的工艺品。有些为名贵中药。

**角斑岩** keratophyre 中性海相喷出岩。外貌致密似角质得名。成分与安山岩、粗面岩、英安岩相当，但以高碱为特征：$Na_2O+K_2O$含量为5%～13%，一般为8%，$Na_2O$明显大于$K_2O$。岩石为浅褐、浅绿、灰绿色。多具斑状结构，斑晶主要为钠长石或钠-更长石。偶见暗色矿物如辉石、角闪石、黑云母，但多已绿泥石化、绿帘石化。基质多为隐晶质，为粗面结构、微晶结构和霏细结构。基质矿物成分为钠长石或钠-更长石、钾长石、石英(含量0%～20%)、绿泥石、绿帘石、黝帘石、方解石、沸石、榍石和铁质矿物

的微晶。如果钾长石多，并有黑云母，$K_2O$较高（$K_2O>Na_2O$），则称为钾质角斑岩；如果石英含量大于20%，则称为石英角斑岩。角斑岩与碱性粗面岩和蚀变强烈的安山岩容易混淆，此时要从岩石的产状和岩石的共生组合来区别，角斑岩有特定的产状，是“优地槽”火山作用的产物，总是和细碧岩、石英角斑岩共生组成细碧－角斑岩建造。而强烈蚀变的安山岩常常产出在矿体附近的蚀变带中。角斑岩不含霓辉石、霓石、钠闪石等碱性暗色矿物，也不含似长石。角斑岩在前震旦纪至古生代及燕山期均有大量形成，中国主要分布在西北秦岭地区，如甘肃、青海、陕西和湖北西北部等地，西南地区也有出露。

**角蝉** Membracidae; treehopper 同翅目角蝉科昆虫的统称。全世界已知有3 200多种，中国有300余种。小至中型。多数褐色或黑色，也有黄色或绿色的种类；有时有白色或红色的斑纹。单眼2个，位于复眼间。触角鬃状。前胸背板极度发育，有各种畸形和突起，常盖住中胸或腹部。多危害木本植物，如中华高冠角蝉。角蝉多具拟态，似植物的刺或突起。

**角蟾** *Megophrys*; horned toads 两栖纲角蟾科角蟾属动物的统称。有36种左右，分布于亚洲南部、东部和东南部热带及亚热带地区。中国有26种，分布于秦岭以南各省区。体形因种而异，大者体长达113毫米，小者仅26毫米。头部较高，吻部成棱角状，吻端明显突出于下唇；上颌齿发达，一般有犁骨齿或犁骨棱；舌大、宽圆后端微缺；眼的虹彩上下颜色不截然分开，上眼睑外缘常有一个角状疣或帘状肤褶。头体背面颜色变异颇大，一般为棕黄色、棕褐色、橄榄绿色或紫褐色等，在两眼间常有一个三角形深褐色斑，体背中部有一个“X”形深褐色斑，四肢上多有横纹；咽胸部常有深色斑纹，向腹部渐少或无。一般皮肤光滑（少数种较粗糙），体背面多由痣粒组成的“X”形肤棱，有的种在体两侧还有纵行细肤棱。四肢长，多有深色横纹，趾间无蹼或蹼不发达。

生活在海拔500～3 200米植被丰富的山区，成蟾营陆栖生活，多栖息在山溪附近的潮湿环境中，白天隐伏于土洞、石下、草丛中以及落叶层下，夜间出外觅食昆虫、蛞蝓、蚯蚓或其他小动物。繁殖期一般在5～8月。卵大，乳黄色。蝌蚪体形细长，尾肌发达，尾长约为头体长的2倍；口部唇缘呈漏斗状且位于吻端上方，眼位于头部两侧；蝌蚪在流溪中生活1～2年完成变态，幼蟾登陆后营陆栖生活。

**角齿鱼** Ceratodiformes; australian lungfish 硬骨鱼纲角齿鱼目动物的统称。因齿板呈角状得名。仅1科1属1种。由于能营呼吸作用的鳔（肺）为单个肺囊，不成对，所以曾被称为单肺类。它们是古老而形态极为特殊的淡水鱼类。骨骼大部分终生为软骨，具很发达的脊索，无椎体。心脏有动脉圆锥。肠内具螺旋瓣。具泄殖腔。胸鳍、腹鳍为双列式原鳍，在分节的主轴骨两侧为羽状支鳍骨；背鳍、臀鳍和尾鳍相连。颌弓和脑颅的连接是自接型。它们进步性的特点表现在前脑特别发达，其顶部和一般硬骨鱼不同，即不含上皮细胞而含神经细胞。

**角雕** horn carving 以牛、羊、犀牛等兽类的角为原料进行雕刻和磨制加工的技艺或雕塑工艺品。新石器时代，中国先民就已用兽角制成耳坠、笄（盘发用的簪）、梳、匕首等。汉代，大秦（古罗马帝国）等国的犀牛角经由丝绸之路传入中国。唐至明代，犀牛角除由外国使节作为礼品赠送帝王外，还流传民间。清康熙年间，江苏无锡名匠尤通以雕刻犀牛杯著称，曾应召入宫廷，所制作品称为“尤犀杯”。20世纪以来，中国角雕以牛角雕为主，产于广西北海、黑龙江哈尔滨、广东高州、内蒙古包头、湖南南岳等地。广西北海牛角雕以虾为传统题材，充分利用牛角天然的质地和色泽，使作品极为生动。

**角度测量** measurement of angle 测定水平角或竖直角的工作。水平角是确定地面点平面位置的要素之一，竖直角用以确定地面点的高程。水平角是一点到两个目标的方向线垂直投影在水平面上所成的夹角。竖直角是一点到目标的方向线和一特定方向之间在同一竖直面内的夹角。通常以水平方向或天顶方向（铅垂线的反方向）作为特定方向，水平方向和目标方向间的夹角称为高度角，天顶方向和目标方向间的夹角称为天顶距。角度的度量常用60分制，即一周为360°。此外，还有百分制和弧度制。百分制采用直角的百分之一为百分度，弧度制采用圆周角的2π分之一为1弧度。此外，军事上常用密位作为量角的单位，即取圆周角的六千分之一为1密位。也有一些国家将整圆定为6 400密位的。经纬仪是测量水平角和竖直角的仪器。英国机械师西森约于1730年首先研制成的，后经改进成型，正式用于英国大地测量中。1904年，德国开始生产玻璃度盘经纬仪。随着电子技术的发展，20世纪60年代出现电子经纬仪。70年代制成电子速测仪，此后又发展成智能型全站仪。

**角化性皮肤病** keratoderma 以表皮角化过度为主要特征的一组皮肤病变。可表现局部皮肤角质增生、皮肤干燥，有鳞屑、皲裂，一般无主观不适，有时可有瘙痒或疼痛，常在冬季加重。本组疾病并不少见，其发病多与遗传有关，有的病因尚不明了。遗传性的有鱼鳞病、鳞状毛囊角化、毛囊角化病、毛发性苔藓（又称毛周角化病）、对称性进行性红斑角化症、掌跖角化症、汗孔角化症等。后天性的有毛发红糠疹、蟾皮症（维生素A缺乏）、黑棘皮病等。病程多是慢性，治疗较困难，多数只能对症治疗。口服维生素A或维生素A酸类衍生物有一定疗效，对蟾皮症疗效更明显，但对遗传性者只能治标，虽用药有效，但停后易复发。局部外用10%～40%尿素软膏、复方苯甲酸软膏或0.1%维生素A酸软膏。

**角加速度** angular acceleration 描述刚体角速度对时间变化率的物理量。量纲为$T^{-2}$，SI单位是$rad/s^2$。转动刚体从瞬时$t$开始的角速度变化$\Delta\boldsymbol{\omega}$与相应时间间隔$\Delta t$的比值称为平均角加速度，即$\boldsymbol{\alpha}=\frac{\Delta\boldsymbol{\omega}}{\Delta t}$。若$\Delta t\to 0$，则这一比值就称为在瞬时$t$刚体转动的角加速度，又称瞬（即）时角加速度，记为$\boldsymbol{\alpha}$，$\boldsymbol{\alpha}=\lim\limits_{\Delta t\to 0}\boldsymbol{\alpha}^*=\frac{\mathrm{d}\boldsymbol{\omega}}{\mathrm{d}t}$。当刚体作定轴转动时，若令$\boldsymbol{k}$表示转轴正向的单位矢量，则刚体的角速度矢量$\boldsymbol{\omega}$和角加速度矢量$\boldsymbol{\alpha}$分别为：

$$\boldsymbol{\omega}=\omega\boldsymbol{k}=\frac{\mathrm{d}\varphi}{\mathrm{d}t}\boldsymbol{k}，\boldsymbol{\alpha}=\alpha\boldsymbol{k}=\frac{\mathrm{d}\omega}{\mathrm{d}t}\boldsymbol{k}=\frac{\mathrm{d}^2\varphi}{\mathrm{d}t^2}\boldsymbol{k}$$

式中$\varphi$为刚体绕转轴的转角。当$\omega>0$，$\alpha>0$时，$\boldsymbol{\omega}$和$\boldsymbol{\alpha}$都沿转轴正向，刚体作加速转动；当$\omega>0$，$\alpha<0$时，$\boldsymbol{\omega}$沿转轴正向，$\boldsymbol{\alpha}$沿转轴负向，刚体作减速转动。当刚体作定点转动时，和刚体作定轴转动不同，$\boldsymbol{\omega}$和$\boldsymbol{\alpha}$不共线，$\boldsymbol{\omega}$的方向沿瞬时转轴，而$\boldsymbol{\alpha}$的方向则同$\boldsymbol{\omega}$矢端点的线速方向一致。

**角马** *Connochaetes*; gnu 偶蹄目牛科角马属动物的统称。共2种5个亚种，分布于肯尼亚及坦桑尼亚以南地区。体粗大，体长1.5～2.0米，尾长35～55厘米，肩高1～1.3米，成体体重230～275千克；头长，颈短，吻长，肩比臀高，腿细，眼相对较小；毛被短，光滑。两性均具角，角外面光滑，分向两侧再向上弯曲成钩状。常以5～15只的小群活动，有时由小群联合成百只以上的大群。主要食物为青草和嫩枝，晨昏取食，白天炎热时，则在树荫下休息。一般在5月份雨季开始后进行交配，孕期8～9个月，约在2月份产仔，每胎产1仔。寿命约16年。

**角膜溃疡** corneal ulcer 由细菌、病毒、真菌等感染所致的眼角膜干燥、混浊，脱落、持久不愈的溃疡病变。还有暴露性角膜炎和蚕食性角膜溃疡。暴露性角膜炎多因眼睑外翻、面神经麻痹、眼球突出等眼睑闭合不全（又称兔眼）而致病。常位于角膜下方睑裂部位，可穿孔，治疗上应根除眼睑闭合不全，局部涂大量油膏保护角膜。蚕食性角膜溃疡多发于老年人，在角膜缘可见灰白色浸润，破溃形成溃疡向角膜中央伸展，其进行缘潜行于上皮和基质浅层下形成一白色微隆起边缘，其基底部愈合有新生血管长入。溃疡一般不穿孔，但可侵及全角膜，最后形成大的白斑，可复发。用角、巩膜割烙术治疗，局部用抗生素可治疗感染。

**角膜移植术** keratoplasty 用透明的角膜片置换混浊或有病变部分的角膜，以达到增视、治疗某些角膜病和改善外观的目的。是异体移植效果最好的一种手术。分两种：①全层角膜移植术。以全层透明角膜代替全层混浊角膜。适应证包括中央性角膜白斑、角膜变性、圆锥角膜、顽固性角膜炎或溃疡及角膜瘘等，这种手术要求移植片内皮细胞有良好活性，故最好取自死后数小时内摘出的眼球，手术原则是根据病变范围选择适当口径的角膜环钻，分别作术眼及供眼角膜切除，作成移植床（术眼）及移植片（供眼），将移植片置于移置床上，缝线固定。术终可注气或林格氏液以恢复前房。手术成功的关键是不伤害术眼眼内组织及移植片内皮，并使移植片与移植床对位吻合良好。②板层角膜移植术。将浅层角膜病变组织切除，留下一定厚度的角膜作移植床，用一块同样大小和厚度的板层移植片放在受眼角膜床上。以间断缝线固定，植片和植床必须平整及互相吻合，才能得到良好的光学效果。适应证包括中浅层的角膜斑翳或营养不良性混浊、进行性角膜炎或溃疡、角膜瘘、角膜肿瘤等。因手术不穿通眼球，故较安全，并发症少，但光学效果不如穿透性角膜移植术。

**角鲨目** Squaliformes 软骨鱼纲一目。有3科21属约87种。分布于世界各温水、冷水海区或深海。背鳍2个，硬棘或有或无；臀鳍消失。鳃孔5个，位于胸鳍基底前方。

白斑角鲨

眼侧位或上位，瞬褶或有或无。颌舌接型，腭方软骨不连于头颅。椎体环型1或多环型。吻软骨1个。①角鲨科。体长1米以上。鳃孔5个，吻短或中长，眼侧位。鼻孔距口颇远。背鳍2个，各具一硬棘；胸鳍位于最后一鳃孔后面。牙单齿头或多齿头型，上、下颌牙同型或异型。化石见于白垩纪至近代。有10余属约71种，中国常见的有白斑角鲨、长吻角鲨和短吻角鲨。主要栖息在沿岸区域，主食小型鱼类，也食软体动物、甲壳类及环节动物和水母等。卵胎生，卵大，卵黄管粗短，不与母体子宫壁相连。②铠鲨科。通常第1背鳍或第2背鳍无棘或隐藏，上颌牙细圆锥形，下颌牙宽、呈叶状，彼此相叠，边缘光滑或有细锯齿。主要产于深海。有8属约12种。中国有铠鲨和宽尾小角鲨，产于台湾；唇达摩鲨产于南海。③棘鲨科。2背鳍均无棘。上、下颌牙同型，均具数齿尖。仅棘鲨属1属，2种。棘鲨，台湾有记录，东北大西洋、地中海、日本、澳大利亚、新西兰等均有分布。

**角鲨烯** squalene 无环三萜，分子式$C_{30}H_{50}$。

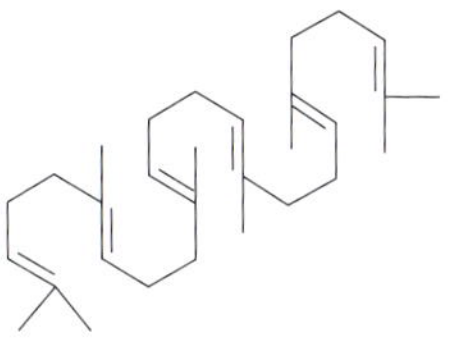

角鲨烯最初从鲨鱼肝油中分离得到，随后发现其他鱼及鲨鱼卵油中也含有，现在发现它在自然界的分布要广泛得多，真菌和人耳蜡中也含有少量。角鲨烯为具有香味的油状物，在空气中可以吸氧，变为黏稠的液体；熔点－38℃，沸点263℃（10毫米汞柱），相对密度0.8125（15/4℃）；不溶于水，而溶于油脂和有机溶剂中。角鲨烯已能人工合成。角鲨烯在生物化学上起着重要的作用，已确证它是胆甾醇生物合成的中间体。在工业上，它可用于合成药物、表面活性剂、有机色素等。

**角闪石** amphibole 一族双链结构硅酸盐矿物。化学通式为$A_{0-1}X_2Y_5[T_8O_{22}](OH)_2$。根据晶体所属晶系又可分为正交（斜方）角闪石亚族和单斜角闪石亚族。式中A为Na、K、Ca、$H_3O$；X为Na、Li、K、Ca、Mg、Fe、Mn；Y为Mg、$Fe^{2+}$、Mn、Al、$Fe^{3+}$、Ti、Cr；T为Si、Al、Ti，其中以Si为主，Al可代Si，但Al/Si一般≤1/3，Ti少见。(OH)可为F、Cl、O代。此族矿物中离子的类质同象代换十分普遍和复杂，并可形成许多类质同象系列，已确定的矿物种和变种超过百种。对此，1997年国际矿物学会（IMA）提出了首先依据化学式中X组中的$(Na+Ca)_x$与$Na_x$的原子数将角闪石分为四个组的分类命名方案。①镁铁锰闪石组，$(Ca+Na)_x<1.34$；如直闪石、镁闪石、铁闪石等。②钙闪石组，$(Ca+Na)_x\geqslant1.34$，$Na_x<0.6$，通常$Ca_x>1.34$；如透闪石、阳起石、浅闪石、普通角闪石、钛闪石等。③钠钙闪石组，$(Ca+Na)_x\geqslant1.34$，$0.67<Na_x<1.34$，$0.67<Ca_x<1.34$；如蓝透闪石、红闪石等。④碱性闪石组，$(Ca+Na)_x\geqslant1.34$；如蓝闪石、钠闪石、钠铁闪石等。

晶体呈长柱状或纤维状。呈纤维状的角闪石矿物变种，统称角闪石石棉，有直闪石石棉、透闪石－阳起石石棉、钠闪石石棉等。矿物颜色决定于阳离子成分，以钙、镁为主时，呈灰白色；随含铁量的增多，矿物呈浅绿色、绿色直至绿黑色；含钠量较高的闪石组矿物，多呈蓝灰色、灰蓝色、深蓝色至蓝黑色，少数呈灰色。玻璃光泽。有平行于柱面的两组完全解理，解理面夹角近于124°和56°。莫氏硬度5.5～6。密度2.85～3.60克/厘米$^3$。火成岩和变质岩的主要造岩矿物。在火成岩中，常见的是钙闪石组矿物，如普通角闪石、透闪石、阳起石、镁钙闪石、浅闪石和韭闪石等。不含钙的镁铁闪石很罕见。在区域变质岩中，不同组成的角闪石常一起与斜长石、石英、黑云母、绿泥石和不透明的氧化物共生；在夕卡岩中，透闪石、铁阳起石常与硅灰石、钙铝石榴子石等含钙矿物共生。富含钠的角闪石，主要产于酸性岩、碱性岩、碱性伟晶岩、钠质粗面岩、钠质岩石形成的变质岩中。碱性火成岩或受钠质交代的岩石中，常见钠铁闪石与霓石共生。

**角速度** angular velocity 描述刚体转动快慢和转动方向的物理量。量纲为$T^{-1}$，在SI单位制中的单位为rad/s。刚体绕定轴转动时，通过转轴作两个平面：其一是固定平面；另一是固连于刚体的转动平面。刚体的位置可用固定平面和转动平面所夹的角$\varphi$来决定。$\varphi$称为刚体的转角，是代数量，其正负由右手螺旋定则决定。$\Delta\varphi$表示刚体在时间间隔$\Delta t$内$\varphi$的改变量，称角位移。有限角位移是张量；当转角无限小时，无限小角位移可视为矢量。角位移与相应时间间隔$\Delta t$的比值称为平均角速度，即$\omega^*=\frac{\Delta\varphi}{\Delta t}$。若$\Delta t\to0$，此比的极限称为刚体在瞬时$t$的角速度，又称为瞬（即）时角速度，记为$\boldsymbol{\omega}$，$\omega=\lim\limits_{\Delta t\to0}\omega^*=\frac{d\varphi}{dt}$。角速度可用一个轴矢量来代表，称为角速度矢量$\boldsymbol{\omega}$；其大小为$\omega=\frac{d\varphi}{dt}$，其作用线沿转轴并按右手螺旋定则确定$\boldsymbol{\omega}$的方向，其起点可以是转轴上的任一点。

当刚体绕某定点转动时，每一瞬时都有一条通过该定点瞬时转轴，该瞬时刚体的运动可以看成是绕瞬时转轴的转动。刚体绕瞬时转轴时转动的角速度，也称为瞬时角速度，可沿着瞬时转轴并按右手螺旋定则决定其方向。和刚体的定轴转动不同，瞬时角速度$\boldsymbol{\omega}$的大小和方向都随时间而变。质点作圆周运动时说的角速度，实际上是指由圆心到质点的半径的转动角速度。

**角位移** angular displacement 描述刚体从一个方位到另一个方位的转动的物理量，见角速度。

**角鸮** *Otus*; scops-owl 鸮形目鸱鸮科角鸮属鸟类的统称。世界有63种。除大洋洲、南极洲外，全世界均有分布。中国有黄嘴角鸮、纵纹角鸮、红角鸮和领角鸮等种，除青藏高原外，各地都可见到。翎领不显或阙如，耳羽发达；体形较小，翅长在250

红角鸮

毫米以下。

红角鸮是此属的常见种，全长约180毫米。全身大都呈灰褐色且有黑褐色斑；头上有耳突；两腿被羽到趾基。白天藏在多叶的树枝上，不鸣叫。夜间出动觅食，叫声洪亮，在繁殖期常彻夜鸣叫不休。夜间能发现远处的小动物，并飞往捕食。嗜食昆虫，也吃啮齿类和食虫类动物。巢营于树洞间。卵呈纯白色，无光泽。

**角宿一** Spica 室女座α(αVir)。第15颗亮星。视星等为0.98v（v代表变星）。三垣二十八宿第一宿的第一星，到地球的距离是262光年，光度为太阳的2 128倍。轨道周期为4.014 5天的双谱分光双星兼测光双星，光谱型为B1 Ⅲ +B2V，是质量较大的密近双星。目视星等总变幅为0.09（1968年），变光的主要原因是甲乙两颗非球状子星的公转，即椭球双星的变化，次要原因包括甲星的脉动。双星轨道面的倾角约65.9°，轨道半长轴为27倍太阳半径，偏心率为0.13，近星点运动周期为143±20年。

**角岩** hornfels 具有细粒变晶结构和致密块状构造的热接触变质岩。又称角页岩。岩石中新生成的矿物有石英、长石、黑云母，可见红柱石、堇青石、石榴子石、夕线石、角闪石、辉石等。原岩可以是泥质、粉砂质、砂质沉积岩，也可以是各种火山岩。角岩常按所含主要矿物和特征变质矿物种类进一步命名，如长英角岩、堇青石黑云母角岩等。热接触变质作用形成的角岩，常与某些非金属矿床伴生，如石墨、刚玉、红柱石等。北京房山红柱石常作放射状生长于碳质角岩中，特称菊花石，是一种名贵的观赏石。

**饺子** dumpling 中国传统食品。又称水饺。为半圆形的面点，用面粉做皮，包裹肉、菜等馅而成。主要流行于中国北方地区，

是民间主食和地方小吃，也是年节食品。大约起源于南北朝时期。唐代吃饺子的习俗已传到中国西部。新疆唐墓出土的饺子，形状与现代的一样。宋、元之时，称饺子为角子、匾食等。明代始称饺子，并将它列为春节的节令食品。清代饺子的品种日益增多。饺子多以冷水和面为剂，擀成中间略厚周边较薄的圆皮，包裹馅心，捏成月牙形或角形，经沸水煮熟而成。饺皮也有用烫面、油酥面或米粉制作的；馅心可荤可素，可甜可咸；有蒸、煮、煎、炸等做法，可用醋、蒜泥、香油等为作料蘸着吃。中国各地饺子的名品甚多，如广东用澄粉做的虾饺、上海的锅贴饺、扬州的蟹黄蒸饺、山东的高汤水饺、东北的老边饺子、四川的钟水饺等。长期以来，北方人视饺子为美食，曾是过节和招待贵客的食品，更是除夕夜和年初一必食之物。因其形颇似“元宝”，故吃饺子寓有“招财进宝”的祈愿。在现代，饺子已成为全国各地四时常供食品，还是中国食品在国外的重要代表。

**绞车** winch 用卷筒缠绕钢丝绳或链条以提升或牵引重物的轻小型起重设备。又称卷扬机。广泛用于设备安装及矿山、建筑工地、车站码头等地的物料提升和牵引作业。可独立工作，也可和其他设备配套使用。

绞车有手动和电动两类。手动绞车（见图）又称手动绞盘、绞磨。主要用于临时性的安装作业、在水平或斜坡上曳引重物。

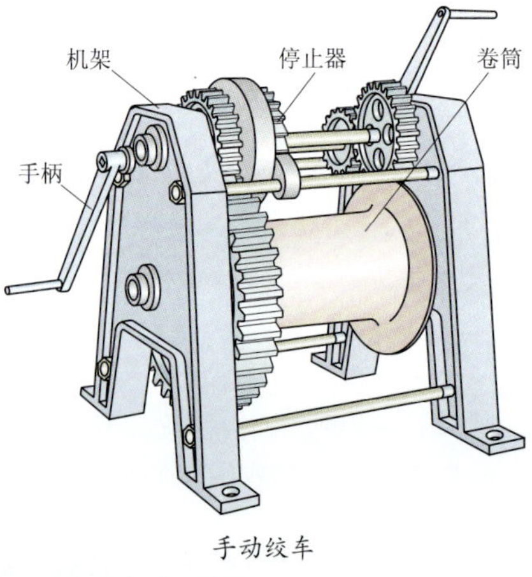


手动绞车

电动绞车由电动机、联轴节、制动器、齿轮箱和卷筒组成，共同安装在机架上。广泛用于起升高度大、工作繁重和所需牵引力较大的场所。

钢丝绳是绞车最常用的牵引和起升绳索。牵引距离或起升高度很大时，卷筒绕绳量大，必须装有排绳机构，使钢丝绳能顺次地多层绕上卷筒。

**《校雠通义》** 中国古典目录学、文献学著作。清章学诚撰。成书于乾隆四十四年（1779），共4卷。该书总结了自汉代刘向、刘歆以来目录学的优良传统，继承与发展了宋代郑樵的目录学理论，是通过亲身编纂地方志与书目的实践经验而写成的。在理论与方法上有新创见，明确提出目录的任务是“辨章学术、考镜源流”；提倡图书编目的应用辅助著录法“互著与别裁”；主张编制索引。此书通行本为嘉业堂刊刻《章氏遗书》。1956年据此出版单行本。1987年有王重民的《校雠通义通解》问世。

**校雠学** textual criticism 研究中国古代整理文献的方法的学科。先秦古籍中便有有关校雠的记载。西汉刘向、刘歆父子在整理皇家藏书的校雠实践中，第一次归纳总结了校雠规程。宋代以前所说的校雠，主要是以勘定传本、审定篇次、校正文字为内容的工作方法，它依附于经书章名注疏而存在。至宋代，一方面校雠工作开始向理论化的方向发展，出现了独立完整的专书校勘著作与总结归纳校勘原则、通例的著作；另一方面，郑樵的《通志·校雠略》将校雠的内容拓展为论述收藏整理、经营管理图书的理论与方法，奠定了传统校雠学的基础。至清代，伴随着对传统典籍的大规模清理总结，形成了以文字、音韵、训诂为基础，以“辨章学术，考镜源流”为特色，包括目录、版本、校勘在内的校雠学学科体系。近代以来，校雠学中的目录、版本、校勘等内容又走向分化与独立。

**校对** proofreading 根据图书、报刊等原稿或定本，核对并订正抄件或排版校样的工作过程。保证出版物文字质量的重要环节之一，同时也是校对人员的称谓和出版专业职务名称之一。

在中国古代，校对又称校雠或校勘，意即审读或核对典籍，订正谬误。现代多数出版机构都设有校对部门，并配备专职校对人员。校对已成为出版行业中的一支不可或缺的专业队伍。校对的功能是校异同，校是非。校异同即比照原稿校核校样，排除排版差错；校是非即脱离原稿通读校样，发现原稿差错。两种功能，相辅相成。一般稿件需经过三次校对，才可付印。

校对的基本方法有：①对校法。比照

原稿校核校样。②本校法。通读检查，通过客体的内在矛盾发现差错。③他校法。以他书（如工具书）校本书，遇到疑难问题需用此法。④理校法。推理判断，遇到疑难问题，又查无根据，应取此法。此四法要综合运用。

除上述四法外，现代校对又创造了三种新的校对方法：①核红，又称对红。将改样同上次校的改错逐一比照核对，检查有无漏改或错改。②整理。在校后进行技术整理。③人机结合。在人工校对的同时，运用计算机校对技术，两者有机地结合。

**校勘** collation 中国古籍整理的一种方法。校是查校古书中文字的异同，勘是勘正古书流传过程中出现的差误。中国古籍大部分是刊刻本，还有一部分是手抄本。在刊刻抄写过程中，难免产生文字上的讹误、缺漏、增添、颠倒等情况。校勘就是补正文字上的差误，校出古书中字、句或内容上的异同，以使人们获得较为可靠的、较接近于原稿的本子。

中国古籍的校勘有四种方式：①对校。用同一种书较早的本子与其他本子对读，遇有不同处，即注出，其主旨在校异同，不校是非。②本校。以同一部书前后互证，指明其前后文字或记载的异同，并进一步判断其正误。③他校。以其他有关的书籍对照本书。④理校。凡无其他本子可依，或数本互异，无所适从，即凭校者的学识，据理判明其正误。

**轿车** passenger car 设计和技术特性主要用于载运乘客及其随身行李或临时物品的汽车。包括驾驶员座位在内最多不超过9个座位。也可牵引一辆挂车。中国国家标准定义这类汽车属乘用车。多数轿车采用汽油发动机，两轮驱动，全金属车身。

轿车在很多发达国家中已成为个人和家庭的主要交通工具，是汽车保有量的主要部分。2006年，世界上15个主要汽车生产国共生产轿车4 998.2万辆。这些国家轿车制造已是汽车工业的主体。

类型　轿车的类型随使用要求而发展，可按车身和车顶的结构形式、座位、车门和车窗数量进行分类，常用车型见下表。

发展趋势　轿车是集机械、化工、电子、冶金等诸多领域的技术为一体的高科技产品。新一代轿车将围绕着提高四大主要基本性能，即安全性、舒适性、排放和节能开发新车型。轿车产品的技术性能和装备不断优化，电子技术、信息技术，包括多媒体技术，各种先进的电子控制发动机管理系统和底盘控制系统，车内气候环境自动控制系统，巡航和全球定位系统，车内通信系统，安全气囊，车辆自诊断系统等都将获得更加广泛应用。同时清洁、新型能源的轿车也将逐步开发，以适应更加严格的排放法规和燃油法规的要求，改善能源结构。

轿车类型

| 序号 | 术语 | 定义 | 示意图 |
|---|---|---|---|
| 1 | 普通轿车<br>（saloon、sedan） | 车身：封闭式，侧窗中柱有或无。<br>车顶（顶盖）：固定式，硬顶。有的顶盖一部分可以开启。<br>座位：4个或4个以上座位，至少两排。后座椅可折叠或移动，以形成装载空间。<br>车门：2个或4个侧门，可有一后开启门。 |  |
| 2 | 活顶轿车<br>（convertible saloon） | 车身：具有固定侧围框架的可开启式车身。<br>车顶（顶盖）：车顶为硬顶或软顶，至少有两个位置，第一个位置封闭，第二个位置开启或拆除。可开启式车身可以通过使用一个或数个硬顶部件和/或合拢软顶将开启的车身关闭。<br>座位：4个或4个以上座位，至少两排。<br>车门：2个或4个侧门。<br>车窗：4个或4个以上侧窗。 |  |
| 3 | 高级轿车<br>（pullman saloon、pullman sedan、executive limousine） | 车身：封闭式。前后座之间可以设有隔板。<br>车顶（顶盖）：固定式，硬顶。有的顶盖一部分可以开启。<br>座位：4个或4个以上座位，至少两排。后排座椅可安装折叠式座椅。<br>车门：4个或6个侧门，也可有一个后开启门。<br>车窗：6个或6个以上侧窗。 | 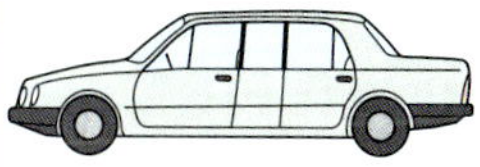 |
| 4 | 小型轿车<br>（coupe） | 车身：封闭式。通常后部空间较小。<br>车顶（顶盖）：固定式，硬顶。有的顶盖一部分可以开启。<br>座位：2个或2个以上的座位，至少一排。<br>车门：2个侧门，也可有一个后开启门。<br>车窗：2个或2个以上侧窗。 |  |
| 5 | 敞篷车<br>（converitble、open tourer、roadster、spider） | 车身：可开启式。<br>车顶（顶盖）：车顶可为软顶或硬顶，至少有两个位置，第一个位置遮覆车身，第二个位置车顶卷收或可拆除。<br>座位：2个或2个以上座位，至少一排。<br>车门：2个或4个侧门。<br>车窗：2个或2个以上侧窗。 | 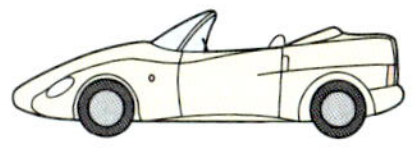 |
| 6 | 旅行车<br>（station wagon） | 车身：封闭式。车尾外形可提供较大的内部空间。<br>车顶（顶盖）：固定式，硬顶。有的顶盖一部分可以开启。<br>座位：4个或4个以上座位，至少两排。座椅的一排或多排可拆除，或装有向前翻倒的座椅靠背，以提供装载平台。<br>车门：2个或4个侧门，并有一后开启门。<br>车窗：4个或4个以上侧窗。 |  |

**轿子** sedan 一种靠人或畜扛、载而行，供人乘坐的交通工具。基本形式为两根长杆，中置箱式座位。曾在东西方各国广泛流行。圣经《以赛亚书》中也有记载。古罗马时代，只有皇后和元老院议员的夫人才能乘坐。17世纪到有弹簧坐垫的马车出现之前，在整个欧洲都很盛行。中国的轿子现知最早出现于东周时期，曾流行于广大地区，“轿子”一名始见于五代。因时代、地区、形制和用途不同而有舆轿、八扛舆、显轿、暖轿、花轿等多种名称。初期轿子的座椅没有覆盖，类似滑竿。后来座位处增加遮蔽物，形如车厢，还施以装饰。唐宋以后轿子盛行，种类繁多。唐代出现妇女乘轿，南宋以后婚礼迎亲喜用轿子。迎亲轿子的装饰喜庆华丽，俗称彩轿、喜轿、花轿等。以轿迎娶是妇女被婆家正式接纳的一种象征。古代轿子的样式、名称和抬轿人数均有等级规定。轿子至现代多已淘汰，仅在旅游景点保留，供游客参观和乘坐游玩。

清朝光绪皇帝乘坐的轿子

**教案** missionary case 19世纪下半叶起中国人民反对外国教会侵略的事件。从清道光二十八年（1848）青浦教案到宣统三年（1911）辛亥革命前的60多年间，共约发生教案四五百起。

19世纪以后帝国主义国家加紧对中国进行侵略，派遣传教士在各地活动，建立教堂，进行文化、思想的浸透；利用不平等条约为依据，无视中国法律，任意行事。挑拨教徒与非教徒的纠纷，引起众多事端，激起中国民众对传教士的仇恨，从而引起中国人民的反抗，爆发了一起起反教案件。例如广西西林教案、天津教案、大足教案、芜湖教案、古田教案、巨野教案等。由于清政府屈服于帝国主义的炮舰恫吓，实行卖国政策，人民与教会之间的矛盾愈演愈烈，群众自发的爱国斗争不断发展。山东义和拳、大刀会、闽赣的斋会、长江流域的哥老会等组织发动的反洋教爱国斗争不断高涨，终于在1899年爆发了大规模的义和团运动。

**教父** church fathers 基督教术语。一般有二义：①古代基督教权威神学家之总称。英文为church fathers。后人从神学家所处的时期，或所使用的语言，或按其神学观点和著作内容来分类，如使徒后期教父、尼西亚前教父、尼西亚后教父；希腊教父、拉丁教父；护教教父、哲学教父等。②与教母一起，为基督教礼仪中受洗儿童的作保人。英文为God father。教父（或教母）可替受洗者申明信仰，可替代无能力的父母教育儿童。教父教母制起源于受洗成年人受洗应有主教所认识的一名教徒陪同并为之作保的习俗。各教会对教父、教母要求不一，有的只要求有教父或教母一人，有的要求有教父教母各一人。

**教皇** pope 天主教最高领袖，同时为教皇国君主。又称教宗。Pope一词原意为父亲，在基督教早期为所有主教的尊称，后逐渐成为西派教会罗马主教的专衔。8世纪时法兰克国王丕平献土后，教皇国建立，教皇亦成为一国之主。在此后近10个世纪中，教皇在与世俗帝王的斗争中，势力有消有长，但作为精神领袖的地位在宗教改革前一直不变。教皇由枢机主教团选举产生，终身任职，除被证实为异端外不能罢免，可以辞职，但无权指定继承人。

**教皇国** Papal States 756～1870年罗马教皇拥有领土主权的政教合一国家。756年法兰克王丕平献土，为教皇国之始。774年，查理大帝赠城，教皇国版图开始扩大。从11世纪起，教皇国势力逐渐增强，12～13世纪达到鼎盛。天主教大分裂时期，教皇国内部出现地方自治政权，许多城镇实际是在封建贵族统治之下。15世纪教皇又重新恢复其权势。16世纪初，教皇国边界有所扩大。1527年，教皇国被承认为独立国家，1798年拿破仑占领罗马后，教皇国被迫取消。1800年又得以重建，但1809年又被拿破仑并入法国版图。1815年维也纳会议后又恢复并受奥地利保护。1859年意奥战争后，教皇国领土大部分并入意大利。1870年普法战争爆发，意大利统一，教皇退居罗马城西北的梵蒂冈，教皇国实际已不存在，教皇国的名称也不再沿用。现在的梵蒂冈城国实际上是教皇国的继承者。

**教皇制** papacy 天主教以教皇为管理教会之最高元首的制度。教皇一词又译“教宗”，是拉丁教会对罗马主教的专称。教皇的正式职衔有罗马城主教（始于1世纪后期）、西部宗主教（又译牧首，始于5世纪）、意大利总主教、罗马教省大主教兼都主教、梵蒂冈城国君主（始于1929年）等，另有使徒彼得（伯多禄）继承人（始于利奥一世）、基督在世代表（始于英诺森三世）、普世教会至高祭司（始于东西教会大分裂后）、天主的仆人之仆等称谓。

在天主教教政体制中，教皇享有最高的立法、行政和司法权，有权就教义和伦理问题发布权威声明，制定或废止教会法规，创立教区，任命主教，管理传教事务，组织初审法庭和上诉法庭等。教皇由枢机主教团选举产生，终身任职，除被证实犯异端罪外，不受罢免，可以辞职，但无权指定继位人。教皇制是天主教的教政制度，同时也是梵蒂冈城国的政治制度。

**教皇子午线** Papal Meridian 1494年经教皇仲裁，西班牙和葡萄牙在世界上划分势力范围的分界线。1492年C.哥伦布到达美洲后，西、葡两国为争夺殖民地、市场和掠夺财富，长期进行战争。为缓和两国日益尖锐的矛盾，由教皇亚历山大六世（1492～1503年在位）出面调解，并于1493年5月4日作出仲裁：在大西洋中部亚速尔群岛和佛得角群岛以西100里格（league，1里格合3海里，约为5.5千米）的地方，从北极到南极划一条分界线，史称教皇子午线。线西属于西班牙人的势力范围；线东则属于葡萄牙人的势力范围。根据这条分界线，大体上美洲及太平洋各岛属西半部，归西班牙；而亚洲、非洲则属东半部，归葡萄牙。葡萄牙国王若昂二世（1481～1495年在位）对此表示不满，要求重划。1494年6月7日西、葡两国签订了《托德西利亚斯条约》，将分界线再向西移270里格，巴西即根据这个条约被划入葡萄牙的势力范围。这条由教皇作保规定的西、葡两国同意的分界线，开近代殖民列强瓜分世界、划分势力范围之先河。

**教会法** canon law 泛指罗马天主教、东正教以及基督教的其他一些教派（如新教的圣公会和加尔文教等）的各种法规。又称寺院法、宗规法。在法学著作中专指中世纪罗马天主教的法律。在西欧中世纪，天主教会是封建制度的社会支柱和国际中心，在经济、政治和思想上形成巨大的统治力量。教会法以基督教神学为思想基础，吸收了若干罗马法原则而形成的。它既适用于教会事务，也适用于许多世俗事务，是西欧中世纪的一种重要法律。

博洛尼亚僧侣格拉提安努斯（约1090～1159）约于1140年编纂了教会法。他用自己的语言阐述教会法原则，并在每一规则下引《圣经》、教皇诏令和宗教大会决议加以注释，注意消除其中的矛盾，特别是消除地方性宗规，终于编纂成《格拉提安努斯教令》。这部教令为教会法发展成独立的法律体系奠定了基础。教皇格列高利十三世将《格拉提安努斯教令》同以后的几部教令集，合编成《教会法大全》（又译《寺院法大全》或《宗规大全》），一直沿用至1917年，才为《天主教会法典》所代替。

教会法不仅规定教会本身的组织、制度和教徒生活守则，而且在教会与世俗政权的关系，以及土地、婚姻、家庭、继承、犯罪、诉讼等方面都有规定。按照教会法，婚姻关系成立的条件是双方当事人的同意，男14岁、女12岁始得结婚，教士禁止结婚。特兰托公会议（1545～1563）以后，结婚必须在教会的主持下举行隆重的宣誓圣礼。禁止离婚。在契约法方面，禁止利息。在刑法方面，认为宗教罪（背教、信奉异教、另立教派、亵渎圣物等）是最严重的犯罪，对宗教罪的惩罚十分残酷，死刑广泛适用，执行方法通常是烧死。在诉讼法方面，中世纪初期曾采用神明裁判和宣誓法，13世纪以后逐渐实行纠问式诉讼程序。在镇压异端的过程中刑讯逼供、使这种程序发展为一种非常黑暗的诉讼制度。

**教科书** textbook 根据课程标准编定的系统地反映学科内容的教学用书。又称课本。教科书是教学内容的主要依据，是师生教与学的主要材料，一般由目录、课文、习题、图表、注释与附录等几部分组成，其中课文是教科书的主体部分。

**教练员** coach; trainer 直接指导运动员训练、竞赛的工作人员。教练员的中心任务是培养造就优秀运动员，在重大比赛中带领运动队取得好成绩。教练员要做好以下主要工作：选调运动员和组建运动队；制订训练和比赛计划，指挥运动员比赛；培养运动员良好的道德品质和比赛作风。教练员水平的高低关系着运动员的成长和成材，故应具备下列基本条件：要有牢固的事业心和责任感；不仅精通本专项的训练理论、实践知识和运动技能，而且应当掌握广博的体育科学理论；善于观察、发现训练中的问题，并迅速找到解决问题的办法；具有创新精神和科研能力；有较强的组织管理能力，善于控制自己的情绪，能沉着镇定地指挥比赛。

**教区** diocese 实行主教制的基督教教会，按地域划分的教务行政区。该词源自希腊文Dioikēsis，意为区域。天主教教政体制规定，只有教皇享有创立、划分或合并教区的权力。教区首脑为主教。新教有的教会中也以教区划分教务行政区。东正教教会中，教区指牧首管区。

**教师** teacher 学校中向学生传递人类科学文化知识和技能，进行思想品德教育，促进学生德、智、体、美诸方面全面发展，以培养学生成为符合社会需要的人才为职责的专业人员。中国古代社会中，韩愈从职能的角度这样定义教师："师者，所以传道、授业、解惑也。"《中华人民共和国教师法》规定："教师是履行教育教学职责的专业人员，承担教书育人，培养社会主义事业的建设者和接班人，提高民族素质的使命。"

教师是随着学校的产生而出现的。中国古代称为师。秦代曾以吏为师，汉代以后多以儒为师。清末兴办近代学校曾一度称教师为"教习"。西方古代的教师或者是自由民（如古希腊），或者是国家委任的官吏（如古罗马）。欧洲中世纪的教会学校，教师大多由神职人员担任。在贵族宫廷中，教师是封建领主的雇员。

中国古代向有尊师的传统。《荀子·礼论》中把教师地位提到"天、地、君、亲、师"并称的高度。中国历代在书院或太学中讲学的往往是硕学鸿儒，被尊为一代宗师，他们当中有些人的道德和文章受到后人持久的崇敬。但大多数民间私学的塾师都比较清贫。中华人民共和国建立后，教师的地位和作用发生了根本的变化，被称为人民教师。

**教师节** Teacher's Day 教师的节日。世界许多国家都有此节，每年在教师节举行各种庆祝活动，以提倡尊师重教的风气。如1月15日的委内瑞拉教师节、1月16日的泰国教师节、6月12日的德国教师节、9月28日的美国教师节等。中国现行的教师节为每年9月10日。1931年，中国教育家邰爽秋、程其保等在南京中央大学集会议定的6月6日教师节（又称双六节）是中国现代第一个教师节。1932年，国民政府规定每年6月6日为教师节；1939年又改为8月27日，以纪念"至圣先师"孔子的诞辰。中华人民共和国建立后，一度恢复6月6日为教师节，1951年起改为与五一国际劳动节同日。1985年1月21日，第六届全国人民代表大会决定每年9月10日为教师节，以希望在新生入学伊始即开展的尊师重教活动为师生创造良好的教、学气氛。

**教唆犯** instigator 教唆他人犯罪的人，即故意引起他人实行犯罪之决意的人。

教唆犯成立的客观要件 ①在客观上，行为人必须实施了教唆他人犯罪的行为。②在主观上，行为人必须具有教唆他人犯罪的故意。

教唆犯本身不是一个独立的罪名，对于教唆犯，一般应按他所教唆的罪定罪。

教唆犯的刑事责任 中国《刑法》规定，对教唆犯的刑事责任，分为三种情况予以处理：①被教唆人犯了被教唆之罪的，对于教唆犯应当按照他在共同犯罪中所起的作用处罚。起了主要作用的（绝大部分情况如此），按照对主犯的处罚原则处罚；只起次要或辅助作用的（极少数情况如此），按照对从犯的处罚原则处罚。②如果被教唆人没有犯被教唆之罪的，对于教唆犯可以从轻或者减轻处罚。③教唆不满18周岁的人犯罪的，应当从重处罚（《刑法》第29条）。

**教堂** cathedrals and church buildings 基督教徒举行宗教仪式的建筑物。希腊文作Kyriakon，原意为上帝的居所。在中国，天主教教堂又称天主堂，新教教堂又称礼拜堂。

早期建筑 4世纪初，基督教国教化后，才开始有专门的教堂。起初曾对异教神庙或宽敞的建筑物加以改建，同时模仿古罗马矩形会堂形式建造基督教堂。最早具有代表性的是罗马圣彼得教堂（建于4世纪20年代，1506年拆毁）。这种矩形会堂式结构被认为是最完美的教堂建筑形式，其风格曾在东西方教会中流行数百年。

拜占廷时期 建筑风格至查士丁尼一世时有了明显改变。君士坦丁堡圣索菲亚大教堂的建筑格式即这一时代的典型。8世纪后，拜占廷教堂平面由矩形演进为希腊十字形（十字四臂等长）。俄罗斯正教会的教堂主要效法拜占廷建筑，唯内部装饰更为富丽堂皇。

古代教堂建筑除矩形会堂外，还出现过为数不多的集中式教堂。这种形式的教堂以垂直轴代替矩形会堂的水平轴，其平面呈圆形、八角形或希腊十字形，重心在建筑物中央，祭坛暴露在会众中间。意大利拉韦纳的圣维塔莱教堂是其代表作。

罗曼时期 11世纪欧洲经济复苏，教堂建筑进入一个新时期。尽管由于封建割据，其风格具有多样化的表现，但因其共同渊源而被总称为"罗曼建筑"。其特点是：教堂建筑空间宏大，宽阔的横厅和纵深的中殿使堂基呈纵长的拉丁十字形。在建筑

圣彼得大教堂和圣彼得广场

结构上，运用厚实的石墙、圆形的穹窿、半圆形的拱券和层叠的连拱柱廊。教堂的各个部分均可独立，自成单元，但又相互联为一体。意大利比萨大教堂是其代表。

哥特时期　12世纪后半叶至15世纪末，由法国开始，教堂建筑进入哥特时期。哥特式建筑的特点是形体高耸，用大量的尖券、尖塔、飞扶壁和修长的立柱，力图增加建筑的高度和向上的动态，用色彩斑斓的玻璃花窗渲染气氛和增添神圣的感觉。这时期的著名教堂有法国沙特尔大教堂、巴黎圣母院、意大利米兰大教堂、德国科隆大教堂、英国威斯敏斯特教堂等。

文艺复兴时期及以后　文艺复兴时期提倡古典文化形式，巍峨高耸的哥特式逐渐为仿古的希腊罗马式取代。罗马式的圆顶穹窿和希腊式的石柱以及平的过梁重新出现。这一时期最著名的教堂建筑为1506年在4世纪旧址上重建、1626年竣工的罗马圣彼得大教堂。当时的建筑大师和艺术大师布拉曼特、拉斐尔、米开朗琪罗、G.达·桑迦洛和G.L.贝尼尼等人都曾参与设计、施工。

宗教改革时期，新教废除天主教的弥撒，简化崇拜仪式。教堂建筑趋向简朴，一般为一矩形厅堂，不用柱廊间隔，空间扩大，以容纳更多的会众。新教注重讲道，讲台一般置于显著地位，圣餐桌取代了祭坛，唱诗班的位置一般在会众的右首。1930年建成的纽约河滨教堂为美国最大新教教堂之一。

另一方面，近代哥特式教堂又得到复兴，即新哥特式教堂，纽约的圣约翰教堂被认为是世界上最大的新哥特式教堂，可容纳7 000人。现代欧美各国采用现代化建筑艺术，应用新型的建筑材料，摆脱传统的格式，设计了多种新颖的教堂建筑。如英国利物浦的君王基督座堂，没有传统的高塔，顶部为王冠状，下为一圆形教堂，祭坛在中央，为著名的集中式教堂。又如法国洪尚圣母教堂，造型独特，光线由厚墙上形状各异的彩色玻璃窗透入，运用明暗对比增加神秘气氛。20世纪中叶以来，一些新独立国家的教会也建造了一些具有民族风格的教堂。

**教学大纲**　instructional program　根据教学计划中规定的各门学科的目的、任务而编写的指导性文件。它以纲要的形式，具体规定每门学科知识、技能的范围、深度及其体系、结构，同时规定教学的一般进度和对教学法的基本要求。

各级各类学校各门学科的教学大纲，一般分“说明”和“大纲本文”两部分。前者说明各学科的教学目的要求、各学科教材的编选原则、教材的排列、教学中应注意的问题等；后者依据知识的逻辑体系和学生认识过程的规律，系统地安排各学科教材的编、章、节、目的标题，内容要点或课题，上课时数，实际作业（实验、练习、实习）的内容和时数，以及其他教学活动的时数。有的教学大纲还包括参考书目、教学仪器、直观教具等方面的提示。

列入教学大纲的教材的广度和深度，一般应是学生必须达到的最低标准。教学大纲是编写教科书和教师进行教学的主要依据，也是检查和评定学生学业成绩、衡量教师教学质量的重要标准。

**教育**　education　培养人的一种社会活动，传授社会生产和生活等知识的一种手段。

“教育”一词，在中国最早见于甲骨文。按《说文解字》的解释：“教，上所施，下所效也。”“育，养子使作善也。”在古希腊，有两个词表示教育概念：一是Agoge，意思是指引、约束、管教；二是Paideia，这个词源于Pais和Paidia，前者的意思是儿童，后者是儿童运动或游戏。拉丁文educare，本意是“引出”或“发挥”，指引导儿童固有的能力得到完满发展。英文education即源于此。

近代以来，教育的定义有很多。从广义上说，凡是增进人们的知识和技能、影响人们的思想品德的活动，都是教育。狭义的教育，主要指学校教育。1997年《国际教育标准分类法》对教育的定义是：专为满足学习需要的各种有意识而系统的活动，包括文化活动或培训，教育是导致学习的有组织的和持续的交流。

教育与社会发展有着本质的联系，并受教育对象身心发展规律的制约。追求自由、鼓励个性是教育的内在属性，而受社会制约并为之服务是教育的外在属性。政治、经济、文化、人口等因素既对教育有某种制约，同时又受教育的影响。

人作为劳动力，是社会生产力中最活跃的因素。教育担负着劳动力再生产的任务。作为生产力的科学技术在没有被劳动者掌握之前，是一种潜在的生产力。只有当它被劳动者掌握并运用于生产实践，才能由潜在的形式转化为现实生产力。这种“转化”要靠教育对人的培养与训练。教育也是科学技术再生产的重要手段。劳动者受教育程度越高，掌握科学技术的深度与广度越好，创新能力越强，他们在推动科学技术和生产力的发展上的作用也就越大。在这个意义上，教育是发展生产和繁荣经济的工具。这是教育的生产（或经济）属性。

人们在从事物质生产的同时也建立了某种生产关系。所以K.马克思又把人的本质视为“社会关系的总和”。教育培养什么样的人，教育领导权、受教育机会的分配和教育内容的选择，都是由一定的生产关系和维护这种生产关系的政治制度及其意识形态等决定的。教育作为培养人的社会活动，把前辈所积累的生产经验和社会生活规范传授给下一代，使他们能适应现存生产力与生产关系的要求，以维护和巩固一定社会的政治和经济制度。因此，不同的社会有不同性质的教育。从这个意义上说，教育既是永恒的、普遍的范畴，又是一个历史的、阶级的范畴。在阶级社会中，教育具有阶级性。占统治地位的教育，总是统治阶级的教育。这是教育的政治（或意识形态）属性。

教育是文化的一部分。文化总是具有民族性、地域性，同时也随着时代的发展具有时代性。教育必然会受到民族文化传统的影响，同时又对文化有选择、传播、发现、改造、融合的作用。教育总是在传承、交流文化过程中通过选择和改造创造着新文化。教育在传承已有文化知识的过程中不断探索和创造新的知识。这就是教育的文化属性。

教育最本质的功能还是促进人的自身的发展，是人类自我生产，自我超越，追求自由发展的实践活动。教育对社会发展的作用，是通过培养人来实现的。人有其自身生理和心理的发展规律。在教育过程中必须遵循这些规律，才能收到预期效果。这是教育的内在（或人本）属性。教育在人的发展中的作用，是在同遗传和环境的相互作用中表现出来的。

教育既可以充分发挥个体遗传上的优势，使之得到较好的发展；又可以有条件地控制环境对人的自发影响，利用和发挥环境中积极因素的作用，限制和排除环境中消极因素的影响，以确保个体发展的方向。绝不能超越社会发展和个体发展对教育的制约性而孤立地谈教育作用。

教育总是通过一定的形式进行的。第一种形式是学校教育。第二种形式是通过各种知识媒介（如图书、报刊、电影、广播、电视、网络、函授教材等），使受教育者获得教育。第三种形式是通过人与人之间的联系来影响人的活动，既不在学校中进行，又不系统讲授，也不提供自学内容，而是在工作与生活现场通过示范、模仿、交往、接触、传递信息和经验等产生思想的和文化的影响，家庭教育就属于这一类。第四种形式是自我教育，指受教育者为了提高自己的各方面素质而进行的自觉的、有目的的自我控制的活动。

不同的教育形式是在多种教育场所进行的。当今的教育场所有家庭、学校、社会文化教育机构和工作单位等。家庭是教育体系中的一个重要环节，对青少年儿童健康成长，起着不容忽视的奠基作用。

教育是随着人类社会的发展而发展的。它与社会的生产发展水平和社会经济、政治制度有着密切的联系。关于教育发展的历史阶段的划分有几种观点：一种是以生产力的发展为依据，分原始形态的教育、古代教育（含奴隶社会和封建社会教育）、现代教育（包含工业社会、信息社会的教育）；另一种是以教育本身的历史发展规律与特征来划分，即古代教育、近代教育、现代教育。

**教育救国** save the country by education 中国近代主张以教育拯救中国社会的政治思潮。盛行于20世纪20～30年代。代表人物有黄炎培、陶行知等。中国近代史上的一批知识分子和开明人士曾认为，中国贫穷落后的根源是没有文化，缺少教育，科学落后，因此，主张从教育入手，以教育来改造人，拯救国家。20～30年代，教育救国论与职业教育、乡村教育、平民教育的实践相结合，形成了一股社会政治思潮，黄炎培于1917年起组织中华职业教育社，提倡职业教育，主张以职业教育来解决生计问题，最后达到救国救民的目的。他为此创办刊物，设立学校，进行试验，在全国宣传和推广职业教育。陶行知于1921年建立了中华教育改进社，倡导平民教育、乡村教育，试图通过教育的力量去“沟通”阶级关系，改良社会。他还提出“生活教育”的理论，主张“生活即教育”、“社会即学校”、“教学做合一”。他身体力行，创办晓庄学校，实践“生活教育”的原则，希望通过教育开辟一个新的天地。教育救国论者重视教育，重视提高民族文化和人的素质，并为此而奋斗，但他们没有认清近代中国社会的根本问题，没有找到解决社会问题的正确途径和方法，而把中国落后的一切原因都归咎为教育不良，通过发展教育的办法来拯救苦难的中国是一种无法实现的救国方案。

**教育收益率** rates of return to education; RORE 教育收益与教育成本之比。对一个人或一个社会因增加其接受教育的数量而得到的未来净经济报酬的一种测量。有三种计算方法：①明瑟收益率。最早由美国经济学家J.明瑟提出，故名。它表示在其他条件相同的情况下，每增加一年学校教育导致的个人收入增加的百分比。②便捷法收益率。表示与低一级教育程度的人相比，每多接受一年本级教育带来的平均收入水平增加的百分比。③内部收益率，又称精确法或全方法。表示令教育成本和教育收益的贴现值相等的贴现率。计算时，一般通过抽样调查获取所需变量的信息，然后建立经济计量模型估算教育收益率。

自20世纪50年代末以后，涌现出大批致力于估算教育收益率的实证研究。希腊教育经济学家G.萨卡洛普洛斯根据这些研究结果总结出了教育收益率的4条规律：①教育投资的收益率高于一般情况下对物质资本收益率的估计。②教育收益率随着教育程度的提高而下降，即初等教育最高，中等教育次之，高等教育最低。③教育的私人内部收益率高于社会内部收益率，特别是高等教育。④发展中国家的教育收益率高于发达国家。而美国教育经济学家M.卡诺依发现，在快速工业化时期，各级教育收益率都下降，大学的教育收益率高于中学，中学高于小学。

20世纪80～90年代在中国开展了几项规模较大的教育收益率研究，发现中国的教育收益率存在以下特点：①中国的教育收益率从整体上低于发展中国家平均水平，也低于发达国家平均水平。②随着市场化改革的深入，教育收益率有升高的趋势。③在市场化程度较高的地区或经济部门，教育收益率相对较高。④教育收益率存在性别差异，女性的教育收益率高于男性。⑤边际明瑟收益率（表示与低一级教育程度的人相比，每多接受一年本级教育带来的收入增加的百分比）随着教育程度的升高而增大。

教育收益率的思想和计量方法已得到广泛应用，但也有研究者对其展开了批判性思考。这些思考包括：①教育收益率难以把教育对收入的作用单独剥离出来，其可靠性受到怀疑。②被普遍采用的横向计算法用年龄较大的劳动者的当前收入作为年龄较小的劳动者未来收入的估计，这使计算结果实际上是过去教育的收益率。③在对教育成本的计量方面，明瑟收益率法没有考虑到教育的直接成本，内部收益率法对教育成本的界定也还存在模糊之处。④教育收益率的计量忽视了教育的非市场化私人收益和外部收益。⑤教育收益率只把接受教育的数量作为影响个人收入的因素，忽视了教育质量的差异对收入的影响。

**教育投资** educational investment 社会与受教育者个人直接和间接投入教育领域可以获得预期收益的人力和物力的货币表现。又称教育投入、教育支出。

各国的教育投资负担主体和来源渠道一般包括政府、企业（厂商）、受教育者、学校的教育投资等。按照教育投资主体和投资发生的形式，教育投资可分为：①社会直接投资。即各级政府、企事业单位、社会团体用于教育的支出，以及国内外社会团体和个人对教育的无偿捐赠。②社会间接投资。即社会用于教育而未用于其他支出可能放弃的国民收入。③受教育者个人的直接投资。即受教育者个人或家庭为受教育者直接支付的学费、书籍文具费、生活差距费等。④受教育者个人的间接投资。即达法定劳动年龄者因受教育而未能就业可能放弃的个人收入。在实际工作中，一般只计算社会和个人直接投资。

按投资对象划分，教育投资分为初等、中等、高等三级正规学校教育投资和在职培训或成人继续教育投资。前者用于培养后备劳动力和各类专门人才，是教育投资的主要部分。后者用于提高已经就业者的素质和能力。

教育投资是教育发展的物质基础，在当代科学技术飞速发展的条件下，教育在经济和社会发展中具有越来越大的作用。

**教育心理学** educational psychology 研究学与教的过程中，受教育者在教育、教学影响下，掌握知识技能、发展智力和个性、形成道德品质的心理规律及其促进方法的心理学分支学科。研究内容主要包括学习的基本理论、教育与发展的相互关系、学生的个别差异、学习动机、学习迁移、知识学习、技能学习、品德学习、教学设计、教学策略、课堂管理、教师心理、教学测评以及现代信息与通信技术整合于课程等心理学问题。

教育心理学有独立的研究对象和任务以及适合于自己的研究方法，它与教育科学和心理科学中的其他分支学科也有密切的联系。教育心理学是普通心理学的一个分支，前者主要面向教学和学习过程，而后者研究一般心理学规律，涉及各个领域；儿童心理学与教育心理学的研究对象都是教育条件下的学生，但前者是从发展的角度来研究心理规律，它所揭示的发展规律不仅适合于学校生活的范围，也适合于社会实践的其他领域。广义而言，教育心理学包括学习心理学；狭义而言，学习心理学既研究人类学习，也研究动物学习，而教育心理学则主要关注人类学习。教育学、各科教学法与教育心理学研究虽有交叉，但侧重点不同，如教育学中讲教学过程，应该侧重于教学过程本身、教学的方法及其效果；而教育心理学则是为好的教学方法提供心理学依据。

1903年，美国心理学家E.L.桑代克出版了《教育心理学》一书，这被认为是现代教育心理学诞生的标志。

**中华人民共和国建立到改革开放之前** 1949年中华人民共和国建立后，教育心理学工作者开始以马克思主义改造教育心理学理论，同时开始学习苏联。这一时期的教育心理学理论研究表现出以下特点：①日趋与发展心理学相结合。②引入了苏联的一些学习理论。③重视人际关系在教育中的作用。④重视教育心理研究中的方法论及具体方法问题。潘菽主持编写了《教育心理学》，1963年出版了讨论稿。此时期的实验研究主要包括：①儿童入学年龄问题的实验研究。②学科心理的实验研究。③程序教学的研究。

改革开放之后的蓬勃发展　1978年之后中国教育心理学的研究发展可以概括为5个方面。

学习理论的研究　结合国际上学习理论的发展趋势，对认知学习理论的最新发展作了重点研究。主要包括：J.S.布鲁纳的认知结构理论；D.P.奥苏贝尔的认知同化理论；R.M.加涅的建构主义理论。此外，人本主义学习理论以及苏联的一些学习理论也有较大影响。

教学心理研究与教学改革实验　在20世纪80～90年代，中国学者在教学心理研究方面做了大量工作，并开展了许多教学改革实验。例如，冯忠良提出了“结构-定向”教学的思想，并在多门学科中进行了长期的教学实验；卢仲衡等人对自学辅导教学进行了长期的实验研究，让学生培养自学能力；张梅玲进行了“现代小学数学”的研究，突出了数学学习中思维能力的培养。另外，很多学者结合数学、语文、外语、自然科学等学科进行了学科教学心理的研究。

以往关于学习与教学的研究都是以传统教学手段为背景而进行的，随着信息技术的发展，基于计算机等信息技术的学习与教学过程成为教育心理学研究的新主题。在此方面，陈琦考察了计算机应用与儿童认知发展的关系，对计算机辅助教学的效果进行了一系列实验研究。在此基础上，陈琦及其课题组又对基于多媒体、网络的学习与教学过程进行了研究。

元认知与学习策略的研究　强调学习者对学习过程的自我计划、自我监控是当代认知学习理论的重要观点，也是20世纪80～90年代教育心理学研究的重要主题。从80年代后期开始，董奇等人对元认知发展及自我监控学习能力的培养进行了深入的研究，最后形成了《自我监控与智力》(1996)一书。其他研究者也进行了此类研究，对记忆策略、阅读理解策略、问题解决策略以及学习策略进行了探讨。“学会学习”已经成为教育改革中的一个关键词。

品德心理研究　品德的形成与培养是教育心理学的重要研究领域。中国学者的研究主要包括两大类：其一是从教育社会心理学的角度出发，研究学生的价值观、亲社会行为、利他行为等，以章志光等为代表；其二是以J.皮亚杰、L.科尔伯格的道德发展理论为基础，考察中国儿童的道德判断、道德推理、道德信念等，以李伯黍等为代表。

学习动机研究　在近20年中，郭占基、孙煜明等人对国外的学习动机理论进行了整理和介绍，主要包括强化论、需要层次理论、自我效能感理论、成就动机理论和归因理论。

除上述研究之外，其他领域的研究也有很多，比如教师心理研究着重探讨了教师的教学观念、教学能力结构、教学效能感以及教师专业素质发展等问题；非智力因素(包括动机、兴趣、情感、意志、性格等)对学习的重要影响以及非智力因素的发展；中文认知与学习，研究了中文阅读过程及识字、阅读教学的有效方法；学校教学中的个别差异问题；创造性与问题解决能力的培养；等等。

**教育学** pedagogy; education　有三种含义：①研究教育现象、揭示教育规律的知识体系；②教育学科群的总称；③中国教师教育中一门独立的教学科目。

西方教育学　作为一门学科的教育学，首先产生于西方。

西方教育学起源于教育问题的哲学思辨和实际教育经验的概括。1605年，英国哲学家F.培根在《学术的进展》一书中，将“讲述和传授的艺术”列入近代第一张科学分类表之中。1632年，捷克教育家J.A.夸美纽斯撰写的《大教学论》一书，从理论上概括了欧洲文艺复兴以来的教育经验，研究了新兴资产阶级在教育上所提出的新问题，建立了比较完整的教育理论体系。17～18世纪，涌现了J.洛克、J.-J.卢梭、C.-A.爱尔维修、I.康德等思想家、教育家，教育学逐渐从哲学中分离出来，形成自身的学科体系。

1796年，德国教育学家A.H.尼迈尔出版了《教育与教学原理》一书，阐明了教育的性质与教育学的理论基础，首次将教育学分为具有科学性的理论教育学和具有应用性的实践教育学。19世纪初，德国教育学家J.F.赫尔巴特先后出版了《普通教育学》(1806)、《教育学讲义纲要》(1835)等著作，试图在伦理学和心理学的基础之上建立科学化的教育学。德国赫尔巴特学派的K.斯托伊、T.齐勒、W.莱因等人进一步推广和发展了赫尔巴特的教育学，并使其在国际上得到迅速的传播。

19世纪末，赫尔巴特教育学遭到批判。在批判赫尔巴特教育学的过程中，逐步形成了教育学发展的多元化态势。从方法论的角度看，主要有三类教育学：①以德国P.拿托普为代表的思辨哲学的教育学。认为教育学不是一种技术，而是一门陶冶和教化的学问。它的理论基础不是心理学，而是由分别阐述真、善、美的逻辑学、伦理学和美学构成。因此，无论是教育目的还是教育方法，都应到哲学中去寻求。②以德国E.梅伊曼、W.A.拉伊等人为代表的实验教育学。认为教育学不是心理学或伦理学的应用，而应成为一门独立的科学。实验教育学旨在通过观察、统计、测量、实验，揭示教育规律，阐明教育事实。③以W.狄尔泰、H.诺尔、T.李特、E.E.斯普朗格、W.福利特纳和E.魏尼格等人为代表的文化教育学（又称精神科学教育学）。认为教育学是以人的教育为研究对象的，因而不可能具有自然科学那样的客观性和普遍性；同时，大力倡导“总体人的教育生成”，呼唤教育中人的主体性，强调体验、理解、陶冶、唤醒在教育中的功能，重视教育中目的和价值的意义。

20世纪后，教育哲学首先从教育学体系中分离出来，成为一门独立的学科。随着科学方法应用于教育研究，教育心理学、教育测量学、教育统计学、教育社会学等经验科学逐步形成。20世纪20年代，特别是第二次世界大战以来，西方教育学在分化的基础上，开始加强对教育学自身的反思，形成了一些新的趋向：①关于教育学学科地位与学科性质的讨论，其中以英国学者D.J.奥康纳与P.H.赫斯特之间的论争最为令人瞩目；②兴起了一门以教育学（教育理论）本身为研究对象的学科——元教育学，德国教育学者W.布雷岑卡是其倡导者；③主张用educology取代education，来指称关于教育的知识体系；④形成了与原有教育学不同的成人教育学，以研究学校教育之后的成人教育问题。

中国教育学　在中国，直到19世纪末20世纪初，随着师范教育的产生与发展，作为一门学科的教育学才开始出现在各种师范学堂之中，是为中国教育学的肇始。最初以译介日本学者的教育学讲义与著作为主，同时开始编著中国自己的教育学著作。由王国维译、立花铣三郎讲述的《教育学》(1901)和牧濑五一郎著的《教育学教科书》(1902)，是较早引入的教育学著作。这一时期引进的教育学主要是赫尔巴特及其学派的教育学，但西方其他教育学说也陆续传入。

J.杜威的实验主义教育学在20世纪初在中国传播。对中国的教育实践产生了很大影响，但赫尔巴特及其学派的理论继续发挥着作用。这一阶段还编著了七八十种版本的教育学，其中影响较大的有：舒新城著的《教育通论》(1927)、庄泽宣著的《教育概论》(1928)、范寿康编的《教育概论》(1931)、孟宪承编的《教育概论》(1933)、吴俊升等编著的《教育概论》(1935)等。

中华人民共和国建立初期，进入了全面“学习苏联先进教育经验”的时期，掀起了学习苏联教育学（尤其是I.A.凯洛夫主编的《教育学》）的热潮。翻译出版了许多苏联教育学者的教育学著作或讲义；同时，邀请苏联专家讲授教育学。这一阶段，陶行知、陈鹤琴、J.杜威、胡适等人的教育思想都受到了批判。

在极左思潮的影响下，开始批判凯洛夫主编的《教育学》，并以“教育大革命”为中心编写中国自己的教育学教材。1961

年高等学校文科教材会议后，教育学建设出现转机。1962年刘佛年主编的《教育学（讨论稿）》(1979年正式出版）第1次印刷使用，它力求从“政策汇编”与“工作手册”式的教育学模式中解脱出来。“文化大革命”期间，“左”倾教育思潮泛滥，教育学遭到了严重破坏。这一时期编写的所谓教育学，均为马克思、恩格斯、列宁、斯大林，特别是毛泽东的语录汇编。1976年“文化大革命”结束后，教育学逐步恢复和发展，呈现出如下的发展态势：①对教育学的一些基本问题展开了讨论，形成了学术争鸣的新局面。论题如教育本质、教育起源、教育功能、人的全面发展等。②教育学学科建设的步伐加快，涌现了许多教育学分支学科。不仅编写了大量的教育学教材，以满足各级各类师范院校教学的需要，而且出版了一大批教育学专著、工具书与资料书。③除了继续译介苏联的教育学著作外，加大了引入欧美教育学著作的力度，促进了中国教育学的发展。④加强了对教育学自身的反思，初步形成了一个新的研究领域——元教育学或元教育理论。

21世纪初，中西教育学的发展体现出一些共同的特征：①研究领域不断拓展，如从儿童教育拓展到成人教育，从学校教育拓展到家庭和社会教育，从微观的教育、教学问题拓展到宏观的教育政策和规划问题。②研究方法逐渐从单一走向多样，从简单走向复杂，强调科学与人文、定量和定性的结合。③学科体系逐渐从分化走向整合，形成了一些基于“教育问题”的多学科或跨学科研究。④关注教育实践，强调本土经验。⑤学科的反思意识不断增强。

**教育制度** educational system 国家制定的教育方针、各种教育机构的系统总称。教育机构的系统按范围大小又有两种含义：一是泛指有组织的教育和教学的机构体系，包括学前教育机构、各级各类学校教育机构、成人教育机构、少年儿童校外教育机构以及各级教育行政组织机构；二是专指各级各类学校教育的制度，简称为学制。教育制度是社会发展到一定历史阶段的产物，受社会政治、经济制度的决定性影响和社会生产力发展水平的影响。它规定着各级各类学校的性质、任务、入学条件、修业年限以及它们之间的相互关系。由于各国政治制度的差别以及经济和文化发展的水平不同，各国教育制度的结构也不相同，如初等与中等教育阶段的学习年限和学校种类，初等与中等教育连接的形式和方法，以及教师培训与准备等，都互有差异。中国教育制度的宗旨是培养德、智、体全面发展的各种建设人才，以满足社会主义现代化建设不断发展的需要。中国实行统一的学制，同时设立多种辅助性教育机构，以便使所有儿童和青少年都有就学机会。

**教长** Sheikh 率众礼拜和主持一地教务的清真寺教长。见伊玛目。

**酵母菌** *Saccharomyces*; yeast 内孢霉目酵母科最具代表性的一个属。菌丝稀少或无，大多数酵母菌为单细胞，细胞形态多样，大多呈卵圆形、圆形或圆柱形。比细菌大几倍至几十倍。酵母菌的繁殖有无性和有性两类。无性繁殖主要有芽殖、裂殖和芽裂殖；有些酵母菌形成其他无性孢子（如掷孢子、厚垣孢子、节孢子）后，在小梗上形成孢子等。酵母菌以形成子囊或子囊孢子的方式进行有性繁殖，分为两个独特阶段：一是质配和核配，二是子囊孢子的形成。从接触到融合、质配到核配，再到形成子囊孢子，又从子囊孢子的萌发到单倍体细胞的接触、融合，如此往复，便构成了酵母菌的生活史。

酵母菌一般趋于含糖量较高、酸度较大的环境。如水果、蔬菜、蜜饯的表面，昆虫体、制糖厂和酿酒厂的器械以及下水道中。它与人类关系密切，可称为“人类第一种家养微生物”。如乙醇和饮料的生产，面包的制造，甘油的发酵，石油及油品的脱蜡，饲用、药用和食用的单细胞蛋白的生产。因酵母菌多为单细胞真核生物，繁殖速度快、遗传背景清楚，选用酿酒酵母，特别是巴斯德毕赤酵母作为基因工程的表达系统，已广泛用于开发、生产具有重要经济价值的外源蛋白和新型酶制剂。

**阶级** class 在一定社会的生产体系中，由于对生产资料的关系不同而处于不同或对立的经济利益关系中的社会集团。这些社会集团经济利益的不同或对立也从根本上决定或影响着国家的政治与思想文化形态。

阶级的产生与生产力发展到一定的历史阶段相联系，与生产资料私人占有制相联系。阶级是在原始社会末期产生的。占有生产资料的社会集团是生产体系中的统治阶级，处于依附或靠出卖劳动力为生的社会集团是生产体系中的被统治阶级。同时，占统治地位的阶级在政治上与思想文化上也占统治地位。

在社会主义的生产体系中，由于经济利益处于对立关系的社会集团已经消亡，社会一部分人占有另一部分人劳动的生产关系从法制的意义上被限制。由于所有制的差异性，社会分工与职业不同形成的在生产体系中的地位与收入多寡的差距，在产业集团或职业集团之间，存在着不同的经济利益之间的冲突与矛盾。这种经济之间的利益冲突与矛盾，对国家的政治关系、政治过程与政治发展，对社会结构、社会意识与文化都会产生必然的根本性的影响。因此，在社会主义生产体系中，这种处于不同所有制关系与经济地位的社会集团仍可以作为阶级来看待。

在现代西方社会的生产体系中，各种资本集团与产业集团相互的竞争与矛盾关系对国家政策的制定与执行过程的影响是具有决定性的；资本主义社会在生产体系中居于统治地位的社会集团在社会的政治体系中也居于统治地位；社会居于统治地位的个人主义和自由主义传统仍服务于社会的经济与政治制度。

**阶级斗争** class struggle 社会生产体系中根本利益的对立而引发的社会基本主体之间的对抗与冲突。阶级斗争的实质是被压迫阶级为争取经济解放而开展的反抗统治阶级、推动社会进步的革命运动。马克思主义认为，阶级斗争在资本主义社会已从过去的隐蔽形式表现为全社会内整个阶级之间公开的对抗与冲突。代表先进生产力发展要求的工人阶级必然最终取得革命的胜利，建立无产阶级专政或人民民主专政，并通过这个政权为生产力的快速发展开辟广阔的空间。

阶级斗争有经济的、政治的、军事的、思想文化的形态。在人类历史上，代表先进生产力发展要求的阶级总是通过阶级斗争的各种形式为自身的发展与解放开辟道路，因此阶级斗争的大局与先进阶级的根本利害在历史的进程中是不断变化的。在已经建立了社会主义经济制度的国家，阶级斗争主要表现为代表先进生产力的社会集团与代表落后生产力的社会集团之间在对待经济发展形态、政治体制、思想与文化的需求和选择之间的矛盾与冲突。

**阶梯原则** ladder principle 立志成才者在确立最终目标后，从主观上将实现最终目标的过程划分成若干阶段，分期、分步骤达到，而不是直接对准最终目标，这是立志成才者不可忽视的一条重要原则。贯彻阶梯原则，目的是减少进取的难度，提高成功的自信心。

**疖** furuncle 金黄色葡萄球菌侵犯毛囊和毛囊深部及周围组织引起的急性化脓性感染。好发于头面、颈项及臀部等处。初起为毛囊性炎性丘疹，增大形成坚硬结节，中心可化脓形成脓栓，可排出血性脓液，以后炎症逐渐消退，结疤而愈。自觉灼痛和压痛，邻近淋巴结肿大，严重者可有畏寒、发热等全身不适。疖肿通常数目不多，仅单个或数个。若多个疖肿反复发作，经久不愈者则为疖病。全身治疗适用于较严重疖肿，早期应用抗生素。对慢性反复发作病例，应寻找有无糖尿病、贫血等全身疾病，可应用增强免疫功能的药物如转移因子等。局部治疗适用于早期轻症的疖肿，杀菌、消炎，可用热敷或10%鱼石脂软膏等；若已化脓，应切开排脓引流，切忌挤捏和早期切开。可配合用紫外线、红外线、超短波等治疗。

**接触性皮炎** contact dermatitis 皮肤黏膜接触外界某些物质后所致的炎症性皮肤病变（见图）。按发病机理不同主要分为刺激性和变态反应性。刺激性接触性皮炎是由于接触刺激物所致，任何人均可发病，皮疹局限于接触部位，境界清楚。变态反应性接触性皮炎是已致敏个体接触致敏原引起皮肤的过敏反应。发病有一定潜伏期。

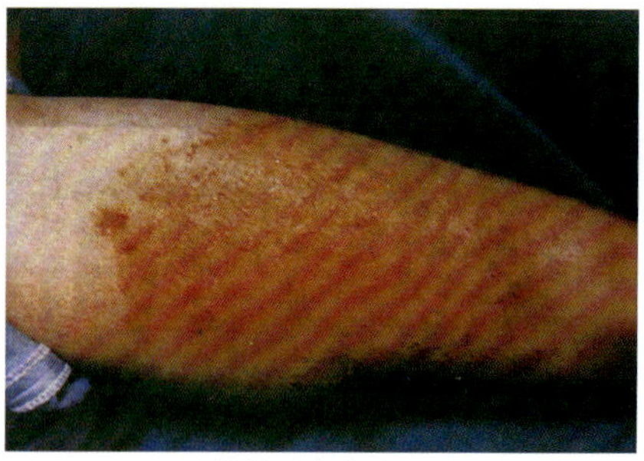

接触性皮炎症状

皮疹轻者为红斑、水肿、丘疹或丘疱疹，重者红肿明显，出现水疱、大疱、糜烂、渗出等。斑贴试验有助于确定致敏原。治疗原则为去除病因，避免再接触，抗炎、抗过敏、止痒。可口服抗组胺药。局部外用1%～3%硼酸溶液冷湿敷、外用皮质类固醇制剂等。

**接地** earth; ground 令用电器内部公共连结点的电势与大地的电势相等的措施。具体的办法是用导线将用电器的公共连结点与大地连接起来。作用是：①分析电路时，使得对用电器内部的线路的分析有一个可靠的出发点。②使用电器时，使电器有一个相对说来较为稳定的电势零点，以保证用电器稳定地工作。③使用时，使用电器的外壳接地，用电器的外壳和操纵台与大地之间不存在电势差，可保证使用者或操纵者的安全。

**接骨木** *Sambucus williamsii*; williams elder 忍冬科接骨木属的一种。分布于中国东北、华北、陕西、甘肃、华东至华南和西南地区。落叶灌木，高约3米，老枝具黄褐色髓心，冬芽有3～4对鳞片。奇数羽状复叶，对生，小叶5～7个，长圆卵形，长9厘米，宽4厘米，边缘锯齿稍不整齐，小叶稍有柄。圆锥花序顶生，花两性，萼5裂，花冠黄白色，裂片反折，雄蕊5，与花冠裂片互生，子房下位。果为核果状浆果，熟时紫黑色或红色，径4～5毫米。花期6～7月，果期8～9月。生于向阳山地或林缘。茎枝入药，性平，味甘苦，有祛风利湿、活血、止痛的作用。并可外用。

**接合菌** zygomycetes 真菌中的一大类。泛指接合菌门的任何成员。接合菌门与真菌界的另外三个门，即子囊菌门、担子菌门、壶菌门的主要区别在于：有性生殖形成接合孢子而不是其他的性孢子。

接合菌在生活史的无性阶段，菌丝体一般没有隔膜。无性繁殖通常由孢子囊内形成的孢囊孢子完成，后者无鞭毛、不能游动，其细胞器中无中心粒，有的接合菌可形成虫菌体、节孢子、毛孢子、变形细胞等。有性阶段的接合孢子形成由两个配子囊融合后生成的接合孢子囊，配子囊由两种菌丝产生，同形等大或不等大。接合孢子囊球形或双锥形，是一种厚壁的休眠孢子。

接合菌门有两纲，即接合菌纲和毛菌纲。接合菌纲含6～11目不等。

接合菌中很多种具有合成和发酵多种重要产品的能力，广泛应用于工、农、医各个领域。除腐生菌外，有的是昆虫寄生菌或共生菌；有的是螨、线虫以及其他无脊椎动物的寄生菌，或其他真菌的寄生菌，可作生物防治之用；有的是植物的内生或外生菌根菌，对多种经济作物，特别是造林方面有重要作用；少数种是植物的弱寄生菌，条件适宜可引起果蔬贮藏、运输中的腐烂。此外，还有许多属和种导致人、畜的疾病而受到医学界的关注。

**接力跑** relay race 田径运动中规定人数、限定距离，以接力棒为传接工具，队员依次接替跑完一定距离的集体性径赛项目。接力跑广泛开展比赛的项目只有男、女4×100米和4×400米接力跑。接力跑源于非洲土人的搬运坛子和木料游戏，后来将笨重的坛子和木料缩小成为一根小木棒，逐渐发展成田径运动中的接力赛。1908年第4届奥林匹克运动会上就有男子接力跑项目，每棒距离分别为200米、400米、800米。1912年第5届奥运会将上述项目改为4×400米，同时还增加了4×100米项目。女子4×100米和4×400米接力跑分别于1928、1972年列为奥运会比赛项目。接力跑的传接棒动作必须在20米的接力区内完成（图1）。

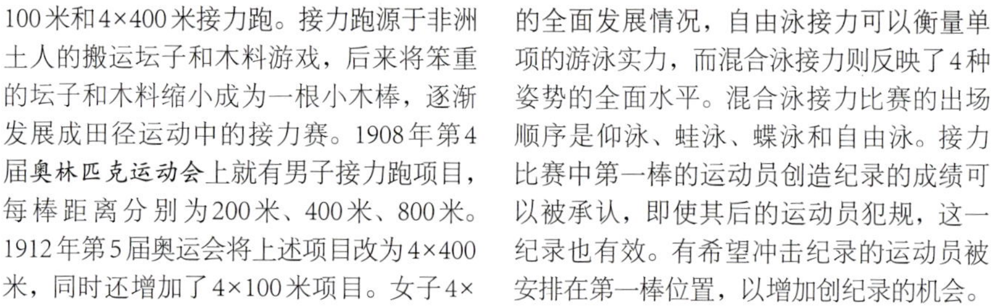

图1 接力赛跑传接棒动作示意图

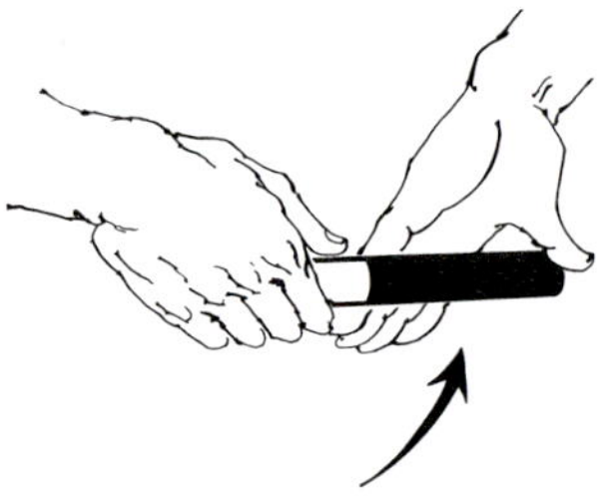

图2 上挑式传棒方法

图3 下压式传棒方法

传接棒的方法有上挑式（图2）和下压式（图3）。该项接力跑第一棒采用蹲踞式起跑，第二、三、四棒运动员采用站立式或单臂撑地的半蹲踞式起跑姿势。世界各国都把各种形式的接力游戏，选编作学校体育课的教材。

**接力游泳** swimming relays 竞技游泳中的一种集体比赛项目。以每队4名运动员的总成绩来决定名次。接力比赛早在第2届奥林匹克运动会中即被列为正式比赛项目，当时只有4×50米自由泳接力；1908年第4届奥运会将此项目改为4×200米自由泳接力。混合泳接力于1960年第17届奥运会上被正式列为比赛项目。接力比赛是游泳比赛中竞争激烈、观赏性极强的项目，有男、女4×100米自由泳接力、4×200米自由泳接力和4×100米混合泳接力6个项目。竞赛规则规定，在同一个项目的预赛和决赛中，每支参赛的队伍可以派遣不同的运动员参加比赛。接力比赛代表的是一个国家游泳技术水平的全面发展情况，自由泳接力可以衡量单项的游泳实力，而混合泳接力则反映了4种姿势的全面水平。混合泳接力比赛的出场顺序是仰泳、蛙泳、蝶泳和自由泳。接力比赛中第一棒的运动员创造纪录的成绩可以被承认，即使其后的运动员犯规，这一纪录也有效。有希望冲击纪录的运动员被安排在第一棒位置，以增加创纪录的机会。

**秸秆还田** straw return to field 将作物秸秆直接或经处理后作为有机肥料，施于田间培肥地力的技术措施。作物秸秆包括水稻、小麦、玉米、高粱、豆类、薯类、棉麻等各种作物的茎叶部分。

秸秆还田的方式有：①将秸秆切碎，直接均匀地撒在耕地表面，或通过耕翻埋于土壤中。②秸秆沤肥、堆肥。将秸秆与河塘泥及人粪尿同置于坑中压实经嫌气发酵，或将秸秆与泥土、人粪尿混合堆置地面经好气发酵，成为沤肥、堆肥再施入田间。③秸秆过腹还田。将秸秆制成饲料，喂养牲畜，牲畜粪便再施入田间。

作物秸秆堆、沤的肥料有“全素肥料”之称，能为作物生长提供各种大量元素和微量元素。秸秆还田可增加土壤有机质，提高土壤肥力，并可避免土壤板结，减少径流损失和肥料淋溶流失，改善土壤物理性状，增加土壤透气性，有利于作物根系生长和微生物活动，最终促进农作物增产增收。

**揭阳市** Jieyang City 中国广东省辖地级市。位于省境东部，榕江中下游。辖榕城区和揭东县、揭西县、惠来县，代管**普宁市**。面积5 138平方千米。人口588万（2010）。著名侨乡，有港澳台同胞和旅外华侨320多万。汉武帝元鼎六年（前111）置揭阳县。

进贤门城楼

1991年撤县设地级揭阳市。属南亚热带海洋性气候，年平均气温21.5℃，平均年降水量2 319毫米。夏秋多台风、暴雨。森林覆盖率46.9%，盛产松、杉和毛竹等。农业主产水稻、甘薯、花生、甘蔗、黄麻、红麻、蔬菜、菠萝、香蕉和茶叶。特产青皮梨、新亨菜脯等。矿产有花岗岩、钾长石、锡、钨等。工业有空调设备、汽车零配件、医疗器械、服装纺织、食品饮料、塑料制品、不锈钢制品和钟表等支柱产业。传统的抽纱、刺绣、藤制品、工艺美术品畅销海内外。名胜古迹有学宫、进贤门城楼、城隍庙等。

**街头(活报)剧** square play; living newspaper 一种在街头、广场演出的戏剧形式。又称广场剧。中国从20世纪20年代后期开始这种戏剧演出。抗日战争时期流行较广，多以群众关心的政治时事为题材，对群众进行形象化的宣传。在国外，各种各样的街头剧演出也不乏其例，如英国爱丁堡戏剧节除剧场演出外，每年都有许多街头演出，而且形式灵活，风格多样。70年代在秘鲁的利马或其他城市，也有不少剧团走上街头、广场进行演出，多以群众普遍关心的社会问题为内容，演出结束后，演员与观众进行讨论，很受群众欢迎。

**节** knot 表示航速的非国际单位制单位，中国选定为只用于航行的法定计量单位。定义为在1小时（h）的时间间隔内均匀移动1海里（n mile）的速度。符号为kn。曾称为国际节。即1节＝1海里/时＝（1 852/3 600）米/秒，或1节＝1 852米/时≈0.514 4米/秒。国际上并没有统一规定符号，kn是英语习惯简写，中国用此作为符号。该词来源于过去测量船速的测速绳，测速绳每隔一段打一个结，每一段或每一节长约14.3米（47英尺）。当船向前行驶时，与抛入水中的测速仪相连的测速绳从船中拖放出来，经过28秒之后算得的在水中的节数，约等于以海里每小时计的船速值。由于**海里**曾有不同定义，节也有不同值。如英国节（imp.kn）是按每小时航行6 080英尺计算的，所以1英国节等于1 853.18米/时，或0.514 8米/秒。

**节操** moral integrity 表征人的品质的伦理学范畴之一。又称气节、德操、骨气等。意指人们在道德品质方面的坚定性和坚持性，也指人们在任何处境下笃守某种道德准则的行为表现。在不同的道德体系中，节操有着不同的内容和性质。中国封建伦理道德所主张的节操，主要有忠君、孝亲、从夫等内容，以此维护封建等级制度。共产主义道德的节操，要求人们始终忠诚于共产主义事业，坚持共产主义的信仰，为人民大众的利益奋斗乃至牺牲。

**节度使** military commissioner 中国唐代开始设立的地方军政长官。因受职之时，朝廷赐以旌节，故称。节度一词出现甚早，意为节制调度。唐代节度使渊源于魏晋以来的持节都督。北周及隋改称总管。唐代称都督。贞观以后，内地都督府并多省罢，唯军事活动频繁的地区尚存，以统州、县、镇戍。镇戍是经常性的防御据点，比较分散，兵力单弱，故每遇战事发生，必须由朝廷派遣行军总管统率出征或备御。规模较大的战役，又设置行军元帅或行军大总管统领诸总管。唐高宗、武后时期，为了加强防御力量和改变临时征调的困难，这类屯戍军设置愈多，并逐渐制度化，形成有固定驻地和较大兵力的军、镇、守捉，各自置使。行军大总管也逐渐演变成统率诸军、镇、守捉的大军区军事长官，于是长驻专任的节度使应时出现。节度使成为固定职衔是从睿宗景云二年（711）四月以贺拔延嗣为凉州都督充河西节度使开始的。至玄宗开元、天宝间，北方逐渐形成平卢、范阳、河东、朔方、陇右、河西、安西四镇、北庭伊西8个节度使区，加上剑南、岭南共为10镇，始成为固定军区。节度使受命时赐双旌双节，得以军事专杀，行则建节，府树六纛（大旗），威仪极盛。节度使集军、民、财三政于一身，又常以一人兼统两至三镇，多者达四镇，威权之重，超过魏晋时期的持节都督，时称节镇。于是外重内轻，到天宝末酿成**安史之乱**。安史乱起，唐廷为了平叛，内地也相继设置节镇。节度使的僚属，都由节度使辟举，然后上报朝廷批准。所统州县长吏虽由中央任命，而实际则听命于节镇。内地节度使辖区虽是藩卫朝廷的军镇，但实际上往往对朝廷保持不同程度的离心状态。

五代十国境内之节度使亦多桀骜跋扈，节度使部下更多悍将骄卒，逐帅杀使之军变事件不断发生。

宋初承五代旧规，节度使除本州府外，还统领一州或数州府，称为支郡，实际上是个半独立的小王国。赵匡胤、宋太宗采取各种政策，削弱节度使的军、政、财权，以加强中央集权。此后，节度使一般不赴本州府治理政事，而成为一种荣誉性的虚衔，授予宗室、外戚、少数民族首领和文武大臣，对武将更是晋升的“极致”，礼遇优厚。辽、金分别于大州或节镇诸州置节度使，掌管军民两政。元代废。

**节腹目** Ricinulei 蛛形纲一目。已知45种，见于非洲和美洲的热带地区。体短粗，长5～10毫米。表膜厚而有刻纹。背甲近方形，前缘有一片可动的头盖。头盖下垂时能保护口和螯肢。螯肢分2节，形成钳。触肢短于足，末端亦为小钳，能作180°的转动。雄体的第3足的后跗节和跗节变化为附属性器官。腹部的前方形成腹柄，后端形成一个突起，末端有肛门。生活在腐木下、落叶下和洞穴中。无眼和听毛。气管呼吸。取食小型节肢动物。精子传送用第3步足。产卵情况不明。

**节蕨植物** Arthrophyta 古老的原始维管植物。又称楔叶植物、有节植物。最早出现于早泥盆世，到石炭二叠纪最为繁盛。乔木类型的芦木与石松类的**鳞木**和**封印木**共同繁殖在北半球热带的沼泽地区形成森林。到中生代逐渐衰退，木本类型几乎绝迹。侏罗纪以后只有木贼一属，与现代的相同。节蕨类的茎有明显的节和节间。枝、叶都轮生于节部。孢子囊着生于相当于孢子叶的孢囊柄上。孢囊柄聚集于茎尖，组成孢子叶球。孢子同形或很不显著的异形。

该门一般分为四目：①歧叶目。小形草本，叶通常反复二歧分叉，分裂成线状裂片。孢子叶集生于枝条前端，形成相当于一种极疏松的孢子叶球。出现于早、中泥盆世。②羽歧叶目。叶反复二歧分叉为若干小叶。小叶羽状全裂。孢子叶球长而疏松。出现于晚泥盆世。③楔形目。叶无柄，楔形。孢子叶球由紧密的孢子叶组成。出现于晚泥盆世至晚二叠世。④木贼目。叶小形，轮生，有的基部连成鞘。孢子叶球由轮状紧密排列的盾状孢子囊柄组成。出现于早石炭世至现代。石炭二叠纪以木本为主，中生代起全为草本。

**节理** joint 岩石中的裂隙，其两侧岩石没有明显位移。地壳上部岩石中最广泛发育的一种断裂构造。

节理按成因可分为：①原生节理。成岩过程中形成，如沉积岩中因缩水而造成的泥裂或火成岩冷却收缩而成的柱状节理（见图）。②构造节理。由构造变形而成。③非

火山岩的柱状节理（云南腾冲曲石）

构造节理。由外动力作用形成，如风化作用、山崩或地滑等引起的节理，常局限于地表浅处。按形成的力学机制可分为：①剪节理。由剪裂作用形成，节理面平直，延伸较长，两壁常闭合，沿节理面可见两侧岩块有微小的错开，节理面上可有擦痕。②张节理。由张裂作用形成，节理面常粗糙不平，延伸较短，常曲折，多分叉，两壁可轻微张开或被结晶物质充填而成脉。

构造节理按与岩层产状的关系可分为：两者走向近于一致的走向节理，两者走向近于垂直的倾向节理，斜向节理及顺层节理。按与褶皱轴向的关系可分为：走向与褶轴一致的纵节理，与褶轴直交的横节理，以及斜交褶轴的斜节理。构造节理常有规律地成群出现。一群产状一致且力学性质相同的节理构成节理组。在统一应力场中形成的两组以上的节理构成节理系。如剪节理常发育两组互相交切成X形的共轭剪节理系。

与褶皱或断层伴生的节理，常有规律地分布于大尺度构造不同部位，反映了各部分的应变状态。产状稳定、规模大的区域性节理，反映了区域性的构造应力。节理常作为矿液的流动通道和停积场所，直接控制着脉状金属矿体的分布；也是石油、天然气和地下水的运移通道和储聚场所。节理发育过多会导致水的渗漏和岩体的不稳定，为水库和大坝或大型建筑带来隐患。

**节目主持人** program anchor 在广播与电视节目中，以个人身份出现，直接面向受众，富有亲和力及个性的传播者。主持人依托于具体的栏目而存在，有些特别节目也可选择临时的主持人。消息类新闻节目的主持人又称主播。

主持人在节目生产过程中有深层次的参与，在节目中传播信息、表述观点、营造气氛、串联环节、主导方向、控制节奏，始终处于“中介”位置，起驾驭节目进程的主导作用。

节目主持人应具有较高的政治思想素质、理论水平和政策观念，有较好的人文素养和文化素质，有较强的语言功力，恪守职业操守，富有团队精神。电视节目主持人还要有受众接受的形象、气质。各类不同节目的主持人要有与栏目相适应的专业要求。

**节拍** meter 乐曲中表示固定单位时值和强弱规律的组织形式。又称拍子。每小节中强拍和弱拍的循环称二拍子；强拍、弱拍、弱拍的循环称三拍子。表示每小节中基本单位拍的时值和数量的记号，称拍号。拍号的上方数字表示每小节的拍数，下方数字表示每拍的时值。例如，2/4表示以4分音符为1拍，每小节有2拍。拍号中时值的实际时间，应视乐曲所标速度而定。在不同节拍类型中，每小节只有一个强拍的叫做单拍子，如2/4、2/8是单2拍子，3/4、3/8是单3拍子。每小节有一个强拍并有次强拍的叫做复拍子。如4/4、6/8是复2拍子，9/8、9/16是复3拍子。单位拍时值相同而拍数不同的单拍子组合在一小节内，叫做混合拍子。例如5/4是由2/4+3/4或3/4+2/4组合而成，7/8是2/8+2/8+3/8或3/8+2/8+2/8组合而成等。

中国民族民间音乐称节拍为板眼。其种类有一板一眼、一板三眼、有板无眼、无板无眼等。一板或一眼都是一拍。一般而言，板、眼的位置与上述强拍、弱拍位置相当，但并不都意味着符合强、弱拍循环的规律。

**节拍器** metronome 确定节拍速度的仪器。1696年巴黎人E.卢列创制第一架节拍器（当时高约2米）之后，有过各种类型。至今普遍使用1816年奥地利人J.N.梅尔策尔所发明的节拍器。外形呈金字塔形，高约25厘米，内部为时钟结构，有齿轮及发条；正面有一摆动杆，下方为摆锤，摆杆上有游尺。按乐谱标记速度要求，将游尺移到钟面上所刻相符数字（40～203），拨动摆杆，即可发出所需节拍速度的嘀哒声。约在1945年瑞士钟表业生产有袖珍节拍器，形如挂表。现代采用半导体和集成电路的石英节拍器，小巧灵便，具有多种功能。

**节尾猴** *Callimico goeldii*; goeldi's monkey 灵长目猿猴亚目卷尾猴科狨亚科唯一属种。因尾基部有2～3个浅棕色环得名。分布于巴西西部、秘鲁东部、玻利维亚北部，是一种稀有的小型猴类。体型略大于松鼠，体长18～24厘米，尾比身体长，为25～32厘米，体重400～540克；头圆，吻部略突出，耳大而圆，且为膜质无毛；全身的毛光滑柔软且密，黑色闪亮，头、颈至肩的毛较长，臀部的毛亦长可遮盖尾的基部，尾毛蓬松；前肢略短于后肢，除大脚趾上为扁甲外，其余指、趾均具爪状指（趾）甲。

生活于亚马孙河上游海拔185～615米的热带雨林中，在树的中层成群活动，每群20～30只。白天行动敏捷。主要吃果实、叶子、昆虫、鸟蛋或小型脊椎动物。孕期150～165天，每胎产1仔。

**节欲论** abstinence theory 19世纪英国经济学家N.W.西尼尔在《政治经济学大纲》中提出的利润理论。节欲是西尼尔提出的术语，用来指资本家放弃眼前的享乐，即节制眼前消费的欲望。而资本则是节欲的结果，是人类意志上最艰苦的努力之一。他认为，价值的生产有劳动、资本和自然（土地）三种要素，其中劳动者的劳动是对于安乐和自由的牺牲，资本家的资本是对眼前消费的牺牲。产品的价值就是由这两种牺牲生产出来的。劳动牺牲的报酬是工资，资本牺牲的报酬是利润，二者构成了生产的成本。根据这种理论，节欲是利润的来源。节欲论掩盖了资本主义社会利润的真正来源，掩盖了资本家剥削工人的事实。

**节肢动物门** Arthropoda 动物界物种最多的一门。现生的节肢动物，除已灭绝的三叶动物亚门外，传统上根据有无触角分成螯肢动物亚门和颚肢动物亚门2个亚门。约有100万余种，估计还有约1/4的种类未被发现。节肢动物体躯有几丁质的外骨骼，由1列体节构成，每节有1对分节的附肢，以裂体腔法形成体

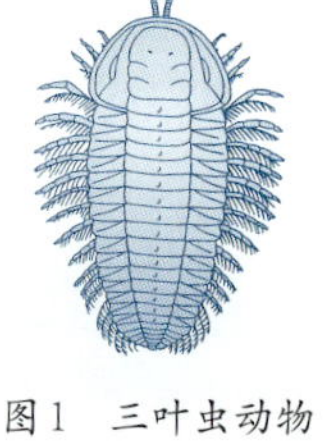

图1 三叶虫动物

腔，器官系统发达。身体大小从体长不到0.1毫米的寄生蠕形螨到两螯左右展开时宽达4米的巨螯蟹，水生的化石板足鲎类翼肢鲎体长几达3米。

图2　螯肢动物

除蔓足类和寄生等足类等少数甲壳动物外，多数节肢动物雌雄异体。生殖方式多样，一般是卵生，也有卵胎生；除两性生殖外，还有孤雌生殖、幼体生殖和多胚生殖等形式。栖息在从海洋的最深处（甲壳动物和海蛛）到珠穆朗玛峰海拔6 700米高处（蜘蛛），从北冰洋到南极洲（弹尾虫），有些种类还寄生在其他动物的体外或体内。

截至20世纪末，节肢动物化石已发现1.3万多个属。可疑的节肢动物化石发现于元古代晚期（距今约6亿年以前）的海相地层中。约5.4亿年以前，寒武纪早期的地层内有大量三叶虫和甲壳类化石的发现。

**节奏**　rhythm　乐音时值的有组织的顺序，是时值各要素——节拍、重音、休止等相互关系的结合。强弱、快慢、松紧是节奏的决定因素。其作用是把乐音组织成一个统一的整体，以体现某种乐思。节奏与曲调、和声并列，为音乐的三大要素，节奏是音乐中最早出现的要素，原始部落的音乐中除节奏外，几乎没有其他要素。节奏亦可脱离其他要素而独立存在，如中国的锣鼓乐。节奏与节拍不同，节奏是总的时间组织，节拍是强弱拍有规律的重复。节拍只是节奏的一种表达方式，简单的节拍也可构成复杂而多样化的节奏。在现代音乐中，脱离节拍型的节奏正在日益增多。音乐织体不同部分的节奏，形成鲜明的对比，称为复节奏。复调音乐总的说来是复节奏，是相同节拍形成的对比节奏；但目前复节奏一词多指节拍不一致的对比节奏，亦称交错节奏。自浪漫派作曲家起，节奏趋向复杂，20世纪的作曲家更是常用复节奏和多层节奏。乐曲中往往有一再重复的具有特性的节奏，称为节奏型。某些体裁，如进行曲、舞曲等，其节奏型比较鲜明。爵士乐或有爵士因素的乐曲，节奏型更有特色，其中应用大量的切分音。某些乐曲的节奏型始终不变，不断重复，如无穷动。

**劫机**　unlawful seizure of aircraft　用暴力或用暴力威胁非法劫持或控制航空器，对航空器及其内人员实施暴力或暴力威胁，以满足劫机者个人目的的行为。劫机是国际上公认的严重犯罪行为。

1930年南美洲秘鲁发生第一次非法劫机事件。1947年，罗马尼亚一架飞机被劫持，因驾驶员拒绝前往劫机者要求飞往的目的地，被劫机者开枪打死，这是国际民航史上首次劫机死亡事件。20世纪60年代后期，一些国家和地区政治局势动荡，劫机事件骤然增多。1968～1972年5年间共发生335起劫机事件，劫机得逞率高达82%。由此引起国际社会严重不安和高度关注。依据国际民航组织的统计，1930～2007年，国际非法劫机事件1 044起，劫机得逞539起，得逞率51.6%，死亡5 827人，伤5 664人。

国际刑警组织曾对300起劫机事件进行分析，出于政治目的的非法劫机犯罪占64%，其他为逃避国内法律制裁或绑架杀人，只有极少数是为了勒索钱财。如1990年9月6日，中东地区某激进组织为反对以色列占领其土地，其成员同时劫持从欧亚地区飞往纽约的4架大型客机，并分别在约旦安曼、埃及开罗炸毁4架客机，劫持466名旅客和机组成员，提出政治要求。在有关国家部分满足其要求后，人质才全部获释。2001年9月11日在美国发生的利用民用航空器为武器进行攻击的恐怖事件（9·11事件），计有4架民用飞机被劫持，2 700多人死亡，同样是出于政治目的。

国际民航组织曾于1963年及以后制定了3个反劫机公约和1个补充议定书，还通过了国际民用航空公约附件17（《安全－保卫国际民用航空免受非法干扰行为的国际标准和建议措施》），并针对9·11事件后出现的新情况，对附件17进行了重新审议和第10次修改。联合国安理会、亚太经合组织等国际机构，也十分关注非法劫机事件的发生，制定了许多措施。国际民航组织于2003年起开始对所有缔约国的航空保安状况进行定期的、强制性的、系统的和协调一致的航空保安审计。许多国家在其国内法中规定了对劫机犯罪行为的严厉惩处法则，并采取措施强化机场安全检查和航空保安。

**杰尔巴岛**　Jerba, Île de　突尼斯最大岛屿，旅游胜地。在地中海加贝斯湾东南，西距加贝斯50余千米。长27千米，宽26千米，面积510平方千米。与突尼斯本土有海堤连接。人口6万多（2002）。原为罗马人居住。655年被阿拉伯人征服，成为突尼斯和凯鲁万的属地。后被奥斯曼帝国控制。沿海有16世纪土耳其和西班牙人建造的坚固城堡，清真寺随处可见。岛上遍植橄榄树、棕榈树，号称"花园岛"、"绿洲岛"，环境十分幽静。住房设计和生活用品独具艺术特色。海滩沙细水浅，平均水温19℃，每年日照344天，有优良的海滨浴场。每年8月在岛上举行文化、旅游联欢节。当地居民主要从事捕鱼、海绵采捞和牡蛎养殖业；还种植椰枣、油橄榄。以毛织品和地毯著称。豪迈特苏格是主要城镇和商业中心。艾吉姆为主要港口。1972年建成现代化机场。

杰尔巴岛海滨沙滩

**杰斐逊**　Jefferson, Thomas（1743-04-13～1826-07-04）　美国政治家、思想家、教育家和科学家，第3任总统（1801～1809）。生于弗吉尼亚沙德威尔，卒于弗吉尼亚蒙

蒂塞洛。1762年毕业于威廉与玛丽学院，1767年出任律师。1769年当选为弗吉尼亚议会议员。1773年与P.亨利等人成立弗吉尼亚通讯委员会，协同其他殖民地进行反英斗争。1774年撰写《英属美洲权利综论》，宣传殖民地独立的思想。1775年5月，作为弗吉尼亚代表参加在费城举行的第二届大陆会议。会议指定杰斐逊和B.富兰克林等5人组成委员会起草《独立宣言》。宣言是由杰斐逊执笔，富兰克林和J.亚当斯略加修订而成的。1776年10月，提出著名的《弗吉尼亚宗教自由法案》等重要法案。此法案于1789年通过，对欧洲产生重大影响。他赞同废除奴隶制度。1778年成功地促成该州通过禁止输入奴隶的法案。1779年起任弗吉尼亚州州长。1781年辞去州长职务，退居蒙蒂塞洛私邸。1783年重返国会，提出一系列重要法案，包括建立十进位的货币制度和著名的1784年《土地法》。1785年任驻法全权公使。1789年4月联邦政府成立，G.华盛顿就任第1任总统。9月杰斐逊被任命为国务卿。1793年底辞去国务卿职务，建立和领导民主共和党，与A.汉密尔顿领导的联邦党相抗衡，对日后美国两党制的形成和发展产生重大影响。1797年，出任J.亚当斯政府的副总统。

1800年杰斐逊当选为美国第3任总统。1804年再度当选。

在两届总统任内废除了前任亚当斯政府所颁布的《归化法》、《客籍法》、《敌对外侨法》和《镇压叛乱法》，保障了人民的基本权利。积极推行向西扩展的政策。于1803年向法国购买了路易斯安那地区，使当时的美国国土约增1倍，为美国资本主义的迅速发展提供了物质基础。他废除国产税，重视发展农业，维护民族经济。1804年颁布新《土地法》，允许人民购买面积较小的土地。1808年宣布禁止奴隶贸易。但他对黑人和印第安人仍实行迫害政策。1809年退居蒙蒂塞洛私邸。晚年致力于研究建筑工程、哲学、古生物学和自然科学。1812～1825年，亲自筹划并建成弗吉尼亚大学。

**杰弗里斯** Jeffreys, Sir Harold（1891-04-22～1989-03-18） 英国天文学家、地球物理学家、应用数学家。生于达勒姆郡法特费尔德，卒于剑桥。1913年毕业于剑桥大学圣约翰学院，1917年获阿姆斯特朗学院科学博士学位。1946～1958年为普鲁姆天文学教授。曾获皇家天文学会金质奖章（1937）、英国皇家学会金质奖章（1948）等荣誉。1953年英国皇家授予他爵士称号。

主要贡献是在应用数学、行星天文学和理论地球物理学等方面，特别是地震学。他断定四大外行星都很冷，并提出这些行星结构的早期模型。还研究了太阳系起源和纬度变化理论。与K.E.布伦合作编制的J-B走时表是地震学家的重要计算根据。主要著作《地球》已发行6版，数学著作《数学物理方法》（与B.S.杰弗里斯合著）曾发行5版。还著有《科学推理》、《地震和山脉》等。

**杰克·伦敦** Jack London（1876-01-12～1916-11-22） 美国作家。生于旧金山，卒于格伦埃伦。家庭贫困，自幼卖报、当童工，后来当过水手和铁路工人。曾参加失业工人示威，因在各地流浪，曾被当作“无业游民”关进监狱。他回故乡后努力读书，曾一度进入大学学习。1896年，去加拿大克朗代克地区淘金，得坏血症空手而还。从此埋头读书写作。

他写了19部长篇小说，150多篇短篇小说和故事，3部剧本，以及论文、特写等。1900～1902年发表《狼的儿子》等3部短篇小说集，揭露社会的弊端和罪恶，表达他对人类美好生活的梦想。特写集《深渊中的人们》（1903）描写伦敦的贫民窟和贫民收容所的真相，控诉英国资产阶级对劳动人民的剥削。《荒野的呼唤》（1903）和《白牙》（1906）两部小说描写动物在保存自己、消灭敌人的斗争中表现了巨大的勇气。

**杰克逊** Jackson, Michael（1958-08-29～2009-06-25） 美国摇滚乐歌手。全名迈克尔·杰克逊。生于印第安纳州加里市，卒于洛杉矶。从小就显露出非凡的才华，5岁时随父亲组成的家庭音乐小组练习演唱。后来，他们五兄弟组成了“杰克逊五兄弟”音乐小组，并在业余歌唱比赛中多次获奖，担任领唱的杰克逊也很快获得了“神童歌星”称号。杰克逊的第一套成名歌曲集《来自墙上》采用多首民歌构成，于1979年8月出版。此后，他推出了大量的新歌。他不仅在舞台上露面，在唱片中显声，而且还在电影上出现。他曾经参与过《彼得·潘》、《湖边小屋》等多部影片并在其中演唱插曲。1982年，杰克逊与昆西乐队合作录制了《颤栗者》专辑唱片，很快发行3500万张。杰克逊以他那高超的演唱、表演风格在世界流行音乐歌坛上产生巨大影响。2006年时，因其正版专辑全球销量超过7.5亿而被载入吉尼斯世界记录。生前共获15次格莱美奖，26次全美音乐奖，被誉为流行音乐之王。

**杰克逊维尔** Jacksonville 美国佛罗里达州最大城市。位于该州东北部，跨圣约翰斯河两岸，东距大西洋河口30千米。市区面积1 962.4平方千米，为美国市区面积最大的城市之一；人口80.78万（2008）。大都市区人口131.32万（2008）。1564年法国人最先在圣约翰斯河畔建立加罗林堡。1816年出现永久性定居点。1822年开始在古堡周围建城，以A.杰克逊少将的名字命名。1832年设镇。1859年设市。1901年被大火所毁。重建后，发展成为美国东南沿海主要海港、工商业中心和冬季游览度假胜地。1968年与杜瓦尔县合并，城市面积大幅度扩大。深水良港。有三条铁路和多条州际公路通达，设有国际机场。主要工业部门有纸浆和造纸、化工、木材加工、运输设备、食品加工等。金融、批发和零售业发达，尤以多保险公司著称。旅游业较盛，海滩地区建有大型会议中心和各种游览设施，河滨地区有加罗林堡国家保护区、圣约翰斯河公园、民政礼堂古建筑等名胜。市内有杰克逊维尔大学（1934）、北佛罗里达大学（1972）等7所高等学院，以及杰克逊维尔艺术博物馆、卡默美术馆、儿童博物馆、海登博恩斯图书馆等文化设施。

**杰姆代特奈斯尔文化** Jemdet Nasr Culture 美索不达米亚南部铜石并用时代晚期文化。因最初发现于巴比伦古城西北25千米的杰姆代特奈斯尔遗址，故名。年代约公元前3200～前2900年。上接乌鲁克文化，下续苏美尔早王朝。

杰姆代特奈斯尔文化的雪花石膏瓶（乌鲁克遗址出土）

农业在经济中已占主导地位，但生产工具仍为石器，铜质武器和工具使用还不普遍。神庙建筑规模宏大，在乌鲁克的白庙面积达378平方米。该文化以彩陶、印章、泥板文书和石雕像著称。彩陶多用红、黑色绘几何形和动植物图案。印章为圆柱形，或塑成人和动物形象，常雕刻狩猎、宗教崇拜场面。泥板文书上的象形文字用苏美尔语刻写，已发现的主要是关于经济活动的记载和词汇表。雕刻技术臻于成熟，发现不少优秀的作品，如贵妇人头像、刻有男子与狮子搏斗场面的石碑等。在一件石灰石水壶上，刻有一圈交替的狮子和公牛图像，逼真而富有动感。

**杰姆圆形竞技场** Amphitheatre of El Jem 突尼斯古罗马露天剧场。位于突尼斯东部苏塞城与斯法克斯城之间的杰姆村。建于230～238年，当时用来竞技、斗兽、演出

和检阅。是古代北非地区最大的公众娱乐场所。竞技场平面呈椭圆形，长径148米、短径122米。全部用长1米、宽0.7米、高0.5米的大石块砌成。位于中央的表演场亦呈椭圆形，长65米、宽39米，周围有3米高的安全石墙。外围有3层希腊科林斯式柱子和拱门组成的通廊，每一层有拱门60个。外墙总高36米，显得十分壮观。看台结构与现在的露天体育场相似，可容纳约3.5万观众。1726年，奥斯曼帝国皇帝为镇压抗拒捐税的义民，开炮轰击竞技场，使其遭到严重破坏，仅留下原建筑的约3/5。杰姆竞技场是世界上保存最好的罗马帝国时期圆形竞技场遗址之一，1979年作为文化遗产被列入《世界遗产名录》。

**杰文斯** Jevons, William Stanley (1835-09-01～1882-08-13) 英国经济学家、统计学家、逻辑学家。边际效用学派的创始人之一，数理学派早期代表人物。出生于利物浦一个铁器商人家庭，卒于苏塞克斯黑斯廷斯附近。曾就读于伦敦大学。先后在曼彻斯特欧文斯学院和伦敦大学任教授。杰文斯把边际效用称为“最后效用程度”，认为一种物品对人的每单位效用随着总量的增加而递减，最后增加的物品单位对人所提供的效用程度是最后效用程度，它比总效用对人的福利有更大的重要性，是决定和衡量物品价值的标准和尺度。他用“最后效用程度”分析交换，认为买卖双方以商品的最后效用程度为依据，在交换的两商品最后效用程度相等时，交换成为现实的、有益的。在论述中，他系统使用了数学，用数学方法研究和表达经济范畴和规律。著有《政治经济学理论》、《略论政治经济学的一般数学理论》、《关于周期性商业波动的研究》等。

**洁净煤技术** clean coal technology 减少煤炭在开发利用中的污染，提高煤炭利用效率的技术。包括煤炭加工技术、煤炭燃烧技术、煤炭转化技术、煤炭开发运销中的污染控制技术。

煤炭加工技术 对原煤进行的处理工作。是洁净煤技术的基础。主要有选煤、型煤和水煤浆。

①选煤。将采出的煤经人工和机械处理去除有害物质，并按需要分成不同质量、规格产品的过程。通过选煤可去除煤中大部分灰分和硫分，大幅度减少大气中$SO_2$和水蒸气合成硫酸形成的毒雾或酸雨。

②型煤。将6毫米以下的煤粉、黏结剂和添加剂按比例混合而成的物料（型煤配合料）加压成具有一定形状、质量、大小和特定理化性能的燃料或原料。又称煤砖。如煤球、蜂窝煤。既节煤又少排烟尘，$SO_2$、CO约减少50%。

③水煤浆。用一定粒度的煤与水等液体混合成稳定的高浓度可泵送、雾化的浆状燃料。如与重油混合称油煤浆。应用于燃油的各种燃烧炉中。它是以低灰、高挥发分的烟煤研磨成平均粒度为50～80微米的煤粉与不高于30%的水及微量分散剂和稳定剂等加工而成。

燃煤中的洁净技术 煤炭燃烧是煤中可燃成分（碳、氢、硫等）与空气中氧进行剧烈的化学反应，放出大量的热并生成烟气（CO、$CO_2$、$SO_2$、$NO_x$等）、粉尘、灰渣的过程。净化技术有：

①燃煤过程净化。采用流化床锅炉，通过高速气流使煤粉像流体一样在炉中沸腾燃烧，同时喷吹石灰粉末除去燃煤产生的$SO_2$，通常能脱除90%的硫。因燃烧温度为760～870℃，远低于形成氮氧化污染物（NO、$NO_2$）的临界温度1 600℃，故可大量减少$NO_x$排放量。此技术可应用于劣质煤。

②燃后烟气的净化。主要通过静电除尘器除尘，效率可达99%；催化剂除氮；吸收剂（石灰石）吸收$SO_2$。

③煤炭转化技术。煤通过热加工或化学加工获得热能或化学制品的技术。煤转化包括煤炭气化、煤炭液化、煤炭低温干馏、煤炭焦化等。煤炭气化和煤炭液化是将煤转化成清洁、高效的气体或液体燃料，以避开传统的燃煤过程。煤气化联合发电是将煤气化产生的煤气经除尘、脱硫、吸氮等净化后燃烧，通过燃气涡轮机发电，并利用排放的高温（500℃左右）废气产生水蒸气来推动传统的汽轮机发电的一种新型燃煤发电技术。它可使用劣质煤气化，达到提高其热效率（一般可达45%）的目的。因煤气已被净化，基本无公害，有望成为燃煤发电的主导技术。

**结拜** becoming sworn brothers and sisters 中国民间朋友之间通过仪式结为兄弟、姐妹。又称结盟、结义、拜把子、换帖、结金兰、金兰结义等。至少在汉代已有此俗。《三国演义》中刘备、关羽、张飞桃园三结义是著名的民间结拜实例。结拜是对人类血缘关系的一种模仿和补充，结拜者之间往往互称把兄弟或干姊妹。最初结拜者多是志趣相投、志同道合、互相倾慕，后来有基于共同的命运与利益而结拜的情况。仪式有换帖、焚香、饮酒、起誓盟义、祭拜天神、互拜等。换帖又称交换兰谱，以此作为凭证，是结拜的主要内容。有的结拜还以刀歃血，共饮血酒。清代以后，一些结拜发展为对社会有一定威胁的民间组织，如哥老会、青红帮等。结拜之俗在当代社会仍有遗存，但较隐蔽。

**结肠小袋纤毛虫病** balantidiasis coli 结肠小袋纤毛虫侵入肠壁引起的动物源性寄生虫病。以腹泻为主要临床表现。猪是其主要传染源。此病呈世界性分布。人感染后可无症状，但大多急性发病。表现为腹痛、腹泻，每日数次至十多次，有黏液脓血便，里急后重感，也可有发热、食欲不振、恶心、呕吐。轻者不治自愈或转为慢性后呈周期性发作。粪便涂片找到虫体即可确诊。四环素或甲硝唑治疗有效。

**结肠直肠癌** colon and rectum, carcinoma of 胃肠道中常见的恶性肿瘤（见图）。以直肠、乙状结肠最为多见，其余依次见于盲肠、升结肠、降结肠及横结肠，早期症状不

直肠癌

明显，随着癌肿增大而表现为排便习惯改变、便血、腹泻、腹泻与便秘交替、局部腹痛等症状，晚期有贫血、体重减轻。多见于中年以上男性，男女发病比例约为2:1。多为腺癌，少数为鳞状上皮癌及黏液癌。可以通过淋巴、血液循环及直接蔓延等途径转移到其他组织和脏器。血便是主要和常见的症状。对近期反复血便或排便习惯改变的患者应立即进行直肠指诊、X射线检查及结肠镜检。粪便潜血检查是简单易行的初筛方法。根据临床表现、X射线钡剂灌肠或结肠镜检可确诊。治疗关键在早期发现、及时诊断和手术根治。预后取决于早期诊断和及时手术治疗。75%以上的直肠癌能施行保肛门手术。癌肿只限于肠壁者预后较好，浸润到肠外者预后较差，年轻、癌瘤浸润广泛、有转移者或有并发症者预后不良。

**结缔组织** connective tissue 由细胞和大量细胞间质构成的机体组织。细胞间质是细胞之间的物质，有基质和纤维两种成分，基质呈均质状，纤维为细丝状。结缔组织包括：固有结缔组织、软骨组织、骨组织、血液和淋巴组织。固有结缔组织又包括疏松结缔组织、致密结缔组织、脂肪组织和网状组织。软骨组织又包括透明软骨、弹

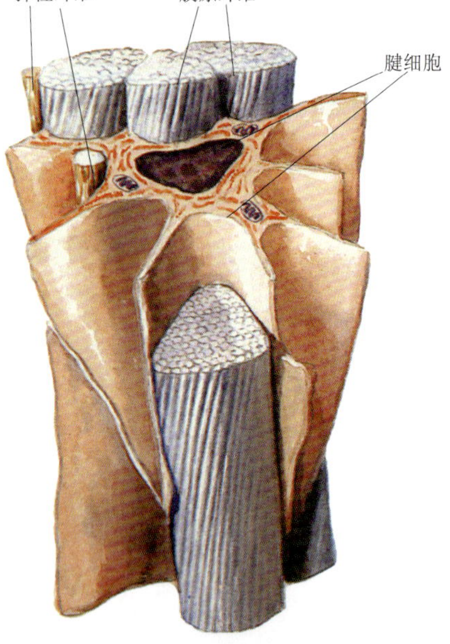


致密结缔组织

性软骨和纤维软骨。一般所称的结缔组织，即指固有结缔组织。结缔组织在体内广泛分布，具有连接、支持、营养、保护等多种功能。

在种系发生中，结缔组织的出现迟于**上皮组织**，而且大部是在脊椎动物中才出现的。在个体发生中，结缔组织都来自发源于中胚层的间充质。工业上应用的皮胶便是由动物结缔组织中提取的胶原蛋白。结缔组织在医学上也很受重视，随着机体的老化，胶原纤维间交叉联结增多，基质含水量减少，从而可能影响代谢物质的运转。

**结缔组织病** connective tissue diseases 狭义指以疏松结缔组织黏液样水肿及纤维素样变性为病理基础的一组疾病。最早认为主要是胶原纤维发生纤维素样变性所致，故称为弥漫性胶原病、胶原血管病或胶原病，以后认为主要病变不仅限于胶原纤维。而改称为结缔组织病。与遗传、免疫、病毒感染、风湿等有一定的关系，是多因性疾病。不太多见，常较严重，可影响生命。皮质类固醇激素及免疫抑制剂疗效较好，可缓解病情，但不能根治。

**结发** first marriage 中国传统婚姻仪式。指通过束发的发式表示夫妻关系的缔结。据文献记载，周代已有这一婚俗。《礼记·曲礼上》："女子许嫁，缨。"即女子与男方订婚后，用五彩丝绳束发，表示自己已有夫君。直到成婚的当晚，由夫君亲手解下束发之缨，重新梳理头发。汉代传承这一习俗。唐宋以后，男女婚配中的结发仪式演变为合髻，即在喝交杯酒前，男女各剪下一缕头发，绾在一起，表示夫妻同心。此俗不为当时礼法之士所接受，但在后世民俗中得到传承。结发之始的婚姻，妻子为元配，互为结发夫妻。

**结构辨识** structure identification 根据输入输出的观测数据，按照某种优良性准则确定模型形式的过程，是**系统辨识**中实验设计后的一个步骤。系统的结构是指系统的**数学模型**的表达形式。考虑数学模型

$$\dot{x}=f(x,\theta,u)$$
$$y=g(x,\theta,u)$$

式中$u$是输入，$y$是输出，$\theta$表示未知参数向量，$x$是状态，$f$和$g$的形式是模型结构。如果$f$和$g$都是线性函数，则称模型为线性模型，否则称为非线性模型。

单输入单输出线性系统的结构可以用系统阶来表示，多输入多输出线性系统结构可以用一组结构参数来表征。结构辨识就是转化为结构参数的辨识，是建立数学模型的重要步骤。在确定模型结构时，应根据应用模型的目的考虑选择什么样的形式，注意模型的适用性，结构的复杂程度和**参数估计**的可能性，因此结构辨识的目标应是确定一个简单的、满足精度要求的适用模型的结构。

**结构材料** structural material 以力学性能为主要指标的工程材料的统称。主要用于制造工程建筑中的构件，机械装备中的支撑件、连接件、传动件、紧固件以及工具和模具等。这些构件或零件都是在受力状态下工作，承受静载荷或动载荷，因此力学性质（强度、硬度、塑性、韧性等）是材料的主要性能指标。由于使用条件不同，还必须考虑到环境因素如高温、低温、腐蚀介质、放射性辐照等对材料的特殊要求。结构件均有一定的形状和精度要求，因此结构材料还需要有优良的可加工性能，如铸造性、冷（或热）成型性、可焊性、切削加工性等。

**金属材料**是使用面最广、使用量最大的结构材料。结构金属材料通常分为黑色金属、有色金属两大类。黑色金属包括工业纯铁、铸铁、碳素结构钢、合金结构钢、不锈钢、耐热钢、高温合金和精密合金等。应用最多的是钢和铸铁。有色金属包括镁、铝、钛、铜、锌等及其合金，还包括难熔金属如钨、钼、铌、钽等及其合金，以及贵金属等。

无机非金属材料是从传统的硅酸盐材料发展起来的一类结构材料，包括一些元素的氧化物、碳化物、氮化物、卤素化合物、硼化物以及硅酸盐、铝酸盐、磷酸盐、硼酸盐等组成的材料。传统的无机非金属材料包括水泥、耐火材料、平板玻璃、器皿玻璃、日用陶瓷、卫生陶瓷、建筑陶瓷、搪瓷、铸石、碳素材料和非金属矿物材料等。新型无机非金属材料是具有特殊性能和用途的材料，主要有先进结构陶瓷、无机涂层和无机纤维等。

工程塑料是指用于受力结构件，能承受较大动负荷和静负荷，并能长期使用的一类塑料。主要有ABS（丙烯腈-丁二烯-苯乙烯三元共聚物）、尼龙、聚甲醛、热塑性聚酯、聚碳酸酯、改性聚苯醚（MPPO）、聚苯硫醚、聚砜、聚酰亚胺、聚醚砜等工程塑料，也包括聚丙烯、聚氯乙烯、酚醛等通用塑料和纤维增强复合材料。它们具有高强度、耐热性和高弹性模量，能代替各种金属用于制造工程结构件。工程塑料与金属相比，具有耐蚀性，但容易老化。

复合材料是由两种或多种组元（基体组元和增强组元）组合成的一类材料，不仅能保持原来组元的优点，而且能产生原组元所不具备的新特性。复合材料分为常用复合材料和先进复合材料两类。常用复合材料包括普通玻璃纤维、合成纤维及天然纤维等增强的高聚物复合材料（如玻璃钢），广泛用于建筑、交通运输、化工、机械、电力、国防等方面。先进复合材料是以碳纤维、芳纶纤维、陶瓷纤维、晶须等高性能增强体与耐高温树脂、金属、陶瓷和碳（石墨）基体构成的复合材料，多应用于高技术方面，如飞机的主承力结构、隐身结构和防热部件，汽车和精密机械零件等。在运动器械、鱼竿和假肢方面也有广泛应用。

**结构功能主义** structural functionalism 现代西方社会学中的一个理论流派。认为社会是具有一定结构或组织化手段的系统，社会的各组成部分以有序的方式相互关联，并对社会整体发挥必要的功能。整体是以平衡的状态存在着，任何部分的变化都会趋于新的平衡。

**A.孔德**和**H.斯宾塞**在其著作中对功能主义都有论述。**É.涂尔干**、**A.R.拉德克利夫-布朗**和B.K.马利诺夫斯基对功能主义也有较为系统的阐述。美国社会学家**T.帕森斯**在20世纪40年代提出了结构功能主义这一名称，并成为结构功能分析学派的领袖人物。帕森斯认为，社会系统是行动系统的4个子系统之一，其他3个是行为有机体系统、人格系统和文化系统。社会系统为了保证自身的维持和存在，必须满足4种功能条件：①适应；②目标达成；③整合；④潜在模式维系。在社会系统中，执行这4种功能的子系统分别为经济系统、政治系统、社会共同体系统和文化模式托管系统。帕森斯认为，社会系统是趋于均衡的，4种必要功能条件的满足可使系统保持稳定性。

美国社会学家R.K.**默顿**是结构功能主义的主要代表人物之一，他发展了结构功能方法。默顿认为，在功能分析上，应该注意分析社会文化事项对个人、**社会群体**所造成的客观后果。他提出外显功能和潜

在功能的概念。社会制度或结构对行动者的行为影响是默顿著述中的主题之一。他认为，社会价值观确定了社会追求的目标，而社会规范界定了为达到目标可采用的手段。如果文化结构（目标）与社会结构（制度化手段）之间发生脱节，就会出现社会失范状态，导致**越轨行为**。

结构功能主义在20世纪50年代美国的社会学中曾占主导地位，其研究涉及面很广。从60年代中期开始，结构功能主义受到了严重的挑战和质疑。

**结构化学** structural chemistry 在原子－分子水平上研究物质分子**构型**与组成的相互关系以及结构和各种运动的相互影响的**物理化学**分支学科。它又是阐述物质的微观结构与其宏观性能的相互关系的基础学科。

结构化学是一门直接应用多种近代实验手段（如X射线、中子和电子衍射法，各种光谱、波谱和能谱，以及电子显微镜和隧道电子显微镜等）测定分子静态、动态结构和性能的实验科学。它从各种已知的化学物质的分子构型和运动特征中归纳出物质结构的规律性，并以量子化学理论（如**价键理论**、**分子轨道理论**、**配位场理论**等）为基础，从理论上说明为什么原子能按一定的量的关系结合成为数目众多的形形色色的分子，以及在分子中原子相互结合的各种作用力方式和分子中原子相对位置的**立体化学**特征。结构化学还说明某种元素的原子或某种基团在不同的微观化学环境中的价态、电子组态、配位特点等结构特征。

从结构化学的角度还能阐明物质的各种宏观化学性能（包括化学反应性能）和各种宏观非化学性能（包括各种物理性质和许多新技术应用中的技术性能等）与微观结构之间的关系及其规律性。在这个基础上就有可能不断地运用已知的规律性，设法合成出具有更新颖、结构特点更不寻常的新物质，在化学键理论和实验化学相结合的过程中创立新的结构化学理论。与此同时，还要不断地努力建立新的阐明物质微观结构的物理的和化学的实验方法。

结构化学已成为一门不但与其他化学学科系密切，而且与生命科学、地质科学、材料科学、信息科学等各学科的研究相互关联、相互配合、相互促进。由于许多与物质结构有关的化学数据库的建立，结构化学越来越被农学家和化工工程师所重视。

结构化学的研究主要有：①新构型化合物的结构化学，尤其是原子簇结构化学和金属有机化合物的结构化学。这一类研究涉及**超分子体系**、**纳米化学**和化学模拟生物固氮等在理论研究上极其重要的课题，以及寻找新型高效的工业催化剂等与工农业生产息息相关的应用研究课题。蛋白质的空间结构的研究仍然是一个既困难而又有重要理论意义和实际应用价值的课题。②稀土元素的结构化学与中国丰富的稀土元素资源的综合利用。③表面结构和表面化学反应的研究。④激光光谱学和激光化学的研究。⑤结构化学的信息工程的研究与**分子设计**。

**结构力学** structural mechanics 研究工程结构受力和传力的规律以及结构优化的学科。**力学**的分支。工程结构指能够承受和传递外载荷的系统，包括杆、板、壳及它们的组合体，如飞机机身和机翼、桥梁、屋架和承力墙等。结构力学的内容是：①研究在外载作用下工程结构的**应力**、**应变**和位移等的规律；②运用力学的基本理论，分析不同形式和不同材料的工程结构，为工程设计提供分析方法和计算公式；③确定工程结构承受和传递外力的能力；④研究和发展新型工程结构。

发展简史　19世纪初，因工业的发展开始设计各种大规模工程结构，促使工程结构分析理论与分析方法独立出来。1826年，法国的C.-L.-M.-H.纳维提出求解静不定结构的一般看法；1847年创立图解法、解析法求解静定桁架结构，奠定了桁架理论的基础；1864年，英国的J.C.**麦克斯韦**创立单位载荷法和位移互等定理；1873年，意大利的A.卡斯蒂利亚诺提出卡氏第一定理，并找到多腹杆桁架的近似方法。这时期对稳定性理论也有了一些研究，结构力学系统著作开始问世，结构力学成为一门独立学科。19世纪末到20世纪初，在船舶结构的研究中发展了可动载荷下梁的动力学理论。20世纪初航空工业的发展促进了薄壁结构和加劲板壳理论的发展。钢筋混凝土在桥梁和建筑中的大量使用，带来了大量刚架和连续梁问题。德国的A.本迪克森创立了转角位移法。20～30年代对复杂静不定杆系结构的计算方法得到了长足的发展。20世纪中叶电子计算机和有限元法的问世，使得大型结构的复杂计算成为可能，把结构力学的研究和应用水平提高到一个新的高度。

学科体系　结构力学可按研究性质和研究对象分类。

按研究性质区分的学科体系如下表：

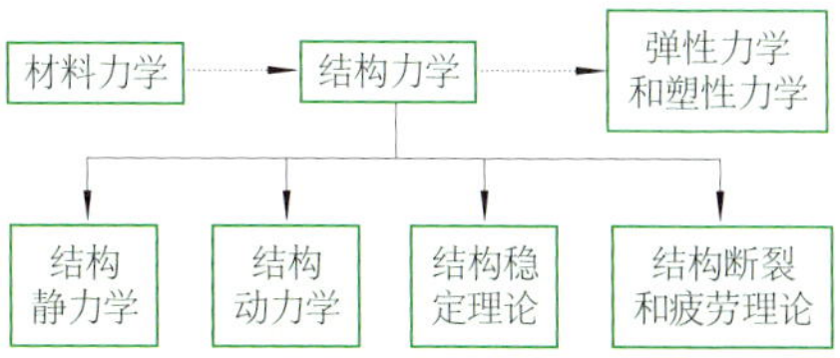


①结构静力学。研究工程结构在静载荷（或变化缓慢的载荷）作用下的弹塑性变形、应力状态与结构优化问题。②结构动力学。研究工程结构在动载荷作用下的响应和性能的分支学科。③结构稳定理论。研究工程结构稳定性的分支。结构稳定理论中最重要的是确定结构的失稳临界载荷。④结构断裂和疲劳理论。用下表可表示各种研究对象的关系：

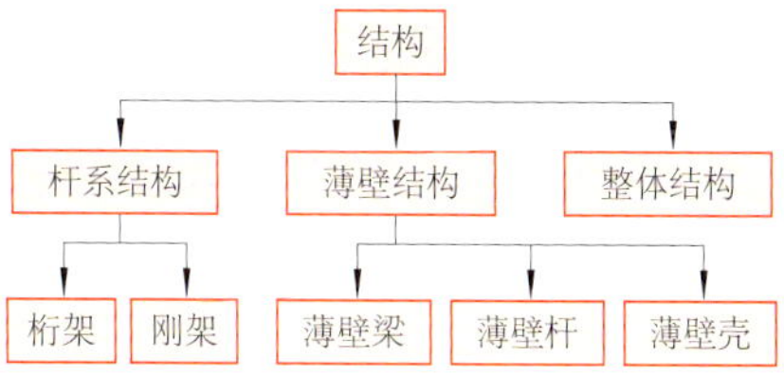


研究方法　主要包括工程结构的使用分析、实验研究、理念分析和计算。结构的使用过程中，对结构中出现的情况进行分析比较和总结，对结构的评价和改进起着重要作用。实验研究能为鉴定结构提供重要依据。实验研究分为模型实验、真实结构部件实验和真实结构实验。结构的力学实验多依靠理论分析和计算。理论计算主要有两个方面：计算模型和计算方法。

**结构生物学** structural biology 以生命物质的精确空间结构及其运动为基础来阐明生命活动规律和生命现象本质的学科。其核心内容是生物大分子及其复合物、组装体和由此形成的细胞各类组分的三维结构、运动和相互作用，以及它们与正常生物学功能和异常病理现象的关系。

生物大分子完整、精确和实时（动态）三维结构的测定，是结构生物学研究的主要基础。20世纪中叶，DNA双螺旋模型的提出和肌红蛋白晶体结构的测定奠定了分子生物学发展的基石，也开辟了精确测定生物大分子空间结构的途径。90年代，细菌光合作用中心以及集光蛋白复合物的三维结构的测定，开始揭示了**光合作用**的运行机理以及光能高效传导的分子机制；首次测定抗体－抗原（溶菌酶）复合物结构，及随后阐明的白细胞抗原、T细胞受体及其复合物的结构，使免疫反应的本质规律得到了解，推动了“抗体工程”的诞生。

可用于完整、精确、实时测定生物大分子三维结构的主要物理方法包括X射线晶体结构分析、多维核磁共振波谱解析，以及生物大分子电子显微术等。其中，X射线晶体结构分析占主导地位。以精确三维结构为基础揭示重要生命活动规律的研究范围已经涉及大多数重要的生命活动，如生长、运动、免疫、消化、光合作用、信号传导，遗传信息的传递、表达和调控等。

**结构性失业** structural unemployment 由于经济结构变化等原因造成的**失业**。特点是既有失业又有职位空缺。具体而言指以下两种情况：①在某一既定地区，劳动力市场上所需要的技能与劳动者实际供给的技能之间出现了不匹配的现象。②劳动力供给和劳动力需求在不同地区之间出现了不平衡的现象。

结构性失业是由于劳动力市场“失调”而引起的，特点在于时间比较长。主要的原因有：①技术水平的变化以及消费者的志趣和偏好的变化会产生一些新行业，淘汰一些旧行业，有些劳动者不适应改变了的产业结构，因而失去工作机会。②人口增长速度变化既影响生产需求，也影响劳动力供给。③政府在经济中的作用和政府政策的变化等也会引起失业。结构性失业的表现形式有：①找职业的人没有专门技能，而需要的则是具有一定技术的熟练劳动力。②有些劳动者只有从事原来产业的知识和技术，没有从事新的产业的知识和技术，因而产生结构变化后找不到新的工作。③工业重新布局，使某些地区劳动力供大于求，另一些地区则供不应求。④由于寻找职业的费用较高，无法得到劳动力市场的各种信息。

**结构主义** structuralism 20世纪60年代在法国取代现象学而崛起的一种哲学思潮。先驱者为瑞士语言学家F.de索绪尔，主要代表人物为C.列维－斯特劳斯、J.拉康、M.福柯、L.阿尔杜塞等，后期的代表有R.巴尔特、J.德里达等。结构主义的方法被广泛地运用于语言学、社会学、人类学、历史学和文学理论中，也被用来解释马克思主义哲学。结构主义的基本观点大体可以概括为：①认识的对象不是事物的现象，而是它的内在结构。②组成结构的成分是相互联系、自行调整的，如果一个成分发生变化，则相互联系的整体也发生变化。③整体大于部分。④社会与人的关系是整体与部分的关系。人只是社会结构的一个成分，没有单独的决定作用。⑤同时性的观察比历时性的观察更重要。

**结关** clearance 进出境运输工具、货物、物品的所有海关手续全部履行后，海关准予解除监管的行政执法行为。又称清关，是海关对国际航行船舶出境前放行的重要业务环节。国际航行船舶结关时应具备以下条件：①船舶所载进出口货物在海关监管下起卸和装船。②向海关分别送交进、出口载货清单。③“船舶吨税执照”有效。④船舶停港期间，经海关检查发现的走私和违犯海关法规的情事业经海关处理完毕，或虽未处理结束，但船长已出具委托书由船舶所有人或代理人接受委托听从海关处理的。⑤海关对船上加封的海关封志完整无损。国际航行船舶经海关结关后方能驶离港口。

**结合能** binding energy 当一“物体（体系）”是由两个或多个部分组成时，各组成部分之间存在相互吸引力而结合在一起。如果把各组成部分分开到“无穷远”处，需要一定的能量，即称为该物体的结合能。

不同“物体（体系）”具有不同的结合能。因此当数个物体发生反应时，总的结合能可能变化。利用适当的反应可把改变了的总结合能释放出来。如二氧化碳分子是由两个氧原子和一个碳原子组成的，而氧分子是由两个氧原子组成的，前者的结合能较后者更大。这说明碳原子和氧分子反应时，各原子间的作用力在反应中做功释放能量。碳在空气中燃烧，生成二氧化碳时，结合能以热能的形式释放出来。又如原子核是由核子（中子或质子）借助于彼此间很强的相互吸引力（核力）结合成的，具有很大的结合能。核内每个核子的平均结合能，叫比结合能，等于该核的结合能除以其核子数。由于核力比分子内原子间的作用力强度大得多，所以同样质量的物质，在核反应中产生的核能比化学反应中产生的化学能要大百万倍以上。

**结核病** tuberculosis 结核分枝杆菌所致的全身性传染病。是危害人类健康历史久远的慢性传染病，据记载至少已有5 000年的历史，曾是患病率与病死率最高的疾病之一。

**临床表现** 肺结核 部分患者临床表现不明显，仅于胸部X射线检查时发现肺结核病变。多起病缓慢，有持续低热、疲乏、厌食、消瘦、盗汗等全身结核病中毒症状。女性可出现月经不调。呼吸道症状常有咳嗽、咯痰、胸痛或咯血。有的患者以咯血为首发症状。有些患者出现发热、寒战、胸痛、肌痛等急性症状。在原发感染后可出现胸膜炎。

肺外结核 可与肺结核同时存在或单独出现，HIV感染者或艾滋病患者肺外结核发病率高。全身症状有体重减轻、疲乏、不适、发热及出汗等。局部症状则依所侵犯部位而异。①结核性胸膜炎。多急性起病，有发热、乏力、盗汗、纳差等结核病中毒症状，局部症状有干咳、胸痛及呼吸困难等，高热、胸痛为最明显的症状。随着胸腔积液的出现及增多，胸痛可减轻及消失，但大量积液可压迫心、肺及纵隔，引起呼吸困难。②结核性脑膜炎。由原发结核的早期血行播散引起者潜伏期短，表现为头痛、食欲不振、倦怠、精神呆板，以儿童多发，常继发于粟粒性结核或其他器官的结核。起病亚急性或缓慢，有低热、消瘦、盗汗等结核病中毒症状，可有头痛、呕吐、颈部强直等脑膜刺激征，亦可有意识障碍、抽搐、瘫痪等脑实质损害现象，严重者可因呼吸衰竭死亡。③骨关节结核。起病缓慢隐匿，可有低热、乏力、盗汗、消瘦等结核病中毒症状，少数无明显全身症状。④结核性腹膜炎。起病多缓慢，多呈低至中度发热，少数病例有40℃高热。多有腹痛、腹胀，腹壁触诊有揉面感。可有腹膜刺激征（肌紧张、压痛、反跳痛），大量纤维素渗出引起肠系膜粘连时可触及腹内包块。亦可有腹水。⑤肠结核。多继发于肠外结核，尤其是排菌性肺结核，仅约10%原发于肠道。多起病缓慢，早期症状不明显而易被忽略。主要临床表现是腹痛、腹泻、便秘或腹泻便秘交替。形成结核性肉芽肿或组织粘连或肠系膜淋巴结肿大时，可触及有腹部包块。⑥泌尿生殖器结核。肾结核最常见的原发病灶多在肺部，其次为骨关节、生殖系和淋巴结结核。病变早期多见于肾皮质，形成结核小结节，以后形成干酪样坏死，破溃到肾盂并播散到输尿管及膀胱，结核菌随尿液播散，引起输尿管及膀胱结核。⑦淋巴结结核。全身淋巴结均可受累，以气管、支气管、纵隔淋巴结结核最常见。可压迫支气管腔引起肺不张；气管、支气管内结核病灶可破溃入支气管腔引起结核肺内播散。颈部和锁骨上淋巴结结核可有无痛性淋巴结肿大，可坏死、液化及破溃，并可形成持续性瘘管。⑧其他。喉结核多发生在重症肺结核患者，可表现为咽喉疼痛、吞咽困难和声音嘶哑。支气管内膜结核，可表现为刺激性咳嗽、呼吸困难、哮喘、咯血，若支气管腔阻塞，则发生肺不张。胸壁结核，发病机制是胸膜干酪病灶引起胸膜淋巴结炎，波及胸部软组织。可有胸壁肿胀、局部压痛，可形成胸壁脓肿及皮肤瘘管。

**诊断** 影像学检查 胸部X射线检查，可明确肺部病变性质和部位；泌尿生殖器结核病时的上行性及逆行性肾盂造影、肠结核的胃肠钡剂造影及支气管内膜结核的支气管碘油造影等均是诊断这些疾病的重要手段。胸部CT能更清晰地显示肺内各种结核病灶；磁共振成像有利于判断纵隔淋巴结和血管性病变。

涂片和培养检查 多采用齐尔－内尔森抗酸染色法，方法简捷，但敏感性不高，结核菌的数量在10 000个/毫升才可为阳性。采用荧光染色法可提高检测阳性率。结核菌培养是诊断最可靠的依据。

结核菌素试验 可用以判断是否感染过结核菌。已受过感染者多呈阳性，未受过感染者则多为阴性。此法对判断结核病的活动程度有一定参考价值。

**治疗** 化学药物治疗的目的是早期杀菌、预防耐药，最终达到灭菌。必须掌握早期、联合、规则、足量、全程用药的原则才能达到目的。

**预防** 卡介苗的接种对于预防婴儿及儿童发生血行播散性肺结核——粟粒性结核及结核性脑膜炎具有明显作用。

**结婚** entering into marriage 男女双方依照法定条件和程序确立夫妻关系的行为。根据当代各国立法，结婚必须具备实质要件和形式要件，才发生法律效力。如果违背结婚条件和程序，就会引起一定的法律后果，或者形成无效婚姻，或者其婚姻得依法予以撤销。

当事人结婚时必须具备和必须排除的条件主要有：男女双方当事人须有成立婚姻的合意，须达到法定婚龄，须非重婚，须不违背关于近亲结婚的限制，须不患禁止结婚的疾病。在法定婚龄低于成年年龄的国家，还规定未成年人结婚须有法定代理人的同意。有的国家规定监护人与被监护人禁止结婚，因奸判决离婚或受刑者不得与相奸者结婚。对于女子再婚，一些国家还规定有半年、300天或一年的“待婚期”。《中华人民共和国婚姻法》规定的结婚条件是：①男女双方完全自愿。②结婚年龄，男须满22周岁，女须满20周岁。③必须符合一夫一妻制。④双方须不是直系血亲和3代以内的旁系血亲。⑤须不是患麻风病未经治愈或患其他在医学上认为不应结婚之疾病者。法定的结婚程序，各国规定不同。中国和许多国家规定当事人必须进行结婚登记。有的国家还要求登记前发表公告或举行一定的仪式，并邀请证人出席作证。有的国家或民族仍然采用自己传统的习惯方式。

**结婚周年纪念** wedding anniversary 庆祝结婚纪念日的民俗活动。起源于西方。举行结婚周年纪念，目的是庆贺婚姻幸福，祈愿百年和好。不同的婚龄分别有象征性的名称，它们在各国不尽相同，比较通行的有：纸婚（1周年）；棉婚（2周年）；皮革婚（3周年）；水果婚（花卉婚、书籍婚或丝婚，4周年）；木婚（5周年）；糖果婚（铁婚，6周年）；羊毛婚（铜婚，7周年）；橡皮婚（电器婚，8周年）；陶器婚（柳婚，9周年）；锡婚（铝婚，10周年）；钢婚（11周年）；丝婚（尼龙婚、麻婚，12周年）；丝带婚（花边婚，13周年）；象牙婚（14周年）；水晶婚（15周年）；瓷器婚（20周年）；银婚（25周年）；珍珠婚（30周年）；珊瑚婚（翡翠婚，35周年）；红宝石婚（40周年）；蓝宝石婚（45周年）；金婚（50周年）；绿宝石婚（翡翠婚，55周年）；钻石婚（60周年）；白金婚（70周年）。在多数情况下，只隆重庆祝银婚和金婚。举行纪念活动时，特别是在金婚纪念日，除家人外，还常邀请亲友参加。

**结集** saṃgīti 佛教名词。意为合诵或会诵。即由佛教徒集会，对佛陀学说进行会诵，经过讨论、甄别、审核，最后用文字确定下来，成为经典。这种会议称为结集。佛教史上先后共有4次结集。

第一次结集　传说佛陀涅槃后不久，以其著名弟子大迦叶为首的500人，在王舍城外毗婆罗山的七叶窟进行结集。这次结集的主要内容是由号称持律第一的优婆离和号称多闻第一的阿难陀诵出毗奈耶（戒律）和法（经），然后经会议确定，编纂成书。

第二次结集　王舍城结集后100年左右，以耶舍为首的700僧众，在毗舍离进行结集。此次结集确定了“十非法事”。此次结集称为毗舍离结集，又由于参加此次结集的多为佛教长老，故又称为上座部结集。

第三次结集　根据南传佛教的传说，在阿育王时期，以目犍连子帝须为首的1 000僧众在华氏城（即波多厘子城）进行了第三次结集，重新整理佛教经典，并编辑了一部《论事》。把不同派别的论点整理出来，正反面各500条，合计1 000条。现仅存116条，都是目犍连子帝须所反对的论点。

第四次结集　据说在上述三次结集之外，在贵霜王朝的迦腻色伽王时期还进行过一次结集。这次结集是在以胁尊者为首的500人在迦湿弥罗（今克什米尔）进行的，并对经、律、论都作了注释。现在，经、律的注释已经失传，只有论的注释保存下来，称为《大毗婆沙论》。

此外，又据1789年泰国伐奈那亲王著、经拉玛六世于1923年敕令出版的《结集史》一书所载，南传上座部共举行了9次结集。前三次在印度，中间四次在斯里兰卡，最后两次在泰国。

**结节病** sarcoidosis 慢性非干酪性肉芽肿，可影响到身体任何组织，肺是最常罹患的器官。临床表现轻者可无症状，重者可有气促、呼吸困难和低氧血症。

临床表现　患病率女性高于男性，年龄以20～50岁最多。多侵犯胸内器官，也可侵犯肺外淋巴结、眼、皮肤、肝、脾、肾、骨、腮腺、心脏等器官。

胸内结节病患者中40%无任何症状，多经肺部透视检查发现。有症状者表现为低热、干咳、胸闷、乏力等，与结核中毒症状不易区分。

肺部结节病的X射线分期（中国现行分类法）：Ⅰ期为双侧肺门和纵隔淋巴结肿大期；Ⅱ期为双侧肺门淋巴结肿大，同时在肺部出现了病变；Ⅲ期仅有肺部病灶，包括肺纤维化。双侧肺门淋巴结肿大者，预后好。此外，结节病侵及支气管可导致肺不张、肺大泡、胸腔积液等。

胸外结节病的症状以受侵犯器官的局部症状为主。结节病引起眼部受侵约占25%，表现为葡萄膜炎、急性或慢性虹膜睫状体炎。重者可引起继发性青光眼、白内障，不经治疗少数患者可失明。

皮肤结节病较常见，表现为结节性红斑、丘疹、皮下结节，女性易出现皮肤损害。

中枢神经受侵以颜面神经麻痹最为多见，侵及脑垂体前叶可引起尿崩症。

心肌结节病可引发心源性猝死。生前不易被诊断。心电图上有时可表现为多种不同类型的心律不齐和传导阻滞。

诊断　根据病史、临床或胸部X射线检查可以作出拟诊，但必须经过组织活检方能确诊。已确诊者仍需进一步判断是否为活动期，以决定是否需要治疗及判断预后。

组织活检，多采取周围肿大淋巴结、前斜角肌脂肪垫淋巴结、皮疹、皮下小结节作活检，或经纤维支气管镜作气管内膜或肺组织的活检。若能证明有不发生干酪化的结节病结节便可确诊。另外以活动性结节患者肿大的淋巴结或脾脏作抗原，注射于皮内，经一定时间后，切除注射部位皮肤作病理活检，若证实为不发生干酪化肉芽肿，即为阳性，这种方法称为克韦因氏试验。

治疗　肾上腺皮质激素为控制病变的有效药物。对Ⅰ期患者有人主张马上应用激素治疗，但也有人主张观察半年，若无缩小再用。下列情况为适应证：活动性眼病；进行性肺部病变；X射线检查病灶增多和（或）肺功能异常；持续存在的高血钙症及高尿钙症；侵犯神经系统的病变；皮肤病变，尤其有颜面部皮损者；心肌结节病；有肾脏损害者；重度肝、脾肿大者。

预后　结节病虽然病因未明，但根据研究可能为免疫性疾病。激素治疗仅为控制病变而非特效，预后良好。但有些患者仍可死于心、肺、肾等功能衰竭，且有一定比例的患者不论治疗与否均可复发。

**结节性红斑** erythema nodosum 一种反复发生的炎症性皮肤病。与细菌、病毒的感染有关。好发于中青年，女性较多，春秋季多发。起病时可伴发热和关节痛。皮损为成批出现的皮下结节，1～2厘米大小，略高出皮面，红色、触痛明显。好发于小腿伸侧，严重时其他部位也可出现。单个结节2～3周可自行消退，留色素沉着，不破溃、不留瘢痕。但此病易反复发作。治疗原则为卧床休息，寻找病因并治疗。轻者可给予非激素类抗炎药如阿司匹林，较重者可选用皮质类固醇。发病前有咽炎、扁桃腺炎等感染症状者应给予抗生素。

**结晶水** crystalline water 在晶体物质中，以化学键力与离子或分子相结合的、数量一定的水分子。又称水合水。例如，从硫酸铜溶液中结晶出来的蓝色晶体，含有5个结晶水，其组成为$CuSO_4 \cdot 5H_2O$。在这种晶体中有4个水分子直接与$Cu^{2+}$离子结合成四面体的$Cu(H_2O)_4^{2+}$离子，进入晶格，另一水分子则与$SO_4^{2-}$离子通过氢键结合成水合离子进入晶格。

在不同的温度和水蒸气分压条件下，一种化合物可以生成含有不同数目水分子的水合晶体。某些水合物中，金属阳离子与水分子间的结合力较强，在加热时所含的结晶水很难完全脱去，不容易得到无水晶体。如果强行加热脱水，则这些化合物可能发生水解反应，转变为碱式盐或氧化物。

常温时，水合物有一定的饱和水蒸气压，当一种水合物暴露在较干燥的空气中时，会慢慢失去结晶水，变成粉末，这个过程称为风化。有些无水物或低水合物放在湿度较大的空气中时，则会自动吸收水分，形成水合物，甚至最后变为浓溶液，这个过程称为潮解。

**结膜吸吮线虫病** thelaziasis 结膜吸吮线虫寄生于人眼结膜囊所致的由蝇类传播的动物源性寄生虫病。以婴幼儿为多见。主要见于亚洲，故又称东方眼虫病。结膜吸吮线虫成虫呈白色线状，寄生在牛、犬、家兔等动物的瞬膜囊内，偶可寄生于人类结膜囊内，引起发痒、疼痛、异物感及流泪。雌雄异体，交配后产卵，卵内含幼虫。某些蝇类是其中间宿主及传播媒介。此病可从患处取出虫体，经鉴定而确诊。此病在结膜局部麻醉下取出虫体即可治愈。

**结膜炎** conjunctivitis 因感染、过敏、外伤所致的眼结膜充血、渗出、乳头肥大和滤泡等病变。是常见的眼病。可分为：①外源性。由于结膜大部分暴露于外界，很容易受到各种微生物、风尘、理化毒物等的刺激而产生炎症。②内源性。结膜富有血管、淋巴管。病原体可通过血行或淋巴使结膜感染；结膜可对全身他处感染物产生过敏反应；炎症可由邻近组织，如眼睑、泪囊、角膜、眼眶等处直接蔓延至结膜。患者的体质、屈光不正等也可影响结膜炎症的发生、发展。结膜炎又可按病因分为细菌性、病毒性、衣原体性、霉菌性、变态反应性等。其共同的临床表现为突发结膜充血，烧灼感、痒、分泌物多，一般视力不受影响，检查发现眼睑红肿，睑结膜充血、乳头滤泡增生，球结膜周边性充血，有时水肿及结膜下出血，结膜囊内有分泌物，要确定病原体则需作分泌物涂片和细菌和细胞学检查。治疗应针对病因局部用药。

**结社自由** association, freedom of 公民为实现一定的正当性目的，依照法定程序组织或者参加合法性社会团体的自由。结社的基础是共同意愿。各国宪法和法律赋予结社自由以不同内容，并以不同的形式保障结社自由。公民的结社自由受国家安全、公共秩序、道德和他人权利自由的约束。

根据结社的性质和活动方式，通常分为以营利为目的的结社和不以营利为目的的结社。前者指成立公司等，由民法、商法等法律加以调整；后者又分为政治性的结社和非政治性的结社，政治性结社主要指成立政党等，非政治性结社主要指成立宗教团体、学术团体、文艺团体等自治性组织。

1919年德国《魏玛宪法》是第一部涉及了公民结社权的宪法。第二次世界大战后，结社权作为公民的基本自由权写入了一些重要的国际文件。

**结绳记事** keep records by tying knots 原始记事的一种方法。人类在没有发明文字或文字使用尚不普遍时，常用在绳索或类似物件上打结的方法记录数字，表达某种意思，用以传达信息，处理事件。在中国，《易经·系辞》、《说文解字·序》等古籍有关于结绳记事的记载。云南的独龙族、傈僳族、怒族、佤族、瑶族、纳西族、普米族、哈尼族和西藏的珞巴族等，在1949年以前仍用结绳方法记日子。傈僳族用结绳法记账目；哈尼族借债，用同样长的两根绳子打同样的结，各执其一作为凭证；宁蒗的纳西族、普米族常用打结的羊毛绳传达消息，召集群众。古代埃及、波斯、秘鲁也有以结绳来记事的。古秘鲁印加印第安人打结的绳名为“魁普”，表示的数目完备清楚，用来登录账目、人口数及税收数。大洋洲的波利尼西亚人等也曾用结绳来记事。

**结石** lithiasis 在导管腔中或腔性器官（如胆囊、膀胱）的腔中形成的固体块状物。主要见于胆囊及膀胱、肾盂中，也可见于胰导管、唾液腺导管等的腔中。可造成管腔梗阻，影响受累器官液体的排除，引起疼痛、出血或感染症状。结石由无机盐和（或）有机物组成。结石中心常有一核心，由脱落上皮细胞、细菌团块、寄生虫卵或虫体、粪块或异物组成，无机盐或有机物再层层沉积于核心之上。由于受累器官不同，结石形成的机理所含的成分、形状、质地对机体的影响等均不相同。

胆结石 好发生在40岁后肥胖的多产妇女，女性发生率比男性高2～3倍。可见于肝内或肝外胆道系统中任何部位，但以胆囊最为多见。主要成分多为胆固醇，此外常混有碳酸钙、磷酸钙或胆红素钙。胆结石形成的机理尚不完全清楚，可能与胆汁的成分和胆道感染有关。见胆石症。

尿路结石 结石可见于尿路的任何部分，主要部位是肾及膀胱。可分为三种：①尿酸结石。为尿酸与尿酸盐的混合结石。②草酸钙结石。③复合结石（碳酸盐磷灰石及羟基磷灰石的复合物）。前两者发生于酸性尿，后者发生于碱性尿。尿液高度浓缩和草酸盐、尿酸盐等过多分泌易诱发结石。见泌尿系统结石。

胰导管结石 少见。直径很少超过0.5厘米，可多发。易诱发细菌感染。

唾液腺导管结石 多见于颌下腺，可导致导管部分阻塞，引起腺组织萎缩及纤维化。

阑尾粪石 多因慢性阑尾炎、阑尾腔引流不畅、粪便颗粒积聚、干燥，同时无机盐沉积所致。一般体积较小，单个或多个，慢性阑尾炎行阑尾切除术时，在腔中常可见粪石形成。

胃石 含纤维的食物或异物在胃内积聚、浓缩形成的块状物。吞入胃内的毛球称毛石，大量吃柿子可形成柿石。

包皮石 包茎时，包皮垢在包皮内堆积干燥，表面尿盐沉积形成。一般体积较小。包皮鳞状上皮在长期刺激下可发生癌变。

牙石 黏附于牙齿或假牙表面的细菌及异物团块经钙盐沉积而成。牙石易诱发牙周炎，因此应及时去除。见牙周病。

**结算** settlement 交易双方对商品买卖、劳务供应以及资金调拨等经济往来引起的货币收付关系进行了结和清算。统称资金结算。结算方式根据清偿工具及地区的不同有：用现金方式进行清偿，称为现金结算；用银行票据或转账方式来清偿，称为非现金结算，这是资金结算的主要方式。按结算涉及的地区分为同城结算和异地结算。非现金结算方式主要有汇兑、托收承付、委托收款和信用证4种方式。汇兑是汇款人委托银行将其款项支付给收款人的结算方式，有信汇和电汇两种，是银行异地汇划资金的主要结算方式之一；托收承付是由卖方发货后委托银行向异地买方收取款项，由购货单位向银行承认付款的结算方式；委托收款是收款人委托银行向付款人收取款项的结算；信用证是一种有条件的银行付款承诺，即买方向其开户银行（开证行）申请开证，在卖方向银行提交了符合信用证条款中所规定单据的前提下，开证行保证付款的一种书面承诺。

**桔梗科** Campanulaceae; bellflower family 双子叶植物纲菊亚纲一科。有60～70属约2 000种，广布于全球。中国有6属约170种，主产西南部。刺萼参属和同钟花属为中国特有属。草本，少半灌木，稀灌木，大多有乳汁。叶互生、对生，稀轮生，无托叶；叶片一般不分裂。花序各式，常见聚伞花序、总状花序和穗状花序，也有单花的；花两性，5数，稀6～10或3～4；花萼通常上位，少周位或下位；花冠合瓣，辐射对称或两侧对称而后方（背部）纵裂至基部，或有时由于花冠深裂而近似离瓣花冠；雄蕊与花冠裂片同数而互生；子房大多下位，多为2～5室，蒴果，少为浆果。

桔梗科植物主要为药用，有许多著名

中药材，如党参、桔梗、沙参和半边莲等。许多植物可供食用，如桔梗、沙参属植物的根、金钱豹属植物的果实等。此外，风铃草属和沙参属植物的花大、形状如钟，有观赏价值。

**桀** King Jie of Xia Dynasty 中国夏朝最后一个王。又名履癸，夏王发之子，姒姓。一说桀是夏王皋之子，夏王发之弟。相传夏代后期，统治基础已经非常脆弱，而夏桀自恃其勇，不修德政，不恤黎民，废弃农事，暴戾荒淫，大兴土木，做倾宫，饰瑶台，筑琼室，耗尽百姓财力。人们不堪其苦，诅咒他说："时日曷丧，予及汝皆亡"。

桀又重用奸佞谀臣，弃绌贤良，朝纲昏乱。桀讨伐有施氏，得妹喜，遂与之日夜饮酒作乐，做可以运舟的酒池，又以撕缯的声音取悦她。后讨伐岷山氏，得二女，妹喜遭冷落，遂与*伊尹*私通而离间夏。由于夏桀穷兵黩武，诸侯离心离德，均归顺商汤。

商汤曾被夏桀所囚，后得释，率领商族在东部兴起，领兵进攻夏桀。桀内外交困，无备而战，夏朝军队在鸣条（今河南封丘东）被歼灭，桀身死南巢（今安徽巢湖南），夏朝灭亡。

**捷尔任斯基** Dzerzhinsky, Feliks Edmundovich (1877-09-11～1926-06-20) 俄国布尔什维克党和苏维埃国家领导人之一。生于立陶宛维尔诺省的一个波兰小贵族家庭，卒于莫斯科。

1894年参加立陶宛社会民主党。1906年波兰社会民主党加入俄国社会民主工党，他被选为俄国社会民主工党中央委员。曾6次被沙皇政府逮捕，两度被流放，在监狱、集中营和流放地一共度过11年。1917年参与领导彼得格勒十月武装起义。1917年12月起担任"全俄肃清反革命及怠工非常委员会"（简称"契卡"）主席。1919年任内务人民委员。1921年任交通人民委员。1922年契卡改组为国家政治保卫局（格伯乌）。1923年改为国家政治保卫总局后，任主席。1924年起担任苏联最高国民经济委员会主席。同年6月被选为联共（布）中央政治局候补委员。

**捷克** Czech Republic; Česká Rupublika 欧洲中部内陆国家。东接斯洛伐克，南邻奥地利，西界德国，北毗波兰。面积78 866平方千米。人口1 050万（2009），捷克人占

总人口的90%以上，斯洛伐克人占2.9%，此外还有摩尔多瓦人、德意志人和波兰人。官方语言为捷克语。居民主要信奉天主教，少数人信奉新教和犹太教。首都*布拉格*。

**地理** 境内以波希米亚高地为主，丘陵起伏，东北、西北、西南被苏台德山脉、厄尔士山脉、波希米亚林山和舒马瓦山脉所环绕，山地海拔300～1 000米，最高峰为斯涅日卡山（雪山），海拔1 602米。东部为海拔500～600米的摩拉维亚地区，亦称捷克盆地。盆地内大部分地区在500米以下，可分为拉贝河平原、比尔森盆地、厄尔士山麓盆地和南捷克湖沼地带。主要河流是伏尔塔瓦河、拉贝河（中、下游称易北河）和摩拉瓦河。大部分河流湍急，不利于航运。全境属海洋性向大陆性气候过渡的温带气候。

捷克矿产资源比较贫乏，品位较低。矿产资源主要有铁、煤、铀、锰、铅、锌、铜、萤石、石墨和高岭土。其中褐煤储量居世界第三位。硬煤储量居欧洲第五位，最大的硬煤田是俄斯特拉发－卡尔维纳煤田。铀矿储量居欧洲前列。森林覆盖率达33%。

**历史** 5～6世纪西斯拉夫人西迁到捷克。830年，西斯拉夫人建立大摩拉维亚国，版图大致相当于现今的捷克共和国和斯洛伐克共和国。9世纪末至10世纪上半叶大摩拉维亚国解体，西部成立了以布拉格为中心的*捷克公国*。自1086年起长期臣服于*神圣罗马帝国*。15世纪初捷克地区曾爆发由胡斯领导的反抗罗马教廷、德意志贵族和封建主统治的胡斯运动。1620年捷克处于哈布斯堡王朝的统治之下。1918年10月成立捷克斯洛伐克共和国。1960年7月改国名为捷克斯洛伐克社会主义共和国（见*捷克斯洛伐克*）。1990年更改国名为捷克和斯洛伐克联邦共和国。1992年12月联邦解体。1993年1月1日，捷克共和国成为独立的主权国家。

**政治** 根据1992年12月通过的宪法，捷克是拥有主权的、统一的、民主的和法治的国家。总统是国家元首，由议会两院联席会议选举产生，任期5年。国家最高立法机构是议会，由参议院和众议院组成。政府是国家最高行政机关。司法机构设最高法院、宪法法院和最高监察院。全国共有政党、运动、联盟等60余个，主要有：捷克社会民主党、公民民主党、基督教民主联盟－捷克斯洛伐克人民党、捷克和摩拉维亚共产党、绿党。

**经济** 捷克为中等发展水平的工农业国。2009年国内生产总值1 876亿美元，人均国内生产总值约合17 850美元。

工业发达，2008年工业约占国内生产总值的32%。在国民经济中占主导地位，产值占工农业总产值的4/5以上。主要工业部门有机械制造、冶金、化工、纺织、食品、制鞋、玻璃、陶瓷等。机械制造工业历史悠久，斯柯达牌小汽车和太脱拉牌载重汽车在许多国家都备受欢迎。化学工业部门齐全。纺织工业以棉纺织规模最大。玻璃陶瓷工业是捷克传统的工业部门，水晶玻璃产品享誉世界，出口量居世界第4位，仅次于法国、德国和意大利。捷克有"啤酒之国"的美称。著名的比尔森啤酒享誉世界。

流经布拉格的伏尔塔瓦河

捷克亦是制鞋大国，拔佳牌皮鞋素以质量优良著称。

农业虽只占国内生产总值的3.3%，但集约化程度较高。2008年可耕地面积为259.2万公顷。主要农作物有小麦、大麦、玉米、马铃薯、甜菜、亚麻等，畜牧业以养牛、猪为主。小麦是种植最广的作物。

交通运输以公路、铁路和航空为主。公路总长55 584千米，铁路总长9 588千米。内河航道377千米。航空线以布拉格为中心通往国内外各地。

2009年外贸进出口总额2 156亿美元，其中进口1 038亿美元，顺差80亿美元。主要出口轿车和钢材、机械产品、玻璃制品、化工产品、木材、轮胎、家具等。进口石油和天然气、计算机、轿车及配件、机械设备、医疗产品和设备等。主要贸易伙伴为德国、斯洛伐克、奥地利、俄罗斯、意大利、波兰、法国、英国和美国。

**文化** 实行9年制义务教育。高中、大学实行自费和奖学金制，但国家对学生住宿费给予补贴。1990年开始允许私人和教会办学。全国无文盲。2008年捷克共有大学73所，著名高等学府有布拉格查理大学、捷克技术大学等。主要报纸有《经济报》、《人民报》、《权利报》、《今日青年阵线报》等。

捷克通讯社为国家商业性通讯社。有国家或私人广播电台和电视台。

**对外关系** 重点发展同欧、美等西方国家的关系。重视加强与波兰、奥地利、斯洛伐克等邻国关系，积极推动和参与维谢格拉德集团及中欧自由贸易协定等区域合作。同时注意与本地区以外的国家建立和发展经贸合作。1999年3月正式加入北约。2004年5月加入欧盟。1993年1月1日，捷克共和国与中国建交。已与195个国家建立外交关系。

**捷克公国** Czech Duchy 在普热美斯王朝统治下的捷克封建国家。它以布拉格为中心，故又称布拉格公国。9世纪，捷克是大摩拉维亚国的属国。906年大摩拉维亚国灭亡后，普热美斯大公爵家族统治了捷克地区。博列斯拉夫一世（929～967年在位）把领土扩展到波希米亚、摩拉维亚、克拉科夫、西里西亚，封建关系迅速发展，出现许多城市，对外贸易也有发展。973年，在布拉格建立独立的主教区。995年，博列斯拉夫二世（967～999年在位）统一全捷克。捷克封建贵族长期依附于神圣罗马帝国。12世纪后半叶，公国改称捷克王国。1526年神圣罗马帝国哈布斯堡王朝皇帝继承波希米亚和匈牙利王位，兼并了捷克和斯洛伐克大部分地区。1620年，捷克沦为哈布斯堡王朝的一个行省。

**捷克人** Czechs 东欧民族之一。约1 024万人（2001）。主要分布在捷克共和国，一些在斯洛伐克。另有100万人分布在欧洲其他国家和美国、澳大利亚。属欧罗巴人种阿尔卑斯类型。使用捷克语，属印欧语系斯拉夫语族西支。有以拉丁字母为基础的文字。信教者多为天主教徒。5世纪末

捷克少女

及6世纪上半叶，斯拉夫人的一些部落来到摩拉维亚和波希米亚。7世纪上半叶建立萨摩公国。9世纪初组成大摩拉维亚帝国。波希米亚各部落于9世纪末10世纪初脱离大摩拉维亚，建立捷克王国，并于11世纪中叶兼并摩拉维亚地区。13世纪初，德意志人大量移居捷克地区。17世纪20年代起先后受奥地利哈布斯堡王朝、奥匈帝国统治。18世纪80年代，以复兴捷克语言和文化为主要内容的民族复兴运动兴起，现代捷克民族逐步形成。1918年10月与斯洛伐克人一起建立捷克斯洛伐克共和国。1992年底捷克和斯洛伐克分离，各自建立独立的共和国。捷克人现代工业发达，有机器制造、钢铁、纺织、化工等，以制鞋和酿造啤酒著名。农业机械化程度较高，种植麦类、玉米、甜菜、亚麻，饲养猪、牛。

**捷克斯洛伐克** Czechoslovakia 历史上捷克斯洛伐克共和国和捷克斯洛伐克社会主义共和国的简称。位于欧洲中部，东部与苏联相邻，南部和匈牙利、奥地利接壤，西部与联邦德国、民主德国相连、北部与波兰交界。疆土面积127 905平方千米。人口1 552.3万（1986），其中捷克人占63.5%，斯洛伐克人占31.2%，余为匈牙利人、波兰人等。天主教为主要宗教。官方语言为捷克语和斯洛伐克语。首都布拉格。

5～6世纪，西斯拉夫人迁至欧洲中部。7世纪建大摩拉维亚国。1620年沦为奥地利哈布斯堡王朝的一个行省。1867年又被奥匈帝国所控制。第一次世界大战期间，捷克和斯洛伐克人民要求建立独立的、统一的国家。1916年T.马萨里克在国外成立捷克斯洛伐克民族会议。1918年奥匈帝国崩溃。同年10月14日，捷克工人举行总罢工，迫于人民的压力，10月28日资产阶级控制的全国委员会宣布成立共和国。1918年11月14日，捷克斯洛伐克共和国正式宣告成立，马萨里克当选第一任总统。1919年初期，东欧出现无产阶级革命浪潮。6月16日，斯洛伐克苏维埃共和国在普雷绍夫宣告诞生，实行企业、银行和土地国有化，并赋予劳动人民以选举权及其他民主权利，7月初为资产阶级政府和外国武装干涉者所镇压。1938年10～11月，德军占领苏台德区。次年3月，德国出兵占领并肢解了捷全部领土。前总统E.贝奈斯逃亡英国组织流亡政府。捷共成立中央民族革命委员会，开展游击抵抗运动。1944年8月29日，斯洛伐克爆发了反希特勒的民族起义，解放了1/3的国土。1945年5月初，布拉格起义爆发，5月9日配合苏联红军解放布拉格，捷克和斯洛伐克合并成为一个人民共和国。

1946年5月29日，举行国民议会选举，

捷克斯洛伐克第1军团战士重返祖国（1945）

成立了以哥特瓦尔德为总理的联合政府，E.贝奈斯任总统。1948年5月9日，制宪议会通过宪法，定国名为捷克斯洛伐克共和国，其性质是人民民主国家，以保证向社会主义方向发展。哥特瓦尔德当选为总统。1949年10月6日，同中国建交。

1949～1960年，捷克斯洛伐克执行了两个五年计划，农业合作化基本实现，农业机械化接近完成。1960年7月11日，国民议会通过新宪法，改国名为捷克斯洛伐克社会主义共和国。

1968年8月20日，苏联出兵捷克斯洛伐克。10月16日，苏捷签订《关于苏联军队暂时驻在捷克斯洛伐克境内的条件的条约》。1969年4月G.胡萨克任捷共中央第一书记。1971年改任总书记。捷采取经营集约化和专业化的发展战略，加强同经济互助委员会成员国的合作并发展同各国的经济贸易关系，经济发展较快。在1987年12月17日举行的捷共中央全会上，胡萨克辞去总书记职务，只任共和国总统。1989年12月10日胡萨克又辞去总统职务。28日捷克斯洛伐克联邦议会两院选举杜布切克为联邦议会主席，29日选举V.哈韦尔为总统。1990年3月改国名为捷克和斯洛伐克联邦共和国，4月改为捷克和斯洛伐克共和国。1992年12月31日国家解体。1993年1月1日，**捷克**和**斯洛伐克**分别成为两个独立国家。

**捷克斯洛伐克1948年二月事件** Czechoslovakia's February Incident (1948) 1948年捷克斯洛伐克人民粉碎资产阶级政变阴谋的事件。1945年4月，捷克斯洛伐克成立各党派组成的民族阵线政府。1948年2月20日，参加联合政府的民族社会党、民主党、斯洛伐克人民党为接受美国马歇尔计划与捷共尖锐对立，三党的12名部长向E.**贝奈斯**总统提出辞职，企图将共产党人排挤出K.哥特瓦尔德政府。由于多数部长留任，阴谋受挫。2月21日，捷共在布拉格古城广场召集10万人大会，揭露资产阶级制造政府危机的真相。捷共领导的内务部公安军团搜查民社党总部，破获资产阶级武装暴乱的计划。捷共迅速动员和武装1.5万名工人民兵，配合公安部队维持公共秩序。22日，革命工会召开全国代表大会，坚决支持政府，要求将反动分子从政府和各级民族委员会中清洗出去。2月24日，全国250万人举行一小时总罢工，纷纷派出代表团要求贝奈斯接受资产阶级部长们辞职，另选忠于民族阵线纲领的新人充实政府。2月25日，贝奈斯接受了12名部长的辞呈，批准捷共提出的新政府名单。

**捷克语** Czech language 捷克的官方语言。属印欧语系**斯拉夫语族**西支。分布于捷克的西部（波希米亚）和中部（摩拉维亚）。

捷克语的标准语在中波希米亚方言的基础上形成，它保留了共同斯拉夫语的基本特征。12～16世纪期间，捷克语在语音、语法、词汇三方面都发展很快，使现代捷克语成为斯拉夫语族中离共同斯拉夫语最远的语言。捷克语有5个元音，每个元音都有对应的长元音；有25个辅音；词重音落在第一音节上。名词有7个格：主格、属格、与格、宾格、前置格、工具格、呼格。动词有完成体和未完成体。词汇中有大量借词，主要来自**德语**。

现代捷克语采用拉丁字母为基础的文字，并使用一些变音符号。语序为主－动－宾型，若主语为代词时，通常省略。

**捷斯** Thies 塞内加尔第二大城市，捷斯大区首府。曾译蒂埃斯。位于捷斯高地，西距**达喀尔**70千米，扼由佛得角半岛进入内地的战略通道。人口23.78万（2002）。自古是塞内加尔战略要地，现为国家重要军事基地。仅次于达喀尔的重要工商业中心。工业主要有铁路车辆制造、纺织、磷酸盐加工、奶品加工、水泥和石棉水泥生产、制鞋、农具制造、砖瓦厂、采石场等。全国最大的铁路和公路枢纽，为重要仓储中心和花生集散地。城市发展快，20世纪80年代起超过考拉克位居第二。捷斯机场属一级机场，有通各大区首府的定期航班。

**颉利可汗** Illig Qaɣan（？～634） 东突厥可汗。突厥族人。名咄苾，为启民可汗第三子。620年继其兄处罗为颉利可汗，复以其后母中国隋朝义成公主为妻。颉利初承父兄基业，兵马强盛，阻挠唐代统一。后又连年侵唐边地，杀掠吏民，劫夺财物。唐初定中原，无力征讨。626年再度入侵，唐太宗亲临渭水，与颉利隔水而语，结渭水便桥之盟，东突厥军队方始退还。由于连年用兵，征发苛重，东突厥内部矛盾逐渐尖锐。627年，其东部的奚、霫部落归附于唐，漠北的薛延陀、回纥等铁勒10余部也相继叛去，颉利遣兵追击，反为薛延陀、回纥战败，又与其侄始毕可汗之子突利可汗互相交战；加以委信西域诸胡商人，疏远突厥贵族，部下离心，兵力遂弱。唐贞观三年（629），唐太宗派**李靖**、**李勣**出兵与薛延陀可汗夷男等夹攻颉利，次年大败颉利于阴山，颉利被擒送长安，东突厥前汗国亡。颉利至京，太宗赐以田宅，授以右卫大将军，634年死于长安。

**截流** river closure 堵截河道水流迫使其流向预定通道的工程措施，是**施工导流**过程的一个重要步骤。截流工程包括进占、龙口范围的加固、合龙和闭气等项工作。为堵截河流，向流水中抛投料物，填筑戗堤的工作称进占。进占后预留的河道泄流口门称龙口。为防止龙口河床和戗堤端部被冲刷或毁坏，需要对龙口范围进行防冲加固。闭合龙口最终拦断水流的过程称合龙。合龙后在戗堤迎水面采取防渗措施封堵渗流通道称闭气。对于小规模的工程或作为辅助手段，可以不经过进占和合龙两个阶段而实现一次截流。

图1 长江三峡水利枢纽工程大江截流

中国历史上曾利用土石、麦草、稻草、秸料、柳枝等当地材料进行堤防堵口和工程截流，有丰富的传统经验。长江**三峡水利枢纽**（图1）大江截流于1997年11月8日完成，截流时实际流量为11 600米$^3$/秒，最大水深达60米，为世界最大规模和最高难度之截流。

截流时间和设计流量 截流时间的选择：①为使截流流量较小，并且来年汛前对围堰和基坑内水工建筑物施工能有较充裕的期限，宜在枯水期的前期截流。②尽量避开冰期和冰凌期。③对于有通航、漂木要求的河道，尽量选择较少碍航和过木的时间。截流设计流量随工程的重要性与可能造成的损失大小来选定设计频率。

填筑戗堤截流　通常通过抛投块石、梢料、密实黏土块、石笼、竹笼、石串或混凝土四面体等材料（图2），直接在流水

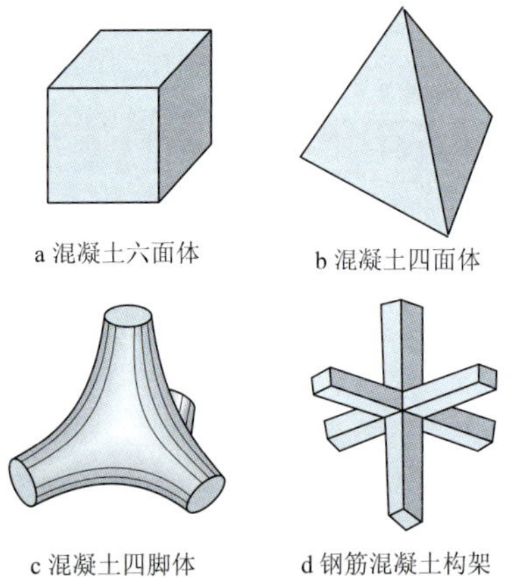


图2　混凝土截流材料

中填筑戗堤，形成龙口，并以足够大的抛投强度，最终截断原河床，实现合龙。合龙方式按抛投方式不同可分为：①立堵。由龙口一端向另一端或从两端向中间同时抛投各种材料进占，逐渐束窄龙口直至合龙。②平堵。沿预留的截流龙口架设浮桥、栈桥或其他跨河设备沿龙口全线逐层均匀地抛投截流材料，直至戗堤露出水面。③平立堵。平堵与立堵二者结合的方式。

**截肢**　amputation　将坏死、毁损，不可康复且有害于生命的肢体截除的外科治疗方法。截肢必然造成残疾，不可轻率应用。截肢时应尽可能为今后安装假肢考虑。

截肢适应证　①肢体主要血管损伤或疾患已造成肢体缺血坏死，若不截除其坏死毒素将被吸收，并危及生命者。②肢体严重感染（如气性坏疽），肢体已大部坏死而又无其他方法可以保留者。③肢体恶性肿瘤不能进行保肢治疗者。④肢体主要血供、肌肉、神经等重要组织严重毁损性损伤者。⑤肢体神经全部损坏，不能修复，肢体功能完全丧失，成为累赘，患者坚决要求截除者。⑥肢体畸形（如巨指、巨趾症等），有碍功能者。

截肢种类　①斩断术。为一种临时性的开放性截肢，用于肢体毁损性开放伤或火器性毁损伤，以后仍需进行正规截肢。②半开放截肢。用于污染不严重或有慢性创面的肢体。③正规截肢。用于肢体恶性肿瘤或肢体坏死但无感染的截肢及二次截肢。

截肢的要求　正规截肢有以下要求：①正确选择长度。②恰当选择皮肤切口。应以正常健康的皮肤覆盖残端。③残端软组织处理。④皮肤缝合。松紧适度。安放引流，防止血肿。⑤截肢后引流。一般于48～72小时拔除。

并发症　常见以下几种：①残端痛。②幻肢痛。③残端肿胀。④残肢关节挛缩。⑤切口感染或皮肤边缘坏死。⑥残端动脉或静脉出血。

**羯**　Jie　中国古代北方民族。又称羯胡。魏晋时，主要分布在上党郡（今山西潞城附近各县）武乡、羯室一带，与汉人杂居。羯人深目、高鼻、多须。约于汉代为匈奴所俘而随之入塞。从事农业，或做佣工，亦操商贩。本信仰“胡天”（祆教），后多信佛教。俗火葬。羯人石勒于319年建立赵国，史称后赵，为十六国之一，349年为冉闵所灭。羯人最后主要同化于汉族之中。

**羯磨**　karman　佛教中按照戒律的规定，处理僧团和个人事物的各种活动。僧伽制度的一种。羯磨为梵文音译，意为业、办事、做法等。通常须由一定范围内的全体僧众集会来决定某一行事，集会时，由羯磨师主事，表决方式为口头问答，征求同意与否。同意的则不言语，不同意的发表意见。若众人均沉默不语，羯磨师便说：“僧人默然故，是事如是持”，遂通过决定。在受具足戒时举行的白四羯磨，为受戒羯磨的一种，此又称一白三羯磨。受戒时，“三师”之一的羯磨师向僧众宣告某某提出出家要求（此为一白），然后连问3次（此为三羯磨），若僧众无异议，则准予授戒为僧。举行忏悔仪式时，也用此法来征求僧众的意见，此便是忏悔羯磨。此外，在律藏里有专门的比丘羯磨、比丘尼羯磨，并有各种羯磨法以作为僧团活动的准则。僧团临时商办某事时，亦举行羯磨。

**解表剂**　superficies-relieving formula　中医用以治疗表证的方剂。以疏达腠理、调畅营卫、发汗解肌、透邪外出等为主要作用，体现中医治法中的“汗法”。解表剂所治表证，包括风寒所伤或温病初起，以及麻疹、疮疡、水肿、痢疾等病初起，症见恶寒、发热、头疼、身痛、无汗或有汗、苔薄白、脉浮等。

分类及组方　①辛温解表剂。适用于风寒表证。症见恶寒发热，头身疼痛，无汗或有汗，鼻塞流涕，咳喘，苔薄白，脉浮紧或浮缓等。常以辛温解表药如麻黄、桂枝、葱白、豆豉、羌活、苏叶、防风等为主组成方剂。此类方剂每配伍活血通脉的桂枝、川芎，敛阴和营的白芍，以及宣降肺气的杏仁、桔梗等。代表方如麻黄汤、桂枝汤、正柴胡饮、葱豉汤等。②辛凉解表剂。适用于风热表证。症见发热，微恶风寒，头痛，咽痛，咳嗽，口渴，舌尖红，苔薄黄，脉浮数等。常以辛凉解表药如薄荷、牛蒡子、桑叶、菊花、葛根等为主组成方剂。主要配伍清热解毒之银花、连翘、山栀，宣肺利咽之桔梗、生甘草，养阴生津之芦根、生地、麦冬之属。此外，对于麻疹初起未发或发而不透者，常以升麻配葛根辛凉解肌、透疹解毒，佐以赤芍凉血活血。代表方如银翘散、桑菊饮、升麻葛根汤等。③扶正解表剂。适用于表证兼正气虚弱者。常以辛温解表的麻黄、羌活、防风、苏叶等与益气助阳的人参、黄芪、附子、细辛等构成益气解表、助阳解表方剂，代表方如败毒散、参苏饮、麻黄细辛附子汤。素体阴血不足而感受外邪，常由辛而微温或辛凉的解表药如葱白、豆豉、薄荷、葛根等与滋阴养血的玉竹、生地等组成滋阴解表、养血解表方剂，代表方如加减葳蕤汤、葱白七味饮等。

注意事项　根据季节的变化恰当掌握用量；药后宜避风寒或加盖衣被以保暖助汗，以全身持续微汗为佳，不可大汗淋漓，以防耗伤气阴、甚则导致伤阴亡阳的危重证候。饮食宜清淡素食为主，用治疮疡初起、麻疹不透时忌食鱼、虾、蟹等腥膻发物。解表类方剂用药辛散质轻，不宜久煎。

**解放区戏剧**　Drama in the Liberated Region　1946～1949年在中国共产党领导的解放区开展的群众性戏剧运动。随着解放战争的爆发与节节胜利，大批文艺干部从原陕甘宁、山东、苏皖、广东随军北上，在新区开展戏剧运动。初期是配合新区建设演出大量老区的剧目，如《白毛女》、《粮食》等，东北文工团还编演了反响颇大的《东北人民大翻身》活报歌舞剧。从1946年下半年起，戏剧工作者开始深入农村，创作出一批反映土改、支前工作的剧作，如李之华的《反“翻把”斗争》等。大批城市解放后，题材重点由农村生活移向城市生活和工业建设，出现了陈其通的《炮弹是怎样造成的》，鲁煤、刘沧浪的《红旗歌》等。华北解放区一批反映部队生活的作品尤其引人注目，如《九股山的英雄》、《战斗里成长》

1945年延安鲁迅艺术文学院演出的歌剧《白毛女》剧照

等。解放区戏剧为即将到来的新中国戏剧提供了宝贵的经验，造就了一支重要的方面军。

**《解放日报》（上海）** *Jiefang Daily* (Shanghai) 中国共产党上海市委员会机关报。1949年5月28日创刊。1949年5月至1954年12月，是中共中央华东局机关报兼中共上海市委机关报。1954年12月华东局撤销后，是中共上海市委机关报。1963年华东

解放日報
創刊號
大上海全部解放
我軍攻克吳淞要塞 市區殘敵四萬投降
中國人民解放軍佈告
慶祝大上海的解放
上海學聯正式成立

《解放日报》（上海）1949年5月28日创刊号

局恢复，是中共上海市委机关报兼中共中央华东局机关报，至1967年华东局停止工作。原日出对开4版，1988年改8版，1993年1月起改为12版。向中外发行。以广大干部、工人、知识分子为主要读者对象。在宣传报道上立足上海，兼顾上海经济区，面向全国。并以较大篇幅报道全国各地的重要情况和国际新闻，反映人民的呼声。办有10多种副刊、专刊。还出版《上海学生英文报》、《报刊文摘》等报刊。

**解放社** Liberation Publishing House 中共中央创立的出版机构。中共中央党报委员会于1937年4月在延安创刊中央理论刊物《解放》周刊，后以解放周刊社名义陆续出版《列宁丛书》、《抗日战争丛书》等多种图书。1938年1月起署名解放社。1939年9月，以中共中央出版委员会的出版科、发行科以及中央印刷厂的建制和人员为基础，成立中共中央出版发行部。1942年初，改制为中央出版局。这两个机构编印的K.马克思、F.恩格斯、V.I.列宁、J.斯大林及毛泽东著作，党中央的文献及其他的重要著作，均署名解放社。1949年2月北平（今北京）解放，中共中央宣传部出版委员会根据中央指示出版12种《干部必读》，出版者仍署名解放社。1950年12月人民出版社在北京成立，解放社的版权归人民出版社。

**解放神学** liberation theology 现代天主教神学思潮。20世纪70年代后流行于拉丁美洲。19世纪拉美各国脱离了西班牙、葡萄牙的控制后，长期处于军人独裁统治之下，摆脱一切奴役、争取彻底解放成为普遍的社会要求，解放神学正是在这种历史背景下出现的。受德国政治神学影响，认为神学应注重政治、经济、社会问题的解决；把马克思主义的社会经济分析作为解释圣经的原则，认为政治解放的根基，乃是从罪当中解放出来，强调耶稣是"解放者"，并要求神学不仅要反思世界，而且要改造世界，认为正是通过耶稣，才了解真正的解放是什么，该如何得到真正的解放。主要代表有秘鲁神学家G.古铁雷斯，巴西神学家阿尔维斯，萨尔瓦多的耶稣会士索布里诺等。

**《解放思想，实事求是，团结一致向前看》** *Emancipate the Mind, Seek Truth from Facts and Unite as One in Looking to the Future* 邓小平在1978年12月13日中共中央工作会议闭幕会上的讲话。收入《邓小平文选》第2卷。这个讲话实际上是中共十一届三中全会的主题报告，是开辟新时期新道路、开创建设有中国特色社会主义新理论的宣言书。讲了4个问题：①解放思想是当前的一个重大政治问题。只有思想解放了，才能正确地以马列主义、毛泽东思想为指导，解决过去遗留的问题，解决新出现的一系列问题，正确地改革同生产力迅速发展不相适应的生产关系和上层建筑，根据中国的实际情况，确定实现四个现代化的具体道路、方针、方法和措施。②民主是解放思想的重要条件。为了保障民主，必须加强法制，使民主制度化、法律化。③处理遗留问题为的是向前看，为的是顺利实现把全党工作重心转移到经济建设上来。④研究新情况，解决新问题。要允许一部分地区、一部分企业、一部分工人农民生活先好起来，带动其他地区、其他单位的人们向他们学习，这样就会使整个国民经济不断地波浪式地向前发展，使全国各族人民都能比较快地富裕起来。提出全党同志一定要善于学习，努力把马克思主义的普遍原则同中国实现四个现代化的具体实践结合起来。

**《解放宣言》** *Emancipation Proclamation* 1863年1月1日，美国总统A.林肯颁布的一项旨在使南部叛乱州的黑人奴隶成为自由民的法令。1863年元旦，林肯以总统身份，依据宪法所授予的合众国陆海军总司令的职权正式颁布了《解放宣言》。宣布：仍在反叛联邦的各州及若干区域内，"所有被据为奴隶的人们立即获得自由，并且以后将永保自由，合众国政府和陆海军当局并将承认和维护他们的自由"；"获得自由的人们，除必要的自卫外，应避免使用任何暴力"，并在可能的情况下"忠诚地工作"；合乎条件的人"将被容纳于联邦的武装部队"，为联邦服务。没有参加叛乱的边界蓄奴州的奴隶解放仍按1862年4月国会决议办，采取自愿的、逐步的、有偿的方式实行。《解放宣言》是作为军事措施颁布的，直到1865年和1868年宪法第13、14条修正案生效，才正式废除奴隶制。

《解放宣言》是联邦成立以来美国历史上最重要的文件之一。根据宣言，有400万黑奴获得自由。

**解放战争** War of Liberation 1946～1950年，中国人民在中国共产党领导下，为推翻国民党的反动统治、解放全中国而进行的伟大革命战争。又称第三次国内革命战争。

**国民党和平攻势的破产** 抗日战争胜利后，以蒋介石为首的国民党统治集团在美帝国主义支持下，一方面加紧部署内战，另一方面发动和平攻势。1945年8月中、下旬，蒋介石三次电邀毛泽东赴重庆共商"国家大计"。中国共产党一面作好应付全面内战的准备，一面派毛泽东、周恩来、王若飞为代表赴重庆谈判。8月25日，中共中央发表了《对目前时局的宣言》，提出了和平、民主、团结三大口号。8月28日，毛泽东赴重庆与蒋介石举行谈判。10月10日签订《双十协定》，国民党在纪要中

图1 关内解放区部队一部进军东北

仅承认和平团结的方针及召开政治协商会议。国民党军对解放区的军事进攻仍在继续。10～11月，人民解放军在晋东南上党地区和冀南邯郸地区，歼灭进犯解放区的国民党军数万人。

共产党力争和平的诚意推动了国民党统治区人民的反内战运动。美国总统杜鲁

图2　毛泽东在转战陕北途中

门派马歇尔以总统特使名义来华“调处”国共争端；苏美英三国外长在莫斯科会议上发表关于不赞成中国内战的公报。国民党政府鉴于国内外形势，被迫达成停战协定，召开政治协商会议。

1946年1月10～31日，政治协商会议召开，通过了有利于和平民主团结的五项决议。1946年2月10日，国民党在重庆校场口制造一起血案，打伤**郭沫若**、李公朴等民主人士多人；6月，国民党军警在南京制造下关惨案。至此，国民党终于撕毁了停战协定和政协决议，向解放区发动了全面进攻。

国民党军事进攻的失败　1946年6月26日，国民党以30万兵力围攻中原解放区，并相继向华东、晋冀鲁豫、晋绥、晋察冀、东北等解放区进攻，自此全面内战爆发。国民党凭借优势兵力，企图在3～6个月内占领解放区，消灭解放军。到1946年10月，国民党军占领张家口时，一共占领了解放区105座城市。国民党取得暂时的军事胜利，通过了一部维护国民党独裁统治的宪法并强迫中共撤退军调部代表和驻南京、上海等地的代表机关，最后关闭了和谈之门。

为了粉碎国民党军的进攻，中国共产党制定了内线作战和以歼灭敌人有生力量为主而不以保守或夺取地方为主的积极防御战略方针，逐渐地消耗了敌人的战略机动兵力。到1947年2月，敌我力量对比悬殊的状况迅速发生改变和转化。从1947年3月起，国民党军队被迫放弃全面进攻，在晋冀鲁豫、晋察冀、东北等战场上转取守势，将进攻的重点放在山东和陕北战场。3月19日，解放军在完成了掩护党政军领导机关转移和群众疏散的任务后，主动撤出延安。毛泽东、周恩来、**任弼时**率党中央的精干机关继续留在陕北，指挥全国各战场的作战。解放军经过青化砭、羊马河、蟠龙三次作战，给**胡宗南**部以沉重打击，稳住了陕北的战局。

在山东方面，华东解放军采取以一部正面阻击、主力向敌人阵线两端反击的战术抗击敌人，特别是孟良崮一战，全歼国民党军第74师，迫使进犯的国民党军全线溃退。与此同时，晋冀鲁豫、晋察冀、东北地区的人民军队相继开展了战略性反攻，至1947年6月，解放军粉碎了国民党军的重点进攻。经过一年的内线作战，解放军共歼敌112万人，转入了战略进攻。

国民党政府一方面发动全面内战，一方面加紧对国民党统治区的控制和压迫。1946年7月，国民党特务在昆明制造了震惊中外的李闻血案。全国学生从1946年12月起举行了反对美军暴行、反对美国干涉中国内政的示威运动；1947年5月又举行了反饥饿、反内战、反迫害运动。1947年台湾人民举行**二二八起义**。国统区人民的爱国民主运动有力地配合了解放区军民的革命斗争，使国民党陷于全民包围之中。

人民解放军的战略进攻　解放战争第二年，国民党军总兵力下降，后方空虚，失去人心，军心厌战，战斗力更加削弱；国民党政府在政治、经济上也陷入了严重危机。相反，人民解放军总兵力上升，后方巩固，人民努力发展生产，积极支援前线。

中共中央根据战争形势的变化，作出以主力打到外线去，将战争的主要战场引向国民党区域的战略决策。1947年6月30日，刘伯承、邓小平率领的晋冀鲁豫野战军主力向大别山挺进，揭开了战略进攻的序幕。8、9月，陈赓、谢富治率领的晋冀鲁豫野战军太岳兵团与陈毅、粟裕率领的华东野战军主力，也相继出师南征。刘邓、陈粟、陈谢三路大军以“品”字形阵势展开于中原地区，把战线由黄河南北推移到了长江北岸。彭德怀、贺龙率领的西北野战军，聂荣臻、徐向前率领的晋察冀野战军，许世友、谭震林率领的华东野战军山东兵团，林彪、罗荣桓率领的东北民主联军，均开始内线反攻。各路解放军的大举进攻，迫使国民党军由重点进攻转为全面防御。1947年10月10日中共中央发出《中国人民解放军宣言》，明确提出了“组成民族统一战线，打倒蒋介石独裁政府，成立民主联合政府”的主张，以及“打倒蒋介石，解放全中国”的口号。同一天，中国共产党公布了《中国土地法大纲》，在解放区彻底实行土地改革，极大地提高了广大农民支援革命战争的积极性。为了争取新的胜利，1947年12月毛泽东在中共中央会议上作了《目前形势和我们的任务》的报告，提出了中国共产党在政治、军事、经济等方面的纲领和策略。1948年3月，中共中央东渡黄河，从陕北转移到华北，与中央工委会合。

人民解放军经过第二年作战，歼敌152万人，粉碎了国民党军的全面防御。人民解放军已发展到280万人，解放区总面积已占全国总面积的24.5%，人口占全国人口的37%。截至1949年1月，战斗在敌后的游击队已有5万多人，分布于南方各省，并在200多个县境建立了广大的游击根据地。同时，国统区的爱国民主运动进一步高涨。由于国民党发动反人民的全面内战，军费开支增大，滥发纸币，造成恶性通货膨胀。民心日益转向中国共产党，使国民党在政治上完全陷于孤立。1948年4月30日，中共中央发出召开新的政治协商会议的号召，迅速得到各界的热烈响应。

国民党政权的覆灭　经过与人民解放军两年作战后，国民党在政治上更加陷于孤立，社会经济濒于完全崩溃；国民党军的防御体系土崩瓦解，被分割在东北、华北、华东、中原、西北五大战场上，被迫于1948年8月起实行重点防御。

1948年9月初，中共中央决定首先从东北战场开始举行战略决战。9月12日，东北野战军以70余万兵力发起**辽沈战役**，歼敌47.2万余人，解放了东北全境。11月6日起，由华东、中原野战军以60万兵力发起**淮海战役**，歼敌55.5万人，解放了长江中下游以北的广大地区。11月29日起，东北野战军会同华北野战军主力共100万兵力，联合发起**平津战役**，歼敌52万余人，解放了华北大部地区。三大战役歼敌人数占当时国民党军总兵力的42%，为其第一线总兵力的90%。至此，国民党政权赖以发动内战和维护其统治的主力部队基本上归于消灭，奠定了解放战争最后胜利的基础。

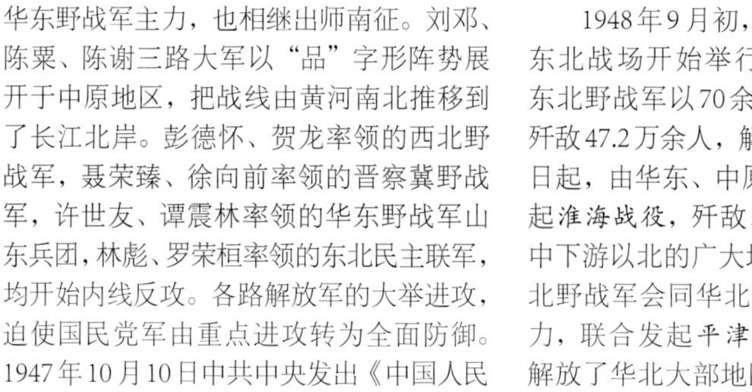

图3　人民解放军解放南京，占领国民党政府总统府

在中国革命即将取得全国胜利的形势下，1949年元旦，蒋介石发表文告，表示愿同中国共产党进行和平谈判。1月14日，中共中央发表关于时局的声明，提出惩办

战争罪犯等八项和谈条件。蒋介石被迫于1月21日引退，以李宗仁代理总统继续要求和谈。但是，国民党政府最终拒绝在国共两党代表商定的和平协定修正案上签字。

1949年3月，中共中央召开七届二中全会，制定了党对取得全国胜利及其后的基本政策。4月21日，毛泽东和朱德发布了《向全国进军的命令》。中国人民解放军强渡长江天堑，23日解放南京，宣告国民党22年统治的覆灭。随后各路解放军解放了除西藏、台湾、澎湖、金门、马祖、南海诸岛以及香港、澳门以外的全部国土。在近3年时间里，消灭了国民党军807万余人。

这场战争最终结束了代表帝国主义、封建主义、官僚资本主义的国民党政权在中国的统治，占全人类人口1/4的中国人民获得解放，从而改变了世界政治力量格局。

**解剖学** anatomy 研究生物体形态结构以及各部分之间相互关系的科学。根据研究对象的不同解剖学分为动物解剖学、植物解剖学和人体解剖学等。根据研究对象的大小又可分为大体解剖学和显微解剖学。

人体解剖学是基础医学和临床医学必要的形态学基础。因研究对象和研究方法的不同可分为若干学科，广义的解剖学包括解剖学、组织学、细胞学、胚胎学，解剖学又分为系统解剖学和局部解剖学；由于研究角度、方法和目的的不同，人体解剖学还可分为外科解剖学（应用解剖学）、表面解剖学、X射线解剖学、断面解剖学、运动解剖学和艺用解剖学等。

**解释学** hermeneutics 西方哲学、宗教学、历史学、语言学、心理学、社会学以及文艺理论中有关意义、理解和解释等问题的哲学体系、方法论或技术性规则的统称。解释学一词于1954年首次出现于J.丹豪色的著作中，但有关解释学的研究可以上溯到古希腊。在18世纪以前有关如何正确理解文意内容的研究往往被称作释义学。解释学被作为一门理论来研究，是由19世纪德国哲学家F.D.E.施莱尔马赫和W.狄尔泰开创的。狄尔泰以前的解释学研究一般称为古典解释学。现代解释学的开创者是20世纪德国哲学家M.海德格尔，他把传统解释学从方法论和认识论性质的研究转变为本体论性质的研究，从而使解释学由人文科学的方法论转变为一种哲学，并发展为哲学解释学。到50年代末，H.-G.加达默尔使哲学解释学成为一个专门的学派。60年代以后，解释学进一步发展，形成了法国P.利科的现象学解释学和德国的批判解释学等学派。

**解调** demodulation 从携带信息的已调制信号中恢复信息的过程。解调是调制的逆过程，调制方式不同，解调方法也不一样。与调制的分类相对应，解调可分为正弦波解调和脉冲波解调。正弦波解调还可再分为幅度解调（检波）、频率解调（鉴频）和相位解调（鉴相）。此外，还有一些变种解调，如单边带信号解调、残留边带信号解调等。同样，脉冲波解调也可分为脉冲幅度解调、脉冲相位解调、脉冲宽度解调和脉冲编码解调等。对于多重调制需要配以多重解调。在调频波的解调中，采取先将它变换成调幅段波，然后再进行解调的方法。通常调相波也采用与调频波类似的解调方法。特别是采用PLL进行解调时，两者顺序完全一致。

**解析函数** analytic function 能展开成复变量幂级数的函数。它是复变函数论的主要研究对象。

设$w=f(z)$是定义在复平面区域$D$中的一个复值函数。若对任意一点$a\in D$，$w=f(z)$均可在$a$的一个邻域中表成幂级数：

$$f(z)=\sum_{n=0}^{\infty}a_n(z-a)^n$$

则称$w=f(z)$在$D$内解析（或全纯）。

若$w=f(z)$在区域$D$内解析，则对$D$内任意一点$a$，下列极限存在：

$$\lim_{\Delta z\to 0}\frac{f(a+\Delta z)-f(a)}{\Delta z}$$

称之为$f$在$a$点的导数。解析函数$f(z)$的导函数仍为解析函数。可见解析函数有任意阶导数。

设$u$与$v$分别是函数$f(z)$的实部与虚部，并把它们视作$x$与$y$的函数（$z=x+iy$）。则$w=f(z)$在区域$D$内解析的充要条件是$u$与$v$连续可微，且满足方程组：

$$\begin{cases}\dfrac{\partial u}{\partial x}-\dfrac{\partial v}{\partial y}=0\\[2mm]\dfrac{\partial u}{\partial y}+\dfrac{\partial v}{\partial x}=0\end{cases}$$

此方程称为柯西－黎曼方程。由此推出解析函数之实部与虚部都是调和函数。

解析函数的理论在数学各分支中有广泛应用。流体力学、弹性力学的某些问题化归为解析函数的边界值问题。

**解析几何学** analytic geometry 借助于坐标系，用代数方法研究图形的几何性质的几何学分支。17世纪初，生产力的发展和科学技术的进步，给数学提出许多新问题，要求数学从运动变化的观点进行研究。法国数学家R.笛卡尔和P.de费马首先认识到创建新的数学学科——解析几何学的必要和可能。笛卡尔在1637年发表的著作《科学中正确运用理性和追求真理的方法论》中有一个附录《几何学》，较全面地叙述了解析几何的基本思想和观点，并创造了一种方法：引进坐标，建立点和数组的一一对应关系，然后得出几何问题的代数方程，并根据方程研究曲线的性质。费马着重于研究轨迹，认为凡含有两个未知数的方程，总能确定一个轨迹，并根据方程，描绘出曲线。这样，解析几何的基本内容和方法是：建立坐标系，将几何中的点与代数中的数组对应起来；将曲线看作动点的轨迹，建立起曲线和曲面与方程的对应。若已知动点的某种运动规律，则可建立动点的轨迹方程；有了变量适合的某个方程，则可作出它表示的几何图形，并根据方程讨论一些几何性质。

这样就把几何与代数紧密地结合起来，然后能够利用代数方法来解决几何问题。在古希腊时代，阿波罗尼奥斯曾系统地研究过圆锥曲线。用解析几何方法，圆锥曲线成为平面上的二次曲线。经典的解析几何以二次曲线和二次曲面理论为主要内容。

解析几何的创建，把变量引进了数学，大大地推动了微积分学的发展。因此，解析几何的产生是数学发展史上的一次飞跃。但是，由于研究方法的限制，经典解析几何的研究内容有较大的局限性。对于高次曲线的研究成为代数几何学的内容；后者采用抽象代数的方法，主要的研究对象是代数簇。另外，对于空间中一般的曲线和曲面的研究，需要微积分做工具，后来发展成微分几何学。

**解析数论** analytic number theory 数论中以分析方法为研究工具的分支。许多数论分支如丢番图逼近、超越数论、几何数论等都应用分析方法，但通常所说的解析数论主要是指起源于研究素数定理、哥德巴赫猜想、华林问题、圆内整点问题和除数问题等所形成的一个分支，其主要的研究方法有复变积分法、圆法、筛法、指数和方法、特征和方法、密率等。模形式理论与解析数论有密切关系。

分析方法在数论中的应用，可以追溯到18世纪，L.欧拉证明了对实变数$s>1$有恒等式：

$$\sum_{n=1}^{\infty}\frac{1}{n^s}=\prod_p\left(1-\frac{1}{p^s}\right)^{-1}$$

成立，右边的无穷乘积是对所有的素数求积，这揭示了素数分布与左边一个简单函数之间的明确关系，是用分析方法研究素数的基础。他还提出了母函数法研究数论中的加性问题。奠定解析数论基础的是P.G.L.狄利克雷，他创立了研究数论问题的两个重要工具：狄利克雷特征（或特征标）和狄利克雷$L$函数。他的工作显示出在数论研究中分析、代数以至几何方法的综合应用的必要性和重要性，近代数论的发展正体现了这一趋向。1859年，B.黎曼发表了论文《论不大于一个给定值的素数个数》。他把上面恒等式的左边的级数记作$\zeta(s)$，所不同之处是把$s$看作复变数，现称为黎曼ζ函数。他对ζ(s)做了深刻的研究，特别是建立了一个与ζ(s)的复零点有关的表示不超过x的素数个数π(x)的公式，表明研究素数分布的关键在于研究ζ(s)的复零点的性质。这一杰出工作开辟了用复分析的思想和方法研究数论的新途径，这一方法称为复变积分法。黎曼的工作开创了解析数论的新时期，也推动了复分析的发展。1920年前后，G.H.哈代，S.A.拉马努金和J.E.李特尔伍德提出了解析数论中的一个强有力的新方法——圆法；1930年前后，I.M.维诺格拉多夫对圆法作了重要改进，发展了指数和方法，使它成为实现圆法的关键；先后有V.布龙（1920年左右）、J.B.罗塞（1940年左右）及A.塞尔伯格（1950年左右）建立了近代筛法；以及L.G.施尼雷尔曼于1930年左右提出了另一初等分析方法——密率。解析数论在所有的著名问题上都取得了突破性的进展。

**介电常数** dielectric constant 表征电介质极化性质的宏观物理量。又称电容率。定义为电位移$\boldsymbol{D}$和电场强度$\boldsymbol{E}$之比，常用ε表示，$\boldsymbol{D}=\varepsilon\boldsymbol{E}$，ε单位为法/米。写成$\varepsilon=\varepsilon_r\varepsilon_0$的形式，式中$\varepsilon_0$称为真空介电常数，国际单位制中规定$\varepsilon_0=8.854\,187\,818\times10^{-12}$法/米，$\varepsilon_r$称为相对介电常数，相应有时也称ε为绝对介电常数。对于各向同性线性介质，$\varepsilon_r$是一个无量纲的纯数，它与电极化率的关系是$\varepsilon_r=1+\chi_e$。对于各向异性介质，电位移$\boldsymbol{D}$与电场强度$\boldsymbol{E}$方向不同，$\varepsilon_r$是一个张量。对于一些特殊的电介质（如铁电体）或在电场很强的条件下，电极化强度$\boldsymbol{P}$与电场强度$\boldsymbol{E}$将呈现非线性关系，介电常数的表示式也非常复杂。介电常数除由电介质本身的性质决定外，还与介质的温度及电磁场变化的频率有关。当电磁波频率很高进入光波范围时，介电常数也会随着频率的变化而变化，即出现色散现象。

**介入疗法** interventional therapy 在医学影像设备的监视下，通过细小的导管对人体内的病变进行诊断和治疗的技术。是20世纪70年代开始发展起来的、医学影像学和临床治疗学相结合的一门新兴边缘学科——介入放射学。其迅速发展，为许多以往不治或难治之症开辟了新的治疗途径。介入诊疗不开刀，仅仅借助导管、导丝，即可治疗许多过去无法治疗、必须手术治疗或内科治疗疗效欠佳的疾病，如冠状动脉狭窄、心律失常、先天性心脏病、风湿性心脏病瓣膜狭窄等，以及人体各脏器组织的良性和恶性肿瘤、血管瘤、各种出血等。介入诊疗创伤小、恢复快、效果好，既缩短了治疗时间，又节省费用，有些患者无需住院即可得到良好治疗。根据技术途径可分为血管内和非血管两大类。

**血管内介入放射学技术** 经皮穿刺将介入器材送入血管内实施的诊断或治疗性操作。主要包括以下几类。

*选择性血管造影术* 将导管导入拟显示的血管系统或拟检查部位的血管分支实施造影检查。当发现的病变需行介入处理时，还可立即调换导丝、导管，实施介入性处理。

*血管内栓塞术* 向病变区的血管（称为靶血管）内或其供养动脉或引流静脉内选择性地置入栓塞材料以达到治疗目的的技术。

*血管内溶栓术* 用于血管内血栓性栓塞溶解治疗的方法。常用的溶栓剂有尿激酶、链激酶，也有人用蛇毒。溶栓方法有：①选择性地插管到栓塞部位近端血管的灌注溶栓法；②使用特殊的溶栓导丝深入栓子内的接触性溶栓法；③静脉内滴注的滴注性溶栓法。

*经皮腔内血管成形术* 用于扩张动脉节段性狭窄的治疗技术。可使节段性狭窄局部动脉壁的内膜断裂，中膜被过度牵拉与部分断裂，粥样斑被压缩与破碎，从而达到使狭窄的管腔扩张的目的。

*血管内支架置入术* 将支架经导管送入管腔（血管腔与非血管腔）内的狭窄部位，以保持管腔的通畅性。支架置入术可用于：①保持狭窄段血管的通畅性；②堵塞漏口、动脉瘤开口；③堵塞动脉夹层开口、扩张真腔；④建立新的血流通道；⑤原放置的支架发生再狭窄后再次置入。

*心脏及大血管疾病的治疗* 可用于部分先天与后天性心脏及大血管疾病治疗，包括：①房、室间隔缺损修补；②房、室间隔造口；③动脉导管闭塞；④球囊心瓣膜成形术（二尖瓣、肺动脉瓣、主动脉瓣）；⑤主动脉成形术；⑥射频消融术；⑦冠状动脉狭窄的处理。

*经颈静脉肝内门－体静脉支架分流术* 主要用于肝硬化患者的门－体循环血流转向。通过经颈静脉入路在肝内建立一条新的门－体循环的通道（应用支架技术），使处于高压状态的门静脉血液部分分流到体循环，以缓解门静脉高压的后果。

*血管内化疗* 通过选择性插管，将化疗药物直接注入肿瘤的供养动脉，在局部达到很高的药物浓度及实现选择性给药，既可减少化疗药物的全身毒性，又可使肿瘤得到有效的化疗。此法几乎可用于全身各部位肿瘤的治疗。

*经皮动脉粥样硬化斑旋切术* 采用特殊的、顶端带有可高速旋转的旋切刀具及可吸回旋切物装置的导管，将动脉壁上的粥样硬化斑块清除，以恢复血管通畅性的方法。

*经皮经导管血管内电凝* 经皮经导管将一根作为阳极的导丝导入靶病变部位并伸出导管顶端之外后，通以直流或交流电，使局部产生高温，电极周围的蛋白质变性、凝固，且通过使正常血管壁内、外的电位差逆转，吸引带有负电荷的血液内容物在局部沉积，形成血栓，阻塞局部血管的治疗方法。可用于：①血管瘤、血管畸形和动静脉瘘的治疗；②阻塞肿瘤的供养动脉；③止血。

*下腔静脉滤器置入* 一种防止下肢和盆腔的栓子（血栓或其他栓子）回流到右心的方法。滤器有多种类型，如伞型、鸟巢型等，可经皮经导管送入下腔静脉，经施放装置送出导管后自动张开，边缘附着在腔静脉壁上，顶端指向近心端，将回心血流中的栓子滤出，留在滤器的远端，以防止发生肺栓塞或其他器官的栓塞。

*血管内基因治疗* 通过把载有可矫正DNA缺陷功能的基因载体和/或基因标志物传送到靶细胞，以用于干预或显示分子水平异常的方法。主要是用基因枪（一个特殊的导管系统）经立体定向及其他影像学方法导向，实现精确的基因载体传递。

**非血管领域介入放射学技术** 经皮针吸活检技术 在影像学方法导向下，经皮穿刺病变部位，获取细胞学或组织学信息的诊断方法。经皮针吸活检几乎可用于除血管或血管性病变以外的任何部位，如胸壁、肺、纵隔、心包、心肌、淋巴结、肝、胰、肾、乳腺、前列腺、妇科器官、肌肉、骨骼等。脑的活检还需作颅骨钻孔及仔细避开重要的神经功能区与大血管；脊髓和脾一般不适于作针吸活检。

*经皮取石术* 主要用于胆系与泌尿系统结石的取出。胆系取石适用于胆系手术后留置“T”形管作外引流的病例。泌尿系经皮取石适用于位于肾盂、输尿管的结石，是与超声碎石、经皮内窥镜取石并列和互补的方法。结石也可经尿道入路，采用取石网篮取出。膀胱的结石则可直接经尿道由膀胱镜取出。

*经皮引流术和造瘘* 经皮引流术可以用于身体很多部位，最常用于脓肿、囊肿、阻塞的胆管系统和泌尿系统。浅表脓肿的引流为外科最常用的技术，不属于介入放射学范畴。需经精确导向和置管引流的主要是深部的脓肿，尤其是腹部者。适于引流的脓肿应为炎症期之后的脓肿形成期，或已有大量脓液聚积者。

*非血管管腔狭窄的扩张与支架置入术* 适用于食管、气管、胆总管、输尿管等部位的良、恶性狭窄。介入放射学技术则可应用可充胀的球囊导管经导丝的引导，到达狭窄部位后作一次性或渐次性扩张，管腔扩张达到预定的直径后再用特制的施放器置入支架，保持管腔的通畅。气管狭窄的操作相对复杂，因需避免患者窒息的危险。

扩张与支架置入术是非血管性管腔狭窄唯一有效的治疗方法，对于良性狭窄可明显改善患者的生活质量，对恶性狭窄则为改善生存质量的有效的姑息治疗方法。

**介形纲** Ostracoda 节肢动物门甲壳动物亚门的一纲。俗称介形虫，又称介形类。产于世界各地古生代至新生代海、陆相的灰岩、泥灰岩、泥岩及砂岩中。为具双甲壳的水生无脊椎动物，壳面无生长线。介形类个体保存成化石的主要是外壳。壳瓣主要为钙镁质或几丁质，两性异形。壳体一般长0.4～2毫米。最大者是古生代的豆石介目某些属种，长达70毫米。左、右两壳瓣等大或不等大，大壳常沿边缘包覆小壳。壳体侧视卵形、肾形、长方形、三角形等。壳面光滑，或具网纹、沟、隆起、脊、瘤、眼结节、孵育囊等；有些种类前端或前腹部具喙及凹痕（见图）。铰合构造无齿，

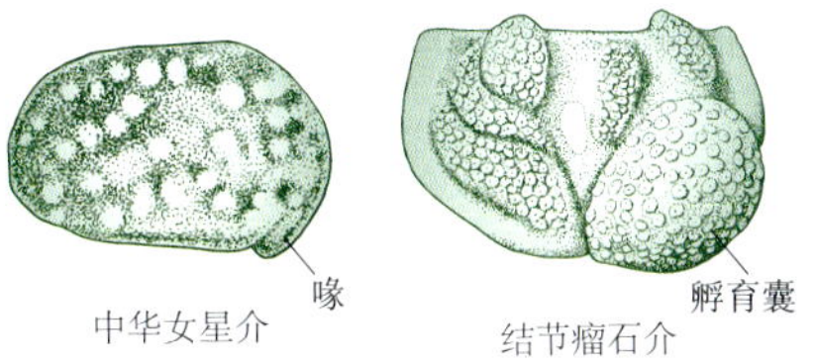

中华女星介　结节瘤石介

介形虫外形

或具各类型齿。肌肉附着在壳内面，留下各种痕迹。生活于热带至寒带的海洋、湖泊、河溪、池塘、水坑等水域。绝大多数属种营底栖生活，有的属种具游泳能力，海洋中的部分属种营浮游生活。其个体甚小，容易在钻井岩心中找到，在寻找矿产资源（石油、煤、地下水等）时，是确定地层时代和沉积环境的重要微体化石之一。

**介休市** Jiexiu City 中国山西省辖县级市。位于省境中部，太原盆地南缘。面积743平方千米。人口41万（2010）。秦置界休县，西晋改为介休县。因春秋时介子推隐居于境内绵山得名。1992年撤县设介休市。由晋中市代管。作物以小麦、玉米、高粱、谷子、棉花为主。矿产有煤、铁、石灰岩、石膏、黑矾、芒硝等。工业以纺织与煤炭业较发达，还有造纸、机械、建材、化工、食品等部门。介休的洪山镇早在唐代即为陶瓷生产地，以唐白釉、宋黑白釉为著名。名胜古迹有袄神楼、回銮寺、后土庙、洪山源泉、绵山和洪山宋代瓷窑遗址等。

**介子** meson 自旋为ℏ的整数倍的强子。统计性质属玻色子。包括了除光子、中间玻色子和胶子外全部已知的整数自旋的粒子。历史上介子是在研究强相互作用时首先由汤川秀树预言存在的一种粒子，质量介于电子质量和核子质量之间，故称为介子。后来实验上已发现许多参与强相互作用自旋为ℏ的整数倍的粒子，质量有在电子和核子之间的，也有大于核子质量的，但都统称为介子。

自旋为零的介子，视其宇称为正或为负又分别称为标量介子和赝标介子。自旋为1的介子，视其宇称为正或为负又分别称为轴矢介子和矢量介子。现在认为已发现的介子，都是由一对正反夸克构成的，如$\pi^+=u\bar{d}, \pi^-=\bar{u}d, J/\psi=c\bar{c}, D_s^+=c\bar{s}$等。

**戒具** implement of torture 国家执法机关为防止犯人自杀、逃跑、行凶或进行其他破坏活动而依法备置的拘束人身的工具。中国监狱或其他劳动改造场所使用的戒具仅限于手铐、脚镣、警绳、电击警棍4种。罪犯在押期间有下列情形之一的，可以使用手铐或脚镣：①有行凶、逃跑、纵火、暴动、闹监、抢夺武器行为的。②有破坏劳改场所设施、秩序和国家物资等行为的。③罪犯在押解途中的（成批调犯除外）。遇下列情形之一的，可以使用电击警棍。①追捕逃犯遇有抗拒时。②处理罪犯暴动、骚乱、聚众闹监和结伙斗殴事件，警告无效时。③遇到罪犯行凶报复或袭击，需要自卫时。在追捕逃犯时可以使用警绳，但在劳改场所内禁止使用警绳或其他绳索捆绑罪犯。凡加戴戒具的犯人均不应再出工劳动。对老病残犯人禁止使用戒具；对女犯，除特殊情况下，不得使用戒具。使用戒具的时间，除判处死刑待执行的犯人外，一般为7天，最长不超过15天。严禁对罪犯滥用戒具，或者把戒具当作刑具使用。

**戒日王** Śīlāditya（590～647） 印度帝王、诗人、戏剧家。名喜增。606～647年在位。一般认为他建立的戒日王朝标志着由古代向中世纪的过渡。戒日王积极扶持文化学术活动，自己也从事文学创作，有诗歌《八大灵塔梵赞》（梵文原本已佚，现存宋代法贤的汉语音译本和意译本）和戏剧《璎珞传》、《妙容传》、《龙喜记》。《璎珞传》和《妙容传》都是四幕宫廷喜剧，写的都是帝王与宫娥的爱情故事。《龙喜记》是五幕剧，取材于现已失传的佛教典籍《持明本生》，写持明国的云乘太子恋爱结婚和以身代龙供金翅鸟食用的故事。后者在中国有藏语和汉语译本。

**戒日王朝** Harsa Dynasty 公元7世纪统治北印度的封建王朝。又称羯若鞠羯国或称曷利沙帝国。为戒日王（606～647年在位）所建，故名。其版图包括除克什米尔、信德、西旁遮普之外的北印度。首都为曲女城（今卡瑙季）。

7世纪初北印度陷于政治分裂，出现两大敌对的政治联盟。曷利沙的普西亚布蒂王朝与曲女城的穆克里王朝联姻结盟，对抗孟加拉的高达族国王设赏迦与摩腊婆王担提婆笈多的联盟。606年，曷利沙大臣般底拥立曷利沙·伐弹那（即戒日王喜增），号尸罗阿迭多。戒日王即位后，与迦摩缕波王巴斯卡拉跋摩结盟，收复曲女城。612年，曲女城与曷利沙正式合并为戒日王国（即羯若鞠羯国）。620～643年，戒日王南征德干失败，从此放弃征服南印度的企图。636年以后，征服孟加拉、比哈尔和包括戈康达在内的奥里萨，建立对摩揭陀的统治。

戒日王朝时代是印度封建制度最后确立的时期。国王为全国土地的最高所有者，不仅直接占有大部分土地，还赐封给寺院、官吏、王公贵族以采邑。国有土地的大量分封和再分封造成王权削弱，促使封建领主脱离中央权力的控制。戒日王虽以“文治、仁政”闻名于世，但刑法比笈多王朝严酷。他重视利用宗教进行封建统治，倾向于大乘佛教，并支持中国唐朝玄奘在印度的宗教活动。采取佛教与印度教兼容并包的宗教政策。当时占优势的是印度教，佛教开始衰落。

封建制度的确立促进了农业的发展，各地出现“稼穑殷盛”的景象。沿海港口和与对外贸易有密切联系的城市工商业仍继续保持繁荣，但恒河流域许多古城的工商业和货币经济更加萧条。

玄奘访印促进了中印两国人民的了解。从641年开始，戒日王朝多次遣外交使臣通聘唐朝，唐太宗4次派王玄策等率外交使团访印。

约647年，戒日王逝世，国中大乱，宰相阿罗那顺篡位，戒日王朝崩溃。北印度表面上的统一宣告结束。

**戒严** martial law, enforcement of 国家因战争或其他特殊情况，使用武装力量和警察在全国或局部地区采取的非常警戒措施。有的国家视戒严为特殊的军事管制。有的国家平时实行的紧急状态也属于戒严性质。

戒严分为战时戒严和平时戒严。战时戒严是在国家遭到外来侵略，国内发生内战或政变，全国或某一战略要地（城市）受到战争影响或威胁，需要控制局势应付战争时实行。平时戒严是在某一地区发生大的动乱、暴乱、骚乱和恐怖活动，或遭受严重的自然灾害，社会正常秩序遭到破坏，需要恢复和稳定社会秩序时实行。实行戒严和解除戒严，由国家最高权力机关或最高行政机关决定，并发布戒严令。战时戒严由当地最高军事机关组织实施，平时戒严由当地政府组织实施。

戒严主要是对国家机关和广播电台、电视台等重要目标采取防卫措施；在戒严区增设岗哨，加强巡逻，组织搜查，维护社会秩序；实行交通管制，限制人员、船舶、飞行器的活动范围，必要时实行宵禁；禁止或限制集会、游行、罢工、罢课、请愿

以及其他影响社会治安的聚众活动；对新闻、网站、出版、通信等媒体进行控制。

**戒指** ring 套于手指上作纪念或装饰用的小圈。又称指环、约指，俗称镏子。广泛流行于世界各地。多使用金、银、玉、翠等贵重材料，刻字、雕花或镶嵌宝石。中国古代仅限女子戴用，也作定情之物。在西方，戒指按功能和含义分订婚戒指、结婚戒指、生日戒指、印章戒指、校名戒指、教派戒指、丧礼戒指等。因各国风俗不同，男女皆有戴用，而讲究各异。戒指分为男式和女式两大类，这其中又分为许多款式，各显出不同的风格、特色。式样有素戒指和嵌宝石戒指两种。素戒指没有宝石装饰，嵌宝石戒指是在戒面上镶嵌各种宝石。比较正规的佩戴习惯是：食指佩戴，表示尚未结婚；中指佩戴，表示正在恋爱；无名指佩戴，表示已订婚或结婚；小指佩戴，表示独身。拇指一般不戴戒指。不过，把戒指当作纯装饰品任意佩戴的现象普遍存在，同时佩戴几个戒指的也不罕见。

**芥菜** *Brassica juncea*; mustard 十字花科芸薹属的一种。一年生或两年生草本植物。中国特产蔬菜，欧美各国极少栽培。起源于亚洲。芥菜的主侧根分布在约30厘米的土层内，茎为短缩茎。叶片着生短缩茎上，有椭圆、卵圆、倒卵圆、披针等形状。叶色绿、深绿、浅绿、黄绿、绿色间紫色或紫红。叶面平滑或皱缩。叶缘锯齿或波状，全缘或有深浅不同、大小不等的裂片。花冠十字形，黄色，四强雄蕊，异花传粉，但自交也能结实。种子圆形或椭圆形，色泽红褐或红色。

中国的芥菜主要有芥子菜、叶用芥菜、茎用芥菜、薹用芥菜、芽用芥菜和根用芥菜6个类型。芥菜喜冷凉润湿，忌炎热、干旱，稍耐霜冻。最适于食用器官生长的温度为8～15℃，一般叶用芥菜对温度要求较不严格。孕蕾、抽薹、开花结实需要经过低温春化和长日照条件。芥菜含有硫代葡萄糖苷，经水解后产生挥发性的异硫氰酸化合物、硫氰酸化合物及其衍生物，具有特殊的风味和辛辣味。都可鲜食或加工。芥子菜的种子可磨研成末，供调味用。

**芥川龙之介** Akutagawa Ryūnosuke (1892-03-01～1927-07-24) 日本小说家。生于东京，卒于东京。本姓新原，因过继给舅父，易姓芥川。自幼聪慧、体弱、敏感。1913年入东京大学英文系后，与友人合办杂志《新思潮》，同时从事小说创作。《罗生门》(1915) 揭示人性恶的一面。《鼻子》(1916) 和《山药粥》(1916) 喻指理想永远存在于追求之中。1916年毕业后在海军学校任教，并发表《戏作三昧》、《地狱图》(1918) 等中、

短篇小说。1919年入大阪每日新闻社，开始专业作家生涯。在此之前，他的创作一直以历史小说为主；而表现男女青年苦闷的《秋》(1920) 则是现代题材。《玄鹤山房》(1927) 通过老画家之死，描写人生的惨淡和绝望。《河童》(1927) 以虚构的河童抨击人吃人的制度。遗作《齿轮》(1927) 描述作者自杀前的思想状态，不久吞服安眠药自杀。芥川龙之介是日本短篇小说的大家，在短短的12年创作生涯中，创作了140余篇小说和大量小品、随笔、评论和游记等。1935年设立以他的姓氏命名的芥川奖。

**芥子气** mustard gas 学名$\beta,\beta'$－二(2-氯乙基)硫醚。化学式 $(ClCH_2CH_2)_2S$。油状液体，有芥子气味；熔点14.4℃，沸点217.5℃，相对密度1.27。挥发度小，渗透力强，难溶于水，易溶于有机溶剂。能引起皮肤红肿、起泡，以至溃烂；如侵入体内，也可引起全身中毒。芥子气是第一次世界大战期间使用过的糜烂性毒剂。碱性水解或氧化都能使芥子气失去毒性，故漂白粉可用作芥子气的解毒剂。将乙烯与一氯化硫反应，可制得芥子气和游离硫。

**《芥子园画传》** *Mustard Seed Garden Manual of Painting* 中国清代绘画技法图谱。一名《芥子园画谱》，共3集。是李渔的女婿沈心友请画家王概兄弟三人和其他诸人编绘并加以解说的。因李渔在南京的别墅名“芥子园”，故此书名为《芥子园画传》。

第一集为山水图谱，系王概据明末李流芳课徒画稿增编而成，康熙十八年 (1679) 以木板彩色套版印行。此集共5卷，卷一为《画学浅说》、《设色》，卷二为《树谱》，卷三为《山石谱》，卷四为《人物屋宇谱》，卷五为《名家山水画谱》。第二集为梅兰

《芥子园画传》(清刻本，中国国家图书馆藏)

竹菊谱，由诸昇画竹兰谱，王质画梅菊谱，并由王概、王蓍、王臬合编。第三集为花卉草虫及花木禽鸟谱，2卷，也由王质绘，王概、王蓍、王臬合编，于康熙四十年 (1701) 以木版彩色套印。第二、三集前亦各有画法浅说、画法歌诀，次为诸家画法，并附简要说明，末为模仿各家画谱。

此书较系统介绍中国画基本画法和传统流派，图文结合，浅显明了，虽有舛误，却便于初学者临摹参考，所以流传很广，对绘画的普及起到了积极作用。但在引导初学者向公式化和摹古倾向方面有消极作用。

沈心友原拟编第四集，但终未成书。嘉庆年间 (1796～1820)，有书商将丁皋《写真秘诀》一卷及上官周《晚笑堂画传》合编一处，冒充《芥子园画传》第四集，共分三卷。卷一为列仙，卷二为名贤，卷三为美人，附以图章会纂，印行于嘉庆二十三年。清末巢勋不满于第四集的伪托，重新摹写增编《芥子园画传四集》，共6卷，卷一集各家论人物画法，卷二为传神秘诀，卷三为写真秘诀，卷四、卷五为巢氏手摹各家画谱，卷六为上海晚清名家画谱。

**界首市** Jieshou City 中国安徽省辖县级市。位于省境西北部，邻接河南省，地处黄淮平原。面积667平方千米。人口56万 (2010)。1947年设界首市，1953年撤市建县，1989年撤县复市。由阜阳市代管。属温带季风气候。农作物有麦、大豆、高粱等。是安徽省粮、棉、油的主要产区。有华东地区最大的优质马铃薯生产基地，是中国重要的南阳牛交易集散地。境内蕴藏着石油、天然气等矿产资源。工业主要有食品、酿酒、医药、造纸、纺织、制革、化工、机械、鞋业等。名胜有尹城子遗址、隋代运河遗址等。

**疥疮** scabies 疥螨寄生于人体表皮引起的疾病。其特点是受染皮肤出现丘疹、水疱及隧道，有剧烈瘙痒，因搔抓易发生继发性感染，接触传染性强。此病分布于世界各地，常呈周期性流行。疥疮通过人与人之间的直接或间接接触而传染，易在家庭及集体中传播。疥螨也可侵染羊、狗、猪、兔、牛、马等动物，通过与这些动物接触，也可受染疥疮。

临床表现 皮疹呈多种形态，常见的有丘疹、水疱及灰白色或浅黑色的细线纹样隧道。皮疹好发于指间、腕屈侧、肘窝、腋窝前面、女性乳房下面、脐周、阴部及股内侧等处，一般不侵犯头面部。常有剧烈瘙痒，尤以夜间为甚。因搔抓引起继发感染，如毛囊炎、脓疱疮、疖等，重者可引起淋巴管炎及淋巴结炎。

诊断 根据皮疹形态、好发部位、夜间剧痒的表现及家庭传染史，一般诊断不

难。皮肤刮片找到疥虫或虫卵，有助于确诊。应与痒疹、湿疹、皮肤瘙痒症、丘疹性荨麻疹等相鉴别。

治疗及预防　注意个人清洁卫生，发现患者及时治疗，患者用过的衣服、被单等应适当消毒、处理。与患者密切接触者也要进行检查，确诊者及时治疗。常用硫磺软膏、丙体六六六乳剂或霜剂、优力肤霜、苯甲酸苄酯乳剂或软膏等。

**疥螨**　Sarcoptidae; itch mites　蜱螨亚纲无气门目疥螨科动物的统称。一种永久性的皮内寄生螨类。寄生于人和哺乳动物的皮肤表皮层内，可引起剧烈瘙痒的顽固性皮肤病，称为疥疮。

疥螨体微小。体椭圆形或圆形，背面隆起如球状，乳白色或乳黄色，躯体不分节，体表有皮纹和锥形皮棘。颚体短小，有1对钳状螯肢。位于腹面的足4对，前2对足端部具有细长柄吸垫，后2对足在雌螨具长刚毛，雄螨第3对足端部有长刚毛，第4对足端部具有柄吸垫。

生活史分卵、幼虫、若虫和成虫4个时期。疥螨的寄生部位常见于皮肤柔软嫩薄皱褶之处，常见手指间、腕屈侧、肘窝、腋窝前后、脐周、外生殖器、腹股沟和乳房下等。儿童皮肤嫩薄，全身均可被寄生。

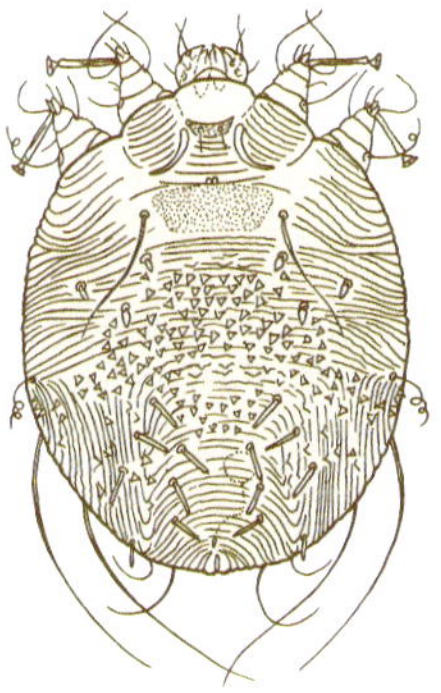
雌疥螨背面

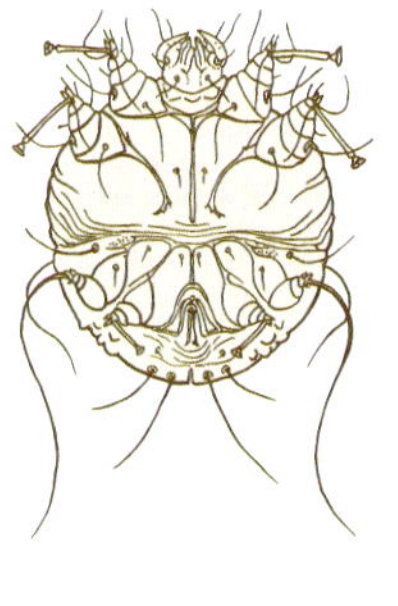
雄疥螨腹面

感染方式主要通过直接接触。防治工作主要是卫生宣教，注意个人卫生。

**蚧**　Coccoidea; scale insect　同翅目蚧总科昆虫的统称。又称介壳虫。世界性分布，在中国各省均有分布。全世界已知约6 000种。中国约500种。

雌、雄异型显著。雌成虫茁壮，少活动或终生固着不动，无翅，触角退化，足退化或消失，头、胸、腹愈合或区分不明显。体外由各种蜡质分泌物覆盖，或由于虫体背面高度硬化而裸露。雄成虫柔弱，生殖器发达，虽有足和翅，但十分纤细，前翅膜质，后翅成“平衡棒”，运动力很差，口器退化；寿命短促，有些种类只存活数分钟。

蚧通常一年发生1或2代，少数3或4代。繁殖类型有有性生殖和孤雌生殖两种。雌性成虫不经完全变态，雄虫则是完全变态。杂食性或单食性。这类昆虫常借助于人类活动、风、流水、其他昆虫、鸟类以及其他某些动物而传布到距离很远的地方，造成大范围的危害。

**借贷资本**　loan capital　为了获取利息而暂时贷给职能资本家使用的货币资本。是生息资本的资本主义形式。它以资本所有权和使用权的分离为特征，是适应产业资本和商业资本的需要而产生和发展起来的。借贷资本的主要来源是：职能资本家的闲置资本、货币资本家的货币资本和社会上的游资等。

同职能资本相比，借贷资本具有如下特点：①是一种资本商品。借贷资本家将一定数量的货币转让给职能资本家使用，转让的货币对其所有者和使用者双方来说，都是资本，它表现为一种特殊商品。这种资本商品的转让不是买卖，而是借贷；转让不是永久的，而是暂时的；转让的不是所有权，而只是使用权。借贷资本贷出后，经过一定期间，要连同利息一起归还给借贷资本所有者。利息是使用借贷资本所付的报酬，而不是这种资本商品的价格。②是一种所有权资本。借贷资本的出现，使资本取得了双重的存在，即发生了资本所有权和资本使用权的分离。③是最具有拜物教性质的资本形式。从货币到更多的货币，直接反映着借贷资本家同职能资本家共同瓜分剩余价值的关系。

**堺**　Sakai　日本本州大阪湾沿岸新兴重化工业城市。北与大阪市毗邻，位于大和川下游左岸。面积136.79平方千米。人口约78.74万(2003)。为古城镇。中世纪兴起为贸易港。16世纪极盛，曾同中国、朝鲜、琉球和欧洲进行贸易活动。17世纪实行锁国政策后衰退。1868年后再兴。1889年设市。第二次世界大战后，日本推行重化工业化政策期间，填海造陆，扩建新港，建设成为钢铁、造船、汽车零部件、炼油、石化等重要的重化工业中心。纺织、刃具等传统工业也较发达。与邻近的泉北形成堺－泉北临海工业地带，成为日本第二大工业地带阪神工业地带的重要组成部分。为大阪的卫星城，日本重要的贸易港。多文化古迹，有皇陵（仁德天皇陵墓，日本最大的古代陵墓）、古墓群、旧堺塔以及祥云寺、家原寺、法道寺等。

**堺利彦**　Sakai Toshihiko (1870－11－25～1933－01－23)　日本早期社会主义运动活动家。生于福冈县丰津，卒于东京。自幼受儒家思想影响，后接受自由民权学说。早年曾任小学教师、新闻记者。1899年入万朝报社，与幸德秋水等结交，开始了解并接受社会主义思想。1903年11月成立平民社，发行周刊《平民新闻》，倡导平民主义、

社会主义、和平主义。1904年11月，与幸德秋水合译的《共产党宣言》部分章节刊于《平民新闻》。1906年2月，他与片山潜、幸德秋水等人成立日本社会党，次年2月该党被取缔。1908年6月被捕，后判刑两年。1910年与大杉荣（1885～1923）等人创立卖文社。后逐渐倾向马克思主义。1920年创立日本社会主义同盟，宣传马克思主义。1922年7月参与创建日本共产党，当选为委员长。1923年6月被捕。出狱后，同意解散日本共产党。1928年参加无产大众党，1929年当选东京市议会议员。1931年九一八事变后，任全国大众党反战特别委员会委员长，反对日本军国主义侵略中国。

**今村昌平**　Imamura Shōhei (1926－09－15～2006－05－30)　日本电影导演。生于东京，卒于东京。1951年早稻田大学毕业。1958年导演了第一部影片《被偷盗的情欲》。1961年拍摄《猪和军舰》，显示了他在讽刺喜剧方面的才能，被评为日本当年10部最佳影片之一，亦使他跻身于一流导演的行列。1963年自编自导《日本昆虫记》，获当年十佳影片第一名，以及最佳编剧与最佳导演。1983年拍摄的《楢山节考》与1997年拍摄的《鳗鱼》，分获第36届与第50届戛纳电影节金棕榈奖。他善于以嘲讽的手法表现处于社会底层人物的生活实态，揭示人性的扭曲变形。其他重要作品还有《红色的杀机》(1964)、《人类学入门》(1965)、《诸神的欲望》(1968)、《日本战后史》(1970)、《复仇在我》(1978)、《为什么不行》(1981)、《人贩子》(1987)、《黑雨》(1989)、《肝脏先生》(1998)、《红桥下缓缓流淌的河》(2001)等。

**《今古奇观》**　*Wonders of the Present and the Past*　中国明末白话短篇小说选集。编者署名为姑苏抱瓮老人，真实姓名与生平均无考。《今古奇观》40卷，包括选自“三言”、“二拍”的话本和拟话本40篇，计《喻世明言》(《古今小说》) 8篇，《警世通言》10篇、《醒世恒言》11篇、《拍案惊奇》8篇、《二刻拍案惊奇》三篇。编者对各篇作过一些文字上的加工，书眉上的评语亦可能出于其手。编者的选择标准大致有四：著果报、明劝惩、情节新奇、故典琐闻。书中既有较多宣扬忠孝节义和宗教迷信思想的作品，又有少数思想和艺术水平较高的作品，如《杜十娘怒沉百宝箱》、《沈小霞相会出师表》等。

后一类乃是明代拟话本的代表作。清初以来，“三言”和“二拍”曾湮没不彰，《今古奇观》成为流传最广的古代白话短篇小说选本，在社会上产生了巨大的影响。人民文学出版社有顾学颉校注本。

**今体诗** modern-style poetry 中国唐代形成的格律诗体。见近体诗。

**今文经学** 诠释和研究今文经的学问。由中国汉代经师口授并用汉朝通行文字隶书写成的儒家经书，称为今文经。见经学。

**金** gold 化学元素，元素符号Au，原子序数79，原子量196.966 569，属周期系ⅠB族。金早在古代就已被发现。埃及于公元前3千纪已采集黄金，制作饰物。中国古代就用金与银的合金做装饰品。金在自然界中以游离金和碲化物矿形式存在，如碲金矿（$AuTe_2$）、针碲金银矿（AuAgTe）。分布很广，几乎总是伴生于石英及黄铁矿中。

块状金呈黄色，有光泽；细粉状金呈黑色、红色或粉红色。熔点1 064.18℃，沸点2 856℃，密度19.3克/厘米$^3$（20℃）。金是柔韧性、延展性最好的金属，可被展压成厚0.000 01毫米的半透明金箔和拉成0.5毫克/米的金丝。是热和电的良导体。金与周期表中Ⅱ～ⅥA族的一些元素能生成超导化合物。金能与大多数金属形成合金，形成合金后硬度增大。合金中的含金量用开（K）表示，纯金为24K，将24乘以含金百分数即为合金及饰品金质的K值。

金是极不活泼的金属之一。在任何温度下都不与氧、硫反应。金与强碱和所有纯酸（如硫酸、盐酸、硝酸、磷酸或砷酸）都不反应，但能与王水反应。金能与卤素反应，尤其在潮湿的条件下。在强配体（如$CN^-$）存在下，金能与多种氧化剂（如氧气和过氧化氢）反应，该反应用于金的提取和精炼。金最常见的氧化态是+1和+3，+3最稳定。常见的金化合物包括卤化物、氰化物、氧化物、氢氧化物以及硫化物。

淘金是最古老的采金方法，但这种方法需要大量的水。金还可用氰化物法提取，再用锌还原成金。电解法精炼可以得到纯度为99.95%～99.98%的金。金的最大用途是黄金储备、装饰品和货币，占生产总量的75%。在二极管和晶体管中可作引线的接触点和抑制器，金-198在医疗上用于放射治疗和诊断。

**金** King, Martin Luther, Jr.（1929-01-15～1968-04-04） 美国战后民权运动领袖。见马丁·路德·金。

**金宝善** Jin Baoshan（1893-04-23～1984-11-11） 中国公共卫生学家、近代卫生事业的奠基人。生于浙江绍兴，卒于北京。17岁考入南京水师学堂，后转入杭州医科专门学校。1911年留学日本，毕业后进入东京帝国大学传染病研究所进行研究工作。后又到美国约翰斯·霍普金斯大学进修，获公共卫生硕士学位。回国后曾任杭州市卫生局局长、中央防疫处处长、国民政府卫生部保健司司长及中央卫生实验处处长。抗日战争爆发后任国民政府卫生署副署长、署长。抗战胜利后任国民政府卫生部次长，1948年被任命为卫生部部长，同时任联合国儿童基金会（原名联合国国际儿童紧急救助基金会）医务总顾问。1950年回国，先后任卫生部技术室主任、参事室主任，1954年任北京医学院卫生系主任兼保健组织教研组主任，一级教授。主要著作有《查阅医学外文期刊的经验简介》、《世界卫生年鉴》、《中华民国时期的卫生保健工作》、《中华民国医药卫生史料》、《预防医学名词词汇》。审校希尔氏《医学统计原理》。

**金本位制** gold standard 以一定重量和成色的黄金作为法定的价格标准或货币单位，并使流通中的货币得以其面额与所代表的黄金保持等值的一种货币制度。见单本位制。

**金边** Phnom Penh 柬埔寨首都和经济、交通、文化中心。位于东南部湄公河、洞里萨河和巴塞河汇合处的西岸。面积290平方千米，人口131.39万（2005）。地处海拔10米以下的冲积平原。年平均气温27.4℃，4月最高达30℃，1月最低为24℃；平均年降水量约1 400毫米。始建于14世纪。15世纪为高棉王国都城。工业主要有纺织、电力、酿造、化工、磷酸盐、陶瓷和橡胶等部门。为湄公河流域的重要河港，可停泊2 000～4 000吨的轮船。港口设施齐全，建有通用和专用码头、仓库，以及长700米的防波堤。有7条公路与全国各地相连。铁路向西北经马德望、波贝与泰国首都曼谷相接，向西南可抵西哈努克市（磅逊港）。西南郊有波成东国际机场。市区以奔寺为中心，向四周扩展。奔寺东南2千米为皇宫所在地，有金碧辉煌的建筑物和宝塔等名胜古迹。沿湄公河畔有独立广场和独立纪念碑。

**金伯利** Kimberley 南非北开普省首府，东北部高原城市。人口16.77万（2005）。海拔1 220米。气候凉爽，年平均最高气温26℃，年平均最低气温10.7℃，极端最高气温39.6℃。平均年降水量417毫米。1869年，发现埋藏富含金刚石的角砾云母橄榄岩筒状矿体，矿区以英国殖民部大臣金伯利之名命名。后世界各地同类矿体遂统称金伯利岩。1878年设镇。1880年并入开普殖民地。1885年至开普敦铁路通车后，成为著名的德比尔统一矿业公司总部所在地。英布战争中，曾受布尔人围攻124天，遭受严重破坏。重建后，发展迅速。1912年建市。一个多世纪以来，一直是世界闻名的装饰用金刚石产地。附近开采铁、岩盐和石膏。还有机械、车辆装配、食品等工业。周围地区灌溉农业和养畜业发达，是当地农产品集散中心。铁路干线西南通开普敦，东北达约翰内斯堡和比勒陀利亚。市内有博物馆、美术馆、天主教大教堂以及北开普技术学院。有直径约500米，平均深400米的巨大金刚石矿废穴，供旅游者参观。

**金伯利高原** Kimberley Plateau 澳大利亚大陆北部两大高原之一。位于西澳大利亚州东北部。境内有利奥波德王岭、迪拉克岭等山脉。西面和北面滨帝汶海，南面和东面分别为菲茨罗伊河、奥德河环绕，面积约36万平方千米。多河流切割的深谷。西北部年降水量较多，可达1 300毫米；东南部平均年降水量仅380毫米，大部分地区夏雨冬旱。高原地区有许多富含金刚石的金伯利岩筒分布，沿海有石油蕴藏，北部卡伦布鲁附近有丰富的铝土矿藏。1879年开始有人定居，两年后发现金矿，曾出现短暂的淘金热。畜牧业是当地主要的经济部门。奥德河和菲茨罗伊河的灌溉工程，为当地农业试验区种植提供了水源。阿盖尔有金刚石矿开采。内陆有土著居民保留地，生活着数千名当地居民。有大量珍贵的洞穴绘画。为袋鼠、野牛、野狗和多种鸟类栖息的地区，辟有国家公园和自然保护区。

**金伯利岩** kimberlite 含金刚石的重要母岩。已发现形成有工业价值金刚石原生矿床的母岩。是一种稀少的岩石，仅在世界上约30个国家找到了金刚石的原生矿床和砂矿床。共发现约5 000个金伯利岩岩体。已知的金伯利岩岩体中，并不是每个岩体都含金刚石，在含金刚石的岩体中，也不是每个都具有工业价值。

特征 化学成分特点是：$SiO_2$含量比一般超基性岩类还低，$SiO_2$平均含量30%左右，和MgO的含量相近，$MgO/SiO_2 \approx 1$；钾钠含量则比一般超基岩类高，且$K_2O > Na_2O$，显示了偏碱性且富钾的特征；微量元素Ti、P、Cr、Co、Ni、Nb含量也较高，稀土元素中轻稀土元素明显富集。

金伯利岩的矿物成分以含有高温、高

压矿物和特殊的矿物组合为特征。包括原生矿物、蚀变矿物和包体矿物等。原生矿物主要为**橄榄石**、金云母。副矿物有镁铝榴石、含铬透辉石、铬铁矿、铬尖晶石等。蚀变矿物最常见的有蛇纹石、滑石、碳酸盐矿物、绿泥石等。包体矿物主要有上地幔超镁铁质岩石破碎的捕掳体以及从岩浆中结晶出的巨晶，如镁铝榴石，单斜辉石，大粒径半自形的橄榄石、斜方辉石，扭曲变形的金云母等。金伯利岩常见的结构有细粒结构、斑状结构、火山碎屑结构和环边假像结构。常见的构造有块状构造、角砾状构造，有时可见岩球构造。

类型　按结构可分为斑状金伯利岩、金伯利角砾岩和凝灰状金伯利岩三大类。根据主要矿物不同可分为两种基本类型，即橄榄石型（金云母含量<25%）和金云母型（金云母含量>50%）。常见的岩石种类有斑状金伯利岩、细粒金伯利岩、金伯利角砾岩、金伯利凝灰岩和斑状云母金伯利岩等。

斑状金伯利岩

产状　金伯利岩主要是浅成、超浅成的侵入体，多呈岩筒、岩墙状。岩体较小，岩筒的面积一般不超过1万平方米，少数可达1平方千米，最大的也未超过2平方千米。常成群出现，分布面积较广。横跨整个非洲大陆都有金伯利岩分布，著名的南非金伯利岩就是由10多个岩筒组成的岩筒群。中国山东、辽宁的金伯利岩也多成岩筒状产出。金伯利岩还呈岩墙产出，但规模较小，一般厚度小于2米，但长度较长，最长可达65千米，有的成群出现，有少数呈环状岩墙或岩床。

分布　金伯利岩形成时代是多期性的，主要有三个时期，即前震旦纪、白垩纪和第三纪，绝大多数金伯利岩形成于白垩纪。

金伯利岩主要分布在构造稳定的**地台**区，如非洲－阿拉伯地台、西伯利亚地台和中朝地台等。研究表明，地台的年龄越老、稳定性越高、面积越大，金伯利岩和金刚石的砂矿点也越多。如世界上绝大多数的金伯利岩和金刚石砂矿，都分布在非洲－阿拉伯地台和西伯利亚地台。中国已发现的金伯利岩主要分布在山东、辽宁和贵州等地。

**金昌市**　Jinchang City　中国甘肃省辖地级市。位于省境西北部。西北与内蒙古自治区相邻。辖金川区和永昌县。面积8 896平方千米。人口46万（2010），有汉、回、满、藏、蒙古等民族。为适应金川镍基地建设发展的需要，1981年设立金昌市。矿藏以镍藏量最为丰富，伴生有铂、铜、金等14种金属。工业以冶金、化工、建材、电力、食品为主。是中国最大的镍钴生产基地、铂族金属提炼中心，被誉为“镍都”。农业主产小麦、胡麻、蔬菜。名胜有三角城沙井文化遗址、汉晋鸾鸟城遗址、乱墩子滩汉墓群、长城遗址、圣容寺塔、明钟鼓楼、北海子塔等。

**金朝**　Jin Dynasty　女真族建立的王朝。1115年**金太祖完颜旻**（阿骨打）在今黑龙江省阿城南建国。**金太宗完颜晟**时在此建立都城，称会宁府。1153年**金海陵王完颜亮**迁都燕京（今北京），为中都。1214年金宣宗为蒙古所逼，迁都汴京（今河南开封）。1232年蒙古军围汴京，金哀宗逃迁蔡州（今河南汝南）。1234年蒙古与南宋联军灭金。金自太祖至末帝，传10帝，共120年。金朝盛时疆域南以淮河与宋为界，西部南起临洮府北至东胜州与西夏为邻，北至大兴安岭与蒙古诸边部交界，东部包有混同江（今松花江）至大海。

政治概况　大约在辽兴宗时，女真完颜部发展为强大的部落，联合女真其他部落，组成部落联盟。辽天庆三年（1113）阿骨打任联盟长。次年开始向外掳掠和扩张。随着占领区的迅速扩展，又需要加强对被征服的各族人民的统治。女真族的氏族部落制已不能再适应历史发展的要求。1115年夏历正月元旦，阿骨打依仿汉族制度，称皇帝（金太祖），建国号大金，立年号收国。金太祖设立谙版勃极烈等辅佐国政。又命完颜希尹创制女真文字。金朝建国后，继续攻打辽朝。

金太祖死后，金太宗即位。天会三年（1125）二月，擒天祚帝，辽亡。天会三年，进围北宋都城开封。天会四年闰十一月，两军在开封城下会师。破城，北宋亡。五年四月，金军俘虏北宋徽宗、钦宗二帝北返。天会五年五月，宋宗室赵构（宋高宗）建南宋。七年至八年，金将完颜宗弼一度攻下临安（今浙江杭州），掳掠而回。金军灭北宋后，金立宋降臣张邦昌在开封称帝，建国号楚。天会八年九月，金朝又立刘豫为子皇帝，国号齐，都大名府（今河北大名）。

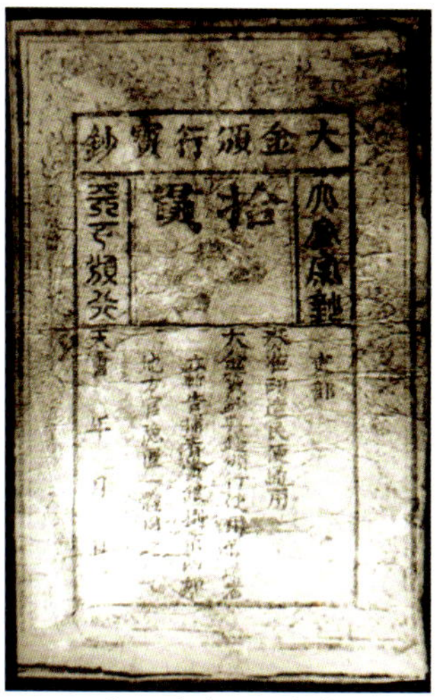



图1　大金颁行宝钞

天会十三年，完颜亶（金熙宗）即帝位。金熙宗依辽、宋制度设太师、太傅、太保，称三师，朝中设尚书、中书、门下三省，由领三省事综理政务。在汴京（今河南开封）和燕京设行台尚书省，负责华北地区的统治。天眷元年（1138），全面实行汉族官制。金熙宗又在会宁府（今黑龙江阿城南白城子）仿汉制修建都城和宫殿，建号上京（辽上京则改称临潢府，今内蒙古巴林左旗南）。皇统元年（1141），完颜宗弼领兵南下侵宋，南宋请和。完颜宗弼死后，熙宗无力控驭朝政，皇后裴满氏结纳朝臣干预政事，帝后之间与贵族朝臣之间相互倾轧。十二月，熙宗被杀。完颜亮篡夺帝位，改年号为天德。

金世系表

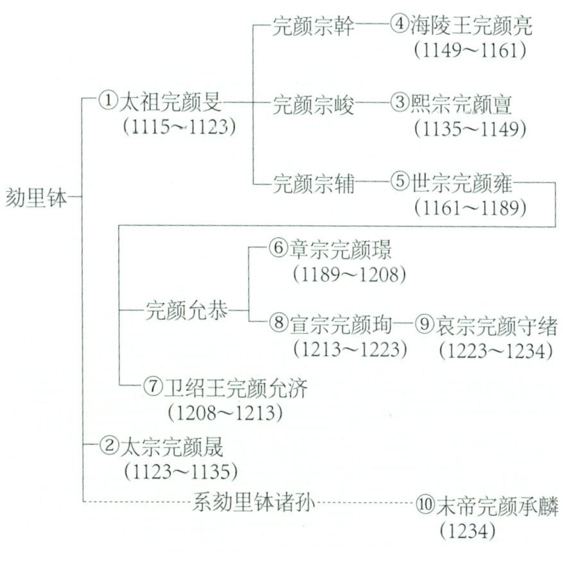



完颜亮（金海陵王）即位后，削弱女真皇室贵族势力，组成多民族的集团，以巩固其统治。天德二年（1150），废除汴京行台尚书省，政令统一于朝廷。正隆元年（1156），又废除中书、门下两省，由尚书省专理政务。依汉制设枢密院，由枢密使统军。海陵王改订的官制，成为此后金朝的定制。贞元元年（1153），自上京会宁府迁都燕京（今北京），定为中都。正隆六年六月，海陵王以南京开封府（今河南开封）作为京都。十月，海陵王领兵渡淮，攻入宋淮南路。

东京留守完颜雍（金世宗）称帝，下诏废黜海陵王。十一月，海陵王在扬州被部下杀死。金世宗继续任用海陵王的文武官员，在混乱中顺利稳定了政局。大定三年（1163），在宿州符离县（今安徽宿州）击败南宋军兵。次年，与南宋订立和议。和议后，双方维持40年休战状态；金朝稳定了南方边陲。金世宗仍定都中都，继续实行海陵王制定的各项制度。大批任用非皇室的女真人和汉人、契丹人、渤海人参与执政。女真贵族间长期的纷争至世宗时逐渐结束。他统治的30年间对外不再发动战争，统治集团内部也渐趋稳定，史称金世宗为“小尧舜”，金世宗即位后一面继续倡导学习汉族经史和诗文，一面又力求保持女真风习和文化，大力推行民族压迫。

图2　金贞祐铜钞版

金章宗完颜璟即位后积极地学习和倡导汉文化，因此女真贵族研习汉文化成为风气。章宗正式下令鼓励女真族与汉族通婚，加速了民族间的融合。但尚武之风逐渐消失，作战能力日益削弱。泰和六年（1206）四月，南宋发动了对金朝的进攻。八年，宋金双方重新订立和约。不过，金朝也损失惨重。金章宗也于当年病死。在战乱频仍的年代，金朝财政入不敷出，大量发行交钞（纸币），又造成社会经济秩序的紊乱。当金朝矛盾重重的年代，北边的蒙古族兴起，开始了灭金的过程。

贞祐元年（1213），金世宗孙完颜珣即帝位（宣宗）。次年三月，蒙古军围攻中都，金宣宗献纳人口财物请和。蒙古军退后，金宣宗深恐蒙古军再来，于五月迁都南京开封府。宣宗南迁后，成吉思汗随即派兵南下，攻占中都。在蒙古军进攻的同时，山东、河北地区的人民，纷纷举行武装起义。各地起义军身穿红袄作标志，被称为红袄军。在蒙古军不断侵扰、金军败退的形势下，山东、河北地区的地主豪强也纷纷组织地主武装据地自保。面对蒙古的威胁，金朝决定南下侵掠南宋，扩大疆土。兴定元年（1217）四月，金兵开始南侵，双方战事绵延10余年。兴定二年，金兵进至采石（在今安徽马鞍山市），威胁建康府（今江苏南京）。抗金军以分道出击，金兵败退。木华黎统率的蒙古军，在数年之内，攻取金辽东、辽西、山东、河北、河东、陕西大片土地。

金宣宗死后，太子完颜守绪即帝位（哀宗）。金哀宗停止南线的侵宋战争，集中兵力抵抗蒙古，连续收复失地。正大四年（1227），成吉思汗军又占领德顺州（今甘肃静宁），破临洮府等地。金哀宗遣使向蒙古求和，被拒绝。正大六年，蒙古窝阔台即汗位，继续出兵侵金。天兴元年（1232）正月，在钧州三峰山之战中，金军主力全部被蒙古大军击溃，决定了金朝的灭亡。蒙古军乘胜进围南京开封府。十二月，哀宗逃往归德府（今河南商丘）。天兴二年正月，南京守将崔立降蒙古。六月，哀宗又逃往蔡州（今河南汝南）。蒙古联宋，夹攻金朝。蔡州被蒙古军及宋军围困三月。天兴三年正月，哀宗将帝位传给东面元帅完颜承麟，自缢而死。蒙古军入城，杀金末帝完颜承麟，金亡。

**制度**　金朝初期仍保留女真族的若干旧制，兼采辽朝制度。伴随着统治地区的扩大和女真族自奴隶制向封建制的过渡，金朝更多地采用汉族的统治制度，女真旧制逐渐削弱或消失。

勃极烈辅政制　勃极烈即部落酋长。金初曾在皇帝周围设勃极烈四人，辅佐国政。辅政的勃极烈是朝廷最高官职，任此职者均为皇室贵族。金熙宗即位，设太师、太傅、太保称三师，分领三省事，勃极烈辅政制遂废。

猛安谋克制　猛安，女真语原义为部落军事酋长；谋克，女真语原义为氏族长，金朝建国后，连年对外作战，猛安谋克逐渐成为军事编制单位。金熙宗以后，女真猛安、谋克户大批南迁，分散到汉人地区，受田定居。

封国制　金熙宗对勋臣加封国王称号。海陵王削封前朝皇室贵族爵号，国王多降封为郡王。金朝封亲王（国王）者多为皇室宗亲。金宣宗南迁，招纳各地汉人地主武装抵抗蒙古，其中九人封给郡公称号，史称九公封建。

官制　金太宗时置尚书省及中书省、门下省为朝廷政务中枢，金海陵王只设尚书省综理政务。中枢官制经金世宗改订，成为金朝的定制。御史台司监察。翰林学士院掌诰词命文字。设大宗正府（后改大睦亲府）掌理宗室事务。地方官制，设路、府、州、县四级，各级地方长官兼领军事。金世宗定都中都前后，设五京（上京会宁府，东京辽阳府，北京大定府，西京大同府，南京开封府），又设14总管府19路。

军事制度　女真族原无独立的军事编制，部落氏族成员对外作战，即由猛安、谋克统领。金海陵王时，改设枢密院主管军事。此后平时设枢密院，战时改元帅府。金朝后期则两套机构并置。作战时对领兵将领加给称号，战后即撤销。

法律　女真族在部落联盟时期，开始有原始的“条教”，主要是保护私有财产和确立秩序。金熙宗皇统间制定法令，称为《皇统制》，是金朝的第一部法典。金章宗仄和元年（1201），正式制定法律总集并加疏解，称为《泰和律义》，依《唐律疏义》体例，分为12篇。金朝法律基本上沿袭辽宋旧法。

科举　金太宗天会元年（1123），始行科举，以招纳辽朝故地的汉人文士。金世宗倡导保存女真文化，创设女真进士科，应试者为女真人子弟。金世宗以后，科举成为入仕的主要途径。

**社会经济**　女真族在金朝建国前后，实行奴隶制的土地分配制度，役使奴隶耕作。被占领的辽、宋故地，仍然实行原有的封建制经济关系。女真人大批南下后，社会经济制度逐渐地封建化。

女真原实行受田制，田地为国家所有。金太宗时，始下诏征收租税。金朝在汉人地区，沿袭辽、宋旧制，征收夏秋二税，称为正税。金世宗以来，官府多次清查土地、财产，以防止逃避赋税，称为通检推排。燕云地区和北宋故地，农业生产原很发达，金朝的中都、河北、南京和东京等路是农业生产最为发展的地区。

金朝手工业中，矿冶是较为发达的部门。金世宗规定金银矿许民间自采，官府抽分收税，后又取消矿税，以鼓励开采。手工业中另一发达的部门是印刷业，中都（今北京）和平阳府（今山西临汾）是著名的刻印书籍的中心。辽、宋发达的制瓷业和纺织业在金朝也继续得到发展。金朝初年的火药制造技术来源于辽，灭北宋时，已使用火器。

图3　列鞢——女真族人身上佩戴的装饰品（黑龙江绥滨出土）

金朝的商业城市以京都中都和北宋旧都汴京为中心。东京辽阳、河北相州（今河南安阳）和河东上谷也是繁华的商埠。金朝在和南宋、西夏的边界上设置榷场，以通贸易。金初只用辽、宋旧钱。金章宗时，因财政亏空，开始大量印造交钞，交钞因而急剧贬值。

**文化** 金代文化虽然保留和吸收女真族的某些文化传统，但基本上是继承辽、宋的汉族文化。

**儒学与史学** 灭辽后，辽代兴盛的佛教在各地继续发展。灭宋后，北宋的儒学逐渐在金代文化思想中占统治地位。世宗、章宗力崇儒学。赵秉文也研治理学，标榜继承程朱。金代史学，不甚发达。金朝灭亡前，西京人刘祁撰修《归潜志》，以传记体述海陵王以来的金朝史事，为元人修《金史》提供了依据。

**文学与艺术** 金朝以辞赋取士，诗词成为文人普遍采用的文学体裁。金人诗词，继承北宋，模仿苏（轼）黄（庭坚）。金世宗、金章宗时，诗多崇尚尖新。以后更流于雕琢浮华。金末战乱，元好问所作诗词被称为“丧乱诗”。世宗以后，宋朝的乐舞在金朝流行，女真乐舞得以相互吸收。北宋流行的说话和诸宫调等说唱艺术，金代更为盛行。金代又创造了称为院本的戏剧，科白动作为主，加入唱曲。诸宫调与院本孕育了北曲杂剧的产生，是金代文化的一大贡献。元杂剧在金末已渐形成。杂剧作家关汉卿、白朴、杜仁杰、康进之等多是金元之际的文士。

**科学与技术** 金世宗时，赵知微重修杨级编制的大明历，用几何方法预测日食、月食，是天文计算上的进步。金末数学著作《洞渊测圆》，记述演算勾股容圆的方法。著名的数学家李冶写成《测圆海镜》。金初，名医成无已注释《内经》和《伤寒论》，开金代医学研究的先声。李杲著有《脾胃论》和《内外伤寒辨惑论》，对伤寒病的识辨，有独到的成就。金代医学学派，对元代和后世医学的发展有影响。

**金冲及** Jin Chongji (1930-12-13～ ) 中国历史学家。生于上海。1947年进入复旦大学史地系（后改历史系）读书，次年春参加中国共产党。先后任复旦大学学生会主席、团委书记、教务部副主任、教学科学部副主任，文物出版社副总编辑、总编辑，全国政协第七、八、九届委员，日本京都大学客座教授俄罗斯科学院外籍院士。曾任中共中央文献研究室常务副主任，研究员，北京大学和复旦大学博士生导师，清华大学兼职教授，北京师范大学讲座教授，中国史学会会长。主要从事中国近现代史和中共党史的研究工作。主要著作有《二十世纪中国的崛起》、《转折年代——中国的1947年》、《孙中山和辛亥革命》、《辛亥革命的前前后后》；主编《毛泽东传》、《周恩来传》、《刘少奇传》、《朱德传》；和胡绳武教授合著《辛亥革命史稿》（4卷本）、《从辛亥革命到五四运动》、《论清末的立宪运动》等。

**金大中** Kim Dae Jung (1925-12-03～2009-08-18) 韩国政治家。大韩民国总统（1998～2003）。生于朝鲜全罗南道新安郡，卒于首尔。1943年中学毕业后，在一个日本人公司中作职员。1945年接管这一公司，成为富商。朝鲜战争期间被俘获并被判处枪决，后逃脱。1954年进入政界，反对李承晚的政策。1961年成为国会议员。国会在1961年政变时被朴正熙解散，他成为朴政策的批评者。1971年竞选总统失败。1973年在东京所住的旅馆中被韩国中央情报部绑架，并被强行押送到韩国监禁。后又被软禁。1976年再次被捕，因要求恢复民主而被判刑8年。服刑33个月后获释。后又以煽动和阴谋为罪名被捕，并被军事法庭审讯和判处死刑。1980年1月改为终身监禁。1982年12月获准去美国就医。在美期间，继续开展反对全斗焕集团和争取民主化的组织与宣传工作。1985年2月8日返回韩国汉城，与金泳三一道被推选为民主化协议会共同议长。1987年组建和平民主党，并任总裁。1988年起任国会在野党议员和领袖。1995年9月，宣布成立新政治国民会议，并出任该党总裁。1997年5月，新政治国民会议推选金大中为韩国第15任总统竞选候选人，12月18日，竞选获胜，1998年2月25日就任。

**金堤** Jin Dyke 中国汉代黄河下游的堤防。始见于《史记·河渠书》。春秋战国时期，黄河下游已普遍兴筑堤防。但各诸侯国以邻为壑，堤防不规则、不合理。秦统一中国后，对堤防进行了全面整治。汉代进一步修成系统堤防，并不断增修石工，加高增厚。因此，汉代人称黄河大堤为金堤。西汉末，黄河下游决溢，往东南摆动。王景治河后，又在新河两岸修筑堤防，自汴口以东沿河积石垒堤，也统称金堤。迄宋代，黄河又多次变迁。河道每大摆动一次，沿河两岸均要兴筑大堤。这样，在古河道长期行经的地方形成多重大堤，当地群众和一些文献也称这些堤防为金堤。

**金东仁** Kim Dong Yin (1900-10-02～1951) 韩国小说家、评论家。号琴童、琴童人等。生于平壤。1914年留学日本，就读东京川端美术学校等。1918年12月与田荣泽、朱耀翰等人组织韩国第一个现代文学团体“创造社”，第二年开始发行《创造》杂志，进行纯文学运动。1919年三一运动前回国。作品《弱者的悲哀》（1919）被誉为该国自然主义文学的开山之作。《船歌》是前期代表作，描写一家庭内部的悲剧，感伤主义色彩很浓。

金东仁前期作品基本上属自然主义和现实主义，后期作品属唯美主义。金东仁对文学的贡献，在题材方面，在于把小人物纳入文学作品中；在文体方面，则彻底实现了文、言一致。金东仁的主要功绩在于短篇小说创作，他的短篇小说题材多样，描写犀利，语言简洁。

**金发藓** *Polytrichum commune*; common polytrichum 苔藓植物门金发藓科金发藓属的一种。广布于全世界。植物体外形粗壮，高数厘米至数十厘米。茎有中轴的分化，基部有较多的红棕色假根。叶较硬挺，叶边具粗齿；中肋宽阔，几乎占据整个叶面。孢子体的蒴柄红棕色，长数厘米；孢蒴为具四棱的椭圆形，台部明显，蒴齿64个，蒴盖扁圆锥形。蒴帽被多数金黄色纤毛。生于酸性而湿润的针叶林林地。多成大片生长，并常与灰藓属或白发藓属植物混生。可用于清热解毒和利尿。

**《金刚经》** *Vajracchedikā-sūtra* 佛教经典。全称《能断金刚般若波罗蜜经》。初出为鸠摩罗什于402年所译。其他译本有北魏菩提流支、南朝陈真谛之同名译本；另有隋达摩笈多《金刚能断般若波罗蜜经》，唐玄奘译《能断金刚般若波罗蜜多经》（《大般若经》第九会），义净译《能断金刚般若波罗蜜多经》。经中宣称一切世间事物空幻不实，如梦幻泡影，实相者则是非相。主张离一切诸相而无所住，即放弃对现实世间的执著或眷恋，以般若慧契证空性。此经弘传甚广，尤为禅宗所重视。近世有德、英、法等多种译本。此经释论甚多，如智顗《金刚经疏》、慧能《金刚经解义》等。

**金刚山** Kuryongyon 朝鲜四大名山之一，素有朝鲜第一名山之称。位于江原道东部，为沿着东海岸由北往南伸展的太白山脉北段。南北长60千米，东西宽40千米，面积2 000多平方千米。以奇峰怪石、飞瀑流泉、密林奇洞、松林云海，且四季景色变幻无穷而闻名。随着一年四季气象的变化，金刚山呈现不同的景色，也有不同的名称。

春季，明媚的阳光照射山岩，似闪闪发光的金刚石，故名金刚山；夏季，满山绿树遮天蔽日，赛蓬莱仙境，因名蓬莱山；秋天，枫叶泛红，层林尽染，称枫岳山；冬日，落叶萧萧，奇岩怪石，称皆骨山。

金刚山号称有1.2万座山峰，怪石嶙峋、形状各异，似用金刚石雕塑而成。以海拔1 638米的毗卢峰为主峰，是太白山的最高峰。以主峰为界，其西为内金刚，东为外金刚，沿海为海金刚。内金刚山势雄伟壮观。外金刚则多飞瀑玉潭，以千姿百态的奇峰闻名。海金刚的三日浦是朝鲜八景之一。三日浦是一个方圆8千米左右的椭圆形淡水湖，最深处有10多米；湖心山丘酷似一头安卧的水牛，名为卧牛岛。金刚山中的自然景观还有海拔936米石峰林立、云雾缭绕的天仙台，有巨大石佛妙吉和三佛岩等。

金刚山中的矿物资源很丰富，除金刚石、水晶石外，还有金、钨等贵重金属；山中生长的植物多达1 000多种，有金刚串花、金刚绣线菊等名卉以及人参、桔梗等名贵特产。金刚山的古迹以寺院为多。

**金刚石** diamond 化学成分为**碳**、晶体属等轴晶系的一种自然元素矿物。金刚石的晶体结构中，每一个碳原子均被其他四个碳原子围绕，形成四面体配位，任何两相邻碳原子之间的距离均为0.154纳米，是典型的共价键晶体。最常见的晶形是八面体和菱形十二面体，其次是立方体和前两种单形的聚形，晶面常成凸曲面而使晶体趋近于球形；双晶常见；但一般以粒状产出。由放射状或微晶状集合体形成的粗糙圆球形的金刚石称为圆粒金刚石。属于六方晶系的六方金刚石，是除石墨外与金刚石成同质多象的另一种矿物。

金刚石无色、透明或微带蓝、黄、褐、灰、黑等色。灰或黑色的圆粒金刚石称为黑金刚石。有些金刚石已可通过人工方法使之改色。标准金刚光泽。折射率高达2.40～2.48。具强色散性。在X射线照射下发蓝绿色荧光，这一特性被用于选矿。八面体解理中等。质量最好的金刚石密度可达3.53克/厘米$^3$，而黑金刚石仅为3.15克/厘米$^3$。莫氏硬度10，是已知物质中硬度最高的。具半导体性。金刚石加热到1 000℃时，可缓慢转变为**石墨**。

金刚石按所含杂质和某些物理性质特点分Ⅰ型和Ⅱ型两种。前者含氮的混入物，导热性较差，对波长小于300纳米的紫外线不透明，对可见光的吸收也较强，在紫外线照射下发淡紫色磷光。自然界产出者多属此型。Ⅱ型不含氮，导热性极强，室温下的导热率约为铜的5倍，对紫外线透明，对可见光的吸收较低，在紫外光照射下不发光。

金刚石自古就是最名贵的宝石，以透明、无瑕疵、无色或微蓝为上品。其加工成品称为**钻石**。除少量宝石级晶体外，金刚石主要用作精细研磨材料、高硬切割工具、各类钻头、拉丝模、散热片、高温半导体和红外光谱仪部件等。

金刚石主要产于**金伯利岩**或钾镁煌斑岩（金云火山岩）的岩筒或岩脉中；也产于冲积成因的砂矿中，砂矿金刚石约占世界产量的90%。世界最著名的金刚石产地为南非金伯利地区、刚果（金）、澳大利亚西部、俄罗斯雅库特、美国阿拉斯加和巴西米纳斯吉拉斯等地。中国辽宁、山东、湖南和贵州等地均有发现。人造金刚石生产已很普遍，产量早已超过天然金刚石，唯粒度一般均较小。

**金刚烷** adamantane 饱和脂环烃，分子式$C_{10}H_{16}$。分子中碳原子的排列方式相当于金刚石晶格中的部分碳原子排列。存在于石油中，含量约为百万分之四。

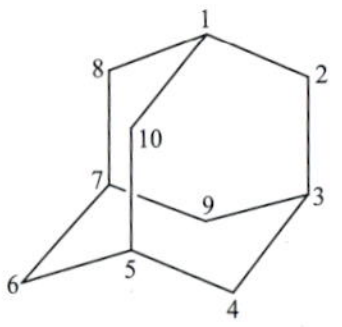


无色晶体，它的结构高度对称，分子接近球形，在晶格中能紧密堆积。熔点268℃（封管），相对密度1.07。容易结晶。它的桥头碳原子上的氢易发生取代反应。例如金刚烷与过量溴作用，生成1-溴金刚烷；与二氧化氮在175℃下反应，生成1-硝基金刚烷；用三氧化铬和乙酸氧化，生成1-金刚醇。金刚烷也可由四氢二聚环戊二烯在无水氯化铝存在下异构化制得。它的衍生物可以用作药物，例如1-氨基金刚烷盐酸盐和1-金刚烷基乙胺盐酸盐能防治由A2病毒引起的流行性感冒。

**金龟科** Scarabaeidae; dung beetle **鞘翅目**一科。统称蜣螂，俗称屎壳郎。分布几乎遍及全球，全世界已知3万余种，中国有约230种，以南方种类较为丰富。有少数属为中国所独有，如爪套蜣螂属仅见于云南。头部前面的唇基与眼上刺突十分发达，多连成扇面形或多齿形的“铲”，盖住口部。触角8～9节，末端鳃片部3节。前胸背板大，与其余体部等大或更大，小盾片多数不见。鞘翅盖达腹端，臀板外露。足强大，适于挖掘。性二态现象常较显著，雄体的头部、前胸背板常有角状及其他形状的突起，雌体则常较简单。蜣螂多以哺乳动物粪便及其他腐败物质为生，它们大量取食粪便，并运储粪便于地下，以繁育后代，对净化地球环境起着一定作用。还是药用昆虫之一。中药材称之为蜣螂，药性味咸寒，有镇惊、破瘀止痛、攻毒及通便等功能。

**《金匮要略》** *Synopsis of Golden Chamber* 中国以论述内科杂病为主的中医临床经典著作。全称《金匮要略方论》，三卷。为东汉**张仲景**原撰《伤寒杂病论》的杂病部分。

全书共25篇，阐述内科等病证40多种，治疗方剂262首（包括附方）。全书自“脏腑经络先后病脉证”至“果实菜谷禁忌并治”止。所述病证包括内科杂病方面的40多种常见病。除内科病证外，也兼论部分其他临床科如妇科、外科病证的证治。此外还载述急救猝死、脏腑经络病脉、饮食宜忌、中毒等内容。仲景论病，较重视病因、病机之阐析，施调理、法、方、药之精挈合拍。书中总结了东汉以前有关杂病的丰富临床经验，为后学者提供了辨证论治和方药配伍的基本原则。治疗部分所列述的大量实用效方具有较高的临床价值，是作者“勤求古训，博采众方”并在前人方治基础上所进行的总结、提高。此书不仅为内科临床工作者所必读之经典，于后世各科医疗实践和方剂学的发展也作出了重大贡献。

《金匮要略》还体现了整体观念的思想方法，并承袭了《内经》中“治未病”和“治病必求于本”的防治思想。在诊治方面，已客观地表述了“八纲”（阴、阳、表、里、虚、实、寒、热），“**八法**”（汗、吐、下、和、温、清、补、消）。书中虽以内服方法为主，但也记述了多种内容丰富的外治法，包括用人工呼吸配合运动肢体等急救措施抢救“自缢”。

**金海陵王完颜亮** King Hailing of Jin (1122～1161) 中国金朝皇帝。女真族。字元功，女真名迪古乃。金太祖完颜旻之孙，完颜宗幹次子。金熙宗朝官至右丞相兼都元帅、太保领三省事。皇统九年（1149）完颜亮与左丞相秉德、驸马唐括辩等合谋，刺杀熙宗，即皇帝位，改元天德。

严厉镇压反抗的宗室官员，先后诛杀女真宗室贵族以及金太宗子孙70余人，完颜宗翰子孙30余人。同时，大批起用渤海、契丹、汉人人才，以扩大政权的基础，巩固统治。天德二年（1151）扩建燕京城（今北京），兴修宫室，下诏迁都。贞元元年（1153）改燕京为中都，作为金朝的都城，并将诸宗室亲族及其所属诸猛安尽数迁至中都及山东等地，以防止反乱。天德三年，罢世袭万户职，以改变贵族“子孙相继”，专揽威权状况。仿中原王朝制度，设国子监以教育生员。对科举进行改革。贞元二年复钞引法，印制交钞，与铜钱并行。正隆元年（1156）颁行正隆官制，同时又颁行“续降制书”，补订法律，与熙宗时的皇统制并行。正隆三年，又营建南京（今河南开封）宫室，征调各路军兵，准备南侵灭宋，统一中国。六年二月，他从中都出发南巡，六月，抵南京。海陵王亲自督大军渡淮河，出庐州（今安徽合肥）。命工部尚书苏保衡率水师由海道直趋临安（今浙江杭州）。十月，任东京留守的曹国公完颜雍（乌禄）发动叛变，称帝于辽阳。海陵王继续南进。苏保衡所领的水师行至胶西陈家岛时，遭到宋将李宝水师的突然袭击，几乎全军覆没。十一月，完颜亮所率大军在采石矶希图渡过长江，为宋虞允文所败。他于是率兵还和州（今安徽和县），趋扬州，计划从瓜洲（今江苏扬州南）渡江。先一日，军中发生叛变，海陵王被部将完颜元宜等杀死。

**金瀚** Jin Han (1896-10～1989-05) 中国造纸专家。生于浙江象山，卒于上海。1919年毕业于北京大学。1922年毕业于美国缅因州大学化工系，获制浆造纸工程专业硕士。随即在美国大北造纸公司、乾色勃穆艾造纸公司任工程师。1927年回国后，历任温溪造纸公司副经理，四川乐山正中纸厂总经理、宜宾中国纸厂总经理，福建省南平造纸厂筹建处和平纸厂总工程师、福建省轻工业厅总工程师。

20年代，金瀚研究用高浓度亚硫酸钠液蒸煮漂白松木浆，用碱法制浆黑液进行废纸脱墨并回收碱，取得成果。1944年在筹建四川宜宾中国纸厂时，他采用当时其他国家很少采用的马尾松为原料，生产出中国第一张新闻纸，加速了中国造纸工业的发展。1953年他承担组建福建南平造纸厂的技术工作。为防止马尾松被霉菌侵蚀而溃烂变质，他利用地形，采用水下储木技术，获得成功。他参与烧结磨料磨石的研究试制，改进机械木浆质量，从而提高新闻纸质量。毕生致力于新闻纸的生产和研究。还培训了大批造纸专业人才。

**金合欢** *Acacia farnesiana*; sponge tree 豆科金合欢属的一种。常绿多刺灌木或小乔木。原产热带美洲，广布于热带地区，中国浙江、福建、海南、广东、四川、云南、台湾有栽培。高2～4米，冠幅3米。小枝柔弱易折，呈“之”字形。二回偶数羽状复叶。头状花序球形，1～3个簇生于叶腋，花黄色。荚果圆柱形，直或微弯，暗棕色。性喜光，喜温暖湿润气候，耐干旱、贫瘠土壤，宜种植于向阳、背风和肥沃湿润的微酸性土壤中。生长迅速。常用播种、扦插繁殖。同属中常见的园林观赏树木还有台湾相思、黑荆树、银荆树和藤金合欢等。金合欢木材坚硬，可制贵重器具。金合欢花可以提取香料，根及荚果、树皮可作黑色染料，亦可入药。还是很好的绿化用经济树种。

**金红石** rutile 化学组成为$TiO_2$，晶体属四方晶系的氧化物矿物。它与锐钛矿、板钛矿构成$TiO_2$同质三象变体。锐钛矿属四方晶系，但空间群与金红石不同；板钛矿则属正交（斜方）晶系。金红石常含$Fe^{2+}$、$Fe^{3+}$、$Nb^{5+}$、$Ta^{5+}$等，其含量高的分别称为铁金红石、铌铁金红石和钽铁金红石。金红石通常呈双锥柱体、板状（见图）或针状晶体，柱面上常有纵纹；有时呈粒状、块状集合体。膝状双晶常见；针状晶体按双晶而连生成网状的称为网金红石。当石英、金云母、刚玉等晶体中，包裹有显微针状的金红石晶体并呈定向分布时，可使这些矿物晶体产生六射星状光芒。金红石通常呈暗红色、红棕色，富含铌、钽的呈黑色。条痕呈淡黄或浅棕色。金刚光泽至半金属光泽。柱面解理完全。莫氏硬度6.5。密度4.2～4.3克/厘米$^3$，富含铌、钽者高达5.6克/厘米$^3$。是自然界分布最广、最稳定的$TiO_2$矿物。主要产于高温伟晶岩脉和石英

板状金红石

脉中，与钛铁矿、锆石、独居石、萤石、磷灰石等矿物共生。在花岗岩、片麻岩、云母片岩和榴辉岩等岩石中，多呈副矿物出现。也常见于碎屑岩和砂矿中。澳大利亚、南非、塞拉利昂、印度、斯里兰卡、美国、意大利是金红石的主要生产国。中国江苏、辽宁、山东、河南、湖北、安徽等省也有产出。主要用作电焊条的药皮涂层，也用来提取钛，或在瓷器、假牙和玻璃制造上用作黄色着色剂。人工制备的粉末状钛白，有金红石型和锐钛矿型两种结构，是颜色洁白、遮盖力很高的白色颜料。由焰熔法合成的金红石晶体，无色透明，并可随添加物的不同染成各种颜色；也用作宝石，其质量优于天然晶体。

**金琥** *Echinocactus grusonii*; golden-ball 仙人掌科金琥属的一种。多浆植物。原产墨西哥中部炎热地区。同属植物常见栽培的还有太平球、大龙冠等。

茎圆球形，单生或成丛，直径80厘米或更大。球顶密被金黄色绵毛，有显著的棱条21～37，密生金黄色硬刺。6～10月开花，钟形，黄色。果被鳞片及绵毛。

植株强健，宜肥沃并含石灰质的砂壤土，喜阳光。栽培容易。夏季要适当遮阴，越冬温度保持在8～10℃。多用播种繁殖，发芽较容易。也常采用嫁接繁殖。

盆栽可长成规整的大型标本球，球体浑圆碧绿，刺色金黄，刚硬有力。点缀厅堂，颇有情趣，为室内盆栽花卉中的佳品。

**金花茶** *Camellia nitidissima*; golden camellia 山茶科茶属的一种。分布于中国广西南部。越南也有分布。常绿灌木或小乔木。单叶，互生，革质，狭长圆形、倒卵状长圆形或披针形，边缘具细齿。花单生或2朵聚生叶腋，直径3.5～6厘米；萼片5，卵形；花瓣8～10，金黄色，肉质，有光泽，基部合生；雄蕊多数，成4轮排列；心皮3～4，合生，子房上位，3～4室。蒴果三棱状扁球形，熟时黄绿色或带紫色，室背开裂；种子近球形，淡褐色。生长在海拔50～500米的丘陵或低山下部阴湿沟谷及溪旁林中。种子可榨油；木材坚实，纹理细，可作雕刻细工等用材。现已列为中国珍稀濒危保护植物。

**金华市** Jinhua City 中国浙江省辖地级市。简称婺。位于省境中西部。辖婺城、金东2区和浦江、武义、磐安3县，代管义乌、东阳、永康、兰溪4市。面积10 919平方千米。人口536万（2010），有汉、畲、回等民族。春秋、战国为越国地。三国吴宝鼎元年（266）置东阳郡。南朝梁、陈改设金华郡。隋开皇十三年（593）置婺州。明清为金华府。1949年析金华县城区设金华市。1985年改省辖市。地处浙中丘陵盆地东部。矿产以石灰岩、萤石、陶土较丰富。农作物以水稻、棉花为主，并产油菜子、柑橘、甘蔗、茶叶和生猪。名优特产有金华火腿、佛手、藕粉、义乌南枣及磐安的中药材等。工业有机械、冶金、电子、仪表、化工、水泥、制药、纺织、食品等。永康手扶拖拉机畅销国内并有出口。东阳的磁性材料产量居世界前列。浦江为国内水晶灯饰、水晶工艺品的主要产地。集市贸易繁荣，义乌小商品市场闻名全国。义乌机场辟有至北京、广州等地的多条航线。有国家级风景名胜区金华北山双龙洞，省级风景名胜区永康方岩、浦江仙华山、兰溪六洞山。国家、省级重点文物保护单位有太平天国侍王府、东阳卢宅、天宁寺大殿、兰溪何文庆故居等。

**金华猪** Jinhua pig 中国猪的地方品种。又称两头乌。产于浙江省东阳、义乌、金华等地。以早熟易肥、皮薄骨细、肉质优良、适于腌制火腿著称。体型中等，耳下垂，

颈粗短，背微凹，臀倾斜，肢蹄坚实，皮薄毛稀。全身被毛中间白、两头（头颈、臀尾）黑。成年公猪平均体重80～110千克，母猪75～100千克。胴体瘦肉率40%～45%。以金华猪作母本与外来品种猪杂交所得的二元和三元杂种猪，均表现较高的杂种优势，瘦肉率明显提高。

**金环蛇** *Bungarus fasciatus*; banded krait 有鳞目蛇亚目眼镜蛇科环蛇属的一种。分布于南亚及东南亚。中国分布于福建、广东、海南、广西、云南。头呈椭圆形，与颈略可区分，体较粗大，尾末端圆钝，通身具有黑黄相间的宽大的环纹，背鳞平滑，脊鳞扩大呈六角形，且隆起呈明显的棱脊。尾略三棱形，尾下鳞单行。栖息于海拔180～1 014米的平原、丘陵和山地，常见于水域附近，多于夜间活动。以鱼、蛙、蜥蜴、蛇、蛇蛋、鼠类为食，卵生，5～6月产卵6～

14枚于腐叶下或洞穴中。雌蛇有护卵习性。是一种具前沟牙的剧毒蛇，以神经毒为主。

**金鸡奖** Golden Rooster Awards 中国电影界事业性奖项。中国电影家协会于1981年创办。因该年是中国农历辛酉年，即生肖纪年的鸡年，故称金鸡奖。其宗旨是表彰做出成绩的电影工作者，促进电影创作的繁荣。参加评奖的影片以上一生产年度摄制的为限；参加评奖的创作人员也以上一生产年度为限。评奖项目包括最佳故事片、最佳戏曲片、最佳纪录片、最佳科教片、最佳美术片、最佳外国译制片、最佳男女主角、最佳男女配角、最佳编剧（含改编）、最佳导演处女作、最佳儿童片和最佳合拍片等。必要时可增加其他奖项。评委会由中国电影家协会聘请著名电影艺术家、评论家、电影技术家约25人组成。参评影片由各制片单位推荐，评选委员会决定候选名单，再由全体委员无记名投票决定名次。原在每年5～6月颁奖，1992年后，改在金鸡百花电影节当场揭晓并颁奖。自2005年起，金鸡奖与百花奖隔年评选一次，金鸡奖逢单数年评选。

**金鸡纳树** *Cinchona ledgeriana*; ledger cinchona 茜草科金鸡纳属的一种。常绿灌木或小乔木。又称鸡纳树、奎宁树、金鸡勒。

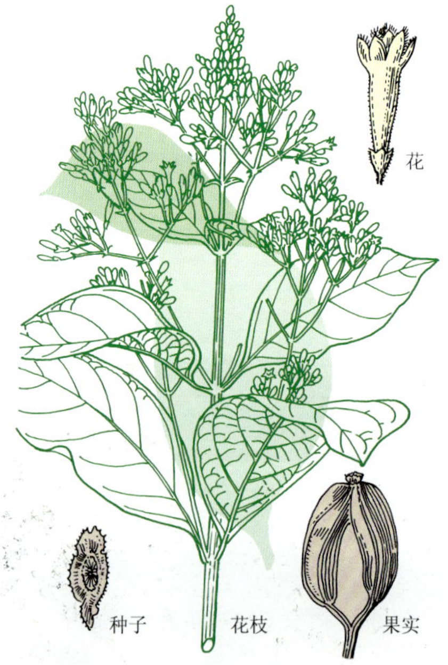


金鸡纳树形态

树皮和根皮是提取奎宁和奎尼丁的重要原料。原产南美洲。中国于1906年开始在台湾省试种，1933年引进种于广东、云南等地。

树高2.5～3.0米，树皮黄绿色或褐色。叶对生，椭圆状披针形或长椭圆形。圆锥聚伞花序，顶生或腋生。花白色或黄白色。蒴果椭圆形，种子小而扁平，褐色，有翅。适宜生长在热带海拔800～3 000米的山地。喜温暖，但怕强光、干旱和水涝。要求pH4.2～5.6富含腐殖质的酸性壤土。主要用种子繁殖，亦可用芽接、扦插、高空压条繁殖。生长6年后，在11～12月雨季结束时砍伐采收树皮或根皮。

树皮含30多种生物碱，其中主要为奎宁，其次为奎尼丁、辛可尼丁、辛可宁等。此外还含有金鸡纳鞣酸、奎宁酸和金鸡纳红等。奎宁为抗疟特效药。

**金贾** Jinja 乌干达第二大城市和湖港，东方省首府。位于乌干达东南部，维多利亚湖北岸。人口8.74万（2010）。海拔1 100米。终年气温17～28℃之间。1901年建为贸易港口。1957年设市。为全国最大的工业中心，集中了全国80%的工业，有炼铜、炼铁、木材加工、纺织、肥皂、食品加工、烟草、啤酒、轻型机械等门类和东非第一座轧钢厂。也是棉花、甘蔗、玉米和花生的集散地。欧文瀑布下游5千米处水电站是全国最大的电力中心，又是世界上库容最大的水库，库容达2 048亿立方米。有公路通达坎帕拉。铁路通坎帕拉和肯尼亚的港口蒙巴萨。有小型航空站。湖运通坦桑尼亚姆万扎、肯尼亚基苏木等港口。近郊印度寺庙内有纪念甘地的塑像。英国探险家约翰·汉宁·斯皮克于1862年7月28日发现的“假尼罗河源”，已辟为旅游胜地。

**金界壕** Trench at the Jin Borders 中国金代为了防御蒙古在北方边境地带所筑军事防御工程。或称“壕堑”、“金源边堡”。俗称“成吉思汗边墙”。主要分布在内蒙古境内，少部分分布在今蒙古国和俄罗斯境内。大部分为东北、西南走向，横跨约2 500千米，实际长度为7 000余千米。据《金史》记载，天眷元年（1138）前，就曾在东北路泰州（今吉林洮儿河流域）西北境修筑界壕。大定十七年（1177）和二十一年曾大规模修筑东北路招讨司、临潢路、西北路招讨司和西南路招讨司辖境内的界壕，将参差不齐旧堡，皆取直列置堡戍，连成一条长壕。明昌三年（1192）至承安三年（1198）又在西南路、西北路、临潢路以及泰州边境修筑的新的界壕，便是史籍上记载的“明昌新城”。

据多年考古调查，界壕分为南、北二线：北线东起内蒙古呼伦贝尔市根河南岸，向

西延伸至额尔古纳河南岸，经满洲里市北，进入俄罗斯、蒙古国境内，行经乌勒吉河和克鲁伦河之间，直至肯特山南麓止，全长700余千米。南线东北起内蒙古莫力达瓦达斡尔族自治旗，西南沿着兴安岭经索伦、突泉西、达尔泊北，再沿阴山西延至黄河后套止。其间又分为二至三支线，总长约6 500千米。

界壕形制为上口一般宽5～6米，底宽3米，深2米。掘取的土石方堆积壁壕内侧，形成一条长堤（或称长墙），现存一般高度在4米以下。南线支线的外侧又有副壕和副墙，为第二条防线。长堤上每隔一定距离加筑马面和烽台。长墙内侧每隔一定距离筑有边堡，并在界壕所经南北交通要道上置有关隘。今尚有残迹可寻。

**金景芳** Jin Jingfang（1902－06－03～2001－05－01） 中国历史学家、文献学家。辽宁义县人。卒于长春。曾先后当过小学和中学教师。日本侵占东北后流亡关内。1940年入四川乐山复性书院师事马一浮先生。1941年受聘于流亡在四川三台的东北大学中文系。1954年1月调至东北人民大学（后更名为吉林大学），先后任历史系教授、图书馆馆长、历史系主任、社会科学学术委员会副主任委员、古籍研究所教授、博士生导师。兼任国家古籍整理出版规划小组顾问，中国孔子基金会副会长、顾问，中国先秦史学会副理事长、顾问，国际儒学联合会顾问等职。金景芳没有上过大学，靠刻苦自学而成才，他读书遍及经史百家。早年曾潜心于经学研究，后转攻史学。在易学、孔子、古代社会制度、古代思想文化、马克思主义史学理论、古代典籍研究方面都卓有建树。主要著作有《易通》、《古史论集》、《论井田制度》、《中国奴隶社会史》、《孔子新传》（合著）、《金景芳古史论集》、《周易全解》（合著）、《〈尚书·虞夏书〉新解》（合著）等16部。

**金橘** *Fortunella*; round kumquat 芸香科柑橘亚科金柑属种类的统称。常绿灌木或小乔木。又称金柑。原产中国长江流域及其以南地区。19世纪传入日本和欧洲。中国栽培最多，其次为日本，美国和欧洲仅作庭园观赏植物栽培或作育种材料。在年平均气温15～18℃，一月平均温度3～8℃，绝对低温－9℃，年降水量1 000～2 000毫米的地区均能栽培。主要种类有：①罗浮。又称金枣、牛奶金柑、长实金柑、枣橘。②圆金柑。又称罗纹。③长叶金柑。④山金柑。又称山金豆、山金橘、山橘。⑤金弹。是圆金柑和罗浮的杂交种，是金柑中栽培最多、果实品质最好、经济价值较高的一种。⑥长寿金柑。又称月月橘、长寿橘，是金柑与橘的杂交品种。

树高2.4～3.6米。枝无刺。叶翼狭，深绿色，有光泽。花白色，单生或簇腋生。金橘多以枳为砧，进行嫁接繁殖。为中国特产果树之一，果小肉厚、形美色艳、汁少味甘、香气浓郁，除鲜食外，多制金橘饼，还供药用。树供观赏。

**金克木** Jin Kemu（1912－08－14～2000－08－05） 中国现代翻译家、作家、学者。祖籍安徽寿县。生于江西，卒于北京。20世纪30年代后到北京求学，曾在北京大学图书

馆任职员，勤奋自学，掌握了英语、法语、德语、世界语等多种语言。1941年经缅甸到印度，边工作边学印地语和梵语。后到印度佛教圣地钻研佛学，并随印度著名学者深修梵文和巴利文，从而走上梵学研究之路。1946年回国，受聘任武汉大学哲学系教授。1948年后任北京大学东语系教授。中华人民共和国建立后，与季羡林一道，培养了一大批梵文、巴利文学者。他在古印度文化方面具有深厚功底，研究涉及印度文化各领域，是中国深谙印度文化的学者之一。其专著《梵语文学史》成为研修印度文学的必读书，对R.泰戈尔及甘地的论述，都是从历史长河及近现代社会的考察中入手，鞭辟入里。他创作的诗、文，寓意深邃，文笔清秀，《天竺旧事》写20世纪40年代的印度实景，留下了印度文化方面的宝贵资料。

**金矿** gold ore 具有工业开采价值的自然金或其他含金矿物聚集体。金在自然界主要以单质和碲化物的形式产出。常见的金矿物有自然金、黑铋金矿、金铜矿、碲金矿、白碲金银矿、亮碲金矿、方锑金矿等。

自然金常含有银、铜、铁等金属元素，或与它们结合形成金银矿、金铜矿、铜金矿等。在许多矿物里，金以微量和痕量状

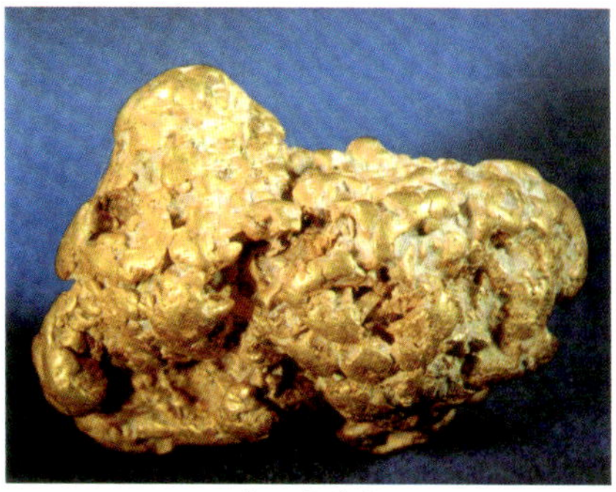

块状自然金

态存在；在铜、银、铂族金属矿物中含金量较高；在含有铂族金属的砷、锑化合物，黄铁矿、毒砂、方铅矿、闪锌矿、黄铜矿、辉铜矿、斑铜矿、辉银矿等矿物中，常含少量金。金在这些矿物里，可呈肉眼易见的包裹金、裂隙金或肉眼不可见的晶格金而存在。

自然金是提炼金的最主要矿物。在金矿里，矿物组合一般都比较简单。最常见的是金－银系列矿物与石英、黄铁矿共生，石英和黄铁矿是金的主要载体矿物。在金－银系列矿物中，通常把含金量75%以上者，称自然金；75%～50%者，称银金矿；50%～20%者，称金银矿；小于20%者，称自然银。银的含量决定了自然金（或金条、金币）的成色。一般规定成色就是用千分数表示试样中纯金所占比例。成色的表达式：真金成色＝Au/（Au＋Ag）×1 000。因此，940分成色的自然金，就意味这个自然金里含金量为94%。天然金的成色随着银含量的增多而降低，金的颜色也随之变浅。当银的含量大于65%时，颜色变成银白色。一般氧化带和砂矿里的自然金成色高于原生金矿石里的金。

自然金属等轴晶系。晶体多呈八面体状，常见的集合体形态有树枝状、海绵状、粒状、层片状；在硫化物或其他矿物中，还呈水滴状包体；偶呈不规则的大块体，称块金或“狗头金块”。自然金晶体形态和粒度的变化与形成深度、沉积空间有密切关系。已知天然金块的重量可从不到1盎司（等于28.349 5克）至2 400盎司范围内变化。自然金呈金黄色，金属光泽。具有强延展性和韧性。1盎司金可锤成面积约300平方英尺（27.87平方米）的金箔。莫氏硬度2.5～3.0。纯金密度19.3克/厘米$^3$。无解理。化学性能稳定，不溶于水，不溶于一般酸和强碱，只溶于王水、氰化钾溶液、热硫酸。

金矿资源主要有岩金、砂金和伴生金三种。大多数岩金矿床属于热液矿床（含变质热液金矿、岩浆热液金矿、火山热液金矿和地下水渗流热液金矿）及外生沉积型砂砾岩金矿。南非一直是世界最大黄金生产国，其次是美国、澳大利亚、俄罗斯、乌兹别克斯坦、加拿大等。世界著名产地有南非威特沃特斯兰德、乌兹别克斯坦的穆龙套、澳大利亚新南威尔士、美国加利福尼亚和阿拉斯加、加拿大安大略等。中国金矿产地有山东招远、台湾金瓜石、吉林夹皮沟、贵州紫木函和烂泥沟、湖北鸡冠咀、黑龙江团结沟等。

**金兰湾** Vinh Cam Ranh 越南东南部的海湾，东南亚天然港湾。港湾深入内陆17千米，南北长32千米，宽约16千米，群山环抱，东面岛屿屏蔽，面临深海，为天然良港。港湾由冲空山和凤凰山两半岛合抱成葫芦

形的内外两个海湾。内港金兰湾面积60平方千米，水深16米以下，湾口宽仅1 600米，湾长20千米，宽6千米，可避台风，能够停泊大型航空母舰，战略地位重要。主要港口和基地位于内港西岸的巴巍，并有铁路和1号公路经过。其对岸的金兰镇位于凤凰山西麓，岸外水深14米，有公路向北与1号公路连接。外港平巴湾水深10～22米，出口处有平巴岛横亘，湾口宽约4千米，口外水深30米以上。早在1905年，俄国舰只就曾在巴巍和金兰镇停泊。金兰湾曾长期作为法国的海军基地，1941年被日本侵略军占领，1965年美国军队在金兰半岛上建立空军基地和其他军事设施。1975年全国统一后，又辟为潜艇基地。半岛南端的金兰角建有通信中心。

**金陵八家** Eight Masters of Jinling　中国明末清初活跃在南京的8位画家，即龚贤、樊圻、吴宏、高岑、邹喆、叶欣、胡慥、谢荪。清初周亮工最早将他们并列，张庚在《国朝画征录》中始称为金陵八家。其中以龚贤成就最大，列为“八家”之首。

龚贤等8人都是明末清初生长或寄居在金陵（南京）的文人，他们面对当时尖锐、复杂的社会矛盾，采取避世的态度，遁迹草野，洁身自好，往来于江淮一带，以书画作为生活的重要来源。他们常在一起商讨画艺，唱酬诗篇，在艺术上虽也相互影响，但其师承和画风却不尽相同。他们是以地域相同而被划分在一起，而非风格相近的一个画派。

由于他们8人在生活经历和思想、情操方面有较多共同处，因此在艺术上也有不少相同的追求。他们的山水题材各有侧重，但大多取自南京和江南一带的实景，并赋予真切感情；善于揭示自然山川之美，并富有蓬勃向上的生气。他们各有师承，或宗浙派，或师宋元，或近吴门派，或类松江派，但均不为泥古不化或门户之见的时弊所囿，而能广泛吸取“南”、“北”两宗之长，融会贯通，自成面貌。

图1　吴宏作《柘溪草堂图》（南京博物院藏）

他们各有自己的艺术特色。龚贤注重描写江南实景，追求奇而安的境界。他善于用墨，尤善用层层烘染的积墨法，使山川轮廓与皴染浑然一体，层次丰富，富于凹凸感，黑白对比强烈，形成浑厚苍郁的艺术风格。他在“墨气”上的创新，对金陵地区和后世画家都有很大影响。樊圻用笔工细，皴法细密，风格劲秀清雅。花卉亦以工细见长。吴宏笔墨劲逸，气势雄阔，风格较为粗放，有较多的创新。高岑山水呈粗、细两种面貌，粗笔近沈周，细笔从宋元入手，兼学文徵明、唐寅，线条细劲峭利，皴法繁密清淡，为其常见风格。邹喆以凝重苍劲见胜，具“北地沈雄之气”。叶欣山水以布局见长。曾为周亮工画陶潜诗作小景百幅，所作断草荒烟，孤城古渡，风格在金陵八家中最为精细秀淡。胡慥山水苍茫浑厚，花鸟呈宋人工整之法。工写菊，多至百种，备极淡雅之致。谢荪山水多吴门派遗意，山势奇险，用笔细秀，花卉受陆治影响。

图2　高岑作《秋山万木图》（南京博物院藏）

**金陵大学** University of Nanking　美国基督教会在中国最早设立的高等学府。位于南京鼓楼。1888年美国基督教传教士傅罗在南京建立汇文书院，1907年南京基督教书院与益智书院合并为宏育书院。1910年，南京汇文书院与宏育书院合并称金陵大学。1911年，该校在美国纽约注册。校长是美国传教士包文。1928年，金陵大学率先向国民政府注册，陈裕光成为首任中国校长。成立之初，仅设文科、数理化等科。1913年，增设国语科。1914年，又增设师范专修科、农业科和森林科，1916年合为农林科。后调整为文、理、农3个学院。抗日战争期间，1937年迁四川成都继续办学。1946年抗日战争胜利后迁返南京，设有3个学院。建筑和设备规模居于全国教会大学之首。1951年，人民政府将金陵大学与金陵女子文理学院合并为新的金陵大学。1952年院系调整，将中文、外语、历史、数学、物理、化学、动物、植物8个系调入南京大学，农学院与南京大学农学院合并为南京农学院，其他系科调至有关院校，校名取消，原校址归南京大学。

**金陵刻经处** Jinling Buddhism Publishing House　中国近代以来汉地佛教经典刊印流通的重要场所。对近代中国佛教的复兴有重要意义。杨文会居士创办于清同治五年（1866）。首刊《净土四经》。刻经处先设在南京北极阁，1868年迁回其家中。1878年杨随曾纪泽出使欧洲，在伦敦结识日本人南条文雄，相约各在本国搜集佛教经典相互补充。1890年从日本友人处得古旧经藏经典约300余种翻刻流布，其中多已在中国失传千年。又为日本藏经书院的《续藏经》刊行提供近300种章疏密典。杨在刻经处讲学达40余年，选刻并流通的佛教经典达百余万卷，佛像印刷亦达十余万张。1907年杨文会在此设“祇园精舍”，太虚等在此就学。又在此设“佛学研究会”等佛学研究机构，以现代教育方法培养人才。20世纪50年代中期，曾将以往四川、北京、天津、常州及苏州等地镌刻经版十余万片，以及《普慧藏》纸型集中于此。“文化大革命”期间，刻经处几濒灭绝。1981年以后得到恢复，并走上发展道路。它保留了中国古老的雕版印刷、木刻水印、线装函套等传统工艺，是汉地唯一刻印流通木版佛经的场所。有经典刻版125 300片，佛像刻版18种。

**金陵协和神学院** Nanjing Union Theological Seminary　中国基督教新教神学院。院址设在江苏南京。因南京古称金陵而得名。1952年由华东地区12所新教神学院和圣经学校联合组成。其后华北13所神学院又联合组成燕京协和神学院。1961年，因燕京协和神学院并入，金陵协和神学院遂成为全国性神学院。“文化大革命”期间一度停办。1981年复课。该院的宗旨是：根据中国基督教“自治、自养、自传”的原则，培养爱国爱教，忠于基督教信仰、拥护社会主义，在学术上有较高造诣的教牧人员、神学教育师资、神学和宗教研究人员以及从事基督教文学、音乐、艺术等方面研究的专门人才，为中国基督教服务。设有专科（2年制）、大学本科（4年制）和研究科（3年制）。院长为丁光训。常年有注册在读生约210余人，其中全日制学生约180人，教牧学研究生班学员30余人。任课教师约26人。图书馆藏书6万余册。历届毕业生中约90%以上在全国各地教会任职，10%左右在神学院与基督教各机构任职。出版《金陵神学志》。

**金缕梅科** Hamamelidaceae; witchhazel family　双子叶植物纲金缕梅亚纲的一科。有27属140种，主要分布于亚洲，也见于澳大利亚、北美、中美、马达加斯加。中国有17属75种。木本。单叶互生，具掌状脉或羽状脉，托叶明显（红花荷属例外）。花两性，稀单性同株，萼管与子房多少合生，萼齿4～5；花瓣4～5，有时较多，或缺；雄蕊4～5或多数；子房下位至半下位，稀上位，2室，花柱2，离生。蒴果2裂。

金缕梅科多高大乔木，供木材用的有枫香树属、蕈树属、马蹄荷属等；枫香、蕈树和半枫荷均入药，其树脂代用苏合香，作香料及定香剂；蜡瓣花含矮茶素，治慢性支气管炎；红花荷、金缕梅、蜡瓣花等是名贵的观赏植物。

**金绿宝石** chrysoberyl 氧化物矿物，化学成分为$BeAl_2O_4$，晶体属斜方晶系。化学式类同于*尖晶石*（$MgAl_2O_4$），故也称为铍尖晶石。但其晶体结构、晶系、晶形都相似于*橄榄石*（$Mg_2SiO_4$），即两者结构中的氧原子的堆积形式相同，金绿宝石中的Be、Al原子分别与橄榄石中的Si、Mg原子的占位相同。晶体常呈厚板状，经常形成心形双晶或假六方贯穿三连晶。三组不完全解理，贝壳状断口。莫氏硬度8～8.5。密度3.63～3.83克/厘米³。透明至半透明。玻璃光泽至亚金刚光泽。绿、黄、褐色。折射率1.745～1.758。属于金绿宝石矿物的宝石有三个品种：①金绿宝石。无特殊的光学效应。②猫眼石。晶体内含有定向平行密集排列的丝状、管状包裹体，通过它们对入射光的折射与反射作用，使其在弧面宝石表面显示出一条可以灵活摆动的光带，犹如猫的眼睛，称为猫眼效应。由于金绿宝石的猫眼效应最为完美，所以被直接称为“猫眼石”、“猫眼”（图1），甚至被誉为“真猫眼石”；而其他具有猫眼效应的宝石，在猫眼前必须冠以宝石的名称，如“碧玺猫眼”、“石英猫眼”等。市场上还可见到由玻璃纤维做成的人工猫眼石，应严格与宝石相区别。③变石。又称亚历山大石。是一种含铬（Cr）的金绿宝石。可透过红光与绿光，视光源的不同而显示不同的颜色（变色效应），在日光的照射下呈绿色，在灯光的照射下呈红色（图2）。金绿宝石主要产于花岗伟晶岩、云母片岩中，并见于砂矿中。主要产地有巴西米纳斯吉拉斯，而俄罗斯、斯里兰卡分别是变石和金绿猫眼石的著名产地。

图1 猫眼

图2 天然变石

**金马奖** Golden Horse Awards 中国台湾举办的电影评奖。①1957年由中国台北《征信新闻》（《中国时报》前身）会同台湾省影剧工会、台北市影剧工会及部分闽南语影片制作机构举办的闽南语影片奖。该奖仅办过一次。②1962年起台湾举办的电影评奖。原由“行政院新闻局”举办，1984年起改由台湾民间社团轮流主持，评审委员也由台湾各社团推荐。每年评奖一次，设最佳剧情片、纪录片，最佳导演和纪录片导演，最佳原创剧本、改编剧本，最佳男女主角和男女配角，最佳摄影、美术设计、服装设计，最佳原著音乐和电影插曲，最佳剪辑、录音等奖项。奖品为金色战马雕像。该奖原来只评台湾、香港地区影片，从1979年扩大范围，大陆产影片及外国影片也可参评。

**金茂大厦** Jin Mao Tower 中国商用大楼。位于上海浦东陆家嘴。由美国芝加哥SOM建筑设计事务所设计。占地2.3万平方米，地下3层，地上88层，总建筑面积28.7万平方米，建筑高度420.5米。

大厦为四方形塔式建筑。主楼19.8万平方米。1～2层为门厅大堂；3～50层为办公区；51～52层为机电设备房；53～85层为金茂君悦大酒店；86～87层是风味餐厅和专用俱乐部；88层为观光厅，面积1 520平方米。大厦一侧3.2万平方米的6层裙房，为商业、会议、文娱、餐饮等多功能设施。地下室5.7万平方米，为停车库、小剧院、商店、美食广场和设备用房。

金茂大厦是世界上第一幢刚性设计的混合结构型摩天大楼，大厦主体采用八角形混凝土核心筒与巨型框架结构，总用钢量119万吨。1995年11月开工，1997年9月竣工。先后获“上海建国50周年经典建筑十大金奖第一名”、美国伊利诺伊州工程协会“1998年最佳结构大奖”、美国建筑师学会“2001年度最佳室内建筑奖”等多项奖。

**金门大桥** Golden Gate Bridge 美国加利福尼亚州金门湾上的吊桥。世界名桥之一。从1937年完工到1964年维拉札诺海峡桥完工前，跨度为世界之冠。由J.B.施特劳斯主持建造。雄峙于宽1 966米的金门海峡上。北端连接北加利福尼亚，南端连接圣弗朗西斯科半岛。全长2 737米。主跨1 280米，由悬在227米高塔上的两根钢索吊起。路面的中点高出平均水位81米。桥面宽18米，有6条行车道和2条宽敞的人行道。大桥于1933年动工兴建，1937年竣工，用了10万多吨钢材，当时的工程费用为3 550万美元。造型宏伟，气象巍峨。是圣弗朗西斯科（旧金山）市的象征。

**金门岛** Jinmen Island 中国福建省第三大岛。又称大金门岛、浯州屿。位于福建东南海上，西距*厦门市*约6千米。面积133平方千米。历代属福建省同安县管辖，1913年属思明县。1914年置金门县，为*金门县*主岛。岛形似哑铃，东西宽，南北窄。地势由中部向南北倾斜，中部为一东西向的带状高丘陵，南部分布有舒缓的低丘陵和浅丘陵。环岛多港湾，以金门湾最为著名。属南亚热带气候，暖热少雨，终年多大风。居民多从事农业、渔业和盐业生产。农产品以花生为主，次为甘薯。水产丰富，主要有带鱼、马鲛鱼、大头鱼、大黄鱼等。

**金门县** Jinmen County 中国福建省泉州市辖县。地处福建东南沿海，屹立台湾海峡中。面积149平方千米。人口约6.45万(2004)，有汉、高山、回、蒙古等民族。1914年设立金门县，1928年直属福建省。全县由59个大小岛屿组成。属中南亚热带海洋性季风气候。多台风。特产有贡糖、高粱酒、金门马、金门菜刀等。农业主产花生、甘薯、大麦、高粱、玉米等。矿产资源有铝、铁、泥煤、重砂、水晶、云母、高岭土等。工业有机械、食品等。名胜有榕国、天后宫、海印寺、唐牧马王庙、水尾塔等。

**金庙事件** Event of the Golden Temple 1984年，印度I.甘地政府为镇压锡克人自治运动而酿成的流血冲突事件。

金庙位于印度旁遮普邦阿姆利则市，为锡克教的最大寺庙。是印度锡克教的宗教和政治中心。1920年12月，代表锡克人政治要求的阿卡利党成立，该党于1925年取得对金庙的控制权。阿卡利党1945年提出成立"锡克斯坦"国家的要求，1967年成为旁遮普邦执政党。此后不断要求建立更大的锡克人自治地区。1981年，锡克教极端派军事组织卡尔萨发起"卡利斯坦"(纯锡克人国家)运动。于是，以金庙及其周围地区为重要舞台，阿卡利党及普通锡克教徒为了争取民族自治，与中央政府展开了形式多样的斗争。双方的长期对峙，使印度国内政局渐趋恶化。

锡克人在蒙受巨大的经济损失后，自治运动不断升温，锡克民众和大批锡克武装人员占领金庙，针对中央政府和其他教派群众的暴力事件不断发生。

甘地为控制局势，遂于1984年6月5日下午命令印军向金庙发动进攻。经彻夜激战，金庙被攻克，锡克教精神领袖宾德兰瓦拉及锡克武装分子500余人被击毙。此后，印军又逮捕了多名阿卡利党领袖，围歼了印军中数千名哗变的锡克士兵。

甘地的镇压行动并未平息锡克人的自治运动，反而使印度政局更加动荡不安。1984年10月31日上午9时许，甘地在总理官邸内被卫队中的3名锡克士兵开枪杀害。

金庙事件为锡克人自治运动投下了巨大的阴影，甘地的遇难更为这一运动设置了几近无法逾越的障碍。

**金奈** Chennai 印度最大人工港，南部第一大城市，泰米尔纳德邦首府。旧名马德拉斯，1996年7月18日改今名。临印度东南

金奈街景

部的科罗曼德尔海岸，地势低平，海拔7米。原为一渔村，1639年英国东印度公司在古沃姆河北岸建立商站，次年又建圣乔治堡，后逐步发展为海港小镇，进而成为掠夺南印度棉纺织品和手工艺品的基地。1801年起，为英属马德拉斯省的首府。1901年建成人工港，从此迅速发展。热带季风气候，全年炎热，月平均气温5月33℃，1月24℃。6～12月为雨季，以10～12月雨量最多，平均年降水量1 270毫米。人口约656.02万。市区以圣乔治堡为中心向各方延伸，南北绵延20千米，东西将近10千米。有古沃姆河和白金汉运河穿越。主要街道大多呈南北向。北部是商业区，居民一般按不同阶层和宗教信仰构成传统的居住区。临海一面分布着商店、码头、港口等。港口年吞吐量约5 000万吨。有内、外港之分。人工兴建的海港，由2条伸向海洋的钢筋混凝土堤坝合成，水深10余米，内设大批码头泊位，可纳数万吨级轮船，现代化的装卸设备齐全。一部分辟为海军基地。除传统工业纺织、皮革、化工、机械、玻璃、橡胶、食品、烟草外，重工业部门已占显著优势，有汽车、造船、冶金、化工、炼油、建筑机械、机车车辆等大中型企业。已成为全国四大综合机械工业中心之一。以印度南部为广大腹地，输出皮革、铁砂、机组和手织的棉织品、棉花、花生、云母、咖啡、烟草和檀香等，输入小麦、机械、钢铁、肥料、纸张、药材、煤、石油和石油制品等。有马德拉斯大学(1794)、安纳大学(1978)以及马德拉斯音乐学院等20多所高等院校，以及介绍泰米尔考古、历史、动植物、地质和人种的圣乔治博物馆、政府博物馆、政府艺术宫和陈列馆，并有多座印度教神庙，以供奉湿婆的卡帕里斯瓦拉神庙最为著名。西南郊的科丹帕卡姆电影制片厂，被誉为南印度的"好莱坞"。滨海的马里纳海滩设有水族馆和蛇园；马里纳海滩长度号称世界第二，是避暑胜地。铁路通全国各大城市，还可经"亚当桥"通达斯里兰卡首都科伦坡。西南16千米有国际机场。

**金牛山人** *Human remains* from Jinniushan 早期智人化石。1984年发现于中国辽宁营口县(今大石桥市)金牛山洞穴。包括一个相当完整的头骨(缺下颌骨)和一部分体骨与肢骨，属一个刚成年男性个体。头骨具有许多较北京猿人进步、与大荔人相似的性状。用铀系法测定年代为距今约28万年，其形态应为早期智人的古老类型。发现有用火遗迹。共生有石器和丰富的哺乳动物群化石，动物群表明当时当地的气候温暖湿润，时代为中更新世晚期。

**金牛座** Taurus 黄道带的第二个星座。冬季星空中美丽又重要的星座之一(见图)。轮廓像一只双角前伸的公牛。座内目视星等亮于6等的星有171颗，其中亮于4等

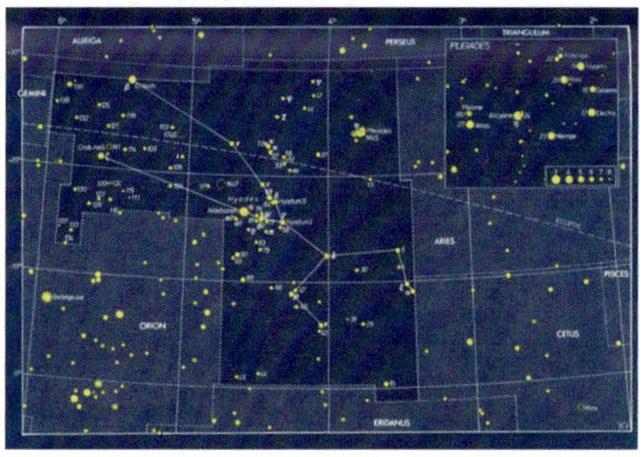


的星有28颗。α(中名毕宿五)是1等星，与附近六七颗小星构成V字形，成为金牛的头部，金牛的两根犄角分别延伸到ζ和β(中名天关和五车五)。座内有两个著名星团——毕星团和昴星团。著名的蟹状星云也在此座内。

**金农** Jin Nong (1687～1764) 中国清代画家、书法家。扬州八怪之一。字寿门，号冬心，别号稽留山民、曲江外史等。仁和(今浙江杭州)人。博学多才，工诗词，善书法，精鉴赏。与丁敬、吴西林被称为浙西三高士。一生不得志，后居扬州，以卖画为生，至衰老穷困而死。

《携杖图》(故宫博物院藏)

金农善画梅、兰、竹及人物、佛像、山水、马等。传世作

品《山水人物册》、《山水册》等，笔法古拙，构图别致，令人玩味。《月华图》，以水墨整幅烘染，托出十五的满月，构思心裁独运，手法新颖，启人遐想。以白描作人物，尝作自画像多幅赠人，有《携杖图》一件存世，从右侧面自己持杖踯躅而行，造型夸张。这种用水墨白描而笔意疏简、勿饰丹青的手法，妙在似与不似之间，开创了文人写意肖像画的新风格。书法风格独特，运笔扁方，往往竖轻横重。结体着意创新，别具奇趣，自称“漆书”，亦能作隶书。有《冬心诗集》、《冬心随笔》、《冬心杂著》等著作行于世。

**金瓶掣签** Drawing Lots from the Golden Urn 中国用掣签于金瓶以确定藏传佛教大活佛转世人选的制度。始自清代乾隆五十七年(1792)。金瓶，依藏语语音译为“金奔巴”或“金奔巴瓶”，又作“金本巴”。在此之前，

金奔巴瓶（清乾隆）

确定活佛转世中有串通“吹忠”(护法神汉)妄指之弊。为防止大贵族势力操纵其间，加强中央政府对西藏政教的控制，乾隆五十七年颁发两只金瓶，分别贮于北京雍和宫及拉萨大昭寺内。在雍和宫的金瓶例由理藩院尚书监临，掣签拈定章嘉呼图克图与哲布尊丹巴呼图克图转世灵童。贮于大昭寺的金瓶例由驻藏大臣监临，主持达赖喇嘛与班禅额尔德尼及大呼图克图转世掣签之事。遇有大活佛转世之时，先行呈报所选灵童数人姓名、出生年月日，用满、汉、藏三种文字缮写于象牙签之上，贮入钦颁金瓶中，供于释迦佛像前，传唤喇嘛齐集大昭寺，诵经七日。届期由驻藏大臣亲临大昭寺焚香顶礼，从瓶内掣签。掣得者即为转世活佛，申报朝廷请封。

**《金瓶梅》** *Golden Lotus* 中国明代长篇小说。约于明代隆庆至万历年间成书，作者署名兰陵笑笑生。兰陵今属山东峄县，从书中的大量山东方言看，作者大约是山东人。笑笑生的真实姓名并不清楚。关于此书的成书年代、作者籍贯尚有不同说法。

《金瓶梅》共100回，其版本大抵可归纳为两个系统：一是明代万历丁巳(1617)年间“东吴弄珠客”序的《金瓶梅词话》系统；一是明代崇祯年间(1628～1644)的《原本金瓶梅》系统。《金瓶梅词话》比《原本金瓶梅》出现早，更接近于原书的本来面目。

《金瓶梅》写的是宋代的人物和故事，实际却反映了作者所处的明中叶的社会真实。小说通过西门庆一生的兴衰荣枯，描绘了一个上自朝廷中擅权专政的太师，下至地方上官僚恶霸乃至市井间的地痞流氓、帮闲篾片所构成的鬼蜮世界。作品以西门庆这个兼有官僚、恶霸、富商三种身份的封建时代市侩势力的代表人物为中心，通过他的种种活动及其家庭生活，暴露了明代中叶以来社会的黑暗和腐朽，寄寓了作者愤世嫉俗的创作之旨，具有深刻的认识价值。小说中几个主要人物都富于典型意义，如西门庆的贪婪狠毒，潘金莲的泼辣、淫荡、嫉妒，应伯爵的趋炎附势等。作者很重视细节描写，语言泼辣而酣畅，绘声绘色，十分传神。

《金瓶梅》是中国文学史上第一部由文人独创的长篇小说。从此，文人创作逐渐替代宋元以来根据民间说讲故事而整理加工的话本，成了小说创作的主流。另外，小说以现实社会及家庭日常生活为题材，在内容上也开了“人情小说”的先河(鲁迅语)。它在创作方法上的写实特点、艺术手法上的细微特点，对后来的《红楼梦》有一定程度的影响。

《金瓶梅》的思想内容存在着一些严重缺点。首先，作者对现实黑暗的暴露缺乏鲜明的爱憎和严肃的批判。其次，小说对剥削阶级的腐朽糜烂生活肆意渲染，特别是大量露骨的色情描写秽心污目。另外，作者在解释人生和社会生活方面，有宿命论思想和虚无观念。全书因缺乏剪裁，有些描写过于琐屑，显得臃肿繁复。

**金钱豹** *Panthera pardus*; leopard 食肉目猫科豹属的一种。见豹。

**金钱松** *Pseudolarix amabilis*; golden larch 松科金钱松属的唯一种。又称金松。中国特产树种。树姿优美(见图)，被誉为世界四大美树之一。树高可达40～60米，胸径达1.5米。树冠塔形，树干端直。叶线形，在长枝上散生，在短枝上簇生，伸展排列成圆形，秋季变黄。球果卵形，直立，当年成熟。种子顶端有翅。最早的化石出现在西伯利亚东部的晚白垩世地层中。气候的变迁及更新世大冰期的来临，使各地的金钱松相继灭绝，只在中国长江中下游少数地区幸存繁衍至今。喜温凉湿润气候，要求深厚肥沃、排水良好的中性或酸性砂质壤土。除供观赏外，树干木材耐水湿，

可供建筑、船舶等用。根皮药用名土槿皮，有杀虫、止痒之效。

**金枪鱼科** Thunnidae; tunas 硬骨鱼纲鲈形目一科。世界重要海洋经济鱼类。广泛分布于印度洋、太平洋、大西洋热带和亚热带海区，为暖水性和大洋性洄游鱼类。中国沿海均产，以南海和台湾海峡种类较多。金枪鱼科约8属20种。有金枪鱼属、狐鲣属、鲔属、鲣属、仿狐鲣属、裸狐鲣属、䲠鲣属、舵鲣属等。世界常见经济种有鲣、黄鳍金枪鱼、长鳍金枪鱼、大眼金枪鱼、金枪鱼、扁舵鲣、鲔、狐鲣等。中国沿海常见种类有鲣、扁舵鲣、白卜鲔、东方狐鲣、黄鳍金枪鱼、大眼金枪鱼等。

体纺锤形、圆筒状或稍侧扁，甚粗壮。头锥形。口中大。鳃孔大。全体或仅体的一部分被小圆鳞，胸部鳞片特别大，形成胸甲。背鳍两个，分离，第二背鳍及臀鳍后方各具数个分离小鳍。胸鳍尖长或小。腹鳍较小，胸位、腹鳍间突一两个。尾柄两侧各具一发达的中央隆起脊及两个侧隆起脊。尾鳍新月形。肉食性。生长较快，自然死亡率较低，寿命亦较长。卵生，仔鱼的前鳃盖骨常具发达的棘。游泳极快，其最高瞬时游速可达70千米/时，血温可超过所在水温10℃。

**金雀花王朝** Plantagenet, House of 12～14世纪统治英国的封建王朝。又称安茹王朝。1154年由亨利二世开创。王朝名称的由来，一说亨利二世的父亲安茹伯爵杰弗里常在猎场上种植金雀花，或云他经常在帽子上饰以金雀花枝，故有此名。除英国本土外，该王朝在法国的安茹、诺曼底、布列塔尼等地拥有大量领土，史称安茹帝国。亨利二世倚靠城市支持，加强王权，扩大国王法庭的司法权限，推行陪审制取代神判法。狮心王理查一世(1189～1199年在位)参加第3次十字军东征，长期在外

金雀花王朝时期的墓碑

作战，征敛繁多，招致贵族不满。亨利三世统治时期（1216～1272）封建经济繁荣，骑士阶层多转向经营土地，在政治斗争中崭露头角。1264年5月14日刘易斯战役中，亨利三世及王子被以S.de孟福尔为首的贵族俘获。1265年孟福尔召集贵族、骑士、城市市民集会议事，是为英议会之始（见**英国议会君主制**）。14世纪起英国封建经济走向衰落，封建贵族收入减少，派别斗争更加激烈。爱德华三世在位期间（1327～1377），为争夺在法国的领地，挑起**百年战争**。战争加剧了英国农民的痛苦。不久爆发瓦特·泰勒起义。理查二世（1377～1399年在位）统治时，贵族斗争不断。1399年他被兰开斯特家族的亨利废黜，金雀花王朝至此结束。

**金日成** Kim Il-sung (1912-04-15～1994-07-08) 朝鲜劳动党中央委员会总书记，朝鲜民主主义人民共和国主席。原名金成柱。生于平安南道大同郡（今平壤市万景台区）

一个普通农民家庭，卒于平壤。1925年移居中国吉林省。1929年秋因参加反日斗争被捕，囚于吉林监狱。1930年初刑满获释，继续坚持反日斗争。1931年九一八事变后，在延吉县组织抗日武装。翌年4月25日创建第一支游击队。自此开始与中国人民一道开展抗日武装斗争。1936年5月，创建朝鲜抗日民族统一战线组织——祖国光复会，被推选为会长。1945年8月日本投降后，由苏联归国。同年10月10日领导成立北朝鲜共产党中央组织委员会，12月任中央组织委员会责任书记。1946年2月，任北朝鲜临时人民委员会委员长。1948年9月9日，朝鲜民主主义人民共和国成立，任内阁首相和国家元首。1949年6月任**朝鲜劳动党**中央委员会委员长。1950年6月至1953年7月**朝鲜战争**期间，担任朝鲜民主主义人民共和国内阁首相、军事委员会委员长和朝鲜人民军最高司令官，指挥朝鲜祖国解放战争。在中国人民志愿军的援助下，取得战争的胜利。

1961年7月率党政代表团访华时，同中国签订了中朝友好合作互助条约。1972年，任朝鲜民主主义人民共和国主席。此后历届最高人民会议上，均被推选为国家主席。1980年10月10日，在朝鲜劳动党第六次全国代表大会上进一步提出建立高丽民主联邦共和国的方案。在朝鲜劳动党六届一中全会上，当选为中央政治局常务委员会委员、总书记和中央军事委员会委员长。在领导朝鲜人民进行民主革命和社会主义建设的过程中，提出朝鲜革命和建设的唯一指导思想——主体思想。多次访问中国。

**金融** finance 有广义和狭义之分。广义金融泛指凡既涉及**货币**又涉及**信用**，以及以货币与信用结合为一体的形式生成、运作的所有交易行为的集合。或凡涉及货币供给、银行与非银行信用、证券交易、商业保险，以及以类似形式进行运作的所有交易行为的集合。狭义金融专指信用货币的融通及其有关的经济活动。

**金融范畴的形成与发展** 金融是货币和信用发展的产物。

古代相互独立发展的货币范畴与信用范畴 货币的产生与**商品**的交换联系在一起。最初的货币具有实物形态。在中国先是贝壳，随后出现铜铸币。从先秦到汉代，黄金曾经做过货币材料，东汉以后至唐代则是铜钱与布帛并行。白银作为称量货币始于宋。17～18世纪，外国银元大量流入。到晚清，中国也开始自行铸造，银元逐渐成为流通的主币。无论贝壳、金、银、铜，还是布帛，都是劳动产品；作为主要流通手段的铜铸币以及后来的银铸币，其形制、成色和重量都是由当政者直接规定。这些经济过程都独立于信用关系之外。信用的产生与财富非所有权转移的调剂需要相联系。在古代，一直是实物借贷和货币借贷两种形式并存。随着商品货币关系的发展，作为财富凝结的货币在借贷中日益占据重要地位。但在货币借贷迅速发展的同时，实物形态的借贷仍然大量存在。同时，也没有改变货币制度在其基本方面相对于信用的独立性。外国的历史发展也类似。

现代银行的产生与金融范畴的形成 随着商品经济的发展，在西欧产生了现代银行。银行家签发的允诺随时兑付金银铸币的票据，称之为银行券。银行券越来越多地代替铸币流通。今天世界各国流通的现钞都属于银行券范畴。同时，在银行存款业务的基础上，形成了既不用铸币也不用银行券的转账结算体系。在这个体系中，信用的转移、债权债务的消长代替了铸币和银行券的支付。于是，在铸币和银行券之外又出现了存款货币。

18～19世纪，在主要资本主义工业化国家典型的现象是：一方面，存在着金属铸币制度。另一方面，大量金银集中于**中央银行**，成为货币流通稳定的保证：用于转账结算的存款需要提取现金时，以银行券支付；银行券的信誉则由随时可兑取金、银币来保证。在经济繁荣时期，一国在中央银行集中的贵金属准备，可支持规模比它大几十倍甚至几百倍的银行券和存款货币的流通；一旦危机来临，公众普遍追求现钞，进而追求铸币，则会同时造成货币制度和信用制度的剧烈震荡。货币制度与信用制度已经不可分割。

第一次世界大战后，发达的资本主义国家贵金属铸币全部退出流通。到20世纪30年代，则先后实施了彻底不兑现的银行券流通制度。这时，货币的流通与信用的活动完全变成了同一的过程。

当货币的运动和信用的活动保持着各自独立发展的过程时，这是两个范畴；而当两者密不可分地结合到一起时，那么与货币范畴和信用范畴存在的同时，又增加了由这两个范畴长期相互渗透所形成的新范畴——金融。

金融范畴向投资领域的扩展 伴随着货币与信用相互渗透并逐步形成一个新的金融范畴的过程，在投资领域也同时发生了质的飞跃——形成了以股票交易为特征的资本市场。股票交易的市场也是国债、公司债以及其他融资性证券交易的市场。这一市场的存在与发展，推动了经济证券化的进程。

拓展迅速的金融领域——保险 无论是**财产保险**还是人身保险，其存在的根据是独立于货币、信用之外的。但其集中、分担和转移风险的机制，事实上是金融各个领域中共同性的机制和功能；如果没有把货币与信用结合在一起的金融范畴，保险事业也不可能有广泛发展的环境。在金融市场上，保险资金所占的份额有举足轻重的地位；保单之类的保险合约也成为金融市场上交易的重要金融工具之一。

综观金融范畴的形成与发展，大体包括两个方面：①货币与信用紧密结合为在现实经济生活中难以分开的统一过程；②这个统一的过程，从其形成之始立即向一切它所尚未覆盖的经济领域——主要是投资领域和保险领域——渗透。于是，在金融范畴中形成了紧密联系的几大领域：以银行信用为主导的间接融资领域，以证券交易为主导的直接融资领域，以及与金融市场紧密联结的保险领域。由于证券化进程的加速扩展，又展现了间接融资、直接融资与保险等多渠道、多形式相互渗透、相互交叉的结合走势。

金融体系　金融体系有5个基本构成要素：①制度；②机构；③工具；④市场；⑤调控机制。

金融制度　具体包括货币制度、汇率制度、信用制度、银行和其他金融机构制度、利率制度、金融市场的种种制度，以及支付清算制度、金融监管制度及其他。这个制度系统体现为有关的国家成文法和非成文法，政府法规、规章、条例，以及行业公约、约定俗成的惯例等。

金融机构　通常被划分为银行和非银行金融机构两类。又称金融中介、金融中介机构。

银行指存款货币银行和中央银行。在西方国家，存款货币银行习惯上称为商业银行，或普通银行、存款银行等。在中国，则是指国有商业银行、其他商业银行、城市和农村商业银行，以及外资银行等。为数众多的存款货币银行是货币资金借贷的媒介，主要服务对象是工商企业，在作为借贷中介的基础上，具有创造存款货币的功能。通常一个国家只设一家中央银行，也存在由多家组成一个系统的，如美国的联邦储备系统。中央银行垄断钞票的发行，并依据货币政策的要求调节货币供给；作为最后的贷款者，支持银行系统保持必要的流动性；组织全国的支付清算并保证其顺畅运作；依据国家划定的范围实施金融的监督管理。由存款货币银行和中央银行组成的银行系统是现代经济的神经中枢。

世界上各国的非银行金融机构都是一个种类繁多的金融组织群体。中国有农村信用合作社、保险公司、金融信托机构、邮政储蓄机构、证券机构、财务公司、投资基金、金融资产管理公司以及尚待规范的种种民间准金融组织等。

从对金融机构营业范围监管的角度说，世界上大体有两种管理模式：分业管理模式和混业管理模式。分业管理模式，即存贷款业务、保险业务和证券业务等分别由专门金融机构从事，不得兼营；混业管理模式，指这3种基本金融业务由各金融机构——不论其具体名称——自主决定是否交叉兼营。中国实行的是分业管理模式。

金融工具　包括的范围极广，从传统的商业票据、银行票据、保单，直到期货、期权等种种金融衍生工具的标准合约。金融工具常被称作金融产品、金融商品，可以在金融市场上进行交易，是金融活动的载体。它们的数量、种类、特性是一个国家金融发展水平的基本标志。按流动特征分类，金融工具可分成具有完全流动性和有限流动性；按金融工具与信用活动的本源关系分类，则可分成基础性或原生性金融工具和衍生性金融工具。大量衍生金融工具的出现及其惊人的交易规模，使得金融体系中出现了一个近似独立的、与实体经济运行的关联极难判明的领域。

金融市场　金融工具发行和交易的场所。金融市场发达与否，也是一国金融发达程度及制度选择取向的重要标志。

人们可以从不同角度对金融市场进行分类，但通常谈论较多的大都是资本市场、货币市场、外汇市场、保险市场及衍生性金融工具市场。这些市场的最重要参与者是金融机构，价格信号则由利率、汇率及指数构成。

金融调控机制　金融调控机制的决策执行机构，有的国家是由中央银行担任，有的则是由财政部或其他专设机构担任。金融法令法规则是实施调控的制度性内容。法令法规的制定是要使金融运行模式法制化、规范化。金融调控的核心部分是货币政策。在货币政策的目标中，是把充分就业或经济增长放在首位还是强调稳定物价和平衡国际收支，这取决于形势判断和政策取向。

在金融调控机制发挥职能的过程中，市场越发达，金融资产越多样化，信息基础设施和法制条件越完善，则经济信号和间接调控手段的作用就越灵敏，政策调节对经济运行冲击也会有较大的缓冲余地。

**金融创新**　financial innovation　在金融领域内部，通过各种金融要素的重新组合和创造性地变革所产生的新事物。即金融业为了规避金融管制、防范金融风险、竞争资金来源、迎合客户需要等而进行的金融业务、金融工具、金融制度、金融市场的革新活动。金融创新的多样化成为金融发展的动力源，并能提高金融机构运作效率，增加金融商品和服务效用，提高支付清算能力和速度，大幅度增加金融机构的资产和盈利率，提高金融市场价格对信息反应的灵敏度，降低市场交易成本，以及使金融的作用力大大增强等。当然，金融创新也会对中央银行和商业银行等金融机构的传统业务形成冲击，出现矛盾和风险。

**金融风险**　financial risk　存在于金融体系或金融市场的不确定性或由不确定性导致经济主体蒙受损失的可能性。风险是金融体系和金融活动的基本属性之一，没有不存在风险的金融活动；金融体系的基本功能可以体现为对于金融风险的配置，一定意义上说，金融活动就是一种以承担风险换取收益的游戏。风险分析和管理活动是各类金融机构所从事的全部业务和管理活动中最为核心的内容，对风险管理及其理论与技术的认识构成了对现代金融本质认识的最为深刻的一个方面，风险理论在现代金融理论中占据着重要的地位，连同资金的时间价值和资产定价共同构成现代金融理论的三大支柱。

金融风险分析　主要包括风险选择-期望效用模型、作为风险测度的标准差、风险回避和有关递增风险的研究。

金融风险管理　现代金融风险管理是一门崭新的学科，是20世纪70年代以后国际上一些大的金融机构在风险环境日益复杂化的情况下，为保证赢利目标的实现和公司持续发展，避免遭受重大损失或破产倒闭，针对市场风险、信用风险等各种风险因素进行有效管理的探索而发展起来的。现代金融风险管理建立在现代金融理论对风险的分析和定价的基础上，引入了数理统计、系统工程甚至物理学等科学的研究方法，对金融机构所面临的各种风险进行识别、计量和调节、控制乃至监测。有关风险转移的3种方法是：套期保值、保险和分散投资。投资分散化通过在许多人中间分散风险而增加福利，使存在的不确定性大大减少。从社会的观点看，风险管理机构通过两种主要的方式对经济效率作出贡献。首先，它们将风险从不愿意或不能承担的人那里转移到愿意承担的人那里。其次，它们通过风险负担的再分配，引起生产和消费资源的重新分配。

金融风险的种类　金融风险主要分为以下几种：①市场风险。指由于利率、汇率、股价或商品价格（如房地产价格）等基础金融变量的意外波动，而使金融资产（或负债）的价格发生变化的不确定性。②信用风险。指金融交易者无法履行合同义务或其信用等级下降所带来的风险。又称违约风险。③流动性风险。指金融市场活动参与者不能及时地将金融资产变现的风险。它对金融机构偿债能力的影响力极大。④经营风险。指内部控制不完善、技术故障或人为操作错误等造成的损失可能性。⑤法律风险。指由于金融活动的管制法律环境变化或监管政策环境的变化所带来的不确定性。

**金融监管**　financial supervision　金融管制遵守与执行的过程。狭义金融监管是指金融管制的执行，即政府监管当局的行政性监管，包括中央银行或其他的金融监管当局依据国家法律、法规的授权对于整个金融业（包括金融机构以及金融机构在金融市场上所有的业务活动）实施的监督管理，针对金融机构而言是外部监管；广义金融监管包含金融管制的遵守，除外部监管之外，还包括金融机构的内部监管，即包括金融机构的内部控制与内部稽核、同业组织的自律监管和社会中介组织的协议性监管。外部监管是通过公共权力机构（即政府）的监管，又称公力监管；内部监管是通过金融机构自身的自律监管或与其他私人机构的协议而监管，又称私力监管。在诸种金融监管之中，政府金融监管当局的外部监管最为重要。

**金融控股公司** financial services holding company 以银行、证券公司、保险公司等金融机构为子公司的一种纯粹型控股公司。其中以银行作为子公司的是银行控股公司，以证券公司作为子公司的是证券控股公司，以保险公司作为子公司的是保险控股公司，同时拥有银行、证券、保险两种以上子公司的是金融服务控股公司。

金融控股公司是为了规避分业经营进行的金融组织创新。金融控股公司的发展涉及金融分业和混业经营。19世纪70年代随着第二次工业革命的开始，出现了金融分业和混业经营的体制分野，前者以英、美的“市场导向”的金融体制为代表，后者以欧洲大陆的“银行导向”的金融体制为代表。欧洲的全能银行（universal bank）体制起源于法国拿破仑三世时期佩雷尔兄弟的动产抵押银行，其职能就是为长期投资提供融资。这种新型的投资银行组织方式后来扩散到比利时和德国。在当时的英格兰，这种动产抵押信贷型银行与商业银行职能是相分离的，其长期投资融资通过外部资本市场进行。而德国的全能银行却成功地将动产抵押信贷银行的基本理念与商业银行的短期业务活动，即投资银行和商业银行职能结合起来，并成为金融混业经营的典范。

出于追求金融业范围经济和利润的需要，金融控股公司的出现使得金融分业和混业经营体制的差别大大缩小。金融控股公司下经营不同业务的子公司之间建立有“防火墙”（主要指子公司的独立经营、核算），以防证券业的风险转移到银行业引发银行业危机。在全能银行中，各分支机构之间同样设有“防火墙”，总行对分支机构进行控制并承担责任。美国从英国承继了分业经营体制，1933年美国的《格拉斯－斯蒂格尔法》正式实行银行业和证券业分离的分业经营体制。由于各州并没有禁止银行控股公司通过子公司进行银行以外的业务，于是银行控股公司就成立了与银行子公司平行的非银行金融子公司，进入证券、保险、基金等多种业务领域。1999年美国通过《金融服务现代化法案》，确立了金融混业经营的合法地位。中国实行严格的分业经营，但也出现了中信投资控股公司、中国平安集团等具有金融控股公司特征的金融集团。

**金融全球化** financial globalization 全球金融活动和风险发生机制联系日益紧密的一种过程。导致金融全球化的因素可归纳为3类：①实体经济因素。诸如国际贸易、国际投资的长期增长和科学技术的飞速发展，以及跨国公司的急剧扩张和跨国金融机构的迅速发展。②金融技术因素。主要是20世纪60年代以后风起云涌的金融创新。③经济年度因素。主要是20世纪80年代以后全球的金融自由化运动。

金融全球化的特征是：①金融市场全球化程度加深。②私人资本流动成为国际资本流动的主力。③跨国银行业务趋于综合化。④大规模的银行兼并。

金融全球化使世界各国得以在全球范围内调剂资金余缺，从而提高了全球金融资源的配置效率。但是，大规模、无规则的资本流动常常使得各国的金融市场动荡不安，而一国的金融动荡又极易波及他国，引发全球金融风暴。

**金融审计** monetary audit 国家审计机关对国有金融机构和信用组织的各项业务活动、经济效益和遵守经济法规情况所进行的审计监督活动。在中国，金融审计对象包括：中国人民银行及其分支机构，国有专业银行及其分支机构，中国人民保险公司及其分支机构，信托投资公司，经中国人民银行批准设立的其他有国家资产的金融组织及其延伸部门和单位。金融审计的任务是：审计信贷计划执行情况；审查信贷方针政策贯彻执行情况；审查金融机构财务收支及经济效益情况；审查侵占国家资财、损失浪费、违反经济法规情况等。

金融审计主要是信贷计划执行情况的审查，目的是通过对信贷计划执行情况和结果的审查，确保国家方针政策的贯彻执行，促进信贷计划的顺利完成，实行信贷收支平衡和财政、信贷、物资、外汇综合平衡。审计的主要内容包括信贷计划执行合规性审计、信贷收支计划执行情况审计和信贷资金计划执行情况审计。

**金融市场** financial market 以货币为交易对象，由资金供求双方运用各种信用工具进行资金融通等交易活动的场所。从广义上来说，是指金融机构与客户之间、各金融机构之间、客户之间以资金为交易对象的所有金融交易。从狭义上来说，是指以票据和有价证券为交易对象的金融活动。

金融市场可从不同角度分类：①按金融市场融资方式的不同，可分为直接融资和间接融资。②按金融工具约定的期限，可分为货币市场和资本市场。③按金融交易的性质不同，可分为发行市场和流通市场，证券发行市场为一级市场，证券流通市场为二级市场。④按交易对象的不同，可分为同业拆借市场、票据承兑市场、票据贴现市场、证券市场、黄金市场、外汇市场等。⑤按金融交易对象和交割时间的不同，可分为现货市场和期货市场。⑥按交易标的物的不同，可分为票据市场、证券市场、外汇市场、黄金市场等。⑦按金融交易地域的不同，可分为地方性、全国性、区域性、国际性金融市场等。

金融市场的作用在于：扩大投、融资活动，促进资本集中、资本流动和资金转换，调节不同种类和期限的资金供求。为中央银行的公开市场业务操作、调节货币供应量、调控宏观经济提供条件。

**金融投资** financial investment 投资者在金融市场上购买股票、债券等金融资产或金融商品，以获取预期收益或股权的投资活动。是发达的市场经济与信用的产物。金融商品的品种很多，按其功能，有票据、储蓄存款、证券等；按其产生方式，有基础金融商品和衍生金融商品等。金融商品之所以能成为投资的工具，是因其有期限性、流动性、安全性和赢利性。金融投资与实物投资相比，特点是：投资的间接性和筹资的直接性；以金融资产为媒介，以产权、债权为依据，在未来某时获得较高收益；受时间影响的程度较大；所投入的资金以金融资产形式存在，流动性较大，即较易兑现且在兑现中损失较小；承担的风险较大，而且一旦失误便难以减少其损失。

**金融危机** financial crisis 突发的、几乎涉及所有金融领域的普遍金融状况恶化现象。金融预期的改变，担心金融机构丧失偿债能力的公众心理倾向和将非现金资产大量套现等是其重要的表现。它的主要标志是所有或绝大多数的金融指标急剧的、短暂的、超周期的恶化，这些指标包括利率、资产（股票、房地产等）价格、厂商的偿债能力、严重的外汇短缺以及金融机构的破产等。

金融危机的种类　金融危机有多种分类：①以影响的地域，可分为国内金融危机、区域金融危机和世界金融危机（或全球金融危机）；②以金融危机的性质、内容，可分为货币危机、资本市场危机、银行业危机、债务危机和综合金融危机；③以金融危机的影响程度，可分为系统性金融危机和非系统性金融危机。

引发金融危机的原因　原因有多方面，包括市场因素和非市场因素。从市场因素方面来看，国际收支不平衡被认为是引发金融危机的主要原因，而实际上国内经济状况也同样可以引发大规模的金融危机。经济周期性波动和金融机构体系的内在不稳定性或脆弱性是引发金融危机主要的常见因素，二者通过经济泡沫和金融风险在量的方面的积累达到一定程度时，就会发生金融活动从稳定到不稳定的质的变化。从非市场因素来看，经济社会的恐慌心理，有关当局的重大决策失误，突发性事件（如战争、灾难等）等也会引发大规模的金融危机。

金融危机的危害　金融危机可以在不同的金融市场、不同地区或不同国家之间进行扩散，在一定条件下，金融危机最终还能蔓延为范围广泛的经济危机。主要危害在于它导致资源配置和利用失误，从而导致真实产出减少。

克服金融危机的主要途径　金融危机是金融风险的累积性突发，即金融风险累积到一定程度的突然性爆发。克服金融危机主要有4种途径：

①预防。要做到有效地防止金融风险的大量累积，消除那些可以消除的金融风险。事实证明，信用评级体系和风险评估等活动有利于量化金融风险，并起到一定的警示和预防的作用。有效的金融管制和金融监管也会对金融风险的过度累积产生一定的抑制作用。

②预警。当金融机构的风险累积大到一定程度，或整个金融体系的风险水平达到一定的标准，有关当局应当及时地提出警告，以促使金融机构自动有效地采取措施，释放高风险所累积的潜在金融危机的潜能，有助于克服金融危机的发生。

③求助。当金融危机发生之后，有效的救助活动会避免金融危机的进一步扩展，减少其可能造成的损失。

④治理。金融危机的爆发在相当程度上揭示了危机赖以产生、发展、蔓延扩张的根源，这便为金融危机的治理提供了依据，及时有效地针对危机发生的根源和传导的途径进行治理是克服金融危机最为重要的环节。

**金融衍生工具**　financial derivatives　自传统金融工具中衍生出的新型金融工具。又称金融衍生产品、金融衍生商品。金融衍生工具通常采取的形式是以支付少量保证金签订远期合约或互换不同金融商品的交易合约。它主要有三大特点：①杠杆性。金融衍生工具的交易通常只需缴存一定比例的押金和保证金，便可得到相关资产的管理权。待到交易日所确定的到期日，对已交易的金融衍生工具进行反向交易，并进行差额结算。在实物交割的条件下，金融衍生工具的购买者只需于到期日交付一定数额的现金，即可得到原生性金融商品。②高风险性。包括价格风险、运作风险、交割风险、流动性风险、信用风险和法律风险。③虚拟性。金融衍生工具所得的收益得自相应的原生性金融商品的价格变化；当原生性金融商品是股票、债券等虚拟资本时，相应的衍生工具则更具有双重虚拟性。虚拟性使得金融衍生商品的市场规模远远大于原生市场的规模。金融衍生工具的基本职能在于锁定价格波动，进行风险的控制。但由于其具有的3个特点，在控制不当的情况下，可能加剧风险的程度。金融衍生工具根据产品形态不同可分为远期、掉期、期货和期权4类；按市场组织程度不同可分为场内交易衍生工具和场外交易衍生工具。

**金融资本**　financial capital　银行垄断资本和工业垄断资本融合生长而形成的最高形态的垄断资本。工业生产集中的高度发展必然引起垄断。工业资本的集中和垄断推动银行资本的集中，从而形成银行业的垄断。银行业的集中和垄断，使银行和工业企业之间的关系发生了根本的变化。银行由支付中介变成了万能的垄断者。银行垄断组织与工业垄断组织通过相互购买对方的股票和互相参加董事会的办法，使银行垄断资本和工业垄断资本融合生长，形成金融资本。金融资本的形成和统治，把资本主义的生产资料私有制推到了一个新的高峰。极少数金融资本家攫取着越来越多的国民财富，通过兼并或合并，把对生产资料的剥夺，日益扩展到巨大的垄断资本家之间。他们通过各种渠道，控制着越来越多的他人资本，通过与资产阶级政府的个人联合，把资产阶级国家的财产和财政也置于自己的直接控制之下。这样，生产资料日益集中同生产日益社会化、国际化并行发展。

**金融资产**　finance asset　具有现实价格和未来估价的金融工具的总称。因金融工具只对其持有者才构成金融资产，对其发行人来讲则不构成金融资产，故金融资产是具有明确权利归属关系的金融工具。在国民经济核算中，它包括货币性黄金和特别提款权、通货和存款、贷款、股票和其他权益、股票以外的证券（包括衍生金融工具）、保险专门准备金、其他应收账款等。

**金融租赁**　financial lease　不同国家对金融租赁的定义、性质有不同的提法和规定。国际会计准则委员会对金融租赁所作的定义是："金融租赁是指出租人在实质上将属于资产所有权上的一切风险和报酬转移给承租人的一种租赁。至于所有权的名义，最终时可以转移也可以不转移。"中国规定的金融租赁是指出租人购买承租人选定的设备，并将它出租给承租人在一定期限内有偿使用的一种具有融资、融物双重职能的租赁方式。承租人在租期结束后，向出租人支付一定的产权转让费，租赁设备的所有权转移给承租人。承租人对租赁物的所有权也可作其他选择。金融租赁是一种以融物代替融资，融物与融资密切相连的信用形式。又称融资租赁。它以融通资金为直接目的，以技术设备等动产为租赁对象，以经济法人——企业为承租人，具有非常浓厚的金融色彩。

金融租赁的主要特征是：①涉及三方当事人，需签订两个或两个以上的经济合同。②承租人对租赁物和供货商具有选择的权利和责任。③租赁设备的所有权与使用权分离。④金融租赁是融资和融物相结合的交易，融通资金起主要作用。⑤承租人要分期支付租金以偿付本息。⑥融资租赁合同是不可随意撤销的合同。⑦租赁期内设备的保养、维修、保险和过时风险均由承租人负责。⑧租赁期满，设备的处理一般有3种选择：续租、留购、退租，选择的方式一般在合同中注明。

**金三角**　Gold Triangle Belt　位于中南半岛的偏北处。在泰国、缅甸和老挝边境的交会带上。地处热带季风气候，海拔较高，气候温和，雨量丰富，土壤肥沃，适宜罂粟的生长。这个地带是三国经济发展落后的地区，交通比较闭塞。当地居民以种植罂粟为主要经济来源。当地毒贩收购罂粟，攫取了大量钱财，而居民生活却十分悲惨。每年从这里贩运出去的海洛因，约占世界总量的3/5。从20世纪60年代起，这里就被人们称为"金三角"，实为"毒三角"。为了肃清毒源，减少当地居民对罂粟的依赖，三国政府鼓励当地居民改种鲜花、咖啡、水果和粮食。这些措施获得一些成效，但仍未取得预期的效果。

金三角实施禁毒工程后改种的柑橘

**《金色池塘》**　*On Golden Pond*　美国故事片。美国ITC电影公司和美国环球影片公司1981年出品。编剧E.汤普森，导演M.雷德尔，摄影B.威廉斯，主演凯瑟琳·赫本、H.方达、J.方达。80高龄的退休教授诺曼和老伴埃塞尔居住在一个洒满阳光的金色池塘旁。他们的老友均已去世，唯一的亲人就是已经中年的离婚女儿切尔西，然而她自幼与父亲有隔阂，几乎从不回来。诺曼患有心脏病，他既怕突然死去，又怕身心衰竭、智力减退地活着，每天只能和老伴用玩笑来解除寂寞的痛苦。埃塞尔既要照顾丈夫又要充当丈夫与女儿之间的调解人。在女儿带着新情人来看他们时，经过一番努力和一次偶然事故，两代人终于和解，最后，老两口也依依不舍地告别了居住已久的金色池塘。这是一部情节简单，描写老年人生活的普通影片。其成功的主要原因在于演员的高超演技。影片在1981年第54届奥斯卡奖角逐中，除获最佳改编剧本奖外，H.方达和赫本获得了最佳男演员奖和最佳女演员奖。

**金沙江** Jinshajiang River 中国长江上游宜宾以上河段，属典型峡谷河流。古称绳水、淹水、泸水。因产砂金得名。长江上源至玉树巴塘河口以下始称金沙江，穿行于四川省、西藏自治区、云南省之间，至宜宾以下称长江。金沙江干流长2 308千米，流域面积34.2万平方千米。支流众多，以雅砻江最大，还有无量河、普渡河、牛拦江、横江等。金沙江水量变化大，7～9月水量占全年50%～60%，洪枯水位比值19～30倍。金沙江流域内97%属山区，区内山川纵横，峰峻谷深。云南境内的虎跳峡长16千米，河宽仅60～80米，岭谷高差达3 000多米，落差约200米，为世界深峡之一。金沙江还以滩多湾急著称。干流落差3 300米，最大

金沙江大峡谷

流速7米/秒以上，干支流水力蕴藏量10 918万千瓦，约占长江的40%，可开发利用的水电装机容量8 700余万千瓦，年发电量4 943亿千瓦·时，占长江的48%，是中国水力资源最丰富的河流之一。溪洛渡、白鹤滩、二滩、向家坝等均属特大型水电站坝址。流域为四川省有色金属、稀有金属主产区。森林资源丰富。在北纬28°以南地区，金沙江河谷深切，地形闭塞，全年长夏无冬，自然景观别具一格，为中国南亚热带的一块“飞地”。

**金沙萨** Kinshasa 刚果（金）首都和最大河港城市，撒哈拉以南非洲最大城市。1966年前称利奥波德维尔。位于刚果河中、下游交界点南岸，与刚果（布）首都布拉柴维尔隔河相望。直辖市面积9 965平方千米。

金沙萨鸟瞰

人口778.6万(2005)。地处刚果盆地西南缘，市区沿刚果河与马莱博湖向东、西、南伸展，平均海拔325米。热带雨林气候，终年高温多雨，年平均气温26℃，平均年降水量1 520毫米。原为村落，1881年比利时在此建立兵站。1887年开始建城，1898和1914年先后修建至马塔迪的铁路和输油管。1923年比属刚果首府从博马迁此。20世纪40年代后城市迅速发展。1960年成为刚果（金）首都。

全国政治、经济、文化中心和水陆运输枢纽。工业规模居全国首位，其中粮食加工、纺织、水泥工业占有重要地位；东北郊马卢库有钢铁厂。为刚果河航运终点，上至基桑加尼1 734千米河段终年通行中型汽轮；下至马塔迪之间河运受利文斯敦瀑布群所阻，由铁路和输油管相连。市东恩多洛有国际机场。文教、各类服务事业发达。国内6家主要银行总部设此。有高等院校和研究机构多处，以金沙萨大学和热带疾病研究所最著名。

**金沙遗址** Jinsha 中国先秦时期遗址。位于四川成都市区西北的金沙、黄忠等村，面积5平方千米以上。1995年发现后多次

太阳神鸟金饰

发掘。遗址年代约当商代晚期至春秋初期。2006年国务院公布为全国重点文物保护单位。遗迹主要有建筑基址、祭祀区、墓地三类。房屋均为“木（竹）骨泥墙”建筑形式。其中大型房屋建筑基址至少由5座房址组成，总面积在2 000余平方米以上。整个建筑群布局严谨，统一规划修建，形成封闭型院落。祭祀区位于遗址的东部，面积约1万平方米，是一处长期使用的专用滨河祭祀场所。已发现60余处与祭祀有关的遗存，大体可分为三个阶段。祭祀用品有象牙、石器、陶器、玉器、铜器、金器等。墓葬已发现2 000余座，为小型竖穴土坑墓，大都仰身直肢，盛行二次迁葬。除少量船棺葬具外，均未发现葬具。约半数的墓葬有随葬品。遗址出土金、铜、玉、石、漆木器和象牙等6 000余件，及大量野猪獠牙、鹿角等。

金沙遗址与成都平原的史前古城址群、三星堆遗址、商业街船棺葬遗址共同构建了古蜀文明发展演进的4个阶段，证明了成都平原是长江上游文明起源的中心，是华夏文明重要的有机组成部分。

**金山** Jin Shan (1911-08-09～1982-07-07) 中国话剧与电影演员、导演。原名赵默，字缄可。生于江苏吴县(今苏州)，卒于北京。1931年考入上海税警警官学校。后到中国左翼戏剧家联盟，组织并领导绿波剧团、光光剧社、曦升剧社等演出进步戏剧。从1935年起，先后和章泯等创办东方剧社、上海业余剧人协会、四十年代剧社。其间参加主演的话剧有《娜拉》、《钦差大臣》等，并在电影《夜半歌声》、《狂欢之夜》中担任主角，在表演上崭露头角。

1937年始辗转演出抗日救亡戏剧，导演、主演的剧目有《放下你的鞭子》、《塞上风云》、《马门教授》等。1942年在重庆主演郭沫若的历史剧《屈原》，后参与筹组了中国艺术剧社。1946年到东北接收伪“满映”电影厂，并编导、拍摄了优秀影片《松花江上》。

1949年后历任中国青年艺术剧院副院长、总导演，中央戏剧学院院长。先后扮演了《保尔·柯察金》中的保尔、《红色风暴》中的施洋；导演了《上海屋檐下》、《丽人行》、《于无声处》、《屈原》等剧。多次当选全国政协委员。

金山一生主演和导演的话剧共40多部，主演和导演的电影各5部，创作和改编的话剧、电影剧本15部，还撰写了数十万字有关戏剧、电影表演、导演艺术论著。他正确地理解和解决了表演艺术上体验和体现的关系，并在艺术实践中取得了成果。

**金山岭长城** Jinshanling Great Wall 中国明代军事防御工程。位于河北省滦平县巴克什营乡东南8千米处。东起望京楼，西止龙峪口，全长10.5千米，是古北口路所辖长城的一段。始建于明洪武年间（1368～1398），弘治、正德年间多次重修，隆庆和万历年间戚继光任总兵镇守蓟州时曾大规模修筑。此处的长城是现存长城中保存较完好的一段，1988年国务院公布为全国重点文物保护单位。金山岭长城有关隘5处、敌台67座，长城外川口两侧山梁上设烽火台，地势较平坦处筑重城（挡马墙），整体为一完整防御体系。城墙以条石为基，用砖包砌。地势平缓的地方墙高5～8米，底宽6米，陡坡处将外侧山坡铲削以利用山势。城墙顶部外侧有垛墙，上设垛口，下设礌石孔，墙上加筑炮台；内侧有女墙，设望孔和射孔。城墙制高点上筑敌楼，一般高10余米，其间隔地带均在火力射程内。城墙上通向敌楼的高坡地段常有一排排障墙，当敌军攻上城墙、冲向敌楼时，可据守进行抵抗，此为古北口长城所特有。

**金山区** Jinshan District 中国上海市辖区。在市境西南部，南濒杭州湾。面积586平方千米。人口73万（2010）。清雍正四年（1726）置金山县，以东南海中有大、小金山得名。1952年属江苏省松江专区。1958年划归上海市。1997年撤县设区。农业发达。东南滨海地区以旱作为主，其他以种水稻为主，是郊区水稻、油菜子高产地区之一。牧、渔、副业较发达，以枫泾猪、蜂蜜、蚕茧、银耳、珍珠著称。工业有化工、医药、机械、电子、纺织、服装、食品等。沪杭铁路和沪杭、同三、莘奉金高速公路及320国道为区境交通干线。大、小金山岛是市内唯一的自然保护区。古迹有金山卫城、古松园、华严塔、顾观光墓、亭林等。金山农民画在世界上享有很高声誉。

**金善宝** Jin Shanbao (1895-07-02～1997-06-26) 中国农业教育家、科学家。生于浙江诸暨，卒于北京。1920年毕业于南京高等师范农业专修科，1930年赴美攻读作物育种专业，1932年回国后任浙江大学农学院副教授，中央大学农学院农艺系主任、教授，江南大学农学院农艺系主任、教授。1949年后历任南京农学院院长，中国农业科学院副院长、院长、名誉院长，中国农学会副会长、名誉会长。中国科学院学部委员（院士）。全苏列宁农科院通讯院士、美国农业服务基金会终身荣誉会员等。长期从事小麦研究，是中国近代小麦研究的开创者之一。编著有《实用小麦论》、《中国小麦区域》（1934）、《中国小麦栽培学》（1961）、《中国小麦品种及其系谱》（1983）等。

**金少山** Jin Shaoshan (1889～1948-08-13) 中国京剧演员。工铜锤花脸，兼演架子花脸。名仲义（一说名义）。满族。北京人。著名京剧花脸金秀山之子。幼随其父学艺，兼学何桂山。武功得韩乐卿传授。在随父演出于北京各戏园期间，常与黄润甫同班，做功表演亦受其熏染。正式拜师却是小生德珺如。初搭宝胜和等班，后又到上海的一些班社担任长期演员，戏路渐趋宽广。与梅兰芳合演《霸王别姬》，有“金霸王”之誉；又因兼长包拯戏，与擅演曹操的郝寿臣并称“黑金白郝”。1937年春回北平，自组松竹社，开花脸挑班之先例。他在继承其父铜锤唱腔基础上，吸收架子花脸的唱、做，突破了两者严格分工的界限，形成自己的艺术风格，人称“金派”。代表作有《白良关》的尉迟恭，《牧虎关》的高旺，《草桥关》的铫（姚）期，《连环套》的窦尔墩，《断密涧》的李密，《打龙袍》的包拯，《二进宫》的徐彦昭，《锁五龙》的单雄信，《刺王僚》的姬僚等。

金少山在京剧《连环套》中饰窦尔墩

**金圣叹** Jin Shengtan (1608～1661) 中国明末清初文学批评家。名采，字若采。明亡后更名人瑞，字圣叹。一说本姓张。吴县（今江苏苏州）人。顺治十八年（1661），因哭庙案被处斩。金圣叹博览群籍，评点古书甚多。称《庄子》、《离骚》、《史记》、“杜诗”、《水浒传》、《西厢记》为“六才子书”，拟逐一批注，但仅完成后两种，《杜诗解》未成而罹难。金圣叹的主要成就在于文学批评，他评《水浒传》、《西厢记》两书时的艺术见解独出手眼，继李贽、叶昼之后将小说戏曲评点推到新的高度。他把人物性格的塑造放到首位，并涉及了小

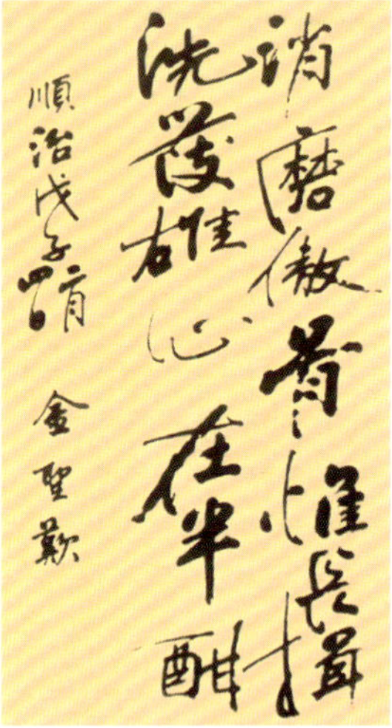

金圣叹手迹

说和戏剧构成中的诸多要素，提出了较有系统的小说戏曲创作理论。在评点的同时，也对原作加以修改，除词句外，还作了全局性的删削。又能诗，有抄本《沉吟楼诗选》传世。今有江苏古籍出版社1985年9月版《金圣叹全集》。

**金狮奖**　Golden Lion Award　威尼斯电影节大奖。

**《金石录》**　中国宋代金石学著作。中国现存最早的碑刻目录和研究专著之一。赵明诚（1081～1129）撰。明诚字德父，密州诸城（今山东诸城）人。少为太学生，历官至知湖州军州事。明诚与妻李清照平生酷爱金石书画，曾尽力收集资料，共同校订整理。此书实为二人合著，体例仿欧阳修《集古录》。书成于徽宗宣和末年。全书共30卷。前10卷为铜器铭文和石刻之目录20条。前17条为铜器铭文，余为先秦至北宋1 900余种石刻的目录，几倍于《集古录》所列。碑刻目录下多注明碑文的撰写和书写人、立石年月。后20卷是就部分古器物、碑刻所撰写的题跋502条，汇集了作者多年研究的看法和心得。

**金石学**　studies of inscriptional bronze and stone　中国考古学的前身。中国近代考古学诞生前，以零星出土的古代铜器和石刻为主要研究对象的学问。注重著录和考证文字资料，希图达到证经补史的目的。形成于北宋时期，清代达到鼎盛。迄今，已逐渐演化为考古学的组成部分，作为独立学问的金石学已不复存在。

从西汉开始，已有人研究古代文字，考释古铜器，整理竹简，记述古迹。但研究者少，无专著问世，没有形成一门学科。北宋统治者奖励经学，提倡恢复礼制，对古物的收集、整理和研究出现热潮；墨拓术及印刷术的发展，为金石文字流传提供了条件。金石学逐渐产生。宋仁宗时的刘敞，刻《先秦古器图碑》（已佚），对研究金石有开创之功。曾巩的《金石录》（已佚）最早使用“金石”一词。吕大临撰《考古图》是流传至今最早的古器物图录。其后又有《宣和博古图》、《历代钟鼎彝器款式法帖》等铜器著录书，《集古录》、《金石录》、《隶释》等石刻著录书，金石研究已相当兴盛。元明时期金石学成就较少，《河朔访古记》和《古玉图》为代表性著作。另有《格古要论》是中国早期的文物鉴赏书。

清代受乾嘉学派影响，金石学进入鼎盛。王鸣盛、王昶等人正式提出“金石之学”的命名。乾隆年间曾据清宫所藏古物，御纂《西清古鉴》等书，推动了金石研究的复兴。其后有《考工创物小记》、《积古斋钟鼎彝器款识》、《古泉汇》、《金石索》等，均为有成就的金石学著作。这一时期研究范围扩大，对铜镜、兵符、砖瓦、封泥等开始有专门研究，鉴别和考释水平也显著提高。清末民初，金石学研究范围又包括新发现的甲骨和简牍，并扩及明器和各种杂器。罗振玉和王国维是当时集大成的学者。马衡著《中国金石学概要》，对金石学作了较全面的总结。

**《金史》**　*History of Jin*　记录中国金朝史事的纪传体史书，元脱脱主编，全书135卷，包括本纪19卷、志39卷、表4卷、列传73卷，记述了从女真族的兴起到金朝建立和灭亡的历史。后附《金国语解》1卷。

《金史》纂修始于元世祖忽必烈时期。中统二年（1261），议修辽、金二史。灭宋后，又议修辽、金、宋三史。但终因体例无法确定而不能成书。元顺帝至正三年（1343）三月，诏修辽、金、宋三史，以中书右丞相脱脱为都总裁官，翰林学士欧阳玄等6人为总裁官，主持修纂。五年十月，辽、金、宋三史告成。元人修《金史》所依据的资料主要为金代实录，经元好问、王鹗等补充，元初以来又经几次修撰，实际上是经营已久，与宋、辽二史仓猝成书不同，故在三史之中号称最善。它仿效《魏书·序纪》的办法，首作《世纪》一卷，记叙完颜部自始祖函普以来女真部兴起的历史。又在卷十九作《世纪补》一卷，为金熙宗父宗峻、金世宗父宗尧、金章宗父允恭作传而附列于本纪，是《金史》的特点。《交聘表》详细记载金与宋、西夏、高丽的使臣

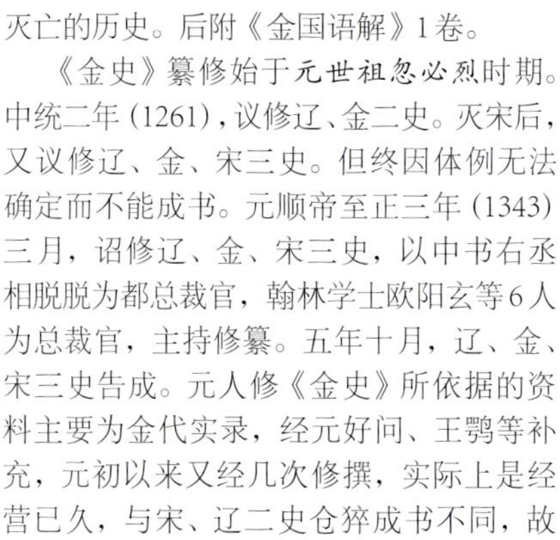

《金史》书影（元刻明修本）

往来。但是，《金史》也存在一些记事互相矛盾、重叠，史实错误、疏略，年次颠倒脱舛，人地名混乱和记述战事扬胜讳败的现象。清人施国祁尽毕生精力著《金史详校》10卷，校勘和考订《金史》4 000余条，是一部很有价值的著作。

《金史》于元至正年间刻成。明代有南北两监本，清有武英殿本。清乾隆间，四库馆臣校勘武英殿本将地名、人名等译名任意改译，造成混乱。1935年，商务印书馆出版的百衲本《金史》，是以元至正刊135卷本影印的。1975年，中华书局出版了《金史》标点校勘本，以百衲本为底本，并与监本、殿本参考，又参考有关史料进行校勘，吸取了前人的考订成果，是较好的版本。

**金世宗完颜雍**　Emperor Shizong of Jin Dynasty（1123～1189）　中国金代皇帝。女真族。女真名乌禄，汉名完颜褒，即位后更名完颜雍。阿骨打之孙，完颜宗辅之子。金熙宗朝封葛王，任兵部尚书。金海陵王完颜亮时，累官东京留守，改封曹国公。正隆六年（1161）海陵王兴师侵宋，西北路契丹人怨苦征兵，爆发起义。完颜雍受命镇压。十月，奉调南征的万户完颜福寿等在山东哗变，逃回东京辽阳府（今辽宁辽阳），拥完颜雍称帝（世宗），改元大定，十二月，进据中都。世宗具有较高的汉文化修养，崇尚儒学，潜心于历代王朝的统治经验与儒家的仁政王道。他即位后，继续任用海陵王时的文武官员，并极力争取女真贵族的支持。大定二年（1162），平定契丹起义军。二年至四年间，又一再挫败宋军，迫使南宋对金称侄皇帝而不再称臣，每年向金贡纳银、绢20万两、匹；双方各守旧疆。他采取措施，减轻农民的负担，保护和奖励发展农业生产。又诏令放免二税户和部分奴婢为平民，取消金银矿税，听民开采；恢复和增设了与南宋、西夏的榷场。大定年间，金王朝财政充足，仓廪有余，政治稳定。故有“小尧舜”之誉。但金世宗在实行汉制的同时又大力推行民族压迫，维护女真旧俗，一再拘括汉人田地，分配给女真猛安谋克人户，这是他在位时的消极方面。

**金属**　metal　具良好的导电性、导热性、延展性，并有特殊光泽（金属光泽）的物质。常温下，除汞外都是固体。金属与非金属之间并无严格的界限，常把性质介于金属与非金属元素之间的物质称为半金属。由于一些金属合金也具有金属的特性，因此广义地也可将合金称为金属。工业上通常把金属分为黑色金属和有色金属两大类。黑色金属指铁及其合金（有时也包括铬和锰），其他金属统称为有色金属。有色金属按其

密度又分为轻金属、重金属。按在地壳中的含量、分布及价格，金属又可分为稀有金属、稀散金属、贵金属等。金属元素与其他元素在物理、化学性质上的区别，主要取决于原子结构及其电子的壳层排布。在元素周期表中，有1、2或3个外层价电子的元素是金属，有5、6或7个外层价电子的元素是非金属，有4个外层价电子的元素是半金属。金属间的化学活性有很大的差异，活性最高的是锂、钾和镭，活性最低的是金、银、钯和铂。地壳中丰度最高的金属是铝、铁、钙、钠、钾和镁。

**金属材料** metallic material 由金属元素或以金属元素为主构成的具有金属特性的材料的统称。通常包括纯金属、合金、金属间化合物、金属基复合材料等。

简史 约在公元前5000年，人类已开始使用青铜器，进入青铜器时代。约公元前1200年，人类开始使用铸铁，进入铁器时代。18世纪由于产业革命的兴起，钢铁材料迅速发展并成为产业革命发展的物质基础。随着炼钢技术的发展，合金钢的生产和应用也得到发展。有色金属中，金、银、铜应用较早，钛在1795年被发现，稀有金属和稀土金属虽然早已发现，但20世纪中叶以后才投入生产。稀土元素18世纪末相继发现，稀土的应用始于19世纪80年代。

种类 金属材料通常分为黑色金属材料、有色金属材料和特种金属材料。还可按用途分为金属结构材料和金属功能材料，按生产工艺分为铸造金属材料、变形金属材料、粉末冶金材料以及喷射成型金属材料等。①黑色金属材料。包括含铁大于99%的工业纯铁，含碳2%～4%的铸铁及合金铸铁；含碳低于2%的非合金结构钢，不同合金元素及含量的合金钢、高温合金、金属功能材料以及铬、锰及其合金。②有色金属材料。包括密度小于4.5克/厘米$^3$的镁、铝、钛等及其合金的轻金属材料，密度大于4.5克/厘米$^3$的铜、镍、锌、铅、锡、锑、镉等及其合金的重有色金属材料，钨、钼、钽、铌、锆、铪、钒、铼等及其合金的难熔金属材料，金、银、铂、钯、铑、铱等及其合金的贵金属材料。③特种金属材料。包括不同用途的结构金属材料和功能金属材料。其中有急冷形成的非晶态、准晶、微晶、纳米晶等金属材料和用于隐身、抗氢、吸氢、形状记忆、减震隔音等金属材料。④铸造金属材料。主要有铸钢、铸铁和铸造有色金属等。通过铸造工艺制成零部件。⑤变形金属材料。主要是钢和有色金属。通过热、冷塑性加工成板、管、型材及锻件。⑥粉末冶金材料。见粉末冶金。⑦喷射成型金属材料。将熔化的金属流用高速气体雾化后直接喷射到一定形状的收集器上，使之沉积成为密实的块状材料。

性能 金属材料必须具有良好的工艺性能和使用性能，才能获得广泛的应用。

工艺性能是指金属材料在生产和制造过程中所表现出的性能。例如冶炼、铸造、塑性成型、热处理、焊接、表面防护等过程中所表现出来的流动性、充填性、凝固收缩性、热加工性、冷加工性、可焊性、切削性、淬透性、涂镀层结合强度等。

使用性能一般可分为两类：①结构性能。用于结构零件、部件的材料需根据不同的使用温度、应力、环境介质等条件，进行各种结构使用性能试验，提供设计和使用性能数据。②功能性能。用于功能零件、部件的材料，需要根据不同功能要求和使用条件，进行各种物理、化学性能试验，提供使用可靠性与寿命数据。

**金属电子论** metals, electron theory of 研究金属中电子运动状态及与此有关的电、热输运过程的理论。金属具有良好的导电性和导热性，为解释这点，P.K.L.德鲁特于1900年提出一个简单模型：金属中的价电子是自由电子，它们与金属离子碰撞时可交换能量，并在一定温度下达到热平衡；电子以一定的平均速度运动，可用平均自由时间来描述碰撞的频繁程度。利用这个模型可很好解释欧姆定律、焦耳－楞次定律，以及反映导电性和导热性之间关系的维德曼－夫兰兹定律（一定温度下金属的热导率与电导率的比值为常数），但在解释金属电导率与温度成反比的规律时遇到了困难。为改进德鲁特的模型，H.A.洛伦兹于1904年指出，金属中的自由电子以平均速度运动的模型过于简单，认为与气体分子运动一样，自由电子应遵循麦克斯韦－玻耳兹曼统计，并假定电子与金属离子的碰撞是弹性的。洛伦兹的模型也能解释维德曼－夫兰兹定律，但不能解释为什么自由电子对金属的比热容无贡献这一事实。德鲁特和洛伦兹的理论称为经典的自由电子理论，其局限性来源于电子运动不遵循经典规律。在量子论建立后，A.J.W.索末菲于1928年用费米－狄拉克统计法代替洛伦兹所用的经典统计，解决了经典自由电子理论无法解决的问题。

金属中的自由电子并非真正自由，而是要受到金属离子的周期势场的作用，故上述自由电子理论不能解释金属的全部性质。由F.布洛赫和L.-N.布里渊确立的单电子能带论解释了金属导电性与绝缘体和半导体的差别，并能定量计算金属的结合能，在考虑了金属离子热运动的影响后，在描述金属的导电和导热等输运过程方面均取得了很大成功。

金属中自由电子之间有很强的相互作用，在低温下考虑了电子通过晶格推动相互耦合就能很好地解释单电子理论无法解释的超导电性。研究合金中电子运动规律的合金电子理论也是金属电子论中的重要内容。

**金属腐蚀** metal, corrosion of 金属材料与周围环境发生化学、电化学和物理等作用而引起的变质和破坏。根据腐蚀机理分成化学腐蚀、电化学腐蚀和物理腐蚀三类，前两者（尤其电化学腐蚀）占绝大多数。发生这两种腐蚀时，在金属表面发生了化学或电化学多相反应，金属转入氧化态，使金属的各种性能变差。

化学腐蚀 金属在不导电的液体和干燥气体中的腐蚀，是金属与液体或气体发生的多相反应。金属的高温氧化即属于此类。在化学腐蚀过程中，在金属表面上形成一层氧化膜，它把金属与腐蚀介质隔开，从而使腐蚀速度变慢。

电化学腐蚀 金属与电解质溶液作用所发生的腐蚀，是由于在金属表面形成一个原电池（称为腐蚀电池）而引起的。在腐蚀电池中，被腐蚀的金属作为阳极，被氧化成金属离子。

防止或控制 除一般防腐蚀技术以外，电化学保护是金属防腐蚀的重要措施。它包括：①阴极保护。将被保护金属外加阴极极化以控制或防止腐蚀。阴极保护包括外加阴极电流和牺牲阳极两种方法。②阳极保护。对易钝化金属外加阳极电流，使金属处在钝化区。③添加缓蚀剂。此外，自19世纪70年代以后，通过表面修饰提高金属的耐蚀能力是一项新型技术。例如通过激光表面熔融或离子注入技术改变金属的表面结构或表面组成，以提高耐蚀能力。

**金属光学** metal, optics of 研究金属的光学性质及其与金属物质结构关系的学科。金属最主要的光学性质是它对光的吸收和反射，而反射率和吸收率均由其复折射率$\hat{n}=n-i\chi$决定。式中$n$为实折射率，$\chi$是消光系数，二者常称为金属的光学常数。金属的光学常数$n$和$\chi$随光波长而变。从近红外向长波方向，二者随$\lambda$单调增大，这是由于在此波长范围内金属中的自由电子与光的相互作用起主要作用。从可见光向短波方向，因光子能量较高，金属电子的带间跃迁开始参与作用，使$n$和$\chi$都与金属结构直接有关。金属光学研究电磁波与金属的相互作用，也属于固体物理学范畴。

**金属键** metallic bond 使金属原子结合成金属晶体的相互作用（化学键）。金属原子的电离能低，容易失去价电子而形成正离子和自由电子。在凝聚态金属中，正离子整体共同吸引自由电子而结合在一起。金属键可视为一种高度离域的共价键，但却没有饱和性和方向性。金属键的显著特征是成键电子可在整个聚集体中流动，这使晶态的金属呈现出特有的属性：良好的导热性、导电性和延展性，高的热容和熵值，以及表面具有金属光泽等。

**金属热处理** metal, heat treatment of 通过在一定介质中以适当制度将金属加热、保温和冷却操作，以改变其内部组织结构，而改善物理、化学、力学或工艺性能的一种热加工工艺。主要有淬火、回火、退火、正火、时效和渗碳等。

简史 公元前4000年前，波斯（今伊朗）已能由冶炼经铸造、冷加工和退火制成铜器，最早采用了热处理（退火）。中国春秋战国时期（前770～前221），逐渐大量使用铁器并开始应用热处理工艺。17世纪的明代，中国已是世界最大钢铁生产国，在热处理方面积累了更丰富的经验，在明宋应星所著《天工开物》中有详细的记载。1868年，俄国学者D.K.切尔诺夫最先提出，钢的性能决定于其结构，加热和冷却时在一定的临界温度点结构发生突变，并绘出了最早的铁碳状态图。经后人完善的铁碳状态图成为钢铁热处理的第一个理论依据。20世纪30年代，美国学者E.C.贝茵和苏联学者S.S.斯坦因贝尔格建立了钢的等温转变图（TTT图）。1941年以前又出现了更有实际指导意义的连续冷却转变图（CCT图）。1906年，德国学者A.维尔姆发现硬铝合金和其时效硬化现象。时效硬化处理亦成为一种新的较普遍的热处理工艺。

工艺制度 主要是热处理的加热温度、保温时间和冷却方式。

加热温度 按照工艺的目的和要求，依据合金相图，选定合理的加热温度范围，以获得规定的高温相或组织。加热速率取决于合金的成分和导热性、工件的尺寸和形状。

大型铸钢件的热处理炉

保温时间 工件加热到规定温度后，保温一定时间，以使工件心部也达到工艺要求的温度，保证整体的成分均匀化和高温组织完全形成。

冷却方式 对于钢，主要依据过冷奥氏体转变图特别是连续冷却转变图的分析来选定冷却介质，以保证工件按工艺要求的冷却速率和规律进行冷却，获得要求的组织以及性能，而且变形等缺陷小，无开裂。

种类 通常分为三大类。

整体热处理 为一般热处理，只利用温度的变化来改善整体金属的组织和性能。主要有退火、正火、淬火、回火和时效。

表面热处理 目的是改善金属表面一定深度层的成分、组织和性能。最常用的方法是表面加热处理和化学热处理。常用的化学热处理工艺有渗碳、渗氮、渗硼、碳氮共渗、渗硫、渗铝、渗铬、渗硅、渗钒、渗钛以及多元共渗等。

其他热处理新工艺 有形变热处理、可控气氛热处理、真空热处理和激光热处理。

**金属塑性成形** metal plastic forming 利用金属材料的塑性对其进行成材和成形加工的方法。锻压、轧制和冲压等都属金属塑性成形加工，是材料和制造业的一种主要生产方法。

塑性成形工艺 金属材料的塑性加工可归结为成材和成形两个方面。①工程上常用的各种型材都是经轧制塑性加工而成。有些合金材料，如高强耐热镍基合金铸锭，需要经锻造开坯后轧制成材；有些有色金属和稀有金属冶炼后得到的材料呈海绵状，如海绵钛和海绵锆，要经过一步塑性加工后成材。②金属塑性成形可将金属原材料加工成各种形状、尺寸的毛坯或直接加工成零件。按加工金属材料的形态分为体积成形和板料成形。体积成形统称为锻造或锻压，板料成形统称为冲压。塑性成形的加工工艺还有高能率成形和超塑成形。

塑性成形机械 分为自由锻设备、模锻设备、特种锻造设备、冲压设备及加热设备。按传动方式有：①液压传动，如水压机和油压机；②蒸汽或压缩空气传动，如各种锤类；③机械传动，如各种压力机和特种锻造设备。

锻造加热设备有两类：一种是用燃气或燃重油和电阻加热的室形、半连续和连续炉；另一种是低、中频电感应加热装置。

工艺过程的力学分析方法 分为解析法和数值模拟法。工程上常用的解析法有主应力法（又称切片法）、滑移线法和上限法。金属塑性成形过程的分析方法有有限变形弹－塑性有限元法和刚－塑性有限元法两种。

**金属陶瓷** cermet 由一种或几种陶瓷相与金属相或合金所组成的复合材料。陶瓷相一般是指高熔点氧化物和难熔化合物。金属相则主要是过渡元素铁、钴、镍、铬、钼、钨、钒、铌、钽等或它们的合金。陶瓷相在其中约占体积的15%～85%。金属陶瓷既具金属的韧性、高导热性和良好的热稳定性，又具陶瓷的耐高温、耐腐蚀和耐磨损等特性。由于组成和比例的不同，各种金属陶瓷的性能各异。金属陶瓷分为以陶瓷为基质和以金属相为基质两大类。

以陶瓷为基质的金属陶瓷有：①氧化物基金属陶瓷。是以氧化铝、氧化锆、氧化镁、氧化铍、氧化钍等为基体，与金属钨、铬或钴等复合成的材料。具有耐高温、抗化学侵蚀、高机械强度和良好导热性能等优点。②碳化物基金属陶瓷。是由碳化物与金属黏结而成。碳化物有碳化钛、碳化硅、碳化钨等。以碳化钛应用最广。③氮化物基金属陶瓷。氮化物有氮化钛、氮化硼、氮化硅和氮化钽等，它们具有超硬性（氮化硼除外）、抗热震性和良好的高温蠕变性等。

以金属相为基质的金属陶瓷有烧结铝（铝－氧化铝）、烧结铍（铍－氧化铍）和烧结镍（镍－氧化钍）等。烧结铝中氧化铝的含量约5%～15%，它的高温强度比合金铝高，密度小，易加工，抗腐蚀，导热性能好。常用于飞机和导弹结构件、发动机活塞、化工机械装备及深井钻探管材等。

**金属学** physical metallurgy 研究金属及其合金的组成、组织结构和性能之间的内在联系，以及在各种条件下的变化规律，以有效地使用金属材料和创造有特定性能的新金属材料的应用科学。冶金学的分支。金属学一词，在中国始见于20世纪50年代初，译自俄文Металловедение，科学内容和英文的physical metallurgy（物理冶金学）大致相当。

研究内容 ①合金相结构和组织的形成规律：合金相的形成、相图原理及其测定、合金元素及微量元素在合金相中的分布等合金组成的规律；晶体中原子的扩散过程；晶体重构的相变过程，包括金属的凝固与温度、压力变化下的固态相变；晶体缺陷和金属形变过程中的位错运动；成分及杂质对金属性质的影响，包括超微量元素以及微观和宏观偏析。②材料结构强度和断裂行为；金属材料在各种不同使用条件下的特性变化等；金属的强韧化原理。③金属表面层的成分、结构特征；界面结构、成分偏聚以及沉淀析出等。

新进展 应用电子计算机进行图像处理，可以明显提高电子显微镜的分辨能力，能直接看到金属中单个原子分布的图像。电子显微分析术和各种表面分析设备不断出现，使金属学的发展更加深入。应用激冷技术制成的快冷微晶合金和某些合金体系形成的非晶态金属，都显示出特有的性能。合金设计理论和方法的形成，使新品种、新材料的开发脱离了经验性的束缚；把支配材料性能的因子，如相变、晶粒度与组织、沉淀析出、加工硬化等，构建成材料优化设计的数模和软件，使新一代材料的研究、开发更方便，性能也更接近理想。21世纪面临保护地球环境的更高要求，环境生态材料的研制受到更大关注。

**金属–氧化物–半导体晶体管** metal-oxide-semiconductor field-effect transistor; MOSFET 用平面技术制造的一种场效应晶体管。简称MOS场效应晶体管。平面技术是用一系列半导体工艺将晶体管、元件、导线等都做在硅平面上（见集成电路）。场效应晶体管包括源极、漏极、栅极和连接源漏的沟道。栅极和沟道之间的绝缘层是二氧化硅层。二氧化硅层很薄（小至几纳米），通过栅极能有效地控制沟道的电导特性。MOSFET是大规模及超大规模集成电路中采用得最为广泛的半导体器件，主要用作二进制计算的逻辑电路，分为增强型和耗尽型两类。

**金丝猴** *Rhinopithecus*; golden monkeys 灵长目猴科金丝猴属种类的统称。中国特产动物。因全身被金黄色长毛得名；又因鼻骨极度退化而形成上仰的鼻孔，故又称仰鼻猴。分布于中国四川、甘肃、陕西、

滇金丝猴

湖北神农架地区、贵州梵净山、云南西北与西藏接壤处。体型魁梧，四肢粗壮，是猴类中较大的类型。吻部突出，脸部皮肤蓝色。头圆耳短。体长50～83厘米，尾长51～104厘米，雄性体重15～20千克，雌猴较小，体重约8～10千克。雄猴犬齿发达，牙齿32枚。多数时间树栖，适于生活在湿冷的环境，出没于海拔2 000～3 600米的树林。集群生活，每群数十只至数百只。主要吃树叶、嫩枝、花果、树皮、树根以及树衣或松萝，亦食昆虫和鸟蛋。怀孕期180～210天，每胎产1仔。已被中国列为一类保护动物。

**金丝燕** *Aerodramus*; cave swiftlets 雨燕目雨燕科金丝燕属鸟类的统称。有27种。跗跖全裸或几乎完全裸出，尾羽的羽干不裸出。体形轻捷。雌雄相似。嘴细弱，向下弯曲；翅膀尖长；脚短而细弱，4趾都朝向前方，不适于行步和握枝，只有助于抓附岩石的垂直面。上体羽色呈褐至黑色且带金丝光泽，下体呈灰白或纯白色。有回声定位能力，能在全黑的洞穴中任意疾飞。嘴里能分泌出一种富有黏性的唾液，把筑巢的材料（如藻类、苔藓、水草等）黏结在一起。褐腰金丝燕、灰腰金丝燕、爪哇金丝燕和方尾金丝燕用以造巢的唾液一经风吹就凝固起来，形成半透明的胶质物，即俗称的燕窝。

产燕窝的金丝燕大部分布在印度、东南亚、马来群岛，营群栖生活。中国西部、西南部以至西藏自治区东南部均产有短嘴金丝燕，但它们不出产可供食用的燕窝。

**金斯** Jeans, James Hopwood (1877–09–11～1946–09–16) 英国天体物理学家。生于兰开夏的奥姆斯柯克，卒于萨里的多金。1896年入剑桥大学三一学院，后被选为该院院士。曾任普林斯顿大学应用数学教授。英国皇家学会会员。1904年金斯发表了名著《气体动力论》，书中他重新推导了气体分子运动论的定理，在气体的扩散、热传导和黏滞性中引入了新的改正因子。1905年，他改正了瑞利在1900年所提出的热辐射公式中的一个数值错误，以后此公式被称为瑞利–金斯公式。1914年他发表《辐射和量子论的报告》，利用旧量子论深入地分析了辐射与自由电子的相互作用。此后他主要致力于天文学研究，从理论上证明了一个转动的在自重力作用下收缩的质量球不可能形成行星系统。他还讨论了双星和旋臂的形成问题、自重力系统的不稳定性问题（金斯不稳定性），以及太阳系的起源问题（行星起源的潮汐说）。他还写了《神秘的宇宙》(1930)、《物理科学的产生》(1947) 等科普著作。

**金斯敦** Kingstown 圣文森特和格林纳丁斯首都，全国最大城市和重要港口。位于圣文森特岛西南岸，濒临金斯敦湾。人口约1.7万（2003）。始建于18世纪初。工业部门主要有榨油、轧棉、制葛粉、化肥、卷烟、肥皂、饮料等。港湾水深隐蔽，建有深水港，为全国进出口物资的主要集运点。城东南建有阿纳斯瓦国际机场，可通往西印度群岛的其他岛屿。市内有众多的教堂和古堡，最著名的有建于1820年的圣玛丽天主教大教堂。有海滨疗养地，市郊有比莱矿泉。公路通各沿海居民点。为加勒比地区重要的旅游胜地和交通中心之一。

**金斯敦** Kingston 牙买加首都，全国最大城市和港口。世界第七大天然良港。位于

牙买加金斯敦议会中心

牙买加东南海岸，濒临金斯敦湾。是南美洲同北美洲之间的重要交通枢纽，为加勒比海的主要中转港口。人口97万。属热带雨林气候。年平均气温约27℃。1692年建城。1872年起为牙买加首府。历史上曾遭受火灾和飓风灾害。1907年1月遭地震破坏后重建。全国最重要的工业中心。主要工业有铝土开采、烟草、木材加工、制糖、造纸、食品加工、纺织及冶金等。世界良港，可停靠大型海轮。20世纪80年代，在海滨区改造旧码头，建起旅馆、商店、事务所、文化中心以及游艇和货船码头。有铁路和公路通往全国主要城镇，并建有机场通国内、国际航班。东部郊区的霍普有罗亚尔植物园，附近的莫纳设有西印度大学(1962)。市内有牙买加学院、博物馆和美术馆。

**金素月** Kim So-wol (1902–08–06～1934–12–24) 韩国诗人。原名金廷湜。生于平安北道龟城。自幼随祖父学习汉文。1923年入日本东京商业大学，同年关东大地震后回国。1924年与金东仁一道办《灵台》杂志，1926年开始经营《东亚日报》支局。一生共发表270多篇（包括译诗17首）诗作，感情真挚，抒情性强。脍炙人口的《金达莱花》(1922) 是具有多重意义的作品。《招魂》(1929) 是他的代表作。作品格调激昂，感情深沉。在诗歌形式方面，他在继承传统的民谣风的基础上，接收新体诗的七五调形式，对韩国现代诗歌有开拓意义。

**金粟兰** *Chloranthus spicatus*; chu-lan tree 金粟兰科金粟兰属的一种。又称珠兰。分布于中国云南、贵州、四川、福建、广东等省。野生种已较少见，多为栽培种。常绿半灌木。单叶，对生，椭圆形或倒卵状

椭圆形，边缘有圆齿状锯齿；叶柄基部微合生；托叶微小，穗状圆锥花序。花小，两性，无花被，黄绿色，极芳香，无梗；雄蕊3，花药融合生成一卵状体，中央裂片较大；雌蕊心皮1，子房下位，1室；花期4～7月。小核果倒卵形，果期8～9月。花和根状茎可提取芳香油，鲜花用来制茶，称珠兰茶。

**金太宗完颜晟** Emperor Taizong of Jin Dynasty (1075～1135) 中国金朝皇帝。女真族。女真名吴乞买，汉名完颜晟。金太祖完颜旻之弟。收国元年（1115），为谙版勃极烈辅政。天辅七年（1123）九月，继帝位（太宗），改年号天会。随后，继续发兵攻辽，天会三年（1125），俘辽天祚帝耶律延禧，辽亡。同年十月，命金军分两路攻北宋。西路军受阻于太原；东路军长驱直入，兵围宋东京开封府（今河南开封）。迫使宋割地称侄。次年八月又发兵攻宋。年末，金军破开封城，俘徽、钦二帝，北宋亡。占领中原后，立宋降将刘豫为傀儡皇帝，国号齐，管辖山东、河南、陕西之地，作为金朝属邦。南宋建立后，屡发兵攻南宋。在位期间，不断调整完善统治制度。中央仍实行勃极烈辅政制。军事制度仿辽、宋旧制，设都元帅府，成为最高军事机构。在女真本土上京路等地，沿用女真统治制度。在燕云地区，采用汉制，设尚书省。开科举，考选汉、契丹等族官员。下诏在女真旧地实行赋税制，设立牛头税。命大批女真人迁移内地，俘掠汉人迁徙女真地区。规定权势之家不得买贫民为奴，禁止内外官及宗室不得私役百姓，并多次下诏和遣使劝农。天会十三年正月病逝，在位13年。

**金太祖完颜旻** Emperor Taizu of Jin Dynasty (1068～1123) 中国金朝开国皇帝。女真族。女真名完颜阿骨打。汉名完颜旻。按出虎水（今黑龙江哈尔滨东南阿什河）女真完颜部人。天庆三年（1113）任女真各部联盟长，称都勃极烈。四年，起兵反辽。攻占混同江东的宁江州（今吉林扶余东南小城子）；又于出河店（今黑龙江肇源西南）大败辽军。乘胜破宾州（今吉林农安东北）、祥州（今吉林农安东北）、咸州（今辽宁开原老城镇）等地。五年正月，建国号金，年号“收国”，都会宁府（今黑龙江阿城南白城子）。九月，统率金兵攻克辽北重镇黄龙府（今吉林农安）。十二月，于护步答冈（今黑龙江五常以西）破辽天祚帝耶律延禧亲征大军。次年，夺取辽东半岛以东地区。遂加号大圣皇帝，改年号为天辅。天辅三年（1119），颁行女真文字。四年，再次率军攻辽。三年间，占领辽上京、中京、西京等地，辽天祚帝西逃夹山（今内蒙古土默特左旗东北大青山）。完颜旻亲自统军占领辽南京析津府（燕京，今北京），派兵追击天祚帝。七年八月，领兵返回上京。途中病逝。

**金坛市** Jintan City 中国江苏省辖县级市。位于省境南部，西依茅山，南濒长荡湖。面积976平方千米。人口55万（2010），有汉、回、朝鲜、土家等民族。隋开皇十五年（595）置金山府，隋末为金山县。唐垂拱四年（688）置金坛县。1993年撤县建县级市。由常州市代管。矿产有岩盐、煤、石灰岩、膨润土等。主要农作物为稻、麦、油菜、棉花等。工业有冶金、电子、机械、医药、化工、纺织、服装、建材等。为段玉裁、华罗庚故里，并建有纪念馆。名胜古迹有太平天国戴王府、本善桥、顾龙山古建筑群，以及三星和北渚荡新石器时代遗址等。

**金天翮** Jin Tianhe (1874～1947) 中国诗人、学者。江苏吴江人。卒于苏州。原名懋基，又名金一；改名天翮、天羽；字松岑，号鹤望；笔名壮游、麒麟、爱自由者、天放楼主人等。自少厌科举帖括，重经世之学。清光绪二十四年（1898）荐经济特科，不就，在家乡兴办学校。二十九年（1903），参加中国教育会及爱国学社。辛亥革命后被选为江苏省议员。曾任吴江县教育局长、江南水利局长、安徽通志馆长。1932年参与发起苏州国学会。日本占领吴江后到上海任光华大学教授。抗日战争胜利后返乡。

金天翮较早接受启蒙思潮影响，曾翻译日本宫崎寅藏宣传孙中山革命事迹的《三十三年落花梦》和写俄国虚无党的《自由血》等书。同时一度支持文学界革命。著《余之文学观》，号召“独立改制”，“赤手开创”文学之“新纪元”。发表于《新小说》的《论写情小说与新社会之关系》，强调小说的社会作用，呼应小说界革命，并始创小说《孽海花》。

他的主要成就在于诗。承黄遵宪“新派诗”而发展，诗作内容较广阔。《感事》、《政变》、《辽东》、《辛亥纪事》等反映中日甲午战争、戊戌变法、庚子事变、辛亥革命等重大政治事件；《田家新乐府》、《挑菜女》、《牧牛童》等写农家辛苦。《招国魂》、《都踊歌》、《读黑奴吁天录》、《题万国演义》、《虫天新乐府》等表现对列强环伺下祖国命运的忧虑，呼唤民族奋起。还曾编《新中国唱歌集》，提倡写新歌词。

约从1907年后，转向国粹主义。五四运动后，与章太炎、高燮等相率提倡“国学”，尊崇孔子“集千圣百王诸先哲之大成，传万世一系之文化”，在有些方面一反早年主张。著有《孤恨集》、《天放楼诗集》、《天放楼文言》、《天放楼续集》、《元史纪事本末补》、《鹤舫中年政论》、《三大儒学粹》等。

**金铁霖** Jin Tielin (1940－06～ ) 中国声乐教育家。满族。黑龙江哈尔滨人。1965年于中央音乐学院声乐系毕业后，任中央乐团独唱演员和男高音声部长。1981年调入

中国音乐学院，专门从事声乐教学。历任中国音乐学院声乐系主任、教授、院长。1999年12月当选为第五届中国音乐家协会副主席。先后撰写了30多篇有关声乐方面的论文，其中《民族声乐的学习和训练》一文获1990年首届国家优秀教学成果奖。1997年3月被中华人民共和国文化部授予“有突出贡献中青年科学、技术、管理专家”称号。1999年获文化部颁发的区永熙音乐教育突出贡献奖。

**金万昌** Jin Wanchang (1871～1943) 中国梅花大鼓艺人。满族。北京人。早年先拜张德海（艺名张群）为师学唱八角鼓，兼演双簧，后拜早期梅花大鼓艺人文玉福（一作文玉森）和綦凤翔学唱“清口大鼓”（梅花大鼓自娱演唱时期的称谓），并与弦师韩永禄及苏永元等对“清口大鼓”进行改革，标榜为“梅花大鼓”。他所演唱的梅花大鼓在原来的板腔体唱腔中插用曲牌唱腔，开梅花大鼓唱腔之新声，人称“牌子大鼓”。其在表演中所综合运用的皮捧、逗打、联珠

金万昌（立者）演唱梅花大鼓

和躲闪等击鼓方法与技巧，成为与琴弦伴奏珠联璧合的演奏绝艺。后又借鉴京韵大鼓的表演程式，使梅花大鼓由演唱到做功更趋成熟，时称“金派”，他本人则被誉为“梅花鼓王”。20世纪40年代初，《大西厢》、《活捉三郎》和《安安送米》等长期在电台播唱，其中多种被灌制成唱片发行。弟子以刘连玉、白奉霖和白玉珍等较为有名。

**金万重** Kim Man-jung (1637～1692) 朝鲜王朝时期小说家。字重叔，号西浦。自幼随母习《诗经谚解》、四书、《十八史略》、《左传》和唐诗。1665年文科及第，历任大提学、判书等职。因反对肃宗废正妃闵氏改立女宠张禧嫔而受到迫害。于1687年

和1689年两度被流放，最后死于南海谪所。死后6年，官职得到恢复。

金万重所作诗、赋、笔记小品均收在《西浦集》和《西浦漫笔》两书中。他擅长乐府诗，有《巫山高》、《乌栖曲》等，基调伤感。主要成就在小说方面。作品《谢氏南征记》写翰林刘延寿之妾乔彩鸾阴险毒辣，陷害善良的正妻谢贞玉，唆使刘延寿将她逐出家门。后来真相大白，刘延寿夫妻团圆，乔彩鸾受到惩罚。《九云梦》写南岳衡山莲花峰道场六观大师之徒性真和尚因动凡心而嬉戏八仙女，被贬入凡间为书生杨少游，先后与贬入凡间的八位仙女缔结姻缘。在享尽荣华富贵之后，大彻大悟，同皈佛门，表明人间的荣华富贵不过是"一场春梦"。两作品都是用朝鲜文创作的，对朝鲜国语小说文学的发展作出了贡献。两作品已有中译本。

**金文** bronzeware script　中国古汉字一种书体的名称。商、西周、春秋、战国时期铜器上铭文字体的总称。清代吴式芬把商周铜器铭文编成《攈古录金文》一书，收集的资料多，考释严谨，影响颇大，金文一词遂有了界说。这时所谓金文皆指整篇的铭文，不称单字。1925年容庚编《金文编》把商周铜器铭文中的字按照《说文解字》的顺序编为字典，从此金文成为一种书体名称。金文出现在商代中期，资料虽不多，年代都比殷墟甲骨文早。金文下限断在秦灭六国，也就是秦用小篆统一中国文字时。宋代人收藏铜器极重视铭文，如吕大临《考古图》等；也有专门摹刻铭文的，如王俅《啸堂集古录》等；把铭文中的字编为字典则有王楚和薛尚功《钟鼎篆韵》。清代由于《说文》之学兴盛、声韵训诂研讨日深，在这种学风的影响下，铭文研究进步较快，不断出现专家，如孙诒让《古籀拾遗》、《古籀馀论》、《名原》等，皆有创见。王国维《两周金石文韵读·序》对时间地点观念很清楚。郭沫若《两周金文辞大系·序文》说："当以年代与国别为之条贯……余于西周文字得其年代可征或近是者凡一百六十又二器……其依据国别者，于国别之中亦贯以年代，得列国之文凡一百六十又一器。"这在金文研究中是划时代的创举。1985年容庚《金文编》修订第四版采用铭文3 902件，收正文（可识的字）2 420字，附录（还不能确定的字）1 352字，共计3 772字。先秦文字资料不限于金文，而金文终究是主要的，它反映秦用小篆统一文字前一千多年间中国文字发展变化的基本情况。

**金熙宗完颜亶** Emperor Xizong of Jin Dynasty (1119～1149)　中国金朝皇帝。女真族。女真名合剌，汉名完颜亶。金太祖完颜旻嫡长子完颜宗峻之长子。天会十年（1132），在完颜宗幹、完颜宗翰、完颜宗辅、完颜希尹等诸宗亲勋贵的支持下，受任为谙版勃极烈，确定为皇位继承人。十三年，金太宗死，即帝位（金熙宗）。

金熙宗即位前曾受学于汉人文士韩昉，能用汉文赋诗作字，喜雅歌儒服。即位以后，尤勤于汉文典籍的学习。还对女真旧制进行了一系列的改革。废除勃极烈制度，改行辽、宋的汉官制度，设三师（太师、太傅、太保）、三省（尚书、中书、门下）。天眷元年（1138），正式颁行官制及换官格（将原女真、辽和宋的官职依照新制统一换授），并确定封国制度，规定百官的仪制与服色，号为"天眷新制"，同时任命卢彦伦营建宫室。当年还正式颁布女真小字，较女真大字笔画简省（见女真文），皇统五年（1145）正式行用。金熙宗时，女真贵族派系斗争激烈。完颜宗翰于金熙宗即位之初，即被罢免都元帅，完全削除兵权。天会十五年，金廷杀其亲信尚书左丞高庆裔等，完颜宗翰愤郁而死。金朝遂废完颜宗翰支持的刘豫齐国傀儡政权，设行台尚书省于汴京（今河南开封）。天眷元年，完颜宗磐、完颜宗隽、完颜昌等把持朝政，力主对宋和议，割让河南、陕西之地，诱使宋对金称臣。二年，金熙宗依靠完颜宗弼、完颜宗幹、完颜希尹等，先后杀完颜宗磐、完颜宗隽、完颜昌等人。完颜宗弼掌握金朝军政大权，于天眷三年率重兵攻宋。金军被宋将刘锜、岳飞等击败，仍于宋军班师后，夺取河南之地。皇统元年十一月，宋、金达成和议，南宋向金纳币称臣，双方划定以淮水为界。宋金南北对峙的局面基本形成。

自完颜宗幹、完颜宗弼等辅弼大臣死后，皇后裴满氏干预朝政。皇统二年十二月，皇太子完颜济安死，由于裴满氏的牵制，皇嗣始终无法确立。金熙宗酗酒，乘醉杀人。其弟完颜元、完颜查剌、裴满后及妃嫔多人都遭杀戮，群臣震恐。九年十二月，太祖孙、完颜宗幹子完颜亮、驸马唐括辩，寝殿小底大兴国等合谋将熙宗刺死。在位15年。

**《金玺诏书》(1356)** *Golden Bull of 1356*　神圣罗马帝国皇帝查理四世（1347～1378年在位）于1356年颁布的帝国基本法。全称《查理四世皇帝金玺诏书》。因诏书上盖有黄金印玺，故名。其主要内容为确定国王选举法和规定诸侯权限等。1356年1月和12月分别在纽伦堡和梅斯的帝国议会上公布。《金玺诏书》除序言外，共31章。《金玺诏书》从法律上确定了德意志侯国的分立体制，是侯国实行君主体制的法律根据。它进一步削弱了王权，加剧了德意志的政治分裂。1806年神圣罗马帝国灭亡后，此诏书失去意义。《金玺诏书》的原件今保存在维也纳国立图书馆。

**金星** Venus　太阳系八行星之一。从地球上看，它是最亮的行星。中国古代以"启明"和"长庚"分别称黎明前东方的晨星和黄昏后西方的昏星，西汉之后始称"金星"，民间俗称"太白"。最亮时可达－4.7视星等（见星等），它的亮度是天上最亮的天狼星（大犬α）的19倍，最暗时的亮度仍是天狼星的8倍。金星是除太阳、月球和某些罕见的偶现天体外星空中最亮的星。

"水手"10号行星际探测器拍摄的金星全景（选自《天文博物馆》）

金星和太阳之间平均距离为0.723 3天文单位（AU）。金星的轨道偏心率$e$小于0.01，与太阳距离的变化幅度很小。由于离太阳的距离近，和太阳的角距离最大也不超过48°，所以作为晨星时只能出现在东南天空，作为昏星时只能呈现在西南天际，永远不会运行到正南方。它的反照率是0.72，在四个类地行星（水星、金星、地球和火星）中是最大的。金星是内行星，用望远镜观测可见到有类似月球的相位变化。金星的视直径变化幅度很大，距离地球最远时为10角秒，距离地球最近时达64.5角秒。

公转和自转　金星公转轨道面与黄道面的交角3.39°。公转运动的平均轨道速度35.0千米/秒，公转周期224.7个地球日。赤道和公转轨道的倾角等于177.4°。金星的自转运动很慢，是八行星中最慢的，自转周期为243个地球日。金星自转方向也与其他大多数行星相反，称为逆行，即从东往西顺时针自转。公转和自转两者的合成效应是金星上一个金星日（从日出到下一个日出的时间间隔）长达117个地球日，即在一个金星年中只能见到两次太阳升起，而且是西升东落。由于轨道偏心率和轨道倾角都很小，金星上没有明显的季节变化。当金星处在"上合"方位，即处在太阳和地球轨道之间，且同时又在黄道附近，三者近似地处在同一视线上时出现"金星凌日"天象。这时只要用滤光片一类的器件减弱强烈日光，就能看到在太阳圆面前从东往西缓缓穿行的小黑圆斑状的金星。"金星凌日"现象每两次为一组，两次之间相隔8年，但两组之间的间隔却长达100多年。最近一组的两次"金星凌日"分别出现于2004年6月8日和2012年6月6日。

理化状况 金星赤道半径6 052千米，约为地球的95%。质量约为地球的82%。体积约为地球的85%。椭率为0.0。金星的平均密度5.24克/厘米$^3$，表面的重力加速度8.87米/秒$^2$。表面物体的逃逸速度10.4千米/秒，比地球的（11.2千米/秒）略小。金星也是类地行星，但许多方面与地球差异悬殊。金星具有一个厚大气层，地表的气压95帕，为地球表面大气压力的95倍。由于强烈的温室效应，昼夜温差很小。表面温度高达740K，足以融化铅，成为行星上的最热点。与地球的富氮大气不同，金星大气的主要成分是二氧化碳。大气中不含水，而含硫酸。金星地貌主要起源于火山活动，至少在最近的演化阶段没有大陆漂移和板块活动的迹象。根据雷达测高，全球表面基本为平原，90%的表面与平均半径的高差起伏在-1.0千米和2.5千米之间。空间探测确认金星没有磁场。金星没有卫星。

空间探测 金星的空间探测始于1962年，是飞行器造访次数最多的行星。“水手”号行星际探测器系列（美国）：“水手”2号于1962年首次飞掠金星。1967年“水手”5号、1974年“水手”10号相继升空，主要任务是就近考察金星大气，拍摄了3 500幅不同距离的图像。“金星”号探测器系列（苏联）：“金星”4号于1967年首次成功飞临，1970年“金星”7号首次着陆。1972～1983年“金星”8～16号相继考察，拍摄表面图像，实施地质化学测量，测定放射性元素含量，测绘分辨率1～2千米的北极附近地形地貌。“麦哲伦”号金星探测器（美国）：“麦哲伦”探测器是一个雷达测绘飞行器，1989年由航天飞机发送近太空。1990～1994年期间完成金星全球98%地表的测绘，分辨率120～300米。

**金熊奖** Golden Bear Awards 柏林国际电影节大奖。

**金秀瑶族自治县** Jinxiu Yao Autonomous County 中国广西壮族自治区来宾市辖自治县。位于自治区境东中部。面积2 517平方千米。人口15万（2008）。秦属桂林郡地，汉属荔浦、桂林两县地。1942年置金秀设治局。1952年设大瑶山瑶族自治区（县级），1955年改设大瑶山瑶族自治县，1966年改金秀瑶族自治县。矿产有重晶石、铁、铜、锑、金、银等。盛产松、杉、竹等林木。农作物有水稻、花生、玉米等。特产有灵香草、八角、千金草、大鲵、木耳等。工业有电力、农机、造纸、化工、制药、建材、木材加工等。名胜有天堂岭、长滩河谷、金秀老山、圣堂山等。

**金眼鲷目** Beryciformes; beryciform fishes 硬骨鱼纲辐鳍鱼亚纲的一目。有3亚目14科约38属164种。西太平洋最多，大西洋西部较多。该目鱼类尾鳍分枝，鳍条18～19，前缘有棘状鳞；腹鳍腹位、胸位或喉位，鳍棘0～1，鳍条6～10（少数为3或5）；背、臀鳍多有鳍棘；有栉鳞、圆鳞或无鳞；犁、腭骨及翼状骨常有齿；常有眶蝶骨及眶下骨棚；有基蝶骨；鳃膜条骨4～9；鳃3～4个；常有鳔，少数尚有鳔管。除鳔科生活于热带珊瑚礁区浅海外，多为深海或远洋近底层鱼类，有些水深可超5 000米，常垂直洄游，昼降海底，夜升至水的上层。

**金焰** Jin Yan（1910-04-08～1983-12-27）中国电影演员。生于汉城（今首尔）。原名金德麟。1912年随父入中国籍。1927年被民新影片公司录取为表演学员。1929年开始拍摄影片。主演的武侠片有《风流剑客》等，以反封建为主题的有《野草闲花》、《恋爱与义务》、《桃花泣血记》等，左翼电影有《三个摩登女性》、《母性之光》、《大路》、《新桃花扇》、《壮志凌云》等。他的表演朴实、真挚、热情，受到观众喜爱。抗日战争时拍了《长空万里》。抗战胜利后，又有《迎春曲》、《乘龙快婿》、《失去的爱情》等影片。1949年后在上海电影制片厂拍摄了《母亲》、《海上的红旗》等片。20世纪50年代末因病告别影坛。

**金耀门文书库** Jinyaomen Archives 中国宋代中央档案库。位于都城开封金耀门外。始建于宋景德三年（1006），专储盐铁、度支、户部三司账籍文案。真宗天禧五年（1021）规定：天禧元年后账籍，由三司置库架阁；所有天禧元年前账册，经整理编排后由金耀门文书库架阁收储。时人称三司文书仓，俗称故文书仓。至徽宗崇宁年间，六部置架阁库，规定成案留部二年，送各部架阁库，再保存八年，交金耀门文书库，其遂为中央档案库。何时裁撤，无考。

**金怡濂** Jin Yilian（1929-09-05～ ）中国计算机专家。国家并行计算机工程技术研究中心主任、研究员。生于天津。1951年毕业于清华大学电机系。1956～1958年在苏联科学院精密机械与计算技术研究所进修电子计算机技术。中国高性能计算机领域的专家，中国巨型计算机的开拓者之一。先后提出多种居国内领先或国际先进水平的大型、巨型计算机系统的设计思想和技术方案，取得创造性的成果。是“神威”巨型计算机系统的总设计师，为中国赶超世界计算机先进水平作出了重要贡献。1994年当选中国工程院院士。1997年获何梁何利基金科学与技术进步奖，2002年获国家最高科学技术奖。中国计算机学会名誉理事。2010年5月，国际小行星中心将第100434号小行星永久命名为“金怡濂星”。

**金银器** gold and silver works 用纯金和纯银或大部分是金和银所制作的物品。由于产量稀少、价格昂贵、外观华丽，自古以来人们就把金和银视为权力、地位和财富的象征，或是作为宗教上敬虔的表征。金银器的用途非常广泛，涉及高级艺术制品和普通生活所需品。

依照使用范围，金和银制品可分为饰品和饰件、日常生活器具、特殊用途的物品三大类。金、银在纯质时很软，所以常会掺杂一些其他金属形成合金，以增加强度便于加工。例如，金常加入银或铜，银常添加铜作为合金元素。金银器的制作工艺有捶击、旋压、浇铸、切削、焊接、铆接、抛光、镀金、镶嵌和焊缀等。传统的成形技术是捶击。

金银器的制作在不同的地区有着不同的发展进程，又互相影响。亚洲是世界上较早制作金银器的大洲之一。公元前第3千纪的伊拉克乌尔王朝陵墓出土了镂空金杯、金牛头竖琴和以金为装饰的头饰、武器。在土耳其特洛伊城址的王族宝库中发现了银酒杯等饮酒器皿。叙利亚的拉斯萨姆拉城址赫梯帝国时期（公元前1500～前1300）的王宫已使用金碗等器皿和银制神像。伊朗萨珊王朝的遗物则以银器最为流行。中亚等地的安诺文化、萨尔马泰文化的金银工艺品以饰品为主。斯基泰游牧民族有独具特色的动物形态金银装饰品。中国早在商代已有金制装饰品。汉代以后，随着丝绸之路的开通，西方金银器皿和钱

装舍利瓶的金棺、银椁（甘肃泾川唐大云寺塔基出土）

币传入中国。盛唐时期，金银器的制造达到顶峰，器类繁多，包括各种日用器皿和与佛教有关的舍利棺椁（见图），造型和图案形成富丽堂皇的风格，已使用了成形和装饰的所有工艺。印度金银制品最为重要的是佛教的舍利（遗骸）盒，其制作风格和技巧影响着南亚地区。

欧洲金银器皿的制作有着悠久的传统。东欧南部的迈科普文化（前3500～前3000年）已有金银容器和饰物，装饰风景和野兽纹图案。希腊的迈锡尼文明墓穴曾发掘出许多金银壶、杯、碗等器皿。意大利西北的伊特鲁里亚文化早期制造出许多金银餐具和珠宝，饮酒器具的外观大都带有希腊风格。罗马帝国时期，律法规定只准皇室使用金制器具，富有的罗马人餐饮用具多为银器。拜占廷后期，金匠在珐琅装饰中将深蓝和粉红作为装饰色施于金色之上，为西欧各国竞相效仿。在中世纪的欧洲，不少与宗教有关的制品以金、银装饰或制作。自13世纪后期开始，欧洲器皿的制作受到哥特式建筑独特造型的影响，追求外观的华丽和色彩的鲜艳。从15世纪的文艺复兴起，金银器的创作风格先后流行新古典主义、风格主义、巴罗克风格、洛可可风格、仿古风潮等。19世纪初期，欧洲金银器的整个制造、加工过程已进化到完全由机器完成。1920～1930年，金银器的制作趋向实用，快速的机械加工方法取代了一些传统加工工艺。

非洲通常多用金银作珠宝和武器的装饰。埃及第1王朝时就已制出华丽的珠宝和以金为装饰镶边的武器。在图坦哈蒙墓中，最内层的人形棺、木乃伊面罩和武器由金制成，二重木棺和木家具上也贴着饰板。古埃及的传统技艺还影响着后代王朝的金面具和珠宝的制作。

在美洲，金银更多地用于制作雕像、饰物和纪念品。秘鲁的查文文化出现金制品。500年左右，银器被广泛地使用。莫奇卡文化的金属加工技术较发达，有金银制品以及金铜合金。印加帝国的金银制品十分独特，有金制神像、人与马雕像、木乃伊面具和装饰等。墨西哥米斯特克文化精美的金盔、徽章等工艺水平超过当时的欧洲。阿兹特克文明则将金用于制造盾牌、项圈和表示日月的饰品。美国的银器制造始于17世纪欧洲银匠的迁入，20世纪及21世纪初，金银器制作趋向实用主义，器皿类基本由机械加工完成。

**金庸** Jin Yong (1924-02-06～ ) 中国香港武侠小说家。本名查良镛，笔名金庸是“镛”的拆字。生于浙江海宁。1944年考进重庆国立政治大学外交系，1946年去上海东吴大学法学院，1948年被调入复刊的香港《大公报》。在任职《新晚报》副刊编辑时，

与梁羽生同事，常在一起谈论武侠小说。在梁羽生以《龙虎斗京华》一书打响后，他于1955年初试身手，以金庸之名写出第一部武侠小说《书剑恩仇录》。1959年创办《明报》，1966年创办《民报月刊》。凭着他的武侠小说《神雕侠侣》和《倚天屠龙记》等撑起《明报》大业。至1972年《鹿鼎记》创作完成封笔，他在17年的时间里，共创作武侠小说15部，将这些小说书名的第一个字组成一副对联：“飞雪连天射白鹿，笑书神侠倚碧鸳。”这些小说均曾被改编成电影或电视剧，流传甚广。

金庸武侠小说思想意识上的独特之处，在于他能够对传统的文化观念有所反省。旧派武侠小说常与民族主义紧密相连，如征讨异族、反清复明等，而金庸的《鹿鼎记》通过康熙之治与明朝的腐败对比等情节，对用民族之别代替是非之别提出了疑问，对不易察觉的汉族中心主义进行了反省。在通常的武侠观念中，坏人被诛天经地义，金庸小说却对暴力提出了质疑，较为难得。金庸小说塑造了许多让人印象深刻的人物形象，如郭靖、乔峰、令狐冲、岳不群、韦小宝等。金庸对人性的理解突破了通常武侠小说的平面化模式，而力求写出人物的复杂性。他还擅长写情，在情感的纠葛中展示人物的心理。在题材上，金庸小说常假借历史，寓虚构的故事于史实之中。在故事结构上，则往往曲折错综，极具想象力，既出乎意料又合乎情理。在语言上，金庸小说继承了古代白话小说的叙述语言，在现代白话文学之外成就了另外一种具有传统渊源的文学形式。

金庸还是著名的社会活动家和学者。曾任香港特别行政区基本法起草委员会委员。还是北京大学名誉教授，英国牛津大学名誉院士，浙江大学人文学院名誉院长等。

**金泳三** King Yong Sam (1927-12-20～ ) 韩国总统（1992～1998）。生于庆尚南道巨济岛。1952年毕业于汉城大学文理学院哲学系。1974年在美国获名誉博士。1951年任总理秘书。1954和1960年两次当选为国会民议院议员。1961年任新民党青年部长。1963年任民政党宣传部长。1985年任民众党院内总务兼发言人。1967年任新民党院内总务。1971年任韩国问题研究所所长。1973年任新民党副总裁、政务会议副议长。1974年任新民党总裁。1976年任新民党顾问。1979年再次当选为新民党总裁。1987年任民主党总裁，并被提名为总统候选人，后落选。曾历任第6～第10和第13届国会议员。1990年民正、民主、共和三党合并后，任民自党最高委员。1992年12月当选为韩国第14届总统。上任后，采取了比较严厉的廉政措施。1998年2月卸任。

**金鱼** goldfish 鲤科鲤亚科鲫属的观赏种。是野生红鲫在长期人工饲养及选育下家化而成的观赏鱼。形态各异，色彩缤纷，品种繁多，世界各国都有饲养，但以中国和日本最为普遍。

**形态和变异** 金鱼的体型有纺锤型、长身型、短身型及介于后两者之间的中间型，而各型在头部、鳞片、体色、鳍等方面还存在众多的变异。

**头部** 一般略呈三角形，通称平头。有的头部较宽大，头顶和两颊皮肤上有肉瘤；有的头狭而呈尖形。口前位，有些因面颊上的肉瘤发达且凸出而口部内缩。鼻孔有鼻瓣，有的鼻瓣发达，形成一簇肉质小叶，如绒球。眼睛位于头两侧中央、圆形。

**鳞片和体色** 鳞片有正常鳞、透明鳞和珍珠鳞之分。这是因鳞片有无反光组织和色素细胞而形成的。体色有灰、红、黄、黑、白、紫、蓝以及由两三种颜色相间的色斑组成的体色。

**鳍** 胸鳍形状因品种而异。有的呈三角形，有的呈椭圆形。有的缺少背鳍。大多数品种有正常背鳍。同一品种有具双臀鳍的，也有具单臀鳍的，通常具有双臀鳍是优良性状。尾鳍有单尾鳍和双尾鳍之分。除金鲫外，均为双尾鳍。

**分类和品种** 金鱼可分为金鲫种、文种、龙种、蛋种四大类。

**金鲫种（草金）** 体形像鲫，单尾鳍。主要有：①红鲫。品种有红鲫、银鲫、花色鲫等。②燕尾。尾鳍特别长，超过体长的一半以上。品种有红燕尾等。

**文种（文金）** 体短而圆，眼球不凸出，具背鳍，各鳍发达。有60多个品种。主要类型有：①文鱼。原名纹鱼。体短，头尖，呈三角形，为文种的原始品种。有红文鱼、彩色文鱼等。②虎头。或称“堆玉”。头部有肉瘤，从头顶一直包向两颊，眼和嘴也陷入肉瘤内。中间又隐现五字花纹的更属

图1 彩色高头

上品。有红虎头、黄虎头等。③高头。又称帽子。肉瘤只限于头顶部，并不包向两颊。有紫高头、彩色高头（图1）等。④朱顶紫罗袍。全身为深紫色，头顶有肉瘤，头部鲜红色，眼、鼻膜和嘴均呈黑色。非常稀少，甚为名贵。⑤鹤顶红。全身银白，头顶生红色肉瘤，又称一点红（日本称丹顶）。其中肉瘤位正、色泽鲜红者尤为名贵。⑥珍珠鱼。又称珍珠鳞。体梭形，两头尖，腹部圆，全身披珍珠鳞。若头部尖、腹部膨大呈球形，称球形珍珠鱼，系名贵品种。⑦翻鳃。鳃盖骨卷曲生长。有红文鱼翻鳃等。

龙种（龙睛、龙金） 眼球发达，凸出于眼眶外。有50多个品种。主要有：①龙睛。体短，凸出的眼球有圆球形、梨形、圆筒形等。品种有红龙睛、蓝龙睛等。②墨龙睛。全身色泽浓黑如墨，或如乌绒。有大尾墨龙睛、蝶尾墨龙睛等。③玛瑙眼。全身银白色，闪闪有光，而眼球色彩为红白相间，如玛瑙。以尾鳍长、身上无色斑者为名贵品种。④龙睛球。龙睛带有较大的绒球，日本称为鼻房。品种有紫龙睛球等。

蛋种（蛋金） 体粗短，似鸭蛋，无背鳍。各鳍短小，有70多个品种。主要类型有：①蛋球。又称绒球蛋。体稍长。有红蛋球、蓝蛋球等，以虎皮蛋球较名贵。②蛋凤。又称丹凤。尾鳍长而薄。品种有红蛋凤等。③元宝红。全身银白，具反光，头顶有红色斑块，如元宝。以斑块位于正中为上品。④水泡眼。在眼球下生有一个半透明泡，凸出于眼眶外，泡内充满液体。有红水泡眼、墨水泡眼等。⑤狮子头（图2、图3）。又称虎头。

图2 红狮子头

公认的名贵金鱼。体粗短，头部甚大，肉瘤发达，眼和嘴均位于肉瘤内。尾鳍短小者为上品。有红狮子头等。⑥狮子滚绣球。头带有大的绒球，游动时酷似狮子戏绣球，以绒球大而圆为名贵。⑦鹅头。和狮子头相似，肉瘤只限于头顶。有红鹅头、花鹅头等。⑧朝天龙。眼球向上生长，体型较龙种细长。有蓝朝天龙等。⑨蛤蟆头。头似蛤蟆头，眼球微凸出，有硬泡。品种有玻璃花蛤蟆头等。

饲养 幼鱼和成鱼的饲养，按品种，凡短身、短尾鳍的如狮子头等宜在盆（缸）中饲养，而长身、长尾鳍的品种如龙睛等则宜在水泥池或土池中饲养。每1立方米水体的放养密度，3厘米以上的幼鱼和当年鱼为200～250尾，2龄以上的为80～100尾。

图3 红眼白狮子头

有增氧设备的，放养密度可适当增加。金鱼是以动物性饵料为主的杂食性鱼类。最好的饵料是活水蚤、摇蚊幼虫、孑孓和水蚯蚓。现在都用人工饲料。每天投喂一二次。每天的投喂量，约相当于体重的5%～10%。夏季每天或2～3天，春、秋季每4～5天，冬季每7～15天换水一次。在冬季，北方地区要将金鱼移到室内越冬，南方地区也应采取防寒措施。

金鱼常见病有黏细菌性烂鳃病、白头白嘴病、寄生虫性车轮虫病、鱼波豆虫病、斜管虫病、小瓜虫病等。防治时可将鱼在食盐水中浸洗5～15分钟。对细菌性打印病、竖鳞病、蛀鳍烂尾病等可用呋喃西林20ppm浓度浸洗20～30分钟，或遍洒全池使池水成1～1.5ppm浓度加以防治。小瓜虫病用2ppm的硝酸亚汞浸洗1.5～2小时（水温15℃以上时）或2～3小时（水温15℃以下时），效果较佳。

**金鱼草** *Antirrhinum majus*; common snapdragon 玄参科金鱼草属的一种。多年生草本植物，常作一二年生栽培。原产南欧地中海沿岸及北非，中国习见栽培。植株高30～90厘米，上部有腺毛。叶披针形或矩圆状披针形，全缘，光滑，长7厘米。总状花序顶生，长达25厘米以上。花冠大，有紫、红、黄、白等色，唇形，外披绒毛。花期5～6月。同属观赏植物约42种，供观赏栽培的主要有匍匐金鱼草、匐生金鱼草。耐寒，不耐酷暑，能耐半阴。喜疏松、肥沃、排水良好的土壤，要求pH5.5～7.0。可用播种繁殖。种子能自播繁衍。也可扦插繁殖。金鱼草为优良的花坛和花境材料，高型品种可作切花和背景材料，矮型品种可盆栽观赏和做花坛镶边，中型品种则兼备高、矮品种的用途。全株可入药。

**金鱼藻科** Ceratophyllaceae; hornwort family 双子叶植物纲木兰亚纲的一科。仅金鱼藻属1属，约有7种，广泛分布。中国产5种。多年生沉水草本，无根；茎漂浮，具分枝。叶4～12，轮生，1～4次二叉状分歧，边缘一侧有锯齿，先端有2刚毛。花单性，雌雄同株，微小；总苞有8～12苞片；无花被；雄花有多数雄蕊；雌花1心皮，子房1室。坚果，先端有长缩存花柱，基部有2刺，有时上部还有2刺。多作为鱼类的饲料，又作家禽、家畜饲料。

**金玉均** Kim Ok-kyun (1851～1894) 朝鲜近代开化派首领，甲申政变的主要组织者。字伯韫，号古筠。生于朝鲜忠清南道公州，卒于中国上海。1872年文科及第，进入政界。1882年赴日考察日本社会，并与日本政界广为接触。回国后任吏曹参议、户曹参判，并与洪英植等结成开化派，决心仿效明治维新改革朝政。1883年3月说服国王进行改革，引起守旧派的不安，同年夏被执政的守旧派逐出汉城（今首尔），任东南诸岛开拓使兼捕鲸使。1884年12月4日与洪英植等借助日本力量发动甲申政变，推翻守旧派政权，成立新政府。他拟定和公布的新政府政纲，体现了开化派的政治思想，具有一定的资产阶级民主性质。政变以“三日天下”失败后，逃亡日本。1894年3月，朝鲜守旧派派往日本的李逸植等将其骗至上海，被李收买之洪钟宇暗杀。

**金毓黻** Jin Yufu (1887～1962) 中国史学家。字静庵，别号千华山民，室号静晤，辽宁辽阳人。1913年入北京大学国学门，求学期间受黄侃影响较大。1916年夏毕业，先后就职奉天省议会秘书、黑龙江省教育厅科长、吉林省财政厅总务科长、东北政务委员会机要处主任秘书、辽宁省政府委员兼教育厅厅长。九一八事变后被日寇逮捕，后经人斡旋得释，被迫出任伪职。1936年以考察文物为名，假道日本到达上海，后经蔡元培等推荐，受聘为中央大学历史学系教授，兼任国民党政府行政院参议。抗日战争胜利后回到东北。1947年，任国史馆纂修，沈阳博物馆主任。同年秋赴北平，任国史馆北平办事处主任。1949年2月，北平解放后转入北京大学。1952年调入中国科学院历史研究所第三所任研究员，直至逝世。

金毓黻博览群书，学有渊源，于理学、文学、小学、史学均有造诣。编有《辽东文献征略》8卷、《奉天通志》260卷、《辽海丛书》10集（收书87种）、《渤海国志长编》20卷等。著有《东北通史》上编、《宋辽金史》等。研究东北史、宋辽金史，在中国史学史方面，有开拓之功。1944年出版的《中国史学史》，被当时教育部定为大学用书，是20世纪前半期内容最为翔实的一部中国史学史。

**金圆券** gold yuan certificate 中国南京国民政府1948年发行的一种本位货币。是年夏，大规模内战消耗了巨额财富，引发财政赤字直线上升，物价疯狂上涨，法币急剧贬值。国民政府决定废弃法币，改发金圆券。8月19日，蒋介石以总统命令发布《财政经济紧急处分令》及《金圆券发行办法》等条例，规定自即日起以金圆券为本位币，

发行总限额20亿元，限11月20日前以法币300万元折合金圆券1元、东北流通券30万元折合金圆券1元的比率，收兑已发行的法币及东北流通券；限期收兑国民所有黄金、白银、银币及外国币券；限期登记管理本国国民存放国外的外汇资产，实行限价政策，使得商品流通壅痪，一切交易转入黑市。10月1日，国民政府被迫宣布放弃限价政策，准许国民持有金银外币，物价再度猛涨，金圆券急剧贬值。10月11日，宣布取消发行总额的限制。至1949年6月，发行总额竟达130余万亿元，超过原定限额的6.5万倍，形同废纸。1949年中华人民共和国建立后，被人民政府收回销毁。

**金院本** drama script of Jin Dynasty 中国金代行院倡伎演出杂剧时所用的脚本。又称金杂剧。形式与宋杂剧相同。元代陶宗仪《南村辍耕录》中说："院本、杂剧，其实一也。国朝院本、杂剧始厘而二之。"可见，**元杂剧**是从金院本中生长出来的新的戏曲形式。元以后又称宋杂剧为院本，以区别于元杂剧，有时也泛指短剧、杂剧、传奇等。金院本作品都已失传，《辍耕录》载《院本名目》一份，有剧目700余个，分为和曲院本、上皇院本、题目院本、霸王院本、诸杂大小院本、院幺、诸杂院爨、冲撞引首、拴搐艳段、打略拴搐、诸杂砌共11个大类，各类下再分别列出具体名目。至于各种门类的具体状况，由于资料匮乏，多不可知。有学者对其中一些种类的表演作了推测，如**张庚**、**郭汉城**《中国戏曲通史》认为，"题目院本"原是由"唱题目"发展而来，很可能与"和曲院本"一样是以唱为主；"拴搐艳段"是指那些能和某些正杂剧联系起来的艳段，相当于"说话"中的"入话"。见**宋金杂剧**。

**金岳霖** Jin Yuelin (1895-08-26～1984-10-19) 中国哲学家、逻辑学家。字龙荪。湖南长沙人。1911年入北京清华学堂，1914～1925年在美、英、德、法留学并从事研究工作。1926年任清华大学教授，创办清华大学哲学系。中华人民共和国建立后，任北京大学哲学系教授、中国科学院哲学社会科学部学部委员、中国社会科学院哲学研究所副所长、中国逻辑学会会长。在哲学本体论方面，融合东、西方哲学，提出"道"、"式"、"能"3个基本范畴，解释本体论的各种关系。在认识论方面，认为认识主体与本然世界相互作用，本然世界是可以认识的。在逻辑学方面，他系统地研究、介绍了西方现代逻辑，推动了中国对现代逻辑的研究，并培养了许多逻辑学者。1953年加入中国民主同盟，任中央委员、常委。1956年加入中国共产党，是全国政协第二、四、五、六届委员，第三届全国人大代表。著有《逻辑》、《论道》、《知识论》等。

**金杂剧** poetic drama of Jin Dynasty 中国金代行院倡伎演出杂剧时所用的脚本。又称**金院本**。

**金藻门** Chrysophyta; golden algae 藻类植物的一门。藻体含叶绿素a、c，丰富的β-胡萝卜素及少量的叶黄素和墨角藻黄素，常呈金黄、黄绿或褐色。约有200属1 000种。中国淡水水体中常见的有单鞭金藻属、棕鞭藻属、锥囊藻属及黄群藻属、鱼鳞藻属等属约30种，为中国湖泊、池塘中常见种类。

植物体类型多样，单细胞或分枝丝状体；能运动或不能运动。产生的动孢子多具2条不等长或等长的鞭毛，也有具1条或3条的；还有少数类群无鞭毛，但能伸出伪足作**变形虫**样运动。细胞裸出或具以果胶质为基质的硅质鳞片，或具囊壳。同化作用的主要产物为金藻昆布糖及油滴，但不产生淀粉。繁殖方法为细胞纵分裂，形成2个子体细胞；群体的种类除细胞纵分裂外，也常断裂成2个或更多的新群体。无性生殖为产生静孢子。有性生殖尚未发现。金藻门多为贫营养型淡水水体种类，但也有不少为半咸水和海水种类。多分布在透明度较大、温度较低、有机质含量低的水体中，一般在较冷的季节（如冬季、早春和晚秋）生长旺盛。

**金寨县** Jinzhai County 中国安徽省六安市辖县。位于省境西部，大别山北麓，邻接河南、湖北两省。面积3 667平方千米。人口51万（2010）。唐代为集，宋元时在附近张公山立寨，名金寨。1932年析置立煌县，属河南省，1933年改属安徽省。1947年改金寨县。河流密布，是**淮河**源头之一，梅山、响洪甸水库坐落在县境。森林覆盖率67.5%。矿产有铅、锌、铁、铜、花岗石、白云石、云母等。水能储量为安徽之最。全国22个药材基地县、6个茯苓基地县之一。已建成桑、茶叶、板栗、木竹、银杏、灵芝、花菇、中药材、高山蔬菜、银鱼十大农业开发基地。工业初步形成了茧丝绸、地方电力、矿产冶金、建筑建材、磁材电子、林产化工、机械制造、生化制品、绿色食品九大工业体系。在授衔的中国人民解放军将军中，金寨籍有59名，是中国著名的第二大"将军县"。响山寺为省级重点文物保护单位。有天堂革命烈士纪念馆。天堂寨为国家森林公园。

**金盏花** *Calendula officinalis*; potmarigold calendula 菊科金盏花属的一种。又称金盏菊。原产南欧。一年生草本。高50厘米，全株有柔毛。下部叶匙形，基部渐狭，全缘，上部叶长椭圆形至长椭圆状倒卵形。头状花序单生枝顶，直径3～5厘米，花序梗粗壮；舌状花及管状花淡黄色或橘黄色，舌片先端3齿。瘦果向内钩曲，两侧有狭翅。花果期4～7月。性喜阳光，怕酷暑，要求较肥沃的土壤。金盏花为早春优美草花之一，花期较长，常植于花坛和庭院，也可盆栽或作切花用。含芳香油，晒干的花可以作汤的调味品。全草可入药，发汗利尿。

**金帐汗国** Golden Horde 13世纪上半叶蒙古人建立的封建国家。因汗国统治者的帐顶为金色，故名。又称钦察汗国。为成吉思汗之孙拔都（1243～1255年在位）创建。版图东起鄂毕河下游和额尔齐斯河，西迄多瑙河下游，南临黑海、里海和咸海，北到诺夫哥罗德地区。首都萨莱-拔都（今阿斯特拉罕附近），14世纪前半期，迁往位于伏尔加河下游的萨莱-贝尔克（在今伏尔加格勒附近）。主要宗教是伊斯兰教。金帐汗国是个军事和行政联合体，缺乏内在的经济联系。封建国家向被征服的各族农民、牧民和手工业者征收繁重的租税和差役。土地和牲畜大多为蒙古贵族占有。乌兹别克汗统治时期（1313～1342）国势最盛。15世纪上半叶，金帐汗国因内讧解体为喀山汗国、诺盖汗国、阿斯特拉罕汗国、克里木汗国、西伯利亚汗国。1480年俄罗斯人民摆脱蒙古贵族统治后获得独立。15世纪末，统一的金帐汗国已不复存在。喀山汗国、阿斯特拉罕汗国、西伯利亚汗国等于16世纪下半叶被俄国吞并。

**金针菜** *Hemerocallis citrina*; citron daylily/long yellow daylily 百合科萱草属的一种。又称黄花菜。中国长江流域、黄河流域诸省都有栽培，而以湖南省的产量居首。

金针菜具很短的根状茎。根稍带肉质。叶基生，二列，带状，深绿色。聚伞花序，花蕾呈小棒槌状，金黄色。蒴果背裂，内有种子数粒。耐寒，耐旱，耐瘠。喜阳光，但在阴湿处也能生长、开花。分株繁殖，产量以第8～15年为最高。花含秋水仙素，有毒，不宜鲜食。花蕾开放前采收，经蒸制后晒干或烘干即称金针菜，可做菜肴。其干制品蛋白质含量约为14.1%，并含较多的胡萝卜素、维生素$B_1$和维生素$B_6$等。根含天门冬素、秋水仙素和萱草根素，有解热、利尿、消肿作用。块根可入药，起镇解作用。花可治小便赤涩、身体烦热。

**金正日** Kim ChongIl; Kim Jong-il(1942-02-16～ ) 朝鲜劳动党中央委员会总书记，朝鲜民主主义人民共和国国防委员会委员长、人民军最高司令官。生于苏联沙巴洛夫斯克附近的村庄弗佳茨科耶。金日成之子。1950年朝鲜战争爆发后到中国吉林上学。1960～1964年在金日成综合大学政治经济系学习。

大学毕业后，在朝鲜劳动党中央委员会工作。1970年任朝鲜劳动党中央文化艺术部长。1973年9月，在朝鲜劳动党五届七中全会上，当选为中央政治委员会候补委员、中央书记。1974年2月在朝鲜劳动党五届八中全会上，当选为中央政治委员会委员、中央书记。1980年10月在朝鲜劳动党六届一中全会上，当选为中央政治局委员、政治局常务委员、书记局书记和中央军事委员会委员。1990年5月任国防委员会第一副委员长。1991年12月任朝鲜人民军最高司令官。1992年4月获朝鲜民主主义人民共和国元帅称号。1993年4月任国防委员会委员长。1997年10月出任朝鲜劳动党总书记。1998年9月和2003年9月再次当选国防委员会委员长。曾两次荣获朝鲜民主主义人民共和国英雄称号。

**金字塔** pyramid 一种方锥形建筑物。用砖、石材料建造，或表面覆以砖、石。历史上，埃及、苏丹、埃塞俄比亚、西亚地区、

图2 埃及古王国时代吉萨的三大金字塔

希腊、塞浦路斯、意大利、印度、泰国、墨西哥、南美洲和一些太平洋岛屿上都曾建有金字塔，其中以埃及和中、南美洲的金字塔最为著名。埃及金字塔的底部为矩形，四面为等腰三角形。因其侧影似中国汉字“金”字，故汉语称为金字塔，并以此来命名其他类似埃及金字塔的方锥体建筑物。在西方则沿用希腊语的“庇拉密斯”（原意为高）称之。

古埃及金字塔 古埃及的金字塔是国王的陵墓，流行于公元前2650～前1550年，即古王国至中王国时期。多用石料砌筑，也有砖筑的。塔内辟墓室（图1），塔前有祭庙、通道、船壕、围墙等附属建筑，围绕金字塔还有后妃、王子及大臣的坟墓，组成规模宏大的墓地。埃及至今留存下来的金字塔约有90座。它们设计精密，用工浩大，反映了古代埃及发达的科学技术和高超的建筑才能，是世界闻名的古迹。金字塔的建筑形制，来源于古埃及对人死后必须妥善保存遗体的宗教信仰。埃及人因此极为重视墓葬建筑的牢固，在埃及文明初期（第一、二王朝），已有马斯塔巴墓之建造。此种墓的墓穴置于地下，地面以砖石砌筑成长条平台式（阿拉伯语称为马斯塔巴）。后又感到单层平台不足显示其牢固，遂发展为多层平台，形成阶梯形金字塔，其代表是第三王朝法老左塞的阶梯金字塔，共6层高达60米。到第四王朝，又将阶梯形塔用石块添补，形成方锥体，金字塔的形制遂告形成。第四王朝时期金字塔建造进入全盛期。

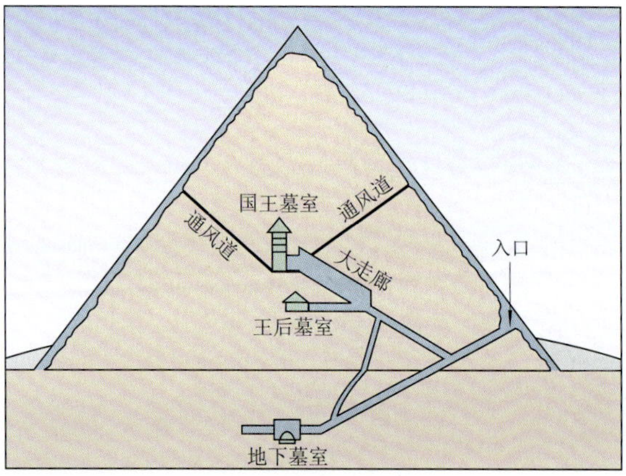


图1 金字塔内部示意图

古埃及最著名的金字塔是胡夫、哈夫拉和门卡乌拉在开罗附近吉萨修建的三座庞大的金字塔（图2），其中尤以胡夫的最为著名。胡夫金字塔又称大金字塔，原高146米（现高137米），塔基每边长230米（现长227米），用大约230万块平均重2.5吨的石材砌成。大金字塔以其形体庞大、设计科学、内部构造复杂而令人惊叹，在古希腊时即被称列入**世界七大奇观**。哈夫拉金字塔高143.5米，底边各长215.5米，以宏伟壮观的附属建筑物见长。塔东侧有一祭庙，通常称为上庙。靠近尼罗河谷处建有下庙。上庙和下庙间有长约496米的通道，著名的狮身人面像即位于下庙的西北方。门卡乌拉金字塔较小，高66.5米，底边各长108.5米。在这几座大金字塔附近还有一些王妃的小金字塔。后来还在附近发现营建金字塔的工匠的住宅和墓地。第17王朝以后，金字塔建筑在埃及被岩窟墓所代替。

1979年，古埃及王国首都孟菲斯及其墓地金字塔作为文化遗产被列入《世界遗产名录》。

美洲金字塔 在美洲的金字塔中，最著名的有墨西哥中部的**特奥蒂瓦坎古城**的太阳金字塔和月亮金字塔、**奇琴伊察古城**的卡斯蒂略金字塔，以及在安第斯人居留地中的各种印加人和奇穆人的建筑物。美洲金字塔一般用土建造，表面砌石，并以呈阶梯形、顶部为平台或神庙建筑为特征。

**《金字塔报》** *Al-Ahram* 埃及发行量最大的阿拉伯文对开日报。1875年在亚历山大创刊，当时为周刊。1900年迁至开罗出版。经常反映官方观点，阐述政府内外政策，被认为是半官方喉舌。每天分3次印刷出版。第1次在前一天晚上7点，主要向边远地区和中东其他国家发行。第2次和第3次印刷的报纸，头版内容有变动。如遇重大事件甚至分5次印刷。每天出34版，20世纪90年代日发行量30万～50万份。此外还在伦敦出英文国际版，在纽约同时印刷。在阿拉伯、西欧、北美一些国家派有常驻记者。

**金棕榈奖** Golden Palm Awards 法国戛纳电影节大奖。

**津巴布韦** Zimbabwe 非洲东南部的内陆国家。东邻莫桑比克，南与西南接南非、博茨瓦纳，西北毗邻赞比亚。津巴布韦在班图语和当地绍纳语中意为“石头城”。面积39万平方千米。人口1 330万(2008)。首都**哈拉雷**。主要城市有布拉瓦约、穆塔雷、圭鲁、奇通圭扎等。主要有绍纳族（占79%）和恩德贝莱族（17%）。58%的居民信奉基督教，40%的居民信奉原始宗教。英语、绍纳语和恩德贝莱语同为官方语言。

**地理** 地质上为非洲古陆的一部分。

地处南非高原北缘，全境海拔300米以上，其中80%地区海拔600米左右，近5%地区海拔1 500米以上。东部伊尼扬加尼山海拔2 592米，为全国最高点。按地形特征，可分为东部山地、高高原（高草原）、中高原（中草原）和低高原（低草原）4个部分。其中高高原自西南向东北横贯境内，海拔1 200～1 500米，为境内主要分水岭。高高原南北两侧是海拔900～1 200米的中高原。中高原南、北外侧是海拔900米以下的低高原。境内河网密布，河流分属赞比西河、林波波河和萨比河水系。其中赞比西河的支流遍及西部、北部和东北部地区。各河源出高高原，河床坡降大，水力资源较丰。属热带草原气候。气温年较差小，年平均气温随地形而异，降水量自东向西递减。高高原东部和东部山地年降水量800～1 000毫米以上；低高原400毫米以下。80%～90%降水集中于11月至翌年3月的雨季，旱季7～8个月。植被以稀树草原和灌丛草原为主。森林仅见于东部山地。矿产资源丰富，拥有40多种矿藏，其中重要的矿产有煤、铁、铬、石棉、金、银、锂、铌、铅、锌、锡、铀、铜、镍等10多种。已探明煤炭储量270亿吨（其中优质炼焦煤3.5亿吨），铁储量2.5亿吨，铬和石棉储量亦很大。

**历史** 非洲历史最悠久的地区之一。一万年前，这里就是科伊桑人的生息之地。境内多处发现旧石器时代文物。创造了著名的石头文化——津巴布韦（意为石头城）。15世纪初莫诺莫塔帕王国达鼎盛时期，16世纪开始衰落。19世纪30年代后原居南非的恩德贝莱人迁入，并建立王国。1890年沦为英国南非公司殖民地。1895年以南非公司创建人罗得斯的姓氏命名为南罗得西亚。1923年英国政府接管，并给予“自治领”地位。1953年10月，英国将南罗得西亚、北罗得西亚（今赞比亚）和尼亚萨兰（今马拉维）合并组成“中非联邦”。1963年底“联邦”解体。1964年南罗得西亚白人右翼势力组成以伊恩·史密斯为首的政府，并于1965年11月片面宣布独立，1970年改名为罗得西亚共和国。1979年9月10日，津巴布韦各派代表在英国主持下召开了伦敦制宪会议，并于12月21日签署《罗得西亚和平协议》。1980年4月18日宣布独立，定国名为津巴布韦共和国。R.G.**穆加贝**出任政府总理。

政府实行总统内阁制。现行宪法于1979年12月由津巴布韦各主要党派在伦敦的兰开斯特大厦举行的制宪会议上制定，独立时开始生效。曾规定实行总理内阁制，议会分为参、众议院，白人享有20个保留议席。1987年8～9月，议会修改宪法，取消白人在议会享有保留席位的规定。同年12月又取消总理内阁制，改行总统内阁制。穆加贝1987年12月就任总统，1990年3月、1996年3月、2002年3月、2008年6月连任。1990年2月议会通过第九号宪法修正案，将原有参、众两院议会制改为一院制。同年6月通过的第十号宪法修正案，彻底废除了对原宪法中某些特别条款作改动的一切限制。2005年，国民议会通过第17号宪法修正案，增设参议院，规定津议会实行两院制。

国民议会是国家最高立法机构。议会任期5年，共有150个议席，其中120名议员由普选产生，10名省长为当然议员，10名议员由酋长委员会推举，10名议员由总统直接任命。法院体制分为四级：最高法院、高等法院、地方法院和初级法院。最高法院是终审上诉法庭。

实行多党制。主要政党有：①津巴布韦非洲民族联盟—爱国阵线，简称民盟。1989年由原民族联盟和人民联盟合并而成。②争取民主变革运动，简称“民革运”，为最大的反对党。

**经济** 独立后，政府坚持务实稳妥的经济政策，1989年开始进行经济结构和政策调整，颁布新投资法和贸易自由化政策。1991年后实施经济结构调整计划，1998年启动第二阶段经济社会改革计划。2000年以后宏观经济形势恶化，西方停援经济发展受挫。国内生产总值呈现负增长。2009年国内生产总值35亿美元，人均国内生产总值303美元。货币名称津巴布韦元。财政赤字、通货膨胀率居高不下。

农业是国民经济基础。耕地面积3 328万公顷，全国约67%的人口以农业为生。先进的商业农场与传统的村社农业是两种并存的经营方式。独立后政府通过征购大商业农场重新安置无地或少地农民，大商业农场数量和面积减少。农业发展水平较高，常年的40%出口收入来源于农业。曾有“南部非洲粮仓”之称，主要粮食作物有玉米、小麦、高粱、大麦和稻谷等。经济作物以烟草居首，农场所产烤烟品质优良，是加工名牌烟的主要原料，是重要的出口创汇商品。其他出口商品有棉花、咖啡、甘蔗和花卉等。棉花质量上乘，产品大部分供出口。牧业资源丰富，牲畜品种主要有肉牛、猪、绵羊和山羊等，牛肉质优味美，远销西欧市场。

外汇收入主要来自矿产及其加工产品。主要开采黄金、铬、镍、石棉、铜和煤等，其中黄金占矿业总产值的半数以上，有大中型矿约30个，产量在非洲仅次于南非和加纳。境内自东北至西南的大矿带已探明是世界高品位铬矿蕴藏地之一，占世界储量18%，所采铬矿经冶炼以铬合金产品出口。

制造业基础较好，从业人员约占总劳动力的15%，轻重工业门类齐全，规模较大，综合生产能力在南部非洲仅次于南非。主要部门有冶金和金属加工、食品加工、石油化工、饮料和卷烟、纺织和服装、造纸和印刷、机械、汽车修配等。其中奎奎附近津巴布韦钢铁公司是撒哈拉以南非洲最大的综合性钢铁企业之一，年产钢能力1 000万吨。

旅游业在国家经济中占有重要地位，是主要创汇部门之一。旅游交通便利，旅游设施完备，全国有星级宾馆70多家。

交通运输以铁路、公路和航空为主，铁路总长4 300千米，为运输网主干。其中

津巴布韦兹维沙瓦内矿区

哈拉雷至布拉瓦约线是运输大动脉，贯通主要农业区和工矿城镇。哈拉雷至达布卡长300千米，为电气化铁路。铁路与邻国沿海港口相连，还为海外联系提供通道。最近的出海通道口为连接莫桑比克贝拉港和马普托港铁路；另有两条铁路经博茨瓦纳通往南非各港。公路总长8.5万千米，其中1.5万千米为沥青路面。全国有哈拉雷、布拉瓦约和维多利亚瀑布3个国际机场，10余条国际航线，通往周边国家和英国、德国、澳大利亚等。

1991年推行贸易自由化以来，对外贸易曾有较大增长，主要出口烟草、牲畜和肉类、园艺产品（花卉、水果）、黄金、铁合金，主要进口机械、工业制成品和化工产品。已与约27个国家（地区）建立贸易关系，南非为最大贸易伙伴。正常年份贸易顺差。

**文化** 教育支出历来居政府支出的首位。全国有4 734所小学、1 570所中学、13所高等学校。津巴布韦大学是综合性的高等学府，始建于1953年，教师中约1/3为外籍。

主要报刊10余种。《先驱报》为最大日报，以英文出版，主要反映政府观点。《星期日邮报》为周刊。《黎明报》以绍纳文和恩德贝莱文出版，主要面向农村。《金融公报》在白人中颇具影响。《记事报》主要反映恩德贝莱族的观点。津巴布韦全非通讯社于1981年建立，为官方通讯社。津巴布韦广播公司创办于1933年，为政府所有，分电台和电视台两部分。电台有英语台、非洲台、音乐台、教育台4个台，分别以英语、绍纳语和恩德贝莱语播出。电视台有两个频道。

旅游资源丰富，多名胜古迹。境内有众多的国家公园、禁猎区和古迹。其中最著名的有：以生态景观独特著称的马纳潭国家公园及萨皮与切沃雷自然保护区；非洲杰出的古代文化遗址，建于12世纪初的大津巴布韦遗址，是撒哈拉以南非洲工艺水平最高、规模最大、保存最完整的石头城建筑群；卡米遗址是始建于1450年的仿大津巴布韦都城的“石头城”；与赞比亚共有的维多利亚瀑布（赞比亚称莫西奥图尼亚瀑布）；马托博山区；卡里巴水库总库容约1 840亿立方米，为世界第二大人工湖；万盖国家公园拥有100多种哺乳类动物和400多种鸟类，是非洲著名的野生动物园之一。前5个已被联合国教科文组织列入《世界遗产名录》。

**对外关系** 奉行积极的不结盟政策，维护非洲团结，推行睦邻友好方针，努力发展同南部非洲国家的地区合作；大力加强与其他发展中国家尤其是东南亚国家的关系。南非是津巴布韦最重要的贸易伙伴。英国为其主要援助国。同美国保持正常友好关系。但在“人权”问题上与西方国家存在分歧。已与98个国家建交。津巴布韦与中国于1980年4月18日建交。

**津德尔** Zinder 尼日尔第二大城市，津德尔省首府。人口17.06万（2001）。西距马拉迪和尼亚美约210千米和800多千米。古代沟通地中海沿岸和南面几内亚湾之间的沙漠商队的必经之地，以其古堡、石头城和苏丹宫闻名。18世纪曾是穆斯林王朝的都城。19世纪中叶前曾隶属博尔努王国。1899年被法国军队占领，后成为法国殖民地。1922～1926年为法属西非的首都。地处重要花生产区的中心，有花生去壳、榨油、粮食加工、食品、制革和热电厂等工业。北面是牧区，津德尔一直是季节性迁徙放牧的重要通道和商贸集散地。交通位置重要，处于诸多国际公路干线的交会点。有机场。

**津克维奇** Zenkevich, Lev Aleksandrovich (1889-06-16/04～1970-06-20) 苏联海洋生物学家。生于俄国伏尔加格勒州列宁斯克市，卒于莫斯科。1916年毕业于莫斯科大学，1935年获博士学位。1947年起担任苏联水生生物协会主席。1953年成为苏联科学院通讯院士，1968年成为苏联科学院院士。曾率领“佩尔塞”号、“勇士”号和“库尔恰托夫院士”号进行深海调查。他的工作奠定了苏联海洋底栖生物、海洋生物地理和深海生物研究的基础。他提出的从生物量估算水域生产力的概念和公式，迄今仍然是估算大洋水域生产力的依据之一。他和别人合作在黑海进行的沙蚕移植驯化研究，在提高水域生产力方面取得明显的效果。他发表的论文和专著共250余篇，主要有《海洋动物与生物生产力》、《苏联诸海域及其动、植物区系》、《苏联海洋生物学》、《大洋深处的生物学》等。曾获苏联国家奖金、列宁奖金、列宁勋章等。是印度国际生物学会会员、丹麦自然科学协会会员、英国海洋生物学会名誉会员。

**津南区** Jinnan District 中国天津市辖区。位于天津市东南部，海河下游南岸。面积401平方千米。人口59万（2010），有汉、回等民族。明永乐二年（1404）设“天津卫”，大批移民来双港、咸水沽一带开荒种稻。清雍正时，咸水沽一带属静海县。1912年咸水沽为天津县政府所在地，隶属河北省。1938年改属天津市。1953年设立津南郊区，1992年改称津南区。主要农作物有水稻、小麦、玉米等。小站稻驰名中外。工业有毛棉纺织、仪表、机械、化工等。交通便利，距天津港、南疆码头和天津机场分别只有20千米、10千米和15千米。名胜古迹有小站会馆、巨葛庄遗址等。

**津轻海峡** Tsugaru-kaikyō 日本本州岛与北海道岛之间的海峡，沟通日本海与太平洋的重要航道。海峡大体呈东北—西南走向。东西长约130千米，南北宽20～50千米，中央水道一般深200米，最深处449米。南北两岸是由第三纪岩石组成的平均海拔500米的丘陵。因地处温带与亚寒带气候的交界，这里成为一条生物地理的自然界线。这一界线最早为英国动物学家布拉奇斯顿发现，故命名为“布拉奇斯顿线”。津轻海峡为对马暖流与千岛寒流的交汇处，渔产资源丰富。海峡既为本州岛和北海道两岛间的天堑，又是日本群岛的海上门户之一，因此向有日本“中门”之称。从江户时代就开通了龙飞崎与白神岬之间的轮渡。1964～1988年修筑了穿过海峡海底，全长53.85千米（海底部分23.3千米）的青（森）函（馆）海底高速、复线铁路隧道，将本州岛与北海道岛联结为一体的运输大动脉（见青函海底隧道）。1991年利用海峡强风，在本州岛津轻半岛北端的龙飞崎建有风力发电实验站。

**津市市** Jinshi City 中国湖南省辖县级市。位于省境西北部，澧水下游，北邻湖北省。面积558平方千米。人口25万（2010），有汉、土家、苗、回、侗、瑶等民族。1950年由澧县津市镇改置津市市。由常德市代管。耕地以水田为主，可一年三熟。农作物有水稻、棉花、花生和蔬菜等。为全省最大蔃头出口地。水产种类多，特别是虾、蟹和珍珠贝、银鱼等驰名国内外。工业有食品、丝绸、纺织、造纸、服装、建材等。名胜古迹有大同寺、武当道观、涔澹公园、关山、嘉山等。

**津液** Body Fluids 中医学中人体一切正常水液的总称。包括各组织器官的内在体液和分泌物，如胃液、肠液、唾液、关节液，习惯上也包括代谢产物中的尿、汗、泪等。津液以水分为主体，含有大量的营养物质，是构成和维持人体生命活动的主要物质之一。各种津液因性质、分布和功能不同，又分为津和液两类。存在于气血之中，散布于皮肤、肌肉、孔窍并渗入血脉，清而稀薄，流动性较大，具有湿润作用的称为津；灌注于关节、脏腑、脑髓、孔窍等组织，稠而浓浊，流动性较小，具有滋养作用的称为液。津与液二者本质相同，均来源于饮食水谷，二者相互影响、相互转化，故往往津液并称。津液的生成、输布、排泄过程，涉及多个脏腑的生理活动。如胃的受纳，小肠的吸收，脾的转输，肺的宣发肃降、通调水道，肾的蒸腾气化，三焦为通道等。津液主要有滋润和濡养的功能，如果津液的输布、排泄失常，就会滋生水饮或酿生痰浊，出现一系列病理变化。

津液有滋润和濡养的功能。津液以水为主体，有很强的滋润作用；有多种营养物质，有营养功能。津较清稀、含水量多，其滋润作用大于液；液较稠厚，营养丰富，其营养作用大于津。分布于体表的津液滋润皮肤、温养肌肉，使肌肉丰润、毛发光泽；体内的津液能养脏腑，维持各脏腑的正常功能；注入孔窍的津液能使口、眼、鼻等九窍滋润；流入关节的津液能滑利关节；渗入骨髓的津液能充养骨髓和脑髓；进入血脉的津液成为血液的重要组成部分，使血液充足、环流不息。在正常情况下，津液作为阴精的一部分，有调节阴阳平衡的作用，以适应外界的变化。如寒冷的时候，皮肤汗孔闭合，汗不能出，下降膀胱而使小便增多；夏暑季节，汗多则津液减少下行，小便就减少。当体内丢失水液后，则饮水以增加体内的津液。由此进行体液的调节，维持人体生命活动的正常进行。

**紧急避险** necessity 为了使公共利益、本人或者他人的人身和其他权利免受正在发生的危险，不得已采取的损害另一种合法利益的行为。

其要件是：①必须遭遇现实的危险。如果没有现实的危险而误认为有现实的危险，实行紧急避险的，属于假想避险。②必须是正在发生的危险。指如不实行紧急避险，危险立即会转化为现实的危害，使有关的合法权益遭受不可挽回的损失。如果危险尚未成为现实的危险，或者现实的危险已经过去，损害合法权益进行避险的，属于避险不适时。③必须是不损害某种合法权益就无法避免的危险。但由于危险的突发性和紧急性，行为人受时间、能力和有关条件所限，难以采用其他的排除危险方法而实行了避险行为，也成立紧急避险。④必须出于保护合法权益的目的。⑤必须没有超过必要限度造成不应有的损害。即避险行为损害的合法权益必须小于所保全的合法权益，否则即为避险过当，应负法律责任。

紧急避险不适用于职务、业务上负有特殊责任的人。这是因为这些人负有排除危险的义务而不是避险的义务，他们如果避险，可能会给公私财产和他人生命、健康造成更大的损失，从而违背紧急避险的初衷。见自力救济。

**紧急状态** urgent situation 国家在全国或部分地区的安全和社会秩序受到严重威胁、破坏（如战争、内乱及严重自然灾害等）时宣告的危急状态。一般由国家最高权力机关或国家元首根据宪法的规定发布。一国宣布进入紧急状态后，一般立即实行军事管制，停止宪法某些条文的实施，甚至公开限制或禁止公民行使某些法律规定的自由权利，以保证国家能够严格控制社会秩序。

**堇菜科** Violaceae; violet family 双子叶植物纲五桠果亚纲的一科。约22属900种，广泛分布于全世界，但主要分布在温带、亚热带与热带高海拔山区。中国有4属125种，其中堇菜属约120种，广布于全国各省区；三角车属3种，分布于广东、广西、四川。草本、灌木，稀乔木。叶多基生或互生，托叶形态多变化。花单生或总状花序，辐射对称或两侧对称，萼片与花瓣均5数，下方一花瓣常延伸成距；雄蕊5，子房上位，通常由3心皮合成。果实为开裂的蒴果或浆果状。有经济价值的主要是堇菜属，如三色堇，普遍栽培供观赏；紫花地丁，能清热解毒；灰叶堇菜等，药用活血去瘀。

**堇青石** cordierite 硅酸盐矿物，化学组成为$(Mg,Fe)_2Al_3[AlSi_5O_{18}]$，晶体属正交（斜方）晶系。与六方堇青石（印度石）成同质二象。成分中铁和镁可以完全类质同象代替，自然界产出的多是富镁成员，称堇青石；富铁成员称为铁堇青石，比较少见。常有一定数量的水和钾、钠离子存在于结构孔道中。完好晶形少见，有时呈假六方短柱状，多呈浑圆状或不规则粒状，双晶常见。无色，常带有不同色调的浅蓝及浅紫色。玻璃光泽，断口油脂光泽。解理中等或不完全，贝壳状断口。莫氏硬度7～7.5。密度2.53～2.78克/厘米$^3$。是典型的变质矿物，产于角岩、片麻岩、结晶片岩及蚀变火成岩中。色泽美丽的可作宝石。

**锦** brocade 中国传统高级多彩提花丝织物。古代有“织采为文”、“其价如金”之说，故名为锦。质地厚实丰满，色彩缤纷富丽，花纹精致古朴。主要作装饰用料，如挂屏、台毯、靠垫、床罩等；用作服饰如领带、腰带、女式夹袄以及少数民族袍服面料。生产工艺要求很高。中国传统名锦有以经锦为代表的蜀锦、以妆花缎为代表的南京云锦和苏州的宋锦。锦有3 000年以上的历史。战国、西汉以前流行以二色或三色经丝轮流显花的经锦，之后经锦又发展成纬锦。产生于宋代前后的宋锦开始采用不同花、地组织。金元之际流行以加金艺术为主体表现的织金锦，又称纳石失。明清时期盛行以挖花回纬为主要显花手段的重纬织物妆花缎。妆花缎的彩纬色彩多达30～40种，是中国古代织锦最高水平的代表（见图）。锦以精练染色的桑蚕丝为经、纬原料，

清折枝花卉蝴蝶妆花缎

还常使用各种金银线。现代也采用人造丝等化学纤维以重经组织或重纬组织交织。

**锦葵科** Malvaceae; mallow family 双子叶植物纲五桠果亚纲的一科。约50属1 000余种，分布于温带和热带地区。中国有16属81种，分布于全国各地，尤以热带和亚热带地区种类较多。草本、灌木或乔木。常被星状毛。叶互生，通常为掌状脉，有时分裂，托叶常早落。花两性，辐射对称，萼片3～5枚，常有副萼（总苞状的小苞片）3至多数；花瓣5枚但常与雄蕊管的基部合生；雄蕊多数，连合成柱状，称单体雄蕊，花粉粒大而有刺；子房上位，2至多室，但以5室为多，由2～5个或更多的心皮环绕中轴而成。果为蒴果，分裂成数个果爿，罕为浆果状。锦葵科以富含纤维而著称，如棉属广泛栽培，其种子上的毛（棉绒），是全世界纺织工业最主要的原料；种子含脂肪，榨取的油称棉子油，供工业用或食用。木槿属、梵天花属、苘麻属、黄花稔属等的茎皮纤维，供纺织或制绳索。锦葵属、蜀葵属、秋葵属和木槿属等是庭园观赏植物。有些属也作药用或蔬菜食用。

**锦纶** nylon 聚酰胺纤维的中国商品名。以聚酰胺为原料，通过纺丝制成的合成纤维。国外称尼龙。20世纪30年代美国化学家用己二酸和己二胺做单体，反应生成酰胺66盐，经聚合和纺丝后得到聚酰胺66（PA66）纤维。同时德国化学家以己内酰胺为单体，聚合和纺丝后得到聚酰胺6（PA6）纤维。两种产品在40年代工业化生产。随后又相继开发出聚酰胺7、聚酰胺9、聚酰胺11、聚酰胺610、聚酰胺1010等品种。锦纶的主要品种是锦纶6和锦纶66。这两种纤维的性能类似，如强度高，回弹性、耐磨性好，耐日晒和耐热性较差，初始模量较低。

锦纶以长丝为主，可用于制作袜子、内衣、运动衫、滑雪衫、雨衣以及尼龙搭扣、地毯和装饰布等，也可与棉、毛、黏

胶纤维混纺，工业上用于制造轮胎帘子线、传送带、渔网、缆绳和篷帆布等。

**锦蛇** *Elaphe*; rat snake 有鳞目蛇亚目游蛇科锦蛇属种类的统称。有50种左右，均无毒。分布于亚洲、欧洲和美洲。中国产16种，各省区都有分布，其中华中、华南和西南地区种类和数量均较多。头椭圆形，与颈区分明显。体长，圆柱形或略侧扁。背鳞平滑或起微棱。眶后鳞一般2枚。栖息于沿海低地及内陆平原、丘陵和山区，在溪流、水稻田、池塘及其附近常见。有的种类生活于山坡或路旁、茶山、玉米地、

白条锦蛇

干燥荒坡、灌丛、坟地及石堆等处。村边甚至住宅内也有发现。地面生活或树栖。多于白天活动。以鱼、蛙、蝌蚪、蜥蜴、蛇、鸟、鸟蛋、小型哺乳类、软体动物为食。卵生，亦有卵胎生的种类。

**锦衣卫** Imperial Bodyguard 中国明朝上直卫亲军。洪武十五年（1382）改原仪鸾司设。下设镇抚司，掌本卫刑名及诏狱，后罢诏狱。永乐中复置，并分设南北镇抚司，以北镇抚司专掌诏狱，南镇抚司领军匠。见厂卫。

**锦州市** Jinzhou City 中国辽宁省辖地级市。位于省境西南部，辽西走廊东端。辖太和、古塔、凌河3区和黑山、义县2县，代管凌海、北镇2市。面积10 111平方千米。人口313万（2010），有汉、满、回、蒙古、朝鲜等21个民族。战国时属燕辽西郡，辽代建锦州。清康熙年间称锦州府。1937年析置锦州市。市境西北多为山地，中部多为坡地丘陵，东南部为平原。属温带大陆性季风气候。有石油、天然气、煤、铁、锰、金、钼、铅、锌、铜、石灰岩、膨润土、萤石、花岗岩等矿产。盛产高粱、玉米、水稻、大豆、小麦、花生等，是中国北方重要粮食、棚菜、水果、肉蛋奶生产基地。海产以优质对虾、螃蟹、文蛤、赤贝有名。工业以石油、化工、机械制造为主体，还有冶金、电子、医药、建材、纺织、食品等。有中国最大的特种铁合金和胶印书刊纸生产基地。有京哈等8条铁路和京哈等14条公路横贯市境。锦州港是东北西部和内蒙古东部最便捷的出海口。名胜有大笔架山海中“天桥”、医巫闾山、北镇庙、广济寺和辽沈战役纪念馆等。

由碎石构成的连接大笔架山的“天桥”

**进步党** Progress Party 中国袁世凯统治时期的议会政党。中华民国第一届国会开幕后，梁启超为对抗国会中的第一大党国民党，在袁世凯支持下积极推行共和、民主、统一的三党合并计划。1913年5月29日，三党举行全体在京党员大会，宣布正式成立进步党。进步党设本部于北京。选举黎元洪为理事长。其党纲为：①取国家主义，建设强善政府。②尊人民公意，拥护法赋自由。③应世界大势，增进平和实利。最重要的是第一条，实际上是要建设一个抵御“暴民专制”的政府。它以旧立宪派和旧革命党中的变节分子为中坚，极力支持袁世凯消灭南方各省的国民党军事力量，幻想依靠袁世凯建设民主政治。1915年8月，由于袁世凯公开鼓吹恢复帝制，进步党发生严重分化。王印川等人公开声明赞成帝制，梁启超、蔡锷等则联合以黄兴为代表的国民党温和派和唐继尧等西南地方实力派，于同年12月25日宣布云南独立，发动护国战争，武力反抗袁世凯称帝。1916年7月，护国战争结束，进步党分组为以汤化龙为首的宪法研究会，以梁启超为首的宪法研究同志会及以孙洪伊为首的倾向国民党的韬园系。

**进步教育运动** Progressive Educational Movement 19世纪末20世纪初美国出现的教育革新运动。又称进步主义教育运动。19世纪末，美国为适应工业化、都市化和大量移民的需要而出现了一个资产阶级的社会改革运动，目的是为了通过一个有控制的、合理化的社会改革的过程，维护和发展资本主义。进步教育运动就是这一运动的组成部分，它反对当时美国沿袭欧洲形式主义占统治地位的传统学校教育。

美国教育家F.W.帕克于19世纪70年代在马萨诸塞州昆西市首先进行了新教学方法实验，后又致力于以新的教育思想和方法培养教师，并创办了实习学校。被认为是进步主义教育的奠基人之一。1896年，教育家J.杜威在芝加哥大学开办实验学校，把当时的手工训练、新教学方法以及学校与社会的联系等因素融在一起，被认为是对进步教育运动的一个重大贡献。20世纪初，M.约翰逊在亚拉巴马州费尔霍普开办了一所与J.-J.卢梭的设想类似的有机教育学校。

约翰逊强调不得桎梏儿童的兴趣及能力的发展，取消教师主导、固定课程及考试对学生的束缚。自20世纪20年代始，各种进步学校大量建立。进步教育运动不仅影响初、中等教育，而且还影响到高等教育。1919年，美国成立进步教育协会，1920年公布改进初等学校的7条原则：自由发展儿童本性；以兴趣作为一切作业活动的原动力；教师是教学中的指导者，而不能包揽一切；科学研究儿童的发展；注重所有影响儿童身体发展的因素；学校与家庭之间应有密切的配合，以满足儿童生活的需要；确认进步学校在教育运动中的领导地位。30年代后期，进步教育运动达到鼎盛期，影响极大。第二次世界大战后，进步教育运动因被认为不能提高教育质量而逐渐衰落并终结。但进步主义教育作为一种思潮，对美国当代教育仍有一定影响。

**进出口配额** quota 国家对某些货物的进出口实施数量限额的管理制度。出口配额是对某类货物的出口实施数量限制，进口配额是对某类货物的进口实施数量限制。常见的有两种：绝对配额和关税配额。绝对配额是指在一定时期之内，对某些商品的进口数量或金额规定一个最高数额，达到这个数额后就不准继续进口。这种配额在实际业务操作过程中又有全球配额、国别配额和进口商品配额的做法。关税配额是指在一定时间之内，对商品进口的绝对数量不加限制，只对优惠关税额度加以规定，即对配额内的进口商品提供优惠关税或免税待遇，超过配额的进口商品按正常关税计征，但仍可以进口。

**进出口商品检验** import and export commodity, inspection of 一国检验机关或经政府注册登记的商检机构，对进出口商品的质量、规格、数量、包装等进行检验和鉴定，以确定其是否符合贸易合同及有关规定并出具证明作为向海关申报及买卖双方交接、支付及处理索赔的依据。中华人民共和国商检机构的工作任务主要有3项：①依法

中国海关关员现场办理活鳗鱼出口验放手续

对进出口商品实施检验。商检机构或由商检机构指定的检验机构，应依法对列入“商检机构实施检验的进出口商品种类表”的进出口商品和其他法律、行政法规规定须经检验的进出口商品，实施法定检验；对未经检验的进口商品，不准销售、使用，对未经检验合格的出口商品，不准出口。②依法对进出口商品检验工作实施监督管理。③办理进出口商品鉴定业务。商检机构实施进出口商品检验的内容，包括商品质量、规格、数量、重量、包装以及是否符合安全、卫生要求7项。商检机构对进出口商品检验、鉴定工作的程序主要分为接受报验、抽样、检验/鉴定和签证放行4个环节。中国的商检机构是1998年成立的国家出入境检验检疫局。

**进出口许可证** import and export licence 国家对进出口贸易实行限额管理的一种制度。对进出口配额管理，在法律表现形式上为实行许可证制度。

随着各国经济的发展和全球贸易一体化，各国对出口商品的限制越来越小，一般都对进口商品的限制较为重视。按照这种制度，商品的进口事先须由进口商向进口国有关机构提出申请，经过审查批准并发给进口许可证以后才能进口。但是进口许可证极容易被滥用而成为贸易壁垒，因此，关税及贸易总协定的东京回合谈判达成了《进口许可证程序守则》，并生效。世界贸易组织的《进口许可证程序协定》吸收了《守则》的内容，如强调程序的透明度，使进口程序更为简化和透明，具有公平合理的性质，许可证的使用不至于对国际贸易自由化造成障碍。

**进化** evolution 生物群体的遗传组成部分或全部的不可逆转变。这种转变主要是基于生物与其环境的相互作用。

进化思想的发展 中国《易经》中试图用“阴阳”、“八卦”来解释物质世界复杂变化的规律。古希腊阿那克西曼德（约公元前6世纪）认为生命最初由海中软泥产生，原始的水生生物经过蜕变（类似昆虫幼虫的蜕皮）而变为陆地生物。这可能是最早的关于生命起源和演变的假说。中世纪基督教圣经把世界万物描写成上帝的特殊创造物。这就是所谓特创论。与特创论相伴随的目的论则认为自然界的安排是有目的性的，“根据这种理论，猫被创造出来是为了吃老鼠，老鼠被创造出来是为了给猫吃，而整个自然界创造出来是为了证明造物主的智慧”（恩格斯：《自然辩证法·导言》）。

从15世纪后半叶到18世纪，在科学界占统治地位的观点是不变论。这种观点当时被I.牛顿和C.von林奈表达为科学的规律：地球由于所谓“第一推动力”而运转起来，以后就永远不变地运动下去；生物种原来是这样，现在和将来也是这样。到了18世纪下半叶，I.康德的“天体论”首先在不变论自然观上打开了缺口；随后“转变论”在自然科学各领域中逐渐形成。这个时期生物学家们，往往在两种思想观点中彷徨。

英国地质学家C.莱伊尔在19世纪早期首先将“转变论”带进地质学。他认为地球经历了缓慢、渐进的变化。这种看法被称为均变论。法国古生物学家G.居维叶则提出灾变论，认为生物的改变是突然的，每次全部消失之后又全部被重新创造出来。他认为地球经历了多次这样的灾变。

18世纪末到19世纪后期的进化理论多半是臆测的。活力论认为是生物的“内部的力量”即活力驱动着生物的进化。但活力论缺乏实际的证据。最有名的活力论者就是法国生物学家J.-B.de M.拉马克。19世纪后期出现的“终极目的论”或“直生论”，认为生物进化有一个既定的路线和方向而不论外界环境如何变化。

进化学说 拉马克学说 拉马克对生物进化的看法称为拉马克学说或拉马克主义，其主要观点是：①物种是可变的，物种是由变异的个体组成的群体。②在自然界的生物中存在着由简单到复杂的一系列等级（阶梯），生物本身存在着一种内在的“意志力量”驱动着生物由低的等级向较高的等级发展变化。③生物对环境有巨大的适应能力；环境的变化会引起生物的变化，生物会由此改进以适应；环境的多样化是生物多样化的根本原因。④环境的改变会引起动物习性的改变，习性的改变会使某些器官经常使用而得到发展，另一些器官不使用而退化；在环境影响下所发生的定向变异，即后天获得的性状，能够遗传。如果环境朝一定的方向改变，由于器官的“用进废退”和获得性遗传，微小的变异逐渐积累，终于使生物发生了进化。拉马克学说中的“内在意志”带有唯心论色彩；“后天获得性”则多属于“表型变异”，现代遗传学已证明它是不能遗传的。

达尔文学说 1858年7月1日C.R.达尔文与A.R.华莱士在伦敦林奈学会上宣读了他们的关于物种起源的论文。后人称他们的自然选择学说为达尔文-华莱士学说。达尔文在1859年出版的《物种起源》一书中系统地阐述了他的进化学说。其核心大意如下：生物都有繁殖过剩的倾向，而生存空间和食物是有限的，所以生物必须“为生存而斗争”。在同一种群中的个体存在着变异，那些具有能适应环境的有利变异的个体将存活下来，并繁殖后代，否则将被淘汰。如果自然条件的变化是有方向的，则在历史过程中，经过长期的自然选择，微小的变异就得到积累而成为显著的变异。由此可能导致亚种和新种的形成。

达尔文的进化理论，从生物与环境相互作用的观点出发，认为生物的变异、遗传和自然选择作用能导致生物的适应性改变。百余年来它在学术界产生了深远的影响。但它也存在着若干明显的弱点：①他的自然选择原理是建立在当时流行的“融合遗传”假说之上的。按照“融合遗传”的概念，父、母亲体的遗传物质可以像血液那样发生融合，这样任何新产生的变异经过若干世代的融合就会消失，变异又怎能积累、自然选择又怎能发挥作用呢？②过分强调了生物进化的渐变性。深信“自然界无跳跃”，用“中间类型绝灭”和“化石记录不全”来解释古生物资料所显示的“跳跃性”进化。他的这种观点正越来越受到“间断平衡论”者和“新灾变论”者的猛烈批评。

达尔文以后进化论的发展 早在1865年奥地利植物学家G.孟德尔就从豌豆的杂交实验中得出了颗粒遗传的正确结论，证明遗传物质不融合，在繁殖传代过程中可发生分离和重新组合。20世纪初遗传学建立，T.H.摩尔根等人进而建立了染色体遗传学说，全面揭示了遗传的基本规律。对达尔文进化论的信仰，发生了“严重的危机”。

①新拉马克主义与新达尔文主义。19世纪末到20世纪初出现过一些新的进化学说。荷兰植物学家H.德·弗里斯在20世纪初提出物种通过突变而产生的“突变论”，而反对渐变论。某些拉马克学说的追随者虽然抛弃了“内在意志”概念，但仍强调后天获得性遗传，并认为这是进化的主要因素。50年代苏联T.D.李森科所标榜的“米丘林学说”强调生物在环境的直接影响下能够定向变异，获得性能够遗传。所有这些观点被称为“新拉马克主义”。A.魏斯曼1883年用实践证明了“获得性遗传”的错误，强调自然选择是推动生物进化的动力，他的看法被后人称为“新达尔文主义”。

②现代综合进化学说。20世纪20～30年代首先由R.A.费希尔、S.赖特和J.B.S.霍尔丹等将生物统计学与孟德尔的颗粒遗传

理论相结合，重新解释了达尔文的自然选择学说，形成了群体遗传学。C.C.切特韦里科夫、T.杜布赞斯基、J.赫胥黎、E.迈尔、F.J.阿亚拉、G.L.斯特宾斯、G.G.辛普森和J.W.瓦伦丁等人又根据染色体遗传学说、群体遗传学、物种的概念以及**古生物学**和**分子生物学**的许多学科知识，发展了达尔文学说，建立了现代综合进化论，从而彻底否定了获得性状的遗传，强调进化的渐进性，认为进化是群体而不是个体的现象，并重新肯定了自然选择的压倒一切的重要性，继承和发展了达尔文进化学说。

③中性学说和间断平衡论。1968年，日本学者木村资生根据分子生物学的材料提出了“中性突变-随机漂变假说”(简称中性学说)，认为在分子水平上，大多数进化改变和物种内的大多数变异，不是由自然选择引起的，而是通过那些选择上中性或近乎中性的突变等位基因的随机漂变引起的，反对“现代综合进化论”的自然选择万能论观点。

1972年N.埃尔德雷奇和S.J.古尔德共同提出间断平衡论解释了古生物进化中的明显的不连续性和跳跃性，认为基于自然选择作用的种以下的渐进进化模式，即线系渐变模式，不能解释种以上的分类单元的起源，反对“现代达尔文主义”的“唯渐进进化”观点。争论仍在继续中。

**小进化与大进化** 早在20世纪40年代，美国遗传学家R.B.戈德施米特认为，自然选择只能在物种范围内进行，作用于基因而产生小的进化改变，即小进化；进化中由一个种变为另一个种不是靠微小突变的积累，而是靠另一种大进化的方式。大进化是通过他所假设的“系统突变”(涉及整个染色体组的遗传突变）而产生所谓“有希望的怪物”，可能偶然遇到合适的小生境，从而能立足并繁衍下去。这样就可以一下子产生出一个新种甚至一个新属或新科。美国古生物学家G.G.辛普森同意把进化的研究分成两大领域：研究种以下的进化改变的“小进化”和研究种以上层次的进化的“大进化”。但他并不认为“小进化”与“大进化”是各自不同的或彼此无关的进化方式。

小进化研究种以下的进化改变，包括：①小进化的因素和机制。研究遗传突变、自然选择、随机现象（如遗传漂变）等因素如何在个体和群体的层次上起作用，以及如何引起群体的遗传组成的改变等。②种形成。研究新种的形成方式和过程，研究小进化因素如何导致同种的群体之间的隔离的形成和发展，研究种内分化和由亚种、半种到完全的种的发展过程等。

大进化研究种以上的分类单元在地质时间尺度上的进化改变，其对象主要是**化石**，最小研究单位是种。主要研究内容包括：①种及种以上分类单元的起源和大进化的因素。②进化型式，在时间向度上进化的线系的变化和形态。③进化速度、形态改变的速度和分类单元的产生或绝灭速度，种的寿命等。④进化的方向和趋势。⑤**绝灭**的规律、原因及其与进化趋势、速度的关系等。事实上小进化与大进化在物种这一层次上是相互衔接的，小进化与大进化都研究物种形成。关于小进化与大进化的关系问题，学术界仍在进行着激烈的争论。

**进化型式** 从进化的观点看，同时生存的不同生物种可以回溯到一个共同祖先。按照祖裔关系可以将现时生存的和曾经生存过的生物相互联结起来，这种生物进化的系统称为种系发生，可以形象地表示为一棵树：如果从树根到树顶代表时间向度，主干代表共同祖先，大小分枝代表相互关联的进化线系，这就构成所谓种系发生树或进化树。进化型式就是进化在时间与空间上的特征，也就是种系发生的特征，具体表现在进化树的形态上，它代表着种系发生中线系进化、种形成和绝灭等方面的特征。

谱系进化中有两种不同的进化改变：一是形态结构及其功能由简单、相对不完善到复杂和相对完善的前进性（进步的）改变，称为前进进化；前进进化的结果是造成生物的等级从低级到高级。另一种进化改变是线系分枝，称为分枝进化；分枝进化的结果是产生新的分类单元和生物歧异度的增长。广义的前进进化包括除分枝进化以外的各种进化改变，既包括前进的（进步的）进化改变，也包括非前进的甚至退化的改变。既无前进进化，又无分枝进化的情况称为停滞进化，如“活化石”之类的情况（图1)。

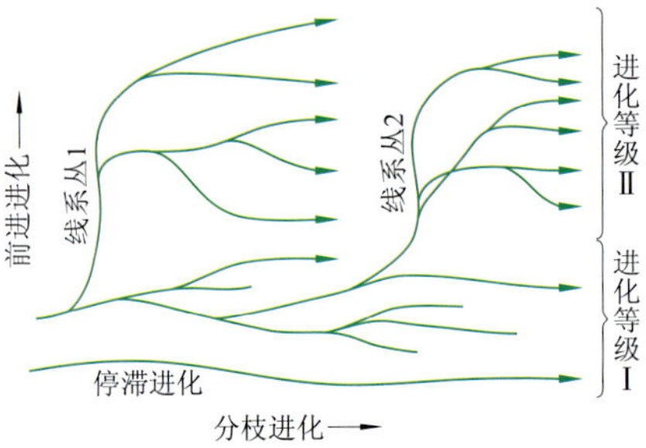


图1 前进进化、分枝进化与停滞进化的关系，线系丛与进化等级的关系
时间向度是由左向右，由下而上是进化改变的前进方向

**适应辐射** 在相对较短的地质时间内，从一个线系分枝出许多歧异的分类单元，称为辐射。辐射分枝产生的新分类群通常是向不同的方向适应进化的，所以又称为适应辐射。

**趋同进化与平（并）行进化** 不同的线系各自独立地进化出相似的特征称为趋同进化，简称趋同。趋同进化的结果是产生功能相同或相似的形态结构，在比较解剖学上称为同功。与此相对，由于有共同祖先而造成的形态结构的相似称为同源。

平（并）行进化（简称平行）是指两个或多个有共同祖先的线系，在其祖先遗传的基础上分别独立进化出相似的特征。通常平行与趋同不易区分，一般平行进化既涉及同功又涉及同源；假若后裔间的相似程度大于各自的祖先之间的相似程度则可称为趋同，若后裔之间的相似程度与其祖先之间的相似程度差不多则可称为平行（图2)。

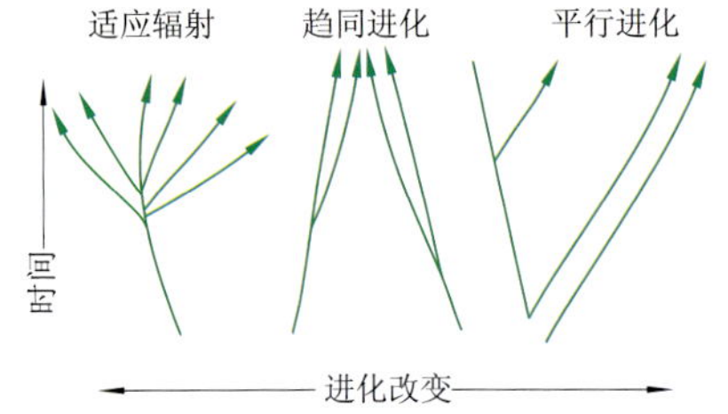


图2 适应辐射、趋同进化和平行进化的图解

**大进化的模式** ①渐变模式。认为形态进化速度多少是恒定的、匀速的，形态进化是渐近的；形态改变主要是线系进化造成的，大多发生在种的生存期间，与种形成无关，种形成（线系分枝）本身只是增加新的进化方向。②间断模式。认为形态进化速度是不恒定、非匀速的，快速的“跳跃”与长期的停顿相交替，即在种形成期间进化加速，种形成后保持相对的稳定。进化的形态改变与种形成相关联，即大部分形态改变是发生在相对较短的种形成时期，在可能长达数百万年的种生存期内不会发生显著的形态改变（图3)。

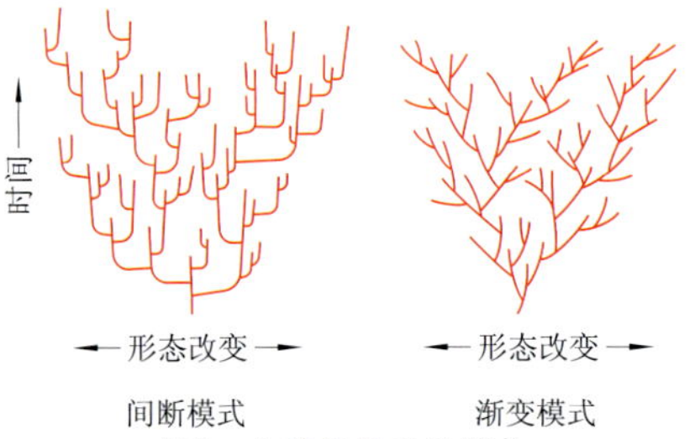


图3 大进化的两种模式

**进化速率** 单位时间内生物进化改变量。衡量进化速率必须确定两个尺度：时间尺度和进化改变量的尺度。时间尺度有两种，即绝对地质时间（根据同位素方法测定的地质时间）和相对地质时间（由于地质年代单位并非等时距，因此在可能的条件下应使用绝对时间尺度；只在不得已时，才使用相对时间尺度)。

**进化趋势** 从长的时间尺度来看生物进化呈某种方向性，但这并非说自然界存在着既定的进化轨道，这里说的方向性是统计学的趋向。因此，进化趋向是各种因素（包括随机因素非随机因素）所造成的进化的统计学趋势。

**小进化趋势** 指在生物种的自然群体之内自然选择作用所造成的表型进化改变的趋向性。这种进化趋势通常是适应局部环境的结果，进化改变发生在线系之内，

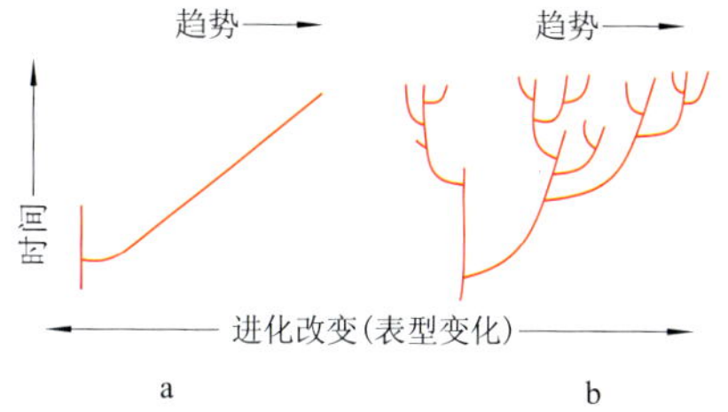


图4 小进化趋势（a）与大进化趋势（b）图解

所以也可称为线系进化趋势，表现为线系在时间－进化改变坐标系内的倾斜（图4a）。

大进化趋势 指在种系发生中线系分枝的主体的趋向性。大进化趋势发生在种以上的分类单元的谱系进化中，所以又可以称为谱系进化趋势，表现为谱系中的偏斜（图4b）。

**进化团** Evolution Drama Society 中国早期话剧（新剧）的第一个职业剧团。1910年冬成立于上海，领导人是新剧活动家任天知。先后参加的主要成员有汪优游、陈镜花、陈大悲等。1912年秋解散。1911年春节，进化团打出“天知派新剧”的旗号，首演于南京。后创作演出的主要剧目有《血蓑衣》、《东亚风云》、《黄金赤血》、《恨海》、《血河碑》等。进化团提高了中国早期话剧的演剧水平，培养了一批优秀演员，形成了自己独特的艺术特色。在演出中，它采用幕表制的创作方式，由演员根据剧情提纲进行即兴表演。为适应宣传的需要，在剧情发展中常穿插进大段议论，因而相应的创造了一种“言论派”角色。在语言上，普通话和方言并用。对后来的新剧团体产生了很大的影响。

**进军大别山** March into Dabie Mountains 解放战争时期，中国人民解放军晋冀鲁豫野战军向国民党统治区的大别山地区实施进攻的战略行动。1947年6月30日，晋冀鲁豫野战军司令员刘伯承、政治委员邓小平遵照中共中央关于将战争引向国民党区域和大举出击、经略中原的指示，率第1、第2、第3、第6纵队共13个旅12万余人，由鲁豫边突破黄河防线，发起鲁西南战役。战至7月28日，歼灭了国民党军4个师部9个半旅约6万人，打乱了国民党军在南线的战略部署，开辟了挺进大别山的道路。8月7日，乘国民党军合围将拢未拢时，刘、邓率部突然向南疾进，跨过陇海路，涉越黄泛区，抢渡汝河、淮河，战胜国民党军的围追堵截，于月底进抵大别山区，并立即实施战略展开。在此期间，陈毅、粟裕率华东野战军外线兵团挺进豫皖苏，陈赓、谢富治部进军豫西。10月初，国民党军从鄂东和皖西抽调4个师，与原在大别山北部的3个师，合围大别山区。晋冀鲁豫野战军主力向鄂东、皖西发展，并以一部兵力伪装主力，迷惑敌军。至10月，在张家店和高山铺等地区歼国民党军3万余人，粉碎了国民党军的“围剿”。至1948年3月，建立了鄂豫、皖西、桐柏、江汉等根据地，完成了战略展开，使国民党军处于被动地位，对改变全国战局起了决定性的作用。

晋冀鲁豫野战军主力涉渡淮河

**进口税** import duties 一国海关对进入其境内的货物和物品征收的关税。在当代各国已很少使用出口税的情况下，通常所说的关税一般是指进口税。在国际贸易的市场竞争中，进口税一直被各国公认为是一个重要的经济保护手段。对进口货物征收适当的进口税，可削弱其在进口国国内市场上的竞争能力，促进这个国家生产力的发展，增加财政收入。但另一方面，不适当的征收进口税，也会成为阻碍国际贸易发展的关税壁垒，使此国被保护的生产企业产生依赖性，缺乏国际竞争能力，生产长期落后。一般进口税有：保护关税、财政关税、协定关税、优惠关税、特惠关税、特别关税、报复关税、反倾销税和反补贴税等。其所使用的征税方法或征税标准有复合税、选择税、滑准税、差价税和季节税等。

**进口替代工业** import-substitution industry 通过关税和各种非关税壁垒，限制产品进口，保护国内市场，发展本国工业制成品，以替代原来需要进口制成品的经济发展战略。进口替代工业是一种内向型的工业，产品主要面向国内市场。发展进口替代工业可以形成自己的民族工业，并有利于节省外汇，维持国际收支平衡。第二次世界大战后，新独立的发展中国家大多通过关税和非关税壁垒等措施来保护本国民族工业。但由于缺乏国际市场的竞争压力，大多数国家发展进口替代工业的效果不是很好。因此，很多国家在这些工业发展到一定阶段后，便放开国内市场、允许外来竞争。

**进口替代战略** import-substitution strategy 经济学中指为节省用于进口的外汇支出，提高本国经济的自主性和促进国内生产的多样化，发展中国家采取保护措施限制外国工业品进口，改由国内生产进口品以资替代的内向型经济发展的观点和政策。

实施进口替代战略的一般做法是：国家通过给予种种优惠待遇，鼓励外国私人资本在国内设立合资或合作方式的企业；或通过来料、来样和来件等加工贸易方式，提高工业化的水平。为使国内替代产业得以发展，就要使用提高关税、实行数量限制、外汇管制等手段，限制外国工业品进口，以使国内进口竞争工业在少竞争、无竞争的条件下发育成长。

进口替代战略的实施是发展中国家工业化进程中的一个必经的重要阶段。成功的进口替代战略，能使一国的国民收入水平提高，出口潜力增强，国际收支改善，促进国内幼稚工业的独立发展，使传统农业经济加速过渡到现代工业经济。

但是，进口替代战略在实践中往往暴露出以下局限性：①高度的国家保护虽使本国进口替代工业免于或减轻国外竞争的压力，但易造成其效率长期低下，一旦失去保护则必垮无疑。②许多发展中国家国内市场狭小，发展本国进口替代工业可能无从获取规模经济效益。③贸易保护偏重于进口替代工业，不利于建设和发展经济增长所必需的基础工业和社会基础设施。④某些进口替代工业使用资本密集程度过高的现代技术，不利于扩大就业，与发展中国家资源禀赋现状不相适应。因此，实行进口替代战略的发展中国家，虽然在短期内工业增长速度有所加快，但并不能长期保持。

**进行曲** march 军队中用以整齐步伐、壮军威、鼓士气的队列音乐。起源于16世纪的战争曲。音乐特点为曲调规整、节奏鲜明并多带附点音符。早期进行曲不拘拍子，结构短小；近代进行曲都用复三部曲式写成，多用双拍子或四拍子，较少用三拍子。除军队进行曲外，尚有用于婚、丧、节庆及专供艺术欣赏用的进行曲。除器乐作品外，歌曲中的进行曲也很常见，如《马赛曲》、《义勇军进行曲》、《志愿军战歌》等。

**进行性肌营养不良** progressive myodystrophy 与遗传有关的一组原发性肌肉变性现象。可呈家族性。临床特征为逐渐进行加重的对称性肌无力、肌萎缩。个别类型有心肌受累。根据遗传型式、发病年龄、萎缩肌肉的分布、病程和预后，大致可分为7种类型。①假性肥大型肌营养不良。为性联隐性遗传病，绝大多数见于男孩。其基因位点位于Xp21上，因缺乏此基因产物——肌营养不良素而发病。于学龄前发病，走路呈鸭行步态，腰椎前凸。从仰卧位站立过程中必先翻身改为俯卧位，然后用双手先后支撑双侧小腿、大腿，使躯干伸直，才能站起（高尔斯氏征）。多数伴肌肉假性肥大，尤以腓肠肌突出，亦可见翼状肩胛。血清肌酸磷酸激酶（CpK）极度增高，肌电图呈肌源性损害。若出现心肌损害，常在25岁前死亡，称为迪谢纳氏型；若进展缓慢，可存活25年以上，称为贝克尔氏型。②面、肩、肱型肌营养不良。为常染色体显性遗传病。萎缩肌肉以面肌、肩胛带和上臂肌肉为主。③肢带型肌营养不良。属常染色体隐性遗传。萎缩肌肉主要分布在肩胛带和骨盆带肌肉。④远端型肌营养不良。以四肢远端肌萎缩为主。⑤眼肌型肌营养不良。以眼外肌瘫痪为主。⑥眼-咽型肌营养不良。以眼外肌和咽喉肌瘫痪为主。⑦先天性肌营养不良。以四肢肌肉和躯干肌受累明显，甚至影响呼吸。对该病尚无特效疗法，只能采用支持和对症治疗，晚期应治疗和预防继发感染和心力衰竭。

**《近代诗钞》** *Anthology of Modern Poetry* 中国近代诗总集。陈衍编纂。共24册。商务印书馆1923年初版。收录清咸丰年间犹存的诗人至中华民国初年诗人凡369人，人各为卷。入选者收诗多则百余首，少则一两首。每位作者名下附小传，部分诗人并缀以《石遗室诗话》有关内容，略作评论。此书对保存晚清诗作和作家资料具有相当规模与价值。另有钱仲联编《近代诗钞》，江苏古籍出版社1993年出版。收鸦片战争之后、五四运动以前诗人100家，顾及各个流派的代表诗人。其中31家为陈衍所未选，以矫正陈衍的门户之见。

**近亲结婚** consanguineous marriage 具有较近血缘关系的男女个体之间的婚配方式。通常把五代以内拥有共同祖先的血缘关系定义为具有较近血缘关系。如果共同祖先有两个，且都为祖父一辈，称为表（堂）亲结婚；若都是曾祖父一辈，称为从表（堂）亲结婚。如果共同祖先只有一个，且是祖父一辈，称为隔山亲表（堂）亲结婚；若是曾祖一辈，称为隔山从表（堂）亲结婚。中国常见的类型是表兄妹结婚（占近亲结婚的50%～60%）。

近亲结婚可能增加结婚双方的隐性有害基因在子代中纯合的机会，由此便可导致后代中常染色体隐性遗传病发生率的显著增加。临床上的主要表现有流产率、死胎率、先天畸形率、儿童早期死亡率的增加，以及各种隐性遗传性疾病发生率的增加。无论从优生学角度还是从生物学的角

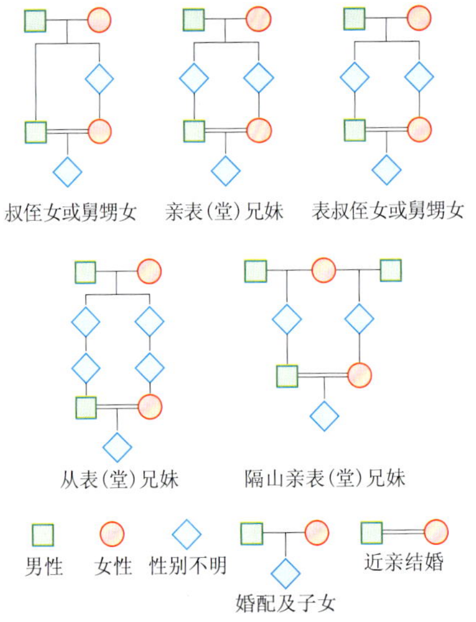

常见的近亲结婚类型

度来说，近亲结婚的弊端都是肯定的。中国2001年颁布的《中华人民共和国婚姻法》中有“直系血亲和三代以内旁系血亲禁止结婚”的明确规定。

**近松门左卫门** Chikamatsu Monzaemon (1653～1725-01-06) 日本剧作家。生于越前（今属福井），卒于大阪。原名杉森信盛，别号巢林子。1683年始陆续创作了净瑠璃脚本《世继曾我》(1683)、歌舞伎脚本《名妓夕雾七年忌》(1684)、净瑠璃脚本《景清出家》(1685)。1695年成为歌舞伎剧团“都座”的专属作者，为坂田藤十郎写了《倾城佛之原》、《倾城壬生大念佛》等名剧。此后的20年中，近松写了大量的净瑠璃历史剧，比较有名的是《碁盘太平记》、《倾城反魂香》、《国姓爷合战》、《曾我会稽山》、《关八州系马》等。近松的真正成就，是他写的净瑠璃社会剧。这些剧作真实地反映了德川时期的时代特点及平民的苦难，特别是其中的15部写平民男女相爱或下层平民与妓女相爱，但在封建社会的重压下，被迫双双殉情自杀的“情死剧”。主要有《情死万年草》、《公宫情死》、《天网岛情死》等。

**近体诗** modern-style poetry 中国唐代形成的格律诗体。与**古体诗**相对而言。又称今体诗。由南朝齐永明时**沈约**等讲求四声、八病等声律、对偶的新体诗发展而来，至唐初**沈佺期**、**宋之问**时始定型，为唐以后人常用的诗体。其字数、句数、平仄、对仗和押韵都有严格的规定，主要类别有**律诗**和**绝句**，其中又各有五言、六言、七言之别（六言较少见）。绝句每首4句；律诗每首8句，10句以上的称**排律**或长律，偶有六句三韵的律诗，称为三韵律诗或小律。

**近卫文麿** Konoe Fumimaro (1891-10-12～1945-12-16) 日本内阁总理大臣（1937～

1939，1940～1941)，全面侵华战争的主要推行者之一。生于东京，卒于东京。公爵近卫笃麿的长子，少年继其父为公爵。1937年6月出任首相，7月7日发动七七事变，挑起全面侵略中国的战争。1938年1月发表诱胁国民党政府投降的“近卫声明”；1939年1月被迫辞职，任枢密院议长。1940年6月辞去枢密院议长职务，极力推进法西斯“新体制运动”。同年7月再次组阁，9月缔结日德意**三国同盟**，10月组建法西斯御用团体“大政翼赞会”，自任总裁，完成了法西斯体制。1941年7月成立第三届近卫内阁，侵略战争扩大到中南半岛。同年10月，因在侵略计划上与军部发生矛盾而辞职。日本投降后，曾任东久迩稔彦内阁（1945年8～10月）国务大臣，并曾在盟军最高司令官D.**麦克阿瑟**授意下，拟订修改宪法草案。1945年12月收到美国占领军司令部发出的战犯嫌疑罪逮捕令，被传讯前，于16日晨畏罪服毒自杀。

**晋** Jin 中国西周、春秋时姬姓诸侯国。西周初，成王封其弟叔虞于唐（今山西翼城西），为当时重要封国之一。叔虞子燮改称晋，后曾迁都于曲沃（今山西闻喜）、绛（即翼，今山西翼城）、新田（今山西侯马）等地。西周末年，晋文侯拥戴平王东迁洛邑，杀死在西周故地自立的携王，受到平王奖赏。春秋之初，晋国内部出现公室与贵族争夺君位的长期斗争。晋侯缗二十八年（前679）曲沃武公正式受命为晋侯，经过六七十年，才以旁枝取代大宗，重新建国。武公之子献公大力扩张，曾伐灭耿、霍、魏、虞、虢等国，并战胜骊戎、赤狄等族。**晋文公**时开创霸业。**城濮之战**，晋国打败楚国，大会诸侯，被周襄王正式赐命为霸主。能长期和晋较量的只有楚，但双方互有胜负，形成两强更迭把持中原霸权的局面。作为霸主，晋有权向各小国征收贡赋，令鲁、郑等较大的国家都感到难以负担。晋献公为加强君权，对同姓公族采取杀戮和放逐的策略，而任用异姓大臣为辅佐。晋灵公时，赵盾杀君更立他人，开晋大臣专权的先例。以后，各异姓大臣的势力愈来愈大。昭公以后，晋国形成强大的范、中行、知、韩、赵、魏六卿，公室已不复成为重要力量，六卿之间争权夺利的斗争更加激烈。定公时范、中行两家首先败亡。哀公四年（前453），韩、赵、魏三家共灭知氏，瓜分晋国。烈公十九年（前403），周威烈王正式承认韩、赵、魏三家为诸侯。静公二年（前

376)，韩、赵、魏三国废掉晋静公，建立近700年的晋国灭亡。

**《晋察冀日报》** *Jin-Cha-Ji Daily* 抗日战争期间中国共产党中央晋察冀分局机关报。曾是中国共产党晋察冀省委和中国共产党中央北方分局的机关报。1937年12月11日

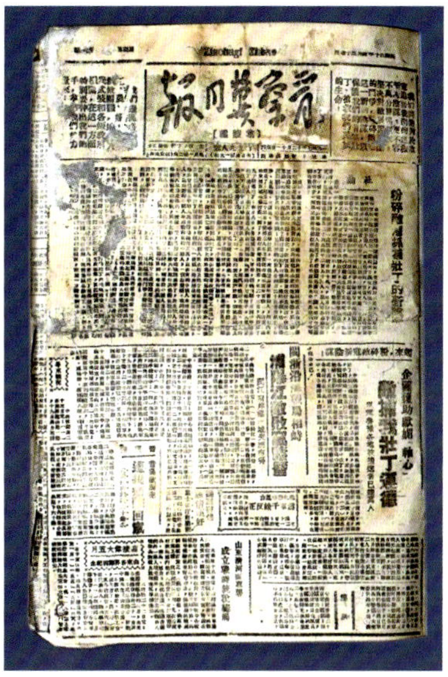

《晋察冀日报》1937年12月11日创刊号

在河北阜平创刊。初名《抗敌报》，1940年11月7日改名《晋察冀日报》。社长兼总编辑邓拓。由于处在敌后的战争环境，社址几经迁移。抗日战争胜利后，迁到张家口出版。后因国民党发动内战，又迁回阜平。日发行量最高曾达5万份，是晋察冀边区报刊中出版时间最长、影响最大的报纸。还编辑出版了中国第一部《毛泽东选集》。《晋察冀日报》终刊后，与晋冀鲁豫《人民日报》合并，改组为华北《人民日报》，成为中共中央机关报的前身（见《人民日报》）。1948年6月14日终刊，共出版2 854期。

**晋朝** Jin Dynasty 三国之后建立的以汉族为主体的中国封建王朝。魏咸熙二年（265）十二月，晋王司马炎夺取政权，建立晋朝，先都洛阳，后迁长安，建兴四年（316）为匈奴刘氏所灭，史称西晋。建武元年（317）琅邪王司马睿（晋元帝司马睿）在江南即晋王位，都于建康，元熙二年（420），为刘裕所灭，史称东晋。

西晋政治经济　晋武帝太康元年（280）平吴，统 南北，全国计有司、冀、兖、豫、荆、徐、青、扬、幽、平、并、雍、凉、秦、梁、益、宁、交、广19个州。

晋武帝即位后采取宽和节俭的方针，把曹魏的屯田民编入郡县为自耕小农，从而增加了纳税人口。全国百姓的赋税徭役负担归于一律，有利于政令的统一和中央集权的统治。对于吴蜀故地，加以安抚，同时也注意防范。在朝廷大臣中，存在以山涛、羊祜为首的和贾充、荀勖为首的两派政治势力。但晋武帝“宽而能断”，在重大问题上择善而从。他立白痴的司马衷为太子，又为其娶凶狠狡诈的贾南风（贾充之女）为妃。他死后，贾后专擅朝政，虽维持了短暂平稳的政局，但八王之乱也从此开始。

西晋的政治、经济、军事措施多沿袭曹魏旧章，又加以改革，其目的在于巩固中央集权的统治。但东晋南朝门阀士族的兴盛，人身依附关系的加强，方镇势力的强大，这些影响以至削弱中央集权统治的因素，这时也开始出现。中央最高官职有三公；尚书省统领百官，处理政务；中书省起草诏令；侍中侍从皇帝左右，以备顾问，兼司谏诤和评议。还有御史中丞和司隶校尉，掌纠弹不法，廷尉掌断刑狱。西晋用人途径，除开府的三公自己辟召掾属和刺史举秀才，太守察孝廉外，仍袭用九品中正制以选拔官吏。法制方面。西晋把属于行政规章制度的条文独立为令，为后代所沿袭。晋律篇目体系比较完备，而条文大为减少。

图1 “亲晋胡王”铜印印文（西晋政府颁发给北方少数民族首领的印章）

西晋实行占田课田制，高官显爵者各按官品高下占有田地。西晋第一次在全国范围内以法令形式承认私家依附农民。高官可按官品高低庇荫亲族，为了耕种所占田地，还允许他们庇荫劳动人手，作为佃客和衣食客。在占有大量土地和依附人口的基础上，后汉、曹魏以来世代高官而且世袭封爵的家族，在政治、经济、社会各方面都据有特殊的地位，形成门阀士族。西晋政府在征收户调时，采取九品混通之制，依资财贫富将户分为几等，调按户等收取。这种田租、户调的名称与方式一直沿用到唐代。西晋时，世代为兵的士家（兵家）继续存在，同时也实行募兵，并征发良人来补充兵

图2 灰陶加彩持盾武士俑（江苏南京富贵山出土）

源。西晋分封宗室为王，诸王主要职责在于分驻军事重镇。

惠帝时，人为祸患之外，加以疾疫饥馑等天灾，百姓背井离乡，流离失所，各地流民不断反抗。荆、江、徐、扬、豫五州之境，一度多为张昌起义军所占据。备受民族和阶级双重压迫的各少数民族，相继起而反抗。惠帝永兴元年（304），率领流民由西北进入益州的賨人李雄在成都称成都王，匈奴五部与杂胡的首领左贤王刘渊在左国城（今山西离石北）称汉王。愍帝降于汉，西晋亡。以后其他少数民族相继崛起，形成十六国局面。

东晋政治经济　西晋覆亡后，各少数民族竞相建立政权，争战不已。中原的汉族人士不愿受胡族统治，纷纷南迁。永嘉元年（307），司马睿出镇建业（后改名建康，今江苏南京）。长安陷后，建武元年（317）睿称晋王，次年即帝位。西晋末年的江南也不平静，孙吴以来的世族义兴周睿率领乡里私兵，支持了司马睿。江南大族到东晋初年还拥有相当强大的武装实力，为司马氏政权的南迁扫除了障碍。

东晋政权优遇南来的北人，在他们聚居的地方设立侨州郡县。江南广大土著人民是东晋王朝财政、徭役和兵力的主要来源，负担沉重。孙吴时大族的上层人物对于司马氏被迫南来所建政权，起初并不竭诚拥护。晋元帝对于江南士族中政治、社会影响较大的人，渡江之初已加意笼络。元帝由于自己不掌握强大兵力，对于拥有武装力量的南方豪强，暂时也不得不倚重。而来自北方的统治阶级对南人终有顾虑。不但在经济上，而且在政治上对南人更有

**西晋世系表**

- ①武帝司马炎（265～290）
  - ②惠帝衷（290～306）
  - ④愍帝邺（313～316）
  - ③怀帝炽（306～313）

**东晋世系表**

- ①元帝司马睿（317～322）
  - ②明帝绍（322～325）
    - ③成帝衍（325～342）
      - ⑥哀帝丕（361～365）
      - ⑦海西公奕（365～371）
    - ④康帝岳（343～344）
      - ⑤穆帝聃（345～361）
  - ⑧简文帝昱（371～372）
    - ⑨孝武帝曜（372～396）
      - ⑩安帝德宗（396～418）
      - ⑪恭帝德文（419～420）

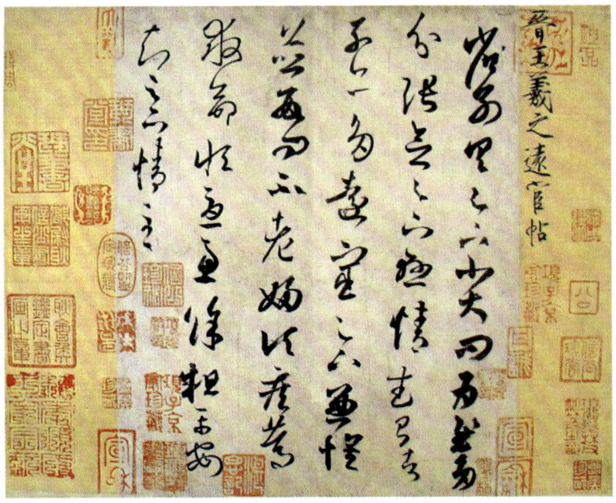

图3 王羲之《远宦帖》

戒心。东晋仕宦途径大体仍由公府辟召、州郡察举秀才、孝廉和中正依九品选拔官吏。但中央官制则大大简化，以求事权统一、行事简便。扬州是政治、经济军事重心所在，中央政府首脑录尚书或尚书令，往往兼都督中外军事，或数州军事、扬州刺史或丹阳尹等京畿地方长官，以控制实权。故大权集中于宰相。东晋疆域狭窄，贵族官僚大量占山固泽。世家大族大量庇荫人口，未入私门的侨人流民，又不编户贯，影响政府的财源与兵源。成帝咸和时已开始实行**土断**，令侨人纳税服役。东晋统治阶级内部，存在着北人士族与南人士族，北人士族中的上层与下层，皇室司马氏与侨姓大族，各大族之间，中央与地方（扬州与荆州）等错综复杂的矛盾。元帝时，王敦拥重兵镇守武昌（今湖北鄂城）。元帝畏恶王敦，任用刘隗、刁协与之相抗。永昌元年（322），王敦起兵攻下建康，杀死刁协等。又从武昌移镇姑孰（今安徽当涂），自领扬州牧，内外大权集于一身。成帝即位年幼，舅父庾亮执政。北来的流民首领苏峻、祖约于咸和二年（327），起兵进攻建康。江州刺史温峤乞援于荆州刺史陶侃，联合击败苏峻。陶侃死后，**庾亮**拥强兵据上游，执朝廷大权。继庾氏之后，桓温也集内外大权于一身，企图夺取司马氏政权。由于谢安等人的拖延策略，桓温不及待而死。谢安辅政，侄儿谢玄在**淝水之战**中立了大功。但孝武帝的兄弟会稽王司马道子排斥谢氏。以后桓温的幼子桓玄又以荆州为据点，攻入建康，杀司马道子父子，总揽朝权。元兴二年（403），桓玄称帝，国号为楚。刘裕从京口（今江苏镇江）起兵讨伐，桓玄退归江陵，失败被杀。

东晋政权所受外部威胁，主要来自黄河流域的胡族和长江上游（益州）的政治势力。**祖逖**从淮水流域进抵黄河沿岸，谋划恢复中原。但元帝无意北伐，祖逖壮志未伸而死。胡羯石氏兵力一度威胁江南。庾亮、庾翼虽先后拟议北伐，由于力量对比悬殊，都未实现。太元八年（383），前秦**苻坚**威胁江南，谢玄率北府兵以寡敌众，淝水一战秦军大败。东晋虽暂时解除了大军压境的威胁，并未能在北伐事业上有所进展。隆安三年（399）爆发了孙恩卢循起义，司马氏政权受到沉重打击。孙恩死后，桓玄起兵称帝。刘裕对内镇压孙恩、卢循起义，讨平桓玄，对外北伐灭南燕，西征平谯纵，江南政权摆脱了最直接的外部威胁，得到稳定。灭后秦之后，420年刘裕取代了东晋。

两晋文化　两晋150年间，在中国文化的发展上，有几个方面出现了以前未曾有过的贡献。

西汉繁琐章句和东汉**谶纬**迷信的经学，这时已经衰落，但儒家经典的研究并未中断。后代传习的《**左传**》杜预集解、《**穀梁传**》范宁集解和《**尔雅**》郭璞注，都出于晋人之手。晋代史学颇为发达，西晋陈寿的《**三国志**》、东晋干宝的《晋纪》、孙盛的《晋阳秋》、常璩的《**华阳国志**》，都为当时和后代所推重。荀勖改变图书七种分类为甲乙丙丁四部，亦即经、史、子、集四大类。史部著作从经书独立出来，自成一类，也自晋代始。由于门阀士族的兴盛，重视世系谱牒，东晋贾弼始创谱学，齐梁时人继承。咸宁五年（279）汲冢发现竹简所写古籍，有《**竹书纪年**》、《穆天子传》等，为千余年后发现秦汉竹木简及敦煌、吐鲁番古写本的先声。裴秀绘制《禹贡地域图》，定出的制图原则，成为一直沿用到明末的中国绘制地图的基本方法。

曹魏时兴起的**玄学**，在西晋仍然是盛行的显学。西晋谈玄学知名的有裴頠、**郭象**，东晋有张湛。玄学是先秦两汉哲学发展的结果，提出了新的讨论对象、概念、范畴、方法，形成一种思辨性较强的哲学。

西晋在文学方面也有其独特成就。一般而言，西晋人的诗文多重词藻雕饰及写作技巧，但也出现了**左思**、刘琨这样的作家。西晋以文学知名的，还有**陆机**与**潘岳**，他们的作品都以艺术技巧而不以思想感情胜。陆、挚（挚虞）两家著作的出现，标志着西晋时文学和史学一样，独立于经学之外，开始成为系统研究的对象。由于玄学影响，东晋诗歌作品多理过其词，淡乎寡味，但也出现了**陶渊明**这样的田园诗人。

晋代仍不断有僧人西行求法。东晋末**法显**赴天竺，携来当时急需的律藏。**慧远**、**僧肇**都是著名的僧人。道安在襄阳编定的《综理众经目录》，为中土第一部佛经总目。西晋时天师道流行，为王谢等高门所信奉。道家著述有葛洪的《**抱朴子**》内外篇，内篇论述神仙方药、养生延年、禳邪却祸之事，外篇则主要为儒家和刑名家观点的政论。

王叔和的《脉经》总结西晋以前脉学经验，是现存最早脉学专著。**皇甫谧**撰《针灸甲乙经》，是中国针灸学的重要著作。绘画方面，人物画像仍是流行题材，晋宋之际才出现山水画。**顾恺之**强调人像画传神之处全在目睛，指出了绘画技法要领。书法自东汉以来被作为艺术来欣赏，晋代索靖、卫夫人和**王羲之**、**王献之**父子有关书法的理论和笔法，都为后代所重视，影响广泛。

**晋城市**　Jincheng City　中国山西省辖地级市。位于省境东南部，邻接河南省。辖城区及沁水、阳城、泽州、陵川4县和代管**高平市**。面积9 484平方千米。人口228万（2010）。汉置高都县，隋改为丹川县，五代后唐名晋城县。清改称凤台县。1914年复名晋城县。1983年改县为市，1985年改为地级市。矿产有煤、铁、硫磺、铝、锰、石膏等。有采煤、钢铁、机械、电力、建材、化工、纺织、制革、玻璃、陶瓷、食品等工业部门。农业主产小麦、玉米、谷子，棉花、花生、芝麻种植较广。巴公以大葱著称。晋城山楂是省内外名产，陈沟所产尤佳。野生动植物资源丰富。建有阳城蟒河和沁水历山两个自然保护区，保护国家稀有动物猕猴、大鲵。晋城是中国北方重要的蚕茧产地和丝绸生产基地。丝产量占山西省的80%。名胜古迹有青莲寺、道教宫殿玉皇庙、崇寿寺、景德桥等。

**晋祠**　Jinci Temple　奉祀晋侯始祖唐叔虞的祠堂。称"唐叔虞祠"。位于中国山西省太原市西南郊约25千米的悬瓮山麓。因位于晋水源头，故称晋祠。其主殿圣母殿，是现存北宋重要建筑之一。1961年定为全国重点文物保护单位。

圣母殿建于北宋天圣年间（1023～1032），位于晋祠主轴线上，坐西朝东，重檐歇山

晋祠圣母殿及殿前的鱼沼飞梁

顶。大殿正面八根下檐柱上有木制雕龙缠绕，即《营造法式》所载的缠龙柱，是现存宋代这种柱的孤例，可视为宋式建筑代表作。

圣母殿前有鱼沼飞梁，是在方形水池上架设的十字形桥，为石柱木构梁式桥，交搭处用斗栱，其渊源可追溯到北朝，但现存的为宋代遗物。桥面石雕栏杆是中华人民共和国建立后重修时仿古新制的，并无遗物做依据。飞梁之前的献殿，是陈设祭品之所，建于金大定八年（1168）。明间前后设门，其余都装透空的栅栏，是四面开敞的小殿。

**晋侯墓地** Cemetery of Marquis of Jin 中国西周早期至春秋初年晋国国君（晋侯）及其夫人的墓地。位于山西南部曲沃县天马－曲村晋国遗址中部。1992年发现并发掘。已清理晋侯及其夫人的墓葬9组19座，陪葬墓、祭祀坑数十座，并探明车马坑9座。墓地东西长约170米，南北宽约130米。19

晋侯稣钟

座墓中，除3座为一组并列外，其余均为两两并列，即一位晋侯和一位夫人异穴合葬。出土大量随葬品，以青铜器和玉器最为丰富。根据墓葬的排列情况及出土物的特征判断：此墓地最早的墓葬年代大体相当于西周早期偏晚阶段，即昭王前后；最晚的为春秋时期，约相当于平王时期。出土的诸多青铜器上有多位带有晋侯名字的铭文，由此可以确定此墓地为晋侯墓地，也明确了墓主的身份。此墓地是已见同时期、同规格墓地中保存最完整、排列最清楚且随葬品最丰富的一处，对周代埋葬制度、器用制度、西周年代学等问题的研究具有重大学术意义。2000年国务院公布为全国重点文物保护单位。

**晋怀帝司马炽** Emperor Huaidi of Jin Dynasty (284～313) 中国西晋皇帝。字丰度。河内温县（今河南温县西）人。晋武帝司马炎之子。初封豫章王，永兴元年（304）十二月立为皇太弟。光熙元年（306）晋惠帝司马衷卒后即位，次年改元永嘉。在位期间，东海王司马越专权，无所作为。永嘉五年（311），汉将刘曜攻破洛阳，他被俘到平阳（今山西临汾西南）。七年春，汉主刘聪在宴会中命他着青衣行酒，晋旧臣悲愤号哭，因此被害。

**晋惠帝司马衷** Emperor Huidi of Jin Dynasty (259～306) 中国西晋皇帝。字正度。河内温县（今河南温县西）人。晋武帝司马炎第二子。泰始三年（267）立为皇太子，太熙元年（290）嗣位，改元永熙。司马衷痴呆不任事，初由太傅杨骏辅政。贾后杀杨骏，掌握大权。八王之乱中赵王司马伦篡夺帝位，以之为太上皇，囚于金墉城。后由诸王辗转扶持，形同傀儡，受尽凌辱。光熙元年（306），东海王司马越将其迎归洛阳，相传被越毒死。

**晋江** Jinjiang River 中国福建南部主要河流。上游有东溪、西溪，西溪为干流。发源于戴云山脉，干流长182千米。两溪汇于南安双溪口，至晋江市入海，流域面积5 629平方千米。多年平均年径流量约58亿立方米。年径流量的年际和年内变化都较大。流域内水土流失严重，含沙量0.384千克/米$^3$，是全省含沙量最大的河流。1984年漳州、泉州、厦门三角地区辟为沿海经济开放区后，在开发利用晋江、九龙江水资源的同时，对两江进行综合整治。

**晋江市** Jinjiang City 中国福建省辖县级市。地处省境东南部，东濒台湾海峡，南与金门隔海相望。面积721平方千米。人口199万（2010）。唐开元六年（718），析南安县地置晋江县。1992年设立晋江市。由泉州市代管。属南亚热带季风气候。夏季多干旱，5～10月份常有台风侵袭。海域面积6 345平方千米，大小岛礁星罗棋布，是福建主要的渔业生产县市之一。土、砂、石等矿产资源蕴藏量大。江瑶柱、石斑鱼、锯缘青蟹等海珍品闻名。工业以纺织、建材、塑料、食品等为主。名胜古迹有安平桥、草庵、龙山寺、深沪湾海底古森林遗迹自然保护区等。

**晋剧** Shanxi opera 中国戏曲剧种。见山西梆子。

**《晋书》** *History of Jin Dynasty* 记述中国晋朝历史的纪传体史书。含本纪10卷，志20卷，列传70卷，载记30卷，共130卷。叙事自司马懿始，到刘裕取代东晋为止。并用载记形式兼叙割据政权十六国史事。贞观二十年（646），唐太宗下诏撰修《晋书》，二十二年成书。今本《晋书》题作为唐太宗文皇帝御撰，因书中宣帝（司马懿）、武帝（司马炎）、陆机、王羲之4篇论赞出于唐太宗之手。实际上主持编纂工作的，是房玄龄、褚遂良、许敬宗。最后由令狐德棻、敬播等审阅订正，全书体制多取决于德棻。

《晋书》主要以臧荣绪的《晋书》为依据，又采择诸家旧史和晋代文集中的材料，以及《十六国春秋》、《世说新语》、《搜神记》等书。唐代以前纪传体的史书中，对于在今天中国境内建立过政权的少数民族的历史，大都归入列传，排在末尾。南北朝时所修史书中，南北政权更是互相贬低，南朝称北方为索虏，北朝称南方为岛夷。东晋时，各族建立十六国政权，除前凉、西凉外，《晋书》把它们的历史作为纪传以外的独立部分，称为载记。在二十四史中，载记是《晋书》独有的体裁。

**晋文公** Duke Wen of Jin（前697～前628）中国春秋时期晋国国君。姬姓，名重耳。晋献公的庶子。因献公欲立宠妾骊姬之子奚齐为嗣，杀太子申生，又派人加害于重耳。重耳被迫奔逃在外19年。后借秦穆公之力回国即位，时年62岁。在位期间重用有才干的赵衰、狐偃等人，发奋图强，国力日益强盛，晋政权不但巩固，还出现了“政平民阜，财用不匮”的局面。同年，周王室发生内乱，周襄王出居郑以避难。公元前635年，文公利用这一机会兴兵勤王，护送襄王回国，除得到土地赏赐外，还提高了晋在中原诸侯中的威望。自齐霸中衰，楚又乘虚而入，中原的一些小国都在其支

安平桥

配之下。公元前632年，晋楚大战于城濮（今山东濮县），楚人战败。晋文公与齐、鲁、宋、卫等7国之君盟于践土（今河南原阳西南），并得到周王策命。是年冬，晋文公又会诸侯于温（今河南温县），周王也被召赴会，晋文公跃升为中原霸主。死后，襄公立。

**晋武帝司马炎** Emperor Wudi of Jin Dynasty 中国西晋开国皇帝。字安世。河内温县（今河南温县西）人。司马昭长子。在位25年。曹魏末年，祖司马懿、伯司马师、父司马昭相继控制朝政。魏咸熙二年（265）司马炎为相国、晋王，同年十二月代魏称帝，建立晋朝。即位之初，吸取曹魏无屏藩以致孤立而亡的教训，大封同姓诸王。又委任几位宗王统领重兵，出镇许昌、邺、长安等处战略要地。重视法律的修订，泰始四年（268）颁行的新律是中国古代一部重要法典。还采取一系列措施发展生产，屡次责令郡县官吏劝课农桑，并严禁私募佃客。太康元年（280）南下灭吴，统一全国。继而，颁行户调式，内容包括占田制、户调制和品官占田荫客制（见占田课田制、户调）。太康年间（280～289）社会一度出现繁荣景象。但随着天下的安定，司马炎逐渐"息于政术，耽于游宴"，统治阶层中奢侈荒淫之风广泛蔓延。司马炎不顾朝臣反对，执意立低能儿司马衷（见晋惠帝司马衷）为继承人。他去世不久，先有杨骏、贾后之变，后又发生破坏性极大的八王之乱。少数民族上层分子乘机起兵，导致西晋灭亡。

**晋语** Jin dialects 汉语重要方言之一。分布于山西省除南部以外的广大地区，以及河北、河南、内蒙古、陕西临近山西的地区，共176个县市。

主要语言特征：①有入声，多数带喉塞音［ʔ］。有的地区入声不带［ʔ］，仍自成调类。②普通话的［ən:əŋ in:iŋ uən:uəŋ yn:yŋ］4对韵母晋语分别合并，多读［ŋ］尾韵。少数地区鼻音韵尾失落，主要元音往往鼻化。③多数地区有"圪、忽、入"等入声音节的前缀，可用来构成名词、动词、形容词、量词、象声词和四字格。④多数地区都有分音词。分音词指把一个词分成两个音节来说，即前一音节声母是本词的声母，韵母为入声韵，后一音节韵母是本词的韵母，声母一律为边音［l］，所以又称"嵌l词"。⑤有系统的文白异读。⑥变音多样。变音指用改变词的声母、韵母或声调来表示另外一种词汇意义或语法意义。⑦指示代词三分。晋语有不少方言如昔阳、柳林、寿阳、临县等的指示代词三分：近指代词"这"，中指代词"那"，远指代词"兀"。

**晋元帝司马睿** Emperor Yuandi of Jin Dynasty（276～322） 中国东晋开国皇帝。字景文。河内温县（今河南温县西）人。司马懿曾孙，司马觐之子。15岁嗣琅邪王位。八王之乱后期依附于东海王司马越，越以其为平东将军、监徐州诸军事，留守下邳。汉主刘渊举兵后，中原局势恶化，司马睿用王导之谋，请移镇建邺（今江苏南京）。朝廷遂于永嘉元年（307）命为安东将军、都督扬州诸军事，九月南下。他在王导、王敦辅助下，优礼当地士族，压平叛乱，惨淡经营，始得在江南立足。建兴四年（316）汉刘曜陷长安，俘愍帝。西晋亡。次年三月，司马睿即晋王位，始建国，改元建武。司马睿于318年即皇帝位，改元太兴，据有长江中下游以及淮河、珠江流域地区，史称东晋。东晋初年政治上由王导主持，军事上依靠王敦，时人谓之"王与马，共天下"。晋元帝对大权旁落不满，引用刘隗、刁协、戴渊等为心腹，企图排斥王氏权势。王敦于永昌元年（322）以诛刘隗为名，在武昌起兵，直扑石头城（即建康）。王导为保全王氏家族利益，暗助王敦。王敦攻入建康，杀戴渊等，刘隗投奔石勒。同年闰十一月，晋元帝忧愤病逝。

**晋中市** Jinzhong City 中国山西省辖地级市。位于省境中东部，邻接河北省。辖榆次区和榆社、左权、和顺、昔阳、寿阳、太谷、祁县、平遥、灵石9县，代管介休市。面积16 408平方千米。人口325万（2010）。春秋属晋，战国属赵。秦属上党郡。1949年设榆次专区，1958年改名为晋中专区，1967年更名晋中地区。1999年撤销晋中地区和县级榆次市，设立地级晋中市。矿产主要有煤、铁、石灰岩、石膏、红白砂石、磨石及黏土等。工业以纺织、机械、煤炭、酿造为主。有中国规模最大的经纬纺织机械厂。农产品主要有小麦、玉米、谷子、高粱、棉花和梨、苹果、红枣、桃等。有同蒲、太焦、石太铁路和多条公路过境。名胜古迹有双林寺、石马寺、平遥古城、镇国寺、乔家大院等。有国家历史文化名城祁县、平遥。

**晋州市** Jinzhou City 中国河北省辖县级市。位于省境中南部，地处冀中平原腹地。面积619平方千米。人口54万（2010）。蒙古成吉思汗十八年（1223）置晋州。清雍正二年（1724）升直隶州不辖县。1913年改晋州为晋县。1991年撤县建市，由石家庄市代管。农作物有小麦、玉米、棉花、花生等。有机械、化工、纺织、轻工、建材、食品、医药等工业。

**浸礼宗** Baptist Churches 基督教新教宗派之一。在中国的各教会亦称浸会。因反对婴儿受洗，主张只对理解受洗意义的信徒施洗，洗礼不用点水于额而采用全身浸入水中的方式，故名。浸礼宗产生于17世纪初的英国，1869年获法律保护，19世纪获得巨大发展，在美国传播甚广。浸礼宗多数教会在一切信仰与实践问题上以《圣经》为最高权威；教会是仅由信徒组成的自治团体，教会生活的基础在于信徒与上帝以及信徒之间的盟约；采用公理制，会众集体可以聘任牧师，管理教会事务。其崇拜形式与归正宗、公理宗等接近；重视读经、讲道、唱赞美诗，祷告多采即兴方式。1836年传入中国。全世界有3 000余万信徒。

**浸取** leaching 用溶剂浸渍固体混合物，选择性地溶解其中一种或几种物质，使之与固体混合物中不溶解的组分分离的过程。属于传质分离过程的单元操作。又称浸出、固液萃取。浸取的操作步骤是：①溶剂与固体物料接触，把可溶物组分转入液相，成为浸出液。②浸出液与固体残渣的分离。③用溶剂或水洗涤残渣，回收附在残渣上的可溶组分和溶剂。④浸出液的浓缩与提纯，取得所需的产品。浸取的物料主要为矿物和生物质，如植物的根、茎、叶、种子等。湿法冶金料液的制备中，许多重要金属如金、铜、镍等都可以从矿石中浸取。根据溶剂的作用，浸取可分为物理浸取、化学浸取和细菌浸取。物理浸取是单纯的溶质溶解过程，所用的溶剂有水、醇及其他有机溶剂。化学浸取常用酸、碱或盐类水溶液，通过化学反应与某些组分生成化合物或络合物而溶出，大多用于处理矿物。细菌浸取多用于硫化金属矿（如铜矿），靠硫细菌的氧化作用，将难溶的硫化物转变为易溶的硫酸盐而被浸出。

**靳辅** Jin Fu（1633～1692） 中国清代治河官员。字紫垣。汉军镶黄旗人。辽阳人。卒于淮安。顺治九年（1652）由官学生考授国史院编修。康熙时长期担任河道总督，主持治理黄河、淮河、运河，大量采纳幕友陈潢的主张，取得了重要成绩。明末清初，黄河堤防失修，水灾严重。清康熙十五年（1676），靳辅任河道总督。他进行统一治理的步骤是：先疏下游，后浚上游，堵塞所有决口，坚筑两岸堤防，增建减水坝泄洪等。经过几年的大规模施工，二十二年黄河复归故道。次年，主持开挖宿迁至清河的中运河，4年后竣工，从此运河只在清口以北穿黄。此后黄河、运河出现了几十年较稳定的局面。二十七年，靳辅因运河以东淮水出路及涸出土地开垦问题被劾革职。三十一年，再次被任命为河道总督。治河思想继承了潘季驯的主张，并有所发展。著有《治河方略》、《靳文襄公奏疏》等。

**靳尚谊** Jin Shangyi（1934-12-26～ ） 中国油画家。河南焦作人。自幼喜爱绘画，1949年考入国立北平艺术专科学校（后改

油画《塔吉克新娘》

为中央美术学院），1953年毕业后入中央美术学院油画研究生班，于1957年毕业。曾参加苏联专家K.M.马克西莫夫（1913～1993）的油画训练班。长期任教于中央美术学院，历任教授、油画系副主任、副院长、院长，并任中国美术家协会常务理事等职。靳尚谊的油画具有坚实的基本功和丰厚的文化素养。早年侧重革命历史画的创作，作品场面恢弘，气魄宏大。自20世纪70年代末转入人物肖像画创作，将欧洲古典主义油画和中国传统文化相融合，以强烈的明暗对比和象征手法，刻画人物个性及形貌神态，具有深刻的思想内涵。他还长于人体画创作，作品造型简约，具有一种单纯、宁静、安详的气氛。代表作有《十二月会议》、《塔吉克新娘》、《瞿秋白》等，出版有《靳尚谊油画素描选集》、《靳尚谊人体·肖像》等。

**靳文然** Jin Wenran (1912～1964) 中国乐亭大鼓艺人。原名靳成彬，曾用名靳质儒。河北省滦南县奔城镇靳营村人。曾向丁佩城学唱了一些短段和中篇节目《满汉斗》。17岁拜在戚用武门下，出师后与弦师贺连起的合作非常出色，人称“金玉合璧”。其间曾得前辈艺人齐祯指点。注重从乐亭皮影等姊妹艺术中吸取音乐素材，善于运用唱腔曲调为表达人物的情感服务，对乐亭大鼓曲调从曲牌联套体向板式变化体的过渡作出了重要贡献。抗日战争时期，与高荣远搭档进入游击区行艺，自觉编演了许多宣传抗日救亡的节目。中华人民共和国建立后，编演了《听窗根儿》、《粪状元》、《故事小传》等短篇节目和《林海雪原》、《百炼成钢》等中长篇节目。一生表演的乐亭大鼓节目甚多，代表作有《双锁山》、《拷红》、《金山寺》等。徒弟中以张云霞、赵凤兰、萧云霞、贾幼然和刘少然等较为著名。

**靳云鹏** Jin Yunpeng (1877～1951-01) 中国北洋政府国务总理，陆军总长。字翼青。山东邹县人。卒于天津。出身贫寒。18岁至天津小站入袁世凯新建陆军当兵。1898年入随营武备学堂学习。1909年由段祺瑞举荐去云南，任第十九镇总参议。辛亥革命爆发后，云南蔡锷、李根源等举兵，靳在昆明五华山战败后潜回北京，旋受段祺瑞重用，1913年春被段保荐任北洋第5师师长，9月署理山东都督，次年晋升将军。主政山东，一切秉承袁、段旨意，对于日本强占胶东等无理要求，则大多依顺。参与14省将军联名电请袁登基，得袁授伯爵位。1916年4月看帝制败局已定，通电劝袁辞职让贤，被撤职，因而博得“反难帝制”的虚名。段祺瑞执掌北洋政府大权后，靳受重用，效忠段之武力统一全国政策和亲日政策，曾代表北洋政府与日本签订《中日陆军共同防敌军事协定》等3个丧权辱国条约。1919年初出任北洋政府陆军总长，9月任国务总理。在北洋军阀直、皖、奉诸派系争斗中，力图自成一派，结果与各系均生嫌隙，尤其得罪了段祺瑞，终于在1921年12月下台。后寓居天津，与日本财阀合办企业，任鲁大矿业公司理事长兼总经理。诵经念佛，虽几次企图出山再起，皆未成。

**靳以** Jin Yi (1909-08-16～1959-11-07) 中国现代作家、编辑家。原名章方叔。天津人。少年时代就读于南开中学，后考入复旦大学国际贸易系，积极参加新文学运动，开始文学创作。1933年在北平与郑振铎合编《文学季刊》，次年又办附属月刊《水星》。1936年在上海与巴金合编《文学季刊》。1938年10月去重庆，任复旦大学国文系教授，兼任《国民公报》文学副刊《文群》编辑。1944年回重庆任教。1946年夏随复旦大学搬回上海后任国文系主任。同时编辑《中国作家》杂志和《大公报》副刊《星期文艺》。中华人民共和国建立后曾任中国作家协会理事、书记处书记，上海市作家协会副主席等职。1950年任《小说》月刊编辑。1957年受中国作协书记处委托，和巴金共同主编文学双月刊《收获》。

靳以在20世纪30年代就创作了许多反映市民和知识分子生活、描写青年男女生活和爱情的小说。一生创作了30多部小说和散文，先后出版了短篇小说集《红烛》、《圣型》、《群鸦》、《青的花》、《虫蚀》、《珠落集》、《秋花》、《众神》、《生存》等，长篇小说《前夕》，散文集《猫与短简》、《渡家》、《沉默的果实》、《人世百图》。人民文学出版社1964年出版《靳以文集》上卷，1986年出版《靳以文集》下卷。

靳以（左二）为工人修改习作

**禁兵** imperial armies 中国古代皇帝的亲兵，即侍卫宫中及扈从的部队。历代有直称禁军、禁兵者，亦有另立名目者，还有以此名义而扩大其任务范围者。除唐、宋有禁军名目外，汉代的京师兵，北魏的中兵，五代的牙军、义儿军，元代的怯薛军，明代的三大营和清代的三旗儿旗等，均属于禁兵性质。唐代禁军初有元从禁军，此后陆续出现飞骑、百骑、千骑、万骑等名目，又演变为左右羽林、左右龙武、左右神武、左右神策、左右神威等十军，较前代已扩大任务范围，如神策军即戍守各地，任务不限于宿卫。北宋称正规军为禁军或禁兵，从各地招募，或从厢军、乡兵中选拔，由中央政权直接掌握，分隶三衙。除防守京师外，并分番调戍各地，使将不得专其兵。每发一兵，均须枢密院颁发兵符。编制单位有军、指挥、都。士兵出自雇佣，且沿五代朱梁定制，文面刺字，地位低下。北宋中叶，禁兵增至80余万人。王安石变法时裁减兵额置将分领，加强训练，军力有所提高。北宋末年，政治腐败，军队缺额极多，京师三衙所统之兵号称10万，而实仅3万人。南宋时仍有禁军、厢军的名称，实际情况则屡有变化。

**禁锢** 中国古代免除有罪官员的官职，并终身禁止其本人或其亲属任官的刑罚。早在春秋时即已有此刑。秦时称籍门。《秦简·除吏律》对于禁锢的人称为废官。汉朝正式称为禁锢。汉文帝时，贾人、赘婿及吏坐赃者，皆禁锢不得为官。其后有对本人禁锢终身的，有锢及三族的，有锢及五族的，有锢及素所厚的，有锢及知识（至交）婚姻（妻父是婚，婿父是姻）的，有锢及门生、故吏、父子兄弟的。赃吏增加禁锢至二世、三世。魏、晋、宋、梁、陈、西魏均沿袭此制。隋唐以后，律典中不复有“禁锢”之文，然又时常有诏令行用。明清时，有“革职永不叙用”之法。

**禁忌** taboo 从原始社会延续至现代的以信仰为基础的被忌讳的语言、观念及行为民俗。“禁忌”一词源于太平洋波利尼西亚群岛土语音译taboo或tabu，国际学术界统称为“塔布”。现已成为人类学、民俗学通用的词语。禁忌习俗流行于世界所有民族，是人类最古老的无形法律。在中国，至迟在汉代已出现“禁忌”一词。最早见于《汉书·艺文志·阴阳家》。早期禁忌物主要属于宗教范畴，分为神圣的和危险的、不洁的两类。人体的排泄物或分泌物均为禁忌的对象，偶然接触禁忌物的普通人被认为会惹怒神灵而付出代价。后来，禁忌的范围越来越广，包括：①日常生活禁忌，即为人处世、待人接物以及衣食住行方面的禁忌。如在中国给客人倒茶水时，壶嘴不要对着对方，因“壶嘴”谐“虎嘴”音。有些地方客人进门的第一顿饭忌吃水饺，否则意味着客人不受欢迎，因水饺是送行食品，俗称“滚蛋包”。②语言禁忌。民间对语言的魔力历来深信不疑，以为说了某人不吉利的话，某人就要遭殃，遂产生语言恐惧症，唯恐不吉利的词语临降到自己头上。在上海，忌言“梨”、“伞”，而称“圆果”、“竖笠”，以避讳“离散”；忌说吃药，而称“吃好茶”，是忌讳“生病”之意。这一类避凶求吉的语言禁忌现象，民间称之为“讨口彩”。③性别禁忌，是某些民族习俗中专门限于妇女的禁忌。如阿昌族妇女禁忌跨坐在家堂屋的门槛上，不能住在楼上，也不能从犁、耙、锄、刀、枪等物上跨过，认为会给男人招来不幸。④岁时禁忌，是与时间有关的禁忌。有些地方要求人们在每年农历二月二“龙抬头”日要倍加小心，不能动刀、剪和针线，否则会伤“龙目”、戳着“龙眼”。⑤生产禁忌，包括农业、手工业等诸多方面。⑥人生礼仪禁忌。认为人一生中要经历的各种仪式过程中充满禁忌，忌讳孕妇参加婚礼、丧礼。⑦动植物禁忌。认为动植物的“异常”现象是人自己某种“异常”现象发生的兆示。

**禁寺** Al-Masjid al-Ḥarām 伊斯兰教第一圣寺。又称麦加大清真寺。位于沙特阿拉伯麦加城中心。系全世界穆斯林礼拜朝向的所在地，也是履行朝觐功课的中心圣地。630年，穆罕默德宣布禁寺周围严禁杀生、斗殴和一切邪恶行为，并禁止非穆斯林进入，故称禁寺。原仅为克尔白及长方形广场。欧麦尔一世曾扩充面积，修建围墙。奥斯曼·伊本·阿凡又增修廊檐。后历代不断修缮扩建。1571～1586年，奥斯曼帝国苏丹命建筑师息南作了重要扩建。1955～1958年再次扩建。除原有的克尔白、中心院落、环绕克尔白的环形路、易卜拉欣站立处、渗渗泉、宣讲台、走廊和尖塔外，还增建了连接赛法和麦尔卧两山丘间的大理石屋廊通道。现面积18万平方米。寺墙为892根大理石圆柱，上建有500多精美圆顶。沿寺墙有门64个，其中阿卜杜·阿齐兹国王门、欧姆赖门、和平门为3座大门，各在两侧建有92米高的尖塔。另一座同等高度的尖塔，建在赛法长廊顶上。寺内地面铺设大理石和雪花石，面积12万平方米，可容纳50万人同时礼拜。寺内中心为克尔白，是朝觐者必须拜谒之处。

**禁渔期** closed season 渔业行政主管部门为保护和合理利用渔业资源，在国家法律规定的权限内，针对某种资源或某种渔具在一定水域范围内规定禁止捕捞的特定时期。通常是一年中的某个阶段，多为某种鱼类或其他水产经济动物每年大量繁殖的季节，或幼体索饵成长阶段，或亲体集群越冬期间。禁渔期作为一项渔业管理措施，被世界许多国家采用。一些区域性国际渔业组织，为保护某种共同利用的资源，也往往通过一定协议对禁渔期作出规定。

**禁欲主义** asceticism 一种要求人们严酷节制肉体欲望的道德理论和生活态度。禁欲主义源于古代人忍受现世生活困苦的宗教教义和苦行仪式。它认为人的肉体欲望（尤其是性欲）是一切恶德和罪行的根源，因而强调节制甚至消灭人的一切肉体欲望和享乐，而人类自我节制和自我牺牲是实现人的道德完善的有效途径。东方的佛教、婆罗门教和中世纪西方的基督教等，将这种禁欲主义推向极端，成为一种宗教教规和强制的生活方式。禁欲主义的目的在于强化对宗教教义的信仰，传播忠诚、纯洁、坚忍的宗教道德。

**缙绅** gentry with official titles 中国明朝的特权阶层。包括各级官吏、致仕官、封赠官、捐纳官以及国子监和府州县学的生员。他们的妻子也享有相应的特权待遇。地位仅次于贵族地主，是明代封建统治的重要支柱。明代的缙绅地主享有优厚的待遇和特权。政治方面，法律地位高于常人，司法部门无权擅自拘审官员。犯公罪可以收赎；犯私罪也得以解职、调离或降等抵罪。经济方面，各级官吏有数量颇多的俸禄，生员也由国家供给生活费。此外，还享有徭役优免权。即使官员本人亡故，仍免其家徭役3年。多数缙绅往往凭借威势，横行乡里，凌虐欺压百姓，居家的缙绅地主甚至可以决定地方官员的去留。缙绅还大肆兼并、侵占他人土地，接纳投献投靠，收受他人诡寄田粮、差役、包揽拖欠税赋。缙绅自称官户，自立“官甲”、“官图”，以别于平民编户。

**缙绅会议** zemsky sobor 16～17世纪俄国等级代表机构。伊凡四世（雷帝）即位初期，国内阶级矛盾尖锐，王公和领主贵族（波雅尔）的割据势力还很强大，沙皇政权极不稳固。1549年2月底，伊凡四世在莫斯科召开了有领主贵族、服役贵族、高级僧侣和政府高级官员参加的联席会议。会议决定编纂新法典以代替《1497年法典》，并宣布实行旨在巩固皇权的改革。这是俄国历史上第一次缙绅会议，即等级代表会议，它的召开标志着俄国等级代表君主制的建立。后来，凡遇国家大事，均由贵族、僧侣、市民3个等级代表参加的缙绅会议讨论决定。贵族在会议上起着主导作用。会议的期限和议程由沙皇决定。除国家农民的代表偶尔参加会议外，占人口大多数的契约农和债农均被排挤在外。1648～1649年缙绅会议通过的《会典》表明沙皇政权的巩固。17世纪下半期俄国处于由等级代表君主制向绝对君主制转变时期，缙绅会议很少召开。1683～1684年召开了最后一次缙绅会议，通过了同波兰缔结的《永久和约》。

**茎** stem 维管植物的营养器官。上承枝叶，下接根部，有支持、输导、贮藏和繁殖等功能。

形态与类型 茎上着生叶的位置称为节，两节之间的部分称为节间。茎顶端和节上叶腋处都生有芽，当叶子脱落后，节上留有痕迹称为叶痕。这些茎的形态特征可与根相区别。茎的分枝是普遍现象，能够增加植物的体积，充分利用阳光和外界物质。通常分为二叉分枝、单轴分枝、合轴分枝和假二叉分枝（图1）。茎与分枝顶端生有顶芽，旁侧节上生有侧芽。

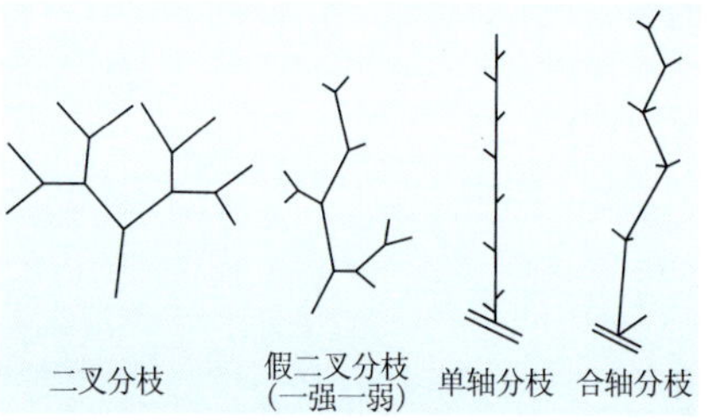


图1 分枝的类型

按茎的质地，可分为木本植物和草本植物两大类。木本植物为多年生，有乔木和灌木之分。乔木主干明显，植株高大；灌木主干不明显，基部多分枝，植株较矮小。

草本植物按生命周期可分为一年生、二年生和多年生3类。不同植物的茎的生长方式有4种主要类型：①直立茎。木本植物和大多数草本植物为直立茎。②缠绕茎。茎幼小时期较为柔软，不能直立，用茎干缠绕于支持物上升。③攀缘茎。茎幼小时较为柔软，不能直立，以特有的结构攀缘支持物上升。藤本植物的茎包括缠绕茎和攀缘茎，并可再分为木本茎和草本茎。④匍匐茎。茎细长、柔弱，蔓延生长地面上。

结构 茎的顶端称为茎尖。茎的组织由茎尖分生组织分化而形成。茎尖分为分生区、伸长区和成熟区3部分。双子叶植物茎成熟区的初生结构可分为表皮、皮层和维管系统。次生结构包括由维管形成层形成的次生韧皮部和次生木质部，以及由木栓形成层形成的周皮。由于次生结构的增加，茎不断加粗。单子叶植物茎的结构可分为表皮、基本组织（薄壁组织）和维管组织3部分。不产生次生结构，增生受到限制。

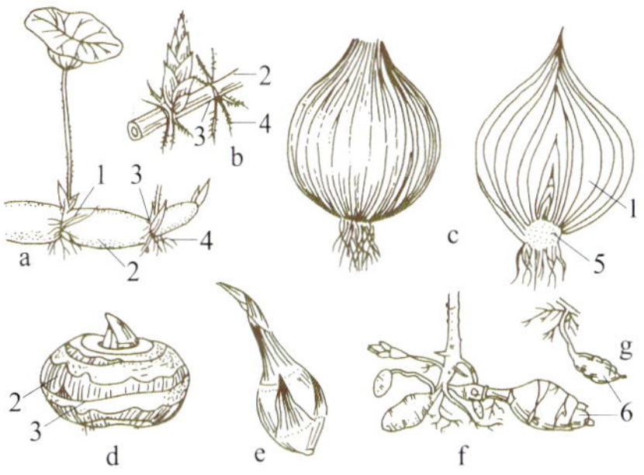


a、b 根状茎(a 莲, b 竹)　c 鳞茎(洋葱)
d、e 球茎(d 荸荠, e 慈菇)　f、g 块茎(f 菊芋, g 甘露子)
1 鳞叶　2 节间　3 节　4 不定根　5 鳞茎盘　6 块根

图2　茎的变态（地下茎）

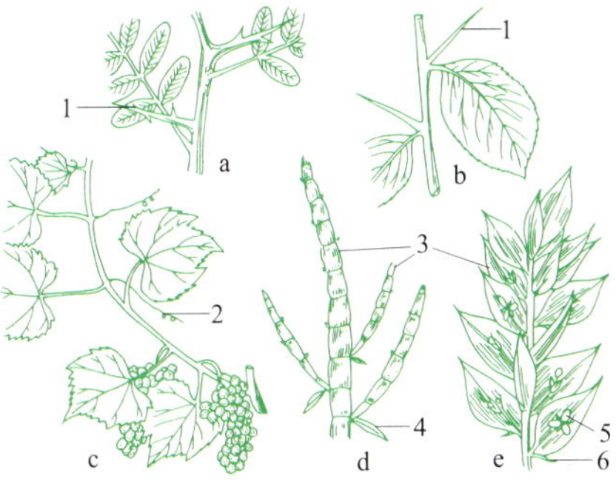


a、b 茎刺(a 皂荚, b 山楂)　c 茎卷须(葡萄)
d、e 叶状茎(d 竹节蓼, e 假叶树)
1 茎刺　2 茎卷须　3 叶状茎　4 叶　5 花　6 鳞叶

图3　茎的变态（地上茎）

变态茎可分为地下变态茎和地上变态茎两大类型。前者生长在地下，如根状茎、块茎、球茎和鳞茎（图2）。后者有卷须、茎刺、叶状茎和肉质茎（图3）。

**茎芥菜** *Brassica juncea* var. *tumida*; stem mustard　十字花科芸薹属芥菜种中以肉质茎供食用的变种。一二年生草本植物。又称茎瘤芥、青菜头等。由原产中国四川的芥菜演化而成。为中国特产蔬菜之一，主要分布在四川、浙江。

直根系。叶椭圆、卵圆或倒卵圆形，绿色或酱红色。复总状花序，花黄色。叶子着生的基部突起，形成瘤状的膨大肉质茎。长角果。种子圆球形或椭圆球形。喜冷凉湿润，不耐热，苗期较耐寒。茎瘤膨大期要求充足的光照。耐旱，不耐涝。以种子繁殖，多为秋季栽培。适于土层深厚、疏松、富含有机质、排灌良好的壤土或砂壤土种植。茎芥菜中还包括另外两个变种，即笋子芥和抱子芥。茎芥菜常用品种有四川涪陵的蔺市草腰子、浙江的半碎叶等。

茎芥菜主要作为加工榨菜的原料。榨菜除含有丰富的维生素和矿物质外，还含有16种氨基酸。

**京察**　中国明清两代对在京官吏定期进行考绩的制度。明代一般每6年进行一次京察。四品官以上由本人自陈，由皇帝裁定；五品以下具册奏请。清代吏部对文武官员3年考绩一次，在京的称京察，在外地的称大计。京察三品官以上的，由部开列事实，具奏裁定；四、五品官特简王大臣验看，其余之官则由长官考察。

**京都**　Kyōto　日本古都，国际文化旅游城市，京都府首府。位于本州岛中部偏西，琵琶湖西南。面积610.22平方千米。人口约138.6万（2003）。地处京都盆地北部，海拔70米，南部仅11米。高野川、贺茂川从北向南纵贯市区，桂川从市区西部流过。气候温和湿润，稍具内陆性，寒暑差别较大。年平均气温16.4℃，平均年降水量1 669毫米，集中于6～9月。

京都市古称“平安京”，又名“西京”。794年，日本首都从“长冈京”（今京都府西南）迁至地势险要的京都盆地内。仿照8世纪中国唐代长安和洛阳城的建筑式样，建立新都，名为“平安京”，意为和平与安宁。1467年毁于战争，后经安土桃山时代重建。京都作为首都时间长达1075年，故有“千年古都”之称。1869年迁都东京之后，京都仍保持全国宗教、文化中心的地位。1871年置京都府时定为府都。1889年设京都市。

轻纺工业发达，以传统的丝绸织品和手工艺品为特色，著名的“西阵织”和“友禅染”已有近千年历史。具有地方特色的产品还有“清水陶瓷”、“京糕点”、“京扇子”、“伏见酒”、“京人形”和漆器等，京都作为高级消费品生产中心的地位至今仍保持不变。利用传统产业技术，发展电子、电气机械、精密机械等尖端技术产业，已成为仅次于东京的全国第二大研发中心，

京都金阁寺

是岛津制作所、欧姆龙、京瓷等世界知名的高新技术企业发祥地。为保持古城传统风貌，第二次世界大战后新建企业多分布在历史文化遗迹较少的卫星城镇。市南建有“洛南工业地带”，与大阪、神户工业区连成一体，成为“京阪神工业地带”的组成部分。陆路交通枢纽。多条新干线和高速公路将京都同中部、北陆、山阳、山阴、阪神地区连接起来。

文化积淀深厚，被誉为日本人的“心灵之都”。日本佛教中心和神道圣地。多古建筑，有西本愿寺、东本愿寺、金阁寺等佛教寺庙1 500多所和平安神宫等神社400余座，珍藏有经书典籍和历史文物。环境幽美，园林各具特色，还有京都御所（即旧皇宫）、二条城等名胜古迹。岚山是全国著名风景游览区，1979年在岚山山麓大堰河畔建有“周恩来总理诗碑”。旅游业为全市最大的产业，平均每年吸引4 000多万国内外游客。1994年京都的贺茂别雷神社、醍醐寺、西本愿寺、二条城等17处古迹作为文化遗产列入《世界遗产名录》。京都同东京一道形成日本学术、文化教育两大中心。有国立京都大学等高校，其中京都大学（原名京都帝国大学）创建于1897年，为日本最古老的大学之一。近年兴建的关西文化学术研究城坐落在京阪奈丘陵上。国立京都博物馆（战前称帝室博物馆）收藏陈列有从古代日本到中世各时期的文物和中日文化交流珍品，是千年古都的历史缩影。还有国立近代美术馆、工艺美术陈列所、阳明文库等。具有独特的艺术、文化，京都的茶具、茶道、花道、舞蹈、音乐、绘画等在全国久负盛名。

**京都大学**　Kyoto University　日本国立综合性大学。建于1897年，是继东京大学之后的第二所国立大学。校址在日本京都。初建名为京都帝国大学。第二次世界大战后，改为现名。本科设有综合人间学、文学、教育学、法学、经济学、理学、医学等学部；研究生院设有文学、教育学、法学、经济学、理学、医学、药学、工学、农学等与本科相通的研究科，另外还设有人间与环境研究、能源科学、亚非区域研究、情报学研究、生命科学

研究和地球环境学等独立的研究科，以及30多个研究所（中心）。大学的人文科学研究所以继承内滕湖南“支那学派”的传统，从事东洋和中国研究以及独特的文化研究而驰名于世界。学校历来强调学术上的高标准追求，并形成了独具特色的“京都学派”。日本诺贝尔奖获得者中，有多人是京都大学的毕业生。因此享有“科学家摇篮”的美誉。

**京房** Jing Fang（前77～前37） 中国汉代律学家，易学“京氏学”的开创者。东郡顿丘（今河南省清丰西南）人。本姓李，字君明，改姓原因不明，史传只说他“推律自定为京氏”。曾就学于孟喜门人《易》学家焦延寿。元帝时立为博士，有志于革除朝政弊端，因劾奏石显之党而被杀。京房在律学史上是一个上承先秦、下启魏晋南北朝的重要人物。他的贡献在于提出了推演三分损益法而成的、扩大应用变律的“六十律”学说，同时觉察到律管的管口校正问题，因而提出了“竹声不可以度调”的认识，并为此制作了十三弦的“准”。马融《长笛赋》说他曾改革羌笛，变四孔为五孔。他提出的否定管律、采用弦律的理论和方法，对于秦汉以来独尊三分损益十二正律，独尊管律的传统是一个大突破，对后世影响重大。

**京广铁路** Beijing-Guangzhou Railway 中国北京至广州的铁路，中国铁路网南北主通道之一。途经保定、石家庄、邯郸、安阳、郑州、漯河、信阳、孝感、武汉、岳阳、长沙、株洲、衡阳和韶关，全长2 313千米。线路北接丰沙、京包、京秦、京通、京原等干线，南连广深、广茂等铁路，与朔黄、石太、邯济、新荷、陇海、汉丹、浙赣、湘黔、湘桂等多条干线相交，是中国铁路客货运输任务最繁忙的干线之一。京广铁路由原京汉铁路和粤汉铁路组成。原京汉铁路自北京至汉口，全长1 215千米，于1897年4月开工建设，1906年4月通车。原粤汉铁路自武昌至广州，全长1 096千米，于1900年7月开工建设，1936年4月全线通车。1957年10月武汉长江大桥建成通车，京汉铁路、粤汉铁路连通，11月被命名为京广铁路。自1997年，该线陆续进行了提速改造，部分区段的旅客列车最高运行时速达到140千米或160千米，从北京至广州的旅行时间缩短至22小时。2002年10月全线完成电气化改造。正在建设中的京广高速铁路分京石、石武、武广三段，武广段已开通。

**京杭运河** Grand Canal 中国古代南北水路交通的主要通道。自北京起，途经河北、天津、山东、江苏、浙江六省市至杭州的运河。它沟通了海河、黄河、淮河、长江和钱塘江五大水系，全长近1 800千米，是世界早最长的古代运河。

古代京杭运河 沟通江淮的邗沟在春秋末年已经开通。杭州至镇江的江南运河大致在春秋时形成，隋大规模整修，成为隋南北大运河的南段。淮河以北，早期利用泗水通运。南宋时，黄河夺泗水入淮入海，徐州东南就利用黄河河道行运，徐州向北至济宁仍利用泗水作运道。元至元二十年（1283）开济宁以北至安山的济州河，二十六年开会通河从安山至临清接卫河。后来，济州河、会通河统称会通河。临清以北利用卫河（后称南运河）通天津。自天津由北运河至通州，都是天然河道。至元三十年（1293）开通州至北京的通惠河，以北京城内的积水潭为运河的终点，以西山泉水为源。至此，京杭运河全线贯通。因会通河段水源不足，运输量受到限制，明永乐九年（1411），宋礼主持重开，筑戴村坝引汶水至南旺向运河南北分水，形成运河上最重要的水利枢纽。接着，陈瑄又整修淮扬运河，制定维修制度，运输能力大幅度增加。此后四百多年中，每年漕运江南粮食400万石至北京。隆庆元年（1567），为防止黄河泛滥危害运河，开南阳新河，把南阳至留城间的一段从昭阳等湖西移至湖东。万历三十二年（1604），为避免徐州至宿迁段黄河上的航运困难，开泇河，自夏镇（今山东省微山县城）经台儿庄至宿迁西，入黄河。清康熙二十七年（1688），从宿迁至清口开中运河，代替此段黄河运道。至此，运河与黄河完全分离，仅在清口交叉，由借黄行运改为避黄行运，京杭运河最后定型。京杭运河在清口（今江苏省淮安市西）与黄河、淮河相交，是三条河流治理的重点。

近代京杭运河 清咸丰五年（1855），黄河自河南兰封（今兰考）铜瓦厢决口北徙，夺山东大清河入海。从此，黄河不再行经安徽和江苏，与运河改在山东交叉，打乱了京杭运河的总格局，使大量工程失效。随着海运的强化和铁路的兴建，京杭运河作为国家南北交通干线的作用逐渐减小，由全线通航转变为局部分段通航，有的区段已断航。1933年完成的张福河初步疏浚工程自洪泽湖口高良涧起，至运河口马头镇止，全长31千米，解决了淮扬运河的给水问题，使航运和运东各县受益。1934～1935年，建造了邵伯、淮阴、刘老涧三座新船闸，所有运河西堤通湖各缺口一律堵塞，各涵闸一律重新维修，改善了局部运河的通航条件。江南运河因水量充沛，地区运输又有较多的需要，航运效益一直显著。

现代京杭运河 从1950年就开始进行

京杭运河图

运河的恢复和扩建工作。1958年开始对运河全线进行大规模的整治和建设工程。徐州至扬州段，分设10个梯级，建设了解台、刘山、皂河、刘老涧、宿迁、泗阳、淮阴、淮安、邵伯和施桥等船闸，同时拓宽和加深航道，可通航500吨级船舶。黄河以北天津至临清段，结合水利工程，先后建设了杨柳青、四女寺等多座船闸，形成自卫运河新乡经临清至天津全线通航100吨级船舶，1967年后因水枯而断航。黄河以南至徐州段，其中梁山至济宁的梁济运河，经疏浚河道，建设郭楼船闸。济宁至徐州段，1961年建设了微山船闸，又利用伊家河河道建设了韩庄、刘庄、台儿庄三个梯级船闸。长江以南，镇江至杭州段，多年来陆续进行了一些局部治理，运输十分繁忙。

1980年以后，对京杭运河济宁至杭州段又开展了大规模的续建工程。在此期间，徐州蔺家坝至扬州段，建设了皂河、宿迁、刘老涧、泗阳、淮阴、淮安、邵伯和施桥等8座复线船闸和蔺家坝船闸，并对全河道进行拓挖，可通航2 000吨级船舶。同时新建、扩建抽引长江水补水站8座。镇江至苏浙省界的苏南运河，建设了谏壁船闸，并进行了全线整治。苏浙省界至杭州段，整治河道，并建设了三堡两线船闸。沟通了运河与钱塘江，连成杭甬运河，至宁波出海。运河济宁至徐州大王庙段，进行浚挖，扩建和建设了韩庄、万年、台儿庄二线等3座船闸。

经多年治理，京杭运河已改建成连接山东、江苏、浙江三省，沟通淮河、长江、太湖和钱塘江水系966千米畅通的航道。提高了沿河地区的防洪、排涝能力，增加了灌溉面积。运河的补水工程还解决了沿河城镇生活和工业用水问题。并为南水北调东线工程的建设奠定了基础。

**京胡** jinghu 中国擦奏弦鸣乐器。俗称胡琴，早期亦有二鼓子之称。清乾隆末年随皮黄腔的发展逐渐形成，是**京剧**、**汉剧**的主要伴奏乐器。最早的京胡琴杆短，琴筒小，有的蒙以蟒皮，并用软弓子（不张紧弓毛）拉弦。19世纪以后，开始出现硬弓。20世纪上半叶，琴杆、琴筒不断加长，筒的前口蒙以薄而坚韧的蛇皮或其他新膜料。早期的京胡只有一种规格，后发展为西皮、二黄、娃娃调和拨子等多种专用京胡。以五度关系定弦。经常使用的定弦法有4种：①g、$d^1$（二黄）。②$c^1$、$g^1$（反二黄）。③a、$e^1$（西皮）。④$d^1$、$a^1$（反西皮）。有时还定成$f^1$、$c^2$弦和$e^1$、$b^1$弦等。

**京沪高速公路** Beijing-Shanghai Expressway 中国北京至上海的**高速公路**。国道主干线之一。国家高速公路网编号为G2。起于北京市东南部十八里店桥，途经河北、天津、山东、江苏，止于上海市万镇路，全长1 262千米。1987年开始分段建设，2000年12月全线贯通。设计行车速度120千米/时。

**京沪铁路** Beijing-Shanghai Railway 中国北京至上海的**铁路**。途经天津、沧州、德州、济南、泰安、兖州、徐州、蚌埠、南京、常州、无锡和苏州，全长1 463千米。北接丰沙、京包、京原、京通、京秦等干线，南连沪杭铁路，与京山、朔黄、石德、邯济、胶济、陇海、宁芜等干线相交，是中国铁路客货运输任务最繁忙的干线之一（见图）。

京沪铁路线上的货运列车

该线由京沈铁路北京至天津段、津浦铁路和沪宁铁路组成。京沈铁路为1912年**唐胥铁路**向两端延伸至北京和沈阳而成。津浦铁路、沪宁铁路于1908年建成通车。1933年10月建成的南京至浦口间中国第一条铁路**轮渡**将津浦铁路和沪宁铁路连接起来。1968年建成的**南京长江大桥**将津浦铁路和沪宁铁路衔接起来。1997年以来京沪铁路进行了提速改造，部分区段的旅客列车最高运行时速达250千米。2006年京沪铁路完成了电气化改造，2008年开工修建京沪高速铁路，2011年建成通车。

**京津塘高速公路** Beijing-Tianjin-Tanggu Expressway 中国北京经天津至塘沽港的**高速公路**。中国利用世界银行贷款修建的第一条高速公路。起自北京十八里店桥，经马驹桥、廊坊、武清、天津、军粮城，直达塘沽河北路，全长143千米。1987年12月正式开工建设，1990年北京至武清段通车，1993年9月全线建成。标准为双向四车道，设计行车速度120千米/时。通过新建的联络线，与廊坊、武清、天津市区和天津机场相贯通。京津段已成为**京沪高速公路**的一部分。

**京九铁路** Beijing-Kowloon Railway 中国北京至香港九龙的**铁路**，中国铁路网最长的南北通道。纵贯京、津、冀、鲁、豫、皖、鄂、赣、粤9省市，途经霸州、衡水、聊城、菏泽、商丘、阜阳、麻城、九江、南昌、赣州和龙川，全长2 381千米；包括天津至霸州和麻城至武汉联络线，总长2 535.6千米。总投资近400亿元。该线北接丰沙、京包、京秦、京原等干线，南连广深、龙梅铁路，与朔黄、石德、邯济、新荷、陇海、浙赣等多条干线相交。1993年全面开工，1996年开通运营，是中国铁路建设史上规模最大、投资最多、一次建成里程最长的铁路干线。北京至向塘和天津至霸州联络线一次建成复线。向塘至龙川段复线于1999年建成，龙川至东莞东复线于2003年1月10日建成，至此全线建成复线。自2000年以来，京九铁路陆续进行了提速改造。

**京剧** Peking opera 中国戏曲剧种。清代道光年间形成于北京。又称京戏。是以徽班为基础，融合徽、汉二调，吸收**昆曲**、京腔、梆子腔（**秦腔**）和杂腔小调等的艺术成分衍变而成。主要声腔是西皮、二黄。清代，曾被称为**乱弹**、二黄。光绪二年（1876），京剧之名始见于上海《申报》。1928年，国民政府南迁，北京改名北平，京剧曾改称平剧，亦曾被称为国剧。

清初，京师**梨园**盛行昆曲和京腔（又称高腔，源出**弋阳腔**）。乾隆时，各种地方戏曲以为皇帝、皇太后祝寿为名，纷纷进京献艺。乾隆四十四年（1779），秦腔艺人**魏长生**自四川入都，名动京师，更使京腔减色。北京剧坛，出现了昆曲（雅部）与京腔、秦腔等花部诸腔艺术竞争的局面。乾隆五十五年（1790），三庆班进京为高宗祝寿。随后，四喜、启秀、霓翠、春台、和春等众多徽班接踵而至。所谓徽班，是由安徽商人投资组成的戏班，演出诸腔杂陈。如三庆班就是“以安庆花部合京、秦二腔”（《扬州画舫录》）。徽班的演出深受京师观众欢迎，逐渐称雄剧坛，使得一些秦腔演员也投入徽班，形成徽、秦合作的局面。

京剧是在徽班的基础上形成的，而以

京剧《白蛇传》（刘秀荣饰白素贞，张春孝饰许仙，谢锐青饰小青）

西皮、二黄作为主要声腔。二黄调为徽班演出中的一种主要腔调，但当时的二黄调并不就是后来京剧板腔体的二黄腔，而是平板二黄（四平调）、吹腔、高拨子之类。欧阳予倩认为，京剧的二黄腔是"由弋阳腔同安徽的某种曲调结合而成的四平腔，可能又和湖北黄州一带的民歌相结合，经过湖北人加工成了二黄。西皮腔则脱胎于梆子腔的西秦腔（甘肃调），后沿汉水经襄阳，传至武汉，被称为襄阳调、湖广调或西皮调。嘉庆时，汉调即已兼有西皮、二黄这两种声腔。徽班在京，一方面接受了梆子声腔的影响，而湖北艺人进京搭入徽班，更是促成二黄与西皮的合流，对京剧形成以皮黄腔为主的剧种有重要的作用。嘉庆、道光年间，先后来京的著名演员就有**米喜子**、王洪贵、李六、**余三胜**、谭志道等。"京师乱弹"因此有"班曰徽班，调曰汉调"（吴焘《梨园旧话》）的说法。至道光中后期，徽班的演出已是以西皮、二黄为主。在京师文化的熏陶影响下，徽班舞台艺术的诸多方面也日趋完整，出现了**程长庚**、余三胜、**张二奎**等著名演员，标志京剧的形成。咸丰时，开始被选入宫廷承应。同治、光绪年间，是京剧的成熟时期。同治六年（1867）开始，陆续有津、京戏班与艺人被邀至上海演出，观众称之为京班、京调、京剧、京戏，并逐渐形成具有上海商埠特色的海派京剧。

京剧传统剧目非常丰富。故事大多取自历史演义和小说话本，题材多样，尤擅表现古代历史的政治、军事斗争。主要唱腔二黄、西皮属板腔体。均以〔原板〕为基础，按**板式**变化，上下句结构。二黄曲调苍凉深沉，分为正二黄（5-2定弦）与反二黄（1-5定弦）。西皮曲调活泼刚劲，伴奏胡琴按6-3定弦。反西皮则不完全是西皮的转调，与西皮同样定弦，而在唱腔中有所变化，适于表达悲怆情绪，具有〔散板〕、〔二六〕等少数几种板式。此外，常用唱腔还有南梆子、四平调、高拨子、吹腔和南锣、银纽丝、柳枝、花鼓调等民间曲调。京剧唱腔曲调丰富、节奏变化鲜明，较好地解决了真假声的音域差异，各行脚色的唱腔和用嗓各有特点。按字行腔，讲究字正腔圆，声情并茂。伴奏分为文场（管弦乐器）和武场（打击乐器）。文场有主奏乐器京胡及京二胡、月琴、小三弦以及笛、笙、唢呐、海笛等。除唱腔伴奏外，还演奏曲牌音乐。武场主要有**鼓板**、大锣、小锣、铙钹及堂鼓、水镲等，有一套完整的**锣鼓经**。

京剧的表演广泛继承了徽、汉以及昆曲、秦腔等众多剧种的艺术成果，逐渐形成了一套比较完整的表演手段和表演方法，唱、念、做、打各种艺术手段都发展到了很高水平。京剧的脚色行当经过发展演变，分为**生**、**旦**、**净**、**丑**四行。生行中有老生（分重唱的安工老生、重做的衰派老生、重武的靠把老生）、武生（分长靠武生、短打武生，并应工猴儿戏）、红生、小生（分扇子生、雉尾生、穷生、武小生）、娃娃生（例由童伶担任）；旦行中有青衣（正旦）、花旦、刀马旦、武旦、老旦；净行中有正净（又称铜锤、黑头，重唱功）、架子花（重工架，并任"奸白脸"戏）、武二花、摔打花、油花（一称毛净）；丑行中有文丑（分方巾丑、袍带丑、老丑、茶衣丑，并兼演彩旦、婆子）、武丑（又称开口跳）。各个行当都有一套**表演程式**，在**唱念做打**的技艺上各具特色。

京剧重视舞台上的人物造型，各行当的装扮都有一定的规范。京剧的**脸谱**是在徽、汉、京（高腔）、昆、梆等地方剧种表现手法的基础上加以变化、发展而成的，是历代艺人长期以来创造的一种富有装饰性和夸张性的人物造型艺术。色彩斑斓的脸谱被当作中国戏曲的象征。它与**盔头**、**髯口**、服饰、靴履所组成的浑然一体的美，形成了京剧艺术的独特风格。传统剧的穿戴不以严格的朝代划分，基本是以时代较近的明代服饰为基础，参酌唐、宋、元、清四个朝代的服制加以创造，主要是从有助于表演动作和舞台色彩的美观出发，不分朝代、地域和季节。但对人物性别、身份、职位、年龄的表现，在式样、色彩、图案上都有讲究。

随着社会历史的前进，京剧也在不断发展、变化。早在辛亥革命前，京剧界的有志之士就已积极从事改良戏曲。抗日战争中，不仅配合抗战编演了不少新戏，也开始了戏曲的改革运动。1949年后，在"百花齐放，推陈出新"方针指引下，整理改编传统剧目和历史剧、现代剧创作都有不少收获，出现了一批优秀作品，表演、唱腔、音乐和舞台美术等方面都有所创新，深受海内外观众的欢迎。京剧形成以来，卓有成就，为京剧的继承发展作出贡献的演员，更是难以尽数。除老生中的谭鑫培、旦脚中的**王瑶卿**已被公认为具有划时代意义的代表人物外，生行中有**余叔岩**、**言菊朋**、**马连良**、**周信芳**、**高庆奎**、**李少春**等，旦行中有**梅兰芳**、**程砚秋**、**荀慧生**、**尚小云**、**张君秋**、言慧珠、童芷苓、**关肃霜**等，净行中有**金少山**、**郝寿臣**、**侯喜瑞**、**裘盛戎**、**袁世海**等，小生中有程继先、**姜妙香**、**俞振飞**、**叶盛兰**等；武生中有**杨小楼**、**尚和玉**、**盖叫天**等，丑行中有王长林、**萧长华**、叶盛章等，老旦中有**龚云甫**、**李多奎**等。他们都能独树一帜，并以各自的艺术光华，为京剧舞台增辉。2010年被联合国教科文组织列入《人类非物质文化遗产代表作名录》。

**京腔十三绝** 13 masters of Jingqiang opera 中国清朝乾隆年间13位著名京腔演员的合称。清初，京都人士喜爱高腔，即京腔。乾隆年间，集庆、萃庆、宜庆等京腔六大名班，荟萃各行脚色，在北京各剧场轮流演出，盛极一时。廊房头条"诚一斋"南纸店，请贺世魁绘制13位著名京腔演员的图像匾额，悬于门首，以招徕顾客。所绘戏装人物，纸上传神，栩栩如生，"京腔十三绝"由此得名。清杨静亭《都门纪略·翰墨门》"诚一斋"条记录了这13位演员。据今人王芷章《腔调考源》一书考证，这13位演员的姓名及所演角色为：霍六，正生兼老生；池财官，武生；虎张，开口跳；大头官，君王帽生；老公李三，脆生；陈五子，正丑；连喜，花旦；嘟噜胡，花白髯；杨大彪，红净；肉粥，花包；马年，黑净；唐套儿，花面；王七爸，青衫。王芷章的考证与《都门纪略》所记略有歧异。

**京师大学堂** Imperial University of Beijing 中国近代最早的国立大学。清光绪二十四年（1898）创立，为**戊戌变法**的"新政"措施之一。大学堂章程计8章52节，对于办

京师大学堂校牌

学总纲、课程、入学、学成出身、聘用教习、经费等均有详细规定。其要点为：京师大学堂不但为施行学校教育之机关，同时亦为全国之最高教育行政机关，各省学堂均统归大学堂管辖；明定大学、中学、小学三级制；明定"中学为体，西学为用，中西并用，观其会通"之教育原则。

1900年**八国联军**入侵北京，京师大学堂遭到破坏，校务停顿。1902年学堂恢复（京师同文馆1902年亦并入京师大学堂），设速成、预备两科。速成科分仕学、师范两馆，预备科分政科及艺科。1903年增设进士馆、译学馆及医学实业馆。1910年发展为设有经、法、文、格致、农、工、商七科的大学。1912年始更名为**北京大学**。

**京师图书馆** Metropolitan Library 中国北洋政府时期的国家图书馆。1909年清学部奏请筹建，馆址定于北京什刹海的广化寺，于1910年建立。1912年7月，京师图书馆

阅览章程18条获得北洋政府教育部批准。同年8月正式对外开放。当时馆内藏书为5 424部、151 375卷、52 326册。1913年10月，教育部决定改组迁移此馆。1917年1月，在安定门内方家胡同清国子监南学旧址开馆。同年4月，此馆获得接受国内呈缴本的权利。1928年7月，南京国民政府大学院改京师图书馆为国立北平图书馆，将中南海居仁堂及附近房地拨给图书馆，并于1929年1月重新开馆。1929年8月，与北平北海图书馆合并，仍称国立北平图书馆。1951年6月12日改名北京图书馆，1998年12月更名为中国国家图书馆。

**京语** Gin language 中国京族使用的语言。多数学者认为属南亚语系孟－高棉语族。与越南语（也称京语）基本相同。分布于中国广西壮族自治区防城港市沿海地区。由于有相当一部分京族与汉族杂居，一半多的人改用当地的汉语粤方言。京语有28个声母，其中4个由粤方言借词产生；有带喉塞的浊塞音声母。大部分元音分长短对立，有6个辅音韵尾，构成103个韵母。有5个舒声调。语音有简化的趋势。词序和虚词为表达语法关系的主要手段。句子的基本语序是主语－谓语－宾语；以名词为中心的修饰词组，除数量词外，修饰语居后。有大量的汉语借词。

**京韵大鼓** 中国曲艺曲种。曾名“京调大鼓”、“京音大鼓”等。由河北沧州和河间一带流行的木板大鼓改革发展而来，形成于京津地区，主要流行于京津地区以及华北和东北的部分地区。19世纪末期，主要说唱表演长篇大书的木板大鼓传入天津和北京。为了适应城市市民的欣赏趣味与习惯，逐渐进行改革。首先变说唱长篇为演唱短段，其次增强唱腔音乐的丰富性和旋律性，同时改河间方言为京腔京韵。此后又有刘宝全借鉴京剧表演的运嗓技巧和吐字方法，适当加入身架等做功表演，在1900年前后形成了专演短段节目，以叙唱和抒情为主要审美特质的京韵大鼓。表演形式为一人自击鼓板站立演唱，间有韵白。另有二至三人持大三弦、四胡和琵琶坐着伴奏。20世纪初期，京韵大鼓在京津两地十分盛行，流派纷呈。主要有被誉为“鼓界大王”之称的刘宝全创立的“刘派”，白云鹏创立的“白派”和张小轩创立的“张派”。还有以“改良大鼓”相标榜的所谓“滑稽大鼓”，代表人物是其创始者张云舫以及艺名“老倭瓜”的崔子明和艺名“山药蛋”的富少舫等。之后，又有白凤岩、白凤鸣兄弟吸收借鉴白云鹏的演唱并综合各派之长加以改造，创立了以苍凉悲壮的“凡字腔”为其特征的“少白派”。20世纪初期以来，有女艺人加入到京韵大鼓表演的行列，成就卓著者有曾被誉为“金嗓歌王”的骆玉笙（早期艺名小彩舞）和良小楼、小岚云、阎秋霞、孙书筠等人。

**京张铁路** Beijing-Zhangjiakou Railway 由中国北京至河北省张家口，途经居庸关、沙城、宣化，全长201.2千米。现为京包铁路的首段。京张铁路是清政府排除英国、俄国等殖民主义者的阻挠，委派詹天佑为京张铁路会办兼总工程师，于1905年9月开工修建，1909年8月建成通车。京张铁路自南口至岔道城（在今西拨子车站附近）一段称为关沟段，地势险峻，工程艰巨，詹天佑决定采用两台当时世界上马力最大的蒸汽机车，前拉后顶，以33‰的最大坡道，爬越军都山山脉，并在青龙桥附近设置“之”字形展线，将八达岭隧道缩短到约1 000米。

**京族** Gin 中国少数民族。主要分布在广西壮族自治区防城港市属的巫头、山心、澫尾3个海岛上。人口22 517（2000）。使用京语，语言系属未定。绝大部分人通用汉语、汉文。约自16世纪初陆续从越南涂山等地迁来，最先居住在巫头岛和江平镇附近的寨头村，后来逐渐向澫尾、山心、潭吉等地发展。主要从事浅海捕捞渔业，兼营农业、盐业。口头文学内容丰富。喜唱山歌，山歌曲调有30多种。独弦琴是特有乐器，京戏是其传统戏剧。部分老年妇女穿民族服装，上为窄袖对襟无领短上衣及菱形遮胸布，下穿黑色或褐色长宽裤子，外出加穿淡色长外衣，结“砧板髻”。主食大米，杂以薯、芋。妇女爱嚼槟榔。过去住竹木结构的低矮长屋，现大部分已住上砖瓦房，有的还建起了新式小楼。实行一夫一妻制，同姓不婚，姑表严禁通婚。人死行土葬。最隆重的节日是唱哈节（歌节），由女歌手“哈妹”吟唱，通宵达旦，一般要连续3天。崇拜祖先，信仰多神。

京族渔民踩高跷捕鱼

**泾河** Jinghe River 中国渭河第一大支流。发源于宁夏六盘山东麓泾源县境，流经平凉、彬县，于陕西高陵县南入渭河，全长455千米。流域面积45 421平方千米。泾河张家山站多年平均年径流量21亿立方米。年输沙量3.09亿吨，是渭河来沙量最多的支流。水系呈树枝状，右岸来自六盘山和千山的汭河、黑河等支流，含沙量较小；左岸来自黄土丘陵和黄土高原区的洪河、蒲河、马莲河等支流，含沙量大。泾河下游是中国水利开发最早的地区。秦王政元年（前246）凿泾水，兴建著名的郑国渠。唐以后失修。1930年修建现代泾惠渠。1949年后又加整修扩建，灌溉面积达9万公顷。截至1982年流域内已建成巴家嘴等大中型水库5座，总库容6.3亿立方米，设计灌溉面积2万多公顷，装机容量3 500千瓦。流域内有大佛寺石窟、崆峒山等名胜古迹。

**泾县** Jingxian County 中国安徽省宣城市辖县。位于省境东南部，长江支流青弋河上游。面积2 059平方千米。人口30万（2010），有汉、回等民族。汉初置泾县。属亚热带

桃花潭

湿润季风气候。经济以农林为主。主产水稻、小麦、烟叶、林、茶、粮、棉。林产有毛竹、松、檫等木材及板栗、茶叶、冬笋和药材丹皮等。矿藏有煤、铁、铜、金、水晶和石材等。传统名产首推宣纸，行销日本和东南亚。传统名茶如涌溪火青、爱民阳尖有数百年历史。名胜古迹有太平湖、桃花潭、荷花塘、宝胜寺、双塔、新四军军部旧址、王稼祥故居等。

**经常转移收支** current transfer income and expenditure 一般用经常转移总收入净额反映，即经常转移总收入减去经常转移总收入性支出。转移收入和转移支出从理论上反映收入再分配的方方面面。在国民经济核算中，转移收入或转移支出是交易的一种形式，是指一个机构单位向另一个机构单位提供货物、服务或资产等各种资源，而不从后者那里收取任何上述资源作为对等物回报的行为。因此，它是“单方面”的交易，不是市场交换。依照转移的目的和性质，转移有经常转移和资本转移之分。资本转移是以资产所有权被转让造成交易方资产量增减为前提的转移活动。这种转移通常数额较大，不经常发生也无规律。经常转移又称现期转移，它是与资本转移相对应的，一般数额较小，大都是经常地和有规律地发生，并会影响交易双方的当期收入水平和消费水平，但不会使交易者的资产量发生变化。无论经常转移还是资本转移，都有现金转移和实物转移两种形式。

经常转移收支内容种类众多，一般归纳为收入税、社会保障与社会福利、其他经常转移三大类。①收入税收支。收入税主要是现期所得税、财产税等，是居民部门和企业、金融机构、行政事业单位等法人单位针对当期所得应支付的所得税、利润税、资本收益税和定期支付的财产税及其他经常收入税。②社会保障和社会福利。是旨在维持居民当前和未来的福利而在机构单位之间作出的经常转移。社会保障是居民部门为保证在未来某个时期能获取社会福利金，而对政府组织的社会保险计划或各单位建立的基金所缴纳的款项。如对失业保险、退休保险、医疗卫生保险计划的缴纳。社会福利是居民从政府及其他部门收到的经常转移，形成居民部门的转移性收入，政府和其他部门的转移性支出。包括社会保险福利和社会救济福利两部分。③其他经常转移。指除上述转移之外的各种经常性转移，它们发生于各机构部门及国外之间和机构部门内部。在中国，财政经常性拨款理应属于此类转移，但应从中扣除用于固定资产投资的支出。

**经典力学** classical mechanics 以牛顿运动定律和万有引力定律为基础，研究速度远小于光速的宏观物体的运动规律的学科。又称牛顿力学。由于牛顿力学和相对论力学在描述物体行为的观点上是一致的，所以近代也有一些科学家主张经典力学应作为量子力学出现前（或20世纪前）力学的总称，包括牛顿力学和狭义相对论。

**经纪人** broker 充当交易双方中介、收取佣金的中间商人。随着商业的发展，古代就出现了为买卖双方撮合生意的经纪人。在中国的汉代，称为驵侩，是牛马买卖的中间商。后称互郎，其活动范围扩大到其他买卖。唐以后，有牙侩、牙人、牙子、牙郎、牙行、牙纪等称谓。宋代，官府设牙行，始有官牙、私牙之分。元代有在海上进出口贸易中从事经纪活动的舶牙。明代，牙行兼有代官府征课商税的职责。清后期，出现为外国商人服务的买办，是一种特殊的经纪人。1929年国民政府颁布的民法中经纪人被称为牙纪。民间通称掮客。中华人民共和国建立后，经过对资本主义工商业的社会主义改造，经纪人基本上消失。改革开放、实行市场经济以来，各行各业的经纪人日益增多。1995年10月26日国家工商行政管理局颁布《经纪人管理办法》，确立了经纪人的法律地位，规范了经纪行为。

在现代市场经济中，经纪人可以是自然人也可以是法人或其他机构。经纪人要经过考核，取得相应资格，并进行登记注册。经纪人自己不买也不卖，而是为卖者寻找买者，或为买者寻找卖者，或为双方牵线搭桥，沟通信息，撮合谈判，为生意成交提供方便，据此从委托人处取得佣金。通常，经纪人比一般的卖者或买者更熟悉市场情况，掌握信息更多更快，联系范围更广，更加了解有关交易的手续、规章和商业技术操作。经纪人的中介可以节约双方交易的成本和时间。因此，在现代市场经济中，一切进入市场流通的商品和服务项目都允许经纪人介入。证券交易所经纪人有别于一般经纪人，需经过特殊的培训和考核。在世界上较发达的证券市场中，证券交易所经纪人一般有以下几类人员：①佣金经纪人。是证券商派到经营大厅里专为顾客买卖证券的人。这类经纪人在证券交易所中人数最多，大多数证券交易是通过他们进行的。②大厅经纪人。他们是交易所派出辅助佣金经纪人的服务人员，在佣金经纪人工作繁忙时，接受其委托从事交易。③专家经纪人。又称特种经纪人或专业经纪人。他们是专做几种证券的专家，他们专在某一交易台旁，接受佣金经纪人委托而经营业务。在先完成客户的指令订单后，也可以利用自己的资金进行证券买卖。他们对维持证券市场供求平衡起重要作用。④证券自营商。他们主要是为自己进行证券交易，但大多数人也兼做一些代理买卖证券的业务。

**经济** economy 通常有经济关系、国民经济的部门或总体、经济活动、经济水平、经济效益等含义。①经济关系，即与一定的社会生产力相适应的社会生产关系的总和，也就是社会经济制度。它是人类社会存在和发展的基础，也是社会上层建筑赖以树立起来的经济基础。②经济部门或各经济部门的总和，有时指国民经济的特定部门，如工业经济部门、农业经济部门、商业经济部门等；有时指既互相联系又有分工的国民经济的各部门的总和。③经济活动，包含物质资料生产、分配、交换、消费过程在内的广义的生产过程，又称经济过程。④经济水平，指生产力水平发展的高低，物质财富拥有的多少，家庭、个人收入水平和富裕程度。⑤经济效益，指生产或生活上的节约。包括节约资金、物质资料和劳动，用尽可能少的消耗生产出尽可能多的为社会需要的使用价值。也指个人或家庭在生活消费上精打细算，消耗较少的消费品来满足需要。日常生活中，节约、节省与经济的概念常常通用。

西方语言中的“经济”一词，来源于希腊语oikonomia，原意是管理家庭，始见于古希腊哲学家色诺芬《经济论》一书。以后，古希腊哲学家亚里士多德在其著作《政治学》中也应用了“经济”一词。他认为，经济是一种谋生术，是取得生活所必要的并且对家庭和国家有用的具有使用价值的物品。

古汉语中，周秦之际就出现与“经济”有关的词句。如“君子以经纶”，“春秋经世，先王之志”，都有治理国家的含义。晋代以后出现了“经济”一词。如“识局经济”，指的也是“经国济民”、“经邦济世”，内容包括经济、财政、政治、法律、军事和教育等，与西方语言中的“经济”一词含义不同。

19世纪，日本学者借用古汉语中“经济”这个词，翻译英文的economy，法文的économie或德文的ökonomie。现代汉语中的“经济”一词，是19世纪后半期，采用日本的译法，它的含义已不再是中国古代那种治理国家的广泛含义，而是与西方现代语言中的“经济”相一致了。

**经济成长阶段论** stage of economic growth, theory of 一种关于经济成长的学说，也是一种关于整个现代经济发展史的学说。由美国经济学家兼经济史学家W.W.罗斯托提出。罗斯托认为，人类社会由低级成长阶段向高级成长阶段依次过渡是客观规律，世界各国经济发展的历史过程，大都要经过6个成长阶段：

①传统社会阶段。传统社会不存在现代科学技术，生产力水平低下，经济增长极其缓慢。

②为“起飞”创造前提条件阶段。这是一个过渡阶段，在这个时期，现代科学技术开始出现并发挥作用，劳动力逐渐从农业转移到工业、交通、商业和服务业，自给自足的社会转变为开放的社会。

③“起飞”阶段。一个国家从不发达转向发达的转折点，相当于工业化初期。在这一阶段，生产性经济活动的规模大大扩张，在较短的时间内实现基本经济结构和生产方法的剧烈变革，突破了传统经济长期的停滞状态，进入到持续稳定的增长过程中。

④成熟阶段。把现代科学技术推广到全部经济领域的时期，大约出现在“起飞”后约60年。

⑤高额群众消费阶段。工业化程度高度发达时期。社会不再单纯追求技术进步，而是追求福利和消费水平的提高，以及本国在国外的势力和影响。

⑥追求生活质量阶段。人类社会发展中又一次重大的突破。在这一阶段，社会不再以产品的多少来衡量成就，而是以生活质量的高低来衡量。

**经济地带** economic zonality 经济活动在空间呈带状集聚分布的形态。是人类经济活动分布规律作用的结果，也是经济活动在优势区位内集聚的表现。其基础条件是良好的区位条件（如便利的交通、丰富的自然资源等），它吸引经济活动布局；在经济发展过程中，随着区位优势的不断强化，经济活动进一步集聚，从而形成经济地带。经济地带有不同的宽度和长轴延伸度，视其经济发展程度而异。发展水平较高的经济地带，能够成为所在区域的经济发展轴线，有力地带动其他地区的经济发展。如长江经济带是中国东部、中部和西部三大经济区之间重要的联系通道，中国沿海经济带是联系南北经济活动的主要通道。经济地带性不同于自然环境的地带性分异规律，后者表现出明显的经、纬度地带性和垂直地带性；而经济地带性除农业地带性之外，一般受人类经济、社会活动的影响大于受自然环境的影响。

**经济地理学** economic geography 研究人类经济活动的地域系统为中心内容的学科。地理学与经济学之间的交叉学科。人文地理学重要分支。

1760年，俄国M.V.罗蒙诺索夫首先提出“经济地理学”名称。1882年，德国地理学家W.格茨发表《经济地理学的任务》一文，标志经济地理学成为一门独立学科。以后，德国J.H.von屠能提出农业区位论，A.韦伯提出工业区位论，W.克里斯塔勒提出中心地学说，A.廖什发表《区位经济学》。中国从20世纪20年代开始接受西方经济地理学，其后主要研究人口分布、土地利用、农业分区、边疆勘察和地区性考察等。第二次世界大战后各国的经济恢复和建设，促进了经济地理学的发展。很多政府部门聘请经济地理学家参加各类规划工作。研究领域的扩大，方法的革新，促使经济地理学进入现代阶段。20世纪60年代以来，工业化和城市化的急剧发展，电子计算机的应用日益推广，社会生产力的发展和新技术的应用，迅速改变原有的社会经济结构和生活环境，出现一系列全球性和地区性的新问题：人口迅速增长，产业和交通高度集中，城市过于庞大，自然资源大量消耗及开发利用不合理，环境严重污染等。新的形势向经济地理学提出了新课题，要求探讨社会经济活动的地域系统的形成过程和发展方向。经济地理研究中的一个新特点是加强社会观点、经济观点和生态观点，把协调人类活动和地理环境的关系看作中心任务。在研究方法上，出现数量地理学、地理信息系统和空间分析方法等新技术新手段，还从经济学、社会学、生态学方面引进有关理论和方法，使经济地理学朝着数量化、经济化、生态化、社会化的方向发展。经济地理学已成为地理科学中最为发达的一门分支学科。

对经济地理学的研究对象和任务，大致有以下几种看法：①研究经济现象与自然环境之间的关系，探讨这种关系的规律性，并研究经济活动的分布及其形成原因。②阐明特定地区的经济结构，重点是研究地球表面经济活动的区位表现和空间类型。③从自然和社会经济两方面来阐明人类有关资源的生产、交换、消费等经济活动所产生的区域布局及其差异性。④一门人类为求生存而研究的地理学，注意人类生存的社会和物质条件的生产、利用和再生产，侧重点放在生产和利用人类生存的环境和人为物质条件上。根据研究对象和范围的不同，经济地理学分为：①综合经济地理学，又称普通经济地理学，研究经济地理学中一些带普遍性的综合问题和基本理论、方法论等。②部门经济地理学，按国民经济各部门分别探讨农业、工业、交通运输业、商业等部门的生产布局理论，地域组织的形成、特征、结构、分类和分区，形成农业地理学、工业地理学、交通运输地理学、商业地理学。③区域经济地理学，以范围明确、具有某种程度经济完整性的区域为单位，大至全世界和一洲、一国，小至一县一区，研究区内的经济活动系统，经济区的形成发展规律，以及城市的区域集聚化等具有地域性与综合性相结合特点的经济现象。

**经济发展** economic development 伴随着一国经济增长而同时出现的经济结构、社会结构、政治体制、文化法律等各个方面的变化，主要是指各国从不发达的传统农业社会向发达的现代工业社会演进的过程。经济发展既包含了经济增长，同时又比经济增长具有更为广泛的含义。它所涉及的内容不仅包含了经济增长的全部内容，如社会财富的增长、生产或产出的增长等，而且还包括了社会经济条件、政治条件和文化条件等各个方面的改变。就发展中国家的情况来说，经济发展就是向发达国家的演进，一般意味着贫困、失业、收入不均三大问题的改善。

经济发展与经济增长既有联系又有区别，后者是前者的基础，前者是后者的延伸，有发展必有增长，但有增长不一定有发展。

发展既是物质的实现，也是精神的提高。各个国家的经济发展至少包含3个目标：①增加能够得到的物质财富，诸如食物、住房、健康和教育等基本生活必需品的数量，并扩大它们的分配。②提高生活水平。除了获取更高的收入以外，还应提供更多的工作和更好的教育。③通过把人们从奴役和依附中解放出来，来扩大个人和国家在经济与社会方面的选择范围。

一般来说其衡量经济发展的指标有这样几个：①GDP系列指标，包括GDP（国内生产总值）、GNP（国民生产总值）及其人均值。②综合发展指标体系，包括出生时的预期寿命，人均每日消费的动物蛋白质，人均消费电力、钢铁、能源等16个综合发展指标。③人类发展指数（HDI），包括出生时的预期寿命、社会教育水平和人均收入三项指标。

**经济发展理论** economic development, theory of 美籍奥地利裔经济学家J.A.熊彼特在20世纪初创立、用创新理论解释资本主义基本特征的经济学说。又称熊彼特创新理论。

**经济法** economic law 有广义和狭义之分。广义指调整经济关系的法律规范的总称。狭义指经济法调整的是一定范围的经济关系或者说特定范围的经济关系，而不是所有的经济关系。

在进入经济全球化、科技现代化和民主法制化的今天，在中国社会主义市场经济体制日益走向完备的形势下，经济法的基本精神应该是既协调又干预，是协调与干预的统一。这是经济法的核心和灵魂。

经济法的调整对象是国民经济管理关系和市场运行关系，具体包含5个方面：①关于国民经济管理中的经济关系的法律调整，即从宏观角度对国民经济管理纵向关系的法律调整。这是经济法调整对象的核心部分。②国家与各种经济组织之间在经济活动中发生的经济关系的法律调整，即国家和国家经济主管机关对企业的组织和管理这种纵向经济关系的法律调整。③关于各经济组织内部的纵向经济关系的法律调整。④关于市场运行关系的法律调整。进入市场经济体制后，在市场运行过程中出现的经济关系主要指经济联合与协作、经济竞争与互通关系、市场主体的进入与退出关系。⑤涉外经济关系的法律调整。这类经济关系包括在对外贸易、涉外税收、涉外经济合同以及外资企业等方面所产生的经济关系，国家的对外政策及其立法形式对这类关系的变化具有影响。

**经济犯罪** economic crime 为谋取非法经济利益，故意违反国家经济管理法规，破坏经济秩序，危害国民经济的顺利发展，或者以各种手段非法侵占公私合法财产，应当受到刑罚惩罚的行为。根据《中华人民共和国刑法》和有关经济犯罪的法律规定，经济犯罪的表现形式主要有：①破坏社会主义市场经济秩序罪。如走私罪、偷税罪、抗税罪，金融诈骗罪、伪造货币罪、侵犯知识产权罪等。②侵犯财产罪。如盗窃罪、诈骗罪、抢劫罪、敲诈勒索罪等。③其他有关经济的犯罪。如贪污罪、挪用公款罪、受贿罪、行贿罪等。

**经济封锁** economic blockade 一国或数国政府通过法令对某一国家采取强硬措施，断绝相互之间的经济贸易关系。通常采取的措施有：中断贸易关系，禁止向这个国家出口或进口货物，停止向这个国家出口技术，截断交通运输，冻结此国政府和私人存在国外的资金和财产，断绝一切财政与金融关系等。经济封锁是一些西方国家用来推行侵略扩张政策和强权政治的产物，也是他们打击制裁和扼杀威胁非友好国家的一种手段。经济封锁包括：①单边经济封锁。完全由一国自主决定，不对其他国家承担义务和责任。②多边经济封锁。由几个国家的政府，通过一定的方式建立国际性的多边限制机构。

**经济杠杆** economic lever 国家或经济组织为了影响、调节和控制社会生产、交换、分配、消费等方面的经济活动，以实现国民经济和社会发展既定目标而采取的经济手段。主要包括价格、税收、信贷、汇率等。

经济杠杆是通过对从事经济活动的经济单位和当事人造成有利条件或不利条件调节经济利益的阀门来发挥作用的。价格在市场经济条件下是由市场形成的，但国家对部分商品的价格仍可进行调控，如制定和调整比价或最高最低限价。

税收是国家参与国民收入分配和再分配的重要手段。国家可以通过不同税种的建立、税目的增减和税率的升降，调节不同部门、企业的利润水平，从经济利益上鼓励国民经济需要的行业和产品发展，抑制乃至淘汰无助于国民经济发展的行业和产品。

信贷是国家动员和分配闲置货币资金的一种形式。国家根据国民经济发展的需要，可以对不同部门和企业，在发放信贷资金和规定利息率方面实行区别对待的政策，以引导不同部门、企业的生产经营活动沿着有利于国民经济的方向发展。

汇率通过汇率变化对输出和输入的影响，促进国际收支平衡。提高汇率会产生刺激输出和限制输入的效果；反之，降低汇率就会产生减少输出和增加输入的效果。同时，汇率的变化，又会直接或间接影响国内的物价水平。

**经济管理** economic management 运用经济手段对社会经济活动进行计划、组织、控制等各种职能的总称。经济管理中所运用的经济手段主要有价格、税收、信贷等。根据管理的主体、范围和方法的不同，经济管理可分为两类：①国民经济管理。即国家运用经济手段对社会经济活动的宏观管理。包括对全国人力资源、物力资源、财力资源、科学技术、企业经济的管理以及涉外经济的管理。②企业经济管理。包括厂部、车间、班组（工段）等不同的管理层次，以及计划管理、生产管理、物资管理、质量管理、成本管理、财务管理、劳动人事管理等不同的专业管理。

**经济规律** economic, laws of 社会经济发展过程中不以人们的意志为转移的客观的内在的本质的必然的联系。在社会经济发展过程中呈现出来的是各种各样的经济现象。在社会经济现象的各种联系中间，既有外在的非本质的联系，又有内在的本质的联系。只有那些内在的本质的联系才是经济规律。

种类 按照发生作用的历史时期的长短，经济规律可分为三类：①在一切社会经济形态中起作用的共有经济规律，表现各个社会经济形态发展过程中经济现象的某些共同的本质联系。如生产关系一定要适应生产力状况的规律，就是随着人类社会的产生和发展而产生和发展的，存在于人类社会发展的各个时期。②在几个社会经济形态中起作用的共有经济规律，它表现几个社会经济形态中存在的某种经济现象的共同的本质联系。如价值规律。③在某一社会形态中起作用的特有经济规律，表现某一特定社会经济形态发展过程中经济现象的某种特殊的本质联系。如剩余价值规律是资本主义社会经济形态的特有经济规律。

客观性 经济规律与自然规律一样，都是客观过程内在的联系，具有客观必然性，是不依赖人的意志为转移的。不管人们主观上是否认识经济规律，它总是客观存在和必然发生作用的。有什么样的经济条件，就会相应地产生什么样的经济规律。人们只能够发现、认识和利用经济规律，但不能创造、改造和消灭经济规律。

在社会主义条件下，人们也不能违反客观存在的经济规律。只有充分尊重客观经济规律，才能胜利地完成建设社会主义经济的任务。在社会主义建设中，曾经出现否认价值规律和按劳分配的失误，从而遭受经济规律的惩罚，给社会主义建设带来严重的损失。

认识和利用经济规律 对经济规律的认识和利用与对自然规律的认识和利用有着不同的特点。认识和利用经济规律涉及社会各阶级和阶层的利益，因而在阶级社会中，认识和利用经济规律是有阶级背景的。为社会的利益来利用经济规律的总是先进的阶级，而衰朽的阶级则加以反抗。先进的阶级发现和利用那些触犯社会衰朽阶级的利益的经济规律，往往要遇到这些阶级的抵制和强烈的反抗。

**经济过热** economic overheating 一般指经济增长速度过快现象。片面追求经济增长速度，忽视经济结构和效益的比例关系，最终会损害经济的正常发展。表现为总需求持续地高于总供给，导致消费品需求和固定资产投资过热以及经济结构失衡，进而引发生产资料过剩，生活消费品库存积压严重等现象。总体上看经济过热是经济运行周期的一个过渡阶段。为了有效抑制经济过热，政府必须在宏观上利用紧缩性的财政政策、货币政策、产业政策、收入政策乃至行政手段进行调控和管制，但必须适度，否则会引起经济的大起大落和衰退。

**经济合作与发展组织** Organization for Economic Cooperation and Development; OECD 发达资本主义国家协调经济和社会政策的国际组织。简称经合组织。前身为1948年4月16日西欧18个国家成立的旨在利用马歇尔计划援助的欧洲经济合作组织。1960年12月14日，加拿大、美国及欧洲经济合作组织成员国等20个国家签署《经济合作与发展组织公约》，决定成立经济合作与发展组织，并于1961年9月30日在法国首都巴黎正式成立。总部设在巴黎。至2010年，有33个成员国。其产值约占世界商品服务总值的2/3。

宗旨 促进成员国经济和社会的发展，推动世界经济增长；帮助成员国政府制定和协调有关政策，提高生活水平，保持财政的相对稳定；鼓励和协调成员国为援助发展中国家作出努力，帮助发展中国家改善经济状况，促进非成员国的经济发展。

组织机构 ①理事会。最高权力机构。由成员国各派一名代表组成。②执行委员会。由理事会每年选举14个成员国代表组成。③秘书处。设有秘书长和副秘书长，任期5年。负责处理日常事务。④附属机构。有200多个专业委员会和工作小组，负责审议有关工业、农业、贸易、教育、环境等领域的具体问题。

主要活动 囊括成员国经济政策的所有方面。下设的200多个专业委员会和工作小组，负责各个领域的具体工作。这些机构经常讨论研究各成员国的经济发展状况及前景，并就国际经济、金融及贸易等方面的变化提出相应的对策和建议。提出的政策建议和制定的文件对成员国没有法律约束力，但事实上对成员国的政策和行动有很大的影响。

与中国关系 1995年与中国建立关系。双方在宏观经济政策、贸易、投资、统计、环保、财政、税收、金融、农业、科技、教育、城建、交通、钢铁等众多领域进行了对话与合作。

**经济互助委员会** Council for Mutual Economic Assistance 第二次世界大战后，以苏联为首的一些社会主义国家建立的经济合作组织。简称经互会。1949年1月，苏联、保加利亚、匈牙利、波兰、罗马尼亚、捷克斯洛伐克等6国政府代表在莫斯科举行会议，决定建立该组织，同年4月举行第一次会议，正式宣布经互会成立。阿尔巴尼亚于1949年2月加入，1961年12月停止参加活动。随后加入的还有民主德国（1950）、蒙古（1962）、古巴（1972）和越南（1978），至1988年底共有10个成员国。

经互会的宗旨是：通过联合和协调经互会各成员国的力量，促进这些国家国民经济有计划地发展，加速其经济技术进步，提高工业不够发达的国家的工业化水平，不断提高经互会各成员国的劳动生产率和人民福利。

组织机构有：经互会会议（最高权力机关）、执行委员会（执行和管理机构）、秘书处（负责处理日常事务）。总部设在莫斯科。

80年代末至90年代初，东欧和苏联政局发生急剧变化，经互会的作用日渐衰弱。1991年6月28日，经互会第46次会议宣布经互会解散。

**经济混沌** economic chaos 由确定性的经济系统产生的貌似随机的动态行为。确定性的经济系统除了能够产生稳定平衡的、周期的和不稳定发散的动态行为之外，还能够产生混沌的动态行为，即经济混沌。

混沌的科学含义是：①混沌是确定性的非线性系统产生的一种貌似随机的动态行为；②混沌对系统初始条件具有敏感依赖性；③混沌是有界的，具有混沌吸引子，是有序的。

作为非线性科学三大主体之一的混沌（其他两个主体是分形和孤立子），在它的理论创立之初，经济现象就已经成为其研究对象并被认为是极有前途的应用领域之一。经济系统本质上是非线性的，一般来说，混沌现象必然产生于非线性系统（但并非所有非线性系统都能导致混沌），在经济系统中，混沌理论主要是应用于探求经济系统的演化规律，解释纷繁复杂的经济现象。

最早将混沌理论应用于经济学研究的是美国经济学家M.J.司徒泽。1981年美国经济学家J.本哈比伯和R.德依在《经济研究评论》上发表了论文《合理选择与不规则行为》，应用混沌理论研究效用函数的长期性态。1983年，W.J.鲍莫尔和E.N.沃尔夫关注企业的研究发展支出与企业生产增长率之间的关系。1994年，J.B.罗塞尔在《世界未来》上发表了《长波混沌及系统经济转换》，从刻画资本主义市场经济的两阶段乘数加速度和刻画社会主义计划经济的长波投资模型，证明了市场经济存在波动的必然性；中央计划的社会主义经济既会出现长期性波动，也会出现混沌。

经济混沌作为一种现象本身并无好坏之分，但从现实经济角度，可以划分为有害的、中性的和有利的3种。

经济混沌是可以利用、控制和管理的。经济学家们一方面要承认经济混沌的存在，同时还要对经济混沌进行有效管理，以促进经济的发展。

**经济基础** economical basis 有广义和狭义之分。广义指物质资料生产方式，即生产力和生产关系的统一体。狭义指同生产力的一定发展阶段相适应的生产关系的总和。经济基础是社会结构的基本层次之一，也是社会生活的基本领域之一。历史唯物主义主要在狭义上使用此概念。

1843年K.马克思在《黑格尔法哲学批判》一书中提出的市民社会概念，主要指现实的经济生活，是经济基础概念的胚芽。1845～1846年，马克思和F.恩格斯在《德意志意识形态》一书中形成了经济基础的概念。1859年马克思在《〈政治经济学批判〉序言》中对经济基础概念作了精辟的表述："人们在自己生活的社会生产中发生的一定的、必然的、不以他们的意志为转移的关系，即同他们的物质生产力的一定发展阶段相适合的生产关系。这些生产关系的总和构成社会的经济结构，即有法律的和政治的上层建筑竖立其上并有一定的社会意识形式与之相适应的现实基础。"

历史唯物主义认为，一定社会的经济基础是这个社会的经济关系的体系，主要包括生产资料所有制、生产过程中人与人之间的关系和产品的分配关系三个方面。其中，生产资料所有制是首要的起决定性作用的部分。整个社会的经济关系体系通常由具有各种不同性质的生产关系构成。其中，占主导地位的生产关系决定经济基础乃至社会形态的性质。

社会的经济基础决定上层建筑，表现在经济基础决定上层建筑的产生、性质、变革等方面；上层建筑也能动地反作用于经济基础。两者的矛盾运动贯穿社会发展过程的始终，表现为上层建筑适合经济基础发展状况的规律。

**经济计划** economic planning 在科学预测基础上，对一定时期内经济目标和过程进行指导和协调的思想、政策和指标体系。在中国，经济计划的全称是国民经济和社会发展计划。

内容 经济计划是国家经济发展战略在国民经济范围内的具体化，它不仅要反映经济生活的主要过程和主要活动，即对一定时期内全国经济发展规模、重大比例、生产布局、消费和投资规模与结构、人财物力的平衡等通过战略构想、指标体系和相应的政策措施作出明确的规定，也要反映社会生活其他领域的主要方面，如科学技术、文化教育、保健医疗、行政、国防事业的发展需要，此外，还扩展到人口、环境等领域。

管理 经济计划的管理是国家代表社会对国民经济的发展进行有意识的引导和控制，它由编制计划、下达执行计划、检查总结计划执行情况3个方面组成。编制计划必须以国情国力、科技进步状况为根据，在充分把握市场和尊重供求规律的基础上进行，必须规定经济和社会发展的战略目标、战略重点和战略步骤，确定生产力的合理布局和重大的经济技术政策；下达执行计划要采用以经济手段为主，辅之以法律手段和必要的行政手段的方法，加强对计划执行情况的监督；检查总结计划执行情况，会发现在执行计划过程中计划与客观规律、客观实际相矛盾的情况，通过检查总结计划执行情况，可以纠正偏差，提高计划的质量和科学性。

表现形式 主要有3种：①计划体系。计划体系包括反映战略步骤并规定不同执行时限的长期计划、中期计划和短期计划，反映战略目标和手段的经济发展计划、科技发展计划和社会发展计划，反映实现战略任务中各级决策权限分工、职责、利益的国家计划、地区计划和基层计划。②计划指标体系。计划指标体系是指一系列相互联系，反映经济、科技、社会发展全过程以及各个方面的各种计划指标所构成的有机整体。这些计划指标主要有数量指标和质量指标、实物指标和价值指标、考核指标和核算指标、单项指标和综合指标等。③文字报告。文字报告是经济计划的重要表现形式。表述经济计划编制的依据、原则和必要的论证，以及拟订实现经济计划所必须采取的政策和调节措施等，则是文字报告的主要内容。

作用 经济计划是国家宏观调控的基础和手段，它的作用主要有：对一定时期内经济发展的方向、力度，以及对各种经济手段的运用具有导向作用；对各种经济手段的相互衔接、相互配套，以及每种经济手段自身作用的前后衔接具有协调作用；对市场经济运行中所产生的弊端，以及市场经济难以涉足的公共事业具有调控作用；对各经济主体的决策，乃至对整个国民经济和社会的发展具有信息服务作用。

**经济计量学** econometrics 西方经济学中关于如何计量经济关系实际数值的分支学科。1926年，由挪威经济学家R.弗里希首先提出。荷兰经济学家J.丁伯根也是学科创始人之一。1930年，经济计量学会在美国成立。另外，人们又把经济计量学看作数理经济学的发展和应用，又将二者合起来称作数量经济学。

经济计量学的研究对象是经济现象中可以计量的经济变量（实际观测数值往往因时间地点不同而发生变动的经济数量）。它的目的在于使经济理论具有数量化的概念。它的任务是，把经济理论关于经济变量之间的依存关系，用数字形式表现出来，并利用实际统计资料，运用数理统计方法，进行计算和验证，得出经济理论的定量描述和分析，以便预测未来，规划政策。经济计量学常被说成是经济理论、数学和统计的结合。

经济计量学的方法、步骤主要包括建造模型、估算参数、验证理论、预测未来和规划政策四项。经济计量学研究的主要方面包括经济周期分析、市场需求分析、投入产出分析等。

**经济技术开发区** economic and technological development area 中国在沿海开放城市和其他开放城市划出一定区域范围，集中力量建设完善的基础设施，创建符合国际水准的投资环境，通过吸收利用外资，形成以高新技术产业为主的现代工业结构，成为所在城市及周围地区发展对外经济贸易的重点区域。其发展方针是：注重搞好投资硬环境和完善投资软环境，以工业为主、以吸引外资为主、以出口创汇为主，致力于发展高新技术。

1984年9月，中国第一个经济技术开发区由国务院批准，在大连建立。之后，

西安经济技术开发区俯瞰图

国务院分别于1988、1992～1993、2000～2002年分三批在全国主要城市建立经济技术开发区。国务院还先后批准了苏州工业园区、上海金桥出口加工区、宁波大榭岛经济技术开发区、厦门海沧投资开发区、海南洋浦开发区实行经济技术开发区的政策。至此，中国国家级经济技术开发区共为54个。

经济技术开发区在对外开放、吸引外资、改革试验、促进区域经济增长和可持续发展等方面，起到了窗口、辐射、示范、带动作用，已经成为中国国民经济新的增长点。

**经济禁运** economic embargo 一国或数国通过法令强制或惩罚手段，施加经济压力，对某国的部分或全部进出口商品，以及船只和自然人往来实行禁止性报复行为。《联合国宪章》第41条规定，为了和平的目的，对进行武装入侵者，对违反联合国宪章、违反国际法者，可以实行禁运。第二次世界大战后，某些西方大国把经济禁运作为冷战政策的一个重要组成部分。例如，1951年5月，美国利用联合国大会，通过对中国和朝鲜的“禁运战略物资”法案；1973年发生中东争端时，阿拉伯产油国为孤立以色列，对非友好国家削减乃至停止石油供应，被称为石油禁运。在经济全球化条件下，任何经济禁运都会给有关国家经济上带来重大损失。

**经济控制论** economical cybernetics 在系统论、控制论、信息论、经济学等学科交叉融合的基础上形成的一种新兴经济理论。它研究经济系统演变规律和最优控制的理论与方法，是控制理论概念和方法在经济学中的应用。经济控制论主要研究经济过程的调节和控制问题，涉及国民经济及其子系统，涉及这些系统内部和外部的各种联系以及系统运行的一切过程和机制，包括从宏观到微观经济过程，从地方、部门到企业、车间的管理等。

经济控制论能够解决的问题包括：①经济系统的结构、功能和动态规律性。②经济管理和经济系统自动调节过程的规律性。③经济管理信息系统方面的问题。④调节社会生产的经济杠杆体系问题。⑤社会-经济发展目标的最优决策及各方面的利益协调问题。

经济控制论的基本方法可分为两个方面：①大量运用系统框图和关系框图。②建立模型。

**经济林** economic forest 以生产果品、食用油料、饮料、调料、工业原料和药材等为主要目的的林木。按照产品的不同，经济林树种分为：①木本食油树种，如油茶、核桃、香榧、山核桃、油橄榄等。②木本食用树种，如栗、枣、柿等。③木本纤维树种，如棕榈、桑、青檀、构树、竹等。④木本芳香树种，如八角、肉桂、柠檬桉、芸香等。⑤木本药用树种，如银杏、厚朴、元宝桐、红豆杉、三尖杉等。⑥工业原料树种，如松树（割取松脂）、油桐、乌桕、白蜡、黑荆树、橡胶、等。⑦其他经济林树种，如白桦、沙棘、茶、香椿、柞树等。

为了获得优质丰产的经济林产品并持续发展，在生产上要采取以下技术措施：①选育良种壮苗，发展无性繁殖技术。如采用良种嫁接苗，重视砧苗培育等。②集约栽培，适当密植，修剪树枝，培育矮化型植株。③建立名、特、优经济林商品基地。适地适树，使生产形成一定规模，提高生产效率。④发展经济林产品的加工生产，使产品多层次增值。

**经济模型** economic model 广泛用于经济研究、经济分析的数学模型。是用数学形式，对经济理论假说进行数量化，以探讨客观经济过程的本质联系及其规律的一种经济研究与管理的工具。见经济数学模型。

**经济起飞** economic take-off 西方增长经济学的专门术语，指突破传统经济的停滞状态。由美国经济学家W.W.罗斯托于1951年《经济成长的过程》一书中提出并被广泛使用。罗斯托根据科学技术和生产发展水平把人类社会发展分为6个阶段：传统社会阶段、为“起飞”创造前提阶段、“起飞”阶段、向成熟推进阶段、高额群众消费阶段和追求生活质量阶段（见经济成长阶段论）。实现“起飞”需要3个条件：①要有较高的积累比例，即生产性投资占国民收入的比例超过10%；②要建立“起飞”

的主导部门，它既能带动其他部门的发展，又能赚取外汇，以便引进技术、购买外国产品、偿付外债或支付利息；③要有制度上的变革，即建立保障“起飞”的一系列政治、经济、社会制度结构，推动现代部门的扩张。

**经济区** economic region 以劳动地域分工为基础客观形成的不同层次、各具特色的经济地域。它是由经济中心、经济腹地和经济网络构成的密不可分的区域体系。是由既互相联系又各自独立的经济区组成的多层次的、开放的地域系统。基本特征为：①具有区内一致性与区外差异性。一致性通常表现为经济发展基础和条件、发展的特定目标、发展面临的问题与享受的政策待遇相同或相似，促使各自区域联合为一体。②由一致性决定的区内经济紧密联系构成的尽可能完整的地区。③有一个区域的经济中心。通过经济中心（一般为大综合城市或城市群）的辐射和吸引作用，把相邻的中心城镇和广大农村联系起来形成合理的经济网络。

**经济全球化** economic globalization 泛指商品、劳务、资本和信息技术在国际间自由活动的趋势。至今尚无公认的、明确的定义。

“全球化”的提出 “全球化”一词最早出现于20世纪60年代，70年代成为通用词，80年代作为一个学术术语逐渐流行起来，至90年代成为国际政治、经济、文化等各个领域学术研究的热点问题。

“全球化”一词的出现，反映了20世纪下半叶，特别是80年代以来在世界范围内出现的某些新变化。而这些变化中，最重要的是新的技术革命改变了旧的生产、贸易和金融模式，导致运输和通信成本的大幅度降低，从而直接推动国际贸易、跨国投资和国际金融的迅速发展以及高新科技的迅速扩散。与此同时，各国纷纷采取新的开放政策，使整个世界经济空前紧密地联系在一起，世界性的生产、贸易、金融体系日渐形成。经济生活的巨大变动，也直接波及国际政治和文化领域。各个国家内部的经济、政治和文化都不可避免地、越来越严重地受到来自外部世界即整个世界经济、政治和文化发展状况的制约。

20世纪80年代以来，各国学者和政治家围绕全球化的起源、形成、兴起、作用、影响和前景等问题展开广泛的讨论，但在许多问题上都存有巨大的分歧，对于“全球化”这个概念，也难以形成广泛一致的意见。

流派 西方学术界对经济全球化的研究，大体上可分为4个流派：

①新马克思主义学派。认为经济全球化的实质是西方帝国主义、西方现代化及西方体制的全球性扩张，是西化的全球化普及。经济全球化等于新帝国主义，它代表了全球帝国主义和资本主义的胜利，其结果必然是不公正、不公平的两极分化。

②新自由主义学派。认为经济全球化主要是指全球经济和市场的整合，是世界资源的优化组合，促使全球市场和全球竞争一体化的出现。绝大多数国家在经济全球化过程中都将得到长远的比较利益，因而是人类社会进步的表现。

③转型学派。从社会转型的角度来透视经济全球化，认为当今人类社会正处于一个新的历史时期，经济全球化是推动社会、政治和经济转型的主要动力，并正在重组现代社会和世界秩序。但同时也认为，谁都无法预测经济全球化的发展方向和所要建构的世界新秩序，未来的世界充满着不确定因素。

④怀疑论者。认为所谓的经济全球化是无中生有，人们所说的经济全球化不是什么新现象，充其量只是发达国家之间的国际化而已。同时还指出，新的国际化并不会导致南北之间不平等的消失，相反意味着第三世界国家经济的日益被边缘化。

*历史进程* 经济全球化的历史进程始于现代世界体系的形成。这一体系采取的是资本主义世界经济的形式，起源于15世纪后期的欧洲。几个世纪以来，以欧洲为中心的世界经济体系逐步向外扩张，并将非洲、拉丁美洲和亚洲等世界其他地区一个接一个地卷入进来。直到19世纪后半叶，包括中国、日本、朝鲜和东南亚各国在内最终也被卷入了这一体系。

19世纪后期和20世纪初，出现了诸多帝国主义列强为争夺海外商品销售市场、原料产地和投资场所而展开激烈竞争的局面，其目的是为了瓜分世界势力范围。第一次世界大战中断了经济全球化的进程，统一的世界经济体系近乎于瓦解。1929～1933年爆发的资本主义世界经济危机，使世界各主要资本主义国家的经济都遭受了沉重打击。第二次世界大战后的世界经济体系再度发生了重大变化。东南欧和亚洲新出现的社会主义国家，与苏联一道构筑成社会主义阵营。世界经济明显地分裂为两个部分：一个是由帝国主义国家和垄断资本所主宰的资本主义体系，另一个是实行社会主义经济制度的新体系。两个对立阵营的客观存在，也是战后世界经济的最基本的特征之一。

1989年柏林墙的倒塌和1991年苏联的突然解体，宣告冷战的结束，也使维持40多年的“社会主义世界市场体系”瓦解了。包括俄罗斯、中国、越南和东欧各国在内的几乎所有原社会主义阵营中的国家，均明确地转向国际市场，加快向市场经济过渡的进程。从世界经济发展的角度上看，冷战的结束，标志着世界经济体系再度发生重大转变。自19世纪末世界经济体系形成以来，或者说，自15～16世纪世界市场形成以来，整个世界经济第一次真正地成为一个统一体。

*主要特征* 经济全球化这一概念反映冷战结束所带来的时代性转变。这个时代最突出的特征，表现为世界范围的金融、贸易自由化进程大为加快，世界各国经济相互联系、相互作用、相互依存的程度日益深化。

世界经济作为一个全球性的体系，有其特殊的力量结构和运行规律。重要的制度变革和技术革新，往往导致世界经济体系内部力量结构的变化。20世纪80年代末的世界，是按意识形态来划分的。但进入90年代后的世界，则是由技术来划分的。信息技术的迅速发展，给经济发展带来了深远的影响，但各国在信息科技方面的创新与使用能力的差距，实质上导致了经济力量出现新的转移。

*反全球化运动* 反全球化运动是20世纪90年代末在全球范围内兴起的一场社会运动，其矛头主要指向西方国家政府、大型跨国公司及国际经济组织。

反全球化运动已经表现出以下3个突出特征：①运动的范围和规模日趋扩大。2001年7月在意大利热那亚针对“八国首脑会议”的抗议活动，是近年中规模最大的一次，示威者超过10万人。②运动参与者的成分构成极为复杂。在西方发达国家，反全球化力量的来源很广泛，既有传统的右翼和左翼力量，也有工人、农民、青年学生、环境保护主义者，以及其他各式各样的无政府主义者。在发展中国家，最积极反对全球化的既有国家领导人，又有农民武装力量。③运动逐渐显示出越来越强的组织性。在过去几年里，出现了一些反全球化运动的核心组织，如“人民全球行动”、“世界社会论坛”、“世界贸易观察”和“收复大街”等。

**经济人** economic agent 在经济研究中假设的、一定条件下具有典型理性行为的经济活动主体。既可以是消费者、厂商，又可以是从事任何经济活动的人。又称理性人。西方经济学家认为，经济人的利己本性是对从事经济活动的人类的根本特性的一种抽象。在理想状态下，经济人具有完全的偏好序、完备的信息和极强的计算能力。经过深思熟虑之后，他会选择能够最大限度地满足自己经济利益的行为。用形式化的语言描述，即经济人会在各种约束条件下经过精密计算之后实现自己目标函数的最大化。在现代西方经济学中，经济人假设依然是主流经济学的基本假设前提之一。

**《经济日报》** *Economic Daily* 中国以经济报道为主的全国性综合性报纸。1983年1月1日在北京创刊。前身是1978年7月创办的《财贸战线报》(1981年改名《中国财贸报》)。《经济日报》现日出对开16版。在全国设有26个卫星传真版分印点。面向国内外发行，21世纪初日发行量逾80万份。

《经济日报》以经济界人士和关心中国经济发展的国内外读者为对象，多采用连续报道、深度报道的方式，反映经济改革和发展中出现的重大问题和事件，并注重经济理论的探索。1998年6月成立经济日报报业集团，现拥有《证券日报》等10种报纸；《中国企业家》等8种期刊和经济日报出版社等。主办的中国经济网于2003年7月28日正式开通，是以经济报道为中心的综合新闻网站。

**经济软着陆** economy, soft landing of 对经济运行状态的一种形象比喻，指国民经济运行经过一段过度扩张之后，平稳地回落到适度经济增长区间的过程。经济软着陆是一种经济回落方式，是相对经济硬着陆，即大起大落而言的。当国民经济过度扩张，极大地超越了其潜在的增长能力时，经济过热会严重破坏国民经济生活中的各种均衡，于是用“急刹车”的方法进行全面经济紧缩，最终导致经济增长率的大幅回落。经济软着陆的重要标志是：在治理经济过热过程中，经济增长率逐步回落到适度增长区间，物价上涨率也会回落到适度水平；在显著地抑制通货膨胀的同时，又保持了国民经济适度持续增长。

中国典型的经济软着陆是指1993～1996年的国民经济宏观调控。

**《经济、社会和文化权利国际公约》** *International Covenant on Economic, Social and Cultural Rights* 1966年12月16日 第21届联合国大会第2 200A(ⅩⅪ)号决议通过并开放供各国签字、批准和加入的关于经济、社会和文化权利的国际性公约。1976年1月3日开始生效。

公约规定，各缔约国应承认和保障个人的下列权利：工作权，享受公正和良好的工作条件的权利，组织和参加工会的权利，包括罢工的权利；人人有权享受社会保障，包括社会保险；获得相当的生活水准权，包括足够的食物、衣着和住房，并能不断改进生活条件；享有能达到最高体质和心理健康标准的权利；人人有受教育的权利；有参加文化生活的权利，享受科学进步及其应用所产生的利益。

**经济生态化** economy, ecologization of 从单纯和孤立地发展经济，向着具有生态特色经济发展的转变趋势。实质上是经济的发展从不顾和不能与生态协调，走向与生态协调发展的过程。

经济生态化表现在以下几方面：①在经济发展上，愈来愈强调尊重自然，强调“绿色产业”和“绿色产品”。产业的发展，包括“生态工业”、“生态农业”、“绿色汽车”、“生态建筑”、“生态建材”、“绿色市场”、“绿色名牌”、“绿色包装”、“绿色邮政”、“绿色出版系统”等。②在人的生活（包括衣食住行）上，愈来愈提倡“绿色食品”、“生态服装”、“生态住宅”，控制汽车，多骑自行车等。③从发展状态看，已开始渗透到人们的社会生活，以至文化、政治等领域，包括追求使用绿色居室、绿色装修、绿色采暖、绿色照明、绿色家电、绿色办公室，参加生态旅游、住生态宾馆，以及出生植树、死亡骨灰撒入大海；甚至还出现了绿色大学、绿色足球、绿色“奥运”和绿色警察、绿色军队等。

**经济适用房** economically affordable housing 造价较低、针对部分居民建造，具有社会保障性质的普通住房。是中国住房供应体系的重要构成部分。其来源主要是：由政府提供专项用地，统一开发集中建设的经济适用住房；将房地产开发商开发建设的普通商品房项目调整为经济适用住房；单位以自建或联建方式建设的出售给本单位职工的经济适用住房。经济适用房价格是由征地和拆迁补偿费、勘察设计和前期工程费、建安工程费、住宅小区基础设施建设费、管理费、贷款利息和税收7项因素和3%的利润构成。经济适用房建设是以划拨方式供应土地，由于免缴土地出让金和减免部分税费，因而低于房地产市场上的同类商品房价格。

**经济数量分析** economy, quantitative analysis of 有广义和狭义之分。广义指用常规数学方法对经济数量关系进行分析；狭义指用现代数学方法，即线性代数、数学规划等与电子计算机相联系的各种数学方法来分析复杂的经济数量关系。这里的经济数量关系指反映经济活动数量特征的具体数值或抽象的量相互之间的一种联系。又称经济数学分析。经济数量分析的对象与一般经济分析的对象完全一样，但表达方式有所区别：经济数量分析的前提和结论大都以数学符号表现，其逻辑推理采用一致的数学定理证明；一般的经济分析则偏重于定性关系及图形解说。

分析的步骤包括：①从理论上分析各种因素，解释它们之间的相互联系。②据以建立经济数学模型，并利用模型来收集和加工资料。③计算各种参数，比较各种方案，进行求解和选取。④对结论加以检验，进行解释说明。

根据研究对象的不同，经济数量分析可分为个量分析和总量分析。

**经济数学模型** economic mathematical model 广泛用于经济研究、经济分析的数学模型。是用数学形式，对经济理论假说进行数量化，以探讨客观经济过程的本质联系及其规律的一种经济研究与管理的工具。简称经济模型。

根据不同的特点，经济数学模型分为理论模型与应用模型，特殊模型与一般模型，微观模型、中观模型与宏观模型，静态模型与动态模型，线性模型与非线性模型，随机模型（含有随机误差的项目）与确定性模型（不考虑随机因素），分析模型，预测模型，政策模型与计划模型。根据经济数量关系，经济数学模型分为经济计量模型，投入产出模型，最优规划模型，经济控制论模型与系统动力学模型。

建立模型的步骤包括理论和资料的准备、变量的确定、参数的计算、方程式的建立、求解和模拟试验、模型结果的分析说明和实际应用。

经济数学模型是研究分析经济数学关系的重要工具，是经济理论和经济现实的中间环节。它能起到明确思路、加工信息、验证理论、计算求解、分析和解决问题的作用。它的局限性表现在模型的建立要受到人们对客观经济现实认识能力和仿真手段的限制，还表现在它的应用是有条件的，不能脱离研究对象的复杂性，数据的准确性和应用者的学识、经验与判断能力。

**经济衰退** economic depression 用来泛指经济活动全面下降的术语。是经济运行周期的一个阶段。又称经济萧条。经济衰退是市场经济运行周期的具体表现。宏观经济的运行和发展往往表现为周期性波动，无论是资本主义市场经济还是社会主义市场经济都存在经济波动。经济衰退不仅具有周期性，还具有国际传播性特征。在经济全球化条件下，大国经济出现衰退，会通过市场机制传播给其他国家和地区，进而引起相关国家和地区的经济衰退。

经济衰退主要的直接原因是有效需求不足。但也存在供给方面的原因，即生产能力的相对过剩。生产能力的相对过剩表现为资源配置的不合理。要启动经济，从短期来看更多地取决于总需求。总需求由投资需求、出口需求和消费需求构成。因而，刺激经济回升的重点还应放在投资上。在现代经济条件下，政府通过稳健的财政、货币政策进行调控，刺激经济总需求增加，促进经济回升。一方面政府应继续增加公共投资，另一方面必须积极带动民间投资，即居民投资和企业投资。

**经济特区** special economic zone 主权国家（或地区）在经济运行和对外经济活动中实行特殊政策、灵活措施和特殊的经济管理体制而划出的一定区域。主要形式有自由港、自由贸易区、自由边境区、出口加工区、保税区、科学工业园区、高新技术开发区以及综合性特区等。在中国，指在对外经济活动中实行特殊政策和灵活措施的区域范围相对较大、功能较为广泛的综合性特区，包括广东省的深圳、珠海、汕头和福建省的厦门以及海南省。

1979年7月，中共中央和国务院决定对广东、福建两省的经济活动实行“特殊政策，灵活措施”。1980年8月26日，第五届全国人大常委会第十五次会议决定，在广东省的深圳、珠海、汕头和福建省的厦门设置经济特区，并批准《广东省经济特区条例》。1988年4月，国务院又批准在海南建立经济特区。中国兴办的经济特区，不是政治特区，也不是将来台湾、香港那样的“一国两制”下的特别行政区。它的“特”可以概括为4个方面：①经济特区的经济发展，主要依靠外资。特区新的经济体系形成后，中外合资经营企业、中外合作经营企业及外商独资企业将占最大比重。②对前来投资的外商，在税收、土地使用费、劳务费、外汇管理、人员入境和出境等方面给予特殊优惠和方便。③经济特区的经济活动，以市场调节为主。④经济特区实行不同于内地的管理体制，国家给特区比较多的经济活动自主权。

经济特区在中国的社会主义现代化建设和经济体制改革中发挥了重要作用：在由过去的计划经济向社会主义市场经济转变的历史进程中发挥了重要的试验场作用，在实行对外开放的历史进程中发挥了重要的窗口和基地作用，在各地区共同发展的历史进程中发挥了重要的示范、辐射和带动作用，在完成祖国统一大业的历史进程中对香港、澳门的顺利回归并保持繁荣稳定发挥了重要的促进作用。

**经济体制改革** economic system, reforms in 中国在坚持社会主义基本制度的前提下，对已不适合社会生产力发展要求、已不适应组织和管理国民经济的制度及方式、方法进行的配套改革。

沿革 中国的社会主义经济体制是中华人民共和国建立以后逐步形成的。它对促进社会主义生产力的发展曾起过积极作用。但随着时间的推移，也逐步暴露出许多弊端。主要表现在：①政企不分，经济管理的权力过分集中于中央和各级政府机关。②限制商品经济发展，忽视价值规律和市场机制的运用。③公有制经济的形式过分单一，忽视发展其他所有制经济成分。④在分配上搞平均主义，吃“大锅饭”，挫伤了劳动者的积极性。

1978年12月中国共产党第十一届中央委员会第三次全体会议以后，针对这些弊端，陆续在全国农村和城市开展大规模的经济体制改革。

农村改革 从1979年开始在农村进行的经济体制改革。分两步：第一步改革的重点是实行家庭联产承包责任制，理顺农民与集体的关系。在坚持土地集体所有的前提下，承包给农民家庭分散经营。第二步改革的重点是调整产业结构。在农村经济体制改革的推动下，中国农村经济出现全面发展的新局面。

城市改革 城市的国有企业也进行放权让利的改革试点。其主旨是，通过权力的下放，调动各方面的积极性。为此，在中央与地方的关系上，1980年将统收统支的财政管理体制改为“划分收支、分级包干”。与此同时，经过充分酝酿和选点，决定在广东的深圳、珠海、汕头和福建的厦门市划出一块地方以及海南全岛试办经济特区。

1980年9月，国务院经济体制改革办公室提出的《关于经济体制改革的初步意见》中明确指出：“我国现阶段的社会主义经济，是生产资料公有制占有优势、多种经济成分并存的商品经济”，“我国经济体制改革的原则和方向应当是：在坚持生产资料公有制占优势的条件下，把单一的计划调节改为计划指导下，充分发挥市场调节作用。”这表明开始提出中国经济体制改革的整体方向问题，但在这个问题上一时尚未取得统一认识。

1984年10月，中共十二届三中全会通过《中共中央关于经济体制改革的决定》，明确指出社会主义经济是有计划的商品经济。这是社会主义经济理论上的一个重大突破，彻底改变将计划经济与商品经济对立起来的传统观点。并提出改革的三项基本任务：①进一步增强企业，特别是全民所有制大中型企业的活力。②进一步发展社会主义商品经济，逐步完善市场体系。③使国家对企业的管理逐步由直接控制为主转为间接控制为主，建立新的社会主义宏观经济管理制度。中共十二届三中全会的“决定”虽然有不够完善的地方，但它毕竟实现了社会主义理论的重大进展，为中国的改革规定了正确的方向。

以城市为中心的改革全面推开 ①以转换经营机制为重点的企业改革。从1986年开始，企业改革的思路发生从注重企业外部条件的改革转向注重企业内部经营机制改革的明显转变，转换企业经营机制成为改革的主旋律。具体改革措施有：国有企业大面积推行承包责任制；实行厂长负责制；推动横向联合的进一步迅速发展，进行企业组织制度的创新。②建立和完善社会主义市场体系，发挥市场机制的作用。一是改革流通体制，建立和完善商品市场。二是初创各类要素市场。生产资料市场、金融市场和劳动力市场都有一定程度的发展。③改革价格管理体制及价格形成机制，发挥市场机制的作用。④改革宏观经济管理体制。对国民经济的管理从直接调控为主转向间接调控为主，从以行政手段为主转向以经济手段为主。⑤改革对外经济贸易管理体制。⑥继1980年设立深圳、珠海、厦门、汕头4个经济特区、1984年开放沿海14个城市和1988年开放海南岛后，又陆续设立各种经济技术开发区，从而形成经济特区——沿海开放城市——沿海经济技术开发区——内地这样一个有层次、有特点的沿海向内地逐步推进的对外开放格局。

改革全面展开阶段（1985～1991） 改革的重点由农村转入城市。国有企业是整个经济体制改革的中心环节，而价格改革是其关键。这一时期的改革实践中，采取价格双轨制，突破过去单一的价格制度，且自觉不自觉地把这种“双轨制”应用于经济体制改革的各个方面。从总体上看，这一阶段发展速度加快，但在双重经济体制并存所形成的矛盾与冲突日趋激化的情况下，国民经济陷入一种很不稳定的局面。因此，到1988年9月，中共中央、国务院采取“治理经济环境，整顿经济秩序”的特殊措施。经过3年的治理整顿，经济过热与需求膨胀的趋势于1991年迅速扭转，物价上升的势头逐步得到控制，市场商品由供不应求变成供求平衡，甚至供大于求，经济秩序有所好转。

经济体制改革的目标 经济体制改革的发展迫切要求进一步明确规定改革的整体目标。确定什么样的目标模式，是关系整个社会主义现代化建设全局的一个重大问题。这个问题的核心，是正确认识和处理计划与市场的关系。实践的发展和认识的深化，要求明确提出，中国经济体制改革的目标是建立社会主义市场经济体制，以利于进一步解放和发展生产力。

社会主义市场经济体制改革目标的确立 1992年1～2月间，邓小平视察南方，阐述了他对计划和市场问题的基本观点：“计划多一点还是市场多一点，不是社会主义与资本主义的本质区别。计划经济不等于社会主义，社会主义也有市场经济。”邓小平的南方谈话反映来自中国改革实践的客观要求，得到广大干部群众的热烈响应。1992年10月召开的中共十四大正式宣布：“我国经济体制改革的目标是建立社会主义市场经济体制，就是要使市场在社会主义国家宏观调控下对资源配置起基础性作用，使经济活动遵循价值规律的要求，适应供求关系的变化，通过价格杠杆和竞争机制的功能，把资源配置到效益较好的环节中去，并给企业以压力和动力，实现优胜劣汰，运用市场对各种信号反应比较灵敏的优点，促进生产和需求的及时协调。”

社会主义市场经济体制的基本制度框架　1993年11月，中共十四届三中全会对社会主义市场经济体制进一步具体化，这次全会通过《关于建立社会主义市场经济体制若干问题决定》（下称《决定》），《决定》在广泛借鉴国际经验的基础上，较为详细地规定中国经济体制的基本制度框架。①以公有制为主体的现代企业制度是社会主义市场经济的微观基础。②培育发展市场体系，发挥市场机制在资源配置中的基础性作用。③建立健全宏观经济调控体系。④建立合理的个人收入分配和社会保障制度。

中共十四届三中全会在经济体制改革上最重要的突破是：第一，明确指出“整体推进、重点突破”的新的改革战略，要求在20世纪末初步建立社会主义市场经济体制。第二，为财税体制、金融体制、外汇管理体制、企业体制和社会保障体系等重点方面的改革拟定方案，绘制蓝图。

建立社会主义市场经济体制的改革全面展开　为贯彻中共十四届三中全会精神，从1994年初开始，党和政府在财税、金融、外汇管理、企业制度、社会保障体系等方面采取一系列重大的改革措施。由此，社会主义市场经济体制改革进入一个整体推进的新阶段。①建立新的财政税收体制。将原来的财政包干制改为“分税制”，建立中央税收和地方税收体系。②金融体制改革。建立以国有商业银行为主体、多种金融机构并存，分工协作、有序竞争、严格管理的金融市场体系。③外汇管理体制改革。分两步进行：第一步分国内企业和国外企业两个步骤取消双重汇率，实现汇率并轨和经常项目下人民币有管理的可兑换；第二步视情况的发展，考虑取消对资本流动的控制，实现人民币完全自由兑换。④国有企业改革。1994年初，国务院要求按照《中华人民共和国公司法》进行建立现代企业制度的试点，并着重解决以下几个问题：一完善企业法人财产制度，按照国家有关规定，进行清产核资，界定产权，清理债权债务，核实企业法人财产占用量，核定资本金，办理国有资产产权登记。二确定试点企业国有资产投资主体，按照政府的社会经济管理职能和国有资产所有者职能分开的原则，国家授权的机构或者部门是国有资产投资主体，依法对企业中的国有资产实施股权管理。三确立公司组织形式。按照分类指导的原则，生产某些特殊产品的企业或者属于特定行业的企业应改建为国有独资公司，大部分企业应改建为有限责任公司；具备条件的可改建为股份有限公司，现有全国性行业总公司逐步改建为国家控股公司。四建立科学、规范的公司内部组织管理机构，根据权力机构、决策机构、执行机构、监督机构相互独立、权责明确、相互制约又相互协调的原则，形成由股东会、董事会、经理层和监事会组成的内部组织管理机构，各司其职，有效行使决策、监督和执行权。五改革企业劳动人事工资制度。取消企业管理人员的国家干部身份，打破不同所有制职工之间的身份界限，建立企业与职工双向选择的用人制度。⑤建立新的社会保障体系。中共十四届三中全会决定，建立包括社会保险、社会救济、社会福利、优抚安置和社会互助、个人储蓄积累等内容多层次的社会保障制度。其中，城镇职工养老和医疗保障实行社会统筹与个人账户相结合的制度。

经济改革理论方面的突破　1997年3月1日，八届全国人大五次会议召开，进一步肯定建立社会主义市场经济体制的改革方向，并对改革开放和社会主义现代化建设跨世纪的发展作出全面部署。

中共十五大在经济理论方面提出一系列新问题，特别是社会主义市场经济条件下公有制实现形式及分配制度等方面有新的突破。①在所有制问题上，第一次提出公有制实现形式应当多样化。一切符合“三个有利于”（有利于发展社会主义社会的生产力，有利于增强社会主义国家的综合国力，有利于提高人民的生活水平）的所有制形式都应该用来为社会主义服务。一切反映社会化大生产规律的经营方式和组织形式都可以大胆利用。明确公有制服务经济包括国有企业和集体企业，还包括混合所有制经济中的国有成分和集体成分。明确提出国有经济的主导作用，主要体现在控制力上。明确指出非公有制经济是中国社会主义市场经济的重要组成部分。②在分配制度上，第一次提出“把按劳分配与按生产要素分配结合起来”，“允许和鼓励资金、技术等生产要素参与收益分配”。这是社会主义分配理论上的新认识。

2002年11月，中共十六大召开，提出深化经济体制改革的任务，提出坚持和完善基本经济制度，深化国有资产管理体制改革。要求继续推进所有制改革，调动一切有利于现代化建设的积极因素，构筑有利于发展的微观基础。要坚持公有制为主体和促进非公有制经济发展，继续调整国有经济的布局和结构，进一步探索公有制的多种有效实现形式。大会特别提出，深化国有资产管理体制改革，建立中央政府和地方政府分别代表国家履行出资人职责，享有所有者权益，权利、义务和责任相统一，管资产和管人、管事相结合的国有资产管理体制。大会指出，深化分配制度改革，创造既有利于生产力发展，又有利于实现共同富裕的分配体制和机制。确立劳动、资本、技术和管理等生产要素按贡献参与分配的原则，完善按劳分配为主体、多种分配方式并存的分配制度。通过转移支付、建立社会保障体系、税收等手段，援助社会困难群体，调节过高收入。以共同富裕为目标，扩大中等收入者比重，提高低收入者水平。

见社会主义市场经济。

**经济危机**　economic crisis　资本主义经济发展过程中周期爆发的生产过剩的危机。自1825年英国第一次爆发普遍的经济危机以来，资本主义经济从未摆脱过经济危机的冲击。

主要表现　商品大量过剩，销售停滞；生产大幅度下降，企业开工不足甚至倒闭，失业工人剧增；企业资金周转不灵，银根紧缺，利率上升，信用制度受到严重破坏，银行纷纷宣布破产等。但是，第二次世界大战以后，由于国家垄断资本主义采取了通货膨胀政策及其他措施，致使各主要资本主义国家在经济危机中出现了生产停滞与通货膨胀同时并存的现象（见滞胀）。

特征　资本主义经济危机是生产过剩的危机。但是，资本主义经济危机所表现出来的生产过剩，不是生产的绝对过剩，而是一种相对的过剩，即相对于劳动群众有支付能力的需求而言表现为过剩的经济危机。因此，在资本主义经济危机爆发时，一方面资本家的货物堆积如山，卖不出去；另一方面，广大劳动群众却处于失业或半失业状态，因购买力下降而得不到必需的生活资料。资本主义生产相对过剩的经济危机，最显著地表现了资本主义制度的历史局限性。

产生的根源　资本主义经济危机的爆发是由资本主义基本矛盾，即生产的社会化和生产资料资本主义私人占有制之间的矛盾决定的。资本主义基本矛盾的具体表现有：①个别企业内部生产的有组织性和整个社会生产无政府状态之间的矛盾。这一矛盾发展到一定程度，就会导致社会再生产比例关系的破坏，从而引致经济危机的爆发。②资本主义生产无限扩大的趋势

1923年贬值的成捆德国马克成为儿童的玩物

同劳动人民有支付能力的需求相对缩小之间的矛盾。资本家在追逐高额利润动机的驱使下，拼命扩大生产，加强对工人的剥削，结果是劳动人民有支付能力的需求落后于社会生产的增长，市场上的商品找不到销路，造成生产的相对过剩，引起经济危机的爆发。因此，资本主义经济危机是资本主义基本矛盾尖锐化的必然结果。

经济危机的周期性　资本主义无法消除产生经济危机的根源，因而经济危机周期地爆发。经济危机的这种周期性使资本主义再生产也表现出周期性，这种周期包括四个阶段：危机、萧条、复苏和高涨。

危机往往在资本主义经济发展最繁荣时爆发，资本主义的各种矛盾这时达到最尖锐的程度。危机首先在商品流通的某一环节出现，然后迅速波及各个部门，最后导致整个社会经济活动严重混乱。危机是经济周期的决定性阶段，是上一个经济周期的终点，也是下一个经济周期的起点。危机之后是萧条阶段。在萧条阶段，商品供给超过有支付能力需求的现象有所缓和，生产不再继续下降，失业人数也不再增加，但过剩商品还未完全销售出去，社会购买力仍然十分低下，社会经济呈停滞状态。萧条阶段之后，市场情况有所好转，生产开始逐步回升，经济逐渐摆脱停滞局面，于是，萧条阶段过渡到复苏阶段。在复苏阶段，由于市场的扩大，价格开始上升，利润渐有回升，从而刺激着资本家增加投资、扩大生产。随着生产的不断扩大，资本主义经济发展的逐渐加快，社会生产超过危机前的最高点，进入经济周期的高涨阶段。在高涨阶段，整个资本主义经济呈现出一片繁荣景象。但是，资本主义经济的繁荣只是暂时的，繁荣包含了新的危机的先兆。随着社会生产的不断扩大，资本主义经济的各种矛盾发展到尖锐程度时，危机必将再次爆发。资本主义经济进入了下一个周期。

资本主义经济周期是有一定的规律性的。自1825年英国第一次爆发经济危机以后，在整个19世纪，大约每隔10年周期地爆发一次经济危机；进入20世纪以后，经济危机缩短到大约每隔7～8年爆发一次；第二次世界大战以后，一些主要资本主义国家经济危机的周期时间已缩短到大约每隔5年左右爆发一次。

经济危机与资本主义制度　资本主义经济危机的爆发，加剧了资本主义社会各种矛盾的深化，暴露了资本主义制度的局限性和历史过渡性。主要表现在：①经济危机造成了社会财富的巨大浪费，对资本主义社会生产力造成严重的破坏。②经济危机进一步加深了资本主义基本矛盾。③经济危机进一步激化了资本主义社会的阶级矛盾。④经济危机加剧了发达资本主义国家之间，发达资本主义国家与发展中国家之间的矛盾。资本主义经济危机表明，资本主义社会生产力和生产关系之间存在着不可克服的矛盾，从而暴露了资本主义生产方式的历史过渡性。只有按照社会化大生产发展的要求，变资本主义私有制为社会主义公有制，才能从根本上消除资本主义的基本矛盾，也才能从根本上消灭资本主义经济危机。

见世界经济危机。

**经济萧条**　economic depression　用来泛指经济活动全面下降的术语。是经济运行周期的一个阶段。又称经济衰退。

**经济学**　economics　研究人类社会各个发展阶段之各种经济活动、经济关系、经济运行规律的科学。包括理论经济学、经济史、应用经济学、边缘经济学等分支学科。

词源及其演变　“经济”一词源于希腊语oikonomia，原意为家庭经济管理。英语economy（经济）一词即源于此。1615年，法国重商主义者A.de蒙克莱田首先使用“政治经济学”一词。但只限于研究流通领域的个别经济现象，还没有形成一门独立的学科。17世纪至19世纪末，政治经济学逐渐被用作研究经济活动和经济关系的理论科学的名称。K.马克思和F.恩格斯通常也沿用这个名称。

19世纪后半叶，对economics一词，日本学者译作“经济学”，中国严复等人译为“计学”、“生计学”等。1903年以后，中国学者也逐渐采用“经济学”一词。这一时期，英国经济学家W.S.杰文斯在《政治经济学理论》1879年第二版序言中，明确提出应该用“经济学”代替“政治经济学”。1890年，英国经济学家A.马歇尔的《经济学原理》一书问世，改变了长期使用的政治经济学名称，使经济学这一名称得到承认和应用。在中国，大多把马克思主义的理论经济学称为政治经济学，把经济学看作各门类经济学科的总称。

发展　经济学是随着社会经济的发展而产生和发展的。最早出现的是奴隶时代的经济思想，以古希腊、古罗马的经济学说最为典型。古希腊有色诺芬的《经济论》，柏拉图的社会分工论，亚里士多德关于商品交换和货币的学说。古罗马的经济思想散见于大加图、瓦罗等思想家的著作中，罗马法中关于财产、契约和自然法则的思想也是古罗马在经济学说方面的重要贡献。

封建社会末期，随着商品经济的发展，出现了资本主义生产关系，从而出现了资产阶级经济学。资产阶级经济学的发展主要表现在：①重商主义学派强调在国家的支持下发展对外贸易。②古典政治经济学的先驱威廉·配第提出了劳动价值论的一些基本观点，初步考察了工资、地租、利息等范畴；P.Le P.布阿吉尔贝尔强调了农业和畜牧业是财富的源泉；亚当·斯密在《国民财富的性质和原因的研究》中全面系统地论述了价值、分配、货币和国际贸易问题，使经济学成为一门独立的学科；大卫·李嘉图的《政治经济学及赋税原理》发展了斯密的经济学说，成为英国古典经济学的完成者。③19世纪70年代初，英国的杰文斯、奥地利的C.门格尔和法国的L.瓦尔拉斯等几乎同时提出了边际效用价值论，企图代替劳动价值论。边际效用学派的边际分析方法，后来成为西方经济学发展的重要理论基础。④英国经济学家马歇尔的《经济学原理》一书，用折衷主义的方法把供求论、边际效用论、生产费用论、边际生产力论等融合在一起，建立了一个以完全竞争为前提、以均衡价格论为核心的经济学体系。⑤20世纪30年代，英国经济学家J.M.凯恩斯发表了《就业、利息和货币通论》一书，抨击传统的经济理论，并加以修正，大大动摇了西方传统经济学的理论基础，经济学经历了一场“凯恩斯革命”。凯恩斯提出了有效需求理论。认为资本主义社会之所以存在失业和萧条，就是由于有效需求不足。因此，必须加强国家对经济的干预，采取财政金融政策，增加公共开支，刺激消费，增加投资，以提高有效需求，实现充分就业。⑥第二次世界大战以后，随着资本主义世界“滞胀”弊病的产生，反对国家干预经济、鼓吹恢复经济自由主义的货币主义、供给学派、合理预期学派、供应学派等，向凯恩斯主义经济学发起了挑战。⑦以美国经济学家J.K.加尔布雷思为代表的新制度学派在反对凯恩斯主义和经济自由主义的基础上，强调了社会经济的结构改革。

马克思和恩格斯批判地吸收了古典政治经济学的科学研究成果，以劳动二重性为基础建立起科学的劳动价值论，又在劳动价值论基础上创立了科学的剩余价值论，揭示了工资的本质以及资本主义生产的秘密，从而揭示了无产阶级和资产阶级对立的经济根源。逐步形成了马克思主义政治经济学。19世纪末至20世纪初，资本主义进入了帝国主义时期，列宁对帝国主义时期的基本经济特征和帝国主义的历史地位作了科学的分析，对帝国主义时代社会主义革命可能首先在一国或少数几个国家取得胜利的问题作了科学的论断，从而丰富和发展了马克思主义政治经济学。

社会主义制度在苏联等国家建立以后，政治经济学的社会主义部分逐步形成。J.斯大林的《苏联社会主义经济问题》和以此书为指导思想的苏联《政治经济学教科书》是集中的代表。但总体上看是苏联高度集中的计划经济体制的理论概括。中国共产党在民主革命和社会主义革命中运用和发展了马克思主义理论，曾进行过中国自己的建设道路的探索。1978年中共十一届三中全会以后，在改革开放实践的过程中，形成了邓小平建设有中国特色社会主义的理论，社会主义市场经济理论是其重要的组成部分，这是马克思主义政治经济学的重要发展。

分类 随着近代社会科学的发展，经济学不断衍生出分支学科，逐步形成一个门类众多的学科体系。经济学通常可分为以下门类：

理论经济学 研究经济学基本概念、基本原理以及经济运行的一般规律，为其他经济学科提供理论基础的科学。资本主义国家的理论经济学分为宏观经济学和微观经济学。宏观经济学以资本主义国家整个国民经济的经济总量和总体的经济活动为研究对象；微观经济学以单个经济单位即单个厂商或单个消费者或单个市场的经济活动为研究对象。

经济史 研究人类社会各个历史时期不同国家或地区的经济活动和经济关系发展演化的具体过程和特殊规律的科学。它既为总结历史经验和预见未来社会经济发展趋势提供依据，也为研究各个历史时期形成的经济思想、学说、政策提供历史背景。可以按地域、历史阶段和部门分为不同类型的经济史。

经济思想史（经济学说史） 研究各个历史时期出现的经济观点、经济思想、经济学说、经济学派的演化及其社会地位，各个人物、各个学派之间承袭、更替、对立关系等的科学。

应用经济学 研究国民经济各个部门、各个专门领域的经济活动、经济运行的规律的科学。以国民经济各个部门的经济活动为研究对象，可分为工业经济学、农业经济学、建筑经济学、运输经济学、商业经济学等；以国民经济中具有一定综合性的专门经济活动为研究对象，可分为劳动经济学、财政学、货币学、银行学等。

经济数量分析和计量方法科学 研究经济现象和经济运行中的数量关系的科学。主要有数理经济学、经济统计学、经济计量学等。

边缘经济学 研究同社会科学其他学科和自然科学有关学科相结合的经济现象和经济过程的科学。例如，分析社会系统内部经济现象和非经济现象之间的关系，研究经济和社会协调发展的形式、内容和规律的经济社会学；研究生态经济系统中各子系统和各要素相互关系及其变化规律的生态经济学；研究如何通过对整个社会经济发展的全面规划和自然资源的合理开发和利用，探索合理调节人类经济活动和环境之间物质变换的基本规律，使环境的利用和保护获得最佳效果的环境经济学等。

**《经济学手稿（1861～1863）》** *Economic Manuscript of 1861～1863* K.马克思于1861年8月至1863年7月为自己的经济学著作《政治经济学批判》写的草稿。一般称之为《资本论》的第2部草稿。

马克思在19世纪40年代即立意要写一部经济学著作，经过10多年的潜心研究，于1857年开始写作。当时，他把这部经济学著作命名为《政治经济学批判》手稿。第1分册于1859年6月出版。1861年8月至1863年7月，马克思继续《政治经济学批判》的著述。在这期间写成的手稿共23本，1 472页，大约200个印张。马克思生前没有公开发表这部手稿。《马克思恩格斯全集》中文第二版在第32～37卷中收入了这部手稿。这部手稿包含的理论内容极为丰富，对后来《资本论》各卷所论述的问题都作了程度不同的探讨。开始写作时，马克思计划把“资本一般”分为4个部分：①资本的生产过程；②资本的流通过程；③资本和利润；④其他问题（主要是有关政治经济学史方面的内容）。但马克思并没有完全按照这个顺序写作，各个部分相互交错着，对各部分的论述有详有略，差别很大。

手稿对“资本的生产过程”作了极为深刻的分析，相继论述了货币转化为资本，绝对剩余价值、相对剩余价值、相对剩余价值和绝对剩余价值，劳动在形式上和实际上从属于资本，生产劳动和非生产劳动，剩余价值转化为资本，原始积累等问题。马克思的剩余价值理论到这个时期已基本形成。

“资本和利润”的草稿主要是研究了剩余价值转化为利润、利润转化为平均利润、平均利润率下降趋势的规律以及商业资本和货币资本等问题。马克思在1861～1863年间没有专门写“资本的流通过程”，但在论述剩余价值再转化为资本时，研究了社会总产品的实现问题，并制作了说明社会总产品实现过程的“经济表”。

《经济学手稿（1861～1863）》表明，马克思经济学说的各个组成部分已基本形成，为马克思系统地完整地阐述自己的经济理论奠定了坚实的基础。正是在此基础上，马克思于1863～1865年写成了《资本论》的草稿。

**《经济学原理》** *Principles of Economics* 英国经济学家、剑桥学派创始人A.马歇尔的代表作。1890年出版，被认为是继亚当·斯密《国民财富的性质和原因的研究》之后最重要的经济学著作之一。

《经济学原理》综合各种经济学理论，尤其在英国古典经济学的形式下，吸收边际效用学说，因而其理论被称为新古典经济学。全书分六编。第一编，序论。阐明经济学的研究对象和方法。把经济学定义为研究财富及人类欲望关系的一门应用科学，认为其目的在于解救贫困和增进福利。第二编，说明财富、价值、土地、所得、工资、地租、利息、利润、准租等基本概念。第三编，欲望与满足。论述消费和需求理论。第四编，生产要素。论述土地、劳动、资本和组织理论。第五编，需求、供给与价值的一般关系。系统阐发了均衡价格理论。第六编，国民收入的分配。论述工资、利息、利润和地租理论。

《经济学原理》的核心是均衡价格论。马歇尔以英国古典经济学中生产费用论为基础，吸收边际分析和心理概念，论述价格的供给一方；又以边际效用学派中的边际效用递减规律为基础，对其进行修改，论述价格的需求一方，认为商品的市场价格决定于供需双方的力量均衡，从而建立起均衡价格论。马歇尔分析了均衡价格的3种形式：暂时的、短期的和长期的均衡价格；研究了生产成本的3种情况：递增成本、递减成本、不变成本；提出了“弹性”理论、生产者剩余和消费者剩余概念；并建立了供给曲线、需求曲线及其公式。马歇尔的均衡价格论是静态局部均衡分析的典型。《经济学原理》集19世纪70年代以后西方经济学发展之大成，并为西方经济学中的微观经济学理论体系的建立奠定了基础。

**经济一体化** economic integration 两个或两个以上的国家或地区按协定在生产、贸易或货币金融等领域实行长期、稳定的经济联合和政策协调，并逐步向统一的经济实体发展的过程。

经济一体化是生产国际化和当代国际经济领域一系列矛盾发展的产物。第二次世界大战后科学技术革命的发展和生产力的提高，促进了世界范围的生产社会化，越来越多的商品、劳务、技术、资本和劳动力都进入国际交流；同时，国家垄断资本主义的发展，迫使国家出面协调国与国之间的矛盾和冲突，从而把国家对经济生活的干预和调节扩展到国际范围。经济一体化一般是在相互利害关系比较一致的国家之间，以地区性经济一体化形式出现的。根据一体化的程度和成员国的情况来区分，经济一体化的形式大体有：①自由贸易区。成员国的商品在集团内部可以免除关税和限额。②关税同盟。实行自由贸易区和统一的对外关税率及外贸政策。③经济共同体。除达到关税同盟的全部要求外，还有资本和劳动力的自由流动。④经济联盟。包括经济共同体的内容，以及货币、财政与某些其他政策在成员国之间的一定程度的协调。⑤完全的一体化。成员国在贸易、货币、财政等政策方面的完全一致，亦即商品、资本和劳动力在共同体内流动时所有的人为障碍完全消除。

**《经济与社会》** *Economy and Society* 德国社会学家M.韦伯的重要著作。全书两卷，英文译本由多位韦伯研究专家合作翻译，并附有长篇导言和注释，于1968年出版。

韦伯在书中全面系统地表述了他的社会学观点和对现代文明本质的见解。第一部分详细阐释了社会学的定义、对象、方法以及一些最基本的范畴和概念，统称为社会学的基础。然后分别互有交叉地阐发了他的经济社会学、法律社会学、政治社会学和宗教社会学思想。韦伯在书中广泛援引世界历史资料，把发生在不同时代、不同文明和不同社会中的经济形式、法律形式、统治形式和宗教形式纳入他独特的概念体系，分门别类地进行类型化比较研究和系统化因果分析。他以现代西方社会为立足点，通过对古今东西方各种文明的比较，着力突出以理性化为方向的现代西方文明的本质和特征。韦伯社会学的根基建立在理解人的社会行动的主观意义上，通过对不同社会生活领域的行动类型进行比较和系统分析，达到对特定文明本质的理解和解释。这本书以"理解的社会学纲要"为副标题，充分体现了韦伯社会学认识上的唯名论倾向和方法上的个体主义特征。

书中对经济、政治、法律和宗教的社会行动和社会制度进行了详细的比较分析，试图对社会行动的结构进行阐释。这一尝试在某些细节、方法和结论上曾引起争议。

**经济增长理论** economic growth, theory of 研究发达国家现实经济中决定经济长期稳定增长的因素和条件的理论。通常指经济产出量的增长。经济增长一般用国内生产总值的增长率或人均国内生产总值的增长率来衡量。

经济增长思想和理论的发展可以追溯到经济学作为一门独立分支学科的18和19世纪。亚当·斯密系统地提出了国富民裕的经济增长思想。大卫·李嘉图通过对斯密有关经济增长理论的研究，提出了资本积累促进经济发展的增长理论。而同时代的T. R.马尔萨斯则认为，不加节制的人口增长会阻止经济增长。

现代经济增长理论始于20世纪40年代，并从50年代以后得到迅速发展。第二次世界大战以后，西方经济学增长理论的发展出现了3次大的高潮：第一次是哈罗德－多马增长模型的产生和发展；第二次是新古典增长模型的产生和发展；第三次是80年代中期以来，新经济增长理论或内生经济增长理论的产生和发展。

哈罗德－多马增长模型　英国经济学家R.F.哈罗德在其增长模型中，提出实际的、合意的和自然的3种增长率来说明怎样实现经济的稳定增长。他认为如果以$G$表示实际增长率，以$Gw$表示合意的增长率（又称有保证的增长率），以$Gn$表示自然增长率，那么经济实现长期稳定增长的条件是实际增长率、合意增长率和自然增长率相一致，即$G=Gw=Gn$。可事实上，$G$与$Gw$、$Gw$与$Gn$都没有必然的内在联系，它们往往并不相等，一旦两者不相符合的状况出现时就无法调整到均衡增长状态，此时不是造成经济的长期停滞就是使经济出现长期的膨胀，因此经济增长遵循一条"刃锋式"的增长途径。美国经济学家E.D.多马从如何适应投资的两重性出发，独立地建立了自己的增长模型。但是他的增长模型和哈罗德的增长模型结论相似、形式相同，因而经济学家常把二者合并在一起，通称为哈罗德－多马增长模型。

新古典学派和新剑桥学派的模型　新古典学派在经济增长模型中引进了新古典的生产函数，即在生产中使用资本和劳动两种生产要素，并且假定这两种生产要素完全可以互相替代。这意味着哈罗德－多马增长模型中的资本－产出比$C$不是常数，而是可变的量。因此，在新古典经济增长模型中，通过资本和劳动比例的改变可以改变资本－产出比$C$，从而实现经济均衡增长所需要的条件，因而改进了哈罗德－多马增长模型对均衡经济增长的"刃锋式"解释。这个增长理论体系的代表人物有美国的J.托宾、R.M.索洛、澳大利亚的T.W.斯旺和英国的J.E.米德等人。新剑桥学派则把储蓄函数的概念引进经济增长模型之中，即由于收入水平的差别，资本家和工人的储蓄倾向是不同的，前者的储蓄倾向大于后者。由此可以得出，通过收入分配的调整可以调整全社会的储蓄比例$s$，从而实现经济均衡增长所需要的条件。新剑桥学派经济增长理论的代表人物是英国的N.卡尔多。见新古典增长模型、新剑桥增长模型。

新经济增长理论或内生经济增长理论的兴起与发展　20世纪80年代，以美国D.罗默和R.E.卢卡斯等为代表的经济学家，突破了新古典增长理论的局限，将经济增长的源泉完全归结为经济体系内部力量（如内生技术变化）的作用。他们发展的经济增长理论被相应地称为新经济增长理论或内生经济增长理论。由于将新古典经济增长模型中的各种生产要素内生化，使得新经济增长理论能够研究知识外溢、人力资本投资、收益递增、劳动分工和专业化、开放经济以及垄断倾向等新问题对经济增长的影响，并能够解释经济增长率和人均收入在世界范围内的跨国差异，而这些经济增长问题是新古典经济增长理论无法解释的。

**经济政策** economic policy 国家或政党为指导和影响经济活动所规定并付诸实施的行动准则和措施。实现经济目标的重要手段，国家宏观调控方式之一。

经济政策的制定和实施要保持连续性，左右摇摆的经济政策必然会给经济运行带来损失；经济政策的制定和实施还要有一定的"弹性"，一旦情况发生变化，必须对经济政策作相应的调整。正确的经济政策可以对社会经济的发展起巨大的推动作用；错误的经济政策则会给社会经济的发展带来严重的破坏。国家或政党制定的经济政策主要有：①制定经济和社会发展战略、方针，制定产业政策，以控制社会总供给和总需求的平衡，规划和调整产业布局。②制定财政政策、货币政策、财政与信贷综合平衡政策，调节积累与消费之间的比例关系，实现社会财力总供给和总需求的平衡，控制货币发行，制止通货膨胀。③制定收入分配政策，引导消费需求的方向，改善消费的结构，从而使积累基金与消费基金保持适当的比例关系，防止通货膨胀的产生。

**经济指标** economic index 一个社会经济现象总体某些特征的数量概念或具体数值。又称经济统计指标。经济指标按其内容，可分为数量指标和质量指标；按其表现形式，可分为实物指标和价值指标；按指标层次，可划分为宏观经济指标、行业指标和企业指标等。数量指标是反映经济发展规模和经济发展水平的标度；质量指标是指在经济发展过程中，要求达到的工作效率和资源的利用程度。实物指标是用重量、长度、面积、容积、个数等实物计量单位来表现使用价值量的指标；价值指标是用货币作为计量单位来表现的指标。宏观经济指标是反映宏观经济运行态势的指标体系；行业指标是用来反映这一行业部门发展状况的指标；企业指标是反映微观经济主体生产经营的具体指标。通过指标体系可以反映全国的、地区的和企业的经济发展方向、规模、速度、比例和经济效益，反映国民经济发展和微观经济主体的运行态势。

一般而言，经济指标具有4项特征：①时间序列性。同一指标在不同时期的数值构成的时间序列反映了社会经济现象某一总体特征的动态变化。②信息准确性。是指经济指标的统计必须真实客观地反映经济运行态势。③可预测性。经济指标对于预测与判断经济形势，进行经济决策具有重要的参考价值。④时效性。经济指标必须是对客观经济运行状况的及时反映。

**经济制裁** economic sanctions 一国或数国对破坏国际义务、条约、协定的国家，采取强制性经济手段，迫使其放弃和改变违反国际法的行径和政策。制裁的手段：①在财政金融方面停止提供贷款，限制或停止外汇兑换，并对其在国际金融市场上的业务加以排斥。②在资产方面扣压和冻结乃至没收其国有资产与私有资产。③在通商贸易方面停止经济合作及援助，中止经济贸易条约和协定，停止最惠国待遇，部分或全部停止进出口贸易，封锁贸易港口。制裁的效果取决于以下因素：①参与制裁国家的广泛性。②被制裁国家对国际市场的高度依赖性。③制裁手段的针对性。

**经济周期理论** business cycle theory 对总体经济扩张和收缩交替出现的周期性波动，即经济周期进行解释，及寻求治理对策的经济学说的总称。宏观经济学的重要组成部分。

经济学家通常把经济周期划分为4个阶段，或者说两个趋势性阶段和两个转折点。两个趋势性阶段是：①扩张阶段，即总体经济活动持续高涨的繁荣阶段；②萧条阶段，即总体经济活动持续收缩阶段。两个转折点是：①谷底，即萧条阶段的最低点，也是经济活动由萧条过渡到繁荣的转折点；②峰顶，即扩张阶段的最高点，也是经济活动由繁荣过渡到萧条的转折点。通常来说，由于人口增长、技术进步等因素，一个国家的总体经济活动有一个长期增长的趋势。这样，经济周期就表现为这些经济活动围绕一个长期向上趋势的反复波动，如图所示：

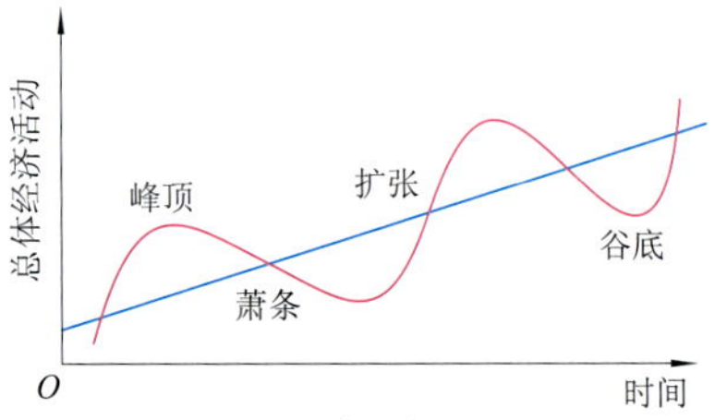


经济周期

经济学家根据经济周期的时间长短，通常把经济周期划分为3～4年的短周期，10年左右的中周期和50年左右的长周期3种类型。

西方经济学家对经济周期的成因和治理对策有着广泛的研究。主要的经济周期理论包括：

①创新的经济周期理论。由美国经济学家J.A.熊彼特提出。他认为，经济主体的创新活动是形成经济周期的首要原因。创新首先给创新者带来了超额利润，引起其他企业仿效，掀起投资高潮并导致银行信用扩张，使经济步入繁荣；创新普及之后，超额利润消失，投资和银行信用随之收缩，于是经济步入衰退。

②乘数－加速数模型。用经济学中乘数原理与加速原理的相互作用来解释经济周期的一种理论。由美国经济学家A.H.汉森和P.A.萨缪尔森提出，又称汉森－萨缪尔森模型。这一模型说明，投资支出的少量变动会通过乘数作用造成国民收入的较大变动，而国民收入的少量变动又会通过加速原理造成投资需求的较大变动。正是这种投资与收入之间的不稳定关系，构成了经济周期性波动的基础。

③纯货币经济周期理论。它是英国经济学家R.G.霍特里在20世纪最初30年间提出的。霍特里认为，经济周期是一种纯粹的货币现象，经济周期性波动的唯一和充分的原因，就在于银行体系周期性扩张和紧缩信用。

除上述几种理论之外，其他经济周期理论还包括货币主义经济周期理论、投资过度理论、太阳黑子理论、政治经济周期理论、心理预期经济周期理论、实际经济周期理论等。总的来说，经济周期理论大致可以分为三类：第一类是以经济体系内部因素来解释的理论，称为内生经济周期理论，如创新的经济周期理论、纯货币经济周期理论；第二类是以经济体系外部因素来解释的理论，称为外生经济周期理论，如货币主义经济周期理论、太阳黑子理论；第三类是以内部因素和外部因素相结合来解释的理论，如乘数－加速数模型。

时至今日，对经济周期性波动根源的研究，仍是宏观经济学的一个重要研究领域。

**经济转型国家** economic transformation state 处于计划经济向市场经济转变过程中的原社会主义国家。又称经济过渡国家、经济转轨国家。经济转型原指一般意义上的经济制度转换，第二次世界大战后的联邦德国、日本的经济改革，西欧国家推行的国有化措施都被称为经济转型。21世纪初它已成为特指社会主义国家经济制度转换的一个专有名词，与之相关的理论被称为转型经济学。经济转型国家分为两类：一是采取渐进式转型方式的国家，如中国、越南，古巴也大体可以归于这种类型；二是实行激进式转型方式的国家，其转型方式又称“休克疗法”，中东欧原社会主义国家、苏联解体后形成的国家和蒙古都属于这种类型。渐进式经济转型属于在坚持社会主义宪法原则基础上的经济改革。激进式经济转型具有在政治上实行民主化、在意识形态上实行多元化、在经济转型中以私有化为先导等特征。

**经济自由主义** economic liberalism 西方经济思想发展两大基本思潮中，与国家干预主义相对立和彼此消长的一种思潮或流派。18世纪初期随着自由竞争资本主义生产方式的形成和发展，在反对重商主义形式的国家干预主义背景下形成了被称为古典的经济自由主义，其基本信条在西方经济学和西方国家的经济政策中的支配地位延续并发展到20世纪初期。20世纪20～30年代的世界资本主义经济危机宣告了古典经济自由主义的破产，引发了以凯恩斯主义为代表的现代国家干预主义，70年代以来西方国家经济“滞胀”局面的持续发展使凯恩斯主义陷于困境，也激发了作为现代国家干预主义对立面的新经济自由主义思潮的复兴。

亚当·斯密是公认的古典经济自由主义的奠基人；其他著名代表人物有属于古典经济学派的大卫·李嘉图、J.-B.萨伊和J.密尔等，以及属于新古典经济学派的W.S.杰文斯、C.门格尔、L.瓦尔拉斯、J.B.克拉克和A.马歇尔等。古典经济自由主义的基本理论是：①自由竞争市场制度可以实现私人利益和公共利益的协调。②自由竞争市场价格是引导经济资源达于最佳配置的信号和标志。③只有在自由竞争市场上才能实现公平的即按产品实际消耗或成本进行交换。④在自由竞争制度下才能实现公平的即按要素贡献的收入分配。古典经济自由主义认为国家充其量只能充当“守夜人”的角色。

现代新经济自由主义是一个范围庞大的思潮的总称，其中包括以L.von米塞斯和F.von哈耶克等人为代表的新奥地利学派，以W.欧肯为奠基人的弗赖堡学派，以L.罗宾斯为代表的伦敦学派，以M.弗里德曼为创始人的现代货币主义，以R.E.卢卡斯为代表的理性预期学派，以J.M.布坎南为创始人的公共选择学派，以及以R.H.科斯为代表的新制度学派等。

**经界法** land boundary verification 中国南宋清查与核实土地占有状况的措施。绍兴十二年（1142），尚书左司员外郎李椿年上言经界不正十害，建议实行经界法。诏专委李椿年措置，且徙任两浙转运副使。遂设立经界所，从平江府（今江苏苏州）开始，逐渐推广至两浙，再推广至诸路。其具体措施有：①打量步亩。以乡都为单位，逐丘进行打量，计算亩步大小，辨别土色高低，均定苗税。②造鱼鳞图。保各有图，大则山川道路，小则人户田宅，顷亩阔狭，皆一一描画，使之东西相连，南北相照，各得其实；然后合十保为一都之图，合诸都为一县之图。③置砧基簿。每户置簿，逐一标明田产的田形地段，亩步四至，以及得产缘由，赴县印押，永充凭证；遇有典卖交易，须各持砧基簿和契书对行批凿。经界法旨在使税户的赋税负担与其土地实际占有状况基本相符，借以保证官府的赋税收入。到绍兴十九年冬，除淮东、淮西、京西、湖北四路属边境地区未行外，其余各路多数州军都已次第完成。随着时间的推移，离绍兴经界不到百年，旧籍之在官者半已不存，甚至漫不可考，赋税隐漏走移愈益严重。终因官吏豪绅的反对，未能贯彻下去。

**经量部** Sautrāntike 小乘佛教中最晚出的部派。由**说一切有部**分出。因该部以经为量(认识来源与标准)，不依律和论，故名。经量部思想形成于公元2世纪以后，源于有部譬喻师的学说。譬喻师中著名人物有鸠摩罗多，著有《譬喻庄严经》，以故事喻经。此外尚有马鸣、法救、觉天诸人。鸠摩罗多的弟子师子铠有《成实论》一书，近人有认为即经量部学说与中观思想的杂糅。经量部将随界说为名（心）色（物）两类。人之五蕴便是名色两类。人在离垢染而趋清净的解脱过程中，色心两界是互熏的。色熏习心构成色之种子，心熏习色构成心的种子。随界之中，心界色界互熏。经量部与有部之间较大的分歧在于认识理论上。两部虽然都同意一切诸法刹那灭。但有部以为因果同时，即感官与对象(根境)之因与认识(识)是同时的；经量部则主张因果异时，先因后果，有部认为根境是前刹那，识是次一刹那，经量部则认为认识是先有根境结合，然后才有意识感知生起。感知生起时，对象并非实在之外境，而是前一刹那境色之变相。这就引出了经量部对大乘唯识学影响极大的“带相说”和相关的“自证说”。

经量部的经律论三藏今已不存，但它在大乘方面一再被引述，故地位相当重要。经量部著名论师胜受据说写过根本毗婆沙一类的著作。可据世亲的《俱舍论》、众贤的《顺正理论》、世铠的《四谛论》，以及《大毗婆沙论》和藏文经典中有关量论的论释著作来了解经量部的基本理论。

**经络** channel; meridian 中医称人体气血运行的通道，即经脉和络脉的总称。运行气血，联络脏腑肢节，沟通内外上下，调节体内各部分机能的通路系统。经络遍布全身，形成一个纵横交错的联络网，把人体的五脏六腑、肢体官窍及皮肉筋骨等联结成一个统一的有机整体。

经络由经脉和络脉组成。经脉又分为正经和奇经两大类，它们是经络的主要部分。正经有12条，即手足三阳经和手足三阴经，合称十二经脉。奇经有8条，合称**奇经八脉**。络脉有浮络、别络、孙络之分。别络较大，共15条，其中十二经脉与任、督二脉各有一支别络，再加上脾之大络，合称十五别络。浮浅于体表部位的络脉，称为浮络。络脉最细小的分支称为孙络。此外，经络系统还有**十二经别**、**十二经筋**、**十二皮部**。十二经别是十二经脉别出的正经，除加强表里两经联系外，还能到达某些正经未能行经的器官和形体部位，以补正经的不足。十二经筋是十二经脉循行部位上的筋肉系统，有联缀百骸、维络周身、主司关节运动的作用。十二皮部是十二经脉在体表一定部位上的反应区，从皮肤的异常色泽、疹点和敏感点等，可以测知何经受邪、何经患病。

在生理方面，经络沟通表里上下，联系脏腑器官与肢体关节等，使人体成为一个统一的有机整体；并将气、血、津液等营养物质运行全身，内溉脏腑，外濡肌腠，发挥其营养脏腑组织器官的作用。经络还有传导信息、协调阴阳、调节各脏腑组织器官的功能，使机体活动保持相对平衡的作用。在病理方面，经络是传递病邪和反映病变的途径。外邪侵犯人体，会通过经络而内传脏腑，脏腑之间的病变转化，亦通过经络。经络理论也有指导治疗用药的作用。此外，针灸取穴、按摩等，也都依据经络理论。

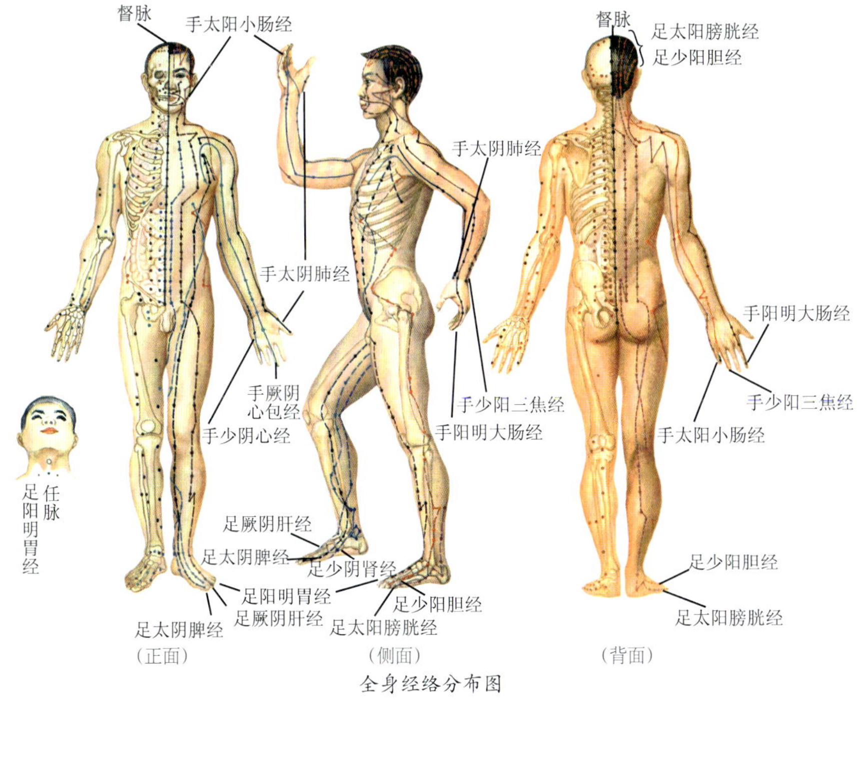


全身经络分布图

**《经世大典》** *Great Canon for Governing the World* 中国元代官修政书。又称《皇朝经世大典》。元文宗至顺元年（1330）由赵世延任总裁编纂，次年五月修成。全书880卷，目录12卷，附公牍1卷、纂修通议1卷。全书分为10篇：君事4篇，即帝号、帝训、帝制、帝系，别置蒙古局负责修纂；臣事6篇，即治典、赋典、礼典、政典、宪典、工典，各典复分若干目。该书体例，参考了唐、宋会要，而有所创新。各篇、目正文之前，均有序文说明其内容梗概，或变革之因，或设立宗旨。其所依据官府文件，但将蒙古语直译体改为汉文文言，并删去了公文中的吏牍繁词。该书明初修《元史》时多有引用，《永乐大典》亦予辑录。正统六年（1441），尚见于杨士奇所撰《文渊阁书目》，但已残缺。今人所见该书遗文，除《元文类》所收《经世大典序录》及中华书局影印《永乐大典》残本中存留的一部分外，尚有《广仓学窘丛书》所收之《大元马政记》、《元代画塑记》、《大元毡罽工物记》、《大元官制杂记》、《元高丽纪事》，均为前人从《永乐大典》辑出，总约十余卷，不及全书百分之二三。尚存的这部分文字，已成为研究元代社会经济、政治、军事、工艺技术、中外关系的重要资料。

**经世致用** put knowledge into practical use in society 中国宋代后逐渐形成的一种提倡研究当前社会政治、经济等实际问题，要求经书研究与当时社会的迫切问题联系起来，并从中提出解决重大问题方案的治学方法。又称经世致用之学。其特点是以解释古代典籍为手段，从中发挥自己的社会政治见解，并用于社会改革。主要代表人物有：宋代的**吕祖谦**、薛季宣、陈傅良、**叶適**、**陈亮**；明末清初的**顾炎武**、**黄宗羲**、**王夫之**、李颙、**颜元**、**李塨**、王源；清末的**魏源**、**龚自珍**、**康有为**等人。

**经叔平** Jing Shuping (1918-07-17～2009-09-14) 中国人民政治协商会议全国委员会副主席，全国工商业联合会主席。浙江上虞人。卒于北京。1939年毕业于上海圣约翰大学。历任上海新中实业厂副经理，上海华明烟厂副经理、经理，上海华成烟厂经理，上海卷烟工业同业公会主委，中国民主建国会上海市委秘书长，上海市工商联副秘书长，上海市政

协副秘书长。1957年后任全国工商联副秘书长、常委。1979年后历任中国国际信托投资公司房地产部总经理、公司常务董事、副总经理，国家外资企业管理委员会特邀顾问，对外贸易经济合作部特邀顾问，澳门特别行政区基本法起草委员会委员，全国工商联副主席、执委会主席，中国国际经济咨询公司董事长，全国政协副秘书长、第六至八届常委、经济委员会副主任，中国民生银行董事长，海峡两岸关系协会副会长，台湾研究会第四届理事会副会长。1998年当选为政协第九届全国委员会副主席。

**经穴** channel point; meridian point 中医学中归属于十四经脉的腧穴。又称十四经穴。全身腧穴的主要部分。经穴分别归属于相应的经脉，其上下、先后的排列次序与经脉循行方向基本一致，其主治作用也和相应的经脉循行路线相关，有一定的规律。经穴有固定的名称和定位。

经穴归属于相应的经脉。根据不同的经脉名称，可分为手太阴经穴（11穴）、手阳明经穴（20穴）、足阳明经穴（45穴）、足太阴经穴（21穴）、手少阴经穴（9穴）、手太阳经穴（19穴）、足太阳经穴（67穴）、足少阴经穴（27穴）、手厥阴经穴（9穴）、手少阳经穴（23穴）、足少阳经穴（44穴）、足厥阴经穴（14穴）、任脉穴（24穴）、督脉穴（28穴）。除任脉穴、督脉穴为单穴之外，其余十二经脉上的经穴均为人体左右两侧各一，称为双穴。对分属于不同经脉的具有特定作用的重要经穴，又可按它们所在部位和主治特点分为不同类别的特定穴。它们是五输穴、原穴、络穴、郄穴、八脉交经八穴、背俞穴、募穴、八会穴。

每个经穴均可治疗其所在部位和相邻部位的疾病和症状（包括深部的脏腑病症）。四肢部位尤其是肘、膝关节以下的经穴，均可治疗本经脉循行所过部位及其连属脏腑的疾病和症状。表里两经的经穴可互相治疗对应经脉的病症，如足太阴经穴可治足阳明经病等。手三阴经穴可治胸部病，足三阴经穴可治腹部病，手三阳经穴可治头面、五官病，足三阳经穴可治胸腹、背腰病，也可治头面、五官病。

**经学** study of Confucian classics 中国历代训解和阐发儒家经典的学问。经学所研究的儒家经典即《诗》、《书》、《易》、《礼》、《乐》、《春秋》等六经，因《乐》有声无书，故实际为五经。儒家以六经为“先王之陈迹”，传说曾经孔子删定。西汉时，“罢黜百家、独尊儒术”，立五经博士，经学遂大盛。当时五经博士所传经典系用汉代“隶书”书写，是为今文经学，其代表人物主要有董仲舒、京房、何休等，以讲阴阳灾异、天人感应为特色，为官学正统。与今文经学并存，有以先秦“篆书”书写的经典在民间学者间私相授受，是为古文经学，以刘歆为代表，以讲文字训诂，明典章制度为特色，反对今文经学的所谓“微言大义”。遂有古文、今文经学之争，持续到东汉，至东汉末，郑玄遍注群经，为诸儒所宗，官学乃废，争论方止。魏晋时经学的特点是以老庄解释儒家经典，以王弼、何晏为代表，称正始之音。至南北朝，经学亦分为南学和北学，南学多受玄学、佛学的影响，北学则继承两汉经学传统，《北史·儒林传序》有“南人约简，得其英华，北学深芜，穷其枝叶”之说。隋唐时，经学走向统一，孔颖达等奉敕编撰《五经正义》，为科举取士的依据，并形成义疏之学。在唐代，《易》、《诗》、《书》、《仪礼》、《礼记》、《周礼》、《公羊》、《谷梁》、《左传》等合称九经。宋代以《易》、《诗》、《书》、《仪礼》、《礼记》、《周礼》、《公羊》、《谷梁》、《左传》、《论语》、《孟子》、《孝经》、《尔雅》为十三经。宋初经学沿用《五经正义》，理学形成后著作多为经注或经说的形式，借以阐发理学思想。其中较有影响者如周敦颐《太极图·易说》；张载《易说》、《正蒙》；程颐《伊川易传》；朱熹《四书章句集注》、《易本意》等。元代经学继承宋儒传统，有许衡《读易私言》、吴澄《五经纂言》等著作。明代经学衰微，唯有官修《五经大全》、《四书大全》行世。明清之际经学复兴，有王夫之、顾炎武、黄宗羲等较为著名。康乾之时官修诸经，先以朱学为主，后宗汉学。又有“乾嘉汉学”，注重考据，多为私家著述。清中叶后今文经学复兴，清末康有为、梁启超等维新派更借今文经说的“托古改制”来为“维新变法”提供依据。章太炎则治古文经，站在革命民主派立场驳斥维新派，是为经学尾声。经学历史持续2 000余年，其主旨是在思想领域维护封建统治，经学的发展变化与中国封建社会政治、思想、文化的演变有着密切的联系，对中国古代史学、文学、艺术等产生了重要影响，历代经学著述甚多，为研究中国封建社会的历史和思想文化提供了重要资料。

**经筵** 中国古代皇帝研读经史而举行的御前讲席。宋代制度：每年二月至五月，八月至冬至，每逢单日举行经筵，由讲官轮流入侍讲读，名曰春讲、秋讲。明、清两代基本沿用其制。举行经筵主要有两个方面：一是“味道研经”，探究经书中的微言大义；一是“以古证今”，亦即以史为鉴，吸取封建统治经验教训。经筵例不由阁臣兼之。清顺治九年（1652）后始以大学士知经筵事，以尚书、左都御史、通政史、大理卿、学士侍班、翰林等二人侍讲。经筵设御桌、讲官案。清代皇帝在文华殿行经筵仪，先讲《四书》、《五经》，然后由皇帝宣示满、汉文御论，各官听讲。事毕，由各官行礼，于文渊阁赐茶。

**经验** experience 关于对客观事物的现象和外部联系的认识，即感性经验，是人们在同客观事物直接接触的过程中，通过感觉器官获得的。经验与纯粹思想的东西或根据权威、传统被接受的东西相对。亚里士多德认为，感觉经验虽然不能告诉人们事物的原因，但能提供关于个别事物的最权威的知识；感觉是外物作用于感官而引起的，是知识的来源。近代唯物主义经验论的代表F.培根、J.洛克、T.霍布斯等人认为，物质世界是感觉、经验的客观基础，经验是一切知识的源泉。G.贝克莱、D.休谟等唯心主义者否认经验的客观内容，认为经验是主观自生的，或来自心灵、或由上帝“放入”人心。现代经验论者力图奠定经验在哲学中的中心地位。他们坚持“证实原则”和“可检验性原则”，认为只有原则上可检验的、并经过经验证实或确证的陈述，才能被接受为科学知识。当代科学和哲学表明，经验与理论无法截然分开，经验中渗透了大量理论观念。

马克思主义哲学认为，经验是人们在社会生活、实践中获得的感性知识，它是一切科学理论的基础和直接来源；同时经验也有待于深化，有待于上升为理论。而且，在人的实践和认识过程中，经验和理论越来越相互交织，不断发展到新的阶段、新的水平，并由此推动整个人类实践与认识的不断发展。

**经验论** empiricism 一种认识论的理论或学说。又称经验主义。它认为经验是人的一切知识或观念的唯一来源，片面地强调经验或感性认识的作用和确实性，往往以这样或那样的方式，贬低乃至否定理性认识的作用和确定性。

就哲学基本立场来说，经验论者分成唯物主义和唯心主义两个对立的派别。分歧的关键在于对经验的解释。唯物主义经验论承认经验是认识的最初的出发点，但同时认为经验来源于客观实在。唯心主义经验论则否认经验的客观来源，认为经验是主观自生的或上帝赋予的。经验论者在贯彻经验论的原则上是一致的，并与唯理论或先验论相对立。

关于知识的来源 经验论者认为经验是知识的来源，大体可分为两类：①认为一切知识都是从经验中来，都可以追溯其起源；不仅没有任何天赋的或先天的观念，而且也没有任何天赋的或先天的命题。这种观点可以说是一种彻底的经验论。②认为一切知识的成分即各种观念、概念起源于经验，但是，并非所有的观念、概念组成的知识的命题都是从经验来的。应当承认有两类命题或两类知识，即经验的命题和先天的命题、经验的知识和先天的知识。

关于感性认识和理性认识的关系　经验论者一般偏重感觉经验而轻视理性思维。他们认为，理性认识是抽象的、间接的认识，思想愈抽象则愈空虚，愈不可靠，愈远离真理。有些经验论者持极端唯名论的观点，根本否认抽象，否认有普遍概念和普遍命题；有些经验论者并不否认理性的作用，甚至提出感性必须与理性相结合，认为理性可以从经验概括出关于规律和关于因果必然性的认识，但是，他们或者觉得这种认识的可靠程度比感性认识低，或者认为理性认识毕竟只是感觉的量的结合，归根结底他们否认理性与感性的质的差别；有些经验论者承认理性在某些知识领域，如在逻辑学和数学中有作用，可以得到普遍必然的、确实可靠的知识，但是，又认为这种知识仅仅涉及观念间的关系或语词的意义，是先天的知识，与经验事实无关，对事实的认识只有靠感觉经验，理性是无能为力的。

关于认识的方法　经验论者一般强调归纳和分析。但对于归纳，经验论者又有不同的看法。有的认为归纳是从个别到一般；有的认为归纳所得的结论只有或大或小的或然性；有的认为归纳推论是从个别到个别，即从许多个别的事例推到更多的事例。经验论者并不完全否定演绎，但是，他们或者把演绎放到次要的地位，或者认为演绎只在“非经验”的科学（主要是逻辑学和数学）中才具有重要的作用。对于经验论者来说，归纳就是分析的过程。他们认为，分析就是把对象（包括事物和知识）分解为组成的部分或元素，而这些元素是不可再分的，各个组成部分或元素是固定不变、彼此孤立的，其整体不过是各个部分、元素的机械的量的结合。他们的分析是一种形而上学的思想方法。

关于真理的标准　经验论者认为，判定认识的真假须诉诸经验的检验和证实。部分唯物的经验论者承认真理有客观的标准，它的确立是由实验来证明。但一般的经验论者，包括某些唯物的经验论者，则认为知识的真理性是由个人的感觉、集体的感觉或知识的实用价值来证实的。

在西方哲学中，经验论的思想可以追溯到古代希腊，并延续到今天，它既继承了某些传统观点，又有新的发展。

**经验批判主义**　empirio-criticism　19世纪70年代至20世纪初产生和流行于德国、奥地利以及欧洲其他国家的唯心主义哲学流派。见马赫主义。

**经营权**　managerial right　有广义与狭义之分。广义指一切民事主体依法从事经营活动的权利，既包括各种企业依照其核准的经营范围开展经营活动的权利，也包括承包经营者、租赁经营者和受托经营者依照相关协议约定对企业进行管理、开展经营活动的权利等。狭义专指中国民法所规定的中国国有企业对国家授予其经营管理的财产依法享有的在国家授权范围内进行经营性占有、使用、收益和处分的权利。这是一种与所有权相关的权利，也是一种物权性的权利，是国有企业对国家财产享有的一种特殊财产权。《中华人民共和国民法通则》从立法角度对国有企业经营权作了明确确定。

国有企业经营权人的权利　主要有：①经营性占有权。即国有企业对国家授予其经营管理的财产享有的、以经营为条件的占有权。②经营性使用权。即国有企业对国家授予财产，以经营为条件，有权自主经营使用，决定留用资金用途，有权依照规定将上述财产出租，或向其他企事业单位投资。③经营性收益权。国有企业对国家授予其经营管理的财产享有的、以维护和扩大经营能力为条件的收益权，即企业对经营活动中取得的收入依法进行支配。④经营性处分权。即国有企业对国家授予其经营管理的财产享有的、以经营为条件的处分权。

国有企业经营权人的义务　主要有：①必须完成指令性计划。②必须保障固定资产的正常维修、改进和设备更新。③必须遵守国家关于财务、劳动工资和物价管理等方面的规定，接受财政、审计、劳动工资和物价等机关的监督；提高劳动效率，节约能源和原材料，努力降低成本。④必须加强保卫工作，维护生产秩序，保护国家财产。

**经院哲学**　scholasticism　产生于11～14世纪欧洲基督教教会学院的一种哲学思潮。又译作“士林哲学”。它是运用理性形式，通过抽象的、烦琐的辩证方法论证基督教信仰，为宗教神学服务的思辨哲学。早期中世纪思想家只是对基督教的圣经、信条加以阐述，或对文献、经籍的一些段落进行注释。到11世纪，神学命题日益以问题的形式提出。在回答这些问题时，人们将正反两面的理由或意见列举出来，然后加以分析，得出结论。当时称这种方法为辩证法。经院哲学家们利用这种方法阐述各自的观点，围绕共相与个别，信仰与理性的关系展开了长期的争论，形成了唯名论与实在论两大派别。16世纪末至17世纪初，在天主教教会的反宗教改革运动中，经院哲学在西欧再度抬头，通称后期经院哲学。它的主要贡献在自然法理论方面。19世纪末叶，天主教教会再度鼓吹经院哲学，以回答现代科学与哲学的挑战，形成新经院哲学。但新经院哲学缺乏历史现实感，在现代西方哲学思潮中影响不大。

**《荆楚岁时记》**　*Records of Annual Functions in Jing-Chu Area*　中国第一部系统记述地方岁时民俗的著作。南朝梁宗懔撰，隋朝杜公瞻作注。宗懔，字元懔，又字怀正。梁代江陵人。书成于6世纪中叶。全书以岁时节令为纲，逐节记述荆楚地方一年的岁时民俗生活。同时注意三方面内容：①现世的岁时民俗记录是此书首要内容。②引证历史文献，讲述习俗来源。③简略的习俗评价。从中可看到古代学者的民俗观念与民俗记述方式，并感受到古代民众岁时生活的真实情景。是中国古代民俗学史上一本少见的具有较高认识价值与资料价值的著作。原书宋元之际亡佚，今有多种辑佚本。主要版本有二：一为明《广汉魏丛书》本，辑佚谨严，但有脱落、缺失；一为明《宝颜堂秘笈》本，内容多于前本，但个别条目尚需斟酌。

**荆浩**　Jing Hao　中国五代后梁画家。字浩然。河内沁水（今山西沁水）人。主要活动于9世纪末至10世纪上半叶。工诗文，通经史。唐末避战乱隐居太行山洪谷，自号洪谷子。他擅长画山水树石，也作壁画。荆浩将唐代出现的“水晕墨章”画法进一步推向成熟。他总结了唐代山水画的笔墨得失，形成笔墨两得、皴染兼备的独特风貌。他所作的全景式山水画，在画幅的主要部位安排气势雄浑的主峰，在其他中景和近景部位则布置乔窠杂植，溪泉坡岸，并点缀村楼桥杓，间或穿插人物活动，使得境界雄阔，景物逼真。他表现北方山形特点的“云中山，山顶四面峻厚”的雄伟风格，对于北宋前期山水画的发展产生极大影响。传世作品仅有《匡庐图》。据记，荆浩曾撰有《山水诀》1卷。现今流传的《笔法记》一直传为荆浩所著。

**荆江**　Jingjiang River　中国长江从湖北省枝城至湖南省城陵矶的河段。长约420千米。因流经古荆州地区而得名。荆江迂回东流于江汉平原与洞庭湖平原之间，以藕池口为界又分为上、下两段。上荆江长180千米，以弯曲性和周期性展宽为特征，河床曲折率为1.7左右，属一般性弯曲型河道。河道江心洲众多，18个江心洲中，有16个分布在上荆江。上荆江还具分汊型河床特色。下荆江长240千米，两端直距仅80千米，河床曲折率约为3，以自然裁弯取直为特征，仅百年来就发生自然裁弯十余次（最近发生的是1972年石首县六合垸自然裁弯），属典型蜿蜒型河道，有“九曲回肠”之称。下荆江两岸牛轭湖星罗棋布。由于荆江河道弯曲，洪水宣泄不畅，故极易溃堤成灾，有“万里长江，险在荆江”之说。为了抗御洪水，历代在荆江北岸修筑有荆江大堤。20世纪50年代始对荆江进行整治。

**荆江分洪工程** Jingjiang River Flood Diversion Project 用以分蓄荆江河段部分超过河道宣泄能力的洪水，保障荆江大堤安全，提高荆江两岸平原防洪标准的防洪系统工程措施之一。位于长江荆江段南岸湖北省公安县。1952年中央人民政府政务院批准兴建荆江分洪工程。分两期施工。第一期工程于1952年4月5日开工，历时75天完成。包括太平口东岸的进洪闸（北闸）工程、黄山东麓的节制闸（南闸）工程、分洪区围堤（长江干堤、虎渡河东堤、南线大堤）工程、荆江大堤加固工程、安全区及涵管工程、其他工程等项。第二期工程于1952年11月14日动工，1953年4月25日完成。包括进洪闸上下游高地刨毁及引堤延伸工程、虎渡河东西堤培修工程、护岸护坡加固工程、安全区及涵管工程、分洪区排水工程及防浪林等项。分洪区面积920平方千米，设计蓄洪水位42米，蓄洪总容积62亿立方米，有效分蓄洪容积54亿立方米。

荆江分洪工程建成后的第二年，1954年长江发生特大洪水。7月22日至8月22日，荆江分洪工程先后三次开闸分洪，历时30天，最大进洪流量7 700米$^3$/秒，进洪总量122.6亿立方米。分洪降低沙市水位0.96米，避免了荆江大堤的溃决，减轻了对武汉市的洪水威胁和洞庭湖区的洪水负担。之后为解决荆江分洪工程进洪能力的不足，1963～1965年开工兴建了涴市扩建分洪工程。涴市分洪区面积96平方千米，有效蓄洪量3.8亿立方米。

荆江分蓄洪区以防御枝城站40年一遇洪水为标准，以荆江分洪工程为主体，与涴市扩建区、虎西备蓄区、人民大垸分蓄洪区（1958年兴建，有效蓄洪量11.8亿立方米）联合运用，合计有效蓄洪量约70余亿立方米。

**荆刘拜杀** Jing Liu Bai Sha 中国宋元南戏4部作品的合称。荆指《荆钗记》，刘指《白兔记》（《刘知远》），拜指《拜月亭记》，杀指《杀狗记》。作者均不详，当是书会才人作品。明徐渭《南词叙录》中均有著录，且均列于“宋元旧篇”之下。《荆钗记》又名《王十朋荆钗记》，敷演王十朋、钱玉莲的曲折婚姻事；《白兔记》是在《新编五代史平话》、《刘知远诸宫调》的基础上改编创作的，叙刘知远离家投军，其妻李三娘受尽磨难，终在井边相会；《拜月亭记》又题《蒋世隆拜月亭》，演蒋世隆与王瑞兰在金国入侵后战乱中的悲欢离合，又名《幽闺记》；《杀狗记》也作《杀狗劝夫》，则写孙华、孙荣兄弟的恩怨。它们是早期南戏中除《琵琶记》外，最负盛名并广泛流传于舞台的4部作品。明代王骥德《曲律》云：“古戏‘荆、刘、拜、杀’等，传之几二三百年，至今不废，以其时作者少，又优人戏单无此等名目便以为缺典，故幸而久传。”除《杀狗记》较少演出外，其余3剧至今仍为昆曲及高腔剧种的保留剧目，有全剧或折子戏上演。

**荆门市** Jingmen City 中国湖北省辖地级市。位于省境中部汉江两岸。辖掇刀区、东宝区和京山县、沙洋县，代管钟祥市。面积12 100平方千米。人口287万（2010）。唐置荆门县，元后为荆门州。1912年复改县。1979年以原荆门县城关镇置荆门市，1983年将荆门县划入，同年设立地级荆门市。矿产以磷矿石为最丰富，次为煤、石膏、大理石、石灰岩等。工业已形成化学、建材、机电、食品等4大支柱产业。农业以水稻、小麦、棉花、油菜、花生、蔬菜、水果和生猪、家禽、水产养殖等为重点，素有“鱼米之乡”美称。以产京山桥米、纪山龙米等著称。名胜有大洪湖国家旅游风景区、国家级大口森林公园和宝塔山、蒙山泉等。

**荆南** Jingnan 中国五代时十国之一。又称南平。高季兴（原名季昌）所建。都荆州（今属湖北），称江陵府。疆域仅荆、归（今湖北秭归）、峡（今湖北宜昌）三州，约为今湖北省巴东县至湖南省岳阳市间长江两侧的狭长地带。历5主，共57年。见南平。

**荆其诚** Jing Qicheng（1926-03-03～2008-09-28） 中国心理学家。生于辽宁沈阳，卒于北京。1947年获北平辅仁大学学士学位，1950年获硕士学位。中国科学院心理研究所研究员，1992～1996年任国际心理科学联合会副主席。1984～1989年任中国心理学会理事长。1995年当选第三世界科学院院士，1996年当选美国纽约科学院院士。对西方心理学体系有较深刻的研究，并长期从事视觉功能、距离和大小知觉、颜色视觉及测量等方面的研究工作。在中国最早出版有关颜色科学的书籍，提出了知觉的宏观理论。还主持中国独生子女的心理发展研究。1999年获中国心理学会终身成就奖，2002年获内藤国际育儿奖、美国心理学会国际荣誉奖。

共发表论文120余篇，出版专著十余部。主要论文有《由双眼辐合产生的深度运动现象》（1965）、《我国的感觉和知觉的研究》（1983）、《再认、思维和学习的信息过程》（1988）等。著作有《冯德和铁钦纳的构造心理学派的理论基础》（1958）、《色度学》（合著，1979）、《人类的视觉》（合著，1987）、《现代心理学的发展趋势》（1990）、《简明心理学百科全书》（主编，1991）。

**荆山** Jingshan Mountain 中国湖北省名山。盘亘省境西北部，呈北西—南东走向。北始房县青峰镇大断层，南止荆门—当阳一线，长约150千米；西至远安沮水地堑，东到荆门—南漳一线，宽约20～30千米。面积约3 100平方千米。因古代满山生长荆条（灌木），故名。西北部山高谷深，巍峨陡峭，沟壑纵横；东南部山低谷浅，坡度略缓，稍加开阔，但均为喀斯特式中、低山地。高度由西北向东南略减，海拔一般为1 200～1 800米，主峰聚龙山1 852米，最高点望佛山1 946米。山区气候温湿，平均年降水量900多毫米。森林覆盖率约50%，以松、杉、栎树种为主。主要特产有黑木耳、白木耳、茶叶、桑蚕，还有天麻、丹皮、杜仲、桔梗等药材和獐、鹿、野猪等动物。河谷平原耕地种稻，坡地种玉米、薯类。山上建有茶场、林场、药材场等。矿藏有磷、煤、铁等。磷矿已开发利用作肥料。名胜有抱璞岩、白马洞、响水洞等。

**荆州** Jingzhou 中国文化古城，历代军事重镇。又称江陵城。位于湖北荆州市。春秋时为楚国官船港口。楚成王时建清宫。秦以后成为历代封王置府之地，秦时改为江陵县。传说三国时关羽在此筑土城。从南宋时建砖城。元初拆除，后又修。现存的城墙是清顺治三年（1646）依旧基而建。城墙高9米，厚约10米，周长9.3千米。东西长，南北短，呈多边形。城墙、城门、城垛均保存完好。六座城门上原来均建有城楼，但大多废圮或改观，现仅存有清道光十八年（1838）重修的景龙楼，仍然保存原有古制，重檐歇山式顶，巍峨壮观。城内还有元妙观、开元观、太晖观等古建筑。附近有纪南城、郢城、万城等古迹。

**荆州市** Jingzhou City 中国湖北省辖地级市。位于省境中南部，江汉平原腹地，长江中游荆江河段北岸。辖荆州、沙市2区和江陵、公安、监利3县，代管松滋、石首、洪湖3市。面积14 104平方千米。人口569万（2010）。历史上荆州即为九州之一，历为府、州、道、专署和行署所在地。1994年撤销荆州地区和沙市市，设立荆沙市，1996年更名荆州市。市境以平原为主，土地平坦肥沃，多湖泊和洲滩，水面宽广。气候温暖湿润。农业以发展粮食、棉花、油料、蔬菜、瓜果、莲藕和畜禽、甲鱼、乌龟、月鳝、河蟹等特种水产养殖为主。

荆州古城

是湖北省重要“米粮仓”和国家农业综合商品生产基地。建有农产品加工城和绿色食品、林产品系列开发生产企业。工业以化工、纺织、食品、机械、电子、建材等为重要支柱产业。沙市港为长江十大港口之一。名胜古迹有荆州古城、郢都、八岭山森林公园、洪湖水上风景区、石首麋鹿自然保护区等。江陵为国家历史文化名城。

**惊风** infantile convulsion 以四肢抽搐伴有暂短意识不清为主要表现的中医学儿科病证。多见于1～5岁儿童。有急惊风、慢惊风两类。

急惊风多由感受风寒或温邪，邪郁化火，热盛动风，挟痰内扰心肝；或小儿乳食不节，郁积化火，痰火上扰；或暴受惊恐等所致。常见证型有：①外感型急惊风。起病急，壮热无汗，面赤，烦躁不安，口渴饮水，头痛，四肢抽搐，角弓反张，神志不清，舌红苔黄腻，指纹紫上冲风关。治宜清热解毒，平肝熄风，方用羚角钩藤汤、紫雪丹等。②痰食型急惊风。先有纳呆，呕吐，腹痛，大便秘结，继而发热神呆，四肢抽搐，昏迷，喉间痰鸣，腹胀，呼吸气粗，舌苔厚腻。治宜消食导滞，熄风解痉，方用玉枢丹合保和丸。③惊恐型急惊风。面色时青时红，惊惕频频，偶有发热，大便色青。治宜镇惊安神，方用抱龙丸等。

慢惊风多因热病损耗气阴，血不养筋，肝风内动，或久病脾胃虚弱，肝木无制，脾虚肝旺，虚风内动等引起。常见证型有：①脾气虚弱型慢惊风。面色萎黄，饮食不佳，神疲倦怠，嗜睡露睛，大便稀薄，时有腹鸣，四肢不温，足面浮肿，神志不清，时有抽搐，舌淡白，脉濡弱。治宜温中健脾，方用温中汤等。②气阴两虚型慢惊风。热病后期，面色㿠白，时有潮红，神倦，虚烦，手足心热，肢体抽搐拘挛，大便干结，舌红少苔，脉细数。治宜育阴潜阳，方用地黄饮子等。

**惊厥** convulsion 表现为躯干、四肢和面部肌肉强烈地不自主反复收缩，两侧眼球上翻的一种病理现象。由多种病因引起的脑组织缺血、缺氧，脑细胞水肿、脱水，神经细胞变性或脑细胞受刺激而兴奋时，均可出现惊厥。有多种临床发作类型：①强直－阵挛性惊厥（见**癫痫**）。②强直性惊厥。仅有强直而无阵挛发作，见于低钙惊厥。③阵挛性惊厥。仅有阵挛而无强直发作，如低血糖。④肌阵挛性惊厥。全身或一个肢体、一组肌肉短促抽动，可反复发作。如婴儿痉挛症（婴儿型肌阵挛性癫痫）。⑤部分性惊厥。某一肢体或一组肌肉阵挛性发作，见于杰克逊氏癫痫等。

癫痫为惊厥最常见的原因。此外幼儿高热、中枢神经系统病变、代谢性疾病、中毒、心肺功能障碍、癔病、感染、胶原疾病、日射病、子痫、窒息等均可有惊厥的症状。出现惊厥应立即采取措施终止惊厥，同时作病因治疗。常用的抗惊厥药如巴比妥类、水合氯醛和安定等，低血钙者可静脉注射氯化钙。

**晶体** crystal 由原子（离子或分子）间相互作用，使粒子在空间按照一定方式排列结合成具有三维周期结构的固体。基于晶体内部结构的周期性，可划分出一个个大小和形状完全相同的平行六面体作为基本重复单元，称为晶胞。整块晶体就是晶胞在三维空间排列堆砌而成的**固体**，晶胞代表了晶体的周期单元。

晶体可分单晶（又称单晶体）和多晶体。整块材料由晶胞沿空间3个方向排列堆砌而成的是单晶体。天然的单晶体，如石英、方解石等呈有规则的多面体外形。人工制备的许多功能晶体和信息技术用的晶体都是单晶体，由于生长条件限制，某些单晶并没有特征性的外形，如硅、锗、铌酸锂等单晶体。大部分实用晶体是多晶体，由众多大小不一、取向各异的晶粒组成，每个晶粒里原子排列是周期性和规则性的，由于各晶粒取向不同，整块材料的宏观物理性质是各向同性的。

**晶体材料** crystal material 结构为单晶的材料。由原子、离子和分子按空间点阵规则作三维周期长程有序排列所构成。晶体材料具有对称性和各向异性，具有非晶材料不具备的一些功能性质，如压电性、电光性、热释电性和二阶非线性光学性能等。在器件设计应用时，利用其各向异性可以优化方向，是重要的**功能材料**。

有天然晶体和人工晶体，也有无机晶体和有机晶体。实用晶体材料主要是人工无机晶体，按其应用功能可分为11类。

①半导体晶体。电学性能介于导体和绝缘体之间的共价键晶体。实用半导体晶体是一些无机晶体，如硅和锗单晶、砷化镓、氮化镓、磷化铟、硫化锌、硫化镉等化合物单晶。广泛应用于电子技术、通信技术、激光光电子技术中。

②光学介质晶体。透明晶体是优异的光学介质材料。立方结构晶体可以应用于光学玻璃不透明的波段。非立方结构晶体具有自然双折射特性，可以制作成双折射波片、滤波器和偏振器件等玻璃无法制作的光学器件，在激光光电子技术和光通信技术中有重要应用，其实用材料如人工水晶、合成云母、方解石、钒酸钇、金红石晶体等。

③压电晶体。能使电学量和力学量发生线性交互效应的材料。当对材料施加应力时会产生电势差，这被称为正压电效应，或简称压电效应；反之，当对材料施加电场时会产生机械形变，这称为逆压电效应。实用压电晶体材料有人工水晶、铌酸锂、钽酸锂、四硼酸锂等。利用压电晶体可制作超声转换器、传感器、电学振荡器、声表面波滤波器等。

④电光晶体。在电场作用下折射率会产生线性改变的晶体材料。实用的电光晶体有铌酸锂、钽酸锂、磷酸二氘钾和砷化镓晶体。利用电光晶体可制作成电光调制器、电光开关、电光偏转器、光学双稳器件等。

⑤光折变晶体。具有光折变中心的特殊电光晶体。实用的光折变晶体有掺铁、铜或铑的钛酸钡，掺铁或铜的铌酸锂，掺铈的钾钠铌酸锶钡晶体等。光折变晶体可用于制作光学图像全息存储器。

⑥声光晶体。优质的声光材料。超声波在材料中激发折射率光栅，并能改变材料中光波频率、传播方向和衍射强度的现象称声光效应。任何材料都有声光效应，但绝大多数材料声光效应很差。声光晶体由于性能的各向异性，可以优化器件方向，设计出高效或宽频带的各种声光器件，并可设计成独特的声表面波器件，广泛应用于电子学、超声成像、通信和激光光电子技术领域。实用的声光晶体材料有人工水晶、铌酸锂、钼酸铅、氧化碲晶体等。

⑦磁光晶体。在磁场作用下透过光的偏振面会发生旋转的材料。实用磁光晶体是一些组分含有强磁元素的石榴石晶体，使用磁光晶体可以制作成磁光隔离器、环行器、调制器等，应用于光通信、激光光电子技术领域。

⑧热释电晶体。在温度或红外光波照射强度改变时能产生自发极化改变，从而引起表面电荷改变的晶体材料。实用热释电晶体有铌酸锂、钽酸锂、铌酸锶钡等无机晶体和硫酸三甘肽系列有机晶体。热释电晶体主

要制作室温工作的红外探测器，广泛应用于红外跟踪、红外成像、红外探测等技术领域。

⑨二阶非线性光学晶体。在强激光作用下产生二阶非线性极化变化，从而能使激光频率改变的晶体材料。又称为激光频率变换晶体。利用这类晶体能实现光学混频，广泛应用于激光技术领域。实用二阶非线性光学晶体有磷酸二氘钾类晶体和磷酸钛氧钾、偏硼酸钡、三硼酸锂、铌酸锂晶体等。

⑩激光晶体。能产生激光的晶体材料。实用的激光晶体主要是掺有激活杂质的无机晶体和量子阱结构的异质结半导体晶体。激光晶体不仅应用于激光光电子技术领域，还作为光源应用于光通信、光信息处理技术领域。

⑪闪烁晶体。经射线照射时会产生特定荧光的晶体材料。闪烁晶体通常用于制作闪烁计数器，用作核辐射测量。实用的闪烁晶体有掺铊碘化钠、掺铊碘化铯、掺银硫化锌、氟化钡、钨酸钙和锗酸铋等无机晶体，以及蒽、芪、对联三苯等芳香族有机晶体。

**晶体的X射线衍射** X-ray diffraction by crystal X射线通过晶体时产生的衍射。X射线是波长很短的电磁波，在可见光波段使用的衍射器件（如光栅）对X射线几乎不起衍射作用。晶体内的原子做周期性的规则排列，排列的空间周期与X射线波长同数量级，故晶体对X射线来说相当于三维光栅，能产生明显的衍射效应。1912年，德国物理学家M.von劳厄首先发现了晶体对X射线的衍射现象，他用连续谱X射线照射单晶体，在晶体后放置感光片，发现感光片上出现许多分散的斑点，后人称为劳厄斑。W.L.布拉格指出劳厄斑的产生是X射线衍射的结果，并给出了简单明了的解释。晶体可抽象成由格点组成的点阵结构，这些格点均分布在一系列互相平行的平面上，称点阵平面或晶面，一组平行晶面构成晶面族。考虑任一晶面族（见图），相邻两晶面的间距为$d$，X射线以入射角$\alpha$（称布拉格角）入射时，在每个格点上产生衍射，就某一晶面来说，在镜反射方向有最强的衍射，但就整个晶面族而言，镜反射方向（衍射角为$2\alpha$）上总的衍射强度取决于各晶面的反射波的相干叠加结果。干涉极大满足如下条件：$2d\sin\alpha=k\lambda$，式中$k$为整数，$\lambda$为波长。上式称布拉格公式，是分析X射线衍射的基本公式。这种唯象理论称为X射线衍射的运动学理论，以波动理论进行严格讨论的称动力学理论，这两种理论是研究X射线衍射（包括电子或中子衍射）的重要依据。X射线衍射的实验方法很多，X射线源可用单色的或连续谱的X射线，晶体样品可用单晶体、多晶体或晶体粉末，探测记录可用感光片或专用计数管。利用晶体对X射线的衍射可测定晶体的对称性、各晶面族的取向、晶面间距和晶轴取向等；或从已知晶体结构测定X射线的波长。在获得较纯的单色X射线及研究晶体的各种缺陷方面，X射线衍射方法是一种重要的手段。

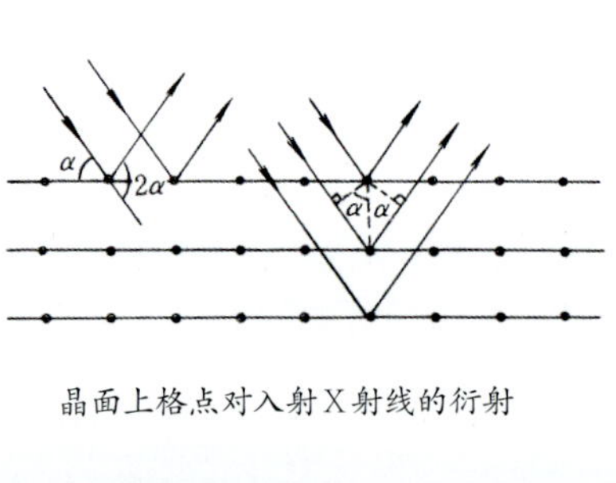


晶面上格点对入射X射线的衍射

**晶体二极管** crystal diode 固态电子器件中的半导体两端器件。起源于19世纪末发现的点接触二极管效应。主要特征是具有单向导电性，即整流特性。利用不同的半导体材料、掺杂分布和几何结构可制成不同类型的二极管，用来产生、控制、接收、变换、放大信号和进行能量转换。例如稳压二极管可在电源电路中提供固定偏压和进行过压保护；雪崩二极管作为固体微波功率源，用于小型固体发射机中的发射源；半导体光电二极管能实现光-电能量的转换，可用来探测光辐射信号；半导体发光二极管能实现电-光能量的转换，可用作指示灯、文字-数字显示、光耦合器件、光通信系统光源等；肖特基二极管可用于微波电路中的混频、检波、调制、超高速开关、倍频和低噪声参量放大等。

**晶体化学** crystal chemistry 研究晶体的化学组成、结构和性能三者之间内在联系的化学分支学科。又称结晶化学。晶体化学在原子水平上研究晶体的结构理论。晶体的性能由化学组成和结构确定。有些晶体虽然化学组成相同，但因晶体结构迥异，性能也截然不同。例如，金刚石和石墨均为碳的单质，但前者为透明、硬度极高的绝缘体，可用作地质钻探用的耐磨材料；后者为黑色、硬度极低的良导体，可用作电极、固体润滑剂和“铅”笔芯的主要材料。二者几乎对立的性质，起源于其晶体结构的差异。金刚石中的碳原子通过定域的共价键联结成三维的刚性结构；而在石墨中，碳原子通过离域的共价键形成二维的层状结构，其高电导率源自于层状分子中离域的$\pi$电子，其低硬度和润滑性能则是因为层间的相互作用力大大弱于共价键的相互作用力。

现代晶体化学的原理是在大量实测晶体结构数据的基础上归纳、总结出的规律。因此，它一方面有其坚实的实践基础，另一方面能对合成化学、材料科学、生物化学、地球化学和矿物化学等相邻学科起重要的指导作用。晶体化学原理着重阐述晶体的键型、构型以及它们随化学组成而变化的规律。晶体的结构主要取决于组成晶体的原子或离子的数量关系、大小关系、作用力的本质和极化等因素。

在晶体化学中，晶体可分为无机物晶体和有机物晶体。①无机物晶体主要分为：ⓐ单质。金属单质基于金属键的特征，其结构可归结为等径圆球的密堆积。包括立方最密堆积（$A_1$型）、立方体心密堆积（$A_2$型）和六方最密堆积（$A_3$型）。非金属单质以定域共价键占主导地位，其结构遵循8-$N$规则，$N$是非金属元素所属的族数，8-$N$是指每个原子与邻近原子可形成共价（单）键的数目。例如对硫和硒，$N$=6，则每个硫或硒原子邻接原子数为2，因而硫和硒可形成环状或链状的分子。ⓑ二元化合物。简单二元离子化合物的典型结构有氯化钠型、氯化铯型、立方硫化锌型、六方硫化锌型、氟化钙型和金红石型等。在一般条件下，负离子多采取$A_1$型、$A_3$型或其他的紧密堆积方式，而正离子则按正、负离子半径比而占据负离子在密堆积中所形成的四面体、八面体等多面体孔隙。例如，氯化钠的结构可描述为氯离子$Cl^-$作$A_1$型立方最密堆积，而钠离子$Na^+$则占满全部$Cl^-$所形成的八面体空隙。ⓒ多元化合物。包括各种简单和复杂的含氧酸盐、各种金属配合物和簇合物等。对于离子性成分高的化合物晶体，鲍林规则具有重要的指导作用。ⓓ含氢化合物。如酸、酸性盐、氢氧化物、水合物等，应服从最大限度地形成氢键的晶体化学原理。ⓔ合金等体系。合金中的物相一般可分为金属固溶体和金属互化物两种类型。一般，结构质点的电化学性质（主要指电负性）、原子半径、单质结构型式越相近，生成固溶体的倾向越大；电负性和原子半径相差越大，则生成金属互化物的倾向越大。②在有机物晶体中，分子间的结合力一般为范德瓦耳斯力。分子晶体严格遵守最紧密堆积原理，一般来说，有机晶体的对称性很低，大部分属于正交和单斜晶系。

晶体化学家在生物大分子结构研究中的贡献也是巨大的。L.鲍林在1950年提出了多肽的$\alpha$螺旋结构。J.D.沃森等1953年进一步提出脱氧核糖核酸双螺旋模型，初步解开了遗传信息之谜。到2004年，在国际上权威的蛋白质数据库（PDB）中用晶体学方法测定的生物大分子结构累计已超过2万个。

**晶体三极管** transistor 由半导体材料制成的有源三端器件。固态电子器件的一种。简称晶体管，或称半导体三极管。1948年，美国J.巴丁、W.H.布喇顿和W.B.肖克莱发明了晶体三极管。随着半导体工艺技术不断成熟和发展，相继出现了不同结构的晶体三极管。按内部导电机制分为双极型和场效应两大类。双极型晶体管是一种电流控制器件，开关速度快，但输入阻抗低、功耗大。场效应晶体管是一种电压控制器件，输入阻抗高、功耗小，但开关速度较慢。晶体管几乎能完成电子管的所有功能，如放大、整流、振荡、开关等。它具有体积小、重量轻、耗电少和高可靠等特点，广泛应用于各种电子电路中，是构成集成电路的基础元件。用于制作晶体管的半导体材料有锗、硅、砷化镓。硅晶体管平面工艺较成熟，常用于制造大规模和超大规模集成电路；砷化镓晶体管开关速度快，常用于制造超高速集成电路。锗晶体管发展较早，已不常用。

**晶系** crystal system 晶体的排列类型。空间点阵的单位为平行六面体，其形状可用三边之长$a$、$b$、$c$及交角$\alpha$、$\beta$、$\gamma$来表示，根据边长和交角的不同，平行六面体的形状共有7种，相应的晶胞也有7种。据此，可以将晶体分为7类，称为7个晶系。它们分别是三斜、单斜、正交、四方、三方、六方、立方晶系。立方晶系的对称性最高，它的特征对称元素是通过立方体晶胞4个体对角线方向的4个三重旋转轴。六方、四方、三方晶系称为中级晶系，三者的特点是各包含一个二重以上的高次轴作为特征对称元素。正交、单斜、三斜晶系称为低级晶系，它们均不含高次对称轴作为特征对称元素。正交晶系至少在两个晶轴方向存在对称元素（二重转轴或螺旋轴，镜面或滑移面）。单斜晶系只在一个主轴方向有对称元素。三斜晶系至多只能含有对称中心。

**晶须** crystal whisker 受控条件下培植生长的高纯度纤细单晶体。直径尺寸通常为亚微米量级，长径比一般超过20，晶体结构近乎完整。晶须的强度接近相邻原子间结合力的理论值。晶须结构完整，不仅具有特殊的力学性能，而且在电学、光学、磁学等性能和铁磁性、介电性、传导性甚至超导性等方面皆发生显著变化。

晶须种类很多。通常按用途可分为结构材料晶须和功能材料晶须；按导电性能可分为绝缘型、半导体型、导电型和超导型晶须；按组成结构类型可分为金属晶须，氧化物晶须，陶瓷型的碳化物、氮化物、硼化物、硅化物晶须，化合物半导体晶须，以及新开发出的无机盐类晶须。

金属晶须制备通常采用金属盐的氢还原法和蒸发凝聚法。氧化物晶须制备常用蒸汽传递法。其他晶须制备主要采用化学气相沉积法、气-液-固（VLS）法和液相生长法等。

晶须的典型特性是具有很高的强度、理想的弹性模量和良好的物理性能。晶须主要用作复合材料的增强体、增强金属合金、增韧补强陶瓷和强化树脂等。此外，晶须作为特殊功能材料将用于电学、磁学、光学、超塑、超导技术领域中。

**晶闸管** thyristor 包含3个或3个以上PN结，能从断态转入通态，或由通态转入断态的双稳态电力电子器件。全称晶体闸流管。俗称可控硅。泛指所有PNPN类型的开关管，也可表示这类开关管中的任一器件。1957年美国贝尔实验室将第一只晶闸管用于工业领域，很快受到各国重视。随着新材料的出现、新工艺的采用，单只晶闸管的电流容量从几安发展到几千安，耐压等级从几百伏提高到几千伏，器件的动态参数也有很大改进。到21世纪，晶闸管的使用电流可达4 000安，使用电压8 000伏。随着应用领域的拓展，晶闸管正朝着高电压、大电流、快速、模块化、功率集成化、廉价的方向发展。晶闸管以高阻单晶硅为基本材料制成。制作中采用特殊寿命控制技术。与离子管相比，它的开关速度更快，功耗低，体积小，节能显著。

晶闸管按使用要求及它的性能特点，可以分为逆阻晶闸管、快速晶闸管、逆导晶闸管、双向晶闸管、可关断晶闸管、光控晶闸管、场控晶闸管及晶闸管模块等。

**晶质铀矿** uraninite 化学成分为$UO_{2.17\sim2.70}$，晶体属等轴晶系的氧化物矿物。在自然界中不存在纯$UO_2$成分的矿物，在所有铀的氧化物中都含$U^{6+}$，所以晶质铀矿化学式也写成$m UO_2 \cdot n UO_3$。钍、钇、铈等稀土元素可类质同象替代铀，含量高的分别称为钍铀矿或钇铀矿。晶质铀矿具强放射性，化学组成复杂而多变。具萤石型结构，以立方体或八面体晶形为主，但少见；集合体呈细粒状、钟乳状或土状。呈钟乳状的隐晶质或非晶质体，称*沥青铀矿*；富含$U^{6+}$的土状变种称*铀黑*。晶质铀矿呈黑色，氧化后呈棕褐色，条痕棕黑色。半金属光泽，风化面光泽暗淡。莫氏硬度5～6，性脆。密度7.5～10.8克/厘米$^3$，并随着氧化程度的增高、钍或稀土元素替代铀量的增大而降低。贝壳状断口，无解理。为典型的内生铀矿物，主要产于花岗岩、伟晶岩与高温热液铀矿床、沉积变质型的砾岩层或沉积变质铀矿床中。产于伟晶岩中的晶质铀矿，常与含稀土、稀有元素矿物，电气石、锆石、长石等矿物共生；但有工业价值的矿床较少。在沉积变质岩层中的晶质铀矿，常与沥青铀矿，金、镍等金属矿物一起形成大型的矿床。晶质铀矿受蚀变或风化淋滤，会形成颜色鲜艳的可作为找矿标志的铀的次生矿物——脂铅铀矿、*钙铀云母*、*铜铀云母*等矿物。晶质铀矿是提炼铀、钍、镭的重要矿石矿物。澳大利亚、加拿大、美国、南非、巴西、纳米比亚、尼日尔等是最主要的铀矿生产国。著名产地有澳大利亚的贾比卢卡、纳米比亚的罗辛矿床、加拿大的班克罗夫特地区等。

**晶状体病** lens, diseases of 各种因素所致眼部晶状体病变。包括4种：①*白内障*。②晶状体脱位。晶状体脱离其正常位置。若晶状体悬韧带全断，晶状体脱位于前房或玻璃体内称为晶状体全脱位。若悬韧带仅部分断或发育不良，则发生晶状体半脱位。晶状体脱位常伴虹膜炎或继发青光眼。合并严重青光眼者，需行晶状体摘出术。③晶状体先天畸形。有球形晶状体、晶状体圆锥、晶状体缺损，尚无有效治疗。④无晶状体。在瞳孔部位无晶状体，多为白内障手术后或外伤后晶状体脱位所致。需配戴接触眼镜或行手术置入人工晶状体。

**腈** nitrile 氢氰酸HCN的氢原子被烃基取代生成的化合物，通式R—C≡N。某些高级腈存在于植物精油中，如苯乙腈存在于独行菜、苦橙和铃兰花油中，苯丙腈存在于水田芥中，乙烯基乙腈也存在于多种植物中。最简单的腈是乙腈，它能与水互溶；丙腈在水中溶解度也很大；高级腈一般只微溶于水。低级腈多是无色液体，$C_{14}$以上的腈则多是结晶形的固体。腈的沸点一般略高于相应的脂肪酸。腈有芳香气味。一般都很稳定。腈可进行两大类反应：在腈基上的反应和$\alpha$活泼氢的反应。腈主要由$CN^-$与卤代烷反应或由酰胺脱水制得；芳香腈则可由重氮盐与氰化亚铜反应制得。腈是重要的化工原料和合成中间体。己二腈和*丙烯腈*都是生产合成纤维、合成橡胶和工程塑料的单体或共聚单体；乙腈是很好的有机溶剂；有些高级腈可用作香料。腈的毒性一般较氢氰酸低，有一些低级腈和不饱和腈毒性较大，如丙腈和乙腈的毒性与氢氰酸相近。多氰基化合物的毒性往往更大些。高级的腈一般低毒或无毒。

**腈纶** polyacrylonitrile fiber 聚丙烯腈纤维的中国商品名。以*聚丙烯腈*（PAN）为原料，通过纺丝制成的合成纤维。于20世纪40年代研究成功。早期的纯聚丙烯腈纤维由于分子间力过大，弹性小，染色困难。后来发现在聚合时适当加入其他单体与丙烯腈共聚，纤维的性能和染色困难得到改善。50年代实现工业化生产。

腈纶具有蓬松性好、保暖性好、手感柔软等特点，还有良好的耐气候性和防霉、防蛀等性能，主要用于纺制毛线、针织物（纯纺或与羊毛混纺）和机织物，特别适合做室内装饰布如窗帘等。

后来开发的改性腈纶主要有两种：一种是丙烯腈与氯乙烯的共聚物，中国称腈氯纶；另一种是丙烯腈与偏氯乙烯的共聚物，中国称偏氯腈纶。这两种纤维除保留腈纶的良好性能外，还有高收缩和不易燃烧的性能，用于制作防寒服、工业滤布和人造毛皮等。

**精** essence 中医学中构成人体，维持人体生命活动和维系生长、发育、生殖的精微物质。可分为先天之精和后天之精。先天之精禀受于父母，与生俱来，是构成胚胎的原始物质，具有促进生长发育和生殖繁衍的功能，所以又称为生殖之精。先天之精藏于肾中，出生之后，得到后天之精的不断补充。后天之精来源于脾胃化生的水谷精微，又称为水谷之精。后天之精可以化生气、血、津液，并转输到五脏六腑，成为各脏腑功能活动的物质基础，又称为脏腑之精。脏腑之精充盛时，也归藏于肾，当脏腑需要这些精微物质给养时，肾又把所藏之精重新供给五脏六腑。一方面不断贮藏，另一方面又不断供给，循环往复，生生不已。先天之精和后天之精虽然来源不同，但却同归于肾，两者相互依存、相互为用。先天之精为后天之精准备了物质基础，后天之精不断地供养先天之精，使其充分发挥生理效应。

精能促进生殖繁衍。人出生以后，肾中的精气逐渐充盛，发育到青春期，便产生一种促进生殖功能成熟的物质，称为天癸。于是男子能产生精子，女子月经按时来潮，性功能成熟，具备了生殖能力。如果肾的藏精功能失常就会导致性功能异常，生殖能力下降。精还能促进生长发育，为人体生长发育之根。如果肾精亏少，会出现生长发育障碍，如发育迟缓等。

**精兵简政** better troops and simpler administration 抗日战争时期，中国共产党领导的抗日根据地实施的精简机关、充实基层的一项重要政策。党外人士李鼎铭等11人在陕甘宁边区第二届参议会上提交精兵简政提案，为中共中央委员会采纳。1941年12月，中共中央发出指示，号召全党全军实行精兵简政，要求党、政、军各级组织机构切实进行整顿，精简机关，充实连队，加强基层，提高效能，节约人力物力。在中共中央领导下，各根据地普遍实行了精兵简政。主要内容是：①缩减党、政、军、民等组织机构的脱产人员，使脱产人员与根据地的供养能力相适应。②压缩与合并党、政、军、民领导机构，减少机关行政人员和部队的非战斗人员，充实基层和连队。③建立党的一元化领导体制，规定由中共中央代表机关及各级党的委员会统一领导所在地区的党、政、军、民工作，消除党、政、军各自为政现象。这一政策的普遍实行，对于减少消费，增加生产，减轻人民负担，克服物质困难，提高人员素质和工作效率起了积极作用。

**精矿** concentrate 经选矿获得的高质量产品或有用成分富集的产品。每一个选别设备、选别作业或选别过程，都可得出自己的精矿。精矿是选矿厂的主导产品，它的矿物化学组成、粒度及含水量均需满足冶炼厂或其他工业过程的要求。不同的矿产对精矿有不同的质量要求，各国也不尽相同。精矿与尾矿中间的产品称中矿。中矿往往被送到另一选矿设备、选矿作业再选出部分精矿，也有将某种特定的中矿直接送冶炼厂冶炼。

**精灵** fairy 民间传说中被人格化的一种超自然存在物和力量。通常以小人形状出现，以奇妙的方式干预人间事务。多见于世界各地的口头和民间文学中。它的模型是能够与肉体分离的灵魂观念，并常和神话中的仙女、地精或类似的形象联系在一起，也可能和某种特殊的自然现象发生关联。通常，精灵被认为附着于动物、树木、石头、水、空气等自然物质，以及一些自然现象和人造物体。“精灵”一词最早见于欧洲中世纪，但早在希腊神话和荷马史诗中已有类似事物。从中世纪开始，精灵常见于文学作品中，如英国诗人E.斯宾塞、丹麦的H.C.安徒生等人的作品。精灵的传说在爱尔兰、威尔士和苏格兰特别盛行。中国文化典籍中也有不少精灵的形象。如《山海经》中就记录了许多相当于精灵的人物，著名的有填海的精卫。

**精馏** rectification 利用回流使液体混合物得到高纯度分离的蒸馏方法。炼油、化工、轻工、食品等工业部门最广泛使用的液体混合物分离的单元操作。根据操作方式，可分为连续精馏和间歇精馏。连续精馏的各个操作参数基本上是稳定不变的；间歇精馏不断调整参数，适用于处理品种和组成经常改变而且批量不大的料液。根据是否加添加剂，可分为普通精馏和特殊精馏。

原理 简单蒸馏要进一步提高气相产物的浓度，只能把一次蒸馏获得的气相冷凝为液相再进行一次蒸馏汽化，如此经过多次顺序的简单蒸馏，气相中挥发性大的组分的浓度一次次地提高，可以得到很高的纯度。另外，为了把高挥发性组分的收率提高，可以采取带回流的多级蒸馏，如常用的连续精馏。

装置 连续精馏装置（见图）包括精馏塔、再沸器、冷凝器等，精馏塔内部放置一些填料（填料塔）或许多塔板（板式塔），可以保证气、液充分接触进行传质分离。每一块塔板可以实现一次简单蒸馏分离。该装置的一个关键是塔顶有一冷凝器，可以把产生的蒸气冷凝为液体，其中一部分被取出，作为塔顶产品，另一部分回输至塔内作回流液。回流液与塔顶产品之比称为回流比。采用了回流，便可以保证塔内每一塔板都有液相。另一个关键是塔底有一再沸器，可提供热量把部分液体汽化，使产生的蒸气上升通过塔板。这样便可保证在整个精馏塔中气液两相逆流接触。进料口一般加在塔的中部。每向上进入一块塔板，低沸点组分的浓度增加一次，到了塔顶，便可达到很高的浓度。故进料口以上的塔段称为精馏段。进料中的液体和上塔段来的液体每经历下一段的塔板，都使所含的低沸点组分浓度降低，直到塔底的液体中低沸点组分的浓度达到了要求的程度后，作为塔底产品取出。故进料口以下塔段称为提馏段。回流比大小和塔板数多少是影响产品浓度、收率、能耗与投资的最主要的参数。对于塔内不设置塔板而放置许多填料的填料塔，可确定一定高度的填料相当于一块理论板，以表示相应的分离效率，称为等板高度。

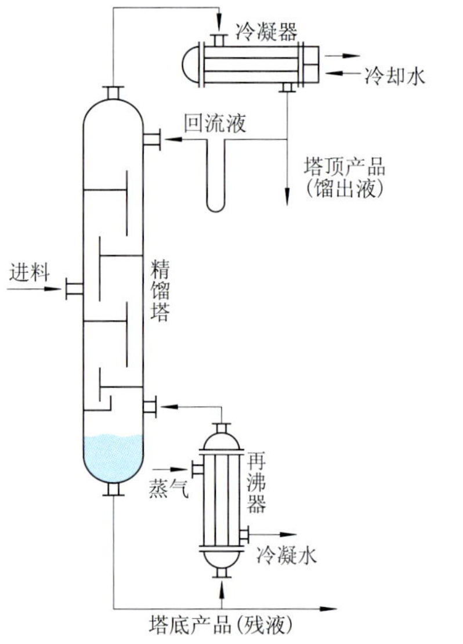

连续精馏装置流程

**精气** essence-energy 中国哲学中标志事物本原和生命本质的概念。《周易·系辞》中有“精气为物，游魂为变，是故知鬼神之情状”。精气被看作是与“游魂”相对应的物质。《管子·内业》篇也说：“凡人之生也，天出其精，地出其形，合此以为人。”后来的思想家如王充、朱熹等，都是循着这样的方式来说明人的精神和肉体之间的关系的。精气通常也被看作气中最精微的元素，如《管子·内业》将精气看成是最精致的气，“精也者气之精者也”；认为精气是生命的来源，也是圣人智慧的来源。“凡物之精，此则为生，下生五谷，上为列星”，“藏于胸中，谓之圣人”。精气也被用来说明自然规律，如《吕氏春秋·圜道》中说："精气一上一下，圜而复杂，无所稽留，故曰天道圜。"

**精确打击** precision strike 使用精确制导武器打击敌目标的作战行动。按作战范围分为战略、战役和战术精确打击；按武器类型分为导弹和制导弹药实施的精确打击；按打击方式分为地（海）对地（海）、地（海）对空、空对地（海）和空对空精确打击；按打击手段分为常规打击和核打击等。目的是充分发挥精确制导武器的威力，突然、准确地毁伤敌目标，增强作战效果。

精确打击主要用于摧毁对方主战兵器、指挥机构和侦察监视、通信、电子对抗装备等，也有选择地打击对方维系战争潜力的交通设施、能源设施、军工企业等。具有机动灵活、毁伤力强、效费比高和附带杀伤小等优点，但也存在武器系统技术保障复杂、易受战场环境影响和干扰欺骗等弱点。

**精确制导武器** precision guided weapon 采用精确制导技术，直接命中概率超过50%的武器。直接命中是指武器的圆概率偏差小于其弹头的杀伤半径。制导系统是精确制导武器的核心，主要由导引系统和控制系统组成。导引系统用来测量导弹和目标的相对运动参数，并根据选定的导引规律形成导引信号；控制系统用来保证导弹稳定飞行，并根据导引信号控制导弹飞行轨道。精确制导武器主要包括导弹和精确制导弹药两大类，按运载平台分为机载、舰载、陆基（车载）精确制导武器。

**导弹**依靠自身动力装置推进，并由精确制导系统探测、识别、导引、控制其命中目标。导弹的种类很多，按其发射点与目标位置的关系，可分为地地导弹、潜地导弹、舰潜导弹、地空导弹、空空导弹、空地导弹；按其攻击目标的类型，可分为反飞机导弹、反舰导弹、反潜导弹、反坦克导弹、反辐射导弹、反导弹导弹；按其弹道特征，可分为弹道导弹和巡航导弹。另外，制导鱼雷也属此类。

精确制导弹药采用精确制导技术，自身不带动力装置，由飞行器投放或由火炮、火箭发射。在接近目标时，依靠弹上的寻的器及控制系统，自行修正弹道并命中目标。精确制导弹药主要包括制导炮弹、制导炸弹、制导水雷、制导子弹药、末端敏感炮弹等。

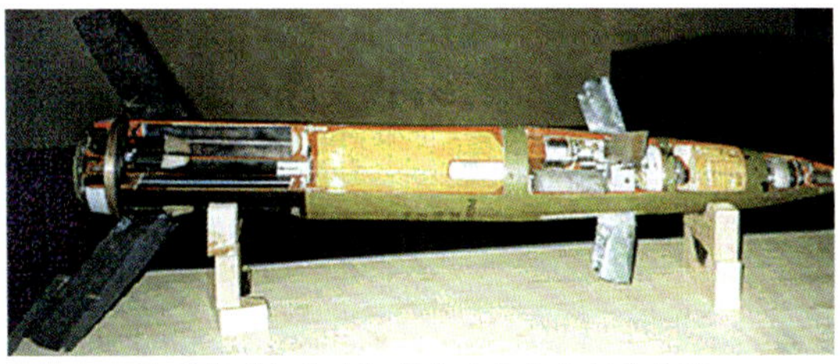

俄罗斯"红土地"半主动激光末制导炮弹

精确制导武器常用的制导方式主要有：①自主式制导。根据弹体内部或外部固定参考基准，导引和控制弹体飞向目标，如惯性制导、图像匹配制导等。②遥控制导。由设在弹外的制导站发出制导指令，控制弹体飞向目标，如有线指令制导、无线电指令制导、无线电波束制导、激光波束制导等。③寻的制导。由弹上的导引头遥感目标辐射或放射的能量，自动跟踪并控制弹体飞向目标。按遥感目标信息来源分为主动、半主动和被动寻的制导，按获取目标信息的物理特性分为雷达、红外、电视、激光、水声等寻的制导。④复合制导。采用两种或两种以上制导方式组合的制导。它可以克服单一制导方式出现的制导精度低、作用距离近、抗干扰能力差等缺点。如采用中段自主式制导与末段寻的制导相结合的复合制导，可使精确制导武器的命中精度不受飞行距离的影响，而只与末段制导的探测精度和控制能力有关，从而可有效地实施远程精确打击。

精确制导武器改变了传统战争的作战模式，其装备程度和运用能力成为衡量国家军事现代化程度的重要标志。

**精神** mind 哲学范畴。同**物质**相对应，与意识相一致。**辩证唯物主义**把精神作为由社会存在决定的人的意识活动及其内容和成果的总称。精神有不同的表现形式。在历史上，各个哲学流派对精神有各自的理解。唯物主义者都认为精神是由物质派生的，唯心主义者则以不同形式把精神看作是世界的本原。辩证唯物主义认为精神是高度组织起来的物质即人脑的产物，是对客观存在的反映，同时精神又具有极大的能动性，通过社会实践，强有力地反作用于物质世界。

**精神病学** psychiatry 现代医学科学的分支和重要组成部分。研究精神障碍的病因、发病机理、病象和临床规律以及预防、诊断、治疗和康复等有关问题。

在现代医学中的地位　精神病学与基础医学以及临床医学各科的关系极为密切。精神病学的病因理论研讨已扩展到**心理学**、**遗传学**、生理心理学、神经精神内分泌学、精神药理学、神经生理生化学等许多基础领域。遗传学的研究，揭示了许多精神发育迟滞的病因。如先天愚型，是染色体畸变所致。另一些遗传代谢病，如苯丙酮酸尿症就是常染色体隐性遗传，患者体内苯丙酸羟化酶缺乏，苯丙酸不能氧化成酪氨酸，最终导致精神发育迟滞。大量统计遗传学资料表明，具有精神分裂症家族史的子嗣的发病预期率，远较一般人口为高。

**生物化学**方面的探讨提示了某些精神障碍的病因。例如，研究发现情感性精神病，发病时存在有中枢**神经递质**变化，主要是在神经元突触间去甲肾上腺素与5-**羟色胺**的改变。处于躁狂状态者，去甲肾上腺素增多，而处于抑郁状态时5-羟色胺的含量低于正常。又如，在某些**精神分裂症**患者体内，也证实于发病时存在过度甲基化的生物胺类代谢物；另一些患者，血小板中单胺氧化酶活性度减低。精神药理学也可为某些精神障碍的发病机理提供线索。例如，对兴奋药苯丙胺的依赖，可引起类似精神分裂症的苯丙胺中毒性精神病。苯丙胺作为多巴胺的激动剂增强了中枢神经元突触间的多巴胺能活动，引起类似精神分裂症的精神异常。但不同类别的抗精神病药物通过阻断多巴胺能受体，降低多巴胺能活动，而减轻精神分裂症症状。多巴胺能活动过度，在精神分裂症发病中起重要作用。许多三环类抗抑郁药，通过阻断中枢单胺在突触前膜的再摄取，间接提高胺类的含量而起到治疗作用。由此设想，在内因性抑郁症发病中，存在着单胺代谢障碍。

由于微观形态研究手段与方法的不断革新，神经病理学在研究脑器质性疾患所致精神障碍中，也有着很大的发展。如脑不同部位褐斑的发现与研究，有助于了解老年性痴呆的神经病理学特征，有助于老年性痴呆与一般老龄化的鉴别诊断。心理学一向被认为是精神病学的重要基础学科之一。心理学和生理心理学，都对精神病学的诊断治疗以及理论探讨产生了影响。其中，生理心理学探讨了诸多心理异常，如情绪、动机和记忆障碍时的神经学基础，这些探讨有助于逐步地为精神异常提供理化基础。

临床专业划分　可以分为：①临床精神病学；②普通成人精神病学；③儿童精神病学；④老年精神病学；⑤司法精神病学；⑥联络-会诊精神病学；⑦精神病流行学；⑧社会精神病学；⑨社区精神病学；⑩职业精神病学。

**精神分裂症** schizophrenia 以思维、情绪和行为互不协调、联想散漫、情感淡漠、言行怪异、脱离现实为主要临床特征的一组较常见的精神障碍。幻觉、妄想和异常自我体验颇多见，并常有人格改变。起病多在青壮年期。病程往往迁延，部分患者可出现精神衰退。

**临床表现**　起病可急可缓。急性起病者可以躯体因素或心理社会因素为诱因。缓慢起病者常无明显外界诱因，逐渐出现人格改变，或有类似**神经症**的表现。

思维障碍　常很突出，主要表现为联想松弛，谈话缺乏中心思想。重者思维破裂，语句之间毫无联系，令人不解其意。

情绪障碍　很常见，主要表现为情感迟钝，或情感与当时处境不协调，不时独自发笑。

幻觉　可见于70%以上的患者，尤以幻听常见。还可有幻视、幻触、幻嗅、幻味和内脏幻觉，患者可对幻觉作妄想性解释。

行为　可以很奇特，表现为做怪相、扮鬼脸，或出现刻板姿势和动作。

**类型**　主要分以下几型：

青春型精神分裂症　起病于青少年期。联想散漫、逻辑荒谬、情感倒错、喜怒无常很突出，幻觉、不系统的妄想、幼稚愚蠢行为颇常见。有的患者迅速出现精神衰退。

单纯型精神分裂症　起病多在少年期。病程进展缓慢。以生活懒散、思维贫乏、情感迟钝、意志缺乏、行为退缩为基本特征。一般无幻觉、妄想。预后不佳。

紧张型精神分裂症　主要表现为精神运动性抑制，严重者不动、不食、不语，唾液和大小便潴留；或出现违拗或不自主顺从，或呈紧张性木僵状态。

偏执型精神分裂症　起病年龄多在30岁左右。临床症状以妄想为主，可伴有幻觉，联想障碍和情感淡漠常不突出。病程较长，预后较青春型和单纯型为佳。

除偏执型外，典型的紧张型和青春型现已不常见，单纯型因缺乏阳性症状，早期不易与人格障碍鉴别。大多数病例都归入未定型。有人把介于精神分裂症与情感障碍之间的不典型病例，称为分裂情感性精神障碍。

治疗　目的在于控制症状，预防复发，保持和恢复患者的社会适应能力。急性期以抗精神病药物治疗为主。慢性期单用药物治疗效果不佳，应当配合心理治疗、工娱治疗、行为治疗等。应避免长期住院以及与社会隔绝。

**精神分析**　psychoanalysis　奥地利心理学家S.弗洛伊德创立的心理学理论。后来发展成为一种社会思潮。

精神分析学说将意识分为3种功能层次：意识是可以直接感知到的心理部分；前意识是位于意识与无意识之间的流通领域；无意识包括人们不能意识到的自己行为的真正原因和动机，也包括人们在清醒意识下潜在进行着的心理活动。意识的3个层次中无意识是最大也是最有影响的部分，它极为活跃，是原始驱动力和被禁止的欲求之所在，并会对思维造成压力。其形式是隐蔽的或变形的，它促成和决定了人们的大部分行为。

精神分析学说认为人格是由本我、自我和超我三部分构成的。本我包含要求眼前的一切本能得到满足的驱动力，它按快乐原则行事，是无意识的；自我具有防卫和中介职能，它按现实原则行事，像仲裁者监督着本我，但不能发现本我以伪装的面目混入意识，多数情况下处于无意识状态；超我代表良心、社会准则和自我理想，按照至善原则行事，指导自我、限制本我，存在于意识之中。自我同时照顾着外部世界、超我和本我，而且要使它们的要求和需要相互协调。三者冲突导致焦虑，而焦虑的产生又促使自我发展其调解冲突、缓和压力的机能，即心理防御机制。精神分析学派将其分为压抑、投射、否认、退行、固着、升华、置换、抵消和反向形成。

精神分析学说认为，人的意识和行为只是外在表象，它由内在动机（本能）驱使，它驱使人寻求快感的满足，为人的行为提供动力。人类的心理发展就是性心理的发展，从婴儿期就已开始，并分为5个阶段：①口欲阶段（0～1岁）。②肛欲阶段（1～3岁）。③性器欲阶段（3～6岁）。④潜伏期阶段（6～12岁）。⑤青春期阶段（12～18岁）。性心理的发展过程如不能顺利进行，即可能导致心理异常，成为各种神经症、精神病的根源。幼年时期对异性父母的眷恋和对同性父母情敌般的敌视，是人类普遍存在的特征之一，即恋父情结和恋母情结。

**精神权利**　moral right　作者就其创作的作品在署名或者保持作品完整等精神利益方面所享有的专有权利。又称作者人格权或人身权。

法国1791年《表演权法》和1793年《复制权法》，将作者个人作为整个版权保护体系的中心，除规定作者享有的各种经济权利外，首次明确规定了作者享有的精神权利。法国版权法中的作者权思想对大陆法系其他国家产生了深远影响。大陆法系国家（如法国）提供给作者的精神权利保护内容相当广泛，主要包括：发表权、作者身份权、保护作品完整权和收回权。

英美法系国家的成文版权法中也有精神权利的规定。例如，英国在1988年修订版权法时设专章较全面地规定了4种精神权利：署名权；表明作者身份的权利；反对将作品进行歪曲、篡改等贬抑处分的权利；摄影及电影作品的委托人反对将作品进行商业性公开的权利。1990年美国联邦议会颁布了《可视艺术家权利法》，将精神权利的内容引入了联邦版权法。

精神权利制度已被知识产权领域的主要国际公约所采纳。世界知识产权组织管理的《保护文学艺术作品伯尔尼公约》自1944年布鲁塞尔文本开始，将精神权利规定为缔约国必须遵守的最低要求。1996年签订的《世界知识产权组织表演和录音制品条约》将精神权利的主体从作者进一步扩大至表演者。《中华人民共和国著作权法》第十条也对精神权利作了规定。

**精神调养**　self mental care　通过调节人的精神、情绪及心理活动以促使身心健康的中医学养生方法。包括：①精神内守。关键在“静”，静则神藏，躁则消亡。恬淡处事，神不妄用。②修德养性。修身以道，修道以仁。不贪富贵，不慕名利，心诚志专，不迁怒，不贰过。③调和七情。喜、怒、忧、思、悲、恐、惊。七情是人的正常情绪的变化，人所不免，只是要有节制，不过不偏。得意不狂喜，失意不暴怒，挫折不过分忧郁、悲伤，临危不乱，镇定不惊。情志安定，身体康泰。④顺时调神。有两点：依季而行，春宜舒畅，夏宜欢愉，秋宜心志平和，冬宜安定收敛，即顺应季节的特点而调整，符合春夏养阳、秋冬养阴的原则；依时而行，白昼阳升外发，精神旺盛，生机勃勃，此时用神，符合生理。入夜阳气潜藏，阴气主事，宜安静休息以养神，强行用神，耗伤太过。老人、妇女、儿童等不同人群的调神有不同的特点。

**《精神现象学》**　*Phänomenologie des Geistes*　19世纪德国古典哲学家G.W.F.黑格尔阐述自己哲学观点和方法论的第一部著作。黑格尔称此书是他哲学体系的导言。写于1805年冬至1806年10月，1807年出版。

《精神现象学》总结了黑格尔此前的哲学研究，宣告了未来哲学的大纲，它的出版标志着黑格尔和F.W.J.von谢林在哲学上的彻底决裂。黑格尔在“序言”中批判了谢林对于“绝对”的理解。他宣称：“绝对”是产生差别、克服差别、重建自身的同一性的活的实体；把握“绝对”的方式不是直观，而是概念，是科学的系统；认识“绝对”不能一蹴而就，要经历一条漫长曲折的道路。

《精神现象学》是关于意识到达“绝对知识”或“科学”（即哲学）的道路的科学，它为个体提供了一把攀登绝对知识的“梯子”。它分为3部分：①意识、自我意识、理性。考察个人意识发展的历程，相当于精神哲学中的主观精神。②精神。考察社会历史的发展阶段和与之紧密相连的社会意识形态，相当于客观精神。③宗教和绝对知识。考察对无限本身的认识，相当于绝对精神。

《精神现象学》中意识向绝对知识的全部发展，是建立在自我意识“异化”为对象和“扬弃”对象，即扬弃“异化”的辩证运动上。黑格尔企图用这样一种否定性的唯心辩证法来论证唯心主义体系的根本原则——主体和客体的绝对同一性，构造起包罗万象的哲学体系。《精神现象学》以纲领和萌芽的形式表达了黑格尔哲学体系的基本思想和基本概念。马克思指出：精神现象学是黑格尔哲学的“真正诞生地和秘密”。

**精算** actuary 运用数学、概率统计学、会计学、金融学、法律学等多学科知识，对保险业各种社会保障业务中需要精确计算的项目进行审理和测算。如生命表的构造、费率的制定、准备金的提取、业务盈余的分配等。

**精索静脉曲张** varicocele of spermatic vein 由于血流瘀滞所致阴囊内精索蔓状静脉丛发生迂曲扩张的现象。常见于青年男子。部分患者睾丸的生精功能受到损害，引起不育。施行精索静脉高位结扎手术后，精液质量可能改善。

病因 精索静脉腔内瓣膜不健全，丧失阻止血液回流的能力，静脉周围结缔组织又较薄弱，精索静脉则逐渐扩张。多发生于左侧，因左侧精索静脉行径较长，且垂直进入左肾静脉，前方又有乙状结肠压迫，阻力较大；而右侧精索静脉斜行进入下腔静脉，血流阻力小。

临床症状 阴囊部有坠胀感，可放射至下腹部、腹股沟或腰部。站立过久症状加重，平卧后即缓解。偶可出现头痛、乏力、神经紧张或性功能障碍等。

诊断 根据阴囊部坠胀感，站立时阴囊内扪及曲张的静脉，于平卧后消失，即可确诊。

治疗 轻度精索静脉曲张若无明显症状，不需特殊治疗，可使用阴囊托带，局部冷敷，避免性生活过度，减少盆腔及会阴部充血。症状明显者应手术治疗。伴有不育症或精液检查异常者，不论曲张程度轻重，均应尽早施行手术。

**精细化工** fine chemicals, industry of 精细化学工业的简称。欧美一些国家把产量小、按不同化学结构进行生产和销售的化学物质称为精细化学品；把产量少、经过加工配制、具有专门功能或最终使用性能的产品称为专用化学品。中国和日本则把这两类产品统称为精细化学品。中国所称精细化学品大体上包括医药、农药、染料、涂料、颜料、信息技术用化学品（包括感光材料、磁记录材料等）、化学试剂和高纯物质、食品和饲料添加剂、催化剂、胶黏剂、助剂、表面活性剂、香料等。精细化学品生产技术上的共同特点是：①品种多，更新快，研究应用开发费用大，技术垄断性强，销售利润率高。②产品质量稳定，对原料、产品的纯度要求高，对精细化工产品的管理法规、标准较多。③生产过程一般比较复杂。④大多数以间歇方式小批量生产，规模小，单元设备投资费用低。

**精细结构常数** fine structure constant 描述电量为$e$的任何基本粒子与电磁场的耦合常数。用$\alpha$表示：

$$\alpha=e^2/2\varepsilon_0 hc$$

式中$\varepsilon_0$是真空介电常数，$h$是普朗克常数，$c$是真空中光速，$e$是电子电荷。除与$\varepsilon_0$和所使用的单位有关外，$\alpha$只由三个普适常数$e$、$h$和$c$决定。

$\alpha$是在1916年为解释氢原子的精细结构由A.J.W.索末菲引入的，表征能级精细分裂的精细程度。后发现$\alpha$不但在原子物理学中起重要作用，而且与基本粒子以及微观、宏观系统有关，也是量子电动力学中一个重要的常数，表征荷电粒子与光子的相互作用强度。可从不同学科的有关研究中互相独立地测定$\alpha$的数值。$\alpha$的2006年推荐值是$7.297\,352\,537\,6(24)\times10^{-3}$，约为1/137。

**精英理论** elitist theory 通过对社会统治者和杰出人物的研究来解释政治和历史的西方政治社会学的理论和研究方法。精英理论认为，在任何一种政治体制下，社会都是由少数杰出人物统治。这些占少数的杰出人物在智力、品德、能力、财产等方面超过大多数被统治者，掌握着重要的权力资源，对政治和社会生活产生重要影响。

精英理论的发展经历了古典理论和现代理论两个阶段。古典精英理论的3位典型代表人物是意大利社会学家G.莫斯卡、V.帕雷托和瑞士籍德国社会学家R.米歇尔斯。莫斯卡在其代表著作《统治阶级》中认为，社会文明随精英的转换而改变。帕累托在其代表作《思想与社会》中提出了“精英循环理论”。米歇尔斯在其代表作《政党论》中提出了“寡头统治铁律”。古典精英理论的作者强调精英之所以占据主宰地位，是因为他们具备社会所推崇的才能和品质。与一般大众相比较，精英团体配合默契，内聚力强，有超强的意志，能够迅速采取行动争取主动权。

现代精英理论20世纪50年代以后发展起来。主要代表人物有美国的政治学家H.D.拉斯韦尔，社会学家C.W.米尔斯，经济学家J.A.熊彼特等。现代精英理论受多元主义理论的影响，既重视政治精英在社会关系中的地位和作用，也注意到其他社会精英和利益团体在社会关系中的存在和意义。现代精英理论主要通过定性和定量分析，研究政治官员、文职官员和政治领导人的社会背景、受教育背景、信仰等在何等程度上影响他们对政策的态度，以及他们通过什么途径获得地位，其代表性如何等方面的问题，以此来说明现代社会权力关系和民主政治的特征。80年代，也有一些学者主张一种修正了的精英主义。

**精油** essential oil 一类挥发性的、代表植物香气精华的油状物。已知约有3 000种，其中商品化生产的约150种。除花外，一般香气植物各部分含同一类型精油，但锡兰肉桂例外，它的根、皮、叶含三种不同的精油。幼小植物一般产生更多的油，而老植物则产生更多的树脂。精油的组成中大部分为萜类，此外也有芳香族化合物和杂环化合物等。含氧萜如醇、醛、酮、酯、酸、缩醛、醚、内酯和酚，常为有香气的组分，含少量硫化物时也有特殊香气。精油中成分甚多，其中以少数几种成分为主，伴以微量的其他成分。从植物中分离精油通常采用物理方法，如水蒸气蒸馏、脂吸法、浸渍法、溶剂萃取、压榨，有时须在发酵后用水蒸气蒸馏，如苦杏仁油、玫瑰油的提取。合成品常因所含杂质与天然品不同，故常带非天然化合物的气味。

**精子** sperm; spermatozoa 成熟的雄性生殖细胞。见有性生殖。

**鲸** Cetacea; whale 哺乳纲鲸目的大型海兽。形状像鱼，但身体构造和生殖方式与鱼类不同。属于须鲸亚目的鲸类都称为鲸，现存14种，如弓头鲸、北太平洋露脊鲸、北大西洋露脊鲸、小露脊鲸、灰鲸、蓝鲸、长须鲸、大翅鲸等。须鲸类的共同特征是

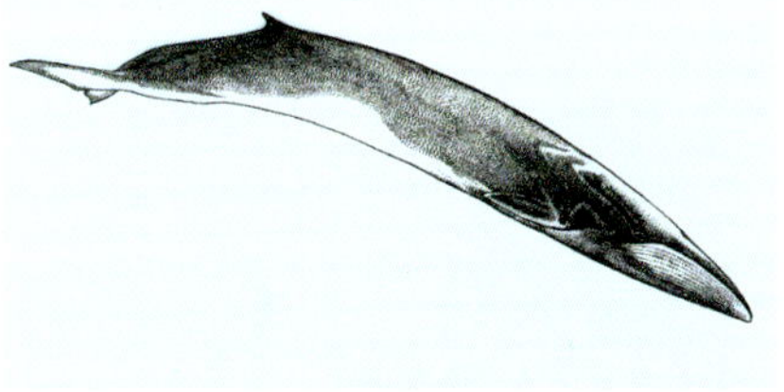

长须鲸

上颌和下颌都没有牙齿，有一系列鲸须板悬挂在腭的腹面，成为滤食器官，总称鲸须。属于齿鲸亚目的鲸类大多称为海豚或鼠豚，只有一些体形大的齿鲸称为鲸，如抹香鲸、小抹香鲸、柏氏中喙鲸、一角鲸、白鲸、虎鲸、伪虎鲸等。齿鲸类的共同特征是上颌和下颌具齿。

须鲸的所有物种都曾是捕鲸业的猎捕对象。到20世纪中叶时，过度捕猎使露脊鲸、灰鲸、蓝鲸等几乎绝灭，大翅鲸、长须鲸、塞鲸等数量急剧下降。

**鲸口鱼目** Cetomimiformes; flabby whale-fishes 硬骨鱼纲辐鳍鱼亚纲的一目。因有些种类的体形与鲸相像得名。有10科20余属约40种。大部分种类分布于世界各大洋，栖息于深海。身体柔软且具发光组织。眼小或退化。口大，口裂甚宽，上颌缘由前上颌骨或上颌骨组成。体多数裸露，少数种类具易脱落的薄鳞，极少数皮肤上有小刺。腹鳍存在时，呈腹位、胸位或喉位；背鳍大多和臀鳍相对，位于体的后部；多数种类无脂鳍。体通常为黑色，但也呈现橙色和红色。侧线由一定数量的小孔组成。

在中国海域发现的有：①鲸口亚目中

龙氏鱼科的网肩龙氏鱼，生活于南海3 500米水深的海区里，体长圆形，无鳞。②在辫鱼亚目辫鱼科中，中国产2属2种。其中紫辫鱼最长达740毫米，产于东海和南海；大辫鱼最大体长达2米，曾在东海捕到。

**鲸鲨** *Rhincodon typus*; whale shark 鼠鲨目鲸鲨科鲸鲨属唯一种。世界上最大的鱼类。广泛分布于印度洋、太平洋和大西洋各热带及温带海区。一般体长10米左右，最大者体长可达20米。每侧2个显著

的皮嵴。口巨大，前位，上、下颌具唇褶。鼻孔位于吻端两侧，出水孔开口于口内。眼小，无瞬膜。喷水孔小，位于眼后。牙细小而多，圆锥形，齿头向后倾斜。鳃孔很宽大。背鳍2个，无硬棘。尾鳍宽短，叉形；尾柄两侧各具一侧褶，尾椎轴上翘，尾基上方具一凹洼。胸鳍宽大。体灰褐、赤褐或青褐色，具许多黄色斑点和条纹。

为大洋性上层鱼类。性温和。有时到近海索饵，好群游，常静息于水面上晒太阳，或张口摄取小型动物，一般以大量浮游生物、甲壳类、软体动物等为食，有时也追逐鱼群。行远程洄游，5～6月由北部湾经广东东部和东海北上，11月到达黄海，冬季后南下。是中国沿海的经济鱼类。

**鲸湾港** Walvis Bay 纳米比亚大西洋沿岸港口城市。位于鲸湾南岸、间歇河凯西布河河口。东距首都温得和克约260千米。人口约5万（2002）。东边为纳米布沙漠，西边临海，低于海平面的部分建有防波（洪）堤。是纳米比亚海岸唯一现代化的深水港。1793年由开普荷兰人建立，两年后归属英国。1878年连同腹地被英国吞并。1884年并入英国好望角殖民地（今南非）。1910年被纳入英属南非联邦。1922～1977年一直作为西南非洲的一部分进行管理。1978年交由南非直接管辖。同年联合国安理会432号决议确认鲸湾港为纳米比亚领土的组成部分。1990年纳米比亚独立后，仍为南非飞地。1994年3月1日，南非将鲸湾港以及12个海上岛屿移交纳米比亚。全国最大商港和重要渔港。年吞吐量约136万吨和集装箱2.7万标准箱。经营全国85%的进出口贸易，主要输出楚梅布矿区的铅、锌、铜、银、镉、钒、锡、萤石、石材等。自20世纪70年代后期出口勒辛所产的铀。进口集装箱货物、石油、机械设备、工业日用品和谷物、糖等。渔业有关基础设施完善，鱼类加工发达。居民多就业于港口或从事渔业。有公路、铁路通内地。有国际机场。有3 500公顷盐场，年产40万吨优质盐。

**井冈山** Jinggang Mountain 中国名山。位于江西省西部与湖南省的交界处，跨井冈山市和宁冈、永新、遂川、炎陵4县。属于罗霄山脉的中段。著名的井冈山五大哨口黄洋界、桐木岭、朱砂冲、八面山、双马石分布四周，是通往山中的交通要道，军事地位重要。地处中亚热带，气候温暖，雨量充沛，森林茂密，有很好的植被覆盖。1927年9月，毛泽东在这里创建了中国第一个农村革命根据地。茨坪、大井、小井、黄坳等都是革命纪念地。山上还有飞龙洞、水帘洞、游击洞等名胜，各具形态的钟乳石遍布洞中。建有井冈山革命博物馆、井冈山会师纪念碑、革命烈士纪念塔、烈士墓等。井冈山革命遗址为全国重点文物保护单位。

井冈山黄洋界

**井冈山革命根据地** Jinggangshan Revolutionary Base Area 土地革命战争初期，中国共产党在湖南、江西两省边界的井冈山地区实行工农武装割据时创建的战略基地。井冈山地区位于罗霄山脉中段，包括江西的莲花、永新、宁冈（今井冈山市）、遂川和湖南的酃县（今炎陵）、茶陵等县。这个地区在大革命时期建立过共产党的组织和农民协会，并有一支由共产党员袁文才和旧式农民武装首领王佐领导的农民自卫军。1927年10月，毛泽东率湘赣边界秋收起义的工农革命军到达井冈山北麓的宁冈县茅坪，随即在周围各县恢复和建立共产党组织，并建立了中共县委或特别区委。同时，把袁文才、王佐领导的农民自卫军编入工农革命军。工农革命军先后攻占茶陵、遂川县城，建立了两县工农兵政府和赤卫队，领导群众开展打土豪斗争。1928年2月，工农革命军打破江西国民党军第一次“进剿”，占领宁冈全县，成立了宁冈县革命委员会。至此，井冈山革命根据地初步形成。

1928年4月，朱德、陈毅率南昌起义军余部和湘南农军到达宁冈县砻市，与毛泽东部会师，合编为工农革命军第4军（6月改称红军第4军）。4月中旬至5月中旬，红4军先后打破江西国民党军第二、第三次“进剿”，根据地向北发展到永新县的西部和西南部。6月下旬，红4军打破江西国民党军第四次“进剿”。井冈山根据地发展到宁冈、永新、莲花三县全境和遂川、酃县、吉安、安福等县的部分地区。

1929年4月，红4军主力又创建赣南、闽西苏区。5月后，井冈山根据地基本区域转向永新、安福一带，发展为湘赣苏区。

**井冈山市** Jinggangshan City 中国江西省辖县级市。位于罗霄山脉中段，西与湖南接壤。面积1 270平方千米。人口16万（2008）。1927年毛泽东等率领秋收起义部队来井冈山，建立了中国第一个农村革命根据地，1928年井冈山成立新遂边陲特别区工农兵政府，1950年建立“井冈山特别区”，1956年撤区设乡，1959年析永新县和遂川县设省辖井冈山管理局，1981年裁局置井冈山县，1984年撤县设市。井冈山是罕见的亚热带植物原生地之一，珍稀动物有獐、鹿、野猪、山牛、云豹等，有井冈竹柏、罗汉松、水杉、银杏等珍稀植物。特产有茶叶、石耳、玉兰片、香菇、猕猴桃、金橘、茶薪菇、花菇等。矿产有金、钨、铁、石灰岩、高岭土、稀土、萤石等。工业有造纸、采矿、水电、竹木加工等。井冈山是国家重点风景名胜区，革命人文景观与自然风光都很丰富，有国家重点保护单位10处。风景名胜有茨坪、龙潭、黄洋界、笔架山、桐木岭、湘洲、仙口等景区。

**井喷** blowout 钻探施工过程中，地层中所含流体（液体或气体）从钻孔（井）向地表喷出的现象。可发生在地质矿产钻探、水文水井钻探、地热钻探和石油与天然气钻探过程中。井喷有时会造成事故，也可利用这种现象进行采矿。

井喷产生的原因：①地层中储藏有较大量的承压流体——油、天然气、水和蒸汽；②含流体地层上部有良好封闭盖层和构造；③流体能在有孔裂隙储层中积聚和运移；④钻孔（井）穿过盖层进入承压的含流体层位后，孔内钻进所用循环介质液柱压力小于地层压力时造成压力释放和喷出通道，流体从孔（井）口喷涌而出。井喷的势头和持续时间与地层压力和流体储存量有关。

预防井喷的主要方法是：①在预计可

能发生井喷的承压流体层钻探时（特别是油、气层和高温地热），在井口必须安装防喷器；②采用高密度钻井液使液柱压力和地层压力平衡钻进。当钻遇承压特别高的流体且事先无充分防护措施和牢固井口防喷器设施等，往往会造成严重井喷事故，如井场塌陷和引起火灾等。掌握和控制好地层压力，正好利用其压力实现自喷法采集油、气、地热和地下水，又称自喷井或自流井。

**井上靖** Inoue Yasushi (1907-05-06～1991-01-29) 日本小说家。生于北海道上川郡旭川町，卒于东京。自幼离开父母寄居祖母家。1936年毕业于京都大学哲学系。同年发表处女作《流转》，崭露头角。大学毕业后在大阪每日新闻社任记者。1951年辞去报社工作，开始职业作家生活。《斗牛》(1950)为其成名作。作品描写大阪新兴报社总编辑津上以报社为赌注，组织一场斗牛赛，结果惨遭失败，反映了日本第二次世界大战后初期的社会阴暗面。历史小说多为中国历史题材。主要作品有《天平之甍》(1957)、《敦煌》(1959)等。《天平之甍》描写唐代高僧鉴真历尽11年的千辛万苦，5次东渡失败，第6次终于成功抵达日本。作品反映了中日两国人民的传统友谊和文化渊源。井上靖以冷静、犀利的目光观察社会，委婉含蓄之中蕴藏着批判，但也不时流露出孤独、抑郁的情调。曾多次访华。

**井上毅** Inoue Kowashi (1844-02-06～1895-03-13) 日本明治时期的政治家、教育行政家。生于九州熊本县。幼年时代系统学习了儒学。明治维新时从军，参加戊辰战争。1870年任大学南校的舍长，1871年在法务省供职。1872年6月赴欧美各国考察。1873年回国后，在政治上提倡学习德国，实行君主立宪制，维护国家权威；在教育上，提倡职业技术教育，加强德育等。随即从事政务活动。1882年后历任参事院议官、临时官制审查委员长等职。1886年在伊藤博文领导下起草日本宪法，1890年以枢密顾问官身份，与元田永孚等合作起草《教育敕语》。1893年3月任第二届伊藤博文内阁文部大臣。积极提倡振兴实业教育。主持制定《实业补习学校规程》、《徒工学校规程》、《工业教员养成规程》和《实业教育国库补助法》等教育文件。是日本近代教育制度的创立者之一。

**井田** well-field system 中国古代的一种土地制度。“井田”一词，最早见于《穀梁传·宣公十五年》：“古者三百步为里，名曰井田。”夏代曾实行过井田制。商、周两代的井田制因夏而来。井田制在长期实行过程中，从内容到形式均有发展和变化。井田制大致可分为八家为井而有公田与九夫为井而无公田两个系统。记其八家为井而有公田者，如《孟子·滕文公上》载：“方里而井，井九百亩。其中为公田，八家皆私百亩，同养公田。公事毕，然后敢治私事。”记其九夫为井而无公田者，如《周礼·地官·小司徒》载：“乃经土地而井牧其田野，九夫为井，四井为邑，四邑为丘，四丘为甸，四甸为县，四县为都，以任地事而令贡赋，凡税敛之事。”当时的赋役制度为贡、助、彻。助即服劳役于公田，贡为缴纳地产实物。周行彻法，当为兼行贡、助两法。结合三代赋役之制来分析古时井田之制的两个系统，其八家为井而有公田、需行助法者自当实行于夏、商时期。其九夫为井而无公田者当始实行于周代。周代行助法地区仍沿用八家为井之制，唯改私田、公田之数为百亩；而行贡法地区则将原为公田的一份另分配于人，故有九夫为井之制出现。古时实行易田制（即轮耕制），一般是不易之地家百亩，一易之地家二百亩，再易之地家三百亩。以上所说井田之制，当为在不易之地所实行者，是比较典型的。至于在一易之地、再易之地等如何以井为耕作单位进行区划，已无法推知，井田之间立五沟五涂之界以便划分土地和进行生产。井田制由原始氏族公社土地公有制发展演变而来，其基本特点是实际耕作者对土地无所有权，而只有使用权。土地在一定范围内实行定期平均分配。由于对夏、商、周3代的社会性质认识各异，各家对井田制所属性质的认识也不相同，或以为是奴隶制度下的土地国有制，或以为是奴隶制度下的农村公社制，或以为是封建制度下的土地领主制，或以为是封建制度下的家族公社制或农村公社制。但在承认井田组织

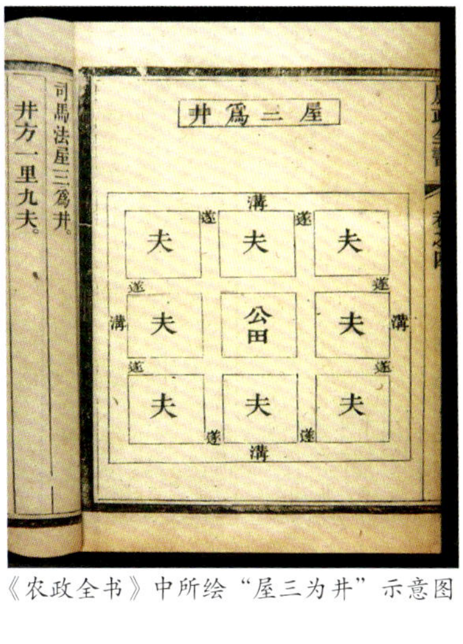


《农政全书》中所绘“屋三为井”示意图

内部具有公有向私有过渡的特征，其存在是以土地一定程度上的公有作为前提这一点上则认识基本一致。夏、商时期实行的八家为井、同养公田之制，公有成分更多一些。周代以后出现的九夫为井之制个人私有的成分已增多，可以看作私田已被耕作者占有。西周中期，贵族之间已有土地交易，土地的个人私有制至少在贵族之间已经出现。由此，自上而下，进一步发展为实际耕作者的土地个人私有制。

战国时期，秦国商鞅变法，“为田，开阡陌”，推行土地个人私有制。至此，井田制彻底瓦解。秦、汉以后，实行井田制的社会基础已不复存在，但其均分共耕之法对后世的影响却极为深远。

**井原西鹤** Ihara Saikaku (1642～1693-09-09) 日本江户时代的小说家、俳谐诗人。本名平山藤五，通称井原氏。生于大阪，卒于大阪。15岁起学习贞门俳谐（古风），俳号鹤永。转入宗因门下，改俳号为西鹤。西鹤俳谐的代表作有(《西鹤大矢数》)(1680)等。

1675年西鹤的妻子病故，他深受刺激，将经营的店铺和孩子委托给伙计，先在大阪削发修行，后到日本各地周游。1682年第一部艳情小说《好色一代男》问世。小说塑造了一个终生无妻无子、浪迹烟花柳巷的典型形象，大胆地肯定了人的爱欲本能，在文学史上被认为是以写实手法描写社会现实的“浮世草子”的起点。小说发表后反响极大，从此，他倾心于小说创作，到52岁去世为止，11年间共写出小说20余部。从内容上可分为：①好色小说。如同样以商人冶游为题材的《诸艳大鉴》(1684，又称《好色二代男》)、描写在身份制度下一位宫女最终沦落为娼妓的《好色一代女》等。②奇闻逸事和武士小说。如讲述各地怪异奇谈的《西鹤诸国奇闻》(1685)、以武士复仇为主题的《武道传来记》(1687)等。③町人小说。如以近世初期町人如何聚敛钱财、发家致富为内容的《日本永代藏》(1688)等。遗作《西鹤留下的礼物》(1693)则写出了町人好色生活可悲的结局。

西鹤的小说深刻地表现出17世纪以京都和大阪为中心兴起的町人阶级的精神世界和社会现实，在日本近世文学史上被视为持续了近百年的“浮世草子”的范本。

**肼** hydrazine 化学式$N_2H_4$或$H_2N\cdot NH_2$。又称联氨。无色油状液体，具有和氨相似的刺激性气味；熔点1.4℃，沸点113.55℃，密度1.003 6克/厘米$^3$(20℃)。肼是强极性化合物，易溶于水、醇、氨等极性溶剂。具有强烈的吸水性，因此储存时应用氮气保护并密封，遇空气发烟。肼吸水形成含水31%的恒沸物$N_2H_4\cdot H_2O$，又称水合肼。

水合肼的熔点－51.7℃，沸点119℃，密度1.030克/厘米$^3$。

肼为弱碱，其碱性比氨弱。肼具有强还原性，在碱性溶液中能将镍、银等金属离子还原为单质，可用于镜面镀银、塑料和玻璃上镀金属膜等。肼和空气的混合物在高于130℃情况下，能在金属燃烧器中点燃；若有铂催化剂存在，在30℃即可点燃。肼与卤素、过氧化氢等强氧化剂接触均可自燃；长期暴露在空气中或短时间受高温作用，能爆炸分解。液态肼与强氧化剂如硝酸、过氧化氢反应，生成氮并释放大量热。

水合肼可用次氯酸钠氧化氨或尿素得到。肼及其甲基衍生物统称为肼类燃料，它们燃烧时放出大量的热，并转变成氮气，主要用作导弹及火箭的燃料。肼热分解时产生氮、氨气和自由基，可用于发泡塑料、橡胶生产和橡胶的硫化处理。肼的水合物是有机合成以及制备异烟肼等药物的原料。

肼有毒。急性中毒时可致中枢神经系统损害，甚至致死。轻度中毒可引起眼和上呼吸道黏膜的刺激作用，引发支气管炎和中毒性肺水肿，导致肝脏代谢和解毒功能障碍。肼蒸气刺激皮肤和黏膜，液体肼可引起烧伤。

**颈椎病** cervical spondylosis 颈椎椎间关节（包括椎间盘、钩椎关节和关节突）的退行性病变。可累及神经根、脊髓、椎动脉或交感神经引起相应临床表现。多见于中老年，男性多于女性，发病率随年龄增加，但60岁以后降低。颈椎活动最多、范围最大的颈$_{5\sim6}$首先发生。

**临床类型** 颈椎间盘变性后，出现椎间不稳，容易发生颈部劳损症状。因病变部位及受累结构不同可出现不同类型。某些患者可同时出现两型或多型症状。

神经根型颈椎病 椎间盘变性突出或骨刺形成，可使颈神经根受压。以颈$_{5\sim6}$及颈$_{6\sim7}$最多见。逐渐颈痛，疼痛可放射至枕部、前额部、肩胛部和一侧上肢。有时上肢有感觉异常、无力感。急性发病时疼痛剧烈，沿受累神经根放射，呈烧灼样、触电样或针刺样疼痛，颈部活动受限。重压头顶部或牵拉患侧上肢时，症状加重。颈椎X射线侧位片可见颈椎生理前凸变小，甚至反曲，椎间盘边缘骨质增生，椎间隙变窄，颈韧带钙化，伸屈位像可见椎间不稳，前后有移动。斜位片示椎间孔缩窄。

脊髓型颈椎病 椎体后缘骨嵴及膨出或突出的椎间盘组织可压迫硬脊膜囊腹侧、脊髓前动脉、根动脉、脊髓及神经根，引起四肢不同程度的瘫痪。一般发病缓慢。最初一侧或双侧下肢无力感、麻木、发僵、行路困难；继之，一侧或两侧手麻木、无力、不灵活、持物易脱落。躯干部常有束带感。严重者上下肢痉挛，卧床不起，生活不能自理，大小便困难。颈部活动多无明显限制。CT扫描能清晰显示骨结构及其轮廓，观察骨质增生和椎管狭窄（见椎管狭窄症）的程度。脊髓造影能确定脊髓受压梗阻部位，显示脊髓轮廓，并能区别骨性压迫和椎间盘突出。磁共振通过矢状面及轴位断面可显示脊髓内部某些病损及脊髓轮廓，也可显示神经根的形态，可明确脊髓受压部位及致压物的性质，并评估椎间盘退变程度及形态。

椎动脉型颈椎病 椎动脉分4段，自颈$_6$至颈$_2$横突孔为第二段，距钩突及关节突均甚近，椎动脉型颈椎病好发于此区。钩突或上关节突增生可使一侧或双侧椎动脉受压或扭曲，椎间不稳及异常活动亦可使受压部位的椎动脉或交感神经遭受刺激，引起椎－基底动脉供血不足。常见的症状有：发作性眩晕、复视、眼球震颤；有时恶心、呕吐、耳鸣甚至耳聋；下肢突然无力而猝倒。症状多在头颈活动到某一位置时发生。有时出现一过性瘫痪或昏迷。椎动脉造影对诊断有帮助。

交感（神经）型颈椎病 钩椎关节的钩突及上关节突增生可压迫神经根、椎动脉及伴随的交感神经，后者包绕椎动脉，形成椎动脉丛，沿椎动脉分支分布。随脊膜支进入椎管的交感神经受椎体后缘骨嵴和椎间盘刺激，再经交感中枢反射，引起相应部位交感神经兴奋或抑制。此症多表现为主观症状，体征很少，如偏头痛、后头痛；视力模糊、畏光、流泪、眼球胀感、眼球后疼痛、视力减退甚至丧失；耳鸣、听力减退甚至耳聋；说话无力，声音嘶哑甚至失音；瞳孔缩小，眼睑下垂，眼球下陷。

**治疗** 90%以上的颈椎病应用非手术疗法有效，包括软围领制动、颌枕带间断牵引以缓解神经受压。手法治疗虽可缓解症状，但是脊髓型及椎动脉型者最好不用。理疗、外敷中药、中药离子导入、内服舒筋活血止痛药物及封闭疗法也有效。对于非手术治疗无效的才考虑手术。脊髓型症状严重者应早期手术，以免脊髓受压过久而不能逆转。多主张后路开门式扩大椎管治疗。神经根型者可行前路椎间盘切除及椎体间植骨融合术，后路椎板部分切除、椎间孔后方切开摘除椎间盘或骨赘，前侧方钩椎关节切除椎间孔扩大术。椎动脉型者可行椎动脉松解术、横突孔切开术、钩椎关节切除椎间孔切开术。

**《景德传灯录》** 中国佛教禅宗史书。30卷。宋代景德元年（1004）东吴道原撰。灯，意谓灯能照暗，传灯喻禅宗历代师徒相授，以法传人。唐代有编次禅宗诸祖传记、偈语及宗师机缘的《宝林传》、《玄门圣胄集》，道原续后梁开平（907～911）以后宗师机缘，并统集《宝林》、《圣胄》等传，撰成此书。后经翰林学士杨亿等刊削裁定。书中所记禅宗世系源流，上起七佛，下止法眼文益法嗣长寿法齐，共52世，1 701人。灯录是介于僧传与语录之间的一种文体，为禅宗首创，实际上可以看为禅宗思想史。此书在佛教内外产生了很大影响，引出了禅宗的一系列著作。

**景德镇瓷** Jingdezhen porcelain 中国江西省景德镇地区生产的瓷器。景德镇因盛产名瓷被称为瓷都，产品以日用瓷和艺术陈设瓷为大宗，此外还有建筑卫生瓷、高低压电瓷、化工用瓷、纺织用瓷等。著名的日用瓷品种有青花瓷、玲珑瓷、颜色釉瓷、粉彩瓷和薄胎瓷等。产品造型有碗、盘、杯、壶、坛罐、瓷板、瓷雕等十几大类和众多的装饰画面。

景德镇原名新平，又名昌南镇。北宋景德年间，昌南镇烧制的御用瓷器光致茂美，四方仿效，昌南镇从此改称景德镇。南宋时期，景德镇集全国名窑之大成，使产品和装饰日趋丰富，创制出影青釉刻花瓷。元初设立浮梁瓷局，生产色似鸭蛋壳的卵白釉瓷，烧造出青花、釉里红、霁蓝釉、大缸等产品。明初，官府在景德镇珠山设立御窑厂，生产御用瓷器。同时民营瓷业也很兴旺，创造出祭红、斗彩、孔雀绿、娇黄和矾红描金等产品，海外贸易逐渐扩大。清代康熙年间的五彩、珐琅彩，雍正年间的粉彩、墨彩，乾隆年间的青花玲珑均颇负盛名。鸦片战争后，景德镇瓷业日趋衰落。20世纪50年代，景德镇的瓷业得到恢复和发展。

景德镇青花梧桐咖啡具

景德镇制瓷原料主要为当地的优质瓷石、高岭土、釉石、石灰石和少量釉灰等，用机械设备加工成精细的坯泥和釉浆。陶瓷器成型多采用滚压、旋压、拉坯、印坯、雕塑、注浆等方法。半成品坯经修坯后上釉，装入窑炉中，在1 280～1 350℃高温下还原气氛中一次烧成。坯、釉中的三氧化二铁在还原气氛中转变成氧化亚铁，形成景德镇瓷半透明度好、敲声如磬、釉面白里泛青的绢云母质瓷的独有的特色。

**景德镇市** Jingdezhen City 中国江西省辖地级市。位于省境东北部，邻安徽省。辖珠山、昌江2区和浮梁县，代管乐平市。面积5 263平方千米。人口为159万（2010）。与佛山、汉口、朱仙镇合称中国四大名镇，是驰名中外的“瓷都”。西汉属豫章郡鄱阳县。东晋咸和五年（330）置新平镇，属鄱阳县。宋景德元年（1004），因造御瓷得真宗赏识，改用皇帝的年号易名景德镇。1949年改为景德镇市。矿产有瓷土、砂金、煤、锰、石灰岩、大理石、海泡石等。盛产稻谷、大豆、小麦、花生、棉花、油菜子、芝麻、茶叶、香菇等。浮梁县茶叶生产历史悠久，在唐代就已是全国重要的茶叶生产、集散地，是“中国红茶之乡”。林木有杉树、马尾松、毛竹、油茶、油桐、漆树等，并盛产山苍子、猕猴桃、椽子、金银花等。陶瓷在景德镇市国民经济中占有重要地位。明代即为全国制瓷业中心。工业还有机械、电子、汽车、直升机、建材、食品、医药、化工、电力等。名胜古迹有景德镇陶瓷博物馆、龙珠阁、湖田古窑遗址、浮梁旧县衙、高岭山、莲花塘等。景德镇是国家历史文化名城。

**景德镇窑** Jingdezhen Kiln 中国古代瓷窑。窑址在江西景德镇，因其地古属饶州，故明代以前多称为饶州窑，为元明清以来的中国瓷器生产中心。景德镇制瓷当不早于中唐，唐五代主要烧青瓷，入宋蓬勃发展。景德年间设官窑。官府设官监管烧瓷充贡品，底书“景德年制”四字，始有景德镇之名。产品则以刻划花或印花的**青白瓷**著称，器物坚薄莹润，曾有“饶玉”之称。元代在当地设立唯一的官府瓷器作坊，产品有卵白釉、青白釉、蓝釉、红釉、**釉里红**等，而影响最为深远的是图案精细、效果优雅的青花瓷的创造。明清的景德镇仍为御器厂所在地，产品以**青花**为主，也有**斗彩**、**五彩**、**粉彩**等彩绘瓷和各种颜色釉器物。不仅官窑昌盛，民间瓷窑也蓬勃发展。乾隆初期最兴盛。清后期，烧造逐渐衰落。由于拥有得天独厚的原料和精湛高超的技术，元明清的景德镇陶瓷不仅在国内声誉最高，并且代表了中国的陶瓷艺术水平和陶瓷艺术的时代风貌。宋以来，景德镇瓷器畅销海外，对世界陶瓷的发展影响极大。

青花花卉凤尾尊（故宫博物院藏）

**景观** landscape 一个含义广泛的术语。不仅在地理学中经常使用，而且在建筑、园林、日常生活等许多方面使用。源于德文landschaft，其原意为风景、风景画、眼界等。19世纪初引入地理学，由于不同学派或学者在认识和理解角度上的差异出现多义的现象：①指某一区域的综合特征，包括自然、经济、人文诸方面。②指自然综合体。③指区域单位，相当于综合自然区划等级系统中最小一级的自然区。④指任何区域分类单位，理解为具有分类含义的自然综合体，类似于生物学中种的概念。从受人类开发利用和建设角度，景观分为自然景观、园林景观、建筑景观、经济景观、文化景观等；从时间角度分为现代景观、历史景观。

**景观生态学** landscape ecology 通过景观的生物组成成分与非生物组成成分之间的相互作用，综合研究景观的内部功能、空间组织和发展规律的学科。又称地生态学。是地理学、生物学、生态学之间的交叉学科。为景观开发利用、自然保护和资源管理的理论基础，广泛应用于资源开发与管理，自然保护区的建设以及农业规划、城市规划和国土规划等各类规划中。1939年德国C.特罗尔提出这个术语，1981年在荷兰召开第一次国际景观生态学讨论会，接着国际景观生态学会（IALE）成立。主要研究内容：①通过能量流、物质流和信息流在地球表层的转换，研究景观中生物与非生物之间的相互作用，特别是研究地理圈各圈层之间相互影响形成的空间结构、内部功能及其相互关系。②景观生态类型的划分，景观生态诊断。③景观动态仿真和建立景观生态模型。④景观生态学在各类规划中的应用。

**景洪市** Jinghong City 中国云南省西双版纳傣族自治州辖县级市。位于省境南部，南与缅甸毗邻。面积7 133平方千米。人口52万（2010），其中少数民族有傣、汉、哈尼、基诺、彝、拉祜、布朗等，占总数的67%。西汉为哀牢地，元置彻里军民总管府，明改车里军民府，清设车里司。1929年改车里县。1953年西双版纳傣族自治州成立后，设版纳景洪、版纳勐龙、版纳勐养、版纳勐旺4州属版纳，1957年合并为版纳景洪，1958年置景洪县，1993年改为景洪市。地形以山地为主。属南亚热带高原季风气候。矿产有煤、铁、铜、锰、石墨、高岭土等。

曼飞龙塔

农业主产水稻、玉米、小麦、甘蔗、花生、橡胶、咖啡、茶叶，以及杧果、香蕉、菠萝、南药等。畜牧养殖以猪、黄牛、水牛、鸡等为主。工业以制糖、制茶、制药、食品、饮料、建材、采矿、冶炼、机械、胶塑、造纸、陶瓷等为主。景洪港为国家级水路口岸，可直达老挝、泰国。名胜有曼飞龙塔、曼阁佛寺、西双版纳民族风情园、孔雀湖、周恩来总理纪念碑园、天然公园橄榄坝等。

**景教** Nestorianism 基督教聂斯脱利派传入中国后的称谓。5世纪初，由基督教正统派中分裂出来的聂斯脱利派为躲避迫害，向东转移并沿途传教。唐太宗贞观九年

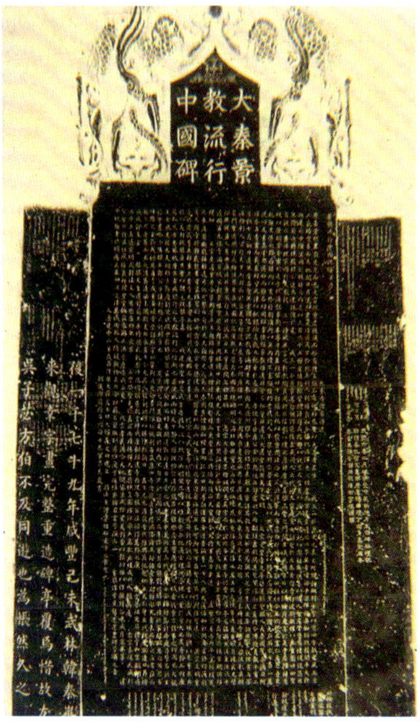


《大秦景教流行中国碑》

（635），该教经波斯传入中国，并获得相当发展。武宗会昌五年（845）大举灭佛，该教亦遭波及，在中原一带一度绝迹。13世纪元朝建立，该教再度进入中原，并向各地扩展。与当时传来的**天主教**同被称为**也里可温教**。元朝灭亡后在中国再度消失。

**景宁畲族自治县** Jingning She Autonomous County 中国浙江省丽水市辖县。位于省

境南部。面积1 950平方千米。人口11万(2010)，其中畲族约1.6万余人。明景泰三年(1452)置景宁县，后几经变更，1984年设自治县。地处浙南山地中部。为省重点林业县之一，林产以杉、松木为主，并产毛竹、乌桕子、油桐子等。有水杉、金钱松等22种国家濒危植物。属国家保护的一、二类珍稀动物梅花鹿、金钱豹、黄腹角雉、金雕、白鹳等20余种。矿产有铁、萤石、锰、铅、锌、铜、银、叶蜡石、大理石等。主要农作物为水稻、小麦、甘薯、玉米。特产茶叶、香菇、黑木耳、厚朴、茯苓等。工业有电力、造纸、酿造、纺织、竹木加工等。有雪花漈、敕木山石刻群等名胜古迹。时思寺为省文物保护单位。

**景颇语** Jingpo language 属汉藏语系藏缅语族景颇语支。主要分布于中国云南省德宏傣族景颇族自治州的潞西、陇川、瑞丽、盈江等地和缅甸的掸邦、克钦邦。此外，在印度也有使用者。景颇语有31个声母、88个韵母，有4个声调。以虚词和词序为表达语法意义的主要手段，有一些形态变化。人称代词单数加后加成分表示双数和复数。通过屈折变化综合体现谓语的式、人称、数、方向等语法意义。借词主要来自汉语、傣语、缅甸语等。景颇文创制于19世纪末，以拉丁字母为基础，共有26个字母。在缅甸的景颇人也使用这种文字。

**景颇语支** Jingpo branch 属汉藏语系藏缅语族。在中国主要分布于云南省德宏傣族景颇族自治州；在国外主要分布于缅甸。能确定属这个语支的只有景颇语。有人主张独龙语、僜语也属此语支。景颇语支的特征介于藏语支和缅语支、彝语支之间。塞音、塞擦音有清无浊；元音分松紧；有鼻音、塞音韵尾；双音节词的前一音节多出现弱化现象；量词较少，许多名词计数时不用量词；双音节的单纯词较多。

**景颇族** Jingpo 中国少数民族。主要分布在云南省西部地区。人口132 143(2000)。使用景颇语，也使用缅语支的载瓦语。有景颇文。其先民最早居住于康藏高原南部山区。自唐代开始南迁，明末清初大批迁入今德宏地区。男子喜裹白或黑包头，着黑色衣裤或白衣黑裤。妇女头裹鲜艳羊毛织成的包头，一般着黑色短上衣，上衣前后及肩上都钉有成串的银泡、银片，下着艳丽的羊毛织成的筒裙，并裹毛织护腿。一般以大米或玉米为主食。住竹木结构茅屋。婚姻行一夫一妻制。对财产实行不严格的幼子继承制。曾盛行转房制（见夫兄弟婚）和妻死续妹（见妻姊妹婚）的习俗。人死后一般行土葬。节日有农历正月十五日的目瑙节，接连数日，举行隆重的舞蹈

收获马铃薯的景颇族妇女

盛会。普遍信奉原始宗教，相信万物有灵，少数人信仰基督教和小乘佛教。1953年建立了德宏傣族景颇族自治州。

**景泰蓝** cloisonné enamal 在铜胎上嵌丝后再涂烧搪瓷釉的艺术搪瓷。中国北京特产工艺品。明宣德年间兴起。景泰年间，以图案精美、色泽浑厚著称于世，因以深青色和浅天蓝色（略带绿）两种釉料最盛行，故名景泰蓝。清康熙年间，钦定为宫廷艺术。雍正、乾隆年间，技艺成熟，造出许多精美桌椅、床榻和挂屏等。1950年后，上海、天津、西安等地也相继兴建起景泰蓝工厂。

明代景泰蓝鱼耳炉

景泰蓝所用原料主要为铜（坯胎）及各种釉料。清中期以前多用黄铜胎，以后则为紫铜胎。20世纪70年代后，也曾用银和亚金制胎。釉料则用石英、长石、铅、硼砂等，按色彩需要以不同比例配制而成。

景泰蓝生产以手工为主，分为制胎、掐丝、焊接、点蓝、烘干、烧成、磨光、镀金等工序。其中点蓝（把各种色釉填入丝纹空隙）和烧成两道工序须反复2～3次。有些器物的顶盖、边饰还采用錾花、花丝、镶嵌等工艺。产品既有金属的光泽，又有釉色的晶莹瑰丽。品种大多是瓶、盘、盒、灯、奖杯以及各种工艺陈设品。

**景天科** Crassulaceae; orpine family 双子叶植物纲蔷薇亚纲的一科。有35属1 600种，广布于全球。中国有10属240多种，分布几遍全国。草本或小灌木，茎及叶肉质。单叶，稀为羽状复叶，互生、对生或轮生，无托叶。花常为两性，稀单性，花序多成聚伞状或复聚伞状，萼片与花瓣同数，常4～5，合生，雄蕊与萼片同数或2倍；雌蕊通常4～5，每个基部有小鳞片1枚，子房1室。蓇葖果。景天科植物体肥厚肉质，多培育供观赏，如伽蓝菜属、落地生根属、青锁龙属、紫景天属、景天属等。瓦松属、红景天属、紫景天属和景天属的某些种供药用，某些种有抗病毒的性能。景天科与虎耳草科的亲缘关系极密切，主要区别是本

红景天

科肥厚肉质的体态和心皮基部具鳞片状泌蜜的腺体。

**景县** Jingxian County 中国河北省衡水市辖县。位于省境东南部，邻接山东省。面积1 183平方千米。人口53万(2010)。汉置脩县，明省脩县入景州，1913年废府州为县，景州改为景县。地处黑龙港流域，为冲积平原。属暖温带半湿润大陆性季风气候。粮食作物主要有小麦、玉米、谷子、高粱、大豆、薯类等，经济作物主要有棉花、花生、芝麻、瓜菜、药材等。工业主要有农机、橡胶、尼龙、化肥、厨房设备等。古迹有封氏墓群、景州塔等。

**警察机关** police station 国家机器中，运用暴力强制手段和其他特殊手段，维护国家安全和社会秩序，具有武装性质的国家治安行政机关。国家机器的重要组成部分，国家专政的重要工具之一。世界各国警察机关的名称不尽相同。中国称人民公安机关或人民警察机关，其体系是：国务院设公安部；省、自治区、直辖市设公安厅(局)；自治州、县、市设公安局；市辖区设公安分局（处）；公安局或公安分局在其管区内的市镇、街道、交通沿线、情况复杂和农村、边境地区设公安派出所。美国县、市、州下属的警察机关分别称：县警察局、城市警察局、州警察局，联邦政府所属警察机关称为联邦调查局。此外，还有些国家称警察厅、警视厅、治安机关等。

**警犬** police dog 用于警用目的、经过特殊训练的特种犬。欧洲的牧羊犬、多贝尔曼－平舍犬等是警犬的首选犬种。犬类具有特别灵敏的嗅觉、听觉和耐劳能力。警犬能为侦查人员指明犯罪嫌疑人逃跑的方向，有助于侦查人员发现犯罪嫌疑人藏身、隐

藏赃物和凶器的场所；警犬有时还能帮助侦查人员当场捕获犯罪嫌疑人。为了打击犯罪，各国均有专门机构负责选择并训练警犬。

警犬的训练、使用以及选种、饲养、繁殖、疾病防治的专门技术，称警犬技术。研究警犬技术的目的是培养警犬鉴别、追踪、搜索和捕扑罪犯的能力。警犬训导员负责警犬的训练和使用，将I.P.巴甫洛夫的条件反射理论及犬类心理学等理论综合运用于警犬的训练和使用中。经过无数次的刺激、反应并在大脑皮层建立了稳定的条件反射的警犬，能依据某种嗅源（如人的体味、物的特殊气息等），在警犬训导员的口令、手势、触摸等信号的引导下，实现追踪、搜查、鉴别物证、维护治安等警用目的。

专门用于打击毒品犯罪的警犬称为缉毒犬。在缉毒犬的训练及使用过程中，所用的嗅源只能是各种毒品或其载体。缉毒犬既可作业于已知的毒品犯罪，也可用于常规的毒品搜查。

警犬的鉴别只准利用犯罪嫌疑人使用过的物品作为嗅源，以物鉴物，不准以物鉴人。鉴别结果不能成为独立的证据，只能与案件中其他证据材料结合使用。

**《警世通言》** *Stories to Warn Men* 中国明代拟话本小说集。冯梦龙纂辑。与冯氏的另两种话本小说集《喻世明言》(《古今小说》)、《醒世恒言》合称“三言”。《警世通言》收白话短篇小说40篇。其中比较优秀的篇目描写了市民生活，表现了他们在封建黑暗势力统治下所遭受的迫害及他们的反抗斗争。爱情描写在作品中占有相当大的比例，一般都能反映当时较为普遍的社会问题，特别是妇女的不幸遭遇，如《玉堂春落难逢夫》、《杜十娘怒沉百宝箱》，都是脍炙人口的名篇，特别是《杜十娘怒沉百宝箱》，在思想性和艺术性方面都代表了明代拟话本的最高成就。《警世通言》还有一些宣扬好的品德如义气、临财不苟得等作品。但即使是一些优秀作品也往往夹杂某些落后的思想成分，如鼓吹封建道德和宣扬封建迷信。

1956年作家出版社出版了校注本。

**径流** runoff 降雨及冰雪融水在重力作用下沿地表或地下流动的水流。按水流来源可分降雨径流和融水径流；按流动方式分为地表径流和地下径流，地表径流又分坡面流和河槽流。还有水流中含有固体物质（泥沙）形成的固体径流、含有化学溶解物质构成的离子径流等。在一定时段内通过河流某一断面的水量称径流量。

**净** painted-face role in Chinese opera 中国戏曲表演主要行当之一。俗称花脸。以面部化装勾画脸谱为突出标志，音色洪亮宽阔，演唱风格粗壮浑厚，动作大开大阖、顿挫鲜明，表现性格气质豪迈或粗犷、刚直或奸诈的人物形象，如包拯、张飞和曹操等即为净扮。宋元南戏和北杂剧始用净

京剧《铡美案》中的包拯（方荣翔饰）

的名目。原是以插科打诨、滑稽调笑为特征的喜剧脚色，以后逐渐向以特殊造型手段塑造正剧人物转化。到清代中叶昆山腔表演艺术发展的成熟期，净扮的人物范围及其艺术特点渐趋稳定，净、丑明确分工，形成了大面（净）、二面（副）、三面（丑）3个行当。大面的出现标志着净的正剧化，喜剧性人物则归入副和丑扮，大面中又有红面、黑面和白面之分。花部勃兴后，特别是京剧形成以后，净所扮演人物的范围不断扩大，引起了净脚内部各行脚色的新的分化和融合。由于各个剧种的分行方法和习惯不尽相同，因而在具体名目上呈现出错综复杂的现象。如按扮演人物的身份、性格及其艺术、技术特点，大致可归纳为以唱功为主的大花脸和以做功为主的二花脸两大支系。二花脸中又有武花脸和以扮演钟馗、判官等角色为主的油花脸等分支。

**净明道** Jingming sect of Taoism 中国道教教派。全称净明忠孝道。始创于南宋初，是由灵宝派分衍而成。相传东晋时江西南昌西山道士许逊修道有灵验，举家拔宅飞升。隋唐时当地出现神化许逊的信仰。南宋初西山玉隆万寿宫道士周真公利用许逊信仰，建翼真坛传度弟子，开创净明道。但传承未久，湮没无闻。宋末元初，西山道士刘玉（1257～1308）自称数遇许逊等仙真，降授《玉真灵宝坛记》、《八极真诠》等净明道要，遂重创净明道派。

刘玉所创新净明道以南昌西山为活动中心，奉许逊为教祖，自称为第二代祖师。净明道以“净明”、“忠孝”为宗旨，以“净明”为个人心性修炼的最高目的，即教人清心寡欲，正心诚意，使本心不为物欲所动，不染物、不触物，清静虚明，既而达于无上清虚之境。忠孝是制行的最高准则，该道以忠、孝、廉、谨、宽、裕、容、忍为“垂世八宝”。其特点，是倡导三教合一，忠孝为本。其作用则维护了封建纲常伦理，因而得到元明两代统治阶级的重视。入清以后，净明教逐渐归入正一道。

**净土** pure land 佛教术语。大乘佛教传说中的佛所居处，以清净安乐为特征。与众生现世所住的秽土、秽园相对。又称为净刹、净界、佛国等。早期大乘经典中已提及净土。但真正确立净土信仰以至佛教宗派的是《无量寿经》关于西方阿弥陀佛的极乐世界的说法。《观无量寿经》详细地描绘了极乐净土的妙好庄严。佛教中净土并不囿于西方一处，还有东方阿閦佛的妙喜

《极乐净土》(彩织)

世界、药师佛的东方净琉璃世界等。佛教中也有主张心即净土者。

**净土三经** three canons of Pure Land 有关阿弥陀佛及其极乐净土的三部佛教经典。中国和日本净土宗的本据。它们是《无量寿经》、《观无量寿经》、《阿弥陀经》，分别称《大经》、《观经》、《小经》。《大经》说过去有国王出家为僧，号法藏，发四十八愿，称：“十方众生，至心信乐，欲生我国乃至十念，若不生者，不取正觉。”后成佛，名无量寿，其国名“安乐”。《观经》说西方阿弥陀佛国妙好庄严，经中说观想念佛的十六次第，即十六观法；又许诺了九品往生的修行果报。《小经》宣称，只要一心念佛，死后定可往生净土。

《无量寿经》汉译本现存者有东汉支娄迦谶译《无量清净平等觉经》2卷；吴支谦译《阿弥陀三耶三佛萨楼佛檀过度人道经》2卷；康僧铠《无量寿经》2卷；唐菩提流

《阿弥陀经》（残片，唐）

支《无量寿如来会》2卷；北宋法贤《大乘无量寿庄严经》3卷。《观无量寿经》有南朝宋畺良耶舍译本1卷和同时代昙摩蜜多《观无量寿佛经》异译本1卷（已佚）。《阿弥陀经》的译本有：后秦鸠摩罗什译《佛说阿弥陀经》1卷；唐玄奘译《称赞净土佛摄受经》1卷。

**净土宗** Pure Land Buddhism 中国佛教宗派之一。又称莲宗。因专修往生阿弥陀佛净土法门而得名。主要以净土三经为依据。净土思想远可上溯至世亲以至龙树。东魏时山西玄中寺昙鸾从菩提流支受《观无量寿经》并著《往生论注》。后道绰亦住玄中寺教人以观相持名念佛。其弟子善导后至长安光明寺传净土教义，遂正式创净土宗。善导所著《观无量寿经疏》、《往生礼赞》、《观念法门》、《法华赞》、《般舟赞》及门人怀感的《释净土群疑论》均为重要宗典。净土宗以为生当浊世，人很难凭自力求解脱，唯有乘佛愿力往生净土，方为易行道。该宗力主修善业正因，即勤修三福（修十善业，受持三归及诵大乘经），更重要者为修念佛三昧。有持名、观相及实相3种念佛法门。若以名数概括也称五念门或十念门。修念佛法门之果报分九品往生净土。唐代净土法门有二系：一为昙鸾、道绰、善导、怀感相承的观想持名念佛；一为慧日、承远、法照之五会念佛法门。宋代佛教诸宗都倡念佛。禅门法眼宗延寿、云门宗宗赜，天台宗省常、遵式、晤思都结社念佛。南宋初，天台宗子元奉高宗诏入宫讲净土法门，被赐以劝修净业莲宗导师慧照宗主之号，故净土宗亦称莲宗。元大德九年（1305）普度上书乞准立莲宗。净土宗得朝廷认可并依志磐《净土立教志》立慧远、善导、法照、承远、少康、延寿、省常七祖。明、清两代，禅净合流已成事实。净土教义随9世纪来华日僧最澄、圆仁，12世纪的源空传至日本。

**净业寺** Jingye Temple 中国佛教寺院。位于陕西西安城西南终南山丰峪口。建于隋代。唐道宣律师在此建坛传戒，建南山律宗一系，寺遂成为律宗祖庭。明、清屡次重修，有大殿、禅堂、法华堂、伽蓝殿及僧寮等。

**净仪** al-Tahārah 伊斯兰教洁身仪式。为穆斯林有效履行某些宗教义务的先决条件。对于参加礼拜、触摸和诵读经书是必不可少的，在其他情况下是嘉许的。净仪分大净、小净和代净3种。①大净。由于性交、梦遗、月经和临盆造成的不洁，必须用水彻底清洗全身，包括小净的冲洗步骤，要求每根毛发均需洗到。②小净。由于接触教法规定的不洁物体及其掩盖物，例如血、不符合规定死去的动物躯体、动物粪便、某些动物（如猪、狗）、酒等，或由于睡眠、大小便、触摸非近亲的异性等，必须先冲洗身上污秽或不洁部位，再冲洗双手至肘，洗脸、漱口、净鼻孔，用湿手拭头，最后冲洗双足过踝。③代净。在无净水或因病畏冷而无温水时，可履行象征性净仪代替大、小净。即以双手在清洁土地或沙砾上一拍，而后抹面部，再拍后用左手抹右手，从手背指端抹至肘部，再翻左手由肘内侧倒抹至指端，然后同样方式用右手抹左手。

**竞技体操** competitive gymnastics 体操竞技性比赛的一种。随着体操技术的发展，许多国家已将竞技体操改称为artistic gymnastics，直译为“艺术体操”。竞技体操有较强的艺术性，动作优美，难度大，变化多。1896年，在希腊雅典举行的第1届奥林匹克运动会上，竞技体操被列为正式比赛项目。男子的自由体操、鞍马、吊环、跳马、双杠、单杠6项是在1936年第11届奥运会上确定的。女子的跳马、高低杠、平衡木、自由体操4项是在1952年第15届奥运会上确定的。世界最高水平的竞技体操比赛为奥运会体操比赛、世界体操锦标赛和世界杯体操赛。比赛包括团体预、决赛、个人全能和单项决赛4种。中国自20世纪50年代开展竞技体操，技术水平提高很快，现已跻身世界体操强国之列。至2002年已获三大赛团体、个人全能和单项共54枚金牌，涌现了许多世界体操明星。在2008年北京奥运会上，我国在体操竞赛方面就获得了14枚奖牌，9枚金牌。

**竞选** electioneering 候选人为赢得选票而在投票前所进行的各种有计划、有组织的竞争性活动。总统竞选过程通常先由各政党推出参与竞选的候选人，然后在政党帮助下，建立由候选人政治上的密友、义务助选员、竞选咨询专家等组成的竞选机构，拟定竞选纲领，筹措竞选经费，利用大众传媒、公共场所等宣传工具和场地，通过邮寄、电话、电子邮件、演讲、辩论等形式，宣传自己、批评对方，以此影响选民的投票意愿，争夺选票以取得选举的胜利。竞选时间通常从规定大选开始到选举日结束。但其中时间长短各国规定不一。例如，竞选时间较长的美国用时将近10个月，而时间较短的英国用时前后仅20天。在当今世界，大约不到1/3的国家实行竞选。

**竞走** race walking 田径运动径赛项目之一。运动员必须自始至终保持一只脚与地面接触，同时前腿从着地到垂直位置必须始终伸直，膝关节不能弯曲。该项目分场地竞走和公路竞走两种。场地竞走的项目

2005年世界田径锦标赛女子20公里竞走比赛场面

有男子20公里、2小时、30公里、50公里4项和女子5公里、10公里2项。公路竞走的项目有男子20公里、50公里两项，女子5公里、10公里、20公里三项。由于各地举办公路竞走的客观条件不同，因此公路竞走不设世界纪录，只有最好成绩。竞走是从19世纪初在英国兴起的步行比赛发展起来的。1908年男子竞走正式被列为第4届奥林匹克运动会比赛项目。女子竞走比赛开展得较晚，1980年国际田径联合会正式决定将女子竞走列为世界性比赛项目。

竞走能有效地发展耐力和提高内脏器官功能，还能培养刻苦耐劳的精神和坚忍不拔的毅力。

**竟陵派** Jingling school 中国明代后期文学流派。以竟陵人钟惺、谭元春为首而得名。又称竟陵体或钟谭体。明代中叶后，前、后七子拟古之风甚烈，“文必秦汉，诗必盛唐”成为评判诗文准则。“唐宋”、“公安”两派曾先后给予抵制和抨击。竟陵派认为公安派作品俚俗、肤浅，因而倡导一种“幽深孤峭”的风格加以匡救，主张文学创作应抒写“性灵”，反对拟古之风。所

谓“性灵”是指学习古人诗词中的“精神”，这种“古人精神”，不过是“幽情单绪”和“孤行静寄”。所倡导的“幽深孤峭”风格，指文风求新求奇，字意深奥。由此形成竟陵派创作的风格特点：刻意雕琢字句，语言佶屈艰涩。竟陵派与公安派一样在明后期反拟古文风中有进步作用，对晚明及以后小品文大量产生有一定促进之功。然而，他们的作品题材狭窄，语言艰涩，又束缚了创作的发展。竟陵派的追随者有蔡复一、张泽、华淑等。受竟陵派影响而较有成就的是刘侗，他的《帝京景物略》是竟陵体语言风格代表作品之一。

**敬老院** home for the aged 为老年人养老服务的社会福利事业单位。又称养老院。西方国家的养老院通常由地方政府或慈善机构主办，接收靠福利救济或低收入的老人。中国的敬老院是在农村“五保户”的基础上发展起来的。1978年以来，中国农村乡镇普遍办了敬老院，城市街道也办起了敬老院。敬老院的收养对象主要是五保老人。有条件的敬老院还接收享受退休金的自费老人，坚持入院自愿、出院自由的原则。许多地区还为优抚对象的孤老兴办光荣院，吸收符合条件的对象入院。敬老院贯彻集体事业集体办的原则，入院老人的生活费、医疗费、丧葬费等的供给均由集体承担，统筹解决。贫困地区的敬老院，集体组织供给有困难的，由国家给予补助。敬老院的宗旨是敬老养老，把安排好老人的物质生活和文化生活放在首位。有的乡镇把敬老院办成老年人的活动中心，为乡、镇社区的老人提供福利服务。

**靖国神社** Yasukuni Shrine 日本神道教专门祭祀在近代日本历次战争中阵亡者的场所。1869年（明治二年）在东京九段阪上修建，占地近10万平方米。原名招魂社，1879年改称靖国神社，被列为别格官币社。

靖国神社的主体结构包括两部分：一是本殿和“灵玺簿奉安殿”，供奉亡灵的灵位；二是“遊就馆”，陈列日军使用过的各种武器装备，以及部分战争、战死者的介绍。1978年10月17日，东条英机、板垣征四郎、土肥原贤二、松井石根、木村兵太郎、武藤章、广田弘毅等14名日本第二次世界

大战甲级战犯的灵位被放进靖国神社。

日本战败前，神社作为陆、海军省管辖的一个特殊神社，对崇拜天皇和推行军国主义起了很大的作用。第二次世界大战后，改为民间的独立宗教法人。根据日本宪法关于政教分离的规定，取消由国家主持的祭祀活动。但自20世纪60年代以后，要求国家保护、维持靖国神社的活动频繁，右翼保守势力要求重新将靖国神社改由国家管理，实行“正式参拜”。20世纪80年代前，日本历届总理大臣（除池田勇人）都以“私人身份”前往参拜。80年代后，不仅总理大臣，几乎所有的内阁大臣都在8月15日“终战纪念日”这天参拜靖国神社。1991年1月，仙台高等法院判决总理大臣正式参拜靖国神社违反日本宪法。

**靖江市** Jingjiang City 中国江苏省辖县级市。位于省境中南部，苏北平原南端，长江北岸。面积665平方千米。人口67万(2008)。明成化七年(1471)置靖江县。1993年撤县置靖江市。由泰州市代管。夏秋有台风、暴雨。矿产有天然气、煤等。农作物以稻、麦、棉、油菜为主。工业有机械、纺织、化工、食品、建材等。名胜有四眼井、钟楼、奎星阁、望江楼、岳王庙等。

**靖康之变** 中国宋代钦宗靖康年间金灭北宋的事件。靖康元年（1126）正月，金军南下，渡过黄河，直抵北宋东京开封城。宋钦宗派使者赴金营求和。金军将领完颜宗望（斡离不）提出：宋须交金500万两、银5 000万两、牛马骡各1万头匹、驼1 000头、杂色缎100万匹、绢帛100万匹；割让太原、中山（今河北定州）、河间三镇（称三镇，即包括其所属州县）；尊金帝为伯父；以宋亲王、宰相作人质，送金军北渡黄河，才许议和。金军攻城，宋守军多次击退金军。但宋钦宗仍继续与金议和，答应了金赔款和割地的要求。金撤军北归。同年八月，金军再次南侵。闰十一月初，东京城破。宋钦宗亲赴金营，献上降表。从十二月起，金军大肆搜刮宋廷的府库及官、民户的金银钱帛。次年四月，金军俘徽、钦二帝和后妃、皇子、宗室贵戚北撤。宋朝皇室的宝玺、舆服、法物、礼器、浑天仪等也被掠去。北宋灭亡。

**靖宇县** Jingyu County 中国吉林省白山市辖县。位于省境东南部，松花江上游。面积3 094平方千米。人口13万(2010)，有汉、朝鲜、蒙古、满等11个民族。魏、晋、南北朝以及隋唐时期，属高句丽辖境。清光绪三十四年(1908)设濛江州。1913年撤州置濛江县。1946年为纪念抗联总司令杨靖宇将军在濛江殉国，改濛江县为靖宇县。矿产有煤、金、银、铜、铁、钨、锌、活性黏土、硅藻土、火山渣等。农产以玉米、豆类为主。森林资源丰富，森林覆盖率84.2%。盛产红松、白松、鱼鳞松、黄花松、杨、柳、榆、柞、椴等。生长着人参、灵芝、党参等药用植物778种。靖宇参、鹿茸已打入国际市场，是吉林省重要参茸产地之一。工业有采矿、木材加工、制药、化妆品、化工、建材、木制品、酿酒、造纸、粮食和食品加工、印刷等。纪念地有杨靖宇将军殉国地和纪念馆。名胜有仁义砬子自然风景区、龙湾湖水库等。

**静安区** Jing' an District 中国上海市辖区。位于市区中部。面积8平方千米。人口25万(2010)。1945年设静安区，因江南古刹静安寺得名。以服装、食品、家用电器为其支柱产业，还有一批科技含量较高的通信器材、精细化工等企业。境内宾馆林立，有波特曼香格里拉大酒店、希尔顿大酒店、锦沧文华大酒店、上海宾馆、静安宾馆、百乐门大酒店等。石门二路是从铁路上海站进入市中心的南大门。地铁多条线路穿越区境。区内科教文化事业发达，有多所部属、市属科研机构，宋庆龄创办的中国福利会上海市少年宫、上海展览中心、上海电视台、广电大厦等。有静安古寺、圆明讲堂、怀恩堂等宗教场所。纪念地有中国共产党第二次全国代表大会会址、八路军驻沪办事处旧址、蔡元培故居等。

**静电** electrostatics 电荷静止，相应的电磁场量不随时间变化的情形。电磁学的一种重要的特殊情形。实际中许多问题都和静电情形有关，如电子器件中用静电场来加速、聚焦和偏转电子的运动；电子显微镜中，采用一定的静电透镜或静磁透镜来聚焦电子束。这些实际问题归纳出一类主要问题，就是在给定电荷、电流分布以及周围空间介质和导体分布的情形下求解电磁场。静场情形下电场和磁场无关，可分别求解。对于静电场可引入电势$\varphi$，电场强度$\boldsymbol{E}$与电势$\varphi$的关系为$\boldsymbol{E}=-\nabla\varphi$，只需求解电势满足一定边界条件的方程；而静磁场可引入矢势$\boldsymbol{A}$，磁感应强度$\boldsymbol{B}$与矢势$\boldsymbol{A}$的关系为$\boldsymbol{B}=\nabla\times\boldsymbol{A}$，只需求解矢势满足的方程。求解静场情形下的电磁场已发展了一些有效的方法，如分离变量法、电像法、格林函数法、多极展开法等。

**静电防护** electrostatic protection 为防止静电积累所引起的人身电击、火灾和爆炸、电子器件失效和损坏，以及其他不良影响而采取的防范措施。人穿非导电鞋时，由于行走等活动会产生、积蓄电荷，并可达到千伏级的电位，此时人触及其他物体会产生火花放电并受到电击。静电产生原因

是当两个不同的物体相互接触时，使在其界面上产生电荷移动，使正、负电荷相对排列形成双电层。若将物体分离，会在两个物体上各自产生极性不同的等量电荷。防止静电的原则是：对产生静电的主要因素（物体的特性、表面状态、带电历史、接触面积和压力、分离速度等）尽量予以排除；使相互接触的物体在带电序列中所处的位置尽量接近；使物体间的接触面积和压力要小，温度要低，接触次数要少，分离速度要小，接触状态不要急剧变化等。粉体、液体、气体在输运过程中由于摩擦会产生静电。因此，要采取限制流速、减少管道的弯曲、增大直径、避免振动等措施。

静电防护还可采取下列措施：①接地。②搭接（或跨接）。③屏蔽。④用抗静电剂以增大电导率，使静电泄漏。⑤提高环境湿度，抑制静电的产生。⑥使用静电消除器，进行静电中和。

**静电感应** electrostatic induction 静电的基本现象。将一绝缘的导体靠近一带电体，导体内的自由电荷受到电场力的作用将产生运动，结果与带电体异号的电荷出现在近端，与带电体同号的电荷出现在远端。达到静电平衡时，导体上感应的正负电荷激发的电场与带电体的电场在导体内部的总和处处为零，故电荷只能分布在导体表面（确切地说是分布在很薄的表面层）。整个导体是等势的，表面是等势面，导体表面外附近的电场强度的方向与表面垂直，场强的大小与该处的面电荷密度成正比。静电感应是获得静电的一种方法，也是静电屏蔽所依据的原理之一。

**静电加速器** electrostatic accelerator 利用静电高压加速带电粒子的装置。可用以加速电子、质子或离子。1931年R.J.范德格拉夫首先研制成功，称范德格拉夫起电机。它是通过输电带将喷电针电晕放电的电荷输送到一个绝缘的空心金属电极内，使之充电至高电压用以加速带电粒子。加速器加速粒子的能量受到所使用绝缘材料击穿电压的限制。为了提高静电加速器的工作电压和束流强度，近代静电加速器安置在钢筒内，钢筒内充有绝缘性能良好的高压气体，以提高静电高压发生器的耐压强度，加速粒子能量可达14兆电子伏特。静电加速器属于低能加速器，主要作各种技术应用。

**静海县** Jinghai County 中国天津市辖县。位于天津市西南部，与河北省为邻，地处海河流域平原。面积1 476平方千米。人口65万（2010），有汉、回、满等民族。农业资源丰富，盛产小麦、大豆、葵花、葡萄、苹果，以及冬菜、红小豆等。有枸杞、金丝小枣、独流老醋、青帮大白菜等特产。团泊水库附近蕴藏着丰富的地热资源，水温高达82℃，总储量80多亿立方米，并含有铁、钼、锌等24种对人体有益的微量元素。工业主要有机械、电器、化工、纺织、食品、印刷等。名胜有西钓台古城遗址，汉、宋墓葬遗址等。

**《静江府修筑城池图》** 刻于中国广西桂林观音阁鹦鹉山崖壁上的南宋桂林城防图。此图是记录南宋宝祐六年（1258）起静江府（今桂林）四任官员为防御蒙古军队入侵，

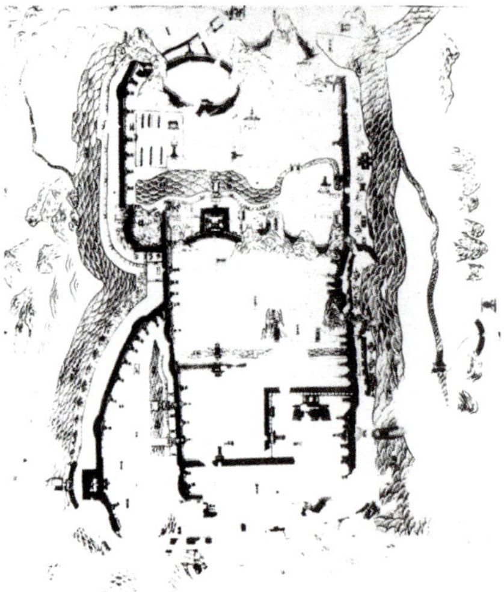

静江府城图

四次修筑城防工事的平面图。刻于咸淳八年（1272）。图高2.82米，宽2.93米，为单线阴刻，无图题。图上方刻楷书113行，记修城经过及工料费用。宋代城防设施有很大发展，此图所刻可与史书记载相印证，形象地展现出各种设施的形状和用法，是研究桂林城市发展和中国古代城防建筑的重要资料。

**《静静的顿河》** *The Silent Don* 苏联长篇小说。M.A.肖洛霍夫著。小说分4部8卷，

《静静的顿河》插图

1928～1940年先后出版。作品以1912～1922年间两次战争（第一次世界大战和国内战争）和两次革命（二月革命和十月革命）为背景，以勇敢顽强、热爱自由的哥萨克葛利高里·麦列霍夫的爱情和经历为叙事中心，将葛利高里一家及其他几个家庭的命运、哥萨克的命运同一系列重大历史事件错综而紧密地交织在一起，展示出历史的进程和人物的命运，反映出顿河哥萨克独特的风土人情。

《静静的顿河》开悲剧史诗体长篇小说之先河，场景宏伟，画面生动，众多人物及其命运在历史事件的变幻中得到深刻的体现。

**静力学** statics 研究物体或力系的平衡规律的力学分支。静力学一词是P.伐里农1725年引入的。按照研究方法，静力学分为分析静力学和几何静力学。分析静力学研究任意质点系的平衡问题，给出质点系平衡的充分必要条件。几何静力学主要研究刚体的平衡规律，得出刚体平衡的充分必要条件，又称刚体静力学。几何静力学从静力学公理（包括二力平衡公理、增减平衡力系公理、力的平行四边形法则、作用和反作用定律、刚化公理）出发，推出平衡力系的平衡条件；用数学方程表示，就构成平衡方程。静力学中关于力系简化和物体受力分析的结论，也可应用于动力学。借助达朗贝尔原理，可将动力学问题化为静力学问题的形式。静力学是材料力学和其他各种工程力学的基础，在土建工程和机械设计中有广泛的应用。

对变形体说，刚体的平衡条件只是平衡的必要条件而不是充分条件。研究连续介质如弹性体、塑性体、流体等的静力学，除了必须满足将变形体看成刚体（刚化）得到的平衡方程以外，尚须补充与物质特性有关的力学方程，如对弹性体须补充胡克定律等。

**静物画** still-life 以日常生活中的物体为主要描绘对象的绘画。通常以油画、水粉画、水彩画或素描为描绘手段。一般认为欧洲最早的静物画，是意大利画家J.de巴尔巴里在1504年所作的《静物：鹧鸪与铁臂铠》。静物画成为独立的绘画样式始于16世纪，此前，它只是作为宗教画或肖像画背景上的点缀。17世纪，静物画在北欧（主要是荷兰、佛兰德斯）渐趋普遍，逐步成为完全独立的绘画艺术样式。到近现代成为画家练习技巧和学院美术教学的手段，旨在训练观察能力、造型能力和色彩表现能力。早期的静物画常具有各种宗教寓意或象征意义：如描绘面包、酒、水隐喻耶稣受难，描绘骷髅、计时用的水漏或沙漏、蜡烛等象征生命的短暂和时间的流逝等。

夏尔丹作《有烟斗的静物》(卢浮宫博物馆藏)

静物画题材产生的重要原因是由于当时艺术家对于表现人的生活的兴趣，其中有文艺复兴以来人文主义思想的影响。17世纪的荷兰静物画华丽、精美，代表画家有J.D.de海姆、A.van贝耶伦、W.考尔夫等，其中海姆的作品具有当时流行的巴罗克风格。同时期的佛兰德斯画家F.斯尼德斯的静物画描绘细致，富于装饰美感。18世纪法国画家J.-B.-S.**夏尔丹**将题材范围扩大到以往不常为人描绘的朴实、简单的厨房用具和食物上，把极普通的对象变成了富于美感的艺术品。**后印象主义**画家P.**塞尚**，在静物画创作中追求绘画的形式感，造型上注重结构和色彩的坚实感，创造了静物画的新形式，其作品成为现代艺术的代表作。**立体主义**画家以意大利画家G.莫兰迪为代表发展了塞尚探索的新形式，作品具有形而上绘画的性质，对后起的**超现实主义**绘画有所影响。在中国绘画样式中，以描绘古器物形状为主的博古画在一定意义上亦是静物画的形式。20世纪以来，静物画作为西方画种传入中国，不仅成为油画家和水彩、水粉画家喜爱的绘画体裁，也成为艺术院校学生的基础课程之一。

**境界说** 中国古代文学理论思想。以“境”和“境界”论诗，屡见于唐宋以来的文学批评论著，传为唐**王昌龄**所作的《诗格》就讲“诗有三境”，皎然《**诗式**》中也讲“取境”问题。明清两代“境界”已被普遍使用。

近代**王国维**对传统的“境界”概念做出新解释。他在《**人间词话**》中以“境界”论词，认为“词以境界为最上。有境界则自成高格，自有名句。”“境非独谓景物也。喜怒哀乐，亦人心中之一境界。故能写真景物、真感情者，谓之有境界。否则谓之无境界。”有境界的作品，言情必沁人心脾，写景必豁人耳目，即形象鲜明，富有感染力量。王国维还进一步提出境界分“有我之境”和“无我之境”两种，境界的创造有“写境”和“造境”两种。境界说是王国维艺术论的中心和精髓。

**镜泊湖** Jingbo Lake 中国最大的熔岩堰塞湖。曾称忽汗海、毕尔腾湖。明代始称镜泊湖。位于黑龙江省宁安市西南的牡丹江上游张广才岭与老爷岭群山中。湖面海拔350米，湖面长41千米，平均宽2.23千米，面积91.5平方千米，湖深平均12.9米，鹿圈脖附近最深达62米。储水量11.8亿立方米。第四纪晚期，火山群喷发物和断裂谷溢出的熔岩形成一道玄武岩堰塞堤，堵塞了**牡丹江**及其支流，从而形成镜泊湖。湖北端湖水从熔岩堤坝上下跌，形成25米高，40米宽的吊水楼瀑布；瀑布下的深潭达数十米，与镜泊湖合为镜泊湖风景区。镜泊湖以产鲫鱼驰名，特称“湖鲫”。在镜泊湖发电厂西北50千米处的大干泡附近有6座火山锥所组成的火山群。火山锥海拔750～1 000米。在沙兰乡境内有火山口森林，通称“地下森林”，产有红松、紫椴、黄菠萝

等林木及马鹿、青羊等珍贵动物，具有罕见的自然奇观。为全国重点风景名胜区和自然保护区。2006年被联合国教科文组织评为世界地质公园。

**《镜花缘》** *Flowers in the Mirror* 中国清代长篇小说。作者李汝珍，字松石，直隶大兴（今属北京市）人。全书100回，以秀才唐敖、林之洋、多九公3人出海游历各国及唐敖之女小山寻父的故事为线索，描写了几十个国家的独特风光，奇风异俗，野草仙花，奇人异事。作者基于《山海经》等书的材料，发挥了丰富的想象力，使这部小说容量庞大，景象繁杂，结构独特，思想新颖。作品颂扬了女性的聪明才智，肯定女子在社会中的重要位置。作者让“女儿国”中的男人穿裙治家，女人穿靴治国，显示出追求男女平等的心愿。出于对封建官场贪婪专横、尔虞我诈的不满，创造出一个“君子国”，刻意描绘出一个官民平等、礼尚往来的理想化社会。作者以辛辣讽刺的手法揭露了表面满腹学识、实则不学无术，假斯文真吝啬的“白民国”、“淑士国”的儒林。还活灵活现地给各种品行恶劣的人画了像，“犬封国”、“豕喙国”、“无肠国”等，皆极尽讽刺挖苦之能事。作者运用了夸张、比喻、衬托、对比、对照、借代等多种手法，引人入胜。但小说刻画人物的性格较差，在描写德

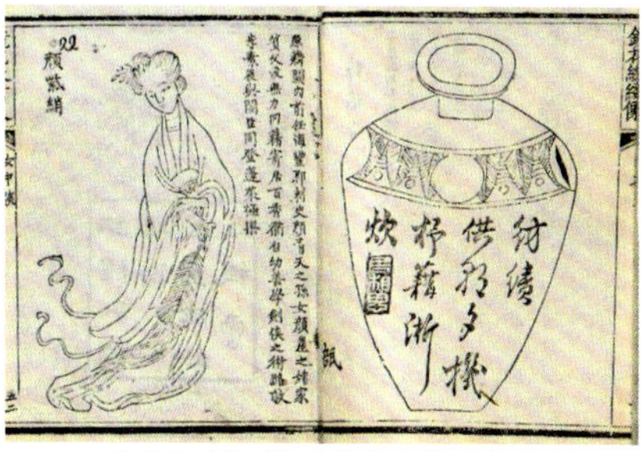

《镜花缘》插图（清道光刻本）

才兼备的女性时只偏重于各种知识的炫耀，人物形象性不足。尤其后半部累赘冗长，失去了小说应有的魅力。

**镜头** lens 主要由透镜组成，能够改变光线的方向并形成影像的光学装置。

镜头可以形成实像，也可以形成虚像，多数照相机、电影摄影机与电视摄像机的镜头，放大机、幻灯机与电影放映机的镜头都形成实像。目视观察仪器（如显微镜、望远镜）面向观察对象的镜头一般也形成实像，这种镜头又称为物镜。多数目视观察仪器中面向眼睛一侧供眼睛观察的镜头则经常形成虚像，这种镜头又称为目镜。在电子显微镜等特殊成像的仪器中，镜头是由各种电磁透镜（电磁线圈）组成的。

**主要参数** 镜头三个重要的光学参数是焦距、最大相对孔径和视场角。

焦距 在同一个拍摄距离上，镜头焦距越短所形成的影像越小（图1）；当所拍摄的影像尺寸相同时，焦距越短拍摄距离越近。因此焦距是描述镜头光学特征、决定镜头取舍的首要参数。有些镜头焦距是可

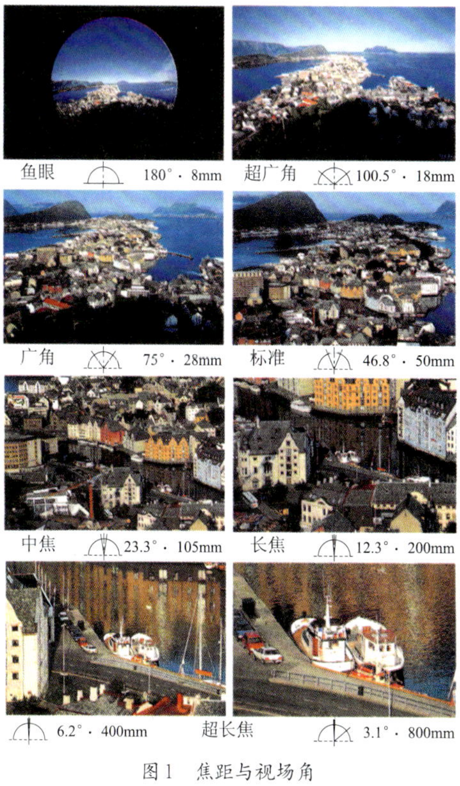


图1 焦距与视场角

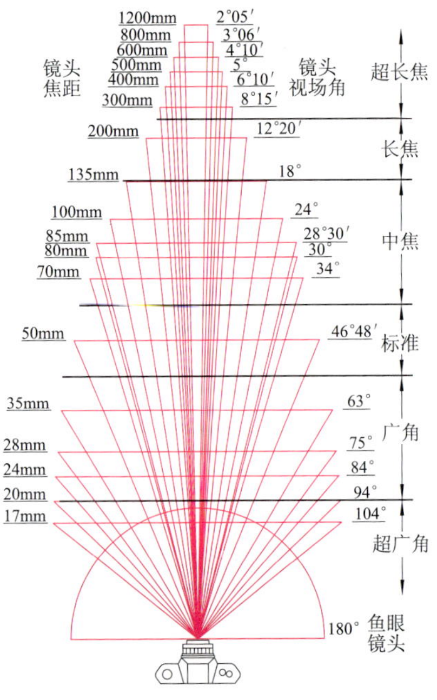


图2 镜头按焦距和视场角分段对照表

变的，称为变焦镜头。多数变焦镜头焦距可在某个范围内连续调整，一个镜头可代替多只定焦镜头使用。

最大相对孔径 多数摄影镜头内都有光圈机构，可以改变通光孔径以便调节镜头的通光量。镜头通光的能力是由光圈的直径与镜头焦距的比值决定的，称为相对孔径。镜头最大相对孔径决定了镜头最大的通光能力。

视场角 镜头对无穷远调焦时，从所摄景物范围最边缘的两点射入镜头的光线所张开的最大夹角称为镜头的视场角。视场角与镜头焦距及画幅尺寸有关。在同种画幅的相机上，当拍摄距离相同时，镜头的焦距越短，视场角越大，镜头所能涵盖的景物范围越大。这样的镜头称为广角镜头，反之称为长焦镜头。当镜头焦距与胶片画幅对角线接近时，称为标准镜头（图2）。表中列出了两种最常用画幅的镜头按视场角与按焦距分段的对照。从表中可见镜头按焦距分段实际是按视场角分段，因为不同画幅的镜头中，只要视场角相同，摄影的效果相似。

结构 镜头都由数量不等的透镜与固定镜片的镜筒、镜座与压圈等组成。描述镜头的光学结构时将每一片透镜称为“片”，独立安装的最小透镜单元（单片透镜或几片黏合的透镜）称为“组”。多片多组的对称或近似对称的镜头，既可以制成大孔径的标准、中焦镜头，也可以制成小孔径的广角镜头。特殊的鱼眼镜头视场角可以高达180°。前组为正透镜、后组为负透镜的结构称为望远型镜头，可以明显缩短长焦镜头的长度。反之，前组为负透镜组、后组为正透镜组称为反远摄镜头，明显增大后截距，为单反相机的广角镜头让出反光镜的活动空间。内部安装有球面反光镜的镜头称为折反镜头，可以大大缩小超长焦镜头的长度与体积。

多数摄影镜头内除光学结构之外还设置某些机械结构，其中最常见的有：①光圈机构。用光圈环或电机调节光圈叶片，控制光圈的大小。②调焦机构。调节镜头焦点的位置。③快门机构。有些快门设在镜头中称为镜头快门。④变焦机构。用变焦环改变镜头的焦距。⑤新型的自动调焦镜头内部还常常设置数据处理电路，随时与机身交换镜头光圈、调焦位置、焦距值等信息。

**镜中自我** looking-glass self 美国社会学家、社会心理学家C.H.库利在《人性和社会秩序》一书中提出的关于自我意识的概念。他认为，人的自我意识是在与他人的互动过程中，通过想象他人对自己的评价而获得的。在与他人的交往中，人们首先想象自己在他人眼中的形象如何，其次想象他人对自己的形象如何评价，最后根据他人对自己的评价形成自我感。犹如在镜子中看到自己的形象，人们从他人对自己的判断和评价这面“镜子”中发展出自我意识。人的性格不是遗传而来的本能，而是在社会互动的过程中逐步习得、形成的社会性产物。库利的“镜中自我”概念，对G.H.米德等符号互动论者关于自我的概念以及角色理论产生了重大影响。

**镜子** mirror 具有有规则反射性能的表面抛光金属器件和镀金属反射膜的金属或玻璃制品。分平面镜和曲面镜两类。曲面镜又有凹面镜、凸面镜之分。主要用作衣妆镜、家具配件、建筑装饰件、光学仪器部件等。

古代用黑曜石、金、银、水晶、铜、青铜经过研磨抛光制成镜子。公元前3000年，埃及已有用于化妆的铜镜。中国在公元前2000年已有铜镜。汉魏时期铜镜逐渐流行，并有全身镜。最初铜镜较薄，圆形带凸缘，背面有饰纹或铭文，背中央有半圆形钮，用以安放镜子，无柄，形成中国镜独特的风格。明代传入玻璃镜。清乾隆以后玻璃镜逐渐普及。玻璃形成镜面的表面加工有化学镀银和真空蒸镀两种方法，最常用的是化学镀银法。

**炯奈语** Jiongnai language 中国自称“炯奈”、他称“花篮瑶”的瑶族使用的语言。属汉藏语系苗瑶语族苗语支。只分布在广西金秀瑶族自治县的六巷、长垌、罗香三个乡镇。声母复杂，有边擦复辅音和鼻冠闭塞音；韵母简单，韵尾有前、后鼻音的对立，入声调的韵母带有轻微的喉塞音。虚词和词序是表达语法意义的主要手段。有简单的形态变化。代词和量词短语作修饰语时在中心语之前，名词、指示词、形容词作修饰语时则在中心语之后。句子的语序是主语－谓语－宾语。历史上没有书写文字，现在通用汉文。

**纠错码** error correcting code 传输过程中发生错误后能在收端自行发现或纠正的码。由于传输信道不理想及加性噪声的影响，通信时接收端就会收到误码。纠错码的一般做法是：对原码字增加多余的码元，即把原码字按某种规则加入监督码元，使信息码元与监督码元之间有某种约束关系。这种约束关系的建立称为编码。接收端收到码字后，用编码时所用的规则去检验，如果信息码元与监督码元之间的约束关系被破坏，则可发现错误并予以纠正。检错并恢复码字的过程称为译码。

**鸠摩罗什** Kumārajīva（344～413） 中国十六国时期后秦僧人，中国佛教四大译经家之一。祖籍天竺，父鸠摩罗炎原是印度国相，后舍相位迁居龟兹国（今新疆库车一带）。罗什生于龟兹，7岁随母出家，9岁随母去罽宾游学，从名德槃头达多法师学《杂藏》、《中阿含》、《长阿含》。12岁随母回龟兹时遍通小乘经论及世俗文典。后随莎车国大乘名僧须利耶苏摩学《中论》、《百论》、《十二门论》等，转向大乘中观派。20岁受戒，从卑摩罗义学《十诵律》；精于《放光》等大乘经论，名闻西域诸国。前秦建元十八年（382），吕光破龟兹，获罗什。二十一年，吕光占据凉州建立后凉国，罗什在凉州羁留16年。后秦弘始三年（401），姚兴灭凉，迎罗什入长安，待以国师之礼。罗什在逍遥园西明阁、草堂寺等处先后译经35部，294卷，其中有《维摩经》、《金刚经》、《大品般若经》、《小品般若经》、《法华经》、《大智度论》、《中论》、《百论》、《十二门论》、《成实论》、《坐禅三昧经》、《禅法要解》等。僧肇、道生、道融、僧睿等名僧皆出其门下。

鸠摩罗什雕像

**“九八年一代”** Generación del 98 西班牙文学史上一个重要的流派。“一八九八年一代”的简称。1898年，西班牙在与美国的战争中败北，国势一落千丈，统治阶级的腐败无能暴露无遗。一群年轻作家为国事大声疾呼，企图挽救危局。他们都出生于1864～1880年之间，家庭出身和所受的教育相似，哲学和美学观点也比较接近，逐渐形成了一个流派，文学史上称之为“九八年一代”，或“半个黄金世纪”，或“苦难

“九八年一代”作家的集会

的一代”。最早在一起活动的有阿索林、拉米罗·德·马埃斯图，P.巴罗哈－内西和M.de乌纳穆诺。1913年，阿索林首先使用“九八年一代”的名称。他们在文学上的表现是主张复古，作品脱离现实，陷入颓废主义。后因思想上和文学上的观点发生分歧而分手。

**九边** Nine Border-Garrisons 中国明代北部边塞的九个军事要镇。又称九镇。明朝建立后，逃亡北方边塞以外的北元仍不时骚扰，严重威胁着明朝的统治。明太祖朱元璋为巩固北部边防，屡次派将北征，同时，还分封子朱棣、朱权等将重兵驻守北部边塞。明成祖朱棣五出漠北，又于沿边设镇，派兵驻守。初设辽东、宣府、大同、延绥四镇，继设宁夏、甘肃、蓟州三镇，又设山西、固原两镇，是为九边（见图）。其总兵驻地和所辖长城的地段如下：①辽东镇。总兵驻地在辽阳，后又移驻北镇。所辖长城南起鸭绿江边，西至山海关，全长一千九百五十余里。此镇长城到明朝中期以后即很少修葺，多未包砖，遗迹保存较少。②蓟镇。总兵驻地在三屯营（今河北迁西）。所辖长城东起山海关，西至居庸关灰岭口，全长一千二百多里。为现存长城中保存最为完整的一段，工程非常坚固。戚继光任蓟镇总兵时创建的骑墙敌台，改进了长城的防御工事，既增强了防御能力，也使长城更加壮观。其主要工程就在这一段上。③宣府镇。总兵驻地在今河北宣化。所辖长城东起居庸关，西至西洋河（在山西大同东北），全长一千零二十三里。其位置正处于明朝首都的西北要冲，城墙十分坚固，有的地方有内外九重城墙。兵力配备也很雄厚。④大同镇。总兵驻地在山西大同。所辖长城东起镇口台（今山西天镇东北），西至鸦角山（又名丫角山，在今山西偏关东北），全长六百七十里。⑤太原镇。又名山西镇。总兵驻地在偏关。所辖长城西起山西河曲黄河岸边，经偏关、雁门关、平型关、固关而达黄榆岭（山西和顺东），全长一千六百余里。作用是为了增强明王朝首都的防御，因其在大同、宣府两镇长城之内，所以又称为内长城。此镇长城也极坚固，有些地方的石墙多达二十多重。⑥延绥镇。又名榆林镇。总兵驻地在榆林堡（今陕西榆林）。所辖长城东起清水营（今陕西府谷），西至花马池（今宁夏盐池），全长一千七百七十里。⑦宁夏镇。总兵驻地在今宁夏银川。所辖长城东起大盐池（今宁夏盐池县），西至兰靖（今甘肃皋兰、靖远），全长两千里。⑧固原镇。总兵驻地在今宁夏固原。所辖长城东起陕西靖边与榆林镇长城相接，西达皋兰与甘肃镇相接，全长约一千里。⑨甘肃镇。总兵驻地在今甘肃张掖。所辖长城东起金城（今甘肃兰州），西至嘉峪关，全长一千六百余里。

九边各镇设镇守总兵官、副总兵官、参将、游击将军、守备、千总、把总等官，无品级、无定员。其总镇一方者为镇守，独镇一路者为分守，分守一城一堡者为守备，与主将同守一城者为协守。此外，又有提督、提调、巡视、备御等官。各镇都驻有重兵。万历中期，各边仅主兵就有60万左右；还有为数甚多的客兵。如蓟州镇，隆庆时，主兵原额为3万人，万历初连客兵在内达16.5万余人。

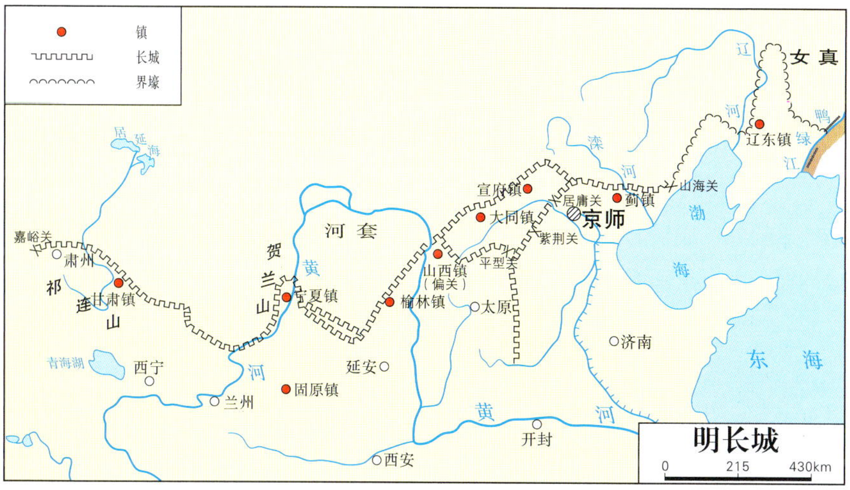


九边之设，使明朝北部边塞形成一条东起鸭绿江，西抵嘉峪关，广袤万里、烽堠相望、卫所互联的北方防线。对加强北部边防，起了一定的作用，但也耗费了大量人力物力。明朝为此加饷加税，尤其在明中叶以后，使人民负担沉重；而各级军官的残酷盘剥，又使饷银短绌，军士往往因生活无着而发动兵变。

**《九成宫醴泉铭》** *Inscription of Sweet Spring in Jiucheng Palace* 中国唐代纪事碑刻。碑址在陕西麟游九成宫遗址。此碑立于唐太宗贞观六年（632）。碑高7尺4寸，宽3尺6寸。碑文楷书24行，满行50字，魏徵撰文，

《九成宫醴泉铭》拓片（局部）

欧阳询书丹。碑额阳文篆书“九成宫醴泉铭”六字，左右两侧有宋、明两代各家题名。碑文所记为唐太宗李世民避暑于九成宫发现醴泉之事。碑铭为欧阳询晚年所书，其用笔沉实稳健，峻利含蓄，结体精确端庄，雍容婉丽，风格典雅安详，虚和高穆，是欧体楷书风格的代表性作品。从明代开始，科举考试及官场注重书法工整，欧体楷书风靡天下。《九成宫醴泉铭》法度谨严，无丝毫苟且之处，遂成为最常用的学习范本而广为流传。原碑因捶拓频繁，字迹磨灭殆尽，后经重新剜刻，但已失原来神采，世间更有翻刻本多种流传。现存原石拓本最早者为宋拓。

**九宫道** Jiu gong sect 中国民间宗教教派。创立于清光绪末年，创始人五台山南山寺住持李向善。李氏原为八卦教信徒，后出家为僧。他自称为弥勒佛下世，宣扬“万教归一”、“三阳劫变”观，发布只有皈依九宫道者，方可免劫除灾的言论。同时，他交结四方乡绅达官，吸引各行各业的广大

社会民众入教，很快其教势遍布华北、东北、江南各地，影响极大。

李向善在教内把信徒分为十八天、五大会，他自己高居中皇天，以天督的名义，统一各天各会。九宫道教势的大发展，使原八卦教中的部分分支卦派也皈依九宫门下。因其财力雄厚，常依托**五台山**大办善事义举，救济穷苦民众，并开设各类印经房，印制宝卷、劝善书，免费流通发行，因此使九宫道成为清末、民国时期流行于大半个中国的民间教门。

**九宫山** Jiugong Mountain 中国湖北省名山、道教圣地、风景区和旅游地。位于省境东南通山县南部，鄂、赣边界湖北一侧，属幕阜山脉中段。东北—西南走向。主峰海拔1 543米，山体总面积约60平方千米。4条山溪将山顶呈掌状分割成5个山头，凤凰岭居中。森林面积40平方千米，1/3为楠竹林。有马头狼、石耳、龙须草、灵芝、猕猴桃等野生动植物和一山、三洞、三峰、六石、十崖等天然胜迹。山巅龙潭湖侧有灵泉，喷雪崖瀑布下注70余米，还有温泉。南北朝时依山建宫殿9座。宋道士张道清在此建道院，宋册封“钦天端庆宫”；元、明、清又多次受册封，至清代乾嘉时期达于鼎盛，成为中国五大道场之一。1949年后，在此沿山溪建梯级水电站，并建有疗养与游览设施，为旅游、避暑地。西麓牛迹岭有李自成墓，建有“闯王陵园”和李自成纪念馆等。

**九华山** Jiuhua Mountain 中国佛教四大名山之一。位于安徽省青阳县西南部，面积100多平方千米。古称陵阳山、九子山。唐天宝年间改名九华山，因有九峰形似莲花而得名。山体主要由燕山期花岗岩构成，山势嶙峋嵯峨，共有99峰，其中以天台、莲华、天柱、十王等9峰最为雄伟，远望好像并肩站立的9个兄弟，因而又称九子山。主峰十王峰，海拔1 344.4米，为九华山最高点。主要有九子岩、九子泉声、五溪山色、莲峰云海、平岗积雪、天台晓日、舒潭印月、闵园竹海、凤凰古松等胜景。名刹古寺林立，

九华山九子岩天华峰景区

与自然风景巧妙结合。素有“莲花佛国”之称。寺庙始建于东晋，明清鼎盛时佛寺曾达三四百座，现存78座。著名寺庙有甘露寺、化城寺、祇园寺、旃檀林、百岁宫、肉身宝殿、上禅堂、慧居寺、古拜经台、天台寺等，珍藏古代梵文贝叶经、藏经、佛经、血经、字画及皇赐金印、玉玺、圣谕等文物1 000多件。九华山为全国重点旅游区。土特产以九华毛峰茶、竹木器具、折扇和石雕工艺品著名。建有九华山至中闵园凤凰松总长7千米的九闵公路。

**九江市** Jiujiang City 中国江西省辖地级市。位于省境北部，与鄂、湘、皖3省交界。辖庐山、浔阳2区和九江、武宁、修水、永修、德安、星子、都昌、湖口、彭泽9县，代管**瑞昌市**、共青城市。面积18 823平方千米。人口473万（2010）。夏、商属荆、扬二州，春秋属吴之东境、楚之西境，古称浔阳，又称柴桑。公元前221年，秦始皇设九江郡。汉以后曾先后称柴桑、浔阳、江州。明清时属九江府。1914年改县，1917年设市。1936年复改县。1949年析九江县城区置县级九江市。1983年设地级九江市。地处平原，属亚热带季风气候。矿产有金、锑、锡、萤石、铜、钨、石灰岩、石英砂、大理石、花岗石、瓷土等。农业主产水稻、棉花、油菜子、药材、蔬菜、瓜果等。渔业发达，名贵鱼类有中华鲟、鲥鱼、银鱼、虾虎鱼、彭泽鲫等。森林覆盖率50.4%。国家珍稀树种有南方红豆杉、樟木、杜仲、银杏、柳杉等。鄱阳湖候鸟自然保护区有越冬候鸟126种。工业有石化、纺织、机械、建材、造船等。九江交通便利，历来是著名商埠。晋代是“七省通衢，来商纳贾”的通都大邑，唐代是江南的一大商港，明清为中国“三大茶市”、“四大米市”之一。九江港是重要港口。名胜古迹有**庐山**、**鄱阳湖**、湖东、石钟山、真如寺、东林寺、龙宫洞、陶渊明墓、**白鹿洞书院**等。

**九连环** puzzle ring 中国民间玩具。以金属丝制成圆环，套装在横板或各式框架上，并贯以环柄。游戏时，按照一定的程序反复操作，可使圆环与环柄开解或套合。有五环、七环、九环、十几环等形式，其中以九环者最为著名，故统称九连环。九连环流行极广，形式多样，规格不一。九连环的分解、组合程序有助于启发智慧，有较强的趣味性。

**九龙** Kowloon 中国香港一个大市区。位于狮子山—大帽山—飞鹅岭以南的地区，西至荃湾，东到鲤鱼门，南临维多利亚湾。包括九龙城区、黄大仙区、深水埗区、油尖旺区、观塘区等。面积约47平方千米。人口202.4万（2001）。界限街以南的地区是英国政府强迫清政府于1860年、1898年分别签订《**北京条约**》、《**展拓香港界址专条**》而割让的，直到1997年7月1日才回归祖国。现在新九龙已成为香港人口最密集，发达繁华的地区之一。处于中心地带的九龙城为住宅区和商业区。深水埗区和黄大仙区是新兴工业区。界限街以北为住宅区，以南为商贸区。油尖旺区是最繁华的商业区。交通发达，有京九、广九铁路与内地相连。海底隧道连通港岛。半岛南岸的**维多利亚港**有多个码头，是香港海运的主要集散地。名胜古迹有啬色园、黄大仙祠、侯王庙、宋王台、宋城、九龙寨公园等。

黄大仙祠

**九龙半岛** Kowloon Peninsula 中国珠江口东侧，隔海同**香港岛**对峙的半岛。原属广东省新安县（今深圳市宝安区）。1860年，英国殖民者侵占九龙半岛界限街以南的部

九龙半岛尖沙咀全景

分（即九龙）；1898年又强租九龙半岛深圳河以南，界限街以北的“新界”（内九龙城管辖权仍属中国），租期99年。1997年回归中国。经长期开发，西南较为宽阔的平原已成为市区拓展的中心，东北部平原则早已辟为启德机场。机场南端为火车总站及中华电力公司发电厂和香港联合船坞地区。半岛南部工商业发达，南端尖沙咀天星码头附近一带，为港九最为繁盛地区。九龙半岛与香港岛之间的维多利亚湾，港阔水深。九龙的葵涌集装箱码头长2 650多米，设有7个集装箱船泊位，并附设有128公顷货物装卸区，可供世界最大的6万吨级集装箱船停泊。**维多利亚港**是世界最繁忙、效率最高的港口之一。

**九龙江** Jiulong River　中国福建省第二大河。发源于龙岩市王母山西南麓孟头村，干支流流经龙岩、漳平、南靖等13县、市，河长258千米，流域面积1.47万平方千米。九龙江分北、西两溪，北溪为主流。北溪有两源，即雁石溪和万安溪，以雁石溪为正源。北溪沿途纳新桥溪、温水溪、龙津溪等支流，在福河附近与西溪汇流入海，流域面积约占全流域的60%。西溪上游有两源，即芗溪和船场溪，以船场溪为正源，两溪在郑店汇合，流经漳州平原，流域面积约占全流域的40%。九龙江流域资源丰富。上游地区有丰富的煤、铁、石灰岩等矿产资源；中上游和深入山区的许多支流均具一定落差，水量丰富，发展中小水电条件优越；雁石溪上游建有黄岗水库。

**九龙山自然保护区** Jiulongshan Nature Reserve　中国亚热带森林珍贵植物保护区。**浙江省**1983年建立的省级自然保护区。位于浙、闽、赣3省毗邻地区，浙江省遂昌县境西南部。面积2 000公顷。九龙山属武夷山系，是仙霞岭的一个分支，为钱塘江水系乌溪江主要水源地之一，主峰大九龙海拔1 724.2米。植被以中亚热带常绿阔叶林为主，覆盖面积大，种类多。有维管束植物1 400种，其中木本植物有91科281属717种，占全省木本植物的55%。植物中有多种古代孑遗植物和稀有珍贵树种，如钟萼木、白豆杉、长序榆、连香树、香果树、长叶榧、南方红豆杉、三尖杉、福建柏等。野生动物有脊椎动物150种，隶属于5纲23目58科115属，其中哺乳类44种，鸟类50种，爬行类32种，两栖类20种，鱼类12种；无脊椎动物350余种。

**九品混通** nine-class tax system　中国魏晋南北朝时期政府征收户调时的一种原则性规定。两汉时，政府按人口和资产数征收口赋、算赋，以钱交纳。东汉末，曹操颁布租调令。租，按田亩收谷物称田租，调，按户征收实物（绢、绵）称为户调。九品混通又称九品相通，是作为户调征收的原则。其所谓品就是户等，按家赀多少共分为上上、上中、上下、中上、中中、中下、下上、下中、下下九品，每年政府给地方官规定税收定额，地方官根据这个定额，由县宰召集乡邑三老，计赀、划等、定课，文书规定要做到富户多纳，贫户少纳或不纳。但州县上交的实物，须达到当地每户平均定额的总和。这种按户计赀定课的户调制到南北朝中期后，逐步改变成为按丁征收，九品混通的办法也随着失去了原来的意义。

**九品中正制** nine rank system　中国魏晋南北朝时期一种重要的官吏选拔制度。又名九品官人法。魏文帝曹丕篡汉前夕即延康元年（220）由魏吏部尚书陈群制定。此制至西晋渐趋完备，南北朝时又有所变化。以魏晋之制为例，其主要内容为：

①先在各郡设置中正，稍后又在各州设置大中正。州郡中正只能由本地人充当，且多由现任中央官员兼任。任中正者本身一般是九品中的二品即上品。郡中正初由各郡长官推选，晋时改由州中正荐举，中正的任命权掌握在司徒府。州郡中正都设有属员，称为“访问”。一般人物可由属员评议，重要人物则由中正亲自评议。

②中正的职权主要是评议人物，其标准有三：家世、道德、才能。家世又称“簿阀”、“簿世”，指被评者的族望和父祖官爵。中正对人物的道德、才能只作概括性的评语，称为“状”。中正根据家世、才德的评论，对人物作出高下的品定，称为“品”。品共分为九等，即上上、上中、上下、中上、中中、中下、下上、下中、下下。但类别却只有二，即上品和下品。一品无人能得，形同虚设，故二品实为最高品。三品西晋初尚可算高品（上品），以后降为卑品（下品）。

③中正评议结果上交司徒府复核批准，然后送吏部作为选官的根据。中正评定的品第又称“乡品”，和被评者的仕途密切相关。任官者其官品必须与其乡品相适应，乡品高者做官的起点（又称“起家官”）往往为“清官”，升迁也较快，受人尊重；乡品卑者做官的起点往往为“浊官”，升迁也慢，受人轻视。

④中正评议人物照例三年调整一次，但中正对所评议人物也可随时予以升品或降品。一个人的乡品升降后，官品及居官之清浊也往往随之变动。由于中正品第皆用黄纸写定并藏于司徒府，称“**黄籍**”，故降品或复品都须去司徒府改正黄纸。为了提高中正的权威，政府还禁止被评者诉讼枉曲。但中正如定品违法，政府要追查其责任。

九品中正制创立之初，评议人物的标准是家世、道德、才能三者并重。但由于魏晋时充当中正者一般是二品，二品又有参预中正推举之权，而获得二品者几乎全部是门阀世族，故门阀世族就完全把持了官吏选拔之权。于是在中正品第过程中，才德标准逐渐被忽视，家世则越来越重要，甚至成为唯一的标准，到西晋时终于形成了“上品无寒门，下品无势族”的局面。九品中正制不仅成为维护和巩固门阀统治的重要工具，而且本身就是构成门阀制度的重要组成部分。到南朝时期，在中正的评议中，甚至父祖官爵的高低也无关紧要，所重视的只是魏晋间远祖的名位，而辨别血统和姓族只需查谱牒，中正的品第反成无足轻重的例行公事。在十六国和北朝时期，由于各政权具有少数民族统治的性质，九品中正制的作用不能与两晋南朝相提并论。北魏初、中期，未行九品中正制。孝文帝改制，班定族姓，始立九品中正制。但自河阴之变后，此制亦流于形式。到了隋代，随着门阀制度的衰落，此制终被废除。

**九卿** Nine Chamberlains　中国历史上的官名合称。秦汉时掌管政务、魏晋以后逐渐不具实权的朝廷诸官。各代九卿不一。西汉时九卿是列卿或众卿之意。先秦文献中有三公九卿之说，但秦并没有这种制度，西汉初也不见九卿名称。宣帝、元帝时，九卿称谓出现于诏书中。但《**汉书**》中所见的卿，有太常、光禄勋、太仆、廷尉、大行、大鸿胪、宗正、大司农、少府、卫尉、执金吾、右内史、左内史、主爵都尉、太子太傅等十几种官。将九卿定为九种官职，则始于新莽，其制中以中二千石为卿，即以大司马司允、大司徒司直、大司空司若、羲和、作士、秩宗、典乐、共工、予虞为九卿，分属于三公。东汉和新莽一样，中央政府中设有九卿的官职。《续汉书》将太常、光禄勋、卫尉、太仆、廷尉、大鸿胪、宗正、大司农、少府定为九卿。九卿固定为九官后，和九卿相近的其他重要官员被排斥在九卿之外。魏晋以后，九卿多同东汉之制，仅廷尉有时改称大理；北魏改少府为太府。故隋唐九卿为太常、光禄、卫尉、宗正、太仆、大理、鸿胪、司农、太府，已无行政之权。南宋、金、元，九卿多有省并。明、清改以吏、户、礼、兵、刑、工六部尚书，都御史，大理寺卿，通政司使为九卿，以前的九卿之官或有保留，但已成虚衔或加官、赠官。

**九三学社** Jiu San Society 成员以科学技术界高、中级知识分子为主的具有政治联盟特点的中国政党。为接受中国共产党领导、与中国共产党亲密合作、致力于建设中国特色社会主义事业的参政党。

九三学社的前身为抗日战争后期一批进步学者发扬五四运动的反帝爱国精神，以民主、科学为宗旨在重庆组织的“民主科学座谈会”。后为纪念抗日战争和世界反法西斯战争获得胜利这一历史性时刻（1945年9月3日），改建为“九三学社”，并于1946年5月4日正式成立。解放战争时期，九三学社赞同中国共产党的各项政治主张，与中国共产党团结合作，积极参加反对国民党独裁统治的民主运动，为争取新民主主义革命的胜利而斗争。1949年1月，九三学社发表宣言，响应中共中央“五一”号召和毛泽东的八项和平主张，拥护召开新政治协商会议。1949年9月，九三学社的代表参加了中国人民政治协商会议第一届全体会议，参与了《中国人民政治协商会议共同纲领》的制定、中央人民政府的组成和中华人民共和国的建立。中华人民共和国建立后，九三学社以《中国人民政治协商会议共同纲领》作为自己的政治纲领，在中国共产党领导下，参与国家政治生活中重大问题的协商，组织成员参加民主改革和社会主义改造运动，为发展科学技术、教育和医药卫生事业作出了积极贡献。中共十一届三中全会以后，在邓小平理论的指引下，九三学社进一步明确了自己的性质、地位和作用，以经济建设为中心，认真履行参政议政、民主监督职能，为建设中国特色社会主义事业作出了重要贡献。半个多世纪以来，九三学社始终弘扬民主与科学精神，形成了坚持爱国主义、社会主义，坚持接受中国共产党领导、同中国共产党亲密合作，坚持加强自身建设、不断进步的优良传统。

在新的历史时期，九三学社把工作重点转移到为社会主义现代化建设服务上来，不断开拓新局面。九三学社贯彻“以经济为中心，坚持四项基本原则，坚持改革开放”的基本路线，坚持中国共产党领导的多党合作和政治协商制度，参加国家政权，参与国家大政方针和国家领导人选的协商，参与国家事务的管理，参与国家方针、政策、法律、法规的制定执行，认真履行参政议政、民主监督的职责。九三学社充分发挥人才和智力优势，就实施科教兴国、可持续发展战略，依法治国方略和科技、教育、经济、文化等重大课题进行调研，向中共中央和政府先后提出了多项重要建议；同时面向社会，面向社员积极开展科教服务、支边扶贫活动，为促进区域经济发展，充分发挥九三学社智力优势，开展“九地合作”，重点围绕区域发展规划、主导产业的论证、技术引进、科技咨询等领域开展，为地方经济和社会发展提供服务。新时期，九三学社围绕国家经济科技发展的重点开展学术交流活动，逐步形成“九三科技论坛”品牌，面向农村和城市两个层面开展不同层次的、具有九三特色和九三品牌的长线科普活动，为提高全民族的思想道德素质和科学文化素质贡献力量。

到2007年底，除台湾、西藏外，九三学社在全国30个省、自治区、直辖市和296个市（县）建立了委员会或筹委会。九三学社中央历任主席为许德珩、周培源、吴阶平、韩启德。九三学社中央主办的刊物有面向国内外公开发行的《民主与科学》和在社内发行的《九三中央社讯》，设有学苑出版社、学苑音像出版社。

**《九十五条论纲》** *95 Thesen* 欧洲宗教改革的发起人马丁·路德就教皇出卖赎罪券问题所写的辩论提纲，并于1517年10月31日张贴在德国维滕贝格城堡教堂大门上。此事件被认为是宗教改革运动的开端。

**九台市** Jiutai City 中国吉林省辖县级市。位于省境中部。面积2 875平方千米。人口71万（2008），有汉、满、朝鲜、回、蒙古等15个民族。清康熙二十年（1681）此地被封为禁区，直至咸丰十年（1860）实行“移民实边”政策，始开禁招垦。1932年析置九台县。1988年九台县改为县级市。由长春市代管。矿产有金、银、沸石、大理石、煤等。耕地土质肥沃，适宜种植玉米、大豆、水稻、高粱，以及糖类、麻类、瓜果、蔬菜等。工业以机械、建材、纺织、化工、印刷、煤炭、食品等为主。名胜有卡伦湖度假村和石头口门水库风景区等。

**九姓回鹘可汗碑** Stele of the Bilga Kaghan of Nine Uighur Tribes 中国古代漠北回鹘政权第九世爱登里罗汨没蜜施合毗伽可汗（译意为“天赐福神武智慧可汗”，唐朝封号为“保义可汗”）在位时（808～821）所立的纪念碑。此碑立于唐元和九年（814），清光绪十六年（1890）芬兰民族学家、考古学家A.O.海凯勒在蒙古旅行中于漠北唐代回鹘首府喀喇巴哈哈逊（黑虎城）附近柴达木河畔附近发现。碑文分别用粟特文、突厥文和汉文3种文字铭刻。因年代久远，碑铭面损坏甚重，特别是碑阴粟特文和突厥文部分保留下来的字数较少；碑阳汉文部分则保存得相对完整，对研究回鹘民族的历史具有重要价值。汉文碑面发现时已碎为8段，碑铭现存22行，其主要内容：①追叙回鹘汗室先世葛勒可汗、牟羽可汗参加平定唐朝安史之乱的功勋。②颂扬牟羽可汗从中国内地传播摩尼教于回鹘地区，使回鹘人改变了旧的萨满教的信仰。③回鹘保义可汗出兵西域，与当时吐蕃展开斗争，维护祖国的统一。

**九一八事变** September 18th Incident 1931年9月18日，日本驻华关东军突然袭击沈阳，武力侵占东三省的事件。9月18日夜10时余，日本关东军自行炸毁沈阳北郊柳条湖附近一段南满铁路，反诬系中国军队所为，制造所谓的“柳条湖事件”。在此借口下突袭中国军队驻守的北大营和沈阳内城。当时，南京国民政府坚持不抵抗政策。19日8时30分，北大营、沈阳内城相继为日军占领。中午东大营及其附近地区也同时失守，沈阳陷落。同日，日军还攻占营口、凤凰城、鞍山、抚顺、安东（今丹东）、长春等20余城。21日，日本驻朝鲜军队越境增援关东军，侵占辽宁、吉林省大部分地区。10月，日军进犯黑龙江省，11月19日占领齐齐哈尔。12月下旬进犯锦州，占领辽西地区，东北军被迫撤往山海关内。1932年2月5日，日军占领哈尔滨，东北三省全部沦陷。九一八事变是日本企图变中国为其独占殖民地的开始，也是中国各阶层人民掀起空前规模的抗日救国高潮的开始，对中日两国历史均具重大影响。

九一八事变中，日军装甲车进入沈阳城

**九嶷山** Jiuyi Mountain 中国湖南省南部山地。山体盘亘于宁远县境以南，有舜源、娥皇、女英等九峰，嶙峋耸秀。有灰岩发育

九嶷山舜帝陵正门

的峰丛石山景观。峰丛山体方圆约56.6平方千米，岭脊参差，海拔500～800米。年平均气温约15℃，平均年降水量1 600毫米，常有云雾缭绕。盛长林木，特别是湖南斑竹、方竹等各种竹类集聚成独特群落。斑竹于碧玉色秆皮上具紫色蝶旋状斑纹，斑斑如泪痕，因此又称泪竹或湘妃竹。

**九寨沟风景名胜区** Jiuzhaigou Scenic Area 中国重点风景名胜区。见黄龙寺－九寨沟自然风景区。

**《九章算术》** *Nine Chapters on Mathematical Procedures* 中国传统数学最重要的著作，《算经十书》之一。又作《九章算经》。共9卷。其主要内容在先秦已具备，秦火中散坏，经西汉张苍、耿寿昌（公元前1世纪）先后删补。现传本《九章算术》的成书年代大约是公元1世纪的下半叶。共收有246个数学问题，分9章：①方田——分数四则运算法则与各种面积公式。②粟米——以今有术（即今之三率法）为主的比例算法。③衰分——比例分配算法，以及异乘同除问题。④少广——面积与体积的逆运算，最重要的是提出世界上最早的开平方与开立方法。⑤商功——各种体积公式和土方工程工作量的分配算法。⑥均输——赋税的合理负担算法，及各种算术难题。⑦盈不足——盈亏类问题算法及其在其他算术问题中的应用。⑧方程——线性方程组解法与正负数加减法则。⑨勾股——勾股定理、解勾股形及简单测量问题。《九章算术》主体采取术文统率例题的形式，其中分数理论，比例、盈不足、开方等算法，线性方程组解法，正负数加减法则及解勾股形方法等都是具有世界意义的成就。它以计算为中心，其算法具有强烈的程序化、机械化特点，以及数学理论联系实际的风格。它构筑了中国和东方数学的基本框架，为中国传统数学领先世界千余年奠定了基础。然而，其分类不甚合理，没有任何定义和推导，少数公式有错误或不准确，是不容讳言的缺点。为《九章算术》作注是中国传统数学著述的重要方式，最著名者有魏刘徽注、唐李淳风等注释、北宋贾宪细草与南宋杨辉详解。其中刘徽注、李淳风等注释与《九章算术》一体行世。刘徽《九章算术注》原10卷，第10卷“重差”系刘徽自撰自注，后以《海岛算经》为名单行。

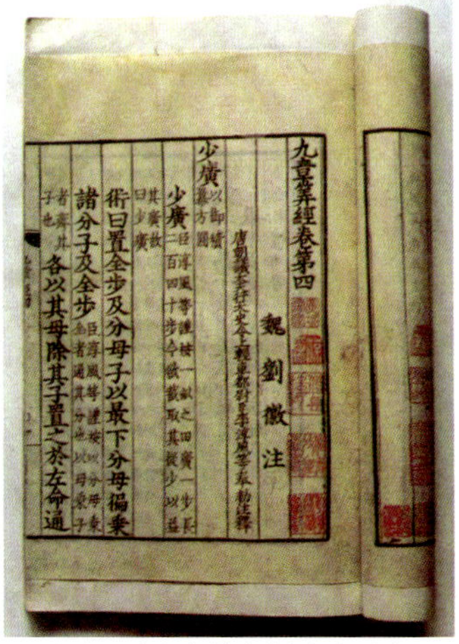

九章筭經卷第四

魏 劉徽 注

少廣

少廣

術曰置全步及分母子以最下分母徧乘

諸分子及全步

各以其母除其子置之於左命通

刘徽注《九章算术》（宋代刻本，上海图书馆藏）

《九章算术》已被译成日、俄、德、英、法等多种文字，刘徽注亦被译成日、英、法等文字，是世界古代数学名著之一。

**九州** Nine Divisions of China 古代传说中的中国地理区划。起于春秋战国时代。西汉以前，都认为九州系大禹治水后所划定，九州州名未有定说。《尚书·禹贡》为冀、兖、青、徐、扬、荆、豫、梁、雍九州；《尔雅·释地》九州有幽、营州，而无青、梁州；《周礼·职方》九州有幽、并州，而无徐、梁州；《吕氏春秋·有始览》九州有幽州，而无梁州。《汉书·地理志》始以《周礼·职方》九州为周制，“周既克殷，监于二代而损益之。定官分职，改禹徐、梁二州，合之于雍、青，分冀州之地以为幽、并，故《周官》有《职方氏》掌天下之地，辩九州之国”。三国魏孙炎注《尔雅》，始以《尔雅》九州为殷制。后世遂将《禹贡》、《尔雅》、《职方》的九州，合称为夏、商、周“三代九州”。儒家认为《吕氏春秋》是杂家而非“经”，故不为之立说。实际上九州只是当时学者就其所知的地域范围划分为9个地理区域。战国时齐人邹衍创“大九州”，他说：“中国名赤县神州，赤县神州内自有九州，禹之序九州是也，不得为州数。中国外如赤县神者九，乃所谓九州也。”以后“九州”又泛指整个中国。

**九州岛** Kyūshū 日本第三大岛。位于本州岛西南，其间隔为关门海峡。东隔速吸濑户（丰予海峡）和丰后水道同四国岛为邻，东南临太平洋，西隔朝鲜海峡同朝鲜半岛相望，西临东中国海同中国大陆遥遥相对。主岛面积约为3.66万平方千米，连同周围1 400多个属岛在内面积44 379平方千米。人口约1 434.7万。地处白山火山带与雾岛火山带的交会地区。岛上山地广布，且多火山。北部有近于东西走向的筑紫山脉，地形低矮平缓，间有盆地、平原。南部为九州山脉，呈东北—西南向斜贯本区，山高谷深，源出山地诸河多急流，富水力，是南九州工业早期发展的动力基础。全岛火山分布较广，有著名的阿苏山（1 592米）、九重山（1 791米，全岛最高峰）等。大部分地区为暖温带海洋性季风气候，南部为亚热带季风气候。高温多雨，年降水量1 500～2 500毫米。初夏梅雨期较长，降水多，秋季多台风侵袭，形成风涝灾害。旧称筑紫岛。历史上成为接受中国大陆先进文化的窗口，很早就派出过遣隋使、遣唐使。701年曾设西海道，分为筑前、筑后、丰前、丰后、肥前、肥后、日向、萨摩、大隅九国，故有“九州”之称。日本最早的工业地区。以钢铁、化学、造船等部门为主，其核心地区已成为全国五大工业地带之一。20世纪70年代以来电子工业迅速崛起，IT产业大发展，有“硅岛”之称。农、林、渔业较发达，北部筑紫平原为全国著名产稻区，果树园艺、蔬菜种植业发达。关门海底隧道、关门大桥和新关门隧道以及与之相配套的铁路、公路、高速公路的开通，将九州岛同本州岛相连。海上运输以北九州港较为重要。人口百万以上的大城市有福冈和北九州。有阿苏（1934）、雾岛屋久（1934）、云仙天草（1934）等国立公园。别府为著名温泉疗养地。

**九族** nine degrees of kindred 中国汉族古代计算亲属关系的说法。最早见于《尚书·尧典》。从汉代起，对“九族”有经学上的古文和今文两种解说。九族古文说的代表人物为孔安国、马融和郑玄。认为九族限于父宗，包括上自高祖下至玄孙的九代直系亲属，从本人往上逆数有父亲、祖父、曾祖、高祖，往下顺数有儿子、孙子、曾孙、玄孙。它从纵的方面规定人们的家族关系，强调父系血统的重要性，构成宗法伦理的基础，唐、宋以后在国家法律中得到确认。在中国封建社会里，立宗法、定丧服（见五服）皆以之为准绳，对中国家族制度的发展产生了极大影响。九族今文说的代表人物有许慎等。认为九族包括父族（本人一族）四代，母族三代，妻族二代。今文说从横的方面计算人们的血缘姻亲关系，用它能最大限度地对一个人实行奖惩，封建统治者在赏赐、惩罚、杀戮时利用的是今文说。九族说是封建统治者实行社会控制的重要手段，封建社会灭亡后随之消失。

**久保荣** Kubo Sakae (1901-12-28～1958-03-15) 日本剧作家、导演。生于札幌。1926年东京大学德文科毕业。先后创立新筑地剧团、新协剧团、东京艺术剧场。当过编辑、讲师、导演，同时进行剧本创作。《火山灰地》(1938年新协剧团上演，自任导演) 表现了农民与地主资本家的矛盾。其他主要作品还有长篇小说《烧窑》(1951)、剧本《日本的气象》(1953) 等。因精神躁郁自杀。

**灸法** moxibustion 中医以可燃材料或其他热源在腧穴或病变部位进行烧灼、温烤，以起到温通经络、调和气血、扶正祛邪作用的医疗保健方法。针灸疗法的重要组成部分。

施灸材料主要为艾叶，有温经通络、行气活血、祛湿散寒、消肿散结的功效。

灸法分类 ①根据施灸材料不同，有艾灸法、药艾灸法、药锭灸法、电热灸法和其他材料的灸法。②根据施灸方法不同，有艾炷灸法、艾条灸法、温灸法和温针灸法。③根据施灸温度，有烧灼灸法和温热灸法。烧灼灸法是施灸温度较高的灸法，如用艾炷直接置放于皮肤，使其烧灼，引起水泡和组织损伤(灸疮)的化脓灸法。药锭灸和实按灸即直接烧灼穴位皮肤，温度较高，也属烧灼灸法。温热灸法则是施灸温度较低，热力温和，不损伤皮肤组织的灸法，包括上述的艾条灸法中的悬起灸、艾炷灸法中的间接灸、电热灸、温灸、温针灸等法。

灸法在临床上也分补法或泻法：①在艾炷灸时，让其缓慢燃烧至皮肤的为补法，吹气助燃使其迅速燃烧至皮肤的为泻法。②烧灼灸法 (如化脓灸) 为补法，以扶正为主；温热灸法 (如悬起灸) 为泻法，以祛邪为主。

作用和适应证 灸法的作用有：①温通经络、祛除寒邪，可治寒邪所致疾患。②有引导气血的作用或升提中气或引气下行，可治中气下陷、肝阳上亢之证。③回阳固脱、补气固本，治阳气虚脱证。④行气活血、散瘀消肿，能治疗各种痛证和寒性疖肿等。

灸法对慢性病、虚寒等证较为适合，如久泄、痰饮、水肿、痿证、痹证、腹痛、胃痛、阳痿、遗尿、疝、虚劳，妇女崩漏、阴挺，中风脱证，外科阴疽、瘰疬、瘿瘤等。

禁忌和注意事项 ①阴虚阳亢和实热证，不宜用烧灼灸法。②颜面、五官、阴部和大血管所在部位不宜用直接灸法。

**韭菜** *Allium tuberosum*; chives 百合科葱属的一种。多年生宿根草本植物。又称韭、起阳草。原产中国，现中国南北各地普遍栽培。韭菜根系为纤维状须根，播种当年着生在根茎茎盘基部；根茎呈葫芦状，长在土中，是贮藏养料的器官，其顶端的生长点在播种当年即可发生分蘖。叶扁平，带状，叶鞘为闭合状，形成假茎。顶端着生伞形花序。花白色，种子黑色。韭菜分蘖和适应环境的能力很强，能耐霜冻和低温。生长最适温度为12～24℃。韭菜的叶绿素形成对光照极为敏感：叶鞘在埋土条件下软化变白，称为“韭白”；在弱光覆盖条件下完全变黄，称为“韭黄”。可用种子或分株繁殖，以播种育苗移栽为主。

韭菜一般以叶片、叶鞘供食。但也有专以花茎或肉质化的根供食用的品种。营养成分以胡萝卜素和钙、磷、铁等矿物质为主，纤维素含量也较丰富，为有利于肠胃消化功能的保健蔬菜。中国医药学认为韭菜可“安五脏、除胃中热”。种子供药用，性温、味辛甘，功能温肾阳、强腰膝，主治腰膝痠痛、小便频数、遗尿、带下等症。

**酒** alcoholic beverage 含酒精 (乙醇) 成分在0.5%～60% (体积分数) 的饮料。又称饮料酒。在此基础上还有药酒、烹饪酒等。饮料酒包括发酵酒、蒸馏酒、配制酒。关于酒的起源有几种观点：①酒是自然界的天然产物。人类不是发明了酒，仅是发现了酒。酒的最主要成分是酒精，而大自然完全具备将淀粉或糖质物料在微生物作用下转变成酒精的条件。②人类有意识地酿酒是从模仿大自然的杰作开始的，而果酒和乳酒是第一代饮料酒。③关于谷物酿酒的起源有两种观点，即先于农耕时代和后于农耕时代。人类造酒已有8 000多年历史，中国有4 000～5 000年历史。古埃及有酒神奥西里斯，古希腊有狄奥尼索斯，古罗马有巴克斯，中国有黄帝、仪狄和杜康，都被认为是各自酒的发明者。人类最早有组织酿造的是发酵酒。后来随着蒸馏器的出现，并将其运用于造酒而产生了蒸馏酒。《齐民要术》和《北山酒经》是中国古代最权威的酿酒专著。“酋”、“酉”、“鬯”、“醴”等字都是中国酒最初的名字。中国的酒，主要是以粮食为原料酿制而成，仅有少量果酒。中国古人将酒的作用归纳为三个方面：酒以治病，酒以养老，酒以成礼。现在，酒已成为社交、节庆及至平常生活的常备之物。酒给人们带来物质和精神上的享受，但如不加控制，也会造成麻烦甚至祸害。因此，饮酒要适量，特殊场合禁止饮酒，特定人群不宜饮酒。

**酒剂** medicated liquor 用白酒或黄酒浸出中药有效成分的澄清液体状剂型。又称药酒，古称酒醴。酒剂有温经散寒、活血通络、容易吸收、易于发散的特点。可供内服或外用。多用于体虚补养、风湿痹痛或跌打扭伤等，如十全大补酒、风湿药酒等。酒剂不适用于小儿、孕妇，以及心脏病、高血压及阴虚火旺或不会饮酒的患者。

酒剂的制备方法有冷浸法、热浸法、渗漉法、回流法等。制备酒剂的药材一般切成片状或压碎，细末药材有时压成小块待用。有些药需先行炮制。市售的酒剂除用石棉板滤器进行除菌过滤外，须经垂溶玻璃滤器或微孔滤膜过滤，阻截杂质以保证质量，要求色泽均匀、酒液澄清。

**《酒经》** *Canon of Liquors* 中国古代制曲和酿酒专著。又名《北山酒经》。北宋朱翼中撰。成书于北宋政和五年 (1115) 前后。全书分3卷。上卷论酒；中卷论曲，计有罨曲4种，风曲4种，醁曲5种；下卷论酿酒之法。书中述及当时制曲都加有若干种草药，所用原料和操作技术都有新的进展和进步。书中黄酒一节谈到的加热杀菌以保存酒的方法，比欧洲早几百年，说明酒的杀菌是中国最早发明的。

**酒精** grain alcohol 最常见的醇乙醇的俗称，分子式$CH_3CH_2OH$。

**酒课** wine tax in ancient China 中国古代王朝对酒的征税与专卖。在周朝时禁酒，制酒是为祭祀、养老、奉宾之用。春秋战国时期多不禁酒，对酒的产销采取放任态度。秦国自孝公六年 (前356) 商鞅变法后，对酒实行重税政策。古代禁酒是为了防止酗酒误国坏德。汉文帝、景帝时期，农业恢复，酒禁始弛。武帝时，对外用兵，府库空虚，于天汉三年 (前98) “初榷酒酤”，对酒实行由国家垄断生产和销售的制度。昭帝始元六年 (81)，宣布撤销酒专卖，由民间酿造，征酒税每升四钱。魏晋南北朝时期，除北齐、北周行专卖外，多实行征税制。隋开皇三年 (583) 至唐代宗前，一百余年酒无税。唐朝后期，时而征税，时而专卖，交相为用。宋朝榷酤，其法因地而异。元朝前期行专卖，后改为征税。明朝征酒税，收入贮于州县备用。清初禁酒，后期征酒税，收入留归地方财政。

**酒令** drinker' s forfeit game 中国民间交际风俗。在酒席上用来确定饮酒者、饮酒数量和次序的语言或技巧游戏。简称令。流行于全国各地。萌生于限制饮酒的助兴娱乐需要，《礼记·乐记》中有记载。东汉贾逵撰有《酒令》。唐代以后，盛行于士大夫间。清俞敦培撰有《酒令丛钞》。常见的酒令有对句、续句、射覆、投壶、猜枚、拇战、流觞、牙牌令、骰子令等传统方式，现在用火柴梗、扑克牌等进行的新形式也很流行。酒令的约束力很强，有“酒令如军令”之说。坐客中自荐（或众人推选）并主持行令者叫“令官”。令官先喝一杯“令酒”后出令，提出行令的题目、方法、内容、形式和要求，以及输罚杯数、席间纪律等。之后确定一人为“监令”，监督行令和罚酒，有时监令由令官兼任。行令中输给对手者喝“输酒”，答不出令题、说错话或触犯其他令规者要因违令喝“罚酒”。具体规则和形式因区域和文化传统的不同有明显差别。

**酒泉市** Jiuquan City 中国甘肃省辖地级市。位于省境西北部河西走廊西段，西接新疆维吾尔自治区，北界内蒙古自治区，南邻青海省。北邻蒙古国。辖肃州区、金塔县、瓜州县、肃北蒙古族自治县、阿克塞哈萨克族自治县，代管玉门市、敦煌市。面积167 996平方千米。人口110万（2010），有汉、蒙古、哈萨克、回、裕固等民族。西汉元狩二年（前121）置酒泉郡。1949年置酒泉专区，1970年改称酒泉地区，2002年撤销酒泉地区和县级酒泉市，设立地级酒泉市。年平均气温5～9℃，平均年降水量由南部山区300毫米向北递减，到马鬃山区仅76毫米，由东部酒泉85.3毫米向西递减。矿产有铁、铜、铬、铅、煤、石棉、芒硝、水晶、大理石等。野生珍稀动物有野牦牛、野马、野骆驼、盘羊、马鹿、藏原羚、雪豹、雪鸡、天鹅等。工业主要有石油、冶金、化工、机械、造纸、食品等。农业主产小麦、玉米、胡麻及棉花等。文物古迹较多，主要有敦煌石窟，汉长城烽燧、玉门关和阳关遗址，肃北岩画以及明长城等，以及国家风景名胜区鸣沙山、月牙泉。

**酒泉卫星发射中心** Jiuquan Satellite Launching Center 中国航天发射试验基地。也是中国唯一的载人航天发射场，又称东风航天城。1969年建成。位于甘肃省酒泉市东北，

酒泉卫星发射场

中心区的坐标是东经100°、北纬41°。拥有测试区、发射区和各种测控、保障设施，以及通信、气象、数据处理、计算、运输、维修、供电等保障系统。通常向东南方向发射，主要发射大倾角顺行轨道航天器。1970年4月24日发射中国第一颗人造地球卫星，1999年11月20日发射中国第一艘用于试验载人飞船技术的“神舟”1号无人试验飞船，2003年10月15日发射中国第一艘载人飞船“神舟”5号。2005年10月12日和2008年9月25日分别发射“神舟”6号、7号载人飞船。截至2008年9月，成功发射19颗返回式卫星、5颗科学实验卫星、3颗科学技术试验卫星、4艘试验飞船和3艘载人飞船。

**酒石酸** tartaric acid 2,3－二羟基丁二酸，分子式HOOCCH(OH)CH(OH)COOH。酒石酸氢钾存在于葡萄汁中，此盐难溶于水和乙醇，在葡萄汁酿酒过程中沉淀析出，称为酒石，酒石酸由此而得名。酒石酸主要以钾盐的形式存在于多种植物和果实中，也有少量以游离状态存在。酒石酸分子中含有两个相同的手性碳原子，存在3种立体异构体：

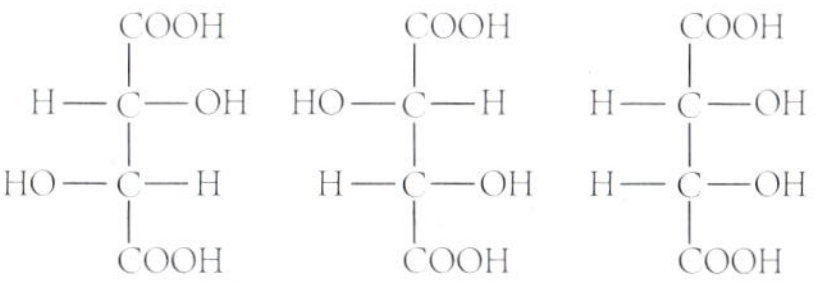

右旋酒石酸　左旋酒石酸　内消旋酒石酸

等量右旋酒石酸和左旋酒石酸的混合物没有旋光性，称为外消旋酒石酸。各种酒石酸都是无色晶体，易溶于水。右旋酒石酸和左旋酒石酸的有相同的熔点（171～174℃）和密度（1.759 8克/厘米$^3$，20℃），旋光度$[\alpha]_D^{25}$分别为＋12°和－12°；外消旋酒石酸熔点206℃，相对密度1.788；内消旋酒石酸熔点146～148℃，相对密度1.666。右旋酒石酸存在于多种果汁中，工业上常用葡萄糖发酵来制取。左旋酒石酸存在于马里的羊蹄甲的果实和树叶中，可由外消旋体拆分制取。外消旋体可由右旋酒石酸经强碱或强酸处理制得，也可通过化学合成，由反丁烯二酸用高锰酸钾氧化制得。内消旋体不存在于自然界，可由顺丁烯二酸用高锰酸钾氧化制得。酒石酸可用于食品工业，如制造饮料。酒石酸和单宁合用，可作酸性染料的媒染剂。酒石酸能与多种金属离子络合，可作金属表面的清洗剂和抛光剂。

**酒渣鼻** rosacea 发生于鼻部，以皮肤发红、肿大为特点的一种慢性炎症。发病与胃肠道功能紊乱、内分泌功能失调、情绪因素、辛辣食物、冷热刺激、便秘等有关。或认为与蠕形螨（毛囊虫）感染有关。损害限于面部，主要在鼻及周围，面颊、前额及颏部。治疗首先应寻找出原因，并作相应治疗。患者应避免刺激性饮食，调理胃肠功能，生活有规律，稳定情绪。可外用硫磺洗剂、甲硝唑霜。炎症明显者内服药物，如四环素、甲硝唑（灭滴灵）等。对毛细血管扩张，可采用激光将血管破坏。对鼻赘期患者，可采用外科手术，如磨削术或切割疗法等。

**酒政** 中国历代政府对酒类生产、流通、消费进行管理控制的各项方针、政策和法律措施。属于酒文化的行为层。中国酒政起源于夏朝，经过4 000多年的发展，主要形成5个方面的内容，即酒禁、酒法、酒专卖、征酒税以及历代设置的兼管或专管的酒政机构。

酒禁　用法律手段和行政命令，禁止酒类的生产、买卖或消费。酒禁有3类情况：①全面禁酒，对酒类的生产、买卖和消费实行全部禁止。多发生在政局动荡、王朝初创、年歉灾荒之时。②禁私酒，在国家对酒类实行专卖或征税政策的同时，禁止民间私自造酒和买卖酒，以保证国家正常的酒利收入。③禁酗酒，即节饮，限制酒类的消费膨胀或非礼之饮。如西周颁布《酒诰》，严禁官员纵酒，聚饮者格杀勿论。

酒法　为保证酒政顺利执行所采取的一系列法律手段和法律措施。中国古代酒法主要有死刑、墨刑、放逐、罚款、棍杖等刑罚。唐末还实行过连坐法。

酒专卖　由国家垄断酒类的生产和买卖，古称榷酤或榷酒酤，包括酒专卖和曲专卖。中国历代曾经有过官造官卖、民造官收官卖、买扑法、公卖制和国家控制产供销的专卖制等专卖形式。中国酒专卖始于西汉天汉三年（前98）二月，以后历代相沿，到中华民国时期采取官督商销的公卖制，中华人民共和国则由国家控制酒类的产供销。买扑法始行于北宋，到南宋普遍实行，它是近代包税制的前身。买扑就是招商承包某片地区的酒税额，以出价最高者承担，承包人称买扑人，买扑人一旦承包了某一地区的酒税，就取得了这一地区的专卖权。

征酒税　国家对酒类生产和销售者征收专税的政策和制度。又称税酒。中国税酒始于战国时期。西汉以后，除去隋朝和一些禁酒或实行酒专卖的时期以外，中国历代都曾对酒类开征专税。

酒政机构　酒政的执行机构。有专管与兼管两种类型。周朝设立的萍氏是中国第一个酒政机构，另外还设有酒法执行机构司，即禁酒警察。汉朝设立榷酤官。北魏设立榷酤科。唐代酒政由州县长官兼管。后周设立都务侯。辽代酒政隶属上京盐铁司。宋设有酒务。金设有曲院和酒使司。

元代也设酒务。明设宣课司和通课司。清则由户部统一管辖。中华人民共和国设有酒类专卖事业管理局。

**旧金山** San Francisco 美国太平洋沿岸重要港口城市。又称圣弗朗西斯科。中国粤语译作三藩市。

**旧金山地震** San Francisco Earthquake 1906年4月18日发生于美国旧金山的巨大地震。震级8.3级，震中烈度Ⅺ度。极震区位于沿圣安德烈斯断裂带破裂的长达$10^4$米量级的范围内。有感范围南北长1 170千米，面积约100万平方千米。地震后引起大火，约10平方千米内一片废墟。地震造成700人死亡，后来重新估计的死亡人数要大三四倍。

地震学家对这次地震及其伴随的自然现象进行了广泛研究。由于震中在早先已作过测量的地区，布有测量用的标志，从而得到震前、震后震源断层变形和位移的资料。据此，科学家们得出结论：强烈的地面摇动是由于圣安德烈斯大断层突然错动产生的。这一结论成为地震弹性回跳理论的基础和依据。

**《旧金山对日和约》** *San Francisco Treaty of Peace with Japan* 1951年9月8日在美国操纵下部分国家与日本签订的片面和约。因和约在美国旧金山签订，通称《旧金山对日和约》。反法西斯国家签字的《联合国家宣言》、《开罗宣言》、《波茨坦公告》和其他有关国际协议都规定各同盟国不得与敌国单独媾和，对日和约应先经中、苏、美、英四国外长会议准备，并采取大国一致原则签订全面对日和约。但美国背信弃义，违反盟国的合法利益，于1951年9月4～8日在旧金山召开对日和会，单独对日缔结和约。苏联、波兰和捷克斯洛伐克拒绝在和约上签字。此次对日和约，只有美、英、法等48国签字，是非法的、片面的。和约共7章27条，1952年4月28日生效。主要内容有：日本与各盟国之间的战争状态自条约生效时起即告终止；各盟国承认日本是一个主权国家；日本对领土与领海拥有完全的主权；日本承认朝鲜独立；日本放弃对台湾及澎湖列岛的一切权利和要求；盟国可同日本缔结双边协定和在日本驻军；放弃对日本的赔偿要求。中国政府于1951年9月18日和1952年5月5日两次发表声明，拒绝承认《旧金山对日和约》。1972年9月日本田中角荣首相访问中国，两国政府发表联合声明，才结束了中日两国之间的战争状态，实现邦交正常化。

**旧石器时代** Paleolithic Period 以制作和使用打制石器（见石器）为标志的人类物质文化发展阶段。人类历史的最初阶段。属于石器时代的早期，在世界范围内约开始于250多万年前，终止于距今1万年前后。其后接续中石器时代或新石器时代。相应的地质时代为上新世晚期和整个更新世。旧石器时代涵盖了99%以上的人类历史。这一时代的大部分时期，人类以采集、狩猎为生，旷野为家或借洞穴栖身，以松散的社会群体为单位，过着迁徙和流动的生活。这一阶段的晚期，一些人类群体开始向农业经济和定居生活转变。

“旧石器时代”一词是由英国人J.卢伯克于1865年首先界定和使用的，用来与以磨制石器为标志的新石器时代相对应。随后法国学者E.拉德特和G.de莫尔蒂耶等将欧洲的旧石器时代划分为早、中、晚三期。

在整个旧石器时代，全球环境不断改变，主要表现为冰期与间冰期的冷、暖交替。距今240万年以来北半球曾数次发育大冰盖；在距今73万年内世界上曾出现8次冰川旋回，即8次冰期和8次间冰期。随着气候的波动变化，动物群和植物带也相应地推移和变化。生态环境的改变对人类的起源、进化和文化的发展产生了重大影响，促使人类体质出现适应性演化，行为方式发生改变，不断创造出由简单到复杂、由原始到进步的人类文化。

**旧石器时代早期** 迄今所知最早的打制石器，出土于260万～250万年前的埃塞俄比亚的戈纳遗址。从那时起到20万年前，人类文化处于旧石器时代早期，相当于地质时代的上新世晚期至中更新世晚期。

非洲因出土最古老和相连续的古人类化石以及其旧石器文化而被认为最可能是人类的诞生地和文化发展的摇篮。这一地区最早的石器文化是奥杜韦文化，特点是石器加工粗糙，形制简单，功能分化不明显。在约170万～150万年前出现阿舍利文化，工具演变为较规则精致的手斧、手镐和薄刃斧等。距今40万年前后，出现以预制石核为特点的勒瓦娄哇技术。

另一个旧石器时代早期的文化中心是东亚地区。在中国的安徽繁昌和重庆巫山等遗址发现人类化石和打制石器，年代被认为接近甚至超过200万年前。在河北泥河湾、云南元谋、陕西蓝田、湖北建始和印度尼西亚爪哇岛等处，出土了距今180万～100万年的人类化石和旧石器遗存。属于旧石器时代早期后一阶段的人类化石和文化遗存进一步增加，发现了北京周口店、辽宁金牛山、南京汤山、湖北郧县、安徽和县，及缅甸的安雅特、巴基斯坦的索安等遗址。这些遗址出土的石器遗存常被冠以“砍砸器传统”或“石核－石片石器传统”之名，主要石制品为石核、石片和刮削器、砍砸器、尖状器（图1）。在中国的百色盆地和印巴次大陆的少数遗址则出土了手斧等具有阿舍利文化特点的石制品。

图1 图中左、右分别为中国北京猿人和蓝田猿人使用的石器

在西亚和欧洲地区，以色列的犹贝迪亚遗址出土了距今约140万年的石器，在格鲁吉亚的德玛尼西遗址发现的人类化石和石器，年代为距今180万～160万年。总体来说，西亚和欧洲50万年前旧石器时代的考古发现十分零散。到距今50万年左右，这些地区出现阿舍利文化，手斧和其他两面器成为标志性工具。但在英格兰发现的以克拉克当文化为代表的旧石器遗存，却主要由石片石器和石核砍砸器构成，与东亚的旧石器文化有相似性。在大约40万年前，西欧的一些遗址出现勒瓦娄哇技术的成分。

整体来说，在旧石器时代早期人类石器技术的发展十分缓慢。但人类在此阶段还取得了其他成就。在坦桑尼亚湃倪尼遗址出土了距今150万年的手斧，上面粘有金合欢树的木屑，有可能是人类制造木器的最早证据。在德国舍宁根遗址出土了3件木标枪，表明至少在40万年前人类的木器制造技术已达到相当水平。另一项重要的技术发明是用火。在南非斯瓦特克朗洞穴和肯尼亚切苏旺加遗址，曾发现距今150万～100万年的人类用火遗迹；法国莱斯卡尔洞穴，出土了距今70万年的用火遗迹；北京周口店洞穴，有距今60万～50万年的厚层的用火灰烬。虽然对其中一些遗址的人工用火证据尚存在疑问，但学术界公认人类在很早的时期就懂得用火，并以此驱赶猛兽、温暖住处、辅助狩猎和加工食物。旧石器时代早期人类分布的范围有限，局限于非洲、西南欧洲和西亚、东亚等少数地区。人类在自然状态下栖身于旷野或洞穴。

关于旧石器时代早期文化的创造者，非洲的奥杜韦文化被推断为由能人所创造。除此之外主要还有直立人，包括印尼的爪哇猿人，中国的蓝田猿人、北京猿人，德国的海德堡人等。在后期可能还有早期智人（见智人）。

**旧石器时代中期** 在距今20万～4万年期间，人类史前文化进入旧石器时代中期，相当于地质时代的中更新世晚期到晚更新世早期。此时非洲、西亚、西欧的代表性石器文化为莫斯特文化。它广泛使用勒瓦娄哇技术生产形制规则的石片，并用石片加工成各种刮削器、凹缺器和尖状器（图2）。此时区域性文化特色增强，出现北非

图2 莫斯特文化出土的石器

尼罗河流域的纽比亚莫斯特文化、阿替林文化，西欧的阿舍利传统莫斯特文化、典型莫斯特文化、凹缺器莫斯特文化和魁纳莫斯特文化，以及西亚的塔布恩文化等。

在欧亚大陆东部，尤其是东亚地区，旧石器时代中期的文化基本上继承了早期的技术和传统，用砾石、石核和石片加工的刮削器、砍砸器和尖状器是代表性石器，主要遗址分布在中国，包括陕西大荔遗址，山西丁村遗址和许家窑遗址，北京周口店第15地点等。东南亚地区虽有发现，但材料零碎。在中亚、西伯利亚和蒙古国的一些遗址，出土了具有阿舍利－莫斯特风格的石器和勒瓦娄哇技术产品，表明此地区史前文化与其南邻具有不同的发展路径。

旧石器时代中期在石器技术方面有了进步。例如，在非洲和西欧预制石核技术广泛应用，软锤技术出现，石叶技术开始萌芽；石器类型也更丰富，分工更明确。但总体上与早期相比仍有很大的延续性，缺乏突变。此时人类对木器的使用更普遍，在西亚、西欧和非洲的一些遗址发现了木投枪。有的与哺乳动物骨骼共生，表明它们应是狩猎工具。

艺术品开始出现。中国三峡地区的奉节县兴隆洞出土了带有人工刻划图案的剑齿象门齿；法国拉魁纳遗址出土了穿孔兽牙；比利时斯卡林遗址发现带有刻槽的熊牙；法国拉魁纳遗址、拉费拉西遗址，保加利亚白绰卡若洞穴和乌克兰莫洛多瓦遗址都出土了带有刻纹的兽骨；匈牙利的塔塔地区出土了被磨成卵圆形并涂上赭石色的猛犸象臼齿齿板；南非克卢姆波斯洞穴出土了刻划几何纹的赭石等。不过，对上述发现是否是艺术品尚有争议。

这一阶段的人类，尤其是尼安德特人已开始挖穴埋葬死者。尼安德特人的墓葬发现于比利时斯派洞穴、法国西南部拉费拉西等遗址、意大利奇尔切奥山地、乌兹别克斯坦泰希克－塔什遗址、以色列塔布恩和克巴拉洞穴、伊拉克沙尼达尔洞穴等。其中拉费拉西遗址和沙尼达尔遗址为多人埋葬墓地。在沙尼达尔墓葬一具尸骨的头部发现大量孢子花粉，推测是在埋葬时有意放置了野花。而奇尔切奥山地的墓葬则在底部用石头围成一圈，顶部用碎石封盖。一些死者随葬有石质工具和动物遗骸。这些为探讨当时的社会关系和宗教意识萌芽提供了珍贵资料。

旧石器时代中期的人类为早期智人，包括非洲的断山人，欧洲西部和西亚的尼安德特人，法国的莫斯特人，印尼的昂栋人，中国的大荔人、马坝人等。这些人类已占据和开发了除西伯利亚东北部、美洲、大洋洲和极地地带以外的广大地区。

**旧石器时代晚期** 距今约4万～1万年间人类文化处于旧石器时代晚期，相当于地质时代的晚更新世晚期。此时人类的生产技术、艺术创作、意识形态和社会生活出现革命性的变化。石器制作技术发生飞跃：能用直接打击法、间接打击法和压制法生产长石片和细石叶，并以此为毛坯制造石器；广泛生产和使用包括弓箭在内的复合工具；石器类型变得丰富多样，制作更精细，形态更美观，用途更分化，地区差异更明显，技术与文化传统的更替更迅速。

这一时期石器技术的发展和演变在西欧表现得最清楚，发展出奥瑞纳文化、格拉韦特文化、梭鲁特文化和马格德林文化等前后相继的石器文化传统（图3）。其他地

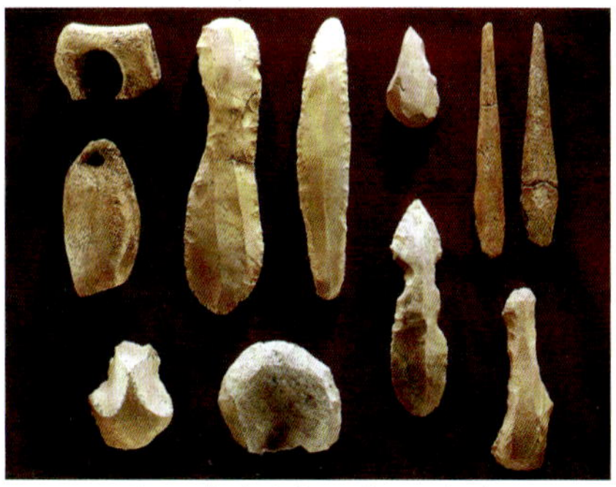

图3 奥瑞纳文化的工具组合

区的文化序列往往与之进行对比。非洲旧石器时代晚期石器技术的一项重要成就是细石叶技术的发明。这种石叶从经过精细修理的石核上剥离下来，细小而规则，用来制作复合工具，它们最早发现于南部非洲莱索托的塞洪洪遗址，年代距今4万多年。在东欧和中亚地区，长石片－细石叶文化为石器文化的主体。在东亚，从早、中期延续下来的石核－石片石器传统继续存在，代表性的遗址包括中国山西峙峪遗址（见峙峪文化）、内蒙古萨拉乌苏遗址、河南小南海遗址和周口店山顶洞等。在宁夏水洞沟遗址出现长石片技术遗存。在较晚的阶段，这一地区出现丰富的细石器文化，代表性遗址包括中国山西下川（见下川文化）和薛关，河北虎头梁等。此外，用动物骨骼和鹿角加工磨制的骨锥、骨针、渔叉等骨角器和木器，在世界许多旧石器时代晚期的遗址中都有发现。

非生产性的工艺装饰品、彩色岩画、壁画和石刻图案在世界各地广泛出现。最早的没有争议的人类艺术品出现于距今3万年前的欧洲西南部。在法国拉费拉西遗址的奥瑞纳层位，出土彩绘或刻在平整的石灰岩上的动物图案和代表女性特征的符号。小的艺术雕像也出现在奥瑞纳文化层中，但更多的这类可移动艺术品出现在格拉韦特文化层中。绝大部分雕像以象牙和动物骨骼为材料，以丰乳肥臀的女性为素材，被称为“维纳斯”。在捷克帕夫罗夫遗址，这类人物造型是用黏土捏制后烧烤而成的。

墓葬和宗教活动遗迹发现得更广泛，其中的寓意更明确。多人合葬普遍，并可能出现公共墓地。例如在捷克下外斯特尼斯遗址和普雷莫斯特遗址，分别出土了3人和18人合葬墓，在非洲西北部的塔夫拉尔特等遗址也出土了多人合葬墓。较之旧石器时代中期，晚期的一些墓穴挖掘得更深、更规范，顶部封盖得更严密。在西伯利亚的马利塔遗址，一个约1.5万年前的儿童墓中出土了动物骨骼、骨石工具和串珠等随葬品。这种明确属于个人的随葬品在许多墓葬中都有出现，说明此时人类对个人物品的意识增强。在澳大利亚还出现了对人类遗体火化处理的现象（见火葬）。此外，在法国的一些遗址发现人类骨骼被有意砍、切，在南非克拉西斯河口遗址出土的人类骨骼有火烧和切割的痕迹。这些遗存是生者对死者的特殊处理还是同类相食的残余，学术界尚未定论。

这一时期首次出现确定无疑的人类构筑的房舍。在西班牙北部的库埃瓦冒琳遗址、埃尔胡西遗址，中国黑龙江阎家岗遗址发现人类构筑的挡风墙。在中欧和东欧的一些寒冷地区，人类建筑的房舍更为规范、保存更为完好。发现物包括柱洞、排列有序的石块、猛犸象和其他大型哺乳动物的骨骼、火塘、工具、用具等。整个建筑物以木柱为支撑，石块和动物骨骼为墙体，并可能用兽皮遮盖外围和顶部。这样的遗存发现于乌克兰的普希卡伊、梅谢尼希和俄罗斯、捷克的一些遗址。

旧石器时代晚期的人类是晚期智人，包括南非的博斯科普人、法国的克罗马农人、澳大利亚的蒙戈湖人、中国的山顶洞人、资阳人和柳江人等。这些人类在体质上已属于现代人。此时人类已几乎到达世界的各个角落，到达和开发了大洋洲和美洲这些前辈们未能涉足的地区。

**人类对大洋洲和美洲的开发** 旧石器时代人类的活动范围不断扩大，逐渐从旧大陆扩及大洋洲和美洲。

**大洋洲** 很久以来，学术界认为人类在旧石器时代晚期才开始对大洋洲的开发。这一地区最早的人类遗存发现于澳大利亚东南部，如在新南威尔士西部的蒙戈湖遗址出土人类的骨骼、灶坑、烧土、石器、鱼骨、贝壳等，年代被测定为距今3.3万～3.2万年。但最新的年代测试将蒙戈湖人类化石的年

代提前到距今6.7万年，从而提出人类在距今7万年前已到达大洋洲的可能性。在那样古老的年代，依靠简易的船只来到远离其他大陆的大洋洲，堪称古代人类开发世界的一项伟大成就。在澳大利亚和新几内亚出土了各种类型的打制石器，其中以石斧最具特色。这样的石质工具在现代仍被一些澳大利亚土著人使用。关于澳大利亚土著人祖先的来源，学者认为，蒙戈湖等地的早期人类与印尼、菲律宾和中国的柳江人等晚期智人有很近的亲缘关系；而另一些遗址的人类遗骸，却与现代澳大利亚土著人一样，保留有较多的亚洲直立人的头、面部特征。据此，一些学者指出，古人类向澳大利亚的迁徙可能不限于一个时期、一个人类种群。

美洲　人类对美洲的开发可能比大洋洲更晚。少数美洲考古学家提出人类在美洲的出现可能早于距今10万年，但多数学者认为应发生在距今3万～1.5万年。迄今有较确切测年的最早的考古遗存是加拿大西北部育空地区的蓝鱼洞遗址，年代为近2万年前。可以确定的美洲时代最早且分布广泛的旧石器文化体系是克洛维斯文化，它的年代为距今1.2万～1.1万年，以可安装木柄的尖状器最具特色。关于最早的美洲人的来源，体质人类学、遗传学和考古学的证据均指向东北亚，包括西伯利亚、蒙古国、中国和日本的晚期智人。人类对美洲的开发虽然较晚，但对当地的生态环境造成了重大影响。克洛维斯尖状器、箭镞等狩猎工具经常与象、野牛、马、鹿等大型食草动物的遗骸共生，一些遗址出土大量被围猎者赶下悬崖和陷阱的哺乳动物的骨骼，这些表明古印第安人是狩猎高手。由于人类的大肆捕杀，70%以上的大型哺乳动物种类在距今1.2万～1万年间迅速绝灭。古印第安人有许多创造。他们擅长编织，在犹他州的丹杰洞等美国西南部沙漠地区的洞穴遗址，出土了用树木枝条和动植物纤维制作的编织品，在一些遗址发现用石料和其他材料制作的串珠等装饰品。他们还是一些原始农业项目的发明者。

旧石器时代的孑遗　旧石器时代结束之后，仍有一部分人类群体延续了狩猎－采集的生活方式。在公元纪年开始时，近1/2的地球陆地尚被狩猎－采集者所占据。1492年哥伦布到达美洲时，狩猎－采集者仍然活跃在约15%的地球陆地上。随着农业、工业人口的急剧扩张，20世纪初，旧石器时代的孑遗人群被排挤到非洲、大洋洲、美洲和极地的一些资源贫瘠、条件恶劣的地区。到现代，依赖狩猎－采集维持生计的较大人类群体有3个：非洲南部和西南部的布什曼人、澳大利亚的土著人和北美极地附近的因纽特人（原称“爱斯基摩人”）。这些人类群体基本没有火器，缺少金属器具，主要工具为弓箭、石刀等石器和木器。他们有的随季节和食物资源的变化而改变栖身之所，有的因食物资源稳定而定居生活。男性主要是狩猎，妇女主要从事采集。他们对生存领地和个人财产的意识非常薄弱，社会组织松散。

**《旧唐书》** *Old History of Tang*　记载中国唐代历史的纪传体史书。200卷。内帝纪20卷，志30卷，列传150卷。五代后晋时，刘昫、张昭远等撰。记载了唐代自高祖武德元年（618）至哀帝天祐四年（907）共290年的历史。编撰比较粗疏，但因此保存了大量原始的历史资料。司马光编写《资治通鉴》唐纪时，充分采用了《旧唐书》。

在北宋编撰的《新唐书》问世以后，《唐书》始有新旧之分。《新唐书》通行，该书受到冷遇。南宋初年刻印之后久无印本。明嘉靖十七年（1538），余姚闻人铨等重刻《旧唐书》，但传播不广。清乾隆时，《旧唐书》始复刻重印于世。由于长期没有印本，书中存在不少残缺和相互歧异之处。清人罗士琳等撰《旧唐书校勘记》66卷，可供参看。百衲本《旧唐书》是用南宋绍兴刊本残存的67卷，配以闻人铨本影印的，也是目前最好的版本。中华书局1975年出版的校点本现在比较通行。

**《旧五代史》** *Old History of Five Dynasties*　记载中国五代历史的纪传体史书。150卷。书中叙述后梁、后唐、后晋、后汉、后周共54年的历史。因系五代各自为书，故原名《梁唐晋汉周书》。宋太祖开宝六年（973）命宰相薛居正监修。后为区别于欧阳修撰的《五代史记》，故称《旧五代史》。书中有本纪、列传、志三部分。十国中对五代称臣奉朔各国，如荆南（南平）、楚、吴越等，入《世袭传》，余入《僭伪传》，契丹、吐蕃等入《外国传》。人物传各归本朝，不再分类，故无类传名目。有天文、历、五行、礼、乐、食货、刑法、选举、职官、郡县等十志。该书取材于各朝实录及范质《五代通录》等书，文献完备；且修史时五代结束未久，编撰人对当时情况多能了解，故史料较丰富。自金章宗泰和七年（1207）明令立欧阳修《五代史记》于学官后，该书渐废。自明中叶至清乾隆约200年间，传本不行于世。今本系清乾隆修《四库全书》时，馆臣邵晋涵等自《永乐大典》中辑出。1976年中华书局点校本乃以《四库全书》初写本为底本，并参校其他版本和有关书籍整理而成。

**《旧约圣经》** *Old Testament*　《圣经》的两大组成部分之一。原为犹太教的正式经典，被基督教承认为圣经后冠以此名。

**救生塔**　escape tower　发射初始阶段为应急救生而设在载人飞船顶端的塔形逃逸装置。是载人飞船发射救生系统的主要设备。若载人飞船采用低温推进剂的运载火箭，在发射初始阶段发生紧急情况时须采用分离座舱救生方式，使整个返回舱（即航天员座舱）飞离危险区，再借回收系统返回地面而使航天员获救。

救生塔主要由塔架、逃逸发动机和分离发动机组成。“联盟”号飞船和“阿波罗”号飞船的救生塔还装有俯仰控制发动机，它与逃逸发动机同时点火，使返回舱的逃逸弹道偏离运载火箭的弹道，避免与追来的运载火箭碰撞。“水星”号飞船则通过偏置逃逸发动机造成相对返回舱重心的推力偏心，达到使逃逸弹道横偏的目的。救生塔与返回舱并非简单的叠加，而是有机地联合组成发射逃逸飞行器，具有一定的气动特性和必要的飞行弹道。1983年9月27日，苏联“联盟”T10号飞船发射失败，运载火箭第一级点火后即爆炸。但在临爆炸前，救生塔将飞船拖离危险区使两名航天员获救。这是载人航天史上第一次使用救生塔救生的记录。

**救世军**　Salvation Army　19世纪中叶由英国循道会牧师W.布斯创办的新教社会活动组织。在组织形式上仿效军队，分别称教士和教徒为军官军兵。19世纪后期正式命名为救世军。他们主张爱家，在拯救他们灵魂的同时，还要满足他们身体的需要。其活动以举办慈善事业、开办学校、医院为主。早期只在英美等国流传，20世纪初传到中国。已遍布80多个国家，发展成为国际性的基督教慈善机构，总部设在伦敦。

**救世主**　The Saviour　基督教对耶稣基督的指称，也是“基督”一词之本意。又称“救主”。认为上帝借着耶稣基督的生、死和复活，拯救世人脱离罪恶与死亡；他的道成肉身是上帝自身直接向人类的显现，故他是救世之主。基督教认为，凡是相信他的人，都将脱离罪恶，得享永生。

**救赎论**　soteriology　基督教基本教义之一，亦属基督教神学重要课题。又译“救恩论”。此教义内容是：上帝圣父遣圣子降世，流血牺牲，以作赎价，救世人脱离罪恶，使信者获得永生。也可归于基督论这一分支学科。关于基督如何完成救世使命，东正教强调是通过他的道成肉身，使信他的人产生一种神秘变化，其中的人性被神性吸收，如亚大纳西所言，“基督成为人，使我们能成为神”。天主教和新教则强调基督的救赎是促使上帝与人的关系发生变化，其中一种理论认为是基督的牺牲改变了上帝对人的态度，称客观救赎论；另一种理论认为是基督的生与死作为榜样，感动世人，使人改变对上帝的态度，生活发生变化，导致神人和解，称主观救赎论。客观救赎论在历史上有“赎全说”、“胜魔说”、“满足说”等几种形式。主观救赎论的典型是“道德感化说”，最著名的倡导者为12世纪的P.阿贝拉尔。

**《就业、利息和货币通论》** *The General Theory of Employment, Interest and Money* 英国经济学家J.M.凯恩斯的著作。1936年出版。

1929年世界经济危机爆发后，资本主义经济陷于长期萧条状态，资产阶级传统经济学难以解释经济危机的现实。《通论》的发表适应了垄断资本“医治”失业和危机的需要，引起西方经济学界的震动，其对西方经济学的影响被称为凯恩斯革命。《通论》全书分6篇24章。该书批评了以前经济学家的工资和就业理论，提出“有效需求”概念；阐述了预期、所得、储蓄、投资等定义；分析了消费倾向的主、客观因素，提出边际消费倾向概念和乘数理论；分析了资本边际效率、长期预期状态、流动偏好与利率、资本性质、利息与货币的特征；分析了货币工资的改变、就业函数、物价；分析了商业循环、重商主义、禁止高利贷法、消费不足说等。

凯恩斯在《通论》中抛弃传统经济学关于资本主义制度可以通过工资、利率的自由伸缩，使经济常处于充分就业状态的教条，提出有效需求不足以解释资本主义常处于小于充分就业的状态。他指出，有效需求是预期可给企业主带来最大利润量(也即总需求D在总需求函数与总供给函数相交时的值）的社会总需求，它包括消费需求和投资需求。由于边际消费倾向递减规律、资本边际效益递减规律和流动偏好规律的影响，造成有效需求不足，从而使就业量在未达到充分就业水平时就停止增加或趋于下降，形成大量失业，引致经济危机的爆发。为增加有效需求，必须由国家实行干预。《通论》侧重总收入、总需求、总供给、投资、消费、储蓄、就业水平、物价水平等总量之间相互关系的分析，奠定了现代宏观经济学的基础。《通论》对资本主义国家的经济政策有重要影响。

**就业率** employment, rate of 就业人口占劳动适龄人口的百分比。中国国家统计局有关就业的概念采用的是国际劳工组织建议使用的概念：为取得劳动报酬或经营利润，在调查周内从事了一小时或以上的劳动；或由于休假、学习或临时停工等原因暂未处于工作状态，但有工作单位或场所。所有处于上述状态的16岁及以上的人都属于就业人口，包括在岗职工、再就业的离退休人员、私营企业主、个体户主、私营和个体就业人员、乡镇企业就业人员、农村就业人员、其他就业人员（包括民办教师、宗教职业者、现役军人等）。这一指标反映了一定时期内全部劳动力资源的实际利用情况，是研究基本国力的重要指标。

**拘传** compulsory appearance 司法机关强制被传唤人到案的强制方法。在中国刑事诉讼中，公安机关、人民检察院、人民法院对于未被羁押的犯罪嫌疑人、被告人，经过合法传唤，无正当理由而拒不到案，可以拘传。在民事诉讼中，人民法院对必须到庭的被告，经两次合法传唤，无正当理由拒不到庭的，也可以拘传。执行拘传时，应当向被拘传人出示拘传证。犯罪嫌疑人、被告人被拘传到案后，应当立即对其讯问。讯问结束，认为依法应当限制或剥夺其人身自由的，可以采用其他相应的强制措施，否则，应立即释放。在侦查阶段，拘传最长不得超过12小时，不得以连续拘传的形式变相拘禁被拘传人。对于证人不得适用拘传（见刑事强制措施、民事强制措施）。

**拘留** detention 中国公安机关、人民检察院对直接受理的案件，在侦查中遇有法定的紧急情形时，对现行犯或者重大嫌疑分子所采取的临时剥夺人身自由的强制方法（见刑事强制措施）。又称刑事拘留。

有权决定拘留的机关是公安机关、人民检察院等具有侦查权的机关。拘留必须同时具备两个条件：一是拘留的对象是现行犯或者是重大嫌疑分子；二是具有法定的紧急情形。执行拘留时，必须出示拘留证。拘留后，除有碍侦查或无法通知的情形以外，应当把拘留的原因和羁押的处所，在24小时内通知被拘留人的家属或者其所在单位。对于被拘留的人，应当在拘留后的24小时内进行讯问。发现不应当拘留的，应当立即释放。对于需要逮捕而证据不足的，可以采取取保候审或监视居住。如果人民代表大会代表因为是现行犯被拘留的，执行拘留的机关应当立即向其人民代表大会主席团或者人民代表大会常务委员会报告。

**拘尸那迦** Kuśinagara 印度四大佛教圣地之一。在今印度北方邦哥拉浦县城外之迦斯阿。又译俱尸那、拘尸那迦罗等，意为释迦牟尼涅槃处。佛在世时，此地为古印度末罗国都城。佛陀涅槃的双林（双沙罗树）处有涅槃卧像及佛塔等。7世纪之后逐渐湮没。19世纪中期才重新被发掘。

**拘役** detention 短期剥夺犯罪人的自由，就近执行教育改造的刑罚。拘役具有以下特征：①剥夺犯罪人的人身自由。即将犯罪人关押于特定场所（通常是拘役所）进行教育改造。②剥夺自由的期限较短。根据《中华人民共和国刑法》的规定，拘役的期限为1个月以上6个月以下，数罪并罚时不得超过1年。拘役的刑期从判决执行之日起计算，判决执行以前先行羁押的，羁押1日折抵刑期1日。③由公安机关就近执行。通常是将犯罪人放在所在地的县、市或市辖区的公安机关设置的拘役所执行；没有建立拘役所的，也可将其放在看守所执行。对于放在看守所执行的，应实行分管分押。④依法享受一定的待遇。即在执行期间，受刑人每月可以回家1～2天；参加劳动的，可以酌量发给劳动报酬。

**狙击步枪** sniping rifle 供狙击手使用的远距离高射击精度步枪。大多配有光学瞄准装置或夜视瞄准装置。配备给经过专门训练的狙击手，用于对600～1 000米内的单个重要目标（如指挥员、观察哨、机枪射手等）实施精确射击。见步枪。

**居家养老** in-home support services 老人居住在自己的家中，得到包括经济上的赡养、生活上的照顾和精神上的慰藉三方面供养的一种养老方式。发达国家和未来发展中国家在相当长的时期内要采用的主要养老方式。有别于传统的家庭养老。传统的家庭养老不仅养老的场所是家庭，而且养老的主要需求也完全依赖于家庭中的子女或其他成员提供。而居家养老虽然保留了与家庭养老相同的场所，但三种养老需求的主要提供者是社会保障和社会化的养老服务。

在西方发达国家，社会保障和社会服务的程度已经很高，但由于老年人口日益增多，社会负担越来越重。为减轻社会负担，同时为保持和提高生活质量，只要日常生活能够或基本能够自理，或通过社会服务与帮助还能够居住在自己家中的，绝大多数仍然采用居家养老方式。

**居里两代人** Curie two generations 指P.居里及其夫人M.居里，其女I.约里奥-居里及其婿F.约里奥-居里。这两代人主要以放射性研究在近代科学技术发展中作出的贡献而闻名于世。他们共获得三次诺贝尔奖。

P.居里（Pierre Curie 1859-05-15～1906-04-19）生于巴黎。16岁进巴黎大学理学院，毕业后任该校实验室助理。与其兄J.居里一起发现晶体的压电现象。1895年发现顺磁体的磁化率正比于其绝对温度，即居里定律。为了纪念他在磁性方面研究的成就，后人将铁磁性转变为顺磁性的温

图1 P.居里

度称为居里温度或居里点。1895年P.居里和M.斯克罗多夫斯卡结婚后共同研究放射性，1898年发现了钋和镭两种元素。1903年，他们夫妇和H.贝可勒尔共同获得诺贝尔物理学奖。P.居里于1904年任巴黎大学教授。1905年被选为法国科学院院士。1906年不幸在街上被马车撞倒受伤后致死。

M.居里（Marie Curie 1867-11-07～1934-07-04）原名M.斯克罗多夫斯卡，即人们常称的居里夫人。生于波兰华沙，卒于萨朗什附近。1893年以优异成绩毕业于巴黎大学理学院物理系，1894年毕业于数学系。1895年和P.居里结婚。在贝可勒尔发现铀盐的放射现象以后，M.居里决心寻找其他物质是否也具有铀盐的这种性质，首创放射性一词。她发现钍也具有放射性，沥青铀矿则有着比铀盐高得多的放射性。她认为在沥青铀矿中一定存在着某种未知的、放射性很强的元素。于是她和P.居里在实验室中，用化学方法和测定放射性的手段，从成吨的沥青铀矿中提取少量的未知元素，结果在1898年发现了钋和镭。钋（Polonium）的命名是为了纪念M.居里的祖国波兰。M.居里所开创的、用放射性进行化学分离与分析的方法奠定了放射化学的基础。1903年她获科学博士学位。1906年P.居里去世后，她接替了丈夫的工作，成为巴黎大学第一位女教授。1910年又提炼出金属态的纯镭。1911年，因发现元素镭和钋、分离出纯镭和对镭的性质及化合物的研究，获得诺贝尔化学奖。在第一次世界大战期间，她和她的长女I.居里（婚后称I.约里奥-居里）一起参加战地医疗服务，担负伤员的X射线透视工作。1922年由于她在放射性物质的化学及其在医学上应用的贡献被选为法国医学科学院院士。由于长期从事放射性工作，患恶性贫血白血病而逝世。

图2 M.居里

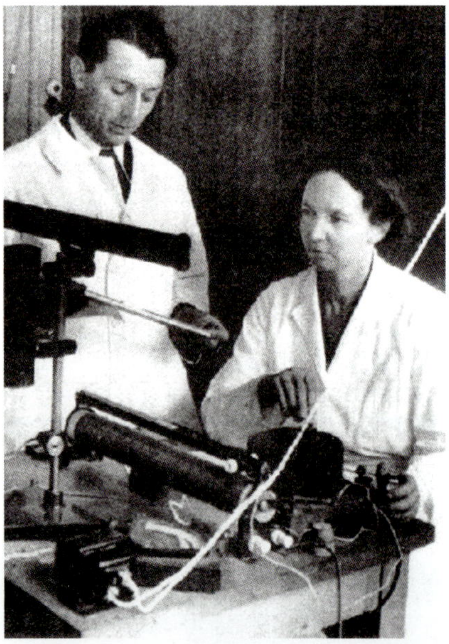

图3 F.约里奥-居里和I.约里奥-居里

M.居里一生中担任25个国家104个荣誉职位，接受过7个国家24次奖金或奖章，著作有《同位素及其组成》、《论放射性》、《放射性物质及其辐射的研究》等。放射性强度的单位居里是以她的姓氏命名的。

F.约里奥-居里（Frederic Joliot-Curie 1900-03-19～1958-08-14）和I.约里奥-居里（Irene Joliot-Curie 1897-09-12～1956-03-17）均生于巴黎，卒于巴黎。两人在1926年结婚。他们最主要的成就是发现了人工放射性，由此获1935年诺贝尔化学奖。1934年，他们用钋的α射线轰击铝箔，发现当α源移去后，铝箔仍有放射性，其强度也随时间按指数规律下降。这种放射性是由α粒子打在铝-27上发出一个中子而形成磷-30，磷-30不稳定，又放射出正电子而形成的。他们还发现了其他一些由α粒子所引起的核反应生成的人工放射性同位素。后来，F.约里奥-居里由于放射同位素在医学上应用的研究而当选为法国医学科学院院士。

约里奥-居里夫妇对中子的发现和核裂变现象的发现都作出了重要的贡献。在第二次世界大战期间，他们是反法西斯战士。战后又为法国原子能事业和法国原子能研究中心的建立作出了贡献。F.约里奥-居里还是法国共产党党员，曾任该党中央委员。I.约里奥-居里和她母亲一样，由于放射性工作引起的白血病而逝世。F.约里奥-居里则因肝病逝世。

**居鲁士二世** Cyrus Ⅱ the Great（前590～约前529） 波斯帝国的建立者（前558～约前529年在位）。又称居鲁士大王。出身于波斯阿契美尼德族。此族世代为王，称臣于米底帝国。其祖父居鲁士一世及其父冈比西斯一世据有埃兰东部和帕尔萨（今伊朗法尔斯）之一部，称安善山。居鲁士二世于公元前558年继承王位。公元前550年，领导波斯人反抗米底人的奴役，灭米底，建立阿契美尼德王朝。他以米底国都埃克巴坦纳（今伊朗哈马丹）为都城，依靠外交手段和军事实力逐步建立起一个规模空前的大帝国。公元前546年，灭小亚细亚的强国吕底亚，进而采取分化和征服的政策，使小亚西部沿海各希腊城邦臣服。公元前545年，向东进军，占领今阿富汗赫拉特及阿富汗北部等地，并一一置省；又渡乌浒河（今中亚阿姆河）直至药杀水（今中亚锡尔河），在此水南岸修筑7城，联成一道防线。公元前539年，进军美索不达米亚，灭新巴比伦王国。他尊重巴比伦的宗教和习俗，并采用阿卡德古来习用的称号，自称“世界之王、大王、正统的王、巴比伦王、苏美尔与阿卡德之王、四方之王”。公元前529年，为巩固帝国东北边境，他率兵渡过药杀水，深入游牧民族马萨格泰境，被马萨格泰人围困，激战中身受重伤，死后葬于波斯故都帕萨尔加德。

**居民身份证** resident identity card 居住在中华人民共和国境内的年满16周岁的中国公民证明身份的证件。根据2003年6月28日第十届全国人大常委会第三次会议通过的《中华人民共和国居民身份证法》的规定，居民身份证的项目包括姓名、性别、民族、出生日期、住址、公民身份号码、本人相片、证件的有效期和签发机关；有效期限分为10年、20年、长期3种，分别发给16～25周岁、26～45周岁及46周岁以上的公民。正在服现役的人民解放军军人、人民武装警察不领取居民身份证，而由有关部门颁发军人或武装警察身份证件。被判处拘役、有期徒刑以上刑罚的人和被劳动教养的人以及被羁押的人，尚未申请领取居民身份证的，在服刑、劳动教养和羁押期间，不发给居民身份证；已领取居民身份证的，由执行机关按规定收缴其身份证。释放或者解除劳教后，由本人申请领取居民身份证或者将原居民身份证发还本人。公安机关在执行任务时，有权查验居民身份证。任何组织或个人不得扣押居民身份证，但公安机关依照刑事诉讼法执行监视居住强制措施的情形除外。居民身份证具有证明居民身份、便利公民进行社会活动的功能，有益于维护社会秩序、保障公民的合法权益。

**居民消费价格指数** consumer price index; CPI 反映报告期城乡居民所购买的生活消费品价格和服务项目价格的变动趋势和程度的一种相对数。编制过程与社会商品零售价格指数类似，不同的是它包括消费品价格和服务项目价格两个部分。中国编制的居民消费价格指数，其权数是根据9万多户城乡居民家庭消费支出构成确定的。这一指数除能反映城乡居民所购买的生活消费品价格和服务项目价格的变动趋势和程度外，还具有以下几个方面的作用。

①用于反映通货膨胀状况。通货膨胀的严重程度是用通货膨胀率来反映的，它说明了一定时期内商品价格持续上升的幅度。通货膨胀率一般以居民消费价格指数来表示，即：

通货膨胀率＝居民消费价格指数－100%

②用于反映货币购买力变动。货币购买力是指单位货币能够购买到的消费品和服务的数量。居民消费价格指数上涨，货币购买力就下降，反之则上升。因此，居

民消费价格指数的倒数就是货币购买力指数，即：

$$货币购买力指数=\frac{1}{居民消费价格指数}\times 100\%$$

③用于反映对职工实际工资的影响。消费价格指数的提高意味着实际工资的减少，消费价格指数下降则意味着实际工资的提高。因此，利用消费价格指数可以将名义工资转化为实际工资。具体做法是：

$$实际工资=\frac{名义工资}{消费价格指数}$$

④用于缩减经济序列。通过缩减经济序列可以消除价格变动的影响，其方法是将经济序列除以价格指数。

**居士** kulapati 在家修持佛法的佛教徒。音译为迦罗越。其中，男居士称优婆塞，又译为乌波素迦、伊蒲塞等，意为清信士、近事男、近善男等。指亲近皈依三宝、接受五戒的在家男子，亦通称一切在家的佛教男信徒。女居士称优婆夷，又译为优婆斯等，意译为近事女、近善女、清信女等。指接受五戒的在家女性佛教徒。居士应持守五戒，即不杀生、不偷盗、不邪淫、不妄语、不饮酒。居士的团体称居士林。

**居素甫·玛玛依** Jusup Mamay（1918－04～） 中国柯尔克孜族史诗《玛纳斯》演唱大师。目前世界上唯一能够完整演唱8部《玛纳斯》的歌手。生于新疆阿合奇县哈拉布拉克乡米尔凯奇牧村一个典型的民间文艺之家。其兄巴勒拜是柯尔克孜族民间文学搜集家，经常随着驼队到中亚各地寻访歌手，记录他们演唱的叙事诗与史诗《玛纳斯》。他最大的功绩是记录了阿合奇县史诗演唱大师居素甫·阿洪和额不拉音演唱的《玛纳斯》，并对其进行艺术加工，使之成为完整的8部史诗《玛纳斯》唱本。居素甫·玛玛依8岁起在其兄的指教下学唱《玛纳斯》，至16岁已能将23万行的8部《玛纳斯》背诵下来。居素甫·玛玛依一生经历曲折、坎坷，曾当过牧民、农民、猎手、教师。他的演唱不但继承先辈史诗歌手的传统，同时加进自己的创作，融进他一生的劳动经验以及对于人生的体验与思考。

居素甫·玛玛依过目成诵，表现出惊人的记忆才能。他演唱的《玛纳斯》内容古老，唱本中保留着柯尔克孜民族古老的习俗和观念，以及古老的神话母题。唱本的语言艺术性很高，词汇丰富，语言生动而优美，情节引人入胜，整部史诗浑雄宏伟，气势磅礴。他能将生动、形象、富于想象力的史诗语言与鲜明的节奏、优美的曲调结合在一起，造成强烈艺术效果，引起听众情感上的共鸣。

居素甫·玛玛依演唱的柯尔克孜文的《玛纳斯》(共8部18册）于1995年由新疆人民出版社出版。除史诗《玛纳斯》之外，居素甫·玛玛依还连续演唱、记录了9部柯尔克孜族英雄史诗、1部哈萨克族英雄史诗，已出版的有《艾尔托什吐克》、《库尔曼别克》、《巴额西》、《托勒托依》、《萨依卡勒》、《玛玛克绍波克》、《阔班》、《七个可汗》8部。他口述记录的哈萨克史诗《七个可汗》于1993年出版，在新疆引起轰动。

居素甫·玛玛依被誉为“整个柯尔克孜民族文化传统的代表”、“当代荷马”。

**居维叶** Cuvier, Georges（1769－08－23～1832－05－13） 法国动物学家，比较解剖学和古生物学的奠基人。生于法国东部的蒙贝利亚尔，卒于巴黎。1784～1788年在德国斯图加特的加罗林大学研究比较解剖学。1788～1794年在法国诺曼底担任家庭教师。1795年进入巴黎自然博物馆任动物解剖学助理教授。1796年起为法兰西研究所成员（1803年起为该所终身秘书）。1800年起先后任法兰西学院教授、大学评议员，1811年受封为男爵，1814年被选为国务委员，1817年任内务部副大臣。1818年被选为法国科学院院士，1819～1832年任参议院内政部主席。

1804年与法国博物学家A.布龙尼亚尔一同调查了巴黎盆地地质，对盆地地层及所含古代哺乳动物化石作了系统研究，相继发表了《比较解剖学讲义》、《巴黎盆地附近的地质》、《四足动物骨骼化石研究》、《按结构分类的动物界》和《论地球表面的突变》等著作。在这些论著中阐明了巴黎盆地的地质发育史，确定了该区白垩纪、第三纪地层层序，推断了其古地理环境，还提出“器官相关律”，认为动物的身体是一个统一的整体，身体各部分结构都有相应的联系。他不仅研究现生的动物种类，还将绝灭种类的化石遗骸归入同一个动物系统进行比较研究。他运用器官相关的原则和方法，根据少数的骨骼化石对动物进行整体复原。他首先指出非洲象与亚洲象是两个不同的种，而猛犸象（毛象）则是一种更接近于亚洲象的绝灭动物，并证明北美发现的“猛犸”化石是另一个绝灭的新属——乳齿象。尽管他反对生物进化论，但他正确地提出了物种（及种上类群）自然绝灭的概念，并论证了现存种类与绝灭种类之间在形态上和“亲缘”上的相互联系，在客观上为生物进化论提供了科学的证据。此外，他认为地层时代越新，其中的古生物类型也越进步，最古老的地层中没有化石，后来出现了植物与海洋无脊椎动物的化石，然后又出现了脊椎动物的化石。在最近地质时代的岩层中，才出现了现代类型的哺乳类与人类的化石。他的这些论点与近代地质古生物学和进化论的结论基本一致。居维叶根据各大地质时代与生物各发展阶段之间的“间断”现象，提出了灾变论。认为是自然界的全球性的大变革，造成生物类群的大绝灭，而残存的部分经过发展与传播又形成了以后各个阶段的生物类群。他的这一科学假设也基本上与现代地质、古生物学的结论相一致。

**居延烽燧遗址** Beacon Towers of Juyan 中国汉代张掖郡居延、肩水两都尉管辖的城郭、鄣坞、边塞烽燧和塞墙遗址。位于内蒙古额济纳旗和甘肃金塔境内的额济纳河（弱水）流域。绵延约250千米。塞墙为东北—西南走向，基宽2.5～2.8米，高3米，两侧用粗石板垒砌，中间填砾石。此塞墙始建于西汉武帝太初三年（前102)，废弃于东汉末年。在历史上曾起到卫护河西走廊畅通、保证汉与西域交通、切断匈奴与羌联系的战略作用。塞墙沿线遍置烽燧，烽燧以草苣点燃，夜间点火称烽，白天放烟称燧，是汉代边防报警的信号。1930～1931年，西北科学考察团在这里曾获汉代木简1万多枚。1972～1976年，发掘了甲渠候官遗址、甲渠塞第四燧遗址和肩水金关遗址，了解了当时烽燧建筑的情况，并获汉代木简近2万枚（见*居延汉简*)。

**居延汉简** Wooden and Bamboo Slips of the Han Dynasty Unearthed from Juyan 中国甘肃额济那旗（今属内蒙古）一带的汉代*居延烽燧遗址*中出土的简牍。年代约自西汉武帝末年至西晋太康元年（280)，其中以西汉中晚期和东汉早期简居多。总数约3万枚，为多次发掘调查所得。其中以1930年和1972～1982年所获最丰，分别为1万余枚和近2万枚。简牍的形制包括简、两行、牍、觚、楬、封检等，字体以隶书和草书为主。内容有官私文书及少量典籍、历谱等。官文书主要是各种边塞屯戍档案，包括各类法律、簿籍和公文等。私文书主要是买卖契约和书信。这些简牍反映了汉代边塞的屯戍生活，涉及当时的政治、经济、军事、文化等各个方面，是研究汉代历史的第一手资料，有较高的史料价值。居延

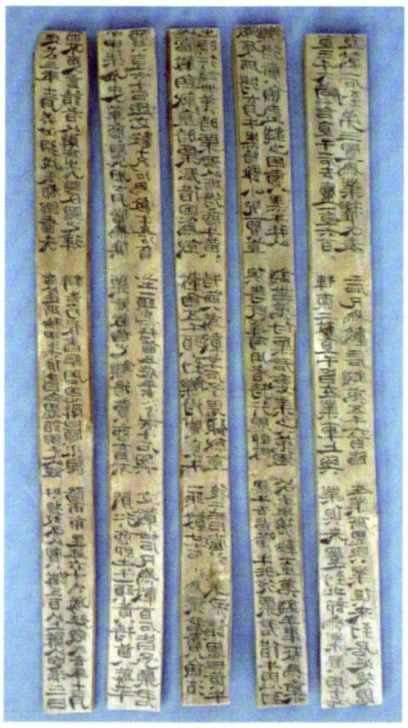

汉简是继敦煌汉简之后发现的最重要的汉代边塞屯戍文书，在内容和数量上大大超过敦煌汉简，为研究汉代历史开辟了新领域。

**居庸关** Juyong Pass 中国古代长城重要关口。又称军都关、蓟门关、纳款关。位于今北京市昌平西北12千米军都山关沟中段。其地形势险要，关沟为太行八陉最北之第八陉——军都陉，历来为南北交通要冲。居庸最初为塞，《吕氏春秋》载："天下九塞，居庸其一。"居庸称关始见《汉书·地理志》："居庸有关。"《后汉书·光武帝纪》载建武十五年（公元39）"徙雁门、代郡、上谷三郡民，置常山关、居庸关以东"。北魏、北齐修筑长城并与关城连接，遂成为长城关口。明洪武二年（1369）重修、增筑。后置千户所、设卫。明景泰元年（1450），关址南移4千米（即今存居庸关城），并于关沟南（今南口）、北（八达岭关城）两端建外关。与紫荆关、倒马关合称内三关。军都山西接太行，为北京西北屏障。关沟西北—东南走向，长20千米。居庸关城两侧，高山夹峙，旁有巨涧深沟、悬崖陡壁；北恃八达岭，南屏南口，易守难攻，素有"铁门"之称。东汉元初五年（118），鲜卑人攻居庸关未遂。南宋嘉定六年（1213），成吉思汗两次攻金中都（今北京城西南）皆受阻于居庸，后遂改经黑林沟（今关沟东，俗称扎八儿道）才进取中都。明崇祯十七年（1644），李自成农民起义军，战夺大同，陷宣府，攻居庸不下，遂绕道柳沟（今北京延庆青龙桥东），取南口，陷京师，明亡。今明代关城尚存，为游览胜地，有京包铁路经此。

**鮈** Gobioninae; gudgeons 鲤形目鲤科鮈亚科动物的统称。约有30属100多种。分布于亚洲、欧洲、北美洲，东亚水域最为丰富。大部分种类分布在中国，部分种类产于日本、朝鲜半岛及西伯利亚等。中国约22属80余种。属中小型鱼类，以小型为主，多数体长80～200毫米。体侧扁或略呈圆筒形，头中等大，略侧扁或近圆锥形；口下位，弧形或马蹄形；唇简单，无乳突，或发达且具乳突，下唇分叶；一般具须1对，位于口角；眼中等大，侧上位；背鳍大多无硬刺，臀鳍分枝鳍条6根，尾鳍分叉，上下叶几乎等长；下咽齿多为2行或1行。生活于江河平原地区，部分为山区特有种类。食底栖无脊椎动物、水生昆虫幼虫、高等植物碎屑以及藻类等。也是凶猛鱼类的食饵。

**鞠躬** bow 社交礼节。行礼前应脱帽（摘下围巾），身体立正，目光平视；行礼时两脚并拢，弯曲上身以表示敬意，男士双手自然下垂，贴放于身体两侧裤线处，女士的双手下垂搭放在腹前。根据施礼对象和场合决定鞠躬的度数，一般60°，特殊情况也有90°的大鞠躬。此礼目前流行于世界许多地区，最早可追溯至中国先秦。当时包括两种程度稍异的礼仪：一是上身微前倾表示恭敬，二是身体向前弓弯得越深表示行礼越重。辛亥革命时孙中山宣布取消跪拜礼而代之以鞠躬礼后，在全国广泛流行。西方于16世纪以后盛行。鞠躬礼适用于多种社交场合。一般情况，晚辈对长辈、学生对老师、下级对上级、表演者对观众等都可行鞠躬礼。行鞠躬礼应注意：受鞠躬礼者应还以鞠躬礼，地位较低的人要先鞠躬并且度数要相对深一些。

**局部战争** local war 在一定的地区内，使用一定的武装力量进行的目的有限的战争。在作战目的、武器和兵力使用等方面都有所限制，只在一定范围内对国际形势产生影响，因而有的国家又称其为有限战争。对大国来说，是在某些方面加以限制的战争，而对中、小国家来说，也可能是全力以赴的战争。如果处理不当，局部战争也可能发展为大规模的战争。

**局限性肠炎** regional enteritis 一种慢性炎症性肠病。又称节段性回肠炎、克罗恩氏病、克隆氏病。此病在中国报道不多，其他国家比较多见。多见于16～40岁的青壮年。病变可以侵及胃肠道的任何部分，但主要累及远端小肠和结肠，也可累及肠道以外。病理特征为胃肠道非干酪性肉芽肿合并溃疡，呈节段性分布。临床上以腹痛、腹泻、发热、腹部肿块、瘘管形成和肠梗阻为特点，并伴有贫血、营养不良、关节炎、眼虹膜炎和肝脏病等全身表现。此病进展缓慢，大部分病人经药物治疗后，可以改善症状，但不能根治。对部分伴有并发症者，应进行手术治疗，但容易复发。经治疗后的病死率不高。随着年限延长，病情渐趋平稳，少数病例可以发生癌变。

**局域网** local area network 在小范围内互连各种数据通信设备并以高的数据传输速率进行信息交换的计算机通信网络。早期的局域网采用共享介质通信方法，即发送站点向所有接收站点广播发出通信要求，再用某种介质访问控制方法来管理。20世纪90年代又推出用网桥、交换机等去互连各局域网，使之更为方便可靠。

局域网的主要技术特性为：①拓扑结构。指网络各站点及其连线的几何布局，如总线、环形、树形、星形等。②数据传输率。有1兆比特/秒至10吉比特/秒等。③介质访问控制方法。指对物理传输介质的访问管理，常见的有带碰撞检测的载波侦听多址访问（CSMA/CD）和权标传递等方法。④传输介质。有同轴电缆、双绞线、光缆等有线介质和无线电波、光波等无线介质。⑤介质传输技术。有基带、宽带和红外等。

美国电气和电子工程师学会（IEEE）制定的局域网标准，其中许多被国际标准化组织（ISO）采纳作为国际标准。

20世纪90年代后期，无线局域网（WLAN）兴起，采用射频技术在空中发送和接收数据，把数据的连通性和用户流动性很好地结合起来。

**菊池宽** Kikuchi Kan（1888-12-26～1948-03-06） 日本小说家、剧作家。曾用笔名菊池比吕志、草田杜太郎。生于香川高松，卒于东京。1916年毕业于京都帝国大学英文科。1914年开始在《新思潮》上陆续发表《玉村吉弥之死》、《懦弱的丈夫》、《屋顶上的狂人》、《海上勇士》等剧本。1917年，他的独幕剧《父归》问世，1920年上演，轰动一时。这个时期，他还创作了《义兵甚兵卫》、《时间之神》、《恋爱病患者》等剧作。菊池宽的独幕剧具有构思新颖、结构严密、人物生动等特色，对当时的戏剧创作有一定影响。小说《珍珠夫人》（1920）等问世后，菊池宽逐渐成为通俗小说家。

**菊花** *Dendranthema morifolium*; chrysanthemum 菊科菊属的一种。多年生草本植物。原产中国。古名鞠。花色丰富多彩，姿容飘逸，自古即受人喜爱，为中国传统名花之一，也风靡世界。

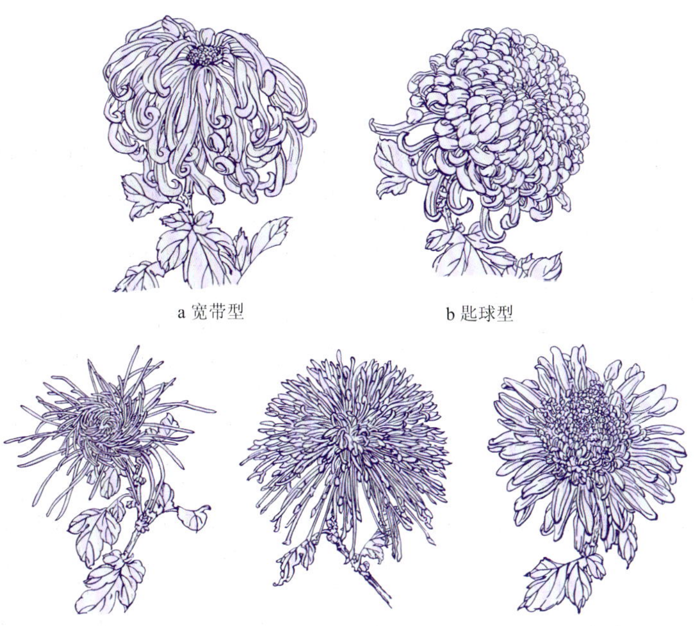

a 宽带型　b 匙球型　c 疏管型　d 松针型　e 平桂型

大菊部分类型

栽培菊是由某些黄色、白色或紫色的野生菊经种间杂交演化而来。茎多分枝，基部木质化。株高40厘米至2米。单叶互生，多卵圆形，长5～15厘米。边缘具粗大锯齿或深裂。秋季开花，头状花序，外围为舌状花，大小、形状、颜色因品种变化很大；中心为筒状花，常稀少或阙如。花序下为总苞，舌状花多为雌性花，筒状花为两性花，雌蕊柱头两歧。瘦果。

世界共约有万余品种菊花。依花径可分为大菊和小菊；依花期可分为春菊、夏菊、秋菊、冬菊（寒菊）和四季菊；依花色可分为黄、白、粉、紫、橙、褐、绿以及间色和复色等。

菊花为短日照植物。喜光。适应性强，中国自华南至东北均能栽植。性耐寒。对温度、土壤酸碱度的要求不严，但以18～22℃和中性至微酸性（pH6.0～6.7）、排水良好的肥沃壤土最适生长。种子或营养体繁殖均可，而以扦插繁殖为主。

菊花观赏价值较高，除盆栽或配植花坛外，常用作切花材料。黄菊与白菊可入药，性微寒、味甘苦，功能散风清热、平肝明目，主治感冒风热、头痛、目赤等症。白菊花可供饮料用，称为茶菊；味甘甜的菊苗以及白菊的花瓣，可作蔬菜。

**菊科**　Compositae; composite family　双子叶植物纲菊亚纲的一科。共1 300余属近25 000～30 000种，除南极外，全球分布。中国约有220属近3 000种，全国各地分布，其中异裂菊属、复芒菊属、太行菊属、画笔菊属、重羽菊属、黄缨菊属、川木香属、球菊属、葶菊属、栌菊木属、蚂蚱腿子属、花佩属、华蟹甲属、华千里光属、紫菊属、君范菊属为中国特有。有一致的小花结构。小花管状，辐射对称，或舌状而两侧对称，或花冠管状而花冠裂片二唇形。多数小花密集排列，外覆以总苞片而形成一致的头状花序。

菊科的一个重要特征是菊糖完全代替了淀粉作为多聚糖贮存。菊科所含有的倍半萜内酯类具有强心、抗癌、驱虫、镇痛等作用。本科中有350余种倍半萜内酯。地胆草属某些种含苦地胆苦素和异苦地胆苦素，有抑制肿瘤生长的作用。泽兰属的某些种含有的泽兰苦内酯、泽兰氯内酯等8种倍半萜内酯是抑制肿瘤生长的活性成分。菊科有大量的药用、观赏和经济植物。药用植物有佩兰、艾纳香、火绒草、天名精、豨莶、野菊、菊花、青蒿、款冬、千里光、白术、苍术、牛蒡、雪莲、红花、水飞蓟、蒲公英等。在中国菊科植物中，大约有300种可为药用。向日葵、红花为油料植物。洋姜块茎可加工成酱菜，茼蒿是中国各地的蔬菜。艾纳香又称冰片草，叶含龙脑等，可提制冰片。除虫菊是重要的杀虫或驱虫植物。菊科中有许多著名的观赏植物，如菊花、木茼蒿、金盏花、雏菊、翠菊和万寿菊等。

长裂太行菊

**菊石**　Ammonoidea; ammonoid　头足纲菊石亚纲动物的统称。已绝灭的海生无脊椎动物。因表面通常具有类似菊花的线纹得名。生存于中奥陶世至晚白垩世。

菊石的壳体是一个以碳酸钙为主要成分的锥形管。壳管的始端细小，通常呈球形或桶形，称为胎壳。绝大多数菊石的壳体以胎壳为中心在一个平面内旋卷，少数壳体呈直壳、螺卷或其他不规则形状。

菊石的系统分类标志有壳体形状、旋卷程度、壳表装饰、体管位置和缝合线的特征等。通常采用的是将菊石亚纲划分为似古菊石目、棱菊石目、海神石目、前碟菊石目、齿菊石目、叶菊石目、弛菊石目、菊石目、曲菊石目9个目。在目和亚目以下，又进一步分为超科（约80个）、科（约280个）和属（约2 000个）以及许多种和亚种等。

菊石化石均产于浅海沉积的地层中，并与许多海生生物化石共生。菊石演化迅速，分布广泛和易于辨认，是划分和对比地层最有效的标准化石。

**沮渠蒙逊**　Juqu Mengxun (368～433)　中国十六国时期北凉的创建者。临松郡（今甘肃张掖南）卢水胡人。在位约33年。沮渠氏的祖先曾任匈奴的左沮渠，因而以官为氏，在张掖一带世为酋豪。蒙逊涉猎书史，有谋略。他在两位伯父沮渠罗仇兄弟被后凉统治者吕光部下杀害后，于397年率众推段业为凉州牧，脱离后凉独立。段业任蒙逊为张掖太守。401年，蒙逊杀段业，自立为凉州牧、张掖公，建国北凉。412年，迁都姑臧，称河西王。421年，攻下敦煌，灭西凉李氏。约在次年占领高昌，版图扩及西域。北凉政权鼎盛时期，与刘宋交聘，输入书籍，继前凉、西凉之后，在河西保存和发扬了汉族封建文化。死后，子茂虔（亦作牧犍）继位。

**莒县–郯城地震**　Juxian-Tancheng Earthquake　清康熙七年六月十七日（1668年7月25日）发生于今中国山东省莒县和郯城县之间的巨大地震。有史以来中国大陆东部最强烈的地震。震级8.5级，震中烈度Ⅺ度。震后又发生6.5～7.1级余震6次。极震区包括今莒县、临沂市和郯城县。莒县境内马耆山崩四散，五庐固、阎家固、施风朵、科罗朵等大山劈裂两半。城内地裂缝普遍。沭河东侧出现地裂缝，裂缝处冒泥沙、涌流黄水。临沂北门外不到1千米坍龙潭一处，周围阔15～20米，深8米左右。郯城县境内到处出现地陷。重破坏区有今赣榆、日照、昌邑、安丘、诸城、沭阳、蒙阴等20余县、市。轻破坏区包括今曹县、朝城、桓台、城武、高唐、德州等100余县、市。有感半径800多千米。地震波及今江苏、安徽、浙江、河南、江西、河北、湖北、山西、辽宁、陕西、福建等省及朝鲜等国。死亡5万余人。

**矩阵** matrix 数学研究及应用的一个重要工具，代数学的主要研究对象之一。由$mn$个数排成的$m$行$n$列的矩形表（外面加上了括号）

$$\begin{pmatrix} a_{11} & a_{12} & \cdots & a_{1n} \\ a_{21} & a_{22} & \cdots & a_{2n} \\ \vdots & \vdots & & \vdots \\ a_{m1} & a_{m2} & \cdots & a_{mn} \end{pmatrix}$$

称为$m\times n$矩阵，记作$(a_{ij})_{m\times n}$或$\boldsymbol{A}_{m\times n}$，也简记成$(a_{ij})$或$\boldsymbol{A}$。aij为矩阵的元素。

矩阵的运算　两个矩阵在它们的行数和列数均分别相同，且所有相应位置上的元素均相等时，称为相等。相同行数及相同列数的两个矩阵$\boldsymbol{A}=(a_{ij})_{m\times n}$与$\boldsymbol{B}=(b_{ij})_{m\times n}$的和是$\boldsymbol{A}+\boldsymbol{B}=(a_{ij}+b_{ij})_{m\times n}$。一个数$k$与任意矩阵$\boldsymbol{A}(a_{ij})_{m\times n}$的数量乘积为矩阵$k\boldsymbol{A}=(ka_{ij})_{m\times n}$。矩阵$\boldsymbol{A}=(a_{ij})_{m\times n}$的列数与矩阵$\boldsymbol{B}=(b_{ij})_{n\times k}$的行数相等时可以相乘，其乘积为$\boldsymbol{A}_{m\times n}\boldsymbol{B}_{n\times k}=(c_{ij})_{m\times k}$。其中$c_{ij}=a_{i1}b_{1j}+a_{i2}b_{2j}+\cdots+a_{in}b_{nj}, i=1,2,\cdots,m, j=1,2,\cdots,k$。矩阵运算有以下性质，对于加法有

①加法交换律$\boldsymbol{A}+\boldsymbol{B}=\boldsymbol{B}+\boldsymbol{A}$；

②加法结合律$\boldsymbol{A}+(\boldsymbol{B}+\boldsymbol{C})=(\boldsymbol{A}+\boldsymbol{B})+\boldsymbol{C}$；

③所有元素全为零的$m\times n$矩阵称为零矩阵，记为$\boldsymbol{O}_{m\times n}$，常记为$\boldsymbol{O}$，可知$\boldsymbol{A}+\boldsymbol{O}=\boldsymbol{A}$；

④对任意矩阵$\boldsymbol{A}$，记$-\boldsymbol{A}=(-1)\boldsymbol{A}$。则有$\boldsymbol{A}+(-\boldsymbol{A})=\boldsymbol{O}$。

对于数量乘法有

⑤$k(\boldsymbol{A}+\boldsymbol{B})=k\boldsymbol{A}+k\boldsymbol{B}$；

⑥$k(l\boldsymbol{A})=(kl)\boldsymbol{A}$。

对于乘法有

⑦乘法结合律$(\boldsymbol{AB})\boldsymbol{C}=\boldsymbol{A}(\boldsymbol{BC})$；

⑧乘法对加法的分配律$\boldsymbol{A}(\boldsymbol{B}+\boldsymbol{C})=\boldsymbol{AB}+\boldsymbol{AC}$，$(\boldsymbol{A}+\boldsymbol{B})\boldsymbol{C}=\boldsymbol{AC}+\boldsymbol{BC}$；

⑨$k(\boldsymbol{AB})=(k\boldsymbol{A})\boldsymbol{B}=\boldsymbol{A}(k\boldsymbol{B})$。

记$M_{mn}(F)$为域$F$上全体$m\times n$矩阵的集合，则按上面的加法和数量乘法$M_{mn}(F)$构成$F$上$mn$维向量空间。如记$M_{nn}(F)$为$M_n(F)$，它是$F$上全体$n$阶方阵的集合，它按上面的加法和乘法构成一个环，又是$F$上$n^2$维向量空间，就成为$F$上$n$阶全矩阵代数。

单位矩阵与逆矩阵　下列矩阵

$$\boldsymbol{I}_n=\begin{pmatrix} 1 & 0 & 0 & \cdots & 0 \\ 0 & 1 & 0 & \cdots & 0 \\ \vdots & \vdots & \vdots & & \vdots \\ 0 & 0 & 0 & \cdots & 1 \end{pmatrix}_{n\times n}$$

称为$n$阶单位矩阵，对任意$\boldsymbol{A}_{n\times k}$及$\boldsymbol{B}_{k\times n}$满足

$$\boldsymbol{I}_n\boldsymbol{A}_{n\times k}=\boldsymbol{A}_{n\times k}, \boldsymbol{B}_{k\times n}\boldsymbol{I}_n=\boldsymbol{B}_{k\times n}$$

对$n$阶方阵$\boldsymbol{A}$，若有$\boldsymbol{B}$满足$\boldsymbol{AB}=\boldsymbol{BA}=\boldsymbol{I}_n$，则称$\boldsymbol{B}$是$\boldsymbol{A}$的逆矩阵。

由$n$阶方阵$\boldsymbol{A}=(a_{ij})$的$n^2$个元素作成的$n$阶行列式$|a_{ij}|$称为$\boldsymbol{A}$的行列式，记为$|\boldsymbol{A}|$或det$\boldsymbol{A}$。$n$阶方阵$\boldsymbol{A}$的元素$a_{ij}$在行列式$|\boldsymbol{A}|$中的代数余子式为$A_{ij}(i,j=1,2,\cdots,n)$，以$A_{ij}$作成如下$n$阶方阵，

$$\tilde{\boldsymbol{A}}=\begin{pmatrix} A_{11} & A_{12} & \cdots & A_{1n} \\ A_{21} & A_{22} & \cdots & A_{2n} \\ \vdots & \vdots & & \vdots \\ A_{n1} & A_{n2} & \cdots & A_{nn} \end{pmatrix}$$

称为$\boldsymbol{A}$的伴随矩阵。可证$n$阶方阵$\boldsymbol{A}$有逆矩阵当且仅当$|\boldsymbol{A}|\neq 0$。这时$\boldsymbol{A}$的逆矩阵是唯一确定的，它等于$\frac{1}{|\boldsymbol{A}|}\tilde{\boldsymbol{A}}$，记为$\boldsymbol{A}^{-1}$。

转置矩阵　对$\boldsymbol{A}=(a_{ij})_{m\times n}$作新矩阵$(b_{ij})_{n\times m}$使$b_{ij}=a_{ji}$，则称后者为$\boldsymbol{A}$的转置矩阵，记为$\boldsymbol{A}'$或$\boldsymbol{A}^{\mathrm{T}}$。$\boldsymbol{A}^{\mathrm{T}}$是将矩阵$\boldsymbol{A}$的每一列顺序地排成行而得的矩阵。当$\boldsymbol{A}=\boldsymbol{A}^{\mathrm{T}}$时，$\boldsymbol{A}$称为对称矩阵。

线性方程组、二次型、线性变换都与矩阵密切相关。

线性方程组

$$\left.\begin{aligned} a_{11}x_1+a_{12}x_2+\cdots+a_{1n}x_n&=b_1, \\ a_{21}x_1+a_{22}x_2+\cdots+a_{2n}x_n&=b_2, \\ \cdots\cdots\cdots\cdots\cdots\cdots&\cdots \\ a_{m1}x_1+a_{m2}x_2+\cdots+a_{mn}x_n&=b_m, \end{aligned}\right\}$$

可以写成矩阵方程$\boldsymbol{AX}=\boldsymbol{B}$。其中

$$\boldsymbol{A}=(a_{ij})_{m\times n},\quad \boldsymbol{X}=\begin{pmatrix} x_1 \\ x_2 \\ \vdots \\ x_n \end{pmatrix},\quad \boldsymbol{B}=\begin{pmatrix} b_1 \\ b_2 \\ \vdots \\ b_m \end{pmatrix}$$

二次型

$$f(x_1,x_2,\cdots,x_n)=a_{11}x_1^2+2a_{12}x_1x_2+2a_{13}x_1x_3+\cdots+2a_{1n}x_1x_n+a_{22}x_2^2+2a_{23}x_2x_3+\cdots+2a_{2n}x_2x_n+\cdots+a_{nn}x_n^2$$

可以写成$f(x_1,x_2,\cdots,x_n)=\boldsymbol{X}^{\mathrm{T}}\boldsymbol{AX}$。其中

$$\boldsymbol{A}=\begin{pmatrix} a_{11} & a_{12} & \cdots & a_{1n} \\ a_{21} & a_{22} & \cdots & a_{2n} \\ \vdots & \vdots & & \vdots \\ a_{n1} & a_{n2} & \cdots & a_{nn} \end{pmatrix}=\boldsymbol{A}^{\mathrm{T}}, \boldsymbol{X}=\begin{pmatrix} x_1 \\ x_2 \\ \vdots \\ x_n \end{pmatrix}$$

给定$n$维向量空间$V$及它的一组基$\boldsymbol{v}_1,\boldsymbol{v}_2,\cdots,\boldsymbol{v}_n$，任一向量$\boldsymbol{\alpha}$对应于它的坐标向量

$$\boldsymbol{\alpha}=\begin{pmatrix} x_1 \\ x_2 \\ \vdots \\ x_n \end{pmatrix}$$

设$V$中的线性变换$A$，若

$$\begin{aligned} A\boldsymbol{v}_1&=a_{11}\boldsymbol{v}_1+a_{21}\boldsymbol{v}_2+\cdots+a_{n1}\boldsymbol{v}_n \\ A\boldsymbol{v}_2&=a_{12}\boldsymbol{v}_1+a_{22}\boldsymbol{v}_2+\cdots+a_{n2}\boldsymbol{v}_n \\ &\cdots\cdots\cdots\cdots\cdots\cdots \\ A\boldsymbol{v}_n&=a_{1n}\boldsymbol{v}_1+a_{2n}\boldsymbol{v}_2+\cdots+a_{nn}\boldsymbol{v}_n \end{aligned}$$

或简写为

$$(A\boldsymbol{v}_1,A\boldsymbol{v}_2,\cdots,A\boldsymbol{v}_n)=(\boldsymbol{v}_1,\boldsymbol{v}_2,\cdots,\boldsymbol{v}_n)\boldsymbol{A}$$

这里$\boldsymbol{A}=(a_{ij})_{n\times n}$称为线性变换$A$在基$\{\boldsymbol{v}_i\}$下的矩阵。可算出向量$\boldsymbol{\alpha}$在$A$下的像$A\boldsymbol{\alpha}$的坐标向量是$A$的矩阵$\boldsymbol{A}$与$\boldsymbol{\alpha}$的坐标向量$\boldsymbol{\alpha}$的乘积$\boldsymbol{A\alpha}$。

若又有$V$中另一线性变换$B$，它在基$\{\boldsymbol{v}_i\}$下的矩阵为$\boldsymbol{B}$，则线性变换$A$与$B$的乘积$AB$在$\{\boldsymbol{v}_i\}$下的矩阵正是$A$的矩阵$\boldsymbol{A}$与$B$的矩阵$\boldsymbol{B}$的乘积$\boldsymbol{AB}$。

以上几个例子中都能用矩阵表示出原来的事项，因而与这些事项有关的数学问题都化为矩阵的问题，最后能用矩阵的运算性质来解决问题。这就是矩阵在数学研究和应用中具有重要性的原因。

**举刀拉弓** 力技类杂技项目。“举刀”又称“举大刀”。将一百多斤重的“春秋大刀”自如地举过头顶，要出“刀花”、“力杀四门”等动作。“拉弓”又称“拉硬弓”。这种弓比一般弓箭的弓力要大数倍，每张弓的拉力约160斤。举刀拉弓最初用于习武练兵，是清代武举考试项目之一，后来演变成为杂技节目。20世纪初北京艺人张宝忠武艺高超，有“大刀张”之称。其子张英杰继承和发展了父亲的技艺，表演的“一刀三手”，一气呵成。他还将武术中的“顺水推舟”、“回头望月”、“败中取胜”等动作运用到单弓表演中，并在力开双弓的“双环套月”环节创造了单腿转，结尾则可“力开五张弓”。张英杰之子张少杰表演的《举刀拉弓》，在技艺难度和体能挖掘上都有所突破，并将结尾的“力开五张弓”发展为“力开八张弓”。

**举证责任** burden of proof 诉讼当事人对自己所提出的主张中须确认的事实，承担提出证据的责任。又称证明责任。

《中华人民共和国民事诉讼法》规定，当事人对自己提出的主张，有责任提供证据。当事人及其诉讼代理人因客观原因不能自行收集的证据，或者人民法院认为审理案件需要的证据，人民法院应当调查收集。人民法院应当按照法定程序，全面、客观地审查核实证据。《中华人民共和国刑事诉讼法》规定，审判人员、检察人员、侦查人员必须依照法定程序，收集能够证实犯罪嫌疑人、被告人有罪或者无罪、犯罪情节轻重的各种证据。但自诉案件的自诉人负有举证责任。《中华人民共和国行政诉讼法》规定，被告对作出的具体行政行为负有举证责任，应当提供作出该具体行政行为的证据和所依据的规范性文件。

在诉讼中，将应当由主张权利的一方当事人负担的举证责任，改由否认权利的另一方当事人负担举证责任，称为举证责任倒置。

**举证责任倒置** burden of proof, inversion of 应当由主张权利的一方当事人负担的举证责任，改由否认权利的另一方当事人就法律要件事实的不存在负举证责任。举证责任的倒置主要发生在侵权诉讼中。在侵权诉讼中，被告人有过失、被告的违法行

为与原告所受损害有因果关系，是产生损害赔偿请求权的要件事实，本应当由主张赔偿请求权的原告负举证责任，但因原告举证困难（如证明所购商品中有毒物质的含量），则实行举证责任倒置，由否认损害赔偿请求权的被告对自己无过失、对原告所受侵害与自己的行为不存在因果关系负举证责任。

根据2002年4月1日施行的《最高人民法院关于民事诉讼证据的若干规定》，下列侵权诉讼按照以下规定承担举证责任：①因新产品制造方法发明专利引起的专利侵权诉讼，由制造同样产品的单位或者个人对其产品制造方法不同于专利方法承担举证责任。②高度危险作业致人损害的侵权诉讼，由加害人就受害人故意造成损害的事实承担举证责任。③因环境污染引起的损害赔偿诉讼，由加害人就法律规定的免责事由及其行为与损害结果之间不存在因果关系承担举证责任。④建筑物或者其他设施以及建筑物上的搁置物、悬挂物发生倒塌、脱落、坠落致人损害的侵权诉讼，由所有人或者管理人对其无过错承担举证责任。⑤饲养动物致人损害的侵权诉讼，由动物饲养人或管理人就受害人有过错或者第三人有过错承担举证责任。⑥因缺陷产品致人损害的侵权诉讼，由产品的生产者就法律规定的免责事由承担举证责任。⑦因共同危险行为致人损害的侵权诉讼，由实施危险行为的人就其行为与损害结果之间不存在因果关系承担举证责任。⑧因医疗行为引起的侵权诉讼，由医疗机构就医疗行为与损害结果之间不存在因果关系及不存在医疗过错承担举证责任。有关法律对侵权诉讼的举证责任有特殊规定的，从其规定。

**举重** weight lifting 体育运动项目之一。通过各种方式和方法举起重物，以增强体质，特别是以发展力量为目的进行锻炼和比赛。在人类历史上，人们早就通过举重练习来发展力量。古希腊人曾用举石头来锻炼和测验一个人的体力。在中国，举重更是历史悠久。它是古代劳动人民健体强身、提高武艺的有效手段。近代举重始于18世纪末，最初盛行于欧洲。1891年在伦敦莫尼克咖啡馆举行了一次世界举重比赛。第一次正式的国际举重比赛是1896年在雅典举行的第1届奥运会上进行的。1920年，国际举重联合会在巴黎成立。1922年在爱沙尼亚举行了第1届世界举重锦标赛，到2010年已举办了78届国际性比赛。

1929年，举重传入中国。1935年，中国加入国际举重联合会。1949年中华人民共和国建立后，举重运动发展很快。1956年，陈镜开以133公斤成绩打破最轻量级挺举世界纪录，成为第一个打破世界纪录的中国人。随后，吴数德、何灼强、占旭刚、龙清泉等一大批选手都曾先后打破过各级别的世界纪录。中国队在1995年获得世界举重锦标赛团体第一之后，总体水平居世界强队之列。2008年在第29届奥运会上，中国男队共获得4枚金牌。1985年国际举联将女子举重正式列入国际比赛项目，1986年，在布达佩斯举行了首届女子举重邀请赛。1987年国际举联首次举办了第1届世界女子举重锦标赛。到2007年国际举联共举办了19届世界女子举重锦标赛。中国是女子举重水平较高的国家。邢芬、关虹、彭丽萍等均有打破世界纪录的成绩。2008年在第29届奥运会上，共获得4枚金牌。

随着举重运动的发展，目前举重运动已分化成竞技举重、健美举重和力量举重三个相对独立的竞赛项目。

**榉树** *Zelkova schneideriana*; schneider zelkova 榆科榉属的一种。落叶乔木。榉属共约六种，分布于亚洲暖温带及亚热带。中国有四种，分布于淮河流域、秦岭以南的长江中下游各地。除此种外，尚有台湾榉、光叶榉、大果榉，均为优良珍贵用材树种。

树高可达25～30米，胸径约1米。幼树皮青紫至灰色，不裂，老时呈小块薄片剥落。小枝密被柔毛。单叶互生，椭圆状卵形或窄卵形。花单性，稀杂性，雌雄同株。小坚果呈不规则的扁球形。是中等偏喜光树种。喜温暖气候和肥沃湿润土壤，在微酸性、中性、石灰质土及轻度盐碱土上均能生长。深根性，根系发达，抗风力强。种子宜随采随播，或混沙储藏，翌春播种。

材质坚韧细致，纹理美观，木材黄褐至浅红褐色，有血榉之称。用途甚广，可供船舰、桥梁、建筑、高级家具、车辆、纺织梭板、滚筒、乐器等用材。茎皮纤维强韧，可作纤维原料。为中国国家重点保护植物。

**巨港** Palembang 印度尼西亚南苏门答腊省首府，苏门答腊岛南部最大港口城市与贸易中心。位于岛的东南部，海拔仅2米，跨穆西河下游两岸，距河口86千米。面积244平方千米。人口约145.14万。市内水道纵横，有"水城"之称。7～13世纪为室利佛逝王国的都城，东南亚著名国际贸易港，宗教文化名城。17世纪荷属东印度公司在此开辟贸易商站，建立堡垒。迄20世纪初棉兰兴盛之前，一直是苏门答腊的最大城市和经济中心。附近有大片橡胶园，种植咖啡与胡椒。开采石油和天然气，有大型炼油厂用油管连接穆西河流域各油田，占印尼全国炼油能力的1/3。以天然气为原料的氮肥厂，年产量10万吨。其他工业有造船、炼铁、陶瓷、纺织、木材加工、机械、咖啡和橡胶加工等。出口原油及油制品、橡胶、胡椒、茶叶、咖啡和煤炭。交通便利，有铁路、公路通省内外各地；万吨海轮可随潮入港；新加坡与雅加达之间的航空中转站。多名胜古迹，大清真寺建于18世纪，寺的对面穆西河左岸有俗称观音亭的水月宫，为中国式庙宇，有100多年历史。有博物馆、体育馆和室利佛逝大学等。

穆西河上的安佩拉大桥夜景

**巨鹿之战** Julu, Battle of 中国秦朝末年，项羽率领楚军歼灭秦军章邯、王离主力的战斗。秦二世二年（公元前208），秦将章邯镇压陈胜、吴广起义，在定陶（今山东定陶西北）击杀楚军首领项梁后，率兵20万北渡黄河，配合王离击赵，攻破邯郸（今属河北）。赵王歇退保巨鹿（今河北平乡西南），被秦军围攻，遂向各地反秦武装求救。楚怀王以宋义为上将军，项羽为次将，范增为末将，率楚军主力5万人救赵。三年十月，行至安阳（今山东曹县东），宋义屯兵46日不进，欲坐观秦赵相斗。十一月，项羽基于义愤而杀宋义，怀王乃任命项羽为上将军。十二月，齐、燕等救赵诸军皆驻扎于巨鹿外围，畏惧秦军不敢出战。项羽令全军破釜沉舟，每人仅带三日军粮，准备决一死战。楚军连续数次击败章邯军。诸路援军也冲出壁垒助战，俘王离，解巨鹿之围。章邯军退守棘原，项羽率部驻漳水南，诸侯驻军巨鹿城外，对章邯军呈南北夹击之势。秦军屡败，赵高专权，秦廷内部分崩离析。项羽率军北渡，大败秦军。章邯降。

此战，项羽率楚军以破釜沉舟、义无反顾的精神，用分割截击等战法，全歼秦军主力，为推翻秦朝统治奠定了基础。

**巨然** Juran 中国五代南唐画家。僧人，原姓名无可考。钟陵（今江西南昌附近）人，一说江宁（今江苏南京）人。主要活动在南唐后主和宋太宗时期。早年出家于江宁开元寺，学画山水。巨然的山水画专写江南景色。他善于表现烟岚气象，笔墨秀润可爱。所画峰峦，带有滃郁的水蒸气，山顶多作矾头，林麓间多作卵石，掩映之以疏筠蔓草，旁通之以细径危桥，深得野逸清静的景趣。在笔墨上，巨然用大披麻皴法。传世作品有《万壑松风图》、《秋山问道图》、《山居图》等。

《秋山问道图》（台北“故宫博物院”藏）

**巨人堤** Giant' s Causeway 英国北爱尔兰安特里姆郡东海岸的峭壁下伸出的一条海岬。又称“巨人之路”海岸。由约4万根玄武岩石柱排列在一起沿海岸延伸4.8千米而成。绝大多数石柱为匀称的六边形，直径38～50厘米。有些为四边形、五边形或八边形。石柱面可以分为几个台阶，一般高出海面6米以上，最高者可达12米左右，少数与海面持平或隐没于海面。巨人堤是天然形成的，大约形成于5 000万年以前。因火山活动时岩浆流动并受流水作用，后受海浪冲蚀形成。1961年被列为英国国家保护区。1986年被联合国教科文组织作为自然遗产列入《世界遗产名录》。

1692年德瑞主教首次记录了巨人堤的存在。1830年，修建了海岸公路。在巨人堤的峭壁上还可以见到形似教堂管风琴的“巨人管风琴”，以及“蜂巢”、“祝福井”、“巨人奶奶”和“国王与贵族”等景观。现为旅游胜地，每年大约有35万人到此旅游观光。

巨人堤（由玄武岩石柱组成）

**《巨人传》** *Gargantua et Pantagruel* 法国作家F.拉伯雷的长篇小说。小说原名是《卡冈都亚和庞大固埃》，分为五部，叙述卡冈都亚和庞大固埃父子两个巨人国王的故事。

第一部1534年出版，写卡冈都亚的出生和接受教育，以及在若望修士的协助下打败侵略者的过程；第二部1532年出版，写庞大固埃到巴黎求学，在巴汝奇的帮助下征服了迪普索德国；第三部1546年出版，写巴汝奇为解决婚姻问题访问各类学者；第四部1552年出版，写庞大固埃在巴汝奇和若望修士的陪同下，远渡重洋寻访“神瓶”的经历；第五部1564年出版，写他们在途中的见闻，直至找到“神瓶”。作者嘲笑了封建制度和教会的统治，体现了人文主义理想。他还大量运用希腊语、拉丁语、各行各业的术语和民间的方言土语，以嬉笑怒骂、粗犷泼辣的文笔使读者常常开怀大笑，因而被称为“伟大的笑匠”。

**巨杉** *Sequoiadendron giganteum*; giant sequoia 裸子植物门杉科巨杉属唯一种。又称世界爷。陆生植物中体型最大的常绿针叶乔木。分布于加利福尼亚内华达山脉西坡零星分布的小丛林（海拔900～2 600米）。以前认为它是生物中最长寿者，但研究了最大的巨杉树桩的年轮后发现它不到4 000年。巨杉与另一巨大树种红杉的区别是：具一致的鳞片状或锥状叶，紧贴树枝生长；冬芽无鳞片；球果成熟需要两个生长季节。二者的相同点是：树冠呈金字塔形；树皮淡红棕色，有沟；树枝下垂等。最大的一株巨杉是北美红杉国家公园内的谢尔曼将军树。该树基部周长31米，树高83米，估计重量6 167吨。还有几株高达91米，但体积小于谢尔曼将军树。巨杉木材较红杉木材易碎，不适用，所以更容易得到保存。美国现存70处巨杉树林大部分置于州或国家森林公园的保护之下。

**巨石建筑** megalith 新石器时代至早期铁器时代特有的建筑类型。又称巨石文化、巨石阵等。多用巨大石块做成墓冢或宗教崇拜物，有的与天文观测有关。所用石块有天然的也有稍经加工的，每块重达一吨、数吨，甚至数十吨。遍布于世界各地。

西班牙加泰罗尼亚地区的巨石建筑

巨石建筑一般可分为3类：①立石或列石。以单独或成列竖立的石块、石条作宗教崇拜或墓葬之用，法国的列石有多达数千块的。②巨石墓。为欧洲史前墓葬的一种，多用自然石块围成长方形或圆形，西欧特别是德国北部和波兰为其分布地区。巨石墓中另有石棚和石室墓。前者搭成棚屋状，中国学者称其为石棚，在西欧、北欧、东亚、东南亚、南亚、非洲北部和美洲北部均有发现。中国石棚主要分布在辽东半岛，属青铜时代遗存。后者有圆形、多边形或长方形几种，在西欧较为多见。③环状列石。以众多巨石构成环状建筑群，用作宗教祭台，亦可供天文观测，英国的斯通亨奇是其代表。巨石建筑的出现反映了原始社会末期的宗教信仰及工程技术水平，它们是古代不同民族各自分别独立创造的。

**巨蚊** *Toxorhynchites*; mosquito hawk/mosquito eaters 双翅目蚊科巨蚊属昆虫的统称。遍布各动物地理界，已知70种和亚种。中国已知6种。大型蚊虫，具金属光泽。成虫喙基后半部粗硬，前半部逐渐细削，并向后弯曲作钩状；翅末端前有一凹口。幼虫口刷作耙状，适于捕食；腹部第8节无栉。代表种是华丽巨蚊。

幼虫主要滋生在树洞、竹筒以及缸罐等容器的积水中。肉食，捕食其他共栖蚊类幼虫，甚而自相残食。成蚊白日飞翔，以花蜜为生，两性都不吸血。

由于具有成蚊不吸血和幼虫肉食的特点，巨蚊被视为在容器中滋生的媒介蚊类埃及伊蚊和白纹伊蚊等的天敌。为此，人们曾把某些种类引入太平洋岛屿，或通过大量养殖散布到自然界，但是防治效果极为有限。

**巨蜥** *Varanus*; monitor lizard 蜥蜴亚目巨蜥科仅有的一属。约30种。分布于非洲、亚洲南部和澳大利亚。头较小，吻、颈均较长。眼睑发达，瞳孔圆形。鼓膜裸露。舌细长而深分叉，可缩入舌鞘内。躯体粗壮。四肢发达，具锐爪。有肛前孔。尾长、侧扁、不易断，肌肉丰富，是强有力的攻击和自卫武器。除产于澳大利亚的短尾巨蜥全长仅20厘米以外，其他种均为大型蜥蜴。印度尼西亚的科莫多巨蜥全长达3～4米，是最大型种。卵生。大多陆栖，善攀爬，有多种擅长涉水，离岸而游向大海。肉食性。大型巨蜥可捕食猪或小鹿。

**巨细胞病毒感染** cytomegalovirus infection 巨细胞病毒引起的全身性传染病。人体感染后，被感染的细胞增大，细胞核及胞浆内有包涵体，因此本病又称巨细胞包涵体病。可以侵犯全身各组织及器官。主要临床表现有：①先天性感染。妊娠3个月以内的孕妇感染后，使胎儿患先天性感染，可表现为隐性感染，也可致死胎、流产、早产及先天性畸形。②新生儿感染。出生3个月内出现肺炎、肝炎、淋巴结肿大和皮疹等。③儿童和成人感染。多数为隐性感染。少数出现单核细胞增多症、肺炎、肝炎及心肌炎。④免疫缺陷及器官移植患者的巨细胞病毒感染。可表现全身各器官感染、病情重，病死率高。诊断根据上述典型临床表现；确诊可作巨细胞包涵体检查、病毒分离和血清学检查，可检测血清特异性抗体；也可用分子杂交技术检测该病毒。以对症和支持疗法为主，重症患者可用无环鸟苷及阿糖腺苷治疗。尚无特异性预防方法。

**巨型计算机** supercomputer 运算速度最快、规模最大的计算机。简称巨型机，又称超级计算机。巨型机主要用于物理现象模拟和海量信息处理。

巨型计算机始于20世纪50年代末，此时的计算机主要采用流水线和多功能单元等技术。随后，出现了向量机和其他类型并行计算机的早期机型。向量机以流水线为基础，可对有序的数据集进行并行处理，即能同时处理连续的向量元素。阵列机由一个控制器和多个处理部件组成，各处理部件按照命令对数据进行完全相同的操作。多机并行处理系统可以在程序、任务或过程间并行。70年代中期，进入向量机的兴盛阶段，典型的有美国Cray系列机。90年代，大规模并行处理计算机蓬勃发展，成为巨型机的主流。具有代表性的是美国于2000年完成的ASCI White计算机，峰值速度为每秒12.288万亿浮点运算结果。近20年来，中国巨型机发展十分迅速，"神威"、"银河"、"曙光"和"深腾"等大规模并行处理计算机已进入世界先进行列。分别于2009年、2010年研制成功的"天河一号"和"星云"高性能巨型机，峰值运算速度超过每秒千万亿次。

巨型计算机由主机系统、输入输出系统和前端机系统组成。主机系统由高性能处理机和高速大容量主存构成。主机的任务是完成高速运算。输入输出系统独立于主机，并行管理输入输出，向主机提供算题作业和运算所需的数据，接收主机的运算结果，并负责管理全部联机外围设备和接口通道。由于巨型机加工数据的吞吐量很大，高速主存容量有限，一般还需要有半导体扩存和海量存储子系统。对大规模数据处理的用户，常需联机磁带子系统或光盘子系统作为大量数据输入输出的媒体。前端机系统用来准备程序和数据，向主机发送作业，接收主机的最终处理结果，对结果进行加工后输出。前端机一般采用小型计算机。

**巨野泽** Juye Lake 中国古代湖泊。在今山东西南部。《尔雅》十薮之一。汉以前作"大野泽"，《尚书·禹贡》、《周礼·职方》、《尔雅·释地》均有记载。《左传》哀公十四年："西狩于大野。"《史记·孔子世家》集解引服虔曰："大野，薮名，鲁田圃之常处，盖今钜野是也。"汉以后通作"钜野泽"(今称"巨野泽")。"钜"与"大"同义。湖泽主体在今山东巨野县北。为古济、濮等水所汇。西汉武帝元光三年(前132)黄河在瓠子决口，洪水泻入钜野泽，"吾山平兮钜野溢"(《史记·河渠书》武帝"瓠子歌"句)，集解引如淳曰："瓠子决，灌钜野泽使溢也。"泽面大为扩展。南北朝时，"湖泽广大，北连清、济，南通洙、泗。旧县故城正在泽中"(《水经注·济水》引何承天语)。唐时泽面南北三百里，东西百余里(《元和郡县志》)。以后因济水枯断，来水减少，湖区西南部(上游)有所内缩。五代以来，黄河多次从滑州(治今河南滑县东旧滑城)一带决入曹、濮、郓州，汇入钜野泽，泽区因泥沙淤高，水体向北部相对低洼处移动。五代后晋开运元年(944年)黄河在滑州决口，侵汴、曹、濮、单、郓等州，洪水环梁山合于汶水。梁山原在钜野泽北岸陆上，因钜野泽南部淤高，洪水遂北移包蓄于此，形成著名的梁山泊。钜野泽之名渐湮。

**巨幼细胞性贫血** megaloblastic anemia 因叶酸或维生素$B_{12}$缺乏，幼稚红细胞核脱氧核糖核酸合成障碍，影响细胞分裂所致红细胞数量减少的一种贫血现象。简称巨幼贫。其特点是骨髓中出现典型的巨幼型细胞。

病因 ①在中国，营养不良是叶酸缺乏的主要原因，吸收不良为维生素$B_{12}$缺乏的主要原因。②在欧美，酗酒是叶酸缺乏的常见原因，由内因子缺乏而致的恶性贫血，占巨幼贫的大多数。③在赤道附近地区，口炎性腹泻常为巨幼贫的原因。④在斯堪的纳维亚半岛，巨幼贫常继发于阔节裂头绦虫的感染。

临床表现 少数患者可急性发病。部分患者伴轻度黄疸，常见消化道症状是恶心、食欲不振、舌光滑、乳突萎缩(俗称牛肉舌)、腹泻等。维生素$B_{12}$缺乏时可出现神经系统症状，如四肢麻木、感觉异常、共济失调，亦可有括约肌功能紊乱、神经反射减低或亢进、位置感减弱、精神障碍等。这些症状可发生患该病前，给诊断带来困难。

诊断 根据病史、临床表现、血象呈大细胞性贫血，粒细胞中性分叶超过5叶以上(占5%)或6叶者占1%，同时伴白细胞及血小板减少，应考虑有巨幼贫的可能，如果作骨髓穿刺涂片检查，发现骨髓细胞有巨型改变就可以确诊。但还要进一步测定血清叶酸及维生素$B_{12}$的水平、红细胞叶酸水平，以鉴别是叶酸还是维生素$B_{12}$缺乏。若考虑维生素$B_{12}$缺乏，还可以进一步做维生素$B_{12}$吸收试验用以鉴别是内因子缺乏或肠道吸收障碍所致。

治疗 治疗原则是补充叶酸或维生素$B_{12}$，同时治疗造成缺乏的原发疾病、增加营养，对恶性贫血、全胃切除者均应终生补充维生素$B_{12}$。

**巨猿** *Gigantopithecus* 巨大的高等灵长类化石。属名。发现于中国更新世早、中期和印度中上新世地层。巨猿是高等灵长类中相当重要的种类。它们是已发现的现生

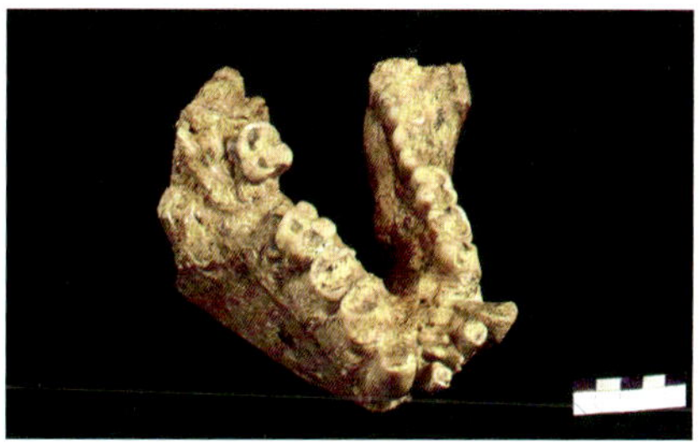

巨猿下颌骨化石(嚼面观)

和化石灵长类中最硕大的一类，形态特征介于猿类和人类之间，故在人猿超科中的分类地位始终未获定论，一些学者把它归入猿科，另一些学者则认为属于人科。

美籍德国人F.魏敦瑞主张将巨猿改称巨人(*Giganthropus*)，并提出人类的巨人起源说，推断"巨人"可能是人类的直系祖先，其体型逐渐变小。中国学者裴文中等指出，这与巨猿体态一直逐渐增大的事实相矛盾，也与人类进化过程体态由小到大的趋势不相符合，获国际公认。关于巨猿由何种动物发展来的问题，仍未有定论。

**巨赞** Juzan (1908～1984) 中国僧人、佛教学者。俗名潘楚桐。江苏江阴人。江阴师范学校毕业后，肄业于上海大夏大学。

1931年投杭州灵隐寺出家，法名传戒，字定慧，后改名巨赞。同年于宝华山受具足戒。钻研唯识法相、天台教观、华严义理、四论、禅宗等学，尤其是对唯识和禅宗致力特多，具有独到见解。1937～1948年，讲经弘教于江、浙、闽、粤、桂诸省和香港等地。1938年在湖南组织南岳佛道救难协会和佛教青年服务团，后又创办并主编《狮子吼》月刊。1949年由香港到达北京，出席中国人民政治协商会议第一届全体会议。先后当选为全国政协第二、三、四届委员及第六届常务委员。1950年在京开办大雄麻袋厂，组织僧尼劳动生产，提倡恢复农禅生活。同年参与创办《现代佛学》，任主编。1952年参与发起成立中国佛教协会，任筹备处副主任。该协会成立时，当选为常务理事。1957年当选为副会长。著有《灵隐小志》，并发表《评熊十力所著书》、《龙树提婆与无著世亲》、《法显玄奘两大师》、《鸠摩罗什法师》等论文百余篇。

**句容市** Jurong City 中国江苏省辖县级市。位于省境西南部。面积1 385平方千米。人口62万（2010）。汉武帝元光六年（公元前129）封长沙王之子刘党为句容侯，元朔元年（前128）置句容县。1995年撤县设市。由镇江市代管。境内三面环山。矿产有铜、钼、金、银、煤、石灰岩、大理石等。主要农作物有稻、麦、棉、油菜和花生等。金山翠茶、茅山长青条为名茶。茅山苍术、太子参为重要药材。工业有机械、纺织、建材、食品、化工等。名胜古迹有宝华山、无量殿、茅山万福宫和南朝梁萧绩墓石刻等。

**拒俄事件** Anti-Russian Movement 20世纪初中国以知识分子为主体的反帝爱国运动。1900年（光绪二十六年），沙俄在八国联军进攻中国的战争中，武装抢占中国东北三省。次年2月，沙俄提出约款12条，企图全面剥夺中国对东北的主权。3月15日上海士商汪康年、蒋智由等200人集会，要求清政府“力拒俄约，以保危局”。江苏、浙江、广东、山东、澳门、香港等地士商和新加坡华侨纷纷响应，使清政府驻俄公使拒绝在约款上签字。1903年4月，沙俄仍不撤兵，并提出七项新的侵略要求。4月27日，在上海的江苏等18省爱国人士再次集会于张园，指斥沙俄吞并政策，还指斥推行亲俄外交的清政府。29日，东京中国留学生500多人集会，成立拒俄义勇队，黄兴等130余人签名参加，要求开赴东北，与侵略军决一死战。旋因受到日本政府干涉，改名为军国民教育会。与此同时，北京、湖北、安徽、江西、福建、湖南等地学生也纷纷成立爱国组织。10月，沙俄再次占领奉天，蔡元培等在上海组织对俄同志会。1904年3月，日俄战争爆发后，对俄同志会改组为争存会。11月，再度改组为反对联俄会，其他各地也纷纷成立类似组织。清政府指责爱国学生“名为拒俄，实则革命”。6月，《苏报》刊出《严拿留学生密谕》，舆论哗然，更多的人由此转入反清行列，爱国救亡热潮转变为资产阶级民主革命运动。

**拒绝作证权** refuse to bear witness, right to 证人拒绝作证的权利。许多国家确认这一特权。包括：①拒绝自陷于罪的特权。如果证人回答某个问题会自陷于罪，就有权拒绝回答该问题。②婚姻特权。不得强迫夫妻中的一方，提供在婚姻存续期间从对方获知的情况。如果夫妻一方已经死亡或婚姻关系已解除，此项特权即消失。③职业上的特权。在许多国家，律师、医师、神职人员基于职业上的秘密，有拒绝作证权。④公务特权。证人有权就有关公务秘密的问题拒绝作答。政府机关的行政首脑、代表政府的律师或检察官可享有此特权。中国法律没有免除特定的人的作证义务，凡是了解案情的人，有作证能力的，都有作证的义务。

**具体劳动** concrete labour 生产使用价值的具体的不同质的有用劳动。人类劳动力在特定目的和特定形式上的耗费，是体现在商品中的劳动二重性中的自然属性，与生产的社会形式无关。

具体劳动首先是有目的或有预期结果的有用劳动，是生产有用物或一定使用价值的劳动，是从劳动的有用效果来考察的；又是生产不同质的使用价值的劳动，只有生产不同质的使用价值，产品才有可能作为商品来交换；既是社会分工的表现，又将进一步促进社会分工的发展。不生产使用价值的劳动是无效劳动。

不同的具体劳动作为不同质的劳动，不能直接从量的方面来衡量和计算，不能体现劳动的量，不能形成作为人类劳动凝结的价值。但是，就同一种具体劳动来说，劳动生产的能力可以用一定时间内生产的使用价值量来衡量，或者说用劳动的生产力或生产率加以衡量。使用价值就是物质财富，生产更多的使用价值就是生产更多的物质财富。

**具象艺术** figural art 艺术形象与自然对象基本相似或极为相似的艺术，与其对应的是抽象艺术。具象艺术作品中的艺术形象都具有可识别性。希腊的雕塑作品、近代的写实主义和现代的超级写实主义作品，因其形象与自然对象十分相似，被看做这类艺术的典型代表。具象艺术广泛地存在于人类美术活动中，至今它仍是美术创作中重要的艺术风格流派。欧洲古代的模仿说，中国古代的应物象形说都是具象艺术有代表性的理论表述。但优秀的具象艺术作品从不停留于肖似对象的阶段，每有适度的夸张变形甚而“不似而似”，以达到传神和表达艺术情感的更高层次。

**剧本** play-script 以代言体方式为主、表现故事情节的文学样式。戏剧演出的文字依据。在文学领域里，它是文学作品的一种特殊体裁；在戏剧实践领域里，它是戏剧活动的基础和起点。剧本主要由剧中人物的对话、独白、旁白和舞台指示组成。

在戏剧发展史上，剧本的出现大致在戏剧正式形成并成熟之际。古希腊悲剧从原始的酒神祭礼发展为一种完整的表演艺术，就是以一批悲剧剧本的出现为根本标志的；中国的宋元戏文和杂剧剧本，是中国戏剧成熟的最确实的证据；印度和日本古典戏剧的成熟，也是以一批传世的剧本来标明的。但是，也有一些比较成熟的戏剧形态是没有剧本的。这类剧目的演出，有时是依据着一种不成文的情节线索进行的，有时也有一个成文的剧情概要，以提纲的方式记述着分幕分场的大致情况，这种剧情概要称作“幕表”。幕表不是严格意义上的剧本。

有一种剧本主要追求文学性，不以演出为目的，或不适于上演，被称为“案头剧”、“书斋剧”。

**剧场** theatre 供人们观赏戏剧演出的公共建筑。

简史 最早的剧场出现在希腊雅典，建于公元前350～前340年的埃庇道鲁斯剧场，是利用山坡地形修建层层看台，从三面环绕圆形的表演场地，这种基本格局对后来欧洲的剧场有很大影响。前3世纪希腊戏剧传入罗马，罗马人用拱券与混凝土技术支架在平地上创造带斜坡的观众坐席。5世纪罗马帝国走向衰亡，692年罗马基督教会对戏剧颁发禁令，剧场停建长达1 100年之久。从16世纪起，欧洲剧场建筑有很大的发展。1618年意大利法尔尼斯剧场是世界上第一座应用镜框台口的剧场。1778年容量最大、设备精良的斯卡拉歌剧院在米兰开幕，成为意大利的音乐、歌剧中心，意大利舞台技术和多层包厢随歌剧迅速传往各宫廷。1875年建造的巴黎歌剧院被公认居19世纪公共建筑设计的首位。1876年作曲家R.瓦格纳主持建成的德国拜罗伊特节庆剧场，是第一座突破马蹄形多层包厢而采用扇形观众厅平面的剧场。维也纳皇家剧院、莫斯科大剧院、伦敦科文特加登

法国巴士底歌剧院（1989）

皇家歌剧院、德累斯顿皇家剧院、马德里东方剧院等都是著名的古典戏剧剧场建筑。中国剧场出现于唐代。仅山西还存有几座最古老的元代戏台。中国老戏台为木结构，平面呈四方形，三面敞开，背后有上下场门，观众从三面围观看戏。

在20世纪现代剧场得到发展。如美国纽约的林肯表演艺术中心、澳大利亚的悉尼歌剧院、日本东京国立剧场、法国的巴士底歌剧院（见图）、英国伦敦国家剧院等都是现代著名剧场。中国的现代剧场是20世纪初在外来影响下发展起来的，50年代开始大量修建，如北京首都剧场和人民大会堂内的剧场，60年代建成的广州友谊剧院，70年代修建的南宁剧场、桂林漓江剧院和杭州剧院等。2007年建成的国家大剧院内有歌剧院、戏剧场和音乐厅。

类型　剧场按上演的剧种分为：①歌剧、舞剧场。这类剧种的演出场面大，舞台要求的平面尺寸、空间高度以及观众厅的容量是最大的，均使用镜框台口的箱型舞台。②话剧剧场。舞台尺寸、观众厅容量都比前者小。近代有些导演采用“开敞式舞台”，把舞台直接伸向观众厅，使演员更贴近观众。③京剧及地方戏剧场。观众厅可大可小，一般演话剧用的舞台即够用。

组成　从剧场功能上划分为：①观众使用部分。以观众厅为核心，另有前厅、休息厅、存衣间、小卖部、盥洗间、售票处、酒吧等。大型剧场还有贵宾休息及接待部分。②演出部分。舞台包括主台、侧台、后舞台和乐池等；后台包括大中小化装室、演员候场室、乐队换装室、乐队指挥室、排演厅、小道具间等。③技术设备部分。包括灯光、电声、机械舞台等控制室，空调机、冷冻机、热交换机房，变配电室、水泵房、消防水池等。④行政管理及后勤部分。包括办公室、会议室、防灾中心、后勤用房、停车场等。

**距离测量**　distance measurement　测量地面上两点连线长度的工作。通常需要测定的是水平距离，即两点连线投影在某水准面上的长度。是确定地面点的平面位置的要素之一。根据测距工具分为：①量尺量距。用量尺直接测定两点间的距离。早期曾用测绳、竹尺和测链等，后用木杆尺或金属杆尺，现主要用轻便的钢尺。皮尺使用也方便，但受拉、受潮后尺长容易改变，是低精度量距工具。②经纬仪测距。按光学和三角学原理测定两点间距离。用有视距装置的经纬仪测定两点间距离称为视距测量，这种方法操作简便，不受地面起伏的限制，但精度较低，主要用于地形测量。③电磁波测距。用电磁波为载波的测距仪进行测定两点间的距离，以载波不同分为微波测距、光电测距、激光测距和红外测距四种，是高精度测距的方法。

**飓风**　hurricane　发生于北大西洋、加勒比海、墨西哥湾、东北太平洋、南太平洋和东南印度洋且最大风速≥32.7米/秒（风力≥12级）的热带气旋。hurricane一词源自中美洲一个古代部落的语言“huracane”，意为“魔鬼之神”。在西北太平洋发生的最大风速≥32.7米/秒的热带气旋称为台风。

**锯鲨**　Pristiophoriformes; saw sharks　软骨鱼纲锯鲨目动物的统称。全世界有锯鲨科1科2属5种，中国只有1种。体长可达4米。吻很长，剑状突出，边缘具锯齿。腹面在鼻孔前方具1对皮须。头颇平扁。眼上侧位，具瞬褶。喷水孔大，位于眼后。鼻孔圆形，距口远。牙细小而尖，多行。鳃孔5～6个，均位于胸鳍起点的前方。背鳍2个，无硬棘；无臀鳍。①锯鲨属，有4种，鳃孔5个。中国有日本锯鲨1种，分布于黄海和东海，偶见于南海及朝鲜半岛和日本沿海。②六鳃锯鲨属，仅1种，鳃孔6个，分布于非洲南部东南岸。锯鲨栖息底层，吻锯为自卫利器。以甲壳动物、蠕虫类及小鱼等为食。

**锯缘青蟹**　*Scylla serrata*; mud crab　十足目梭子蟹科青蟹属的一种。俗称青蟹、蟳。重要海产经济蟹类。分布于中国、日本、东南亚各国、澳大利亚及新西兰沿海到红海及非洲东、南部和整个太平洋至印度洋区。

体呈宽卵圆形，具坚厚的甲壳。头胸甲背面稍隆凸而光滑，额缘具4钝齿，前侧缘具9个等大的三角形齿。胃区与心区间有“H”形凹痕。螯足粗壮膨大，左右不等大。末对步足粗而宽，末节宽扁呈桨状，形成游泳足。头胸甲及胸足背面呈青绿色。雄性腹部呈尖三角形，雌性腹部呈圆形。

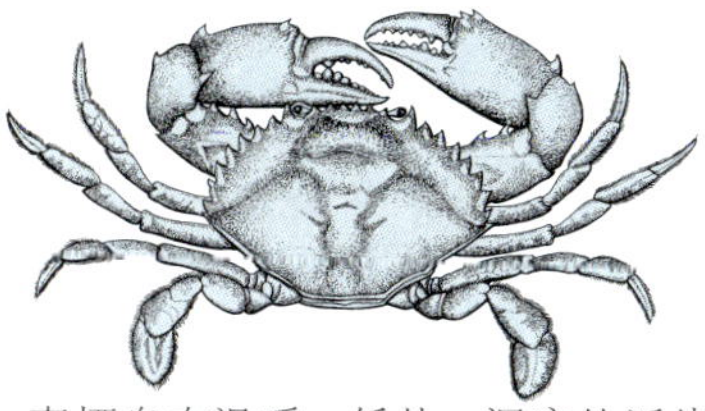

喜栖息在温暖、低盐、泥底的近岸浅海。平时多处于潮间带的泥滩中，白天穴居，夜间活动。以小鱼、虾、贝类、动物尸体及植物碎屑为食。中国及东南亚各国都已人工养殖，采用草养或与遮目鱼、对虾、江蓠混养。蟹苗完全靠人工繁殖。

主要供鲜食。也可制成蟹肉罐头或蟹肉干。壳可提取甲壳质，或磨成粉作为禽畜饲料。

**聚氨酯**　polyurethane; PU　主链含有重复的—NHCOO—基团的聚合物。聚氨基甲酸酯的简称。聚氨酯含有强极性的氨基甲酸酯基团，不溶于非极性溶剂，具有良好的强韧性和耐油性。在碱性介质中或较高温度下耐水解稳定性较差，特别是聚酯型聚氨酯更为突出。采用不同的原料，可制得适应较宽温度范围（一般为-50～150℃）的各种产品。改变单体的品种和配比，可制得具有不同性能和用途的聚氨酯产品。

常用异氰酸酯与羟基化合物进行聚加成反应而制得。合成可在熔体或溶液中进行。在熔体中反应时必须避免由于温度过高而引起的副反应。溶液聚合时常用的溶剂有乙酸酯类、丁酮、四氢呋喃、芳烃和卤代烃等。有时使用叔胺和有机锡化合物催化剂。

工业产品主要有：①弹性体。具有良好的耐油性和耐磨性，以及优良的综合性能。可以用作滚筒、传送带、管子等工业用部件，汽车零件，鞋底，合成皮革，电线和电缆护层，医用人工脏器等。②合成纤维。见氨纶。③泡沫塑料。在聚氨酯产品中占比例最大的一类。采用不同的原料和配比，可以制得软质和硬质泡沫体。软质泡沫体主要用作各种衬垫，用于寝室用具、车辆、家具、服装等。硬质泡沫体主要用作隔热、吸音、包装、绝缘材料等，最近向高级家具所用低发泡合成木材方面发展。④涂料。具有致密、耐化学药品、耐磨、耐气候、黏合力强等优点，是一种高级涂料，用于高级运输器材、家具、木器和金属的防腐，以及织物涂层等。⑤胶黏剂。一般由两个组分组成，即多异氰酸酯和羟基封端的聚醚或聚酯，使用时混合。与多种金属、玻璃、陶瓷、纤维等材料间产生很高的黏合力。

**聚苯并咪唑** polybenzimidazole; PBI 主链

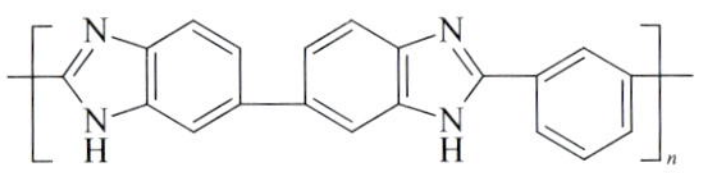

组成重复单元含苯并咪唑环的聚合物。全称聚2,2′-间亚苯基-5,5′-双苯并咪唑。全芳族聚苯并咪唑密度为1.3～1.4克/厘米$^3$，耐高温性好，使用温度常为250～300℃，能在500℃下短时间使用，因为在538℃尚不分解。不溶、不熔的树脂。PBI由3,3′,4,4′-四氨基联苯和间苯二甲酸二苯酯缩合聚合制得。PBI是第一个被考虑用作耐高温结构胶黏剂的，因为它对不锈钢和钛合金的黏合强度在537℃为98千克力/厘米$^2$。PBI能制成优质的纤维，因具有高耐热性及抗燃性，吸湿率15%高于棉花，手感好，织物穿着舒适，主要用于抗燃防护服。PBI还可制成泡沫塑料、薄膜等，也可用作烧蚀材料。

**聚苯基喹噁啉** polyphenylquinoxaline; PPQ 主链含重复的苯基喹噁啉环的一类聚合物。一般来说，PPQ比PQ（聚喹噁啉）性能好。PPQ能在室温下溶于甲酚、氯仿中，在空气或氮气中的分解温度均在500℃以上。由芳族四胺与芳族四羰基化合物于室温下在溶液中进行环化缩聚，再于高温下反应制得，结构式为：

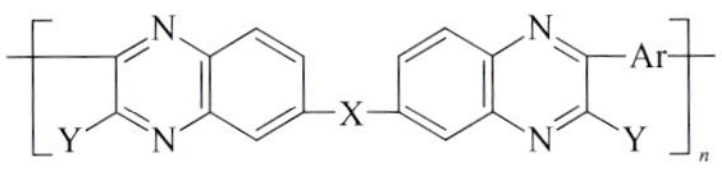

式中X为一或—O—；Y为—H或—$C_6H_5$；Ar为—$C_6H_4$—。当Y为H时，即为PQ，当Y为苯基时，即为PPQ。PPQ(Ⅰ)（即Y为—$C_6H_5$、X为一）制成的薄膜，在400℃空气中老化300小时后，仍有折痕性。用作胶黏剂黏结钛时，于316℃老化500小时后，316℃的抗剪强度为105千克力/厘米$^2$。用玻璃纤维增强的PPQ层压板于316℃老化200小时后，抗弯强度为4 057千克力/厘米$^2$。PPQ(Ⅱ)（Y为—$C_6H_5$、X为—O—）溶液可涂制耐水漆包线，其绝缘电阻在沸水中为$10^{10}$～$10^{11}$欧/米，处理4 000小时后，绝缘电阻没有变化。

**聚苯硫醚** polyphenylene sulfide; PPS 苯与硫的聚合物。

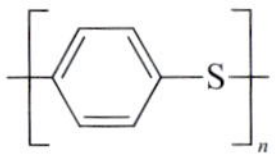

用苯与硫磺在三氯化铝催化作用下，可得到不溶的聚苯硫醚树脂；或用对二氯苯与硫化钠在六甲基磷酰三胺或N-甲基吡咯烷酮等极性溶剂中缩合聚合，也可得到聚苯硫醚。美国商品名为Ryton。聚苯硫醚原粉的密度为1.36～1.38克/厘米$^3$，数均分子量约为3 000～5 000，玻璃化温度约85～100℃，结晶度约50%～75%，熔点约285℃。具有良好的尺寸稳定性、耐热性、耐化学腐蚀性、自熄性和瞬时耐烧蚀性能。加入玻璃纤维、二硫化钼、聚四氟乙烯等填料，可进一步增加其强度和耐磨性。适于模压和注射成型加工。可用于制作医疗器械、牙科器材及电子、电工用零部件和轴承架等。还能制作耐热、耐化学腐蚀的优良涂料。已能合成分子量高达1.7万的聚合物，适宜于加工成薄膜或纤维，是价廉、易加工的耐高温空间材料，也是高级绝缘材料。

**聚苯醚** polyphenylene oxide; PPO 2,6-二甲基苯酚的聚合物。

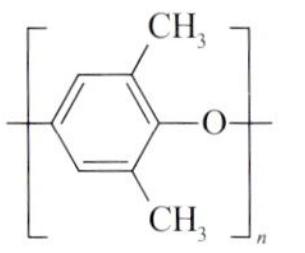

聚苯醚的分子量一般为50 000；密度0.96～1.06克/厘米$^3$，玻璃化温度约210℃，结晶度约50%，熔点约257℃。突出优点是耐水性能优异，在132℃的蒸汽压热器中经200次循环处理后，拉伸强度和冲击强度没有显著变化。聚苯醚具有良好的尺寸稳定性和绝缘性，使用温度范围宽。由2,6-二甲基苯酚在铜盐和胺的催化作用下进行氧化偶合聚合而成。可将聚苯醚树脂与聚苯乙烯共混改性，称为改性聚苯醚（MPPO），美国商品名为Noryl。再用20%～30%的玻璃纤维、碳纤维增强造粒后，可在一般设备中压缩或注射成型，可作为工程塑料，用于制作医疗器械、泵的零部件和绝缘材料。

**聚苯乙烯** polystyrene; PS 苯乙烯的聚合物。

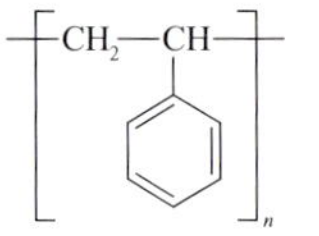

聚苯乙烯的原料易得，性能好，成本低，发展较快。聚苯乙烯的数均分子量通常为5万～30万。非晶态聚苯乙烯密度1.04～1.065克/厘米$^3$，玻璃化温度为80～90℃；结晶聚合物的密度为1.11～1.12克/厘米$^3$，熔融温度为240℃。聚苯乙烯具有优良的绝热、绝缘性能，还具有卓越的透明性。其最大的缺点是低温易脆裂，长期使用温度为0～70℃，但可用橡胶改性，以提高其冲击强度，称为高抗冲聚苯乙烯（HIPS）。苯乙烯单体可按自由基型、负离子型、正离子型及配位负离子型机理进行聚合，广泛采用自由基聚合进行生产。聚合的方法有本体聚合、溶液聚合、悬浮聚合和乳液聚合等。聚苯乙烯主要用作包装材料，还常用作建筑材料、汽车附件、无线电和电视机壳体、家具、管材、仪表，以及玩具等。

**聚丙烯** polypropylene; PP 丙烯的聚合物。

$$\left[ CH_2 - \underset{CH_3}{\underset{|}{CH}} \right]_n$$

聚丙烯的重均分子量约为(3～7)×$10^5$；密度约0.91克/厘米$^3$；熔融温度约为174℃；强度高，硬度大，耐磨并耐化学腐蚀；耐热性好，可在120℃使用。其性能不受环境湿度的影响。其制品的耐弯曲疲劳性优异。丙烯在齐格勒-纳塔催化剂如$TiCl_3$-$Al(C_2H_5)_2Cl$和$TiCl_3$-$Al(C_2H_5)_3$或负载型的齐格勒-纳塔催化剂作用下聚合而制得等规聚丙烯。Ti系催化剂主要是用δ-$TiCl_3$。以$MgCl_2$作载体并添加苯甲酸酯组分的钛-铝催化体系，其效率高达70～100千克聚丙烯/克钛，可以省去除去催化剂残渣等后处理工序，所得产品的等规度也高。聚合方法有淤浆聚合、液相本体聚合和气相聚合三种。随着茂金属锆系催化剂的出现，采用的不同的配基的锆催化剂可以得到等规聚丙烯、间规聚丙烯和无规聚丙烯（主要用于涂料、黏合剂等）。聚丙烯可用注射、挤出、吹塑、层压、中空成型、双向拉伸等工艺加工成型。可用于制作容器、包装袋、薄膜等包装运输材料，大量用于汽车、建筑、化工、医疗、农业和家庭用品等方面；它的成纤性良好，可经熔融纺丝制成纤维，中国商品名为丙纶。

**聚丙烯腈** polyacrylonitrile; PAN 丙烯腈的聚合物。

$$\left[ CH_2 - \underset{CN}{\underset{|}{CH}} \right]_n$$

最大用途是制成纤维，其短纤维质轻，保温性能和手感良好，俗称“人造羊毛”，中国商品名为“腈纶”。聚丙烯腈为白色或略带黄色的不透明粉末；相对密度1.12，玻璃化转变温度约90℃。它溶于二甲基甲酰胺、二甲基亚砜、环丁砜等极性有机溶剂，还能溶于硫氰酸盐、过氯酸盐、氯化锌、溴化锂等无机盐的浓水溶液，以及浓硝酸等。它的软化温度和分解温度很接近，加热至200℃以上也不熔化，而是逐渐着色，以至碳化。故聚丙烯腈不能熔融纺丝，而是溶解后用干法或湿法纺丝。单体丙烯腈可进行自由基聚合和负离子聚合，工业上多采用自由基引发，进行溶液聚合或乳液聚合。另外，利用聚丙烯腈在高温下的环化反应，可以制备高强度纤维，又称碳纤维，在航空、航天和军事领域具有重要的应用。

**聚丙烯酸酯** polyacrylate 丙烯酸酯类单体的聚合物。

$$\left[ CH_2 - \underset{COOR}{\underset{|}{CH}} \right]_n$$

丙烯酸酯的通式$CH_2$=CHCOOR，式中R为烷基（直链或带侧链或环状），也可以含有其他官能团，如羟基、氨基、环氧基等。聚丙烯酸酯易溶于丙酮、乙酸乙酯、苯及二氯乙烷，不溶于水。由于其高分子链的柔顺性，它们的玻璃化转变温度（$T_g$）较低，除聚丙烯酸甲酯外，其他聚丙烯酸直链烷基酯的$T_g$均低于室温。丙烯酸酯在光、热及引发剂作用下非常容易发生自由基聚合，工业上制备聚丙烯酸酯通常采用溶液聚合和乳液聚合。聚丙烯酸酯能形成光泽好而耐水的膜，黏合牢固，不易剥落，在室温下柔韧而有弹性，耐候性好，但抗拉强度不高，可作高级装饰涂料。聚丙烯酸酯有黏合性，可用作压敏性胶黏剂和热敏性胶黏剂。在纺织工业方面，可用于浆纱、印花和后整理，用它整理过的纺织品，挺括美观，手感好；它还可用作无纺布和植绒、植毛产品的黏合剂。另外，聚丙烯酸酯可用于鞣制皮革，可增加皮革的光泽、防水性和弹性。

**聚丙烯酰胺** polyacrylamide 丙烯酰胺的聚合物。

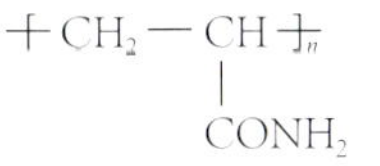

白色粉末状物质，玻璃化转变温度为168℃；易溶于水，不溶于乙醇、乙醚和四氢呋喃等。丙烯酰胺溶于水，故其聚合一般在水溶液中进行，采用水溶性热引发剂（如过硫酸钾或过硫酸铵等）或氧化还原引发体系（如过硫酸盐与三乙醇胺或硫酸铜与亚硫酸氢钠）。控制反应条件可制备平均分子量在数百万以上的水溶性聚丙烯酰胺。丙烯酰胺在有机溶剂中进行溶液聚合时，则为沉淀聚合，可生成颗粒或粉末状的水溶性聚合物。聚丙烯酰胺可用作胶黏剂、絮凝剂。还可用作油井钻探用的泥浆稳定剂、矿石浮选剂、水泥和土壤的改良剂或胶黏剂（如高分子灌浆材料用于水坝及地下工程）、纸张增强剂、糖浆脱色剂、增稠剂、水溶液减阻剂，以及固定化酶和电泳用的凝胶等。

**聚电解质** polyelectrolyte 一类线型或支化的合成和天然水溶性高分子化合物，其结构单元上含有能电离的基团。又称高分子电解质。不溶性、体型聚电解质归入离子交换树脂。聚电解质按电离的基团可分为：①聚酸类。电离后成为阴离子高分子，如聚丙烯酸（见结构式a）、聚甲基丙烯酸（b）、聚苯乙烯磺酸（c）、聚乙烯磺酸（d）、聚乙烯膦酸（e）等。②聚碱类。电离后成为阳离子高分子，如聚乙烯亚胺$\text{+}CH_2—CH_2—NH\text{+}_n$、聚乙烯胺（f）、聚乙烯吡啶（g）等。此外，还有无机类的聚磷酸盐（h）、聚硅酸盐（i）和天然的核酸、蛋白质。后二者因一分子中具有酸性和碱性两种可电离的基团，所以称为高分子两性电解质。

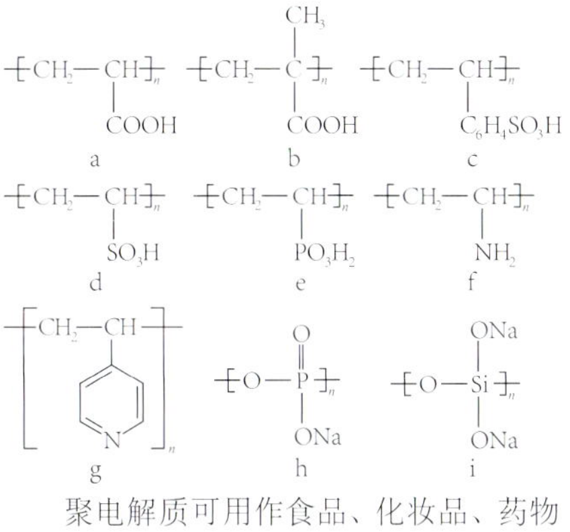

聚电解质可用作食品、化妆品、药物和涂料的增稠剂、分散剂、絮凝剂、乳化剂、悬浮稳定剂、胶黏剂，皮革和纺织品的整理剂，土壤改良剂，油井钻探用泥浆稳定剂，纸张增强剂，织物抗静电剂。

**聚丁二烯** polybutadiene; PB 1,3-丁二烯的聚合物。随所用催化剂、聚合方法和聚合条件的不同而生成各种不同结构的聚丁二烯。顺-1,4-聚丁二烯（简称顺丁橡胶）和混杂结构的聚丁二烯是合成橡胶，称为丁二烯橡胶（BR），而1,2-聚丁二烯主要用作塑料、胶黏剂和密封剂。丁二烯分子有两个双键，既可发生1,4加成聚合，生成顺式1,4或反式1,4聚合物；也可发生1,2聚合，其中又有全同1,2和间同1,2之分，所以规整聚丁二烯的结构可有四种：采用不同的方法可以制得某一结构占优势的聚合物。自由基乳液聚合的聚丁二烯的微观结构如下：顺式-1,4占13%～19%；反式-1,4占69%～62%；1,2结构占17%～19%。用齐格勒-纳塔催化剂可合成出不同立体结构的聚丁二烯。工业上重要的催化剂有钛、钴、镍和稀土催化剂四种体系。中国采用镍催化剂生产高顺丁橡胶。催化体系由环烷酸镍、三氟化硼和三烷基铝组成，聚合可在脂肪烃中进行，顺式结构的含量达98%。

**聚对苯二甲酰对苯二胺** poly-*p*-phenylene terephthalamide 对苯二胺与对苯二甲酰氯

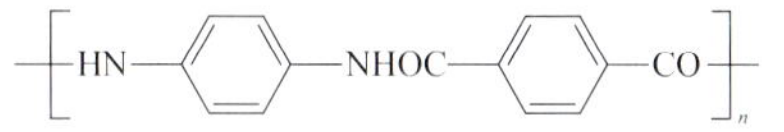

缩合聚合而成的全对位聚芳酰胺。链刚硬，能形成各向异性的高分子液晶溶液，用于纺丝，可得性能特别优异的Kevlar纤维，中国称为芳纶。芳纶纤维具有较好的耐热性和尺寸稳定性；热收缩率和蠕变性能稳定；分解温度约560℃，玻璃化温度在300℃以上；具有耐化学腐蚀性、高绝缘性、极高的抗拉强度和起始弹性模量，比强度是钢的5倍。芳纶纤维用于复合材料时，其压缩和抗弯强度低于一般无机纤维。低温溶液缩聚时常用的极性溶剂有六甲基磷酰胺HMPA、二甲基乙酰胺DMA、N-甲基吡咯烷酮和四甲基脲等。聚合物经洗去溶剂和干燥后，溶于浓硫酸中配成浆液纺丝。主要用作轮胎帘子线、特种绳索、工业织物和橡胶制品补强材料，还可用作塑料增强材料，如航天材料和导弹壳体材料等。

**聚芳酰胺** aromatic polyamide 分子主链至少含有85%的直接与两个芳环相连接的酰胺基团的芳香族聚酰胺。其分子链比较刚硬，溶解性能差，熔融温度高。可用界面缩聚或低温溶液缩聚制得。主要用作高性能纤维。最早开发的品种，是由间苯二胺和间苯二甲酰氯合成的聚间苯二甲酰间苯二胺，并在二甲基乙酰胺溶剂中纺丝，称为HT-1纤维，后来商品名为Nomex，具有耐高温（分解温度372℃）、耐辐射、耐化学腐蚀、高温绝缘等性能；难燃烧，抗火焰，耐热寿命长；可用于防燃工作服、飞行服、高温工业滤材、电器绝缘纸、绝热针毡等。全对位结构的聚芳酰胺在强极性溶剂中能形成液晶，利用该性质，制出高强度、高模量的B纤维，即聚对苯甲酰胺纤维。后又由聚对苯二甲酰对苯二胺纺丝制出Kevlar纤维（中国称为芳纶），其分解温度为560℃。

**聚合** polymerization 由小分子的单体转变成大分子的聚合物的反应。聚合反应的简称。通常至少有100个单体分子化合才能生成一种具有某种特殊物理性质的聚合物，一般是由几百至千个单体结合成一个聚合物分子。聚合使单体之间形成稳定的共价键，而不同的单体可通过引发剂、催化剂、热、光、辐射以及生化、电化学、力化学等方法引发聚合。当单体聚合生成分子量较小的聚合物时，称为低聚合反应，产物为低聚物（或低聚体，曾称齐聚物）。一种单体的聚合称为均聚合，产物为均聚物；两种或两种以上单体的聚合则称为共聚合，产物为共聚物。

链式聚合 主要有α-烯烃、共轭双烯烃、乙烯基单体的聚合，都是打开碳-碳双键而形成碳-碳单键的加聚反应，所以统称为烯类加聚反应。另外，非共轭双键的环化聚合、正离子的异构化聚合、负离子的基团转移聚合，也属于链式聚合。

逐步聚合 由乙二醇与对苯二甲酸合成聚酯，由己二酸（或己二酰氯）合成聚酰胺。这些缩合聚合都属于逐步聚合。由α-羟基（或氨基）、ω-羧酸的自缩聚反应制备聚酯（或聚酰胺），也属于逐步聚合。此外，酚醛树脂、脲醛树脂和三聚氰胺树脂的聚合都属于逐步聚合。

开环聚合 主要是含杂原子的环状单体的开环聚合。如环氧乙烷开环合成聚环氧乙烷（也称聚氧化乙烯）；ε-己内酰胺的开环聚合得到聚己内酰胺（尼龙6）。有许多开环聚合属于离子型链式聚合，但也有些是逐步聚合。如己内酰胺用金属钠开环时为离子型链式聚合，而用稀酸催化时，因先形成6-氨基己酸而后进行逐步缩合，所以是逐步聚合。

聚合方法 即聚合的实施方法，常用的有四种：本体聚合和溶液聚合两种方法一般为均相反应，有时因聚合物不溶于单体或溶剂而沉淀出来，成为非均相反应。悬浮聚合和乳液聚合两种方法均属非均相反应。

**聚合物** polymer 由组成（或结构）重复单元通过共价键连接起来的高分子量化合物。又称高分子化合物。当分子量很高如几万乃至几百万和具有聚集态结构时称高聚物。通常是由小分子单体经聚合而制得。如聚氯乙烯是由氯乙烯的加成聚合生成的，其分子式为$A\text{+}CH_2—CHCl\text{+}_nB$，式中$n$为组成重复单元数（聚合度），A、B分别为端基。

当$n=2$时，称二聚体，$n=10$左右时为低聚物或低聚体（曾称齐聚物），一般不具有物理机械性能。当聚合物只有一种组成重复单元时，称均聚物；有两种或两种以上组成重复单元时，则为共聚物。除由碳原子为主链的有机聚合物外，还有由其他元素如硫、硅、氧、氮、磷等为主链的无机聚合物，如聚氯化磷腈、缩合磷酸盐、合成沸石等。

**聚合物合金** polymer alloy 两种或两种以上分子结构不同的均聚物、共聚物或均聚物和共聚物的物理混合物。又称聚合物共混物、共混聚合物。一般两组分的大分子之间没有共价键的联系。共混的目的是提高聚合物材料的物理力学性能、加工性能、降低成本和扩大使用范围。

共混聚合物的种类 ①橡胶/塑料共混物。以塑料为基体、橡胶为分散相的共混物。以橡胶来增韧脆性塑料，其中塑料基体为共混物提供刚性和硬度，分散相橡胶则提供韧性，如橡胶增韧的高抗冲聚苯乙烯和聚丙烯。

②塑料/橡胶共混物。以橡胶为基体、塑料为分散相的共混物。一般称为增强橡胶。橡胶中加入塑料可提高共混物的弹性模量；分散的塑料颗粒则能起耐磨、耐撕裂、抗裂口增长、抗挠曲开裂以及抗拉断等作用（如以聚苯乙烯或聚甲基丙烯酸甲酯等增强丁苯橡胶），以及热塑性弹性体中塑料相所起的物理交联作用等。

③橡胶/橡胶共混物。两种不同的橡胶的共混物。其中含量高的橡胶组分或黏度低的橡胶组分常为连续相。主要用于汽车轮胎工业，以改进某种橡胶的加工性能和其他性能。例如，在顺丁橡胶中混入天然橡胶或充油丁苯橡胶，以改进加工性能并提高摩擦系数。

④塑料/塑料共混物。塑料与塑料相混的目的主要是改进加工性能。例如，聚苯乙烯与聚苯醚相混，可以改进后者的熔体流动性。

制备方法 ①机械共混。借助于开炼机、密炼机或螺杆挤出机等设备在聚合物的软化点（或熔点）以上温度进行共混。②溶液共混。将两种聚合物溶于某种公共溶剂中，混合均匀后，再除去溶剂以得到固态共混物。这种方法可以使共混的聚合物组分均匀混合，主要用于实验室中以制备研究用试样。③胶乳共混。工业上制备共混聚合物的主要方法之一。制备时先将两种聚合物分别制成胶乳，均匀混合，然后再凝聚、干燥和塑炼以得到固相的共混聚合物。

**聚环氧丙烷** polypropylene oxide 环氧丙烷开环聚合而成的线型聚醚。分子量较低的又称为聚1,2－丙二醇醚，是无规立构聚合物。分子量较高的又称为聚氧化丙烯，有的具有立构规整结构，有的为非晶态弹性体，结晶含量取决于聚合催化剂。

$$\left[\mathrm{CH_2-\overset{\displaystyle CH_3}{\overset{|}{C}H}-O}\right]_n$$

聚1,2－丙二醇醚是不挥发性黏稠液体，大都溶于酮、醇、酯、烃类和卤代烃；分子量较低的溶于水，水溶性随分子量增加而下降，随温度增加而下降。聚1,2－丙二醇醚及其衍生物是环氧丙烷在氢氧化钠或氢氧化钾溶液存在下，与水、二元醇、多元醇或胺等含活性氢的化合物反应生成的。聚1,2－丙二醇醚用作液压流体、润滑剂、表面活性剂和聚氨酯泡沫塑料或橡胶的中间体。

聚氧化丙烯熔点66～75℃，玻璃化温度－75～－72℃。聚氧化丙烯弹性体具有耐臭氧、耐热老化、耐油等性质。它的动态性能比较优异，可在－65～120℃范围内使用。高分子量的聚氧化丙烯一般是采用三烷基铝配位催化剂的配位负离子聚合制得。聚氧化丙烯橡胶能用于各种坐垫。环氧乙烷与环氧丙烷的嵌段共聚物可用作表面活性剂及原油破乳剂；无规共聚物可用作润滑剂和淬火介质。

**聚环氧乙烷** polyethylene oxide 结构式为$\left[\mathrm{CH_2-CH_2-O}\right]_n$。环氧乙烷开环聚合而成的线型聚醚。其中，分子量在数百到两万之间的液体、油脂状及蜡状物，由于结构与乙二醇缩聚的产物相同，又称聚乙二醇（PEG）；分子量7万～500万的，称聚氧亚乙基，又称聚氧化乙烯（PEO）。

聚乙二醇的端基为羟基，可进行酯化等反应；结构规整，呈现球晶，结晶度可高达95%；熔点62～66℃，可用挤出成型；抗拉强度接近于中密度聚乙烯，吸水率小，对强度几乎无影响。用环氧乙烷以含有活性氢的化合物如水、乙二醇作为起始剂，用碱或路易斯酸作催化剂聚合而得。聚乙二醇可用作医用软膏的配合剂、压制药片的胶黏剂、化妆用品、脱模剂等。

聚氧亚乙基溶于水中，有助于减少湍流的摩擦，仅0.000 6%即可降低管道阻力50%。可通过多相催化聚合得到；催化剂用碳酸锶，聚合反应在固体表面上发生。聚氧亚乙基可用作水溶性包装材料、絮凝剂、陶土黏合剂、水流减阻剂等。

**聚己内酰胺** polycaprolactam 由单体己内酰胺经开环聚合生成的线型聚酰胺。具有$\mathrm{-NH(CH_2)_5CO-}$重复单元结构。商品名尼龙6。抗拉强度和耐磨性优异，有弹性，主要用于制造合成纤维，商品名耐纶6；也可用作工程塑料。中国生产的聚己内酰胺纤维的商品名为锦纶6。聚己内酰胺的性质与聚己二酰己二胺（尼龙66）相似，相对密度1.14，主要的差别是熔点较低（215℃）；吸湿率较高和染色性较好，耐光性较差。己内酰胺成本比己二胺和己二酸低，但聚合时有8%～10%的单体不能聚合。工业上多采用水解聚合法。纯己内酰胺不能聚合，必须加入少量的水、酸、氨或6－氨基己酸、己内酰胺盐等物质才能聚合，温度约240～280℃。还可采用无水的己内酰胺在碱金属、碱土金属的存在下，于220℃以上加热的负离子聚合法。耐纶6主要用于制造轮胎帘子线、渔网、缆绳、降落伞等和民用织物如衣料、袜子等。铸型尼龙6已广泛用于制造大型齿轮、涡轮、轴套、辊筒、异向环、密封垫圈、万向节轴滑块等要求具有耐磨、减磨性能的机械零部件，以及油料储罐等。

**聚甲基丙烯酸酯** polymethacrylate 甲基丙烯酸酯类单体的聚合物。甲基丙烯酸酯的通式$\mathrm{CH_2{=}C(CH_3)COOR}$，式中R为烷基（直链或带侧链或环状），也可以含有其他官能团，如羟基、氨基、环氧基等。它很容易聚合，需要在5℃以下存放，或加入0.01%的对苯二酚阻聚剂来保存。聚甲基丙烯酸酯易溶于丙酮、乙酸乙酯、苯及二氯乙烷，而不溶于水。刚性比相应的聚丙烯酸酯高，玻璃化温度比聚丙烯酸酯高很多。甲基丙烯酸酯在光、热及引发剂作用下非常容易发生自由基聚合，工业上采用的聚合方法通常为本体聚合、溶液聚合、乳液聚合和悬浮聚合。

$$\left[\mathrm{CH_2-\underset{\displaystyle COOR}{\overset{\displaystyle CH_3}{\overset{|}{\underset{|}{C}}}}}\right]_n$$

聚甲基丙烯酸甲酯（PMMA），俗称有机玻璃，是最重要的聚甲基丙烯酸酯。它能溶于自身单体、氯仿、乙酸、乙酸乙酯、丙酮等有机溶剂。用作板材、棒材或管材的聚甲基丙烯酸甲酯通常采用本体聚合方法制备。聚甲基丙烯酸甲酯的玻璃化转变温度为105℃。它的耐冲击性比聚苯乙烯好；透光性很好，并能透过90%以上的紫外线（普通玻璃几乎不透过紫外线）；耐光老化性优异，在户外放置数年而不着色；它还有不易破碎的特点。因此广泛用作航空玻璃等透明材料。悬浮聚合法的产物为球状颗粒，广泛用于模塑粉、牙托粉、骨水泥等。

**聚甲醛** polyformaldehyde; POM 学名聚氧亚甲基。热塑性结晶聚合物，也是重要工程塑料。结构式$\left[\mathrm{CH_2-O}\right]_n$。聚甲醛很容易结晶，结晶度达70%；通过高温退火，可增加结晶度。均聚甲醛的熔融温度为181℃，密度为1.425克/厘米$^3$，玻璃化温度为－60℃；制品质轻，坚硬，有刚性和弹性，尺寸稳定，摩擦系数小，吸水率低，绝缘性能良好，又耐有机溶剂；可在广泛的温度范围（－50～105℃）和湿度范围内使用；在各种溶剂和化学试剂作用下，以及大负荷和长时间循环应力下保持性能不变；

由甲醛的离子型聚合制得，须经乙酸酐封端基处理。共聚甲醛的熔点为170℃左右；由三聚甲醛与二氧五环或环氧乙烷在石油醚、环己烷或氯代烷溶剂中以三氟化硼乙醚-水为引发剂，于50～70℃聚合几小时即得。聚甲醛可作为工程塑料，代替铜等有色金属，用于齿轮、泵、自润滑轴承、叶轮、挤出螺杆、阀杆、螺母等；也可以熔融纺丝制成强度大的纤维。

**聚氯乙烯** polyvinyl chloride; PVC 氯乙烯的聚合物。聚氯乙烯是塑料品种中仅次于聚乙烯的第二大品种，与其他塑料的最大不同点是成本较低，并且可以加入不同量的增塑剂，生产从软质到硬质的多种聚氯乙烯制品。聚氯乙烯的分子量一般为3万～12万。聚氯乙烯树脂的密度为1.35～1.45克/厘米$^3$；玻璃化温度约80～85℃，使用温度一般为-15～60℃。树脂有优良的耐酸碱、耐磨、耐燃及绝缘等性能；但光、热稳定性差，在100℃以上或光照下可析出氯化氢，引起变色发黄，同时力学性能和化学性能迅速下降。因此，加工时须加入稳定剂。氯乙烯经自由基加成聚合成为聚氯乙烯，可用悬浮、本体、乳液等聚合方法生产，其中以悬浮聚合为主，约占总产量的80%。乳液聚合主要用于生产糊状聚氯乙烯或乳液，用于制造人造革、金属或纸张涂层材料和建筑涂料。高分子量树脂的力学性能好，多用于软质制品；主要用于薄膜、电缆包皮、包装材料和容器等。低分子量树脂则容易加工，适用于硬质制品，主要用于管材、板材、下水道和建筑材料。氯乙烯共聚物如氯乙烯-乙酸乙烯酯共聚物，因流动性好，加工温度低，用于唱片、地板料和涂料；氯乙烯-丙烯腈共聚物的软化温度和强度都有所提高，溶解性能改善，宜作纤维；氯乙烯-丙烯共聚物的流动性能和热稳定性较好，可做瓶料；氯乙烯与丙烯酸酯类共聚，可提高耐候性和耐冲击性。见氯纶。

**聚落** settlement 人类各种形式的居住场所。亦是人类活动的中心场所。在地图上常被称为居民点。聚落不仅是房屋的集合体，还包括与居住地直接相关的其他生活设施和生产设施。新石器时代初期，出现从事农耕业生产的人类的固定居民点——乡村聚落。随着生产力发展，人类社会出现专门从事商业、手工业的城镇，村落（即乡村聚落）则以农牧渔业为主。工业革命以后，城镇型聚落广泛发展。聚落的主要经济活动方向决定着聚落的性质，经济活动以农业为主的聚落，习惯上称为乡村；经济活动以工商业、服务业为主的聚落称为城镇或城市。聚落分类多根据聚落的职能划分。

**聚脲** polyurea 主链含有—NHCONH—重复结构单元的聚合物。性质与聚酰胺、聚酯、聚氨酯相近，但熔点较高。聚脲分子间形成较聚酰胺和聚氨酯更多的氢键，具有较高的结晶度和熔点（一般在250℃以上）。碳原子数相同的几种相似聚合物的熔点次序为：聚脲>聚酰胺>聚氨酯>聚酯。聚脲虽然熔点较高，但因为在熔融时容易分解，用途远不如后三类聚合物广泛。除少数强极性溶剂如二甲基亚砜、浓硫酸外，其他溶剂很难溶解它。聚脲一般由二胺类和二异氰酸酯或尿素制得，由壬二胺和尿素制得的聚亚壬基脲可以熔融纺丝，纤维的性质与聚酰胺相似，相对密度较小，具有良好的耐热性、染色性和耐腐蚀性，适于制造渔网和针织品。

**聚偏(二)氯乙烯** polyvinylidine chloride; PVDC 偏（二）氯乙烯（即1,1-二氯乙烯）的聚合物。具有耐燃、耐腐蚀、气密性好等特点。其纤维中国称为偏氯纶，美国称为莎纶（Saran）。

$$\left[ CH_2-\underset{Cl}{\overset{Cl}{\underset{|}{\overset{|}{C}}}} \right]_n$$

偏（二）氯乙烯与氯乙烯或丙烯腈的共聚物纤维，也称莎纶。聚偏（二）氯乙烯玻璃化温度-17℃，熔融温度198～205℃；容易结晶，结晶的相对密度约1.95～1.97；极性强，常温下不溶于一般溶剂；热稳定性差，加工困难。偏（二）氯乙烯一般采用自由基聚合。工业上通常采用悬浮聚合或乳液聚合方法进行生产。可用于薄膜、涂料和纤维，也可制成片材、硬管和模塑件，还可作为高分子压电材料用于高技术领域中。为了克服聚偏（二）氯乙烯溶解性差、加工困难等缺点，通常将偏（二）氯乙烯与少量（10%～15%）氯乙烯、丙烯腈、丙烯酸酯等单体共聚，有时还加入第三单体以赋予特殊性能，为了提高稳定性，一般在成型加工时加入适量的稳定剂和抗氧剂。

**聚三氟氯乙烯** polychlorotrifluoroethylene; PCTFE 三氟氯乙烯的聚合物。结构式$\left[ CF_2CFCl \right]_n$。聚三氟氯乙烯为典型的热塑性高分子，熔点213℃。商品的分子量约为30万～40万。具有优良的化学稳定性、绝缘性能和耐候性。与聚四氟乙烯相比，聚三氟氯乙烯的机械强度、硬度均较好，而且薄膜的透明度高，透气率低。聚三氟氯乙烯由三氟氯乙烯经自由基聚合（以过氧化物作引发剂）而得，可用本体聚合、溶液聚合及分散聚合等方法制备。聚三氟氯乙烯可在-196～125℃长期使用。适于作耐腐蚀、耐压力的密封材料、电气绝缘材料，以及接触强腐蚀介质的观测窗口材料等。但由于生产成本较高，逐渐为四氟乙烯类的高分子所取代。低分子量的聚三氟氯乙烯具有耐化学腐蚀性、高密度和优良的黏-温性能等特点，可用于接触强腐蚀的密封液、润滑油脂及导航陀螺的平衡液等。

**聚双烯烃** polydiene 双烯烃的聚合物。工业上最重要的聚双烯烃是共轭双烯的聚合物，如顺-1,4-聚丁二烯（顺丁橡胶）和顺-1,4-聚异戊二烯（异戊橡胶），二者都是通用合成橡胶。它们的高分子链中每一个单元都含有一个双键，故可像天然橡胶一样用硫磺硫化，成为性能优良的弹性体。它们分别由单体丁二烯和异戊二烯用配位催化剂或负离子引发剂聚合而成。顺丁橡胶以高弹性、耐磨性为其特点；异戊橡胶以强度高、综合性能好为其特点。它们的主要用途是制造轮胎及其他橡胶制品。聚氯丁二烯（氯丁橡胶）是一种耐油橡胶，含反-1,4链节结构，由单体2-氯-1,3-丁二烯经自由基聚合而成。此外还有聚2,3-二甲基丁二烯，俗称甲基橡胶，在第一次世界大战期间曾一度小量生产，用以代替天然橡胶，后因性能差停止生产；聚1,3-戊二烯弹性体由于单体从$C_5$馏分中分离困难，迄今尚未在工业上应用。

**聚四氟乙烯** polytetrafluoroethylene; PTFE 四氟乙烯的聚合物。结构式为$\left[ CF_2-CF_2 \right]_n$。商品名特富龙。由四氟乙烯经自由基聚合制得。工业上采用悬浮聚合法。聚四氟乙烯在-196～260℃的较广温度范围内均保持优良的力学性能，可在260℃高温下长期使用，-268℃低温下短期使用。介电性能不仅优异，且不受工作环境、温度、湿度和工作频率的影响。它的摩擦系数极小，因而自润滑性很好。除熔融的碱金属外，在高温下也不与强酸、强碱和强氧化剂起作用，甚至在“王水”中煮沸也无变化，故有“塑料王”之称。聚四氟乙烯可采用压缩或挤出加工成型；也可制成水分散液，用于涂层、浸渍或制成纤维（见氟纶）。聚四氟乙烯在原子能、航天、电子、电气、化工、机械、仪器、仪表、建筑、纺织、食品等工业中广泛用作耐高低温、耐腐蚀材料，绝缘材料，防黏涂层等。

**聚四氢呋喃** polytetrahydrofuran 由四氢呋喃开环聚合生成的聚合物。又称聚四亚甲基二醇或聚丁二醇醚。结构式为：$\left[ (CH_2)_4O \right]_n$。常用聚四氢呋喃的分子量为1 000～2 000；室温下为蜡状固体，35℃时为无色黏稠液体，玻璃化温度为-76℃；相对密度为0.985（分子量为1 000）～0.982（分子量为2 000）；可溶于大多数有机溶剂，不溶于水。工业上是用乙酸酐-高氯酸、氟磺酸或发烟硫酸为引发剂，使四氢呋喃聚合成分子量为600～3 000、双端基为羟基的产物；主要用作嵌段聚氨酯或嵌段聚醚聚酯的软链段。制成的嵌段聚氨酯具有良好的抗凝血性，可用作医用高分子材料。由平均分子量为1 000的聚四氢呋喃制得的嵌段聚氨酯橡胶，可用作轮胎、传动带、垫圈等；也可用于涂料、人造革、薄膜等。制得的嵌段聚醚聚酯为热塑性弹性体。平均分子量为2 000的聚四氢呋喃，可用于制聚氨酯弹性纤维。

**聚碳酸酯** polycarbonate; PC 线型聚合物

$$\left[\!-O-R-O-\underset{\underset{O}{\|}}{C}-\right]_n$$

。根据结构式中R的不同，聚碳酸酯可分为脂肪族、脂肪-芳香族、芳香族三种类型。通常所说的聚碳酸酯即指双酚A〔2,2-双（对羟苯基）丙烷〕型聚碳酸酯。双酚A型聚碳酸酯无毒，透明；熔融温度220～230℃，密度1.20克/厘米$^3$（25℃），折射率1.586 9，玻璃化温度140～150℃；具有一定的耐化学腐蚀性；溶于二氯甲烷、间甲酚、环己酮、吡啶和二甲基甲酰胺，在乙酸乙酯、四氢呋喃和苯中只能溶胀；不耐碱溶液。具有机械强度高（冲击韧性高）、尺寸稳定性好、绝缘性能好、耐老化、离火即自熄等优良综合性能。但制品的内应力和应力开裂对制品质量的影响很大。工业上采用双酚A钠盐与光气反应和双酚A与碳酸二苯酯进行酯交换反应来生产。可用注射成型加工成能承受中小载荷的零部件、外壳、防护玻璃、大型灯罩、E级（耐120℃）绝缘的线圈框架等。也可用流延或吹塑成型制成E级绝缘薄膜。

**聚烯烃** polyolefin 通常指乙烯、丙烯或$\alpha$-烯烃的聚合物。又称烯烃聚合物。其中以聚乙烯和聚丙烯最重要。聚乙烯合成方法可分为高压法（自由基聚合）和低压法（配位聚合）。高压法得到低密度聚乙烯（LDPE），密度为0.92克/厘米$^3$，支链多，结晶度较低，适用于制作薄膜。低压法得到高密度聚乙烯（HDPE），密度为0.955克/厘米$^3$，支链较少，结晶度较高，强度高，主要用作管材。用齐格勒-纳塔催化剂进行丙烯的聚合得到全同立构聚丙烯，密度为0.91克/厘米$^3$，强度大，硬度高，耐磨及耐化学腐蚀，可用于制容器、管材、编织袋和薄膜。20世纪90年代用茂金属催化剂进行乙烯、丙烯的聚合，得到的聚烯烃统称为茂金属系聚烯烃，缩写为mPO。

**聚酰胺** polyamide; PA 主链含有重复的酰胺基团（—NHCO—）的线型聚合物。商品名尼龙。聚酰胺纤维中国称耐纶、锦纶。是最早开发的合成纤维，又可用作工程塑料。白色结晶或半透明的热塑性树脂，作塑料用的聚酰胺分子量一般为1.5万～2万，熔点150～250℃，相对密度1.05～1.15；拉伸强度和耐磨性优异，有弹性，具有较高的机械强度和耐油、耐热、耐燃性，电绝缘性好。大都无毒。脂肪族聚酰胺（聚己内酰胺）品种多、产量大、应用广泛；脂肪-芳香族聚酰胺品种少，产量也小；芳香族聚酰胺（聚芳酰胺）主要用作纤维，俗称芳纶。聚酰胺一般由二元胺与二元酸聚合而成，如聚己二酰己二胺；也可由$\omega$-氨基酸自身缩合聚合或内酰胺开环聚合而成，如聚己内酰胺。

**聚酰亚胺** polyimide; PI 主链重复组成（结构）单元含有酰亚胺基团（$-\mathrm{CO\overset{|}{N}CO}-$）的聚合物。耐高温、高辐射，具有优良的电性能和力学性能。芳族聚酰亚胺的合成大都由均苯四甲酸二酐PMDA和4,4′-二氨基二苯醚经溶液缩聚制得。聚酰亚胺可制成：①漆包线，耐温等级在C级（220℃）以上。②薄膜，可在-195～250℃下长期使用，无明显熔点，短时使用温度可达450℃。国际上同类产品牌号为Kapton或H-film。③纤维，用湿纺或干纺制备，干纺纤维性能较优。④塑料，模压塑料在300℃下放置1 000小时后，保持原强度50%以上。⑤胶黏剂、浸渍漆等。

**聚乙炔** polyacetylene 乙炔的聚合物。最简单的聚炔烃。线型高分子量聚乙炔是不溶、不熔，对氧敏感的结晶性高聚物半导体。聚乙炔有反式和顺式两种立体异构体，其电导率分别为$10^{-5}$和$10^{-9}$欧$^{-1}$·厘米$^{-1}$。20世纪70年代初成功地用$Ti(OC_4H_9)_4-Al(C_2H_5)_3$作催化剂使乙炔直接聚合成膜。聚乙炔用碘、溴等卤素或$BF_3$、$AsF_5$等路易斯酸掺杂后，其电导率可提高到金属的水平（约$10^3$西/厘米），称为“合成金属”。为了加工方便，人们致力于合成高顺式-聚乙炔。采用钛或钴催化剂时，聚合温度为-78℃；而采用稀土催化剂（如环烷酸稀土和$AlR_3$）时，则可在室温使乙炔聚合，制得有金属光泽的高顺式-聚乙炔薄膜。

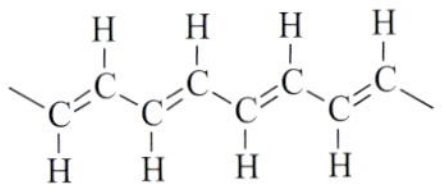

反式-聚乙炔

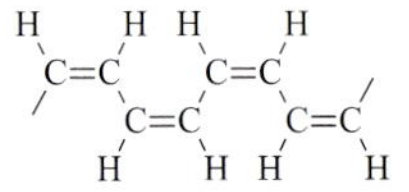

顺式-聚乙炔

**聚乙酸乙烯酯** polyvinyl acetate; PVAc

$$\left[\!-CH_2-\underset{\underset{\displaystyle O-\underset{\underset{O}{\|}}{C}-CH_3}{|}}{CH}-\right]_n$$

乙酸乙烯酯的聚合物。无色透明固体；密度为1.19克/厘米$^3$（25℃），折射率1.467（20℃），玻璃化转变温度30～40℃，热变形温度50℃；易溶于甲醇、酮类、酯类、芳烃、氯代烃，不溶于无水乙醇、高级醇、烷烃、环己烷、水等。可由乙酸乙烯酯的自由基聚合制备，采用的聚合方法通常为本体聚合、溶液聚合、乳液聚合。聚乙酸乙烯酯在工业上的重要应用之一是醇解后制备聚乙烯醇。在工业上另一重要用途为以乳液形式用作聚乙酸乙烯酯乳胶，其黏合力强、稳定性好、抗老化性好、不污染、使用方便、价格低廉等。主要用作木材、纸、纤维、皮革等的胶黏剂（俗称乳胶、白胶），还大量用作内外墙涂料。在织物加工方面主要用于硬挺加工、印染、植绒黏合等。

**聚乙烯** polyethylene; PE 乙烯的聚合物。结构式为$\left[\!-CH_2-CH_2-\right]_n$。聚乙烯在世界塑料总产量中约占20%，居首位。按合成方法可分为高压法聚乙烯和低压法聚乙烯。

高压法聚乙烯 聚合在管式或釜式高压反应器中进行，其压力为1 500～2 000千克力/厘米$^2$，温度为200℃左右。连续压入乙烯，用氧或有机过氧化物为引发剂引发聚合，属于自由基聚合机理。高压法聚乙烯的数均分子量$\overline{M}_n$约3万～6万或更大，含有较多支链，结晶度较低，密度0.92克/厘米$^3$左右，属低密度聚乙烯（LDPE），即所谓线性低密度聚乙烯（LLDPE）。软化点为105～120℃，具有良好的力学性能、绝缘性、耐寒性和化学稳定性；吸水性和透气性低，无毒。广泛用于生产包装薄膜、农用薄膜、抽丝织网、织袋捻绳、吹塑容器、注塑制品，以及用作电缆包皮和其他绝缘材料。

低压法聚乙烯 所用催化剂可以四氯化钛-烷基铝（齐格勒催化剂）为代表，还有$Cr_2O_3-Al_2O_3\cdot SiO_2$催化剂和$MoO_3-Al_2O_3$催化剂等。聚合时均以液体烃类为溶剂，通入乙烯的压力为每平方厘米不超过数十千克力，属于配位聚合机理。低压法聚乙烯的支链较少，结晶度较高，密度为0.955克/厘米$^3$左右，属高密度聚乙烯（HDPE）。硬度、强度、抗环境应力开裂性能较高压法聚乙烯为优，适于制造瓶、罐、盆、桶、管和壳体结构等工业制品和生活用品，也可用于生产薄膜、板、带、单丝和电缆覆盖层。超高分子量聚乙烯制品的耐磨和抗冲击性能在塑料中居首位，并有优良的自润滑性，可供制造轻纺工业机械的零部件。用高密度聚乙烯与碳酸钙等矿粉共混压制的钙塑板材，是优良的建筑、包装材料。

**聚乙烯醇** polyvinyl alcohol; PVA

$$\left[\!-CH_2-\underset{\underset{OH}{|}}{CH}-\right]_n$$

聚乙酸乙烯酯水解或醇解而生成的聚合物。由于乙烯醇不稳定，故不能直接聚合得到聚乙烯醇。白色到浅黄色粉末；醇解度为98%以上的聚乙烯醇难溶于冷水，但在加热情况下可溶解于热水中，通常用来缩醛化制备聚乙烯醇缩甲醛或聚乙烯醇缩丁醛；醇解度为87%～89%的聚乙烯醇可在室温下溶于水中，可用来作自由基悬浮聚合的分散稳定剂。此外，聚乙烯醇可溶于甘油、乙二醇等多元醇，以及二甲基亚砜等有机溶剂，不溶或难溶于动植物油脂、酯类、酮类、烷烃类、芳烃类、高碳单元醇类等有机溶剂；在强酸中溶解或分解，在强碱、弱碱或弱酸中软化或溶解；在100℃以下热稳定性良好，100℃以上开始失水醚化，150℃以上失水醚化速率加快，200℃以上则分解，外观由白色渐变黄色、棕色以至黑色。

聚乙烯醇的化学性质，与低分子量多元醇很相近，可与酸或酸酐反应生成酯，与醛或酮反应生成缩醛物，与环氧乙烷等反应生成醚，与二羟甲基尿素、乙二醛、二异氰酸酯等发生交联作用。

聚乙烯醇常用作纤维加工剂、纸加工剂、胶黏剂、乳化稳定剂、土壤改良剂等；又因毒性不大，可用于食品包装、化妆品、抑菌剂，以及外用医药基材等。聚乙烯醇经缩甲醛化可制成纤维（维纶）。

**聚乙烯醇缩丁醛** polyvinyl butyral 聚乙烯醇与丁醛的缩合物。

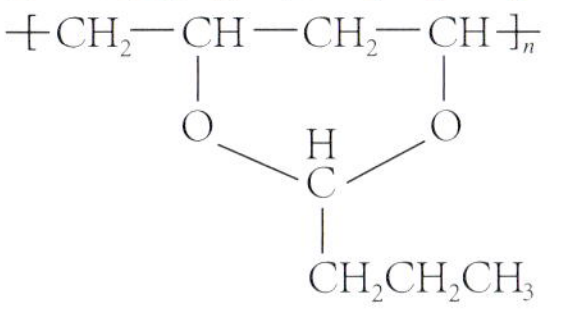

白色粉末；相对密度1.08～1.10，折射率1.488（20℃）；可溶于醇类如甲醇、乙醇、丁醇，酮类如丁酮、环己酮，氯代烃类如氯乙烷、二氯乙烷，芳烃类如苯、甲苯、二甲苯，极易溶于醇-苯混合溶剂；与邻苯二甲酸酯、癸二酸酯等增塑剂，以及硝酸纤维素、酚醛树脂、环氧树脂等有良好的相溶性；具有较高的透明性，耐寒性、耐冲击性、耐紫外线性良好；对金属、玻璃、木材、陶瓷、纤维制品等有良好的黏合力。将聚乙烯醇先溶解于水中，在搅拌下加入丁醛和催化剂（如盐酸或硫酸），在15～50℃进行缩醛化反应，生成的缩醛化物经水洗、离心、干燥即得成品。主要用于制造夹层玻璃的中间膜、涂料及胶黏剂等。

**聚异戊二烯** polyisoprene; PI 异戊二烯（2-甲基丁二烯）的聚合物。有4种立构规整结构：

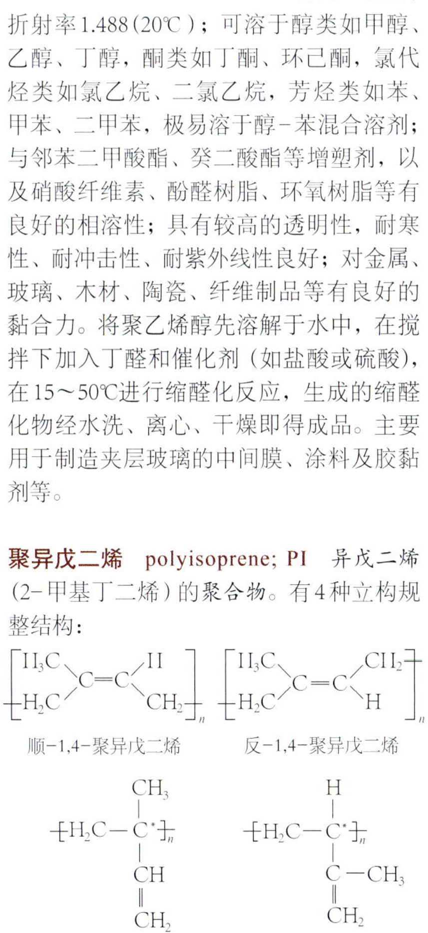

顺-1,4-聚异戊二烯　反-1,4-聚异戊二烯

1,2-聚异戊二烯　3,4-聚异戊二烯

其中1,2和3,4结构又各有全同和间同两种立体异构体。自然界只存在两种异构体，即顺-1,4-聚异戊二烯（天然橡胶、三叶胶）和反-1,4-聚异戊二烯（杜仲胶、巴拉塔胶）。工业上重要的是顺-1,4-聚异戊二烯，又称合成天然橡胶或异戊橡胶（IR）。工业生产一般采用两种催化体系：$TiCl_4$-$AlR_3$组成的齐格勒-纳塔催化体系和丁基锂催化剂。前者顺式-1,4结构的含量可达97%，后者为93%。中国还发展了稀土催化体系，可制得顺式-1,4结构含量达96%。异戊橡胶主要用于制造轮胎，还用于制作鞋靴、机械、医药、体育器材、胶乳及其他工业制品。反式聚异戊二烯可做高尔夫球壳。

**聚酯** polyester 由多元酸和多元醇经缩合聚合所得聚合物的总称。由二元酸和二元醇缩聚得线型聚酯。其中最重要的品种是聚对苯二甲酸乙二酯，它既可作纤维（即涤纶），也可作塑料和薄膜；而聚对苯二甲酸丁二酯是一种重要的工程塑料，也可熔纺制得纤维。由官能度大于2的酸和醇缩聚得到体型聚酯，例如醇酸树脂，主要用作涂料。不饱和二元羧酸和二元醇缩聚得到不饱和聚酯树脂，可用于增强塑料。此外，还有主链含有较多芳环的线型热致性液晶聚芳酯，主要用作自增强工程塑料。

**捐输、捐纳、捐例** 中国清代商民向朝廷报效银两，或为获得官衔输纳银两，或对地方修建文庙等公益事项捐献财物，及朝廷所定的相关章程。

捐输　清中叶以前，遇有国家庆典、筹集军饷、皇帝巡幸、工程建设等浩繁开支，准许巨商富民捐款报效，曾举办临时性捐输。其后，捐输定为常例，在国家正项财政收入中，列有捐输名目。

捐纳　政府实行的捐官制度。以捐纳一定数额的银两获得授予的官衔（虚衔或实职）。康熙十三年（1674）因平定三藩之乱，实行捐纳以补军费不足，至十六年，收入银200余万两，捐纳知县500余人。雍正时因西北用兵，耗饷甚多，财政拮据，开捐纳以弥补，除道府不准捐纳，以下各官皆可捐纳，并扩大到武职。乾隆帝即位时，与准噶尔议和后大军渐撤，军费锐减，下诏停止捐纳。到乾隆后期，各省或停或复不一。其时文官可捐至道府、郎中，武官可捐至游击。鸦片战争后，清廷财政支出激增，战乱、灾荒频仍，于是广开捐例，京官郎中以下，外官道台以下均可捐纳。

捐例　又称事例。政府所订捐官章程，分暂时事例和现行常例两种。顺治时招民授职，捐银约七八千两，亦有至万金者，但仍行考试，文理通顺者为知县，不通者改授守备。此捐例之始。康雍时期，只捐虚衔，不能作实官。虚衔之外，还有封典，使祖父母、父母也可以由此穿戴品官的服饰。清代后期，将捐款列为正项财政收入，虚衔之外可以捐实官。捐什么官，要多少银子，皆明订章程。

清代官员出身，经科举考试的谓之科班，是为正途；经财物捐纳的谓之捐班，视为异途。在官场中，前者较受人尊重，后者往往为人轻视。清统治者为捐纳制度虚伪掩饰，故《大清会典》不载。

**鹃形目** Cuculiformes; plantain-eaters 鸟纲一目。属中小型攀禽。分为蕉鹃科和杜鹃科。世界性分布，计有159种。中国仅有杜鹃科。头骨的口盖型为索腭。嘴形稍粗厚，

尼斯那蕉鹃

微向下曲，但不具钩。翅有第5枚次级飞羽。尾8～10枚。脚小而弱，足呈对趾型，即第2、3趾向前，第1、4趾向后。雏鸟为晚成性。尾脂腺裸出。羽无副羽。雌雄大都相似。大多不自营巢，在其他鸟类巢中产卵，由后者代为孵化及育雏。在卵的形态、色泽以及雏鸟行为方面，有一系列与此相适应的特化。

**卷柏** *Selaginella tamariscina*; tamarisklike spikemoss 蕨类植物门卷柏科卷柏属的一种。又称万年青、还魂草。多年生草本，高5～15厘米。广布于中国各地，朝鲜半岛、日本、俄罗斯等国也有分布。主茎常单一，顶端具多个丛生枝，小枝扇形分叉，辐射开展，干时内卷如拳。叶小，鳞片状，在枝上排列成四列，两列中叶（腹叶）和两列侧叶（背叶）。孢子叶穗生于分枝顶端，四

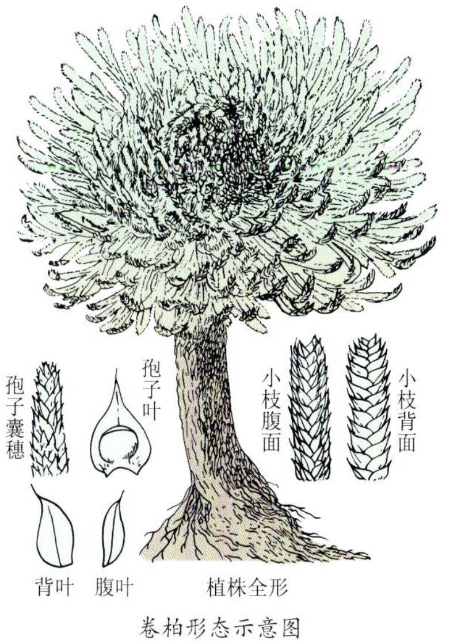


卷柏形态示意图

棱形，孢子叶四列交互排列，每个孢子叶的叶腋产生一个孢子囊，有大、小孢子囊之分。孢子异型。生于干旱岩石缝中。全株可药用，可作收敛止血剂，有活血、破血之效。

**卷尾猴** Cebidae; capuchin monkey 灵长目卷尾猴科动物的统称。因大部分种类的尾具有缠卷功能得名。分3个亚科，约6属56种。分布于中、南美洲，北起哥斯达黎加，南至巴拉圭。体型大小差别很大，体长11～52厘米，尾长15～56厘米，体重120～4 800克（狨亚科的种类体型最小，卷尾猴亚科的种类体型最大）；狨亚科牙齿32枚，其余种类均为36枚牙齿；无颊囊和臀胼胝；指和趾细长，具有扁的或弯曲的指甲；有的拇指退化，有的高度发育；鼻孔朝向两侧，间距很宽；体毛为较长的密绒毛或粗毛；尾大多毛密而长，善于卷曲；毛色变化大，有金黄、黄褐、赤褐、暗灰和黑色等。栖息于热带森林的树上，除饮水外很少到地面。性机敏，善跳跃和游泳。以家族式集群生活，每群有自己的领域。有的喜食水果、树叶和花等，也有的喜食昆虫、蜥蜴及小鸟等。大多白天活动。孕期140～170天，每胎产1仔。

**卷烟** cigarette 用纸条将切细的烟丝包卷成圆柱状的烟制品。又称纸烟、香烟。最主要的烟制品。现今烟支绝大多数装有滤嘴，以减少烟气中的有害物质。

按各国消费习惯，卷烟的配方和烟味风格各异，大体可分成四种：①烤烟型。以烤烟烟叶为原料，流行于英国、中国、印度和加拿大等国。②混合型。用烤烟、白肋烟、香料烟等多种原料配制，主产美国，流行较广。③香料型。又称东方型。以香料烟叶配制，流行于俄罗斯、保加利亚、土耳其、希腊及东欧国家。④晾晒烟型。以深色晾晒烟为原料配制，在法国及一些非洲国家流行。中国除烤烟型卷烟外，混合型卷烟也有发展，另外还有少量的晾晒烟型和外香（非烟草香）型产品。随着国家间交流频繁，卷烟的风格类型也在逐渐发生变化。卷烟燃吸时烟气产生的有害物质大多存在于焦油中，所以焦油量高的卷烟已禁止生产销售。

**卷叶象** Attelabidae; leaf-rolling weevil 鞘翅目卷叶象科昆虫的统称。全世界已知2 000余种。中国已记录250余种。体小至中型。身体无鳞片，一般体色艳丽，具金属光泽。喙延长或头基部延长；上唇消失，下颚须4节。触角不呈膝状，末端3节呈棒状。喙长，上颚扁平，内外缘具齿，腹板1～2节愈合；或喙短，上颚外缘无齿，腹板1～4节合生。雌虫能切叶卷筒，卵产于卷筒内，幼虫以筒巢为食；或能钻蛀果实，卵产于果中，幼虫为害果实。不少种类是果树林木的害虫，中国重要种类有梨虎象、杏虎象、葡萄卷象和广泛分布的尖尾卷象。

**绢** spun silk 采用平纹或平纹变化组织，经纬先染色或部分染色后进行色织或半色织套染的丝织物。绸面平整，光泽柔和，质地细密挺爽。蚕丝绢织物丝鸣感强。多用作服装面料和装饰用料。画绢用未经脱胶的桑蚕丝织制而成，结构细密，绸面光洁，专供书画、裱糊扇面、扎制彩灯之用。中国古代常用绢抄写诗赋、绘画、记载文献、书写经文等。汉代以前，绢专指麦茎色的丝织物。绢织物的原料采用桑蚕丝或人造丝，也可用桑蚕丝与人造丝或化纤长丝交织。经、纬不加捻或加弱捻。

**绢毛猴** Hapalinae; marmosets 灵长目卷尾猴科狨亚科动物的统称。又称狨。

**绢丝织物** spun silk fabric 用绢丝织制的织物。绢丝是由蚕丝的茧类和丝类下脚料，如蚕衣、丝头、回丝、废丝等经过化学处理及机械加工纺成的短纤维纱。具有蚕丝的优点，光泽优美，穿着舒适；还具有短纤维纱的特点，多孔松软，透气性好。根据绢丝原料的不同分为桑蚕绢丝织物、木薯蚕绢丝织物和柞蚕绢丝织物。桑蚕绢丝织物以平纹和绉组织织物居多，有绢丝纺、新华呢、纺建呢等。新华呢和纺建呢均以绢丝作经纬，用绉组织织制而成；织物外观如呢，质地坚牢，宜作各种衣料。还有用生丝作经、绢丝作纬，以斜纹组织交织而成的和服绸，质地厚实而柔软，宜作各种男女服装和装饰面料。木薯蚕绢丝织物是以木薯蚕绢丝为原料织成的织物，如木薯绢纺绸；坚韧耐穿，透气性、吸湿性好，宜作夏季服装，但易起毛、泛黄，绸面易产生水渍。为提高木薯蚕绢丝织物的质量，常将木薯蚕丝与其他纤维混纺或交织。柞蚕绢丝织物用柞蚕绢丝作经纬织成，如柞绢纺绸；坚牢硬挺，吸湿透气，穿着凉爽舒适，宜作夏季衣料。近年来绢丝品种发展很快，有绢丝和麻混纺的丝麻织物，绢丝和毛混纺、交织的丝毛织物等。

**决策** decision making 相关组织为了实现特定目标，从两个以上的可行方案中选择一个合理方案的分析判断和抉择过程。其基本特征是：①超前性。②目标性。③选择性。④过程性。决策是一个多阶段、多步骤的分析判断过程。⑤科学性。

由于科学技术的不断发展，企业规模的不断扩大，市场竞争的不断加剧以及企业目标的多元化，那种与小生产方式相适应的，只凭借领导者个人的阅历、知识和智慧进行决策的方式已经过时。现代企业经营决策具有非常鲜明的时代特点：①决策的客体越来越复杂。企业规模和生产规模的不断扩大必然造成组织层次多、信息链长、惯性大以及难以控制等后果。系统的复杂化，必然导致决策的复杂化。②决策环境变化越来越快。③决策所包含的信息量越来越大。④决策时间要求越来越短。⑤决策的影响面越来越大。⑥决策主体已由个人转向群体。决策的技术化和知识化的不断加强，使不少专家、学者也加入到决策群中。

**决策分析** decision analysis 研究不确定性决策问题的一种系统分析方法。目的是改进决策过程，尽量做到科学地决策。有四个基本要素：方案、结局（又称后果）、效用和偏好。

决策分析一般分成四个步骤：①形成决策问题，包括提出方案和确定目标及其效果量度。②用概率来描述每个方案所产生的各种结局的可能性。③对各种结局的价值定量化。④综合分析和评价各方面信息，最后决定方案的取舍。

对于不同的情况要选取不同的决策方法。①确定性情况。每个方案只对应一个结局。方案较少时可采用穷举和直接比较的方法，方案非常多时要采用优化的方法。②随机性情况。一个方案会引发多个结局，可以采用随机性决策方法，例如决策树方法。③不确定性情况。类似第二种情况，只是出现的概率是未知的。可以采用不确定决策方法，例如拉普拉斯准则、乐观准则、悲观准则、遗憾准则等。④多目标情况。采用多目标决策方法。⑤多人决策情况。采用群决策和对策论等方法。此外，还有如信息模糊的情况，要采用模糊决策的方法。

**决策树** decision tree 利用一定的数学模型，通过定量分析进行决策的图表。它以计算损益值为依据，可以明确地比较各种可行方案的优劣，去掉决策损益较差的方案，选出一个损益值较好的方案。因为用这种方法画出的图形似树，故称决策树。用决策树进行多种方案的决策，思路清晰，明确易懂。

决策树由决策点、状态结点、方案枝、概率枝和损益值构成，如图所示：

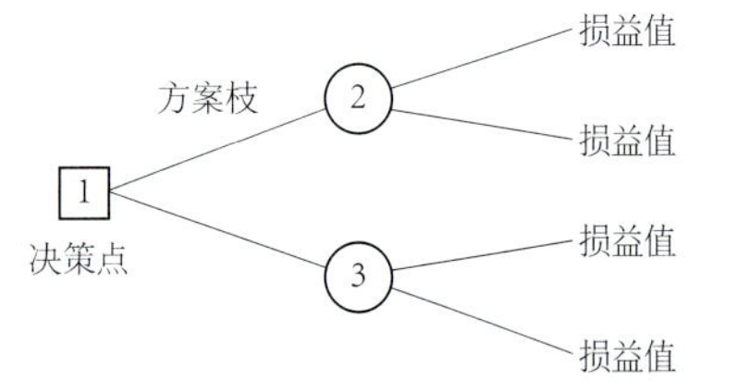


该图是两个方案的决策树。方块1为决策点，由它画出两条直线，每条线代表一个方案，称为方案枝。圆圈2、3为状态结点，又称

概率点。再由状态结点引出两条直线，每条直线代表每一个方案可能遇到的几种（此为两种）状态，称为概率枝。在每条概率枝的端头是不同状态下的损益值。每个枝端头的损益值乘以概率，就可以计算出期望值，得出每个方案的结果。然后把每个方案的损益值加以比较，选出损益值较好的方案。例如，有个企业为生产一种新产品有两个方案。一种方案是添新设备扩建，需投资400万元。投产后销路好，每年可赢利140万元；如果销路不好，每年赢利40万元。另一种方案是对原设备进行技术改造，改进工艺，需投资200万元。如果销路好，每年赢利100万元；如果销路不好，每年赢利30万元。假定销路好的概率为0.6；销路不好的概率为0.4。假定两个方案投产后的时间都是5年和只考虑赢利一个因素，来确定哪种方案最好。

两个方案的决策树如下：

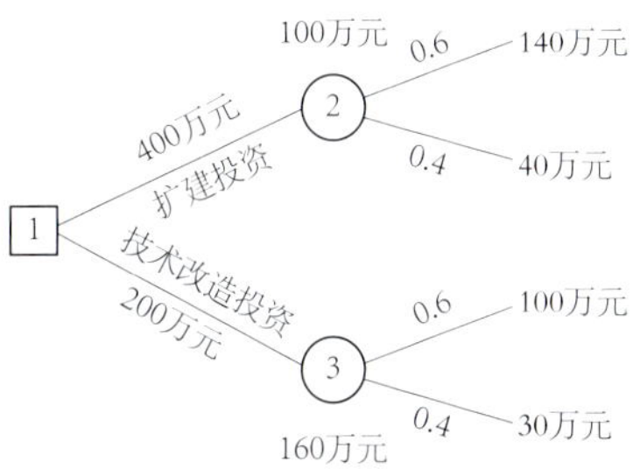


计算2和3圆圈结点的期望利润值：

结点2　添新设备扩建的期望利润值＝（0.6×140＋0.4×40）×5－400＝100（万元）

结点3　进行技术改造的期望利润值＝（0.6×100＋0.4×30）×5－200＝160（万元）

通过2、3圆圈结点期望利润值比较，进行技术改造获得的利润多60万元，故此方案可入选。

**决策支持系统**　decision support system　基于情报分析与知识管理的计算机智能化决策工具。简称DSS。美国哈佛大学S.莫顿于1971年首先提出。DSS是以管理科学、运筹学、控制论和行为科学为基础，以计算机技术、仿真技术和信息技术为手段，针对半结构化的决策问题，支持决策活动的具有智能作用的人机系统。一般决策活动包括信息收集处理、决策方案拟订、评价方案选择和决策方案执行等阶段。DSS具有交互式计算机系统的所有特征，帮助决策者利用数据和数学模型去解决半结构化问题。一个好的决策支持系统应该具备以下功能：①辅助决策者解决半结构化或非结构化的问题。②允许用户试探几种不同的决策方案。③必须具备决策支持模型的管理功能。④把数学模型或分析技术与数据存储和检索功能结合起来。⑤必须具备友好的人机交互界面。⑥必须具备良好的适应能力，可以满足不同环境和用户的需求。

**决定论**　determinism　关于事物具有因果联系性、规律性、必然性的学说。唯物主义的决定论，认为客观事物都普遍联系着，它们之间存在不以人的意志为转移的因果制约性，任何事物都有其产生的原因和结果。辩证的决定论认为，事物的因果联系是多种多样的，是必然性和偶然性、客观规律性和主观能动性的辩证统一；只有充分认识了事物的因果性、必然性、规律性，人们才能充分发挥主观能动性。机械的决定论往往用外力推动来说明事物的变化，看到了必然性却无视偶然性，强调联系的单一性而否认多样性，否认人的主观能动性，发展到极端就会走向宿命论。

**决算**　final accounts of budget　经法定程序批准的年度预算执行结果的会计报告。财政年度终了编制决算是为了总结一年中财政收支活动的效果和财政管理工作中的经验教训，以加强财政监督，严格财经纪律，提高财政工作的水平。

中国国家决算包括中央政府决算和地方政府决算，由同级主管部门汇总的行政事业单位决算、企业财务决算、基本建设财务决算和金库年报、税收年报组成。各级决算的内容包括年度财政收支情况报表及决算说明书两大部分。决算草案由各级政府、各部门、各单位在每一预算年度终了后按照国务院规定的时间编制。决算草案编成后，首先要由财政部门报呈同级政府审定，然后由同级政府提请本级人民代表大会常务委员会或人民代表大会审查批准。

**角色**　character　戏剧专用名词。又称“脚色”。兼指剧中人物及由演员扮演的舞台人物形象。最早的古希腊戏剧是从一个演员扮演一个角色与合唱队对答开始的。后逐渐增至三个演员扮演较多角色。随着演剧艺术的发展，剧作中的人物按剧作家的需要而随意安排，角色分主要角色、次要角色和群众角色。戏剧中的主要角色，在悲剧和正剧中大都是被歌颂的英雄角色或正面角色。在喜剧中，主角绝大部分是一些滑稽可笑的喜剧人物，有正面的，也有反面的，尤其在讽刺喜剧中多为嘲讽批判的对象。戏剧中的反面角色是指一些被剧作家、演出者否定、批判或嘲讽的角色。戏剧中的群众角色和各种正、反、中间性的配角，都是戏剧演出的重要组成部分，对揭示主题思想起重要作用。在意大利即兴喜剧等戏剧中，曾存在过一种定型角色。另有一种某一特征特别突出，或心理、行为有特殊表现的角色，称为性格化角色。

**绝对地租**　absolute rent　资本主义地租的一种。土地所有者凭借土地私有权的垄断所占取的地租，是租用任何一块土地（无论优劣）的资本家都必须向土地所有者缴纳的，是雇佣工人创造的剩余价值的一部分。与级差地租不同，绝对地租与土地好坏和劳动生产率高低无关。它的来源不是较好土地、较高劳动生产率所带来的超额利润，而是与工业相比农业资本有机构成较低，同量资本雇佣工人较多，因而带来的剩余价值较多。土地私有权的垄断阻碍资本自由使用土地，进入农业，因此这部分剩余价值不参加利润平均化的过程，得以留在农业资本家手中，转化为绝对地租，交给土地所有者。同样的原因，开矿、建筑等租用土地，所缴纳的租金中也包括绝对地租。

随着现代科学技术在农业中的应用和农业机械化的发展，发达资本主义国家农业资本有机构成不断提高，逐渐与工业拉平，上述绝对地租逐渐消失。但是由于土地私有权的垄断继续存在，租用每块土地仍然要缴纳租金。

在社会主义国家，由于消灭了土地私有制，不存在土地私有权的垄断和绝对地租。

**绝对精神**　absolute mind　作为宇宙万物共同本质和基础的精神实体。G.W.F.黑格尔精神哲学中的基本概念。经过纯粹逻辑概念的推演过程，外化为自然界，再经过自我否定，转化为精神并返回自身。广义与绝对理念同义，狭义是精神阶段上以人类意识形式出现的、通过艺术直观形式、宗教表象形式和哲学概念形式自己认识自己的精神，体现主观精神（个人意识）和客观精神（社会、国家、世界历史）的统一。

**绝对理念**　absolute idea　G.W.F.黑格尔哲学体系的基本概念。广义的绝对理念与绝对精神互用，是指作为一切存在的共同本质和根据的某种无限的、“客观的”、无人身的思想、理性或精神。自然、社会、人的思维是它的特殊存在的不同形态，是作为它的“异在”和从异在向自身回复的阶段，艺术、宗教、哲学是它认识自身的不同方式。狭义的绝对理念是指尚未表现为自然和人类精神的逻辑理念从抽象到具体的辩证发展的最高阶段和最后结果。它包括此前的全部逻辑过程，是最具体、最丰富的普遍，是逻辑理念的有机统一的全体和全部的真理。

**《绝对信号》**　*Absolute Signals*　中国话剧作品。编剧高行健、刘会远。北京人民艺术剧院于1982年11月以小剧场的形式首演于北京。无场次话剧。剧情围绕着主人公黑子被车匪胁迫登车作案，从而产生出一系列复杂的矛盾冲突而展开。侧重描写了人物的心理变化，刻画出生活的境遇给青年人造成的苦闷以及他们在爱情、友谊、权利、职责等观念面前的思索。为了深入揭示和外化人物的心理活动，作者运用回忆、想象等手法，让现实时空与心理时空相互交替、转换，并运用了“内心的话”的手法，在强调与运用戏剧艺术假定性上进行了有益的尝试。

**绝对真理和相对真理** absolute and relative truth 表征认识客观真理过程辩证性质的一对哲学范畴。辩证唯物主义的研究工作者对这对范畴有不同的理解，一种见解认为，绝对真理是人的认识对客观真理的无条件的、绝对的接近；相对真理则表示人们对客观真理的认识具有近似的、相对的、有条件的性质。另一种见解认为，绝对真理是指人的认识对客观世界及其无穷本质完全的、无条件的、绝对正确的反映；相对真理是人的认识对客观世界及其本质不完全的、近似的、有条件的、相对正确的反映。见真理。

**绝对主义** absolutism 割裂绝对与相对，夸大绝对，从而否定相对的观点。与相对主义相对应。一般说来，绝对主义有两种：知识绝对主义认为，知识的本质应是普遍必然性，这种普遍必然性只能存在于数学以及由此而展开的逻辑结构中。数理知识不是来自经验，而是一切经验所以可能的前提条件。所以，人赖以进行数学思考和逻辑演绎的理性就是先天的而不是后天的。道德绝对主义坚持，必须把道德看作是一种先天的、绝对的东西，即一种不受任何经验性结果影响的、与人的欲望或功利无关的、预先规定着人的行为的一般规则。从哲学上看，知识绝对主义在历史上的最典型的理论形式是近代法国理性主义哲学家R.笛卡尔的“天赋观念”论。而道德绝对主义的最典型的两种理论形式，则分别是宗教的“圣谕论”和德国古典哲学家I.康德的“绝对命令”论。

**绝句** quatrain 中国古代诗歌体裁。近体诗中体制最小的一种诗体。又称律绝，或小律诗。有五绝、七绝，皆每首4句。另外还有六言四句的，称“六绝”，但未通行。关于绝句的来源，一种意见认为是在八行体律诗中截取四句而成（见吴讷引《诗法源流》）；另一种意见认为是由五言、七言短篇古诗发展变化而来（见胡应麟《诗薮》）。绝句作为近体格律诗中的重要一体，其格律规则基本与律诗（八行体）同。如每联平仄相对，两联间平仄相黏，用平声韵等。但也有某些不同的特点：一是绝句并不一定要求使用对仗；二是绝句允许在一篇诗中出现重复的字，这在律诗中一般是不允许的。另外，律绝产生于唐代以后，后人为了与“律绝”相区别，称唐以前的韵律比较自由的绝句诗（包括后人的模拟之作）为“古绝句”。

绝句宜于表现瞬间感受，多为诗人采用，唐代李白、王昌龄、杜牧、李商隐都擅长绝句，一些不太有名的诗人也都有不少传世名篇。唐人还以绝句形式写作配乐的歌词，如王维的《渭城曲》，李白的《清平调》，刘禹锡和白居易的《杨柳枝》、《竹枝词》等。故绝句又被视为唐人乐府。

**绝灭** extinction 某一生物种或更高的生物分类单位的全部消亡。又称灭绝。

常规绝灭 以一定的规模经常地发生，表现为各分类群中部分物种的替代，即新生种取代老种。绝灭的原因有3个：生物本身、环境和随机因素。

物种内在因素 生物种的寿命既和该种的遗传组成有关，又和具体的生存环境相关。寿命是一种遗传性状，但寿命的具体实现却受环境影响和控制。

种间竞争或物种选择 生物种之间在食物（能源）与空间上的竞争关系，捕食与被捕食关系，共生、寄生等生态关系是一种动态的平衡。平衡的暂时的破坏常常伴随着绝灭。

环境因素 许多学者认为，非生物的环境因素是引起绝灭的主要原因，特别是较大幅度的环境因素的变化或灾害性环境改变。超出物种适应限度的环境改变会直接引起物种群体大大缩小，个体数目大减。而群体缩小，个体数目减少，分布范围局限乃是绝灭的前奏。

随机因素 生物群体的大小（组成群体的生物个体数量）随着环境变化而波动。当环境因素引起群体缩小，组成群体的个体数量下降到某一临界点时，偶然因素就会最终导致绝灭。世界上濒于绝灭的动植物，其群体的个体数量都处于临界点之下，分布范围窄。

集群绝灭 在地史上较短的时间内生物的高级分类单元（科、目、纲、门）中大部分或全体物种趋向绝灭的现象。根据化石记录的统计，自晚元古代以来的7亿年内，至少有9次集群绝灭：①6.5亿年前左右，许多疑源类和建造叠层石礁的蓝菌（即蓝-绿藻）绝灭。②大约5.3亿年前的早寒武世，大量的三叶虫绝灭。③大约4.4亿年前的奥陶纪末，海洋无脊椎动物（三叶虫、笔石、腕足动物、苔藓虫、某些珊瑚）的100多个科绝灭。④大约3.7亿年前的泥盆纪末，主要的造礁生物——四射珊瑚与海绵群落消失，腕足类、鱼类和浮游藻类中的许多物种绝灭，但硅质海绵例外，物种数目反而增长。⑤大约2.3亿年前二叠纪末，菊石的大部分、䗴科的全体、腕足类有铰纲的几乎全部、海百合纲的大部分、苔藓虫的大部分以及四射珊瑚绝灭。⑥大约1.9亿年前的三叠纪末，菊石的一部分、瓣鳃类与腹足类的许多物种以及牙形石动物绝灭。⑦大约1.3亿年前的侏罗纪末，瓣鳃类的许多种、菊石的一部分绝灭。⑧6 500万年前的白垩纪，爬行动物中的恐龙类、瓣鳃的厚壳蛤、残余菊石的全部、许多浮游生物绝灭。⑨2 500万年前古近纪末，这次绝灭主要涉及许多浮游生物、瓣鳃类、古鲸类等。

陆地植物的绝灭似乎与动物不完全一致，植物的较高级的分类单元的集群绝灭不像动物那样典型。

地史上若干大的集群绝灭，显示出某些共同特点：①集群绝灭期间物种绝灭速率显著增高。②绝灭的无区分性。常常是大的分类单元的大部分种或者甚至全部成员绝灭。③“周期性”地发生。④集群绝灭往往伴随着新门类的起源和适应辐射。

**集群绝灭的原因** 关于集群绝灭原因的解释或假说大体上可以归为三类：①竞争-替代说，强调生物学因素的高级分类单元。②灾变说（或“新灾变论”），强调物理环境因素。③随机说，强调随机因素。

高级分类单元间竞争-替代说 认为某些分类群的绝灭是由于“过时”了，而新的更有效地适应环境的类群产生并替代了它们。集群绝灭就是大规模的物种替代或高级分类单元的替代。如古生代甲壳类替代了三叶虫，瓣鳃类取代了腕足类；中生代末哺乳类替代爬行类，被子植物替代了裸子植物等。

灾变说（新灾变论） 美国物理学家L.W.阿尔瓦雷茨等人提出“小行星撞击”假说来解释6 500万年前的恐龙类和许多海洋生物的集群绝灭事件（1980）。他认为，地球在6 500万年前受到脱离轨道的直径约10千米的小行星的撞击，造成大面积的尘埃云，遮蔽了阳光，引起长达3～6个月的黑暗，生物光合作用停止，食物网破坏，恐龙及其他的食物网上层的生物绝灭。其他各种灾变解释还包括“彗星的轰击”、“太阳辐射强度的变化”、“板块愈合”、“海平面升降”、“地磁逆转”、“气候变迁”等。

随机论 有一些学者认为，虽然个别物种的绝灭有具体的原因，但大的分类单元的绝灭或替代就整体而言是偶然的、随机的。在这种情况下不是某一个原因，而是整体因素（包括生物本身的和环境的因素）以及其错综复杂的方式起作用。

**绝热过程** adiabatic process 系统始终不与外界交换热量的热力学过程。理想气体准静态绝热过程的方程为$pV^{\gamma}$=常量，其中$p$、$V$是理想气体的压强、体积，$\gamma=c_p/c_V$是定压热容与定体热容之比，称为绝热指数。根据热力学第一定律，在绝热过程中，系统对外所做的功等于内能的减少量。根据**热力学第二定律**，在可逆的绝热过程中，系统的熵不变。在实践中，用良好绝热材料隔绝的系统中进行的过程，或由于过程进行得太快，来不及与外界有显著热量交换的过程，都可近似地看作绝热过程。例如内燃机、蒸汽机汽缸中工作物质的膨胀过程，压汽机汽缸中的压缩过程，汽轮机喷管中的膨胀过程，以及气象学中空气团的升降过程，还有声波在空气中的传播过程等。

**绝热去磁** adiabatic demagnetization 使顺磁性物质降温到接近绝对零度的一种技术。又称绝热退磁。极低温度和很强磁场的作用下，顺磁物质**原子**或**原子核**的磁矩将沿磁场的方向整齐地排列起来；若再对处于这种状态的顺磁物质使用绝热去磁技术，就可使它们降到接近绝对零度的极低温度。

通常是先用液态氦将一些具有顺磁性的盐类物质（如硝酸铵镨）在强磁场下使其温度降到1K或2K。此时原子磁矩将大部分沿磁场方向整齐排列，物质的磁化接近饱和。随后再使这些物质与外界绝热（如撤除液氦低温源，抽掉物质周围的气体等），并除去外加磁场。由于绝热情况下原子磁矩与外界磁场之间的相互作用势能的增加，只能通过原子系统振动动能的减少加以实现，故顺磁物质盐类的温度会降低。应用这种原子磁矩的绝热去磁法，实验室里能从1K的样品产生$10^{-3}$K数量级的极低温；应用原子核磁矩的绝热去磁降温，能从$10^{-3}$K温度的样品产生$10^{-6}$K数量级的超低温。

**绝育术** sterilization 把男子的输精管或女子的输卵管切断并结扎或堵塞住，使精子或卵子不能通过，从而达到不孕目的的手术。术后男女能进行正常的性交，但精子和卵子不能结合。绝育术是简便、安全、长期有效的节育方法。凡因有病不宜生育、生育过多或不愿再生育的夫妇均宜采用。但独生子女的父母不宜采用。

女性绝育术 也称输卵管绝育术。主要有输卵管手术结扎和输卵管堵塞两大类。术后不影响月经及性生活与第二性征。目前女性绝育最多采用的是行输卵管结扎术。

男性绝育术 切断、结扎输精管或采用药物、异物、电凝堵塞输精管而达到永久性不孕的手术。主要有输精管结扎和输精管堵塞两种方法。输精管结扎术应用最广泛。其效果可靠，组织损伤少，不影响睾丸分泌雄激素、性功能与第二性征，方法简便易掌握，而且在需要时尚可再吻合输精管以恢复生育功能。

**绝缘材料** electrical insulating material 具有良好的电绝缘或热绝缘的材料。绝缘材料电导率约在$10^{-10}$西／米以下。根据需要，还起储能、散热、冷却、灭弧、防潮、防霉、防腐蚀、防辐照、机械支承和固定、保护导体等作用。

绝缘材料分气体、液体和固体3类。气体绝缘材料具有高的电离场强和击穿场强，击穿后能迅速恢复绝缘性能，化学稳定性好，不燃、不爆、不老化，无腐蚀性，不易为放电所分解，而且比热容大，导热性、流动性均好。常用的有空气、氮气、六氟化硫。液体绝缘材料又称绝缘油。填充固体材料内部或极间空隙，以提高其介电性能，并改进设备的散热能力。液体绝缘材料击穿强度高，介质损耗角正切（$\tan\sigma$）小，绝缘电阻率高，相对介电常数小。分为矿物绝缘油、合成绝缘油和植物油3类。矿物绝缘油简称矿物油，用于制造变压器、电缆、电容器等。合成绝缘油是人工合成的液体绝缘材料，有芳烃合成油、硅油、酯类油、醚类和砜类合成油、聚丁烯等。植物油使用的有蓖麻油、大豆油、菜子油等。固体绝缘材料分无机和有机两类。无机绝缘材料主要有云母、粉云母及云母制品，玻璃、玻璃纤维及其制品，电瓷、氧化铝膜等。耐高温、不易老化，具有较好的机械强度，多用于输配电场合。有机固体绝缘材料包括绝缘漆、绝缘胶、绝缘纸、绝缘纤维制品、塑料、橡胶、漆布以及浸渍纤维制品、电工用薄膜、复合制品、层压制品等，介电常数和介质损耗小，可满足高频要求，从而适应电工、电子新技术的发展。

**掘土派** Diggers 17世纪**英国资产阶级革命**时期的**空想社会主义**派别。又称真正平等派。代表贫雇农和一部分城市贫民的利益。领袖为G.温斯坦利。该派主张把土地交还给人民，人民共同耕种、共同生活；要求社会政治平等、财产平均，消灭土地私有制；反对使用暴力。1649年共和国建立后，国内经济凋敝，粮价高涨，人民群众普遍不满，很多地方发生了下层群众运动。1649年4月，有二三十人在温斯坦利和W.埃弗拉德领导下，集合于伦敦附近萨里郡的圣乔治山，共同占有并开垦那里的荒地。几个月后，人数迅速增加，并在肯特郡、白金汉郡、北安普敦郡、贝德福德郡等许多地方得到响应。政府派军队驱散他们。1650年春掘土派运动遂告结束。

**脚色行当** Chinese opera, type of roles in 中国戏曲特有的表演体制。或作戏曲脚色行当。这种表演体制是戏曲的程式性在人物形象创造上的集中反映。

行当的基本类型 戏曲的行当体制，以宋元南戏和北杂剧的形成为其起点，从宋杂剧和金院本以末泥、引戏、副净、副末和装孤五个脚色组成的“五花爨弄”，演变为南戏的生、外、旦、贴、净、丑、末七色和杂剧的末、旦、净三大类；从五花爨弄中以滑稽调笑的喜剧脚色副净、副末为主，演变为以正剧脚色生、旦（南戏）或正末、正旦（杂剧）为主。南戏和北杂剧创立的行当体制，成为后世戏曲行当体制的滥觞。近代戏曲中素有**生、旦、净、末、丑**分行方法。后因不少剧种的末已归入生行，因此习惯上已把生、旦、净、丑作为行当的基本类型。每个行当各有若干分支。由于各个剧种的发展历史不同，反映生活领域的广狭和角度不同以及演员的不同创造等种种原因，在分支的层次和名目上又有繁简、粗细之别。

行当的内容和作用 行当包含的内容，就其主要方面说，大致有如下四个方面：①人物的自然属性，包括性别、年龄等诸因素。②人物的社会属性，包括身份、地位、性格、气质等诸因素。③创作者的美学判断。④表演技术专长。行当的作用如下：①分行的方法有助于开门见山、单刀直入地表现特定人物的性格特征，是帮助观众认识人物性格本质的一种比较直观的形式。②在戏曲表演中，没有抽象的程式，只有带一定行当特色的程式。因此，行当可以作为戏曲演员进行形象创造的造型基础。

行当的划分与演员的分工 行当的划分是严格的，生、旦、净、丑，一行有一行的程式规范。但从演员掌握和运用行当的角度说，又是灵活的，可以专工一行，也可以兼及其他。行当划分的严格性有利于准确刻画人物和发挥演员的创造才能，而融合不同行当的表演程式来刻画某一特定人物的形象，已成为戏曲演员的常用手法。

**厥阴病** jueyin syndrome 中医学伤寒六经病之一。为伤寒病变的较后阶段。由于阴尽阳生及正邪胜复，病变多表现为阴阳对峙、寒热错杂。蛔厥、寒厥、热厥是厥阴病较常见的证候类型。①蛔厥为寒热错杂，兼有蛔虫病所表现的证候。证见手足逆冷，饥而不欲食，食则吐蛔，下之利不止。治宜散寒、清热，驱蛔，方用乌梅丸。②寒厥为厥阴阳虚寒盛所表现的证候。证见手足厥冷，无热恶寒，舌淡，脉微细欲绝。治宜回阳救逆，温通血脉，方用当归四逆汤。③热厥为热蕴于内，阴阻于外所表现的证候。证见手足厥冷，烦热，口渴，小便黄赤，舌苔黄，脉滑。治宜清热和阴，方用白虎汤。若肢厥兼阵阵烦热的，为阳郁于内，阴阻于外的阳厥证。治宜敛阴泄热，方用四逆散。

**蕨菜** *Pteridium aquilinum*; wild brake 凤尾蕨科蕨属的一种。多年生宿根性草本植物。又称蕨苔、龙头菜。以幼嫩叶芽供食。原产中国和日本。广泛分布于热带、亚热带与温带。生长于山下阳坡或疏林下。根状茎粗壮，长而横走，密被褐棕色茸毛。叶片阔三角形，三回羽状或四回羽裂。孢子囊群生小脉顶端的联结脉上，沿叶缘分布成线形，由变质的叶边反卷覆盖。其根状茎富含淀粉，称“蕨粉”或“山粉”，可供食用或酿酒，纤维可制绳索，拳卷的幼叶可加工食用。

**蕨类植物门** Pteridophyta 植物界一门。最原始的维管植物。曾称羊齿植物门。现通常分为松叶蕨亚门、石松亚门、水韭亚门、楔叶亚门和真蕨亚门共5个亚门。约有71科381属12 000种。蕨类植物广布世界各地，尤以热带、亚热带最为丰富。中国有63科224属约2 400种。蕨类植物不开花结果，一般从外形上难以和种子植物相区别。它形体多样，从高不到5毫米的微小草本到高可达20米的乔木状植物。在生态习性上，有水生、土生、石生、附生或缠绕树干。叶片从单一到各式各样的复杂分裂。

配子体 有性世代的简单植物体，由孢子萌发而来。蕨类植物的配子体均很微小，几毫米至一厘米左右。低等类型的配子体为块状或柱状；高等类型的配子体大多为心形，有背腹之分。配子体通常寿命很短，在孢子长出后不久即死去，有些种的配子体可生活4～5年。

孢子体 无性世代植物体，由胚发育而来。形体较大，具根、茎、叶和输导系统的分化。①根。只有不定根而无主根，通常从生于直立的根状茎末端，或散生在横走根状茎腹面。无次生生长，不能加粗。②茎。除部分种类具高大乔木状直立茎外，绝大多数的茎都贴近地面称为根状茎，或短而直立，斜升，或细长横走，少数为缠绕藤本，极少数呈灌木状。无次生生长。③叶。传统上根据叶片不同把蕨类植物分为两大类：小叶型蕨类（又称拟蕨类），叶小，无柄，都只有一条中肋而无完善的叶脉系统无叶隙；大叶型蕨类（又称真蕨类），幼时通常拳卷，长大后分叶柄和叶片两部分，具叶隙和各种脉序。④孢子囊。无性繁殖器官。不同的蕨类其孢子囊产生的部位和其结构也有所不同。

蕨类植物的生活史类型为孢子体发达，配子体弱小，但可以独立生活的异形世代交替。通常肉眼所见到的绿色蕨类植物即是它的孢子体。

**爵** jue 中国古代酒器。质地分陶、铜。较成熟形态的陶爵始于二里头文化早期，或认为已是礼器。到商代晚期偏晚，普通陶爵开始衰落，同时出现完全仿铜爵作随葬明器用的陶爵，并延续到西周前期。青铜爵由陶爵演变而来，始见于二里头文化中晚期，是已知出现最早的青铜礼器。青铜爵的基本形制为：

铜爵（河南偃师二里头遗址出土）

较深的筒状腹，口缘前有槽形流，后有尖叶形尾，器腹一侧有鋬（把手），口上立双柱，腹下有三足；亦有作单柱者，个别有盖。爵盛行于商代，流行至西周早中期，以后基本不见。在商代贵族墓中爵常与觚同出，特别是商代晚期，爵觚等量相配，成为当时礼器组合的核心部分。爵的用途，自宋人定名以后，被认为是饮酒器，今多认为是温酒器。

**爵床科** Acanthaceae; acanthus family 双子叶植物纲一科。共250属3 450种，主要分布在热带地区。中国约有68属311种，以云南省最多，四川、贵州、广西、广东和台湾等省区也很丰富，只有少数种类分布至长江流域。通常为草本、灌木或藤本。叶大多对生，全缘，无托叶。花两性，两侧对称，通常组成总状花序、穗状花序、聚伞花序或头状花序，有时单生或簇生而不组成花序；花萼5或4裂；花冠合瓣，具长或短的冠筒，喉部多少扩大，冠檐通常5裂，整齐或二唇形，上唇2裂，有时全缘，稀退化，下唇3裂，稀全缘，或由于上唇退化而为单唇（如老鼠簕属）；发育雄蕊4或2，稀5，通常后雄蕊较短或消失，着生在冠筒壁上，不育雄蕊1～3或缺；子房上位，2室。蒴果室背开裂为2果瓣；种子每室1至多颗，通常借助由株柄生出的种钩所弹出，仅少数属不具种钩（如叉柱花属、山牵牛属）。

爵床科有不少经济植物：如马蓝叶含蓝色染料，根、叶药用，治腮腺炎；穿心莲茎叶极苦，功能清热解毒；爵床全草入药，治腰背痛、创伤等；孩儿草全草药用，有去积、清肝火之效；狗肝草全草药用，清热凉血、生津利尿；虾衣草又称麒麟吐珠，花序具鲜艳的棕红色宿存大苞片，供观赏。珊瑚花花大、粉红紫色，为温室栽培花卉。

**爵士乐** jazz 通俗音乐的一种。通俗音乐发展过程中最先成熟的具有独立意义的体裁形式。

爵士乐的来源是多元的：欧洲古典音乐的结构与和声、非洲民间音乐的节奏和音调、美洲黑人宗教音乐和劳动歌曲都对爵士乐的音乐语言产生重要影响。从音乐材料上看，爵士乐所使用的音阶音高常常是变化的。

爵士乐是一种既有一定的框架和规范又相对较为灵活和自由的即兴表演方式。其演奏者们往往同时也是作曲家——并且是一边演奏一边进行的集体“创作”。爵士乐的节奏充满活力，多用切分节奏，其基本节奏律动常带有一种富有伸缩性的“摇摆感”。爵士乐的和声脱胎于古典功能和声，尽管爵士的和声关系并不复杂，但在和弦的结构和各种调式的运用上则更为复杂多变。

爵士乐中常会用到一些自制土造乐器（如带着金属戒指刮洗衣板）和一些特殊的专用乐器（如爵士鼓和能演奏抖动很大的颤音的电风琴等），也使用传统乐器，如钢琴、吉他、低音提琴（多用拨奏）以及各种传统的木管乐器（尤其是萨克斯管）和铜管乐器。在音色的运用上，爵士乐更追求变化和质感，演奏中常追求人声般的细腻表情，如各种滑音和颤音，或者与人声相互模仿。爵士乐的声乐演唱风格也是如此，常采用各种非常规的发声方式，如叫喊、喘息和抽泣声等。

在音乐风格上，有以新奥尔良爵士为代表的早期传统爵士，以芝加哥、纽约和坎萨斯城爵士为代表的城市爵士，以摇摆乐和大乐队风格为代表的都市舞厅爵士，以比波普为代表的新炫技爵士，以冷爵士为代表的新古典爵士，受到流行曲和摇滚乐影响的融合爵士，还有吸收了古典音乐先锋试验音乐和各地的民间音乐元素的爵士乐类型等。

**军备竞赛** arms race 国家或国家集团为获得军事优势，争夺地区乃至世界主导权，相互间在军备的数量和质量上展开的竞争。军备竞赛不仅消耗巨大的人力、物力和财力资源，破坏经济的正常发展，而且加剧国家或国家集团之间的对立和对抗，造成国际紧张局势，严重威胁世界和地区的和平稳定。现代意义上的军备竞赛始于19世纪末20世纪初。第一次世界大战前，帝国主义国家为重新瓜分世界，在陆军规模、兵员招募、火炮、军舰乃至战争动员速度等方面展开全面竞赛，其中以英德之间在海军军备方面展开的竞赛尤为突出。一战后，列强重点围绕海军装备展开新一轮军备竞赛，加速推动第二次世界大战的爆发。二战后，特别是冷战时期，以美国为首的北大西洋公约组织和以苏联为首的华沙条约组织形成对峙，双方在核武器及其运载工具、反导武器、太空武器、生化武器及常规武器等诸多领域展开军备竞赛，并不断升级。冷战结束后，国际格局出现巨大变动，军备形势也随之发生变化，各主要国家在陆地、海洋、大气层、外层空间和电磁等领域展开军事竞争，一旦国际安全环境和大国关系出现恶化，就可能触发新的、更高层次的全面军备竞赛。反对和制止军备竞赛，将是国际社会面临的一项长期而艰巨的任务。

**军曹鱼** *Rachycentron canadum*; sergeant fish 鲈形目军曹鱼科军曹鱼属的一种。又称锡蜡白、海竺鱼。广布于印度洋、太平洋和大西洋。中国主要产于南海、东海。暖水性底层鱼类。体长一般250～600毫米，大者可达1 500毫米；体延长，近圆筒形，微侧扁，躯干部较粗。尾部逐渐变细；尾柄侧扁。头平扁，顶部宽。吻大。眼小，侧上位。下颌稍长于上颌。上下颌、犁骨、腭骨及舌面有绒毛状齿带。鳃孔大，鳃盖膜不与鳃峡相连。圆鳞小。侧线在胸鳍上方呈弧状弯曲，其余稍呈波状。尾鳍在幼时呈新月形，成鱼呈浅叉形。背部和鳍黑褐色。腹面灰白色。体侧从吻至尾鳍基有一条深褐色带，有些自胸鳍基至尾鳍基亦有一条较窄的褐色带与上条平行。

**军队** army 国家或政治集团为准备和实施战争而建立的正规武装组织。又称常备军、正规军。国家建立的军队，为国家政权的主要组成部分，国家武装力量的主体。

抗日战争胜利时中国共产党领导的人民军队之一部

由军官、士兵、文职人员组成。

历史沿革 伴随阶级和国家的出现与发展而出现和发展起来。公元前第4千纪中后期起，在尼罗河、底格里斯河与幼发拉底河、印度河、黄河与长江流域以及爱琴海沿岸地区先后出现了奴隶制国家及其军队。初期使用木、石、铜制兵器，后为铁制兵器；最初为民军，后来出现常备军。公元前5世纪～5世纪，世界上许多国家先后进入封建社会，军队装备主要仍是冷兵器。10世纪至14世纪，逐渐进入火器时代。17世纪至19世纪中叶，产业革命使军队进入机械化时代，陆军、海军正式成为两个独立的军种，陆军的炮兵、工兵成为独立兵种，出现步兵、骑兵和炮兵合编的师、军以及参谋系统和军事学校；海军由舰队、基地、陆战队组成独立的海上作战体系。第一次世界大战前后，陆军出现装甲兵（坦克兵）、航空兵、高射炮兵、通信兵和化学兵等，组建了诸兵种合成的师、军及集团军等；海军水面舰艇部队装备了航空母舰，出现潜艇部队和海军航空兵等兵种；空军发展为独立军种；出现了联盟军队。第二次世界大战期间及战后，陆军出现战役战术导弹部队、电子对抗部队；海军迅速发展潜艇部队、航空兵部队和航空母舰部队；空军发展装备超声速喷气机和导弹、核武器及新型电子设备的部队，成为由轰炸航空兵、歼击航空兵、强击航空兵、侦察航空兵及地面作战保障部队等构成的合成军种；一些国家军队中出现了防空军、战略火箭军等。

20世纪90年代以后，以信息技术为核心的高新技术大量应用于军事领域，军队规模压缩，职业化程度有很大提高，技术和后勤人员比例增加；高技术军种、兵种得到较大加强，战斗力空前提高；太空力量发展壮大，信息作战部队、数字化部队出现，特种作战部队、快速反应部队的地位提高；领导指挥系统层次减少，联合指挥机构进一步发展并在战争中发挥重要作用；一些国家军队实行"积木式"编组方式，战时根据需要灵活编组；后勤由各军种自成体系转变为联勤体制，有些国家的军队已实现一体化、社会化后勤保障。

基本职能 争取独立解放，夺取政权，维护国家安全，抵抗外敌入侵，对内镇压反抗，维护和巩固政权，准备与实施战争。还可作为遏制战争的威慑力量。

发展趋势 随着新军事变革和战争形态的发展，各国将进一步减少军队数量，提高质量，加强预备役部队建设；以高新技术改造常规武器；将先进科技成果大量用于军事领域，进一步提高军队的知识密集、技术密集程度；$C^4ISR$系统（$C^4ISR$是指挥Command、控制Control、通信Communication、计算机Computer、情报Intelligence及监视Surveillance与侦察Reconnaissance的英文缩写）进一步发展和完善，指挥手段全面自动化，指挥效能进一步提高；编组方式更加灵活多样，出现新的军种、兵种或重组原有军种、兵种，军队不仅能在陆地、水面、水下、空中而且能在外层空间遂行作战任务。

**军队指挥信息系统** military automated command system 军队指挥体系中，综合运用以电子计算机为核心的技术设备，并与指挥人员相结合，实现对部队和武器系统实施指挥与控制的信息系统。又称军队指挥自动化系统。美军称指挥、控制、通信、计算机、情报、监视与侦察系统（$C^4ISR$）。

军队指挥信息系统通常根据军队体制、作战编成和指挥体系的构成，自上而下逐级展开，横向相互贯通，构成一个有机整体。按军种分为陆军指挥信息系统、海军指挥信息系统、空军指挥信息系统等；按指挥级别分为战略级指挥信息系统、战役级指挥信息系统、战术级指挥信息系统。一般由信息获取、信息传输、信息处理、信息显示、决策支持、指挥控制等分系统组成。建立指挥信息系统的目的是提高军队指挥和管理效能，从整体上增强军队战斗力。

**军费** military expenses; military expenditures 用于军事目的的费用。社会产品分配的特定部分，是国家财政预算支出的重点项目之一。它综合表现国家的经济实力和军事战略的性质。

核心内容 主要包括武装力量经费、战争准备费和战费。

武装力量经费分两大部分：一部分是军队经费，用作军队的维持和发展，又称直接军费，一般由国防部或军事统帅机关掌握使用；另一部分是除军队外的其他正规的、非正规的武装组织经费，如现代的宪兵经费、警察经费、国民警卫队经费、后备役部队经费、民防部队经费、民兵经费等。

战争准备费主要包括人防经费、战争经济准备费、战备物资储备费、战争人力资源动员准备费、军事工业战争准备费等。战费，即战争时期的军费，它主要用于武装力量作战支出。

发展历程 军费是国家安全职能的货币表现。它随着军队的产生而产生，并随着社会经济和军队的发展，经历了3个历史阶段。①古代：货币尚未成为交换的主要手段，军费主要以实物形式存在。中国周代以前，军队所需的戎马、兵车、器械等，国家以"军赋"方式向各地诸侯和臣民征收。随着商品经济的发展，军费表现为实物和货币两种形式。军费开支范围，春秋战国以前基本上用于作战，秦代以后不仅有战费，而且有养兵费。至汉代，军费支出中就有人员费、武器装备费、防御工事费和战后赏赐费、善后费等。中世纪欧洲凡实行雇佣兵制的国家，军费开支主要用于薪饷，武器、装具、服装和粮食均由雇佣兵自行购置。②近代：商品经济有较大发展，军费则表现为货币形式，主要由国家财政供给，军费开支主要有人事费、装备购置费、科研费、活动与维修费等。③现代：军费支出仍主要由国家财政供给。有的资本主义国家还有对外军事掠夺和被占领国提供的驻军费用。军费开支由以人事生活费为主，逐步转向以装备购置费和科研费为主；军费的军种构成，由以陆军为主转向以技术复杂的军种为主。

中华人民共和国建立后，军费由国家财政统一拨款，实行自上而下的统一供应。军费主要用于部队现代化建设。

**军服** military uniform 军人穿着的制式服装。又称军装。有统一规定的式样、颜色、

①　②　③　④　⑤　⑥　⑦　⑧　⑨

①07式陆军男将官礼服
②07式陆军女校官礼服
③07式海军男将官礼服
④07式海军女校官礼服
⑤07式空军男将官礼服
⑥07式空军女校官礼服
⑦07式陆军仪仗队春秋礼宾服
⑧07式海军仪仗队春秋礼宾服
⑨07式空军仪仗队春秋礼宾服

中国人民解放军军服

用料、号型和穿着方式。主要包括军上衣、军裤、衬衣、军帽、大衣、军鞋、标志符号等。按着装场合的不同，分为军常服、军礼服、作训服和工作服4类。按军种，分为陆军服装、海军服装、空军服装等。按穿着季节，分为夏服和冬服。军服有识别、象征和防护三大功能，主要通过被装品的制式、色彩、图案、材质及标志符号的变化来实现。军服的式样通常由国家最高权力机关制定。中国人民解放军的军服式样，由中央军事委员会制定。

简史　欧美一些国家的军服发展经历了从华丽到着重防护、实用的过程。1670～1672年，法军推行制式服装。18～19世纪，军服比较突出象征功能，许多国家的军服式样、颜色、装饰不断变化，色彩鲜艳，装饰华丽。随着热兵器的发展，穿着华丽的军服已不能适应作战要求。19世纪末20世纪初开始发展防护、象征、识别三者兼顾的现代军服。第一次世界大战后，一些经济和科学技术发达的国家对军服进行了改革，减少华丽装饰和改鲜艳颜色为便于隐蔽的保护色，如绿色或黄色等。1895年，英军首次着用草绿色军服。第二次世界大战期间，德国首先使用迷彩服。随后世界上许多国家纷纷仿效，迷彩服则由二色发展为三色、四色、五色和六色。20世纪70年代以后，军服的综合防护性能已成为军服发展的首要问题，要求作战服装必须具有多种防护功能，如防火功能、防弹功能、防水功能、隐身功能、三防功能、良好的气候调节功能等。

中国在土地革命战争时期，南昌起义部队穿的是国民革命军的服装，系红领巾以示区别。典型红军服装是灰色粗布中山装（部分部队是青色或蓝色），打绑腿，穿布鞋或草鞋，戴八角帽，缀布质红五星帽徽和红领章。抗日战争时期，八路军为土黄色中山装，新四军为灰色中山装，军帽为直筒加帽围的圆顶帽，左臂佩戴“八路”或“N4A”字样的臂章。解放战争后期军服颜色有土黄色和灰色两种，胸前佩戴有“中国人民解放军”字样的白底红边胸章，帽子改为解放帽，佩戴“八一”铜质红五角星帽徽。中华人民共和国建立后，中国人民解放军先后装备了50式、55式、62式及65式军服。此后又装备了71式、74式、78式、85式、87式、97式、99式、04式及07式军服。85式军服，军官、士兵恢复为大檐帽和以“八一”军徽为主体的圆形帽徽，佩戴有军种符号的肩章和领章。87式军服，是中国人民解放军历史上规模最大、最完整的一次军服改革。建立了礼服、常服、作训服和工作服系列，设置了军服、军鞋号型系列，改善了军服样式和常服用料，建立了冬服保暖量标准和冬服配套层次。特种服装的研制有了一定进步，如防弹衣、海军救生衣、防蚊服、防刺鞋等。97式军服，1997年5月1日由中国人民解放军驻香港部队试穿，1999年配发驻澳门部队。99式军服，增加了男女长、短袖制式衬衣和贝雷帽。07式军服在颜色、样式、材料、服饰上有了更大改进。

中国人民解放军军服系列　包括军礼服、军常服、作训服和工作服四类。

军礼服　军人在重大节日、典礼、检阅和重要外事活动时穿的制式服装。多用纯毛或毛涤混纺织物，军阶标志鲜明，色彩鲜艳，装饰注重民族风格。礼服一般只配发军官。

军常服　军人在平时和一般礼仪场合穿着的制式服装。军常服系列除冬常服和夏常服外，还包括制式衬衣、大衣等品种。

作训服　又称野战服。军人作战、训练、劳动和执行军事勤务时穿着的制式服装。作训服轻便耐用，防护性好，适应战术技术活动。作训服系列包括普通作训服和迷彩作训服，官兵通用。

工作服　为工作方便和防护需要而配发给军队专业人员的制式服装。工作服包括普通工作服和特种工作服，并区分军种工作服和冬夏工作服。

**军港**　naval port　专供海军舰艇使用的港口。供舰艇停泊、避风和获得战斗、技术、后勤等保障的军事基地。又称海军基地。为一国海军和海防的重要组成部分，是一国海军赖以生存、发展和作战、训练的重要依托。设在具有重要军事地位和自然条件良好的海湾、岛屿和江、河、湖泊沿岸。有供各种舰艇驻泊的综合港和供一种舰艇驻泊的专用港；还有军商合一、军民合用港等。

军港由水域和陆域两部分组成。水域包括港池、锚地和进出港航道；陆域毗连水域并具有适当的岸线和纵深的陆地。大型军港同机场和对空、对海火力配系构成完整的防御体系。

**军歌**　military song　以战争和军事生活为主要内容的歌曲。一般指在军队中广为传唱的进行曲、队列歌曲、战斗歌曲、颂歌和部队抒情歌曲等，也专指军队法定或约定俗成的代表歌曲。军歌的基本特点是：以战争和军事生活为基本题材，具有爱国主义、乐观主义和英雄主义气魄；节奏鲜明，旋律明快，结构严整，用词简练；多为2/4或4/4节拍，以利于行进中歌唱。以铿锵有力、鲜明生动的音乐形象表达军人气魄，鼓舞士气，陶冶官兵情操，培养健康的审美情趣，是活跃部队生活、振奋精神的一种手段。如《八路军军歌》、《新四军军歌》、《抗日军政大学校歌》、《中国人民志愿军战歌》、《我是一个兵》等。中央军事委员会于1988年7月25日决定将《中国人民解放军进行曲》定为中国人民解放军军歌。

**军国主义**　militarism　一种政治意识形态，核心主张是将国家军事化，以军事化的方式组织国家生活。军国主义既是一种思想观念，又是一种政治制度。现代军国主义与帝国主义相伴随。在帝国主义国家，国家本身的军事化成为国家的一个显著特点，国家在处理对外关系时主要诉诸军事手段。军国主义对内实行高压统治，对外实行侵略扩张。在思想谱系上，军国主义与霸权主义、殖民主义具有亲缘关系。军国主义的发展历史不长。18世纪的普鲁士在腓特烈·威廉一世统治时期（1713～1740）推行军国主义，普鲁士200万人口就有8.5万常备军，军人的服役时间达到25年。国库收入的700万塔苇尔中有600万用于军队开支。第二次世界大战期间的德国、意大利和日本是现代最典型的军国主义国家。第二次世界大战结束，军国主义才崩溃。但军国主义思潮在极右势力中仍然具有相当的市场。

**军徽** military emblem 象征军队的徽章。各国军队一般都有统一的军徽，有的还有军种军徽。把具有一定含义的图案制作成徽章作为某一军事集团的象征和军事首领

中国人民解放军军徽（1949年6月公布）

的标志古已有之。公元前5世纪，以装饰有神和动物小雕像或刻绘特殊象征性图案（公牛、猫头鹰和互握的手等）的圆盘，作为军队或军队高级官员的标志。10～13世纪，西欧骑士的盔甲和旗帜上出现了骑士贵族家族的纹章，作为纹章主人的力量、勇敢、敏捷和机智的象征。

中国人民解放军军徽样式为镶有金黄色边之五角红星，中嵌金黄色“八一”两字，又称“八一”军徽。红星象征中国人民获得解放，“八一”表示1927年8月1日中国人民解放军的诞生。中国陆军军徽即中国人民解放军军徽。海军军徽、空军军徽均以“八一”军徽为主体，表示海军、空军是中国人民解放军的一部分，是在陆军的基础上发展壮大起来的。海军军徽为藏蓝色底，象征广阔的海洋，衬以银灰色铁锚，代表舰艇，象征人民海军乘风破浪，勇往直前。空军军徽为天蓝色底，象征辽阔的蓝天，衬以金黄色飞鹰两翼，代表飞机，象征人民空军英勇果敢，飞行无阻。1949年6月至1955年10月，中国人民解放军军徽曾用作帽徽。

**军火贸易** arms trade 通过特殊渠道进行的军用商品贸易。又称军火转让。各国政府是军火最大的买主。20世纪60年代中期以前，军火转让主要通过美国、苏联以提供军事援助的方式进行。60年代中期以后，除了军事政治考虑以外，经济因素也在增加，军火转让逐步改在贸易基础上进行，大量军火开始进入国际商品流通领域。一些主要军火供应国还以技术转让和合作生产等形式，扩展军火市场。军火的内容按照美国政府的解释，包括新的、旧的或整修过的杀伤性常规武器；也包括能同时装载常规和化学/原子弹药的武器，以及非杀伤性的军事支持设备；还包括军事训练、军火生产和装配设施，军事基地或防御建筑。21世纪初，世界主要的军火出口国有美国、俄罗斯、法国、英国、意大利和德国等，发展中国家则是主要的军火销售市场。

**军机处** Council of State 中国清代始为秉承皇帝意旨办理军机事务，后扩及所有机要政事的中枢机构。雍正七年（1729），因西北两路用兵初设军机房。十年改为军机处。职掌主要是：掌书谕旨，参赞军国机务，参议重要政务及刑狱；用兵时则考其山川道里、兵马钱粮之数，以备顾问；文武官员的简放、换防、引见、记名、赐与，以及拟定对外藩朝觐者的颁赐等。办公处所设于内廷隆宗门内，称为值房，全部工作由军机大臣主持，设军机章京办理一切事务。军机大臣，正式称谓是军机处大臣上行走，俗称大军机。分设满、汉员，均为兼差。其数无定额，任期无限止。凡经皇帝选调到军机处任职的军机大臣，称“入值”。军机大臣的职掌可综合为6个方面：①负责皇帝下达谕旨的撰拟和参与官员上报之奏报文书的处理。②凡国家之施政方略、军事谋略以及官员的重要陈奏意见，皇帝批交军机大臣议，提出处理意见，奏报皇帝裁夺。③某些重大案件，皇帝专交军机大臣审理定拟，或会同三法司审拟。④文武官员的补放，均由军机大臣开列应补人员名单，呈皇帝择用。遇科考，亦由军机大臣开列主考、总裁官名单及考试题目，请皇帝选用。⑤常侍皇帝左右，以备顾问。⑥可奉皇帝之命，以“钦差”的身份，往各地检查或处理政务。此外，军机大臣还兼任方略馆的总裁，内缮书房管理大臣及总理各国事务衙门大臣。军机章京，俗称小军机，负责军机处的日常工作。宣统三年（1911）四月初十清廷宣布成立“责任内阁”时废止。军机处的设立进一步加强了清王朝封建君主专制制度，成为清代皇帝直接控制下的全国行政之总汇，赞襄皇帝对国家大政方略的决策。

**军舰鸟** *Fregata*; frigatebird 鹈形目军舰鸟科军舰鸟属鸟类的统称。分布于南太平洋、大西洋、印度洋。中国有3种。体长750～1 120毫米。翅长而强；嘴长而尖，端部弯成钩状；尾呈深叉状；体羽主要呈黑褐色，喉囊呈红色；脚短弱，几乎无蹼；雌鸟一般大于雄鸟。

主要以飞鱼类为食，并劫掠其他海鸟

丽色军舰鸟

的捕获物。多在灌丛或树上筑巢，与其他鸟的巢区接近。繁殖期间喉囊特别发达。每窝只产一卵。卵呈白色。孵化期45～50天。雏鸟为晚成性。雏鸟全身裸露。留巢4～5个月，由双亲共同哺食。

**军棋** military chess 部署兵力、指挥作战的棋类游戏。棋盘长方形，用木、塑料或纸制均可。棋子为长方形，以棋子上面字的不同颜色来区分敌我。双方各25个，分别为：军旗1，总司令1，军长1，师长2，旅长2，团长2，营长2，连长3，排长3，工兵3，炸弹2，地雷3。一般为3人游戏，2人各主一方交战，另1人为裁判。参战双方先将己方棋子摆在己方兵站及大本营内相背而立（行营内不得布子，但游戏开始以后棋子可进入行营，此时对方不得入营袭击），待先行方确定后即可开始游戏。进攻或退防时如棋子在铁道线上，则可一直到达目的地，但不能在其他棋子上面越过或转弯。如棋子不在铁道线上，则每次只能走一步。双方棋子相碰时，裁判视两棋子战斗力的大小将弱者取去，如实力相等则一并取去。如无裁判时，可用暗布明战法，即双方各将棋子照上法布置，出战两子相碰时，各自将棋子明白显示，并将弱者取去。军棋中人员战斗力的大小，按总司令、军长、师长、旅长、团长、营长、连长、排长、工兵的顺序。地雷只限布于最后两行，布雷后不得移动。地雷只败给工兵，炸弹与之相碰则一同爆破，其余棋子与地雷相碰时均败给地雷。炸弹可布于各兵站内，且布后可移动。它与任何棋子相碰时，均视为同归于尽。军棋游戏是围绕着夺取对方和保护己方军旗的目的而展开的，故军旗须布在后方大本营内，布后不得移动。对方除军旗、地雷外的任何棋子皆可攻入大本营夺取军旗。因此，游戏双方均须在设法夺取对方军旗的同时防止己方军旗被袭。军旗被夺去的一方为游戏的输家。

**军旗** standard 象征军队或建制部队的旗帜。由最高军事领导机关制定和颁发。由旗幅、旗杆和旗顶组成。各国军队对旗幅的规格、质料、颜色、图案（字样）及制作方法等都有严格规定；旗杆一般为金属品，

表面有旋纹；旗顶多为矛头、十字或其他象征性图形，有的还饰有穗子。

中国人民解放军军旗旗幅为红色，长方形，横竖比例为5:4，靠旗杆上方缀金黄色五角星和“八一”两字，故简称“八一”军旗。五星和“八一”两字表示中国人民解放军自1927年8月1日南昌起义诞生以来，经过长期奋斗，以其灿烂的星光普照全国。陆、海、空军军旗旗幅的上半部（占旗面的5/8）均保持中国人民解放军军旗基本样式，下半部（占旗面的3/8）区分军种：陆军为草绿色，海军为蓝白条相间，空军为天蓝色。

图1 中国人民解放军军旗

图2 中国人民解放军陆军军旗

图3 中国人民解放军空军军旗

图4 中国人民解放军海军军旗

世界各国军队都有自己的旗帜。有些国家军队的旗帜种类繁多，如武装部队队旗，军种（兵种）旗，部队（兵团）旗或战旗，海军舰艇和辅助舰只旗，国防部主管人员旗等。美国的陆军、海军、空军、海军陆战队和各兵种部队都有各自的军旗。英国、法国、意大利等西欧国家军队的军旗，多为国旗加镶丝穗，旗杆顶端挂有注明部队番号的彩色绸带；德国军旗还在旗面上绣有黑鹰图案的黄色盾形标志。

**军人政府** military government 由军人夺取国家政权后建立并执政的政府。与文人政府或文官政府相对。军人干政、军事政变和军法统治在历史上经常发生。在20世纪，许多国家都经历过军人统治。80年代初期，联合国几乎一半的成员国都处于军事统治之下。1943～1984年，全世界发生过615次军事政变，其中有316次获得成功。军人政府集中控制或垄断国家的一切权力。

**军事法庭** court-martial 专门审判军职人员或其他被控在军法范围内犯罪的人员的法庭。也指这种法庭的法律程序。古代军人必须完全服从军令而丧失平民应有的权利，这种军法在中古至16世纪间相当盛行。到16世纪才开始有军事诉讼程序，建立军事委员会负起判决和惩处的责任。

现代大多数国家都有独立的《军事审判法》，由军事法庭掌理，并常依循民事诉讼的形式复审。军事法庭一般是按特别法庭开庭审理一起或几起案件，由较高阶的军事主管召开，负责召集的军官选择其部属中的军官共同出庭审理，以决定被告是否有罪，并宣告判决。

**军事工程** military engineering 用于军事目的的各种工程建筑和为保障军队作战行动所采取的工程技术措施的统称。军事技术的组成部分。综合运用各种军事工程建筑和工程技术措施，能够提高军队的生存能力、机动能力和反机动能力，有效发挥武器装备的战斗效能，保障后勤补给的畅通。

军事工程伴随着战争的出现而出现，又伴随着战争的发展而发展，已有大约5 000年历史。古代最早的军事工程是防御时构筑的壕垒。包括著名的中国长城在内的早期的筑城设施，属于城墙城塔筑城体系。早期的军事工程还包括坑道、军用道路、浮桥等。16世纪初，城墙城塔筑城体系开始向炮台要塞筑城体系演变。17～18世纪，法国、俄国、美国等先后组建了正规的工程兵部队，

用中国GZQ110型特种舟桥开设的浮桥渡场

并装备了制式舟桥器材及其他工程器材。19世纪以后出现了许多新的军事工程设施，如军用铁路工程、通信工程、给水工程等。

20世纪出现以多道堑壕和射击、掩蔽工事为主体，用交通壕相连接，并以防步兵地雷、防坦克地雷、防坦克壕和铁丝网、通电铁丝网等加强的野战阵地体系。

21世纪初，科学技术的发展突飞猛进，新材料、新技术、新工艺被广泛而迅速地用于军事工程建设和新式工程装备的研制中。各国军队都开展了核威慑条件下高技术常规战争军事工程的研究。特别是在一些曾经遭受侵略的国家中，防护工程和伪装工程的研究和发展受到高度重视。

军事工程按用途可分为阵地工程、战略和战区指挥工程、通信工程、军事交通工程、军队渡河保障工程、军事爆破工程、军队伪装工程、军队给水工程、军港工程、军用机场工程、武器装备试验场工程、军事训练基地工程、后勤基地和基地仓库工程、军用输油管线工程、营房工程以及大多从属于上述工程的障碍物工程等。

军事工程包括军事工程设施（主要是军事工程建筑）、工程装备和工程兵专业技术。军事工程设施主要有阵地工程和其他各类工程中的筑城工事、各种人工障碍物、军用道路、军用桥梁、渡场、工程伪装设施、野战给水设施等。工程装备有渡河桥梁装备、路面装备、军用工程机械、伪装装备、地雷战和反地雷战装备、爆破器材、陆军水雷、工程侦察及指挥控制装备、野战工事装备、非爆炸性障碍器材、野战给水装备、电工器材和工具等。传统上分为筑城专业、军用道路专业、军用桥梁专业、渡河专业、地雷专业、爆破专业、伪装专业和野战给水专业等八种专业技术，通称工程兵八大专业。

军事工程建筑及其他军事工程设施是运用工程兵专业技术、工程装备以及相关材料、设备，通过各种工程作业来完成的。保障军队作战行动的工程技术措施是指为建造、设置各项军事工程设施而进行的工程侦察、设计、施工、维护管理及其他有关工程保障作业。

**军事管制** military control 由军队接管政府权力，对全国或部分地区、某些行业、个

别部门实行的一种特殊的强制性管理和控制形式。通常在战争、骚乱、严重自然灾害和其他非常情况下实行。它不同于由武装力量协助政府维护秩序的紧急状态。军事管制的决定权一般由国家法律规定，由国家最高权力机构所掌握，或者由内阁依法根据情况作出决定。有些国家处于危急状态时，军队往往以文职政府已经丧失行使职权的能力为由，临时接管政府权力，对国家实行军事管制，以控制局势，恢复社会秩序，直到认为已达到目的才解除军事管制。在军事管制期间，军事当局强使公民遵守军管法，履行必要的义务，以维持社会秩序。军事管制的时间一般较短，但有些国家由于政局长期动荡不定，管制时间有时长达几年。

**军事基地** military base　驻扎一定数量的军事人员，建有相应的组织机构和设施，进行特定军事活动的地区。军队作战和训练的重要依托。按地位作用分为战略基地、战役

美国犹他州希尔军事基地

基地、战术基地，按用途分为作战基地、训练基地、补给基地，按军种分为陆军基地、海军基地、空军基地、战略导弹部队基地等。

建设的原则是平战结合，军民结合，适应现代战争的需要。基地位置通常都选择在军事上对己有利的地区。基地内一般都有相应的专门机构和设施，如防御设施，指挥和通信联络设施，营区、生活区和卫生医疗机构等，并驻有相对固定的军事人员，配置一定数量的警戒、防空、后勤保障部队，储备各种必需的技术装备和军用物资，有的还设有机场。随着现代高新技术的运用，基地对部队的保障手段日趋完善，向现代化、体系化、综合化发展，具备全方位和综合快速支援能力。

**军事情报** military intelligence　为保障军事斗争需要而搜集的情况及其分析判断的成果。制定国防政策，进行战略决策、军队建设和指挥作战的重要依据。按使用范围分为战略情报、战役情报和战术情报；按军种分为陆军情报、海军情报、空军情报和战略导弹部队情报；按空间分为陆上情报、海上情报和空中情报；按获取的渠道分为公开情报和秘密情报；按内容分为基本情报和动向情报。

军事情报的来源广、内容多、流量大，搜集情报和反搜集的斗争尖锐，情报的高新科技含量大幅度提高。情报的搜集、整理、处理充分运用最新科技成果，逐步实现自动化，并与指挥、控制、通信系统紧密结合，组成指挥自动化系统，情报的快速反应能力和实时保障能力大为提高。

基本内容主要包括国防政策、军事思想、战略方针、作战意图；军事实力、编制装备、兵力部署；战场准备、军事目标；战争潜力、后勤保障；军事地理、水文气象；部队番号、战斗编成、火力配系、工事构筑、障碍设置；核、化学、生物、燃烧和高科技武器的种类、数量、质量及其配置；军政领导人的性格、才能、特点；民族特点、风俗习惯；有关政治、经济、科学技术等情况。

**军事条约** military treaties　国家间涉及军事方面的书面协议。内容一般包括建立维护缔约国战略利益和安全的军事联盟或军事同盟，提供军事援助，建立和使用军事基地，结束战争状态或武装冲突，裁军和限制军备以及编纂战争法规和惯例等。形式包括：条约、公约、专约、协定、和约、宣言和议定书等。

缔约程序　同其他政治、经济等方面条约相同，主要包括：谈判、签字、批准等。国际上有些军事条约是开放性的，允许非缔约国加入；也有些军事条约是秘密签订的。军事条约可能由于下列情况而失效：条约期满；旧条约为新条约所代替；条约所规定的解除条件成立；缔约各方同意终止该条约；缔约各国间发生战争等。

条约类型　①国家间为了维护各自的战略利益和安全，协调军事行动，建立地区性军事集团或双边军事同盟而缔结的多边军事联盟条约和双边军事同盟条约。②为提供军事援助、建立和使用军事基地、派遣军事顾问团、驻扎军队而缔结的军事条约。③为禁止或限制某种武器的试验、发展、储存和部署而缔结的裁军和限制军备条约。④在战争或武装冲突中为限制作战手段、方法和保护战斗人员、平民及战争受难者而缔结的条约。⑤为结束战争状态，停止武装冲突签订的和约及停战协定。

作用　军事条约对国际关系和世界局势有重大影响，其性质和作用则取决于缔约国家的政治制度、战略目的、外交和军事政策的性质等。历史表明，有些军事条约旨在建立军事集团，向外侵略争夺世界霸权，加剧国际紧张局势，危害世界和平。有些军事条约则是为了反对侵略，对被侵略的一方进行正义的军事支援而签订的，因而具有遏制战争、反对侵略的重要作用。

**军事系统工程** military system engineering　运用系统科学的理论和定量与定性分析的方法，对军事系统实施合理的筹划、研究、设计、组织、指挥和控制，使其各个组成部分和保障条件综合集成为一个协调的整体，以实现系统功能与组织最优化的技术。它是现代参谋组织、作战模拟和信息技术密切结合的体现，广泛用于国防工程、武器研制、军队作战、后勤保障、军事管理等领域。

方法　军事系统工程解决问题的方法有两个层次，即方法论层次和具体技术方法。

军事系统工程典型的方法论有三种：①系统工程三维结构。1969年美国系统工程师霍尔提出的三维结构，将系统工程过程分为前后紧密相关的7个工作阶段，即开发与规划阶段、方案设计阶段、试验研制阶段、生产制造阶段、安装实施阶段、运行使用阶段、更新改进阶段，称为时间维。在以上的每个工作阶段中，又可分为7个逻辑步骤，即明确问题、确定目标、系统综合、系统分析、系统优化评价、系统决策、实施，称为逻辑维。在完成上述各种步骤中所需要的各种专业知识和管理知识，包括科学学、工程技术、经济学、法律、数学、计算机技术、环境科学、管理科学等，称为知识维。考虑上述前后紧密联系的时间维的七个阶段和逻辑维的七个步骤，同时考虑在各种专业中需要运用的知识，就形成了系统工程三维结构（见图）。②并行工程。其核心内容是：强调用户需求，并把用户需求转化为完整的产品要求；通过交互作用、互相协调的并行研制过程，将产品设计与产品的制造过程和保障过程用系统工程方法综合在一起，从而在产品的整个研制过程中综合考虑其性能、可靠性、维修性、

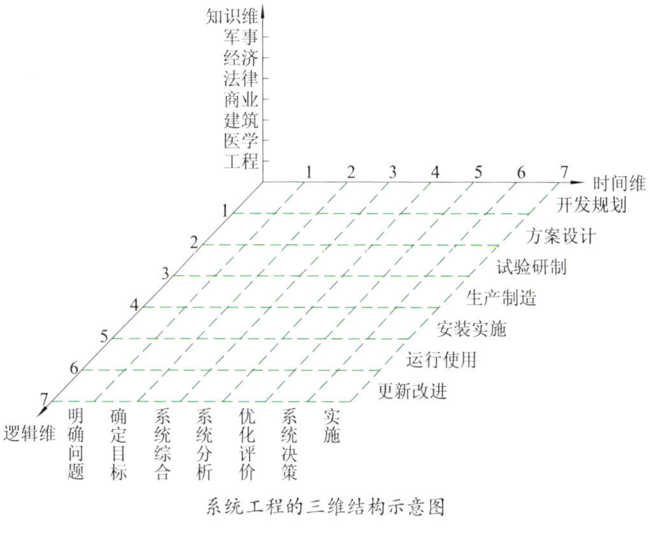


系统工程的三维结构示意图

保障性和生产性等；建立多学科（多专业）的综合产品研制机制和计算机辅助工程环境。③从定性到定量的综合集成方法。钱学森在研究开放的复杂巨系统问题时，提出了从定性到定量的综合集成方法。其实质是专家经验、统计数据和信息资料、计算机技术三者的有机结合，构成一个以人为主的高度智能化的人－机系统。

军事系统工程的具体技术方法源于对军事对象和作战过程的描述和分析，包括定量描述战斗过程的武器效能、偶然因素影响、策略运用得失，以及其他可变因素对战斗过程的效应等。根据描述与分析，建立军事对抗活动的数学模型。建立数学模型有四种方法：①半经验半理论的定量方法。在军事经验和观察的基础上，提出一种假想的数学表达式，说明战斗过程的主要变量是如何结合起来对战斗产生影响的。然后，经过严格的理论推演，得出战斗过程发展规律的结论。如果这些结论能被有代表性的战例所证实，这种半经验假想就可以作为建立类似战斗过程数学模型的基础。②经验的定量方法。20世纪70年代，美军退休陆军上校T.N.杜派对历史上不同武器的物理属性和杀伤力进行统计比较，仔细分等定级，分别赋予特定的数值，然后通过检验、调整，再检验、再调整，把它们转换成武器战斗效能的计量尺度；再按照经验，把特定战斗条件（如疏散方式、机动特性、地形特征、天气情况、训练水平、指挥能力、士气等）对武器战斗效能影响予以定量化，从而对这个计量尺度进行修正，直到各个战例定量描述的结果与实际发生的情况相吻合为止。③统计实验的定量方法。1950年初，美国运筹学家E.A.约翰逊和物理学家G.伽莫夫，将蒙特卡罗法（即通过建立概率模型并对它进行随机试验来解算数学问题的方法）引用到作战模拟研究，设计出能描述坦克战斗的蒙特卡罗作战模型。④严格理论的定量方法。以J.冯·诺伊曼的对策论为代表，研究有两个或两个以上对手的竞争系统，用定量形式表示选择不同对抗策略的得失，为选择最优策略提供一种算法。包括两个局中人得失之和为零的竞争系统，称为二人零和对策。这种理论模型应用于描述坦克对坦克、飞机对飞机、军舰对军舰等简单格斗获得成功，推动了用严格理论定量描述复杂战斗活动的应用与发展。

军事系统工程将多个学科的理论和技术综合起来，有效地实现预定的系统目标。重要的科学理论有系统学、运筹学、信息论、控制论、心理学和国防经济学等，重要的技术有预测技术、建模技术、决策技术、优化技术、网络计划技术、仿真技术和信息技术等，常采用的有系统分析、规划计划预算系统（PPBS）、现代作战模拟、政治军事对抗模拟和技术对抗模拟等。军事系统工程的实施步骤，对于不同的应用领域和问题，并不遵循完全相同的工作程序。武器装备采办系统工程遵循的一般过程是：立项论证、方案探索、演示验证、工程研制、生产和部署、使用保障、退役处置。国防系统分析则贯穿于实现该国防军事系统的全过程。

现代军事信息技术对于军事系统工程产生的影响包括：①电子计算机作为现代作战模拟的技术基础，辅助复杂军事系统的分析、规划和实现，把信息资源转变为军事系统的效益。②电子计算机作为现代武器系统的组成部分，其高速处理大量信息的能力，已成为武器系统战斗效能的重要标志。③通信、计算机和网络作为军队指挥自动化系统的物质基础，为军队实施指挥、控制、通信、情报和电子对抗活动，夺取战场信息优势，实现作战效能的倍增提供了手段，从而提高了部队协同作战能力和应变能力。④现代军事信息技术的最新发展，是建立在通信、计算机和网络技术基础上的分布式交互仿真，在军事系统工程中具有广泛的用途。

应用与发展　军事系统工程在研制武器系统中的应用，始于曼哈顿工程。1945年美国着手发展的“奈基”Ⅰ型防空导弹系统，是第二次世界大战后具有里程碑意义的军队防空作战系统。它运用系统工程的方法，探索导弹性能的各种不同组合，以获得导弹射程和其他战术性能的最佳方案。1961年底，美国建成的“赛其”半自动化防空预警和指挥系统，所处理的系统工程问题是如何将分布在广阔地域的大量防空导弹、高射炮、歼击机和雷达等合理配置和运用，并通过大型计算机把所有设备集成为一个有机的整体，以及怎样解决整个系统的设备研制和协调管理等问题。现代防空系统的战术决策行动，超出了人工组织所能作出的反应能力。“赛其”系统以后具有代表性的发展是“宙斯盾”舰空作战系统。阿波罗飞船计划则是军事系统工程在航天领域内应用的范例。20世纪80年代以后，由于以计算机技术为核心的信息技术的发展，先进、复杂和大型武器系统不断涌现，使得军事系统工程的理论方法、技术手段和应用领域得到了空前发展。军事系统工程的理论与方法在实现军队信息化过程中发挥着重要作用。

**军事演习**　**military exercise**　在想定情况诱导下进行作战指挥和行动的演练。在完成军事理论学习和战术基础训练之后进行的综合性训练。

中国人民解放军某部进行坦克与陆军航空兵协同演练

分类和目的　按作战行动规模分为战术演习、战役演习、战略演习；按训练对象分为首长机关演习和部队演习；按演习条件分为单方演习、对抗演习和实弹演习；按演习目的分为示范性演习、研究性演习和检验性演习。军事演习是军事训练的高级阶段和最高形式，目的是提高指挥员及其指挥机关组织指挥作战的能力，密切诸军种、兵种之间的协同，适应复杂的战场环境，提高实战能力；检验部队编制装备和作战理论、研究作战方案、研练基本战法的情况。有时还可利用军事演习实施武力威慑，或借军事演习为名，调动军队、集结兵力、掩护战争准备或发动战争。

主要特点　训练条件近似实战，情况设置复杂，组织指挥要求高，保障难度大。基本原则是训战一致，科学组织，演实演活，改革创新。组织实施时要求以作战任务为牵引，围绕演习目的，周密计划组织，严格质量调控，发挥各方面的能动作用。

方式　组织首长机关演习，通常采取指挥所演习的方式进行，除完成演习课题规定的内容外，还要演练指挥所的开设、转移和勤务保障。组织部队演习，通常依托大型合同战术训练基地进行，主要方式有基地组织演习，部队经受检验；上级组织演习，部队与基地进行对抗；部队组织演习，基地提供保障。

**军统**　**Military Statistics Bureau**　中国国民党统治集团的特务组织。国民政府军事委员会调查统计局的简称。正式成立于1938年8月。其前身为“军事委员会密查组”、“中华复兴社特务处”。主要负责人为戴笠。人员最多时近5万名，分布于国民党的军队、警察、行政机关、交通运输机构乃至驻外使领馆，专以监视、绑架、逮捕和暗杀等手段从事特务活动。军统在许多地方设有集中营、秘密监狱和看守所，以各种酷刑囚禁和迫害共产党人、进步人士和革命学生。1943年军统和美国海军参谋部情报署合作，组成“中美特种技术合作所”，得到大批美国新式器材和武器，并让几百名美国特务来华，向4万多人传授“特种技术”。中日战争期间，军统也从事过一些搜集敌方情报和对敌实施恐怖打击的活动。1946年戴笠因飞机失事身亡后，公开特务武装部分与军委会军令部二厅合并为国防部第二厅，由郑介民任厅长；秘密核心部分组成国防部保密局，毛人凤为局长。1949年，军统主要机构撤至台湾。

**军团菌病** legionellosis 由军团菌引起的感染现象。1976年，美国退伍军人组织——美国军团宾夕法尼亚州分团的一次年会上，与会者中发现肺炎流行。后发现一种新病原体——嗜肺军团杆菌。本病因此得名。嗜肺军团菌可以引起两种临床类型：①庞蒂亚克热。为轻型，潜伏期1～2天，占发病总数的95%以上，症状类似感冒，有发冷、发热、头痛、肌肉痛，无肺炎，绝大多数均在短期内恢复。②军团菌肺炎：潜伏期2～10天，占发病总数的0.1%～5%，病情较重，典型症状是寒战、高热、相对缓脉、干咳、痰少带血丝、胸痛、肌肉痛及乏力等。肺部可有干、湿性啰音和实变的体征，外周血白细胞数和中性粒细胞增高。X射线检查，肺部有炎性阴影。个别严重者可有休克、呼吸困难及神志不清等，病死率较高。治疗首选红霉素，疗程3周左右，疗效不佳者加用利福平。

**军衔** military rank 区分军人等级的称号。通常由将官、校官、尉官、士官、兵构成，有的国家还设有元帅、准尉、军士。以置于肩、领、袖、臂、帽等处的徽章符号，标志军人的军衔及其所属军兵种与专业勤务。按兵役状况分为现役军衔、预备役军衔、退役军衔；按功能性质分为职务军衔、个人军衔，有的国家还有临时军衔。许多国家的法律规定，个人军衔是国家给予军人的荣誉，非因犯罪依法判决不得剥夺；具有一定功绩的军人退役后，在一定场所有权穿着佩戴军衔符号的军服。

军衔最早出现于15～16世纪西欧一些国家，故称西欧式军衔。后为世界许多国家采用，形成一种国际性军队等级制度。当代世界各国的军队大都实行军衔制度（表1）。

在中国，中国人民解放军于1955～1965年第一次实行军衔制度，军衔设7等20级：中华人民共和国大元帅（设而未授）、中华人民共和国元帅；大将、上将、中将、少将；大校、上校、中校、少校；大尉、上尉、中尉、少尉；准尉；上士、中士、下士；上等兵、列兵。1988年10月，中国人民解放军重新实行军衔制度（尔后经过3次修订）。军官分3等10级（表2）。士兵军衔分4等8级：列兵、上等兵；一级、二级士官；三级、四级士官；五级、六级士官。

军衔最早的授予必须符合军人所任职务的编制，并以其政治品德、素质、服役经历及劳绩贡献为依据。军衔的晋升，在和平时期校级以下军官和士兵军衔一般按期逐级晋升。军衔与军队职务有一定的对应关系，国际上通常是上尉对应连长，上校对应团长，准将对应旅长，少将对应师长，中将对应军长，上将对应方面军司令官。军衔降级是一种处罚，不犯错误或犯罪一般不得随意降低，必须降低时以降一级为限。

表2　中国人民解放军军官军衔、晋级期限、与职务对应关系表

| 军衔分级 | | 晋级期限 | 与职务对应关系 |
|---|---|---|---|
| 将官 | 上将 | | 总参谋长、总政治部主任、正大军区职 |
| | 中将 | | 正大军区职、副大军区职、正军职 |
| | 少将 | | 副大军区职、正军职、副军职、正师职 |
| 校官 | 大校 | | 副军职、正师职、副师职 |
| | 上校 | 4年 | 副师职、正团职 |
| | 中校 | 4年 | 正团职、副团职、正营职 |
| | 少校 | 4年 | 副团职、正营职、副营职 |
| 尉官 | 上尉 | 4年 | 副营职、正连职、副连职 |
| | 中尉 | 4年 | 正连职、副连职、排职 |
| | 少尉 | 2～3年 | 排职 |

表1　美、俄、法、英、日、印军军衔一览表

| | 美国 | 俄罗斯 | 法国 | 英国 | 日本 | 印度 |
|---|---|---|---|---|---|---|
| 元帅 | | 俄罗斯联邦元帅 | | 元帅 | | 元帅（战时授予） |
| 将官 | 五星上将、上将、中将、少将、准将 | 大将、上将、中将、少将 | 上将、中将、少将、准将 | 上将、中将、少将、准将 | 上将、中将、少将、准将 | 上将、中将、少将、准将 |
| 校官 | 上校、中校、少校 | 上校、中校、少校 | 上校、中校、少校 | 上校、中校、少校 | 上校、中校、少校 | 上校、中校、少校 |
| 尉官 | 上尉、中尉、少尉 | 大尉、上尉、中尉、少尉 | 上尉、中尉、少尉、准尉 | 上尉、中尉、少尉 | 上尉、中尉、少尉 | 上尉、中尉、少尉 |
| 准尉 | 1～5级准尉，海军1～4级准尉 | 高级准尉，准尉 | | 1～2级准尉 | 准尉 | 1～3级委任军官，海军，空军准尉 |
| 军士长 | 军种总军士长，1～3级军士长 | | 总军士长、军士长、准军士长 | | 军士长 | |
| 军士 | 上士、中士、下士 | 大士、上士、中士、下士 | 上士、中士、下士 | 上士、中士、下士 | 上士、中士、下士 | 上士、中士、下士 |
| 兵 | 一、二、三等兵 | 上等兵、列兵 | 上等兵、下等兵、列兵 | 一、二等兵、新兵 | 上等兵、一、二、三等兵 | 一、二等兵、新兵 |

备注：英国的准将为将官与校官之间的独立等级。

**军械库展览会** Armory Show 美国首次介绍欧洲现代美术的大型展览会。因1913年2月17日至3月15日在纽约的旧军械库举办而得名。组织者是以美国画家A.B.戴维斯、W.库恩为首的一批艺术家。展出欧洲与美国300多位画家的约1 600件作品，其中约3/4是美国当代画家的作品；欧洲许多重要的现代画家如*P.塞尚*、*V.凡高*、*P.高更*等人都有作品参加展出。这样多的作品在美国展览还是第一次。参观者达30万人次。这个展览会把一批美国青年美术家卷入国际*现代主义美术*运动的洪流之中。

**军用飞机** military airplane 用于各种军事目的的飞机。包括歼击机（又称战斗机）、轰炸机、歼击轰炸机、强击机（又称攻击机）、军用运输机、侦察机、巡逻机、反潜机、预警机、空中加油机和电子干扰飞机等。

早期军用飞机主要是增加发动机功率和减小飞机阻力以提高飞行速度和高度，减轻结构重量以增加军事载重。现代军用飞机更多地从完善机载电子设备、改进制导武器性能和利用自动控制技术来进一步提高作战效能。特点是：①机载电子设备日益完善。②航空武器制导化，歼击机的攻击武器以红外制导和雷达制导的空空导弹为主，射程从几百米到100千米以上；轰炸机除能投放常规炸弹外，还能投掷各种制导炸弹、发射空地导弹和巡航导弹。③采用先进的气动外形。④提供垂直和短距起落能力。⑤广泛应用无人驾驶飞机。

**军乐** military music 军队在比武、行军、战斗以及阅兵等仪礼场合演奏的音乐。目的在于宣扬军威、鼓舞士气、传递信号。中世纪十字军的军乐用肖姆管、风袋管、小号和鼓演奏。17～18世纪土耳其近卫兵铃杖的军乐用铜鼓、大鼓、钹、三角铁、各种簧管和笛子演奏，18世纪后传入欧洲国家。近代世界各国的军乐队，通常由铜管乐器、木管乐器和打击乐器组成，有时也加用低音提琴。中国汉代从北方民族传入中原的鼓吹曲，是由鼓、钲、箫、笳

等乐器合奏的军乐。近代中国也通行上述以铜管、木管和打击乐器组成的军乐队。

**军乐队** military band 在军队各种仪式中演奏的，由铜管乐器、木管乐器和部分打击乐器组成的管乐队。见管乐队。

**军种** services 军队内按主要作战领域、使命和武器装备划分的基本类别。各军种以体现本军种特征的兵种为主体，由若干兵种、专业兵组成。设有领导机关及院校、科研机构、后勤和装备系统，有特定的服装、标志，有各自的编制、训练、作战特点和战略战术，具有独立作战和联合作战的能力。军种的划分受国家政治经济状况、军事战略、军队规模、科技水平、地理环境、历史传统等多种因素的影响和制约。现代军队通常分为陆军、海军、空军，有的国家还有防空军。有的国家只有陆军、海军或陆军、空军两个军种，个别国家只有陆军或不分军种。

**均衡价格** equilibrium price 市场上某种商品的需求量和供给量相等时的价格。其几何含义为市场需求曲线和市场供给曲线的交点所对应的价格，该交点所对应的数量被称为均衡数量；而市场需求量和市场供给量相等的状态被称为市场出清状态。可用图1说明均衡价格的含义。

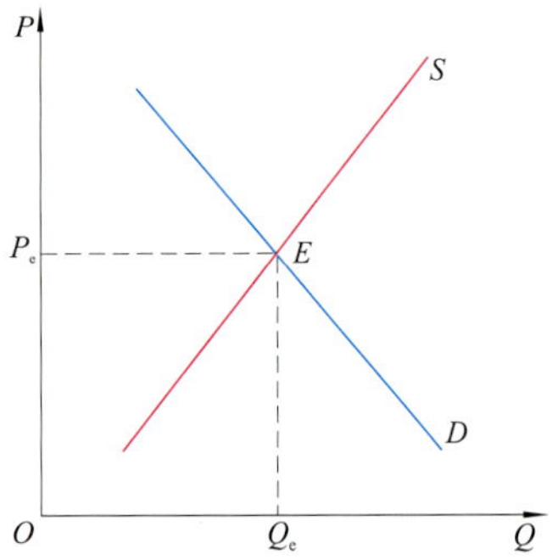


图1 均衡价格和均衡数量

在图1中，曲线$D$,$S$分别代表市场需求曲线和市场供给曲线，二者相交于点$E$,$E$为均衡点。在均衡点$E$，均衡价格为$P_e$，均衡数量为$Q_e$。均衡点$E$是消费者和生产者都感到满意并且愿意维持下去的状态。

均衡价格是市场上商品的需求和供给这两种相反力量共同作用的结果，是在市场供求力量自发作用下形成的。一旦市场价格偏离均衡价格，消费者的需求量和生产者的供给量就会出现不一致的非均衡状态。一般而言，这种非均衡状态在市场机制的作用下会逐步消失，从而恢复到均衡价格水平。

一种商品的均衡价格是由该商品的需求曲线和供给曲线共同决定的，因此，需求曲线或者供给曲线的移动都会使均衡价格发生变动。在其他条件不变的情况下，需求变动分别引起均衡价格和均衡数量同方向的变动（图2）；供给变动分别引起均

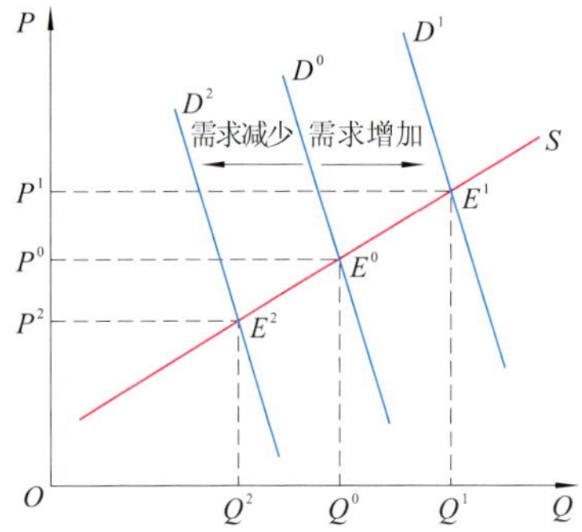


图2 需求的变动和均衡价格的变动

衡价格反方向变动和均衡数量同方向变动。需要特别指出的是，如果需求和供给同时发生变动，则商品均衡价格和均衡数量的变化是难以确定的，这取决于需求和供给变化的方向以及变化的程度。

**均输论** 中国古代思想家为解决政府贡物运输和物价管理问题并借以充裕财政而提出的政策主张和措施。“均输”，意为“齐劳逸而便贡输”，西汉元鼎二年到元封元年（公元前115～前110）桑弘羊例行并大力推行。主张各郡国设置均输官，负责制造运输工具，组织运输力量。各郡国应交的贡品，除特优产品仍需直接运送京城外，一般贡品交给均输官，运至其他价高地区出售，从而避免了郡国输送贡物的繁难，减轻农民的劳役负担，避免了贡物长途运输中耗损变质，增加了国家的财政收入。

桑弘羊的均输理论和实践长期为后世理财家所推崇。唐代刘晏运用其基本原理于粮食转运和常平制度中。宋代王安石于熙宁二年（1069）行均输法，更直接地变通应用均输理论。南宋以后，劳役已不占居重要地位，实物贡赋主要限于漕运，均输思想日趋泯灭。

**均田免赋** land equalization and tax exemption 中国明末李自成领导起义农民反对地主土地所有制和封建国家赋税剥削的口号。明末政治腐败，土地高度集中，赋税空前苛重。崇祯十年（1637），李自成领导农民起义，提出“均田免赋”的口号，把斗争矛头明确指向土地制度和赋税剥削，是起义农民经济思想具有历史意义的新发展，集中反映了广大农民维持小农经济的要求。

**均田制** land-equalization system 中国北魏到唐前期的一种土地制度。从北魏太和九年（485）政府颁布均田令开始实施，经东魏、西魏、北齐、北周、隋到唐建中元年（780）废弛，前后约300年。

内容 北魏颁布的均田令由其前期在代北实行的计口授田制度演变而来，主要内容是：15岁以上男夫受露田40亩、桑田20亩，妇人受露田20亩。露田加倍或两倍授给，以备休耕，是为“倍田”。身死或年逾70者将露田还官。桑田为世业田，不须还官，但要在3年内种上规定的桑、榆、枣树。不宜种桑的地方，则男夫给麻田10亩（相当于桑田），妇人给麻田5亩。家内原有的桑田所有权不变，但要用来充抵应受倍田份额。达到应受额的，不准再受；超过应受额部分，可以出卖；不足应受额部分，可以买足。贵族官僚地主可以通过奴婢、耕牛受田，另外获得土地。老小癃残户，户主按男夫应受额的半数授给。民田还受，每年正月进行一次。在土地不足之处，有满15岁成丁应受田而无田可受时，以其家桑田充数；又不足，则从其家内受田口已受额中匀减出若干亩给新受田者。地足之处，居民不准无故迁徙；地不足之处，可以向空荒处迁徙，但不许从赋役重处迁往轻处。园宅田，良民每3口给1亩，奴婢5口给1亩。因犯罪流徙或户绝无人守业的土地，收归国家所有，作均田授受之用。地方守宰按官职高低授给职分田，不许买卖，离职时移交于接任官。均田制与赋役制密切联系。

均田令公布后，北魏又制定了新的租调制。均田农户除丁男负担征戍、杂役外，一夫一妇出帛或出布1匹（4丈），粟2石。15岁以上未婚男女4人，从事耕织的奴婢8人，耕牛20头，其租调都分别相当于一夫一妇的数量。以上内容，各朝有过若干变动。

隋开皇二年（582）令使官人永业田与品级相适应，自诸王以下至都督，最多授给100顷，最少40亩。此外，内外官按品级高下授给职分田（职田），最多5顷，最少1顷。内外官署又给公廨田，以供公用。赋役负担以一夫一妇为一床，纳租粟3石，调绢1匹（第二年减为2丈），绵3两。单丁及奴婢、部曲、客女按半床纳租调。丁男每年服役30日（第二年减为20日）。隋炀帝杨广即位，免除妇人和奴婢、部曲的租调。

唐代均田制，在隋代基础上，明确取消奴婢、妇人及耕牛受田，土地买卖限制放宽，内容更为详备。综合武德七年（624）令、开元七年（719）令、开元二十五年令等记载，主要内容为：丁男和18岁以上的中男，各受永业田20亩，口分田80亩。老男、笃疾、废疾各给口分田40亩，寡妻妾30亩。丁男和18岁以上中男以外的人作户主的，则受永业田20亩，口分亩30亩。民户原有的永业田，在不变动所有权的前提下，计算在已受田内，充抵应受的永业、口分额。有封爵的贵族和五品以上职事官、散官，可以依照品级请受永业田5～100顷。勋官可以依照勋级请受勋田60亩至30顷。道士受口分田30亩，女冠受口分田20亩。僧尼受田与道士、女冠同。官户（指官府所属的一种贱口）受田按百姓口分之半请受。工商业者在宽乡地区，可以请受永业、口分田，其数量为百姓之半。受田悉足的叫宽乡，不足的叫狭乡。狭乡的口分田减半授给。狭乡的人不准许在宽乡遥受田亩。五品以上官人永业田和勋田

只能在宽乡授给，但准许在狭乡买荫赐田充。六品以下可在本乡取还公田充。永业田皆传子孙，不再收还。口分田身死后入官，另行授受。庶民有身死家贫无以供葬以及犯罪流徙的，准许出卖永业田；迁往宽乡和卖充住宅、邸店、碾硙的，准许出卖口分田。在职官依照内外官品和职务性质的不同，有80亩至12顷的职分田，以其地租充作俸禄的一部分，离职时须移交后任。内外官署各有1～40顷的公廨田，以其地租充作办公费用。均田农户法定的赋役负担，大致与隋同。

作用和性质 均田令规定的受田数量，指的是应受田的最高限额。实施均田令时，民户除原有私地和已占有的小块无主土地按田令规定进行登记，算作已受额外，不满应受额部分，是否可以补充，补充多少，则因时因地而异。总的说来，农民所拥有的土地绝大多数是达不到应受额的。均田制实施范围，有人认为这一制度大体上实施于北中国，江南没有推行。另一种意见认为，隋灭陈统一南北后，均田制已推行于江南地区。均田制的实施，肯定了土地的所有权和占有权，减少了田产纠纷，有利于无主荒田的开垦，因而对农业生产的恢复和发展起了积极作用。均田制的实施，和与之相联系的新的租调量较前有所减轻。均田制有利于依附农民摆脱豪强大族控制，转变为国家编户，使政府控制的自耕小农人数大大增多，保证赋役来源，从而增强专制主义中央集权制。

关于均田制的性质，主要有两种说法：①均田制是封建国家土地所有制。②均田制具有两重性，既包括封建国家土地所有制，又包括土地私有制。随着人口增多和贵族官僚地主合法、非法地把大量公田据为己有，能够还授的土地就越来越少。均田制在北魏实施以后不久即被破坏。继起的东西魏、北齐、北周、隋，施行之后又破坏。唐朝初期推行均田令，成效显著。国有土地通过各种方式不断转化为私有土地。到唐玄宗开元天宝年间，土地还授实际上已不能实行。德宗建中元年实行两税法后，均田制终于废弛。

**君合国** personal union 两个独立的国家由一个君主进行统治的国家联合。又称人合国或身合国。两国除有一个共同的君主外，没有其他的联合关系，各有自己的政府和宪法，在国际交往中都是独立的主体。如1815～1890年荷兰与卢森堡的联合。

**君权神授** divine right of kings 中国古代神化封建君主专制制度的一种政治理论。认为皇帝的权力是神赋予的，具有天然的合法性，皇帝代表神在人间行使权力，管理人民。据记载，在中国，夏代奴隶主已开始借宗教迷信进行统治。《尚书·召诰》说："有夏服（受）天命。"这是君权神授最早的记载。殷商奴隶主贵族创造了一种"至上神"的观念，称为"帝"或"上帝"，认为它是上天和人间的最高主宰，又是商王朝的宗祖神，因此，老百姓应该服从商王的统治。西周时用"天"代替"帝"或"上帝"，周王并被赋予了"天子"的称呼。君权神授的理论在汉代有了系统的发展，董仲舒提出了"天意"、"天志"的概念，并且提出了"天人相与"的理论，认为天和人间是相通的，天是有意志的，是最高的人格神，是自然界和人类社会的最高主宰，天按照自己的面目创造了人，人应按天的意志来行动。从"天人相与"的神学目的论出发，董仲舒提出"君权神授"的理论，强调君权的天然合理性和神圣不可侵犯性。这种理论在中国产生了深远的影响，历代帝王以至造反的农民领袖无不假托天命，自称"奉天承运"或"替天行道"，神化自己及其活动。

**君士坦丁** Constantine 阿尔及利亚第三大城市，君士坦丁省首府。在国境东北，北距斯基克达约55千米，西距阿尔及尔322千米。人口71.2万（2002）。地处海拔650～700米的平顶孤山，临产迈勒河，三面为峡谷围绕。城东北角峡谷有现代化的坎塔拉桥，城北和城南分别有吊桥和高架桥。地中海式气候，四季宜人。北非历史名城，四周砌有石墙。公元前曾为努米底亚王国首都。迦太基人称为卡尔塔，后罗马人改称锡尔塔。公元311年被毁，两年后君士坦丁大帝在位时重建，故名。7世纪阿拉伯人进入。16世纪被土耳其占领并定为省会。1826年君士坦丁独立。1837年被法国占领。地处农业区中心，并接近牧业较发达的高平原，为当地农牧产品重要集散地和进口商品转销地。有毛纺织、制革、食品、铁路车辆修理、农机具制造等工业。地毯等手工业亦盛。附近有非洲最大的瓷器厂。市内多罗马时代和中世纪古迹，旅游资源丰富，为地中海沿岸主要旅游景点之一。城市分两部分，西区有古堡、清真寺、宫殿和政府机关、商业大厦等欧式现代建筑，街道笔直，广场宽阔。东区全是弯曲狭窄的小巷和伊斯兰式建筑，包括18世纪清真寺。主要文教设施有君士坦丁大学、锡尔塔博物馆和市立图书馆等。铁路北通斯基克达和安纳巴港，西通阿尔及尔和奥兰，南通比斯克拉、图古尔特等城市。有国际机场。

**君士坦丁一世** Constantinus Ⅰ the Great（约280～337-05-22） 罗马帝国皇帝（306～337）。史称君士坦丁大帝。生于上密细亚省的内索斯（今塞尔维尼什），卒于尼科美底亚。青年时代在戴克里先的军队中服役。324年在亚德里雅那堡和克里索普利斯大败李锡尼，从而最终战胜了所有帝位竞争者，成为帝国的独裁统治者。

君士坦丁在许多方面继承了戴克里先的政策，进一步强化官僚机构，实行文武分治，征收土地税和人头税，建立起有严格等级区别的官僚体系和更加繁复的宫廷礼仪。他允许大批"蛮族"在帝国境内定居，吸收他们入伍，允其担任要职。330年迁都拜占廷，大规模进行扩建，改名君士坦丁堡。在宗教政策方面，推行支持基督教的政策。313年他与东部的统治者李锡尼共同颁布了《米兰敕令》，承认基督教的合法地位。325年他在尼西亚主持召开基督教主教会议，制定了基督教的信条。临终前受洗为基督教徒。

**君主国** monarchical state 实行君主制，以君主为最高统治者的国家。共和国的对称。各国对君主的称谓不尽相同，有皇帝、国王、女王、沙皇、天皇等。君主终身任职，多数为世袭。其地位和作用随政体而有所不同。在君主专制政体下，君主拥有绝对的权力，君主的意志就是法律，臣民必须绝对服从；在君主立宪政体下，君主的权力以宪法和法律赋予的范围为限，多数没有实权。

**君主立宪制** constitutional monarchy 国家元首由世袭的君主担任，君主的权力受到宪法和议会制约的君主制政体。见君主制。

**《君主论》** *Il principe* 意大利政治思想家N.马基雅维利的代表作。又译《霸术》或《君王论》。1532年出版。

全书共26章，从大量历史和现实的经验出发，论述了新君主制的建立、保有及统治方法。作者摆脱了以往神学和道德的束缚，提出政治问题的核心是政治权力，人性是观察社会政治问题的出发点，对事物的实际方面和想象方面应严加区别。作者认为，在当时的意大利，必须依靠专制君主才能统一四分五裂的意大利。为了建立和保有新的意大利君主国，君主必须学习和懂得的统治方法有：①改革军制，抛弃传统的依靠雇佣军和外国援军的办法，建立由臣民、市民和属民组成的国民军，维护自己的统治。②阅读历史，仿效伟人，通晓世故，明晰人性，精通军事，整军经武。③为了国家的统一和安全必须抛弃虚名，注重实际，可以外示善良，内怀狡诈，只问目的，不择手段。④明智深思，高瞻远瞩，洞察危机，采纳忠言，防范谄媚。在最后一章，作者表达了以武力统一和拯救意大利的主张和愿望。

**君主制** monarchy 以君主作为国家元首的政体形式。与共和制相对应。君主的王位是以血缘关系为纽带世代继承的，并且终身任职。

根据君主权力受到制约的程度，君主制可以划分为有限君主制与无限君主制。有限君主制是指君主的权力受到一定的限制，如君主立宪制。无限君主制是指君主的权力是绝对的、至高无上的，如君主专制制。

君主专制制　君主对国家实行独裁的政体形式。其思想理论基础是君权神授思想。主要特点是君主的王位依照血缘关系世代继承；君主拥有超越一切法律、一切权力机构之上的绝对权力。

贵族君主制　中央王权软弱，地方割据势力相对强大，君主的权力受到地方割据势力制约的君主制政体。特点是国家名义上保持着统一，但君主的行政权力仅限于自己的直辖领地，各个分封的封建主都是自己领地上的“君主”，君主的权力受到贵族的限制。

等级君主制　封建君主借助等级代表会议加强王权，以维持其统治的君主制政体形式。这种政体是欧洲封建制国家贵族君主制向专制君主制过渡的中间类型。其特点是出现了国王召集的由贵族、僧侣等参加的等级代表会议，作为国王的立法咨询机构，也是反对封建割据、加强王权的工具。

君主立宪制　国家元首由世袭的君主担任，君主的权力受到宪法和议会制约的君主制政体。根据君主在立宪政体中的作用，君主立宪制可分为二元制君主立宪制和议会制君主立宪制。二元制君主立宪制的主要特点：国家有一部钦定的宪法；君主掌握着行政权和司法权；君主任命一个对自己负责的内阁来行使行政权力；议会有立法权，但君主有否决议会立法的权力。名义上国家存在君主和议会两个权力中心，但君主真正掌握着国家的最高统治权。议会制君主立宪制的特点：国家有一部民定的宪法；国家的行政权力掌握在由议会产生并对议会负责的政党内阁手中；立法权归议会。君主是“虚位元首”，是国家和民族的象征，按照内阁的意志行使形式上的权力，主要代表国家进行礼仪及荣典活动。

**君主专制制**　absolute monarchy　君主对国家实行独裁统治的政体形式。见君主制。

**君子兰**　*Clivia miniata*; scarlet kafirlily　石蒜科君子兰属的一种。多年常绿草本植物。又称大花君子兰、剑叶石蒜。原产非洲南部山地森林中。根肉质，粗长。茎粗短，被叶鞘包裹，形成假鳞茎。叶扁平宽大，呈带状，表面深绿色，有光泽。伞形花序顶生，花莛粗壮；花被片6枚，2轮，基部合生成筒状；花色有橙黄、橙红、鲜红、深红、橘红等（见图）。盛花期二三月。浆果球形，成熟时红色。

主要栽培变种有：黄花君子兰、斑叶君子兰。同属常见栽培的有垂笑君子兰等。君子兰畏寒惧热，要求温暖湿润的半阴环境。喜疏松肥沃、排水良好、富含腐殖质的微酸性砂壤土。须人工授粉方可结实，可用播种或分株法繁殖。终年翠绿，叶、花、果均具观赏价值，可周年室内布置观赏，极适应室内散射光环境，是布置会场、厅堂，美化家庭环境的名贵花卉。

**钧瓷**　Jun porcelain　中国河南省禹州市古钧台及神垕镇一带所产的瓷器。该地古称钧州，故称钧瓷。宋代名瓷之一。但至明后期始见文献记载，20世纪后半叶始被列入宋代五大名瓷。始于唐而盛于宋，延至金元，继续烧造至明仍有粗器制作。

钧瓷造型古朴端庄，典雅大方。种类主要有碗、碟、炉、瓶、花盆等，以花盆的造型最为优美，且变化丰富，有圆形、海棠花形等样式。

玫瑰紫海棠式瓷花盆（北宋）

钧瓷釉有两个特色，即窑变和乳浊釉，尤以窑变著称。其釉色乳浊浑厚，一般为青中带红，有的则是天青与玫瑰紫、海棠红错综相间。钧瓷较早使用铜的氧化物为着色剂，并达到铜红釉的稳定烧成。钧瓷原属青瓷，窑变突破青瓷的单一色调，使釉色红里透紫、紫中藏青、青中寓白、白中泛红，五彩渗化，相映生辉。钧瓷釉面有一个重要特征是蚯蚓走泥纹，即在釉中呈现一条条逶迤延伸的釉痕，如同蚯蚓在泥土中游走留下的痕迹。

**钧窑**　Jun Kiln　中国古代瓷窑。窑址在河南禹州神垕镇，禹州于金元间属钧州，故名。创烧于唐，盛于宋、金，元代形成窑系，而后渐趋衰落。产品称钧瓷，有印花青瓷、白地黑花瓷、黑瓷等，产量更高、更有特色的是蓝色的乳浊釉瓷，而最华贵的是蓝釉与紫红色错综掩映的窑变器物。

禹州何时开始烧造窑变釉器物，学界长期争论，最有影响的意见为北宋晚期，但另有始于金元的主张。在禹州的考古发现证实了传统意见，但也证明金元时代钧窑烧造更盛。

**郡县制**　prefecture and county system　中国古代以郡统县的两级地方行政制度。春秋时期已有县、郡的设置，但两者并无统属关系，各国制度也不尽相同。至战国时期，县的设置已趋广泛，并由都鄙制度和世族世官制的县制转变为作为地方政权而实行官僚制度的县制。秦孝公十二年（前350），商鞅第二次变法，在秦国普遍推行县制，把乡、邑、聚等合并为县，建置了41个县（一作31县）。设有县令、县丞、县尉等官职。官员实行定额俸禄制。县令等长吏随时由国君任免。郡的设置较县晚，其地位较县为低，两者并无相统属的关系。战国时期，边郡形成郡、县两级制的地方管理体系。郡守（云梦秦简中已有称“太守”者）为一郡之长，多由武官充任，有征兵领军之权。至战国末年，各国郡县的设立已很普遍，但仍有封国掺杂其间。

秦统一后郡县制遂遍行于全国，汉继秦制，比秦更为严整。秦郡数目尚难确定，秦始皇分天下为36郡，其后仍有增设。西汉平帝元始年间，全国共有103个郡国，东汉顺帝时有105个郡国。国指诸侯王国，汉武帝以后，国的地位相当于郡。一郡所统之县，多少不等，人口多少也有很大差别。另外，秦时曾在京师地区设内史以统县，西汉初因之。武帝时乃分内史之地为京兆、左冯翊、右扶风，或称为“三辅”，实则为“三郡”。

秦称郡之长官为守。汉景帝时改名太守，新莽时曾改为大尹或连率，东汉时仍称太守。太守之秩为二千石或比二千石，有的大郡太守为中二千石。太守的职责是掌管一郡的民政、司法和军事。由于郡守要兼领武事，故当时人常以郡将称之。郡之长官，除太守外，秦置监、尉。西汉置尉而不置监。景帝时改尉为都尉。都尉的职务是典武职甲卒。东汉初年，除边郡外，皆不设都尉。不过后来有的内郡也仍有设者。太守属官有丞、五官掾、主簿、督邮、诸曹掾史。县之长官为县令、县长。新莽时曾将县令、县长改名为县宰。令的秩为六百石到千石，长的秩为三百石到五百石。令、长的职责是掌管一县的治安、刑讼及赋敛徭役等事。令、长之下设丞一名，以主文书、仓库和监狱。又设尉一名，专管武事。汉代的太守、令、丞、尉皆由中央任免，而守、令以下的掾属则归守、令辟除，除三辅和边郡外，多任用当地人为吏。

郡县制确立后，中央通过上计、考课和监察以加强对地方政权的控制，使得中央政令能较为顺利地贯彻到最基层，保证政令的划一性。秦汉的郡县制代替周的分封制，也即从地方分权演进为干强枝弱的中央集权制，为后来两千年的地方行政体制奠定了牢固的基础。

东汉末年，原监察区性质的州转变为郡以上的行政区，地方行政制度始成州郡县三级。隋开皇三年（583），罢天下诸郡，以州统县。至元，郡名完全废弃。

# K

**咖啡** *coffea*; coffee 茜草科咖啡属植物的统称。常绿灌木或小乔木。与茶、可可并称为世界三大饮料作物。咖啡种子（俗称咖啡豆）经焙炒后研细即为咖啡粉，是一种良好的饮料；还可提取咖啡碱作麻醉剂、利尿剂和强心剂；外果皮及果肉可制酒精或用作饲料。

主要生产国为巴西、哥伦比亚、科特迪瓦等。中国于1884年在台湾引种，1908年引种于海南，以后又相继引入云南、广西、福建等地种植。咖啡单叶对生，革质。花数朵至数十朵，腋生，白色，具芳香。果为核果。种类较多，广为栽种的主要有阿拉伯种、罗巴斯塔种和利比里亚种。

咖啡加工方法有干法和湿法两种。干法是小生产者常用的传统方法，即将鲜果置于晒场晒干，脱去果皮及种壳，所得种子即咖啡豆。现代大规模生产都采用湿法，其步骤是先将鲜果用脱皮机脱皮，分开豆粒与果皮，再把脱去果皮的豆粒在水中浸泡脱胶，然后将洗净的豆粒加以干燥，脱壳，便得咖啡豆。

**咖啡碱** caffeine 嘌呤型生物碱，分子式$C_8H_{10}N_4O_2$。存在于茶叶、咖啡和可可中。又称咖啡因。重升华制得的咖啡碱为六角形棱柱状晶体；熔点238℃（178℃升华）；溶于水、乙醇、丙酮和氯仿，易溶于吡啶、四氢呋喃和乙酸乙酯，微溶于乙醚和苯。咖啡碱主要靠人工合成，或为生产不含（或低含量）咖啡碱的咖啡时的副产品。咖啡碱具有兴奋中枢神经系统的作用，医药上可用作心脏和呼吸兴奋剂，并为利尿合剂的成分之一。咖啡碱是重要的解热镇痛剂，是复方阿司匹林和氨非加的主要成分之一。咖啡碱还大量用作可乐等饮料的添加剂。咖啡碱的半数致死量为200毫克/千克（大白鼠口服）。

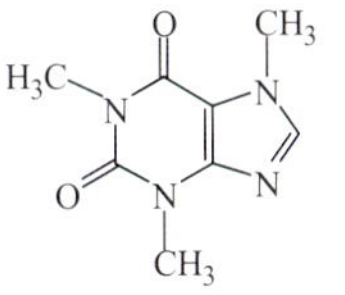


**喀巴尼** Qabbānī, Abū Khalil al-（1833～1903） 叙利亚剧作家、演员。1878～1883年，在大马士革和贝鲁特组织剧团，从事编剧、谱曲、导演和演出活动。剧作多反映社会弊病，还出现了古代阿拉伯国王和阿拉伯妇女（由男演员扮演）的形象，引起了封建势力和宗教界的强烈反对。1884年他到埃及，在开罗的国家歌剧院演出了第一部阿拉伯歌剧《大地的统治者》。后在开罗、亚历山大等埃及城市工作了17年，创作和演出了许多剧目。喀巴尼创作和演出的剧目实际上是歌舞剧，取材于阿拉伯历史和社会生活。喀巴尼被人们誉为“阿拉伯戏剧的脊柱”。

**喀布尔** Kabul; Kābol 阿富汗首都，喀布尔省首府，历史文化名城。位于阿富汗东部群山环抱略呈三角形的谷地中，喀布尔河穿流其中。海拔1 821米。人口约279万（2004）。建于公元前4世纪甚至更早。中国史称高附。阿富汗王国（1747～1973）建立初年成为其首都（1773）。大陆性干旱草原气候，年平均气温11.9℃，平均年降水量309毫米。自古是西亚、中亚、南亚次大陆间往来和东西方贸易的必经之途。喀布尔河南岸是老城区，多古迹；北岸是新城区，分布着政府机构、大学、商店、银行、公寓以及外国使馆等。工业有食品、人造丝和毛纺、家具、铸造、水泥、制革、汽车修理及大理石加工。市区以南的埃纳克铜矿已探明储量约7亿吨，铜金属总量达1 133万吨。有公路连接全国大部分省份，市郊有国际机场。喀布尔大学建于1931年。1973年以来，城市屡受战乱破坏。

喀布尔市区

**喀尔巴阡山脉** Carpathian Mountains 欧洲中南部山脉，为阿尔卑斯山脉的东伸部分。西起多瑙河谷，向东北绵延至波兰南部，称西喀尔巴阡山脉；绕经乌克兰西南部，进入罗马尼亚境内，向东南延伸至布拉索夫，称东喀尔巴阡山脉；再折向西南，止于奥尔绍瓦和多瑙河铁门峡，称南喀尔巴阡山脉。整个山脉走向构成一向西开口的半环形，环抱特兰西瓦尼亚高原。全长1 450千米。一般由3列平行延伸的构造地貌带组成：外带呈山势浑圆、山坡平缓的中山地貌；中带地势较高，多为断块山地；内带是由第三纪火山岩构成的山地。地处中带的格尔拉赫峰海拔2 655米，为最高峰。各地蕴藏石油、天然气、褐煤、岩盐和铁、铜、铝、锌等矿。为维斯瓦河和多瑙河的众多支流的发源地。山区气候属西欧海洋性与东欧大陆性之间的过渡型。山地遍布森林，主要树种有山毛榉、栎、松、云杉、冷杉等，森林带上限1 500～1 800米不等。常见的动物有熊、狼、猞猁等。

**喀尔喀蒙古** Khalkha Mongols 中国清代漠北蒙古族诸部的统称。初见于明代，以分布于喀尔喀河得名。据有漠北地区，东接呼伦贝尔，西至阿尔泰山，南临大漠，北与俄罗斯接壤。

清朝入关以前，喀尔喀蒙古的三大封建主——土谢图汗、札萨克图汗、车臣汗和清朝政府建立了联系。顺治十二年（1655），清朝赐盟宗人府，并在喀尔喀设八札萨克，分左右翼，使喀尔喀蒙古与清朝中央政府的政治联系更加密切。此后，喀尔喀三部之间发生纷争，厄鲁特蒙古准噶尔部首领噶尔丹乘机插手，于康熙二十七年（1688）向喀尔喀大举进攻。喀尔喀战败后，经哲布尊丹巴呼图克图倡议，南下投清。三十年，康熙帝与内外蒙古各部首领于多伦诺尔会盟（见多伦会盟），宣布保留喀尔喀三部首领的汗号，实行札萨克制，加强和巩固了清廷对喀尔喀各部的管辖。雍正十年（1732），喀尔喀亲王额驸策棱击败准噶尔部有功，清廷从土谢图汗部分出21旗隶属于额驸策棱的赛音诺颜部，由是赛音诺颜部始为大札萨克，与三汗部并列。车臣部、土谢图部由清朝驻库伦（今蒙古乌兰巴托）办事大臣管辖，赛音诺颜部、札萨克图部由清驻乌里雅苏台的定边左副将军统辖。

1911年，以第八世哲布尊丹巴为首的蒙古王公和上层喇嘛在沙俄策动下宣布“独立”，驱逐清政府驻库伦办事大臣，私自与沙俄签订非法的《俄蒙协约》(即《库伦条约》)。1915年（中华民国四年）中俄蒙《恰克图协约》规定，外蒙古为中国领土的一部分，承认中国宗主权；中国、俄国承认外蒙古自治。1919年外蒙古放弃“自治”，哲布尊丹巴接受中央政府册封。直到1924年5月《中苏解决悬案大纲协定》中仍规定外蒙古为中国领土的一部分，中国享有领土主权。同年11月，始成立蒙古人民共和国。1946年1月，当时的中国政府承认其独立。中华人民共和国建立后，同蒙古人民共和国建立了外交关系。

**喀尔喀蒙古人** Khalkha 亚洲中部蒙古国人口占多数的民族。约225.6万人（2001）。

属蒙古人种北方类型，与中国**蒙古族**同源。使用蒙古语，属阿尔泰语系蒙古语族。原有文字创于13世纪，20世纪40年代改用以斯拉夫字母为基础的拼音文字。曾广泛信仰喇嘛教，流行萨满教。中国明代喀尔喀蒙古人为达延汗六万户之一。清康熙二十七年（1688）其封建主率众归清。雍正三年（1725）分为4部86旗，属外札萨克，仍袭用**喀尔喀蒙古**称呼，隶属理藩院，归乌里雅苏台定边左副将军节制。1911年其封建主在沙俄策动下宣布“自治”。1915年中俄蒙三方缔约，外蒙古地方政府承认主权属于中国。1919年放弃“自治”。1921年发生人民革命，同年7月11日成立君主立宪政府。1924年11月成立蒙古人民共和国。1992年改国名为蒙古国。主要从事畜牧业，饲养绵羊、山羊和牛、马。

**喀拉海** Kara Sea 北冰洋边缘海。在俄罗斯新地岛、瓦伊加奇岛、法兰士约瑟夫地群岛同北地群岛间。西同巴伦支海相连，东与拉普捷夫海相连。面积88.3万平方千米。平均深度111米，最深处600米。有鄂毕河、叶尼塞河注入，并在河口形成海湾。大部海峡全年温度接近0℃，仅河口附近夏季水温可达6℃。气候严寒。冬有极夜，夏季有极昼，多雾。年内大部时间覆盖浮冰和岸冰。海水盐度从河口附近的10～12到33。半日型潮。可捕猎鳕、白鲑、鲽、北欧海豹、白鲸及北极熊等。主要港口有迪克森。

**喀喇昆仑山** Karakoram Mountain 世界山岳冰川最发达的高大山脉。中亚著名山脉之一。突厥语为“黑色岩山”之意。位于中国、塔吉克斯坦、阿富汗、巴基斯坦和印度等国边境。海拔5 570米的喀喇昆仑山口为印度与中国新疆之间的传统商道；位于中国与巴基斯坦之间的边界线上的明铁盖山口，也是著名岭道之一，为古**丝绸之路**所经。

喀喇昆仑山及其东延部分（西藏高原的羌臣摩山和潘顿山），宽度约为240千米，长度为800千米。平均海拔超过5 500米。拥有8 000米以上高峰4座。主峰乔戈里峰（8 611）为世界第二高峰。喀喇昆仑山脉主山脊称大喀喇昆仑山，主山脊两侧的山地称小喀喇昆仑山。**山岳冰川**发育，世界中、低纬度山地冰川长度超过50千米的共有8条，其中喀喇昆仑山占6条。冰川总面积1.86万平方千米（中国境内有4 647平方千米）。位于主山脊北侧的音苏盖提冰川长41.5千米，面积329.83平方千米，为中国已知最长的冰川。雪线分布西低东高、南低北高。

喀喇昆仑山垂直气候差异明显。如印度河上游一些海拔3 000米以下的谷地，年降水量均不足100毫米，属干旱荒漠。大冰积累区的年降水量在1 000毫米以上。广

喀喇昆仑山景色

大山区空气稀薄，终年低温，但太阳辐射强烈，温度变化巨大。谷地中以中亚植物区系占优势，而较多的欧洲植被类型则见于海拔较高处。大多数种、属分布在海拔3 500～4 000米的温带。植物的垂直分带仅限于北坡和西坡。喀喇昆仑山的动物包括雪豹、野生的牦牛和藏羚羊。在南坡山麓地带有野驴、短耳兔和土拨鼠。鸟类有砂松鸡、西藏雷鸟、鹧鸪、朱鹭、白鸽及红花鸡等。

喀喇昆仑山的冰川对山区农业、牧业、交通运输产生巨大影响，村落分布亦受制于冰川。山区自然条件严酷，交通闭塞，人口稀少。

**喀麦隆** Cameroon 非洲中西部国家。西南濒大西洋几内亚湾。陆邻赤道几内亚、加蓬、刚果（布）、中非、乍得和尼日利亚。面积475 442平方千米。人口1 940万（2010）。首都**雅温得**。主要城市有杜阿拉、雅温得、加鲁阿、巴富萨姆、巴门达等。约有200个民族，分为阿肯、曼迪、克鲁、沃尔特四大族系。南部主要是巴米累克人和芳人，次为杜阿拉人、巴萨人等；北部主要有基尔迪人、富尔贝人和阿拉伯乍得人等。居民20%信奉伊斯兰教，40%信天主教和基督教新教，其余信奉拜物教。南部通行芳语，北部通行富尔贝语，官方语言为法语和英语。

**地理** 版图酷似面向非洲内陆的雄鸡，背对几内亚湾，海岸线长354千米。国土以高原山地为主。阿达马瓦高原横亘中部，平均海拔1 000米左右，不少山峰超过1 500米；西部为东北—西南向的阿达马瓦山系，很多山峰超过2 000米，其间有一系列火山，耸立于西南海滨的**喀麦隆火山**海拔4 070米，是西非最高峰。地处热带，受地形影响，气温和降水的地区差异很大。南部为热带雨林气候，终年高温多雨，年平均气温24℃以上，平均年降水量2 000毫米；西南沿海多雨区年降雨量2 000～4 000毫米，其中喀麦隆火山西麓迎风坡高达10 000毫米以上，是世界最多雨的地区之一。中部高原为热带草原气候，年平均气温22℃，年降水量1 400毫米。北部由热带草原气候过渡到热带半干旱气候，年平均气温达28℃，年降水量向北递减到乍得湖畔不足600毫米。水力资源丰富，可利用的水能蕴藏在非洲仅次于刚果（金），占世界水力资源的3%。多森林，林地占国土面积的42%，木材蓄积量40亿立方米。矿产资源丰富。铝土矿储量11亿吨以上，居非洲第二位，仅次于几内亚；铁矿约3亿吨；金红石约300万吨，钛含量高达92%～95%。此外，还有锡、黄金、钴、镍、铀矿，以及金刚石、大理石、云母等非金属矿。石油是前景最好的资源。最早发现于杜阿拉附近，后扩大到杜阿拉-克里比-坎波沿海和大陆架。21世纪后，在最北部的洛贡比尔尼、巴克锡半岛和加鲁阿均发现有丰富的石油；石油储量估计为1

亿多吨，天然气储量约5 000多亿立方米。

**历史** 境内早有黑人定居，北部为苏丹语系黑人，南部为班图语系黑人。5世纪起外来部族大量迁入，南部曾出现过一些部落王国，东北部曾属博尔努王国的一部分。16世纪起葡、英、法、德等殖民者相继入侵。第一次世界大战期间，东部和西部分别被法、英占领，第二次世界大战后联合国又将其分别交法、英托管。1960年1月1日，法托管地独立，称喀麦隆共和国。次年，英托管地经公民投票决定：北部并入尼日利亚；南部与喀麦隆共和国合并，形成现今喀麦隆的疆域。合并后称喀麦隆联合共和国，1984年改称喀麦隆共和国。新宪法规定，由国民议会和参议院组成两院制议会行使立法权。共和国总统是国家元首和武装部队最高统帅；总统由选民直接选举，任期7年，可连任。1990年12月实行多党制。主要有喀麦隆人民民主联盟、社会民主阵线、全国民主进步联盟、喀麦隆人民联盟等。实行志愿兵役制。武装力量由陆、海、空军组成。奉行独立、不结盟、灵活务实和广泛开展国际合作的全方位外交政策，已同128个国家建立外交关系。1971年3月26日同中国正式建立外交关系。

**经济** 实行计划的自由主义等经济政策，国民经济发展较快，是法语非洲国家中少有的中等收入国家。2009年人均国内生产总值1 200美元，居非洲前列。农业是国民经济重要支柱，居民60%以农业为生，林木出口约占出口总额的13%(2005)。粮食基本自给，除传统的黍类、高粱、木薯外，大力发展玉米和水稻，玉米产量居中西非第三位。经济作物种类多、发展快。中南部和西部有可可、咖啡、油棕和橡胶，产量和出口量均居非洲前列。北部盛产花生和棉花，2006年子棉产量为27.9万吨，居中西非第四位；此外还有甘蔗、香蕉、大蕉、茶叶等。木材是重要出口物资，但生产波动大，2000年原木产量340万立方米，2005年降到205.9万立方米。工业部门较多，发展较快，有电力、采矿、冶金、机械、水泥、炼油、化工、木材加工、纺织、车辆、食品、卷烟、饮料，以及榨油、面粉、制糖、制革、奶制品等农畜产品加工业。水电开发在法语非洲国家领先，装机容量超过60万千瓦，其中以埃代阿水电站最著名。采矿业潜力大，不少重要矿产有待开发，以石油开采最重要，1986年原油产量曾高达860万吨，2000年为580万吨。交通运输已形成陆海空立体交通网络。公路总长约5万千米，其中沥青路4 300多千米；铁路总长1 245千米，货运量约170万吨；海港主要有杜阿拉、克里比和林贝，其中杜阿拉2004年货物吞吐量617.7万吨，占全国总量的95%以上。全国有机场15个，杜阿拉、雅温得-恩西马朗和加鲁阿为国际航空港。

图2 丰班苏丹宫

**文化** 重视发展教育。小学实行义务教育。全国有中小学、技校和幼儿学校等约1.1万所。有雅温得第一大学、雅温得第二大学等6所综合性大学。喀麦隆新闻出版公司下辖官方的喀麦隆通讯社和全国性官方报纸《喀麦隆论坛报》。喀麦隆广播电台为国家电台；1986年设立喀麦隆国家电视台。从2000年4月起允许私人进入视听传媒领域。旅游资源丰富多样，有“微型非洲”之称，主要旅游名胜有瓦扎国家公园、丰班历史名城、贾河动物保护区、喀麦隆火山等。其中贾河动物保护区位于国境南部，区内热带雨林资源浓密，动物品种多样，1987年被列入《世界遗产名录》。

**喀麦隆火山** Cameroon, Mount 非洲活火山，旅游胜地。位于喀麦隆西南几内亚湾沿岸，东距杜阿拉60千米。火山基底呈东北—西南向的椭圆形，长、短轴分别为50千米和35千米。主峰法科峰海拔4 070米，为西非第一高峰。5～19世纪曾多次喷发，有记录的在9次以上。20世纪以来先后数次喷发（1909、1922、1955、1982、1999、2000）。地处低纬，属典型热带雨林气候，面向大西洋的迎风坡为世界最多雨的地区之一，年降水量10 000毫米以上；山顶时有降雪。受地形影响，具有独特的热带山地景观，其垂直地带性完整：1 000米以下为典型热带雨林，往上依次为山地森林带、杜鹃矮林带、亚高山草地带和苔藓地衣带，顶端多为平顶火山锥；法科峰顶方圆仅几十平方米，几乎全被黑色火山灰覆盖。山麓人口稠密，开发程度高，多香蕉、橡胶、油棕、茶叶等种植园。山谷多牧场。向来是喀麦隆的旅游热点，主要登山旅游路线在东南坡，海拔3 000米左右有宿营地小木屋。

图1 喀麦隆火山地貌

**喀纳斯湖** Kanas Lake 中国第二深高山淡水湖泊。喀纳斯，一称哈纳斯，蒙古语意为美丽而神秘的地方。位于新疆北部阿尔泰山脉西南麓，喀纳斯河中段狭谷中。喀纳斯湖是由古冰川强烈刨蚀终碛垄阻塞山谷积水而成的冰川湖泊，海拔1 374米，呈半月形，湖长约24千米，宽1.6～3.9千米，最深水位186.5米，面积45.73平方千米。湖周围高山群集，冰峰雪岭绵亘，沟壑纵横，地形起伏悬殊，原始森林茂密，植被覆盖度大，动植物丰富多样，自然景观独具特色，人类活动影响小，自然生态环境基本保持原生状态。1980年以喀纳斯湖为核心建立喀纳斯自然保护区，1986年列为国家级自然保护区，面积5 588平方米。是国内唯一以西伯利亚代表树种新疆落叶松、新疆云杉、新疆五针松、新疆冷杉等为主体的泰加林分布区，国内独一无二的古北界——欧洲西伯利亚动植物分布区、大陆性草原分布区和大陆荒原分布区，又是国内唯一的北冰洋水系支流发源地，国内唯一与哈萨克斯坦、俄罗斯、蒙古等国家交界的自然保护区及国内唯一的蒙古族支系图瓦人的聚居地。保护区有植物近1 000种，有兽类30多种、鸟类100多种、昆虫300多种。其中，鹿草、岩白菜等植物，大红鱼（又称哲罗鲑）、江鳕鱼、北极茴鱼、西伯利亚斜齿鳊鱼等鱼类为保护区所特有。喀纳斯湖还以湖中有湖怪的传闻知名。

喀纳斯湖月亮湾

**喀山** Kazan 俄罗斯鞑靼共和国首府和历史文化名城。在伏尔加河中游与其支流卡赞河的汇合处，萨马拉水库的西北岸。人口113.7万（2010）。建于13世纪下半叶，15～16世纪为喀山汗国都城。十月革命前，一度为俄国莫斯科以南最大的工商业和文化中心。工业以机械制造和化工为主，主要部门有飞机及航空发动机、仪表、机电、石油化工及合成橡胶等，还有毛皮及皮革和食品工业。重要的水陆运输枢纽。有喀山大学，托尔斯泰和列宁曾先后在此学习。有7座剧院和4个博物馆及16～18世纪的古塔和教堂等。

**喀山大学** Kazan State Technical University 俄罗斯综合性高等学校。坐落于伏尔加河畔的喀山市。1804年建立。1814年设数理科学系、医疗科学系、语言科学系、道德政治科学系。1863年改组为历史哲学、数理、法学和医学系。1873年医学系的兽医专业独立成系。俄国数学家、非欧几里得几何的创立者N.I.罗巴切夫斯基曾在该校就读并任教，1827～1846年任校长兼喀山学区学校委员会主席。19世纪后期，在化学方面形成先进学派。1887年初V.I.列宁曾在该校法律系学习。1925年喀山大学被命名为乌里扬诺夫－列宁喀山大学。十月革命胜利后，苏联政府借助喀山大学的物质技术基础和教学师资力量，在喀山先后组建了医学院、师范学院、航空学院、化工学院、财经学院和农学院、林学院等高校。

设有十几个系，另外还有化学学院、东方学院、语言学院、进修学院等学院和分校。1996年，根据俄联邦总统令，喀山大学被列为俄联邦最珍贵的民族文化遗产之一。

**喀山汗国** Kazan, Khanate of 15世纪中叶至16世纪中叶伏尔加河中游的封建国家（1438～1552）。原为金帐汗国属地。1438年为鞑靼贵族兀鲁·穆罕默德所建，首府喀山城。初期国势强盛。境内有鞑靼－蒙古人、马里人、楚瓦什人、乌德穆尔特人、巴什基尔人和莫尔多瓦人等，大都信奉伊斯兰教。国家最高权力掌握在汗手中，大封建主会议在政治上发挥一定的作用，汗及封建主、武士等构成了国家的统治阶级。自由农民（村社农民）、封建依附农民、战俘及奴仆等是被剥削阶级。军队包括民军、汗的近卫军及封建主私人武装。阶级矛盾和民族矛盾十分尖锐，曾多次爆发起义，封建内讧不时发生。1469年沙皇伊凡三世利用汗国的内讧，曾夺取喀山城。1487年莫斯科大公国再度占领喀山，并扶植了以穆罕默德·阿明为首的傀儡政府，汗国成为俄国的属地。1504年阿明摆脱了俄国的控制，1521年汗国同克里木汗国和诺盖汗国结盟，并起兵包围了莫斯科。不久，汗国依附奥斯曼帝国。1552年伊凡四世（雷帝）亲率大军，进攻喀山，汗国灭亡。

**喀什地区** Kashi Region 中国新疆维吾尔自治区人民政府设立行政公署所管理的地区。位于自治区西南部，帕米尔高原东部，塔里木盆地西部，与塔吉克斯坦、阿富汗、巴基斯坦相邻。辖喀什市和疏附县、疏勒县、英吉沙县、泽普县、莎车县、叶城县、麦盖提县、岳普湖县、伽师县、巴楚县以及塔什库尔干塔吉克自治县。面积112 058平方千米。人口398万（2010），有维吾尔、汉、塔吉克、柯尔克孜、乌孜别克、回等民族，以维吾尔族居多。地区行政公署驻喀什市。喀什是"喀什噶尔"的简称。清光绪十年（1884）设喀什噶尔道。1927年改喀什行政区，1949年改设喀什专区，1978年改称喀什地区。矿产有煤、石油、天然气、金、铁、云母、大理石、水晶、玉石等。农作物有小麦、

马合木德·喀什噶里墓

玉米、棉花、油料等，为自治区重要产棉区。工业有棉纺、毛纺、丝绸、炼油、电力、煤炭、化工等。工艺品有地毯、花帽、首饰、小刀等。名胜古迹有三仙洞、艾提卡尔清真寺、阿巴和卓麻扎、马合木德·喀什噶里墓、罕乌依古城遗址、塔什库尔干遗址等。

**喀什市** Kashi City 中国新疆维吾尔自治区喀什地区辖市。地区行政公署驻地。位于帕米尔高原东北麓，塔克拉玛干沙漠西缘。面积555平方千米。人口45万（2008），有维吾尔、汉、回、乌孜别克、柯尔克孜、满等17个民族，其中维吾尔族占70%以上。古为疏勒国都，西汉神爵三年（前59）正式纳入西汉版图，隶属西域都护府。唐代为安西都护府四镇之一。元代为喀喇汗王朝东部陪都，为察合台汗国的军政要地。明代为叶尔羌汗国的陪都。清康熙十七年（1678）是霍加政权的统治中心，乾隆二十四年（1759）为清政府参赞大臣府驻地。1952年由疏勒县析置喀什市。属温带大陆性干旱气候，夏长冬短，年平均气温11.8℃。工业有轻纺、印染、电力、化工、水泥、陶瓷、制革、食品加工、农机具制造、汽车、建材、酿酒、工艺美术、民族传统手工业等。主要农作物有小麦、玉米、棉花等。交通便捷，314、315国道穿市而过，库（尔勒）喀（什）铁路于1999年通车。喀（什）乌（鲁木齐）航线每天都有航班。喀什是国家历史文化名城。文物古迹有全国重点文物保护单位阿巴和卓麻扎（香妃墓），自治区级文物保护单位艾提卡尔清真寺、艾斯克萨尔古城遗址、玉素甫·哈斯·哈吉甫墓、盘橐城遗址等。

**喀斯喀特山脉** Cascade Range 北美洲科迪勒拉山系西部山脉之一。属太平洋岸边缘山脉内带。北接加拿大海岸山脉，南连内华达山脉。从美国加利福尼亚州北部向北延伸，经俄勒冈州和华盛顿州，至加拿大不列颠哥伦比亚省南部，全长1 130千米。海拔一般为1 500～2 600米。不少海拔3 000米以上的高峰多为火山，如最高峰雷尼尔山海拔4 392米。活火山圣海伦斯山、拉森山等仍在活动，前者1980年3月的喷发是美国历史上最大的火山喷发之一。哥伦比亚河自东向西流经山岭。多湖泊山溪。山脉北段的峰顶发育现代冰川。西坡降水丰富，森林茂密，有西特卡云杉、异叶铁杉、金钟柏、道格拉斯黄杉等；东坡降水锐减，山地植被转为灌木和草原。在华盛顿州西雅图以东，美国最长的铁路隧道——喀斯喀特隧道在此穿过山岭，长12.9千米。山区辟有雷尼尔山国家公园、火口湖国家公园、北喀斯喀特国家公园等。

**喀斯特** karst 天然水对可溶岩（碳酸盐岩、硫酸盐岩、卤化物岩等）的化学溶蚀、迁移与再沉积作用的过程及其产生现象之总称。中国又称岩溶。喀斯特一词取自欧洲石灰岩高原喀斯特高原，意为贫瘠多石之地。

喀斯特地貌分布在世界各地的可溶性岩石地区。可溶性岩石有3类：碳酸盐类岩石（石灰岩、白云岩、泥灰岩等）；硫酸盐类岩石（石膏、硬石膏和芒硝）；卤盐类岩石（钾、钠、镁盐岩石等）。总面积达$51\times10^6$平方千米，占地球总面积的10%。从热带到寒带、由大陆到海岛都有喀斯特地貌发育。较著名的区域有中国广西、云南和贵州等地，越南北部，斯洛文尼亚狄那里克阿尔卑斯山区，意大利和奥地利交界的阿尔卑斯山区，法国中央高原，俄罗斯乌拉尔山，澳大利亚南部，美国肯塔基州和印第安纳州，古巴及牙买加等地。中国喀斯特地貌分布广、面积大，主要分布在碳酸盐岩出露地区，面积约91万～130万平方千米，其中以广西、贵

州和云南东部所占的面积最大，是世界上最大的喀斯特区之一，西藏和北方一些地区也有分布。

喀斯特可划分许多不同的类型。如按出露条件分为：裸露型喀斯特、覆盖型喀斯特、埋藏型喀斯特。按气候带分为：热带喀斯特、亚热带喀斯特、温带喀斯特、寒带喀斯特、干旱区喀斯特。按岩性分为：石灰岩喀斯特、白云岩喀斯特、石膏喀斯特、盐喀斯特。由其他不同成因而产生形态上类似喀斯特的现象，统称为假喀斯特，在本质上不同于喀斯特。

喀斯特地貌在碳酸盐岩地层分布区最为发育。该区岩石突露、奇峰林立，常见的地表喀斯特地貌有石芽、石林、峰林、喀斯特丘陵等喀斯特正地形，溶沟、落水洞、盲谷、干谷、喀斯特洼地等喀斯特负地形；地下喀斯特地貌有溶洞、地下河、地下湖等，以及与地表和地下密切相关联的竖井、芽洞、天生桥等喀斯特地貌。

喀斯特矿泉、温泉富含有益元素和气体，有医疗价值。喀斯特洞穴和古喀斯特面上各种沉积矿产较为丰富，古喀斯特潜山是良好的储油气构造。喀斯特地区的奇峰异洞、明暗相间的河流、清澈的喀斯特泉等，是很好的旅游资源。

**喀斯特高原** Karst; Kras 迪纳拉山脉中石灰岩高原。由意大利边境向东南延伸直至克瓦内尔湾，长度约80千米，海拔900米左右。受地表水和地下水的侵蚀，形成了典型石芽、石林、落水洞、盲谷、暗河、溶洞等溶岩地貌，著名的**波斯托伊纳溶洞**即位于此。19世纪末塞尔维亚地理学家J.茨维伊奇首先对该地区石灰岩发育的地貌进行研究，并命名为**喀斯特**，以后被国际通用于岩溶地貌。

**喀土穆** Khartūm, Al 苏丹首都和最大城市，喀土穆省首府。位于白尼罗河和青尼罗河汇合处，青尼罗河口左岸，尼罗河中游和上游的分界点。人口527万（2009）。海拔380米。气候炎热干燥，年平均气温28.7℃，极端最高气温达47.8℃，有“世界火炉”之称。平均年降水量167毫米，蒸发量高达6 204毫米，5～6月盛吹偏南风并多沙暴，最大风速可达38.5米/秒。

原为小渔村。1822年被埃及占领，1830年成为埃属苏丹首府，并发展为繁荣的贸易中心和奴隶市场，象牙贸易甚盛。1884～1885年毁于英国侵略战争。1898年重建，后为英、埃共管的苏丹首府。1956年苏丹独立后，定为首都。为全国政治、经济、文化和交通中心。市内有纺织、食品、印刷、制革、水泥、金属工具、化工日用品等工业。商业发达，是棉花、阿拉伯树胶、花生、芝麻等农牧产品的最大集散中心。为全国最大交通枢纽，铁路北通阿特巴拉和瓦迪哈勒法，南去瓦德迈达尼、森纳尔、欧拜伊德，直达瓦乌并连接西南部的尼亚拉等重要城市；东北与红海岸的苏丹港之间有铁路和长1 200千米的高速公路相通，并附有输油管道，是对外联系的重要通道。由喀土穆东至卡萨拉、西至朱奈纳的东西公路干线，是东连埃塞俄比亚，西通乍得、尼日利亚的重要国际公路。尼罗河航道直达朱巴，与青、白尼罗河沿岸较大城市间有客货船舶往来。东郊机场是非洲最繁忙的国际机场之一。主要建筑物有宫殿、议会厅等。独立后新建了许多文化娱乐设施，有公园、动物园和藏有几千年历史文物的博物馆，还有现代化的商场和行政、商业大厦。位于市中心的共和国大街为商业区，分为欧洲市场和阿拉伯市场。市内有苏丹第一所高等学府喀土穆大学以及独立后创办的大学、工学院、师范学院等。多文化古迹。喀土穆自然博物馆藏有起自公元前4000年的珍贵文物，还有自然历史博物馆和民族博物馆。有多座清真寺、古罗马天主教堂、科普特教派基督教堂、希腊正教教堂，建筑风格各具特色。

青、白尼罗河交汇处的喀土穆城

**喀西特王朝** Kassite Dynasty 西亚两河流域古代王朝。公元前16世纪由喀西特人建立。又称加喜特巴比伦、巴比伦第三王朝。喀西特人原居于札格罗斯山中部。公元前16世纪初占据巴比伦，建喀西特王朝，此时约当阿古姆二世时期。布尔纳布里亚什二世至卡什提里亚什四世期间（约前14世纪中至前13世纪后半叶）为其繁荣时期，与埃及新王国、赫梯帝国、亚述同为并立的大国。公元前13世纪后半期，亚述人和埃兰人入侵。约公元前1157年，喀西特王恩利尔纳丁·阿基被埃兰人拐走，王朝灭亡。

喀西特人全面接受两河流域固有的文化、宗教和阿卡德语言文字，迅速塞姆化。其国王重建和修饰尼普尔、拉尔沙、乌尔、乌鲁克等地的神庙。这一时期的重要遗物“界碑”，实际是国王所授地产的凭证，史称此时为界碑时代，即得名于此。界碑的右面或上部刻神像或神的象征，如以圆盘象征太阳神沙马什，以月牙象征月神欣，以锄头象征马尔杜克等；左面或下部的铭文多为王授土地情况。

**卡** calorie 热或能量的非国际单位制单位。符号为cal。卡路里的简称。始用于1800年，最初规定为在1标准大气压下使1克纯水温度升高1℃所需的热量。卡与水的物理性质相关，而水在不同温度下升高1℃所需的热量并不相同。例如，15℃卡（又称克卡或小卡）是使1克水温度从14.5℃升到15.5℃所需的热量，其值等于4.185 5焦；20℃卡是从19.5℃升到20.5℃所需的热量（等于4.181 90焦）；平均卡是从0℃升高到100℃所需热量的1/100（等于4.190 02焦）。中国过去常用的是20℃卡。1948年第9届国际计量大会决定把热量的计量单位按力学定义为**焦耳**。因此，过去所用的卡都应改用焦表示，即1卡（cal）=4.186 8焦（J），或约等于4.2焦。测定食物发热量或代谢值时，营养学家不严格地也用卡一词代表千卡，称为营养学卡路里，有时称为千卡或大卡（等于1 000卡）。国际营养科学协会术语委员会根据15℃卡，建议1千卡=4.185 5千焦。

**卡宾** carbene 碳原子与两个基团以**化学键**相连，另有两个未成键**电子**的物种，一般以$R_2C:$表示。又称碳宾、碳烯。这两个未成键电子自旋方向可以相反而配对，为单线态卡宾；也可自旋方向相同而不配对，

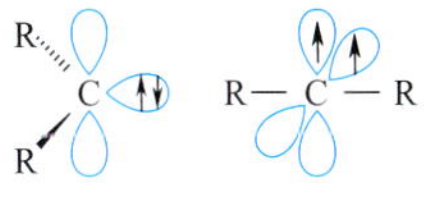

单线态　　三线态

各占据一个未成键轨道，称为三线态卡宾，具有双**自由基**的性质。一般单线态卡宾比三线态卡宾活泼。因取代基和生成方式的不同可得到不同状态的卡宾。主要有两种生成方式：①分子的光解或热分解，如**重氮化合物**放出$N_2$分子，形成卡宾：

$$CH_2N_2 \xrightarrow[\text{或}\triangle]{h\nu} H_2C:+N_2$$

②**消除反应**，以卤代烷的$\alpha$-消除为主。碳原子上的氢原子首先以质子离解，然后在同一个碳原子上的卤原子带一对电子离去，生成卡宾：

$$Cl_3C—H \xrightarrow{t\text{-}BuO^-} Cl_3C:^- + t\text{-}BuOH$$
$$\hookrightarrow Cl_2C:+Cl^-$$

卡宾为活泼的**亲电试剂**，活性顺序大约为：$H_2C: > R_2C: > Ar_2C: > X_2C:$。主要反应有对重键的**加成反应**、插入单键和**重排反应**。

**卡宾达** Cabinda 安哥拉本土以外的一个省。位于刚果河口以北。介于刚果（布）和刚果（金）两国之间。西濒大西洋，海岸线长90千米。面积7 107平方千米，人口26万(2005)，主要是班图语系的巴刚果人。首府卡宾达港。东北部为马扬巴山地，其余大部是平原。南纬5°线横穿境内。属热带雨林气候。森林茂密，盛产木材。1723年起被葡萄牙殖民者侵占，后划入葡属安哥拉。独立后仍归属安哥拉。经济以农、林业为主，主要产品有可可、咖啡、贵重木材、油棕、橡胶、热带水果、玉米等。还有捕鱼业。除蕴藏金、锰和磷灰石矿外，20世纪60年代中期发现藏量丰富的近海石油，原油产量约占全国70%，产品主要输往美国。卡宾达港为人工港，后扩建为石油专用港，年吞吐能力达500多万吨，主要出口原油和木材。工业有食品、木材加工等。

**卡尺** caliper 一种具有细分读数功能的尺形手携式长度测量工具。卡尺分为游标卡尺、带表卡尺和电子卡尺。

游标卡尺 利用游标原理细分读数（见图）。量值的整数部分从主尺上读出，小数部分从游标尺上读出。专用的游标卡尺有：测量沟槽深度的深度游标卡尺；测量齿轮厚度的齿厚游标卡尺；测量箱体孔距和台阶高度的高度游标卡尺（又称画线游标卡尺）。

带表卡尺 以精密齿条、齿轮的齿距作为已知长度，以带有相应分度的指示表作为放大、细分和指示部分。

电子卡尺 又称数显卡尺。采用电容、光栅等测量系统，以数字显示量值。

**卡达尔·亚诺什** Kádár János (1912-05-26～1989-07-06) 匈牙利社会主义工人党中央第一书记(1956～1985)、总书记(1985～1988)，匈牙利部长会议主席(1988～1989)，匈牙利总理(1956～1958，1961～1965)。

生于阜姆（今克罗地亚里耶卡），卒于布达佩斯。1932年参加匈牙利共产党，数次被捕。1942年当选为党中央委员。1945年进入中央政治局。第二次世界大战后任内务部长。1950年5月受诬陷入狱。1954年恢复党籍。1956年领导重新建党，匈牙利共产党改称匈牙利社会主义工人党，任中央第一书记。1985年改称总书记。1956年10月参加纳吉政府，但不久就采取反纳吉立场。11月4日苏军占领匈牙利后，他组织新政府，出任总理，直至1958年。1961～1965年再次任总理。他采取亲苏政策，在国内放宽限制，并努力提高人民的生活水平。1988年任匈牙利社会主义工人党中央主席，1989年辞去党中央主席职务。

**卡迪** Qādi 伊斯兰教教职称谓。伊斯兰教法官。**倭马亚王朝**初期设置于阿拉伯穆斯林聚居的军营城市，取代原有的仲裁人。最初作为总督的私人属吏，代行总督的司法职能。后成为重要的司法官员，除根据经、训办案外，还管理宗教基金、监护孤儿等。**阿拔斯王朝**在巴格达设有总卡迪，作为哈里发的教法顾问，任命各地法官，主持教法法庭。

教法规定，卡迪应由精通教义和教法，并公正廉洁的宗教学者担任。一般由统治者或总督任命。在多种教法学派并存地区，常有各学派的教法法官。中国元朝有中央设立的回回掌教哈的（卡迪）所，后被限于掌教念经。西北某些地区清真寺亦曾设有卡迪，协助教长处理穆斯林纠纷和教法问题，后被废除。

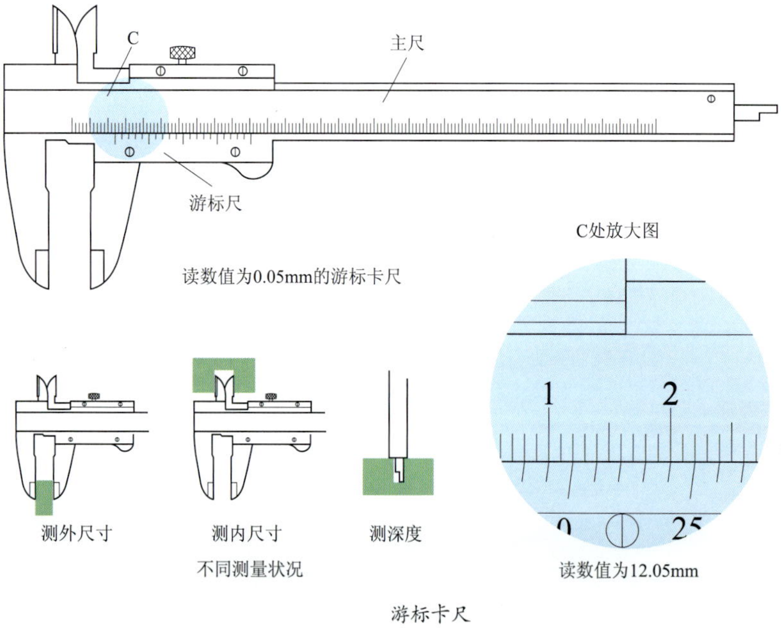


游标卡尺

**卡恩** Kahn, Louis Isadore (1901-02-20～1974-03-17) 美国建筑师。生于爱沙尼亚的萨拉玛岛，卒于纽约。1905年随父母移居美国费城。1924年毕业于美国宾夕法尼亚大学建筑系，随即赴欧洲游学。1935年在费城建立工作室，从事建筑设计。1947～1957年任耶鲁大学建筑学教授。1957年后又在费城开业，兼任宾夕法尼亚州立大学教授。

代表作有耶鲁大学美术馆、新泽西州特伦顿犹太社区中心公共浴室、宾夕法尼亚大学理查德医学实验楼、萨克研究所实验室、达卡国民议会厅、耶鲁大学不列颠艺术中心等。

**卡尔波夫** Karpov, Anatoly Yevgenyevich (1951-05-23～ ) 俄罗斯国际象棋手。生于兹拉托乌斯特。莫斯科大学经济学系毕业。4岁从父学弈。18岁时获得世界**国际象棋**青年冠军。

19岁成为国际特级大师。1975年代表苏联参赛，由于世界冠军菲舍尔拒绝参赛，国际棋联宣布卡尔波夫不战而胜，成为历史上第12位男子世界冠军。此后，卡尔波夫在1978年、1981年两次击败挑战者，保持了世界冠军头衔。1985年，卡尔波夫不敌同胞G.**卡斯帕罗夫**，让出了保持10年的世界冠军桂冠，他与卡斯帕罗夫在1984～1990年5次争夺世界冠军，总比分仅落后2分，1973～1982年9次获国际象棋奥斯卡奖。

**卡尔·蔡司公司** Carl Zeiss Company 德国光学仪器与镜头生产厂商。1846年C.蔡司在德国耶拿创建光学工作室。1889年卡尔·蔡司光学基金会（财团）成立，此后“蔡司”即成为光学仪器产品中知名的品牌，蔡司研制的一系列镜头的光学结构成为现代镜头谱系中的典型。1925年财团内设立专门生产相机的蔡司依康公司，从此所生产的康泰克斯、蔡司依康等相机以精密的结构与精良的镜头而广为人知。

第二次世界大战之后，在民主德国的耶拿原厂址成立了国营耶拿蔡司，对西方称为“耶拿精密光学厂”，蔡司依康在民主德国的工厂则将品牌改称潘泰康，并沿用至今。原蔡司的高层领导在联邦德国又成立了联邦德国的蔡司公司，简称卡尔·蔡司，对东方则称为“欧波同联合企业”，其相机产品仍用康泰克斯品牌。后与日本的雅西卡公司合作，逐渐将相机与配套镜头的生产转往日本，并在1972年终止了相机的生产，仅从事相机的开发。此后康泰克斯相机及其配套镜头基本上都是由日本的雅西卡及其母公司京磁公司定牌生产的。

1990年德国统一后，两个蔡司厂合并，卡尔·蔡司成为耶拿蔡司的控股公司。蔡司公司的产品与经营项目主要有：光学仪器及精密电子光学机械产品，如大地测量与光学测量仪器、天文仪器、显微镜、电子显微镜、外科与眼科仪器、望远镜、天象仪。还有光学加工设备、光谱传感器、激光与半导体技术、工业测量与摄影测量技术等。20世纪末，蔡司开始大力介入数码相机与数码机背的研发工作。

**卡尔德隆·德·拉·巴尔卡** Calderón de la Barca, Pedro (1600-01-17～1681-05-25) 西班牙剧作家、诗人。生于马德里，卒于马德里。1617年入萨拉曼卡大学学习。1623年写出第一部剧作《爱情、荣誉和权利》，从此开始剧作家生涯 。1637年从军，参加了加泰罗尼亚战争。1642年退役。1651年宣誓成为教士，任神职，并创作宗教戏剧。他的作品约有喜剧120种，宗教短剧76种，可分为荣誉剧、历史剧、袍剑剧、传奇与神话剧、哲理剧、宗教剧六大类。哲理剧《人生如梦》(1635) 的主题在于阐明人生富贵之虚幻。他的剧作多以人的命运和人的荣誉为主题，同时带有浓厚的宗教色彩。其剧作结构严谨，富于深刻的心理探索，其雕琢而讲究的语言以及定型化的人物塑造，还表现出巴罗克风格的特色，影响远及法国戏剧和德国的浪漫主义文学。

**卡尔德纳尔** Cardenal, Ernesto (1925-01-20～ ) 尼加拉瓜诗人。生于格拉纳达。曾流亡墨西哥。后在美国哥伦比亚大学读文学，开始信仰天主教。回国后，从事传教、文学创作并参加革命活动。曾任文化部长。他喜欢用不押韵的、散文式的语言写长诗，并按照编年史学家、旅行家和历史学家提供的线索写作。他的诗作《午夜零时》和《盖斯塞马尼·肯塔基》于1960年发表。前者是对中美洲独裁者的猛烈攻击，后者是对生活的细致入微的描写。在《讽刺诗》(1961)中有近50首独特的讽刺诗作，充满了政治色彩。其他作品有《没有人居住的城市》(1946)、《诗篇》(1964)、《为玛丽琳·梦露的祈祷》(1965)、《可疑的海峡》(1966)、《向美洲印第安人致敬》(1969) 等。

**卡尔杜齐** Carducci, Giosuè (1835-07-27～1907-02-16) 意大利诗人、文艺批评家。生于韦西利亚，卒于博洛尼亚。自幼攻读古罗马和意大利古典文学。1860年在博洛尼亚大学主持意大利文学讲座。早期诗集《青春诗钞》(1871)、《轻松的诗与严肃的诗》(1861～1871)，抒发诗人渴求民族独立、自由和平等的强烈感情。

长诗《撒旦颂》歌颂撒旦大无畏的叛逆精神，严厉抨击教会扼杀自由和理性、阻碍历史发展的罪恶，热情赞美人的理性对宗教的胜利和人世生活的欢乐。民族复兴运动以后，卡尔杜齐的诗歌流露出对君主政体的幻想。诗歌中的革命激情逐渐淡薄，站到君主立宪派的立场上。《新诗钞》(1861～1887)、《野蛮颂歌》(1877～1889)、《有韵的诗与有节奏的诗》(1887～1898) 等大多避开现实生活，描写自然风光，描绘个人细微的情感和生命的奥秘。艺术上则追求形式上的完美，注重抒情。1906年获诺贝尔文学奖。

**卡尔费尔特** Karlfeldt, Erik Axel (1864-07-20～1931-04-08) 瑞典诗人。生于达拉纳，卒于斯德哥尔摩。1892年获乌普萨拉大学文学学士学位，1898年获文学史和英文两科硕士学位。曾任中学教师和图书管理员，1912年起任瑞典学院常任秘书。1895年发表第一部诗集《荒原和爱情之歌》。在《弗里多林之歌》(1898) 和《弗里多林的乐园》(1901) 发表后成为著名诗人。他的作品大多描写乡村生活和自然风光以及青年男女的爱恋，宗教幻想和复古气息甚浓。诗中宗教词汇、古典词汇和土语交错使用，属于巴罗克风格。后期作品晦涩难懂。去世后被追授诺贝尔文学奖。

**卡尔·费歇尔滴定** Karl Fischer titration 利用氧化还原反应在非水溶液中进行容量分析的方法。因由K.费歇尔提出而得名，主要用于微量水分的测定。其原理是在吡啶和甲醇存在下，碘和二氧化硫与水发生反应，生成稳定的甲基硫酸氢吡啶：

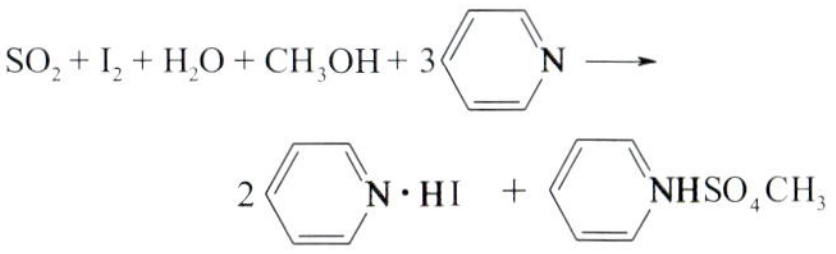


所用滴定剂称卡尔·费歇尔试剂，其组成为碘:二氧化硫:吡啶=1:3:10的甲醇溶液。滴定时，常采用死停终点法，以两根铂丝为电极，外加几十毫伏电压，终点前，溶液中只有$I^-$存在，没有剩余的$I_2$，电极间无电流通过，当滴定反应到达化学计量点后，由于有过量$I_2$存在，$I_2$-$I^-$偶对在电极反应，产生电流，微安表指针立即偏转，指示终点已到达。因该法系用于水的测定，所用试剂、溶剂等均需先经脱水处理，并进行空白试验。使用的器皿必须干燥，并注意防止空气中的水分进入和溶液中碘的挥发。氧化剂、还原剂、碱性氧化物、氢氧化物和一些易分解的弱酸盐等，都有干扰，宜作校正试验或预先将水从试样中蒸馏出来再行测定。该法除可测定物质中的水分外，还可以测定反应中产生或消耗的水分，以及间接测定某些化合物 (例如醇类、脂肪酸类、酸酐类、胺类、醛类、酮类和腈类等) 的含量。

**卡尔加里** Calgary 加拿大城市。位于艾伯塔省南部埃尔博河与鲍河交汇处，南距加、美国界约220千米。市区面积701.8平方千米，人口98.82万 (2006)；大都市区面积5 083平方千米，人口107.93万 (2006)。地处大平原西缘，落基山脉东麓，海拔1 062米。气候干寒。1875年加拿大西北骑警队在此设营垒要塞，称卡尔加里堡。1883年加拿大太平洋铁路通达，移民纷至，建立定居点。1914年城西南特纳谷地油田和1947年埃德蒙顿附近勒杜克油田的先后发现、开发，奠定了作为加拿大能源城的地位，城市经济迅速发展。加拿大能源工业的行政管理和财政中心，是400多家石油、天然气和煤炭公司总部所在地，炼油、石油化工工业发达。艾伯塔省南部农牧产品的集散地和加工中心，肉类加工、面粉、酿酒等传统产业仍占一定地位。高科技产业发展很快，如计算机软件、信息处理、电信设备等；集中大批研究机构和设施，城西北的大学研究园区是全国第二大研发中心。商业、金融业和旅游业发达。陆路交通枢纽，横贯加拿大和纵贯艾伯塔省的公路、铁路干线均交会于此；城北的国际机场是全国最大和最繁忙的航空港之一。市内设有轻轨系统。主要高等学校有卡尔加里大学 (1966)、南艾伯塔省技术学院 (1916)、芒特皇家学院 (1910) 等。主要文化设施有格伦鲍博物馆、表演艺术中心、遗产公园、仿北京天坛建造的中国文化中心，以及1988年冬季奥运会主赛场——奥林匹克公园和马鞍馆等。1985年5月与中国大庆市结为友好城市。

**卡尔马联盟** Kalmar Union 1397年丹麦、瑞典 (连同芬兰) 和挪威 (连同冰岛) 三国结成的以丹麦国王为共主的斯堪的纳维亚联盟。又译卡尔马联合或卡尔马联邦。1387年挪威国王奥拉夫二世去世，其母丹麦女王玛格丽特兼挪威国王。1389年她又被瑞典贵族拥戴为瑞典国王。1397年6月，玛格丽特召集三国权贵在瑞典东南部的卡尔马城举行会议，拥立玛格丽特的外孙波美拉尼亚的埃里克七世为三国的共主，玛格丽特为摄政，卡尔马联盟形成。1441年玛格丽特去世后，丹麦加强了对瑞典和挪威的剥削和压迫，全面控制它们的政权机构，加重捐税勒索和占有王室领地。1523年，丹麦势力被逐出瑞典，古斯塔夫一世·瓦萨（约1496～1560）宣布瑞典脱离丹麦而独立。卡尔马联盟瓦解。丹麦与挪威的联合则维持到1814年。

**卡尔曼** Kalman, Rudolf Emil（1930-05-19～ ）美国应用数学家和控制科学家。控制理论中卡尔曼滤波和状态空间理论的创立者。美国国家科学院、美国工程院、

美国艺术与科学学院的院士。生于匈牙利布达佩斯。1953年、1954年在麻省理工学院获电气工程学士和硕士学位。1957年在哥伦比亚大学获科学博士学位。先后担任过哥伦比亚大学助理教授，巴尔的摩高等研究院数学和控制专家，斯坦福大学工程力学教授、电气工程教授和数学系统理论教授，佛罗里达大学数学系统理论中心教授兼主任。1973年兼任瑞士苏黎世联邦理工学院教授。1960～1961年创立卡尔曼滤波。1960年后，提出能控性、能观测性、最小实现等概念，对推动控制系统状态空间理论的形成起了关键作用。其他重要贡献包括创立数学系统理论和提出基于系统理论的统计学和计量经济学的建模与辨识。著有《数学系统引论》(1968）等，获美国电气和电子工程师学会（IEEE）的最高奖——荣誉奖章（1974）。当选匈牙利、法国和俄罗斯等国科学院的外籍院士。

**卡尔纳普** Carnap, Rudolf（1891-05-18～1970-09-14）美国哲学家。逻辑实证主义的主要代表。生于德国隆斯多夫，卒于加利福尼亚州圣莫尼卡。早年受教于G.弗雷格门下，1921年获耶拿大学博士学位，1926～1931年应M.石里克之邀任教于维也纳大学，1931～1935年任布拉格大学自然哲学教授，1935年底前往美国，并于1941年加入美国籍。1936～1952年任芝加哥大学哲学教授，1954年任加州大学洛杉矶分校教授，1961年退休。其哲学思想可作如下

归纳：①一切关于世界的概念和知识最终来源于直接经验。②哲学问题被归结为语言问题，哲学方法就在于对科学语言进行逻辑分析。③归纳推理可以而且应当像演绎推理一样予以规则化和精确化，归纳逻辑提供据以评价人的合理信念和合理行为的标准。著有《世界的逻辑结构》等。

**卡尔内** Carné, Marcel（1909-08-18～1996-10-31）法国电影导演。诗意现实主义的主要代表人物。生于巴黎，卒于克拉马。毕业于美术学校。早期曾任《电影画刊》、《影片》等刊物的记者和评论员。1929年拍了纪录片《诺让——星期天的乐园》。1936年独立执导了第一部长片《珍妮》。此后十年，他与作为编剧的超现实主义诗人J.普莱卫密切合作。《雾码头》为其成名作，获1938年威尼斯电影节最佳导演奖及1939年法国国家电影大奖等奖项。《天堂儿女》是诗意现实主义的顶峰力作，同时也是该流派的最后一部作品，获1946年威尼斯电影节特别奖，1979年法国电影技术与艺术科学院将其评为法国有声片史上十大佳片之榜首。其他重要作品还有《太阳升起》、《夜间来客》、《夜之门》、《巴黎的空气》、《圣经》等。1971年威尼斯电影节授予他荣誉奖。1979年被选为法兰西学院院士。著有自传《回味生活》。

**卡尔十二世** Karl Ⅻ（1682-06-17～1718-11-30）瑞典国王（1697～1718）。他崇尚武功，立志要成为“北欧的亚历山大大帝”。1697年即位后不久即投入争夺波罗的海霸权的战争。1700年后，和英国、荷兰结盟，同丹麦、波兰、俄国及萨克森等国展开了争夺波罗的海的角逐，北方战争爆发。1700年11月卡尔十二世以7 000人击溃了彼得一世率领的俄国大军。1701～1706年对波兰战争获胜，迫使波兰国王奥古斯都二世退位，将政权交给瑞典扶植的新王。1707年以4万余众出征俄罗斯，俄国实行焦土政策进行抵抗。1708～1709年冬季酷寒，瑞典军队由于冻伤而大量减员。1709年6月28日瑞俄两军决战，瑞典军大败，卡尔十二世逃往土耳其。1715年返回瑞典，又组织进攻挪威的战役。1718年11月30日第二次进攻挪威时受伤致死。

**卡尔十四世·约翰** Karl ⅩⅣ Johan（1763-01-26～1844-03-08）法国大革命时期的名将，拿破仑帝国元帅，瑞典和挪威的摄政者、国王（1818～1844）。原名J.-B.贝尔纳多特，生于法国波城的一个律师家庭，卒于斯德哥尔摩。1797年结识拿破仑一世，曾任法国驻维也纳大使。1804年成为拿破仑帝国的元帅。1805～1809年参加拿破仑发动的历次战役。

1810年8月21日因瑞典国王卡尔十三世无嗣，被瑞典亲法派贵族推选为瑞典王储。同年10月20日到达瑞典，改宗路德教，成为卡尔十三世的继子，取名卡尔·约翰，以王国摄政者身份治理王国。1812年他一改瑞典过去的亲法政策，采取与俄国、英国、普鲁士结盟的方式，参加了反对拿破仑的战争。1818年2月卡尔·约翰即位为瑞典和挪威国王，为卡尔十四世。他是瑞典和平中立外交政策的奠基人，对内在行政、军事、财政、税收等方面进行了一系列改革，巩固了王室的地位。贝尔纳多特家族至今仍是瑞典王系。

**卡尔斯克鲁纳** Karlskrona 瑞典南部港口城市，布莱金厄省首府。地处波罗的海沿岸，并有大桥与5个岛屿相连。市区人口约6.35万（2010）。建于1679年，1680年起一直是瑞典海军司令部所在地，也是重要渔港之一。港口设施有干船坞、要塞堡垒和一个军火库。工业有造船、酿酒、服装、航海设备、金属制品、采石、瓷器等。城市具有文艺复兴时期的建筑风格。保存有全国最大的木教堂等古迹。

**卡尔塔拉火山** Karthala Volcano 科摩罗群岛最高峰，活火山。位于印度洋西部大科摩罗岛南部。海拔2 361米。属盾状火山。火山口周长15千米，最大直径3.2千米，深

500米，是世界上最大的活火山口之一。20世纪火山共喷发了12次，2006年曾有喷发。山北侧一喷火口不时喷火星、冒蒸气。整座山峰常年云雾缭绕，周围丛林茂密。

**卡尔维诺** Calvino, Italo（1923-10-15～1985-09-16）意大利小说家。生于古巴圣地亚哥，卒于锡耶纳。1946年以长篇小说《通向蜘蛛巢的小路》一举成名。作品以非英雄化的手法，描写游击队员的心灵历程。《我们的祖先》三部曲包括《分为两半的子爵》(1952)，《树上的男爵》(1957)，《不存在的骑士》(1959)，是童话体小说，现实、

幻想与荒诞交融一体，深刻表现现代人的异化和自我本质的整体性的破碎。卡尔维诺致力于艺术创新。《宇宙奇趣》(1965)、《你和零》(1967) 叙述宇宙世界的奥秘和人类社会的衍化，神话、科幻和哲理融为一体。《交叉地点的城堡》(1973)、《看不见的城市》(1972)，寓哲理于童话。《如果一个冬天的夜晚，一个旅行者……》(1979) 由10个独立而又环环相扣的短篇组成，着力于小说艺术形式尤其是小说开端的探索。最后一部小说《帕洛玛尔》(1983)，以看似荒诞不经的故事，深刻表现现代人失去精神支撑点的孤独和悲哀。他曾长期从事出版工作，主编文学刊物《梅那波》。还著有多种文艺批评著作。

**卡尔文** Calvin, Melvin (1911-04-08～1997-01-08) 美国生物化学家、植物生理学家。生于明尼苏达州圣保罗，卒于加利福尼亚州伯克利。1935年获明尼苏达大学博士学位。1937年在加利福尼亚大学伯克利分校工作，1947年为教授。曾任美国植物生理学会理事长和美国化学会理事长。

他与A.A.本森等从1946年起经9年左右的时间终于弄清了光合作用中二氧化碳同化的循环式途径，即光合碳循环（还原戊糖磷酸循环），被称为卡尔文循环。为此，他获得了1961年诺贝尔化学奖。

卡尔文等对光合作用中的光化学反应进行了人工模拟。此外，还应用气相层析及质谱分析方法研究了地球的化学演化。1973年以后从事能源植物的寻找工作。

著有《同位素碳的测量及化学操作技术》、《碳化合物的光合作用》、《化学演化》等。

**卡尔扎伊** Karzai, Hamid (1957-12-24～ ) 阿富汗总统（2002～ ）。生于阿富汗南部城市坎大哈，普什图族人。早年曾在喀布尔哈比比亚高等学校和印度西姆拉的喜马偕尔邦大学学习，后在美国留学。1973年，查希尔王朝被推翻后，他一家开始了流亡生活。1982年参加了反抗苏联入侵的斗争。1999年，他父亲被塔利班暗杀。他因此加入了反塔利班的活动。9·11事件后，秘密返回阿富汗，在阿富汗南部坎大哈省集结反塔利班武装，成为普什图族波帕扎伊部落的领袖。2002年6月13日，他在临时阿富汗大国民议会投票选举中当选为阿富汗过渡政府总统，并于19日宣誓就职。2004年10月9日，他作为总统候选人参加了阿富汗历史上首次总统直选。11月3日，以绝对优势当选总统，任期5年。12月，卡尔扎伊宣誓就职。2009年11月再次连任阿总统。2002年1月、2006年3月和2010年3月，曾3次访问中国。

**卡夫卡** Kafka, Franz (1883-07-03～1924-06-03) 奥地利小说家。生于捷克布拉格，卒于维也纳。1906年获布拉格德语大学法学博士学位。曾在保险公司供职。1908年首次发表作品。一生写了大量作品，但生前只发表很小一部分。遗嘱中恳请其密友布罗德在他去世后焚毁其全部遗稿，已发表的作品也不得再版。但布罗德违背了卡夫卡的遗愿，在卡夫卡去世后将他所有遗稿、书信、日记等加以整理，先后出版了6卷本和9卷本《卡夫卡全集》，其中包括《失踪者》(一译《美国》，1912～1914)、《诉讼》(一译《审判》，1914～1915)和《城堡》(1922) 3部未完成的长篇小说。写于1912年的《判决》和《变形记》是卡夫卡最早的短篇小说。

卡夫卡常采用象征、梦幻、隐喻、夸张的手法，作品往往总体荒诞而细节真实。语言明晰、简练，又极其精确。

**卡拉干达** Karaganda 哈萨克斯坦卡拉干达州首府。位于哈萨克丘陵的北部，卡拉干达煤田的中心。人口约43万。1856年开始有人定居，1857年建小煤矿。1936年随铁路通车得到迅速发展。1934年设市，1936年成为州首府。卡拉干达工业以采煤为主，以优质焦煤著名，煤炭开采业产值占工业产值的40%。黑色冶金、有色金属冶炼业也有相当规模，还有矿山机械、食品加工、建材等部门。设有卡拉干达大学、医学院、师范学院等高等院校，以及哈萨克斯坦科学院中哈萨克斯坦分院、地志博物馆和植物园。老城位于市中心。新城在该市南部，为行政管理机构所在地。

卡拉哈迪沙漠景色

**卡拉哈迪沙漠** Kgalagadi Desert 非洲南部沙漠。又称卡拉哈里沙漠。位于卡拉哈迪盆地西南部，包括博茨瓦纳中西部和西南部、纳米比亚东南部以及南非的西北部。面积约26万平方千米。海拔900～1 300米，地势起伏平缓。西部是连绵不断的新月形沙丘，其余地区多固定或半固定沙丘、沙地。蚀余山脊、孤丘和古河谷形态也构成引人注目的地形特征。荒漠气候，昼夜温差大，冬季常出现冰冻，夏季最高气温可达47℃；降水稀少，限于局部地区，且不规则。年降水量100～400毫米。有些地方植被发育较好，有灌木和草丛，多块茎状和鳞茎状植物。动物中以各种羚羊引人注目，建有卡拉哈迪跨国公园。人烟稀少，居民主要是班图语系黑人和布须曼人。

**卡拉汉** Callaghan, Morley (1903-09-22～1990-08-25) 加拿大英语作家。生于多伦多，卒于多伦多。多伦多大学毕业后任律师。1926年开始发表作品。著有长篇小说《奇怪的亡命之徒》(1928)；小说《永不消逝》(1930)、《我最心爱的人》(1934)、《天堂余欢》(1937)；短篇小说集《家乡的商船》(1929)、《四月来临》(1936)；剧本《重返家园》(1939) 和《去找乔治》(1939)。这时期他笔下大多是理想化的人物。1948年后陆续发表了长篇小说《大学运动队的故事》(1948)、《爱的得失》(1951)、《罗马的狂欢》(1961) 等。作品大多写现代都市生活，以朴素而明确的语言描写“小人物”，特别是那些不能适应复杂的现实社会的结局不幸的“小人物”。

**卡拉迦列** Caragiale, Ion Luca (1852-01-30～1912-06-09) 罗马尼亚剧作家、小说家。生于普洛耶什蒂附近，卒于柏林。父亲早逝，被迫辍学谋生。做过舞台提词人、抄写员、教师、学监、编辑和剧院经理。1873年开始文学创作。他的一系列剧本《暴风雨之夜》、《当约尼达先生遇到“反动派”的时候》、《一封遗失的

信》、《狂欢节》和《冤狱》等，多为反映城市生活的讽刺喜剧。作品批判19世纪后期罗马尼亚资本主义社会的虚伪和堕落，指出了小资产阶级的动摇性。他的许多短文收集在《杂文、小品文和回忆录》(1908)中，充分表现出作者对劳动人民的同情和对资产阶级反动统治及其代表人物的憎恨。他因此遭到当局迫害，于1904年移居柏林。

**卡拉库姆沙漠** Karakum, Peski 中亚南部大沙漠。突厥语意为“黑沙漠”。位于土库曼斯坦境内。东西长880千米，南北宽450千米，面积35万平方千米。沙漠地势起伏明显，北部为外温古兹高原，中部为低地平原，东南部为由一系列盐沼贯穿的乌兹博伊干河床。境内半固定沙脊，高度在75～90米之间。大新月形沙丘（有的高达9米）占该地区1/10的面积。属温带大陆性气候，1月平均气温北部－5℃，南部3℃，7月平均气温28～34℃，气温日较差达50℃。平均年降水量北部60毫米，南部150毫米。植被类型有草本、矮灌木、灌丛和丛林。有些植被可作冬天骆驼、绵羊及山羊食用的干草。沿阿姆河、捷詹河、穆尔加布河等绿洲种植优质长绒棉。境内建有工厂、石油和天然气输送管道、铁路、公路以及发电厂。南部建有卡拉库姆运河。

**卡拉奇** Karāchi 巴基斯坦最大港口城市，信德省首府。位于印度河三角洲，距河口约90千米。人口约1 100万。原为渔村，长期是俾路支人居住的地区。1730年前后，作为海上贸易的据点。地势自东北向西南倾斜，海拔1.5～40米。沿海多沼泽，东、北部有低山和孤丘，其中戈皮尔山为全城最高点（195米）。1～2月平均最低气温13℃，5～6月平均最高气温34℃，极端最高气温47.8℃。平均年降水量仅200毫米，大部分降于夏季。1842年遭英国侵占，1861年铁路修通后，逐渐发展为印度河流域进出海洋的门户。至1914年，已成为当时英国最大的小麦和棉花输出港。1925年机场建成后，又成为南亚次大陆往来欧洲的主要国际航空枢纽。1936年起为信德省首府，1947～1959年为巴基斯坦临时首都，1950年成为巴基斯坦唯一人口超百万的大城市。工业和贸易是卡拉奇经济繁荣的两大支柱。工业部门齐全，有造船、机械、化工、石油、钢铁、水泥、黄麻加工、棉纺、丝纺、玻璃等轻重工业。手工业产品有土布、花边、挂毯、铜器、陶器、革制品和金银、刺绣等。全国金融业和保险业中心，各大银行总行均设于此。全国铁路和公路网的起终点，又是国际交通枢纽。西与伊朗有公路相连，东经海得拉巴有铁路与印度相通。港口为世界天然深水良港之一，港区位于市区西南的勒亚里河口，分东、西两码头区，港外有岛屿、沙嘴和礁石共同构成的天然屏障，常年吞吐量2 000万吨。输出精米、羊毛、铬矿砂、皮革等；输入以金属、石油、机械、车辆和煤炭为主。为满足日益增长的需要，又在附近的比蒂湾兴建新港。科教事业发达，有卡拉奇大学（1951）和卡拉奇理工大学（1922）等多所高等院校；有原子能研究中心。旅游观光是重要产业部门，被尊为巴基斯坦国父的穆罕默德·阿里·真纳陵墓就建在市内；还有规模恢弘的国家博物馆。

卡拉奇中央商务区

**卡拉奇兄弟** Carracci brothers 意大利三兄弟画家。阿戈斯蒂诺·卡拉奇，1557年8月16日生于博洛尼亚，1602年2月23日卒于帕尔马；安尼巴莱·卡拉奇，1560年11月3日生于博洛尼亚，1609年7月15日卒于罗马；他俩的堂兄洛多维科·卡拉奇，1555年4月21日生于博洛尼亚，1619年11月3日卒于博洛尼亚。卡拉奇兄弟在16世纪至17世纪初对意大利美术发展起过重大影响，尤以安尼巴莱为著。他们建立了博洛尼亚画派，提倡学习古典及文艺复兴大师，博采众长，以风格典雅、技艺完密相标榜，是西方学院派古典艺术的首倡者。1582年，他们在博洛尼亚创办了一所私立艺术学院，以贯彻他们的艺术主张。强调素描练习和观摩名家作品，进行理论研讨，在意大利画坛甚有影响。他们也在博洛尼亚等地作画，代表作有洛多维科的《巴尔杰利尼的圣母》(1588)、《出现在圣海尔因斯前的圣母子》(图1)及安尼巴莱的《圣母升天》(1601)。但影响最大并最能体现古典风格的，则是安尼巴莱的巨幅壁画：罗马法尔内塞宫画廊天顶壁画(图2)(1597～1604)，阿戈斯蒂在此画创作的头三年也参与其事，并任部分画幅执笔。安尼巴莱接受该宫画廊天顶壁画任务后，便追随米开朗琪罗的西斯廷礼拜堂天顶壁画和拉斐尔的梵蒂冈教皇宫壁画，力图创作可与之媲美的新作。他集各家之长，对壁画整体布局作了新颖的设计，在此建筑结构的背景上安置

图1 洛多维科·卡拉奇作《出现在圣海尔因斯前的圣母子》(卢浮宫博物馆藏)

大小10余幅壁画，有的直接画在墙面，而以建筑结构作其框边；有的为独立的画屏，悬挂于建筑之上，各幅壁画则自成一体，光色均匀。所有画幅皆表现古典神话题材，具体情节直接来自古罗马诗人奥维德的《变形记》。建筑背景造成的透视幻觉与画面上古典神话的生动形象对照鲜明而又相互辉映，产生了尤为强烈的绘画效果。天顶中央的主要画幅《酒神的胜利》，以横列形式表现酒神及其信徒的狂欢游行，人物千姿百态，构图稳重均衡。

卡拉奇兄弟的古典风格和写实功力对克服16世纪后期的**样式主义**倾向作出极大贡献，同时为17世纪和以后的各种古典主义画派开辟了道路，也在一定程度上为巴罗克美术的形成提供帮助。法尔内塞宫壁画的建筑透视画法，演变为巴罗克天顶壁画的主要形式。此外，由于注重写实，他们的艺术实践也比较广泛，在壁画、宗教画之外也从事风俗画、漫画与风景画的创作。一般

图2 法尔内塞宫画廊天顶壁画

认为他们是近代漫画的鼻祖。安尼巴莱的风景杰作《逃亡埃及》(约1604)成为古典风景画的滥觞。

**卡拉乔夫** Kalachov, Nikolay Vasilevich (1819-06-07～1885-11-06) 俄国档案学家、历史学家、法学家和古文献学家。生于莫斯科，卒于莫斯科。1840年毕业于莫斯科大学法律系，后在彼得堡古文献委员会工作，1848～1852年在莫斯科大学任教，1865～1885年任司法部莫斯科档案馆馆长，1883年成为彼得堡科学院院士。在1869年和1871年两次在考古学代表大会上提出档案改革问题。1873年担任国民教育部档案体制临时委员会主席，主持起草改革方案。1877年创办了私立档案学院，任第一任院长兼档案学教研室主任。主张档案馆对外开放，向社会提供更多的便利。编辑出版了许多史料汇编，如《俄罗斯帝国前的法律史料档案》(3卷，1850～1861)、《俄罗斯帝国前的历史和实用资料档案》(12卷，1859～1861)等。还著有很多有关档案理论和实践的著作，如《档案及其国家意义、成分与结构》等。1869年起编审定期出版物《司法部莫斯科档案馆所藏文件概述》，并制订具有指导意义的档案编目规则。因其在档案事业方面的建树，其活动时期被俄国档案工作者称之为“卡拉乔夫档案时代”。

**卡拉什尼科夫** Kalashnikov, Mikhail Timofeevich (1919-11-10～ ) 苏联枪械设计师。生于苏联阿尔泰边疆区库里亚镇。1938年秋应征入伍。1941年9月在布良斯克战斗中受重伤，养伤期间于1942年首次设计了一种冲锋枪。1945年提出一个现代突击步枪方案，制成后成为苏军制式装备，即AK47自动枪。后来发展成为枪械系列。1959年研制了改进型AKM自动枪，1974年又设计制造小口径的5.45毫米AK74自动枪。1961年设计制造7.62毫米RPK轻机枪，1964年后相继设计制造PK、PKS、PKB、PKT、PKM、PKMS等地面机枪和车装机枪。这些型号中的K就是卡拉什尼科夫姓氏的第一个字母，实际上SVD狙击步枪的主要机构基本上也是仿AK47按比例放大的。卡拉什尼科夫枪械系列最突出的特点是火力猛烈，可靠耐用，结构简单，生产简易，维护方便。曾在中国及其他许多国家大量装备使用。

**卡拉斯** Callas, Maria (1923-12-02～1977-09-16) 美籍希腊女高音歌唱家。生于纽约，卒于巴黎。1937年就学于雅典音乐学院，1941年在雅典歌剧院正式登台，饰《托斯卡》女主角，1947年在意大利维罗纳演出歌剧《拉焦孔达》一举成名。1950年入米兰斯卡拉歌剧院，演出《阿伊达》，还在伦敦科文特加登皇家歌剧院，芝加哥、纽约大都会歌剧院演唱，获得世界声誉。她扮演过43个角色，上演500多场次，复活并提高了19世纪初一些传统剧目。她唱做并重的精湛表演，成为歌剧艺坛的典范。1965年在英国演出《托斯卡》后退出舞台。她嗓音音域宽广，花腔女高音、戏剧女高音甚至女中音都能唱，是一位全才女高音。她的演唱录有大量唱片和录音带。

**卡拉苏克文化** Karasuk Culture 中亚青铜时代晚期文化。主要分布于南西伯利亚、鄂毕河上游和哈萨克斯坦。年代约当公元前第2千纪末至前第1千纪初，晚于安德罗诺沃文化，早于塔加尔文化。因20世纪20年代首次在俄罗斯的卡拉苏克河沿岸巴捷尼村附近发掘该文化墓地而得名。居民的经济生活以畜牧业为主，主要养羊，次为牛、马，也从事农业和狩猎。陶器作球形，外表呈灰褐色。该文化遗迹中，刻有公羊头、人面或图案化动物形象的石柱引人注目，推测可能是用于崇拜的神像，通常立于墓葬附近。居址发现不多，墓葬是卡拉苏克文化的主要遗存，经发掘的墓地约250处，每处墓地往往有100多座墓。该文化墓地的数目和分布的地区都比安德罗诺沃时期大得多，表明这一带的人口在卡拉苏克文化时期有很大增长。当时处于由母系氏族向父系氏族过渡的阶段。该文化的弯刀、短剑、锛、弓形器、饰物等青铜器及其动物纹饰，与外贝加尔、蒙古和中国北方草原地带以及西方伏尔加河流域的某些器物颇相类似，表明该文化与这些地区的青铜文化有密切联系。

卡拉苏克文化的陶罐

**卡拉瓦乔** Caravaggio (1573-09-28～1610-07-18) 意大利画家。原名米开朗琪罗·梅里西，后以出生地名于世。生于卡拉瓦乔，卒于埃尔科莱港。他的父亲是当地的建筑师。他不满11岁时移居米兰，在S.彼得扎诺画室学习。结业后，1588～1592年到罗马，画了一些风俗画和静物画。其后，第一次得到教会的订件，为孔塔雷利礼拜堂作几张画，其中有著名的《圣马太与天使》、《圣马太被召》等。之后又连续画了许多作品，如《基督下葬》(1602～1604)、《圣母之死》(1605～1606)等。1606年5月因参加斗剑，击杀对方，走上逃亡之路。

在接受教会订件以前，卡拉瓦乔画的大都是风俗画和静物画，其风俗画多表现下层平民的生活习俗，如《赌徒》等。在从事宗教题材的画件时，总是把宗教事件表现成普通人中间的普通事。如《圣马太与天使》，圣徒马太被他画成光着脚板的粗笨的庄稼汉，在天使的指点下吃力地写福音书。卡拉瓦乔对油画的发展有独到的贡献。他创造了强调明暗对比的“酒窖光线”画法，即把物体完全沉于黑暗中，好像置于深而暗的地窖中，然后用集中的光把主要的部分突出来。他打破了文艺复兴绘画中惯用的平列物体的透视手法，喜欢用纵深的透视，使画面人物的安排和动作向画幅的深处展开。在《埃毛斯的晚餐》一画中，基督向前伸出的手似乎打破了画幅的平面，使绘画中的空间和观众的空间结合在一起。这种手法为后来的巴罗克画家所仿效，成为巴罗克绘画的突出特点。

《埃毛斯的晚餐》(1600～1601，伦敦国家画廊藏)

卡拉瓦乔对欧洲绘画的发展作出了突出的贡献。

**卡拉扬** Karajan, Herbert von (1908-04-05～1989-07-16) 奥地利指挥家。生于萨尔茨堡，卒于萨尔茨堡附近的亚尼夫。幼

时学习钢琴，5岁登台演奏。卡拉扬曾在维也纳音乐学院学习指挥。1929年，在乌尔姆歌剧院指挥演出W.A.莫扎特的歌剧《费加罗的婚姻》获得成功。1930年师从A.托斯卡尼尼学习，指挥艺术日趋成熟。1934年起，先后任亚琛歌剧院、柏林国家歌剧院、柏林广播交响乐团、柏林爱乐乐团、维也纳国家歌剧院的指挥、音乐指导等职。1967～1969年先后创办复活节音乐会和卡拉扬国际指挥家比赛会。

卡拉扬的指挥艺术继承和发展了托斯卡尼尼的传统。他有着强烈的色彩感与超人的听觉。在忠实于原作的基础上，对作品精雕细刻、布局巧妙，并加以适度夸张。其指挥风格以严谨、完美、富于魅力而著称。他所录制的唱片有650多种，其中仅贝多芬交响曲的全套唱片就发行了700多万张。卡拉扬曾于1979年率柏林爱乐乐团来中国访问演出。

**卡兰萨** Carranza, Venustiano (1859-12-29～1920-05-21) 墨西哥资产阶级民主革命领导人之一，第一任立宪总统（1917～1920）。出身于科阿韦拉州夸特罗谢内加斯一个自由派地主家庭，卒于普埃布拉州特拉斯卡兰辛戈。25岁步入政界。1910年墨西哥革命爆发后投奔F.马德罗，任第三军区司令和临时政府陆军部长。马德罗被韦尔塔政变集团杀害后，号召全国进行反对V.韦尔塔的斗争，并成立"宪法军"，成为宪政派领袖。1914年联合农民军领袖P.比利亚和E.萨帕塔推翻韦尔塔政变集团。后与农民军发生冲突，镇压农民武装。1916年12月1日至1917年1月31日召开全国制宪会议，在革命民主派推动下通过了激进的《1917年宪法》。1917年3月，被选为第一任立宪总统。任内继续镇压工农运动。1919年4月10日杀害农民领袖萨帕塔。1920年在总统选举中被P.E.卡列斯、A.奥夫雷贡和韦尔塔三人集团所击败。同年在出逃途中被杀害。

**《卡勒瓦拉》** *Kalevala* 芬兰民族史诗。又译《卡莱瓦拉》、《英雄国》。由19世纪芬兰诗人E.伦罗特根据民间流传的诗歌汇编而成。1835年初版，包含32篇诗。1849年再版时扩充到50篇。史诗主要叙述三个英雄人物，万奈摩宁、伊尔玛利宁和勒明盖宁同去北国征战，夺回象征幸福与富足的神奇的三宝磨，以及他们与北方国家的战争。在50篇长短不一的诗篇中，作者不仅描述了三位英雄的种种遭遇，还记录了古代芬兰人的冶炼、耕种、造船、狩猎和医疗等劳动技能，展示了中世纪芬兰社会生活的多个侧面和层次。已被译为51种文字。

**卡雷尔** Carrel, Alexis (1873-06-28～1944-11-05) 法国医生、实验生物学家。在血管外科方面取得重要成就。生于里昂，卒于巴黎。1900年获里昂大学医学博士学位。1904年赴美后被派往纽约洛克菲勒医学研究所（现洛克菲勒大学）从事医学研究（1906～1912）。第一次世界大战期间回到法国参与研究出用杀菌剂冲洗伤口、治疗创伤的卡雷尔-达金氏法。1919年后继续在洛克菲勒研究所工作到第二次世界大战爆发。1939～1940年在法国公共卫生部工作。1941年任法国人类问题研究基金会主席。他因发明一种缝合血管的方法和在组织培养方面的杰出贡献而获得1912年诺贝尔生理学或医学奖。毕生研究体外培养活组织的方法并用于外科手术。揭示了离体的动物组织在适当培养条件下，与原生动物或微生物一样，具有近于无限生长和繁殖的能力，也证明组织培养是一种研究活细胞和活组织的好方法。他和M.T.伯罗斯协作（1911）发现胚胎提取液对某些细胞有强的促进生长作用，于是用胚胎提取液凝集血浆的技术在几个实验室得以推广应用。在悬滴培养的基础上，1923年用卡氏瓶培养，改善了细胞生存环境。

他发表有关生物学和外科学方面论文50余篇，主要著作有：《人的奥秘》、《器官培养》和《对生命的见解》等。

**卡雷拉斯** Carerras, Jose (1946-12～ ) 西班牙男高音歌唱家。生于巴塞罗那。17岁考入巴塞罗那音乐学院，师从皮戈教授。1971年获意大利"威尔第之声"第一名，从此走红意大利。1972年到美国，在纽约歌剧院演出《蝴蝶夫人》，一炮打响。美国及国际声乐评论界对他的评价是甜润、抒情的男高音，拥有天鹅绒般的嗓音。1974年在美国大都会歌剧院演唱《托斯卡》，引起轰动。80年代以后开始演唱重抒情角色。先后演唱《游吟诗人》、《图兰多》、《卡门》等剧中的主角。1988年，被诊断患了白血病，他配合医生治疗，以惊人毅力战胜了病魔，并于同年7月11日复出音乐会。1990年以后，卡雷拉斯与L.帕瓦罗蒂、P.多明戈举行了"三大歌王"演唱会。

**《卡里加里博士》** *Das Cabinet des Dr. Caligari* 德国故事片。德国柏林德克拉电影公司1920年出品。编剧C.梅育（奥地利）、H.雅诺维茨（捷克），导演R.维内，主演W.克劳斯、C.伐德特、F.弗海尔、L.达古弗尔。公园的长凳上，大学生弗朗西斯向一个男子讲述他的奇特经历：神秘的卡里加里博士对他施行了催眠术，而后就一直对他任意摆布。弗朗西斯被折磨得筋疲力尽，终于发现卡里加里博士是精神病院的院长，但是没有人相信他。弗朗西斯终于被抓进了精神病院的禁闭室。故事讲完了，院长微笑着告诉医生们："我终于明白了他的疯病的性质。他以为我是那个神秘的卡里加里。"该片是世界电影史上被谈论最多的影片之一。它的表现主义风格和其所塑造的作为疯狂和幻想、残忍和固执的结合体的卡里加里博士这一形象，对西方恐怖片的形成和发展具有深远意义。

**《卡里莱和笛木乃》** *Kaliah Wa Dimunah* 中世纪阿拉伯寓言集。伊本·穆格法著。6世纪中叶，印度梵语寓言故事集《五卷书》被译成波斯古语巴列维文，伊本·穆格法在从巴列维文译成阿拉伯文时进行了再创作。卡里莱和笛木乃是两只狐狸的名字，代表善与恶的对立。全书通过狮、牛、狐、虎、羚羊、乌鸦……几十种动物之间，以及与人之间的关系和行为，组成大小60多个故事。包括劝诫君王、针砭时弊、道德教诲、讲处世之方、张扬知识价值等各类故事。作者经过对《五卷书》的再创作和艺术加工，使其宗旨和寓意与中世纪阿拉伯社会谐调、吻合。它结构严谨，故事精练，文笔优雅顺畅，几乎不着翻译痕迹。它优美的文字为阿拉伯散文文学的发展奠定了基础。

**卡里马塔海峡** Karimata, Selat 加里曼丹岛与邦加、勿里洞之间的海峡，南海与爪哇海之间的重要通道。东西最窄220千米，在婆罗洲西南端丹戎散巴与勿里洞岛东端芒加尔之间。海峡北部有卡里马塔群岛斜亘，包括卡里马塔（长16千米，宽10千米）、塞鲁图两主岛及周边60个小岛和珊瑚礁，面积223平方千米。居民主要从事渔业。主要港口在卡里马塔岛的巴丹。海峡与群岛所在区域属巽他大陆架，浅海，峡中水深仅29米。勿里洞西南端门巴浪与苏门答腊岛东岸的丹戎凯之间宽约180千米水域有盖拉萨及邦加两海峡，有时被列入卡里马塔海峡。

**卡里斯马** charisma 宗教社会学中所指宗教领袖人物的“感召力”或“超凡魅力”的音译。为德国宗教社会学家M.韦伯在其《经济与社会》一书中首次使用。书中认为宗教先知多为卡里斯马式的人物，他们具有超人的天赋和特殊的魅力，对社会群体可以产生巨大的感召力和深远影响。因此，具有这种特殊品质和魅力的人往往会高踞于一般人之上而成为人们的精神及社会领袖，能够感召他人、影响他人，激发他人对其无条件地忠诚和追随。而这些卡里斯马式的宗教先知一般会作为社会及宗教秩序变革的代表，故与维护既成秩序的传统祭司阶层迥然不同。

**卡利** Cali 哥伦比亚西部城市，考卡山谷省首府。位于西科迪勒拉山脉东麓，考卡河支流卡利河畔的拉苏尔塔河谷平原。海拔约1 003米，年平均气温25℃，平均年降水量1 120毫米。人口约213.95万（2007）。1536年由西班牙人始建。为西南工业重镇和制糖工业中心。工业除制糖、纺织、食品、饮料、木材外，还有化工、建材、农机制造、电器、化纤、轮胎等新兴部门。市郊出产甘蔗、水稻、玉米、菜豆、木薯等，河谷地区利于发展畜牧业。西南各省的甘蔗、咖啡、畜产品等的集散中心。西部交通枢纽，有公路和铁路同首都圣菲波哥大及大西洋沿岸城市联系，设有国际机场。为防止荒漠化，在城西南的西科迪勒拉山上建有面积15万公顷的法拉略内斯天然国家公园。历史文化名城和旅游胜地。市内保留有16、17世纪建的教堂、修道院以及著名的卡纳拉莱霍斗牛场等。重要的文化中心，市内有考卡山谷大学、卡利圣地亚哥大学。

**卡利马科斯** Callimachus（约前310～前240） 古希腊诗人，亚历山大里亚派诗歌的代表。生于非洲北部库勒涅，曾赴雅典求学。早年任教师，后主持亚历山大城图书馆，成为托勒密家族的宫廷诗人。他是一位多才多艺的作家，哀歌体的《起源》（共4卷，已佚）是他最著名的作品。这部诗集由若干首独立的哀歌组成，内容是解释各种节庆、习俗和名称的起源，第3卷中对阿孔提奥斯和库狄帕两人的爱情有出色的描写。叙事诗《赫卡勒》塑造了一个单纯而贫穷的老妇人赫卡勒的感人形象，借忒修斯在她家避雨的故事，说明雅典同名村社名称的由来。另留存有6首颂歌、《抑扬格诗集》、《铭辞集》。此外还编辑了120卷《文化界名人及其作品概览》。后人统计他的作品总数达800种。卡利马科斯的文学主张为：形式短小，反对俗套，细节精心雕琢。作品着重表现现实生活场景和爱情题材。他所创立和代表的流派在以后的古希腊文学中一直居重要地位。

**《卡列维波埃格》** *Kalevipoeg* 爱沙尼亚史诗。见F.R.克列茨瓦尔德。

**卡鲁索** Caruso, Enrico（1873-02-27～1921-08-02） 意大利男高音歌唱家。生于那不勒斯，卒于那不勒斯。童年在教堂中歌唱，为该市著名歌手。1902年在蒙特卡洛与N.梅尔巴同台演唱G.普契尼的《波希米亚人》获得成功，同年又在伦敦科文特加登皇家歌剧院演出G.威尔第的《弄臣》，由此声名大噪。1902年在纽约大都会歌剧院登台，直到1920年。他在该剧院共扮演过36个角色，演出达600多场次。

卡鲁索早期的高声区不能运用自如，有时不得不使用假声或把乐谱移调。但这也促使他后来发展出一种绝妙的半声唱法。他的嗓音浑厚、辉煌，属于抒情-迫展男高音，既有一般男高音优美悦耳的特质，又能唱出炽烈的戏剧性激情。在他全盛时期，嗓音有如洪钟，具有非凡力度，再加上高超的呼吸控制和早年发展的绝妙的半声。他感情淳厚、幽默，坦率、热情、慷慨。卡鲁索一生演了50余部歌剧。对艺术歌曲和那不勒斯民歌的演唱造诣很深，在歌唱方面的成就对世界声乐艺术的发展具有重要影响。他是第一个录制唱片的意大利男高音，录有250余张唱片，被誉为声乐史上杰出的男高音。

**卡罗瑟斯** Carothers, Wallace Hume（1896-04-27～1937-04-29） 美国化学家。生于艾奥瓦州伯灵顿，卒于费城。1920年在密苏里的塔基欧学院毕业。1921年在伊利诺伊大学获硕士学位，1924年获有机化学博士学位。1928年起，在美国杜邦公司任职9年，领导基础有机化学的研究工作。1936年当选美国国家科学院院士。他合成了多种高分子。他发现当聚合度大于一定数值后，产物可纺成丝，再经冷拉后可以得到高抗拉强度的柔韧纤维。1939年杜邦公司开始大量生产的聚己二酰己二胺（尼龙66），就是他所研究的许多缩聚产物中的一个。他还研究成功由乙烯基乙炔加氯化氢生成2-氯丁二烯，从而合成氯丁橡胶。他发表过60多篇论文和取得近70项专利。

**卡罗维发利国际电影节** Karlovy Vary International Film Festival 世界上历史最悠久的电影节之一。捷克斯洛伐克于1946年创办，每年举行一次。1959年后改每两年一次。电影节的主要活动有：①举行评奖工作。②举行观摩映出并召开座谈会。③举办回顾展。④开办电影市场，推销影片。最高奖是水晶地球仪奖。其次有评委会特别奖、利迪策玫瑰奖。分别授予最佳影片、导演、男女演员、编剧、摄影等。中国自1950年起参加并多次获奖。

**卡马圭** Camagüey 古巴第三大城市，卡马圭省首府。位于古巴岛中东部内陆。人口32万（2000）。年平均气温23℃，平均年降水量1 342毫米。1514年始建于今努埃维塔斯港所在地。是西班牙殖民者D.贝拉斯克斯在古巴建立的最早的7座城镇之一。1528年迁至现址。经济依靠农业、畜牧业和铬铁矿开采。制糖业中心。有化肥、水泥、冶金、铁路机车车辆修造、皮革、乳制品、啤酒和肉类加工厂等。交通便利，有中央铁路和公路，通往哈瓦那和圣地亚哥等城市。有国际机场。市内有多处名胜，如起义军将领伊格纳西奥·阿格拉蒙特的故居博物馆和公园、著名诗人N.纪廉的故居、卡马圭市大剧院和为数众多的教堂等。设有哈瓦那大学分校。

**卡玛戈** Camargo, Marie (-Anne de Cupis de)（1710-04-15～1770-04-28） 法国芭蕾

卡玛戈的舞姿（绘画，局部）

表演家。生于比利时布鲁塞尔一个西班牙和意大利混血的乐舞世家，卒于巴黎。16岁成为专业演员。一生跳过芭蕾舞剧近百部，舞风强劲，风格洒脱，率先完成“交织击腿跳”、“上下击腿跳”两种至今仍为男性的击打动作。她在舞剧中将女演员的曳地长裙剪短，抛弃了裙中的硬裙撑和沉重的头饰、假面、上衣和高跟鞋，采用露踝长裙、紧身内衣和软底舞鞋，更好地展示出女演员的舞蹈技艺。她的技术革新和服装改革促进芭蕾肢体美学的飞速发展，对后世女舞蹈演员的技艺发展有着深远的意义，为芭蕾进入“浪漫主义时期”奠定了基础。

**卡梅伦** Cameron, David William Donald (1966-10-09～ ) 英国政治家，英国首相(2010～ )。生于伦敦，习称戴维·卡梅伦。在伊顿公学就读小学和中学，1983年考入牛津大学。大学毕业后进入英国保守党政策研究部工作。1991年借调到首相府，不久后被任命为研究部政治组组长。1992年，英国大选期间担任保守党竞选策略专家，负责经济事务。保守党赢得大选后，任财政大臣N.拉蒙特的特别顾问。1993年调英国内政部任职。2001年，竞逐牛津郡维特尼区的国会议员席位成功，并成为下议院内政事务特别委员会成员。2003年6月，担任影子内阁的枢密院办事处部长。2003年11月出任保守党副领袖。2004年，担任保守党政策协调主管并兼任反对党地方政府事务发言人。2004年担任影子内阁政策事务主管。2005年担任影子内阁教育大臣。同年12月竞选保守党领袖并获得成功。2010年5月11日，就职英国首相。2010年11月访华。

**卡梅伦** Cameron, Julia Margaret (1815-06-11～1879-01-26) 英国摄影家。生于印度加尔各答，卒于锡兰(今斯里兰卡)。曾随丈夫长期生活在锡兰。1848年定居英国。

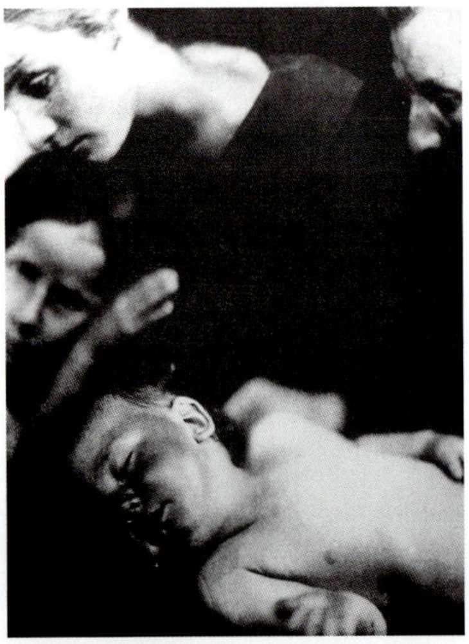

《祈祷与赞美》(1865)

1863年，女儿将一台照相机作为礼物送给她，从此勤于摄影，主要拍摄人像和社交生活。由于她的家庭和英国文学艺术界、科学界有较多交往，她得以拍摄了生物学家C.R.达尔文、诗人A.丁尼生等19世纪一批著名人物的肖像。人们对这些人的形象记忆，不少是来自卡梅伦的照片。当时照相馆流行的肖像多是全身像，表情端庄严肃；而卡梅伦的业余身份使她完全凭直觉拍摄，她的人像常常是半身像，有时甚至是特写，神情中的细节也得以表现。这种拍法在无意中蕴涵了超前的意识，奠定了她在英国摄影史上的地位。卡梅伦拍摄的女性也颇受称道。她擅用柔焦镜头并模仿绘画表现女性美，有画意摄影的风格。

**卡门** Kármán, Theodore von (1881-05-11～1963-05-06) 美籍匈牙利力学家。生于匈牙利布达佩斯，卒于德国亚琛。1902年毕业于布达佩斯皇家工学院。1908年在

德国格丁根大学获博士学位。1912年和M.玻恩合作，研究低温下固体比热问题，在固体点阵假设的基础上得到与实验相符的公式，比P.德拜公式的应用更为普遍。1912年，他研究流动的流体在圆柱后留下的两排周期性旋涡，后称卡门涡街，可用来解释机翼颤振和风激发的桥梁振动等现象。同年，卡门去亚琛工学院航空系任教，后任亚琛空气动力学研究所所长。在此期间，提出湍流的力学相似原理。1929年底定居美国，任加利福尼亚州理工学院古根海姆空气动力学实验室主任。他使该学院成为当时流体力学的研究中心和培训基地，并解决了航空工程许多技术问题。他还用力学方法解决了水坝裂缝、风车发电、天文台大型反射望远镜的转动等工程问题。他主持筹建美国喷气工程公司(后发展为喷气总公司)，建立了美国火箭技术中心——喷气推进实验室。卡门的贡献还有举力面理论和机翼非定常流理论、超声速流中细长体近似、亚声速流近似处理方法、跨声速相似律和非线性小扰动方法、薄板和浅壳的屈曲问题等。卡门长期从事工程科学和力学的教育工作，中国学者钱学森、郭永怀、钱伟长以及华裔美国学者林家翘等是他的学生。卡门接受过许多勋章，包括美国的第一枚国家科学勋章。著有《空气动力学的发展》、《工程中的数学方法》、《风及未来》等。科学论文汇编为《卡门论文集》，共4卷。

**《卡门》** *Carmen* G.比才作曲的四幕歌剧。脚本由梅尔哈克和哈列维根据P.梅里美的同名小说改编。作于1873～1874年，1875年在巴黎首演。最初的版本有对白，比才去世后，被圭劳德所写的宣叙调替代。故事发生在塞维利亚及附近的山区，烟厂女工卡门是一位漂亮、性格倔强的吉普赛姑娘，她爱上了龙骑兵的军士唐荷塞，并使他坠入情网。唐荷塞离开部队加入了卡门所在的走私贩行列，并舍弃了原来的妻子米卡埃拉。不久他因母亲病重而回老家，卡门把感情转移到了斗牛士埃斯卡米罗。斗牛场上，埃斯卡米罗胜利了，正当卡门为他的胜利欢呼时，唐荷塞找到了她。倔强的卡门断然拒绝了唐荷塞的爱情，最后终于死在他的刀下。这部作品是歌剧史上最重要也是最受欢迎的作品，它为法国的喜歌剧带来了新的活力。歌剧音乐生动、灵活，富于表情，具有西班牙民间音乐色彩。

**卡蒙斯** Camões, Luis Vaz de (1524?～1580-06-10) 葡萄牙诗人、剧作家。生于里斯本，卒于里斯本。父亲早亡。曾入科英布拉大学学习。在摩洛哥服役时不幸失去右眼。1553年被派往印度，开始创作史诗《卢济塔尼亚人之歌》，但20年以后才得以发表。其间颠沛流离达10余年之久，还亲自沿达·伽马开辟的东印度航线，到达了葡萄牙在海外的几乎所有殖民地。《卢济塔尼亚人之歌》是葡萄牙文艺复兴时期最伟大的作品，被M.de塞万提斯誉为葡萄牙的珍宝。他的诗歌体裁多样，有古典传统诗，也有牧歌、谣曲、颂歌和十四行诗多种。创作剧作有《宴会主人》、《国王塞寮古》和《菲洛德莫》。

**卡明斯基** Kamensky, Gregory Nikolayevich (1892-01-18～1959-07-17) 苏联水文地质学家。生于俄罗斯图拉省克列科特卡镇，卒于莫斯科。1916年毕业于莫斯科农学院，1941年获莫斯科地质勘探学院地质矿物学博士学位。曾任莫斯科地质勘探学院教授、全苏地质学会水文地质分会主席、国际水文地质学家协会副主席等职。1953年当选为苏联科学院通讯院士。在莫斯科矿业学院组建了渗流实验室，研究含水层岩石的力学性质。1939～1949年在全苏水文地质工程地质科学研究所组建了水文地质实验室，研究非均质含水层地下水动力学。提出的用来解决地下水非稳定流问题的有限差分法可应用于地下水动态分析，确定水文地质参数、回水和灌溉及井的涌水量，矿山排水条件下地下水动态预测，水库地下水渗漏计算等方面，被称为卡明斯基有限差分法。他发明了一系列测定渗透系数的仪器，其中野外实用的仪器称卡明斯基仪。主要著作有《地下水动力学原理》、《地

下水动态》(合著)、《地下水普查与勘探》等。

**卡纳克列石** Megaliths at Carnac 法国新石器时代晚期至青铜时代早期列石建筑遗迹。位于莫尔比昂省卡纳克村周围的田野上。列石中的石头均为天然石，未加雕琢。立石高1～7米，分为数列，长达4千米，总数近3 000块。自西向东分为梅内克、凯尔马里奥和凯尔勒斯康3个群落。此外，在梅内克和凯尔勒斯康列石群的附近还有2处半圆形的石列。整个列石长阵排列整齐有

序，显然事先经过周密布局。在凯尔马里奥列石群进行的考古发掘获得石镞、磨制石斧、石容器、陶片、炭化物等，并在其中心部位发现更早时期的立石遗迹及石室墓穴等。这一遗迹的性质可能是与墓葬有关的宗教纪念物。

**卡纳克神庙** Karnak Temple 古埃及神庙建筑群。又译凯尔奈克神庙。位于开罗以南700千米的尼罗河畔、古埃及都城底比斯遗址的南部，卢克索神庙之北，占地100公顷。以各有砖墙环绕的阿蒙（"众神之王"太阳神）神庙、穆特（阿蒙之妻）神庙和蒙图（战神）神庙为主体，柯恩苏（阿蒙与穆特之子）、拉美西斯二世和拉美西斯三世等大小神庙散布其间。整个建筑群在约1300年中陆续建成。阿蒙神庙居中，占地约30公顷，其百柱厅最负盛名，始建于拉美西斯一世，至其孙拉美西斯二世时期完成，面积约5 000平方米。厅内竖立15～21米高的石柱134根。厅顶部已残，只保留有狭窄的天窗。大厅使用时期，柱间曾放置众多神灵和法老的巨像，光线由天窗射入，在密集的柱群和巨像间形成奇特的光影效果，烘托出神秘气氛，是建筑史上的杰作。大

百柱厅

厅的围墙上有表现战争场面的浮雕和象形文字题刻。阿蒙神庙南围墙第10号塔门外有一条数百米长、两侧排列公羊首斯芬克斯石像的通道，向南直通穆特神庙。该庙主殿三面被圣湖环抱，殿中有大量狮首女性人身石像。

**卡纳维拉尔角** Canaveral, Cape 美国佛罗里达半岛中东部沿岸沙洲的突出部分。东濒大西洋，与大陆本土之间隔着印第安和巴纳纳两个潟湖，以及梅里特岛和若干人工岛。1963年曾改名肯尼迪角，1973年恢复原名。原是一片灌木丛生的多沙荒地。1950年始建装配和发射弹道火箭的设施。长达60多千米的沿岸沙洲上，布有30多个不同类型的混凝土结构发射台。梅里特岛设立肯尼迪航天中心，以发射航天飞机为主。1961年5月5日，美国首次载人空间轨道飞行在此发射升空。1969年7月16日又首次发射载人登月飞行。1981年世界上第一架航天飞机"哥伦比亚"号点火升空，后又返回地面。有"地球之门"、"宇宙港"、"飞向太空的始发站"等誉称。附近设帕特里克空军基地。美国

卡纳维拉尔角肯尼迪航天中心

国家航空航天局游览中心负责接待游客参观，甚至可目睹发射时的壮观景象。梅里特岛上辟有国家野生动植物保护区，其北还有卡纳维拉尔国家海滨公园。卡纳维拉尔角市于1962年正式建制，人口8 829(2000)。

**卡南加** Kananga 刚果（金）城市，西开赛省首府。位于国境中南部开赛河支流卢卢阿河东岸，卢本巴希—伊莱博铁路和公路线上。人口55.78万（2003）。地处刚果盆地南缘宽果高原，海拔650米左右。周围是举世闻名的金刚石矿区。热带草原气候，年平均气温19～30℃。年降水量1 570毫米，95%集中于9月至翌年5月。1884年为比利时军事哨所。第二次世界大战后金刚石矿大量开采，城市迅速发展。1950年设为省府，现为刚果（金）中南部重要工矿商业中心。附近的奇卡帕与邻近的东开赛省姆布吉马伊是著名的工业用金刚石矿产地。周边牲畜、棉花、咖啡、油棕、花生、稻米、木材、香蕉、菠萝等农产品在此集散、加工。主要工业有榨油、木材和粮食加工、水果罐头、酿酒、纺织、印刷等。公路和铁路通国内主要城市和邻国赞比亚、安哥拉。由铁路转伊莱博港经开赛河航道和金沙萨—马塔迪铁路可由本国港口出海。有机场。有国立博物馆和师范学院等文教设施。

**卡内蒂** Canetti, Elias (1905-07-25～1994-08-13) 英国德语作家。生于保加利亚鲁斯丘克（今鲁塞），卒于瑞士苏黎世。曾获博士学位。1938年迁居伦敦。1981年获诺贝尔文学奖。长篇小说《迷惘》(1935) 写一个学者被他的贪婪而愚蠢的女佣人所摆布，最后精神失常，自焚而死。剧本《婚礼》(1932)、《虚荣的喜剧》(1950)、《确定死期的人们》(1956) 等，揭露并讽刺资本主义社会中人们的贪婪、自私、放纵和生活中的不安全感。还著有《群众与权势》(1960)、《得救的舌头》(1977) 等。

**卡涅姆-博尔努王国** Kanem-Bornu Kingdom 9世纪中叶至20世纪初非洲乍得湖区域古国。全盛时期统治范围包括今乍得南部、喀麦隆北部、尼日利亚东北部和尼日尔东部。首都恩加扎加穆。

传说卡涅姆王国初期称扎加瓦王国，872年阿拉伯文记载中首次出现卡涅姆之名。卡涅姆王国建立后一直由塞法瓦王朝统治。约1085～1097年在位的国王胡密皈依伊斯兰教，开始用伊斯兰教的称号，称国王为马伊。在胡密之子杜纳马统治时期（约1097～1150），卡涅姆开始扩张领土，并控制了连接豪萨、斐赞和达尔富尔等地的商路，国势日益强盛，至杜纳马·达巴莱密在位时（约1221～1259）达到极盛，其北边的疆界曾一度推进到今利比亚的南部。杜纳马·达巴莱密死后，内乱不断发生，国势日益削弱。

14世纪末，国王乌马尔·伊本·伊德里斯在布拉拉人的压力下，率领其支持者迁移至乍得湖西岸的博尔努地区，塞法瓦王朝在博尔努重新得到发展。王国改称博尔努王国，博尔努王国国王改称哈里发。约在1569年即位的伊德里斯·阿劳马是博尔努的中兴国王。他征服布拉拉人，使之成为藩属，外御豪萨、图阿雷格等强敌，进而与桑海帝国争雄，使博尔努成为独步中、西苏丹的军事大国。伊德里斯·阿劳马死后，3个儿子依次继位，约在50年间继续保持了国家的实力。此后君主昏庸，加之连遭天灾，国势日趋削弱。17世纪上半

叶，卡涅姆遭外敌侵略，博尔努派遣豪萨奴隶达拉·阿富诺率军救援。赶走入侵者后，达拉·阿富诺及远征军即留驻卡涅姆，其后裔因其领袖而得名，称为达拉塔瓦人。

19世纪初，富尔贝人首领奥斯曼·丹·福迪奥发动“圣战”，进攻博尔努，约1808年，被赶出首都的博尔努国王，向达拉塔瓦人教长加涅米求援。加涅米击败奥斯曼·丹·福迪奥的军队后，成为博尔努的实际统治者。1846年加涅米之子乌马尔杀死了最后一位塞法瓦王朝的国王，结束塞法瓦王朝近千年的统治，建立起舍胡王朝。1893年，舍胡王朝被拉巴赫·祖拜尔所灭亡。1900年拉巴赫·祖拜尔被法国殖民军杀死。在英、法对这一地区的争夺中，博尔努中心地带为英军所占领，成为英属北尼日利亚保护地的一部分。卡涅姆－博尔努王国最后灭亡。

**卡努里人** Kanouri 非洲西部乍得湖地区跨界民族。又称贝里贝里人。有672万人(2002)。主要分布在尼日利亚东北部（546万）、尼日尔东南部（101万）、乍得西部（20万）和喀麦隆北部（5万）。属尼格罗人种苏丹类型。使用卡努里语，属尼罗－撒哈拉语系撒哈拉语族。多信伊斯兰教。主要由卡涅姆人和达扎人（图布人）混合而成。最早定居点在乍得湖的东边和北边，后来扩至乍得湖西边和南边。约在9世纪建立卡涅姆王国。11世纪伊斯兰教传入后，乍得湖以北各部落统一并建立中央集权国家。13世纪达鼎盛时期，与苏丹、埃及、突尼斯、的黎波里有商业联系。14世纪末，卡涅姆王国迁都博尔努，开始了博尔努王国时期。15世纪向西扩张，迫使豪萨人的卡诺城邦称臣纳贡。16世纪，势力直达桑海帝国的东部边境。19世纪中叶后，卡努里人所在博尔努地区被英、法、德殖民者瓜分。经过长期斗争，与当地各族人民一起，于20世纪60年代分别赢得了所在国的独立。多数务农，部分人以养畜或捕鱼为生，有金属加工、制陶和纺织等手工业。

**卡诺** Kano 尼日利亚第二大城市，卡诺州首府。地处豪萨兰高平原，濒临贾卡拉河，离边境约100千米。人口332.99万（2003）。

卡诺老城

海拔约470米，热带草原气候，年平均气温26℃，平均年降水量870毫米，雨季长5个月（5～9月）。尼日利亚著名古城，原为加亚人村落。1095～1134年为豪萨部落所建卡诺王国首府。1804～1807年的护教战争后，成为富拉尼人所建卡诺酋长国首府。15世纪鼎盛时期建造的城墙保存至今。1903年被英国侵占，现为国家北部主要商业、文化中心和交通运输枢纽。中北部的花生、皮革、牲畜、蛋品在此集散，其中花生和皮革供出口。工业以食品为主，包括榨油、面粉、肉类加工、罐头等。重工业有水泥及预制件、金属构件、化工、轧钢、自行车和汽车装配等。附近地区开采锡、铌铁矿。传统手工业包括制革、装饰品、编席、金属制品、陶器等，染布、染革有数百年历史。运输主要靠公路，国家北部公路线交会于此，通全国各地。铁路通恩古鲁、拉各斯和哈科特港。有国际机场。城市分新老城区，老城称卡诺城，主要名胜有15世纪古城墙、王宫和全国最大的清真寺，设有博物馆、艺术馆和传统市场；新城辟有工业区、商业区、高级住宅区和重要文化教育设施，有贝勒大学、州立高等教育学院、阿拉伯法律学院和数所师范、科技、商业学校及农业研究所。

**卡诺** Carnot, Sadi (1796-06-01～1832-08-24) 法国物理学家。生于巴黎，卒于巴黎。1812年进入巴黎国立工艺美术学院，师从于S.-D.泊松、J.-L.盖－吕萨克、A.-M.安培和D.-F.-J.阿拉戈等人。1820年开始研究蒸汽机。1824年发表了《论火的动力和能用其为动力的机器》（简称《论火的动力》），在他死后才为人所注意。

1827～1828年任部队工程师，此后辞去职务继续从事热机理论的研究。1832年因染霍乱病卒，其物品包括大部分著作与手稿，均被焚毁。卡诺为设法提高蒸汽机的效率，创设出闻名的卡诺循环与热机，并引进了可逆性的概念。由能量守恒与当时盛行的热质说得出了有关热机效率的卡诺定理，即“在给定的两不同温度间工作的任何热机，其中可逆热机的效率最高而彼此相同，且其大小仅与该两温度有关”。这对提高热机效率和效率的极限方面，起了决定性的作用。这个定理虽用了热质说而使证法有误，但结论却是正确的，后来开尔文和R.克劳修斯为修正其证明，提出了热力学第二定律和开尔文的热力学绝对温标。卡诺本人也最终放弃了热质说。除《论火的动力》外，其他笔记残页由其弟于1878年公布。

**卡诺循环和卡诺定理** Carnot cycle and Carnot theorem 由两个绝热过程和两个等温过程构成的循环过程称为卡诺循环。由N.L.S.卡诺于1824年在研究热机可能的最大效率时提出。卡诺假设工作物质只与两个恒温热源交换热量，没有散热、漏气、擦等损耗；脱离热源后只能是绝热过程。为使过程是准静态过程，工作物质从高温热源吸热应是无温度差的等温膨胀过程，同样，向低温热源放热应是等温压缩过程。作卡诺循环的热机叫做卡诺热机。进一步卡诺提出了卡诺定理：①在相同的高温热源和相同的低温热源之间工作的一切可逆热机的效率都相等，与工作物质无关，且为$\eta=1-\frac{T_2}{T_1}$。其中$T_1$、$T_2$分别是高温和低温热源的绝对温度。②在相同的高温热源和相同的低温热源之间工作的一切不可逆热机的效率不可能大于可逆卡诺热机的效率。

卡诺定理阐明了热机效率的限制，指出了提高热机效率的方向（提高$T_1$，降低$T_2$，减少散热、漏气、摩擦等不可逆损耗，使循环尽量接近卡诺循环），成为热机研究的理论依据。热机效率的限制、实际热力学过程的不可逆性及其间联系的研究，导致热力学第二定律的建立。在卡诺定理基础上建立的与测温物质及测温属性无关的绝对热力学温标，使温度测量建立在客观的基础之上。此外，应用卡诺循环和卡诺定理，还可以研究表面张力、饱和蒸气压与温度的关系及可逆电池的电动势等。还应强调，卡诺这种撇开具体装置和具体工作物质的抽象而普遍的理论研究方法，已贯穿在整个热力学的研究之中。

**卡帕** Capa, Robert (1913-10-22～1954-05-25) 美籍匈牙利裔新闻摄影家。生于布达佩斯，卒于越南太平。原名安德烈·弗里德曼。1931年流亡德国，进柏林大学求学，同时在一家新闻图片社工作。三年后到巴黎任报社摄影记者。1936年赴西班牙内战战场，在战场拍摄了一战士中弹将要倒下的情景，这幅先后以《西班牙战士》、《战

《西班牙战士》(1936)

场殉难者》、《阵亡一瞬间》等题目发表的感人至深的作品，成为战争摄影的传世之作。1937年日本发动侵略中国的战争。他在上海、武汉等地拍摄了许多揭露日本侵略军罪行和抗日军民生活的新闻照片，公之于世。1939年回到欧洲，再赴美。1941～1945年第二次世界大战期间专门为美国《生活》杂志去欧洲、北非的战场上采访摄影。1944年随盟军部队参加了在法国北部的诺曼底登陆战役，拍摄了极为精彩的战斗场面照片。1947年以后曾去苏联、以色列采访。1954年他到越南战场用照相机反映《越南的悲剧》(卡帕最后一幅摄影作品)。同年5月误踏地雷身亡。1955年美国《生活》杂志与“海外记者俱乐部”设立了“罗伯特·卡帕金奖”，用以表彰在新闻摄影战线有成就的摄影记者。

**卡佩王朝** Capetian Dynasty 法国封建王朝(987～1328)。因建立者于格·卡佩(987～996年在位)而得名。卡佩王朝的历代国王通过扩大和巩固王权，为法兰西民族国家奠定了基础。

王朝初年，法兰西是封建割据国家。王室领地狭小，只限于塞纳河和罗亚尔河中游包括巴黎和奥尔良在内的分散领地。从11世纪末起，王权开始加强。腓力二世(1180～1223年在位)统治时期，拥有英国国王头衔的法国安茹家族占有大片领地，总面积超过法国王室领地的5～6倍，阻碍了法兰西统一。1203年法国征服了诺曼底，合并了安茹等大片领地，英王在法国的领地只剩下阿基坦和普瓦图的一部分。腓力三世在位期间(1270～1285)，王权在南部地区牢固建立。卡佩王朝统治时期，农村多次发生农民起义，南部城市流行基督教异端阿尔比派，后遭到教皇组织的十字军的镇压。

随着生产的发展和社会的进步，法兰西的文化也取得很大成就。13～14世纪，在巴黎、图卢兹和奥尔良等城市相继创办大学，巴黎成为学术中心。1328年，法国卡佩家族男嗣断绝，瓦卢瓦家族的腓力六世继位(1328～1350)，开始了瓦卢瓦王朝的统治。

**卡彭铁尔** Carpentier (y Valmont), Alejo (1904-12-26～1980-04-25) 古巴作家。生于哈瓦那，卒于法国巴黎。曾在哈瓦那大学建筑学专业学习，1921年放弃学业开始从事新闻、艺术评论和文学创作工作。曾流亡法国，旅居海地、委内瑞拉。历任杂志主编、古巴国家出版社社长等职。第一部长篇小说《埃古·扬巴·奥》(1933) 描写一个黑人混血儿的一生，被认为是黑人文学在小说领域的开端。中篇小说《这个世界的王国》(1949) 是一部历史小说，描写18世纪海地反对拿破仑的独立革命。他把加勒比地区以印第安文化和非洲文化为基础的魔幻般的现实用文学描述，把社会和历史现实放到带有浓厚神秘色彩的环境和气氛中加以表现。他提出“神奇的现实”这一概念，为拉丁美洲魔幻现实主义奠定了理论基础。长篇小说《消逝的脚步》(1953) 描写一个白人深入委内瑞拉原始丛林，进行人种学和音乐方面的探索。其他重要作品还有《追踪》(1956)、《启蒙的世纪》(1962)、《方法的根源》(1974)、《春天祭》(1978) 和《竖琴与影子》(1979) 等。

**卡皮察** Kapitsa, Pyotr Leonidovich (1894-07-08～1984-04-08) 苏联物理学家。生于喀琅施塔得。1918年毕业于圣彼得堡工学院，1921年赴英国剑桥大学留学，在该校与E.卢瑟福一起工作。1929年选为英国皇家学会会员。1930～1934年任皇家学会蒙德实验室主任。1935年任苏联科学院瓦维洛夫物理问题研究所所长，1939年当选为苏联科学院院士。在科学上最大贡献是1937年发现液态氦的超流动性。他发现温度低于2.17K时氦几乎没有黏性，即对流动没有阻力。1941年卡皮察还曾发现，当热流经过固体与超流氦的界面时，温度在界面上有一个不连续的跃变。这一现象被称为卡皮察热阻。因对低温物理学的研究获1978年诺贝尔物理学奖。

**卡皮托利内博物馆** Capitoline Museums 意大利的美术馆。位于罗马市政广场所在的卡皮托利诺山上。1471年教皇西克斯图斯四世将私人所藏的古代雕像捐出供展览，是其缘起。博物馆建筑是由米开朗琪罗设计的，直到他死后的1603年才告竣工。1734年，教皇克雷芒十二世对公众开放了一楼所藏的古代雕像，包括希腊雕塑《垂死的高卢人》、《拳击手》，埃特鲁斯坎的青铜雕塑《母狼》等。以后历代教皇间有捐赠，藏品日渐丰富。1749年教皇本尼狄克十四世在二楼修建了卡皮托利内绘画馆，展出14～17世纪的欧洲名画。馆内还有陈列帝王胸像及著名诗人、哲学家肖像的专室。

**卡普尔** Kapoor, Raj (1924-12-14～1988-06-02) 印度电影演员、导演、制片人。生于白沙瓦(现属巴基斯坦)，卒于新德里。出身电影世家。担任过导演助理、美工。20世纪30年代曾在影片《地震之中》中扮演儿童角色。40年代初期，在影片《蓝荷花》中扮演配角。1946年编导了自传体影片《火》和爱情故事片《雨》，自任主角取得成功。1950年建立拉兹·卡普尔电影公司。1951年自演自导的《流浪者》获第6届戛纳电影节最佳故事片奖，并因此蜚声国际影坛。此后，又拍摄了《我的名字叫小丑》等多部影片。他的影片多为商业片，但并不粗鄙，艺术风格不落俗套。60年代后，将主要精力用于制片业。

**卡普坦** Kapteyn, Jacobus Cornelius (1851-01-19～1922-06-18) 荷兰天文学家。生于巴内韦尔德，卒于阿姆斯特丹。曾任职于莱顿大学天文台。后任格罗宁根大学天文学和理论力学教授。1886～1896年，卡普坦测量、归算了南天的星空照片上的恒星位置，1896～1900年刊布了载有454 875颗(星等到10等，赤纬－18°到南极)恒星的南天照相星表，称为《好望角照相巡天星表》。

1901年卡普坦导出恒星的平均视差与视星等、自行的统计关系式。1902年他提出了绝对星等的概念。1904年他提出恒星运动的二星流理论。1906年卡普坦提出“选区计划”，建议详细研究均匀分布在天球上的206个选择区域(称为卡普坦选区)，对选区作广泛的、扩展到更暗弱星等的恒星计数，测定选区内恒星的视星等、光谱型、自行、视差和视向速度。1922年他建立了银河系模型，描述银河系是扁平旋转椭球状、中心恒星密集、边缘稀疏、太阳位于中心附近。这个模型后被称为“卡普坦宇宙”。

**卡其** khaki drill 斜纹组织的棉织物。由于最初用一种名为“卡其”的矿物染料染成类似泥土的保护色供军用，后遂以此染料名称统称这类棉布。卡其织物经、纬密度大，结构紧密，纹路明显。民用卡其除土黄色外，还有灰、蓝、棕等颜色。漂白卡其宜作制服、运动裤，色卡其宜作男女外衣，特细卡其宜作衬衫面料，经磨绒的各色卡其可作夹克衫面料和装饰料。品种有单面卡其、双面卡其、纱卡其、线卡其、双纹卡其、人字卡其等。纱卡其的经、纬向均用单纱，组织为三上一下或二上二下斜纹，大多采用三上一下左斜纹组织，正面斜路粗壮而明显，反面为不明显细斜路。线卡其是半线卡其（线经纱纬）和全线卡其（线经线纬）的统称，多用二上二下右斜纹组织，部分用三上一下右斜纹组织，布面细密光洁。单面卡其一般采用三上一下（也有二上一下）斜纹组织，正面斜路明显并稍凸起，反面斜路不明显。双面卡其采用二上二下斜纹组织，正反面斜路都很明显，手感较硬挺。双纹卡其因布面上呈现两条不同斜纹线条而得名。人字卡其布面呈现“人”字形外观效果，斜路一半向右，另一半向左。自20世纪60年代以来，用棉和化纤混纺纱织制的涤/棉卡其具有挺括、免烫等优点。

**卡若遗址** Karuo 中国新石器时代遗址。位于西藏自治区昌都县卡若村。1978～1979年发掘，是西藏高原首次进行的考古发掘。年代约为公元前3300～前2300年。发现房屋遗迹28座，包括浅圜底、半地穴式土壁、半地穴式石墙和地面起建四种。其中的半地穴式石墙建筑，在贴靠坑穴四壁处垒砌稍高出坑口的石墙，以屋内的立柱和石墙外侧的擎檐柱支撑屋顶，显示出独特的建筑形式。石器有磨制的斧、锛、凿、刀等和细石器。出土了炭化粟和猪、牛等家畜的骨骼，以及多种兽骨和鸟骨，反映出已有原始粟作农业，狩猎经济也较发达。陶器以刻划纹罐和盆为主，也有零星花纹简单的彩陶。发现10件穿孔宝贝饰物，此种宝贝主要产于南海，当系辗转交换而来

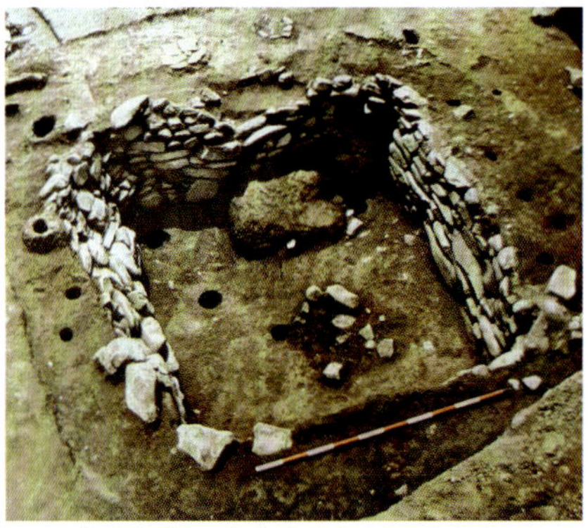

半地穴式石墙建筑面积25.5平方米，室内有砾石围成的灶

的珍稀之物。以此遗址为代表的同类遗存被命名为卡若文化。1996年国务院公布卡若遗址为全国重点文物保护单位。

**卡萨布兰卡** Casablanca 摩洛哥城市达尔贝达的旧称。

**《卡萨布兰卡》** *Casablanca* 美国故事片。1943年美国华纳影片公司出品。编剧P.G.爱泼斯坦，导演M.科蒂斯，主演H.鲍嘉、英格丽·褒曼。影片通过第二次世界大战初期发生在摩洛哥北部城市卡萨布兰卡（摩洛哥城市达尔贝达的旧称）的一个故事，反映了当时社会上形形色色的人物共同的反法西斯精神。本片情节曲折紧张，叙事紧凑流畅，两位主演技艺精湛，片中插曲《时光流逝》优美动听，加上适逢其时的反法西斯主旋律，这些因素不仅使本片成为战时美国最卖座影片，战后又成为好莱坞的经典名作。获1943年第16届奥斯卡金像奖最佳影片等3项奖。

**卡萨布兰卡会议** Casablanca Conference 第二次世界大战期间，美国总统F.D.罗斯福和英国首相W.丘吉尔及两国高级将领，于1943年1月14～23日在摩洛哥卡萨布兰卡（今达尔贝达）举行的战略会议。法国C.戴高乐将军和H.-H.吉罗将军也参加了会议。

吉罗、罗斯福、戴高乐、丘吉尔（从左至右）在卡萨布兰卡会议上的合影

会议主要讨论：①未来的作战计划。经过激烈讨论，会议最后通过了进攻西西里的作战计划，对西欧的进攻被推迟到1943年8、9月间。会议还通过了美国建议的对日作战方案，计划对所罗门群岛、新几内亚、关岛等发动一系列平行进攻，并实施收复缅甸的“安纳吉姆”计划。②未来的法国政治问题。经过激烈讨论达成协议，由吉罗和戴高乐共同组织法国临时行政机构。③土耳其在战争中的立场问题。为了推行巴尔干进军计划，会议决定力争土耳其参加盟国方面对德国作战。会议宣布，盟国作战最终目的是迫使法西斯国家无条件投降。但未作出有利于击败法西斯国家的战略决策。

**卡萨尔斯** Casals, Pablo（1876-12-29～1973-10-22） 西班牙大提琴家、指挥家。生于本德雷尔一个管风琴师的家庭，卒于波多黎各。童年学习钢琴和小提琴。1887年进巴塞罗那市音乐学校学习大提琴。1891年2月首演，一举成名。1895年在巴黎歌剧院担任独奏。1897年起任教于巴塞罗那市音乐学校。1898年在巴黎拉穆勒音乐会和1899年在伦敦水晶宫的音乐会上演出，均获成功。他的演奏构思明晰，风格严谨，技艺精湛，受到音乐界一致推崇。1905年，他与A.科尔托和J.蒂博组成的三重奏

团，是20世纪初期最卓越的室内乐小组之一。1919～1936年，他指挥巴塞罗那交响乐团的演出活动，对丰富加泰罗尼亚的文化生活起了重要作用。1939年移居法国普拉德。1950年起组织了一系列的普拉德音乐节，许多国际知名的演奏家都参加了演出活动。1956年，他回到母亲的故乡波多黎各定居，并举办卡萨尔斯音乐节。他的演奏感情真挚，对广泛曲目有卓越见解，对现代大提琴艺术的发展影响很大。

**卡萨特** Cassatt, Mary（1844-05-22～1926-06-26） 美国印象主义画家。生于宾夕法尼亚州阿勒格尼城，卒于法国巴黎附近。童年时代多在法国与德国度过。1858年回美国，1861～1865年进宾夕法尼亚美术学院学习。南北战争后到法国，短期跟学院派画家C.J.夏普兰学画。1872～1876年参加巴黎每年的沙龙画展，因接近印象派风格而受抨击。后画家E.德加邀请她参加印象派，多次参加印象派画展。她的绘画受德加的影响，其油画《在蓝色椅子中的女孩》（1878）的一部分背景是德加画的。另一力作《埃利森女士》（见图），表现了她的独特风格。她崇尚C.莫奈、A.西斯莱、C.毕沙罗的风景画，其80年代中期作品明显受到他们的影响。看了1890年巴黎的日本浮世绘印刷品展览后，直接受其感染，创作了一套10幅的套色版画，其中包括《母亲的爱抚》（1891）。1904年获法国荣誉军团骑

《埃利森女士》

士勋章，并多次获得美国的奖项。

**卡什凯人** Kashkai 西亚伊朗伊斯兰共和国的民族之一。约60万人（2001）。主要居

住在西南部的法尔斯省。属欧罗巴人种和蒙古人种的混合类型。使用卡什凯语，属阿尔泰语系突厥语族。无文字。信奉伊斯兰教，属什叶派。一半居民为游牧民，主要牧羊，夏季到设拉子和伊斯法罕之间的高地放牧，冬季转移到设拉子西北和以东的低地。另一半居民定居务农，种植小麦和大麦。织毯业发达。现仍保存封建关系和父权氏族部落残余。

**卡斯蒂利亚王国** Castile, Kingdom of 伊比利亚半岛中部卡斯蒂利亚地区封建王国。9世纪，卡斯蒂利亚是一个独立公国。1026~1035年臣服于纳瓦尔王国。1035年斐迪南一世正式建立卡斯蒂利亚王国，1037年吞并了莱昂王国，1065年去世后，卡斯蒂利亚王国由他的5个儿子分管，之后其次子桑乔二世重新统一王国。1072年，桑乔二世死去，其四弟阿方索六世继位。1085年打败阿拉伯人，收复了托莱多。1236年，斐迪南三世收复了科尔多瓦。1248年卡斯蒂利亚王国打败塞维利亚王国，将南部疆界推进至大西洋沿岸。其子阿方索十世统治时期（1252～1284），卡斯蒂利亚王国政治上进展不大，但在科学、文化上却有很大的发展，编成了《卡斯蒂利亚法典》(又称《七章法典》)。

1469年王位继承人伊莎贝拉一世(1479～1504年在位）同阿拉贡王国王子斐迪南二世（1479～1516年在位）结婚。1479年卡斯蒂利亚王国同阿拉贡王国合并，奠定了西班牙成为统一王国的基础。

**卡斯帕罗夫** Kasparov, Gary (1963-04-13～ ) 俄罗斯国际象棋手。生于阿塞拜疆巴库。阿塞拜疆师范学校外语系毕业。6岁接受国际象棋训练。10岁即成为一级棋手，14岁获苏联青少年冠军，遂成为国家大师。17岁获世界青年冠军，并晋升国际特级大师。1981年获得苏联锦标赛并列冠军。1984年，卡斯帕罗夫赢得向世界冠军A.Ye.卡尔波夫挑战的资格，这场对抗赛历时159天，在48局比赛中双方都未能取得决定性的6局胜利，世界国际象棋联合会宣布对抗赛在1985年重新举行。卡斯帕罗夫在这次对抗赛上以13∶11取得胜利，成为历史上第13位国际象棋男子世界冠军。随后，卡斯帕罗夫在1986、1987和1990年连续卫冕，对手仍是卡尔波夫。1993年自建“职业国际象棋联合会”。他是国际象棋天王级棋手。

**卡斯特里** Castries 圣卢西亚的首都和主要港口。位于圣卢西亚岛西北海岸。人口约6.8万（2007)。1650年法国殖民者始建。1814年英国最终控制该地。第二次世界大战期间曾为海军基地。1948年遭大火焚毁，后重建。工业有农产品加工、软饮料、肥皂、家具和服装等。港湾水深隐蔽，是西印度群岛的天然良港。全国进出口货物集散地。主要外运香蕉，也输出甘蔗、甜酒、糖蜜、可可、香料油、香水及各种热带水果和蔬菜。附近有维吉海滨疗养地、机场，以及建于1794年的莫尔内古城堡遗址、植物园等。

**卡斯特罗** Castro, Fidel (1926-08-13～ ) 古巴共产党中央委员会第一书记，古巴国务委员会主席、部长会议主席。生于奥连特省马亚里市比兰村的一个甘蔗种植园主兼木材商家庭。1945年进哈瓦那大学法律系读书。1950年获哈瓦那大学法学博士学位。1953年7月26日发动反F.巴蒂斯塔-萨尔迪瓦政权的武装起义。起义失败后被捕，判刑15年。1955年5月15日获释后组织七二六运动，随即流亡美国、墨西哥。1956年12月，他率领81名青年乘游艇“格拉玛”号在古巴奥连特省南岸登陆，但大部分被杀或被俘。受挫后转入马埃斯特腊山区开展游击战，并担任起义军总司令。经过两年多的战争，推翻了巴蒂斯塔政权。1959年1月1日全国胜利后，担任武装部队总司令。2月16日出任政府总理。1961年4月，领导古巴军民击溃美国雇佣军的武装入侵。同年7月，建立革命统一组织（1962年5月改名社会主义革命统一党，1965年10月改名古巴共产党)，任第一书记。1960年9月和1962年2月，先后主持发表两个《哈瓦那宣言》。自1976年12月以来，任国务委员会主席和部长会议主席。苏联、东欧剧变后，宣布古巴坚持实行社会主义制度，领导古巴人民在特殊时期为“拯救祖国、革命和社会主义”而斗争。2006年7月，因肠胃出血接受手术，把权力暂时移交给他的弟弟、古巴国务委员会第一副主席劳尔·卡斯特罗。2008年2月19日，他宣布不再担任国务委员会主席和革命武装部队总司令两项职务。2011年4月不再担任古巴共产党中央第一书记。1995年、2003年曾访问中国。

**卡斯特罗** Castro, José Maria Ferreira de (1898-05-24～1974-06-29) 葡萄牙作家。生于萨尔盖鲁什，卒于波尔图。1922年创办《钟点》杂志，曾担任《世纪报》和《ABC》杂志编辑，《文明》和《魔鬼》周刊的主编。创作活动可分为三个阶段。第一阶段是自传体小说，以《侨民》(1928) 和《原始森林》(1930) 为代表。《侨民》展示了葡萄牙移民在巴西遭遇的奴隶般的非人生活。它的问世标志葡萄牙现实主义文学进入一个新的时期。《原始森林》描写了橡胶工人的苦难生活，卡斯特罗因而成为把无产阶级写进文学作品的第一位葡萄牙作家，奠定了他在文坛的地位。第二阶段是游记体小说，其中《环游世界》(1944) 在葡萄牙和巴西影响很大。第三阶段的作品，如《道路的转弯处》(1950) 和《使命》(1954)，反映了更广泛的社会现实问题。

**卡斯特罗** Castro, Raúl (1931-06-03～ ) 古巴共产党中央委员会第一书记，国务委员会主席兼部长会议主席、革命武装力量总司令，F.卡斯特罗之胞弟。生于奥连特省奥尔金。习称劳尔·卡斯特罗。青年时代积极投身于反对独裁统治的学生运动，并参加了古巴人民社会党(共产党)。1953年参加了攻打蒙卡达兵营战斗，失败后被捕入狱。1955年大赦获释，流亡美国、墨西哥。1956年随卡斯特罗乘“格拉玛”号游艇回到古巴，在马埃斯特腊山区开展游击战争。1958年在克里斯塔尔山区开辟并领导了第二条战线。1959年古革命胜利后一直担任党、政、军二把手。90年代初，负责古巴经济领域工作。曾在古巴进行过几次小范围的市场经济改革。1997年在古共五大上被确定为卡斯特罗主席的接班人。2008年2月，在古巴第7届全国人大会议上，正式当选国务委员会主席兼部长会议主席。2011年4月19日当选古巴共产党中央第一书记。曾于1997年、2005年两次访华。

**卡斯特罗·阿尔维斯** Castro Alves, Antônio de (1847-03-14～1871-07-06) 巴西诗人。生于穆里蒂巴，卒于穆里蒂巴。1864年入累西腓大学读法律。他以诗歌为武器，猛烈抨击黑人奴隶制度的罪恶，写下《非洲之声》、《黑奴船》、《奴隶的母亲》等一系列充满战斗激情的诗篇，揭示了黑人奴隶的悲惨遭遇及其精神和肉体所承受的巨大痛苦。他的爱情抒情诗豪放洒脱，感情真挚，想象力丰富，充满激情，直接而大胆地讴歌女性之美，如《睡美人》等。阿尔维斯强调韵律，追求形式的完美。此外，激烈的雄辩、深沉的情感、惊人的比喻、夸张的用词和铿锵的节奏构成了其作品的特点。他还善于即席创作诗歌，如《人民当政》(1864)。主要诗集有《浮沫集》(1870)、《保罗·阿方索的瀑布》(1876)和《奴隶集》(1883)等。

**卡斯特洛·布兰科** Castelo Branco, Camilo (1825-03-16～1890-06-01) 葡萄牙小说家。生于里斯本，卒于赛伊德。最著名的小说是《被毁灭的爱情》(1862)，通过一对青年男女争取婚姻自由的不幸遭遇，发出了对封建礼教反抗的呼声。作者在创作中充分运用浪漫主义手法，但在反映下层社会生活时，却运用了现实主义的描写。1885年被封为子爵。同年双目失明。1890年自杀。他是葡萄牙的多产作家，共有260多部著作，部分带有自传性质。前期作品富于浪漫主义的色彩，后期倾向现实主义。主要有揭露资产阶级暴发户的讽刺小说，如《一个天使的堕落》(1866)；描写外省生活的短篇小说集，如《我的小说》(1875～1876)、《普拉津斯的巴西女人》(1883)，以及历史小说《犹太人》(1867)和爱情小说《幸福在哪里》(1856)等。

**卡塔尔** Qatar; Qaṭar 亚洲西部国家。位于波斯湾西南岸的卡塔尔半岛，包括附近若干岛屿。西濒巴林湾，与岛国巴林相望；北与伊朗遥遥相对。陆上同沙特阿拉伯和

阿拉伯联合酋长国为邻。面积11 521平方千米。人口167万(2009)。居民中20%为卡塔尔阿拉伯人，其他为印度(18%)、巴基斯坦(18%)、伊朗(10%)以及东南亚国家的外籍人。城市化程度达91%。居民95%以上是穆斯林，大多属逊尼派。阿拉伯语为官方语言，通用英语。首都多哈。

**地理** 原为海岛，后因泥沙淤积与阿拉伯半岛相连。地势自北而南依次升高。大部分为平坦荒漠，南部及沿海地区多沼泽；西部沿海有杜汉高地。亚热带沙漠气

候，干燥炎热，7月平均气温35℃，最高气温可达46℃；1月平均气温20℃，绝对最低气温7℃。平均年降水量125毫米，多降于冬季，以阵雨、暴雨为主，相对湿度较大，有时达80%。全境无常流河，更无湖泊。海岸线曲折，良港不多。沙漠中生长着耐旱、耐盐碱的荒漠性草类和灌木。沿海有椰枣林，盛产珍珠、沙丁鱼和对虾。石油探明储量约29亿吨，居世界第十三位；天然气储量25.78万亿立方米，仅次于俄罗斯与伊朗，居世界第三。地下水源贫乏，仅西北部有一些自流井。

**历史** 公元前4千纪已有人居住。公元3世纪入波斯萨珊王朝版图，7世纪被阿拉伯帝国兼并，伊斯兰教开始传播。1517年葡萄牙人入侵，1555年受奥斯曼帝国统治。19世纪中叶建立卡塔尔酋长国。1882年成为英国保护地。1971年9月3日宣布独立，改国名为卡塔尔国。同年加入阿拉伯联盟和联合国。

**政治** 君主立宪制国家。埃米尔为国家元首和武装部队最高司令，掌握国家最高权力。禁止任何政党活动。1970年颁布第一部临时宪法，宪法规定卡塔尔为独立主权国家；伊斯兰教为国教；埃米尔在内阁和协商会议的协助下行使权力。宪法承认法官的独立性。1972年对临时宪法进行修宪。2003年4月，全民公投通过《永久宪法草案》，从法律上进一步确立了阿勒萨尼家族的执政地位。2005年6月7日，《永久宪法》正式生效。

**经济** 昔日卡塔尔居民长期依靠采珠业、渔业和养驼业为生。1937年发现油田，1949年开始产油，经济情况逐渐发生变化。独立前，石油由英、法、美、荷合资经营的石油公司控制，1972年建立国家石油公司，1977年全部接收了外国石油公司股份，民族经济得以迅速发展。2010年国内生产总值1 235亿美元，人均国内生产总值9.01万美元。石油和天然气是国民经济支柱，年产石油4 490万吨(2005)，所产石油95%供出口。半岛西岸的杜汉油田为主要油田，半岛东侧的近海油田也正在成为采油中心。为与采油工业成龙配套，注意发展炼油工业。拥有三个炼油厂，日炼油能力6.5万桶，不仅满足国内需要，还有部分出口。乌姆赛义德是炼油和石油化工中心，也是石油主要出口港。政府注意到逐步减轻对石油生产的过分依赖以及实现产业多元化，鼓励其他工业发展，特别发展天然气和非石油工业，取得显著成果。已成为世界上最大的天然气出口国之一。天然气主要分布在北部库沃等地，95%供出口。同时，利用本国丰富的天然气作燃料，建成大型海水淡化厂，还有化肥、食品、钢铁、水泥、电力、造纸、塑料等工业。

鼓励发展农业，免费向农民提供种子、化肥和农业机械，号召植树造林，扩大耕地面积。全国可耕地2.8万公顷，已耕地0.7万公顷。农业生产集中在北部，主要生产蔬菜、玉米和少量小麦、大麦、粟类以及椰枣、油橄榄、柠檬、石榴、番石榴等。粮食、蔬菜、水果、肉蛋奶等主要依赖进口。

卡塔尔没有铁路，各主要城市之间由现代化公路网相连，公路总长900千米。主要海港有多哈港、乌姆赛义德港和拉斯拉凡港。拉斯拉凡港是世界上最新、最大的处理液化天然气的港口。海运业拥有轮船70艘，总吨位70万吨。有5个机场，多哈国际机场有连接欧亚各地的航线20余条。

对外贸易稳步上升，2009年对外贸易总额为580.73亿美元，其中进口额208.88亿美元，出口额371.85亿美元。主要出口石油、液化气、合成氨、尿素、乙烯等。进口产品主要是机械和运输设备、食品、工业原材料及轻工产品、药品等。主要贸易伙伴有日本、韩国、新加坡、美国及西欧国家。

**文化** 实行免费教育，并为成绩优异

图1 卡塔尔首都多哈街景

图2 卡塔尔穆赛伊德的炼油厂

的学生提供留学深造机会，发放高额奖学金。唯一的高等学府卡塔尔大学（1977）是一所现代化综合性大学。全国实行免费医疗。出版多种阿文报刊，如《多哈月刊》、《阿拉伯人日报》、《时代周刊》等；还有英文报纸《海湾时报》。卡塔尔通讯社（1975）是阿拉伯国家主要通讯社之一，设有多哈广播电台。半岛电视台1996年创办，近年来因不断播出各种独家报道而名声大振，是当今阿拉伯世界收视率最高的电视台之一。

**对外关系** 重视国际活动，积极参与国际事务，是联合国许多国际组织以及地区性国际组织如海湾合作委员会、**石油输出国组织**（OPEC）等的成员国。已同世界上110多个国家建立了外交关系。与美国关系尤其军事关系密切，两国签有防务协定，美国已把中央司令部从本土移此，乌代基地是美国在海外最大的军事基地之一。1988年7月9日与中国建交。

**卡塔赫纳** Cartagena 哥伦比亚重要港口，玻利瓦尔省首府。位于北部加勒比海卡塔赫纳湾北端。面积92平方千米。人口87.13万（2007）。年平均气温28℃，平均年降水量840毫米。始建于1533年，为西班牙人殖民活动的重要据点。20世纪初因**马格达莱纳河**流域油田开发，城市得到发展。1926年建输油管直通巴兰卡韦梅哈油田，成为第二大海港。市郊建有马莫纳尔工业区，兴建了一批化工、炼油、电力、水泥和拖拉机等重型工业。卡塔赫纳炼油厂是哥伦比亚的第二大炼油厂。港口主要出口石油、咖啡、白金。制造业有制糖、卷烟、化妆品、纺织品、皮革等。

历史名城、文化中心和著名的旅游胜地。北区是旧城，城周围有古城墙环绕，城内古建筑林立。最著名的有1603年修建的圣彼得克拉弗大教堂，16～17世纪建筑的修道院，1827年设立的卡塔赫纳大学以及防御海盗的古老炮台和城堡。1984年，卡塔赫纳港口、城堡和古迹群作为文化遗产被列入《世界遗产名录》。

卡塔赫纳城堡

**卡坦扎罗** Catanzaro 意大利南部城市，卡拉布里亚区首府，卡坦扎罗省首府。东距斯奎拉切湾约10千米。人口9.33万（2010）。10世纪由拜占廷人始建。1099年被诺曼人征服，后相继被萨拉森人、瑞士人与法国人占领。1861年归属意大利王国。1928年成为大主教区中心。1783、1905和1907年城市历遭地震破坏。第二次世界大战中遭盟军轰炸。地区商贸中心，橄榄油、葡萄酒等的贸易较盛。有建材、食品、化工和木材加工等小型企业。17、18世纪曾闻名于世的丝织业，现已衰落。城内有各种风格的中世纪教堂和城堡等古建筑遗迹。有大学、美术馆和省立博物馆等。

**卡特** Carter, Jimmy（1924－10－01～ ） 美国第39任总统（1977～1981）。生于佐治亚州普莱恩斯镇。1946年毕业于美国海军学院。1963～1967年任佐治亚州参议员，1971～1975年任佐治亚州州长。1976年赢得民主党总统候选人提名，并在大选中击败在任总统G.R.福特，成为总统。上任伊始便实践竞选诺言，赦免了越南战争期间约1万名逃避兵役者。在任期间，任命了一批妇女和黑人担任联邦政府职务和联邦法官，并推行人权外交。1977年9月，与巴拿马签订条约，为美国在1999年12月31日前归还运河和运河区铺平了道路。1978年，力促埃及和以色列签署戴维营协议，使埃以于1979年3月最终签订正式和平条约，结束了双方持续30余年的战争状态。1978年12月与中国达成《中美建交公报》，使两国于1979年1月1日建立正式外交关系。1979年1月，在白宫接待了应邀正式访美的中国领导人邓小平。1980年1月，针对苏联入侵阿富汗，提出“使用包括军事力量在内的任何必要手段”击退“外部势力攫取控制波斯湾地区的任何企图”的“卡特主义”。同时，还联合其他63国抵制了1980年莫斯科奥运会。1980年4月派遣部队前往伊朗解救人质，失败后遭受国内广泛批评。由于**两伊战争**爆发和伊朗国王巴列维病故，最终与伊朗政府就人质问题达成协议。在任时美国经济状况恶化，连同人质危机造成的伤害，使他在1980年大选中败于R.W.里根。

曾数次访华，并积极参与国际争端的调解。2002年获诺贝尔和平奖。

**卡特尔** cartel 资本主义垄断组织的一种初级的但又是重要的形式。是生产同类商品的大企业通过签订关于产品价格、销售市场、生产规模等协定以获取高额垄断利润而形成的一种垄断同盟。法语cartel的音译，原义是同盟或协定。比较流行的卡特尔有三种：①划分销售市场的卡特尔。②规定统一价格的卡特尔。③规定生产规模的卡特尔。参加卡特尔的企业虽然受到限制，但它们在生产上、商业上、法律上和财务上都是独立的。当情况对参加者不利时，可以退出卡特尔。因此，卡特尔是一种不稳定、不持久的垄断组织。当参加者的实力对比发生变化时，卡特尔往往宣告解散。但在新的力量对比基础上又可重组新的卡特尔。卡特尔的活动通常限于流通领域。卡特尔与同行局外企业之间、卡特尔内部各企业之间存在着为争夺有利销售条件的激烈竞争。

**卡通** cartoon 动画片的又称。以连续的画面展示故事情节的一种绘画样式。为**动画**的英语（cartoon）音译，其含义是活动漫画。见**美术片**。

**卡图卢斯** Catullus, Gaius Valerius（约前84～约前54） 古罗马抒情诗人。生于意大利维罗纳，卒于罗马。16岁开始写诗，死后由别人汇编成诗集，共收诗116首，第1～64首用各种希腊抒情诗格律写成，第65～116首用哀歌体写成。抒情诗主要歌颂友谊和爱情，语言简练真切。叙事诗如《阿提斯》、《佩琉斯和忒提斯的婚礼》、《柏勒尼克的头发》和两首婚歌，运用了不少神话典故，注意雕琢修饰和细致的心理描写。他的哀歌体抒情诗为罗马这种体裁的诗歌奠定了基础。对文艺复兴和以后的欧洲抒情诗的发展产生一定影响。

**卡瓦利多** Carballido, Emilio（1925－05－22～ ） 墨西哥小说家、剧作家。生于维拉克鲁斯。曾在维拉克鲁斯大学教授戏剧。1950年，第一部剧本《罗萨尔瓦和掌管钥匙的人》获得成功。他的剧作有两种风格：一种是新现实主义，力图把日常生活写进戏剧；另一种是诗意的想象，几乎近于幻想。前者主要有《乌龟梦中的舞蹈》(1955)、《幸福》(1957)、《联邦区》(1957)；后者主要有

《中间地带》(1950)、《金钱》(1956)、《狮子被放出来的日子》(1961)。在《科尔多巴的钟表匠》(1958)和《美杜萨》(1958)两剧中，将两种风格合而为一，较好地处理了个人在社会中的处境以及对爱和同情的渴望。

**卡瓦列里** Cavalieri, (Francesco) Bonaventura (1598～1647-11-30) 意大利数学家。生于米兰，卒于博洛尼亚。幼年时即加入宗教团体，1616年转至比萨的修道院，在那里幸运地遇到一位曾经与科学家伽利略一起研习过数学的僧侣B.卡斯泰利。在他的启发下，卡瓦列里对几何大感兴趣，潜心学习欧几里得、阿基米德、帕普斯等人的著作。卡斯泰利介绍他认识伽利略。在交往中卡瓦列里颇受教益，他自称是伽利略的学生。

1620年，他到米兰圣吉罗拉莫修道院讲授神学，以渊博的知识得到好评。1623～1629年间，在洛迪和帕尔马等地担任修道院院长。从1629年起任博洛尼亚大学数学教授直到去世。

卡瓦列里最大的贡献是建立了不可分原理，它是以下面的主张为基础的：一条线由无穷多个点构成，一个面由无穷多条线构成，一个立体由无穷多个面构成。构成的元素分别称为线、面、体的不可分量。依靠这个原理，他求得相当于曲线$y=x^n(n\leqslant 9)$下的面积，解决了很多现在可以用更严密的积分法解决的问题。他的“不可分”的思想萌芽于1620年，到1629年已臻成熟，写成《用新方法促进的连续不可分几何学》一书。由于伽利略也计划写同类的书，出于对伽利略的尊敬，该书直到1635年才正式出版。书中还提出了后来以他的姓氏命名的卡瓦列里原理：二同高的立体，如果在等高处的截面积恒相等，则体积相等；如截面积成定比，则体积之比等于截面积之比。这个原理对平面图形也适用，只需将体积改成面积，截面积改成截线长。中国祖暅（另一说为祖冲之）也提出同样的原理：“幂势既同，则积不容异”，早于卡瓦列里1 100年以上。

卡瓦列里是最早认识对数价值的人之一，他在《天体测量指导书》(1632)中介绍并使用了对数。其他著作有《取火镜、圆锥曲线论》(1632)，《平面、球面、线性与对数三角学》(1643)等。

**卡瓦纳** Kavanagh, Patrick (1904-10-21～1967-11-30) 爱尔兰诗人。生于莫纳根，卒于都柏林。因生计所迫12岁辍学，以务农、制鞋为生，同时坚持自学。1936年出版第一本诗集《耕夫及其他》，具有朦胧抒情风格。1939年起在都柏林专事写作，为各种报刊撰写评论，笔锋犀利。1952年自办杂志。1954年患肺癌后思想趋于消沉。长诗《大饥荒》(1942)富人性，多诉诸感情、直觉、灵感，因语涉猥亵和反天主教倾向而受到审查。其他主要作品还有诗集《出卖的灵魂》(1947)、自传性长篇小说《绿衣傻瓜》(1939)、电视剧本《自画像》(1964)等。其作品具有浓厚的乡土气息和城乡文化冲突的张力。

**卡文迪什** Cavendish, Henry (1731-10-10～1810-02-24) 英国物理学家和化学家。生于法国尼斯，卒于伦敦。1749年进剑桥的圣彼得学院求学，未及毕业，于1753年去欧洲大陆。不久回伦敦，在他父亲（实验科学家）的实验室中从事科学研究工作。1760年被选为英国皇家学会会员，他还是法国科学院的外籍院士。卡文迪什的重大贡献是1798年完成了卡文迪什实验。在这个实验中他使用了一台灵敏度很高的扭秤，并用一对直径为30.48厘米的固定着的铅球来吸引扭秤的两个5.08厘米的小铅球。卡文迪什根据观察到的扭秤的摆动周期计算出两个铅球的引力，进而推算出地球的质量和密度。他所获得的地球密度为水密度的5.481倍。由这一实验可推算出引力常数$G$，因此使万有引力定律成为定量的精确定律。

在电学方面，卡文迪什发现：一对电荷之间的作用力与其距离的平方成反比，即后来的库仑定律。他在M.法拉第之先，用实验演示了电容量与极板间的物质性质有关。卡文迪什还最早建立了电势的概念，他发现导体两端的电势与通过它的电流成正比。后来，G.S.欧姆在1827年确切地阐明了这个定律。约100年后，J.C.麦克斯韦受委托整理卡文迪什留下的大量资料，完成了《亨利·卡文迪什的电学研究》一书并出版。

**卡文迪什实验室** Cavendish Laboratory 英国剑桥大学的系级实验室，20世纪70年代正式定其名为物理系。创建于1871年。为纪念H.卡文迪什，由他家族中时任剑桥大学校长、第七代德文郡公爵卡文迪什捐资兴建。1874年建成后，又经过多次扩建。1933年在原址院内建立了蒙德实验室。1974年搬迁到剑桥西郊新址。1990年后在新址建立微电子楼和交叉学科研究中心，再加上穆拉德射电天文台，形成规模很大的综合的实验物理研究机构。

卡文迪什实验室外观

历任卡文迪什教授或物理系主任及其任期分别是：J.C.麦克斯韦，1871～1879；瑞利，1879～1884；J.J.汤姆孙，1884～1919；E.卢瑟福，1919～1937；W.L.布拉格，1938～1953；N.F.莫脱，1954～1971；A.B.皮帕德，1971～1983；S.爱德华，1983～1995；R.H.弗伦德，1995～ 。

在该室的大量成就中，有麦克斯韦的电磁理论（1873），汤姆孙发现电子（1904），卢瑟福等发现α、β、γ射线（1898）和人工打破原子核及人工元素嬗变（1917～1930），J.查德威克发现中子（1932），M.L.奥利芬特和卢瑟福等验证质能等当定律（1933），J.D.考克饶夫和E.T.S.瓦尔顿发明高压倍加器（1928～1930），F.H.C.克里克和J.D.沃森发现DNA双螺旋结构（1953），M.赖尔发现射电天体（1950～1965），A.休伊什和J.贝尔发现脉冲星（1967），莫特发现非晶半导体等。原子的电子结构模型、原子核的质子和中子结构模型、X射线晶体结构和布拉格定律、约瑟夫森超导体隧道效应理论、超导电流密度方程、胶体流动方程等，也是这个实验室取得的重大成果。

分子生物学的巨大发展，是从该室在1953年发现的DNA双螺旋结构和马的血红蛋白质与肌红蛋白质的大分子结构引发的。1962年分子生物学组从该室分离出去，并建立了剑桥MRC分子生物实验室。

卡文迪什实验室曾经以“培养人才的苗圃”和“世界物理学家的圣地”闻名于世。从1874年至1989年共有近30位科学家获诺贝尔奖。

**卡翁达** Kaunda, Kenneth David (1924-04-28～ ) 赞比亚共和国总统（1964～1991）。生于教师家庭。契瓦族。中学毕业后回家乡任小学、师范学校教员。1953年当选为非国大总书记。1964年1月，北罗得

西亚实行内部自治，任政府总理。同年10月北罗得西亚独立，改名赞比亚共和国，他出任总统。执政后宣布以“人道社会主义”为指导思想进行国家建设。政治上实行一党制体制，经济上实行国有化和“多样化”。外交上奉行不结盟政策，积极进行反帝、反殖和反对种族歧视的斗争。1970～1973年任不结盟运动主席。1991年总统大选失利，退出政坛。1991年至今任卡翁达基金会主席。前后7次访华，为发展中赞友好关系作出贡献。

**卡西尼** Cassini, Giovanni Domenico (1625-06-08～1712-09-14) 法国天文学家。生于意大利因佩里亚，卒于法国巴黎。1650年起任意大利博洛尼亚大学天文学首席教授。1664年发现木星卫星影凌木星的现象，此后几年中还测定了木星和火星的自转周期。1668年刊布了第一份木卫星历表，该星历表为丹麦天文学家O.罗默测定光速准备了条件。1669年应法王路易十四邀请到巴黎，两年后任刚建成的巴黎天文台的领导人。1673年入法国籍。他发现了4颗土星卫星，1671年发现土卫八，翌年发现土卫五，1684年发现土卫三和土卫四。1672年火星冲日期间，他和J.皮卡尔和J.里歇合作，测定了火星的视差，并据此推算出太阳视差为9.5″，这在当时是最接近真值的数据。1675年他发现土星光环中间的暗缝，后来被称为卡西尼环缝。1683年起领导测量通过巴黎和亚眠的子午线弧长的工作。此工作直至18世纪初才告完成，根据这次测量结果，他错误地提出了地球赤道半径小于极半径的假说。1683年之后还观测和记录了黄道光现象，并正确地指出它是由无数极细微的行星际微粒反射太阳光而造成。在理论上偏于保守，对哥白尼日心体系持保留态度，否定J.开普勒关于行星沿椭圆轨道绕太阳运动的理论，拒不接受I.牛顿的万有引力定律，这种保守倾向对他的后代有很深的影响。他的儿子J.卡西尼、孙子C.-F.卡西尼、重孙J.-D.卡西尼都是天文学家，祖孙四代前后接任巴黎天文台领导人达120多年，构成法国天文学史上的卡西尼家族。这一家族对17～18世纪法国天文学的发展作出了贡献。

**卡亚俄** Callao 秘鲁太平洋沿岸主要海港城市，国家直属区。位于卡亚俄湾内和里马克河口南岸，外有圣洛伦索岛、长岬和防波堤为屏障。东距利马15千米，为利马–卡亚俄大都市区的一部分。海拔6米。气候温和，年平均气温19℃，平均年降水量12毫米。人口81.06万(2005)。始建于1537年。全国最重要的港口，年货物吞吐总量1 000万吨。工业有鱼类加工、造船、制糖和酿酒等。交通便利，有铁路和公路。城内有航海学校、军事学校和技术大学。

**卡宴** Cayenne 法属圭亚那首府和主要港口。位于卡宴河口的卡宴岛上。濒临大西洋，东南和西面为多沼泽沿海平原。高温多雨，年平均气温25～26℃，平均年降水量3 800毫米以上。人口6.05万（2003）。

1604年法国人在此建立第一个居民点，1637年建镇。1946年成为法属圭亚那首府。附近种植甘蔗、水稻、咖啡、菠萝、卡宴辣椒等作物。经济活动以食品加工为主，有制糖厂、菠萝罐头厂、河虾加工厂等。有沿海公路。郊区有国际机场。市内有圣救世主教堂、耶稣会教堂、巴斯德热带疾病研究所以及著名的植物园和博物馆。

**卡赞** Kazan, Elia (1909-09-07～2003-09-28) 美国导演。生于土耳其伊斯坦布尔，卒于纽约。1940年出任导演，1947～1959年，导演了T.威廉斯的《欲望号街车》及A.米勒的《推销员之死》等8个剧目。也是美国最优秀的电影导演之一，导演的电影作品有《欲望号街车》(1951)、《码头风云》(1954)、《壮美的草地》(1961）等。其导演风格虽然保持反映客观现实的艺术特色，但逐渐转向“戏剧化”的现实主义。他善于掌握剧作核心，发掘人物和演员的“神经中枢”，并将两者结合成为有机的舞台生活。他认为导演最终的任务是使人物心理的活动转变为人物的有形行为。1962～1964年，他担任纽约演出艺术林肯中心的剧团副导演。后成为美国畅销小说的作者，以《美国啊，美国》(1962) 及《和解》(1968) 闻名。

**卡赞扎基斯** Kazantzakis, Nikos (1883-02-18～1957-10-26) 希腊作家。生于赫拉克利翁。曾在雅典攻读法律，在巴黎学习哲学。回到雅典后开始翻译西方哲学著作。游历

瑞士、俄国、维也纳、柏林等地。1924年回到家乡从事革命活动，未成功。以后又多次访问苏联、中国，以及法国、西班牙、日本、英国等国。卒于从中国回国途中。

卡赞扎基斯最主要的著作是长篇史诗《奥德修续纪》。这是荷马史诗《奥德修记》的续篇。全诗分24卷，共有33 333行。这首长诗实际上包容了作者的哲学思想，也反映了他的生活经历。第二次世界大战期间，他一直留在希腊，写了不少剧本，多取材于古代历史和当代时事，但主要是反映他自己的内心世界。后期写了一些长篇小说，主要有《阿勒克西·卓尔巴斯的　生》(1946)、《最后的试探》(1950～1951)、《兄弟残杀》(1954) 等。

**卡扎尔王朝** Qājār Dynasty 伊朗北部卡扎尔部落首领阿迦·穆罕默德汗建立的王朝(1794～1925)。阿迦·穆罕默德汗于1794年攻破克尔曼，遂统治伊朗各主要省份。1796年加冕为伊朗国王，建都德黑兰。同年征服呼罗珊。阿迦·穆罕默德去世后近百年间，卡扎尔王朝经历了3个国王：法塔赫·阿里沙（1797～1834年在位)，穆罕默德·沙(1834～1848年在位)和纳赛尔丁·沙(1848～1896年在位)。在此期间，西方列强对伊朗的侵略日甚一日。经过两次俄国–伊朗战争和英国–伊朗战争，伊朗国势愈衰，西方列强以政治、经济手段加紧入侵，伊朗封建社会逐渐解体，劳动人民备受压榨。1848～1852年发生了反封建的巴布教徒起义。

1896～1925年经历了3个国王：穆扎法尔丁·沙(1896～1907年在位)，穆罕默德·阿里·沙（1907～1909年在位）和艾哈迈德·沙（1909～1925年在位)。在此期间，伊朗发生了反帝反封建的资产阶级革命（1905～1911)。1906年国王被迫召集议会，制定了伊朗第一部宪法。1907年英、俄两国签订了划分伊朗南北两部势力范围的协定，1915年又进一步瓜分了南北两部的中间地区。1921年2月，哥萨克师军官礼萨汗发动政变，夺取政权，自任陆军大臣，又于1923年取得首相职位。1925年10月，议会废黜国王艾哈迈德·沙，12月宣布礼萨汗为国王，开创巴列维王朝。

**卡扎菲** Qaddafi, Muammar al- (1942～　) 利比亚“革命领导人”。生于利比亚苏尔特附近柏柏尔部落的一个游牧民家庭。1963年进入班加西军事学院学习，秘密建立“自由军官组织”，策划推翻伊德里斯王朝的活动。1965年毕业，获少尉军衔。1966年在英国受训，回国后授上尉军衔。1969年9月1日，以“自由军官组织”为核心力量发动军事政变，成立阿拉伯利比亚共和国，任革命指挥委员会主席

兼武装部队总司令，晋升为上校。1970年兼任总理和国防部长。从1973年起，发动“人民革命”，建立各级人民委员会。1977年实施改革，改国名为阿拉伯利比亚人民社会主义民众国；解散原有政权机构，改设总人民委员会和总人民代表大会秘书处，自任总秘书长。1979年3月，放弃行政职务，保留“革命领导人”称号。主张进一步加强非洲团结，实现自强。1999年9月发起召开在利比亚锡尔特市举行的非洲统一组织特别首脑会议。2003卡扎菲宣布放弃大规模杀伤性武器。2004年承诺与国际社会开展反恐合作。

**卡朱拉霍神庙** Khajuraho Temples 印度中世纪印度教和耆那教建筑群。在今中央邦恰塔尔普尔县城东南约29千米的村庄卡朱拉霍（又译克久拉霍）。原有神庙85座，现仅残存20余座，多建于950～1050年金德拉王朝全盛时期。该神庙建筑的形制，与奥里萨神庙同属于印度北方式神庙的典型代表。较复杂的神庙由门廊、过厅、会堂、主殿（包括圣所和前室）和右绕甬道回廊组成。而较简单的神庙仅由门廊、会堂和主殿组成。在主殿的圣所正上方，矗立着尖峭高耸的竹笋状主塔悉卡罗。主塔周围是成群类似主塔的竹笋状小塔，紧紧依附簇拥着主塔。卡朱拉霍神庙的雕刻属于成熟期的印度巴罗克风格，刻意追求繁缛豪华的装饰，高度强调扭曲夸张的动态。在神庙外壁高浮雕嵌板带上千姿百态的女性雕像和爱侣雕像，构成卡朱拉霍的中心吸引力。

《化妆的女郎》（卡朱拉霍出土）

**卡-52“短吻鳄”武装直升机** Ka-52 Alligator Armed Helicopter 俄罗斯研制的双座双发武装直升机。1997年6月25日原型机首飞。卡-52沿袭了卡-50的设计方案，动力装置仍然采用2台TV3-117VMA型涡轮轴发动机（单台最大功率1 640千瓦），气动布局、外形尺寸、武器配置、技术性能与卡-50大体相同。与卡-50的区别在于：改单人驾驶舱为并列式双人驾驶舱，内设两套

操纵机构；驾驶舱外部顶篷上装球形稳定瞄准装置，机头下部装雷达天线；为适合舰上停放，其旋翼可以折叠。武器配备与卡-50直升机基本相同，只是30毫米单管航炮的备弹从470发减少到240发。另外可以选装空空导弹、航空炸弹或布撒武器。最大外挂质量3 000千克。空机重7 800千克；最大俯冲速度390千米/时，最大侧飞速度180千米/时，最大后飞速度90千米/时，垂直爬升率8米/秒，无地效悬停高度3 600米；正常起飞质量航程450千米，最大航程460千米。

**开伯尔山口** Khyber Pass 南亚地区与西亚地区间的山口，位于巴基斯坦阿富汗的交界地区，是兴都库什山脉最大和最重要的山口，历史上为连接南亚与西亚、中亚的最重要通道。开伯尔山口并非山脊上一简单垭口，而是由发源于开伯尔山、喀布尔河右岸两条流向相反的小河河谷组成的天然隘道。呈西北—东南走向，全长53千米，大部分在巴基斯坦境内，东口距巴基斯坦西北边境省首府白沙瓦16千米，西端止于阿富汗的楠格哈尔省首府贾拉拉巴德60千米。两侧山崖相对高度60～90米，隘道最高点在兰迪科塔尔堡垒附近，海拔1 067米。冬不封山，终年可通行。从白沙瓦到阿富汗首都喀布尔的公路由此经过。铁路（1925）从白沙瓦修到兰迪卡纳。山口自古迄今具有重要的交通、商贸和军事战略重要性，发生过许多重大历史事件。

**《开成石经》** *Stone Classics of the Kaicheng Period* 中国唐代官定刊刻的儒家经书碑石。又称《唐石经》。始刻于文宗大和七年（833），开成二年（837）完成。原立于唐长安城务本坊国子监内，宋时移至府学北墉，即今西安碑林。清代以前所刻石经多种，唯此石经保存最为完好，是研究中国经书历史的重要资料。《开成石经》共刻12种经书，有碑石114块。每石高约1.8米、面宽0.8米，两面刻字，共有经文650 252字。版面格式与汉魏石经不同，每碑上下分为8段，每段约37行，每行10字，行序自右至左，字序从上而下，先表后里雕刻碑文。每一经篇的标题为隶书，经文为正楷，文字端正清晰，按经篇次序衔接，卷首篇题位于其中，各石衔接。宋代移至今址后，石经坐北朝南，中留缺口断开为东西两厢。东厢57石，有《周易》、《尚书》、《毛诗》、《周礼》、《仪礼》、《礼记》；西厢57石，有《左传》、《公羊传》、《穀梁传》、《孝经》、《论语》、《尔雅》，排列整齐有序。

**开城** Kaesŏng 朝鲜南部城市。位于朝鲜半岛中西部。西南距江华湾约20千米。面积1 200平方千米。人口30余万。市区为松岳、蜈蚣等山脉环绕。属大陆性气候，温差大，冬寒夏热。朝鲜古都，又称“开京”、“松都”，因多松林而得名。公元919～1392年曾为高丽王朝都城。传统商业繁荣。1953年后发展成为朝鲜轻工业城市，主要工业部门有纺织、服装、橡胶、陶瓷等，机械、建材等有一定发展。城郊建有黄江浦水闸和18座水库，形成以松都水库为中心的灌溉系统。粮食生产以水稻、玉米为主，还有水果、蔬菜等。近郊盛产高丽人参，驰名世界。铁路、高速公路直通平壤。有历史博物馆和松都政治经济大学等多所学校。市内和郊区有历代王宫遗址及名胜古迹70余处。有11世纪初高丽王朝的行宫——大明宫，已辟为博物馆。城北天摩山麓的朴渊瀑布，是朝鲜三大瀑布之一，为著名风景区。城东8千米处的板门店是朝鲜战争停战协定签字之处，也是北南双方代表进行会晤的场所。2000年6月朝、韩双方达成建立开城工业园区协议，是一个主权属于朝鲜，由朝、韩共同管理，实行不同经济政策的经济特区。占地66平方千米。

**开尔文** kelvin 国际单位制中表示热力学温度的基本单位。简称开。符号为K（曾用°K）。为纪念英国物理学家开尔文而命名。定义为水三相点热力学温度的1/273.16。即以绝对零度为原点，以水三相点为基本固定点，其间等分内插273.16格，每1格为1K。三相点是指固相、液相和气相之间平衡点。在绝对零度这一理论温度下，物质的分子具有最低的能量。对于温度间隔和温度差而言，1K=1℃ =9/5°F=9/5°R。在上式的4种温标（热力学、摄氏、华氏和列氏）间，设同一温度的量值分别为$T$K、$\theta$℃、$t$°F、$r$°R，则$T$、$\theta$、$t$与$r$之间的关系为：

$$T=\theta+273.15=\frac{5}{9}(t+459.67)=\frac{5}{9}r$$

**开尔文** Kelvin, William Thomson, Baron (1824-06-26～1907-12-17) 英国物理学家。原名W.汤姆孙。生于爱尔兰贝尔法斯特，卒于苏格兰内瑟霍尔。由于装设大西洋海底电缆有功，英国政府1866年封他

为爵士，1892年又封他为开尔文男爵，以后他改名为开尔文。1846年任格拉斯哥大学自然哲学（即物理学）教授，直至1899年退休。1904年任格拉斯哥大学校长。

开尔文的科学活动是多方面的，主要贡献包括：①电磁学。开尔文在静电和静磁学理论、交流电特别是莱顿瓶的放电振荡性、静电绝对测量和电磁测量，大气电学等方面，都作出了重要贡献。电像法是开尔文发明的解决静电学问题的有效方法。②热力学。开尔文在1848年提出、1854年修改的绝对热力学温标，是现代科学上的标准温标。开尔文是热力学第二定律的两个重要奠基人之一。他提出的第二定律说法称为热力学第二定律的开尔文表述。还从理论上预言一种新的温差电效应，后称汤姆孙效应；和J.P.焦耳合作的多孔塞实验，从理论上揭示了实际气体与理想气体的差别，实用上为制造液态空气的重要方法（见**焦耳-汤姆孙效应**）。③海底电缆。1855年他研究得出信号传递速度减慢与电缆长度平方成正比的规律。1851年他装设了英国与法国相隔海峡中的第一条海底电缆。1856～1858年他又负责装设了横过大西洋的海底电缆。④电工仪器。开尔文为了装设海底电缆，用很大力量研制电工仪器，例如他发明了镜式电流计、虹吸记录器。建立电磁量的精确单位标准和设计各种精密测量仪器，如绝对静电计、开尔文电桥、圈转电流计等。1861年根据他的建议英国设立了电学标准委员会，为电学单位标准奠定了基础。⑤波动和涡流、以太学说。在波动和涡流理论方面多有贡献。热心于以太理论的研究，以失败告终，后来他意识到以太不过是人的主观想象。另外他对地球年龄也研究过并从地面散热的快慢估算出地球年龄不超过1亿年。1896年发现了放射性物质，出现了新热源，才修正了他的估计。

开尔文在物理学的各个方面都有建树，而且多被应用于实际。

**开放系统** open system 与环境有物质、能量和信息交换的系统。把与多个不同性质的外界环境进行交流的系统称为开放系统，而把仅与同样性质的外界环境进行交流的系统称为封闭系统。**系统科学**主要研究开放系统的演化规律。大多数复杂系统如生物系统、人类社会系统都是开放系统。在客观世界中封闭系统的存在是相对的，而开放系统的存在是绝对的。

**开放型经济** open economy 注重发展同别的国家或地区贸易往来和其他经济关系的经济类型。封闭型经济的对称。发展开放型经济就是把自身经济发展置于**国际分工**之中，利用自己的比较优势参与国际竞争和国际合作，通常包括开拓产品国外市场和开放国内市场，发展进出口贸易；吸收国外资金到本地投资、开办企业；引进国外先进技术、设备、管理方法和科技管理人才；向国外出口技术、服务；在境外投资、开办企业；不同程度地开放**金融市场**，参与国际资本流动。衡量对外开放度有多种标志，进出口总额在**国内生产总值**中所占的比重是一个重要指标。

**开封城** Kaifeng City 中国五代的后梁、后晋、后汉、后周四朝的都城，正式名称为“东京开封府”，又称汴京。北宋相沿。春秋时郑庄公命郑邴在此筑城，名开封，取开拓封疆之意。战国时魏国在此建都，名大梁，简称梁；因城跨汴河，唐时称汴州；后世合称汴梁。开封位于黄河中游平原，处在隋代大运河的中枢地区，黄河、汴河、蔡河、五丈河均可行船，水陆交通甚为便利。

隋唐以来，开封即为商业、手工业和交通运输的中心，五代时又在此建都。后周显德二年（955），世宗柴荣下诏扩建和改建开封。扩大城市用地，加筑罗城（外城）；展宽道路，疏浚河道等。自后周开始扩建以后，开封即有三重城墙：罗城、内城、宫城，每重城墙外都环有护城河。罗城又称新城，主要作防御之用。内城又称旧城，主要布置衙署、寺观、府第、民居、商店、作坊等。宫城又称“大内”，为皇室所居。这种宫城居中的三重城墙的格局，基本上为金、元、明、清的都城所沿袭。因历年黄河泛滥，古代城址已深埋地下。

开封城道路系统呈井字形方格网，街巷间距较密。住宅、店铺、作坊均临街混杂而建。繁华的商业区位于可通漕运的城东南区，通往辽、金的城东北区和通往洛阳的城西区。如宋代张择端《**清明上河图**》中所反映，主要街道人烟稠密，屋舍鳞次，有不少二至三层的酒楼、店肆等建筑。中国古代城市的街巷制布局，大体自北宋开始而沿袭下来。开封城内河道、桥梁较多，最著名的有州桥、虹桥，均跨汴河。州桥正对御街和大内，两旁楼观耸立。虹桥在东水门外，势若飞虹。相国寺、樊楼、铁塔、繁塔、延庆观、金明池、**艮岳**等建筑和御苑，构成丰富的城市景观。

**开封市** Kaifeng City 中国河南省辖地级市。中国七大古都之一、历史文化名城。位于省境中北部，黄河南岸。辖鼓楼、龙亭、顺河回族、禹王台、金明5区及开封、杞县、通许、尉氏、兰考5县。面积6 247平方千米。人口520万（2008），民族有汉、回、满、蒙古等。古称大梁，又称汴梁、汴京。战国时为魏国都城，称大梁。北周称汴州。后梁、后晋、后汉、后周、北宋、金等共7个朝代在此建都，素称“七朝古都”。中华民国时为河南省省会。1948年设开封市。1954年省会迁郑州市。属暖温带大陆性季风气候。四季分明，年平均气温14.2℃，平均年降水量634毫米。农作物主要有小麦、玉米、稻谷、棉花、花生、豆类。汴梁西瓜驰名。工业形成以化工、机械、纺织、食品、医药等为支柱的工业体系。汴绸、汴绣、年画、书画为传统名产。市内有河南大学等高等院校。开封养菊历史悠久，品种

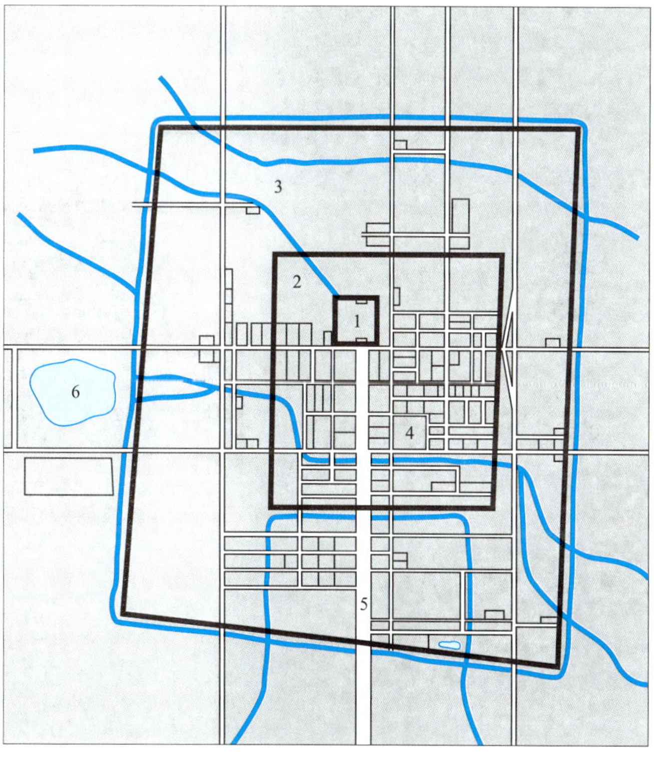


北宋东京（开封）复原想象图
1宫城 2内城 3罗城 4大相国寺 5御街 6金明池

繁多，以菊花为市花。名胜古迹主要有相国寺、铁塔、龙亭、禹王台、繁塔、清明上河园、翰园碑林、天波杨府等。开封是国家历史文化名城。

**开封铁塔** Kaifeng Pagoda in Youguo Temple 在中国河南省开封市，建于北宋皇祐元年（1049），又称祐国寺塔。中国现存年代最早镶琉璃面砖的砖塔，是反映早期琉璃制作和拼镶工艺的重要实例。因面砖近

于铁色，远望似铁铸，故称“铁塔”。1961年定为全国重点文物保护单位。

祐国寺原名开宝寺、上方寺，明代改今名，现已不存，仅存此塔。塔平面呈八角形，13层，高54.66米，现基座已淤埋在土中。一层塔室地面与现室外地面平。塔的外观模仿楼阁式木塔。所有外露构件均用琉璃制作。塔刹现为葫芦状。塔上琉璃面砖的花饰图案有飞天、降龙、麒麟、菩萨、佛龛和宝相花等50多种，雕工精细，形象生动，是中国宋代砖雕艺术的珍贵资料。铁塔经过维修焕然一新，又复建了周围殿宇，成为开封市一处重要游览胜地。

**开府仪同三司** commander unequalled in honour 中国魏晋南北朝时期的一种高级官位，隋唐至元文散官的最高官阶。三司即三公（司空、司马、司徒）。东汉以后，三公虽不掌具体政务，却仍为皇帝高级顾问。但三公名额少，不能满足需求，因而产生了与之相比拟的荣誉虚衔。殇帝延平元年（106），车骑将军邓骘的仪同三司为仪同三司之始，其比拟三公均仅限于班位与礼仪，不具有开府辟僚属之权。西晋时，开府与仪同三司连称较多，逐渐通用，发展为官号。两汉以来，比拟三公的荣誉虚衔都必须有本官，及其成为官号，仍借本官自重。西晋三司不必指实职。东晋南朝，开府仪同三司是虚号，渐不为人所重。北魏开府与仪同三司分别为两个官号。前者单指开府辟官，不必同于诸公；后者单指礼仪同于诸公，不得开府辟官。兼任二者，意义便略同于东晋南朝，唯辟官少于诸公。北齐设开府仪同三司和仪同三司。北周分置上开府仪同三司、开府仪同三司、上仪同三司、仪同三司等散官号，以酬勋劳。隋初沿袭。炀帝留开府仪同三司，余均罢废。唐、宋、元因之，开府仪同三司一直是一品文散官，至明代罢废。清代称出任外省督、抚者为开府，但与魏晋南北朝开府辟召僚佐已非同义。

**开关** switch 以关合和开断电路为主要功能的电器的通称。按电流种类有直流开关、交流开关；按额定电压分类有低压开关（额定电压在1 140伏及以下）和高压开关（额定电压在3千伏及以上）。根据开关的性能和用途，主要有以下各种：①断路器。能关合和开断正常电流，也能关合和开断过载电流和短路电流。对电路有保护功能。②负荷开关。能关合和开断正常和过载电流。③隔离开关。用于隔离带电的电路。它只具有开断很小电流（如几安）的能力。④接地开关。用于使电路接地的开关电器。⑤电磁开关。又称为接触器。用电磁铁操动，便于自动或遥控，普遍用于各种工业用电器具中。⑥刀开关。通称闸刀，是一种低压开关。⑦转换开关。有多路触头，可按一定的组合同时关合和开断多个电路。⑧主令开关。具有多路触头，用人操作以发出指令或进行程序控制。还有按钮开关、指示开关、位置开关、限位开关、行程开关、接近开关、微动开关、辅助开关。

**开国大典** Founding Ceremony of the People's Republic of China 庆祝中华人民共和国建立的盛大典礼。1949年10月1日下午2时，中央人民政府主席毛泽东主持召开中央人民政府委员会第一次会议，宣布中华人民共和国中央人民政府成立，通过决议接受《中国人民政治协商会议共同纲领》，通过《中央人民政府公告》，选举林伯渠为中央人民政府委员会秘书长，任命周恩来为政务院总理兼外交部长、毛泽东为人民革命军事委员会主席、朱德为人民解放军总司令、沈钧儒为最高人民法院院长、罗荣桓为最高人民检察署检察长。下午3时整，中央人民政府全体委员和中国人民政治协商会议第一届全体会议代表齐集天安门城楼，与首都30万群众共同举行开国大典。中华人民共和国第一面国旗徐徐升起，54门礼炮齐鸣。毛泽东庄严宣告：中华人民共和国中央人民政府成立了。他宣读的《中央人民政府公告》回顾了中国新民主主义革命胜利的历史过程，宣布中央人民政府为代表中华人民共和国全国人民的唯一合法政府，凡愿遵守平等互利及互相尊重领土主权等项原则的任何外国政府，中央人民政府均愿与之建立外交关系。在天安门广场举行的阅兵式上，朱德检阅了中国人民解放军各兵种，宣读《中国人民解放军总部命令》，命令人民解放军迅速解放一切尚未解放的国土。典礼结束后，首都和各地群众举行了盛大的游行和通宵达旦的庆祝活动。

毛泽东宣读《中央人民政府公告》

**《开国大典》** *Founding Ceremony* 中国故事片。长春电影制片厂1989年摄制。编剧张天民、张笑天、刘星、郭晨，导演李前宽、萧桂云，主演古月、孙飞虎、黄凯。1948年底，毛泽东领导的中国共产党指挥了解放战争的三大战役。1949年3月党中央迁往北平。国民党南京政府派代表团去北平谈判。国民党政府拒绝在和谈协议上签字。24小时后，渡江战役打响。10月1日，毛泽东等领导人和各方人士登上天安门城楼，毛泽东庄严宣告中华人民共和国建立。该片是新时期“弘扬主旋律”历史条件下第一部引起广泛关注的重大革命历史题材影片。它为同类题材影片确立了制作范式，即在掌握大量史实的基础上，以纪录片的方式，通过双方最高统帅部两条线索，不带主观褒贬地再现人物与历史。1990年获第10届中国电影金鸡奖最佳故事片奖、第13届《大众电影》百花奖最佳故事片奖、广电部优秀影片奖。

**《开国大典》** *Founding Ceremony* 中国现代革命历史油画。董希文于1952～1953年完成。作品以1949年10月1日中华人民共和国领导人在天安门城楼举行开国典礼的真实情节为基础，在历史真实和艺术真实的高度统一方面独具匠心。在构图和透视上突出开阔明朗的感觉。曾受到毛泽东的肯定。因政治运动干扰，作者被迫两度修改画中人物。公开陈列的《开国大典》是由靳尚谊、赵域根据原作同时参照印刷品复原的摹品，原作存放在中国国家博物馆（原中国革

油画《开国大典》

命博物馆）画库。

**开环聚合** ring opening polymerization 环状化合物单体经过环加成反应转变为线型聚合物的聚合。例如：

$$n(\mathrm{CH_2})_m\mathrm{X} \longrightarrow \left[(\mathrm{CH_2})_m\mathrm{X}\right]_n$$

X为杂原子或官能团，如—O—、—S—、—N(R)—以及—CH═CH—等；R为烷基。开环聚合的产物和单体具有同一组成，一般是在温和条件下进行反应，副反应比缩合聚合反应少，易得到高分子量聚合物，也不存在等当量配比的问题。工业上重要的开环聚合产品有聚环氧乙烷、聚环氧丙烷、聚四氢呋喃、聚环氧氯丙烷、聚甲醛、聚己内酰胺、聚硅氧烷等。

可能性 从热力学角度来看，开环聚合的可能性随单体环的大小而异，其次序为三元环＞四元环＞五元环＞六元环。五、六元环较稳定，七元环以上的聚合可能性又加大。含有杂原子的环状单体极性较大，易进行离子型聚合，而以正离子聚合的单体最多，如环醚、环硫醚、环亚胺、环二硫化物、环缩甲醛、内酯、内酰胺、环亚胺醚等。用负离子引发的开环聚合的单体则有环醚、内酯、内酰胺、环氨基甲酸酯、环脲、环硅氧烷等。

类型 按单体不同，可进行正离子、负离子、配位等聚合。以环氧乙烷为例，环氧乙烷既能进行正离子开环聚合，也能进行负离子开环聚合。在$AlCl_3$、$SbCl_5$、$BF_3$、$FeCl_3$等路易斯酸引发下进行正离子开环聚合，得到分子量为5 000以下的聚合物；在碱金属的氢氧化物或烷氧化物等碱性引发剂存在下，按负离子开环聚合，所生成聚合物的分子量为几千到一万；采用碱土金属（锶、钙）等的氧化物，碳酸盐，铁、铝、锌等的烷氧化物，铝、锌的有机金属化合物作为配位聚合催化剂，则能聚合生成结晶性的分子量高达几十万甚至上百万的聚合物。

**开豁为良** 中国清代改变某些贱民法律地位的措施。处于清代社会最底层的是奴婢、隶卒、倡优、乐户、惰民、丐户、九姓渔户、疍户和细民（即佃仆）等贱民等级。其中奴婢占绝大多数；惰民、丐户、九姓渔户和细民则只存在于特定地区，人数较少。清代法典明确规定奴婢、隶卒等人的法律地位低下。他们不得列于士农工商四民的名籍，只准许从事被人贱视的职业，如男子作小手艺、小买卖、吹鼓手、抬轿子；女子当伴娘、收生婆等。不许读书、应举、做官，不准与良人通婚，等等。自雍正元年（1723）开始，清廷发出一系列诏令，开豁某些贱民为良民。雍正元年下令，削各省乐籍及浙江惰民、丐户籍，令其改业为良；五年决定将皖南伴当、世仆开豁为良；七年将粤东疍户与齐民一体编查；八年除常熟、昭文（今江苏常熟）丐户丐籍，列为编民。乾隆三十四年（1769）规定，准将徽州（今安徽歙县）、宁国（今安徽宣城）、池州三府未立文契的佃仆开豁为良。嘉庆十四年（1809）重申关于将皖南细民与乐户、惰民、丐户一样削籍并改业为良的命令。这些贱民被豁贱籍后，除在日常实际生活中仍被贱视外，政治上，被豁者本人也不能立即取得良民应有的全部权利。他们被准许从事农业或手工业、商业，甚至也可习文读书，但不得应试出仕或捐纳为官。直至其第四代孙，在本族亲友均系清白自守的条件下，方准报捐应试。但开豁为良使贱民脱离了贱籍，改变了社会地位是对这一部分人的生产力的解放。

**开脸** 中国婚姻礼仪。女子出嫁时用线绞去脸上汗毛、修鬓角或修眉等习俗。又称开面、绞脸等。主要流行于中华人民共和国建立前的汉族地区，少数民族中如京族等也有此习俗。女子一生只开脸一次，表示已婚。女子出嫁前，不能修除脸上的汗毛，故俗称“毛丫头”。开脸多由公婆、丈夫、子女俱全的所谓全福妇女操作，或请新娘的妯娌、栉工（即整容匠）、伴娘进行。一般是用细线绞去额头、脸颊和脖子上的汗毛，并修齐鬓角和额发。开脸后要给开脸人装有赏钱的喜封。各民族、各地区的开脸习俗不尽相同。许多地区的农村及城市现仍残存开脸的习俗。

**开滦煤矿** Kailuan Coal Mine 中国近代最大的煤矿之一。又称开滦矿务总局。19

开滦煤矿马家沟矿

世纪末和20世纪初帝国主义对中国进行经济侵略的产物。

开滦煤矿前身开平矿务局，是李鸿章于1877年命唐廷枢筹办的一个煤矿。据1889～1899年该局账略统计，11年共赢利900余万两。由于该矿经营卓有成效，引起了帝国主义垂涎。1898年英商C.A.墨林勾结该矿督办张翼的顾问德璀琳，通过借款，打入开平。1900年义和团运动爆发，英国资本家趁八国联军入侵之机采用阴谋手段，威逼利诱，无代价地骗取了开平。

开平矿被英人骗占后，袁世凯三次参奏张翼，清政府责令张翼收回开平。张翼在伦敦起诉，都以无结果而告终。袁世凯又于1906年命周学熙创办滦州煤矿，用实力进行抵制，企图达到以滦收开的目的。滦州矿的成立，对开平矿造成了直接威胁。开平矿英人在英政府和国际财团的支持下，以政治和经济手段压迫滦州矿，使该矿难以维持。1912年1月双方达成协议，签订“联合办理草合同”，成立了开滦矿务总局。但由于经营管理权掌握在英人手中，因此所谓联合，实质是兼并。

开滦煤矿成立后，产量迅速增长，赢利日益丰厚。太平洋战争爆发后，开滦煤矿终于被日本帝国主义侵占。1945年8月日本投降后不久，国民党政府将从日本侵略者手中接收的开滦资产，发还给开滦矿务总局，英人再度控制了开滦煤矿。

1948年底中国共产党领导的人民解放军解放了唐山地区，人民政府派军代表协助开滦组织生产，收购滦煤，保障职工生活，但开滦还是赔累甚巨。

1952年4月6日开滦华籍总经理余明德以该矿“经济困难达于极点”为由书面申请人民政府代管。1952年5月7日，中央人民政府政务院财政经济委员会接受了余的请求，由人民政府接管了该矿。同年5月17日，中央人民政府燃料工业部代管开滦煤矿，成立开滦煤矿总管理处。1980年6月23日，河北省煤管局批准其更名为开滦矿务局。1999年12月8日，开滦作为国有独资企业，成立开滦（集团）有限责任公司。

**开罗** Cario; El Qâhira 埃及首都，非洲最大的城市。位于尼罗河三角洲顶点以南14千米处的尼罗河畔，市区大部在河东地区，东距苏伊士运河120千米。大开罗包括开罗、赫勒万、吉萨、盖勒尤卜、十月六日5省，面积17 393平方千米，人口约1 830万（2006），占全国总人口的近1/4。其中开罗省人口789.9万（2006）。

地处尼罗河谷地与三角洲的交接部位，平均海拔24米，东部的穆盖塔姆山高出河面165

米，是城市的最高点。夏季干热，最热月（8月）平均气温27.5℃，昼夜温差很大；冬季短暂而温和，最冷月（1月）平均气温12.1℃。平均年降水量不足30毫米。

历史　为千年古都。公元641年阿拉伯人始建，名福斯塔特城。阿拔斯王朝时期，又在其北面先后建立爱资哈尔城（750）和卡塔伊城（870）。969年阿拉伯帝国法蒂玛王朝大将加哈尔从突尼斯入侵后，在卡塔伊城北面兴建带长方形城墙的新城，973年王朝定都于此，取名开罗（阿拉伯语意为“胜利”）。到14世纪中叶，城市发展达到空前鼎盛时期，人口逾50万，成为当时西亚、非洲的最大城市，现存绝大部分著名古建筑，均建于此时。1517年为土耳其奥斯曼帝国占领，成为一个行省的省会。1798年为法国所占，1801年拿破仑军队被土耳其人打败。1805年起是穆罕默德·阿里王朝的都城。开罗近代的发展始于19世纪30年代。伊斯梅尔时期在中世纪旧城以西建设新城，1863年从亚历山大迁都于此。20世纪以来，人口增长15倍，城区不断向北部三角洲、南部河谷方向延伸，向西扩展到尼罗河西岸。

图1　开罗城市一景

经济　为全国最大的工商业和金融中心。制造业产值占全国的近半数。纺织工业是最重要的部门，包括棉、毛、丝、麻纺织业，以长绒棉为原料的棉纺织业尤为发达。其次是食品、制糖、卷烟、水泥和家用电器等。还有传统的鞣革、制鞋以及金、银首饰等手工艺品。城南25千米处的卫星城赫勒万，为新兴重工业区，以钢铁工业为主，发展了焦化、机械、汽车、机车、石油化工等部门。开罗集中了全国1/3的贸易公司和近1/4的银行，商业和各种服务行业兴盛。旅游业是城市经济的重要组成部分，直接或间接的从业人员40多万。

图2　萨拉丁古堡

交通　为重要交通枢纽。全国主要铁路和公路在此交会，通连亚历山大、塞得港、伊斯梅利亚、苏伊士、阿斯旺等各大城市。城区西侧的尼罗河是贯穿上埃及和下埃及的水运要道。城北有通往苏伊士运河的伊斯梅利亚运河。苏伊士湾－地中海输油管经过城南。东郊的赫利奥波利斯拥有现代化国际机场，辟30余条国内外航线。市内建有多座大桥横跨尼罗河，连接两岸交通。1985年开始兴建非洲第一条地铁工程，一期工程于1987年9月竣工通车。

文化　开罗是西亚、北非地区的文化中心，世界著名旅游城市。拥有上千所各类普通学校和技术学校。位于尼罗河西岸的开罗大学，创立于1908年；始建于972年的爱资哈尔大学，是阿拉伯世界最古老的高等学府；此外，还有艾因·沙姆斯大学、美国大学、赫勒万大学等。博物馆众多。著名的埃及博物馆是收藏埃及五千年文明历史文物的宝库，包括世界独有的木乃伊陈列室、造于公元前2650年的木船等。

城市面貌独特，现代文明与古老传统兼存并蓄。**尼罗河**穿经市区。旧城在东部和东南部，街巷窄、弯曲，以古老的阿拉伯建筑为主。多中世纪的清真寺、王宫、城堡和传统的阿拉伯集市，著名的有苏丹·哈桑清真寺、艾哈迈德伊本图伦清真寺、阿穆尔·伊本·阿斯清真寺、**萨拉丁古堡**、古老的汗阿尔卡里里市场等。旧城内清真寺尖塔林立，使开罗被誉为“千塔之城”。新城中心区界于旧城与尼罗河之间，包括伊斯梅利亚、卡斯安尼尔和花园城3个商业、住宅区。街道宽阔，以20世纪现代建筑为主。新、旧城之间的过渡地带以19世纪欧式石筑建筑为主，著名的有埃及图书馆、伊斯兰艺术博物馆、阿布丁宫博物馆、萨尔基尼宫等。城北地区随着纳赛尔城等卫星城镇的兴建，已成为开罗人口密集的主要住宅区。

## 开罗会议　Cairo Conference

**第二次世界大战**期间，1943年11月22～26日，中、美、英三国政府首脑在开罗举行的国际会议。1943年是第二次世界大战根本转变的一年，

蒋介石、罗斯福和丘吉尔（前排左起）出席开罗会议时合影

为了加强反法西斯同盟国之间在军事和政治上协调行动，讨论制订联合对日本作战计划和解决远东问题，决定举行这次会议。会议经过争论制订了对日作战计划。会议签署了《中美英三国开罗宣言》，简称《**开罗宣言**》。会议结束后，《开罗宣言》经**J.斯大林**同意于1943年12月1日公布于世。

## 《开罗宣言》　*Cairo Declaration*

全称《中美英三国开罗宣言》。1943年11月，中国、美国、英国召开**开罗会议**，会后公布的《开罗宣言》从法律上明确了日本侵占台湾的非法性，确认了台湾是中国领土的法律地位。

## 开曼群岛　Cayman Islands

拉丁美洲加勒比海西北部的英国殖民地。位于大安的列斯群岛西部，古巴以南，距牙买加西北290千米。面积264平方千米，其中**大开曼岛**面积220平方千米。人口5.02万，其中黑人占20%，白人占20%，40%为混血种人。英语为官方语言和通用语，居民多信奉基督教。首府乔治敦。

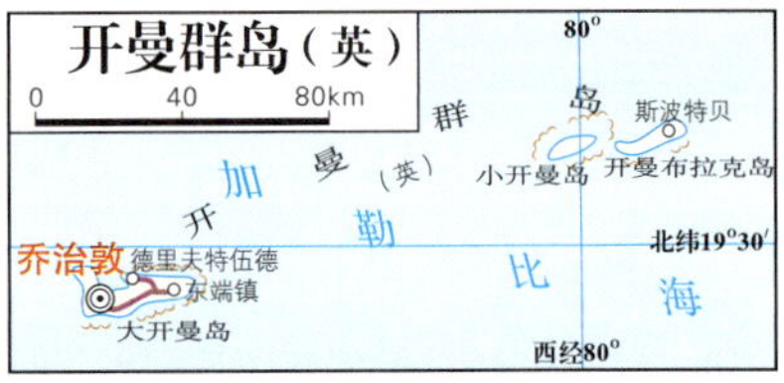


由大开曼、开曼布拉克和小开曼3个主要岛屿组成。地势低平开阔，平均海拔200米，珊瑚礁环绕。海岸布满暗礁，境内没有河流。属热带海洋性气候，夏季温暖多雨，冬季凉爽较干燥。受信风影响，年平均气温为24～30℃，平均年降水量1 200毫米，整个群岛都位于飓风区内。

1503年**C.哥伦布**发现该群岛。1670年根据《马德里斯科条约》，开曼群岛归属英国，由英国在牙买加的总督管辖。1962年牙买加独立后，开曼群岛成为英国直辖殖民地，由英王任命的总督行使管辖权。

总督代表英王，设行政委员会和立法会议，总督兼任行政委员会主席。立法会议由民选委员和总督指派的委员组成。设大

开曼首府乔治敦街景

法院（相当高级法院）、即决法院、青少年法院和上诉法院，英国枢密院为最高上诉机构。主要政党有人民进步运动和联合民主党。

金融服务和旅游业是两大经济支柱。金融服务业税收约占政府总收入的40%。世界最大的离岸金融中心之一。货币名称开曼元，固定汇率。旅游业收入在国内生产总值中所占的比重达70%，占外汇收入的75%。游客多来自北美。工农业不发达，主要生产建材、与旅游业相关的轻工产品和加工食品；90%以上的粮食靠进口，主要作物为蔬菜、热带水果等。主要贸易对象是美国、英国、加拿大、日本。无铁路。公路总长406千米，其中201千米为柏油路。主要港口是乔治敦。有飞往美国休斯敦、迈阿密和牙买加金斯敦的定期航班。主要国际机场是位于大开曼岛的欧文·罗伯茨机场和开曼布拉克岛的吉拉德·史密斯机场。

人民的生活和教育水平位居世界前列。公立学校对5～15岁学生实行免费义务教育，居民素质较高，犯罪率很低。主要报纸有《开曼人罗盘报》和《商业协会新闻》。开曼电台为政府商业电台。电视台有开曼国际电视网和开曼群岛电视台，可收看美国卫星电视节目。

**开明书店** Kaiming Bookstore 中国民营出版发行机构。1926年以前身《新女性》杂志社为基础在上海正式建立。主要创办人章锡琛，由夏丏尊、叶圣陶主持编辑工作。始终坚持进步的出版方针，作风严谨，以出版青少年读物为主，刊行《中学生》、《开明少年》等杂志。在教育、科学、文学、艺术等方面团结了一批进步作者，出版了不少有价值的著作和译作。其中《开明活页文选》1 000多篇，选文精当，注释简明，深受读者欢迎。1932年起，开始出版小学教科书。1937年八一三事变，书店印刷厂被侵华日军击毁，损失严重。上海沦陷后，总店迁桂林。抗战胜利后迁回上海。1950年迁北京。1953年与青年出版社合并为中国青年出版社。其发行部门及各地分店并入中国图书发行公司。

**开明专制** enlightened despotism 18世纪下半叶欧洲一些国家封建专制君主执行的一种政策。欧洲大陆诸国封建君主为了巩固其专制统治，接过了法国启蒙学者要求改革的旗帜，宣称要进行自上而下的改革。“开明专制”便成了当时欧洲各国封建专制政府的特征。

在中东欧，由于资产阶级势力薄弱，“开明专制”获得了典型的发展。普鲁士、奥地利和俄国等国皇帝都开始推行“开明专制”政策，进行种种改革。如改革教会，兴办教育事业，废除农奴制，编纂法典等。这些改革客观上促进了资本主义的发展。1789年法国大革命爆发后，欧洲大陆开始了资本主义和封建主义两个制度的生死搏斗，“开明专制”时代连同其改革差不多都一起消失了。

**开默林·昂内斯** Kamerlingh Onnes, Heike (1853-09-21～1926-02-21) 荷兰物理学家。生于格罗宁根，卒于莱顿。1879年获格罗宁根大学博士学位。1882年任莱顿大学实验物理学教授，并创建了闻名世界的低温研究中心——莱顿实验室（后为纪念他而改名为开默林·昂内斯实验室）。他在该校任教到1923年退休。开默林·昂内斯在低温物理领域的研究，是从1877年的液化气体（空气）的工作开始的。1906年成功地液化了氢气，1908年又液化了当时被认为是永久气体的氦气。此后，他把研究转向测量金属电阻随温度的变化关系。1911年他发现水银在4.22～4.27K的低温下电阻完全消失，接着又发现一些其他金属也具有以上特性。他称这现象为超导电性。由此开辟了低温物理学领域。后来他又发现了超导体的临界电流和临界磁场。由于对低温物理作出的杰出贡献，开默林·昂内斯获1913年诺贝尔物理学奖。

**开平市** Kaiping City 中国广东省辖县级市。位于省境东南部。面积1 659平方千米。人口70万（2010），著名侨乡，有华侨及港、澳、台胞75万。明崇祯十一年（1638）析置开平县。1993年撤县设市。由江门市代管。夏秋多台风暴雨。农作物有水稻、花生、豆类、蔬菜、水果等。矿产有煤、铁、钨、锰、铜、金、石英等。工业以化纤、纺织、食品、明胶、建材等为主。名胜古迹有梁金山的“鬼撩窟”、铁钻山、燕子岩，开平碉楼、骑楼，还有侨乡楼宇庭院中最有特色的立园等。

骑楼建筑

**开普敦** Cape Town 南非立法首都、主要港口和第二大城市。西开普省首府。位于南非西南部大西洋沿海桌湾，南距好望角52千米。面积300平方千米。人口约290万，混血人种居多。多数居民信奉新教，通用南非荷兰语和英语。市区处于滨海平原与桌山之间。亚热带地中海式气候。年平均最高气温21.6℃，最低气温11.4℃，极端最高气温39.3℃；平均年降水量526毫米，集中在4～10月。1652年作为荷属东印度公司供给站建城，是南非境内欧洲最早移民的居住点，阿非利坎人称之为“母亲城”。18世纪以来，荷、法、英殖民者几经争夺，到1806年英国再次占领。并宣布开普殖民地为英国直辖殖民地，开普敦为首府。1840年设市。随着1870年港口开放和19世纪70～80年代金刚石矿和金矿的发现，人口和工业迅速发展。1910年成为南非联邦的立法首都。市中心东北部大西洋沿岸为白人居住区，东部和东南部平原是传统混血人居住区，黑人居住在远离市中心的郊区。是全国主要金融和工商业中心之一。有炼油、造船、船舶修理、钻石切割、食品加工、印刷、造纸、化工、水泥、纺织、皮革、酿酒、烟草等工业。多商业公司总部、银行、保险公司。战略位置重要。交通运输发达，有铁路可直达行政首都比勒陀利亚。公路与国内各地相连接，并通博茨瓦纳和津巴布韦。大西洋和印度洋之间绕非洲南端航运必经之地，多条国际航线过往的船只在此停泊、补给。港口位于桌湾，由4个港池组成，岸线总长超过7 000米，多深水泊位，最大水深15米。港口吞吐能力约7 000万吨。主要出口羊毛、皮张、酒、干鲜果、饲料、蛋品、玉米、鱼油、矿砂等，进口有木材、机械、小麦、汽车、纺织品、原油、杂货等。城东有国际机场，距港口约20千米。全国议会所在地。30余国在此设有领事机构。全国文化教育和旅游中心之一。有开普敦大学、南非学院、开普敦高等工学院、波-卡普博物馆、尼科马兰歌剧院、文化历史博物馆、迈克尔里斯美术馆、南非博物馆、南非国家美术馆、公共图书馆等。世界著名旅游城市。有非洲的“小欧洲”之称。市内多荷兰风格古建筑和体育、娱乐场所。有非洲规模第一的海洋水族馆。濒桌湾而建的古城堡为南非最古老的欧洲式建筑之一。还有桌山观景点、桌湾海滩，克斯腾伯斯国家植物园、市政厅、国会大厦、荷属东印度

以桌山为背景的开普敦市

公司花园，以及开普半岛的好望角自然保护区、海豹岛、南非国家植物园、天文台、银矿自然保护区等著名景点。郊区的康斯坦西亚农庄有建于1685年的葡萄酒博物馆。

**开普勒** Kepler, Johannes（1571-12-17～1630-11-15） 德国天文学家、物理学家、数学家。生于符腾堡，卒于雷根斯堡。1587年进入蒂宾根大学神学院学习，1591年获文学硕士学位。1594年他前往奥地利的格拉茨，在路德教会高级中学任数学和天文学教师。1596年写成《宇宙的神秘》一书，以哥白尼日心体系为基本框架，试图用各种几何图形组合解决行星的数目、轨道的大小和运动的物理机制等问题，由此受到B.第谷的赏识。1600年到布拉格，任第谷的助手，开始研究火星的运动。次年第谷去世，他继任鲁道夫二世的御前数学家。1604年，他对在蛇夫座附近出现的一颗超新星进行观测和研究，后被命名为开普勒超新星。同年提出大气有质量，指出在天顶方向大气折射为零，建立了大气折射的近似定律。他还正确地解释了月面灰光的成因。1607年，他观测了一颗大彗星，即哈雷彗星。他根据第谷的观测资料探索宇宙的规律。1609年出版《新天文学》一书，提出了行星运动第一、第二定律。1611年出版了《光学》，并改进了望远镜，后被称为开普勒望远镜。1615年出版《酒桶新立体几何》一书，引入无穷大和无穷小概念，讨论90多种各类体积问题，提出平行线的无穷远点概念等，是微积分的先声。1619年出版《宇宙谐和论》一书，公布了他所发现的行星运动第三定律。1621年出版《哥白尼天文学概要》一书，对有关天文理论进行阐述，其中还提出了行星运动的开普勒方程。1627年编成《鲁道夫星表》，星表除了包括由第谷确定的1 000颗恒星的星表之外，还列出了行星表、月亮表等，并给出了推算以往和将来的行星位置的方法。晚年，他为了筹集资金出版星表以及催讨国家积欠的薪俸而四处奔走，终于在贫病交困中去世。

**开普勒定律** Kepler's laws 关于行星运动的三大定律。德国天文学家J.开普勒仔细分析和归算了B.第谷对行星特别是火星的长时间的观测资料，总结出这三大定律。

①所有行星的运动轨道都是椭圆，太阳位于椭圆的一个焦点。在以太阳$S$为极点、近日点方向$SP$为极轴的极坐标中，行星相对于太阳的运动轨迹为椭圆$PP_1P_2P_1'P'$，$PSP'=2a$表示椭圆的长径。

②行星的向径（太阳中心到行星中心的连线）在相等的时间内所扫过的面积相等。由于扇形$P_1SP_2$和$P_1'SP'$的面积相等，因此行星在近日点附近比远日点附近移动得更快。

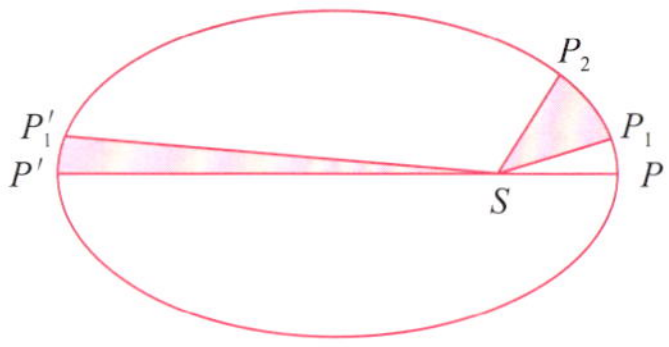


面积定律示意图

这两条定律是在1609年出版的《新天文学》一书中提出的。

③行星围绕太阳运动的公转周期的平方与它们的轨道半长径的立方成正比。设$T$为行星公转周期，则$a^3/T^2$=常数。这条定律是在1619年出版的开普勒另一著作《宇宙谐和论》中提出的。

这三条定律为万有引力定律的发现奠定了基础。

**开普山脉** Cape, Mountains 南非内陆高原南缘山脉。东西延伸近800千米，由一系列褶皱山脉组成。山脉以南为狭长的海滨平原。山脉东部的3条东西走向山脉间夹有南、北两块面积不等的山间高原，南部为小卡鲁高原，海拔400～500米；北部为大卡鲁高原，海拔600～1 000米。

**开窍醒神** inducing resuscitation method 中医临床运用具有醒神作用的药物以治疗邪闭心窍、神志不清或神志失常的治法。又称开闭。临床上常用于治疗中风闭证和温热病的神昏，以及癫、狂、痫、气闭痰厥等病证。常用的开窍药物有牛黄、水牛角、冰片、黄连、苏合香等。开窍醒神常用的方法有凉开法、温开法、化痰开窍法等：①凉开法。用于治疗热邪蒙蔽心窍（热闭）和中风中脏腑之阳闭证。前者证见神昏，高热，谵语，或见皮肤斑疹，甚至痉厥，舌质红绛、少苔或黄苔，脉数等；后者证见突然昏仆，不省人事，牙关紧闭，两手握固，面赤身热，气粗口臭，躁扰不宁，苔黄腻，脉弦滑而数等。常用具有清热解毒开窍作用的安宫牛黄丸、局方至宝丹、紫雪丹等治疗。若属湿热酿痰蒙蔽心包，证见身热不退、朝轻暮重、神识昏蒙时清时昧、发热烦躁、舌苔黄腻、脉濡滑而数，治宜清热利湿、豁痰开窍，方用菖蒲郁金汤。②温开法。用于寒邪蒙蔽心窍（寒闭）的治法。适用于中风中脏腑之阴闭证，证见突然昏仆不省人事、牙关紧闭、两手握固、面白唇暗、静卧不烦、四肢不温、痰涎壅盛、苔白腻、脉沉滑，常用具有温通化浊开窍作用的苏合香丸等治疗。③化痰开窍法。用于痰浊蒙蔽心窍的治法。热闭或寒闭证每兼有痰浊之邪，所以在使用温开法或凉开法时，常需与化痰开窍法配合使用。常用顺气导痰汤、定痫丸等治疗。开窍醒神法除使用药物外，也可用针灸治疗。常取人中、百会、内关、十宣等穴。

开窍醒神法对于正气虚脱，神志不清，面色苍白，身出冷汗，四肢厥逆，手撒，遗溺，气短息微，脉微欲绝等不适用。

**开元钱** Kaiyuan coin 中国唐代通行的圆形方孔铸币。面文“开元通宝”（唐宋文献和今钱币学界也有旋读为“开通元宝”的）。多为铜钱。始铸于高祖武德四年（621），终唐铸行不衰。

唐“开元通宝”钱

唐开元钱沿五铢钱制（见五铢钱），径2.4厘米，重4克，面背轮廓规整深峻，铸造精良。钱文精美，为欧阳询手书隶书；此前钱文以篆书为主，至开元钱全用隶书。通常认为“开元”有开国纪元之义，有年号钱的性质，开元钱结束了其前中国纪重钱币的历史。此后至清末，圆形方孔年号钱成为钱币主流，对古代世界东方货币影响深远。开元钱的使用，淘汰了中国沿用800多年的二十四进位“铢两”衡制，1枚钱重1/10两，于是钱币之“钱”也变为重量单位名称，形成十进位“钱两”衡制。唐开元钱前后形制差别不大，不同版式背纹变化多样，尤以各种月纹最具特色。

**开元三大士** Three Indian Monks in Kaiyuan Era 唐玄宗开元年间（713～741）来华创立密宗的三名印度僧人，即善无畏、金刚智和不空。

善无畏（637～735），中天竺人，刹帝利种姓。13岁继承乌荼国王位，18岁时舍王位于兄，离家出走。后入那烂陀寺，投达摩鞠多（法护）为师，受学总持瑜伽三密法门。唐开元四年（716），经北印抵长安，受到朝野上下的隆重欢迎和尊敬。玄宗命于宫内建立灌顶道场，所赍梵经，尽许翻译。先在内道场向皇室传密法，约一年以后，移住兴福寺，后敕居西明寺。开元五年，在西明寺译出《虚空藏求闻持法》1卷。开元十二年，随玄宗入洛京，住大福先寺，以一行为助手，译出《大毗卢遮那成佛神变加持经》(即《大日经》) 6卷，次年又译出《供养法》1卷，合为7卷)。十四年译出《苏悉地羯罗经》3卷、《苏婆呼童子经》3卷。他是真言密教的代表，所传译的是《大日经》和胎藏密法，还有《苏悉地喈罗经》等晚期持明密法。弟子有一行、玄超、义林、不可思议、智俨、宝思、明思等。

金刚智（669～741），中天竺人（一说南天竺人）。出身婆罗门家庭，10岁在那烂陀寺出家。遍学因明、唯识、中观、金刚乘瑜伽密典以及其他密教经轨，并受五部灌顶。开元七年（719），经师子国、佛逝国抵广州，翌年到达东都洛阳。玄宗礼为国师，敕住慈恩寺，造毗卢遮那塔，后移大荐福寺。经常随帝往来于东西两京间，广弘瑜伽密教，建曼荼罗场，立坛灌顶。从开元十一年起，于资圣寺、荐福寺翻译密教经典，先后译出《金刚顶瑜伽中略出念诵法》4卷、《金刚峰楼阁一切瑜伽瑜经》、《七俱胝佛母准提大明陀罗尼经》1卷、《金刚顶经曼殊室利菩萨五字心陀罗尼品》1卷、《观自在如意论菩萨瑜伽法要》等密教经典多部。金刚智所弘传的主要是金刚界密法，所译密典以瑜伽为主，亦有少量持明和陀罗尼密典。

不空（705～774），法名智藏，密号不空金刚，是“三大士”中活动能力最强，影响最大的人物。据唐圆照《贞元录》载，不空为师子国人（一说北天竺人）。后遇金刚智，开元八年（720）随其来洛阳，参与他的译经活动，往返两京。后又从金刚智受瑜伽五部和三密之法。金刚智圆寂后，奉师遗命往师子国及天竺求密法。天宝五载（746）携带礼物及所求经论500余部从师子国经海路回长安，受到玄宗的优遇和尊敬。代宗即位后，对不空礼敬有加。不空译《仁王般若经》、《大乘密严经》二经，代宗为之作序。共译出佛典100余部，主要是密教系统，其中《金刚顶经》是密教立宗所依据的主要经典，对密宗的建立有重要影响。不空所传密教，以金刚乘瑜伽密教为主，加上持明诸部、经法部，以及陀罗尼、胎藏部密教。他的密法和理论与金刚智所传基本一致。弟子中得到五部密法的有六人，即含光、慧超、惠果、慧朗、元皎、觉超，史称“六哲”。

**开元之治** Prosperity of Kaiyuan Era 中国唐朝玄宗开元年间（713～741）政局稳定，经济繁荣，文化昌盛，国力富强的局面。是唐朝极盛的时期。唐朝自武则天退位到玄宗即位以前的中宗、睿宗统治期间政局极不稳定。武氏诸王、中宗的韦皇后及其女儿安乐公主、武后女儿太平公主皆参预政事，朝廷大臣也分为几派，相互排挤，因此接连发生政变。先天二年（713）七月，玄宗以先发制人手段消灭政敌太平公主一伙，结束这种混乱局面。此后，为了稳定政局，玄宗采取一系列措施整顿弊政，提高了行政效率。用恩礼优待自己的同胞兄弟，却不予他们以实职，从而削弱了皇室内部发动政变的政治基础。对有才干的宰相任用不疑，开元初以姚崇为相，他帮助玄宗执行上述政策，又沙汰僧尼，整顿吏治，对安定政局起了很大作用。政治安定为社会经济的发展创造了条件，生产发展，经济繁荣。开元时期，土地开辟，“高山绝壑，耒耜亦满”。物价低廉，商业繁茂，道路畅通，行旅安全。社会经济的繁荣推动了文化事业发展，唐诗最为后世称道，著名诗人高適、岑参、王维，特别是李白、杜甫都生活在这个时代，而唐代中期的著名诗人（所谓大历十才子）也是在这个时期培育出来的。其他音乐、绘画、雕刻、塑造等艺术也无不有显著成就。国力强盛是开元之治的另一重要标志。玄宗加强缘边地区的军队，开立屯田，大大充实了防务；又从东北到西北和南方设立了平卢、范阳、河东、朔方、陇右、河西、安西四镇、伊西北庭、剑南九个节度使和一个岭南五府经略使，以统一指挥战守军事。唐朝失地得以收复，漠北的少数民族重又归顺。后突厥与唐之间的战争也逐渐停止而代之以友好往来；唐又在西域设置安西四镇节度经略使，阻止吐蕃势力北上；在陇右、河西之西增置军镇，巩固河西走廊的安定，保证了中国和中亚、西亚的交通顺畅。当时唐朝的声威远达西亚，各国使者和商人往来不绝。但在繁荣强盛的背后，深刻的社会及政治危机也在隐生。特别是节度使统辖的军事力量加强而内地军备废弛，导致内轻外重，成为后来安史之乱的伏因。

开元铁牛

**开原市** Kaiyuan City 中国辽宁省辖县级市。位于省境东北部，辽河中游东岸。面积2 825平方千米。人口59万（2008），有汉、满、蒙古、回、朝鲜等民族。元至元二十三年（1286）设开元路。明洪武二十一年（1388)改开元为开原。清康熙三年（1664）设开原县，隶奉天府。1988年撤县设开原市，由铁岭市代管。境内东部为辽东山地丘陵区，西部为冲积平原。属温带大陆性季风气候。矿产有金、铜、铁、锌、煤、大理石和石灰石等。农业主产水稻、玉米、高粱、大豆、烟叶等，为辽宁省重点商品粮基地之一。山区盛产木材、药材、水果等。工业已形成食品、纺织、化工、建材四大支柱产业。名胜古迹有七鼎龙潭寺、普觉寺、团山遗址、古城子王皋城遗址、金线河风景区、清河水库风景区等。

**开源节流** broadening sources of income and reducing expenditure 中国古代的一种理财思想。开源是指促进生产、增加社会财富；节流是指轻赋薄敛、撙节支出。即主张理财之道在于积极发展生产，培植财源，同时注意减轻百姓负担和节省政府开支。这一思想最早由春秋时期思想家孔子提出。他认为治国之道在于安民，民贫则怨，民富则安。统治者不应滥用民力，而应保证农时以发展生产，增加民间财富，通过民富达到国富。战国时期的墨子也很重视发展生产和节省支出，他认为农作物的丰歉，决定着社会财富的多少和人民生活的苦乐。同时他竭力反对奢侈浪费，主张节用。后来荀子兼取了孔子和墨子的思想，提出开源节流的理财思想。荀子所说的开源节流的流，不仅指节用，而且包括轻赋薄敛政策。他认为理财治国之道，在于从鼓励生产这一根本入手，要轻赋薄敛使百姓按时耕种以广开财源，同时努力节省朝政支出，才能充实国库并留有后备以防意外。开源节流思想为后代开明理财家所推崇。

**开远市** Kaiyuan City 中国云南省红河哈尼族彝族自治州辖县级市。位于省境南部。面积2 009平方千米。人口32万（2010），有汉、彝、苗、回、壮等民族。开远历史悠久，北部小龙潭煤层中曾挖掘出古猿牙齿化石。约在2 000多年前与中原即有联系。西汉为益州郡属地。明初置阿迷州。1913年改置阿迷县，1931年改称开远县，1981年改开远市。市境位于滇东高原南部陷落盆地。属南亚热带季风气候。矿产有煤、石灰岩、锰等。农业主产水稻、玉米、小麦、薯类和甘蔗、烤烟、花生、蔬菜、水果等。工业以煤炭、电力、化工、建材、制糖、饮料、食品、机械、冶金、汽车配件等为主。名胜古迹有云窝寺、大庄清真寺、南洞等。

**开斋节** Lesser Bairam; ʿīd al-Fiṭr 伊斯兰教宗教节日之一。波斯语称“肉孜”(Rozah)。时在伊斯兰教历10月1日。伊斯兰教规定，成年男女穆斯林在伊斯兰教历每年9月封斋1个月，每日自黎明前至日落后，禁绝饮食、房事和一切非礼行为。在斋满29天的当晚寻看新月，如看到，翌日即开斋，如不见月，则封满30日，次日为开斋节。穆斯林于该日晨礼后速进少许饮食，以示戒满开斋向真主感恩之意。上午，穆斯林沐浴盛装，聚集在当地最大的清真寺或郊野举行规模盛大的会礼仪式。礼毕互致问候，会亲访友，宴请宾客，游坟诵经悼念亡人。邻里之间相互馈赠节日食品。新疆地区突厥语系及其他语种的各民族穆斯林，称开斋节为“肉孜节”。除举行仪式外，还歌舞欢庆。

**凯德洛夫** Kedrov, Bonifatii Mikhailovich (1903-12-10～1985-09-10) 苏联哲学家、化学家、历史学家。生于雅罗斯拉夫尔。曾任苏联科学院哲学研究所所长、自然科学与技术史研究所所长，《哲学问题》杂志的创始人、第一任主编。在哲学被过于政治化的年代，他在哲学研究中牢固确立了科学性原则，努力致力于哲学与自然科学的结盟，反对自然哲学。他是最早提出捍卫染色体遗传理论和分子生物学理论的著名学者之一；他富有成效地促使生物学界利用数学、物理学和化学的成果进行研究；积极支持现代物理学和化学中形成的新思路；还为在苏联发展数理逻辑做了大量工作。他有效地证明了对科学史的科学分析与哲学方法的研究的一致性，是国际公认的科学哲学方面历史学派的奠基人之一。主要著作有：《恩格斯与自然科学》(1947)、《伟大发现的日子——门捷列夫发现周期律》(1958)、《列宁与20世纪自然科学革命：哲学与自然科学》(1969)、《科学及其相互联系：历史、理论、实践》(1988)、著作选集《逻辑与科学方法论问题》(1990) 等。

**凯厄图尔瀑布** Kaieteur Falls 南美洲瀑布。在圭亚那埃塞奎博河支流波塔罗河上。1870年为英国地质学家C.B.布朗发现。瀑布分为两级，两级落差共计250多米。旱季(2～4月、8～11月) 瀑布宽76米多，雨季 (11月至翌年2月、4～8月) 可达120多米。瀑布周围为保存较好的原始热带雨林，环境优美，生存着猴、犰狳、貘、豹猫、银狐、石鸡、各种鸟类等多种动物。已辟为国家公园，成为游览胜地。有小型机场。

**凯恩斯** Cairns 澳大利亚昆士兰州东北部港口城市。位于珊瑚海的一个小海湾——特里尼蒂湾顶端。人口12.64万 (2001)。19世纪70年代始建海关。19世纪后期，附近帕尔默河的砂金、阿瑟顿高原的锡矿先后被发现，沿海地区出现了大量甘蔗种植园，居民人数迅速增加。1885年成为自治地区，并以当时昆士兰州州长凯恩斯的姓氏命名。1903年建镇，1923年设市。地处昆士兰州沿海铁路终点，是昆士兰州北部重要的乳制品、糖、谷物、水果、烟草、花生等农产品集散地，并为附近的伐木、乳品加工和锡矿开采业提供服务。市区有以农业为基础的制糖、酿酒、牛肉加工等工业，还有木材加工厂、铸造厂等。凯恩斯港为澳大利亚最主要的蔗糖输出港之一，亦输出木材、金、锡、铜、奶制品、热带水果。旅游业发达，是澳大利亚第三大旅游城市，仅次于悉尼和布里斯班。附近的大堡礁和热带雨林作为自然遗产被列入《世界遗产名录》。

**凯恩斯** Keynes, John Maynard (1883-06-05～1946-04-21) 英国经济学家。凯恩斯主义的创始人。生于英国剑桥，卒于苏塞克斯郡弗尔。1902年入剑桥大学学习数学，1905年毕业后师从A.马歇尔、A.C.庇古学习经济学。1908年起在剑桥大学讲授经济学。曾在英政府印度事务部、英国财政部任职。1929～1933年世界经济危机期间，主持英国财经顾问委员会。第二次世界大战期间，任英格兰银行董事。1944年任英国代表团团长出席在布雷顿森林召开的联合国货币金融会议，后又出任国际货币基金组织与国际复兴开发银行的董事。曾任英国皇家经济学学会会长。

凯恩斯在30年代以前，接受的是马歇尔经济理论。但第一次世界大战以后英国经济的长期萧条和严重失业，促使他考虑如何解决经济失调的对策。1929年他支持举办公共工程以减少失业的方案，认为公共工程开支不仅可以直接增加就业，而且可以通过工程雇用人员收入的增加，间接增加其他工业部门的就业。30年代初英国和资本主义世界的萧条和失业更趋严重，传统经济学关于资本主义可以借助市场自动调节机制达到充分就业均衡的观点彻底破产。凯恩斯的《就业、利息和货币通论》适应了当时垄断资产阶级寻求克服萧条和失业对策的需要。他提出有效需求决定就业量的理论，用有效需求不足解释失业和萧条。他认为，有效需求是商品的总供给价格和总需求价格达到均衡状态时的社会需求量。有效需求包括消费需求和投资需求，并主要由3个基本心理因素和货币供应量决定：①消费倾向（收入用于消费的比例），决定消费支出。②对资本资产未来收益的预期，决定资本边际效率（即预期利润率），后者与利率一起决定投资支出。③流动偏好，决定对货币的需求量，后者和中央银行控制的货币供应量一起决定利率。由于这些心理因素相互作用造成有效需求不足，并引发经济危机和萧条、失业等。他以这种理论为依据，提出实施国家干预，采取财政金融措施，增加公共支出，降低利率，刺激私人的投资；鼓励消费，从而提高有效需求，实现充分就业。

凯恩斯的理论奠定了现代宏观经济学的基础。第二次世界大战以后，凯恩斯主义成为西方经济学界影响最大以至占据统治地位的一个流派。按凯恩斯理论实施的政策，对资本主义经济危机和失业起了一定的缓和作用。但凯恩斯主义难以解决70年代以后出现并加深的滞胀问题。著有《凡尔赛和约的经济后果》、《货币改革论》、《自由放任主义的终结》、《就业、利息和货币通论》、《如何筹措战费》等。

**凯恩斯主义** Keynesianism 20世纪30年代由J.M.凯恩斯所创立，并为其追随者所发展的资产阶级经济理论和政策体系。

凯恩斯主义是资本主义世界经济危机的直接产物，是适应国家垄断资本主义的需要而产生的。在以前占统治地位的经济学说把完全竞争和充分就业假设作为既定的前提，但资本主义世界经济危机证明这两种假设都是不符合现实的。凯恩斯提出，资本主义自发作用不能保证资源使用达到充分就业水平，因而国家有必要采取干预经济的一系列政策，这样就可以使资本主义解决“失业”，仍是“理想的社会”。为垄断资本的国家干预经济生活的政策提供了理论基础。

1936年，凯恩斯发表《就业、利息和货币通论》，用“边际消费倾向递减规律”、“资本边际效率递减规律”和“流动偏好规律”说明资本主义通常存在有效需求不足。他主张由国家实行旨在刺激总需求的宏观财政政策和货币政策，以达到充分就业，缓解经济危机。凯恩斯的理论得到广泛传播和应用。50～60年代，在对凯恩斯理论长期化、动态化研究过程中，形成了解释、补充和发展凯恩斯理论的两大派别：以P.萨缪尔森为代表的新古典综合派和以J.V.罗宾逊为代表的新剑桥学派。他们都在不同程度上发展了凯恩斯理论。J.R.希克斯和A.H.汉森创立了IS-LM分析模型以研究产品市场和货币市场的均衡，R.M.索洛等人建立了"新古典经济增长模型"，新剑桥学派提出新剑桥学派增长模型，萨缪尔森和索洛借用菲利普斯曲线解释通货膨胀，希克斯、萨缪尔森等人对劳动供给和需求曲线给出了解释等。60～70年代以前，凯恩斯主义在西方经济学界长期占据统治地位。

70年代以后，西方出现滞胀，凯恩斯主义的原有理论难以进行解释和提出相应政策，并受到货币主义、供给学派、理性预期学派、新自由主义等的严重抨击。

**凯尔森** Kelsen, Hans (1881-10-11～1973-04-19) 美籍奥地利法学家，纯粹法学派创始人。生于布拉格，卒于美国加利福尼亚伯克利。1919年任维也纳大学教授，曾参与起草1920年通过的《奥地利共和国宪法》。1920～1930年任奥地利最高宪法法院法官。1930～1933年在科隆大学任教。1940年移居美国，先后在哈佛、加利福尼亚等大学任教。主要著作有《国家学概论》、《纯粹法学》、《法和国家的一般理论》、《联合国法》、《国际法原理》和《什么是正义》等。

凯尔森首创的纯粹法学派，又称规范法学派，将法当作"纯粹"的、独立自在的规范体系进行研究。由于他最初在维也纳大学任教时传播这一学说，故又称维也纳法学派。这一学说在第二次世界大战前流行于欧洲大陆各国，以后随着凯尔森移居美国，也在美、英等国传播，迄今为止一直是西方法学中一个较重要的派别。

凯尔森认为，纯粹法学仅限于分析各种实在法律规范的结构和关系，既不探讨法与经济、政治、道德等因素的关系，也不涉及人们实际上如何行为。其根本是：法学作为一门学科，只研究它的对象实际上是什么，而不是根据特定的价值准则来决定它应该或不应该如何。他反对以自然法学为代表的许多传统法学将法和正义（即政治目的）混为一谈，将实际上是什么的法和应当是什么的法，以及实在法和正义法或理想法混为一谈。另一方面，他认为法学研究的现实是法律规范，即它规定人们应当如何行为，至于人们实际上怎样行为是一个自然现实，由因果法则所决定，属于作为一门自然科学的社会学研究的范围。法律理论只有在既同正义哲学分开又同社会学分开时，才有可能建立真正的法学。

凯尔森还认为，在法和国家的关系上，传统学说是二元论的观点，即将法和国家当作两种不同现象。纯粹法学派采取一元论观点，即国家是由国内法律秩序所创造的一个共同体，作为法人是这一共同体的人格化。在法学上，国家问题就是国内法律秩序问题。

在国际法问题上，凯尔森认为传统学说也是二元论观点，即将国际法和国内法当作两个并行的、独立的体系。纯粹法学派则采取一元论观点，否认国家主权，主张国际法优于国内法，建立一种包括各国国内法和国际法在内的"普遍法律秩序"，即"世界国家"。

凯尔森在第二次世界大战后所写的《布尔什维主义的政治理论》和《共产主义法律理论》两书，对马克思主义学说公开进行批判。在西方法学界，他的纯粹法学被认为是分析实证主义法学和新康德主义法学中一个极端的派别，这种法学以彻底的不可知论作为哲学基础。

**凯尔泰斯** Kertész Imre (1929-11-09～ ) 匈牙利作家。生于布达佩斯。1944年被纳粹关进集中营，1945年获救。曾在《火花》报社做记者。1953年专事文学创作。主要创作了长篇自传体小说《无命运的人生》(1975)、《惨败》(1988)、《给未出生的孩子的祈祷》(1990)。其他主要作品还有中篇小说集《英国旗》(1991) 及《作为文化的大屠杀》(1993)、《被流放的语言》(2001) 等散文作品。2002年获诺贝尔文学奖。

**凯尔特人** Celts 有两义：①欧洲古代民族集团之一。又译克尔特人。语言构成印欧语系中特别的凯尔特语族。最早生活在莱茵河流域，公元前2000年开始南下西移，约于5世纪到达地中海沿岸，广泛分布于欧洲大陆西部。前5～前3世纪，一支向西渡海进入不列颠群岛，部分与当地居民结合，成为不列颠人。一支越过比利牛斯山进入西班牙，与当地的伊比利亚人结合，形成凯尔特-伊比利亚人。一支向东南越过阿尔卑斯山，进入意大利北部，与当地的利古里亚人结合，形成凯尔特-利古里亚人。还有一支顺多瑙河向东推进，到达捷克、斯洛伐克、匈牙利和特兰西瓦尼亚，部分深入到伊利里亚和色雷斯地区。凯尔特人在历史上虽未建立统一的国家，但人数众多，分布甚广，势力极大。曾对罗马共和国构成极大威胁。前58～前51年为凯撒征服。此后，大多数凯尔特人被罗马化，成为中世纪欧洲众多民族的重要成分。少数居于偏远地方的凯尔特人保持了自己的语言和传统特征，直至现代。

②泛指上述至今仍保有民族特点，讲凯尔特语族语言的古代凯尔特人的直系后裔。即现分布在不列颠群岛的爱尔兰人、盖尔人、威尔士人，以及法国西北部的布列塔尼人等。

**凯尔特语族** Celtic group 印欧语系的语族之一。凯尔特诸语言历史上一度通行很广的地区。后来由于拉丁语逐渐取代了某些凯尔特语言，通行范围大大缩小，现仅存于不列颠群岛（"不列颠"一名即是凯尔特语词）一些人烟稀少的地区和法国西北部的布列塔尼。使用人口共200余万。

凯尔特语言分为大陆凯尔特语和海岛凯尔特语两大类。大陆凯尔特语于5世纪前消亡。海岛凯尔特语分为盖德尔语（又称盖尔语）和不列颠语两支，即北支和南支。盖德尔语支包括爱尔兰语以及由此派生的苏格兰盖尔语和马恩语。不列颠语支包括威尔士语和科尼什语等。5～6世纪，一部分科尼什人移居法国的布列塔尼（布列塔尼，即小不列颠），他们所说的语言后来称为布列塔尼语。科尼什语于18世纪末消亡。马恩语在20世纪已消亡。

凯尔特语言区别于其他印欧语言的最大特点是，在共同凯尔特语时期丧失了原始印欧语的*P音。凯尔特语言名词的格大都已没有区别，性和数的区别依然存在。凯尔特语言在句法上的特点是动词在句子的首位。基本词汇中保留了印欧语早期的共同词语。

**凯库勒** Kekulé, Friedrich August (1829-09-07～1896-07-13) 德国化学家。生于黑森州达姆施塔特，卒于波恩。曾入吉森大学学习建筑，后在J.von李比希的影响下改学化学，1852年获博士学位。后去巴黎深造。1856年任汉德堡大学讲师。1858年任比利时根特大学化学教授。1857年凯库勒提出碳是四价的；1858年进一步提出碳原子间可以相连成链状的学说。1865年凯库勒提出苯的环状结构学说。因此，19世纪中叶，有机化学不仅在理论上取得了蓬勃的发展，并且还在德国建立起了庞大的有机化学工业，特别是染料及制药工业。凯库勒写了不少有机化学教科书，主要有《苯衍生物化学》、《有机化学教科书》、《有机化合物结构研究》等。

**凯莱曼** Kelemen László (1762-07-26～1814-12-24) 匈牙利演员。匈牙利戏剧事业的开创者。早期攻读法律，1790年在多瑙河岸上租用了一家德国剧院的旧址创立了自己的剧院，1792年5月首演喜剧《拾来的孩子》。主要贡献是创立了匈牙利民族戏剧。在他之前，匈牙利舞台被德国剧院的德语剧目所统治。凯莱曼剧团的演出活动前后持续6年，终因经费不足而停止。剧团解散后，他不惜倾家荡产在外地组织剧团，继续进行戏剧活动，推动了匈牙利民族戏剧的发展。

**凯勒** Keller, Gottfried (1819-07-19～1890-07-15) 瑞士德语作家。生于格拉特费尔登，卒于苏黎世。5岁丧父，家境贫寒。曾入苏黎世联邦理工学院、德国海德堡大学学习。1861～1876年任苏黎世州政府的秘书长。作品以中短篇小说著称，主要有《乡村的罗密欧和朱丽叶》、《人恃衣裳马恃鞍》等，均收入《塞尔特维拉的人们》(两卷，1856)。长篇小说《绿衣亨利》是一部“教育小说”，写一个青年的成长，描写了广阔的社会画面，乡土气息浓厚。《马丁·萨兰德》(1886)写社会上贪污腐化、投机倒把、虚伪欺骗等现象。其他主要作品还有《新诗集》(1851)、《七个传说》(1872)、《苏黎世中篇小说集》(1877)等。

**凯里尔·安哇尔** Chairil Anwar (1922-07-22～1949-04-28) 印度尼西亚诗人。生于棉兰，卒于雅加达。1940年迁居雅加达。1943年日本占领期间开始写诗。他在诗歌创作上从一开始便标新立异，采用现代派表现主义的手法，宣扬“活力论”。《我》(1943)是一首自我宣言诗，宣告要与旧传统旧意识彻底决裂。他的诗作受到日本占领者的压制，大部分到1945年独立后才得以面世，他也成为“四五年派”的先锋。他的诗作既有在八月革命时期起了战斗鼓舞作用的《蒂波·尼哥罗》等，也有流露出惆怅颓废情绪的诗作。诗集有《尘嚣》(1949)等。

**凯里市** Kaili City 中国贵州省黔东南苗族侗族自治州辖市。位于省境东南部。面积1 306平方千米。人口48万(2010)，有汉、苗、侗、土家、布依等民族。元置凯里安抚司。明改置凯里长官司。清雍正年间开辟苗疆，置凯里卫。1914年改为凯里分县，隶属炉山县。1961年改炉山县为凯里县。1983年改市。属中亚热带湿润性季风型气候。矿产资源有煤、铝土矿、铁、铅、锌、石英砂岩等。农业以粮食、油料、蔬菜、魔芋、水果、生猪等为主。工业以电子、轻纺、建材、冶金、电力、化工、机械、木材加工、农副产品加工等为主。名胜古迹有香炉山、魁星阁、金泉湖公园、南花苗寨等。

凯里市南花苗寨风光

**凯利** Kelly, William (1811-08-21～1888-02-11) 美国铁器制造商，转炉炼钢发明人之一。生于宾夕法尼亚匹兹堡，卒于肯塔基路易斯维尔。1846年在肯塔基州从事钢铁业。1851年发明一种炼钢法，即凯利空气吹炼法——向转炉内吹入空气，使生铁脱碳变成钢。他建立小型转炉进行生产，1857年得到美国专利。关于发明转炉炼钢法的专利权，凯利与H.贝塞麦发生争执，双方几经诉讼，最后凯利在美国胜诉。该法在美国称为凯利－贝塞麦法，在欧洲习惯仍称贝塞麦法。

**凯洛夫** Kairov, Ivan Andreyevich (1893-12-26～1978-10-29) 苏联教育家。1917年毕业于莫斯科大学数学物理系。1935年被授予教育学博士学位。从1937年起先后担任莫斯科大学和莫斯科列宁师范学院教育学教研室主任。1942～1950年任《苏维埃教育学》杂志主编。1946～1967年任俄罗斯联邦教育科学院(1966年改为苏联教育科学院)院长。1949～1956年任俄罗斯联邦教育部部长。

凯洛夫主编的《教育学》系统地总结了20世纪20～30年代苏联教育经验，批判地吸收了西欧资本主义上升时期的一些教育家与俄罗斯进步教育家的教育思想。其主要特点是重视智育在全面发展教育中的地位和作用，认为“学校的首要任务，就是授予学生以自然、社会和人类思维发展的深刻而确实的普通知识”，形成学生的技能、技巧，并在此基础上发展学生的认识能力，培养学生的共产主义人生观；肯定课堂教学是学校教学工作的基本组织形式，强调教师在教育和教学工作中的主导作用。

**凯末尔·阿塔图尔克** Kemal Atatürk, Mustafa (1881-03-12～1938-11-10) 土耳其资产阶级革命家，军事统帅，土耳其共和国的缔造者，首任总统(1923～1938)。生于希腊萨洛尼卡，卒于伊斯坦布尔。原名穆斯塔法。幼年丧父。1893年进入萨洛尼卡军事预备学校学习，同名的数学老师给他起了第二个名字凯末尔(又译基马尔)。2年后升入摩拿斯提军事学院。1899年进入伊斯坦布尔陆军大学。1906年在大马士革发起组织祖国自由协会，不久潜回萨洛尼卡建立分会。1911～1913年先后参加了意土战争和两次巴尔干战争。1913年任驻保加利亚武官。1916年因战功卓著而被提升为准将，获帕夏称号。此后，历任军长、集团军司令。

1918年10月底，奥斯曼帝国战败投降。凯末尔于1919年5月前往安纳托利亚担任第三军督察，成立了全国性的民族主义组织安纳托利亚和卢梅利亚保护权利协会，并为开展民族独立战争作军事上的准备。1920年4月，凯末尔在安卡拉召开大国民议会，当选为主席兼国民军总司令，并组成以他为首的政府。在民族独立战争期间，他领导土耳其人民同协约国支持的希腊入侵军奋战，终于赢得了独立战争的胜利。他在政治、经济、文化等领域推行一系列资产阶级改革。(见凯末尔革命)

1923年10月，土耳其共和国宣告成立，凯末尔当选总统，并连续4次当选。1934年土耳其大国民议会为表彰他对土耳其人民的功绩，授予他以阿塔图尔克(Atatürk，意为土耳其之父)为姓。

**凯末尔革命** Kemal's Revolution 第一次世界大战后，土耳其资产阶级领导的以反对帝国主义侵略瓜分、捍卫民族独立主权和建立民族国家为目的的资产阶级革命运动(1919～1923)。主要领导人为M.凯末尔·阿塔图尔克，故名。

土耳其在第一次世界大战中战败投降，民族灾难加重。1919年5月19日凯末尔·阿塔图尔克来到安纳托利亚，着手组织全民族的抵抗运动。安卡拉后成为民族解放运动的中心。

1920年4月23日凯末尔在安卡拉召开大国民议会，组成了以他为首的政府。同时确认“主权在民”的原则，宣布苏丹政府3月16日以后与外国签订的一切条约法令无效。在1921年1月10日和3月31日～4月1日两次伊诺努战役中，新建的土耳其军队击退希腊军队进攻。同年8～9月，在萨卡里亚河战役中土军粉碎了希军占领安卡拉的企图。1922年8月26日，土军对希军发动全面反攻，9月9日收复伊兹密尔，9月18日在安纳托利亚的希腊军队完全被肃清。1923年7月24日协约国被迫与土耳其签订《洛桑条约》，承认土耳其的领土完整和国家主权。

1922年11月1日大国民议会决定废除苏丹制，从此结束了奥斯曼皇室长达600年的封建统治。1923年10月29日土耳其共和国宣告成立。

**凯奇** Cage, John (1912-09-05～1991-08-12) 美国作曲家。生于洛杉矶，卒于纽约。早年曾随H.考埃尔和A.勋伯格学习作曲。先后在西雅图、芝加哥、纽约等地任教。

早期作品采用十二音技法。不久，便转向打击乐领域。他的作品《起居室音乐》是为打击乐器和4人谈话而作，所用的敲击器具，均为起居室的家具、门窗等。由于热衷于节奏和打击乐效果，他还设计了一种加料钢琴，即在钢琴琴弦的各种位置插上螺丝钉、橡皮、毛毯等小物件，以改变乐器原来的音色；并从1938年起为它写了10多首乐曲，如《奏鸣曲与间奏曲》等。这即所谓“预配钢琴”音乐。他的标新立异特别表现在50年代的一系列被称作偶然音乐的作品中，这些作品可以说是先锋派音乐走向极端的典型例证。如《变化的音乐》，是根据中国的《易经》的方法而作；《想象的风景第四号》是为12台收音机、24名表演者而作；《想象的风景第五号》是一种“录音带音乐”，以任何42张唱片为材料进行录音而成。特别是1952年的无声作品《4分33秒》(为任何乐器而作)，在作品所限定的4分33秒钟内，演奏家根本就没有奏出任何声音，只是把周围环境可能发生的各种音响当作这首作品的音乐演奏。他不断地探索，寻找新的声音、新的方法、新的音乐语言，创作以追求新奇著称。重要作品还有《丰塔纳混合曲》、《钢琴协奏曲》、《戏剧小品》、《第四变奏曲》等。其文字著作有《无声》、《记谱法》等。

**凯撒** Caesar, Gaius Julius (前100-07-12或13？～前44-03-15) 古代罗马政治家、军事家。出身贵族。生于罗马，卒于罗马。公元前78年开始参加政治生活。前62年任大法官，接着又担任远西班牙行省总督。前60年，与庞培、克拉苏·迪弗斯秘密结盟，史称前三头同盟。公元前58～前51年，通过多次战争征服山外高卢，直抵莱茵河左岸，造就了一支善战的大军，积累了巨额财产。前53年克拉苏·迪弗斯死后，凯撒与庞培及元老院的矛盾不断激化，终于导致内战。前49年1月10～11日，凯撒率军渡过鲁比肯河，迅速攻占意大利。随后又击溃庞培在西班牙的军队。前48年法萨罗战役全歼庞培军，接着挥师埃及追赶残敌。前45年内战结束。

在内战期间及其后，凯撒获得终身独裁官、执政官等官职，兼领大将军、大教长荣衔，集大权于一身，成为名副其实的军事独裁者。任内实行一系列改革，在许多领域开罗马帝国政策之先河。其独裁统治引起共和派的严重不满 。前44年3月15日，被布鲁图和喀西约·龙基纳为首的阴谋分子刺杀于元老院大厅。

凯撒善于治军，足智多谋，政治上不囿陈规。一生大部羁身军伍，但在文学方面亦多有著述，传世有《高卢战记》、《内战记》等。文笔简洁流畅，有拉丁文典范之称，颇有文学史料价值。“凯撒”后成为罗马和西方一些帝王习用的头衔。

**凯瑟** Kaiser, Georg (1878-11-25～1945-06-04) 德国剧作家。生于马格德堡，卒于瑞士阿斯科纳。曾去南美和非洲等地经商。1905年开始戏剧创作。1933年纳粹当政，他的戏被禁演。1938年流亡瑞士，后在孤独和穷困中去世。他一生写了大约70部戏，剧作语言洗练，具有数学式的逻辑结构，被称为“思维剧作家”。《加来市民》(1914)，以英法百年战争为背景，塑造了为拯救城市而献身的英雄。在《煤气》(1918～1920) 和《珊瑚》(1917) 中，作者对资本主义把人降低为“劳动动物”表示强烈抗议。《从午夜到清晨》(1916) 写一个银行出纳员携款出逃，又力图摆脱金钱的束缚，最终被金钱势力击败的故事。其他作品还有《并存》(1923)、《八音盒》(1943) 等。晚年主要写散文和诗歌，大多没有发表。

**凯瑟** Cather, Willa (Sibert) (1873-12-07～1947-04-24) 美国小说家。生于弗吉尼亚州温彻斯特，卒于纽约。在内布拉斯加大学读书时开始发表作品。长篇小说《啊！拓荒者！》(1913) 和《我的安东尼亚》(1918) 都描写中西部农民的生活，刻画欧洲移民家庭中的青年女性如何历尽艰难在荒原里安家立业，并坚韧不拔地与天灾人祸作斗争。中篇小说《一个迷途的女人》(1923) 以拓荒者的高贵品德和友爱亲情来反衬物欲横流的都市商业社会。此外，她还著有《我们中间的一个》、《莺之歌》(1915)、《大主教之死》(1927) 等多部小说。早期写的短篇故事大多收在《特罗尔花园》(1905) 和《青春与聪明的美杜莎》(1920) 两个短篇小说集中。后期的短篇名篇有《街坊罗西基》(1915) 等。凯瑟的作品结构匀称，节奏舒缓从容，文字清新优美。

**凯瑟琳·赫本** Katherine Hepburn (1909-11-08～2003-06-29) 美国电影演员。生于康涅狄格州哈特福德，卒于哈特福德。祖籍苏格兰。出身名医家庭。1924～1928年就读于布林莫尔大学。1928年开始舞台

生涯。1932年成功主演舞台剧《勇士的丈夫》后，主演电影处女作《离婚账单》，获得好评。1934年因主演《小妇人》获戛纳电影节最佳女演员奖。1942年以《本年度的名女人》与好莱坞男星史宾塞·屈塞开始长达25年的合作。因主演《早晨的光辉》(1933)、《猜猜谁来吃晚餐》(1967)、《冬天的狮子》(1968)、《金色池塘》(1981) 4次荣获奥斯卡金像奖最佳女演员奖。她主演的其他影片有《费城故事》(1940)、《非洲皇后》(1951)、《匆匆去夏》(1959)、《长日漫漫入夜行》(1962) 等。她还经常参加舞台演出。她同L.奥立弗合演的电视长片《青纱帐》获艾美奖。

**凯山·丰威汉** Kaysone Phomvihane (1920-12-13～1992-11-21) 老挝人民革命党与老挝人民民主共和国领导人。生于沙湾拿吉省，卒于万象。早年在越南河内大学学习。1946年加入印度支那共产党，并成为旅越老挝侨民的反法运动领导人之一。1950年任寮国抗战政府（即巴特寮）国防部长。1953年任寮国战斗部队总司令。1955年3月任老挝人民革命党总书记。1959年任老挝爱国战线副主席。1975年老挝人民民主共和国成立，任政府总理。1982年任部长会议主席。1991年3月任老挝人民革命党主席。1991年8月至1992年11月任国家主席。曾多次访问中国。

**凯兴斯泰纳** Kerschensteiner, Georg (1854-07-29～1932-01-15) 德国教育家。1877年入慕尼黑大学学习数学和物理，并兼修教育学和哲学。大学毕业后，历任中学教师、校长、督学，并任慕尼黑市教育局长25年。公民教育是他办教育的指导思想，劳作学校则是实施公民教育的机构。他认为教育的目的在于培养有用的国家公民。公民教育包括3个方面：①对学生进行有关公民知识的教育，使之更好地履行公民义务。②进行职业

教育，培养和训练公民的职业技能。③进行公民的道德教育和道德训练，培养学生的爱国心、忠诚与牺牲精神。他将国民学校改为“劳作学校”，增设实习工场、校园、烹调室、缝纫室、实验室等，系统地培养学生体力劳作的兴趣、习惯和技能。著有《学校组织理论根本问题》、《国家公民教育的概念》、《劳作学校要义》和《性格与性格教育》等。

**凯因茨** Kainz, Josef (1858-01-02～1910-09-20) 奥地利演员。生于维瑟尔堡，卒于维也纳。1887年在迈宁根正式开始演员生涯。1889年进柏林德国剧院，后因秘密在工人观众中演出，遭警方追踪，先后逃往英国、美国，参加临时演出。1892年重回柏林德国剧院，然后转入布拉姆剧团。1899年又与维也纳城堡剧院签订演出合同，1910年5月12日进行了最后一次演出。凯因茨扮演过《威廉·退尔》中的麦希塔尔、《阴谋与爱情》中的菲迪南，以及罗密欧、哈姆雷特等角色。他的表演艺术标志着从19世纪僵化的宫廷剧院传统向现代意义上的现实主义舞台表演艺术的转折。他精于变形技巧，善于表演现代充满矛盾、感情敏锐的人物，被视为19世纪明星戏剧向20世纪导演戏剧过渡的重要人物。

**铠甲动物门** Loricifera 动物界一门。仅发现1种——神秘小铠甲虫。两侧对称的小型海产动物。体前端为口，口能缩入体内。头部又称翻吻，有9列棘，其中前两列棘雌雄异型。胸部又称颈，分2节其棘在基板上。腹部有6块板组成的兜甲包围，肛门开于末端。尾肢或趾与身体之间有球窝关节相连，几乎能朝任何方向转动。幼体像轮虫。

神秘小铠甲虫生活在大西洋海底有贝壳的砂砾中，幼体自由生活，成体可能在小型底栖生物上外寄生或共生。雌雄异体。

**楷书** regular script 中国汉字的一种书体。又称正书或真书。产生于汉魏之际。有代表性的书法家是钟繇、王羲之父子。进入南北朝后，楷书成了主要的字体。在南北朝早期的碑刻、墓志上，往往使用一

《麻姑仙坛记》拓片（局部）

些带有隶书痕迹的楷书，面貌较古拙。在北朝的碑志里，楷书较长期占据主要地位。由于使用这种楷书的北魏碑志数量很多，后人称之为魏碑体。到南朝齐梁时代，碑志上出现了与钟、王体很接近的楷书。唐以后，魏碑体基本不用，至清代才由于书法家的提倡而重新受到重视。有人认为楷书到了唐代才真正成熟，代表人物是欧阳询、颜真卿、柳公权等。

**看守所** house of detention 羁押依法被逮捕、刑事拘留的人犯的机关。根据1990年3月17日颁布的《中华人民共和国看守所条例》，被判处有期徒刑一年以下，或者余刑在一年以下，不便送往劳动改造场所执行的罪犯，可由看守所监管。人犯有下列情形之一者，不予收押：①患有精神或急性传染病的。②患有其他严重疾病，在羁押中可能发生生命危险或生活不能自理的，但罪大恶极不羁押对社会有危险性的除外。③怀孕或哺乳自己不满一周岁的婴儿的妇女。看守所监管人犯，必须坚持严密警戒看管与教育相结合的方针，依法管理、严格管理、科学管理和文明管理，保障人犯的合法权益，严禁打骂、体罚、虐待人犯。其监管活动受人民检察院的法律监督。

**看守政府** caretaker government 资本主义国家议会通过对政府（内阁）不信任案或否决政府提出的重大政策提案时政府必须总辞职，或提请国家元首解散议会，重新举行议会大选以决定政府的去留，在新政府未组成之前，暂时维持日常事务的政府。又称过渡政府、看守内阁或过渡内阁。看守政府的主要任务是根据宪法和有关法律规定，处理国家日常性的政务，或受命负责筹备新的大选。一旦新政府内阁组成就职，看守政府内阁即告终结。看守政府具有过渡性和存在时间短暂的特点，所以往往无所作为。在内阁制和多党制国家容易发生对现任政府不信任的倒阁事件。法兰西第四共和国时期、第二次世界大战后意大利以及以色列等国家，政府更迭相继，看守政府曾频繁出现。

**堪察加半岛** Kamchatskiy Poluostrov 俄罗斯亚洲东北部半岛。西临鄂霍次克海，东、南部濒临太平洋和白令海，北以宽约100千米的地峡与大陆相连。南北长约1 200千米，最宽处450千米，面积约37万平方千米。人口约34.92万（2006）。东岸形成一系列海湾，其中较大的有：克罗诺茨基湾、堪察加湾及科尔法湾等；西岸沿海分布有狭长平原。半岛中部为两条平行的东北—西南

堪察加半岛上的火山口湖

向山脉——斯列金内山脉（即“中部山脉”）和沃斯托内奇山脉（即“东部山脉”），其间为狭长的中央堪察加低地，半岛最大的河流堪察加河（长758千米，流域面积5.59万平方千米）流经。多火山，地震频繁。东部的克柳切夫火山海拔4 750米，为半岛最高点。大部分地区为温和的季风气候，中、北部为温和的大陆性气候。森林广布，占半岛面积的40%。北部属森林苔原和苔原带。有煤、浮石、金、云母、汞、铜、钨等矿藏。多温泉，且属于间歇喷泉。半岛上人烟稀少，主要居民为俄罗斯人、楚科奇人和堪察加人。经济以海洋渔业及捕猎海兽、鱼类加工、木材加工和旅游业为主。建有地热电站。主要城市有彼得罗巴甫洛夫斯克和乌斯基堪察加斯克。

**堪培拉** Canberra 澳大利亚首都。位于澳大利亚东南部，为新南威尔士州所包围，由联邦政府直接管辖。人口34.8万（2009）。城市坐落在澳大利亚山脉的山间盆地，平均海拔600米。东、西、南三面为安斯利山、普莱森特山、布莱克山、雷德山等低山环绕，远处可见澳大利亚山脉群峰。马兰比吉河支流莫朗格洛河流贯市区，在市中心拦河筑坝形成美丽的伯利·格里芬人工湖。气候温和，年平均气温12.9℃。平均年降水量629毫米，全年分配较均匀。堪培拉所在的首都直辖区面积2 360平方千米，原为新南

俯瞰堪培拉

威尔士州的一部分，还包括位于杰维斯湾约73平方千米的海岸地区。1901年澳大利亚联邦政府成立后决定在地处悉尼与墨尔本之间的堪培拉建立新首都，1913年开始兴建，1927年正式启用。联邦政府工作人员占全市在职人员的一半以上。主要社会经济活动是为政府雇员及其家庭成员提供日常生活服务，并有少量轻工业和日益发展的旅游业。市区以伯利·格里芬湖为中心，分南北两区。商业中心位于湖北岸。附近的澳大利亚国立大学（1946）是澳大利亚的著名学府，还有藏书丰富的国家图书馆及许多科研机构，使堪培拉成为全国重要的教育科学文化中心。市区及其周围有许多开阔的林地和公园，被称为花园城市。作为住宅区的郊区卫星城镇散布在林地之中。黑山澳大利亚国家植物园为澳大利亚直接管理的植物种植园。

**堪萨斯城** Kansas City 美国密苏里州第二大城市。位于该州西部，堪萨斯河注入密苏里河处，跨密苏里河两岸，西与堪萨斯州的堪萨斯城隔河相对。其位置接近美国本土的地理中心，故有“美国心脏”之称。市区面积813平方千米，人口45.16万(2008)。大都市区包括周围11个县以及独立城、堪萨斯州的堪萨斯城等，人口200.21万(2008)。1821年法国毛皮商在此建立贸易站。1838年起移民定居。1850年建镇。1853年设市。随着密苏里太平洋铁路和其他铁路陆续通达，成为农畜产品集散中心。美国中西部工商业中心。地处美国农牧区的中心地带，大量牲畜、小麦和其他农产品在此集散和加工。牲畜屠宰、肉类加工工业规模很大，牲畜围栏之大居全国前列。美国主要的面粉工业中心之一。其他工业有农业机械、汽车装配、炼油、钢铁、铁路车辆维修、服装和印刷出版等。自动售货机生产居全国首位。霍尔马克卡片公司是世界著名贺卡、明信片等的生产商。批发、零售和邮购业务繁盛，以销售农牧产品及其加工食品为主。金融业也较发达，是第10联邦储备银行总部所在地。横贯大陆的公路和铁路的交叉点，重要河港，并有管道通连西南部的油、气田。城西北设国际机场。市内多教育和文化艺术机构。有密苏里－堪萨斯城大学（1963）、罗克赫斯特学院（1910）、阿维拉学院（1916）等22所高等院校，以收藏东方艺术品著称的纳尔逊美术馆，以及众多博物馆、图书馆等。有公园100多处，以斯沃普公园最著名。每年8月举行爵士和布鲁斯音乐节。

堪萨斯城远眺

**《堪萨斯–内布拉斯加法案》** *Kansas-Nebraska Act* 美国国会1854年通过的取消限制奴隶制扩展到西部新开发地区的法案。19世纪以来，美国领土迅速扩张，堪萨斯－内布拉斯加地区要求建立新州。该地区在北纬36° 30′以北，按密苏里妥协案（1820）规定，应以自由州加入联邦，但奴隶主凭借在政府和参议院中的优势，主张实行奴隶制。

1854年1月23日，由参议院领地委员会主席、民主党党魁S.A.道格拉斯向参议院提交了这一法案，宣布密苏里妥协案和1850年妥协案作废。奴隶制的实施不应受任何地域限制，新开发地区实行何种制度，应留给当地居民或其代表决定。这一法案引起全国长达4个月之久的争论，但在参议院中却以多数获得通过。奴隶制的扩展从此不再受地域限制，不断推向北部，加速了资产阶级内部的分化。反对该法案的人于1854年7月组成美国共和党。自由雇佣制和奴隶制的矛盾进一步激化，酿成了堪萨斯内战，最后导致美国内战。

**堪萨斯州** Kansas State 美国中央西北区一州。东、西分别邻接密苏里州和科罗拉多州，南、北介于俄克拉何马州和内布拉斯加州之间。州中北部的莱巴嫩镇附近是美国本土的地理中心。面积213 096平方千米，其中陆地面积211 922平方千米。人口280.21万（2008），其中白人占86.1%，黑人占5.7%。州府托皮卡。最大城市威奇托，其次是堪萨斯城等。

地处美国中部平原地带，地势自西向东倾斜。西部属大平原，海拔1 000米左右；东部属内陆低原，海拔300～400米。堪萨斯河、阿肯色河等自西向东流贯全境。温带大陆性气候。1月平均气温-3～1℃，7月24～27℃；年降水量400～1 000毫米，自东向西减少，以夏雨为主。森林覆盖率仅3%。

原为印第安人居住地。1541年西班牙探险家曾到此。1682年法国探险家拉萨尔等宣称该地为法国所有。1803年根据《路易斯安那购地条约》归属美国。1861年加入联邦，成为美国第34州。南北战争后，铁路通达，大批移民在本州定居，小麦种植业兴起，并成为来自得克萨斯肉牛的集散地。

1900～1930年农牧业迅速发展，并相应发展农牧产品加工业。20世纪50年代以来，制造业逐步多样化，产值超过农业，但仍保持美国主要农业大州的地位。属美国小麦带农区，小麦产量占全国1/5，有美国“粮仓”、“面包篮”之称；高粱产量也居全国之首，还广种向日葵等油料作物和干草、玉米、大豆、燕麦等饲料作物，发展以肉畜为主的畜牧业。肉牛和猪在全国占重要地位，农业收入2/3以上来自畜牧业。矿业以天然气和石油开采为主。首要制造业部门是飞机制造业，威奇托是美国最大飞机生产中心之一；肉类加工、面粉等传统食品工业仍名闻全国，还有铁路机车制造、汽车装配、工业机械、轮胎、化工、印刷等部门。堪萨斯城为美国中西部铁路中心。横贯大陆的铁路和公路干线通过本州。有堪萨斯大学、堪萨斯州立大学、威奇托州立大学等高等院校。1981年5月与中国河南省建立友好州省关系。

**堪舆** geomantic omen 住宅基地或坟地的形势。俗称风水。“堪”为高处，“舆”为下处。约兴起于汉代。最早见于《淮南子·天文训》，堪、舆分别代表天、地的总名。一说认为“堪”指勘察，“舆”指地，即勘察地势之意。见风水说。

**坎大哈** Kandahār 阿富汗中南部城市，坎大哈省首府。东北距首都喀布尔480千米。位于阿尔甘达卜河和塔尔纳克河（赫尔曼德河支流）汇流点之间的平缓地带，海拔1 006米，南侧靠近沙漠地区。人口约32.48万（2006）。公元前4世纪，马其顿国王亚历山大远征至此。18世纪曾成为独立后的阿富汗王国两个王朝（萨多查伊王朝和巴拉克查伊王朝）的首都。19世纪中后期，两度遭英国占领。20世纪90年代一度为阿

坎大哈街景

富汗伊斯兰教武装集团塔利班的据点。向为阿富汗南部的商业中心和最大的交通枢纽，公路西北通赫拉特，东北通喀布尔，东南直达巴基斯坦的奎达，历来是兵争要地、军事重镇。附近多灌溉农田。食品加工和手工制毯业著名。有纺织厂。机场设于东郊，主要供国内航线使用。

**坎德拉** candela 国际单位制中表示发光强度的基本单位。简称坎。符号为cd。1860年，英国为适应照明技术的需要，在煤气条例上规定以一种特制蜡烛的火焰，在水平方向的发光强度为1烛光。鉴于蜡烛发光的稳定性和复现性较差，1909年美、英、法3国首先改用一组白炽灯丝来保存作为发光强度单位的“国际烛光”，符号为ic。白炽灯的稳定性较好，但复现性较差。于是1937年国际计量委员会下属的光度咨询委员会首次会议决定，从1940年起使用“新烛光”：在铂凝固温度下全辐射体（黑体）的亮度为60新烛光/厘米$^2$。1新烛光等于1/1.005国际烛光。1948年第9届国际计量大会决定实施光度咨询委员会的决定，并定名为坎德拉以取代新烛光。为严格起见，1967年第13届国际计量大会对坎德拉又稍作修正：在101 325牛顿每平方米压力下，处于铂凝固温度（2 045开）的黑体，其1/600 000平方米表面在垂直方向上的发光强度为1坎德拉。随着辐射测量技术的发展，1979年第16届国际计量大会上决定采用现定义：一个光源在给定方向上的发光强度，该光源发出频率为540×10$^{12}$赫的单色辐射，且在此方向上的辐射强度为1/683瓦每球面度。540×10$^{12}$赫辐射的波长约为555纳米，是人眼感觉最灵敏的波长。

**坎儿井** karez 干旱地区利用水平隧洞导引地下潜流，实现地表自流灌溉的暗渠工程。古称“井渠”。世界上最早的坎儿井出现在亚美尼亚，中亚地区分布很广，世界其他地区也有发现。中国的坎儿井主要分布在新疆的吐鲁番和哈密地区。新疆坎儿井的起源目前主要有三种说法：①由西汉时关中的井渠演变而成。②当地各族人民因地制宜的创造。③导源于波斯，由中亚传入。

坎儿井一般顺地面坡度布置，分竖井和暗渠两部分。开挖时先打一眼竖井，称定位井。发现地下水后沿拟定渠线向上下游分别开挖竖井，作为水平暗渠定位、出渣、通风和日后维修的孔道。竖井间距大致与竖井深度成一定比例。暗渠长度从几千米到二三十千米。用暗渠输水在干旱地区可以大大减少蒸发量。暗渠在下游出口（称龙口）接明渠，一般还引入蓄水池（称涝坝）中，以调节灌溉水量，一条坎儿井灌田数十亩至数百亩不等。直到现在坎儿井仍有很强的生命力，并成为吐鲁番地区重要的旅游项目。

坎儿井的暗渠水流

**坎昆会议** Cancún Summit 1981年10月22～23日在墨西哥坎昆召开的国际经济和发展会议。又称南北会议。这次会议是发展中国家和发达国家就改革不合理的国际经济关系、建立国际经济新秩序的南北谈判和1975～1977年巴黎国际经济合作会议（见**南北对话**）的继续。由墨西哥和奥地利倡议召开，与会的有中国、墨西哥、巴西、印度、尼日利亚等14个发展中国家和奥地利、美国、加拿大、英国、法国、德国、日本等11个发达国家的国家元首或政府首脑及联合国秘书长。会议对促进南北对话起了一定作用；但由于与会发达国家与发展中国家在不少重大问题上意见分歧较大，会议所起作用有限。

**坎纳达语** Kannada language 印度卡纳塔克邦坎纳达人的语言，印度宪法承认的语言之一。属**达罗毗荼语系**南部语族。

南部语族几个语言的关系如下：

原始泰米尔－坎纳达语
↙ ↘
坎纳达语 原始泰米尔－马拉雅拉姆语
↙ ↘
泰米尔语 马拉雅拉姆语

坎纳达语具有达罗毗荼语言的一般特点，例如辅音有t（齿音）～t（龈音）～t（卷舌音）的对立。有别的达罗毗荼语言所没有的h音，例如hesru（名字）。不过有些语言学家认为这个h应该是原始达罗毗荼语言所固有的。坎纳达语具有引人注目的社会方言：婆罗门、非婆罗门和“不可接触者”三种人所用的语言有明显的差别。现用文字始于6世纪。民族文学始于9世纪中叶。

**坎尼扎罗** Cannizzaro, Stanislao（1826-07-13～1910-05-09/10） 意大利化学家。生于巴勒莫，卒于罗马。15岁时入巴勒莫大学学医，后转学到那不勒斯大学改学化学，1845年秋转到比萨大学。1852年任亚历山德里亚工学院物理和化学教授。1855年任热那亚大学化学教授。1861年任巴勒莫大学无机化学和有机化学教授。1871年在罗马大学主持化学讲座。1906年国际应用化学会在罗马开会时，被选为大会临时主席。1852年发现了苯甲醛和碱液作用生成苯甲醇和苯甲酸的反应，后人称为“坎尼扎罗反应”。1858年他在意大利科学杂志《新试验》上发表了题为《化学哲学教程概要》的论文，文中重新提起过去不被科学家们接受的阿伏伽德罗假说，从此科学家们才接受该学说。1862年他当选伦敦化学会名誉会员，1873年被推举为德国化学会名誉会员。1891年英国皇家学会授予他科普利奖章。

**坎宁** Canning, George（1770-04-11～1827-08-08） 英国外交大臣，首相。生于伦敦，卒于伦敦。1792年当选下院议员。曾在海军和皮特内阁的外交部任职，支持其反法政策。在1807～1809年第一次任外交大臣期间，为反对法俄结盟展开紧张的争取同盟者的外交活动。1814年出任驻葡萄牙大使。1816～1821年任英国印度监督局总裁。1822年再度出任外交大臣后，和内政大臣R.皮尔结成自由托利主义集团，对内外政策进行一系列改革。对外政策上，为摆脱神圣同盟约束、巩固英国在欧洲的领导地位进行了卓有成效的斗争。坎宁反对神圣同盟干涉欧美国家革命和争取独立的斗争，承认拉丁美洲国家的独立，支持希腊反对土耳其，主张希腊自治。这一策略为英国工业资产阶级争得了广阔的海外市场，提高了英国的国际地位。1827年4月10日受命组阁。

**坎宁汉** Cunningham, Merce（1919-04-16～2009-07-26） 美国现代舞表演家、编导、教育家。美国古典现代舞的代表人物。生于华盛顿州森特勒利亚，卒于纽约。他因不同意M.格莱姆的舞蹈理念而离开格莱姆舞蹈团。又因热爱而研究《易经》，并创造出“机遇编舞法”。他认为舞蹈就是舞蹈动作本身，只有运动的责任，而没有表现音乐、文学的义务。他的作品无主题、无情节，任何动作都可以在生理解剖范围

内任意衔接。组建默斯·坎宁汉舞蹈团后用自己的理念和方法培养出大批舞蹈编导，创作出大量纯舞作品。他的舞蹈理念和训练方法被称为“坎宁汉技术”，是美国古典现代舞的五大训练体系之一。他还在“录像舞蹈”和“电脑编舞”两大高技术领域领导新潮。代表作有《拼贴作品第Ⅲ号》、《Ⅴ变奏》、《怎样过场、踢腿、倒地和奔跑》、《易步》、《空间点》等。

**坎农** Cannon, Walter Bradford（1871-10-19～1945-10-01） 美国生理学家。生于威斯康星州普雷里德欣，卒于新罕布什尔州富兰克林。1900年在哈佛大学医学院获医学博士学位，1906年起任该校生理学教授。30年代末，他在援华抗日医药机构和联合援华救济委员会中工作。

坎农首创了铋餐或钡餐与X射线在消化道上的造影法。此法成为诊断消化道肿瘤和溃疡的最得力手段之一。此外他还研究了消化过程中机械动力和胃酸浓度与幽门瓣开闭的关系，1911年发表了《消化作用的机械因素》一书。1929年又写成了《疼痛、饥饿、恐怖、暴怒时的身体变化》一书。

他在内分泌腺特别是肾上腺方面的研究揭示了激素在应对紧急状态中的重要作用。1931年他发现有些神经末梢能释放一种类似肾上腺素的物质——交感素。证明肾上腺髓质和交感神经系统在维持身体内环境稳定中有重要作用。1932年他把这方面的研究总结为《身体的智慧》一书。1935年，他在北平协和医学院工作，为中美学术交流和促进中国生理学的发展作出了突出贡献。

1926年坎农正式命名“内环境稳定”或“自稳态”，并根据他自己的实验结果进一步加以肯定。自坎农以后，“内环境稳定”成了生物学中最有影响的概念之一。美国数学家N.维纳把这一概念作为控制论中生物学方面的例证之一。

**坎帕拉** Kampala 乌干达首都和最大城市。在乌干达中南部，南距维多利亚湖11千米。人口159.8万（2010)。邻近赤道线的高原城市，平均海拔1 190米。终年温暖湿润。最凉月平均气温21℃，最热月平均气温23.6℃。平均年降水量1 500毫米。1890～1905年为英国殖民据点。1931年肯尼亚—乌干达铁路通此，城市发展迅速。1949年建市。1964年取代恩德培成为首都。市区建在7座山丘上。市中心在纳卡塞罗山。工业有食品加工、纺织、水泥、家具、机械、制糖、玻璃等。全国最大的农产品交易中心，包括咖啡、棉花、茶叶和糖。重要交通枢纽。铁路西通工矿中心卡塞塞，东通肯尼亚内罗毕和海港城市蒙巴萨。公路通全国主要城镇。东部10千米处的贝尔港经维多利亚湖航线通坦桑尼亚和乌干达的湖港。城南34千米处有恩德培国际机场。有麦克雷雷大学、乌干达堪亚姆波古工业学院，堪亚姆波古教育学院，乌干达博物馆、国家剧院、国立图书馆。历史文化名城，卡苏比山上的卡苏比陵墓群中有著名的布干达卡

坎帕拉街景

巴卡国王陵墓。还有圣保罗大教堂、卢巴加大教堂、基布利清真寺等旅游名胜。

**坎普尔** Kānpur 印度北部城市。位于恒河中游平原上，海拔126米。西北距首都新德里400千米。人口约250万。1801年英国占领，成为英国在印度北部的重要军事据点和贸易站。1869年建立棉纺厂，1876年建立毛纺厂，其他工业迅速兴起。铁路通达后，发展更快。已为北方邦最大城市。因恒河平原土壤肥沃，盛产棉花、小麦、甘蔗、油料等，成为恒河-亚穆纳河河间地农牧产品的集散地。主要工业部门有纺织、针织、制糖、粮油加工、制革、造纸、化工以及铁路设备等。重要交通枢纽，7条铁路、多条公路和运河的交会点，有机场。市内街巷狭窄，住房拥挤，与商业区杂处。有坎普尔大学（1955）以及医、法、农、技术等多所高等院校。

**《坎特伯雷故事集》** *The Canterbury Tales* 英国作家G.乔叟所著诗体短篇小说集。最早抄本成于1380～1390年。描写一群来自英国各地的人结伴去坎特伯雷朝圣。这些朝圣者有骑士、修道院长、尼姑、教士、商人、学生、律师、农民、木匠、厨师等共31人，代表中世纪英国社会的各阶层。为了排遣旅途的寂寞，他们约定在来回途中每人各讲2个故事。现存有24个故事，包括传奇、虔诚和道德教育故事、喜剧或滑稽故事、动物寓言等。反映了当时英国的社会生活，以讽刺的笔法揭示了人性，表达了对英国中世纪保守思想的反叛。它

洛克威尔·肯特为1934年美国版《坎特伯雷故事集》所作的木刻

以独创性的诗体形式、丰富生动的语言、幽默讽刺的风格以及写实的手法，开创了英国文学的现实主义传统。

**坎托罗维奇** Kantorowicz, Hermann（1877-11-18～1940-02-12） 德国法学家，社会学法学派和自由法学派在欧洲的主要代表之一。生于波森（今波兰波兹南)，卒于英国剑桥。1907年开始任教于弗赖堡大学。1923～1929年以专家身份参加德国众议院战争起因调查委员会工作。1929～1933年任教于基尔大学，在被纳粹政府解职后，先在纽约社会研究新学院和纽约市立学院，继在英国牛津大学、剑桥大学任教。主要著作有《为法律科学而斗争》、《法律科学和社会学》、《罗马法注释派研究》和《法的定义》。

坎托罗维奇的学说主要思想渊源之一是德国M.韦伯的社会学。1906年，以笔名发表成名作《为法律科学而斗争》，反对当时在法学中占主导地位的概念论法学，提倡自由法学——社会学法学派的一个支派。认为概念论法学否认正义观念，忽视社会现实。他主张法官在审理案件时不应仅仅适用法律，必要时还应当创造法律，但法官创造法律的活动，应当只限于在法律出现漏洞等情况下进行。

**坎托罗维奇** Kantorovich, Leonid Vitalyevich（1912-01-19～1986-04-07） 苏联经济学家和数学家，最优计划理论的创始人。又译康托洛维奇。生于俄国圣彼得堡一个医生家庭，卒于莫斯科。1930年毕业于列宁格勒大学物理数学系。1935年获该校数学博士学位。1934年任列宁格勒大学教授。1945～1960年任苏联科学院列宁格勒分院数学学部高级研究员、主任。1958年当选

为苏联科学院通讯院士，1964年又被选为苏联科学院院士。1949年获苏联荣誉勋章和斯大林数学奖；1965年因在经济分析和计划工作中应用数学方法而取得的成就获列宁经济学奖。1949、1950、1975年先后3次获劳动红旗勋章。1960～1971年担任苏联科学院西伯利亚分院数学研究所副所长，1971～1976年任莫斯科全国经济管理研究所所长，1976～1986年任苏联科学院系统分析研究所所长。1975年与T.C.库普曼斯共获诺贝尔经济学奖。

坎托罗维奇成功地把数学方法运用于经济分析，并取得开创性的成果。主要贡献是把线性规划用于经济管理，创立了最优计划理论，对有效利用资源和提高企业经济效益起了重大作用。他提出经济效果的概念和衡量经济效果的统一指标体系，作为经济决策的定量依据，来选择最合理的社会生产结构。

作为数学家，坎托罗维奇的重大贡献主要有：函数和集合的画法理论、函数的构造理论、用多项式解广泛范围的函数最佳近似值问题的决定方法、变分计算、函数分析、近似值的计算方法。他与美国数学家G.B.丹齐克一起被看成是线性规划的创始人。著有《生产组织与计划的数学方法》、《经济资源的最佳利用》、《最优计划的动态模型》、《经济学的最优解》、《最优化规划论文集》、《赋范空间的泛函分析》(合著）等。

**康巴尔汗·艾买提** Qämbärxan Ämät (1922～1994-03) 中国维吾尔族舞蹈表演艺术家、教育家。生于新疆喀什噶尔（今喀什)。1927年随全家到苏联卡孜勒宽孜城。13岁后从事舞蹈学习和表演。1942年4月回国。她表演的舞蹈有《打鼓舞》、《盘子舞》、《林帕黛》等，创编的舞蹈有《解放的姑娘》等。她表演艺术娴熟，具有丰富的情感表现力与想象力，舞姿高雅、端庄、俊逸、流畅，是将新疆民间舞蹈搬上舞台的第一人。1950年后从事舞蹈教育，主持编撰维吾尔族舞蹈基本训练教材（1954)。先后任西北艺术学院民族系主任、新疆学院（今新疆大学）艺术系主任、新疆艺术学校副校长，中国舞蹈家协会副主席、名誉主席，新疆维吾尔自治区舞蹈家协会主席等职。

**康采恩** concern 最复杂的资本主义垄断组织形式。德语konzern的音译，原义为多种企业集团。参加康采恩的既有单个企业，又有其他垄断组织如辛迪加、托拉斯；既有工业企业，又有商业企业、交通运输企业以及银行和保险公司等。其中最大的银行或企业是这个庞大复杂组织的核心。康采恩最明显地表现出帝国主义时期银行垄断资本和工业垄断资本相结合的特点。它通过参与制掌握股票控制额，使其他参与者从属于自己，从而得以控制比其本身资本大几倍甚至几十倍的资本以加强垄断统治，攫取高额垄断利润。在此基础上，控制国民经济命脉，直接影响政府的对内对外政策，形成金融寡头的全面统治，并通过输出过剩资本，建立势力范围，组织跨国公司，形成国际化的垄断资本。在内部，康采恩充满了争夺股票控制额、争夺管理委员会最有实权的职位的斗争。在外部，康采恩与其他垄断组织之间、与局外企业之间，以及各康采恩之间的矛盾和斗争也日益激烈。

**康德** Kant, Immanuel (1724-04-22～1804-02-12) 德国哲学家。德国哲学革命的开创者，德国古典哲学的奠基人，近代西方哲学史上二元论、先验论和不可知论的代表，有重大贡献的自然科学家。

生平和著作 康德生于普鲁士的柯尼斯堡（今俄罗斯加里宁格勒）的一个小手工业者家庭，卒于柯尼斯堡。1740年进柯尼斯堡大学学习，1755年以拉丁文论文《论火》取得博士学位。1755年匿名出版的《自然通史与天体论》，第一次在长期统治人们思想的形而上学自然观上打开了缺口。1766年担任王室图书馆副馆长，1770年升任柯尼斯堡大学逻辑学和形而上学教授，并提交论文《感觉世界和理智世界的形式和原理》进行答辩。1755年以后，康德发表的论著还有《论证上帝存在的唯一可能根据》、《试将负量概念引入哲学》、《对优美与崇高感情的考察》、《以形而上学的幻梦阐释一位亲见幽灵者的幻梦》和《论区别空间中各个位置的基本根据》。1769年是康德的哲学思想发展的关键一年。由于受英国经验主义影响，特别是省察到D.休谟所提的有关因果联系有无必然性问题的重要意义，他从莱布尼茨-沃尔夫学派哲学的“独断的美梦”中猛醒过来。开始从“先批判时期”向“批判时期”过渡。1780年，康德写出《纯粹理性批判》，他的哲学思想进入批判时期。1781～1790年，构成批判哲学体系的《纯粹理性批判》、《实践理性批判》、《判断力批判》3部巨著相继问世，另外还刊行了《未来一切形而上学导论》、《道德形而上学探本》以及其他10多篇论著。在德国，康德的声望日隆，他的新哲学在德国的影响不断增长。1792年起担任柏林科学院哲学部主席。18世纪90年代康德出版的著作有《论永久和平》、《法学的形而上学原理》、《伦理学的形而上学原理》、《学科的论争》、《实用人类学》，以及逝世之前由他的朋友编辑出版的《逻辑学》、《自然地理学》和《教育学》等。

哲学思想 ①前批判期哲学。在前批判期，康德在匿名出版的《自然通史与天体论》里，生动地解释了无限宇宙的各部分在空间中的联系，探索天体的根源及其运动变化的规律；提出了在天文学史上有重大意义的太阳系自然形成的“星云说”。他立足于牛顿力学，而在世界观上却超出牛顿。这一时期他持上帝是无所不在的理性秩序的近似泛神论的观点，对因果律表示怀疑；提出道德行为根本在于个人意志决定的观点。

②过渡期哲学。18世纪60年代末，康德全面地考虑了休谟对因果律的疑难，他欣赏休谟根据经验论对因果联系观念的起源问题所做的分析，认为这种分析很有启发性，但是坚决反对休谟否认因果联系必然性的错误结论。他在过渡时期主要考虑3方面的问题：欧几里得几何学及自然科学的普遍性、必然性和客观有效性；人类自由的可能性；从以上两方面必然涉及空间、时间的性质。

③批判期哲学。在这个时期，康德建立起独特的批判哲学体系，其中包括以先验论为基本特征的认识论，以及在此基础上的伦理学、美学等。

评价及影响 康德的哲学思想是18世纪资产阶级启蒙思想在德国的特殊表现，高度的思辨性是这种思想的一个特征。思辨性易于同现实保持距离，所以当这种思想涉及市民资产阶级的现实政治要求时，必定是软弱无力的。另一方面，思辨性却是深入思考问题的重要条件。

康德哲学对后世的影响是双重的。对于J.G.费希特、F.W.J.von谢林、G.W.F.黑格尔，他是德国哲学革命的先驱，起了积极的发动作用。但是，到19世纪60年代，德国资产阶级利用康德哲学的思辨性的崇高理想来对付无产阶级革命运动。这时出现了“回到康德”以至“要了解康德，必须超过康德”的呼声，目的是从彻底唯心主义立场解释康德。第二国际修正主义者和新康德主义者都是这样出现的。19世纪的唯意志主义者、不同流派的实证主义者和实用主义者也都接受了康德哲学的一定影响。近几十年来，康德哲学在西方哲学界仍是研究的重要科目，具有很大的影响。

**康定斯基** Kandinsky, Wassily (1866-12-04～1944-12-13) 法籍俄裔画家、艺术理论家、诗人、剧作家。生于莫斯科，卒于法国塞纳河畔讷伊。长期在国外活动，是德国青骑士社的组织者、抽象主义的奠基人。

康定斯基原在莫斯科大学学习法律和政治经济学。1896年移居慕尼黑，最初师从A.阿茨贝，后拜师学院派画家F.von施图克。1901年决定离开学院派自辟新路。1901年创立美术社团同志会。作品曾在1906～1907年巴黎的秋季沙龙展出。1909年建立了慕尼黑新美术家协会，并任该会的主席。1911年，他和F.马尔克组织《青骑士》编辑部，导致新美术家协会分裂，把德国表现主义运动推向成熟阶段。1917年回到俄国，1921年离开苏俄到德国包豪斯学校任教，直到1933年包豪斯被封闭，他都在该校任教。

康定斯基提出"精神革命"的理论，得出艺术应该摆脱客观物质世界的束缚，转向抽象化的结论，被认为是抽象主义的鼻祖。其抽象主义理论集中于其著作《论艺术的精神》、《关于形式问题》、《论具体艺术》、《点、线、面》中。他的理论归纳起来有以下4点：①艺术类似自然、科学、政治形式，是一个自为的领域，只被自己的、仅是对于它自身的规律统治着。②抽象的绘画是通过心灵体验和创造的，画家用内在的眼睛看世界，抽象作品传达出事物的内在声音。③色彩和形都有其内在的音响，色彩是能直接对心灵产生影响的手段，色彩宛如键盘，眼睛好比音锤，心灵好像绷着许多弦的钢琴，艺术家就是弹琴的手，有意识地接触各个琴键，在心灵之中激起震动。康定斯基受A.叔本华思想的影响，认为绘画和音乐一样是完全抽象的艺术。④主张即兴的、无目的、无意识的创作。

康定斯基擅长油画、水彩画和版面，早期作品采用的是印象主义、新印象主义的技法，并常常把民间艺术的成分糅合进去。他受野兽主义的影响，如《蓝色的山》

图1 《抒情曲》(1911)

图2 《白色线条》(鲁特卫克博物馆藏)

(1908)，他还用P.高更的色彩表现空间法及G.修拉的点彩技法。在1910年的油画《构图2号》中，骑士和其他人物的形象几乎是用色彩的块面和线条图案暗示出来的。从这时起，他的作品开始采用音乐名称，诸如《乐曲》、《即兴曲》、《抒情曲》(图1) 等。在1910年的水彩画中，强烈颤动的色彩相互作用，线构成平面，所有客观描绘的成分消失，已经是纯粹的抽象绘画。不过，在完成最初的抽象画以后，康定斯基并未立即完全抛弃客观物象，徘徊了一段时间以后，又继续纯抽象的绘画。1914年，他作组画《秋》、《冬》，用抽象的线、色、形的动感、力感、韵律感和节奏感来表达季节的情绪和精神。1921年离开苏俄时，受俄国至上主义和构成主义的影响，从自由的、想象的抽象转向几何的抽象，这种变化的过程见于1920年的《白色线条》(图2) 等作品。在以后的创作中，试图把抒情的抽象和几何的抽象有机地结合起来，在几何形的结构与造型中，配以照亮的光和柔和的色彩，某些平面使人联想到埃及和美洲印第安人的象形文字，有神秘的色彩。

**康定县** Kangding County 中国四川省甘孜藏族自治州辖县。川藏公路交通重镇。位于省境西部，大渡河支流瓦斯沟上游。面积11 486平方千米。人口11万 (2008)，有藏、汉、回、蒙古、苗、彝等民族。史称打箭炉，汉为蜀郡地，五代为土司属地。清雍正七年 (1729) 设打箭炉厅，光绪三十年 (1904) 升为直隶厅，后改为康定府。1912年改置康定县。1950年成立西康省藏族自治区，首府设于康定。1955年撤销西康省后，改属四川省。地处青藏高原、云贵高原与四川盆地的过渡地带，居横断山脉中段，地势西高东低。属亚热带气候，气候复杂多样，具有明显的立体气候特征。矿产有金、铜、铅、锌、钨、石棉、水晶、石膏等。农业主产玉米、青稞、小麦、荞麦、马铃薯、豆类等。畜牧业以牦牛、绵羊、山羊和猪等为主。特产松茸、青豌豆等。工业有采矿、电力、毛纺、农机、制药、木材、农畜产品加工和民族金银工艺制品等。名胜古迹有跑马山、贡嘎山、安觉寺、榆林宫、木格错、二道桥温泉等。

**康复** rehabilitation 利用医学、工程、教育、职业和一切有关措施，对患者进行治疗和训练，使其功能复原的医疗诊治过程。随着医学的发展，一些急性伤病者和手术前后的患者也被列为康复的对象。康复的目的不仅是使残疾者能适应其周围环境，而且还要采取措施调整他们所处的环境和社会，以利于他们重新参加社会生活。现代康复的范畴主要包括医学康复、教育康复、职业康复和社会康复。从整体来看，医学康复是现代康复的基础和前提，只有通过医学康复使残疾者在身心功能上得到康复，才能更好地实现教育、职业和社会的康复。需作康复治疗的是：脑血管意外、脊髓损伤、关节炎、截肢、手部损伤、颅脑损伤、腰腿痛、儿童脑性瘫痪、冠心病、慢性阻塞性肺疾患、运动创伤、癌症、脊髓灰质炎后遗症、营养不良和智力发育迟缓等造成的残疾。

康复医学主要包括3方面：①功能测定。测定项目有人体测量、运动学测定、心肺功能测定、代谢及有氧活动能力测定、电生理学检查、医学心理学测定、日常生活活动能力评定、言语交流能力检查和评定、职业能力检查和鉴定。②康复治疗。主要有物理治疗和医疗体育、作业治疗 (又称工作疗法)、言语矫治、心理治疗、康复工程、临床康复和饮食疗法等。③康复预防。应用流行学的方法，通过对致残因素的研究，采取措施预防或控制残疾的发生。

**康格里夫** Congreve, William (1670-01-24～1729-01-19) 英国剧作家。生于西约克，卒于伦敦。曾求学于基尔肯尼学校和都柏林三一学院。1691年去伦敦学习法律，做过律师。王政复辟时期风俗喜剧的代表性作家之一，主要以当时英国上流社会为讽刺对象。有喜剧《老光棍》(1693)、《两面派》(又译《口是心非》，1694)、《以爱还爱》(1695)、《如此世道》(1700) 和悲剧《悼亡的新娘》(1697) 等。

**康海** Kang Hai (1475～1540) 中国明代文学家。字德涵，号对山、浒西山人、沜东渔夫、太白山人。陕西武功人。弘治十五年 (1502) 状元，任翰林院修撰、经筵讲官等。正德五年 (1510)，因刘瑾被诛，受牵连而免职。归乡里后，以山水声伎自娱。是前七子之一。作品有杂剧《中山狼》、散曲集《沜东乐府》、诗文集《对山集》。《中山狼》是讲述东郭先生救一只中箭逃命的狼，自己几乎反被狼所害的故事。通过揭露狼的本性，骂尽一切负国家、负父母、负师友的无耻之徒，同时嘲讽迂腐的东郭先生"无所不爱"的"仁心"，颇有深意。全剧紧凑，富有戏剧性；曲白生动而自然，具有爽直古朴的特点；剧中狼、老杏、老牛开腔说话，情态逼真，饶有童话色彩。一说《中山狼》是为影射李梦阳负恩而作，然于史无考，不足信。他的散曲今存套数30余首、小令200余首，主要内容一是抒发其愤世嫉俗的情怀，二是倾吐其徜徉山水的闲情逸致。曲作语言多豪放爽健，缺点是有时生造和堆砌辞藻。诗的数量颇丰，但多较粗糙。

**康家语** Kangjia language 中国青海省黄南藏族自治州尖扎县康杨镇部分康家回族使用的一种语言。属阿尔泰语系蒙古语族。康家、保安、东乡3种语言是蒙古语族中彼此比较接近的语言。康家语的使用范围正在缩小，但其语音、语法、词汇系统还较完整地保留着。康家语元音有11个、辅音31个。语音变化比较丰富。词汇以多音节为主。借词主要来自汉语、藏语、阿拉伯语、波斯语等。康家语是黏着语，有丰富的形态变化。句子的基本语序是主语-宾语-谓语。

**康居** Kangju Tribe 古代中亚游牧部族名。一说是塞种的一支。主要游牧于锡尔河北岸。早在张骞首次西使归国之前，康居已为汉人所知。张骞出使大月氏时，曾途经康居属地索格底亚那。张骞出使乌孙时，曾派副使去康居。汉武帝太初二年（前103）李广利伐大宛，康居曾出兵援救大宛；宣帝时，康居接纳西逃的匈奴郅支单于，助郅支抵抗汉军。东汉章帝时，班超攻疏勒，康居又派精兵相救。康居虽曾一度受大月氏役使，但随其势力增大，不仅役使其周邻粟弋、奄蔡等国，还不断侵略大宛、乌孙。魏晋以后，有关康居的记载渐少。只知它曾遣使朝晋，贡方物于前秦。

**康克清** Kang Keqing (1911－09－07～1992－04－22) 中国无产阶级革命家，妇女运动领导人，全国政协副主席。江西万安人。卒于北京。原名康桂秀。1925年参加革命。1926年加入中国共青团，1931年转为中共党员。1928年参加万安暴动并随部队上井冈山，次年与朱德结婚。曾任红军总部女子义勇队队长、交通大队政委，红四方面军党校总支书记。参加了长征。1937年入延安抗日军政大学学习。后任八路军前方总部直属部队政治处主任、晋东南妇女救国会主任、中共中央妇女运动委员会委员。1945年出席中共七大。以后任解放区妇女联合会筹委会常委、战时儿童保育会代理主席、中华民主妇女联合会副主席。1949年出席第一次全国妇女代表大会和全国政协第一届全体会议。中华人民共和国建立后，历任全国妇联副主席、主席、名誉主席，中国人民保卫儿童全国委员会副主席、主席，中国福利会名誉主席，全国少年儿童工作协调委员会主任，中国少年儿童基金会会长，宋庆龄基金会主席，第四、五届全国人大常委，全国政协第二、三届委员，全国政协第四届常委，全国政协第五至七届副主席，中共第十一、十二届中央委员。著有《康克清回忆录》。

**康昆仑** Kang Kunlun 中国唐代琵琶演奏家、宫廷乐师。西域康国（今中亚撒马尔罕一带）人。生卒年不详，约活动于唐肃宗至德宗（756～805）时期。善弹琵琶，肃宗时即已知名。据《新唐书·让皇帝宪传》载，肃宗时汉中王李瑀"闻康昆仑奏琵琶，曰：'琵声多琶声少，是未可弹五十四丝大弦也。'"德宗贞元（785～805）中号称当时"第一手"。曾与段善本比赛弹奏琵琶，败后遂拜段为师，技艺更加精湛。他还擅长作曲，《乐府杂录·胡部》载有康昆仑改编凉州曲一事。康昆仑是当时极有影响的音乐家，他所使用过的乐器国人都争相珍藏。

**康拉德** Conrad, Joseph (1857－12－03～1924－08－03) 英国小说家。原籍波兰。生于波兰别尔季切夫，卒于英国坎特伯雷。曾在英国商船队担任水手、船长，在海上生活达20年。后定居伦敦，成为专业作家。共发表13部长篇小说、28篇短篇小说、2卷回忆录以及政论、书信等。创作可分为3个阶段：从《阿尔迈耶的愚蠢》(1895) 到《台风》(1902)，思想和艺术深入发展，称为"深渊中的漫步"时期；从《诺斯特罗莫》(1904) 到《胜利》(1915)，思想和艺术已臻成熟，特别强调人的孤独与忧郁，称为"空虚的人"时期；从《阴影线》(1917) 到《流浪者》(1923)，是"回忆与总结"时期。代表作有《水仙号上的黑家伙》(1898)、《黑暗的中心》(1899)、《吉姆老爷》(1900)、《诺斯特罗莫》(1904)、《特务》(1907)、《在西方的眼睛下》(1911) 等。

康拉德擅长描写海洋生活及惊险事件在人们意识中的反映。主人公多为特殊环境中的异常人物，有沉重的心理负担，最后不得不远走他乡，处于孤独之中。心理描写细致入微，行文流畅，有时略带嘲讽。

**康拉德界面** Conrad discontinuity 早期地壳模型的上、下地壳分界面。地震波速的一个不连续面。1923年因奥地利地震学家V.康拉德在分析近震地震图时发现此界面而得名。他发现地震波纵波通过此界面时波速增大为6.7千米/秒，并将其命名为P*波（康拉德界面反射波）。这使人们对地壳的认识前进一步，认为大陆地壳分为两层，上层由花岗岩类组成，下层由玄武岩类组成，它们之间的分界面即为康拉德界面。但随着观测和分析技术的进步，人们发现地壳的结构比简单的两层模型要复杂。观测资料还表明康拉德界面不是全球范围内都存在的。

**康朗英** Xanaan Yin (1903～1977) 中国傣族民间歌手、诗人。云南西双版纳人。10岁出家当和尚。16岁开始演唱，25岁还俗。在赛歌活动中一举成名，被傣族土司封为章哈勐（歌手称号）。他的作品在西双版纳广为流传，已翻译成汉文发表和出版的有长诗《流沙河之歌》、《澜沧江之歌》，短诗《幸福的开端》等。他的诗歌，富有民族特色，诗意清新，语言生动，感情充沛。其代表作《流沙河之歌》继承了傣族章哈文学传统而又有所创新，写出了新旧两个不同时代。

**康里巎巎** Kangli Naonao (1295～1345) 中国元代书法家。一作康里巎。字子山，号正斋、恕叟。康里（元代属钦察汗国，今哈萨克斯坦共和国境内）人。幼肄业国学，博通群书。曾任礼部尚书，升奎章阁大学士。擅长楷、行、草书，笔法遒媚，转折圆劲。

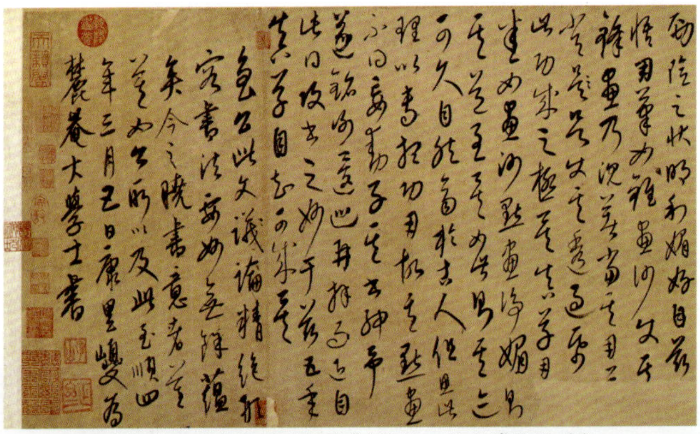

《颜鲁公述张旭笔法记卷》(局部，故宫博物院藏)

善以悬腕作书，行笔迅急，光彩飞动。在**赵孟頫**书风笼罩下的元代书坛，能摆脱赵氏的影响，上追晋、唐，独辟蹊径，自成一家。传世墨迹主要有《颜鲁公述张旭笔法记卷》、《谪龙说卷》、《临十七帖》、《渔父辞册》、《柳宗元梓人传》、《李白诗卷》。

**康蒙斯** Commons, John Rogers（1862-10-13～1945-05-11） 美国经济学家，**制度学派**的重要代表人物。生于俄亥俄荷兰堡，卒于佛罗里达劳德代尔堡。1888年奥伯林

学院毕业。1892年，任该学院经济学、社会学教授。1915年获该院法学博士学位。1901～1902年任美国工业委员会研究员。1904～1932年任威斯康星大学教授。1920～1928年任全国经济研究局局长。

康蒙斯把制度看成是人类社会经济的推动力量。他所说的制度，是指约束个人行动的集体行动规则，而在集体行动中，最重要的是法律制度。康蒙斯认为经济关系的本质是交易，在交易过程中将会有双方的利益冲突，法律制度的任务在于调节这些利益的冲突，充当双方利益的公正的仲裁人。而人们之所以会接受法律制度和仲裁，就在于交易双方有相互依赖的一面。正是这种相互依赖性，使社会得以继续存在，使法律得到尊重，使经济得以发展。康蒙斯主张完善法律制度，并运用法律制度来管理美国经济。主要著作有《财富的分配》、《劳工与管理》、《资本主义的法律基础》、《制度经济学：它在政治经济学中的地位》等。

**康涅狄格州** Connecticut State 美国东北部新英格兰地区一州。北邻马萨诸塞州，东界罗得岛州，西接纽约州，南濒长岛海峡。面积14 356平方千米，其中陆地面积12 549平方千米。人口350.13万（2008），其中白人占81.6%，黑人占9.1%。州府为哈特福德。最大城市为布里奇波特，还有纽黑文等城市。

地处阿巴拉契亚高地东北段即新英格兰高地的南部。康涅狄格河谷低地纵贯州中部，分为西部高地和东部高地。缓丘起伏，海拔一般为300～600米，西高东低，最高点是西北角的弗里塞尔山，海拔725米。境内河网稠密。温带大陆性湿润气候，1月平均气温-4～-1℃，7月20～22℃；平均年降水量1 000～1 300毫米，降水季节分配较均匀。森林覆盖率60%。

原为印第安人居住地。1614年荷兰航海者来到长岛海峡，并溯康涅狄格河北上。此后，荷兰人、英国人相继在沿河、沿海地带设贸易站。17世纪30年代，首批英国移民先后在康涅狄格河谷中部和纽黑文沿海一带建立定居地。1639年河谷中部定居地移民代表通过一项“基本法”，它被认为是新大陆的第一部成文宪法。1662年获得英国皇家特许状，并于1665年合并定居地为统一殖民地。1788年加入联邦，成为美国第5州。

人均收入长期居全国最高之列。制造业是州经济的基础，部门多样，生产各类军工产品、运输设备、发动机、医疗器材、仪器仪表、计算机，以及钟表、银器、铜器、缝纫机等传统产品。农牧业产品仅供本州消费。保险业发达，哈特福德有保险业城之称，是美国多家大保险公司总部所在地。州西南角与纽约市毗邻，东北近波士顿，有多条公路、铁路干线相连。主要港口有纽黑文、布里奇波特等，南与长岛间开辟轮渡线。设有2个国际机场。有著名高等学府**耶鲁大学**以及哈特福德大学、康涅狄格大学等。1986年5月与中国山东省建立友好州省关系。

**康帕内拉** Campanella, Tommaso（1568-09-05～1639-05-22） 意大利思想家、文学家。生于斯蒂罗，卒于法国巴黎。年轻时进入多明我会当僧侣。因宣传唯物主义，在1592、1593年两次被宗教裁判所审判。因领导反对西班牙占领者的武装起义被囚狱中达30年。出狱后侨居法国，直至逝世。康帕内拉用拉丁文和意大利文写了许多哲学、文学著作，1591年发表《感官哲学》，反对经院哲学，提倡研究自然。《太阳城》(1602) 是他最著名的作品，借一个游客的见闻，用对话录体裁描绘了一个消灭了私有制和剥削的大同世界，是对当时意大利社会制度的有力批判，但歌颂的是空想的乌托邦。作品还有《论西班牙君主政体》(1600) 和《多民族君主国》(1635)。

康帕内拉的诗集《诗抄》(1639) 主要宣传其政治理想和唯物主义，反对基督教的神秘主义和教会僧侣。在形式上力求破除传统的规范，选用适于表达新思想的韵律和修辞。

**康普顿** Compton, Arthur Holly（1892-09-10～1962-03-15） 美国物理学家。生于俄亥俄州伍斯特，卒于加利福尼亚州伯克利。1916年获普林斯顿大学博士学位。1920年

任华盛顿大学物理系主任。1923年任芝加哥大学物理系教授。1945年返华盛顿大学任校长。他的最大贡献是1920年通过实验发现X射线被晶体散射后，散射波中除原波长的波外，还出现波长增大的波，这现象以后称为康普顿效应。此效应用光子假设和动量、能量定律作出完善解释，证实了电磁辐射的波粒二象性。为此，他与C.T.R.**威耳孙**共获1927年诺贝尔物理学奖。著作有《X射线和电子》和《X射线的理论和实验》等。

**康普顿效应** Compton effect X射线被物质散射后，散射波中出现波长比入射波波长$\lambda_0$长的成分的现象。又称康普顿散射。1920～1923年由A.H.**康普顿**发现。康普顿效应可归结为：①原入射方向（散射角$\theta=0$）只包含波长为$\lambda_0$的成分；而$\theta\neq0$的其他散射方向均包含波长为$\lambda_0$及$\lambda>\lambda_0$的两种成分。②波长差$\Delta\lambda=\lambda-\lambda_0$，谱线强度随散射角$\theta$的增大而增加（图a）。③同一散射方向的$\Delta\lambda$与散射物质无关，波长为$\lambda$的谱线强度随散射

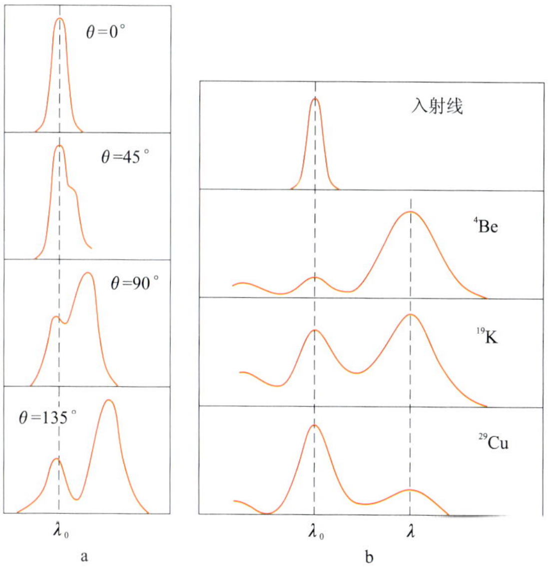


康普顿散射的谱线强度分布

元素的原子序数的增加而减弱（图b）。

经典波动理论无法解释康普顿效应。康普顿利用A.**爱因斯坦**确立的光子概念，把上述散射效应看成是X射线光子与散射物质中的静止自由电子作弹性碰撞的结果，在理论上导出了波长差与散射角的关系：

$$\Delta\lambda = 2\lambda_c \sin^2\frac{\theta}{2}$$

式中$\lambda_c=h/m_ec=0.00\ 243$纳米，称康普顿波长。$m_e$为电子的静止质量，$h$为普朗克常数。严格说来物质中的自由电子并不是静止的，

被电子散射的X射线光子必须考虑多普勒频移，利用这一效应可了解电子在原子中的运动情况。

**康塞普西翁** Concepción 智利中南部城市，比奥比奥大区首府和康塞普西翁省首府。位于比奥比奥河下游，具有重要战略地位。人口约66.64万（2002）。建于1550年。20世纪30～40年代，洛塔、科罗内尔和里尔根煤矿的开采促进了城市的发展。40年代末，成为重化工业基地，建有瓦契帕多钢铁厂、石油提炼厂、圣维森特化工联合体等。传统工业纺织、食品加工、造纸、木材加工、水泥、玻璃制造、印刷和酿酒等得到进一步发展。现为工商业中心。附近农业发达，是智利葡萄和谷物的贸易中心。有康塞普西翁大学和康塞普西翁大学自然博物馆。公路和铁路交通便利，有国际机场。塔尔卡瓦诺为其外港，输出附近农业区的产品。

**康生** Kang Sheng（1898～1975－12－16） 中国共产党中央委员会原副主席。本名张宗可，字少卿。山东诸城人。卒于北京。1924年入上海大学学习。1925年加入中国

共产党。历任中共上海大学特支委书记，区委书记，江苏省委组织部长。1931年后任中共中央组织部长、职工部长。1933年7月去苏联，为中共驻共产国际代表团主要负责人之一。1934年在中共六届五中全会上被选为中央委员、政治局委员。1937年回到延安以后，历任中共中央党校校长、中央社会部长和情报部长、中央书记处书记等职。参加领导延安整风，以“抢救失足者”为名，制造许多冤假错案。1945年当选为中共七届中央政治局委员。1947年后任中共华东局第二书记、山东省委第一书记，山东省政府主席。1956年当选为中共八届中央政治局候补委员。1957年任中共中央文教小组副组长。1959年起当选为第二、三届全国人大常委会副委员长，政协第三届全国委员会副主席。1962年被增补为中共中央书记处书记。1966年5月在中央政治局扩大会议上，攻击诬陷彭真等人。会后任中央文革小组顾问，策划支持北京大学聂元梓的大字报。8月在中共八届十一中全会上当选为中央政治局常委。在“文化大革命”中主持中央专案工作，制造了大批冤假错案，诬陷迫害党和国家领导人，打击迫害广大群众。1969年4月在中共九届一中全会上当选为中央政治局常委。1973年8月在中共十届一中全会上当选为中央副主席。1975年1月当选为第四届全国人大常委会副委员长。1980年中共中央决定将其罪行向全党公布，撤销悼词，开除党籍。11月2日被最高人民检察院特别检察厅确认为林彪、江青反革命集团主犯，因已死不再追究刑事责任。

**康世恩** Kang Shi' en（1915－04－20～1995－04－21） 中国无产阶级革命家，工业战线领导人、石油工业和石化工业的开拓者之一，国务院副总理。生于河北怀安，卒于北京。1935年在河北省立高中学习时参加一二·九爱国学生运动。1936年入清华大学地质系学习，同年加入中国共产党。以后任牺盟会太原中心区委组织部部长、晋西北第八分区行政公署专员。1947年后任晋绥雁门军分区政治部主任、第一野战军第3军第九师政治部主任。1949年9月率部接管玉门油矿，任军事总代表。中华人民共和国建立后，历任西北石油管理局局长、燃料工业部石油管理总局局长、全国石油地质委员会主任、石油工业部部长和中共石油工委书记、燃料化学工业部党的核心小组第一副组长和革命委员会第一副主任。1978年后历任国务院副总理兼国家经委主任和党组书记、国家计委第一副主任，国务委员。长期领导中国的石油和石化事业。是中共十一、十二届中央委员，第十三届中央顾问委员会常委。著有《康世恩论中国石油工业》。

**康斯坦察** Constanța 罗马尼亚最大港口城市，康斯坦察县首府。位于黑海西岸，扼多瑙河－黑海运河入海口。人口30.43万（2007）。公元前6世纪古希腊人在此定居并辟为商港，称托米斯。4世纪改今名。后为奥斯曼帝国所占。1878年归还罗马尼亚。1月平均气温－0.8℃，7月22.2℃。平均年降水量408毫米。港区面积200多公顷，可停泊15万吨油轮，港口设备先进，有“黑海明珠”之称。全国工商业和对外贸易中心，全国外贸货物中有60%经此出入。有造船、石油化工、造纸、纺织、化肥、食品加工等工业。渔业基地。重要的海陆交通枢纽和国际航空港，有定期轮船开往黑海和地中海沿岸港口，南缘建有新港阿吉杰亚。铁路通往内地各主要城市。有输油管道与普洛耶蒂油田相通。设有海运学院。主要名胜有水族馆、考古博物馆、灯塔、公元前古马赛克建筑物和城堡遗址、教堂。

**康斯特布尔** Constable, John（1776－06－11～1837－03－31） 英国风景画家。生于萨福克郡，卒于伦敦。幼时自学绘画。从T.格廷的水彩画中得到启示：艺术要有真实感，只有向大自然学习。1795年随G.博蒙特去伦敦。1799年入皇家学院学习，临摹大师们的作品，力求掌握格廷和J.van雷斯达尔的技巧和方法。1802年在皇家学院展出作品《风景》。1805年作祭坛画《基督赐福幼儿》。1816年和玛丽亚·比克内尔结婚。这时期的作品新鲜而真实、简练而和谐，如组画《戴德姆溪谷》（1809～1828）。1829年当选皇家学院正式会员。在1824年的巴黎沙龙中，作品《干草车》（1821，伦敦国家画廊藏）轰动了美术界，尤其给法国青年画家以深远的影响。巨画《滑铁卢大桥的揭幕礼》（1832，私人收藏），则是他一生中最优秀的作品之一。他还创作了表现狂风暴雨中自然景色的作品《韦茅斯海湾》（1816，伦敦国家画廊藏）、《布赖顿海滩》（1824）等。并有素描和速写400多件。

《干草车》

康斯特布尔和J.M.W.泰纳真正把英国风景画从因袭法规和外国影响中解放出来，但两人有着完全不同的气质和风格。泰纳富于幻想，而康斯特布尔却侧重写实，只描绘他看到的东西。在从观察大自然中获得启示的同时，也从美术巨匠们那里汲取营养，且从不生硬地搬用他们的东西，而是经过消化吸收融会到自己的艺术创作中。因此，他的艺术有独特风格和表现方法，并创造出写实主义的表现形式。他对后来画家的影响是深远的，特别是对法国画家的影响最大。

**康塔塔** cantata 多乐章的大型声乐套曲。原意指声乐说唱的乐曲。后演变成包括独唱、重唱及合唱，由管弦乐队伴奏，各乐章具有一定的连贯性。1620年意大利作曲家A.格兰迪在其独唱用的《康塔塔与咏叹调》中，首先运用此名称呼他所作的文艺

复兴时期单音音乐一脉相承的独唱曲。17世纪40年代起，在格兰迪的基础上迅速形成了独唱康塔塔的体裁，成为由于朗诵调和返始咏叹调交替构成的4个乐章的叙事性世俗独唱套曲，由哈普西科德或再加一件弦乐器伴奏。后来这一体裁从抒情性的独唱曲逐渐演变为接近于小型室内歌剧或相当于歌剧中一场的规模，并从室内类型向合唱类型过渡。德国的J.S.**巴赫**的大量世俗康塔塔和教堂康塔塔，对康塔塔的发展具有重要意义。康塔塔与中国的大合唱体裁特点十分相近，因而一度被误译为大合唱。

**康泰** Kang Tai 中国三国时吴国出使南海的官员。著有《吴时外国传》，已亡佚。见**朱应**。

**康特** Canth, Minna (1844-03-19～1897-05-12) 芬兰剧作家、小说家。生于坦佩雷，卒于库奥皮奥。曾入韦斯特莱师范学院读文学，因结婚中途辍学，但坚持自学和写作。代表作品有剧本《盗窃》(1882)，鞭挞芬兰农村残存的门第观念、迷信及酗酒的恶习；《工人之妻》(1885) 和《苦命的孩子们》(1888)，宣传妇女解放，批判社会弊端；《牧师之家》(1891)，注重人物的心理描写。一生坚持走**现实主义**的创作道路。

**康提** Kandy 斯里兰卡城市。**马哈努沃勒**的旧名。

**康托尔** Cantor, Georg (Ferdinand Ludwig Philipp) (1845-03-03～1918-01-06) 德国数学家，**集合论**创始者。生于俄国圣彼得堡，卒于德国哈雷。其父为迁居俄国的丹麦商人。11岁时移居德国，在德国读中学。1862年入瑞士苏黎世大学，翌年转入柏林大学，主修数学。1869年在哈雷大学任讲师，1872年任副教授，1879年任教授。曾任德国数学家协会首任主席。

康托尔受哈雷大学教授H.E.海涅影响曾研究函数论，于1870、1871、1872年发表三篇关于三角级数的论文。函数论研究引起他进一步探索无穷集和超穷序数的兴趣和要求。1874年发表论文《关于一切实代数数的一个性质》，证明了他的全体正有理数可以和正整数建立一一对应，但全体正实数似乎不能的估计；并指出一切实代数数和正整数可以建立一一对应，证明了**超越数**是存在的而且有无穷多。在这篇论文中，他用一一对应关系作为对无穷集合分类的准则。1877年，他证明了$n$维形体的点和线上的点可以有一一对应，论文于1878年发表。在这篇论文里还明确提出“势”的概念（又称为**基数**），并用“与自身的真子集有一一对应”作为无穷集的特征。1879～1884年，发表的题为《关于无穷线性点集》论文6篇，提出了良序集、**序数**及**数类**的概念，定义了一个比一个大的超穷序数和超穷基数的无穷序列，还提出良序定理（每一集合都能被良序）。1891年发表《集合论的一个根本问题》，证明了一集合的幂集的基数较原集合的基数大，由此可知没有包含一切集合的集合。他建立的超限数理论、实数理论，对19世纪末和20世纪初的数学基础理论产生重大影响。

著作有《G.康托尔全集》、《康托尔-戴德金通信集》等。

**康托尔** Kantor, Tadeusz (1915-04-06～1990-12-08) 波兰戏剧导演。生于加利西亚，卒于克拉科夫。20世纪50年代起在波兰进行了一系列**实验戏剧**活动，先后探索过“自治戏剧”、“非正规戏剧”、“零戏剧”、“机遇剧”、“死亡戏剧”等。主要导演了《死人班级》(1975)、《维若波勒、维若波勒》(1980)、《让艺术家死去吧》(1985)、《今天是我的生日》(1990) 等。在戏剧理论方面，康托尔一贯反对传统的戏剧观念与形式，鼓吹戏剧要脱离文本成为一门独立的“自治”艺术。在戏剧手段上，他主张摒弃一切舞台技术，只留给演员一个空的空间，而演员的任务也不在于表演人物，最终目的是抛弃肉体现实，成为一种心灵戏剧。

**康熙帝** Emperor Kangxi (1654-05-04～1722-11-13) 中国清朝入关后第二代皇帝。满族，爱新觉罗氏，名玄烨。见**清圣祖玄烨**。

**《康熙南巡图》** *Painting of Emperor Kangxi's Southern Inspection Tour* 中国清代宫廷绘画作品。**王翚**、杨晋等人合作，全图共12卷，绢本，重设色，每卷纵67.8厘米，横1 555～2 612.5厘米不等。杨晋（1644～1728），字子和，一字子鹤，号西亭，江苏常熟人，王翚入门弟子。绘康熙皇帝玄烨第二次南巡（1689）的情景。系南巡后两年，康熙帝下旨召命内务府曹荃和都察院左副都御史宋骏业，组织王翚、杨晋以及部分宫廷画家共同创作，历时3年完成。12卷画首尾相接，描绘玄烨一行从京师永定门出发，沿途所经山川城池、名胜古迹的全部过程，场面宏大，人物众多。每卷画中玄烨均出现一次。画中还大量表现了当时各地的风俗人情和农业、商业经济的繁盛景象。作品工整细致，色彩鲜明，具有重要的艺术价值和历史价值。画卷现已散佚不全，其中第一、九、十、十一、十二卷藏于故宫博物院，第二、四卷藏于法国巴黎吉美博物馆，第三卷藏于美国纽约大都会艺术博物馆，第七卷原在丹麦，现为加拿大私人收藏，其余下落不明。

《康熙南巡图》(局部，故宫博物院藏)

**《康熙字典》** *Kangxi Dictionary* 中国清代大型字典。书成于康熙五十五年（1716）故名。由康熙帝玄烨令张玉书、陈廷敬等参照明代梅膺祚《字汇》和张自烈《正字通》编纂而成。全书42卷，分为12集214部，与《正字通》相同。书首列《字母切韵要法》和《等韵切音指南》，以便读者了解切音。又有《检字》和《辨似》，《检字》为检查疑难字而设，《辨似》是辨别笔画近似的字。书中每字下详列《**广韵**》、《集韵》、《古今韵会》等书的**反切**，并加注直音；字义之下都引经、史、子、集文句为证，并举出篇名，极有条理；对音义有疑的都加按辨析，颇便应用。收字极多，有47 035字。不过引书时有错误。道光十一年（1831）王引之著成《字典考证》一书，凡12卷，改正原书错误的有2 588条。在注音方面，**王力**著有《康熙字典音读订误》，订正5 200多字音读注释的差错。

《康熙字典》书影

**康心孚** Kang Xinfu (1884～1917) 中国早期社会学家。名宝忠，字心孚，陕西城固人。青年时代赴日留学，在东京早稻田大学研习法政和政治经济学。为章太炎的得意门生之一。辛亥革命后回国，任国立北京大学教授，是最早开设社会学课程的中国学者。他自编社会学讲义，以介绍美国社会学家F.H.吉丁斯的社会进化理论为主，着重阐发其“同类意识”的概念。

**康有为** Kang Youwei (1858-03-19～1927-03-31) 中国近代政治家、思想家。又名祖诒，字广厦，号长素、更生。广东南海人。卒于青岛。1895年（光绪二十一年）进士。

初年学习传统儒学。国家的危亡，现实的刺激，使他对旧学发生怀疑。1879年，接触到西方资本主义思想和当时的改良思潮，开始糅合古今中西之学，改良政治。1888年10月，鉴于**中法战争**后形势险恶，康有为第一次上书光绪帝，提出变成法、通下情、慎左右三事。1890～1893年，在广州、桂林聚徒讲学，著有《长兴学记》、《桂学答问》。他把三世说推演为乱世、升平世（小康）、太平世（大同），认为只有变法，才能使中国富强，最后达到大同的境界。1891年，刊印《新学伪经考》，认为东汉以来经学，多出刘歆伪造，“非孔子之经”，打击封建顽固派的“恪守祖训”，为扫除变法维新的障碍准备理论条件。继又编纂《孔子改制考》，尊孔子为教主，用孔教名义提出变法要求。

1895年，《**马关条约**》签订后，他于5月2日联合在北京会试的举人1300余人发动公车上书，极陈时局忧危，请求拒和、迁都、练兵、变法，并在政治、经济、文教等各个方面，提出了具体改革措施，初步形成资产阶级改良主义的变法纲领。会试榜发，康得中进士，授工部主事。5月29日，在《上清帝第三书》中，再次阐述变法的理由和步骤，提出富国、养民、养士、练兵的自强雪耻之策。接着，又上第四书，正式提出“设议院以通下情”的主张。8月17日，创《万国公报》，宣传“新法之益”。11月中旬（一说为8月），与帝党开明官僚文廷式、陈炽等创立**强学会**，改《万国公报》为《中外纪闻》。随后赴上海设强学会，创《强学报》，推动各地设立学会、报馆，鼓吹变法维新。1897年11月，德国强占胶州湾。康又赶赴北京，上书光绪帝，提出不变法即将亡国的严重警告。1898年1月24日，光绪帝命大臣传康有为问话，康批驳了**荣禄**“祖宗之法不可变”和**李鸿章**维持现状的思想，力陈变法的必要性和具体措施。4月，他于北京成立**保国会**，以“保国、保种、保教”为宗旨。光绪帝于6月11日下诏明定国是，宣布变法，康有为深得倚重。在维新变法期间，康有为迭上奏折，起草诏令，对政治、经济、军事、文教等方面提出改革建议，与**谭嗣同**等全力策划新政，期望按照西方资本主义国家模式改变中国的国家制度和社会制度，挽救民族危亡（见**戊戌变法**）。9月21日，**慈禧太后**发动政变，将康通缉。康有为逃亡海外。1899年创设保皇会，成为保皇派首领。次年，**义和团运动**发生，他主张“助外人攻团匪以救上”，策动**唐才常**等人主持的自立军“勤王”。

1901～1903年，他在印度撰《大同书》、《中庸注》、《论语注》、《春秋笔削微言大义考》诸书，阐述“循序渐进”、“不能躐等”的改制说，反对资产阶级革命运动。1907年，改保皇会为国民宪政会（后正式定为帝国宪政会），成为推动清政府实施宪政的政治团体。**辛亥革命**成功后，康鼓吹“虚君共和”。1913年返国，在上海主编《不忍》杂志，并任孔教会会长。1917年和张勋策划溥仪复辟（见**张勋复辟**），迅告失败。晚年在上海办天游学院，讲授国学。康生平著作甚丰，达139种。台湾蒋贵麟辑成《康南海先生遗著汇刊》、《万木草堂遗稿》、《万木草堂遗稿外编》等。上海古籍出版社于1987～1992年出版《康有为全集》。

**康濯** Kang Zhuo (1920-02-21～1991-01-15) 中国小说家。原名毛季常。湖南湘阴人。卒于北京。1938年到延安参加革命，入**鲁迅艺术学院**学习。1939年赴晋察冀边区做

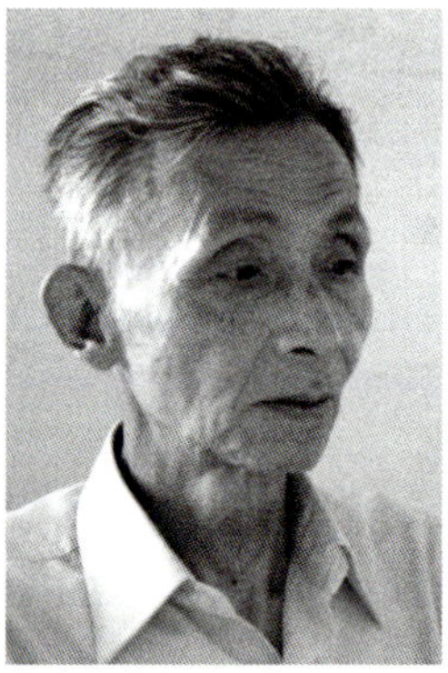

群众工作和文化工作，曾任晋察冀边区文艺界抗敌协会常务理事、秘书，晋察冀边区文化界抗日救国会宣传部部长。抗战胜利后，任晋察冀边区《工人报》、《时代青年》主编，发表一系列作品。1949年后，任中国作家协会书记处书记、河北省文学艺术界联合会副主席、湖南省文学艺术界联合会主席、湖南省作家协会主席等职。其创作以描写农村生活著称，善于通过日常生活中的普通事件来表现农村生活的变革，艺术风格朴实清新，富于民族特色。主要作品有短篇小说《我的两家房东》(1947)、《春种秋收》(1955)，长篇章回体小说《黑石坡煤窑演义》(1950)，中篇小说《水滴石穿》(1957) 和长篇小说《东方红》(1963) 等。

**康子林** Kang Zilin (1870～1930) 中国川剧演员。工小生。一称芷林，名学清。四川邛崃人。卒于重庆。10余岁入老庆华班习艺，相继受业于名旦彭元子，名小生傅莱生、何心田。1912年初与杨素兰、萧楷

康子林在《评雪辨踪》中饰吕蒙正

成、唐广体等创办三庆会，任会长，并成立研精社，改良川戏。致力于把昆、高、胡、弹、灯几类剧目综合在一起，对发展**川剧**和团结艺人起了促进作用。又开办升平堂培训科生。能戏很多，文、武、唱、做，高、昆、胡、弹无不擅长。功底深厚，嗓音清脆，吐字清晰，行腔委婉，韵味隽永，声情并茂。刻画人物细致真切，性格鲜明，形神毕肖。甩发、翎子、**变脸**等各种技艺俱佳。

**糠醛** furfural

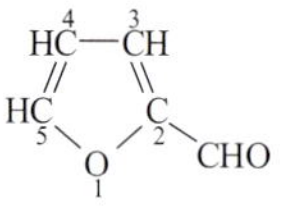

呋喃2位上的氢原子被醛基取代的衍生物，分子式$C_5H_4O_2$。又称呋喃甲醛、2-呋喃甲醛。糠醛是呋喃环系最重要的衍生物。无色液体，具有与**苯甲醛**类似的气味；熔点－38.7℃，沸点161.7℃，相对密度1.159 4 (20/4℃)；在20℃可形成8.3%的水溶液，溶于乙醇、乙醚等有机溶剂。在空气中容易变黑。糠醛经氧化生成2-呋喃甲酸；经还原生成呋喃甲醇。糠醛与芳香醛的性质类似，在氰化钾的催化下，发生安息香缩合反应：

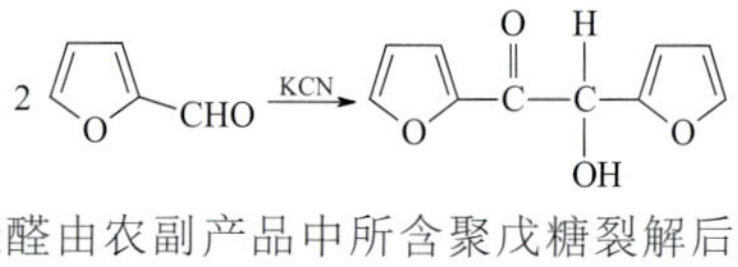

糠醛由农副产品中所含聚戊糖裂解后脱水而得。糠醛是制备多种药物和工业产品的原料。由糠醛制得的1,6-己二胺〔$H_2N(CH_2)_6NH_2$〕，为制取尼龙66的原料。

由糠醛制得的呋喃经电解还原，还可制成丁二醛。许多糠醛的衍生物具有很强的杀菌能力，抑菌谱相当宽，可作为药物，如呋喃西林。糠醛还可用作溶剂，选择性地从石油、植物油中萃取其中的不饱和组分，也可从润滑油和柴油中萃取其中的芳香组分。糠醛可代替甲醛与苯酚缩合，制造酚醛树脂。

**糠虾目** Mysidacea 节肢动物门囊虾总目一目。分为褶糠虾亚目和糠虾亚目。全世界约有120属800多种，中国约有100种。体虾形。头胸甲发达，前端背面突出，形成额角或额板，背面有明显的颈沟；后端背面前凹，末4胸节游离，不与头胸甲愈合。腹部7节。有带柄的复眼。触角发达。胸肢外肢强壮，为游泳器官，第1对或前2对内肢变形，成为颚足。成熟的雌性胸肢基部内侧有2、3对或7对复卵板，构成育卵囊（育室）。腹肢形态变化很大。尾肢内、外肢都发达，与尾节构成尾扇。交配时产卵受精，卵产出后在雌性胸部的育卵囊内发育。

除孑遗糠虾一种生活于淡水外，其他都为海产。许多种为浮游生活，不少种在海底栖息活动。大多数种为杂食性，主要以滤取水中有机碎屑为生，也有肉食种类。经济价值和营养价值高，味美、可鲜食或发酵制成虾酱，也可作养殖鱼虾的饲料。

**抗癌基因** antioncogene 其存在和正常表达，可抑制细胞癌变的基因。其纯合缺失（或功能失活），则易使细胞发生癌变。又称抑癌基因或隐性癌基因。

抗癌基因大多属于一类对细胞增殖产生负调节作用的基因，它们在控制正常细胞生长、增殖、分化和凋亡等生命活动中起十分重要的作用，其生物学功能正好与癌基因相反。其两个等位基因都丢失或功能异常，会促进细胞发生癌变。理论上确定一个细胞基因为抗癌基因有三个标准：①该基因在与恶性肿瘤相应的正常组织中正常表达。②该基因在恶性肿瘤中有结构改变和功能缺失。③该基因的野生型导入到缺失这种基因的肿瘤细胞内可部分或全部抑制其恶性表型。抗癌基因均表现为不同频率的异常。抗癌基因的发现和研究已成为肿瘤研究的一个重要领域，对阐明肿瘤发生发展的机理具有重要意义。

**抗暴运动** Anti-Atrocity Movement 1946年12月爆发的中国人民抗议美军暴行的爱国运动。抗日战争胜利后，驻中国各地的美军飞扬跋扈，引起中国人民极大不满，强烈要求美军退出中国。1946年12月24日，北平（今北京）发生美军士兵强奸北京大学女学生暴行，更激起中国人民的强烈愤怒。

1947年1月2日，南京金陵大学、中央大学等校学生举行抗议美军暴行的示威游行

27日，北大学生成立“抗议美军暴行筹备会”，联络北平各校罢课并游行示威。30日，北大、清华、燕京、中法、辅仁、朝阳等高校5 000余名学生上街游行，高呼“抗议美军暴行”、“美军退出中国”等口号。抗暴运动迅速蔓延全国。1947年元旦，天津南开、北洋等大专学校1万余人，上海交大、复旦等27所学校近两万人，分别举行罢课游行。接着，南京中央、金陵等大学学生两次走上街头（见图）。武汉、重庆、广州、香港、台北等地学生也相继举行了声势浩大的游行示威。3个月内，参加抗暴运动的学生总数达50万以上。同时，学生们的斗争还得到全国各阶层人民的广泛支持和声援。在全国人民的一致抗议下，南京政府不得不下令查办，驻华美军当局被迫组成军事法庭，判处强奸主犯15年徒刑。虽然这一判决后被美国最高当局撤销，但抗暴运动揭露了美国的对华殖民政策和南京政府的黑暗统治，有力配合了中共解放区的自卫战争。

抗敌演剧第三队队员在延安合影（1939）

**抗病毒药** antiviral drugs 高选择性作用于人体细胞内病毒代谢过程，且对宿主细胞无明显损害的药物。抗病毒药物有四类。

核苷类抗病毒药 包括嘌呤和嘧啶类核苷类似物，均具有较强的抗病毒作用。嘌呤类核苷类似物有阿糖腺苷、阿昔洛韦、更昔洛韦、潘昔洛韦和泛昔洛韦等；嘧啶类核苷类似物有碘苷、三氟胸苷和拉米夫定等。

干扰素 一组由病毒或其他诱生剂致生物细胞产生的分泌性糖蛋白，有多种生物学功能的细胞因子。有广谱的生物活性，抗多种病毒感染，抑制肿瘤细胞生长，促进吞噬细胞、自然杀伤细胞（NK细胞）和T淋巴细胞等细胞免疫作用，引起免疫应答和抗原的表达。

抗HIV药 有核苷类逆转录酶抑制剂、非核苷类逆转录酶抑制剂和蛋白酶抑制剂三类。这三类药物联合应用治疗HIV感染（艾滋病），称为高效抗逆转录病毒治疗。

其他抗病毒药 金刚烷胺和甲基金刚烷胺均可抑制甲型流感病毒。

膦甲酸钠为焦磷酸化合物，有广谱抗病毒作用。

**抗敌演剧队** Anti-Enemy Troupe 中国共产党领导的、10个以演剧方式进行抗日宣传的文艺团体的总称。全称国民政府军事委员会政治部抗敌演剧队。1938年8月组建于武昌。

1938年1月，国共合作组成的国民政府军事委员会成立政治部，副部长周恩来着手进行收编、组建抗日宣传团体编入郭沫若主持的国民政府军事委员会政治部第三厅建制。8月，在武昌昙花林宣布成立10个抗敌演剧队、4个抗敌宣传队和1个孩子剧团，分赴各地进行抗敌演剧活动。随着抗日战争进入相持阶段，国民党当局制造了震惊中外的“皖南事变”，解除了郭沫若的第三厅厅长职务，迫使抗敌演剧队先后解散或改组，并将抗敌演剧队改为抗敌演剧宣传队。抗日战争胜利后，各剧队名称去掉“抗敌”字样，称为演剧某队。

抗敌演剧队在中国共产党的领导下，始终坚持在抗敌第一线和国统区进行活动，以文艺形式激励军民抗日热情，为中华民族的解放，为反帝反封建的历史性胜利作出了重要贡献。在长期艺术实践中，演剧队创作和演出了一大批优秀戏剧作品，探索了话剧民族化、大众化道路，锻炼造就了一批戏剧人才。

**抗高血压药** antihypertensive drug 作用于影响血压变化的某些因素，使血压下降的药物。按其主要作用分以下几类。

利尿药 以噻嗪类利尿药的作用最为明显，其机理是通过利钠作用减少血容量、降低心排血量而使血压下降。

保钾利尿药 如螺旋内酯、三甲蝶呤等药物均为特异的醛固酮拮抗剂，适用于原发性和继发性醛固酮增多症。单独使用对其他原因的高血压效果差。

抗交感神经药 分为β受体阻滞剂、$\alpha_1$受体阻滞剂、α-β受体阻滞剂。

肾素－血管紧张素系统抑制剂 包括血管紧张素转化酶抑制剂（ACEI）、血管紧张素Ⅱ受体阻断剂（ARB）。

钙拮抗剂 是有效的治疗高血压的药物（见钙拮抗剂）。

直接扩张血管药 是强力的抗高血压药物。临床上多将此类药保留，仅用于难治性高血压或一些特殊情况，如给孕妇用肼苯哒嗪，给高血压伴心衰的患者联合使用肼苯哒嗪和硝酸盐制剂。常用药有肼苯哒嗪及米诺地尔。

注射用抗高血压药物 主要用于高血压急症或合并心衰或心肌梗死时，硝普钠是用于多数高血压急症的首选药物，由于其起作用快需密切监测以避免血压降得过低。其他如硝酸甘油、拉贝洛尔、尼卡地平、低压唑均可用于高血压危象或急症。硝苯地平舌下含服时往往吸收过快，可能诱发心脑血管不良事件，故此药应尽量避免用于急性降压。

**抗焦虑药** antianxiety drug 用于消除或减轻精神紧张和焦虑症状的药物。其中以苯二氮䓬类应用最广。适应证颇广，最常用于各种有焦虑症状的神经症，如焦虑症、恐怖症、强迫症、疑病症和神经衰弱。躯体疾病或各种器质性原因所致的继发性焦虑，如高血压病、甲状腺功能亢进、经前紧张症患者常伴发的焦虑症状，均可用此类药物作对症治疗。应激状态时，如外科手术前后、特殊或意外事件后的过度焦虑，亦可临时短期服用抗焦虑药。在临床上抗焦虑药还常被用作安眠药物，主要用于入睡困难者。长期用药可产生药物依赖，此时患者对药物的耐受性增高，以致用药剂量增高，突然停药则产生戒断反应，如失眠、头痛、烦躁、肌肉疼痛或抽动等。因此在使用时剂量不宜过高、疗程不可过长。

**抗结核病药** anti-tuberculosis drug 能杀灭人体内结核菌的药物。种类多。其中疗效高、不良反应较易耐受的为一线药物。作用弱、毒性较大，对一线药物耐药或复治时应用的为二线药物。各种抗结核药单独应用均易产生耐药性，故一般是几种抗结核药联合应用。

一线药物 包括异烟肼、利福平、链霉素、乙胺丁醇、吡嗪酰胺等。

二线药物 包括对氨基水杨酸、乙硫异烟胺、丙硫异烟胺、卷曲霉素、卡那霉素、阿米卡星、环丝氨酸及紫霉素等。

应用原则 要早用药物，几种药物联合应用，并全程使用，以及适宜的药量。

**抗精神病药** antipsychotic drug 能影响人的认知、情感、行为，用于治疗精神分裂症和控制精神病症状的一类药物。这类药物在通常的治疗剂量时，不影响意识清晰度，但能有效地控制和减轻精神病症状。代表药物有氯丙嗪、氟哌啶醇、舒必利、氯氮平、利培酮等。副作用颇多，较常见的有锥体外系反应、迟发性运动障碍、体位性低血压、药疹、肝功能变化、血白细胞减少等，故应当在医生指导下服用。

**抗美援朝战争** War to Resist U.S. Aggression and Aid Korea 20世纪50年代初，中国人民志愿军为援助朝鲜人民抵抗美国侵略、维护中国领土主权、保卫中国安全而进行的战争。1950年6月25日，朝鲜战争爆发。27日，美国总统H.S.杜鲁门宣布正式参战，武装援助南朝鲜，干涉朝鲜内政，同时派遣第7舰队开入台湾海峡。28日，毛泽东主席代表中国政府和人民严正谴责美国政府的侵略政策，号召全国人民作好充分准备，挫败美帝国主义的战争挑衅。9月15日美国政府派遣军队在朝鲜仁川登陆，随后越过三八线，把战火引向中国东北边境，并轰炸中国安东（今丹东）等地，严重威胁中国安全。9月30日，周恩来总理向美国发出严正警告，10月8日，中共中央作出抗美援朝、保家卫国的战略决策。10月19日，以彭德怀为司令员兼政治委员的中国人民志愿军赴朝参战，协同朝鲜人民军抗击美国侵略军。中、朝军队从1950年10月至1951年6月，歼敌23万余人，把以美国为首的“联合国军”从鸭绿江边赶回北纬38°线附近，并把战线稳定在北纬38°线，迫使美国政府接受举行停战谈判的建议。1951年7月10日，停战谈判首次会议在朝鲜开城举行。由于美国政府企图以“军事压力”达到其无理要求，谈判被长期拖延，形成边谈边打的局面。1953年5～7月，中朝人民的军队连续发动了三次夏季攻势，歼敌12万余人。美国侵略者在遭到更大失败后，被迫于7月27日在开城板门店同中朝方面签订《朝鲜停战协定》。抗美援朝战争的胜利，沉重地打击了美帝国主义的侵略政策和战争政策，保卫了中朝两国的独立和安全，为中国经济建设和社会改革赢得了一个相对稳定的和平环境，提高了中国的国际威望，对国际局势产生了深远的影响。

图1 美军把战火烧到鸭绿江边

图2 志愿军某部向敌人占据的山头发起攻击

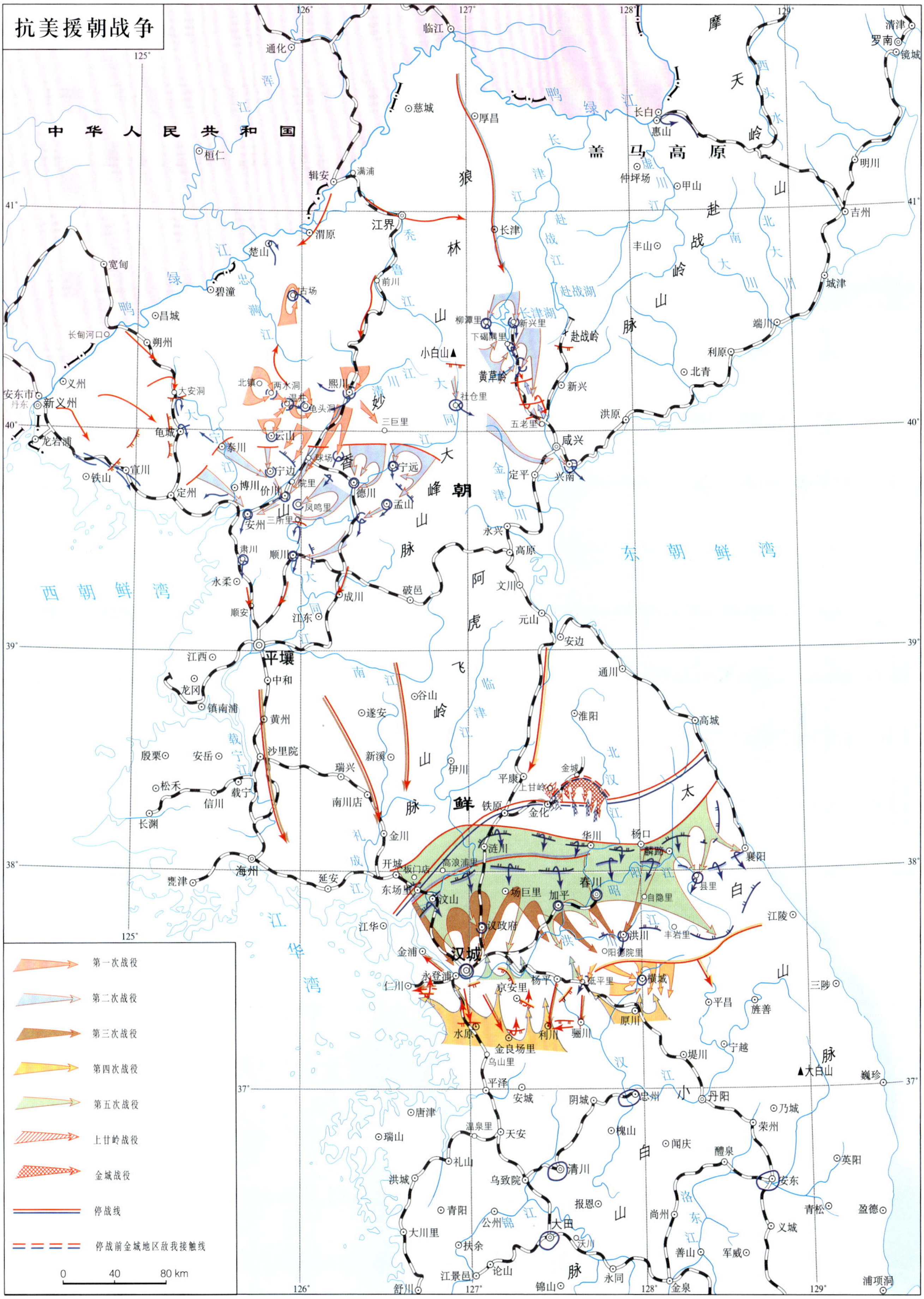
抗美援朝战争
中华人民共和国
西朝鲜湾
东朝鲜湾
江华湾
平壤
汉城
盖马高原
狼林山脉
妙香山
赴战岭山脉
阿虎飞岭山脉
太白山脉
小白山脉
摩天岭
鸭绿江
长津湖
赴战湖
临江
通化
桓仁
宽甸
安东市
丹东
新义州
龙岩浦
铁山
宣川
定州
龟城
朔州
昌城
碧潼
楚山
渭原
江界
满浦
辑安
慈城
厚昌
长津
前川
熙川
德川
宁边
价川
博川
泰川
云山
安州
肃川
顺川
成川
永柔
顺安
江东
破邑
孟山
宁远
德川
咸兴
兴南
定平
永兴
高原
文川
元山
安边
通川
高城
襄阳
江陵
三陟
平康
铁原
金化
金城
上甘岭
华川
杨口
春川
加平
洪川
横城
原州
平昌
骊州
利川
水原
金良场里
乌山里
平泽
安城
天安
清川
大田
忠州
丹阳
荣州
安东
义城
永同
金泉
锦山
论山
扶余
公州
江景邑
舒川
洪城
礼山
瑞山
唐津
开城
延安
海州
瓮津
沙里院
黄州
中和
镇南浦
江西
龙冈
瑞兴
新溪
遂安
谷山
伊川
淮阳
南川店
金川
东场里
汶山
议政府
永登浦
仁川
金浦
江华
京安里
杨平
砥平里
长白
惠山
甲山
仲坪场
丰山
北青
利原
端川
城津
吉州
明川
清津
罗南
镜城
大白山
蔚珍
浦项洞
盈德
青松
英阳
醴泉
闻庆
槐山
阴城
报恩
尚州
善山
军威
第一次战役
第二次战役
第三次战役
第四次战役
第五次战役
上甘岭战役
金城战役
停战线
停战前金城地区敌我接触线
0 40 80 km

**抗日根据地戏剧** drama in anti-Japanese base area 抗日战争时期中国共产党领导的各抗日民主根据地戏剧的总称。

1937年全国抗战爆发后，中共中央和各边区政府非常重视文艺事业，将戏剧置于文艺工作的中心地位，部队在团以上单位都建立起宣传队，各乡村也兴起了规模空前的群众演剧活动。

延安是根据地戏剧运动的中心。人民抗日剧社等团体在全国抗战前夕就演出了话剧和活报剧。七七事变后，大批进步文艺工作者陆续奔赴延安。1938年元旦前后，演出了《广州暴动》、《血祭上海》，引起轰动。同年4月成立鲁迅艺术学院（简称“鲁艺”）。至1942年，延安上演话剧110多出，其中有《雷雨》、《日出》、《钦差大臣》、《伪君子》等中外名剧。

除了话剧活动外，文艺整风后延安还掀起了轰轰烈烈的新秧歌剧运动，创作了《兄妹开荒》等新秧歌剧。1945年春鲁艺创作演出的新歌剧《白毛女》，就是在新秧歌剧运动基础上产生的一个丰硕成果。

晋察冀根据地、华中根据地、华南地区都建立了许多演剧团体，演出了大量优秀剧目，发动、鼓舞了群众，为抗日作战作出了积极贡献。

**抗日民族统一战线** Anti-Japanese National United Front 中国共产党为团结全国各民族一切抗日力量，打败日本侵略者而制定的政治路线和基本策略。

1935年8月1日，中国共产党发表了《为抗日救国告全体同胞书》，即《八一宣言》，号召各党派抛弃过去的成见，停止内战，一致对外，建立抗日民族统一战线。不久，爆发了一二·九运动，形成全国抗日救亡运动的新高潮。12月25日，中共中央政治局在陕北瓦窑堡举行会议，通过《中央关于目前政治形势与党的任务决议》，正式确定建立抗日民族统一战线的战略方针。会后，毛泽东在党的活动分子会议上作了《论反对日本帝国主义的策略》的报告。

1936年5月，中华苏维埃人民共和国中央政府和中国红军革命军事委员会发表了《停战议和一致抗日通电》，声明愿意与一切进攻红军的武装部队停战议和，一致抗日。8月25日，中国共产党中央委员会致书中国国民党，提议国共两党结成抗日统一战线。9月1日，中共中央书记处向全党发出《中央关于逼蒋抗日问题的指示》。与此同时，中国共产党与当时在西北进攻红军的东北军将领张学良、西北军将领杨虎城实现了停战，并结成了共同抗日的同盟关系。同年12月12日爆发了西安事变。在中国共产党的正确主张下，西安事变得到和平解决，迫使国民党政府停止了内战，从此初步形成了国共两党合作的新局面。1937年2月中共中央致电国民党五届三中全会，提出实行国共合作共同抗日的五项国策和四项保证。国民党五届三中全会经过激烈斗争，通过了实际上接受中国共产党关于国共两党合作抗日的决议案。七七事变后，中共中央将《中国共产党为公布国共合作宣言》送交国民政府。在中国共产党和全国人民的推动下，9月22日国民党中央通讯社发表了中国共产党的宣言，次日，蒋介石发表承认中国共产党在全国合法地位的谈话。至此，中国共产党倡导的以国共合作为基础的抗日民族统一战线正式形成。

**抗日战争** War of Resistance Against Japan 1937年7月至1945年9月，中国人民抗击日本侵略的民族解放战争。世界反法西斯战争的重要组成部分。其间，中国单独对日作战计有四年半时间。到1941年12月8日，日军袭击珍珠港，对美、英开战，中日之间的战争，始演变为太平洋战争。中国乃与美、英并肩对日作战，直到日本投降为止。

图1 中国军队在卢沟桥上还击日军

抗战前的中日状况 至1937年七七事变时，中日两国国力对比悬殊。日本是帝国主义的五大强国之一，轻重工业相当发达，陆海军在质量与装备上占绝对优势。而中国是一个半殖民地半封建的农业国，工业落后，生产力薄弱，军事装备差。

国共合作抗日御侮 1937年7月7～8日，日本华北驻屯军于北平（今北京）西南卢沟桥附近发动卢沟桥事变。事变爆发之日，正值国共两党商谈团结抗日之时。中共中央即于8日发布《中国共产党为日军进攻卢沟桥通电》，号召全中国同胞、政府与军队团结起来，抵抗日军的侵略，国共两党合作抵抗日军的新进攻。同日，国民政府军事委员会委员长蒋介石电令第29军就地抵抗。17日，蒋介石在庐山发表谈话指出：“最后关头一到，我们只有抗战到底。”8月13日，日军突然向上海的中国守军发动进攻，淞沪会战遂告爆发。15日，蒋介石下达总动员令，将全国临战地区划分为5个战区，并将大批主力部队调往上海方面。25日，根据国共两党的协议，主力红军改编为国民革命军第八路军（简称八路军）；10月12日，南方八省的红军和游击队改编为国民革命军陆军新编第四军（简称新四军）。改编后，立即开赴华北、华中敌后作战。9月22日，国民党中央通讯社发表了《中国共产党为公布国共合作宣言》。次日，蒋介石发表《对中国共产党宣言的谈话》，承认中国共产党在全国的合法地位，结成了以国共合作为基础的抗日民族统一战线。在此前后，国民党的军事政治机构也作了某些调整，任命朱德为第二战区副司令长官，聘任周恩来为国民政府军事委员会政治部副部长，等等。同时，中国共产党制定了《抗日救国十大纲领》，提出了必须发动全民参加抗战的全面抗战路线。1938年5月，毛泽东作了《论持久战》讲演，论证了抗战必然持久，最后胜利必然属于中国。

抗战初期，国民党可使用于第一线的兵力约100万，全部投入正面战场，在京沪、徐州、武汉等会战中，第29军副军长佟麟阁、师长赵登禹、第9军军长郝梦龄等壮烈殉国。为配合国民党军作战，八路军、新四军积极开展敌后抗战。1937年9月25日，八路军第115师在晋北平型关首战告捷（见平型关战斗），取得抗战以来中国军队第一次大胜利。八路军和新四军开展广泛的游击战争，建立了许多抗日民主根据地。

图2 八路军开赴华北抗日前线

抗战爆发以后，中国军队对日军的攻势采取战略防御的方针，在作有限度的抵抗消耗疲惫日军之后转移后撤。在16个月的时间内，日军占领了北平、天津、青岛、上海、南京、广州、武汉等主要城市。但中国的抗战打破了日军挟其优势军备“三个月灭亡中国”的计

图3　活跃在华中敌后的新四军一部

划。中国的抗战以空间换取时间，扩大战场，分散敌人兵力，消耗敌人战斗力，从而达到阻止敌人前进及建设长期抗战力量的目的。

战略相持阶段　1938年10月，广州、武汉相继失守以后，战争进入战略相持阶段。日本由于战线延长、兵力分散、预备兵源枯竭，以及国内财政经济困难，被迫改变侵华的方针和策略。在政治上，日本对国民政府采取以政治诱降为主、军事打击为辅的策略，企图引诱国民政府降日反共，从而达到其“以华制华”的目的。在经济上，加紧掠夺占领区资财，建立所谓“长期自给体制”，达到其“以战养战”的目的。在军事上，日军停止对正面战场的战略进攻，改取以保守占领区为主的方针，对侵华兵力部署进行调整，在南京成立中国派遣军总司令部，统一指挥侵华日军（不含关东军）。为了对国民政府施加压力，继续向正面战场发动了南昌、随枣、长沙（两次）、桂南、豫南、上高、晋南等次战役，占领了海南岛、南昌、晋南。自1939年起，日本陆海航空队不断向中国的重要战略目标重庆、成都、贵阳、昆明、衡阳等地实施战略轰炸。与此同时，日军为保住占领区，集中兵力企图首先摧毁共产党领导的抗日根据地，尔后分散兵力占领要地建立据点，逐步削弱并最后消灭八路军。他们在大量伪军配合下，实行三光政策，但八路军在广大群众支援下，艰苦奋战，牵制了日军主力部队，有力支援了正面战场。

随着日本侵华方针的转变，国民党内以汪精卫为首的亲日派分子于1940年3月在南京成立伪国民政府，组织伪军。而以蒋介石为首的国民党主要当权派虽然继续抗战，但已由抗战初期的联共抗日转向防共抗日。1939年1月，国民党在重庆召开五届五中全会，虽然继续部署对日抗战，但同时制定“溶共、防共、限共、反共”的方针，设立“防共委员会”。国民党对中国共产党领导的抗日根据地长期进行包围封锁，不断制造反共摩擦。1941年1月，国民党制造的皖南事变对抗战事业造成重大损害。中国共产党在抗日战争形势发生重大变化的关头，不断巩固与扩大抗日民族统一战线，用长期合作来支持长期战争，贯彻独立自主放手组织人民抗日武装斗争的方针，进一步广泛开展游击战争，粉碎了日军多次围攻和“扫荡”。特别是1940年8～12月进行的**百团大战**，沉重地打击了日军。同时，领导根据地军民建立三三制政权，实行减租减息，发展生产。到1940年底，八路军、新四军等已发展到50万人，抗日民主根据地人口达1亿多，成为坚持长期抗战的中坚力量。

中国成为太平洋战争的主要战场　1941年12月7日（夏威夷时间），日本袭击美国海军基地珍珠港；8日，美国、英国对日本宣战；9日，中国政府正式对日本宣战，同时声明对德、意两国处于战争状态。太平洋战争爆发。1942年1月1日，中、美、英、苏等26国代表在华盛顿签署对轴心国共同行动的宣言，结成世界反法西斯统一战线。次日，蒋介石担任中国战区最高统帅，指挥本战区的盟军共同对敌作战。在整个太平洋战场上，中国作为主要战场，钳制了日军的60%兵力。中国军队为了配合美、英军的对日作战，进行了第三次长沙会战，使日军遭受了太平洋战争爆发后的第一次大失败。同年3月，日军进攻缅甸，英国守军告急，中国以陆军第5、第6、第66军组成中国远征军入缅作战，以重大的伤亡及几年的艰苦作战，终于配合盟军将日军赶出缅甸。

太平洋战争爆发前后，日军对中国占领区进行惨无人道的毁灭战和连续的“扫荡”。由于日军的连续“扫荡”和摧残，加上华北地区连年灾荒，致使抗日根据地军民遇到极端严重的困难，中国共产党先后提出和实行了对敌斗争、精兵简政、统一领导、拥政爱民、发展生产、整顿三风等一系列正确政策。太平洋战争爆发后，美、英出于牵制日军的战略需要，积极援助中国进行抗日战争，向国民政府提供了财政与物资援助，并废除了在华治外法权。1943年11月，美、英两国首脑还邀请蒋介石出席开罗会议，共同协商对德、日作战的计划，并发表了《开罗宣言》。由于中国军民英勇抗击日军，对世界反法西斯战争作出巨大贡献，中国成为世界四大强国之一，并且是联合国发起国之一。

抗日战争的最后阶段　1943年，在太平洋战场美军转入战略反攻。日本为了挽救其军事上的不利态势，于1944年发动打通大陆交通线的豫湘桂战役。结果国民党军大溃败，丢失了大片国土。

中国共产党从1943年夏秋开始在反“扫荡”、反“蚕食”、反“清乡”斗争中，逐步恢复和扩大根据地；从1944年起，向日军展开了局部反攻。1945年7月26日，中、美、英三国发表《波茨坦公告》，敦促日本无条件投降。8月6日和9日，美国在日本广岛、长崎各投下一颗原子弹。8月8日，苏联对日宣战，并向中国东北日军占领区进军。中国军队积极配合盟军的攻势，进行了全面大反攻，日本终于在8月15日正式宣告无条件投降。9月2日，正式举行日本投降签字仪式。9日，侵华日军总司令冈村宁次在南京签署了投降书。至此，中国人民抗日民族解放战争胜利结束。

抗日战争的胜利，是中国人民100多年来第一次取得反对帝国主义侵略战争的完全胜利。中国人民在抗战中取得了巨大的战绩，中国军队共毙伤俘日军155万余

图4　1945年9月9日在南京举行的中国战区日本投降签字仪式

人（其中抗日民主根据地抗日武装力量毙伤俘52万余人，国民党军毙伤俘85万余人，东北抗日义勇军等抗日武装毙伤俘17万余人）。抗日民主根据地抗日武装力量歼灭伪军118万余人。日本战败后，向中国投降的日军共128.3万余人。同时，中国人民也付出巨大的牺牲。中国人民群众伤亡3 120余万人，中国军队伤亡380万余人（其中国民党军伤亡321万余人，抗日民主根据地抗日武装力量伤亡58万余人），军民伤亡共3 500余万人，占第二次世界大战各国伤亡人数总和的1/3还多，中国财产损失和战争消耗1 000多亿美元，间接经济损失5 000亿美元。海外的爱国侨胞从道义和经济方面支援了中国抗日战争。中国共产党及其领导的抗日武装力量，为争取抗日战争的胜利起了中流砥柱的作用。中国人民的抗日战争，牵制了日本陆军主力，打破了日本“北进”侵苏计划，迟滞了日本“南进”侵略步伐，从而在战略上有力地支援和策应了苏、美、英等同盟国作战。中国战场是反对日本法西斯侵略的主战场，中国人民是战胜日本帝国主义的决定性力量。中国抗日战争对世界反法西斯战争的胜利作出了不可磨灭的伟大历史贡献。

**抗生素** antibiotics 生物（真菌、放线菌或细菌等微生物）在其代谢过程中产生的具有杀灭或抑制他种生物（主要是微生物）作用的化学物质。曾称为抗菌素。

分类 抗生素已达数千种，但常用于临床的不超过百种，主要分为以下几类：青霉素类抗生素、头孢菌素类抗生素、氨基糖苷类抗生素、四环素类抗生素、氯霉素类抗生素、大环内酯类抗生素。其他还有主要作用于革兰氏阳性菌的抗生素，如林可霉素、新霉素、万古霉素、杆菌肽等；主要作用于革兰氏阴性菌的抗生素，如多黏菌素B、多黏菌素E、磷霉素、利福平等；抗真菌抗生素（见抗真菌药）；抗肿瘤抗生素；具有免疫抑制作用的抗生素，有环孢霉素等。

作用机理 ①抑制细菌细胞壁的形成，使细菌因丧失细胞壁保护而死亡。②影响细胞膜通透性，使细菌屏障和运输物质功能受到障碍。③影响蛋白质合成，使细菌生长受到抑制。④影响核酸代谢，使细菌生长分裂受到抑制。

不良反应 抗生素治疗细菌感染疗效较好，但也存在不良反应，如过敏反应、二重感染和细菌耐药性等问题，故不可滥用，以免影响患者健康，甚至危及生命。

合理应用抗生素的基本原则 严格掌握适应证 临床诊断、细菌学诊断和体外药敏试验可作为选药的重要参考。此外，还应根据患者全身情况、肝肾功能、感染部位、药物代谢动力学、不良反应以及药物供应和药价等作全面考虑。

防止滥用 尤应注意以下四点：①抗生素对各种病毒感染无效。②对发热原因不明的患者，除病情严重同时怀疑为细菌感染存在外，一般不宜用抗生素。③皮肤、黏膜等局部感染，除主要供局部应用的抗生素如新霉素等以外，应尽量避免局部应用抗生素，以免引起过敏反应及细菌耐药性。④正确掌握联合用药的指征。联合用药可发挥药物的协同作用以提高疗效，延迟或减少耐药菌出现，扩大抗菌范围，减少单药的药量，降低不良反应的发生。联合用药的指征是：单一抗生素不能控制的严重感染，如细菌性心内膜炎和败血症等；单一抗生素不能控制的混合感染，如腹腔脏器穿孔所致的腹膜炎和创伤感染等；须较长期用药、细菌可能产生耐药性者，如结核、尿路感染等；病原菌未明的严重感染，先行联合用药治疗，以扩大抗菌范围，在细菌诊断明确后，再调整用药。

考虑患者机体状况 ①肝、肾功能障碍。肾功能减退时，使用主要经肾脏排泄的药物宜减量或延长给药时间，以防药物中毒，且不宜应用对肾有损害的抗生素。对肝脏病患者或肝功能不良者，不宜应用在肝中浓度高或主要在肝脏内代谢、经肝胆系统排泄或对肝脏有损害的抗生素，如红霉素、利福平、四环素类等抗生素。②妊娠或哺乳妇女。妊娠期选用抗生素，必须考虑母体和胎儿两方面的影响。③新生儿和婴幼儿。新生儿时期生理特点要求给药时与成人有所区别。如氯霉素需通过肝脏葡萄糖醛酸转移酶的作用与葡萄糖醛酸结合而灭活，新生儿期该酶不足，可造成氯霉素游离血浓度增高，加上肾脏排泄差，结果血中结合的和游离的氯霉素浓度明显升高，有可能产生循环衰竭，这称为灰婴综合征。又如新生儿肾功能发育不全，药物排出减少，血药浓度增高和半衰期延长，容易招致药物蓄积中毒。再如给新生儿应用过量的链霉素或卡那霉素，可导致永久性耳聋。四环素可致患儿牙齿黄染、牙釉质和骨骼发育不良，因此中国规定学龄前儿童、孕妇和哺乳妇女不用四环素。学龄前儿童使用氯霉素后，再生障碍性贫血的发生率高于成人。

严格控制用药 风湿热患者宜采用青霉素G，以消灭咽喉部溶血性链球菌；风湿性或先天性心脏病患者手术时宜采用青霉素，以防亚急性细菌心内膜炎的发生；感染病灶切除时可使用抗生素，防止感染扩散；战伤或外伤后应用青霉素G或四环素，可以防止气性坏疽的发生；结肠手术前要口服氨基糖苷类或难吸收的磺胺，以防感染；严重烧伤后及流行性脑膜炎流行时可用抗生素或磺胺，以防感染等。

**抗诉** prosecutorial protest 中国人民检察院认为本级人民法院第一审的判决和裁定确有错误时，在法定期限内向上一级人民法院提出重新审理的诉讼。抗诉的理由通常有：认为一审裁判认定事实不清、证据不足的；有确实、充分的证据证明有罪而判无罪或者无罪判有罪的；重罪轻判，轻罪重判，适用刑罚明显不当的；认定罪名不正确，一罪判数罪、数罪判一罪的；免除刑罚或适用缓刑错误的；审判过程中严重违反诉讼程序的。人民检察院的抗诉，必须通过原审人民法院提出抗诉书，并且将抗诉书抄送上一级人民检察院。上级人民检察院如果认为抗诉不当，可以向其同级人民法院撤回该抗诉。对判决抗诉的法定期限为10日，裁定为5日，均从收到判决书或裁定书的第2日起算。刑事被害人自收到判决书后的5日以内，有权请求人民检察院提出抗诉。被害人对裁定没有请求抗诉权。各级人民法院对人民检察院提出的抗诉，必须组织合议庭进行审理。

**抗酸药** antacids 降低胃内酸度，从而降低胃蛋白酶活性、减弱胃液消化作用的药物。又称制酸药。是消化性溃疡，特别是十二指肠溃疡的主要治疗药物之一。按照药物效应分为：①系统性抗酸药，其阳离子部分在肠内不形成不溶性碱性化合物，故可致代谢性碱中毒，如碳酸氢钠。②非系统性抗酸药，其阳离子部分在肠内形成不溶性碱性化合物，故相对不溶解和难吸收，因此不引起体液的碱化。非系统性抗酸药按其性质的不同，又分为中和剂（如碳酸钙、氧化镁），中和及物理吸附剂（如氢氧化铝、三硅酸镁、磷酸镁、铝碳酸镁等）。液态或粉剂的抗酸药效果优于片剂，若用片剂，应在咽下前嚼碎。应用抗酸药中和胃酸时，应注意增加投药的频度，不能依靠增加药物的剂量。一般于每顿饭后1小时和3小时以及睡前各投药1次，一日共服7次。抗酸治疗的时间不应少于3个月。

**抗体** antibody 能与抗原特异性结合并具有免疫活性的球蛋白。一般由抗原刺激B细胞分化成浆细胞后产生。抗体分子具有结合部位（结合簇），能与对应的抗原决定簇结合。抗体与不同的抗原结合往往出现不同的反应，因而常给抗体以不同的名称，如凝集素、沉淀素、抗毒素、溶血素、溶菌素等。1964年，世界卫生组织专门会议将具有抗体

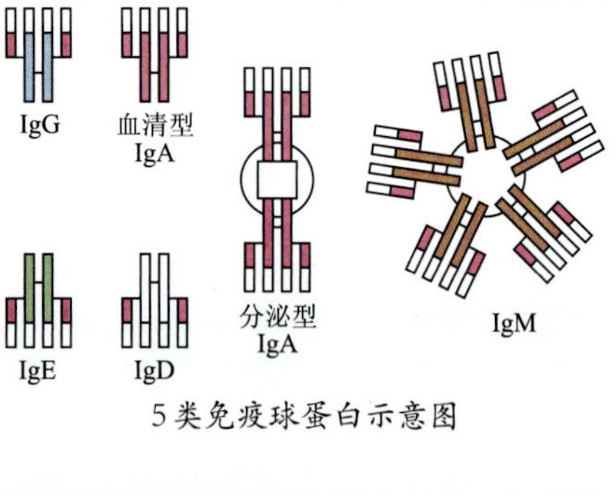

5类免疫球蛋白示意图

活性的球蛋白统一命名为免疫球蛋白（Ig）。抗体是Ig，但Ig不一定是抗体。

按来源抗体可分为天然抗体和免疫抗体。免疫抗体由抗原刺激机体产生，如受微生物感染或接种疫苗后产生的抗体。按其作用可分为抗毒素（能中和细菌外毒素毒性的抗体）、抗菌抗体（能与细菌结合的抗体）和抗病毒抗体（能与相应病毒结合的抗体）。按其与抗原结合后是否出现可见反应，则可分为完全抗体和不完全抗体。前者指在试管中与相应抗原结合后，在电解质的参与下，出现可见反应的抗体；后者指在结合后不出现可见反应的抗体。抗体生成的过程一般需要持续几天，但这一过程新产生的抗体却能存在数月甚至终生。

**抗心绞痛药** antianginal drug 缓解心绞痛的一类药物。能减轻心脏的工作负荷、降低心肌需氧量，或能扩张冠状动脉、促进侧支循环、增加心肌供氧量。分三大类：硝酸酯类、β-肾上腺能受体阻滞剂及钙拮抗剂。

硝酸酯类 治疗心绞痛的主要药物。不同剂量的硝酸酯类药物作用于血管可产生不同的效应。小剂量时扩张容量血管，使静脉的回心血量减少，从而减少右室的负荷，左室舒张末压亦随之下降；中等剂量时可扩张中小静脉，改善冠状动脉内膜下的血流灌注，扩张冠状动脉，改善侧支循环，从而改善心脏的后负荷。大剂量时可扩张阻力小动脉，使血压急剧下降。

β-肾上腺素能受体阻滞剂 简称β-阻滞剂。治疗劳力型心绞痛的基本药物。通过减少心率、降低血压和减弱心肌收缩力来减少心肌需氧量，对稳定型心绞痛有效。常用制剂较多，常用的如氨酰心安、美多心安、比索洛尔等。

钙拮抗剂 另一类有效的抗心绞痛药物。通过直接扩张冠状动脉、减少周围血管阻力，发挥抗心绞痛的效应。不能耐受β-阻滞剂或硝酸盐的稳定型和不稳定型心绞痛患者都可用钙拮抗剂。对冠状动脉痉挛和变异性心绞痛的患者，效果更明显。所有钙拮抗剂都有副作用，临床治疗时应采用药物联合应用的方法。

**抗心律失常药** antiarrhythmic drug 能防治心律失常的一类药物。一般指防治过速性心律失常的药物。通过影响心肌细胞膜的钠、钙、钾离子的转运，影响心肌细胞的自律性、传导性，抑制异位激动或中止折返活动，从而纠正心律失常。按临床实用的Williams-Vaughan分类，分为以下4类：①Ⅰ类药物。即钠通道阻滞药。能减慢心肌传导，终止折返活动。根据其对钠通道的作用特点，又分为Ⅰa、Ⅰb及Ⅰc三个亚类。Ⅰa和Ⅰc类作用较强，但对病态心肌、重症心功能障碍和缺血心肌特别敏感，易引起促心律失常的副作用，使用时要谨慎。②Ⅱ类药物。可阻滞β-肾上腺素能受体。能降低交感神经效应，减轻由β-受体介导的心律失常。β-肾上腺素能受体阻滞剂降低缺血心肌的复极离散度、提高致颤阈值，由此降低冠心病的猝死率。能降低窦房结和异位起搏点的自律性、减慢传导速度，故对有窦房结功能障碍和传导功能障碍者使用时要谨慎。③Ⅲ类药物。基本上是钾通道阻滞剂。能延长动作电位时程、复极时间、有效不应期，终止折返活动，防颤、抗颤。抗心律失常作用较好，但副作用甚多，临床应用要谨慎，须细致观察。④Ⅳ类药物。为钙通道阻滞剂（钙拮抗剂）。能减慢窦性心率，延长房室结不应期，故能终止房室结参与的折返性心动过速；减慢房室结传导，故能减慢房颤时的心室率。由于负性肌力作用较强，因此在心功能不全时不宜选用。此外，还有一些药物虽不属于该分类之中，但有时也用于治疗某些心律失常，例如洋地黄类、腺苷、阿托品、硫酸镁及某些中药等。

应用抗心律失常药，既要熟悉其有效的一面，也要了解其可能引起的毒副作用，有的药甚至可能有促心律失常（用抗心律失常药后，原来的心律失常反而加重或发生原来没有的心律失常）的负面作用，还要了解它们与其他药物的相互影响。要权衡利弊，选用适当药物。

**抗氧剂** antioxidant 能延缓或阻止氧化或自动氧化过程的物质。又称抗氧化剂。可延缓或阻止物质在储存或使用时的变质。一般要求用量小，效率高，价钱便宜，无不良后果。主要是还原性物质，如酚类和芳香胺类。油脂和食品的抗氧剂可以防止酸败，可用工业品卵磷脂、愈创树脂、对苯二酚等；石油产品的抗氧剂主要是防止汽油、润滑油等的黏度改变和产生沉淀，可用叔丁基甲酚、有机硫化合物、有机硒化物、有机磷化合物等。此外，奶粉、肉类、肥皂等也往往需要加抗氧剂。

**抗抑郁药** antidepressive drug 治疗以情绪抑郁为突出症状的精神障碍的一组药物。与兴奋药不同之处为只能使抑郁症状消除，而不能使正常人的情绪提高。此类药物必须在医生指导下服用。又因抑郁症患者常有消极意念，可能将药大量服下企图自杀，故必须由他人妥善保管和掌握药物，且在治疗过程中加以严密观察。

**抗原** antigen 具有免疫原性和反应原性的物质。又称免疫原。免疫原性是指刺激机体的免疫活性细胞产生免疫应答的能力。反应原性是指抗原与抗体或致敏淋巴细胞发生特异性结合而出现可见反应的能力。

基本特性 最为重要的是异物性、特异性。

异物性 抗原在化学结构上与机体自身不同。异物性的物质有3种：①异种物质。从生物进化过程来看，异种动物间的血缘关系愈远，则免疫原性愈强。②同种异体物质。即同种不同个体共有的物质。如人的红细胞抗原物质和人的白细胞抗原等。③自身物质。自身物质一般不具免疫原性。有些物质如隐蔽的自身成分（眼晶体蛋白、精子等），在正常情况下与免疫系统是隔绝的。但是一旦屏障遭到破坏，这些物质进入血流，即可与免疫活性细胞接触而成为自身抗原异物。另外，自身物质在外伤、感染、药物和射线的影响下，其理化性质发生质的改变时，也可成为具有免疫原性的抗原物质。

特异性 反映在两个方面：①能刺激机体产生具有高度针对性的免疫应答（免疫原性的特异性）。②只能与其相对应的抗体或致敏淋巴细胞结合，而不能与无关的抗体或致敏淋巴细胞结合（反应原性的特异性）。抗原的特异性由暴露在抗原分子表面的抗原决定簇的性质所决定。

抗原与人类疾病 ①病原微生物。在医疗中将病原微生物制成疫苗进行预防接种，可以提高人的免疫力。也可以根据微生物抗原的特异性进行各种免疫学试验，帮助诊断疾病。②同种异体抗原。有两大类，一类是红细胞血型抗原，包括A、B、O血型抗原，Rh血型抗原等。不同血型间相互输血，可引起严重的输血反应。另一类是人类白细胞抗原（HLA），又称主要组织相容性抗原。在同种异体进行皮肤或脏器移植时，常因供者移植物中存在受者所没有的抗原成分，刺激受者产生免疫反应，导致移植物受到排斥而坏死脱落。③动物免疫血清。临床上常用的各种抗毒素血清，一般都是用免疫马来制备的。一方面，抗毒素能中和与其相应的外毒素，起到防治疾病的作用；另一方面，它能刺激人体产生抗马血清蛋白的抗体，当再次接受马的免疫血清时，有可能发生超敏反应。④嗜异性抗原。一类与种属特异性无关的，存在于人以及某些动物、植物、微生物的性质相同的抗原。⑤肿瘤抗原。由理化因素或病毒诱发的实验动物肿瘤，其细胞中或细胞表面均出现特异性抗原，称为肿瘤特异性抗原。在某些人类肿瘤中存在着与病毒密切相关的抗原。

**抗原-抗体反应** antigen-antibody reaction 抗原和对应抗体在一定条件下特异结合形成可逆性抗原-抗体复合物的过程。抗原-抗体是由免疫球蛋白分子上的抗原结合簇与抗原分子上的抗原决定簇相互吸引以及多种分子间的引力参与发生的。这种反应没有化学键的形成。由于抗原的物理性状、抗体的特点、参与反应的介质和实验条件的不同，抗原－抗体反应可分为凝集反应、沉淀反应、补体结合反应或嗜细胞反应等。这些反应已成为疾病诊断、病原微生物鉴定、流行病学调查以及科学研究工作广泛应用的手段。

抗原－抗体反应可分为两个阶段。第一阶段为抗原与抗体的特异性结合阶段。这一阶段使亲水系统变为憎水系统，反应很快，几秒钟至几分钟即可完成，但无可见反应。第二阶段为抗原与抗体反应的可见阶段，出现凝集、沉淀、补体结合等反应。这一阶段的反应比较慢，需要几分钟至几十分钟，并受电解质、温度、酸碱度等因素的影响。

**抗躁狂药** antimanic drug 用以治疗病态情绪高亢、言语和行为动作显著增加的躁狂状态的精神药物。主要是指碳酸锂。某些药物虽然有时也用来治疗躁狂症，但并非首选药物，而且习惯上归属其他类别，如氯丙嗪和氟哌啶醇属于抗精神药；卡马西平和丙戊酸钠，则属抗癫痫药。

碳酸锂和其他锂盐的治疗作用在于锂离子，它可以取代钠、钾、镁、钙等离子，影响细胞膜泵的功能，使神经细胞兴奋性降低。可用以治疗躁狂症和预防其复发。还可用以治疗和防止抑郁症的复发。对精神分裂症、分裂情感性精神病及其他精神疾病所致的兴奋状态和冲动行为，也有一定效果。

锂的副作用以肠胃道反应最为常见，有胃部不适、胃痛、恶心和稀便等。其次为神经系统副作用，如倦怠、软弱、乏力和双手的细微震颤等。锂的安全范围较窄，用药不当便有可能中毒。

碳酸锂治疗躁狂症的有效率为80%左右，常需1周左右方能显效，在疗程早期合并应用氯丙嗪或氟哌啶醇，可以及早控制麻烦的兴奋症状。合适的维持治疗可使70%的躁狂抑郁症患者复发减少。

其他常用以治疗躁狂症的药物还有：氯丙嗪及氟哌啶醇等具镇静作用，并可注射给药，常用以治疗较为严重的或有妄想、幻觉等症状的躁狂症；急性症状控制后，再改用锂盐治疗；氯丙嗪或氟哌啶醇临床上作为次选的抗躁狂药，用于锂盐治疗失败的、顽固的、慢性的或周期复发的躁狂症。卡马西平和丙戊酸钠也具抗躁狂作用，但效果不及锂盐。

**《抗战文艺》** *Anti-Japanese Literature* 中国现代文艺杂志。中华全国文艺界抗敌协会会刊。1938年5月4日创刊于汉口，“抗战文艺编辑委员会”编辑。初为三日刊、周刊，

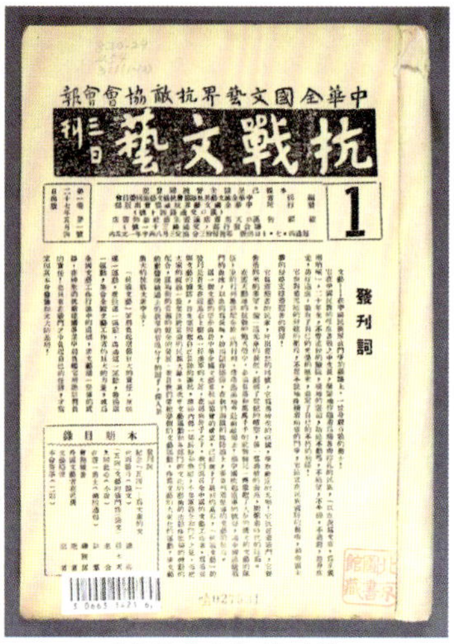


《抗战文艺》创刊号

适夷、蓬子等执编。武汉沦陷前夕曾出版《武汉特刊》。1938年10月8日，迁往重庆继续出版，始为周刊，后改半月刊、月刊，由老舍、蓬子执编。1946年5月4日出至第10卷第6期终刊。共计出版72期。是抗日战争时期全国性大型文艺刊物。为战时文艺的发展作出了重大贡献。

在汉口出版期间和迁重庆初期，该刊内容多表现全国军民抗日爱国的蓬勃景象，形式以通讯、特写、速写、印象记等作品居多。文艺评论重于“通俗文艺”的倡导，也有以短论形式，提出或讨论文艺运动中的现实问题。在重庆的大部分时间，由于国民党统治区政治经济形势恶化，该刊登载报告文学和通俗作品骤减，而小说、诗歌、散文、戏剧显著增多，讽刺与暴露现实成为文学创作的主导倾向。

**抗战文艺运动** Literary Movement During the War of Resistance Against Japan 中国现代作家在抗日战争时期以宣传民族救亡、抗击侵略为中心内容的文艺活动。1937年7月抗日战争全面爆发，中国的社会生活和文艺运动都发生重大变化。战争初兴，文艺界立即形成热烈广泛的抗战文艺运动。上海失守前，比较突出的是戏剧活动，成立了中国剧作者协会、上海戏剧救亡协会、上海救亡演剧队等；话剧《保卫卢沟桥》、街头剧《放下你的鞭子》等广泛演出。战地通讯、报告文学、街头剧、活报剧、街头诗、朗诵诗以及各种利用民间形式的通俗文艺大量涌现，构成初期抗战文艺运动的主要特色。上海沦陷后，原在平、津、沪等地的作家云集武汉。1938年3月，成立中华全国文艺界抗敌协会。郭沫若主持的国民政府军事委员会政治部第三厅成立，成为抗战文艺工作的核心力量。在国共合作的良好政治形势下，文艺界结成广泛的抗日民族统一战线。“文协”提出“文章下乡，文章入伍”口号，组织作家战地访问团，创办《抗战文艺》等，作家创作了大量以抗日宣传为题旨的作品。武汉沦陷后，国民党当局改而实行消极抗日、积极反共的政策，抗战文艺运动受到压制，创作相对沉寂。这时，一个比较突出的现象是文艺思想上的斗争：如围绕文艺要不要为抗战服务引出“与抗战无关”论的论争等。

1941年皖南事变后，国民党加紧镇压和限制进步文艺活动。在艰难的条件下，“文协”及其各地分会仍然展开各种活动。历史剧、讽刺诗、小说创作获得丰收。抗战爆发后，不少文艺工作者陆续从上海、武汉、重庆来到延安和其他抗日民主根据地，在这些地区创办文艺刊物，成立文学社团和组织，创作大量的戏剧、街头诗、枪杆诗、报告文学等。而在“孤岛”上海，进步文艺界在艰难的条件下坚持抗日爱国宣传和对敌斗争，对“大东亚文学”与“和平文学”及汉奸文人展开了批判。杂文创作风行一时，戏剧活动十分活跃。直到太平洋战争爆发，“孤岛”也被日本占领，才结束活动。1942年以后，当国统区的文艺活动相对冷落时，根据地的抗战文艺运动在《在延安文艺座谈会上的讲话》的指引下，出现新的局面。抗战文艺运动继续发扬五四新文化运动的爱国传统，为夺取抗日战争的胜利作出了重大贡献。

**抗真菌药** antifungal drug 能抑制或杀灭真菌的药物。传统抗真菌外用药有水杨酸、雷琐辛、碘剂、硫磺等。作用显著的新药有两大类：①抗生素，主要有灰黄霉素、制霉菌素和二性霉素B等；②合成药物，包括咪唑类药物（如克霉唑、益康唑、咪康唑和酮康唑等）、氟胞嘧啶（5-FC）和丙烯胺衍生物。

药效及治疗方法 灰黄霉素只对皮肤癣菌病有效。需合并外用治癣药物。制霉菌素治疗胃肠道念珠菌病，外用治疗皮肤黏膜念珠菌感染。二性霉素B主要治疗深部真菌病，如系统性念珠菌病、隐球菌病、曲霉病、结合菌病、芽生菌病、副球孢子菌病、球孢子菌病和组织胞浆菌病等。5-FC治疗念珠菌病、隐球菌病和着色芽生菌病，口服。克霉唑、益康唑和咪康唑可供外用。咪康唑可作静脉滴注。酮康唑也可口服。

副作用 易影响白细胞及肝功能，长期使用造成丙氨酸转氨酶（ALT）上升或白细胞下降，停药可愈。5-FC从尿中排泄，肾功能不良者用药后可在血中聚集，引起中毒。故肾功能差者应禁用或慎用。二性霉素B可损伤肾脏，并引起血钾降低，有人用药后出现有发冷发热反应，在少数患者还可引起血栓静脉炎。应用酮康唑时应特别注意肝脏受损问题，长期使用可引起血中雄激素水平降低和使肾上腺皮质功能受到抑制。

耐药性及合并用药　5-FC极易产生耐药性，故一开始就应使用较大剂量。另外可与二性霉素B合用（两药有协同作用）或与酮康唑合用。但二性霉素B不能与酮康唑并用（有相互干扰作用）。灰黄霉素长期使用后也有少数浅部真菌产生耐药菌株，此时可换用酮康唑。

**抗组胺药**　antihistamines　一类可拮抗组胺的药物。组胺是速发型变态反应过程中由肥大细胞释放的一种介质，对速发型变态反应病变的发生起重要作用。抗组胺药用以治疗速发型变态反应，可有效地抑制由组胺引起的临床症状。

抗组胺药的应用　组胺受体有$H_1$、$H_2$和$H_3$三类。常用的抗组胺药是指$H_1$受体拮抗剂。抗组胺药价格便宜，对多种变态反应病有效，毒副作用小，所以应用范围广泛，但以速发型变态反应病为最主要的适应证，特别是以血管渗出和组织水肿为主要病理改变的变态反应病，如花粉症、急性荨麻疹、急性湿疹、常年性变应性鼻炎、速发性药物变态反应等。最早的抗组胺药大多有中枢抑制作用，代表药物有苯海拉明、扑尔敏、酮替芬、赛庚啶等，统称为第一代抗组胺药。它们用药后容易发生困倦反应，对司机、高空作业者以及其他从事有危险性工种的人员不利。后研制出无中枢抑制作用的第二代抗组胺药，代表药物有特非那丁、阿司咪唑、氯雷他定等。第二代抗组胺药除了无中枢抑制作用外，一般抗组胺效果更好，服用更方便，但后来报道它们有引起心脏并发症的危险。这是因为它们多数依赖细胞色素P450酶代谢，如果同时应用也是依赖细胞色素P450酶代谢的药物（如咪唑类抗真菌药酮康唑和伊曲康唑、大环内酯类抗生素红霉素）时，就会发生药物积聚而导致心脏并发症。不过这种并发症的发生率极低（可能低于四百万分之一），且可以防止。防止的措施是不要超量用药，不要与其他依赖细胞色素P450酶的药物同用，有心脏病者慎用，老年人和肝功能不良者减量服用，因此它们是安全的。经典的Ⅰ型变态反应病不仅仅与组胺有关，变态反应炎症在发病过程中也起着重要作用，这导致了兼具抗组胺和抗炎双重作用的抗组胺药的研制成功，代表药物是咪唑斯汀、氯雷他定、西替利嗪等。它们分别作用于变态反应炎症发生的各个环节，抑制炎症的发生。而非索那丁（特非那丁的衍生物）和d-氯雷他定（氯雷他定的衍生物），或提纯原消旋药物的有效部分，如由西替利嗪衍生的左西替利嗪剂量减少一半，更加安全。抗组胺药包括口服、注射和外用。口服一般于30分钟后开始发挥作用。多数第二代抗组胺药的药效可维持24小时，所以每天只需用药一次，更方便了患者。

受体拮抗剂　主要有甲氰咪胍、甲硫咪胺和雷尼替丁。它们拮抗胃液分泌的作用十分显著，用以治疗消化性溃疡。组胺$H_3$受体主要在神经系统，对它的生理作用现在了解的还不多，也没有临床拮抗药物。

**考茨基**　Kautsky, Karl Johann（1854-10-16～1938-10-17）　德国和国际工人运动理论家，第二国际机会主义派别领袖之一。生于布拉格，卒于阿姆斯特丹。1875年1月加入奥地利社会民主党。次年与W.李卜克内西和A.倍倍尔建立联系。1877年加入德国社会主义工人党（后为德国社会民主党）。1881年3月被派往伦敦会见K.马克思和F.恩格斯，从此由激进的民主主义逐步转向马克思主义。1882年秋，筹备创办德国社会民主党的理论刊物《新时代》，并任主编。1885年迁居伦敦，研究政治经济学和历史。

1895年恩格斯逝世后，被认为是第二国际的主要理论代表。他多次参加德国社会民主党和第二国际的代表大会，成为第二国际的领导人之一，在许多问题上坚持正确主张，也发表过错误言论。在其著作中回避打碎旧的国家机器和无产阶级专政问题，在国家问题上愈来愈倾向于机会主义。

1914～1938年考茨基成为机会主义者。1914年9月发表《帝国主义》一文，提出“超帝国主义”论。还要求党服从机会主义者的领导，同帝国主义政府合作，鼓吹社会和平主义。为了显示与机会主义者的不同，1917年4月在哥达建立德国独立社会民主党；1921年2月在维也纳建立第二半国际；1922年9月和1923年5月，又将两党和两个国际合二而一。俄国十月社会主义革命后，歪曲马克思主义，攻击苏维埃政权和苏联社会主义建设。1918年德国十一月革命后，出任P.谢德曼政府的外交部副部长和社会化委员会主席，坚持改良主义，极力阻止革命向前发展。德国法西斯执政后，迁居维也纳。1934年取得捷克斯洛伐克国籍。1938年德国侵占奥地利之前，逃亡布拉格，不久又逃到阿姆斯特丹。

**考迪略主义**　Caudillismo　19世纪初至20世纪上半叶盛行于拉丁美洲以暴力夺取政权、维持统治的一种独裁制度。19世纪初以后，拉丁美洲各地人民纷纷举行武装起义，反对殖民统治，在起义中先后涌现出一批军事领袖（西班牙语称为“考迪略”）。独立之后，他们经常凭借手中掌握的军权通过“选举”或政变等方式夺取政权，他们以最大限度地攫取权力作为自己的根本目标。考迪略制度是造成拉美各国独立以后政治经济长期落后的主要因素之一。在考迪略统治下的拉丁美洲诸国，赋税沉重，苛政横行，敌对派为争夺国家权力内战不休，政变频仍。宪法形同废纸，选举流于形式，独裁代替了一切。这种以暴易暴的动荡局面，极大地阻碍了工农业生产的正常发展，延缓了拉丁美洲诸国的进步。

**《考工记》**　*Artificers Record*　中国和世界上现存最早的科学技术文献。春秋时期手工艺专著。作者不详。据传西汉时《周礼》缺《冬官》篇，以此补入，而流传至今，故又名《周礼·考工记》。全文7 000余字。记述木工、金工、皮革工、染色工、玉工、陶工6类30个工种的设计规范和制造工艺，其中6个工种仅存名称而无内容。记述的技术内容包括车辆、兵器、乐器、玉器、陶器、皮革、练丝、染色、建筑、水利工程等项目。不但记述各种手工生产设计要求、制作工艺，还力图阐明其中的科学原理，介绍不少数学、力学、声学、建筑、冶金等知识和经验。重要研究著述有宋代王安石的《考工记解》，明代徐光启的《考工记解》，清代戴震的《考工记图》、程瑶田的《考工创物小记》等。

**考古年代学**　archaeological chronology　考古学研究中利用各种方法和手段求证或检测古代遗迹和遗物年代的科学。考古学中的年代包括相对年代和绝对年代。前者指不同的考古学文化和遗存在时间上的相对早晚关系，但具体早（或晚）多少年并不清楚；后者则以确切的纪年给出时间顺序，如某某文化距今多少年。确定考古发现物的年代，是考古学研究的基础环节。

相对年代的确定　通常依据考古地层学、类型学以及考古分期。①考古地层学。是确定相对年代的最直接证据及科学地获取考古资料的基础。原理来自地质学中的层位学。即因人类活动（如居住）而形成的不同时期的文化层和遗迹单位（如房址）是按时间先后、自下而上依次堆积而成的，故下部层位中的出土物要早于上部层位中的出土物。在考古发掘中，依据层位收集出土物，便不会造成年代的混乱。②考古类型学。它汲取生物学中的分类原理，按照外部形态研究考古遗迹、遗物的演化顺序，在考古学中又称为标型学或器物形态学。方法是将遗迹和遗物按用途、制法和形制归类，根据形态的差异程度，排列出各自的发展序列，确定出土物的相对年代关系。对不同文化的遗迹、遗物类型进行比较，还可以判定文化之间的承继或相互影响关系。③考古分期。是运用地层学和类型学对考古文化遗存进行发展阶段划分的研究方法。做法是，在地层划分的基础上，对早晚不同的典型出土物进行类型排比，如不同层位的主要遗迹遗物显示出阶段性变化，便可将这些层位的遗存划分为不同的“期”，如早期、中期、晚期或一期、二期、三期。考古分期具有不同的层次，可对某一遗址、某一墓地分期，也可对某一考古学文化、某一类器物分期。

绝对年代的确定　确定绝对年代有两个途径。对于历史时代的考古学，主要依赖文献记载，或具有明确纪年的考古实物资料，如器物上的纪年铭文及墓志、碑碣、简牍、帛书等进行断代分期。对于无任何文字记载的史前考古则需要借助一系列的自然科学方法检测出绝对年代，然后根据一系列绝对年代数据进行综合分析，最后确定出一个较精确的绝对年代。检测的方法有碳-14法、树木年轮法、热释光法，钾-氩法、古地磁法、裂变径迹法、氨基酸外消旋法、黑曜岩水合法、铀系法、电子自旋共振法等。其中运用最广的方法主要有：①**碳-14法定年**是考古年代测定中使用最广泛的测年方法。可测定的考古样品有木头、木炭、植物、骨头、贝壳等，所测生物体的年代范围在5万年以内。它的建立使考古学上的相对年代转变为可与日历年相对应的绝对年代，被誉为“考古学上的一场革命”。但因测年中密切相关的大气碳-14水平的波动，碳-14法定年的数据必须经过树轮校正才能转换为日历年。②树木年轮法定年是现阶段最精确的定年方法。树木生长，在树干横截面上可显示出年轮。因气候条件不同，年轮的宽窄也不同，形成一定的年轮谱。选择符合条件的树木个体进行年轮衔接，使年代向前延伸，可得到较长年代系列的主年轮谱。考古出土的木头样品的年轮谱与同一气候区主年轮谱比较可定年代。③热释光法定年是陶器测年中最常用的方法。陶器中含有微量放射性物质和结晶固体颗粒等，在埋藏中，晶体颗粒随时会受到周围环境及陶器内部放射性物质的照射。当被加热时，这部分照射能以光的形式重新释放出来，形成热释光。通过热释光量的测定可确定陶器年代。适应年代范围为数十万年。此外，**铀系不平衡法定年**、**钾-氩法定年**、裂变径迹法定年、骨化石含氟量法定年、氨基酸外消旋法定年、黑曜岩水合法定年等方法适应于古人类的年代研究。

**《考古图》** *Illustrated Catalogue of Antiquities*　中国宋代金石学著作。中国现存年代最早而又较有系统的古器物图录。**吕大临**撰。书成于元祐七年（1092）。共10卷。著录当时皇室和私人收藏的商周秦汉铜器及玉器等，目列224器，实收234器。吕大临在所著录古器物的体例方面颇有建树：每件器物都摹绘图形和款识，记录尺寸、重量和容量，并进行考证；凡出土地和收藏处可考的，也加以说明；在编排上注意到器物出土时的共存关系，又能依据器物的形制、铭文和出土地考证年代。书中所定器名及进行的考证有可商榷之处，但不乏正确的见解。另有《考古图释文》1卷，据考证，亦为吕大临所撰。

**考古学** **archaeology**　依据古代人类社会的实物遗存研究人类社会历史的学科。属于人文科学的领域。考古学所研究的古代实物遗存，在时间上涵盖从人类社会产生直到近代以前的全部历史时期，在内容上则包括与人类活动有关的一切以实物形态遗留下来的客观存在。其中，形体较大而不可搬动的称为遗迹，形体较小而可以搬动的称为遗物，因人工活动而留下的痕迹则称为遗痕（如手足的印痕和工具挖掘的痕迹等）。各种废弃的遗迹、遗物乃至灰烬、垃圾等集聚在一起形成文化堆积，文化堆积所在的地点则称为遗址。墓葬和墓地有时和遗址对称，但从广义上也可视为遗址的一部分。所有这一切均可统称为文化遗存。

语源　西文archaeology一词借用自公元前4世纪古希腊哲学家**柏拉图**使用的术语，原意是古代的学问。约从17世纪始，人们把在搜集古物的同时还进行有目的的发掘与研究工作的活动称为考古学（arch-aeology），以区别于古器物学（antiquarianism），但这个名字直到19世纪中叶以后才通行起来。中国在北宋时期已出现“考古”一词（如金石学家吕大临撰的《**考古图**》），但与集古、博古一样都是指对古器物的搜集与研究工作，实际上还是一种古器物学，或称古物学。直到20世纪初，受西方考古学的影响，以田野发掘为基础的考古学在中国逐渐发展起来。

简史　经历萌芽、奠基和发展3个时期。

萌芽时期　出于对自身历史的关心，人类很早就注意对古物的搜求和研究。借助于丰富的古物知识和朴素的进化思想，中国东汉的《越绝书·外传·记宝剑第十三》中第一次把石、玉、铜、铁器依历史发展的顺序进行排列。稍晚一些，古罗马诗人**卢克莱修**在《物性》诗中也有过类似表达。

中国宋代，随着社会经济文化的发展，形成一个收藏和研究古器物的热潮，出现许多古器物学著作，如欧阳修的《集古录》，吕大临的《考古图》，赵明诚的《**金石录**》和王黼领衔编的《**宣和博古图**》等。尤其是在北宋时期，以商周青铜器和秦汉以来的石刻等为主要研究对象的**金石学**产生。对古器物的研究至元明中衰，到清代又得到更大发展。

欧洲的古器物学在文艺复兴以后逐步发展起来。开始主要是收集和研究古典时期希腊、罗马的建筑、雕刻和其他物品，以后范围扩展到欧洲各国和中近东地区。18世纪陆续成立一些古物学协会组织。直到1836年，丹麦国家博物馆馆长C.J.**汤姆森**发表该馆的参观指南，提出石器时代、青铜时代和铁器时代的三期说，被一些学者视为近代考古学的奠基之作。

奠基时期　1836～1950年是考古学发展的重要时期，即奠基时期。

以田野发掘为基础的考古学，大约出现于19世纪中叶。当时进行考古工作的地区，限于欧洲和近东。1853～1854年，在瑞士发现一处以新石器时代遗存为主的湖居遗址。1856年在德国发现尼安德特人的头骨化石，开旧石器时代考古之先河。之后，法国考古学家G.de **莫尔蒂耶**第一次把旧石器时代细分为五期，从而使**史前考古学**逐步走上科学发展的道路。1863年开始发掘意大利的庞贝古城，同时对古希腊、罗马的城址和墓地进行许多发掘工作。法国、英国、德国和意大利的一些学者在埃及和西亚进行许多调查发掘工作，并在释读古埃及文和古波斯文方面取得突破。这时一些考古学著作纷纷发表。1866年在瑞士召开第一次“国际人类学与史前考古学大会”，标志考古学作为一门科学已获得国际承认。

考古学的发展，不仅表现为大量的田野调查发掘工作及许多重要遗迹、遗物被发现，还表现为发掘方法与研究方法的改进与完善。意大利考古学家G.菲奥雷利在发掘庞贝古城时，以恢复古城的原貌为目的，所有遗迹都按单元进行全面揭露，富人的邸宅和穷人的小屋，精美的物品和普通遗物，都作为历史的见证而受到同等重视。德国考古学家H.**谢里曼**在发掘特洛伊城时，特别注意划分地层和分层采集全部遗物，强调及时照相、绘图和作各种规格的文字记录，创造了一套科学的田野作业方法。英国考古学家F.**皮特里**在埃及考古40年，1904年发表《考古学的目的和方法》，是田野考古学的奠基之作。与此同时，瑞典考古学家O.**蒙特柳斯**在长期研究欧洲和近东考古资料的过程中，发展和完善了类型学的方法，他在1903年发表的《先史考古学方法论》，是全面论述考古类型学方法的第一部著作。

20世纪前半叶，考古学在全世界得到普遍发展。除欧洲和西亚、北非地区外，在南亚次大陆发掘了哈拉帕和摩亨佐达罗古城址，得知远在吠陀时代以前的前第2千纪，南亚便已产生了发达的**印度河文明**。中国从20年代开始，先后发现**仰韶文化**、龙山文化等一系列新石器文化。1927年起又大规模发掘北京周口店遗址，发现了丰富的北京猿人化石和石器等文化遗存，从而受到全世界的重视。1928年开始系统发掘河南安阳殷墟，证明商代已进入高度发达的青铜时代，大大丰富了对中国古代文明的认识。在美洲，则主要是玛雅文明和秘鲁古文明的发现。这一时期，考古学文化的概念被普遍引入考古学研究中，从而对不同时期、不同地区的考古学遗存的特点，给予更充分的注意和更精密的分析。英国考古学家V.G.柴尔德的研究可视为这方面的杰出代表。当时苏联考古学界则明确以马克思主义为指导，在理论上进行了不少探索。柴尔德也在一定程度上接受了马克思主义的影响。

发展时期　20世纪50年代以来，考古学进入一个新的发展时期。自然科学技术在考古学中得到广泛应用，如在遗址调查和探测方面已较普遍采用航空考古，还应用了遥感考古；由于潜水设备的改进，水下考古也发展起来；陆地上的调查则相当广泛地利用电磁探测。对各种遗迹、遗物的修复与保存、成分分析、产地探测、制造工艺乃至某些器物功能的研究，都应用了许多当代的先进技术。自从碳-14法用于测定年代，年代学的研究更是突飞猛进。用数学方法分析考古资料，加上电脑的应用，还初步形成一门分支学科——计量考古学。

非洲已成为探索人类起源的最重要地区。与此同时，新石器时代早期文化和农业起源的探索，在西亚、中国和中美洲等地也都取得重大进展。历史时期的考古也受到更多注意。

在研究方面的一个重要倾向是注意深层次的解释，并因解释方法不同而出现不同流派。如美国L.R.宾福德等人曾于20世纪60年代倡导新考古学，主张从文化过程中进行研究。英国的伊恩·霍德提出后过程主义考古学的概念。中国考古学者则主张建立有中国特色的考古学体系。

**考古学的方法论**　考古学的研究分为田野考察和室内研究两个步骤。田野考察是考古学研究的基础，为室内研究提供研究对象。

田野考察　考古学的田野考察工作分为调查和发掘两个方面。考古调查要注意遗址分布的普遍规律，也要注意不同时期不同性质遗址的特殊分布规律。调查的方法主要是地面踏查，要进一步了解情况可采用钻探或电磁探测。在一些常规调查不易进行的地方，如沙漠、草原或森林地带可采用航空摄影调查，江河湖海可进行水下调查。遥感技术往往能找到一些局部踏查所不易发现的大型遗迹。

考古发掘是科学地揭示遗迹和遗物的一种手段。在通常情况下，一个遗址往往不止一次地被人类居住或进行其他活动，从而形成不止一层的文化堆积。即使是一个时期的居址，从营建、使用到废弃的过程中也可能形成不同的文化堆积。这种依次叠压的文化堆积在考古学上称为文化层或地层。考古发掘的首要任务，就是要按照文化层的顺序依次进行揭露，辨明所有遗迹和遗物的层位，借以判断它们的相对早晚关系，这一依据遗存复现遗址的发展过程，是进行科学的历史研究的基础。换言之，以地层学为主要内容的田野考古学是整个考古学的研究基础。

在考古调查发掘时，对与人类活动有关的地质、地貌和动植物遗存等也要进行研究，对古气候的变化给予人类文化的影响要尽可能地予以了解。这种运用自然科学手段研究人类生活环境的方法，被称为环境考古。

室内研究　对田野考古取回的标本要分门别类进行处理，包括编目、登记、照相、绘图、制卡等一系列工作。在此之前要尽可能进行修复，之后还要采取妥善的保存措施。为进一步了解遗物的相对年代和文化属性，有必要进行类型学研究；而为了获取更多和更加精确的信息，还要尽可能地进行一系列测试与分析。

考古学中的类型学又称标型学，有时称器物形态学，是专门研究遗迹、遗物或器物花纹形态变化规律的科学。考古学研究的实物遗存总是具有一定的形态，而任何实物遗存的形态总有一个发生、发展（形态上局部的变化）和消亡（完全消失或转变为另一种形态）的过程。考古类型学通常根据遗物所处的地层进行反复排比，以获知其形态演化的规律，借以推知其相对年代。还可以通过同一时期内不同遗址器物的比较研究，了解不同地区间文化联系的性质和程度。

标本的测试分析主要包括3个方面：①各种器物的成分、制作工艺、物理化学性能和使用功能的研究。②人骨（有时是整个人体）和各种动植物标本的鉴定与测量。③年代学的测定与研究。考古年代学要解决文化遗存的相对年代和绝对年代问题。相对年代是指文化遗存孰早孰晚，一般由地层学和类型学研究来确定。绝对年代是指以太阳年为单位的计年法。20世纪50年代后，已经陆续发展起许多测定绝对年代的方法，其中最主要的是碳-14法定年。各种方法测量精度和可测年代幅度也有差别，但都可提供一个大致的年代数值，大大方便了文化谱系的研究和不同谱系间的比较研究。

**考古学文化与历史研究**　考古学是研究历史的，由此也可把它看成是一门历史科学。但考古学同以文献为基础的历史学有很大不同。它研究的资料主要是实物遗存，发现和研究这些实物遗存需要有特殊的方法，还需要运用许多自然科学和技术的手段。它研究的时间幅度比有文献记载的历史要超过几百倍，人类漫长的史前史只有靠考古学才能建立起来。世界上大多数民族没有自己的历史文献，它们的古代史和史前史也只有靠考古学才能调查、研究清楚。考古学所研究的实物对象不但形象、真实，而且往往为文献记载所无，即使是历史时期的考古也是如此。因此，只有考古学得到充分发展，才有可能写出一部在时间和空间上比较完全、在内容上比较充实的人类社会历史。从这一意义上而言，考古学的出现是历史科学的一场革命。但因古代人类社会的实物遗存只有很少一部分能够保存至今，留下来能被发现和发掘出来的又只有其中很少一部分，发掘时还不免受到科技水平和考古人员能力的限制，以致难以提取其中的全部信息，所以考古学研究历史仍有局限性。

**分支学科及相关学科**　按照研究的年代范围、地区范围、具体对象及应用手段等，可划分为不同的分支。从年代范围划分，考古学可分为史前考古学和历史考古学两大分支。前者研究有文字记载之前的人类历史，后者研究有文献记载以后的人类历史。按地区范围划分的分支很多，如欧洲考古学、埃及考古学、中国考古学、日本考古学等。按研究对象划分的分支，则有宗教考古学、美术考古学、铭刻学、甲骨学、古陶瓷学、古钱学、农业考古学、环境考古学（包括地质考古学、考古植物学、考古动物学）等。按应用手段划分的分支，有田野考古学、水下考古学等。

考古学是一门涉及面很广的学科，必须得到许多其他学科的协助，才能完成各项研究任务。考古学常利用第四纪地质学、体质人类学、古动物学、古植物学、物理学、化学、民族学、民俗学、社会学、历史学、宗教学、语言学、科技史、美术史、建筑史的研究成果，对考古材料进行研究和解释；其成果又有助于上述各有关学科的研究。

**考古学文化**　archaeological culture　考古学研究中用以表示考古遗存中（尤其是原始社会遗存中）所观察到的共同体的专门术语。专指考古发现中可供人们观察到的属于同一时代、分布于共同地区，并且具有共同特征的一群遗存。如在考古工作中，发现某几种特定类型的器物经常在一定地区某一类型的居址或墓葬中共同出土，这样一群有着特定组合关系的遗存，即可称为一种“文化”，它们必定属于同一时代。其命名方法必须具备：①具有一定特征的实物遗存至少应两种以上，才能构成共同体；如果只有一种器物，哪怕是非常特殊和典型的，也无法构成一个考古学文化。②这种具有一定特征的一群实物遗存，应该不止一次地共同伴出，也就是至少要发现两个以上相同或相近的遗址；如果只有一个遗址，哪怕是非常有特点的，也难以成为一个考古学文化。③必须以首次发现的典型遗址所在的小地名来命名。对考古学文化进行研究，除要解决时代和分期以外，还要研究其内容、特征、分布范围、起源、发展以及同其他文化的联系等。

**考拉** koala 树袋熊的音译名称。

**考纳斯** Kaunas 立陶宛第二大城市。1917年前称科夫诺。位于尼亚穆纳斯河与其支流尼亚里斯河交汇处。人口34.86万(2010)。10世纪末建要塞。1317年设镇。14～15世纪是立陶宛人抗击日耳曼十字军的据点。1569年并入波兰。1795年归属俄国。1920～1940年曾为独立的立陶宛首都。1940年7月属苏联立陶宛苏维埃社会主义共和国，直至1991年立陶宛再度独立。为工商业中心。主要工业部门有机械制造、化学、木材加工、金属制品、纺织、食品等。是陆路交通枢纽，河港。市内设有工学院、医学院、艺术博物馆等。重要古迹有1400年奠基的维塔乌托教堂、14～15世纪的城堡、17世纪的修道院等。

**考试** examination 学校检查学生学业成绩和教师教学效果，高一级学校选拔新生的基本方式之一。根据考核的目的，让考试对象在规定的时间内，按指定的方式，解答事先编制的题目，然后对其结果给予评分。具有水平测定和选拔人才两种功能。包括口试和笔试，开卷考试和闭卷考试，期中考试和期末考试，学年考试和毕业考试，升学考试和学位考试，以及实际操作考试等多种形式和类型。各行业、部门、机构挑选就职人员和晋升职务、职称时也采用它。中国是最早采用考试进行教育评价和选拔人才的国家。当代许多国家出于政治和经济的需要，力图把考试作为促进有效利用人才的一种工具。因此，在考试制度、内容和方法上都不断有所创新改革。

**考托纳** Katona József (1791-11-11～1830-04-16) 匈牙利戏剧家。生于凯奇凯梅特，卒于凯奇凯梅特。代表作《邦克总督》(1820)是匈牙利第一部最成功的悲剧。叙述了13世纪德籍女王盖尔鲁特对匈牙利人民进行镇压，邦克总督挺身而出，反抗德意志统治者的故事。剧本表达了18世纪初期匈牙利民族要求独立的进步思想，描绘了农奴的悲惨生活。作者善于揭示戏剧冲突，人物对话简短有力。

**栲胶** tannin extract 由富含单宁的植物原料经水浸提等工序制得的化工产品。一类复杂的天然化合物的总称。通常为棕黄至棕褐色，粉状或块状。主要用于鞣皮、水处理、钻井泥浆稀释、金属表面防蚀和制胶黏剂等。

栲胶组成除主要成分单宁外，还有非单宁和不溶物。原料不同，组成也不同。一般在其商品名称前冠以原料名，如落叶松树皮栲胶、橡椀栲胶等，用以区别其组成、性质和用途。

栲胶溶于水，属半胶态体系。弱酸性，加食盐能发生盐析。味苦涩，遇明胶液产生沉淀。鞣制生皮时，栲胶中的单宁与皮蛋白质(胶原)形成氢键结合，使生皮成革。栲胶中的单宁与金属离子结合，可形成络合物。凝缩类栲胶中的单宁与甲醛缩合，可制成胶黏剂。单宁易氧化成醌，使栲胶颜色加深。栲胶与亚硫酸盐作用时，使不溶物含量减少，冷溶性提高，改进渗透速度和颜色浅化。

世界上可用于生产栲胶的植物有600多种，中国含单宁量较高的植物有70多种。原料采集的时间对栲胶质量有很大影响，因此适时采集十分重要。

**栲树** *Castanopsis*; evergreen chinkapin 壳斗科一属。常绿乔木，稀为灌木。又称锥、锥栗、槠。有120多种，主要分布于亚洲，北美洲西部有少量分布。中国有60多种。主要产于长江流域以南地区，尤以云南种类最多。主要种类为：青钩栲(见图)、刺栲、黧蒴栲、苦槠和甜槠。

小枝有顶芽，芽鳞多数。单叶互生，全缘或有锯齿，羽状脉。花单性同株，雄花序为直立葇荑花序，雌花单生或数朵集生在一花序轴上。坚果1～4粒包藏于壳斗(总苞)内，壳斗外面多呈刺状。栲树多为耐阴性树种，但不同种类的耐阴程度有所差异。喜温暖，不耐寒。可用植苗造林和播种造林或萌芽更新。播种造林需注意防鼠、兽为害。

青钩栲形态

栲树类木材坚重，抗压力强，耐腐朽、水湿，供建筑、桥梁、坑柱、家具等用材。黧蒴栲等生长快、萌芽力强，为优良薪炭材。栲树类坚果的种仁多可食用或酿酒。壳斗和树皮是栲胶原料。

**珂勒惠支** Kollwitz, Käthe (1867-07-08～1945-04-22) 德国版画家、雕塑家。生于柯尼斯堡(今俄罗斯加里宁格勒)，卒于德累斯顿附近。初自学绘画。1885年入柏林女子绘画学校学习素描和版画。1889年到慕尼黑女子美术学校，初步接触了社会主义思想。1890年，回到柯尼斯堡，观察和研究工人问题，创作描绘工人生活的版画和雕塑作品。1891年，她和一位医生结婚，住在柏林工人区。严酷的现实促使她表现下层人民的生活，揭露资本主义社会的不平等现象。组画《织工的反抗》(1895～1898) 1898年参加柏林美术展览会，立即引起进步人士的高度评价。83岁的A.von门采尔提议授予这套组画金质奖，这一提案遭到德意志帝国皇帝威廉二世否决。此后，珂勒惠支又创作了独幅版画《起义》(1899)和《卡马略尔舞曲》(1901)。

图1 《磨镰刀》

1902年后，珂勒惠支着手《农民战争》组画的创作。取材于1524～1525年德国农民大起义的历史，反映了农民从受奴役受压迫中觉醒到组织起来进行反抗的过程。组画于1908年展出后，她荣获罗马别墅奖。

从1910年起，珂勒惠支的创作进入第二阶段。这个时期，德意志帝国发动了第一次世界大战，对内则控制言论自由，实行白色恐怖。1910年柏林工人起义遭到镇压，1914年她的儿子彼得战死比利时，1919年工人运动领袖K.李卜克内西和R.卢森堡惨遭杀害，她创作了《死神与妇女》(1910)、《三月烈士墓》(1913)、《李卜克内西》(1919～1920)等作品展示出内心的愤慨与苦闷。1923年完成了木刻组画《战争》。其目的在于唤醒人们，根除战争的根源，实现世界大同的理想。20世纪20年代中期，她创作了一系列反饥饿题材的版画，其中最有代表性的作品是为国际劳工协会作的石版画《面包》(1924)和木刻组画《无产者》(1925)以及《磨镰刀》(图1)等。

1927年，珂勒惠支应邀访问苏联。石版画《游行示威》(1930)、《团结就是力量》(1931)、《母与子》(1932)等作品反映出画家对工人运动的新认识。1928年，她受命主持柏林艺术学院素描画廊工作。1931年，中国国民党政府杀害柔石等6位革命青年，珂勒惠支在抗议书上签名谴责中国法西斯的暴行。

1933年9月，纳粹把珂勒惠支赶出普鲁士艺术学院，革除了她的教授职衔，明令禁止她的作品公开展出。她这个时期的石版组画《死亡》(1934～1935)和《哀悼基督》(1936)(图2)以粗犷有力的线条，强烈的黑白对比画出了生与死的激烈搏斗，宣泄出她愤懑的情绪。

图2 《哀悼基督》

珂勒惠支毕生为人类进步事业进行斗争，她的作品最早由鲁迅介绍到中国。1979年其作品在北京展出，陈列了她一生中最主要的版画、素描、雕塑作品计113件。

**柯本** Köppen, Wladimir (Peter) (1846-09-25～1940-06-22) 俄裔德国气象学家、气候学家。以研究气候分类法和世界气候区划闻名于世。生于俄国圣彼得堡，卒于奥地利格拉茨。1870年获莱比锡大学博士学位。1871～1873年在俄国圣彼得堡气象台工作。1874年起任职于德国汉堡海洋气象台达50年。

在1876年研究北半球降雨的概率，绘制低气压系统综合路径图。1879年提出风速日变化理论。1880年提出低气压系统大致按盛行风方向前进的论点。1888年作气象数据系列的频数分析。从1884年起绘制全球温度带图，深入研究海洋、天气和气候，并系统地研究全球的气候，于1900年提出较完整而简要的数值气候分类法，被称为柯本气候分类，以气温和降水为指标，提出全球气候区划的方法，至今仍被广泛使用。1903年在汉堡附近设立风筝观测站。1906年首先创用“高空学”这一学术名词。重要著作有《气候学》第一卷《普通气候学》、《地质时代的气候》(和A.L.韦格纳合著)、《气候学手册》(和R.盖格尔合编)等。

**柯尔贝尔** Colbert, Jean-Baptiste (1619-08-29～1683-09-06) 法国政治家，法王路易十四时期的财政大臣。生于兰斯一个商人家庭，卒于巴黎。1665年任财政总监。为改善法国经济状况，他推行被称作“柯尔贝尔主义”的重商主义政策：发展工业，鼓励兴办皇家和私人手工工场，以增加生产，扩大输出，扩建商船队，修整港口，改善交通运输，废除内地关卡，促进国内市场发展。对外实行保护关税政策，争取贸易顺差，使贵金属流入法国，建立海外专利特许公司，推行殖民扩张政策。柯尔贝尔主义促进了法国资本主义的发展，但专制而严格的管理制度后来成了工业发展的障碍。

**柯尔克孜达斯坦** 中国柯尔克孜族曲艺曲种。主要流行于新疆克孜勒苏柯尔克孜自治州的阿合奇、乌恰、阿图什、阿克陶四县，阿克苏地区的乌什、温宿两县，伊犁地区的特克斯、昭苏两县，以及有柯尔克孜族聚居的城镇。相传是在柯尔克孜族民间古老的“交莫克”(民间故事讲说)和“桑吉拉”(民族史话传唱)的基础上发展形成的，时间约在13世纪左右。“达斯坦”一词源于波斯语，意为“叙事诗”。表演形式为一人使用柯尔克孜族语言徒口吟唱，没有乐器伴奏，演唱的曲调也没有十分固定的程式，主要依据语音和所表现的内容托腔拉调地进行。其表演的节目主要是中国少数民族三大英雄史诗之一的柯尔克孜族史诗《玛纳斯》。迄今较为完整的《玛纳斯》曲本，是根据20世纪最知名的柯尔克孜达斯坦艺人即以专门演唱《玛纳斯》著称的阿合奇县艺人居素甫·玛玛依的演唱记录整理的8卷本史诗。全长23万多行，约200多万字。柯尔克孜族人把柯尔克孜达斯坦艺人称作“达斯坦奇”，“奇”为突厥语“从业者”或“工作者”之意。其中，能够比较完整地演唱《玛纳斯》的艺人，称为“琼玛纳斯奇”即“大玛纳斯奇”，或“卡拉玛纳斯奇”，即“坚强有力的玛纳斯奇”或“博闻强记的玛纳斯奇”；只能演唱第一部及其少数片断的艺人，称为“恰拉玛纳斯奇”或“科契克玛纳斯奇”，即“一知半解的玛纳斯奇”或“小玛纳斯奇”。能够完整演唱全部《玛纳斯》的艺人极为罕见。

**柯尔克孜语** Kirgiz language 属阿尔泰语系突厥语族东匈语支。国外称吉尔吉斯语，主要分布于吉尔吉斯共和国。此外，阿富汗、巴基斯坦、土耳其境内也有使用者。在中国，主要分布于新疆维吾尔自治区西南部的克孜勒苏柯尔克孜自治州，黑龙江省富裕县也有使用者。国外的吉尔吉斯语与中国新疆的柯尔克孜语内部差别不大，彼此可以通话。新疆柯尔克孜语分南、北两个方言，标准语以北部方言为基础。新疆柯尔克孜语有22个辅音、14个元音，有严整的元音和谐律，少数音节末尾有复辅音。辅音同化现象较多。有丰富的构形附加成分。名词有数、格、领属人称和谓语性人称，动词有态、式、时、数、人称等语法范畴。句子的基本语序为主语-宾语-谓语，限定语在被限定语之前。借词主要来自汉语、阿拉伯语、波斯语、蒙古语、俄语。中国新疆的柯尔克孜族使用以阿拉伯字母为基础的文字。吉尔吉斯斯坦共和国的吉尔吉斯族使用以斯拉夫字母为基础的文字。

**柯尔克孜族** Kirgiz 中国少数民族。主要分布在新疆维吾尔自治区克孜勒苏柯尔克孜自治州，少数散居在新疆各地和黑龙江省富裕县。人口160 823(2000)。绝大部分使用属阿尔泰语系突厥语族的柯尔克孜语。有以阿拉伯字母为基础的文字。居南疆者通晓维吾尔语，居北疆者通晓哈萨克语，居黑龙江富裕县者通晓汉语、蒙古语。先民史称“鬲昆”、“坚昆”、“契骨”、“吉利吉思”等。原分布在叶尼塞河上游流域，后逐渐迁至天山地区并与当地的突厥、蒙古部落相融合。唐时称“黠戛斯”。主要从事畜牧业，少数人兼事农业。有丰富的文化遗产，英雄史诗《玛纳斯》闻名。传统工艺美术有刺绣、擀毡、雕刻、织花、制作金银饰等。能歌善舞，流行赛马、刁羊、马上角力、拔河、荡秋千等民间体育娱乐活动。民间乐器有考姆兹(三弦弹拨乐器)、奥孜考姆兹(口弦)、乔奥尔(竖琴)等。男子常戴高顶方形卷檐白色帽，穿无领长衣“袷袢”，内着绣花边的圆领衬衣。女子多戴彩色头巾，穿带褶长裙，裙里着长裤，外套黑背心，喜戴饰物。饮食以奶制品及牛、羊、马等肉类食品为主，辅以面食，常饮牛、羊、马奶和酸奶，喜饮茯茶。婚姻行一夫一妻制。丧葬行土葬。节日有

柯尔克孜族女子

肉孜节（开斋节）、古尔邦节（宰牲节）、诺鲁孜节（新年）等。信奉伊斯兰教，在新疆额敏县和黑龙江富裕县的一部分人信仰藏传佛教。1954年在新疆成立克孜勒苏柯尔克孜自治州。

**柯尔律治** Coleridge, Samuel Taylor (1772-10-21～1834-07-25) 英国诗人、评论家。生于英格兰奥特里·圣玛丽，卒于海格特。9岁丧父。19岁入剑桥大学读古典文学。曾创办报刊。1798年与W.华兹华斯发表诗集《抒情歌谣集》，成为浪漫主义的宣言书。晚年贫病交迫。

柯尔律治一生诗作不多，但《古舟子咏》、《克里斯特贝尔》和《忽必烈汗》都脍炙人口，是英国诗歌中的瑰宝。其他优秀诗篇如《青春与暮年》、《沮丧》、《寂寞中的恐惧》、《霜夜》、《无希望的工作》等。《文学传记》集中了他的评论精华，强调诗的形象思维，认为诗的美学结构复杂、丰富，诗的含意多层次，可以接受不同时代和不同读者的再解释。《关于莎士比亚讲演集》强调W.莎士比亚的剧作天才，并对他敬若神明。

柯尔律治在诗歌、文学理论方面都有独到的见解，是浪漫主义思潮的主要代表。

**柯亨** Cohen, Hermann (1842-07-04～1918-04-04) 德国哲学家。新康德主义马尔堡学派的创始人。生于安哈尔特的科斯维希，卒于柏林。早年受教于德骚，后就学于布雷斯劳犹太教神学院，1865年获博士学位。1875年任马尔堡大学教授。柯亨反对早期新康德主义者F.A.朗格以生理结构解释I.康德的认识论，主张从“先验逻辑”出发，以逻辑结构来解释。他把认识看作是通过纯粹思维实现的，纯粹思维通过先验的逻辑范畴而创造一切科学认识。同时，他把康德的“物自体”仅仅看作是“极限概念”，从而把康德哲学彻底唯心主义化了。著有《康德的经验论》等。

**柯九思** Ke Jiusi (1290～1343) 中国元代画家、书法家、鉴赏家。字敬仲，号丹丘生、五云阁吏。台州仙居（今属浙江）人。自幼即善作诗文书画，并培养了鉴赏文物的才能。天历二年（1329）授奎章阁学士院鉴书博士，凡内府所藏古代法书名画，都经他审阅鉴定。他的诗文著作散见于《草堂雅集》和《元诗选》。柯九思的绘画以画

《清闷阁墨竹图》（故宫博物院藏）

竹著名，亦善作墨花。其竹以浓墨为面，淡墨为背，层次分明，笔力浑厚、劲健。他还常以书法的用笔写竹石，自称以篆法写竹干、草书法写竹枝、八分法写竹叶、书画结合，运用自如，别成一格。传世作品有《清闷阁墨竹图》、《双竹图》等。柯九思书法结体严整，笔法劲秀，传世墨迹大部分见于他所收藏或鉴赏过的古代书画和当代名家作品所作的题跋中。

**柯勒** Kohler, Josef (1849-03-09～1919-08-03) 德国法学家，新黑格尔主义法学派首创人。生于巴登奥芬堡，卒于柏林夏洛滕堡。曾任法官多年。1878年任维尔茨堡大学法学教授，自1888年起一直在柏林大学任教。主要著作有《法学导论》和《法哲学》等。曾长期主编《法哲学和社会哲学杂志》。在西方法学界以学识渊博闻名，研究范围涉及法哲学、法律史、比较法、民法、刑法、商法等各门学科。柯勒继承G.W.F.黑格尔的历史哲学，特别是黑格尔关于法是文明现象的观点，法在人类文明生活的进化中具有重大作用，它一方面维护已有的文明价值，另一方面促进新文明价值的实现。每种文明必然有相应的法律准则，法或法律准则始终与文明有关，它们的内容不是永恒不变的，而是一时一地的随着文明条件的变化而变化。个人主义、利己主义刺激人们从事创造性劳动，企图制定消灭它们的法律是愚蠢的。但社会结合也是必不可少的，因而法律应谋求个人主义和集体主义的调和。由于柯勒主张以社会学方法研究法律，主张社会利益和个人利益的结合，因而被列为社会学法学派的先驱之一，或介乎社会哲理法学派与社会学法学派之间的人物。他的学说显然与20世纪30年代为法西斯主义辩护的新黑格尔主义法学不同。

**柯立芝** Coolidge, Calvin (1872-07-04～1933-08-02) 美国总统（1923～1928）。生于普利茅斯诺奇村，卒于北安普敦。1897年开律师业，两年后步入政坛，任市议会议员。此后历任市长、州参议员、副州长。1918年当选为州长。1920年，他被提名为共和党副总统候选人，而由W.G.哈定竞选总统。两人在大选中获胜。1923年8月2日哈定突然逝世，柯立芝遂继任总统。他小心谨慎地进行行政改革，并控制住共和党，因而在1924年很容易赢得重新提名为总统候选人，在大选中获胜。柯立芝时代的特点是：没有危机存在，国家繁荣起来。他的一个突出政策是不干涉工商业的事务。一方面实行减税计划，一方面坚持高额保护关税。他反映群众的一般情绪，采取一种孤立主义的外交政策。1928年拒绝再次提名为总统候选人，退隐到北安普敦写自传。

**柯林伍德** Collingwood, Robin George (1889-02-22～1943-01-09) 英国哲学家、历史学家、考古学家。生于英国兰开夏郡科尼斯顿，卒于兰开夏郡卡特梅尔费尔。1912～1934年任教于剑桥大学布鲁克学院，1935～1941年在牛津大学讲授哲学与罗马史。他的思想对20世纪西方的历史理论与艺术理论有较大影响。

在哲学思想上，柯林伍德继承新黑格尔主义的传统，反对当时流行的实在论。他认为，要了解一个命题的意义，就必须了解所提的问题是什么，命题乃是对问题的答案，哲学就是哲学家对自己所提出问题的回答。问与答二者的结合构成认识，或他所谓的“问答哲学”。柯林伍德反对19世纪以来史学向自然科学看齐的“史学的自然主义”，认为自然科学基于由观察和实验所认知的自然事实，史学基于由反思所肯定的心灵事实；自然的事实是单纯的现象，而心灵的事实则不是现象而是思想。因此在他看来，“历史就是思想史”，历史学的对象就是思想，历史学家的任务就是在自己的心灵中重演古人的思想。主要著作有《艺术哲学》、《新利维坦》、《历史的观念》等。

**柯灵** Ke Ling (1909-02-15～2000-06-19) 中国散文家、电影剧作家、编辑家。原名高隆任，字秀琳，曾用过笔名陈浮、芜村。浙江绍兴人。20世纪20年代中期开始文学

创作。1931年冬到上海。其后除1948年因受国民党政府迫害在香港生活一年外，一直在上海从事报刊编辑工作和文学、电影、话剧活动。曾先后编辑进步报刊《文化街》、《世纪风》、《民族呼声》、《读者生涯》等。主要著作有儿童诗《月亮姑娘》(1932)、短篇小说集《同伴》(1957)、散文集《暖流》(1959)、杂文和散文选集《遥夜集》(1956)以及电影文学剧本《夜店》(1946)、《腐蚀》(1950)、《不夜城》(1957)、《春满人间》(1959)等。柯灵的散文、杂文以精辟、泼辣著称，文学评论在海内外也有较大影响。曾担任《文汇报》副社长兼副总编辑，文化部电影剧本创作所所长，上海作家协会副主席等。1980年中国电影出版社出版《柯灵电影剧本选集》。1985年又出版《柯灵电影剧本续编》。在电影文学理论方面，曾发表《真实、想象与虚构》、《给人物以生命》和《电影文学丛谈》等论文和专著。

**柯罗** Corot, Camille (1796-07-16～1875-02-22) 法国画家。擅长风景画和肖像画。生于巴黎，卒于巴黎。年轻时一度从商，26岁学画。一生中作过一些历史风景画。1825～1828年间，柯罗初次在意大利旅行写生。油画《罗马会场古迹》(1826)、《罗马竞技场》(1826)等着重表现自然景物的实体质感，构图严谨，并探索光线与空气的表达。1829～1834年，回国后往返于诺曼底与勃艮第之间，并时常去枫丹白露森林作画。油画《沙特尔大教堂》(1830)表现了乡村环境中的建筑物，而那些描绘森

图1 《戴珍珠的女人》

图2 《摩特枫丹的回忆》

林的油画，则是巴比松画派的先驱。柯罗的名言“面向自然，对景写生”，很快成为巴比松画家们遵循的方向。1834年，柯罗再访意大利。回法国后，画了一些古典风格的历史风景画，他的作画步骤是先在户外写生，回到画室根据写生稿进行加工，使之成为风景画创作，有时再在画面上添画一些宗教神话或历史传说中的人物，使它们成为历史风景画。1843年，柯罗三访意大利，描绘了蒂沃利、内米湖等地的风景，还画了人体画《马里埃塔》等。在法国时，常为亲友们画肖像。这类肖像画以及其他人物画在画家生前未被社会重视，而在20世纪终于获得高度评价。名作有《戴珍珠的女人》(约1868～1870，卢浮宫博物馆藏，图1)等。1845年起，柯罗创作进入旺盛时期。他开始画第一批表现晨暮时刻梦样意境的风景画，这类风景画使他生前获得巨大声誉，其画风长期被人们称为柯罗风格，代表作有《摩特枫丹的回忆》(1864，卢浮宫博物馆藏，图2)。

柯罗一生坚持旅行写生，几乎走遍法国，到过荷兰、瑞士、英国和意大利。他坚持画风景写生，晚年名作有《杜埃的钟楼》(1871)等。他与巴比松画派关系密切，但并不属于这个流派，因为其画风始终保持着不同于所有巴比松画家的个人特色。他一生留下作品2 500幅左右，后来又发现了约400幅原作。其创作是由17世纪法国画家克洛德·洛兰风景画过渡到印象主义画家早期风景画的桥梁。

**柯罗连科** Korolenko, Vladimir Galaktionovich (1853-07-27～1921-12-25) 俄国作家、社会活动家。生于乌克兰沃伦日托米尔，卒于波尔塔瓦。曾到莫斯科彼得农林学院、圣彼得堡矿业学院学习。多次被流放。短篇小说《马卡尔的梦》(1883)写一个善良的农民备受贫困折磨，最后发出抗议。以爱好自由的流浪汉为题材的短篇小说包括《库页岛上的人》(1885)、《奇物》(1894)、《玛鲁霞的新垦地》(1899)、《严寒》(1901)等。中篇小说《盲音乐家》描述一个盲人克服个人的不幸而终于成为著名的音乐家。其他主要作品还有《哑口无言》(1895)、《饥饿的年代》(1892)，自传体小说《我的同时代人的故事》(1922)等。

**柯南道尔** Conan Doyle, Arthur (1859-05-22～1930-07-07) 英国作家。生于爱丁堡，卒于苏塞克斯克罗伯勒。毕业于爱丁堡大学。曾是一位开业医生。第一部侦探小说《血字的研究》(1887)描写福尔摩斯侦破在劳瑞斯顿发生的一起凶杀案。发表这篇小说的刊物约他续写，他便又写了有关探宝、凶杀和破案的《四签名》(1890)。

此后一发而不可收，于是弃医从文，专门从事侦探小说的写作，开始连载以侦探福尔摩斯及其助手华生为主人公的破案小说，后汇编成《福尔摩斯探案集》(1892)、《歇洛克·福尔摩斯的回忆》(1894)和《巴斯克维尔的猎犬》(1902)等。“福尔摩斯探案”被多次改编搬上银屏，福尔摩斯也成为20世纪最具魅力的银幕形象之一。

**柯涅楚克** Kornejchuk, Aleksandr Yevdokimovich (1905-05-25～1972-05-14) 苏联剧作家。生于乌兰克。当过铁路工人。1929年毕业于基辅国民教育学院。成名作为反映国内战争期间革命水兵英雄业绩的《舰队的毁灭》(1933)。此后的剧作有《普拉东·克列契特》(1934)、《鲍格丹·赫梅里尼茨基》(1939)、《在乌克兰草原上》(1941)、《前线》(1942)等。《前线》在讴歌苏联军民在卫国战争中的革命英雄主义的同时，也揭露了红军高级指挥机构中存在的种种弊端。其他主要作品有《马卡尔·杜勃拉瓦》(1948)、《雪球花林》(1950)、《翅膀》(1954)、《星星为什么微笑》(1957)和最后一部剧作《心的记忆》(1969)等。

**柯切托夫** Kochetov, Vsevolod Anisimovich (1912-02-04～1973-11-05) 苏联作家。当过造船工人、农艺师、战地记者。历任作协书记、监察委员、杂志主编等职。长篇小说《茹尔宾一家》(1952) 表现造船工人茹尔宾祖孙三代的生活，是苏联文学中描写工人阶级最成功的作品之一。《青春常在》(1954) 描写苏联青年科学工作者的生活和斗争。其他主要作品还有长篇小说《落角》(1967)、回忆录《战时札记》等。

**柯庆施** Ke Qingshi (1902-07-10～1965-04-09) 中国共产党中央政治局委员、国务院副总理。原名柯尚惠。安徽歙县人。卒于成都。1920年加入中国社会主义青年团。

1921年冬天赴苏联，次年参加远东滨海边疆区劳动者大会，夏季回上海，加入中国共产党，从事青年团工作。1924年到中共中央秘书处工作。1926年参加国共合作，任国民党安徽省党部秘书长，参加北伐。1927年任中共安徽省临委书记。1928年任中共上海闸北区委书记。1929年到湖北组织大冶兵暴。历任中国工农红军第5军第5纵队政治部秘书长、红3军团红8军政治部主任。1931年任中共中央秘书长。1933年后历任中共抗日前线委员会书记、河北省委军委书记、上海中央执行局军委书记、满洲省委军委书记、河北省委组织部长、中央北方局组织部长。1937年到延安，任中共中央党校副校长、中央统战部副部长。1945年后历任晋察冀边区行政委员会财经委员会副主任，石家庄市长。1949年后任南京市副市长、市长，中共南京市委书记，江苏省政府副主席，中共江苏省委第一书记，中共上海局书记、上海市委第一书记、上海市市长，中共中央华东局第一书记。1956年当选为中共第八届中央委员，1958年增选为中央政治局委员。1965年1月任国务院副总理。

**柯瓦列夫斯卡娅** Kovalevskaya, Sofya (Vasilyevna) (1850-01-15～1891-02-10) 俄国数学家。生于莫斯科一个贵族家庭，卒于瑞典斯德哥尔摩。自幼聪慧好学，尤在数学上表现出天才。1868年去德国海德堡大学留学。1870年到柏林，但当时柏林大学不许女生听课，K.外尔斯特拉斯只好单独为她授课，达四年之久。1874年她完成关于偏微分方程、阿贝尔积分和土星光环的三篇论文，获格丁根大学博士学位。当年秋与丈夫一道回国，因俄国仍歧视妇女而得不到工作机会。1883年秋再度出国，在数学家M.G.米塔-列夫勒帮助下被聘为瑞典斯德哥尔摩大学讲师，1889年成为该校终身教授。1888年她因解决了刚体绕定点转动的一般情形的问题而获法国科学院的博尔丹奖及瑞典科学院奖金。1889年成为彼得堡科学院第一位女通讯院士。

其主要贡献是继A.-L.柯西之后研究了偏微分方程解的存在唯一性问题，给出了更一般的结果，现称为柯西-柯瓦列夫斯卡娅定理。这个定理还被推广到偏微分方程组的情形。

她还创作过《为幸福而斗争》等文学作品，并为妇女的解放作出过贡献。

**柯西** Cauchy, Augustin-Louis (1789-08-21～1857-05-23) 法国数学家、力学家。生于巴黎，卒于巴黎附近的索镇。1805～1807年入巴黎综合工科学校学习，1807～1809年在巴黎公路和桥梁学校学习，1809年成为工程师，

参加一系列工程建设。1813年回到巴黎，1816年任巴黎综合工科学校教授，后又兼任巴黎大学理学院及法兰西学院教授。1830年7月革命后，因拒绝宣誓效忠路易·菲力普，被解除教授职位。1831～1833年在都灵大学任教授，后去布拉格任查理十世王子家庭教师，1838年回到巴黎，在科学院工作。1848年革命后，重新就任巴黎大学理学院教授，直至去世。一生著述甚丰，共出版7本书和发表800多篇论文，涉及数学所有分支以及力学、天文学、物理学等领域。最突出的贡献是创立复分析以及实分析基础。他系统地建立复数的代数及极限运算，定义复函数的连续性，1825年定义复域中任意道路的积分，通过柯西-黎曼方程，得出柯西积分定理，后又由积分定理导出柯西积分公式。1846年又引进闭积分路径并证明其积分定理。还发明留数演算，并用来计算定积分。在实分析方面，他为严格的分析打下基础，引进极限、连续、可导、定积分等严格概念，给出级数收敛性判据，首次定义奇异积分及其主值概念，并对许多积分进行变换及级数展开，还得出泰勒展开的余项定理以及推广的均值定理。在微分方程方面，他首先提出方程解的存在性不是显然的，需要加以证明，为此发明优函数方法及极限方法，另外，还提出解的唯一性是由特殊的初始条件（边值条件）决定的，在解线性偏微分方程时，独立设计傅里叶变换方法，并首先正确表述反演定理。1822年创立弹性力学理论的数学工具，得出各向同性介质中弹性体的平衡方程及运动方程，并得出张量的概念。他还证明代数基本定理，以得出行列式一些性质，得出置换群论的一些重要定理。在几何方面，1805年他对阿波罗尼奥斯问题给出简明的解答，1811年他推广了L.欧拉的多面体公式。在数论及误差理论方面他也有许多贡献。著有《分析讲义》(1821)、《微积分讲义概要》(1823)、《无穷小分析在几何上的应用讲义》(1826～1828) 等，并有《柯西全集》(27卷)。

**柯西金** Kosygin, Aleksey Nikolayevich (1904-02-20～1980-12-18) 苏联部长会议主席（1964～1980）。生于圣彼得堡的一个工人家庭，卒于莫斯科。1919年参加红军。1927年加入联共（布）。1930～1935年在列宁格勒基洛夫纺织学院学习。历任列宁格勒市苏维埃执委会主席、纺织工业人民委员。1940～1964年任苏联人民委员会（1946年改称部长会议）副主席、第一副主席。其间，在1953年3～12月，1956年12月至1957年7月两度失去副主席职务。1959～1960年兼任国家计划委员会主席。1964～1980年任部长会议主席。1965年，推行"新经济体制"。从1946年起，历任党中央政治局（后改称主席团）候补委员、正式委员。

**柯象峰** Ke Xiangfeng (1900-11-11～1983-10-23) 中国社会学家。又名柯森。安徽贵池人。卒于江苏南京。1922年毕业于金陵大学。1927～1930年5月在法国里昂大学深造，获博士学位。1930～1937年在南京金陵大学任教授兼教务长。1937～1945年任成都金陵大学教授，兼社会学系主任。1937年任中国社会学社第六届副理事，1943年为中国社会学社第七届正理事。1945～1947年在南京金陵大学任教授，兼教务主任、教务长。1947年赴英国伦敦考察，继而赴美国，在普林斯顿大学和哥伦比亚大学的研究所及美国人口局从事学习和研究工作。1948年任南京金陵大学教授兼社会学系主任。1952年后在南京大学任教。1979年被聘为中国社会学研究会顾问。

柯象峰毕生从事社会学、经济学、人口学的教学与研究工作，长期致力于中国社会贫困化问题的研究。他提出贫穷是当时中国最迫切需要解决的问题，应采取适当的人口政策，改进社会文化环境；发展科学事业，改善自然环境；同时，强化与完善社会救济事业。著有《现代人口问题》、《中国贫困问题》、《贫困问题》、《社会经济》、《保民婚俗》。

**柯岩** Ke Yan (1929-07-14～ ) 中国满族儿童文学作家、诗人。广东南海人。生于河南郑州。原名冯恺。1948年考入苏州社会教育学院戏剧系。1956年在中国儿童艺术剧院任专业编剧。曾任中国作家协会理事、书记处书记，中国报告文学会副会长，《桥》、《人生咨询》杂志主编，《诗刊》、《儿童文学》等多种刊物的编委或顾问。20世纪50年代初开始文学创作，写有剧本、剧评和散文、诗歌等。1955年在《人民文学》发表《儿童诗三首》，引起文坛关注，从此将主要精力转向儿童文学，以儿童诗创作最有影响。出版有儿童诗集《小兵的故事》(1956)、《我对雷锋叔叔说》(1963)，诗剧合集《小迷糊阿姨》(1959)，幼儿诗《小熊拔牙》(1979)，题画诗集《春天的消息》(1984)等。其作品善于从儿童视角出发，表现儿童情趣，注重诗歌艺术的审美丰富性，在当代儿童诗创作中独树一帜。七八十年代主要从事长篇小说、报告文学创作。反映失足少年"工读生"题材的长篇小说《寻找回来的世界》(1984)改编为同名电视连续剧后在全国引起强烈反响。还著有《柯岩儿童文学论集》(1991)等。

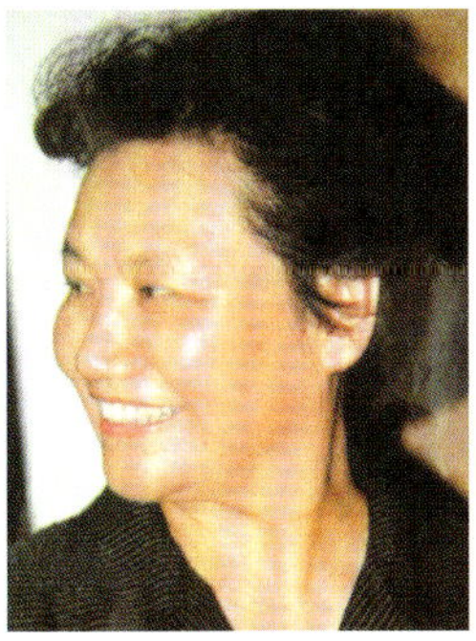

**柯伊伯** Kuiper, Gerard Peter (1905-12-07～1973-12-23) 美籍荷兰天文学家。生于荷兰的哈伦卡斯珀尔，卒于墨西哥城。1927年毕业于莱顿大学，留校在E.赫茨普龙领导下工作到1933年，获博士学位。1937年加入美国籍。先后任哈佛大学、芝加哥大学副教授、教授；叶凯士天文台和麦克唐纳天文台台长。1960年在亚利桑那大学创办月球和行星研究所，任所长。美国国家科学院院士、荷兰科学院院士。最初研究双星，并得出太阳邻近的恒星至少有一半是双星或聚星的结论。通过对双星的测量，进一步明确了主序星的质光关系。1937年，发表第一幅银河星团的光谱-光度图。20世纪40年代，他的注意力转向太阳系。1948年用分光观测探测行星和卫星的大气成分，1944年发现土卫六上有大气。同年，发现天王星的第五颗卫星（天卫五），1949年又发现海王星的第二颗卫星（海卫二）。

20世纪60年代中期，他是用宇宙飞行器考察月球计划的重要成员。是宇宙飞船"徘徊者"拍摄月球的首席研究员，也参与了"月球勘测者"、"月球轨道环行器"、"阿波罗"诸项计划。柯伊伯组织并编辑了两套重要的丛书：四卷本的《太阳系》和九卷本的《恒星和恒星系统》。

**柯伊伯带** Kuiper belt 在太阳系圆盘外围，海王星轨道以外，距太阳30～500天文单位(AU)的环带天区内，分布以亿计的固态小天体，是短周期彗星的发源地。这个关于短周期彗星起源的设想最早由爱尔兰天文学家E.埃奇沃思提出，后于1951年由美籍荷兰天文学家G.P.柯伊伯发展为相应的理论。1992年，英国天文学家D.朱维特和美籍越南天文学家J.鲁氏利用设在夏威夷莫纳克亚天文台的3.6米CFH光学望远镜观测到一个海王星轨道外的环日轨道运行的小行星，随后又发现更多类似的天体，证实了柯伊伯带的存在。后人将带内的小天体称为柯伊伯带天体，或"海外天体"。到2006年中，观测到的总数已超过1 000个，其中最大的一个直径1 200千米，其余的直径多为200～400千米。随着观测能力的增强，将会发现更多和更小的柯伊伯带天体。估计带内直径大于100千米的小天体至少有70 000个，主要集聚在距离太阳50天文单位环带内。整个柯伊伯带内的小天体总数以十亿计，总质量可达0.2个地球质量。

**科波** Copeau, Jacques (1879-02-04～1949-10-20) 法国导演、演员、戏剧革新家、作家。生于巴黎，卒于勃艮第。在中学读书时曾与同学一起登台演出自己的处女作《晨雾》。1909年与人一起创办文学刊物《新法兰西评论》。1913年组织同人剧团，把巴黎塞纳河畔的一座小剧场改建成老鸽巢剧院，首演了P.克洛代尔、R.马丁·杜·加尔等作家的新作。1917～1919年，法国政府委派老鸽巢剧院赴美演出两年，受到欢迎。科波还在纽约改建了盖利克剧院。1924年科波到勃艮第乡村建立戏剧学校。1936年被聘为法兰西喜剧院分红演员，并在1939～1940年间被任命为院长。

科波既是传统的体现者又是积极的革新家。他反对大明星统治舞台，反对虚假浮夸华而不实的戏剧演出，主张建立"非剧场性"的"诚实质朴的戏剧"。他要求演员尊重台词，以表演去展示剧作的内涵。导演风格极其洗练、朴实无华。

**科波拉** Coppola, Francis Ford (1939-04-07～ ) 美国电影导演、制片人、编剧。祖籍意大利。生于底特律。曾就读于加利福尼亚大学洛杉矶分校，获电影硕士学位。1963年开始独立制片，不久与乔治·卢卡斯建立万花筒制片公司。1970年与E.诺斯合写《巴顿将军》，获奥斯卡金像奖最佳编剧奖。1972年以低成本拍摄描写黑社会的影片《教父》，获奥斯卡金像奖最佳影片和最佳剧本改编奖，商业上也取得巨大成功。1974年编导的《教父》续集获得包括最佳影片在内的7项奥斯卡金像奖，被称为有史以来最成功的续集。同年制作的《对话》获戛纳电影节金棕榈奖。1979年作为编导、制片人，用近4 000万美元制作了反映越南战争的影片《现代启示录》，以深刻尖锐的主题和独特的视觉造型赢得广泛关注，并再次获戛纳电影节金棕榈奖。20世纪80年代以后主要作品有《棉花俱乐部》(1984)、《石头公园》(1987)、《纽约故事》(1989)、《教父》第3集(1991)、《没有青春的青春》(2007)等。

**科伯恩城** Cockburn Town 特克斯和凯科斯群岛的首府和主要港口。位于巴哈马群岛东南端、特克斯群岛北部的大特克岛上。人口约5 100(2004)。始建于1850年。市内有始建于1899年的圣玛丽教堂和为纪念英国维多利亚女王加冕50周年而修建的维多利亚图书馆。有渔产品加工、制盐等工业。旅游业发达。有飞机场。

**科布多** Khovd 蒙古西部古城，科布多省首府。蒙古语为"幸福"之意。又称吉尔格朗图、霍胡德。位于大湖盆地的南部，科布多河支流布彦特河右岸，邻近哈尔乌苏湖。人口约2万(2001)。地势平坦，处阿尔泰山北部丘陵地带，海拔1 396米，气候寒冷干燥，温差大。1763年建镇。曾是中国清政府派往蒙古官员官邸所在地，也是藏传佛教的中心。1961年建市。经济以畜牧业为主，市郊布彦特河河谷水草丰美，牛羊肥壮，瓜园和果园久负盛名。出产谷物、马铃薯、羊毛、黄油等。近年建有服装、洗毛、食品、木材加工、电力和汽车修配等工业。公路枢纽。畜产品贸易甚盛。市内有师范学院、农牧中等专业学校和游艺场、图书馆、医院等文化设施。多名胜古迹，以180米长的古尔班赛汗山洞及呼和色里瀑布较为有名。

**科场案** Case of Imperial Examination Fraud 中国清代处理科场舞弊的案件。清王朝建立后，恢复科举取士，科场积弊也随之沿袭下来。为了杜绝弊端，选拔真才，清统治者不仅制定了相当完备的科场条例，而且严厉惩办那些徇私舞弊特别是交通嘱托、贿买关节的人员。其次数之多，处理之严，打击面之广，为科举制建立以来所未有。其中发生在顺治十四年（1657）、康熙五十年（1711）和咸丰八年（1858）的科场案，又是其中三大重要案件。①顺治十四年丁酉科顺天（今京津地区）乡试，发榜后，物议沸腾。给事中任克溥奏参，顺治帝令将疏内有名人犯拿至吏部、都察院会审。审出同考官李振邺、张我朴、吏科给事中陆贻吉、居间博士蔡元禧、进士项绍芳及行贿中试举人田耜、邬作霖7人俱著立斩，家产籍没。不久，被查出徇私舞弊的江南主考官方猷、钱开宗被正法，妻子、家产籍没入官。同考官18人，除已死之卢铸鼎外，全部处绞。②康熙五十年辛卯科江南乡试，中试者除苏州13人外，其余多为扬州盐商子弟。其中句容县王曰俞所荐之吴泌、山阳县知县所荐之陈光奎皆文理不通之人，舆论大哗。经过一年多的审讯，审出副主考赵晋与同考官王曰俞、方名私受贿赂，取中吴泌、程光奎的情况。赵晋、王曰俞、方名斩立决；吴泌、程光奎等均绞监候；主考左必蕃失于觉察，革职。③咸丰八年戊午科顺天乡试，主考柏葰听从嘱托，撤换试卷。副主考程庭桂于入闱后，其子程炳采收受关节条子，交家人带入场内。尽管柏葰本人没有受贿，程庭桂收受条子其子也未被录取，但当时掌握朝政大权的载垣、端华、肃顺等人为了排除异己，构成大狱，先后被斩决的5人，流徙、革职、降级调用、罚俸等数十人。大学士柏葰，不仅是清代科场案中唯一被斩处的一品大员，也是科举史上死于科场案职位最高的官员。

**科达类植物** *cordaites* 裸子植物门中已经绝灭了的类群。始现于晚泥盆世（距今约3.75亿年）。至晚二叠世末期（距今约2.50亿年）基本绝灭，三叠纪残存。

科达类植物多为高大而细瘦的乔木，一般高达20～40米，直径不到1米，具有与现代红树相似的支撑根、大部分裸露的茎和呈卵形或球形的树冠。叶为单叶，舌形、匙形或带形，螺旋状着生于枝上，多数长达10～20厘米，最长的可达1米，宽20厘米，具有许多粗细相等的平行脉（偶二歧分杈），脉间具有脉间纹。茎干的内部构造中有较大而结构特殊的髓心，由许多薄壁细胞形成的横隔及水平空腔组成。初生木质部相对不明显，内始式或中始式，次生木质部宽阔且较简单，皮层发达，为“网木型”。生殖器官由排列成两列的短枝组成，称为复孢子叶球或松散花序，着生在远枝营养叶之间。雌雄花（即生殖短枝），单性，同株或异株，构造基本一致，均着生于苞片的腋部，生殖短枝由许多螺旋状排列的叶片或鳞片组成，其中少数着生花粉囊或胚珠。种子（胚珠）具有简单的贮粉室。

科达属的三个亚属复原图

科达类植物可能从中、晚泥盆世的前裸子植物演化而来，其茎干解剖结构和前裸子植物古羊齿属的茎干十分相似，但它们的叶部形态却相差很大。科达类与松柏类有不少共同点，与石炭纪、二叠纪松柏类勒巴杉等雌花结构非常相似；次生木质部和古老松柏植物也难区别。因此，两者无疑起源于前裸子植物中同一支。科达类与银杏类也有某些相似之处，比较重要的是它们的单叶的叶基构造和叶脉形式相同。从相似程度来推测，银杏类是在科达类和松柏类分化之前就已分出。

**科达伊** Kodály Zoltán（1882-12-16～1967-03-06） 匈牙利作曲家、民族音乐学家及音乐教育家。生于凯奇凯梅特，卒于布达佩斯。中学时参加乐队及教会合唱团，并开始作曲，15岁时写了《d小调管弦乐序曲》。1900年进布达佩斯大学攻民俗学，同时在布达佩斯音乐学院学习作曲，1905年毕业。同年发表民歌集第一卷，引起巴托克的极大兴趣，两人开始合作。1906年以论文《匈牙利民歌诗节的结构》获布达佩斯大学哲学博士学位。1907年起在布达佩斯音乐学院任讲师、教授，1942年退休。其间1919年匈牙利革命时，曾由匈牙利苏维埃共和国任命为音乐学院副院长，革命失败后被迫离校。退休后被选为科学院通讯院士。第二次世界大战后曾任匈牙利音乐家协会主席、音乐学院院长，1961年被任命为国际民间音乐研究会会长。曾3次荣获国家勋章及科苏特奖金。

科达伊在民歌收集和研究方面有卓越的贡献。在他主持下，科学院收集的匈牙利民歌总数达10万首。他为民歌配写的伴奏及改编的无伴奏合唱有很高的艺术价值。他科学化的收集方法受到国际上的重视。他的音乐创作几乎涉及所有体裁，但以声乐作品占的比重最大。代表作有歌唱剧《哈里·亚诺什》，乐队伴奏的合唱曲《匈牙利诗篇》、《耶稣和商人》等。在音乐教育方面，他的训练材料经P.M.扬辑成专著，他的教学方法被命名为“科达伊教学法”，在世界各地试验推广。此外他在音乐史、民俗学、语言学、文学史等方面也有很多成就。

**科迪勒拉山系** Cordillera 纵贯美洲大陆西部的褶皱山系。北起阿拉斯加，南至火地岛，绵延15 000千米，为世界最长的山系。由一系列平行的山脉、山间高原和盆地组成。主要形成于中生代末至第三纪，褶皱断层构造复杂，地壳活动还在继续，属环太平洋火山地震带的一部分。北美科迪勒

科迪勒拉山系风光

拉山系宽800～1 600千米，海拔1 500～3 000米，包括东、西两列山带和宽广的山间高原－盆地带。南美科迪勒拉山系以安第斯山脉为主干，宽300～800千米，海拔多在3 000米以上，最高峰阿空加瓜山海拔6 960米，为西半球第一高峰。自然环境复杂多样，几乎包括了地球上所有气候－生物带，并形成多种不同的垂直带结构。高大的山系对美洲大陆气候和水文网的分布，地理环境地域分异乃至横贯大陆交通，都产生重大影响。自然资源丰富。北美洲西北沿海和南美洲的赤道附近以及安第斯山南部，森林茂密，水能丰富。有铜、铅、锌、锡、金、银、石油、煤、硫磺和硝石等多种矿藏。墨西哥、中美地区和安第斯山中部，是印第安人古文明发祥地。

**科尔** Kohl, Helmut (1930-04-03～ ) 德意志联邦共和国政府总理（1982～1998），德国基督教民主联盟主席（1973～1998）。生于路德维希港。1946年上高中时加入基督教民主联盟。

1959年当选莱茵兰－普法尔茨州议员，1963年当选该州基督教民主联盟议会党团主席。1973年当选为基督教民主联盟联盟主席，1982年10月1日出任德意志联邦共和国政府总理。在1983年、1987年以及全德统一后的1990年、1994年4次大选中当选联邦政府总理。执政期间，在对内政策方面强调精简国家机构，改善就业状况，稳定政府财政，改造国家福利，加强科技教育及同犯罪分子作斗争；在对外政策中强调北大西洋联盟和同美国的友谊，依靠西方联盟取得对苏联、东欧国家的力量均势，在此基础上谋求东、西方关系的缓和及欧洲的和平，在欧洲联合的框架中为德国的重新统一创造条件。1989年下半年，由于美、苏关系进一步缓和以及苏联、东欧国家发生剧变，德国重新统一问题迅速提上日程。科尔抓住历史机遇，同年11月28日提出德国统一的"十点建议"。到1990年10月3日，迅速实现了德国的重新统一。同年12月2日当选为德国重新统一后的第一任总理。科尔重视发展同中国的关系，多次访华。

**科尔多凡语族** Kordofanian group 尼日尔－科尔多凡语系的两个语族之一（另一语族为尼日尔－刚果语族）。

**科尔多瓦** Córdoba 阿根廷第二大城市，科尔多瓦省首府。位于科尔多瓦山脉东麓，普里梅罗河畔。海拔425米。气候温暖干燥，年平均气温17℃，平均年降水量625毫米。人口128.5万（2001）。始建于1573年。19世纪后随当地修筑铁路和建立大型水电站而得以迅速发展。工业发达，有汽车、飞机制造、农田机械、冶金、化学、食品、纺织、制革等工业。为阿根廷中部地区重要的陆路交通枢纽，有7条铁路在此相交，城东南有国际机场。全国文化中心之一，是传统的"自由思想中心"和"学者城"。有全国创建最早的大学——科尔多瓦大学（1613）及天文台、博物馆、大教堂（1758）、总督宫（18世纪）等。始建于1599年的耶稣会区于2000年作为文化遗产被列入《世界遗产名录》。

**科尔多瓦** Córdoba 西班牙南部历史名城。安达卢西亚自治区科尔多瓦省首府。瓜达尔基维尔河横贯市区，将城市分为南北两部分。人口32.84万（2009）。原为迦太基人古城，公元前152年为罗马人占领。6世纪被西哥特人占领，711年被穆斯林攻陷。756～929年为科尔多瓦埃米尔国的都城，为欧洲规模最大和文化最发达的城市之一，被誉为"世界的宝石"，与巴格达、君士坦丁堡并称阿拉伯世界三大文化中心。929～1031年为哈里发王朝的都城。1236年为西班牙人收复，遂成为军事基地。莫雷纳山横亘北部，有铅、锌、煤矿等。工业有食品、化学、电气设备等。城内多罗马人和摩尔人的遗迹。古城内大清真寺（后改建为基督教大教堂）堪称人类历史上最精美的建筑之一，1984年作为文化遗产列入《世界遗产名录》。其他著名建筑还有哈里发王宫、罗马桥等，1996年扩大范围，将科尔多瓦古城列入《世界遗产名录》。

**科尔多瓦哈里发国家** Córdoba, Caliph State of 8世纪初至15世纪末阿拉伯人占领西班牙期间，在科尔多瓦建立的伊斯兰教酋长国。西方历史著作又称西萨拉森帝国。原为阿拉伯帝国总督区。756年，倭马亚王朝（在中国历史上称为白衣大食，因倭马亚王朝旗色尚白）后裔阿卜杜勒·拉赫曼一世在科尔多瓦建立后倭马亚王朝，统治者称埃米尔。929年与阿拉伯帝国的阿拔斯王朝分庭抗礼，以科尔多瓦为都城，建立科尔多瓦伊斯兰教哈里发国家。

10世纪时，国势强盛，相继占领休达（今塞卜泰）、梅利利亚。阿卜杜勒·拉赫曼三世的儿子哈卡姆二世（961～976年在位）将一些基督教王国置于他的保护之下，使伊比利亚半岛处于和平状态。国内农业、手工业和商业发达，文化繁荣。科尔多瓦哈里发国家首相阿布·埃米尔·曼苏尔征服了西班牙，迫使莱昂王国纳贡，985年攻入并烧毁巴塞罗那城，远征到伊比利亚半岛西北部。曼苏尔死后，科尔多瓦哈里发国家也逐渐衰落，哈里发更迭频繁。1031年哈里发希沙姆三世（1027～1031年在位）被废黜，国家分裂为许多独立的穆斯林小王国。

**科尔莫戈罗夫** Kolmogorov, Andrey Nikolayevich (1903-04-25～1987-10-20) 苏联数学家。生于中亚的顿巴夫，卒于莫斯科。1920年入莫斯科大学学习，19岁师从

N.N.卢津时就构造了一个勒贝格可积函数，其傅里叶级数几乎处处发散，这对解决卢津问题作出了重大贡献。1931年任莫斯科大学教授，1933年任该校数学所所长，1939年起任苏联科学院院士。他对开创现代数学的一系列重要分支作出了重大贡献。建立了在测度论基础上的概率论公理系统，奠定了近代概率论的基础。他也是随机过程论的奠基人之一，其工作包括：20世纪20年代关于强大数律、重对数律的基本工作；1933年在《概率论的基本概念》一文中提出的概率论公理系统；30年代建立的马尔可夫过程的两个基本方程；用希尔伯特空间的几何理论建立弱平稳序列的线性理论；40年代完成独立和的弱极限理论；经验分布的科尔莫戈罗夫统计量等。他在动力系统中开创了关于哈密顿系统的微扰理论与科尔莫戈罗夫系统（K系统）遍历理论。他把经典力学与信息论结合起来，在50年代解决了非对称重刚体高速旋转的稳定性和磁力线曲面的稳定性。在他的工作的基础上V.I.阿诺尔德和J.K.莫塞完成了以他们三人姓氏首字首命名的KAM理论。他在动力系统与遍历理论中引进的$K$熵，对具有强随机性动力系统的内部不稳定性问题的分析起了重要作用。20世纪50年代中期，他开创了研究函数特性的信息论方法，对距离空间的集合引进了$\varepsilon$熵，他的工作及随后阿诺尔德的工作解决并深化了希尔伯特第13问题（见希尔伯特问题）。60年代以后他又创立了信息算法理论。1980年由于他在调和分析、概率论、遍历理论及动力系统方面出色的工作获沃尔夫数学奖。此外他在信息论、数理逻辑算法论、解析集合论、湍流力学、测度论、拓扑学等领域都有重大贡献。

他的工作在数学的一系列领域中，提供了新方法，开创了新方向，揭示了不同数学领域间的联系，并广泛深入地提供了

它们在物理、化学、生物、工程、控制理论、计算机等各学科的应用前景。

他十分重视数学教育，在他的指引下大批数学家在不同领域内取得了重大成就，其中包括I.M.盖尔范德、V.I.阿诺尔德、Ya.G.西奈依等人。同时，他也非常重视基础教育，甚至还领导了中学数学教科书的编写工作。他是20世纪最有影响的苏联数学家之一，还是美、法、意、荷、英、联邦德国等国的院士或皇家学会会员和三次列宁勋章的获得者。

**科尔沁草原** Horqin Grasslands 位于中国内蒙古自治区东南部。又称科尔沁沙地。以古代蒙古族部落名称命名。处于海拔250～650米，西拉木伦河西岸和老哈河之间的三角地带，西高东低，绵亘400余千米，面积4.23万平方千米。气候冬寒冷，夏炎热，春风大。平均年降水量360毫米。大风日数30天左右。

科尔沁草原坨、沼、甸并存。坨子地是指相对高度2米以上的流动、半流动沙丘和半固定沙丘，植被主要有沙米隐子草、芦苇、小黄柳、榆树等。沼子地是指相对高度在2米之内较平缓的沙土地，植被主要有隐子草、羊草、冰草等。甸子地则指分布在坨、沼地内部及其之间的低湿地，多由各类草甸土组成，植被主要由羊草、寸草苔、地榆、拂子茅、马蔺等组成。

科尔沁草原历史上曾为河川众多、水草丰茂之地。19世纪后期，因滥垦沙质草地，砍伐森林，曾号称“平地松林八百里”

科尔沁草原风光

的赤峰以北而今已成茫茫沙地。为防止沙化、草场退化和土壤盐化，采取了草场封育，翻耕补播、人工种草、引洪淤灌、防止过牧及营造防护林等措施，取得了良好成效。

**科尔特斯港** Cortés, Puerto 洪都拉斯第一大港口，旅游胜地。位于国土西北部加勒比海岸。南距第二大城市圣佩德罗苏拉58千米。市区人口约4.47万（2001）。1524年在科尔特斯湾正南约5千米处建城，1869年迁至现址。1978年开辟为自由贸易区。有面粉、制皂、榨油、炼油和制革等工业。交通枢纽，有铁路通北部沿海各港，公路与首都及其他主要城市相连。中美洲良港之一，可停泊万吨轮，全国对外贸易多半由该港完成。主要输出香蕉、椰子、咖啡和木材等。

**科赫** Koch, Robert（1843-12-11～1910-05-27） 德国细菌学、现代微生物学奠基人之一。生于德国克劳斯塔尔，卒于巴登-巴登。1866年获格丁根大学医学博士学位。

1872年在沃尔施泰因镇行医。1876年分离炭疽杆菌，发现炭疽杆菌能形成芽孢。他奠定了许多细菌学研究的原则，设计了多种技术。他提出感染疾病的几条证据：微生物应在所有同类病例中发现，所有症状应能用体内微生物的分布和数量解释，每例感染应有形态特征明显的微生物存在。经补充，发展为“科赫原则”。1880年他进入德国国家卫生部。1881年，他在J.利斯特的实验室演示了纯培养技术，分离出结核杆菌并作了纯培养。1882年宣布结核病由结核杆菌引起，肺结核患者的痰可传播结核菌。1883年，埃及和印度霍乱流行，他亲赴现场研究，发现霍乱弧菌，并研究了霍乱感染途径及预防方法。1885年，他担任柏林大学卫生学和细菌学教授。1891年，科赫担任柏林传染病研究所所长。因发现结核菌和结核菌素获1905年诺贝尔生理学或医学奖。1886年科赫与C.弗吕格合作创办《卫生学杂志》。主要著作有：《炭疽病病原及其发育史》、《创伤感染之病原》、《论结核病病原》、《论霍乱》、《热带病之医学观察》等。

**科幻小说** science fiction 叙述科学技术幻想以及在这种幻想中发生的故事的小说。其中，科学推断或假设的可信性和逻辑合理性是这类小说创作的前提，而事件大多发生在虚幻的、非现实的时空环境中。

科幻小说是历史发展的产物，一般认为它出现在19世纪初。最早的科幻小说为英国作家M.雪莱的《弗兰肯斯坦》（又译《科学怪人》，1818）。后来在爱伦·坡的影响下，法国的J.凡尔纳和英国的H.G.威尔斯将科幻小说推向了一个高峰。前者的《海底两万里》（1870）和后者的《时间机器》（1895）成为这类作品的经典。20世纪30年代以后，科幻小说走向繁荣，这时的作品多为短篇故事，刊载于科学杂志。科幻小说逐渐成为一种广大读者喜爱的文学形式，而电影和电视的介入使这种文学体裁更加流行。

虽然大部分科幻小说属于通俗文学的范畴，但第二次世界大战以后，它已经进入“严肃文学”的领域，受到批评界的重视。欧美重要的科幻小说家有美国的I.阿西莫夫，英国的J.D.巴拉德、A.C.克拉克，美国的P.K.狄克、H.哈里森、D.奈特、U.L.吉恩、F.波尔、R.西尔弗伯格等。一些著名作家如英国的B.W.奥尔德斯、赫胥黎、G.奥威尔、莱辛，美国的T.品钦和J.巴思等，也加入了科幻小说创作的行列。中国最早的科幻小说是1904年“荒江钓叟”的《月球殖民地小说》。1949年后著名的作家作品有童恩正的《珊瑚岛上的死光》、郑文光的《飞向人马座》和叶永烈的《小灵通漫游未来》。

20世纪80年代以来，欧美科幻小说的题材发生了重大变化。随着高新科技的发展和运用、环境的迅速恶化和生态危机的日益严重，以及一些新思潮如环保主义、绿色和平主义的出现，在西方发达国家出现了“反科幻小说”或“批判的科幻小说”。它们与传统科幻小说不同，不是一味颂扬人类征服自然和宇宙的壮举，赞美先进科学技术的威力及其给人类带来的物质福利和幸福前景，而是着重描写科技的发展所带来的严重负面后果和灾难，表现对未来世界和人类生存的巨大恐惧。在这方面最具代表性的作家有英国的B.奥尔迪斯、德国的H.W.弗朗克、西格弗里德·米德尔等。

**科技园区** science and technology garden plot; science park 依托大学或科研机构创办的高技术区。它以密集的智力资源转化为以市场为导向的科技成果，实现产业化；以高技术为核心，以科技创新为基础，通过孵化创业和规模化生产经营，向全市和全国辐射。园区重点发展高技术产业以及其他智力密集型产业，在此基础上建造出优良的科学、技术、文化学术研究等发展环境，并相应的发展适合于其从业者高水平的生活素质。始于美国斯坦福大学于1951年创建的斯坦福工业园，后衍变成硅谷。在北美称大学研究园区，英国称科学园，法国称技术城，日本称科学城，中国称高技术产业开发区或科技园区。在中国，它是推动科教兴国战略、发展市场经济的综合改革试验区；是国家科技创新示范、科技成果孵化和辐射、高技术产业化以及创新人才培养的基地。科技园区的组织和个人的知识产权受法律保护。

**科教片** science and education film 运用电影手段传播科学技术知识的影片。1906年G.梅里爱把电影分为四大类，其中之一是科学片。1919年美国曾建立拍摄教育电影的公司，专为学校制作供教学用的非娱乐影片。法国的J.班勒维在1928年拍摄了第一部科教片《章鱼》，接着又拍了《寄生蟹》、《海猬》，1930年又在巴黎创办了科学电影研究所。第二次世界大战以后，科教片产量剧增。中国开始摄制科教片是在1918年，当时商务印书馆活动影戏部拍摄了《盲童教育》、《驱灭蚊蝇》、《养蚕》等科教片。20世纪30年代，南京金陵大学、大夏大学创立的中国教育电影社、南京中央大学电化教育系和中国教育电影协会摄制过一些有关生物、物理、化学的教学影片。40年代初期，中华教育电影制片厂在重庆成立。1948年中国共产党领导下的东北电影制片厂拍摄了第一部科教片《预防鼠疫》。1953年2月，中央文化部电影局科学教育电影制片厂在上海成立（后更名为上海科学教育电影制片厂）。1960年3月，北京科学教育电影制片厂成立。

科学性是科教片创作的首要原则，也是其区别于其他片种的特性。科教片的科学性包括3个方面：①知识性。任何一部科教片都要给人以科学技术知识，这种知识内容应是新颖、深刻的，也是广大观众所需要并能接受的。②准确性。影片所介绍的科学技术内容是正确的，是事物的本来面目，是符合客观世界发展规律的。③真实性。科教片既要注重生活真实，也须注重科学真实。科教片一般没有完整的故事情节，画面的内容往往须借助解说词才能解释清楚，因此解说词是科教片创作中一个重要的组成部分。动画是揭示事物内容结构、剖析科学原理的重要手段，在科教片中运用甚多。在科教片中应用高速摄影、放大摄影、显微摄影、X射线透视摄影、延时摄影，以及水下、空中、望远、内窥镜等摄影技术，能把人类肉眼无法看到的东西拍摄下来。这些技术大大丰富了科教片的表现手段，增强了说服力。科教片有时也配上音乐，运用模型，增加说明字幕，使观众更好地理解和接受影片传播的科学技术知识。

**科举制** imperial examination system 中国从隋唐开始设科考试用以选拔官吏的制度。通称科举制。始创于隋，形成于唐，延续至清末，存在了1 300多年。

隋唐 魏晋开始实行**九品中正制**品第人才，选拔官吏，清要显贵官职被门阀世族垄断。南北朝时期，随着士族门阀的衰落，已经是选无清浊，州举秀才，郡举孝廉已向平民开放。明经之名早见于南朝，但还不是经常科目。隋朝建立后，废除九品中正制，但州举秀才的做法仍沿袭下来，同时正式设立了明经科。隋文帝开皇七年（587）规定，每州每年贡士3人。隋炀帝又置进士科。唐代科举制渐趋完善，当时称为贡举。唐代贡举分为制科和常科。制科由皇帝临时下令举行，以待非常之才。制科主要试对策，科目繁多，比较常见的有直言极谏、贤良方正、博学宏词、才堪经邦、武足安边等科。应制科对策及第，高者授以美官，其次授予出身。常科每年举行，科名有秀才、明经、进士、明法、明书、明算等。武则天长安二年（702）创立武举。州县以下习艺者每岁如明经、进士之法选送于兵部，进行课试。所试科目有长垛、马射、步射、平射、筒射等；又有马枪、翘关、负重、身材之选。上述各科考试通过，兵部即可授官给禄，不必如文官须再经过吏部铨试才能释褐任职。唐代武举亦为常科，但远不如进士、明经等科重要。常科考生有两方面的来源，一是生徒，国子监所属各学和弘文馆、崇文馆的学生经考试合格，由国子监和弘文馆、崇文馆将学生送尚书省参加考试。这些考生称生徒。一是乡贡，乡贡名额上州每年3人，中州2人，下州1人，有才能者不受名额限制。不在学校学习而自学有成就者，不论门第等级和贫富，均可怀牒自列于州县，向州、县提出书面申请，经考试合格，由州送尚书省参加考试。这些考生随各州进贡物品解送，所以称为乡贡。每年应举者少则八九百人，多则一二千人，而其中能及第者不过十余人至三十人左右。终身不第的居大多数。贡举考试最初由吏部考功员外郎主持，开元二十四年以后由礼部侍郎或临时指定的官员主持，称为知贡举。同时设立贡院，作为办事机构。应举者每年十月由州县和馆监举送到尚书省。考中称为及第。唐朝后期，新及第进士要向主持贡举的官员谢恩。谢恩后，知贡举的官员被新及第进士称为“座主”，新及第进士则是“座主”的“门生”。唐代进士或明经及第，只是获得出身和做官的资格，并不直接授予官职。要获得官职，还需要到吏部参加铨选。唐初科举每年录取人数很少，由科举入仕者为数甚微。德宗时起，宰相多由翰林学士升任，翰林学士必选于进士，进士科开始成为高级官吏的主要来源。

图1 宋代科举考试图

宋 宋代科举大体沿唐代之旧，分为常科和制科。常科设有进士、明经、诸科（包括九经、五经、开元礼、三史、三礼、三传、学究、明法等科）。而以进士科为重，得人亦最多。制科不经常举行。此外还有武举、童子举。熙宁四年（1071），废罢明经、诸科，专以进士一科取士。六年又另设新科明法，以待诸科之不能应进士科者。后又废制举。北宋元祐年间及南宋时，进士科分为诗赋进士、经义进士两科。经义进士解试、省试三场考试经义、论、策；诗赋进士考试为诗赋、论、策。一度设经明行修、八行、宏词等科。终宋一代，科目呈现逐步减少趋势，进士科成为最主要的科目。

宋代实行解试、省试、殿试（又称廷试）等三级考试制度。殿试始于宋太祖开宝六年（973）。殿试所定名次与省试有所不同，举人殿试合格才算真正“登科”。皇帝亲临考试，不仅提高了科举的规格，而且可以防止及第举人与知举官结成“座主”与“门生”的关系，使及第人都成为“天子门生”。

宋代参加科举考试的各科士人通称“举人”。举人不是出身，只享有免除本人丁役、身丁钱米的特权。曾参加省试的举人，可以赎免徒以下的公罪和杖以下的私罪。从太宗太平兴国（976～984）年间开始，进士分为三甲，淳化三年（992）后分为五甲，一、二甲赐进士及第，三、四甲赐进士出身，五甲赐同进士出身。前三名依次为状元、榜眼、探花。诸科也按五甲授予本科及第、出身或同出身。

辽金元 辽金元三朝继续实行科举制度。

辽取得燕云十六州以后，即在汉人聚居区开科取士。圣宗统和六年（988）起，辽参照唐、宋之制，逐渐将科试制度化。科目以辞赋为主。考试分乡试（州县试，中式者称乡荐）、府试（中式者称府解）、省试（礼部试），亦曾行殿试。最初二十年中，每科不过取数人，后来逐次增加，多至一百数十人。辽代后期三年一试基本成为定制。辽代禁止契丹人应试。到辽末，此项禁令实际上已经废弛。

金代采取科举形式擢用汉士，始于灭辽之前。初无定额，亦无定期。天会六年(1128)定“南北选”制。辽朝旧土儒士试辞赋，北宋旧土儒士试经义，分别称为“北选”和“南选”。未久又定三岁一试之制。考试依次为乡试、府试和会试(礼部试)三级。金熙宗时，南北选各以经义、辞赋两科取士。海陵王时，增设殿试；并南、北选为一；并曾一度罢废经义科。取士科目除正科(即辞赋和经义)外，还有制举、宏词科以及杂科(经童、律科、策试等)。此外还有武举。世宗时又设立女真进士科，以女真文字试策、诗，同汉人进士三年一试之制，称“策论进士”。

元朝前期多次议行科举，但都未实行。元仁宗皇庆二年(1313)，正式宣布恢复科举制度，次年即举行考试。此后每三年一次(至元年间曾停科两次)。分为乡试、会试、殿试三级。考试时的命题答卷，基本上以程朱理学对儒家经典的阐释为依据。蒙古人、色目人必须以汉文应试，但试题较汉人、南人为易。元朝科举所取录的人数和进士的地位，都低于前代。

明　明代选拔官吏，分为岁贡、荐举、科举三途。明朝初建时，官员主要由荐举而来。为了培养新的人才，朱元璋设立了国子监和府、州、县学。洪武三年(1370)诏设科举，六年罢去，改行荐举。十五年复设，十七年始定科举之式。明初人才辈出，太学为盛。永乐(1403～1424)开始，科举成为官员主要来源，学校则变成科举的预备场所。参加科举，必先进学校取得生员的资格。

科举考试每隔三年举行一次，分乡试、会试、殿试三级。未入学的士子称为童生，经州县、府考试合格后，在府城或直隶州治参加由省的提学官主持的院试。考试及格的，取得府州县学学生的资格，称进学，称为“生员”，一般称为“秀才”，民间称为相公。

乡试在各省城(包括京城)举行。南、北直隶由京府，各省由布政司主持。逢子、午、卯、酉年为正科，遇庆典加科为恩科。考期在八月，故乡试亦称秋闱或秋试。凡国子学生员及府、州、县学生员之学成者，儒士之未入仕者，官之未入流者，由有司保举，均可应考。学官及罢闲官吏、倡优之家、隶卒之徒与居父母之丧者，俱不许应试。乡试中式者称举人，第一名称解元。

会试于乡试次年在京师举行，由礼部主持，称礼闱。逢辰、戌、丑、未年为正科。若乡试有恩科，则次年亦举行会试，称会试恩科。考期在二月，故会试亦称春闱或春试。各省举人均可应考。中式者第一名通称会元。永乐四年(1406)起，会试有副榜。正统后，中副榜者不参加廷试。举人不第，入监而选者，或授小京职，或授府佐及州县正官，或授教职。

殿试即廷试，紧接会试后举行。初为三月初一，后大都定为三月十五。会试中式者均可应考。廷试由皇帝主持，以翰林及朝臣文学之优者为读卷官，共阅对策，拟定名次。名次分为一、二、三甲。一甲三人，赐进士及第，称三鼎甲。头名状元，授翰林院修撰；二、三名榜眼和探花，授翰林院编修。二甲若干人，赐进士出身。三甲若干人，赐同进士出身。二、三甲第一名通称传胪。永乐二年(1404)起，二、三甲进士可参加庶吉士的考选，录取者入翰林院学习三年，再授予重要官职，谓之馆选。其他进士结合会试、复试、殿试名次或授给事中、御史、主事、中书、行人、评事、太常、国子博士，或授府推官、知州、知县等官。英宗天顺二年(1458)起，规定非进士不入翰林，非翰林不入内阁，南、北礼部尚书、侍郎及吏部右侍郎，非翰林不任。明代宰辅170余人，由翰林进者，十居其九。乡试、会试均分三场，以《四书》、“五经”中的文句为题，命应考者阐述其中义理。廷试只有一场，试策问。录取主要看会试第一场经义的成绩。经义命题必须出自《四书》、“五经”。明宪宗成化年间(1465～1487)，“**八股文**”形成。其文略仿宋经义，但必须以古人语气为之，体用排偶，谓之八股，通称制义。

乡试、会试之所，亦谓之贡院。考生入场，要经过严格的搜查，不许夹带。诸生席舍，谓之号房。试卷之首，书三代姓名及本人籍贯、年龄，所习本经，所司印记。文字中回避御名、庙号，不许自序门第。考试完毕，试卷弥封编号，经过誊录、对读校对，然后副本送主考、同考评阅。

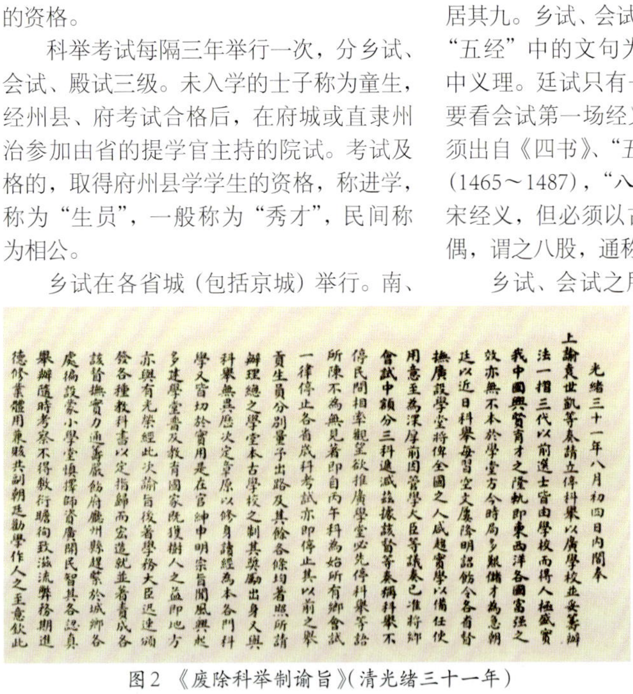
光緒三十一年八月初四日內閣奉
上諭袁世凱等奏請立停科舉以廣學校並妥籌辦
法一摺三代以前選士皆由學校而得人極盛實
我中國興賢育才之隆軌即東西洋各國富強之
效亦無不本於學堂方今時局多艱儲才為急朝
廷以近日科舉每習空文屢降明詔飭令各省督
撫廣設學堂將俾全國之人咸趨實學以備任使
用意至為深厚前因管學大臣等議奏已准將鄉
會試中額分三科遞減茲據該督等奏稱科舉不
停民間相率觀望欲推廣學堂必先停科舉等語
所陳不為無見著即自丙午科為始所有鄉會試
一律停止各省歲科考試亦即停止其以前之舉
貢生員分別量予出路及其餘各條均著照所請
辦理總之學堂本古學校之制其獎勵出身又與
科舉無異歷次定章原以修身讀經為本各門科
學又皆切於實用是在官紳申明宗旨聞風興起
多建學堂普及教育國家既獲樹人之益即地方
亦與有光榮經此次諭旨後著學務大臣迅速頒
發各種教科書以定指歸而宏造就並著責成各
該督撫實力通籌嚴飭府廳州縣趕緊於城鄉各
處徧設蒙小學堂慎擇師資廣開民智其各認真
舉辦隨時考察不得敷衍瞻徇致滋流弊務期進
德修業體用兼賅共副朝廷勸學作人之至意欽此

图2 《废除科举制谕旨》(清光绪三十一年)

明代亦设武科，只有乡试、会试，至崇祯四年(1631)，始有殿试。弘治六年(1493)定六年举行一次，十七年改为三年一次。正德十四年规定，初场试马上箭，二场试步下箭，三场试策一道。万历三十八年(1610)规定会试取中进士以百名为率。

清　清朝于顺治二年(1645)开始实行科举取士，有文科、武科、制科和翻译科。

文科考试，分童试、乡试、会试和殿试四级。

童试为初级的考试。清代的学校与明代一样是科举的必由之路。府、州、县学的学生，称为生员。未取得生员资格的知识分子，不论年龄大小，都称为儒童或童生。童生要进学取得生员的资格，必须通过县试、府试和省学政主持的院试，总称童试。经三级考试，录取的生员留州、县学者，称州、县学生员，拨往府学者称府学生员。**国子监**的学生分为贡生和监生两大类。贡生和监生都要在监肄业，并由国子监的官员定期进行考核。每逢乡试之年，经国子监考试录科，即可参加乡试。各府、州、县学的生员，则参加学政主持的科考。凡名列一、二等及三等之大省前十名，中、小省前五名，就取得了参加乡试的资格。其他三等的生员或因故未参加科考的生员以及在籍的监生、贡生，在乡试之年的七月，可以参加学政主持的录科考试；录科未取或未参加科考、录科的生员，还可以参加一次录遗与大收的考试，考试及格，也可参加乡试。

乡试，三年一科。分正科、恩科。主持乡试的官员称为主考，由皇帝选派。乡试除直隶不派考官，参加顺天乡试之外，其他各省都在省城举行。清代乡试沿明制，例于秋八月举行，考试分三场，初九第一场，十二日第二场，十五日第三场。考试内容，虽以《四书》、“五经”为主，但在清中期以前，并不要求应试者遍治群经，从乾隆五十三年(1788)乡试开始，按《诗》、《书》、《易》、《礼记》、《春秋》的顺序轮流命题，考完“五经”，然后将第二场论题裁去，以“五经”各出一题，一并进行考试，此后成为定制。乡试中额，各省多少不一。中额者称为正榜，正榜之外，还有副榜。名列正榜者称举人，第一名称解元。名列副榜的称副贡。副贡要取得举人资格，还必须在以后的乡试中取入正榜。

会试由礼部主持，称为礼闱。举人须经资格审查或复试，才能参加会试。会试的日期，清初定于二月，乾隆十年改为三月。会试中式，称为贡士。前十名名次由皇帝钦定，第一名称为会元。

殿试是最高一级的考试，在会试之后四月举行。殿试试经史时务策一道，包括三至五题。对策以一日为限，试卷弥封后，收掌官用箱盛储送读卷官评阅。殿试策题是以皇帝的名义发问，所以评阅试卷的官员称为读卷官。评阅完毕，以前十卷进呈，由皇帝亲定名次。皇帝亲定进呈十卷的甲第名次之后，由填榜官填榜。填榜后一日，皇帝亲临太和殿举行传胪大典，宣布殿试结果。王公百官和全体贡士届时参加。一甲三名，依次为状元、榜眼、探花，赐进士及第；二甲若干人，赐进士出身；三甲若干人，赐同进士出身。雍正五年定制：传胪后，新进士还要在保和殿参加朝考。内容是论、疏、诗各一道，试题由皇帝亲命，当日交卷。朝考试卷由阅卷大臣拟定一、二、三等进呈，前十卷的名次亦由皇帝亲定。一等第一名称为朝元。清代沿明代旧制，一甲三人在殿试揭晓后立即授职，状元授翰林院修撰，榜眼、探花授翰林院编修；其他进士则按复试、殿试、朝考三次所得等第的数字，分别选、授庶吉士、主事、中书、行人、评事、博士、推官、知州、知县。进士是科举的终点，也是仕途的起点。

清代文科沿袭明代的制度，以八股文作为考试的主要内容。专取《四书》、“五经”命题。**八股文**在内容方面，作者必须代圣人立言，不仅要依据《四书》、“五经”等儒家的经典，而且要遵守一定的注释。《四书》主朱熹集注；《易》主程颐传、朱熹本义；《书》主蔡沈传；《诗》主朱熹集传；《春秋》主胡安国传；《礼记》主陈澔集说。后来，《春秋》改用《左传》本事，参用《公羊传》、《穀梁传》。在形式方面，每篇文章由破题、承题、起讲、入手、起股、中股、后股、束股、落下或收结等部分组成。在起股、中股、后股、束股四个部分，各有两股互相对应的文字，共有八股。八股文名称由此而来。字数也有一定限制。顺治二年规定：每篇限550字。康熙二十年，增为650字。乾隆四十三年，又增至每篇700字，违者不录。《四书》文和“五经”文虽然同是八股文，但在科举考试中，《四书》文比“五经”文更为重要。八股取士既禁锢人们思想，亦抑制科学文化发展，流弊甚大。

武科考试亦分童试、乡试、会试和殿试四级。武童试三年一次，先经县试、府试，然后院试。考试分三场：头场马射，二场步射，三场原试策论，后改默写《武经》。合格者为武生。武生举优者，准予参加乡试。乡试亦三年一次，于十月举行，中式者称为武举人。次年九月，各省武举人会集北京进行会试，中式者称为武进士。武殿试于会试后一月举行。先试策题于太和殿，再于西苑（今北海、中南海）试马、步射及弓、刀、石。由皇帝亲定甲第，再行传胪典礼。一甲三名赐武进士及第，二甲若干名赐武进士出身，三甲若干名赐同进士出身。一甲三名分别称为武状元、武榜眼、武探花。传胪后，武进士分别以武职录用。

制科由皇帝特诏举行。有博学鸿词科、经济特科、孝廉方正科以及保举经学和巡幸召试。孝廉方正科仅在皇帝即位之年举行，重在品德。保举经学和巡幸召试仅在个别地区和特定范围内偶一行之。影响较大的是康熙、乾隆年间的博学鸿词科和光绪年间的经济特科。制科一般由文武内外百官各举所知，到京进行廷试，考试内容为制策或诗赋，中式者分别授以官职。

翻译科是清统治者为八旗子弟特设的科目。有满洲翻译和蒙古翻译。满洲翻译，八旗满洲、蒙古、汉军均可报考，蒙古翻译，则只限于八旗蒙古。所谓“翻译”，即将满文或蒙古文的《四书》、“五经”中的一段文字译成汉文，或将汉文译成满文、蒙文。此科亦分童试、乡试、会试，然无殿试。翻译会试中式者俱赐翻译进士出身，但不分甲第，无状元、榜眼、探花等称号。满洲翻译，优者以六部主事即用，次者在主事上学习行走或归进士班照例选用。蒙古翻译进士在**理藩院**补用。

光绪二十七年（1901）八月，下诏改革科举；乡会二试，头场试中国政治史事论五篇，二场试各国政治艺学策五道，三场试《四书》义二篇、“五经”义一篇，均不准用八股程式。在兴学校、废科举的舆论压力下，慈禧太后根据**袁世凯**、赵尔巽、张之洞等人的建议，于光绪三十一年（1905）七月宣布：“自丙午科为始，所有乡、会试一律停止”。各省岁试科考亦即停止。在中国实行了1 300多年的科举制度从此结束。

**科克**　Cork　爱尔兰南部的郡级市，科克郡首府，全国第二大城市。位于利河河口，濒临科克港湾。旧城中心是利河上一座小岛。人口11.94万（2006）。7世纪初始建城堡。

科克城市一角

821年、846年和1012年被北欧人突袭、焚烧，最终被占领。定居后的北欧人在利河河口扩建港口，使之成为贸易中心。后长期被英国占据。计算机软件、生物制药、化工、电子等高新科技产业已成为科克的主要部门。传统的酿酒、农产品加工尚有一定地位。其东南约60千米的凯尔特海上的金塞尔为重要的海上油气田。欧洲优良的天然港湾之一。科夫港是科克市的重要门户。著名建筑有建于19世纪的罗马教堂、新教教堂、美术馆、博物馆、歌剧院等。主要大学有科克大学，1908年并入爱尔兰国立大学。

**科克**　Coke, Edward（1552-02-01～1634-09-03）　英国法官、法学家。生于英国诺福克郡的采勒哈姆，卒于白金汉郡的斯多克波吉斯。1578年任律师，1593年任下院议长，1594年由伊丽莎白一世任命为总检察长，1606年由詹姆斯一世任命为普通诉讼法院首席法官，曾多次因普通法的地位与英王发生冲突。1613年被调任王座法院首席法官，1616年又因王室特权而与英王对抗并被免职。1620年出任议会中反对派领袖。曾被监禁9个月。1628年倡议向英王查理一世提出《权利请愿书》。著有《英国法总论》4卷（1628～1644年陆续出版）。他的法学中心思想是强调普通法在英国的特殊地位，认为法律的生命在于理性，普通法就是理性的体现。他坚持国王应遵守普通法，仅享有法律所授予的特权，而不能改变普通法或宣布法律上所没有规定的罪行，也不能审理任何案件。他还认为议会也应当服从普通法，普通法高于议会制定的立法，违反普通法的立法应被认为无效。他主张普通法应不断改变，但不能轻易改变，应注意保持连续性。他的这些观点为当时英国资产阶级与新贵族结成联盟，共同反对君主专制、建立君主立宪的要求提供了法理依据，对英国法的发展发生过重大影响。

**科克托**　Cocteau, Jean（1889-07-05～1963-10-11）　法国诗人、剧作家。生于迈松拉菲特，卒于米伊拉福雷。创作追求奇巧，被称为“耍弄文字的魔术师”。主要作品有27本诗集、17部剧本、17本散文集和7部长篇小说，如诗集《阿拉丁之灯》（1909）、《钉在十字架上》（1945～1946）、《挽歌》（1962），剧作《俄狄浦斯》（1927）、《酒神巴克科斯》（1952），小说《骗子手托马斯》（1923）、《调皮捣蛋的孩子们》(1929)，电影剧本《美女与野兽》(1946)、《俄狄浦斯的遗嘱》(1959)等。此外还有评论集和自传体散文《诗的批评》(1945)、《生存的困难》(1947)和《无名氏的日记》(1953)。他还擅长绘画，素描尤为出色，多用于作品中作插图。

**科莱特** Colette, Sidonie-Gabrielle (1873-01-28～1954-08-03) 法国作家。生于圣索沃尔昂皮萨耶，卒于巴黎。1900～1905年以丈夫的笔名维里的名字发表了6部小说。用自己名字发表的第一部作品是《动物对话七则》(1904～1905)，表现出作者敏锐的观察、细致的分析和优美的文笔。1906年与维里离婚后，过着自由不羁的生活，但又渴望安宁、幸福的家庭。这种矛盾表现在小说《流浪的女人》(1910)和《剧场背后》(1913)中。后期创作偏重短篇小说，著名的有《朱丽·德·卡尔尼朗》(1941)、《吉吉》(1944)。晚年的两部小说《长庚星》(1947)和《蓝灯》(1949)，表现了作者宁静欢愉的心境。

**科雷马河** Kolyma River 俄罗斯西伯利亚东北部河流。由源自哈尔坎山的阿扬尤里亚赫河与库卢河汇合而成。曲折向东北流，注入北冰洋东西伯利亚海的科雷马湾。河长2 129千米，流域面积64.3万平方千米。上游流经著名的金矿区，谷深流急，多险滩；中游河谷展宽，多支流汇入；下游进入科雷马低平原，河床宽，水流平缓，多汊流，沿岸多沼泽低地。河口三角洲面积3 000平方千米。主要支流左岸有亚萨奇纳亚河、奥若吉纳河，右岸有科尔科东河、奥莫隆河等。河口处年均流量3 900米$^3$/秒。年均径流量1 230亿立方米。汛期5月中至9月。年均入海泥沙550万吨。乌哈普恰河口以下可通航2 000千米，乌斯季－斯列德涅坎以下有定期航线。9月末10月初至翌年5月中旬封冻。在支流杰宾河汇合处以上建有科雷马水电站。下游有捕鱼业。沿河主要城镇有中科雷姆斯克。

**科里布湖** Corrib, Lough 爱尔兰最大湖泊。位于爱尔兰西部。面积168平方千米。从北向南延伸长约43千米，宽度从中部的几百米到北部的11千米不等。湖的北部有河流与马斯克湖相连，南部经科里布河与大西洋戈尔韦湾相通。湖中有许多小岛，多古代宗教遗迹和堡垒。盛产鲑鱼、鳟鱼。戈尔韦为湖岸最大城市。

**科林斯** Collins, Wilkie (1824-01-08～1889-09-23) 英国小说家。生于伦敦，卒于伦敦。青年时期当过茶商助手和律师，后从事写作。连载小说《白衣女人》(1859～1860)描写了一件神秘的谋财杀妻案件，作者让事件的目击者轮流叙述其所知道的故事，为后代侦探小说创造了一种新手法。《月亮宝石》(1868)情节惊险曲折，结局出人意料。探长克夫因而成为世界侦探文学中的著名人物。其他主要作品还有同情私生子痛苦的《没有姓名》(1862)，谴责英国法律中男女地位不平等的《丈夫和妻子》(1870)，描写妓女悲惨命运的《新玛格达琳》(1873)等。

**科隆** Colón 巴拿马第二大城市，科隆省首府。位于巴拿马运河北口。人口约4.69万(2000)，居民主要是黑人。气候湿热。1825年始建于曼萨尼略岛的沼泽地上。1855年铁路修通后成为该国加勒比海沿岸最重要的港口。1948年建立的科隆自由贸易区是西半球最大的自由贸易区，是仅次于香港的世界第二大自由港和免税区。有众多的外国公司和银行，主要经营交通器材、电器、机械、化工产品。在附近的拉斯米纳斯建有炼油厂。港口设施多建在毗连的克里斯托瓦尔，港阔水深，可泊巨轮。为巴拿马铁路的北部终点，有公路相通，建有机场。与附近岛屿有便捷的交通。为繁忙的旅游中心。建有宏伟的公共建筑物、海关大厦、教堂和豪华旅馆。

**科隆** Cologne; Köln 德国第四大城市。位于莱茵河沿岸及东西欧陆上交通要道交会点。面积405.2平方千米。人口99.54万(2008)。公元前38年有日耳曼人居住。公元50年罗马皇帝之妹在此出生，以其名命名为“科隆尼亚”，简称科隆。795年成为大主教驻地。1201年辟为自由市。1475年加入汉萨同盟。中世纪德国最大城市，19世纪后发展更快。工业部门齐全，技术水平高，有汽车、机械、炼油、化工等部门。德国名车“奔驰”的生产基地，科隆香水闻名世界。褐煤开采有相当大规模。建有大型炼油厂和化工厂。德国重要商业和金融中心之一，世界最著名展览中心之一。德国交通枢纽。有多所高等院校和多家研究机构以及教堂、博物馆、市政府、城堡等。

**科隆大教堂** Cologne Cathedral 天主教教

堂，欧洲北部最大的哥特式大教堂。位于德国科隆。始建于1248年，所在地为加洛林王朝希尔德博尔德大堂遗址。1322年唱诗坛完工，1559年中央楼落成，德国宗教改革后一度停建，1842年在德国建筑师弗里德里希·茨维尔纳的指导下修建了西立面及两座八角形塔楼，1880年基本落成。堂内设有七个小堂，中殿及耳堂长143米，宽86米，高62米，实际面积为6 161平方米，西立面塔楼高157米。

**科隆群岛** Colón, Archipiélago de 厄瓜多尔在太平洋东部的火山群岛。又名加拉帕戈斯群岛。东距厄瓜多尔海岸约970千米。加拉帕戈斯省所在地。由19个大岛、47个小岛和26组岩礁组成，陆地面积约8 000平方千米。人口1.86万(2001)。省首府为黑巴克里索港，在圣克里斯托瓦尔岛上。最高峰阿苏尔山海拔1 689米。岛上地势崎岖，多火山锥、巉岩和峭壁。气候较为凉爽，降水较少。

该岛以野生生物著名。岛上生物种属约700种，其中35%为当地特有种属。动物中以爬行类居多，尤以大海龟和海鬣蜥闻名于世。

1535年为西班牙殖民者发现。1832年，厄瓜多尔宣布对群岛拥有主权。1835年秋，生物学家C.R.达尔文曾到岛上考察，为其名著《物种起源》搜集到大量宝贵资料。

群岛96.7%的土地辟为加拉帕戈斯国家公园。岛上居民大多从事商业、旅游、渔业、农业和环境保护。有50多个旅游景点。为保护生态平衡，岛上辟有野生动物、植物保护区。

**科伦坡** Colombo 斯里兰卡首都，最大城市和港口。位于斯里兰卡岛西海岸，北临凯勒尼河，海拔7米。当印度洋东西航路要冲，有“东方十字路口”之称。人口约242.1万(2006)。热带季风气候，平均气温12月26.1℃，5月27.9℃。平均年降水量2 395毫米。初建于公元前6世纪中。古代是印度、波斯、阿拉伯与东亚贸易的重要中转地。14世纪，中国旅行家汪大渊曾远履此间。16世纪至20世纪中叶，相继被葡萄牙、荷兰和英国占领。1815年成为英属锡兰(斯里兰卡旧名)首府。1948年国家独立后定为首都。19世纪苏伊士运河开通，英国殖民者兴建人工港，设施日益齐全。迄今经济仍以港口业和服务业为主。新兴制造业多建在城外，有纺织、服装、医药、食品、石油化工、机械、陶瓷等部门。城郊北部辟有贸易加工区，称大科伦坡出口工业区。全国90%以上进出口物资在此集散。铁路与全国各省联系，公路通岛上各地，卡图纳耶克国际机场在城东北32千米，另有拉特默勒讷机场。有科伦坡大学

科伦坡城市一角

(1921)、凯勒尼耶大学(1959)、斯里兰卡佛教和巴利教大学(1982)等，有众多博物馆、图书馆及基督教堂、印度教寺院和清真寺。市区已与近旁的巴塔拉穆拉、代希瓦勒-芒特拉维尼亚、莫勒图沃、凯勒尼耶和斯里贾瓦德纳普拉等卫星城市互相衔接，融为一体，构成大科伦坡，人口约223万。

**科罗尔** Koror 帕劳原首都。位于巴布尔道布岛以南200多米的科罗尔岛上。面积不到10平方千米。人口约1.07万(2005)，约占全国人口的一半以上。新的首都在科罗尔以北20千米巴伯尔道布岛上的梅莱凯奥克。岛长5 000多米，宽1 000～2 000米，为火山岛，周围珊瑚岛礁风景秀丽，旅游业较发达。市区有众多的旅游宾馆。附近机场有往来于关岛等地的定期航班。

**科罗拉多大峡谷** Colorado Grand Canyon 世界陆地上最长的河流峡谷。位于美国亚利桑那州北部的科罗拉多高原上，在科罗拉多河中游河段。为第三纪上新世时高原大幅度抬升、河流强烈下切而成。从州北界附近支流帕里亚河汇入河口起，西至内华达州界附近的格兰德沃什陡崖，全长446千米。谷深约1 600米，最深处1 829米。谷宽6.5～29千米，往下收缩，呈V字形。谷底水面宽度不足1千米，最窄处仅120米。河流曲折蜿蜒，河床坡降大，水流湍急。水深10～15米，夏季水深增至15～18米。谷壁呈阶梯状，南壁海拔1 800～2 100米，气候干暖，植物稀少；北壁比南壁高400～600米，气候寒湿，林木苍翠；谷底海拔760～800米，气候干热，呈荒漠景色。从谷底向上，沿崖壁出露着从元古宙到新生代的各期岩系，水平层次清晰，并含有代表性生物化石，有“地质史教科书”之称。岩性软硬不同、颜色各异的岩层，被外力作用雕琢成千姿百态的奇峰异石和峭壁石柱。大峡谷及其两侧高原地区的有机界包括1 500种植物、355种鸟类、89种哺乳动物、47种爬行类动物、9种两栖类动物和17种鱼。1919年美国国会通过法案，将大峡谷最壮观的一段及其附近地区正式辟为国家公园，面积2 728平方千米。1975年国家公园扩大，加上原先的大峡谷国家保护区和马布尔峡谷国家保护区，以及部分格伦峡谷国家休养地和米德湖国家保护区，总面积达4 929平方千米。1979年，大峡谷国家公园被列入《世界遗产名录》。

俯视科罗拉多大峡谷

**科罗拉多高原** Colorado Plateau 北美洲科迪勒拉山系的山间高原。位于大盆地东南，南落基山以西，地跨美国犹他州南部、科罗拉多州西南部、新墨西哥州西北部和亚利桑那州北部。面积约34万平方千米。古生代初期已是稳定地块的一部分，其组成岩层近于平展，经中生代后期以来大幅度抬升，河流下切，形成广大台阶状高原和一系列深邃峡谷的地貌特征。海拔多在2 100～3 300米之间。著名的科罗拉多大峡谷是世界上最长的河流峡谷。亚热带干旱与半干旱气候，植被稀疏，以旱生灌木为主，局部地区分布沙漠。境内辟有大峡谷、布赖斯谷、弗德台地、化石林等多处国家公园，还有许多国家休养地、纪念地和印第安人居留地。

**科罗拉多河** Colorado River 北美洲西部主要河流。源出美国科罗拉多州北部落基山国家公园中的格兰德湖，向西南流，经犹他州东南部和亚利桑那州西北部；下游河段折向南流，先后成为亚利桑那州与内华达州、加利福尼亚州的界河；最后流经墨西哥西北端，注入加利福尼亚湾。全长2 333千米，其中145千米在墨西哥境内。流域面积63.7万平方千米。上游降水较多，并有山地冰雪融水补给，接纳众多支流，如扬帕河、格林河、甘尼森河、多洛雷斯河、圣胡安河等；水量较丰，年平均流量约700米$^3$/秒。中、下游地区气候干旱，加以灌溉用水以及蒸发、渗漏耗水，支流较少，水量渐减。河流含沙量高，河水呈红褐色，年输沙量1.65亿吨，河口三角洲面积8 600平方千米。河流比降很大，从河源到河口总落差达3 500多米，富水力资源。尤其是流经科罗拉多高原的中游河段，因第三纪以来高原大幅度抬升，河流强烈下切，形成一系列深邃峡谷，适宜筑坝建电站。以科罗拉多大峡谷最著名。20世纪30年代以来，先后兴建胡佛、戴维斯、帕克、格伦峡谷等大坝和水库，以及科罗拉多河-大汤姆逊河等跨流域调水工程。在农业灌溉和向城市供水、供电方面发挥巨大效益。河流通过综合治理，基本控制了洪水和泥沙。科罗拉多河对美国西南部和墨西哥西北部干旱地区经济发展具有重要意义，素有“美洲尼罗河”之称。

穿越峡谷的科罗拉多河

**科罗廖夫** Korolyov, Sergey Pavlovich (1906-12-30～1966-01-14) 苏联火箭和航天系统总设计师，苏联科学院院士。生于日托米尔，卒于莫斯科。1924年毕业于敖德萨建筑职业学校，1929～1930年先后从莫斯科高等技术学校和莫斯科飞行员学校毕业。1932年他领导喷气推进研究小组开始研制液体火箭，1933年8月发射苏联第一枚液体火箭ГИРД-09。第二次世界大战后，作为总设计师组织仿制德国V-2火箭，领导近程和中近程弹道导弹的研制工作。科罗廖夫从1953年开始领导研制P-7洲际弹道导弹，1956年将P-7导弹改制成“卫星”号运载火箭。1957年10月，“卫星”号运载火箭成功地把世界上第一颗人造地球卫星送入近地轨道。在他的领导下又陆续研制出“东方”号运载火箭、“联盟”号运载火箭、“闪电”号运载火箭等，并用这些运载火箭先后发射了世界第一艘载人飞船“东方”号飞船、第一个月球探测器、“金星”号探测器和“火星”号探测器以及“上升”号飞船、“联盟”号飞船、“电子”号卫星、“闪电”号通信卫星等航天器。1957年获列宁奖金。还获得列宁勋章3枚和荣誉勋章1枚。月球背面最大的环形山以科罗廖夫命名。

**科洛尼尔成品油管道** Colonial Product Pipeline 至21世纪初美国最大的地下燃料油

管网。起自得克萨斯州的休斯敦，干线终于新泽西州的林登。1963年建成投产，全长2 400千米，管径762～914毫米；支线全长2 100千米，管径152～559毫米。1972～1979年建成的复线长约2 100千米，管径为914～1 016毫米；复线支线长约1 200千米。管道年输油能力约1亿吨。将美国南部墨西哥湾沿海地区许多炼油厂生产的多种成品油送到美国12个州以及哥伦比亚特区的终端。采用密闭输送工艺，多种油品顺序输送的典型批次为：高级汽油→粗汽油→煤油→燃料油→柴油→煤油→粗汽油，后边再按反向顺序输油。管道的监控系统为主控站、分控站和遥控站三级控制系统，亚特兰大总控制中心设有四个主控站。

**科马内奇** Comaneci, Nadia (1961－11－13～) 罗马尼亚女子体操运动员。6岁接受训练，8岁参加比赛。1975年在欧洲体操锦标赛上获全能冠军。1976年在第21届**奥林匹克运动会**上，以高难度的空翻、连接动作和以她名字命名的高低杠下法获7个满分，一举夺得全能、平衡木、高低杠3枚金牌。当年获罗马尼亚社会主义劳动英雄称号，联合国授予她特别荣誉奖章。1980年在第22届奥运会上再获平衡木、自由体操两枚金牌。1978年获世界体操锦标赛平衡木冠军，又在1977、1979年欧洲体操锦标赛两次获个人全能冠军。1984年获奥林匹克银质勋章。1999年被国际体育记者协会评为20世纪最佳运动员，同年被世界各大通讯社联合评为体育巨星，获国际体育奥斯卡金像奖。

**科马语族** Koman group **尼罗－撒哈拉语系**的一个语族。

**科米人** Komi 俄罗斯联邦的民族之一。曾称齐良人。“科米”一词系科米人和科米－彼尔米亚克人两个兄弟民族的自称。约34.5万人(2001)。主要分布在俄罗斯联邦中乌拉尔山西部科米共和国，部分分布在摩尔曼斯克州的科拉半岛以及乌拉尔山东部的亚马尔－涅涅茨民族自治州、汉特－曼西斯克民族自治区。属蒙古人种乌拉尔类型。讲科米语，属乌拉尔语系芬兰－乌戈尔语族彼尔姆语支。从14世纪起有自己的古文字，十月革命后，经改革制定了以斯拉夫字母为基础的拼音文字。信东正教，同时保留祖先崇拜、万物有灵信仰。南方居民主要从事农业，种植小麦、马铃薯、蔬菜等；北方居民以畜牧业为生，饲养绵羊、牛、马和鹿。苏联时期，科米地区已发展为燃料和木材工业基地。

**科摩罗** Comoros 印度洋西部岛国。位于非洲大陆东侧莫桑比克海峡北端，东、西距马达加斯加和莫桑比克各约300千米。由科摩罗群岛组成，包括大科摩罗、昂儒昂、莫埃利、马约特主岛及其邻近小岛和众多礁屿。面积2 236平方千米(包括马约特岛)。人口80万。共分为三个自治岛（不含马约特)。**马约特岛**目前仍为法国占领。首都**莫罗尼**。居民主要由阿拉伯人后裔、卡夫族、马高尼族、乌阿马查族和萨卡拉瓦族组成。伊斯兰教为国教。99%的居民信奉伊斯兰教。科摩罗语、法语和阿拉伯语为官方语言，通用科摩罗语。

群岛为西印度洋科摩罗海岭的出露部分，由海底火山喷发形成。地形崎岖，多山地，内地和沿海有狭小盆地和平原。各岛海岸线曲折，多港湾，周围为珊瑚礁环绕。大科摩罗岛是群岛中最大的岛屿，面积约1 150平方千米。主要岛屿均为火山岛，各岛火山大多已熄灭。只有大科摩罗岛南部**卡尔塔拉火山**为世界最活跃火山之一。

热带海洋性气候，终年湿热。全年分为雨季（11月至翌年4月）和旱季（5～10月）。

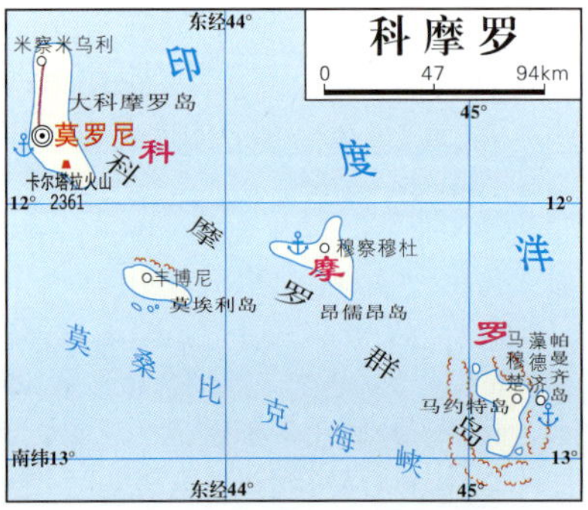


年平均气温为23～28℃。最热月和最凉月分别为28℃和20℃。各岛平均年降水量1 000～3 000毫米，雨季集中于11月至翌年4月，5～10月为旱季。受地形影响，卡尔塔拉山西侧迎风坡平均年降水量高达5 400毫米以上，是西印度洋降水最丰沛之地。

矿藏和水力资源贫乏。香料资源丰富，素有“香料群岛”的美称。热带森林占国土总面积的15%，主要分布在海拔400～1 800米的山地。沿海多红树林。

西方殖民者入侵前长期由阿拉伯苏丹统治。1841年法国入侵马约特岛，1886年又控制其他3岛。1912年全境沦为法国殖民地。1914年划归法国驻马达加斯加殖民当局管辖。1946年成为法国“海外省”。1961年取得“内部自治”。1975年7月6日宣布独立，成立科摩罗共和国，艾哈迈德·阿卜杜拉任总统。1978年10月22日改国名为科摩罗伊斯兰联邦共和国。

1990年3月，赛义德·穆罕默德·乔哈尔当选总统，组成独立以来的第一个多党联合政府。1995年9月，发生军事政变，卡阿比总理成立过渡政府。乔哈尔获释后宣布成立合法政府，出现两个政府共存局面。1996年两派和解，于3月16日组织总统选举，穆罕默德·塔基·阿卜杜勒卡里姆当选总统。1997年7月，昂儒昂岛要求脱离科摩罗归属法国，10月宣布独立。1999年4月19～23日，科摩罗各岛和各党派代表在非洲统一组织和马达加斯加等主持下召开岛际会议并达成《塔那那利佛协议》，规定成立科摩罗国家联盟，各岛实现高度自治，但昂儒昂岛代表拒绝在协议上签字。2002年3～4月，举行全国大选，阿扎利当选科联盟总统，2002年12月，科联盟政府与除马约特岛（仍被法国占领）外的三岛达成协议，就议会选举，联盟和三岛之间的权力分配等问题达成妥协。2005年，国民议会和宪法法院先后审议通过了《中央和地方政府组织法》、《选举法》。

按照2001年12月通过的独立以来第四部宪法规定，由大科摩罗、昂儒昂、莫埃利和马约特4岛组成科摩罗联盟。各岛享有除外交、国防、宗教、国籍、货币、国家象征以外的高度自治权。联盟设一名总统和2名副总统。总统为政府首脑和军队最高统帅，由各岛轮任，任期4年。国民议会为联盟立法机构，议员通过直接选举和地方政府长官指定产生，主要职能包括讨论通过国家法律、国家预算及政府各项法案、宣布战争状态等。目前有50多个政党和政治团体，主要有科摩罗复兴公约党、科摩罗民主进步运动、科摩罗民主阵线、舒马党等。

对外奉行和平、中立、不结盟政策。要求建立国际经济新秩序。主张建立印度洋和平区。主张联合国安理会按主权平等的原则进行改革。1975年11月13日与中国建交。与法国政治、经济关系较密切，但在马约特岛归属问题上有争议。

人均国内生产总值682美元(2008)，经济增长率1.3%。货币科摩罗法郎（简称科法郎)。通货膨胀率3%。实行自由经济制度，鼓励私人和外国投资。

经济以农业为主，70%的劳动力从事农业生产。农产品出口占出口总额的99%。全国可耕地约7万多公顷，主要粮食作物为水稻、玉米和薯类。粮产不能自给，每年需进口3万多吨大米。主要种植香草、伊兰-伊兰树、丁香、鹰爪兰等香料作物，产品质地优良。伊兰-伊兰香精产量居世界之冠，华尼拉果产量仅次于马达加斯加，居世界第二。另外还产薄荷、素馨、柠檬草、王紫罗兰等。畜牧业以养牛为主。肉类产品不能自给，部分需从马达加斯加和南非进口。渔业资源较丰富，以金枪鱼、红鱼和青鱼为主。

工业基础薄弱、规模小，主要为农产品加工业，另有印刷、制药、饮料、水泥、空心砖和服装等厂。

境内无铁路，岛上交通靠公路，岛际靠海运和空运。公路总长880千米。主要港口有穆察穆杜、莫罗尼等，各港年吞吐量共10万吨。有莫罗尼-哈哈亚国际机场，也门、毛里求斯、马达加斯加和法国航空公司有班机经停。各岛间空运业务主要由私人航空公司承担。旅游资源丰富，尚待充分开发。主要名胜景点为卡尔塔拉火山。主要旅游服务设施在大科摩罗岛。

外贸在经济中占有重要地位。主要出口香料等农产品，香草、丁香、鹰爪兰为三大出口香料。大部分生活用品靠进口，主要进口粮食、肉类、石油产品、水泥、铁、日用品、交通工具、建筑材料等。最大贸易伙伴为法国。

教育分为古兰经式传统教育和现代化教育两大系统。古兰经式传统教育由地方集体办学，国家不予干涉。现代化教育采用法国模式，由教育部管理。学校用法语、科摩罗语和阿拉伯语教学。学制为小学6年，初中3年，高中4年。其中高中分为普通高中和技术职业高中（学制3年)，高等院校有教师培训和教学研究学院，就读生很少。

主要报刊有《祖国报》(周刊)。无通讯社。2006年5月，中国援建的国家电视台正式开播。昂儒昂岛有一家私人电视台，用科摩罗语播送地方新闻，也转播法国电视台节目，但功率较小。有科摩罗广播电台，现已可覆盖全国四个岛屿。科摩罗广电中心2002年9月由中国援建。

**科莫埃河** Komoé River 科特迪瓦第一大河。发源于布基纳法索西部边境纳库鲁峰南坡，在巴韦附近进入科特迪瓦，向南流经科莫埃国家公园、东部高原、丘陵，在大巴萨姆港附近注入几内亚湾，全长1 160千米，流量274米$^3$/秒。主要支流上游有莱拉巴河，下游有比亚河。流域面积7.7万平方千米。中下游地区是全国最主要的可可、咖啡和棉花产区。河口地区是当年法国最早的殖民开发区大巴萨姆。

**科莫多龙** *Varanus komodoensis*; komodo dragon 有鳞目蜥蜴亚目巨蜥科巨蜥属的一种。又称科莫多巨蜥。因分布在印度尼西亚科莫多岛得名。也分布于印度尼西亚弗洛勒斯岛附近的另两个更小的岛上。巨蜥属蜥蜴，一般头小，颈长，躯干和四肢粗壮，尾长而侧扁、尾肌发达而有力。肉食性蜥蜴，幼蜥一般以昆虫或小型两栖和爬行动物为食物，随着身体长大而逐渐以大型脊椎动物为食。科莫多龙是最大的巨蜥，也是世界上最大的蜥蜴，成体全长达3～4米。卵生，交配前雄性常有“舞蹈”动作。

**科穆宁王朝** Comnenian Dynasty 拜占廷帝国封建王朝（1057～1059，1081～1185)。奠基人为科穆宁家族的伊萨克一世（1057～1059年在位)。他是一个军事贵族，被小亚细亚叛乱的封建贵族拥立为帝，建立科穆宁王朝。即位后曾想裁汰冗官，改革财政，但因遇到反抗，不得不逊位，由君士坦丁十世·杜卡斯（1059～1067年在位）继承帝位。1059～1081年，史称杜卡斯王朝，帝国处于混乱时期。伊萨克一世之侄阿历克塞一世(1081～1118年在位)于1081年举兵反叛，夺取君士坦丁堡，即位为帝，重建科穆宁王朝。阿历克塞一世统治时期货币贬值，强邻压境，最终以给予威尼斯商业特权的巨大代价，换取它的支持。阿历克赛一世继承人约翰二世(1118～1143年在位)和曼努埃尔一世（约翰二世幼子，1143～1180年在位)企图取消威尼斯等的商业特权，均未成功。1185年曼努埃尔一世的堂兄弟安德罗尼卡一世（1183～1185年在位）被安吉尔家族的伊萨克（即伊萨克二世，1185～1195、1203～1204年在位）推翻，王朝告终。

**科纳克里** Conakry 几内亚首都和最大港口城市。位于国境西部沿海卡卢姆半岛顶端。城市跨通博岛和卡卢姆半岛，有人工堤和铁路桥相连。面积350平方千米。人口210万。城区地势高于附近沿海平原。热带雨林气候，湿热多雨，年平均最高气温30.6℃，极端最高气温35.5℃，年降水量4 351毫米，5～11月为雨季。原是沿海的苏苏人村庄。15世纪欧洲殖民者相继入侵，在此建立据点。城市由法国人始建于1884年。1893年成为法国殖民地法属几内亚首府。1914年科纳克里-康康铁路建成，推动了城市的工业化和迅速发展。1958年国家独立，定为首都。现为全国政治、经济、文化中心和交通枢纽。工业主要有纺织、罐头、鱼类加工、火柴、卷烟、铝制品、车辆装配、塑料制品、电力、食品及农产品加工、建材、印刷等。有两条铁路分别通向内陆腹地康康和弗里亚铝土矿山。公路干线通各大区及主要城市。科纳克里港为全国最大商港，港湾条件优良，有10个泊位，港口吞吐量最高近600万吨。布尔比内渔港是全国最大渔港。文化教育机构有科纳克里大学、综合科技学院、师范学校、职业学校以及护士、产科、军事等专科学校。还有国家博物馆、图书馆、国家档案馆、植物园等。总统府等国家机构、大银行、大商场和大旅馆都在通博岛上。工业和住宅区主要向半岛的东北面发展。著名建筑有国民议会大厦、体育场、反殖民主义烈士纪念碑、中央清真寺和天主教大教堂等。

**科纳拉克太阳神庙** Sun Temple of Konarak 印度中世纪奥里萨式神庙。位于孟加拉湾海滨科纳拉克。神庙祀奉印度教太阳神苏利耶。约建于1250年前后。建筑材料为红

太阳神庙车轮雕塑

砂石与绿泥石。俗称黑塔。神庙东向，在同一条中轴线上排列着主殿、前殿和舞殿，而今只有前殿保存完好。整座神庙被设想成太阳神苏利耶的金色马车，台基两侧共雕有24个富丽堂皇的巨大车轮，前殿正门石阶两侧共雕有7匹腾跃的骏马。在前殿角锥形屋顶的重檐之间，站立着成行大于真人的圆雕音乐天女，造型浑朴粗壮。残存的舞殿外壁梁桁交错，雕饰繁复。在前殿的3个侧面的壁龛内，安置着3尊等身大的绿泥石圆雕太阳神苏利耶立像，分别代表清晨、正午、黄昏的太阳。此外，在神庙院子南北两侧圆雕的战马和战象，舞殿入口台阶左右压伏在大象背上的狮子，都属于奥里萨雕刻的杰作。

**科南特** Conant, James Bryant (1893-03-26～1978-02-11) 美国科学家、教育家。1913年获哈佛大学学士学位。1916年在同

校获哲学博士学位。1919～1953年历任哈佛大学化学系教授、系主任、校长。他曾任美国全国教育协会教育政策委员会主席、美国科学促进会和美国全国教育理事会会长。

在20世纪50年代末的美国教育改革中，他抨击美国学校忽视学术标准，不利于培养大批科技人才。倡导加强普通教育，特别是数学、自然科学和外语的教学，提倡天才教育。他反对轻视学习系统知识的实用主义教育主张，坚持基础知识的传授和基本技能的训练。他要求所有的学生都要学习4年英语、3～4年社会研究、1年数学、1年自然科学。提倡各门学科按照学生的能力分组进行教学。在学习进程中，学生可根据自己的能力变化由低、中级组转入高级组，或由高级组转入中级组或低级组。强调及早发现天才，并对他们进行特殊教育。认为在中学生中存在15%的天才，2%～3%的超天才。建议在超天才较多的学校设特别班，提前教授大学课程。要求加强中小学师资的职前训练和在职培训，全面提高师资质量。他还十分重视改善贫民区学校，加强对贫民青年的教育。著有《今日美国中学》、《美国师范教育》和《教育政策形成》等。

**科潘古城** Copán 中美洲玛雅文明古典期代表性古城。废弃于10世纪初。遗址位于洪都拉斯西部与危地马拉接壤地区，坐落在科潘河西岸。城区面积达数十平方千米。

科潘古城遗迹复原图

金字塔式台庙建筑多有精美浮雕。科潘是玛雅文明学术中心，许多遗迹同天文、历法等学术活动有关。在一座台庙的阶梯表面，自下至上刻有2 500个文字符号，被称为“象形文字梯道”，是迄今所见最长的玛雅文明铭刻。1980年，科潘古城作为文化遗产被列入《世界遗产名录》。

**科普兰** Copland, Aaron (1900-11-14～1990-12-02) 美国作曲家。生于纽约州布鲁克林，卒于纽约北塔里敦。13岁开始学习钢琴。1921年他在巴黎为美国人特设的音乐学校里学习作曲，1924年回国。1927～1937年在纽约社会研究新学院任教。1940～1965年，在伯克希尔音乐中心的暑期学校任教，1957年起兼任该校负责人。1935～1944年受聘于哈佛大学教授音乐。科普兰

是纽约作曲家联合会理事，他与R.塞欣斯一起组织了以演出美国作曲家新作品为主的科普兰－塞欣斯音乐会。他还是亚多音乐节、阿罗音乐出版社和美国作曲家联盟的创建人之一。

科普兰的早期作品，如乐队组曲《剧场音乐》、《钢琴协奏曲》等具有爵士乐因素。1929～1935年间，他受新古典主义影响，音乐语言趋于抽象、理智，如《钢琴变奏曲》、《短交响曲》(即第二交响曲)、管弦乐曲《叙述》等。从1935年起，科普兰进入创作旺盛时期。写下了一系列以民间素材为基础的音乐作品，因而成为美国民族乐派的代表人物之一。如他为舞剧《小伙子比利》、《牧区竞技》、《阿巴拉契亚山的春天》谱写的音乐，管弦乐曲《墨西哥沙龙》，为朗诵和乐队而作的《林肯肖像》(其中引用了林肯的演讲和书信）等。科普兰也创作过一些不够通俗的作品，如《第三交响曲》等。20世纪50年代后，科普兰基本放弃了美国风格。在某些作品中，还采用了十二音技法，如《钢琴幻想曲》、管弦乐曲《内涵》等。70年代以后，科普兰很少创作。科普兰对普及音乐教育、发展美国现代音乐事业作出了贡献。他的重要著作《音乐与想象》，是根据他在哈佛大学“诺顿讲座”的讲稿整理而成的。他的《怎样欣赏音乐》和《我们的新音乐》(1941，1968年修订后改名为《1900～1960年的新音乐》)流传广泛，被译成多种文字出版。

**科普特教会** Coptic Church 基督教东派教会。为古代埃及人所建。由于反对基督具有神人二性的正统主张，拥护被卡尔西顿公会议斥为异端的基督之人性已融合于其神性的“一性论”，故于431年与东正教正统教会分裂，成为独立的“一性论派”教会。其管辖区主要在埃及和埃塞俄比亚。科普特教会是埃及基督教各派中最大的教会，仪式多用古代科普特语，宗主教驻亚历山大城。

**科恰班巴** Cochabamba 玻利维亚第三大城市，科恰班巴省首府。位于中西部东科迪勒拉山脉东侧的科恰班巴盆地罗查河畔。海拔2 558米。以气候温和著称。人口81.58万(2003)。始建于1574年。周围是灌溉农业区，盛产粮食、马铃薯、咖啡、甘蔗、可可、烟草和水果，是全国最大的农产品集散地和加工中心。主要工业有石油提炼、食品、纺织、建材、烟草、轮胎、制鞋、木材加工及家具制造等，特别是奇恰酒酿造著名。输油管连接卡米里油田和圣克鲁斯附近油田。周围有宾托、基利亚科约、西佩西佩和萨卡瓦等几个卫星城镇。市内有圣西蒙大学(1826)、市立图书馆和博物馆；有该国最早的科恰班巴大教堂及其他教堂，均保留着西班牙殖民统治时期的建筑风格。风景秀丽，为重要旅游胜地。交通枢纽。

**科钦** Cochin; Kochi 印度西海岸三大港口之一，游览胜地，海军基地。位于半岛南部，西高止山南段西侧，濒阿拉伯海。地势低平，海拔3米。扼控印度洋北部海上交通线，战略地位重要。人口约135.54万。至迟4世纪已成聚落，并有港口活动。中世纪与东西方国家、地区发生广泛海上联系。15世纪早期(1405～1433)中国航海家郑和就曾多次率船队来访。历史上科钦是欧洲人踏上印度国土的第一站，依次遭受葡萄牙人(1503)、荷兰人(1663)和英国人(1795)的入侵和占领。热带雨林气候，平均年降水量3 047毫米。港口原以香料与宝石贸易为主，现为深水天然良港，吃水9米的舰船进出自如。年吞吐量1 500万吨。工业以造船、炼油为核心部门。出口以茶叶、矿砂、咖啡、木材、冻虾及香料等为大宗；主要进口机械、粮食、油菜子、棉花、花生等。近年加大了港口改建和扩建。有科钦大学(1971)。铁路通内地，有班机通国内外城市。旅游业发展迅速。犹太人的会堂、葡萄牙人的教堂、荷兰人的建筑、伊斯兰教的清真寺和印度教的庙宇，错落分布于市区，构成独特的文化景观。其他古迹有达·伽马墓(其遗骸已运回里斯本安葬，仅余墓碑)等。印度主要海军基地之一。

**科萨人** Xhosa 南非共和国的主要民族之一。又称阿马科萨人。有807万人(2002)。属尼格罗人种班图类型。使用科萨语，属尼日尔－科尔多凡语系南部班图语群。多信原始宗教，部分人已皈依基督教。系东南班图恩古尼人的南支。15世纪，当北恩古尼人定居于纳塔尔南部时，南恩古尼人还在继续南迁，于16世纪抵达凯河流域，17世纪到达大鱼河谷地。18世纪初开始，荷兰殖民者侵入并挤压科萨人分布地区。19世纪初英国殖民者侵入，1879年征服科萨人。在南非白人种族主义政权统治时期，科萨人的聚居地被分割成几十块互不连结的“保留地”。到20世纪60年代，南非当局分别将保留地组成特兰斯凯和西斯凯两个“班图斯坦”，以后又将两个班图斯坦宣

布为两个“黑人独立国”。科萨人的传统经济和社会结构与祖鲁人相似。种植业在经济中所占比重较小，部落间的经济联系较少。现在，很多人在工矿企业中做工，居农村者仍不同程度地保持着传统的社会经济结构。

**科瑟尔** Coser, Lewis A.(1913－11－27～2003－07－08) 美国社会学家。冲突理论的主要代表人物之一。生于德国柏林，卒于美国马萨诸塞州剑桥。1933年纳粹掌权后流亡到法国，同年入巴黎大学学习文学。1941年移居美国。1945年入哥伦比亚大学学习社会学。1948～1986年，先后在芝加哥大学、布朗第斯大学、纽约州立大学石溪分校执教。1975年任美国社会学协会主席。1988年应邀来华访问、讲学。

科瑟尔的学术研究涉及冲突理论、知识社会学、政治社会学、社会学思想史等领域，尤以冲突理论著称。他认为，社会是一个由互相联系、互相依赖的部分所组成的功能系统。由于系统各部分之间存在着资源、声望和权力的不平等分配，当处于不利地位的社会成员对分配方式的合法性产生怀疑时，就会发生冲突。冲突是否起到促进社会整合的积极作用，主要取决于冲突的主题和社会结构两个因素。在一定条件下，频率高但强度小的冲突能够增强系统内各单位的创造性，缓解群体间的敌对情绪，扩大社会单位联合体的数量，从而提高社会的整合水平，增强群体适应外部环境的能力。著有《社会冲突的功能》、《社会冲突研究续篇》、《社会学思想大师》等。

**科斯** Coase, Ronald Harry (1910－12－29～ ) 美国经济学家，新制度经济学学派的重要代表人物。生于英国伦敦威尔斯登。1951年获伦敦大学经济学博士学位，并于同年迁居美国。1951～1958年，任纽约布法罗大学经济学教授。1958～1964年，任弗吉尼亚大学经济学教授。1964～1982年，任芝加哥大学经济学教授，1971年任该校克利夫顿·马瑟经济学讲座教授。1964～1982年，担任《法律和经济学》杂志主编。1991年获诺贝尔经济学奖。

科斯对经济学的主要贡献是：①第一次将交易费用概念引入经济分析，提出了交易费用理论。②提出了新的企业理论。科斯认为，在一个专业化的交换经济中出现企业的根本原因是运用价格机制是有成本的，企业的存在就是为了节省交易费用。③提出了产权理论。他认为产权不仅限于传统意义上资源的所有权或物的所有权，还包括其他许多法定权利，例如避免土地受污染的权利等。著有《英国的广播业：垄断研究》、《企业、市场与法律》、《企业的性质》、《边际成本争论》、《社会成本问题》、《经济学中的灯塔》、《论生产的制度结构》等。

**科索沃和梅托希亚** Kosovo i Metohija 塞尔维亚的自治省。即科索沃。位于塞尔维亚南部，与阿尔巴尼亚、黑山和马其顿毗邻。面积1.09万平方千米。人口约200万(2003)，90%以上为阿尔巴尼亚人，余为塞尔维亚人和黑山人。首府普里什蒂纳。14世纪塞尔维亚王国强盛时期，科索沃为其政治、文化中心地区。15世纪起土耳其奥斯曼帝国征服塞尔维亚，在近500年统治期间，大批塞族人向北迁移，阿尔巴尼亚人进入，逐渐改变了科索沃民族构成。1913年科索沃重归塞尔维亚。1918年属塞尔维亚－克罗地亚－斯洛文尼亚王国(1929年改称南斯拉夫王国)。第二次世界大战期间被意大利占领，并将该地大部分地区划入阿尔巴尼亚。战后复归塞尔维亚。1945～1963年为科索沃－梅托希亚自治区。1963年为科索沃和梅托希亚自治省。1969年为科索沃自治省。阿族人长期谋求分离。1989年塞尔维亚当局废除了科索沃自治地位，遭阿族人反抗；1991年阿族人成立“科索沃共和国”，并组织“科索沃解放军”。从此矛盾激化，局势日益动荡，1998年发生大规模武装冲突。1999年3月以美国为首的北大西洋公约组织干预，对南斯拉夫联盟共和国实施空中打击。同年6月南联盟与北约签约停火，南军警撤出，联合国科索沃特派团和北约部队进驻科索沃。2008年科索沃议会单方面宣布脱离塞尔维亚，成立科索沃共和国，并得到美欧部分国家的承认，对此，塞尔维亚政府表示坚决反对。阿族人在省议会选举中居多数席位。科索沃地区由两个盆地组成，多丘陵山地。温和大陆性气候。蕴藏铅、锌、褐煤等矿，储量占全国一半以上，还有镍、铝土、菱镁矿等。工业以采矿、电力、有色金属加工为主。土地肥沃，种植小麦、玉米、大麦、葡萄、烟草等；山麓放养绵羊和牛。经济发展水平落后于其他地区。重要城市有佩奇和普里兹伦等。

**科索沃战争** Kosovo War 1999年3月23日至6月10日，以美国为首的北大西洋公约组织国家以“人道主义干涉”为名，就科索沃问题对南斯拉夫发动的战争。科索沃在历史上是塞尔维亚的政治文化中心。在奥斯曼帝国入侵以后，阿尔巴尼亚人取代塞尔维亚人大量迁入。第一次世界大战以后，科索沃成为南斯拉夫的一部分。从此，阿尔巴尼亚人就一直追求在科索沃成立自己的独立国家，并因此与南斯拉夫政府及塞族人不断发生冲突。1998年2月，阿族人组成的“科索沃解放军”公开活动，与南斯拉夫联盟塞尔维亚军警的武装冲突愈演愈烈。1999年1月15日，塞族军警同阿族武装在拉察克村交火，40多名阿族武装人员被击毙。21日，北约正式发出动用武力的警告。3月23日，美国参议院表决同意W.J.克林顿总统对南联盟实施轰炸的决定。同日，北约秘书长J.索拉纳下达对南联盟进行空袭的命令。3月24日，以美国为首的北约8个国家对南联盟开始大规模空袭。北约的空袭遭到南联盟的坚决抵抗，激烈对抗持续了78天。在遭到重创、孤立无援的情况下，南斯拉夫被迫接受北约的和谈条件。6月10日，联合国安理会通过8国协议。协议规定南联盟停止在科索沃的一切军事行动，在联合国名义下向科索沃派驻安全部队；还规定解除科索沃解放军的武装。

科索沃战争是一场未经联合国授权对一个主权国家进行的侵略战争。这次战争造成南联盟1 800多平民死亡，6 000多人受伤，100多万人沦为难民。

**科塔萨尔** Cortázar, Julio (1914－08－26～1984－02－12) 阿根廷小说家。生于比利时布鲁塞尔，卒于法国巴黎。1919年随家迁回布宜诺斯艾利斯，次年父亲离家出走。1934年考取阿科斯塔师范学院，一年后因经济拮据辍学，在中学和大学任教。后侨居巴黎，担任联合国教科文组织译员。1938年发表诗集《仪表》。1949年发表诗剧《国王们》，该剧形成其后创作思想的基本倾向。后相继发表短篇小说集《动物寓言集》

(1951)、《游戏的结局》(1956)、《秘密武器》(1959)和《一切火都是火》(1966)等。长篇小说《跳房子》(1963)描写一阿根廷青年怀着对祖国命运的关心前往巴黎寻找真理，但巴黎的社会现实使他的幻想破灭了，于是，他重返祖国，开始新的探索，直至失去理智，从窗台上一跃而跳下楼去。这部小说结构复杂，寓意深刻，是当代拉丁美洲文学中最具艺术特色的作品之一。后期的重要作品还有长篇小说《组装62型》(1968)和《曼努埃尔之书》(1973)，以及札记《最后一轮》(1969)等，1980年出版的最后一部小说集《我们如此热爱格伦达》，可视为作者对自己的人生和创作所进行的反思和总结。

**科特迪瓦** Côte d' Ivoire 西非几内亚湾沿岸国家，全称科特迪瓦共和国，旧译名象牙海岸。居几内亚湾中段，陆疆邻加纳、布基纳法索、马里、几内亚和利比里亚。海岸线约550千米。面积322 463平方千米。人口2 139.5万(2009)。政治首都**亚穆苏克罗**，经济首都**阿比让**。有69个大小部族，主要有阿散蒂人、克鲁人、曼德人、塞努福人、马林克人、沃尔特人、阿蒂耶人等。

居民多信基督教和伊斯兰教，16.7%无宗教信仰，其余信原始教。主要地方语言有迪乌拉语、塞努福语、阿尼语、马林克语等，迪乌拉语最通用，官方语言为法语。

**地理** 全境地势北高南低，西高东低，分为三大地形区：南部沿海平原，海拔一般150米以下，南北宽40～150千米；西部为石质海岸，多悬崖、岬角，东部为沙质海岸，多沙嘴和潟湖。内陆低高原，一直到北部边境，占国土大部分，海拔150～450米，地势向北微微抬升，是重要农牧业区。西部山地系几内亚山地的延伸，是主要林区；从北到南有捷梅山、桑贝山、图拉山、当山等，海拔一般500～1 000米，边境上的宁巴山，海拔1 752米，是全国最高峰。全境跨北纬4° 25′～10° 40′，由南向北逐渐从热带雨林气候过渡到热带草原气候，年雨量从2 000多毫米降至1 000毫米。南部原始密林大多已被油棕、可可、咖啡和橡胶园所取代，只剩塔伊林区大片原始森林。河网稠密，较大河流有科莫埃河、邦达马河、萨桑德拉河、卡瓦拉河等，均注入几内亚湾。矿产资源主要有石油、天然气、铁、锰、铝土矿、钻石和黄金等，是西非除尼日利亚外油气资源最丰富的地方，石油剩余探明储量1 964万吨；天然气储量156亿立方米；马恩地区的富铁矿，储量约30亿吨。

**历史** 11世纪塞努福人在北部建立宫格城，成为非洲南北贸易中心。13～15世纪曾是马里帝国的一部分。15世纪后半叶，葡、荷、法殖民者相继入侵，掠夺象牙、贩运奴隶，海岸一带成为著名象牙市场。1475年葡萄牙人将它命名为象牙海岸。19世纪中叶沦为法国"保护地"，成为法属西非一部分，并先后改称法兰西共同体的"半自治共和国"、"自治共和国"。1960年8月7日宣布独立。实行共和国总统制。国民议会是最高立法机构，任期5年。总统为武装部队最高统帅，享有最高行政权力。长期以来执政党科特迪瓦民主党是全国唯一政党。1990年后实行多党制，现有101个合法政党，主要有科特迪瓦人民阵线、科特迪瓦民主党、科特迪瓦共和人士联盟等。武装力量由武装部队、宪兵和共和国卫队组成，总统为最高统帅。实行义务兵役制，服役期6个月。实行"和平、中立、对话和不结盟"、"全方位"、"伙伴多样化"的外交政策，维护非洲团结和统一，支持非洲经济一体化和地区合作。西非经济共同体、非洲统一组织成员国。

**经济** 经济增长快的发展中国家。20世纪70～80年代保持8%左右的增长速度。80年代后经济陷入困境，经调整和成功实施"瓦塔拉计划"，1995年形势开始好转。2009年国内生产总值约为236.3亿美元，居非洲国家前列。经济结构逐步得到调整，

图1 经济首都阿比让鸟瞰

正在由农业国转为农业工业国。农业是国民经济重要支柱，成就突出。从业人口近80%与农业有关。农产品出口约占出口总额的2/3。可可、咖啡、木材是农业三大支柱，可可产量和出口量居世界首位，咖啡、菠萝居世界前列，油棕、橡胶、棉花、香蕉等在非洲占有重要地位，成为非洲经济作物大国。粮食作物主要有薯类、水稻、玉米、高粱等。盛产热带木材，桃花心木、非洲楝、艳榄仁树等世界有名。工业发展较快，尤其制造业和采矿业。主要工业部门有食品、榨油、木材加工、造纸、纺织服装、水果罐头、制糖、化工、水泥、汽车修配、炼油等。20世纪80年代贝里尔油田和埃斯波尔油田先后投产，产量最高达115万吨。交通运输较发达，以海运为主，成为西非内陆国家的重要出海口和外贸通道。海运承担国内进出口贸易的90%以上；港口以阿比让和**圣佩德罗**最为重要，前者是西非最大天然良港、非洲最大集装箱港口之一。铁路直通布基纳法索首都瓦加杜古。公路主干为高等级柏油路。阿比让国际机场是法语非洲最大的机场，布瓦凯和亚穆苏克罗机场也可供国际航线大型客机起降。

图2 科特迪瓦的咖啡种植

**文化** 除小学、中学外，注重中专和职业教育，包括各类技术学校、城乡技术培训中心和政府各部的专业培训。有大学10余所，主要集中在阿比让。科特迪瓦国立大学为综合性大学、最高学府。非洲传统艺术最丰富的国家之一。科特迪瓦国家博物馆集中了来自全国各部族的艺术精品，包括木雕、青铜器、陶器、编织、蜡塑工艺品、首饰等，雕塑和面具尤为丰富多彩，且具民族特色和时代特征。自然保护区主要有科莫埃国家公园、塔伊国家公园、宁巴山自然保护区、马拉韦国家公园、邦科国家公园、阿萨尼保护区等。

**科托努** Cotonou 贝宁最大城市和港口，政府所在地，大西洋省首府。位于国境南部几内亚湾沿岸，东北距首都波多诺伏35千米。人口65.86万(2002)。地当沿海潟湖沼泽带，诺奎湖出海口。热带雨林气候，年平均最低气温22℃，最高34℃，平均年降水量1 300毫米。19世纪曾为法国殖民军事据点。1891～1893年修建码头，1965年在旧码头之西建成现代化人工深水港后城市迅速发展，与波多诺伏同为国家政治中心，政府广播电台、最高法庭等重要机关和不少外交使团进驻。为全国重要经济贸易中心，主要工业有电力、水泥、汽车装配、纺织、酿酒、棕油加工、食品、日用化工等，诺奎湖之东为工业区。铁路北通内陆帕拉库，东北达波多诺伏、波贝。公路可通周边国家。有国际机场。深水港建于市区西南，为波多诺伏外港，尼日尔、马里、布基纳法索的进出口货物转运港。年吞吐量约220万吨(2003)，集装箱吞吐量28万标箱。设有自由贸易区。输出花生、棉花、棕仁、棕油等农产品，输入纺织品、机械、粮食、食品、石油、水泥等。附近设有贝宁国立大学。市北的诺奎湖岸冈维埃水上村庄以其独特风情吸引游客。

**科托帕希火山** Cotopaxi, Volcán 世界最高、最活跃的活火山之一。位于南美洲安第斯山脉北段东科迪勒拉山西坡厄瓜多尔境内。海拔5 897米。山体呈圆锥形，火山口直径约700米，深约200米。1533～1904年，发生了14次大喷发，1742年的一次喷发毁灭了拉塔昆加城和基多城。最近的一次喷发是在1975年。火山口经常溢出熔岩流，使山坡上冰雪融化，造成巨大的泥石流。4 700米以上终年积雪。1872年有人首次登上顶峰。

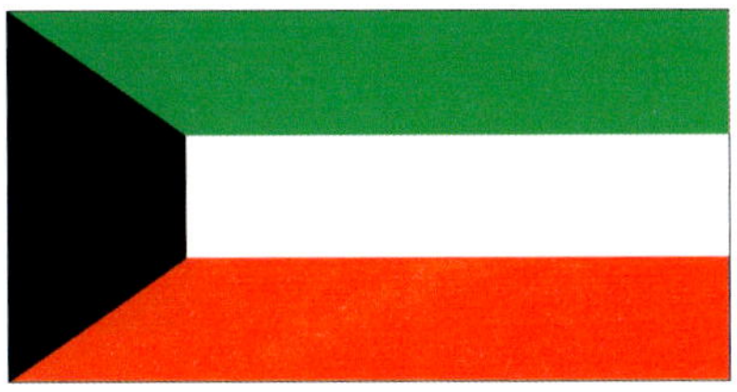

**科威特** Kuwait; Kuwayt 亚洲西部国家。位于阿拉伯半岛东北部，波斯湾顶端西侧；陆上西、北与伊拉克接壤，南与沙特阿拉伯毗邻。面积17 818平方千米。人口345万(2009)。其中科威特籍占38%，外籍占62%(阿拉伯国家的侨民)。居民中95%信奉伊斯兰教，其中70%为逊尼派。阿拉伯语为官方语言，广泛使用英语。首都科威特城。

**地理** 全境基本上是海湾沿海平原的一部分，地势略呈波状起伏，东北部为冲积平原，其余为沙漠平原。大部分地区的海拔在100米上下。东北部分布着以布比延岛为首的十余座大小岛屿，海岸线全长499千米，中段向内作半圆形凹入，为科威特城的建立，提供了天然的良址。国土大多为沙漠覆盖，仅个别地方偶有点状植被。属热带沙漠气候，炎热少雨。年平均气温33℃，1月10℃上下，7月34℃，最高达52℃；平均年降雨量110毫米，降雨日不超过20天。境内没有常流河，也没有湖泊。世界级的石油大国，石油和天然气资源非常丰富。现已探明石油储量为136亿吨，次于沙特阿拉伯、伊朗和伊拉克，居世界第四位。天然气储量为2.5万亿立方米，占世界总储量的1.8%。油田主要分布在南部和海底，其中布尔甘油田和劳扎塔因油田，均属世界大油田之列。

**历史** 早期历史缺乏记载。7世纪，并入阿拉伯帝国，13～15世纪遭突厥人和波斯人的入侵，16世纪并入奥斯曼帝国。1719年，萨巴赫家族开始控制科威特地区；1756年，萨巴赫家族建立独立的酋长国，名义上为奥斯曼帝国巴士拉省的一部分。1899年被迫与英国签订协定，承认英国的"保护"，1939年正式沦为英国的"保护国"。1961年6月19日，英国宣布废除1899年协定，科威特当即宣告独立，称科威特国。1963年5月14日加入联合国。1990年8月2日，伊拉克军事入侵，加以吞并，改建为其第19个省；从而引发海湾战争。伊拉克在以美国为首的多国部队大举进攻下，迅速败退，伊军全部从科撤出。1991年2月26日，科威特复国。

**政治** 君主立宪制酋长国，国君的称号为"埃米尔"，由萨巴赫家族后裔世袭。一切法律以及与外国签订的条约和协定均由埃米尔批准生效。1962年11月12日宪法正式颁布。宪法规定，立法权由埃米尔和议会行使，埃米尔有权解散议会和推迟议会会期；行政权由埃米尔、首相和内阁大臣行使；司法权由法院在宪法规定范围内以埃米尔名义行使；埃米尔任免首相，并根据首相提名任免内阁大臣等。立法机构称"国民议会"，由50名经全国选举产生的议员和现任内阁大臣组成，每届任期4年。政府由王储兼首相和多名内阁大臣组成，负责执行国家的内外政策，向埃米尔负责。原来禁止一切政党活动，海湾战争后，在科议会选举中出现了几个政治派别，主要有伊斯兰宪章运动、伊斯兰联盟、民主论坛、自由独立派等。

**经济** 发现石油前，科威特的主要经济活动限于游牧、采珠、捕鱼和少量的海上运输。1934年，由英、美石油企业组成科威特石油公司着手勘探石油。1938年在布尔甘地区发现大油田，1946年开始商

科威特城水塔

业性生产和出口，从此变为单一的石油经济国家。独立后，1974～1977年实现了石油国有化，民族经济迅速成长，大力发展石油（以及天然气）的开采、冶炼和石油化工工业。又以巨额石油收入为依托，建立多样性经济结构，以期逐渐减轻对石油的依赖程度和改变经济的过分单一化。但石油和天然气工业依然是国民经济的命脉和支柱，其产值占国内生产总值（GDP）的45%，非石油项目产值占GDP的55%（其中非生产性的公共社会及个人服务业占24.5%；金融保险房地产及代理业务占13.6%等）。2009年国内生产总值为1 277亿美元，石油年产量在1973年达1.57亿吨，创历史最高水平。后受石油输出国组织配额的限制，产量有所收缩，但除少数年份外，大体仍保持在1亿吨上下。天然气产量近年以12%的速度递增。此外，石化工业生产能力也在迅速攀升。其他工业有金属加工、水泥、建材预制件、食品加工、玻璃、皮革、日用品等，规模均较小。淡化海水规模居世界首位。近年来，政府重视发展农业，但农业产值在国内生产总值中所占比值非常微小，仅为0.5%。农牧业从业人口1.4万，几乎完全是外籍人。可耕地面积约14 182公顷，耕地占可耕地1/3。种植业以蔬菜为主，粮食和其他食品几乎全靠进口。沿海产珍珠贝和大虾、石斑鱼和黄花鱼等。科威特的货币主币名科威特第纳尔。

科威特没有铁路，但公路交通发达，公路网已遍及全境，总长达4万千米。海运舒威赫是主要客运港口，艾哈迈迪港、阿卜杜拉港和塞欧德港则是油运港口。首都国际机场有通往五大洲的航线。有油气输送管约1 000千米。

对外贸易在经济中地位日益重要，进出口贸易额不断大幅度增长。外贸总额（2009）701亿美元，其中出口额496亿美元，进口额205亿美元。主要出口商品为石油和化工产品，其中原油和石油制品占出口总额的95%。主要进口机械和运输设备、工业制成品和食品。主要贸易对象是日本、美国、韩国、新加坡、荷兰、巴基斯坦、德国、沙特阿拉伯、英国、意大利、法国、印度等。主要投资对象是美国、德国、英国、法国、瑞士、荷兰等。主要投资形式是股票、房地产和银行存款等。

**文化** 实行免费教育。小学和初中实行义务教育。教育经费约为国内生产总值的5%。科威特大学（1962）是唯一的高等院校。报刊均为民办，主要日报有阿拉伯文日报5种（《舆论报》、《政治报》、《火炬报》、《祖国报》、《消息报》），英文日报3种（《科威特时报》、《阿拉伯时报》和《每日星报》）。有3家官方新闻机构：科威特通讯社、科威特广播电台和科威特电视台。

**对外关系** 科威特是许多世界性和地区性国际组织，如阿拉伯国家联盟、阿拉伯议会联盟、海湾阿拉伯国家合作委员会、不结盟运动、伊斯兰议会组织、石油输出国组织等的成员国。广泛参加各种国际政治、经济和文化活动。每年拨付相当国内生产总值的3.8%的款额，援助发展中国家。1968年成立的阿拉伯经济与社会发展基金会，专门负责对外援助，截至2006年年底，该基金会已向发展中国家和贫困国家及地区，提供了124亿美元的低息贷款。已同110个国家建立外交关系。1971年3月22日和中国建交。

**科威特城** Kuwait City; Al Kuwayt 科威特首都和主要港口。位于波斯湾西北端科威特湾南岸，海拔5米。人口50万（2008），如与哈瓦利、萨利米耶和舒威赫等实际为其卫星城市的人口合并计算，人口超过百万，其中外国人居多数。地处沙漠边缘，气候炎热干燥。建于17世纪，居民靠捕鱼和捞珍珠等传统生计为业。第二次世界大战后，随着石油工业的勃兴，从一个海滨沙漠小镇迅速发展。20世纪60年代开始兴建现代化港口，建造深水码头和船坞，一跃成为阿拉伯半岛东岸最主要的深水港之一，可停靠巨型油轮。郊区产椰枣。淡水奇缺，现在建成了世界最大海水淡化厂，生活、生产用水得以完全自给。许多造型美观的贮水塔、贮水箱，构成一大特有景观。有石油化工、化肥、建筑材料、肥皂、海水淡化、电力、食品加工和饮料等多种工业企业。原有旧城墙，长6千米，高4米，厚1米左右。1956被拆除，只留下城门作为古迹，部分城址辟为公园。新城以旧城为中心扩建，完全按规划进行布局建造。交通方便，公路干道通邻国。中东地区最重要的航空港之一，大型国际机场辟有多条航线与世界各国相连。有传统的阿拉伯市场，大小清真寺。设有科威特大学（1962）、萨巴赫医院等文化教育机构。

科威特城鸟瞰

**科西阿斯科山** Kosciusko, Mount 澳大利亚大陆最高峰。位于新南威尔士州东南角，堪培拉西南约140千米。海拔2 228米。系澳大利亚山脉的一部分——雪山山脉的主峰。附近还有汤森山、特怀纳姆山、北拉姆谢德山和卡拉瑟斯山等高峰。1 700米以下多森林。夏季为高山牧场，冬季山顶积雪。融雪汇入各河流，墨累河、雪河均发源于此。附近有跨流域调水的雪山水电工程。建有科西阿斯科国家公园。

**科西加** Cossiga, Francesco（1928-07-26～2010-08-19） 意大利共和国总统（1985～1992）。生于意大利撒丁区萨里市，卒于罗马。曾获法律博士学位。1945年加入天主教民主党。1956年任天民党省委书记。1958年首次当选为众议员。1963年任天民党议会党团领导成员。1976年，出任内政部长。曾改组警察机构，建立第一支反恐怖主义部队。1979年8月至1980年3月和1980年4～9月两度担任总理职务。1983年当选为参议员并任参议院议长。1985年7月当选为意大利总统，并退出天民党。他宣布，作为国家元首不应从属任何政党。1992年4月28日辞职。

**科西嘉岛** Corsica; Corse 法国最大岛屿。位于法国东南地中海，南隔博尼法乔海峡与撒丁岛相望。岛长185千米，最宽处85千米，面积8 720平方千米。行政上属科西嘉大区，包括上科西嘉、南科西嘉两省。地形以山地为主，最高峰钦托山海拔2 710米。多岬角、海湾、断崖和沙滩。沿海属海洋性地中海气候，主要有戈洛、塔韦尼亚诺和塔拉沃等河流。人口30.3万（2008）。公元前3世纪～5世纪由罗马人统治。以后又先后被汪达尔、伦巴德、阿拉伯、比萨、热那亚等统治。1768年划归法国。1769年拿破仑·波拿巴诞生于该岛首府阿雅克肖。经济以农牧业和旅游业为主，工业不发达。风景优美，气候宜人，旅游资源丰富，有香岛之称。阿雅克肖辟有拿破仑故居博物馆。岛上有优质公路网。铁路连接阿雅克肖和巴斯蒂亚。与法国本土之间有轮船和班机往返。

**科西嘉人** Corsicans 西欧法兰西共和国科西嘉岛上的民族。约有25万人（2001）。属欧罗巴人种。通用法语，日常生活中亦使用意大利语的两种方言。信天主教。该岛最早居民是以巨石文化著称的伊比利亚人。在公元前第一千纪相继受到腓尼基人、迦太基人和希腊人的影响。前3世纪罗马帝国统治该岛后，居民逐渐罗马化，接受拉丁语。罗马帝国崩溃后一度臣属拜占廷帝国，并先后有汪达尔人、伦巴德人、法兰克人等日耳曼部落入侵。8世纪以后的400年间，又不断遭到阿拉伯人的侵袭。11～18世纪先后为意大利的比萨和热那亚统治。1768年归属法国。科西嘉人在民间传统和物质文明方面原与意大利人（特别是撒丁人）相近，后在语言文化上受法国影响较大。主要从事畜牧业，饲养绵羊、山羊，以产奶酪著称；兼事农业，种植黑麦、大麦、玉米等，沿海种植葡萄、柑橘和油橄榄；亦从事渔业和旅游业。

**科学** science 运用范畴、定理、定律等形式反映现实世界各种现象的本质、特性、关系和规律的知识体系。英语science，源于拉丁语scientia，含义为“学问”或“知识”。但单纯的知识并不是近代意义上的“科学”。16世纪以后，西方传教士把science引入中国，中国译为格致。“科学”一词是由日文转译而成。约在1890年之后，现代意义的“科学”一词开始在中国流行，见诸康有为的《日本书目志》(1896)、梁启超的《变法通议》(1896)等书籍以后广泛使用。

简史 科学是人类生活和社会实践发展的产物，并随生产的发展、技术的进步，在各个民族和不同社会历史阶段形成它的不同形态。西方有古巴比伦科学、古埃及科学、古希腊科学、古罗马科学等，东方有中国古代科学、古印度科学、阿拉伯科学等。在基督教笼罩下的中世纪欧洲，科学成了神学的“婢女”。

近代意义上的“科学”是伴随近代资本主义生产关系的建立而逐步形成。1543年N.哥白尼太阳宇宙中心说的创建，所引起的科学革命是近代科学形成的标志。17世纪以后，自然科学得到了迅速的发展，形成了一系列独立学科，I.牛顿《自然哲学的数学原理》创造了该时代科学的高峰。18世纪英国的产业革命、法国的启蒙运动和化学革命、德国的自然哲学等，导致科学、技术在世界范围兴起。19世纪的科学成了工业和技术变革的促进者，以能量守恒和转化定律、细胞的发现、电磁学理论和达尔文进化论为代表，科学、技术突飞猛进。20世纪以来，以量子理论、相对论、电子和原子核等一系列发现为代表的物理学革命，导致地学革命和生物学革命等，以及信息论、系统论、控制论、耗散结构论、协同论、突变论、混沌理论等构成的一系列复杂性理论学科，形成庞大的学科系统，使科学和技术获得空前的发展。

随着社会经济、文化的发展，科学发展中心也相应发生着转移。近代科学最早的发源地是文艺复兴的意大利(1540～1610)，随后转移到英国(1660～1730)，接着是法国(1730～1830)，然后转移到德国(1810～1920)，当代科学的中心在美国(1920～ )。

特征 科学的本质特征是客观性和真实性。科学的客观性，表现在事实之间的普遍性和必然性，其结论必须经得住实践——观察和科学实验的检验。科学正是通过对事实的研究，来揭示规律性，进而转为逻辑上的自洽性、连贯性和严谨性。科学还在于它的无矛盾性和可证明性：既可以解释已知的事实，也可以预言未知的、新的事实。因此，它又具有很强的理论性和指导性。

科学同其他社会意识形态一样，也是社会存在的反映。但科学不同于道德，提供的不是规范人们行为善恶的价值准则，而是关于客观存在规律性的真假的知识体系；科学与宗教不同，宗教是对外部自然力量的虚幻反映，而科学描绘的是世界的真实图景；科学又不同于艺术，艺术是用具体的艺术形象表达被认识的事物，允许幻想、虚构和夸张等，而科学则是以严格的抽象概念、图式、范畴、定理和定律形式反映客体，为人们提供真理性的知识；科学与技术也不相同，科学是认识世界，探索和发现自然界存在的现象、规律；技术是改造世界的手段，是发明和创造自然界不存在的客观东西。

基本规范 有五条：①共有性。科学知识为公共知识，科学家可以自由进行研究和信息交流，研究结果则应当公开，并无偿地提供给人类社会全体享用。②普遍性。科学独立于种族、信仰和国家，为人类普遍接受和认知。③无偏见性。科学必须是客观的，不受个人或团体利益、意识形态的操纵。④合理的怀疑性。科学不承认绝对的权威和永恒的真理，科学家可以对任何科学原理进行自由的质疑和批判。⑤原创性。科学研究必须是创新的，不能提供新的知识内容的研究就不能称之为科学贡献。

作用 科学的最终目的是在对世界的正确认识的指导下能动地认识世界，从而使人类在对自然界和在社会的关系中获得自由。在社会发展中，科学是生产力，也是一种对社会历史起推动作用的、革命的力量。科学能够由知识形态转化为物质财富，特别是现代科学愈来愈直接转化为生产力，成为第一生产力。现代生产力实质上是物化的科学技术。科学的发展还会直接或间接地引起社会关系的变革。

发展趋势 科学的发展，归根结底取决于物质生产和社会发展的需要，同时科学的发展具有自身的特点，即富有积累性，科学发展的水平同前一代人遗留下来的知识量（知识的深度和广泛性）成正比例。从17世纪起，科学活动的范围大约每10～15年扩大一倍，而到20世纪这一发展更呈加速度趋势。近代科学发展的基本趋势是分化，分化出各分支学科，进而又细化出许多子学科，形成各门学科的复杂构成。20世纪下半叶以来，科学发展的总趋势，是在高度分化基础上的高度综合。科学正在进入交叉科学时代、非线性科学和复杂性科学时代，科学与技术紧密结合的时代。

**《科学》(美国)** *Science* (America) 世界综合性科技学术刊物。1880年创刊于美国。当时文章质量无法保证，于1882年底停刊。1883年由昆虫学家兼图书馆馆长S.H.施德任主编，于当年2月9日出版新版第一期。1894年，哥伦比亚大学心理学教授J.M.卡特尔担任主编，直至1944年去世。卡特尔把《科学》办成世界最重要的科学刊物。100多年来，它一直以刊载高质量的科学研究论文、报告以及书评而闻名，刊登了世界科技前沿大量的最新发现、发明及有关论文，内容包括自然科学的各个领域。周刊，全年51期。

**科学发展观** Scientific Outlook on Development 中国特色社会主义理论体系的重要内容。中国共产党第十六次全国代表大会以来，以胡锦涛同志为总书记的党中央，高举中国特色社会主义伟大旗帜，坚持以邓小平理论和“三个代表”重要思想为指导，立足社会主义初级阶段基本国情，总结中国发展实践，借鉴国外发展经验，适应新的发展要求，提出了科学发展观这一重大战略思想。

科学发展观，是对中国共产党三代中央领导集体关于发展的重要思想的继承和发展，是马克思主义关于发展的世界观和方法论的集中体现，是同马克思列宁主义、

2008年10月29日至31日，胡锦涛在陕西省安塞县调研和指导深入学习实践科学发展观活动

毛泽东思想、邓小平理论和“三个代表”重要思想既一脉相承又与时俱进的科学理论，是中国经济社会发展的重要指导方针，是发展中国特色社会主义必须坚持和贯彻的重大战略思想。

中共十六大以后，中国在前进道路上遇到一些新的矛盾和挑战。特别是2003年上半年，突如其来的非典疫情让中国共产党进一步认识到中国经济社会发展不够协调等突出问题。在这种背景下，中国共产党开始进一步思考实现什么样的发展、怎样发展的重大问题。2003年4月，胡锦涛在广东考察工作时第一次提出，要坚持全面的发展观，努力促进社会主义物质文明、政治文明和精神文明协调发展。同年7月，胡锦涛在全国防治非典工作会议上强调，要更好地坚持全面发展、协调发展、可持续发展的发展观。同年10月，中共十六届三中全会强调，要坚持以人为本，树立全面、协调、可持续的发展观。胡锦涛在全会上指出，树立和落实科学发展观，这是20多年改革开放实践的经验总结，是战胜非典疫情给我们的重要启示，也是推进全面建设小康社会的迫切要求。同年11月，胡锦涛在中央经济工作会议上指出，牢固确立和认真落实科学发展观，既是经济工作必须长期坚持的重要指导思想，也是解决当前经济社会发展中诸多矛盾必须遵循的基本原则。在2004年初召开的中央人口资源环境工作座谈会上，胡锦涛明确提出要牢固树立和认真落实以人为本，全面、协调、可持续的发展观，并全面阐述了科学发展观的理论基础、深刻内涵、基本要求、指导意义。2005年10月，中共十六届五中全会强调，要全面贯彻落实科学发展观。2006年12月，胡锦涛在中央经济工作会议上指出，科学发展观是我们推进经济建设、政治建设、文化建设、社会建设必须长期坚持的根本指导方针。2007年10月15日，中国共产党第十七次全国代表大会对科学发展观的科学内涵、精神实质、根本要求进行了全面系统深入的阐述。

科学发展观是在深刻分析当前中国发展阶段性特征的基础上提出的。这些阶段性特征主要是：经济实力显著增强，同时生产力水平总体上还不高，自主创新能力还不强，长期形成的结构性矛盾和粗放型增长方式尚未根本改变；社会主义市场经济体制初步建立，同时影响发展的体制机制障碍依然存在，改革攻坚面临深层次矛盾和问题；人民生活总体上达到小康水平，同时收入分配差距拉大趋势还未根本扭转，城乡贫困人口和低收入人口还有相当数量，统筹兼顾各方面利益难度加大；协调发展取得显著成绩，同时农业基础薄弱、农村发展滞后的局面尚未改变，缩小城乡、区域发展差距和促进经济社会协调发展任务艰巨；社会主义民主政治不断发展，依法治国基本方略扎实贯彻，同时民主法制建设与扩大人民民主和经济社会发展的要求还不完全适应，政治体制改革需要继续深化；社会主义文化更加繁荣，同时人民精神文化需求日趋旺盛，人们思想活动的独立性、选择性、多变性、差异性明显增强，对发展社会主义先进文化提出了更高要求；社会活力显著增强，同时社会结构、社会组织形式、社会利益格局发生深刻变化，社会建设和管理面临诸多新课题；对外开放日益扩大，同时面临的国际竞争日趋激烈，发达国家在经济、科技上占优势的压力长期存在，可以预见和难以预见的风险增多，统筹国内发展和对外开放要求更高。

科学发展观，第一要义是发展。必须坚持把发展作为党执政兴国的第一要务，牢牢扭住经济建设这个中心，坚持聚精会神搞建设、一心一意谋发展，不断解放和发展社会生产力。要更好实施科教兴国战略、人才强国战略、可持续发展战略，着力把握发展规律、创新发展理念、转变发展方式、破解发展难题，提高发展质量和效益，实现又好又快发展，为发展中国特色社会主义打下坚实基础。努力实现以人为本、全面协调可持续的科学发展，实现各方面事业有机统一、社会成员团结和睦的和谐发展，实现既通过维护世界和平发展自己、又通过自身发展维护世界和平的和平发展。

科学发展观，核心是以人为本。要始终把实现好、维护好、发展好最广大人民的根本利益作为党和国家一切工作的出发点和落脚点，尊重人民主体地位，发挥人民首创精神，保障人民各项权益，走共同富裕道路，促进人的全面发展，做到发展为了人民、发展依靠人民、发展成果由人民共享。

科学发展观，基本要求是全面协调可持续。要按照中国特色社会主义事业总体布局，全面推进经济建设、政治建设、文化建设、社会建设，促进现代化建设各个环节、各个方面相协调，促进生产关系与生产力、上层建筑与经济基础相协调。坚持生产发展、生活富裕、生态良好的文明发展道路，建设资源节约型、环境友好型社会，实现速度和结构质量效益相统一、经济发展与人口资源环境相协调，使人民在良好生态环境中生产生活，实现经济社会永续发展。

科学发展观，根本方法是统筹兼顾。要正确认识和妥善处理中国特色社会主义事业中的重大关系，统筹城乡发展、区域发展、经济社会发展、人与自然和谐发展、国内发展和对外开放，统筹中央和地方关系，统筹个人利益和集体利益、局部利益和整体利益、当前利益和长远利益，充分调动各方面积极性。统筹国内国际两个大局，树立世界眼光，加强战略思维，善于从国际形势发展变化中把握发展机遇、应对风险挑战，营造良好国际环境。既要总揽全局、统筹规划，又要抓住牵动全局的主要工作、事关群众利益的突出问题，着力推进、重点突破。

深入贯彻落实科学发展观，要求始终坚持党的“一个中心、两个基本点”的基本路线，为实现科学发展提供政治保证；积极构建社会主义和谐社会，为实现科学发展提供良好社会环境；继续深化改革开放，为实现科学发展提供强大动力和体制保障；切实加强和改进党的建设，为实现科学发展提供可靠的政治和组织保障。

为进一步推动科学发展观的贯彻落实，中共中央决定，从2008年9月开始，用一年半左右时间，在全党开展深入学习实践科学发展观活动。总的要求是：全面贯彻党的十七大精神，高举中国特色社会主义伟大旗帜，以邓小平理论和“三个代表”重要思想为指导，组织广大党员特别是各级领导班子和党员领导干部深入学习实践科学发展观，紧紧围绕党员干部受教育、科学发展上水平、人民群众得实惠，进一步解放思想、实事求是、改革创新，切实增强贯彻落实科学发展观的自觉性和坚定性，着力转变不适应、不符合科学发展要求的思想观念，着力解决影响和制约科学发展的突出问题以及党员干部党性党风党纪方面群众反映强烈的突出问题，着力构建有利于科学发展的体制机制，提高领导科学发展、促进社会和谐的能力，使党的工作和党的建设更加符合科学发展观的要求。

科学发展观提出并在全党全国深入贯彻落实后，对于推动中国经济社会又好又快发展起到了重要作用，得到全党全国各族人民广泛拥护，在国际社会也产生了积极反响。

**科学革命** scientific revolution 科学事实的发现和科学理论的建立所导致的科学知识体系的根本变革。常表现为学科发展历程中的断裂和飞跃，以及新旧基本定律、理论的转换。它是人类认识领域中的革命。

本质 科学革命的实质是人类认识的飞跃，是人们科学世界观的重大转换。具体说科学革命既是具体科学理论体系的更迭，也是人们科学思维方式的变革；既是人们对某学科领域认识水准的大提升，同时确立起一些新认识论和方法论的准则；既深刻地改变了人们所认识的世界，亦极大地拓展了人们认识自然和自身的空间。

内容 科学革命的内容是新的科学概念、定律、理论体系、研究方法的全面确立，替代传统的概念、定律、理论和方法，并解决大部分反常现象，使该领域的学者获得一套全新的处理和思考问题的理论工具。科学革命起自1543年N.哥白尼《天体运行论》和A.维萨里《人体构造论》的发表。其中学科一级的科学革命有：16世纪以哥白尼日心说为标志的天文学革命；17世纪以牛顿力学为代表的物理学革命；18世纪以A.-L.拉瓦锡燃烧说为标志的化学革命；19世纪以C.R.达尔文进化论为代表的生物学革命；20世纪以量子力学和相对论为代表的物理学革命，以大陆漂移说和板块构造说为标志的地学革命，以DNA双螺旋模型即脱氧核糖核酸双螺旋学说为代表的生物学革命。科学革命现一般认为自1543年以来发生了三次：第一次科学革命为16、17世纪近代科学的产生，起自哥白尼日心说，终于牛顿力学；第二次科学革命发生于18世纪末和19世纪，包括拉瓦锡启动的化学革命，以后的热力学定律、电磁场理论、电子论，19世纪三大科学发现（能量守恒定律、细胞学说、进化论）；第三次科学革命是20世纪现代科学的诞生，起自量子力学、相对论，包括板块构造说、DNA双螺旋说、老三论（系统论、控制论、信息论）和新三论（突变论、协同论、耗散结构论）等。

作用　主要是：①科学发展的动力，促使科学跃进性发展。②技术发展的基础，促使技术飞速发展。③促进人类哲学观的更迭。如达尔文进化论把上帝创造观更迭为自然进化观。④影响社会变革。如第一次科学革命后，科学与哲学相结合，引发欧洲启蒙时代和法国大革命；科学与实践相结合，产生英国产业革命（见欧洲工业革命）。⑤促进社会生产力的大发展。如M.法拉第和J.C.麦克斯韦的电磁场理论、H.A.洛伦兹的电子论，促使电力技术、电信技术应运而生；J.道尔顿和A.阿伏伽德罗的原子-分子学说，促使化学合成技术和物理化学技术随之兴起。

**科学共产主义**　scientific communism　马克思主义的三个组成部分之一。是关于阶级斗争、无产阶级革命和无产阶级专政、建设社会主义并进而实现共产主义的科学理论。见科学社会主义。

**科学基金**　science, fund of　在国家有关科技工作方针、政策和规划的指导下，充分依靠科学家集体进行民主管理，引进竞争机制，利用项目指南进行引导，对基础研究项目择优作财政支持的机制。一种区别于行政拨款的科研经费分配和使用的机制。1860年，德国已设立洪堡基金会。美国于1950年设立国家科学基金。加拿大于1968年设立自然科学和工程研究基金。韩国于1977年设立科学与工程基金。1972年，12个国家的科学院、研究会发起设立国际科学基金。1974年，西欧各国联合设立欧洲科学基金。中国1982年开始试行、1986年正式设立中国自然科学基金，并在1986年成立国家自然科学基金委员会。中国还设立国家社会科学基金，并于20世纪90年代先后设立国家杰出青年科学基金、青年科学基金、国家基础科学人才培养基金。

**科学技术哲学**　science and technology, philosophy of　哲学的分支学科，科学哲学和技术哲学的合称。

科学哲学　从哲学角度对科学进行整体考察和把握的学问，主要研究科学的认识论和方法论问题。西方科学哲学的主要流派包括逻辑经验主义、批判理性主义和历史主义。

逻辑经验主义兴起于20世纪20年代，又名逻辑实证主义，其代表人物有M.石里克、R.卡尔纳普、H.赖兴巴赫、C.G.亨佩尔等。逻辑经验主义针对当时盛行的思辨哲学、先验哲学，突出经验证实的作用，并利用逻辑分析方法，使概念明确、推理严密，是有积极意义的，但它片面强调经验，否定理性，满足于对科学知识结构作静态的逻辑分析，并把科学和哲学绝对对立起来，与现代科学和哲学的发展趋势相违背，因而不能不受到多方面的批判而走向衰落。

20世纪50年代兴起了批判理性主义，以K.R.波普尔为代表。波普尔强调证伪的作用，认为科学总是通过不断发现和改正错误而发展的，批判精神是科学发展必然的、内在的要求。他还提出了科学发展的动态模式：问题（P1）→猜测（TT）→批判、选择（EE）→新问题（P2）。波普尔强调批判精神，并使科学哲学从科学的静态逻辑结构研究转向科学发展的动态模式研究，有积极意义。但他过分夸大证伪和猜测的作用，全盘否定归纳，则是片面的。批判理性主义是从逻辑经验主义到历史主义的过渡阶段。

20世纪60年代兴起了历史主义学派。其代表有S.图尔明、T.S.库恩、P.K.费耶尔阿本德、L.劳丹等。该学派认为，逻辑经验主义和批判理性主义都局限在逻辑主义的构架之中，是对科学的歪曲，应该从逻辑取向转为历史取向，把科学看作是一种历史的产物，把科学活动视为一种社会事业。库恩提出的科学发展模式是：前科学时期→常态科学时期→反常和危机→科学革命→新的常态科学。以D.夏皮尔、H.普特南为代表的新历史主义积极探索科学哲学与科学史更加协调的发展。

技术哲学　从哲学角度对技术进行整体考察和把握的学问，主要研究技术的本体论、认识论、方法论及技术与社会的关系。技术哲学在历史上有两种传统，一种是工程学的技术哲学，主要是由技术专家或工程师创立的一种技术的哲学，是从内部对技术的分析，把人在人世间的技术活动方式看作是了解其他各种人类思想和行为的范式，比较倾向于亲技术；另一种是人文主义的技术哲学，主要是指人文科学家特别是哲学家，认真地把技术当作专门反思的主题，用非技术或超技术的观点解释技术，对技术比较倾向于持批判态度。工程学的技术哲学的代表人物是德国学者E.卡普、F.德索尔和F.拉普。人文主义的技术哲学的代表人物是L.芒福德、奥特伽、M.海德格尔、J.埃吕尔。

20世纪中叶以来，形成了技术哲学的三种学派。西欧学派以德国和法国为代表。德国成为“分析的技术哲学”的研究中心；法国的技术哲学则侧重于技术伦理学的讨论。英美学派的技术哲学着重在对技术进行社会学及历史方面的探讨。苏联东欧学派注重技术进步与社会发展之间关系的研究。他们提出的科学技术革命论，重点研究现代科学技术革命的基本范畴，科学技术革命与社会的关系，对人类社会的影响等。在日本是以技术论的名称对技术哲学进行研究的。日本的技术论重视技术与社会关系的研究，认为只有这样的研究才能对现实技术发展的基本理论观点作出恰当的评价。

**科学模型**　scientific model　按照科学研究的特定目的，用物质形式或思维形式对原型客体本质关系的再现。通过对模型的研究获得关于原型客体的知识，这是现代科学常用的一种研究方法。科学模型可分两类：一类是物质形式的，即实物模型，它成为人们观察、实验的直接对象；另一类属于思维形式，它是客体的一种抽象化、理想化、理论化的形态，具体表现为抽象概念（如质点、刚体、理想流体等）、数学模型（如数学方程式等）或理论模型（如某些科学假说），成为人们进行理论分析、推导和计算的对象。科学模型是主体（研究者）和客体（研究对象）之间的一种特殊的中介，它既是主体创建和运用的一种研究手段，又是被研究客体的替身。科学模型必须按照所要研究的问题和目的，与原型客体在本质属性方面有相似性，只有这样的模型才具有方法论的价值。科学模型能够撇开那些次要因素、关系和过程，将主要因素、关系和过程突出地显示出来，便于人们观察、实验和理论分析。科学模型不是固定不变的，它需要在人的认识过程中不断完善，得到改善的模型将使人们获得对客体的进一步的认识。

**科学社会学**　scientific sociology　运用社会学观点和方法研究科学与社会相互关系的学科。形成于20世纪30年代，以1938年美国R.K.默顿的《17世纪英国的科学、技术和社会》、1939年英国J.D.贝尔纳的《科学的社会功能》为标志。主要研究科学发展的社会动因以及影响科学发展的社会因素；科学发展的基本规律与模式以及与社会发展的关系；科学中心转移及其相关的社会条件和科学条件；科学革命的社会意义；科学技术应用对社会生活方式和人们日常生活的影响；科学家队伍的结构和功能；进入科学领域的社会相互间的关系；科学发展、应用和管理不当引起的社会问题等。

**科学社会主义** scientific socialism 广义上指马克思主义的整个思想体系；狭义的科学社会主义是马克思主义三个组成部分之一，是研究无产阶级解放运动的性质、条件和一般目的的科学。又称科学共产主义。人们通常讲的科学社会主义是指后者。创始人是K.马克思和F.恩格斯。恩格斯1872年在《论住宅问题》中首先使用了“科学社会主义”概念。

科学社会主义产生于19世纪40年代，它的出现有其社会历史条件和思想渊源。当时，资本主义生产方式在西欧先进国家已占统治地位，大机器工业有了一定的发展，无产阶级已经作为独立的政治力量登上历史舞台，无产阶级和资产阶级的斗争也上升到首要地位。马克思和恩格斯亲自参加了无产阶级的斗争实践，科学地总结了当时国际工人运动的经验，深刻分析了日益暴露出来的资本主义生产方式的内在矛盾，全面研究了资本主义社会的经济关系，首先创立了唯物史观和剩余价值学说，奠定了科学社会主义的两大理论基石。同时，他们批判地继承了空想社会主义积极的思想成果，克服了空想社会主义的根本缺陷，实现了从空想到科学的伟大转变，创立了科学社会主义。科学社会主义诞生的标志是1848年2月《共产党宣言》的发表。科学社会主义的核心是社会主义必然代替资本主义。

科学社会主义是一个完整的理论体系，其基本特征是：第一，消灭私有制，实行公有制。第二，大力发展生产力，创造极为丰富的社会物质财富。第三，实行计划经济，消除商品生产和货币交换。第四，实行按劳分配的原则。第五，消灭阶级和阶级差别，国家将逐步自行消亡，将变成一个自由人联合体。

科学社会主义的理论体系主要包括以下内容：

关于无产阶级历史使命的理论。无产阶级是最有前途、最有远见、最大公无私的阶级，它承担着团结广大人民群众，推翻资本主义，建设社会主义、共产主义，解放全人类的伟大历史使命。

关于社会主义革命的理论。社会主义革命的目的和任务，是以夺取政权为先导，消灭生产资料私有制，建立生产资料公有制，使无产阶级和劳动群众在政治、经济、思想上获得解放。在经济文化落后的国家，无产阶级必须坚持民主革命的领导权，团结广大群众，首先进行资产阶级民主革命，然后转变为社会主义革命。

关于从资本主义向社会主义过渡的理论。在资本主义和社会主义之间有一个革命转变时期，即过渡时期。它的起点是无产阶级夺取政权，终点是社会主义改造基本完成。

关于无产阶级专政的理论。无产阶级反对资产阶级的斗争必然导致无产阶级专政。无产阶级专政是无产阶级领导的、以工农联盟为基础的人民民主专政。

关于社会主义社会发展阶段的理论。社会主义社会是一个很长的历史阶段。在这个历史过程中，还要划分若干个小的阶段。

关于无产阶级政党的理论。无产阶级革命政党的领导，是无产阶级解放事业取得胜利的根本保证。

关于国际主义和爱国主义相结合的理论。无产阶级解放运动是国际性的事业，各国无产阶级和劳动群众联合起来是这一事业取得胜利的重要条件；同时各国无产者和劳动群众的解放斗争又是首先在本国范围内进行的，坚持国际主义和爱国主义相结合，是科学社会主义的重要原则。

**科学实验** scientific experiment 根据研究目的，运用一定的物质手段，通过干预和控制科研对象而观察和探索科研对象有关规律和机制的一种研究方法。科学实验和科学观察一样，也是搜集科学事实、获得感性材料的基本方法，同时也是检验科学假说，形成科学理论的实践基础，二者互相联系、互为补充。但实验是在变革自然中认识自然，因而有着独特的认识功能。原因是科学实验中多种仪器的使用，使获得的感性材料更丰富、更精确，且能排除次要因素的干扰，更快揭示研究对象的本质；此外，它还能发挥人的主观能动性和对自然条件的控制力，揭示极端条件下物质运动的规律，提供更多发现新事物、新现象的机会。科学实验的基本类型是探索实验和验证实验，常见的实验类型有比较实验、析因实验、模拟实验、判决实验等。

**科学学** science of science 主要以实证科学方法对科学进行整体性研究的综合性学科。研究科学知识体系的形成过程及其结构、科学发展的内部因素和外部因素、科学发展的内在规律性和社会历史规定性，以及科学社会建制的结构、职能、演变及与其他社会建制的相互关系，阐明科学的社会历史地位及社会功能。分为理论科学学和应用科学学。由科学的逻辑认识论研究、科学的历史研究、科学社会学、科学经济学、科学创造活动心理学、科学计量学、科学管理和科学政策理论等构成。任务是揭示整个科学知识体系再生产的规律性以及科学发挥作用的规律性，旨在为科学研究的组织管理、科学规划和科学政策的制订提供系统的理论依据。

1927年，波兰T.柯塔宾斯基提出“科学学”概念。1939年，英国J.D.贝尔纳出版《科学的社会功能》，奠定了科学学的基础，第一次提出一系列科学学研究的课题，还示范性地探讨了许多方法、内容和问题。20世纪50～60年代，科学学发展成为一门相对独立的学科。

**科学主义** scientism 认识论和科学哲学中的一种思潮。它认为自然科学是文化中价值最高的部分。此思潮可以追溯到R.笛卡尔和F.培根。19世纪中叶以后产生的实证主义、逻辑实证主义、批判理性主义以及20世纪末以来兴起的科学实在论是这一思潮的重要代表。它们认为自然科学是人类知识的典范，一切自然、社会现象和人的行为原则上都在科学说明范围之内，一切问题都可以运用科学理性和科学方法加以解决。它们把科学作为万物的尺度，认为一切存在就是科学所说的存在，科学之外无实在。

**科伊桑语系** Khoisan family 霍屯督人和布须曼人以及非洲南部其他非班图人使用的一组语言。共约15种。分布于非洲南部。霍屯督人称自己为“科伊”，称布须曼人为“桑”，“科伊桑”一词得名于两个名称的结合。科伊桑语系通常分为3个语族：北部语族和南部语族，包括几种使用人口很少的语言；中部语族，主要包括霍屯督语、布须曼语。此外，有些语言学家把坦桑尼亚境内一些小社团使用的哈扎语和桑达维语也归入科伊桑语系。科伊桑诸语言一度在南部非洲通行较广。科伊桑诸语言的突出特点是使用吸气音，从3～7个不等，构成辅音的一个分系统。世界上只有科伊桑诸语言以及相邻的几种班图语言如祖鲁语、柯萨语等才在讲话中使用这种音，词首通常是吸气音。科伊桑诸语言都是声调语言。

**科伊瓦岛** Coiba, Isla de 巴拿马最大的岛屿。位于巴拿马西南太平洋沿岸。面积503平方千米。地形中间高四周低，最高峰是中部的托雷山，海拔416米。年平均气温26℃左右。80%的面积为丛林覆盖，海边环绕平坦的沙滩，四周海域有许多珊瑚礁。岛上建有联邦监狱和天文台。

**科兹洛夫** Kozlov, Petr Kuzmich (1863-10-15～1935-09-26) 苏联中亚考察家。生于俄罗斯斯摩棱斯克州杜霍夫希纳城，卒于列宁格勒（今圣彼得堡）。1887年毕业于圣彼得堡军事学校。1928年起为乌克兰科学院院士。他还是荷兰、俄国和匈牙利地理学会名誉会员，并获俄国和意大利、英国地理学会奖章。曾6次参加中亚考察队，在中国新疆、青海、西藏等地进行考察，还进入过蒙古国。他在第5、第6次考察中发现并发掘了中国西夏到元代的黑城遗址，获取近2 000册西夏文、汉文及其他文字的文书和刻本，以及许多珍贵的古代绘画、雕刻。第6次考察中还在蒙古国肯特山区挖掘了诺彦乌拉墓地。著有《蒙古和喀木》、《蒙古、阿木道和哈拉和卓城址》、《1923～1926年的蒙古旅行》等。

**颗粒物** particulate matter 大气中的固体或液体颗粒状物质。大气中与气态污染物同时存在的**污染物**。有接近球形的液体微粒，有片状、柱状、针状、雪花状等的晶体微粒，也有形状各异的固体微粒。

对一个非球形的颗粒物粒子，如果它在气流中的运动性质和一个均匀的球形粒子完全相同，那么这个球形粒子的直径就是所研究的非球形粒子的动力学直径。动力学直径在100微米以下的颗粒物可以在大气中稳定存在，称为总悬浮颗粒（TSP）。如果粒径超过100微米，颗粒物就会因重力而很容易从大气中沉降去除。

颗粒物的化学组成十分复杂且变动很大。大致可分为有机组分和无机组分两类，也可分为水溶性组分和水不溶性组分。颗粒物中的有机组分在颗粒物重量中可能超过50%，包括烃类、多环芳烃、醇、酸、酯等。无机组分包括元素碳、金属元素、金属氧化物以及来源于地壳的一些组分，其中水溶性的组分主要是硫酸根、硝酸根等阴离子和$Ca^{2+}$、$Mg^{2+}$、$NH^{4+}$等阳离子。

粒径在0.1～1微米的颗粒物，对可见光有很强的散射作用，是造成**大气能见度**下降的主要原因。此外，越是细小的颗粒物越能进入人体呼吸系统的深处，细颗粒携带大量的有害物质，可对人体健康造成严重影响。直接来自各种污染源的颗粒物称一次颗粒物，由直接排放的污染物经过大气化学过程转化生成的颗粒物称二次颗粒物。

**蝌蚪** tadpole 无尾两栖动物（蛙类和蟾蜍类）的幼体。受种的遗传性所制约，一般生活在水中，至少必须生活在潮湿的环境中，具有一系列适应水生生活的幼体器官，如有鳃等，其器官结构既反映了鱼类祖先的特征，也反映了两栖类在种的形成过程中的过渡性特征。在长期进化过程中，两栖类为了适应环境的变迁和生境的多样性，在蝌蚪阶段其形态也反映了对外界水域环境多样性的适应。其基本特征分为头体部和尾部，口部位于头体前端，一般唇缘较窄，具唇乳突，口内一般有上唇齿和下唇齿，其中央有角质颌，部分类群口部无唇齿和角质颌，唇宽呈漏斗状（如角蟾）；体左侧或腹部有出水孔，其位置因科或属而异；体腹面末端有肛孔；尾部分为尾肌和上、下尾鳍，其形状因种而不同。蝌蚪的形态差异常作为高级分类阶元的重要性状依据，根据其口部形态和出水孔所在部位可分为：无唇齿双孔型、无唇齿腹孔型、有唇齿腹孔型、有唇齿左孔型、无唇齿左孔型。

**咳嗽** cough 一种急速而有力的反射性防御呼气动作。是呼吸系统疾病最常见的症状。通过咳嗽可清除气道内的分泌物或进入气道的异物，但剧烈而频繁的咳嗽会带来痛苦，影响工作和休息。从咽部至终末支气管整个气道黏膜受刺激时均可引起咳嗽。如上呼吸道感染、急性或慢性支气管炎、肺炎时呼吸道内有黏性分泌物积聚；胸膜疾病如胸膜炎、自发气胸时胸膜受刺激；衰弱时肺瘀血、肺水肿；静脉栓子可致肺栓塞；这些均可引起咳嗽。脑炎、脑膜炎影响延髓咳嗽中枢时亦可发生咳嗽症状。治疗引起咳嗽的基本疾病才能治好咳嗽症状。剧烈而频繁的咳嗽可应用止咳药，以暂时缓解症状。

**可变资本** variable capital 生产资本中用于购买**劳动力**的那一部分资本。**不变资本**的对称。可变资本在生产过程中转化为劳动力，而劳动力的实际使用就是劳动。劳动有两重作用：作为**具体劳动**，它把生产资料的旧价值保存下来，转移到新产品中去；作为**抽象劳动**，它创造新价值。劳动创造的新价值不但能补偿劳动力本身的价值，而且还能超过劳动力价值，带来**剩余价值**。由于购买劳动力的这部分资本在生产过程中会增殖自己的价值，所以K.马克思把它称为可变资本。不变资本与可变资本的划分是马克思第一个提出来的。这种划分是理解资本主义剥削的现实运动的基础。它揭示了资本家所获得的剩余价值，是工人的剩余劳动创造出来的。

**可待因** codeine 异喹啉型**生物碱**，分子式$C_{18}H_{21}NO_3$。最初从罂粟中与**吗啡**一起分离得到。也可用吗啡甲基化制得。

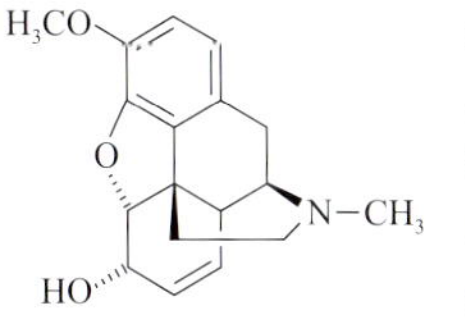


熔点157～158℃（含一分子结晶水），比旋光度$[\alpha]_D^{15}-136$（乙醇）或−112（氯仿）；易溶于氯仿、乙醇、丙酮、戊醇，稍溶于苯、乙醚，微溶于四氯化碳和水。遇浓硫酸加浓硝酸呈灰绿色到紫绿色。与多种酸形成结晶盐。可待因的药理作用与吗啡相似，有镇痛、镇咳作用，其镇痛作用相当于吗啡的1/7～1/10，镇咳作用为吗啡的1/4，副作用小，抑制呼吸作用比吗啡轻，对胃肠道几乎无反应。临床上用作镇咳药。

**可更新资源** renewable resource 通过天然作用或人工经营能为人类反复利用的各种**自然资源**。又称可再生资源。主要是土地资源，包括农耕地、宜垦地、草场、宜林地、沙漠、裸露山坡等；水资源，包括地表水和地下水；气候资源，包括光照、温度、降水等；生物资源，包括各种农作物、林木、牧草等植物，鱼类、家畜、家禽、野生的兽和鸟类等动物以及微生物，也包括由它们组成的各种种群和生物群落。这些资源是人类生产和生活的物质基础。土地、水、气候和生物资源都有各自的运动规律，彼此相互联系、相互制约，构成完整的系统。人类开发和利用**生物圈**中某一种可更新资源，必然会影响到其他资源。随着对可更新资源的破坏日益加剧，调查、保护和管理可更新资源已成为生态学和**环境科学**中重要的课题。

**可见光** visible light 对人眼能起视觉作用的光波。人眼对不同波长的光有不同的色觉，紫光波长最短，红光波长最长。在辐射通量相同的条件下，波长不同的色光对人眼可引起不同的亮暗感觉，人眼对波长为555纳米的黄绿光最灵敏，而对红光和紫光最不灵敏。亦即在引起相同亮暗感觉的条件下，对555纳米的光所需的辐射通量$\varphi_{555}$最小，对其他波长的光所需辐射通量$\varphi_\lambda$则较大。对大量人眼进行测试可得$\varphi_{555}$与$\varphi_\lambda$的比值，并定义光谱光视效率函数（即视见函数）$V(\lambda)=\dfrac{\varphi_{555}}{\varphi_\lambda}/\varphi_\lambda$来描述人眼感受不同色光的相对灵敏度。对人眼最敏感的黄绿光，视见函数为1，对其他色光的视见函数则小于1，对红光和紫光的视见函数最小，对红外线和紫外线的视见函数为0。国际照明委员会（CIE）综合许多科学家对欧美被测者的测试结果制定出视见函数标准曲线如图所示。图中画出了明视觉和暗视觉的视见函数曲线，它们分别在明亮和昏暗条件下测得。在昏暗条件下人眼最敏感的波长为507纳米。若把人眼明视觉视见函数降低到最大值的1%处的波长作为可见光的极

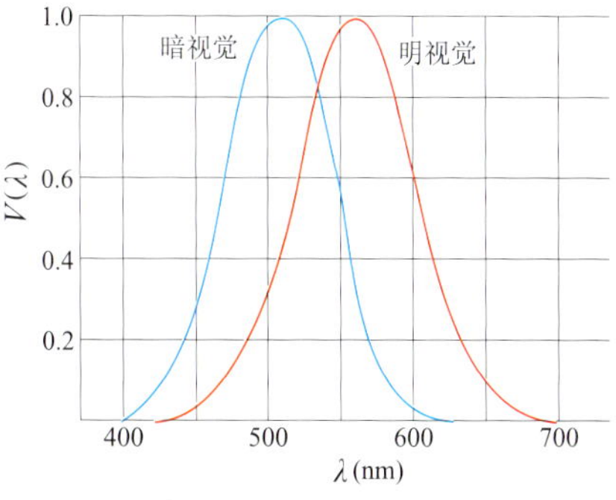


不同条件下的人眼相对视敏曲线

限波长，则可见光的波长范围大约在400～760纳米之间。

人造可见光一般是利用白热固体的热辐射或气体放电而得到。可见光的检测可使用光电管、光电倍增管、半导体光电器件或感光乳胶等。

**可卡因** cocaine 莨菪烷型生物碱古柯碱的别名。可用作局部麻醉药。

**可靠性** reliability 产品在规定条件和规定时间内无故障地工作的性质。可靠性反映产品完成规定功能的能力，是产品质量的重要指标。这里产品泛指元件、器件、部件、设备、大型客机、计算机互联网络、通信网络、各种控制系统、建筑结构等，可以是硬件或软件，或两者的结合。产品丧失规定功能，不论其能否修复，都称为失效。可靠性理论研究失效现象，涉及工程设计、失效机理的物理和化学分析、失效数据的收集和处理、可靠性的定量评定以及使用、维修和管理等范围，涉及多种学科。可靠性问题的提出，是由于大工业生产及第二次世界大战中研制和使用复杂的军事装备的需要。随着市场需求的发展，产品的结构日益复杂，规模日益增大，要求其完成的功能也日益广泛，因此定量评定和提高产品的可靠性已成为重要的课题。

产品的可靠性是通过设计、制造、管理得到的。由其数量指标（可靠度、平均寿命、失效率等）来定量描述。假定产品只有正常和失效两种状态，产品在失效前的一段正常工作时间称为寿命。由于失效是随机现象，寿命可用非负随机变量及其分布函数$F(t)=P(X\leqslant t)$（见概率分布）来描述，$F(t)$称为失效分布或寿命分布。对失效后不加修复的产品，其可靠性用可靠度、平均寿命和失效率等来刻画。产品在规定条件下，在规定时间$[0,t]$内完成规定功能的概率称为产品在时刻$t$的可靠度，记作$R(t)$，又称生存函数；产品在发生失效前的平均工作时间称为平均寿命；能工作到某时刻$t$的产品，在时刻$t$后的单位时间内发生失效的概率称为产品在时刻$t$的失效率，记作$\lambda(t)$。对失效后可修复的产品，其状态随时间的进程是正常与失效相交替的一个随机过程，它的可靠性用如下的指标来描述：产品首次失效前的时间的概率分布和均值；任一时刻$t$产品正常的概率，即可用度；$[0,t]$中产品失效次数的分布和均值等。

在工程结构和机械产品设计中采用产品强度$Y$和产品所受到的应力$X$来描述可靠性。产品在规定条件下，规定时间内，强度始终大于应力的概率，称为结构可靠度，即$R=P(Y>X)$。其他指标还有可靠指数和可靠度安全系数等。

可靠性数学理论主要研究产品的寿命分布及分布类、现场数据和寿命数据的统计分析、可靠性试验的最优设计、结构函数、网络可靠性、故障树分析、复杂系统可靠性分析及系统中单元更换策略及备件最优化问题等。

**可可** *Theobroma cacao*; cacao 梧桐科可可属的一种。常绿乔木。原产南美洲亚马孙河上游的热带雨林。中国主要分布在台湾和海南岛。

株高4～10米。叶长卵形，叶柄两端具枕。花小，着生在主干和枝条上。果长圆至纺锤形，外果皮具纵沟，表面粗糙，内含种子20～40粒。是典型的热带作物。喜高温、高湿、静风、有荫蔽的环境，要求年平均气温24～28℃、年降水量1 500～3 340毫米，且分布均匀。以有机质丰富的肥沃土壤为宜。用新鲜种子或用扦插、嫁接等繁殖。幼苗不耐移栽，宜用营养袋（或篮）播种育苗，以便带土移栽，提高成活率。苗期需有75%的荫蔽，幼龄树和成龄结果

可可果枝和果

树分别需50%和30%的荫蔽度。经常风大的地区需营造防风林。可可豆经焙炒加工成可可粉，是制造巧克力的主要原料；也可作饮料，是与茶叶、咖啡齐名的三大饮料之一；也可供药用。可可营养丰富，热量高，具有兴奋和滋补作用。

**可可碱** theobromine 嘌呤型生物碱，分子式$C_7H_8N_4O_2$。存在于可可和茶叶中。熔点351℃，290℃升华；微溶于水和乙醇，几乎不溶于苯、氯仿、石油醚、四氯化碳等。化学性质与咖啡碱类似，其盐类在水溶液中极容易分解成游离碱和酸，而游离碱则较稳定。可可碱具有利尿、心肌兴奋、血管舒张、平滑肌松弛等作用。

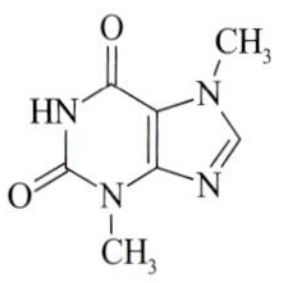

**可可西里自然保护区** Hoh Xil Natural Reserve 中国动物类型自然保护区。1995年成立，1997年批准为国家级自然保护区。位于昆仑山南麓，青海省玉树藏族自治州西北部。面积约4.5万平方千米。是中国目前少数几个面积大、海拔高、野生动物资源最为丰富的特大型国家级自然保护区之一。主要保护对象为藏羚羊、藏野驴、野牦牛等有蹄类动物及生态系统。保护区年平均气温约在－4.4～10℃之间，最低气温为－46℃，以高寒、半干旱、空气稀薄、气压低为特征，气候恶劣，自然环境严酷，属独特的高寒生态区。区内主要植被类型为高寒高原、高寒草甸和高寒冰缘植被，以及少量的高寒荒漠草原、高寒垫状植被和高寒荒漠等。全区有高等植物102属、202种，其中青藏高原特有种84种，有少量珍贵的野生植物。区内动物区系组成简单，但种群密度大，数量多，有哺乳动物23种，其中青藏高原特有种11种。

**可口可乐公司** Coca-Cola Company, The 美国和世界最大的软饮料公司，软饮料销售市场的领袖和先锋。总部设在美国佐治亚州亚特兰大市。在世界近200个国家从事经营活动。

公司成立于1892年。可口可乐是由可口和可乐两种植物的叶子和果实中提取的浆汁制成的一种饮料。由美国药剂师J.S.彭伯顿发明。1892年，A.G.坎德勒以2 300美元取得可口可乐的配方和所有权，次年成立了可口可乐公司。可口可乐产品行销全美国。1908年进入亚洲。第二次世界大战期间，公司不断进行兼并活动，收购和设立多家食品、饮料和装瓶公司。公司产品多样化，包括世界最畅销五大名牌中的四个（可口可乐、健怡可口可乐、芬达及雪碧）。通过全球最大的分销系统，行销世界超过200个国家及地区，每日饮用量10亿杯，约占全世界软饮料市场的48%。

**《可兰经》** *Qur'ān* 伊斯兰教的根本经典。又译《古兰经》。

**可能性与现实性** possibility and actuality 反映事物或现象出现之前的发展趋势与出现之后的既成现实之间的相互联系的一对哲学范畴。可能性是客观事物内部包含着的这种或那种发展的趋势。现实性是可能性的实现，是相互联系的变化发展着的各种客观实在的事物和现象的总和。

在欧洲哲学史上，古希腊的亚里士多德第一次系统地论述了可能性（潜能）与现实性的关系。G.W.F.黑格尔是在马克思主义哲学产生之前辩证地考察可能性和现实性范畴最富有成果的哲学家。辩证唯物主义用对立统一的观点考察可能性与现实性，不仅科

学地揭示了它们各自的含义，而且为进一步理解二者的辩证关系提供了钥匙。可能性与现实性是对立统一的关系。一方面，可能性与现实性是对立的，它们相互区别，不能等同。另一方面，可能性与现实性又是统一的，它们相互依存，相互转化。可能性是潜在的、尚未展开的现实性，现实性是充分展开并已实现了的可能性。现实性之所以成为现实性就在于它有先行的可能性作依据，可能性之所以是可能性就在于它是有待实现的现实性，二者不可分割。事物的发展总是可能性和现实性相互转化的过程。某种可能性因具备了一定条件而成为现实性，而在另种现实的基础上又会出现新的可能性。可能性转化为现实性需要一定的条件。因此，在人类改造自然和社会的实践活动中，必须在遵循客观规律的基础上，充分发挥人的自觉的能动性这一主观条件的作用，去实现可能性和现实性的相互转化。

**可逆过程** reversible process 忽略了摩擦和其他损失的准静态过程。每一时刻都处于平衡态的理想的热力学过程称为准静态过程。如果一个过程既可正向进行，也可逆向进行，而且逆过程时系统经过的全部状态与正过程所经过的状态相同，只是次序相反，并在每一步上都消除了正过程在外界引起的一切影响，则此正过程称为可逆过程。封闭在气缸和活塞之间的理想气体在忽略了摩擦和其他损失情况下发生的准静态等温膨胀就是可逆过程。最终的结果是气体回到正过程的初始状态而不对外界产生任何影响。而理想气体在封闭容器中发生的向真空的自由等温膨胀是典型的不可逆过程，因为无论用什么方法都不能使气体恢复到初始状态而不对外界产生影响。

严格讲，一切由大量粒子组成系统中发生的宏观过程都是不可逆的，因系统在做机械运动时总伴随有摩擦损失，而热传递中热量总自发地从高温物体传到低温物体。此外，系统自发地从非平衡态向平衡态过渡的过程也是不可逆过程，如因温度、浓度和速度分布的不均匀引起的热传导、扩散和黏滞现象都是不可逆的现象。

**可燃冰** natural gas hydrate 由碳氢化合物气体与水分子，在高压（大于10兆帕）、低温（小于10℃）条件下形成的一种固态结晶物质。外貌类似冰雪，可被点燃。是清洁新能源。见**天然气水合物**。

**可吸入颗粒物** inhalable particle; IP 能进入人体的呼吸系统，动力学直径在10微米以下的**颗粒物**。国际标准化组织（ISO）建议将可吸入颗粒物定义为粒径$D_p \leq 10$微米的颗粒物。此标准已为日本和中国接受。因此，可吸入颗粒物一般指粒径$D_p \leq 10$微米颗粒物（$PM_{10}$）的质量浓度。可吸入颗粒物是中国城市大气污染控制的关键污染物。

**可行性研究** feasibility study 在项目投资前必须进行的研究分析工作。起源于20世纪40年代后期。最初是银行投资贷款项目赢利的研究分析工作报告，后来得到了联合国工业发展组织和世界银行等重要机构的确定，成为项目投资前必不可少的决策程序。可行性研究必须在技术、经济、财务、市场、开发、环境保护等方面进行全面系统的分析论证。结果将作为项目审查、投资决策、资金申请、合同签订等的依据。可行性研究得到批准后，又将是项目设计及施工的依据。可行性研究的主要内容有：①分析和确定投资项目的目标。②收集各建议方案。③分析市场需求。④分析资金筹措和投资方案。⑤分析并确定原料、能源、物资、设备来源。⑥分析工艺技术流程及生产规模。⑦分析公共工程、相关工程、约束条件、环境保护等。⑧投资前初步可行性研究。⑨可行方案的比较评价及确定。⑩做进一步精细的经济财务收支计算、盈亏分析、灵敏度分析及综合的经济效果分析。⑪编写可行性研究综合评价报告，提出详尽的决策分析依据。

**克鼎** Ding of Ke 中国西周晚期**青铜器**。因作器者为官任“膳夫”的克而得名，又名膳夫克鼎。相传清光绪十六年（1890）在陕西扶风任村出土。包括大鼎1件，小鼎7件。从器形与铭文推断，为西周厉王、宣王时器。因大鼎习称大克鼎，故小鼎称小克鼎。大克鼎及最大的1件小克鼎现藏上海博物馆。大鼎通高93.1厘米、腹径74.9厘米，重201.5千克。双立耳，折沿，鼓腹，三兽蹄足。口沿下饰窃曲纹一周，腹饰环带纹，足饰兽面纹。腹内壁铸铭文28行、290字，主要讲周王命克出纳王命，并赐以命服、土地和臣妾等，是研究西周晚期土地制度和册命制度的重要资料。7件小克鼎铭文相同，形制、纹饰与大克鼎相似。其中最大的1件内壁铸铭文8行72字，记周王二十三年，王命克巡视、整顿驻扎在成周的军队即成周八师之事，对研究西周军制及官制有重要价值。

大克鼎

**克尔白** Kā ‘bah, al- 麦加禁寺内一座立方体石殿。中国穆斯林又称天房。位于沙特阿拉伯麦加禁寺的中央。全世界穆斯林礼拜的朝向所在和履行**朝觐**的中心。穆斯林

克尔白之门

认为，石殿为人类始祖阿丹创建，后遭洪水冲毁，由易卜拉欣和伊斯玛仪重建。**穆罕默德**年轻时曾参加修建。伊斯兰教兴起后，将其定为礼拜的朝向和朝觐的中心。1630年，**奥斯曼帝国**进行过大规模修缮。1958年，沙特阿拉伯又重新整修克尔白顶部及墙壁。现克尔白南北长12米、东西宽10米、高15米，地基为高25厘米的雪花石。北边的门高2米，宽1.7米。殿的四周依朝向分别称伊拉克角、叙利亚角、也门角和镶嵌黑色陨石的黑石角。殿内大理石铺地，三根柱支撑屋顶，除挂灯和题词外，别无陈设。整个建筑终年罩着黑色帷幔，上绣金色《**古兰经**》经文。每年朝觐期间，举行洗涤和更换帷幔仪式。

**克尔凯郭尔** Kierkegaard, Søren (Aabye)（1813-05-05～1855-11-11） 丹麦基督教思想家。**存在主义**的先驱。生于哥本哈根，卒于哥本哈根。早年在哥本哈根大学学习神学，因对理性哲学特别是黑格尔主义的批评而著称。其哲学主旨在于以个人生活的体验论证个性原则和对上帝的信仰。他认为存在就是由痛苦、烦恼、孤独、绝望、情欲、热情等情绪构成的个人的存在，个人不断地超越自身趋向上帝，并在对上帝这个“绝对的对方”的关系中规定自身。他的哲学思想大多是通过文学作品表现的，而且往往采取日记、格言的形式。其思想在第一次世界大战后的德、法等国具有很大影响，对存在主义的产生和发展起了先导作用。著有《非此即彼》、《恐惧与战栗》等。

**克尔克桥** Krk Bridge 世界大跨度钢筋混凝土拱桥。又名铁托桥，在克罗地亚萨格勒布西南，是连接大陆和亚得里亚海上克尔克岛的公路和管道两用桥。建于1976～1980年。全桥由跨度390米（大陆至圣马尔科岛）和244米（圣马尔科岛至克尔克岛）的两孔钢筋混凝土上承式拱桥组成。两孔拱桥在圣马尔科岛上用一段96米长的公路连接。桥面宽11.4米，设有双车道，桥面下敷设直径61～91厘米油管及46厘米输水管共20条。拱桥的宽度与跨度之比仅及1/30，异常纤细，是该桥的设计特点。

克尔克桥远景

**克尔莱扎** Krleza, Miroslav (1893-07-07～1981-12-29) 克罗地亚小说家、剧作家。生于萨格勒布，卒于萨格勒布。曾在匈牙利军事学校学习。第一次世界大战后创办多种杂志。1941年开始从事戏剧创作，早期作品具有浪漫主义倾向，后来走上了批判现实主义创作道路。剧本《在兵营里》(又名《加利齐亚》，1922）别具一格。《果尔果达》(1922) 描写1919年欧洲某一国家当局镇压起义者的故事。《狼谷》(1923) 旨在启发人们思考个人命运与国家命运的关系。1926～1930年，克尔莱扎创作了三部曲《格列姆巴伊老爷们》、《垂死挣扎》和《丽达》，反映了克罗地亚资产阶级兴衰的过程。长篇小说《菲利普·拉丁诺维奇的归来》(1932) 描写克罗地亚资产阶级的腐化堕落。《布利特沃的宴会》(1938～1939) 对封建君主制度的腐朽黑暗进行了讽刺和揭露。叙事诗《彼得里茨·克利姆普赫之歌》(1936) 用卡伊方言写成，运用丰富的古语和古代传说，有着浓郁的乡土气息。

**克尔纳** Körner, (Karl) Theodor (1791-09-23～1813-08-26) 德国诗人。生于德累斯顿，卒于加德布施。曾在弗赖堡矿业学院及耶拿、莱比锡和柏林学习。1813年因参加抗击拿破仑的解放战争而阵亡。悲剧《茨里尼》(1813) 充满爱国主义精神和席勒式理想主义激情，大获成功，被聘为维也纳宫廷城堡剧院的剧作家。剧院上演过他的喜歌剧《渔家女》和喜剧《新娘》、《绿色的多米诺》。他的诗情绪饱满，慷慨激昂，语言运用上显示出高超的驾驭能力。由他父亲于1814年汇编为《琴与剑》发表。

**克格勃** KGB 苏联情报安全机构。俄文拉丁转写为Komitet Gosudarstvennoy Bezopasnosti。全称苏联国家安全委员会。通称“克格勃”。主要负责情报搜集、反间谍、领导人物安全、国境安全及对边防军实施管理等。建于1954年3月，时称苏联部长会议国家安全委员会，属部长会议领导，行使国家部一级权力。1977年，改称苏联国家安全委员会。由苏联历史上的反间谍机构——契卡演变而来。历称国家政治保安局、国家政治保安总局、国家安全人民委员部、苏联国家安全部等。20世纪90年代初苏联解体后，成立俄罗斯联邦安全总局，代替国家安全委员会。

**克拉** carat 金刚石、贵金属、珍珠及其他珍贵宝石交易中使用的质量单位。符号为k、kt或Kt。1克拉＝200毫克＝0.200克。1913年以前，不同的宝石中1克拉的质量是有差异的。最初以谷粒或豆粒质量为准，而这些粒子的大小却因地而异。美国在1913年采用公制克拉（1克拉等于0.200克）和潘特（1潘特等于0.01克拉）。这一规定随后为其他许多国家所采纳，并沿用至今。英制中克拉曾为药品的质量单位，当时1克拉等于1.029 6克。

**克拉考尔** Kracauer, Siegfried (1889-02-08～1966-11-26) 德国电影理论家、艺术史家。生于法兰克福，卒于美国纽约。早年当过报纸副刊编辑，写过小说和一些社会学著作。1933年流亡到巴黎，从事艺术史研究。1941年去美国定居，在美国现代博物馆任职，从事电影史和电影理论研究。主要电影著作有《宣传和纳粹战争片》(1942)、《从卡里加里博士到希特勒》(1947) 和《电影的本性——物质现实的还原》(1960)。他把电影看作照相的一次外延，其全部功能是记录和揭示我们的周围世界，而不是讲述虚构的故事。他被认为是西方写实主义电影理论的重要代表人物，但他对传统的故事影片所持的排斥态度引起了很多争议。

**克拉科夫** Kraków 波兰第三大城市，小波兰省首府。位于波兰南部、维斯瓦河上游两岸。人口75.5万(2009)。10世纪见于记载，10～11世纪之交为主教区。14～17世纪曾为波兰首都。重要的工业中心。有钢铁、炼焦、化学、机械、建材、食品加工、印刷等工业，以钢铁工业最重要，市东郊有全国最大钢铁联合企业。交通枢纽，6条铁路和4条公路线汇集之地，有河港和航空站。仅次于华沙的文化教育中心，有欧洲最古老的大学之一雅盖隆大学、综合工业大学与艺术院校，以及科研机构、天文台、博物馆等。有教堂数十座，以圣马利亚教堂最著名。瓦韦尔城堡和苏金尼策市场是波兰中世纪后期建筑艺术的代表。

瓦韦尔城堡

**克拉科夫起义(1846)** Cracow Uprising (1846) 1846年波兰克拉科夫人民反抗奥地利统治的起义。1846年2月20日夜，克拉科夫的革命民主派毅然举行起义，向奥军发动进攻。城郊工人和农民闻讯驰援，奥军败退。2月22日，克拉科夫解放，宣告成立共和国。2月26日，起义军在格多夫被奥军和受骗的加里西亚农民击败。2月27日，起义领导人E.邓波夫斯基遭奥军伏击，中弹身亡。沙俄军队也乘机袭击起义军。3月4日，俄、奥军队相继进入克拉科夫，起义失败。克拉科夫及其附近地区被并入奥地利版图。

**克拉克** Clark, John Bates (1847-01-26～1938-03-21) 美国经济学家。生于罗德岛普罗维登斯，卒于纽约。1872年获阿默斯特学院文学学士学位。后留学德国，在海德堡大学师从于德国历史学派经济学家K.G.A.克尼斯。回国后历任卡尔顿学院讲师，斯密学院、阿默斯特学院和哥伦比亚大学教授。曾任美国经济学会会长、卡内基国际和平捐赠基金会经济与历史部负责人。

克拉克在从事教学和研究中，摆脱了历史学派的影响，把边际效用学派的理论同庸俗生产力理论（指J.-B.萨伊等人提出的资本也具有生产力的理论）结合，建立起自己的经济学理论体系——边际生产力理论，形成美国理论经济学派，并成为19世纪末20世纪初边际主义在美国的重要代表。他首次提出静态经济学和动态经济学。他把经济学分为3部分：①普通经济。说明财富的一般现象，研究普通规律，即适用于一切社会、存在于人与自然间关系的经济规律。②静态社会经济。研究静态经济规律，即抽去人口、资本、技术、组织、消费倾向等变动因素的社会生产、交换、分配、消费的经济规律。③动态社会经济。研究动态经济规律，即存在一切变动因素的社会经济的规律。他认为，只有在静态经济中才能发现发挥作用的静态势力，静态经济学是抽去动态经济中的变动因素的一种“均衡”状态分析。在静态经济学基础上，才能研究从一种均衡向另一种均衡过渡的动态经济学。他在静态经济中分析了决定工资和利息的规律，认为劳动的收入——工资，资本的收入——利息是分别由劳动或资本的边际生产力——连续增加劳动或资本时，最后增加的一单位劳动或资本所增加的产量——所决定的。按这种理论，劳动和资本共同创造了产品的价值，并相应得到自己的报酬，没有剥削存在。他认为，利润是动态经济的范畴，是企业主的收入之一，它随新发明新技术出现而产生，又随新发明新技术被广泛采用而消失。在他的理论中，地租是与利息相同的一种形式。克拉克的边际生产力理论具有浓厚的辩护色彩，是西方经济学家主张降低工人工资和减轻资本家税赋的重要理论依据。著有《财富的哲学》、《财富的分配》、《经济学要义》等。

**克拉克** Clark, John Grahame Douglas (1907-07-28～1995-09-12) 英国考古学家。欧洲史前考古学研究的权威。生于肯特郡。自剑桥大学毕业后留母校任教，还曾任考古学及人类学系主任，1958～1962年任英国史前学会主席，1975～1980年任不列颠博物馆董事。克拉克主要致力于史前时期的考古研究，尤着重于欧洲地区，对欧洲石器时代至青铜时代的文化类型、分期与年代问题的研究作出较大贡献。他在一定程度上受到马克思主义唯物史观的影响，比较重视原始社会经济基础的研究，并结合经济的发展阐述文化的演进。主要著作有《考古学与社会》、《史前欧洲经济基础》、《世界史前考古大纲》等。

**克拉克当文化** Clactonian Culture 欧洲旧石器时代早期的文化。因最初发现于英国埃赛克斯区的克拉克当而得名。文化遗物埋藏于高出泰晤士河面约30米的阶地砾石层中。时代为中更新世，后发展为勒瓦娄哇文化。克拉克当文化是一种以石片工具为特征的石器文化，石片厚而粗大，是用火石结核从石砧上碰击取得的（即碰砧技术）。石器主要有用石片加工而成的刮削器。在克拉克当标准地点泥煤层中还发现木矛。发现的哺乳动物化石表明，当时欧洲气候温暖。

**克拉克·盖博** Clark Gable (1901-02-01～1960-11-16) 美国电影演员。生于俄亥俄州一个石油钻井工人家庭，卒于好莱坞。早年丧母，14岁就离开了学校，打过各种短工。20岁以后开始涉足电影界，在E.刘别谦的影片《禁天》(1924)、E.von斯特劳亨的影片《快乐寡妇》(1925)中充任临时演员。1931年被聘任为正式演员，不久便名噪一时，次年成为“好莱坞10大最卖座电影明星”之一。1935年主演了《一夜风流》。影片获奥斯卡金像奖5项大奖，他也获最佳男主角奖。同年，他主演的《叛舰喋血记》又获奥斯卡金像奖最佳影片奖。1937年以绝对票数当选“好莱坞电影皇帝”。1939年主演了《乱世佳人》，影片获奥斯卡金像奖10项大奖。第二次世界大战中珍珠港事件后，以41岁的年龄成为美国飞行员。二战结束后主演了十多部电影。1960年在与玛丽莲·梦露合作《野马与女人》时，因心脏病发作去世。

**克拉玛依市** Karamay City 中国新疆维吾尔自治区辖地级市。位于新疆西北部。辖克拉玛依、独山子、白碱滩、乌尔禾4区。面积7 734平方千米。人口39万（2010），有汉、维吾尔、哈萨克、回、蒙古等37个民族。“克拉玛依”在维吾尔语中为“黑油”，得名于市区东北部的天然沥青丘——黑油山。1958年设立克拉玛依县级市，1982年升为地级市。气候干燥少雨，春秋季多风，最大风力达12级。冬夏温差大，年平均气温9.2℃，平均年降水量118.3毫米，属大陆性干旱气候。驻有新疆石油管理局。主要矿产有石油、煤、天然沥青、芒硝、盐、石棉、水晶。以石油和天然气开采、石油加工为支柱产业。兼有金属制造、化工、建材、塑料、食品加工等行业。农业主产棉花、玉米、小麦。境内主要野生动物有鹅喉羚（黄羊）、野兔、野猪、盘羊、狐狸、蜥蜴、野鸡、野鸭、天鹅等。野生植物主要有胡杨、榆树、沙拐枣、沙枣、梭梭、铃铛刺、枸杞等。有小型机场1座，有克（拉玛依）乌（鲁木齐）航线和铁路专用线。1995年在辖区沙丘河发掘出一具完整的准噶尔翼龙化石。旅游景点有闻名全国的白杨河、艾里克湖及“魔鬼城”等。

**克拉姆斯科伊** Kramskoy, Ivan Nikolayevich (1837-05-27～1887-03-25) 俄国画家，巡回展览画派的发起人和组织者。生于沃罗涅日省奥斯特罗戈日斯克城一个小市民之家，卒于圣彼得堡。16岁以前当过乡里的记事员。1853年起，跟随一个流动的照相师修理底版。1857年到圣彼得堡进入皇家美术学院。1863年，与13名同学因不满学院规定的毕业创作命题，一起退出皇家美术学院，组织了圣彼得堡自由美术家协会。1870年，克拉姆斯科伊与莫斯科的几位画家一起，建立了巡回展览画派，他担任领导达15年之久，对俄罗斯19世纪后期批判现实主义的创作理论和艺术实践作出了贡献。

在1871年第一次巡回展览画派的展览上，他的《五月之夜》获得好评。这幅画表现一群在爱情上受到农奴制摧残而溺水自尽的姑娘的幽灵，画面月色朦胧，充满哀伤之情。19世纪70年代和80年代初，他为作家L.N.托尔斯泰、N.A.涅克拉索夫、画家I.I.希什金（图1）、雕塑家M.M.安托科尔斯基等画了肖像，准确地再现了他们的外貌特征，对他们的内心活动进行了细致的刻画。1883年他创作的《无名女郎》（图2）是有时代感和高度美学价值的作品。

图1 《希什金肖像》(1880，俄罗斯博物馆藏)

克拉姆斯科伊从19世纪的社会道德观出发，画了几幅具有寓意特征的作品，如《沙漠中的基督》(1872)，借用基督的形象和故事，影射当时知识分子在真理与诱惑之间进行抉择的思想斗争。《无法慰藉

图2 《无名女郎》

的悲痛》(1884) 以一个失去了儿女的母亲的形象，象征在沙皇统治下的19世纪80年代，俄国进步青年遭到的迫害与摧残。1880年左右创作了充满诗情画意的《月夜》，这幅画由于引入文学情节，委婉细腻，受到人们的喜爱，流传极广。1887年3月25日上午，克拉姆斯科伊正在给一位医生画肖像时猝然去世。

克拉姆斯科伊的艺术见解和创作活动曾对巡回展览画派有过重要影响，他认为绘画必须具有民族性和思想性，艺术作品中最主要的是思想内容。

他的主要作品分藏于圣彼得堡俄罗斯博物馆和莫斯科特列恰可夫画廊。

**克拉尼** Chladni, Ernst Florenz Friedrich (1756-11-30～1827-04-03) 德国物理学家。生于维滕贝格，卒于布雷斯劳（今波兰弗罗茨瓦夫）。1782年在莱比锡大学毕业。他对声学的基础理论作了开创性的工作。是最先用数学方法分析声波的人。1787年他改进了伽利略的方法研究金属板的振动。在金属板上撒上细沙代替灰尘，用小提琴弦代替锉子使金属板振动，则细沙停留在节线上，形成对称的美丽图案，即著名的克拉尼图形。他利用教堂中的大风琴管，内装不同气体，测量管的振动频率，从而首次得出不同气体中的声速。他还研究过陨石，确认是天外飞来的，甚至假定陨石是未知星球的样品。

**克拉斯诺亚尔斯克** Krasnoyarsk 俄罗斯东西伯利亚最大城市，工业和文化中心。克拉斯诺亚尔斯克边疆区首府。俄语意即“红色的陡崖”。位于西伯利亚铁路同叶尼塞河交会处。人口96.3万 (2010)。1628年建为要塞，1822年建市。工业以机械制造（重型机械、农机）、化工（合成橡胶、轮胎、化纤）、冶金（炼铝及优质钢）、木材加工及制浆造纸为主。为水陆交通枢纽。市区位于叶尼塞河两岸深切河谷阶地及谷坡上。有俄罗斯科学院西伯利亚分院的分部，克拉斯诺亚尔斯克大学等8所高等学校。

**克拉苏·迪弗斯** Crassus Dives, Marcus Licinius (约前115～前53) 罗马共和时代末期的军政首脑人物。公元前60年与庞培、凯撒秘密结盟，共同控制罗马政局，史称三头政治。因见凯撒势力日增，急于建功，公元前53年死于侵略安息之战（见帕提亚帝国）。

**克拉索夫斯基** Krasovsky, Feoclosy Nikorayevich (1878-09-26～1948-10-01) 苏联大地测量学家。生于俄国科斯特罗马州加利奇城，卒于莫斯科。1900年毕业于莫斯科土地测量学院，1916年聘为教授。1919年任土地测量学院院长。1928年倡议成立苏联中央测绘科学研究所，并任该所副所长兼科学部主任、科学顾问。1930年莫斯科测绘学院成立后任大地测量教研室主任。1939年任苏联测绘总局委员，同年被选为科学院通讯院士。1928年提出的天文大地网的计划和方案，一直作为苏联进行天文大地测量的原则。1942年提出用投影法代替平展法整理天文大地网资料。1936年推导出地球椭球的参数；1941年在其指导下又推出地球椭球的新的参数，称为“克拉索夫斯基椭球”。在此期间，又建议在布置天文大地网的同时应进行全面的重力测量，推动了苏联的大地重力学的发展。主要著作已综合在他和V.V.丹尼洛夫合编的《大地测量学》中。

**克莱德曼** Clayderman, Richard (1953-12-28～ ) 法国钢琴演奏家。生于巴黎的一个音乐世家。5岁起随父学习钢琴，16岁时以优异的成绩从巴黎国立高等音乐学院毕业。作为一名当代钢琴家，克莱德曼的兴趣十分广泛，他既擅长演奏F.F.肖邦、C.德彪西等人的作品，又喜欢自己改编创作乐曲，同时，对于通俗音乐也有着浓厚的兴趣。经他改编、创作、演奏的钢琴曲，既散发着浓郁的浪漫气息，又表现出简捷通俗的现代风味，形成了独树一帜的风格。1977年，克莱德曼初次登台演奏便引起轰动。此后，他的琴声传遍世界各地，赢得了亿万崇拜者，被称为“情调钢琴之王”。克莱德曼多次来中国访问，在北京、上海、广州分别举行了独奏音乐会。

**克莱恩** Crane, Stephen (1871-11-01～1900-06-05) 美国作家。生于纽瓦克，卒于德国巴登韦勒。曾在一所神学院及一所军事学院学习5年。1891年去纽约担任记者。

1893年创作中篇小说《街头女郎梅季》，用俚语描写了美国大城市贫民窟的生活景象。《红色英勇勋章》于1895年成书。从一个士兵的角度去描写战争，突出战斗环境中个人的感受。作者有意识地将法国印象派画法用于文学，使书中的人物形象像图画中的彩点一样汇成一体。短篇小说《海上扁舟》(1898)，描写了4个人怎样在茫茫大海中挣扎与战斗，是美国短篇小说中的名篇。还曾发表《黑骑者》(1895) 和《战争是仁慈的》(1899) 两部诗集。

**克莱门茨** Clements, Sir John Selby (1910-04-25～1988-04-06) 英国演员、导演和剧院经理。生于伦敦，卒于布赖顿。1930年开始登台演出，5年后创立密友剧院并参加演出。1949年为凤凰剧院导演G.法夸尔的《纨绔子弟们的诡计》并扮演男主角，1951年导演萧伯纳的《人与超人》。1955～1957年任萨维尔剧院经理期间，成功地导演了R.B.谢里丹的《情敌》和W.康格里夫的《如此世道》。1965～1976年任奇切斯特节日剧院经理期间，导演了菲利波茨的《农夫的妻子》和A.W.皮奈罗的《地方法官》。他的主要贡献是成功地复兴了17和18世纪的英国喜剧。

**克莱门蒂** Clementi, Muzio (1752-01-23～1832-03-10) 意大利作曲家、钢琴家。生于罗马，卒于伊夫舍姆。9岁即担任管风琴手，12岁作清唱剧。1766年到英国深造。1775年以哈普西科德演奏家身份在伦敦初露头角。1779年出版《六首奏鸣曲》，获得好评。以后频繁到欧洲各地演出，1782年起定居伦敦。18世纪90年代中期开设琴行，经营音乐出版和钢琴制造业。他是最早研究钢琴特性与功能而进行创作的音乐家，他的作品2是第一部真正的钢琴奏鸣曲，他的练习曲集《艺术津梁》是第一部系统的钢琴教程，奠定了近代钢琴演奏技术的基础。他被誉为钢琴之父或钢琴奏鸣曲之父。他也是第一位钢琴演奏大师，1781年曾与W.A.莫扎特举行演奏比赛，他以卓越的技巧领先。

**《克莱默夫妇》** *Kramer vs Kramers* 美国故事片。1979年美国哥伦比亚影业公司出品。编导R.本顿，主演达斯汀·霍夫曼、梅丽尔·斯特里普。影片描写事业有成的泰德无暇顾家，妻子乔安娜愤而出走，泰德被6岁的儿子比利和家务弄得狼狈不堪。泰德刚密切了父子关系（为此丢了工作），乔安娜找好工作就回来要领走儿子。法庭上两人各自陈述自己的艰辛和爱子之心，法官依法将监护权判给母亲。泰德忍痛送别儿子，乔安娜不忍带走比利，两人心情复杂地拥抱……本片深刻反映了在美国具有普遍意义的妇女解放与儿童抚养两难问题。获1979年第52届奥斯卡金像奖最佳影片等5项奖。

**克莱斯勒** Kreisler, Fritz (1875-02-02～1962-01-29) 美籍奥地利小提琴家、作曲家。生于维也纳，卒于纽约。4岁开始学琴，7岁进维也纳音乐学院，学习成绩优异。1885年进巴黎国立高等音乐学院深造。两年后参加小提琴比赛，获第一名。1895年

回奥地利服兵役。1899年重登乐坛获得成功。英国作曲家E.埃尔加为他写了《小提琴协奏曲》，英国爱乐协会授予他贝多芬金质奖章。1914年第一次世界大战爆发，他再次被召回国服役，后因伤退伍。战后，他恢复繁忙的演出活动。1923年5月曾到北京举行音乐会，给中国听众留下深刻印象。

克莱斯勒是一位博学多才、富有创造力的艺术家。他运弓和颤指别具一格，音色甘美圆润富于变化，感情深刻细腻，沁人心脾。他精湛的演奏艺术，给后世留下深远的影响。他留下的作品有轻歌剧、弦乐四重奏、《爱的欢乐》、《中国花鼓》等和40多首短小精致的小提琴乐曲。

**克莱斯特** Kleist, Heinrich von (1777-10-08～1811-11-21) 德国戏剧家、小说家。生于法兰克福，卒于万塞。1792年进波茨坦近卫军团服役。1799年辞去军职。曾创办文艺杂志《太阳神》。1810年创办的《柏林晚报》因批评政府受到当局的干预，报社难以维持。1811年与女友在柏林近郊自杀。第一部戏剧《施罗芬施泰因一家》(1803)力图展示人类生活的悖论。喜剧《破瓮记》(1808)塑造了一个集法律卫士与破坏者于一身的法官形象。《洪堡王子弗里德里希》(1810)取材于勃兰登堡历史。其他主要剧作还有《罗贝尔特·居伊斯卡》(断片，1808)，悲喜剧《安菲特律翁》(1807)，悲剧《彭忒西勒亚》(1808)等。中篇小说《米夏埃尔·科尔哈斯》(1810)取材于16世纪德国农民战争时期的真实事件，讲述一个马贩子无端被勒索，于是奋起讨公道。这部作品使克莱斯特成为德国中篇小说的奠基人之一。

**克莱因** Klein, (Christian) Felix (1849-04-25～1925-06-22) 德国数学家。生于德国杜塞尔多夫，卒于格丁根。1865年入波恩大学学习数学和物理学，1868年获博士学位。1869年到格丁根，受教于R.F.A.克莱布什。同年到柏林，受教于E.E.库默尔、K.外尔斯特拉斯、L.克罗内克等知名数学家，学习并开展了几何学、数论、函数论、不变式论等方面的研究。在柏林，他与来此地游学的M.S.李相识。

1869年克莱因和李同时到巴黎游学，结识了G.达布、C.若尔当等人。若尔当的《变换群》(1870)，给他们以重要的启示和影响。回到德国以后，克莱因于1871年发表了从射影几何学的观念出发对非欧几里得几何进行综合表述的研究。1872年他就任埃朗根大学教授时，以“关于近代几何研究的比较考察”为题，发表就职演说，进一步发挥了这一思想，此即著名的埃朗根纲领。其中，克莱因从变换群的观念出发，把当时已有的各种几何学综合起来，并给出了明确的几何学定义。实现了把当时已有的看起来彼此毫无关系的几何学，在群的概念下，加以统一和分类。

克莱因于1875年到慕尼黑高等工业学院，1880年去莱比锡大学任教。这期间他奠定自守函数的研究的基础。

1886年，他回到格丁根大学任教直至去世。克莱因和后来的D.希尔伯特(1895)、H.闵可夫斯基(1902)形成了坚强的格丁根学派，使格丁根变成了19世纪末和20世纪初数学研究的中心，而克莱因就是格丁根学派的前期领袖。

克莱因的主要著作有：《自守函数论讲义》(与R.弗里克合著，1897～1912)、《从高的观点看初等数学》(1924～1928)、《十九世纪数学发展史》(1926～1927)等。他的论文收集在1921～1923年出版的3卷本全集中。

**克莱因** Klein, Lawrence Robert (1920-09-14～ ) 美国经济学家，沃顿经济计量学预测协会的创始人。生于内布拉斯加州奥马哈市。1942年毕业于加利福尼亚大学伯克利分校；1944年获麻省理工学院哲学博士学位。1944年任芝加哥大学考尔斯委员会研究员。1944～1947年执教于芝加哥大学。1948～1950年就职于全国经济研究局。1949～1954年就职于密歇根大学调查研究中心。1954～1958年任英国牛津大学统计研究所高级研究员。1958年起任宾夕法尼亚大学经济学与财政学教授，1991年退休。1959年获美国经济学联合会约翰·贝茨·克拉克奖。曾任经济计量学会会长、美国经济学联合会会长等职。1980年获得诺贝尔经济学奖。克莱因的主要贡献在于他以公认的经济学说为基础，根据对现实经济生活中实际数据所作的经验性估算，建立经济体制的数学模型。他首次完

整地将内容广泛的凯恩斯经济理论数量化，应用经济计量技术来研究宏观模型。其著名模型包括关于美国经济的沃顿经济计量预测模型和“克莱因-戈德伯格模型”等。他还领导了关于世界的经济计量模型的联结计划项目，帮助其他国家建立了众多模型并被采纳。克莱因还发展了一种用大型经济计量模型进行政策模拟的最优控制方法。1980年，克莱因带领许多美国经济学家来中国讲学，中国计量经济学的研究由此开始。著有《凯恩斯革命》、《1921～1941年的美国经济波动》、《经济计量学教程》、《论调查方法对经济学的贡献》、《沃顿经济计量预测模型》(合著)、《供给与需求经济学》(1983)、《宏观经济计量模型构造史》(合著)等。

**克赖斯特彻奇** Christchurch 新西兰第三大城市，南岛最大城市和港口。基督城的音译。坐落在南岛东南海岸中部班克斯半岛根部附近的坎特伯雷平原上，东临佩格瑟斯湾。人口34.84万(2006)。

坎特伯雷平原为毛利人居住地。1840年前后欧洲人开始来此定居。1852年成为坎特伯雷省首府。1856年英国皇家宪章认证为城市。最初只是坎特伯雷平原的农牧产品集散中心。第二次世界大战之后成长为新西兰第二大工业城市。

市区大部分地势平坦，埃文河自西向东穿越而过。南部靠近班克斯半岛处为丘陵。气候温暖、降水适中。四季花草鲜艳，风光秀丽，有“花园城市”之称。

工业原先主要集中在农产品加工部门，有肉类冷冻、乳制品、面粉等。20世纪50年代以后，橡胶、化肥、农具制造、电器等加工工业部门也得到较快发展。东南11千米处的利特尔顿是一个天然的深水港。

克赖斯特彻奇基督教堂和大教堂广场

港口与市区之间地下隧道连接。国际机场位于市区西北部。铁路和公路连接东南部沿海各大城镇。电气化铁路横越南阿尔卑斯山，通达西北海岸的格雷茅斯。主要出口羊毛、肉类、乳品、小麦等农畜产品，主要进口石油、化肥、钢铁等工业品。

城市建筑多为典型的英格兰风格。古老的教堂和早期的岩石建筑物随处可见。全市有大小教堂200余座。位于市中心的基督教堂为本市最具有代表性的建筑物。西侧有坎特伯雷大学、图书馆、博物馆、体育场以及规模宏大的植物园等。

**克兰科** Cranko, John (1927-08-15～1973-06-26) 英国芭蕾表演家、编导。戏剧芭蕾的代表人物之一。生于南非吕斯滕堡，卒于爱尔兰都柏林。他很早就对戏剧芭蕾感兴趣，不断探索自己的创作道路。创作了《美女与野兽》、《海的变幻》等作品。1957年创作神话题材的舞剧《宝塔王子》，并开始接受欧美著名芭蕾舞团的委约

创作。担任德国斯图加特芭蕾舞团团长后的几年内，创作了《罗密欧与朱丽叶》、《奥涅金》、《驯悍记》等现代芭蕾舞剧和大批风格迥异的节目，培养了一批杰出演员和当代优秀的编导，使舞团一跃成为世界瞩目的现代芭蕾舞团之一。

**克劳德** Cloud, Preston (1912-09-26～1991-01-17) 美国地质学家。生于马萨诸塞州西厄普顿，卒于加利福尼亚州圣巴巴拉。1938年毕业于华盛顿大学，1940年获耶鲁大学博士学位。曾先后任美国密苏里大学、哈佛大学、明尼苏达大学、加州大学洛杉矶分校和圣巴巴拉分校教授，美国地质调查所地质专家。1961年当选为美国国家科学院院士，1980年当选为波兰科学院外籍院士。他揭示了志留纪和泥盆纪的穿孔贝类的重要属种的内部构造及主要科和亚科的演化谱系。确定了得克萨斯州中部埃伦伯格群地层单位的时代。阐明了30亿年前单细胞生物的形态、化学及生物活动过程；指出了生物从原核→真核→多细胞生物的演化过程，提出早期地球历史的模式，从而开创了生物地质学这一新学科，成为第一个推进和维护后生动物来源于古生代最早期不同祖先和快速演化观点的地质学家。主要著作有《志留纪-泥盆纪穿孔贝类（腕足动物）》、《早期微生物及其与原始地球演化的关系》、《地壳演化的主要特征》等。

**克劳塞维茨** Clausewitz, Carl (Philipp Gottlieb) von (1780-06-01～1831-11-16) 资产阶级军事理论家、军事历史学家、普鲁士将军。生于马格德堡小贵族家庭，卒于布雷斯劳。1792年参加普军。次年在对法作战中参加美因茨城围攻战。1805年从柏林军官学校毕业后，任奥古斯特亲王副官。1806年10月随亲王参加奥尔施泰特会战时，被法军俘虏，翌年底获释。1809年初调普军总参谋部工作，任总参谋长兼军事改革委员会主席G.J.D.von沙恩霍斯特的办公室主任，协助沙恩霍斯特从事军事改革。1810年秋任军校教官，并为王太子讲授军事课。1812年春，主张联合俄国抗击法国，因不满普鲁士国王同拿破仑一世结盟而辞职，转到俄军，在骑兵军和步兵军司令部中任职。1814年回归普军。翌年任G.L.von布吕歇尔军团第3军参谋长，参加利尼会战。1818年5月任柏林军官学校校长，9月晋升为少将。任校长职12年，潜心研究战史和从事军事理论著述。1830年任炮兵第二监察部监察。1831年5月任驻波兰边境普军参谋长。克劳塞维茨去世后，他的妻子于1832～1837年整理出版了《卡尔·冯·克劳塞维茨将军遗著》，共10卷，1～3卷为《战争论》，其余为战史著作。

**克劳斯** Kraus, Karl (1874-04-28～1936-06-12) 奥地利作家。生于波希米亚吉钦，卒于维也纳。当过演员，写过报刊文学评论，后来成为职业作家。1899年开始编辑出版《火炬》杂志。剧作《人类的末日》(1918～1919)有220场，主题是反对帝国主义战争，讽刺和抨击投机商、交易所掮客、报刊编辑、将军甚至德皇威廉二世，指责他们是挑起第一次世界大战的罪人。《文学或拭目以待》(1921)讽刺表现主义文学家的假革命言行。《不可战胜的人们》(1928)描写维也纳无产者1927年的起义。他的重要作品还有《中国长城》(1910)、《文学与谎言》(1929)、《第三个瓦尔普吉斯之夜》(1933)、《语言》(1937)、《诗选》(1939)。

**克劳修斯** Clausius, Rudolf (1822-01-02～1888-08-24) 德国物理学家。生于普鲁士的克斯林（今波兰科沙林），卒于波恩。1840年入柏林大学，1847年在哈雷大学获哲学博士学位。历任柏林帝国炮兵工程学校和柏林大学副教授，苏黎世工业大学、维尔茨堡大学、波恩大学教授。1865年和1868年分别当选法国科学院

院士和英国皇家学会会长。

克劳修斯是热力学的奠基人之一。1850年发表著名论文《论热的动力以及由此推出的热学诸定律》，从当时J.P.焦耳的热功当量出发，提出一个基本定理：在一切只由热产生功的情况，必有和所产生的功成正比的热量被消耗掉；反之，消耗同样数量的功也就会产生同样数量的热。对传统的关于潜热和自由热的概念他提出：自由热是决定物质温度的因素，而且是组成物质的那些微粒的活力（动能），而潜热则是已经转化为内能的不再存在的热。内能和分子的组态有关，从而是物质状态函数；而外功却和变化的过程有关。他并就理想气体的情形写出：

$$dQ=dU+pdV$$

这个热力学第一定律的表达式。

克劳修斯重新论证了S.卡诺的理想热机，提出了热力学第二定律的著名说法：“热不能自发地从较冷物体流向较热的物体。”为热力学奠定了更完善的基础。在1854年发表的《力学的热理论的第二定律的另一形式》一文中，他提出了一个新的后来定名为熵的状态参量。后来进而指出宇宙的能量是常数，宇宙的熵趋于一最大值。后一结论就是所谓热寂说的起源。

克劳修斯在气体分子运动论的主要贡献是：解决了根据这个理论计算出的分子速度和气体扩散现象所显示的速度二者之间的矛盾。从分析气体分子间的相互碰撞入手，引入在单位时间内所发生的碰撞数和分子的自由程两个概念，开辟了研究气体的输运现象的道路。他研究了电解质和电介质，提出的电解理论成为电离理论的基础，还描述了分子极性和电介质常数之间的关系。

**克雷** Cray, Seymour (1925-09-28～1996-10-05) 美国计算机科学家、超大型计算机和巨型计算机设计专家。生于威斯康星州奇珀瓦福尔斯，卒于科罗拉多州科罗拉多斯普林斯。毕业于明尼苏达大学。克雷于1950年进入斯派利克公司。1957年参与创办控制数据公司。1964年，克雷领导一个30多人的设计组设计成功当时运算速度最快的计算机CDC－6600，达到每秒300万次。此后又设计了运算速度达到每秒千万次的CDC－7600计算机。1972年，他组建克雷研究公司，开始研制克雷－1巨型机，并于1976年完成第一部，运算速度达到每秒8 000万次。

**克雷布斯** Krebs, Sir Hans Adolf (1900-08-25～1981-10-22) 英国生物化学家。生于德国希尔德斯海姆，卒于英国牛津。1925年在汉堡大学获医学博士学位。1945年任生物化学教授。1954年起在牛津大学任生

物化学教授，1967年退休后被聘为牛津大学临床医学系研究员。1932年他与同事共同发现了脲循环，阐明了人体内尿素生成的途径。1937年他发现了克雷布斯循环（又称三羧酸循环）。这一循环与糖、蛋白质、脂肪等的代谢都有密切关系，是所有需氧生物代谢中的重要环节。这一发现被公认为代谢研究的里程碑。他1947年当选英国皇家学会会员。1953年与美国生物化学家F.A.李普曼共获诺贝尔生理学或医学奖。他曾获得欧美14所大学的荣誉学位，还当选美国、法国、荷兰等国家科学院的外籍院士。他与英国H.L.科恩伯格合著的《生物体内的能量转化》(1957)被译成许多种文字。

**克雷布斯循环** Krebs cycle 乙酰辅酶A的乙酰基在生物体内受一系列酶的催化，生成水和二氧化碳的代谢途径。因由H.A.克雷布斯提出而得名。又称三羧酸循环。

**克雷格** Craig, Edward Gordon (1872-01-16～1966-07-29) 英国舞台设计师。生于斯蒂夫尼奇，卒于法国旺斯。自幼登台演出。学过绘画及木刻，逐步转向舞台设计及导演工作。致力于舞美设计方面的革新，主张使用简单而又洗练的布景，大胆地、充满想象力地运用灯光和舞台空间，极力追求场景与人物动作内在情绪的一致性。1908年，克雷格创办了《面具》杂志。1913年克雷格在佛罗伦萨的哥尔多尼剧院创建了一所戏剧学校，以求建立包括演员训练、舞台演出、舞美设计和布景、灯光的运用在内的完整的体系。他的著作有《戏剧艺术》(1905)、《论戏剧艺术》(1911～1969)等。

**克雷洛夫** Krylov, Ivan Andreyevich (1769-02-13～1844-11-21) 俄国寓言作家、新闻工作者。生于莫斯科，卒于圣彼得堡。少年丧父，11岁开始自谋生计。喜爱文学，自学成才。首部喜剧《用咖啡渣占卜的女人》(1782)，初露讽刺才华。后以喜剧代表作《小时装店》(1807)、《训女》(1807)成名。1789～1793年，他还创办了《精灵邮报》等多种讽刺杂志，由于锋芒太露，皆先后被勒令停刊。1806年，从《橡树与芦苇》、《爱挑剔的嫁娘》等起开始发表寓言作品，走上寓言创作之路。先后写有200多篇寓言，其中大多讽刺统治者的淫威、贪婪和残暴，语言明快、犀利，如《杂色羊》、《执政的象》等。

**克里奥尔语** Creole 在语言频繁接触地区出现的一种包含不同语言成分的混合型自然语言。与皮钦语最大的区别在于它可以作为某一民族的母语，而皮钦语则不能。克里奥尔语具有完整的词汇和句法手段。它往往是从皮钦语发展而来，二者的关系是语言发展演化过程中的初级阶段和高级阶段。在某个社团里，当越来越多的人开始把皮钦语作为传递信息的主要手段时，皮钦语将逐渐获得母语的地位，并扩大其使用范围，最后发展成为克里奥尔语，又称克里奥尔化语言。克里奥尔语是主要语言（提供克里奥尔语的基本词汇）的简化及次要语言与主要语言的混合。一种克里奥尔语，如果其基本词汇源于英语，则称为克里奥尔英语。

**克里奥帕特拉七世** Cleopatra Ⅶ (前69～前30-08-30) 古埃及托勒密王朝末代女王（前51～前30年在位）。生地不详，卒于亚历山大。托勒密十二世之女。公元前51年托勒密十二世卒后，与其弟（亦其夫）托勒密十三世共同执政。公元前48年，二人争权，克里奥帕特拉七世被逐，逃往叙利亚，次年在罗马统帅凯撒支持下重新执政，成为埃及唯一的女王。公元前37年，凯撒部将安东尼与克里奥帕特拉七世结婚，并宣布把罗马在东方的部分领土分赐予克里奥帕特拉七世之子。此举引起罗马贵族的不满，罗马元老院对克里奥帕特拉七世宣战。公元前31年，克里奥帕特拉七世同安东尼率舰队与屋大维会战于亚克兴，战败后逃回埃及。公元前30年，二人自杀身亡，埃及被并入罗马版图。

**克里克** Crick, Francis Harry Compton (1916-06-08～2004-07-28) 英国分子生物学家。生于北安普敦，卒于美国加州圣迭戈。1949～1953年在剑桥大学卡文迪什实验物理学实验室工作。在此期间和J.D.沃森合作，提出了著名的DNA双螺旋学说。1953年获剑桥大学博士学位。1976年去美国索尔克生物学研究所任研究教授，主要从事脑的研究。

克里克和同事提出了“三联密码”的看法，即遗传密码由三个核苷酸组成，三个核苷酸可以转译成一个氨基酸。此外，他还从立体化学的角度提出了“摆动假说”。

因提出DNA的双螺旋结构学说，他和沃森及M.威尔金斯一起，获得了1962年诺贝尔生理学或医学奖。他是英国皇家学会会员，著有《分子和人》等。他还获得了许多科学奖和不少大学授予的荣誉学位。

**克里默** Cremer, Sir (William) Randal (1838-03-18～1908-07-22) 英国早期工人运动、和平运动活动家。生于费勒姆，卒于伦敦。1860年参与创建木工和细木工联合会。同年11月参加第一届工联伦敦理事会，是英国支持波兰独立全国同盟成员。1864年为第一国际成立大会的组织者之一。当选为第一国际总委员会委员和总书记（1864～1866）。1866年1月为总委员会起草《给联合王国工人的号召书》，强调国际的任务之一是阻止资本家利用一国工人反对另一国工人。1866年4月辞去总委员会总书记职务。1867年脱离总委员会。1870～1871年普法战争时组织工人委员会，鼓吹英国保持中立，反对英国工人声援法兰西共和国的运动。1885～1895、1900～1908年任英国下院议员，代表自由党，反对独立的工人运动。因提倡国际仲裁，于1903年获诺贝尔和平奖。1907年被封为爵士。

**克里姆林宫** Kremlin 专指莫斯科皇宫；泛指俄国一些古老城市的卫城。一些古老城市如莫斯科、普斯科夫、图拉、罗斯托夫、诺夫哥罗德、喀山等，都有卫城留存至今。卫城一般建在城中高地上，内设宫殿、教堂等，周边筑有城墙和塔楼。

莫斯科克里姆林宫始建于12世纪，至15世纪莫斯科大公伊凡三世时初具规模，以后逐渐扩大。16世纪中叶起成为沙皇的宫堡，17世纪逐渐失去城堡的性质成为莫斯科的市中心建筑群。克里姆林宫墙东北的红场，是国家政治活动中心。克里姆林宫的钟塔群

克里姆林宫夜景

同红场周围的瓦西里升天教堂及其他历史建筑，已被视为莫斯科的象征和标志。尚存古建筑中，建于15世纪的圣母升天教堂是举行沙皇登基仪式的地方；因外表用钻石形石块贴面而得名的多棱宫，是举行国家大典和宴会的大厅；18世纪下半叶建造的枢密院大厦后曾改为苏联部长会议大厦。19世纪上半叶建造了大克里姆林宫、兵器陈列馆和高达60米的伊凡钟塔。这些不同特色的建筑合在一起形成了完整的克里姆林建筑群。

**《克里姆·萨姆金的一生》** *The Life of Klim Samgin* 苏联史诗性长篇小说（四部）。M.高尔基写于1925～1936年（最后一部未完成）。主人公萨姆金是一个“中等价码的知识分子”，从小就觉得自己与众不同，一言一行都要显示自己有独到见解。作品通过萨姆金的生活道路，再现了十月革命前40年俄国社会变迁的广阔画面，描绘出俄国知识分子思想发展变化的轨迹和近半个世纪俄国历史上一系列重大事件，展现出社会各阶级、阶层人物的众生相。特别是通过集中刻画萨姆金这个“资产阶级个人主义知识分子”的典型，揭露了他市侩的本质。它是高尔基最后一部总结性作品，用含蓄的讽刺和假定性的艺术手段，将一部丰富生动的艺术性的历史记事奉献给了读者。

**克里姆特** Klimt, Gustav（1862-07-14～1918-02-06） 奥地利画家。生于鲍姆加滕，卒于维也纳。为青年风格和维也纳分离派的代表人物。曾就学于维也纳奥地利博物馆的艺术和工艺学校，受到H.马卡尔特学院派象征性装饰历史画的影响。1890年加入维也纳美术家协会。19世纪90年代前期，吸收埃及壁画、希腊陶绘、中世纪金地板画、拜占廷镶嵌画诸要素，将强调轮廓线的、肢体的古典主义表现方式和服装的镶嵌画风格的平面装饰手法结合起来，创造出富有感染力的样式，如《埃赫特男爵夫人》。1897年退出维也纳美术家协会，与同道创立维也纳分离派，成为社团的第一位主席和早期代表画家。作品中的象征性和装饰性日益增强。1902年，他创作的“贝多芬”

《吻》

饰带是为第14届分离派画展中的克林格的贝多芬雕像展所作的装饰。1907年以后，与E.席勒结为至交。他的代表作有《女人的三个阶段》（1905）、《吻》（1907～1908）。他的点彩风景画和裸妇的素描也很出名。

**克里木半岛** Crimean Peninsula; Krymskyy Pivostriv 乌克兰南部半岛，临亚速海和黑

克里木半岛海滨风光

海，北以彼列科普地峡与大陆相连。面积2.7万平方千米。15～18世纪属克里木汗国。1783年并入沙俄。1918～1954年初为苏联俄罗斯联邦一州。1954年2月起划归乌克兰。北、中部为平原；东南部刻赤半岛为低矮丘陵，富铁矿。北部属温带草原气候，南部为亚热带地中海型气候。河流短小，有切尔内河、别利别克河、刻赤河等，分布有萨克斯克湖等咸水湖。南部克里木山脉近西南—东北走向，长150千米、宽50千米，北坡平缓，南坡陡峻，最高峰罗曼科什山海拔1 545米。克里木山脉南麓滨海地带长约150千米，宽2～8千米，生长夏绿灌木植物，并多葡萄园和亚热带果园。景色优美，交通便捷，为著名疗养、旅游胜地。

**克里木汗国** Crimean Khanate 15世纪中叶在克里木半岛上建立的封建国家（1443～1783）。又译克里米亚汗国。13世纪30年代，蒙古人征服了克里木半岛和黑海北岸草原地带的阿兰人（亚速人）、亚美尼亚人、希腊人等当地居民。13、14世纪之交，金帐汗国在索尔哈特（即旧克里木）设置总督管辖区。1443年，哈吉-格莱（1443～1466年在位）在当地蒙古封建主的支持下，脱离金帐汗国，建立了独立的汗国，定都巴赫奇萨赖。1475年土耳其人入侵，1478年沦为土耳其的藩属。克里木汗以金帐汗的继承者自居，竭力保护各弱小汗国，在土耳其苏丹支持下，力图在伏尔加河沿岸重建穆斯林国家，为此同俄国进行了长期的斗争。根据1774年俄土两国缔结的《楚库克-凯那尔吉和约》，克里木汗国脱离土耳其而独立。1783年并入俄国版图。

**克里木战争** Crimean War 英、法与俄国争夺近东霸权所导致的俄国与英国、法国、土耳其、撒丁王国之间的战争。又称东方战争。战争主要在俄国的克里木半岛进行，故名。自18世纪下半叶起，俄国在近东势力急速发展，力图攻占或与列强瓜分日趋衰落的土耳其帝国，控制黑海海峡，实现俄国南出地中海的夙愿。这就与在近东有重大政治经济利益的英、法两国发生冲突。战争的导火线是争夺“圣地”。所谓“圣地”问题，就是法国支持的天主教僧侣与以俄国为靠山的东正教僧侣争夺耶路撒冷和伯利恒教堂的管辖权。1853年2月，沙皇尼古拉一世反对土耳其将伯利恒教堂交天主教僧侣掌管，要求土耳其苏丹与沙皇签署专约，承认沙皇有权保护所有在苏丹统治下的信奉东正教的臣民。5月，土耳其在英国大使的怂恿下，拒绝与沙皇缔约。俄国遂同土耳其断绝外交关系，并于7月3日以保护土耳其境内的东正教居民权利为由，占领土耳其的附庸摩尔达维亚和瓦拉几亚两公国。10月4日，土在英、法支持下对俄宣战。

1853年11月，俄舰队在锡诺普歼灭土舰队。1854年1月，英、法舰队驶入黑海。3月27～28日，英、法先后对俄宣战。撒丁王国也与法缔盟，于1855年1月参战。1854年4月20日，奥、普在柏林缔结了反对俄国的同盟条约。奥地利陈兵边境，迫使俄国撤出摩尔达维亚和瓦拉几亚。9月20日阿尔马河之战，联军包围塞港。俄国守军凿沉舰只堵塞港口，以防来自海上的进攻。俄援军先后发动巴拉克拉瓦之役（10月25日）和英克曼之役（11月5日），企图解塞港之围未果。1855年9月8日，联军猛攻塞港，法军攻下关键地区马拉霍夫要塞。3天后，塞港陷落，俄国败局已定。10月中旬，奥地利向俄国提出通牒，要求俄向英、法议和，如拒绝接受，奥将参战。沙皇亚历山大二世被迫同意在奥国提出的5项条件基础上议和。1856年2月，交战双方签订停战协定。交战国和有关国家在巴黎举行和会，并于3月30日签订《巴黎和约》。

战后，俄国的国际地位大为低落，俄、奥两国由战前的相互勾结转为战后相互对立。两国交恶一直是第一次世界大战前欧洲政局、特别是巴尔干政局动乱的一个重要因素。

**克里普克** Kripke, Saul Aaron（1940-11-13～ ） 美国逻辑学家，哲学家。曾任教于哈佛、哥伦比亚、康奈尔和洛克菲勒等大学，1977年任普林斯顿大学哲学教授，后升任麦科什讲座哲学教授。他是模态逻辑语义学的创始人和因果-历史指称论的首倡者之一，认为名词的指称主要取决于与使用该名词有关的社会历史的传递链条。以此出发，他进一步阐发了有关专名和通名的理论，并由此构成了现代分析哲学的

一个历史转折点。著有《命名和必然性》、《维特根斯坦论规则和私人语言》等。

**克里山·钱达尔** Krishan Chandar (1914-11-23～1977-03-08) 印度乌尔都语小说家。生于旁遮普沃齐拉巴德。先后获文科硕士和法学学士学位。曾在全印电台、电影公司供职。20世纪50年代当选为印度进步作家协会总书记。一生共创作了30部中、长篇小说，400多篇短篇小说，30余部电影文学脚本。早期作品以克什米尔秀丽的山川为背景，描绘朴实的民风，以中篇小说《失败》等为代表。中篇小说《慈善家》以孟加拉1943年的大饥荒为背景，揭露罪恶的剥削制度，成为作家从浪漫主义转向现实主义的标志。《当田野苏醒的时候》描绘农民暴动。《一棵倒长的树》声援民族独立运动。一生的创作紧跟时代步伐，从中可以清晰地看到20世纪中叶印度社会政治生活的整个历史画面。中译本有《火焰与花》等。

**克里斯琴森** Christiansen, Wilbur Norman (1913-08-09～2007-04-26) 澳大利亚射电天文学家。生于墨尔本。1935年获墨尔本大学硕士学位，1953年获墨尔本大学科学

博士学位。澳大利亚科学院院士。历任澳大利亚全国无线电科学委员会主席，国际天文学联合会副主席，国际无线电科学协会主席。早年从事天线工程，在发展通信天线方面有所创建。1948年投入开创射电天文工作。参与了中性氢21厘米谱线的实测验证。1951年创制栅形多天线射电干涉仪，解决了射电望远镜分辨率的难题；1953年首先发展了利用地球自转进行孔径综合的方法，1955年发表应用这种方法进行太阳射电成像观测的结果。这种方法在以后射电天文的发展中起了重大的作用。1996年当选为中国科学院外籍院士。

**克里斯塔勒** Christaller, Walter (1893-04-21～1969-03-09) 德国经济地理学家。生于贝尔内克，卒于哥尼斯坦因。

1938年获弗赖堡大学哲学博士学位。1933年在埃朗根大学执教时出版了《南部德国的中心地》，提出关于城市区位的中心地学说，补充和发展J.H.von屠能的农业区位论和A.韦伯的工业区位论。该学说对人文地理学、经济学、区域规划和城市规划产生重大影响，促进理论地理学的发展。

**克里斯托芙** Christov, Solveig (1918～1984) 挪威作家。原名苏尔维格·弗莱德列克森。她以不同风格进行创作试验，使用现实主义手法创作了长篇小说《来去之路》(1951)、《冬月之下》(1954)，使用象征主义手法创作了长篇小说《托尔苏》(1952)、《大坝》(1957) 等。她最擅长写妇女问题。长篇小说《七个昼夜》(1955) 通过描写女主人公短暂纵情以摆脱婚姻桎梏但不得不面对其后家庭变故，反省女性个性解放问题。《林莽中的岔路口》(1959) 描写女主人公在恋人和丈夫之间摇摆不定的情感经历。《情人归来》(1961) 描写一个薄情郎的故事。她还出版过短篇小说集《猎人和野兽》(1962)，剧本《秘密账目》(1957) 和《在红色的小路上》(1958) 等。

**克里特岛** Crete, Nísos Kríts 希腊最大岛屿，也是克里特岛行政大区的地理范围。位于地中海东部，北距希腊本土130多千米。东西长260千米，南北宽10～56千米，面积8 260平方千米。首府伊拉克利翁。人

克里特岛上的种植园

口约65万 (2005)。全岛多山地，以东西走向的克里特山脉为主干，中部的伊季山海拔2 456米，为该岛的最高点。北岸地势平缓，沿海平原狭窄，主要城镇和港口皆集中于此。南岸大部是陡峭的悬崖。地中海型气候，夏季干热，冬季温和。水源缺乏，河川短小，但多泉水。草地牧场约占该岛面积之半。有滑石、褐煤与石膏等矿藏。古代地中海爱琴文明的发祥地之一。公元前3000～前1200年，为繁荣的米诺斯文明中心，并建立了统一的米诺斯王国，建筑、雕塑、壁画、陶器与青铜制品等均已达到较高水平。后先后被希腊与罗马征服。4～13世纪，相继被拜占廷人、阿拉伯人控制，后又被威尼斯人购买。1669年为奥斯曼帝国占领。1913年正式划归希腊。经济以农业为主，主要种植油橄榄、柑橘、柠檬、葡萄和谷物。饲养绵羊和山羊。工业有食品加工、建材、制皂、纺织、皮革与陶瓷等，多分布在北部沿海。旅游业发达。岛内交通依靠公路，有航空线和班轮通雅典及其外港。

**克里特文明** Cretan Civilization 希腊克里特岛的青铜时代中、晚期文化。见米诺斯文明。

**克里希那** Krishna 印度教崇拜的大神之一。又译黑天。他是毗湿奴的第八个化身，父名婆娑提婆，母名提婆吉。《摩诃婆罗多》、《薄伽梵往世书》及《往世书》中记载了有关他的神话。黑天降生于雅德夫族，幼时是可爱的牧童，屡行神迹，灭除恶魔。手持牧笛，常和牧区女子嬉戏。曾把牛增山举起7天7夜，使难陀的牛群得以躲避因陀罗所下的大雨。与其兄大力罗摩进城杀死国王更斯，救出被囚禁的父母。其后，他率领雅德夫人前往阿提阿瓦半岛的西部海岸，建宫于今古吉拉特邦的德瓦尔卡，娶格鲁米尼公主和其他女子为妻。《摩诃婆罗多》中，他是阿周那的御者和参谋，是足智多谋的英雄。大战后，他回到故国，雅德夫人与众首领发生内讧，黑天的哥哥及儿子在内乱中丧生。黑天在林中痛哭，被猎人误为鹿而射死。《薄伽梵歌》中黑天被称为“最高的宇宙精神”。对黑天的崇拜主要强调神的爱与人的爱之间的相似。印度教义认为，青年黑天与牧区女子的调情嬉戏象征神与人灵魂之间的爱。黑天的形象在印度的民间文学、绘画、音乐等艺术中

黑天神克里希那手托着哥瓦尔坦山，旁边围绕着信徒（印度11世纪绘画）

经常出现。他的画像和姿态不一，通常是青年牧人在牧区女子的簇拥下吹笛。

**克立·巴莫** Khukrit Pramote（1911-04-20～1995-10-09） 泰国作家、政治家。生于信武里。出身皇族。曾留学英国，在牛津大学攻读哲学、政治学和经济学。回国后在法政大学和朱拉隆功大学任教。1946年当选议员，后当过部长、总理。1950年创办《沙炎叻日报》和《沙炎叻周刊》，并开始文学创作。长篇历史小说《四朝代》，以曼谷王朝五世到八世四代王朝的上层贵族社会为背景，以宫女帕洛伊的一生为线索，表现了封建制度衰败、资本主义兴起时代的社会变革。《芸芸众生》描写各种人在经历了不同的生活道路之后，最终在同一条船上遇难。还擅长写讽刺小品和短篇小说。作品构思巧妙，人物性格鲜明，语言诙谐幽默，寓人生哲理于故事之中。

**克利夫兰** Cleveland 美国俄亥俄州城市和湖港。位于该州东北部，伊利湖南岸凯霍加河河口。市区面积201平方千米，人口43.38万（2008），其中黑人占1/2；克利夫兰-阿克伦大都市区人口278.68万（2008）。1796年始建定居点，以开拓者M.克利夫兰的名字命名。1830年俄亥俄-伊利运河通航后成为商业中心。1836年设市。1851年首条铁路通达，成为大湖区和大西洋沿岸间货物转运中心。1854年河西岸的俄亥俄市并入。南北战争后，以钢铁工业为先导，迅速发展为中西部工业重镇，尤以重化工业发达著称。也是号称“石油帝国”的洛克菲勒财团开创基业之地。20世纪80年代随着商业、旅游业和高科技产业的兴起，经济趋于多样化。工业仍是城市经济的基础，主要工业部门有钢铁、机床、运输设备、电气设备、炼油、化工、炼铝等。美国多家大企业如美孚石油公司、伊顿公司、共和钢铁公司等的总部都设在此地。多条连接美国东北部和中西部的铁路和州际公路交会于此，陆路交通便利；港口设施优良；城西有克利夫兰霍普金斯国际机场。有凯斯西部保留地大学（1826）、州立克利夫兰大学（1923）等8所高等院校，许多医学和工业研究机构。重要文化设施有克利夫兰艺术博物馆、自然历史博物馆，藏书居全国前列的公共图书馆，著名交响乐团演出的塞弗兰斯大厅。市内有被称为“翡翠项链”的环城公园系统，包括州立埃奇沃湖滨公园、戈登公园、洛克菲勒公园等。

**克利马内** Quelimane 莫桑比克中东部海港城市，赞比西亚省首府。濒印度洋莫桑比克海峡，在赞比西河河口三角洲东北缘。居全国海岸线中央。人口约19.33万（2007）。15世纪始建，当地最古老的居民点之一。原为斯瓦希里人连接非洲内陆黄金和象牙产区与印度洋沿海的贸易站。1498年葡萄牙探险家**达·伽马**来到这里。1544年葡萄牙人建为贸易站，开始了持续400年的占领。19世纪末、20世纪初成为周边地区行政和商业中心。现为地区经济中心，农业畜产品集散地。附近的椰子种植园为世界大椰子种植园之一，占地约2.68万公顷，椰子树约400万株。工业有榨油、纺织、木材加工。港口位于里奥多斯-邦西奈斯河，离海29千米。新建码头长210米，可停靠2条沿海船舶和1条远洋船，还有油轮泊位和客运泊位。出口茶叶、糖、剑麻、玉米、棉花、烟草、椰干、椰棕、植物油等。有渔港，鱼虾捕捞较盛。为北起莫库巴的短程铁路（146千米）终点。公路通内陆。有机场。有葡萄牙殖民时期留下的建筑和纪念碑。

**克利斯提尼改革** Cleisthenes, Reforms of 公元前508年雅典政治家克利斯提尼（约前570～前508）实行的政治和社会改革。公元前510年僭主被推翻后，氏族贵族之间以及氏族贵族与平民之间的斗争尖锐化，保有血缘关系的氏族、胞族和部落组织已经不能适应奴隶占有制国家进一步发展的需要。克利斯提尼在公元前525～前524年任雅典首席执政官。公元前508年，他联合平民通过公民大会推行了一系列重大改革。

首先，他设立10个地区部落，取代原来的4个氏族部落。地域原则代替了血缘原则，削弱了氏族贵族在各方面的影响。其次，规定每个地区部落每年各选50名30岁以上的公民，组成五百人议事会，代替梭伦创设的四百人议事会，成为公民大会各项提案的起草机构，并负责处理国家日常行政事务。克利斯提尼还加强公民大会和民众法庭的活动。根据他的建议，制定了贝壳（或陶片）放逐法，以防僭主再起。

克利斯提尼的改革促进了雅典民主政治的发展，加强了雅典公民的团结，有利于雅典城邦的巩固和发展。

**克列茨瓦尔德** Kreutzwald, Friedrich Reinhold（1803-12-26～1882-08-25） 爱沙尼亚作家。生于卡德林纳，卒于塔尔图。当过教师和医生。潜心研究民间文学，从事文化启蒙运动。完成了爱沙尼亚人民史诗《卡列维波埃格》（1857～1861）的撰写工作。《卡列维波埃格》（意为“卡列维之子”）根据爱沙尼亚民间歌谣和传说编写而成，共20首歌（1 900行诗）。史诗描写了古代爱沙尼亚的巨人、人民英雄卡列维波埃格与敌人英勇斗争的故事，对爱沙尼亚文学的发展曾产生巨大影响。此外他还写有《爱沙尼亚古老的民间故事》（1866）。

**克列蒙梭** Clemenceau, Georges（1841-09-28～1929-11-24） 法国政治家。生于旺代省一乡村医生家庭，卒于巴黎。早年从医。第二帝国时期，积极参加共和派活动。1870年9月4日革命后任巴黎蒙马特尔区区长。1871年2月当选议员，反对签订对德和约。支持**巴黎公社**（1871）选举，试图调解公社和凡尔赛的关系。1875年11月任巴黎市议会议长。

19世纪80年代初成为激进派领袖之一。在议会中多次抨击温和派内阁的殖民扩张政策，致使**L.甘必大**、J.-F.-C.费里、E.-H.布里松内阁先后垮台，因而获得“倒阁者”绰号。1906～1909年任内阁总理兼内政部长，镇压矿工罢工，加强同英、俄联合，积极准备对德战争。1917年11月第二次组阁，任内阁总理兼陆军部长。提出一切服从战争的口号，镇压反战革命运动。

战后，代表法国出席**巴黎和会**（1919）。参与组织对社会主义苏俄的武装干涉，企图确立法国在欧洲的霸权，是《凡尔赛和约》的起草人之一。1920年1月竞选总统失败，退出政界。

**克林顿** Clinton, William Jefferson（1946-08-19～ ） 美国第42任总统（1993～2001）。生于阿肯色州霍普市。习称比尔·克林顿。1968年毕业于乔治敦大学。后入耶鲁大学

法学院，1973年毕业。1976年当选阿肯色州检察长。1978年当选该州州长，成为美国最年轻的州长。1980年竞选州长失败。1982年再次当选州长，连任至1992年。在州长任内，逐渐成为新民主党人的领军人物。1992年大选中，击败在任总统**G.布什**当选总统。总统任内，使国会通过了减少联邦财政赤字的计划并成功地加以实施。1994年被迫签署了共和党提出的不利于穷人的福利法案。对外派遣2万美军到民族冲突和内战不断升级的南斯拉夫波-黑地区执行“维和”使命。尽管在“白水门事件”中受到指控，但仍赢得了1996年11月的大选。1997年与国会就2002年前平衡联邦预算的立法达成协议，1998～2001年联邦财政连续4年出现盈余。1998年6～7月访华期间，宣布了不支持台湾独立的“三不”政策。1999年2月13日，派出4 000人的美军部队赴南斯拉夫联邦科索沃地区与**北大西洋公约组织**国家一道干预当地冲突。3月24日，开始对南斯拉夫实施长达70余天的空袭。5月8日，美机发射的导弹击中中国驻南使馆，造成3人死亡、20余人受伤的严重后果（见**科索沃战争**）。2000年10月，在成功地使国会通过给予中国永久性

正常贸易关系地位的法案后，签署了该法案使之成为法律。离任前，他签署了一系列赦免令，其中有的赦免引起了争议。

**克隆** clone 原意指植物无性繁殖得到的可连续传代并形成的群体。在现代生物学中克隆主要包括基因克隆、细胞克隆和生物个体克隆。克隆技术是指由众多的基因或细胞群体中通过无性繁殖和选择获得目的基因或细胞系的技术操作。

基因克隆指某种目的基因的分离过程，通常是将生物材料的遗传物质如DNA酶切成片段，插入到载体中，通过宿主无性繁殖使基因扩增，然后再以某种探针选择、钓取目的基因。另一方面，基因克隆技术也指DNA重组技术。利用供体生物的遗传物质，或人工合成的基因，经过体外或离体的限制酶切割后与适当的载体连接起来形成重组DNA分子，然后再将其导入到受体细胞或受体生物构建转基因生物。

从众多的细胞混合物中分离出具有单一基因型和表型的细胞，并利用细胞培养技术扩增得到细胞群的过程称为细胞克隆，所获得的细胞即为单克隆细胞。哺乳动物克隆是克隆概念在个体水平上的应用，即通过无性繁殖产生具有完全相同遗传背景的动物个体或群体。首先采集卵子，并通过显微操作使核、质分离，使卵细胞失去原有的核遗传物质，仅余细胞质；其次采用细胞融合技术，使供体的乳腺组织细胞的核移入到无核卵细胞中；核质融合的卵通过体外培养发育为早期胚胎并移植入假孕母体子宫中发育为个体。1996年7月出生的克隆羊“多莉”就是用这种方法产生的。

**克卢日–纳波卡** Cluj-Napoca 罗马尼亚北部城市。特兰西瓦尼亚地区重要的工业和文化中心，克卢日县首府。位于索梅什–米克河盆地。人口31.02万(2007)。达契亚时期成为市镇，称纳波卡。2世纪为罗马帝国的自治市，12世纪成为日耳曼人移民地，建有城堡。15世纪后曾长期为特兰西瓦尼亚的首府和经济、文化中心。第二次世界大战后迅速发展，有机械制造、化学、食品、制鞋、印刷等工业。建有高等院校及科学院分院、博物馆、植物园。还有14～15世

圣迈克尔教堂和马特伊·科尔文骑马像

纪的圣迈克尔教堂、1902年塑造的马特伊·科尔文（匈牙利的罗裔国王）骑马像。

**克鲁泡特金** Kropotkin, Peter Alekseyevich (1842-12-09～1921-02-08) 俄国民粹主义革命家、地理学家、无政府主义运动理论家和活动家。生于莫斯科一贵族家庭，

卒于德米特罗夫。1867年到彼得堡大学数理系学习。1869年被选为俄国地理学会委员。1872年在瑞士加入第一国际，参加无政府主义组织的活动。回国后，参加民粹派组织——柴可夫斯基团。1874年被捕。1876年越狱，移居瑞士、法国、英国。他提出一整套关于无政府共产主义的理论，认为未来的理想社会应当是通过群众自发的社会革命，建立没有任何权力支配的各种团体的自由联合。第一次世界大战期间，鼓吹把战争进行到“最后胜利”。1917年6月返回俄国，反对无产阶级专政，但没有参与反苏维埃的实际行动。

**克鲁普斯卡娅** Krupskaya, Nadezhda Konstantinovna (1869-02-26～1939-02-27) 苏联政治活动家与教育家。V.I.列宁的夫人和战友。生于圣彼得堡。青年时代即参加大学生马克思主义小组并开始接受马克思主义。1891～1896年任工人星期日夜校教师。1896年被捕并被流放到西伯利亚。流放期间写成《女工》一书，其中以专章论述家庭和学校的教育问题。流放期满后，流亡国外。1905年和列宁一起回国

参加了俄国第一次资产阶级革命。革命失败后，又和列宁一起侨居国外。1915年，写成了其主要教育著作《国民教育和民主主义》。书中总结和概括了劳动教育思想发展的历史，第一次较系统地阐明了马克思和恩格斯关于教育与生产劳动相结合的思想和综合技术教育思想。

十月革命后，主要领导苏联的文化教育建设工作，是苏维埃俄罗斯联邦教育人民委员部部务委员会的主要成员，历任该部社会教育司司长、政治教育总委员会主席、国家学术委员会科学教育组主席等重要职务。她是苏联科学院的名誉院士，也是苏联第一位教育科学博士学位的获得者。她的教育论述汇集为《克鲁普斯卡娅教育文集》(11卷)。中国在20世纪50年代和80年代曾翻译出版她的教育文选。

**克鲁奇科夫斯基** Kruczkowski, Leon (1900-06-28～1962-08-01) 波兰作家、戏剧家、社会活动家。生于克拉科夫，卒于华沙。大学毕业后在技术学校和工厂任职。德国进攻波兰时参加卫国战争被俘，1945年回到波兰，先后任国务委员、作协主席等职。诗集《悬在世界上的锤子》(1928)反映了诗人对现实的不满。长篇小说《科尔迪安和乡下佬》(1932)以19世纪初期波兰农村生活为背景，描写地主阶级对农民的压榨以及农民的反抗。其他主要作品还有长篇小说《孔雀毛》(1935)、《陷阱》(1937)，剧本《德国人》(1949)、《自由的第一天》(1959)等。

**克鲁斯** Cruz, Sor Juana Inés de la (1651?～1695-04-17) 墨西哥诗人、剧作家。本名胡安娜·拉米雷斯·德·阿斯巴赫。生于圣米盖尔，卒于墨西哥城。3岁读书，7岁写诗，15岁成为副王总督曼塞拉侯爵夫人的侍从女官，16岁离开宫廷进入修道院。随后以绝大部分精力投入文学创作和科学研究，把所在修道院变成当时墨西哥的文化中心。

1681年，她在《答索尔·菲洛特亚·德·拉·克鲁斯的信》中明确地表明追求知识、渴望改善妇女地位的思想。1695年在看护病人时染上时疫去世。

克鲁斯创作了大量诗歌、戏剧和散文。流传下来的有诗集《唯一女诗人的缪斯洪流》(1689年第一卷，1692年第二卷)，两部情节喜剧《家庭的责任》(1683)和《爱情是迷宫》(1689)，此外还有三部宗教圣礼剧、大量的独幕笑剧和开场白戏。在散文方面有《一篇布道词的危机》(1690)和部分书信。在诗歌创作方面，《初梦》是一首近千行的长篇自由诗，表达了她强烈的求知欲，充满诗情与哲理，思想深邃，结构复杂。它的主题是光明必定战胜愚昧，是女诗人一生精神悲剧的缩影。

**克吕尼运动** Cluniac Movement 10～11世纪克吕尼修道院发起和领导的西欧天主教改革运动。10～11世纪，罗马教廷势力式微，世俗统治者控制各级教会和修道院，任命神职人员以至买卖神职。教士生活堕落，姘居生育，教会逐渐世俗化。教会组织的割裂和修道院的衰落引起教会和世俗封建主的不安，从而要求改变现状，进行改革。克吕尼运动始于克吕尼修道院第一、二任院长伯尔诺（910～927年在任）和圣奥多（927～942年在任）之时。他们提出僧侣必须遵守西欧修道院原有的本笃法规，强调守贫（不置私产）、守贞（独身）、服从（服从修道院领导）；主张严格隐修生活，整肃宗教礼仪；反对世俗势力控制修道院及侵蚀其地产。克吕尼修道院的主张赢得不少教俗人士的支持。许多旧的修道院陆续按照克吕尼的模式进行改造，新的克吕尼派修道院不断兴建，形成克吕尼派。11世纪前半期，克吕尼派运动已形成有组织有领导的修会。在修会中，克吕尼修道院院长成为名副其实的领袖。11世纪中叶以后，教会改革运动迅速展开。以罗马教廷为核心的改革派提出：神职人员严守独身，不得婚配；各地主教由教皇任命，不得由君主叙任；禁止买卖神职；宣称教皇权力至上，可废黜君主。12世纪中叶，克吕尼派修道院分布于法兰西、意大利、德意志等地，总数达314个。12世纪中叶以后，随着克吕尼派权势显赫，财富激增，以反对僧侣世俗化起家的修道院本身也世俗化了。克吕尼运动遂丧失其历史作用，逐渐衰落。

**克伦人** Karens 亚洲中南半岛西部缅甸联邦的民族之一。为国内第二大族。另有部分人分布在泰国。属南方蒙古人种南亚类型。使用克伦语，属汉藏语系藏缅语族。有20多种方言，通用斯高克伦语和普沃克伦语，这两种方言均有以缅文字母为基础的文字。主要信小乘佛教，部分信基督教，还保存万物有灵信仰，迷信鸡骨占卜。分为三大支：①斯高克伦，人数最多，主要分布在央米丁至丹老和伊洛瓦底江三角洲一带。②普沃克伦，居住在伊洛瓦底江三角洲地区和毛淡棉。③当都克伦，人数最少，居住在掸邦南部和西部的高原地带。克伦人于7～8世纪由中国西藏高原移居缅甸。居平原者主要从事农业和伐木业，种植水稻、甘蔗、亚麻和橡胶等；居山区者从事刀耕火种农业，饲养家畜。男人喜穿白衬衣，红外衣，穿黑色或白色长裤，包金黄色头巾。妇女多穿筒裙，上着披肩，留发挽髻。房屋多为木材建成的“人”字形高脚屋。以大象为运输工具。婚姻行一夫一妻制，婚后先在岳家居住一年。人死多行火葬。有自己的历法和新年。

克伦人的舞蹈

**克伦斯基** Kerensky, Aleksandr Fyodorovich (1881-05-02～1970-06-11) 俄国政治家。俄国临时政府总理(1917)。生于辛比尔斯克（今乌里扬诺夫斯克），卒于美国纽约。第一次世界大战时为沙文主义者。1917年俄国二月革命期间，任彼得格勒苏维埃执行委员会副主席、国家杜马临时委员会委员。1917年3月任临时政府司法部长，加入社会革命党。5月，任陆海军部长。7月，任内阁总理兼陆海军部长。9月，又兼任全军最高总司令。后任“执政内阁”首脑和最后一届临时联合政府总理。彼得格勒十月武装起义时，逃出冬宫，发动反对苏维埃政权的叛乱。失败后，于1918年6月逃亡伦敦，后转到法国。1940年移居美国。

**克伦威尔** Cromwell, Oliver (1599-04-25～1658-09-03) 英国资产阶级革命时期的主要军事、政治领导人。独立派领袖。生于英国亨廷登郡一中等贵族家庭，卒于伦敦。

青年时期受到清教思想的熏陶。1640年作为剑桥郡的代表先后被选入“短期议会”和“长期议会”。

内战开始后，1644年受命指挥整个东部联盟的骑兵。他指挥的骑兵在马斯顿荒原战役（1644年7月2日）中取得胜利后，被誉为“铁骑军”。T.费尔法克斯和克伦威尔指挥的“新模范军”。1645年6月在纳斯比战役中取得对王党的决定性胜利。

1647年8月6日克伦威尔率军进入伦敦，驱散议会里的长老派议员。随后，以克伦威尔为首的独立派高级军官与平等派士兵的矛盾日趋尖锐。在魏尔检阅军队时克伦威尔镇压了平等派士兵的反抗。

1648年春第二次内战爆发后，克伦威尔放弃同国王妥协的主张，转而赞成成立审讯国王的最高法庭，判处国王死刑。

1649年成立共和国，以克伦威尔为首的独立派高级军官掌握政权。克伦威尔镇压平等派起义，后又扼杀掘土派运动。随后，率军征讨爱尔兰和苏格兰。

1653年12月克伦威尔就任护国公，进一步加强军事专政。但国内经济状况不断恶化，阶级矛盾日趋尖锐。克伦威尔始终未能稳定局势。

**克罗茨** Kroetz, Franz Xaver (1946-02-25～) 德国剧作家。生于慕尼黑。曾在慕尼黑戏剧学校和维也纳马克斯－莱因哈特戏剧研究班专攻戏剧艺术。他的戏剧创作继承“大众戏剧”传统，创作了很多社会问题剧，剧作多以德国南部巴伐利亚为背景，描写社会边缘人物的日常遭遇。主要作品有《痼疾》、《家务事》、《野兽出没的道路》(1968)、《上奥地利》(1972)、《马厩》(1972)、《点播音乐会》(1973)、《宪法仇敌》(1977)、《联邦德国的恐怖与希望》等。克罗茨的剧作多描写现实生活的极端困窘和无聊，笔下人物多以性发泄或对孩子、亲人犯罪的方式，发泄社会现实给人造成的苦闷。1988年，他的电视连续剧《王室基尔酒》大获成功，克罗茨就此成为家喻户晓的超级明星。

**克罗地亚** Croatia; Hrvatska 欧洲中南部国家。位于巴尔干半岛的西北部，南濒亚得里亚海，西北、北界斯洛文尼亚和匈牙利，东邻塞尔维亚、波斯尼亚和黑塞哥维那、黑山。面积56 594平方千米。人口443.45万(2008)。居民中克罗地亚族占89.63%，塞尔维亚族占12%，余为匈牙利族、意大利族、阿尔巴尼亚族、捷克族等。官方语言为克罗地亚语。主要宗教是天主教（克罗地亚族）和东正教（塞尔维亚族）。首都萨格勒布。

国土西部和西南部以迪纳拉山脉为主干，数列石灰岩山地与海岸平行斜贯，岩溶地貌广布，最高峰特罗格拉夫山海拔

1 913米。山区气候夏季短而凉爽，冬季长而寒冷；沿海地区为地中海式气候，夏季干热，冬季暖湿。国土东北部为斯拉沃尼亚丘陵和潘诺尼亚平原，地势低缓，河网稠密，**多瑙河**两条支流萨瓦河和德拉瓦河分别横贯南北国境。地处内陆，显现大陆性气候，冬寒夏热。森林覆盖率43.9%。矿产资源有石油和天然气、煤、铝土矿等。

公元前1世纪为罗马伊利里亚行省的一部分。4世纪末起，先后受匈奴人、东哥特人、拜占廷人和阿瓦尔人的统治。7世纪，克罗地亚人移居到巴尔干半岛西北部。9世纪建立了早期封建国家。10世纪形成强盛的克罗地亚王国。1102～1527年处于匈牙利王国统治之下。1527年后受奥地利哈布斯堡王朝的统治，直至1918年12月，克罗地亚与一些南部斯拉夫民族联合成立**塞尔维亚－克罗地亚－斯洛文尼亚王国**（1929年改称南斯拉夫王国）。1941年，一度成为法西斯傀儡国“克罗地亚独立国”。1945年加入南斯拉夫联邦人民共和国（1963年改称南斯拉夫社会主义联邦共和国），成为其六个共和国之一。1991年6月25日，克罗地亚共和国宣布独立。

1990年12月，公布新宪法，当日生效。宪法规定，总统任期5年，任期不得超过两届。2000年11月，议会通过宪法修正案，改半总统制为议会内阁制。2001年3月再度修宪，取消省院，实行一院议会制。议会是国家最高权力机构。总统为国家首脑和武装力量最高统帅，由议会选举产生。政府为国家权力执行机构。融入欧洲政治安全一体化为其外交政策重点，同时重视发展同美国、俄罗斯等大国的友好合作关系和周围邻国的睦邻关系。独立后已先后成为多个国际组织的成员国。截至2009年底，已同世界上173个国家建交。1992年加入联合国。1992年5月13日与中国建交。

克罗地亚为前南斯拉夫地区经济较为发达的国家。独立之初，经济一度衰退，20世纪90年代中期后，经济出现了持续增长，但1999年北约轰炸南联盟对克罗地亚经济造成严重影响。2000年后，新政府经济推行面向市场经济的转折政策，调整产业结构，经济逐步回升。2009年人均国内生产总值为14 222美元。工业总值占国内生产总值36.6%。主要工业部门有造船、炼油、化工、建材、木材加工、纺织、食品等，其中造船工业在欧洲居前列。农业用地面积为85万公顷（2008），种植业和畜牧业并举。主要作物有小麦、玉米、甜菜、烟草、向日葵以及油橄榄、葡萄等亚热带果类，潘诺尼亚平原地区为主要农业区；畜牧业以养牛、猪、羊和家禽为主，牧区主要在中南部山地丘陵。旅游业发达，是国民经济的重要组成部分和外汇收入的主要来源。2008年，境内有铁路2 722千米，公路29 248千米。有7个海港和8个国际机场。还有610多千米输油管道和2 085千米天然气管道。2009年外贸进出口总额为317亿美元，历年保持巨额外贸逆差。主要贸易伙伴是德国、意大利、奥地利、斯洛文尼亚、英国、美国等，欧盟国家占贸易额一半以上。货币名称库纳。

克罗地亚杜布罗夫尼克鸟瞰

具备较完整的教育体系，设有学前教育、初等教育、中等教育、职业教育、高等教育、成人教育和特殊教育。全国实行8年制义务教育。已基本无文盲。有萨格勒布大学等4所高等院校。有《晚报》、《信使报》等全国性报刊。有8家电视台、4家通讯社和108家电台。

**克罗地亚人** Croatians 欧洲**巴尔干半岛**民族之一。主要分布在克罗地亚共和国，其次分布在波斯尼亚和黑塞哥维那、塞尔维亚、斯洛文尼亚等国。另有部分人散居澳大利亚、奥地利、匈牙利、美国等国。属欧罗巴人种巴尔干类型。使用克罗地亚－塞尔维亚语，属印欧语系斯拉夫语族。有用拉丁字母拼写的文字。信教者多为天主教徒，部分人为伊斯兰教徒。7世纪，其祖先斯拉夫人由北方迁入。9世纪中期建立了早期封建国家，约924年起成为一个王国。

克罗地亚人在演奏乐器

1102年与匈牙利合并。1527年受奥地利哈布斯堡王朝统治。克罗地亚和斯洛文尼亚的克罗地亚人文化与生活方式均受匈牙利的影响。达尔马提亚和伊斯特里亚的克罗地亚人在经济、文化上受意大利的影响。波斯尼亚和黑塞哥维那的克罗地亚人在文化上受土耳其的影响。1918年建立**塞尔维亚－克罗地亚－斯洛文尼亚王国**。1945年11月成立人民共和国，加入南斯拉夫联邦人民共和国。1991年南斯拉夫解体后，克罗地亚成为独立国家。传统经济以种植业为主，近几十年来工业有了很大发展。

**克罗格** Krog, Helge（1889-02-09～1962-07-30） 挪威剧作家。生于奥斯陆。大学时攻读社会经济学，毕业后任记者。作品大多是讽刺喜剧。《雅尔的房屋》（1923）描写第一次世界大战后激烈的阶级斗争。《决裂》（1936）是他最成功的剧作，写一个妇女发现她的丈夫和情人都是企图主宰她的极端个人主义者，终于摈弃了他们。还有社会问题剧《伟大的我们》（1917）及论文集《意见》（1929～1947）。

**克罗马农人** Cro-Magnon man 晚期智人化石。1868年发现于法国多尔多涅省莱塞济附近克罗马农山洞中。有广义和狭义之分。广义的克罗马农人群包括发现于今德国、英国、意大利、捷克、斯洛伐克等国和北非一些地方的晚期智人化石。时代为晚更新世，属维尔姆冰期。狭义的仅指在克罗马农岩棚中发现的人化石，包括至少5个个体。一具老年男性的头骨保存完好，脑量为1 600毫升上下，肢骨显示出个体高大，肌肉发达。这些骨骼特征为克罗马农人群所共有，与现代人相差甚微。有关克罗马农人群的起源问题，迄今未得到解决。伴生的文化遗物，多属于奥瑞纳文化的燧石工具和海生介壳，有一些介壳有穿孔。伴存的哺乳动物化石有驯鹿、野牛、猛犸象和马等，表明欧洲当时的气候寒冷。时代约距今3.5万～1万年。

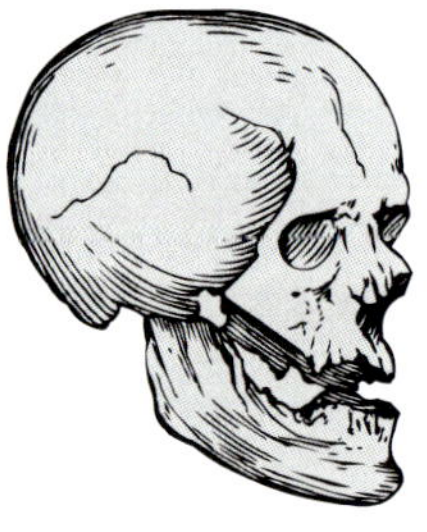
克罗马农人头骨化石（侧视）

**克罗内克** Kronecker, Leopold (1823-12-07～1891-12-29) 德国数学家。对代数和代数数论，特别是椭圆函数理论有突出贡献。生于德国布雷斯劳附近的利格尼茨（今波兰莱格尼察），卒于柏林。1841年入柏林大学，1845年获博士学位。1861年经E.E.库默尔推荐，成为柏林科学院正式成员，并以此身份在柏林大学授课。1868年当选为巴黎科学院通讯院士。1880年任著名的《克雷尔杂志》的主编。1883年接替库默尔成为柏林大学教授。1884年成为伦敦皇家学会国外成员。

克罗内克最主要的功绩在于努力统一数论、代数学和分析学的研究，其数学观对后世有极大影响。他主张分析学应奠基于算术，而算术的基础是整数。他的名言"上帝创造了整数，其余都是人做的工作"，反映了他对当时的分析学持批判态度。他作为直觉主义的代表人物，还曾极力反对G.康托尔的集合论。

**克罗宁** Cronin, James Watson (1931-09-29～ ) 美国物理学家。生于芝加哥。1955年获芝加哥大学哲学博士学位。1955年任职于布鲁克黑文国家实验室。1958年后任普林斯顿大学助理教授、教授。1971年以后任芝加哥大学物理学教授。1955年参加布鲁克黑文宇宙线级加速器研究，受V.L.菲奇邀请到普林斯顿大学。他研制火花室，用以研究超子衰变和中性K介子衰变。1964年他们共同发现了CP不守恒。由于这一发现，他和菲奇获1980年诺贝尔物理学奖。克罗宁还研究长寿命中性K介子的CP不守恒，并以更高的精确度研究中性K介子的CP不守恒参数。

**克罗齐** Croce, Benedetto (1866-02-25～1952-11-20) 意大利哲学家、美学家、文学批评家、历史学家。生于佩斯卡塞罗利，卒于那不勒斯。1883年入罗马大学读法律。1903年创办《批评》杂志。曾当选为参议员，并历任政府教育部、不管部部长等职。1947年创建意大利历史研究所。

克罗齐深受G.W.F.黑格尔哲学的影响，把精神视为唯一的实在，认为决不存在什么似乎不属于精神表现的东西，除了精神，就没有任何其他现实东西，除了精神哲学，就没有其他任何哲学。美学上认为直觉是认识的起点和情感的表现，直觉就是艺术。而欣赏乃是用直觉再造艺术家所创造的抒情意象，从而得到与作者相同的体验和感受。语言在本质上同艺术也是一致的。著有《精神哲学》4卷、《哲学论丛》14卷等。

**克罗斯贝** Crosby, Bing (1904-05-02～1977-10-14) 美国电影演员、歌星。生于华盛顿州塔科马，卒于西班牙马德里。原名哈利·利利斯·克罗斯贝。20世纪20年代开始在歌舞团演唱，30年代成为美国最红的抒情歌曲歌星。1932年第一次走上银幕，参加《大广播》演出，此后陆续主演了几部轻音乐片，获得成功。1940年与人合作演出歌舞喜剧片《新加坡之路》，以后一连出演了7部"路"片。1942年与舞蹈明星F.亚斯坦合演的《假日酒店》是歌舞片中的经典之作，片中歌曲《白色圣诞节》共售出1亿张唱片。1944年在《与我同行》中扮演一个善良的神甫，获得奥斯卡金像奖最佳男演员奖。次年，与英格丽·褒曼合演《圣玛丽亚钟声》。1946～1950年，他是美国票房号召力占首位的明星。50年代拍了《乡村姑娘》(1954)、《白色圣诞节》(1954)、《上层社会》(1956)等。60年代，转向电视。出版有自传《叫我幸运儿》。

**克洛卜施托克** Klopstock, Friedrich Gottlieb (1724-07-02～1803-03-14) 德国诗人。生于奎德林堡，卒于汉堡。1745～1748年先后在耶拿和莱比锡学习神学。1748年发表史诗《救世主》的前三章，引起广泛注意。丹麦国王给他一笔终身费用，让其完成《救世主》的写作。《救世主》最初用散文写成，后改用荷马史诗的六步扬抑格。全书20章，分上下两部。上部叙述基督受难，下部描写基督升天和胜利。他的颂歌名篇有《苏黎世湖》(1750)、《春天的庆典》(1759)、《早年的坟墓》(1764)、《夏天的夜晚》(1766)等。

**克洛代尔** Claudel, Paul (1868-08-06～1955-02-23) 法国诗人、剧作家。生于埃纳费尔河畔新城，卒于巴黎。1882年到巴黎读中学，后在法学院和政治学院就读。1890年皈依天主教。1891年开始职业外交家生涯，先后在美国、中国、日本等地任外交官。1936年以后回国，潜心从事写作，宣扬天主教。早期剧作《金头》(1889)和《城市》(1893)反映了作家皈依天主教的内心历程。当上外交官后主要用诗歌和诗剧来抒发宗教热情。并独创了一种由圣经体长短句组成的散文式诗体——克洛代尔体。诗歌主要有抒发他在中国生活印象的散文诗集《认识东方》(1907)，组诗《五大颂歌》(1910)、《三部合唱》(1913)。戏剧代表作有《正午的分界》(1906)、《人质》(1910)等，最有名的《缎子鞋》(1929)是象征主义的代表作。描写贵妇为抑制婚外情，将缎子鞋交给圣母，后顺应天意，与恋人一起放弃爱情。这部剧作把木偶戏、清唱歌、音乐和话剧艺术熔于一炉，形式新颖而大胆。

**克洛维一世** Clovis Ⅰ（约466～511） 法兰克王国国王。481年继位萨利克部落酋长后，法兰克人继续向高卢扩张，并兼并其他酋长势力，占领西罗马帝国高卢大部地区，于486年建立墨洛温王朝（486～751）。

**克木人** Khmus 亚洲中南半岛民族。约50万人（2001）。主要分布在老挝、越南和泰国等国。属蒙古人种南亚类型。使用克木语。迷信神鬼，祭供祖先，崇拜图腾。婚姻是一夫一妻制，夫兄弟婚、妻姊妹婚相当普遍。保存母系氏族残余，招婿之风盛行，舅父在家中具有重要地位。个别地区还有群婚现象。多住山坡，村寨稀疏。长期过游耕生活，以玉米、薯类和豆类为主食。男女都穿蓝布衣服。男服肥大，束腰带，缠头巾。妇女都有一件节日穿的蓝色紧身短衫，胸襟刺绣，配有银质纽扣以及绣花腰带和头巾。喜欢讲述古代故事和民间传说。

**克木语** Khmu language 克木人使用的语言。属南亚语系孟-高棉语族。分布于老挝、泰国、越南和缅甸。中国云南省西双版纳勐腊县、景洪市也有使用克木语者。

中国克木语无方言差别，同佤语、德昂语、布朗语等有着密切的亲缘关系。语音特点是：次要音节（又称弱化音节）很丰富，主要音节一般都有比较固定的声母和韵母搭配，无声调，带韵尾的主要元音分长短。词汇以单音节单纯词与双音节合成词为主。借词主要来自傣语和汉语。主要的语法手段是使用虚词和词序。句子的基本语序为主语－谓语－宾语。

**克努森** Knudsen, Martin Hans Christian (1871-02-15～1949-05-27) 丹麦海洋学家、物理学家。又译克努曾。生于丹麦菲英岛海斯马克，卒于哥本哈根。1890～1896年

在哥本哈根大学学习，1899～1941年在该校任教，曾任校长。1909～1945年先后任丹麦皇家文理科学学会的会员和干事。1930～1936年任国际物理海洋学协会主席，1933～1947年为国际海洋考察理事会副主席。1895～1896年参加丹麦“因格拉夫”号海洋调查时，建立了海水氯度测定法；1900年前后，领导确定了海水氯度和海水盐度的定义，建立了两者间的关系以及两者与海水密度的关系；1901年发表《水文常用表》，该表在国际上使用了近70年；1908～1945年负责制备国际标准海水，1938年用纯银作为标准海水的永久标准，提出了氯度的新定义。在物理学上，研究空气动力学理论及稀薄气体的导热性和辐射效应等，以他名字命名的术语有“克努森扩散”、“克努森数”和“克努森层”等。曾获隆德大学荣誉博士学位、A.阿加西奖、丹麦一级勋章等。

**克努特大帝** Canute the Great (?～1035) 中世纪英格兰、丹麦和挪威国王（1014～1035年在位）。又称克努特大王。丹麦王斯万一世之子，曾随父多次出征英格兰，索取贡赋。1014年斯万一世亡故，在英格兰的丹麦人拥立克努特继位，但英格兰人将旧王埃泽尔雷德二世（989～1016，又译埃德蒙二世）请回来为王，克努特被迫从英格兰回到丹麦。1015年率丹麦和挪威联合舰队进攻英格兰。1016年占领泰晤士河以北广大地区，年内征服英格兰全境，登上英格兰王位。1018年，其兄丹麦王哈罗德死后无嗣，1019年克努特即丹麦王位。1028年击败挪威和瑞典，成为挪威国王，并占领瑞典南部地区。至此，克努特被推尊为“大帝”，建立包括英格兰、丹麦、挪威、苏格兰大部和瑞典南部的“北海大帝国”。克努特主要留居伦敦，将英国分为4个伯爵领，赐予贵族领地和爵位，逐渐尊重英格兰的民族传统，推行亲善政策，并皈依基督教。克努特大帝时代为丹麦人和北欧海盗时代的鼎盛期。1035年死后，“北海大帝国”于1042年瓦解。遗体葬在英国温切斯特。

**克诺索斯王宫** Knossos Palace 希腊米诺斯文明最大最重要的王宫。遗址位于希腊克里特岛中部伊拉克利翁市南8千米。王宫始建于公元前2000年左右，此后成为米诺斯文明的政治、经济及文化中心。前1450年前后为迈锡尼人占领，约前1400年被毁。遗址发现于1878年，20世纪上半叶大规模发掘。王宫依山而建，规模宏大，无城墙、堡塔、望楼等防卫工事。已发掘的王宫遗迹大部分属前1700～前1500年的新王宫。建筑平面总体呈方形，面积达2.2万平方米。中央为长60米、宽30米的长方形露天庭院。院西楼房为3层，主要用于祭祀，包括神龛圣坛、祭仪大厅、档案库及库房等。院东楼房有4或5层，包括国王及后妃寝宫、接待厅、学校、作坊等。南北两侧有宫廷大臣的宅邸和露天剧场等。中庭东部和西部各有楼梯连接东西两部各层，楼道与各层通道形成柱廊。楼梯、柱廊曲折迂回，令人难辨方向，有迷宫之称。建筑材料木石混用，以石砌基部，柱子及屋顶则用木材，柱子上粗下细。上下水道相当完善。各处墙面有浮雕壁画装饰，北入口处饰有著名的公牛浮雕图。现存壁画有表现自然景物、国王贵族生活及各种庆典活动场面的内容，形象生动，色彩鲜艳。王宫内还

门上的海豚壁画

发现陶器、金银工艺品以及刻有米诺斯文字的泥板文书等，成为研究米诺斯文明的主要资料来源。王宫附近建有别墅、剧场、商馆、庙式陵墓等。

**克钦人** Kachins 亚洲中南半岛西部缅甸联邦的民族之一。自称景颇。约70万人(2001)。主要聚居于克钦邦，少数分布在掸邦北部，以及缅中、缅印边境山区。另有部分分布在印度阿萨姆邦。属蒙古人种南亚类型。与中国景颇族同源。使用克钦语，属汉藏语系藏缅语族。平坝区居民多信基督教和天主教，少数信佛教，山区居

克钦人妇女

民多信鬼神。其祖先约在7世纪由青藏高原南下，沿恩梅开江和迈立开江迁入缅甸境内。19世纪后期起，先后受英国殖民者和日本侵略者统治。缅甸独立后，于1951年成立克钦邦。主要从事农业，种植水稻、旱谷、玉米和大麦，以养猪、养牛和捕鱼、打猎为副业。擅长制作竹器，编织纱笼和挎包。男人喜穿黑色对襟上衣，下穿围布或短裤。妇女一般穿黑色短衫和花围裙。住草顶竹楼，多建于山坡上和竹丛中。行一夫一妻制。仍保留幼子继承家业的父系家族制度。人死后行土葬。

**克丘亚人** Quechua 拉丁美洲人数最多的印第安人。又译奇楚亚人、凯楚亚人。专指居住在安第斯山区温暖谷地的部落，以区别于住在寒冷高原的艾马拉部落。21世纪初有1 000多万人。属蒙古人种美洲支。使用克丘亚语。原无文字，后用拉丁字母创制文字。多信天主教，有些人保留传统的拜星教、拜农教等宗教信仰。主要分布在秘鲁中部和南部各省，玻利维亚南半部的奥鲁罗、波托西、科恰班巴、丘基萨卡等省，厄瓜多尔的大部分山区和部分沿海地区，智利北部和阿根廷西北部的高原沙漠地区。

15世纪初，克丘亚部落是安第斯中部地区最强大的部落之一，是印加国塔万廷苏尤的创立者。16世纪，西班牙入侵，克丘亚人人口锐减。19世纪60年代，开始融合为一个统一的部族。20世纪初，已是安第斯地区占多数的印第安人的一支。经济以农牧业为主，种植马铃薯、黍类、玉米、小麦、大麦等，饲养骆马、羊驼、绵羊及牛和马。手工业发达，擅长纺纱、织布、编织、织物染色、绣花、制陶、木雕以及制作金、银、铜首饰。基本食物为马铃薯和玉米。服装以穿戴斗篷、披肩和戴宽边帽为最普遍。民间文学及音乐、舞蹈独具特色。

**克丘亚语** Quechua language 南美印第安语中分布区域很广的语言。分布于玻利维

亚、秘鲁、厄瓜多尔、阿根廷和哥伦比亚等国。曾是印加帝国居于统治地位的语言。属安第斯赤道语系。又译凯楚亚语。方言较多，但主要方言可分为两支：库斯科方言和阿亚库乔方言。方言间差别不大，基本可以互通。克丘亚语重音通常落在倒数第二个音节上。文字以拉丁字母为基础。基本语序为主－动－宾型或主－宾－动型。

**克萨尔特南戈** Quezaltenango 危地马拉克萨尔特南戈省首府，全国第二大城市。又称“塞拉”。位于西南部圣玛丽亚火山山麓，海拔2 334米。人口约12.42万（2003）。气候凉爽，年平均气温约17℃，平均年降水量1 000毫米左右。曾是基切王国首都。附近有一古战场。1902年圣玛丽亚火山喷发，城市被毁，后重建。西南部的商业中心，集散印第安人的各种手工制品及咖啡、甘蔗、可可、谷物、热带水果等农产品。主要工业有纺织、面粉、啤酒酿造等。设有两所大学。经泛美公路通首都，城北有机场。

**克山病** Keshan disease 一种地区性流行的原发性心肌病。1935年在中国黑龙江省克山县首先发现，故名。克山病发生在中国由东北到西南的许多省区，主要在农村。病因尚不清楚。该病起病突然，病后迅速发展为心源性休克、严重心律失常或心力衰竭，常伴恶心、呕吐，称为急性克山病。也有呈慢性、亚急性者，主要表现为缓慢发作的心力衰竭或心律失常。潜在型者临床症状不明显。主要是对症治疗，急性型者可用大量维生素C静脉注射。在病区可常年口服亚硒酸钠预防。

**克什米尔** Kashmir 南亚次大陆西北部一个归属仍存争议的地区。全称查谟和克什米尔。深处南亚次大陆内部，北界阿富汗，西连巴基斯坦的西北边境省和旁遮普省，南傍印度的旁遮普邦和喜马偕尔邦，东北和东分别毗中国新疆维吾尔自治区和西藏自治区。面积约18万平方千米，其中印度实际控制区约9.4万平方千米，巴基斯坦实际控制区约8.6万平方千米。人口1 400余万，其中印度实际控制区1 000余万，巴基斯坦实际控制区400余万。主要使用克什米尔语、乌尔都语、旁遮普语和印地语（印控区）。印度实际控制区，穆斯林占77%，印度教徒占20%，另有少数锡克教徒和佛教徒。巴基斯坦实际控制区全部都是穆斯林。

古代是西亚、中亚及印度几个地区互相来往的交通和战略要地。631～633年，唐玄奘曾在此旅居、讲经。第二次世界大战前，为“英属印度”的土邦。1947年印巴分治时其归属未明确规定，成为印、巴两国长期的争端。1947年10月发生了持续

克什米尔风光

一年多的武装冲突。后在联合国的干预下，于1949年停火，并划定了长达482.2千米的停火线。1965年双方再度发生冲突。1975年，印度自行宣布克什米尔印度实际控制区为印度联邦的一个组成部分，称“查谟和克什米尔邦”，以斯利那加为行政中心。巴基斯坦政府对此表示抗议。后来巴基斯坦实际控制区划分为巴控克什米尔（1.3万平方千米）和“北部地区”（7.25万平方千米）两部分。

全境大部分在海拔4 000米以上，同中国接壤的东北部，平均海拔更高至5 000米。边境多高峰。全境属于印度河流域，河谷两侧多各支流冲积的砾石阶地，几乎斜贯整个克什米尔，矿藏丰富，主要有石油、煤、铁、黄金和镍等。多矿泉与硫磺泉。森林占总面积1/8。南北气候差异很大，降水量自西南向东北递减：查谟达1 150毫米，东北部最少仅50～80毫米；气温自南而北递降，查谟1月平均为14℃，列城在0℃以下。

经济以农业为主，产稻米、麦和玉米；工业有毛织、丝织、地毯等部门；披肩和木雕等手工业称著。畜牧业以养羊和养牛为主，所产羊绒世界闻名。主要城镇印控区有斯利那加、查谟、列城；巴控区有穆扎法拉巴德、吉尔吉特、巴勒提特（旧名罕萨）和斯卡杜。自然景色秀丽，有“南亚珍珠”之誉。交通不便，仅查谟有铁路分别通向印度和巴基斯坦，斯利那加和吉尔吉特有机场。

**克什米尔人** Kashmirians 南亚民族之一。约1 400万（2001），分布在克什米尔，分别受巴基斯坦和印度控制。属欧罗巴人种地中海类型，部分人具有蒙古人种的明显特征。使用克什米尔语。使用波斯文字母、夏尔达字母和梵文天城体字母。大多数人信仰伊斯兰教，属逊尼派；部分人信仰印度教。伊斯兰教徒一部分是外来的，一部分是改信伊斯兰教的印度教徒。教内通婚，多为一夫一妻制，仍有深闺制残余。人死后行土葬。印度教徒系从印度河流域迁徙而来。多为婆罗门种姓，被称为潘迪特，一半住在斯利那加城，一半散居农村。他们中不少人成为克什米尔的政治家、地主、学者、祭司、教师、国师或王宫官员。实行种姓内婚，高种姓中仍不许寡妇再嫁。人死后行火葬。克什米尔人主要从事农业、畜牧业和渔业。农作物以水稻为主，玉米、小麦次之。毛纺、木制工艺以及金属加工等手工业发达。男子一般穿肥袖长衫和宽腿长裤，头顶后部戴一小圆帽。妇女婚后喜戴项圈，两耳垂挂众多耳坠。

克什米尔人妇女

**克什米尔语** Kashmiri language 克什米尔地区的一种语言，是印度宪法承认的语言之一。属印欧语系印度－伊朗语族印度（又称印度－雅利安）语支。它的标准语言形成于14世纪。克什米尔语的音系里还有印度语言中常见的齿音、龈音和卷舌音，但是浊塞音的送气音已经消失。鼻音有顺同化倾向。名词有主格、对格、夺格和作格。句子的基本词序是主语－动词－宾语。它的词汇来源复杂，有德尔德语、梵语、旁遮普语、波斯语的成分。克什米尔语的传统文字是沙拉达文，现在通行波斯－阿拉伯文字。在印度教徒中，也使用梵文天城体。

**克维多－比列加斯** Quevedo y Villegas, Francisco Gómez de（1580－09－17～1645－09－08）西班牙作家、诗人。生于马德里，卒于因凡特斯新镇。自幼在宫廷中长大。曾在埃纳雷斯堡大学学习艺术，后学习神学。离开学校后，进入宫廷供职，并从事文学创作，以诗歌与讽刺散文见长。

诗歌创作包括抒情短诗、叙事长诗、讽刺诗和神话诗等共约800多篇，多已散失，流传下来的被编入诗集《西班牙的帕尔纳索斯山，双峰山岭和

九位缪斯》(1648)、《西班牙的最后三位缪斯》(1670)。其诗作题材广泛，语言丰富，大量使用新词和民间语言，并且善于运用夸张的比喻和漫画式的描写。

散文作品最著名的是流浪汉小说《流浪汉的榜样，无赖们的借鉴，骗子堂巴勃罗斯的生平》，中译本名《骗子外传》。此书于1604年写成，1626年在萨拉戈萨出版。小说由主人公巴勃罗斯自述一生的经历，作者以广阔的场面，众多的人物，揭露社会的黑暗和腐败。也流露出深刻的悲观情绪。另一讽刺小说《梦》，以寓意深刻的象征手法和夸张的笔调，把吝啬鬼、冒牌医生等各色人物作了淋漓尽致的描绘和讽刺。比较重要的论述道德和哲理的著作有《所有魔鬼的演说词》(1628)等。

**克耶人** Kayahs 亚洲中南半岛西部缅甸联邦的民族之一。约20万人(2001)。主要分布在克耶邦。属蒙古人种南亚类型。使用克耶语，系克伦语的一种方言，属汉藏语系藏缅语族。信仰小乘佛教，迷信鬼神；部分人改信基督教。缅人称克耶人为克伦尼，意为红克伦人。其祖先为游牧部落，约在8世纪前定居于缅甸。实行土司世袭制。英国统治时期改设中央土司署，下辖若干行政区。1951年缅甸政府根据本族人民意愿，定名“克耶族”，将其分布地区克伦尼邦改为“克耶邦”。以农业为主，山地耕作仍然保持刀耕火种。重要节日为“幡柱节”(即新年)，节期在四五月间。幡柱舞为其传统舞蹈。

**克孜尔千佛洞** Kizil Thousand Buddha Caves 中国佛教石窟。位于新疆维吾尔自治区拜城县克孜尔镇。主要开凿于4～8世纪。有开凿在木札提河北岸明屋达格山的峭壁间，编号洞窟236个。早期洞窟以中心柱窟、大像窟和僧房窟为主。中心柱窟的壁画数量多，题材多属小乘佛教。中期洞窟沿用早期窟形，出现较多的方形窟。壁画构图和题材与早期相同，有简化趋势，出现佛传题材。晚期洞窟变小，形制和绘塑内容都趋于简化，呈现衰落趋向。此时受大乘佛教影响，出现千佛一类题材。克孜尔石窟壁画采用线条和晕染结合的绘制手法，以线条勾勒轮廓，用晕染表现物体的明暗，增强立体感。色彩多以红、绿、蓝为主色，对比鲜明。壁画曾受犍陀罗美术的影响，也使用中原汉画的技法。不少壁画留有龟兹文题记。此石窟是古龟兹境内现存规模最大的石窟群，是龟兹石窟的典型代表。20世纪初遭外国探险队盗劫和破坏，许多珍贵文物流失海外。1961年国务院公布为全国重点文物保护单位。

第38窟券顶东侧壁的本生、因缘故事画（绘于4世纪）

喀拉库勒湖

**克孜勒奥尔达** Kzyl-Orda 哈萨克斯坦南部城市。位于锡尔河下游右岸。人口15.74万(1999)。建于19世纪初。1853年被俄国占领后称佩罗夫斯克。十月革命后改称阿克－梅切特。独立后改现名。工业以食品加工和轻工业为主。建有纸浆、纸板联合企业。市内有师范学院、剧院、历史地志博物馆。

**克孜勒库姆沙漠** Kyzylkum 哈萨克斯坦和乌兹别克斯坦境内沙漠。面积约30万平方千米。在锡尔河与阿姆河之间，咸海东南。有向西北倾斜的平原，还有一些海拔达922米的光秃孤山和几处孤立的盆地。年降水量100～200毫米，主要在冬、春两季。地面多为沙垅，只生长沙漠植物。现用作牧场，有几个小绿洲居民点。东南部的加兹利有天然气田，中部的穆伦套有金矿。

**克孜勒苏柯尔克孜自治州** Kizilsu Kirgiz Autonomous Prefecture 中国新疆维吾尔自治区辖自治州。位于自治区西南部。西北侧与吉尔吉斯斯坦接壤。辖阿图什市和阿克陶、乌恰、阿合奇3县。面积70 916平方千米。人口53万(2010)，有维吾尔、柯尔克孜、汉、塔吉克、回等民族。自治州人民政府驻阿图什市。汉代属西域都护府，隋代属西戎校尉府，唐代属西安都护府。宋辽时期属喀拉汗王朝。清代先后属乌什厅、伽师县、疏附县、英吉沙厅。1954年成立克孜勒苏柯尔克孜自治州。属大陆干旱气候，年平均气温10℃。工业有煤炭、冶金、建材、发电、机械、制盐、食品加工。主要矿产有煤、盐、大理石、水晶、冰洲石、铅、铜、金。主要农作物有棉花、小麦、玉米、水稻、油料作物。牧业以养牛、绵羊、牦牛、马、驴、骆驼为主。水果品种繁多，有无花果、木那格葡萄以及桃、梨、杏、石榴、苹果、木瓜等20余种。314国道贯穿境内。名胜古迹有苏里堂麻扎、喀拉汗王朝遗址、古丝绸之路上的盖孜驿站、喀拉库勒湖等。

**刻板印象** stereotype 根据一些简单的特征如年龄、性别、种族或职业，对人形成的概括、简单、固定的看法。刻板印象反映了群体的某些共性，有利于人们迅速地从总体上了解一个人的概貌；但刻板印象往往是不准确的、缺乏理性的，常常会导致偏见和歧视。

刻板印象的种类有：①个人刻板印象。把人名与一些特定的特质联系在一起。如觉得名叫刚毅的人意志坚强，名叫秀娟的人美丽、聪明等。②群体刻板印象。相信一个群体的所有成员都有同样的特征，根据一个人属于哪一个群体，就认为这个人也具有他所属群体的特征。③种族刻板印象。对某些种族的简单固定的看法，如认为犹太人聪明，黑人灵活、善体育运动等。④性别刻板印象。如认为男性都具有攻击性、自信、独立、坚强等特质，女性都具有文雅、敏感、害羞、温柔、顺从等特质。

**刻漏** clepsydra 中国古代计时器。又称漏刻、漏壶。漏是指带孔的壶，刻是指附有刻度的浮箭。有泄水型和受水型两种。早期多为泄水型刻漏，水从漏壶孔流出，漏壶中的浮箭随水面下降，浮箭上的刻度指示时间。受水型刻漏的浮箭在受水壶中，随水面上升指

兴平县1958年出土的西汉刻漏

示时间，为了得到均匀水流可置多级受水壶。刻漏最早记载见于《周礼》。已出土的最古刻漏为西汉遗物共3件，在河北满城、内蒙古伊克昭盟和陕西兴平发现。比较完整的传世刻漏有两件，均为受水型。藏于北京中国历史博物馆的是元代延祐三年（1316）造的；藏于北京故宫博物院的是清代制造的。

**刻木记事** keep records by notching wood 原始记事的一种方法。当人类没有发明文字，或文字使用尚不普遍时，常用在木片、竹片或骨片上刻痕的方法来记录数字、事件或传递信息，统称为刻木记事。在中国，古代文献中称木刻为"券契"、"契"。木刻实物在敦煌汉简有发现，其上写有文字。这种带文字的木刻称"书契"。独龙、傈僳、佤、景颇、哈尼、拉祜、苗、瑶、鄂伦春、鄂温克、珞巴等少数民族曾用木刻记事。如佤族用木刻计算日子和账目；苗族用木刻记录歌词；景颇族用木刻记录村寨之间的纠纷；哈尼族用木刻作为借贷、离婚、典当土地的契约；独龙族通过递送木刻传达通知，木刻上还常附上鸡毛、火炭、辣子等表意物件，用以强调事情的紧迫性。世界其他地区也存在刻木记事的情况，较著名的有澳大利亚土著居民的通信木刻及阿尔衮琴印第安人记录神话的木刻等。

**客船** passenger ship 载运旅客以及行李和邮件的运输船舶。广义上可将兼运一定数量货物、集装箱、车辆的运输船舶统称为客船。客船的上层建筑发达，用于布置旅客舱室，提供必要的散步、娱乐、健身场所；抗沉、防火、救生等安全方面的特殊要求较严格；减摇、避震、隔声等方面的舒适性要求高；航速较快和功率储备较大。客船绝大多数定期定线航行，这种客船又称班轮。远洋客船曾因多兼运载邮件，又被称为邮船。随着远程航空运输的发展，大型远洋客船航线于1977年10月在世界上完全消失。沿海和内河客船逐渐转向为海峡、陆岛的短程运输和旅游服务。旅游化、高速化和客/车渡船运输车辆滚装化是当代客运船型发展的总趋势。客船按船型特征可分为客船、客货船、旅游船、客/车渡船、客滚（箱）船及高速客船6类。

**客观唯心主义** objective idealism 唯心主义哲学的基本形式之一。指把世界的本原归结为某种离开物质世界、不依赖于个人意识而独立存在的精神实体的学说。见唯心主义。

**客户** non-native household registration 中国古代户籍制度中的一类户口，泛指非土著的住户。它不是一个统一的阶级或阶层，包括有地主、自耕农、城市小商贩、无业游民。唐玄宗开元时，正式出现客户称呼。其中的寄庄、寄住户是地主，客户大多是拥有少量田产的小农。唐玄宗时曾进行大规模的括户，将客户变为编户，称附籍客户，其赋税负担在一定期限内有所优免。德宗建中初实施两税法，客户和土户同样要按资产多少分等交纳两税。至于无产客户（佃客、雇客）虽然继续存在，因为不是两税户，一般没有正式编入国家户籍。此时的"土客"乃是土著户和客籍户之分，有的史书记为"主客"。

宋代则凡属无常产者，都划为客户。客户绝大多数是佃户，散居农村，佃人之田以谋生。客户虽与部分三等户、四、五等户都属农民阶级，但它却是这个阶级的最低层。客户同主户（有常产的税户）的依附关系，则因地而异。经济落后区，客户同主人具有较为强固的人身依附关系。在实行封建租佃制的广大地区，客户同主人结成了封建的契约关系。宋代客户已经发生了明显的分化，其中少数有了一块田园，有的上升为主户，有的发展成为佃富农，有的去做商贩，并且成为富商。宋以后，一般将非土著居民称为客户或"流移客户"，但客户不列在政府的户口统计中。

**客家方言** Hakka dialects 汉语重要方言之一。又称客家话、客话、客籍话，有些地区又称倨话、麻介话、新民话、土广东话。主要分布于广东、广西、福建、台湾、江西、海南、湖南、四川等8省区、200多个县市。主要特点是：①送气音丰富，古全浊声母不分平仄多读送气清音；古见组细音不腭化。保持舌根及喉音〔k〕、〔k'〕、〔h〕读法；有唇齿浊擦声母〔v〕；鼻音声母较多；古塞音韵尾〔-p〕、〔t〕、〔-k〕程度不同地保留；声调多为6个，平、入各分阴阳，上、去不分。②保存不少古汉语语词，如"走"(跑)、"索"(绳子)；单音词较多，如"被"(被子)、"地"(坟墓)；还有不少粤方言与闽方言的借词。③有较丰富的词头、词尾，人称代词单数有"领格"范畴，一般通过元音变化区分近指和远指。

**客家人** Hakkas 中国汉族的一个支系。在客家方言、粤方言中"哈卡"，即"客家"之意。中国西晋末永嘉年间至唐末以及南宋末黄河流域的一部分汉人因战乱南徙渡江，被称为客家，以别于当地居民，后遂相沿而成这一部分汉人的自称。今分布在广东、福建、广西、江西、湖南、台湾等省区。语言保留较多的汉语古音韵，称客家方言。

**客家土楼** Hakkas adobe building 中国客家人聚族而居的传统大型楼式住宅。又称客家围屋。承重墙由土分实而成，内为木结构楼房，高3～5层，上覆瓦顶。通常底层做厨房，二层贮粮，三层及以上住人。流行于福建西南部、广东北部和江西南部山区，最早可能出现于唐末客家人第二次大迁徙时期。现存土楼大多始建于明清，沿用至今，但住户日趋减少。土楼形式主要有方楼、圆楼和五凤楼3种。方楼平面呈口字形，四面房屋围成方形院落，北为主楼，下设祖堂。圆楼平面为环形，有一环或二、三环层层相套等类型。中为庭院，或设厅堂，供议事和祭典用。方楼和圆楼内部有通廊式和单元式之分。五凤楼的基本形式是三堂两横：下堂即门厅，中堂是正厅，为祭祀和待客场所，后堂是族中长者住处；三堂两侧为横屋，供辈分较低者居住。土楼选址有严格的风水讲究。屋顶、大门、祖堂和窗洞是重点装饰部位。出于防卫需要，一、二层外墙不开窗，大门厚实，上设水槽以御火攻，有的在外墙顶层设枪眼。土楼体态坚实宏伟，集居住、祠祀和防御功能于一体，适应山区人烟稀少、盗患械斗较多的环境需要，且可起增强同宗血缘凝聚力的作用。2008年福建土楼被联合国教科文组织作为文化遗产列入《世界遗产名录》。

福建永定县初溪村土楼群

**客省庄文化** Keshengzhuang Culture 中国新石器时代末期文化。以陕西长安客省庄遗址而命名。曾被称为客省庄二期文化或陕西龙山文化。主要分布在渭水流域和陕南地区。年代约为公元前2600～前2000年。居民经济生活以农业为主。种植粟和小麦。农具有翻土用的石铲、骨铲，收割用的石刀、

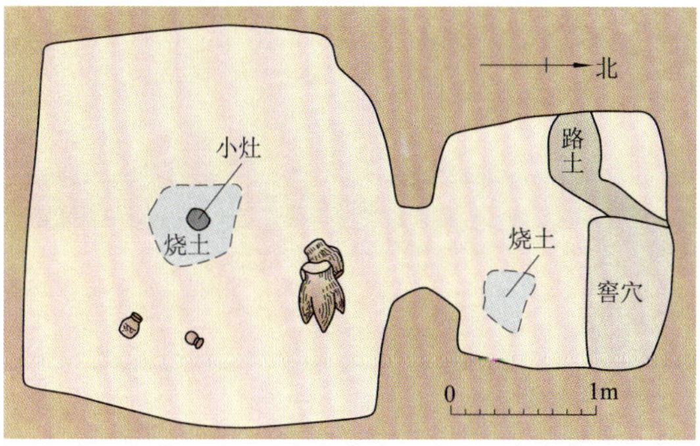

"吕"字形半地穴房址（客省庄遗址出土。内室有灶，外室有窖穴，有斜坡或阶梯式门道通往室外）

陶刀、石镰、蚌镰等。家畜以猪为主，还有牛、羊、狗等，发现带栅栏的畜圈遗迹。渔猎经济占有一定地位。制陶业发达，发现陶窑和制陶工具陶拍。制玉产品有璜、璧、斧、锛、圭等，均为软玉。纺织工具有捻线纺纱的陶纺轮。房屋有半地穴建筑、地面建筑和窑洞院落三种，居住面多涂抹防潮的白灰。半地穴建筑中有"吕"字形双室居室，为客省庄文化有代表性的建筑形式。窑洞院落已同现代黄土高原的窑洞院落基本接近。墓葬多为长方形竖穴土坑墓，大多无随葬品，也有少量富有者的墓，还发现一些属于非正常死亡、社会地位低下之人的乱葬坑。墓葬的这种差别，反映出社会已发生明显的贫富和等级分化。兽骨、骨器上发现有刻画符号。许多遗址有卜骨，可知存在占卜习俗。还存在男性生殖崇拜。客省庄文化已处于文明时代的前夕，父系个体家庭成为当时主要的社会组织形式。

**氪** krypton 化学元素，元素符号Kr，原子序数36，原子量83.798，属周期系零族元素，稀有气体。1898年英国W.拉姆齐和M.W.特拉弗斯在大量液态空气蒸发后的残余物中，用光谱分析法发现了比氩重的氪，命名为krypton，即"隐藏"之意。氪在地球大气中的含量为0.000 114％（体积），在矿石和陨石中只发现了痕量的氪。天然氪是6种稳定同位素的混合物。

氪在通常条件下为无色、无臭、无味的气体，熔点－156.6℃，沸点－152.3℃，气体密度3.736克/升（0℃，100千帕）。多年来，氪被认为没有反应活性，20世纪60年代初发现氪与元素氟同置于一放电管中时可以化合，生成二氟化氪。氪还能形成笼形包合物，在这些包合物中，氪以分子间力结合，如$Kr\cdot 6H_2O$，当这种包合物溶解时，氪就逃逸出来。

工业上氪用液态空气分馏法生产。氪用于某些荧光灯和高速摄影用闪光灯中，在高效白炽灯、灯泡和闸流管中用作惰性保护气体。

**缂丝** K'o-ssy 中国传统丝绸品种。又称刻丝、克丝、剋丝等。采用通经断纬的技术织成，即把本色经丝挣在织机上，用小梭将各色纬丝按轮廓逐块织成花纹，纬丝不贯穿幅面。因缂丝是逐块织就的，于花纹轮廓处都要回纬，故花纹轮廓若与经向重合，便因回纬拉出窄窄的间隙，有如被刀刻过。

影响缂丝的通经断纬技术起源于古埃及的缂毛。约在初唐，中国西北的织工将通经断纬技艺延伸到丝绸，创造了缂丝。缂丝制作繁难，但因图案以小梭织就，其形象、色彩可以随心所欲，故至宋逐渐成为中国声誉极高的特殊丝绸品

南宋朱克柔缂丝《莲塘乳鸭图》

种。最晚从南宋开始，江南长期是中国缂丝的主要产地。现当代的制作则基本保留在江苏苏州。20世纪80年代，工艺家王金山、俞家荣创造出双面异色和双面三异的技术，前者正、反两面图案相同，但色彩不同，后者正、反两面图案轮廓相同，但题材、色彩、技法不同。

**肯尼迪** Kennedy, John Fitzgerald（1917-05-29～1963-11-22） 美国第35任总统（1961～1963）。生于波士顿城郊的布鲁克莱恩。1940年毕业于哈佛大学。1941年9月加入美国海军。1946、1948、1950年，以民主党人身份连续当选为马萨诸塞州国会众议员。1952年，击败共和党参议员H.C.洛奇，进入美国参议院。1956年竞选民主党副总统候选人失败。1960年赢得民主党总统候选人提名。在同共和党总统候选人R.M.尼克松展开的竞选活动中，强调美国面临新的挑战，许诺进行新的社会经济改革。最终以微弱多数战胜尼克松，成为美国最年轻的、第一位信仰天主教的总统。1961年4月，批准执行流亡在美国的古巴旅入侵古巴的计划，制造吉隆滩事件（即猪湾事件，见吉隆滩战役），结果遭到惨败，受到世界舆论的强烈谴责。猪湾事件后，他意识到争取第三世界的重要性。同古巴以外的拉美国家建立了争取进步联盟；承认老挝中立；建立了"和平队"，派遣志愿人员到第三世界国家服务。但另一方面，他又向南越增加军事援助和顾问，使美国日益深入地卷入印度支那战争。在国内新边疆计划方面，屡遭国会阻挠。1963年提出的减税法案、税制改革、资助教育、老年医疗照顾和关于一项扩大人权的法案等，均未得到国会通过。

1963年11月22日，在得克萨斯州的达拉斯市遇刺身亡。著有《英雄传略》等书。

**肯尼迪航天中心** Kennedy Space Center 美国最大的航天发射场。属美国国家航空航天局。位于佛罗里达州东海岸的梅里特岛－卡纳维拉尔角地区，占地面积560平方千米，中心坐标为西经80° 42′、北纬28° 30′。主要发射小轨道倾角的航天器。航天中心的39号发射场于1966年建成，改建后用于航天飞机的发射和试验。主要设施有飞行器装配大楼（称为航天飞机装配检验站）、发射控制中心、39A和39B发射区、活动发射台和运输车、固定式勤务塔和航天飞机服务塔、防爆的自燃推进剂贮存库和加注设施、监测设施、轨道器着陆设施（跑道长4 800米、宽91米）、轨道器处理设施、固体火箭助推器处理设施。在执行发射任务时，利用设置在美国本土和世界各地的30多个测控站和通信网，同时还可得到空军东部航天和导弹试验中心在卡纳维拉尔角地区和沿航线大西洋岛屿上设置的跟踪测量站的勤务支援，使用装有专门设备的测量船、打捞回收船和飞机。肯尼迪航天

肯尼迪航天中心

中心发射过"双子星座"号和"阿波罗"号飞船，"哥伦比亚"号航天飞机、"挑战者"号航天飞机和"发现"号航天飞机。

**肯尼亚** Kenya 非洲东部国家。陆邻索马里、坦桑尼亚、乌干达、苏丹和埃塞俄比亚，东南濒印度洋。海岸线长536千米。面积582 646平方千米。人口约3 860万（2009）。

首都**内罗毕**。全国有42个部族。基库尤人为全国最大部族，占总人口的21%，其次为卢希亚人占14%；乔卢奥人占13%；卡伦津人占11%；坎巴人占11%。90%的居民集中在赤道以南的西南高地、维多利亚湖和东南沿海地带。主要城市除首都外，有**蒙巴萨**、基苏木、纳库鲁等。居民45%信奉基督教新教，33%信奉天主教，10%信奉伊斯兰教，其余信奉原始宗教和印度教。官方语言为斯瓦希里语和英语，斯瓦希里语为国语。

**地理** 地处东非高原，大部分为高原山地。中南和西部地区称肯尼亚高地，地势最高，平均海拔1 500～2 000米以上，有“东非屋脊”之称。**东非大裂谷**东支纵切中部，将高地分成东、西两部分。高地东部在赤道附近的肯尼亚山基里尼亚加峰（又名巴蒂安峰），海拔5 199米，为全国最高峰、非洲第二高峰，峰顶终年积雪。高地西部与乌干达交界处的死火山瓦加加伊峰，海拔4 321米，它以直径达15千米的巨大火山口而驰名。高地西南为海拔900～1 200米的维多利亚湖沿岸高平原。北部为沙漠和荒

图1 肯尼亚纳库鲁湖的火烈鸟

原。东南部沿海平原，海拔100米以下；沿岸多海湾、珊瑚环礁、岛屿。全境大部地区属热带高原气候。但受地形影响气候差异明显。肯尼亚高地年平均气温15～20℃，年降水量高山迎风坡达1 300毫米，背风坡仅700多毫米。尼卡高原年平均气温18～22℃，年降水量在500毫米以下，北部仅150毫米。沿海平原和维多利亚湖区气候湿热，年降水量1 000～2 000毫米。植被相应有热带森林、热带稀树草原和荒漠、半荒漠。境内河流众多，常流河有塔纳河和萨巴基河等。主要矿藏有纯碱、萤石、盐、石灰石、重晶石、金、银、铜、铝、锌、铌和钍等，但储量不多。沿海及维多利亚湖水产资源丰富。森林面积8.7万平方千米，占国土面积的15%。

**历史** 古人类发祥地之一。境内曾出土约260万年前的人类头盖骨化石。6～7世纪，阿拉伯人和波斯人开始到东南沿海地带经商和定居，形成一些商业城市。16～17世纪，葡萄牙殖民者占领沿海地带。19世纪30年代，桑给巴尔苏丹王将版图扩展到肯尼亚沿海地区。19世纪中叶，英国和德国开始在肯尼亚与葡萄牙展开争夺。1920年沦为英国“殖民地”。1962年4月，伦敦制宪会议决定由肯尼亚民族联盟（简称“肯盟”）和肯尼亚非洲民主联盟组成联合政府。1963年5月举行大选，“肯盟”获胜。12月12日宣告独立。1964年12月12日成立肯尼亚共和国，仍留在英联邦内。**J.肯雅塔**出任首任总统。1964年颁布共和国宪法，后经多次修改。宪法规定：总统为国家元首和政府首脑兼武装部队总司令，任期5年，连任不得超过两届；国民议会为最高立法机构，实行一院制。每届议会任期5年。政府实行总统内阁制，由总统、副总统、各部部长和总检察长组成。1991年12月肯尼亚实行多党制。现有合法政党40余个。主要有全国彩虹联盟、肯尼亚非洲民族联盟、肯尼亚社会民主党等。1963年独立后建军。实行志愿兵役制。

**经济** 非洲经济发展较快的国家之一。1991年起，实施结构调整计划，宏观经济逐步改善。1997年起，经济每况愈下。2009年国内生产总值318亿美元，人均国内生产总值1 596美元。农业、服务业和工业是国民经济的三大支柱。出口以农产品为主，其中茶叶、花卉和其他园艺产品占出口总额的1/3。进口主要是机械、原油、精炼油、车辆、钢铁等。长期外贸逆差，2006年为2 704.89亿肯先令。连年财政赤字。2009年外债总额8603亿肯先令。全国75%左右的人口从事农牧业。2007年农业产值占国内生产总值的24%。粮食基本自给，主要出产玉米、小麦、土豆、高粱等；主要经济作物有除虫菊、咖啡、茶叶、甘蔗、剑麻、棉花、烟草等，除虫菊产量占世界的80%。除虫菊、茶叶、咖啡、花卉、剑麻为主要出口产品。工业有一定基础，是东非工业较发达的国家。主要有纺织、服装、食品、饮料、炼油、制糖、酿酒、水泥、轧钢、汽车装配、发电和农产品加工等部门。蒙巴萨附近的现代化水泥厂，产品销往波斯湾国家。内罗毕西北约120千米处，建有非洲第一个地热电站——奥尔卡里亚地热电站。自然景观独具特色，文化古迹突出。肯尼亚山国家公园/自然森林园、图尔卡纳湖国家公园、马萨伊马拉野生动物保护区、内罗毕国家公园、纳库鲁湖国家

图2 野生动物保护区的长颈鹿

公园、库彼福勒古人类遗迹、察沃国家公园、阿伯德尔国家公园等为重要名胜和旅游胜地。前二者被列入《世界遗产名录》。旅游业较发达，为主要创汇行业之一。交通以公路运输为主。公路总长6.4万千米。铁路总长2 765千米。蒙巴萨为印度洋岸的主要港口。

文化　重视发展教育事业，每年教育经费占财政预算的20%左右。实行免费初等教育。学制为小学8年，中学4年，大学4年。内罗毕大学是肯尼亚最大的综合性大学。此外还有莫伊大学、肯雅塔、埃格顿大学等。主要报刊有《民族日报》、《东非旗帜报》、《今日民族报》、《肯尼亚时报》、《每周评论》和《东非人报》等。肯尼亚通讯社为官方通讯社。“肯尼亚之声”为国家广播机构。“肯尼亚电视网”为私营电视台。

对外关系　肯尼亚奉行和平、睦邻友好和不结盟的外交政策，积极参与国际和地区事务，重视发展同西方及邻国的关系，开展全方位务实外交。截至2008年，同107个国家建立了外交关系。1963年12月14日与中国建交。1967年10月关闭驻华使馆，后又单方面将两国关系降为代办级。1974年9月恢复大使级外交关系。肯尼亚同英国在政治、经济和军事上保持着传统的密切关系。肯尼亚与美国关系密切，1980年两国签订防务协议，同意美国海军、空军使用其港口和机场。

**肯普夫**　Kempff, Wilhelm（1895-11-25～1991-05-23）　德国钢琴家、作曲家。生于德国于特博格，卒于意大利。幼年随父学习钢琴，后毕业于柏林音乐高等学校。1917年获门德尔松钢琴和作曲奖。其后巡回演奏。1964年首次赴美国演出，从而在国际上获得擅长演奏古典派与浪漫派钢琴作品的佳誉，尤以擅奏L.van贝多芬的作品著称。1924～1929年任斯图加特音乐高等学校校长。1931～1941年在波茨坦大理石宫的暑期班任教。肯普夫的演奏风格朴实、抒情、内在，被认为是演奏贝多芬、F.舒伯特和R.舒曼作品的杰出代表人物。他的音乐作品有钢琴、小提琴协奏曲和交响曲等。文字著作有自传《一个演奏家的成长》。

**肯塔尔**　Quental, Antero Tarquinio de（1842-04-18～1891-09-11）　葡萄牙诗人、社会活动家。生于蓬塔德尔加达，卒于蓬塔德尔加达。1861年开始发表十四行诗，并在现实主义运动中成为“七十年代派”的主要导师。在对“科英布拉问题”展开的一场大论战中，肯塔尔论述了诗人在社会发生重大变革时期的重要使命及其应起的思想革命先锋作用。1864年出版诗集《现代颂歌》，鼓吹革命行动。1872年参加组织“国际工人协会”（即第一国际）葡萄牙小组的活动，失败后转向虚无主义。其他主要作品有《新诗集》（1865）、《安特罗·德·肯塔尔十四行诗全集》（1886）以及宣扬现实主义文学理论的论著《良好的判断和健康的趣味》（1865）和《散文集》3卷（1923、1926、1931）等。

**肯雅塔**　Kenyatta, Jomo（约1894～1978-08-22）　肯尼亚共和国首任总统（1964～1978）、民族独立运动领导人。原名卡莫·瓦·恩根吉。生于中央省的恩根达，卒于蒙巴萨。1914年8月，接受基督教洗礼，改名约翰斯通·卡莫。20年代，参加民族主义运动。1947年6月当选为肯尼亚非洲人联盟主席。1952年10月20日英国殖民当局以操纵“茅茅运动”罪逮捕他，不久宣布取缔肯尼亚非洲人联盟。1961年8月肯雅塔获释，10月担任肯尼亚非洲民族联盟主席，继续领导反英斗争。1963年民族联盟在大选中获胜，12月12日肯尼亚独立，肯雅塔任总理。1964年肯尼亚成为共和国，肯雅塔就任总统。

任内，他积极维护国家独立，重视经济建设，使肯尼亚的经济和社会生活有了改善和发展。在对外政策上，维护第三世界国家的团结，同时也很重视与西方国家特别是英国的关系。1974年当选为民族联盟终身主席。

**垦荒**　virgin land, exploitation of　对未被利用的荒地进行开垦，使之成为农田的过程。

荒地资源包括生荒地和熟荒地。前者指从未进行过垦殖的土地，又称处女地；后者指曾经开垦种植，但由于措施不当以致地力严重衰退，或因受自然灾害、战争等影响而荒弃达三年以上的土地，又称撂荒地。根据荒地的自然条件，中国的荒地资源可分为四类：一类荒地指不加措施即可开垦的荒地。二类荒地指稍加改良即可开垦的荒地。三类荒地指改良后方可开垦的荒地。四类荒地指不宜开垦的荒地。

垦荒要与保护和建立新的生态平衡措施相结合。这些措施有：保护森林、草原和水土资源；避免陡坡开荒，禁止围湖、围江造田；保持和发挥江河湖泊的调蓄水作用，防止水土流失和洪涝灾害；保护水产资源；防止大气、水域和土壤污染。大片荒地的开垦要逐步逐项实施开发建设，建立有利于生产与生活，以及农、林、牧、副、渔、工、商、服务业综合发展的良好生态系统。

**坑道突水**　water bursting in excavation　开采矿层内底板含水层内的地下水在水压、矿压等因素综合作用下，突破矿层或含水层间的相对隔水层或沿断层、节理等结构面突然涌入矿井的现象。坑道突水与自然地理、气候、大地构造、水文地质条件等多种因素有关，最重要的是与矿区所处岩溶水系统的天然资源量的大小和水压有关。导致坑道突水的原因绝大部分是由于矿层底板隔水层太薄或断层破碎带削弱底板隔水层强度，因而承受不了底板水头压力及矿山压力。

**空**　sūnya　佛教观念。音译舜若。佛教认为空是世间一切存在的真相。即是说一切存在均没有自体、实体及自身规定性（我）。空的思想在原始佛教便已存在，但对它进行高度抽象化的思辨性描述则是大乘佛教，尤其是以《般若经》作基本思想材料的中观派哲学所特有。大致说来，空可以分为人空与法空二者。原始佛教一致同意人空的说法，即通过分析虚假和合的五种物理和心理成分（五蕴）构成的人我，说明并无实体的自我或灵魂；所谓法空，是同一种理性思维逻辑的深入。世间的一切事物无非色心二法，色法与心法都不可能有自性，它们必然是相待的、依赖性的、有条件存在的，也就是变易的、无常的。空是存在的本相或真相。空并非虚无，而是指不能不依缘而有。《中论》说：“众因缘生法，我说即是无”，便是这个意思。相反，如果无视假有而一味执空便堕入断灭空。无论空还是有，都必须紧紧联系到缘起性上。《般若心经》的基本命题：“色不异空，空不异色。色即是空，空即是色。”所说的就是色与空的这种同一性，这种同一性是以缘起为基础的。这也是涅槃与世间等同一如的根据。

**空巢家庭**　empty nest family　子女全部离家独立生活，只剩下父母的家庭。在传统家庭中的父母尤其是从未参加过社会劳动的母亲当中会出现一种“空巢综合征”，表现为父母认为自己不再被人需要，对没有子女在身边的家庭关系感到不满。空巢家庭现象在不同的文化和社会阶层中有不同的表现。东方社会的有些子女会终生与父母在一起生活；西方社会的有些下层家庭的年轻人会留在家庭中与父母共同生活直到结婚，而中产阶级家庭的年轻人更愿意离开父母独立生活。子女不愿与父母同住的原因主要是隐私权受到侵扰，愿意与父母同住的原因主要有传统观念和害怕降低生活水平等。

**空地导弹**　air-to-surface missile　从空中发射攻击地面和水面目标的导弹。是现代轰炸机、战斗轰炸机、强击机和**武装直升机**的主要进攻武器。与航空炸弹、航空火箭弹相比，空地导弹对目标的摧毁率高、机动性强、隐蔽性好，可在敌防空火力外发射攻击远程目标；但造价昂贵，使用维修比较复杂。它与发射平台上的探测、跟踪、制导、发射、检测等设备一起构成空地导弹武器系统。

点火发射的法国AS.30L空地导弹

按作战使命分为战略空地导弹和战术空地导弹，按打击目标分为反雷达导弹（又称反辐射导弹）、反坦克导弹、反舰导弹和多用途导弹等，按飞行轨迹分为弹道式空地导弹和巡航式空地导弹，按射程分为远程、中程和近程空地导弹。此外，还可以按制导体制、发射方式和推进系统类型等进行分类。空地导弹由弹体、战斗部、制导系统和推进系统等组成。弹体用于构成导弹外形、连接和安装弹上各分系统。战斗部多采用常规炸药，少数采用核装药。弹上制导系统可以单独或与载机上的有关设备共同控制导弹按确定的导引规律飞向目标，其构成随制导方式而定。推进系统用以产生推力推动导弹飞行，采用固体火箭发动机、涡轮喷气发动机、涡轮风扇发动机等。有无推进系统是空地导弹和空地制导炸弹的根本区别。

**空防** air territorial, defense of 国家为保卫主权、领土完整和安全，防备外敌空中入侵，对领空进行防卫和管理活动的统称。国防的重要组成部分，包括空防力量建设及空防作战行动和管理等。主要任务是组织对空侦察、警戒、巡逻，实时处置各种异常空情，歼灭或驱逐非法入侵的飞行器，保卫国家领土主权不受侵犯和领空安全；制定领空管理和空情处置的法规、政策；部署空防力量，组织空防工程设施的建设；根据作战对象、战略方向和全国要地分布情况，划定全国防空作战区；依法对国家领空实行航空管制；组织指挥空防作战，掩护国家重要战略目标和战区空中安全。通常由地对空防御力量和空中进攻、防御力量及相应的空防设施组成综合性的空防体系，担负国家的空防任务。

中国人民解放军空军守卫着祖国领空

**空海** Kūkai (774～835) 日本佛教真言宗创立者。密号遍照金刚。赞岐国多度郡（今香川县）人。15岁至京都习儒，而后信佛。804年与**最澄**等入唐求法，从长安青龙寺惠果受胎藏界、金刚界及“传法阿阇梨（导师）位”灌顶。2年后归国，奉诏弘传真言宗，以平安（京都）东寺和高野山为传教根本道场。逝后，追谥为弘法大师。著有《辩显密二教论》、《秘藏宝钥》、《十住心论》、《付法传》以及《文镜秘府论》等。

**空化** cavitation 液体内部局部压力降低时出现空泡的现象。自然界的液体中往往存在着未溶解气体形成的极小空穴（直径为$10^{-5}$～$10^{-3}$厘米），一般称作空化核。液体被加速而压力降到饱和蒸气压以下时，这些空化核就会被蒸气或从液体中析出的气体所充满。这样形成的空泡，约在$2×10^{-6}$秒内成长为全尺寸大小，然后在同样短的时间内破裂，构成了空泡形成、发展和溃灭的全过程。一般采用空化数来描述空化状态：

$$\sigma=2(p_{\infty}-p_{v})/\rho v_{\infty}^{2}$$

式中$p_{\infty}$和$v_{\infty}$为液体未扰处的压力和流速，$\rho$为液体密度，$p_{v}$为液体在环境温度下的饱和蒸气压。空化数越小，空泡越容易出现。空化状态分为4种：①亚空化，未出现空泡。②临界空化，液固交界面上开始出现空泡。③局部空化，物体的局部壁面上出现空泡。④超空化，整个壁面上和靠近物体尾端的液体中都出现空泡。流体管路、水力机械部件（涡轮、泵和螺旋桨等）、水工建筑（高速涵洞、闸门槽等）、水中运动物体（水翼、舵等）中以及旋涡的核心部位，只要低压力和高流速适当组合，就会发生空化现象。空化限制了水力机械等的运行速度，严重时降低效率、产生噪声振动和表面剥蚀等（见**气蚀**）。而它在流态显示、水力钻孔和工业清洗作业等方面又有应用价值。

**空间地质学** space geology 应用地质学、地球化学和地球物理学的原理和方法，研究太阳系各类天体的物质组成、地质构造、内部构造和地质演化过程的学科。又称**天体地质学**。

**空间化学** space chemistry 研究宇宙空间各层次天体的化学组成与化学演化的学科。又称**天体化学**。

**空间技术** space technology 探索、开发和利用太空以及地球以外的天体的综合性工程技术。又称航天技术。见**航天工程**。

**空间垃圾** space junk 在外层空间基本上按天体力学规律飞行的废弃的**人造天体**。又称空间碎片、太空垃圾。包括工作寿命终止或因故障不再工作的**航天器**，用完的运载火箭末级，航天器抛放出的罩、护盖和其他物品，人造天体爆炸和航天器与陨星在空间碰撞后产生的碎片等。空间垃圾运行在不同的轨道上。截至1997年底，记录在册的、尺寸大于10厘米的空间碎片约8 500个，尺寸在1～10厘米之间的30多万个。地球静止轨道上的空间碎片登记在册的已超过200个。此后空间垃圾以每年10%的速度增加。空间垃圾和航天器之间的相对速度很大，一般在几千米/秒至十几千米/秒，发生碰撞会造成航天器的严重损伤。随着航天器发射数目的增多，航天器的尺寸越来越大，空间垃圾也相应增加，将对航天飞行构成实际的威胁。航天专家们已经开始研究如何限制空间垃圾的产生和清除空间垃圾的办法。如为保护地球静止轨道资源，拟将停止工作的地球静止轨道卫星推到比地球静止轨道再高约300千米的轨道上；低轨道卫星则转移到运行寿命大于25年的弃置轨道。此外，还采取将工作完毕的运载火箭末级中的剩余推进剂排空等措施。

**空间数据库** spatial database 空间参考数据的集合。空间数据包括描述空间物体、现象与过程的数据以及描述它们之间关系的数据，是以定点、定线或定面的方式与地球表面建立位置联系，反映地表地理过程、现象及其相互关系的数据。图形数据（普通地图、专题地图等）、图像数据（航空影像、卫星遥感数据等）、地理统计数据（人口调查、工业与农业统计等）以及环境监测数据等均是空间数据的典型代表，是**地理信息系统**的核心组成部分。空间数据库主要包含几何数据和属性数据。几何数据描述空间目标的位置、形态和它们之间的空间关系，是空间数据库的基础，是社会、经济或其他专题数据的载体。属性数据是对地理目标的专题层内容作更广泛、更深刻的描述。空间数据库管理系统是用于空间数据获取、存储、更新和查询的计算机软件系统。

**空间探测器** space probe 对月球和月球以远的天体和空间进行探测的无人航天器，又称深空探测器。包括月球探测器、行星和行星际探测器。空间探测主要包括月球探测、行星探测和行星际探测。探测的主要目的是：了解太阳系的起源、演变和现状；通过对太阳系内的各主要行星的研究进一步认识地球环境的形成和演变；了解太阳系的变化历史；探索生命的起源和演变。空间探测器已实现了对月球和太阳系内各大行星的逼近观测并进行了对月球和火星的直接取样探测。

**空间望远镜** space telescope 设置在地球大气高层或大气之外的天文望远镜。按观测波段和观测对象可分为光学-红外空间望远镜、天体测量空间望远镜、空间太阳望远镜、红外望远镜、紫外望远镜、X射线望远镜和γ射线望远镜。

**空间武器** space weapon 部署在陆地、海洋和空中用于攻击宇宙空间目标，或部署在宇宙空间用于攻击陆地、海洋、空中与空间目标的各类武器的统称。

空间武器按部署地点可以分为地基空间武器和天基空间武器。地基空间武器部署在陆地、海洋与空中，用于攻击空间目标；天基空间武器部署在宇宙空间，用于攻击陆地、海洋、空中与空间目标。按照功能和工作方式不同，空间武器分为反卫星武器、反导弹武器、轨道轰炸武器、部分轨道轰炸武器、载人航天兵器等类型。反卫星武器专门用于攻击卫星等航天器，包括反卫星导弹、反卫星卫星等。反导弹武器根据部署方式不同，又分为天基反导弹武器与实施大气层外拦截的地基反导弹武器，两者通常也都具有反卫星的能力。轨道轰炸武器平时在环绕地球的轨道上运行，接到作战命令后，借助于反推火箭脱离轨道，再入地球大气层攻击地面目标。其优点是作战反应速度快；缺点是命中精度低，轨道保持与维护技术复杂。运行轨道不足一圈的轨道轰炸武器称为部分轨道轰炸武器。由于其运行轨道（高度约160千米）低于洲际弹道导弹的弹道（上千千米），并且可从不同方向攻击同一目标，敌方预警时间较短，给防御造成困难。载人航天兵器是指由能载人的航天飞机或未来空天飞机等携带，在宇宙空间执行天战任务的武器。

**空间艺术** space arts 以空间为存在方式的艺术。一般包括建筑艺术、雕塑、绘画、工艺美术、书法、篆刻，又通称为美术。

空间艺术一词源于德语Raumkunst，德国文艺理论家G.E.莱辛最早使用这一概念，狭义上指内部建筑或与建筑有关的内部装修，包括壁画、天井的构成，色彩、采光的处理，家具、附件的设置。造型是空间艺术的必要手段和必备条件。因此，空间艺术在本质上是对造型艺术存在方式的把握。空间意识产生于视觉、触觉及运动觉中。绘画的空间性质依靠视觉；雕塑和建筑除视觉外，还依靠触觉和运动觉。视觉在空间艺术中处于最优先的地位。

由视觉、触觉、运动觉感知的空间，可依次称为视空间、触空间、运动空间，或视觉的空间、触觉的空间、运动的空间。空间又可分为虚空间、实空间或体积、立体。由视觉、触觉、运动觉产生的空间特性，几乎显示出美术各领域的空间性质。因此，绘画是具象空间或立体的平面表现，是平面艺术。雕塑是具象的物体形成，以实空间为主，伴随着虚空间，是立体艺术。建筑是抽象空间及体积的形成，具备虚、实两空间，是狭义上的空间艺术。

空间艺术早期与几乎全部的工艺美术领域有关，以后才涉及雕塑、绘画，意义更为宽泛，基本上与美术或造型艺术等义。

**空间站** space station 可供多名航天员巡访、长期工作和居住的载人航天器。又称航天站或轨道站。空间站发射时不载人。在空间站运行期间，航天员的入驻、替换和物资设备的补充由载人飞船和运货飞船或航天飞机等完成，物资设备也可由无人的航天运货器运送。空间站可分为较短寿命的空间实验室和长寿命空间站。前者在发射时基本带足寿命期间所需的设备、仪器和消耗物资；后者通过仪器、设备更换、维修和物资补给延长寿命。

简 史 1971年苏联发射了世界上第一个空间站——“礼炮”1号空间站（见“礼炮”号空间站）。1973年美国发射了“天空实验室”，先后接纳3批航天员。1983年11月欧

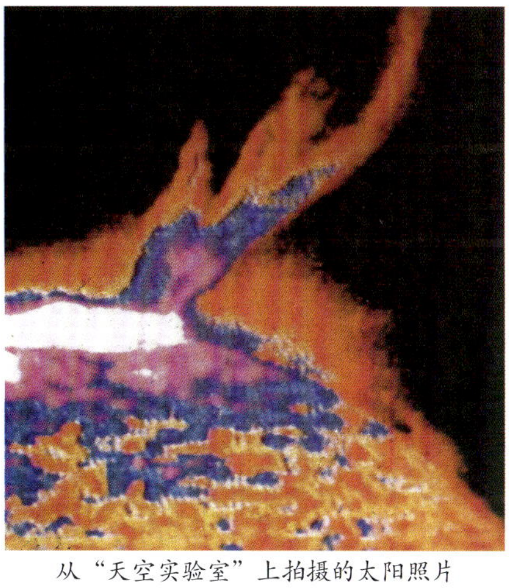

从“天空实验室”上拍摄的太阳照片

洲空间局的“空间实验室”首次随美国“哥伦比亚”号航天飞机轨道器进入轨道，进行了70多项空间实验后，于同年12月返回地球。截至1982年，苏联共发射7个“礼炮”号空间站。1986年2月发射“和平”号空间站核心舱，之后相继发射“量子”1号舱、“量子”2号舱、“晶体”舱、“光谱”舱和“自然”舱，于1996年建成6舱连接组合、质量超100吨的“和平”号空间站。美国和加拿大、日本及欧洲空间局等国于1985年开始“自由”号空间站的研制。但因核心舱和航天飞机对接试验两大问题未能及时解决，不得不放弃。1994年美国和俄罗斯、加拿大、日本、巴西、欧洲空间局11国共16个国家联合研制建造“国际”空间站，1998年俄罗斯发射了“国际”空间站的核心功能舱。

用 途 ①天文观测。在空间站上进行天文观测，飞行高度高，观测时间长，没有大气影响，航天员可以直接操纵仪器。②医学和生物学研究。完成有人参与的生物医学试验，寻找治疗某些疾病的新方法，试制新的药品和试剂。③发展新工艺、新技术。利用太空高真空、高纯净和微重力的特殊环境制取新型合金和超纯材料，制造高级玻璃，获得大晶体和掺杂高度均匀的半导体，进行晶体生长和材料焊接试验等。④为人们在空间长期生活、开展航天活动和开发太空资源特别是微重力资源提供研究、试验和实施场所。

分类与组成 空间站分为单舱式和多舱组合式两种，多舱式又分多舱对接式（“和平”号）和桁架构接式（“国际”空间站）两种。单舱式由运载火箭或航天飞机直接发射入轨。多舱组合式由若干枚火箭多次发射或航天飞机多次飞行，把空间站的各舱和组合件运送到轨道上逐步组装而成。空间站通常由对接舱、气闸舱、轨道舱、生活舱、服务舱、专用设备舱和太阳电池翼等几个部分组成。对接舱一般有数个对接口，可同时对接和停靠多艘航天器，用以对接和停靠运人、运货运输器或其他航天器。气闸舱是航天员在轨道上出入航天站的通道。轨道舱是航天员在轨道上的主要工作场所。生活舱是供航天员进餐、睡眠和休息的地方。服务舱内一般装有推进系统、气源和电源等设备，为整个空间站服务。专用设备舱是根据飞行任务而设置的安装专用仪器的舱段，可以是不密封的构架，用以安装暴露于空间的探测雷达和天文望远镜等仪器设备。太阳电池翼通常装在空间站本体的外侧，为空间站上各个仪器设备提供电源。

**空间知觉** space perception 对物体距离、形状、大小、方位等空间特性的知觉。物体不同部位的远近的感知称为立体视觉或深度知觉。大小知觉是在深度知觉的基础

上对不同远近的物体作出的大小判断。

视觉空间知觉是以双眼视差为基础产生的。深度知觉除利用双眼的视差的线索外，还要利用其他的主客观线索。人总是把外界刺激知觉为具有一定大小和形状的图像，它服从于图形知觉的规律。对于有远近关系的立体物体*ABZ*（图1），当人看它

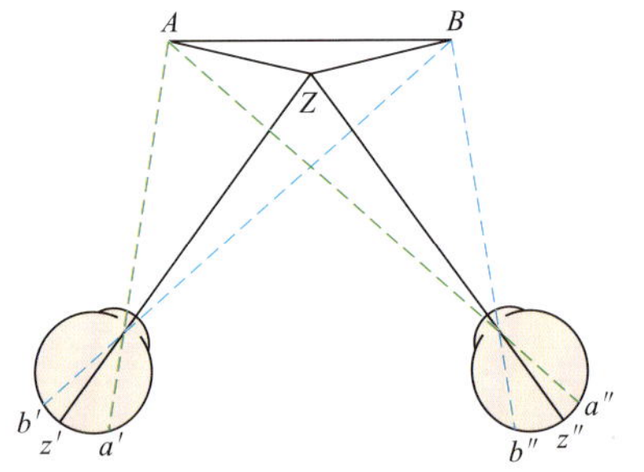


图1 立体物体所刺激的视网膜的非相应部位

时，两眼视像便不完全落到对应部位。因为两眼之间有60～65毫米的目间距，所以左眼看物体的左边多些，右眼看物体的右边多些，两个视网膜像不完全重合，它们都偏向鼻侧。两个视网膜上的略有差异的映像，就成为观察物体空间关系的重要线索。它使人能在两维的视网膜刺激基础上，形成三维的空间映像，即在高、宽两维视觉像基础上看出深度，辨别出物体的远近。物体的遮挡（重叠），在前面的近，被遮挡者远；光亮和阴影的分布（明暗分析），近处物体显得亮，远处物体显得暗些；空气透视，近处物体轮廓清晰、细节分明，远处物体不清晰；线条透视，指对象在空间上的几何投影，大小相同的物体近的视角大、远的视角小。因此，向远方伸展的两根平行线看起来趋于接近（图2），如看长廊、

图2 深度视差

向远方伸延的铁轨等。所熟知物体的大小也可作为深度线索，近的物体大些、远的物体小些。用单眼通过纸筒看一幅风景照片，由于突出了这些线索的作用，深度感就会更加突出。其他的一些物理线索包括运动视差，即由观察者的位置移动而引起的客体相对运动的知觉。此外，各种表面的组织结构也为视觉提供距离信息，如地面的结构越远越密集，形成结构上的梯度，给人以深度印象。因此，结构密度的大小也是距离线索之一。

听觉空间知觉在距离方面主要以声音强度为线索，而要判定声源的方位则必须依据双耳听觉线索，称为听觉空间定位。

除了视觉和听觉外，人手的触摸感觉、人在环境中的探索活动也是空间知觉的重要信息。这些来自不同感官通道的信息相互作用、彼此验证，使人获得对外界环境的空间关系的认识。

**空舰导弹** air-to-ship missile 由航空器上发射攻击水面舰船的导弹。也可用于攻击某些地面目标和其他水面目标。一般由弹体、推进系统、制导系统和战斗部等组成。与航空器上的探测、跟踪、制导、发射、检测等设备一起构成空舰导弹武器系统。

中国“鹰击”6空舰导弹

弹体通常为正常式气动布局。推进系统一般采用固体火箭发动机或涡轮喷气发动机，也有的用火箭冲压发动机及其他组合式发动机。制导系统常用惯性加主动雷达寻的制导或惯性加主动雷达与红外复合制导，能有效地搜索和捕捉目标。战斗部采用普通装药，也可用核装药。飞行速度为亚声速或超声速，射程为数十至数百千米，可在被攻击舰船的防空武器射程以外发射。可进行高空、中空或低空巡航，并能从高空直接向目标俯冲攻击；当末段弹道为水平飞行时，既可掠海飞行攻击目标，也可在水平方向上“蛇行机动”或垂直面上“跃升俯冲”攻击目标，使被攻击目标很难组织有效抗击。

**空降兵** airborne forces 以伞降、机降方式投入地面作战的兵种或部队。又称伞兵。一般隶属于陆军，有的隶属于空军。最高建制单位多数国家为师或旅，少数国家为军。通常由步兵、装甲兵、炮兵、工程兵、通信兵以及其他专业的部队、分队组成。具有空中快速机动的能力，能超越地理障碍和地面防线，直接进入敌后进行突然袭击，是用于快速部署和纵深攻击的重要力量。主要任务是夺取并扼守敌纵深内的重要目标或地域；对敌方政治、军事、经济等战略要地实施突然袭击，在敌后进行特种作战。

**空降作战** airborne operation 空降兵或其他部队通过空中机动降落到预定地区实施的作战行动。又称空中机动作战。是诸军种、兵种联合作战的组成部分，现代战争的重要作战样式。按空降方式分为伞降作战、直升机机降作战、运输机机降作战及使用个人航空器进行的作战；按任务性质分为战略空降作战、战役空降作战、战术空降作战和特种空降作战等。

特点 ①远离战场进行组织准备，通过空中机动进入战场，在敌纵深地区实施作战，有利于保持行动的隐蔽性。但对战场情况难以彻底了解。②通过空中机动进入战场，可以超越敌地面防线和地形障碍，直接在敌部署内展开攻击，易于达成作战的突然性和有利的作战态势。但在空中机动过程中，易遭敌火力袭击，造成未进入作战即严重减员，同时行动受天气等自然条件影响，着陆时人员分散，难以迅速形成建制。③在敌纵深内实施作战，敌戒备程度低，易于达成作战目的。但多面受敌，支援不易，补给困难。

基本要求 ①力求行动隐蔽、突然。②组织可靠的航空保障。夺取**制空权**，在作战过程中进行不间断的火力支援。③保持与各作战部队的密切协同。④根据作战要求，适时准确地提供后续补给，以保持持续的作战能力。

1944年9月，盟军在荷兰阿纳姆近郊实施空降作战

组织实施 ①建立指挥机构，集结作战部队，制定作战计划，组织协同、保障，进行物资准备等。②乘载、输送和降落。通常利用暗夜进行。③夺取预定目标，扼守已夺取的目标或攻占新的目标，与正面部队会合。

**空军** air force 主要进行空中作战的军种。现代空军是诸兵种合成军种，通常装备的机种有歼击机、轰炸机、歼击轰炸机、强击机、侦察机、军用运输机、预警机、电子对抗机和直升机等。基本任务是担负国

土防空，支援陆军、海军作战，对敌实施空袭，进行空运和航空侦察等。空军具有快速反应、高速机动、远程作战和猛烈突击的能力，有的还具有核袭击能力。既能协同其他军种作战或与其他军种联合作战，又能独立遂行战役、战略任务。空军是现代立体作战的重要力量，能对战争的进程和结局产生重大影响。

1903年12月，美国莱特兄弟首次制造的有人驾驶的动力飞机飞行成功。20世纪初，出现隶属于通信兵、工程兵、炮兵等的军事航空队。1911～1912年，航空队开始遂行侦察、通信和对地面轰炸等任务。**第一次世界大战**期间，参战国相继建立侦察、歼击、轰炸等航空兵部队，航空兵由勤务性质的部队发展成为重要的战斗兵种。1918年4月，英国首先建立独立的空军。两次世界大战之间及之后，出现了远程轰炸航空兵、运输航空兵部队。**第二次世界大战**期间，空军已能够遂行支援**陆军**、**海军**作战和战略轰炸及防空作战等多种任务。20世纪80年代以来的局部战争中，空军已成为主体力量。

初建时的中国人民解放军空军歼击航空兵

中国在**辛亥革命**期间建立了飞机队或航空队。1949年11月11日，中国人民解放军空军正式建立。随后，陆续组建了歼击、强击、轰炸、侦察、运输航空兵部队和空降兵部队。1957年，空军与防空军合并，增加了高射炮兵、雷达兵等兵种。1958年，组建地空导弹部队。经过60多年的建设发展，中国人民解放军空军已发展成为多兵种合成的军种。

各国空军的体制编制，主要有两种类型：①空军与防空军分立型。②空军与防空军合一型。一般称空军，也有的国家称空军防空军。中国人民解放军空军中编有空降兵。空军地空导弹部队是装备地空导弹武器系统，遂行防空作战任务的部队。空军高射炮兵部队是装备高射炮武器系统，遂行防空作战任务的部队。空军雷达兵部队是以雷达获取空中情报的部队。

**空空导弹** air-to-air missile 从飞机（或直升机）上发射攻击空中目标的导弹。主要装备战斗机、战斗轰炸机和攻击机，是作战飞机的主要空战武器。它与机载火控系统、发射装置和检查测量设备一起构成空空导弹武器系统。

美国AIM-132空空导弹

空空导弹由弹体、制导系统、推进系统、战斗部等组成。弹体多采用正常式或鸭式气动布局，弹翼与舵面多呈XX形配置。弹上制导系统或单独或与载机上的有关设备共同控制导弹按确定的导引规律导向目标，其构成随制导方式而定。战斗部多装高能炸药，也可用核装药，其引信多为红外、激光和无线电近炸引信或触发引信。

空空导弹按射程分为近程（小于20千米）、中程（20～80千米）和远程（大于80千米）导弹，按制导方式分为红外制导、雷达制导和复合制导导弹。近程多采用红外制导，可以发射后不管。20世纪末出现的一些中程、远程导弹多采用雷达或红外末制导技术，载机的火控系统也多具有下视、下射能力，能攻击超低空飞行的飞机、直升机和**巡航导弹**；有的中程导弹还具有较强的近距格斗能力。

**空气** air 弥漫于地球周围的混合气体。主要成分为干洁空气（见**大气**），还有含量比例甚小但变化很大的水汽，并含极少量的呈悬浮状态的固态、液态微小颗粒物质（气溶胶质粒）。经降温加压后，可得淡青色的液态空气。

**空气动力学** aerodynamics 研究空气和其他气体的运动以及它们与物体相对运动时相互作用的科学，简称气动力学。空气动力学重点研究飞行器的飞行原理，是航空航天技术最重要的理论基础之一。在**飞行器**设计中，必须解决两方面的气动问题：一是在确定新飞行器所要求的性能后，寻找满足要求的外形和气动措施；二是预测飞行器的气动特性，为飞行器性能计算和结构、控制系统的设计提供依据。亚声速飞机为获得高升阻比采用大展弦比机翼；跨声速飞机为了减小波阻采用后掠机翼，机翼和机身的布置满足面积律；超声速飞机为了利用旋涡升力采用机翼边条；高超声速再入飞行器为了减少气动加热采用钝的前缘形状，都是成功地应用空气动力学研究成果的典型例子。除此以外，空气动力学在气象、交通、建筑、能源、化工、环境保护、自动控制等领域都得到广泛的应用。

学科内容　为航空航天技术服务的空气动力学主要包括：①飞行器空气动力学。针对各类飞行器的特点，研究满足其性能要求的气动外形，研究气动特性随几何外形、飞行姿态、**马赫数**、**雷诺数**等基本因素的变化，并提供相应的计算方法。飞行器空气动力学不仅研究各个单独部件如机翼、尾翼、控制面、机身以及各类增升装置等的气动外形和气动特性，还研究整个飞行器的气动布局和气动特性，并进一步研究飞行器的性能、操纵性和稳定性。②非定常空气动力学。飞行器的空气绕流和气动特性取决于飞行器运动的特点。在研究飞行的动稳定性、大气湍流的影响、颤振、抖振、地面风载、脉动压力、噪声时，必须考虑气流的不均匀性（如阵风）、流场的不稳定性（如分离流动）和飞行器摆动或旋转造成的绕流的非定常性带来的影响。根据非定常流动的不同形式，如瞬态型、振荡型和随机型等，已出现不同的理论和实验方法。③内流空气动力学。研究发动机、风洞、枪炮等受管道限制的内部流动。对于涡轮喷气发动机，内流空气动力学研究进气道和喷管流动、压气机和涡轮的叶栅绕流以及在燃烧室内的燃烧和热交换过程。其他如火箭发动机、冲压发动机、涡轮风扇发动机、升力发动机等，都有各自特殊的气动问题。④气动热力学。根据飞行器的运动特点分析气动加热的规律和寻找相应的防热方案。如陡峭再入的弹头，加热的速率很高，一般采用烧蚀防热。高超声速飞机飞行速度稍低，加热速率较小，但加热的时间很长，一般采用冷却、隔热等防热技术。

研究方法　空气动力学是通过理论和实验的途径并在两者结合的过程中发展起来的。理论研究是在实验的基础上建立正确的流动模型。在数值计算方面，广泛采用有限差分、有限元、有限基本解等离散点的计算方法。实验方法包括地面模拟试验和飞行试验。风洞因气流易于控制和便于测量等原因，已成为空气动力学主要的实验设备。风洞与计算机的结合可大大增加风洞的实验能力。地面模拟试验并不能完全复现真实的飞行条件，因此除地面模拟试验外，还要利用火箭、试验飞机和火箭橇等进行模型自由飞试验和进行真实飞行器的飞行试验。

**空气湿度** air humidity 表示空气中水汽含量的多少或空气潮湿程度的物理量。简称湿度。常以下列湿度特征量表示。

混合比（$\gamma$）　湿空气中水汽质量（$m_v$）与干空气质量（$m_d$）之比，$\gamma=m_v/m_d$，以克/克或克/千克为单位。

比湿（$q$）　湿空气中水汽质量与湿空

气质量 $(m_v+m_d)$ 之比，$q=m_v/(m_v+m_d)$，单位为克/克或克/千克。饱和空气的混合比和比湿分别称为饱和混合比 $(\gamma_s)$ 和饱和比湿 $(q_s)$。

水汽压 $(e)$　湿空气中的水汽分压强，单位与气压相同。在总气压为 $p$、混合比为 $\gamma$ 的湿空气内，水汽压为：

$$e=\frac{\gamma}{\gamma+0.622}p$$

纯水或纯冰平面上方的平衡水汽压分别称为纯水平面饱和水汽压 $e_{s,w}$ 和纯冰平面饱和水汽压 $e_{s,i}$，分别为：

$$e_{s,w}=\frac{\gamma_{s,w}}{\gamma_{s,w}+0.622}p \qquad e_{s,i}=\frac{\gamma_{s,i}}{\gamma_{s,i}+0.622}p$$

相对湿度 $(f)$　水汽压与相应温度下的饱和水汽压之比值的百分比数：

$$f=\frac{e}{e_{s,w}}\times 100\%$$

绝对湿度 $(\rho_v)$　又称水汽密度，表示湿空气中水汽质量 $m_v$ 与湿空气体积 $V$ 之比，即 $\rho_v=m_v/V$，单位是克/厘米$^3$或克/米$^3$。

露点温度 $(T_d)$ 和霜点温度 $(T_f)$　在气压和水汽含量不变的情况下，降低湿空气的温度至平水面饱和时的温度和平冰面饱和时的温度，分别称为露点温度和霜点温度，常用 $T_d$、$T_f$ 表示。因为 $T_d$、$T_f$ 下的饱和水汽压就等于降温前的实际水汽压，因此 $T_d$、$T_f$ 可以表示空气湿度。

**空气污染指数**　air pollution index; API　综合表示空气污染程度或空气质量等级的无量纲的相对数值。又称空气质量指数。20世纪60年代中期，有科学家提出空气质量指数的概念和实际应用的方法，并迅速得到广泛采用。空气污染指数的应用与研究还在不断完善与发展中，其计算公式、运作方法、等级划分和评定空气质量的最终处理（取分指数平均值或最高值）虽然不同，但基本思想都是采用无量纲数值来表示污染指数。

北京市从1999年3月起，每日公布空气污染指数（API）及空气质量等级。选取二氧化硫、氮氧化物、臭氧、一氧化碳和可吸入颗粒物5种污染物为参数，利用污染物浓度与对应的API指数间的线性函数关系，通过内插法求得其API指数。取这5种污染物API指数的最大值，作为空气质量的API指数。根据API值的大小，把空气质量划分为5个级别。API为1～50时，空气质量为一级，属优；API为51～100时，空气质量为二级，属良好；API为101～200时，空气质量为三级，属轻度污染；API为201～300时，空气质量为四级，属中度污染；API为301以上时，空气质量为五级，属重度污染。

**空气质量**　air quality　大气环境对人类适宜的程度。影响空气质量的因素很多，如空气中污染物的浓度和存留的时间、污染源的排放强度、气象条件等，但主要决定于空气中污染物的种类和数量，即空气受污染的程度。衡量空气质量优劣的科学依据有两种：①空气质量基准。空气中污染物对特定对象（人或其他生物）不产生有害或不良影响的最大剂量（无作用剂量）或浓度。它是制定空气质量标准的科学依据，是根据人类对空气质量在美学、医学、生物学和物质的多方面要求，并通过实践研究、综合分析而确定的。②空气质量标准。国家为保护人群健康和生存环境，并考虑社会、经济、技术等因素，经过综合分析后，对空气中污染物的最大容许浓度所作的规定。它是衡量空气受污染程度的法定尺度。

**空手道**　karate　流行于日本的一种可以手足并用的搏击格斗型竞技体育运动。“空手”一词来源于深受中国少林拳影响的冲绳民间拳法——唐手。1929年正式更名为“空手”。20世纪30年代以后，日本国内形成了诸多空手道流派，如刚柔流、和道流、少林寺流等，以大学为中心开展活动，逐渐普及日本全国。1970年世界空手道联盟成立，并于1985年被国际奥林匹克委员会正式接纳为国际竞技联盟（IF）的成员。空手道比赛分为组手竞技和形式竞技。组手竞技为二人对战型；形式竞技为一种表演性套路比赛。它们又可分为个人赛和团体赛。比赛时，运动员身穿白色空手道服、赤脚。比赛在8米见方的平坦场地上进行。比赛时间一般为2分钟，任何一方运动员用手击、脚踢对方的面、颈、胸、腹、背等

部位，经裁判判定正确而有效，则得1分，为胜方。若未击或未踢至规定部位，则根据技术高低、精神状态来制定胜负。

**空调器**　air conditioner　用于向封闭的空间直接提供经过处理的空气的一种空气调节电器。房间空气调节器的简称。用于制冷的空调器，其制冷能力以制冷量（即单位时间内从封闭的空间内除去的热量）表示，单位为瓦。各国对家用空调器制冷量范围的规定不统一，中国为14 000瓦以下。

按结构形式分为整体式和分体式两种。整体式有窗式、穿墙式。分体式分为室内机组和室外机组两部分。室内机组有吊顶式、挂壁式、落地式、嵌入式、台式等。室内机组可以是一台，也可以是多台，与室外机组相连，后者称为多联式或一拖多式空调器。按功能分为冷风型、热泵型、电热型等。按冷却方式分为水冷式和空气冷却式。家用空调器一般都采用空气冷却式。按压缩机控制方式分为定频型、变频型和变容型。

空调器一般由四部分组成：①制冷系统。主要由封闭式压缩机、节流用的毛细管、热交换用的蒸发器、冷凝器及连接管组成封闭系统。系统内充灌制冷剂。②空气循环系统。主要包括风扇电机、离心风扇、轴流风扇、风道、风门、空气过滤装置等。③电气控制系统。主要有温度控制器、选择开关、过载保护器、加热用的电热管保护装置、电磁换向阀、变频器、电气线路等。④箱体部分。主要有外壳、底盘、面板、接线盒等。

**空袭**　air raid　从空中用炸弹、导弹、火炮和火箭等对敌地面、水上目标进行的袭击。包括战略空袭、战役空袭和战术空袭。目的是摧毁、破坏敌后方重要目标，削弱

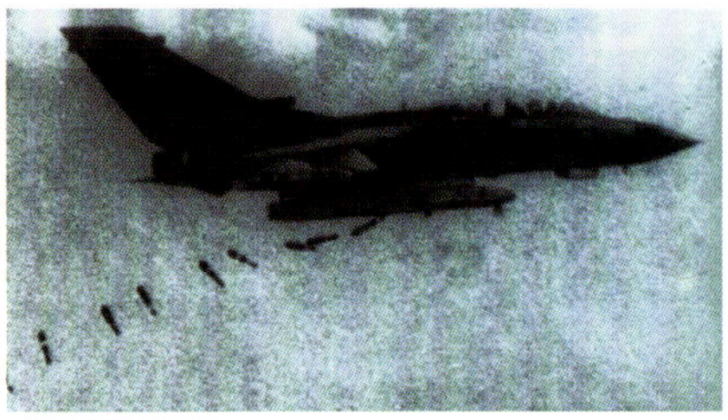

海湾战争中，英国“旋风”式战斗轰炸机正在投弹

其军事实力和战争潜力；消灭、压制敌战场上的兵力兵器，支援己方军队作战。现代战争通常从空袭开始，具有突然性大；破坏力强；范围广泛等特点。

**空想社会主义**　utopian socialism　马克思主义科学社会主义诞生之前存在的、不现实的改造人类社会的社会主义思想体系。又称乌托邦社会主义。无产阶级先驱者的不成熟的社会主义、共产主义的理论和实践。是马克思主义的三大来源之一。产生于16世纪。主要代表人物有16世纪英国的T.莫尔、意大利的T.康帕内拉，17世纪英国的G.温斯坦利，18世纪法国的摩莱里、G.B.de马布利，19世纪法国的C.-H.de圣西门、C.傅立叶以及英国的R.欧文等。广义的空想社会主义包括空想共产主义和空想社会主义两个部分。空想社会主义是资本主义生产方式产生和成长时期剥削者与被剥削者之间对立的反映，它的发展经历了3个阶段。

16～17世纪　这个时期资本主义处于原始积累时期，无产阶级尚未形成一个独

立的阶级，这时空想社会主义的特点是：对未来的理想社会主义制度只是一种文学描述；提出了“实行公有制”、“人人劳动、按需分配”等社会主义基本原则，但对社会主义的设想还只是粗糙而简单的轮廓。

18世纪　这一时期对未来社会主义和共产主义制度的认识从文学描述进入理论探讨和论证阶段，并用“法典”形式作出明确规定；对私有制，尤其是对资本主义私有制进行了批判，认为私有制引起经济上的不平等、进而导致政治上的不平等；有了初步的阶级观点，主张实行绝对平均主义的、苦修苦炼的、斯巴达式的共产主义；在设计未来理想社会时，以农村公社和手工工场为原型，主张在封建制度崩溃后，在农村公社和手工工场的基础上建立社会主义。

19世纪　空想社会主义发展的顶峰。这时，由英国开始的工业革命在欧洲大陆迅速发展，资本主义制度的弊端日益暴露，这一时期空想社会主义的特点是：对资本主义的社会制度、政治制度和道德观念进行了批判，并得出一些接近历史实际的结论；理论上，提出政治制度的基础是经济状况，指出私有制产生阶级和阶级剥削；设计未来理想社会主义制度时以大工厂为原型，完全抛弃了平均主义和禁欲主义，使社会主义成为一种具有高度物质文明和精神文明的社会形态。

**空印案**　中国明代初期朱元璋严惩地方计吏预持空白官印账册至户部结算钱谷的重大案件。明初规定，每年各布政使司、府、州、县均需派遣计吏至户部，呈报地方财政的收支账目及所有钱谷之数，府与布政使司、布政使司与户部的数字必须完全相符，稍有差错，即被驳回重造账册，并须加盖原衙门官印。各布政使司计吏因离户部道远，为免往返奔走，便预持盖有官印的空白账册，遇有部驳，随时填用。该空白账册盖有骑缝印，不做他用，户部对此从不干预。洪武八年（1375）考校钱谷书册，明太祖得知空印之事后大怒，下令严办。致自户部尚书至各地守令主印者皆处死，佐贰以下杖一百，充军边地。与此案有关者多不免，被杀者达数百人。

**空战**　air warfare　交战双方航空兵在空中进行的战斗。全称空空战斗。包括空中截击和空中格斗。按参战兵力分为单机空战和编队空战；按飞行高度分为低空空战、中空空战和高空空战；按作战时间分为昼间空战和夜间空战；按气象条件分为简单气象条件下的空战和复杂气象条件下的空战；按攻击距离分为近距空战和中、远距空战等。空战通常分为搜索、接敌、攻击和退出战斗等阶段。未来战争中，近距离空中格斗仍是歼击机空战的主要样式之一，但随着歼击机火控系统作用距离的增大和空空导弹性能的改进，使用中、远距空空导弹攻击，将成为重要的空战样式。

**空中加油机**　tanker airplane　在空中为飞行中的飞机及直升机补加燃油的飞机。多由大型运输机或轰炸机改装而成，也有专门研制的加油机。少数由歼击机加装加油系统，改装成同型“伙伴”加油机。加油机的作用是使受油机航程增大，延长续航时间，增加有效载重，以提高持续作战能力。

空中加油机的储油箱分别组装在机身、机翼内。加油设备装在机身尾部或机翼下的吊舱内，由飞行员或加油员操纵。加油设备主要有插头锥套式和伸缩管式两种。插头锥套式加油设备又称软管加油系统，在一架加油机上可装数套，能同时给几架飞机加油。伸缩管式加油设备又称硬管加油系统，一般装在加油机机身尾部下方。这种设备对受油机保持规定位置的要求较低，但同一时间内只能给一架飞机加油。“伙伴”加油机装软管加油系统吊舱。典型的空中加油机有美国的KC-10A、KC-135A和俄罗斯的伊尔78M。

美国KC-135A空中加油机为预警机空中加油

**空中交通管制**　air traffic control　对航空器的飞行活动实施的管制。以保证飞行秩序和加速空中交通畅通，防止航空器之间或航空器与地面障碍物相撞。为了实施空中交通管制，航空主管部门把飞行空间划设为不同的空域，并在地面配置通信导航等保障设施，由空中交通管制单位对其进行管制。现代空中交通管制设备包括：①导航设备。包括无方向信标、甚高频全向信标、双曲线导航系统、测距设备、仪表着陆系统及着陆灯光系统等导航设备，这些设备为航路提供标志，为航空器提供方位、距离、位置、高度等信息。②飞行监视系统。包括航路一次雷达、二次雷达、机场场面雷达、精密进近雷达等。③通信设备。包括甚高频、高频、移动通信及卫星、数据链通信等。④飞行自动化处理系统。

**空中劫持**　aircraft hijacking　在航空器内使用暴力或暴力威胁，非法干扰、劫持或以其他不正当方式控制飞行中的航空器或准备采取此类行为，以致危害航空器或其所载人员、财产的安全，或危害航空器上的良好秩序和纪律的行为。

2001年9月11日恐怖分子劫机撞击美国纽约世贸大厦

1963年9月14日在国际民用航空组织主持下，于东京缔结了《关于在航空器内的犯罪和其他某些行为的公约》(简称《东京公约》)，是为解决这方面问题所作的第一次努力。其后，于1970年12月16日在海牙签订了《制止非法劫持航空器的公约》(简称《海牙公约》)，于1971年9月23日在蒙特利尔签订了《关于制止危害民用航空安全的非法行为的公约》(简称《蒙特利尔公约》)，对《东京公约》的规定加以补充，并扩大其惩罚罪行的范围。根据这三个公约的规定，凡是从航空器的地勤人员、机组人员为飞机作飞行前的准备开始，到任何一次着陆以后的24小时为止，任何危害民用航空安全的犯罪都被视为一种刑事犯罪，而且是一种国际性犯罪，必须受到严厉的惩罚。

中国分别于1978年加入《东京公约》，1980年加入《海牙公约》和《蒙特利尔公约》。中国1997年修订的《刑法》将危害民航安全行为的犯罪定为危害公共安全罪。

**空中客车系列飞机**　Airbus series aircraft　欧洲空中客车工业公司研制的双发宽机身中远程喷气式客机。空中客车系列飞机，机身采用普通半硬壳式结构，截面为圆形。主要部件采用高强度铝合金、钢和钛合金。悬臂式后掠中单翼，全金属尾翼。机翼下装两台涡轮风扇发动机。

空中客车系列飞机共有5种主要型别：①A300。为批量生产的第一种飞机，1969年开始试制，1972年10月首次飞行，1974年5月交付使用。可载客251～267人，有A300B2、A300B4、A300-600、A300C和A300F等改型。②A310。由A300发展而成，机翼和机身稍有缩短，可载客210～245人。有A310-200和A310-300等改型。③A320。普通机身的中近程客机，采用先进的电传操纵系统。旅客舱典型布局载客150人，高密度布局载客174人。有A320-100、A320-200、A319等改型。④A330。在A300-600基础上，机身延长，恢复宽机身，航程增大，为中远程客机。有A330-300和A330-300X改型。⑤A340。四发中远程大型客机，在机翼上装四台涡轮风扇发动机，有多普勒导航系统和自动着陆设备等。客舱装有最新声像娱乐设备，完善的通信导航系统。有A340-200、A340-300、A340-300X等改型。A340-200载客263～303人；A340-300载客295～335人。空客公司于2007年底投入运营的A380型亚声速大型客机，是继A300和美国波音747等客舱双通道的宽体机身之后，进一步推出的双层客舱。载客量可达550人。最大航程达15 000千米。

**空中领航** air navigation　通过测定飞机位置确定应飞航向、飞行速度和高度，使飞机沿预定航线准确飞到预定地点的技术。又称空中导航。见**航空领航**。

**空中战争论** air warfare theory　主张建设一支独立空军进行空中战争，并认为空军将主宰战场并决定战争结局的理论。又称空军制胜论。创立于20世纪20～30年代，主要代表人物有意大利的G.杜黑、英国的H.M.T.特伦查德和美国的W.米切尔等。该理论认为：由于飞机越来越广泛用于战争，空中战争的胜负将决定战争结局，空军在未来战争中的作用将超过陆军和海军；夺得制空权是赢得战争胜利的首要前提；空中战争是进攻性战争，空军的核心是轰炸机部队，对敌国经济、军事、居民中心实施

第一次世界大战中英国飞行员在飞机上投掷炸弹

战略轰炸，即可摧毁其物质上和精神上的抵抗，并迫其屈服；空军应当统一指挥，集中使用；要发展民用航空和航空工业作为空军的后备等。该理论曾对一些国家的空军建设和作战理论研究产生过重要影响。

**空竹** diabolo　中国民间玩具。以竹木为材料制成，中空，因而得名。古称空钟。俗称响葫芦。江南称扯铃。以北京、天津所产最为著名。据明代刘侗、于奕正所著《帝京景物略·春场》记载，空钟为木制，圆形，直径最大约30厘米，中空，四周开口，中设竹轴，以线缠竹轴，并穿过一带孔的竹板，用力拽拉，空钟即旋转落地，在离心力作用下旋转不已。清代，空钟改为竹质，圆盘状，中空，四周开口为哨，圆盘中有木轴，以竹棍系线绳，缠绕木轴拽拉、抖动，即旋转发声。空竹分为单轮（木轴一端为圆盘）和双轮（木轴两端各有一圆盘）。双轮空竹比单轮空竹易操作。圆盘四周的哨口以一个大哨口为低音孔，若干小哨口为高音孔。空竹以各圆盘哨口的数量而分为双响、4响、6响，直至36响。拽拉、抖动时，各哨口同时发音，高亢雄浑。空竹的操作技巧有扔高、呲竿、换手、一线二、一线三等多种形式。当代空竹的构造与抖空竹的技法均有长足的发展，出现一端双轮、一端多轮的式样和供两人同时抖动的一轮两轴等特型空竹。

**崆峒山** Kongtong Mountain　中国道教圣地。古籍中称空桐，俗称崆峒。又因山体特征，有鸡头、笄头等别名。中国史志记载最早名山之一，号称“西来第一名山”。

崆峒山风貌

位于甘肃省平凉市西15千米，泾河上游主流与其北岸支流后峡河之间。长100千米，平均宽15千米，海拔1 870～2 100米。最高峰翠屏山，海拔2 123米。山顶有两级老夷平面：2 100米的香山顶；1 900米左右的一级经切割为东、西、南、北、中“五台”。中台突起，诸台环列，各有奇势胜景。合天台、插香台、灵龟台与“五台”，号称“八台”，与“四岭”（凤凰岭、狮子岭、苍松岭与棋盘岭）、“二峰”（蜡烛峰与雷声峰）同为崆峒山地貌的自然奇观。诸平台与山麓带先后修建了佛、道二教基地的“九院”、“十二宫”，共有寺观42处，大多集中分布在“五台”区，形成规模宏大的建筑群。

崆峒山多特殊文化胜迹，山上有广成子洞，山麓有问道宫和广成泉。又有望驾山及撒宝岩，传为望秦始皇驾临及始皇巡幸撒宝处。东台悬崖的岩洞有玄鹤洞和青龙洞（又称归云洞），亦为崆峒山名胜。

**箜篌** konghou　中国拨奏弦鸣乐器。又称坎侯、空侯。有卧式和竖式两类。早期的卧箜篌与琴、瑟相像，汉时5弦10余柱，以竹为槽，用木拨弹奏。后来也有7弦、9弦的。初用于雅乐，汉代用于清商乐，隋唐用于燕乐，并流传于民间和少数民族地

现代复原使用的箜篌

区。宋代失传，被琴、筝、琵琶所取代。然而，晋代传入朝鲜的卧箜篌却得以传承，即今日6弦16柱的玄琴。另外，日本正仓院内曾存有唐传卧箜篌。

竖式箜篌分为竖箜篌与凤首箜篌两种，又名胡箜篌、竖头箜篌。都是由远古的乐弓演进而成的弓形竖琴。曲形共鸣槽，张22（23）条弦。有大、小两种。大的竖抱于怀，双手弹奏；小的左手执器，右手弹弦。直到明代尚用于宫廷音乐。约于六朝末传入朝鲜，后经百济传入日本。日本正仓院至今存有两架唐传23弦竖箜篌残器。凤首箜篌原是印度弓形竖琴维纳，东晋初经天竺传入中原。曲颈，项有绦軫。隋唐时用于天竺乐、骠国乐和高丽乐中。这种箜篌仍在缅甸流传，称为桑高或弯琴，又叫缅甸竖琴。竖式箜篌在明末渐少使用，以后失传。20世纪30年代，上海大同乐会曾试制了大、小箜篌和凤首箜篌，但未能流传下来。50年代音乐工作者继续进行研制和改革，出现了雁柱箜篌和转调雁柱箜篌。

**孔德** Comte, Auguste (1798-01-19～1857-09-05)　法国实证主义哲学家、社会学家。生于蒙彼利埃城，卒于巴黎。16岁入巴黎理工学校。1817年成为空想社会主义者C.-H.de圣西门的秘书和合作者，后因观点相左而分道扬镳。孔德深受18世纪法国启蒙思想家关于“意见支配世界”的影响，但认为秩序是一切进步的基础或前提，主张渐进的改良主义。当务之急是建立新的、以建设为目的“积极的”亦即“肯定的”新学说，这就是他所倡导的“实证主义”。他反对一切空想的、批判的学说，把重组法国大革命后社会秩序的希望寄托在工业社会自身的机制上，最终以建立一种普遍人性（人道）的新宗教为其实证哲学的任务。

孔德认为，社会进步的动力源于人类理智进步，而人类的理智经历三个发展阶段：①神学阶段（约1300年以前），又称虚构阶段。将超自然力量和神的信仰作为一切事物存在的根据，社会和自然界都被看成是神创的。②形而上学阶段（约1300～1800年），又名抽象阶段。特征是崇拜抽象力并以抽象的本质为现存事物的终极原因。③科学阶段（1800年以后），又名实证阶

段。以科学信仰为特征，致力于观察现象和探讨支配自然和社会的规律。孔德认为，与这三个阶段相对应的社会组织形式，分别是军事社会、法律社会和工业社会，相应的政权组织形式分别为神权政体、王权政体和共和政体。这样，孔德就把人类社会历史完全归结为人类的理智发展史，而与理智发展最高阶段相匹配的社会组织形式——工业社会，就具有了普遍的、全人类的品格。

孔德认为，科学的任务在于发现一切事实和现象间的规律，有了科学知识便可预见未来。提出人类知识可分为理论的和实践的两部分，理论是实践的基础。为此他提出“科学导致预见，预见产生行动”的口号。对科学分类的原则应当先从简单的、普遍的和孤立的研究对象开始，再扩展到复杂的、特殊的和有联系的研究对象，并依其次序加以排列。孔德把伦理学从社会学中划分出来，认为它是位于一切学科之上的最高的学科。孔德赋予精神秩序以普遍人性的至高地位，最终以寻求一种关于人性的新宗教作为自己实证科学体系的终结。在他心目中，人类历史既是一部人类理智的发展史，也是人性自身的成长史。

孔德提出研究社会现象的4种实证方法，即观察法、实验法、比较法和历史法。贯穿于这些具体方法的一个基本原则是坚持统一的科学观，即认为社会与自然界并无本质的不同，研究自然界的方法应该贯彻到研究社会中去，没有必要在自然科学与社会科学之间作出区分。这一思想为后来的实证主义社会学奠定了方法论基础。

孔德按物理学的分类方法把社会学分为社会动力学和社会静力学。前者是从社会变迁的连续阶段和相互关系的过程来研究社会发展和进步的规律。后者旨在研究社会各个不同部分的结构关系以及彼此间持久不断的相互作用和反作用，也就是研究个人生活、家庭生活和社会生活几个不同层次的结构和相互关系的各个方面。两者是密切联系和相互补充的科学。进步如果不同秩序结合在一起，进步就不能持久；秩序如果不与进步共存，真正的秩序也无法建立。

孔德开社会学实证主义传统之先河，他的一些思想为后来的É.涂尔干等人从不同方面加以继承和发展，成为一百多年来西方社会学发展中的主流。他被尊为社会学的创始人、奠基人，或认为是社会学的命名人。主要著作：《实证哲学教程》(6卷，1830～1842)、《实证政治体系》(4卷，1851～1854)、《主观的综合》(1856)等。

**孔府菜** Kong Mansion cuisine 中国孔府制作菜肴的统称。是历经千百年的发展演变形成的典型的官府家菜。具有制作精细、注重营养及宴席豪华奢侈、讲究礼仪等特点。孔府菜可分为两部分：一是衍圣公及其府内家人日常饮食的菜肴，由内厨负责烹制，称为家常菜；二是为来孔府之帝王、贵胄、名族、官宦祭孔举办的各种宴请活动的菜肴，由外厨负责烹制。如遇大型的祭孔、寿诞、婚喜活动，来宾众多时，内、外厨则全部出动，张排筵席，多以内厨为主组织。孔府的日常饮食肴馔，选料精而广，技法多而巧，并具有浓厚的乡土气息。日常的饮食，富营养、讲时鲜、有风味、搭配调剂恰当。接待外客的筵席菜，则有严格的等级差别，讲究排场，注重礼仪。孔府的名菜名点繁多，数以千百计，既有以珍稀名贵原料烹制的筵席大菜，如孔府一品锅等，又有寓意孔家历史典故的名菜点，如一品豆腐、带子上朝等，更有技法独特、精烹细作的孔府家常名馔。

孔府一品锅

**孔光** Kong Guang(公元前65～公元5) 中国西汉大臣。字子夏。鲁国（治今山东曲阜）人。孔子十四世孙。好经学。光禄勋匡衡举他为方正，任谏议大夫。成帝初即位，举为博士、尚书令。以审理冤案逐渐知名。定陵侯淳于长坐大逆罪，其妾在案发前即被休弃或改嫁。案发后众臣以为应当株连。他独以为不然，成帝从之。成帝绥和年间，迁左将军。成帝卒时，当夜拜为丞相。他为官严守秘密，坚持原则。曾任御史大夫、廷尉，于法律颇为擅长。一度罢相，后又复职。哀帝时，与师丹、何武等拟定限田、限奴婢方案，遭官僚贵族反对而未果。

**孔林** Cemetery of Confucius and His Descendants 中国孔子及其子孙的墓地。又称至圣林。位于山东省曲阜城北1千米处。沿用2 400余年，是中国规模最大，持续年代最久，保存最为完整的氏族墓群。1961年国务院公布为全国重点文物保护单位。1994年与孔庙、孔府一起被列入《世界遗产名录》。

公元前479年，孔子死后葬于鲁城北泗上。汉武帝罢黜百家独尊儒术后，孔子陵墓受到重视。其后历代皇帝不断颁赐祭田、增建殿堂。至清康熙二十三年(1684)将墓地扩至2平方千米，重建长达7 000多米的砖砌围墙，形成现在的规模。孔林的门前为长达1 266米的神道，神道中部有“万古长春”石坊，东西各有碑亭一座。林门二重，孔子墓位于中部偏南、二林门西北。墓前洙水（即鲁故城护城河）上并列3座石桥，桥前有牌坊。桥北为享殿，明弘治七年(1494)建，清雍正九年(1731)重修。殿前甬道列石雕。墓封土高约4米，前立石碑二通，墓东为子孔鲤墓，墓南为孙孔伋墓。孔林原有墓碑5 000余通，汉代孔宙、孔彪、孔谦、孔君等碑已移入孔庙，现地面上仍有宋至民国的墓碑和谒陵题记刻石3 600余通，其中不乏名人手笔。

孔子墓

**孔庙(曲阜)** Confucius Temple 中国古代思想家、教育家孔丘（孔子）的祠庙，原址是孔子故居鲁城阙里（今山东曲阜）。是全国现存仅次于北京故宫的巨大古建筑群，中国古代大型祠庙建筑的典型，保持着宋金以来的总体布局和金元以来数十座古建筑。1961年定为全国重点文物保护单位。1994年孔庙同孔府、孔林一起被列入《世界遗产名录》。

孔子死后不久，故居改为纪念他的庙。东汉永兴元年(153)正式成为国家所立的庙，历朝多有修建。明弘治十二年(1499)毁于火，弘治十七年重建，形成现在的规模。现存建筑除少量金元遗构外，主要是明清建造的。

孔庙大成殿

孔庙占地近10公顷，前后有八进庭院，殿、堂、廊、庑等建筑共620余间。中轴线上的主要建筑组群由奎文阁、大成门、大成殿、寝殿、圣迹殿和大成殿两侧的东庑和西庑组成。奎文阁是孔庙的藏书楼。大成殿是供奉孔子的大殿，正中供奉孔子像、两侧配祀颜回、曾参、孟轲等十二哲像。大成殿始建于宋天禧元年（1017），明重建，清雍正二年（1724）再建成现状。殿前庭院正中有一座亭子，称“杏坛”，相传是孔子讲学的地方。大成殿后有供奉孔子夫人的寝殿和陈列120幅孔子周游列国的线刻石画的圣迹殿。

**孔明灯** Kongming lamp 一种利用热学原理制作的升空器物。又称放文灯。相传为三国时期蜀国丞相诸葛亮（字孔明）为传递军情所发明，因外观如诸葛亮的帽子，故称。造型为圆柱形或方形，用纸封闭除底板外的几个面。点燃灯内底座上的油灯或蜡烛后，燃烧使灯芯周围的空气温度升高，密度减小上升，从而排出灯中原有空气，灯的自身重力变轻，靠空气浮力飞上天空。另有结构简单、不带燃料的孔明灯，燃放时放在火堆上方，靠火堆燃烧产生的热气加热灯内空气。孔明灯腾空后会随风飞行，内部冷却时自行降落，有时在灯体上拴风筝线以便于回收。灯体多不标识装饰图案或文字，也有用多个孔明灯组成图案、文字的。多于中秋之夜燃放，用以祈愿、祝福，古代也曾用于传递军事信号。现因安全等问题，城市里已少见孔明灯。

**孔丘** Kong Qiu 中国古代思想家、教育家、政治家和儒家创始人。即孔子。

**孔雀** *Pavo*; peafowl 鸡形目雉科孔雀属鸡类的统称。世界共2种，即绿孔雀和印度孔雀（又称蓝孔雀）。均分布于亚洲热带和亚热带常绿阔叶林和混交林中。前者分布

绿孔雀

于中国云南省南部及毗邻国家。属大型鸡类，全长1 800～2 300毫米。羽色艳丽，具长尾羽。雄孔雀发情时，特长的尾上覆羽展开，形成尾屏，称为孔雀开屏。喜活动于林间空地和溪流旁边，常成群活动，多由一雄数雌组成小群。食性较杂。通常营巢于灌丛或草丛中，巢简陋，常利用天然凹坑，内垫杂草、枯枝落叶和羽毛等。每窝产卵5～6枚，卵呈淡色，无斑。孵化期为27～30天，由雌鸟孵化。

**《孔雀东南飞》** *Peacock Flies Southeast, The* 中国汉代乐府民歌中最长的一首叙事诗。最早见于南朝徐陵的《玉台新咏》，题为《古诗为焦仲卿妻作》。宋代郭茂倩《乐府诗集》将它收入“杂曲歌辞”，题为《焦仲卿妻》近人多写首句为题，作《孔雀东南飞》。

这首诗大致创作于东汉献帝建安年间，作者佚名。全诗350多句，1 700多字。诗中女主人公刘兰芝聪明美丽，勤劳善良，嫁到焦家后，为焦母所不容。被遣回娘家后，兄长逼其改嫁。兰芝在太守迎亲之夜赴水自尽，以自己的生命对封建礼教进行最后的抗争，表明了至死不渝的爱情。

从汉末到南朝，《孔雀东南飞》在民间口头传唱中经过不断加工润色，成为汉代乐府民歌中最杰出的长篇叙事诗。千百年来，它始终为人民所喜爱，传诵不衰。到五四时期，更被改编为各种剧本，搬上舞台，以揭露、抨击封建礼教的罪恶。

**孔雀河** Peacock River 中国新疆维吾尔自治区塔里木盆地东部的内流河。源自博斯腾湖。1982年前，从博斯腾湖流出的孔雀河是自流，后因湖水位下降，自然流出困难，故于1982年建成西泵站和输水渠道，将博斯腾湖水扬入孔雀河，博斯腾湖的小湖水则经阿洪口入孔雀河，孔雀河由东向西流，约65千米经塔什店，过铁门关折向南流，流过库尔勒市向西流过上和什里克后再向南流到普惠后折转东流至罗布泊。孔雀河全长942千米，多年平均年径流量12亿立方米。铁门关水电站装机容量4.375万千瓦，年发电量1.2亿千瓦·时。

**孔雀石** malachite 碳酸盐矿物。化学组成为$Cu_2[CO_3](OH)_2$，晶体属单斜晶系。颜色似蓝孔雀翠绿羽毛的颜色，故名。晶体呈柱状、针状或纤维状，集合体常呈肾状、葡萄状、钟乳状、皮壳状、土状等。绿色，玻璃至金刚光泽。解理完全，莫氏硬度3.5～4，密度3.7～4.0克/厘米$^3$。产于铜矿床氧

同心状孔雀石

化带中，是含铜硫化物的次生产物，常与蓝铜矿、赤铜矿、褐铁矿共生。可作为寻找原生铜矿的标志。除大量产出时可作为铜矿石利用外，主要用作工艺美术品的材料和天然绿色颜料。俄罗斯乌拉尔、中国海南石碌等地盛产孔雀石。

**孔雀王朝** Maurya Dynasty 古代印度摩揭陀国的奴隶制王朝。因其创造者旃陀罗·笈多出身于孔雀家族而得名。阿育王在位期间，南亚次大陆除极南端的迈索尔外，全部囊括在孔雀王朝的版图之内。首都为华氏城（今巴特那）。

在难陀王朝统治末期，马其顿国王亚历山大大帝入侵，北印度政局十分动荡，到处发生人民起义。出身低贱的旃陀罗·笈多乘机崛起，推翻难陀王朝，自立为王，赶走马其顿驻军，统一北印度，于公元前323年建立孔雀王朝。公元前305年，塞琉古王国入侵印度，战败求和，把大体相当于今阿富汗和俾路支斯坦的大片土地割让给印度。约公元前298年，旃陀罗·笈多去世，其子频头娑罗继位。20余年后频头娑罗死，其子阿育王继位。在阿育王时期，古代奴隶制君主专制的集权统治达到顶峰。定佛教为国教。

孔雀王朝是一个奴隶制国家。普遍存在着家庭奴隶制，并没有大规模地使用奴隶，土地为国王所有。国家有60万步兵，3万骑兵，9 000只战象。

孔雀王朝的统治是不巩固的。各个地区在政治、经济、文化上都有很大的独立性。阿育王死后，帝国逐渐分裂，其势力仅及恒河部分地区。约在公元前187年（一说前185），孔雀王朝末代国王布利哈德罗陀为其部将普士亚密多罗·巽伽所杀。至此，孔雀王朝灭，巽伽王朝兴。

**孔雀舞** peacock dance 中国傣族民间舞蹈。流布于云南傣族聚居区。此舞多在傣历六月新年（即泼水节）、关门节、开门节和重大宗教活动场合表演。过去，民间表演孔雀舞，舞者头戴塔盔假面具，身穿绘有孔雀羽毛花纹的服饰。单人表演时，戴女性假面具，双人表演时，戴男女假面具，身挎用竹、绸制成的孔雀架大道具。1949年后受专业舞蹈影响，已不戴假面和道具。由1～3人表演，男女不限。各地区的孔雀舞既有统一风格，又有不同特色。瑞丽、孟连、孟定的孔雀舞，以跳、转、翻等动作技巧和优美造型表现孔雀动作、神态。表演时，始终保持屈膝半蹲和颤动，每个动作有相应的鼓点伴奏，并有较完整的鼓谱。芒市的孔雀舞通过手的内曲动作和滑翔、旋转、跑动，以及跑动中腿部的屈伸等舞姿，细腻地表现孔雀的形象。西双版纳一直保持双人孔雀舞的形式，雌雄孔

傣族孔雀舞

雀相对而舞。舞步轻盈，动作优雅。孔雀舞所表现的内容主要是民间传说《召树屯》的故事。在受到其他民族文化影响的地区，特别是与汉族文化交流频繁的地区，其形式已演变成载歌载舞的双人孔雀舞。

**孔融** Kong Rong (153～208) 中国东汉文学家。建安七子之一。孔子第二十世孙。字文举。鲁国（今山东曲阜）人。28岁时辟为司徒尉。灵帝时举为侍御史，董卓专权时转为北海相，故世称孔北海。曹操迎献帝入都许昌时，任将作大匠职，迁少府，故又世称孔少府。为人恃才负气，在政治上反对曹操专权，常以讥嘲文笔向曹操发难。又常表现出一种反儒教反潮流的精神风貌，被视为汉末孔府中的“奇人”。建安十三年(208)被曹操网罗罪状关进监牢，后在闹市执行死刑，并被暴尸街头。孔融是建安七子中的最长者。文学上的主要成就是散文，有《与曹公论盛孝章书》和《荐祢衡表》。《与曹公论盛孝章书》作于建安九年，实是一封讽喻曹操解救被孙权围困的盛孝章的信。信中从交友和求贤两个方面强调了援救盛孝章的意义，力劝曹操弘扬友道、为国招贤，运用他挟天子令诸侯的权力地位来搭救盛孝章。文章词情恳切，感情真挚，是他所以能够说服曹操的重要因素。孔融著述，原有集，已散佚。明代张溥辑有《孔少府集》，收入《汉魏六朝百三家集》。

**孔尚任** Kong Shangren (1648～1718) 中国清代戏曲作家。字聘之，又字季重，号东塘，别号岸堂，自署云亭山人。山东曲阜人，孔子第六十四世孙。康熙六年(1667)前后考取秀才。青年时期结庐曲阜县东北石门山，隐居读书。康熙二十年(1681)，以捐纳成为国子监生。康熙二十三年(1684)，清圣祖玄烨南巡，返经曲阜，孔尚任被荐讲经。次年初，入京为国子监博士。康熙二十五年(1686)，随工部侍郎孙在丰往扬州，参加疏浚黄河海口的工程。康熙二十八年(1689)暮冬离扬返京。康熙三十年(1691)，他购得唐宫乐器“小忽雷”。3年后和友人顾彩合撰《小忽雷》传奇。康熙三十四年(1695)，迁户部主事。康熙三十八年(1699)六月，代表作《桃花扇》传奇历经十余年惨淡经营，三易其稿问世。次年罢官。康熙四十一年(1702)末，孔尚任回到家乡，过着清苦寂寞的生活。其中，他曾往山西平阳、河南大梁等地作过短期的漫游，终在曲阜去世。著作除《桃花扇》传奇外，还有《石门山集》、《湖海集》、《岸堂集》、《出山异数集》、《人瑞集》等。今人汪蔚林辑有《孔尚任诗文集》。

**孔斯坦** Constant, Benjamin (1767-10-25～1830-12-08) 法国自由主义思想家、作家。生于瑞士，卒于巴黎。就学于德国、英国。1787年以后在德国不伦瑞克大公府邸供职。

1794年后回到巴黎，入法国籍。反对雅各宾派专政。雾月政变后成为拿破仑的反对派，1803年被迫流亡国外，拿破仑退位后返回法国。1819年当选议员。1830年7月革命后任立法委员会主席。孔斯坦政治思想的中心是个人自由。他认为个人自由是基础，政治自由则是对个人自由的保障。个人自由是神圣殿堂，国家不能干涉，相反却应提供保护。专制与人民民主都是对个人自由的侵害，孔斯坦为此既反对封建专制制度，也反对人民主权理论。他主张建立君主立宪制国家。认为国家有五种权力：王权、行政权、上院的经常代表权、下院的立法权、审判权。王权是一种以国家元首为代表的“中立权力”，它高于其他四权，其独特作用在于节制和协调其他四权，避免相互冲突，国王有权解散下院，有权任命上院议员。行政权由大臣行使，对议会负责。上院由贵族世袭，下院由选举产生，高额财产和高度文化修养是下院议员的必要选举资格。他认为这种政体有利于保障个人自由，鼓励竞争。

**孔塔多拉集团** Contadora Group 拉丁美洲反对外来干涉、主张和平解决中美洲问题的国家集团。其成员国首次会议在巴拿马的孔塔多拉岛召开，故名。1983年1月8～9日，墨西哥、委内瑞拉、哥伦比亚和巴拿马四国外交部长在巴拿马的孔塔多拉岛举行会议，发表《孔塔多拉声明》，呼吁所有中美洲国家通过对话和谈判来缓和该地区紧张局势，各国之间和平共处、相互尊重。

1986年12月17～18日，孔塔多拉集团和利马集团（阿根廷、巴西、秘鲁和乌拉圭）8国外长在巴西里约热内卢举行会议，决定成立“政治磋商和协调常设机构”，被称为“八国集团”。在孔塔多拉集团、利马集团和中美洲各国的努力下，1987年8月，终于签署了《中美洲和平协议》。1990年八国集团易名为里约集团。

**孔西延斯** Conscience, Hendrik (1812-12-03～1883-09-10) 比利时佛拉芒语作家。生于安特卫普，卒于埃尔塞讷。1830年参加比利时争取独立的战争，根据战争经历写成《1830年的革命》。他著有100多部小说，主要有描写14世纪初布吕赫市民反抗法国骑士的历史小说《佛兰德的狮子》(1838)和《阿特费尔德的雅科布》(1849)。其他主要作品还有短篇小说《财运亨通》(1844)、乡土小说《征兵》(1850)和《双目失明的罗莎》等。他被誉为“近代佛拉芒语文学之父”。

**孔祥熙** Kong Xiangxi (1880-09-11～1967-08-16) 中国南京国民政府行政院长。字庸之，号子渊。祖籍山东曲阜。生于山西太谷，卒于美国纽约。1901年秋

赴美留学，获耶鲁大学理化硕士学位。1907年回国创办太谷铭贤学堂。辛亥革命爆发后，被推举为山西中路民军总司令。1913年应邀赴日，任中华留日基督教青年会总干事。其间，曾协助孙中山处理公务，为中华革命党筹募经费。1914年春与宋霭龄结婚。1915年任山西督军署参议。20世纪20年代先后任鲁案善后督办署实业处长、中俄会议督办公署坐办等职。曾为孙中山联络北方将领。1926年底，应蒋介石之邀任广州国民政府广东省财政厅长，兼理后方财政部务。1928年2月任南京国民政府工商部长。1932年4月，被派为考察欧美各国实业专使，奉命向德、意秘密洽购军械等。1933年4月任中央银行总裁，11月起任行政院副院长兼财政部长11年之久。1938年初一度任行政院长等要职，主管战时财政金融。1944年11月后辞去财政部长各职。1947年定居美国。

**孔颖达** Kong Yingda (574～648) 中国唐代经学家。字冲远。冀州衡水（今河北衡水）人。曾任隋河内郡博士。入唐后官至国子

祭酒。受太宗之命，编成《五经正义》180卷，现存《十三经注疏》中。他继承儒家重礼的传统，认为礼与“天地俱兴”。在哲学上，他主张道本论，道体为无，“无”为宇宙万物本原，说：“万物之本，有生于无。”“道是无体之名，形是有质之称，凡有从无而生，形由道而立，是先道而后形。”这种思想对宋代程朱理学影响很大。

**孔稚珪** Kong Zhigui（447～501） 中国南朝宋齐文学家。一作孔珪，字德璋。会稽山阴（今浙江绍兴）人。在南朝齐任太子詹事、散骑常侍，死后追赠金紫光禄大夫。孔稚珪文负盛名。史称他喜文咏、喜山水而不乐世务。今存文10余篇。其代表作《北山移文》是一篇成熟的骈体文，四六句式已基本定型。文中假借北山神灵的口吻，用移檄的形式，深刻揭露了当时的名士周颙隐居时道貌岸然，应诏时志变神动，出仕后趋名嗜利的虚伪面貌，辛辣地嘲讽了当时那些表面上故作高蹈、实际上醉心利禄的假隐士。文章工丽诙奇，尖锐泼辣，具有强烈的讽刺性和现实性，历来为人传诵。他的诗作平庸。《隋书·经籍志》著录孔稚珪有集10卷，已佚。明代张溥辑有《孔詹事集》，收入《汉魏六朝百三家集》。

**《孔宙碑》** *Stele of Kong Zhou* 中国东汉孔宙墓碑。立于汉桓帝延熹七年（164）七月。原在山东曲阜孔林孔宙墓前，清乾隆年间移入孔庙，现存孔庙东庑。碑高302厘米，宽107厘米，厚24厘米，碑首为圆弧形，碑身上部正中有穿，题额阴刻篆书“有汉泰山都尉孔君之碑”两行10字，分列碑穿两侧。碑阳隶书15行，每行28字；碑阴上刻篆书“门生故吏名”5字于穿下，下刻隶书题名3列，上两列各21行，第三列20行。

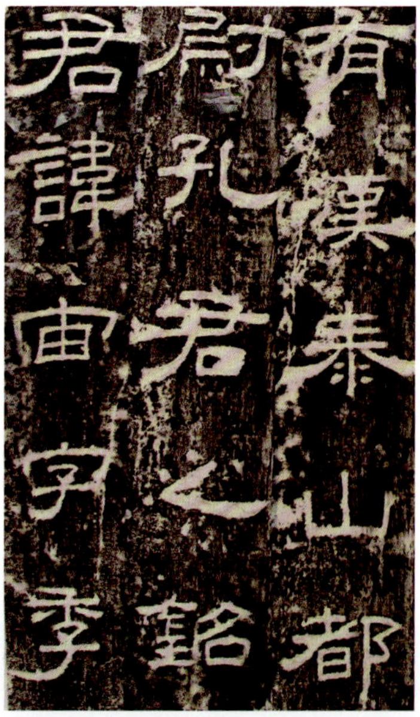


《孔宙碑》拓片（局部，中国国家图书馆藏）

孔宙（104～164）字季将，为孔子第十九世孙，“建安七子”之一孔融之父，举孝廉，汉时官至泰山都尉。碑文记述其家世及生平业绩。左右碑侧有唐宋人题名数则。

此碑书法笔致稳健，结体端严，虽均衡整齐但颇饶生动之趣，历来被誉为汉碑隶书中典雅一派的重要代表之一。

**孔子** Confucius（前551～前479） 中国古代思想家、教育家、政治家，儒家创始人。名丘，字仲尼，春秋末期鲁国人。先世为宋国贵族，因避内乱迁居鲁国。父叔梁纥，母颜氏。鲁襄公二十二年（前551）生于鲁国陬邑（今山东曲阜）。孔子三岁丧父，家道中落，早年做过管粮仓、管放牧的小官；因“少好礼”，自幼受传统礼制的熏陶，青年时便以广博的礼乐知识闻名于鲁，从事儒者之业，以替富贵者办理丧祭赞礼为生。中年时，聚徒讲学，从事教育活动。年五十，曾一度担任鲁国的“司寇”，摄行相职，不久即弃官离鲁，率弟子周游列国，广泛宣传自己的思想学说，但终不见用。晚年回到鲁国，致力教育事业，整理《诗》、《书》等古代典籍，删修《春秋》。相传有弟子三千，著名者七十六人。孔子的思想学说主要汇集在《论语》中。《左传》与《史记·孔子世家》有关孔子言行的记载，也较可靠，是研究孔子思想的重要资料。孔子以“仁”为核心，创造性地建构了一个富于哲学智慧的思想体系。

天命鬼神思想 孔子把天视为宇宙间有意志的主宰者，如说“天生德于予”，“知我者其天乎？”，“获罪于天，无所祷也”，“天之将丧斯文也，后死者不得与于斯文也；天之未丧斯文也，匡人其如予何”等，都包含着“天”为一有意志的人格神的意味。孔子又认为，天有天命，它是超越性存有，不依人的主观意志为必然性，既可决定人的生死，也决定社会的治乱兴衰，“亡之，命矣夫”，“道之将行也欤，命也；道之将废也欤，命也”。人应“畏天命”、“知天”、“知命”，认为“不知命，无以为君子也”。只有认识和把握了天命，才能顺天应命，在实现自己的理想和信念的过程中勇往直前，获得“从心所欲不逾矩”的自由。因而他特别强调“为仁由己”，轻鬼神而重人事，“不语怪、力、乱、神”，主张“务民之义，敬鬼神而远之”。他在肯定超越性存有的同时，充分肯定了人的主体性。

图1 孔子周游列国图（选自明代《圣迹图》）

知识论 孔子认为有“生而知之者”，也有“学而知之者”，因人而异。就一般人而言，其知识都是后天学知的。作为教育家，他希望人们“多闻”、“多见”、“多识”、“多问”，博学多能，择善而从，不善而改；在求知的过程中，应“学而时习之”，采取“知之为知之，不知为不知”的老实态度；既要勤于学习，也要善于思考，因为“学而不思则罔，思而不学则殆”。学是思的基础，思是学的深化，学到的知识经过思考，融会贯通，就能“举一反三”。他主张学以致用，言行一致，“君子耻其言而过其行”。

中庸之道 中庸之道是孔子的方法论。中庸一词始见于《论语》，最初是由孔子提出的一种高尚的美德，“中庸之为德也，其至矣乎！”但在其思想体系中，它又具有方法论的意义。关于“中庸”的含义，孔子有“执两用中”、“中立不倚”的说法，要求人们在观察和处理问题时，严守中道而不偏于“过”或“不及”。作为一种方法论原则，“中庸”贯串于孔子思想的各个方面。

仁学思想 孔子的仁学是以仁为核心、以礼为外在规范的思想体系。“仁”的概念在春秋时期已广泛使用，孔子赋予新的含义，使其成为中国哲学史上最重要的范畴之一。据《论语》记载：“樊迟问仁，子曰：爱人。”又说：“夫仁者，己欲立而立人，己欲达而达人。”仁的本义是爱人，视人如己，推己及人，“己所不欲，勿施于人”。这也就是所谓的“忠恕”之道。礼作为一种行为规范，本义为节，即对行为的某种节制、约束。节制就是行为者对他人的宽容、礼让，并通过这一行为实现人际关系的和谐，其精神实质即仁。

德治思想 “为政以德”是孔子仁学在政治思想上的必然要求。他认为：“道之

图2 孔子杏坛讲学图
（明代吴彬作）

以政，齐之以刑，民免而无耻；道之以德，齐之以礼，有耻且格。”当政者若仅仅依靠政令与刑罚治理人民，最多使民免于犯罪，但无法使其耻于犯罪；而以伦理道德引导人民，以礼乐教化人民，老百姓不仅耻于犯罪，而且还会自觉地遵守行为规范。当然，德化和刑罚都是不可或缺的，良好的社会秩序有赖于治理国家“宽猛相济”、德刑并施；但在他看来，刑罚只能矫偏救失，解决已然的问题，而道德则能防患于未然，使民“有耻且格”。同时，只有以德行政也才能得众，而德政的前提则是为政者“身正”，因为“政者正也，子帅以正，孰敢不正？”德政要求惠民、养民、利民，“因民之所利而利之”，使民以义。

伦理学说 孔子建构了以仁为核心的道德规范体系。“子张问仁于孔子，孔子曰：能行五者于天下，为仁矣。请问之，曰：恭、宽、信、敏、惠。”恭、宽、信、敏、惠等道德规范都是仁德的体现。仁是对所有人的道德要求。“弟子入则孝，出则悌，谨而信，泛爱众，而亲仁，行有余力，则以学文。”孝悌为仁之本，它由亲亲敬长之道拓展而来，以事亲从兄之心对待他人。他提出“性相近，习相远”的人性学说和“为仁由己”的德性修养方法，强调道德修养的主体性，“君子求诸己，小人求诸人”，“仁远乎哉？我欲仁，斯仁至矣”。

义利学说 “义”即道德，亦即人的思想和行为合乎公认的社会准则；“利”是物质利益或功利。在义利关系问题上，孔子主张“义以为质”、“义以为上”，认为道德价值高于物质利益，人的精神需要远比物质需要有意义。他不否定利的价值，认为追求富贵利禄是人们的普遍心理，但认为求利是有条件的，不能“不义而富”、“放于利而行”，而应“见利思义”、“见得思义”。

正名思想 孔子是中国古代逻辑思想的启蒙者，他的**正名**主张包含了对逻辑正名的初步意识。其“名不正，则言不顺”说，认为言有赖于名，名不副实，言就不能顺畅，正名是言论合理的前提和条件。他还提出“慎言”、“辞达”的主张，要求判断应慎重、恰当；强调推理在认识中的作用，认为“告诸往而知来者”、“温故而知新”，由已知可以推论未知。他根据同类可以相推的原则，提出“举一反三”、“闻一知十”的类推方法，丰富了中国古代逻辑思想。

尽善尽美论 孔子的美学思想也建立在“仁学”的基础上，并从仁道出发来考察审美和艺术。他对诉之人们感官的声色之美并不采取禁欲主义的态度，但认为感性形式的美只有同伦理道德的善完美统一起来，做到既“尽善”又“尽美”，才算达到了最高的理想。在美与善的关系中，他认为善更根本、更重要，但不否认美所特有的价值，反对只要“质”不要“文”、只要善不要美的观点，强调美与善的和谐统一。

有教无类论 孔子是中国历史上首创私人办学的教育家。他认为教育是社会发展的重要内容。他以“文行忠信”为教育的主要内容，主张“有教无类”，认为每个人都有接受教育的权利；主张“学而时习之”、学思并重、“温故而知新”；提倡“知之为知之，不知为不知”的学习态度。在教学中注重启发诱导、有的放矢，主张“不愤不启，不悱不发”；注重因材施教，根据不同的对象确定不同的教育内容；在言教的同时注意身教，要求自己“学而不厌，诲人不倦”。

影响与作用 孔子思想博大精深，涉及政治、伦理、哲学、历史、文学、宗教、教育等诸多领域，是中华民族智慧的结晶。他所创立的儒家文化是中国传统文化的主干，在漫长的历史长河中深刻地影响着中国社会的发展，其仁学思想是人类走向未来的一种宝贵的精神文化资源。

**孔子纪年** 以孔子降生之年或卒后之年为纪元的中国纪年法。19世纪中叶以后，中国一些学者、维新党人，如康有为、梁启超等反对以帝王年号纪年，提倡孔子纪年。他们所办的《强学报》，于光绪二十一年十一月（1896年1月）出版的创刊号上，以孔子卒后3年为孔子纪年的纪元。康有为《礼运注·序》中，则以孔子降生之年为纪年。如戊戌年（1898）为“孔子降生2475年”。但这种纪年方法后未被采用。

**《孔子庙堂碑》** *Stele of Confucius Temple* 中国唐代记事碑刻。最早刻于唐太宗贞观初年，**虞世南**撰文并书丹。碑文内容为颂扬孔子德业及记述唐高宗封立孔子后裔并重修孔庙之事。据记载，原碑刻成未久即于贞观年间焚毁，武则天时重刻并命相王李旦加题篆额“大周孔子庙堂之碑”8字。碑文楷书35行，每行64字，后亦毁佚。据**黄庭坚**等记述，唐刻拓本在北宋时已极难得，所见皆原拓残本与北宋翻刻拼配者。后世流传拓本基本出于两种：其一为北宋初年王彦超据武则天刻本重刻于西安者，世称“陕本”或“西庙堂碑”，今存西安碑林博物馆；其一为元朝初年出土于山东城武者，世称“城武本”或“东庙堂碑”。此碑为虞世南书迹代表作，用笔平和圆润，结体端稳从容，风格静穆典雅，加以原刻拓本稀见，故自宋代以来极受书法家推崇。

拓片《孔子庙堂碑》（局部，中国国家图书馆藏）

**孔子鸟** *Confuciusornis* 鸟纲孔子鸟属鸟类的统称。原始的具喙鸟类。1995年中国古鸟类学者侯连海、周忠和等命名了发现于中国辽宁北票的原始鸟类——孔子鸟。这是世界上已知最早有喙的鸟类，产自义县组的下层岩层，属于距今大约1.25亿年的早白垩世。截至2007年底，此属发现有4种。孔子鸟比大多数中生代的鸟类都原始，翅膀上的利爪还相当发达，但牙齿已经完

世界上已知最早有喙的鸟——孔子鸟化石

全退化。孔子鸟的飞行能力比始祖鸟要强，而且后肢也已经更适合于攀缘树木。此外，孔子鸟与始祖鸟非常不同的一个显著特征，是骨质的尾椎已经愈合为一根较短的尾综骨，而始祖鸟还保留有23节自由的尾椎。尽管具有角质喙这一特征和现生的鸟类相同，但孔子鸟显然是一类十分特化的鸟类，它和现生鸟类的起源没有直接的关系。孔子鸟另外一个特殊之处，是化石标本众多且保存完整。在一些石板上，雌雄个体相伴而生。雄性个体具有一对很长的尾羽而区别于雌性。大量个体的集中保存，一方面和集群死亡有关；另外一方面，可能还表明孔子鸟具有集群生活的特点。

**孔子学院** Confucius Institute 中外合作建立的非营利性教育机构，致力于适应世界各国（地区）人民对汉语学习的需要，增进世界各国（地区）人民对中国语言文化的了解，加强中国与世界各国教育文化交流合作，发展中国与外国的友好关系，促进世界多元文化发展，构建和谐世界。

学院开展汉语教学和中外教育、文化等方面的交流与合作。所提供的服务包括：开展汉语教学；培训汉语教师，提供汉语教学资源；举办汉语考试和提供汉语教师资格认证；提供中国教育、文化等信息咨询服务；开展中外语言文化交流活动。

截至2010年12月，全球已建立322所孔子学院和369个孔子课堂，分布在96个国家（地区）。各地孔子学院充分利用自身优势，开展丰富多彩的教学和文化活动，逐步形成了各具特色的办学模式，成为各国学习汉语言文化、了解当代中国的重要场所，受到各国人民的广泛欢迎。

**恐怖主义** terrorism 为了特定的政治或宗教目的，有计划地使用暴力或威胁使用暴力针对无辜平民的主张和行为。它以暴力形式令人们产生恐怖感从而达到某种政治目标。

恐怖主义按其行为的性质划分为两大类：一类是政府恐怖活动，即一国政府用恐怖主义手段来对付另一个国家的人民，也包括支持恐怖主义或进行恐怖袭击的国家。另一类是非政府恐怖活动，其表现形

2004年3月11日西班牙马德里发生火车爆炸，死亡200余人

式较为复杂。自冷战结束以来主要有奉行民族分裂主义的恐怖主义，新法西斯主义的恐怖主义，国际贩毒集团的恐怖主义，邪教性质的恐怖主义。被中华人民共和国政府认为是恐怖主义的有新疆的东突主义分子、宗教恐怖主义基地组织等。

由于各国考虑问题的视角不同，以及各国文化、习俗上的差异，对恐怖主义犯罪内涵的理解表现出多重性和差异性。一般认为，恐怖主义行为是以暴力、恐吓等方式通过杀害、绑架、暗杀、强盗和爆炸等手段实施；其行为对象是无辜平民；其行为具有组织性和某种政治目的。无论是因政治、宗教、社会、经济、民族或种族冲突中哪种因素所引起，恐怖主义的目的都旨在使公众对恐怖主义分子的暴行产生恐慌。

消除恐怖主义是各国政府所面对的一项主要挑战。建立专业化的反恐怖特种部队是各国政府对付恐怖活动的主要手段。反对恐怖主义的主要方式有谈判、军事或准军事措施、保护重点目标、国际合作、情报工作。中国政府在反对恐怖主义问题上的立场是：反对一切形式的恐怖主义；努力消除产生恐怖主义的根源；推动国际和地区安全合作，反对恐怖主义。

**恐惧** dread 因受威胁而产生并伴随逃避愿望的情绪反应。人类的大多数恐惧情绪是后天获得的。恐惧反应的特点是对发生的威胁表现出高度的警觉。如果威胁继续存在，个体的活动减少，目光凝视含有危险的事物。随着危险的不断增加，恐惧可发展为难以控制的惊慌状态，严重者出现激动不安、哭、笑、思维和行为失去控制，甚至休克。恐惧时常见的生理反应有心跳剧烈、口渴、出汗和神经质发抖等。在恐惧反应中的肌张力、皮肤导电性和呼吸速度的增加主要与肾上腺素的功能相联系，而愤怒的表现特征则主要与去甲肾上腺素相联系。

**恐龙** dinosaur 生物史上最引人注目的已绝灭的爬行动物。晚三叠世由假鳄类进化而来，至晚白垩世绝灭。在中生代恐龙成为最繁盛的动物之一，故此，中生代被称为恐龙时代。恐龙一名1842年由R.欧文创建。恐龙包括蜥臀目和鸟臀目。

蜥臀目具类似蜥蜴的三射状腰带。头骨的脸面部短，有1～2个眼前孔。颞颥孔发达，腭骨孔形状各异，方骨垂直，脑颅短深。下颌较低，无前齿骨，牙齿数目不定。脊椎数目也不等；颈椎9～10、背椎10～15、荐椎3～6。椎体呈平凹型或双平型，背肋发达；荐肋与肠骨及荐椎愈合。掌骨短、前足退化程度不等，腰带极壮，肠骨短高，坐骨长，进步类型耻骨与坐骨紧密贴靠，甚至愈合。股骨长阔并呈前后弯曲状。趾行式。原始类型为后足行走，而进步代表又有四足行走者。根据肢骨构造、生活方式，蜥臀目又分为兽脚亚目和蜥脚形亚目，其中兽脚亚目含虚骨龙次目、肉食龙次目和恐爪龙次目3个次目，蜥脚形亚目分为古脚龙超科和蜥脚龙超科2个超科。

鸟臀目腰带四射型。植物食性或少量杂食性，鸟脚亚目双足行走，其余四足行走。该目各类身体差异较大，出现于晚三叠世或中三叠世。共有5个亚目：鸟脚亚目、剑龙亚目、甲龙亚目、角龙亚目和肿头龙亚目，分布于欧洲、北美、南美、非洲及亚洲的中生代地层中。

恐龙绝灭问题众说纷纭，莫衷一是，多强调环境改变。也有归结到"宇宙"的起因，如外星撞击地球，太阳黑子爆发，宇宙射线增加，超新星爆炸等。也有人认为白垩纪末地壳运动剧烈，火山爆发，影响地球化学环境，污染食物和水质，稀土元素含量呈饱和状态，已达到足以使生物（包括恐龙）致命的浓度。还有一种说法是中生代末多次火山爆发，放射性元素增多，射线强烈，促使恐龙的内分泌失调、新陈代谢反常、神经紊乱变化而死亡。也有的古生物学家认为，在当时瘟疫流行，恐龙互相传染而大批死亡。还有一种观点是恐龙绝灭和难于与新兴起的哺乳动物竞争有关，或者是由于恐龙之间的生存竞争所致。中生代自然环境相对稳定，特别适于各类恐龙生活。但一旦生态环境变化，必然威胁其生存，甚至绝灭。

恐龙化石除确定地质年代、划分对比地层、恢复和推断古地理、古气候外，还可供陈列展出，为科学普及和教育事业提供形象的科学资料，为丰富人们的文化生活作出独特贡献。

中国是世界上少有的几个恐龙化石丰富的国家之一，世界上发现的恐龙约350个属，中国就有80个左右，约占总数的23%。

**恐龙蛋** dinosaur egg 中生代恐龙类产的卵。一般仅保存石化的钙质卵壳。为遗迹化石中很重要的一类。阿根廷三叠纪地层中发现的两个蛋及几个原蜥脚类恐龙幼体骨骼组成的一个蛋窝，是已知的最早的恐龙蛋化石记录。恐龙蛋的形状有圆形、扁圆形、卵圆形、椭圆形、长椭圆形等。对于已发现的形形色色的恐龙蛋化石，除在极个别情况下发现保存有可鉴定为某种恐龙胚胎骨化石的蛋外，一般很难判断它们各自是哪一类恐龙产的。它的分类与命名不与恐龙的系统分类混淆。

**空位时期** Interregnum 德意志历史上霍亨施陶芬王朝统治结束至哈布斯堡家族鲁道夫一世即位前的王位虚空时期（1254～1273）。

又称大空位时期。继霍亨施陶芬王朝的德皇腓特烈二世之后，其子康拉德四世仅在位4年，于1254年逝世。在部分诸侯拥戴下，荷兰伯爵威廉当选皇帝。威廉旋于1256年被杀。1257年1月在科隆的帝位选举中，英王亨利三世之弟康沃尔伯爵理查德被推选为德皇。4月，在法国国王支持下，特里尔大主教等选侯另选阿方索十世为德皇，从而出现由英法两国国王分别支持的两个外国人同为德意志皇帝的局面。1272年理查德死后，各选侯拒不承认阿方索十世。经过罗马教皇的游说，1273年在法兰克福选出哈布斯堡伯爵鲁道夫一世（1273～1291）为德皇，空位时期结束。空位时期各邦诸侯互相斗争，竞相把帝国土地据为己有。各分立政权的政治势力大大增长，达到可以左右皇位继承的地步。

**控告权** complaint, right to 公民享有的向有关国家机关控告国家机关或国家工作人员的违法失职行为并寻求救济的权利。是多数国家宪法所规定的公民的基本权利之一。它既是公民自我保护的一种权利，也是公民监督政府及其工作人员的一种方式。各国的法律一般都规定，控告的对象须是国家机关或其工作人员，控告的内容须是控告人的权益受到了国家机关或其工作人员的侵害或受到侵害的威胁。对政府和政府官员的控告，美国、英国等普通法系国家统一由普通法院受理。德国、法国等大陆法系国家则由行政法庭受理。为了确保公民的权益，现代各国一般都规定了国家赔偿制度。如公民控告属实、理由正当，受理控告的机关必须作出维护控告人权益的处理，包括给予公民相应的赔偿。

《中华人民共和国宪法》规定，中国公民对于任何国家机关和国家工作人员的违法失职行为，有向有关国家机关提出申诉、控告或者检举的权利。接受控告的机关可以是法院、检察院，也可以是国家监察机关或者被控告人所在机关或其上级主管机关。这些机关必须认真查清事实，负责处理，任何人不得压制和打击报复。由于国家机关和国家工作人员侵犯公民权利而受到损失的人，有依照法律规定取得赔偿的权利。

**控制** control 为了改善系统的性能或达到系统的目的，通过信息采集和加工而选出的施加在系统上的作用，又称控制作用。

反馈控制是一种最基本的控制方式，它依据系统的实际输出与预期输出的偏差来进行控制，并逐步缩小这一偏差。反馈控制是在扰动对系统产生影响后才作出相应的控制。前馈控制是基于扰动补偿原理，在扰动还来不及对系统发生影响以前就做出相应的控制。一般情况下前馈控制往往跟反馈控制相结合构成复合控制，使系统具有良好的性能。如果要求系统的状态在受到扰动时仍能保持在给定值附近或基本不变，称为镇定控制。如果要求系统的状态按预先给定的方式随时间而变化，称为程序控制。如果要求系统的状态按预先不知道的外来信号的变化规律而变化，称为随动控制。如果要求系统在满足一组约束条件下目标函数值取极大值或极小值，即使系统的某一参数达到最优值，称为最优控制。如果为选择系统最有利的运行状态，使系统适应内外环境的变化，称为适应控制。有时在实施控制时要考虑对方的反作用，控制策略既要对竞争中出现的情况迅速作出反应，又要采用最优策略使系统在对方施加最不利的影响时也能处于尽可能好的地位，这样的控制策略涉及微分对策。

**控制测量** control survey 在一定的区域内为地形测图和工程测量建立控制网（区域控制网）所进行的测量工作。分平面控制测量和高程控制测量。

平面控制网常用三角测量、导线测量、三边测量和边角测量方法建立。三角测量是建立平面控制网的基本方法。随着电磁波测距技术的发展，导线测量日益受到重视。边角测量既测角又测边，有利于控制方向误差和长度误差，提高精度。当测区面积较小时，可将地面视为平面。在较大的测区内，要考虑地球曲率的影响。观测成果一般应归化到参考椭球面上，并按高斯-克吕格投影计算3°带内的平面直角坐标，以便尽量与国家坐标系统一致。

高程控制网用水准测量和三角高程测量方法建立。用水准测量方法建立的高程控制网称为水准网。区域性水准网的等级和精度与国家水准网一致。各等级的水准测量都可作为测区的首级高程控制。三角高程测量精度低于水准测量，常用于地形起伏较大地区测定三角点的高程。三角高程路线一般由边长较短和高差较小的边组成，起讫于用水准联测的高程点。

**控制论** cybernetics 研究生命体、机器和组织的内部或彼此之间的控制和通信的科学。控制论的建立是20世纪的伟大科学成就之一，现代社会的许多新概念和新技术几乎都与控制论有着密切关系。控制论的应用范围覆盖了工程、生物、经济、社会、人口等领域，成为研究各类系统中共同的控制规律的一门科学。

建立和发展 20世纪30～40年代，英国统计学家R.A.费希尔基于古典统计理论提出信息量问题；美国电信工程师C.E.香农从通信工程研究信息量并提出信息熵公式；美国数学家N.维纳从控制观点研究有噪声信号的处理，建立了维纳滤波理论，并给出信息概念实质和提出信息量测定公式。美国通信工程师H.奈奎斯特在1932年给出负反馈放大器的稳定条件，即奈奎斯特稳定判据；维纳在1945年将反馈概念推广到一切控制系统。苏联生理学家I.P.巴甫洛夫提出的反射学说证实生命体中同样存在着信息和反馈问题。

1934～1947年，维纳与墨西哥神经生理学家A.罗森布卢埃特以及不同领域的专家合作，通过生理学、病理学和心理学方面的多项实验，并吸纳来自火力控制系统、远程通信网络和电子数字计算机的设计经验，以及在预测和滤波理论等方面的结果，开始触及控制论的核心问题。提出通信工程和控制工程中已经研究成熟的信息和反馈的概念与方法可能有助于神经生理学的研究，不同领域的研究工作者之间存在共同的思想基础。控制论的思想和属性开始形成。

1948年维纳的奠基性著作《控制论》出版，成为控制论诞生的一个标志。《控制论》出版后10多年中，科学家们沿着两个方向对控制论做了发展。心理学家、神经生理学家和医学家用控制论方法研究生命系统的调节和控制，建立神经控制论、生物控制论和医学控制论，维纳于1946年与罗森布卢埃特合作进行的一系列直接涉及反馈主题的神经生理学实验为生物控制论奠定基础。控制理论家则用控制论方法研究工程系统的调节和控制，中国科学家钱学森创立工程控制论，1954年在美国出版《工程控制论》专著，提出工程控制论的对象是控制论中能够直接应用于工程设计的部分。20世纪60年代，苏联和东欧各国把控制论的思想和方法应用于军事指挥中，建立军事控制论。70年代前后，借助微电子技术的快速发展和计算机的广泛应用而逐渐形成的全球信息系统，为控制论进一步发展提供了动力和条件。1975年在罗马尼亚布加勒斯特召开的第三届国际控制论与系统大会确认经济控制论这一新兴学科。同时，西欧、日本和美国出现管理控制论。1978年荷兰阿姆斯特丹召开的第四届国际控制论与系统大会确认社会控制论这一独立分支学科。1979年中国控制论科学家宋健等创立人口控制论，用控制论的思想和方法解决人口发展趋势的中长期预报和最优控制，并在中国人口控制的社会实践中取得成功。

核心问题 控制论的核心问题涉及5个基本方面：①通信与控制之间的关系。②适应性与信息和反馈的关系。③学习与信息和反馈的关系。④进化与信息和反馈的关系。⑤自组织与信息和反馈的关系。控制论与随后形成的信息论有着基本区别。控制论用抽象的方式揭示包括生命系统、工程系统、经济系统和社会系统等在内的一切控制系统的信息传输和信息处理的特性和规律，研究用不同的控制方式达到不同控制目的可能性和途径，而不涉及具体信号的传输和处理。信息论则偏于研究信息的测度理论和方法，并在此基础上研究与实际系统中信息的有效传输和有效处理的相关方法和技术问题，如编码、译码、滤波、信道容量和传输速率等。

基本方法 控制论是从信息和控制两个方面研究系统。控制论的方法涉及4个方面：①确定输入输出变量。从外界提取必要的信息称为输入，再按一定法则进行处理，产生新的信息称为输出，并反作用于外界。输入输出变量不仅可以表示行为，也可以表示信息。②黑箱方法。根据系统的输入输出变量找出它们之间存在的函数关系（即输入输出模型）的方法。可用来研究复杂的大系统和巨系统。③模型化方法。通过引入仅与系统有关的状态变量而用两组方程来描述系统，即建立系统模型。控制系统数学模型的形式不是唯一的。④统计方法。控制论方法属于统计方法的范畴，需要引入无偏性、最小方差、输入输出函数的自相关函数和相关分析等概念。非线性随机理论不但是控制论的数学基础，而且是处理一切大规模复杂系统的重要工具。

跨学科性质 控制论通过信息和反馈建立了工程技术与生命科学和社会科学之间的联系。这种跨学科性质，不仅可使一个科学领域中已经发展得比较成熟的概念和方法直接用于另一个科学领域，避免不必要的重复研究，而且提供了采用类比的方法特别是功能类比的方法产生新设计思想和新控制方法的可能性。生物控制论与工程控制论、经济控制论和社会控制论之间就存在着类比的关系。自适应、自学习、自组织等系统通过与生物系统的类比研究可提供解决某些实际问题的途径。

**《控制论》** *Cybernetics* 控制论的奠基性著作。美国数学家N.维纳著。1948年在美国出版，全名为《控制论，或关于在动物和机器中控制与通信的科学》。它的出版是控制论创立的开端，在学术界产生广泛影响，并译为日、德、法、俄、中等文。全书包括导言和八章内容。1961年出版第2版，增补了第9、第10章。书中的科学思想一直成为控制论发展的指导思想，所提出的研究方向已经或正在成为科学家的重要研究问题。

**控制器** controller 按预定目的产生控制信息的仪器或成套装置。自动控制系统实现控制的核心部分。控制器在闭环控制系统中接收来自受控对象的测量信号，按照一定的控制规律产生控制信号推动执行器工作，完成闭环控制，称为调节器；用于开环控制系统的控制器称为顺序控制器，它按照预定的时间顺序或逻辑条件顺序推动执行器实现开环控制。控制器按所用信号形式分为模拟调节器和数字控制器。数字控制器又分为顺序控制器和数字调节器。人们还把手动控制机构称为控制器。控制器的应用不仅限于生产过程，在日常生活中也广泛应用，如霓虹灯的时序开关、洗衣机和电风扇的定时器等，都属于顺序控制器。

**口吃** stammering 一种言语节律的障碍。表现为语流的突然停顿或某个字音的多次重复。有强直性口吃和痉挛性口吃两类。前者难以发出第一个字音或某一个字音；后者在口吃时多伴有摇头、跺脚、扮鬼脸或抽搐样动作。口吃发生在幼儿期，多见于儿童，以男孩为多。口吃由发音器官上端肌肉强直或阵挛以及大脑对言语器官的控制发生冲突所造成，也可能与遗传、左利手或双手同利有关。一般是由于严格纠正儿童的言语发音或过分挑剔而引起紧张或模仿他人口吃造成的。青少年由于适应困难或其他心理矛盾引起焦虑时，也会出现口吃。成年人偶尔可因神经系统损伤而引起口吃。消除引起口吃的心理和环境因素，运用心理治疗的方法有助于纠正口吃。

**口臭** halitosis 经口呼出难闻气味的病理现象。原因可分为局部及全身因素两大类：①局部因素。口腔卫生不好及口腔疾病，如牙龈炎、牙龈出血、急性扁桃体炎是口臭常见的原因。高热、脱水、吞咽困难、神志障碍、大手术后等，均可导致唾液分泌减少，使口腔自洁能力降低，细菌的生长及口腔中微生物的浓度增加，亦可引起口臭。食用有异味的食物（如臭豆腐、大蒜），长期吸烟、饮酒后，亦可产生口臭。②全身因素。如肺脓肿、肺坏疽引起的恶臭、肝昏迷引起的肝臭、尿毒症引起的尿臭、糖尿病酮中毒引起的酮臭等。口臭的治疗主要是针对病因。保持口腔良好的卫生习惯也很重要。

**口供** oral statement of defendant 犯罪嫌疑人、被告人就案件事实所作的陈述。刑事诉讼证据的一种。又称犯罪嫌疑人、被告人供述和辩解。包括犯罪嫌疑人、被告人承认自己有罪的供述，检举共同犯罪人实施共同犯罪的陈述和说明自己无罪、罪轻的申辩与解释。现代各国一般认为，非法取得的口供没有证据能力，不能作为定案的根据。中国刑事诉讼中，收集和运用犯罪嫌疑人、被告人供述和辩解的原则是：重证据、重调查研究、不轻信口供。严禁刑讯逼供和以威胁、引诱、欺骗以及其他非法方法收集证据，凡经查证确实属于采用刑讯逼供或者威胁、引诱、欺骗等非法方法取得的被告人供述，不能作为定案的根据。只有被告人供述，没有其他证据的，不能认定被告人有罪和处以刑罚；没有被告人供述，证据充分、确实的，可以认定被告人有罪和处以刑罚。

**口技** vocal imitation 乔戏类杂技项目。运用口腔模拟表现各种声响的技艺。中国早在春秋战国时期，已有见诸文字的口技表演。及至宋代，口技发展成为杂技的一个行当，有模拟百禽鸣的“百鸟朝凤”，有表现趣味方言的“学乡谈”，有模仿市井叫卖的“叫果子”等节目，还有专门培养口技艺人的“学象声叫声社”。明朝时出现“明春”、“暗春”两种表演形式。前者为当众表演，后者为演员藏入幕后表演。其中暗春又称“隔壁戏”，表演各种人情故事段子，如“五子闹学”、“醉盾归家”等。迨至近代，艺人开口笑（尹士林）从“隔壁戏”的幕后走出来，发展了当众表演的口技艺术形式。20世纪50年代后，演员孙泰、周志成等把口技表现的题材加以扩大，力求反映更广阔的现代生活，如自然界的风暴声，人群欢呼声，士兵操练声，各种器乐声，交通熙熙攘攘声，武器射击与爆炸声等，表演的项目发展到一百多种。

**口蘑** *Tricholoma mongolicum*; mongolian mushroom 口蘑科口蘑属的一种。又称白蘑、蒙古口蘑。分布于东北及内蒙古、河北等地。幼小子实体圆球形、白色。菌盖呈半球形至平层，边缘稍向内卷；肉质、光滑、白色。菌肉、菌褶、菌柄均白色，菌柄粗壮，基部肥大。孢子椭圆形或杏仁形，无色透明，光滑。口蘑富含蛋白质、碳水化合物以及多种氨基酸，并具有降血压、降胆固醇等保健效果。多制成干品上市，产品香味浓郁，可烹调成多种佳肴。

**口腔** oral cavity 口内的空腔，由两唇、两颊、硬腭、软腭等构成。消化道的起始部，前自口孔开始，后至咽部终止。口腔内有牙齿、舌、唾液腺等器官。

功能 口腔是多功能器官，治疗口腔疾病时，以恢复口腔的多种功能为目标。

咀嚼 口腔最主要的功能。咀嚼同时混入唾液，唾液不仅起到润滑和溶解作用，且其淀粉酶对食物进行消化。加强咀嚼运动，特别对儿童给以粗糙坚硬的食物，可增进咀嚼功能，刺激牙、颌、面部发育。

言语和发音 口腔对言语的形成至关重要。有些口腔疾病（如唇、腭裂）可影响发音。

感觉 口腔中的味蕾分布于轮廓乳头和菌状乳头的上皮和叶状乳头、软腭和咽后壁等处。舌体的感觉靠舌神经，但味觉

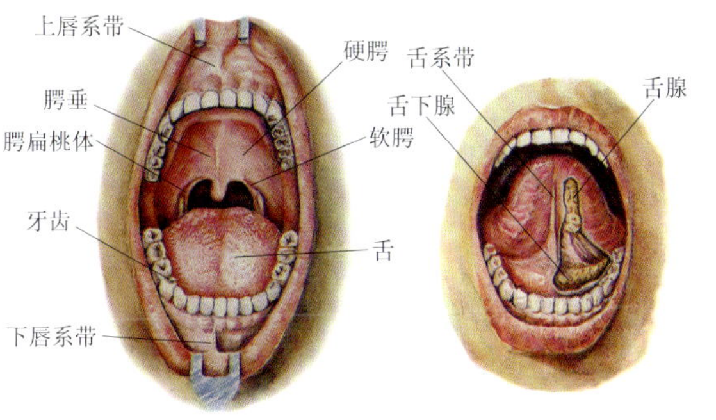

人的口腔

则由面神经的鼓索支控制，舌根感觉和味觉均由舌咽神经控制。口腔黏膜、唇、舌以及牙周膜都分布有触觉、压觉及温度感受器，特别是舌尖最敏感。牙周膜有丰富的触压感受器，能辨别轻微刺激，如修复体不适、根尖周轻度的炎症水肿等。

免疫　舌根和咽部周围的上皮下有几群淋巴组织，称为扁桃体，包括舌扁桃体、腭扁桃体、咽扁桃体。能阻留淋巴中的病原体并将其消灭。

主要疾病及与全身的关系　发病率较高的是龋病和牙周病。此外，尚有错殆畸形、口腔黏膜病（如口腔溃疡）、口腔肿瘤（如口腔癌及癌前病变）、颌面部炎症、颌骨疾病、口腔颌面部肿瘤及囊肿、先天畸形和后天畸形、唾液腺疾病、颞下颌关节病等。口腔疾病能引起人体其他系统的病变，引起远隔器官的病灶感染；全身的许多疾病也会在口腔出现病征。

病灶感染　常引起身体他处的疾病有：类风湿关节炎及风湿性关节炎、细菌性心内膜炎、虹膜睫状体炎、肾小球肾炎及肾盂肾炎等。口腔的细菌和抗原物质，首先被局部淋巴结捕捉，部分抗原侵入到脾及肠系膜淋巴结等远隔部位。

口腔表征　如贫血时唇红部及牙龈苍白，舌表面光秃；紫绀患者的唇红部呈青紫色；白血病时牙龈增大、出血、坏死；维生素$B_2$缺乏时舌脱皮、生裂且口角糜烂；糖尿病患者常患重症牙周炎，且有口干、口渴；天疱疮常在口腔黏膜首先发疱；甲状旁腺功能亢进可引起颌骨纤维囊性骨炎；恶性网状细胞瘤能在咽部、软腭等处形成坏死性深溃疡。此外，不少综合征与口腔颌面部有关，如口周黑斑-肠息肉综合征、贝赫切特氏病（眼-口-生殖器三联综合征）、眼干-口干-关节炎综合征、掌跖角化-牙周病综合征、先天缺牙-无汗综合征等。

**口腔溃疡**　oral ulcer　口腔黏膜溃疡类疾病的统称。又称口疳，俗称口疮、烂嘴。最常见的一类称复发性阿弗他溃疡。即复发性口腔溃疡、复发性口疮、复发性阿弗他口炎等。

病因　有如下几种：①免疫因素；②遗传因素；③系统性疾病因素；④感染因素；⑤环境因素；⑥其他因素，如微循环障碍、血黏度增高等。

临床表现　根据溃疡大小、深浅和数目不同分为轻型阿弗他溃疡、重型阿弗他溃疡和疱疹样阿弗他溃疡三种。①轻型阿弗他溃疡。最为常见，占溃疡的80%。溃疡不大，一般直径2～4毫米，圆或椭圆形，周界清晰，孤立散在，数目不多，每次1～5个不等。好发在唇颊黏膜，发作时溃疡中央凹陷，周边充血红晕，溃疡表面有浅黄色假膜，灼痛感明显，整个发作期一般持续1～2周。具有不治而愈的自限性，愈合后不留疤痕。复发的间隙期长短不一，因人而异。②重型阿弗他溃疡。又称复发性坏死性黏膜腺周围炎、腺周口疮。发作时溃疡大而深，似“弹坑”样，直径可达10～30毫米左右，深及黏膜下层直至肌层。发作周期可长达月余甚至数月，也有自限性，溃疡疼痛较重，愈后可留瘢痕。③疱疹样阿弗他溃疡。又称阿弗他口炎。溃疡小而多，直径小于2毫米，可达数十个之多，似有“满天星”感。疼痛较重，唾液分泌增加，可伴头痛，低热，全身不适，局部淋巴结肿大等症状，愈合后不留瘢痕。

治疗　治疗方法虽多，但疗效均不理想。主要是局部用药，消炎止痛。

预防　避免和减少诱发因素的刺激。调节生活、工作节律和情绪。均衡饮食，少吃刺激性食物。

**口腔医学**　stomatology　以维护、促进口腔健康，防治口腔器官和口颌系统疾病为主要内容的独立医学分支。又称牙医学。包括以下分支临床学科：①牙体牙髓学科。主要防治龋病，俗称虫牙、蛀牙。②牙周病学科。主要防治牙周病，俗称火牙。③儿童口腔病学科。主要防治儿童的牙齿疾病和口腔疾病。④口腔黏膜病学科。主要防治口腔黏膜病。⑤口腔颌面外科。主要应用外科手段防治口腔颌面部感染、创伤、肿瘤和组织器官畸形等。其中拔牙是口腔颌面外科最常用的手术。⑥口腔修复学科。主要应用修复体的手段用各种材料恢复和重建各类牙齿和口腔器官的缺损和缺失，最常应用的修复体是义齿，俗称假牙。⑦口腔正畸学。主要应用各类矫治器，矫正错殆畸形，俗称正牙。⑧口腔颌面医学影像诊断学科。主要应用X射线技术对牙齿、颌面骨、涎腺、颞下颌关节等口腔和口颌系统的组织器官进行影像学诊断。从20世纪70年代后期开展了在X射线、灰阶超声或CT扫描等导向下进行的口腔颌面介入放射学，对口腔颌面部疾病进行直接观察诊断，穿刺活检诊断以及介入治疗等。

**口琴**　harmonica　自由簧气鸣乐器。为小型的吹奏乐器。琴身呈长方形，其大小、长短各不相同，形制甚多。常见的为24孔双簧口琴，用自然音阶演奏。此外还有低音口琴、八度口琴、和弦口琴、变调口琴等。琴长约16～20厘米，上下有两排小方格孔，装有多组自由振动的簧片，气流强迫通过时，灵活的金属舌簧振动发音。演奏时将口含放在约4个方格孔的地方，将空气呼入或吸出方格孔，并来回移动。每孔装有一对簧片，演奏者呼气时发一音，吸气时发另一音。每对簧片一般调成相邻的音高。此类口琴19世纪在德国发明。

**口述史**　oral history　针对某一特定历史问题的个人口头叙述的记录。主要用于了解、记录历史事件的参与者对事件的描述和解释。作为一个专门学科始于20世纪40年代。1948年，美国历史学者A.芮文斯在美国哥伦比亚大学建立了第一座现代口述历史档案馆，用以记录、保存美国社会生活中有意义的私人回忆资料。1967年，美国成立口述史协会。1980年，该协会制定了口述史的学术规范和评价标准，使口述史有了一套被学术界普遍认同的规则。

口述史的资料通常通过有计划的访谈与录音技术来搜集。相对于文献记录的历史而言，它更多地反映了普通人或下层社会对某一历史事件的记忆和看法，使历史事件的记述更加完整。口述史适用于研究以下情况：①研究对象为弱势群体的成员，正统的历史中很少记录他们的情况。②历史文献中很少记录的事件或事件的细节。口述史不仅可以为已有的文字史料提供佐证，还可以从普通民众的叙述中发掘出过去被忽略的史实。

**口蹄疫**　foot and mouth disease; FMD　偶蹄动物的一种高度传染性疾病。俗称口疮、口癀。由小RNA病毒科口蹄疫病毒属的口蹄疫病毒引起。以口腔黏膜、蹄部和乳房的皮肤发生水泡和溃烂为主要症状。病毒分为7个正型，80多个亚型。以牛最易感，猪次之，绵羊、山羊、骆驼、鹿等又次之。野生动物如驼鹿、驯鹿、马鹿、野猪等也能发病。象、犬、猫、鼠、家兔和刺猬间或患病。人也能感染。

病畜及其分泌物和排泄物含有大量病毒，为主要传染源。空气中的病毒可被风吹至远处感染动物，形成跳跃式的流行。污染病毒的人、畜及物品均易传播该病，尤以寒冷季节为多。病牛能在咽喉和食管上部带病毒数月至两年之久。接触病牛的人在咽喉黏膜上短期带病毒，还能传给别人。上述因素往往使此病迅速传播，造成大流行，难于控制。

牛口蹄疫的潜伏期一般为4～7天，长

的14～21天。病畜体温升高，食欲减退，精神沉郁；口腔黏膜尤其是舌面出现水疱，融合成大片，口涎垂流成丝状，唇外有白色泡沫，水疱很快破裂，露出红色烂斑；蹄部水疱常引起跛行，重者蹄壳脱落；乳头上有时也出现水疱。体温上升时血液中有大量病毒。病畜轻者10余天痊愈。成年牛死亡率约为1%～2%，初生牛犊约为50%。猪和绵羊以蹄部水疱为多见，口腔水疱较少有，一部分猪鼻镜有水疱，严重的蹄壳脱落。成年猪死亡率1%～2%，而初生子猪常达50%以上。骆驼和鹿的症状与牛近似。

牛患该病可根据症状，结合大流行规律予以确诊。实验室诊断方法有补体结合试验（CF）、琼脂扩散（ADT）、中和试验（NT）、间接血凝（IHA）酶联免疫和PCR技术。猪口蹄疫须注意与猪水疱病区别。主要靠注射灭活苗和弱毒苗进行预防。

**叩头虫** Elateridae; click beetle 鞘翅目叩甲科昆虫的统称。已知10 000多种，中国已知600多种。小至大型，成虫多长形而略扁；体色多乌暗，褐色或黑色，体表被细毛或鳞片，少数种类为鲜红色或金属色，光亮而无毛。头小，深嵌入胸腔内；触角丝状、栉状或锯齿状，着生于额的前缘，接近复眼，由11～12节组成，其形状和节数因雌雄而不同。前胸背板大，能活动，后角向后突出、尖锐；前胸腹板中部向后突出呈楔形，恰好插入中胸腹板前缘的沟槽中，仰卧时能借前胸的弹动而跃起，并发出嗒嗒的响声，故有“叩头虫”之称。

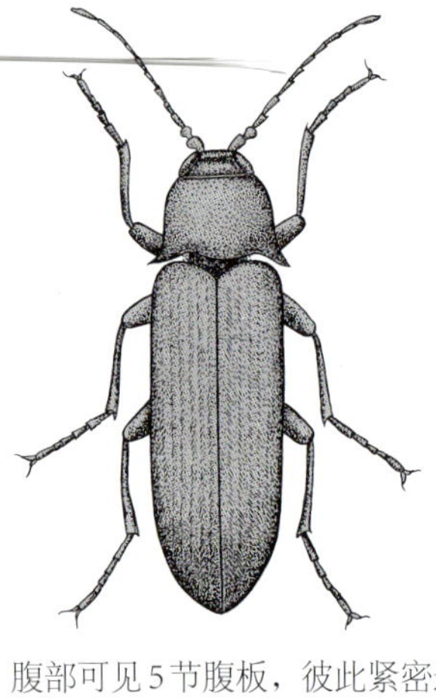

腹部可见5节腹板，彼此紧密连接，仅末端可以活动。足短；各足跗节均为5节，跗节简单或分为两叶；爪单齿或具附齿或每爪内侧着生一排细齿呈梳齿状，爪的型式是区分亚科和属的重要特征。幼虫细长，筒形而略扁，体壁坚硬、光滑、多为黄或黄褐色，俗称金针虫、钢丝虫、铁丝虫。成虫、幼虫多为植食性、腐食性、木食性，少数为肉食性，其中有一些是农、林、牧草、蔬菜、果树的重要害虫。

**寇谦之** Kou Qianzhi (365～448) 中国南北朝北魏道士，道教改革家。原名谦，字辅真。祖籍上谷昌平（今属北京），后居冯翊万年（今西安市阎良区东南）。少年时信奉五斗米道，后从成公兴修道于嵩山。自称在北魏明元帝神瑞二年（415），太上老君降，授以“天师”之位，并赐以《云中音诵新科之诫》20卷，尽传服气导引之法。太上老君命他宣此《新诫》，以兹“清整道教，除去三张（张陵、张衡、张鲁）伪法，租米钱税，及男女合气之术”。泰常八年（423），又称老子玄孙李谱文下降于室，授予《录图真经》60余卷，以及劾召鬼神和修炼金丹的秘法，令他辅佐“北方太平真君”。北魏太武帝始光元年（424），行至魏都平城（今山西大同），献道书于太武帝，倡议改革天师道、五斗米道。翌年，帝赐于平城建立新天师道道场，太武帝亲至道场受箓。太延六年（440），寇谦之声称老君复降，授太武帝“太平真君”称号，遂改元太平真君元年。太平真君三年（442），封寇谦之为国师。寇谦之是中国道教史上有名的改革家，他摒弃了旧的教义和教内组织制度，改革了道官职位的世袭制度，主张“唯贤是授”；主张子孝臣忠、妇贞夫信、弟顺兄慈、信守五常；主张儒道兼修，诵经成仙，持戒修行；同时，引佛入道，宣扬六道轮回。他模仿佛教轨仪，创立了道教斋戒符箓的典章制度，大大推动了南北朝时期道教的发展。

**寇松线** Curzon Line 英国外交大臣、保守党领袖G.N.寇松向苏俄和波兰建议的停战分界线。这条线沿布格河划分波苏边界，在北部把比亚韦斯托克地区划入波兰版图。1920年7月11日，苏俄红军击退波兰干涉军时，寇松代表英国政府建议苏俄以这条界线为停火线举行和平谈判。在1920年7月5～16日举行的斯帕国际会议上，波苏双方承认寇松线为波苏边界线。当波军转入反攻后，波兰政府拒绝承认寇松线。1945年8月16日，波苏两国签订边界条约，规定两国边界以寇松线为基础划定。

**寇准** Kou Zhun (961～1023) 中国北宋政治家。字平仲。华州下邽（今陕西渭南东北）人。自幼丧父，家境贫寒，发愤读书，19岁中进士第，出任巴东（今属湖北）知县。历任枢密直学士、枢密副使、参知政事、同中书门下平章事等职。遇事敢言，极陈利害，为太宗器重。景德元年（1004）六月，辽军大举南下，直趋黄河岸边。寇准力排众议，请宋真宗亲征，至澶渊，宋军士气大振，遂得以与辽订立合约，史称澶渊之盟。三年，受王钦若所谮，罢相，知陕州。后又任枢密使、同平章事。天禧三年（1019），因奏言天书下降而再为宰相。真宗病，密请以太子监国，事泄罢相，为太子太傅，封莱国公。后为丁谓诬陷，贬雷州（今属广东）司户参军，卒于贬所。寇准早操政柄，性豪奢，为人耿直敢言，正气凛然。其诗歌创作高峰是知巴东期间，时人编有《巴东集》行世。诗多清新之句，不乏佳作。现存《寇莱公集》七卷，有《两宋名贤小集》本；《寇忠愍公诗集》（即《巴东集》），有清代圣香楼刊本及辨义堂刊本。

**枯水** low water 无雨或少雨时期江河流量减少、水位下降的现象。此时，河川的水主要靠流域蓄水，尤其是靠地下水补给。一些中小河流集水面积小，河槽下切较浅，得不到充沛的地下水补给，枯水流量很小，久旱无雨时，会出现河流干涸现象。枯水期的起止时间和历时，完全决定于河流的补给情况。中国以雨水补给的南方河流每年冬季降雨量很少，经历一次冬季枯水。以雨雪混合补给的中国北方河流，每年经历两次枯水径流阶段，一次在冬季，另一次在春末夏初。

**枯叶蛾** Lasiocampidae; tent caterpillar moth/lappet moth 鳞翅目枯叶蛾科昆虫的统称。因不少种类静止时如枯叶状而得名。幼虫化蛹前先织成丝茧，故也有茧蛾之称。分布广泛，以热带为多。已知约2 200种，中国约有200种。中至大型。体粗，多厚毛。触角双栉齿状。喙退化。翅宽大。足多毛。常雌雄异形。体色和翅斑变化较多，有褐、黄褐、火红、棕褐、金黄、绿等色。雌蛾笨拙，雄蛾活泼有强飞翔力。大多夜间活动。有强趋光性。交配产卵后很快死亡，一般生存3～10天。环境适宜时，常大量发生成灾。幼虫体多毛，俗称毛虫。在冬季较冷地区，多以幼虫潜伏隐蔽场所越冬。幼虫胸背的毒毛在结茧时竖立于丝织的茧上。绝大多数取食木本植物的叶子，如天幕毛虫和松毛虫。

**哭嫁** weeping on being married off 新娘出嫁时作为告别的哭唱仪式。婚姻习俗之一。又称哭轿、叹情。广泛流行于世界各地，至今仍然存在。近代希腊新娘向教堂出发时，呜咽哭泣，拒绝前往；德国人皆相信号哭为吉兆，在婚礼中哭泣预示婚姻生活的幸福；在俄罗斯，新娘哭泣愈佳愈能得到友人的赞赏；中国的汉、傣、彝、土家、藏、柯尔克孜、哈萨克等族均有哭嫁风俗。

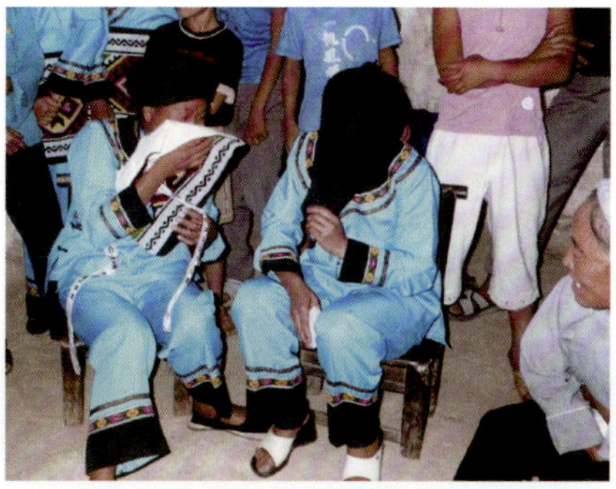

中国土家族哭嫁场景

新娘通过哭嫁来表达对少女生活的留恋。

其起源一说是古代掠夺婚的遗风，因部落之间以暴力抢夺女子为妻，新娘往往在惊慌哭泣中出嫁。

哭嫁的时间不一。在中国，有从婚礼前一晚开始，有上头后，也有临上轿前等。哭的内容有从对离家的惜别、对父母的感恩、对兄弟姊妹的嘱托，到对某些委屈和婚姻不尽如人意之处的发泄等。哭的技巧甚至要通过专门学习，且有陪哭烘托。广东海南称哭嫁为“开叹情”。婚期前三日，女家请来富有哭诉经验的老妇，指导新娘啼哭，使哭以成调。湖南土家族新娘哭嫁的时间一般为7～12天，也有长达一个月的。土家族的古老习俗，把是否会哭嫁，作为衡量女子才智和贤德的标志。

**哭墙** Wailing Wall 耶路撒冷犹太教圣迹。又称西墙。长48.768米，高约19米，由12层岩石砌成。前10世纪以色列王所罗门，在首都锡安山上建造了首座犹太教圣殿——所罗门圣殿，来此朝觐和献祭的教徒络绎不绝，从而形成古犹太人宗教和政治活动的中心。以后多次被破坏。罗马帝国统治时期，绝大部分犹太人被赶出巴勒斯坦地区，流落欧洲各地，圣殿始终未能恢复。691年在圣殿断垣残壁的遗址上修建起围墙，尽管该围墙为伊斯兰圣地西墙的一段，但犹太人仍然把它视为本民族信仰和团结的象征。相传犹太人在罗马人占领耶路撒冷以后千百年中，常有各地犹太人来此号哭，以寄托其故国之思，故将此墙取名为哭墙。1967年后被犹太人所控制。

逢宗教节日，犹太人聚集墙下举行各种宗教仪式。墙北专供女子祈祷使用，南部则供男子使用。

**苦** duhkha 佛教基本观念之一，表达了佛教对于人的现实存在所作的价值判断。原始教义的**四谛**中第一条便是关于苦的真理。苦可以归为生苦、老苦、病苦、死苦、怨憎会苦、爱别离苦、求不得苦、五蕴盛苦8类。按照佛陀的看法，存在（生存）是有条件性的，依缘的，这就决定了生存的短暂和局限。主观上，人会不断产生实际上无从满足的欲望；客观上，对象是暂时的、无常的，这就决定了不满足和绝望的必然性，这便是本质上的苦。苦的根源在于**无明**（无知），由于无明，人的生物本能贪欲便时时萌动，一方面造成现实的痛苦，另一方面又留下恶的潜能，就是**业**，从而始终将人的生存桎梏在无尽的痛苦循环即**轮回**之中。摆脱苦，只有证道，即通过宗教修持，获得对人生存在真相的了解（悟）。

**苦瓜** *Momordica charantia*; balsampear **葫芦科**苦瓜属的一种。一年生攀缘草本植物。又称凉瓜。幼嫩果实可供食用，因味苦得名。原产热带亚洲，广泛分布于亚热带、热带及温带地区。中国以南部地区栽培较多。

根系发达，茎蔓生，具卷须。叶掌状深裂，光滑无毛。花单性，雌雄同株，单生，花冠黄色。浆果，纺锤形、短圆锥形或长圆锥形，表面布满条状和瘤状突起。苦瓜喜温，较耐热，不耐霜冻。较耐涝。属短日性植物，但多数品种对日照长短的要求不严格。喜光，开花结果期尤需较强的光照。直播或育苗种植，搭架栽培。

嫩果富含维生素C，每100克鲜重含56～84毫克。切片挤去汁液后炒食可减少苦味。根可入中药。

**《苦瓜和尚画语录》** *Monk Bitter-Melon's Comments on Painting* 中国清代绘画理论著作。**石涛**著。此书另一版本名《画谱》，据石涛手写本刻印，前有康熙四十九年（1710）胡琪序。两本字句略有不同，后者较简。全书分18章，依次为：一画章、了法章、变法章、尊受章、笔墨章、运腕章、絪缊章、山川章、皴法章、境界章、蹊径章、林木章、海涛章、四时章、远尘章、脱俗章、兼字章、资任章。前4章，围绕“一画”论，就画法原理发挥见解，高屋建瓴，多有精义。第5～17章，就山水形象、意境、笔墨、格调、书画关系等展开讨论，以基本原理贯穿其中。末一章揭示出对发挥创造性的认识。全书先讲原理，次述运腕，最终引出理论主张，构成一个完整有机的山水画理论体系。其理论核心是“一画”。“一画”被认为是世界万物包括绘画的根本原理与法则。以“一画”观认识绘画，不仅可以说“夫画者，从于心者也”，还可以说“夫画，天下变通之大法也”。基于上述认识，作者从“常”与“变”、“万”与“一”、“受”与“识”等辩证关系，论述了山水画创作中主观与客观、法则与自由、继承与创新、多样与统一的关系，提出了“借古以开今”，“笔墨当随时代”，“借笔墨写天地万物而陶泳乎我”的创造性见解，阐明了自己的山水画创作主张：“山川使予代山川而言也！山川脱胎于予也，予脱胎于山川也。搜尽奇峰打草稿也，山川与予神遇而迹化也，所以终归之于大涤也。”此书以反对拟古，以发挥画家个性并实现创作自由为主张，对中国18世纪，特别是20世纪以来的山水画甚至整个中国画产生了重大影响。

**苦行僧** ascetic monk 行脚僧人的一种。本指极力克制个人欲望，在物质生活非常艰苦的条件下修行的行脚僧人，也泛指沿途行乞的行脚僧。又称苦行头陀。“苦行”为梵文Tapas的意译，原意为“热”。因印度气候炎热，僧人把受热作为刻苦修行宗教实践的手段，认为通过拒绝物质与感官的享受，忍受恶劣环境压迫和千方百计的自我折磨，可获得一种神秘力量，从而达到解脱的境界。原出自印度佛教，汉魏以来的中国佛教沿袭这一传统的佛教规制。“苦行”之举，迄今仍是佛教倡导的一种修行方式。印度教、耆那教及天主教亦有苦行僧。

印度拉贾斯坦邦耆那教的苦行僧

**苦盏** Khudzhand 塔吉克斯坦第二大城市，苦盏州首府。旧称列宁纳巴德（1936～1990）。位于费尔干纳山谷的入口处，锡尔河右岸。人口14.74万（2002）。中亚最古老的城市之一，地处中国通往欧洲的丝绸之路上。8世纪时为阿拉伯人所占，13世纪为成吉思汗军队所占，1866年被俄国人占领。有大型丝绸联合企业及棉花加工、食品罐头等工业。设有师范学院、剧院、历史和地志博物馆、植物园。有中世纪城堡和17～18世纪的清真寺与伊斯兰教教长梅斯列海季纳陵墓。

**库巴王国** Kuba, Kingdom of 刚果（金）古王国之一。位于开赛河和桑库鲁河之间，是班图族库巴人的国家。库巴人又称布松果人。库巴王国兴起于15～16世纪，繁荣于17～18世纪。17世纪初，库巴人引种玉米和烟草，促进了农业发展和人口增长。库巴王国的王位属于姆帕拉氏族，王太后和国王姊妹在国家事务中起着重要的作用。国王被认为是神圣的，不能受伤流血，因此不能统率部队作战。国王的权力受到由10名高级官员组成的国务会议节制。19世纪，库巴王国在与邻近的卢巴王国冲突中削弱。1904年，末代国王居阿特·佩尚加·克纳为捍卫国家独立，率领库巴人民抗击比利时殖民主义者。后库巴王国因兵败而灭亡。

**库车县** Kuqa County 中国新疆维吾尔自治区阿克苏地区辖县。位于天山中段南麓，塔里木盆地北缘。面积14 529平方千米。人口46万（2008），其中维吾尔族占90%以上。库车古称龟兹，是汉唐时期新疆南部城邦国政治、经济、文化的中心。西汉时为西域三十六国之一。唐代设龟兹都督府。清乾隆二十三年（1758）设库车办事大臣。光绪十年（1884）设直隶抚民厅，1913年设库车县。矿产以石油、天然气、煤炭、铁、锰、铜、岩盐为主。农业主产小麦、玉米、棉花、瓜果、蔬菜。为自治区粮食、棉花和卡尔库羔皮羊生产基地县。县境为龟兹文化发祥地。文物古迹有克孜尔千佛洞、库木吐喇、森木塞姆等石窟，昭怙厘大寺（又称雀离大寺、苏巴什佛寺）遗址和库车大寺，自然风景区有大、小龙池。

克孜尔千佛洞

**库存论** inventory, theory of 研究物资储备的控制策略的理论。在工业、农业、商业、军事以及其他的各行各业中，要想不断维持正常的生产和工作，就必须储备一定数量的所需物资。储量过多，会引起积压，或因存放过久产生变质而造成浪费，占用仓库和需要保持一定人数的维护人员也会带来经济上的损失。但是，储量过少，又会供不应求，在工厂则引起停工待料，在商店则引起顾客转移他处，在农业和军事上都会因失去时机而造成重大的影响。如何控制物资的库存数量，即何时补充库存，应该补充多少，是库存论的基本课题。

就仓库的管理体系的规模与复杂程度来说，单级管理与多级管理在处理方法上大不相同。就补充物资的方式来说，是随要随有，还是通过订货后一定时期必然到货，或不一定到货，这些都会对处理方法产生严重的影响。就存储费用方面来说，物资在仓库中可能发生自然的或人为的损耗，可能出现失盗以及因保险费、纳税、租金、正常的维护和管理费的增加而造成损失，这些因素都会引起策略上的差异。在需要方面，也会出现许多不同的情况。涉及的因素中，有些是确定性的，有些则是随机性的。库存问题可以分为许多不同的类型，其中有些较易处理，有些较难。

在库存管理体系中，常用的信息处理方式有两种：一为成交汇报制，一为定期检查制。所谓成交汇报制，是指所有有关的交易活动，诸如顾客的需求、订货、托运、货物的到达、接收、入库等出现时，立即记录在案，并将信息送与有关主管人员。所谓定期检查制，是指按一定时期（通常是等长的时间），将上述有关数字检查一次。近年来，由于计算机的普遍使用，成交汇报制用得较多，以前则常用定期检查制，因为它所需要的费用较低。

通常所采用的储备控制策略有〈$Q,r$〉，〈$R,r$〉，〈$R,T$〉，〈$R,r,T$〉等。所谓〈$Q,r$〉制是指当某种物资库存数量下降到$r$时，即申请数量为$Q$的订货。显然，在此种情况下，一定时期的需要量必为定数，否则库存不可能正好下降到$r$。若需求量为随机时，与之相应的是〈$R,r$〉制，即发现库存数量下降到$x \leqslant r$时，就申请数量为$R-x$的订货，以使库存量恢复到$R$。这里的$Q$、$R$、$r$是根据上述与问题有关的各种因素所建立的数学模型决定的。〈$Q,r$〉与〈$R,r$〉只适用于成交汇报制。对于定期检查制，则需决定检查周期的长度$T$。例如，〈$R,T$〉是指在每隔时间$T$就检查一次库存，并申请订货将库存水平上升到$R$。$T$也是根据具体问题所建立的数学模型确定的。

由于经济全球化的发展，跨国公司的出现，库存论相应地得到发展，许多带随机性的模型得到了深入的研究。

最早的专门著作是T.M.惠廷的书。其后，系统性的著作相继出现。从20世纪50年代开始，就不断有人致力于库存论中一些理论问题的研究。

**库恩** Kuhn, Thomas Samual（1922-07-18～1996-06-17） 美国科学史家、科学哲学家。生于辛辛那提，卒于剑桥。就学于哈佛大学，1949年获哲学博士学位。1952年开始讲授科学史，先后任教于普林斯顿大学和马萨诸塞理工学院。他是西方科学哲学中历史-社会学派最主要的代表，提出了一种新颖的科学观，即把科学看作一定的科学共同体按照一套共有的“范式”所进行的专业活动，并描绘了一种常规时期和革命时期相互交替的科学发展模式。他系统论述了科学作为一种人的社会活动及其历史发展过程这个侧面，把科学从认识论范畴扩大到社会历史范畴，从而补充了科学哲学中传统逻辑主义的不足。80年代以后，他注重科学语言的研究，力图摆脱其割裂科学的历史与逻辑所造成的困境。著有《科学革命的结构》等。

**库恩·贝拉** Kun Béla（1886-02-20～1939-11-30） 匈牙利共产党创始人。生于特兰西瓦尼亚的莱列村。毕业于科洛日瓦尔大学法律系。在1918年11月党的成立大会上，当选为中央委员会主席。1919年3月21日匈牙利苏维埃共和国成立后，任外交人民委员，后兼任军事人民委员。苏维埃共和国失败后，流亡到苏俄，曾任

南方战线革命军事委员会委员和克里木革命委员会主席。1921～1936年，任共产国际执行委员会委员、宣传鼓动部部长。1930年主持召开匈共第2次全国代表大会。1935年7月，在共产国际第7次代表大会上被指控为右倾路线的代表人物。1936年5月，被解除一切职务。1937年6月29日受诬告在苏联被捕，死在狱中。1956年恢复名誉。

**库尔贝** Courbet, Gustave（1819-06-10～1877-12-31） 法国画家，写实主义美术的代表人物。生于奥尔南一个农场主家庭，卒于瑞士的拉图尔德佩。早年学过法律，后改学美术。1839年到巴黎，除向几个画家学画外，以主要精力观察社会生活，并研究和临摹一些美术馆中的名画。库尔贝的早年油画带有浪漫主义色彩，但已显示出他后来创作的主要倾向，即以写实的手法反映客观对象。这阶段的作品有一些自画像以及带自画像性质的油画。他创作的盛期是从1848年革命开始的。当时，按照沙

龙美术传统，大型的纪念碑式油画一般只被用来表现宗教神话和帝王贵族历史之类题材内容，可是库尔贝自《奥尔南午饭后的休息》起，却打破这一惯例，用纪念碑式的大型油画形式来反映法国平民的日常生活。1849～1856年间，库尔贝一些最重要的作品问世。油画《碎石工》表现了贫苦工人的艰苦劳动，记录了画家在路上目睹的情景。画中两个受生活折磨的工人形象具有深刻的概括性含义，平民悲惨生活的画面引起了强烈的社会反响。同年，库尔贝绘制大型油画《奥尔南的丧礼》，其情节取自法国外省的民间丧葬风俗。画中描绘了40多个等身大的参加丧仪者，包括哀伤的亲友和当地居民以及神态冷漠的市长、监察官和教士们。《碎石工》、《奥尔南的丧礼》和另外6幅油画一起展出于1850年沙龙时，受到保守舆论的猛烈攻击。50年代前期，他的作品有《乡村姑娘》(1851～1852)、《筛麦的女人》(1854)、《库尔贝先生，你好！》(1854)、《浴女》(1853)、《帕拉沃斯海景》(1854)。《帕拉沃斯海景》描绘画家本人站在海边，以景写情，抒发了他初次见到地中海时的激动心情。1855年，作大型油画《画室》。画家自称此画为“概括了我7年艺术和道德生活的真实的寓喻”。画中的人物和道具都有一定的寓喻，例如，画架后面的石膏像，是对僵化的学院艺术的讽喻。

19世纪60年代前后，库尔贝主要创作风景画、肖像画、静物画和人体画，如《泉》(1868)、《蒲鲁东像》(1853～1865)等。他的画，有些是以调色刀刮颜料，并与稳重有力的笔触结合而绘成，给人的印象是造型结实，质感强烈。库尔贝的声誉在国外与日俱增。1869年，其作品在慕尼黑举办的万国博览会上受到欢迎。

1871年**巴黎公社**期间，库尔贝当选为公社委员和美术家联合会主席。公社失败后，被判处半年徒刑并处以巨额罚金。在狱中，库尔贝画了巴黎公社失败的悲壮事件，如素描《枪杀》、《在狱中》等。他晚年亡命瑞士，客死异邦。

库尔贝在他的写实主义宣言中确立了以反映生活的真实为创作的最高原则，并肯定了平民生活的重要性和巨大意义。他的艺术实践和理论对19世纪的其他写实主义画家及其以后的**印象主义**画家有深远影响。

《碎石工》

**库尔德人** Kurds 西亚库尔德地区的民族。是中东地区仅次于**阿拉伯人**、突厥人、**波斯人**的第四大民族。人口约2 000万(2002)。主要分布在扎格罗斯山脉和托罗斯山脉地区，分属土耳其、伊朗、伊拉克和叙利亚。还有少数散居在黎巴嫩、阿富汗、俄罗斯、约旦等国。属欧罗巴人种印度地中海类型。使用库尔德语，属印欧语系印度－伊朗语族。文字以阿拉伯字母为基础。信仰伊斯兰教，多数属逊尼派，少数属什叶派。

库尔德老人

居住在山区的库尔德人以游牧为主，饲养绵羊、山羊、黄牛和马，并织地毯、伐木材、制皮革；平原的库尔德人以农业为主，多种大麦、小麦、玉米、稻谷、烟草和棉花，并经营果园。近年来，有关国家多迫使库尔德牧民定居，弃牧就农者日众。自伊朗、伊拉克石油工业兴起，库尔德人中又出现了石油工人。仍保留许多部落制残余，由酋长统率，土地为贵族所有，向佃户收租。妇女不戴面纱，能参加管理工作。

**库尔德人问题** Kurds question **库尔德人**是西亚古老民族之一，库尔德人聚居的地区称为库尔德斯坦，库尔德人操库尔德语。他们有自己的文化，信奉**伊斯兰教**。迄今，大多数库尔德人以畜牧业为生，他们的社会仍建立在传统的部落基础之上。

库尔德人在历史上起过一定作用，但从未建立统一的国家。库尔德人曾同西亚其他民族一起反抗希腊人、罗马人、欧洲十字军和蒙古人的侵略。19世纪后半期，由于库尔德民族独立运动兴起，西方列强乘机加以利用，遂形成库尔德人问题。1918年奥斯曼帝国瓦解后，英国曾许诺库尔德人“独立”，企图建立一个在它保护下的“库尔德国家”，由于帝国主义之间的矛盾而未实现。

库尔德人不断为争取民族自治权利而进行斗争。在土耳其，1925～1937年库尔德人曾发动5次规模较大的暴动，均被镇压。在伊朗，1922、1925、1946、1950年库尔德人多次发动起义，亦遭镇压。在伊拉克，库尔德人曾长期进行反对英帝国主义和费萨尔王朝统治的武装斗争。1970年库尔德领导人穆拉·穆斯塔法·巴尔扎尼与伊拉克政府达成协议，规定在4年内库尔德斯坦自治，但1974年政府只给予有限的自治权，于是战火复起。1975年以后，库尔德民主党分裂为3派，武装斗争基本停止。

1991年**海湾战争**结束后，又开展大规模武装斗争，**伊拉克战争**结束后，库尔德领导人塔拉巴尼当选伊拉克总统，此民族的政治地位有很大改变。

**库尔勒市** Korla City 中国新疆维吾尔自治区巴音郭楞蒙古自治州辖县级市。自治州人民政府驻地。位于天山南麓，塔里木盆地东北边缘。面积7 219平方千米。人口49万(2008)，有汉、维吾尔、回、蒙古、满等民族。1943年析焉耆县置库尔勒县，1979年析库尔勒县置库尔勒市，1983年撤销库尔勒县，辖区并入库尔勒市。矿产有煤、陶土、黏土、白云岩、石灰岩、大理石、石膏等。药用野生植物有甘草、罗布麻等。有公路、铁路、航空立体交通运输网络。工业以棉纺、煤炭、电力、纺织、建材为主，随着塔里木石油的勘探开发，西北最大的石油天然气化工基地已初具规模。农业以种植小麦、棉花、玉米、番茄为主。盛产梨、杏、桃等水果，尤以香梨、长绒棉闻名。为自治区粮、棉、瓜果、蔬菜生产基地，南北疆交通枢纽，南疆最大的物资集散地。古迹有铁门关、玉子干旧城、托务其古城、爱力克古城、库尔楚土墩和加麦清真寺。

**库尔恰托夫** Kurchatov, Igor Vasilyevich (1903－01－12～1960－02－07) 苏联核物理学家。生于车里雅宾斯克州的锡姆，卒于莫斯科。1923年毕业于克里木大学物理数学系。1925年起在苏联科学院列宁格勒物理技术研究所工作。1934年获物理数学博士学位。1943年当选为苏联科学院院士，1946～1960年任苏联科学院主席团成员。苏联原子能研究所的创始人和首任所长。创立酒石酸钾钠电介质学说，对晶体的电特性研究作出了贡献。他从1933年起转向原子核物理的研究，与L.I.鲁西诺夫等共同发现了原子核同质异能现象。在他的领导下，建造了苏联第一台回旋加速器、欧洲第一座原子反应堆，造出了苏联的第一颗原子弹、第一颗氢弹，并建造了世界上第一座原子能发电站。由于他对国家的卓越贡献，曾获社会主义劳动英雄称号。

**库克** Cook, James (1728－10－27～1779－02－14) 英国探险家、航海家、海军上校。生于英格兰约克郡，卒于美国凯阿拉凯夸湾。早年当过学徒、水手。后入海军服役。1768年任英国太平洋探险队队长，先后3次赴太平洋探险。发现新西兰南、北两岛，并绘出海图；在人类历史上第一次驶入南极圈，并完成第一次自西向东高纬度的环球航行；发现太平洋上的新喀里多尼亚岛和大西洋上的南桑威奇群岛、南乔治岛以及诺福克岛；证明澳大利亚和南极大陆并不相连；

发现夏威夷群岛并绘制海图；否定了自托勒玫以来存在1 700多年的南大陆。他探险、测绘而改变的世界地图较历史上任何人都多。

**库克** Cook, Michael (1931～ ) 英国档案学者。1998年获利物浦大学博士学位。曾任英国纽卡斯尔市档案馆馆长、坦桑尼亚国家档案馆主任、利物浦大学文件教育中心高级研究员、国际档案理事会档案著录委员会委员等职。1992年获英国档案工作者协会授予的“艾利斯”奖。他的研究领域包括文件管理、档案著录、档案计算机管理、大学档案管理、信息管理等。主要著作有《档案管理》(1977)、《档案与计算机》(1980)、《信息管理与档案数据》(1993)等，以及《文件管理与现代档案管理课程发展指南》(1982)等档案专业课程指南。

**库克** Cook, Terry (1947～ ) 加拿大档案学者、国际档案界最具影响力的理论家之一。1977年获得奎恩大学历史博士学位。曾任加拿大国家档案馆社会事务与自然资源文件司主任、加拿大档案工作者协会会刊《档案》的主编等职。参与制定了很多有影响的政策，涉及档案宏观鉴定、档案选样、地区文件管理、文件处置、电子文件管理等多个方面。还是加拿大、美国和欧洲很多国家档案刊物的编委会成员。他的研究领域包括档案学基础理论、档案鉴定理论与策略、档案史和电子文件等，出版档案著作60多本，发表专业论文100多篇。论文《政策研究：具有个人信息文件的档案鉴定》(1991)和报告《1898年荷兰手册出版以来档案理论与实践的相互影响》(1996)，受到国际档案界的高度评价。近年来他重点研究后保管时代档案理论与实践的发展。曾获加拿大档案工作者协会“拉姆奖”等多个奖项。

**库克峰** Cook, Mount 新西兰最高峰。又称奥伦基山，毛利语意为“钻云峰”。海拔3 764米。位于南岛中西部南阿尔卑斯山主脊线上。为纪念英国航海家J.库克船长，1851年被命名为库克峰。顶部有高、中、低3个山峰。山顶终年积雪，常发生雪崩。周围有20多座海拔3 000米以上的山峰。分布有众多的冰川。最大的塔斯曼冰川位于山峰的东部，长30千米，平均宽2千米，景色壮观。西面有胡克冰川。1953年建立库克峰国家公园。在1 000米雪线以下的茂密森林里，有羚羊、野兔等野生动物。是爬山、滑雪的理想去处。1894年12月24日3名新西兰人T.费夫、J.克拉克及G.格雷厄姆，取道胡克冰川陡峭的北部首次登上库克峰。

**库克峰国家公园** Mount Cook National Park 新西兰国家公园。位于南岛中西部南阿尔卑斯山中段东坡。1953年以库克峰为中心辟为国家公园。面积700平方千米。1/3地区常年积雪，或为冰川覆盖。有27座3 000米以上的高峰。库克峰雄踞中间，顶峰险峻，

库克峰国家公园景色

较难攀登。高坡处寸草不生，岩石交错于冰雪之中。山间多冰川、瀑布。公园内多湖泊，冰蚀湖呈深赭石色，雨水湖清澈翠绿，山影碧波，气象万千。1 000米(雪线)以下，森林茂密，园内有大鹦鹉、鹰、羚羊、野兔等野生动物。是爬山、滑雪、狩猎的理想去处。

**库克海峡** Cook Strait 新西兰北岛与南岛之间的水道，呈西北—东南走向。连接塔斯曼海和南太平洋。最宽处145千米，最窄处23千米。平均水深128米。海峡两侧峭壁悬崖，常年狂风频繁，海流汹涌，不利航行。气候冬暖夏凉，年差较小，年降水量约1 000毫米。西方殖民者来到以前，原住民族毛利人称这个海峡为“劳卡瓦”。1770年英国航海家J.库克到此，由此得名。海峡为联系新西兰南、北两岛之间的必经通道。介于首都惠灵顿与南岛东北端的港口布莱尼姆间的轮渡运输相当繁忙。海底还铺有连接南北两岛之间的通信及电力电缆。

**库克群岛** Cook Islands 南太平洋中部岛国。位于波利尼西亚群岛南部，分布于南纬8°～23°、西经156°～167°之间。面积240平方千米。人口2.12万(2008)。库克毛利人占92%，欧洲后裔占3%。居民69%信奉基督教新教，15%信奉天主教。通用毛利语和英语。首府阿瓦鲁阿。

库克群岛由15个岛屿和岛礁组成。北部(北库克群岛)7个珊瑚岛礁地势低平，土质贫瘠；南部(南库克群岛)8岛主要为火山岛，土质肥沃。属热带海洋性气候。主岛拉罗汤加面积67平方千米，最高处蒂曼加峰海拔652米。

毛利人世居岛上。1773年英国航海家J.库克曾经到此，后以其姓氏命名。1888年成为英国保护地。1901年成为新西兰属地。1965年起实行完全的内部自治，同新西兰自由联系，防务和外交由新西兰负责。居民既是英国臣民又是新西兰公民。

议会为一院制，为立法大会，由普选产生的24名议员组成，议员任期4年。另

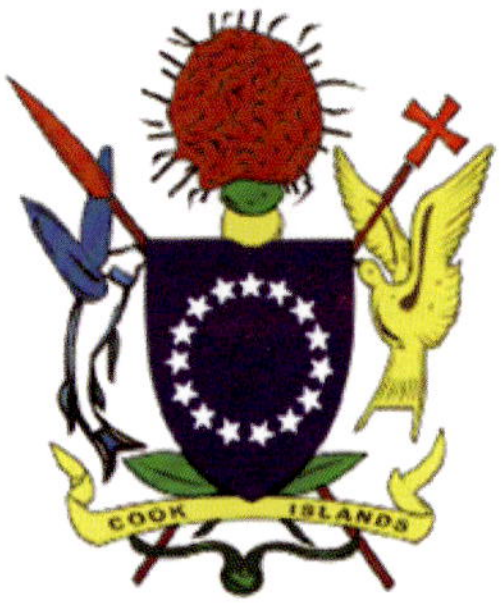


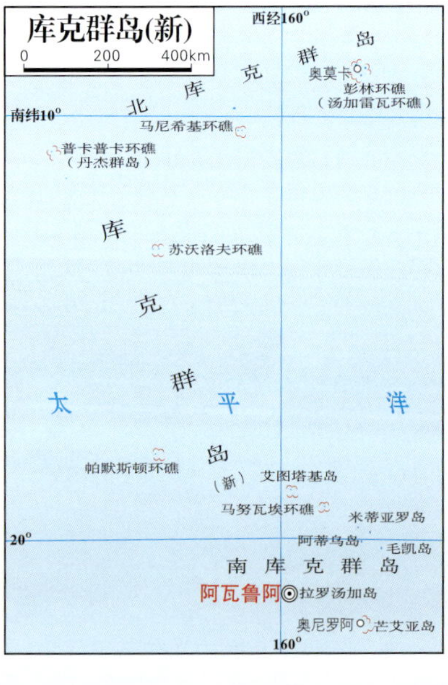

有酋长院，由代表各岛屿和拉罗汤加地区的酋长组成，主要职能是就土地使用和传统习惯向政府和议会提出建议。主要政党有民主党、库克群岛党。

生产和出口椰子、番木瓜、柑橘、黑珍珠等产品。工业有食品加工、服装等小型工厂和旅游手工艺品作坊。工业制成品几乎全部依靠进口。旅游业是支柱产业。财政收入主要依靠来自澳大利亚的外援。2008年国内生产总值2.89亿美元。通用新西兰元。

实行6～15岁儿童义务教育。有日报《库克群岛新闻》等，用毛利文和英文出版。电台和电视台用英语和毛利语广播。

库克群岛在澳大利亚、新西兰、美国派有常驻代表。根据自治法，库克群岛有权接受外国使节，并直接同外国和国际机构联系。1997年7月25日，库克群岛与中国建立外交关系。

**库克萨基病毒感染** Coxsackie virus infection 库克萨基病毒经消化道传播引起的感染。若无病原学和血清学检测，诊断常很困难。该组病毒之一首先发现于美国纽约库克萨基镇，故名。

该组病毒属微小RNA病毒科肠道病毒属，分A、B两组。该病毒易侵犯婴幼儿，受染后大都不出现症状。一般说A组易引起疱疹性咽峡炎、急性淋巴性或结节性咽炎、皮疹、胃肠炎、**手-足-口病**、流行性出血性结膜炎等，B组易引起无菌性脑膜炎、流行性胸肌痛、心肌炎等。库克萨基病毒还可引起原因不明的发热、呼吸道疾病、脑炎、弛缓性瘫痪、共济失调、吉兰-巴雷二氏综合征、眼结膜炎、新生儿疾病等，少数胰腺炎、糖尿病、肝病及先天畸形也可能与B组有关。主要是支持治疗及对症治疗，包括颅压高者用脱水治疗，病情严重者用肾上腺皮质激素治疗等。可试用利巴韦林或联合干扰素抗病毒治疗。

**库拉索岛** Curaçao 荷属安的列斯的主岛。位于东加勒比海南部。面积444平方千米。21世纪初荷属安的列斯的绝大多数人口约20万居住在该岛上，多为黑白混血种人。岛上地势较平坦。热带干燥气候，年平均气温26～28℃，平均年降水量560毫米，缺少淡水。1527年被西班牙殖民者占领，1634年为荷兰所占。旅游、炼油、金融服务为经济三大部门。提炼从委内瑞拉进口的原油，是世界原油加工和运输中心之一。建有现代化干船坞和加煤装置，是世界大港口之一。重要的离岸金融中心。在该岛注册的离岸金融公司有2万余家。农业主要种植剑麻和柑橘类水果，柑橘皮成为酿造著名的库拉索酒的原料。粮食和工业品主要依靠进口。1956年成为自由贸易区。有公路550千米，建有国际机场。荷属安的列斯大学建在该岛。岛上有广播电台和电视台，并发行日报。

**库里蒂巴** Curitiba 巴西南部城市，巴拉那州首府和经济中心。位于伊瓜苏河源头附近的高原上。人口158.73万（2000），包括24个郊区市总人口272.66万（2000）。海拔905米。气候温和宜人，年平均气温16℃，平均年降水量1 412毫米。城市被亚热带植被环绕，生长着松树和马黛茶树。始建于1654年，原为一金矿区中心。1854年成为省府。19世纪末，由于大量移民涌入，

库里蒂巴市景

遂发展为内地咖啡、马黛茶、烟草、玉米、小麦、大豆、甘蔗、棉花、葡萄、肉牛、木材等农牧产品的贸易和加工中心。第二次世界大战后，工业迅速发展，市区建设现代化。世界上绿化率最高的城市之一。市容整洁，环境优美，交通井然有序。是第一批被联合国命名为“最适宜人居”的城市。主要工业有食品、木材加工、造纸、纺织、制茶、金属加工、化学、水泥等。有铁路和公路东通大西洋海港巴拉那瓜。有3所大学，以及剧院、博物馆、水族馆、大教堂和公园。

**库里肖夫** Kuleshov, Lev Vladimirovich (1899-01-13～1970-03-29) 苏联电影导演、电影理论家。生于坦波夫，卒于莫斯科。曾就学于莫斯科美术学校。1916年入电影界。1918年导演第一部影片《工程师普赖特的方案》。1919年在苏联国立电影学校建立了被称为“库里肖夫集体”的教学工作室。1924年拍摄了《西方先生在布尔什维克国家的奇遇》，其后拍摄的影片有《死光》(1925)、《遵守法律》(1926)、《伟大的慰问者》(1933)、《铁木儿的誓言》(1942)、《我们从乌拉尔来》(1944)等。他认为电影艺术的特性就是**蒙太奇**，进行过被称为“库里肖夫效应”的著名实验。主要理论著作有《电影艺术》、《电影中的排练方法》、《电影导演实践》、《电影导演基础》、《镜头与蒙太奇》等。

**库利** Cooley, Charles Horton (1864-08-17～1929-05-08) 美国社会学家、社会心理学家。生于密歇根州安阿伯市，卒于安阿伯。1887年获密歇根大学学士学位，1894年获该校博士学位。以后一直在密歇根大学执教。曾任美国社会学会主席。著有《人性和社会秩序》、《社会组织》、《社会过程》等。

库利反对社会达尔文主义和心理学本能主义，强调人的社会属性和社会生活不可还原为生物本能的特殊属性。他认为，人的自我是在与他人交往的过程中由社会互动所形成的**镜中自我**，是一种社会性产物。家庭、游戏群体和邻里是形成这种社会性人格的“首属群体”。个人与社会是不可分割的有机整体，任何割裂两者关系的做法都不可能正确地理解社会生活。库利还考察了社会分工和社会分化造成的**社会结构**的变迁及其对人格的影响。在研究方法上，库利强调对行动者主观意识的理解，要求社会科学家运用影像和联想的反省方法，从内部了解和认识行动者的动机，并以此解释社会行动的意义。库利的这些思想对当代互动理论具有重要影响。

**库仑** coulomb 国际单位制中表示电荷量的导出单位。简称库。符号为C。是安培秒（A·s）的专门名称。为纪念法国物理学家C.-A.de库仑而命名。定义为1安恒定电流在1秒时间间隔内所传送的电荷量，即1库＝1安·秒。1881年第1届国际电学大会确定以这个单位名称作为实用单位。1908～1948年使用的电荷量单位是从国际安培导出的，称为国际库仑。自1984年起改用绝对库仑即现定义。

**库仑** Coulomb, Charles-Augustın de (1736-06-14～1806-08-23) 法国工程师、物理学家。生于昂古莱姆，卒于巴黎。1761年毕业于梅济耶尔工程学校后，入法国兵工团任技术军官，3年后被派往加勒比海法属马提尼克岛担任建造波旁要塞的工程师。1772年回国，开始科学研究工作。1781年当选为法国科学院院士。库仑先在应用力学，如摩擦、扭力等方面做了

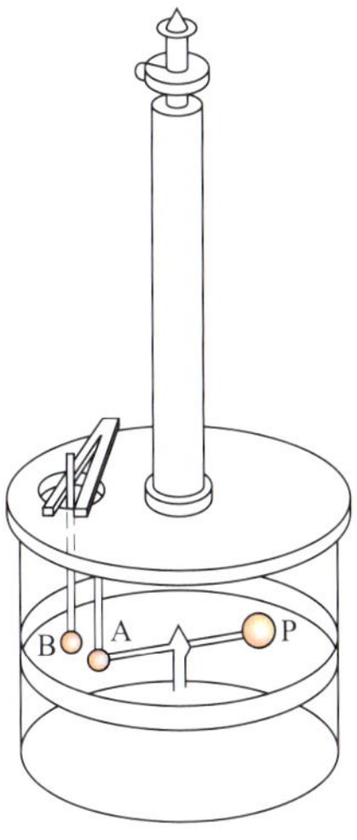


库仑扭秤示意图

许多工作，他也是人类工程学（测量人在不同工作条件下作的功）的第一个尝试者。他的最大贡献是1773年后研究静电力和静磁力方面的成就。他提出了一种可以精确测量微小力的扭秤，1785～1789年他用扭秤非常精确地测量了静电力和静磁力，并总结出：静电或磁的吸引或排斥力都与距离平方成反比，即**库仑定律**。他还提出过带电物体因漏电而损失电量的衰减公式和分子的极化模型等，这种模型是A.-M.**安培**提出分子电流的重要思想基础。

**库仑定律** Coulomb's law 静止点电荷相互作用的规律。1785年，C.-A.de **库仑**由扭秤实验得出，在真空中两个静止点电荷之间的相互作用力与距离平方成反比，与电量乘积成正比，作用力的方向沿连线，同号电荷相斥，异号电荷相吸。又称静电力平方反比律。设两点电荷的电量分别为$q_1$和$q_2$，从$q_1$指向$q_2$的径矢为$\boldsymbol{r}$，则$q_1$对$q_2$的静电力为：

$$\boldsymbol{f}=\frac{1}{4\pi\varepsilon_0}\frac{q_1q_2}{r^3}\boldsymbol{r}$$

上式采用国际单位制（SI），式中$\varepsilon_0$=8.854 187 817×$10^{-12}$库$^2$/（牛·米$^2$）是真空介电常数（或称真空电容率）。

库仑定律和场强叠加原理解决了带电体相互作用的问题，由它们导出的高斯定理和环路定理决定了静电场的性质，这两个定理的推广形式是麦克斯韦方程组的重要组成部分。因此，库仑定律不仅是静电学而且是整个电磁学的基础。

由于静电力平方反比律在电磁学中的重要性，更由于它还与光子静质量是否为零等近代课题直接相关，引起了人们对其精度的关注。扭秤实验是直接测量，精度难以提高，静电力平方反比律的精确验证依赖于间接的示零实验。把静电力与距离$r$的关系表为$f\propto r^{-2\pm\delta}$，$\delta$是偏离平方反比律的修正数。对于带电的导电球壳，当$\delta=0$时，导体内表面不带电，当$\delta\neq0$时，内表面带电，所带电量与$\delta$的大小、导体充电的多少以及导体球壳内外半径有关。精确检测内表面的电量，即可确定$\delta$值。1971年E.R.威廉斯等的结果是$\delta<(2.7\pm3.1)\times10^{-16}$，静电力平方反比律已经成为物理学最精确的实验定律之一。另外，物理实验和地球物理实验表明，在距离为$10^{-15}$米到$10^{11}$米的范围内，库仑定律适用。

**库仑分析** coulometric analysis 通过测量**电解**过程中被测物质在电极上发生电化学反应所消耗的电量来进行定量分析的**电化学分析法**。依据**法拉第电解定律**，电解过程中，在电极上起反应的物质的量与通过电解池的电量成正比。库仑分析的基础是电量，因此要求工作电极上没有其他电极反应发生，电流效率要求尽量达到100%，即通过电解池的电量应全部用于电解被测物。库仑分析可分为控制电势库仑分析和恒电流库仑分析，后者简称为库仑滴定。前者是在电解过程中，将工作电极电势调节到一个所需要的数值并保持恒定，直到电解电流降到零，电解过程完成，由库仑计记录电解过程所消耗的电量，由此计算出被测物质的含量。后者则是用恒电流电解在溶液中产生滴定剂（称为电生滴定剂）以滴定被测物质来进行定量分析。库伦分析的优点是：①灵敏度高，准确度好。相对误差一般为0.1%，甚至可小到0.01%。常被用作标准分析法或仲裁分析法。②不需要标准物质和配制标准溶液，可以用作标定的基准分析方法。③对一些易挥发不稳定的物质如卤素、铜（Ⅰ）、钛（Ⅲ）等也可作为电生滴定剂用于容量分析，扩大了容量分析的范围。④易于实现自动化。此法已广泛用于有机物测定、钢铁快速分析和环境监测，也可用于准确测量参与电极反应的电子数。

**库马西** Kumasi 加纳第二大城市。阿散蒂省首府。人口64.51万（2003）。位于加纳中南部阿散蒂高地东南部。市区处于普拉河上游丘陵区，平均海拔293米，气候湿热，年平均气温25.5℃，平均年降水量1 460多毫米。加纳古城之一，18～19世纪为阿散蒂帝国都城和商业中心，曾为英国殖民统治据点。在1873～1874年阿散蒂人反对英殖民主义侵略战争中被焚毁。20世纪铁路重建，发展迅速。为加纳西南部工商业、文化教育和交通中心。附近所产可可、可拉、黄金、铝土等农矿产品以及北方南运的粮食、牛油果、牲畜等在此集散，可可贸易居全国首位。工业以可可加工为主，次为木材加工、纺织、食品、化工等。传统编织和陶器手工艺品闻名西非。铁路东南通阿克拉，西南通塞康第－塔科拉迪，公路通达国内南北主要城镇，有国内机场。设有科技大学、农业研究所和医院等。加纳旅游胜地之一。阿散蒂文化中心保留有阿散蒂国王的宝座和象征国王权力及民族团结的金凳。有博物馆和图书馆。城市环境优美，有"西非花园城市"的美称。

**库木吐喇千佛洞** Kumutula Thousand Buddha Caves 中国佛教**石窟**。位于新疆维吾尔自治区库车县西南木札提河东岸的山麓或断崖上，分南北两区，相距约3千米。北区编号洞窟80个，南区32个。石窟约开凿于5～11世纪。20世纪初遭外国探险家的劫掠和破坏。1961年国务院公布为全国重点文物保护单位。

早期洞窟开凿于5～7世纪，主要有中心柱窟和方形窟。壁画题材有天象图、佛本生故事画、佛传内容等。窟形和绘画风格有显著的龟兹特色。中期洞窟开凿于8～9世纪，受中原佛教艺术的影响，出现同中原唐代石窟相似的洞窟，及有中原佛教绘画特色的大幅经变画。还出现中原流行的千手千眼观音等密宗形象，及汉族供养人像和团花等图案。晚期洞窟为10～11世纪回鹘时期所开凿或重绘，数量少，已进入衰落阶段。有六道轮回、回鹘供养人等壁画题材，及汉、回鹘和龟兹三种文字合璧书写的供养人榜题。

第79窟前壁回鹘供养人像

**库尼亚** Cunha, Euclides (Rodrigues Pimenta) da (1866-01-20～1909-08-15) 巴西作家。生于坎塔加洛，卒于里约热内卢。1886年入军事学校学习。曾任《圣保罗州报》新闻记者。后任圣保罗市公共工程总监部工程师。1909年应聘为佩德罗二世学校逻辑教师。不久因故被杀身亡。库尼亚是巴西第一位以严谨的科学态度对巴西社会问题进行研究与分析的作家和社会思想家，对巴西社会问题有着深刻的了解，被看作是巴西**现代主义**文学的先驱。他创作出把理论性极强的科学论文与卡奴多斯农民起义的纪实报道融为一体的传世之作——《腹地》(1902)。库尼亚知识渊博，写过许多有关政治、历史、地理等方面的文章，著有《相对与相持》(1907)、《秘鲁对抗玻利维亚》(1907)、《历史的边缘》(1909)等论文集。

**库帕拉** Kupala, Yanka (1882-07-07～1942-06-28) 苏联白俄罗斯诗人。做过家庭教师，文书，酒厂工人，报社编辑、主编等。早期诗集《牧笛》(1908)、《古斯里琴》(1910)、《沿着生活的道路》(1913)，反映了白俄罗斯农民的生活和希望，并号召他们进行斗争。其长诗《永恒的歌》(1908)、《古墓上的梦》(1910)、《狮子的墓》(1913)以及剧本《破巢》(1913)等，都描述了人民的斗争。十月革命后，在《儿子来作客》、《阿莱霞》、《孩子和飞行员》(均为1935)以及长诗《奥列莎河畔》(1933)、《塔拉斯的命运》(1939)

中，反映了社会主义生活和对自然的改造。诗集《献给获得勋章的白俄罗斯》(1937)、《纵情歌唱》(1940)表达了爱国精神。

**库珀** Cooper, James Fenimore (1789-09-15～1851-09-14) 美国小说家。生于柏灵顿，卒于库珀斯敦。1806年学习航海，后在安大略湖畔一海军基地参加造船工作，并任海军上尉。31岁时开始写小说。在30年创作生涯中写了50多部小说和其他著作。第一部小说《戒备》于1820年自费出版。库珀在美国文学史上开创了3种不同类型的小说，即革命历史小说《间谍》(1821)、边疆冒险小说《拓荒者》(1823)和海上冒险小说《舵手》(1824)。

库珀创作的以猎人纳蒂·班波为主要人物的五部曲《皮袜子故事集》包括《杀鹿者》(1841)、《最后一个莫希干人》(1826)、《探路人》(1840)、《拓荒者》和《大草原》(1827)，对后来美国的西部小说产生了很大的影响。五部曲中最出色的一部是《最后一个莫希干人》。

1826年，任美国驻法国里昂的领事，并到意大利和英国旅行。写有反映欧洲生活的三部曲：《刺客》(1831)、《黑衣教士》(1832)和《刽子手》(1833)。另有小说《归途》和《家乡面貌》(1838)，讽刺了美国社会和库珀斯敦一些人物的伪善和愚蠢。

**库珀** Cooper, Leon Neil (1930-02-28～ ) 美国理论物理学家。生于纽约。1954年获哥伦比亚大学哲学博士学位。先后在伊利诺伊大学、俄亥俄州立大学、戈达德大学、布朗大学和加州大学伯克利分校任教或任教授。1972年到布鲁克黑文国家实验室等地工作。

1956年，库珀在J.巴丁指导下和J.R.施里弗一起共同研究并建立了超导的BCS（三人姓氏的头一个字母组合）理论。库珀提出在超导体能隙中以声子为媒介的一对电子间发生了能量、动量交换。这对电子称为超导电子对或库珀对（以表彰库珀的贡献而命名），从而为超导建立了正确的物理图像。他与巴丁和施里弗共同完成了超导微观理论的创建工作，并同获1972年诺贝尔物理学奖。

**库普林** Kuprin, Aleksandr Ivanovich (1870-08-26～1938-08-25) 俄国作家。生于奔萨，卒于列宁格勒。2岁丧父，在孤儿院长大。1890年毕业于亚历山大军事学校后服兵役，并开始文学创作。1894年退役。曾当过统计员、测量员、庄园管家、家庭教师、演员、诵经师、小报撰稿人等。1919年后侨居巴黎。中篇小说《决斗》(1905)，揭露了沙皇军队的腐朽与残暴，受到好评。长篇小说《亚玛街》（又译《火坑》，1909～1915），描写了一群被践踏、被蹂躏的俄国妓女的悲惨命运，鞭挞了沙皇俄国的黑暗与腐朽。

库普林创作题材广泛，其他主要作品还有中篇小说《莫洛赫》(1896)、自传体小说《士官生》(1928～1933)，以及诸多描写儿童、爱情、动物方面的小说等。

**库普曼斯** Koopmans, Tjalling Charles (1910-08-28～1985-02-26) 美籍荷裔经济学家，经济计量学和线性规划的创建者之一。生于荷兰格拉夫兰，卒于美国康涅狄格州纽黑文。1933年毕业于乌得勒支大学，获数学和物理学硕士学位。1936年在莱顿大学获得数理统计学博士学位。1940年移居美国。1936～1944年，先后供职于荷兰经济学院、日内瓦国际联盟、普林斯顿大学、纽约大学、宾夕法尼亚互助人寿保险公司和华盛顿联合海运协调委员会。1948～1955年任芝加哥大学经济学教授。1955～1981年任耶鲁大学经济学教授。1975年与L.V.坎托罗维奇一起获得诺贝尔经济学奖。

库普曼斯对经济学的基本贡献主要在3个方面：经济计量方法、活动分析（包括线性规划）和动态最优理论（包括最优利用能源和自然资源）。他在联立方程组的研究上取得的显著进展，在经济计量学的理论和实践上开创了一次革命，因此被称为联立方程组经济计量方法之父。

库普曼斯和坎托罗维奇各自独立地指出线性规划中对偶性的经济意义，而且他首先在运输问题中应用影子价格的概念。在竞争经济的资源配置问题中，库普曼斯说明有效配置与价格系统有着本质的关系。他在规范性的资源分配理论和描述性的一般均衡理论之间建立了联系。1960年以后，他讨论了如何以最优方式在消费和投资之间分配国民收入的问题，并发表了很多有关最优经济增长的文章。在20世纪70年代和80年代初，库普曼斯的兴趣从可耗竭资源转向可再生资源的研究，他的工作包括选择未来能源的建模与指导国家科学院的核能和替代能源系统委员会的资源建模组的工作。著有《经济时间序列的线性回归分析》、《生产和分配的活动分析》、《论最优的增长概念》等。

**库切** Coetzee, John Maxwell (1940-02-09～ ) 南非小说家。生于开普敦。获美国得克萨斯大学文学博士学位后在纽约州立大学和开普敦大学任教。2002年移居澳大利亚。自1974年起，先后出版了《幽暗土地》(1974)、《在国家中心》(1977)、《等待野蛮人》(1980)、《迈克尔·K的生活和时代》(1983)、《圣彼得堡的大师》(1994)、《耻》(1999)、《青春》(2002)、《伊丽莎白·科斯泰洛：八堂课》(2003)等多部小说。库切的作品大都以南非的殖民地生活和各种冲突为背景，多描绘死亡和暴力给这个世界带来的凄凉与冷漠，构思纤美精巧，分析精辟入微。他是英语文学中获奖最多的作家之一。2003年获诺贝尔文学奖。

**库容** reservoir storage 水库建成后蓄水到一定高度所容纳水的体积量。库容与水库的水位相关，在设计的最低库水位时的库容称死库容（沉积水库泥沙用的库容）。从最低水位到正常高水位之间的库容称有效库容，又称典型库容，即为发电、灌溉、航运、养鱼等用途的库容。在正常高水位以下或以上，为了保证不同频率洪水的蓄滞，还设有防洪库容。因此，水库的库容最大值和最小值之间是一个变量，一般水库库容是指它的最大库容量（校核洪水位对应的库容，又称总库容）。大、中、小水库的划分即取决于水库总库容的大小。一般总库容超过1亿立方米的称大型水库，其中大于10亿立方米以上为大(1)型，10亿立方米以下的为大(2)型；从1 000万立方米至1亿立方米称中型水库；从10万立方米至1 000万立方米称小型水库，其中大于100万立方米的称小(1)型水库，小于100万立方米的称小(2)型水库。

**库施王国** Cush, Kingdom of 非洲东部古代王国。古名努比亚，又名麦罗埃王国。约公元前11世纪摆脱埃及统治而独立。统治地域包括南起今苏丹共和国首都喀土穆、北至埃及尼罗河第一瀑布间的大片地区。

埃及第18王朝时，法老图特摩斯三世南征努比亚，直达库尔古斯地区，并将征服地区分成南、北两部分加以治理。南部以纳帕塔（约今马拉维地区）为中心，称为库施。约公元前1000多年，库施逐渐脱离埃及独立。公元前8世纪，库施国王卡什塔征服上埃及首府底比斯，其子皮安基（前751～前716年在位）继而占领孟菲斯，成为库施和上埃及的国王。约公元前730年，皮安基之弟沙巴科建立埃及第25王朝。约公元前656年，亚述人入侵，库施人被迫退出埃及，重回纳帕塔。公元前530年左右，库施将首都南迁至麦罗埃（今喀土穆以北150千米）。公元前3～公元2世纪，麦罗埃奴隶制国家达到鼎盛时期。公元350年，阿克苏姆国王埃扎纳率兵沿阿特巴拉河而下，毁麦罗埃城，库施王国灭亡。

**库斯科** Cuzco 秘鲁历史名城。库斯科省首府。位于安第斯山区南部瓦塔纳伊河谷

库斯科阿尔马斯广场

地。人口32.64万（2005）。气候凉爽干燥。相传12世纪由第一代印加王所建，为印加帝国都城。1533年为西班牙殖民者侵占。保留有大量印加时代遗迹及殖民时期建筑的大教堂。有科里坎查太阳神庙、印加王罗卡的宫殿等遗址和萨克赛瓦曼城堡、皮萨克的广阔梯田、奥扬泰坦博要塞等建筑遗迹。成为著名考古中心和旅游胜地。1983年，库斯科古城被联合国教科文组织作为文化遗产列入《世界遗产名录》。工业有纺织、食品、炼油、制革等。交通便利，有铁路和公路与沿海和山区城市相通，设有飞机场。有库斯科大学（建于1692年）等高等学校和多座博物馆，其中主要有圣安东尼奥·阿瓦德大学考古博物馆和自然科学博物馆、圣卡塔丽娜修道院博物馆及地区历史博物馆。

**库苏古尔湖** Hövsgöl Nuur 蒙古国最大淡水湖和湖滨休养地。位于蒙古北部库苏古尔省。乌兰巴托以西772千米。地处东萨彦岭南部，为构造湖。长134千米，宽约39千米，面积2 612平方千米。湖面海拔1 645米，平均水深138米，最深处为262米，是蒙古仅次于乌布苏湖的第二大湖。有96条大小不等的河流注入，只有额吉河从南部流出，经色楞格河入俄罗斯的贝加尔湖。水量充沛，其淡水总量是蒙古所有河流年径流量的10倍多。湖水清澈纯净，呈深蓝色。湖岸平直，东西两岸陡峭，南部较开阔。周围群山环绕，湖心有岛，景色优美。地处高寒地带，冬季结冰期6个月（12月至翌年5月），可通行汽车和雪橇；夏季平均气温15℃，湖区可通航。渔业资源丰富，尤以盛产雅巴沙鱼闻名，为蒙古主要的渔业基地。1992年围绕该湖建有蒙古最大的国家公园，还有湖滨休养院。湖区及附近山岳地带有丰富的磷矿。

**库塔伊西** Kutaisi 格鲁吉亚第二大城市。历史名城，位于里奥尼河畔。公元前6世纪已知名，曾为科尔希达和伊梅列季亚王朝的首都。1810年被俄兼并。人口18.6万（2002）。工业有汽车、电机、拖拉机、丝织、制革、化工等。设有高等院校、剧院、历代民族志陈列馆。城内古迹众多。巴格拉特大教堂和格拉特修道院于1994年作为文化遗产列入《世界遗产名录》。11世纪建造的巴格拉特大教堂，为十字形圆顶建筑物，上有富丽堂皇的石刻装饰，并绘有绚丽多姿的彩画。在里奥尼河畔的悬岩上，耸立着伊梅列季亚王朝修建的教堂。郊外是萨塔普列亚自然保护区，保护区内有石灰石岩洞和恐龙化石。

**库图佐夫** Kutuzov, Mikhail Illarionovich（1745-09-16～1813-04-28） 俄国元帅、军事家。出身将门。生于圣彼得堡，卒于西里西亚本兹劳（今波兰博莱斯瓦维茨）。1759年炮兵工程学校毕业后留校任教。1768～1774年和1787～1791年俄土战争期间，先后在P.A.鲁缅采夫和A.V.苏沃洛夫麾下任职。1774年在战斗中负伤，失去右眼，得名“独眼将军”。1782年晋升准将，1784年晋升少将。1805年俄、奥、英等国结成第三次反法联盟后，率俄军主力前往奥地利，迎击拿破仑一世统率的法军。鉴于奥军在乌尔姆被歼，指挥俄军主力后撤400余千米，从而保存了实力。1806～1812年俄土战争中，于1811年出任摩尔多瓦俄军总司令，采取退避三舍、相机反击战法，在同年8月鲁什丘克之战中以少胜多击败土军主力，迫使土耳其签订和约。1812年法俄战争中，在俄军失利情况下出任总司令，面对优势法军实施战略撤退和坚壁清野，在博罗季诺之战中重创法军后放弃莫斯科。在人民群众支持下开展游击活动并组织预备队，形成兵力优势后适时转入战略反攻，歼敌于别列津纳河畔鲍里索夫地区。1813年4月率部向法国本土推进前夕病逝于军中。他驰骋沙场50余年，作战指挥经验丰富；继承和发展了彼得一世、鲁缅采夫和苏沃洛夫等的进攻作战思想，而其战略防御理论更为各国军事家所称道。他强调在敌强我弱情况下应避免不利决战，以保存实力；主张疲惫和消耗敌有生力量，不失时机地实施战略反攻。

**库蚊** *Culex*; culex mosquito 双翅目蚊科库蚊属昆虫的统称。广布全世界，已知800余种和亚种。中国已知达70余种。体多黄棕色，无花斑。成虫无气门鬃和气门后鬃。后足跗爪细小，各足附节有发达的爪垫。雌蚊有食窦甲；雄蚊尾器肛节侧肛片末端有刺冠。卵通常黏集成块，浮于水面。幼虫滋生于各类水体或容器积水中。大都滤食，少数肉食（如贪食库蚊）。雌蚊大都刺吸温血动物的血液，有的也刺吸爬行类和蛙类血液，少数种类偏嗜人血。可传播斑氏丝虫病、流行性乙型脑炎以及多种马脑脊髓炎等症。淡色库蚊和致倦库蚊是最常见的“家蚊”，所以对人体传染病更为重要。

防治在容器积水中或小型积水中生长的库蚊，主要是搞好环境卫生，清除滋生场所，杀死幼虫，并在室内喷洒杀蚊剂，把侵入室内的蚊虫消灭。当乙型脑炎流行时，应采用地面或空中超低容量喷洒杀蚊剂，作为应急措施。

**库希特人** Cushites 非洲之角和东非地区的民族集团。有4 406万人（2002），占非洲总人口的5.24%。主要分布在埃塞俄比亚、厄立特里亚、索马里和吉布提，在苏丹东北部、埃及东南部、肯尼亚东北部和坦桑尼亚北中部也有分布。属埃塞俄比亚人种，兼有欧罗巴人和尼格罗人的特征。

库希特人在3 000年前已分布于整个非洲之角，取代了原来的狩猎部落布须曼人。公元前10世纪左右，其南支到达东非裂谷

库希特男子

地带，创造了该地区最早的农耕文化，以梯田灌溉和巨石垒坝为特征。公元初几百年间，班图尼格罗人出现于东非大湖地区，并迅速向北扩散，库希特人多数被迫北撤，一部分保留下来，一部分被班图化。库希特人按地域分为北、中、东、南4支，在语言、传统文化和经济生活上互有差异。南支和中支各族从事农业，种植苔麸、高粱、玉米、小谷和烟草；北支和东支以畜牧业为主，饲养骆驼和牛、羊。存在年龄结群组织。受阿拉伯文化影响，北支和东支多信伊斯兰教，属逊尼派；中支受安哈拉文化影响，多信基督教，属科普特教派；南支多保持传统的自然崇拜和祖先崇拜。传统社会允许一夫多妻。男女均行割礼。按父系居住，按双系续谱和继承财产。

索马里和吉布提正在形成单一库希特人的民族共同体，埃塞俄比亚的库希特人正与闪米特人发生融合，贝扎人为跨界游牧民族，东非地区的库希特人有被班图化的趋势。

**库希特语族** Cushitic group 阿非罗－亚细亚语系的一个语族。

**库谢维茨基** Kusevitsky, Sergey (Aleksandrovich) (1874-07-26～1951-06-04) 美籍俄裔指挥家、低音提琴独奏家、音乐活动家。生于俄国特维尔，卒于美国波士顿。1894

年以低音提琴专业毕业于莫斯科爱乐协会音乐学院。1896年作为低音提琴独奏家在俄国、德国和伦敦等地巡回演出。从1905年起他住在柏林，从C.穆克和F.魏恩加特纳学习指挥。1908年指挥柏林爱乐乐团，并到维也纳及伦敦巡回演出。1909年创建了俄罗斯音乐出版社，专门出版俄国作曲家的作品。同年回到莫斯科，建立了自己的交响乐团，并进行广泛的演出活动。1917年十月革命后，彼得格勒皇家乐团改组为国家交响乐团，任命库谢维茨基为首席指挥。1920年移居国外，从1921～1928年在巴黎主办库谢维茨基音乐会，大量介绍俄国和法国作曲家的作品。从1924～1949年，他领导美国波士顿交响乐团，在25年间使这个乐团达到很高的水平。1935年，他举办了坦格尔伍德夏季音乐会，1940年又组建伯克希尔音乐中心，开办暑期音乐指导学校。1941年入美国籍，1942年他创办了“库谢维茨基音乐基金”，资助演出作曲家的新作。1949年退休。库谢维茨基的指挥技术准确清楚，既沉着又有激情。他在艺术上总是不断地探索求精，从而赢得了世界声誉。他的作品有《低音提琴协奏曲》等。

**库兴氏综合征** Cushing's syndrome 因肾上腺皮质分泌皮质醇过度所致的症候群。曾译为柯兴氏综合征，或称皮质醇增多症。此病由美国神经外科医生H.W.库兴于1912年首先描述，故得名。

病因 主要有以下三种：

库兴氏病 约占库兴氏综合征患者的70%。垂体分泌过量的促肾上腺皮质激素，使双侧肾上腺皮质增生，从而分泌过量的皮质醇。有相当多的患者双侧肾上腺皮质出现大小不等的结节。该病即垂体促肾上腺皮质激素瘤，大多数分泌促肾上腺皮质激素有相对的自主性，适于手术摘除，治疗效果良好。另一类与垂体促肾上腺皮质激素分泌过多相关的肾上腺皮质增生，常为双侧性，有多个结节融合在一起，称为肾上腺皮质大结节样增生。

异位促肾上腺皮质激素综合征 异位分泌促肾上腺皮质激素所致的库兴氏综合征。垂体以外的细胞通常不分泌促肾上腺皮质激素，但形成肿瘤后，有些能异位地分泌大量促肾上腺皮质激素，刺激肾上腺皮质增生，分泌过量的皮质醇。此时，垂体前叶促肾上腺皮质激素细胞处于被抑制状态。

肾上腺皮质肿瘤 包括腺瘤和腺癌，是本综合征的第二位原因。腺瘤和腺癌都是自主分泌的肿瘤，大多为单个，偶尔累及双侧肾上腺。由于肿瘤自主分泌大量皮质醇，垂体促肾上腺皮质激素细胞处于抑制状态，又由于缺乏促肾上腺皮质激素的刺激，双侧肾上腺的非肿瘤部分处于萎缩状态。腺瘤形状规则，表面光滑，包膜完整，重量5～30克。腺癌形状不规则，分叶状，重量常超过100克，生长快，并很快向附近组织扩散和向远处转移，肝、肺、肾为常见转移部位。

临床表现 ①胸、腹部脂肪厚，与消瘦纤细的四肢很不相称，即向心性肥胖。因骨骼中蛋白质减少，可出现骨质疏松，严重者可引起肋骨、腰椎病理性骨折。②约有20%患者出现糖尿病，20%出现糖耐量减低。③常有高血压、低血钾、碱中毒，有些患者有水肿，夜尿增多。由于血钾低，乏力症状可加重。④皮质醇过多还可以影响卵巢和睾丸的功能。女性患者多数有月经紊乱或闭经，性欲下降。男性可出现阳痿。患儿生长缓慢，青春期延迟。⑤肾上腺皮质腺癌可分泌大量肾上腺皮质雄性激素，使女性患者出现多毛症，严重者表现为女性男性化，即嗓音变粗、喉结增大、肌肉发达、阴蒂增大等。⑥常出现不同程度的精神症状，如易激动、感情脆弱、忧郁等，重者与精神分裂症的表现相似。皮质醇过多还会使患者抵抗力下降，易感染。⑦该病很少有自发缓解，长期未得到恰当治疗的病例因高血压和高血糖、高脂蛋白血症同时发生于同一患者，故心脑血管并发症是常见的致死原因。

诊断 ①24小时尿游离皮质醇或皮质醇的代谢产物，即17-羟皮质类固醇水平高于正常。②血浆皮质醇水平增高，且失去正常的昼夜节律性变化。③过夜或小剂量地塞米松抑制试验中，血或尿中的皮质醇不能被抑制到正常水平。这三项实验室检查中，以小剂量地塞米松抑制试验最可靠。可根据肿瘤的可能部位分别做垂体、肾上腺、胸、腹部CT扫描以此确定。此外，下腔静脉插管分段取血测定促肾上腺皮质激素或促肾上腺皮质激素同族肽的水平对异位促肾上腺皮质激素分泌瘤的定位也有帮助。

治疗 ①手术治疗，是本病的根治措施。②垂体放射治疗，多作为手术的辅助疗法，起效较慢。③药物治疗。用于不宜手术的情况或术后辅助治疗，但疗效不够理想。④支持疗法。如纠正高血压、低血钾及糖代谢紊乱等。

**库兹巴斯** Kuzbass 俄罗斯最大的煤田和煤炭生产基地。库兹涅茨克煤田的简称。在西西伯利亚的东南部，介于库兹涅茨克山（东北部）、萨拉伊尔山（西南部）和戈尔诺朔里亚山（南部）之间，长约300千米，宽约100千米，总面积2.6万平方千米。主体分布在克麦罗沃州境内。1 800米深度内的煤炭地质储量6 370亿吨，其中炼焦煤探明储量约325亿吨。煤层多（可采89层）、厚度大（平均2.2米）、煤质优，埋藏浅（300～600米），适于大规模露天开采，开采成本较低。1721年发现，1860年开始开采，1917年产煤170万吨。20世纪30年代初，采煤区迅速向南扩展。所产煤炭大部供应中西部区。主要产煤区分布在南部的普罗科皮耶夫斯克、基谢廖夫斯克、梅日杜列琴斯克、新库兹涅茨克和奥辛尼基等地，约占总产量的2/3。其余1/3产量来自中部的列宁斯克－库兹涅茨基、别洛沃和北部的安热罗－苏真斯克。在煤田开发的基础上，发展为综合性重工业基地。区内铁路网纵横交错，托木河沿岸分布有约60个中小工矿城镇。形成以新库兹涅茨克和克麦罗沃为中心的库兹巴斯城市集聚区。

**库兹涅茨** Kuznets, Simon (Smith) (1901-04-30～1985-07-08) 美籍俄裔经济学家，经验统计学派的主要代表人物。生于乌克兰哈尔科夫城一个犹太人家庭，卒于美国马萨诸塞州剑桥。1922年移居美国后，考入哥伦比亚大学经济学专业，1923年获经济学和数学两个专业的学士学位，1924、1926年分获文学硕士和哲学博士学位。1927年进入

全国经济研究局，任研究员至1961年。1930年执教于宾夕法尼亚大学。1942～1944年任美国军工生产委员会计划与统计局副局长。1954年起先后任约翰斯·霍普金斯大学、哈佛大学教授。1949年当选美国统计学会会长，1954年当选美国经济学联合会会长，并于1977年获得美国经济学联合会最高奖——弗里西斯·沃克奖。1971年获得诺贝尔经济学奖。

库兹涅茨长期致力于各国经济统计资料的收集、整理、比较和分析，建立了现代国民收入核算的基本结构，为现代西方国民收入核算体系奠定了基础；提出了各国经济增长的长周期平均为20年的观点，并证明这种周期在很大程度上受人口增长率变化的影响，被称为“库兹涅茨周期”；运用大量历史统计资料阐释各国经济增长的特点和各种变量的变化趋势及相互关系，并对如何实现经济增长提出了许多深刻见解，对经济增长理论作出了重要贡献。著有《生产价格的长期运动》、《工业和贸易的季节性波动》、《国民收入和资本形成》、《现代经济增长：比率、结构与扩散》、《各国的经济增长：总产值和生产结构》、《人口、资本和增长论文集》、《经济发展、家庭与收入分配论文集》等。

**“库兹涅佐夫”级航空母舰** Kuznetsov class aircraft carrier 苏联建造的多用途航空母舰。首制舰1991年1月服役。曾以“第比利斯”号命名。苏联解体后，易名“库兹涅佐夫”。配属俄罗斯海军北方舰队。主要任务是在岸基航空兵作战半径以外的海域执行反潜、反舰和防空作战；扩大海上防御范围，确保战略导弹潜艇安全；破坏敌方海上交通线；支援登陆作战等。编制舰员1 960名，空勤人员626名。满载排水量55 000吨。舰长304.5米，舰宽37米，吃水10.5米。飞行甲板最宽处72米。滑橇式甲板与舰长、舰宽相同。固定翼舰载机起飞无需弹射器，只靠滑跃即能起飞。装锅炉8座、蒸汽轮机4台；汽轮发电机9台；柴油发电机6台。最大航速29节，经济巡航速度18节。续航力8 500海里。可携载飞机22架、卡-27反潜直升机18架。舰上可发射舰舰导弹、舰空导弹、深水炸弹。并装备有防空武器系统。主要电子设备有多功能相控阵雷达、对空/对海警戒雷达、对海警戒雷达、导航雷达、导弹制导雷达、炮瞄雷达、飞行管制雷达、敌我识别设备、无线电通信系统、卫星通信系统、电子对抗系统、作战控制情报系统、舰壳声呐以及箔条弹发射装置等。

**裤** trousers 穿于下体的常用服装。一般有裤腰、裤裆、裤管。按裤裆缝合与否，可分为满裆裤和开裆裤；按裤管过膝与否，又分长裤、短裤。

中国商代已有裤，称袴，属胫衣类。从结构造型上可分中式裤和西式裤两大类。中式裤有裤腰和裤管，裤管由两块裤片缝制而成，没有外侧缝，穿着不分前后，宽大舒适。西式裤有外侧缝，穿着分前后，注重与体型协调。当代流行的裤以西式裤为主，有西装裤（见西装）、筒裤、喇叭裤、百慕大裤、灯笼裤、马裤、裙裤、牛仔裤（见牛仔装）等。

**夸父** Kuafu 中国神话中的巨人。是幽冥之神后土的后代，住在北方荒野的成都载天山上。他双耳挂两条黄蛇，手拿两条黄蛇，追赶太阳。当他到达太阳将要落入的禺谷之际，觉得口干舌燥，他喝干黄河和渭河的水后，口渴未止，又想去喝北方大泽的水，还没有走到就渴死了。夸父临死，抛掉手杖，手杖顿时变成一片桃林。夸父追日的神话曲折地反映出远古时代人们与大自然竞胜的精神。《山海经》记载这一神话时说他“不量力”，晋代陶渊明在《读山海经》诗中却称赞说“夸父诞宏志，乃与日竞走”。

**夸贾林环礁** Kwajalein Atoll 太平洋中部岛国马绍尔群岛最大的环礁。位于北纬8°43′、东经167°44′。在拉利克群岛中部。由90多个礁屿组成。潟湖面积1 722平方千米，是世界上最大的潟湖之一。陆地面积16平方千米。第二次世界大战期间第一批被美军占领的马绍尔群岛的岛礁之一。1947年后在美国的托管下成为重要的军事基地。环礁用作港口，并建有简易机场。现已经成为美国导弹防御计划中的一个重要环节，在这里进行过多次拦截试验。2003年1月17日，美国和马绍尔群岛共和国签订了继续租用夸贾林环礁至2066年的协议。居民约1.3万（2002），主要为驻岛美军及承包商工作人员和家属提供服务。

**夸克** quark 一种从理论上提出的构成强子的组成粒子。1964年M.盖耳-曼和G.兹韦克分别独立提出强子的夸克模型。兹韦克将这种组成粒子称之为Ace(爱斯)，盖耳-曼从爱尔兰作家J.乔伊斯的作品《为芬尼根守灵》中的诗句中摘出quark一词称呼它。1965年北京基本粒子理论组提出层子模型，将强子的构成部分称为层子，意为它们是更深层次的粒子。按照夸克模型，强子是由夸克组成的，重子由三个夸克组成，介子由一个夸克和一个反夸克组成。夸克的重子数$B$、电荷$Q$和超荷$Y$都是分数。起初盖耳-曼等人提出的夸克模型中夸克只有三种：上夸克u、下夸克d和奇异夸克s，已能说明当时观测到的强子实验数据。1974年发现J（或称ψ）粒子，需要引入第四种粲夸克c；1977年发现Υ粒子，需要引入第五种底夸克b；另外理论上认为还应有第六种顶夸克t，1995年，美国费米国家实验室发现顶夸克。c、b、t三种夸克的质量很大〔$m_c \approx 1.5$吉电子伏特（GeV），$m_b \approx 4.6$GeV，$m_t \approx 78 \sim 180$GeV〕，称为重夸克，原有的夸克u、d、s则称为轻夸克。为说明夸克的自旋统计问题，假设夸克具有色自由度，每一种（味）夸克可处于三种不同的色状态。1973年建立描述夸克之间强相互作用的量子色动力学理论，夸克之间的作用力是由于带有色荷的夸克相互交换胶子而产生的。胶子静质量为零，自旋为1，且带有色荷，胶子之间也有强作用。

实验上未观察到自由状态夸克，也未观察到自由胶子，一种可能的解释是夸克很重，目前所达到的能区还不足以把它们从强子中打出来；另一种可能的解释是认为夸克由于某种原因被囚禁在强子内部，而不可能以自由状态存在，这就是所谓夸克禁闭。解释夸克禁闭的一种看法是色相互作用犹如弦，近距离时相互作用弱，远距离时相互作用增强；夸克分离越远，弦的能量越大；而弦的断裂则产生一对新的相反色荷，也就是说以很高能量子轰击的结果，要么是不能将强子击开，要么产生出一些强子，因而夸克永远禁闭在强子内部。

**夸美纽斯** Comenius, John Amos（1592-03-28～1670-11-15） 捷克教育家。生于尼夫尼茨城的一个磨坊主家庭，卒于荷兰阿姆斯特丹。1614年大学毕业后任普热罗夫拉丁文法学校校长，开始教学改革。1616年，被推选为摩拉维亚兄弟会牧师。1618年，转赴富尔涅克，任牧师兼摩拉维亚兄弟会学校校长。1628年，因避天主教的迫害，与3万兄弟会员一起流亡国外。在国外期间他进行了广泛的教育活动，主办各种类型的学校，并受英国、瑞典、匈

牙利、荷兰等国的邀请，为这些国家拟订教育改革方案，发表了不少教育论著。1650年，被推选为摩拉维亚兄弟会的主教。1654年，返回波兰。两年后，又移居荷兰阿姆斯特丹。

夸美纽斯是外国教育史上最早提出普及教育的思想家。主张所有的人都应受教育，而且要学得“完善”、“彻底”。他还设计了一套学校系统，把人受教育的时间划分为4个阶段：①6岁前为前幼儿教育阶段，由母亲在家教育，每一个家庭都是一所母育学校。②6～12岁为初等教育阶段，儿童都须入国语学校学习。这种学校是实施普及教育的主要场所。③12～18岁要在拉丁文中学学习。要求学生掌握各门学科的基本内容。④18岁以后为大学教育，既要学得广博，也要学得专精。夸美纽斯还创立了班级上课制。

夸美纽斯强调教学论就是把“一切事物”教给“一切人”的最重要的手段，也是使教学达到“迅捷”、“简明”、“愉快”和“彻底”的有效途径，并提出一系列教学原则。夸美纽斯的教育思想和主张，为近代教育理论奠定了基础。著有《大教学论》、《泛智的先声》和《泛智学校》等。《大教学论》代表夸美纽斯教育思想的全貌，是系统论述全面教育问题的名著。

**夸齐莫多** Quasimodo, Salvatore (1901－08－20～1968－06－14) 意大利诗人。生于锡腊库扎，卒于那不勒斯。第一部诗集《水与土》(1930)，获得声誉。1939年担任米兰威尔第音乐学院意大利文学教授。诗集《消逝的笛音》(1932)、《瞬息间是夜晚》(1942)等是典型的“隐秘派”诗歌。诗人沉浸于自我感受，流露出哀伤、失望的情调，同时又表达了对自由、民主的渴求，对乡土和人民的热爱。

诗集《日复一日》(1947)、《生活不是梦》(1949)、《乐土》(1958)收的“社会诗歌”，描绘战争和法西斯给人类带来的浩劫，歌颂同法西斯进行英勇斗争的优秀战士，洋溢着强烈的爱国精神。他排斥抽象的观念，运用象征、隐喻、联想，创造鲜明的形象，抒情与写景结合，语言凝练、明净，音韵优美。1959年获诺贝尔文学奖。

**夸乌特莫克** Cuauhtémoc (1500～1525－02－28) 墨西哥阿兹特克末代国王。其名意为“扑击之鹰”。1519年西班牙殖民者H.科尔特斯入侵墨西哥，诱捕阿兹特克国王蒙特苏马二世。阿兹特克人推举其弟库伊特拉瓦克为王，抗击西班牙入侵。不久，库伊特拉瓦克病故，夸乌特莫克被推举为阿兹特克国王。1521年5月，他率领阿兹特克人英勇抗击西班牙殖民军对首府特诺奇蒂特兰城的围攻，浴血战斗达3个月之久。8月13日终因粮尽水断，城陷被俘。在酷刑逼供下，他拒不透露阿兹特克人财宝的埋藏地。1524年，科尔特斯远征洪都拉斯，想利用夸乌特莫克的威望，胁迫他一同前往。远征途中，以企图谋反罪于1525年2月28日将他处死。夸乌特莫克被墨西哥人民尊奉为民族英雄，他的铜像纪念碑矗立在墨西哥城。

**跨国公司** transnational corporation 资本主义国家的大垄断企业通过对外直接投资，在国外设立子公司和分支机构，从事世界规模的生产、销售和金融等各种经营活动，以获取高额垄断利润的一种国际性垄断组织。在西方众多的著述中，跨国公司又称为多国公司、环球公司、国际公司、宇宙公司等 。1974年8月，联合国秘书处经济社会理事会通过决议，统一使用跨国公司这一名称，并规定凡是在两个或两个以上的国家控制有工厂、矿山、销售机构和其他资产的企业，统称为跨国公司。

跨国公司的生产和经营活动具有全球性，即从公司的总体利益出发，全面地安排各子公司和各分支机构的生产、销售、资金调拨和研究发展项目，把再生产活动的各个环节在很大程度上分布于世界各地，在国际金融市场和所在国筹措资金，利用当地资源和劳动力进行生产，直接在当地市场销售产品或转销其他国家和地区；其活动范围从国际流通领域到国际生产领域，并涉及整个再生产过程，从而体现了垄断资本向更高程度的国际化发展。跨国公司以总公司所在国为基地，在国外设立的子公司和分支机构，有的是由总公司独资经营的分公司，有的是与其他垄断组织共同投资的子公司，有的是与所在国的私人或政府合营的子公司，子公司在经营管理上直接受总公司的支配。

跨国公司是资本国际化的载体，它的产生和发展是资本国际化的重要标志，是资本主义国家的垄断资本在现代条件下进行对外扩张的重要工具。19世纪末20世纪初，在一些主要的资本主义国家，出现了早期的跨国公司；在两次世界大战之间，跨国公司的数量、规模和国外投资分布地区都有所发展，但基本上是以局部地区为重点，其经济实力和业务经营的多样化远未达到现代跨国公司的程度。第二次世界大战以后，随着产业资本的大规模国际化，跨国公司作为产业资本国际化的主要工具，无论是在数量、规模上，还是在经济实力和业务经营范围上，都获得了空前迅速的发展，并且对资本主义世界经济的发展产生了巨大的影响。这种影响主要表现在：一方面，由于它直接对外投资，从而既对本国的资本积累规模的扩大、国际收支状况的改善，也对他国新兴工业企业的建立、科学技术和企业管理水平的提高、就业领域的扩大起到了一定的推动作用；另一方面，从跨国公司作为资本国际化的载体和对外扩张的工具来看，它既牵制了本国经济的发展，也给他国的经济造成一些不良的后果，并且加剧了各国经济发展的不平衡性以及垄断资本之间的竞争。

**跨国婚姻** transnational marriage 具有涉外因素的婚姻。

跨国婚姻的有效成立 包括两个方面：①结婚的实质要件。指法律规定的当事人必须具备和必须排除的条件。前者如男女双方必须自愿、必须达到法定婚龄等；后者如男女双方不得与一定范围内的亲属间通婚、不存在有碍结婚的疾病和生理缺陷、不得重婚等。对这类法律冲突的解决，从各国的立法及实践看，主要有以下法律适用原则：ⓐ婚姻缔结地法，又称婚姻举行地法。ⓑ当事人属人法。包括适用当事人各自的属人法、重叠适用当事人属人法以及二者兼采的混合制。②结婚的形式要件。指男女双方结为夫妻必须履行的手续或经过的程序，是婚姻合法成立在形式上的必备条件。

中国处理跨国婚姻的法律规定 涉及五个方面：中国人和外国人在中国境内结婚；外国人之间在中国境内结婚；中国人和外国人在中国境外结婚；中国人之间在中国境外结婚；外国人之间在中国境外结婚，要求在中国承认其效力。在具体适用法律方面，主要依据的法律包括：1983年8月17日发布的《中国公民同外国人办理婚姻登记的几项规定》、1983年11月28日发布的《关于涉外使领馆处理华侨婚姻问题的若干规定》、1983年12月9日《关于办理婚姻登记中几个涉外问题处理意见的批复》和1986年4月12日通过的《中华人民共和国民法通则》。

**跨湖桥文化** Kuahuqiao Culture 中国长江下游地区新石器时代中期文化。以浙江杭州萧山区跨湖桥遗址而命名。1990年起发掘。以萧山西南的湘湖及周围地区为重要分布区。年代为公元前6000～前5400年。居住遗迹有木骨土墙地面建筑和干栏式建筑。发现有窄长扁体独木舟，残长5.6米，宽约0.5米，伴出两支木桨、席状编织物等。这是中国目前发现史前最早和唯一的独木舟实物。稻作农业已有一定程度发展，种植原始栽培稻。农具有骨耜、木铲等。家畜有猪、狗。渔猎业较发达，兼有采集。除骨镞、木镞、石镞、骨镖等工具外，还发现一件木弓。陶器手制，出现慢轮修整技术。烧成温度较低，多为圜底器和圈足器。陶胎内含有炭质。陶色普遍为黑色。器表磨光或加施陶衣，纹饰有绳纹、刻划纹、镂孔、拍印方格纹和彩纹等。彩纹有红彩、白彩、黑彩。跨湖桥文化早于河姆渡文化，晚于上山遗址发现的遗存。上山、跨湖桥、河姆渡三者可分别作为浙江东中部新石器时代早、中、晚期文化的代表。

**跨栏跑** hurdle race 田径运动中以快速跑进并依次跨过按规定距离设置的固定数量和固定高度栏架的径赛项目。正式比赛项目有男子110米栏、女子100米栏和男、女400米栏。古代人类在同大自然斗争中就已掌握了在奔跑中越过自然障碍的技能，

2004年8月27日，刘翔在雅典奥运会男子110米栏跨栏跑中获冠军

17～18世纪英国牧民即有一种跨越羊圈围栏的娱乐活动，是受天真的英国小牧童的游戏的启发而发明的。在锻炼身体或嬉戏中逐渐形成了运动项目。19世纪以来在英国和欧美一些国家有了跨栏跑比赛。1864年，英国牛津、剑桥两大学首届对抗赛上，正式举行了跨栏跑比赛，距离为120码（109.73米）。1896年第1届奥林匹克运动会上设了男子100米栏项目。自1900年第2届奥运会开始，男子跨栏跑即为110米（120码）了。1932年第10届奥运会上又设了女子80米栏项目。运动员比赛用栏架一般为10个。跨栏跑采用分道跑，其技术由起跑、跨栏步、栏间跑、终点跑组成。过栏时，必须用腿跨过栏架，不能用手推或用脚有意踢倒任何一个栏架，也不得使腿和脚从栏侧外绕过。作为体育教材的跨栏跑，可以降低栏架高度，缩短栏间距离，减少栏架数量。

**跨声速飞行** transonic flight 飞机以马赫数0.8～1.2的速度飞行。跨声速区是飞行器表面的气流既有亚声速又有超声速的混合流动区，在理论上属混合型方程。这时马赫数和雷诺数都影响飞机的空气动力特性。飞机达到临界速度时，其表面形成激波并随马赫数增大而发展。激波产生波阻，使阻力比亚声速时增大若干倍，升力减小，压力中心后移，力矩突变。升降舵和副翼等操纵面效率降低，而其铰链力矩增大。纵向、横向和航向平衡受到局部影响，容易出现蹬舵反倾斜现象。低空大表速、高空大马赫数的跨声速飞行容易出现自动倾斜，又称翼下冲。此外，高度表、速度表、马赫数表和升降速度表指针因激波而晃动，高度表指示误差可达700～800米，这些都会给飞行员带来不便。

超声速飞机越过跨声速的时间短暂，这些影响不致给驾驶员带来麻烦。持久的跨声速飞行不仅阻力剧增，耗油量大，而且会使驾驶员操纵困难。很少有专为跨声速飞行设计的飞机。

**蒯祥** Kuai Xiang（1398～1481） 中国明代建筑工匠。吴县（今江苏苏州）人，从事建筑活动达半个世纪之久。初为营缮工匠，设计、施工精确。景泰七年（1456）积功升任工部左侍郎。据记载，蒯祥多次参加或主持重大的皇室工程，如永乐十五年（1417）负责建造北京宫殿和长陵（见明十三陵）；洪熙元年（1425）建献陵；正统五年（1440）负责重建皇宫前三殿，七年建北京衙署；景泰三年（1452）建北京隆福寺；天顺三年（1459）建北京紫禁城外的南内，四年建北京西苑（今北海、中海、南海）殿宇，八年建裕陵等。明代北京宫殿和陵寝是现存中国古建筑中最宏伟、最完整的建筑群，蒯祥作为这些重大工程的主持人之一，表现了规划、设计和施工方面的杰出才能。

**会计** accounting 以特定主体为范围，以货币为计量手段，运用一系列原则、程序和方法连续记录经济业务，反映和监督经济活动中价值运动过程的一项经济管理工作。习惯上作为对担任会计工作的人员的称谓。

从世界范围看，一般认为，15世纪复式记账理论的形成，标志着近代会计的产生。20世纪初至第二次世界大战前，近代会计经历了不断改革和提高的过程，主要表现在传统会计的账务处理程序进一步向标准化、规范化、通用化和理论化的方向发展，同时又逐渐形成了主要服务于企业内部日常经营管理的成本会计。20世纪50年代至60年代中后期，发达国家的会计继续沿着通用化和标准化的方向发展，不断充实和完善会计准则；为适应现代管理的需要，在成本会计的基础上，逐步形成了管理会计。

近代会计以经济活动的货币表现为对象，具体可概括为资产、负债、所有者权益、收入、成本费用、利润等会计要素。会计的基本职能是反映（核算）和监督，还有预测、控制和决策职能。会计可分为企业会计、非营利组织会计和公共会计：财务会计和成本会计；财政总预算会计、行政单位会计和事业单位会计。公共会计以会计师事务所为主要载体，向企业和非营利组织提供会计、审计和咨询等服务。

**会计报表** accounting statement 以账簿记录为主要依据，用各种表格形式，分类、整理、汇总一系列会计核算指标，总括地反映特定会计主体某一特定日期的财务状况和某一会计期间的经营成果、现金流量、成本费用增减变动的书面文件。会计报表按是否对外提供，可分为财务报表和成本报表。

对外提供的财务报表是财务报告的主体和核心，主要包括资产负债表、利润表、现金流量表等。只供内部管理使用的成本报表主要包括商品产品成本表、主要产品单位成本表、制造费用明细表等。

会计报表按编制的时间，可分为月报、季报、半年报和年报。按反映财务活动方式，可分为静态会计报表和动态会计报表。前者反映某一时点的财务状况；后者反映一定期间内财务成果、现金流量、成本费用的增减变动情况。按编制范围，可分为个别会计报表和合并会计报表。

**会计凭证** accounting document 记录经济业务发生与完成、明确经济责任、登记账簿的书面证明。包括：①原始凭证。是证明经济业务已经发生、明确经济责任，并用作记账依据的一种凭证，是会计核算的重要资料，例如发货票、提货单、借款收据等。②记账凭证。是确定经济业务性质和分类即会计分录的一种凭证，例如收款凭证、付款凭证、转账凭证等。

取得、填制和审核会计凭证，是会计的一种专门方法。通过会计凭证的填制和审核，可以保证账簿记录真实，明确经济责任，并为查账提供依据。会计凭证作为登记账簿的直接依据，记账前必须经过审核，并按科学程序进行传递，会计机构、会计人员应妥善加以保管。

**会计师** accountant 中华人民共和国在1986年以前根据国务院《会计干部技术职称暂行规定》的有关规定，会计师为技术职称之一。1986年4月10日，中央职称改革工作领导小组转发《会计专业职务试行条例》的规定，会计专业职务定为高级会计师、会计师、助理会计师、会计员。其中高级会计师为高级职务，会计师为中级职务，助理会计师为初级职务。广义的会计师泛指高级会计师、会计师和助理会计

师。狭义的仅指中级职称的会计师职务。

**会计师事务所** accounting firm 由有一定会计专业水平、经考核取得证书的会计师组成的，受当事人委托承办有关审计、会计、咨询、税务等方面业务的组织。

在中国，主要承办下列业务：①检查会计账目，提出查账报告书。②设计财务会计制度，指导制度的执行。③为有关财务会计问题的咨询提供建议和意见。④代办申报所得税、申请专利权、企业成立及变更的登记、债权债务的清理、企业的解散清算等事项。⑤参与拟订公司章程、经济合同、协议、契约及有关财务会计的各种文件等事项。⑥在发生经济纠纷、经济案件时，担任代理人，参加调解、仲裁等工作。⑦担任委托单位的常年会计顾问，办理上列各项业务。

在经济发达国家，会计师事务所业务内容已大大超出会计范围，发展到全面提供经济管理和技术管理的咨询服务。

**会计学** accounting 研究会计发展规律及人类从事会计实践活动的知识体系的经济管理学科。它是人们对会计实践活动加以系统化和条理化而形成的一套完整的会计理论、方法体系。人类社会的经济活动发展到一定阶段，产生了通过会计来反映和监督（包括控制）经济活动，加强管理，提高效益的需要，从而需要探索会计发展的规律，用特有的概念（体系）来表述会计的原理、原则、程序和方法，于是形成了会计学。通过总结会计实践并上升为理论，从而为会计实践服务。会计学所阐明的原理和理论，形成的概念和提出的原则应当尽可能符合客观实际，满足开展会计工作的需要。在有关原理、原则指导下，在概括现代会计方法已取得成就的基础上，要科学地阐述会计工作所应采用的方法与技术，作为人们不断提高会计信息质量和努力加强会计监督与控制的指南。现代会计学研究的成果不仅有助于资本市场（尤其是证券市场）的有效运行，解决和协调企业利害攸关方面的合同关系，提高会计监管部门的监管效率，有效配置有限的经济资源，而且有助于促进企业加强管理，保护财产物资，节约耗费，提高经济效益。

研究对象和任务 研究对象包括会计的所有方面，如会计的性质、对象、职能（作用）、原则、程序、方法、组织、制度、技术等。会计学用其特有的概念（范畴）和理论，全面系统地总结和概括它的研究对象与具体内容。会计学是一门实践性很强的学科，其任务是：研究会计的原理、原则，探求那些能揭示会计发展规律的理论体系与概念结构；研究会计原理和原则的具体应用，提出科学的指标体系及反映与监督的程序、方法和技术；研究会计信息在经济运行和内部管理中是如何被使用的，发挥什么样的作用。

学科起源和发展 会计学的产生和发展密切依存于近代会计的形成及其发展。早在12～13世纪，借贷复式簿记已出现于意大利热那亚、威尼斯等城市。1211年，佛罗伦萨银行已用借贷复式记账法记账，当时人们称为“威尼斯簿记法”。意大利数学家、天主教方济各会修道士、被尊为“现代会计之父”的L.帕乔利，在1494年出版的《算术、几何、比例与比例性大全》一书中，以“计算与记录要论”为题，系统介绍了“威尼斯簿记法”，并结合数学原理从理论上加以概括，为会计学的产生奠定了基础。因此，一般认为会计学成为一门独立的学科，是在1494年。18世纪60年代开始的工业革命，促进了股份公司的兴起。它要求会计定期向股东提供会计报表，说明企业的财务状况和经营成果。从此，会计就在簿记的基础上，向资产、负债与资本的计量，收益的确定，会计报表的编制、审查、分析和解释等新的内容发展。20世纪初，英国会计、审计学家L.R.狄克西出版了《高等会计学》、会计学家R.里斯尔出版了《会计学全书》等书。从此，理论研究从单纯侧重于记账方法的论述，转变为在记账基础上注重财产计价、损益计算与报表编制的研究，初步建立了一门紧密结合现代大生产经营管理需要的会计学。后来，财务分析和成本会计又相继成为会计学的两个重要分支。20世纪50年代起，电子计算机应用于会计领域，促进了会计数据处理电算化的研究。现代企业会计划分为以编制财务报表为主的财务会计与侧重成本管理的管理会计，会计学相应明显地形成财务会计学和管理会计学两个相对独立的领域。

学科组成 按照会计知识所包括的不同内容（主要指对不同性质、不同用途会计信息的研究），可分为财务会计学和管理会计学；按国民经济各部门对会计知识的不同要求和特点，可分为工业会计学、农业会计学、商业会计学和非营利组织会计学等行业会计学；按照会计知识涉及不同范围的会计主体，又可分为微观会计学、宏观会计学（社会会计学）和国际会计学等。

与邻近学科或分支学科的关系 会计是与审计有密切联系的。对两者的关系，中国学术界观点不尽相同。一种意见认为，审计是会计领域中稽核的一面，特别是财务审计，不过是会计的延伸，因此审计学是会计学的一个分支。另一种意见认为，在产生审计的初期，审计的内容局限于会计账目和报表的检查，审计方法、步骤和程序密切地与会计理论和方法交织在一起，但现代审计已明显地与会计相区分。因此，审计学是独立于会计学之外的一门学科。会计与财务也存在着密切联系。在计划经济时期，财务被理解为进行生产经营活动或业务活动时在资金筹集、调拨、分配、运用等方面发生的货币关系，或为保证生产经营或业务活动的顺利进行，组织和协调资金筹集、调拨、分配、运用等业务的管理工作。在市场经济条件下的财务，主要指对企业（尤其是上市公司）的资金筹集、资金使用（投资）和利益分配的管理工作。关于会计与财务的关系，中国学术界存在着3种不同的意见：①会计包括财务，即大会计观点。②财务包括会计，即大财务观点。③会计与财务是两种既存在密切联系又相互独立的经济管理工作，因而会计学和财务学是两门独立的学科。

研究内容和研究方法 一般认为，会计研究中的问题大致分为两方面：一是有关会计系统结构及其运行机制的问题，实际上是“会计应该是什么”的问题，属于会计基础理论，例如会计的本质、对象、目标、任务和作用及会计程序、会计方法、会计准则、会计技术、会计机构设置等问题，是规范研究的范畴。二是有关会计系统运行效率的问题，实际上是“会计是什么”的问题，是对已有的会计系统运行现状和运行效率的检验，属于实证研究的范畴。从美国的会计学发展看，经过数十年的努力，特别是20世纪60～70年代投入大量的人、财、物对会计基本理论进行研究，美国建立了基本的会计系统和理论框架，各种会计方法和会计技术趋于成熟。正是在这种环境下，一种基于检验会计系统运行效率的会计研究方法——实证研究从20世纪60年代末悄然兴起，并成为近30多年来美国乃至全球会计研究的主流。

实证研究之所以成为会计研究的主流和国际范式，与实证研究方法的严谨性和研究范围的广泛性有关。实证研究融定性分析和定量分析于一体，使会计研究的结论建立在大量的数据分析基础之上。实证会计研究以经济理论、管理理论等为基础和出发点，以统计学和计量经济学为研究工具，体现了学科之间的渗透性。这种学科的渗透性使得会计研究跳出了就会计论会计的传统框架，拓展了会计学者的视野，使会计研究扎根于肥沃的理论土壤和现实的会计环境，会计研究成果被广泛接受。随着会计实证研究的兴起，会计学的发展呈现出与其他学科相互交融的发展趋势。

**会计账簿** account, book of 由具有专门格式而又相互联结在一起的若干账页组成，对各项经济业务进行序时和分类记录的簿籍。设置和登记会计账簿，可以全面记录和反映一个单位的经济业务。把大量分散的数据或资料进行归类整理，并逐步加工成有用的会计信息，是编制会计报表的重要依据。

账簿一般分为序时、分类和备查3种。

序时账簿是对全部或某一类经济业务按其发生的先后，进行顺序登记的账簿，又称日记账。分类账簿是对各项经济业务按会计科目分设账户，进行分类登记的账簿。又分为两种：一是总分类账户，简称总账，由按会计科目设置的账户组成，用来分类登记全部经济业务，对所属的明细分类账起着控制作用。二是明细分类账簿，简称明细账，由按明细分类科目设置的账户组成，用来登记某一类经济业务，对总账起着详细补充说明的作用。备查账簿，又称辅助登记簿。对某些经济业务在序时账簿和分类账簿中未能反映的一些事项进行补充登记的账簿，简称备查簿。

**会计制度** accounting system 国家通过一定的行政程序制定、具有一定强制力的会计工作行为规范的总称。广义的会计制度包括会计工作制度、会计核算制度和会计人员管理制度，具体内容有会计工作的基本规则，会计凭证的填制和审核，会计科目的设置及其核算内容，账簿组织和记账方法，会计事务处理方法和程序，成本计算方法，财产清查办法，会计报表的格式、内容及其编报和审批程序，会计资料的分析和利用，会计检查的方法和程序，会计监督的形式和方法，会计档案的管理，会计工作的组织和管理，会计人员的职责和权限等。狭义的会计制度仅指会计核算制度。

中华人民共和国建立后，一直实行分行业分所有制的统一会计制度。2000年12月，财政部颁布了不再区分行业和所有制的《企业会计制度》。2001年11月，又颁布了《金融企业会计制度》。为适应社会主义市场经济体制，财政部还在1997、1998年制定发布了《财政总预算会计制度》、《行政单位会计制度》和《事业单位会计制度》，以规范各级政府和事业单位的会计行为。

**会计准则** accounting standard 企业财务会计准则。是约束和规范会计行为，指导财务报表编制的规范和评价会计质量的准绳，尤其是财务会计作出会计处理和编制会计报表的依据。又称会计原则、会计标准。它提出对会计信息的质量要求，构成评估会计信息有用程度的标准，反映对会计要素的确认、计量和报告的规则，提供对各种经济业务进行具体会计处理的准绳。

*起源和发展* 随着股份有限公司的诞生，在20世纪初的美国产生了会计准则，即公认会计原则(GAAP)。1929年爆发经济危机后，美国政府采取了一系列旨在加强政府对经济管制与调控作用的措施，包括1933年发布的《证券法》、1934年颁布的《证券交易法》以及依据后者成立的证券交易委员会(SEC)，加强了对上市公司信息披露规则的管制。1936年在美国会计师协会(AIA)下成立会计程序委员会(CAP)，着手会计准则的制定，以会计研究公报的形式发布会计原则和程序；1959年会计原则委员会(APB)取代会计程序委员会发布意见书和报告；1973年财务会计准则委员会(FASB)取代会计原则委员会，发布财务会计准则公告、财务会计概念公告、解释和技术公报。随后其他一些西方国家也纷纷创立会计准则制定机构，发布会计准则。1973年国际会计准则委员会成立后开始制定国际会计准则。中国长期以来以会计制度形式规范企业的财务会计行为，西方意义上的会计准则的内容散见于各项会计制度。1992年中华人民共和国财政部颁布《企业会计准则》，1997年后陆续颁布了16项具体会计准则，标志着中国开始以会计准则规范企业的会计实务（见会计制度）。

*内部层次* 会计准则一般分为基本准则和具体准则两个层次。基本准则是对会计工作具有普遍指导意义的准则，包括会计信息的质量特征，如决策有用性、相关性、可靠性、可比性、重要性、可理解性等，也包括会计要素的确认、计量和报告准则，以及会计处理基础，如原始成本计价、配比、收入实现、谨慎、应计制等。具体准则是确认、计量、报告具体经济业务对会计主体财务状况和经营成果影响时所应遵循的准则，如存货、固定资产、无形资产、应收款项、企业合并、合并会计报表、清算、租赁、中期报告、债务重组等。也有人将会计要素的确认、计量和报告单独列为一个层次。基本准则处于会计准则的最高层次，是制定具体准则的依据，也是制定会计制度的依据。中国会计准则按基本准则和具体准则两个层次制定，具体准则附有指南。美国的会计准则分财务会计概念公告、财务会计准则公告、解释和技术公报4个部分。

**会稽山** Kuaiji Mountain 中国浦阳江、曹娥江的分水岭。原名茅山、苗山，又称涂山。位于浙江省东北部，跨绍兴、嵊州、诸暨、东阳等县市。据古籍记载，夏禹治水曾到大越，上茅山，在这里召诸侯会计治国之策，“爵有德，封有功，更名茅山曰会稽”。后禹死葬此。山体由中生代火山岩组成，南北长百余千米，东西宽约35千米，平均海拔约500米，主峰东白山海拔1 195米。矿藏有铁、铜、铅、锌等，绍兴漓渚铁矿是浙江省最大铁矿。会稽山和历史名人联系密切，古迹甚多，主要有大禹陵、兰亭等。

**快板书** 中国曲艺曲种。天津数来宝演员李润杰于20世纪50年代末期创立。因沿用数来宝的击节乐器即两块大竹板儿（大板儿）和五块小竹板儿（节子板儿）伴奏并韵诵表演而得名。快板书首先将数来宝“三、三、七”的基本唱词句式，改为七字上下对句式，并适当增加一些嵌字衬词，使语言的格律变化更加丰富多彩；又受西河大鼓四字垛板句式表演起来连贯紧凑的效果影响，创造了三字头、四字连和四字垛等句式；同时，借鉴和吸收了山东快书叙述故事和塑造人物的技巧，将数来宝和快板表演主要通过逗乐来说理的功能特点，发展转换为主要通过韵诵式的表演来叙述故事和塑造人物。伴奏技巧即大板儿和节子板儿的打法也相应进行了改造。艺术上追求“有人儿、有事儿、有劲儿、有趣儿”。快板书使用普通话进行韵诵表演，形成不久即流行全国。代表节目有《千锤百炼》、《劫刑车》、《火焰山》等。

**快餐** fast food 为适应快节奏生活方式而出现的一种快捷、方便的进餐方式和饮食。产生于20世纪50年代的美国。面包、热狗、三明治、汉堡包、比萨饼为五大快餐食品。快餐的制作，有分工精密、生产成本降低、节省生产时间，以及采用自动化设备代替手工操作等特点。

中国的快餐业起步较晚，自1987年4月美国肯德基快餐连锁店在中国落户，现代快餐的概念才引入中国。随后的几十年里，中国快餐业呈现出传统与现代、中式与西式、高档与低档快餐竞争与并存的市场格局。

**快乐主义** hedonism 解释道德的性质和目的的伦理学说。也是一种人生态度和生活方式。又称享乐主义。快乐主义思想产生于古希腊德谟克利特的道德哲学，由伊壁鸠鲁发展成为理论体系，后来在卢克莱修、T.霍布斯、J.洛克、P.伽森狄以及18世纪法国唯物主义者和英国功利主义者的伦理学说中，得到贯彻和进一步发展。快乐主义的基本特点是：用生物学或心理学的观点观察人，把人看作自然的生物，把人类多种多样的具有社会意义的需要归结为追求快乐，认为人类一切行为的动因都是趋乐避苦。

快乐主义在物质生活上的表现是享乐主义，它强调感官快乐是善恶的标准，追求物质的、肉体的享乐是人生的唯一目的。其典型代表人物是古希腊的亚里斯提卜。快乐主义是与禁欲主义相对立的。它从肯定物质利益和现实生活享乐方面解释道德行为的性质和人生的目的。快乐主义还带有强烈的利己主义性质。它在理论上往往导致伦理相对主义和道德虚无主义。

**快速反应部队** rapid response force 具有快速出动和快速机动能力，被指定担负紧急情况下作战任务的部队。有的国家称快速部署部队、快速行动部队、快速干涉部队、快速打击部队等。由陆军、海军、空军的若干作战部队、作战保障和勤务保障部队组成，通常编有轻装步兵部队、空降部队、空中机动部队、海军陆战队、特种

法国快速行动部队

作战部队、炮兵部队，有些国家还编有舰艇部队、航空兵部队、山地部队、地面防空部队、装甲部队、战役战术导弹部队等。

主要用于应对中小规模、中低强度的局部战争、武装冲突和突发事件。基本任务包括两个方面：对危及本国利益的各种危机及时作出适当反应，快速部署到事发地区，通过显示实力慑止危机；在威慑失效时，通过作战行动控制事态，独立处理较小规模的危机，或为其他部队的到达和展开创造有利条件，配合其他部队处理较大规模的危机。

在使用方式上，发达国家通常以兵力投送的方式支援盟国防止危机，为危机管理提供军事支援；发展中国家主要在国土范围内使用其执行各种应急作战任务。反应迅速、部署快速、使用灵活。人员和装备随时处于高度战备状态，反应时间比其他大多数部队短得多；具有很强的机动能力，适于远程快速投送和迅速部署；精兵合成、编组灵活、训练有素，能够适应各种复杂环境，担负多种应急任务。

**筷子** chopsticks 中国传统餐具。两根为一副，用以夹取食物。流行于中国及东亚、东南亚绝大部分国家和地区。又称挟、梜、箸。《史记·十二诸侯年表》中的“纣为象箸”，是最早关于筷子的记载。形制为细棍状，一般长20余厘米，质料初用木、竹，夏商出现象牙、玉筷，之后有漆、金、银等质料的筷子，近现代又采用塑料、有机玻璃等制筷。制作讲究的筷子要精心取材，前后经过锯料、脱水、雕刻、上漆、磨光、绘彩、锉头、烫火、镶头、烤蜡等十几道工序。中国四川宜宾的楠竹筷、杭州的天竺筷、福州的漆筷，都是著名的品种。筷子和许多民间习俗、禁忌、象征紧密相关。吃饭时不能将筷子直插于饭碗中，因为只有在供奉祖先、祭祀时才在供品上直插筷子。筷子在古代一直被赋予子孙的含义，家里的筷子多，说明人丁兴旺；女儿出嫁，嫁妆中必有筷子，取“早（快）生贵子”之意。

**宽带** broadband 把多个独立网络载波复用到同一条传输信道上的网络特性。“宽带”一词来源于电话领域，指提供比4 000赫还宽的服务。通常使用频分多路复用技术，例如把一条100兆比特/秒带宽的信道划分为10个10兆比特/秒的载波，每个载波都可以看作一个独立的以太网。在模拟信道系统中，“宽带”规定为3 000赫以上的频带。宽带技术使多个网络可以共存于同一条电缆。由于这些网络各自使用不同频带，使各个网络之间的通信信息互不干扰。在计算机网络方面，指用模拟信号传输的任何电缆网络。通常把骨干网传输速率在2.5吉以上、接入网能够达到1兆的网络定义为宽带网。宽带网络接入技术主要有DSL、光纤接入、以太网接入、无线接入等几种方式。

**宽甸满族自治县** Kuandian Man Autonomous County 中国辽宁丹东市辖自治县。位于省境东南部，东与朝鲜隔江相望。面积6 186平方千米。人口44万（2008），有汉、满、回、蒙古、朝鲜等15个民族。秦为辽东郡，汉为西安平县，唐为安东都护府。清光绪三年（1877）设宽甸县，1989年改设宽甸满族自治县。属暖温带湿润大陆性季风气候。矿产有硼、滑石、铅锌矿、菱镁矿、硅石、金、铁、煤、铜、大理石、石棉等。农业主产玉米、大豆、水稻、谷子、烟叶、花生等。森林覆盖率66.2%，林木总蓄积量1 752万立方米，均居辽宁省首位。产山核桃、板栗、人参、细辛、五味子等，被称为“天然药园”。工业形成硼化工、建材、食品业、耐火材料、机械电子等5大支柱产业。名胜古迹有鸭绿江、天桥沟、白石砬子等风景区，以及明代六堡古城遗址、抗联英雄纪念塔。

**宽政改革** Kansei Reforms 日本江户幕府老中松平定信于天明七年（1787）至宽政五年（1793）间实行的幕政改革。

改革的要点是：①重建幕府老中协议体制。罢免原老中田沼意次余党，重建以御三家为核心、以谱代大名为后盾的老中协议体制。②实行抑商政策。废除田沼意次时代建立的铁、铜、石灰、硫磺、人参等的专卖商行。③实行重农政策。奖励种植粮食作物，限制种植经济作物，储粮备荒、造林、治水。④振兴武家纲纪，奖励武士习文练武，取缔私娼和艺妓。⑤整顿财政。1788年发布《节俭令》，要求士农工商严格遵守等级身份制，禁止奢侈享乐。⑥禁止异学。1790年制定《异学禁令》，重申朱子学为“正学”，朱子学以外的“异学”一律禁止。松平定信的改革，未能重振农村经济，也阻挡不住商品货币经济的发展，招致商人、上层武士和广大农民的不满。1793年7月，松平定信辞职，改革以失败告终。

**款识** inscription; signature 原指中国古代钟鼎彝器上铸刻的文字，现指书画作品中的题记性文字。

款识一般为作者自书，广义还包括他人所书的观款或题跋等。作者自书的款识内容，一般包括画题、姓名、创作时间、地点，有的还包括与作品有关的诗词及描述创作情境、状况、体会、心情等的文字。书法作品一般书于主体内容后部，绘画作品则书于画面上下左右适当位置。只书于前或后者称单款，书画家出于应酬而前书赠送对象名号、缘由，后书自己名号等上下两款者称双款或应酬款；他人所书观款，一般指观赏或鉴定后题写的姓名，题跋则是他人观赏或鉴定之后题写的诗词等文句，内容一般为品评、鉴赏、考证等。书于前为题，后为跋，也有书于画面上的。

先秦及秦汉的钟鼎铭文、砖瓦文字一般本身即为款识。汉代简书及碑文已开始书写名号及年款，是书法款识的正式出现，其后书法款识延续此样式并不断完善和丰富。绘画款识的历史也很悠久，汉代少量画像砖石画面周围的文字可看做绘画款识的滥觞，而如东晋顾恺之《女史箴图》、《列女仁智图》上的解说性文字，内容已与绘画款识十分接近。唐至北宋数百年间，绘画款识未得到发展，即有款识也多藏于边角树石间。南宋以后，随文人对绘画的重视和参与，绘画款识得到进一步发展。元代以后文人画兴盛，款识大兴，甚至成为文人画中不可缺少的一部分。在文人画风气的带动下，绘画款识从内容到形式更加多样。而随着书画鉴藏业的发展，书画题跋也愈益丰富。书画款识不仅具有记识功能，而且很大程度上成为体现书画家修养的重要标志，因此愈来愈受到书画家的重视。

**《匡庐图》** *Painting of Scenery in Lushan Mountain* 中国五代后梁山水画作品。传为荆浩所画。绢本水墨，纵185.8厘米、横

106.8厘米。藏于台北“故宫博物院”。画作全景式构图，山石雄伟，气势宏大，景物描绘层层叠叠，点景人马，十分细致生动；山石的画法以皴染结合，法度严谨。匡庐即庐山，传说周代有名匡裕兄弟隐居于山中，以草庐为舍，因名匡庐。

**狂飙突进** Storm and Stress 德国18世纪70年代兴起的文学运动。参加者大多是属于市民阶级的青年作家。名称来源于作家F.M.von克林格的剧本《狂飙与突进》(1776)。启蒙运动的主要倾向在狂飙突进中得到提高与加强。狂飙突进主张破坏旧制度，建设新制度。主张发挥人的主观能动性，实现个性解放；崇尚天才；提出“自然”的概念，即政治上反对专制主义，艺术上提倡德国民族风格；强调感情的巨大作用。J.W.von歌德是旗手，J.G.von赫尔德是精神领袖。文学上的成果以戏剧创作最突出，小说以《少年维特之烦恼》为代表，诗歌强调表现个人感受。

**狂欢节** carnival 世界上许多国家和地区的人们辞旧迎新、祈愿幸福自由、抒发欢乐情感的重要节日。古代埃及、希腊等地流行的神牛节、牧神节、酒神节等，都是狂欢节的前身。狂欢节发端于中世纪，盛行于当代。各地节期不一，有的开始于元旦，有的开始于圣诞节。以巴西和意大利的狂欢节最为著名。

巴西的狂欢节由葡萄牙传入。经过17世纪的君主复活节、19世纪中期至20世纪中期的嘉年华会几个阶段，到1923年8月23日巴西出现第一个桑巴舞俱乐部，狂欢节才逐渐盛行。节期在天主教四旬斋戒的

意大利威尼斯狂欢节

前3天，公历为2月中下旬，持续3天，是世界上最隆重、气势最狂放的狂欢节。在巴西，又以里约热内卢为最。节日期间，除医院和酒吧外，各行各业都停工歇业，街道上挤满了身穿盛装和奇特装束的男女老幼。游行活动是节日中规模最大、气氛最为浓烈的庆祝形式。桑巴舞学校和俱乐部的方队走在队伍最前面，他们穿着色彩艳丽、款式各异的服装，跳着自己编排的舞蹈，缓缓而行。其后跟着装束千奇百怪的化装队伍。庞大的游行队伍穿过大街小巷，狂热的观众欢呼着把彩色纸屑和彩花抛向游行队伍，活动高潮迭起。狂欢节吸引了世界各地的游客，给巴西带来了可观的外汇收入。

意大利的狂欢节据说源自古罗马为庆贺每年农事开始而狂欢的农神节。后来，罗马天主教盛行的地方在每年斋期前几天举行狂欢活动，称为狂欢节。现代的狂欢节期各地不尽相同，少则三五天，多则数周，以米兰、威尼斯、维亚雷焦的狂欢节最具代表性。米兰狂欢节时，全城鼓乐齐奏，市民倾城而出。人们戴怪诞离奇的头饰、面具，穿着奇装异服，在街市上高歌欢舞。威尼斯狂欢节则另有一番情趣。一连数周，人们沉浸欢乐之中，青年男女画着脸谱，踩着高跷，装扮成上帝或天使，在祥和的钟声中互致问候。维亚雷焦狂欢节已有100多年历史，是意大利狂欢节的中心。每至节日，意大利各地和世界各国的游客前来参加盛大的化装游行活动，男女老幼个个随心着装打扮，竞相比奇争异，簇拥着数十辆巨型彩车，一路载歌载舞，尽情欢娱。

**狂犬病** rabies 由狂犬病毒引起的一种传染病。此病遍布于全世界，中国仍时有发生。因野生动物中也存在此病，故要彻底消灭非常困难。人多因被狂犬咬伤而受染；感染该病的其他温血动物，如猫、狼、狐等咬人后也可使人得病；病毒还可通过受损皮肤（抓伤、擦伤、冻裂等）和正常黏膜进入人体，屠宰病兽和解剖尸体时也可受染，被表面健康而唾液中含有病毒的狗咬伤也可得病。潜伏期8天至3年以上，一般为4～8周。咬伤部位在头、颈、手时潜伏期短。前驱期已愈合的伤口周围感麻、痒、痛，继之对强光、高声敏感，咽喉发紧。兴奋期饮水，听到流水声，甚至谈到饮水都可诱发严重的咽肌痉挛。虽极渴也不敢饮水，故又叫恐水症。进入麻痹期，患者较为安静，最后麻痹而死。该病的病死率极高，全世界仅有数例存活的报告。预防的重点是消灭犬的狂犬病，对家犬进行登记并接种狂犬病疫苗，捕杀野犬、病犬、病猫等。被狂犬或野兽咬伤后，伤口应及时处理并尽早注射狂犬病疫苗；若咬伤严重，有多处伤口或伤口在头、面、颈、手者，应同时注射抗狂犬病血清。

**狂想曲** rhapsody 音乐体裁样式之一。具有英雄史诗般的气概和鲜明民族特色的器乐幻想曲。常取材于民族音乐、民间音乐或流行音乐的音调。狂想曲一词源出希腊语rhapsodia，指古希腊史诗（如荷马《奥德修纪》和《伊利昂纪》中的一节）。J.勃拉姆斯的3首钢琴狂想曲近似叙事曲。他为女低音独唱、男声四部合唱和乐队写作了《C大调狂想曲》。G.格什温的《蓝色狂想曲》则是即兴幻想性的交响爵士音乐。

**邝安堃** Kuang Ankun (1902-11-02～1992-08-02) 中国内科学家。生于广东番禺，卒于上海。1919年赴法国留学。毕业后，任法国国立医院住院医师。1933年获医学博士学位后回国，任上海震旦大学广慈医院儿科主任、皮肤科主任、内科主任、教授。1952年后任上海第二医学院内科主任、教授、副院长，上海市高血压研究所所长，

上海市内分泌研究所所长，《中华内分泌代谢杂志》总编辑。1985年获法国骑士荣誉勋章。最早在中国发现系统性红斑狼疮、血紫质病、西蒙-希恩（原译席汉）二氏综合征、原发性醛固酮增多症。继法国学者之后，报道异烟肼治疗结核病过程中发生男性乳房变大是雌激素代谢紊乱引起。主编《内科学手册》、《实用内分泌学》等专著。

**况钟** Kuang Zhong (1383～1442) 中国明朝官吏。字伯律，号龙冈，又号如愚。江西靖安人。永乐四年（1406）出任靖安县礼曹。十三年，以尚书吕震荐，授礼部仪制清吏司主事。二十一年升本司郎中。宣德五年（1430）以尚书蹇义、胡䕫等推荐特授为苏州知府。时苏州府赋役繁重，豪猾舞文为奸利，最称难治。况钟为人刚正廉洁，有治世之才。大力整顿吏治，严惩贪官污吏；执法如山，断狱严明，凡有讼者必辨其是非，详其情状，为民申冤昭雪。他还与江南巡抚周忱悉心计划，奏减苏州府税粮70余万石，并建义仓，均徭役，疏免军户，招复流民，兴修水利，发展生产。以政绩显著留任达13年之久。时称能吏。吏民为其立生祠，誉之为“况青天”。卒于任。著有《况太守集》。

**况周颐** Kuang Zhouyi (1859～1926) 中国近代词人。原名周仪，以避宣统帝溥仪讳，改名周颐。字夔笙，一字揆孙，别号玉楳词人，晚号蕙风词隐。广西临桂（今桂林）人。光绪五年（1879）举人。后官内阁中书、会典馆纂修。辛亥革命后，以清遗老自居，寄居上海，鬻文为生。他致力于词50年，为晚清四大家之一。20岁前，词作主“灵性”，“好为侧艳语”，“固无所谓感事”（赵尊岳《蕙风词史》）。光绪十四年（1888）入

京后，以词学请益于王鹏运，得所谓重、拙、大之说，词格一变，词情也转沉郁。辛亥革命后，与朱孝臧唱和，受朱影响，严于守律，于词益工，但大都抒写遗老“故国”之思。著有《蕙风词话》，是近代词坛上一部有较大影响的著作。况周颐的词学理论，强调常州词派推尊词体的“意内言外”之说，乃“词家之恒言”，即词必须注重思想内容，讲究寄托，有其自具特色的词论体系。

**矿产资源** mineral resource 由地质作用形成的具有利用价值，呈固态、液态和气态的自然资源。地球演化过程中经过成矿作用在地壳内或地表形成的富集物质。矿产资源是自然资源的重要组成部分，是人类赖以生存和发展的重要物质基础。国民经济中约95%的能源、75%～80%的工业原材料依靠地球的矿产资源。已发现的矿产资源分为能源矿产、金属矿产、非金属矿产和水气矿产四大类168种，其中地下水兼具矿产资源和水资源的双重性质。

矿产资源在地壳中的分布极不均衡，有用元素富集形成的矿床，具有珍贵性。矿产资源是不可再生的自然资源，现代社会的大规模生产力正在消耗巨量的矿产，而且找矿难度增大，矿床发现率在降低，矿产的需求和供应的矛盾日益加深。矿产资源分布的不均衡性和不可再生性，决定了矿产资源是有限的、稀缺的和可耗竭的。人类必须珍惜矿产资源，加强对已有矿产资源的保护、合理开发和节约使用。

矿产资源的范畴随科学技术进步而不断外延。过去一些不能被利用的地球物质，现在已经成为或即将成为重要的矿产资源，如天然气水合物已有望成为新的能源资源。矿产的种类和矿床新类型在不断地被发现。矿产的采掘和开发能力也在不断增强，已能开采深达地表以下3 000米的矿产，油气钻井的深度已达7 000米以上，并已从陆地扩展到海底。随着宇航技术的发展，人类也在考虑利用太空星体上的矿产资源，如月球上有丰富的氦（$He^3$）等资源。

**矿床** mineral deposit; ore deposit 由地质作用形成的、在地壳的某一特定地质环境内形成，并在质和量方面有开采利用价值的有用矿物的聚集体。包括地质的和经济的双重含义。矿床是地质作用的产物，但又与一般的岩石不同，它具有经济价值。矿床的概念随经济技术的发展而变化。19世纪时含铜高于5%的铜矿床才有开采价值，随着科技进步和采矿加工成本的降低，含铜0.4%的铜矿床已被大量开采。

确定矿床的基本条件是：①有用元素或矿物的含量要达到最低可采品位，如铜的最低可采品位是0.4%，铁的最低可采品位一般是25%。②矿石工艺性质，包括有用组分的赋存状态。如铝在霞石和高岭石中含量较高，也可分离出来，但加工工艺复杂，成本很高，因此一般只从铝土矿中提取铝。③矿体的形状和内部结构。有用物质在岩石中是均匀分布，还是在局部集中（如矿脉），对于采矿难易和成本影响很大，因而也对确定矿床的最低可采品位有重要影响。④矿床规模。指可采矿石的储藏量。矿床规模大，矿山建设投资大，但经济效益很高；矿床规模小，投资小而见效快。矿床规模决定矿山生产规模和可采时间的长短。⑤获得矿产品的全部费用，包括采矿、选矿、交通运输、设备、能源和水源供应、劳动工资等的开支，也决定着矿床的最低可采品位。上述条件的综合分析和评价决定着一个矿床的经济价值。

矿床是自然界中分散存在的矿质富集到一定程度的产物。如铁在地壳中平均含量约为5%，铁必须经过地质作用富集到5倍以上并具有一定规模，才能成为矿床。导致有用元素或矿物高度富集的地质作用称成矿作用。发生明显矿质聚集（矿化）的地点称矿点。

矿床种类繁多，固体矿床分布最广，液态矿床有石油、热卤水和地下水，气态矿床有天然气。按成因，矿床可分为内生矿床（内力地质作用生成，如岩浆矿床、热液矿床）、外生矿床（外力地质作用生成，如风化矿床、沉积矿床）、变质矿床（变质作用生成）。按矿产性质和工业利用情况可分为金属矿床（如金矿床、钨矿床）、非金属矿床（如耐火黏土、萤石矿床）和能源矿床（如石油、煤和天然气）。

**矿井** mine 组成地下矿完整生产系统的井巷、硐室、装备和地面构筑物的总称（见矿山）。统一规划和开发的矿床或某一部分称矿区，可划分一个或若干个矿井。矿井按开拓方式分立井（竖井）、斜井、平硐。开拓方式指地表进入矿体的井巷布置，按地质和地貌条件确定。矿体赋存在山区或丘陵地带，宜用平硐；矿体出露地表或埋藏较浅、倾斜较缓时，宜用斜井，它比立井施工简单、投资少、建期短；矿体埋藏深，宜用立井，亦可采用两种或三种联合开拓

安徽淮北矿务局芦荟煤矿矿井外景

方式。

矿井按年设计生产能力分为大型、中型、小型三种。中国规定大型煤矿井指年产120万吨以上煤炭、服务年限60年以上的矿井；中型煤矿井指年产45万吨至90万吨煤炭、服务年限50年的矿井；小型煤矿井指年产30万吨及以下的矿井，服务年限由省自定。金属矿矿井规模要小得多，黑色金属、有色金属、贵金属、稀有金属之间相差很大。大型矿井要求矿产储量大、开采地质条件好，其技术装备水平高、生产集中、劳动效率高、成本低、能长期稳定供应矿产品，是矿井中的骨干。但它工程量大、建设期长、投资大、管理复杂。小型矿井一般开采浅部矿体，对储量、开采条件要求不高，工程量小、装备简单、劳动效率低、安全差，但投产快、投资少。井型的选择应就资源条件等因素确定。

**矿井提升机** mine hoist 沿矿井输送物料、人员和器材的大型固定提升设备。可分为缠绕式和摩擦式两类。缠绕式矿井提升机

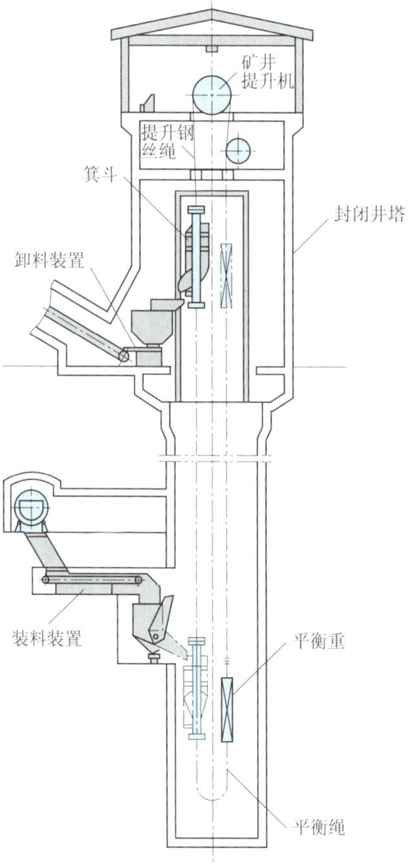


矿井提升设备

又分为单卷筒和双卷筒两种。摩擦式矿井提升机又分为塔式和落地式两种。

矿井提升机主要由电动机、减速器、卷筒（或摩擦轮）、制动系统、深度指示系统、测速限速系统和操纵系统等组成。随着矿井开采深度的不断加深和采用集中提升方式，已发展成为电子计算机控制的全自动重型矿山机械，容量大、速度高。同时，

采用液压马达代替电动机的防爆提升机和气力提升机也得到广泛使用。

**矿井瓦斯** mine gas 矿井中主要由煤层气构成的以甲烷（$CH_4$）为主的有害气体。此外，还有人员呼吸、火药爆破、坑木腐烂、煤被氧化等产生的重烃、氢、二氧化碳、一氧化碳、二氧化氮、二氧化硫、硫化氢等。瓦斯来自英文gas译音，煤炭界习惯指煤层气或矿井瓦斯。煤层气是指基本上未移出煤层（生气层），以吸附、游离状态赋存于煤层及其围岩中，由煤中有机质在泥炭转变成褐煤、烟煤、无烟煤过程中生成的天然气。其中甲烷含量一般在85%以上，是优质能源。在矿井内受采动影响的煤岩层及采落的煤、煤矸石会向井下空间涌出煤层气构成矿井瓦斯主体。

瓦斯危害 ①甲烷本身无毒，但当瓦斯异常涌出时会破坏通风系统，造成大范围的高浓度瓦斯积累，空气中氧含量相应减少，使人呼吸困难直至窒息死亡。②甲烷与空气混合后，在一定条件下会发生燃烧、爆炸，造成重大灾害（见瓦斯爆炸）。③为防治瓦斯灾害，须强化矿井通风、使用隔爆型电气设备、增设检测仪表，从而增加矿井投资和管理费。④甲烷温室效应是二氧化碳的许多倍，并能破坏臭氧层。

瓦斯涌出 有正常涌出和异常涌出两种。正常涌出在矿井内普遍存在，长时间不间断比较均匀地涌出。它占矿井总涌出量的绝大部分或全部。异常涌出指时间上突然、空间上集中发生很不均匀的大量涌出。经常引起瓦斯、煤尘爆炸，使人窒息而亡。包括：①瓦斯喷出。大量瓦斯从煤体或岩体裂隙、溶洞中异常涌出现象。喷出量可达数百万立方米、持续时间从几分钟到几年。它使人窒息、导致瓦斯爆炸。多发生在地质构造带和石灰岩溶洞处。②瓦斯突出。在地应力和瓦斯共同作用下，破碎的煤、岩和瓦斯从煤体或岩体突然向采掘空间抛出的异常动力现象，极易引起瓦斯爆炸。大都发生在构造应力增高地带。

瓦斯矿井等级 按矿井瓦斯涌出量和涌出形式进行划分。中国1980年后按矿井平均产1吨煤瓦斯涌出量分为：低瓦斯矿井（≤10米$^3$/吨）、高瓦斯矿井（>10米$^3$/吨）和煤与瓦斯突出矿井三级。

防治措施 主要有：①加强瓦斯检查。采用人工便携式瓦斯检测仪巡回检测和应用定置式瓦斯检测仪集中监控，连续检测、监视瓦斯变化动态，如有异常及时处理。②强化通风稀释和排出瓦斯。③进行瓦斯抽放。在井下或地面用钻孔通过专用管路系统，将采煤层及围岩或采空区瓦斯抽排到地面，既减少瓦斯涌出量，又可获得优质天然气。④控制和清除引爆火源。如严禁吸烟、明火照明、井下拆开矿灯等。采用矿用防爆型电气设备，完善电网和电气设备的安全保护，加强井下火区管理等。⑤防治瓦斯突出。

**矿山** mine 有完整独立生产系统的矿产品生产单位。地下开采的矿山称地下矿（即矿井），露天开采的矿山称露天矿。按矿产品种类可分为金属矿山、非金属矿山、煤矿等。多以所在地的地名命名。其面积一般由几平方千米至几十平方千米，特大型煤矿可达百余平方千米。金属矿山面积较小，不乏小于一平方千米的矿山。矿山边界划分主要依据矿体赋存空间及分布规律、矿产储量、地质构造、开采技术条件、地貌等因素，经多种方案的技术经济比较与论证后确定。矿山规模以年设计生产能力（矿产品产量）分为大型、中型、小型三种。20世纪后期，各国开始重视矿山生态环境保护和报废矿山复垦。

**矿山机械** mining machinery 装备矿物开采工业的机械。通常分为采矿机械和选矿机械两大部分。按其功能又分为采掘、提升、破磨、筛分、洗选和矿山专用设备六大类。采矿机械又分为露天开采设备和地下采掘设备。探矿机械的工作原理和结构与开采同类矿物所用的采矿机械大多相同或相似，广义说也是一种矿山机械。此外，矿山机械还需要大量的装卸、输送、防护、除尘、计量、通风和排水等机械器具与之配套。

矿山机械也广泛用于隧道开挖、水利水电和交通等基础设施建设、军事工程等领域。迅速发展的信息技术正在改变和提升传统的矿山机械行业。现在已经出现了远程采矿、无人操纵矿用自卸汽车、高精度GPS（全球卫星定位系统）钻机和挖掘机定位系统等先进方法。矿山机械正在朝着更大型化和智能信息化方向发展。

**矿石** ore 从矿体中开采出来的、在现有技术和经济条件下能从中提取有用组分（元素、化合物或矿物）的矿物集合体。

矿石组成 一般由矿石矿物和脉石矿物组成。矿石矿物是指矿石中可被利用的金属或非金属矿物，又称有用矿物。如铜矿石中的黄铜矿、斑铜矿、辉铜矿和孔雀石等含铜矿物。脉石矿物是指与矿石矿物相伴的、暂不能利用的矿物，又称无用矿物。如铜矿石中的石英、绢云母、绿泥石等。脉石矿物主要是非金属矿物，但也包括含量极少因而没有综合利用价值的金属矿物。矿体中矿石矿物和脉石矿物的分量比例，随不同的矿种的矿石类型而异，在同一种矿石中亦随矿石贫富品级不同而有差别。矿石中除主要组分外，还有伴生有益组分和有害组分。有益组分是可回收的伴生组分或能改善产品性能的组分，如镍矿石中的铂、钴等元素，铁矿石中伴生的锰、钒、钴、铌和稀土金属元素等。有害组分对矿石质量有很大影响，如铁矿石中含硫高会降低金属抗张强度，使钢在高温下变脆；磷多了又会使钢在冷却时变脆。随着人类对新矿物原料要求的不断增长和工艺技术条件的不断进步，无用矿物也可成为有用矿物。确定矿与非矿的主要因素是对矿石品位的要求。

矿石品位 矿石中金属元素或有用组分的含量。大多数金属矿床的矿石，如铁、铜、铅、锌等矿石，是以其中的金属元素含量的重量百分比表示；有些金属矿石是以其中的氧化物［如三氧化钨（$WO_3$）、五氧化二钒（$V_2O_5$）等］的重量百分比表示。大多数非金属矿物原料以其中有用矿物或化合物的重量百分比表示，如钾盐、明矾石等；有些非金属矿物则取决于矿物本身的物理、化学性质和其工业用途，如熔炼石英、压电石英和宝石类；贵金属矿石以克/吨表示；原生金刚石矿石以克拉/吨或毫克/吨表示（1克拉＝0.2克）；砂矿以克/米$^3$或千克/米$^3$表示。在矿产勘查中，常用的边界品位是划分矿与非矿界线的最低品位。工业品位则是指当前能开采利用的矿段或矿体的最低平均品位，又称最低工业品位，达此品位才能计算矿床工业储量。一般来说，工业品位取决于矿床规模、开采条件、矿石综合利用的可能性、矿石的工艺条件，以及矿产品的市场价格等。

**矿体** ore body 赋存于地壳中含有足够数量矿石、具有开采价值的地质体。有一定的形状、产状和规模。矿体内部的无用岩石，称为夹石或脉石。矿体周围无经济价值的岩石是矿体的围岩。矿体与围岩的交接形式多种多样，有的界限清楚截然，有的逐渐过渡（渐变）。在后一种情况下，矿体的边界需要根据对所采岩石、矿石样品的分析结果，按矿石边界品位加以确定。

矿体形状受控矿地质因素（地层、岩石、构造等）和成矿作用方式（沉积成矿、热液充填成矿、交代作用成矿等）决定。根据矿体在三度空间延伸比例的不同，通常将矿体形状分为三类（见图）：①等轴状矿体。三度空间上大致均衡延伸的矿体。有矿囊、矿巢等，一般规模较小。②板状矿体。两个方向（长度、宽度）延伸较大、另一个方向（厚度）延伸较小的矿体。此类矿体最常见，典型代表为矿层和矿脉。矿层是指与上下围岩在同一地质时期形成，且与围岩层理产状一致的矿体，多见于沉积矿床和变质矿床，如铁矿层、煤层和铝土矿层等。矿脉是产在各种岩石裂隙中的板状矿体，系由含矿物质充填围岩的裂隙而成，如金矿脉、铜矿脉等。③柱状矿体。一个方向延伸长而另两个方向延伸很短且大致相等的矿体。包括矿柱、矿筒、矿管等。如铅－

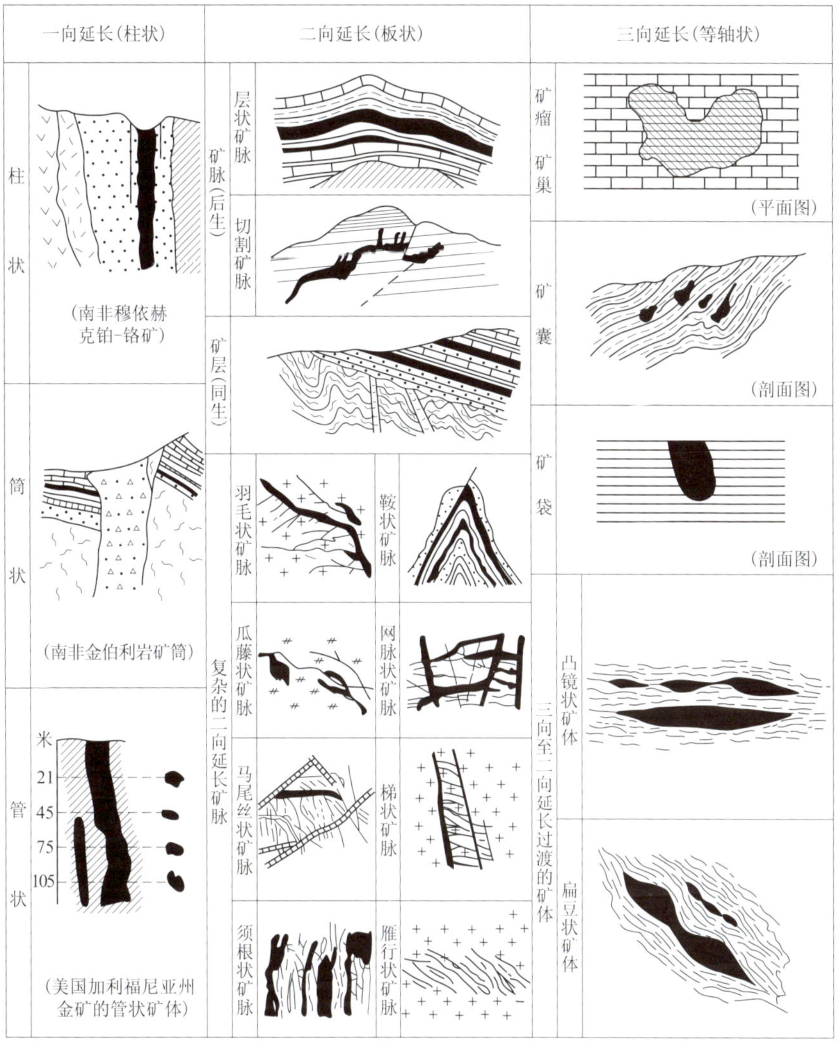


矿体形状图

锌矿柱、金伯利岩矿筒。除上述矿体形状外，还有一些过渡类型矿体（如透镜状矿体）和复杂形状矿体（如梯状矿脉和网脉状矿体）。

矿体产状指矿体的空间位置和产出状态。包括：①矿体的产状要素——走向、倾斜、倾角等。②矿体的埋藏情况。有产在地表的露天矿体，有隐伏地下的隐伏矿体。隐伏矿体分为埋藏矿体和盲矿体。埋藏矿体指矿体生成后曾经在地表出露过，以后又被沉积物、火山岩等所覆盖。盲矿体是产在地下基岩中从未出露过地表的矿体。矿体的埋藏深度和延伸情况，对找矿和采矿工作关系重大，利用钻探和坑探等探矿工程，可以直接查明这些情况。③矿体产状变化。一些矿体产状稳定，另一些矿体产状变化幅度大，如矿脉的膨胀、狭缩、分支、尖灭（矿体变薄直到消失）等。矿体受构造破坏时常出现弯曲、错断、破碎等。研究矿体产状变化对找矿和采矿都很必要。

**矿田** ore field 地壳的某一成矿显著地段。通常包含地质构造、物质成分和成因上具有密切联系的一组矿床和矿点。矿田的面积一般为十几平方千米到百余平方千米，沉积型矿床的矿田常具有更广阔的面积。矿田是一组在成因上、时间上和空间分布上紧密联系的矿床组合（又称成矿系列）的含矿地区，也是成矿带内矿床、矿点和物化探、遥感等异常最为集中分布的地区。矿田可与煤田、油田等概念对应。矿田区矿床系列和矿田构造研究，对于查明矿床成因和时空分布规律具有重要意义。

**矿物** mineral 天然产出、具有一定的化学成分和有序的原子排列，通常由无机作用所形成的均匀固体。

概述 矿物的定义曾经多次演变。按现代概念，矿物首先必须是天然产出的物体，那些由人工合成，而各方面特性均与天然产出的矿物相同或密切相似的产物，如人造金刚石、人造水晶等，则称为人工合成矿物。早先将矿物局限于地球上由地质作用形成的天然产物，近代对月岩及陨石的研究表明，组成它们的矿物与地球上的类同。有时只是为了强调它们的来源，称它们为月岩矿物和陨石矿物，或统称为宇宙矿物。另外，还常分出地幔矿物，以与一般产于地壳中的矿物相区别。其次，矿物必须是均匀的固体。但有人把液态的自然汞列为矿物，一些学者把地下水、火山喷发的气体也都视为矿物。至于矿物的均匀性则表现在不能用物理的方法把它分成在化学成分上互不相同的物质。此外，矿物都是晶体。但因曾把矿物仅限于“通常具有结晶结构”，这样，诸如水铝英石等极少数天然产出的非晶质体，也被划入矿物。这类在产出状态和化学组成等方面的特征均与矿物相似，但不具结晶构造的天然均匀固体特称为似矿物。每种矿物除有确定的结晶结构外，还都有一定的化学成分，具有一定的物理性质。矿物的化学成分可用化学式表达。但实际上所有矿物的成分都不是严格固定的，而是可在程度不等的一定范围内变化。造成这一现象的原因是矿物中原子间的广泛类质同象替代。最后，矿物一般是由无机作用形成的。早先曾把矿物全部限于无机作用的产物。后来发现有少数矿物，如石墨及某些自然硫和方解石，是有机起源的，但仍具有作为矿物的其余全部特征，故仍归属于矿物。绝大多数矿物都是无机化合物和单质，仅有极少数是通过无机作用形成的有机矿物，如草酸钙石等。

形态 矿物千姿百态，就其单体而言，大小悬殊，有的用肉眼或用一般的放大镜可见（显晶），有的需借助显微镜或电子显微镜辨认（隐晶）；有的晶形完好，呈规则的几何多面体形态，有的呈不规则的颗粒存在于岩石或土壤之中。矿物单体形态大体上可分为三向等长（如粒状）、二向延展（如板状、片状）和一向伸长（如柱状、针状、纤维状）3种类型。而晶形则服从一系列几何结晶学规律。

矿物单体间有时可以产生规则的连生，同种矿物晶体可以彼此平行连生，也可以按一定对称规律形成双晶，非同种晶体间的规则连生称浮生或交生。

矿物集合体可以是显晶或隐晶的。隐晶或胶态的集合体常具有各种特殊的形态，如结核状、豆状或鲕状、树枝状、晶腺状、土状等。

物理性质 人们根据物理性质来识别矿物。如颜色、光泽、硬度、解理、密度和磁性等都是矿物肉眼鉴定的重要标志。

颜色 矿物的颜色多种多样。呈色的原因，一类是白色光通过矿物时，内部发生电子跃迁过程而引起对不同色光的选择性吸收所致；另一类则是物理光学过程所致。导致矿物内电子跃迁的内因，最主要的是：①色素离子的存在，如$Fe^{3+}$使赤铁矿呈红色，$V^{3+}$使钒榴石呈绿色等。②晶格缺陷形成“色心”，如萤石的紫色等。矿物学中一般将颜色分为3类：自色是矿物固有的颜色；他色是指由混入物引起的颜色；假色则是由于某种物理光学过程所致，如斑铜矿新鲜面为古铜红色，氧化后因表面的氧化薄膜引起光的干涉而呈现蓝紫色的锖色。矿物内部含有定向的细微包体，当转动矿物时可出现颜色变幻的变彩，透明矿物的解理或裂隙有时可引起光的干涉而出现彩虹般的晕色等。

条痕　矿物在白色无釉的瓷板上划擦时所留下的粉末痕迹。条痕色可消除假色，减弱他色，通常用于矿物鉴定。

光泽　矿物表面反射可见光的能力。根据平滑表面反光的由强而弱分为金属光泽（状若镀克罗米金属表面的反光）、半金属光泽（状若一般金属表面的反光）、金刚光泽（状若钻石的反光）和玻璃光泽（状若玻璃板的反光）四级。金属和半金属光泽的矿物条痕一般为深色，金刚或玻璃光泽的矿物条痕为浅色或白色。此外，若矿物的反光面不平滑或呈集合体时，还可出现油脂光泽、树脂光泽、蜡状光泽、土状光泽及丝绢光泽和珍珠光泽等特殊光泽类型。

透明度　矿物透过可见光的程度。通常在厚为0.03毫米薄片的条件下，根据透明的程度将矿物分为透明矿物、半透明矿物和不透明矿物。许多在手标本上看来并不透明的矿物，实际上都属于透明矿物。一般具玻璃光泽的矿物均为透明矿物，显金属或半金属光泽的为不透明矿物，具金刚光泽的则为透明或半透明矿物。

断口、解理与裂理　矿物在外力作用如敲打下，沿任意方向产生的各种断面称为断口。断口依其形状主要有贝壳状、锯齿状、参差状、平坦状等。在外力作用下矿物晶体沿着一定的结晶学平面破裂的固有特性称为解理。解理面平行于晶体结构中键力最强的方向，一般也是原子排列最密的面网发生，并服从晶体的对称性。解理面可用单形符号表示，如方铅矿具立方体{100}解理、普通角闪石具{110}柱面解理等。根据解理产生的难易和解理面完整的程度将解理分为极完全解理、完全解理、中等解理、不完全解理和极不完全解理。裂理又称裂开，是矿物晶体在外力作用下沿一定的结晶学平面破裂的非固有性质，往往是因为含杂质夹层或双晶的影响等所致。

硬度　矿物抵抗外力作用（如刻划、压入、研磨）的机械强度。矿物学中最常用的是莫氏硬度（又称摩斯硬度），它是通过与具有标准硬度的矿物相互刻划比较而得出的。10种标准硬度的矿物组成了莫氏（摩斯）硬度计，从1度到10度分别为滑石、石膏、方解石、萤石、磷灰石、正长石、石英、黄玉、刚玉、金刚石。10个等级只表示相对硬度的大小。为简便还可以用指甲（2.5）、小钢刀（5～5.5）、窗玻璃（5.5）作为辅助标准，粗略地定出矿物的莫氏硬度。另一种硬度为维氏硬度，是压入硬度，用显微硬度仪测出，以千克/毫米$^2$表示。

密度　矿物的质量和其体积的比值。单位为克/厘米$^3$。虽然不同矿物的密度差异很大，但大多数矿物具有中等密度（2.5～4）。矿物的密度可以实测，也可以根据化学成分和晶胞体积计算出理论值。

弹性、挠性、脆性与延展性　某些矿物受外力作用弯曲变形，外力消除，可恢复原状，显示弹性；而另一些矿物受外力作用弯曲变形，外力消除后不再恢复原状，显示挠性。大多数矿物为离子化合物，它们受外力作用容易破碎，显示脆性。少数具金属键的矿物，具延性（拉之成丝）、展性（捶之成片）。

磁性　根据矿物内部所含原子或离子的原子本征磁矩的大小及其相互取向关系的不同，它们在被外磁场磁化时表现的性质也不相同，从而可分为抗磁性、顺磁性、反铁磁性、铁磁性和亚铁磁性。矿物的磁性常被用于探矿和选矿。

发光性　某些矿物受外来能量激发能发出可见光。加热、摩擦以及阴极射线、紫外线、X射线的照射都是激发矿物发光的因素。激发停止，发光即停止的称为荧光；激发停止，发光仍可持续一段时间的称为磷光。矿物发光性可用于矿物鉴定、找矿和选矿。

**化学成分和晶体结构**　化学组成和晶体结构是每种矿物的基本特征，是决定矿物形态和物理性质及成因的根本因素，也是矿物分类的依据。

化学成分　化学元素是组成矿物的物质基础。地壳中各种元素的平均含量（克拉克值）不同。氧、硅、铝、铁、钙、钠、钾、镁8种元素就占了地壳总重量的97%，其中氧占地壳总重量的49%，硅占总重量的26%。故地壳中上述元素的氧化物和氧盐（特别是硅酸盐）矿物分布最广。它们构成了地壳中各种岩石的主要组成矿物。其余元素相对而言虽微不足道，但由于它们的地球化学性质不同，有些趋向聚集，有的趋向分散。某些元素如锑、铋、金、银、汞等克拉克值甚低，均在千万分之二以下，但仍聚集形成独立的矿物种，有时并可富集成*矿床*；而某些元素如铷、镓等的克拉克值虽远高于上述元素，但趋于分散，不易形成独立矿物种，一般仅以混入物形式分散于某些矿物成分之中。

晶体结构　矿物都是晶体，都有一定的几何多面体外形，但决定晶体本质的是晶体内部的结构。晶体结构是组成晶体的原子、离子或分子在晶体内部以一定的键力相结合而构成的空间分布。这种分布具有一定规律的周期性和对称性。晶体结构的基本特征是质点在三维空间的周期性平移重复。探讨质点的重复规律和原子的具体排布（原子的堆积和配位）是晶体结构研究的主要内容。在非共价键的矿物（如自然金属、卤化物及氧化物矿物等）晶体结构中，原子常呈最紧密堆积，配位数（即原子或离子周围最邻近的原子或异号离子数）取决于阴阳离子半径的比值。当共价键为主（如硫化物矿物）时，配位数和配位形式取决于原子外层电子的构型，即共价键的方向性和饱和性。对于同一种元素而言，其原子或离子的配位数还受到矿物形成时的物理化学条件的影响。温度增高，配位数减小；压力增大，配位数增大。矿物晶体结构可以看成是配位多面体（把围绕中心原子并与之成配位关系的原子用直线联结起来获得的几何多面体）共角顶、共棱或共面联结而成。

成分和晶体结构的变化　一定的化学成分和一定的晶体结构构成一个矿物种。但化学成分可在一定范围内变化。矿物成分变化的原因，除那些不参加晶格的机械混入物、胶体吸附物质的存在外，最主要的是晶格中质点的替代，即类质同象替代，它是矿物中普遍存在的现象。可相互取代、在晶体结构中占据等同位置的两种质点，彼此可以呈有序或无序的分布。

矿物的晶体结构不仅取决于化学成分，还受到外界条件的影响。同种成分的物质，在不同的物理化学条件（温度、压力、介质）下可以形成结构各异的不同矿物种。这一现象称为同质多象。如果化学成分相同或基本相同，结构单元层也相同或基本相同，只层的叠置层序有所差异时，则称它们为不同的多型。不同多型仍看作同一个矿物种。

晶体化学式　矿物的化学成分一般采用晶体化学式表达。它既表明矿物中各种化学组分的种类、数量，又反映了原子结合的情况。如铁白云石$Ca(Mg, Fe, Mn)[CO_3]_2$，圆括号内按含量多少依次列出相互成类质同象替代的元素，彼此以逗号分开；方括号内为络阴离子团。当有水分子存在时，常把它写在化学式的最后，并以圆点与其他组分隔开，如石膏$Ca[SO_4]\cdot 2H_2O$。

**成因产状**　矿物是化学元素通过地质作用等过程发生运移、聚集而形成。具体的作用过程不同，所形成的矿物组合也不相同。矿物在形成后，还会因环境的变迁而遭受破坏或形成新的矿物。

形成矿物的地质作用　岩浆作用发生于温度和压力均较高的条件下。主要从*岩浆*熔融体中结晶析出*橄榄石*、*辉石*、*角闪石*、*云母*、*长石*、*石英*等主要造岩矿物，它们组成了各类岩浆岩（又称*火成岩*）。同时还有铬铁矿、铂族元素矿物、金刚石、钒钛磁铁矿、铜镍硫化物以及含磷、锆、铌、钽的矿物形成。伟晶作用中矿物在700～400℃、外压大于内压的封闭系统中生成，所形成的矿物颗粒粗大。除长石、云母、石英外，还有富含挥发组分氟、硼的矿物如*黄玉*、*电气石*，含锂、铍、铷、铯、铌、钽、稀土等稀有元素的矿物如锂辉石、绿柱石和含放射性元素的矿物形成。热液作用中矿物从气液或热水溶液中形成。高温热液（400～300℃）以钨、锡的氧化物和钼、铋的硫化物为代表，中温热液（300～200℃）以铜、铅、锌的硫化物矿物为代表，低温热液（200～50℃）以砷、锑、汞的硫化物矿物为代表。此外，热液作用还有石英、方解石、**重晶石**等非金属矿物形成。

风化作用中早先形成的矿物可在阳光、大气和水的作用下化学风化成一些在地表条件下稳定的其他矿物，如**高岭石**、**硬锰矿**、**孔雀石**、**蓝铜矿**等。金属硫化物矿床经风化产生的$CuSO_4$和$FeSO_4$溶液，渗至地下水面以下，再与原生金属硫化物反应，可产生含铜量很高的**辉铜矿**、**铜蓝**等，从而形成铜的次生富集带。化学沉积中，由真溶液中析出的矿物如**石膏**、石盐、钾盐、**硼砂**等，由胶体溶液凝聚生成的矿物如鲕状**赤铁矿**、肾状硬锰矿等。生物沉积可形成如硅藻土（**蛋白石**）等。

区域变质作用形成的矿物趋向于结构紧密、密度大和不含水。在接触变质作用中，当围岩为碳酸盐岩石时，可形成**夕卡岩**，它由钙、镁、铁的硅酸盐矿物如透辉石、**透闪石**、**石榴子石**、**符山石**、**硅灰石**、硅镁石等组成。后期常伴随着热液矿化形成铜、铁、钨和多金属矿物的聚集。围岩为泥质岩石时可形成**红柱石**、**堇青石**等矿物。

共生、伴生、标型特征　空间上共存的矿物属于同一成因和同一成矿期形成的，则称它们是共生，否则称为伴生。研究矿物的共生、伴生组合与生成顺序，有助于探索矿物的成因和生成历史。同一种矿物在不同的条件下形成时，其成分、结构、形态或物性上可能显示不同的特征，称为标型特征，它是反映矿物生成和演化历史的重要标志。

分类　一般广泛采用以矿物本身的成分和结构为依据的晶体化学分类。按此分为下列几大类：自然元素矿物（如自然金、自然铜、**金刚石**、石墨等）、硫化物矿物及其类似化合物矿物（如**辉铜矿**、**辰砂**、**黄铜矿**、**黄铁矿**等）、卤化物矿物（如**萤石**、**石盐**、**钾石盐**等）、氧化物矿物及氢氧化物矿物（如**刚玉**、**金红石**、**尖晶石**、**铬铁矿**、**铝土矿**、**褐铁矿**等）、含氧盐矿物（包括硅酸盐、硼酸盐、碳酸盐、磷酸盐、砷酸盐、钒酸盐、硫酸盐、钨酸盐、钼酸盐、硝酸盐、铬酸盐矿物等）。

命名　中国习惯上把具金属或半金属光泽的或可以从中提炼某种金属的矿物，称为某某"矿"，如方铅矿、黄铜矿；把具玻璃光泽或金刚光泽的矿物称为某某"石"，如方解石、孔雀石；把硫酸盐矿物常称为某"矾"，如胆矾、铅矾；把玉石类矿物常称为某"玉"，如硬玉、软玉；把地表松散矿物常称为某"华"，如砷华、钨华。至于具体命名则又有各种不同的依据。有的依据矿物本身的特征，如成分、形态、物性等命名；有的以发现、产出该矿物的地点或某人的名字命名。如锂铍石（liberite，成分）、金红石（rutile，颜色）、重晶石（barite，密度大）、十字石（staurolite，双晶形态）、**香花石**（hsianghualite，发现于湖南临武香花岭）、彭志忠石（pengzhizhongite，纪念中国结晶学家和矿物学家彭志忠）等。矿物的中文名称除少数由中国学者发现和命名（如锂铍石、香花石、彭志忠石等）及沿用中国古代名称（如石英、云母、方解石、雄黄等）外，主要来源于外文名称。其中有的意译；少数为音译；大多数则系根据矿物成分，间或考虑物性、形态等特征另行定名；还有音译首音节加其他考虑的译名。

## 矿物学　mineralogy

研究**矿物**的物理性质、化学成分、晶体内部结构以及自然界的产状和分布，并根据形成的物理化学条件研究其成因，利用矿物的成分和特殊性能研究其用途的学科。**地质学**的基础分支学科。

简史　在石器时代，人类已利用多种矿物制造工具和饰物。但在19世纪以前，矿物学的发展很缓慢，基本处于对矿物的记载和表面特征的描述方面。19世纪中期以后，研究手段经历了几次重大突破，推动了矿物学的发展。1857年英国学者H.C.索比制成了显微镜的偏光装置，推进了对矿物的光学性质等实质问题的研究和鉴定，光性矿物学这一经典方法沿用至今；1912年德国学者M.von劳厄成功地进行了对晶体的X射线衍射实验，从而使晶体结构的测定成为可能，使矿物学研究从宏观进入到微观的新阶段，建立了以成分、结构为依据的矿物晶体化学分类。20世纪中期以来，固体物理、量子化学理论以及波谱、电子显微分析等微区、微量分析技术被引入，使矿物学获得新进展，建立了矿物物理学。矿物原料、材料的广泛开发利用，推动了实验矿物学的研究。矿物学、物理化学和地质作用的研究相结合，使成因矿物学和找矿矿物学逐步形成，从而在矿物资源的寻找与开发方面获得更广泛的应用。当前，矿物学的研究领域已由地壳矿物到地幔矿物和其他天体的宇宙矿物，由天然矿物到合成矿物。研究内容由宏观向微观纵深发展，由主要组分到微量元素，由原子排列的平均晶体结构到局部的晶体结构和涉及原子内电子间及原子核的精细结构。

研究方法　主要有野外研究和室内研究。野外研究包括野外地质产状调查和矿物样品的采集等。室内研究方法很多。手标本的肉眼观察，包括双目显微镜下观察和简易化学试验。偏光和反光显微镜下矿物基本光学参数的测定，用于矿物种的鉴定。矿物晶体形态的研究，包括用反射测角仪进行晶体测量和用干涉显微镜、扫描电子显微镜对晶体表面微形貌的观察。矿物化学成分的检测方法有光谱分析，常规化学分析，原子吸收光谱、激光光谱、X射线荧光光谱和极谱分析，电子探针分析，中子活化分析等。物相分析和矿物晶体结构研究中，最常用的是粉晶和单晶的X射线分析，用于测定晶胞参数、空间群和晶体结构。尚有用红外光谱测定原子基团，以穆斯堡尔谱测定铁等的价态和配位，用可见光吸收谱进行矿物颜色和内部电子构型的定量研究，以核磁共振测定分子结构，以顺磁共振测定晶体结构缺陷，以热分析法研究矿物的脱水、分解、相变等。此外，透射电子显微镜的高分辨性能可用来直接观察超微结构和晶体缺陷。还有一些专门研究法，如**包裹体**研究、同位素研究，把矿物作为材料的物理化学性能试验等。

## 矿物质　mineral matter

维持人体正常生理功能所必需的无机化学元素。又称无机盐。如钙、磷、钠、氯、镁、钾、硫、锌等。人体所有各种元素中，除碳、氢、氧、氮主要以有机化合物形式存在外，其他元素无论含量多少统称矿物质。

矿物质来自土壤。植物从土壤中获得矿物质并储存于根、茎、叶等中，人体内的矿物质一部分来自作为食物的动植物组织，一部分来自饮水、**食盐**和**食品添加剂**。

矿物质不能在人体内合成，除排泄外也不能在体内代谢过程中消失。根据其在体内的含量和膳食中需要量的不同，矿物质可分为两类：钙、磷、硫、钾、钠、氯和镁7种元素，含量在0.01%以上，需要量在每天100毫克以上，称为大量元素或常量元素；低于此数的其他元素称为**微量元素**或痕量元素。矿物质存在于所有机体的健康组织中，并对机体的自身稳定起重要作用：①是机体的重要组成成分。②维持细胞的渗透压与机体的酸碱平衡。③保持神经、肌肉的兴奋性。④具有机体的某些特殊生理功能。⑤改善食品的感官性状与营养价值。矿物质缺乏时可使机体组织与功能出现异常，补充后可恢复正常。所有矿物质在摄入过量时都有毒。

## 矿相学　mineragraphy

用矿相显微镜研究金属矿石的学科。是20世纪初从金相学引入到地质科学中的。

研究内容主要是：①在矿相（反光）显微镜下，研究矿石磨光片中不透明金属矿物的光学性质（反射率、均质性和非均质性等）、硬度和化学性质，用以准确鉴定金属矿物。②研究矿石的结构构造、矿物组合及其在时间、空间的分布情况，为研究矿床成因和进行矿产勘察提供依据。③查明矿石中有益和有害组分的赋存状态、矿物的嵌布特征等工艺性质，为选择合理的矿石加工技术方案提供基础资料。

矿相学研究一般可分三个步骤：①野外现场研究。在矿区内对矿体进行观察和编录，采集矿石和矿化围岩标本。②实验室研究。对加工过的标本（磨光片等）进行矿相显微镜下的鉴定和研究，必要时结合进行其他专门性研究，如电子探针分析、X射线分析、扫描电镜分析等。③综合研究。综合现场和实验室研究成果，编写矿相学研究报告。

**矿震** mine earthquake 采矿诱发的地震。在地下开挖矿井时形成大面积空洞，受局部构造应力、采挖附加应力和大地应力场变化的影响，于局部地带形成高应力集中区，在一定的诱发条件下，急剧而猛烈地释放出来，引起强烈的地面晃动和摇动。矿震是矿山主要环境问题之一，也是导致地面沉陷的重要原因。矿震震源浅，面波丰富，属于诱发地震。矿震的周期比天然地震的要长，这与矿震所激发的地震波在较浅的地层传播有关。迄今全球最大矿震为5.5级。矿震时，在强大的地应力作用下，岩层或煤层突然脱离母体向采空区闪射，同时产生强大气流，引起井巷破坏和人员伤亡。

煤矿矿震是矿震中发生最多的一种。煤矿矿震通常震级小，一般为2～3级，波及范围不大，但造成的灾害往往比较严重，破坏程度随井巷深度而增加，往往引起矿区断层复活。

**盔头** decorative hat used in Chinese opera 中国传统戏曲剧中人所戴各种冠帽的通称。大体分冠、盔、巾、帽4类。冠，多为帝王、贵族的礼帽；盔，为武职人员所戴；巾，多为软件，属于便服；帽类最杂，自皇帽至草帽，有硬有软，名目繁多。但这种分类是相对的，不少冠帽有不同的叫法，如紫金冠也叫太子盔。除以上4类外，还有各种大小附件，如额子、驸马套翅、翎子、狐尾、面牌、茨菰叶、铲刀头等，多与盔头配合戴用，有的也可以单用。盔头的制作，软件多为缎制品，有花有素；硬件除纱帽、相貂外，多以纸版、铁纱做成硬胎，分前后两扇，饰以金、银、翠羽（或贴蓝绸）、珠子、绒球等。它们与戏衣一样注重装饰，但装饰的繁简时有变化，各剧种之间也互有异同。据有经验的盔头艺人讲，传统的盔头包括各种大小附件，约有300种。

盔头图

**窥基** Kuiji (632～682) 中国唐代僧人，法相宗创始人之一。俗姓尉迟。长安人。出身贵族。17岁出家，奉敕为玄奘弟子，住大慈恩寺随玄奘学梵文和佛教经论。25岁入玄奘译场作笔受，参与翻译《成唯识论》、《辨中边论》、《辨中边论颂》、《唯识二十论》、《异部宗轮论》、《阿毗达磨界身足论》等，多作述记。玄奘去世后，专事著述，其著作中皆可见玄奘之口义，主要有《瑜伽师地论略纂》、《成唯识论述记》、《唯识二十论述记》、《因明入正理论疏》等共43种，有百本疏主之称。弟子有慧沼等。

**奎年** Kuenen, Philip Henry (1902-07-22～1976-12) 荷兰海洋地质学家。生于苏格兰东部的邓迪，卒于莱顿。早年在荷兰莱顿大学学习，毕业后留校任教。1934年后在格罗宁根大学任教。以开创20世纪50～60年代海洋地质研究的新局面而闻名。在沉积构造、盐丘、火山锥和地层褶皱的模拟实验方面做了开拓性的工作，在珊瑚礁、海底峡谷和海底火山活动的研究中也有贡献，最突出的贡献是在海底浊流沉积方面。20世纪50年代初期，他用实验模拟高密度浊流的流动特点，再现了浊流沉积物的主要结构特征，证实了递变层理的浊流成因。而后又联系海底峡谷的成因，论证了深海的浊流活动和浊积岩的分布规律，并在此基础上，对阿尔卑斯山的巨厚复理石沉积提出了深海浊流成因的解释，动摇了“大陆上无深海沉积”的传统观点。著述很多，以《海洋地质学》为著名。

**奎宁** quinine 喹啉型生物碱，分子式$C_{20}H_{24}N_2O_2$。存在于茜草科金鸡纳树皮中。俗称金鸡纳霜、金鸡纳碱。针状结晶（无水乙醇）；熔点177℃，比旋光度$[\alpha]_D^{15}-169$（2克/100毫升97%乙醇）；较难溶于水，易溶于乙醇、氯仿，可溶于苯和乙醚。在硫酸中呈强蓝色荧光。与许多酸生成盐。二盐酸奎宁的熔点180～185℃；奎宁硫酸盐的熔点235.2℃。奎宁及其盐类具有抗疟作用，是最早使用的特效抗疟药。奎宁有毒性，用量不恰当时会出现激烈头痛、耳鸣、腹泻、皮疹、视力及听力障碍。20世纪40年代后，大量合成的喹啉类抗疟药，如氯喹等，疗效优于奎宁。

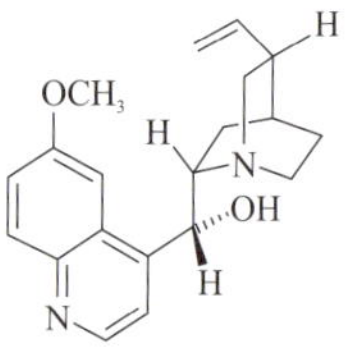


**奎松** Quezon 菲律宾城市。首都马尼拉的卫星城市。位于马尼拉东北8千米。面积为166.2平方千米。人口约230万（2005）。20世纪40年代初，在马里基纳河畔建城。1948年曾为菲律宾首都。1975年11月城市发展，和马尼拉、帕西格一起组成首都大马尼拉市。在城市功能上为首都文化区，有影响较大的菲律宾大学及其他高等学府和圆形剧场，另有颇具规模的动物园、国家公园、野生动物园和奎松纪念大厦。

**奎屯市** Kuytun City 中国新疆维吾尔自治区伊犁哈萨克自治州辖市。“奎屯”系蒙古语译音，意为“寒冷”。位于自治区西部，地处天山北麓，准噶尔盆地西南缘。面积1 171平方千米。人口31万（2008），有汉、哈萨克、维吾尔、蒙古、回等28个民族。唐代曾在此设立驿站。20世纪50年代中期新疆生产建设兵团在此创建奎屯垦区，1975年设奎屯市。矿产有石油、煤、盐、芒硝、大理石、花岗岩、石膏、云母、水晶、石棉、膨润土、金、铜、镍、铁等。是自治区主要农牧区和粮油棉基地，农业以种植业为主，同时发展养殖业，盛产小麦、玉米、棉花、水稻、甜菜、胡麻、瓜果等。畜产品主要有牛、羊、马、猪及皮毛、奶酪等。工业以电力、纺织、机械、化工、卷烟、造纸、印刷、建材、食品、酿造为主。有国道、高速公路经过。

**奎因** Quine, Willard Van Orman (1908-06-25～2000-12-25) 美国哲学家、逻辑学家，逻辑实用主义的代表。生于俄亥俄州，卒于波士顿。就学于奥柏林学院和哈佛大学，曾受教于A.N.怀特海和C.刘易斯门下，1932年获哈佛大学博士学位，1933年起在该校任教，担任过皮尔士讲座哲学教授，1979年退休。奎因强调系统的、

结构式的哲学分析，主张把一般哲学问题置于一个系统的语言框架内进行研究。他认为，

本体论问题与任何科学理论一样，也是为科学选择一种方便的语言形式和概念框架的问题，因此它不应以是否与客观实在相符合作为取舍的标准，而应以是否方便有用为标准。这是一种逻辑经验主义和实用主义相结合的观点。著有《数理逻辑》、《逻辑哲学》、《语词和对象》、《本体论的相对性》等。

**喹啉** quinoline 吡啶与苯并联的杂环化合物，分子式$C_9H_7N$。又称苯并吡啶。有两种并合方式，分别称为喹啉和异喹啉：

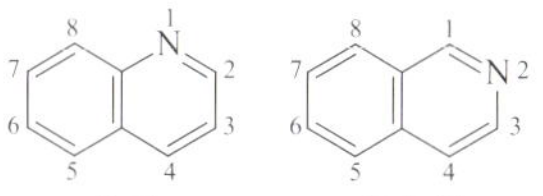

喹啉　　异喹啉

它们存在于煤焦油和骨焦油中，由煤焦油制得的粗喹啉含有约4%的异喹啉。金鸡纳碱（即奎宁）在蒸馏时产生喹啉。喹啉为有特殊气味的无色液体；凝固点－15.6℃，沸点238℃，相对密度1.092 9（20/4℃）；微溶于水，易溶于乙醇、乙醚等有机溶剂。异喹啉的熔点26.5℃，沸点242.2℃（743毫米汞柱），密度1.098 6克/厘米$^3$（20℃），其气味与喹啉完全不同。二者都具有碱性，都可以与强酸生成盐，如苦味酸盐和重铬酸盐；与卤代烷形成四级铵盐等。喹啉的芳香性很强，苯环部分容易在5－和8－两位上发生亲电取代反应，吡啶环部分很稳定，在氧化时，苯环被破坏，而吡啶环不变。异喹啉的性质与喹啉近似。制备喹啉一般用斯克洛浦合成法，即用芳香一级胺、甘油、硫酸和氧化剂（如硝基苯）一起加热，经环化脱氢制成喹啉。异喹啉一般用β－苯乙胺的酰化衍生物与强脱水剂作用，经环化和脱水生成。天然的金鸡纳碱和合成的多种抗疟剂，都是喹啉的衍生物，喹啉形成一大类重要的菁染料。在许多生物碱中含有异喹啉的结构。

**魁北克** Quebec 加拿大东部魁北克省首府。位于该省东南部圣劳伦斯河畔，圣查尔斯河汇入处。市区面积89平方千米，人口49.11万（2006）；大都市区面积3 154.4平方千米，人口71.55万（2006）。绝大部分居民为法国移民后裔，信奉罗马天主教。

魁北克市冬日景色

位于圣劳伦斯河北岸一狭长的桌状高地上。高地向西北缓倾，直至圣查尔斯河河谷滩地。附近地区森林和水力资源丰富。气候冬寒夏暖，1月气温－8～17℃，7月13～25℃；平均年降水量1 100多毫米，冬季多雪。

加拿大最古老的城市之一。1535年法国探险家J.卡蒂埃最先到此。1608年法国探险家S.de尚普兰建立永久定居点和皮毛贸易站。1663年起成为法国在加拿大的殖民统治中心。英法七年战争（1756～1763）后，根据《巴黎条约》归属英国。1833年设市。1791～1841年是上加拿大首府。曾两度成为上、下加拿大联合省首府。1867年加拿大自治领成立后，一直是魁北克省首府。为加拿大法语区仅次于蒙特利尔的大城市。

经济以服务业为主，约占就业人口的4/5以上，包括公共行政服务、商贸、旅游业等。传统的工业部门如木材加工、纸浆和造纸、造船、炼油、纺织、酿酒等，仅占就业人口的10%左右。20世纪90年代开始发展以激光、纤维光学、药物研究为中心的高科技产业。水陆交通发达。港区长16千米，主要沿圣查尔斯河口和圣劳伦斯河北岸分布。加拿大太平洋铁路和加拿大国家铁路的东部货运终点。城西南设国际机场。

拉瓦尔大学（1663）是北美洲历史最悠久的法语大学。有文明博物馆等文化设施。1985年联合国教科文组织将魁北克历史区列入《世界遗产名录》。

**魁北克会议(1943，1944)** Quebec Conferences (1943, 1944) 第二次世界大战期间，美国总统F.D.罗斯福、英国首相W.丘吉尔及两国高级军政官员，在加拿大魁北克举行的两次战略会议。第一次魁北克会议于1943年8月14～24日举行。会议目的是研究欧洲作战的战略，并就与太平洋战场的有关问题达成协议。会议再次确认，"霸王"作战计划应比任何地中海新计划占有优先地位。会议批准以"铁砧"作战计划配合"霸王"计划，即决定从地中海向法国南部登陆，以支持横渡英吉利海峡的主要战斗。在对日作战计划方面，会议决定在缅甸重新发动攻势，并准备在德国崩溃后12个月内击败日本。第二次魁北克会议于1944年9月11～16日举行。会议着重讨论欧洲作战战略和处理德国的问题。会议决定，盟军应在西线全速挺进，突击鲁尔和萨尔，攻占德国的心脏地区；在意大利保持盟军原有兵力以牵制德军；战事如转至中欧，则应抢在苏军之前攻占维也纳。

罗斯福（左二）、丘吉尔（左三）等人在魁北克会议（1943）期间的合影

两次魁北克会议既反映了美、英对法西斯国家协调作战的努力，也反映了两国因各自利益而形成的战略分歧。

**魁北克桥** Quebec Bridge 世界大跨度悬臂桁架梁式桥。位于加拿大魁北克，跨越圣劳伦斯河。建于1904～1918年。原为铁路桥，现已改为公路、铁路两用桥。桥的全长为853.6米，桥的主跨为548.6米，分跨为152.4、548.6、152.4米，其中悬挂孔长度为195.1米。桥梁负责人为工程师T.柯伯。原设计主跨为488米，后加大了61米，争得当时为世界第一。但公司因经济压力节省钢材，且当时的设计方法有缺陷，导致两起严重施工事故。后重新制作新悬挂孔，铸件支承改为铅垫板，获得成功。

魁北克桥全景

**魁北克省** Quebec Province 加拿大东部一省。位于哈得孙湾东南面，北隔哈得孙海峡与巴芬岛相对，东北邻纽芬兰省，西南接安大略省，东南与新不伦瑞克省和美国东北部接界。面积1 540 680平方千米，占国土面积15.4%，居全国10省之首。人口767.61万（2007），约占全国人口24.3%，仅次于安大略省。省会魁北克。

全省约4/5以上地区以低高原地形为

主，属劳伦琴低高原，地面广布第四纪冰川消退后留下的大小湖泊。亚寒带大陆性气候，冬寒漫长，夏暖短促。针叶林茂密；北部亚极地气候为苔原景观。省东南隅加斯佩半岛一带，岗峦起伏，岭谷相间，为北美东部阿巴拉契亚高地的延续。南缘圣劳伦斯河谷地气候相对温和，土地肥沃，是全省人口、城市和经济的集中地区。全省森林覆盖率54%。水力资源丰富。蕴藏铁、金、铜、锌、银、石棉等矿。

原为印第安人、因纽特人居地，以渔猎为生。1534年法国航海家J.卡蒂埃在加斯佩半岛一带登陆。1608年另一位法国探险家S.de尚普兰在圣劳伦斯河河口处（即今魁北克市）建立贸易站和居留地。1756～1763年英法战争后，法属殖民地转归英国。1774年英国通过《魁北克法案》，对法裔居民的语言、宗教信仰、社会传统制度等采取宽容保护政策。1791年以渥太华河为界，划分为以法裔为主的“下加拿大”(魁北克省)和以英裔为主的“上加拿大”(后成为安大略省)。为同化法裔，1841年通过新联邦法，又将上、下加拿大合并，成立加拿大联合省。1867年加拿大自治领成立，魁北克省为最初的四省之一。长期以来省内部分法裔居民要求该省独立，脱离联邦。加拿大唯一以法国移民后裔为主的省，81%居民以法语作为第一语言。主要信奉罗马天主教。城市人口比重80%，全省约一半人口居住在蒙特利尔大都市区，其他重要城市有魁北克、舍布鲁克、三河城等。省经济由早期的毛皮贸易、林业和渔业，到19世纪末进入工矿业发展时期。20世纪中后期，随着服务业迅速发展，逐步形成目前以金融、商贸、地产、旅游等第三产业为主的经济结构。制造业仍是主要物质生产部门，总产值约占全国1/4，仅次于安大略省，主要有纸浆和造纸、炼铝、机械、电器、炼油、金属加工、纺织和服装、食品等。电力工业发达，97%是水电，装机容量占全国30%以上。采矿业中，石棉产量在世界上占突出地位，铁、金、铜等矿开采在国内居前列。农牧业限于圣劳伦斯河谷地，以水果、蔬菜、烟草和乳品生产为主。圣劳伦斯河深水航道沟通大西洋与五大湖之间的联系。公路和铁路主要分布在南部，尤其是圣劳伦斯河谷地，包括横贯大陆的公路、铁路干线。蒙特利尔和魁北克为重要陆路交通枢纽，也是重要港口和航空中心。设3个大型国际机场。有魁北克大学、蒙特利尔大学等7所主要高等学校。自然和历史文化遗产丰富，辟有3个国家公园、100多个省立公园和保护区，其中魁北克历史区1985年被联合国教科文组织以文化遗产列入《世界遗产名录》。

**魁奈** Quesnay, François (1694-06-04～1774-12-16) 法国古典经济学家，重农学派的创始人和领袖。生于巴黎一个地主家庭，卒于凡尔赛。长期行医。1744年获法学博士学位。1749年任路易十五的宫廷医师。

魁奈提出“纯产品学说”，并以此为基础，研究了社会总资本的再生产与流通。他认为，财富就是物质，就是使用价值，工业只能改变财富的形态，不能增加财富的数量，只有农业才能使财富增加。农业中生产的农产品除去种子（生产资料）和工资（生活资料）剩下的产品是纯产品。能生产纯产品的农业是生产的，从事农业的人为生产阶级，而工商业不能生产纯产品，因而是不生产的，从事工商业的人是不生产阶级。农业之所以生产纯产品是因为自然力参加了工作。他设计了经济表，说明社会资本如何在三个阶级（生产阶级、不生产阶级、地主阶级）间生产和流通，其中还把资本区分为原预付（开办时的基本投资）和年预付（每年支付的投资）。他的经济表是他整个经济理论体系的完成和体现，他把社会资本的生产表现为再生产过程，把流通过程表现为再生产过程的要素，把货币仅看作流通手段，考察了各阶级收入的来源、资本与收入的交换、商品与货币的交换、生产消费与生活消费的关系等。经济表中有一些错误和缺点，但表现了他的最富创见和最有天才的思想。著有《租地农场主论》、《谷物论》、《人口论》、《赋税论》、《经济表》等。

**傀儡戏** puppet show 中国传统表演艺术。操纵木偶或其他材质的偶人（含动物），以及以人为偶或人偶同台表演的戏剧形式。即木偶戏。又称傀儡子、木人戏。1929年世界多国发起成立木偶国际联盟（又称国际木偶协会，英文缩写UNIMA），此后中国亦通称为木偶戏。

明王圻《三才图绘》中之“傀儡图”

中国的傀儡源于上古的明器（即冥器）随葬“俑”。商、周之时，盛行真人殉葬，后以“刍灵”(草人）代替真人殉葬，又代之以泥、木、陶、石制的人及器物。《礼记·檀弓下》陈澔注：“束草为人形，以为死者之从卫，谓之刍灵……中古为木偶人，谓之俑，则有面目机发而太似人矣。”两周以降，作为随葬品、祠主和祭奉神明用的偶人、禺人、寓人（古文偶、禺、寓相通）、木寓龙、木寓车马等，屡见于记载。用于镇墓、看守庙宇和门户的俑和偶人，能惊邪驱祟，是一种魁伟、凶猛、怪异的保护神形象，叫作“魌首”。因相貌魁櫑丑怪，故又称“魁櫑”。

中国傀儡艺术的发展，大致经历了3个阶段。第一阶段，傀儡只能做简单的动作，可以作明器、宗教宣传和祭祀之用，也可供人游戏自娱。如商武乙造玩乐解闷的“偶人”，春秋时“面目机发而太似人”的殉葬俑。第二阶段，傀儡成为表演艺术。这时的傀儡“戏”，是可以供人欣赏的娱乐了。它的艺术形式是多种多样的杂技木人戏、傀儡戏。从所传周穆王的偃师戏，战国时的木偶人与土偶人“相与语”，汉代文帝宴飨胡人的“舞其偶人”和“用之于嘉会”的窟礧子，三国时魏马钧的“水转百戏”，北齐后主高纬的滑稽调戏“舞郭公（郭秃）”和武成帝的木人戏，隋炀帝的盛大“水饰”(木人戏“七十二势”和“妓航”)，到唐代的“布施僧”、“盘铃傀儡”，以及两宋市场上空前兴盛的5大技巧杖头、悬丝、药发、铁枝、肉傀儡的登场，都属于这一时期。而随着南宋“凡傀儡，敷演烟粉、灵怪、铁骑、公案、史书、历代君臣将相故事话本，或讲史，或作杂剧，或如崖词”，叙事艺术手段的加强，以及正在兴起的金、元戏曲艺术的影响，促使部分傀儡艺术创造和担当起了代言体戏剧的功能，从而进入了第三个阶段。

中国傀儡大约自唐代传入朝鲜和日本。起初被称为“苦古兹”(kukutsu)，正是“傀儡子”的音变。后来称“人形净琉璃”、“人形剧”，19世纪的“文乐”成为日本传统傀儡戏的统称。在日本，“傀儡”一词，最早见于10世纪编写的汉和辞典《和名类聚抄》。当代日本民俗学者诹访春雄说：“较之约晚一世纪的大江匡房，亲眼见过傀儡子集团而写下了有名的《傀儡子记》一文。”“在艺能（杂技）史上，(朝鲜）男社堂（艺人）建立的最大功绩，是他们身为被称作郭库托阁氏、乃鲁姆的木偶戏的继承者……郭库托是来自汉语中意为傀儡的‘郭秃’一词。这样看来，被称作社堂的流浪艺人集团与日本的傀儡子有许多相似之处……（日本苦古兹）所保持的艺能的原型来自于中国的散乐，这一点是毫无疑问的。”以后中国的8种傀儡（除杖头、悬线、药发、水上、机关、肉、布袋7种外，皮影也归入其内）在日本都有，并有许多创造性的发展。到了江户时代，就迎来了它的全盛期。

**傀儡政府** puppet government 为外国侵略者扶植或收买的卖国政府。它代表外国侵略者和本国卖国集团的利益，出卖民族利益和国家主权。其政治、经济、军事、内政、外交等大权均为外国侵略者所操纵，对侵略者奴颜婢膝，唯命是从。

**溃疡性结肠炎** ulcerative colitis 直肠或结肠的非特异性炎性病变。与克罗恩氏病同属炎症性肠病。病因不明，可能与免疫、遗传、精神及感染等因素有关。主要累及直肠、乙状结肠和降结肠，病理特征为黏膜充血、水肿、多发性浅表溃疡（见图），晚期肠壁增厚、肠腔狭窄并伴有息肉形成。临床上以腹泻、黏液便、血便或脓血便、腹痛和排便不畅为特点，并可伴有发热、贫血、关节炎、皮肤病变和肝病等肠外表现。病程缓慢，有反复发作的趋势。

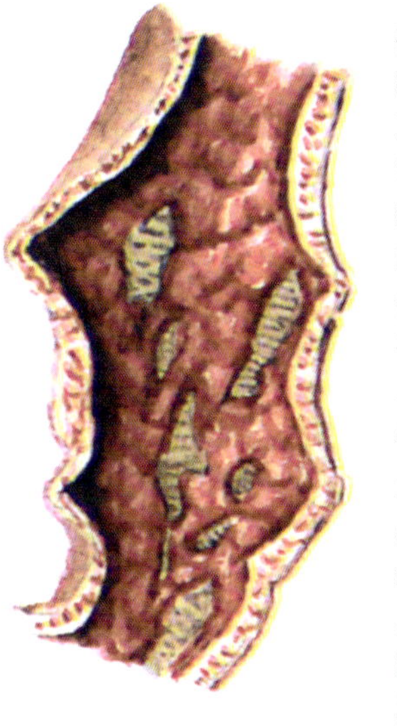

溃疡性结肠炎示意图

诊断 依据腹泻、腹痛、脓血便及肠外症状等临床表现，辅以X射线和内镜等检查，可作出诊断。注意与慢性细菌性痢疾、阿米巴痢疾等感染性肠病、结肠癌、克罗恩氏病及缺血性肠病鉴别。

治疗 尽快控制急性发作，缓解病情，防止复发。肾上腺皮质激素和5-氨基水杨酸制剂是比较有效的内科治疗药物。对病变局限于直肠、乙状结肠者，可试用药物保留灌肠。对上述药物治疗无效而又不宜手术者可试用免疫抑制剂，如硫唑嘌呤等。重症内科治疗无效，并发严重合并症者，应及时采取手术治疗。

**《昆昌与昆平》** *Khunchang and Khunphaen* 泰国说唱体长篇叙事诗。诗体为平律格仑。共43 100多行。原为口头流传的民间说唱故事。阿瑜陀耶王朝二世王时期搜集整理，写成长诗。1767年缅军攻陷阿瑜陀耶时散失。曼谷王朝拉玛二世时期由顺通蒲等据残存材料和艺人口述，重新编写成书。1917年由丹隆拉差努帕等人校订出版。长诗表现古代泰国青年恋爱故事及城市社会生活。素攀府武将之子帕莱诰奉命率兵与老挝军队作战，纨绔子弟昆昌设计骗娶其妻宛通。帕莱诰凯旋，获封号昆平。昆昌与昆平因反复争夺宛通而多次发生冲突。宛通在两个男人间犹豫不定，被国王处死。长诗情节引人入胜，人物形象生动，语言简洁流畅，诗歌艺术达到了炉火纯青的境界。

**昆虫纲** Insecta; insect 节肢动物门的一纲。分为32～34目。世界上的昆虫有100万～200万种，约占动物界种数的80%。有的估计为1 000万种，每年还陆续发现0.5万～1万新种。中国有15万～30万种。体分头、胸、腹三部分。头部具触角1对（极少数无触角）；胸部3节，每节有足1对，中胸和后胸节可有翅各1对；腹部除末端数节外，附肢多退化或无。生殖孔后位。昆虫习性歧异，分布范围很广，除海洋的水域之中以外，凡有植物生长的地域都有昆虫。昆虫具有强大的飞翔能力，其微小的身躯又易随气流传播，所以从赤道到两极都有它们的踪迹。

一些昆虫在农业、林业、牧业、仓储物资、建筑材料等方面可造成很大危害；另外，也能传播人、畜疾病。昆虫产品可以利用，如蚕丝、蜂蜜、蜂蜡、紫胶、白蜡等；某些昆虫传播花粉，可使植物增产；食虫性和寄生性昆虫可用以防治害虫；某些水栖昆虫是鱼类食饵，也可用作环境污染的指示种；某些昆虫可作食品或禽畜饲料；少数药用昆虫可以治疗疾病。

**昆虫激素** insect hormone 昆虫的神经分泌细胞和内分泌腺体分泌的激素。可经体液运至全身各处，对昆虫的多种生理机能起调控作用。昆虫的内分泌器官同脊椎动物一样也分两类：①神经分泌细胞。包括脑神经分泌细胞群、心侧体、咽下神经节分泌细胞、各神经节分泌细胞等。②腺体内分泌器官。包括咽侧体、前胸腺、生殖腺等。

神经分泌细胞分泌的激素多为多肽类物质，又称为神经肽，其功能分为两类。一类是调控腺体内分泌器官的活性，如促前胸腺激素可以激活腺胸腺分泌蜕皮酮的活性，咽侧体促进激素和咽侧体静止激素，可以分别促进和抑制咽侧体分泌保幼激素的活性；另一类直接调控昆虫的生理机能，如滞育激素引起家蚕雌蛾产出滞育卵，蜕壳激素调控昆虫的变态行为，激脂激素参与昆虫的能量代谢。

腺体内分泌器官中，咽侧体分泌的保幼激素同前胸腺分泌的蜕皮激素在昆虫的生长发育、变态、生殖、多态现象等生理现象中发挥重要的作用；前胸腺在成虫体内已经消失，而成虫的卵巢和睾丸的发育成熟都需要蜕皮激素的参与，此时成虫的生殖腺可以分泌蜕皮激素。

**昆德拉** Kundera,Milan（1929-04-01～ ）捷克作家。生于布尔诺。1958年毕业于艺术学院。当过工人、爵士乐手、教师、《文学报》主编等。主要创作了歌颂捷克民族英雄J.伏契克的长篇叙事诗《最后的五月》(1955)和要求创作自由、抨击“斯大林主义”的小说《玩笑》(1967)等。1975年因反对苏联出兵捷克被开除出党，被迫侨居法国，在雷恩法国大学、巴黎大学执教。并用法、英等文字出版了小说《生活不在这里》(1973)、《生命中不能承受之轻》(1984)和随笔集《小说的艺术》(1986)等。

**昆都士** Kunduz 阿富汗北部第二大城市，昆都士省首府。位于昆都士河（阿姆河上游左岸支流）下游左岸，南距首都喀布尔260千米。人口约11.8万。居盛产棉花、稻米的肥沃绿洲的中心，相应发展起各种农产品加工工业。重要的交通枢纽，有公路东通汉纳巴德和法扎巴德，南达喀布尔。西北到阿姆河畔的卡济勒堡，对岸就是塔吉克斯坦；西趋马扎里沙里夫。历史上屡经战乱，现仍是关乎国防安危的军事重地。居民多塔吉克族。

**昆剧** Kunju opera 中国戏曲声腔、剧种。见昆曲。

**昆剧传习所** Academy of Kunju Opera 中国昆剧科班，即培养昆剧演员的机构。1921年秋创办于江苏省苏州市桃花坞五亩园。穆藕初出巨资支持。主要教师沈月泉（小生）等都是清末在苏、沪地区享有盛名的“全福班”后期艺人。先后入所的学生60人，大都是城市贫民子弟，年龄从9岁到15岁。规定学习3年，帮演2年，5年满师。艺名嵌一“传”字，用最后一个字区分行当：小生以“玉”旁，老生、外、末、净以“金”旁，副、丑以“水”旁，旦以“草”头。所学的传统折子戏共有400多出。培养学员仅此一期。满师后，曾先后用“新乐府”、“仙霓社”名称组班，演出于上海、杭州、嘉兴、湖州一带，在继承和发展昆曲艺术方面作出了重要贡献。1956年周传瑛、王传淞主演了经过整理改编的昆剧《十五贯》，曾经轰动一时。

**昆卡** Cuenca 厄瓜多尔第三大城市，阿苏艾省首府。位于南部安第斯山脉山谷高地。海拔约2 600米。气候四季如春，但变化无常。人口27.7万(2001)。1557年建城。保留有许多印加帝国遗址和西班牙殖民时期的建筑，以“安第斯的雅典”闻名。被称为厄瓜多尔的“文化之都”。拥有著名的昆卡大学(1868)、阿苏艾大学、昆卡天主教大学和萨雷斯理工大学。工业主要有纺织、轮胎、陶器、皮革、金银珠宝首饰和工艺品等。旅游业较发达。有铁路和泛美公路。

**昆卡** Cuenca 西班牙中东部文化名城。昆卡省首府。位于胡卡尔河畔。因成片房屋建在断崖之上，故以“不安全的房屋”而闻名。人口5.59万（2009）。中世纪为文化和纺织业中心，著名的昆卡地毯的产地。19世纪向附近低地扩展，形成上城（古城）和下城（新城）。工业有制革、面粉、造纸、家具、化肥和毛纺织等。城内留有教堂。有博物馆和美术馆，被称为“前卫艺术的压轴之地”。

**昆仑关之战** Kunlunguan, Battle of 1939年12月中国军队在桂南对侵华日军发动的一次反击作战。1939年11月，日军为切断中国西南桂越国际交通线，并在南宁地区开辟其海军向内陆作战的航空基地，在第21军司令官安藤利吉指挥下，集结4个师团及一部分海军陆战队与航空队，在广东钦州湾（今属广西）强行登陆，攻取南宁，于12月4日攻占昆仑关要地。昆仑关地处邕宾公路要冲，位于南宁以北约40千米，地势极为险要。中国政府为防止日军深入柳州、贵阳等地，部署桂南大会战，决定以此为重点战场开始反攻。桂林行营主任白崇禧于12月中旬集结15万多人和百架飞机，于18日开始总攻击，由北、东、西3方面向南宁发起向心攻击。第5军向据守昆仑关正面的日军第5师团一部攻击，日军纷纷向核心阵地撤退。19日，第5军郑洞国荣誉第1师继续对昆仑关攻击，将该地日军守备队歼灭。24日，日军第5师团第21旅团长中村正雄率部于九塘东北枯桃岭遭第5军攻击，伤亡惨重，中村正雄被击毙。31日，中国军队攻克昆仑关。此役为中国军队自抗战以来第一次采取步、坦、炮、空诸兵种协同作战，歼灭日军4 000余人，为桂南会战的胜利奠定了基础。

**昆仑山脉** Kunlun Mountain Range 横贯中国西部的高大山脉。西起帕米尔高原东部，东到柴达木河上游谷地，与巴颜喀拉山和阿尼玛卿山（大积石山）相接，全长2 500余千米；南北最宽处350千米，最窄处150千米。山势宏伟峻拔，峰顶终年积雪，屹立在塔里木盆地与柴达木盆地之南，与两盆地间均以深大断裂相隔。

昆仑山北坡属暖温带塔里木荒漠和柴达木荒漠，山前平均年降水量小于100毫米。平均年降水量随山地海拔增高而略增，暖温带荒漠被高山荒漠所取代，由特有的垫状驼绒藜与西藏亚菊组成。

昆仑山脉西高东低，按地势分西、中、东3段。①西段。从喀拉喀什河上游的赛图拉与叶尔羌河上游的麻扎通过的新藏公路，构成昆仑山脉西、中段的分水界。主要山口有乌孜别里山口、明铁盖山口、红其拉甫达坂及康西瓦等，为通往阿富汗及巴基斯坦的交通要道。西昆仑山平均海拔为5 500～6 000米，海拔在7 000米以上的山峰有3座。公格尔山（7 649米）和慕士塔格山（7 509米）是昆仑山脉的两座最高峰。②中段。位于新藏公路与车尔臣河9个大坂山，主脉向南略呈弧形；克里雅山口和喀拉米兰山口是该段联系新疆—西藏通道。中昆仑山平均海拔5 000～5 500米，海拔6 000米以上的山峰有8座。北坡雪线5 100～5 800米。③东段。向东略呈扇形展开，分为北支祁漫塔格山、中支阿尔格山、南支可可西里山三支。昆仑山垭口是青藏公路必经之道。东昆仑山海拔6 000米以上的山峰有4座，平均海拔4 500～5 000米，积雪分布在5 800米以上的山峰。昆仑山垭口一带的雪线高度，北坡5 200米，南坡5 400米。

**昆明市** Kunming City 中国云南省辖市，省会。辖五华、盘龙、官渡、西山、东川5区和呈贡、晋宁、富民、宜良、嵩明5县及石林彝族自治县、禄劝彝族苗族自治县、寻甸回族彝族自治县，代管安宁市。面积21 473平方千米。人口643万（2010）。有汉、回、彝、苗、白、哈尼、纳西等民族，少数民族约占总人口的13.7%。战国时期，楚人于滇池地区建立滇王国。西汉属益州郡谷昌县，晋为晋宁郡滇池县。隋、唐置昆州。唐永泰元年（765）筑拓东城，为南诏东都。后改为鄯阐城。宋大理国于此广建宫室。1271年，元设昆明二千户所，隶属于鄯阐万户府，“昆明”一名始于此。1276年置云南行中书省，设昆明县，隶属中庆路，为云南行中书省治所。明时改中庆路为云南府，昆明县属之，仍为云南省省会。清因之。1928年析划昆明县置昆明市。

昆明是世界著名“春城”，属亚热带高原季风气候，有四季如春、一雨成冬、干湿季分明的特点。年平均气温14～16.3℃。平均年降水量约1 000毫米，雨季5～10月，降水占年总量的89%。

有机械、冶金、纺织、化工、建材、烟草、食品、香料、皮革、电力、仪表、橡胶、塑料、造纸等多种工业部门结构的综合性工业城市。矿产资源以磷、盐、铜、钛矿最为丰富。磷矿储量约48亿吨，品位高，开采条件好，多适于露天开采；盐矿储量约138亿吨，安宁市为云南省的盐磷化工基地。昆明是云南省交通枢纽。主要铁路干线贵昆、成昆、南昆、昆玉、内昆及昆河（口）窄轨铁路交会于此。主要公路干线有滇桂、滇黔、昆瑞、昆洛、昆河、昆水等，以及安石高等级公路、昆玉和楚大高速公路等。民航有一百余条国际、国内航线。

昆明有云南大学、昆明理工大学、昆明医学院、云南师范大学等10多所高等院校；有天文台、紫外线辐射和高山物理研究所、植物研究所、动物研究所等科研机构。1990年落成的云南省青少年科技中心是中国科协系统最大的青少年科技中心。

昆明是一座山青水秀、历史悠久的多民族边疆文化名城和旅游城市。主要名胜古迹有大观楼、圆通寺、铜瓦寺、大德寺、筇竹寺、讲武堂、石寨山古遗址、郑和故里、聂耳墓等。著名风景游览区有西山、滇池、安宁温泉、黑龙潭、昆明植物园、茶花园、路南石林、世界园艺博览园、云南民族村等。昆明是国家历史文化名城。

**昆曲** Kunqu opera 中国戏曲声腔、剧种。又称昆剧。明代，昆山腔经魏良辅等人改进，演出了传奇《浣纱记》后，梨园子弟竞相演唱，文人学士争用昆腔新声撰作传奇，影响从吴中扩展到江浙各地。万历末，已是“四方歌曲必宗吴门”，并且“声各小变，腔调略同”，形成了众多流派，一跃而居诸腔之首，并逐渐发展成全国性剧种，称为“官腔”。

从明天启初到清康熙末的100余年间，是昆剧蓬勃兴盛的时期。新作不断涌现，戏班竞演新剧。表演艺术日趋成熟，身段表情、说白念唱、服装道具等日益讲究，已有老生、小生、外、末、净、付、丑、旦、贴、老旦等脚色分工。初期多演出全本传奇，一本有四五十出，须两晚或更多时间才能演完。明末清初，艺人通过演出实践，删除了一些软散场子，紧缩凝练，删除枝节，节演整本名剧；同时，又从剧中选其特别精彩的一出或数出，加以充实、丰富，使之成为可供独立演出的短剧，这就是折子戏的诞生。

通过艺人对戏剧人物的精雕细琢，出现了一批生、旦、净、丑等本行为主的应工戏。然而单演折子戏也带来剧目锐减，表演凝滞，唱做过分吃重等弊病，加之格

昆明城区远眺

在昆曲舞台上演出的《牡丹亭》剧照
（言慧珠饰杜丽娘，岳美缇饰春香）

律过分谨严，文辞古奥典雅，导致昆剧逐渐步入困境。乾隆末年，昆剧在南方虽仍占优势，但在北方却不得不让位给后来兴起的其他声腔剧种。江南的昆剧也难与以新鲜通俗见长的徽班、京班一较短长。

昆剧熔北曲和弋阳、海盐等南曲诸腔于一炉，并加以提炼，音乐上的艺术成就是史无前例的。在节奏上除三眼一板、一眼一板、叠板、散板外，又出现了赠板，使音乐布局更多变化，缠绵婉转、柔曼悠远的特点也更加突出。在演唱艺术技巧上，注重声音的控制，节奏速度的顿挫疾徐和咬字吐音，并有“豁、叠、擞、嚯”等腔的区分以及各类脚色的性格唱法。在音乐配器方面也更为齐全，管乐器有笛、箫、大小唢呐、笙，弦乐器有琵琶、三弦、月琴，打击乐器有鼓板、大锣、小锣、汤锣、云锣、齐钹、小钹、堂鼓。由于以声若游丝的笛为主要伴奏乐器，加上赠板的广泛应用，字分头腹尾的吐字方式，以及它本身受吴中民歌影响而具有的流丽悠远特色，使昆腔音乐以“婉丽妩媚，一唱三叹”著称。

昆剧的表演，是一种歌、舞、介、白各种表演手段互相配合的综合艺术。舞蹈身段大抵可分两种：一种是说话时的辅助姿态和由手势发展起来的着重写意的舞蹈；一种是配合唱词感情的抒情舞蹈。此外，昆腔在念白上也积累了丰富的经验，特别是丑脚，说的是吴语为主的一些江南方言，生活气息浓厚，而且往往运用大段类似快板的韵白，对丰富人物形象起了重要的衬托作用。由于表演艺术的全面发展，脚色行当也自然越分越细：老生分副末、老外、老生，小生分官生、小生、巾生，净丑分大面（正净）、白面、二面（又称“付”）、小面（丑），旦分老旦、正旦、作旦（娃娃旦）、刺杀旦、五旦（又称闺门旦、小旦）、六旦（又称贴旦、花旦）、耳朵旦（杂旦）等。各行脚色都在表演上形成一套自己的表演程式和技巧。这些程式化的动作语言，在刻画人物性格、表达人物心理状态、渲染戏剧性和增强感染力方面，形成了昆剧完整而独特的表演体系。

昆剧对现代全国大部分声腔剧种都有过深刻的影响。例如越剧的表演就受昆剧很大的影响；京剧各类脚色的性格唱法，也是在昆剧奠定的基础上发展起来的。很多演员如梅兰芳、程砚秋就把昆剧的唱、演技巧作为加强基础训练、提高演唱水平的一个重要方法。此外，川剧、湘剧、婺剧、祁剧、赣剧、桂剧、柳子戏和广东正字戏等剧种中都保留着昆剧的部分剧目、声腔和曲牌。

2001年5月18日，联合国教科文组织宣布昆剧为“人类口头和非物质遗产代表作”。

**昆山腔** Kunshan tune　中国戏曲声腔。元朝末年，南曲在江苏昆山一带流传过程中，与当地民间音乐和语音结合，逐渐形成的戏曲声腔。据明魏良辅《南词引正》记载，元末诗人、音乐家顾坚“精于南词，善作古赋”，“善发南曲之奥”，推动了这一南曲新流派的发展。明朝初年，已有“昆山腔”之称。据传明太祖朱元璋召见昆山老人周寿谊时，曾经笑问：“闻昆山腔甚佳，尔亦能讴否？”（周玄暐《泾林续记》）约当明嘉靖、隆庆时，居住在太仓的魏良辅得张野塘、谢林泉等乐师的帮助，总结北曲的艺术成就，借鉴其结构谨严的长处，在昆山腔原有基础上，对宫调、板眼、平仄等加以考究，同时吸取海盐腔、弋阳腔之长，加以革新创造。演唱讲究“转喉押调”，“字正腔圆”，唱出“曲情理趣”，并丰富了音乐伴奏。改进后的昆山腔形成了委婉细腻、流丽悠远的风格，称为“水磨调”。当时也还只是清唱。随后，昆山梁辰鱼继承魏氏的成就，与郑思笠、唐小虞等对昆山腔作进一步的研究与改革。隆庆年间，梁辰鱼编写传奇《浣纱记》，用昆山腔演唱，三吴观众耳目为之一新。梨园子弟争相习唱，很快流行于舞台，足迹几遍南北。

昆山腔演出图（选自明崇祯刊本《荷花荡》插图）

**昆山市** Kunshan City　中国江苏省辖县级市。位于省境东南部。面积927平方千米。人口69万（2008）。春秋时为娄邑，秦置娄县，南朝梁天监六年（507）析娄县置信义县，大同初年（535）析信义县置昆山县。1989年撤县设市。由苏州市代管。工业有建材、化工、纺织、机械、电子、服装、制革等。农作物以水稻、小麦、油菜为主。特产有阳澄湖大闸蟹、巴城黄罗蜜香瓜。中国昆曲发源地。名胜古迹有马鞍山、亭林公园、集善桥（赵家桥）、文星阁、文笔峰和顾炎武纪念馆、震川园及昆曲博物馆等。

**昆士兰州** Queensland, State of　澳大利亚东北部的一个州。西邻北部地区和南澳大利亚州，南界新南威尔士州，东濒太平洋，北临卡奔塔利亚湾。面积173.06万平方千米，为澳大利亚面积第二大州。人口447.3万（2009）。首府布里斯班。

大分水岭纵贯东部，山地面积约占全州总面积的1/3。南北两端高山直逼海岸，北部有全州最高的巴特尔·弗里尔山（1 611米）。中部和南部山地较为平缓宽广，山间的盆地、高原为主要的农牧地区。大分水岭以西为内陆平原、盆地，面积约占全州总面积的2/3，为重要的天然牧场。全州大部分地区地处热带。夏季炎热，2月平均气温30℃左右；冬季温和，7月平均气温10℃左右。平均年降水量自东北部的4 500毫米下降至西南部的125毫米。降水大多集中在夏季。主要河流有菲茨罗伊河、伯德金河等。

农牧业居重要地位。甘蔗集中种植在东部沿海，并有菠萝、香蕉等热带水果。南部的达令低丘草地盛产小麦，兼种亚麻、大豆、烟草、棉花。广大内陆为全国最重要的粗放牧牛区，兼营以羊毛生产为主的养羊业。所产肉类、蔗糖、羊毛、小麦等大部分供出口。采矿业具有一定的规模，主要有鲍恩盆地的烟煤、约克角半岛的铝土矿、芒特艾萨的铜铅锌矿、玛丽凯瑟琳的铀矿、格林韦尔的镍矿、东部海滩的砂矿及中南部内陆的石油和天然气。工业以食品、制糖、肉类加工为主，其他有汽车制造、金属冶炼、石油化工等。旅游业为新兴部门，有大堡礁、戈尔德科斯特、桑夏恩海岸等著名旅游地。主要港口有布里斯班、凯恩斯、汤斯维尔、麦凯、罗克汉普顿、格拉德斯通。

**昆体良** Quintilian, Marcus Fabius(35～96)　古代罗马演说家、教育家。又译昆提利安。生于西班牙，先在罗马受教育，后到西班牙当教师。公元68年应召到罗马，由罗马皇

帝韦斯巴芗授予罗马帝国第一个修辞学教授职位。他曾经担任罗马皇储的教师。他的早期著作《论演说术的衰落》和诉讼演说词等，均已散失。《演说术原理》保留完整，是他长期教学和演说实践的经验总结。

关于儿童教育的意见，是昆体良教育体系中的精华部分。认为教师应是有学识的，应该热爱儿童，不要轻易给儿童以奖赏或惩罚。教师应当以身作则并研究学生的成长。昆体良非常重视儿童语言的发展，重视榜样的教育作用。要求学生必须学习算术和几何学等数学知识。他认为，对学生进行教学必须根据理论的顺序，还要注意学生的模仿和练习。教师要重视学生知识基础的巩固。昆体良的教育理论在14、15世纪重新引起教育家的注意。

**髡残** Kuncan (1612～?) 中国明末清初画家。见石谿。

**醌** quinone 一类较特殊的α,β-不饱和环状酮类化合物。具有不饱和环二酮的结构。最简单的醌是苯醌。醌类有高度共轭结构，故均为有色化合物，对位醌多半为黄色，邻位多半为红色或橙色。醌极易还原成对苯二酚（氢醌），后者也极易氧化成醌：

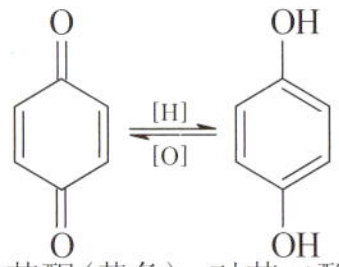


对苯醌(黄色) 对苯二酚(无色)

二者构成了一个氧化还原体系，在多数情况下，可参与细胞的基本生化反应。天然醌类的结构类型可分为苯醌、萘醌、菲醌、蒽醌等。

**括户** 中国古代通过检查户口，将隐漏不报和逃亡人口搜括出来，遣送还乡或就地入籍。又称括客。这种清查浮客的活动，历代均有。隋代的租调徭役和唐代的租庸调都以人丁作为征发对象，因此封建国家十分重视对户口的控制，严禁百姓逃亡。隋朝建立后，曾检括户口，大索貌阅，并实行输籍之法，都是为了把隐漏、逃亡的农民变成国家控制的编户。唐代建立后，高祖、太宗都曾下诏检括户口。高宗、武则天以后，土地兼并发展，农民土地日益减少，无力负担赋税徭役，被迫弃家离乡。于是武则天遣十道使括天下逃户。

唐代最大的一次括户是玄宗开元九年至十二年（721～724）由宇文融主持的。开元初年，农民逃亡的情况继续发展。为了增加封建国家的财赋收入，扩大徭役、兵役的来源，开元九年宇文融建议检查色役伪滥，搜括逃户。二月，唐玄宗下令州县逃户限百日内自首，并令宇文融充使推勾，受到农民的抵制。唐朝政府被迫改变逃户自首的条件。开元十二年，玄宗允许农民所在附籍，不再提牒还故乡。并再次任命宇文融兼充劝农使，负责检括逃户和籍外田。这次检括，效果很大。开元天宝年间，曾以括出客户置县，足见各地客户数量之多。此后，农民逃亡的情况越来越多，唐王朝不断下令检括逃户，但逃户问题始终没有能够解决。

**蛞蝓** slug 腹足纲肺螺亚纲柄眼目蛞蝓科、嗜黏液蛞蝓科等科及鞋形目足襞蛞蝓科等科动物的统称。俗称“蜒蚰”、“鼻涕虫”。分布于欧洲、亚洲、美洲和北非。陆

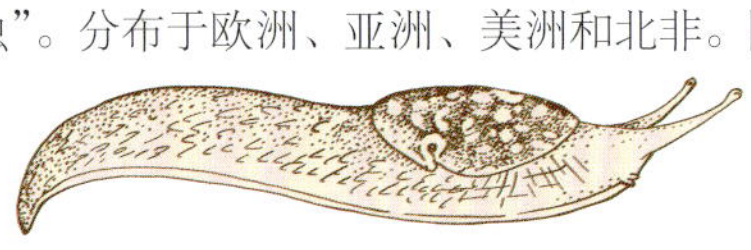

黄蛞蝓

生，体柔软，形状似去壳的蜗牛，外形多呈不规则的圆柱形。贝壳退化为一石灰质的薄板，位于身体前端背部，被外套膜包裹而成内壳（蛞蝓科）或不具壳（嗜黏液蛞蝓科及足襞蛞蝓科）。触角两对。眼位于前触角或后触角的顶端。身体经常分泌黏液，爬行后下面留下银白色的痕迹。生活于阴暗、潮湿处，白昼潜伏，夜晚和雨天外出活动。雌雄同体，交尾产卵，卵产于潮湿的土壤中。取食植物的嫩叶嫩芽，为蔬菜、果树、烟草、棉花等的敌害。有的种类为双腔吸虫第一中间宿主。中国常见的种类有黄蛞蝓。

**阔嘴鸟** Eurylaimidae; broadbills 雀形目阔嘴鸟科鸟类的统称。有8属15种，分布于非洲和东南亚。中国仅有2属2种，即长尾阔嘴鸟和银胸丝冠鸟，分布于云南、广

长尾阔嘴鸟

西及喜马拉雅山区。嘴形粗厚而宽阔，全长250～270毫米。脚短而弱，前3趾基部并连，称并趾型；跗跖大部由单列大型的卷型鳞所包被。

栖息于热带、亚热带森林中，特别是近水的密林、灌丛间。巢呈梨形，以细枝、草、树叶和苔藓等构成，吊于临水树枝、竹梢或藤条上。每窝产卵5～6枚。卵壳上常缀有小点斑。食物以鞘翅目昆虫和蜘蛛为主，也吃少量种子、树芽和核果。

**廓尔喀人** Gurkhas 南亚尼泊尔联邦民主共和国的民族之一。专指居住在廓尔喀等地的人，又称尼泊尔人。在尼泊尔国内，一般称其为婆罗门、切特里和职业种姓人。约1 375万人(2001)。集中分布在中西部山区的廓尔喀、帕尔帕和加德满都谷地。属欧罗巴人种地中海类型。使用尼泊尔语，属印欧语系印度-伊朗语族。使用天城体字母。信仰印度教。系12世纪从印度移入的雅利安人与当地卡人的混血后裔。18世纪中叶廓尔喀国王战胜马拉王朝，统一了尼泊尔。实行种姓制，婆罗门地位最高，切特里次之，职业种姓中的不可接触者地位最低，最受歧视。名字后面的姓氏可表明其社会地位高低。婆罗门、切特里上等种姓人一生中需行16种宗教仪式。严格实行种姓内婚。人死后行火葬，骨灰投入河中。文化水平较高，许多人在政府机构工作。普通人主要从事农业和手工业。

**廓尔王朝** Ghurid Dynasty 阿拉伯帝国阿拔斯王朝时代廓尔地区土著酋长所建立的一个政权。又称古尔王朝。廓尔地区位于阿富汗中部偏西北处，包括法拉、哈里、穆尔加布三河的上源地区，相当于帕鲁帕米苏斯山脉东部。以出口盔甲、兵器、警犬和奴隶著称。

廓尔王朝的建立者为郗赛布家族，最早系哈里河上游南岸曼德什地方的酋长，以菲罗兹库赫为其首府。11世纪初，酋长阿布·阿里受命于伽色尼王朝，始在当地大力传播伊斯兰教。1150～1151年，酋长阿拉-乌德-丁统一全境，出兵攻下伽色尼，大肆焚掠。从此势力强盛，领土骤增。至吉亚斯-乌德-丁穆罕默德在位时（1163～1203），廓尔王朝的统治范围包括呼罗珊、吐火罗斯坦、巴达赫尚、阿富汗东部以及伽色尼王朝的大部分领域。声威所及，北至阿姆河北岸，南至印度河流域，成为中亚一强大帝国。王族分为三支，分别以菲罗兹库赫、伽色尼和巴米扬为其中心。1215年花剌子模灭廓尔王朝。

但廓尔王朝在印度河上游仍残存一部分势力。统治者号称苏丹，信奉伊斯兰教逊尼派，在道义上始终尊崇巴格达之哈里发，以卫道者自居。

# L

**垃圾** solid waste 在居民日常生活中或为日常生活提供服务的活动中产生的固体废物。主要为城市垃圾，包括厨余物、庭院废物、废纸、废塑料、废织物、废金属、废玻璃、陶瓷碎片、砖瓦渣土，以及废家用什具和废旧电器等。

**垃圾箱画派** Ashcan school 美国20世纪初反学院派的画派。又称八人画派、纽约写实派。1905年，R.亨利、G.B.卢克斯、W.J.格拉肯斯、J.F.斯隆、E.希恩等4位青年画家以年长的R.亨利为首组成亨利派。亨利是一位教师，他鼓励大家从报刊画家转变为油画家，观察周围生活，描绘现代城市生活。他们以真挚、热情、幽默的态度描绘市民与贫民窟，并反对美国的印象主义。早期的作品色彩灰暗，以灰、棕、黑色为主调。为了反对学院派独霸艺坛并争取独立的艺术，亨利派与浪漫主义画家A.B.戴维斯、现代主义先锋M.B.普伦德加斯特、印象主义画家E.劳森等于1908年组成了八人画派，并举办了8名独立画家作品展览，轰动整个美国。

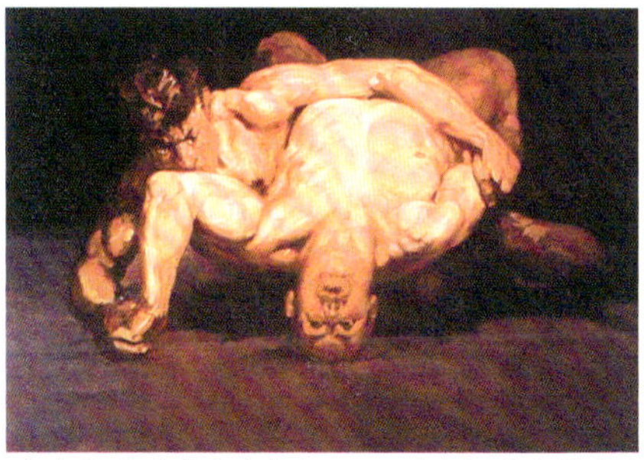

卢克斯的《角力者》(1905，波士顿美术馆藏)

他们由于爱画贫穷、肮脏的城市，所以被讥讽为垃圾箱画派。但这样却使他们闻名于世。他们的写实主义被称为城市写实主义。他们和其他画家一起于1913年举办了军械库展览会，并于1917年创办了独立艺术家协会。

**拉埃内克** Laënnec, René-Théophile-Hyacinthe (1781-02-12～1826-08-31) 法国医师，听诊器的发明者。生于坎佩尔，卒于布列塔尼。早年随亲戚习医，接受非正规的医学训练后，在南特任外科医助。1799年任南特主宫医院外科医师，后至巴黎接受正规医学教育后，任巴黎内克尔医院医师。1822年任法兰西学院教授。1823年被

选为法国医学科学院院士。

拉埃内克首先在临床上应用间接听诊法，并设计、制造了数种不同形式的听诊器。撰写《间接听诊法》(1819)一书，描述了肺部病变、临床症状及诊断，创用啰音、水泡音、支气管羊鸣音、金属声等术语。拉埃内克还发现结核病不仅限于肺部，全身各器官都可能患结核病。然而不幸的是他自己也死于肺结核。

**拉奥** Rao, K.L. (1902-07-05～1980-05-18) 印度水利专家。生于安得拉邦。他在印度古因迪工程学院获得学士学位。在英国伯明翰大学获得博士学位后，在英国拉夫伯勒学院（现称技术大学）任教。第二次世界大战结束后返回印度，先在马德拉斯邦工作，后调至中央水利电力局任设计主任，继为防洪规划设计总工程师、设计研究荣誉委员。他在印度许多大型灌溉、水电、防洪等综合利用工程的规划设计中起了重要作用。

1960年被选为印度中央灌溉电力委员会主席和印度工程师学会主席，还曾担任联合国自然资源委员会主席、国际水资源协会副主席。1963年被任命为灌溉及电力部部长，任职十余年，领导印度全国水资源开发工作。著有300余篇技术论文，曾3次获得总统最优技术论文奖。1963年获得印度国家最高荣誉。

**拉奥孔** Laocoon 希腊传说里的特洛伊英雄。阿波罗（或波塞冬）的祭司。他的名字最早出现于荷马之后关于特洛伊的传说中，他的故事在维吉尔的《埃涅阿斯纪》里最后形成。希腊人假装撤退后，特洛伊人要把他们留下的木马拖进城内，他出面阻止。然而特洛伊的毁灭早已注定，众神便让两条巨蛇将他和他的两个儿子缠死。根据另外的传说，这是因为他不顾自己的祭司身份而结婚，受到阿波罗（或波塞冬）的惩罚。拉奥孔的死曾是古代雕刻家们所喜爱的题材。阿格桑德罗斯等三位罗得岛的艺术家雕刻的、表现他和他的两个儿子痛苦挣扎的群雕（现存梵蒂冈博物馆）非常有名。德国作家G.E.莱辛在分析这组雕像的基础上，写了他的名著《拉奥孔》。

**《拉奥孔》** *Laocoon* 公元前1世纪的希腊大理石雕塑群像。高2.42米。由希腊化时期雕塑家阿格桑德罗斯和他的儿子阿塔诺多罗斯、波利多罗斯三人制作，1506年于

《拉奥孔》(梵蒂冈博物馆藏)

罗马出土。群雕的内容取材于希腊和特洛伊战争的传说。拉奥孔是特洛伊的英雄，他违反神的意志告诫特洛伊人不要中希腊的木马计，因此触怒众神，众神调来两条巨蟒把拉奥孔和他的两个儿子活活缠死。人物痛苦挣扎的状态和紧张扭曲的肌肉都刻画得精细入微。群雕采取了金字塔形的处理，中心人物拉奥孔形体较大，而次要人物——他的两个儿子则较小，两条扭动的巨蟒成为把三者连在一起的纽带，形成完整的三角形构图。雕像在写实技巧和构思处理上都是令人瞩目的古代雕塑名作。

**拉巴斯** La Paz 玻利维亚中央政府和议会所在地，全国最大城市。位于玻利维亚高原东部拉巴斯河谷地。海拔3 640米。气候凉爽，年平均气温10℃。平均年降水量为557毫米。人口83.9万(2005)。原为印第安人村落。1548年由西班牙人建城。1898年成为实际首都（法定首都为苏克雷）。20世纪以来，周围矿区的开发和交通运输业的发展，使其迅速成为全国最大的经济中心。有石油提炼、纺织、食品加工、烟草、造纸、家具、化学、机械等工业。交通便利。交通网连接全国主要城市；另有铁路和公路通往智利西海岸的阿里卡和安托法加斯塔；有一个国际机场。文化设施齐备，有风俗博物馆、海岸博物馆、哥伦布以前时期贵金属博物馆、黄金博物馆等，有圣安德烈斯大学(1830)、天主教大学(1966)等。

**拉巴特** Rabat 摩洛哥首都，历史名城。位于国境西北部，濒大西洋，在布赖格赖格河口左岸，与对岸塞拉市构成拉巴特-塞拉联合城市。面积1 275平方千米。人口140万(2007)。地中海型气候，年平均最高气温22.8℃，年平均最低气温12.8℃，极端最高气温47.8℃；平均年降水量503毫米。10世纪建立塞拉镇。12世纪，穆瓦希德王朝

君主阿卜杜勒·穆明为出海远征，在河口左岸的海角建立军事要塞，取名里巴特-法特赫，阿拉伯语意为“出征之地”，简称里巴特，后演变为拉巴特。19世纪为摩洛哥在大西洋岸的唯一城市，重要政治中心。1912年法国占领后取代古都非斯成为法国保护区行政首府。1956年摩洛哥独立后定都于此。纺织工业比较发达，并以地毯、皮革制品著称，还有渔品加工、石棉等工业。塞拉有制砖、陶瓷、食品、软木加工和木材等工业。市区由旧城和新城组成。旧城在东北部，具有中世纪阿拉伯式风貌，四周围以城墙，街道狭窄弯曲，居民密集，家庭手工业作坊众多，民族式市场和清真寺比比皆是；新城在旧城南面，多现代建筑，马路宽阔，为政府机关、金融、商业、科学研究单位集中分布区。市内多文物古迹，如哈桑清真寺、卡斯巴乌达亚城堡、拉巴特王宫等；还有1917年创建的古物博物馆、摩洛哥艺术博物馆、考古博物馆等。有创立于1957年的全国最高学府——拉巴特大学。交通便利，铁路和公路南通达尔贝达、马拉喀什和萨菲；北通丹吉尔；东通非斯、乌季达及邻国阿尔及利亚、突尼斯。有现代化国际航空港。海港仅具地方意义。大西洋岸终年温和，气候宜人，沙滩细软，是国内重要旅游中心之一。

**拉班** Laban, Rudolf von (1879-12-15～1958-07-01) 匈牙利现代舞表演家、编导、教育家、理论家。现代舞德国流派的创始人之一。生于奥匈帝国的布拉迪斯拉发（今属斯洛伐克），卒于英国韦布里奇。在瑞士创办“舞蹈农庄”，创作舞蹈并演出，以探求一种不用哑剧和古典芭蕾成套动作的舞剧。以后又在慕尼黑、苏黎世等地创办舞校，培养出M.魏格曼、K.尤斯等现代舞大师，并形成德国流派现代舞。发明舞谱。1938年后流亡伦敦与尤斯合办舞校直至逝世。著有《编舞》、《现代教育舞蹈》、《舞蹈与动作的记谱原理》及自传《舞蹈人生》。创立拉班-洛伦斯工业节奏组织、动作艺术研究所，研究人体动作和协调律，解决了生产中的管理问题。

**拉贝** Raabe, Wilhelm (1831-09-08～1910-11-15) 德国小说家。生于埃舍斯豪森，卒于不伦瑞克。1856年以长篇小说《麻雀巷的编年史》成名。1857年起专事创作。在《我们上帝的办事处》(1862)和《来自森林的人们》(1863)中，作者把对历史的回顾和资本主义社会的贫穷结合起来描写。短篇小说《黑色的奴隶船》(1865)、《枞树中的埃尔塞》(1865)和《比措的蠢女人》(1869)，对市侩进行了辛辣的讽刺。《饥饿牧师》(1864)描写两个性格相反的人的不同遭遇，《阿布·台尔凡》(1867)描写久住国外的哈格布赫回到故乡后却与那里格格不入。《运尸车》写穷苦人家的女儿被外祖父卖给一个伯爵后自杀身亡，而外祖父却心安理得。

**拉贝马南雅拉** Rabemananjara, Jacques (1913-06-23～2005-04-02) 马达加斯加诗人、剧作家、社会活动家。生于马鲁安策特腊，卒于法国巴黎。1939年入法国巴黎大学进修，并从事文学创作，发表诗集《黄昏进行曲》(1942)、诗剧《马达加斯加的神明》(1947)。1946年回国，当选为法国国民议会议员。1947年因参加民族解放斗争，被囚禁流放近10年。其间完成自由体长诗《祖国》(1948)，诗集有《千年来的礼仪》(1955)、《解毒剂》(1961)。他的诗歌充满爱国主义的激情，但带有一些神秘色彩。另有诗剧《东方航海家》(1956)、政论《民族主义和马达加斯加问题》(1958)等。1960年马达加斯加独立后，曾任部长、副总统，发表剧本《诸神会宴》(1962)、诗集《神意裁判》(1972)等。

**拉比** Rabi, Isidor Isaac (1898-07-29～1988-01-11) 美国物理学家。生于奥地利莱曼诺夫，次年随父母移居美国，卒于纽约。1927年获哥伦比亚大学哲学博士学位。历任哥伦比亚大学理论物理学讲师、教授、物理系主任。1940年被选为美国国家科学院院士。1950年任美国物理学会主席。

发展了O.斯特恩的分子束方法，并于1938年用分子束和原子束磁共振研究射频谱，精确测定了原子和分子磁矩，奠定了射频波谱学的基础。分子束磁共振方法的许多推广，如原子钟、微波激射器、激光器、核磁共振等，在很大程度上都依据拉比的开拓性工作。他参与雷达研究。曾任美国原子能委员会总顾问委员会委员、主席。他也是美国布鲁克黑文国家实验室的创建者之一。鉴于拉比利用原子束或分子束的射频共振磁谱仪精确测定核自旋和核磁矩，1944年获诺贝尔物理学奖。

**拉比什** Labiche, Eugène-Marin (1815-05-05～1888-01-13) 法国喜剧作家。生于巴黎，卒于巴黎。一生共创作了170余部剧本，大部分与别人合作。拉比什的创作大致可分为两类。一类是带有闹剧性质的喜剧，缺乏严肃的思想内容，仅仅为了娱乐，但妙趣横生，演出效果好。代表作五幕喜剧《意大利草帽》(1851，合写）是19世纪下半叶法国典型的轻松喜剧。另一类剧本反映现实生活，具有哲理性，数量不多，但文学价值较高，其中最著名的是《贝吕松先生的旅程》(1860)、《迷惑》、《厌世者和奥弗涅人》等。他的剧作常把法国第二帝国时期庸俗的资产阶级漫画化。拉比什对社会生活和人物心理有细腻的观察，是近代法国重要的喜剧家之一。

**拉彼鲁兹海峡** La Pérouse Strait 日本北海道岛与俄罗斯萨哈林岛（库页岛）之间沟通日本海与鄂霍次克海的国际水道（见宗谷海峡）。

**拉宾** Rabin, Yitzhak (1922-03-01～1995-11-04) 以色列总理（1974～1977，1992～1995）。生于耶路撒冷，卒于特拉维夫。1941年加入犹太武装组织哈加纳的突击队“帕尔马赫”。1948年第一次中东战争时任旅长。以色列建国后历任参谋部作战部长、训练部长、北部军区司令、国防军总参谋长等职，并参与指挥了第三次中东战争。1968年退役后任驻美大使、劳工部长。1974年接替梅厄担任总理，1977年4月辞职。1984～1990年，在全国联合政府中担任国防部长，提出分阶段解决巴勒斯坦问题的提案，由此成为以色列解决阿以问题的基本准则。1992年领导工党击败利库德集团，赢得第13届议会选举的胜利，再度出任总理兼国防部长。坚持“以土地换和平”的原则，着力推动中东和平进程，从而使以巴关系取得历史性突破。1993年以巴签署《奥斯陆协议》，即《临时自治安排原则宣言》。1994年与约旦签订《和平条约》，并实现以约建交。同年，与阿拉法特、S.佩雷斯共获诺贝尔和平奖。1995年11月遭以色列右翼极端分子刺杀身亡。拉宾曾于1993年访问中国，是第一位访华的以色列总理。

**拉伯雷** Rabelais, François（约1494～1553－04－09） 法国小说家、教育思想家。生于都兰希农，卒于巴黎。拉伯雷成为教士后，与人文主义团体来往，学习希腊文，被视为异端。离开修道院后周游法国。1530年9月进蒙彼利埃大学医学院学习。1532年到里昂行医，广泛接触到各个社会阶层的人物。1534年1月，他跟随红衣主教让·迪贝莱出使罗马，在罗马居住了三个月。1535～1536年再次来到罗马，为意大利文艺复兴气氛所感染。1537年重返蒙彼利埃大学，边行医边讲学，获得博士学位。

拉伯雷在为患者治病的同时，在一本关于巨人卡冈都亚的民间传奇故事的启发下，写作了长篇小说《巨人传》。小说通过卡冈都亚和庞大固埃这父子两个巨人国王的故事，对神学家们进行了尖刻的讽刺，猛烈地抨击了教会的黑暗统治。他曾担任书库主管和行政法院审查官等职务，化名出版《巨人传》。1545年他在宫廷谋得职务，开始以真名出版《巨人传》。《巨人传》的最后两部是在他逝世后才出版的。《巨人传》语言通俗滑稽、笔调粗犷大胆，是世界文学史上的一部杰作。

拉伯雷在医学、数学、法律、天文、地理、考古、哲学、神学、音乐、植物学等许多领域都有很深的造诣。他的教育思想对资产阶级教育学的发展起过积极作用。

**拉卜楞寺** Labrang Monastery 中国藏传佛教格鲁派寺院。位于甘肃夏河县西。始建于清康熙四十八年（1709）。为甘肃藏族地区最大寺院。兴建及最初住持人为嘉木祥一世活佛。全寺有六大扎仓（学院）、十八囊欠（活佛府邸）、十八拉康（大殿）、二经院、一藏经楼、僧舍万余间，占地八十余公顷。正殿供奉释迦牟尼、宗喀巴及历代嘉木祥活佛像，经像极为宝贵。该寺极重视佛教学术，为甘南藏传佛学中心。

**拉布里奥拉** Labriola, Antonio（1843－02－07～1904－02－02） 意大利哲学家、政治家，意大利最早的马克思主义宣传者之一。生于卡西诺，卒于罗马。毕业于那不勒斯大学，从1871年起任该校哲学史副教授，1874年起任罗马大学哲学和教育学教授。最初，他在哲学上是黑格尔主义者，在政治上是民主主义者；19世纪70年代末，转向空想社会主义；80年代末至90年代初，逐渐成为马克思主义者。他不仅宣传马克思主义，而且积极参加国际工人运动，1892年协助创立意大利社会党，1893年出席第二国际苏黎世代表大会。

拉布里奥拉强调首先应把辩证法看作关于客观规律的学说，然后才能把它看作关于认识规律和思维规律的学说。他在成为马克思主义者之后的理论和活动中，承认某些领域是人类认识无法达到的，对**不可知论**作了让步；并为意大利资产阶级的扩张主义作理论上的辩护。拉布里奥拉转到马克思主义立场以后的主要哲学著作是《唯物史观论丛》。他的著作和活动，对意大利共产党和知识界发生过很大影响。

**拉采尔** Ratzel, Friedrich（1844－08－30～1904－08－09） 德国地理学家、人类学家。曾译拉策尔。生于巴登卡尔斯鲁厄，卒于阿默兰。1868年毕业于海德堡大学。曾任《科隆日报》记者，后任慕尼黑工业大学讲师、教授，莱比锡大学地理学教授。致力于研究人类迁移、文化借鉴和人地关系，是人文地理学的奠基人之一。著有《人类地理学》(2卷)、《政治地理学》、《人类史》(3卷)、《德国：乡土地理导论》和《地球与生命：比较地理学》(2卷)。

**拉达克里希南** Radhakrishnan, Sarvepalli（1888－09－05～1975－04－17） 印度哲学家、政治家。生于南印度马德拉斯省的蒂鲁塔尼。父母是泰卢固族婆罗门，信仰传统的印度教。他在基督教教会学校接受中学和大学教育，毕业后专门从事哲学教学工作。曾担任迈索尔大学和加尔各答大学的哲学教授、安得拉大学和贝拿勒斯印度教大学的副校长、牛津大学斯波尔丁东方宗教和伦理学讲座教授。印度独立后，他曾担任印度驻苏联首任大使、印度共和国副总统和总统等职。在印度现代哲学史上被誉为综合东西方哲学的典范。他的哲学思想把印度古代吠檀多不二论和西方唯心主义哲学融合在一起。他主张宇宙的最高实在是一种无限的、永恒不变的精神实体，称为“梵”或“绝对”。这种精神实体是宇宙万物存在的基础。他强调梵的能动性，认为万事万物皆是梵的力量的显现。与此相一致，他认为人的真正本性就在于内部所具有的与梵相同一的精神性，通过直觉的方式证悟这种精神性乃是人生的目的。宗教的道路能使人认识到自己的真正本性，使人从世俗状态转化到“真、智、乐”的超俗状态。他批评印度社会的不平等现象和败坏的习俗，谴责西方文明的本质是崇拜金钱，主张通过宗教的途径解决个人和社会生活的各种矛盾。著有《印度哲学》、《印度教的人生观》、《唯心主义的人生观》、《东方的宗教和西方的思想》等。

**拉德勃鲁赫** Radbruch, Gustav（1878－11－21～1949－11－23） 德国法学家，新康德主义法学派主要代表之一。第二次世界大战后改信自然法学。生于吕贝克，卒于海德堡。曾任柯尼斯堡大学、基尔大学和海德堡大学法学教授。1920～1924年，作为社会民主党人，出任魏玛共和国议员和司法部部长。1933年纳粹党人上台后，他被免去教职。第二次世界大战后他再次在海德堡大学任教。主要著作有《法学导论》(1907）和《法哲学》。他的法学的理论基础来源于康德的二元论和相对主义。

他认为**法律理念**不同于法律概念：法律理念即法律的价值；法律概念是一个文化概念，即与价值有关的现实的概念，是为法律理念、法律价值服务的。法律理念或法律价值首先在于正义，可是正义本身是一个相当模糊的概念，随之而产生的问题是如何衡量平等与不平等，以及如何对待平等和不平等的人。为了确定**法**的具体内容，正义观念或原则就必须由功利观念或原则加以补充，但功利本身又是一个相对的概念，其确切含义难以肯定，只能取决于不同的政治信念。法学需要研究各种法律制度所谋求的政治价值，但不应对相互冲突的政治价值作出选择。法律也不能成为相互冲突的政治价值的玩具，对正确与错误总要权威性地加以决定。为了维护安定和秩序，就需要法的确定性，要求由国家发布和执行法律。因而，法律制度由正义、功利和确定性三种观念和原则构成，它们相互补充又相互冲突。例如正义原则要求法的普遍性，功利原则要求适用法律应分别情况不同处理，确定性原则要求法的稳定性；但正义和功利原则要求法应随社会、经济条件的变化而迅速改变。只强调某一原则必然会损害其他原则。第二次世界大战前，他认为，当这三项原则发生不可调和的冲突时，法的确定性原则应占优先地位。战后，他大幅度地修改了或可以说放弃了相对主义法律学说，认为法应具有绝对的价值准则，在法的正义原则和实在法发生不可调和的冲突时，正义原则应占优先地位；又认为法律实证主义的“法律就是法律”的观点，有利于纳粹政权的暴行。西方法学界一般认为他的这一转变，是从新康德主义或相对主义法学转向自然法学。他的这种观点转变在二战后初期对纳粹党人战争罪行的审判以及法学，特别是新自然法学的发展具有重大影响。

**拉登文化** La Tène Culture 西欧和中欧的早期铁器时代文化。因瑞士纳沙泰尔湖畔的拉登遗址而得名。主要分布于瑞士、奥地利、法国、英国等。年代约当公元前5世纪初至前1世纪末。它代表凯尔特铁器文化的第2阶段，直接从哈尔施塔特文化发展而来，后被罗马文化所取代。创造拉登文化的民族属于印欧语系的凯尔特族。拉登文化时期，采矿和冶铁业均达到较高水平，铁器使用更为普遍，建筑中广泛使用铁钉。农业方面，使用两牛牵引的重犁耕地。拉登文化的装饰艺术独具特色，是一种以曲线螺旋和圆圈图案为主，杂以希腊式花草和斯基泰动物纹样的装饰风格，即所谓“拉登风格”，主要施于盔甲、盾牌、铜镜等器物上。该文化的寨堡建筑规模很大，四面

银器（局部）

有高墙和壕沟，为部落的行政、宗教中心。如德国因戈尔施塔特城附近的曼兴城堡占地达380公顷，围墙总长7千米，城堡内有方形大屋，也有长达41米的长屋，堡内有兴盛的手工业。这些城堡在罗马统治时期逐步发展为城市，不少欧洲名城如伦敦、维也纳、日内瓦等均起源于此。哈尔施塔特文化时期的四轮战车葬此时变为两轮战车葬，表明新式战车已成为战争中的主力。这一时期的凯尔特人已形成部落联盟。

**拉丁帝国** Latin Empire 1204年第四次十字军东征攻陷拜占廷帝国都城君士坦丁堡后建立的封建帝国。因希腊人称西欧人为拉丁人，故名。疆域包括小亚细亚西北部巴尔干半岛南部及其附近岛屿。由组成这次十字军的西欧封建主统治。共持续57年。

12世纪末，西欧封建主早已垂涎拜占廷的富庶，尤其是威尼斯为夺取拜占廷的商业利益，多方策动，促使第四次十字军改变原定进攻埃及的路线，转而进攻君士坦丁堡。1204年2月，十字军攻占君士坦丁堡。

十字军占领了拜占廷帝国大部地区后，推选佛兰德的鲍德温一世（1204～1205年在位）为皇帝，直接控制帝国1/4的土地。1261年7月25日，尼西亚皇帝巴列奥略家族的迈克尔八世（1259～1282年在位）收复君士坦丁堡，恢复了拜占廷帝国。拉丁帝国末代皇帝鲍德温二世（1228～1261年在位）逃往西欧，拉丁帝国遂亡。

**拉丁美洲** Latin America 美国以南美洲地区。包括墨西哥、中美洲、加勒比海的西印度群岛和南美洲。东濒大西洋，西临太平洋，北起墨西哥，南至合恩角，隔德雷克海峡与南极洲相望。面积逾2 070万平方千米。人口约5.69亿（2008）。因该地区近97%的土地曾是拉丁语系国家西班牙和葡萄牙的殖民地，推行宗主国的语言、宗教、文化，故被称为拉丁美洲。有33个国家和12个未独立地区（2006）。鉴于加勒比海地区的特殊性，国际上对该区域正式称为拉丁美洲和加勒比地区。

地形复杂，气候多样。北部为墨西哥高原；其南是狭长的中美地峡，分隔两大洋。东北部为西印度群岛。南部的安第斯山脉纵贯南美洲的西部，全长约8 900千米，是世界上最长的山脉。安第斯山脉以东是波状起伏的圭亚那高原、巴西高原和巴塔哥尼亚高原。巴西高原面积达500多万平方千米，是世界上最大的高原。在群山和高原之间是河流冲积而成的亚马孙平原、奥里诺科平原和拉普拉塔平原。火山众多，活火山占世界总数的1/5以上。图蓬加托山海拔6 800米，是世界上最高的活火山。地震频繁。岛屿众多，主要分布在加勒比海北部和东部，以及南美洲大陆南端的沿海地区。古巴岛为该地区面积最大的岛屿。

地域的80%位于热带和亚热带，赤道横贯南美大陆中部。雨量充沛，河流众多。水利资源充裕，总蕴藏量4 900亿千瓦，占世界20%。亚马孙河长6 480千米，是全球流域面积最广、流量最大的河流。森林覆盖率高，占世界森林总面积的24%。南美洲的热带雨林面积约550万平方千米，是世界上最大、最完整的热带雨林区。动植物种类繁多，生长有红木、檀香木、桃花心木、香膏木、肉桂、金鸡纳树等经济价值极高的植物品种。渔业资源丰富，秘鲁和

身着阿兹特克民族服装的印第安男子

智利沿海、墨西哥湾、加勒比海、巴西沿海、南大西洋等海域都是世界重要渔场，盛产沙丁鱼、金枪鱼、鲈鱼、鱿鱼等多种鱼类。可耕地面积达1.6亿公顷，具有发展农业的巨大潜力。盛产香蕉、蔗糖、可可、棉花、柑橘、咖啡等经济作物。矿物资源种类齐全，铜、铁、铝土、锑、锡、钴、铌、硝石、石油等矿产在世界上占有重要地位，其次是锰、钼、铅、锌、镍、银、铋、硫、金刚石、海蓝宝石、黄玉等。

原住居民为印第安人。历史上外来移民主要来自欧洲、非洲、中东等地区，也有少量印度人、日本人、华人。经长期融合，居民中混血种人（主要是印欧混血种人和黑白混血种人）占一半以上。人口增长较快，20世纪90年代人口增长率将近20‰。

古代印第安人曾创造了玛雅文化、阿兹特克文化和印加文化。15世纪末叶起，拉丁美洲地区陆续沦为西班牙、葡萄牙、英国、法国、荷兰等国的殖民地。19世纪初至30年代，西、葡殖民地和法属海地相继独立，成立20个国家。第二次世界大战后至20世纪80年代，西印度群岛的英属殖民地和荷属圭亚那先后独立，成立13个国家。

第二次世界大战后，地区内许多国家逐步改变历史形成的依赖特定农、矿产品出口的单一经济。20世纪50～70年代，经济大发展，增长率多年居世界前列。但多数国家农、矿产品仍在出口贸易中占主要地位。地区发展不平衡。巴西、墨西哥、阿根廷、委内瑞拉4国国内生产总值（GDP）占全地区经济总量70%以上。80年代爆发债务危机，经济陷入停滞。90年代起缓慢复苏。1999年地区GDP约占全球总产值7%。同美国、欧洲有传统的经济关系。地区经济一体化起步较早，但进展缓慢。南方共同市场、安第斯共同体、中美洲共同市场、加勒比共同体等共同市场涵盖了全地区。自90年代以来美国一直在推动建立“美洲自由贸易区”。

**拉丁人** Latini 意大利古代民族之一。早在公元前1000年时就已居住在台伯河下游以南的拉丁姆地区，从事农牧业。约前8世纪，逐渐发展起30个拉丁城市。各城市之间为抗击外敌，结为“拉丁同盟”。后来罗马城在同盟中逐渐获得优势，开始侵犯其他同盟城市的自主权。在罗马共和国早期，罗马人不断与周围的拉丁城市发生冲突，在前340～前338年发生的“拉丁同盟战争”中打败其他拉丁人的同盟，取得对各拉丁城市的支配权。整个拉丁姆地区完全处于罗马的控制之下，以罗马人为首的拉丁人日趋融合。

“拉丁人”也泛指地中海西北沿岸操印欧语系罗曼语族诸语言的各民族。包括意

大利人、法兰西人、西班牙人、葡萄牙人等。中世纪以来，欧洲史籍中也常用"拉丁人"指称南欧人，以示与北欧的日耳曼人和东欧的斯拉夫人相区别。

**拉丁语** Latin language 最初是意大利半岛中部西海岸拉丁部族的语言，属古代印欧语系罗曼语族。由于罗马的强盛，罗马人的拉丁语公元前5世纪初成为罗马共和国的官方语言。公元前5世纪～公元5世纪的1 000年间，拉丁语是欧洲一个最强大的政治实体（罗马共和国之后继以罗马帝国）的语言。通过拉丁语，古典希腊语中的丰富蕴藏传到了近代欧洲，从拉丁语中派生出葡萄牙语、西班牙语、法语、意大利语、罗马尼亚语等近代语言。拉丁文字和拉丁词汇是人类共有的语言资源。

在罗马帝国全盛时期，随着罗马人军事和政治势力的扩张，拉丁语作为行政语言传播到西地中海的岛屿、伊比利亚半岛和高卢（今法国），直至多瑙河流域的达齐亚（今罗马尼亚），成为当时帝国核心地区使用的语言。拉丁语是教会的官方语言，4世纪的接近民间语的《圣经》拉丁文译本是最具权威的教科书，因此5～15世纪这1 000年间，拉丁语是教会统治下的宗教、文化和行政的语言，又是西欧各民族间的交际语言，称为"中古拉丁语"。同时，书面拉丁语和民间俗拉丁语的差别越来越大。各地的俗拉丁语演变为各罗曼语种。由于中古拉丁语在一定程度上已脱离了古典拉丁语，在文艺复兴时期的拉丁语作家看来它不够规范和纯洁，故此时以古典拉丁作家为范式的拉丁语称为"新拉丁语"。欧洲文艺复兴时期以后，各民族语言代替了拉丁语，但在学术领域里拉丁语仍有它的地位。医学、药学、动物学、植物学、化学、天文学等学科的新术语仍采用拉丁语或拉丁化的希腊语词根作为构词的基础。现代天主教会沿用拉丁语为第一官方语言，在教堂仪式中使用拉丁语（直至1963年）。

拉丁语的重音有一定的规则：如果倒数第二个音节是长音，重音就落在这个音节上，否则落在倒数第三个音节上。语法中不用冠词，名词有丰富的形态变化，保留了印欧语的呼格，但把印欧语真正的离格、工具格和大部分方位格归并成一个离格。动词的形态变化复杂，但比希腊语简单。由于动词有人称的变化，句子中的人称代词主语往往省略。还有异相动词，如loquor（我讲），形式上是被动语态，意义上却是主动的；有独特的动形词，可作为分词和形容词使用。句子的词序比较自由、灵活。词汇基本上来自印欧语的直接继承词，但也有许多来自其他语言的借词。

拉丁字母产生于公元前7世纪，其基础是伊特鲁里亚字母，后者又源出希腊文字。拉丁字母曾被用作世界上许多语言的字母，或作为制订字母的基础。

**拉多加湖** Ladodzhskoye Ozero 欧洲最大淡水湖。旧称涅瓦湖。在俄罗斯欧洲部分西北部。湖面海拔5米，湖长219千米，平均宽83千米，面积1.81万平方千米。湖水南浅北深，平均深51米，北部最深处达230米，多年平均蓄水量9 110亿立方米。系构造湖。北岸大多为高岩岸，有许多深切的小峡湾，湖岸曲折。南岸低平，多沙嘴和浅滩。结冰期较长，沿岸地区可达5～6个月，中部约3个月。由沃尔霍夫、斯维里和武奥克萨等河注入。西南由涅瓦河流出，通波罗的海。湖中风浪大，不利航运。南岸修建有环湖的新拉多加运河，是沟通白海—波罗的海及伏尔加河—波罗的海航道的重要组成部分。鱼类丰富，以鲑、鲈、鳊、白鱼、鲟、狗鱼和胡瓜鱼类为主。渔获量居俄罗斯淡水湖第三位。沿岸主要城市有普里奥焦尔斯克、索尔塔瓦拉和彼得要塞等。

**拉法格** Lafargue, Paul (1842-01-15～1911-11-25) 法国和国际工人运动活动家，法国工人党创始人之一。K.马克思的学生和女婿。生于古巴圣地亚哥城，卒于巴黎。1864年入巴黎大学医学院，同进步学生一起组织秘密团体未来社。1865年1月第一国际巴黎支部成立，拉法格积极投身于工人运动。1866年10月，偕妻子、

马克思次女劳拉返回巴黎。在法国工人中传播马克思主义，1871年4月7～18日，他作为第一国际波尔多支部通讯书记会见巴黎公社领导人，受公社委托在外省组织声援公社的活动。

巴黎公社失败后，拉法格流亡西班牙，同M.A.巴枯宁操纵"社会主义民主同盟"，后侨居伦敦，与J.盖德等人联系密切，并推动法国工人党于1879年10月成立。1882年4月回法国，直接参与工人党的领导工作。1889年7月拉法格在巴黎主持国际社会主义者代表大会，宣告第二国际成立。1883、1891年拉法格两次被法国当局逮捕。1901年，工人党与革命社会党合并为法兰西社会党，拉法格为领导人之一。1905年该党与J.饶勒斯领导的法国社会党等合并组成法国社会党，拉法格为常设执行委员会委员。

他还进行了巨大的理论研究工作，在哲学、政治经济学、科学社会主义、历史、宗教、语言文字等领域都有建树，但在民族、土地问题上有错误观点。

**拉·芳丹** La Fontaine（约1655～约1738）法国芭蕾表演家。芭蕾史上第一位女性专业演员。出生地、早年学习舞蹈的经历不详。卒于巴黎。1681年在皇家音乐院（巴黎歌剧院前身）主演J.-B.吕利作曲、P.波尚编舞的芭蕾舞剧《爱神的凯旋》，开女性芭蕾表演艺术之先河，在芭蕾界引起深刻变革。拉·芳丹曾为自己编排过若干段插舞，成为巴黎歌剧院第一位女性编导。1693年告别舞台，一生主演18部芭蕾舞剧和歌剧中的舞蹈。告别舞台后成为修女。

**拉斐尔** Raphael (1483-04-06～1520-04-06) 意大利画家。原名拉法埃洛·圣乔奥。生于乌尔比诺，卒于罗马。

生平　拉斐尔的父亲是乌尔比诺公爵的宫廷画师。拉斐尔幼时即从父学画，后转入佩鲁吉诺门下，至1500年底学成出师。21岁所画《圣母的婚礼》无论构图与形象塑造都有创新，已青出于蓝。1504～1508年，一直在佛罗伦萨学习和工作，对佛罗伦萨画派从马萨乔以来各大师均潜心学习，尤其善于吸收达·芬奇和米开朗琪罗艺术的优长，艺术风格趋于成熟，以和谐明朗的构图和秀美优雅的形象独树一帜。

早年创作　拉斐尔继承了佩鲁吉诺宁静柔美的风格，并深受15世纪末期学习古典艺术风气的影响，青少年之作便出手不凡。代表作有1504年的《圣母的婚礼》。佛罗伦萨时期的主要作品是一系列圣母像，以母性的温情和青春健美而完美地体现了

图1 《雅典学派》(1509～1511)

人文主义的理想，被誉为世俗理想战胜宗教理想的最突出的艺术表现。其中最著名之作是《带金莺的圣母》(约1505，佛罗伦萨乌菲齐美术馆藏)、《草地上的圣母》(约1505，维也纳美术史博物馆藏)和《花园中的圣母》(1507，卢浮宫博物馆藏)。

壁画创作　1508～1511年，拉斐尔首先绘制了梵蒂冈教皇宫签字厅壁画。这是一个方形房间，拉斐尔把屋顶按传统的图案框格装饰，主要精力集中于墙面的4幅图画，分别代表人类精神活动的4个方面：神学、哲学、诗学与法学。《教义的争论》画面以云层分为两半，上半表现基督及诸圣徒，下半表现教会四大神学家及其他领袖；《雅典学派》则集古今著名哲学家于一堂，以雅典学者为主，背景衬以宏伟的古典大厅。这些壁画构图和谐、形象秀美，表现了与建筑装饰的充分协调，给人以庄重鲜明、丰富多彩之感。其中《雅典学派》在刻画人物和背景构图上尤为杰出，被誉为古典壁画艺术的登峰造极之作(图1)。

签字厅壁画完成后，拉斐尔于1512～1514年完成了埃利奥多罗厅壁画，1514～1517年制作了火警厅壁画，1516年为教皇宫的挂毯绘制大幅底图。此外，拉斐尔多次应教廷大臣A.基吉之请而绘制法尔内西纳别墅壁画，其中《加拉泰亚的凯旋》(1511～1513)以古典神话的题材，表现海上仙女加拉泰亚欢庆游行的场面。仙女形象俊逸秀美，塑造得非常成功。

圣母像及肖像画创作　除壁画以外，拉斐尔在罗马的十余年间还创作了不少圣母像、祭坛画和肖像画，1512～1513年间绘成的《西斯廷圣母》无论在内容和形式上都体现了文艺复兴时代的特色，同时也是拉斐尔典范风格的完美代表；《福利尼奥的圣母》则表明画家善于融会达·芬奇和米开朗琪罗的成果于自己创作之中。

拉斐尔肖像画代表作有《卡斯蒂廖内像》(1516)和《披纱女子像》(1514，图2)。前者是拉斐尔的好友，也是著名的人文主义学者的肖像，其优雅风度和深厚学识被表现得淋漓尽致；后者则是一佚名的美貌女郎，她的容貌和拉斐尔笔下的一些圣母形象相近。

图2 《披纱女子像》

**拉斐尔前派**　Pre-Raphaelites　英国画派。又译“先拉斐尔派”。兴起于19世纪中叶，发起人是W.H.亨特、D.G.罗塞蒂和J.E.米莱，最早参加的还有J.柯林森、雕塑家T.伍尔纳和艺术评论家W.M.罗塞蒂等。这个画派认为文艺复兴全盛期以前的诗歌和艺术是尽善尽美的最高典型，他们的偶像在诗歌方面是但丁，在绘画方面是乔托。不过，他们所强调的是早期文艺复兴与中世纪相联系的思想。

拉斐尔前派反对维多利亚时代艺术的浅薄空虚和秀媚甜俗的匠气，也不满于A.史蒂文斯模仿文艺复兴盛期的作风，同样也不欢迎矫揉造作的W.P.弗里思、E.兰西尔和仿效威尼斯画派末期堂皇典雅的G.F.瓦茨，连拉斐尔那种平易近人的风格也不喜欢。拉斐尔前派直接研究大自然，创造了某些新的技法。其中主要的是：在湿的白底子上运用大面积亮色，产生特殊光辉的装饰效果；对细节精雕细琢。

拉斐尔前派是复古主义和浪漫主义的混合物。拉斐尔前派成员之间很少有共同点，又缺乏共同的理论基础，因此，在1853年以后这个画派便解体了。

**拉封丹**　La Fontaine, Jean de (1621-07-08～1695-04-13)　法国寓言诗人。生于蒂耶里堡，卒于巴黎。19岁赴巴黎，先在奥拉托利会学习神学，后改学法律。1652年继承父业，但无法胜任。后到巴黎投靠财政总监N.富凯，为富凯写作诗剧以领取年金。1661年富凯被捕，拉封丹逃亡到利摩日。1663年重返巴黎，出入上流社会，并开始文学创作。

拉封丹的作品主要有1664～1685年陆续发表的《故事诗》、韵文小说《普西赫和丘比德的爱情》(1669)，以及《金鸡纳霜》(1682)等一些科学诗。代表作是《拉封丹寓言诗》，共12卷，248篇，1668～1694年陆续出版。通过对动物神态和心理的描绘，刻画了各色人物。采用自由诗体，内容包罗万象，语言自然流畅，寓意深刻、富于哲理，对话生动、韵律和谐。成为反映当时法国社会的一面镜子，具有重要的现实意义。拉封丹继承了中世纪市民文学的传统，是法国17世纪唯一的抒情诗人。

**拉夫罗夫斯基**　Lavrovsky, Leonid Mikhailovich (1905-06-18～1967-11-27)　苏联芭蕾表演艺术家、编导。生于圣彼得堡，卒于法国巴黎。早年为舞蹈演员，以后曾先后在列宁格勒小歌剧院、列宁格勒基洛夫剧院芭蕾舞团和埃里温歌剧舞剧团、莫斯科大剧院芭蕾舞团担任艺术指导或编导。他的第一部作品《交响练习曲》(1930)被认为是当时舞蹈艺术中新倾向的信号。在舞剧《法岱特》(1934)中，他注意人物的心理动机，赋予所有的舞蹈以一定含义。他的名作《罗密欧与朱丽叶》(1940)因深刻揭示人物心理活动，充分体现W.莎士比亚原著的精神而载入了芭蕾史册。另有冰上芭蕾《冬天幻想曲》和《雪花交响曲》，舞剧《帕格尼尼》(1960)、《宝石花的传说》、《夜城》(1961)、《古典交响曲》(1966)等。在这些舞蹈中，吸收了当代舞剧的编导手法，采用概括性造型、“复调”舞蹈以及伴舞的“多声部”结构。

**拉夫桑贾尼**　Rafsanjani, Akbar Hashemi (1934-08-25～　)　伊朗总统(1989，1993～1996)，伊朗伊斯兰共和国确定国家利益委员会主席(1997～　)。生于克尔曼省。14岁入库姆神学院学习。20世纪60年代起从事反国王活动，多次被捕。1979年伊朗伊斯兰革命胜利后任革命委员会成员、内务部长等职。1980年7月当选为议长。1983年7月当选为负责霍梅尼身后选定继承人的“专家会议”副主席。1988年6月被霍梅尼任命为武装部队代总司令兼德黑兰市临时教长。1989年7月28日当选为总统，8月3日宣誓就职。1993年6月连任。2007年9月被选举为伊朗专家会议主席。曾两次访问中国。

**拉格尔克维斯特**　Lagerkvist, Pär (Fabian) (1891-05-23～1974-07-11)　瑞典诗人、戏剧家、小说家。生在斯莫兰韦克舍，卒于斯德哥尔摩。1911年入乌普萨拉大学，因家贫中途辍学。其作品多运用表现主义手法。《苦闷》(1916)是瑞典第一部带有表现主义色彩的诗集。长篇小说《绞刑吏》(1933)、《侏儒》(1944)和《巴拉巴》(1950)等，讽刺和抨击了法西斯的暴力政策和野蛮行径。剧本《刽子手》(1934)是一部揭露法西斯罪恶的作品。其他主要剧作还有《最后一个人》(1917)、《国王》(1932)、《一个没有灵魂的人》(1936)、

《哲人之石》(1947) 和《让人活下去》(1949) 等。1951年获诺贝尔文学奖。

**拉格朗日** Lagrange, Joseph-Louis (1736-01-25～1813-04-10) 法国-意大利天文学家、数学家、力学家。生于意大利都灵，卒于法国巴黎。1766～1787年居德国柏林，1787年移居法国巴黎。1755年毕业于都灵炮兵学校，同年任该校讲师。1756年被选为柏林科学院外籍院士。1766年接替L.欧拉任柏林科学院物理数学部主任。1787年应法国路易十六之邀定居巴黎。1793年领导度量衡米制改革委员会，1795年任法国经度局委员，并任高等师范学校数学教授。1797年任巴黎综合工科学校首任几何教授。1759年当选柏林科学院院士，1772年当选法国科学院院士，1776年当选俄国圣彼得堡科学院院士。

拉格朗日在数学、天体力学、球面天文学和分析力学等方面都有重要成就。他早年发表了声学和数学上求积分最大值和最小值方法的论文；1761年已被公认为最伟大的数学家之一。他的《解析函数论》(1797) 和《函数演算教程》(1804) 是解析函数最早的教本。他也是变分方法的奠基人之一；对代数方程的研究为伽罗瓦群论的建立起了先导作用。他与P.-S.拉普拉斯共同建立了经典天体力学的严整体系，发展和完善了L.欧拉提出的变分法。1776年证明拉普拉斯提出的太阳系稳定性理论，1782年提出行星轨道周期性的长期变化，首次提出木星的四大卫星的运动方程。1764年对月球平动作出首次研究，1766年计算太阳系行星偏心率和近日点位置的不等性，以及黄经不等式，1772年致力于限制性三体问题的求解。此外，还研究了大行星对彗星轨道的摄动、彗星的起源等问题。

拉格朗日是分析力学的奠基人。他在《分析力学》(1788) 中应用数学分析解决质点和质点系（包括刚体、流体）的力学问题。1764年提出虚功原理，并同达朗伯原理结合而得到动力学普遍方程。对于有约束的力学系统，他提出了第一类和第二类拉格朗日方程。在对理想流体运动方程的研究中，提出速度势和流函数的概念，成为流体无旋运动理论的基础。他在导出流体运动方程中使用的、描述流体质点运动的方法称为拉格朗日方法，以区别着眼于空间点的欧拉方法。拉格朗日在1811年还导出弹性薄板的平衡方程。1764～1778年，他因研究月球平动等天体力学问题曾五次获法国科学院奖。拉格朗日的全部著作由A.塞雷、G.达布整理为文集，共14卷，1867～1892年出版。

**拉格朗日方程** Lagrange's equations 对完整系统（见约束）用广义坐标表示的运动微分方程组，通常指第二类拉格朗日方程。简称拉氏方程。由J.-L.拉格朗日首先导出而得名。可写为：

$$\frac{\mathrm{d}}{\mathrm{d}t}\left(\frac{\partial T}{\partial \dot{q}_i}\right)-\frac{\partial T}{\partial q_i}=Q_i \quad (i=1,\ 2,\ \cdots,\ N)$$

式中$T$为用各广义坐标$q_i$和广义速度$\dot{q}_i$表示的系统的动能；$Q_i$为对应$q_i$的广义力。方程式的个数等丁系统的自由度$N$。保守系统中存在势函数$V$（$q_1$，$q_2$，…，$q_N$；$t$），则广义力$Q=\frac{\partial V}{\partial q_i}$，又因$V$中不含$\dot{q}_i$，即$\frac{\partial V}{\partial \dot{q}_i}=0$，故完整保守系统的拉格朗日方程为$\frac{\mathrm{d}}{\mathrm{d}t}\left(\frac{\partial L}{\partial \dot{q}_i}\right)-\frac{\partial L}{\partial q_i}=0$（$i=1$，2，…，$N$），式中$L=T-V$为拉格朗日函数，又称动势，它等于系统的动能与势能之差。上式与变分问题中的欧拉方程形式相同，由此可导出哈密顿原理。若已知系统的动能和作用于该系统的广义力，或已知系统的拉格朗日函数，则可从拉氏方程解出广义坐标作为时间的函数即系统的运动规律。拉氏方程采用广义坐标，对有约束的系统拉氏方程的数目比牛顿方程少，方程总阶数也较低，易于求解。由于拉氏方程中不包含约束力，并可根据约束条件适当选择广义坐标，因而可简化求解质点系动力学的问题，约束力可在拉氏方程解出后再用牛顿方程求出。

**拉格洛夫** Lagerlöf, Selma (Ottiliana Lovisa) (1858-11-20～1940-03-16) 瑞典作家。生于韦姆兰莫尔巴卡庄园，卒于莫尔巴卡。1885年毕业于斯德哥尔摩女子师范学院。后在兰兹克罗纳小镇任教10年。第一部作品《古斯泰·贝林的故事》(1891) 描写寄居在乡村地主庄园一群食客的故事。1897年到意大利和巴勒斯坦旅行，创作了《假基督的奇迹》(1897) 和长篇小说《耶路撒冷》(上、下集，1901～1902)。长篇童话故事《骑鹅旅行记》(1907) 通过一个调皮的男孩变成拇指一般大的小人儿骑鹅周游瑞典的故事，对瑞典作了全面介绍，富有艺术性、知识性和科学性。她善于将幻想与真实融为一体，充满仁慈和母爱，语言流畅，格调优美，富有诗意。1909年获诺贝尔文学奖。1914年成为瑞典学院第一名女院士。

**拉格什** Lagash 苏美尔的重要城邦。由拉格什、吉尔苏和尼那等居民点组成。遗址分别在今伊拉克境内的希伯、泰洛赫和苏尔古尔。现知拉格什最早的国王是恩赫伽尔（约公元前27世纪末期在位）。乌尔-南什国王在位时（约前2494～前2465），已开始对乌尔行使权力。在安那吐姆统治时期（约前2454～前2425），击败北方强国基什，征服乌尔、乌鲁克和拉尔萨等城邦，成为苏美尔诸邦之霸主。前24世纪，以国王为代表的世俗贵族与以神庙祭司为代表的僧侣贵族的矛盾日益激化，导致乌鲁卡基那（约前2378～前2371年在位）的改革，但不久因温马入侵而告中止。此后，拉格什相继沦于阿卡德王国和库提王朝统治之下。古地亚在位时（约前2141～前2122），拉格什一度复兴，修建了许多神庙和水利设施，商业发达。前21世纪以后，拉格什日渐衰落。

1877～1933年，法国考古队对吉尔苏遗址进行了全面发掘。遗址长约4千米，宽约2千米，由许多土丘组成。共出土了约5万块泥板文书。其中最著名的记载乌鲁卡基那改革的泥板文书，是研究早王朝时代苏美尔城邦国家的重要史料。

**拉格泰姆** ragtime 一种吸取欧洲音乐特点而发展起来的美国黑人音乐。最初是一种钢琴音乐，可能是从饼步舞（美国南方种植园中农奴们的一种舞蹈）、班卓琴曲与欧洲的舞曲、进行曲等综合、演变而来。在19世纪末20世纪初盛行。它的特点是采用连续的切分节奏，并且常以四拍子作为背景，与三拍子形成交错节拍，通常情况是：在低音区保持规则的双拍子，高音区则连续出现不断改变强拍位置，使两个声部之间构成节奏重音的异步对置。拉格泰姆的重要代表人物是作曲家S.乔普林，他最著名的作品是《枫叶拉格泰姆》。

**拉各斯** Lagos 尼日利亚最大港口城市。位于国家西南部贝宁湾北侧，由奥贡河入海口拉各斯潟湖的6个岛屿和周围陆地组成，面积70余平方千米。市内地势低洼，多沼泽。最高点海拔6.6米。主岛拉各斯岛为市中心所在，与伊多、伊科伊、维多利亚等岛和大陆之间有宽阔的高架桥相连。著名的水上城市，素有“非洲威尼斯”之称。地处赤道季风区，年平均气温27℃，平均年降水量1 265毫米，年内雨旱季分明，5～9月为雨季。大城市区人口911.36万 (2006)，居民大部分为约鲁巴人。约鲁巴族阿沃里斯人于17世纪建城，原名埃多（农业园地之意），1472年葡萄牙人进入，以葡萄牙南部同名港口命名为拉各斯。16～19世纪属贝宁王国管辖。1670～1850年为西非奴隶贩运港和贸易中心。1861年被英国殖民者侵占，1914年成为尼日利亚殖民保护国首府。1960年尼日利亚独立后定为国家首都，

20世纪初修建码头和连接内陆铁路后，凭借周围资源丰富、城市腹地宽广之利，迅速发展为全国经济、文化中心。1991年首都迁往阿布贾后，仍为全国重要工商业、交通和文教中心。工业产值占全国的一半。主要工业包括汽车装配、机械和金属加工、食品加工、榨油、可可加工、纺织、日用化工、木材加工、造纸、医药、炼油、造船等门类，有大型榨油厂。国家金融中心，设有国家中央银行、证券交易所和多家本国与外国资本经营的银行。海陆空运发达。阿帕帕和廷坎岛港区水深港阔、避风，设备居西非最先进行列。主要出口货物为花生、棕油、可可、橡胶、木材、棕仁、棉花、棉子、皮张、锌及废钢等，进口主要有纺织品、面粉、机械、水泥、盐、糖、饮料、食品等，承担全国除石油外进出口货运量的大半。全国公路运输枢纽和西部干线铁路起讫点，铁路通国家北部恩古鲁并经卡杜纳可达哈科特港，国家重要航空中心。文化教育机构有拉各斯大学、多所专业技术学院和师范学院、国家博物馆、图书馆和各种研究所。

**拉合尔** Lahore 巴基斯坦古城，第二大城市，旁遮普省首府。人口约600万。地处富庶的印度河上游冲积平原，印度河支流拉维河东岸，海拔240米。东距巴、印边境27千米。亚热带大陆性半干旱气候，夏热冬凉，年平均气温23℃，6月最高可达41℃。平均年降雨量500毫米。市内树木葱茏，花草繁茂，有“花园城”之称。始建于公元1世纪末2世纪初。603年，中国唐代高僧玄奘曾来此访问。1152～1186年为伽色尼王朝都城。1524年入莫卧儿帝国版图，城市臻于鼎盛，沙·贾汗统治时期

拉合尔市中心广场

(1628～1658)更获得空前发展。1849年英国占领时，遭到很大破坏。1947年巴基斯坦独立，印、巴分治导致大批印度穆斯林移入，城市再次发展。工业以纺织为主，其他工业有化工、农副产品加工、农业机械、医疗器械、机车车辆制造等。丝绸、刺绣、陶瓷、地毯等手工业也有一定地位。北方最大的金融、保险业中心。有旁遮普大学(1858)、科技大学(1023)以及水稻研究所等科研机构。有铁路通向国内各大城市。公路发达。国际机场有航线畅通国内外。古迹众多，尤以莫卧儿时代的陵、园、堡、寺著称。

**拉赫玛尼诺夫** Rachmaninoff, Sergey Vassilyevich (1873-04-01～1943-03-28) 俄国作曲家、钢琴家、指挥家。生于诺夫哥罗德的贵族家庭，卒于美国加利福尼亚贝弗利希尔斯。1883～1885年在圣彼得堡音乐学院学习。1885～1888年在莫斯科音乐学院学习，1891、1892年先后毕业于钢琴系与作曲系。毕业后在国内外演奏并获得成功，从事钢琴教学，任莫斯科大剧院指挥。1906～1909年居德国德累斯顿。1909年赴美演出。1910年返莫斯科，1911～1913年任爱乐音乐会指挥。第一次世界大战期间在贵族女子中学任音乐总监。1917年十月革命后应邀前往瑞典演出，从此侨居国外。1918年起定居美国，此后主要在欧美各国从事演出活动。晚年，尤其是反法西斯战争的年代里，他怀念祖国，常开音乐会募捐献给祖国。

拉赫玛尼诺夫的音乐创作属晚期浪漫主义风格，尤其受P.I.柴科夫斯基影响很深，富于浓郁的情感色彩和悲剧性，形象鲜明，表现强烈，织体繁复，音响厚实，和声色彩浓重，也常有俄罗斯辽阔的大自然气息和民歌音调的回响。作品大多作于离国前，主要是4部钢琴协奏曲，大量钢琴独奏曲，24首前奏曲，两首《音画练习曲》，3部交响曲和83首歌曲等。其钢琴曲技艺精深，充分发挥钢琴的音响性能及表现力，带有乐思丰富的幻想性和气势宏大的交响性；交响乐也具有浓烈的色彩；独唱歌曲富有强烈的俄罗斯民族风格和浪漫诗意。他改编的不少钢琴曲也富于创造性和形象性。比较重要的还有交响诗《死岛》、合唱交响曲《钟声》以及钢琴与管弦乐队的《帕格尼尼主题狂想曲》等。

**拉祜语** Lahu language 拉祜族的语言。属汉藏语系藏缅语族彝语支。在中国主要分布于云南省的普洱、临沧地区和西双版纳傣族自治州。分拉祜纳和拉祜熙两个方言。在缅甸、泰国和老挝诸国也有分布。拉祜语有29个声母，塞音、塞擦音、擦音分清浊两套；有8个单元音韵母，10个复元音韵母主要出现于借词中。有5个声调。词序和虚词为表达语法意义的主要手段。句子成分的次序是主语－宾语－谓语。数量词在名词中心语之后，动量词在动词中心语之前。四音格词较丰富。外来词主要借自汉语和傣语。曾有西方传教士创制的拉丁字母形式的文字。1957年创制了拼音文字。拉丁字母形式的拉祜文以拉祜纳方言为基础。

**拉祜族** Lahu 中国少数民族。主要分布在云南省。人口453 705(2000)。使用拉祜语，属汉藏语系藏缅语族彝语支。多能兼用汉语和傣语。拉祜族源于古代氐、羌族系。10世纪后其先民大举南迁。19世纪末20世纪初，局部迁徙，最后形成现代人口分布状况。经济以农业为主，种植水稻、甘蔗、

拉祜族农民在搧谷（扬场）

茶叶、橡胶、烟草、咖啡、水果等。男子裹黑头巾，穿无领对襟衫和宽腿长裤。妇女裹长头巾，穿高开衩长袍或穿短衣褶裙和筒裙。主食为大米，辅以玉米、荞麦和豆类等。住房为竹木结构。婚姻行一夫一妻制。人死后行火葬，也有土葬。传统节日有“扩”(春节)，每年农历十月十五日至十七日为葫芦节。信奉原始宗教，崇拜多神。也有信仰佛教、基督教和天主教的。先后在拉祜族地区及与其他民族杂居地区建立了4个自治县和10个民族乡。

**拉基语** Laji language 中国云南省马关县南部拉基人使用的语言。属汉藏语系壮侗语族仡央语支。越南北部地区也有分布。拉基语有25个声母、8个元音。3个鼻音声母都可以自成音节。有6个舒声调和3个促声调。连读变调的现象相当多。语法关系主要由语序和虚词表示。一般的语序是主语在谓语前，宾语和补语都在谓语后。

**拉珈语** Lakkia language 中国自称“拉珈”的瑶族使用的语言。属汉藏语系壮侗语族侗水语支。主要分布于广西壮族自治区金秀瑶族自治县。拉珈语声母简单，韵母复杂。声母共35个，包括腭化和唇化，韵母120个。清塞音和塞擦音有送气和不送气两套。舌

根鼻音声母可自成音节。元音分长短，有鼻化元音。有6个舒声调，4个促声调。变调很有规律。在一般情况下，单音节的名词单独出现时多带量词。数量词组定语在名词中心语前。形容词定语大都在名词中心语后。借词主要来源于汉语，也有部分壮语借词。

**拉贾斯坦人** Rajasthanis 南亚印度共和国的民族之一。约3 000万人（2001）。主要分布在拉贾斯坦邦境内。属欧罗巴人种地中海类型。使用拉贾斯坦语，属印欧语系印度－伊朗语族。有以梵文天城体字母为基础的文字。多信印度教，属毗湿奴派；少数信耆那教、伊斯兰教或基督教。有时被误称“拉杰普特人”，正统的拉杰普特人为数不多。除拉杰普特外，还有婆罗门、柯德利、查兰（帕特）、迦耶斯特和马哈金5个种姓。拉杰普特种姓自古以来多属王公贵族。其余几个种姓的人多从事农业、畜牧业和其他行业。马哈金种姓主要从事工业和商业，相当富有，在印度经济和政治领域颇有影响。手工业发达，金属工艺品、地毯、陶器、骨刻都很出色，建筑、彩绘以及民间歌舞都有较高造诣。男子上穿齐腰坎肩，下缠围裤，头包布巾。妇女喜穿花布围裙和紧身半袖短上衣，披一纱巾。多数人素食。

**拉杰普特** Rajputs 中世纪初期在印度中西部兴起的部族。该词源自梵语Raja Putra，意为王族后裔。

公元前2～公元5、6世纪，塞种、贵霜、匈奴、呎哒和古加拉等部族以及安息人和希腊人，大批移居印度。他们与当地居民融合形成拉杰普特人。

6世纪，拉杰普特共有36个部族，其中有12个建立王朝。8～12世纪普拉蒂哈拉以西印度为基地向恒河流域扩张，与来自孟加拉的帕拉王朝及由德干北上的拉喜特拉库塔争雄北印度。普拉蒂哈拉于8世纪中叶夺取曲女城（卡瑙吉），建立巴利哈尔王朝，控制恒河中游地区，成为北印度大国。8世纪后期拉喜特拉库塔王国北上与普拉蒂哈拉争夺古吉拉特及马尔瓦。统治德干200年，直至10世纪末。普拉蒂哈拉、帕拉和拉喜特拉库塔三国争雄北印度200余年，但始终未能完成统一局面。

1001～1026年，伽色尼王朝苏丹马赫穆德侵略西北印度。拉杰普特诸王公联合抵抗外敌入侵。1191年乔汉王普里特维拉贾三世抵抗阿富汗廓尔王朝对恒河流域的进攻，取得第一次特赖因战役胜利。拉杰普特联军在1192年第二次特赖因战役中失败，德里和阿杰梅尔被占，从此德里苏丹开始统治印度。但是拉杰普特始终捍卫自己的独立。

1527年拉杰普特联军在坎瓦会战中败于莫卧儿人。阿克巴用怀柔政策，积极争取其作为莫卧儿王朝统治印度的政治军事支柱。在征服军事要地之后随即封赐其官爵，许多拉杰普特王公成为莫卧儿王朝的曼萨布达尔；拉杰普特骑兵也成为莫卧儿帝国的精锐武装。

18世纪拉杰普特人因马拉特人介入内乱而分崩离析，因此寄希望于英国的支持，以免遭毁灭。英印总督W.黑斯廷斯对拉杰普特王公采取保护政策。1876年英国议会通过“皇室封号法令”，拉杰普特诸邦正式成为英国附庸。1947年印度独立后，废除土邦政权，全国统一，拉杰普特地区改为拉贾斯坦邦及古吉拉特邦。

**拉卡塔岛** Rakata, Pulau 印度尼西亚活火山岛。也称喀拉喀托岛。位于苏门答腊与爪哇之间的巽他海峡。面积10.5平方千米。岛上的喀拉喀托火山（海拔813米）于1883年5月至1884年2月发生一系列大爆发，以8月27日爆发最猛烈。这次爆发毁去原有岛屿体积的2/3，爆炸声远达3 500千米之外，引起强烈地震和高达30～40米的海啸，海水淹没附近爪哇、苏门答腊的城镇和村庄，死亡3万多人。喷出强烈气流引起的风暴摧毁了1 300千米以外马来半岛吉兰丹与丁加奴两州的一部分森林。剩余的火口墙成为克拉卡托、塞尔通及朗岛三个鼎足而立的小岛。环抱的火口湖深达274米。1928年火口湖中冒出一座新山峰，被命名阿纳喀拉喀托，意即“小喀拉喀托”，至1962年升高到132米。仍有喷发活动，平时多冒蒸汽。20世纪70年代起，供旅游、体育及科研工作者登山观察。80年代划入乌戎库隆国家公园。1883年的大爆发使岛上的原有生物毁灭，以后开始复苏，已有种子植物、昆虫、鸟类和爬行类动物等。20世纪50年代初，大部分已有森林覆盖，以紫红乌檀占优势。

喷发中的喀拉喀托火山

**拉卡托斯** Lakatos Imre（1922-11-09～1974-02-02） 匈牙利哲学家，科学哲学历史主义学派的主要代表。生于匈牙利一个犹太商人家庭，卒于英国伦敦。原姓利普施茨。曾师从卢卡奇，并加入匈牙利共产党。1956年匈牙利事件后逃往维也纳，1969年起在伦敦经济学院任教，并兼任《不列颠科学哲学杂志》主编。他在科学哲学方面，补充、修改了K.R.波普尔的思想，提出了一种有独到见解的科学研究纲领方法论，认为科学中的基本单位和评价对象应是在一个时期中由一系列理论有机构成的研究纲领，强调科学的发展就是一个新的进步的研究纲领不断取代陈旧的退化了的研究纲领的过程。代表作有《科学研究纲领方法论》等。

**拉康** Lacan, Jacques（1901-04-13～1981-09-09） 法国哲学家、精神分析学家。生于巴黎，卒于巴黎。就读于巴黎高等师范学校和巴黎大学，获博士学位。此后主要从事精神分析教学和医疗工作。代表作是由30年代以来发表的论文编辑而成的4卷本《文集》（1966）。他运用结构主义和后结构主义的语言学理论，对S.弗洛伊德的精神分析学进行了改造和重新阐释，认为无意识是由于人的本能欲望被语言秩序的理性结构所压抑而造成的。提出“镜像阶段”理论。认为当人学会了语言，“自我”便分裂为一个被语言的理性秩序所控制的“虚假的自我”和一个代表原始本能欲望被压抑的“原初的自我”。他还建立了一种体现作者－文本－读者三角关系的阅读模式。

**拉科西·马加什** Rákosi Mátyás（1892-03-09～1971-02-05） 匈牙利共产党、劳动人民党总书记、第一书记，部长会议主席（1952～1953）。生于塞尔维亚阿达一小商人家庭，卒于苏联高尔基。1918年，参与创建匈牙利共产党。1919年匈牙利苏维埃共和国期间任副商业人民委员、社会生产人民委员。1921～1924年，任第三国际书记。1924年12月秘密回国，参加匈共的重建。1925年被判处无期徒刑，1940年10月在苏联干预下获释，侨居苏联。1945～1956年，先后任匈共中央

总书记，劳动、人民党总书记，劳动人民党第一书记等职。解放初期，在领导经济恢复和保卫新生政权中起过积极作用。1949年以后，盲目照搬苏联经验，违反经济规律，给社会主义建设带来巨大损失。1956年7月被免去第一书记和政治局委员职务。1962年8月被开除出党。

**拉克斯内斯** Laxness, Halldór (1902－04－23～1998－02－08) 冰岛小说家、剧作家。本名哈多尔·古兹永松。生于雷克雅未克，卒于雷克雅未克。在父亲经营的拉克斯内斯农场度过童年和少年时代，后就以它为笔名进行创作。17岁出版第一部小说《自然之子》(1919)。第一次世界大战以后到斯堪的纳维亚、德国、奥地利、卢森堡、法国和英国等地旅居。成名作《来自克什米尔的织工》(1927) 描写他旅居欧洲、皈依天主教的经历，是冰岛文学史上一部里程碑式的作品。1929～1930年在美国和加拿大居住，接受社会主义和共产主义思想，写了不少赞扬社会主义的文章，结集为《人民之书》(1929)。1930年回冰岛，创作了一系列以冰岛为背景的社会批判小说，如《萨尔卡·瓦尔卡》(2卷，1931～1932)、《独立的人们》(1934～1935)、《世界之光》(4部，1937～1940)。这3部长篇小说是他对世界文学中“红色的30年代”的重要贡献。

第二次世界大战期间，拉克斯内斯发表《冰岛之钟》(1943～1946) 三部曲，歌颂17世纪冰岛人民反抗丹麦统治，争取自由和民族独立的不屈斗争和爱国精神。1948年出版以反对美国在冰岛建立空军基地为主题的长篇小说《原子站》。1955年获诺贝尔文学奖。

**拉利贝拉岩石教堂** Rock-hewn Churches, Lalibela 埃塞俄比亚基督教建筑群。又名独石教堂。位于该国北部山区的拉利贝拉。修建于12世纪，当时笃信基督教的扎格维王朝国王拉利贝拉招募全国约5 000名一流工匠，用30多年时间，在拉斯塔高原的红色火山石灰岩中雕凿了11座单独的岩石教堂。其中最具特色的是梅德哈尼·阿莱姆教堂，即救世主教堂，由5个厅组成，按长方形廊柱大厅式基督教堂修建，长33米、宽23.7米、高11.5米。圣乔治教堂的形制特别，从上至下像一个放在地上的十字架。戈尔塔教堂则是拉利贝拉国王的葬地。雕凿教堂的工程十分艰巨。先在岩石上垂直往下削出深12～15米的独立岩石立方体，再在这个巨大的石块上外削内镂，雕刻出整个教堂的外部形状、内部结构和细部装饰。为使夏季影响拉利贝拉的大雨顺畅排出，教堂各处的水平面都有所倾斜，建筑物的突出部分，包括屋顶、飞檐、过梁和窗台突出程度也视雨水方向而定。拉利贝拉岩石教堂的建成象征12～13世纪基督教文明在埃塞俄比亚的繁荣发展，是非洲地区这一历史时期宗教建筑的典范。1978年作为文化遗产被列入《世界遗产名录》。

**拉链** zipper 依靠连续排列的链牙，使软薄物品并合或分离的连接件。大量用于服装、包袋、帐篷、鞋等，也用于医疗手术中的刀口愈合。

拉链由链带、链牙、拉头、限位码（前码和后码）或锁紧件等部分组成（见图）。一般拉链有两片链带，每片链带上各制有一列链牙，两列链牙相互交错排列。拉头夹持两侧链牙，借助拉襻滑行，即可使两侧的链牙相互啮合或脱开。一系列链牙组成牙链。前码位于牙链的上端，在拉链拉合时阻止拉头脱出牙链；后码位于牙链的下端，在拉链拉开时阻止拉头脱出牙链。链牙是拉链的关键部分，直接决定拉链的侧拉强度，因而决定拉链的使用。

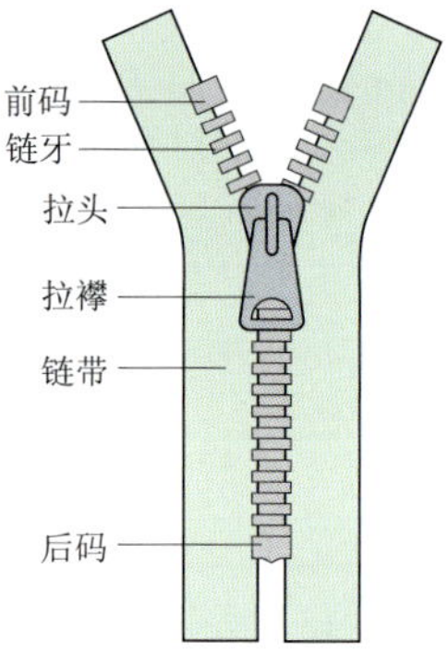


拉链按结构分为三种：①闭口拉链。后码固定，只能从前码端拉开。在拉链全开状态下，两链带被后码连接不能分开。适用于普通的包袋。②开口拉链。在牙链下端不设后码而设锁紧件。锁紧件锁合时相当于闭口拉链，把拉头拉靠锁紧件，将锁紧件分开，两条链带就可分离。适用于服装等需要拉开的物品。③双开拉链。有两个拉头，能从任意一端打开或闭合，把两个拉头都拉靠锁紧件，使锁紧件分开，便可完全打开。适用于大型袋子、卧具、帐篷等。

**拉鲁斯** Larousse, Pierre(-Athanase) (1817－10－23～1875－01－03) 法国语法学家、人文学者，词典和百科全书编纂人、出版家。生于图西，卒于巴黎。16岁获奖学金得以在凡尔赛读完大学。20岁任小学校长，开始构想用启发式体系取代纯记忆式教学体系的计划。他在巴黎刻苦钻研8年后，从1849年起开始出版教科书和工具书。1852年同A.布瓦耶一起创办拉鲁斯出版社。

1859年创办教育报纸《师范学校》。后来，开始以大力普及一切新的科学知识的思想与观点，编纂《19世纪万有大词典》(1866～1876)。这套15卷的词典在他生前未全部完成，于1878和1890年再出两卷补编，后世通称《拉鲁斯词典》，是一部具有深远价值的综合百科全书。

**拉马克** Lamarck, Jean-Baptiste de Monet (1744－08－01～1829－12－18) 法国生物学家，较早期的进化论者之一。生于皮卡第，卒于巴黎。1761～1768年在军队服役，后对植物学产生兴趣。于1778年出版了3卷集的《法国植物志》。1783年当选为法国科学院院士，为《系统百科全书》撰写植物学部分，并担任皇家植物标本室主任。1793年在他的倡议下，法国皇家植物园改建为自然历史博物馆。此后，他一直在该馆任职。他第一个将动物分为脊椎动物和无脊椎动物两大类，首先提出“无脊椎动物”一词。他也是现代博物馆标本采集原理的创始人之一。

他在动物分类方面作出了较大贡献。代表作是《无脊椎动物系统》和《动物学哲学》，在这两本巨著中拉马克提出了有机界发生和进化的学说。他认为器官的用进废退和获得性遗传是促进生物从简单向复杂进化的另一个因素。但现代的遗传学实验，迄今未证实获得性能够遗传。

**拉马克学说** Lamarckian theory 以获得性遗传为主要内容的生物进化理论。见进化。

**拉马努金** Ramanujan, Srinivasa Aaiyangar (1887－12－22～1920－04－26) 印度数学家。生于坦焦尔区的埃罗德，卒于马德拉斯附近。幼年时即显示出数学才能，家境贫困，1904年获奖学金入贡伯戈讷姆学院，潜心研习数学。1914年在G.H.哈代的帮助下进入剑桥大学，和哈代共同研究。数年间成果累累。在堆垒数论特别是整数分拆方面有突出贡献。此外在椭圆函数、超几何函数、发散级数等领域也有不少工作。他有较强的直觉洞察力，常能预见某些数学的结论，日后有许多得

到了证实。1918年被选为英国皇家学会会员。1919年因患肺结核病被迫回到家乡，次年病逝。

**拉曼** Raman, Sir Chandrasekhara Venkata (1888-11-07～1970-11-27) 印度物理学家。生于特里奇诺波利（今蒂鲁吉拉伯利），卒于班加罗尔。1904年毕业于马德拉斯大学，先后获得文学硕士，哲学、法学和理学博士学位。1907年起在印度财政部任职10年。后历任加尔各答大学物理学教授，印度科学院院长，拉曼研究所所长，印度国家教授。曾当选英国皇家学会会员，爱尔兰皇家科学院、匈牙利科学院和法国科学院院士。

1922年发表应用爱因斯坦－斯莫卢霍夫斯基涨落理论解释海水呈蓝色的论文，证明蓝色是光散射造成。1923年，在他领导下，K.R.雷马内森在观察液体散射光时，发现有强度很弱、相对于激发光谱线有位移的二次辐射。拉曼及其助手们经过不断实验，肯定了当单色光定向地通过透明物质时，散射的光中还含有一些弱的光，其谱线位移为一恒量。这种散射效应后被称为并合散射效应，即拉曼效应，并被认为是光量子理论最有力证明之一。为此，拉曼获得了1930年诺贝尔物理学奖。1935～1936年，他与合作者研究了液体中超声波对光的散射。50年代拉曼研究了宝石和矿石的光效应。60年代转而研究颜色和生理视觉方面的问题。

**拉曼光谱法** Raman spectrometry 借助于观察被测样品拉曼散射的频率、强度、偏振等性质来研究分子结构和性质的分析方法。主要用途是与红外光谱相互配合和补充，研究分子的振动、转动和高聚物的**构象**、**构型**，也可用于化学、生物、环境和材料等科学和生产领域，作为研究分子结构的工具。

拉曼散射和拉曼光谱 用一束单色光照射样品时产生光散射，频率等于入射光频率的散射光，称为瑞利散射，而频率不等于入射光频率的散射称为拉曼散射。拉曼散射的频率与入射光频率的差称拉曼位移，通常也称拉曼光谱频率。频率低于入射光频率的拉曼散射称为斯托克斯－拉曼散射；频率高于入射光频率的拉曼散射称为反斯托克斯－拉曼散射。每一种物质（分子）有自己的特征拉曼光谱，这是拉曼光谱表征某一物质的依据。拉曼光谱图的纵坐标是散射强度，横坐标是拉曼位移，单位是波数（厘米$^{-1}$）。气体和液体的拉曼谱带不仅有频率、强度、带型等特征，还有红外光谱所没有的退偏振比特征。常规激光拉曼光谱仪由激光光源、样品装置、单色器和检测及数据处理系统组成。傅里叶变换拉曼光谱仪采用近红外激光作光源，迈克耳孙干涉仪作单色器。

在拉曼光谱上能观测到的与振动和转动相对应的谱带称为具有拉曼活性。同一分子的某一基频振动谱带，是在红外光谱中出现，还是在拉曼光谱中出现，是由光谱选律决定的。拉曼散射的完善解释需用量子力学理论，不仅可解释散射光的频率差，还可解决强度和偏振等问题。

共振拉曼光谱 一般拉曼光谱使用的激光频率要远离样品的吸收频率。当光源频率等于样品某个吸收频率时，产生的拉曼光谱叫共振拉曼光谱。它有一些独特的性质，能有选择地增强某些拉曼谱带，常用于生物化学和配位化学中，也可用于某些物质的微量测定。

显微拉曼光谱 有可能得到空间分辨的振动信息，它与电子显微技术相比，无须抽真空；它与X射线衍射方法相比，所得到的是微区的，而不是宏观平均的信息。显微拉曼光谱能同时得到样品的形貌和光谱信息的特点，可用于超导薄膜、陶瓷断裂表面的相变和应变研究及矿物中夹杂物的定性、定量分析等。

共焦拉曼光谱 应用光学扫描共焦显微外光路和共焦大光路解决了同时提取样品垂直方向（深度方向）的光谱信息问题，使拉曼光谱向三维方向发展，形成了独特的拉曼切片技术。共焦拉曼光谱新技术打开了在生物学和材料科学等方面的新的应用领域。

**拉美西斯二世** Ramses Ⅱ（约前1303～前1213-06-27） 古埃及新王国第19王朝法老（前1279～前1213年在位）。塞提一世之子。公元前1304年继位。他力图恢复**图特摩斯三世**时期的帝国版图，发动了对西亚的大规模征服战争。前1299年，在叙利亚的卡迭石城下与南下扩张的赫梯人进行决战，战争延续十几年。前1283年，与赫梯国王哈图西利斯三世签订和约，确定双方之间互不侵犯、永久和平相处。拉美西斯二世经过多年战争，巩固了埃及在巴勒斯坦和南叙利亚的统治。他娶哈图西利斯三世的长女为妻，更密切了与赫梯的关系。除了对亚洲的远征外，他还发动了对利比亚和努比亚的战争。

拉美西斯二世大兴土木，在埃及和努比亚到处建筑或扩建庙宇宫殿。他把首都由**底比斯**迁到三角洲东北部，在那里建立了名为培尔·拉美斯（意为拉美西斯之家）的城市。拉美西斯二世统治埃及67年，是古埃及史上统治时间最长、影响最大的法老，标志着埃及帝国的权力达到顶峰。

拉美西斯二世狩猎图

**拉蒙－卡哈尔** Ramón y Cajal, Santiago (1852-05-01～1934-10-17) 西班牙神经组织学家和神经解剖学家。生于纳瓦拉省的佩蒂利亚，卒于马德里。1877年获医学博士学位。1884～1921年先后担任巴伦西亚大学解剖学教授、巴塞罗那大学组织学教授、马德里大学组织学、病理解剖学教授和国立卫生研究所所长。1921年起任马德里卡哈尔研究所所长。

他最初从事大体解剖和组织学方面的工作，35岁开始进行神经解剖学方面的研究。1903年他改进了神经组织学的染色方法（主要是创建了还原硝酸银染色法），并用以研究胚胎和幼小动物脑和脊髓神经细胞的微细结构和细胞间的连接关系，同时阐明了视网膜的微细结构。19世纪80年代他对神经细胞是神经系统基本结构单位提出许多有力证据，认为每个神经细胞都是独立的，它的轴突末端以不同的形态与其他神经细胞相接触。他阐明了神经细胞间的真正关系，对神经元学说的确立有重要贡献。1906年他与C.高尔基共获诺贝尔生理学或医学奖。拉蒙－卡哈尔是现代神经组织学的奠基人之一，一生发表了200多篇科学论文和一些专著，其中《组织学手册》、《人类和脊椎动物神经系统的结构》、《神经系统变性和再生的研究》等，都是神经解剖学领域中的经典著作。

**拉莫斯** Ramos, Fidel (1928-03-18～ ) 菲律宾总统（1992～1998）、博鳌亚洲论坛理事长（2002～2010）。生于中吕宋邦加锡南省林加延市的一个塔克瓦族家庭。1948年毕业于马尼拉国立大学。1950年毕业于美国西点军校，获理学学士学位。1951年获美国伊利诺伊大学土木工程硕士学位。1969年和1980年又获国家安全和工商管理硕士学位。后参加菲律宾军队，在朝鲜和越南服役。1960年后，历任菲律宾武装部队非常规战争委员会主席、陆军特别空降司令、总统军事事务助理、助理参谋长兼情报局局长、武装部队民防训练中心总指挥等。1972年被F.E.马科斯总统任命为保安军司令。1981年后任军队副总参谋长、代总参谋长。1986年菲律宾爆发反马科斯的“二月革命”，与国防部长恩里莱一起宣布脱离政府，迫使马科斯流亡。后被阿基诺夫人任命为总参谋长，并获上将军衔。1988年出任国防部长，使数次企图推翻阿基诺夫人政府的军事政变流产和失败。1991年底创建基督教穆斯林民主力量党，主张实行两党制，扩大地方权力，加快私有化进程，奉行更加开放的外交政策。1992年6月当选为总统。任内，对反政府武装实行大赦，与分离的摩洛族达成和解；经济显著复苏，人均国内生产总值有较大增长；对外以发展贸易和吸收投资为主，加强与美国的友好合作关系，扩大与亚洲邻国的经济合作。1997年获得联合国教育、科学及文化组织颁发的和平奖。1998年与澳大利亚前总理R.霍克、日本前首相细川护熙一起提出建立“亚洲论坛”的设想，并于2002年当选为博鳌亚洲论坛理事长，2006年连任。

**拉姆齐** Ramsey, Norman Foster (1915-08-27～ ) 美国实验物理学家。生于华盛顿（哥伦比亚特区）。1940年和1954年分别获哥伦比亚大学哲学博士和英国剑桥大学理学博士学位。第二次世界大战期间，在麻省理工学院辐射实验室和洛斯阿拉莫斯实验室研制雷达和原子武器。战后历任哥伦比亚大学教授，布鲁克黑文国家实验室物理部主任，哈佛大学教授。1952年当选美国国家科学院院士。1940年和I.I.拉比首次测定分子转动磁矩，并发现重氢的核不是此前所设想的球形，而是椭球形。第二次世界大战期间，领导制成3厘米波长磁控管及其雷达系统。1950年发明具有两个分立振荡场的新的分子束共振方法，从而获得更为精确的磁共振谱，并将它用于氢微波激射器和铯原子钟及其他原子钟。为此获1989年诺贝尔物理学奖。他还建造了当时能量最大的6兆电子伏的剑桥电子加速器，发展了分子中核的磁屏蔽理论，测定了氢、氘和氚的超精细结构谱，并发现氢的超精细结构谱在电场中发生的小位移。

**拉姆齐** Ramsay, William (1852-10-22～1916-07-23) 英国化学家。生于格拉斯哥，卒于白金汉郡海威科姆。1866年入格拉斯哥大学，1869年始学化学，1870年毕业后留学德国。1872年获蒂宾根大学哲学博士学位。1880～1887年任布里斯托尔大学化学教授，1887～1913年任伦敦大学化学教授。1888年当选英国皇家学会会员。1894年他与瑞利合作，发现氩。1895年他发现元素氦，从而第一次在地球上找到所谓“太阳元素”。他研究了氦和氩的性质，指出它们在周期系中属于新的一族，并预言这一族中存在着其他元素。1898年他在分馏液态空气时发现了三种新的稀有气体元素，命名为氖、氪、氙。1903年他和F.索迪证明镭能产生氦。1910年他和R.格雷测定了氡的原子量，并确定了氡在周期系中的位置。拉姆齐因发现空气中的稀有气体元素并确定其在周期系中的位置而获得1904年诺贝尔化学奖。主要著作有《无机化学体系》、《大气中的气体》、《现代化学》和《元素和电子》等。

**拉木兹** Ramuje, Ibrahīm (1884～1949) 埃及剧作家。生于曼苏腊，卒于开罗。曾在英国留学。留学回来后，深入地研究戏剧，翻译了一些西方剧本，创作逐渐成熟。著有《安达卢西亚的没落》、《哈克木·比艾木里拉》和《曼苏腊的英雄们》等历史剧。《曼苏腊的英雄们》的背景是十字军东侵的第七次战争（1248～1254），写法国入侵埃及，埃及人民在拜伯尔斯大将的率领下，于曼苏腊城大败十字军，生俘路易九世的故事。这部剧作代表了阿拉伯现代戏剧的一个转折点，戏剧的目的已不单纯是消遣和娱乐，剧作家开始重视作品的思想性，以激发人们的民族主义精神和爱国主义感情。

**拉尼娜** La Niña 赤道太平洋东部和中部海洋表面温度大范围持续异常变冷的现象。拉尼娜是西班牙语“La Niña”的音译，是“小女孩”的意思。拉尼娜和厄尔尼诺事件的海温分布刚好相反，并和厄尔尼诺事件经常交替出现，因此又称反厄尔尼诺。拉尼娜发生的频率少于厄尔尼诺，强度也比厄尔尼诺弱，但持续时间则大多数偏长。

**拉普** RAPP 苏联20世纪20～30年代初最大的文学团体。全称“俄罗斯无产阶级作家联合会”俄文缩写的音译。组织遍及全国，总人数最多时达万余人。一般所说的“拉普”包括“十月”文学小组、以“十月”为核心组成的“莫斯科无产阶级作家联合会”（“莫普”）、“全俄无产阶级作家联合会”（“瓦普”）、“全苏无产阶级作家联合会联盟”（“伏阿普”）等几个组织。这些组织的领导核心是L.L.阿维尔巴赫等同一批人。

“拉普”的活动分为两个阶段：1923～1925年以《在岗位上》为主要阵地；1926～1932年以《在文学岗位上》为主要阵地。因而人们又称他们为岗位派。“拉普”反对L.D.托洛茨基及文艺界的形式主义、庸俗社会学、非政治倾向等，捍卫无产阶级文学的战斗原则。但他们妄自尊大，排斥、打击同路人等其他派别的作家。后期成为苏联文学进一步发展的阻力。1932年4月“拉普”解散。

**拉普捷夫海** Laptev Sea 北冰洋边缘海。在俄罗斯泰梅尔半岛与北地群岛同新西伯利亚群岛间。西与喀拉海相连，东同东西伯利亚海相通。面积66.2万平方千米，平均深度533米，最深3 385米。北深南浅，大陆架占海域面积的3/4。主要海湾有哈坦加湾、奥列尼奥克湾及布奥尔－哈亚湾。有勒拿河、哈坦加河、亚纳河注入。海水盐度从南部的20到北部的34。半日型潮，潮差0.5米。全年结冰期长达9个月。夏季有两个半月（7月上旬至10月下旬）借助破冰船可通航。生长北欧海豹、海象及北极熊。夏季沿岸有大量海鸟。

**拉普拉斯** Laplace, Pierre-Simon (1749-03-23～1827-03-05) 法国数学家、天文学家。生于卡尔瓦多斯的博蒙昂诺日，卒于巴黎。年幼时就显露出数学才能，1767年到巴黎拜见J.le R.达朗贝尔，经过周折，终于以自己对力学原理的论述受到了达朗贝尔的称赞，随即被介绍到巴黎军事学校任数学教授。1785年当选法国科学院院士，1795年任巴黎综合工科学校教授，后又在高等师范学校任教授。1816年当选法兰西

学院院士，1817年任该院院长。

拉普拉斯的研究领域很宽广，涉及天文、数学、物理、化学等方面的许多课题，一生中最主要的精力花费在天体力学上面。把数学当作解决问题的重要工具，而在运用数学的同时又创造和发展了许多新的数学方法。在微分方程、复变函数论、代数学和概率论等方面都有卓越贡献。在微分方程中有以他的姓氏命名的拉普拉斯方程：

$$\frac{\partial^2 v}{\partial x^2}+\frac{\partial^2 v}{\partial y^2}+\frac{\partial^2 v}{\partial z^2}=0$$

他在1782年就考虑过形如：

$$f(x) = \int_0^\infty e^{-xt} g(t)\,dt$$

的积分方程，后来人们称它为$g(t)$的拉普拉斯变换；他是复变函数论的先驱者之一，较早地考虑了复函数求积法，并把实积分转换为复积分来计算实积分的值；在代数学中有关**行列式**的拉普拉斯展开定理；被公认为**概率论**的奠基人之一。

拉普拉斯的研究成果大都包括在他的三部总结性的名著中：《宇宙体系论》(1796)，其中有著名的关于太阳系起源的星云假说，因为康德也曾发表过类似的假说，所以在科学史上通常称为“康德-拉普拉斯星云说”。《天体力学》(1799～1825)，这部5卷16册的巨著实际上是**I.牛顿**、A.-C.克莱罗、**L.欧拉**、**J.-L.拉格朗日**以及他本人的天文学研究工作的总结和统一。书中以很多篇幅阐述位势理论，这对物理学的许多分支的发展有深远的影响。传说拿破仑一世曾指责他在这部论述宇宙的大书中竟然没有提到宇宙的创造者——上帝，拉普拉斯回答说：“陛下，我不需要这种假设。”《概率的分析理论》(1812)是概率论方面的一部内容丰富的奠基性著作。书中首次明确给出了概率的古典定义，系统叙述了概率论的基本定理，建立了观测误差理论（包括**最小二乘法**），并把概率论应用于人口统计。书中大量运用了拉普拉斯变换，生成函数和许多数学工具。拉普拉斯把他的著名论文《关于概率的哲学探讨》作为该书第二版（1814）的序言，文中提出了关于概率论的重要见解：概率论终将成为人类知识中最主要的组成部分。生活中那些最重要的问题绝大部分正是概率问题。

由于拉普拉斯在科学上的重要成就，有“法国的牛顿”之称。拿破仑曾任命他为内政部长，但不久又认为他不称职而把他免职，并讥讽他把“无穷小的精神”带入政府工作。

**拉普拉塔**　La Plata　阿根廷东部大西洋岸港口，布宜诺斯艾利斯省首府。位于拉普拉塔河口南岸。人口57.4万（2001）。原为一小城镇，1882年仿照美国华盛顿市规划扩建为市，并定为省会。东北8千米的外港恩塞纳达为大型的人工深水港，有运河通拉普拉塔河口，共有11个泊位，可停泊吃水9米的大型海轮。主要输出小麦、玉米、牛、羊等农畜产品。工业以面粉、肉类加工和炼油为主，此外还有钢铁、造船、化学、电子、纺织等工业。工厂多在港区附近。市区以莫雷塔广场为中心，街道整齐美观，多现代建筑。全国高等院校最多的城市之一，其中有创建于1897年的拉普拉塔大学。博物馆、图书馆众多。市区北部海滨的拉腊角为旅游胜地。

**拉普拉塔河**　La Plata, Río de　南美洲东南海岸的河口湾。介于阿根廷和乌拉圭两国之间，由**巴拉那河**与乌拉圭河汇注而成，向东南流入大西洋。自两河汇流点至圣安东尼奥角和埃斯特角之间的河口线全长（直线距离）290千米。因近代下沉作用，河口呈巨型喇叭状三角港。水面宽阔，面积3.5万平方千米，河口线处宽223千米。流域面积13.56万平方千米，实际流域面积（包括两大源流）为323万平方千米。年平均流量2.35万米$^3$/秒。河岸较为曲折，多港湾和岬角。北岸地势高而起伏不平，南岸多滩地、沼泽。主要港口城市有**布宜诺斯艾利斯**、拉普拉塔等。主航道为人工开辟，水深10米，可通大型海轮。渔业资源丰富。

**拉普拉塔平原**　La Plata, Planicie de　南美洲第二大平原。位于南美洲东南部，介于**安第斯山脉**、**巴西高原**、巴拉那高原和**巴塔哥尼亚高原**之间，东南临大西洋。面积150万平方千米。北部称**大查科平原**（格兰查科），西部在靠近安第斯山的一侧，地势较高，海拔500～600米，多丘陵，向东渐趋平缓，地面平展低洼，雨季排水不良，在沿河地带形成沼泽和湿地。南部为**潘帕斯草原**，地势坦荡平展，由西向东缓斜，海拔多在150米以下。

**拉普兰**　Lapland　挪威、瑞典、芬兰三国北部和俄罗斯西北部科拉半岛地区的总称。以当地居民**拉普人**命名。位于北极圈内，西接挪威海，北濒巴伦支海，东临白海。西部为斯堪的纳维亚山脉北段，最高峰海拔在2 000米以上；往东地势低降，以高原、台地为主；东部科拉半岛为低丘和平原低地。湖泊，沼泽和泥塘广布。拉普人多以捕鱼和放牧驯鹿为生。

**拉普人**　Lapps　北欧民族之一。自称萨米人。约6万人（2001）。主要分布在挪威、瑞典、芬兰和俄罗斯4国境内的北极地区。属乌拉尔人种，为蒙古人种和欧罗巴人种的混合类型。使用拉普语，属乌拉尔语系芬兰-乌戈尔语族。多信基督教新教（路德宗），少数信东正教，广泛保留原始宗教残余。其祖先早自一万年前便开始从乌拉尔地区陆续迁入斯堪的纳维亚，后受日耳曼部落和芬兰部落排挤，逐渐北移。部分人被后来者同化。原以捕鱼和猎捕野鹿为生，约在1 000多年前饲养驯鹿成功，成为主要谋生手段，社会、经济、文化和生活方式发生变化，创造了独具一格的驯鹿文明，发展了适应北极环境的经济类型。传统社会以父系大家族和氏族为单位，一直过着原始社会的民主生活。近年来，随着各所在国工业的发展，拉普人大部转向定居，并兴建现代化设施，使用现代化生活用品；有的已用直升机、越野汽车和摩托车放牧。但仍有一部分继续过游牧生活，夏天赶鹿群到沿海地区放牧，冬季回到内陆地区，行程五六百千米，不受国界限制。

**拉齐**　Rāzī, Abū Bakr Muhammad ibn Zakarīya al-（864～924）　穆斯林哲学家、医学家、物理学家。欧洲人称拉齐斯。生于波斯赖伊（今译腊季）。早年学习伊斯兰教文学和数学，后钻研医学和哲学，曾任赖伊和巴格达医院院长。其在哲学方面尊崇**亚里士多德**、**柏拉图**、毕达哥拉斯的学说，认为造物主、宇宙的灵魂、原质、绝对的时间、绝对的空间是世界的五种本原，它们同时并存，是世界存在的基础。他认为安拉是万物之本，由他流出万有。感觉是认识的基础，以此为据，他肯定物质世界的存在。他认为灵魂因贪恋物质而来到世界，安拉使之具有了物质的形式，以满足其物质欲望，继而又令其摆脱物质的烦恼，复归于安拉。这个过程只有通过研究哲学才能完成。他既反对苦行，又反对纵欲。著有《医学集成》、《形而上学》、《哲学上的途径》、《曼苏尔医生》等。

**拉萨尔**　Lassalle, Ferdinand（1825-04-11～1864-08-31）　德国早期工人运动活动家，机会主义代表人物之一，全德工人联合会创始人。生于布雷斯劳（现弗罗茨瓦夫），

卒于瑞士日内瓦。在柏林大学攻读哲学、语言和历史。接受**G.W.F.黑格尔**的唯心主义哲学体系。1844年获哲学博士学位。1848

年欧洲革命期间，参加杜塞尔多夫民主派的革命活动，并与K.马克思、F.恩格斯结识。1859年出版的历史剧《弗兰茨·冯·济金根》，反对通过自下而上的革命道路统一德国，反映了唯心主义的历史观。1863年3月，发表《给筹备莱比锡全德工人代表大会的中央委员会的公开答复》，提出一整套机会主义理论作为工人政纲的基础。1863年5月23日全德工人联合会成立，拉萨尔当选为联合会主席。为了求得普鲁士国家的帮助和实现普选，拉萨尔从1860年5月起多次与O.von俾斯麦密谈和通信，表示工人阶级“本能地感到自己倾向于独裁”。其威望逐渐下降。1864年死于决斗。

**拉萨河** Lhasa River 雅鲁藏布江支流中流域面积最大、最长的河流。发源于西藏自治区境内的念青唐古拉山脉中段南麓，澎错孔玛朵山峰下。全长551千米，在曲水附近自东北至西南方向汇入雅鲁藏布江。流域面积3.25万平方千米。河口处多年平均年径流量106.8亿立方米。拉萨河总落差1 620米，平均坡降2.9‰。从河源至桑曲汇

入口为上游段，长256千米，落差960米，平均坡降3.8‰；自桑曲汇入口到直孔为中游段，长138千米，落差360米，平均坡降2.6‰；自直孔以下为下游段，长157千米，落差约300米，平均坡降1.9‰，水流平缓。拉萨河流域面积仅占西藏自治区总面积的2.7%，而流域内的人口、耕地却约占全自治区的15%，是西藏工、农、牧业集中的地区。高原古城拉萨市就坐落在拉萨河下游右岸。

**拉萨市** Lhasa City 中国西藏自治区辖市，自治区人民政府驻地。西藏自治区政治、经济、宗教、文化和交通中心。位于西藏南部雅鲁藏布江北岸，拉萨河下游平原上。辖城关区及堆龙德庆、达孜、墨竹工卡、林周、尼木、曲水、当雄7县。面积31 662平方千米，人口56万（2010），有藏、汉、回等10多个民族。

始建于唐初。原为苏毗部落辖地，以放牧为主。7世纪中叶，吐蕃赞普（王）统一西藏，由雅隆地区迁都到曲吉河谷的卧马塘（后称“逻娑”，即今拉萨），建立了西藏吐蕃王朝。文成公主进藏以后，相继兴建了大昭寺、小昭寺和布达拉宫等著名建筑。15世纪初，喇嘛教格鲁派始祖宗喀巴在拉萨城东噶丹山兴建甘丹寺，成为宗喀巴坐床之所。后其弟子先后于拉萨城西建哲蚌寺、城北建色拉寺。17世纪中叶，布达拉宫完成扩建，五世达赖由哲蚌寺移居于此。18世纪中叶以后，七世达赖在布达拉宫西2 000米处修建了罗布林卡，后为历代达赖夏宫。1951年西藏和平解放时，拉萨居民不过3万人，除少数贵族外，多为喇嘛等，是一座中世纪的寺院城市。1960年设市。1965年西藏自治区正式成立，拉萨成为自治区人民政府驻地和新兴城市。

拉萨城区地势平坦，平均海拔3 658米，两侧山地海拔多在4 000米以上。年平均气温7.6℃。平均年降水量约450毫米，雨季集中在7～9月。日照时数在3 100小时以上，年均日照率68%，故有“日光城”之称。自然景观属高山半干旱灌丛草原类型，拉萨河南岸有局部沙丘分布。矿产有铁、铜、铅、锌、金、银、锡、钼、地热、煤、刚玉、自然硫、高岭土、重晶石、汉白玉等。

20世纪50年代以前，拉萨没有工业，仅有几家手工业作坊。西藏和平解放以后，新建了水电站、火电站、地热电站、水泥厂、化工厂、制药厂、电机厂、皮革厂、汽车修配厂、食品加工厂等百余家中小型工业企业。拥有以食品、电力、采矿、机械、建材、汽车修配、毛纺织、制革、制（藏）药、化工、印刷等为主的多种工业行业，以及历史悠久、工艺独特的卡垫、地毯、民族服装、民族家具、金银首饰、玉器等民族手工业。拉萨河谷平原土地肥沃，物产丰富，产青稞、小麦、豌豆、蚕豆、荞麦、玉米、油菜子、马铃薯、大蒜、藏葱、藏萝卜、蔓青等。

拉萨为西藏交通枢纽，对外交通主要靠公路，有青藏、川藏两条公路干线，有通往喜马拉雅山南麓的中尼公路。青藏铁路由青海西宁市至拉萨市，于2006年7月1日建成通车。拉萨贡嘎机场辟有多条国内航线和至尼泊尔首都加德满都的国际航线。

名胜古迹有念青唐古拉山主峰、穷母岗日峰的雪峰冰川、当雄草原、高原湖泊纳木错、羊八井地热田和布达拉宫、大昭寺、哲蚌寺、色拉寺、甘丹寺、罗布林卡等。矗立在八角街上大昭寺前的“唐蕃会盟碑”，建于唐长庆三年（823），是藏汉人民友好团结的历史见证。拉萨是国家历史文化名城。

拉萨市风光

**《拉萨条约》** *Lhasa Treaty* 英国强迫中国订立的不平等条约。1903年11月（光绪二十九年九月）英国发动第二次侵略西藏地方的战争，次年8月占领拉萨。9月7日，英军上校F.荣赫鹏强迫西藏甘丹寺长罗桑坚赞签订《拉萨条约》共10款，主要内容为：①除亚东外，增开江孜、噶大克为商埠，许英国分别派员监管商务。②赔款250万卢比，分75年缴清，赔款未缴清前，英军占领春丕。③自中国与哲孟雄（今锡金）边界至拉萨的防御工事一律拆除。④除经英国事先同意外，西藏土地不得让卖、租典与任何外国；西藏一切事务不准任何外国干涉；任何外国不准派员入藏；西藏的铁路、道路、电线、矿产或其他权利不得让与任何外国或其臣民；西藏各项进款，或货物或现金不许抵押或让与任何外国或其臣民。《拉萨条约》严重损害中国的主权，清政府坚持不予批准，并要求修改条约。1906年4月27日，清外务部侍郎唐绍仪与英国驻华公使E.M.萨道义签订《中英续订藏印条约》正约6款，主要内容为：双方承认将《拉萨条约》附入本约，作为附约；英国允不占并藏境及不干涉西藏一切政治，中国应允不准其他外国干涉藏境及其一切内治，等等。《中英续订藏印条约》将《拉萨条约》收为附约，一方面表示清政府被迫接受《拉萨条约》的各项条款，另一方面使英国在事实上确认了中国在西藏地方的领土主权。

**拉塞尔** Russell, Edward Stuard (1887-03-25～1954-08-24) 英国水产资源学家、动物学家。生于格拉斯哥。毕业于格拉斯哥大学。1909年进入苏格兰渔业部主持海洋生物协会的渔业研究工作。1920～1946年出任国际海洋考察理事会的英方专家，并为1925～1939年《国际海洋考察会议杂志》的首任主编。1921年起任英格兰和威尔士渔业研究所所长，直至退休。1940～1942年任英国林奈学会主席。自1931年起在关于捕捞过度问题的一系列论著中，提出了影响某一水产资源可捕群体数量的4个因素及其相互关系的理论，提出了水产资源

种群数量变动的一般数学模型，为水产资源学的建立奠定了理论基础。他还建立了在码头和市场进行渔获物抽样调查的方法，为估计开发种群的渔获量和群体密度提供了有效手段。

**拉斯基** Laski, Harold Joseph（1893-06-30～1950-03-24） 英国工党和费边社的理论家、政治活动家、社会民主主义和政治多元主义的重要思想代表。生于曼彻斯特，卒于伦敦。1914年毕业于牛津大学新学院，1926年起在伦敦政治经济学院教授政治学。1945年当选为工党主席。拉斯基的理论工作与政治活动紧密结合在一起，总是根据现实政治的发展变化修改他的政治理论，因此他的理论具有多变性的特点。主要代表作有《主权问题研究》（1917）、《现代国家的权力》（1919）、《政治典范》（1925）、《国家的理论与实践》（1935）、《论当代革命》（1943）等。

青年时代的拉斯基是多元主义者，他批判了传统国家学说的“神秘主义一元论”，集中攻击了作为一元论基础的主权理论，指出关于国家具有至高无上主权的一元主义理论是不符合实际的，社会基本上是联盟性质的，国家是人类多种形式的团体之一，其性质与其他社会团体并无根本区别，它们之间的关系是并列的而非从属的。他主张建立一种多元主义的国家，它由一系列目的可能极不相同的合作团体组成，国家主权将分配给具有不同职能的团体和自治区域。

1923年工党上台后，拉斯基承认国家在性质上不同于其他社会团体，具有超越于其他社会团体之上的强制性权力。20世纪30年代，受资本主义危机、法西斯主义崛起和工党政府倒台等因素的影响，拉斯基接受K.**马克思**的观点，把国家视为阶级统治的工具，完全摒弃了多元主义。

拉斯基终生是一个社会主义者。他早年的政治思想基本上属于费边社会主义。当他宣传多元主义时，其目的在于保护工人组织免受政府控制的自由。当他推崇国家的作用时，其目的在于使国家成为实现社会主义的工具。他主张基本工业国有化，要求政治民主服务于经济民主或社会主义，希望通过和平道路实现对社会的改造。1925年后，拉斯基开始怀疑通过和平的政治民主途径实现大规模经济和社会制度改革的可能性。认为现实国家的权力控制在掌握着主要生产工具的集团手中，他们绝不会自动放弃权力，允许变私有制为公有制。因此，要实现社会主义，暴力革命几乎是不可避免的。

第二次世界大战爆发后，拉斯基提出了一种“同意的革命”理论，主张在各阶级、各团体高度的“公共利益感和公共安全感”的基础上，通过民主和协商的方式，实现对资本主义的和平改造，最终建立一个“计划化民主国家”，废弃资本主义私有制而保留其民主的政治形式，摒弃苏联社会主义的“专制政治”而保留其公有制度，把民主与社会主义结合起来。这些思想使拉斯基成为战后民主社会主义的先驱。

**拉斯科洞窟壁画** Lascaus Cave Paintings 法国多尔多涅省拉斯科的石灰岩溶洞中的旧石器时代壁画。1940年，两个孩子出外郊游时发现了拉斯科洞口。后由著名史前艺术学者H.布勒伊考察整理，公之于世。西方人誉之为“史前的卢浮宫”。洞窟分为主厅和两个主要洞道，均绘有壁画。主厅又称牛厅，面积为138平方米，洞壁上水平排列着各种动物形象，其中有长5米的巨大

壁画《三牛一马》

的野牛，还有长角凸肚的怪兽等。沿洞窟轴线伸展的洞道称中轴画廊，洞壁、洞顶都布满野牛、野马图像，一匹在飞矢中奔跑的马被命名为“中国马”；在另一条洞道的侧端有个井状坑，坑壁上画着一个头戴鸟形面具的人与欧洲野牛搏斗。壁画的各种形象可以细分为14种风格，分属三个阶段：早期以单色线描为主；中期黑色勾轮廓，红、棕色涂染；晚期的代表是黑色绘制的大型动物形象。其主要艺术遗迹属于奥瑞纳-佩里戈尔文化。

**拉斯普京** Rasputin, Valentin Grigoryevich（1937-03-15～ ） 俄罗斯作家。生于西伯利亚。1959年毕业于伊尔库茨克大学。曾任编辑。早期作品多以西伯利亚农村生活为题材，心理描写细腻，笔调清新，富于抒情色彩和哲理性。《为玛丽娅借钱》（1967）、《最后的期限》（1970）、《活着，可要记住》（1974）、《告别马焦拉》（1976）四部中篇小说，旨在凸显俄罗斯农村在现代生活方式冲击下传统道德的沦丧。中篇小说《火灾》（1985）同样是道德题材，写一个村庄的工人供应处仓库失火后各种不同人物的表现。作者以火灾象征道德天平，标出各种人物的精神分量。

**拉斯韦尔** Lasswell, Harold Dwight（1902-02-13～1978-12-18） 美国政治学家。生于伊利诺伊州唐奈森，卒于纽约。1926年获芝加哥大学哲学博士学位。以后又获伊利诺伊大学、芝加哥大学、哥伦比亚大学法学博士和宾夕法尼亚大学理学博士等学位。1924～1946年任芝加哥大学、耶鲁大学法学教授。1954年任斯坦福大学行为科学高级研究中心研究员。1955年当选美国政治学会会长。1970～1972年任美国国际法协会主席。1978年任国际心理学会协会名誉主席。主要著作有《政治行为的分析：一种试验方式》（1948）、《权力和个性》（1948）、《权力与社会：政治探索的框架》（1952）等。拉斯韦尔是美国**行为主义政治学**的创始人之一。他较早地将心理学、社会学以及精神分析法引入政治学研究，试图用**精神分析**的理论模式，分析政治行为者的个人动机和思想感情，以及政治行为的心理基础和个人因素在政治生活中的作用。是西方政治学权力学派的代表人物，主张政治学应侧重研究政治权力和权力主体，指出政治学是对权势和权势人物的研究。拉斯韦尔对西方政治心理学的创立和发展作出了巨大的贡献，他的学术思想对西方行为主义政治学、政策科学和政治通讯研究等也产生了深远的影响。

**拉斯维加斯** Las Vegas 美国内华达州城市，旅游名城。位于州东南部，西南距洛杉矶467千米。市区面积293.5平方千米，人口59.9万（2008）；大都市区包括克拉克县、博尔德城等，人口198.61万（2008）。地处美国西部山区大盆地内一宽广谷地中，海拔659米，气候干旱，沙漠广布，但自流井周围土肥草盛。曾是印第安人居地。1855～1857年，一批来自犹他州的摩门教徒移居此地。1864年美军筑贝克堡。1905年铁路通达后为铁路市镇。1911年设市。1931年州立法使博彩业合法化；1936年城东南50千米处的**胡佛坝**竣工，提供充足水源和电力，使这座沙漠城市进入迅速发展时期。随着大批豪华夜总会、宾馆、餐馆、商场、赌场和各类娱乐设施的兴建，拉斯维加斯发展为以博彩业为特色的游览中心。市区人口成倍增加。市中心主街拉斯维加斯大道是最繁华之地，宾馆、夜总会、商场林立，几乎家家宾馆设赌场；世界十大旅馆排行榜中，拉斯维加斯市占9名，有“不夜城”之称。拉市又以“结婚和离婚之都”闻名。进入21世纪以来，博彩业在城市经济中的比重开始下降，城市功能正在向会展、休闲、

拉斯维加斯夜景

娱乐中心转变。尤其是会展业，有著名的拉斯维加斯会议中心。麦卡伦国际机场在城南。市内有内华达大学拉斯维加斯分校等高等院校，以及州立博物馆、吉尼斯世界纪录博物馆等文化设施。附近沙漠地带是美国核武器试验场。设有内利斯空军基地等军事设施。

**拉塔基亚** Latakia 叙利亚城市，拉塔基亚省首府，全国第一大港。人口约50万。古名滨海洛蒂塞亚，简称洛蒂塞亚，根据前3世纪塞琉古王国国王安条克二世（前287～前246）的王后洛蒂塞命名，日久演变为现名。位于国境西部地中海沿岸，踞突出海上的钝三角形半岛的南侧，海拔12米。东南距首都大马士革220千米。因天然地势优越，掩蔽条件良好，古腓尼基时代已形成港口城市，历经世变而兴盛不衰。今为叙进出海洋的首要门户。附近农业发达，烟草种植业尤兴盛，所产优质烟草经此外销，并以港口名行世，径称“拉塔基亚”，港口也以出口烟草闻名。腹地广阔，有铁路东北通阿勒颇，公路东南连霍姆斯。

**拉图尔** La Tour, Georges de (1593-03-19～1652-01-30) 法国画家，17世纪卡拉瓦乔主义艺术的代表。生于洛林塞耶河畔维克，卒于吕内维尔。长期被人遗忘。他画世俗题材，也画宗教题材，在这些画中无论是人物，还是周围的环境都极其朴素、真实，富有日常生活的特色。他的宗教题材没有宗教神秘气氛，笔下的圣母和其他圣经传说中的人物却像是当地的农民，形象质朴，具有端庄自然的美。他尤其喜欢画夜间的场景，对烛光有特殊嗜爱，人物在烛光下若隐若现，光线的变幻精到细致。现代也有人认为他对立体派艺术颇有影响，理由是他的画具有宁静的几何图形的美。代表作有《约伯和他的妻子》、《诞生》、《牧人来拜》、《玩牌的作弊者》（约1635）、《油灯前的玛格达丽娜》（约1640～1645）、《使徒彼得的否认》（1650）等。

《油灯前的玛格达丽娜》

**拉脱维亚** Latvia 欧洲东北部国家。位于波罗的海东岸，北与爱沙尼亚、南与立陶宛、东与俄罗斯、东南与白俄罗斯毗邻。里加湾深入内陆。面积64 589平方千米。人口223.76万（2010），其中拉脱维亚族占58.5%、俄罗斯族占29%，余为白俄罗斯族、乌克兰族、波兰族等。主要信奉罗马天主教、新教路德宗和东正教。拉脱维亚语为官方语言，通用俄语。首都里加。

国土大半为平原，东部和西部有低丘起伏，平均海拔87米。属温带海洋性向温带大陆性过渡气候类型，河网稠密，有道加瓦河（源出俄罗斯）、加乌亚河、文塔河等。湖沼广布，较大的湖泊有卢巴纳斯湖、列兹纳斯湖等。森林覆盖率44.5%。泥炭资源丰富，还有石灰岩、石膏、白云石等矿物建筑材料。

10世纪起建立封建公国。12世纪末至1562年，日耳曼十字军入侵，后归属德国利沃尼亚政权。1583～1710年，先后被瑞典、波兰-立陶宛公国瓜分。1710～1795年，被俄国所占。1795年后，国土东、西部分别被俄罗斯和德国割据。1918年11月18日宣布独立。1920年初资产阶级掌握政权后，于1922年2月16日宣告成立拉脱维亚民主共和国。1934年5月，法西斯建立了军事独裁统治。1939年8月苏联同德国签订《苏德互

不侵犯条约》，拉脱维亚划归苏联。1940年7月21日，成立拉脱维亚苏维埃社会主义共和国，8月5日并入苏联。1990年5月4日发布独立的宣言，改国名为拉脱维亚共和国。1991年8月22日，恢复独立。

政治上实行议会民主制和多党制。一院制议会是国家最高立法机构，直选产生100席议员，任期4年。总统由议会选举产生，任期4年，不得超过两届。政党众多，主要有人民党、新时代党、拉脱维亚第一党、拉脱维亚农民联盟、拉脱维亚绿党、“祖国与自由”和争取拉脱维亚民族独立运动联盟。“回归欧洲”是独立后拉脱维亚外交政策的主要目标，以加入欧盟、北约等西方组织来保障自身经济和安全利益。同时积极推进与爱沙尼亚、立陶宛的经济一体化进程，加强与北欧国家的关系。1991年9月成为联合国成员国。1999年加入世贸组织。2004年5月加入欧洲联盟。已与156个国家建立外交关系。1991年9月12日与中国建交。

独立后经济经历了初期的严重衰退，从1996年起，经济步出谷底，逐步回升。全面推行私有化和市场经济体制。2009年人均国内生产总值11 618美元。工业所需燃料和原料依赖进口，主要工业部门有电子、运输机械、造纸、农机、制药、纺织、食品加工和木材加工等，近一半的

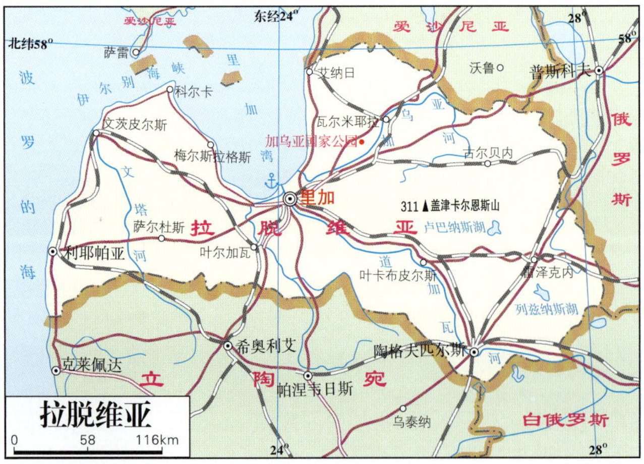

里加新城区自由纪念碑

工业产品供出口。全国约15%的劳动力从事农业，农业用地占国土一半以上。畜牧业占农业产值的70%，主要饲养乳牛、猪和家禽；种植业以大麦等饲料作物为主，还有马铃薯、蔬菜、亚麻和甜菜等经济作物。还有养蜂业和近海渔业。全国约60%就业人口从事第三产业。里加、尤尔马拉是著名的海滨旅游城市。交通运输业发达。境内铁路长2 305千米，公路长20 227千米。海运地位突出，里加是波罗的海地区仅次于圣彼得堡的重要港口，文茨皮尔斯为著名石油输出港，有油管通往俄罗斯产油区。2009年进出口贸易总额约占当年国内生产总值的27%，历年外贸逆差。主要贸易国为德国、英国、瑞典、立陶宛、俄罗斯等。货币名称为拉特，实行与特别提款权挂钩。

文化教育事业发达，已基本无文盲。2008—2009年度有982所中小学，实行9年制义务教育制；有92所中等专业学校，60所高等院校。发行500多种报刊杂志，主要报刊有《拉脱维亚公报》、《独立晨报》、《日报》、《拉脱维亚报》等。拥有拉脱维亚通讯社和波罗的海新闻社两家主要通讯社、全国和地方26家电视台和34家广播电台。

**拉脱维亚人** Latvians 波罗的海地区民族之一。自称拉特维什人，古称拉特加尔人。主要分布在拉脱维亚、俄罗斯、立陶宛、爱沙尼亚和白俄罗斯等国。另有部分生活在美国、加拿大、瑞典和澳大利亚。属欧罗巴人种白海－波罗的海类型。讲拉脱维亚语，属印欧语系波罗的语族。有以拉丁字母为基础的拼音文字。多信仰基督教新教，部分人信天主教。其远祖是公元前3000～前2000年就居住在当地的波罗的海部落：库尔什人、拉特加尔人、泽姆加尔人、塞尔人等。公元1000年左右开始形成统一的拉脱维亚部族。

**拉脱维亚语** Latvian language 拉脱维亚的官方语言。属印欧语系波罗的语族东支，是该语族仅存的两种语言之一（另一种为立陶宛语）。又称莱蒂语。使用人口大部分分布在拉脱维亚，其余分布在立陶宛和俄罗斯。此外在加拿大和美国等国也有讲拉脱维亚语的移民社团。主要方言有中部方言、利冯尼亚方言（又称塔赫米亚方言或西部拉脱维亚语），以及高地（东部）拉脱维亚语。拉脱维亚语词的重音总是落在第一个音节上。它的早期词汇和立陶宛语相似，但具有更多的创新词；主要构词手段是借助后缀、前缀和复合构词法。属屈折型语言，但许多屈折词尾已失去；语法方面分阳性和阴性，单数和复数；名词有7个格；动词有三个人称、三种时态。采用以拉丁字母为基础的文字，共有33个字母。

**拉瓦尔品第** Rāwalpindi 巴基斯坦城市。位于国境东北部的博德瓦尔高原上，海拔511米。东北与首都形成伊斯兰堡－拉瓦尔品第大城市区，人口270万。1959～1969年为巴基斯坦临时首都。自古是西亚、中亚和南亚交往必经之地。公元7世纪，中国高僧玄奘远访印度，途经此地。莫卧儿王朝（1526～1761）入侵时被毁，后重建。1765年起，锡克人陆续迁入，遂日趋繁荣。1849年英国占领。现已发展为巴基斯坦北部重要工商业中心和军事重镇。有铁路机车车辆、煤气、炼油、酿造、化工、家具、纺织、制革制鞋、陶瓷等工业。是谷物、羊毛、木材等农牧产品的集散地。随着新首都伊斯兰堡的兴建，城市也进行改建，道路宽阔，环境整洁，有阿尤布国家公园、利亚卡特等花园。有综合技术学校、武装部队医学院、警察训练学校及旁遮普大学的一些学院等。交通枢纽，铁路、公路网线发达。有国际机场，与国内外许多大城市有航线联系。郊区保留有多处古堡，还有石器时代古墓和16世纪一苏丹的陵墓。

**拉瓦锡** Lavoisier, Antoine-Laurent（1743-08-26～1794-05-08） 法国化学家。生于巴黎，卒于巴黎。1763年获法学学士学位。21岁时从事地质学研究，后又转为学习化学。他最早的化学论文是对石膏的研究，发表在1768年《法国科学院院报》上。他指出，石膏是硫酸和石灰形成的化合物，加热时会放出水蒸气。1765年他当选为法国科学院候补院士。1772年任法国科学院副教授，1778年任教授。1775年任皇家火药局局长，他的大量研究工作都是在火药局的实验室里完成的。

拉瓦锡是近代化学奠基人之一。1774年10月，J.普里斯特利向拉瓦锡介绍了自己的实验：氧化汞加热时，可得到"脱燃素气"，这种气体使蜡烛燃烧得更明亮，还能帮助呼吸。拉瓦锡重复了普里斯特利的实验，得到了相同的结果。拉瓦锡并不相信燃素说，所以他认为这种气体是一种化学元素，1777年正式把这种气体命名为oxygene（中译名氧），含意为"成酸者"。

拉瓦锡于1777年向法国科学院提出《燃烧概论》的报告，阐明了燃烧作用的氧化学说，要点为：①燃烧时放出光和热；②只有在氧存在时，物质才会燃烧；③空气是由两种成分组成的，物质在空气中燃烧时，吸收了空气中的氧，因此重量增加，物质所增加的重量恰恰就是它所吸收氧的重量；④一般的可燃物质（非金属）燃烧后通常变为酸，氧是酸的本原，一切酸中都含有氧。金属煅烧后变为煅灰，它们是金属的氧化物。他还通过精确的定量实验，证明物质虽然在一系列化学反应中改变了状态，但参与反应的物质的总量在反应前后都是相同的。用实验证明了化学反应中的质量守恒定律。1783年拉瓦锡将水滴在加热的炮筒上，产生了氢气，他和H.卡文迪什的工作验证了水不是一种元素，而是氢和氧的化合物。1789年拉瓦锡写了《化学概要》一书，书中为元素下了一个定义："凡是简单的不能分离的物质，才可以称为元素。"

**拉威尔** Ravel, (Joseph) Maurice（1875-03-07～1937-12-28） 法国作曲家。生于锡布尔，卒于巴黎。11岁开始学钢琴与和声，14岁入巴黎国立高等音乐学院钢琴预科，后转钢琴班，同时学和声、对位与作曲。1905年毕业后与一些追求创新的音乐家、画家和作家为友，并为他们写了钢琴组曲《镜》。1910年为俄罗斯芭蕾舞团写了舞剧《达芙妮与克罗埃》。第一次世界大战时入伍，战后作品减少。最初几年访问了欧洲各国及美国，指挥或弹奏自己的作品，赢得世界声誉。后隐居巴黎郊外，1932年因车祸头部受伤，丧失工作能力。他从学生时代起就形成特有的结构明确、织体清晰、情趣横溢并富于幽默感的音乐风格。这时的主要作品有为钢琴创作的《古风小步舞曲》、《为悼念一位夭折的公主而写的帕凡舞曲》、《小奏

鸣曲》及《弦乐四重奏》和《水的嬉戏》等。1905年后的作品技巧更为高超，扩展了各种乐器的演奏性能，织体严谨精练，音响华丽多彩。作品有钢琴组曲《镜》和《夜之幽灵》，管弦乐曲《圆舞曲》、《博莱罗》、《丑角的晨曲》、《海上孤舟》、《鹅妈妈》、《高雅而伤感的圆舞曲》和《西班牙狂想曲》，独幕喜歌剧《西班牙时光》等。第一次世界大战后的作品加强了线条，减少了色彩，手法更简洁纯熟，如钢琴曲《库普兰之墓》、《小提琴奏鸣曲》、《大提琴奏鸣曲》及两部钢琴协奏曲，歌唱芭蕾《孩子与魔法》等。他是公认的管弦乐大师，作品展示了法国音乐文化的优秀成果。

**拉乌尔定律** Raoult's law 描述溶液气液平衡规律的基本定律之一。1887年法国化学家F.-M.拉乌尔研究含有非挥发性溶质的稀溶液的蒸气压时发现：在一定的温度下，在含有非挥发性溶质的稀溶液上方，溶液的蒸气压等于该温度下纯溶剂的蒸气压乘以溶剂的摩尔分数，即：$p_B=p_B^\circ x_B$。式中$p_B$为溶液上方溶剂的平衡蒸气压，$p_B^\circ$为溶液所处的温度下纯溶剂的蒸气压，$x_B$为溶液中溶剂的摩尔分数。若溶液中的任一组分在全部浓度范围内都遵守拉乌尔定律，则该溶液就称为**理想溶液**。对于含有挥发性溶质的稀溶液，拉乌尔定律也适用，上式中的$p_B$则为溶液上方溶剂的蒸气分压。拉乌尔定律是溶液热力学研究的基础，对相平衡和溶液热力学的研究起了指导作用。

**拉西瓦水电站** Laxiwa Hydropower Station 中国黄河流域装机容量最大的水电站。位于青海省贵德县与贵南县交界的黄河干流上，是黄河上游河段规划中紧接**龙羊峡水电站**的第二座梯级电站。主要承担西北电网调峰和事故备用，对西北电网750千伏网架起重要支撑作用。枢纽建筑物由混凝土双曲薄拱坝、坝身泄洪建筑物、坝后消能建筑物和右岸全地下厂房组成。拱坝最大坝高250米，总库容10.56亿立方米，总装机容量420万千瓦，由6台70万千瓦机组组成。多年平均发电量102.23亿千瓦·时，动态投资149.86亿元。大坝、泄洪建筑物按千年一遇洪水设计，入库洪峰流量为4 250米$^3$/秒，下泄流量为6 310米$^3$/秒。工程于2001年开始筹备建设，2004年河床截流，2009年首批机组投产发电。至2010年8月，已有5台机组成功投入运营。

**拉夏洛泰** La Chalotais, Louis-René de Caradeuc de (1701-03-06～1785-07-12) 法国法官。生于雷恩。1752年任布列塔尼高等法院的总检察长。1761年和1762年，他两次为高等法院草拟《关于〈耶稣会规程〉的报告》，抨击耶稣会对法国政治与教育的不良影响。1763年，出版《论国民教育》，阐述他的教育主张。不久，他被捕流放。1774年被赦免，官复原职。

拉夏洛泰系统地提出了国家办学的思想，认为教育是国家的大事，教育制度应是整个国家行政的基础，教育必须有国家法律的支持和开明官员的管理，而不应被耶稣会垄断；教育的目的是培养国家公民，最大限度地使人民心智完善，品德高贵，身体健康。坚持儿童应由国家公民培养。他认为，不脱离耶稣会的教士无权教育青年一代。

拉夏洛泰反对以拉丁文为主要学习内容，强调学习科学知识。他把教育历程划分为3个阶段：①5～10岁，学会阅读、书写与绘画，掌握历史、地理、博物、物理与天文学的粗浅知识，并学习测量与计算。②10～16岁，除继续学习以上学科外，应学习2～3年法文和拉丁文，1年修辞学，2年哲学。还应学习一些农业、工业和解剖学的知识。③16岁以上的青年，主要是在工作中各专其业。拉夏洛泰强调编写教科书和教学参考书的重要性。认为“创立一个教育体系，必须要有教师和书籍”。他的教育思想对法国、德国、荷兰、俄国教育制度的发展产生过一定的影响。

**拉辛** Racine, Jean (1639-12-21～1699-04-21) 法国剧作家。生于拉费泰米隆，卒于巴黎。1659年到巴黎学习哲学，并开始写作剧本。

1667年，他的成名作《安德罗玛克》上演，轰动巴黎。这是一出根据古希腊悲剧家**欧里庇得斯**的作品改编的5幕诗剧。之后创作了《布里塔尼居斯》(1669)、《贝蕾妮丝》(1670)、《巴雅泽》(1672)和《米特里达特》(1673)等剧本，1677年上演的悲剧《费得尔》是他另一部重要的代表作，剧本同样取材于希腊神话。他的剧本大多描写王公贵妇丧失理性、感情放纵的故事，结局都很悲惨，尤其《费得尔》更受到一些人的攻击，拉辛为此搁笔十余年之久，晚年创作主张宗教宽容的剧本《爱丝苔尔》(1689)和《阿达莉》(1691)。

拉辛作为**古典主义**的代表作家，着重揭露统治者的堕落和罪恶。文笔细腻委婉，富于抒情韵味。

**拉辛起义** Razin's Uprising 1670～1671年俄国农民反对沙皇专制制度的起义。哥萨克下级军官S.T.拉辛是起义的领导者。17世纪中期，随着俄国中部农奴制压迫的加强，大批农民逃亡边陲地区和顿河流域，沙皇政府多次组织讨伐队搜捕逃亡农民，使阶级矛盾迅速激化。1667年春，顿河上游饥饿的**哥萨克**千余人推拉辛为领袖，为谋衣食沿里海远征波斯。1669年，远征队返回顿河，在卡加尔尼茨基筑起营寨。各地贫穷的哥萨克、农民、奴仆和城市贫民纷纷投奔拉辛。1670年春，拉辛率起义军从顿河出发，转到伏尔加河，队伍增至1.2万人。但是，拉辛对沙皇抱有幻想。1670年5月，起义军攻占察里津（今伏尔加格勒）。7月2日占领阿斯特拉罕，将缴获的武器、粮食和省长、教堂的财产散发给起义者和穷人；处决了省长和罪大恶极的大贵族，建立了哥萨克政权。随后，拉辛溯顿河北上，同时派将领去伏尔加河两岸和乌克兰等地发动农民和非俄罗斯各族人民起义。

10月初，在辛比尔斯克（今乌里扬诺夫斯克）城下，起义军遭受沙皇军队的内外夹击，损失惨重。拉辛身受重伤，遂率部分队伍返回卡加尔尼茨基营寨。其他起义城市也相继失守。1671年4月拉辛被富裕的顿河哥萨克出卖，6月6日，在莫斯科被沙皇处以磔刑。

**拉洋片** peep show 民间杂耍。又称拉大片、西湖景（因拉洋片的画片中常有西湖的景致）、西洋景（镜）。西方的类似形式起源于15世纪，18～19世纪间欧洲盛行由拉洋片箱等组成的街头娱乐节目演出。在近现代中国南、北方均颇为流行，尤其是京、津地区。表演时，艺人摆地摊，平地架起一个长立体箱，将一系列画片（约3尺长、2尺半宽）置于箱中，画片内容多为国内外风光景致、世俗生活、重大时事新闻等。观众通过前面望孔的凸透镜观看。起初洋片箱很大，由一人把画片推进，另一人将其拉出；后来箱内凸透镜倍数增大，箱子

小巧许多，一人即可拉换。艺人一边用绳子牵拽、交替更换画片的插板，一边唱诵歌词解说画片内容，有清唱的，也有以手鼓、镗锣和小拍钹（合称“锣鼓三件”，用线绳连系）伴奏的。20世纪60年代之后拉洋片已不多见，只偶尔出现于庙会或社火活动中。

**拉扎斯菲尔德** Lazarsfeld, Paul Felix (1901-01-02～1976-08-30) 美国社会学家。生于奥地利维也纳，卒于纽约。就学于维也纳大学，1924年获应用数学博士学位，次年在维也纳创办应用社会学研究所。曾在维也纳大学任教。后赴美国进修心理学并入美国籍，任哥伦比亚大学社会学教授。著有《社会科学中的数学思维》、《选民抉择》、《定性分析》、《应用社会学导论》等。

拉扎斯菲尔德的研究范围涉及大众传播、选举与选民心理、市场研究、民意测验、失业、教育心理、数理社会学等领域。他在社会学界最有影响的成就首推应用社会学的研究方法，特别是定量的研究方法和技术。他是在民意测验中采纳社会学调查方法的首创者。他的一系列应用研究推进和提高了美国和欧洲社会学经验研究的发展与质量。

**拉胀高分子** auxetic polymer 具有受拉伸时其垂直方向膨胀（拉胀性）和（或）受挤压时垂直方向收缩（挤缩性）的力学特性的高分子化合物。一种负泊松比（横向变形系数）材料。“拉胀”一词意为“受拉膨胀”。1987年制出世界上第一个拉胀材料——泊松比在-0.7左右的、接近各向同性的聚氨酯泡沫塑料。拉胀高分子作为新型的结构和功能材料，在品种和产量上已初具规模，如杨氏模量在0.2吉帕左右的拉胀超高分子量聚乙烯、以拉胀聚氨酯泡沫塑料为夹心层的三明治复合板，以及拉胀聚酯滤网等。

**喇嘛** lama 佛教称谓。藏传佛教对高僧的尊称。喇嘛为藏语音译，意译为上师，原指有学问、有较高修养，能为人师表、领人修行的僧人。他们的地位高于被称为扎巴的普通僧人。汉族常把藏传佛教僧人统称为喇嘛。

**喇嘛教** Lamaism 藏传佛教的俗称。

**腊八** Laba Festival 中国传统民间节日。在农历腊月初八，故名。源于腊祭。腊祭的时日称为腊日。腊日的时间在初期不确定，南北朝时固定在农历十二月初八。腊八节由此而来。此日的主要活动有驱邪逐疫和吃腊八粥。腊八是年节的开始，民谚：“过了腊八就是年”。从这天起，年前要举行一系列驱除活动。腊鼓是其中重要的法器。南朝荆楚地方村民在腊日敲起细腰鼓，戴上异形面具，扮作金刚力士逐疫。河南濮阳一带，至今许多村落在腊八节傍晚擂起大鼓，有的一直敲到除夕。除腊八粥外，北方还流行在这一天用醋泡制腊八蒜的习俗，现代民间依然如此。

**腊八粥** laba porridge 中国汉族岁时传统食品。因于腊八食用，故名；又称七宝粥、五味粥、佛粥等。流行于全国大部分地区。起源于先秦时腊日祭神逐疫之俗。制作腊八粥，初始用料简单。至清代，原料丰富，配方百种，以各种米、豆、干果，或杂以肉蔬熬成。地域不同，制法和风味各异。粥熬好后，先盛几碗敬神祀祖，后分赠亲友，也喂猫、狗。据说吃腊八粥以早食为佳，不得过午；并有涂粥四处以除不祥，或占岁求子之俗。史书中有唐、宋、元、明、清吃腊八粥的记载。宋元以来，帝王每于腊八赐百官粥，清代最盛。腊八粥营养丰富，是御寒、健脾、开胃、补气佳品。现今各地常见，四时皆食。

**腊祭** fete of year-end 中国古代的年终大祭。源于蜡祭。蜡祭是上古岁末对各种神灵的总祭，后世将一年的最后一月称为腊月即由此而来。腊祭是周朝后期开始的祭祀宗族祖先、门户居室的专祭，以猎获的禽兽为祭品。战国时以“腊”统称蜡、腊二祭。腊祭祭品，在先秦以田猎所得禽兽充祭，秦汉祭以猪、羊。在夏商周三代，腊祭的次日是新岁之始。自从汉武帝太初年间以夏历正旦为岁首之后，腊日成为与夏历年首配合的岁末节日，与新年之间存在一段时间距离。腊日在秦汉之时称“初岁”或“小新岁”。驱疫逐邪是腊祭的主要内容，腊日的岁终行傩在于为阳春的到来开辟道路。

**蜡** wax 长链饱和及不饱和脂肪酸（14～36个碳原子）与高分子长链一元醇（16～30个碳原子）反应生成的酯。又称真蜡。多存在于植物的叶、茎和果实的表皮部分，如巴西棕榈蜡。动物所产生的蜡有蜂蜡、羊毛脂等。蜡是不溶于水的固体，温度稍高时变软，降低时变硬。熔点60～100℃，能燃烧。碘值1～15。天然的蜡中往往含有少量的高级烃和游离的高级脂肪酸或醇。石蜡等分子量较高的烃，虽不属于酯类，因其性质与蜡相似，也称为蜡。蜡可用作防水剂，也可用于制作蜡烛。

**蜡笔画** crayon 以蜡笔（蜡液和颜料融合、凝固制成）在纸、布或板材上绘成的画。蜡笔没有渗透性，是靠附着力固定在画面上，因此不适宜用过于光滑的纸、板，也不能通过色彩的反复叠加求得复合色，但通过轻擦或厚涂以及色彩之间的色相对比，蜡笔画能表现浓丽鲜艳、沉着厚实的艺术效果。另外，蜡笔画还可以通过自由掌握的粗细笔触直接进行艺术造型，产生高度概括的艺术形象，具有特殊的稚拙美感。蜡笔是儿童学习色彩画的理想工具，同时也被一些画家用来写生和色彩记录。

**蜡蝉** Fulgoridae; fulgorid planthopper 同翅目蜡蝉科昆虫的统称。体中到大型，体色鲜艳。头额部延长。单眼着生在复眼的附近或下方，通常在颊的凹陷处。触角锥状，着生于眼下，3节。中足基节长，着生在体的两侧，互相远离；后足基节短，固定不能活动，并互相接触。能跳跃，前翅前缘基部有明显的肩板；前翅爪片上通常有2脉纹，其端部愈合成“Y”字形。能泌蜡。许多种类具有拟态习性。常见的种类如龙眼鸡、樗鸡、八点蜡蝉等。

**蜡蚧** Coccidae; soft scale 同翅目蜡蚧科昆虫的统称。全世界已知约782种。中国已知约75种，分布较广。

雌成虫：大小不一，呈球形、半球形、扁草帽形等；有的虫体外被覆很厚的蜡质层，呈粉状、玻璃状，或白色、棕褐色壳状。头、胸、腹合并，体节几乎完全消失。触角6～9节或退化；眼小或缺；足很小。腹部末端有长短不等臀裂，肛门位于臀裂的基部，并有一对肛板掩护。蜡腺有圆盘状腺和管状腺。营固着生活。雄成虫：有翅，平衡棒有各种类型；触角10节；单眼4～12个；足长而发达。腹部两个蜡腺孔分泌出两根长的白色蜡丝。蜡蚧中有些种类产卵期分泌粉状或棉状蜡质分泌物形成卵囊，但另外一些种类不分泌卵囊，卵产在腹面向背收缩后形成的空腔内。生殖方式有孤雌生殖和有性生殖。

白蜡蚧（白蜡虫）是重要的益虫，所产白蜡是工业、医药和日常生活用品的重要原料之一，在经济上占有重要地位。红蜡蚧、橘绿绵蜡蚧是柑橘栽培的重大危险性害虫，在中国各柑橘产区普遍发生；日本蜡蚧分布在中国北方，严重危害枣；褐软蜡蚧则严重危害药用植物萝芙木。对蜡蚧类害虫的防治多采用化学药剂法，主要的农药如乐果、氧化乐果、石油乳剂、石硫合剂等。

**蜡梅科** Calycanthaceae; calycanthus family 双子叶植物纲木兰亚纲的一科。共2属7种，分布于亚洲东南部、东部和美洲北部。中国有2属4种，产西南部、南部、长江流域以南，以及山东、陕西等省。灌木，具油细胞。单叶对生，全缘或近全缘。花两性，辐射对称。花萼与花瓣无明显区分。雄蕊5～30，着生于花托顶端；退化雄蕊5～25；心皮少数至多数，分离，着生于杯状花托内。聚合瘦果着生于坛状的果托中。代表种有蜡梅、夏蜡梅。蜡梅原产中国长江中下游各省，生长于1 500米以下山地。世界上已广泛栽培。为落叶灌木，小枝微具四棱，棕褐色。叶椭圆状、卵形或卵状披针形，叶面深绿色，粗糙。花黄色，芳香，心皮基部被疏硬毛，花柱长为子房的3倍，基部被毛。果托近木质化，坛状或倒卵状椭圆形，花期从12月到翌年2月。花可提取芳香油，花药用于清凉、解毒、生津。根、茎入药，有镇咳止喘功效。花美丽，可供庭园观赏。

**蜡螟** *Galleria mellonella*; greater wax moth 鳞翅目螟蛾科昆虫的一种。又称大蜡螟。分布遍及世界各地。中国广东、广西、云南均有记载。雌成虫体肥大。翅展20～40毫米。成虫头部和胸部红褐色，腹部暗褐色。前翅灰褐色，外缘明显向内凹陷，翅面有黑褐色鳞毛，翅后缘的鳞毛较多，翅端有4条短灰白色斜线。后翅灰白色，翅顶端颜色稍暗。幼虫在蜜蜂巢内取食蜂巢的蜡质，并吐丝造巢扰乱蜜蜂在蜂巢内的正常活动，严重破坏蜂巢的结构，迫使蜂群逃逸。成虫羽化后，在傍晚乘工蜂守卫巢口不备之机，潜入蜂巢内，产卵于蜂巢蜡脾上。幼虫也能危害毛皮和羊毛。一年发生1～2代，以蛹越冬。

**蜡染** batik 运用蜡防染技术印染成的绘染手工艺品。古称蜡缬。中国蜡染至今约有2 000年历史。东汉时，蜡染技艺已趋成熟。唐代，蜡染应用较为普遍，蜡缬服装成为风尚。宋代，西南、中南地区的少数民族以蜡染作为衣裙、被面、包袱布等生活用品的主要装饰方法。现在，这一传统技艺仍在苗、瑶、布依、仡佬、水、黎族中流行。

贵州苗族蜡染

蜡染是用特制的蜡刀或笔蘸上熔化的蜡液（由蜂蜡和石蜡配成），在布帛上描绘图案，绘成后入靛蓝缸浸染，将布上的无蜡部分染成蓝色，然后沸煮织物，脱去蜡质，晾干后即显出蓝底白花或白底蓝花的图案。在浸染过程中，因蜡质防染层干后龟裂使染液渗透到布帛上，从而出现精细的冰裂纹，形成蜡染的独特艺术效果。

贵州和云南是蜡染的传统产区。产品除少数民族服饰外，还有台布、靠垫、提包、服装、壁挂和蜡染花布等品种。其中有些产品还运用彩色蜡染工艺。

**辣根** *Armoracia rusticana*; horse-radish 十字花科辣根属的一种。多年生草本植物。又称山葵萝卜、西洋山萮菜。原产欧洲东部和土耳其。中国上海、青岛等大城市郊区有少量种植。

肉质根圆柱形，外皮黄白色，厚而粗糙，肉白色。根周具4列须根，有不定芽。茎短缩，多侧芽。总状花序，小花白色。角果。不易获得种子。喜冷凉，越冬时地上部枯死，较耐旱，不耐涝，适于土层深厚，保水保肥力强，疏松肥沃的砂壤土种植。采用根段繁殖。春秋季均可种植，但以春季为好。

辣根富含蛋白质、碳水化合物和钾，并含有黑芥苷、辣根酶、胆碱等物质，具有强烈的辛辣味，可增进食欲，增强人体免疫功能。主要用作调料，似芥末味。

**辣椒** *Capsicum annuum*; hot pepper 茄科辣椒属的一种。又称番椒。一年生草本植物。在热带可为多年生灌木。以果实供食用。原产南美洲的秘鲁，明代传入中国。今中国各地普遍栽培，成为一种大众化蔬菜。世界各地都有种植。

辣椒根系不发达。茎直立，高30～150厘米。单叶互生，卵圆形，叶面光滑。花单生或簇生，白或淡紫色。果实呈扁圆、圆柱、圆球、长角、圆锥或线形，大小差别显著。未成熟时为绿色，成熟后一般为红色或橙黄色。主要变种有灯笼椒、长椒、圆锥椒、簇生椒、樱桃椒。为喜温作物，不耐霜冻。干制用辣椒栽培在瘠薄丘陵地时辣味更浓，但适当施肥有利高产。供鲜食用的灯笼椒及牛角椒则要求较多的肥料及水分。利用温室、塑料大棚栽培，可促使早熟。

辣椒中的辣椒素有兴奋作用，能增进食欲，帮助消化。果实中还含多种维生素，在蔬菜中居首位。干辣椒及辣椒粉是中国的重要出口产品。

**来宾市** Laibin City 中国广西壮族自治区辖地级市。位于自治区境中部。辖兴宾区、忻城县、武宣县、象州县、金秀瑶族自治县，代管合山市。面积13 449平方千米。人口210万（2010），有壮、汉、瑶等民族。先秦为百越民族杂居地，秦属桂林郡。唐设来宾县。2002年设地级来宾市。矿产有煤、锰、铁、锡、铝、锌、磷、石膏、石灰岩、重晶石、蛇纹石、大理石等。煤炭、重晶石储量居广西首位。农业主产水稻、甘薯、玉米、甘蔗、蚕桑、香蕉、八角等。森林覆盖率43.34%。土特产品有瑶山灵香草、绞股蓝、香猪、香糯、香菇、三华李等。工业有煤炭、电力、制糖、造纸、冶金、建材、农副产品加工等。名胜古迹有金秀圣堂山、莲花山、百崖大峡谷、象州温泉、莫氏土司衙门等。

**来航鸡** Leghorn 蛋用型鸡品种。原产意大利，现已在全世界普及。按其冠型和毛色共分12个品种，如单冠白来航鸡（见图）、玫瑰冠褐来航鸡等。以单冠白来航鸡生产性能最好，分布最广。中国引入的主要是

单冠白来航鸡（雌、雄）

单冠白来航鸡。其外貌特点是体型小而清秀，冠大鲜红。耳垂、喙、脚和皮肤黄色，产蛋后呈白色。全身羽毛紧密洁白。标准体重成年公鸡约2.7千克，母鸡约2千克。性情活泼，体质强健。早熟，产蛋多，耗料少，平养、笼养均宜。

**来俊臣** Lai Junchen（651～697） 中国唐代武则天朝酷吏。雍州万年（今陕西西安）人。历任侍御史、左御史中丞。少时凶险，不事生产。因告密得武则天信任，成为武则天在政争中的鹰犬。来俊臣和羽党共撰《罗织经》，作为告密的典范，网罗无辜，捏造罪状。当时法官竞用酷法讯囚，来俊臣与周兴、索元礼尤为残虐。武则天曾于洛阳丽景门置推事院，由来俊臣主持，凡入此门者，百不存一，因此人称其门为“例竟门”。当时朝士人人自危。来俊臣前后所破千余家，冤死众多。万岁通天元年（696）来俊臣迁升洛阳令、司农少卿。二年，因得罪武氏诸王及太平公主被诛。仇家竞剐其肉，士民称快，相贺于路。

**来料加工** processing with buyer’s materials 特指国内厂商受国外厂商的委托，按其要求，把国外厂商提供的原料、辅料加工成成品后交付国外厂商，收取加工费的贸易方式。在来料加工中，原料供应人就是成品的买主，加工方的产品有固定销路，可充分利用自身的生产潜力增加外汇收入；订货方通过委托加工降低了生产成本并实现了稳定供货，可有效提高商品的国际竞争能力。

**莱昂** León 尼加拉瓜第二大城市，莱昂省首府。位于国土西部，太平洋沿岸平原的莱昂河畔。市区人口13.94万（2005）。气候炎热，干湿季分明。1524年始建于马那瓜湖畔莫莫通博火山山麓，1610年迁至现址。1838～1855年曾为共和国首都。为棉花、甘蔗、咖啡等农产品集散中心。工业以农产品加工业为主，有纺织、皮革、卷烟、饮料、奶制品等。交通枢纽，有铁路和公路连接马那瓜和科林托港。有创建于1812

年的国立自治大学、宗教学院及几所研究机构。著名旅游胜地，有许多小巷、大教堂和诸多小教堂等新古典主义建筑，展现殖民地古都风貌。有拉丁美洲诗人R.达里奥的墓地和故居。

**莱昂** León, Luis de (1527～1591-08-23) 西班牙诗人、散文作家。世称路易斯·德·莱昂修士。生于昆卡贝尔蒙特，卒于马德里加尔-德拉斯阿尔塔斯。诗作有30多首。其中有表现贺拉斯式归隐思想的《隐居生活》，表现柏拉图和毕达哥拉斯式情趣的《致弗朗西斯科·萨利纳斯》，关于宗教和神秘主义的《在

升天节》，关于哲理和历史题材的《塔霍河的预言》。散文作品有：带有自传性质的《约伯书释义》，勾画当时社会各种类型妇女形象的《贤妻良母》和被公认为他的最佳散文著作的《基督的名字》。被后世称为“西班牙抒情诗歌之王”和西班牙文艺复兴时期最杰出的代表作家。

**莱昂哈特** Leonhardt, Fritz (1909-07-11～1999-12-30) 德国桥梁结构工程和钢筋混凝土专家。生于斯图加特，卒于斯图加特。1931年毕业于斯图加特工业大学。1933年留学美国普渡大学。1938年获斯图加特工业大学工学博士学位。1934年后在国家高速公路总局斯图加特桥梁局和国家交通部任工程师，1957年起任斯图加特工业大学教授，1967年任斯图加特大学校长。

莱昂哈特曾主持设计、建造一些有名桥梁，如德国第一座高速公路悬索桥、杜塞尔多夫—克尼斜拉桥等10座莱茵河桥，美国的帕斯科—肯纳威克预应力混凝土斜拉桥（主跨299米）。创造悬臂浇筑法、顶推法等先进的桥梁施工技术，对预应力混凝土桥的发展作出贡献。还设计了第一座带有塔顶旋转餐厅的斯图加特预应力混凝土电视塔（高210米）及慕尼黑奥林匹克体育场屋盖等其他创新结构。1974年获得国际预应力协会授予的“弗雷西内奖章”。

主要著作有《圬工结构教程》、《桥梁——美学和造型》等书。曾任国际桥梁及结构工程协会、国际预应力协会及国际壳体和空间结构协会等的领导职务。

**莱奥纳多·达·芬奇** Leonardo da Vinci (1452-04-15～1519-05-02) 意大利文艺复兴时期画家、科学家。见达·芬奇。

**莱奥纳多·达·芬奇科技博物馆** Leonardo da Vinci Museum of Science and Technology 意大利以艺术家、科学家达·芬奇命名的科技博物馆。位于米兰市。馆舍是1953年复原的一幢16世纪的修道院建筑。主要收藏达·芬奇的遗物以及与他有关的模型和设计。展品中有大量反映达·芬奇科学想象力的手稿。其中，他为解决运河淤塞而设计的疏浚船，挖泥铲形状与近代大致相同；自行车画稿中，驱动后轮的链条与现代结构相同；理想城市的建筑图和模型，显得十分宏伟。达·芬奇的机械图、建筑图和设计方案连同复原后的实物模型，与近代科学技术发展的结果比较，极为相似，显示了他的伟大创造力。博物馆的1层有“船的历史”和“蒸汽动力的发展”等陈列；2层展出计时器、音响和乐器、测量仪器、电信设备、照相机、印刷机和打字机等；3层有图书馆；地下室展出武器、马具和车轮等。楼外另设铁路交通和海空交通2个展馆。

**莱奥帕尔迪** Leopardi, Giacomo (1798-06-29～1837-06-14) 意大利诗人。生于雷卡纳蒂，卒于那不勒斯。自幼刻苦学习，博览群书。经常患病，一生饱受疾病折磨。1818年他写了两首著名的政治抒情诗《致意大利》和《但丁纪念碑》。前者歌颂祖国过去的光荣；后者以爱国诗人但丁的形象激励同时代人，从祖先那里汲取荣誉感和力量。诗歌雄浑悲壮，具有巨大的感染力。

1819～1821年间，他写下了《无限》、《孤独的生活》等田园诗，还写了一些哲理抒情诗，贯串着追求民族独立和自由的精神，如《致安杰罗·玛伊》(1819)、《为保丽娜妹的婚礼而作》(1821)。但《小布鲁图斯》(1821)和《萨福的最后之歌》(1822)则充满颓丧绝望的情调。散文《道德小品集》(1827)，借历史人物或虚构的人物阐明其哲学观点。1828～1830年是他诗歌创作的黄金时代。《致席尔维娅》(1828)、《孤独的麻雀》(1829)、《一个亚洲游牧人的夜歌》等田园诗，描绘自然景色，抒写思想情感，文笔凝练朴素，格律自由多变，是他最有代表性的作品。晚期作品有《翻案诗》(1834)、抒情诗《金雀花》(1836)、政治讽刺诗《蛙鼠之战续篇》(1837)等。

**莱比锡** Leipzig 德国萨克森州最大的城市，全国最大的出版中心，也是知名的会展业城市。位于莱比锡盆地中央，埃尔斯特河和普莱瑟河交汇处。气候有温带大陆性色彩，1月平均气温-1℃，7月平均气温18℃，年降水量559毫米。面积297平方千米。人口51.88万(2009)。7世纪索布人始建村庄，索布语意为“种有菩提树的地方”。1015年首见于史籍。1160年建市。因地处欧洲东西商路上，中世纪成为商业中心。印刷出版业渊源甚早，1481年第一本活字排版书在此出版。1497年获举办帝国博览会权，成为德国最古老的著名博览会城市。1519年举行的莱比锡大辩论开创天主教宗教改革的浪潮。18世纪被大诗人J.W.von歌德在《浮士德》中称为“小巴黎”。1813年10月16～19日发生**莱比锡会战**。19世纪莱比锡成为大工业城市。20世纪初为著名国际贸易中心。工业以机械为主，生产印刷、农业、纺织机械和精密仪器，并与邻州的哈雷组成工业区，发展生物基因工程。出版印刷业发达，市内书店林立，有“书城”之美称。莱比锡国际博览会每年春、秋两季举行，1991年起举办许多专业博览会。欧洲重要文化学术中心，莱比锡大学建于1409年(1953～1991年曾名卡尔·马克思大学)，设有世界闻名的音乐、戏剧、美术和体育等学

莱比锡市区的歌德像

院。拥有各类图书馆250座，其中德意志图书馆（1912）藏书700余万册，为德国最大图书馆；科曼尼斯图书馆（1871）为欧洲最大的教育图书馆。主要名胜有：旧市政厅（现为莱比锡历史博物馆）、托马斯教堂、巴赫博物馆、尼古拉教堂（市内最大教堂）、新音乐厅以及造型艺术博物馆、格拉西博物馆、季米特洛夫博物馆、战胜拿破仑纪念碑等。还有新市政厅、萨克森广场、门德尔松故居、瓦格纳广场等。

**莱比锡会战** Leipzig, Battle of 拿破仑战争中的决定性战役。又称莱比锡各民族大会战。发生在莱比锡城下，故名。战争的一方是俄国、奥地利、普鲁士、瑞典组成的联军约30万人，另一方是拿破仑一世统帅的法军及莱茵联邦的军队约20万人。

拿破仑一世于1813年5月与第六次反法联盟交战。经6～8月的短时间停战后，开始了秋季战役。10月3日，普鲁士将领G.L.von布吕歇尔和A.W.A.von格奈森瑙统率的西里西亚军队渡过易北河后，形成对法军的包围。为阻止反法联军的会合，拿破仑一世集法军于莱比锡。16日在中部的瓦豪村发生激烈战斗，但反法联军占领瓦豪和林德瑙的企图未获成功。17日，俄军和瑞典军到达，联军人数大大增加。拿破仑一世建议谈判，但遭拒绝。18日，联盟军队集中攻击莱比锡外围，莱茵联邦的萨克森步兵和炮兵投向反法联盟。19日上午，拿破仑一世开始向林德瑙方向撤退，莱比锡最终落入反法联盟手中。

莱比锡战役是拿破仑战争中最激烈的战役。战斗中反法联盟方面丧失约5.4万人，法军约死伤3.7万人。会战的直接结果是拿破仑一世在德意志的统治最终崩溃，莱茵联邦解体。

**莱比锡音乐学院** Hochschule für Musik und Theatre Felix Mendelssohn Leipzig 德国培养音乐人才的高等学府。又称门德尔松音乐大学。1843年由F.门德尔松、R.舒曼等创办于莱比锡，首任院长由门德尔松担任，并以门德尔松之名命名。学院设有作曲理论、音乐史、音乐美学、总谱阅读、指挥等课程，每个学生都须学习数字低音、键盘乐器和歌唱并参加合奏、独奏（唱）班。舒曼等音乐家曾在学校任教。E.H.格里格、H.里曼、A.沙利文等音乐家曾就读该院。该院还在哈雷附近为具有音乐天才的青年学生设立了分部。

**莱布尼茨** Leibniz, Gottfried Wilhelm （1646-07-01～1716-11-14） 德国哲学家、数学家、图书馆学家。和I.牛顿同为微积分学创始人。又译莱布尼兹。

生平 布莱尼茨生于莱比锡，卒于汉诺威。15岁时进入莱比锡大学学法律。1663年曾到耶拿大学学数学和逻辑学等。1666年在纽伦堡阿尔特道夫大学取得法学博士学位，1667年在选帝侯梅因茨大主教属下担任了外交官职务。1672年被派往巴黎，留居了4年，接触到哲学和科学界的许多重要人物，对他哲学思想的发展和取得的科学成就产生了巨大影响。1673年他把自己所设计制造的一台比巴斯加尔计算机性能更好的计算机献给了英国皇家学会，被选为英国皇家学会会员。在巴黎他曾在C.惠更斯的帮助下致力于高等数学的研究，终于在留居巴黎末期即1676年完成了微积分的发明。

1676年他来到汉诺威，任腓特烈公爵顾问及图书馆馆长。此后40年间，定居汉诺威，曾多次去欧洲各地旅行。他除了自己从事哲学和各门科学的研究之外，还特别热心于推动科学研究事业的发展，屡次劝说一些君主建立科学院。在他的推动下，普鲁士国王于1700年在柏林建立科学院，莱布尼茨任第一任院长。

哲学思想 莱布尼茨的哲学思想，是一种客观唯心主义，通常称为“单子论”。它是在扬弃和反对机械唯物主义观点的斗争过程中逐渐形成的。他主张构成万物最后单元的实体不应具有广延或量的规定性，而应具有各自不同的质，并应具有“力”作为推动自身变化发展的内在原则。这样的实体是与灵魂类似的某种东西。他起初称之为“实体的形式”或“实体的原子”等，最后称之为“单子”。他明确肯定“自然从来不飞跃”。单子与单子之间，是彼此独立的，但单子所构成的事物却又是彼此互相作用、互相影响的，从而构成一个和谐的整体。莱布尼茨认为这是由于上帝在创造每一单子时就已预先确定其本性，使它在以后的全部发展过程中自然地与其他单子的发展过程相一致，这就是所谓前定和谐。从这个观点出发，莱布尼茨又认为，世界是上帝所创造的一切可能世界中最好的世界，这就是他的所谓“乐观主义”。在认识论上，莱布尼茨站在唯理论的立场，主张有潜在的天赋观念，肯定根据矛盾律或同一律所得到的“推理的真理”才是必然真理，而根据充足理由律所得的“事实的真理”则是偶然的。他的哲学中具有相当丰富的辩证法因素和合理成分。

逻辑思想 莱布尼茨是数理逻辑的创始人。他明确提出了数理逻辑的指导思想：一是希望建立一种“普遍的符号语言”，这种语言的符号应该是表意的而不是拼音的，每一符号表达一个概念，如同数学的符号一样；二是一个完善的符号语言同时应该是一个“思维的演算”。他认为，演算就是用符号作运算，在数量方面，在思维方面都起作用。莱布尼茨提出的这两点重要思想正是现代数理逻辑的特征。他在数理逻辑领域的其他主要贡献一是成功地将命题形式表达为符号公式。二是构成了一种关于两个概念相结合的演算。他用⊕表示两个概念的结合，提出和证明了一些重要命题。三是提出了等词的定义，即一物能为另一物所替代而保持原来命题的真实性，那么它们就是同一的。这个原理叫做不可分辨的东西的同一原理。四是第一次确定了三值逻辑的表，其中用0表示不可能，用1/2表示偶然，用1表示必然。

数学成就 莱布尼茨终生奋斗的主要目标是寻求一种可以获得知识和创造发明的普遍方法。这种努力导致许多数学的发现，最突出的是微积分学。牛顿建立微积分主要是从运动学的观点出发，而莱布尼茨则从几何学的角度去考虑。特别和I.巴罗的微分三角形有密切关系。他的第一篇微分学文章《一种求极大极小和切线的新方法，……》在《学艺》杂志上发表，这是世界上最早的微积分文献，比牛顿的《自然哲学的数学原理》早3年。它已含有现代微分符号和基本微分法则，还给出极值的条件 $dy=0$ 和拐点条件 $d^2y=0$。运算规则只作简短的叙述而没有证明，使人很难理解。1686年他在《学艺》上发表第一篇积分学论文。他所创设的微积分符号远远优于牛顿的符号，这对微积分的发展有极大的影响。此外，莱布尼茨设计了一个能作乘法的计算机，1673年特地到巴黎去制造。这是继B.帕斯卡加法机之后，计算工具的又一进步。他还系统地阐述了二进制记数法，并把它和中国的八卦联系起来。

其他成就 1676年，在批评笛卡尔主义者对运动规律的表述（当时称为力学）时，莱布尼茨成为新的表述的创立人，这种新的表述被称为动力学。他改进教育使之更有实效并筹建科学院；他制作水压机、风车、灯具、潜水艇、时钟以及各式各样的机械装置；他还设计改进马车、用风车操纵水泵、用磷做实验。由于考察哈尔茨山的矿藏和提出地球开始时处于熔融状态的假设，他也被认为是地质学创始人之一。1685年被任命为不伦瑞克家族的编史官，但他不限于编纂家谱，而把目标扩充为包括地质事件和化石描述的地球史。莱布尼茨是一位不知疲倦的作家（其手稿至今尚未全部出版）、爱国主义者和世界主义者，是一位伟大的科学家、西方文明最伟大的人物之一。

著述　莱布尼茨的哲学思想主要原则，最早在《形而上学论》及1686～1690年和阿尔诺的通信中作了表述。他生前公开发表的唯一长篇著作是《神正论》。他的另一部较大作品是《人类理智新论》，是死后发表的。他的哲学观点都是在与人的大量通信中以各种方式、从各种角度加以论述。在他逝世前不久的1714年，莱布尼茨曾应人请求先后写过两篇提纲式概述自己哲学主要观点的文章，这就是《自然与神恩的原则》与《单子论》，两篇内容基本一致，后者较完备。莱布尼茨大量未发表的作品和通信的手稿都存放在汉诺威图书馆中。第一次世界大战后，柏林的科学院决定分7组出版《莱布尼茨著作与书信全集》，计划出40卷。但迄20世纪70年代只出了前6组的17卷，其中哲学著作和书信共4卷。莱布尼茨哲学著作已译成中文的有《单子论》、《人类理智新论》、《莱布尼茨与克拉克论战书信集》等。

**莱德伯格**　Lederberg, Joshua (1925-05-23～2008-02-02)　美国遗传学家，细菌遗传学的创始人之一。生于蒙特克莱市，卒于纽约曼哈顿。1947年获耶鲁大学博士学

位。1947～1959年任威斯康星大学副教授、教授、遗传学系主任。

在耶鲁大学期间，莱德伯格发现细菌的遗传重组。继细菌遗传重组的发现，他和他的学生、同事又在细菌遗传学方面作出了一系列的重要贡献。1952年发现细菌的F因子和沙门氏菌中的普遍性转导。1953年发现大肠杆菌的温和噬菌体λ在染色体上占有一定位置，1956年发现噬菌体λ能进行局限性转导。他们的研究工作还包括应用细菌的有性生殖和转导进行细菌的免疫学和代谢作用等方面的研究，包括1953～1956年间关于沙门氏菌的鞭毛相转变机制的研究和1960年关于半乳糖代谢方面的研究等。此外，他还证实了一个动物细胞只产生一种抗体，为免疫学中的克隆选择学说提供了有力的证据。

他的研究工作开创了细菌遗传学，并给其他一些领域带来重要的影响。他还利用人口调查数据研究人类生物学；应用计算机和数学方法研究有机化合物的鉴定和分类；参与了地球外生命的讨论。1958年他和G.W.比德尔及E.L.塔特姆共同获得诺贝尔生理学或医学奖。1994年获美国国家科学奖。

**莱蒙特**　Reymont, Władysław Stanisław (1867-05-07～1925-12-05)　波兰作家。生于拉多姆斯克附近，卒于华沙。

家境贫寒。当过工人、店员、推销员、流浪艺人和修道士。主要创作了短篇小说《死》(1891)、《母狗》(1892)、《正义》(1899)，长篇小说《女喜剧演员》(1895)及其续篇《发酵》(1896)、《福地》(1897～1898)、长篇小说三部曲《1794年》(1911～1918)等。长篇小说《农民》(分《秋》、《冬》、《春》、《夏》4部，1902～1908)，揭露了农村资产阶级和教会的贪婪虚伪，再现了当时波兰农民的生活，是一部波兰农村百科全书式的作品。1924年获诺贝尔文学奖。

**莱蒙托夫**　Lermontov, Mikhail Yuryevich (1814-10-15～1841-07-27)　俄国诗人。生于莫斯科，卒于皮亚季戈尔斯克。3岁丧母，在奔萨省外祖母的庄园度过童年。1830年

考进莫斯科大学。1832年因故离开。后于1834年毕业于圣彼得堡近卫军骑兵士官学校。1837年得知A.S.普希金在决斗中惨遭杀害的消息，愤然写下《诗人之死》，锋芒直指整个上流社会和沙皇当局。因此被捕并被流放到高加索。1838年回彼得堡。1840年再次被流放到高加索。1841年因决斗被杀。莱蒙托夫一生写了400余首抒情诗，20多部长诗，还有小说、戏剧等。长诗《恶魔》(1829～1841)中的主人公本是上帝的宠儿，因反抗对理性和自由的束缚，被上帝逐出天堂。他吻了纯洁、美丽的塔玛拉，却给她带来死亡。《童僧》(1839)描写一个想摆脱修道院监狱般生活，返回家乡的少年的悲剧故事，歌颂了反抗精神。长篇小说《当代英雄》(1840)是俄国文学中最早的一部现实主义佳作。其他主要作品还有长诗《哈吉——阿勃列克》(1835)、诗歌《波罗金诺》(1837)、抒情名篇《沉思》(1838)等。莱蒙托夫将浪漫主义和现实主义完美地结合起来，在展示人物内心生活的心理描写方面成为俄国文学的先驱。

**莱索托**　Lesotho　非洲南部内陆国家。四周为南非所环抱。面积30 344平方千米。人口235万(2006)。首都马塞卢。最早的土著是科伊桑人，10世纪前受班图尼格罗人的迁入和排挤已离境。12～14世纪，索托人迁入，成为主体民族，人口占全国人口的87.7%。另有少量欧洲人和亚洲人。塞苏陀语和英语同为官方语言，均有文字。约90%居民信奉基督教新教和天主教，其余信奉原始宗教和伊斯兰教。

地处南非高原东缘德拉肯斯山脉西坡。地形以海拔1 500米以上山地、高原为主，地势自东北向西南倾斜。东部德拉肯斯山多海拔3 000米以上山峰，塔巴纳恩特莱尼亚纳山海拔3 482米，是全国最高峰。中部马洛蒂山纵贯南北，与德拉肯斯山交会处海拔2 700～3 200米，为奥兰治河与图盖拉河分水岭，富水力。西部为丘陵；沿西部边界有一条宽约40千米的狭长低地，是主要农耕区。属亚热带大陆性气候。月平均气温15～25℃，最高气温33℃，最低气温-7℃。年降水量650～750毫米，10月至翌年4月为雨季，5～9月为旱季，常遇旱灾。

独立前称巴苏陀兰。17世纪后遭受荷、英殖民者侵入。19世纪初，巴苏陀族大酋长莫舒舒一世统一各部族，建立了王国。为抵抗布尔人(荷裔南非人)的入侵，国王于1843年接受了英国的"保护"。1868年英国正式宣布巴苏陀兰为其"保护地"，并于1871年将其并入英国在南非的殖民地。1884年英国又宣布巴苏陀兰为其"高级专员领地"。1952年成立巴苏陀兰大会党，广泛开展斗争。1965年成立内部自治政府。1966年10月4日宣布独立，定名莱索托王国，莫舒舒二世为国王。

独立后，实行君主立宪制。1986年1月20日发生军事政变，莱哈尼耶少将接管政权。1993年军政府"还政于民"，举行第二次大选，1998年5月举行第三次大选，民主大会党获胜。2002年5月和2007年2月按照混合选举模式顺利举行大选。民主大会党连续获胜。

现行宪法于1993年3月颁布生效。宪

法规定：国王为国家元首和立宪君主；内阁为行政机构；首相为政府首脑。议会实行两院制。参议院有33个席位，由国王根据首相意愿指定11名议员和22名大酋长组成。众议院由120名议员组成，议员通过选民直接选举产生，任期5年。

现有19个政党。主要的政党有7个：莱索托民主大会党；莱索托人民大会党，巴苏陀兰大会党，巴索托国民党，马里马特卢－自由党，莱索托共产党，以及科帕纳·巴索托党。奉行不结盟和睦邻友好外交政策。积极参与地区政治事务和经济合作。约与90个国家建立了外交关系。1983年4月30日，莱索托与中国建交。1990年4月7日，中国中止同莱索托的外交关系。1994年1月12日，中莱两国恢复外交关系。

人均国内生产总值约为830美元（2009）。货币名称洛蒂，复数为马洛蒂，与南非兰特挂钩等值。农业人口占总人口的80%，农业占用全国劳动力总数的50%。农业产值在国民经济中比重不断下降，现占15%左右。粮食不能自给。主要作物为玉米、高粱、小麦、豆类。全国66%土地可供放牧，草场广阔，牧业占有较重要地位，是非洲羊毛重要生产国之一。主要牲畜为羊、牛。工业包括服装、制革、食品加工、家具、电子、电力、采矿等部门。采矿以金刚石开采为主。国家鼓励发展旅游业。有山区度假村和国家公园，大部分旅游者来自南非。交通运输主要依靠连接全国的公路网，公路总长7 436千米，无独立铁路系统，仅有南非延伸至马塞卢的铁路2.6千米。首都马塞卢国际机场可起降中型民航客机。国际航线通向南非、莫桑比克、博茨瓦纳、津巴布韦和斯威士兰。全国另有小机场30余个。

主要进口食品、燃料、机械等；主要出口马海毛、羊毛、毛纺织品和牲畜等。主要贸易伙伴为南非。

从2000年起，小学开始逐步实行免费教育。莱索托大学是全国唯一的高等学府。塞苏陀文及英文周报主要有《公正与和平新闻》和《巴苏陀参事》等。英文报纸主要有《公众眼报》、《看家狗》、《幸存者》等。莱索托通讯社于1983年由联合国教科文组织资助建立。莱索托电台和电视台用塞苏陀语和英语播放。

马塞卢街景

**莱特兄弟** Wright brothers 世界航空先驱，美国飞机发明家。W.莱特（Wilbur Wright，1867-04-16～1912-05-30），生于印第安纳州米尔维尔，卒于俄亥俄州代顿。O.莱特

W.莱特

O.莱特

（Orville Wright，1871-08-19～1948-01-30），生于代顿，卒于代顿。莱特兄弟仅读完中学课程，自幼对飞行怀有浓厚兴趣，早年从事自行车修理和制造。1896年，德国滑翔飞行家O.李林达尔在飞行中失事牺牲，莱特兄弟深受影响，决定接受李林达尔的经验，走先滑翔飞行以掌握稳定操纵、进而实现动力飞行的道路。莱特兄弟刻苦钻研李林达尔的著作和当时能找到的有关飞行的书籍，同时通过自制小风洞的实验纠正了李林达尔编制的空气压力数据表中的某些错误。1901年，他们制作了200多个不同形状的机翼模型在不同角度下进行上千次风洞实验；又用展弦比不同的机翼测量升力，发现机翼的展弦比越大，产生的升力也越大。他们还研究了鸟和风筝的飞行，制造了一架风筝形的**滑翔机**进行试验，并于1900年完成第一次载人滑翔飞行。1900～1903年他们共制造3架滑翔机，在北卡罗来纳州基蒂霍克附近的斩魔山进行了近千次滑翔飞行，最后一架滑翔机完全达到了稳定操纵要求。在第三架滑翔机基础上制成的飞机安装一台自制的8.8千瓦（12马力）功率的内燃机，这架飞机被命名为“飞行者”1号。

1903年12月17日，“飞行者”1号在基蒂霍克试飞，共飞行4次。第一次由O.莱特驾驶，飞行距离36米，留空时间12秒。最后一次由W.莱特驾驶，飞行距离达260米，留空时间59秒，这是受到公认的最早的空中持续动力飞行。1904～1905年，莱特兄弟又制造了“飞行者”2号和“飞行者”3号。后者是世界上第一架实用的飞机，能转弯、倾斜和盘旋飞行，留空时间超过半小时。1906年，莱特飞机的专利在美国得到承认。1908～1909年，莱特兄弟正式接受美国陆军部的订货并组建了莱特飞机公司，还签订了在法国建立飞机公司的合同。莱特兄弟1909年获美国国会的荣誉奖。1924年O.莱特被授予卓越飞行十字章。人们在莱特飞机试飞成功的基蒂霍克树立起莱特兄弟纪念碑。

**莱维特** Levitt, Helen（1913-08-31～2009-03-29） 美国摄影家。生于纽约，卒于纽约。1931年在纽约艺术学生联盟学院学习，1936年在照相馆当人像摄影师时，结识法国摄影家H.卡蒂埃－布勒松，并同他在纽约街头用小型照相机进行抓拍摄影。1937年为联邦艺术计划做辅导儿童艺术活动的工作，同时拍摄都市儿童游戏的纪实照片。1943年纽约的现代艺术馆举办《海伦·莱维特：儿童照片》摄影展览。1947～1958年专注于摄制电影，她参与拍摄的影片《安静的人》、《街头》分别在威尼斯国际电影节和爱丁堡国际电影节获奖。1959～1960年获古根海姆基金会的摄影奖金，1974年获创意艺术家公众服务奖金，1976年成为国家艺术摄影基金会成员。自20世纪70年代中期后她在纽约普拉特学院教授摄影课程。1991～1997年其摄影作品在美国各地

《孩子们》（1940）

巡回展出。

莱维特选定以儿童的游戏活动为摄影主题，阐释人性的原始意识与情感本质。她的作品充满抒情意味，这也是其贯彻始终的摄影风格。她还著有《观看的方法》一书（合著，1945）。

**莱芜市** Laiwu City 中国山东省辖地级市。位于省境中部，泰山东麓。辖莱城、钢城2个区。面积2 268平方千米。人口130万(2010)。春秋为牟国及齐嬴邑、平州邑地。秦为嬴县。汉置莱芜县，属泰山郡。三国、两晋后或撤或分或合。武周长安四年(704)撤嬴、牟，复置莱芜县，属河南道。宋属袭庆府泰宁军。金、元、明属泰安州。清属泰安府。中华民国初年，属济南道。1941年分置莱芜县、博莱县、新甫县。1945年复置莱芜县，1992年升为地级莱芜市。属暖温带大陆性季风气候。年平均气温12℃，平均年降水量760.9毫米。矿产有煤、铁、铜、金、磷、花岗石、大理石、石灰岩、长石、燕子石等。其中煤炭储量4亿吨，是山东省重要的煤炭产区；铁矿石储量4.8亿吨，占山东总储量的1/3，在全国占重要地位。农业主产小麦、玉米、花生、甘薯、蔬菜、果品，以生产生姜、大蒜、鸡腿葱、大红袍花椒享誉全国，是“三辣之乡”、“花椒之乡”。名胜古迹有齐鲁大峡谷、黑龙潭、雪野水库、孔雀山，以及大汶口文化、长勺文化、齐长城遗址等。

**莱西市** Laixi City 中国山东省辖县级市。位于山东半岛中部。面积1 522平方千米。人口75万(2010)，有汉、蒙古、回、满、壮、藏、朝鲜、赫哲等民族。西汉置邹卢县，东汉为挺县，北魏属长广县，隋置卢乡县，唐属昌阳县（后称莱阳）。1941年析莱阳县西部置县，故名莱西县。1990年撤县设市。由青岛市代管。矿产有石墨、黄金、铁、锌、大理石、珍珠岩、蛭石、沸石和钾长石等。农作物有小麦、玉米、高粱等，特产有苹果、梨、葡萄、桃、山楂、板栗等。工业有化工、纺织、服装、建材、采矿、电力、酿酒、机械、食品等。名胜古迹有西汉墓群、长广城遗址、南岚遗址、望城烈士陵园、月湖公园、洙河公园、产芝水库等。

**莱辛** Lessing, Doris (1919-10-22～ ) 英国小说家。生于伊朗克尔曼沙赫。1924年全家迁居南非。1949年后定居伦敦。著有长、短篇小说各十余部，戏剧数部。长篇小说《青草在歌唱》(1950)，写南非白人主妇与黑人女仆之间的关系。《暴力的孩子们》(5部，1952～1969)着重描写一个有见识和独立精神的妇女在男女不平等的社会里所走的崎岖道路。《金色笔记》(1962)写一个女小说家观察生活的所得。《堕入地狱简况》(1971)探讨富裕社会里人们的精神病问题。《黑暗前的夏天》(1974)写一个精神空虚的中年妇女在一个夏天“自我发现”的心理过程。2007年获诺贝尔文学奖。

**莱辛** Lessing, Gotthold Ephraim (1729-01-22～1781-02-15) 德国剧作家、文艺理论家。生于卡门茨，卒于瑞士不伦瑞克。1746年入莱比锡读神学和医学，其间放弃了神学，从事戏剧创作。喜剧《年轻的学者》(1748)由诺伊贝尔夫人剧团演出。1748年去柏林，成为职业作家。1760～1765年在布雷斯劳任普鲁士将军陶恩钦私人秘书，研究古希腊艺术和文化以及宗教史和斯宾诺莎哲学，形成人道主义世界观和历史观。1766年完成美学著作《拉奥孔》，1767年完成喜剧《明娜·封·巴尔赫姆或军人之福》。同年4月应邀任汉堡民族剧院艺术顾问，完成《汉堡剧评》(1769)。1770年任沃尔芬比特尔图书馆管理员。与此同时他与汉堡牧师葛茨发生关于宗教问题的论战，完成《反葛茨》(1778)和诗剧《智者纳旦》(1778)，艺术地阐释了他的宗教观和人道主义思想。

莱辛的成名作是描写市民阶级爱情的悲剧《萨拉·萨姆逊小姐》(1755)。它在德国戏剧史上第一次让市民阶级男女成为悲剧的主角。《明娜·封·巴尔赫姆》歌颂了男女主人公的高尚品格和纯洁爱情，讽刺普鲁士的专制统治。《爱米丽雅·迦洛蒂》(1771)描写平民奥多阿多为保护女儿爱米丽雅不被封建统治者玷污，而将她杀死的故事。《智者纳旦》是莱辛与路德正统派牧师葛茨进行宗教论争的产物，表达了资产阶级上升时期的人道主义理想。

莱辛撰写了3部代表性理论著作：《新文学通信》、《拉奥孔》和《汉堡剧评》。前者《新文学通信》以书信形式评论了当时德国的教育、翻译、诗律、语言等问题，其中第17封信批判了把德国戏剧改革引向法国化的做法，主张德国戏剧应该学习W.莎士比亚。《拉奥孔》是莱辛的重要美学著作，强调诗与画的不同特点。《汉堡剧评》中所讨论的问题，奠定了德国现实主义戏剧理论发展的基础。此外，莱辛还创作了大量寓言、箴言诗，撰写了许多关于宗教、哲学、古典文化的论文。

**莱阳市** Laiyang City 中国山东省辖县级市。位于省境东部，东南濒临黄海。面积1 732平方千米。人口88万(2010)，有汉、回、满、朝鲜等民族。秦属齐郡。西汉置挺县、长广县。西晋长广县改昌阳县，北齐废挺县。五代后唐同光元年(923)改昌阳县为莱阳县，因在莱山之南得名。1987年撤县设市。由烟台市代管。矿产有石油、黄金、大理石、高岭土等，其中大理石以莱阳绿、莱阳红、莱阳黑驰名中外。农业主产小麦、玉米、高粱、大豆、甘薯、花生等，特产莱阳梨。海岸线15千米，盛产黄花鱼、对虾、扇贝、海胆、海参等。工业有家电、汽车、机械、电子、化工、建材、食品等。名胜古迹有西周墓群、宋琬故居、朝阳古塔等。

**莱伊尔** Lyell, Sir Charles (1797-11-14～1875-02-22) 英国地质学家，地质学奠基人。又译赖尔。生于苏格兰福弗尔郡金诺尔迪，卒于伦敦。1814年起先后进入牛津大学、林肯法学院学习。1819年大学毕业。1853年获牛津大学名誉博士学位，1874年获剑桥大学名誉博士学位。1849年任伦敦地质学会会长，1861年当选为英国皇家学会会长及不列颠博物馆馆长。1858年获英国皇家学会最高奖章——科普利奖章，1862年被选为法国科学院通讯院士。1848年被封为爵士，1864年被封为准男爵。莱伊尔认为地球的变化是各种外营力长期、缓慢作用的结果，古今这种“微弱”的地质作用有其一致性、均一性，而不是像“灾变论”者推断的那样骤发而短暂。提出过去的地质现象应在现在的自然界中寻找的观点，并明确指出“现在是了解过去的钥匙”，从而建立起过去和现在的地质作用的同一性概念。上述观点后来被称为“将今论古”的现实主义原则和方法。1830～1833年，莱伊尔的名著《地质学原理》(3卷)出版。书中系统地论述了渐进论的基本思想，后导致为均变论。主要著作还有《地质学纲要》(曾译《地学浅释》，现译《地质学基础》)和《人类演化的地质证据》等。

**莱因哈特** Reinhardt, Max (1873-09-09～1943-10-31) 奥地利导演、演员、戏剧活动家。生于巴登，卒于美国纽约。1892年开始艺术生涯。1894～1902年在柏林德意志剧院当演员，1905年为剧院经理。在他主持剧院时期，率领剧团多次在欧美各国演出。1905～1930年间，他导演了W.莎士比亚的戏剧达2723场次。他还创建了德意志剧院附属戏剧学校，出版了《德意志剧院报》。他的导演艺术强调韵律、音响、动作形式的色彩，善于灯光调度，并建造旋转舞台，运用圆形天幕制造剧场效果。在世界戏剧史上像莱因哈特这样全面而丰富地导演莎士比亚剧作的导演是十分罕见的。他对J.C.F.von席勒、J.W.von歌德以及剧作家F.魏德金德、G.豪普特曼、L.皮兰德娄、萧伯纳等人的戏剧也十分重视。1933年A.希特勒上台后，他被迫离开德国，1937年移居美国，仍坚持从事艺术活动。

**莱茵河** Rhine River 欧洲西部第一大河，重要航运水路。源出瑞士东南部阿尔卑斯山北麓，西北流经列支敦士登、奥地利、法国、德国、荷兰，注入北海。全长1 320千米，流域面积22.4万平方千米。

巴塞尔以上为上游河段。前莱茵河和后莱茵河两条源流在瑞士苏尔以南汇合，构成莱茵河主流，折向北流，入博登湖；出湖后西流，至巴塞尔，途经沙夫豪森以下的莱茵瀑布。冰雪融水补给为主，7月水位最高。主要支流有阿勒河等。多湖泊。

巴塞尔至波恩为中游。河流向北流至美因茨，穿行于莱茵地堑带，南北延伸280多千米，河谷东西两侧分别为黑林山和孚日山。宾根至波恩河段流经莱茵峡谷，两侧坡地遍布葡萄园，矗立古城堡，风景如画。中游支流有内卡尔河、美因河、摩泽尔河等。冰雪融水和雨水混合补给，有春汛。

波恩以下为下游。流经德国西北部平原和荷兰低地，河道展宽，流速减缓。降水补给为主，秋、冬雨较多，支流有鲁尔河、利珀河等。河口地区年平均流量2 500米$^3$/秒。含沙量较高，多汊道。主要汊道为瓦尔河和莱克河南北两支，西流入海。汊道之间组成莱茵河三角洲，并与马斯河和斯海尔德河三角洲连成一片，构成荷兰低地，大部分低于海平面。

莱茵河流域城市密布，人口稠密，工农业发达。莱茵河各支流以及与西欧重要河流等均有运河相连，构成畅通便捷的水运网，航运十分繁忙。1992年又建成莱茵河－美因河－多瑙河运河，沟通了北海与黑海之间的内河航运。干流可通航里程870千米。载重5 000吨驳船队可上溯至巴塞尔。

**莱茵河－多瑙河水系航道** Rhine River-Danube River system waterway 横贯欧洲大陆，连接欧洲十几个国家，沟通北海和黑海的国际水运大通道。西起北海之滨的鹿特丹，东至黑海之滨的苏利纳，包括莱茵河水系和多瑙河水系的干流和支流航道。莱茵河和多瑙河通过莱茵河－美因河－多瑙河运河相连接，全长3 503千米。

莱茵河水系航道干流航道里程约1 000千米，其中750千米在德国境内；支流主要有美因河、内卡尔河和摩泽尔河，都在德国境内，但都不长，流量也小。莱茵河水系航道治理始自1817年，治理目的以航运为主。到1992年基本完成，使整个西欧地区形成了以莱茵河为主体的四通八达、干支直达的内河航道网。莱茵河年货运量在3亿吨以上，其中60%为国际货物，是流域经济发展的重要支撑。形成了以著名的鲁尔工业区为主的西欧工业走廊和经济地带。

多瑙河水系航道是西欧内河航道网的重要组成部分。1953年，欧洲运输部长会议在提出建立欧洲统一内河水路系统设想时正式立项开辟莱茵河－美因河－多瑙河运河。工程于1992年竣工。运河北起美因河的班贝格，南至多瑙河的凯尔海姆，全长171千米，其中，107千米在北坡（美因河流域），64千米在南坡（多瑙河流域），分水岭标高406米。运河的开凿使莱茵河和多瑙河相连接，形成了连接十几个国家，可通往北海、波罗的海、黑海、地中海港口的黄金水道。

**莱茵－鲁尔区** Rhein-Ruhr 德国和欧洲最大的工业区。因莱茵河与鲁尔河得名，是由著名的鲁尔工业区随采煤重心北移及钢铁等工业西迁扩大而成。地处北莱茵－威斯特法伦州境内，大体在韦瑟尔至哈姆一线为底边，以波恩为顶点的倒三角形区域，面积1.3万平方千米，人口超过1 100万。

地形以平原为主，是德国农业基地。属温带海洋性气候，冬温夏凉；水利资源充沛。硬煤地质储量占全国75%。可采储量占全国90%，莱茵褐煤区探明储量550亿吨。通过莱茵河和运河可直达大西洋、地中海，全区铁路超过1万千米，约占全国铁路总长的25%和货运量的35%。公路总长3万千米，为全国公路长度的15%，高速公路通往全国及欧洲主要城市。1298年鲁尔开始采煤。1871年德国统一及鲁尔煤与洛林铁的结合，使鲁尔区经济有飞跃发展。

重视经济综合发展，生产德国80%的硬煤、60%的钢铁和35%的石油提炼品，电力、焦炭、合成橡胶、军火、精密机械、服装、啤酒业在德国和欧盟占重要地位。

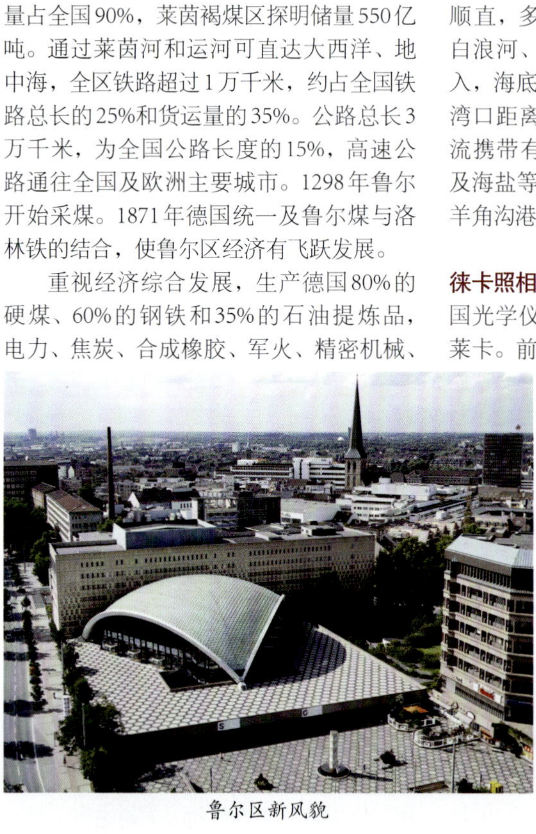

鲁尔区新风貌

此区城镇居民占80%，全国12个人口在50万～100万的大城市中，此区占5个，还有10万～50万人城市30个。这些城市彼此衔接，连绵不断，形成世界著名的城市集聚区。科隆与亚琛、波恩三角地区有15万大学生。昔日鲁尔区的“煤窝子”已被改造，全区有公园4 000多个。

**莱州市** Laizhou City 中国山东省辖县级市。位于省境东北部，莱州湾南岸。面积1 878平方千米。人口88万（2010），有汉、回等民族。春秋属莱国，战国齐置掖邑，西汉置掖县，南北朝置光州，隋改为莱州。1988年撤掖县建莱州市，因古莱州府驻地得名。由烟台市代管。矿产有黄金、铁、银、铜、铅、锌、锰、卤水等，其中黄金储量约占全国的1/6。全国商品粮油出口生产基地和水果集中产区，水果主要有银杏、山楂、苹果、枣、柿子、樱桃等。海岸线长108千米，盛产青鳞鱼、古冬鱼、鲅鱼、对虾、三疣梭子蟹等。工业以采矿、冶金、建材、盐及盐化工、食品、纺织、机械、电子等为主，特产莱州玉雕、草编、刺绣、毛笔等畅销国内外。名胜有文峰山摩崖石刻、当利故城遗址、栾大墓、神仙洞等。

**莱州湾** Laizhou Gulf 中国渤海三大海湾之一。山东省重要渔盐生产基地。位于渤海南部。湾口东起龙口的屺㟂角，西至老黄河口。由于河流泥沙堆积，水深一般不超过10米。湾岸属淤泥质平原海岸，岸线顺直，多沙土浅滩。由于胶莱河、潍河、白浪河、弥河，特别是黄河泥沙的大量携入，海底堆积迅速，浅滩变宽，海水渐浅，湾口距离不断缩短。莱州湾滩涂辽阔，河流携带有机物质丰富，盛产蟹、蛤、毛虾及海盐等。沿岸工农业发展迅速。龙口港、羊角沟港为山东省重要港口。

**徕卡照相机集团公司** Leica-Camera AG 德国光学仪器与照相机生产厂商。徕卡又译莱卡。前身是创建于1849年的威兹勒光学研究所，1869年后莱兹父子将其发展为世界知名的照相机与光学仪器厂。1923年起开始生产由O.巴纳克研制的使用135胶片的小型相机，并用“Leica”作商标，成为相机发展史上划时代的产品。

1930年成立莱兹股份有限公司。1988年公司更名为徕卡照相机股份有限公司。1992年发展为集团公司。1996年徕卡集团公司上市，开始使用现在的名称。至2004年，与世界上多家光学与电子仪器厂及精密机械厂家合作，并在各国设立分厂，所生产的M系列、R系列相机、配套镜头与轻便型135相机都以其精密的设计、精良的工艺与优良的像质成为照相机中的精品。

徕卡的产品主要有各种光学仪器、显微镜、望远镜、特种光学玻璃、135相机与数码相机、相机镜头、幻灯机。

**铼** rhenium 化学元素，元素符号Re，原子序数75，原子量186.207。属周期系ⅦB族。1869年D.I.门捷列夫根据元素周期律曾预言在第Ⅶ族中存在两种“类锰”元素。1925年W.诺达克等利用X射线特征谱线在铂矿和铌铁矿中发现了原子序数为75的元素。1928年I.德鲁茨和F.洛林格通过分解辉钼矿分离出铼。英文名来源于拉丁文Rhenus，原意是“莱茵河”。铼在地壳中的含量为$1.0\times10^{-7}$%，是天然存在量最少的元素之一。铼主要分布在辉钼矿、稀土矿和铌钽矿中，但含量都很低。

铼是银白色有光泽的金属或灰到黑色的粉末。熔点3 186℃，仅低于钨和金刚石。沸点5 596℃，密度21.02克/厘米$^3$（20℃）。金属铼硬度大，耐磨、耐腐蚀。具有延展性，可以冷加工，在1 000～2 000℃下仍能保持其强度，这些性质明显不同于钨。铼的氧化态有0、±1、+2、+3、+4、+5、+6、+7，最常见的氧化态为+3、+4、+5、+7。铼的化学活性取决于它的聚集状态，粉末状的金属铼较活泼。而致密状态的铼不与氧气反应，不溶于水和氢卤酸，溶于硝酸可生成高铼酸。也溶于含氨的过氧化氢溶液中，生成高铼酸铵。铼的氧化物有$Re_2O_7$、$ReO_2$、$ReO_3$、$Re_2O_3$和$Re_2O$等。

高温下与硫蒸气化合生成二硫化铼。与氟、氯和溴反应生成卤化物和卤氧化物。四价铼能形成多种配位化合物。铼还能形成羰基化合物$Re(CO)_5$、$Re_4H_4(CO)_{12}$和高铼酸盐$M^{I}_3ReO_5$（$M^{I}$为一价金属）。

铼的主要来源是钼精矿，含0.02%～0.04%的铼。在辉钼矿精矿焙烧烟道气及焙烧产物的氨浸出液中的铼转化为高铼酸钾$KReO_4$，重结晶后在800℃用氢气还原，可制得金属铼。金属铼及其合金适用于核技术的辐射屏蔽，可用作高温热电偶，还用于制造超声速航空航天飞行器的部件。在醇类脱氢、烷烃的环化、合成氨和二氧化硫转化为三氧化硫中做催化剂。

**赖氨酸** lysine 以淀粉或糖质为原料经微生物发酵、提取制得的一种人体必需的氨基酸。学名二氨基己酸。赖氨酸含有2个氨基（—$NH_2$）和1个羧基（—COOH），是一种具有明显碱性的氨基羧酸。按光学活性分，赖氨酸有L型（左旋）、D型（右旋）和DL型（消旋）三种构型。只有L型能为生物所利用。通常所说的赖氨酸均指L型。L型赖氨酸呈针状晶体，在210℃变暗，在224.5℃下分解，易溶于水，微溶于醇，不溶于醚。

赖氨酸的制备最初采用蛋白质水解法从血干粉、酪蛋白、脱脂大豆蛋白质抽提制取。20世纪80年代大规模工业生产中主要用发酵法和酶法两种工艺生产赖氨酸。赖氨酸发酵法分为二步发酵法（又称前体添加法）和直接发酵法两种。现在主要采用直接发酵法。常用的原料为甘蔗或甜菜制糖后的废糖蜜、淀粉水解液等廉价糖质原料。主要微生物有谷氨酸棒状杆菌、黄色短杆菌、乳糖发酵短杆菌的突变株等。70年代以来，选育出一些具有多重遗传标记的突变株，使工艺日趋成熟，产量也成倍增长。

**赖尔** Ryle, Sir Martin（1918-09-27～1984-10-14） 英国射电天文学家。生于萨塞克斯郡的布赖顿，卒于剑桥。1939年毕业于牛津大学，此后任职于无线电通信研究院。第二次世界大战后入剑桥大学卡文迪什实验室。1957年兼任剑桥大学穆拉德射电天文台台长、1959年任剑桥大学射电天文学教授。1952年当选英国皇家学会会员。

第二次世界大战期间赖尔参与研制雷达天线。发明双天线射电干涉仪，并用它于1948年观测到太阳的射电辐射和射电源天鹅座A的位置。1955年制成4天线干涉仪，用它进行射电巡天探测，并于1959年编制了《剑桥第三星表》（包括471个射电源）。由于此表才发现了第一颗类星体。为了绘制像类星体这样遥远射电源的射电图，他在20世纪50年代末发展了综合孔径技术并提出综合孔径射电望远镜的设计思想。1963年主持建造1.5千米的综合孔径的射电望远镜。该项研制导致A.休伊什于1967年发现第一颗脉冲星。1971年又主持建造了马拉德天文台称为“5千米阵”的综合孔径射电望远镜。为此，他获得1974年诺贝尔物理学奖。

**赖伐尔** Laval, Pierre（1883-06-28～1945-10-15） 法国总理，民族叛徒。生于沙泰勒东一小店主家庭，卒于巴黎。曾就读于里昂大学和巴黎大学。毕业后当律师，不久进入政界。1903年参加法国社会党，1920年退出。此后成为右翼政治家。1925～1939年历任公共工程、司法、劳动、外交部长等职。1931年1月至1932年1月、1935年6月至1936年1月两次组阁。任总理和外长期间，曾签订《法国和苏联互助条约》，同时积极推行绥靖政策。因遭到国内外舆论强烈谴责，被迫于1936年初辞去总理一职。第二次世界大战期间，支持H.P.贝当上台。法国沦亡后，在A.希特勒支持下，1942年4月出任总理，此后一直左右贝当政府。法国光复后逃亡西班牙等国，后在奥地利被捕。1945年10月9日被巴黎高等法院以叛国罪判处死刑，15日被处决。

**《赖古堂家印谱》** *Family Seals Collections of Laigutang Studio* 中国明、清篆刻家作品谱录。清周亮工藏印，其子周在浚、周在延、周在建、周在都、周在青辑。4册。存印1 616方。成书于康熙六年（1667），稍后或有增入，存印较他本多一倍以上。

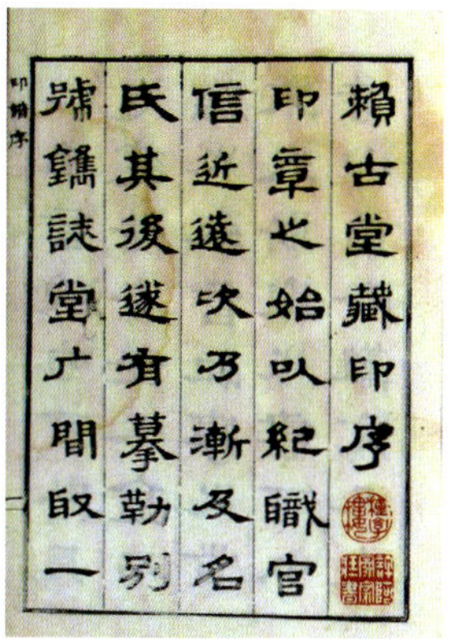
賴古堂藏印序
印章之始以紀職官
信近遂次乃漸及名
氏其後遂有摹勒別
號鐫誌堂广間取一

有高阜、周铭、高兆、黄虞稷序，周在延跋。此外，同年尚辑有“元、亨、利、贞”四册本。第一册署周在浚藏，首冠高阜序，存印158方；第二册署周在延藏，首冠倪粲、张遗序，存印146方；第三册署周在建藏，首冠周铭、高兆序，存印130方；第四册署周在都、周在青藏，首冠黄虞稷序，存印172方。共存印606方。周亮工（1612～1672），字元亮，一字减斋，河南祥符（今开封）人，崇祯十三年（1640）进士。官御史。家有赖古堂，藏印篆、书、画极富。著有《印人传》，此印谱所辑录印章，均为当时各地名手所制，问世后很有影响。1912年神州国光社有影印本。

**赖和** Lai He（1894-04-25～1943-01-31） 中国台湾小说家、诗人。原名赖河，字懒云。台湾彰化人。早年行医，曾开设赖和医院。1921年加入台湾文化协会，并当选为理事。1923年12月因治警事件第一次入狱。1924年1月出狱，相继完成旧诗多篇，包括《囚系台中银水殿》3首、《系台北监狱》、《读佛书》、《出狱作》等。1925年8月在《台湾民报》发表第一篇随笔《无题》。从此，他以《台湾民报》为阵地，陆续发表对台湾新文学运动影响至巨的作品，同时还大力发掘、培养青年作家。1925年12月发表第一首新诗《觉悟下的牺牲》，1926年元旦发表第一篇白话小说《斗闹热》，1926年2月发表小说《一杆“秤仔”》等，开始使用白

话文进行反帝、反封建的新文学创作活动，成为20世纪二三十年代重要的文学启蒙主义者，被称为“台湾的鲁迅”、“台湾新文学之父”。赖和是最早用小说形式来反映日据时代被殖民的中国人的生活经验的作家。1941年12月，他再度被日本殖民当局逮捕入狱，因病重出狱，一年后病逝。

**赖其芳** Lai Qifang (1899－09～1985－06－28) 中国玻璃、陶瓷学家。福建武平人。卒于上海。1921年毕业于国立北京工业专门学校。1924年赴美国，先后在伊利诺伊大学和埃渥威州立学院攻读陶瓷工程，1926年获硕士学位。后转入美国匹兹堡大学，1928年获博士学位。1930年回国，任南京中央工业试验所窑业试验室主任。1934年任上海中央研究院工程研究所研究员。1956年起，先后任轻工业部硅酸盐工业科学研究所和玻璃搪瓷工业科学研究所所长。是中国硅酸盐学会的前身——中国陶学会创始人之一，历任中国陶学会理事长、中国硅酸盐学会副理事长。

20年代，赖其芳第一次将铍元素用于玻璃制造，系统研究氧化铍在钠玻璃和钾玻璃中的特性，为研制新品种玻璃和玻璃科学的发展开辟新领域。30年代后，他从事一系列工业玻璃的试验研究工作，为中国的玻璃研究和发展作出开拓性贡献。中华人民共和国建立后，他领导和指导了上海工业试验所和中国科学院冶金陶瓷研究所大量的陶瓷和玻璃研究工作。发表论文多篇。

**赖斯** Rice, Elmer (1892－09－28～1967－05－08) 美国剧作家。生于纽约，卒于英国南安普敦。曾学习法律。1914年他的剧本《审讯》上演成功，此后即从事戏剧创作。1923年上演的《加数器》是以表现主义手法写成的讽刺剧。描写资本主义社会对人的奴役，终于把人变为机器的奴隶。《街景》于1929年上演。它以城市贫民窟为背景，表现了一群小市民疲于奔命、终日操劳的情景。全剧情节发展时间仅限于一个傍晚至次日下午，结构紧凑，集中表现了资本主义社会中穷苦人民的生活。

**赖斯顿** Reston, James Barrett (1909－11－03～1995－12－06) 美国新闻记者、政治专栏作家。生于苏格兰克莱德班克，卒于华盛顿。1932年毕业于伊利诺伊大学。历任美联社纽约体育记者、伦敦分社记者，《纽约时报》伦敦分社记者、华盛顿分社记者，美国驻英国大使馆战时情报处主任，《纽约时报》出版人助理、伦敦分社代理主任、执行主编(1968～1969)、副董事长、社长。1973年起任《纽约时报》政治专栏作家。曾两次获普利策奖(1945、1957)。著有《胜利的前奏》(1942)、《报纸的炮火》(1967)等。1971年来华采访周恩来总理，并著有《来自红色中国的报道》一书。

**赖特** Wright, Frank Lloyd (1867－06－08～1959－04－09) 美国建筑大师。生于威斯康星州里奇兰森特，卒于菲尼克斯。深受建筑师D.阿德勒和L.H.沙利文的影响，1893年创立事务所，一生共设计了800余座建筑。他的作品力求体现自然界的本质，形成了有机建筑的理论。他的草原式风格成为20世纪美国住宅建筑的原型，罗比住宅和威利茨住宅是赖特这方面的代表作。

1936年的“美国人住宅”是赖特试图解决美国人居住问题的另一次尝试。赖特设计的住宅中最负盛名的是流水别墅，其他还有汉纳住宅和杰斯特住宅等。赖特在1932年提出“广亩城市”(即带有田园风味的城市)的纲要。他的代表作还有日本东京帝国饭店、普赖斯大楼等。晚年的重要作品有纽约古根海姆博物馆和旧金山附近的马林县政府中心。赖特曾于1918年访问中国。他极推崇中国古代哲学家老子。

**赖特** Wright, Richard (1908－09－04～1960－11－28) 美国黑人作家。生于纳切兹附近，卒于法国巴黎。15岁起独立谋生。曾在孟菲斯、芝加哥等地从事各种体力劳动，同

时勤奋自学，立志成为作家。1940年《土生子》问世，使他一跃成为享誉美国文坛的黑人作家。1946年迁居巴黎。

赖特著有长篇小说5部，中短篇小说集2部，与人合写的剧本2部以及其他著作近10部。他的突出成就是小说创作。最早出版的《汤姆大叔的孩子们》包括5部中篇小说，描写美国南部黑人遭受歧视和压迫的悲惨生活。《土生子》描写贫穷的黑人青年别格无意中杀死一个白人姑娘，企图焚尸灭迹，最后被捕，判处死刑。书中指出别格的犯罪活动与社会制度有内在的联系，证明黑人的野蛮凶暴既非天性，也非民族性，而是美国社会制度所造成。这部作品对后来的黑人文学创作产生了很大的影响。其他主要作品还有长篇小说《局外人》、《今日的主》和短篇小说集《八个男人》等。

**赖特** Wright, Sewall (1889－12－21～1988－03－03) 美国遗传学家、育种学家。生于马萨诸塞州，卒于威斯康星。曾就学于伊利诺伊大学和哈佛大学。1915年在哈佛大学获理学博士学位。1930年任芝加哥大学动物系教授。1955年任威斯康星大学教授，1960年起为该校荣誉教授。

赖特的主要贡献是：①创建了通径分析的理论和方法，借此可以研究任何封闭系统中的原因与结果的相互关系，这对解释由许多复杂因素形成的效应有重大作用；②他将通径分析法应用于牲畜的各种交配体制，得出了各有不同效应的结论；③发现了小群体中随机事件的遗传漂变现象，说明当群体很小时基因在进化中的保存与否纯属机遇，并不符合孟德尔定律。他根据上述各种因素，阐明了某些由许多小群体形成的大群体发生高速进化的原因。

赖特曾任美国遗传学学会会长(1934)，并当选为第十届国际遗传学大会主席。著有《交配体制》、《孟德尔群体中的进化》、《群体的进化与遗传》等，对群体遗传学和数量遗传学的建立起了很大作用。他与R.A.费希尔、J.B.S.霍尔丹同为生物统计遗传学的主要奠基人。

**赖文光** Lai Wenguang (1827～1868－10) 中国太平天国将领、捻军统帅。广西人。1851年(咸丰元年)参加金田起义。1852年，在天王洪秀全左右担任文职。1856年转任武职，曾随陈玉成转战皖、鄂。1860年，参加二破清军江南大营、东征苏、常之役。继而随陈玉成西征，1861年春攻入湖北。是年秋，封遵王。1862年(同治元年)奉陈玉成命与扶王陈得才进兵陕西，扩充实力。1864年回师援救天京，时天京已陷，陈得才兵败湖北自杀。赖文光遂与捻军张宗禹、任柱等合作，以恢复太平天国为宗旨，按照太平军军制整编捻军，被推为统帅。他采取以走制敌的流动战术，在豫、鲁间屡挫清军。1865年5月在山东曹州(今山东菏泽)全歼清军僧格林沁骑兵队。之后，率捻军奔驰豫、鲁、苏、皖，粉碎曾

国藩圈制战略。1866年10月，命张宗禹等率部西进陕、甘，联结回民起义军，以为掎角，称西捻军；自与任柱等在中原坚持斗争，称东捻军。次年初，在湖北安陆府（今湖北钟祥）大败清提督郭松林部湘军和刘铭传部淮军，但在京山尹隆河战败。6月冒险进入山东青、莱、登地区，陷入淮军战略圈套，虽苦战南走江苏，但主力损失殆尽。1868年1月5日，所部骑兵千余人在扬州瓦窑铺溃败，伤重被俘，在扬州就义。

**赖兴巴赫** Reichenbach, Hans（1891-09-26～1953-04-09） 德国哲学家，逻辑实证主义的重要代表。生于汉堡，卒于洛杉矶。1915年获哲学博士学位。曾任教于斯图加特工学院、柏林大学和伊斯坦布尔大学。1938年移居美国，任加利福尼亚大学洛杉矶分校哲学教授。赖兴巴赫是从研究自然科学转向研究哲学的，其兴趣主要在科学哲学方面。他在柏林大学任教时曾组织柏林经验哲学学会，并在此基础上形成以他为领袖的逻辑实证主义的柏林学派。他的哲学立场其实与维也纳学派很相近，主张哲学的科学化，认为哲学不过是科学理论和科学方法的逻辑分析。其论著编为《赖兴巴赫全集》。

**濑户大桥** Setonaikai Bridge 连接日本四国岛和本州岛之间的世界最长的铁路、公路两用桥系。横跨海上5个岛屿，分别由3座悬索桥、2座斜拉桥、1座桁架桥连贯而成。全长13.1千米，跨海部分约9.4千米，绵延长达37.3千米。大桥的上层为公路4车道，每天可通行25 000辆汽车；下层为铁路复线，每天通过120列电气化列车。桥下净空满潮时为65米，可通过50万吨级油轮。其中的南备赞桥跨度1 100米，建时是世界最大的铁路、公路两用悬索桥，按抗8级地震和秒速60米的强台风设计，主塔高194米，悬索钢缆直径1.06米，由34 417根5.12毫米钢丝组成。建于1978年10月至1988年4月。

**濑户内海** Seto-naikai 日本本州、四国、九州三岛包围的最大内海。位于本州岛西南，东经纪淡和鸣门、西经关门和丰予4海峡分别同太平洋及对马海峡相通。海域大致呈东北—西南向，东西长440千米，南北宽55千米，水深一般20～40米，鸣门海峡最深处达217米。面积约9 500平方千米。地质上属于西南日本地带，由新生代中新世断层陷落和海侵而成。海岸线曲折，多港湾，海中分布有淡路、小豆、江田等七八百个大小岛屿，成为多岛海。海潮影响较大，播磨滩潮差可达4米。鸣门海峡海潮流速最甚，可达12海里/时，形成直径约15～30米的大涡潮，十分壮观，为一游览胜景。海区气候温暖少雨，多晴好天气。1月平均气温4～6℃，8月平均气温27℃，平均年降水量1 200毫米（冈山附近）。多喜暖型植物。沿海渔业、盐业发达。古代和中世纪为日本同中国大陆间海上交往要道。20世纪50年代中期以来沿岸填海造陆，相继建立了大型炼油、石油化学、钢铁、发电、汽车、造船等重化工业。随即形成了濑户内海新兴工业带。后又兴起电子信息和新型纺织、纤维产业。1988年4月修筑了连接本州与四国两岛间的世界上最大的铁路、公路两用跨海的濑户大桥，全长37.3千米，促进了海峡地区经济与社会的发展。海峡沿岸主要部分已于1934年划为濑户内海国立公园，是日本唯一的内海式公园。

**兰伯特** Rambert, Marie（1888-02-20～1982-06-12） 英籍波兰芭蕾表演家、教育家，英国芭蕾创始人。生于波兰华沙，卒于英国伦敦。早年曾以专家身份加盟佳吉列夫俄罗斯芭蕾舞团，在V.尼金斯基创作的现代芭蕾《春之祭》中任节奏顾问，并兼跳群舞。1920年在伦敦开办英国第一所芭蕾舞学校。1926年又以学生为骨干创办英国第一个芭蕾舞团，上演英国第一部芭蕾舞剧《时装的悲剧》。她善于发现和培养编导人才，F.阿什顿、A.图德、J.克兰科、C.布鲁斯等三代英国著名编导都出自她的门下。兰伯特逝世后，兰伯特芭蕾舞团于1987年易名为兰伯特舞蹈团，更加强调舞蹈小型多样的当代风格。

**兰伯特冰川** Lambert Glacier 世界最大冰川。位于东南极洲，宽40千米，长400千米，最厚处超过3 000米。该冰川流经查尔斯王子山和莫森陡崖间深深切入地壳、最大深度超过2 500米的地堑谷地。由于兰伯特冰川表面平均高度仅数百米，周围数百千米范围内的冰体都朝它流来，于是构成了面积达百万平方千米的冰盖盆地，称兰伯特冰川盆地。冰川的上游有多条源于东南极洲高原的支流对其进行补给，下游与东南极洲最大的埃默里冰架相连。冰川的大部分流动速度为400～800米/年，中部流速略慢。中国从1997年开始中山站至东南极洲冰盖最高点（A冰穹）的冰川学断面考察，考察路线横穿了兰伯特冰川盆地的东侧。

**兰德公司** RAND Corporation 美国国际战略研究机构。RAND是英语Research and Development（研究与发展）的缩写。非营利性组织。主要对国家安全和公共福利方面的各种问题进行系统的跨学科的分析研究，以帮助改进政策和决策。1948年由福特基金会提供资金正式成立，总部设在加利福尼亚州圣莫尼卡市。兰德公司早期的研究项目都属于军事领域。1950年后得到美国原子能委员会、国防部高级研究计划局、国家航空航天局和国家科学基金会的经费支持。1960年后开始从事非军事领域的研究。1970年开设兰德研究生院，培养公共政策分析专业的博士。1973年设立兰德基金，资助新领域的研究，鼓励发展新思想。1979年建立民法研究所。

兰德公司以政策分析著名，研究人员向政策制定人提供有足够情况作为依据的政策建议，使决策优化。还提出一系列行之有效的政策分析和未来研究的新方法，如著名的特尔斐法。

**兰德瑞斯猪** Landrace 腌肉型猪品种。在中国通称长白猪。原产丹麦。19世纪末以丹麦土种猪为基础并部分引用英国大约克夏猪杂交选育而成。体躯特长，耳大前垂，背腰宽平，腹线平直，后躯发达，四肢较高，被毛白色。生长快，饲料利用率高。皮薄，瘦肉多。每胎产仔平均11头左右。商品猪180日龄可达活重90千克，胴体瘦肉率61%左右。中国从1964年开始作为父本品种引入，效果好。

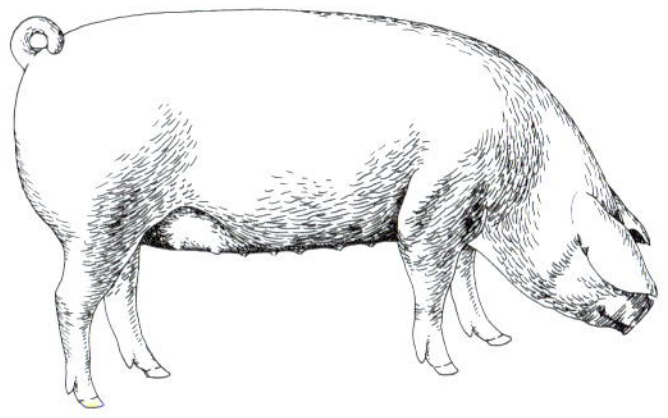

**兰德施泰纳** Landsteiner, Karl（1868-06-14～1943-06-26） 美籍奥地利裔免疫学家。生于维也纳的巴登，卒于美国纽约。1891年获维也纳大学医学院医学博士学位。之后两度在维也纳短期从事临床工作，1892～1894年在德国和瑞士研究化学。1896～1908年先后在维也纳大学卫生系和病理解剖研究所任职。1911年任病理学教授。1922年应邀赴美国纽约洛克菲勒研究所工作，1929年入美国籍。

1892年与E.费施尔合成α-羟基乙醛。1896年后将化学方法引入血清学研究，发

现不同人的血清与血细胞混合后可发生凝集反应，1900年用抗A血清和抗B血清将血液分成A、B、C（后称O）三型。1904年他与J.多纳特提出诊断阵发性寒冷性血红蛋白尿的试验，并阐述此病的发病机理。他又阐明胎粪性肠梗阻的病因。1905～1907年与合作者确定苍白密螺旋体存在于梅毒瘤中；创用螺旋体的暗视野显微镜观察法；阐明瓦瑟曼氏反应的机制。1908～1919年用恒河猴等动物研究脊髓灰质炎，与同事设计出一套血清诊断程序和保存病毒的方法。发现半抗原，促进免疫学的发展。1930～1932年与合作者成功地培养出流行性斑疹伤寒的病原体普氏立克次氏体。1936年发表免疫学经典著作《血清学反应的特异性》。因发现人的主要血型系统而获1930年诺贝尔生理学或医学奖。

**兰甘亨** Ramkhamhaeng（?～1317） 暹罗素可泰王朝国王（1275～1317）。《元史》称敢木丁。后人称坤兰甘亨，意即"勇敢而伟大的君主"。在位期间，创立军政合一制，扩张领土，国势兴盛，势力远达湄公河流域和马来半岛。他鼓励生产，发展内外贸易，并亲理民事。在宫门悬挂铜钟，百姓有冤皆可鸣钟申诉。曾颁布暹罗有关土地所有权和财产继承权的最早成文法典。文化方面，从锡兰（今斯里兰卡）引进上座部佛教，后发展为国教。1283年在孟文和高棉文基础上创制泰国最早的文字。1292年的《兰甘亨碑铭》即是采用新创文字书写的第一块泰文碑铭。与中国长期保持友好交往，著名的宋加洛瓷器即此时从中国传入。1317年消逝于宋加洛河激流中，死因不明。

**兰格** Lange, Oscar（1904-07-27～1965-10-02） 波兰经济学家、政治活动家。生于托马索夫，卒于托马索夫。1937年，应邀在美国多所大学任教。1945年回到波兰，先后任波兰统一工人党中央委员、国务委员会副主席、国家经济委员会主席、中央计划统计学院院长、华沙大学教授等职并当选为波兰科学院院士。还曾任联合国欧洲经济委员会主席。1962年当选荷兰海牙社会研究院名誉院士和皇家统计学会名誉会员。主要论著有《研究经济波动中的统计方法》、《社会主义经济理论》、《价格弹性与就业》、《统计学原理》、《资本主义为什么不能解决不发达国家的问题》、《社会主义政治经济学》、《经济计量学导论》、《经济发展、计划与国际协作》、《最优决策》、《经济控制论导论》等。

20世纪30年代中期，兰格提出了社会主义经济的分散模型，即著名的"兰格模型"。他把市场机制的作用引入社会主义经济，开创了对社会主义经济中市场机制运行进行分析的先例。他在把经济计量学应用于计划社会主义国民经济、把控制论方法应用于经济研究方面，也做了不少开创性工作。

**兰格伦** Langland, William（约1330～约1400） 英国诗人。据传是长诗《农夫皮尔斯》的作者。生于赫里福德-伍斯特莫尔文山附近。幼年受过经院教育，后来移居伦敦，在教会任职。《农夫皮尔斯》是一部用中古英语西中部方言写的押头韵的寓言长诗。现存手抄本不下50部，可分为三类：A类抄本最短，2 567行，除序诗外，分11节，约写成于1362～1363年；B类抄本是经作者增修过的，7 242行，除序诗外，分20节，约写成于1376～1377年；C类又略长，7 357行，分23节，对B本有增有删，约成于14世纪末年。三类抄本中以B类最为完整，成为通行本。作者采用梦幻寓言形式，批判了封建制度后期英国社会僧俗两界的种种腐败现象，反对一切不劳动者。诗中充满抽象的神学说教和经院式辩论。

**兰花** orchid 常指兰科植物中的栽培种类，有时也作为兰科植物的习称。多数为宿根草本植物。如春兰、蕙兰、建兰、墨兰及寒兰等。主要分布于长江流域以南诸省区。喜生于林下略荫蔽但排水良好的地方。中国早自宋朝就有相当广泛的栽培，并有专著。兰花是中国知名的花卉，庭园间广为栽培。叶多半青翠挺拔，带形或剑形，聚生于缩短的假鳞茎上。花葶短或修长，直立或略外弯。花的色泽多在白色至红紫色之间，纯白色的称素心兰，较为名贵。由于栽培历史悠久，品种极多，体态、花色、香气各异，但不少名品雅致、素淡、清香四溢。

**兰开斯特** Lancaster, Frederick Wilfrid（1933-09-04～ ） 美国图书馆学家、信息学家、教育家。生于英国达勒姆。1950～1954年在美国纽卡斯尔图书馆学院学习，

1970年起在美国伊利诺伊大学图书馆学研究生院任教，1972年任教授，并兼任生物医学图书馆员培训项目的负责人。他还是英国伦敦分类法研究小组的成员。在信息系统及图书馆服务评价方面卓有建树。著有《信息检索系统——特性、试验与评价》(1968)、《信息检索词汇控制》(1972)、《走向无纸信息社会》(1978)等。他的著作曾分别荣获美国情报学会颁发的1970、1975年最佳图书奖及1969年最佳论文奖。1978年出版的《图书馆服务的测量与评价》获拉尔夫·肖奖。

**兰考县** Lankao County 中国河南省开封市辖县。位于省境东部，黄河南岸。东和东北部同山东省毗邻。面积1 116平方千米。人口85万(2008)，有汉、回等民族。东汉置考城县。金正大九年(1232)置兰阳、仪封二县，清道光年间并二县为兰仪县。1909年改兰封县。1954年将兰封、考城二县合并为兰考县。属暖温带大陆性季风气候。农作物主要有小麦、玉米、大豆、甘薯、棉花、花生、芝麻等。泡桐、百合、杏脯、苹果为传统产品。工业主要有食品、纺织、制药、化工、酿酒等部门。白葡萄酒、植物蛋白饮料畅销国内外。兰考泡桐是中国最好的音板材料，为国家音板生产基地。板材除供应国内民族乐团外，还远销东南亚国家。名胜古迹有张良墓祠和焦裕禄烈士陵园等。

**兰科** Orchidaceae; orchid family 单子叶植物纲百合亚纲的一科。被子植物中仅次于菊科的第二大科，是单子叶植物中一个十分进化的支系，多为虫媒植物。

特征 花常美丽或有香味，一般两侧对称；花被片6，均花瓣状；外轮3枚称萼片，有中萼片与侧萼片之分；中央花瓣常变态而成唇瓣，唇瓣由于花序的下垂或花梗的扭转而经常处于下方即远轴的位置，基部常有囊或距；雄蕊与花柱（包括柱头）完全愈合而成蕊柱，顶端通常具1雄蕊，前方有一个柱头凹穴；有些种类的蕊柱基部延伸成足，侧萼片与唇瓣围绕蕊柱足而生，形成萼囊；在柱头与雄蕊间有一舌状器官，称蕊喙，通常由柱头上裂片变态而来，能分泌黏液；花粉多半黏合成团块，有时一部分变成柄状物，称花粉块柄；蕊喙上的黏液常变成固态的黏块，称黏盘，有时黏盘还有柄状或片状的延伸附属物，称蕊喙柄；花粉团与花粉块柄来源于雄蕊，而黏盘与蕊喙柄则来源于柱头，两者合生成花粉块，但花粉块也并非都由这四个部分组成，尤其是蕊喙柄，只在很进化的类群中才有。兰科植物凭借这种特殊构造的花，十分巧妙地适应于昆虫传粉，但也有一部分是自花传粉的。

生态分布 共700属20 000多种，分布遍及全球，主要在热带地区。中国产166属约1 000种，以云南、台湾、海南、广东、广西等省区种类最多。主要的属有石豆兰

属、玉凤花属、石斛属、羊耳蒜属、虾脊兰属、舌唇兰属、毛兰属、角盘兰属和杓兰属等。中国特有属和特有种比较丰富，有些特有属非常原始，如进兰属、无喙兰属等。兰科植物半数以上是附生兰，即附生于岩壁或乔木之上，主要见于热带地区，特别是热带雨林中透光处，如金蝶兰属、卡特兰属等。除附生兰外，还有地生兰与腐生兰。地生兰生于地上，多半见于腐殖质丰富、荫蔽、排水良好之处。腐生兰没有叶绿素，如天麻，靠蜜环菌取得养分。兰科植物由于种子很小（每个蒴果可含0.3万～400万个种子），胚乳极端退化，胚也没有分化，多数需要靠真菌共生来促进其萌发，尤其腐生兰与地生兰更是这样。

经济意义　中国产的兰属、万带兰属、石斛属、蝶兰属、兜兰属等为重要花卉；天麻、白及、石斛等供药用。此外，香果兰属中有少数种类可提取香精，有较高的经济价值。

**兰明低地事件**　Lambing Flat Riots　19世纪60年代澳大利亚淘金热期间发生的一次激烈排华事件。1860年11月，一些欧洲人捣毁中国采金者的帐篷，约500名中国人被逐出采金区。12月又以中国人用水浪费为由，再次捣毁中国人的帐篷，2名中国人被杀，一些中国人被逐。1861年1月，欧洲采金者举行集会，提出伯兰贡“要么是欧洲人的采金地，要么是中国人的领地”的口号。会后又捣毁中国人的帐篷，赶走中国人。同年6月，约3 000名欧洲人在兰明低地攻击中国人，掠夺其财物，要求“赶走中国人”。1861年11月，新南威尔士殖民当局颁布了移民法和采金地法，限制中国人入境。这是澳大利亚实行歧视有色人种的“白澳政策”的发端。

**兰姆**　Lamb, Charles (1775-02-10～1834-12-27)　英国作家。生于伦敦，卒于埃德蒙顿。7岁入伦敦基督慈幼学校，成绩斐然，原拟升入剑桥大学深造，因口吃辍学。17岁入东印度公司任簿记员，直至退休。

兰姆的文学生涯从诗歌创作开始。以格律严谨取胜，有《熟悉的旧面容》(1798)和《昙花一现的婴儿》等。他也写过诗剧《约翰·伍德维尔》(1802)和闹剧《H君》(1806)。儿童文学作品《莎士比亚故事集》(1807)用散文复述莎士比亚部分剧作的内容。

兰姆最大的成就是随笔。笔调亲切，富有生活气息和人情味。如《万愚节》、《古旧的瓷器》、《偏见一束》等。后来收为《伊利亚随笔集》(1823)和《后期随笔集》(1833)。他以《随笔集》作者“伊利亚”见知于世。

**兰姆**　Lamb, Willis Eugene, Jr. (1913-07-12～2008-05-15)　美国物理学家。生于洛杉矶，卒于亚利桑那州图森。1934年获加利福尼亚大学伯克利分校哲学博士学位。历任哥伦比亚大学、斯坦福大学、牛津大学、耶鲁大学和亚利桑那大学物理学教授。1954年当选美国国家科学院院士。主要贡献是发现了兰姆移位。早先，

P.A.M.狄拉克以相对论性量子力学曾预言氢原子光谱线的精细结构。但用光学方法验证狄拉克的理论，始终未获成功。1947年，兰姆改进了I.I.拉比的磁共振方法，以微波激发氢原子的实验，发现光谱线的位置与狄拉克的预言稍有不同。这个兰姆移位虽然极小，但对量子电动力学的发展有重要意义。兰姆的同一实验还得到精细结构常数$e^2/hc$的精确值。为此兰姆获1955年诺贝尔物理学奖。在斯坦福大学期间，兰姆还发明了检查氦光谱线超精细结构的微波技术。

**兰姆赛**　Ramsay, John G. (1931-06-17～　)　英国地质学家。生于伦敦。1952年伦敦帝国理工学院毕业，1954年获哲学博士学位，1974年获科学博士学位。曾任英国苏格兰利兹大学地质系主任。1977年移居瑞士，任瑞士苏黎世联邦理工学院教授、地质研究所所长、地球科学系主任等职。兰姆赛是变形构造学的带头人，他使构造变形的研究走向定量化，开创并逐步完善变形构造几何学。对欧洲阿尔卑斯的造山作用有深入的研究，对那里的叠加褶皱和推覆构造作了系统的变形恢复工作，定量地绘出了区域应变图，提出应变测量新方法。首先提出用等倾斜线标志对褶皱进行分类，首先用矿物生长标志研究变形路径，并提出阿尔卑斯地区第一幅变形路径地质图。主要著作有《岩石的褶皱作用和断裂作用》和《现代构造地质学方法》等。

**兰姆移位**　Lamb shift　显示氢原子和类氢离子能级不完全精确符合量子力学理论计算结果的重要实验事实。量子力学得出氢原子和类氢离子的能级是$l$简并（重合）的，例如$2P_{1/2}$和$2S_{1/2}$的能级是简并重合的，$3D_{3/2}$和$3P_{3/2}$的能级是简并的。20世纪30年代已有人从氢光谱精细结构的精密测量中发现，理论和实验有微小的不能归之于实验误差的差异。1947年W.E.兰姆和R.C.雷瑟福用微波波谱方法测得$2S_{1/2}$态和$2P_{1/2}$态间的能量差。兰姆移位的发现推动了量子电动力学的发展，同年H.A.贝特用量子电动力学的重正化方法计算了兰姆移位。兰姆移位的理论计算和实验测量不断得到改进，两者始终精准符合。兰姆移位实验、电子反常磁矩实验和μ子反常磁矩实验构成量子电动力学三大实验支柱。

**兰那泰王国**　Lannathai, Kingdom of　13世纪在今泰国北部由泰族建立的国家。中国史籍称八百媳妇国，泰名兰那泰，意为百万稻田国。8世纪兴起于泰国北部边陲的夜柿河地区，称景线王国，为泰永人（即佬族)所建。兰那泰在孟莱王统治时期（1259～1317）战胜了孟人建立的哈利奔猜国（中国史书称女王国），把原属其统治的南奔地区划入自己的版图。后又向西部扩张领土，征服了以清赛为中心的泰人国家帕尧国，从此兰那泰称雄北部。1296年定都清迈城。1556年被置于缅甸保护之下。1728～1762年兰那泰取得短暂的独立。1763年第二次为缅甸所陷。暹罗披耶达信领导复国斗争。1803年曼谷王朝把清迈并入暹罗版图。兰那泰与中国西双版纳毗邻，早在中国元朝时两国已有交往。明朝洪武二十一年(1388)在这里设宣慰司，两国使节往来频繁。

**兰坪白族普米族自治县**　Lanping Bai-Pumi Autonomous County　中国云南省怒江傈僳族自治州辖县。位于省境西北部，澜沧江沿岸。面积4 455平方千米。人口21万(2008)，有白、普米、傈僳、汉、怒、彝等民族。西汉属比苏县，隶益州郡。1912年分设兰坪州治，1913年改兰坪州为兰坪县。1987年撤销兰坪县，成立兰坪白族普米族自治县。矿产以金顶凤凰山铅锌矿最著名，探明储量1 450万吨，80%可露天开采，属亚洲已探明的最大铅锌矿。其他有铅、银、铜、铁、汞、盐、石膏等。农业主产稻谷、玉米、小麦、大麦、青稞、油菜子、花生、烟叶和蔬菜等。畜牧养殖以猪、羊、牛、马、骡、驴等为主。山区多云南松、华山松、苍山冷杉、丽江铁杉等森林资源。工业有采矿、选矿、冶金、木材加工、皮革和铁木加工等。名胜古迹有金鸡寺、杨玉科故居、罗氏土司衙署和金顶抗日战争胜利纪念碑、通兰起义纪念碑等。

**兰塞姆**　Ransom, John Crowe (1888-04-30～1974-07-04)　美国批评家、诗人。生于珀拉斯凯，卒于甘比尔。1914～1937年

在范德比尔特大学任教。1922～1925年创办并主编重农派杂志《逃亡者》。1939～1959年任《肯庸评论》杂志主编。1941年发表《新批评》一书，阐述T.S.艾略特等人的文学理论，新批评派由此得名。他是美国重农派和新批评派的领导人之一。文艺批评著作还有《不打雷的上帝》和《世界的躯体》。此外，著有《诗选》、《诗与散文》。编有《肯庸评论选：现代文学研究论文集》等。

**兰亭** Orchid Pavilion 中国浙江省文化古迹。位于绍兴市西南会稽山下。因东晋永和九年（353）王羲之与谢安、孙绰等41人在此修禊而著名。王羲之曾作《兰亭序》，并亲笔书写。当时兰亭位于天柱山下鉴湖湖口。在王羲之等修禊后，兰亭曾迁至鉴湖湖中和天柱山顶。晋以后又几经迁移，至北宋后期在会稽山的天章寺北择地重建，即为现址。明嘉靖二十七年（1548）重修，清康熙三十四年（1695）扩建。兰亭按扩建时的结构布局加以修复，并修建了流觞亭、王右军祠、墨华亭、御碑亭等，有小溪曲

水流经此处。亭有鹅池，池畔建有石碑亭，中立石碑，碑上"鹅池"两字相传为王羲之手书。

**《兰亭序》** *Preface to the Orchid Pavilion Collection* 中国东晋王羲之文稿。又名《兰亭帖》、《兰亭宴集序》、《兰亭集序》、《禊序》、《禊帖》等。传原迹已作为唐太宗李世民的殉葬品埋入昭陵，现存均为唐代双勾填墨或摹刻拓本两类复制品。行书，计28行，324字。

东晋穆帝永和九年（353）三月三日，王羲之与谢安、孙绰等41人在会稽山阴（今浙江绍兴）兰亭宴集修祓禊之礼。众名士作诗结为一集，王羲之撰写了一篇序文，其原稿即为《兰亭序》。唐太宗李世民得到此帖后珍惜异常，曾命赵模等御府搨书人及善书官员勾摹复制若干副本，分赐给王公大臣。现存《兰亭序》墨迹本多数为唐代摹本（又称响搨本）。从宋代开始，此帖又被不断地摹刻，拓本流传极广。《兰亭序》由此成为最著名的古代书法经典。此帖技巧风格体现了王羲之在艺术上的推陈出新，被视为王氏的代表作品，后人更将其奉为"天下第一行书"。现存的《兰亭序》墨迹本以"神龙本"、"张金界奴本"和"褚临本"最为著名，均藏于故宫博物院。拓本中以宋代"定武兰亭"一系影响最大。

清末以来，陆续有人从字体演变或文章风格角度对《兰亭序》的真伪提出质疑，认为此帖从文章到书法都出于隋唐人伪造。20世纪60年代，学术界曾就《兰亭序》的真伪问题展开过讨论，迄无定论。

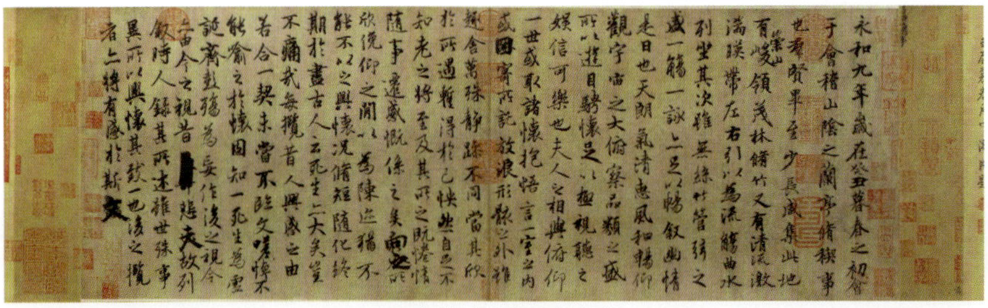

冯承素摹《兰亭序》帖卷

**兰溪市** Lanxi City 中国浙江省辖县级市。在省境中西部，钱塘江上游。面积1 310平方千米。人口56万（2010），有汉、畲、回等民族。唐咸亨五年（674）置兰溪县，以溪为名。1949年于城区置兰溪市。1950年复并入兰溪县。1985年撤县设市。由金华市代管。矿产有石灰岩、磷灰石、石煤、石英、萤石等。主要农作物为水稻、小麦、玉米、棉花、油菜。盛产乌桕子，素有"乌桕之乡"之称。金华火腿重要产地。琥珀金丝蜜枣和大青豆为传统名产。工业有冶金、机械、纺织、食品、制药、建材等。有六洞山风景名胜区和兰阴山、白露山等名胜。有诸葛八卦村古迹。

**兰心大戏院** Lyceum Theatre 中国最早的欧洲式剧场。1866年在上海的英国侨民成立大英剧团，建立了木结构的剧场，命名为兰心。1871年剧场毁于火灾。1874年又建造了第二所兰心剧院，还是供英国侨民剧团使用。20世纪20年代，对剧场进行了改建。兰心大戏院的前台、后台都比当时国内一般剧场考究豪华。1949年后，改名上海艺术剧场，20世纪90年代又改为原名。现在戏院有座位749个，舞台台口宽8.8米、高7.4米，舞台宽19.5米、深10米，舞台塔高17米，有附台及乐池设备。

**兰屿** Lanyu Island 中国台湾省属岛。旧名红头屿。以产蝴蝶兰著名。光复后改名兰屿。位于台湾岛东南太平洋上，为安山岩火山岛。距台湾岛最近点恒春半岛东岸南仁鼻62千米。满潮面积47平方千米。岛周岸礁繁生。除沿岸有狭窄平原外，皆为丘陵。气温与湿度均高，年平均气温26℃。平均年降水量3 500毫米，雨日多至249天，无旱季。原始森林资源丰富，分布着850多种植物和多种濒临灭绝的野生鸟类。热带雨林约占全岛面积的60%。兰屿为雅美人分布区，行政上为台东县兰屿乡。土著居民以经营农业及近海捕捞为生。粮食作物以水芋和甘薯为主。东南约5.5千米有小兰屿，亦为火山岛，火山口呈一大洼地，内有最新喷火口。小兰屿尚无居民，仅有兰屿雅美人将山羊放养其上，同属兰屿乡。

**兰州大学** Lanzhou University 中国综合性大学。属教育部。校址在兰州。前身为1909年建立的甘肃法政学堂。1913年改为甘肃公立法政专门学校。1928年改建为兰州中山大学。后曾改名为甘肃大学、甘肃学院。1946年定名为国立兰州大学，设文、理、法、医4个学院18个系。1952～1954年调整为文、理科综合大学。1978年以后学校获得快速发展，学校涵盖理学、工学、农学、文学、历史学、经济学、哲学、法学、教育学、管理学、医学11个学科门类。设有物理科学与技术、化学化工、大气科学、经济、管理、外国语、核科学与技术等约30个学院。有培养学士、硕士和博士的教学体系；有国家重点学科、国家重点实验室和国家人文社科研究基地等。

**兰州鼓子** 中国曲艺曲种。流行于甘肃兰州地区，用兰州方音表演。相传是由甘肃农村流传的以唱打枣歌和切调为主的"送秧歌"流入兰州后清唱而成，时在清代中晚期。清末民初又受到由北京传来的"单弦八角鼓"和陕西传来的"迷胡子"（眉户）等的影响，艺术上进一步定型。表演形式为多人分持三弦、扬琴、琵琶、月琴、胡琴、箫、笛等坐唱，走上舞台后一人自击小月鼓站唱，另有多人用三弦、扬琴、琵琶、月琴、胡琴等伴奏。唱腔属曲牌联套体。长期以来，主要是业余爱好者演唱，职业艺人很少。传统节目的内容极为广泛，既有历史故事和民间传说题材的中长篇，也有咏赞景物和喜庆祝颂的短段。20世纪40

兰州鼓子自娱表演

年代中期，热心兰州鼓子的爱好者李海舟组织了南山学会鼓子研究会，调查保存了不少兰州鼓子的艺术资料。中华人民共和国建立后，兰州鼓子开始走上舞台。

**兰州市** Lanzhou City 中国甘肃省辖市，省会。中国西北第二大城市。位于省境中东部**黄河**上游河畔，西与青海省相邻。辖城关、七里河、西固、安宁、红古5区和永登、皋兰、榆中3县。面积13 271平方千米。人口362万（2010），有汉、回、满、藏、东乡、蒙古、土等民族。西汉置金城郡。隋开皇元年（581）置兰州总管府，清为甘肃兰州府，1913年废府置兰山道。1941年置兰州市。

兰州市是中国几何地理中心，地处陇西**黄土高原**、**青藏高原**、**内蒙古高原**交会地段。属中温带半干旱气候。年平均气温11.2℃，平均年降水量327毫米。矿产主要有煤、油页岩、石灰岩、熔剂白云岩、熔剂石英岩、硅铁石英岩、耐火黏土等。特产有甘草、当归、党参、麻黄、秦艽、鬼臼、祖师麻等中药材。珍稀动物有黑鹳、藏雪鸡、金钱豹、蓝马鸡等。

兰州已形成以石油、化工、机械、冶金4大行业为主体的工业体系，是中国重要的重化工、能源和原材料生产基地之一。硝酸合成橡胶、硅铁、铝、石墨、电机、石油钻机和粗精纺毛呢等产品产量居国内领先地位。农业主产小麦、玉米、糜子、谷子、薯类、油料，市郊多种植蔬菜、瓜果、百合、烟草等，水烟、玫瑰油、大板瓜子、白兰瓜、百合为名优特产。永登县苦水乡为中国最大玫瑰产地之一。兰州市是中国西北陆路交通枢纽，陇海、兰新、包兰、兰青4条干线铁路交会于此，兰州西站为西北最大的货运编组站。大专院校有兰州大学、西北师范大学、兰州医学院、兰州交通大学等。

兰州是古丝绸之路上的重镇，文物古迹和旅游景点众多。名胜古迹有泰和铁钟、铜接引佛、马家窑遗址、五泉山、白塔山、白云观、白衣寺、兰山公园、南湖公园、滨河公园等。自然景区有兴隆山、吐鲁沟、石佛沟。纪念地有八路军驻兰办事处旧址等。

**兰州太平鼓舞** peace drum dance of Lanzhou 中国汉族民间舞蹈。流布于甘肃兰州及其周边区、县。太平鼓舞因所用舞具太平鼓而得名。太平鼓鼓形粗大，一般长为80～85厘米（老鼓有的长达1米），直径

35～40厘米（女子用鼓略细小）。鼓身木制（以梧桐木制者最佳），外漆大红色，上绘金狮绣球等图案。鼓面蒙牛皮，饰以阴阳太极图。鼓鞭多用麻绳（或牛筋）拧成，用红绸背带拴住鼓，斜挎在鼓手右肩，鼓垂于左小腿处。表演时，数十名甚至上百名鼓手在统一号令下，左手或扣鼓环，或手腕缠住背带操纵鼓身，托带抡甩，右手挥鼓鞭撩击掏打，形成人舞鼓，鼓带人，鼓飞人翻的磅礴气势。每逢新春佳节，千百支男、女太平鼓队在城镇乡间穿梭表演。

**岚山** Arashiyama 日本风景区。坐落在京都市的西北郊，有京都第一名胜之称。山高375米。东面与大泽、广泽和宇多野相接，西面有小仓山，大堰川蜿蜒流经其北。春天两岸苍翠，劲松新绿，樱花盛开，与清澈的河水交相辉映。其上游的保津川，峡谷幽深，水流湍急；下游的渡月桥长达154米，桥畔有岚山公园和天龙寺。岚山中有大悲阁、法轮寺等名胜古迹。周恩来总理纪念诗碑位于岚山山麓的龟山公园内，濒临大堰川。岚山东南不远处，绿荫丛中掩映着一座古色古香的建筑，这就是建于350多年前的桂离宫，是典型的日本民族风格的建筑，庭园环境清幽，池水如镜，花木葱茏，景色宜人。

兰州全景

**阑尾炎** appendicitis 发生于阑尾部位的炎症。常见的腹部外科疾病。阑尾一端与盲肠相通，长约6～8厘米，管腔狭小，仅0.5厘米左右。阑尾壁有丰富的淋巴组织，极易发炎。急性阑尾炎任何年龄均可发生。

临床表现 逐渐发生的上腹部或脐周围隐痛，数小时后腹痛转移至右下腹部。常伴有食欲不振、恶心或呕吐，发病初期，除低热、乏力外多无明显的全身症状。

治疗与鉴别 急性阑尾炎经非手术治疗或暂时自愈后，若遗留阑尾壁纤维组织增生和增厚，管腔狭窄及周围粘连，则成为慢性阑尾炎，易导致再次急性发作。急性阑尾炎诊断不困难，但需注意与其他急腹症鉴别，一旦诊断明确，应急诊手术将病变的阑尾切除。慢性阑尾炎则除非诊断明确，不应草率施行阑尾切除术。慢性阑尾炎尤应注意排除其他回盲部疾患。

**蓝宝石** sapphire 矿物**刚玉**的宝石品种之一。晶体属三方晶系。化学成分$Al_2O_3$。因含微量的Fe、Ti而呈蓝色，故而得名。但因刚玉中还可含V、Cr、Fe、Mn、Ni等多种不同的微量元素而呈现各种不同的颜色，其中除因含Cr而呈现红色的称**红宝石**外，其他颜色的刚玉宝石统称蓝宝石，只是在名称前边应冠以颜色的形容词，如黄色蓝宝石、绿色蓝宝石等。透明至半透明。玻璃光泽。解理不发育，但因聚片双晶等因素可产生平行底面、菱面体、柱面的裂理。莫氏硬度9，仅次于钻石。密度

星光蓝宝石戒指

3.90～4.16克/厘米$^3$。可含有固态或气、液两相包裹体，包裹体矿物种类可因宝石的产地、产状而不同，最常见的是金红石，还可能有尖晶石、方解石、榍石、橄榄石、云母等。有时包裹体按蓝宝石固有的三方晶系对称规律定向排列，通过光的折射和反射作用，在弧面宝石表面现出六射星线，形成星光宝石。天然蓝宝石分布与产量远超过红宝石，价格也较适中。原生蓝宝石主要见于玄武岩型矿床，亦见于接触交代型、热液型和区域变质型矿床中。就开采数量而言，砂矿居首。中国山东昌乐一带是著名蓝宝石产地。主要产出国有缅甸、泰国、柬埔寨、斯里兰卡、美国、澳大利亚等。

**蓝布尔氏雅尔氏鞭毛虫病** lambliasis 蓝布尔氏雅尔氏鞭毛虫寄生人体小肠引起的**寄生虫病**。曾误译为蓝氏贾第鞭毛虫病。以

腹痛、腹泻和吸收不良为主要临床表现，侵袭儿童后可影响营养吸收及发育。世界各地均有发病，是旅游者腹泻的重要病因之一。

潜伏期8～15天。急性症状类似急性肠炎，有腹泻、排恶臭水样便、痉挛性腹痛、腹胀、恶心等，病程3～4天。慢性者多见，表现为间歇性腹泻、食欲不振。严重时出现吸收不良、脂肪泻及明显体重减轻，幼儿可出现营养不良和发育障碍。虫体偶可侵入胆道，引起胆囊炎或胆管炎。粪便中找到滋养体或包囊即可确诊，也可行十二指肠引流或肠试验查找虫体。以酶联免疫吸附试验检测粪便中虫体抗原，有早期诊断价值。甲硝唑或替硝唑治疗有效，呋喃唑酮对儿童病例有效。

**蓝筹股** blue chip 股本较大、业绩优良、成长性较好、分红优厚、市场表现稳定且占有一定市场份额的上市公司**股票**。一般被选取为所在证券交易所股票指数的样本股。“蓝筹”一词源于西方赌场。在赌场白、红、蓝三种颜色的筹码中，蓝色筹码最值钱。蓝筹股是**绩优股**的代称，是对股票的非正式归类。

**蓝点马鲛** *Scomberomorus niphonius*; Spanish mackerel **鲈形目**鲭科马鲛属的一种。又称鲅鱼、马交、燕鱼。海洋经济鱼类。主要分布于太平洋西北部近海水域。

体延长，侧扁，尾柄细，每侧有3隆起脊，中央脊长而高。头中大，头长大于体高。牙强大，尖锐。背鳍两个，相距颇近。体背蓝黑色，侧面中央有数列黑斑，腹部银灰色。为长距离洄游的上层鱼类。游泳敏捷。对水温较敏感。各个生活阶段对水温的要求不同。性凶猛，常成群追捕小型鱼群。

肉味鲜美，供鲜食，还可制鱼松、腌制咸鱼和制罐头等。

**蓝晶石** kyanite 化学组成为$Al_2[SiO_4]O$，晶体属三斜晶系的硅酸盐矿物。有时含少量铬、铁、镁、钛等。与**红柱石**、夕线石成同质多象。三者结构的紧密堆积程度不同，蓝晶石最紧，夕线石次之，红柱石最松。蓝晶石晶体呈板柱状、长片状，常现双晶。有时呈柱状、放射状、粒状集合体。呈蓝色或带蓝的白色、灰色、绿色等。玻璃光泽。具完全和中等解理。硬度有明显的异向性，在平行晶体伸长方向莫氏硬度为4.5～5.0，垂直方向为6～7，故又名二硬石。性脆。密度3.53～3.65克/厘米³。是富铝的岩石经区域变质作用而成，在结晶片岩和片麻岩中出现。著名产地有美国弗吉尼亚州的威利斯山和巴克山、巴西的米纳斯吉拉斯州、印度比哈尔邦和马哈拉施特拉邦、俄罗斯科拉半岛等。中国河北邢台、四川汶川、山西繁峙、江苏沭阳韩山、内蒙古白彦花、新疆契布拉盖等地均有产出。是高级耐火材料、技术陶瓷和硅铝合金的原料。加热蓝晶石到1 100～1 300℃时，会转变成莫来石和游离二氧化硅混合物，体积膨胀16%～18%，常用作耐火砖灼烧收缩补偿剂。美国北卡罗来纳州有色泽艳丽、透明的深蓝色、绿色宝石级蓝晶石产出。

**蓝鲸** *Balaenoptera musculus*; blue whale 鲸目须鲸科蓝鲸属的一种。最大的须鲸，也是世界上现存的体型最大的动物。分布于全球各大洋。最大的雌鲸体长33.58米。体呈细长的流线形。头部背面观宽而呈“U”形，侧面观较扁平。沿头部背面的中央有一条隆起的嵴，止于围绕呼吸孔的“防溅瓣”。鳍肢长而钝尖。背鳍相对较小，位于吻端向后约3/4体长处。鳍肢梢端钝尖。宽阔的尾叶具有相对较直的后缘和显著的缺刻。体背面蓝灰色，下面色略浅至白色。头为均匀蓝色，背面和体侧面有杂斑。有55～88条长褶自喉部伸展达到或接近脐。口内有270～395对黑色的、宽基部的鲸须板。最大的鲸须板长不到1米，宽大于长。

常单独或成对，但在主要摄食场可形成一些十余头或更多鲸组成的松散的群聚。食物主要是磷虾类。雌鲸在体长21～23米时达性成熟，雄鲸在体长20～21米时达性成熟。妊娠期10～11个月，新生仔鲸长6～7米。哺乳期7个月。蓝鲸很早就成为猎捕的目标。20世纪上半叶，在南极被杀的蓝鲸总数达到325 000～360 000头。1964年国际捕鲸委员会（IWC）成员国一致同意停止捕猎蓝鲸以后，仍有非IWC成员国偶尔捕杀蓝鲸。现蓝鲸的数量很少。

**蓝领** blue-collar worker 西方社会对企业中主要从事**体力劳动**的熟练工人的通称。又称蓝领阶层。**白领**的对称。源于这部分人的工作服的颜色多为蓝色。蓝领的工作条件和经济地位等方面都低于白领。蓝领阶层的划分有多种标准：①以脑力或体力劳动作为划分标准。蓝领包括企业搬运工、装卸工、清洁工、杂工以及服务性行业的雇工等。②按职业划分。技工、机械操作工等也被划为蓝领阶层。③以直接或间接生产作为划分标准。把直接生产工人、农业劳动者及其他靠体力谋生的劳动者称为蓝领工人。在发达资本主义国家中，蓝领工人占工人总数的比例在逐渐降低，其中一部分蓝领工人正白领化。

**蓝领犯罪** blue-collar crimes 处于社会下层、直接从事生产劳动的人所实施的犯罪。与**白领犯罪**相对。犯罪者一般社会地位和经济地位不高，往往是在失业、经济困窘的情况下犯罪，且大多在职业领域外实施。常见的犯罪有盗窃、抢劫、卖淫等。

**蓝玫瑰** Blue Rose 由俄国《金羊毛》赞助、在1907年组织的一个美术展览会的名称。《金羊毛》是N.P.里亚布申斯基在1906～1909年支持出版的杂志，主要介绍当时法国现代流派的作品。在1906年和1908年，这个杂志曾组织过两次展览，重点介绍了G.**布拉克**、F.莱热、A.**德兰**、P.**毕加索**、H.**马蒂斯**等画家的作品，使俄国绘画界得以窥见当时法国绘画的风貌。蓝玫瑰画展的参加者，对原始的、幼稚的形体表示出极大的兴趣，他们反对表现社会题材，主张用平面的、单纯的色块来表达画家的感受。参加蓝玫瑰画展的画家并无统一的创作原则。展览会之后，青年画家们曾组成蓝玫瑰画派，在1910年前后比较活跃，但很快为另一些社团所替代。

N.S.贡恰洛娃作《割麦》(1907)

**蓝皮书** blue book 作为官方文件，主要是指英国政府提交议会两院的一种外交资料和文件。因其封面用蓝布包装而得名，正式名称是《英国议会文件》。其内部发行始于1681年，1836年开始公开出版。日本的蓝皮书又称青皮书（日语中的“青色”实际上是蓝色），是日本外务省公开发布的外交文书，全称“外交青书”。作为非官方文件，指美国的政府官员名录、社会名人录，如美国国务院每月发行的驻美外交人员衔名录，以及一些大学用作试题答案的小册子、英美两家出版公司每年印发的《英语国家名人录》等，都被称为蓝皮书。

**蓝毗尼** Lumbinī 佛教圣地。又译岚毗尼、腊伐尼、林微尼等。相传为**释迦牟尼**出生之处。在今尼泊尔境内、极近印度边境。公元前3世纪中，孔雀王朝阿育王朝圣于此并立有石柱，以后湮没。1896年被考古学者重新发现。后成为尼泊尔政府保护的文化遗址。

**蓝闪石** glaucophane 硅酸盐矿物，化学组成为$Na_2(Mg_3Al_2)[Si_8O_{22}](OH)_2$，晶体属单斜晶系。英文名称为希腊语浅蓝色之意。常有铁替代镁和铝，$Fe^{2+}/(Fe^{2+}+Mg^{2+})\geq0.5$时，称铁蓝闪石。蓝闪石常呈柱状、纤维状、放射状和块状集合体。浅蓝、蓝灰至蓝黑色，

蓝闪石放射状集合体

条痕灰蓝色。玻璃光泽。莫氏硬度5.5～6.0。密度3.2～3.4克/厘米³。两组柱面解理完全。产于低温高压条件下形成的**蓝闪石片岩**中，属变质成因矿物，被认为是板块俯冲带靠大洋一侧的特征矿物。常与硬柱石、硬玉、绿帘石、绿纤石、绿泥石、云母等矿物共生。由**榴辉岩**蚀变而成的蓝片岩中，蓝闪石常呈辉石的假像。

**蓝闪石片岩** glaucophane schist 以含蓝闪石类矿物为特征的高压**变质岩**。又称蓝片岩。常见矿物组成有黑硬绿泥石、绿泥石、钠长石、多硅白云母、石英、绿帘石、硬玉和硬柱石，有时含蓝闪石、透闪石、阳起石、黝帘石和石榴子石。一般为细粒粒状鳞片变晶结构，片状构造。原岩主要为基性火山岩和硬砂岩。常与绿片岩、榴辉岩等共生。蓝闪石片岩是在低温高压条件下形成的，形成温度在250～400℃，压力为$(0.5\sim1)\times10^9$帕。高压可由埋深（地壳的深俯冲、推覆体叠置引起）或超液压（由快速加热产生的液体超压）所引起。蓝闪石片岩常呈不连续和高度变形的带状产出。主要出现于中生代、新生代的高压变质带中，在环太平洋褶皱带的日本、印度尼西亚、新西兰、美国加利福尼亚州、智利等均有分布。在中国主要出现在西藏的雅鲁藏布江缝合带和大别苏鲁碰撞造山带。

**蓝田猿人** *Homo erectus* from Lantian **直立人**化石。1963年在中国陕西蓝田县陈家窝村发现下颌骨，1964年在蓝田县公王岭发现头盖骨和部分面骨。在公王岭发现的

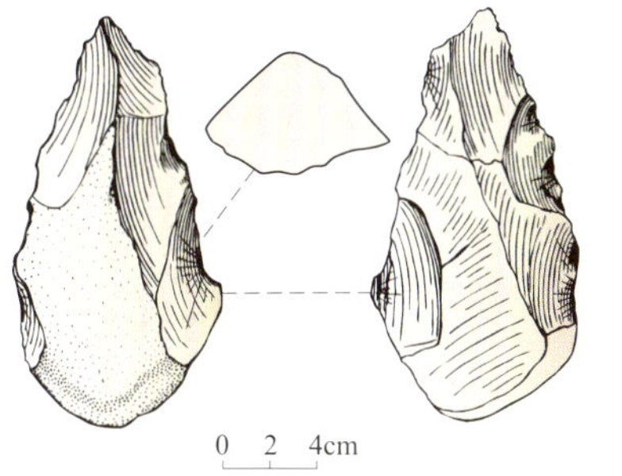


蓝田猿人的三棱大尖状器

头骨化石属于一个中年女性。它的额骨前部的眶上圆枕硕大粗壮，在眼眶上方几乎形成一条横行的骨脊，额鳞非常低平，头骨壁很厚，脑量约为780毫升。这些形态比**北京猿人**原始。在陈家窝找到的下颌骨属于一个老年女性，形态与北京猿人下颌骨相似。与公王岭蓝田猿人化石同一层位出土的哺乳动物化石表现出中国南方和北方动物群混合的色彩，包括剑齿虎、大角鹿、爪兽、大熊猫、剑齿象、蓝田金丝猴等。根据动物群的性质及古地磁等测定，公王岭的时代为早更新世后期，约115万年前；陈家窝的时代可能属中更新世，略晚于公王岭而与北京猿人接近，距今60万～50万年前。同时采集到一些石器，其中最具特色的是三棱大尖状器。在公王岭化石层还发现灰烬和灰屑，可能是蓝田猿人用火的遗迹。

**蓝铜矿** azurite 碳酸盐矿物，化学组成为$Cu_3[CO_3]_2(OH)_2$，晶体属单斜晶系。中

板柱状蓝铜矿

国古称石青。晶体常呈柱状、厚板状，集合体通常呈粒状、晶簇状、致密块状、皮壳状、土状等。深蓝色，玻璃光泽。土状块体呈浅蓝色，暗淡光泽。解理完全。莫氏硬度3.5～4.0。密度3.77克/厘米³。遇盐酸起泡、易溶。是含铜硫化物矿床氧化带的典型次生产物，可作为寻找原生铜矿的标志。蓝铜矿容易转变成**孔雀石**，其分布没有孔雀石广泛，而孔雀石常依蓝铜矿呈假像。含铜量69.24%，大量堆积可用作炼铜的矿物原料、天然蓝色颜料。质纯色艳者，用作装饰工艺品。俄罗斯乌拉尔、英国康沃尔、美国加利福尼亚、中国海南等地均有大量产出。

**蓝印花布** indigo printing fabric 在纯白棉布上用靛蓝染后形成蓝、白色图案的中国传统印染手工艺品。始于东汉。宋代称为药斑布。明清时期又称浇花布。传统蓝印花布产在江苏南通、浙江桐乡、湖北天门、湖南醴陵、四川成都等地。产品除床单、被面、蚊帐、门帘、围兜、包袱布外，还有台布、提包、时装等。

蓝印花布的制作有刻版、调制防染浆料、刮印、浸染等工序。运用刻版的阳刻、阴刻等手法，使花布呈现蓝地白花或白地蓝花的效果，图案清新，蓝、白两色相间，层次丰富。图案大多是蝴蝶团花、鲤鱼跳龙门、凤穿牡丹、鸳鸯戏荷、松鹤延年等民间吉祥图案。

**蓝玉案** Lan Yu Case 中国明太祖洪武二十六年（1393），朱元璋借口凉国公蓝玉谋反，株连杀戮功臣宿将的政治案件。蓝玉（？～1393），凤阳府定远县（今属安徽）人，开平王**常遇春**内弟。有谋略，作战英勇，屡立战功。洪武十四年封永昌侯。二十年拜为大将军，屯蓟州。二十一年捕鱼儿海（今内蒙古东部贝尔湖）之战，杀北元太尉蛮子等，降其众，获马驼牛羊15万余，焚其甲仗蓄积；又破哈剌章营，获人畜甚多。朱元璋对其宠遇甚隆，封为凉国公。但蓝玉居功自傲，骄横跋扈。他蓄庄奴假子达数千人之多，并仗势侵占民田。北征时私占珍宝驼马无算。回师夜经喜峰关，因守关吏未及时开门，竟纵兵毁关而入。他的所作所为，引起朱元璋不满。洪武二十六

年，锦衣卫指挥蒋瓛告发蓝玉谋反，下狱鞫讯后，狱词称同景川侯曹震、鹤庆侯张翼、舳舻侯朱寿、定远侯王弼、东莞伯何荣及吏部尚书詹徽、户部侍郎傅友文等谋反，拟乘朱元璋籍田时发动叛乱。朱元璋遂族诛蓝玉等，并株连蔓引，自公侯伯以至文武官员，被杀者约2万人。该案与胡惟庸案合称为胡蓝之狱。此两案发生后，明朝元功宿将已屠戮殆尽。

**蓝藻** Cyanophyta; blue green algae 蓝藻门生物的统称。一般分为蓝球藻、肋球藻、地管藻、念珠藻和多列藻5个目，20世纪60年代发现蓝藻是原核生物，现生物界流行把蓝藻从植物界分出，单列为蓝藻界。共约2 000个分类单位，中国约有900个分类单位。

生物学特性　蓝藻为单细胞个体、群体或细胞成串排列成藻丝的丝状体，不分枝、假分枝或真分枝。细胞外具主要由肽多糖组成的胞壁，往往有黏质胶鞘或胶被包裹。细胞质可分为周围有色素的色质区和中部无色具核质的中心质区。细胞质中常具有大小不等的强反光颗粒。

在淡水和海水中、潮湿和干旱的土壤和岩石上、树干和树叶以及温泉、冰雪，甚至在盐卤池、岩石缝等处都可生存，具有极大的适应性。抗逆性很强，能耐干旱，有些干燥标本存储65～106年还可保持活力。

培养和利用　约有150多种蓝藻（大多数为念珠藻目的种类）能固定大气中的分子态氮成为结合态氮，并进一步合成蛋白质。其胞外有丰富的多糖类胶质，并含生长刺激物质，适于作稻田肥料，改良土壤，提高土壤保肥、保水能力。这些蓝藻称为固氮蓝藻。在热带、亚热带地区，固氮蓝藻在每公顷稻田中每年能固氮1～70千克。

蓝藻含有较高的蛋白质、较完备的氨基酸和多种维生素。有些蓝藻可作为食品，如发菜（*Nostoc flagelliforme*）、葛仙米（*N. sphaeroides*）、地木耳等。螺旋藻（*Spirulina platensis*）粗蛋白含量可达70%，为乍得和墨西哥的传统食品，已人工培养作为商品，用作养鱼饲料。中国繁殖螺旋鱼腥藻（*Anabaena spiroides*）作为鱼类饵料效果良好，有些鱼类如非鲫等的成鱼也以蓝藻作为饵料。

有害影响　在富营养化水体中，蓝藻大量繁殖可形成赤潮，导致养鱼池水缺氧而使鱼浮头甚至死亡，也会影响紫菜、蛏、蛤等的正常生长。此外，水华和赤潮发生时，蓝藻的有毒突变种分泌的毒素以及腐藻分解时散发的腐臭将影响饮用水源的水质，使人畜中毒。

**澜沧江** Lancang River 中国横断山脉区河流，中国最长的南北向河流和水电重点开发河流。流域位于青海省东南部、西藏自

澜沧江河谷

治区东部和云南省西部。流出国境后称湄公河，在越南胡志明市以南入海。

澜沧江源于青藏高原，上源有二：东源扎曲，西源昂曲，都出自唐古拉山在青海省境内的岗果日山。二曲至昌都汇流后称澜沧江。以扎曲为正源。从源头至昌都，干流长564千米。出青海省后河槽深切，河道平均比降3.3‰。昌都至功果桥河长821千米，是典型的“V”形河谷。功果桥至景云桥河长213千米，虽然仍为“V”形河谷，但平均比降已降为1.5‰。景云桥至南阿河口495千米，河谷已宽达800～1 200米，以下为中缅界河。至南腊河口随即流出中国国境。

澜沧江总长2 345千米，流域面积16.5万平方千米，河床落差较大，约4 600米，平均比降2.2‰。按多年平均流量估算，澜沧江理论水力蕴蓄量3 656万千瓦，已建水电站有漫滩电站（150万千瓦）、大朝山电站（135万千瓦）、小湾电站（420万千瓦）。

澜沧江河道原先除西双版纳傣族自治州境内一段有定期客货轮通航外，几无航行之利。现经过整治，通往湄公河试航已获成功。下游有坝子和湖泊分布，利于农业发展，尤其西双版纳地区，不仅水稻一年三熟，且为中国动植物资源最丰富地区，有经济价值的植物达1 000种，特有动物如长臂猿、亚洲象、印度虎、孔雀等，是中国动植物物种资源极为宝贵的遗传基因库。

澜沧江流域是中国少数民族种族最多地区，有傣、彝、白、纳西、回、藏、傈僳、拉祜、哈尼等20余个民族。澜沧江－湄公河流经中国、缅甸、老挝、泰国、柬埔寨、越南六国。国际社会对流域的开发治理极为关注，已成立许多国际合作组织。

**澜沧拉祜族自治县** Lancang Lahu Autonomous County 中国云南省普洱市辖自治县。位于省境南部，西北部和南部与缅甸接壤。面积8 807平方千米。人口49万（2010），有拉祜、汉、佤、哈尼、彝、傣、布朗等民族。西汉为哀牢地。明、清时为孟连长官司，后改为宣抚司管辖。清光绪十三年（1887）置镇边直隶厅。1913年废厅，改为镇边县，后改称澜沧县。1953年设立澜沧拉祜族自治区（县级），1955年改为澜沧拉祜族自治县。属亚热带季风气候。矿产有铅、铁、褐煤、锌、金、银、铜和石膏等。农业主产水稻、油料、甘蔗、茶叶、生猪等。山区多思茅松、水冬瓜、栎类和竹类，产魔芋、木耳、药材等。工业有煤炭、采矿、制糖、制茶、电力、酿造、建材等。名胜古迹有整控渡摩崖石刻、糯福基督教堂、下允佛寺、芒洪八角亭、仙人洞及雅口新政权旧址等。

**篮球** basketball 用球向悬在高处的篮筐进行投准比赛的球类运动。由于最初是用装水果的篮筐作投掷目标，故名。现代篮球运动已发展成为一项具有灵活巧妙的技术和变化多端的战术相结合的竞赛活动。1891年由美国体育教师J.奈史密斯博士创造。1904年第3届奥林匹克运动会首次进行了篮球表演赛。1908年美国制定了统一的篮球规则并以多种文字出版，发行全世界，这样，篮球运动逐渐传遍美洲、欧洲、

亚洲，成为世界性运动项目。1932年国际篮球联合会成立。在1936年第11届奥运会上，男子篮球被列为正式竞赛项目，并统一了世界篮球竞赛规则，标志着现代篮球运动从此登上国际竞技舞台。1976年第21届奥运会上女子篮球正式列为比赛项目。1895年篮球运动传入中国的天津。中华人民共和国建立后，篮球运动才有了较迅速与广泛的发展。姚明、郑海霞等一大批优秀运动员，均在国际和世界大赛中取得过较优异的成绩。现代篮球运动的技术和战术以高速度、高空优势、高超技巧与激烈对抗为特点。

**镧系元素** lanthanide elements 元素周期表ⅢB族中原子序数57～71的15种化学元素。化学符号Ln。包括镧、铈、镨、钕、钷、钐、铕、钆、铽、镝、钬、铒、铥、镱、镥。镧系元素最外层（6s）的电子数不变，都是2。而镧原子核有57个电荷，从镧到镥，核电荷增至71个，使原子半径和离子半径逐渐收缩，这种现象称为镧系收缩。镧系收缩使镧系元素的性质从镧到镥呈现有规律的变化，如碱性依次减弱，生成氢氧化物沉淀的pH依次降低，二元化合物中共价成分增高，配合物稳定性增强等。这些性质上的差异正是溶剂萃取、离子交换等分离镧系元素方法的依据。镧系元素的性质非常相似，在自然界中共存于某些矿物中，和与之伴生的另外两种ⅢB族元素钪和钇统称为稀土元素。

**缆车** cable car 由驱动机带动钢丝绳，牵引车厢沿着铺设在地表并有一定坡度的轨道运行，用以提升或下放人员和货物的运输机械。轨道坡度一般以15°～25°为宜。根据运输量、地形、运距等条件，线路可设计成单轨、双轨、单轨中间加错车道或换乘站等多种形式。缆车车厢的运行速度一般不大于13千米/时。为适应线路的地形条件和乘坐舒适，载人车厢的座椅应与水平面平行并呈阶梯式，以便于人员上下和货物装卸。当车厢在运行中发生超速、过载、越位、停电、断绳等事故时，要有相应的安全措施。

**懒猴** *Loris tardigradus*; slender loris 灵长目原猴亚目懒猴科懒猴属的一种。分布于印度和斯里兰卡。行为方式及形态特征与蜂猴相似。体型更小，体长18～26厘米，体重102～185克；尾长40～70毫米；吻部突出而狭窄，左右犬齿间较宽；背部体毛较短，微红棕色，无条纹；眼圈颜色亦为微红棕色。

栖息在热带雨林或干旱半落叶林、灌丛、湿地以及海拔1 850米的高山森林。白天蜷伏在树洞等隐蔽地方睡觉，夜晚外出觅食，主要吃昆虫，以及嫩叶、芽、硬壳的水果、花，也食鸟蛋和小型脊椎动物。

很少到地面活动。无一定发情期，怀孕期166～169天，一般4月或10月产仔，每胎产1～2仔，多在夜间分娩。

**郎静山** Lang Jingshan（1892-06-12～1995-04-13） 中国摄影家。浙江兰溪人。生于江苏淮阴，卒于台北。从小受到父亲郎锦堂的摄影熏陶，12岁进南洋公学开始学习摄影。19岁进入新闻界，先后在《申报》、《时报》工作，为中国早期新闻摄影记者之一。1928年，与陈万里等人发起组织的中华摄影学社（简称华社），举办摄影展览。后主编《新闻夜报》的《摄影艺术》周刊。1931年，与黄仲长、徐祖荫合组“三友影会”，将摄影佳作送往国外参加国际摄影沙龙展出。他根据中国绘画“六法”原理，研制多底合成的“集锦”照片，摄制了许多具有中国水墨画韵味的风光照片，形成飘逸、俊秀的民族风格，为摄影艺术开辟

《中国山水》

了一条新路。当时中国摄影界有南郎（郎静山）、北张（张印泉）之誉。1931～1949年是郎静山摄影创作的鼎盛时期，代表作有《柳丝下的摇船女》、《春树奇峰》、《烟波摇艇》、《金波泛筏》等，出版《静山摄影专刊》、《集锦照相概要》、《静山摄影集》和《静山美术摄影》。1949年迁居台湾，1953年组织成立“中国摄影学会”，任会长。1958年出版《集锦作法》，以四种文字刊行。1966年发起组织亚洲摄影艺术联合会，任理事长。1971年出版自选作品集《六十年摄影选辑》。1983年在法国举办个人回顾展。1984年在香港展出晚年摄影精华《湖山揽胜》，获美国公刊竞赛编辑奖第一名、艾顿新闻摄影特别奖。1991年北京故宫举办郎静山百龄百幅摄影作品展。郎静山对20世纪前50年中国摄影艺术的发展影响深远。

**郎平** Lang Ping（1960-12-10～　） 中国女子排球运动员、教练员。生于北京。1978年入选中国女子排球队，任主攻手。中国女排在1981年第3届世界杯女排赛、1982年第9届世界女排锦标赛、1984年第23届奥林匹克运动会女排比赛和1985年第4届世界杯女排赛四项世界级大赛中均获冠军。她快攻变化多，扣球力量大，网上技术尤佳，以4号位高点强攻名震排坛，被誉为“铁榔头”。1986年出任中国女排教练，率队参加第10届世界女排锦标赛，再次夺魁，中国女排成为世界女子排球史上的“五连冠”队。1988年赴美国留学，曾在美国、意大利打球和任教练。1995年回国出任中国女排主教练，率队获当年举行的第7届世界杯女排赛季军和1996年第26届奥运会女排比赛的亚军，并获1995、1997年第8、9届亚洲女排锦标赛冠军，以及1998年第13届亚洲运动会女排比赛冠军和第13届世界女排锦标赛亚军。2000年国际排球联合会授予20世纪女运动员特别贡献奖。2002年10月全票入选美国排球名人堂，评委会称她是中国女排20世纪80年代在世界排坛崛起的“驱动力”。1998年当选为全国政协第九届委员。

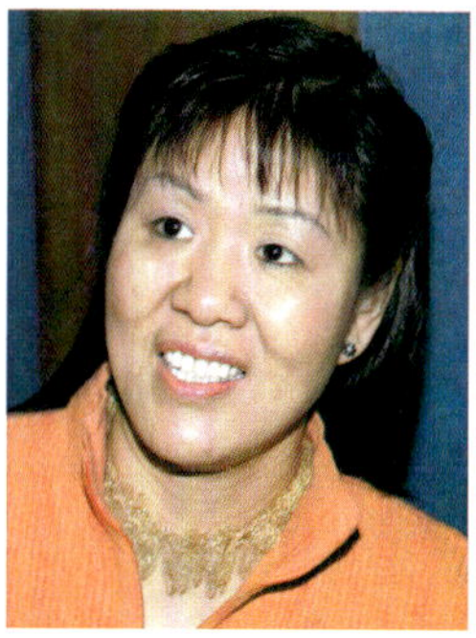

**郎世宁** Castiglione, Giuseppe（1688-07-19～1766-07-16） 中国清代宫廷画家兼建筑师、天主教耶稣会修士。意大利人，原名G.卡斯蒂略内。生于意大利米兰，卒于北京。1714年5月由欧洲天主教耶稣会派遣于次年8月抵达澳门，遂取汉名郎世宁。后转赴广州并北上京师。康熙末以画供奉内廷，得到皇帝的赏识。乾隆十二年（1747）奉命参加圆明园欧洲式样建筑物的设计工作并任奉宸院卿职。二十二年乾隆皇帝赐其侍郎衔。

郎世宁擅长画人物肖像、鸟兽、山水及历史画。他以欧洲技法为主，参酌中西，注重物象的解剖结构、光影效果及立体感。人物画多为皇帝后妃及文武大臣肖像，采用正面光照，色泽比较柔和清晰。人像肖似，多以色彩渲染，无明确线条。主要有《平安春信图》、《乾隆皇帝及后妃像》、《果亲王允礼像》等。鸟兽画形象准确，以细笔短线描画动物皮毛的质感，如《嵩献英芝图》、《羚羊图》、《东海驯鹿图》等。尤精画马，能曲尽马匹立、行、卧种种姿态，《八骏图》、《郊原牧马图》等均为佳作。山水画构图明显受中国山水画的影响。郎世宁创作的部分历史画，场面宏大，人物众多，描绘具体，有较高的史料价值。主要有《哨鹿图》、《马术图》、《玛瑺斫阵图》等。

《平安春信图》(故宫博物院藏)

郎世宁曾参与《乾隆平定准部回部战图》草图的绘制工作，并将图稿送往法国制成铜版画。偶尔也以油色作画，流传有《太师少师图》、《慧贤皇贵妃像》等。郎世宁前期（雍正时）作品为其一手所画，后期（乾隆时）作品虽仅署郎世宁一人名款，但均为集体创作。

郎世宁还向中国的宫廷画家斑达里沙、孙威凤等传授欧洲绘画的技法；帮助工部右侍郎年希尧撰写《视学》一书，此书为第一部介绍欧洲焦点透视画法的著作，对中西文化交流作出积极贡献。

**郎窑红** 中国清代景德镇窑红釉瓷。即江西巡抚郎廷极在景德镇监造瓷器时（1705～1712）创烧的一种红釉瓷器。当时，景德镇御窑厂模仿明宣德、成化时期瓷器已能乱真。郎窑红模仿明宣德宝石红釉特征，釉凝厚，玻璃感强，佳品呈鲜红色。传世品以瓶为多，常见的有观音瓶、棒棰瓶、直颈扁腹瓶；盘碗也为数不少。器物口部多为白色，与宣德红釉器的灯草口相似，底部有白色、米黄色、浅绿色。器底书写年款的有“大明宣德年制”、“大清康熙年制”两种。

**狼** *Canis lupus*; wolf 食肉目犬科犬属的一种。分布于欧亚大陆和北美洲。中国除台湾、海南岛以外，各省区均产。外形和狼狗相似，但吻略尖长，口稍宽阔，耳竖立不曲，尾挺直状下垂，毛色棕灰。中国北方的狼体长1～1.5米。栖息范围广，适应性强，凡山地、林区、草原、荒漠、半沙漠以至冻原均有狼群生存。狼既耐热，又不畏严寒。夜间活动。嗅觉敏锐、听觉良好。极善奔跑，常采用穷追方式获得猎物。杂食性，主要以鹿类、羚羊、兔等为食，有时亦吃昆虫、野果或盗食猪、羊等。能耐饥，亦可盛饱。在冬季，北方的狼可集成大群，猎杀大型动物，狼扑食病弱个体。客观上对维持生态平衡有一定作用。每年1～2月交配，常发出长嚎，以吸引异性。妊娠期约2个月，每产4～7仔。繁殖期间雌雄同居。共同抚养幼仔。狼在牧区常危害羊群，所以牧区常开展打狼活动以保护牲畜。但事实上，

如果狼所捕食的各种野兔、旱獭和各种野羊等的数量较多，自然会减少它们对家畜的危害，况且狼在野外主要捕捉野生动物的病老残弱者，对野生动物种群的健壮发展及控制种群数量的过量增长起着重要作用。因此，《濒危野生动植物物种国际贸易公约》(CITES) 把数量已很稀少且产于不丹、印度、巴基斯坦和尼泊尔的狼种群列入附录Ⅰ，其余分布区的种群全部列入附录Ⅱ，给予积极保护。在中国尚未定为保护对象。

**狼毒大戟** *Euphorbia fischeriana*; fischer spurge 大戟科大戟属的一种。分布于中国东北、内蒙古及河北。多年生草本，高达40厘米，具乳汁；根肥大，肉质，近圆柱形。近基部叶鳞片状、褐色，中部叶互生，无柄，矩圆状披针形；叶状苞5，轮生，长卵形。总花序多歧聚伞状，顶生，通常5个伞梗呈伞状；每伞梗又生出3个小伞梗或再抽第3回小伞梗。杯状聚伞花序（又称大戟花序）宽钟形；雄花多朵，无花被，仅具1枚雄蕊；雌花1朵位于杯状总苞中央，无花被，雌蕊心皮3，合生，子房3室；花期5～6月。蒴果宽卵形，种子椭圆状卵形，淡褐色；

果期6～7月。生长在干草原、干燥丘陵草丛中。

根可药用，有大毒，多外用，能破积杀虫、除湿止痒；茎叶浸液可作土农药，防治螟虫、蚜虫等。

**狼孩** wolf child 从小被狼攫取并由狼抚育成长的人类幼童。世界上已知由狼哺育的幼童有十多个，其中最著名的是1920年在印度发现的两个。狼孩和其他被野兽抚育的幼童又统称为野孩。

印度狼孩被发现时，大的7～8岁，小的仅2岁。他们的生活习性与狼一样：用四肢行走；白天睡觉，晚上活动，怕火、光和水；只知道饿了找吃的，吃饱了就睡；不吃素食而要吃肉（不用手拿，放在地上用牙齿撕开吃）；不会讲话，每到午夜后像狼一样引颈长嚎。小的第二年死去。大的经过7年教育仅掌握45个词，勉强学会几句话，开始朝人的生活习性靠近。15岁左右死的时候其智力只相当于3～4岁的幼儿。

狼孩的事例表明：人类的知识与才能甚至直立行走和言语都是在社会环境中习得的。学龄前的整个时期，对人的身心发展极为重要。人脑的发育和言语的发展有一个关键期，错过这个关键期，再学习语言就非常困难。因此，长期脱离人类社会环境的幼童不会产生人所具有的脑的功能，也不可能产生与语言相联系的抽象思维和人的意识。人类社会环境对婴幼儿身心发展具有决定性的作用。成人如果由于某种原因长期离开人类社会后重新返回时，就不会出现上述情况。

**狼山鸡** Langshan chicken 中国古老的肉用型或蛋肉兼用型鸡。地方品种。原产中国江苏如东、南通一带。以体形硕大，羽毛光泽好，产蛋多、蛋大，皮薄肉嫩味美闻名于世。体高，脚长，头尾翘立，呈马

鞍形。单冠，耳垂红色，喙、脚黑色，皮肤白色。全身羽毛较紧密，有黑色、黄色、白色三种。肉、蛋生长性能均佳。成年公鸡体重约3千克，母鸡约2.3千克。性情活泼机敏。6月龄开始产蛋，年产蛋170～180个，蛋重55～57克。受精率高，最高达96%。蛋壳褐色。

**狼牙山五壮士** Five Heroes in the Battle of Langya Mountain 中国抗日战争时期，在狼牙山战斗中英勇抗击日伪军的八路军5位英雄的总称。1941年9月25日，3 500多名日伪军包围了河北省易县城西南的狼牙山地区，企图歼灭当地的八路军和地方党政机关。八路军晋察冀军区第1军分区第1团第7连在完成掩护党政机关、部队和群众转移任务后，留下第6班班长、共产党员马宝玉，副班长、共产党员葛振林，战士胡德林、胡福才和宋学义担负后卫阻击，掩护连队转移。为了不让日伪军发现连队转移方向，5名战士于26日将日伪军引向狼牙山棋盘陀峰顶绝路，最后纵身跳下数十丈深的悬崖。马宝玉、胡德林和胡福才壮烈牺牲，葛振林和宋学义被山腰树枝挂住带伤脱险。战后被誉为“狼牙山五壮士”。

**狼蛛科** Lycosidae; wolf spider 昆虫纲蜘蛛目一科。因善跑、能跳、行动敏捷、性凶猛而得名。全球1 500余种。体中、小型长3～25毫米。8眼，排成三列（4－2－2）。前列眼较小，中、后两列眼较大，后列两眼的间距大于中列。步足粗壮，多刺，末端为3爪。卵生。多数徘徊游猎，少数结网。在地面、田埂、沟边、农田和植株上活动。静息时隐藏在石下或土缝中，有的种类穴居。通常日间出来觅食，在温暖地区也夜出觅食。捕食量大，是农田中重要的害虫天敌。

**琅勃拉邦** Louang Phrabang 老挝千年古城，小乘佛教发祥地，僧王驻地，琅勃拉邦省首府，上寮地区政治、经济、文化中心，交通要冲。面积不足10平方千米。人口11.04万（2005）。位于首都万象西北210千米，南康河与湄公河的汇合处附近。城区沿湄公河左岸延伸约8千米，宽约2千米，

湄公河畔的琅勃拉邦古城

地面起伏平缓，平均海拔290米。气候凉爽，年平均气温24.2℃，平均年降水量1 300毫米。14世纪中叶澜沧王国在此建都。1975年以前是老挝的国王驻地。城中富西山麓的王宫已辟为国家博物馆。全市椰林成荫，多寺庙与佛塔。传统手工艺如金银器镶嵌、象牙雕刻、丝绸、刺绣等在国内有一定地位。有多条公路、湄公河及航空班机联系万象及国内其他城镇。上寮地区的木材、柴炭、粮食、安息香和药材集散地。城北30千米的北乌，有许多石灰岩洞穴，里面珍藏着千余尊石佛和金佛，已有千年历史；郊外还有瀑布与大片原始森林，皆为著名的宗教和旅游胜地。琅勃拉邦被联合国教科文组织评为“东南亚国家中历史原貌保存最好的城市”，1995年作为文化遗产列入《世界遗产名录》。

**廊** colonnade 中国古代建筑中有顶的通道。包括建筑物外围的檐廊、围成院落的回廊和园林中的游廊。基本功能为遮阳、防雨和供人小憩。

廊是形成中国古代建筑外形特点的重要组成部分。殿堂檐下的檐廊，作为室内外的过渡空间，是构成建筑物造型上虚实变化和韵律感的重要手段。围合庭院的回廊，对庭院空间的格局、体量的美化起重要作用，并能造成庄重、活泼、开敞、深沉、闭塞、连通等不同效果。园林中的游廊则主要起着划分景区、造成多种多样的空间变化、增加景深、引导最佳观赏路线等作用。

在廊的细部常配有几何纹样的栏杆、坐凳、鹅项椅（又称美人靠或吴王靠）、挂落、彩画；隔墙上常饰以什锦灯窗、漏窗、月洞门、瓶门等各种装饰性建筑构件。

**廊坊市** Langfang City 中国河北省辖地级市。位于省境中部，北邻北京，东与天津交界。辖安次区、广阳区和香河县、永清县、固安县、文安县、大城县及**大厂回族自治县**，代管**三河市**、**霸州市**。面积6 330平方千米。人口436万（2010）。春秋战国时期为燕国封疆，唐朝时属幽州管辖。1949年后称天津专区，1974年改称廊坊地区，1989年撤地设市。矿产有石油、天然气、煤炭、地热、石灰岩、白云石、硬铁矾土等。有耕地554万亩，适宜多种农作物生长。面向京津市场的特色蔬菜、花卉花木、干鲜果品、优质粮食作物发展较快。工业有冶金、化工、机械、建材、皮革、纺织、医药等。名胜古迹有唐隆福寺长明灯楼、清回龙亭碑等。

**朗道** Landou, Lev Davidovich (1908-01-22～1968-04-01) 苏联理论物理学家。生于阿塞拜疆的巴库，卒于莫斯科。1927年获巴库大学博士学位。1929年到哥本哈根在玻尔理论物理学研究所工作。1932年到哈尔科夫创建苏联理论物理学派，使哈尔科夫成为苏联理论物理中心。并着手编写9卷本《理论物理学教程》，是颇负盛名的教科书。1937年到莫斯科，任苏联科学院物理问题研究所理论组组长，对液氦的超流动性作了理论说明，因而获1962年诺贝尔物理学奖。朗道对物理学的贡献涉及物理学各个领域，包括低温物理学、核物理学、金属理论、恒星能源理论、宇宙线、等离子体、流体力学和原子物理学。因此，固体物理学中朗道抗磁性和朗道能级、等离子体物理的朗道阻尼、低温物理的朗道能谱等均以他的姓氏命名。

**朗费罗** Longfellow, Henry Wadsworth (1807-02-27～1882-03-24) 美国诗人。生于波特兰，卒于剑桥。曾就读于博多因学院。1825年毕业后去欧洲游历，研究法、意、西、德等国语言文学。1836年开始在哈佛大学任教，致力于评介欧洲浪漫主义文学，成为新英格兰文化中心的重要人物。前期诗作有《夜吟》、《歌谣及其他》、《布吕赫钟楼及其他》、《海边与炉边》等，诗风简朴生动，乐观向上，受到国内外赞赏传诵。主要作品包括《伊凡吉林》、《海华沙之歌》和《迈尔斯·斯坦狄什的求婚》三首叙事长诗（或称“通俗史诗”），均取材于民间故事，古风绰约。其中《海华沙之歌》采用印第安人传说，是美国文学史上首部描写印第安人的史诗。1861年他翻译了但丁

的《神曲》，并写出6首关于但丁的十四行诗。1863年发表《路畔旅舍的故事》，讲述美国早期民间传说与革命故事。

**朗戈斯** Longos 古希腊作家。一般认为他是3世纪人，田园诗式的爱情小说《达夫尼斯和赫洛亚》的作者。小说的男女主人公达夫尼斯和赫洛亚幼时分别遭双亲遗弃，被两个牧人（即奴隶）收养，长大后一起放牧，互相爱恋，在牧神潘和小爱神埃罗斯的庇佑下，历经波折，找到生身父母（富有的奴隶主），终得团圆。作者以景色宜人的累斯博斯岛为背景，着力描写主人公恋爱中的欢乐和痛苦，赞美朴素、真挚的爱情。他的语言优美，句式简短，不时使用带节奏甚至是有格律的散文，风格独特，自成一家。欧洲文艺复兴后期和启蒙运动时期，这部小说曾被看作田园小说的典范。

**朗格** Lange, Friedrich Albert (1828-09-28～1875-11-21) 德国哲学家，经济学家。早期新康德主义的主要代表。生于索林根附近的瓦尔德，卒于马尔堡。早年随父侨居瑞士，就学于苏黎世大学和波恩大学，先后任教于波恩、苏黎世和马尔堡大学。其哲学思想的主要特征，是从生理学角度论证I.康德的认识论。他把康德所说的认识形式的先验性归结为主体的生理结构，认为“时空”、“范畴”都是人的机体的生理结构先验地赋予经验的。由此出发，他否认“物自体”的客观存在，认为它仅仅是一个“极限概念”，从而抛弃了康德哲学中的唯物主义成分。代表作为《唯物主义史及对其在目前的意义的批判》。

**朗吉努斯** Longinus 古希腊作家。曾被认为是公元前3世纪的希腊演说家、哲学家卡西乌斯·朗吉努斯。但现在一般认为，《论崇高》的作者应生活在公元1世纪。《论崇高》是当时就文学和修辞学理论进行论战的产物，用书信体写成，对一篇同名文章进行评论，阐述自己对崇高的风格，即对伟大文学作品的认识。作者认为天赋是产生崇高风格的基础，技巧是保证实现天赋的条件，二者缺一不可。作者援引荷马、萨福、埃斯库罗斯等人的作品作为崇高风格的范例，对亚细亚文风的夸张和当时一些索然寡味的新作提出批评。认为热衷于名利和权势的人不可能创作出伟大的作品；只在修辞上下工夫无异于诡辩或欺骗。最后，作者指出当时缺少天才和文学的衰落是追求享受、精神退化的结果。这篇论文思想深刻，有相当高的美学和诗论方面的价值，对欧洲古典主义时期的文艺理论有过很大影响。

**朗曼出版集团公司** Longman Group Ltd. 英国综合性出版集团公司。1724年T.朗曼在伦敦创建朗曼出版社。1755年，朗曼公司（后习称朗文公司）出版S.约翰逊博士的《英语词典》(*Dictionary of the English Language*)，这是全球第一本英文词典。1942年，墨尔本·韦斯利·卡明斯和路·阿迪生·卡明斯创建阿迪生-韦斯利出版社。1968年，培生公司收购朗文公司。1985年发展成为朗曼出版集团。1995年又合并阿迪生-韦斯利公司，成立全球最大的英语教材出版机构——阿迪生-韦斯利-朗文出版社。1998年，阿迪生-韦斯利-朗文出版社和被培生公司收购的西蒙·舒斯特的教育、商业、参考书和专业书籍出版部门合并，成为全球最大的教育出版机构——培生教育出版集团。

**朗缪尔** Langmuir, Irving (1881-01-31～1957-08-16) 美国物理化学家、气象学家。生于纽约州布鲁克林，卒于马萨诸塞州法尔茅斯。1903年毕业于哥伦比亚大学矿业学院。1906年获德国格丁根大学化学博士学位。1909～1950年在纽约通用电气公司研究实验室研究物理化学。1915、1920年两度获美国化学学会尼科尔斯奖章。1918、1921年获英国皇家学会的休斯奖章和朗富德奖章。因为固液界面分子膜的研究开辟了胶体科学和生物化学新领域而获1932年度诺贝尔化学奖。1944年获法拉第奖章。

1912年研制成功高真空电子管。1913年研制成充氮、充氩白炽灯。1916年提出单分子层吸附理论和朗缪尔吸附等温方程，解释了许多表面动力学现象。20年代研究不同物质之间的表面化学力，发展了许多实用技术。1924～1927年发明3 000℃以上的氢原子焊枪。1940年起对云和降水微物理学和人工降水试验作出重要贡献。1946年首次探索用碘化银和固体二氧化碳（干冰）播云降水的可能性。1948年发表《暖积云中连锁反应所导致的降雨》一文，提出被称为朗缪尔连锁反应的新见解。发表《干冰在层状云中播撒效应的研究》、《控制积云降水的各种播云技术》、《卷云研究计划中人工影响云层工作的进展》等文。

**朗松** Lanson, Gustave (1857-08-05～1934-12-15) 法国文学史家。生于奥尔良，卒于巴黎。毕业于巴黎高等师范学校。毕生从事文学教育，倾全力于文学史的写作和讲授。他提倡一种以“真实”为基础，全面考证，通过作品以外的因素来考察作品的批评方法。这些因素包括作者的生活、气质、爱好，或所处的种族、环境、时代。他将对作品的评价置于客观的事实之上，收集全面、客观的材料及前人研究的成果，确定作品产生的原因，考证不同的版本。重要著作有《法国文学史》(1894)及作家评传《高乃依》(1898)、《伏尔泰》(1906)，论文集《方法、批评及文学史》等。

**朗特** Lunt, Alfred (1892-08-19～1977-08-03) 美国戏剧演员。生于密尔沃基，卒于芝加哥。1913年随波士顿城堡广场剧院的剧团巡回演出，1919年在B.塔京顿的《克拉伦斯》一剧演出中确立为优秀的喜剧演员。1922年与L.芳丹结婚。1929年，他们同台演出贝尔曼的《流星》取得成功后，先后演出了M.安德森的《伊丽莎白女王》(1930)、R.舍伍德的《重逢在维也纳》(1931)、W.莎士比亚的《驯悍记》(1935)、A.P.契诃夫的《海鸥》(1938)及F.迪伦马特的《老妇还乡》(1958)等剧目。1958年在纽约新建朗特-芳丹剧院。经过长期合作，朗特夫妇配合默契，善于在台词中有机地插入内心台词，从而形成朗特夫妇独具一格、相映生辉的风格。

**朗之万** Langevin, Paul (1872-01-23～1946-12-19) 法国物理学家。生于巴黎，卒于巴黎。1888年和1893年先后考入巴黎物理和化学高等学院及高等师范学校，1897年毕业后，到英国剑桥大学卡文迪什实验室进修一年。1909年任法兰西学院教授，1934年当选为法兰西科学院院士，1930年和1933年曾两度当选为索尔维物理学会议主席。朗之万以对次级X射线、气体中离子的性质、气体分子动理论、磁性理论以及相对论方面的工作著称。1905年提出关于磁性的理论，用基元磁体的概念对物质的顺磁性及抗磁性作了经典的说明。1908年发展了布朗运动的涨落理论。在第一次世界大战期间，为了探测潜艇，利用石英的压电振动获得了水中的超声波。

他坚决反对法西斯、反对侵略，在第二次世界大战期间，曾被德国占领军逮捕入狱，与法西斯进行了严正的斗争。中国九一八事变后，他进行了各种声援中国的活动，并批评国际联盟对日本侵略者的纵容。

**莨菪碱** hyoscyamine 莨菪烷型**生物碱**，分子式$C_{17}H_{23}NO_3$。又称天仙子碱。存在于许多中草药中，如颠茄、北洋金花和曼陀罗。熔点108.5℃，比旋光度$[\alpha]_D^{20}-21$（乙醇）；难溶于水，可溶于沸水和有机溶剂。

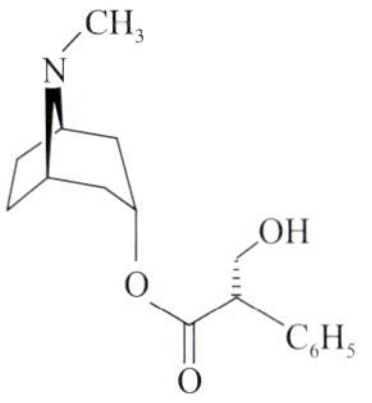


莨菪碱为左旋体，在稀碱溶液中易渐渐失去旋光，变为消旋体，即**阿托品**。在提取过程中，植物中的莨菪碱也能消旋化成阿托品。莨菪碱是副交感神经抑制剂，药理作用似阿托品，但毒性较大，临床应用较少。莨菪碱有止痛解痉功能，对坐骨神经痛有较好疗效，也可用于治疗癫痫、晕船等。

**阆中市** Langzhong City 中国四川省辖县级市。位于省境东北部，四川盆地北缘，嘉陵江中游。面积1 877平方千米。人口88万(2008)，以汉、回、满等民族为主。战国秦惠文王更元十一年（前314）置阆中县。因阆山四合，阆水纡曲，三面环绕，城在其中，故名阆中。清初曾为四川临时省会。1991年撤县设立阆中市。由**南充市**代管。矿产有石油、天然气、砂金、盐和铀等。工业有电力、丝绸、服装、食品、化工、机械、印刷、皮革、酿造等。其中丝绸制造业已有1 000多年的历史。农业主产水稻、小麦、棉花、油菜子、花生、芝麻、蚕桑、蔬菜、茶叶、水果等。特产东阿桐油、保宁醋，产川芎、沙参、半夏等中药材。名胜古迹有张飞庙（汉桓侯祠）、五龙庙、阆中滕王阁、兰家坝新石器时代遗址，以及东山园林、锦屏山、巴巴寺、永安寺建筑群、佛都观音寺建筑群、天宫院、华光塔等。阆中古城为中国保存比较完整的四大古城之一。阆中是国家历史文化名城。

**浪漫主义** Romanticism 一种基本的文艺创作方法和创作倾向。在人类早期的文艺创作中便已存在，后来逐渐发展为一种自觉的创作方法。作为一种美学和文艺思潮，浪漫主义产生并风行于18世纪末至19世纪初的欧洲。浪漫主义在创作方法和风格上，注重表现内心世界，抒发个人情感，擅用夸张手法，追求强烈的美丑对比和奇特的艺术效果。浪漫主义在文学、美术、建筑、音乐等艺术领域都有所体现。

18世纪，一些具有启蒙思想的作家开始打破**古典主义**的清规戒律，反对盲目崇拜古希腊罗马文学，于是出现了像J.-J.**卢梭**的《新爱洛绮丝》。德国浪漫派的唯心主义和神秘色彩较为浓厚。以施莱格尔兄弟为代表的“耶拿浪漫派”提出个性解放、创作自由、反对传统束缚、打破各艺术门类界限的美学主张。以B.von阿尔尼姆、C.**布伦塔诺**为代表的“海德堡浪漫派”广泛搜集民歌和童话。A.von**沙米索**等后期浪漫派作家加强了对社会现实的揭露和讽刺。英国浪漫派代表作家有“湖畔派”诗人W.**华兹华斯**、S.T.**柯尔律治**，主张用日常语言代替“诗的辞藻”，强调诗人的想象力。G.G.**拜伦**、P.B.**雪莱**、J.**济慈**等丰富和发展了诗的形式和格律，加强了诗歌的形象色彩和语言的音乐性。与此同时，W.**司各特**在叙事文学方面取得卓越成就。法国浪漫主义早期代表人物F.-R.de**夏多布里昂**的小说《阿达拉》创造了“世纪病”的形象。**斯塔尔夫人**的系列著作为法国浪漫主义奠定了理论基础。“后期浪漫主义”的主导思想是人道主义，其杰出代表有V.**雨果**、**乔治·桑**、**欧仁·苏**。意大利作家A.**曼佐尼**和G.**莱奥帕尔迪**、波兰诗人和小说家A.**密茨凯维奇**、匈牙利诗人**裴多菲**、俄国诗人A.S.**普希金**和M.Yu.**莱蒙托夫**等创作出一批富于激情和民族特色的浪漫主义佳作。

浪漫主义美术以法国为中心，在E.德拉克洛瓦的作品中达到顶峰。英国风景画从R.威尔逊到J.**康斯特布尔**和J.M.W.**泰纳**，浪漫主义因素臻于极致。瑞士的H.福塞利和英国的W.布莱克迷恋于中世纪，喜欢表现幻想题材，他们的作品对整个欧洲的浪漫主义的形成和发展都有很大影响。西班牙F.de**戈雅**创作的浪漫主义铜版组画《卡普里乔斯》充满愤怒和激情。法国浪漫主义先驱T.**热里科**的《梅杜萨之筏》，以悲剧性力量以及光影的强烈对比而震惊巴黎美术界。采用历史和文学题材的德拉克洛瓦创作的一系列浪漫主义杰作为法国绘画开辟了崭新的道路。1836年，法国雕塑家F.**吕德**在巴黎凯旋门上完成的浮雕《马赛曲》是永垂千古的法国革命纪念碑。

浪漫主义思潮在建筑上表现为反对权威、传统和古典模式，追求超尘脱俗的趣味和异国情调。18世纪60年代至19世纪30年代是浪漫主义建筑发展的第一阶段，又称先浪漫主义。出现了中世纪城堡式的府邸，甚至东方式的建筑小品。19世纪30～70年代是浪漫主义建筑发展的第二阶段，它已成为一种建筑创作潮流。由于追求中世纪的哥特式建筑风格，又称为哥特复兴建筑。浪漫主义建筑主要限于教堂、大学、市政厅等中世纪就有的建筑类型。英国是浪漫主义建筑的发源地，代表人物有A.W.N.普金、W.伯吉斯等。最著名的建筑作品有英国议会大厦等。德国浪漫主义建筑的代表作是卡塞尔的狮堡等。

浪漫主义音乐不论作曲或演奏，都以个性为重点，注重感情表现。贝多芬的音乐技巧基本上是古典主义的，但他把自己的音乐看得高于一切，看作是自我表现的一种手段，从而为19世纪作曲家树立了重要典范。一般认为C.M.von**韦伯**是真正浪漫主义作曲家的开端。他以《魔弹射手》建立了德国浪漫主义歌剧，随后有F.**舒伯特**、H.**柏辽兹**、F.**门德尔松**、F.F.**肖邦**、F.**李斯特**和R.**瓦格纳**等许多作曲家。他们分别在艺术歌曲、标题交响乐、钢琴小品、交响诗、歌剧等浪漫主义新体裁的创作上取得了巨大成就。把浪漫主义理想体现得淋漓尽致的是19世纪的大歌剧，强烈的民族主义，对英雄的崇敬，奇异的布景和服装，描述性音乐，以及交响和声乐配曲所显示的精湛技巧，都是构成浪漫主义音乐的因素。

**劳保医疗** medical services under labour insurance 中国劳动保险制度的一个组成部分。劳动保险医疗的简称。凡享受劳保医疗待遇的职工，本人的医疗费用在本单位全额报销，其供养的直系亲属享受部分项目的半费医疗。劳保医疗实施范围是全民所有制企业，区、县以上的集体企业，参照劳动保险条例，实行劳保医疗待遇。

劳保医疗经费来源是根据国家规定按照企业工资总额的5.5%提取劳保医疗基金，企业直接负责管理，如果超支，仍由企业承担。1948年，东北解放区开始实行劳动保险。中华人民共和国建立后，1951年政务院颁布了《中华人民共和国劳动保险条例》，确立了劳保医疗制度。20世纪80年代以来，中国各地探索了多种劳保医疗改革模式。1998年《国务院关于建立城镇职工基本医疗保险制度的决定》发布，确立了**社会统筹和个人账户**相结合的医疗保险模式。随着新制度的启动，原享受劳保医疗的大部分人员分期分批转入城镇职工基本医疗保险制度。

**劳动** labour 人类特有的基本的社会实践活动。人通过有目的的活动改造自然对象，并在这一活动中改造人自身的过程。劳动在从猿到人的转变过程中起了决定性的作用，劳动创造了世界，也创造了人类本身，使人把自己与动物区别开来。人的劳动与动物的活动有着根本的区别，主要表现在：①人的劳动是有意识的、有目的的活动；动物的活动只是一种本能的、自发的活动。②人的劳动不仅改造自然，而且也在改造自身；动物的活动只是消极地适应自然，完全受自然界的规律所支配。③人的劳动能够制造和使用工具，而动物的活动则不可能做到这一点。劳动是人类社会存在和发展的最基本的条件，是物质资料生产过程的一个重要要素。物质资料生产过程有

3个要素，即劳动、劳动对象和劳动资料。在物质资料生产过程中，劳动借助于劳动资料使劳动对象发生预定的变化，当这一过程结束时，劳动与劳动对象结合在一起，劳动物化了，劳动对象被加工成产品，形成了能够满足社会需要的使用价值。劳动是人们在一定的社会关系中进行的，劳动赖以进行的这种社会关系即劳动的社会性质，取决于生产资料所有制的性质。在生产资料私有制中，奴隶主所有制条件下人们的劳动具有奴隶劳动的社会性质；封建主所有制条件下人们的劳动具有农奴劳动的社会性质；资本主义所有制条件下人们的劳动具有雇佣劳动的社会性质。在生产资料公有制中，社会主义所有制条件下人们的劳动虽然还只是一种谋生的手段，但劳动却成为一切有劳动能力的社会成员的权利和义务，目的在于满足全体社会成员的物质文化生活需要；共产主义所有制条件下人们的劳动将会从一种负担变成一种快乐，成为生活的第一需要。

**劳动保护** labour protection 国家和企事业单位为保护员工在生产或工作过程中的安全与健康所采取的立法或组织和技术措施的总称。

劳动保护工作的基本任务是：①不断改善劳动条件，消除危险及有害因素，使作业安全化、无害化；逐步以自动化、机械化替代繁重的体力劳动，实现安全生产、文明生产。②规定法定工作时间与休假制度，严格限制加班加点，保证劳动者有适当的闲暇时间。③根据妇女劳动者及未成年劳动者生理特点，实行特殊保护。

中国齐鲁石化公司的工人们穿着优质连体衣、戴着防护口罩开展工作

劳动保护的组织措施有：①制定和完善劳动保护法律、法规和各项规章制度。②实施劳动保护国家监察、行业检查、工会的群众监督与企事业单位的劳动保护网相结合的监督检查制度。③制定各项科学的安全卫生技术标准及各类现场作业规程。④加强劳动保护科学研究，为制定劳动保护法规和安全卫生技术标准提供科学依据，为采用新技术、新设备拟定相应的劳动保护技术措施，研制监测仪器设备。⑤开展劳动保护宣传教育。

**劳动法** labour law 调整劳动关系以及与劳动关系密切联系的社会关系的法律规范的总称。其内容包括有关就业的法律规范，劳动合同的订立、变更与解除程序的规定，集体合同的签订与执行规则，工作时间与休息休假制度，工资制度，劳动安全与卫生技术规程，女职工与未成年工的特殊保护办法，职业培训制度，社会保险和福利制度，劳动争议的处理程序以及对贯彻执行劳动法的监督检查制度和违反劳动法的法律责任。此外，还规定有关劳动纪律的奖惩制度，以及工会在调整劳动关系中的地位与职权。有些国家不仅有法典式的劳动法，同时还颁布有各种单行法规；有的国家没有劳动法典，仅颁布单项劳动法规，以调整劳动关系。

劳动法的产生 作为独立的法律部门，劳动法产生于19世纪。在资本主义社会，劳动关系是资本家与劳动力的买卖关系。20世纪以后，西方主要国家相继颁布了劳动法规。劳动法从民法中分离出来，成为独立的法律部门。

第二次世界大战前各国的劳动立法 第一次世界大战后，西方国家陆续制定了劳动法。德国1918年颁布《工作时间法》，明确规定对产业工人实行8小时工作制，还颁布了《失业救济法》、《工人保护法》、《集体合同法》，这些都在一定程度上保护了劳动者的利益，对资本家的权益作了适当的限制。

十月革命后，苏联的《俄罗斯联邦劳动法典》对集体合同、劳动合同、内部劳动规则、劳动报酬、工作时间、休息时间、徒工和妇女及未成年工的劳动、劳动保护、工会、劳动争议的解决、社会保险等都作了详尽规定，它以法典的形式使劳动法彻底脱离了民法的范畴。

第二次世界大战后各国的劳动立法 主要有以下内容：

西方国家 战后，既出现了一批现代的反工人立法，如1947年美国国会通过的《塔夫脱-哈特莱法》，又出现了一些改善劳动条件和劳动待遇的法律，如法国颁布了关于改善劳动条件、男女同工同酬、限制在劳动方面种族歧视的法律，日本制定了关于最低工资、劳动安全与卫生、职业训练、女工福利等方面的法律。

苏联和东欧国家 1970年，苏联最高苏维埃颁布《苏联和各加盟共和国劳动立法纲要》，对劳动合同、工作时间、休息时间、劳动报酬等作出了新规定。其后，苏联各加盟共和国相继颁布了自己的劳动法典。东欧各国在建立人民民主政权以后，先后制定了比较完备的劳动法典。1989年以来，由于苏联解体、东欧剧变，引起了劳动法某些内容的改变。

中华人民共和国的劳动立法 中国的劳动立法出现于20世纪初期。

1922年，中国共产党领导下的中国劳动组合书记部提出《劳动法大纲》19条，提出承认劳动者的集会结社权、同盟罢工权、团体契约缔结权、国际联合权，要求每日昼间劳动不得超过8小时，夜工不得超过6小时，每星期给予连续24小时的休息，18岁以下的男女工人及从事剧烈劳动的劳动时间不得超过6小时，等等。但未得到当时政府的确认。

在中国共产党领导下的革命根据地，相继颁布了一些劳动法规，如《劳动保护法》、《中华苏维埃共和国劳动法》、《陕甘宁边区劳动保护条例》等。

中华人民共和国建立后，在对职工的生活待遇、失业问题、劳资关系、工资、劳动力管理、劳动保护、劳动纪律等方面，制定了《中华人民共和国劳动保险条例》、《关于劳动就业问题的决定》、《关于劳资关系暂行处理办法》、《关于工资改革的决定》、《矿山安全条例》等。1994年7月通过了《中华人民共和国劳动法》，规定了实施于全国范围的劳动标准和法律规范，确定在全国实行全员劳动合同制，肯定了工会在调整劳动关系中的地位和职权。此后中国又相继颁布了一系列单项劳动法律：《安全生产法》(2002年6月29日颁布)、《劳动合同法》(2007年6月29日颁布)、《就业促进法》(2007年8月30日颁布)、《劳动争议调解仲裁法》(2007年12月29日颁布)，这些法律不同程度地弥补了《劳动法》的不足，使中国调整劳动关系的法律日益充实和完备。

**劳动改造** reform through labour 中国对判处死刑缓期2年执行、无期徒刑、有期徒刑、拘役并有劳动能力的罪犯，实行强制劳动和教育，使他们在劳动中改造自己，成为新人的刑罚执行制度。1954年8月26日中央人民政府政务院颁布的《中华人民共和国劳动改造条例》，是这项改造犯人的政策的法律依据。

犯人管理 劳动改造机关对已判决的犯人，按照犯罪性质和罪行轻重，分设监狱、劳动改造管教队给予不同的监管。对少年犯设置少年犯管教所进行教育改造。劳动改造机关在刑罚执行过程中，如果发现判决有错误或罪犯提出申诉，应当转请人民检察院或原判人民法院处理。对于服刑期满的犯人，应发给释放证明，按期释放。对于确有悔改表现的犯人，应当给予表扬、物质奖励、记功、减刑或者假释等奖励。但减刑或假释应由执行机关提出书面意见，报请人民法院审核裁定。犯人在服刑期间又犯罪的，应报请人民法院依法判处。根据1982年第五届全国人民代表大会常务委员会通过的《关于处理逃跑或者重新犯罪的劳改犯和劳教人员的决定》规定：劳改犯逃跑的，除按原判刑期执行外，加处5年以下有期徒刑；以暴力、威胁方法逃跑的，加处2年以上7年以下有期徒刑。劳改犯逃跑后又犯罪的，从重或者加重处罚。刑满释放后又犯罪的，从重处罚。劳改期满释放后有轻微犯罪行为但不够刑事处分的，给予劳动教养处分。对于行凶报复的劳改罪犯，依法从重或者加重处罚（见量刑）。

犯人的权利和义务　犯人在服刑期间享有下列权利：①选举权，没有附加剥夺政治权利的犯人可以行使选举权，但不享有被选举权。②人身不受刑讯体罚和侮辱虐待权。③合法财产不受侵犯权。④合法婚姻家庭不受侵害权。⑤申诉权、辩护权、检举权、控告权。犯人在服刑期间必须履行以下义务：①严格遵守监规纪律。②服从劳改工作干部的管教。③积极参加生产劳动。④接受政治思想和文化技术教育。⑤揭发检举监内外的违法犯罪活动。

**劳动关系**　labour relationship　就业组织中由雇佣行为而产生的关系。组织管理的一个特定领域。它以研究与雇佣行为管理有关的问题为特殊对象。劳动关系的基本含义是指管理方与劳动者个人及团体之间产生的，由双方利益引起的，表现为合作、冲突、力量和权力关系的总和，并受制于一定社会中经济、技术、政策、法律制度和社会文化的背景的影响。在不同的国家和不同的体制下，劳动关系又称劳资关系、劳工关系、雇佣关系、产业关系、劳使关系等。劳动关系有狭义和广义之分。狭义的劳动关系，主要指劳动者及其工会与雇主之间的双方关系；广义的劳动关系是指涉及劳方、资方、政府三方的内容广泛的经济社会关系。国际劳工组织制定的有关劳动关系问题的国际标准主要包括：保障集体谈判权，处理劳动争议，促进在企业、产业和全国各个层次的劳资协商与合作，在企业内审议工人的不满等。

**劳动合同**　labour contract　劳动者与企业、事业、机关或个人为建立劳动关系而达成的协议。又称劳动契约。它具体规定双方当事人有关劳动的权利和义务，是产生劳动关系的根据。

在资本主义制度下，劳动合同是雇主与受雇人为建立雇佣关系而达成的协议，这种雇佣关系一般由民法调整。在中国，1929年国民政府公布的《民法》也有类似内容。

中共十一届三中全会后，中国实行了劳动制度改革。从1980年起，一些地区和企业开始招用劳动合同制工人。1986年7月国务院发布《国营企业实行劳动合同制暂行规定》，进一步扩大实行劳动合同制。1994年7月5日通过了《中华人民共和国劳动法》，规定：订立和变更劳动合同应遵循平等自愿、协商一致的原则，不得违反法律、行政法规的规定。劳动合同依法订立即具有法律约束力，当事人必须履行合同义务。合同应以书面形式订立，并具备必备条款。劳动合同期满或者当事人约定的劳动合同终止条件出现，劳动合同即行终止。经劳动合同当事人协商一致，劳动合同可以解除。违反法律、行政法规或采取欺诈、威胁等手段订立的劳动合同无效。无效的劳动合同，从订立时起，就没有法律约束力。2007年6月29日十届全国人大常委会通过了《中华人民共和国劳动合同法》，对劳动合同作出了更为具体的规定。

**劳动合同制**　labour contract system　通过订立合同建立和调整劳动者与用人单位劳动关系的制度。见劳动合同。

**劳动价值论**　labour value, theory of　商品的价值决定于人类无差别的一般劳动的理论。政治经济学中的劳动指人和自然之间物质变换过程中体力和脑力的支出，价值仅指商品的价值。

创立与发展　劳动价值论这一概念是K.马克思、F.恩格斯之后的经济学者概括出来的。这一理论从最初提出、不断发展到最后完成，经历了一个漫长的历史时期。

劳动价值论的核心内容是劳动创造价值。起初是由资产阶级古典政治经济学家创立，在资产阶级政治经济学范围内发展和完善的。英国的威廉·配第在政治经济学中首次提出劳动价值论的基本观点和原理。他认为，一种商品的价值是由生产它所耗费的劳动决定的，商品交换以它们所包含的劳动量为依据，用劳动时间测量商品的价值量。商品的价值量同生产这一商品的劳动生产率成反比。

亚当·斯密在前人理论认识的基础上，系统地阐述了劳动价值论的基本原理，为劳动价值论的形成奠定了基础。他认为，在资本主义生产方式中的商品价值由工资、利润和地租3种收入构成，工资、利润和地租是一切交换价值的3个源泉。这被马克思称为"斯密教条"。大卫·李嘉图作为斯密的后继者，坚持和发展了劳动价值论。他前后一贯地把商品的价值仅仅看作是社会规定的劳动的"体现"，强调劳动是价值的唯一源泉。

马克思的贡献　马克思继承和吸收古典经济学劳动价值论中正确科学的成分，系统地阐明了商品的两个因素（商品二重性）——使用价值和价值。他指出一方面，商品必须有使用价值，而且必须对他人（社会）有使用价值，使用价值是交换价值和价值的物质承担者；另一方面，商品必须能够成为交换价值，必须是人类劳动的产品，构成价值实体的是人类劳动。

他证明了生产商品的劳动的二重性——具体劳动和抽象劳动。这是他首次从劳动的社会性质上说明劳动。在马克思看来，劳动的二重性是他的巨著《资本论》中两个"最好的地方"之一。这是他的科学的劳动价值论的基础。

马克思在劳动二重性的基础上揭示了价值的内涵和本质。他指出，商品的价值是无差别的、一般的、抽象的人类劳动的单纯凝结或物化，是同一的人类劳动力的耗费，和使用价值的性质与大小没有关系。只有抽象劳动才创造价值，具体劳动只创造使用价值而不创造价值。他论证了"劳动是商品价值的唯一源泉"论断。他指出，价值的创造仅仅同耗费的活劳动有关。作为劳动产品的生产资料或物化劳动本身有价值，并在生产过程中将其逐步转移到新产品中去，但不创造或增加新的价值。

马克思第一次把商品的交换价值和价值严格区别开来，从而把价值本身和价值形式（价值表现）区别开来。他指出，交换价值首先表现为不同使用价值相交换的量的关系或比例，同时又仅仅是与它相区别的某种"内容"（价值）的"表现方式"或"表现形式"。商品的价值形式或价值表现是由商品价值的本性产生的，而不是相反。与此相联系，他把劳动作为价值的内在尺度和货币作为交换价值（价值形式）的尺度区别开来了，把价值和价格区别开来了。

马克思明确提出了"社会必要劳动时间"或"平均必要劳动时间"的概念。他指出，商品的价值量是由社会必要劳动时间决定的。

马克思对简单劳动和复杂劳动量的关系的考察由具体劳动上升到抽象劳动。他不仅把简单劳动和复杂劳动、低级劳动和高级劳动区别开来，而且在理论上以抽象的简单劳动为尺度，把复杂劳动还原为多倍的简单劳动，并计劳动量。

马克思指出，市场上商品的交换是等价交换，但生产过程中资本和劳动的交换是不等价交换；劳动力的价值小于劳动创造的价值，其差额就是剩余价值。这样，就从根本上解决了斯密和李嘉图的所谓"价值规律和剩余价值之间的矛盾"。

马克思把价值规定内容本身（即"时间规定"）和价值规定在商品生产中的特殊表现形式、价值规定和价值规定在商品生产不同发展阶段的实现形式（直接的和以货币为媒介的）、价值规律和价值规律的表现形式区别开来了。他认为，随着剩余价值表现为利润，利润又转化为平均利润，价值规律将表现为生产价格规律。

马克思指出，在资本主义生产方式中，劳动的生产力表现为"资本的生产力"；特别是剩余价值表现为利润、利润转化为平均利润以后，价值的源泉和剩余价值的来源就被掩盖了。为此，他把劳动价值理论运用于资本主义生产方式，把必要劳动和剩余劳动、必要劳动价值和剩余价值区别开来。马克思对资本主义生产方式的全部分析，以及科学社会主义理论，就是建立在科学的劳动价值论的基础之上的。

**劳动教养** labour education and rehabilitation 中国对有轻微违法犯罪行为，不够刑事处分的人实行强制性教育改造的行政处罚。劳动教养由劳动教养管理委员会审批。劳动教养的期限是1～3年，必要时可延长1年。劳动教养期间表现好的，可以减期或提前解除劳动教养。对没有劳动能力的人，16周岁以下的未成年人，怀孕或哺乳未满1年的妇女等均不能采用劳动教养。劳动教养管教所在上级主管机关的领导下，具体执行劳动教养人员的收容、管理、劳动生产、教育改造、生活卫生、考核奖惩等强制性劳动教育改造工作。劳动教养“应当采用劳动生产和政治教育相结合的方针”，“教育感化第一、生产劳动第二”。对被劳动教养的人，进行教育、感化、挽救，即立足于挽救，把教育、劳动和感化有机地结合起来，最后达到把游手好闲、不务正业、违犯法纪的有劳动能力的人，教育改造成为自食其力、遵纪守法和有一定文化知识及生产技能的人。

**劳动解放社** Liberation of Labour 俄国第一个马克思主义团体。1888年9月25日由G.V.普列汉诺夫、V.I.查苏利奇、P.V.阿克雪里罗得、L.G.捷依奇，B.H.伊格纳托夫等人在日内瓦创立。其宗旨为在俄国传播科学社会主义，批判民粹主义，深入研究俄国社会生活中的重大问题。先后翻译、出版K.马克思和F.恩格斯多种著作，秘密运回俄国传播。撰写一批马克思主义著作，批判俄国民粹主义，同“合法马克思主义”和经济主义进行斗争。曾参加第二国际的活动。

劳动解放社是俄国无产阶级政党的雏形。1881年和1888年公布的两个纲领草案，明确提出工人阶级的目标是以共产主义代替资本主义，其先决条件是要取得政权，成为后来俄国社会民主工党纲领的基础。80年代同国内的马克思主义小组建立了联系。1900年12月，它的成员同V.I.列宁等人一起创办无产阶级报刊《火星报》和《曙光》杂志。在1903年7月俄国社会民主工党第二次代表大会上，因已完成历史使命正式宣告解散。

**劳动力** labour power 人的劳动能力，蕴藏在人体中的脑力和体力的总和。物质资料生产过程是劳动力作用于生产资料的过程。离开劳动力，生产资料本身是不可能创造任何东西的；但是，在物质资料生产过程中，劳动力发挥作用，除了必须具备一定的生产经验和劳动技能或文化科学知识外，还必须具备一定量的生产资料，否则，物质资料生产过程也是不能进行的。劳动者在生产过程中运用自己的劳动力和生产工具，作用于劳动对象，既可以创造出物质财富，也可以不断提高自己的劳动技能。在不同的社会中，由于生产资料和劳动力结合的方式不同，劳动力的使用状况也不同。在资本主义社会中，资本家占有生产资料，并通过购买商品的方式占有劳动力，迫使劳动者进入生产过程与生产资料相结合，为他们创造剩余价值；在社会主义社会中，劳动者是生产资料的主人，劳动力与生产资料在生产过程的结合与资本主义社会不同，在社会主义市场经济体制下，通过劳动力市场，使劳动力与生产资料的结合不断优化。

**劳动力流动** labour mobility 劳动者在空间上的位移或工作岗位上的变换。可分为垂直流动和水平流动。垂直流动是指劳动者在组织内的职位升降；水平流动包括劳动者在单位之间、行业之间、地区之间和国家之间工作的变动。通常所说的劳动力流动主要是指水平流动。劳动力流动还可分为非自愿流动和自愿流动。非自愿流动涉及的是对劳动者的解雇行为或活动。而通常分析和讨论的流动，主要涉及的是自愿流动，即劳动者工作意愿改变从而变换工作的行为或活动，即辞职。从宏观上说，劳动力流动属于社会劳动力资源配置和再配置的问题。从微观上说，劳动力流动是指劳动者改变工作地点和职业或职位的一种行为或活动。决定劳动力流动的因素很多，除了与报酬等经济性的因素有关之外，也与年龄、教育程度、工作地点、职业和技能等因素有关。

**劳动密集型产业** labour intensive industry 一种单位产品成本中活劳动特别是体力劳动所占比重较大，而生产过程中资本、知识的有机构成水平较低的产业。其特点是技术装备程度较低，劳动工具简单，投资少，单位投资吸纳的劳动力较多（如纺织

劳动密集型产业的一种——冷冻生产线

工业、食品加工工业、服务业和农业中的各产业)。劳动密集型产业是一个相对范畴，在不同的社会经济发展阶段上有不同的标准。随着社会生产力的发展和科技的进步，它会转化为资本密集型产业或技术密集型产业，或在新的物质基础上形成新的劳动密集型产业。

**劳动强度** labour, intensity of 劳动的繁重和紧张程度，表现为劳动者在单位时间内消耗的劳动量。劳动强度是劳动的内含量，工作日长度是劳动的外延量。在同样的劳动时间内，提高劳动强度实际意味着支出更多的体力和脑力，生产出更多的产品。与提高劳动生产率能减少单位产品中所包含的劳动量的情况不同，提高劳动强度并不能减少单位产品中的劳动量；与延长工作日实质上相同，劳动耗费随产品增加而增大。在资本主义制度下，提高劳动强度，是资本家提高对工人的剥削程度，榨取更多剩余价值的一种重要方法。机器效能的提高，机器运转速度的加快，会增加工人看管机器的数量，从而提高劳动强度；科学技术的发展，自动化技术的采用，虽然会使工人的体力劳动强度可能减小，但是却使工人的脑力劳动强度大量增加。在社会主义制度下，发展生产的主要手段不是提高劳动强度，而是提高劳动生产率；不排除在一定的阶段、一定的时间和一定的范围内，劳动强度也有可能提高。但是，减轻劳动强度是社会主义生产的一个基本要求。

**劳动生产率** labour productivity 劳动产品量和劳动量的比率。表明劳动者生产一定使用价值的能力和效率，体现劳动生产力的水平。

劳动生产率是社会生产的一般范畴，是作为劳动产品的使用价值量和所耗费的劳动量的比率。一方面，它是劳动者以一定（或单位）劳动量所生产的劳动产品量；另一方面，它是劳动者为生产一定量（或单位）劳动产品所耗费的劳动量。在这里，劳动产品量通常总是用使用价值量来表示。

K.马克思把劳动生产率区别为：①劳动自然生产率。由自然条件（如土壤、气候、矿物蕴藏量等）所决定的劳动生产率，这在农业、采矿业等产业中具有特殊的重要性。②劳动社会生产率。由生产的社会形式和一般社会力（劳动的社会结合，自然科学等)决定的劳动生产率。在自然条件已定时，所谓劳动生产率就是社会劳动生产率。

劳动生产率的提高意味着在一定时间内可以生产出更多的商品，但不会增加同一时间内的价值总量，其结果必然是单个商品的价值量减少，并改变商品的价值构成。

**劳动争议** labour dispute 劳动关系当事人之间因劳动的权利与义务而引起的争执。又称劳动纠纷。其中有的属于既定权利的争议，即因适用劳动法和劳动合同、集体合同的既定内容而发生的争议；有的属于要求新的权利而出现的争议，是因制定或变更劳动条件而发生的争议。

西方国家对劳动争议的处理，有的由普通法院审理，有的由特别的劳工法院处理。由特别的劳工法院处理劳动争议，始于13世纪的欧洲的行会法庭，法国1806年于里昂创设了劳动审理所，此后意大利、德国等国相继设立了劳工法庭。很多国家处理劳动争议采取自愿调解、强制调解、自愿仲裁和强制仲裁四项措施。

中国于20世纪50年代初期曾建立劳动争议处理制度，1950年劳动部发布过《关于劳动争议解决程序的规定》，采用协商、调解、仲裁和人民法院审理等程序处理劳动争议。1956～1986年改用来信来访制度处理劳动争议。这带来诸多问题：浪费人力、物力和使纠纷久拖不决。80年代实行改革开放政策后，劳动争议不断增加。1987年7月，国务院发布《国营企业劳动争议处理暂行规定》，恢复了在国有企业中的劳动争议处理制度。建立社会主义市场经济后，劳动关系发生了变化，劳动争议大量增加，1993年7月，国务院颁布了《企业劳动争议处理条例》，劳动争议处理制度扩大到了各种性质的企业之中，处理范围是：①因企业开除、除名、辞退职工和职工辞职、自动离职发生的争议。②因执行国家有关工资、保险、福利、培训、劳动保护的规定发生的争议。③因履行劳动合同发生的争议。④法律、法规规定应当依照该条例处理的其他劳动争议。处理程序为企业劳动争议调解委员会调解；劳动争议仲裁委员会仲裁；人民法院审判。1994年7月5日，全国人大常委会审议通过了《劳动法》，在第10章《劳动争议》内肯定了《企业劳动争议处理条例》的各项内容，并特别规定因签订集体合同发生争议、当事人协商解决不成的，当地人民政府劳动行政部门可以组织有关各方协调处理；因履行集体合同发生的争议、当事人协商解决不成的，再通过仲裁、法院审判程序处理。2007年制定的《中华人民共和国劳动争议调解仲裁法》具体规定了处理劳动争议的范围、解决劳动争议的基本原则、扩大了处理劳动争议的调解组织，并修订了1994年《劳动法》中的规定。

**劳顿** Laughton, Charles (1889-07-01～1962-12-15) 英国电影演员。生于斯卡伯勒，卒于美国洛杉矶。曾就读于英国皇家戏剧艺术学院。1926年首次演出舞台剧。1928年进入电影界。1933年因在《亨利八世的私生活》中饰英王获奥斯卡金像奖最佳男演员奖。他长于饰演冷酷无情的角色，如在好莱坞扮演《叛舰喋血记》中的勃莱船长、《悲惨世界》中的警探沙威。1936年回英国拍《伦勃朗传》。重返好莱坞后塑造的角色主要有《钟楼怪人》(1939)中的驼背敲钟人、《纽约奇谭》(1941)中的穷音乐家、《吾民吾土》(1943)中的小学教员等。1958年在《原告证人》中扮演大律师。从影30余年，始终和戏剧界保持联系，先后在老维克剧院和斯特拉特福参加了两个季度的W.莎士比亚舞台剧的演出。

**劳厄** Laue, Max von (1879-10-05～1960-04-23) 德国物理学家。X射线晶体分析的先驱。生于柯布伦茨附近的普法芬多夫，卒于柏林。1904年获柏林大学博士学位，留校任M.普朗克的助教。1912年他用X射线照射晶体法研究固体结构，在照相底片上观察到有规则的斑点群。这个衍射实验既揭示了晶体的原子结构，又确证了X射线的波性质。因此获得1914年的诺贝尔物理学奖。1911年写成第一本阐述A.爱因斯坦理论的专著《相对性原理》，阐明新的空间与时间的概念和以接近于光速的速度运动物体的运动，为爱因斯坦的理论赢得更多的支持。1919年任柏林大学物理学教授。1951年任柏林马克斯·普朗克学会的哈伯研究所所长。

**劳克林** Laughlin, Robert Betts (1950-11-01～ ) 美国物理学家。生于加州维沙利亚。1979年获麻省理工学院博士学位。同年到新泽西的贝尔实验室工作。1982年成为加州劳伦斯利弗莫尔国家实验室研究员。1985年任斯坦福大学物理学副教授，1989年任教授。

1982年，崔琦和H.L.施特默发现分数量子霍耳效应，以及一种具有分数电荷激发态的量子流体。1983年，劳克林对此作出理论解释，并在1985年后研究高温超导电性时，进一步发展了他提出的分数量子霍耳效应模型。为此，劳克林和施特默、崔琦获1998年诺贝尔物理学奖。

**劳莱和哈台** Laurel and Hardy 美国一对搭档演出滑稽片的演员。劳莱原名阿瑟·斯坦利·杰斐逊(Arthur Stanley Jefferson，1890-06-16～1965-02-23)，生于英国兰开夏郡阿尔弗斯滕，卒于美国加利福尼亚州圣莫尼卡。16岁开始在舞台上扮演丑角。20世纪初随剧团访美留在美国。1917年转入电影界。奥利弗·诺埃尔·哈台(Oliver Nowell Hardy，1892-01-18～1957-08-07)，生于美国佐治亚州亚特兰大，卒于加利福尼亚州好莱坞。自1913年起在喜剧短片和普通故事片中扮演配角。1926年，劳莱和哈台先后来到H.罗希的电影制片厂。由于劳莱瘦小、哈台肥胖，两人搭档演出，从形象上增加了滑稽感，成为美国电影史上颇为成功的一对搭档。自1927年到1950年，他们共拍摄长短滑稽片100余部，主要有《大买卖》(1929)、《请原谅我们》(1931)、《魔鬼的兄弟》(1933)、《从西方来的路》(1937)、《飞鬼》(1939)等。

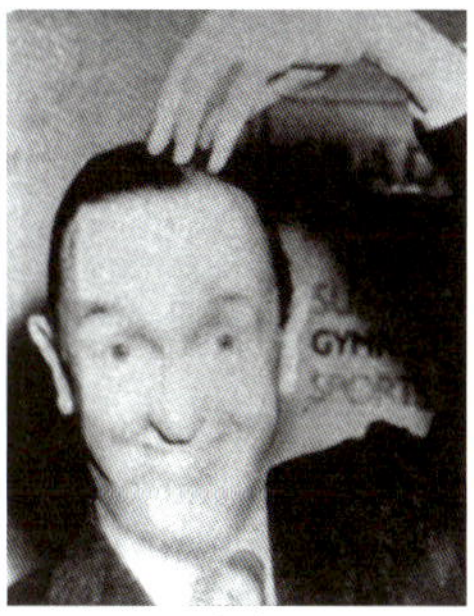
劳莱

哈台

**劳伦斯** Lawrence, David Herbert (1885-09-11～1930-03-02) 英国作家。生于诺丁汉伊斯特伍德，卒于法国尼斯。当过会计、工厂雇员、小学教师等。

长篇小说《白孔雀》(1911)表达了作者对畸形文明戕害人们天性的谴责。带有自传性质的《儿子与情人》(1913)写矿工莫瑞尔一家处于工业社会环境中的痛苦与不幸。《虹》(1915)通过自耕农布兰文的三代家史，描写大工业蚕食小农经济和古老秩序解体的过程中村民内心的矛盾。《恋爱中的女人》(1921)反映了西方世界深刻的危机。反映战后在传统观念崩溃的局面下，人们对生活新意义的追求的长篇小说有《迷途的姑娘》(1920)、《亚伦的藜杖》(1922)、《袋鼠》(1923)、《羽蛇》(1926)。《查特莱夫人的情人》(1928)揭示了人性中的本能力量，并辛辣地批评了现代工业社会，作品中的性爱章节曾引起争论。作家不看重形式和情节，主要人物没有十分固定的性格。还有主题单一、风格明快的中短篇小说等。

**劳乃宣** Lao Naixuan (1843～1921) 中国音韵学家，清末主要切音字方案“官话字母”的增订者和在南方方言区的推行者。字季瑄，

号玉初，晚年号矩斋，又号韧叟。祖籍浙江桐乡。同治十年（1871）中进士。曾主持上海南洋公学和浙江大学堂。1905年开始推行官话字母，改称“合声简字”。他认为在南方推行京音的官话字母有困难，不合“言文一致”的原则，于是在王照原来方案的基础上，增加南京和苏州音的声韵母，修订成“宁音谱”（南京话合声简字）和“吴音谱”（苏州话合声简字），后来又增加闽广音的声韵母，修订成“闽广音谱”（福建话和广东话合声简字）。他把这三个谱连同原来的京音官话字母，合成一部《简字全谱》，1907年在南京出版。1905年在江宁（南京）设立“简字半日学堂”，先教宁音，后学京音，4个月毕业。先后办了10期，毕业数百人，转相传授，推行于江浙两省。1908年，端方继周馥任两江总督，又在江宁设“简字学堂”和“简字高等小学堂”。这时清廷正筹备立宪，慈禧召见劳乃宣，他面陈简字的好处，提出小学一年级先学拼音简字，二年级再学汉字，一般人都强迫学简字一年，识简字的人同样有公民权，又建议出版简字报纸，官府的告示、批词都用简字。慈禧批交学部议奏，学部始终不议不奏。1910年，他与社会名流赵炳麟、汪荣宝在北京成立“简字研究会”，改向社会宣传。1911年辛亥革命前夜，被委任京师大学堂总监督兼学部副大臣。民国初年劳乃宣退居涞水、曲阜、青岛。1913年“读音统一会”聘他为会员，未出席。

**劳森** Lawson, Henry（1867-06-17～1922-09-22） 澳大利亚小说家、诗人。生于威尔士格伦费尔，卒于阿伯茨福德。父母分居，他随母亲到悉尼，先后做过油漆工、木匠等。

1887年，他的诗作《共和之歌》、短篇小说《他父亲的伙伴》的发表，开启了他的文学生涯。他先后出版将近20部诗集和短篇小说集，其中包括《诗歌与散文短篇小说集》（1894）、诗集《在海阔天空的日子里》（1896）、短篇小说集《当罐里的水沸腾的时候》（1896）、《通俗诗和幽默诗》（1900）、《丛林儿童》（1902）等。他的短篇小说着重表现普通人民的相互关系和真情实感，而不以情节取胜。语言朴实生动，富于幽默，体现了劳动人民的口语特点。他的作品为奠定澳大利亚文学的基础作出了贡献。

**劳申伯格** Rauschenberg, Robert（1925-10-22～2008-05-12） 美国艺术家。生于得克萨斯的阿瑟港，卒于佛罗里达。20世纪50年代初期在黑山学院等艺术院校学画。受凯奇“艺术与生活统一”的思想启发，50

《无题》（1955）

年代中期开始脱离抽象表现主义的影响，把三维实物引入合成绘画，在枕头、被单、布片、轮胎、纸箱、电风扇、收音机等日用消费品上泼溅油画颜料，因而被誉为波普艺术的先驱之一。代表作有《床》（1955）、《交织字母》（1959）等。1964年在第32届威尼斯双年展上以油画《直升飞机》（1963）获绘画大奖。60年代复归平面创作，热衷于丝网印刷，致力于把艺术与新技术发展结合起来。1966年促成建立“艺术与技术实验”组织。1985年发起“劳申伯格海外文化交流”巡回展览，展出他为每一个访问地点特别创作的作品。

**劳损** strain 超负荷使用引起的肌肉或韧带的慢性、机械性损伤。过力收缩、牵拉、摩擦等机械力长期、持续或反复地作用于比较固定部位的肌群、肌腱、腱鞘、筋膜、关节囊等软组织，引起受力组织的增生、充血、渗出、水肿，成为劳损的病理基础。因此，劳损的实质是机械损伤引起的无菌性炎症。临床常见的肱骨外上髁炎、狭窄性腱鞘炎（弹响指）、创伤性滑膜炎、髌骨及坐骨结节滑囊炎等都属于劳损。治疗原则：①限制或停止致伤动作，使局部得到休息。②局部注射醋酸氢化泼尼松或其同类药物，可促使炎症消退。③用理疗、止痛药等止痛。④手术治疗仅适用某些特定的劳损，如狭窄性腱鞘炎。⑤合理的肌肉功能锻炼。

**劳塔罗** Lautaro（?～1557-04-29） 智利原住民阿劳坎部族反抗西班牙殖民侵略的领袖。出生地不详，卒于马塔基托。为一酋长之子。1550年被西班牙殖民军俘虏，充当马夫。1553年逃回智利南方，被选为部族军事首领，率领阿劳坎人袭击西班牙殖民军。1554年在比奥比奥河岸再次重创敌军。1555年12月12日夺取康塞普西翁城，直逼圣地亚哥城。1557年4月29日，劳塔罗的军队在马塔基托河岸宿营时遭到敌人突然袭击，劳塔罗在战斗中牺牲，被今智利人民尊为民族英雄。拉丁美洲独立运动的一些先驱者曾建立以他的姓氏命名的秘密革命团体“劳塔罗社”，进行推翻殖民统治的斗争。

**劳务输出** export of service 通过为国外提供劳务获得收入的一种国际经济合作方式。分为体力型劳务输出（主要是输出海员、工人等从事繁重工作的体力劳动者）和智力型劳务输出（主要是输出脑力劳动者）。

劳动力资源指一国所拥有的劳动力的数量和素质，其中最重要的是劳动者受教育的程度和劳动者的技术熟练程度。它是劳务输出的前提和基础。劳务输出是一个劳动力人口众多的国家的重要就业渠道。如果这些劳动力没有受到相应的教育和训练，这种劳务输出往往是低级形式的劳务输出，如在第三国的一些传统就业部门就业等；如果这些劳动力受到了良好的教育和训练，那么劳务输出则往往就成为高级形式的，如派出技术人员等。技术的输出或引进，实质上是劳务输出或输入的转化形式。

**劳亚古陆** Laurasia 推断曾存在于北半球的原始古大陆。又称劳亚大陆或北方大陆。其构成大体包括现代的北美洲、欧洲和亚洲（除印度半岛外）。北方的劳亚古陆与南方的冈瓦纳古陆相对。劳亚古陆的存在是南非地质学家A.L.迪图瓦在《我们的漂泊的大陆》一书中首先提出来的。据地质资料可知劳亚古陆的演变过程。元古宙时，北半球形成了几个相对稳定的地台，如北美地台、东欧地台、西伯利亚地台和中国地台等。早古生代晚期或末期，北欧与北美联合成劳俄大陆。晚古生代中期或晚期，乌拉尔地槽区和天山－兴安地槽区全部褶皱隆起，导致东欧地台、西伯利亚地台和塔里木－中朝地台的连接，从而在北半球形成统一的北方大陆。中生代侏罗纪初，大西洋再度开裂，至第三纪时基本上形成北大西洋，北美大陆与欧洲大陆再次分离，格陵兰岛也逐渐远离欧洲大陆。此后，在北半球逐渐演变成现代的海陆分布。

**崂山** Laoshan Mountain 中国黄海沿岸名山。古称劳山、牢山，又称辅唐山、鳌山。位于山东半岛西南部，青岛市区的东北，距市中心约30千米。南临黄海，东濒崂山湾。面积约400平方千米。主峰崂顶，又称巨峰，海拔1 132.7米。崂山山势险峻，雄奇壮阔。海山相连，气候宜人，名胜荟萃，为著名游览避暑胜地。秦始皇、汉武帝曾

先后慕名登临，李白、苏轼、蒲松龄等有诗文记述。历史上崂山曾是道教重要的道观地，太清宫、上清宫、明霞洞、华楼宫

崂山巨峰

等历千年而犹存，华严寺、白云洞、狮子峰、潮音瀑、蔚竹庵、龙潭瀑等亦为山间胜迹。崂山矿泉属低温泉，质优良，名扬中外。

**《老残游记》** *The Travels of Lao Ts' an* 中国近代长篇小说。作者原署洪都百炼生。见刘鹗。

**老城隍庙** Old Chenghuang Temple 中国上海市最大的小商品市场，有“小商品王国”之称。位于黄浦区中部。元至元二十九年(1292)上海由镇升县，遂设城隍庙。后几毁几建，并陆续建东园、西园（今豫园）。至清乾隆中叶，游人日增，店肆竞设，渐为商场；道光年间，城隍庙商场已初具规模。1949年后对原摊店进行整顿，形成今豫园商场，经营小商品、土特产，并设有五六十家特色商店。商场中心地带有九曲桥、湖心亭。城隍庙相传原为三国时吴主孙皓所建的金山庙，明永乐初期改建为老城隍庙，是一座供奉城隍的道教宫观建筑，庙中奉祀上海城隍秦裕伯，兼祀霍光，并塑有许多神像，供人们焚香礼拜、求神保佑。大殿前置有大铜香炉一座。庙西九曲桥北，有上海市区保存较完整的古代园林——豫园。

**老聃** Laodan 中国先秦时代的哲学家，道家学派创始人。见老子。

**《老妇还乡》** *Der Besuch der alten Dame* 瑞士剧作家F.迪伦马特的三幕悲喜剧。写于1956年。剧情发生在小城居伦，由于经济危机肆虐，城里失业严重，民不聊生。获悉本地出身的女富翁克莱尔即将回归故里，全城上至市长下到普通居民无不充满希望，纷纷拥向火车站去迎接。克莱尔同意捐出巨款，条件是讨回公道，索取一条人命。全城人当即表示拒绝，但最后“罪犯”在公审大会上被人结果了生命，居伦人如愿以偿获得捐赠。该剧极其生动而淋漓尽致地揭示了资本主义社会赤裸裸的金钱关系，同时又充分体现了作者别具一格的悲喜剧风格。

**老鸽巢剧院** Théâtre du Vieux-Colombier 20世纪前期法国巴黎话剧剧院。位于原雅典剧场旧址。原专供旅行剧团临时演出使用，1913年由J.科波接管并改建成老鸽巢剧院，进行实验演出。第一次世界大战结束后，科波与演员L.茹维合作，于1919年对剧院进行了改建，设置了定形的固定舞台结构。台口被取消，伸出的台唇通过3级弧形台阶把舞台与观众厅连成一片。舞台后方是高部位演区。可容观众400人，演区靠近观众，可造成亲近的观演关系。1919～1924年该剧院以小型剧场、固定舞台和使用多演区的形式在欧洲起了示范作用。后来科波的学生使用这种形式和方法在欧美产生了广泛的影响。

**老河口市** Laohekou City 中国湖北省辖县级市。位于省境西北部，汉江中游。面积1 032平方千米。人口47万(2010)，有汉、回、满、苗、土家等民族。明洪武二十四年(1391)建老河口镇。1979年设县级市。由襄阳市代管。矿产资源有煤、钒、铁、砂金、石灰岩、大理石和矿泉水等。工业主要有化工、建材、纺织、服装、机械、汽车、冶金等。农业以小麦、水稻、棉花、芝麻、烤烟、蔬菜种植和生猪、牛羊饲养等为主。风景名胜有百花山（马窟山）、马头山、中山公园、清真寺等。

**《老井》** *Old Well* 中国故事片。西安电影制片厂1987年摄制。郑义根据自己的同名小说改编。导演吴天明，摄影陈万才、张艺谋，主要演员张艺谋、吕丽萍、梁玉瑾等。太行山区老井村祖祖辈辈打井不止，死伤无数，却无一眼井出水。高中毕业生孙旺泉和乡亲们继承前人的事业，终于在村里打出了第一眼出水井。编导者把纪实风格、象征性造型和主观表现融为一体，成功地体现了富于综合创新意识的美学追求。获1987年文化部优秀影片奖，1988年第8届中国电影金鸡奖最佳故事片、最佳导演、最佳男演员和最佳女配角奖和第11届《大众电影》百花奖最佳故事片和最佳男演员奖；1987年第2届东京国际电影节大奖、最佳男演员奖和国际电影批评家联盟特别奖、东京知事奖，第7届夏威夷国际电影节评审团特别奖；1988年获第11届意大利萨尔索国际电影电视节一等奖。

**老龄化社会** aging society 老年人口比重达到或超过老年型人口标准的社会。按国际上通用的人口类型划分标准，老年型社会的主要指标有：0～14岁的少年在总人口中的比重小于30%；65岁及以上的老年比重大于7%或60岁及以上人口比重中大于10%；中位年龄大于30岁；老少比大于30%，也可作为一项附加指标。

向老龄化社会过渡，一般要经过人口类型的转换过程，即由高出生、高死亡的人口类型，经高出生、低死亡，转换为低出生、低死亡的人口类型。1949年以来，中国人口经历了这一转换过程。此外，人口迁移也会影响迁出地区及迁入地区的人口老龄化过程。

对老龄化与社会经济发展的关系问题，学术界有不同看法。一种认为老龄化社会中老年人口增加将导致劳动力老化、人口负担系数增加、社会福利负担加重、老年人消费量增长等；另一种认为老龄化社会中，老年人口比重增加必然伴随少年人口比重降低，与少年人口相比，老年人口并非纯消费者，老年人的社会保险实际上是对过去劳动积储的补偿，因此，老龄化社会不会影响社会经济的发展。自19世纪70年代法国进入老龄化社会以来，欧洲、北美、日本、俄罗斯等地区和国家已先后进入老龄化社会，但并未因人口老龄化问题而导致社会经济发展的停滞或衰退。

老龄化社会由于老年人口的增加，适应于老年人需要的消费品、服务和社会福利以及养老机构等必然相应增加。这些都是老龄化社会的特点。

**老龄卫生** health care for the elderly 老年人为保持健康长寿应注意的一些问题。

体力活动 经常从事体力活动可增进新陈代谢，改善血液循环，减轻肌肉萎缩，增强体质，延缓组织器官的衰老性变化，减少高血压病和冠心病等老年常见病的发生。但是，体力活动必须量力而行。适应于老年人的活动有：散步、慢跑、跳舞、体操、短时间短距离的游泳、不过分剧烈的球类活动、太极拳、气功等。

饮食营养 老年人合理营养应该是低热量、低脂肪、低胆固醇、低糖、充足的蛋白质和维生素，以及适当的无机盐类。饮食要清淡、软烂、易消化，食块要小。进食时要细嚼慢咽，避免过饱，尤其是睡觉前更要防止过饱，必要时可采取少食多餐的方式。食品要多样化，不可过分限制或大量摄取某一种食品。

老年人生活卫生 注意如下几项：①生活规律。按时作息，每天要有充足的睡眠。②室内卫生。保持空气新鲜，阳光充足，室温宜在18～24℃，相对湿度40%～50%。③老年人个人卫生。经常保持口腔、双手和会阴部的清洁。衣着要松软、保暖、宽大，便于穿脱。注意衣着整洁，还要随季节和气温的变化及时更衣。④老年人皮肤卫生。经常保持皮肤的清洁，洗澡或擦身宜用温水和低碱的肥皂。皮肤干燥者可擦润肤剂，

洗澡不要过勤。⑤外出与活动。在身体允许的条件下，经常有一定的户外或外出活动。但行动要慢而稳，避免登高久立，以免出现脑贫血而晕倒。夏季外出要防中暑，冬季要防感冒和冻伤。⑥化妆与健美。健康的身体，敏捷的思路，开朗的性格，幽默的语言和轻捷的举止，均能使人显得年轻，而美的仪容仪表更能使人显得年轻。⑦老年人性生活。老年人的性功能有所衰退，性生活也有所减少。减退的程度因人而异，而且悬殊甚大。

老年人保健医疗　老年人应每年体检1～2次。慢性病患者应遵医嘱定期复查和认真治疗。不宜随意中断正当的医疗和病后消极卧床。无病的老年人不必服用“长寿”药物。感觉不适时应及早就医。

老年人心理卫生　产生心理问题的原因主要有：①身体衰老。②脱离工作岗位，社会地位与社会关系发生改变。③子女长大、独立、结婚、远离以及丧偶等。④某些疾病缠身。老年人要预防和克服上述消极心理。参加力所能及的社会活动、文体活动或专业工作，防止机体的废用性萎缩。要性格开朗，心胸开阔，对人对事豁达大度。

社会环境　下述社会环境因素有利于老年人健康长寿：①良好的尊老、养老的社会风尚。②必要的政策关怀。③方便老年人从事社会交往、文体活动、学习和专业活动的条件与设施。④专门的老年人社会福利和医疗机构。⑤社会医学和抗衰老的研究。

**老龄问题**　issues of aging　由人类个体老龄化和人口群体的老龄化引起的个体问题与社会问题。包括生理的、心理的、行为的和生活的问题。除个体的生理和心理问题基本属于生理学和心理学研究的对象外，行为与生活方面的问题及群体老龄化引起的各种社会问题，都属于社会学的研究领域。1982年维也纳老龄问题世界大会通过了《维也纳老龄问题国际行动计划》。在该计划中，将老龄问题的内容概括为发展和人道主义两个方面。发展方面的内容涉及人口老龄化所造成的社会经济问题，主要是老年人受赡养比例日益增长，对生产、消费、储蓄、投资，以及一般社会经济状况和政策的影响。人道主义方面的内容涉及老年人的特殊需要，包括保健与营养、住房与环境、家庭、社会福利、收入保障、就业和教育等。

随着人类社会的进步，医疗卫生的发展，人口老龄化已成为整个社会发展的必然趋势，老龄问题成为世界上普遍存在的社会性问题。在社会学领域，老龄问题又称老年社会问题，主要包括：老年歧视问题，老年社会保障问题，老年越轨行为问题，老年犯罪与犯罪受害问题，老年婚姻与家庭问题，老年垂暮与死亡问题，老年就业与退休问题，老年闲暇时间利用问题，老年人代际冲突问题等。

**老年公寓**　housing for the age　政府和社会为缺乏子女及亲属照顾的老年人专门设计、建造的居所的统称。美国在1935年后开始大规模兴建老年公寓。英国于1948年实施国民救助法时，规定每一都市政府要为贫困无家的老年人设置老年公寓。世界各国的老年公寓因规模不同，可分为四种：①老年公寓。②老人之家。③老人乐园。④家庭式小公寓。西方国家的老年公寓，多建在环境优美、交通方便的城市郊区或闹中取静的城市中心；室内设备齐全，取用方便，室内布置与一般家庭居室大体相同。公寓设有生活服务、呼救报警、医疗保健、休息娱乐、文化学习、自助劳动等设施和场所。中国从20世纪70年代末、80年代初开始，在上海、北京、天津、大连、烟台等地兴建老年公寓。此后，各种形式的由国家、社会或企业建立的老年公寓在各地相继出现。

**老年性痴呆**　senile dementia　起病于老年期的慢性进行性智力减退现象。又称老年性精神障碍。

**老年性精神障碍**　senile mental disorders　老年期因大脑退行性病变所致精神方面的不适与智力减退。又称老年性痴呆。该病患者女性多于男性，农村多于城市，其患病率随年龄增加而升高。痴呆的老年人中，半数所患为阿尔茨海默氏病，1/4为脑血管病性痴呆，余下的1/4病例为阿尔茨海默氏病加脑血管病变的混合型与多种原因脑部病变所致痴呆。

阿尔茨海默氏病　病因有以下几种可能：①遗传因素。特别是与第21号染色体异常有关。②大脑皮质和海马中合成乙酰胆碱的胆碱乙酰转移酶活性显著减低。③具有神经毒性作用的铝在本病患者脑内含量增高。④自身免疫作用。⑤中枢神经系统慢病毒感染。

起病缓慢，最初表现健忘，尤其是近事遗忘。症状轻微，往往不引起他人注意。但可合并其他躯体疾病而突然加剧，出现急性意识障碍（称老年性谵妄）。该病早期人格改变突出，患者变得固执、自私、多疑、言语啰唆、不爱整洁，或懒散退缩，或放荡不羁。可出现抑郁、欣快、淡漠或情绪不稳。可有片段的幻觉或妄想。妒忌妄想可为其早期表现之一；亦可有疑病、贫穷、夸大或被迫害等妄想。患者睡眠不好，常夜间起床活动。其记忆障碍和智能障碍进行性加剧，可有记忆错构或虚构，并发展为全面痴呆。理解、判断、计算等智能活动显著减退。发音含糊，言语杂乱，情感幼稚，行为荒诞，进食无度，常收集废品当作珍宝，出门即迷失方向。晚期多卧床不起，喃喃自语，双手无目的地摸索，大小便失禁，终而死于感染或衰竭。病程呈进行性发展，起病后平均4～5年死亡，亦有发展更快或长达10年者。出现顶叶症状的病例预后较差。

诊断主要依据为：起病于65岁以后；进行性智力减退；根据病史和检查结果，已排除可能引起痴呆的其他特异性原因；疾病初期无脑卒中样突然发作或神经系统局灶性损害体征。脑电图检查可有弥散性慢波，但无特异性改变。计算机X射线体层成像（CT）可见脑室扩大和脑沟增宽，第三脑室扩大尤为重要。

脑血管病性痴呆　起病较急；男性略多于女性；常发生于脑血管意外之后；既往可有高血压或暂时脑缺血发作史。后者表现为短暂的意识障碍，一过性轻瘫或视力障碍。情绪障碍常最先出现，表现为心境抑郁，易激惹，情绪失禁或情绪不稳。部分患者可有人格改变、偏执或自我中心很突出。继后始出现记忆和智能障碍。夜间可有意识模糊发作。体格检查可发现高血压、桡动脉或视网膜动脉硬化，以及局灶性神经损害体征。病程呈阶梯性或波动性发展，可有间隔数月的部分缓解期。自知力和人格相对保持完整。某些病例需通过计算机断层脑扫描或神经病理检查才能最后确诊。约12%的阿尔茨海默氏病例同时有多发脑梗死性痴呆合并存在；此时应同时下两种病的诊断。

皮克氏病　起病于65岁以前的阿尔茨海默氏病属老年前期痴呆，常需与皮克氏病鉴别。该病罕见，1892年由A.皮克首先描述，是另一类伴有脑萎缩的进行性痴呆。皮克氏病的脑萎缩主要位于额叶和颞叶，神经细胞呈气球样肿胀，尼氏体可消失，有嗜银染色的包涵体，形状不规则，把核推向边缘。大部分病例无明显的老年斑和神经元纤维缠结。该病可发生于成年任何时期，以50～60岁最多；女性多于男性。临床特征为人格改变、欣快、抑制力减弱等额叶损害症状最早出现，而记忆障碍发生较迟。早期即可有大小便失禁、言语困难、失用、领悟能力差等顶叶症状。锥体外系症状少见。气脑造影或CT检查可见额叶和颞叶局限性萎缩，但这不能作为鉴别诊断的可靠依据。确诊常需依赖神经病理检查。

老年性精神障碍的处理　宜采取以下综合措施：①良好的家庭照顾。②舒适的休养环境。③支持性心理治疗。④鼓励参加文娱治疗活动。⑤保证足够的营养。⑥预防感染等躯体合并症和走失等意外。⑦合理的药物治疗。

**老人星**　Canopus　船底座α星（αCar）。又称“南极老人”、“寿星”。全天第二颗亮星，

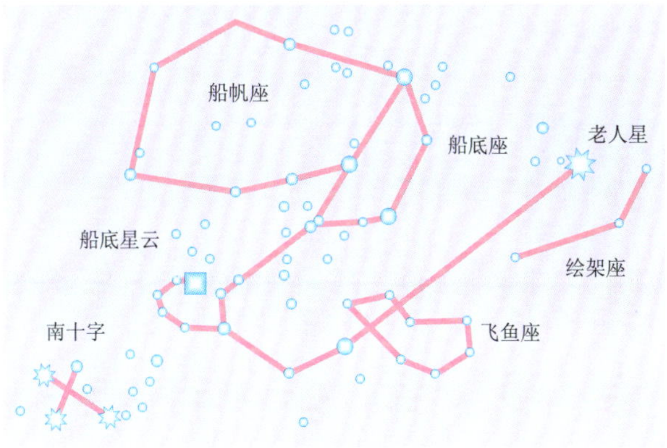

船底座老人星

南半天球最亮的星，目视星等为－0.62，距离地球约312光年。老人星是白色超巨星，直径是太阳的30倍，光度是太阳的10 000倍以上，质量仅为10$M_{\odot}$。

**《老人与海》** *The Old Man and the Sea* 美国小说家E.海明威所著中篇小说。发表于1952年。小说叙述古巴老渔夫桑提亚哥在海上打鱼的故事。桑提亚哥已经有84天没有打到鱼了。第85天，桑提亚哥终于捕到了一条很大的马林鱼，这条鱼把老人和小船拖了3天，引向大海的深处。桑提亚哥经过奋力拼搏，最终杀死了大鱼，把它绑在船边，可是在返航的途中，一群又一群的鲨鱼袭击马林鱼，老人拼了命来对付鲨鱼的攻击，但毕竟寡不敌众，待他驾船返回港口时，马林鱼只剩下了一具长长的骨架。小说是一则寓言故事，可以有多种解释，一般认为小说家突出的是海明威一贯颂扬的“打不败精神”。老渔夫在同鲨鱼搏斗时的一句内心独白现在成为传诵的名言——“人不是生来要给打败的，你可以把他消灭掉，可就是打不败他。”

**老舍** Laoshe (1899-02-03～1966-08-24) 中国作家。原名舒庆春，字舍予。老舍是他最常用的笔名。满族。北京人。出生于城市贫民家庭，卒于北京。

1918年毕业于北京师范学校，担任过小学校长、郊外北区劝学员等职。1924年，老舍赴英国伦敦大学东方学院讲授汉语和中国文学。自1925年起，陆续写了3部长篇小说：《老张的哲学》对乌烟瘴气的教育界作了生动的揭露；《赵子曰》的鞭挞锋芒指向以新派自诩其实醉生梦死的青年学生；《二马》的主人公是旅居英国的北京人，讽刺的仍是在封建的小生产的社会土壤里培植出来的“出窝儿老”的畸形心态——都以清脆的北京口语，俏皮的幽默笔墨，渲染北京的民俗风情，通过闭塞守旧、苟且偷安的民族心理的剖析，申述对于祖国命运的忧虑，显示出与众不同的艺术个性和思想视角。3部作品陆续在《小说月报》上连载后，引起文坛的注目。1926年老舍加入文学研究会。1929年夏，绕道欧、亚回国。在新加坡逗留期间，为当地高涨的民族解放运动要求所鼓舞，创作反映被压迫民族觉醒的中篇童话《小坡的生日》。1930年7月起，到济南齐鲁大学任教。1934年秋，改任青岛山东大学教授。课余继续从事创作，有长篇小说《离婚》和《牛天赐传》等，都写得富有生活情趣和喜剧效果。比之早期作品，创作出现两种新的趋势：一是日益关切国家大事，由此触发写作的灵感，如受到日本侵略者制造的五卅惨案的刺激，写了《大明湖》，九一八事变引起他“对国事的失望”，遂有寓言小说《猫城记》的问世；一是更加关怀城市贫民的苦难，以此作为主要描写对象，《月牙儿》叙述母女两代沦为暗娼，《我这一辈子》诉说下级警察的坎坷经历。在《骆驼祥子》中，以农村来到城市拉车的祥子个人的毁灭，写出一场沉痛的社会悲剧。把城市底层暗无天日的生活引进现代文学的艺术世界，是老舍的一大建树。《骆驼祥子》是中国现代文学史的重要作品。他从30年代初起，开始写作短篇小说，作品收入《赶集》、《樱海集》、《蛤藻集》等。其中如《柳家大院》、《上任》、《老字号》、《断魂枪》诸篇，绰约多姿，精致完整，是不可多得的佳作。

抗日战争爆发后，1937年11月济南沦陷前夕，只身奔赴武汉。1938年3月，参加中华全国文艺界抗敌协会，出任总务部主任。抗战8年中，对文艺界的团结抗日多有贡献。他写于抗战时期的作品，也多以直接为民族解放服务为题旨。战争初起，他热情提倡通俗文艺，写作宣传抗日的鼓词、相声、坠子等小型作品，供艺人演唱。随后，转向直接向群众宣传的话剧创作，连续写剧照了《残雾》、《张自忠》、《国家至上》等十余个剧本，颂扬民族正气、表彰爱国志士，批判不利于团结抗日的社会弊端，在当时起了积极的宣传作用。自1944年初开始，进入长篇小说《四世同堂》的创作，回到所熟悉的北京市民社会和所擅长的幽默讽刺艺术。小说刻画深受传统观念束缚的市井平民，在民族生死存亡关头的内心冲突，于苦难中升腾起来的觉醒和抗争，自然也有消极逃匿和无耻堕落。《四世同堂》是他抗战时期的力作，也是抗战文艺的重要收获。1946年3月，老舍应美国国务院邀请赴美讲学。一年期满后继续旅居美国，从事创作和将自己的作品译成英文。

中华人民共和国建立，老舍立即启程回国。新社会的新气象使他极为振奋，不久就发表以艺人生活为题材的剧作《方珍珠》。1951年初创作的话剧《龙须沟》上演，获得巨大成功。剧本通过大杂院几户人家的悲欢离合，写出了历尽沧桑的北京和备尝艰辛的城市贫民正在发生的天翻地覆的变化，是献给新中国的一曲颂歌。《龙须沟》是老舍创作新的里程碑，他因此获得人民艺术家的荣誉称号。50～60年代，他在文艺、政治、社会、对外文化交流等方面担任多种职务，但仍然勤奋创作。作品以话剧为主，有《春华秋实》、《西望长安》、《红大院》、《女店员》等，以刻画北京市民告别旧生活、迎接新时代的精神历程的作品较为成功。他还写有散文《我热爱新北京》。自50年代后半期起，老舍在话剧《茶馆》、《义和团》(又名《神拳》)和小说《正红旗下》(未完成)等作品中，转而描绘近代北京的历史风云。《茶馆》以一座茶馆作为舞台，展开了清末戊戌维新失败、民国初年北洋军阀盘踞时期、国民党政权崩溃前夕3个时代的生活场景和历史动向，写出旧中国的日趋衰微，揭示必须寻找别的出路的真理。老舍的话剧艺术在这个剧本中有重大突破。《茶馆》是当代中国话剧舞台最享盛名的保留剧目，继《骆驼祥子》之后，再次为老舍赢得国际声誉。

老舍在40多年的创作生涯中，写作了1 000多篇（部）作品。“文化大革命”初期遭受迫害，于1966年8月24日因不堪凌辱而自杀身亡。

**老视** presbyopia 年龄增长所致的生理性眼调节功能减弱现象。俗称老花眼。随着年龄增长，晶状体硬化，弹性减低，睫状肌的力量亦逐年减弱，因此眼的生理调节能力下降，看近发生困难。一般出现在40岁以后。屈光不正患者老视发生的时间与正视眼相同，因屈光性质不同，老视症状发生的时间亦不同。远视眼发生较早，近视眼较晚或不发生。

老视眼视近物不清楚，可有视疲劳。矫正可给凸球镜片，给镜前应了解患者近工作的距离和两眼屈光状态。所给镜片不但要补足其调节功能的减退，还要注意使调节剩余，以便近距离工作能持久。

**老松人** Laosoungs 亚洲中南半岛老挝人民民主共和国三大族系之一。约50万人(2001)。主要分布在老挝北部高山地区，以万象和丰沙里、川圹、华潘、琅勃拉邦、琅南塔、沙耶武里等省比较集中。20世纪60年代初，寮国战斗部队把老挝数十种民族按其居住地势高低分别划分为“老龙”、“老听”和“老松”三大族系。老松人意即居住在高寒山区的民族，包括苗人、瑶人、摩些人、布朗人、瓦人等民族成分，以苗人为主。苗人分为黑苗、红苗、白苗、花苗等支系。属蒙古人种南亚类型。通用白苗语，属汉藏语系苗瑶语族。无本民族文字。信仰万物有灵，盛行祖先崇拜。苗人原住中国广东、广西、湖南和贵州等地，明、清两代迁至云南后，有一部分继续向西南迁徙，进入老挝境内。多住高山，同姓聚族而居。主要从事农业，种植玉米、薯类、豆类、旱稻、棉花、罂粟等。至今保留族长、寨老或头人制度。各支系风俗习惯略有不同，尤以女子服饰较为突出。有过春节、清明节、端午节等节日的习俗。

**老听人** Laotengs 亚洲中南半岛老挝人民民主共和国三大族系之一。又称富听人。约140多万人(2001)。主要分布在老挝各地的半山地区。在北部与老龙人、**老松人**交错杂居，在中部和南部分布比较集中。20世纪60年代初，寮国战斗部队把老挝数十种民族成分按其居住地势高低，分别划分为“老龙”、“老听”和“老松”三大族系。老听人意即居住在半山腰地区的民族，包括卡人、阿拉克人、克当人、爱尼人、木人、拉瓦人、普农人、达维人、听波人等民族成分，以卡人为主。属蒙古人种南亚类型。使用卡语，属南亚语系孟－高棉语族。无本民族文字。盛行自然崇拜和祖先崇拜。卡人属孟高棉族系，渊源于中国古代西南地区的“濮人”。孟高棉人曾于公元初在中南半岛南部建立扶南国，7世纪建立真腊国。卡人即为古代孟高棉人一支的后裔。社会经济发展水平较低，从事刀耕火种农业，保存氏族部落制度，许多支系正受老龙人同化。

**老挝** Laos 东南亚内陆国。又译寮国。位于中南半岛东北部，东邻越南，南接柬埔寨，西与泰国、缅甸交界，北同中国云南省接壤，面积23.68万平方千米，人口600万(2007)。有三大民族系(老龙族系、老听族系和老松族系)60多个部族。通用老挝语。居民多信奉佛教。全国自北而南分为上寮、中寮、下寮三部分，首都**万象**。

**地理** 全国面积的80%为山地和高原，海拔200～1 500米，其中全国最高峰普比亚山，海拔2 820米，平原限于湄公河谷地。属热带、亚热带季风气候(西南季风)，高温多雨。各地年平均气温约26℃，最冷月(12月)平均气温14～23℃，最热月(4月)平均气温20～29℃。各地年降水量1 250～3 750毫米。分干湿两季。93%以上的地区属**湄公河**流域，流经老挝的湄公河段长1 987千米(包括界河)，河中多急流险滩。

**历史** 公元2～3世纪，老挝境内开始出现堂明、挝国部落小邦等。14世纪中叶，建立澜沧王国，定小乘佛教为国教，经济和文化艺术都有一定的成就。1560年迁都万象。1707年以后分裂为琅勃拉邦、万象、占巴塞和川圹四个王国。19世纪中叶分别被邻国暹罗和越南占领，19世纪末沦为法国殖民地。1940年被日本侵占。1945年宣布独立。后又遭法国和美国侵略，1954年和1975年先后取得抗法和抗美战争胜利。1975年12月废除君主制，成立老挝人民民主共和国。

**政治** 1991年8月宪法规定老挝为人民民主国家。国会是国家最高权力机构和立法机构，负责制定宪法和法律，每届任期5年。每年召开两次会议，特别会议由国会常委会决定或由2/3以上的议员提议召开。国会议员由地方直接选举产生。老挝人民革命党为老挝唯一政党。

**经济** 以农业为主，工业基础薄弱。1988年以来，实行革新开放，调整经济结构，优先发展农林业，引进外国资金、技术和管理方式。2009年国内生产总值约56亿美元，人均国内生产总值约为906美元。2007年，老挝获得外援约5亿美元，没有外债。货币名称基普。国民生产总值的31.7%为农业产值，20.9%为工业产值。全国耕地面积约74.7万公顷(2005)，主要作物有稻、玉米、薯类、咖啡、烟草、花生、棉花等，主要畜禽有水牛、黄牛、猪、羊及鸡、鸭等。森林覆盖率42%，出产柚木、紫檀、红木等珍贵木材。

工业主要有生产日用消费品的轻工业、建材、交通和农机具的修理装配，工厂大多数集中于万象等少数城市。矿藏有锡、铁、铜、宝石、石膏、煤、岩盐等，大多未开采。电力工业是老挝经济最大支柱。2000年全国电站装机容量64.4万千瓦，其中98%是水电。万象以北的南俄河水电站占全国发电量的50%以上。电力90%输往泰国，2000年收益1.07亿美元，占外贸出口额30%以上。

没有铁路，无出海口，交通主要靠公路、水运和航空。公路总长3万多千米。内河航道总长4 600千米，其中湄公河流经老挝的通航里程共有1 600千米，上下各河段多险滩与瀑布，须分段航行，一般通航200吨小轮。国际航空主要同周边邻国中国、越南、泰国、柬埔寨、马来西亚往来。同50多个国家和地区进行贸易，出口电力、圆木、咖啡、胶合板等，进口车辆、燃料油、水泥、钢材、纸张、布匹、食糖、粮食。主要贸易对象为泰国、越南、日本、中国等。

**文化** 实行11年制教育(小学5年、初、高中各3年)。有老挝国立大学等3所高校。全国已基本扫除文盲。有各种报刊约20种，巴特寮为官方通讯社，国家广播电台设在首都，1983年建立国家电视台。

**对外关系** 老挝奉行独立、中立、自主的和平外交政策，主张在和平共处五项原则

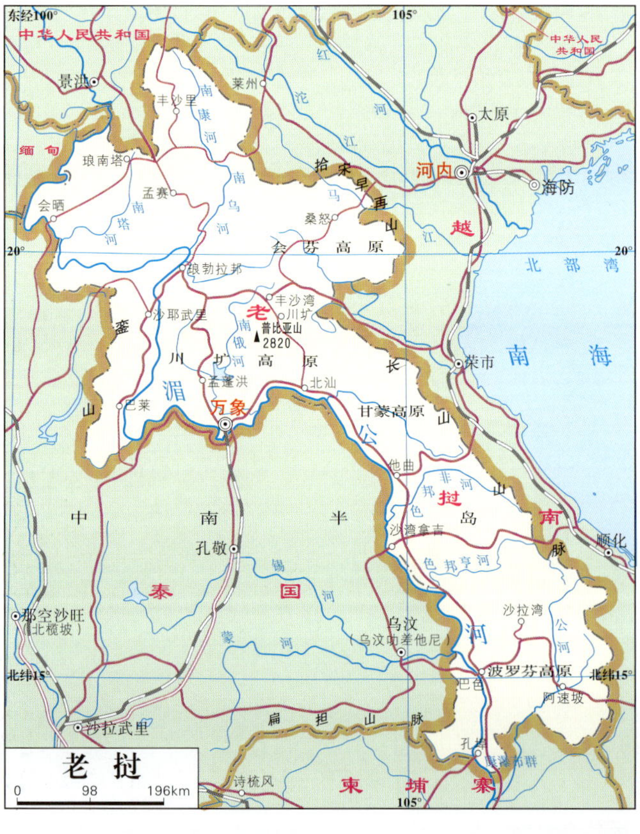

老挝琅勃拉邦王宫

基础上重视发展同周边邻国关系，改善和发展同西方国家关系，为国内经济建设营造一个良好的周边和国际环境。2006年老挝人民革命党八大强调继续坚持“多方位与多种形式的”对外交往。继续保持同越南的“特殊关系”，加强同中国的全面合作，加强与东盟国家的友好合作，积极争取国际经济和技术援助。老挝于1997年7月正式加入东盟。截至2009年底，老挝同130个国家建交。1961年4月25日与中国建交。

**老挝语** Lao language 老挝的官方语言。属汉藏语系壮侗语族壮傣语支。又称寮语。使用人口近1 000万。除分布于老挝外，也分布于泰国东北部和北部老挝人居住地区。此外，泰国、越南和柬埔寨的泰人，缅甸的掸人，中国部分傣族、壮族也粗通老挝语。老挝语是一种孤立型语言。主要方言有三组：北部方言、中部方言和南部方言。方言间的主要区别在于声调结构：某些方言有5个声调，另一些则有7个，而标准老挝语有6个。万象方言是老挝语诸方言中最发达的形式，于1962年成为标准语的基础。元音分长短两类，共29个。重叠词和量词相当丰富。属主-动-宾型语言。名词的修饰语在名词之后，数词、量词和名词组合时，顺序为名词、数词、量词，但数词“一”置于量词之后。基本词汇以单音节词居多，在佛教传入之后，吸收了大量巴利语、梵语和孟-高棉语借词。老挝语有两种不同形体的拼音文字：一种较古老的称为“多坦”（意为“经文”），其形体和拼写均似旧傣仂文，现在仅见于寺庙的贝叶经，或在佛学院中使用；另一种称为“多老”（意为“老文”），它的形体和拼写都近似当代泰文。两者都来源于孟-高棉文的改革体，是当今老挝官方通用文字。

**《老学庵笔记》** *Notes of Laoxue' an Studio* 宋代散文集。作者陆游。

**老子** Laozi 中国先秦时期思想家，道家学派创始人。

考证　关于老子的姓字，历来说法不一。《庄子》中称他为老聃，其中内篇《德充符》，外篇《天地》、《天运》、《田子方》、《知北游》等都把老子视为前辈，这是战国中晚期道家学派笔下的老子。秦汉之际成书的《礼记》中《曾子问》篇也把老子视为与孔子同时代的知礼守礼的长者。

《史记·老子韩非列传》大体上把老子描写为道家，其中搀入老莱子和太史儋两个名字。也有学者认为可能“老”是老子的姓或氏，其名为聃，故称老聃。《老子》一书是否为老聃所作多有疑问。当今学术界不少人认为老子其人可能生活于春秋末年，《老子》一书却是战国时期的作品。但探讨老子哲学，只能以《老子》一书为依据。

道论　道是老子思想体系的核心，他说：“道生一，一生二，二生三，三生万物”（《老子》四十二章），认为一切由道生出。关于道，《老子》有多种解释。①道的特征是“无状之状，无象之象”。《老子》第二十一章说：“道之为物，惟恍惟惚，惚兮恍兮，其中有象；恍兮惚兮，其中有物。”第十四章又说：“无状之状，无象之象，是谓惚恍。”②道是世界万物的本原。第二十五章说：“有物混成，先天地生，寂兮寥兮，独立而不改，周行而不殆，可以为天下母。”③道是无。第四十章说：“天下万物生于有，有生于无。”在这里生于“无”即是生于“道”，“道”就是“无”。

道法自然　道作为天地万物存在的本原与本体，缔造、成就了天地万物。但道成就天地万物，并非有意作为，而完全出于无意作为。老子曰，“人法地，地法天，天法道，道法自然”。自然是对道之状态与作为的形容，而非道之外更有一实体的自然。道虽然成就了万物，但道并不是有意要成就万物；道成就万物并不是为了达到什么目的，而完全是自然而然，完全是自然无为的。“生而不有，为而不恃”，一切因其自然，一切顺其自然，这就是道的本性。道之本性是自然无为，但正是这种无为，成就了有为。这种现象，被老子加以哲学的高度概括，就是“无为而无不为”。

朴素辩证法思想　老子认为自然界和人类社会都是变动不居的。他观察到天地间万物万事存在着互相矛盾的两个对立面，例如有无、刚柔、强弱、祸福、兴废等等，它们都是互相依存、互相联结的。所以说：“有无相生，难易相成，长短相形。”还说“贵以贱为本，高以下为基”，“祸兮福所倚，福兮祸所伏”，表明了对立面双方的同一性。老子还认识到对立面不是一成不变的，它们在向相反的一面转化，他说：“正复为奇，善复为妖”，“曲则全，枉则直，洼则盈，敝则新，少则得，多则惑”。老子承认转化，但强调“圣人之道，为而不争”，“以其不争，故天下莫能与之争”。

在军事战略思想上老子提出了“柔弱胜刚强”的指导思想，他说天下没有比水更柔弱的东西，但攻坚的力量莫过于它。

认识论　老子否认人的认识来源于感觉经验，“不出户，知天下；不窥牖，知天道。其出弥远，其知弥少。是以圣人不行而知，不见而名，不为而成”。他还宣扬“涤除玄览”的直观方法，教人们洗心内照。他站在统治者的立场上，反对启迪民智，要人们做到“绝圣弃智”，“绝学无忧”。他认为，“古之善为道者，非以明民，将以愚之。民之难治，以其智多”。因此，主张“常使民无知无欲”。

美学思想　老子推崇素朴和稚拙，认为“大巧若拙”，赞美婴儿“含德之厚”，主张大丈夫“处其实，不居其华”。古朴、稚拙作为一种美的形态，在中国古代一直受到人们普遍的赞颂，与此对立的华艳轻浮，历来为人们所蔑视，这一倾向即受到老子思想的影响。古朴、稚拙之外，老子也很推崇恬淡，认为“恬淡为上，胜而不美”。平淡之美，也为很多人所崇尚，中国绘画、中国戏曲一贯强调虚实结合，强调“计白当黑”，强调“空灵”，这些理论源头，正是老子“有无相生”的理论。老子讲“涤除玄鉴”，这一理论本来是讲观道的，而审美也必须涤除物欲之心，所以这一理论就为后代美学家所继承，成为中国美学审美观照的理论。

社会历史观　老子主张“小国寡民，使民有什伯之器而不用，使民重死而不远徙。虽有舟舆，无所乘之；虽有甲兵，无所陈之；使人复结绳而用之”，“邻国相望，鸡犬之声相闻，民至老死不相往来”。他向往结绳记事的原始社会，认为在这种社会中人民会“甘其食，美其服，安其居，乐其俗”，表现出复古倒退的消极思想。

思想影响　老子是道家学派的创始人，其思想对中国思想史上其他流派的学说也有深刻影响。汉初黄老之学、魏晋玄学、宋明理学都是融合老子思想的结果。中国哲学的很多重要范畴，如道、德、自然、有无、虚静等，均始于老子。老子在中国哲学史上第一个建立了相当完整的形而上学体系。道教自汉代形成后，更尊奉老子为教主，称老子为太上老君、道德天尊，为道教中地位最高的三位尊神之一，奉《老子》书为《道德经》。《道德经》被作为道教的经典。早在18世纪，西方一些国家就有了《老子》的多种文字译本。老子思想早已突破国界，成为全人类共同的精神财富。

**《老子》** *Laozi* 中国古代重要哲学著作。全书5 000余字，分上下篇，上篇为《道经》，下篇为《德经》，因而又被称为《道德经》。通行本《老子》，一般分为八十一章。1973年长沙马王堆出土的帛书《老子》甲、乙本，均未分章，上篇为《德篇》，下篇为《道篇》。1993年出土的湖北郭店楚墓竹简《老子》，分为甲乙丙三篇，加起来约1 700字，相当于通行本《老子》的1/3。

现在通行的《老子》一书是否为老子所亲著，学术界尚有争论；至战国中期，《老子》一书已经形成，当没有多大疑问。郭店竹简《老子》与帛书《老子》相比成书更早。郭店一号墓的墓葬年代据考证为前3世纪晚期至前3世纪早期，竹简本《老子》的抄写年代不晚于公元前300年左右。

简帛本《老子》与通行本《老子》在文字方面有诸多不同，由此可以订正通行本之误。如通行本第二章的“高下相倾”，帛书本为“高下相盈”；通行本第四十九章的“圣人无常心”，帛书本作“圣人恒无心”。通行本第十九章中的“绝圣弃智”，竹简本作“绝智弃辩”；“绝仁弃义”，竹简本作“绝伪弃诈”。不少学者据此认为，早期的《老子》可能并没有绝仁弃义之类的思想，儒道之间并未产生强烈的对立。

《老子》一书对中国文化所产生的影响是巨大而深远的。历代学者研讨、考释《老子》的著作很多。其中主要有：战国末年韩非的《解老》、《喻老》；西汉严遵的《道德真经指归》；东汉河上公的《老子河上公章句》；魏晋时何晏的《老子道德论》，王弼的《老子注》；唐代强思齐的《道德真经玄德纂疏》；宋代王安石的《老子注》；元代吴澄的《老子注》；明代焦竑的《老子翼》；清代毕沅的《老子道德经考异》；近人罗振玉的《道德经考异》；今人陈鼓应的《老子注译及评介》，张松如的《老子说解》，高明的《帛书老子校注》等。

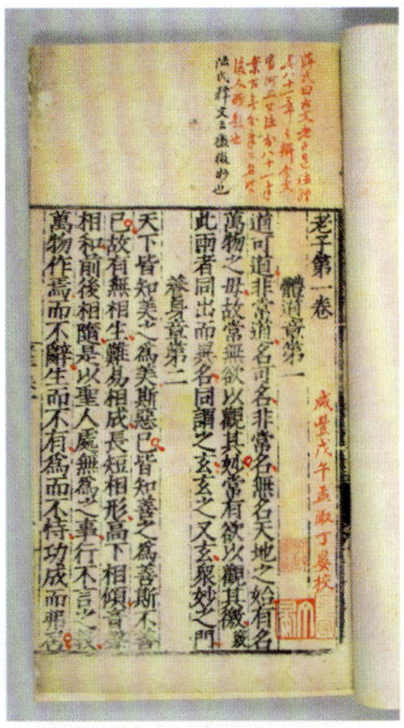


《老子》（明嘉靖六年本）

**《老子想尔注》** 中国道教经典。又名《老君道德经想尔训》。道教传说此书为中国东汉张陵或张鲁所作，用于教化道民。原书2卷，已亡佚。20世纪初于敦煌发现六朝残抄本一件（S6925），内容相当于原书上卷第3至第37章。此书为现存五斗米道重要经典，以道教思想注解《老子道德经》。以道为最高信仰，宣称道是有意志有人格的最高神灵。道即是“一”，一散形为气，聚形则为太上老君。注文教人信守道诫，按“道意”行事，“积善成功，积精成神，神成仙寿”。又反对世间“伪伎”指形名道，存神守一之术。是为研究早期道教思想的重要资料。今人饶宗颐根据敦煌抄本，撰有《老子想尔注校笺》一书。

**铑** rhodium 化学元素，元素符号Rh，原子序数45，原子量102.905 5，属周期系Ⅷ族，铂系元素。1803～1804年W.H.沃拉斯顿从南美洲产的粗铂矿中分离出一种玫瑰色化合物，并表明这个化合物中包含一个新的元素。将此新元素命名为rhodium，它来自希腊文rhodon，原意是“玫瑰”。地壳中铑的含量为$1\times10^{-8}$%，常与铂和其他铂系元素一起分散于冲积矿床和砂积矿床的各种矿石中，也存在于铂系元素的自然合金中，还以钌硫砷铑矿等存在于自然界中。

铑是银白色金属；熔点1 964℃，沸点3 695℃，密度12.41克/厘米$^3$（20℃）；表面光亮，质极硬，耐磨，延展性虽不如铂或钯，但在热的状态下十分柔韧，可加工成细丝或薄片。铑与铂相似，有极低的电阻和极高的导电、导热性能。铑的氧化态0、±1、+2、+3、+4、+5和+6，主要氧化态为+3、+4。很不活泼，在空气和潮湿环境中极稳定。铑在空气中加热，表面会形成一层三氧化二铑薄膜，在更高的温度下三氧化二铑转变成为铑。铑与许多熔融金属如钠、钾、金、银和汞不起作用，铑（海绵铑、铑粉除外）能耐酸和王水的侵蚀；在200～600℃时与热浓硫酸、热氢溴酸、次氯酸钠发生反应；在氯气流中加热至300℃，生成既不溶于水也不溶于酸的红色三氯化铑，同样条件下与溴作用生成不溶于水的红棕色三溴化铑，却不与氟气发生反应。所有铑化合物易被还原或加热分解为海绵铑或铑粉。

用王水溶解提铂后的铂精矿渣或电解金属的阳极泥等，所得不溶渣中含有铑，经处理得六氯合铑（Ⅲ）酸铵，灼烧后，在氢气流中加热至1 000℃，还原成海绵态的铑。铑的主要用途是作为合金组分来硬化铂和钯，用作热电偶、空气动力火花塞、实验用的坩埚、电极等。铑还被用作电气焊接材料。通过电镀或蒸发而制得的镀铑板材，具有超级强度，独特的反射率（75%～80%），可以在首饰、探照灯、反射镜和电触点方面广泛应用。铑还是氢化反应、烃类重整的良好催化剂。铑有微弱的毒性，其微弱的毒性，可应用于化疗。

**乐亭县** Laoting County 中国河北省唐山市辖县。位于河北省东部，南临渤海。面积1 308平方千米。人口50万（2008）。金置乐亭县。以古乐安亭得名。矿产有海盐、石油、天然气等。属暖温带半湿润大陆性季风气候。农业主产小麦、棉花、玉米、高粱等。是河北省粮食、优质棉、重点良种基地县。以貂、狐狸等为主的珍稀皮毛动物养殖在华北地区久负盛名。近海为华北主要渔场，主产巴鱼、针鱼、鳎板、梭子蟹、海蜇等。工业有化工、机械、建材、食品、纺织、盐业等。唐山港位于县境内，是国家一类口岸。名胜有李大钊故居。

李大钊故居

**乐亭影戏** Laoting shadow play of 中国地方影戏。简称乐亭影。流布于河北乐亭一带。传说源于金代，唱词中保留着明显的话本痕迹。乐亭影戏用驴皮彩绘，造型不因袭戏曲脸谱，而是“公忠者雕以正貌，奸邪者刻以丑形”。清末乐亭影戏已臻完美，不但雕刻与操纵技巧均有自己独特的风格，唱腔的柔媚、醇美也冠绝一时。乐亭影以乐亭方言为标准语。乐亭方言的特点是四声中的二、三声颠倒，语音多弯儿，天然具有音乐性。外地人称乐亭人为老奋，因此乐亭影也俗称老奋影。历史上冀东各地的皮影艺人，大都是在乐亭从艺后出名的。当时影戏艺人在乐亭从艺，一是为学习艺术，二是正口。正口即改掉原来的方言，学成一口纯正的乐亭口音。清末民初乐亭出现了不少著名影戏艺人，像王华（1828～1911）、韩增（1864～1929）、李紫兰（1873～1926）、齐怀（1897～1979）都是乐亭县人，有的虽非乐亭原籍，却是在乐亭学艺从影的，如张绳武（1885～1968）是滦南县人，自幼在乐亭学艺，在乐亭翠荫堂影戏班成名，曾先后在"百代"、"宝新"、"歌林"、"荣新"、"胜利"等唱片公司录制乐亭影戏唱腔30余段。乐亭县在金、元、明三代约500年间隶属滦州，所以有人以州代县称乐亭影为滦州影。

**落子** laozi 中国汉族民间舞蹈。当地方言"落"、"乐"同音，故又称乐子。流传于河北沧州的沧县、南皮县、岩山县以及孟村回族自治县一带。早期是贫苦艺人乞讨的手段，现在是由男女青年执彩扇、竹板、霸王鞭在节庆里载歌载舞表演的节目。落子有文、武之分。文落子用扇、鞭、板表演，以唱为主，中间穿插武术和筋斗；武落子

落子表演

表演只用鞭和板，舞蹈性很强，动作英武健美。只用扇表演的称撇扇，以男女对舞的形式进行。落子的突出之处，在于舞者要有武术功底，男子动作开阔挺拔，外刚内韧，步法稳健，英姿勃勃；女子动作强调屈膝、拧腰（出胯）、含胸腆肥，尤其突出拧腰，形成妩媚的"三道弯"的曲线。落子有"大圆圈"、"穿八字"、"剪子股"等丰富队形，构图变化中讲究男女的高低对比，调度画面、路线的对称，具有独特的表演风格。

**乐昌市** Lechang City 中国广东省辖县级市。位于广东省北部，邻湖南。面积2 391平方千米。人口40万（2010）。隋开皇十八年（598）置乐昌县。1994年撤县设市。由**韶关市**代管。森林覆盖率65.1%，为省内重点林区。农作物有水稻、玉米、黄烟、蔬菜、药材、蚕桑等。矿产有锑、钨、铅、锌、铜、锡、硫铁黄石、煤炭等。工业有电力、冶金、纺织、水泥、建材、食品、机械等。名胜有金鸡岭、古佛岩、龙山温泉、九泷十八滩等。

**乐静宜** Le Jingyi（1975-03-19～ ） 中国女子游泳运动员。上海人。1988年入上海市游泳队。1991年入选国家游泳队。1992年在第25届**奥林匹克运动会**上，与队友合作获4×100米**自由泳接力**亚军。1993年在第1届世界短池游泳锦标赛中，获五项世界冠军、五破世界纪录：以24″62和24″23两破50米自由泳世界纪录；以53″01破100米自由泳世界纪录；以3′35″97打破4×100米自由泳接力世界纪录；以7′52″45打破4×200米自由泳接力世界纪录；以3′57″73打破4×100米混合泳接力世界纪录。1994年在第7届世界游泳锦标赛中，其取得的50米自由泳24″51，100米自由泳54″01，4×100米自由泳接力3′37″91，4×100米混合泳接力4′01″67成绩，均破世界纪录并获冠军。1995年获第2届世界短池游泳锦标赛50米自由泳、100米自由泳和4×100米自由泳接力3项冠军。1996年获第26届奥运会100米自由泳冠军，50米自由泳和4×100米自由泳接力两项亚军。1997年在瑞典哥德堡举行的第3届世界短池游泳锦标赛中，与队友合作，以3′34″55的成绩打破4×100米自由泳接力世界纪录，并获冠军，还获4×100米混合泳接力冠军，50米自由泳和100米自由泳两项季军。

**乐陵市** Leling City 中国山东省辖县级市。位于省境西北部，北邻河北省。面积1 172平方千米。人口65万（2010）。汉高祖五年（前202）置乐陵县，1961年属德州专区（1967年更名德州地区）。1988年撤县设市。由**德州市**代管。农业主产小麦、棉花、花生、芝麻，特产金丝小枣。工业以机械、纺织、食品、电子、化工等为主。小五金制品、汽车刹车片、枣制品、木制品、调味品等产品远销50多个国家和地区。名胜古迹有龙山文化遗址、五里冢、魏王城、金堤遗址、文庙大成殿等。

**乐平市** Leping City 中国江西省辖县级市。位于江西省东北部。面积1 973平方千米。人口81万（2010），有汉、满等民族。东汉建安十五年（210）析馀汗县置乐安县，南朝陈改银城县，隋开皇十年（590）省入鄱阳县。唐武德四年（621）置乐平县。因县治南临乐安江、北接平林，故名。1992年撤县设市。由**景德镇市**代管。矿产有煤、锰、海泡石、膨润土、陶粒岩、石英石等。农业主产水稻、棉花、油菜子、黄麻、芝麻、甘蔗等。工业以煤炭、电力、化工、医药、纺织、机械、建材、食品等为主。名胜古迹有洪岩洞、古石坝、涌山洞遗址等。

**乐山大佛** Leshan Giant Buddha 中国唐代佛教摩崖造像。位于四川乐山城东，岷江、青衣江、大渡河三江汇流处的凌云山西壁栖鸾峰。开元元年（713）由僧人海通始凿，贞元初剑南西川节度使韦皋舍俸钱五十万继续营造，至贞元十九年（803）最后完工，其凿建历时90年。大佛依山临江雕凿而成，是世界现存最大的摩崖石佛像，有"山是一尊佛，佛是一座山"之誉。1982年国务院公布为全国重点文物保护单位。1996年，乐山大佛和峨眉山风景区作为文化、自然双重遗产被列入《世界遗产名录》。

大佛为弥勒倚坐像，坐东面西，螺状发纹，面相端庄，身躯比例适度，双手抚膝，两腿下垂，足踏莲花，衣饰流畅。通

高71米、头高14.7米、头宽10米、肩宽28米。因躯体巨大，脚背宽即达8.5米。大佛两侧岩壁上有石龛造像，保存较好的有两龛，其中一龛"西方极乐图"雕刻精细，造型生动。大佛前原建有13层重楼，名大佛阁或大像阁，宋易名天宁阁或凌云阁，明末毁于兵燹。

**乐山市** Leshan City 中国四川省辖地级市。位于省境南部，四川盆地西南缘。辖市中、沙湾、五通桥、金口河4区和犍为、井研、夹江、沐川4县，以及峨边彝族自治县、马边彝族自治县，代管**峨眉山市**。面积12 826平方千米。人口324万（2010），有汉、彝、藏、苗、回等民族。历史上为四川开发最早的地区之一。古称南安、平羌、嘉州。清雍正十二年（1734）置乐山县。1978年改设县级乐山市，1985年撤销乐山地区和县级乐山市，设立乐山地级市。矿产有磷、石膏、煤、铁、铜等20多种。工业有电力、机械、食品、造纸、冶金、建材、电子、皮革、医药、农副产品加工等。市郊有装机容量130万千瓦的龚嘴水电站。特产井盐、嘉定绸、蚕茧、

茶叶等，并以优质白蜡著名。乐山恰当岷江与大渡河、青衣江汇流处，江面宽阔舒展，有航运灌溉之利，为山水奇雅佳丽的旅游城市。风景名胜有乌尤山、凌云山及其上的乌尤寺、大佛寺，大佛寺旁高达71米的乐山大佛为世界现存最大的佛像之一。市境有灵宝古塔、宋东坡楼、汉岩墓群等。还有平羌三峡风景区、沙湾石林风景区、郭沫若故居等。乐山为国家、历史文化名城。

**勒阿弗尔** Le Havre 法国第二大海港城市。属上诺曼底大区滨海塞纳省。位于国土西北部塞纳河口北岸，东南距巴黎176千米。人口约18.24万（2007）。拿破仑一世时为海军基地。第一次世界大战中为协约国军事基地。第二次世界大战期间，城市被德国军队占领，受到严重破坏，战后重建。城市经济发展与港口关系十分密切。19世纪后半期起发展了冶金、修船等工业部门，1960年沿海地带开辟了新工业区。新建炼油、造船、化工等部门。继而又发展了机械、纺织和食品加工等部门。港口临英吉利海峡。为巴黎外港，年进口量的4/5为石油与天然气，有输油管通巴黎；还进口棉花、咖啡、皮革和木材等。出口农产品、机械和车辆。有轮渡通英国。古迹有圣约瑟夫教堂。

**勒保** Lebao（1739～1819） 中国清代嘉庆初年镇压白莲教起义的清军统帅。字宜轩。满洲镶红旗人，费莫氏。历任兵部主事、太仆寺少卿、兵部右侍郎、山西巡抚、陕甘总督等职。乾隆六十年（1795），调任云贵总督。在镇压苗民起义中，勒保先督办军需，后偕将军明亮、提督鄂辉等接办军务，以功晋一等威勤侯。嘉庆二年（1797），调任湖广总督。在镇压白莲教起义中，是主要的统兵将帅之一。曾任四川总督、经略大臣，节制川、楚、陕、豫、甘五省军务，首倡坚壁清野之策，令百姓各依山险扎寨屯粮，并团练乡勇以自卫。镇压起义后，嘉庆七年晋封一等伯。十年，又赏太子太保衔。官至大学士。卒后谥号文襄。编有《平定三省教匪纪略》。

**勒贝格** Lebesgue, Henri Léon（1875-06-28～1941-07-26） 法国数学家。生于博韦，卒于巴黎。1894～1897年在巴黎高等师范学校学习。1902年在巴黎大学获得博士学。1902～1906年在雷恩大学任教，1906～1910年在普瓦提埃大学任教，1910～1919年被任命为巴黎大学文理学院数学分析讲师，1919年升为几何应用于分析讲座的教授。1922年任法兰西学院教授，同年被选为法国科学院院士。勒贝格的主要贡献在于测度和积分理论。在他以前，C.若尔当及É.波莱尔等人已试图把面积、体积、长度等概念推广到任意点集而得出一般的“测度”观念。

勒贝格采用无穷个区间来覆盖点集，使许多特殊的点集的测度有了定义，他一反过去先求积分后求测度的做法，先定义测度后定义积分。在定义积分时他也采取划分值域而不是划分定义域的办法，使积分归结为测度，从而使黎曼积分的局限性得到突破，进一步发展了积分理论。他的理论为20世纪的许多数学分支如泛函分析、概率论、抽象积分论、抽象调和分析等奠定了基础。利用勒贝格积分理论，他对三角级数论也作出基本的改进。另外，他在维数论方面也有贡献。他的论文收集在《勒贝格全集》（5卷）中。

**勒贝格积分** Lebesgue integral 建立在勒贝格测度上的一种积分。它是黎曼积分的推广，并在现代分析学中广泛采用。

以一元函数为例介绍勒贝格积分的概念。设$y=f(x)$是定义在有界集合$E$上的一个函数。用$E(f>a)$表示$E$中一切使得$f(x)>a$的点$x$的集合。完全类似地理解$E(f<b)$及$E(a\leqslant f<b)$等记号的意义。称$y=f(x)$为$E$上的可测函数，如果对任意实数$a$，集合$E(f>a)$是可测集。很容易推出，若$y=f(x)$为$E$上可测函数，则对任意$c$与$d(c<d)$，集合$E(c\leqslant f<d)$也是可测的。

设$y=f(x)$是$E$上可测函数，且$m\leqslant f(x)\leqslant M(\forall x\in E)$。对$[m,M]$作一分割：

$$y_0=m<y_1<y_2<\cdots<y_n=M$$

记$\lambda=\max\{y_i-y_{i-1}\}$，并在$[y_{i-1},y_i]$中任取一个点$\xi_i$。若下列极限：

$$I=\lim_{\lambda\to 0}\sum_{i=1}^{n}\xi_i m\big(E\big(y_{i-1}\leqslant f<y_i\big)\big)$$

存在：则称$f$在$E$上勒贝格可积，并将$I$称为$f$在$E$上的勒贝格积分，记为$\int_E f(x)\,\mathrm{d}x$。

在上述和式中，$m(E(y_{i-1}\leqslant f<y_i))$表示集合$E(y_{i-1}\leqslant f<y_i)$的勒贝格测度。

勒贝格积分是黎曼积分的推广。事实上，若$y=f(x)$在$[a,b]$上黎曼可积，则它必勒贝格可积，且两种积分相等。但是，勒贝格可积的函数未必是黎曼可积的，如狄利克雷函数在黎曼积分下是不可积的，但在勒贝格积分下是可积的。勒贝格积分比黎曼积分有许多优越之处，广泛应用于现代分析学各领域。

**勒·柯布西耶** Le Corbusier（1887-10-06～1965-08-27） 法国建筑师和城市规划师。生于瑞士一个钟表匠家庭，卒于美国里维埃拉。国际建筑风格建筑学派的第一代创始人。

早年学习雕刻艺术，受立体主义影响，青年时期曾游历欧洲一些国家，了解欧洲各地的建筑。1917年移居法国，1928年，他同W.格罗皮乌斯、L.密斯·范·德·罗等人组织国际现代建筑协会。在第一次世界大战后的大规模重建工作中，现代主义建筑在欧洲兴起，勒·柯布西耶是主要倡导者。1920～1921年，他在《新精神》刊物上发表了一系列文章，后来汇集出版《走向新建筑》一书。其中“住宅是居住的机器”成为他的名言。1926年，勒·柯布西耶提出了“新建筑的五项特点”：房屋底层采用独立支柱，屋顶花园，自由的平面，横向长窗，自由的立面等。代表作品有：萨伏伊别墅、巴黎大学瑞士学生宿舍等。他设计的马赛公寓大楼的外墙面是脱模以后不加修饰的粗糙的混凝土面，造型粗犷沉重，被称为“粗野主义”的建筑风格。1955年建成的法国朗香教堂是座形象独特并具有神秘的象征性的小型宗教建筑。这些作品对现代建筑的演变产生重要影响。在城市规划方面，勒·柯布西耶主张城市功能分区，采用高层建筑以减少建筑占地面积，增加游憩、体育活动用的城市绿地。道路按功能分级布置，有立体交叉等设施。

**勒科克** Le Coq, Albert von（1860-09-08～1930-04-21） 德国东方学家。生于柏林。1900年到柏林民俗博物馆工作，晚年任该馆东方部主任。1902～1914年4次来华考察，从吐鲁番、喀什、哈密、库车、焉耆等地搜集、运走了大量壁画、雕刻和多种文字的文书、文献。这些资料对于研究中国新疆地区的古代文化和中亚文化交流史有极重要的价值，但其中约半数在第二次世界大战中被毁。主要著作有《高昌》、《新疆地下宝藏》、《中亚的佛教晚期古典艺术品》等。

**勒克斯** lux 国际单位制中表示光照度的导出单位。简称勒。符号为lx。是流明每平方米（$\mathrm{lm/m^2}$）的专用名称。1勒相当于将1流的光通量均匀分布在1平方米的表面上所产生的光照度，即1勒＝1坎·球面度/米$^2$＝1流/米$^2$（$1\,\mathrm{lx}=1\,\mathrm{cd\cdot sr/m^2}=1\,\mathrm{lm/m^2}$）。lux一词来源于拉丁文，意为“光”。在欧美国家曾采用英尺烛光（fc），1勒＝0.092 9英尺烛光。

**勒孔特·德·李勒** Leconte de Lisle, Charles-Marie-René (1818-10-22～1894-07-18) 法国诗人。生于印度洋法属留尼汪岛，卒于巴黎附近。19岁时回法国开始写作。1848年始先后发表《古代诗篇》(1852)、《蛮族诗集》(1862)、《悲剧诗》(1884)等诗集。

李勒的诗一般取材于古代神话传说和其他原始民族的风俗习惯与宗教信仰，同时也着重描绘远方异域的山川风貌和珍禽异兽，贯串着一种由于人生之谜而产生的强烈的悲观思想。他刻意追求造型艺术的美，诗作格律严谨，语言精确，色彩鲜明，线条突出，给人以坚固、结实、静穆的感觉。

除了诗作之外，李勒还在《古代诗篇》的序言中提出了自己的诗歌美学理论，例如“艺术非个人化”、“艺术与科学联姻”和“追求完美诗艺”等，发展了T.戈蒂耶的“为艺术而艺术”的思想，使之成为帕尔纳斯派的领袖。

**勒利德布尔** Lalitpur 尼泊尔古都，旅游胜地。旧名帕坦。位于尼泊尔中部巴格马蒂河左岸，是“加德满都谷地三镇”之一，北距首都加德满都5千米。人口16.3万。公元前650年已形成居民点，后逐渐发展为城市。是尼泊尔传说古史中第一位君主达尔马帕尔的都城。11～18世纪，成为地区性王国、王朝包括“三国鼎立”时代帕坦王国(1597～1768)的都城。也是佛教大乘金刚教派的传布中心。附近农产品的商贸中心，工业中以金属和宝石加工驰名。整个城市有如一座露天博物馆，被誉为“艺术之城”、“美景之城”。市区按佛教经中的轮状图形设计建造，分布着许多庙宇，以建于12世纪的金寺最为著名。还有帕坦王国国王宫邸。市中心的吉祥街是李查维王朝（约4～8世纪）马纳格里赫宫的遗址。城外东西南北方各立佛塔一座，据说为印度阿育王所建。元初在中国生活和工作长达46年之久的尼泊尔著名工艺师阿尼哥，即来自这个城市。

**勒拿河** Lena River 世界大河之一。位于俄罗斯东西伯利亚。源出贝加尔湖山脉西坡，沿中西伯利亚高原东缘，向北曲折纵贯伊尔库茨克及萨哈（雅库特）共和国的森林与苔原带，注入北冰洋拉普捷夫海。长4 400千米。流域面积249万平方千米。上游流经山地、高原，谷深岸陡，多急流、石滩，具有明显的山地型河流特征。中游水量较丰，尤其是奥廖克马河注入后，河床展宽至2 000米。但在流经阿尔丹高原时，个别地段河床有陡崖。下游由于流经中雅库特低地，并有维柳伊河注入，通常河谷宽达30千米，河漫滩宽7～15千米，其上遍布湖沼，多河汊，航道变化无常。河口三角洲面积约3万平方千米。河水补给以冰雪融水为主，次为雨水。以春汛为主。夏有洪水，冬季水位最低，流量最小。年均径流量5 370亿立方米。9月末至翌年5月中旬至6月初为结冰期。春季流冰常阻塞河床，使水位急剧升高。流域内森林、煤、天然气、石油、铁、金、金刚石、云母、岩盐等资源丰富，水力资源蕴藏量约4 000万千瓦。支流上建有维柳伊斯克水电站和马马卡斯克水电站。干、支流广泛用于流放木材。乌斯季库特以下可定期通航（卡丘格至乌斯季库特汛期可通航）。下游渔业较发达，主产穆松白鲑、西伯利亚白鲑、北白鲑、秋白鲑等。主要河港有：奥谢特罗沃、基连斯克、连斯克、奥廖克明斯克、波克罗夫斯克、雅库茨克、桑加尔等。

勒拿河河口景色

**勒纳** Lenard, Philipp (1862-06-07～1947-05-20) 德国实验物理学家。生于奥匈帝国的普雷斯堡（今斯洛伐克布拉迪斯拉发），卒于德国梅塞尔豪森。1883年起在海德堡大学和柏林大学学习，1886年获得博士学位。历任海德堡大学教授，基尔大学教授和物理实验室主任。1892年制成了带有铝箔窗（被称为勒纳窗）的阴极射线管。后来他证实了阴极射线是由带负电的粒子组成。根据阴极射线被物质吸收的事实，他得出原子的有效中心集中在原子体积中很小部分的结论，比E.卢瑟福提出有核原子模型早。由于对阴极射线的研究成果，他获得1905年诺贝尔物理学奖。1902年勒纳发现了光电效应的重要性质：光电子的数目随光的强度而增加，可是光电子的动能只与光的频率有关，与光的强度无关。这个实验事实与将光看成波的经典理论相矛盾。1905年A.爱因斯坦提出光量子假设，解释了光电效应的这一性质。

勒纳是种族主义者和排犹主义者。在希特勒统治期间，成为纳粹在物理学界的代言人。从1920年起就诽谤、攻击爱因斯坦和相对论。第二次世界大战后，被勒令离开海德堡到梅塞尔豪森。

**勒南兄弟** Le Nain, Antoine, Louis and Mathieu 法国三位兄弟画家。A.勒南（约1588～1648-05-25)，生于拉昂，卒于巴黎，是勒南兄弟画室的领袖。L.勒南（约1593～1648-05-23）生于拉昂，卒于巴黎。成就最大，最为驰名，早年受到卡拉瓦乔主义艺术的影响。M.勒南(1607～1677-04-20)生于拉昂，卒于巴黎。他的作品和两位哥哥的作品略有不同，风格较为华丽。由于他们兄弟

《卖牛奶妇的一家》

三人作画，在画上只签勒南字样，所以后人很难把他们的作品区分开。勒南兄弟的故乡是拉昂，1629年他们迁居巴黎，并设画室，专门画表现日常生活的风俗画和肖像画，尤善于描绘农村题材。他们是法国17世纪上半叶与宫廷古典主义艺术相对立的画家，是法国卡拉瓦乔主义艺术的杰出代表。一些古典主义的批评家不满意他们的艺术，称他们为“风格卑劣而人物简陋的画家”。可是他们仍然坚持写实主义的道路，创作出大量朴实、真挚、有着浓郁生活和时代气息的作品。代表作品有《割草归来》(1641)、《铁匠铺》(约1641)、《农家室内》(1640～1645)、《卖牛奶妇的一家》(1640～1645)、《幸福家庭》(1642)。《铁匠铺》(L.勒南)是较早的描绘农村工匠生活的风俗画，画面质朴，生动地刻画了铁匠家里的全体成员。《卖牛奶妇的一家》(L.勒南）是充满生活情趣的作品，画面近处是卖牛奶的一家人，那头毛驴也像是家庭中的一员处于画面中心。勒南兄弟在艺术风格上相同之处在于他们笔下的人物大多是静止的、肖像式的，有着庄严肃穆的美。

**勒普累** Le Play, Frédéric (1806-04-11～1882-04-05) 法国社会学家、矿业工程师，19世纪对社会现实进行经验研究的先驱者之一。生于拉里维耶尔-圣索沃，卒于巴黎。青年时期就学于巴黎综合工科学校。后在法国中央矿业部工作。1855年起专门从事

社会学研究。著有《欧洲工人》、《法国的社会改革》、《家庭的组成》、《人类的基本政体》等。

勒普累是A.孔德开创的实证主义社会学的追随者。他认为，家庭是社会的基本单位，社会的状况可以通过家庭的物质生活和稳定性得到测量，社会随同家庭道德水平的提高或败坏而发生循环变化。他以家庭和生产为开端，研究了工人与生产、人民同政府领导人之间的关系以及政府最合理的职能。他深信经济生活规定着社会的一般特性。他通过访问方法对工人家庭情况进行了大量的专题研究，对社会学的调查方法作出了重大贡献。

**勒奇山隧道** Loetschberg tunnel; Lötschberg-Basistunnel 世界最长的山岭铁路隧道。位于瑞士境内，隧道穿越阿尔卑斯山脉，两个出口分别位于伯尔尼州的弗鲁蒂根和瓦莱州的拉龙。全长近35千米。由瑞士政府斥资43亿瑞士法郎，历时8年建成。2007年6月15日举行通车典礼，同年12月9日正式投入商业运营。每天有42趟客运列车和80趟货运列车通过隧道。隧道的铁轨加铺了橡胶，以适合来自德国、法国和意大利的高速列车。货运列车过隧道的最高时速可达160千米，客车则可达250千米。

**勒让德** Legendre, Adrien-Marie (1752-09-18～1833-01-10) 法国数学家。生于巴黎，卒于巴黎。1770年毕业于马萨林学院。1782年以外弹道方面的论文获柏林科学院奖。1783年被选为法国科学院助理院士，两年后升为院士。1795年当选为法兰西研究院常任院士。1813年继任J.-L.拉格朗日在天文事务所的职位，直至去世。

勒让德的主要研究领域是分析学（尤其是椭圆积分理论）、数论、初等几何与天体力学。

勒让德是椭圆积分理论奠基人之一。从1786年起，他就这一课题写了大量论著，包括《积分学演习》(3卷)、《椭圆函数论》(2卷)。他在这方面的主要贡献是：提出三类基本的椭圆积分；证明每个椭圆积分可以表示为这三类积分的组合；编制详尽的椭圆积分数值表。在L.欧拉提出椭圆积分加法定理后的40年中，他是仅有的在这一领域提供重大新结果的数学家。

在关于行星形状和球体引力的研究中，勒让德引进了勒让德多项式，发现了它的许多性质。他还研究了B函数和Γ函数（他把这两个函数分别称为第一类和第二类欧拉积分），得到了Γ函数的倍量公式。他陈述了最小二乘法，提出了关于二次变分的勒让德条件。勒让德对数论的主要贡献是二次互反律，这是同余式论中的一条基本定理。早在1785年，他已概述了这一定理及其应用，但证明不够完整。1823年，他对费马大定理中$n=5$的情形（即方程$x^5+y^5=z^5$没有整数解）提出一个完满的证明。他归纳出素数分布律的一种形式，但不正确。

勒让德的《几何学原理》，第一版出版于1792年，再版多次，并有多种语言的译本。他对欧几里得平行线公设进行了近20年的研究，试图证明这一公设，当然每次证明中都隐含着漏洞。但在研究过程中，他也得到了一些重要定理。

**勒瓦娄哇技术** Levallois technique 旧石器时代的一种石器制作技术。因用这种技术制作的石器最早发现于法国巴黎近郊的勒瓦卢瓦－佩雷而得名。这项技术以预制石核为特点，即石片从燧石石核上剥离下来之前，先把用来打石片的石核修理成倒置的龟甲形状。打下的石片薄而规整，一边平整，一边凸起，锐利的刃缘像一把石刀。石片的台面常常留有修理痕迹。此技术出现于距今40万年前后，广泛应用于非洲、西亚、中亚等广大地区，是阿舍利文化和莫斯特文化的组成部分。

**勒威耶** Le Verrier, Urbain-Jean-Joseph (1811-03-11～1877-09-23) 法国天文学家。生于诺曼底的圣洛，卒于巴黎。巴黎综合工科学校毕业后从事化学实验工作，1837年任母校的天文教师，改攻天体力学。曾两度出任巴黎天文台台长。最重要的贡献是1846年8月31日以数学方法推算出海王星的轨道并预言它的位置。1839年，还研究过太阳系的稳定性问题。1849年系统研究大行星运动理论，编制了行星星历表。1859年，发现水星近日点的异常进动，把这种异常现象归于一个未知行星的摄动，并预言水内行星的存在，但这个预言至今未能证实。后来，A.爱因斯坦用广义相对论成功解释了水星近日点进动问题。勒威耶还是现代气象学的奠基者之一，倡导国际气象预报服务。

**勒温** Lewin, Kurt (1890-09-09～1947-02-12) 德国心理学家，格式塔心理学的后期代表、拓扑心理学的创始人。生于莫吉尔诺（今在波兰），卒于美国马萨诸塞州牛顿维尔。1914年获柏林大学哲学博士学位，1927年任柏林大学教授。1933年移居美国。1945年到马萨诸塞理工学院建立并主持团体动力学研究中心。勒温根据成人和儿童的实验，开辟了人的动机的实验研究领域。在社会心理方面，他研究奖励、惩罚、冲突和社会影响等人际过程，考察技术、经济、法律和政治对于群体的社会约束，以及工业组织中的冲突和群体之间的偏见与敌对行为等问题。

勒温提出心理学场论，认为行为是由个人及其心理环境的生活空间（*LSP*）这个场决定的。基本公式是：

$$B=f(P,E)=f(LSP)$$

即行为（*B*）依赖于人（*P*）和环境（*E*）的相互作用。他先后用动力心理学、拓扑心理学、矢量心理学及场论来描述和解释他的心理学。主要著作有《个性的动力理论》(1935)、《拓扑心理学原理》(1936)、《心理力的表述和测量》(1938)、《解决社会冲突》(1948)和《社会科学中的场论》(1951)等。

**雷** thunder 伴随闪电产生的大气发声现象。由于闪电放电，闪电通道内空气瞬间产生高温高压，体积急骤膨胀造成一个向通道四周传播的激震波，这个高压激震波在很短距离内迅速衰减并退化为强大的可闻声和次声波。由于闪电放电的复杂性，不同闪电的雷声在时间变化和强度方面有很大的差异，大体可分为炸雷（持续时间一秒左右的强烈雷声脉冲）、闷雷（重复数次的隆隆声脉冲）和拉磨雷（持续较长时间的低沉声响）三种。因为闪电通道有一定长度（一般数千米），因此通道各部分激发的声音传到观测者耳中先后不一，再加上这些声波与从地面、云中反射的回声混合在一起，自然形成我们常听到的隆隆雷声，长约30～40秒，个别可达1分钟。利用雷声与闪电的时间差，常常可以估计闪电的距离，一般而言，雷声的传播距离不超过25千米，在海上最远时可达100千米。雷声声强谱的峰值频率为4～125赫，有的在次声波，有的在可闻声。

**雷暴** thunderstorm 以闪光（闪电）和雷声等雷电现象为特征的对流性天气现象。产生雷暴的天气系统是强对流性云（如强积雨云）。雷暴过境时，主要气象要素和天气的变化都很剧烈，瞬时风速一般为15～25

米/秒，风速极大时可达40米/秒，降水阵性强，常形成暴雨。强烈的雷暴甚至带来冰雹、龙卷、雷击等严重灾害。一般情况下，即使是多个雷暴集合的雷暴群其影响范围也只有数百千米，持续时间较短，不超过2小时。但它们若与较大天气系统相连，可以发生大范围雷暴。在一个发展旺盛的积雨云中，云的上部产生冰晶，因水滴破碎及对流活动会使云中产生电荷，一般云上部以正电荷为主，云下部则产生负电荷，云的上下部产生一个电位差，当电位差达到一定程度以后，就会放电，出现闪电。在放电的通道中，空气温度突然增加而产生急剧膨胀，引发冲击波，出现强烈的雷鸣。当放电位置偏低时，可直接引起云和地之间放电，产生雷击，常造成很大灾害。

**雷布查人** Lepchas 南亚喜马拉雅山区民族之一。自称绒巴人。约3万人（2001）。主要分布在印度锡金地区，部分分布在不丹西部、尼泊尔东部，以及印度的西孟加拉邦。属蒙古人种南亚类型。使用雷布查语（绒巴语），属汉藏语系藏缅语族。无文字。普遍信仰本教或藏传佛教。原为中国藏族的一部分，在经济、文化等方面一直与藏族保持密切联系，很久以前就互相通婚。有些偏僻地区尚有原始公社制残余。家庭财产按父系继承。一妻多夫现象普遍。人死后采用的葬式（火葬、土葬、水葬）由喇嘛决定。男女均梳发辫，男子梳为一支，女子梳为两支。男女均着裙装。主要从事农业，种植旱稻、玉米、荞麦、稷类以及小豆蔻，耕作粗放。有些地方大量土地划归茶园，人们被迫充当种植工人。

**雷达** radar 利用电磁波发现目标并测定其位置、速度和其他特征参数的军用电子信息装备。雷达具有发现目标距离远，测定目标坐标速度快，能全天时、全天候使用等特点。广泛用于警戒、引导、武器控制、侦察、地形测绘、航行保障、气象观测和敌我识别等军事领域，是现代战争中一种重要的电子信息装备。

组成与原理 典型的雷达，主要由天线、收发转换开关、发射机、接收机、定时器、显示器、电源等部分组成。发射机产生强功率高频振荡脉冲。具有方向性的天线将这种高频脉冲能量转变成束状的电磁波（简称波束），以光速在空间传播。电磁波在传播过程中遇到目标时，目标受到激励而产生二次辐射。二次辐射中的一小部分电磁波返回雷达，为天线所收集，称为目标回波信号。接收机将目标回波信号放大、滤波和变换后，送到显示器上显示，从而探测到目标的存在。为使雷达能够在各个方向的广阔空域内搜索、发现和跟踪目标，通常采用机械转动天线或电子控制

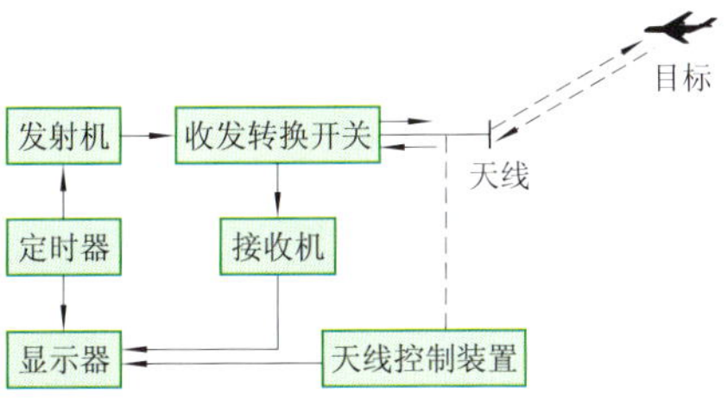

脉冲雷达原理示意图

波束扫描的方法，使天线波束以一定的方式在空间扫描。

目标的距离是根据电磁波从雷达传播到目标所需要的时间（即目标回波信号到达时间的一半）和光速（$3\times10^8$米/秒）相乘而得出的。目标的方位角和仰角是利用天线波束的指向特性测定的。根据目标距离和仰角，可测定目标的高度。当目标与雷达之间存在相对运动时，雷达接收到目标回波信号的频率就会产生多普勒频移，频移量与目标运动速度的径向分量成正比。据此，即可测定目标的径向速度。

战术技术性能 战术性能主要包括最大作用距离、最小作用距离、方位角和仰角工作范围、精确度、分辨力、数据率、反干扰能力、生存能力、机动性、可靠性、维修性和环境适应性等，技术性能主要包括雷达的技术体制、工作频率（波长）、发射功率、信号形式、脉冲重复频率、脉冲宽度、接收机灵敏度、天线的波束形状和扫描方式、显示器的形式和数量等。

分类 按工作波段可分为米波雷达、分米波雷达、厘米波雷达、毫米波雷达和光雷达。按接收目标信号的性质可分为一次雷达、二次雷达和无源雷达。按技术体制可分为脉冲雷达、连续波雷达、单脉冲雷达、动目标显示雷达、脉冲多普勒雷达、脉冲压缩雷达、频率捷变雷达、相控阵雷达、合成孔径雷达、超视距雷达、多基地雷达、超宽带雷达、逆合成孔径雷达、低截获概率雷达、冲击雷达和谐波雷达。按雷达架设位置可分为地面雷达、机载雷达、舰载雷达、导弹载雷达、航天雷达和气球载雷达。按照作战任务可分为用于警戒和引导的雷达、用于武器控制的雷达、用于侦察的雷达、用于航行保障的雷达、用于气象观测的雷达、多功能雷达敌我识别系统。

**雷德菲尔德** Redfield, Robert（1897-12-04～1958-10-16） 美国人类学家、社会学家。生于芝加哥，卒于芝加哥。早年学习法律，1923年去墨西哥访问，受到当地传统文化的影响，返美后研究人类学。1926年赴墨西哥考察，写出《梯波兹特兰，一个墨西哥村庄》（1930）。1927年任芝加哥大学讲师，1928年获芝加哥大学哲学博士学位。1930年任华盛顿卡内基研究所副研究员。1934年任芝加哥大学人类学教授、社会科学部主任。自1930年起对墨西哥南部尤卡坦进行了长达16年的考察，还考察研究过玛雅文化，并到过中国、印度、波多黎各等国及欧洲。著有《尤卡坦的民间文化》、《小社区》、《农民社会和文化》等。

雷德菲尔德的研究方法和理论受到以B.K.马利诺夫斯基和A.R.拉德克利夫-布朗为代表的功能学派人类学的影响，同时在方法上还受以帕克为代表的芝加哥学派经验社会学的影响。20世纪30年代，他在对农村文化向城市文化变迁的研究中，继承了H.梅恩、F.滕尼斯、É.涂尔干的传统，致力于区分民俗社会（农村）与都市社会。他的另一个理论贡献是提出了大传统与小传统的概念。前者指社会精英建构的观念系统——科学、哲学、伦理学、艺术等，后者指平民大众间流行的宗教、道德、传说、民间艺术等。

**雷锋** Lei Feng（1940-12-18～1962-08-15） 中国人民解放军战士，英雄模范。生于湖南望城，卒于辽宁抚顺。出生于贫苦农民家庭，七岁成为孤儿，依靠穷苦乡亲照料生活。

1949年8月家乡解放，被人民政府收养，到学校读书。高小毕业后，在乡人民政府当通讯员，后调中共望城县委当公务员，被评为"工作模范"。1957年加入共青团。1960年1月加入中国人民解放军，历任沈阳军区工程兵某部运输连四班汽车兵、班长。同年11月8日，加入中国共产党。雷锋在平凡的岗位上，作出了不平凡的事迹。他刻苦学习毛泽东著作，写了大量的学习笔记和日记。"把有限的生命投入到无限的为人民服务之中去"是他的座右铭。他利用节假日、出差等各种机会到车站、码头、工地上帮忙，努力为人民服务。他生活艰苦朴素，乐于助人，把节约下的钱捐给灾区和有困难的同志、群众。他谦虚谨慎，做好事不留姓名，受到赞誉不骄傲。在部队两年零八个月，荣立二等功一次、三等功两次，受嘉奖多次，被评为"节约标兵"、"模范共青团员"、"五好战士"，所带领的四班一直是先进集体。

雷锋在意外事故中不幸因公殉职后，解放军总政治部、中华全国总工会和共青团中央、全国妇联等都发出向雷锋学习的号召，国防部命名他生前所在班为“雷锋班”。1963年3月5日，毛泽东“向雷锋同志学习”的题词在报刊上发表，全国掀起了学习雷锋的热潮，雷锋成为中国最有代表性的具有共产主义精神的英雄模范典型人物，每年3月5日成为全国人民开展学习雷锋运动、实践为人民服务的纪念日。

**雷公** Thunder God 中国古代神话传说中的司雷之神。又称雷师。起源很早，无论古籍还是民间传说所描绘的雷公多是半人半兽状，或为龙身人头，或为鸡形。东汉王充《论衡·雷虚》描绘雷公状如力士，左手拉着连在一起的一串鼓，右手握着鼓槌，作槌击鼓状。北宋《太平广记》引《神仙感遇传》称雷公有兄弟五人，合称五雷，是俗语“天打五雷轰（劈）”的来源。许多文学作品，如屈原《楚辞·远游》、吴承恩《西游记》、冯梦龙《警世通言》等都有关于雷公的描写。道教奉雷公为九天应元雷声普化天尊，有天、地、人三十六雷之说。传说雷公与电母是夫妻，电母手持一面大镜子，明辨善恶，再由雷公发雷“能击妖孽及忤逆不孝之人”。民间多立祠庙，塑雷公像奉祀，还有雷神会、雷王祭等祭雷习俗，汉族较普遍地举行雷祖生日的祭祀。在侗族等西南少数民族的信仰中，雷公被认为是最大和最重要的神，有生杀之权，同时也掌管气候。汉族和少数民族也有许多神话和传说把雷公塑造为恶神，被人类战胜或戏弄。

**雷哈尼** RIhan, Nagulb el- (1890～1949-06-08) 埃及戏剧表演家。生于开罗，卒于开罗。1915年与A.伊德组建剧团，主要演出喜剧和小型歌剧。1916年他在《村长大人》一剧中，成功地塑造了凯希村长，由此名声大振。后来他主演《蠢驴与糖果》一剧，再次获得成功。以后他陆续创作和演出了许多讽刺剧，成为20世纪上半叶埃及最著名的喜剧表演家。晚年加入电影界，拍摄了多部影片。雷哈尼先后到叙利亚、突尼斯、阿尔及利亚、摩洛哥、法国和美国等国演出，博得了广泛的好评。

**雷海宗** Lei Haizong (1902-06-18～1962-12-25) 中国历史学家。字伯伦。生于河北省永清县，卒于天津。1922年毕业于清华大学后，公费留学美国，在芝加哥大学攻读历史和哲学。1927年获哲学博士学位，同年返国。曾任南京中央大学、金陵女子大学、武汉大学、清华大学、西南联合大学历史系教授、历史系主任和文学院代理院长等职。1952年任南开大学历史系教授。

他毕生从事历史教学和研究工作，讲授中国通史、中国上古史、中国哲学史、中国文化史、西洋通史、世界上古史、世界中古史、世界近代史、外国史学史、外国文化史、基督教史等多种课程。雷海宗认为真正的史学不是繁琐的考证或事实的堆砌，于事实之外须求道理，要以哲学的眼光，对历史作深刻透彻的了解。他曾受德国史学家O.施本格勒提出的“文化形态史观”的影响。编著有《中国通史》、《中国通史选读》、《西洋通史》、《西洋通史选读》等。

雷克雅未克城市一角

**雷洁琼** Lei Jieqiong(1905-09-12～2011-01-09) 中国社会学家、法学家、教育家、社会活动家。祖籍广东台山，生于广州市，卒于北京。1931年获美国南加州大学社会学硕士学位。同年回国，执教于燕京大学。1940年以后，历任中正大学、东吴大学和燕京大学教授，沪江大学、圣约翰大学、震旦女子文理学院兼任教授。1949年后，历任政务院文教委员会委员、北京政法学院教授兼副教务长、国务院专家局副局长、北京市副市长、北京大学国际政治系及社会学系教授、国务院学位委员会第一届学科评议组成员、中国社会学会副会长和名誉会长等职。1949年出席中国人民政治协商会议第一届全体会议。1954年以后当选为第一、二、三、六届全国人民代表大会代表，第七、八届全国人大常委会副委员长，全国政协第六届副主席。她是中国民主促进会发起人之一，历任中国民主促进会中央委员会常务委员、副主席、主席。著有《中国婚姻家庭问题》、《谈谈婚姻与家庭问题的调查研究》、《新中国建立后婚姻家庭制度的改革》、《建设有中国特色的社会保障理论》、《家庭社会学二十年》等。强调社会学理论与应用的结合，在家庭社会学等应用社会学领域有深入研究。

**雷克雅未克** Reykjavík 冰岛首都。世界上最北的首都（北纬64°09′）。位于冰岛西南部法赫萨湾东南的塞尔蒂亚纳半岛北侧。面积120平方千米，其中市区100平方千米。人口20.1万（2009），约占全国总人口37.7%。市区附近地势较平坦，气候温和湿润。1月平均气温0.3℃，7月10.6℃。平均年降水量840毫米。874年维金人在此建立了第一个定居点。1786年被定为全国第一个直辖市。1801年又成为全国主教的驻地。1918年定为首都，此后迅速发展为冰岛的政治、经济和文化中心。城市及其附近地区集中了全国大部分工业，包括渔产品、食品加工、纺织、日用品、印刷物、服饰、涂料、金属制品、电器、造船等。为重要海港，年货物吞吐量约2 000万吨。附近多温泉，常水汽弥漫，城名即为“烟湾”之意。温泉供暖。市容整洁，高度现代化。著名建筑和文化设施有冰岛议会大厦、信义会大教堂、博物馆、图书馆、档案馆和冰岛大学，以及多座专业研究所。在西南有国际机场。

**雷列耶夫** Ryleyev, Kondraty Fyodorovich (1795-09-29～1826-07-25) 俄国诗人。生于巴托沃，卒于彼得保罗要塞。十二月党人文学最杰出的代表者。组诗《沉思》（1821～1823）选取俄国历史上性格坚强的人物作主人公，借以唤起读者的爱国热情和社会理想。长诗《沃依纳罗夫斯基》(1825)以乌克兰古代历史故事为题材，反映了十二月党人为祖国和自由贡献一切的精神。其他主要作品还有组诗《公民》(1824～1825)、未完成的长诗《纳里瓦依科》(约1824～1825）等。

**雷马克** Remarque, Erich Maria (1898-06-22～1970-09-25) 德国小说家。生于奥斯纳布吕克，卒于瑞士洛迦诺。因参加第一次世界大战五次受伤。战后做过教师、会计、石匠、编辑等。1933年A.希特勒取得政权后作品被焚烧并被剥夺德国公民权，被迫流亡国外。代表作《西线无战事》(1929)通过普通战士在战壕

中经历的精神和肉体痛苦及目睹的死亡惨相，揭露帝国主义战争的残酷和毁灭性。《流亡曲》(1941)、《凯旋门》(1946)、《里斯本之夜》(1963)、《天堂里的阴影》(1971)等描写流亡者的不幸遭遇及主人公爱恨交织的复杂感情。《生死存亡的年代》和《黑色方尖碑》(1956)描写返乡士兵的精神痛苦、迷惘和觉醒。雷马克描写事物的手法客观、冷静、简洁，情节紧张，扣人心弦。

**雷乃** Resnais, Alain (1922-06-03～ ) 法国电影导演。生于瓦讷。1943年毕业于法国高等电影学院。1948年拍摄短片《梵高》，显示了他的才能。20世纪50年代末成为左岸派的领袖。作品有短片，如《高更》、《雕像也在死亡》、《夜与雾》等；长片，如《广岛之恋》(获1959年法国梅里爱电影奖)、《去年在马里昂巴德》(获1961年威尼斯电影节金狮奖)、《战争结束》(获1966年法国路易·德吕克奖)、《天命》(获1978年法国电影凯撒奖最佳影片、最佳导演等7项奖)、《我的美国叔叔》(获1980年戛纳电影节评委会特别奖和法国梅里爱电影奖)、《老调重弹》(获1998年法国电影凯撒奖最佳影片、编剧等7项奖和梅里爱电影奖)等。雷乃早期拍的短片表现了他的进步思想；一系列长片又表明了他具有探索、创新精神。

**雷鸟** *Lagopus*; ptarmigan 鸡形目松鸡科雷鸟属鸟类的统称。遍布欧亚大陆北部和北美洲，从北极冻原地带直至森林及森林草原带。共有3种。中国有柳雷鸟和岩雷鸟两种，前者分布在黑龙江流域，后者见于新疆北部。

雷鸟属典型的寒带鸟类，终年留居在严寒的北方，形成一系列适应冻原生境的特性。如腿上的羽毛厚而长，一直覆盖到脚趾；脚趾周围有很多长毛，既保暖，又便于在积雪上行走不至于下陷；鼻孔外披覆羽毛，可抵挡北极的风暴，也有利于向雪下啄取食物。嘴粗壮而短，善挖食雪下根茎，几乎完全吃植物性食物。雷鸟全长约380毫米。四季换羽。雄鸟在婚后和冬季之前，夏羽和冬羽完全更换新羽，而春羽和秋羽只是局部替换；雌鸟每年三次换羽，婚前不换羽。雷鸟的冬羽雌、雄均全身雪白。春季，雄鸟的头、颈和胸部换成有栗棕色横斑的春羽。雄鸟繁殖前还有换婚羽的习性，即换成华丽的羽饰来博得雌鸟的青睐。夏季，雷鸟上体又换成了黑褐色且具棕黄色斑纹。秋季，羽毛换成黄栗色。在中国的繁殖期是4～5月，1雌配1雄，两性共同筑巢。巢置于地面草丛中或灌木下，为椭圆形小坑，内铺少量枯枝、草叶和残羽。每窝产卵8～12枚，卵呈淡黄色且满布褐色斑点。雷鸟是重要的猎禽，为中国国家二级保护动物。

**雷诺阿** Renoir, Jean (1894-09-15～1979-02-12) 法国电影导演。生于巴黎，卒于美国加利福尼亚州贝弗利希尔斯。学过陶瓷工艺美术。1924年投身影坛，导演了第一部影片《水中姑娘》。一生共创作了40多部电影作品。1926～1935年，拍摄了《娜娜》(1926)、《布杜落水遇救记》(1932)等13部影片。1935～1939年是他最重要的创作时期，拍摄的优秀作品有《生活属于我们》(1936)、《幻灭》(1937)、《马赛曲》(1938)、《游戏规则》(1939)。其中《幻灭》和《游戏规则》是世界电影史上的不朽之作。他对景深镜头的系统运用形成了时空连续的拍摄风格，对追求真实性的现代电影有重要影响。1941年移居美国。其他重要作品有《河流》、《金马车》、《法国康康舞》、《被捉住的军士》等。

**雷诺阿** Renoir, Pierre-Auguste (1841-02-25～1919-12-17) 法国画家，印象主义展览的参加者。生于利摩日，卒于卡涅。由于家庭境遇不佳，少年时期随彩陶匠学徒，培养了他对透明色的鉴赏力和用色彩制造装饰效果的能力。为了谋生，他还画过扇面和宗教画。1861年入C.格莱尔画室，与A.西斯莱、C.莫奈和J.-F.巴齐耶结交。他们一同到枫丹白露森林作画。普法战争后，他和莫奈等青年画家在塞纳河畔阿让特伊作画，研究阳光在水面上的反映。1874年印象主义画家举办第一届展览会，雷诺阿展出了《包厢》，引起世人注意。但是，他最感兴趣的是人体美，沉醉于表现生活的欢乐气氛。雷诺阿的女性裸体画着重表现人体的饱满、温情和妩媚。苏联文艺理论家A.V.卢纳察尔斯基称他是“描绘欢乐的画家”。1878年起，由于经济上的原因，他脱离印象主义转向官方沙龙。1883年左右，他到意大利旅行，在那不勒斯、庞贝参观了希腊、罗马的壁画，受古典艺术的影响，追求线的造型和宏伟的构图。1903年定居法国南部。因双手患风湿病很难把握画笔，但直到离开人世时，手上还握着画笔。他创作了不少印象派风格的肖像画，著名的有《读书的女人》(1874)、《莫奈像》、《扎头巾的青年女子》(1875)、《读书的女孩》(1890)等。描绘外光的作品有《拉·格雷努耶尔》(1869)、《红磨坊街的舞会》(1876)。参加官方沙龙的作品虽然获得成功，但缺乏早期作品的生气。他的作品除藏在法国和欧洲其他国家的大博物馆外，在美国也有不少收藏。

《包厢》

**雷诺数** Reynolds number 由流场中特征速度$v$、特征长度$L$、流体密度$\rho$和流体黏性系数$\eta$组成的无量纲参数，定义为：

$$Re=\frac{\rho vL}{\eta}$$

1883年英国物理学家O.雷诺在圆管水流实验中首次发现：水流随这一参数（这时$v$取平均流速，$L$取管的内径）的不同而出现不同的流态。当这个参数小于约2 300，管内为层流；大于约2 300为湍流。这个参数遂被命名为雷诺数。从层流到湍流的转变现象称转捩，标志着流动转捩的雷诺数为临界雷诺数。雷诺数又可度量流场中黏性流体微团所受惯性力与黏性力大小之比。就飞行器绕流而言，雷诺数可达到$10^7$或更大，因而绕流流场的绝大部分区域黏性力与惯性力相比很小，可以略去不计。只有在紧贴飞行器表面很薄的流体层内，即边界层内，才需考虑空气黏性的影响。雷诺数又是风洞实验中的重要相似参数之一。雷诺数大小对机翼最小阻力系数、失速特性、分离点位置和跨声速飞行时的局部激波位置都有较大影响。

**雷诺兹** Reynolds, Joshua (1723-07-16～1792-02-23) 英国画家。生于德文郡的普林普顿，卒于伦敦。1740年在伦敦肖像画家T.赫德森门下当学徒，1744年进入圣马丁的莱恩学院学习。1746年创作《约翰·汉密尔顿上尉像》。1750年初到达罗马，学

《纯真年代》

习拉斐尔、科雷乔、提香和米开朗琪罗等人的绘画风格，又访问了佛罗伦萨、博洛尼亚、帕尔马和威尼斯。1753年定居伦敦，不久就成为伦敦知名的肖像画家，而且成为艺术界的权威。他是皇家学院的创建人之一，从1768年建院到他去世，一直担任院长。

他的许多观点是英国18世纪美学原理的体现。雷诺兹建立了一个崭新的英国肖像画派，他的艺术具有独创性和多面性。在肖像画的创作中他是多产的革新者，作品不仅庄严，而且具有历史画的性质。他在肖像画的创作中，把社会品德的颂扬放在首位，主人公没有特定的姿势和寓意性的特征，如《罗宾涅塔》、《塞缪尔·琼森博士》(1772)、《内利·奥布赖安》(1760～1762)等。他也画英雄式的肖像，如《罗勃特·奥姆上尉》(1756)、《希斯菲尔德勋爵》(1788)等。他画的《扮作狄安娜的安娜·弗尔莫夫人》(1753～1754)、《查理德·霍尔夫人及其子》(1767～1768)，则带有某些寓意性。他为知名人物画肖像时，则忠实地再现他们的性格特点，如《大主教威廉·马卡姆》(1778)。他有时还赋予某些肖像画以叙事性，如《马尔伯勒公爵一家》(1778)。晚期作品笔触更奔放，构图更自由，而且偏爱黑白对比，他的技法对A.拉姆齐和T.庚斯勃罗都有影响。

**雷斯皮吉** Respighi, Ottorino (1879－07－19～1936－04－18) 意大利作曲家。生于博洛尼亚，卒于罗马。1891～1901年在博洛尼亚的音乐学校学习小提琴和作曲。1900～1903年曾两次访问俄国，从N.A.里姆斯基-科萨科夫学作曲和配器。1902年在柏林从M.布鲁赫学习作曲。1903～1908年加入穆杰里尼五重奏团，从事中提琴演奏并作曲。1913年在罗马圣切奇利亚音乐学院任作曲教授，并在意大利旅行演出，指挥乐队演奏自己的作品。1923年任圣切奇利亚音乐学院院长。两年后辞职，以钢琴家和指挥家的身份到南北美洲旅行演出。1932年被选为意大利学士院院士。

雷斯皮吉是20世纪初期复兴意大利器乐的代表作曲家之一。其最著名的代表作是3部以罗马为题材的交响诗：《罗马的喷泉》、《罗马之松》、《罗马的节日》。其他重要作品有3组管弦乐曲《为琉特作的古咏叹调和舞曲》，根据G.罗西尼乐曲改编的舞剧《幻想的玩具店》和最成功的歌剧《火焰》。

**雷天觉** Lei Tianjue (1913－01－19～2005－11－04) 中国机械工程学家。生于北京，卒于北京。1935年毕业于北平大学机械系。1942年赴美学习机床与工具制造。1947年回国，任上海中央机器公司工程师。中华人民共和国建立后，历任上海机床厂副厂长兼总工程师，第一机械工业部自动化研究所总工程师、机械科学研究院副院长兼总工程师等职。在轴承设计、液压传动、齿轮传动、精密分度与测量方面多有建树。有许多重大发明，如弹性流体静压轴承、导流槽式静压轴承、多阻尼静压螺母、弹性齿多齿分度盘、调相式变流量柱塞泵等。主要著作有《高速圆弧齿轮》、《静压轴承的灵活运用》、《弹性流体静压轴承》等。主编了《液压工程手册》及多种研究生教学用书。1955年当选为中国科学院学部委员（院士）。

**雷托罗曼人** Rhaeto-Romances 中南欧瑞士联邦和意大利共和国的少数民族。分为弗留尔人、罗曼什人、拉定人3支。也统称为罗曼什人。约有60万人(2001)。使用雷托罗曼语，属印欧语系罗曼语族，在瑞士为4种民族语言之一。有5种方言文字。多信仰天主教。雷托罗曼人的族源十分复杂，但祖先均为罗马帝国时期罗马化的当地居民。

弗留尔人是雷托罗曼人中人数最多的一支，分布在意大利东北部弗留利-威尼斯朱利亚地区。居山区者主要从事畜牧业，饲养牛、羊；居平原者种植小麦、玉米等谷物及葡萄、樱桃等。罗曼什人分布在瑞士东南部的格劳宾登州。使用雷托罗曼语中的罗曼什方言和瑞士德语。主要从事畜牧业，部分从事农业，普遍生产民间工艺品。拉定人部分居住在瑞士格劳宾登州的英河谷地，部分居住在意大利北部特伦蒂诺-上阿迪杰地区多罗明特阿尔卑斯的一些山谷中。意大利的拉定人已通用意大利语，只在日常生活中使用雷托罗曼语中的拉定方言。大多从事农业，居住山区者从事畜牧业。

**雷文** Raven, Peter H. (1936－06－13～ ) 美国植物学家。生于中国上海。1960年获美国加利福尼亚大学洛杉矶分校博士学位。历任美国密苏里植物园主任、美国国家科学院内务秘书长、美国国家科学委员会咨询报告复审委员会主席、美国总统科技顾问委员会委员。美国国家科学院院士，20多个国家科学院的外籍院士，1994年当选为中国科学院外籍院士。曾获联合国环境项目颁发的国际环境领导奖章，日本天皇颁发的国际生物学奖等。在植物进化和系统植物学方面作出了很多的贡献。提出了协同进化的概念；提出了物种居群之间的基因流范围不足以维持物种的统一性的学说并得到证实；提出了传粉生物学领域物种之间的能量关系；开拓了板块运动及其对生物地理和植物进化影响的研究等。担任美国密苏里植物园主任20多年，使该园成为世界最有影响的植物研究机构之一。对推动世界范围内的生物多样性保护作出了重大的贡献。对组织编写出版英文版的《中国植物志》，起了重要的作用。

**雷亚尔计划** Real Plan 1994年巴西实行的稳定经济计划。因发行新货币“雷亚尔”而得名。为巴西弗朗哥政府财政部长卡多佐所提出。旨在遏制20世纪80年代以来严重的经济衰退和通货膨胀。计划分三步实施。雷亚尔计划实施后，巴西通货膨胀率迅速下降，从而结束了巴西近30年高通货膨胀的历史。该计划是20世纪80年代和90年代巴西所有旨在克服高通胀问题计划中最成功的计划。同时，巴西经济开始恢复发展。

**雷伊莱斯** Reyles, Carlos (1868－10－30～1938－07－24) 乌拉圭小说家、散文家。生于蒙得维的亚。早期作品《为了生活》(1888)、《贝巴》(1894)，无论对自然的描述和对人物的刻画都明显带有现实主义倾向。随后发表的作品《原始人》(1896)、《陌生人》(1897)和《劫掠之梦》(1898)则受到早期现代主义的影响，反映颓废、没落、病态的社会。而1910年发表的《该隐的种族》又重新举起现实主义旗帜，展示乌拉圭农村的生活及一个地主家庭的兴衰。他的作品常以乡村生活为题材，反映传统观念和进步思想的矛盾。创作技巧受现代主义的影响较深。长篇小说《塞维利亚的魅力》(1922)最能代表作者的风格，是西班牙塞维利亚地区的最好的小说之一。另有《故乡》

(1916)、《加乌乔弗洛里多》(1932)等长篇小说，《戈雅的任性》(1902)等短篇小说集，《新思维》(1903)、《天鹅之死》(1910)等散文集。

**《雷雨》** *Thunderstorm* 中国话剧作品。作者曹禺。1935年4月由留日学生在东京首演。全剧5幕，通过周、鲁两家8个人物的历史与现实纠葛，反映了约30年的复杂社会生活和冲突。主要描写新旧交替时期3个不同阶层、不同性格的女性，以不同的方式对命运所作的抗争和她们走向毁灭的悲剧结局。情节紧张曲折，冲突尖锐激烈，结构集中严谨，语言精练而性格化。把中国年轻的话剧艺术提到了一个新的高度，是五四运动以后中国现代话剧臻于成熟的标志之一。

《雷雨》剧照

**雷州半岛** Leizhou Peninsula 中国三大半岛之一。因多雷暴而得名。位于广东省西南部，介于南海和北部湾之间。南隔琼州海峡与海南岛相望。南北长约140千米，东西宽60～70千米，面积0.78万余平方千米。

中更新世末或上更新世初，琼州海峡相对断裂下陷，致使雷州半岛与海南岛分离。半岛地形单一，起伏和缓，以台地为主，次为海积平原。半岛北部为和缓的坡塘地形，海拔25～50米。南部玄武岩台地分布有10座火山丘，一般海拔25～80米，高者达200米以上。沿海有海蚀和海积阶地。半岛三面环海，岸线长约1 180千米。东海岸沿海有海成平原，并有东海、南三和硇洲等岛屿。东海岛有海堤与大陆相连。西海岸具高岸特征，多砂堤、潟湖分布。南部海岸港湾众多，有红树林和珊瑚滩。雷州湾、英罗湾、流沙湾等滩涂广阔。

属热带季风气候。年平均气温23℃以上，全年无霜。年降水量1 300～1 700毫米，由东向西渐减。降水集中夏秋两季，多台风、暴雨。半岛河川短小，呈放射状，由中部向东、南、西三面分流入海。地下水资源丰富，水质好，量多，但埋藏较深。土壤以砖红壤为主，水土流失严重。村边和南部台地有小片次生林。林地多为人工栽种的桉树林。滨海有红树林和沙荒草地。

半岛开发较早，汉代海康已为中国对外通商口岸，但嗣后发展缓慢。1949年以后，半岛成为中国剑麻主产区和重要的热带作物基地，蔗糖生产和珍珠养殖的重点地区之一。工业有制糖、晒盐、剑麻加工、罐头、纺织、造船、化学、家用电器等。位于雷州半岛东北缘的湛江港，为南方天然深水良港，可泊5万吨级货轮。湛江市为中国沿海开放城市之一。

**雷州市** Leizhou City 中国广东省辖县级市。位于省境西南部，雷州半岛中部，西滨北部湾。面积3 523平方千米。人口162万(2008)。西汉元鼎六年(公元前111)属合浦郡徐闻县，隋开皇九年(589)置海康县，元为雷州路治，明清为雷州府。1949年后设海康县，1994年撤县设雷州市。由湛江市代管。地处热带季风气候区北缘。夏季多雷暴，为著名雷雨区。6～10月多台风。农业主产水稻、甘薯、花生、胡椒、香茅、香蕉、可可、菠萝等。沿海盛产鱼、盐，海水养殖业发达，珍珠产量居全国第一。工业有制糖、晒盐、橡胶、剑麻、制革及木材加工等。名胜古迹有雷阳八景、三元塔、雷州西湖、天宁寺、十贤寺、苏公亭、天后宫等。雷州为中国历史文化名城。

**嫘祖** Leizu 中国古代传说中养蚕、取丝的创始人。或作累祖、雷祖、傫祖。其名最早见于西汉司马迁的《史记》。嫘祖始创养蚕之说则始见于《隋书·礼仪志》关于北周有进奠先蚕西陵氏神的礼制的记载(从此以后嫘祖被祀为蚕神)。据元代《王祯农书》引用《淮南王蚕经》说："西陵氏劝蚕稼，亲蚕始此。"《淮南王蚕经》原书已佚失。但自北宋至南宋，一些著作对嫘祖始创养蚕、治丝的传说又作了积累的增饰，此说就历元、明、清各代而为多种著述所采用。

**镭** radium 天然放射性元素，元素符号Ra，原子序数88，属周期系ⅡA族。半衰期最长的同位素是$^{226}$Ra。

1898年居里夫妇发现沥青铀矿渣中存在一种放射性很强的新元素。遂以拉丁文radius（射线）将新元素命名为镭。

已发现质量数为206～230的25种镭同位素。$^{223}$Ra、$^{224}$Ra、$^{226}$Ra和$^{228}$Ra天然存在，其余都是通过人工核反应合成的。$^{226}$Ra是铀放射性衰变系的成员，存在于各种铀矿石中，是最重要的镭同位素。在达到放射性平衡的铀矿石中，镭和铀的质量比为$3.4\times10^{-7}$:1。地壳中镭的平均丰度为$1\times10^{-9}$%，总量为$1.8\times10^{7}$吨。海水中镭的浓度约为$10^{-13}$克/升；地下水中镭的浓度为$10^{-12}$～$10^{-11}$克/升。

镭为银白色金属，熔点700℃，沸点1 140℃，密度5克/厘米$^3$。氧化态+2，化学性质活泼，与钡相似。金属镭在空气中迅速反应生成氧化镭和氮化镭。镭与水反应生成氢氧化镭。新制得的镭盐为白色，放置后因辐照而变色。在镭盐的水溶液中，镭及其衰变子体发射的α粒子和β粒子使水分子辐解。含1克镭的水溶液，每天约产生13立方厘米气体。

从铀矿石中提取镭有两种工艺流程。①用硫酸从铀矿石中浸出铀时，镭以硫酸镭形式存在于矿渣中。用热的碳酸钠溶液将矿渣中的硫酸镭转化为碳酸镭，然后用稀盐酸溶解，经过多次分级结晶或离子交换色层分离，得到纯度较高的镭盐。居里夫人曾用此法制得92毫克氯化镭。②用硝酸浸出铀矿石，铀和镭同时被浸出至溶液中。往浸出液中加入铅载体和硫酸，使硫酸铅（钡、镭）沉淀。然后用乙二胺四乙酸碱性溶液把沉淀溶解，选择沉淀除铅后，通过离子交换色层分离钡、镭，得到纯度95%的镭盐。用分级结晶法进一步提纯，制得纯度99.9%的氯化镭。

在现代核工业兴起以前，镭是最重要的放射性物质，曾广泛应用于医疗、工业和科研等领域。镭及其衰变产物发射的γ射线，能破坏人体内的恶性肿瘤组织，镭针或镭管可用于治疗癌症。用镭盐和硫化锌等荧光物质制成永久性的发光粉，涂在仪表或钟表上，在暗处发光，便于人们观测。用镭作γ射线照相，对金属材料或固体的内部裂缝和缺陷进行无损探伤。镭是重要的放射性标准物质，如镭γ标准源和镭－铍标准中子源等。

镭属剧毒性核素，它能取代人体内的钙并在骨骼中浓集，急性中毒时，会造成骨髓的损伤和造血组织的严重破坏，慢性中毒可引起骨瘤和白血病。

**耒阳市** Leiyang City 中国湖南省辖县级市。位于省境东南部，耒水中下游。面积2 649平方千米。人口115万(2010)，有汉、蒙古、回、苗、壮等民族。秦置耒县。1986年撤县设耒阳市(县级)。由衡阳市代管。矿藏有煤、大理石、铁、锰、铅、锑等。大理石质地好，曾为建造北京人民大会堂提供优质石料。农作物有水稻、甘薯、大豆、棉花、烟叶、茶树等。林产有油茶、松、杉和楠竹。工业有煤炭、机械、造纸、建材等。主产原煤、水泥、机制纸、农机具等。名胜古迹有诸葛亮屯兵的猴憩仙、蔡伦墓、杜甫墓和五峰仙风景区等。

**垒球** softball 由棒球演变而来的也用棒击球的一项集体性球类运动。其竞赛规则、场地和器材都与棒球相近。但垒球球体较

垒球比赛场面

大而棒子则较细而短，其扇形场地的面积约为棒球场地的1/4，垒间距和投手投球距离也较短。正式比赛以7局的总得分定胜负。美国的G.汉考克和L.罗伯对棒球场地、器材和规则作了修改，取名为“室内棒球”。不久，又将其移至户外，取名为“女孩球”、“软球”等。到1933年美国业余垒球协会成立，统一了规则。因其球比棒球软，正式命名为softball，中国称其为垒球。中华人民共和国建立前的几次全国运动会，曾设垒球项目。中华人民共和国建立后，垒球运动受到重视，1956年在北京首次举行全国男子垒球比赛。1959年第1届全国运动会增设女子垒球赛。在之后的各届全运会上都设有垒球项目。

国际垒球联合会于1952年成立。1979年中国棒球垒球协会成立后即被国际垒联接纳为会员。女子自1965年、男子自1966年起每隔4年分别举行各自的世界锦标赛。1985年中国青年女子垒球队在第2届世界青年女子垒球锦标赛上获冠军。1987年在日本举行的第4届亚洲女子垒球锦标赛上，中国队首次派队参加该项赛事即获冠军，其后又蝉联两届冠军。1990年在北京举行的第11届亚洲运动会，首次将女子垒球列为正式比赛项目，至1998年中国女子垒球队蝉联了3届亚运会冠军。1996年第26届奥林匹克运动会将女子垒球列入正式比赛项目，中国女垒获亚军。2005年国际奥林匹克委员会决定，2012年奥运会垒球比赛将被取消。

垒球的基本技术主要包括投球、传球、接球、击球、跑垒和滑垒等。奥运会垒球比赛和世界垒球锦标赛运用的技战术之多和比赛激烈程度不亚于棒球。

**累犯** recidivist; recidivism 被判处一定刑罚，在刑罚执行完毕或被赦免后，在法定期限内又犯新罪的。作为量刑对象，也指累犯犯罪人。

根据《中华人民共和国刑法》规定，累犯可分为一般累犯和特殊累犯。一般累犯是指“被判处有期徒刑以上刑罚的犯罪分子，刑罚执行完毕或者赦免以后，在五年以内再犯应当判处有期徒刑以上刑罚之罪的”。其成立条件是：①前罪与后罪都必须是故意犯罪。②前后两罪都被判处有期徒刑以上的刑罚。③后罪发生的时间，必须在前罪所判处的刑罚执行完毕或被赦免以后的5年之内。特殊累犯是指“危害国家安全的犯罪分子在刑罚执行完毕或者赦免以后，在任何时候再犯危害国家安全罪的”。其成立条件是前后两罪都必须是危害国家安全的犯罪，必须是在前罪刑罚执行完毕或被赦免以后再犯罪。

由于累犯具有更严重的社会危害性，各国刑法都规定严厉制裁，有的国家刑法规定加重处罚；有的国家采取不定期刑，何时累犯人得到改造何时释放；有的国家采取从重处罚，中国《刑法》规定对累犯“应当从重处罚”。

**累进税** progressive tax 税率随计税依据的增加而递增的税。特点是税收负担随着计税依据数额的增加而递增，能够较好地体现纳税人税负水平与负税能力相适应的原则，更有效地调节纳税人的收入、财产等，公平处理税收负担。多应用于所得税和财产课税。累进税分3种：①全额累进税，是对全部应计税依据累进计征。②超额累进税，是对计税依据超过一定数额的部分累进计征。③超率累进税，是对计税依据超过一定比例的部分累进计征。

**肋软骨炎** costal chondritis 痛性非化脓性肋软骨肿大。又称蒂策氏综合征。特点为肋软骨处痛性肿胀。多见于20～40岁的成年人。常见于第2和（或）第3肋软骨与胸骨联合处，偶见于第1或第4肋，罕见于其他肋软骨胸骨联合处或胸锁关节。多数病例仅有一处病变，多发者亦往往仅见于单侧。此病与病毒感染或外伤有关。主要症状为前胸上部疼痛及肿块；发病急骤或隐渐，深呼吸、咳嗽、打喷嚏或挤压胸壁时疼痛加重。肋软骨处可触到有压痛的肿块。病程可持续几小时或几天，复发可无规律。几个月内自行痊愈，个别病例延续数年。X射线照片正常，或可见肋软骨钙化，但诊断意义不大。血沉正常。从病区采取组织检查，显示软骨膜及周围软组织水肿。可给予热敷或其他理疗，或口服布洛芬及其他抗炎止痛药物，局部可注射醋酸泼尼松龙。

**泪器病** lacrimal apparatus, diseases of 发生于人眼部泪道和泪腺两部分的病变。泪器包括分泌和排出两部分：泪腺司分泌功能，泪道司排出功能。泪器疾病主要在泪道系统，主要表现为泪溢，由泪道狭窄或阻塞引起，通过冲洗泪道可鉴别病变的部位，可试行探针探通、穿线或插管治疗。慢性泪囊炎也较常见，由鼻泪管阻塞引起，除泪溢外，有脓性或黏液性分泌物，可行鼻腔泪囊吻合术或泪囊摘出术。

**《泪泉》** *The Fountain of Bakhchisarai* 苏联戏剧芭蕾代表作。全剧4幕。1934年9月28日由列宁格勒基洛夫剧院芭蕾舞团首演。编剧N.伏尔科夫，作曲B.阿萨菲耶夫，编导R.V.扎哈罗夫，布景设计V.霍达谢维奇，主要演员有G.乌兰诺娃、K.谢尔盖耶夫、M.杜德科和O.约尔丹。舞剧直译名为《巴赫奇萨拉伊的泪泉》，1961年在中国复排上演时汉译为《泪泉》。剧本根据俄国诗人A.S.普希金的诗作改编。舞剧讲述波兰公主玛丽娅被鞑靼王吉列伊掳走后又被吉列伊的爱妾杀死。吉列伊命将爱妾推下山谷，并建“泪泉”纪念。舞蹈家乌兰诺娃对玛丽娅这个人物的精彩塑造，充分表现出普希金原作中“能离开这个悲惨世界”如释重负的意境，给观众留下深刻印象。《泪泉》是苏联芭蕾剧在改编优秀文学题材和运用斯坦尼斯拉夫斯基演剧体系，创作现实主义芭蕾舞剧方面的第一部成功之作。它的剧本被誉为“现实主义芭蕾舞剧剧本的典范”。

乌兰诺娃出演的《泪泉》

**类病毒** viroid 小的环状单链核糖核酸（RNA）分子。已知最小的病原体。只有220碱基胞质小RNA（scRNA）。没有衣壳。类病毒可引起许多严重的农作物疾病。植物被类病毒或病毒侵染后，表面病症没有区别。类病毒与病毒的主要区别是：前者不含外壳蛋白，其核酸分子量也比后者小得多，无信使RNA活性。类病毒侵染植物后，经过很长的潜伏期（有时需几个月甚至几年）才表现出植株矮化、节间缩短、枝叶向上、果实变形、坏死等症状。大多数类病毒都很稳定，对紫外线抗性高，在田间易通过农具和手传染，也可通过无性繁殖传染后代，有的还通过种子和花粉传染。人类丁型肝炎病原体与之相似。

**类丹毒** erysipeloid 由猪丹毒杆菌经皮肤侵入所致的感染性皮肤病。多见于青壮年，常有外伤史，接触肉类、鱼类史。多单侧发生于手指、手背、腕部及足背等暴露部位。

表现为境界清楚的紫红色斑块，局部肿胀、光亮，触之有浸润感。病损逐渐向周围扩展，中心部分色较淡，边缘略高起，暗红色，成离心性向外扩散。不化脓，不破溃。自觉灼痛，一般无全身症状。病程3～4周。少数有发热、关节痛等全身症状。首选青霉素治疗，如果青霉素过敏，可选用四环素类（见**四环素类抗生素**）、红霉素类、**氨基糖苷类抗生素**等药物。局部可外用10%鱼石脂软膏或其他抗生素软膏，紫外线照射。

**类风湿性关节炎** rheumatoid arthritis; RA 一种伴急性发作的慢性多发性关节病变，**结缔组织病**的一种。一般认为是某种感染引起的自身免疫反应。发病年龄80%在20～45岁，男女之比为1∶3。开始以关节滑膜病变为主，逐步侵犯肌腱、韧带等结缔组织，后期发生软骨与骨的破坏。还可并发心、肺及血管等器官的疾病。常见症状为多发性对称性关节疼痛、肿胀，有急性发作，可自行缓解，后期可出现关节强直、畸形及功能障碍。根据典型病史、体征、化验检查及X射线表现诊断不难，但有时须与**骨性关节炎**、**风湿性关节炎**及**强直性脊柱炎**等疾病作鉴别。关节肿痛急性发作时应卧床休息，症状基本控制后可适当活动。慢性期一般用药物及物理治疗。手术治疗，如滑膜切除术、关节成形术及人工关节置换术等，可以达到减少关节疼痛、矫正畸形与改善功能的目的。

**类固醇** steroid 环戊烷并全氢菲类化合物的总称。见**甾族化合物**。

**类胡萝卜素** carotenoid 一类由异戊二烯单位构成的天然脂溶性色素。不溶于水，属于类萜化合物。这种黄色、橙色或红色的色素，主要源自β-胡萝卜素与γ-胡萝卜素，因而得名。已发现600余种不同的天然类胡萝卜素。

结构与命名 大多数类胡萝卜素的分子骨架是含40个碳原子的多烯烃链，携有一系列共轭双键和甲基支链。按类萜的合成模式，两个$C_{20}$单位“头对头”缩合成$C_{40}$衍生物，即类胡萝卜素——八氢番茄红素。色素的颜色随共轭双键的数目而变动。共轭双键的数目越多，颜色越趋红色。

国际纯化学与应用化学协会及国际生化协会（IUPAC-IUB）曾制定类胡萝卜素的命名原则。但许多天然的类胡萝卜素名称是根据来源定名的，如从番茄分离的番茄红素，从胡萝卜分离的α、β、γ和δ-胡萝卜素等。

分类和特性 类胡萝卜素可分为3类：①胡萝卜素。多数具有$C_{40}H_{56}$的化学实验式，溶于石油醚。最常见的有α、β、γ-胡萝卜素和番茄红素。②叶黄素。胡萝卜素的非酸性氧衍生物，又称胡萝卜醇。含氧基团有羟基、酮基、醚基、环氧基和类呋喃基。常见的有玉米黄质、隐黄质、叶黄素、辣椒玉红素、虾青素等。③类胡萝卜素酸。胡萝卜素的羧酸衍生物，能溶于碱液。如藏花素等。

生理功能 类胡萝卜素主要见于植物、藻类和光合细菌，能将光能传递给叶绿素a，以完成**光合作用**；也存在于某些非光合细菌、酵母和霉菌，担负着不受光与氧损害的保护功能。虽然动物不能合成类胡萝卜素，但可以从膳食中摄取。动物的类胡萝卜素，主要是脂肪、卵黄、羽毛、鱼鳞和虾蟹甲壳的色素，它们一般同**蛋白质**结合，发挥抗氧化剂作用。β-胡萝卜素是哺乳动物合成维生素A的前体，故称为维生素A原。缺乏维生素A将会出现暗适应障碍，引起夜盲症（“雀目”）。许多植物叶片、果实和花卉的红、橙与黄色（如西红柿的红色），以及一些鸟类、昆虫、鱼和甲壳动物的颜色，都来自类胡萝卜素。在食品工业上，可利用某些类胡萝卜素作为食物和脂肪的着色剂。

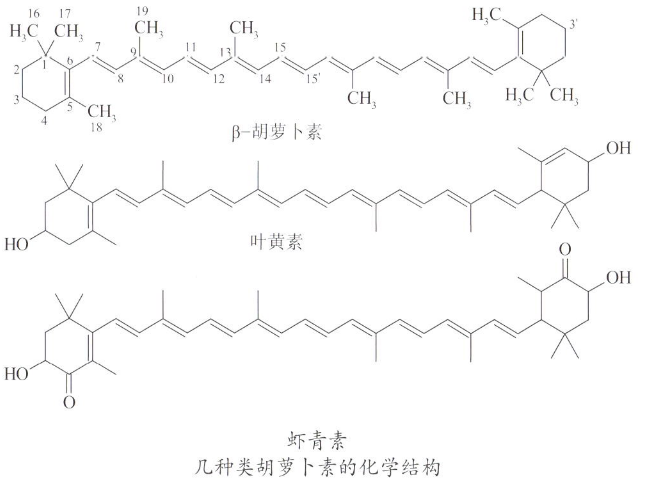

几种类胡萝卜素的化学结构

**类人猿** Anthropoid; ape 现生灵长目猩猩科和长臂猿科动物的总称。又称猿类、人形灵长类动物。常指现生类人猿，有非洲的**大猩猩**、黑猩猩，亚洲的**猩猩**、**长臂猿**。因与人类的亲缘关系最为接近，形态结构均与人相似，故名。为灵长目中除人以外最为高等的动物。与猴类的主要区别为：无尾，无狭囊，无臀疣（长臂猿除外）。与人类最为相近的体质特征是：复杂发达的大脑，牙齿的数目（32颗）和结构，眼的位置，外耳的形状，盲肠有蚓突，宽阔的胸廓和扁平的胸骨，血型，怀孕时间（7～9个月），寿命（数十年），会感染伤寒、霍乱、梅毒等人类多种传染病。思维也相当发达，有的还能使用工具，如运用植物根茎插入蚁穴取食蚂蚁等；并能表露愤怒、高兴、害怕、悲伤等各种情感。但具有前肢均长于后肢，半直立行走，善于臂行等特征，而与人类有显著区别。化石类人猿通称**古猿**，生存于渐新世至更新世（距今约3 700万～约1万年），包括埃及猿、原上猿、森林古猿、西瓦古猿、巨猿等。

**类书** 中国古籍中辑录一种或多种门类资料，按照类别、韵目等方法编排的工具书。最早的正规类书是三国时期**魏文帝曹丕**于黄初元年（220）命王象等人编的《皇览》，分40余部。以后历代均有编纂，其中最著名的是《**永乐大典**》和《**古今图书集成**》。明代的《永乐大典》由解缙、姚广孝主编，共22 877卷，辑入图书七八千种，是中国古代最大的一部百科全书式的类书；清代的《古今图书集成》由陈梦雷主编、蒋廷锡编校，共10 040卷，分6编、32典、6 109部，是中国现存体例最为完善的一部大型类书。

类书编纂的目的主要是备封建帝王及贵族子弟临事检索、熟习典故，或专供文人学士诗文写作、科举考试之用。它具有查寻事物的起源、查考典故的出处、查检诗词文句、查阅史料古籍及校勘考证古籍、佚文等多方面的功能。

**类星体** quasar 20世纪60年代发现的一种新型天体，属活动星系核的一个亚型。因其在照相底片上具有类似**恒星**的像而得名，光谱的巨大红移和几乎全电磁波段的辐射显示它们很可能是遥远星系明亮的活动核心。

1963年，T.A.马修斯和A.R.桑德奇找到了射电源3C48的光学对应体，在照相底片上类似恒星。1963年，射电源3C273被证认为一个13星等的类似恒星的天体。M.施密特发现它的光谱与3C48的光谱很类似，并且成功地将其中最亮的一些发射线证认为氢的巴耳末线，但其红移很大，达0.158。3C48的谱线也得到了证认，红移更大，达0.367。随后，又陆续发现了一批性质类似3C48和3C273的射电源。它们在照相底片上呈类似恒星的像，因此被称为类星射电源。光学观测表明，类星射电源的紫外辐射非常强。后来发现一些光学性质类似于3C48和3C273的天体，但它们并不发出射电辐射。这种天体称为蓝星体。类星射电源和蓝星体被统称为类星体。2001年由维隆夫妇编辑的《类星体和活动星系核表》第10版包含的类星体达到23 760个。斯隆多色巡天发现的类星体最大红移达6.42（SDSS J1148），这意味着我们看到它的光是在宇宙不到现在年龄1/10的时候发出的。大多数天文学家认为，类星体的红移是宇宙学红移。红移反映了类星体的退行，符合哈勃定律。类星体是人类所能观测到的最遥远的天体。少数天文学家认为，类星体的红移不是宇宙学红移，认为类星体是**银河系**或其附近星系抛出来的，因此类星体红移是由于局部运动，而不是宇宙学膨胀。也有人认为，类星体红移是大质量天体的引力红移。还有一些理论认为类星体的红移可能是某种未知的物理规律造成的。

关于类星体辐射的产能机制。最合理的模型是，类星体中央有一个约十亿倍太阳质量的超大质量**黑洞**，周围物质通过一个旋转的吸积盘落到黑洞中去，吸积盘被引力能的耗散所加热，产生类星体光谱中的热成分，这一过程中产生的高能电子在磁场中运动则是同步加速辐射的源泉。

**类脂** lipid 用弱极性的脂肪性溶剂，如乙醚、石油醚、苯、氯仿等，从动植物组织中**萃取**出的不溶于水的物质，都可称为脂肪类物质。广义地讲，一切脂肪类物质皆可称为类脂物质；狭义地讲，则指除**油脂**和**蜡**以外的脂肪类物质，其中最重要的有**磷脂**，主要是含有磷酸衍生物的脂肪酸甘油酯和鞘脂。

**累西腓** Recife 巴西伯南布哥州首府和港口。位于南美大陆最东端布朗库角附近。市区由大陆、半岛和1个岛屿组成，并被多条河流纵横分隔，有铁桥和石桥相连，有“巴西的威尼斯”之称。海拔2～55米。年平均气温24℃，平均年降水量1 760毫米。面积209平方千米，人口153.36万（2007）；大累西腓包括8个市，面积2 201平方千米，人口约360万。1548年由葡萄牙人兴建，1630～1654年被荷兰占领。1709年设市。1827年成为省府。港湾优良，能停泊远洋巨轮。输出蔗糖、棉花、植物油、谷物、西沙尔麻、肉类、皮革、水果等。巴西东北部陆上交通枢纽，铁路和公路呈扇形通往东北部各州。有国际机场。为横贯大西洋的海底电缆的终端。主要工业有纺织、制糖、食品、烟草、榨油、化学、修船、水泥、玻璃、冶金等。有大学、研究所、博物馆、动植物园和教堂。

**棱镜** prism 具有三个或三个以上工作面（光在其上反射或折射的平面）的透明多面体光学元件。棱镜种类繁多，按用途可分为色散棱镜、全反射棱镜和偏振棱镜等。色散棱镜主要用于把复色光分解成光谱，全反射棱镜是利用全反射改变光线的进行方向，偏振棱镜是利用晶体的**双折射**性质获得纯的线偏振光（见**光的偏振**）。

三棱镜是最常见的一种棱镜，它是一个截面为三角形的棱柱体，按截面形状可分为正三棱镜、等腰三棱镜和直角三棱镜等。与三条棱边垂直的三棱柱横截面称为三棱镜的主截面，两工作面的夹角称为顶角$A$。三棱镜主要用作色散元件或改变光线方向。使用中总使入射光沿主截面入射。出射光线与入射光线间的夹角$\delta$称为偏向角。$\delta$的大小与折射率$n$有关，而$n$又随波长而变（见**光的色散**），故不同波长的光将以不同的偏向角从三棱镜射出。红光波长较长，$n$较小，偏向角也较小；紫光波长较短，$n$较大，偏向角也较大，于是复色光经三棱镜后将分解成光谱。对一定波长的光，$\delta$与入射角有关，$\delta$存在一个极小值，称最小偏向角，用$\delta_{\min}$表示。$\delta=\delta_{\min}$时，入射线和出射线在棱镜两侧的对称位置，棱镜内部的折射光线与底面平行。此时棱镜的折射率由下式决定：

$$n=\frac{\sin\frac{\delta_{\min}+A}{2}}{\sin\frac{A}{2}}$$

式中$A$为三棱镜的顶角。只要测出$A$和$\delta_{\min}$，由上式可求出$n$。

常见的色散棱镜还有恒偏向棱镜和直视棱镜等，前者可使入射光和出射光间的夹角保持恒定，常用于单色仪（见**光谱仪器**）；后者可使入射光和出射光大致保持在同一方向，常用作简单的直视分光镜。

**棱皮龟** *Dermochelys coriacea*; leatherback sea turtle 龟鳖目棱皮龟科棱皮龟属的一种。又称革背龟、革龟、燕子龟、舢板龟。龟鳖类中最大的种类。分布于大西洋、太平洋和印度洋的暖水区域。中国南海、东海、黄海均有分布。全长可超过2米，一般重

300千克，最重可达800千克。体表皮肤革质，无角质盾片。头大，颈短，头骨颞区完整。腭缘锐利，上腭前端有两个三角形大齿突。脊椎骨和肋骨不与背壳愈合。无整块背甲，由许多细小多角形骨片排列成行，紧贴在表皮上。其中最大的骨片排列成7纵行，突出成7条纵棱。纵棱向后延伸并集中，末端呈尖形。腹部也有类似的纵棱5行。四肢桨状，无爪。前肢特别发达，长为后肢的两倍左右。成体的后肢与尾之间有蹼相连。新生仔的头背和侧面有对称的鳞片。身体和四肢皆覆以不规则的多角形鳞。成体背暗褐色或灰黑色，具暗黄色或白色斑点。腹部灰白色。幼体背灰黑色。背上纵棱和四肢的边缘为淡黄色或白色。腹部白色，有黑斑。全年产卵，每产90～150枚，经65～70天孵化。以刺胞动物、棘皮动物、软体动物、节肢动物以及鱼、海藻等为食。浮泳力强，可随暖流北上达温带海域。

**楞次** Lenz, Heinrich Friedrich Emil（1804-02-24～1865-02-10） 俄国物理学家和地球物理学家。生于多尔帕特（今爱沙尼亚的塔尔图），卒于意大利罗马。1820年入多尔帕特大学。1836年任圣彼得堡大学教授。1833年发现感生电动势阻止产生这一感应的磁铁或线圈的运动，此结论于1834年发表，后称为楞次定律。1842年独立于J.P.**焦耳**并更精确地建立了电流与其所生热量的关系，后称为**焦耳-楞次定律**。他还研究了金属的电阻率，确定了电阻率与温度的关系；建立电磁铁吸引力与磁化电流的二次方成正比的定律。致力于电学量和磁学量的冲击法测量的研究以及其他多方面电学研究。

**楞次定律** Lenz's law 确定感应电流方向以及感应电流效果从而确定感应电动势方向的定律。是1834年俄国物理学家H.F.E.**楞次**仔细分析了M.**法拉第**以及其他人的有关**电磁感应**的实验结果总结出的：闭合导体回路中感应电流的方向，总是使得它激发的磁场抵消引起感应电流的磁通量的变化。楞次定律还有另一种表述：感应电流的效果总是反抗引起感应电流的原因。这里的“效果”可理解为感应电流激发的磁场，也可理解为因出现感应电流而引起的某种机械作用；这里的“原因”既可指引起感应电流的磁通量的变化，也可指引起磁通量变化的相对运动、磁场的变化或回路的变形等。某些不需要具体确定感应电流的方向，而只需要定性判断感应电流所引起的机械效果的问题中，采用这一表述分析问题更为简便。楞次定律表述的感应电流方向是**能量守恒定律**的必然结果，分析各种具体问题中，由楞次定律确定的感应电流方向都与能量守恒定律一致。

**《楞伽经》** *Laṅkāvatāra Sūtra* 佛教经典。全称为《楞伽阿跋多罗宝经》，4卷。南朝刘宋时求那跋陀罗于元嘉二十年（443）译出。此经在印度产生于5世纪左右。其中已有浓厚的**如来藏**及唯识阿赖耶识的思想。在中国，此经之受重视乃是因为**禅宗**最初以其为本据。现存汉译本还有：北魏菩提流支译（513）的《入楞伽经》10卷，又称“十卷本楞伽经”或“魏译楞伽经”；唐实叉难陀所译（700～704）的《大乘入楞伽经》7卷，

又称“唐译楞伽”或“七卷本楞伽”。

此经依据阿赖耶识的原理宣称世间一切皆由心所造，一切都是依于人的认识作用的对象。心中的种种幻念对象令人心不净，而造成这种迷乱的是以往的习气被覆了自性本心，克服心中的分别就可以还原以本来清净。《楞伽经》中如来藏与阿赖耶识的结合，直接影响到后来的《大乘起信论》；经中对于禅的四种分类也影响到后来的禅学理论。此经现存梵本发现于尼泊尔。藏译本有两种，一依汉译本转译成藏文，一依尼泊尔所传梵本藏译。注疏本有北魏菩提流支《楞伽经疏》、唐智俨《楞伽经注》等。

**冷岛** cool island 城区由于**大气污染**形成浓厚的烟雾层，使得到达地面的净辐射通量减少，从而使地面的加热相对于大气洁净的乡村地面少，减少的净辐射通量加热了污染大气上部，使高层大气升温，造成污染大气层结为逆温层结或中性层结。此时城区大气相对于乡村的洁净大气而言，地面附近温度低，较高层大气温度高。这种作用与热岛相反，故又称反热岛效应或阳伞效应。冷岛效应多发生在冬季煤烟型污染的大中城市。

**冷冻治疗** cryotherapy 利用对局部组织的冷冻，可控地破坏或切除活组织的**物理疗法**。又称冷冻外科。组织细胞突然受冷冻，体液迅速形成冰晶，致使细胞受损，去除制冷源后，即逐渐出现水肿、坏死、脱落，最终形成瘢痕。制冷方法有相变制冷、温差电制冷和节流膨胀制冷三种。临床常用的是相变制冷法，制冷源常用液氮，此外尚有一氧化二氮（$N_2O$）和干冰（$CO_2$）。适应证有：皮肤及黏膜的良性或恶性肿物、血管瘤、炎症等。对冷过敏、局部感觉或循环障碍、体弱及恶病质者慎用。

**冷加工** cold processing of metal 金属材料在其再结晶温度以下进行的加工。冷加工得到的金属工件表面光洁，尺寸精确，加工变形时会引起金属的加工硬化，变形抗力大，适于制造截面尺寸较小，加工精度较高和表面要求比较光洁的金属制品。而**热加工**主要用于制造截面尺寸较大，变形量较大的金属制品及半成品，以及硬脆性较大的金属材料的改形。

冷加工包括常见的金属切削加工，及冷轧、冷拔、冷锻、冷挤压、**冲压**等。金属切削加工的主要方法有车削、钻削、镗削、刨削、铣削、磨削、拉削、齿轮加工、螺纹加工（见**切削加工**）以及**钳工**等。在机械制造中绝大多数**零件**，特别是要求精度高和表面粗糙度小的零件，一般都要进行切削加工。冷轧是在常温下使金属产生塑性变形而轧制出各种零件的方法，常用于冷轧螺纹及冷轧花键等。冷挤压是在室温下对置于模腔中的金属材料施以强大的压力，使其变形从而获得型材、管材或零件的方法。冷挤压时，金属处于有利的压应力状态，致使组织致密；加工硬化作用使制品的强度提高。广泛用于机器零件、半成品毛坯及壳体的生产。冷挤压的材料利用率高，一般可达70%以上，操作简单，生产率高（较切削加工提高几倍、几十倍甚至上百倍）。冲压是通过模具对板料施加外力，使其产生塑性变形或分离，从而获得一定尺寸、形状和性能的零件的加工方法。

**冷库** cold storage 用制冷降温设施创造适宜的温、湿度环境，加工和储存食品、生物制品、医药物资等的专用建筑。中国北方的冰窖是冷库的初级阶段。北京的北海冰窖相传建于明代。19世纪中叶，世界上第一台机械制冷装置问世，利用人工制冷设备控制低温取得成功。

冷库的制冷有直接和间接两种方式。直接制冷是将蒸发管安装在冷藏库内，管内的液态制冷剂直接吸收库内热量而降温。间接制冷是由风机将库内空气吸进空气冷却装置，由冷却装置内的蒸发管吸热后送入库内降温。

冷库按使用性质不同可分为：生产性冷库（是食品加工企业在货源集中地区建造的）、分配性冷库（为市场供应、运输中转而储存食品时使用）、生活服务性冷库（为调剂生活需要作为临时储存食品时使用）。主要建筑是冷加工及冷藏设施。冷库的墙体、天棚、地面铺设由软木、聚氨酯、聚苯乙烯、加气混凝土、玻璃棉、稻壳等材料制成的绝热层。绝热层的高温侧铺设沥青、油毡等作为隔气层以防水蒸气渗透。

**冷疗** cold therapy 将制冷物质作用于人体，使局部或全身温度降低，从而防治疾病、增强体质的**物理疗法**。冷疗法与**冷冻治疗**都是利用制冷物使人体降温，但两者效果不同，人体组织的反应也很不一样，临床应用的目的和适应证并不相同。

治疗作用和临床应用 ①消炎。冷使血管收缩，细胞通透性改变，局部渗出及出血减少，局部炎性水肿减轻。②镇痛。冷使神经兴奋下降、传导速度减慢，故能缓解疼痛。③解痉挛。为肌肉兴奋性及收缩力减低的结果。④退热。冷疗法在临床常常应用于急性软组织损伤的早期以及神经痛、神经炎、神经兴奋或肌肉疲劳所致的肌肉痉挛、高热、**中暑**等。

禁忌证 血栓闭塞性脉管炎、栓塞性静脉炎、雷诺氏病、皮肤感觉障碍、重症高血压病和肾脏病，以及体质过弱的老年及婴幼儿患者。

**冷泉港实验室** Cold Spring Harbour Laboratory 美国生物学实验室。位于纽约长岛冷泉港。建于1890年。以定量生物学研究而著称。它分别与15个大学的非营利研究组织相结合进行研究工作，在财政上由美国政府、慈善部门、基金会和当地机关团体支持。著名的脱氧核糖核酸双螺旋模型的发现者之一——J.D.**沃森**曾长期在该实验室主持工作。主要研究领域有癌症、神经科学、计量生物学、植物生物学、生物信息学和遗传学等。并在遗传学、分子和细胞生物学、分子遗传学和微生物学、神经生物学和行为学方面进行博士后的指导工作。定期出版生物学领域的5种刊物和一些手册、书籍等。设有图书馆和档案馆。2010年4月在美国以外的第一个分支机构——冷泉港亚洲会议中心在中国苏州挂牌。

**冷杉** *Abies*; fir 松科冷杉属植物的统称。约50种，广泛分布于亚洲、欧洲、北美洲及非洲北部的高山地带。中国约有23种，分布于东北、华北、西北、西南及浙江、台湾、广西、贵州和湖南等地的高山地带。常组成大面积纯林或混交林。主要种有杉松、臭冷杉、新疆冷杉、鳞皮冷杉、岷江冷杉、冷杉、长苞冷杉、怒江冷杉、台湾冷杉、百山祖冷杉等。常绿乔木，树干端直。树冠塔形。小枝对生。叶条形，螺旋状着生，辐射伸展。雌雄同株，球果直立，卵状圆柱形。种子具长翅。耐阴性强，适应温凉和寒冷的气候，土壤以山地棕壤、暗棕壤为主。易受高温害，树皮光滑的成年树，皮灼易罹病害。天然冷杉林多为异龄林和复层林，这与林窗式连续下种的更新特性有关。通常采用天然下种和人工植苗更新。木质轻软，较脆，易于胶接、涂漆和着色，是建筑、桥梁、火柴杆等用材。木材纤维长，也适于造纸。针叶含芳香油0.2%～0.6%。

冷杉形态

树皮含单宁5%～15%。树皮粉可作尿醛树脂胶增量剂。用树皮树脂囊分泌的树脂可加工成冷杉香胶，是光学仪器的胶黏剂。

**冷杉香胶** abies balsam 由香脂冷杉、臭冷杉和岷江冷杉分泌的树脂加工制成的热熔性固态胶。新鲜冷杉树脂为浅黄色黏稠液体，由萜类化合物组成。其中挥发部分冷杉油占30%；不挥发部分为冷杉胶，由中性物和多种树脂酸构成。冷杉胶具有透明度好，不结晶，无毒，膨胀系数小，耐高低温，胶合强度好，并有利于拆胶的特性。它是光学玻璃元件良好的胶黏剂，也可用于地质、冶金、煤炭、医学等部门。冷杉属的树脂含量随树种、立地条件、树脂囊大小及部位而异。采脂多在5～8月，雨天不宜采集。树脂不能与铁器接触。用有机溶剂溶解冷杉树脂，经过滤、蒸馏即得冷杉香胶。控制蒸出量，可得不同硬度的冷杉香胶系列产品。

**冷水江市** Lengshuijiang City 中国湖南省辖县级市。位于省境中部，资水中游。面积436平方千米。人口33万(2010)，有汉、苗、回、土家等民族。1960年析新化县置冷水江市，因境内冷水江而得名。由娄底市代管。矿产有煤、锑、铁、铜、锌、石墨、石灰岩、大理石、硫铁矿、钨、金、银、铜等。农作物有水稻、小麦、甘薯、油菜、茶、蔬菜等。工业以采矿、冶金、电力、建材、化工等为主。锡矿山的锑储量和产量均居世界之最。陶瓷、刀具、火力发电、生铁铸造、电石和纯碱产量均居全省前列。风景名胜有波月洞、鸿云崖、筱溪峡等。

**冷战** Cold War 第二次世界大战后以美国为首和以苏联为首的两大阵营间所显示的公开却有限制的对立状态。主要是政治、军事、经济和意识形态方面的对峙，没有达到大规模“热战”的程度。“冷战”这一名词由美国财政专家兼总统顾问B.M.巴鲁克在1947年的一次国会辩论中首次使用。冷战的主要表现是美国和以它为首的北大西洋公约组织同苏联和以它为首的华沙条约组织的全面对抗。冷战对峙主要表现在欧洲。1946年3月5日，英国前首相W.丘吉尔发表富尔顿演说，拉开了冷战的序幕。20世纪50年代，是两大阵营对抗和激烈斗争时期。对抗在亚洲的主要表现是朝鲜战争，在欧洲是两大对立的军事集团的形成与对峙。1950年，朝鲜战争爆发，一直持续到1953年，以美国不得不停战而告终。朝鲜战争实际上是两大阵营间的一次“热战”。1955年5月14日，苏联同东欧国家成立了华沙条约组织。至此，以美苏为首的两大军事集团在欧洲的对峙局面形成。1958～1962年为冷战的又一紧张阶段。美国与苏联开始发展和部署洲际弹道导弹。1962年苏联开始在古巴秘密部署可以向美国各城市发动攻击的导弹，引发了加勒比危机。这场对抗使两个超级大国濒临战争边缘，后达成协议苏联撤走导弹而告终。20世纪60～70年代，冷战紧张局势渐趋缓和。美、苏于1963年签署《部分禁止核试验条约》，禁止地上核武器试验。进入80年代，美国提出“星球大战计划”，并在欧洲部署新型中程导弹。两个超级大国继续进行大规模的武器积累，并且竞相对第三世界施加影响，冷战又趋紧张。但80年代后期开始，东欧、苏联发生剧变。不久，民主德国和联邦德国统一，华沙条约组织解散。1991年下半年，苏联解体，冷战宣告结束。

**丽水市** Lishui City 中国浙江省辖地级市。在省境西南部，瓯江中游。面积17 298平方千米。人口212万(2010)。有汉、畲等民族。辖莲都区和缙云、青田、云和、遂昌、松阳、庆元6县和景宁畲族自治县，代管龙泉市。隋开皇九年(589)置括苍县。唐大历十四年(779)改名丽水县。1986年撤县设市。2000年升地级市。矿产有金、银、钼、珍珠岩、叶蜡石、氟石等。山区森林覆盖率达69%，多毛竹、松、杉、油茶等，素有“浙南林海”之称。龙泉的凤阳山、遂昌的九龙山、庆元的百山祖辟为省级自然保护区。农作物以水稻、小麦、甘薯为主，并产茶叶、烟叶、香菇、木耳、柑橘、枇杷等，为浙江省油茶、油桐、乌桕基地之一，特产“宣莲”。工业有机械、电力、造纸、化工、建材、森工、纺织、食品等行业。龙泉宝剑、青田石雕驰名中外。有全国重点文物保护单位大窑龙泉窑遗址，省级文物保护单位通济堰、延庆寺塔等古迹。仙都为国家级风景名胜区。南明山-东西岩、石门洞为省级风景名胜区。

**厘金** likin tax 19世纪中叶至20世纪30年代中国国内贸易征税制度之一。最初是地方筹集饷需的方法，又名捐厘、厘捐。清咸丰三年(1853)为江北大营筹措镇压太平军的军饷，在扬州里下河设局劝捐，照地丁银数分别抽捐，大致每亩起捐自80文至20文不等。同时，对米行商贾推行捐厘之法，规定每米一石捐钱50文助饷。四年三月起，此法推行到里下河各州县米行，并对其他各业大行铺户，一律照捐抽厘，大致值百抽一。捐厘行业渐次增多，遍及百货，地区也渐次扩展。截至同治元年(1862)除云南(同治十三年设)和黑龙江(光绪十一年，1885年设)外，厘金制度已遍行于全国各地。厘金制度增加了清政府的税收。但由于厘金中商税完全出自华商而不及外商，所以这一制度阻碍着土货在市场上的流通，有利于外国洋货的倾销。其创始之初，本是一种临时筹款方法，同治三年七八月间，清政府曾经一度议裁而未果，使它取得经常正税的地位。1931年1月1日，国民政府取消了厘金制度。

**离岸价格** free on board; FOB 在国际贸易中以商品装上运载工具为条件的价格。如运载工具为船舶，则又称装运港船上交货价格。离岸是指离开本国(或地区)的口岸，离岸价格是国际贸易中广泛采用的具有代表性的贸易条件。采用离岸价格的卖方责任是：①在合同规定的期限内将商品装上买方自派或指定的船舶，并通知买方。②负担货物越过船舷前的一切费用和风险。③办理出口手续并提供出口国政府或有关方面签发的证件。④向买方提供有关单据并据此收回货款。买方责任是：①办理租船订舱，支付运费，并将船名、船期和装货期等及时电告卖方。②负担货物越过船舷后的一切费用和风险。③办理保险，支付保险金，办理目的港进口及接货手续。④接受卖方提供的各种单据，支付货款。

**离合器** clutch 按工作需要可随时将原动机与工作机或机器内部的主动轴与从动轴接合或分离的传动装置。可实现机器启动、停止、换向和变速等功能。如机床中的离合器可使主轴迅速与动力机接合或分离，能节省停车和启动等辅助时间，提高机床的生产率。离合器有时也用于轴与轴上零件的接合或分离。按控制方式可分为操纵式和自动式。按接合元件的性质分为啮合式和摩擦式。啮合式如牙嵌式离合器，通过牙、齿或键的嵌合来传递扭矩。摩擦式如圆盘式摩擦离合器，利用摩擦力传递扭矩。此外还有电磁粉末离合器、离心离合器、安全离合器、超越离合器等多种类型。

**离婚** divorce 配偶生存期间解除婚姻关系的法律程序。婚姻关系除因配偶一方死亡(包括宣告死亡)而消灭外，只能因离婚而终止。离婚不仅在当事人的人身关系、财产关系上引起法律后果，同时涉及子女的抚养教育等问题。

许多国家以裁判离婚为解除婚姻关系的唯一方式。也有一些国家兼采裁判离婚和协议离婚两种制度。西方国家亲属法中常见的离婚理由是：一方有通奸行为；一方遗弃或虐待他方；一方患重大不治的或恶性的疾病；一方受刑之宣告；一方失踪；婚姻关系破裂致使家庭生活解体；一方不履行同居义务；双方长期分居等。

《中华人民共和国婚姻法》(2001)规定：“男女双方自愿离婚的，准予离婚。双方必须到婚姻登记机关申请离婚。”“男女一方要求离婚的，可由有关部门进行调解或直接向人民法院提出离婚诉讼”；“人民法院审理离婚案件，应当进行调解；如感情确已破裂，调解无效，应准予离婚”。对判决离婚的法定理由，《婚姻法》规定的有：①实施家庭暴力或虐待、遗弃家庭成员的。②重婚或有配偶者与他人同居的。③有赌博、吸毒等恶习屡教不改的。④因感情不和分居满2年的。⑤其他导致夫妻感情破裂的情形。

为了保护妇女、胎儿和婴儿的利益，《婚姻法》规定女方在怀孕期间、分娩后一年内或中止妊娠后6个月内，男方不得提出离婚。女方提出离婚的，或人民法院认为确有必要受理男方离婚请求的，不在此限。为了保护现役军人的婚姻，《婚姻法》还规定，现役军人的配偶要求离婚，须得军人同意，但军人一方有重大过错的除外。

关于离婚后的子女和财产问题，《婚姻法》规定，父母与子女间的关系，不因父母离婚而消除。离婚后，父母对于子女仍有抚养和教育的权利和义务。离婚后，哺乳期内的子女，以随哺乳的母亲抚养为原则。哺乳期后的子女，如双方因抚养问题发生争执不能达成协议时，由人民法院根据子女的权益和双方的具体情况判决。对于一方抚养的子女，另一方应负担必要的生活费和教育费的部分或全部，负担费用的多少和期限的长短，由双方协议；协议不成时，由人民法院判决。关于子女生活费和教育费的协议与判决，不妨碍子女在必要时向父母任何一方提出超过协议或判决原定数额的合理要求。

关于离婚时的财产分割问题，夫妻的共同财产由双方协议处理，协议不成时，由人民法院根据财产的具体情况，照顾子女和女方权益的原则判决。离婚时，原为夫妻共同生活所负的债务，应当共同偿还；共同财产不足清偿的，或财产归各自所有的，由双方协议清偿；协议不成时，由人民法院判决。此外，《婚姻法》还规定，离婚时，如一方生活困难，另一方应从其住房等个人财产中给予适当帮助。

**《离魂记》** *Story of a Lost Soul* 中国唐代传奇。作者陈玄祐，唐代宗大历时人。生平不详。作品写张倩娘与表兄王宙从小相爱，但成年后，倩娘之父竟将倩娘另许他人。倩娘因此抑郁成病，王宙也托故赴长安，与倩娘诀别。不料倩娘半夜追到船上，于是同赴蜀地，同居5年，生有2子。后因倩娘思念父母，与王宙一同归家探望。王宙一人先至倩娘家说明缘由，始知倩娘一直病卧家中，出奔的是倩娘离魂。最后倩娘的离魂与肉体合为一体。本篇以怪诞离奇的情节，体现了当时男女青年向往感情自由的愿望，展现了他们挚爱的情怀和无奈的反抗。离魂故事，始见于南朝刘义庆的《幽明录·庞阿》。唐代此类传奇作品较多，但都较本篇简略。元代郑光祖据此故事改编成杂剧《倩女离魂》，明代汤显祖《牡丹亭》也受到此作品的影响。

**离坚白** division of hardness and whiteness 先秦名家的一种世界观和方法论。认为石头的坚和白两种性质互相分离，互不涵容，进而从触觉、视觉的不同官能和精神的抽象作用，引出“坚白离石自藏”的结论。离同为异，夸大差异性，忽视同一性，是关于差异绝对性的论辩。与合同异相对。《庄子·天地》说：“辩者有言曰：离坚白。”《秋水》载公孙龙自称能“离坚白，然不然，可不可，困百家之知，穷众口之辩”。《公孙龙子·坚白论》有“离坚白”的论证。“离坚白”式的诡辩论题，还有“白马非马”、“目不见”和“火不热”等。与“离坚白”的论点相对立，后期墨家的《墨经》论证“盈坚白”的论点，认为坚白存在于石，互不相非、相外，互相涵容，为“同异交得”(对立统一）的关系。

**离解** dissociation 分子分离或热分解成两个或两个以上部分（原子、分子、离子、基团）的过程。例如，某些离子型化合物受热熔融时，原先的晶格被破坏，形成自由移动的阴、阳离子，如氯化钠、硝酸钾熔融离解；离子型化合物溶于水时，阴、阳离子各自水合，形成水合阴、阳离子；某些共价型化合物在水中离解为水合阴、阳离子，如氯化氢溶于水形成$H^+$(aq)和$Cl^-$(aq)等，都是离解作用。离解有些是不可逆的反应，如：

$$2KClO_3 \longrightarrow 2KCl+3O_2$$

有些离解可以在不同温度下发生逆向的化合反应，如：

$$NH_4Cl(s) \rightleftharpoons NH_3(g)+HCl(g)$$

**离散数学** discrete mathematics 研究离散量的结构及相互关系的数学研究领域的总称。通常包括数理逻辑、组合数学、集合论、代数结构和图论等内容。也有人把整数理论、组合分析初步和自动机理论都作为离散数学的不可少的部分。实际上，上述内容分别属于不同的数学分支，各自从不同的角度研究各种离散量之间的关系。离散数学不仅要介绍各分支的基本概念，同时也注重这些分支之间的相互关系。离散数学像研究连续量的分析数学一样，立论严谨、高度抽象、推理严密。由于计算机能处理的基本数据大多是离散型的数量，离散数学自然成为计算机科学的理论基础。离散数学在计算机研究和软件、硬件开发的各个领域都有广泛的应用。

**《离骚》** *Li Sao; An Elegy on Encountering Sorrows* 楚辞篇名。战国时楚人屈原作。关于篇名，司马迁在《史记·屈原列传》中解释为“离忧”；王逸在《楚辞章句》中解释为“别愁”；近人或解释为“牢骚”，或解释为“楚国曲名‘劳商’的异写”。关于写作年代，有人认为写于楚怀王当朝，诗人被疏远以后；也有人认为作于顷襄王当朝，诗人再放江南时。

《离骚》是中国古代诗歌史上最长的一首浪漫主义的政治抒情诗。诗人从自叙身世、品德、理想写起，抒发了自己遭谗被害的苦闷与矛盾，斥责了楚王昏庸、群小猖獗与朝政日非，表现了诗人坚持“美政”理想，抨击黑暗现实，不与邪恶势力同流合污的斗争精神和至死不渝的爱国热情。诗中大量运用了古代神话传说，以想象和联想的方式构成了瑰丽奇特的幻想世界，又以神游幻想世界的方式表现了诗人对理想的热烈追求。诗中大量地运用了“香草美人”的比兴手法，将深刻的内容借助具体生动的艺术形象表现出来，极富艺术魅力。《离骚》具有深刻现实性的积极浪漫主义精神，对后世产生了深远的影响。

**离心分离** centrifugal separation 借助离心机等设备高速转动时产生的离心惯性力，使比重不同的物质相互分离的方法。可分为：①固－液分离。工业和实验室中最常采用的分离固体和液体物料的方法。②固－固分离。可通过控制离心时间逐次将固体颗粒按大小分开，又称离心分级。③液－液分离。互不相溶的液体在离心机中因密度不同而相互分离，常用一种称为离心萃取机的装置来分离液体溶液组分。④气－气分离。常用于同位素分离，例如离心分离浓缩铀－235。

离心分离技术是多种工业、环境保护、临床化验和科学研究中广泛采用的分离、富集不同物料的方法。离心分离法与其他方法相结合，可以产生新的更为有效的分离方法。如离心分离法与色谱法结合，以其离心力压迫分子于柱壁而代替固定相的保留作用，称为离心色谱，也称沉积场流分级法。后来依据这一基本思想，以电场、磁场、热梯度等代替离心力场，得到不同的场流分级法，从而建立了一类分离方法体系。又如离心制备薄层色谱法是离心分离法渗透于色谱领域而产生的又一种高效分离法。该法已用于天然产物、合成产物及异构体等的快速分离提纯，分离效果优于薄层色谱和柱色谱法，在一定程度上与制备型高压液相色谱法相似，但在节省时间和溶剂等方面优于后者。

**离心惯性力** centrifugal inertial force 转动参考系中质点受到的一种惯性力。习称离心力。若质量为$m$的质点距转轴距离为$r$，转动角速度为$\omega$，则从惯性系来看，存在一个大小为$mr\omega^2$的向心力；而从随之转动的非惯性系来看，该质点要保持静止，须附加一个和向心力大小相等，方向离转轴沿径向向外的力，此力即为离心惯性力。

地球实际上是一个非惯性系，它绕南

北极轴相对地心坐标系（坐标原点在地心，三个坐标轴分别指向三颗恒星）作缓慢的等角速$\Omega$转动，$\Omega=7.29\times10^{-5}$/秒。在地球上看来，地球的每一点都受到离心惯性力作用，积累效应就是使地球从圆球形变成沿南北方向略微压扁的旋转椭球（地球的极半径较赤道半径短21千米）。一般工程可不考虑离心惯性力的影响。但宇航员在地面训练中使用离心机模拟超重环境时，载人离心机的旋臂长达十余米，以不同角速度旋转时，臂端舱室中的离心惯性力可达宇航员体重的8～14倍。

**离心力** centrifugal force 当甲物受到乙物的作用力是向心力时，乙物同时受到的甲物的反作用力。见向心力和离心惯性力。

**离子** ion 带电荷的原子或原子团（见基）。带电荷的某原子称其为某离子，如铁离子$Fe^{3+}$、氯离子$Cl^-$。带正电荷的离子称为阳离子或正离子，如$Fe^{3+}$；带负电荷的离子称为阴离子或负离子，如$Cl^-$。带正电荷的原子团常见于配离子，如$[Cu(NH_3)_4]^{2+}$。带负电荷的原子团称为某根（离子），如$SO_4^{2-}$称为硫酸根（离子）。离子的大小用离子半径表示，它主要决定于离子所带电荷和离子本身的电子组态。离子的性质与其价态、半径和外层电子组态有关。

**离子光谱** ionic spectrum 离子的电子运动状态发生变化时发射或吸收的光谱。通常在元素符号后面标罗马数字Ⅰ，如LiⅠ、AlⅠ等表示中性原子；标罗马数字Ⅱ，如HeⅡ、LiⅡ等表示一次电离离子，即电离掉一个电子；标罗马数字Ⅲ，如LiⅢ、BeⅢ等表示二次电离离子……依次类推。原子序数为$Z$的中性原子同原子序数$Z+1$的原子一次电离后的离子以及原子序数为$Z+2$的原子二次电离后的离子等，核外具有相同数目的电子，它们具有相似的能级和光谱结构，例如HeⅡ和LiⅢ具有与氢类似的能级和光谱，它们称为类氢离子，BeⅡ和BⅢ具有与LiⅠ类似的碱金属原子的能级和光谱结构。重原子的核外电子大量剥离形成高离化态原子，其光谱特征与电离后剩下的核外电子的行为有关，是近代原子物理学研究的热点之一。

**离子化合物** ionic compound 由正、负离子以离子键结合而形成的化合物。二元离子化合物一般由电负性较小的金属元素和电负性较大的非金属元素所组成，两种元素在化合过程中，金属元素的外层电子转移给非金属元素，从而在离子化合物中形成稳定的正、负离子。离子化合物的特征是：离子间的结合力以静电引力为主（离子键），正、负离子在空间是交替相间排列的，不存在独立的分子；多数离子化合物具有较高的熔点和沸点；在固态时是不良导体，但在熔融态或是形成溶液时都能导电，这是因为离子化合物在熔融态或溶液中离解为能够自由运动的正、负离子。离子化合物整体上的电中性，决定了化合物中各类正离子带电量的总和应与所有负离子带电量（绝对值）的总和相等。这一关系将对离子化合物中正、负离子的组成比和电价比等结构因素有所制约。

**离子极化** ionic polarization 离子化合物中正、负离子的电子云分布在对方离子电场作用下发生变形的现象。离子引起周围离子极化的能力称为极化力；而离子在电场作用下，电子云变形的难易程度称为离子的变形性。一般说来，正离子的半径小，极化力大，变形性小；负离子则是半径大，极化力小，变形性大。离子极化使正、负离子之间在原静电相互作用的基础上又附加以新的作用，负离子的核外电子云偏向正离子方向，从而使离子键增加共价成分而向共价键过渡，最终影响化合物的物理、化学性质。离子极化一般可从键力的加强、键长的缩短、键的极性降低等现象中测得，并可导致物质结构型式的变异。

**离子键** ionic bond 通过异性电荷之间的吸引产生的结合作用（化学键）。又称电价键。电离能小的金属原子（如碱金属）和电子亲和能大的非金属原子（如卤素）接近时，前者将失去电子形成正离子，后者将获得电子形成负离子，正负离子通过库仑作用相互吸引。当吸引力与正、负离子的电子云之间的排斥力达到平衡时，形成稳定的以离子键结合的体系。离子键的特征是作用力强、无方向性与饱和性。与共价键相比，其强度随原子距离增大而减弱较慢。一个离子周围能容纳的最近邻异性离子数目以及其排布方式，取决于正、负离子半径的比例以及在库仑作用下体系可能具有的最低能量。以离子键结合的化合物倾向于形成晶体，以便在一个离子周围形成尽可能多的离子键。例如，氯化钠倾向于聚集为立方面心型的晶体，使与每个钠（或氯）离子相连结的离子键从一个变为六个。

**离子交换** ion exchange 两种均由正、负离子组成的物质之间发生的互相交换离子的化学反应。更多的是指借助于固体离子交换剂中的离子与溶液中的离子进行的离子交换反应，以富集、分离、提纯物质的方法，在工程上属传质分离过程的单元操作。离子交换法广泛采用人工合成的离子交换树脂作为离子交换剂。用于离子交换分离的树脂要求具有不溶性、一定的交联度和溶胀作用，而且交换容量和稳定性要高。离子交换反应是可逆的，而且等当量地进行。常温下稀溶液中阳离子交换势随离子电荷的增高，半径的增大而增大；高分子量的有机离子及金属络合阴离子具有很高的交换势。高极化度的离子如$Ag^+$、$Tl^+$等也有高的交换势。离子交换速度随树脂交联度的增大而降低，随颗粒的减小而增大。温度增高，浓度增大，交换反应速率也增快。离子交换树脂可以再生。将交换耗竭的离子交换树脂和适当的酸、碱或盐溶液发生交换，使树脂转化为所需要的型式，称为再生。这类酸、碱或盐就称再生剂。应用最广的设备是固定床离子交换器。料液连续通过装有离子交换树脂的交换柱（床层），直至出口浓度接近入口浓度，便停止进料，改为用再生剂洗脱所交换的离子的操作。然后再冲洗床层，除去多余的再生剂。这样，交换柱便可循环重复利用。离子交换分离广泛用于：①水的软化、高纯水的制备、环境废水的净化。②溶液和物质的纯化，如铀的提取和纯化。③金属离子的分离、痕量离子的富集及干扰离子的除去。④抗生素的提取和纯化等。⑤从工业废水中回收贵金属和脱除有毒的金属离子。

**离子交换树脂** ion-exchange resin 带有功能基并能同溶液里的离子起交换反应的网状结构高分子化合物。不熔不溶；功能基团可以离子化；具有高机械强度、热稳定性、化学稳定性；适宜的孔结构；形状一般为球形颗粒或膜的形式（离子交换膜）。按外观形状及物理性质（孔度及分布、比表面、孔径等）分为凝胶、大孔和离子交换膜；按用途有选择交换用、脱色用、吸着用、电子交换（氧化还原）用（称氧化还原树脂）等；根据母体的化学结构分为苯乙烯系列、丙烯酸系列、酚醛类系列等；根据离子交换树脂中活性基团的性质分为强酸性、中等酸性、弱酸性、强碱性、中等碱性、弱碱性和氧化还原性等。含酸性基团的离子交换树脂，能同溶液里的阳离子起交换反应，称阳离子交换树脂；含碱性基团的则称为阴离子交换树脂。若同时含酸性和碱性基团的，称为两性离子交换树脂。若树脂与溶液里的高价阳离子作用后，能形成钳环形的络合物，则称为螯合树脂。

主要应用：①水处理，除去水中的钙、镁和铁离子以使工业用水软化及获得电子、半导体、原子能工业用的无离子水。②分离、浓缩、提纯和回收铀、稀土元素、贵金属及铬、铜等。③医学和医药上的回收、分离和提纯。④用作有机合成中的固体酸碱催化剂。⑤食品及生物制品的脱色。⑥作化学试剂，用于外消旋物拆分、固相合成。

**离子束** ion beam 把离子源产生的离子用电磁场加速、偏转、聚焦和准直后引出的束。通常的离子束源分成两部分：产生并维持密集电离的放电室部分和引出与聚焦离子的电极系统部分。离子源大致按产生离子或等离子体的机制不同进行分类，主要有彭宁离子源和射频离子源。彭宁离子源是磁场中的放电源，射频离子源用射频电磁场引起低气压气体放电产生。不同速度大小和方向以及不同种类的离子可用电场或磁场进行选择。产生高电荷态离子，需要很强的离子束流。现已成功研制出这类离子束源，有电子回旋共振源、电子束离子源和电子束离子阱等。离子束分析是利用离子束和物质的相互作用来对物质进行元素的定性分析、定量分析和结构分析，是一种高灵敏的分析手段。

**离子型聚合** ionic polymerization 用离子型引发剂（催化剂）引发，增长链末端带有正电荷或负电荷的加成聚合或开环聚合。又称离子聚合。已工业化的正离子聚合的产品品种有聚异丁烯、丁基橡胶、聚甲醛等，负离子聚合的产品品种有SBS热塑性橡胶和聚醚等，配位聚合的产品品种有线型（高密度）聚乙烯、全同立构聚丙烯、高顺丁橡胶、乙丙橡胶等。离子型聚合为链式聚合。正离子聚合时，增长链正离子可以发生自发终止、链转移终止和与负离子结合终止。负离子聚合时，增长链末端带有负电荷。没有其他因素影响下，烯类单体的负离子聚合，没有链终止反应，称活性聚合。配位聚合时，乙烯或丙烯首先在催化剂钛Ti的空位上配位，然后插入钛－碳键中，且增长链端带负电荷，称为配位负离子聚合。正离子聚合的引发剂有路易斯酸，如$AlCl_3$、$BF_3$、$TiCl_4$和$SnCl_4$等亲电试剂，通常需要加$H_2O$或HCl等才能引发聚合。负离子聚合的引发剂有碱金属及其烷基化物、氨基化物、烷氧基化物等亲核试剂和萘钠络合物等。配位聚合的引发剂一般由两组分组成：①过渡金属如Ti、Zr、V等化合物。②金属烷基化合物如$Al(C_2H_5)_3$等。

**离子选择性电极** ion-selective electrode 利用膜电势测定溶液中离子的活度或浓度的电化学传感器。当离子选择性电极和含待测离子的溶液接触时，在它的敏感膜和溶液的相界面上产生与该离子活度直接有关的膜电势。离子选择性电极和适当的参比电极组成电池。测量该电池的电动势反映出的离子选择性电极的电势与它所传感的离子活度（浓度）的对数呈线性关系，并遵循能斯特公式。从而可以直接测定溶液中浓度在$10^{-1}$～$10^{-5}$摩/升，个别可达$10^{-8}$摩/升的某种离子含量。pH玻璃电极是世界上第一种离子选择性电极，至今仍广泛应用。其他比较著名的还有测量卤素离子的卤化银电极、由氟化镧单晶制成的高选择性氟离子电极、液体离子交换型的钙离子电极和由抗菌素制备的钾电极等。

离子选择性电极的关键是一个被称为选择性膜的敏感元件，它是化学量与电势量的信号转换器。通常将它固定在一个塑料或玻璃腔体头部。选择性膜可以是特殊组分的玻璃膜、单晶膜或混晶膜、有机高分子功能膜和生物膜，甚至是液态膜。

离子选择性电极是一种简单、迅速、能用于有色和混浊溶液的分析工具，具有无损分析和可原位测量等特点，十分适用于野外分析和现场自动连续监测。与其他分析方法相比，它在阴离子分析方面特别具有竞争能力。已成功地应用于环境监测、水质和土壤分析、临床化验、海洋考察、工业流程控制以及地质、冶金、农业、食品和药物分析等领域。

**骊山** Lishan Mountain 中国风景名胜区。位于陕西省西安市临潼区境内。西起西安市灞桥区界，东至浠河，北自渭河，南至蓝田县界。面积约316平方千米。骊山林木苍郁，远望似骊马，最高峰海拔1 302米。周、秦、汉、隋、唐等王朝均在骊山建离宫，利用山麓温泉沐浴。今华清池即在唐华清宫遗址上修建，1936年西安事变即发生于此。1959年已扩建成宫殿式园林，风景秀丽，以温泉著称，为中国闻名的沐浴游览胜地。骊山东有秦始皇陵，陵高47米，占地约25万平方米，是中国古代最早的宏伟的帝王陵，全国重点文物保护单位。1974年在陵的东侧发现规模巨大的兵马俑坑，挖掘出同真人真马大小相似的陶俑、陶马和铜剑、吴钩、铜戟等大量青铜器（见秦始皇陵兵马俑）。1982年在陵的西面又发现铜车马，制作精细，亦为艺术珍品。骊山西北有5 000年前姜寨新石器时代遗址，包括仰韶文化和龙山文化，遗址布局清楚，保存完整，遗物丰富，占地约5万平方米。

**梨** *Pyrus*; pear 蔷薇科苹果亚科梨属植物的统称。落叶乔木或灌木，极少为半常绿。温带果树。全世界有30余种，主要的西方梨系有12种，东方梨系有16种。中国梨资源居世界之首，已定名的有13种，其中栽培最多的为白梨、沙梨、秋子梨和新疆梨。此外，川梨、褐梨、杏叶梨也有少数栽培品种，其他多用作砧木。原产欧洲的洋梨19世纪后引入中国。梨植株高达10～20米。各个种的种间杂交容易。经长期演化，形成不同的生态种群。如东方梨群和西方梨群。梨根在土温5～7℃时开始生长，20～30℃最适宜。多数品种以短果枝结果为主。多数砧木树种有较强的耐涝力。适应pH5.8～8.5、含盐总量不超过0.3%的土壤，较耐瘠薄。梨主要用嫁接繁殖。自花结实率很低，需配授粉树。整枝常采用多主枝自然圆头形和疏散分层形。常见病害为梨黑星病、梨黑斑病。虫害有梨小食心虫、梨大食心虫、梨蚜、梨木虱等。梨除鲜食外可加工成酒、膏、干脯和罐头等。梨果在医学上有帮助消化、消痰止咳、退热、解疮毒和酒毒等功能。

**梨花大鼓** 中国曲艺曲种。见山东大鼓。

**梨园** Pear Garden 唐玄宗时宫廷内专门训练俗乐乐工的机构。《新唐书·礼乐志》载："玄宗既知音律，又酷爱法曲，选坐部伎子弟三百，教于梨园。声有误者，帝必觉而正之，号'皇帝梨园弟子'。"梨园在当时的京都长安（今陕西西安）光化门（一说芳林门）外的禁苑中，园内有梨园亭，供演奏乐曲用；有会昌殿，是玄宗亲自按乐的地方。梨园的主要职责是训练器乐演奏人员，与专司礼乐的太常寺和充任串演歌舞散乐的内外教坊，为鼎足而三的机构。当时凡为人所爱好的乐工，多出身于梨园，"梨园弟子"遂成为乐工弟子的代称。后世遂将戏曲界习称为"梨园界"或"梨园行"，戏曲演员称为"梨园子弟"。

**梨园戏** Pear Garden opera 中国戏曲剧种。孕育于福建泉州，流行于闽南方言区域。东南亚各国华侨聚居地，也有演出活动。梨园戏历史比较悠久，明嘉靖四十五年(1566)，已有"潮泉二部"的《荔镜记》刊本，可见当时已经流行。梨园戏有大梨园和小梨园之分，大梨园又分"上路"、"下南"两支，三种流派都有各自的"十八棚头"(保留剧目）和专用唱腔曲牌。"上路"戏系指由浙江传入的戏曲。其剧目较为古老，保留了不少南戏脚本，如《蔡伯喈》、《王魁》、《王十朋》等。"下南"戏是在漳、泉一带发展形成的，生活气息较浓。小梨园以生、旦戏见长，多爱情故事和民间传说戏。梨园戏在表演上有一套独特的程式。基本动作称为"十八科母"，有"举手到目眉，分手到肚脐，拱手到下颏"等严格规制，古朴而又细腻。唱腔属南曲，箫弦伴奏为主，一字多腔。曲调中保留着不少古曲牌名。

**犁** plough 翻耕土壤的耕作机具。具有切土、翻土、松土、碎土、覆盖残茬等功能。主要类型有铧式犁、圆盘犁、旋转犁、耕耙犁等。其中以铧式犁应用最广。

铧式犁是以犁铧为切土部件，切下的土垡沿犁壁曲面上升后翻转下落，在此过程中土壤受挤压而破碎。双向犁是铧式犁的一种特殊形式，在耕地时的来回行程中，犁体分别向右和向左翻垡，从而使垡片始终向地块的一侧翻倒，使地表不留沟垄；耕地过程中机组的空行程也较少。

圆盘犁是以凹面圆盘为工作部件。当圆盘犁由拖拉机牵引前进时，圆盘在土壤反力作用下绕其中心轴转动。圆盘周边刃口切开土壤，耕起的土垡沿圆盘凹面上升并向侧后方翻转，耕后留有犁沟。圆盘犁具有切土能力强、入土性能好、易于脱土、不易堵塞等特点，适于绿肥田、草根地、多石地和黏湿地耕作。

旋转犁的工作部件形似船用螺旋桨，又称旋桨式犁。其旋转轴与地面垂直，叶片是曲面菱形板，具有与铧式犁犁壁相似的曲面。作业时，叶片旋转切土，并将切下的土垡向一侧抛掷。耕深可达20～30厘米，但前进速度较慢。

耕耙犁是在铧式犁基础上加装碎土部件而成，具有较强的碎土功能，能一次完成耕、耙作业，作业于潮湿、黏重土壤中效果尤为显著。

**漓江** Lijiang River 中国珠江水系支流。位于广西壮族自治区东北部。又称漓水。发源于桂北越城岭猫儿山，上游主流称六峒河；南流至兴安县司门前附近，东纳黄柏江，西受川江，合流称溶江；由溶江镇汇灵渠水，流经灵川、桂林、阳朔，至平乐县，与恭城河汇合，长164千米。平乐县以下称桂江，南流梧州市，汇入西江。从桂林到阳朔约83千米的水程，是广西东北部喀斯特地形发育最典型的地段，江水清澈，两岸奇峰重叠，风光秀丽。1982年，桂林漓江风景名胜区被国务院批准列入第一批国家级风景名胜区。

**盠驹尊** Bronze Colt-shaped Zun of Lord Li 中国西周时代青铜器。1955年陕西省眉县李村西周窖穴出土。通高32.4厘米，长34厘米，重5.86千克。现藏中国国家博物馆。器具作驹形，昂首站立。腹腔中空，背开方口，有盖，器身装饰简洁。驹胸前有铭文9行94字。记述贵族盠参加周王举行的“执驹”典礼。盠受周王赐驹两匹，作器以纪荣宠。盠驹尊是西周时代写实动物雕塑的代表性作品，也是目前所知最早的驹形青铜器。

与盠驹尊同时出土的还有另一驹尊盖，盖上有一卷尾夔龙捉手，有铭文12字，记周王在“豆”行执驹礼，赐驹给盠。现藏陕西历史博物馆。

**黎巴嫩** Lebanon 亚洲西部国家。位于地中海东岸，东、北与叙利亚为邻，南与巴勒斯坦地区相连。面积10 452平方千米，海岸线长220千米，人口410万（2008）。居民约93%为阿拉伯人，余为亚美尼亚族人等。居民约54%信奉伊斯兰教，46%信奉基督教。阿拉伯语为官方语言，通用法语和英语。首都贝鲁特。

**地理** 国土狭长，地形受西亚裂谷带的制约，自西而东分为4条南北纵列地带。沿海平原为一断续分布着的冲积带。沿海平原以东，地势急剧抬升，为黎巴嫩山脉，南北纵贯全境；山势陡峭，平均海拔2 100米，主峰索达山，位于山脉北段，的黎波里东南30千米，海拔3 083米。山脉东侧，地势陡降，形成一南北纵长的槽形谷，为贝卡平原，也称贝卡谷地。东为外黎巴嫩山，南延部分，另名谢赫山。全境的山地、沼泽和沙漠，共占国土面积的52%。黎巴嫩山体有不透水的岩层，流水不能渗入地下，而在1 200多米高处倾泻而下，形成许多水源，有的水量很大，利于山地农田的灌溉。利塔尼河和阿西河均发源于贝卡谷地北部，前者河长170千米沿谷地南流，再折向西，穿越黎巴嫩山，下注地中海。后者北向流入叙利亚（经土耳其下注地中海），在黎境内仅40千米。其他河流大多源自黎巴嫩山西坡，奔流数十千米入海。

属地中海气候。夏干，冬季雨量丰富，自西向东逐渐减少。沿海降水量700～1 000毫米，面海山坡达1 200毫米。贝卡谷地和外黎巴嫩山都比西部干燥，贝卡谷地仅380毫米。海岸线曲折，多岬角、小型半岛和港湾。矿产资源少，仅有铁、铅、铜、磷、褐煤和沥青等，储量不足观。

**历史** 黎巴嫩是古代腓尼基的一部分，曾相继受埃及、亚述、巴比伦、波斯和罗马帝国的统治。7世纪为阿拉伯人占领，11世纪末曾被十字军侵占，16世纪并入奥斯曼帝国。1920年黎巴嫩与叙利亚共同沦为法国“委任统治地”。1926年成立共和国，但仍保留法国的委任统治权。第二次世界大战期间，在法国被迫宣布结束委任统治后，于1943年11月22日正式独立，成立黎巴嫩共和国。1975年4月内战爆发。1978年3月以色列入侵后，联合国向黎巴嫩派驻多国维和部队，并执行任务至今。

**政治** 1990年内战结束后，政局逐渐趋于稳定。现行宪法是尚在法国委任统治时期的1926年5月23日颁布的，后经8次修改。规定黎巴嫩是一个议会民主共和国，具有阿拉伯属性，但任何有悖各教派共处原则的权力均属非法。总统由议会选举产生，任期6年，不得连选连任。1995年10月19日修改后的宪法又规定，在特殊情况下或10名以上议员提出动议，并获议会2/3多数通过，可延任3年，延任只准一次。黎党派林立，主要有“未来阵线”、黎巴嫩长枪党、自由国民党、“阿迈勒”运动、社会进步党、黎巴嫩共产党、黎巴嫩共产主义行动组织、叙利亚民族社会党、真主党。议会为一院制，主要职能是制定法律、修改宪法、选举总统、批准总理和阁员人选及审议国家财政预算和对外条约及协定。议席按教派间协商后的比例分配，议员由普选产生，议席128个，任期4年。法院除了初审法院、上诉法院、最高法院以及行政法院外，还有治安法院以及专门处理婚丧、遗产继承等问题的宗教法庭。

**经济** 黎巴嫩奉行自由贸易和鼓励外国投资的开放政策，努力发展过境贸易、转口贸易和旅游业。20世纪70年代初期，已成为经济比较繁荣的国家，一直享有中近东贸易、金融、交通和旅游中心的盛名，人均国内生产总值不断攀升，但历时16年的内战（1975～1990），加上黎以冲突不断，

图1 黎巴嫩东北部城市巴勒贝克的古代建筑遗迹

国民经济遭到极大灾难。虽然政府着手进行经济和行政改革，制定和采取一系列措施，大力开展重建工作，但因战争沉疴过重，医治费时，恢复维艰。2009年国内生产总值325亿美元。工业基础相对薄弱，主要有服装、食品、卷烟、皮革、家具、木材加工等轻纺工业；重工业主要由国家经营，有水泥、炼油、钢铁、发电等。黎巴嫩尽管不产石油，但日炼油能力达4万桶，有两座炼油厂，分别设在的黎波里（日炼油能力2.5万桶）和扎赫勒（日炼油能力1.5万桶），所需原油靠伊拉克和沙特阿拉伯提供。工业总产值占国内生产总值的17%（2005）。农业以小农经济为主，水资源充足是发展农业的天然优势。全国可耕地面积24.8万公顷，农产品以水果和蔬菜为主。果园面积仅6万公顷，但产值却占农业产值的51%。主要是柑橘、苹果、葡萄和香蕉，年出口水果约30万吨。其他经济作物有烟草、甜菜、橄榄等。近年来葡萄种植业发展很快，酿成葡萄酒后40%供出口。粮食耕种面积共8万公顷，主要种植大麦、小麦、玉米、马铃薯等。贝卡谷地是主要农耕区，谷物产量占30%。粮食生产落后，所需依然靠进口。

交通以公路为主，总里程7 100千米，其中3 500千米为沥青路面，高速公路约530千米。战争使近50%的公路遭到破坏，现已基本恢复。贝鲁特至大马士革的国际公路，长108千米，是东去连接海湾国家的主要干线。主要港口有贝鲁特、的黎波里和赛达，贝鲁特港是自由港，有集装箱及集散货码头14个。承担着70%进出口货物的运输量。航空以贝鲁特国际机场为基地，承担往返五大洲许多城市的航运业务。

对外贸易在国民经济中占有重要地位。近来政府实行对外开放与保护民族经济相协调的外贸政策，收到相当效果。出口商品主要有蔬菜、水果、金属制品、纺织品、化工产品、玻璃制品和水泥等。主销沙特阿拉伯、伊拉克、叙利亚等海湾国家。主要贸易对象是意大利、美国、法国、沙特阿拉伯、阿联酋、叙利亚和中国。进口商品主要有原油、机器、电器、运输工具、粮食、机械、电气设备和运输设备等，主要来自沙特阿拉伯、意大利、法国和英国。石油转口贸易是重要收入来源。美、英两国在沙特阿拉伯和伊拉克开采的部分石油，须通过黎巴嫩境内的输油管道运至赛达港和的黎波里港口外运，形成大量无形贸易收入。原为中东旅游胜地。内战前，每年入境旅客达200万人次，游客主要来自海湾地区产油国和欧美国家。后因战乱而一蹶不振，近年逐渐恢复。主要旅游点有腓尼基时代的比布鲁斯城、古罗马时代的巴勒贝克城和十字军时代的赛达城堡。北部的雪山滑雪场，也吸引了大量游客。已有5处被列入联合国教科文组织的《世界遗产名录》：安杰尔古城（1984）、巴勒贝克古城（1984）、比布鲁斯古城（1984）、提尔城（1984）以及圣谷（1998）。

**文化** 全国有中小学2 500余所，公立学校约1 300所。其他还有私人免费或收费学校。综合大学4所：黎巴嫩大学（1953）是唯一的国立综合大学，还有圣·约瑟大学（1881）、贝鲁特美国大学（1866）、贝鲁特阿拉伯大学（1960）。其他相当于大学和大学预科的教育机构20多所。黎向以中东新闻中心著称。主要日报有《白天报》、《使节报》、《旗帜报》、《家园报》、《安瓦尔报》，主要刊物有《事件周刊》、《阿拉伯周刊》、《狩猎者》、《杂志周刊》、《黎巴嫩评论》、《星期一早晨》等。黎巴嫩国家通讯社是唯一的官方通讯社（1962）。另有私营的中央通讯社（1982）和《中东报道》通讯社（1997）。有广播电台140多家，除黎巴嫩广播电台为国家广播电台外，概属娱乐性的私营电台。

图2 比布鲁斯古城遗址

**对外关系** 奉行中立不结盟政策，主张建立公正、合理、平等、均衡的国际政治、经济新秩序。调整与叙利亚的关系，积极发展同埃及、沙特阿拉伯等阿拉伯国家的关系。黎巴嫩与叙利亚曾有一种“特殊关系”。1976年5月，叙利亚约3.5万人的军队一直以“阿拉伯威慑部队”的名义驻在黎境。2005年4月叙利亚宣布撤回全部军队。与以色列的关系依然紧张。1982年6月，以色列大规模入侵，在黎南部建立了约850平方千米的“安全区”。2000年5月，以单方面从黎南部撤军，但黎仍坚持1923年国际边界线，并保留对谢巴农场地段的主权。1971年11月9日与中国建交。

**黎巴嫩真主党** Hezbullah 黎巴嫩伊斯兰教什叶派政党。1982年以色列入侵黎巴嫩期间建立。总部设在贝卡谷地的巴勒贝克市。真主党在政治上主张以伊斯兰教为指导，强调乌里玛（宗教领袖）的核心作用；主张将黎巴嫩建成伊斯兰共和国；坚决反对犹太复国主义和以色列的占领，反对中东和谈。1990年黎巴嫩全国和解以后，真主党在黎南部仍保持着武装力量，并且不断袭击以色列控制的“安全区”内以色列扶植的南黎巴嫩军和以境内目标；以色列则不断施以报复性打击。1992年2月18日，该党总书记阿巴斯·穆萨维被以色列突击队炸死，哈桑·纳斯鲁拉接任总书记至今。同年，真主党首次参加议会选举，并于2005年首次入阁。真主党民兵武装约有5 000人，装备有导弹等先进武器。它同伊朗和叙利亚的关系密切。

**黎朝** Le Dynasty 越南封建王朝。又称后黎。都于升龙（今河内），国号大越。1418年黎利领导蓝山起义，反抗中国明朝的郡县统治。1427年明军撤离后，拥立陈朝后裔陈暠为帝。1428年，统一国内，废陈暠自立。在位期间，分国中为五道，分封功臣，定律令，实行均田法，铸造货币，开科取士。黎圣宗在位时期（1460～1497）国力鼎盛，手工业和商业也有发展。实行募兵制，建立了庞大的常备军。1471年攻陷占城王都。1478年发兵18万大举入侵老挝，攻陷“南掌国”京都琅勃拉邦，但遭到顽强的抵抗，被迫撤退，同年12月，再次入侵老挝。至1510年襄翼帝即位后，国势日衰，长期陷于分裂。

1526年昭宗被权臣莫登庸所杀，翌年莫登庸又强迫恭皇让位。黎朝旧臣阮淦等逃往清化，拥立昭宗之子庄宗即位，形成黎、莫对峙的“南北朝”局面（1527～1592）。

阮淦死后，大权旁落其婿郑检之后，阮淦之子阮潢被派往镇守顺化。1592年，郑检之子郑松收复升龙，击败莫氏，黎朝复辟。此后，郑氏据有升龙统治北方，阮氏据有富春（顺化）占有南方，使黎朝王室徒具虚名。阮氏继续向南扩张领土，17世纪末灭占城国，接着侵占湄公河三角洲的真腊（柬埔寨）领土。

1771年爆发历史上规模最大的西山起义，1788年阮惠建立西山王朝。1789年，攻陷升龙，黎朝遂亡。

**黎桓** Le Hoan（941～1005） 越南前黎朝的开国君主（980～1005）。爱州人。原任丁朝军队的最高长官十道将军。979年，因丁朝国王丁部领及其子丁琏被杀，嗣君丁璇年仅6岁，遂篡夺大权，自称副王，并击败丁朝旧臣阮訇等的反抗，巩固其地位。980年，中国宋朝政府闻丁朝国王被弑，举兵“吊伐”。黎桓以“主上年幼不能御外侮”为由，乘机称帝自立，建“前黎朝”。改元天福，仍都华闾。翌年，打败宋军。后为求宋册封，与宋通好。至993年宋封其为交趾郡王，997年又加封其为南平王，承认黎氏政权。在位时曾开凿运河，发展经济，残酷镇压农民起义。他死后不久，1009年大将李公蕴被拥立为帝，创建李朝，前黎朝遂亡。

**黎锦晖** Li Jinhui（1891－09－05～1967－02－15） 中国作曲家。湖南湘潭人。卒于上海。童年时起广泛接触民族乐器和湖南花鼓戏。后就读于长沙高等师范学校，开始学习西洋音乐，毕业后任湖南师范传习所音乐教师。后到北京工作，并参加了北京大学音乐团。1922年任中华书局儿童文化周刊《小朋友》主编。1927年创立中华歌舞专修学校任校长。1929年重新组建明月歌舞剧社，创作了一些带有庸俗化倾向的流行歌曲。如《毛毛雨》、《妹妹我爱你》、《桃花江》等。抗日战争前后，创作了一些抗日救亡歌曲。中华人民共和国建立后在上海电影制片厂工作，并任中国音乐研究所通讯研究员。作有《麻雀与小孩》、《葡萄仙子》、《月明之夜》、《小小画家》等12部儿童歌舞剧和《可怜的秋香》等24首儿童歌舞曲。是中国现代歌剧的奠基者之一。

**黎锦熙** Li Jinxi（1890－02－02～1978－03－27） 中国语言文字学家。字劭西。湖南湘潭人。1911年毕业于湖南优级师范史地部之后，开始从事教育工作。1915年应教育部之聘，到北京任教科书特约编纂员。1920年开始在高等学校任教，曾任北京高等师范学校、北京女子师范大学、北京大学、燕京大学国文系教授。1948年任北京师范大学文学院院长兼国文系主任，并兼任中国大辞典编纂处总主任。1949年，与吴玉章、马叙伦等组织中国文字改革协会，任理事会副主席。1955年被聘为中国科学院哲学社会科学部委员。黎锦熙从事语文教学和科学研究近70年，研讨的领域涉及语言文字的各个方面，有论文300多篇，专著30余部。影响较大的有3个方面：推广普通话和改革汉字，语法研究和语言教学，辞典编纂。1918年，与人共同呈请公布注音字母，同年11月教育部正式公布推行。1949年以后，积极参加研究、制定汉语拼音方案和简化汉字等工作。1920年在教学实践的基础上，系统地整理出白话语法规律，成《新著国语文法》。这是中国第一部较系统的白话语法著作，对中国的语法学界影响很大。1957～1962年出版了《汉语语法教材》（与刘世儒合写），取材丰富，解释详细。辞典编纂是黎锦熙毕生从事的工作。1949年前主编出版的有《国语辞典》、《新部首索引国音字典》等。1949年后主持编写出《汉语辞典》、《同音字典》等。

**黎莉莉** Li Lili（1915－06－02～2005－08－07） 中国电影演员。安徽桐城人。生于北京，卒于北京。原名钱蓁蓁，钱壮飞之女。1926年，参加影片《燕山侠隐》的演出。1927年入黎锦晖办的歌舞学校，取艺名黎莉莉。1928年，随黎锦晖的中华歌舞团（后改组为明月歌舞团）到国内外旅行演出。1931年随团转入联华影业公司，主演孙瑜编导的《火山情血》（1932）。此后又连续拍摄了《小玩意》（1933）、《大路》（1934）、《狼山喋血记》（1936）等12部影片。抗日战争爆发后，在武汉加入中国电影制片厂，后随厂辗转到重庆，先后拍摄了《热血忠魂》（1938）、《塞上风云》（1940）、《气壮山河》（1944）、《血溅樱花》（1944）等影片。1939年在香港拍摄了《孤岛天堂》。1949年后，进入北京电影制片厂。1954年，参加拍摄故事片《智取华山》。1955年进北京电影学院表演训练班学习。结业后留北京电影学院表演系任教。

**黎曼** Riemann，(Georg Friedrich) Bernhard（1826－09－17～1866－07－20） 德国数学家、物理学家。生于汉诺威布列斯伦茨，卒于意大利塞那斯加。1846年入格丁根大学读神学与哲学，后来转学数学，在大学期间有两年去柏林大学就读，受到C.G.J.雅可比和P.G.L.狄利克雷的影响。1849年回格丁根。1851年获博士学位。1854年成为格丁根大学的讲师，1859年接替狄利克雷成为教授。

1851年论证了复变函数可导的必要充分条件（即柯西－黎曼方程）。借助狄利克雷原理阐述了黎曼映射定理，成为函数的几何理论的基础。1853年定义了黎曼积分并研究了三角级数收敛的准则。1854年发扬了高斯关于曲面的微分几何研究，提出用流形的概念理解空间的实质，用微分弧长度的平方所确定的正定二次型理解度量，建立了黎曼空间的概念，把欧氏几何、非欧几何包进了他的体系之中。1857年发表的关于阿贝尔函数的研究论文，引出黎曼曲面的概念，将阿贝尔积分与阿贝尔函数的理论带到新的转折点并做系统的研究。其中对黎曼曲面从拓扑、分析、代数几何各角度作了深入研究。创造了一系列对代数拓扑发展影响深远的概念，阐明了后来为G.罗赫所补足的黎曼－罗赫定理。

在1858年发表的关于素数分布的论文中，研究了黎曼$\zeta$函数，给出了$\zeta$函数的积分表示与它满足的函数方程，他提出著名的黎曼猜想至今仍未解决。另外，他对偏微分方程及其在物理学中的应用有重大贡献。甚至对物理学本身，如对热学、电磁非超距作用和激波理论等也作出重要贡献。

黎曼的工作直接影响了19世纪后半期的数学发展，许多杰出的数学家重新论证黎曼断言过的定理，在黎曼思想的影响下数学许多分支取得了辉煌成就。黎曼首先提出用复变函数论特别是用$\zeta$函数研究数论的新思想和新方法，开创了解析数论的新时期，并对单复变函数论的发展有深刻的影响。

**黎曼几何学** Riemannian geometry 黎曼流形上的几何学。德国数学家B.黎曼19世纪中期提出的几何学理论。1854年黎曼在格丁根大学发表的题为《关于几何学的基本假设》的就职演说，通常被认为是黎曼几何学的源头。在这篇演说中，黎曼将曲面本身看成一个独立的几何实体，而不是把它仅仅看作欧几里得空间中的一个几何实体。他首先发展了空间的概念，提出几何学研究的对象应是一种多重广延量，空间中的点可用$n$个实数（$x^1$，$x^2$，…，$x^n$）作为坐标来描述。这是现代$n$维微分流形的原始形式，为用抽象空间描述自然现象奠定了基础。这种空间上的几何学应基于无限邻近两点（$x^1$，$x^2$，…，$x^n$）与（$x^1+dx^1$，$x^2+dx^2$，…，$x^n+dx^n$）之间的距离，用微分弧长度平方所确定的正定二次型

$$ds^2=\sum_{i,j=1}^{n}g_{ij}dx^i dx^j$$

其中$g_{ij}$是由函数构成的正定对称矩阵。作为度量。这便是黎曼度量。赋有黎曼度量的微分流形，就是黎曼流形。

黎曼认识到度量只是加到流形上的一种结构，并且在同一流形上可以有许多不同的度量。黎曼以前的数学家仅知道三维欧几里得空间$E^3$中的曲面$S$上存在诱导度量$ds^2=Edu^2+2Fdudv+Gdv^2$，即第一基本形式，并未认识到$S$还可以有独立于三维欧几里得几何赋予的度量结构。黎曼意识到区分诱导度量和独立的黎曼度量的重要性，从而摆脱了经典微分几何曲面论中局限于诱导度量的束缚，创立了黎曼几何学，为近代数学和物理学的发展作出杰出贡献。

黎曼几何以欧几里得几何和种种非欧几何作为其特例。例如：定义度量

$$ds^2=\frac{\sqrt{\sum_{i=1}^{n}(dx^i)^2}}{1+\frac{\alpha}{4}\sum_{i=1}^{n}(x^i)^2}\quad(\alpha\text{是常数})$$

则当$\alpha=0$时是普通的欧几里得几何，当$\alpha>0$时，就是椭圆几何，而当$\alpha<0$时为双曲几何。

黎曼几何中的一个基本问题是微分形式的等价性问题。该问题大约在1869年前后由E.B.克里斯托费尔和R.李普希茨等人解决。前者的解包含了以他的姓命名的两类克里斯托费尔记号和协变微分概念。在此基础上G.里奇发展了张量分析方法，这在广义相对论中起了基本数学工具的作用。他们进一步发展了黎曼几何学。

但在黎曼所处的时代，李群以及拓扑学还没有发展起来，因此黎曼几何只限于小范围的理论。大约在1925年H.霍普夫才开始对黎曼空间的微分结构与拓扑结构的关系进行了研究。随着微分流形精确概念的确立，特别是E.嘉当在20世纪20年代开创并发展了外微分形式与活动标架法，建立了李群与黎曼几何之间的联系，为黎曼几何的发展奠定重要基础。并由此发展了线性联络及纤维丛的研究。

1915年，A.爱因斯坦运用黎曼几何和张量分析工具创立了新的引力理论——广义相对论。使黎曼几何（严格地说洛伦茨几何）及其运算方法（里奇算法）成为广义相对论研究的有效数学工具。而相对论近年的发展则受到整体微分几何的强烈影响。例如矢量丛和联络论构成规范场（杨－米尔斯场）的数学基础。

1944年陈省身给出$n$维黎曼流形高斯－博内公式的内蕴证明，以及他关于埃尔米特流形的示性类的研究，引进了后来通称的陈示性类，为大范围微分几何提供了不可缺少的工具并为复流形的微分几何与拓扑研究开了先河。半个多世纪，黎曼几何的研究从局部发展到整体，产生了许多深刻的结果。黎曼几何与偏微分方程、多复变函数论、代数拓扑学等学科互相渗透，相互影响，在现代数学和理论物理学的发展中有重大作用。

**黎民伟** Li Minwei（1892～1953－10－26） 中国电影事业家、新闻纪录电影的开拓者之一。广东新会人。生于日本，卒于香港。毕业于香港圣保罗书院。1911年参加中国同盟会，在香港组织清平乐剧社演出文明戏，宣传革命思想。1913年与美商合作在香港创办华美影片公司，拍摄自编的短片《庄子试妻》并反串女主角。1921年与兄弟黎海山、黎北海合作成立民新制造影画有限公司，1923年改名为民新影片公司；开办演员养成所。1924年拍摄黎北海编导的故事片《胭脂》，黎民伟扮演男主角鄂生。1925年前后，追随孙中山的革命活动，拍摄了《中国国民党第一次全国代表大会》、《孙大元帅誓师北伐》等20本新闻纪录片。1926年，拍摄了《玉洁冰清》、《天涯歌女》等片。1929年拍摄《故都春梦》等片。同年以民新、华北两公司为基础，并入大中华百合影片公司，组成联华影业公司。1932年，带领摄影队到淞沪前线，在炮火中拍摄了有关一·二八抗战的新闻纪录片。抗日战争胜利后，赴香港，弃影从商。

**黎念之** Li, Norman N.（1932－12－25～ ） 美籍华裔化学工程专家。原籍湖南湘潭。生于上海。1954年获台湾大学化学工程学士学位，1959年获美国密歇根州立韦恩大学硕士学位，1963年获美国史蒂文斯理工学院博士学位。历任美国埃松科研与工程公司资深研究员，万国油品公司分离科学与技术研究所所长，联盟信号公司研究所所长，1995年后任北美膜科学学会会长和恩理化学技术公司董事长兼总裁。1990年当选美国国家工程科学院院士，1996年当选台湾“中央研究院”院士，1998年当选中国科学院外籍院士。主要研究膜科学，1965年发明液体膜技术，在空间技术、化工、石油工业、环境保护、资源的再生利用、医药和生命科学等领域获得广泛应用。他提出的高压下气体渗透高分子膜的理论对研究高分子膜的渗透机理具有重大意义。2000年获珀金奖章。拥有近50项美国专利。

**黎萨尔** Rizal, José（1861－06－19～1896－12－30） 菲律宾作家、诗人、民族运动先驱者。又译黎刹。生于内湖卡兰巴。1877年入圣托马斯大学。其间创作《献给菲律宾青年》（1879）等诗篇。因此受到西班牙殖民当局的迫害。1882年出走欧洲学习，和流亡的菲律宾爱国志士组织爱国团体，创办刊物促进民族独立运动。他的文章贯穿着民族主义思想，观点鲜明，文笔犀利，针砭时弊。长篇小说《不许犯我》（1887）和《起义者》（1891）以大胆的笔触探索了菲律宾社会各种尖锐敏感的问题，揭露了殖民当局的罪行，描绘了民族灾难，推动了民族的觉醒。

1892年6月黎萨尔回国创立菲律宾联盟，号召通过温和手段和合法途径，把菲律宾建成一个统一的民族共同体，发展民族经济并改良社会制度。不久被捕并被流放。1896年殖民当局以“通过写作煽动人民叛乱”的罪名把他处死。就义前写的绝命诗《最后书怀》倾注了他对祖国的无比热爱。作品还有剧本《和巴锡在一起》、自传《一个马尼拉大学生的回忆》等。

**黎塞留** Richelieu, Armand-Jean du Plessis, duc de（1585－09－09～1642－12－04） 法国宰相（1624～1642），枢机主教，政治家。出生于贵族家庭，卒于巴黎。1607年任吕松主教，1614年作为普瓦图的教士代表出席三级会议。两年后受到重用，任内政与陆军国务秘书。1617年国王路易十三诛杀孔奇尼，迫使太后流亡，黎塞留亦遭放逐。后来他竭力斡旋使国王与太后和解，1622年升任枢机主教，同年任宰相。

黎塞留任宰相时，对内恢复和强化遭到削弱的专制王权，对外谋求法国在欧洲的霸主地位。向各地派遣监察官，加强政府对地方行政、司法和财政的控制。1635年创立法兰西学院，扩大巴黎大学，修建枢机皇宫等。黎塞留谨慎而坚定地抗衡哈

黎塞留正面和侧面像

布斯堡王朝，1625年通过灵活的策略促成针对西班牙的法英联盟。支持丹麦、瑞典以及德意志新教诸侯与神圣罗马帝国军队交战，并在1635年使法国参战，为后来法国赢得三十年战争奠定了基础。晚年卷入宗教冲突。遗稿有日记、回忆录和《政治遗嘱》。

**黎澍** Li Shu (1912-02-07～1988-12-09) 中国历史学家。湖南醴陵人。卒于北京。曾就读于北平大学法商学院商学系。1936年加入中国共产党。1937年七七事变后，投身抗日战争。先在长沙创办抗日刊物《火线下》(三月刊)，1937年12月起，先后任中共湖南省委机关报《观察日报》总编辑、国新通讯社经理、成都《华西晚报》主笔、上海《文萃》周刊主编、香港新华通讯社总编辑和《华商报》编辑。1949年中华人民共和国建立后，出任新闻总署研究室主任。1950～1955年先后任中共中央宣传部秘书室主任、报纸处处长、出版处处长、党史资料室主任等职。1955～1960年任中共中央政治研究室历史组组长。1961年以后任《历史研究》杂志主编和中国社会科学院近代史研究所副所长。1966年6月“文化大革命”开始后，受到错误的批判，此后八年没有安排工作。1975年仍任《历史研究》杂志主编，兼近代史研究所副所长。1980年任《中国社会科学》杂志总编辑。晚年任中国社会科学院研究员、学术委员会委员，国务院学位委员会委员，中国史学会理事；曾任第六届全国政治协商会议委员、中国史学会常务理事、中国现代史学会会长等职。

黎澍1966年以前主要研究内容有中国资本主义萌芽问题、孙中山、辛亥革命、五四运动、毛泽东思想。粉碎“四人帮”后，主要研究内容有中国的封建主义、近代中国文化史、人民群众的历史作用问题等。他在长期主持学术刊物的编辑工作中，尤其是主编《历史研究》杂志期间，主张刊物应当敢于开风气之先，倡导并支持确有新见、新观点的论著；注意发现并扶植优秀的青年史学工作者；重视史学理论和史学方法的探索与研究。

著有《辛亥革命前后的中国政治》、《马克思主义与中国革命》(文集)、《再思集》(文集)、《早岁》(回忆录)、《历史的创造者及其它》(文集) 等。

**黎笋** Le Duan (1907-04-07～1986-07-10) 越南共产党领导人。生于广治省 (现平治天省) 兆丰县的一个农民家庭，卒于河内。1930年越南共产党成立时为首批党员之一。1946～1954年，先后担任南部委员会书记和中央南方局书记，并直接领导第7联区 (原西贡市以北地区) 抗战工作。1951年在党的第2次代表大会上当选越南劳动党中央政治局委员。1954年日内瓦协议签订后继续秘密留在南方，领导南方人民的斗争。1957年奉调回北方，接替长征，出任党中央代理总书记。1960年党的“三大”上当选越南劳动党中央第一书记。

1969年胡志明主席去世后，黎笋继续领导越南人民坚持进行抗美救国斗争。越南全国实现统一后，黎笋着手推行地区霸权主义和“印度支那联邦”计划。一面加紧对老挝的全面控制，一面出兵入侵柬埔寨。1976年党的“四大”上当选为越共党中央总书记。1980年任中央军委书记。1982年越共“五大”上连任总书记。黎笋还是越南第2～7届国会代表。

**黎语** Li language 中国黎族使用的语言。属汉藏语系壮侗语族黎语支。分侾、杞、本地、美孚、加茂5个方言。其中侾方言使用人数最多，同杞方言较接近，本地方言则与美孚方言比较接近，加茂方言与其他几个方言差别较大。黎语 (以乐东黎族自治县保定村话为代表) 有32个声母、6个单元音韵母和18个复元音韵母。元音分长短。有8个辅音韵尾，与元音构成75个带辅音韵尾的韵母。有3个舒声调和3个促声调。各方言在吸收汉语海南话借词过程中增加了一些声母和韵母。虚词和词序是表达语法意义的主要手段。语序是主语在谓语前，宾语在谓语后。名词中心语的定语除数量词组外在中心语后。有一套独特的数词及一套表示否定概念的词。1957年设计了拉丁字母形式的黎语文字方案。

**黎语支** Li branch 中国海南省黎族和海南岛西海岸昌化江出海处沿江两岸部分居民使用的语言。包括黎语和村话。属汉藏语系壮侗语族。语言特点：声母简单，韵母复杂；有前置喉塞的浊塞音和单用的喉塞音；元音分长短；有鼻音和塞音韵尾。声调分舒、促两类，调值相配。以虚词和词序为表达语法意义的主要手段。主语在谓语前，宾语在谓语后，如果有补语，则补语在宾语后，名词中心语的定语，除数量词组外，在中心语后。

**黎元洪** Li Yuanhong (1864-10-19～1928-06-03) 中国北洋政府大总统。字宋卿。湖北黄陂人。卒于天津。早年入北洋水师服役。1906年任湖北陆军暂编第二十一混成协统领。1911年10月武昌起义爆发后，被举为中华民国军政府鄂省大都督，次年1月被选为南京临时政府副总统。1913年支持袁世凯镇压孙中山发动的“二次革命”。1915年对袁氏称帝采取消极抵制态度，坚辞其“武义亲王”的册封。1916年袁氏败亡后继任为大总统，宣布恢复《临时约法》，召集国会，与手握实权的国务总理段祺瑞演成“府院之争”。1917年5月下令免去段的国务总理职务，6月在张勋胁迫下同意解散国会，7月被迫引咎辞职。1922年6月，在先后取得直皖战争和直奉战争胜利的直系军阀曹锟等人的拥戴下复职。1923年6月，被迫向直系军阀交出大总统印章，自此与政坛无缘。晚年任中兴煤矿董事长，购置地产，投资实业。

**黎族** Li 中国少数民族。主要分布在海南省中南部。人口1 247 814(2000)。使用黎语，属汉藏语系壮侗语族黎语支。很多人兼通汉语。使用汉文。1957年曾创制以拉丁字母为基础的黎文方案。源于古代百越的一支。“黎”这一专有族称出现于唐末，到宋代固定下来。经济以农业为主，种植稻、薯、玉米等。兼事手工业、渔猎、饲养家畜家禽等。有丰富的民歌、民谣、传说故事等口头文学。传统乐器有口弦、鼻箫、排箫等。民族舞蹈有竹竿舞、钱铃双刀舞、打柴舞、舂米舞等。造型艺术以织绣工艺为主，黎锦驰名于世。妇女束髻于脑后，披绣花头巾，穿对襟开胸无扣上衣、无褶织绣花纹筒裙，尚青色。男子上衣无领对襟，下穿前后两幅布的“吊襜”。以大米、番薯、玉米为主食，喜食糯米“竹筒饭”。爱嚼槟榔。传统住屋多为金字形茅屋，偏僻山区有船形屋。现在大多数农户已改为砖瓦房。行一夫一妻制。曾盛行不落夫家

即将消失的黎族古老习俗
“纹脸黥身”

习俗。人死后行土葬。以前盛行祖先崇拜和自然崇拜，近代有少数人信仰基督教。1987年，在海南建立了4个黎族自治县和2个黎族苗族自治县。

**藜科** Chenopodiaceae; goosefoot family 双子叶植物纲石竹亚纲的一科。有100余属1 400余种。广布世界各大洲。中国有39属180余种，全国各地均产，尤以新疆最盛。其中苞藜属为中国特有，产于甘肃南部。

多为一年生草本，少数为半灌木或灌木，稀为小乔木。单叶，互生或对生，扁平或柱状，较少退化为鳞片状，草质或肉质，无托叶。花单被，3～5裂，果期增大、变硬或在背部生出翅状、刺状、疣状等附属物；雄蕊与花被裂片同数或较少；子房上位。果实多为胞果，稀盖果；种子直立、横生或斜生，较小；胚环形、半环形或螺旋形；具肉质或粉质的外胚乳或无。大多数种类生长在干旱或盐碱地生境中。

此科植物中的甜菜是制糖工业的重要原料；菠菜和厚皮菜是普遍栽培的优良蔬菜；地肤、藜、盐地碱蓬和猪毛菜等嫩时可食；沙蓬种子俗称沙禾，可食。猪毛菜、土荆芥全草入药；地肤果实称地肤子，为常用中药。杖藜除幼苗可食外，茎杆可做手杖，称藜杖。不少种类为干旱地区的主要饲料和固沙植物，其中小乔木状的梭梭属植物是十分重要的沙区造林树种。

**礼** 最初是指祭神时的器物和仪式，后演变为一种社会生活规范和道德规范。在孔子以前已有夏礼、殷礼、周礼，按照孔子的理解，三代之礼因革相沿，到周公时代的周礼已比较完善。作为观念形态的礼，在孔子的思想体系中是同“仁”分不开的；他主张“道之以德，齐之以礼”的德治，打破了“礼不下庶人”的限制。随着战国时期的社会转型，传统的礼已失去其原有的功能。孟子把礼作为基本的道德规范之一；荀子著有《礼论》，论证了“礼”的起源和社会作用。《礼记》：“夫礼者，所以定亲疏，决嫌疑，别同异，明是非也。”发挥了荀子的思想。在历史发展中，礼作为社会的生活准则和道德规范，对中华民族精神素质的修养起了重要作用。

**礼拜** service 基督教、伊斯兰教主要的集体宗教活动。按《圣经》所示，基督教徒的礼拜对象唯有上帝，旨在赞颂他无限的威严、能力、智慧、仁慈和保护、救赎之恩。活动内容包括祈祷、读经、唱诗、应答、讲道等。多由牧师在教堂中主持进行。耶稣基督被认为是在星期日复活，故称该日为“主日”(主的日子)，是日举行礼拜仪式，星期日也因此被称为礼拜日。有的教派也在其他日子举行礼拜。伊斯兰教的礼拜每天进行五次，可在任何地方进行。穆斯林认为礼拜是与真主的直接沟通。见五功。

**《礼记》** 中国古代儒家经典之一。西汉宣帝（前73～前49年在位）时，戴德、戴圣从秦汉以前各种礼仪论著中辑录了两个选本，分别被后人称为《大戴礼记》和《小戴礼记》，后者一般简称为《礼记》。《礼记》是研究中国古代社会情况、典章制度和儒家思想的重要著作。它阐述的思想包括社会、政治、伦理、哲学、宗教等各方面的内容，其中《大学》、《中庸》、《礼运》等篇有较丰富的哲学思想。

《大戴礼记》现存最早的注本是北周卢辩注。《小戴礼记》最早的注本是东汉郑玄的《礼记注》，唐代孔颖达据此作《礼记正义》。元代陈澔撰《礼记集说》，因综述了朱熹的思想，明代大行于世。清代有朱彬的《礼记训纂》和孙希旦的《礼记集解》等。

**礼帽** dress hat 通常指西式男子正装帽。主要有：①高顶大礼帽。帽身为高约20厘米的圆筒形，有微微上翘的窄帽檐。18世纪末出现于法国。帽形高大挺拔，成为19世纪绅士们财富、尊严和社会地位的象征，为配正式礼服的帽子，也作为女子正式骑马装的帽子。至今，优雅的黑或灰色高顶大礼帽在婚礼和赛马场上仍可见到。因其帽冠空间很大，足以藏起鸽子、方巾等道具，也成为魔术师的标准帽饰。②圆顶硬礼帽，又称德比帽。1850年美国人W.鲍勒应英国贵族威廉·科克二世之邀设计，非常坚固，被称为铁帽或科克帽。采用兔毛制帽毡，再用虫胶和水银的混合物硬化处理而成。成为20世纪初中产阶级的象征，至70年代已不常见。③汉堡帽。19世纪末出现，顶部有凹痕，得名于德国城市汉堡，自英国爱德华七世访德后开始流行。④软呢帽。19世纪末出现于英国，多为棕或灰色，佩戴舒适。这些帽子于清末传入中国，与西服或长衫配穿，常见于礼仪场合，故称礼帽。以软呢帽流行最广，著名的商号有北京盛锡福，产品远销世界各地。广义而言，多姿多彩的女子配正装的帽子也都可称为礼帽。

高顶大礼帽

**礼炮** gun salute 在重要庆典及外交礼仪上鸣放的炮。流行于现今世界上许多国家。据使用性质，分为：①国家礼炮，用于迎送外国元首及其他不同级别的政府首脑与官员。②庆典礼炮，用于国家重要纪念日、重大节日的庆典活动。③个人礼炮，用于迎送外国的军事长官或外交官员造访海军舰艇，以及友邻国家的海军指挥舰艇在海上相遇时鸣放。④葬礼礼炮，用于为国家元首举行的国葬。鸣礼炮礼俗起源于17世纪的英国海军。当英国军舰要进入别国海域或与友邦船舰相遇时，主动将舰上火炮中的弹药全部射光。早期的火炮是前膛炮，发射后不能很快重新装上弹药，以此表示已全部解除武装戒备。这一礼节后来演化为鸣礼炮，各国礼炮鸣响数目以及鸣放礼炮时的间隔不一。

**“礼炮”号空间站** Salyut space station 苏联第一个载人空间站系列。自1971年4月到1982年共发射7个“礼炮”号空间站。“礼炮”1～5号是空间实验室性质的第一代空间站，任务是完成有关空间站的技术试验，有关人在空间长期驻留和工作的生理学、医学、工效学的研究试验和有人参与的空间站有效载荷试验，为建造空间站作准备。“礼炮”6、7号是第二代空间站，任务是完成天体物理学、航天医学、生物学等方面的科研计划，考察地球自然资源和进行长期失重条件下的科学实验。

空间站由对接舱、轨道舱和服务舱3部分组成，总质量约18吨，总长约14米。“礼炮”1～5号的对接舱有一个供“联盟”号飞船对接的舱口，航天员由此进出航天站。轨道舱由直径分别为3米和4米的两个圆筒组成，是航天员工作、进餐、休息和睡眠的场所。服务舱内装机动变轨发动机和推进剂。空间站一般在离地面200～250千米高的轨道上运行。

“礼炮”1号是世界上第一个空间站，“联盟”10号和“联盟”11号飞船曾与它对接。1974年12月26日入轨的“礼炮”4号空间站，进行过两次变轨机动飞行，苏联第一艘不载人货船“联盟”20号曾为“礼炮”4号运送推进剂，使其工作延长到15个月。1977年9月29日、1982年4月19日发射的“礼炮”6号空间站和“礼炮”7号空间站有前后2个对接口，可以同时与2艘飞船对接。在一个对接口与“联盟”号飞船对接的情况下，另一个对接口可停靠“进步”号货运飞船。“进步”号为无人货船，可以运送2.3吨物资，包括推进剂、食物、水和氧气等，

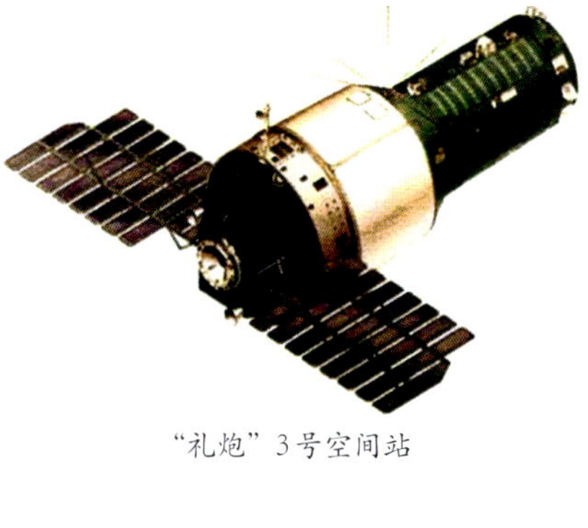
“礼炮”3号空间站

卸货后货船自动脱离航天站，再入稠密大气层烧毁。在“礼炮”6号空间站上先后停靠过12艘“进步”号无人货船、16艘“联盟”号载人飞船，共16批33名航天员进入站内，有人居住的时间累计达到676天。这些航天员进行了120多项科学实验，拍摄1万多张照片。“礼炮”6号空间站共运行4年10个月。“礼炮”7号空间站共接待了“联盟”T号飞船运送的11批28名航天员，其中包括进行太空行走的第一位女航天员Ye.S.萨维茨卡娅。“礼炮”7号空间站载人飞行累计达800多天。

**礼器** ritual vessels　中国古代用于特定礼仪活动场合的具有象征意义的物品。又称彝器。出现于新石器时代晚期，流行于夏商周时期。主要在祭祀、丧葬、朝聘、征伐、婚冠等宗教祭祀和政治礼仪活动中使用。它体现贵族的政治制度和思想观念，具有显示统治者身份地位的作用，带有庄严神秘的色彩。通常选用铜、玉等特殊、珍贵原料经特别加工而成，礼器是社会分层和等级制度的反映。新石器时代晚期，某些陶器和玉器已出现脱离日常用品、向礼器方向发展的趋势，典型器物如仰韶文化的鱼纹、鸟纹、鹿纹或人面纹彩陶盆，红山文化的部分玉器和彩陶筒形器，大汶口文化的刻纹陶尊等。到龙山时代，礼器有了进一步发展。代表性器物有：陶寺文化的彩绘陶盘、罐、壶、觚和鼍鼓、特磬，山东龙山文化的陶鬶和蛋壳陶杯，良渚文化的陶器鼎、豆、簋、壶和玉器琮、璧、钺等。这些陶礼器属于礼器的雏形。这一时期尚未形成统一定制的规范礼器群。夏商周是礼器成熟发达的时期，出现前后继承、互有区别的陶器、玉器、青铜器礼器群。其中以青铜器种类、数量最多，工艺精美，可分为容器类、乐器类和兵器类。容器类又包括酒器、水器、食器等。商代铜礼器以酒器觚、爵、斝为主，周代以食器鼎、簋为主。酒器和食器套数的多少代表主人身份地位的高低。春秋战国时期，礼器走向衰落，逐渐退出历史舞台。

二里头文化的玉圭

**礼俗** etiquette and custom　中国社会用仪式的形式传播和保存下来的风俗。包含“礼”和“俗”两个概念。既是关于习俗之礼，也是礼之习俗。主要包括交往礼俗、婚姻礼俗、生育礼俗、丧葬礼俗等。细分为婚礼、丧礼、寿礼、诞礼、冠礼、祭礼、社交礼仪等。礼俗的观念始于周代。“礼俗”一词在《周礼》中已出现。一般来讲，“礼”与“俗”相互对立。“礼”是国家制定的，用来约束和限制人们的行为规范。而“俗”则是流行于民间，自然天成的各种风俗习惯。将礼俗合二为一，是中国儒家传统思想的一个重要组成部分，即将各种习俗，如婚俗、丧俗等加以规定，从而变化为婚礼和丧礼，使风俗礼制化，并以此作为教化百姓、维护社会稳定和封建等级制度的手段。礼俗是中国传统文化的基本规范之一，无论在政治制度、法律、社会关系方面，还是在人们的价值观念、行为模式和宗教仪式等方面都具有重要意义。

**礼治**　中国古代主张根据“礼”的原则治理国家的一种统治方式，也是相对于“法治”的先秦儒家的主张。百家争鸣中经过激烈的礼法之争，最后二者走向结合，在中国的历代封建法制里，许多规定都体现出礼治的思想。“礼”在殷商即已出现在甲骨文中，象征豆盘盛玉祭祀祖先、上帝，一开始就和神权、族权紧密联系并含有行为规范的意义，到西周发展成一整套以维护宗法等级制为核心的礼制。

相传周公制礼，在他的主持下，对以往的宗法传统习惯进行了整理、补充，修订成一整套以维护宗法等级制为中心的行为规范以及相应的典章制度、礼节仪式。这就是一般所说的“礼”或周礼。周礼涉及政治、经济、军事、教育、行政、司法、宗教祭祀、婚姻家庭、伦理道德等各个方面。所以《礼记·曲礼上》说：“道德仁义，非礼不成；教训正俗，非礼不备；分争辩讼，非礼不决；君臣上下、父子兄弟，非礼不定；宦学事师，非礼不亲；班朝治军、莅官行法，非礼威严不行；祷祠祭祀、供给鬼神，非礼不诚不庄。”礼所规定的不少规范，实质上具有法律甚至根本法的性质，是“定亲疏、决嫌疑、别同异、明是非”的依据，具有“经国家、定社稷、序民人、利后嗣”的重大作用，这就是后来儒家创始人孔子以西周为典型所概括的“为国以礼”的“礼治”。

在周礼所确立的全部规范和制度中，始终贯串着“亲亲也，尊尊也，长长也，男女有别”。“礼不下庶人，刑不上大夫”，是西周“礼治”的基本特征。“礼不下庶人”主要指礼所赋予各级贵族的世袭特权，平民和奴隶一律不得享受。“刑不上大夫”主要指刑罚不针对大夫以上的贵族，而是指向广大劳动人民。

在西周初期各地区经济联系极其薄弱的情况下，“礼治”所维护的宗法等级制对于稳定社会、政治秩序，巩固一个疆域辽阔的王朝来说，曾起过重要的历史作用。到了春秋战国时期，随着奴隶制的衰落、封建制的兴起、阶级斗争和贵族内部矛盾的激化以及宗法关系的日益疏远，它已变成阻挠社会前进的严重障碍。

秦汉以后，随着儒法合流、礼法统一和儒家思想占据统治地位，周礼的“尊尊”、“亲亲”和“男女有别”等原则，经过改造又演变为“君为臣纲，父为子纲，夫为妻纲”的“三纲”，并逐步经典化，终于成为指导封建立法、司法的礼教。

**李** *Prunus salicina*; plum　蔷薇科李属的一种。落叶小乔木。原产中国，已有2 500年以上栽培历史。叶长椭圆形或倒卵形，有锯齿。花通常3朵并生，白色。核果球形，果肉暗黄或绿色，近核部紫红色；果皮被腊质果粉。多数品种自花不结实。按果皮颜色可分为黄色至橙红色、绿色至黄绿色、红色至胭脂红色和红紫色四个品种群。李树生长迅速，进入结果期早，产量高，适宜在保水力强的较黏重土壤上生长。可用嫁接、扦插、分株或播种繁殖。果实味甜可口，核仁和根皮都能入药。李树也是传统的观赏花木。

李形态

**李** Lee, William (1550～1610)　英国发明家。诺丁汉郡人。卒于法国巴黎。剑桥大学圣约翰学院神学硕士。1589年发明世界上第一台手工针织机，用以织制粗毛袜。1598年又改制成一台可以生产较为精细的丝袜的针织机。李的针织机装有3 500个零件。他用手工磨制的钩针排列成行，每推动机器一次可织16个线圈，生产速度比手工针织匠人高得多。英国女王两次拒绝李提出的专利申请。李后去法国里昂致力于针织制袜业，但不很顺利。李死后，他发明的针织机在欧洲被广泛应用，虽经过改良，但机上所用的钩针一直沿用200余年，机器运用的线圈串套基本原理至今有用。

**李安** Lee, Ang (1954－10－23～ ) 中国台湾电影编剧、导演。祖籍江西。生于台湾屏东潮州镇。1975年毕业于台湾艺专戏剧电影系。1978年赴美留学，就读于伊利诺伊州立大学与纽约大学。1982年拍摄的学生作品《阴凉的湖畔》获纽约大学奖学金和1983年台湾"金穗奖"最佳剧情片奖；毕业作品《分界线》获纽约大学生学生影展最佳导演奖和最佳影片奖。1991年，他编导的《推手》荣获台湾电影**金马奖**评审团特别奖和亚太影展最佳影片奖。1993年导演的《喜宴》(与冯光远合作编剧) 获**奥斯卡金像奖**最佳外语片提名、**柏林国际电影节**金熊奖、台湾电影**金马奖**。1994年编导的《饮食男女》(与王惠玲等人合作编剧) 获奥斯卡金像奖最佳外语片提名。1995年执导《理智与情感》，荣获第68届奥斯卡金像奖最佳改编剧本奖、第46届柏林国际电影节金熊奖。2000年推出《卧虎藏龙》，获第73届奥斯卡金像奖最佳外语片、最佳摄影、最佳原创音乐等多项奖。2005年执导《断背山》，获第78届奥斯卡金像奖最佳导演、最佳配乐、最佳改编剧本3项大奖。

**李安世** Li Anshi (443～493) 中国北魏均田制思想的奠基人。赵郡平棘（今河北赵县）人。安世以贵胄子弟出仕。11岁即为文成帝招为中书学生。献文帝时，迁主客令，奉诏接待齐使刘缵，应对自如，迁主客给事中。太和九年（485），感于豪强广占田土，百姓无立锥之地，贫富不均，上疏建议实行均田制，限制士族多占田产民户，分配土地给无地农民，以增加政府收入，为孝文帝采纳。后出为相州刺史，封赵郡公。劝课农桑，选拔人才，为西门豹、史起等有功的地方官立庙，又设计铲除李波等地方豪强，为百姓所称道。

**李安宅** Li Anzhai (1900－03－31～1985－03－04) 中国社会学家、民族学家、宗教学家。字仁斋，笔名任责。河北迁安人。卒于四川成都。1924年考入燕京大学研究生班，毕业后留任助教。1926～1929年在燕京大学社会学系学习，兼任助教。1934年赴美留学，先后在加利福尼亚大学伯克利分校及耶鲁大学人类学系就读。1936年回国，任燕京大学讲师。1938年深入甘肃夏河县拉卜楞寺，对藏族的宗教、政治、文化、民族、民风进行调查和研究。1941～1949年任华西大学教授，兼任该校社会学系主任，创办华西边疆研究所。中华人民共和国建立后，随中国人民解放军进驻西藏，历任昌都解放委员会文化组组长、拉萨解放军藏文藏语训练班教育长等职。1956～1960年任西南民族学院副教务长兼民族政策教研组组长。1961年后一直在四川师范学院任副教务长兼外语系主任。

李安宅综合经济现象（财富）和政治现象（势力）来观察社会现象，强调运用人类学的理论和方法研究中国农村及边远地区，提出"社会学与人类学不必再分"的观点。特别是对藏族宗教的实地研究卓有成效，其著作《藏族宗教史之实地研究》(英文版，1947）填补了用社会学的方法研究藏传佛教史的学术空白。还著有《仪礼与礼记之社会学的研究》、《社会学论文集》、《人生、家庭、社会》、《边疆社会工作》、《社会科学与真知》等。译著有J.G.**弗雷泽**的《交感巫术的心理学》、B.K.马利诺夫斯基的《两性社会学》及《巫术、科学、宗教与神话》、K.**曼海姆**的《知识社会学》等。

**李翱** Li Ao (772～836) 中国唐代思想家，文学家。字习之。陇西（今甘肃）人。曾任山南东道节度使职。追随**韩愈**，曾阐释韩愈关于"道"的观念，强调文以明道。他还主张反佛、"复性"，发挥《中庸》"天命之谓性"的思想，主张性善情恶说，认为成为圣人的根本途径是复性。复性的方法是"视听言行，循礼而动"，做到"忘嗜欲而归性命之道"。作《复性书》三篇，论述"性命之源"等问题。他的思想为后来道学的发展奠定了基础。其散文平实流畅，富有感情色彩，《来南录》记载元和三年十月自长安经洛阳，由水道至广州的行程，虽极简略，但已具日记规模，开日记体游记散文的先声。著有《李文公文集》。

**李白** Li Bai (701～762) 中国唐代诗人。字太白，号青莲居士。自称祖籍陇西成纪（今甘肃静宁西南），一说为绵州昌隆（今四川江油）人。

生平　李白少年时代的学习范围很广泛，除儒家经典、古代文史名著外，还浏览诸子百家之书，并"好剑术"。相信道教，有超脱尘俗的思想；同时又有建功立业的政治抱负。他青少年时期在蜀地所写诗歌，留存很少，但已显示出突出的才华。李白约在二十五六岁时出蜀东游。在此后10年内，漫游了长江、黄河中下游的许多地方，一说他曾在开元十八年（730）左右抵长安，争取政治出路，但失意而归。天宝元年（742），被玄宗召入长安，供奉翰林，为文学侍从之臣。不满两年，即被迫辞官离京。此时期李白的诗歌创作趋于成熟。此后11年内，继续在黄河、长江的中下游地区漫游，"浪迹天下，以诗酒自适"。天宝三载，李白在洛阳与**杜甫**相识，结为好友，次年分手后未再会面。天宝十四载，安史之乱爆发，李白正在宣城（今属安徽）、庐山一带隐居。次年十二月他怀着消灭叛乱、恢复国家统一的志愿应邀入永王李璘幕府。永王触怒肃宗被杀后，李白也因此获罪，被系浔阳（今江西九江）狱，不久流放夜郎（今贵州桐梓一带）。途中遇赦得归，时已59岁。晚年流落在江南一带。61岁时，听到太尉李光弼率大军出镇临淮，讨伐安史叛军，还北上准备从军杀敌，半路因病折回。次年病逝于他的从叔当涂（今属安徽）县令李阳冰的寓所。

文学创作　李白诗歌今存900多首。李白一生关心国事，希望为国立功，不满黑暗现实。他的《古风》59首是这方面的代表作品。对唐玄宗后期政治的黑暗腐败，广泛地进行了揭露批判，反映了贤能之士没有出路的悲愤心情。言多讽兴，气骨高举。李白固然迫切要求建功立业、为国效劳，但他并不艳羡荣华富贵，而是认为"钟鼓馔玉不足贵"(《将进酒》)。在建树功业以后，他要以战国时代高士鲁仲连为榜样，不受爵禄，飘然引退。其思想明显地受到道家特别是庄子的影响。李白的不少诗篇，表现了对人民生活的关心和同情。这种内容常常结合着对统治者的批判。他的一部分乐府诗反映妇女的生活及其痛苦，其中着重写思妇忆念征人，还写了商妇、弃妇和宫女的怨情。有些诗则描绘了农民、船夫等的生活，表现了对劳动人民的关怀。李白一生写下不少描绘自然风景的诗篇。他的"蜀道之难，难于上青天"(《蜀道难》)、"君不见黄河之水天上来，奔流到海不复回"(《将进酒》)、"飞流直下三千尺，疑是银河落九天"(《望庐山瀑布》)等，形象雄伟，气势磅礴，都是传诵千古的名句。这类诗篇正像他若干歌咏大鹏鸟的作品那样，表现了他的豪情壮志和开阔胸襟，从侧面反映了他追求不平凡事物的渴望。另外一些诗篇，像《秋登宣城谢朓北楼》、《独坐敬亭山》、《清溪行》，则善于刻画幽静的景色，清新隽永，风格接近**王维**、**孟浩然**一派。

李白还有不少歌唱爱情和友谊的诗篇。

其乐府诗篇，常常从女子怀人的角度来表达委婉深挚的爱情。还有若干寄赠、怀念妻室的诗，感情也颇为深挚。李白投赠友人的作品数量很多，佳篇不少。如《黄鹤楼送孟浩然之广陵》、《赠汪伦》等。李白诗歌内容也有封建糟粕的成分，如宣扬人生若梦、及时行乐、纵酒狂欢的消极虚无思想和表现求仙访道、炼丹服药的宗教迷信等。李白诗歌中大量采用夸张手法和生动的比喻。他的“抽刀断水水更流，举杯消愁愁更愁”（《宣州谢朓楼饯别校书叔云》）、“白发三千丈，缘愁似个长”（《秋浦歌》其十五），刻画他长安政治活动失败后深广的忧思，是广泛流传的名句。他的“吟诗作赋北窗里，万言不值一杯水”（《答王十二寒夜独酌有怀》），写自己的怀才不遇；“桃花潭水深千尺，不及汪伦送我情”（《赠汪伦》），写朋友间的深厚友谊等，都以鲜明突出的形象打动读者。李白诗歌的想象是很丰富和惊人的。他的“狂风吹我心，西挂咸阳树”（《金乡送韦八之西京》）、“我寄愁心与明月，随风直到夜郎西”（《闻王昌龄左迁龙标遥有此寄》），都以奇特的想象表现了对长安和诗友的怀念。《蜀道难》、《梦游天姥吟留别》则借助于神话传说，构造出色彩缤纷、惊心动魄的境界。

李白诗歌丰富的想象力在篇幅较长的七言歌行中表现得尤为突出，这方面明显地可以看出受到屈原的影响。在体裁方面，李白擅长形式比较自由的古诗和绝句，不爱写格律严整的律诗。《古风》59首是他五古的代表作品。他乐府中的五古，继承汉魏六朝乐府民歌的优良传统，文笔朴素生动，并倾注着诗人洋溢的热情。他的七言古诗（包括乐府七言歌行和一般七古）具有更大的创造性。写景则形象雄伟壮阔，气势磅礴，色彩缤纷，抒情则感情奔放激荡，跳脱起伏，变化多端。从文学渊源说，这类诗受屈原作品和鲍照《拟行路难》的影响最深。李白擅长绝句。他的绝句，在南北朝乐府民歌的基础上，锻炼提高，更为精警。五绝如《静夜思》、《玉阶怨》等，蕴藉含蓄，意味深长。七绝佳作更多，语言明朗精练，声调和谐优美，写景抒情，深入浅出。像《黄鹤楼送孟浩然之

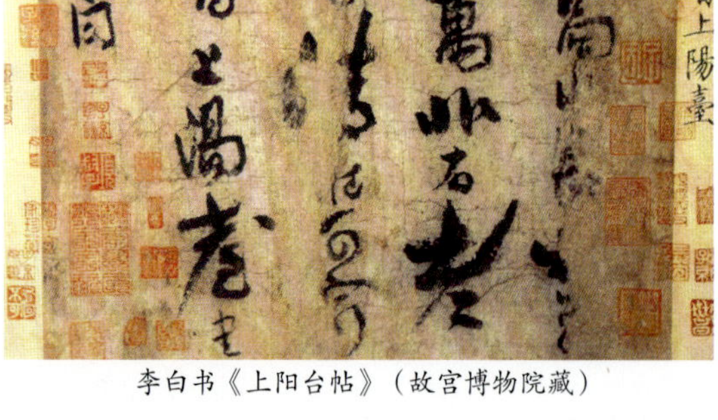

李白书《上阳台帖》（故宫博物院藏）

广陵》、《望庐山瀑布》其二、《早发白帝城》等，都是脍炙人口的名篇。历来评唐代七言绝句，认为李白与王昌龄最称擅场；李白集中七律最少，仅十多首，也少佳作。五律有70多首，有的写得很好，说明他能写律诗，只是不爱多写。李白的乐府诗虽用乐府旧题，却能自出新意，唐人以乐府古题写诗的，当推李白的成就最为杰出。他的某些歌行和绝句，虽不用乐府题目，也富有乐府诗的风味。他诗歌语言的最大特色，即是“清水出芙蓉，天然去雕饰”。具体表现为语言直率自然，音节和谐流畅，浑然天成，不假雕饰，散发着民歌的气息。这主要得力于学习汉魏六朝的乐府民歌。但他不是仅仅学习、模拟民歌语言，而是在学习基础上加以提高，使之更加精练、优美，含意深长。他的七言古诗除明朗自然外，语言更以雄健奔放见长。杜甫《春日忆李白》诗称誉李白诗“清新”、“俊逸”，道出了其语言风格的显著特色。李白诗歌对后代具有深远影响。唐代**韩愈**、**李贺**，宋代**欧阳修**、**苏轼**、**陆游**，明代**高启**，清代**屈大均**、**龚自珍**等著名文学家，都受到过李白诗歌的影响。

李白还有若干词作。《尊前集》著录12首，《花庵绝妙词选》著录7首。其中《清平调》“云想衣裳花想容”3首，体裁实为七言绝句，当时配乐演唱。其他传为李白作的长短句均不甚可信。李白的散文今存60多篇。多对偶句，没有摆脱当时流行的骈文风尚，但语言比较自然流畅，与其诗歌风格有相似之处。其中《与韩荆州书》、《春夜宴从弟桃花（一作“李”）园序》两文为后代选本所取，传诵较广。

唐人所编的李白集没有流传下来。北宋有《李太白文集》30卷，刻于苏州，世称苏本。今人瞿蜕园、朱金城的《李白集校注》是李白集注释中最详备的本子。

**李宝嘉** Li Baojia（1867-06-01～1906-04-09） 中国近代小说家。又名宝凯，字伯元，别号南亭亭长，笔名游戏主人、讴歌变俗人等。江苏武进（今属江苏常州市）人。自幼丧父，由堂伯父李翼清抚养。李翼清在山东历任知县、同知、知府等职。宝嘉一直随侍任所，读书受教，并同返乡。曾从传教士学习英文，并考中秀才。李翼清去世后，于光绪二十二年（1896）到上海谋生，主编《指南报》。次年创办《游戏报》。二十七年，他将《游戏报》转让，另办《世界繁华报》。为近代文艺性小报的开创者。后应商务印书馆之聘，主编《**绣像小说**》。

李宝嘉办报期间与社会的广泛接触，为他的创作积累了素材。而戊戌变法失败、八国联军入侵等重大事件，则加深了他对清王朝腐败的不满和对帝国主义侵略的痛恨。辛丑和约签订后，他立即创作《庚子国变弹词》40回，光绪二十七（1901）起连载于《世界繁华报》，次年载完，同年由报馆刊印成巾箱本6册。是弹词中第一部以社会历史为题材表现反帝精神的作品。作品谴责利用义和团“闹事”的大臣官吏，抨击侵略者奸盗烧杀的罪行，揭露国难当头而“兵即是匪”的官军暴行。小说界革命兴起后，李宝嘉的创作达到一个新的高度。从1903年到他去世前短短三四年中，连续发表《**官场现形记**》、《文明小史》、《活地狱》、《中国现在记》等“新小说”，成为**谴责小说**的代表作家。其中，《官场现形记》是他最著名的作品，也是清末谴责小说的开山之作。

李宝嘉创作小说的目的在于揭露时弊，改进政治，学习西方的文明与进步，并寄希望于统治者的“觉悟”和改良，不主张激进的改革。他首开揭露、讽刺清末政治腐败和社会黑暗的谴责小说风气，在晚清小说史上占有重要地位。其著作，还有《南亭四话》、《南亭笔记》、《醒世缘弹词》，剧本《前本经国美谈新戏》及诗文等。其作品合编为《李伯元全集》，并附年谱及研究论著索引，江苏古籍出版社1997年出版。

**李比希** Liebig, Justus von（1803-05-12～1873-04-18） 德国有机化学家。生于达姆施塔特，卒于慕尼黑。1820年在波恩大学学习，一年后转学到埃朗根大学，1822年获哲学博士学位。同年到巴黎，常听J.-L.**盖-吕萨克**等著名化学家的讲演。不久就在盖-吕萨克的实验室中工作。1824年回到德国，任吉森大学化学教授，创立了著名的吉森实验室。这是世界上第一个系统地进行化学训练的教学实验室。1852年任慕尼黑大学教授。1840年当选英国皇家学会会员。1842年当选法国科学院院士。他在化学上的重要贡献有：发现了同分异构现象；与F.**维勒**共同发现安息香基并提出基团理论（1832）；提出多元酸理论（1839）。1840年以后的30年里，他转而研究生物化学和农业化学。他用实验方法证明：植物生长需要碳酸、氨、氧化镁、磷酸、硝酸以及钾、钠和铁的化合物等无机物；人和动物的排泄物只有转变为碳酸、氨和硝酸等才能被植物吸收。这些观点是近代农业化学的基础。还提出发酵作用的原理。共发表318篇化学和其他科学的论文。著有《有机物分析》、《生物化学》、《化学通信》、

《化学研究》、《农业化学基础》、《关于近世农业之科学信件》等。他还和维勒合编了《纯粹与应用化学词典》。

**李昪** Li Bian（888～943） 中国五代十国时期南唐的建立者。字正伦，小字彭奴。海州（今江苏连云港市西）人，一作徐州（今属江苏）人。少孤，战乱中为杨行密所收养。后为行密大将徐温养子，改名徐知诰。唐末，吴主杨行密据淮南。徐知诰从徐温攻伐，以功拜踌州（今江苏南京）刺史。天祐十二年（后梁贞明元年，915）徐温封齐国公。迁知诰为润州刺史，以亲子徐知训留扬州，掌握朝政。贞明四年（918），知训为朱瑾所杀，徐温以知诰代知训，居广陵（今江苏扬州）。知诰筑延宾亭以招徕四方人士，改革一些弊政，缓征积欠赋税，借以收揽人心。武义二年（920）杨溥立，徐知诰累迁侍中、中书令、太尉、都督中外诸军事，封齐王。吴天祚三年（937）十月，知诰废杨溥，自称皇帝，建都金陵，国号大齐，年号踌元。次年，自称唐玄宗子永王璘（一云唐宪宗子建王恪）之裔，复姓李，改名昪，国号大唐，史称南唐。

李昪自管理吴国政事以后，兴利除害，又与吴越约和，休兵息戈，在比较安定的条件下，生产迅速发展。他建学馆于庐山白鹿洞，置田供给诸生，成为历代有名的书院。

**李冰** Li Bing 中国战国时期水利专家。秦昭王灭周后（前256～前251）李冰曾任蜀守。主要功绩是在岷江流域兴办了以都江堰为代表的许多除水害、兴水利的工程。据《华阳国志》记载，李冰还曾倡导和主持了以下工程：①凿南安（今乐山）岷江与沫水（今大渡河）交汇处的溷崖（《史记·河渠书》称为离堆），整治水道，并凿平南安江中的雷坻滩和盐溉滩。②在岷江外江水系中分别疏导羊摩江和灌江。③疏通临邛（今邛崃）文井江，下流到武阳（今彭山东）天社山下会岷江。④积薪烧烤僰道（今宜宾）岷江中石滩，利用热胀冷缩，促使岩石爆裂，以利开凿。⑤疏导洛通山洛水（今石亭江）经什邡，下流会新都大渡（今金堂境内）；又有绵水（今绵远河）经绵竹入洛水，东流过资中（今资阳），皆灌溉稻田。⑥确立成都近郊防洪地段和沟通水道，穿石犀溪于江南，又在西南两江造桥7座。⑦在广都盐井（在今龙泉山地区）穿凿陂池。关于李冰治水的神话传说，东汉以来不断有所增附，唐代导江县（今都江堰市）已建李冰祠。1974年，在灌县（今都江堰市）岷江（外江），发掘出一尊东汉建宁元年（168）雕刻的李冰石像。

**李伯芬** Li Bofen（1926～ ） 中国布袋木偶戏演员。福建晋江人。高祖日棉、曾祖克茶、祖绳煌、父荣宗，皆南派布袋戏表演艺人。承继家学，14岁登台，18岁能娴熟地表演生、旦、净、杂诸行当。腔调富于个性，掌功技法高超。1953年3月，与父李荣宗等发起组建晋江木偶剧团，深入农村、侨乡、山区、海岛巡回表演。1959年，参加全国木偶皮影观摩会演，赢得称许。1960年10月，参加在罗马尼亚举办的第二届国际木偶节，演出《大名府》、《雷万春打虎》。获表演一等奖和金质奖章。“文化大革命”期间剧团解散，迫于生计拉板车卖柴，但练功不辍。1978年，木偶剧团重新组建，承担发掘遗产和培养新秀之责。1980年，参加全国戏剧会演，随团演出大型神话剧《白龙公主》，受到文化部嘉奖。据其事迹摄制的纪录片名《木偶名师李伯芬》。

**李卜克内西** Liebknecht, Karl（1871-08-13～1919-01-15） 德国社会民主党和第二国际左翼领袖之一，德国共产党创始人之一。生于莱比锡，被害于柏林。其父是德国社会民主党领导人W.李卜克内西。1890～1893年在莱比锡大学和柏林大学学习时参加社会主义运动。1900年加入德国社会民主党。1907年，当选社会主义青年国际联合会主席。后发表题为《军国主义与反军国主义》的小册子，因而于10月被捕入狱，判处1年半徒刑。1908年当选普鲁士邦议会议员。1912年当选德国议会议员，利用议会讲坛进行反对帝国主义战争的宣传。1916年3月参加社会民主党左派秘密举行的全国代表会议，发表反战讲话。5月由于在柏林领导反战示威游行，被军事法庭判处4年徒刑。1918年10月获释，随即投身德国十一月革命。11月组织斯巴达克同盟，并参加德国共产党创建工作。次年1月15日，与R.卢森堡同遭右派社会民主党临时政府杀害。

**李卜克内西** Liebknecht, Wilhelm（1826-03-29～1900-08-07） 德国和国际工人运动活动家，德国社会民主党领袖和第二国际创始人之一。生于吉森一个官吏兼学者家庭，卒于柏林。1842～1847年在吉森大学、柏林大学和马尔堡大学学习哲学和语言学。1847年在瑞士苏黎世任教。1848年9月率一支民主派队伍由瑞士进入巴登，宣布起义，建立“共和国临时政府”。失败后被捕。次年5月，参加巴登维护帝国宪法起义，后流亡瑞士。1850年，当选日内瓦德意志工人协会主席，试图把瑞士24个德国工人协会统一为一个组织，被瑞士当局逮捕后驱逐出境。此后在伦敦侨居12年。1862年8月回到德国。1863年9月，加入F.拉萨尔建立的全德工人联合会，后被拉萨尔派开除。1866年同A.倍倍尔创建萨克森人民党，并加入第一国际。普法战争期间，被当局以“叛国罪”逮捕入狱。1874～1900年当选全德国会议员。1876年10月任德国社会主义工人党机关报《前进报》总编辑。1878年10月，O.von俾斯麦颁布《镇压社会民主党企图危害治安的法令》（《社会党人法》）。李卜克内西领导全党开展反对非常法令的斗争。

李卜克内西是第二国际的创建人和领导人之一。晚年，在反对E.伯恩施坦修正主义方面作出了重要贡献。

**李昌镐** Lee Chang Ho（1975-07-29～ ） 韩国围棋手。全州人。6岁由祖父启蒙习弈。9岁即获韩国儿童围棋比赛冠军，遂成为曹薰铉的唯一弟子。1986年成为初段棋手，到1995年晋升至七段。1996年被韩国棋院推举直升为九段棋手。在韩国国内的围棋比赛中，曾先后获得90多项各种冠军头衔。不满17岁时即在世界大赛中初露锋芒，自1992年起到2003年春在第3、4、7、9届“东洋证券杯”和第9、11届“富士通杯”以及第1、3、5届“LG杯”等世界诸多职业围棋赛事中，共15次获得个人世界冠军，成为最新的世界冠军大满贯获得者。2007年首次夺得第3届中环杯围棋锦标赛冠军，自1992年夺得第一个世界冠军起至此，15年间共夺得20个个人赛冠军，13次团体赛冠军。在围棋界有“外星棋手”、“石佛”和“神算子”等称号。

**李长春** Li Changchun（1944-02～ ） 中国共产党中央政治局常务委员会委员。辽宁大连人。1965年9月加入中国共产党。1966年9月参加工作。1961～1966年在哈尔滨工业大学电机工程系工业企业自

动化专业学习，曾任团支部书记、电机工程系学生会主席等职。1966～1968年留校待分配。1968～1975年在辽宁省沈阳市开关厂当技术员、技术负责人。1975～1980年任辽宁省沈阳市电器工业公司革委会副主任、党委常委，沈阳市电器控制设备工业公司副经理、经理、党委副书记，沈阳市电器工业公司经理、党委副书记。1980～1981年任辽宁省沈阳市机电工业局副局长、党委副书记。1981～1982年任中共辽宁省沈阳市委副秘书长。1982～1983年任辽宁省沈阳市副市长兼市经委主任。1983～1985年任中共辽宁省沈阳市委书记、沈阳市市长。1985～1986年任中共辽宁省委副书记兼沈阳市委书记。1986～1987年任中共辽宁省委副书记、辽宁省代省长。1987～1990年任中共辽宁省委副书记、辽宁省省长。1990～1991年任中共河南省委副书记、河南省代省长。1991～1992年任中共河南省委副书记、河南省省长。1992～1993年任中共河南省委书记。1993～1997年任中共河南省委书记、省人大常委会主任。1997～1998年任中共中央政治局委员，河南省委书记、省人大常委会主任。1998～2002年任中共中央政治局委员，广东省委书记。2002年任中共中央政治局常委，中央精神文明建设指导委员会主任。是中共第十二届中央候补委员，第十三至十七届中央委员，第十五届中央政治局委员，第十六、十七届中央政治局委员、常委。

**李成梁** Li Chengliang (1526～1615) 中国明朝后期将领。字汝契。铁岭卫（今辽宁铁岭）人。嘉靖末袭指挥佥事。积功升参将、副总兵。隆庆四年（1570），擢为辽东都督佥事。他募四方健儿抗击蒙古、女真各部的侵扰。万历初期，灭建州女真首领王杲、子阿台部，数次大败插汉部酋长土蛮、泰宁部酋长速把亥；计杀海西叶赫部首领清佳砮、杨吉砮。李成梁有大将才。在整个明朝将吏贪懦、边备废弛的情况下，镇守辽东30年间，先后奏大捷者十，边帅武功之盛，二百年来所未有。但他位望益隆，骄奢无度；贪污行贿，甚至滥杀良民，虚报战功。万历十九年为言官劾罢。其后10年，辽东边备益弛。二十九年李成梁复职，之后复开马市、木市，缓和了东北地区的民族矛盾；三十四年，弃宽佃六堡（在今辽宁宽甸）之地，尽徙其民6万余户于内地，为时论所谴责。三十六年再被劾罢。

**李承晚** Rhee Syngman (1875-04-26～1965-07-19) 韩国首任总统（1948～1960）。生于朝鲜黄海道平山郡，卒于美国夏威夷。早年受传统教育，后进入教会学校习英语。1896年与人合组独立协会。1898年被捕。1904年出狱后去美国，1910年在普林斯顿大学获得哲学博士学位。同年归国。1912年重返美国。此后30年为朝鲜独立奔走呼号，但未能得到国际上的支持。1919年当选为流亡的“韩国临时政府”总统，任职20年，后被聚集在中国的年青一代朝鲜民族主义者赶下领导岗位。

第二次世界大战后回到朝鲜。1948年就任大韩民国总统，1952、1956和1960年连选连任。他实行独裁统治，不容许人民反对他的政治纲领，清洗国民议会，宣布反对他的进步党为非法，并以叛国罪名处死进步党领袖。他执掌市长、乡长和警察局长的任命权。尽管实行独裁政策，他在1956年却未能阻止反对党领袖当选为副总统。1960年韩国学生举行大示威时伤亡甚众，因而群众纷纷要求李承晚下野，国民议会一致投票支持这一要求。李承晚于1960年4月26日辞职。同年5月29日流亡美国夏威夷。

**李承祥** Li Chengxiang (1931-10-01～ ) 中国舞蹈编导。河北清宛人，生于哈尔滨市。曾先后在中央戏剧学院舞蹈团、中央歌舞团、北京舞蹈学校任演员、编导、教员，中央芭蕾舞团团长，中国舞蹈家协会主席团成员。

代表作品（合作）有舞剧《鱼美人》、《红色娘子军》、《沂蒙颂》、《黛玉之死》、《洛神》等，其中《鱼美人》、《红色娘子军》被确认为“中华民族20世纪舞蹈经典作品”。他将中国题材与芭蕾形式紧密结合的舞剧创作经验，对中国民族舞剧的建设具有开拓性的意义。著作有《舞蹈编导基础教程》、《情倾芭蕾》等。

**李重润墓壁画** Murals in Li Chongrun's Tomb 中国唐代墓室壁画。墓主李重润，唐高宗李治和武则天之孙，中宗李显长子，701年卒于洛阳。中宗复位后于706年追封为懿德太子，祔葬乾陵，墓位于陕西省乾县。全部壁画面积近400平方米，其中比较完整的画面约有40幅。见懿德太子墓。

**李春** Li Chun 中国隋朝匠人。生平不详。隋开皇十五年至大业初年（595～605）建造赵州桥。唐中书令张嘉贞著《安济桥铭》中记有：“赵州蛟河石桥，隋匠李春之迹也，制造奇特，人不知其所以为。”

**李慈铭** Li Ciming (1830～1894-12-20) 中国清代学者、文学家。初名模，字式侯，后改今名，字悉伯，号莼客。浙江会稽（今绍兴）人。早年以诸生入赀为户部郎中。同治九年（1870）中举。光绪六年（1880）中进士。十六年（1890）补山西道监察御史。二十年，闻甲午战争清朝大败，愤极咯血，遂卒。他承袭乾嘉汉学余风，治经学、史学，都有一定成就。其治学读书所得，大都载入《越缦堂日记》，颇为世人所重。由云龙等辑其读书札记为《越缦堂读书记》。其骈文、散文、诗、词以及杂剧创作都有一定成就，但除少数篇什感怀时事外，大多为山水风物、交游唱和的闲适之作，主要反映贫窘的学者与困顿的名士的生活与心境，风格清华明秀。《越缦堂诗话》3卷，系蒋瑞藻从《越缦堂日记》及其他书刊辑录李慈铭评论诗歌的文字而成。商务印书馆1925年初版。除经、史著述之外，有《越缦堂文集》等。

**李存葆** Li Cunbao (1946-02-19～ ) 中国作家。山东五莲人。1961年初中毕业后回乡务农。1964年参加中国人民解放军。1966年开始发表作品。1986年毕业于解放

军艺术学院文学系。先后任济南军区文工团编导、济南军区政治部创作室主任、解放军艺术学院副院长，少将军衔。中国作家协会副主席。

他早期写诗，70年代末转向小说、报告文学、电影剧本和散文创作。出版过短篇小说集《云马岭的蹄声》，小说报告文学集《高山下的花环》、《山中那十九座坟茔》、《爱的海》等，长篇纪实文学《丹青十字架》，散文集《大河遗梦》，长篇散文《东方之神》等。中篇小说《高山下的花环》、《山中那十九座坟茔》分获第二、三届全国优秀中篇小说奖，长篇报告文学《沂蒙九章》（与王光明合著）获全国报告文学奖。他的作品以写实手法表现与广阔的社会人生相联系的军旅生活，在激烈的矛盾冲突中揭示当代中国军人丰富多彩的心灵世界，风格雄浑、凝重，富于悲剧美和诗意美。

**李达** Li Da (1890-10-02～1966-08-24) 马克思主义哲学家，中国共产党创始人之一。号鹤鸣。生于湖南零陵，卒于武汉。

早年在日本留学时即钻研马克思主义，成为马克思主义的信奉者和宣传者。1921年出席中国共产党第一次全国代表大会，被选为党中央宣传主任。1923年与陈独秀在国共合作问题上发生分歧，自动离开党组织。北伐战争时任国民革命军总政治部编审委员会主席。1927年后脱离政治活动，任大学教授，仍坚持宣传马克思主义。1949年底由刘少奇介绍重新加入中国共产党。中华人民共和国建立后历任湖南大学校长、武汉大学校长，是第一、二、三届全国人大代表，第三届全国人大常务委员会委员，中国共产党第八次全国代表大会代表，中国科学院哲学社会科学部学部委员，中国哲学学会会长。著有《现代社会学》、《社会学大纲》、《社会进化史》、《〈实践论〉解说》、《〈矛盾论〉解说》，主编《唯物辩证法大纲》。在法学、货币学、史学领域也有著作。人民出版社已汇集出版《李达文集》4卷。

**李大钊** Li Dazhao (1889-10-29～1927-04-28) 中国接受和传播马克思主义的先驱，中国共产党主要创建者之一。字守常。生于河北乐亭，卒于北京。1907年入北洋法政专门学校。

1914年入日本东京早稻田大学读政治本科，参加反袁斗争，被以“长期欠席”为由取消学籍。1916年5月回国，在北京主编《晨钟报》，为《甲寅日刊》撰稿，抨击北洋军阀黑暗统治。1918年2月任北京大学图书馆主任，同年参与《新青年》编辑工作，发表热情歌颂俄国十月革命的《法俄革命之比较观》、《庶民的胜利》、《布尔什维主义的胜利》等文。1919年5月，积极领导五四运动。7月，发起成立少年中国学会。8月，与胡适展开“问题与主义”之争。9月发表《我的马克思主义观》，系统介绍马克思主义。1920年7月起兼任北京大学教授，开设唯物史观等课，出版《史学要论》等著作。同年10月发起北京共产主义小组，任中共北京支部书记。先后发动开滦五矿大罢工、京汉铁路工人总同盟罢工。在中共三大、四大上当选中央执行委员。1922年9月由孙中山主盟加入中国国民党。1924年1月出席中国国民党第一次全国代表大会，参与审定大会宣言和国民党章程草案，当选中央执行委员。后任国民党北京执行部组织部长、中共北方区执行委员会书记、国民党中央政治委员会委员等。5月，作为中共代表团首席代表出席共产国际第五次代表大会。1925～1926年，领导冀、鲁、豫、晋、陕、内蒙古和东北等地区的革命斗争，发动三一八等群众运动。1927年4月6日被奉系军阀逮捕，28日“首登绞刑台”，从容就义。著作编为《李大钊选集》、《李大钊文集》、《李大钊全集》等。

**李德** Braun, Otto (1900-09-28～1974-08-15) 共产国际驻中共中央军事顾问委员会成员、中华苏维埃共和国中央革命军事委员会顾问。又名华夫，原名奥托·布劳恩。生于德国慕尼黑，卒于民主德国柏林。1918年应征入伍参加第一次世界大战。战后加入德国共产党。曾两次被捕。1928年4月，在德共营救下越狱前往苏联。7月列席莫斯科共产国际六大。1932年春毕业于伏龙芝军事学院。同年秋受共产国际委派，抵达上海参加中共中央军事顾问委员会工作。1933年9月，任江西瑞金中华苏维埃共和国中央革命军事委员会顾问，实际掌握中共中央的军事指挥大权。在随后开始的红军第五次反“围剿”战争中，先是冒险进攻，后又转为单纯防御，导致战争失败。继则在长征初期实行逃跑主义，造成红军重大损失。1935年1月，在贵州遵义被中共中央政治局扩大会议撤销军事指挥权。8月，抵制张国焘分裂活动，坚持北上。长征结束后，长期任教于红军大学、抗日军政大学。1939年秋回到苏联，受到共产国际的审查。1941年后参加苏联卫国战争，荣获一级勋章。1954年返回民主德国。有回忆录《中国纪事（1932～1939）》问世。

**李德才** Li Decai (1903～1982) 中国四川扬琴艺人。艺名德娃子，成都人。父亲李炳福为四川扬琴盲艺人。只读一年私塾即辍学随父学艺。7岁开始演出，一度因变声期天天卖唱招致倒嗓，在郫县以教票友演唱维持生活。18岁嗓音恢复后回到成都登台，专攻旦脚演唱，与前辈艺人李连生齐名。20世纪30年代后，曾应邀去上海灌制《祭江》、《祭塔》和《贵妃醉酒》等节目的唱片，与当时的四川竹琴名家贾树三和四川相书名家曾炳昆并称为“蓉城三绝”。擅演的传统节目有《孙夫人祭江》、《祭塔》、《碧莲教子》等。中华人民共和国建立后，表演过《白毛女》、《李二嫂改嫁》等新节目。传人有刘时燕、徐述、杨奎本和林德川等。

**李德伦** Li Delun (1917-06-06～2001-10-19) 中国指挥家。生于北京，卒于北京。

1997年11月，俄国总统叶利钦授予李德伦“友谊勋章”

1940年入上海国立音乐专科学校学习大提琴和作曲理论，并开始学习指挥。1946年任延安中央管弦乐团指挥。1950年任北京人民艺术剧院指挥。1953年赴苏联入莫斯科音乐学院学习指挥。曾指挥苏联国家交响乐团、全苏广播交响乐团等。1957年毕业回国，任中央乐团首席指挥。1984年任中央乐团艺术指导，1985年任巴黎梅纽因国际小提琴比赛评委，多次出访指挥外国交响乐队。历任中国音乐家协会第二、三届理事，1985年任音协副主席。他指挥曲目广泛，指挥了许多中国交响音乐作品的首演，如贺绿汀《森吉德玛》、《晚会》，马思聪《第二交响曲》等。

**李德明** Li Deming (981～1031) 西夏王国的奠基者。李继迁之子，小字阿移。李继迁死后，24岁的李德明嗣位，对内保境息民，恢复生产；对外附辽和宋，专力向西发展。1005年，辽册封他为西平王。次年，宋授为定难军节度使，封西平王，赐银一万两、绢一万匹、钱两万贯、茶两万斤，并允许在保安军（今陕西志丹）设立榷场。李德明统治后期，西夏农业经济有了明显的发展。西向进兵，杀吐蕃大首领潘罗支，夺取西凉府（今甘肃武威）；又出兵攻打甘州（今甘肃张掖北）回鹘，阻绝其通贡宋朝的道路。1028年，派子元昊领兵消灭了甘州回鹘。两年后，又略取了瓜州（今甘肃瓜州东南）和沙州（今甘肃敦煌西）。西夏势力直抵玉门关，据有整个河西走廊。他营建宫室、馆驿、桥道，讲定礼仪制度，追尊李继迁为皇帝，立李元昊为皇太子。1020年，由西平府迁都怀远镇（原属灵州，今宁夏银川市），改名兴州。死后被宋景宗追谥光圣皇帝，庙号太宗，陵号嘉陵。

**李德全** Li Dequan (1896-08-10～1972-04-23) 中国人民政治协商会议全国委员会副主席。蒙古族。河北通县草房村（今北京朝阳区）人。卒于北京。1924年与冯玉祥结婚，1928年出访苏联。回国后兴办学校，从事妇女和社会进步活动。抗日战争时期积极从事救亡运动，发起成立战时儿童保育委员会，任副理事长。抗战胜利

后组织中国妇女联谊会，任主席。1946年2月在重庆校场口事件中被国民党特务殴伤，9月随冯玉祥赴美国，10月参加世界妇女代表大会。1948年当选中国国民党革命委员会中央执委，11月赴东北解放区。1949年出席第一届中国妇女代表大会，当选为中华全国妇联副主席。同年参加中国人民政治协商会议第一届全体会议。中华人民共和国建立后，历任中央政府卫生部部长、中国红十字会会长、中苏友好协会总会副会长、中华全国体育总会副主席、中国人民保卫儿童全国委员会副主席。1958年加入中国共产党。1965年当选为全国政协第四届副主席。

**李德生** Li Desheng (1916-04～2011-05-08) 中国无产阶级革命家、军事家，中国共产党和中国人民解放军领导人，中共中央政治局常委，中央委员会副主席。生于河南新县，

卒于北京。1930年参加工农红军，1931年参加共青团，1932年转入中国共产党。参加了鄂豫皖苏区反“围剿”、进军川陕、创建川陕革命根据地的斗争和长征。全面抗日战争时期，在马坊战役中亲率突击队全歼马坊日伪守军。解放战争时期，历任团长、旅长、师长。参加了上党、邯郸、定陶、淮海、渡江等战役和千里跃进大别山、进军大西南等战斗。1951年率部抗美援朝，任中国人民志愿军师长、副军长。参加第五次战役和金城战役，在上甘岭战役中任前线指挥。1955年被授予少将军衔。1961年在军事训练中发现、总结了“郭兴福教学法”。1968年任南京军区副司令员。1969年当选为中共第九届中央政治局候补委员，是军委办事组和国务院业务组成员。1970年任总政治部主任、党委书记。1971年任北京军区司令员，同年兼任中共安徽省委第一书记。林彪事件发生后，协助周恩来做了大量控制局势的工作。1973年当选为中共第十届中央政治局常委、中央副主席。1973年12月任沈阳军区司令员。1974年在“批林批孔”运动中被江青诬为“大党阀”、“大军阀”。1975年辞去中共中央政治局常委、中央副主席的职务。1980年获得平反，恢复名誉。1977年、1982年分别当选为中共十一届、十二届中央政治局委员。1985年当选为中顾委常委。同年任国防大学政治委员、党委书记。1988年被授予上将军衔。著有《李德生回忆录》。

**李德裕** Li Deyu (787～850) 中国唐后期宰相、政治家。字文饶。赵郡（今河北赵县）人。父李吉甫，唐宪宗时宰相。德裕少好学，善为文。以门荫入仕，薄视科举。元和十五年（820）穆宗即位，德裕以监察御史充翰林学士。历穆、敬、文、武四朝（821～846），外任浙西、郑滑、剑南西川、淮南等镇观察使、节度使;．还朝，历任中书舍人、御史中丞、兵部侍郎、兵部尚书、门下侍郎同平章事（宰相），加官至太尉，封卫国公。在牛李党争中，他是李党的领袖。政治上主张强化朝廷威权，维护统一；主张抑制不服从朝命的藩镇，反对姑息；主张整顿吏治，反对虚浮和朋党结交；重视门第，反对进士浮华。长庆、宝历年间，在浙西（今江苏镇江）观察使任上，他废除境内祀典以外的1 010所祠庙，1 460座私邑山房，谏止敬宗要浙西进奉银器和缭绫。

会昌间，德裕为相，深得唐武宗李炎信任。武宗尊信道教，鉴于佛教长期盛行、寺院经济恶性膨胀，严重影响国家的课役征发，会昌五年决定废佛。李德裕支持武宗废佛行动（见会昌废佛）。拥立武宗的仇士良在文宗朝十分专横跋扈，会昌三年德裕掌权时，迫仇士良致仕而卒。宦官权力有所削弱。李德裕是个有作为的宰相，但度量不宽，20余年间，他和牛僧孺等相互排斥。宣宗即位，德裕罢相为东都留守，不久，又被贬为潮州司马，再贬崖州（今海南海口琼山东南）司户。

**李定国** Li Dingguo (1621-07-29～1662-08-10) 中国明末清初大西农民军领袖之一。字宁宇。陕西榆林人，家世务农。崇祯三年（1630），年方10岁的李定国参加张献忠起义军，受到张献忠的喜爱，同孙可望、刘文秀、艾能奇同被养为义子。后数年，李定国随张献忠起义军转战于秦、晋、豫、楚，临敌陷阵以勇猛称。崇祯十七年，张献忠率起义军入四川称帝，建大西国号，以孙可望为平东将军，李定国为安西将军，刘文秀为抚南将军，艾能奇为定北将军，分统各营。清顺治三年（1646），清朝派兵入川，张献忠牺牲于西充。孙可望、李定国等收集残部数千人南走，连克遵义、贵阳。清军进攻大顺、大西两支农民军的同时，又相继消灭了南明弘光、隆武两个政权，所到之处杀掠极酷，各阶层人民纷起反抗。大西军遂决定“联明抗清”，并进取云南，作为抗清基地。时艾能奇已死，孙可望称“国主”，李定国称安西王，刘文秀称抚南王。

顺治六年，孙可望致书南明永历朝廷，愿“联合恢剿”。后孙可望自称秦王，并派兵入贵州、四川，尽收南明诸军残部，大西军力量增强。九年，大西军两路出师抗清，刘文秀出四川，与吴三桂部战于川北保宁，大败，退回贵州。李定国一军由川东入湖南，连获大捷。李定国率军从武冈出全州，除梧州外广西全省皆复。大军入湖南，进江西。永历朝廷封李定国为西宁王。因遭孙可望之忌，内部分裂，李定国不得已退往广西，再退屯云南，受明永历帝封为晋王，掌朝廷大权。孙可望叛变降清后，尽知云贵内部虚实，乃大举入滇。南明永历帝以李定国为招讨大元帅，部署迎敌。李定国各路守兵均为清军所败，十六年，亲率主力3万人与清军激战于遮炎河，又败。永历帝仓促逃入缅甸。十七年，李定国、白文选分道入缅，缅人以大军10余万拒战，定国、文选虽奋战得胜，但终未救出永历帝。时清朝命吴三桂等统兵入缅。十八年冬，缅人将永历帝等献于吴三桂军前。次年四月，吴三桂杀永历帝朱由榔及其子于云南府（今昆明）。李定国闻永历帝被俘，回兵勐腊，以为持久抗清之计。但营中人马死者相继，李定国亦病，复闻永历帝凶信，更加愤懑。康熙元年（1662）六月二十七日死于勐腊。临终时遗命其子：“任死荒徼，勿降也！”

**李东阳** Li Dongyang (1447～1516) 中国明代诗人、书法家。字宾之，号西涯。祖籍湖广茶陵（今属湖南），长期生活在北京。天顺八年（1464）进士，官至太子少保、礼部尚书兼文渊阁大学士，为朝廷重臣。李东阳上承台阁体，下启前后七子，在成化、弘治年间以朝廷大臣地位主持诗坛，奖励后学，颇具声望和影响，形成了以他为首的茶陵诗派。他的散文追求典雅富丽，主张师法先秦古文，未脱台阁体的影响；其诗则力主宗法杜甫，强调法度音调，又写拟古乐府诗百首，已开前后七子创作趋向之先河，对前后七子的复古运动有明显影响。诗作以拟古乐府较有名，咏怀史实，抒己感慨，或指斥暴君暴政，或同情人民疾苦，或评论古人古事，内容丰富，中肯深刻。他的五七言诗也不乏佳作，长于写景抒情，能于平淡词语中出清新意境。其散文以记、传、杂著为佳，文笔流畅典雅，说理有力，师先秦古文之意可见。著有《怀麓堂集》、《怀麓堂诗话》等。

**李东垣** Li Dongyuan (1180～1251) 中国金代医学家，金元四家之一，脾胃学说的创始人。即李杲。字明之，晚号东垣老人。真定（今河北正定）人。拜名医张元素为师。

他根据《内经》四时皆以养胃气为本的理论，结合自己长期的临床经验，提出“内伤脾胃，百病由生”的论点，并系统阐述了脾胃的生理功能，内伤病的致病原因，发病机理、鉴别诊断、治疗方药等问题，创立脾胃学说。在治疗上重在补益脾胃，尤其强调升发脾胃之阳，制订了补中益气汤、升阳益胃汤、黄芪人参汤等方剂，并首创甘温除热法治疗体虚身热，取得良好疗效。脾胃属土，故后世推他为补土派的代表人物。著有《脾胃论》、《内外伤辨惑论》、《兰室秘藏》、《医学发明》、《伤寒会要》、《用药法象》、《东垣试效方》等。

**李杜** Li Bai and Du Fu 中国唐代诗人李白和杜甫的合称。李白、杜甫在生前交谊深厚，身后齐名。他们均为唐代诗人的杰出代表，其诗歌如双峰并峙，日月争辉，故后世并称为“李杜”。他们二人同生活于盛唐时代，却诗风迥异。李白人称“诗仙”，其诗飘逸豪放，重在表现自我理想，集盛唐理想主义浪漫诗歌之大成；杜甫被尊为“诗圣”，其诗沉郁顿挫，重在关注社会人生，开启了后世现实主义写实诗歌之诗风。晚唐杰出诗人李商隐和杜牧齐名，诗风相异，而成就相埒，亦被人并称“李杜”。为了将他们与李白、杜甫相区别，后人改称之“小李杜”。

**李多奎** Li Duokui (1898～1974-07-25) 中国京剧演员。工老旦。本名万选，字子青，曾名多魁。北京人。卒于北京。9岁入庆寿合班，11岁登台唱梆子老生。12岁入三乐

京剧《秦香莲》剧照（李多奎饰国太，赵丽秋饰公主）

科班学京剧老生。17岁变声，改学胡琴。26岁时嗓音好转，高、宽、脆、亮俱全。28岁拜罗福山为师，改演老旦。曾受龚云甫教益。1929年随程砚秋到上海演出。后与高庆奎、金少山等合作，演出于京、沪各地。擅演剧目有《钓金龟》、《行路哭灵》、《遇皇后、打龙袍》、《太君辞朝》、《望儿楼》、《徐母骂曹》等。中华人民共和国建立后，参加北京京剧团，与马连良、谭富英、张君秋、裘盛戎等长期合作。李多奎以唱功见长，嗓音洪亮苍劲，吐字清楚，行腔流畅，韵味浑厚，中气尤为充沛，势如穿云贯石。李盛泉、李金泉和程静华、李多芬、王梦云等皆宗法之。

**李尔本** Lilburne, John (约1614～1657-08-29) 英国资产阶级革命时期平等派领导人，激进民主主义思想家。生于格林尼治一小乡绅家庭，卒于肯特埃尔特姆。1642年内战开始后参加议会军。1644年5月任陆军中校。后从事写作。主张国家最高权力应属于人民，人人享有天赋权利；在政治上应消灭君主制，建立

共和国，实行成年男子普选权；在经济上应取消垄断专卖权、什一税，实行宗教宽容、言论自由等。1645年8月和1653年4月先后两次遭到监禁。1655年在狱中宣称皈依教友派。后被释放。主要著作有《英国的天赋权利》、《人民公约》、《揭露英国的新枷锁》等。

**《李尔王》** *King Lear* 英国剧作家W.莎士比亚的四大悲剧之一。写于1605～1606年。剧本取材于传说。生性狂暴自信的国王李尔因年事已高，决定把国土分给3个女儿。大女儿高纳里尔和二女儿里根口蜜腹剑，赢得父亲宠信，分到了国土。小女儿考狄利娅不愿奉承阿谀，得罪了父亲而失去继承权。得到国土的两个女儿很快就露出了冷酷的真面目，李尔被驱赶出城。苦难使他认清了世界与善恶，领悟了爱与人生的真谛，最后，考狄利娅率军救助父亲，父女团圆，但战事失利，考狄利娅被杀，李尔王守着小女儿的尸体悲痛而亡。剧本气势宏伟，哲理深邃。莎士比亚在揭露资本主义原始积累时期的残酷现实和邪恶人性的同时，探讨了普遍的人生坎坷及其意义。

**李方训** Li Fangxun (1902-12-25～1962-08-02) 中国物理化学家。生于江苏仪征，卒于南京。1925年毕业于南京金陵大学。1930年获美国西北大学化学博士学位。回国后任金陵大学教授、理学院院长。1952年任南京大学副校长。1948年获美国西北大学“荣誉科学博士”称号。1955年当选中国科学院学部委员（院

士）。1928年开创了格利雅试剂（曾译葛林亚试剂）非水溶液中一系列性质的研究，并首先在世界著名期刊上发表了多篇这方面的论文。抗战期间，对溶液中离子的性质进行了广泛的研究，撰写了10余篇论文，分别发表在国内外著名杂志上，一些著名专著都曾介绍和引用过他的研究成果。1959年发表的《葛林亚试剂的电池电动势测定》论文，在国际上得到重视。

**李辅国** Li Fuguo (704～762) 中国唐代肃宗时当权宦官。本名静忠，曾赐名护国，后改辅国。少时被阉，充当宦官高力士的仆役，40余岁时始掌闲厩（主管宫廷的马匹簿籍），后入东宫侍太子李亨。安史之乱时，潼关失守，玄宗奔蜀，静忠从太子至马嵬驿（今陕西兴平西），参加随从将士杀杨国忠的兵谏，又建议太子分玄宗麾下兵北至朔方，以谋恢复。太子至灵武（今宁夏灵武西南）即位，是为肃宗。静忠因功擢升，掌握兵权，改名辅国。后随肃宗还西京长安，封郕国公，权势显赫。当时宰相和百官除常日朝见外，奏事必须经由辅国才能面见皇帝。京兆府、县地方官和法司审判案件，皆由辅国决定。颁发诏书亦由他签署后施行，属臣无敢非议。当时宰相李揆对他执子弟之礼，呼为“五父”。玄宗自蜀返京，被尊为太上皇。辅国对肃宗说，上皇左右有拥护玄宗复位的阴谋。上元元年（760），他以肃宗的名义逼上皇迁居西内太极宫，玄宗的亲信高力士等都被贬谪或罢官。宝应元年（762），玄宗忧郁而死，肃宗病危。张皇后谋杀太子豫而立越王係。辅国与另一宦官程元振同谋，拥立太子豫（是为唐代宗），杀张后、越王係。从此，辅国更为骄横。同年，程元振掌握了部分禁军，谋夺辅国权。代宗遂罢免辅国所有官职，不久，又遣人将辅国刺死。

**李富春** Li Fuchun (1900-05-22～1975-01-09) 中国无产阶级革命家，马克思主义者，中国共产党和国家领导人，社会主义经济建设的奠基者和组织者之一。又名李一秋。湖南长沙人。卒于北京。1918年长沙长郡中学毕业，次年赴法国勤工俭学。1921年加入中国社会主义青年团，1922年加入旅欧中国少年共产党，1923年转为中共党员。是中共旅欧总支部领导成员之一。1925年转赴莫斯科东方劳动者共产主义大学学习。同年8月回国，参加北伐战争，任国民革命

军第2军党代表兼政治部主任、广州政治讲习班主任、中共南昌地委书记、国民政府南昌地区行政专员、中央军校武汉分校政治教官。1927年大革命失败后，在国统区从事地下斗争。先后任中共鄂北特委委员、江苏省委常委兼宣传部长、省委代理书记、省行动委员会主席、中共上海法南区委书记。1930年，被中央派往香港，担任中共广东省委常委、组织部长，南方局常委，南方军区主任，广东省委代理书记。后调回上海，任中共中央宣传部干事，中央军事部秘书、部长。1931年进入中央苏区后，任中共江西省委书记兼江西军区政委，中华苏维埃共和国中央执行委员，增补为中共六届中央候补委员。1934年参加长征，任红军总政治部副主任、代理主任，红3军团政委，陕甘支队第2纵队政委。1935年参加遵义会议，支持毛泽东的正确主张。长征途中同张国焘的分裂行为进行了坚决斗争。到陕北后，历任中共陕甘省委组织部长，山西和红一方面军地方工作委员会副书记、副主任，中共陕甘宁省委书记。抗日战争时期，任中共中央组织部副部长、中央秘书长、财政经济工作部长、中央办公厅主任。出席中共七大，担任大会副秘书长兼代表资格审查委员会委员，当选为七届中央委员。解放战争时期，任中共中央西满分局书记、西满军区政治委员，东北局常务委员、财经委员会书记，东北民主联军副政治委员，中共中央东北局副书记，东北人民政府副主席，经济计划委员会主任，积极组织恢复东北经济建设。中华人民共和国建立后，任中央人民政府政务院财经委员会副主任。1950年随周恩来赴莫斯科参加中苏会谈。后调任重工业部部长，国家计委第一副主任。1954年起，任国务院副总理、国家计划委员会主任。1956年当选为中共八届中央政治局委员，后增补为中央书记处书记。兼任中共中央财经小组副组长、国务院工交办公室主任。长期负责制订国民经济计划，参与制定国民经济建设的重大方针和决策。1966年8月在中共八届十一中全会上当选为中央政治局常委。“文化大革命”中受到冲击。主要论著收入《李富春选集》。

**李纲** Li Gang (1083～1140) 中国北宋末、南宋初抗金名臣。字伯纪。福建邵武人。政和二年（1112）进士及第。五年，任监察御史兼权殿中侍御史，不久即因议论朝政过失，被罢官。宣和元年（1119），上疏要求朝廷注意内忧外患问题被谪。宣和七年七月，李纲被召回朝，任太常少卿。其年冬，金军直逼宋都开封。李纲建议宋徽宗传位给太子赵桓，以号召军民抗金。赵桓（宋钦宗）即位后，李纲负责开封的防御。他亲自登城督战，击退金兵。李纲因坚决反对向金割地求和，被罢官。由于开封军民愤怒示威，迫使宋钦宗收回成命。金军在宋廷答应割让河北三镇之后撤兵。之后李纲即被驱赶出朝。旋又被加上“专主战议，丧师费财”的罪名，谪夔州（今四川奉节白帝城）。北宋亡后，康王赵构在南京应天府（今河南商丘）另建朝廷。李纲赶到南京，为高宗筹划重整朝纲。主张坚决抗金及反对投降活动，为投降派所不容，任宰相仅75天，就被驱逐出朝，流放到海南岛的万安军（今海南儋州东南）。直到建炎三年（1129）底才获自由。他虽然被排斥在外，但一直关心国事，一再上疏陈述政见，继续反对屈辱投降，支持岳飞抗金斗争。李纲一生著述甚多，其遗文由其诸子编成《梁溪全集》180卷，刊行于世。

**李公麟** Li Gonglin (1040～1106) 中国北宋画家。字伯时，自号龙眠居士。舒城（今属安徽）人。父李虚一，曾任大理寺丞，喜藏法书名画。熙宁三年（1070）李公麟登进士第，后入京为中书门下省删定官、御史台检法和朝奉郎。元符三年（1100）因病退隐家乡龙眠山庄。李公麟作为文人画家活跃于北宋画坛。政治上，他未完全卷入当时“党争”的旋涡，与新党的王安石和旧党的苏轼、黄庭坚等人均有书画之交。他襟怀超脱，“从仕三十年，未尝一日忘山林”。其文章有建安风骨，书法带晋、宋间人的书风，同时又善于鉴辨钟鼎古器，博闻强识，是有高深修养和多方面才能的艺术家。

李公麟在绘画创作上的表现范围之广阔，是历史上文人画家少有的。道释、人物、鞍马、宫室、山水、花鸟等无所不能，且精于临摹。他初学顾恺之、陆探微、张僧繇、吴道子，进而又广泛师法晋隋唐宋诸家。但不蹈袭前人，能取前人长处，以为己有。他长于白描，使以往仅作为粉本（草稿）的白描，形成独立的、具有高度概括性和表现力的艺术形式，为丰富中国画的表现技法作出重要贡献。在创作中，他主张以“立意为先，布置缘饰为次”。对主题的表达能在构思、构图当中抓住最能耐人寻味的瞬间，每每出人意表。他画道释人物能出奇立异，创造出《长带观音》、《自在观音》等新形象，进一步使道释画由宗教崇拜的偶像向观赏性绘画转变。现存作品有《五马图》、《临韦偃牧放图》、《维摩诘像》(传)、《免胄图》(传) 及《圣贤图》(南宋石刻本）等。李公麟的绘画在当时即受到推崇和重视，对后世也有重大影响。

《临韦偃牧放图》(故宫博物院藏)

**李公佐** Li Gongzuo 中国唐代小说家。字颛蒙。陇西（今属甘肃）人。生卒年不详。代宗大历年间在庐州为官，宪宗元和六年（811）任江淮从事。撰传奇《南柯太守传》、《庐江冯媪传》、《古岳渎经》、《谢小娥传》。

《庐江冯媪传》写冯媪夜行投宿，见一女子携3岁女儿悲泣，原来其夫董江明日将别娶。天明，冯媪辞去，到桐城县果遇董江娶妻，其前妻与女儿已亡故。冯媪夜间所遇是鬼魂。小说情节离奇，文字质朴。《古岳渎经》写唐永泰中，楚州刺史李汤于龟山之下发现类似猿猴的怪物。经查考《古岳渎经》，得知此物是淮涡水神无支祁。此篇在后世流传较广，无支祁成为《西游记》中孙悟空形象的原型。《谢小娥传》写谢小娥的父亲、丈夫被强盗杀死，父、夫以隐语托梦，告知仇人姓名。小娥在李公佐帮助下，女扮男装，为亲人报仇。小说成功刻画了小娥坚忍不拔、沉着勇敢的性格特征。

**李塨** Li Gong (1659～1733) 中国清初哲学家。字刚主，号恕谷。直隶蠡县（今属河北）人。举人，曾任通州学政、《畿辅通志》总裁。平时居家行医、讲学、著述。著有《四书传注》、《周易传注》等。认为理在事中，“天事曰天理，人事曰人理，物事曰物理”。在知行关系上，重视知行结合的作用。在政治思想上，赞同颜元提出的复井田、复学校主张，但不同意复封建说。

**李觏** Li Gou (1009～1059) 中国北宋时期学者。字泰伯，建昌军南城（今江西南城）人。学者称他盱江先生。李觏宣扬功利观，反对儒者“贵义贱利”之论，认为“治国之实，必本于财用”(《富国策第一》)。肯定人的物质生活要求和欲望的合理性，说孟子言"何必曰利"失于激，而孔子"七十而从心所欲不逾矩"，"非无欲"。他以王弼注解易，其用意在于"急乎天下国家之用"、"人事修而王道明"。认为万物从阴阳二气会合而生。他还将易道的元、亨、利、贞四德对应于物的气、形、命、性，以此说明宇宙的演化过程。在常变关系上，认为"常者，道之纪也；道不以权，弗能济矣"(《易论》)，主张"量时制宜"，为变革提供理论支持。强调后天的"习"对于道德品格形成的重要，说"性不能自贤，必有习也"。李觏的功利思想对王安石以及后来的陈亮、叶適等人产生了一定影响。著作主要有《礼论》、《庆历民言》、《周礼致太平论》、《富国策》、《易论》等。今本《直讲李先生文集》基本上辑集了李觏的著作。

**李固** Li Gu (94～147) 中国东汉大臣。字子坚。汉中南郑（今陕西汉中）人。自幼好学，常千里跋涉，步行寻师，以此通晓典籍。四方士人多慕其风采而来求学。后举孝廉，不就。东汉王朝自和、安二帝之后，外戚当权，宦官干政，朝政腐败，引起一部分士大夫出身的官僚的担忧和不满。顺帝时，公卿推举李固对策。李固纵论时弊及为政所宜，建议削夺外戚梁冀势力，罢退宦官，并严令中常侍子弟不得为吏、察孝廉，因此为宦官所诬陷，久之才得拜议郎，后隐居不仕。永和年间，任荆州刺史，复徙为太山太守，累迁将作大匠、大司农。顺帝死后，冲帝即位不到半年即夭亡。李固主张立年长的清河王刘蒜为帝，梁冀坚持立年仅8岁的乐安王子刘缵为质帝。不久质帝为梁冀毒杀，李固与司徒胡广、司空赵戒再次议立刘蒜为帝，而梁冀密谋立蠡吾侯刘志为帝，公卿不敢违抗，唯李固坚持本议。因此为梁冀所忌，被诬下狱，其门生王调等为其申冤，得太后赦免，出狱时，京师市里皆称万岁。梁冀畏惧其声望，将他杀害。

**李光弼** Li Guangbi (708～764) 中国唐朝将领。契丹族。柳城（今辽宁朝阳）人。自幼好学，善骑射。初任左卫郎，官至太尉兼侍中、天下兵马副元帅，封临淮郡王。唐天宝十五载(756)初，经郭子仪推荐为河东节度副使，率兵东出井陉（今河北井陉西北），参与平定安史之乱，使河北十余郡皆杀叛吏归唐。至德二载（757）史思明、蔡希德等率众10万进攻北都太原（今太原西南）时，北都留守李光弼以不满万人之兵力，大败蔡希德，歼其部众7万，守住了太原。乾元二年（759）七月，任天下兵马副元帅。史思明军突然渡河，陷汴州（今开封），逼洛阳。李光弼因兵力悬殊，乃弃洛阳，守河阳(今河南孟州南)，威胁叛军侧翼，使其不敢西进。随后伺机出战，挫败了叛军对河阳三城的进攻，歼敌2万。上元二年(761)朝廷强令收复洛阳，他不得已而出兵，当时叛军尚锐，加之大将仆固怀恩违反节度，因而兵败邙山（今洛阳北)。后复任河南诸道副元帅，出镇临淮，统河南诸道兵反攻叛军，配合仆固怀恩等收复洛阳。他曾参与镇压浙东袁晁领导的农民起义军。广德二年，因受朝廷猜疑，抑郁而死。

**李光地** Li Guangdi (1642-09-29～1718-06-26) 中国清朝康熙时大臣、理学家。字晋卿，号厚庵。福建安溪人。康熙九年(1670)进士，十一年授翰林院编修。十三年，耿精忠响应吴三桂于福建倡乱，李光地适值回籍省亲，先后拒绝耿精忠和郑经之招，向清廷密陈破敌之策，得康熙帝信任，因擢侍讲学士。在籍时招募乡兵，为清军反击郑经筹措粮饷，十九年返京，升内阁学士。时朝廷议统一台湾，意见不一，他极力主张进兵，并推荐施琅为帅。历翰林院掌院学士、直隶巡抚、吏部尚书、文渊阁大学士等要职。多次遭言官及臣僚参劾，攻之甚烈，因受宠信，得以安然为官。他钻研并笃信程朱理学，为清代著名理学家。四十五年，奉旨编修《朱子全书》以及《周易折中》、《性理精义》，在继承和传播封建文化中起过重要作用。他在家乡建有"榕村书屋"，晚年号"榕村老人"。卒谥文贞。著作有《榕村语录》、《榕村语录续集》、《榕村全集》等。

**李光耀** Lee Kuan Yew (1923-09-16～ ) 新加坡政治家、共和国缔造者、政府总理(1965～1990)。祖籍广东大埔。1931年就读于直落古楼英文学校。1935年转入莱佛士学校。1940～1941年在莱佛士学院求学。1946年赴英，先后在伦敦经济学院、剑桥大学菲次威廉学院和伦敦中殿律师学院深造，并在法学荣誉学位考试中获两科第一的殊荣奖。1950年成为律师。留英期间加入英国工党。1950年8月返回新加坡后，开设律师事务所，担任一些工会和学生组织的法律顾问和辩护律师。1954年11月参与创建新加坡人民行动党，任秘书长。翌年当选为立法会议议员。1959年5月新加坡人民行动党在大选中获胜后，出任新加坡自治邦政府首届总理。1965年8月9日新加坡脱离马来西亚联邦后，出任新加坡共和国总理。1967～1976年任社会党国际执行局成员。1969年任英国律师协会主管委员。多次率团访问中国。任内对新加坡的经济文化发展作出重大贡献。1954年开始学习华语。在新加坡华人中提倡和推广讲华语运动，并重视东方优秀文化传统。1990年11月辞去总理职务，改任资政。2011年5月发表声明，宣布从内阁退休。著有《李光耀回忆录》2卷等。

**李光洙** Lee Kuang Soo (1892～1950-10-25) 韩国诗人、小说家。号春园，又号长白山人、孤舟。平安北道定州人。3次留学日本，曾在早稻田大学哲学系学习。1917年，发表短篇小说《少年的悲哀》、《尹光浩》，长篇小说《无情》、《开拓者》等，从此一跃成为新文学创作的开拓者。1919年在东京加入朝鲜青年独立团。不久，赴中国上海任《独立新闻》社长兼编辑局长。1921年离沪回国。1922年发表《民族改造论》一文，受到进步文人的强烈谴责。次年任《东亚日报》编辑局长，并陆续发表《再生》(1924)、《端宗哀史》(1928)等中、长篇小说。1933年任《朝鲜日报》副社长。1939年任朝鲜文人协会会长。1950年在朝鲜战争中被人民军逮捕入狱。其文学创作以宣扬启蒙主义和人道主义为特点。

**李广** Li Guang (?～前119) 中国西汉名将。陇西成纪（今甘肃静宁西南）人。汉文帝十四年（前166）从军击匈奴，以功为中郎。景帝时，先后任北部边域七郡太守。曾以百余骑与匈奴数千骑遭遇，解鞍休息，使匈奴疑惧不敢攻击。武帝即位，召为未央宫卫尉。元光六年（前129)，任骁骑将军，领万余骑出雁门（今山西右玉境）击匈奴。匈奴畏服，称之为"飞将军"，数年不敢来犯。元狩二年（前121)，李广率4 000骑出击匈奴，行数百里，被左贤王部4万骑兵围困。李广率部激战，士卒伤亡过半，箭矢将尽，仍亲发强弓射杀匈奴裨将数人，后援兵赶至，化险为夷。四年春，在漠北之战中，因无向导，迷失道路，未能如期与主力会合，获罪自杀。李广骁勇善射，前后对匈奴70余战。为将宽缓不苛，受赏赐辄分部属，家无余财，深得军心。

**李广利** Li Guangli (?～前88) 中国西汉时期将领。汉武帝宠妃李夫人之兄。中山(今河北定州)人。武帝闻西域大宛产良马，名为汗血马，遣使前往购买，使者被杀，钱物被抢。武帝乃封广利为贰师将军，于太初元年（前104)，率众数万攻贰师城。但路途遥远，又多高山大漠，所过诸城皆闭不给食，攻之不下，士卒逃、死者十之六七。广利被迫撤兵，回到敦煌，途中来去二年。武帝闻之震怒，下令退入玉门关者立斩。三年，武帝命复攻大宛，派精兵6万，牛10万头，马3万匹，驴、骆驼万余运粮草军资，又增调甲卒18万以为后援，始得攻入大宛外城。大宛以汉退兵为条件，送良马3000余匹。汉军返至玉门关人仅万余，马剩千匹。广利被封为海西王。征和三年（前90），复率7万骑出五原击匈奴，兵败投降，旋为单于所杀。

**李广田** Li Guangtian (1906-10-01～1968-11-02) 中国现代散文作家。号洗岑，笔名黎地、曦晨等。山东邹平人。卒于昆明。1929年考入北京大学外语系，次年开始发表诗文。1935年大学毕业后，回济南教中学。曾与北大学友卞之琳、何其芳合出诗集《汉园集》。这时期的散文辑为《画廊集》、《银狐集》和《雀蓑记》，大多抒写内心感怀和乡土人生，追求恬淡静美的文风和浓厚的泥土气息。抗日战争爆发后，流亡于西南内地，先后在一些中学和西南联大任教，积极参加爱国民主运动。随着生活的变迁，所作散文集《圈外》、《回声》和《日边随笔》，视野较前开阔，文笔更为练达简洁。同时著有长篇小说《引力》、短篇小说集《金坛子》和评论集《文学枝叶》等。50年代以后，主要从事教育工作，任清华大学副教务长、云南大学校长。著有诗集《春城集》和散文《花潮》、《山色》等。还致力于少数民族文学的研究，整理彝族支系撒尼人的长篇叙事诗《阿诗玛》和傣族长篇叙事诗《线秀》等。一生著述大多收入《李广田文集》。

**李贵鲜** Li Guixian (1937-08～ ) 中国人民政治协商会议全国委员会副主席。辽宁盖州人。大学文化，工程师。1962年加入中国共产党。1959～1960年在北京外国语学院留苏预备部、中国科学技术大学学习。1960～1965年在苏联莫斯科门氏化工学院工程物理化学系电真空化学专业学习。1965年到公安部十二局研究所工作。1967年后任国营777厂技术员、车间主任、副厂长、总工程师、党委副书记。1977年后任辽宁省锦州市电子工业局副局长、总工程师，辽宁省电子工业局副局长、总工程师、党组副书记。1982年后任辽宁省副省长兼省科委主任、党组书记，辽宁省委书记。1986～1988年任中共安徽省委书记。1988年任国务委员兼中国人民银行行长、党组书记。1993年后任国务委员，兼任国家行政学院院长。是中共第十二至十六届中央委员。1998年、2003年当选为全国政协第九届、十届副主席。

**李国豪** Li Guohao (1913-04-13～2005-02-23) 中国桥梁学家、力学家、教育家。广东梅县人。卒于上海。1936年毕业于同济大学，1938年留学德国达姆施塔特工业大学。1940年获工学博士学位。1943年获德国教授资格博士学位。回国后，从1946年起历任同济大学教授、土木系主任、工学院院长、教务长、副校长、校长。1955年当选中国科学院学部委员（院士），1994年当选为中国工程院院士。

在悬索桥静力和动力分析方法方面的研究成果，被称为“李氏理论”。从20世纪50年代起，先后担任武汉长江大桥、南京长江大桥的技术顾问和技术顾问委员会主任委员，上海南浦大桥专家组组长。其对武汉长江大桥晃动机理研究的专著《桁架扭转理论——桁梁桥的扭转、稳定和振动》，后发展为系统的桥梁实用空间分析理论。在担任上海市宝山钢铁总厂工程首席技术顾问期间，为解决工程中桩基水平位移问题发表了《关于桩的水平位移、内力和承载力的分析》的重要论文。1981年，他被国际桥梁及结构工程协会推荐为10位国际著名桥梁专家之一。1982年联邦德国歌德学院授予他歌德奖章。1987年联邦德国政府授予他大十字功勋勋章，同年国际桥梁及结构工程协会授予他国际结构工程功绩奖。1995年获何梁何利基金科学与技术进步奖，1996年获陈嘉庚技术科学奖。

李国豪曾被选为第三届和第五届全国人民代表大会代表和常务委员会委员。1983～1988年任中国人民政治协商会议上海市委员会主席和全国政协常务委员。曾任中国土木工程学会理事长、中国土木工程学会桥梁及结构工程学会理事长、中国力学学会副理事长和中国高等教育研究会副会长、《中国大百科全书》第一版、第二版总编辑委员会委员。

**李国文** Li Guowen (1930-08-24～ ) 中国作家。原籍江苏盐城。生于上海。1947年考入国立南京剧专。1949年毕业后到北京中央戏剧学院工作。抗美援朝时期在志愿军某部文工团任创作员。1954年调全国铁路总工会任文艺编辑。1957年被错划为“右派”。1979年得到平反，任铁路文工团创作员。1980年任《小说选刊》主编。历任中国作家协会理事、主席团委员、名誉委员等。主要作品有长篇小说《冬天里的春天》、《花园街五号》，小说集《第一杯苦酒》，系列小说《危楼记事》、《没意思的故事》，中篇小说《人生在世》、《涅槃》等。作品《月食》获1980年全国优秀短篇小说奖，《冬天里的春天》于1982年获首届茅盾文学奖，《危楼记事（之一）》获1984年全国优秀短篇小说奖。其创作多是对历史和现实的严肃思考。80年代前期的作品常设置奇巧的戏剧化情节，叙事带有浓厚的主观色彩。自《危楼记事》起，风格发生变化，以沉稳而诙谐的语言写人心世相，于荒唐的人和事的讲述中透视灵魂，寄寓深意。90年代后期起，专注于系列文化历史散文的写作，以古鉴今，针砭时弊。

**李汉俊** Li Hanjun (1890～1927-12-17) 中国共产党创始人之一。原名书诗，又名人杰。湖北潜江人。早年曾留学日本，毕业于东京帝国大学。回国后主要从事著述和翻译工作，积极宣传马克思主义。1920年8月与陈独秀、李达等共同发起组织了马克思学说研究会和上海共产主义小组。创办《劳动界》周刊。12月即代理上海党支书记，并主编《新青年》。1921年7月出席中国共产党第一次全国代表大会。之后因与陈独秀、张国焘意见不一，回武汉从事革命工作，曾任湖北全省工团联合会教育主任。1923年参与京汉铁路总工会成立大会领导工作，并在中共三大上当选为候补中央委员。后脱离中国共产党。第一次国共合作时期加入中国国民党，并先后担任国民党湖北省党部执行委员、湖北省政府委员兼教育厅长、国民党湖北党部青年部长。1927年年底被军阀胡宗铎逮捕，在汉口遇害。中华人民共和国建立后被追认为革命烈士。

**李翰祥** Li Han-Hsiang (1926-04-18～1996-12-17) 中国香港电影导演。辽宁锦州人。卒于北京。曾就读于国立北平艺术专科学校及上海市立剧校。1949年考入永华影业公司演员训练班。1953年担任影片《翠翠》的助理导演。1954年与人合导《嫦娥》。1955年，独立执导《雪里红》和《马路小天使》。1956～1963年，在邵氏公司执导了21部影片，其中有在亚洲影展获奖的《貂蝉》、《江山美人》和《后门》，获第2届台湾电影金马奖最佳影片和最佳导演奖的《梁山伯与祝英台》，以及获法国戛纳电影节最佳室内摄影特别奖的《杨贵妃》及《倩女幽魂》、《武则天》等。1963年，

到台湾创办国联影片公司。1971年，回香港创办新国联影片公司。1972年，重返邵氏公司当导演。1983年组创新昆仑影业有限公司，与内地合拍影片《火烧圆明园》与《垂帘听政》。此后又执导了《火龙》、《西太后》等片。一生执导影片近90部，监制及策划的影片20余部。

**李浩培** Li Haopei (1906～1997-11-06) 中国当代法学家。上海市人。卒于荷兰海牙。1928年东吴大学法律系毕业，1936～1939年在英国伦敦政治经济学院研究国际公法、国际私法、比较民法。回国后，历任武汉大学教授兼法律系主任、浙江大学教授兼法学院院长。中华人民共和国建立后，担任中央人民政府法制委员会和国务院法制局外事法规委员会专门委员、国际关系研究所研究员、外交学院国际私法教授。1963年起历任外交部法律顾问、北京大学兼职教授、中国社会科学院法学研究所兼职研究员和学术委员会委员、中国国际贸易促进委员会海事仲裁委员会副主任。参加过一些国际法的起草工作，是国际法研究院院士。1993年任国际常设仲裁法院仲裁员，同年当选为联合国前南斯拉夫问题特设国际刑事法庭法官。主要著作有《国际私法总论》、《国籍问题的比较研究》及《条约法概论》。他主张采用比较方法研究法学；国际私法学应有以研究冲突法为主要内容的特定范围；认为国际法中存在强行规则，并肯定一般法律原则是国际法的渊源之一。

**李暠** Li Hao (351～417) 中国十六国时期西凉的创建者。字玄盛，小字长生。陇西成纪（今甘肃静宁西南）人。自汉代移居狄道，世为西州大姓。397年，段业自称凉州牧时，以暠为敦煌太守领护西胡校尉。400年，暠自称凉公，派兵攻下玉门以西，控制了西域，建国西凉。405年，迁都酒泉。他趁后凉吕氏灭亡之机，为敦煌土著豪右所推，“兵无血刃，坐定千里”，但南凉占有姑臧，北凉雄踞张掖，兵力都比较强盛，不断进攻西凉。两度遣使间行到建康，奉表东晋王朝。但江南、凉州相隔悬远，无从呼应支援。417年李暠死。421年，西凉为北凉所灭。

**李贺** Li He (790～816) 中国唐代诗人。字长吉。祖籍陇西。生于福昌（今河南宜阳）昌谷，后世称李昌谷。唐宗室郑王李亮后裔，但家已没落。青少年时，才华出众，名动京师。父名晋肃，因避父讳（晋、进同音），终不得登第。一生愁苦抑郁，体弱多病，只做过3年奉礼郎，卒时仅27岁。李贺一生以诗为业，其诗可分为4类。①讽刺黑暗政治和不良社会现象。此类诗有的直陈时事，有的借古讽今，名作有《雁门太守行》、《老夫采玉歌》等。这类诗中，五古、七古较少，多为乐府诗，或借旧题，或创新题，大都凝练绚丽。也有的含义隐晦，如《金铜仙人辞汉歌》。②个人发愤抒情。这类诗有个人失意困顿、疾病缠身的消沉和时光易逝、人生短暂的悲叹，也有“天荒地老无人识”的不平和“世上英雄本无主”、“收取关山五十州”的豪情壮志。③神仙鬼魅题材。这类诗曲折表现了他对现实的厌恶和否定。后人因此称他为鬼才。④咏物等其他题材。这类诗总的表现了李贺诗题材的广度和思想的深度。李贺诗想象丰富奇特，幽深奇谲，句锻字炼，色彩瑰丽，富有浪漫气息，但也有少数明白易懂的诗。他擅长短篇，《天上谣》、《梦天》、《帝子歌》、《湘妃》等是其代表作，被称为长吉体。他多写古诗与乐府，近体很少，无七律。他的诗借鉴了齐梁宫体诗的词采，也沾染了一些不健康的东西。由于太注意雕琢，有的诗往往词意晦涩，堆砌辞藻。李贺曾自编其集。有《李贺诗歌集注》。

**李鸿章** Li Hongzhang (1823～1901-11) 中国晚清军政重臣，淮军创始人和统帅，洋务运动的主要倡导者。字子黻、渐甫，号少荃、仪叟。安徽合肥人。卒于北京。1847年（道光二十七年）中进士，选翰林院庶吉士，授编修。同时，受业曾国藩门下，讲求经世之学。1853年（咸丰三年）受命随工部侍郎吕贤基回籍办团练，后在安徽巡抚幕府中任职，多次领兵与太平军作战。1858年冬转至江西，入曾国藩幕府襄办营务。1860年，统带淮扬水师。湘军占领安庆后，被曾国藩奏荐“才可大用”，命回合肥一带募勇，悉法湘军。1862年（同治元年），编成淮勇五营，曾国藩以上海系“筹饷膏腴之地”，命淮勇前往。遂率勇乘英国轮船抵沪，自成一军，是为淮军。旋经曾国藩荐命署江苏巡抚（后改实授）。地方实权既握，又于江苏大力扩军，采用西方新式枪炮，使淮军在两年内由六千多人增至六七万人，成为清军中装备精良、战斗力较强的一支地方武装。后淮系军阀集团在此基础上逐渐形成。李鸿章到上海后，伙同外国雇佣军（后组建为常胜军）出犯太平军，1863年和1864年先后攻陷苏州、常州等地，和湘军一起镇压了太平天国。清廷褒功，加太子太保衔，封一等肃毅伯。

在镇压太平天国期间，李鸿章积极筹建新式军事工业，仿造外国船、炮，开始从事标榜“自强”的洋务事业。1865年分别在上海和江宁（今江苏南京）创立江南机器制造总局和金陵机器制造局。同年，署理两江总督。1866年，继曾国藩署钦差大臣，专办镇压捻军事务。次年，授湖广总督。其后，采取“就地圈围”、“坚壁清野”等战略，相继在山东、江苏间和直隶（约今河北）、山东间剿灭东、西捻军。1870年，继曾国藩任直隶总督兼北洋通商大臣，从此控制北洋达25年之久，并参与掌管清政府外交、军事、经济大权，成为清末权势最为显赫的封疆大吏。1873年授武英殿大学士，次年调文华殿大学士，仍留总督任。

李鸿章任直隶总督后，立即扩建天津机器制造局，使之成为“洋军火总汇”，供各省军事需要。从19世纪70年代起，进一步扩大洋务事业，由标榜“自强”进而“求富”，主要以“官督商办”的形式创办了一系列民用企业，同时，又着手筹办北洋海防，于1888年（光绪十四年）建成一支拥有20余艘舰艇的北洋海军。为培养“自强”、“求富”所需人才，还创办各类新式学堂，并派人赴欧美留学。所有这些洋务事业，对近代中国社会的发展产生深远的影响。

中外力量对比悬殊的格局，使李鸿章产生了严重的“惧外”思想，在对外交涉中始终抱定“委曲求全”的方针。1876年，他屈服于英国扩张压力，订立中英《烟台条约》。1885年中法战争中，与法国签订了《中法新约》。1894年中日甲午战争爆发，次年与日本签订丧权失地的《马关条约》。此后淮系军阀势力瓦解，洋务运动在政治上宣告破产，李鸿章声名大损，遂入阁闲居。1896年，命充专使赴俄致贺沙皇加冕，在俄签订《中俄密约》，旨在联俄制日。1899年，出任两广总督。次年调补直隶总督兼北洋大臣，并命偕庆亲王奕劻为议和全权大臣。1901年，代表清政府与列强签订《辛丑条约》。同年11月去世。谥文忠，赠太傅，晋封一等侯。著有《李文忠公全书》。

**李桦** Li Hua (1907-03-06～1994-05-04) 中国现代版画家、美术教育家。生于广东番禺，卒于北京。1927年毕业于广州市立美术学校。1930年赴日本留学。翌年九一八事变后回到广州。1932年任教于广州市立美术学校西画系。翌年冬自学版画。抗日战争爆发后，投笔从戎，曾当选中华全国木刻界抗敌协会理事，为宣传抗日、

《起来，饥寒交迫的奴隶》(1947)

推动木刻的发展作出了贡献。1945年，在上海当选为中华全国木刻协会常务理事，除筹办抗战八年木刻展览和编辑《抗战八年木刻选集》外，创作了大量主题鲜明、富于斗争性的作品，如《怒潮》组画、《饥饿线上》、《民主死了——痛悼李公朴、闻一多二公》、《向炮口要饭吃》等。1947年，到国立北平艺术专科学校任教。1949～1954年，先后任中华全国美术工作者协会常务理事、中国美术家协会常务理事、中央美术学院版画系主任、教授。1980年当选为中国版画家协会主席。这期间创作了许多反映祖国建设的作品，并为文学作品插图。出版有《李桦木刻选集》及《西屋闲话》、《美术创作规律二十讲》。

**李焕之** Li Huanzhi (1919-01-02～2000-03-19) 中国作曲家。原籍福建晋江。生于香港，卒于北京。1936年春入上海国立音乐专科学校，从师萧友梅。1936年冬入香港乾德行商行当练习生。1938年8月到延安，进鲁迅艺术学院音乐系学习，结业后又继续在高级班从冼星海学习作曲指挥。毕业后留校任教员。抗日战争胜利后，从延安到张家口，担任华北联合大学文艺学院音乐系主任。中华人民共和国建立以后，历任中央音乐学院音乐工作团团长、中央歌舞团艺术指导、中央民族乐团团长等职。自1954年起，历任中国音乐家协会常务理事、书记处书记、副主席，音协创作委员会主任，《音乐创作》主编等职务。1985年当选中国音乐家协会主席。1935年后，作有《牧羊哀歌》、《黄花曲》等。抗日战争全面爆发后，积极投入抗日救亡歌咏运动，作有《厦门自唱》、《保卫祖国》等。40～50年代，他共创作了300余首声乐作品。代表作有《生产忙》、《茶山谣》、《八月桂花遍地开》等民歌合唱，群众歌曲《社会主义好》，琴歌合唱《苏武》与琴歌合唱套曲《胡笳吟》，以及管弦乐《春节组曲》、筝协奏曲《汨罗江幻想曲》、笙篌独奏曲《高山流水》等。李焕之著有《作曲教程》、《音乐创作散论》、《民族民间音乐散论》、《论作曲的艺术》等。

**李滉** Ri-Huang (1501～1570) 朝鲜李朝哲学家，朝鲜朱子学的主要代表人物。初名瑞鸿，字景浩、季浩，号退溪、陶翁、退陶。朝鲜安东府礼安县温溪人。历任礼曹判书、艺文馆检阅、公州判官、丹阳郡守、大司成、大提学等官职。晚年定居故乡，在退溪建立书院，从事教育和著书事业。李滉继承了朱熹的理本论，以理为最高范畴，认为理是生成万物的根据，又是万事万物的主宰，“此理极尊无对，命物而不命于物”。他对朝鲜气一元论的代表者徐敬德的观点，以及当时刚传入朝鲜不久的阳明学，进行了重点批判。李滉将理气关系推导于人的性情关系，以天道论人道，提出四端是“理发而气随之”，七情是“气发而理乘之”的“理气互发”说，引出了朝鲜哲学史上著名的“四七论辩”。李滉强调“天理”与“人欲”的对立，要求人们放弃“人欲”，服从“天理”。读书、修养的目的就是革尽“人欲”，复尽“天理”。李滉的哲学思想在朝鲜哲学史上具有深刻的影响，对日本朱子学的发展也产生一定的影响。著有《退溪集》(68卷)，哲学著作有《朱子书节要》、《启蒙传疑》、《心经释录》、《天贫图说》、《四端七情论》等。

**李箕永** Lee Gi Yung (1895-05-29～1985-08-09) 朝鲜作家。字民村。生于忠清南道牙山。幼时在私塾学习汉文，喜读小说。因家境贫寒，1914～1918年在朝鲜南方各地流浪、做工。回乡后任教会学校教员和银行雇员。1922年赴日半工半读，次年回国。1924年在《朝鲜之光》杂志社任职。1925年加入无产阶级文学团体卡普。1931年和1934年两次入狱。1944年避居江原道金刚郡一山村。1945年解放后，任朝鲜文学艺术总同盟委员长等职。

处女作短篇小说《哥哥的秘密信》(1924)。揭露社会现实黑暗，具有新倾向派文学的特点。1928年后创作倾向发生变化，作品中的人物已从奴隶状态中觉醒并进行有组织的斗争。长篇小说《故乡》(1934)以纯熟的文笔写出20年代末新一代农民的成长。还写有朝鲜第一部全面反映土地改革的长篇小说《土地》(1948)、以朝鲜解放战争为题材的中篇小说《江岸村》，以及历史小说《豆满江》(1958)等。《故乡》、《土地》有中译本。

**李季** Li Ji (1922-08-16～1980-03-08) 中国诗人。原名李振鹏。河南唐河人。卒于北京。1938年进延安抗日军政大学学习，后到连队做基层工作。1942年冬到陕北“三边”(定边、靖边、安边)地区工作。1948年起在延安任《群众日报》编辑。中华人民共和国建立后，曾主编《长江文艺》。1952年冬到甘肃玉门油矿深入生活。1962年起任《人民文学》副主编。1976年后曾任《诗刊》主编、中国作家协会副主席、书记处常务书记。

李季1946年在延安《解放日报》上发表的《王贵与李香香》，是延安文艺座谈会以后出现的最有代表性的长篇叙事诗。全诗采用陕北民歌“信天游”形式，塑造了王贵、李香香一代觉醒了的农民形象。作品从陕北民歌中汲取营养，贴切地运用比兴手法，节奏明快流畅，增强了音乐性和形象性。中华人民共和国建立后，李季以极大的热忱为石油工人写诗。《生活之歌》、《玉门诗抄》以及由三部长诗组成的《杨高传》(《五月端阳》、《当红军的哥哥回来了》、《玉门儿女出征记》)等作品，形象地记载了中国石油工业的发展轨迹。他也因而被称为“石油诗人”。

李季的作品集还有《憎恨之歌》、《菊花石》、《西苑诗草》、《难忘的春天》、《海誓》、《剑歌》等。1982～1983年上海文艺出版社出版《李季文集》，收录了他的大部分作品。

**李济** Li Ji (1896-07-12～1979-08-01) 中国考古学家，中国最早独立进行田野考古工作的学者。字济之。湖北钟祥人。卒于台湾省台北市。1918年清华学堂毕业后被派往美国留学。曾在麻省克拉克大学学习心理学和社会学专业，后进哈佛大学转入人类学专业，获哲学博士学位。归国后在南开大学任教。1924年开始从事田野考古。1926年发掘山西夏县西阴村遗址，这是中国学者第一次自行主持的考古发掘。后任中央研究院历史语言研究所考古组主任，领导安阳殷墟等项发掘逐渐走上科学轨道，造就出中国第一批田野工作水平较高的考古学家。1938年被英国皇家人类学会推选为名誉会员。1946年曾以专家身份参加中国政府驻日代表团的工作，使战时被日本侵略军劫掠的古代文物回归祖国。1948年被中央研究院推选为第一届院士。1949～1950年，曾兼任台湾大学教授，并主办考古人类学系。1955～1972年，任台湾“中央研究院”历史语言研究所所长等职。他主要致力于殷墟陶器和青铜器的系统研究，著有《西阴村史前遗存》、《殷墟器物甲编：

陶器》上辑、《李济考古学论文集》等。还与人合著《古器物研究专刊》。

**李济深** Li Jishen (1885-11-06～1959-10-09) 中国民主革命家、爱国主义者、中国国民党革命委员会的创始人和领导人，中华人民共和国中央人民政府副主席，全国政协副主席，全国人大常委会副委员长。字任潮。广西苍梧人。卒于北京。保定陆军军官学校毕业生。1920年任粤军师参谋长，追随孙中山从事民主革命。1926年当选为国民党第二届中央执行委员，任国民革命军总参谋长。1927年在广州发动四一五反共事件，12月参与镇压中共广州起义。1928年任国民党中央政治会议广州分会主席等职。1929年春，因反对蒋介石讨伐李宗仁被囚于南京，至1931年九一八事变后才获释。1933年11月，联合蒋光鼐等发动福建事变。失败后在香港组织中华民族革命大同盟。抗日战争时期，主张国共合作抗日。战后发起成立中国国民党民主促进会，反对蒋介石发动内战，被国民党开除党籍。1948年1月发起成立中国国民党革命委员会，12月响应中共召开新政协会议号召，由香港到达东北解放区。1949年9月出席北平第一届政协会议。中华人民共和国建立后，任中央人民政府副主席等职。

**李继侗** Li Jitong (1897-08-24～1961-12-12) 中国植物学家。生于江苏兴化，卒于呼和浩特。1921年金陵大学毕业后考取清华学校公费留美，1925年获耶鲁大学博士学位，同年回国。先后在金陵大学、南开大学、清华大学任教。1952年转入北京大学生物系，任教授及植物学教研室主任。1953～1957年兼任中国科学院植物研究所研究员。1955年当选中国科学院学部委员（院士）、常委。1957年任内蒙古大学副校长。

李继侗致力于植物生理学、植物生态学和植物群落学研究。在植物生理学方面曾研究过光合作用、植物细胞吸水力、植物生长素和植物器官及组织的离体试管培养等。他通过数水生植物发出的气泡来测定光合作用的速度，发现光强或光的颜色改变时，光合速度有瞬间效应，即需要一些时间才能达到恒定的速度。这个成果是发现光合机理中有两个光反应的先驱，比国外相似的发现早十几年。他利用离体培养法研究银杏的胚胎发育过程的工作是中国人工培养植物组织和器官的开端。他作为生态学家十分重视野外考察。1958年他总结多年积累的经验和资料写成《植物地理学、植物生态学与地植物学的发展》一书，综述了这些学科发展过程并阐述了中国应着重研究的方向。还创办了中国第一个植物生态学专门刊物——《植物生态学与地植物学丛刊》。他倡导编写的《内蒙古植物志》已出版四卷。

1979年中国植物学会50周年及中国植物生态学会成立大会，决定出版《李继侗文集》，纪念其功绩。此文集已于1986年由科学出版社出版发行。

**李继迁** Li Jiqian (963～1004) 西夏王国的奠基者。银州防御使李光俨之子。初任定难军都知蕃落使。982年，因反对李继捧献地归宋，奔地斤泽（在今内蒙古鄂托克旗东），集结党项部众，以复土抗宋相号召，声势日盛。985年，袭据银州（今陕西横山东），自称定难军留后，向辽称臣。辽授他为定难军节度使，以宗室女封公主许嫁，封夏国王。宋朝命李继捧回镇夏州（今陕西靖边北），赐姓名赵保忠，兼欲招降李继迁，以赐姓名赵保吉，及授银州观察使为诱。李继迁不受，与李继捧附辽。995年，引辽兵攻宋府州（今陕西府谷），又袭清远军（今甘肃环县北），还向西北重镇灵州（今宁夏吴忠北）发动攻势。宋运粮军在浦洛河遭受截击，损失惨重。宋朝出兵五路讨伐，也被继迁击败。997年，宋真宗立，李继迁遣使求和，宋授为夏州刺史、定难军节度、夏银绥宥静等州观察处置押蕃落等使。1002年，攻占灵州，改名西平府。次年，他率军西征，占领西凉府。因受诈降的吐蕃族大首领潘罗支的突袭，负重伤而死。子李德明嗣立，追尊为皇帝。景宗时谥神武，庙号太祖，陵号裕陵。

**李勣** Li Ji (594～669) 中国唐初名将。本姓徐，名世勣，字懋公。入唐，赐姓李；后避唐太宗讳，单名勣。曹州离狐（今山东鄄城西南）人，徙居东郡卫南（今河南滑县东）。父盖，家豪富。世勣17岁时从翟让起义于瓦岗寨。武德元年（618）随李密降唐，封曹国公，从秦王李世民削平关东群雄。李世民即位后，任并州总管。贞观三年（629），与李靖分道击突厥，在白道（今内蒙呼和浩特西北）大破突厥，与李靖会师击溃东突厥颉利可汗之众。授并州大都督府长史，在并州前后镇守十六年。十一年，封英国公。十五年，为朔方道行军总管，率精骑击败南侵的薛延陀于青山（今内蒙呼和浩特北大青山）。十七年，以特进、太子詹事同中书门下三品。十八年，为辽东道大总管，从唐太宗征辽东。二十年，在乌德鞬山（蒙古国杭爱山）大败薛延陀。二十三年，太宗病危，贬他为叠州都督，嘱太子即位后委以重任，以获得他对嗣君的忠诚。他奉诏即行，竟不还家。高宗即位后，立即命为同中书门下参掌机务，后短期担任尚书左仆射。

李勣善于用兵，史称他“临敌应变，动合时机”。与人议事，凡有可取者，立即采纳；战胜则归功部下。因此部下乐于效力，所向克捷。后世论唐代名将，必称“英、卫（李靖封卫国公）”。

**李家峡水电站** Lijiaxia Hydropower Station 中国黄河干流上以发电为主、兼顾灌溉的综合水利枢纽工程。也是中国第一座采用双排机布置的水电站。位于青海省尖扎县和化隆回族自治县交界处黄河干流上，距青海省西宁市116千米，上距龙羊峡102千米，距黄河源头1 776千米。

电站的大型引水压力钢管裸露于大坝背后，属国内首创。水电站正常蓄水位高程2 180米，总库容16.5亿立方米。坝体左右岸设有灌溉管，渠系配套后可灌溉20余万亩农田。拦河大坝为三圆心双曲拱坝，最大坝高165米，最大底宽45米，电站装设5台40万千瓦水轮发电机组，呈双排布置，上游侧2台，下游侧3台，年平均发电量59亿千瓦·时。电站于1987年开工，1994年主坝浇筑完成。1999年第一期4台160万千瓦发电机组全部发电。

**李嘉诚** Li Ka Shing (1928-07-29～ ) 中国香港实业家。生于广东潮州。1940年随家迁往香港，14岁因父亲去世以打工为生，先后任过推销员和经理、总经理。1950年开始独自经营，创办长江塑料厂。1957年将厂名改为长江工业有限公司，生产塑胶花。1958年资产突破百万元，开始经营房地产。1972年将长江工业有限公司易名为长江实业（集团）有限公司，任董事局主席。公司在香港和加拿大温哥华上市，1986年上市公司总产值达342.8亿港元，名列当年香港十大家族财团之首。1978年以来捐巨资在内地兴办教育、文化和社会公益事业等。1985年任香港基本法起草委员会委员。1992年3月受聘为首批港事顾问。1993年7月任香港特别

行政区筹委会预委会委员。1995年12月任香港特别行政区筹委会委员。2001年7月10日获香港特区大紫荆勋章。

**李建成** Li Jiancheng（589～626） 中国唐代李渊长子。小字毗沙门。陇西成纪（今甘肃秦安西北）人。隋大业十三年（617），李渊起兵反隋，密召他与其弟李元吉至太原援助。授左领军大都督，封陇西郡公。李渊立隋炀帝孙代王侑为恭帝，改元义宁。恭帝封李渊为唐王，封建成为唐王世子，开府置官属。义宁二年（618），李渊即位，立建成为皇太子。他虽为太子，而其弟秦王李世民功绩卓著，人心所归。他请平刘黑闼的反叛，以求立功树威。后又与其弟李元吉合谋，加毒酖于世民酒中，世民未死。世民于武德九年（626）六月，告建成、元吉淫乱后宫之罪，翌日李渊召二子入宫，同众大臣审核，至玄武门，建成被世民所杀。元吉为尉迟敬德所杀。世民继位后，追封李建成为息王，谥隐，史称隐太子。

**李建国** Li Jianguo（1946-04～ ） 中华人民共和国全国人民代表大会常务委员会副委员长、党组成员兼秘书长。山东鄄城人。1971年加入中国共产党。大学学历。1964～1969年在山东大学中文系汉语言文学专业学习。1969～1970年留校待分配。1970～1972年在天津市宁河县东棘坨公社姜庄大队劳动锻炼。1972～1976年先后任天津市宁河县文教局、中共宁河县委宣传部干事。1976～1978年任天津市农委宣传处干事。1978～1981年任中共天津市委办公厅办公室干事。1981～1982年任中共天津市委办公厅办公室副主任。1982～1983年任中共天津市委办公厅副主任。1983～1989年任中共天津市委办公厅主任。1988～1989年任中共天津市委副秘书长。1989～1992年任中共天津市委秘书长。1991～1992年任中共天津市委常委、和平区委书记。1992～1997年任中共天津市委副书记。1997～2007年任中共陕西省委书记。1998～2007年任陕西省人大常委会主任。2007～2008年任中共山东省委书记。2008年任第十一届全国人大常委会副委员长、党组成员兼秘书长，中共山东省委书记、山东省人大常委会主任。是中共十四届中央候补委员，十五届、十六届、十七届中央委员；第十一届全国人大常委会副委员长、秘书长。

**李剑农** Li Jiannong（1880-06-10～1963-12-14） 中国历史学家。号德生。生于湖南邵阳西乡滩头（今属隆回县），卒于武汉。1904年入湖南中路师范史地科学习。1906年加入同盟会。1910年入日本早稻田大学学习政治经济学。1911年回国参加辛亥革命。1912年赴英留学。1916年夏回国。1919年8月起，受聘担任汉口明德大学、武汉大学、湖南大学等校教授。他致力于中国近代政治史研究，1930年写成《最近三十年中国政治史》（后改名《戊戌以后三十年中国政治史》）、《中国近百年政治史》，均受到中外学者好评。其另一部著作《政治学概论》，对西方政治学作了综合的介绍。抗战时期，他写成《中国经济史稿》，后经过补充，分成《先秦两汉经济史稿》、《魏晋南北朝隋唐经济史稿》、《宋元明经济史稿》3册出版，这是一部系统研究中国经济史的专著。

**李健吾** Li Jianwu（1906-08-17～1982-11-24） 中国作家、戏剧家、文艺评论家、翻译家。生于山西运城，卒于北京。1925年入清华大学学习。1931年赴法国留学。1933年回国，1935年任暨南大学教授。抗日战争时期是上海剧艺社及苦干剧团的中坚。抗战胜利后，与郑振铎合编《文艺复兴》杂志，1954年起先后任北京大学文学研究所、中国科学院文学研究所、外国文学研究所研究员。曾任中国戏剧家协会理事、外国文学学会理事。李健吾创作和改编的剧本从1923年的《出走之前》到1979年的《吕雉》，近50部。他的剧本情节紧凑，布局严谨，人物性格鲜明，语言生动。主要作品有《这不过是春天》、《以身作则》、《青春》等。小说有中篇《西山之云》（1928）、长篇《心病》（1931）以及结集成《坛子》（1931）、《使命》（1938）的短篇。还有戏剧评论《戏剧新天》、《李健吾戏剧评论选》。

李健吾是五四以后最早从事外国文学翻译和研究的学者之一。他翻译了莫里哀喜剧27部，《托尔斯泰戏剧集》7册以及小说《包法利夫人》、《司汤达尔小说集》等。

**李劫夫** Li Jiefu（1913-11-17～1976-12-17） 中国作曲家、音乐教育家。生于吉林农安，卒于沈阳。抗日战争期间曾在延安、晋察冀边区参加音乐活动，作有歌曲《歌唱二小放牛郎》等。解放战争时期在解放军中任文工团团长，作有歌曲《坚决打他不留情》等。1948年任东北鲁迅艺术学院音乐部副部长。1953年任东北音乐专科学校校长，后任沈阳音乐学院院长。被选为中国音乐家协会理事和音协辽宁分会主席。作品有《我们走在大路上》，为毛泽东诗词谱曲《蝶恋花·答李淑一》、《七绝·为女民兵题照》等和大量毛主席语录歌。他还创作了歌剧《星星之火》和几部小歌剧。1964年出版《劫夫歌曲选》。

**李金华** Li Jinhua（1943-07～ ） 中国人民政治协商会议全国委员会副主席、党组成员。江苏如东人。1965年加入中国共产党。研究生学历，高级审计师。1962～1966年在中央财政金融学院金融系金融专业学习。1966～1968年留校待分配。1968～1971年任西北财经学院财金系教师。1971～1975年任航空部五七二厂财务科会计、会计组组长、十五车间党支部副书记。1975～1980年任航空部五七二厂政治部副主任。1980～1983年任中共航空部五七二厂党委副书记。1983～1985年任航空部五七二厂厂长。1985～1985年任陕西省对外经济贸易厅厅长、党组书记（1983～1985年在中央党校培训部培训班学习）。1985～1998年任国家审计署副审计长、党组成员（其间：1993年3～5月在中共中央党校省部级干部进修班学习）。1997～1998年任中共审计署党组副书记。1998～2007年任审计署审计长、党组书记（其间：2001年3～5月在中共中央党校省部级干部进修班学习；2006年5～7月在中共中央党校省部级干部进修班学习）。2007～2008年任审计署审计长、党组成员。2008年任全国政协十一届副主席、党组成员。在中共十四大上当选为中央纪委委员，是中共十五届、十六届中央委员，全国政协十一届副主席。

**李井泉** Li Jingquan（1909-11-01～1989-04-24） 中国无产阶级革命家、中国人民解放军政治工作者，全国人大常委会副委员长。生于江西临川，卒于北京。1926年入江西省立第三师范学习。1927年加入共青团，1930年转为中共党员。1927年参加南昌起义部队。1930年到中央苏区。历任红一方面军总司令部政委办公室秘书长，第4军团政委，红35军、21军政委。1934年参加长征。抗日战争时期，任八路军120师358旅副旅长、政委，大青山游击支队司令员兼政委，晋西北军区第三军分区政委，抗日军政大学总校政委，中共晋绥分局书记。解放战争时期任晋绥野战军政委、中共中央晋绥分局书记、华北第3兵团政委。中华人民共和国建立后，历任中共四川省委第一书记、省政府主席，中共中央西南局第三、第一书记，成都军区第一政委，西南三线建设委员会主任等职。当选为第三、四、五届全国人大常委会副委员长。是中共第八届中央政治局委员，八届、十届、十一届中央委员，十二届中顾委常委。

**李景汉** Li Jinghan (1895-01-22～1986-09-28) 中国社会学家、社会调查学家。生于河北通县（今北京通州区），卒于北京。1917年赴美留学。先后在哥伦比亚大学、加利福尼亚大学学习，获硕士学位。1924年回国，任北京社会调查所干事。1926年任中华教育文化基金委员会社会调查部主任兼燕京大学社会学系讲师。1928年应晏阳初之邀，任中华平民教育促进会定县实验区调查部主任，主持完成了定县社会概况调查工作。1935～1944年，历任清华大学教授、清华大学国情普查研究所调查组主任、西南联合大学教授。1944年赴美国国情普查局进修，1947年出席在纽约召开的国际人口会议，同年在联合国粮农组织统计专家室工作。1949～1952年任辅仁大学社会学教授兼系主任。1952年后，历任北京财政学院、北京经济学院和中国人民大学教授。1979年后被聘为中国社会学研究会、中国人民大学社会学研究所顾问。李景汉运用普查法、个案法、抽样法等对中国都市与乡村的基层民众进行广泛深入的调查，为中国的调查研究和社会学的教学工作作出了贡献。在定县所作的调查，是中国社会学家运用西方社会学的实证研究方法对中国社会进行实地调查的典范之一。《定县社会概况调查》一书为研究20世纪30年代中国北方农村社区提供了翔实的资料，在国内外产生了深远的影响。还著有《北京人力车夫现状的调查》、《北京无产阶级的调查》、《北平郊外之乡村家庭》、《实地调查方法》、《中国农村问题》、《社会调查》、《北京郊区乡村家庭生活调查札记》等。

**李璟** Li Jing (916～961) 中国五代时期词人。南唐中主。原名景通，字伯玉。徐州（今属江苏）人。南唐开国主李昪之子。保大元年（943）继位，先以保境安民为务，后来想扩张领土，出兵与邻国作战，结果屡战屡败，致使国力大亏。交泰元年（958），兵败于后周，遂去帝号，称国主。建隆二年（961），迁都洪州（今江西南昌），到洪都仅3月，即抑郁而终。在位19年，庙号元宗。

李璟词只传存4首，见于《南唐二主词》，每首都是精品，所写虽都是相思恨别的题材，但寄寓着自己深沉的人生感慨。其中〔浣溪沙〕"菡萏香销翠叶残"最为著名。尤其是"小楼吹彻玉笙寒"已成千古名句。"菡萏"两句，王国维称为"大有众芳芜秽，美人迟暮之感"（《人间词话》）。

**李靖** Li Jing (571～649) 中国唐初名将，军事家。字药师。京兆三原（今陕西三原北）人。隋末，任马邑（今山西朔州）郡丞，曾谋告发太原留守李渊有反隋意图。李渊入长安，将行诛杀，世民力救得释，召为幕府。武德四年（621），任行军总管兼李孝恭长史，协助李孝恭统十二总管兵，击灭萧铣，晋升为上柱国大将军，任岭南道抚慰大使，招抚了岭南96州。七年，率军击灭据丹阳（今江苏南京）反唐的辅公祏。

太宗即位，李靖历任刑部、兵部尚书，检校中书令。贞观三年（629），为代州道行军总管，与李勣分道出击东突厥，颉利可汗被擒，东突厥亡，北方安定。以功进封代国公，任尚书右仆射。八年，吐谷浑入侵。李靖不顾年高请行。命为西海道大总管西征。次年，深入敌境，平定吐谷浑。十一年，改封卫国公。二十三年卒。

李靖用兵善于料敌，临机果断，与李勣同为唐代名将，后人论将才，必称"英（即英国公李勣）、卫"。著有《六军镜》，已佚。《通典》所录《李卫公兵法》疑即其书。

**李俊** Li Jun (1922-03-02～ ) 中国电影导演。山西夏县人。1937年参加中华民族解放先锋队，后参加八路军。1938年入抗日军政大学学习。以后一直从事部队文艺宣传工作，曾因创作歌颂战斗英雄的歌剧《李鸿基》、歌颂中朝友谊的话剧《患难之交》获一等功臣称号及一等创作奖。1952年调入八一电影制片厂任导演。最初参加纪录电影创作。1959年与人合作编导故事片《回民支队》。同年独立编导故事片《友谊》。1963～1964年导演了《农奴》和《分水岭》。之后，他又与人联合导演了《闪闪的红星》(1974)和《南海长城》(1976)；单独导演了《十月的胜利》（舞台艺术片）、《归心似箭》、《许茂和他的女儿们》、《朱德与史沫特莱》。20世纪90年代，担任大型历史题材系列片《大决战》的总导演。影片《归心似箭》和《闪闪的红星》曾获多种奖项。

**李开先** Li Kaixian (1502～1568) 中国明代文学家、戏曲作家。字伯华，号中麓。山东章丘人。嘉靖八年（1529）进士，历官户部主事、吏部考功主事、员外郎、郎中，后升提督四夷馆太常寺少卿。二十年（1541），因目睹朝政腐败，抨击夏言内阁，被罢官。他不满前七子所掀起的复古潮流，赞扬感情真挚，"随笔随心"，"常言常意"而不加雕琢的民歌俗谣。他认为真诗只在民间，并以极大的工夫搜集和制作"士大夫所不道"的市井俗曲。他推崇与正统诗文异趣的戏曲小说，并主张戏曲语言"俗雅俱备"，"明白而不难知"。著有传奇《登坛记》、《宝剑记》和《断发记》。《登坛记》今未见流传。《宝剑记》共52出，写林冲被逼上梁山的故事，取材于小说《水浒传》而有所改动。《断发记》现存万历刊本。写隋末李德武因罪流放岭南，其妻裴淑英坚决不改嫁，断发绝食以示决心，后与李德武重会的故事。除传奇外，另著有杂剧《园林午梦》、《打哑禅》、《搅道场》、《乔坐衙》、《昏厮迷》和《三枝花大闹土地堂》6种，收于《一笑散》中，现仅存首2种。李开先好藏书画，著有《中麓画品》。他的品评著作独具慧眼，与流行评论不同。中华书局1954年出版的《李开先集》基本收入了其现存全部作品。

**李凯尔特** Rickert, Henrich (1863-05-25～1936-07-25) 德国哲学家、新康德主义弗赖堡学派的主要代表。生于但泽（今波兰格但斯克），卒于海德堡。1888年获斯特拉斯堡大学博士学位，1896年升任弗赖堡大学教授，1916年起接替W.文德尔班在海德堡大学的讲席。李凯尔特试图把I.康德的先验哲学运用于社会历史领域，认为自然科学和历史科学的根本区别在于认识兴趣和方法的不同。他强调价值凌驾于一切存在之上，认为文化与自然的主要区别就在于文化是永远具有价值的，自然则与价值毫不相干。著有《文化科学和自然科学》等。

**李可夫** Rykov, Aleksey Ivanovich (1881-02-25～1938-03-14) 苏联人民委员会主席（1924～1930）。生于萨拉托夫一农民家庭，卒于莫斯科。1898年参加俄国社会民主工党。1905年当选为中央委员。投身于俄国1905年革命。1907年主张与孟什维克等党内机会主义派别妥协。1911年回国，多次被捕流放。1917年俄国二月革命后，从流放地回到彼得格勒。俄国十月社会主义革命胜利后，任内政人民委员。1918年后，历任最高国民经济委员会主席、人民委员会副主席、劳动与国防委员会副主席。1923年当选俄共（布）中央政治局委员。1924年V.I.列宁病逝后，被任命为苏联和俄罗斯联邦人民委员会主席。1928年初，李可夫和N.I.布哈林等人在农业集体化等问题上与J.斯大林产生重大分歧。在联共（布）反右倾运动中受到严厉批判。1930年被解除人民委员会主席职务。次年改任交通人民委员。在1936年肃反运动中被撤职，次年被开除党籍。1938年3月13日，苏联最高法院军事委员会根据在侦查过程中伪造的材料，以"参与托洛茨基的恐怖、间谍和破坏活动"的罪名，判处李可夫、N.I.布哈林等以极刑，次日处决。

1988年2月4日，苏联最高法院主席团取消了军事委员会对李可夫等人的判决，在法律上为他们恢复了名誉。同年6月21日，苏共中央监察委员会为李可夫等人恢复党籍。

**李可染** Li Keran (1907-03-26～1989-12-05) 中国画家。生于江苏徐州，卒于北京。13岁拜当地画家钱食芝为师，学画山水。1923年入上海美专师范科学习，1929年考入西湖艺术院研究班学习素描油画，曾得到林风眠的指导与赏识，同年加入青年美术家团体一八艺社。1932年回徐州艺术专科学校任教。1937年入郭沫若主持的政治部第三厅，在武汉等地画抗日宣传画，历时5年。1943年任国立艺术专科学校中国画讲师。这一时期的作品，以写意人物为主。1946年，应徐悲鸿之邀到国立北平艺术专科学校任教，翌年春拜齐白石为师，并深得黄宾虹积墨法之妙。1949年后，当选为中国美术家协会理事。1957年，同关良访问德意志民主共和国，历时4月，画了大批写生作品。1972年后，为各种公共场所作巨幅山水，并先后登井冈山、庐山，重上黄山、九华山。1979年当选为中国美术家协会副主席、全国文联委员，并被任命为中国画研究院院长。1986年，在中国美术馆举办回顾性的李可染中国画展。

李可染以山水画的成就为最高。其40年代的山水作品以清疏简淡为特色，是一种线性笔墨结构。50年代以后的作品，借助于写生塑造新的山水意象，由线性笔墨结构变为团块性笔墨结构，以墨为主，整体单纯而内涵丰富。他又将光引入画面，尤其善于表现山林晨夕间的逆光效果，使作品具有一种朦胧迷茫、流光徘徊的特色。从总体看，与明清山水相比，李可染的作品靠近了对象的感性真实，相对减弱了笔墨形式的独立性，突出了作品的现代感。这是对传统山水画愈益形式化、程式化倾向的一种补正和突破。这一突破，在画界造成巨大的影响，不啻是对传统山水画的一场革命。

《万山红遍》

李可染在40年代以写意人物画著称。下笔疾速，动态微妙，形象夸张但不丑化，朴质却不古拙，富于诙谐、机智特色和生活情趣。李可染还是画牛高手，多年来画了大量牧牛图。

李可染长期担任中央美术学院中国画系教授。他的山水画教学，重写生而轻临摹，晚年强调学习传统。出版有《李可染水墨写生画集》、《李可染中国画集》、《李可染论艺术》等。

**李克农** Li Kenong (1899-09-15～1962-02-09) 中国无产阶级革命家、社会活动家、外交家，中国共产党和中国人民解放军隐蔽战线的领导者和组织者。曾用名李泽田、李震中。生于安徽巢县烔炀镇（今属巢湖），卒于北京。1926年冬加入中国共产党。1928年到上海，在中共中央特科领导下从事秘密情报工作。

1931年4月及时把中共中央政治局委员顾顺章在武汉被捕叛变的紧急情报转报上级，使中共中央机关免遭国民党当局的破坏。同年冬到中央苏区任江西省苏维埃政府政治保卫分局执行部部长，后任中华苏维埃共和国临时中央政府政治保卫局执行部部长、中国工农红军第一方面军政治保卫局局长、红军工作部部长。曾被选为中华苏维埃共和国中央候补执行委员。长征到陕北后，任中共中央联络局局长，负责与张学良部、杨虎城部的联络，做社会各阶层的统一战线工作和建立白区秘密交通工作。西安事变发生后，到西安协助周恩来工作。1937年1月作为红军代表在潼关与国民党中央军代表顾祝同进行停止内战的谈判。抗日战争爆发后，先后任八路军驻上海、南京、桂林办事处处长，八路军总部秘书长，中共中央长江局秘书长，协助周恩来等开展抗日民族统一战线工作。1941年3月起任中共中央社会部副部长兼中共中央情报部副部长。抗日战争胜利后，曾任北平军事调处执行部中共方面秘书长，后主持中共中央社会部工作。1947年3月任中共中央后方委员会委员，参与策动和平解放北平（今北京）、湖南、川康、云南、西藏等地的工作。在组织国民党军海空军和"中国航空公司"、"中央航空公司"的多次起义中，成功地主持情报工作。中华人民共和国建立后，任中共中央情报委员会书记、中央情报部部长，外交部副部长，中央军委总情报部部长。1951年7月赴朝鲜参加停战谈判。1953年任人民解放军副总参谋长，兼中共中央调查部部长。1955年被授予上将军衔和一级八一勋章、一级独立自由勋章、一级解放勋章。是中共第八届中央委员、全国政协第三届常务委员。

**李克强** Li Keqiang (1955-07～ ) 中国共产党中央政治局常务委员会委员，中华人民共和国国务院副总理。安徽定远人。1976年5月加入中国共产党。1974年3月参加工作。北京大学经济学院经济学专业毕业，在职研究生学历，经济学博士。1974～1976年在安徽省凤阳县大庙公社东陵大队当知青。1976～1978年任安徽省凤阳县大庙公社大庙大队中共支部书记。1978～1982年在北京大学法律系学习，担任校学生会负责人。1982～1983年任北京大学团委书记。1983～1985年任共青团中央学校部部长兼全国学联秘书长，共青团中央书记处候补书记。1985～1993年任共青团中央书记处书记兼全国青联副主席（其间：1991年9～11月在中共中央党校学习）。1993～1998年任共青团中央书记处第一书记兼中国青年政治学院院长（1988～1994年在北京大学经济学院经济学专业在职研究生学习，获经济学硕士、博士学位）。1998～1999年任中共河南省委副书记、河南省代省长。1999～2002年任中共河南省委副书记、河南省省长。2002～2003年任中共河南省委书记、河南省

省长。2003～2004年任中共河南省委书记、省人大常委会主任。2004～2005年任中共辽宁省委书记。2005～2007年任中共辽宁省委书记、省人大常委会主任。2007～2008年任中共中央政治局常委。2008年任中共中央政治局常委，国务院副总理、党组副书记。是中共第十五至十七届中央委员，第十七届中央政治局委员、常委。第八届全国人大常委会委员。

**李克用** Li Keyong (856～908) 唐末据有太原的强藩。别号“鸦儿”。沙陀部人。父朱邪赤心，唐懿宗赐姓名为李国昌。后克用为云中（今山西大同）守捉使，发动兵变，据云州。广明元年（880），为唐军所败，与父逃入鞑靼部。中和元年（881），唐朝召李克用镇压黄巢起义军。克用率沙陀、鞑靼兵作战。唐朝以克用为河东（今山西太原西南）节度使，从此割据一方。四年，克用东下与诸藩镇联兵击败起义军，返河东时，为朱温所袭击，几死，从此结下深仇。光启元年（885），克用与河中（今山西永济西）节度使王重荣进犯长安，唐僖宗出逃。昭宗大顺元年（890），朱温合诸镇兵讨伐河东，为克用所败。二年，唐朝恢复克用官爵。乾宁二年（895）封晋王。自大顺二年以后，主要是和朱温争夺今山西南部及河北西南部。天祐四年（907），朱温代唐称帝，克用仍用唐天祐年号。次年，克用死。子李存勖灭后梁、建后唐时，追尊克用为太祖武皇帝。

**李苦禅** Li Kuchan (1899-01-11～1983-06-11) 中国画家、书法家。原名英杰，后改名英，字励公，号苦禅，以号行。生于山东高唐，卒于北京。1919年到北京学艺，1922年考入北京美术专门学校西画系，以拉人力车维持生活。曾发起组织九友画会及吼虹社。翌年拜齐白石为师。1926年起任北京师范学校及河北省立师范学校美术教师。1930年被聘为杭州艺术专科学校教授。1946年起，任国立北平艺术专科学校教授。1949年后，任中央美术学院教授、中国美术家协会理事、中国画研究院院委等。

《八哥玉兰》(1963，中央美术学院藏)

李苦禅擅长大写意花鸟画。早期作品洒脱放逸，深得齐白石嘉许。20世纪60年代初期，其绘画已步入成熟，形成醇厚凝练的个人风格。主要有《秋阿之声》、《芭蕉禽戏》、《松风兰气》等。晚年作品用笔益加苍劲浑厚，气势益加博大，时以墨与色彩交相辉映，增强艺术的感染力，主要有《怒放图》、《晴雪》、《兰竹》等，尤以巨幅《盛夏图》、《劲节图》构成朝气盈溢、博大雄浑的艺术境界。李苦禅有深厚的传统绘画功力，兼长书法，书画均以雄浑、朴厚、豪放为特色。主张书法入画，认为“书至画为高度，画至书为极则”。

**李悝** Li Kui (前455～前395) 中国战国初期政治家、法学家。魏国人。他以魏文侯相（一说魏文侯师）的身份主持魏国的变法，进行了一系列改革。在经济上，他提出了“尽地力”的主张，要求充分利用土地多种各类农作物，并实行重农抑商的政策和平衡粮价的“平籴法”，保护封建经济。在政治上主张打击贵族，扶植新兴地主阶级的势力，加强封建国君的权力。在法律上总结了春秋时期各诸侯国的立法经验，制定了中国历史上第一部比较系统的封建法典《法经》，以巩固新兴地主阶级在经济和政治上所取得的成果。魏国通过变法终于成为战国初期最强大的一个诸侯国。李悝是先秦法家的开创者。他在变法中提出了“为国之道，食有劳而禄有功，使有能而赏必行、罚必当”的方针。这正是后来法家所奉行的法治原则。《法经》也被其他诸侯国特别是秦国当作立法的蓝本。

**李来亨** Li Laiheng (?～1664-09-24) 中国清初抗清农民军将领。陕北人。少年时即参加李自成农民军，被李自成侄李过收为养子。顺治二年（1645）李自成牺牲后，李来亨跟随李过、高一功等大顺军主将联明抗清，转战于湖南、湖北、广西、贵州等省。李、高相继殉难后，李来亨毅然摆脱南明永历政权的羁绊，率领数万部众自贵州进入川、鄂边境，同先期到达的郝摇旗、刘体纯部会师，并联合当地的其他反清武装，组成了夔东十三家军。李来亨选定湖北省兴山县的茅麓山作基地，屯耕山田，以减轻农民负担，深得人民群众的拥护和支持。十三家军很快扩大到几十万人，成为当时主要的抗清力量之一。十五年，十三家军在李来亨、刘体纯的带领下，曾两次围攻重庆，有力地支援了李定国大西军的抗清斗争。康熙元年（1662），清廷调集三路大军，围攻夔东十三家军。李来亨等指挥将士奋勇作战，屡败清军。此时，各地抗清武装先后失败，郝摇旗、刘体纯、袁宗第等又先后阵亡。李来亨孤立无援，只能凭据险峻的茅麓山，继续抗击清军。康熙三年八月，清军利用叛徒引路，乘雾从后山偷袭，营垒被攻破，李来亨举家自焚，十三家军覆没。

**李岚清** Li Lanqing (1932-05-22～ ) 中国共产党中央政治局常务委员会委员，中华人民共和国国务院副总理。江苏镇江人。1952年9月加入中国共产党并参加工作。

1949～1952年在复旦大学企业管理系学习，任校学生会副主席。1952～1959年任长春第一汽车制造厂计划科计划员、副科长，计划处科长。1959～1969年任第一机械工业部秘书，国家经济委员会秘书、企业管理局科长。1969～1972年下放到国家经委“五七”干校劳动。1972～1981年任第二汽车制造厂计划处副处长、发动机厂党委第一书记，第三汽车制造厂建设指挥部副指挥长、重型汽车厂筹备处负责人。1981～1983年任国家外国投资管理委员会政府贷款办公室负责人，对外经济贸易部外资管理局局长。1983～1986年任天津市副市长兼中共天津市委对外经济贸易工委书记。1986～1992年任对外经济贸易部副部长、党组副书记，部长、党组书记，国务院经济贸易办公室副主任。1992～1993年任中共中央政治局委员，对外经济贸易部部长、党组书记。1993～1997年任中共中央政治局委员，国务院副总理。1997～2002年任中共中央政治局常委，国务院副总理。2002年11月至2003年3月任国务院副总理、党组副书记。中共第十三届中央候补委员，十四至十五届中央委员，十四至十五届中央政治局委员，十五届中央政治局常委。

**李立三** Li Lisan (1899-11-18～1967-06-22) 中国共产党早期领导人，中国工人运动的主要领导人。原名李隆郅。生于湖南醴陵，卒于北京。1919年赴法勤工俭学，在法国接受了马克思列宁主义思想，同赵世炎一起组织华工组合书记部，创办《华

工周报》，开展工人运动并参加建党活动。1921年12月回国，加入中国共产党，被派赴安源领导工人运动。1925年参加领导**五卅运动**。七一五政变前后是中共临时中央政治局五人常委之一，后参加领导**南昌起义**。1930年6～9月，在主持党中央工作时犯了“左”倾冒险主义（立三路线）错误。9月，在中共三中全会上作了自我批评。1930～1945年，先后任中国共产党驻共产国际代表团成员、中华全国总工会驻赤色职工国际代表、《救国时报》主编，宣传党的抗日民族统一战线政策，并翻译出版了一些马克思列宁主义著作中文本。中华人民共和国建立后，任中华全国总工会副主席和党组书记，兼中央人民政府劳动部长。他是中共第四届至第八届中央委员会委员。

**李连杰** Li Lianjie (1963-04-26～ ) 中国武术运动员。生于北京。8岁习武，3年后即成为一名运动员。1974年崭露头角，获全国武术比赛少年男子全能和自选刀术冠军。访美期间，受到美国总统R.M.尼克松的接见。此后在历届全运会及全国武术比赛中获拳术、枪术、刀术、对练及全能冠军14次，奖牌18枚。1979年被北京市体委荣记特等功。李连杰练功刻苦，通过摸规律、抓特点、通理论，逐步达到“精、气、神”与外形动作配合一致，日臻完美的境界。1980年17岁时，在影片《少林寺》中担任主要角色，显示出武艺才华。1988年起在香港及美国专事武术影片的拍摄工作，影视作品有《武状元黄飞鸿》、《龙之吻》、《英雄》等，成为著名的“武影双星”。1995年，在中国武术协会等组织的“中华武林百杰”系列活动中，被评为“十大武星”。

**李连捷** Li Lianjie (1908-06-17～1992-01-11) 中国土壤地理学家。生于河北玉田，卒于北京。1932年毕业于燕京大学理学院。1944年获美国伊利诺伊大学农学院哲学博士学位。回国后任中国地质调查所研究员、北京大学农学院教授兼土壤系主任。1949年后，历任北京农业大学教授、土壤农业化学系主任、研究生院副院长，国家农业遥感培训及应用中心主任，《土壤学报》主编、中国土壤学会副理事长等职。1955年当选中国科学院学部委员（院士）。专长土壤分类和土壤资源调查。由他指导研究的“黄淮海平原旱涝碱综合治理”项目获全国科学大会奖。主要论著有《中国之土壤》、《土壤地理微形态特征》、《西藏农业考察》(1954)、《从土壤科学发展动态中吸取教训》(1981)等数十篇（部）。

**李谅祚** Li Liangzuo (1047～1067) 中国**西夏**皇帝。西夏毅宗。周岁即位，母没藏氏以太后称制。福圣承道四年（1056），太后死，太后兄没藏讹庞以女妻李谅祚，把持政权。李谅祚12岁开始参与国事。讹庞借故诛杀李谅祚亲信六宅使高怀昌、毛惟正。李谅祚与讹庞儿媳梁氏有私，讹庞父子密谋欲杀李谅祚；梁氏告变，李谅祚在大将漫咩等的支持下执杀讹庞及其家族，又杀妻没藏氏，立梁氏为后，结束了没藏氏专权的局面。他以后弟梁乙埋为国相，引用汉族士人景询等任职。废行蕃礼，改从汉仪，并曾向宋请求恢复姓李，但遭到宋拒绝。他调整监军司，加强军备，并控制军权，使文武互相制约。又增设汉、蕃官职，充实行政机构。不断发兵侵扰宋边。拱化五年（1067），诱杀保安军（今陕西志丹）宋将。先后收降吐蕃首领禹臧花麻及木征等，巩固了西夏的南疆。他亲附辽朝，向辽进贡回鹘僧、金佛和《梵觉经》。

**李林达尔** Lilienthal, Otto (1848-05-23～1896-08-10) 德国工程师和滑翔飞行家，世界航空先驱者之一，最早设计和制造出实用的**滑翔机**。生于安克拉姆，卒于柏林。

少年时曾进行飞人试验，长期观察研究鸟的飞行规律，并用自制的仪器验证观察结果。1889年写成著名的《鸟类飞行——航空的基础》一书，论述了鸟类飞行的特点，指出机翼也要像鸟翼那样具有弓形截面才能获得更大的升力。此后与其弟G.李林达尔合作，于1891年制成一架蝙蝠状的弓形翼滑翔机，滑翔飞行距离超过30米，肯定了曲面翼的合理形式。此后，又制造了多架不同型别的单翼和双翼滑翔机。1891～1896年，他在柏林附近的试飞场地进行了2 000次以上的滑翔飞行试验。他把滑翔的详细记录编制成空气压力数据表，并著有《飞翔中的实际试验》等书。1896年在一次飞行试验中失事牺牲。

**李林甫** Li Linfu (?～752) 中国唐朝玄宗时奸相。出自皇族。初为宫廷侍卫。历官御史中丞，刑部、吏部侍郎。因谄附玄宗宠妃武惠妃，擢为黄门侍郎。开元二十二年（734）拜礼部尚书、同中书门下三品。他收买嫔妃**宦官**，探得玄宗动静，迎合意旨，因而获得信任，掌握大权。为人忌刻阴险，对于才名高和受到玄宗重视的官员，必设法排斥。同时为相的**张九龄**、裴耀卿、李適之等皆被他排挤罢相。他竭力杜塞言路。朝臣受其威胁，从此谏诤路绝。极力支持玄宗废太子瑛，劝立武惠妃子寿王瑁，玄宗却立了忠王玙（后改名亨，即肃宗）。他怕太子即位后于己不利，屡兴大狱，以动摇太子。唆使杨国忠推究、诛杀太子亲戚和不附己的臣僚，株连数百家。久踞相位，自张九龄罢相后，独揽朝政。天宝十一载（752），李林甫死。此前，他已和杨国忠有隙，死后，杨国忠唆使**安禄山**诬告李林甫与蕃将阿布思谋反，玄宗追削李林甫官爵，籍没其家产，子婿流配。

**李玲蔚** Li Lingwei (1964-01-04～ ) 中国女子羽毛球运动员。浙江丽水人。1980年入选中国羽毛球队。她打球速度快、攻击力强、网前技术好、球路多变。在1983～1988年举行的6届世界杯羽毛球比赛中，获第3届女子单打季军，第4～7届冠军，第8届亚军；与韩爱平合作获第3、6、7届女子双打冠军，第5届季军。在1983～1989年举行的4届世界羽毛球锦标赛中，获第3届和第6届女子单打冠军，第4届和第5届女子单打季军、亚军；与韩爱平合作分获第4届女子双打冠军，第5届亚军。1984～1988年举行的第10～12届三届**尤伯杯赛**中与队友合作均捧冠军杯。1986年第10届**亚洲运动会**羽毛球比赛获女子团体冠军和女子单打亚军。1994～1998年任国家羽毛球队教练。1994年，国际羽毛球联合会授予其突出贡献奖。2001年任中国羽毛球协会副主席。2002年当选为国际羽毛球联合会理事会理事，并入选国际羽毛球联合会名人堂。

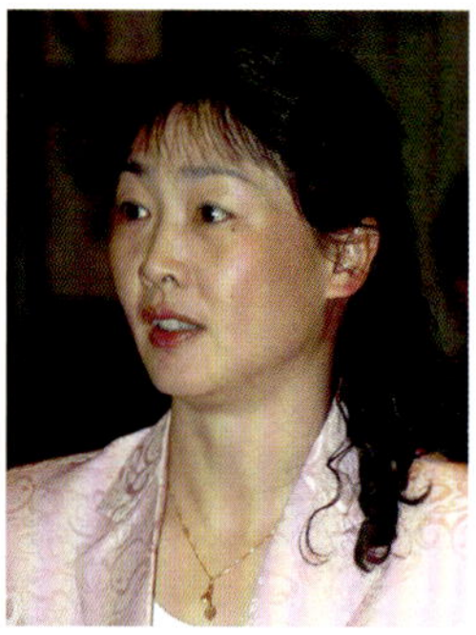

**李凌** Li Ling (1913-12-28～2003-11-03) 中国音乐评论家。曾用名李绿永。生于广东台山，卒于北京。1937年组织台山抗日宣传演出队。1938年赴延安入鲁迅艺术学院音乐系学习，同年任音乐系高级研究班研究员。1939年赴重庆组建新音乐社，任《新音乐》月刊主编。1941年在缅甸与光未然组织抗日演剧队。1943年在重庆任中华交响乐团编辑，主编《音乐导报》，并任育才学校音乐组主任。1946年在上海创办中华星期音乐学校。1947年至香港与赵沨等人创办中华音乐学院。中华人民共和国建立后，任中央音乐学院副教务主任。1952年任中央歌舞团副团长。1956年参与筹建中央乐团并任团长。1982年任中国音乐学院院长，兼《中国音乐》主编。曾被选为中国音乐家协会第一届常务理事、第二届理事、第三届副主席、第四届副主席。1979年任中国文联第四届全国委员。著有《新音乐论集》、《广东音乐》、《音乐漫谈》(4集)、《乐话》、《艺术随谈》等。

**李隆基**　Li Longji (685～762)　中国唐朝第七代皇帝。见唐玄宗李隆基。

**李满住**　Li Manzhu (? ～1467)　中国明代建州女真首领。祖父阿哈出（明政府赐名李诚善），父释加奴（明赐名李显忠）。永乐二十二年(1424)，李满住得明廷许可，从辉发河凤州迁居婆猪江（今鸭绿江支流浑江）一带。宣德元年(1426)，袭父职为建州卫都指挥佥事。正统三年(1438)移居灶突山东浑河上游的苏子河流域。五年，建州左卫凡察童仓（董山）等从朝鲜阿木河迁来与其一同居住。七年，明政府从建州左卫中析出建州右卫，形成建州三卫。李满住势力最强，为建州诸卫之首。同年升都督佥事，十三年再升都督同知。由于其控制三卫，势力大增，寇掠无常，成为明朝与朝鲜大患。景泰、天顺间，李满住名义上服从朝廷，却阴纵所部抄掠，为患于辽东。成化三年(1467)明廷与朝鲜共同出兵，夹击建州卫，杀李满住。

**李曼瑰**　Li Mangui (1906-06～1975-10-20)　中国台湾戏剧活动家、剧作家。原名满桂。笔名雨初。生于广东台山，卒于台北。1926年入燕京大学学习，并开始尝试写剧。1933年在燕京大学研究中国古典戏剧。1934年赴美国密歇根等大学研究戏剧。1938年回国，任教于金陵女子大学文理学院，并发表抗日独幕剧《慈母泪》、《沦陷之家》等。1941年创作《冤家路窄》、《天问》等反映妇女生活的剧作。1945年在国立戏剧专科学校等学校任教。1949年迁台定居，长期在高等院校任教。50年代写有反共剧目《皇天后土》。1958年后，她多次出访美国和欧亚各国考察戏剧。1960年组织“三一戏剧艺术研究社”，翌年成立“中国话剧欣赏演出委员会”，发起举办一年一度的“世界剧展”和“青年剧展”。60年代后，她的历史剧《楚汉风云》、现实剧《淡水河畔》等，具有较高的艺术水准。在台湾推动了小剧场戏剧的发展，有“戏剧导师”之声誉。

**李茂贞**　Li Maozhen (856～924)　中国唐末割据凤翔（今属陕西）的藩镇。本名宋文通。深州博野（今河北蠡县）人。唐乾符年间，因败黄巢将领尚让，以功擢神策军指挥使。光启元年(885)，李克用率军逼长安，唐僖宗出奔，文通护驾有功，擢武定军（洋州军号）节度使，赐姓李，名茂贞，字正臣。僖宗回长安途中，茂贞杀凤翔节度使李昌符，代为节度使。大顺二年(891)，他胁迫昭宗杀宰相，任命他为凤翔和山南西道（治兴元）两镇节度使，封秦王，成为关中最强大的藩镇。乾宁二年(895)，茂贞与邠州（今陕西彬县）王行瑜、华州（今陕西华县）韩建同犯长安，杀宰相，整兵而返。李克用表请进击茂贞。昭宗怕沙陀部太盛，诏克用与茂贞讲和，克用归太原。次年，茂贞再次攻入长安，昭宗依韩建。茂贞焚烧宫阙，大掠坊市而去。光化年间，茂贞进封岐王。天复元年(901)，朱温以兵入关，请昭宗迁都洛阳，宦官韩全诲与茂贞劫持昭宗到凤翔。朱温围凤翔。三年，茂贞势蹙，被迫杀全诲，送出昭宗。后梁开平元年(907)朱温灭唐，建后梁。茂贞仍用唐年号，开岐王府，置官属。当其盛时，有地20州，至后梁末年，岐仅7州而已。后唐同光元年(923)，李存勖灭后梁，建后唐，茂贞上表称臣。

**李蒙**　Li Meng (1937-05～　)　中国人民政治协商会议全国委员会副主席。研究生学历，研究员级高级工程师。山东博兴人。1955～1965年在清华大学电机系电力自动化专业学习。1965年研究生毕业后到黑龙江省哈尔滨电机厂工作。1967年后任黑龙江省哈尔滨大电机研究所自动化室设计员。1969年后历任四川东方电机厂车间试验员、研究所设计员、设计科科长、厂长助理、厂销售处长、副总工程师、副厂长。1992年后任四川省省长助理、副省长。1995年后任农工民主党中央副主席、常务副主席。2003年当选全国政协第十届副主席。是第九届全国人大常委会委员、全国人大环境与资源保护委员会副主任委员。

**李梦华**　Li Menghua (1922-11-10～2010-11-09)　中国体育领导人。生于河北平山，卒于北京。少年时期参加革命，长期从事青年工作。1954年调入国家体委。先后任国家体委副主任、主任，中华全国体育总会副主席、主席，中国奥林匹克委员会副主席、主席等职。1991年当选为国际武术联合会首任主席。先后任第五届全国人大代表和全国政协第八届常委。多次率中国体育代表团参加重大国际比赛。1984年任中国代表团团长参加第23届奥林匹克运动会，实现了中国在奥运金牌榜上零的突破。他在发展体育科学研究和体育理论建设，促进国际体育交流等方面，作出了积极贡献。1987年国际奥林匹克委员会授予他奥林匹克银质勋章。1984年获国际摔跤联合会金质奖章，1988年获亚洲举重联合会卓越贡献金质奖章。

**李梦阳**　Li Mengyang (1473～1530)　中国明代文学家。字献吉，号空同子。庆阳（今属甘肃）人。出身寒微。弘治七年(1494)进士，历任户部主事、江西提学副使等职。他疾恶如仇，曾因草疏奏章弹劾宦官刘瑾而入狱。李梦阳鉴于台阁体诗文千篇一律的弊端，决心倡导复古以改变不良文风。他是前七子领袖，主张古诗学魏晋，近体学盛唐，在当时影响颇大。但他过于强调格调、法式，未能很好地从复古中寻求创新。在他与何景明的辩论中，意气用事，论点偏激，导致他泥古不化，甚至走上了抄袭的道路，扼杀了诗歌创作的生机。晚年有所悔悟。他创作的乐府和古诗较多，其中有些作品寄寓了作者力求有所改革的政治理想，较有现实意义，如《朝饮马送陈子出塞》等诗。他的乐府、歌行在艺术上有一定成就，但时露雕凿之痕。其七律专宗杜甫，多气象阔大之辞。著有《空同集》66卷。

**李密**　Li Mi (224～287?)　中国晋初散文家。字令伯。一名虔。犍为武阳（今四川彭山）人。自幼由祖母刘氏收养。师事谯周，长于《春秋左氏传》。历任蜀国州从事、尚书郎等职。曾出使吴国，吴人称其有才辩。蜀亡后屏居乡里，累举不应。泰始三年(267)李密44岁，晋武帝立太子，征为太子洗马，诏书累下，郡县逼迫，他为此上《陈情事表》。武帝览表感动，命郡县供其祖母奉膳。刘氏死后，李密服丧满，应征为太子洗马、尚书郎，出为河内温令。李密自恃才能，常望内转，因不遂所愿，在迁汉中太守赐饯时怀怨赋诗，被奏免官。去官后为本州大中正。

《陈情事表》简称《陈情表》。在此表中，李密陈述自己与祖母相依为命，暂时不能应诏的苦衷，把处境和祖孙间真挚深厚的感情写得婉转凄恻。文章的语言尤具特色，如“茕茕孑立，形影相吊”；“日薄西山，气息奄奄”；“人命危浅，朝不虑夕”，形象而又生动，词意真切，传为千古名句，转为成语。李密另著有《述理论》10篇，已佚。此外，尚存两篇短文片断，残诗1首。

**李默然** Li Moran (1927-11-28～ ) 中国话剧、电影演员。回族。原名李绍成。生于黑龙江珠河（今尚志）。1945年开始演剧生涯。先后参加一面坡铁路文工团、哈尔滨东北文协文工团。1954年辽宁人民艺术剧院成立后先后任副院长、院长。80年代以后，历任全国政协委员、中国戏剧家协会副主席、主席。50年代初期，李默然成功地塑造了《曙光照耀莫斯科》中的库列宾、《日出》中的李石清、《第二个春天》中的冯涛、《报春花》中的李键等。此外，还在8部影片中担任主角，尤其在《甲午风云》中扮演的邓世昌赢得了广泛声誉。在他的表演中，本色与性格化、生活与夸张等艺术上的辩证对立因素被较好地统一起来。

**李宁** Li Ning (1963-03-04～ ) 中国体操运动员。国际级运动健将。广西柳州人。壮族。1971年进入广西体操队。1980年入选中国体操队。1982年在第6届世界杯体操赛中获全能、单杠、自由体操、跳马、鞍马、吊环冠军。同年获第9届亚洲运动会体操比赛男子团体、全能、吊环、鞍马冠军。1983年获第22届世界体操锦标赛男子团体冠军。1984年获第23届奥林匹克运动会体操比赛自由体操、吊环和鞍马冠军。同年，国际体操联合会公布的体操难新动作，有以其姓名命名的两个动作——“吊环李宁摆上”和“双杠李宁大回环”。1985年获第23届世界体操锦标赛吊环冠军。1986年获第7届世界杯体操赛全能、自由体操和鞍马冠军。同年获第十届亚洲运动会男子团体、全能、自由体操和吊环冠军。在世界性比赛中多次获得个人和团体亚军、季军等。先后获百余枚奖牌，有“体操王子”的美誉。2000年被国际体操联合会收入国际体操名人堂。曾担任国际奥林匹克委员会运动委员会委员及国际大赛的裁判工作。1983、1987年当选为第六、第七届全国人大代表。退役后，继续为体育事业作出贡献。

**李攀龙** Li Panlong (1514～1570) 中国明代文学家。字于鳞，号沧溟。历城（今山东济南）人。嘉靖二十三年（1544）进士，历官刑部主事、陕西提学副使、浙江副使、河南按察使等。在京期间，与谢榛、王世贞、宗臣、徐中行、梁有誉、吴国伦结诗社，后七子之名播于天下。李攀龙是后七子的首领之一，他持论褊狭，认为文自汉代、诗自盛唐以下，俱无足观，本朝也只推崇李梦阳一人。他认为先秦古文已有成法，创作只需模拟即可。他推崇汉魏古诗和盛唐的近体诗，往后的都加以鄙视。由于他的文学主张过于片面，限制了他本人的诗文创作，作品的模仿痕迹过重，佳作不多。《广阳山道中》、《和余德甫江上杂咏》等诗或面对现实，感世伤时；或抒发个人哀怨，向往归隐，能写出内心的真情实感。在李攀龙的各体诗中，以七律和七绝较优。其七律声调清亮、词采俊爽；他的某些七绝也写得自然，顿挫变化，意味隽永。但即使是好诗，也构思雷同、用词重复者多。其散文成就又在诗歌之下。著有《沧溟集》30卷。

**李沛瑶** Li Peiyao (1933-06-01～1996-02-02) 中华人民共和国全国人民代表大会常务委员会副委员长，中国国民党革命委员会中央委员会主席。原籍广西苍梧。生于香港，卒于北京。爱国人士李济深之子。1957年毕业于北京航空学院飞机制造专业。历任南昌航空学校教师，南昌飞机公司技术员、工程师、高级工程师。多次获得优秀科技工作者、技术革新能手称号。1986年加入中国国民党革命委员会（简称“民革”），历任民革江西省委副主任，江西省政协第六届副主席，中华全国总工会副主席、书记处书记，劳动部副部长，民革中央副主席，全国政协第七届常委。1992年当选为民革第八届中央主席。1993年当选为第八届全国人大常委会副委员长。著有《锻造、冲压工作技术问答》。

**李鹏** Li Peng (1928-10～ ) 中国共产党中央政治局常务委员会委员，中华人民共和国国务院总理，全国人大常委会委员长。四川成都人。生于上海。1945年11月加入中国共产党。1941年3月参加革命工作。1941～1946年在延安自然科学院、延安中学、张家口工业专门学校学习。1946～1948年任晋察冀电业公司技术员，哈尔滨油脂厂协理、中共支部书记。1948～1955年在苏联莫斯科动力学院水力发电系学习，任中国留苏学生总会主席。1955～1966年任丰满发电厂副厂长、总工程师，东北电业管理局副总工程师，阜新发电厂厂长。1966～1979年任中共北京供电局委员会代书记、革委会主任，北京电业管理局局长、党组书记。1979～1983年任电力工业部副部长、党组成员兼华北电业管理局党组书记，电力工业部部长、党组书记，水利电力部副部长、党组副书记。1983～1987年任国务院副总理兼国家教育委员会主任，中共中央政治局委员、中央书记处书记。1987～2002年任中共中央政治局常委，国务院代总理、总理，兼国家经济体制改革委员会主任（1988～1990年）。1998年当选为第九届全国人大常委会委员长，任第九届全国人大常委会党组书记。中共第十二至十五届中央委员，十二至十五届中央政治局委员，十三至十五届中央政治局常委，十二届中央书记处书记。

**李普曼** Lippmann, Gabriel (1845-08-16～1921-07-13) 法国实验物理学家。生于卢森堡，卒于从加拿大返回法国的海上途中。1875年获索邦神学院（巴黎大学前身）哲学博士学位。历任巴黎大学数学物理教授，实验物理研究室主任。早年研究电现象和毛细现象之间的关系，发明极灵敏的毛细静电计以及其他一些仪器，研究过电压效应以及电路中电磁感应现象。1891年提出了一种革命性的彩色玻板摄影术，后来被称为“李普曼法”。此法成为彩色摄影进程中的重要阶段。1894年，李普曼发表了有关彩色照相的完整理论，即干涉色在感光乳剂中形成潜影的过程。为此，获1908年诺贝尔物理学奖。

**李普曼** Lippmann, Walter (1889-09-23～1974-12-14) 美国专栏作家、政论家。生于纽约，卒于纽约。1909年哈佛大学毕业。1910年开始从事新闻工作，先后任《波士顿平民》杂志和《人人杂志》编辑。1914年参与创办《新共和》杂志并任副主编。1921～1931年任纽约《世界报》编辑、主编。9年撰写社论1 200余篇。1931年《世界报》

停刊后，李普曼为《纽约先驱论坛报》撰写“今日与明日”专栏（1963年转到《新闻周刊》刊载），被国内外250多家报纸转载。1967年退休后，继续为《新闻周刊》、《华盛顿邮报》撰写评论。有涉及哲学、伦理学、新闻学及外交等领域的著作近30种。1958、1962年两次获美国普利策奖。

**李齐贤** Lee Je Hyeon（1288～1367） 朝鲜半岛高丽时期诗人。初名之公，字仲思，号益斋、栎翁。生于开京。曾任典校寺丞、三司判官、西海道按兼使等职。1315年，至中国元朝大都（今北京），曾建“万卷堂”，埋首书史。1341年回国，官至右政丞。谥文忠。

李齐贤长期居元，游历中国山川，诗多思乡念国之作，表现旅思离愁，内容深挚，诗风委婉、含蓄、沉郁。如《定兴路上》、《思归》等。还作有大量诗词吟咏中国名胜古迹，如《蜀道》、《焦山》等。他是朝鲜少数词人中成就最高者，擅长写景和借景抒怀。其《题长安逆旅》、《马上》等皆属代表性作品。在文学创作上，他提出“辞严而意新”、风格创新。李齐贤曾将高丽歌谣译成汉文，著有《益斋乱稿》等。其《栎翁稗说》属朝鲜“稗说体”文学最早期作品之一。他曾将元朝书法家赵孟頫的书法传入朝鲜。清朝学者伍崇曜1862年辑印《奥雅堂丛书》，将其全集《益斋集》编入。

**李颀** Li Qi（?～757?） 中国唐代诗人。祖籍赵郡（今河北赵县），长期居住颍阳（今河南登封西）。开元二十三年（735）进士。一度任新乡县尉，后弃官归隐。与王维、高适、王昌龄有诗歌往还。天宝末去世。诗以五七言歌行和七律见长，有的慷慨奔放，有的秀丽清幽。其边塞诗如《古意》、《古从军行》，情调悲凉沉郁。《听董大弹胡笳弄兼寄语房给事》描写音乐，扣人心弦。《送陈章甫》、《赠张旭》等诗寄赠友人，技巧高超。有些写修道生活情趣的诗，思想消极。有《李颀集》。

**李乔** Li Qiao（1908-08-10～2002-04-18） 中国彝族作家。生于云南省石屏县一个佃农家庭，卒于昆明。少年时在锡都个旧当矿工。1930年辗转流浪到上海，接触到“五四”新文学，开始写作。他的反映个旧矿工苦难生活的小说《未完成的斗争》发表于《创造》上，荣获处女作奖。抗日战争时期，随滇军参加1939年的台儿庄战役，发表《征程》、《军中回忆》等一系列反映前线生活的通讯报道。1948年，参加滇桂黔边区纵队游击队。1950年后，调云南民族学院和云南民族事务委员会工作。1954年后转云南省文联从事专业创作。曾任云南省文联副主席、中国作家协会云南分会副主席。

李乔的创作大都以凉山彝族人民的历史和现实生活斗争为题材。其代表作是长篇小说三部曲《欢笑的金沙江》，包括第一部《醒了的土地》（1956）、第二部《早来的春天》（1962）、第三部《呼啸的山风》（1965）。在中国当代文学史上，他是第一个以广阔而独特的民族生活画面，反映彝族地区解放初期的社会变革，塑造一系列具有独特个性和心理特征的人物形象的作家。小说曾被译成俄、日、英等多种文字。

**李峤** Li Qiao（约645～约714） 中国唐代诗人。字巨山。赵州赞皇（今属河北）人。少有才名，20岁举进士。累官监察御史。劝降邕、严二州僚族起义有功，迁给事中。武后、中宗朝，屡居相位，封赵国公。睿宗时，左迁怀州刺史。玄宗时，贬滁州别驾，改庐州别驾。他对唐代律诗和歌行的发展有一定的作用与影响。他前与王勃、杨炯相接，又和杜审言、崔融、苏味道并称为文章四友。其诗绝大部分为五言近体，风格近似苏味道而词采过之，并称苏李。有咏物诗120首，内容广泛，工致贴切，但略无兴寄。七言歌行现存《汾阴行》一首，写盛衰兴亡之感，最为当时传诵。有文集50卷，今佚。《全唐诗》录其诗5卷。

**李青山** Li Qingshan（1904～1978） 中国二人转艺人。祖籍山东莱阳，生于吉林舒兰。15岁拜张相臣为师学唱大秧歌和二人转，在吉林各地走乡串屯，以卖唱乞讨为生。30岁以前主要演唱旦角，艺名“大金镶玉”；之后改唱丑角，艺名“大机器”。会演的节目达200余个，尤以表演传统的《浔阳楼》、《西厢》和《赔情》等节目最受观众喜爱。还擅唱东北民歌，拉场戏节目演得也很出色。1950年后担任教师，培养了不少青年演员，对创建吉剧作出了一定贡献。晚年注重总结艺术经验，口述整理了一些谈艺性文章，为二人转艺术的进一步发展留存了不少宝贵资料。

**李清照** Li Qingzhao（1084～约1155） 中国宋代词人。自号易安居士。济南章丘（今属山东）人。父李格非，官至礼部员外郎，为当时齐鲁一带知名学者。母王氏，知书善文。夫赵明诚，为吏部侍郎赵挺之之子，金石考据家。李清照早年生活优裕，工书能文，通晓音律。婚后与赵明诚共同致力于书画金石的整理，编写了《金石录》。金兵入据中原，清照举家南逃。后明诚病故，战乱中书籍文物大部分散失，孤独一身，各地漂泊，境遇极其悲苦。据传清照曾改嫁，后世学者对此颇有争议。其晚年生活情况缺乏资料记载，仅知她曾作《打马图经》及自序。

李清照工诗，能文，更擅长词。其创作以北宋、南宋生活的变化呈现出前后期不同的特点。

北宋时期，李清照在为数不多的诗文中表现出比封建社会一般女子宽阔的思想境界和生活领域，如《浯溪中兴颂诗和张文潜》两首长诗，吊古讽今，主张汲取唐王朝天宝之乱的历史教训。她的《词论》提出词“别是一家”之说，认为词分五音、五声、六律，又分清浊轻重，是宋代重要的词论。其诗文谈史论世，兼及文艺，题材较为广泛。

李清照前期的词真实地反映了她的闺中生活和思想感情，表现了自然风光和别思离愁。如〔如梦令〕二首，活泼清新，语意隽秀。〔凤凰台上忆吹箫〕、〔一剪梅〕、〔醉花阴〕等词，描绘了孤寂的生活，抒发了对丈夫的相思之情，曲折宛转，清俊疏朗，表现出作者热爱大自然，憧憬美好的爱情生活，冲破了以往花间词闺怨的樊篱，文学价值较高。

南宋时，李清照的作品与前期相比变化较大，表现出关心国家命运的爱国主义精神，表达了自己坚持民族气节的决心。如《咏史》、《上枢密韩公诗》、《夏日绝句》等，诗文的思想性都提高了，具有很强的现实性。南渡后的词也与前期风格迥异，变清丽明快为凄凉沉痛，抒发了伤时念旧、怀乡悼亡的情感。如〔菩萨蛮〕、〔蝶恋花〕以及慢词〔永遇乐〕等，寄托了强烈的故国之思。她在词中充分地表达了自己在孤独生活中的浓重哀愁。如〔武陵春〕、〔声声慢〕、〔清平乐〕等，将亡国之痛与个人孤苦凄惨的生活晚景融为一体，悲伤愁绪渲染极致，可以说这是时代的苦难与个人不幸命运的艺术概括。

李清照词的艺术成就很高，在文学史上占有重要地位。其词具有浓厚的抒情性，

山东济南李清照纪念馆

能运用巧妙的构思，选取一些生活片断写入词中，具体细致地展现作者的内心世界，如〔武陵春〕“物是人非事事休，欲语泪先流”，“只恐双溪舴艋舟，载不动许多愁”。她又善于用白描手法摹写具体事物，“才下眉头，却上心头”(〔一剪梅〕)，含蓄委婉，朴实自然。清照词风以婉约为主，但也偶有豪放之作，如〔渔家傲〕“天接云涛连晓雾”被称为“浑成大雅，无一毫钗粉气”。清照词的语言优美精巧，独具特色，如她笔下的花树是“绿肥红瘦”，天气是“浓烟暗雨”、“风柔日薄”。她还善用明白如家常的方言口语入词，如“守著窗儿，独自怎生得黑？”信手拈来，新鲜生动。她的词富有音乐美，还讲究舌、齿音的交错和叠字连用，最典型的是〔声声慢〕开头连用14个叠字，其独创性为人称道。清照词被称为易安体，广为流传。

李清照的《易安居士文集》、《易安词》已散佚，今仅存四印斋本《漱玉词》1卷。王仲闻有《李清照集校注》，人民文学出版社本。黄墨谷有《重辑李清照集》，齐鲁书社版。

**李庆逵** Li Qingkui (1912-02-12～2001-02-25) 中国土壤学家、农业化学家。生于浙江宁波，卒于南京。1932年毕业于上海复旦大学化学系。曾任中央地质调查所土壤研究室技正、室主任。1944～1948年留学美国。1953年起先后任中国科学院南京土壤研究所研究员、农业化学研究室主任、副所长，中国科学院长沙农业现代化研究所所长和中国科学院农业研究委员会主任等职。1955年当选中国科学院学部委员（院士）。曾当选为中国土壤学会理事长、国际土壤学会会员、第四届国际土壤学会副主席。一直从事土壤农业化学的基础研究和应用研究。是中国土壤分析化学的创始人之一。主持了中国红壤问题的研究工作，并主编《中国红壤》一书。他还是中国土壤分析化学的创始人之一。发表的论著有《土壤分析法》等80余篇（部）。

**李荣** Li Rong (1920-02-04～2002-12-31) 中国语言学家。曾用名李昌厚，笔名董少文、宋元嘉等。浙江温岭人。卒于北京。1943年西南联合大学中国文学系毕业。

1946年昆明北京大学研究院文科研究所语学部毕业，同年在北京大学文学院任教。1949年任山东大学文学院副教授。1950年起在中国科学院（1977年5月起为中国社会科学院）语言研究所工作，1982年起任语言所研究员兼所长，1985年9月起兼任顾问。1979年创办《方言》季刊，一直担任主编。李荣的语言学著作有《切韵音系》、《汉语方言调查手册》、《音韵存稿》、《语文论衡》等。李荣研究汉语音韵的主要特点：重视今音的研究，在掌握丰富的汉语方言资料的基础上，贯穿古代文献，寻求语音构造、对应和演变的规律，故创见较多。50年代，李荣与丁声树一起先后主持方言调查专业人才的培训工作和汉语方言普查工作。1981年李荣发起创立全国汉语方言学会，并长期任会长，对推动汉语方言学的发展作出了贡献。1983年起李荣先后主持国家和中国社会科学院的一些重大科研项目，出版的《中国语言地图集》和《现代汉语方言大词典》具有很高的学术水平，得到中外学术界的广泛赞誉。

**李荣宗** Li Rongzong (1902～1975-07) 中国布袋戏演员。福建晋江人。11岁从父李绳煌学习木偶技艺。尤擅演生、旦戏。18岁其父病逝，接任金永成布袋戏班主演（又称顶手）。博采众长，除吸收嘉礼戏、梨园戏的剧目、音乐和表演优长外，还大量运用南音指谱。以表演细腻精湛、刻画人物性格逼真著称，为南派掌中木偶戏名师。其在祖辈以轻重缓急、吞吐浮沉创造八音声的基础上，于生、旦、净、杂行当中，各自再划分7个不同音型，创造了18个音调，丰富了布袋戏的语言艺术。1946年，率长子李天保赴菲律宾演出，深受欢迎。1953年，任晋江县潘经布袋戏剧团团长。曾率团赴朝鲜慰问演出。积极参加戏曲改革工作，记录了近百出传统剧目。1960年，在全国木偶皮影戏观摩演出大会上，主演的《钱兰芳替嫁》，深受好评。1962年，中央新闻纪录电影制片厂将《钱兰芳替嫁》等剧目的精彩场面拍摄下来，编入《今日中国》专辑纪录片，向海外发行。

**李汝珍** Li Ruzhen (1763?～1830?) 中国清代小说家。见《镜花缘》。

**李锐** Li Rui (1769～1817) 中国清代数学家、天文学家。字尚之，号四香。江苏元和（今苏州）人。曾受业于钱大昕门下，后入阮元幕府，整理数学典籍。实际主持《畴人传》的编写工作。著有《弧矢算术细草》、《勾股算术细草》、《方程新术草》，阐发中国古代数学的精粹。还曾对多部历法进行注释和数理上的考证，著成《日法朔余强弱考》。

**李瑞环** Li Ruihuan (1934-09～ ) 中国共产党中央政治局常务委员会委员，中国人民政治协商会议全国委员会主席。天津宝坻人。1959年9月加入中国共产党。1951年7月参加工作。1951～1965年为北京第三建筑公司工人（其间，1958～1963年在北京建工业余学院工业与民用建筑专业学习）。

1965～1966年任中共北京建筑材料供应公司委员会副书记兼中共北京建筑木材厂总支部书记。1966～1971年在“文化大革命”中受迫害。1971～1979年任中共北京建筑木材厂委员会书记，中共北京市建筑材料工业局委员会副书记，北京市建委副主任兼市基建指挥部指挥、北京市总工会副主任，中华全国总工会常务委员。1979～1981年任共青团中央书记处书记，全国青联副主席。1981～1982年任中共天津市委常委、天津市副市长，共青团中央书记处书记。1982～1984年任中共天津市委书记，天津市代市长、市长。1984～1987年任中共天津市委副书记、天津市市长，中共天津市委书记。1987～1989年任中共中央政治局委员，中共天津市委书记，天津市市长。1989～1992年任中共中央政治局常委、中共中央书记处书记。1992～2002年任中共中央政治局常委。1993年当选为政协第八届全国委员会主席，任政协第八届全国委员会党组书记。1998年当选为政协第九届全国委员会主席，任政协第九届全国委员会党组书记。1993年起任中国残疾人联合会名誉主席。中共第十二至十五届中央委员，十三至十五届中央政治局委员，十三至十五届中央政治局常委，十三届中央书记处书记。

**李三才** Li Sancai (？～1623) 中国明代大臣。字道甫，号修吾。陕西临潼人，寄籍顺天通州。万历二年（1574）进士。二十七年总督漕运，巡抚淮阳。当时税使横行无忌，公开掠夺。三才制裁矿监税使爪牙，屡次疏陈矿税之害，指责明神宗“溺志货财”，不顾人民死活，并要求“罢除天下矿税”。又疏陈朝政废坏，请神宗奋然有为，经营辽左，但皆不被采纳。李三才善笼络朝士，结交者遍天下。时顾宪成讲学东林，他深与相结，得宪成信任，并意在擢用东林党人。万历年间，内阁缺人，建议者准备推荐三才入阁。致忌者日众，谤议纷然。朝臣亦分为两派，聚讼不已。顾宪成致书大学士叶向高，力称三才廉直，支持其入阁，引起东林党与齐楚浙党官僚之争。三十九年，三才愤而辞职。天启元年（1621）努尔哈赤攻占辽阳，御史房可壮请起用三才为辽东经略，遭反对作罢。死后遭阉党追论，被夺封诰。崇祯初复赠官。

**李善长** Li Shanchang (1314～1390) 中国明初大臣。字百室。定远（今属安徽）人。元至正十三年（1353）投朱元璋幕下，掌书记。劝朱元璋效法汉高祖知人善任不嗜杀，以成帝业。他善于调护诸将，因材用人，使之各得其所。二十七年，朱元璋自立为吴王，李善长为右相国。吴元年（1367）封宣国公，后改官制尚左，改左丞相。明朝建立后，兼太子少师。洪武三年（1370）大封功臣，授开国辅运推诚守正文臣、特进光禄大夫、左柱国、太师、中书左丞相，封韩国公。李善长娴于辞令，明习故事，处理事务，将吏帖服，为诸功臣之首。十三年，胡惟庸案发，二十三年追治胡党，以参与胡惟庸谋反罪名，与家人70余口被杀。次年，有郎中王国用上书诉其冤，朱元璋得书，竟不加罪，故明代史家多认为其不曾有谋反之举。

**李善兰** Li Shanlan (1811～1882) 中国清代数学家、天文学家、翻译家、教育家。中国近代科学的先驱。原名心兰，字壬叔，号秋纫，浙江海宁人。1845年撰《方圆阐幽》、《弧矢启秘》、《对数探源》，创尖锥术。所谓“尖锥”是一种处理代数问题的几何模型。1867年撰《垛积比类》等，深入研究高阶等差级数求和等问题，得出李善兰恒等式等一些有关二项式定理系数的恒等式。1860年起，他先后在徐有壬、曾国藩处作幕僚，参加洋务运动的科学技术活动。1867年将数学、天文学著作汇刻为《则古昔斋算学》十三种二十四卷。1852～1859年在上海与传教士伟烈亚力等翻译《几何原本》后九卷、《代数学》十三卷、《代微积拾级》十八卷、《曲线说》

李善兰（中）与国子监算学馆学生合影（清末）

三卷、《谈天》十八卷等数学、天文学和近代科学著作，又译《奈端数理》(即牛顿的《自然哲学的数学原理》，未刊)。此外，他还翻译了《植物学》、《重学》等书。1867年李善兰就任京师同文馆首任算学总教习。1872年撰《考数根法》一卷，提出一些判断素数的定理，证明了费马素数定理，并指出它的逆定理不成立。

**李鱓** Li Shan (1686～1762) 中国清代画家。扬州八怪之一。字宗扬，号复堂，别号懊道人、墨磨人等。江苏兴化人。康熙五十年（1711）举人，3年后以善画受罗致，充内廷供奉，不久遭忌离职。后出任山东滕县（今滕州）知县。他为政清简，颇受士民拥戴，

《五松图》(故宫博物院藏)

因触犯上司，于乾隆五年（1740）罢官。回到扬州后，心情抑郁，生活放纵，以卖画为生。晚年谋再出山为官，终未能实现。李鱓绘画主张“自立门户”，始终追求独立的人格和个性表现，一生画风在不断的探索中数次变化。早期作品《花卉图》(1714) 笔法严谨，规矩方圆，合于法度。中年创作《土墙蝶花图》(1727)、《蕉竹图》(1734) 均大胆泼辣，不拘绳墨，而感情充沛，天趣盎然。所作《五松图》，幅面特大，五株老松，相互穿插，蟠曲挺立，姿态各异，气势磅礴，并题有长诗，寄意深远。1753年作《鸡图》自题诗云：“凉叶飘萧处士林，霜华不畏早寒侵。画鸡欲画鸡儿叫，唤起人间为善心。”代表他晚年创作的主导思想。

**李商隐** Li Shangyin (约811～约859) 中国唐代诗人。字义山，号玉谿生，又号樊南生。原籍怀州河内（今河南沁阳），祖辈迁荥阳（今属河南）。初学古文。受牛党令狐楚赏识，入其幕府，并从学骈文。开成二年（837），以令狐绹之力中进士。次年入属李党的泾原节度使王茂元幕府，王爱其才，以女妻之。因此受牛党排挤，辗转于各藩镇幕府，终身不得志。

李商隐诗现存约600首。其中政治诗感慨讽喻，颇有深度和广度。直接触及时政的诗很多，尤其是《行次西郊作一百韵》，从农村残破、民不聊生的景象，追溯唐朝200年的治乱盛衰，风格接近杜诗。《安定城楼》和哭刘蕡诗4首则体现了其政治抱负和愤慨。其咏史诗托古讽今，成就很大。这类诗往往讥刺前朝或本朝君王的荒淫误国，也有的则借咏史寄托自己怀才不遇的感慨。这类诗多用律绝，截取历史上特定场景加以铺染，具有以小见大、词微意深的艺术效果。名作如《隋宫二首》、《南朝》。他的抒情诗感情深挚细腻，感伤气息很浓，如“夕阳无限好，只是近黄昏”(《登乐游原》)。李诗抒情，较少直抒胸臆，而特别致力于婉曲见意，其诗往往寄兴深微，余味无穷。但刻意求曲有时也带来晦涩难懂的弊病。他的咏物诗体物工切，摹写入微，能以典型特征的刻画和环境气氛的渲染，表达事物的内在神韵，寄寓作者的情怀。无题诗是李商隐的独创。它们大多以男女爱情相思为题材，情思宛转沉挚，辞藻典雅精丽。如“昨夜星辰昨夜风”、“相见时难别亦难”二首。也有的托喻朋友交往和身世感慨，如“待得郎来月已低”和“何处哀筝随急管”二首。还有一些诗寄兴难明。此外，有少数艳情篇什，轻薄浮艳。这些诗并非作于一时一地，亦无统一思想贯穿，多属于诗中之意不便明言或意绪复杂无法明言的情况，因而统名为“无题”。由于它们比较隐晦曲折，千百年来解说纷纭。李商隐诗歌的基本风格是情深词婉，能于秾丽中时带沉郁，流美中不失厚重，对后世的诗坛和词坛影响很深。其七律成就最高，继承了杜甫精严顿挫的特点，又融合了齐梁诗的秾艳和六朝民歌的清丽，以及李贺诗的幻想象征手法；其词旨隐晦的作风受阮籍影响；一些长篇古风如《韩碑》接近韩愈的歌行；一些抒情写景小诗淡语天成，绰约多姿，不失盛唐绝句风味。李商隐是晚唐骈文的代表作家。其骈文属对工整，用事精切，疏密相间，气韵自然。名作《奠相国令狐公文》、《重祭外舅司徒公文》、《上河东公启》，情真意切，委婉动人。但其骈文多官场应酬文字，内容较贫乏。其散文现存较少。此外，还有一些意在讽世的杂文体短赋。有《李义山诗集》、《樊南文集》和《樊南文集补编》。

**李少春** Li Shaochun (1919-11-04～1975-09-21) 中国京剧演员。工老生、武生。原籍河北霸县（今霸州）。卒于北京。幼居上海，从父李桂春（小达子）练功、学戏；后

从陈秀华学老生戏，又从丁永利学武生戏，打下了文武技艺的坚实功底。定居北京后，拜师余叔岩，得其亲授《战太平》、《打渔杀家》、《定军山》和《洗浮山》，同时从多方面钻研杨（小楼）派艺术。20世纪50年代初，组织新中国实验剧团，后参加中国戏曲研究院京剧实验工作团（今国家京剧院）。

李少春的唱功，韵味纯正，行腔以圆熟婉转和低沉回荡取胜。念白跌宕有致，断续恰当，善于随人物思想感情而变化。演靠把戏，工架严谨稳练，身手干净，气度恢弘；演短打戏，动止边式大方。李少春在京剧《野猪林》中饰林冲，脆、率、稳、准；翻打扑跌，敏捷洗练。擅长剧目中文武老生戏有《战太平》、《定军山》、《琼林宴》、《打金砖》；武生戏有《长坂坡》、《八大锤》、

李少春在京剧《野猪林》中饰林冲

《连环套》、《三岔口》；红生戏有《灞陵桥》；猴戏有《闹天宫》、《水帘洞》、《智激美猴王》等。改编或新创剧目有《云罗山》、《宋景诗》、《将相和》、《满江红》、《响马传》等。他主演的《野猪林》已摄制成艺术影片。在现代戏《白毛女》、《红灯记》中扮演杨白劳、李玉和，对运用京剧艺术形式表现现代生活进行了有益的探索。

**李绅** Li Shen（772～846） 中国唐代诗人。字公垂。祖籍亳州谯县（今安徽亳县），后迁无锡（今属江苏）。元和元年（806）进士。穆宗时为翰林学士，敬宗时被贬端州司马，武宗时官至宰相，后出为淮南节度使。与白居易、元稹交游甚密，一起倡导了新乐府运动。在元白之前就以新题乐府为标榜，和传统古题乐府相区别，有《新题乐府》20首（已失传）。所存《悯农》2首，铸为格言，传诵不衰。《全唐诗》录其《追昔游诗》3卷，《杂诗》1卷。

**李时珍** Li Shizhen（约1518～1593） 中国明代医药学家、博物学家。古代科学巨著《本草纲目》的作者。字东璧，号濒湖山人，人称李濒湖。蕲州（今湖北蕲春西南）人。所著《本草纲目》费时27载（1552～1578），三易其稿。还著有《濒湖脉学》（1564）、《奇经八脉考》（约1572）等多种医学著作。

《本草纲目》采用“纲目”的事例，建立了与生物学上双名法类似的分类体系，在动物学方面具有进化论的思想萌芽，对生物、矿物、化学、地学、天文等也有研究。李时珍深受儒家格物穷理思想的影响，在药学理论、药物品种考订方面具有许多新见解，纠正了一些错误，极力反对迷信服食。在医学思想方法上，他崇奉金元医学大家张元素、李东垣。《本草纲目》博大精深的内容把中国古代药物学发展推向高峰，在国内外科学界有深远的影响。

李时珍所著《濒湖脉学》全面总结了明以前的脉学成就，编为歌诀体裁，便于记诵普及。其《奇经八脉考》对经络学说有一定的补充和贡献。

**李氏朝鲜** Yi Dynasty of Korea 朝鲜封建王朝。以其创建者李成桂而得名。又称朝鲜王朝，简称李朝。首都初设于开京（今开城），后迁至汉城。

1392年李成桂废恭让王自立，定国号为朝鲜，1394年从开京迁都汉城。李朝承高丽旧制，1469年颁布《经国大典》，从法律上固定其统治体制。15世纪前期是其繁荣时期，经济、文化都较发达，对外远征对马，消除倭患，与中国明朝保持友好往来。15世纪下半叶～16世纪，土地兼并加剧，文武官员争权的士祸党争频仍，国力削弱。1467年爆发咸镜道农民战争。1592年，日本入侵朝鲜，壬辰卫国战争爆发，在明朝援军的帮助下，于次年击败日本侵略军。1876年，日本再次入侵，与朝鲜签订不平等条约《江华条约》，此后欧美列强相继逼迫朝鲜签订不平等条约，民族危机加深。壬午兵变后，日本取得在朝驻军的权利。甲午农民起义爆发后，日本乘机出兵干涉，策划乙未事变，成立亲日政府。日俄战争中，日军侵占朝鲜，强迫李朝政府接受《朝日协定书》和《乙巳保护条约》，朝鲜沦为日本的保护国。1905年日本在汉城设统监府（后为朝鲜总督府），1907年迫高宗退位，并迫签《丁未七款条约》，解散朝鲜军队。1910年通过《日韩合并条约》吞并朝鲜，李朝灭亡。

李朝前期文化比较繁荣，以儒家朱子学为国教，全国各地广设学校，教授儒家经典。以铜活字印刷术刊印书籍。于1443年制定了自己的文字——训民正音。《高丽史》即编于这一时期，此时还开始修撰历代国王的实录。李朝后期，以实证方法探求真理，研究朝鲜史地、政治、经济、文化的实学形成，推动了李朝文化的发展和进步。

**李书华** Li Shuhua（1889～1979-07-05） 中国物理学家、教育家。字润章。河北昌黎人。卒于美国纽约。1913年留学法国，1922年获巴黎大学法国国家理学博士学位，旋即回国。历任北京大学教授、系主任，中法大学教授，北平大学副校长兼代理校长，教育部政务次长、部长，北平研究院副院长，中央研究院总干事。1948年当选中央研究院院士。1949年7月抵达巴黎，曾任职于巴黎大学。1951年在德国汉堡大学任访问学者，讲授中国语言文字。1952年起入美国，任哥伦比亚大学访问学者，从事中国科学技术史研究。早年在法国研究极化膜的渗透性。提出膜的极化与离子运动的选择性相关。李书华首次实验发现，将难于离解的酸加入某种盐溶液后，插入薄膜，结果产生了令人难于预料的化学上所谓以弱酸促使强酸移动的现象。这些发现，对于生物物理、生物化学和了解生命体内的现象都颇有意义。他是中国物理学会第一、第二届会长（1932～1934）。在建设北京大学物理系，创建中法大学、创建北平研究院物理研究所和中国物理学会等方面作出了贡献。

**李叔同** Li Shutong（1880-10-23～1942-10-13） 中国教育家、书法家、画家、僧人、早期话剧奠基人之一。名岸，字息霜，法名演音，号弘一。浙江平湖人。生于天津，卒于泉州。1898年支持康有为、梁启超戊戌维新变法。失败后南逃上海，参加城南文社。1900年组织上海书画公会。1901年入南洋公学。1905年到日本东京国立美术专门学校学绘画，兼攻音乐，期间曾和曾孝谷等共创春柳社。1910年回国，1912年入南社，任《太平洋报》副刊画报主编，1918年在杭州虎跑寺出家，皈依佛门。翌年在灵隐寺受具足戒。创设南山律学院，弘扬南山戒律。并提出“念佛不忘救国，救国不忘念佛”的主张。他在书、画、诗词、篆刻、音乐、戏剧诸方面均有成就，最早把油画和钢琴音乐介绍到中国。演过京剧，后在上海沪学会主持演剧部，又在

春柳社领导演艺部，参加了1907年的3次公演，所饰玛格丽特（《茶花女》）、爱米柳夫人（《黑奴吁天录》）等获得高度评价。李叔同对佛学律宗贡献很大，被佛门称为重兴南山律宗第十一代祖师。著作有《四分律比丘戒相表记》、《南山律在家备览略篇》等。

**李淑兰** Li Shulan（1944-12-28～ ） 中国女子射箭运动员、教练员。河北乐亭人。1960年进入解放军体育学院学习，1961年3月开始练习射箭。1962年7月第一次参加全国比赛，获全国冠军。1963年4月在全国7单位射箭通讯赛上，以327环打破321环的女子30米单轮世界纪录；650环打破624环女子30米双轮世界纪录；553环打破530环女子50米双轮世界纪录；1148环打破1143环女子单轮全能世界纪录；2269环打破2173环女子双轮全能世界纪录，一下子打破了5项世界纪录，囊括了女子单人世界纪录的半数，开创了世界射箭运动史上一个人在一次比赛中创造了多项世界纪录的先例。后来在新兴力量运动会、友谊赛、全国运动会、全国射箭锦标赛上，多次打破世界纪录。她共17次（包括6次团体）打破8项女子射箭世界纪录，成为中国射箭运动史上打破世界纪录最多的优秀运动员。1972年起任国家射箭集训队教练，1980年获国家级教练称号，1995年任国家射箭队男队主教练。1964、1983年先后当选为全国政协第四、第六届委员。1989年任中国奥林匹克委员会委员。

**李树青** Li Shuqing（1906～1986） 美籍华裔社会学家。辽宁凤城人。1935年毕业于清华大学社会学系。1936年赴美入威斯康星大学，1937年获硕士学位。1938年夏回国后执教西南联合大学。其间，结合战时社会变动和问题撰写了一系列学术论文，产生广泛的影响。这些论文大部分编入《蜕变中的中国社会》（1945）一书。1945年再度赴美，1950年获芝加哥大学博士学位。1951～1978年先后在美国俄勒冈州立大学、圣路易华盛顿私立大学、芝加哥大学东方学院等院校任教和做研究工作。20世纪80年代前期，曾到北京大学、南开大学讲学。《蜕变中的中国社会》是其影响较大的一部著作。还著有《土地经济学》、《人性与社会》等。

**李思训** Li Sixun（651～716） 中国唐代画家。字建，唐宗室。曾任右武卫大将军等职，卒后追赠秦州都督。画史上称他为大李将军。李思训善画山水、楼阁、释道、花木、鸟兽，尤以金碧山水著称，时有“李将军山水”之称。其山水画意境隽永奇伟、用笔遒劲、风骨峻峭、色泽匀净而典雅，具有工整富丽的金碧山水画风格。存世的《江帆楼阁图》，绢本，纵101.9厘米，横54.7厘米，青绿设色，表现游人赏春的优美景色，是中国早期山水画的代表作品之一。李思训的金碧山水画对后来中国山水画的发展，产生了巨大而深远的影响。后世山水画中的青绿山水就是对他这一派画风的延续。

《江帆楼阁图》
（台北“故宫博物院”藏）

**李斯** Li Si（？～前208） 中国秦代大臣。战国末年楚国上蔡（今河南上蔡西南）人。早年从荀卿学帝王之术，后入秦，劝说秦王嬴政（即秦始皇）灭诸侯，成帝业，一统天下，并遣谋士持金玉游说诸侯，离间六国君臣。秦王十年（前237）下令驱逐六国客，李斯时为客卿，也在被逐之列。他即向秦王上《谏逐客书》，秦王取消了逐客令，李斯官复原职，后升为廷尉。秦统一六国后，李斯参与主持议定了皇帝名号以及有关的礼仪制度。坚持以郡县制取代分封制，并制定了法律，统一车轨、文字和度量衡制度。建议禁私学，焚诗书，制定相应法令。三十七年秦始皇病死，李斯参与赵高、胡亥的阴谋，立胡亥为太子，即位为二世皇帝。后为赵高所忌，于秦二世二年七月被腰斩于咸阳市，并夷三族。

**李斯特** Liszt, Ferenc（1811-10-22～1886-07-31） 匈牙利作曲家、钢琴家。生于匈牙利西部肖普朗的莱丁村，卒于德国拜罗伊特。6岁从父学习钢琴，9岁登台演奏。1821年由父亲陪同到维也纳，从C.车尔尼学习钢琴，从A.萨列利学作曲。1823年到巴黎投考音乐学院未被录取，1824年3月8日在巴黎首次登台演出，一举成名。1825年开始在英、法各地巡回演出，获得很大成功。1827年因父亲去世和过度疲劳停止演出活动。1831年聆听了小提琴家N.帕格尼尼的演奏，为其辉煌的技巧和激情所动，决心要在钢琴上达到同样的境界，因而在此后的演奏和创作中有很强的炫技性因素。1835～1838年居住在瑞士和意大利，将其印象写成钢琴曲《旅行集》三集（1836）。1838年开始在欧洲各地广泛巡回演出，声名盛极一时。

1847年李斯特结识波兰郡主卡罗琳·维特根斯坦，在她的建议下，翌年放弃演奏活动，定居魏玛，任宫廷乐长兼歌剧院指挥至1859年。这10年间，魏玛因他的活动而成为欧洲音乐的中心地之一。这一阶段也是他创作的丰收时期，他把在各地演出时写作和改编的钢琴曲加以修订汇编，改编曲包括V.贝利尼、G.威尔第的歌剧，L.van贝多芬、柏辽兹的交响曲，帕格尼尼的小提琴曲，F.舒伯特、R.舒曼的歌曲。在这些作品中，李斯特把声乐和乐队的语汇移植到钢琴上，拓展了钢琴的表现力。三集《旅行年代》中的前两集《瑞士》在《旅行集》的基础上写成；《意大利》取材自文艺复兴时期意大利艺术家的作品。两集均有大量描绘性的因素。19首《匈牙利狂想曲》大都具有匈牙利吉普赛人歌舞音乐的特点，演奏技巧华丽，情感热烈奔放。音乐会练习曲兼有艰深的演奏技巧和艺术性。《B小调钢琴奏鸣曲》和2部钢琴协奏曲把多乐章的套曲综合成单乐章的形式。他首先提出了标题音乐的概念，首创单乐章交响音乐形式——交响诗，并在魏玛期间写有12首交响诗（第13首《从摇篮到坟墓》作于1881～1882）。两部标题交响曲《浮士德》、《但丁》含有合唱章节。

1860～1868年住在罗马艾斯特庄园，1865年取得圣职，成为神甫，并创作了不少宗教题材的作品。如《伊丽莎白轶事》、《耶稣基督》、《阿西西的圣方济各圣歌》，诗篇第116、第129等。1869年返回魏玛从事教学，1871年起任布达佩斯音乐学院院长。晚年在创作中致力于探索新的音乐表现手法。他运用五声音阶和全音阶，把调性发展到极限，对瓦格纳有很大影响。《愁云》、《灾星》、《死神的恰尔达斯》等作品直接指向印象主义的发展方向。

**李斯特** Liszt, Franz von（1851-03-02～1919-06-21） 德国刑法学家、刑事社会学派创始人。生于维也纳，卒于德国塞海姆。

1881年创办《刑法学杂志》。1889年与比利时刑法学家A.普兰和荷兰刑法学家G.A.van哈默尔共同发起组织国际刑法学会。他主张目的刑或防卫刑理论，认为法的主题就是法的目的，刑罚只是一种手段，它的目的是实现社会防卫，即防止具有社会危险性的人危害社会。他主张预防犯罪，特别强调个别预防的重点不是预防不特定的可能犯罪的人，而是预防已受到处罚的人再次犯罪；应受处罚的不是行为而是行为人。因此，他主张刑罚个别化，根据反社会性的危险程度，将犯人分为惯犯和偶犯；惯犯分为能改造的和不能改造的两种，对前者可处以自由刑并进行教育改造，对后者可采取与社会永远隔绝的措施。

**李斯特** List, Georg Friedrich (1789-08-06～1846-11-30) 德国国民经济学的创始人，历史学派的先驱，德国保护关税政策的首倡者。生于符腾堡罗伊特林根，卒于奥地利库夫施泰因。1817年任蒂宾根大学行政学教授。他主张自由主义的政治改革，屡遭封建势力迫害。1825年被迫亡命美国，1827年发表了《美国政治经济学大纲》。1837年迁居巴黎。应法国伦理学和政治学院的征文，写了《政治经济学的自然体系》(1837)。1840年重返德国，完成了他的代表作《政治经济学的国民体系》(1841)。1846年在去奥地利、匈牙利的旅行途中，因贫病交迫而自杀。

李斯特强调政治经济学必须为本国国民经济的形成提供理论武器。他认为创造财富的力远比财富本身更加重要。他从国民生产力理论的观点出发，批判亚当·斯密的经济学是世界主义经济学，而不是国民经济学，是“交换价值”经济学，而不是生产力经济学。

李斯特为了发展本国的民族工业，强调国民经济是一个有机的整体，有一个发生发展的历史过程。他从生产力理论出发，提出了经济发展的五阶段论，以论证德国实行保护关税政策的必要性。李斯特的历史主义的方法，成为德国历史学派的方法论。其学说在当时对促进德国资本主义发展起到了一定的积极作用，并被看作现代发展经济学的先驱。

**李四光** Li Siguang (1889-10-26～1971-04-29) 中国地质学家，中国地质事业的奠基人之一。原名李仲揆，字福生。蒙古族。生于湖北黄冈，卒于北京。早年留学日本，1913年入英国伯明翰大学，1918年获硕士学位，1931年获科学博士学位。1920年后，任北京大学地质系教授、系主任。1928年任中央研究院地质研究所所长。1934年赴英，在伦敦、剑桥等8所大学讲授“中国地质学”。1948年获挪威奥斯陆大学哲学博士

学位。1948年当选中央研究院院士。1950年回国，历任中国科学院副院长，全国地质工作计划指导委员会主任委员，中国科学院地质力学研究所所长、古生物研究所所长，中华人民共和国地质部部长。是中国地质学会创立会员，曾任中国地质学会理事长、中国科学技术协会主席、世界科学工作者协会副主席。1955年当选中国科学院学部委员(院士)，1958年当选苏联科学院外籍院士。早年研究䗴科化石，创立了十项标准作为鉴定的依据，并解决了华北主要煤系地层的时代问题。他是中国第四纪冰川的发现者和研究的奠基人。他以力学观点研究构造形迹的发生、发展及组合的规律，建立了构造体系的概念，创建了地质力学学派。指出新华夏体系广阔的含油远景，为此“在大庆油田发现过程中的地球科学工作”获得1982年国家自然科学奖一等奖(集体)；他的关于中国构造体系及其应用的研究获1982年国家自然科学奖二等奖。60～70年代倡议将地应力分析用于地震及地区稳定性研究，取得重大成效。主要著作有《地球表面形象变迁之主因》、《中国北部之䗴科》、《古生代以后大陆上海水进退的规程》、《中国地质学》、《地质力学之基础与方法》、《冰期之庐山》、《旋卷构造及其他有关中国西北部大地构造体系复合问题》、《地质力学概论》、《天文、地质、古生物(资料摘要)》和《论地震》等。1989年设立了李四光地质科学奖。

**李泗元** Li Siyuan (1936～ ) 中国川北大木偶演员。为李家班第三代传人，技艺全面，尤擅丑行，风格粗犷而细腻。所操纵的木偶不仅能起腿，还能做金鸡独立姿势；不但可以揭帕，还能抛鞭接鞭，动作优美敏捷。8岁学艺，初师李章祥学习《斩经堂》、《幽王回宫》、《出岐山》、《斗牛宫》等戏，又向邓金山学习《饮富泉》，向邓义亭学习《献四美》等戏。12岁时已能独立表演。1955年在北京参加会演，学习梅兰芳、周信芳的表演，并将周信芳的《杀惜》移植成川北大木偶戏，成为剧团的保留节目。在操纵的技艺上不断创新，于结构简单、操作单一、三根棍子一件衣的木偶之外，增设动嘴、动眼、动手、动耳、动鼻、弯腰、起腿等机关。他还创编了新的表演方法，如两人以上的配合表演，一手叉腰、一手表演或两手上下做呼应动作等，丰富了川北大木偶的表演艺术。

**李嵩** Li Song (1166～1243) 中国南宋画家。钱塘(今浙江杭州)人。少年时曾为木工，后为画院画家李从训养子，绘画上得其亲授，擅长人物、道释，尤精于界画，曾为画院待诏。他画过许多表现下层社会生活的风俗画及表现农民劳动生活的《春溪渡牛图》、《春社图》和组画《服田图》等。传世的重要作品《货郎图》，纵25.5厘米，横70.4厘米，淡设色横卷。描绘农妇携带幼童围观货郎担，人物布置疏密相间，生活情趣浓厚。作品将劳动人民的生活作为审美对象来描绘，在中国古代美术发展史上有着重要的意义。他还有多个小幅货郎图传世。

李嵩具有多方面才能，他的界画如《夜湖图》，山水画如《观潮图》，人物画如《骷髅幻戏图》及花鸟画《柳塘聚禽图》等，都显示出他卓越的绘画技巧。

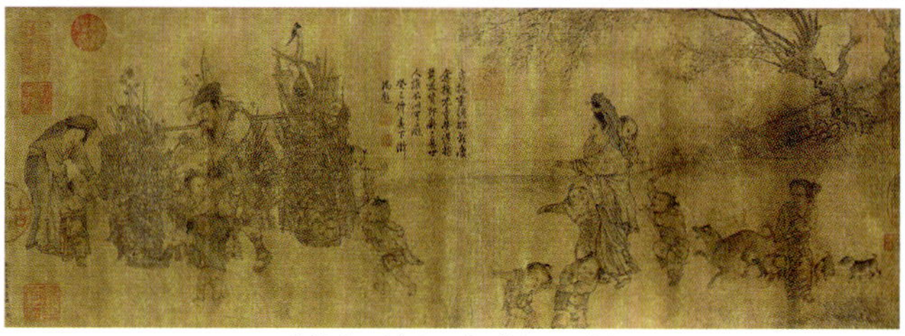

《货郎图》(故宫博物院藏)

**李素文** Li Suwen (1931～ ) 中华人民共和国全国人民代表大会常务委员会副委员长。河北乐亭人。1954年加入中国共产党。1957年起在沈阳市商业部门从事售货员工作。1958年被评为沈阳市劳动模范，1959年参加全国群英会。1963年后任沈阳和平副食商店指导员、副经理。1966年被树为全国学习毛主席著作积极分子。1968年后，任沈阳市革命委员会副主任、中共沈阳市委常委、辽宁省革命委员会副主任、共青团辽宁省委书记。当选为中共第九、十届中央委员。1975年1月当选为第四届全国人大常委会副委员长。历任沈阳糖果厂副厂长，沈阳市轻工业局供销处副处长、供销公司副总经理。

**李唐** Li Tang (1049～1130) 中国北宋末南宋初画家。字晞古。河阳(今河南孟州南)人。宋徽宗时任画院待诏，据记载他曾以表现“竹锁桥边卖酒家”的诗句试题得宋徽宗赏识。靖康之变(1127)李唐年近八十，仍跋涉千里至临安(今浙江杭州)，于建炎(1127～1130)年间重入画院，任待诏。宋高宗赵构为康王时，即欣赏李唐的画艺，南渡后，更加推重，认为可与唐李

《采薇图》(故宫博物院藏)

思训相媲美。李唐善画山水、人物、禽兽、界画，能作青绿山水。他早年的山水画，熔铸荆浩画山石四面峻厚的气势和范宽墨气厚重、皴法老硬、山顶林木茂密的技巧，用笔刚劲缜密，山石瘦硬而有棱角，表现出北方山水的峭拔雄浑。南渡后，用墨淋漓畅快，干涩的多层积累的笔墨被代之以爽利简略的皴擦渲染。他以云遮雾罩来表现山水苍茫的无限深度，以粗放的夹杂着偏锋的用笔，恣意刷出山石具有强烈体积感的块面，创造了大斧劈皴法。在布局上，他改变了以往全景式山水的构图法，突出描绘自然山水的一角。一变北宋山水画严谨的格局，开南宋豪放简括的水墨山水画的新面貌。对稍晚于他的刘松年、马远、夏圭等人的绘画创作影响很大，后世将他们四人合称为南宋四家。他画的《晋文公复国图》及《采薇图》等作品，寄寓了爱国之情。《采薇图》突出地表现了人物的精神状态，衣纹用的是方折硬劲的折芦描。现存传世作品有《万壑松风图》、《江山小景图》、《清溪渔隐图》(传)、《晋文公复国图》、《采薇图》等。

**李特尔** Ritter, Carl (1779-08-07～1859-09-28) 德国地理学家、教育家，近代地理学创建人之一。曾译里特尔。生于奎德林堡，卒于柏林。1796年入哈雷大学。历任法兰克福大学历史学教授、柏林大学首任地理学教授。是德国第一个地理学讲座教授和柏林地理学会(1828年成立)的创建人。在近代地理学中，最早阐述了人地关系和地理学的综合性、统一性，奠定人文地理学的基础。创用“地学”一词，替代A.von洪堡的“地球描述”；指出人地相关的一般法则，用传统划分的洲作为最大的区域单位；认为地球是人类的家乡。著《地学通论》，又名《地球科学与自然和人类历史》。全称《地学通论，它同自然和人类历史的关系；或普通比较地理学，自然和历史科学研究与教学的坚实基础》。1817年出版第一卷，至1859年逝世时共出版19卷。这是一部按洲论述世界的著作，叙述各个区域的自然特征、主要物产和人口，以及一些历史事件和探险旅行事件等。还著有《欧洲地理》(2卷，1804～1807) 等。

**李提摩太** Richard, Timothy (1845-10-10～1919) 英国基督教浸礼宗来华传教士。生于威尔士卡马森郡，卒于伦敦。1869年来华后在山东、山西传教，1890年到天津任《时报》主笔，鼓吹维新变法。1891年任上海同文书会总干事，后又任广学会总干事。与李鸿章、张之洞来往密切，与康有为、梁启超亦有联系，戊戌变法失败后曾协助康有为出走。还请求美国出面干涉义和团运动，义和团失败后曾提出组织中外人员各半的联合内阁。利用庚子赔款在晋创办山西大学。政治上主张维新，反对革命。1916年回英国。著有《救世教益》、《留华四十五年》等。

**李天和** Lee, Thomas H. (1923-05-11～2001-02-04) 美籍华裔电工科学家。生于上海，卒于美国。1946年毕业于交通大学。1950年获美国纽约州斯克内克塔迪联合学院电工硕士学位。1954年获伦斯勒工学院哲学博士学位。1948年7月入美国通用电气公司(GE)，任工程师、高级研究工程师。1954年起先后在伦斯勒工学院、宾夕法尼亚大学、麻省理工学院任教。他发展了高压电弧中电极现象的理论，由此得到的高压电弧的能量密度可与最强的激光束相比；发展了高温气体中的电气断路理论，发明横向磁场熄弧原理的真空灭弧室，使真空开关进入电力系统作为断路器，其分断能力达15千伏、25千安 (1955)；最先开发了应用电力电子装置的高电压直流输电系统。先后获30项美国专利，900多项外国专利，在电工杂志上发表论文75篇。1975年被选为美国国家工程科学院院士，1984年起任国际应用系统分析研究所所长，1986年被聘为瑞士工程科学院通讯院士。2000年当选中国工程院外籍院士。

**李天禄** Li Tianlu (1910～1998-08-13) 中国台湾布袋戏演员。原籍福建漳州。生于台北大稻埕。11岁正式学布袋戏，1931年创立亦宛然布袋戏班。曾到上海与京剧名家周信芳切磋艺事，又善歌仔戏。1936年后，亦宛然一度封箱停演，1946年恢复演出，采用京剧文武戏场，甚受欢迎，人称外江派。1977年赴香港演出，参加第五届香港艺术节。1978年亦宛然掌中剧团解散。此后，广收弟子，传承艺术。这些来自海内外的弟子在各地创办了以小宛然、也宛然、弘宛然为名的布袋戏剧团，向世界传播中华传统布袋戏艺术，成绩斐然。李天禄也因此荣获法国文化部颁发的文化骑士勋章。晚年应导演侯孝贤邀请，参加《恋恋风尘》(76岁)、《悲情城市》(78岁) 的演出。因其致力于传统布袋戏的保存、传播，贡献突出，获国际传播奖、重要民族艺术奖等。先后创建李天禄布袋戏文物馆、李天禄布袋戏文教基金会。长子李锡煌、次子李传燦继承了他的艺术事业。1991年出版与郁雯之合著的回忆录《戏梦人生》。

**李铁映** Li Tieying (1936-09～ ) 中国共产党中央政治局委员，全国人大常委会副委员长。湖南长沙人。生于陕西保安(今志丹)。1955年加入中国共产党。1955～1961年在捷克斯洛伐克卡理士大学物理系学习。毕业后回国，历任国防部十院十三所四室技术员、负责人、副主任，四机部1413所五室副主任。“文化大革命”中受到冲击和批判。1972年恢复工作，任四机部1424所(四川永川)一室主任。1978～1981年任四机部1447所(辽宁沈阳)总工程师、副所长，辽宁省沈阳市科委副主任、省科协副主席。1981～1983年任中共沈阳市委书记。1982年中共十二大当选为候补中央委员。1983～1985年任中共辽宁省委书记。在1985年中

共全国代表大会上增补为中央委员。1985～1988年任电子工业部部长、党组书记。1987～1997年任国家经济体制改革委员会主任、党组书记，国务委员，国家教育委员会主任。1987～2002年当选为中共十三届、十四届、十五届中央委员、中央政治局委员。1998～2003年1月任中国社会科学院院长、党组书记。2003年3月当选为第十届全国人大常委会副委员长。主要著作有《论民主》等。

**李廷松** Li Tingsong (1906-12-18～1976-08-11) 中国琵琶演奏家。祖籍江苏苏州。生于上海，卒于北京。少年时期即喜爱民间音乐，曾从琵琶名家汪昱庭学习，甚得其师器重。1924年，他参加了上海国乐研究会，1925年又邀集一些志同道合者发起和组织霄兆国乐会并任会长。他整理乐谱、改革并试制乐器、带领排练、组织音乐会，为继承发扬民族音乐做了大量工作。琵琶界公认其为“汪派”的代表人物。1937年抗日战争全面爆发后，他离开上海，辗转云南、四川，参加义演活动，受到群众的热烈欢迎。中华人民共和国建立后，李廷松被聘为中央音乐学院民族音乐研究所的特约演奏员，并先后于中央音乐学院、天津音乐学院、沈阳音乐学院等校任教。他的演奏以武曲见长，风格古朴深厚，刚劲挺拔，乐曲处理深入浅出，前呼后应，浑然一体。自20世纪50年代起，他所演奏的《霸王卸甲》、《十面埋伏》、《夕阳箫鼓》、《青莲乐府》等传统古曲，经他与曹安和整理出版。

**李维汉** Li Weihan (1896-06-02～1984-08-11) 中国无产阶级革命家，中国共产党和国家在统一战线和民族工作方面的领导人和理论家，全国人大常委会副委员长，

全国政协副主席。原名厚儒，字和笙，又名罗迈，笔名松。生于湖南长沙，卒于北京。1918年参与组建新民学会。1919年赴法国勤工俭学，1921年同周恩来等发起组织旅欧中国少年共产党。1922年回国并加入中国共产党，曾任中共湘区委员会书记和湖南省委书记。1927年大革命失败后，主持八七会议，并当选为中共中央临时政治局常委，1929年任中共江苏省委组织部部长兼上海市委组织部部长、江苏省委书记。1931～1933年赴苏联学习，回国后任中共中央组织部干事、部长，1934年中共六届五中全会时被选为中央候补委员。随中央红军长征，曾任总政治部地方工作部部长。到陕北后，曾任定边少数民族工作委员会书记，是中共中央指定的民族工作方面的第一负责人。抗日战争时期，曾任中共中央西北工作委员会秘书长、中共中央党校校长、中央宣传部副部长、陕甘宁边区政府秘书长等职。1946年参加中共驻重庆、南京代表团，协助周恩来工作，后任中共中央城市工作部副部长和部长、中央统一战线工作部部长。中华人民共和国建立后，曾任中共中央统战部部长，中央民族事务委员会主任委员，全国政协第一届秘书长和第二、三、五届副主席，第一、二届全国人大常委会副委员长等职。1956年当选为第八届中共中央委员，1982年当选为中共中央顾问委员会副主任。

李维汉是中国共产党早期开展民族工作的主要负责人，对中国共产党解决国内民族问题的理论和政策决策作出了重要的贡献。主要体现在：抗日战争时期，领导和主持了民族问题的系统调查和研究，领导编写《回回民族问题提纲》、《回回民族问题》和《关于抗战中蒙古民族问题提纲》，在回族和蒙古族聚居区组织建立民族自治区，组织成立培养民族干部的专门学校等；提出联邦制不适合中国国情，建议实行民族区域自治；提出在一部分民族关系比较特殊的少数民族地区采取和平改革的方针；主持制定政务院《培养少数民族干部试行方案》，主持起草《民族区域自治实施纲要》；作为中央人民政府首席全权代表同西藏地方政府全权代表进行谈判，达成《中央人民政府和西藏地方政府关于和平解放西藏办法的协议》等。主要著作有《统一战线问题与民族问题》、《回忆与思考》（上、下册）、《有关民族政策的若干问题》、《关于和平改革的第八条看法》、《关于民族工作中的几个问题》、《中国各少数民族和民族关系》、《中国各民族解放的道路》、《中国共产党解决国内民族问题的基本政策》、《西藏民族解放的道路》等。

**李卫** Li Wei (1688-02-02～1738-12-03) 中国清代雍正时督抚。字又玠。江苏铜山人。康熙五十六年（1717），捐资为兵部员外郎，五十八年升户部郎中，六十一年出为云南盐驿道。雍正二年（1724），升布政使，三年调浙江巡抚，四年兼理两浙盐政，五年特任浙江总督兼管巡抚事，六年兼理江苏盗案。雍正帝以浙江事繁“民刁”，令李卫严加整肃。李卫禀命清理仓库亏空、钱粮逋欠，严厉推行摊丁入地政策，打击不法绅衿。又奏请开设玉环厅（今玉环县），招民垦田。因而被雍正帝誉为模范督抚之一。十年闰五月调署刑部尚书，九月任直隶总督。次年，不徇情面，奏参大学士鄂尔泰之弟户部尚书兼步军统领鄂尔奇营私扰民，受到嘉许。乾隆元年（1736），兼管直隶河道总督。三年病死，谥敏达。李卫识字不多，操守廉洁，任事勇敢。幕客为著《钦遵圣谕条例事宜》（与田文镜之作合为《钦颁州县事宜》），在浙江、直隶任内分别主持修撰《浙江通志》、《畿辅通志》。

**李闻血案** Bloody Case of Li Gongpu and Wen Yiduo 1946年国民党特务在昆明暗杀爱国民主人士李公朴、闻一多的事件。李公朴、闻一多均为中国民主同盟中央执行委员会委员，昆明民主运动的重要领导人。他们坚决反对国民党发动内战，赞成共产党提出的建立联合政府与和平民主建国的主张，因而被国民党特务列入黑名单。1946年7月11日晚，李公朴在青云街学院

1946年10月4日上海李公朴、闻一多追悼大会会场

坡被国民党特务暗杀，次日凌晨逝世。7月15日上午，闻一多在李公朴死难经过报告会上发表著名的“最后一次的讲演”。下午，又往民主周刊社举行记者招待会，表明反独裁、反内战的严正态度。会后回家途中，遭国民党特务多人狙击，当场殉难。惨案发生后，毛泽东、朱德、周恩来以及各界人士纷纷发出唁电，延安、重庆、成都、上海等地举行了大规模追悼会，严厉谴责国民党的暴行。美国哈佛、哥伦比亚、纽约等大学教授，美国、加拿大两千多新教牧师发出严重抗议。杜鲁门总统、马歇尔特使也表示了反对态度。李、闻血案暴露了国民党一党专政的真面目，使更多的人走上了争取民主、反对内战的斗争道路。

**李希霍芬** Richthofen, Ferdinand von (1833-05-05～1905-10-06) 德国地理学家、地质学家。曾译里希特霍芬。生于上西里西亚的卡尔斯鲁厄（今属波兰），卒于柏林。1850年入布雷斯劳大学学习地质学，1852年转入柏林大学，1856年获博士学位。以后在欧洲从事区域地质调查工作。1860年前往东南亚、东亚考察。后到美国加利福尼亚州研究火山，发现金矿。1868～1872年间多次到中国考察旅行，调查地质、矿藏、黄土、海岸性质与构造线分布等。后任波恩大学、莱比锡大学、柏林大学教授和柏林大学校长。长

期从事实地考察，并把地理学与地质学沟通起来，对地理学方法论和自然地理学研究作出重要贡献。著有《研究旅行指南》、《中国》(5卷，附地图集两卷)。后书是第一部系统阐述中国地质基础和自然地理特征的重要著作，并创立中国黄土风成论等。

**李锡铭** Li Ximing (1926-02-28～2008-11-10) 中国共产党中央政治局委员，全国人大常委会副委员长。河北束鹿(今辛集市)人。卒于北京。1946年入清华大学学习。

1948年加入中国共产党。1949年到北京石景山发电厂从事建团工作，历任石景山发电厂党总支宣传委员、党总支副书记、代理书记、党委书记。“文化大革命”中受到冲击。1970年后任厂革命委员会副主任、党委副书记、党委书记、革命委员会主任。1975年任水利电力部副部长、电力工业部副部长。1981～1982年在国务院国民经济调整办公室工作。1982年任城乡建设环境保护部部长、党组书记。1984～1992年任中共北京市委书记。当选为中共第十二、第十三届中央委员，第十三届中央政治局委员，第八届全国人大常委会副委员长。

**李先念** Li Xiannian (1909-06-23～1992-06-21) 马克思主义者，中国无产阶级革命家、政治家、军事家，中国共产党和中华人民共和国的领导人。

湖北黄安(今红安)人。早年做木匠，1926年参加农会工作，1927年11月参加黄麻起义，同年加入中国共产党。历任中共黄安县委书记，县工农民主政府主席，红四方面军第11师团政委、师政委，红30军政委。参加创建鄂豫皖和川陕红色根据地。1936年奉命率红四方面军30军参加西征。西路军失败后，任西路军工作委员会委员，负责统一军事指挥。率余部于4月底到达甘肃、新疆交界处星星峡，为党和红军保存了一批骨干力量。1937年底到延安，进抗日军政大学和马列学院学习。

1938年后历任中共豫鄂边区省委军委副主任、军事部长，新四军豫鄂独立大队、挺进纵队司令员。挺进纵队的建立，标志着中原地区形成了具有重要意义的独立战略单位。1941年皖南事变后，历任新四军第5师师长兼政委、中共豫鄂边委书记、豫鄂皖湘赣军区司令员兼政委，领导开创了豫鄂边抗日根据地。1945年参加了中共第七次全国代表大会，当选为中央委员。

抗日战争胜利后，任中共中央中原局副书记、第二副书记，中原军区司令员，中原军区兼中原野战军司令员，为争取国内和平，率部以宣化店为中心集结待命，在10个月的战略坚持中，牵制国民党军30余万人，有力配合了其他解放区的作战。1946年6月，指挥部队作战略转移，开始中原突围。1947年，任新的中原局第二副书记、晋冀鲁豫野战军副司令员。7月，率晋冀鲁豫野战军第12纵队南下，协助刘伯承、邓小平工作，指挥部队挺进大别山。11月抵达河南光山，同刘邓大军胜利会师，参加重建大别山根据地的斗争。1948年5月，党中央决定重建中原军区，任第二副司令员。11月，在开封参与领导淮海战役的后勤保障工作。

中华人民共和国建立后，历任中共湖北省委书记，湖北省人民政府主席、省军区司令员兼政委，中共武汉市委书记兼市长，中共中央中南局副书记，中南军政委员会副主席，中央人民革命军事委员会委员。

1954年后，长期担任国务院副总理，分管财贸工作，兼任财政部部长、国务院财贸办公室主任、中央财经小组副组长、国家计委副主任。协助周恩来、陈云领导经济建设。积极提倡增产节约，挖掘资金潜力，提高经济效果，实现财政、信贷的收支平衡，确保包括156项在内的国家重点建设的资金需要。1956年，在中共八届一中全会上，当选为中央政治局委员。后在八届五中全会上增选为书记处书记。在国家三年困难时期，积极参与调整国民经济的领导工作。负责统一指挥粮油棉的突击调运，采取各种措施加强粮食管理，提出增加粮食进口和减少征购，为安排人民生活，渡过困难，做了大量的紧张的工作。还就抑制物价上涨、减少财政赤字等问题提出6条措施。主持起草了控制货币发行和控制财政管理的两个决定，对扭转当时的困难局面起了很好的作用。

“文化大革命”中，在困难的条件下，协助周恩来主持国民经济工作。同林彪、江青反革命集团进行了坚决斗争。1967年被诬为“二月逆流”成员，多次受到批判。1968年被下放到北京市北郊木材厂劳动。后继续担任国务院的领导工作，并任军委办公会议成员。积极筹划葛洲坝水利枢纽工程、霍林河煤矿、焦枝铁路的建设和武钢一米七轧机的引进。在坚持自力更生方针的同时，大力支持从外国进口43亿美元的成套设备和单机的方案。在中共九届一中全会和十届一中全会上均当选为中央政治局委员。“文化大革命”后期，积极协助主持国务院日常工作的邓小平开展全面整顿工作。在所谓“反击右倾翻案风”中被迫停止工作。1976年，在粉碎江青反革命集团的斗争中，是主要决策人之一。

1977年，在中共十一届一中全会上，当选为中共中央政治局常委、副主席、中央军委常委，主持国务院的日常工作，领导国民经济的恢复和发展。提出要充分重视和正确运用社会主义商品生产和价值规律的力量；在加强综合平衡的前提下，充分发挥部门、地方和企业的积极性；改革计划、财政、物资、内外贸易和企业管理体制，以适应四个现代化的需要；在坚持自力更生的同时，积极大胆地引进外国的先进技术和管理经验。积极主张并亲自指导上海宝山钢铁厂的建设和技术设备引进工作。积极支持关于真理标准问题的讨论，强调要恢复党的实事求是，一切从实际出发的优良传统。在中共十一届三中全会期间及其以后，和其他老一辈革命家一起支持邓小平领导全党实现历史性的伟大转折，确定把党和国家工作的重心转到经济建设上来，实行改革开放。并且积极推动拨乱反正，平反冤假错案，落实干部政策。1979年，任国务院财政经济委员会副主任，参与领导调整国民经济的工作。一贯支持邓小平提出的坚持四项基本原则，反对资产阶级自由化的思想主张。坚决主张充分肯定毛泽东的历史地位和毛泽东思想，正确地评价毛泽东的功过是非。积极推动改革开放和社会主义现代化建设的各项工作。1982年，在中共十二届一中全会上，当选为中央政治局常委。1983年，在第六届全国人民代表大会第一次会议上，当选为中华人民共和国主席。1988年，在中国人民政治协商会议第七届全国委员会第一次会议上，当选为主席。

1992年6月21日在北京逝世。主要著作收入《李先念文选》。

**李贤墓壁画(唐)** Murals in Li Xian's Tomb (Tang Dynasty) 中国唐代墓室壁画。墓主李贤是唐高宗李治和武则天的次子，死后于中宗神龙二年(706)以雍王身份祔葬乾陵，景云(710～711)年间追封为章怀太子。墓位于陕西省乾县。墓道、过洞、前后甬道、前后墓室绘有壁画，残存面积40平方米。见章怀太子墓。

**李显龙** Lee Hsien Loong (1952-02-10～ ) 新加坡总理(2004～ )。新加坡首任总理李光耀的长子。生于新加坡。曾赴英国剑桥大学深造，主修数学和计算机。1979年获美国哈佛大学肯尼迪行政管理学院公共行

政学硕士学位。回国后，任新加坡武装部队参谋长兼联合行动与策划司长，1984年6月获准将军衔。同年，辞去军职步入政界，担任过新加坡贸易和工业部部长、第二国防部长等要职。1990年11月，任政府副总理兼贸易和工业部长。1997年1月25日，连任政府副总理（总理公署）兼金融管理局主席，2001年11月起任副总理（总理公署）兼财政部长。2004年8月12日，宣誓就任新加坡第三任总理。12月，李显龙当选人民行动党新一任秘书长。曾5次访问中国。

**李小龙** Lee, Bruce (1940－11－27～1973－07－20) 中国香港电影演员。本名李振藩。广东南海人。生于美国，卒于美国。毕业于美国西雅图华盛顿州立大学。8岁演出第一部电影《富贵浮云》。10岁主演《细佬祥》。

1953～1959年参加演出的影片有《人之初》、《慈母泪》、《危楼春晓》、《爱》、《孤星血泪》、《人海孤鸿》等。自幼喜爱武术，创立截拳道。1964年获得在美国举行的万国空手道比赛大会冠军。被评为1972年度世界七大武术名家之一。1971年，主演《唐山大兄》获极大成功。1972年自编自导自演《猛龙过江》，主演《精武门》。这3部影片连创香港最高卖座率，备受观众欢迎，使功夫片随着中国传统武术和浑身正气与豪情的银幕形象走进国际影坛。《死亡游戏》是他未完成的遗作。

**李新** Li Xin (1918－09－15～2004－02－05) 中国历史学家。原名李忠慎。生于四川荣昌（现属重庆市），卒于北京。1934年考入

重庆川东师范学校，1938年初入陕北公学。后历任晋冀鲁豫中央局青委书记、军调部北平执行部整军小组中校组员、华北大学正定分校主任等职。中华人民共和国建立后，参与筹办中国人民大学，曾任校党委副书记。1960～1962年，担任中国文字改革委员会秘书长、党组副书记。

1956年主编《中国现代史》，1962年在中国科学院近代史研究所任研究员，先后担任此所现代史组和通史组组长。1976年后，历任中国社会科学院近代史研究所党委副书记、副所长、中华民国史研究室主任及现代史研究室主任、中共中央党史研究室副主任，并兼任中国中共党史学会副会长、全国中共党史人物研究会副会长、中国现代史学会理事长等职。1956年曾赴越南讲学，1979年作为中国社会科学代表团成员赴美国访问并讲学，1981年应邀到法国讲学，1986年被邀为亚洲历史学会会员。1997年离职。

李新治学严谨，勇于创新，在许多学术问题上有独到的见解，在中国革命史、中共党史和中华民国史等史学领域造诣很深。著有《中国新民主主义革命简史》、《中国革命史的几个问题》、《中国新民主主义革命史讲话》等；主编有《中国新民主主义革命时期通史》(4卷)、《中国新民主主义革命史》(12卷）和《中华民国史》。

**李行** Hsing Lee (1930－05－20～ ) 中国台湾电影导演，台湾乡土电影的奠基人。原名李子达。江苏武进人。生于上海。1952年毕业于台湾省立师范学院。曾参演《永不分离》、《马车夫之恋》等影片。1958年

《小城故事》剧照

任《情报贩子》和《水摆夷之恋》的副导演。1959年开始执导闽南语片。《街头巷尾》(1963)是他执导的第一部普通话影片。合导的《蚵女》获第11届亚洲影展最佳影片奖。独立执导的《玉观音》和《汪洋中的一条船》也在亚洲影展获奖。其他获奖影片还有《养鸭人家》、《秋决》、《小城故事》、《早安台北》等。他共计导演了50多部电影，影响较大的还有《婉君表妹》、《哑女情深》、《碧云天》、《路》、《吾土吾民》、《原乡人》、《唐山过台湾》等。1995年获第32届台湾电影金马奖终身成就特别奖。他还创办过自立、大众、天下等影片公司。出版有传记《行者影迹——李行·电影·五十年》。

**李雄** Li Xiong (274～334) 中国十六国时期成国建立者。字仲儁。巴賨人豪强首领李特第三子。巴西宕渠（今四川渠县东北）人，后迁略阳（今甘肃秦安东北)。李特率六郡流民起义，封雄为前将军。303年，李特被益州刺史罗尚击杀，继任者其弟李流旋即病故。李雄被诸将拥立，继续领导流民作战，击败罗尚，攻克成都。304年称成都王，建元建兴。306年即皇帝位，国号大成。之后大成政权以成都为中心向四周发展，北连张骏，南通使东晋，政治初安，益州遂定。

李雄虚己爱人，选贤任能，简刑约法，重教兴学，轻徭薄赋，致使大成政权政治清明，生产发展，夷夏安处，百姓富实。然而由于他乐于征伐，志在拓疆，国用因之不足。在立嗣问题上，他弃子立侄，违逆传统与群臣意愿，埋下子侄皇权之争。李雄在位30年。

**李秀成** Li Xiucheng (1823～1864－08－07) 中国太平天国将领、后期军事统帅。广西藤县人。咸丰元年（1851）参加太平军。三年二月克金陵（今南京)，称天京，以功保升军帅、监军。次年，调守庐州（今合肥)。六年春，随燕王秦日纲回救镇江，与清军大战于高资、汤头，解镇江之围，旋大破清军江北、江南大营。晋升地官正丞相，七年，封合天侯。时当天京事变后，授命为副掌率，与陈玉成同掌兵符，提调军务。八年夏，与陈玉成等共商解京围之策。九月大破清军江北大营。十月，在三河之战中配合陈玉成部全歼湘军精锐李续宾部。九年，封忠王。曾与干王洪仁玕共订“围魏救赵”之策，并于十年初亲率大军奔袭杭州，诱敌分兵，然后间道驰还，五路合击，再破江南大营；又乘胜东取苏（州)、常（州)，建立苏福省，为太平天国后期战争开辟了新的重要基地。但李秀成此后对天京上游战事重视不足，在二次西征中进兵迟缓，合攻湖北误期，进抵湖北南部后即撤军东下，虽得一浙江而安庆陷落，天京西面失去屏障。同治元年（1862）进军上海，未克。集结各路大军（共十三王）回救天京，久战无功而退；又北进江北，半途而返，损折精锐大半，军势大挫。二年，受任真忠军师，主持天京战守。湘军围城日急，他力主“让城别走”，洪秀全固执不从，遂致坐困。三年六月十六，天京城破，他保护幼主突出重围后被俘。不久被杀害。

李秀成被俘后曾亲书供状数万言，述及太平天国历史及其得失，主张“防鬼反为先”，即中国应该首先严防西方国家的侵略，但同时又提出“收齐章程”，为敌出策招降太平军。史学界据此而对其晚节有不同评价。